# LATIN AMERICA

*A GUIDE TO ECONOMIC HISTORY, 1830-1930*

**ERRATA**

The title page should reflect that Jiřina Rybáček-Mlýnková is Assistant Editor. The Table of Contents and page 27 should reflect that Jiřina Rybáček-Mlýnková is co-author of Part Two: General Bibliography.

# LATIN AMERICA

## A Guide to Economic History
## 1830-1930

## Roberto Cortés Conde & Stanley J. Stein
### Editors

Jiřina Rybáček-Mlýnková, EDITORIAL ASSISTANT

Sponsored by
The Joint Committee on Latin American Studies
of the
American Council of Learned Societies
and the
Social Science Research Council
and by the
Consejo Latinoamericano de Ciencias Sociales

UNIVERSITY OF CALIFORNIA PRESS

Berkeley   Los Angeles   London

1977

Published in cooperation with the
**Latin American Center**
University of California, Los Angeles
by the
University of California Press
Berkeley and Los Angeles, California

University of California Press, Ltd.
London, England

To

JOSEPH GRUNWALD

and

BRYCE WOOD

Chairman (1959-1972) and staff (1959-1973), respectively, of the Joint Committee on Latin American Studies, who initiated this effort in international cooperation among scholars of this hemisphere.

# CONTRIBUTORS

Carmen Cariola
Roberto Cortés Conde
Enrique Florescano
Tulio Halperín Donghi
Shane J. Hunt
Nicia Villela Luz
Pablo Macera
William P. McGreevey
Stanley J. Stein
Osvaldo Sunkel

BIBLIOGRAPHICAL ASSISTANT

Harry Swan

# FOREWORD

Some brief observations are in order to facilitate the use of this bibliography. Since scholars from six nations of the American continent have cooperated in its preparation, users will recognize a diversity in language employed, selection of bibliographical materials, style of annotation, and in the organizational and interpretative approaches of the essays. It also follows that each section remains in the contributor's language. In only one aspect is there an element of hegemonic cultural influence: in the quest of consistency, the English alphabetical order rules.

Each bibliographical entry or, in a few cases, a group of related entries is followed by an annotation. Where supplementary entries have been made, the contributors' initials appear in brackets at the end of the annotation. With the exception of the Peruvian bibliography, there appears at the end of most annotations in parenthesis the library where the entry was consulted or may be found. A list of library abbreviations is located at the beginning of each bibliographical section.

The general and national bibliographies are divided into ten major categories (roman numerals) with appropriate subcategories (arabic numerals). Categories and subcategories are repeated in each bibliography; where no entries for a category are listed, the category is simply omitted. Numbers in parentheses within the essays and bibliographical sections refer to the bibliographic entries, items sequentially numbered from 1 to 4550. These numbers provide the basis for index reference.

Although the titles of the ten major categories and subcategories are self-explanatory, a number of categories require additional comment. Subcategory I.1 (Reference and statistical works) includes all bibliographies, general and topical; topical bibliographies have a cross-reference in their respective category. Subcategory II.1 (Population) aggregates national, regional and municipal censuses except when the censuses contain significant nondemographic material. Subcategory III.3 (Legislation) lists only major law collections. Under category VI. (Regional economy) are found comprehensive surveys; specialized studies of only one aspect of a regional economy are listed in topical categories (e.g. agriculture in Santa Fe is listed under category VII, Agriculture) and cross-referenced under category VI. Wherever feasible, entries in categories are ordered alphabetically except for some governmental series where the order is chronological.

Subjectivity and idiosyncracy affect inevitably entry classification. To reduce such influence, entries were repeatedly checked and, where appropriate, cross-referenced. At the end of most subcategories, there are listed the numbers of entries in other categories with relevant data.

★　★　★　★　★　★

An enterprise of this scope is the product of goodwill, cooperation, and patience. At every stage many have given freely of their assistance; it is, in so many words, the creation of many minds, hearts, and hands.

It would never have materialized without the sustained support of the Joint Committee on Latin American Studies, its former chairman, Joseph Grunwald, and its staff, Bryce Wood, Michael Potashnik and latterly Louis Wolf Goodman. In the formulation of bibliographical entries the staff of the Library of Congress, Earl Pariseau and Donald Wisdom, Mary Kahler and Georgette Dorn provided the benefit of long experience with the *Handbook of Latin American Studies.* To supplement internal criticism by contributors and editors, outside judgment was solicited from Warren Dean and Wilson Suzigan on the Brazilian section, and on the Mexican from Marvin Bernstein and Guillermo Palacios; invaluable have been the detailed criticism and bibliographical additions by Warren Dean and Marvin Bernstein. It is a pleasure to record the patience and skill of Edna Monzón de Wilkie who copy edited the manuscript and James W. Wilkie who provided consultation, and of those who typed and often retyped the manuscript—Laura Bell and Iva Barros Neto—as well as the secretarial assistance of Alice Garrison.

Checking of bibliographies and essays has benefited from the uncommon dedication of Harry Swan and Jiřina Rybáček-Mlýnková. To Harry Swan fell the task of verifying bibliographical information of all entries at the Library of Congress. Our last word of appreciation, however, is reserved for Jiřina Rybáček-Mlýnková who collaborated at every stage of editorial revision.

We trust this bibliography will match the utility of what repeatedly served as a model, *Latin America: a guide to the historical literature,* edited by Charles C. Griffin.

Roberto Cortés Conde (Buenos Aires)
Stanley J. Stein (Princeton, N.J.)

January 1976

# ABBREVIATIONS

| | |
|---|---|
| B.A. | Buenos Aires |
| [CC] | Carmen Cariola |
| [DF] | Darío Fajardo |
| [JRM] | Jiřina Rybáček-Mlýnková |
| N.p. | No place listed |
| n.p. | No publisher listed |
| [NVL] | Nicia Villela Luz |
| [OS] | Osvaldo Sunkel |
| s.d. | Sin datos |
| s.f. | Sin fecha |
| [SJH] | Shane J. Hunt |
| [SJS] | Stanley J. Stein |
| S.l. | Sin lugar |
| s.n. | Sin numeración |
| s.p. | Sin paginación |
| s.p.i. | Sin pie de imprenta |
| [WD] | Warren Dean |
| [WPM] | William P. McGreevey |

# Contents

Contributors . . . . . . . . . . . . . . . . vii
Foreword . . . . . . . . . . . . . . . . . ix
Abbreviations . . . . . . . . . . . . . . . xi

**Part One: Editors' Introduction,** *Stanley J. Stein*
     and *Roberto Cortés Conde*

The Economic Historiography of Latin America, *p. 3*
The History of the Latin American Economic History
     Project, *p. 6*
The Essays: A Synthesis of Analyses (to 1880), *p. 7*
Problems and Issues, 1763-1880, *p. 9*
Problemas y Temas de Debate, 1880-1930, *p. 17*
La Historia Económica y las Ciencias Sociales, *p. 24*

**Part Two: General Bibliography,** *Stanley J. Stein*
     with the assistance of *Jiřina Rybáček Mlýnková*

  I. General and Reference Works
     1. Reference and statistical works, *p. 29*
     2. Archival sources, *p. 30*
     3. Economic and/or social histories, *p. 32*
     4. Economic, social, and geographical
        conditions, *p. 34*
     5. Review of research problems, *p. 37*
  II. Demography, Manpower, and Living
      Conditions
     1. Population, *p. 38*
     2. Immigration, *p. 39*
     3. Education, *p. 39*
     4. Living and working conditions, *p. 40*
 III. Structures and Institutions
     1. Social structure, *p. 40*
     4. International factors, *p. 40*
 IV. Macroeconomic Growth and Fluctuations
     3. Money, credit, and banking, *p. 41*
     5. General economic policy, *p. 42*
  V. Foreign Trade and Investment
     1. Statistical sources, *p. 42*
     2. General studies, *p. 43*
     3. International capital flows, *p. 44*
     4. Governmental policy, *p. 45*

 VII. Agriculture and Ranching
     2. General studies, *p. 46*
     3. Land tenure and colonization, *p. 46*
     6. Governmental policy, *p. 47*
VIII. Industry: Factory and Artisan
     2. General studies, *p. 47*
  IX. Extractive Industry
     2. General studies, *p. 47*
     4. Governmental policy, *p. 48*
  X. Transport, Public Utilities, and Services
     2. General studies, *p. 48*
     3. Feasibility studies and projects, *p. 48*

**Part Three: Argentina,** *Tulio Halperín Donghi*

A. ENSAYO DE INTERPRETACION
     Sobre la Presente Recopilación, *p. 51*
     Economía Argentina y Economía Mundial, *p. 65*
     Fuentes para la Investigación en Historia
       Económica, *p. 69*
     Sobre las Futuras Líneas de Avance de la
       Investigación en Historia Económica
       Argentina, *p. 74*

B. BIBLIOGRAFIA
   I. Trabajos Generales y de Referencia
     1. Trabajos estadísticos y de referencia,
        *p. 82*
     2. Antecedentes y fuentes, archivos, *p. 84*
     3. Historias económicas y sociales, *p. 85*
     4. Condiciones geográficas, sociales y
        económicas, *p. 87*
     4a. Condiciones geográficas, sociales y
        económicas: periódicos, *p. 90*
   II. Demografía, Fuerza de Trabajo y Condi-
      ciones de Vida
     1. Población, *p. 92*
     2. Inmigración, migraciones internas,
        *p. 94*
     3. Educación, *p. 95*
     4. Condiciones de vida y de trabajo, *p. 97*
     5. Esclavitud, *p. 101*

III. Estructuras e Instituciones
1. Estructura social, *p. 101*
2. Grupos de interés, *p. 101*
3. Legislación, *p. 103*
4. Factores internacionales, *p. 104*
IV. Crecimiento Macroeconómico y Fluctuaciones Económicas
1. Fuentes estadísticas, *p. 105*
2. Estudios generales, *p. 105*
2*a*. Estudios generales: periódicos, *p. 106*
3. Moneda, crédito y bancos, *p. 107*
4. Finanzas públicas y gastos públicos, *p. 112*
5. Política económica general, *p. 115*
V. Comercio Exterior e Inversiones
1. Fuentes estadísticas, *p. 117*
2. Estudios generales, *p. 118*
3. Corrientes internacionales de capital, *p. 119*
4. Política gubernamental, *p. 120*
VI. Economía Regional
1. Fuentes estadísticas, *p. 121*
2. Estudios generales, *p. 125*
2*a*. Estudios generales: periódicos, *p. 130*
3. Desarrollo urbano, urbanización, *p. 132*
VII. Agricultura, Ganadería, Forestación
1. Fuentes estadísticas, *p. 133*
2. Estudios generales, *p. 135*
2*a*. Estudios generales: periódicos, *p. 140*
3. Tenencia de la tierra y colonización, *p. 142*
4. Insumos, *p. 146*
5. Precios y beneficios, *p. 152*
VIII. Industrias: Fabriles y Artesanales
1. Fuentes estadísticas, *p. 153*
2. Estudios generales, *p. 153*
2*a*. Estudios generales: periódicos, *p. 155*
3. Insumos, p. 157
4. Política gubernamental, *p. 158*
IX. Industrias Extractivas
1. Fuentes estadísticas, *p. 159*
2. Estudios generales, *p. 159*
3. Insumos, *p. 160*
X. Transporte, Servicios Públicos y Servicios en General
1. Fuentes estadísticas, *p. 160*
2. Estudios generales, *p. 160*
3. Insumos, *p. 162*

**Part Four: Brasil,** *Nicia Villela Luz*

A. ENSAIO DE INTERPRETAÇÃO
Historiografia Brasileira: Seu Perfil, *p. 165*
Era da Homogeneidade, 1830-1870, *p. 167*
Era da Diferenciação Regional, 1870-1930, *p. 171*
B. BIBLIOGRAFIA
I. Obras Gerais e de Referência
1. Obras de referência e dados estatísticos, *p. 182*
2. Fontes de antecedentes e arquivos públicos, *p. 185*
3. Histórias econômicas e/ou sociais, *p. 188*
4. Condições econômicas, sociais e geográficas, *p. 192*
4*a*. Condições econômicas, sociais e geográficas: Exposições, *p. 207*
II. Demografia, Força de Trabalho e Condições de Vida
1. População, *p. 208*
2. Imigração, *p. 210*
3. Educação, *p. 214*
4. Condições de vida e de trabalho, *p. 216*
5. Escravidão, *p. 217*
III. Estruturas e Instituições
1. Estrutura social, *p. 223*
2. Grupos de interesse, *p. 224*
3. Legislação, *p. 225*
4. Fatores internacionais, *p. 226*
IV. Crescimento e Flutuações Macro-Econômicas
1. Fontes de dados estatísticos, *p. 226*
2. Estudos gerais, *p. 228*
3. Moeda, crédito e bancos, *p. 229*
4. Receita e despesa públicas, *p. 234*
5. Política econômica geral, *p. 237*
V. Comércio Exterior e Investimento Estrangeiro
1. Fontes de dados estatísticos, *p. 240*
2. Estudos gerais, *p. 241*
3. Fluxos internacionais de capital, *p. 243*
4. Política governamental, *p. 243*
VI. Economia Regional
1. Fontes de dados estatísticos, *p. 244*
2. Estudos gerais, *p. 246*
3. Desenvolvimento urbano, urbanização, *p. 250*
VII. Agricultura, Pecuária, Silvicultura
1. Fontes de dados estatísticos, *p. 251*

2. Estudos gerais, *p. 251*
2a. Estudos gerais: café, *p. 256*
3. Posse da terra e colonização, *p. 258*
4. Insumos, *p. 259*
6. Política governamental, *p. 261*

VIII. Indústria: Manufatura e Artesanato
1. Fontes de dados estatísticos, *p. 262*
2. Estudos gerais, *p. 262*
3. Insumos, *p. 266*

IX. Indústria Extrativa
2. Estudos gerais, *p. 267*
3. Insumos, *p. 268*

X. Transporte, Utilidades e Serviços Públicos
1. Fontes de dados estatísticos, *p. 268*
2. Estudos gerais, *p. 268*
4. Insumos, *p. 271*
5. Política governamental, *p. 272*

**Part Five: Chile,** *Carmen Cariola y Osvaldo Sunkel*

A. ENSAYO DE INTERPRETACION
Introducción, *p. 275*
Características Básicas del Período, *p. 275*
El Primer Ciclo de Expansión, *p. 279*
El Segundo Ciclo de Expansión, *p. 287*
Conclusiones, *p. 294*

B. BIBLIOGRAFIA
I. Trabajos Generales y de Referencia
1. Trabajos estadísticos y de referencia, *p. 298*
2. Antecedentes y fuentes, archivos, *p. 300*
3. Historias económicas y sociales, *p. 307*
4. Condiciones geográficas, sociales y económicas, *p. 309*

II. Demografía, Fuerza de Trabajo y Condiciones de Vida
1. Población, *p. 314*
2. Inmigración, *p. 314*
3. Educación, *p. 315*
4. Condiciones de vida y de trabajo, *p. 316*
5. Peonaje, *p. 318*

III. Estructuras e Instituciones
1. Estructura social, *p. 319*
2. Grupos de interés, *p. 319*
3. Legislación, *p. 319*
4. Factores internacionales, *p. 321*

IV. Crecimiento Macroeconómico y Fluctuaciones Económicas
1. Fuentes estadísticas, *p. 322*
2. Estudios generales, *p. 322*
3. Moneda, crédito y bancos, *p. 322*
4. Finanzas públicas y gastos públicos, *p. 327*
5. Política económica general, *p. 331*

V. Comercio Exterior e Inversiones
1. Fuentes estadísticas, *p. 333*
2. Estudios generales, *p. 334*
3. Corrientes internacionales de capital, *p. 335*
4. Política gubernamental, *p. 336*

VI. Economía Regional
1. Fuentes estadísticas, *p. 336*
2. Estudios generales, *p. 336*
3. Desarrollo urbano, urbanización, *p. 339*

VII. Agricultura, Ganadería, Forestación
1. Fuentes, estadísticas, *p. 339*
2. Estudios generales, *p. 340*
3. Tenencia de la tierra y colonización, *p. 342*
4. Insumos, *p. 345*

VIII. Industrias: Fabriles y Artesanales
1. Fuentes estadísticas, *p. 346*
2. Estudios generales, *p. 346*
3. Insumos, *p. 348*

IX. Industrias Extractivas
1. Fuentes estadísticas, *p. 349*
2. Estudios generales, *p. 350*
2a. Estudios generales: salitre, *p. 353*
3. Insumos, *p. 355*
4. Política gubernamental, *p. 356*

X. Transportes, Servicios Públicos y Servicios en General
1. Fuentes estadísticas, *p. 357*
2. Estudios generales, *p. 357*
2a. Estudios generales: ferrocarriles, *p. 358*
3. Estudios de viabilidad y proyectos, *p. 362*
4. Insumos, *p. 362*
5. Política gubernamental, *p. 362*

**Part Six: Colombia,** *William Paul McGreevey*

A. INTERPRETATIVE ESSAY
   Periodization, *p. 367*
   Problems, *p. 381*
   The Bibliography, *p. 383*
   Apéndice: Nota sobre el Archivo de la
       República, Biblioteca Nacional, Bogotá,
       *Darío Fajardo, p. 384*

B. BIBLIOGRAPHY
   I. General and Reference Works
      1. Reference and statistical works, *p. 386*
      2. Background, *p. 387*
      3. Economic and/or social histories, *p. 389*
      4. Economic, social, and geographical
          conditions, *p. 391*
   II. Demography, Manpower, and Living
        Conditions
      1. Population, *p. 395*
      2. Immigration, *p. 396*
      3. Education, *p. 396*
      4. Living and working conditions, *p. 397*
      5. Slavery, *p. 399*
   III. Structures and Institutions
      1. Social structure, *p. 399*
      2. Interest groups, *p. 400*
      3. Legislation, *p. 400*
      4. International factors, *p. 401*
   IV. Macroeconomic Growth and Fluctu-
        ations
      1. Statistical sources, *p. 401*
      3. Money, credit, and banking, *p. 401*
      4. Public finance and expenditure:
          Memorias del Ministerio de
          Hacienda, *p. 403*
      4a. Public finance and expenditure:
          general, *p. 404*
      5. General economic policy, *p. 410*
   V. Foreign Trade and Investment
      1. Statistical sources, *p. 411*
      2. General studies, *p. 412*
      3. International capital flows, *p. 413*
      4. Governmental policy, *p. 414*
   VI. Regional Economy
      1. Statistical sources, *p. 414*
      2. General studies, *p. 415*
      3. Urban development, urbanization,
          *p. 417*

   VII. Agriculture and Ranching
      1. Statistical sources, *p. 418*
      2. General studies, *p. 419*
      3. Land tenure, *p. 421*
      4. Inputs, *p. 422*
      5. Prices, profitability, *p. 423*
      6. Governmental policy, *p. 423*
   VIII. Industry: Factory and Artisan
      1. Statistical sources, *p. 424*
      2. General studies, *p. 424*
      3. Inputs, *p. 425*
      4. Governmental policy, *p. 425*
   IX. Extractive Industry
      1. Statistical sources, *p. 426*
      2. General studies, *p. 426*
      3. Inputs, *p. 427*
      4. Governmental policy, *p. 427*
   X. Transport, Public Utilities, and
       Services
      1. Statistical sources, *p. 427*
      2. General studies, *p. 428*
      3. Feasibility studies and projects, *p. 429*
      4. Inputs, *p. 430*
      5. Governmental policy, *p. 430*

**Part Seven: Mexico,** *Enrique Florescano*

A. ENSAYO DE INTERPRETACION
   Obras Generales, *p. 435*
   Estudios Sectoriales, *p. 439*
   Apéndice: Nota sobre las Memorias de la
       Secretaría de Fomento, *p. 453*

B. BIBLIOGRAFIA *(con la colaboración de Jorge
   Ceballos)*
   I. Trabajos Generales y de Referencia
      1. Trabajos estadísticos y de referencia,
          *p. 456*
      2. Antecedentes, *p. 461*
      3. Historias económicas y sociales, *p. 462*
      4. Condiciones geográficas, sociales y
          económicas, *p. 464*
      4a. Condiciones geográficas, sociales y
          económicas: periódicos, *p. 471*
   II. Demografía, Fuerza de Trabajo y
        Condiciones de Vida
      1. Población, *p. 475*

2. Inmigración, emigración, *p. 477*

4. Condiciones de vida y de trabajo, *p. 479*

5. Esclavitud y peonaje, *p. 479*

III. Estructuras e Instituciones

    1. Estructura social, *p. 480*

    2. Grupos de interés, *p. 480*

    3. Legislación, *p. 480*

    4. Factores internacionales, *p. 480*

IV. Crecimiento Macroeconómico y Fluctuaciones Económicas

    3. Moneda, crédito y bancos, *p. 481*

    4. Finanzas públicas y gastos públicos: Memorias del Ministerio de Hacienda, *p. 484*

    4a. Finanzas públicas y gastos públicos: general, *p. 490*

    5. Política económica general, *p. 496*

V. Comercio Exterior e Inversiones

    1. Fuentes estadísticas, *p. 498*

    2. Estudios generales, *p. 500*

    3. Corrientes internacionales de capital, *p. 502*

    4. Política gubernamental, *p. 505*

VI. Economía Regional

    1, 2. Fuentes, estadísticas y estudios generales: entidades políticas, *p. 505*

    3. Desarrollo urbano, urbanización, *p. 519*

    3a. Desarrollo urbano, urbanización: México (ciudad), *p. 519*

VII. Agricultura, Ganadería, Forestación

    1. Fuentes estadísticas, *p. 521*

    2. Estudios generales, *p. 521*

    3. Tenencia de la tierra y colonización, *p. 523*

    4. Insumos, *p. 526*

    6. Política gubernamental, *p. 528*

VIII. Industrias: Fabriles y Artesanales

    1. Fuentes estadísticas, *p. 529*

    2. Estudios generales, *p. 529*

    3. Insumos, *p. 532*

    4. Política gubernamental, *p. 533*

IX. Industrias Extractivas

    1. Fuentes estadísticas, *p. 534*

    2. Estudios generales, *p. 534*

    3. Insumos, *p. 539*

    4. Política gubernamental, *p. 539*

X. Transportes, Servicios Públicos y Servicios en General

    1. Fuentes estadísticas, *p. 540*

    2. Estudios generales, *p. 540*

    3. Estudios de viabilidad y proyectos, *p. 542*

    4. Insumos, *p. 542*

    5. Política gubernamental, *p. 543*

**Part Eight: Peru,** *Pablo Macera* and *Shane J. Hunt*

A. INTERPRETATIVE ESSAY

    Periodización e Interpretación, *p. 547*

    Economic History and Theory, *p. 562*

    Apéndice: Fuentes para el Estudio de la Historia Peruana, *p. 571*

B. BIBLIOGRAPHY

    I. General and Reference Works

        1. Reference and statistical works, *p. 579*

        2. Background, *p. 581*

        3. Economic and/or social histories, *p. 582*

        4. Economic, social and geographical conditions, *p. 584*

    II. Demography, Manpower, and Living Conditions

        1. Population, *p. 588*

        2. Immigration, *p. 590*

        3. Education, *p. 591*

        4. Living and working conditions, *p. 592*

        5. Slavery and peonage, *p. 594*

    III. Structures and Institutions

        1. Social structure, *p. 595*

        3. Legislation, *p. 597*

        4. International factors, *p. 598*

    IV. Macroeconomic Growth and Fluctuations

        1. Statistical sources, *p. 599*

        2. General studies, *p. 600*

        3. Money, credit, and banking, *p. 600*

        4. Public finance and expenditure: Ministerio de Hacienda, *p. 603*

        4a. Public finance and expenditure: general, *p. 609*

        5. General economic policy, *p. 612*

    V. Foreign Trade and Investment

        1. Statistical sources, *p. 613*

        2. General studies, *p. 614*

3. International capital flows, *p. 615*

3*a*. International capital flows: Guano
       and nitrate, *p. 617*

4. Governmental policy, *p. 622*

VI. Regional Economy

1. Statistical sources, *p. 623*

2. General studies, *p. 625*

3. Urban development, urbanization,
       *p. 627*

VII. Agriculture, Ranching, Forestry

1. Statistical sources, *p. 628*

2. General studies, *p. 629*

3. Land tenure and colonization, *p. 632*

4. Inputs, *p. 634*

5. Prices, profitability, *p. 635*

6. Governmental policy, *p. 636*

VIII. Industry: Factory and Artisan

1. Statistical sources, *p. 636*

2. General studies, *p. 636*

4. Governmental policy, *p. 638*

IX. Extractive Industry

1. Statistical sources, *p. 638*

2. General studies, *p. 639*

2*a*. General studies: Guano and nitrate,
       *p. 642*

3. Inputs, *p. 643*

4. Governmental policy, *p. 644*

X. Transport, Public Utilities and
     Services

1. Statistical sources, *p. 644*

2. General studies, *p. 645*

2*a*. General studies: railroads, *p. 646*

3. Feasibility studies and projects, *p. 648*

4. Inputs, *p. 648*

5. Governmental policy, *p. 649*

Index

Authors, *p. 653*

Periodicals, *p. 680*

# PART ONE

# EDITORS' INTRODUCTION

Stanley J. Stein and Roberto Cortés Conde

"The English industrial revolution as . . . the first example of transition to self-sustained growth . . . is the most studied and most familiar. Yet precisely because it is the first . . . it is probably the least helpful of any as an example of how to grow."

—D. Whitehead. The English industrial revolution as an example of growth. *In* R. M. Hartwell, *ed. The industrial revolution.* (1970)

". . . nada puede ser más importante para el estudioso de la economía y en especial de los hechos cruciales, complejos, llenos de implicaciones del subdesarrollo y el desarrollo, que un conocimiento vertebrado del contexto histórico determinante—y condicionante—de esos fenómenos."

—F. Carmona de la Peña. *Dependencia y cambios estructurales.* (1971)

# EDITORS' INTRODUCTION

## The Economic Historiography of Latin America*

The collection of economic data over time and the description and analysis of economic institutions have a long tradition in Latin America as evidenced by voluminous records of both colonial and post-independence administrative organizations. In this narrow sense, "economic history" has been pursued in Latin America for generations, reflecting the interests and problems of a colonial and then a neo-colonial milieu: domestic and foreign trade, finance, fiscal and land policy, mining and transport, and labor supply. As investigators continue to discover, there is more of such material than was suspected. In such studies, however, the elements of economic history, although present, were diffuse and fragmented; the processing and evaluation of data was undertaken to furnish a basis for policy-making and was utilized for limited objectives, avoiding systemic analysis.

The germination of economic history as a formal subsector of the discipline of history directed to a general as well as scholarly community appears to have come late in Latin America, but perhaps not as far behind West European or U.S. development as may seem at first. What distinguishes the formal discipline from earlier manifestations is the desire to study the process of economic change for its own sake, with secondary consideration to policy-making. The discipline was stimulated in nineteenth-century Europe by the passing of institutions whose permanence once seemed assured, or by seismic movements which suggested a deep-seated general crisis in an existing system, or both. The striking transformation of economy and society produced by accelerated industrialization in England sharpened the perception of class conflict and enlarged the framework of historical analysis to integrate economic and social with political change. Thus the transition from commercial to industrial capitalism in England found its analysts

early in Marx and Engels, later in Toynbee, Ashley, Cunningham and Mantoux. At the end of the nineteenth century the conjunction of agricultural depression which terminated the phase of "high farming" in England, the concentration of English agricultural holdings, and consequently the depressed conditions of agricultural labor and the pressures for rural out-migration to urban centers all led to the outstanding studies of English agrarian history clustered in the period from 1907 to 1912, to the works of Slater, Hasbach, Levy, the Hammonds, Tawney and Prothero. In Russia, for example, the historiography of the peasant flowered in the quarter-century following the emancipation of the serfs, as evidenced by the works of Belyaev, Klyuchevsky and Semevsky. Finally, it is worth recalling that Heckscher prepared his *Mercantilism* during the nineteen-twenties when greater state economic intervention portended the abandonment of classic forms of laisser faire. In sum, as the pattern of Western Europe suggests, economic history emerged with the perception of the effects of agricultural change and crisis, rapid industrial growth, and the influence of socialist thought and analysis.

Comparable factors account for the development of Latin American economic history only after about 1930. In the first place, the Latin American economy from the colonial centuries onward remained rooted in agro-ranching and mining structures which expanded old or developed new export commodities without break until the twentieth century; only after 1930 did economic diversification via industrialization assume significant proportions. Throughout the nineteenth century public officials and others who wrote on economic issues were more often than not tied to the Latin American agrarian and mining structures. Only the outbreak of the Mexican revolution of 1910 and the surfacing of agrarian issues there, and subsequently elsewhere in Latin America in the twentieth century, inspired polemic and documentary materials on the land problem. Before roughly 1930 how many widely ranging critiques of the land-holding systems of Latin America scourged the conscience of their audience like Nabuco's *O abolicionismo* (1345), Mariátegui's *Siete ensayos de interpretación de la realidad peruana*

*This portion of the introduction has benefited from the critical observations of my colleagues: Jerome Blum, Carmen Cariola, German Carrera Damas, Shane Hunt, Barbara Hadley Stein, Osvaldo Sunkel and Bryce Wood. [SJS]

(3687), McBride's *Land systems of Mexico*[1] or Guerra y Sánchez' *Azúcar y poblacion*[2]? Thus the economic history of Latin America remained until the rather recent past the province of those who, members of the elite by birth or by ability, were interested in making a traditional on-going system more efficient and sometimes more equitable. They focused upon those problems of temporary disequilibria which seemed to require only adjustments to permit their respective national economies to benefit from their roles in an expanding international system.

Second, large-scale, open class conflict seems generally absent in the major political events of Latin America until the twentieth century. By contrast such conflict was overt in the French Revolution, the French upheaval of 1830, English chartism, the pan-European revolts of 1848 and 1849, the Paris Commune and, last but not least, the Russian Revolutions of 1905 and 1917. The historiography of these events has long turned on the question of class opposition, its sources and intensity, the definition of the groups involved—issues that Marxism shifted from the periphery to the core of controversy. European historiography also mirrored the friction induced by European economic development, its effects upon agriculture and industry, the social distribution of the economic surplus and ensuing social conflict: the distribution of industrialization's benefits between workers and owners, the spread of agricultural intensification's costs among rural proletariat and peasantry, demographic growth, rural outmigration and uncontrolled urbanization, and the inter-regional competition for the gains of a developing European and international economy—imperialism. Meanwhile on the western shores of the North Atlantic basin U.S. historiography also reflected the social frictions of an economy shifting from its agricultural commodity export basis to industrialization: land policy, transport, financial institutions, concentrations of economic power and the feasibility of augmenting the economic surplus through imperialism.

Within the dominant agro-ranching and mining sectors of Latin American economies, however, until the twentieth century there was little of the by now classic phenomenon of conflict between hacendados and peones, peasants and estate owners, small versus large proprietors, mine laborers versus mine owners and little comparable to the profound effects of European enclosures. Where such conflicts did emerge in colonial and nineteenth-century Latin America the underprivileged were ill-organized, hardly effective;

jacquerie-like rural uprisings or sporadic mining outbursts did not rupture spectacularly the structures of Latin American economy, society, politics. Without the basis of increased social pressure and ensuing social conflict, the historiography of Latin America remained focused on politics, political philosophy, and personality.

Third, for a variety of reasons, the search for the economic roots of twentieth-century Latin America's reality, especially after the Great Depression, was stimulated by interest groups, social scientists and the demands of a widening public. Interest in economic history grew precisely when the structural relationships of peripheral capitalism in Latin America began to change in response to international and domestic pressures. The First World War led to the recession of the external influence of Great Britain upon Latin American economies, to be replaced slowly at first, then rapidly in the 1920's, by the United States. It was after 1914 that industrial groups materialized with interests often divergent from those of the by now traditional agrarian and mining export-oriented economic elites. To industry-connected groups economic history provided an analysis of the shortcomings of dependence upon commodity exports and imports of manufactures, and the impact of the Great Depression upon vulnerable Latin American economies reinforced the criticism of the imperialism of free trade. Economic crisis and economic nationalism have always functioned reciprocally and after the Great Depression economic nationalists searched the past for materials to buttress their arguments; they became economic historians and their polemics sensitized a growing, politically conscious public.

Yet the surge of interest in economics and economic history is largely a post-1945 phenomenon flowing from sustained interest not in a return to the equilibrium of a former *belle époque* but in future economic growth and development in order to surmount a new cluster of problems. The operations of peripheral capitalism of Latin America have disclosed that imports of capital and technology cannot alone eliminate the critical mass of inter-related phenomena: accelerated demographic growth in the "demographic transition" of lowered mortality and sustained birth rates producing unprecedented population pressures, unemployment and underemployment, massive outmigration from rural areas and mushrooming urban slums on an unprecedented scale. While the necessity of coping with such phenomena in the post-1945 era produced a growing supply of economists absorbed by government and business, ultimately economists were to spur the development of economic history in Latin America.

[1] George McCutchen McBride, *The land systems of Mexico*. New York, American Geographical Society, 1923. 204 p.

[2] Ramiro Guerra y Sánchez, *Azúcar y población en las Antillas*. . . . Habana, Cultural, 1927. 190 p.

In underdeveloped areas intellectual currents are part of the composition of imports and, like technology, often imported on a large scale. Thus Latin Americans who were trained abroad after 1945 in Western Europe and the United States were now fully exposed to the theoretical propositions, sophisticated statistical techniques, and analytical framework of the economics of the so-called "developed" world. In post-World War II decades the shortcomings of the theoretical framework and short-term analysis as well as of the performance of the economies of Latin America inspired economists and social scientists to probe for the long term or secular factors which neo-classical and Keynesian economic analysis overlooked or underestimated. This explains the now classic reviews of the Latin American economic past by members of both neo-Keynesian and neo-Marxist schools.

It was after 1945 that many social scientists in Latin America were drawn to a Marxist framework. Although evidence of contact with Marxist writings is evident after the Russian Revolution, Marxist literature and political figures were viewed suspiciously; the volume of literature was small because conservative governments believed social problems were a matter for the police, and class conflict an exotic, non-national concept. But during the 1950's as Marxist political action in Western Europe seemed effectively controlled, Marxism as a mode of analysis paradoxically spread; and in Eastern Europe socialist "experiments" in once comparably backward or underdeveloped areas flowered into ever-present and nagging realities. Social scientists examining Latin American reality perceived in Marxism a comprehensive systemic analysis of the structures of underdevelopment while in Leninism they found confirmation of the belief that the international system was responsible for national ills. Marx as economic historian had profound effects upon the course and development of West European historiography; assimilated and adapted in Latin America, Marxism has produced a comparable if somewhat belated stimulus to the economic historiography of Latin America.

Thus, the new school of economic historians has focused not only upon the weaknesses of the national economy but, unlike its predecessors, has traced them to the apparent structural constraints of the international capitalist system which, it is argued, inherently limits the development of the economies of Latin America and the benefits to be derived therefrom. In some instances the argument of this group has been shredded by subsequent critical review of their thesis and statistical manipulation; yet as time provides perspective, one is left with the judgment that *the* critical issue has been located. What was before 1930 viewed complacently and approvingly as the successful incorporation of Latin America in the expanding world economy is now considered at the root of Latin America's shortcomings in recent decades—what has been described as the "development of underdevelopment."

The contributions of the new school indicated profound malaise with the current situation in Latin America and were advanced heuristically to provoke further research and revised policy-making. This will explain the current interest which promises to burgeon in a wholesale re-examination of "export-oriented" growth and in refining the concept of "dependence" and "hegemonic powers." And this re-examination will be fueled by other tardy phenomena, expansion of Latin American university systems, research funding, and the interflow of approaches, techniques and data among the international community of scholars. Given the current level of communication and training of economists and historians, it is predictable that the economic history of Latin America will shortly reflect the innovations in approach and technique of both U.S. and European scholars. In the United States there has been a growing group pursuing the "new" economic history, a fusion of statistical theory and method, econometrics and economic theory applied to the past—"cliometrics." To this approach must be added the influence of the French historical school of "serial" and "total" history, of long time-perspective, multi-disciplinary, massively quantified. The economic history of Latin America is at a new threshhold of widening vistas and, perhaps more significant, of greater utility in placing the lessons of the past at the service of the present and future.

On reviewing the development of the economic historiography of Latin America, is it accurate to assert that it has lagged behind comparable development in other areas? By comparison with the volume and scope of economic historiography of "developed" economies such as that of Western Europe and the United States, Latin American output is diminutive. It is true that from the late eighteenth century through the nineteenth, Western European and U.S. authors published histories of commerce, of some industries, of land policy and transport. A rough estimate of output suggests, however, that the upsurge of historiographical production in both areas came after 1900, rising moderately before the first world war, rapidly in the 1920's, steeply after 1930. Scholarly periodicals on economic history appear after 1900: in Germany (1903) and France (1907), in Sweden (1922) and England (1928) and last in the United States (1940). In Latin America the surge of publications on economic history came between 1930 and 1945. On the other hand, there are still no specialized periodicals; articles on economic history appear, characteristically, in journals devoted to problems of economic development such as *El Trimestre económico, Desarrollo económico* (129) and *Inter-American economic affairs* (40). We may conclude that there has been a lag, but is it appreciable? And if a comparison be drawn with other underdeveloped or late developing areas, Latin American economic historiography may be in fact more advanced than that of Africa and Asia with the exception of Japan.

Thus many currents seem to converge on what promises in the near future to emerge in Latin America as a blend of techniques of economic history developed abroad and adapted to the specific problems of Latin America. But basic to economic history is quantification, and investigators will have to assign a high priority to the search for, and preparation and publication of, reliable and manipulable long-term statistical series on such basic items as prices, output, employment and wages, imports and exports, demography and income. As in all historiography, the major contributions will depend primarily upon judicious choice of topics, availability and nature of quantitative and other data, appropriate technical tools, and ultimately upon historical imagination. In this sense, the path of Latin America's historiography will depend upon the topics investigated, the perspectives and insight of the investigator and the use of old and new historical data. It is here that the bibliographies and essays of this volume may be of utility to both the specialized and the general public.

## The History of the Latin American Economic History Project

In the fifteen years following the close of the Second World War, the earlier and promising growth of U.S. scholarly interest in Latin America waned as U.S. public and private agencies switched attention and funds to other world areas. The first Joint Committee on Latin American Studies of the American Council of Learned Societies (ACLS) and the Social Science Research Council (SSRC) disappeared in 1947, not to be revived until 1959 with the financial assistance first of the Carnegie Corporation, then the Ford Foundation. By 1961 when the Joint Committee helped plan a conference on the status of Latin American studies in the United States, the scholarly study of the problems of Latin America could no longer be shelved as was underscored by the emergence of Cuba as the first socialist republic in the Western hemisphere. The desire of the reactivated Joint Committee to broaden and deepen the disciplinary coverage of Latin American studies led to the preparation of this volume.

Starting in the mid-1960's the Joint Committee explored the possibility of collaborative work on the economic history of Latin America since this was clearly a neglected area of social science coverage both in Latin America and elsewhere. At a meeting of Latin American scholars sponsored by the Joint Committee held at El Colegio de Mexico in December 1966 there emerged the consensus that priority be accorded the Latin American Economic History project. In three subsequent conferences at Caracas (January 1969), Mexico City (September 1969) and Austin, Texas (March 1971), the project was defined, collaborators and co-directors chosen, and preliminary drafts of work in progress reviewed.

In retrospect, the decision to bring together at Caracas in 1969 interested scholars from both Latin America and the United States was particularly fruitful. This conference provided the participants the opportunity to consider many approaches to the study of Latin America's economic history and to decide on the most necessary and viable steps. The conference members had to decide the question: a series of national studies of comparable time-period and theme, and/or a comprehensive review of the literature available for substantive and hopefully innovative studies in economic history. Here it is appropriate to record that it was the reflection and advice of a specialist in East Indian economic history, Morris D. Morris, which helped persuade the participants to begin at the beginning, to allocate first priority to a bibliographical survey at the national level of the materials available for the economic history of Latin America, thereby continuing the pioneer work of Harvard University's Bureau for Economic Research in Latin America, *The economic literature of Latin America* (5) published in 1936—a project also inspired by the SSRC.

The Caracas conference had furnished the co-directors with specific goals: to design a model of international collaboration, to present collaborators a carefully outlined and mutually accepted definition of the final product, to emphasize wherever possible in the respective national bibliographies the existence of research materials hitherto neglected, and to include in essays accompanying the national bibliographies significant problems and issues for further investigation. At the outset and within the constraints of time, available personnel, funding and, in all candor, their own supervisory talents, the co-directors had to limit coverage to seven countries. Because all participants in the first conference had warmly recommended that Cuba be included, immediate steps were undertaken to enlist the collaboration of the Cuban academic community. It is a source of regret that it proved impossible at that juncture to execute this recommendation of the conference.

At the Mexico City conference held under the auspices of El Colegio de Mexico (September 1969), co-directors and eight collaborators settled the principal items of the agenda: the period to be covered by the bibliographical survey, the number of entries per country as well as the contents of bibliographical annotations, the nature of the essays, and a key aspect of the Economic History Project from its inception, of which bibliographies and essays were but the foundation stone—the question of substantive studies. Quickly it was resolved to limit the period of the coverage to the century, 1830-1930. Obviously the initial date corresponds to the effective start of the so-called national period with the close of the anti-colonial movements as well as what may loosely be termed postwar reconstruction. Equally a factor in the choice of this date was the general opinion of the collaborators, sustained by current historiography, that they would thereby be in position to ascertain the survival of elements of colonial structures in economy, politics, society and attitudes. The terminal date, on the other hand, flowed from other considerations. First was the opinion that the Great Depression marked a watershed in the trajectory of Latin America's economic growth and development, closing one major cycle and inaugurating another—slowly in the view of some writers but evident to all nonetheless. Second was the fact that the interval between Latin America of the Depression and the 1970's held the promise of that quality ostensibly prized by historians, perspective. Furthermore, such was the volume of economic literature of post-1930 decades, and frequently so profoundly divergent the opinions held in respect to policy-decisions and implementation, that even with the best of intentions collaborators might simply find themselves concentrating on the 20th-century materials to the neglect of the recognizably neglected decades before the end of the nineteenth century.

Since the intention was the preparation of a bibliographical guide which, while comprehensive, could under the constraints of time and funds hardly pretend to be exhaustive, all agreed that the number of bibliographical entries would vary between 450 and 650—in fact, the variation is between 452 (Colombia) and 908 (Peru). Given the large number of newspapers and periodicals, no effort was made to review them comprehensively, although the collaborators are properly sensitive to the scope and depth of analysis often encountered in such materials. It was hoped that the bibliographical investigation might make a distinct contribution by indicating materials in ministerial annual reports, in pamphlet literature nourished by polemics over such issues as protection and free trade, railroad finance, construction and rate-setting, immigration, fiscal, monetary and land policy, as well as

by uncovering manuscript materials in government (national, regional and municipal) archives, and in the papers of enterprises in the private sector—primarily those of merchant firms, banking establishments and investment houses. On reflection, co-directors and collaborators were overly ambitious in their planned coverage. In another area of the bibliographical investigation, however, the emphasis upon quantitative and often serial materials basic to solid economic history has been more fruitful.

In the interest of cost-reduction and handling, guides to historical literature and to such publicatiuons as the *Handbook of Latin American studies* (4) contain mainly succinct annotations. Following such standard works the co-directors first recommended that annotations to entries be limited to a maximum of about 50 words; this constraint proved to be ineffective and with good reason, the co-directors believe, since as work progressed it became clear that the more comprehensive the annotations of a relatively restricted number of total entries, the greater their utility to a potentially diversified audience. This accounts for the length of some annotations and repeated discrimination of contents as to their qualitative or quantitative utility.

Particular attention was devoted at the 1969 Mexico City conference to the content of the national essays summarizing the trends of bibliographical investigation. It was reckoned that in the course of research and evaluation of contents for the benefit of the general and specific public, collaborators could pinpoint significant issues and propose either new major and secondary periodization or at least substantiate currently accepted periodization. Interpretative essays might furnish form and structure to the materials presented, perhaps even guide the course of economic historiography in Latin America. Hence the emphasis in many essays upon problems and issues rather than upon chronicling events.

A major purpose of the Economic History project has been to stimulate monographic study, descriptive and/or quantitative, and to channel such study to basic issues in the economic history of Latin America. Linked to this has been the hope that clarification of major and subsidiary issues and perception of their inter-relationships might result in sharper definition of what we may term moments of decision-making or turning points. In the long-run, and perhaps even in the short-run, bibliographies and interpretative essays may furnish materials which those dedicated to economic history may utilize and manipulate with recourse to the insight, approaches, and techniques burgeoning in the social sciences as a whole.

Preoccupation with substantive studies surfaced repeatedly in the early planning stages of the project, but was subordinated after the 1969 Caracas Conference, when by common consent the first priority was accorded the preparation of the bibliographies and essays. Substantive studies remained, however, a matter which preoccupied the co-directors in planning the execution of the Economic History Project; indeed they had forwarded to the participants of the Mexico conference in September 1969 as the last item of the proposed agenda three approaches to substantive studies, i.e., to what is now to be the second phase of the whole Economic History project: (1) special topics peculiar to each area, which might presumably emerge in the bibliographical essays; (2) studies of common themes such as industrialization to 1914, the domestic impact of export-oriented economies, the influence of "imported" ideologies on policy-making, or institutional and attitudinal factors in economic change; or (3) comprehensive, interdisciplinary economic history of each area on agreed-upon themes within a small time-span, say, 1880 to 1914. From discussion at the Mexico City conference in September of 1969 and at the subsequent Austin conference in March of 1971 there emerged a consensus that the substantive studies, when undertaken, should have as unifying theme the domestic impact of external factors upon the growth and development of the Latin American economies between 1880 and 1930.

The primary purpose of the 1971 Austin conference, held with the cooperation of the University of Texas' Institute of Latin American Studies, was to permit collaborators to circularize their in-progress bibliographies and essays for mutual criticism and to profit from detailed review by academic consultants. At that meeting a number of highly useful suggestions emerged. With respect to the bibliographies, it was apparent that statistical materials required more attention and that additional entries were needed on social structure, education, technology, and demography; as for the essays, these—it was urged—should avoid mini-periodization and, via judicious synthesis and interpretation, guide users through the maze of entries.

Those who utilize the bibliographies may wish to know how the schedule of categories was fashioned. A preliminary schedule was based upon models offered by the United Nations' *Statistical yearbook*[3], the *International bibliography of the social sciences*[4] and the American Economic Association's *Index of economic journals*.[5] It has benefited by the critique of Shane

[3]United Nations. Statistical Office, *Statistical yearbook.* . . . New York, 1949—.

[4]*International bibliography of economics; bibliographie internationale de science économique.* London and Chicago, Tavistock Publications and Aldine, 1952—. (International bibliography of the social sciences).

[5]American Economic Association, *Index of economic journals.* Homewood, Illinois, 1886-1965. 7 v.

Hunt, and was subsequently revised in the light of the materials prepared by the collaborators.

## The Essays: A Synthesis of Analyses (to 1880)

In appraising approaches to the one hundred years covered by the six essays, collaborators agreed to consider the validity of at least two major chronological subdivisions, the initial period (1830-1880) and its very obvious sequel (1880-1930). In the fifty years before 1930 the rate of growth of exports as well as of infrastructure in Latin America as a whole markedly separated this period from its predecessor. Bibliographical research and the problems revealed confirm that it is correct to hold that a new phase in the economic history of Latin America is apparent around 1880. However, as a result of the clear guidelines to emphasize post-1830 developments, collaborators have not indicated whether 1830 marks a significant break with late colonial economic patterns.

Consequently, there is scant data to render more precise continuities or discontinuities of colonial economic performance in the post-colonial period except in a few essays and then largely by indirection. In fact, readers will find few references to the late colonial period in the essays on Brazil, Chile, and Colombia. On the other hand, in the case of Argentina, Halperín argues that after 1778 the La Plata coast began to play a "hegemonic" role with respect to both Upper Peru and Chile. Independence interrupted the possible reinforcement of such economic pre-eminence. In most of the essays, moreover, there is implicit or explicit the theme that at the close of the colonial period Spanish and Portuguese possessions in the new world were entering the international economy rapidly and, while the colonial upheaval may have decelerated this somewhat, the process was renewed after 1830, slowly before 1850, afterward at an accelerating pace. Yet this seems to be contradicted by McGreevey's hypothesis of stagnation followed by decline in Colombia's real income throughout the nineteenth century.

However vague may be the links between late colonial decades and the immediate post-independence decades, there is—as the essays make clear—no reason to doubt that the period 1830-1880 constitutes a valid unit of periodization. Political independence provided an autonomy of national policy; and, despite differences among Latin American nations in their foreign trade performance, the trend toward greater integration in the transatlantic economy is manifest in what Sunkel and Cariola term the "pre-expansionist era." In the process inter-retional trade patterns of the colonial period became attenuated or simply disappeared. In economy as well as polity, independence fragmented rather than integrated the Iberian possessions in America.

External demand was responsible for the expansion in the agricultural sector of most Latin American nations after 1830, although the responses were not simultaneous. A growing volume of Brazilian coffee and Chilean wheat was exported after 1840; Colombian tobacco exports came somewhat later. In exports of hides, salted beef, and wool, the upward tendency of Argentina is marked from the 1830's onward. In Chile, the grain export boom coincided with expansion of silver and copper mining; nowhere, to be sure, in Latin America did there appear so meteoric a phase of mining growth and collapse as occurred during Peru's guano age. In all the essays, the reader will note a theme closely tied to export growth, namely that foreign exchange earnings seem quickly to have been transformed into a large import volume of textiles and other consumer goods; these, notably textiles, induced a contraction in the operations of local artisan producers, if not their virtual extinction.

As careful examination of the essays will reveal, it is impossible to synthesize and make uniform fifty years of economic change, 1830-1880, in six nations without risking serious distortion. For example, not every country reviewed in the essays confronted the issue of church landholdings or liens, or where they did, they adopted different approaches. Again, only Brazil and Peru experienced a marked geographical switch in the location of their dynamic cores. In Peru the decline of the mining economy was succeeded by the rapid development of Peru's coastal areas producing guano, sugar and nitrates; in Brazil the growth of South Central Brazil's coffee areas undermined what Villela Luz suggests was a kind of inter-regional balance between the south-center and the northeast. Yet with due regard to national idiosyncratic response to external or exogenous stimuli provided by the core nations of the international economy, one cannot overlook similar tendencies and economic groups operating in all six Latin American nations between 1830 and 1880. Everywhere one detects the creation or expansion of existing export sectors; everywhere there are references to the political power of foreign merchants moulding fiscal, monetary and tariff policies of Latin American governments. In all the essays there is the impression that in some ill-defined and still to be explored fashion the nineteenth century reinforced rather than broke sharply with late colonial economic patterns; the changes that occurred were the product of evolution rather than sharp ruptures. One is left with the suspicion that Halperín's observation with respect to Argentina—that by 1830 Argentina's course for the next 100 years was set—applies to the other nations of the area as well.

# Problems and Issues, 1763-1880

The analysis of the period 1830-1880 which follows has been subdivided because problems and issues arise from the conjuncture of certain decades. There is nothing definite about this heuristic device. Coverage has been extended chronologically to include late colonial economic developments affecting mining and agro-ranching output, and inter-colonial and trans-oceanic trade flows. The political consequences flowing from national independence are clear; not as clear are both continuities and ruptures in economic institutions and relations.

A second observation concerns the presence or absence of a framework of reference governing the choice of problems and issues. A framework influences both the kind of historical problems which analysis aims to clarify as well as their relative priority. But what should be the most appropriate framework? Should the framework be the formation of pre-industrual structures of modern industrializing Latin America or one which has the virtue (some might call it a vice) of reflecting post-1945 currents which now seem at flood tide—the relationship between export-oriented growth and the reinforcement of economic dependence?

Doubtless economic historians will continue to choose as their foci of interest problems which derive from what appear as personal idiosyncrasy. Those who have contributed to this publication hold to the tenet that there are many paths to the pursuit of knowledge. However, the co-directors would like to enjoy the illusion that they may make their contribution to the development of the economic history of Latin America by indicating those clusters of problems and issues which, from their vantage point, appear to merit priority.

## Problems of the colonial legacy to about 1830

In 1830 twenty years or less separated the national governments of Latin America from subordination to Iberian colonialism. Those thirty-five or older had passed formative years under the longest lasting colonial system ever implanted in a major geographical area. To create, adapt, and re-articulate viable economic institutions, post-independence leaders had to contend with the structures of an economic system which had evolved over centuries and finally had been shaken by two decades of revolutionary upheaval.

In one perspective the achievements of that system were manifold. Conquest, colonization, and colonialism integrated Latin America into the world economy via export-oriented growth primarily through its mining sectors and then, at a rapid rate in the late eighteenth century, through agro-ranching activities. Land, labor, capital and entrepreneurship had been mobilized and combined in a variety of ways; in terms of physical output the results had been impressive. Over three centuries more than 40,000 tons of silver, not to mention gold, diamonds, and copper had been mined, refined, and exported; at the end of the colonial stage there was a marked upsurge in production and export of commodities such as tobacco and sugar, coffee and hides, cotton, cochineal and indigo in response to rapidly rising external demand. Mining output reached its peak only in the last decades of the eighteenth century. But not all production was exported because there was a rising level of domestic demand created by demographic growth, a corresponding specialization of production, and an inter-colonial system of commodity flows in grain, sugar and cattle, and in such artisanal products as cotton and woolen textiles, pottery, ironware, and clothing. The financial requirements of civil, military and ecclesiastical bureaucracies as well as those of the metropolises had formed a many-layered tax system which directly and indirectly touched all members of colonial society. Only in the closing decades of the period did tax farming begin to yield to direct control by the bureaucracy. Earnings, profits and savings had induced capital formation of an as yet undetermined level mobilized and manipulated by economic elites drawing upon the capital resources of religious foundations, church tithes, and the savings of Indian communities; upon these, metropolitan goverments also made demands especially at the end of the century. In brief, there functioned banking institutions whose precise nature is now subject to unraveling.

This is by no means a comprehensive panorama of late colonial economic institutions and mechanisms, but it suggests the achievement of a coherent economic system and its effects in an early form of imposed economic "integration" under commercial capitalism. The system was achieved because the colonial and metropolitan elites could subordinate, organize, and reorient an indigenous and/or imported labor force on a scale impossible within the constraints of European society and economy. Its pragmatic benefits help us to understand the secular continuity of Iberian colonialism, the intensity of the struggle to overcome its disadvantages in the anti-colonial movements in the two decades after 1810, and the post-independence survival of many colonial institutions.

The costs or disadvantages of the Iberian colonial systems were also manifold. One suspects they became intolerable in the decades of economic growth at the end of the eighteenth century and were in the aggregate a prime cause of independence. Already discerned are the long-term effects of conquest, pestilence, and accompanying cultural disorganization and reorganization upon the indigenous people of Latin America. Demographic recovery was tardy; in the eighteenth century its rate was uneven and interrupted by the premodern cycle of meteorological phenomena, crop failures, famine and disease. Less well known are the effects of demographic fluctuations upon population distribution and the rate of formation of urban centers. Into our cost accounting must also be introduced the economic constraints of colonial social structure and its values: debasement of the indigenous population and of imported forced labor from Black Africa; constraints upon entrepreneurship among the masses which contrast with accentuation of early capitalistic entrepreneurial characteristics of the colonial mercantile, landholding, and mining elite; maldistribution of income; a tax burden regressively distributed (even perhaps by then current standards) and, by comparison with peasant economies elsewhere, impoverishment of the lowest 80 per cent or more of the population. Or should we ask whether there even existed a peasant economy and society in Latin America after three centuries of colonialism?

Finally, there remains the assessment of the disadvantages of the colonial trade system, of mercantilism and metropolitan "monopoly" which conditioned the search for and allocation of Latin America's resources. The colonial commercial system controlled supply and raised prices to consumers artificially above what a free commercial system might have permitted; further limitations on shipping raised freight and insurance rates and in addition transferred these invisible earnings to the Iberian metropolises. The ultimate costs of colonial trade restrictions in terms of contraband and its control are another matter. And we have yet to ask, was the spread between prices in Latin American ports and international price levels (i.e. the difference caused by transatlantic marketing costs including Iberian entrepôt duties) significantly wider under colonial than under competitive conditions? Did these contribute to a constant leakage of income to Europe via capital transfers, tax revenues, tithes, repatriation of earnings and profits by Spanish returnees—all causing the constant late eighteenth-century complaint of lack of circulating medium, a form which modern analysts might term decapitalization?

Enumeration of the advantages and disadvantages of the Iberian colonial system in America should not lead to the assumption that all advantages were retained after independence and disadvantages lost. A simplified balance-sheet of costs and benefits may serve, however, as a device to indicate the complexity of the colonial economy, the interlocking webs of interests and institutions long established yet evolving, and the magnitude of the difficulties confronting those who inherited the governance of liberated peoples. Some assessment is required to understand in depth the effects of colonial wars which were also internal wars involving large-scale destruction of physical assets, capital outflows, and demographic loss. Two inter-related problems which preoccupied historians in the immediate post-independence decades are still the subject of debate. Were the Iberian colonies in America ready for independence in 1810? Were attacks upon colonial economic restraints and metropolitan exploitation valid and therefore the major justification for seeking change by violence rather than by gradualism?

A final question concerns generalization about colonialism. In the light of differential growth patterns in two colonial areas after independence, the United States and Latin America, is it possible to isolate key features to form a typology of colonialism? Both areas at independence share the obvious feature of subordination or dependency. Yet what seems to differentiate significantly one from the other are the structures of colonial dependency, internal and external, which subsequent growth under external stimuli reflected.

## Problems of independence and early growth, 1830-1850

One theme of contemporary economic historiography is the estimation of growth rates before and after major upheavals, e.g. in the U.S. antebellum South and in Russia before 1914, in order to evaluate the impact of unexpected shocks to stagnation, growth, or developmental patterns. The approach is valid although some may suspect that the proposition that continuities are more important than ruptures of a revolutionary character may reflect the *parti pris* rather than the scientific neutrality of economic historians.

Perhaps the first cluster of problems associated with the economic consequences of independence and reconstruction should be an appraisal of the physical resources destroyed in military operations everywhere except in Brazil: cattle, crops, installations, manpower. Take the fate of the leading sector of the colonial Latin American economy, silver mining. Production in Upper Peru stagnated for about twenty-five years before 1810 while Mexican production peaked just before the outbreak of war in 1810. In Mexico, for example, civil war led to extensive mine flooding and reduced the import and distribution of mercury essential for the refining process. There ensued a brief recovery around 1818-1820 followed by a resumption of declining rate of output. It has been hypothesized that the limits of technology and the quality of ores were responsible for declining output. However, it is logical to ask about changes in labor supply of a labor-intensive industry after 1810: what were the effects of civil war which was particularly intense in the mining zones of Mexico and Upper Peru? And while we no longer are naive about inevitable progress in the enjoyment of civil rights by the masses in the transition from colony to independent nation, it may have become more difficult after independence to apply the coercive power of the state to force "citizens" into mines.

The destruction of physical assets and the inability to insure a reliable supply of underpriced wage labor point distinctly to some of the causes of poor economic performance in the post-independence period. In addition, the capability of capital formation in the colonies was reduced no doubt as a result of the Spanish government's frequent efforts between 1804 and 1809 to obtain forced loans from church funds and the sale of church properties and to transfer the proceeds to Europe to redeem part of the public debt, the *consolidación de vales*. Equally important was the flotation of loans in the colonies by the Spanish government secured by monopolies (usually tobacco), sales taxes or customs revenues, to which religious foundations, estate-owners, and merchants subscribed by choice or necessity. All were well established techniques by which the Spanish state tapped capital formation in its colonies; capital transfers abroad were, if anything, accelerated after the outbreak of colonial warfare in 1810 when Spanish bureaucrats, merchants, and churchmen saw threats to their holdings and proceeded to liquidate them, remitting the product to Europe.

Counter-balancing the drain of private resources may have been adjustments in the tax policies of the new national governments. Some colonial taxes were eliminated, others reduced. The number of monopolies was also curtailed if not entirely abandoned. While internal customs stations were often eliminated slowly, the full effect is difficult to perceive. New national governments dominated by the representation of estate-owning oligarchies could hardly be expected to institute schemes of land taxation although in a few cases public lands were leased or sold; instead, to compensate for losses in internal revenue sources, governments turned to customs receipts which constituted an ever-rising proportion of government revenue.

The third cluster of problems is directly related to the greatest shock or rupture to the colonial economic system, free and direct trade between the now sovereign national states of Latin America and Europe, including its immediate and long-term impact. Other facets of the colonial system, as has been suggested, do not appear as visibly transformed or abandoned; we should be cautious in assuming discontinuities when names and application of colonial institutions were subtly modified, e.g. the Peruvian *tributo de indios* of the colonial era which independent Peruvian governments continued as the *contribución de indígenas*. In many areas, tithes and sales taxes were continued. Equal caution is in order lest the adoption of the principle of free and direct trade cause us to neglect careful review of the terms of the many commercial treaties between newly independent Latin American nations and their major trading partner, England.

Direct access to overseas purchasers and suppliers was a colonial demand which the Spanish government always rejected while gradually liberalizing intra-imperial trade. The *Reglamento del comercio libre* of 1765 and those of 1778 and 1789 opened up major colonial ports to selected Spanish metropolitan ports but denied the colonies direct trade with any nation other than Spain. ''Comercio libre'' was a misnomer as some Spanish and colonial critics recognized. This peninsular bottleneck aggravated the export-import sector of the expanding colonial economy, particularly during the maritime conflicts of the French Revolution and the Napoleonic regime. The issue logically surfaced after 1808 when the controls of the Spanish and Portuguese metropolises disintegrated in Brazil, the River Plate, Chile, Venezuela, and Cuba: the conflict could not be contained. Free trade was legalized in Brazil in 1808, later proclaimed elsewhere by revolutionary juntas, adopted *de jure* when national governments emerged. With the exception of Cuba and Puerto Rico it was everywhere by 1830 the principal feature of the Latin American commercial system. The rupture was clearly the most significant event in the long history of the economic relations of Latin America with the international economy, even if its immediate and long-term effects remain to be fully explored.

The immediate effect was the freer inflow of imports, perhaps a decline in the price level of some imports and—we assume—a rate of total registered imports rising slower perhaps than expected. Concurrent was the establishment of resident foreign merchants prepared to handle imports and exports— English, French, North American, German and Italian. There is reason to doubt that they displaced local merchants national or Iberian in domestic distribution, a fear often voiced by defenders of the old colonial commercial system. Once on the ground, however, the foreign resident commercial bourgeoisie could better calculate the type and volume of local demand and prices, and the type of export commodities available. Like their Iberian forerunners, the newly resident foreign merchants were seduced by the silver and gold mining mirage which dissipated after 1825. English mining technicians and technology of that time do not seem to have been effective in arresting the long-term drop in output. Yet there were other areas of speculation opening up, for example, the opportunity to mobilize European investment funds and to earn commissions as financial intermediaries for Latin American governments desperately seeking short-term funds to meet mounting current obligations. In a wider sense, the elimination of colonial economic restraints also opened the area to international migration; it is no perverse interpretation of such change to point to the extraordinary upsurge until about 1868 in the volume of forced Black immigrants transported in clipper ships by Brazilian and Cuban entrepreneurs and their international associates in the profitable enterprise of the slave trade from Africa. Here one may speculate about the magnitude of capital diverted to mining enterprise, to public finance, and to the slave trade as well as the possible alternative application of investment funds and their effects upon the performance of Latin American economies to about 1850.

Long-term effects of changing economic institutions and relations, while less visible, lead to another problem cluster. Before 1810 the apparatus of colonialism may have afforded no open inter-regional conflict *within* the Iberian empires although inter-imperial conflict flared repeatedly in the River Plate throughout the eighteenth century, indeed up to 1828. One cannot conclude that within each respective empire inter-regional friction was non-existent—quite to the contrary. With independence, paradoxically the formation of territorial units led to international war as new national governments tried to incorporate politically, and integrate economically, regions which under colonial rule had enjoyed considerable autonomy and expected more after independence. The forging of territorial entities, the growth of political institutions, the expansion of bureaucracies and military and naval forces, and the access to greater revenues seem to have induced internal as well as international conflict. One need point only to the regional conflicts in the period 1820 to 1850 or thereabouts in the former vast viceroyalties of Mexico and the Rio de la Plata, and in the empire of Brazil. It is not far-fetched to speculate that the maintenance of Brazil's imperial unity stemmed from the fact that the decree of 1808 which opened all Brazil's ports created no legally justified ''hegemonic'' port and hinterland, while the hegemonic tendencies and possibilities of the port of Buenos Aires and its immediate hinterland fissioned the old viceroyalty into Bolivia, Paraguay, and Uruguay as these areas aspired to full commercial liberty. Would the course of economic growth in the ex-viceroyalty have been significantly different had colonial economic unity been preserved? The secular expansionist pressures and counter-pressures of Brazil and Argentina in the River Plate ended in stalemate and the emergence of the buffer zone of Uruguay, the ex-Banda Oriental; elsewhere, too, the overriding pressure for economic sovereignty in subregions linked economically in colonial times, Chile and Peru or Mexico and Guatemala, and the large region of Venezuela, Colombia, and Ecuador produced separate national states. Thus, another long term consequence of the pressure for free trade and economic liberty disrupted the late colonial economy, compartmentalized regional economies, and redirected post-independence inter-regional trade flows directly into the mainstream of the international economy.

Complacently the historian here may fall back upon the time-worn dictum that "because it happened, therefore it had to happen." Was the increased absorption into the international economy and its consequences an inevitable process? Here perhaps a long perspective is useful, linking the European occupation of Latin America and its subordination of indigenous peoples and forced Black immigrants to the situation by the middle of the nineteenth century, more than three hundred years later. Europeans encountered many native peoples with a tradition of highly developed skills. To native skills in weaving (the backstrap loom), metallurgy (copper smelting) and pottery the Europeans contributed the horizontal loom and wool, the smelting of iron and the making of iron and steel tools, the potter's wheel. Black slaves, too, arrived with the craft skills of smiths, carpenters, leatherworkers. The most obvious and cherished monuments to the esthetic conceptions and technical skills of this pool of craftsmen are churches and convents (and their statuary and woodwork), the public squares and public buildings, the private homes of hacendados, merchants and public officials; less obvious and more abundant were the products of craft skills—pottery, woolen and cotton textiles, *mantas* and *ponchos,* leatherwork, shoes and hats, bridles, bits and stirrups, lace, silverware, furniture and ships. They issued from Indian communities, from haciendas and plantations, homes and wretched workshops *(obrajes),* and from the few shipyards permitted by the colonial system—a subeconomy which developed in the absence of European or Asiatic imports. European-type guilds in certain lines of production, textiles for example, may have helped or hindered development—we do not know precisely. In certain areas, import-shortages after 1790 stimulated the printing of textiles and the manufacture of clothing and shoes.

Yet after independence and particularly after 1830 everywhere in Latin America there is echoed the complaint that domestic artisanal production is reduced, obliterated, or abandoned while such innovations as iron and textile mills burn out quickly despite the availability of iron ores, coal deposits and charcoal, raw cotton and wool, and dyestuffs. To what cause or causes or, better still, to what syndrome of causation can one ascribe the erosion of this sector of production? Economists point to the absence of effective demand and high internal transport costs while maritime freight rates fell. Of course transport obstacles raised the cost structure, but it was entirely possible for national governments to allocate resources to cartroad construction and maintenance, to coastal shipping, and to railroads which were introduced in Cuba as early as 1837. The factor of demand only begs the question, what was the level of aggregate and individual income, and the shape of income distribution before 1810 and after 1830? Was the colonial pattern of income distribution maintained long after 1830, or altered by internal and colonial war, or by the growth of export-oriented agro-ranching and mining production? Capital expenditures on land purchases or on land improvements by estate owners could not have been significant, since public policy consisted of land giveaway rather than land sales· of course, slave purchases were a capital expenditure. Could public policy have been directed to the formation of small, peasant-type tenures in the expectation of delayed returns decades later? Or, to raise another factor in the demise of domestic industry, was the low level of effective demand another consequence flowing from the contraction and virtual elimination of inter-regional trade which might have maintained or even expanded demand for artisanal output?

In the current absence of reliable quantifiable data, and confronted by a variety of causal factors which cannot be effectively weighted, economic historians like most historians often fall back for explanation upon social structure and qualitative factors such as "mentalities," "propensities," entrepreneurship and value systems. Major responsibility for the waning of domestic industry in Latin America after 1830 may, as a last resort, be identified in the background, training, attitudes and values of a neo-colonial elite separated by phenotype from the stratum of underprivileged, illiterate, generally depressed masses which they tolerated as labor reservoir but despised as potential citizens. The attraction of the European elite's way of life was always strong in the colonial elite, and there is no reason to believe independence altered this. Consistently its members displayed a high propensity for consumption of luxury imports, reflected in the high import coefficients of their economies. Solicitous for the liberal education of their own children, they woefully neglected the public education of the masses, with few exceptions. Rates of illiteracy were high, technical schools non-existent, budgetary allocations for public primary schools and higher education infinitesimal. Nowhere in history has a *comprador* bourgeoisie emerged as the dynamic social stratum of any economy.

The economic historian, then, must still rely for explanation of the low rate of growth of Latin American economies after 1830 and the inability to forge internal sources of dynamism upon their dependent economic relations with the international economy. Collapse of the sector of domestic industry renewed pressure for exportables. Europe after 1850, once again, provided the stimulus for expansion.

## Problems of rapid transition, 1850-1880

Perhaps it is misleading to claim that by 1850 major adjustments of late colonial institutions and structures had terminated. Rather, one need emphasize that this was a process spread over at least a century after 1763, quickening in the three decades after 1850 as infra-structures were readied for the markedly higher growth rates after the 1880's. Yet there is a sense in which a variety of factors, reinforcing each other in the two or three decades after 1850, suggest qualitative change in Latin America's economic structure.

The colonial centuries and the post-1810 decades of internal disorder and reconstruction left a bureaucratic tradition and table of organization which, one suspects, post-independence governments only elaborated. The goals of administration, on the other hand, required a major redirection from serving distant overseas metropolises to accommodating regional and national interests which consolidated independence. As old and new domestic needs converged upon national legislatures and executives, the civil bureaucracy expanded, modified its recruitment and training, assumed new burdens. Attempts to set up statistical departments and prepare censuses, amassing data on national revenue sources as well as degrees of technical expertise, are reflected in the often comprehensive annual reporting of national treasury officials. As economic historians are well aware, these furnish a major corpus of quantitative data. By extending the formal administrative centralization of colonial government now legitimized by constitutional provisions granting chief executives broad powers of supervision and control, national governments after 1830 constructed the elements of the modern state. Governments now appeared as effective pressure points for local and regional interests, as allocators of resources, and as formulators and executors of economic as well as social and political policy. The public sector, although buffeted by ideological currents of intervention and laisser faire, functioned as a dynamic growth factor after 1850.

The state responded to regional pressures but not in equal degree. Resource patterns, then as now, were unequal; national policies reflected the pressures of those regions whose higher growth rates differentiated them from other regions. Hence the predominant political influence of certain regions and the shift of regional preeminence in policymaking after 1850 to such areas as Buenos Aires and its hinterland, to the coffee growing areas of South Central Brazil, to the nitrate-rich Atacama of Chile, the coastal areas of Peru, the tobacco departments of Colombia, and the northern mining zones of Mexico. Disparities in regional resource endowments and in access to other economic factors account in large measure for internal and international conflict in this period.

Regional growth needs, filtered through national governments, were translated into domestic and internal policies to augment the factors of land, labor, capital, transport. All national governments first turned to the disposition of public lands, their location and volume, and to the constraints upon the mobility of land. Legal structures of entailment were eliminated concurrently with pressure upon ecclesiastical real estate holdings, these ending almost everywhere in their alienation (desamortización). Economic historians are now examining the mechanisms of this process, the public sector's receipts from confiscation and sale, the effects upon size and distribution of holdings, the changes in production and productivity, and the position of small holders. All Latin American governments encouraged land development via colonization with European immigrants, in many cases to increase the percentage of whites in total population. What may be called internal colonization by drawing upon the reservoir of local landless masses never received serious attention. In areas of large Indian population, underemployed and unemployed labor was mobilized into large productive units, estates; in slave-holding areas, free persons were overlooked. Yet the complaint of "labor shortage" was universal.

Except for Argentina and Uruguay, was there a real shortage of agricultural labor? Did local labor often fail to respond to miserably inadequate rural wages or did estate owners prefer imported labor in the calculation of higher per capita productivity? Until the end of the African slave trade to Brazil (1850) and Cuba (1866), slaveowners preferred the lower costs of importing and maintaining millions of slaves to the alternatives of free labor or encouragement of a positive reproductive rate among slaves. In Brazil the end of the slave trade released capital for other investment, notably in transport, banking, and urban infra-structure; if the trade had ended in 1816, would income generated in agriculture utilizing free labor have flowed earlier into other channels? Perhaps the abolition of the trade was made acceptable by the hope of attracting Chinese contract labor; Peru and Cuba tried this with short-term success. Humanitarianism as a factor in the abolition of slavery has long been recognized, but still awaiting evaluation are its economic causes. For example, did the progressive aging of the slave labor force after the end of the slave trade and the negative rate of reproduction in Brazil and Cuba affect the profitability of slavery, thus hastening its demise? In the long run only those areas with ''open'' resources in virgin land such as Argentina and Brazil tapped the flow of Europe's Atlantic migration but not until after 1880 in significant volume. In any event, there is a strong presumption that slaveholders' short-term gains were offset by later long-term disadvantages to the national economies as a whole. Indeed, still needing clarification are the effects of the slave trade and of the late abolition of slavery upon the rate and direction of economic growth in slaveholding areas of nineteenth-century Latin America.

Finally and belatedly, national governments undertook to remove a major bottleneck to growth by building a transport infrastructure. Major internal waterways, e.g., the Amazon and the upper reaches of the La Plata system, were reluctantly opened to international use after 1850. But at the time profitable freight was scarce; Colombia's Magdalena river was perhaps the most heavily utilized of all Latin America's major natural waterways. Canal construction was neither widespread nor significant; short-haul or long-haul roads were given little attention by private investors or the public sector. Until the coming of the railway age to Latin America, goods and persons moved by pack-mule and burro, as in the colonial period. An extraordinary lacuna in the history of Latin American transport remains the role of the muleteer *(arriero)*, his social origins and the economic and social network through which he operated as well as his economic role as freighter, intermediary and confidant linking producers to local, regional, and international emporia.

The railroad effectively provided the transport structure of post-1850 Latin America, carrying the production of settled areas or stimulating production in virgin areas. Over the three decades after 1850 it remained in embryonic stage: the subject of great discussion, feasibility studies, and low completed mileage. Railroads were often begun with a little private capital, more public funds, and generous public guarantees of subsidies. Already the belief was apparent that only foreign investment, enterprise, technicians, and technology could provide a viable solution to the transport problem. Analysis of early railroad planning should reveal whether they were projected as part of a national inter-regional grid or as a means of linking productive areas of agro-ranching and mining activities to the nearest major port.

On balance, this survey of the problems of the period 1850-1880 substantiates guardedly the hypothesis that qualitative as well as quantitative change occurred in Latin American economies. If this hypothesis is accurate, then we must raise a question which some readers may characterize as rhetorical: what was the locus of origin and the nature of those stimuli inducing visible and subterranean changes in the area?

Historians including economic historians tend to concentrate upon developments producing lasting results; culs-de sac are notoriously unpopular with historians. Except for a dedicated few, they avoid abandoned issues, fruitless efforts, and blasted hopes; yet it is the accumulation of suppressed or bypassed issues and individuals, who are often alienated, which ultimately ignites profound change. Combing of Latin America's economic issues of the decades 1850-1880 will, we believe, unearth repeated attempts to improve society and economy by utilizing national resources for national goals, early manifestation of what much later bloomed into vigorous economic nationalism. They aimed at domestic development as well as growth which would respond to predominantly national stimuli and be correspondingly less dependent upon external fluctuations and decision-making.

Perhaps there *were* possibilities for such goals before about 1850 when an industrial economy was still confined to one area of the North Atlantic economy, England. But rapid evolution of the European economy after 1850 and the upsurge of other industrial cores in France and Germany and across the Atlantic in the United States provided inducements and applied pressures on so massive a scale as to remove any chance of autonomous growth and development in long colonialized Latin America. A syndrome of causation in Europe whose proportions, combinations, and priorities will long fascinate historians—demographic increase, broad-scale application of old and new technology, an old tradition of craft skills and mechanical application, peasant economies in which centuries of commercial development nurtured the values of profit and calculation, savings, and investment, and the institutions and relations of capitalism—inexorably broadened and tightened the already established ties between Europe and Latin America. So to Europe's demands for foodstuffs and other primary commodities, the Latin American economies responded with a growing export volume of sugar, coffee, and tobacco, beef and grain, guano and nitrate fertilizers, wool and metals. To Latin America's long-term need for developmental capital and technology, Europe supplied part of its economic surplus in outflows of capital, in technology, and in out-migration of the skilled and unskilled of unprecedented magnitude. Latin America's participation in European outflows was, we must remember, only a share contingent upon offering adequate inducement, real and potential; research may one day indicate that greater inducements from both public and private sectors might have augmented that share, for worse or better.

The effects of the post-1850 European syndrome of expansion may be evaluated by the shortcomings of Latin American industrial initiative. The U.S. civil war and the European cotton famine of the early 'sixties produced a Brazilian cotton boom, and in its aftermath, a surplus of raw cotton and then the founding of a few cotton mills. Some Brazilian mills as well as earlier mills founded in Mexico survived, but their rate of growth was insignificant and without what economists term forward and backward linkages. Output did not expand appreciably, product improvement was slow, no machine industry appeared, no economies of scale materialized. When the international price of wool dropped in the 1870's, Argentines briefly debated the possibility of creating a domestic woolen textile industry to absorb raw wool stocks—a debate of no material consequences. It is not strange, however, that the 1870's were a decade when in Latin America national legislatures debated protectionism and free trade, laisser faire and state intervention. Changes in tariff structure where they occurred, met—we suggest —fiscal needs rather than protectionist policy. And is it not significant that the supply requirements of Latin America's international conflicts in the River Plate and along the Pacific Coast after 1850 were met by overseas suppliers of steamships, artillery, rifles, munitions and clothing rather than by domestic producers? The answer to the rhetorical question about the locus of stimuli to the economies of Latin America between 1850-1880 is, on the face of it, self-evident.

Since the early fifteenth century the international economy centered in Western Europe has steadily touched, explored, then infiltrated or incorporated the rest of the world with varying impact. Until the end of the eighteenth century, that is for more than 350 years, commercial capitalism pushed exploration, conquest, and control. Among the first of the now underdeveloped areas of the world incorporated by the international economy was Latin America, the other half of the Americas. The debate over American silver and Europe's price revolution is far from settled and, as research advances, economic historians clarify those points where the English and the French economies tied into the Iberian trade systems long before the liberated areas of Latin America adhered to the principle of free trade. Nineteenth-century European economic development via industrialization expanded, but did not alter, the contours of international economic relations; it increased the participation of the European community.

The Europe-centered international economy both reacted upon and interacted with the economies of the United States, of Asia and Africa, and of Latin America. Although we cannot here review the effect of Latin America upon Europe's national economies, it is instructive to compare briefly the development of Latin America with that of other extra-European areas in the international economy. In the United States and Japan, interaction with the international economy resulted in both growth and the kind of economic diversification that we call development, which in the twentieth century transformed them into leading industrial nations. In both cases participation in the international system was a *sine qua non* of material success achieved; they absorbed foreign influence whether of finance or technology, then matched and over-matched what they borrowed becoming "autonomous," "hegemonic" or "imperialist" powers.

To economic historians of Latin America now reaching outward for bases of comparison, the example of the economic transformation of another area of growth under capitalism, Japan, may be useful to the extent such comparison promotes relevant questions. Opened to international trade in 1854 after more than two centuries of self-imposed isolation, there was a vast reordering of priorities, the assessment of alternative paths and the formulation and execution of a policy of autonomous growth by elites who insisted upon national control of resources. For more than 150 years a peasant economy in isolation had raised output and productivity, created large urban nuclei (some of the largest in the world), specialized in agriculture and artisan industry, and encouraged entrepreneurship and entrepreneurs, many of them self-made ex-peasants benefiting from opportunity and education. Soon after 1850 Japanese leadership concentrated upon building industrial capacity with accent upon heavy industry, admittedly at great cost to the peasantry which accepted a high level of capital transfer in the form of regressive tax systems. In this process, foreign borrowing and foreign participation were circumscribed. And while we may speculate on the twentieth-century products of such extraordinary economic performance, it cannot be denied that the Japanese maximized the gains of international trade.

Subject to qualifications that future economic historiography may adduce, secular economic patterns in Latin America after 1850 were re-enforced and reliance placed upon the "natural" order of the economic universe: the international division of labor along with uncontrolled imports of consumer goods and equipment, capital and technology, technicians, businessmen, bankers, construction and mining engineers, even railroad personnel. We are only now assessing the volume of gains and losses, their distribution between "hegemonic" and "dependent" or "peripheral" partners in international trade, and the domestic distribution of income flows among social groups and their allocation or misallocation. Hence patterns of distribution of the gains of international trade, of the "pull" of the international economy as growth in Latin America quickened between 1850 and 1880, must receive high priority if we are to understand the consequences of Latin America's subsequent economic growth.

The contrasting patterns of economic growth in response to external and internal stimuli between a Japan never subjected to colonial rule and a colonialized Latin America afford many lessons. They underscore the dangers of excessive reliance upon economic factors alone in the study of change. The contrasts must lead to the perception that economic history cannot be disassociated from an area's historically determined matrix, its inherited structures, value systems, and mentalities. Economic history demands integration within the broad context of multiple causation in which many elements are combined to recreate the past, to grasp its complexity, and to find its relevance.

# Problemas y Temas
# de Debate, 1880-1930

Toda periodización, siempre de algún modo arbitraria, es mucho más riesgosa, cuando tiene que referirse a circunstancias por las que atravesaron países con características diferentes.

¿Qué es lo que distingue al período que comienza en 1880 y continúa hasta 1930 del que reseñamos en los capítulos precedentes? Aunque con una generalidad tan grande dudosamente puedan establecerse los rasgos más salientes que los diferencian, podría decirse que para las economías latinoamericanas—que, desde principios del siglo XIX, o aún antes, pugnaban por superar los mercados locales—el más notable fue la renovada y más decidida orientación hacia los mercados extranjeros. Ello porque por entonces (circa 1880) se dieron condiciones, en los países más adelantados y en la tecnología en el mundo, que se tradujeron no solamente en el incremento cuantitativo del comercio con los países transatlánticos, sino también en la modificación del espectro de la demanda y por ende de la composición y estructura del comercio mundial.[6]

Así, si bien durante la primera parte del siglo XIX continuó un esfuerzo no siempre exitoso por encontrar salida a recursos excedentes, en el período que va más o menos de 1880 hasta 1930 ese esfuerzo culmina. Como tal, es decir como expresión de políticas que tendían a promover las exportaciones, ese objetivo fue

por demás exitoso, por buenos o malos que sus resultados hayan sido respecto al crecimiento a largo plazo de los países afectados.

Estos cambios se produjeron como consecuencia de nuevas condiciones en los mercados europeos (resultados del propio desarrollo industrial y del crecimiento del ingreso), pero también de importantes cambios tecnológicos que abarataron los costos de transporte.[7]

Estas y otras circunstancias, posibilitaron un notable crecimiento del comercio mundial pero también una movilización sin precedentes de capital y trabajo.[8] Si algo efectivamente distingue este segundo período (1880-1930) del anterior (1830-1880) es que en la casi totalidad de los casos el empuje exportador se dio, y a veces exigió como condición, la movilización masiva de capital o trabajo, si no de ambos. Lo que no quiere decir que en la historia de las relaciones del Viejo y el Nuevo Mundo no hayan existido desde mucho antes flujos de capital y mano de obra.[9] Lo que es distinto, en cambio, fue la magnitud que ese fenómeno tuvo, ya que en la segunda mitad del siglo XIX correspondió a un estado más adelantado de la evolución de las economías europeas y a la existencia en ambas regiones del Atlántico de posibilidades tecnológicas, jurídicas y políticas que permitieron este desplazamiento.

Aunque no en todos los casos el desplazamiento de hombres y capitales fue el mismo (los casos de Colombia y México fueron distintos a los del Brasil y la Argentina), este es quizás el hecho más importante para diferenciar el período 1880-1930 del anterior (1830-1880).

El otro hecho que distingue a este período del precedente tiene que ver con circunstancias políticas y sociales pero no dejó de tener manifestaciones económicas. Ya hacia 1880 no sólo estaban lejos las guerras independentistas, con las consecuencias de pérdidas de bienes y desutilización de recursos[10] y los no menos serios conflictos civiles, sino que los países americanos en general habían entrado finalmente en un período de organización y cierta estabilidad. Las optimistas declaraciones de Orden y Progreso de los positivistas brasileños tuvieron su contrapartida en los "científicos" mexicanos del Porfiriato y en la de Paz y Administración de la generación argentina del 80. La América

[6]Sobre el patrón del comercio mundial del siglo XIX y sus características, ver Ragnar Nurske, *Patterns of trade and development*. Oxford, Blackwell, 1961. 62 p.

[7]Douglas North, "Ocean freight rates and economic development," *Journal of economic history* [New York], v. 18, 1958, p. 537. Sobre los cambios en Gran Bretaña y su comercio con el mundo véase Leland H. Jenks, *The migration of British capital to 1875* (159).

[8]Sobre las transferencias de capital y trabajo y sus relaciones, ver Alexander K. Cairncross, *Home and foreign investment, 1870-1913*. Cambridge [Engl.], University Press, 1953. 251 p.

[9]Movilización de capital y trabajo fueron requisitos de la explotación del azúcar en Brasil en la época colonial. Véase Celso Furtado, *The economic growth of Brazil* (1125), p. 43.

[10]Véase Tulio Halperín Donghi, *Hispanoamérica despúes de la independencia*. Buenos Aires, Paidós, 1972. Capítulo I.

de la Independencia con sus guerras y conflictos parecía dejar paso a una América concebida como un continente del Progreso. Después de varias décadas y con nuevos actores, el pasado colonial pareció pesar menos en la vida de los pueblos americanos. Al menos no con la fuerza que se advierte en la primera mitad del siglo XIX. Pero sería un error creer que este *Mundo Nuevo del Progreso* había perdido todos sus anclajes coloniales.[11] Aunque más débiles y menos evidentes, los legados de varios siglos de vida colonial no desaparecieron. Muchas veces se expresaron en la subsistencia de rasgos de estructuras antiguas mezclados con otras de instituciones nuevas que coexistieron a veces en el tiempo o en el mismo lugar (el régimen de propiedad, el sistema social o el régimen de la mano de obra).[12]

Lo que tuvo manifestaciones más evidentes (aunque no siempre políticamente tan abiertas),[13] fueron los nuevos lazos económicos entre los países americanos productores primarios y los del Viejo Mundo y luego los Estados Unidos. Y esto no sólo porque fueron éstos sus mercados naturales (lo que es más o menos obvio que suponga un tipo de relación con grados distintos de desigualdad, vinculación comercial que existía desde antes) sino porque la expansión del comercio internacional ocurrió desde la segunda mitad del siglo XIX vinculada a un complejo mecanismo que creó demandas y necesidades adicionales, las que se tradujeron en lazos más complejos, pero también más estrechos. El desplazamiento de población y el incremento de la riqueza creó nuevos mercados del otro lado del Atlántico, mercados para las manufacturas de los países industriales. Esto llevó al desplazamiento de capitales hacia las nuevas regiones.[14] Esta nueva integración

intra-atlántica que tal como se manifestó entonces (entre 1890 y 1900)—flujos de mercancías y trabajo que ensanchaba los mercados y a la vez atraía flujos de capitales, que era impensable en el pasado—alcanzó su más brillante apogeo (y eficiente mecanismo de funcionamiento) al nivel de las finanzas internacionales con la generalización de un sistema monetario universal: el patrón oro, que puso disciplina y orden en las

[11]Véase Stanley J. Stein; and Barbara H. Stein, *The colonial heritage of Latin America* (46), p. 124.

[12]En la hacienda Mexicana, los "contratados" cubanos, el "arrendamiento" y el "inquilinato" en Chile, véase François Chevalier, *Land and society in colonial Mexico.* Berkeley, University of California Press, 1963. 334 p. Ver también Mario Góngora, *Origen de los inquilinos de Chile.* Santiago, [Universidad de Chile, Seminario de Historia Colonial de la Facultad de Filosofía y Educación], 1960. 168 p.

[13]Aunque a veces mucho más descubiertas como en el caso de Cuba con la enmienda Platt. Véase Leland H. Jenks, *Our Cuban colony.* New York, Vanguard, 1928. 341 p.

[14]La exportación de capitales en vez de mercancías marca, según Lenin, la diferencia entre el viejo capitalismo y el capitalismo moderno o lo que él denomina imperialismo, siendo este autor el antecedente después de Hobson de las discusiones de temas sobre imperialismo. Hobson fue el primero en señalar las características diferentes de la expansión imperial a fines del siglo XIX en la que las inversiones de capital en el extranjero tenían una influencia más importante que el comercio. Decía: "By far the most important economic factor in Imperialism is the influence relating to investments. The growing cosmopolitanism of capital has been the greatest economic change of recent generations. Every advanced industrial nation has been tending to place a larger share of its capital outside the limits of its own political area, in foreign countries, or in colonies, and to draw a growing income from this source. . . . we cannot fail to recognize that in dealing with these foreign investments we are facing the most important factor in the economics of Imperialism. Whatever figures we take, two facts are evident. First, that the income derived as interest upon foreign investments enormously exceeded that derived as profits upon ordinary export and import trade. Secondly, that while our foreign and colonial trade, and presumably the income from it, were growing but slowly, the share of our import values representing income from foreign investments was growing very rapidly." Véase John A. Hobson, *Imperialism: a study.* London, George Allen and Unwin, Ltd., 1956, p. 51, 53.

Ver también V. I. Lenin, *El imperialismo, fase superior del capitalismo.* Buenos Aires, Lautaro, 1946. Por su parte dice Lenin (p. 81): "Lo que caracterizaba al viejo capitalismo, en el cual dominaba plenamente la libre concurrencia, era la exportación de mercancías. Lo que caracteriza al capitalismo moderno, en el que impera el monopolio, es la exportación de capital." Agrega (p. 82 y 83): "En los países atrasados el beneficio es ordinariamente elevado, pues los capitales son escasos, el precio de la tierra relativamente poco considerable, los salarios bajos, las materias primas baratas. La posibilidad de la exportación del capital está determinada por el hecho de que una serie de países atrasados se hallan ya incorporados a la circulación del capitalismo mundial, se han construido las principales líneas ferroviarias o han empezado su construcción, cuentan con las condiciones elementales de desarrollo de la industria, etc. La necesidad de la exportación de capital se halla determinada por el hecho que en algunos países el capitalismo ha 'madurado' excesivamente y (en las condiciones creadas por el desarrollo insuficiente de la agricultura y por la miseria de las masas) no dispone de un terreno para la colocación 'lucrativa' del capital." Y señala (p. 87-88): "En la América del Sur—se lamentaban en 1915—5 bancos alemanes tienen 40 agencias, 5 ingleses, 70 agencias . . . Inglaterra y Alemania, en el transcurso de los últimos veinticinco años, invirtieron en la Argentina, [el] Brasil y Uruguay, aproximadamente, 4 mil millones de dólares y, como resultado, disfrutan del 46% de todo el comercio de los tres países mencionados. Los países exportadores de capital se han repartido el mundo entre sí, en el sentido figurado de la palabra, pero el capital financiero ha llevado al reparto 'directo' del mundo." Más recientemente sobre dependencia véase Fernando H. Cardoso; y Enzo Falleto, *Dependencia y desarrollo en América Latina* (34). En realidad, toda la discusión sobre la dependencia reside, como uno de sus más caracterizados autores y a su vez crítico, Fernando Henrique Cardoso *(Estado y sociedad en América Latina.* Buenos Aires, Nueva Visión, 1972, p. 138), ha sugerido, en la ventaja fundamental de la utilización de la perspectiva de la dependencia en los análisis: ". . . se desplaza la explicación de un plano simplista del condicionante externo sobre el interno hacia una concepción más integrada de las relaciones de las partes que componen el sistema capitalista internacional. Se sustituye un estilo de análisis basado en determinaciones generales y abstractas (que insisten en el Imperialismo, en la Lucha de Clases, en la Burguesía y en la Revolución como conceptos generales o, en el mejor de los casos, como contradicciones indeterminadas) por otro que trata de situar concretamente cada momento significativo de modificación de la producción capitalista internacional, mostrando cómo se produce la rearticulación de las clases sociales, de la economía y del Estado en situaciones particulares. Desplazando, de esta manera, el núcleo de las explicaciones del proceso histórico se

transacciones internacionales, orden que subsistió, no siempre sin problemas, hasta 1930. Aunque los gobiernos americanos no fueron siempre respetuosos de un sistema que en épocas de balances de pagos negativos les producía agudas penurias financieras, ya que la emisión debía responder a las tenencias de oro, pero que además les creaba obstáculos para colocar sus exportaciones,[15] no hay duda que la adopción y generalización del patrón oro fue condición de una mayor movilidad de capitales que apoyó adicionalmente la expansión del comercio en una magnitud hasta entonces desconocida. Esto supuso también una integración mucho mayor de unos países con otros, por canales no sólo comerciales.

La adopción de un patrón de cambio rígido (como el patrón oro) impedía la posibilidad de devaluar la propia moneda para abaratar los costos de producción en términos internacionales. En la teoría clásica el patrón oro suponía que esos ajustes se producían automáticamente, ya que con precios más altos se importaba más y exportaba menos, lo que producía una salida de oro y por lo tanto una baja de los precios internos.

En el acontecer histórico, de hecho en los países latinoamericanos por razones institucionales o por inelasticidades de la oferta de trabajo, esos efectos no se produjeron automáticamente, lo que llevó a la adopción de otras medidas.

En ese sentido, a pesar de la teoría clásica dominante, las políticas que se adoptaron entonces fueron bastante heterodoxas. México manteniéndose en el patrón plata, en la práctica fue devaluando sostenidamente su moneda (en la medida que la plata perdía valor en relación al oro) hasta el año 1905 en que se adhirió al Club del Oro.[16]

Lo mismo hizo la Argentina entre 1885 y 1899 declarando la inconvertibilidad del papel moneda,[17]

hecho que no dejó de pasar desapercibido a los británicos que protestaban por lo que consideraban una desleal competencia del productor argentino que por medio de la devaluación podía vender más barato en el mercado inglés. También lo hizo Colombia.[18] Chile fue menos exitoso quizás por la resistencia a devaluar, lo que hacía que en cada devaluación no se llegara a los niveles necesarios.[19] Los observadores extranjeros y los críticos locales dijeron que ello se debía al mal manejo de las finanzas o a que los grupos dominantes se beneficiaban con la pérdida del valor del signo monetario.[20] Aunque esto en algunos casos pudiera haber sido cierto, no es menos cierto que esas políticas heterodoxas que se desviaron del patrón oro fueron un mecanismo que contribuyó a promover las exportaciones. Este es un hecho que debe explorar la historia económica del período.

Muchos de los que estudiaron este período han señalado las limitaciones que tuvo un modelo de crecimiento basado en la producción para la exportación,[21] pero aun aceptando esas críticas parecería bastante evidente que el impulso del sector externo fue bastante más sostenido, y produjo mayores efectos en el conjunto de las economías de los países a que afectó, de los que pudo haberse producido en el período inmediatamente posterior a la Independencia (en la primera mitad del siglo XIX).

Dijimos que la literatura sobre el tema en las últimas décadas ha resaltado los aspectos negativos del modelo de crecimiento basado en el impulso del sector externo:

[17]John Williams, *Argentine international trade under inconvertible paper money* (528).

[18]Véase M. Urrutia, *El sector externo y la distribución del ingreso en Colombia en el siglo XIX* (se publicó en International Congress of Americanists, 40th, Rome and Genoa, 1972, *Atti del XL Congresso internazionale degli americanisti*, Roma-Genova, 3-10 settembre 1972. Genova, Tilgher, 1973—.)

[19]Frank W. Fetter (1965).

[20]William R. Lawson, *Banker's magazine*, 1889, citado por A. G. Ford; y W. I. Buchanan, "La moneda y la vida en la República Argentina." *Revista de derecho, historia y letras* [Buenos Aires], año 1, v. 2, 1898; y F. W. Fetter, *op. cit.*, p. 122.

[21]En general las críticas más importantes que desde la postguerra se han formulado al que fue llamado modelo de crecimiento hacia afuera podrían resumirse así:

(a) Las que formuló Prebisch en la Secretaría de la CEPAL y alcanzó notoriedad mundial no sólo por su contenido intrínseco sino porque fundamentó la política de CEPAL en la región durante más de una década.

En el informe de 1948 Prebisch indicó que si el crecimiento de la productividad era mayor en los países productores de manufacturas que los de materias primas, ello debía traducirse en una disminución de sus costos y por ende de sus precios internacionales; que ésto, en cambio, históricamente no había sucedido así sino que por el contrario se había producido el deterioro de los términos del intercambio para los países productores primarios. Ello importaba que no sólo no habían recibido ningún beneficio de progreso tecnológico de los países productores manufactureros sino que a la vez habían transferido a éstos parte de los beneficios de su propio progreso tecnológico.

---

asegura, al mismo tiempo, la posibilidad de encontrar vías diferentes de rearticulación de una situación a otra, de un período a otro. En resumen, se acepta que existe una 'historia', y por lo tanto una dinámica, propia de cada situación de dependencia."

[15]Sobre la política devaluacionista para promover exportaciones argentinas véase Roberto Cortés Conde, "Patrones de asentamiento y explotación agropecuaria en los nuevos territorios argentinos (1890-1910)" (778).

La versión clásica sostiene que la salida del oro se refleja en una baja de precios que permitiría producir en condiciones competitivas. Sin embargo, parece no haberse dado en el caso americano del siglo XIX. Se pueden adelantar respuestas de porqué no ocurrió aunque ésta no es la oportunidad. Sobre esto véase Robert Triffin, "The myth and realities of the so-called gold standard," *in* Richard N Cooper, *ed. International finance.* [Harmondsworth, Middlesex], Penguin, [1969], p. 38-61.

[16]Véase Matías Romero, *The silver standard in Mexico.* New York, [The Knickerbocker Press], 1898. 559-623 p. (Reprint from *The North American review.*) Ver también Fernando Rosenzweig, "El comercio exterior," *en* Daniel Cosío Villegas, *Historia moderna de México, El Porfiriato. La vida económica,* México, Hermes, 1965, p. 635ss.

la transferencia de ingresos del país productor primario al productor de manufacturas vía remesas de ganancias e intereses o invisibles (fletes y seguro); las fluctuaciones violentas de la demanda y los precios y otros efectos nocivos que tuvieran en la vida económica; la inexistencia de una clase empresarial nacional, etc; o la tendencia desfavorable de la relación de intercambio. Muchos de estos aspectos son ciertos, pero al generalizar los aspectos negativos se ha perdido de vista que, salvo casos extremos (las economías de enclave que no hubieran recibido ningún beneficio de la expansión del sector externo), el crecimiento de estas economías no fue siempre tan limitado como se ha supuesto y que la expansión del sector exportador tuvo un efecto ciertamente no despreciable. La crítica que se hace a este modelo parte de que la división internacional del trabajo que se sostiene en la teoría de las ventajas comparativas, finalmente habría favorecido a los países industriales no sólo por las razones dadas por estos y otros autores,[22] sino porque los países industriales son más poderosos y pueden imponer determinadas reglas de juego en el comercio mundial en el siglo XX; es decir, pueden proteger su propia producción estableciendo limitaciones a la supuesta libertad de comercio, lo que no pudieron hacer los países productores primarios política y económicamente menos poderosos. Aunque se acepte como cierto que en el comercio mundial los países más poderosos imponen las reglas de juego, ello no explica que antes que se diera la existencia del comercio entre unos y otros hubiera o no posibilidad de usar un recurso que existía en los países productores primarios que no era explotado si no se buscaba una salida en otro mercado que *no era el doméstico que, como advertimos en otra parte, de hecho no existía.*

En el desarrollo histórico de estos países existieron diferencias muy grandes que pueden atribuirse a causas diversas. Aquí es donde resulta más difícil aplicar un patrón común a toda América Latina. Son muy distintos los casos de los sectores de exportación de tipo enclave[23] con una economía doméstica prácticamente de subsistencia, a los de aquellos basados en una agricultura de plantación, en la minería o en la agricultura de la zona templada.[24]

Esta situación se habría debido a que el progreso tecnológico hace disminuir el número de ocupados en el sector primario mientras que el sector industrial es demasiado lento para absorber la población rural excedente.

Al haber una relativa abundancia de población en el sector primario ello ejerce presión sobre los salarios y los precios impidiendo a la periferia compartir las ventajas del progreso técnico alcanzado en los países del centro, era la conclusión de Prebisch. Véase United Nations, Economic Commission for Latin America, *Economic survey of Latin America, 1948,* prepared by the Secretariat of the ECLA. Lake Success, Dept. of Economic Affairs, 1949. xx, 279 p.

(b) El problema del deterioro de los términos de intercambio fue reiterado más tarde en 1950 por otro crítico, H. Singer, quien a la vez señaló que estas economías de exportación operaban en cierto modo de enclaves, ya que de hecho formaban parte del espacio económico del país central al que le transfería la mayor parte de los efectos secundarios y acumulativos de las inversiones realizadas por esos mismos países centrales en la periferia. Hans W. Singer, "U.S. foreign investment in underdeveloped areas: the distribution of gains between investing and borrowing countries." *American economic review* [Princeton], v. 40, May, 1950: 473-510. En ambos casos lo que se enfatizaba era la necesidad de reorientar la producción al mercado interno lo que por estas razones en un difundido trabajo reiteró Nurkse. En este caso su argumento es que en el siglo XX la demanda por productos primarios no estaba en expansión como hubiera ocurrido en el siglo XIX. Véase Ragnar Nurske, *Problemas de formación de capital.* México, Fondo de Cultura Económica, 1960. 172 p. Véase también Gunnar Myrdal, *Teoría económica y regiones subdesarrolladas.* México, Fondo de Cultura Económica, 1959. 188 p. Dice (p. 40-41): "El comercio opera fundamentalmente sobre las mismas bases, en favor de las regiones ricas y progresistas y en contra de las otras regiones. La liberación y ampliación de los mercados confiere generalmente tales ventajas competitivas a las industrias establecidas en los centros de expansión, que operan a menudo en tales condiciones de rendimientos crecientes, que suscitan obstáculos a la industria artesanal y a las industrias establecidas con anterioridad en otras regiones."

[22]Véase recientes formulaciones sobre las desigualdades del intercambio internacional en Arghiri Emmanuel, *El intercambio desigual.* México, Siglo XXI, 1972. La tesis de Emmanuel es que mientras exista intercambio y las tasas de salarios sean desiguales entre países menos y más desarrollados nada puede impedir que éstos transfieran a los últimos parte de la plusvalía extraída de sus propios obreros (véase p. 188). El mismo autor diferencia la desigualdad del intercambio que proviene de la diferente composición orgánica del capital con la que deriva de la diferencia de salarios. Sostiene que la diferencia debida a la distinta composición orgánica del capital es inevitable aun en un modelo de competencia perfecta y se debe a la naturaleza técnica específica de las diferentes ramas mientras que (p. 198) "La diferenciación de los salarios se atiene a una competencia imperfecta del factor trabajo en razón de las distancias y de las fronteras políticas y es a la medida de las imperfecciones de esta competencia. El aumento continuo de la composición orgánica es una necesidad estructural del desarrollo del capitalismo. La disparidad de los salarios es una contingencia." Es decir que la especialización sobre la base de costos más bajos de tierra y capital es racional porque ahorra costos, no es lo mismo cuando esa especialización se basa en el trabajo más barato ya que allí lo que un país gana el conjunto de la humanidad lo pierde. También véase las consiguientes discusiones en Arghiri Emmanuel, Charles Bettelheim, Samir Amin y Christian Palloix, *Imperialismo y comercio internacional (el intercambio desigual).* Córdoba, Cuadernos de Pasado y Presente 24, 1971. [192 p.] En definitiva, como sostiene Bettelheim, la expresión de intercambio desigual se emplea para decir que en el mercado mundial las naciones pobres están obligadas a vender el producto de un número relativamente grande de horas de trabajo para obtener de las naciones ricas un producto más reducido de horas de trabajo. Parte de dos supuestos básicos, que existe movilidad internacional del capital pero en cambio inmovilidad del trabajo en el plano internacional.

[23]A esto se refiere Leff cuando señala que Brasil en el siglo XIX no puede considerarse una economía de enclave. Véase Nathaniel H. Leff, "Economic retardation in nineteenth century Brazil" (1130), p. 489, 507.

[24]Véase la distinción entre economías centrales, de subsistencia y las áreas vacías que hacen Osvaldo Sunkel, y Pedro Paz, *El subdesarrollo latinoamericano . . .* (47), p. 284-285. Pareciera que en estos casos podría hacerse la distinción que para los Estados Unidos formuló Douglas North, "Agriculture in regional economic growth," *Journal of farm economics* [Lancaster, Pa.], v. 41, 1959, p. 935-946.

Pero el sostener que este crecimiento de las economías primarias exportadoras fue más importante que el que supusieran sus críticos no implica también el sostener que este "modelo de crecimiento" no haya dejado problemas nada simples o que sus efectos hayan sido iguales en todos los países tratados. Parece entonces que al hablar del efecto que tuvo la expansión de las economías exportadoras en este período no puede considerarse con la misma generalidad. En algunos de los casos tratados (en los estudios a los que las bibliografías se refieren) se encontrará que no fueron sin importancia el establecimiento de una red de transportes (un hecho casi general en los países orientados a la exportación), el de obras de infraestructura, un crecimiento urbano importante (a veces exageradamente importante) y aun hasta el poco estudiado (y en algunos casos no tan minúsculo) surgimiento de industrias residenciales (basadas en la elaboración de la materia prima que el país producía) o en otros en la necesidad de sustituir importaciones.

Otro tema que debiera estudiar la historia económica de América Latina es el de los tempranos esfuerzos industrializadores que son anteriores a las crisis de 1930 y tienen que ver con dos circunstancias, la elaboración de materias primas alimenticias para el mercado local o el de exportación, o la elaboración de algunos productos que sustituyen importaciones debido a la dificultad de obtener divisas por crisis en la balanza de pagos, guerras, etc.[25] Esto indica también la formación temprana de un mercado doméstico a partir del crecimiento generado por las exportaciones.

Es claro que no todos los resultados fueron positivos. En muchos casos con el crecimiento de las exportaciones se produjo una marcada orientación monoproductora, que alcanzó extremos en países como Cuba (no comprendidos en este estudio) pero que no dejó de ser importante en un país como Chile, que de exportador de cereales se convirtió en importador de éstos.

Lo que quedó como saldo positivo, especialmente cuando la actividad exportadora fue más trabajo intensivo (y no se trató de explotaciones tropicales de tipo plantación), es que el aumento de las exportaciones generó una mayor distribución de ingresos monetarios, aunque no siempre igualmente distribuidos, y por éstas y otras razones (en la que el transporte no es la de menor importancia) generó la formación de un mercado a nivel nacional que hasta entonces faltaba.

Claro que el comercio, especialmente en un mundo librecambista como el del siglo XIX, supuso el intercambio de productos primarios por manufacturas de los países más adelantados y por lo tanto menores posibilidades de desarrollo industrial para los primeros por la competencia de los últimos (y donde hubiera existido el abandono o la ruina de la industria artesanal).

Esto que está esbozado en algunos de los ensayos y en mucha de la literatura a la que en ellos se hace referencia, habría que considerarlo más cuidadosamente, analizando qué posibilidades reales tuvo la rudimentaria industria artesanal de generar excedente económico y de acumularlo en una medida mayor que el sector exportador, artesanado que en algunos de los países subsistía aún en la segunda mitad del siglo XIX a pesar de que se hallaba en constante decrecimiento, más que por la existencia de barreras tarifarias, por los altos costos de transporte y el aislamiento generalizado. Esto no nos puede hacer olvidar el costo social que la ruina del artesanado puede haber producido. Sin embargo hay que tener en cuenta otros hechos que, más que las tarifas aduaneras, promovieron en alguna medida la industrialización. Estos tienen que ver con la devaluación de la moneda corriente vis a vis el oro, la libra o el dólar que al encarecer las importaciones hicieron de barrera proteccionista y en alguna medida fomentaron ciertas industrias locales.

Pero si no miráramos los hechos desde el siglo XIX como si fuéramos a resolver problemas presentes, sino que como historiadores nos preguntáramos cuáles fueron las alternativas que tuvieron los contemporáneos del siglo XIX, habría en cambio que preguntarse si ellos podían desechar la posibilidad de un desarrollo basado en la exportación de un bien primario y volcarse en cambio a la producción para el mercado doméstico. Ello plantea un interrogante central para la historia económica del período. ¿Es que existe antes de este fuerte crecimiento impulsado por el auge de las exportaciones un mercado doméstico?

En aquellos tiempos también se formularon críticas a este modelo abierto de comercio porque habían también influencias de otras escuelas europeas. Las de Liszt en Chile anotadas por Sunkel, las dramáticas apelaciones de Encina, las críticas de Terry a la inversión extranjera en Argentina. McGreevey mismo parece apuntar a la posibilidad de otras opciones en Colombia. Pero habría que considerar hoy con los conocimientos que se tienen y con los que habría que investigar, si esas opciones que voluntarísticamente quizá los contemporáneos suponían, eran realmente tales. Por otro lado, habría que tener en cuenta que no parecía del todo irracional, que existiendo la posibilidad de explotar un recurso no usado (tierra, recurso natural o trabajo), se lo hubiera hecho.[26]

Por supuesto que una cosa es el uso de un factor de producción no ocioso (el patrón más o menos general de este tipo de crecimiento) y otra la distribución de la riqueza que la explotación de esos recursos

[25] Véase Stanley J. Stein, *The Brazilian cotton manufacture* (1671).

[26] Véase Harold A. Innis, *Essays in Canadian economic history.* Toronto, University of Toronto Press, 1956. 418 p.; y Richard E. Caves, "Vent for surplus, models of trade and growth," *in* Robert E. Baldwin, *et al., Trade, growth and the balance of payments.* Amsterdam and Chicago, North-Holland and Rand McNally, 1965.

genera y los efectos que a largo plazo tenga sobre la economía.

Lo que en definitiva es un fenómeno general es que la expansión de estas economías se debió a la explotación de un *recurso hasta entonces no usado o insuficientemente usado:* tierra (recursos naturales) o trabajo. También que su explotación requirió en distinta medida la incorporación de factores externos que en el país faltaban. Que esos productos tuvieron una salida fuera de la región y no dentro de ella se debió no a una maniática vocación exportadora sino a la ausencia de mercados domésticos (debido al escaso nivel de desarrollo de esas economías o por el bajo nivel de ingreso o la falta misma de población).[27] Este hecho explica su rápido crecimiento inicial y su estancamiento o decrecimiento posterior. La detención del crecimiento, si alguna vez se debió a los tan mencionados cambios en las orientaciones de la demanda internacional (sustitución de materias primas, demanda inelástica) a veces tuvo que ver con la incapacidad de la oferta de crecer al mismo ritmo de la demanda, dado que el recurso primario es por definición un recurso fijo. Esta quizás es la debilidad más importante de este modelo, aunque quizás la menos tenida en cuenta (ya que en general se ha hablado más de inelasticidades de la demanda).

Muchos de los problemas que en forma muy general aquí están expuestos fueron los que atravesaron desde el siglo XX y hasta la trágica desilusión del 30 las economías latinoamericanas de base exportadora. Durante las violentas fluctuaciones de precios y de la demanda con sus incidencias en las fluctuaciones del ingreso nacional y en las rentas fiscales y sus consecuencias sociales y políticas, el advertido desorden en el manejo de las finanzas públicas no fue uno de los efectos de menor importancia en economías que pasaban por un margen de azar muy grande.

Que la apertura al comercio fue la panacea para el progreso de América Latina, parece hoy menos evidente que lo que pareció a los contemporáneos del *boom* exportador próximo al 30. Pero por el contrario, ¿una política autarquizante hubiera sido una alternativa mejor?

Pero independientemente de ello y volviendo a sus aspectos no pesimistas, existieron otras razones por las que los ingresos producidos por las exportaciones no quedaron (o quedaron en una parte pequeña) en el país productor primario. No sólo la pérdida que puede haber sufrido por los desfavorables términos del intercambio[28] sino también los beneficios que las potencias imperiales hubieran obtenido del comercio internacional por medio del control de los transportes, los canales de comercialización y las finanzas, además de la presión económica y política no desechables.

El análisis de las relaciones del comercio no puede dejar de tener en cuenta que los países que ingresarían en el mercado mundial tenían distinto poder[29] y que ello afectó las relaciones de los distintos sectores en un mercado, que no fue perfecto. Por último, no sólo las pérdidas en el comercio sino la salida de parte de los ingresos en concepto de remesas de ganancias e intereses de los capitales extranjeros invertidos en la región pueden haber significado una pérdida de los beneficios que los países productores podían recibir de la explotación de los productos y por consiguiente, obstáculos al proceso de acumulación, que es requisito del crecimiento.

Estudios recientes señalan que el que una parte importante de los ingresos generados por la actividad exportadora quede en la propia economía o no, no sólo depende de la voluntad explotadora del inversor individual (que como tal tratará siempre de maximizar sus ganancias), sino de las características tecnológicas (o de la necesidad de insumos) de la industria exportadora de que se trata.[30] Las diferencias en la utilización de recursos en los casos de los países estudiados parecen bastante notables. Economías de plantación en Colombia, Brasil; minería principalmente, con agricultura en México, Chile; y agricultura de zona templada en la Argentina, exigieron distintos grados de utilización de trabajo, tierra y capital, recursos que estaban en el país o se importaban desde afuera. Una porción mayor de

[27] According to H. Mynt, "The classical theory of international trade." *Economic journal* [London], v. 68, 1958, p. 321: "The comparative-costs theory assumes that the resources of a country are given and fully employed before it enters into international trade. The function of trade is then to reallocate its given resources more efficiently between domestic and export production in the light of the new set of relative prices now open to the country. With given techniques and full employment, export production can be increased only at the cost of reducing the domestic production. In contrast, 'the vent for surplus' theory trade, possesses a surplus productive capacity of some sort or another. The function of trade here is not so much to reallocate the given resources as to provide the new effective demand for the output of the surplus resources which would have remained unused in the absence of trade. It follows that export production can be increased without necessarily reducing domestic production."

[28] Véase United Nations, *Economic survey of Latin America, 1948.* Ver también Hans W. Singer, *op. cit.* [nota 21]. Para una perspectiva marxista ver Arghiri Emmanuel, *Imperialismo y comercio internacional, op. cit.* [nota 22].

[29] En un artículo publicado en 1953, Gallagher y Robinson (véase John Gallagher; and Ronald Robinson, "The imperialism of free trade." *Economic history review* [London], v. 6, 1953: 1-15) discuten que la versión de una Inglaterra en que predominó una política liberal y anticolonial antes de 1880 era equivocada. Sostienen que la terminación del dominio colonial no significó el final de la dependencia económica sino lo contrario. Que si el imperio formal no se expandió lo hizo, en cambio, el imperio informal. En contra de la versión de Gallagher y Robinson, véase W. M. Mathew, "The imperialism of free trade—Peru 1820-1870" (3883); y Desmond C. M. Platt, "Further objections to an imperialism of free trade, 1830-60." *Economic history review* [London], v. 26, February, 1973: 77-91.

[30] Albert O. Hirschman. *The strategy of economic development.* New Haven, Yale University Press, 1958. 217 p.

uso de factores no residentes o insumos importados determinaron el que se dirigiera hacia afuera una porción mayor de los ingresos de la actividad exportable.

También fueron diferentes las características que la apertura al comercio tuvo en cada país.[31] En Colombia, como afirma McGreevey, el aporte de capital y mano de obra extranjera fue escaso. La presencia de capitales ingleses y luego norteamericanos en el salitre y más adelante en la gran minería del cobre parecen decisivos. En cambio en Chile no hubo aporte sustancial de mano de obra extranjera, que por otra parte la gran minería del cobre no necesitaba. Los requerimientos de mano de obra fueron básicos en el Brasil y en la Argentina, tanto para la explotación del café como para el cultivo de cereales. Los capitales extranjeros se utilizaron en cambio principalmente en obras de infraestructura que fueron prerrequisitos de la explotación, más que en las mismas empresas. Distinto también fue el caso de México en el período Porfiriano cuando se abrieron rutas y posibilidades a la entrada de capitales extranjeros, pero donde la mano de obra existía ya en el país aunque fue puesta en el mercado por otros medios. Estas diferencias se explican en la medida en que una u otra actividad exigió insumos distintos que se encontraban dentro o fuera del país (induciendo inversiones o no) en otros sectores de la economía y propagando o no el crecimiento del propio sector exportador y haciendo más perdurable sus efectos. Estas circunstancias deben ser tenidas en cuenta porque condicionan la distribución del ingreso; distribución que de ser más igualitaria permitiría crear un mercado interno, generando demanda y ofrecer un efecto multiplicador a la inversión.[32]

Pareciera sin embargo dudoso sostener que el crecimiento generado por el sector exportador en el período 1880-1930 se haya distribuido en una forma igualitaria entre las distintas clases de la sociedad. En algunos de los ensayos, como los de Cariola-Sunkel y McGreevey, se habla de una caída del ingreso de los trabajadores en términos reales. Determinar si esto fue así, y cuáles fueron los patrones de distribución del ingreso es sin duda una de las tareas más importantes para la historia económica de América Latina.[33]

En algunos casos, en los países en los que el crecimiento del sector exportador supuso una mayor utilización de mano de obra, por ejemplo en la agricultura (cuando fue mano de obra no esclava que recibía salarios en el mercado), una baja del salario real por trabajador no necesariamente supone una participación menor del sector trabajo en el ingreso nacional. Ello puede deberse al aumento del empleo que resulta en la expansión de la agricultura capitalista en relación al que demanda la ganadería extensiva o la agricultura de subsistencia.

Hacia 1930 cuando se cierra este capítulo, la interrupción de las corrientes de capitales y mano de obra de los países manufactureros a los productores primarios, la salida de capitales de estos últimos, la drástica caída de la demanda, y la no menos dramática de los precios, parecían indicar que todo este modelo estaba basado en premisas falsas. Así lo vio toda una corriente crítica que se encuentra en muchos de los trabajos referidos en las bibliografías y que culminaron con la inteligente y clara exposición que hizo la CEPAL en 1948 sobre los problemas del comercio latinoamericano.[34]

No hay duda que algunos, si no muchos de ellos, fueron correctos. Sin embargo, el estudio del período posterior a 1930 en adelante (el llamado de crecimiento hacia adentro) deja después de un tiempo como alguna conclusión no desestimable, al menos en países como el Brasil, Chile y la Argentina (México es un caso distinto por el hecho de la Revolución), que toda la etapa de orientación al mercado doméstico de industrialización sustitutiva no hubiera sido posible si al menos no se hubiera cumplido con tres requisitos que se dieron en el período anterior (es decir en el de las economías primarias exportadoras):[35]

1. La formación de una red de transportes.
2. La formación de un mercado nacional que supuso alguna mejor distribución de ingresos.
3. Inversión en bienes de capital,[36] es decir ahorro

---

[31]Dicen Stanley y Barbara Stein en *The colonial heritage* (46), p. 125: "In the early decades of the nineteenth century Europeans' reports of the untapped natural resources of Latin America nourished the view that technology and capital from abroad would stimulate the development of Latin America and thus help it to cast off the institutions, attitudes, and values which constituted the colonial heritage. . . . We know now that with rare exceptoins ex-colonial nations do not readily escape from the heritage of dependence. . . . Generalizations are usually misleading, particularly when they deal with so vast an area in which over-all control has disappeared, where topography is varied and sometimes nearly insurmountable, where resource endowments are unequal, where the ethnic composition of the population is so variegated, and where the constellations of interest or pressure groups have been so dissimilar, and these differences do not take into account divergent pre-conquest legacies and colonial development patterns. If generalizations are sometimes useful, substantive material is more so. To provide substance, then, examples will be drawn from widely divergent areas, primarily Mexico, Brazil, and Argentina."

[32]Osvaldo Sunkel; y Pedro Paz, *El subdesarrollo latinoamericano* . . . (47), p. 311.

[33]Nathaniel H. Leff, *op. cit.* [nota 23], se refiere a la evolución del ingreso del trabajador en el período de la expansión exportadora. También Miguel Urrutia, *op. cit.* [nota 18]; y Roberto Cortés Conde, *Mercado de trabajo 1880-1914.* Mimeografiado.

[34]*Boletín económico de América latina* [Santiago de Chile]. Es la versión española de ECLA, *Economic survey of Latin America, op. cit.* [nota 21].

[35]Véase Werner Baer, *Industrialization and economic development in Brazil* (1649), y Javier Villanueva, "El origen de la industrialización argentina." *Desarrollo económico* [Buenos Aires], v. 12, 1972: 451-476.

[36]Véase Werner Baer, *op. cit.* [nota 35].

y no sólo consumo conspicuo sin lo cual no hubiera habido industria, ya que en los 30 no era posible importar bienes de capital.

Esto no quiere decir que volvamos a la ingenua idea del progreso indefinido basado en las exportaciones primarias de la "belle époque," ni que esta etapa (como la siguiente) no haya dejado problemas y legados nada fáciles a los pueblos americanos. Lo que en cambio se dice es que todo el proceso es bastante más complejo y que de algún modo no se tienen razones satisfactorias para explicarlo. Y quizá porque a lo mejor no hubo alternativas diferentes y porque quizá también ese fue para América Latina no el mejor pero sí entonces, el desarrollo posible. Pero aun si es así, habría que estudiarlo. Esta es, sin duda, la más importante de las tareas de la historia económica de América Latina en los próximos años.

## La Historia Económica y las Ciencias Sociales

En las páginas precedentes se reseñaron diversas tendencias en la historiografía histórico-económica latinoamericana. Se ha generalizado diciendo que ellas van desde los informes técnicos de las oficinas estatales, a estudios sobre problemas sectoriales o coyunturales (principalmente monetarios y financieros), de contemporáneos que sólo veían la necesidad de hacer ciertos ajustes a un sistema que se creía exitoso, hasta trabajos que aparecen después del 30 (y a veces antes) y que luego dominan la literatura económica desde la Segunda Guerra Mundial que, en cambio, analizan el desarrollo de estas economías vinculadas al comercio internacional y a la economía mundial.

En los últimos tiempos han aparecido otras tendencias como resultado de un fenómeno que ocurrió (también antes) en los países de mayor grado de desarrollo: la historia como disciplina, más especialmente la historia económica, comenzó a cruzar barreras con las otras ciencias sociales (en este caso con la economía). La experiencia no ha dejado de ser traumática y no siempre exitosa.[37] Tanto por parte de los economistas que han buscado información en la historia, como de los historiadores que han tratado de encontrar en la economía orientaciones, hipótesis para sus estudios, herramientas de análisis y marcos conceptuales que permitieran explicar, es decir presentar coherentemente los hechos que describían. Aunque descartemos los casos extremos, el del economista que sólo busca hechos que prueben una teoría y el del historiador que sólo intenta la mera descripción de

éstos—no porque no sean frecuentes—las diferencias de orientación, enfoque y entrenamiento son muy grandes como para que, por ahora, no exista una alta dosis de conflicto y un bajo grado de autoidentificación de la disciplina. No faltan tampoco los historiadores que aleguen la posibilidad de explicar los procesos socioeconómicos del pasado o de explicación alguna en su conjunto. Aunque este largo debate fuera del marco de nuestro estudio, no podemos evitar el advertirlo, pues este problema está en el fondo de las diferencias que dividen a quienes trabajan en el área. En este aspecto la historia económica de América Latina, tanto para los especialistas de la región, como para los que se dedican a ella en los países de más antiguo desarrollo (i.e. Inglaterra, Francia, Estados Unidos) tiene los mismos problemas.

Lo que parece inevitable sin entrar en un debate interminable es que al explicar hechos pasados la historia se sirva de esquemas teóricos y herramientas que utilizan las ciencias sociales. Parece, que, salvo en los aspectos que tienen que ver con técnicas propias de la historia (la crítica de la documentación y las fuentes), los procesos socioeconómicos del pasado no tienen características sustancialmente distintas a las de la época presente como para desechar los instrumentos que se usan en el análisis de los fenómenos presentes. Ello no quiere decir que se puedan usar todas las técnicas con que se trabaja hoy recogiendo datos y clasificando información, porque ésta fue presentada de un modo distinto en el pasado. Pero las diferencias en el tratamiento de la información no implican que no sea necesario, para entender un fenómeno económico tanto del pasado como del presente (para relacionar hechos y explicarlos) el auxilio de esquemas que desarrolló la teoría económica. Para ello no será necesario adherirse a un modelo, sino que cualquier modelo, en cuanto sea consistente, será útil.[38]

Estos esquemas teóricos permiten plantear hipótesis y buscar información empírica que luego deberá ser verificada. La información empírica permitirá también medir la magnitud de los fenómenos y dar una idea más precisa de lo que se describe.

Aquí habría que señalar que esa información no necesariamente será del volumen y la sofisticación de la que se cuenta en el presente. Más aún, a veces puede limitarse sólo a señalar tendencias o indicar magnitudes. En esto el historiador debe ser modesto y resignarse a utilizar las técnicas apropiadas a la información que tenga. De hecho hay que buscar técnicas estadísticas adecuadas a la naturaleza de los datos que se tienen. En el estudio de la historia económica de América Latina, en donde el período estadístico es más reciente y existen condiciones muy distintas a las de los Estados Unidos

[37]Sobre relación de historiadores y economistas véase R. M. Hartwell, *The causes of the industrial revolution in England.* London, Methuen, 1967, p. 5.

[38]Esto es lo que sostiene Robert W. Fogel, *Railroads and American economic growth.* Baltimore, John Hopkins, 1964. 296 p.

esto deberá tenerse especialmente en cuenta. No quiere decir que no se puede buscar información cuantitativa pero hay que evitar la ingenuidad de creer que se cuenta con información continuada, homogénea y confiable como para usar procedimientos estadísticos muy sofisticados.

En este sentido también hay que advertir sobre el cuidado de pretender extender técnicas que sólo pueden ser usadas cuando se cuenta con series continuas y confiables. Procedimientos como los de regresiones y otras técnicas econométricas requieren que los datos sobre las variables involucradas en cualquier sistema sean continuados, confiables en general para una variedad considerable de variables. Lamentablemente en la mayoría de los países de América Latina faltan para casi todo el siglo XIX datos básicos para conocer su equilibrio económico. Así, de los que más se dispone son los de comercio exterior. Aunque ellos son los más dependientes no siempre son confiables.[39] También se cuenta con datos de precios de exportación y con algunos de producción minera o agropecuaria para exportación pero se carece dramáticamente de algunas series básicas para conocer la estructura de la economía y de la distribución del ingreso y de las condiciones de vida de la población. No hay series de salarios urbanos o rurales ni índices de precios mayoristas o minoristas ni índices de costo de vida.[40] Este panorama que en América Latina parece bastante desolador no olvida que algunos e importantes esfuerzos se han hecho. En México, las *Estadísticas económicas y sociales del Porfiriato,* publicadas por el Colegio de México; en Colombia, el *Compendio de estadísticas históricas* de Urrutia y Arrubla; en Chile, las estadísticas económicas de Ballesteros y Davis para 1908-1957 y el trabajo de Carmagnani sobre desarrollo industrial y económico chileno entre 1860 y 1920; en Venezuela, las series estadísticas históricas de Izard y en Argentina las estadísticas sobre comercio exterior de Cortés Conde, Halperín y Gorostegui de Torres.[41] Sin embargo se está muy lejos de

contar con información relevante sobre diferentes variables que permiten usar técnicas estadísticas sofisticadas y profundizar el análisis económico.

En otro orden de cosas debe sin embargo evitarse caer en la cuantificación por la cuantificación misma, y en la acumulación de información sin saber porqué. Mucho de la historia serial, si es que no relaciona y explica las variables que cuantifica, puede ser totalmente irrelevante.

Pero en la medida que el historiador no quiere probar una teoría sino conocer qué ocurrió en una sociedad en un período determinado, debe tratar de ver qué otras circunstancias, hechos o condiciones tuvieron que ver con los procesos económicos que observa. Aquí desde un punto de vista de la ortodoxia económica se puede criticar con razón que se mezclan variables que pertenecen a distintos sistemas y que no deben tratarse conjuntamente. Pero aunque a nivel de análisis de cada disciplina existen exigencias propias, el historiador no debe olvidar que el fenómeno social como tal es único. La historia económica se abre aquí a la historia social, a la historia de las instituciones, de las ideas y de la cultura, porque éstas son otras dimensiones que influyen en la vida de los hombres y afectan con una magnitud variable aunque no siempre conocida, su comportamiento económico.

Lo expuesto anteriormente supone una afirmación de principios: el aceptar la posibilidad que la historia pueda explicar procesos sociales pasados. Creemos que lo puede hacer porque no vemos qué diferencia existe entre explicar un fenómeno social, presente o pasado. Claro que se tratará de intentos o esbozos de explicación más que de explicaciones mismas y que no se referirán a leyes generales de las que se deducen el comportamiento de los hombres en sociedades sino a la búsqueda de determinadas regularidades que se suponen en su comportamiento.[42]

Finalmente el que sean explícitas o no las hipótesis no es lo más importante pues en alguna medida siempre existen hipótesis cuando se orienta la búsqueda de información sobre determinados hechos. Como que siempre existe algún intento o esbozo de explicación, cuando se relaciona un hecho con otro.

[39]Véase para esto Miguel Urrutia, y Mario Arrubla, *Compendio de estadísticas históricas de Colombia* (2346). Ver también Roberto Cortés Conde, Tulio Halperín Donghi, y Haydée G. de Torres. *Evolución del comercio exterior argentino.* Buenos Aires, 1966, mimeografiado; en que se corrigen los valores de exportación.

[40]Salvo algunas estimaciones no demasiado confiables.

[41]En México, sobre comercio exterior: *Estadísticas económicas del porfiriato; comercio exterior de México: 1877-1911* (3221); sobre fuerza de trabajo: *Estadísticas económicas del porfiriato; fuerza de trabajo y actividad económica por sectores* (2789); sobre población, propiedad de la tierra, educación, etc.: México, Dirección General de Estadística, *Estadísticas sociales del porfiriato, 1877-1910.* México, Talleres Gráficos de la Nación, 1956. 249 p.

Para Colombia, en Miguel Urrutia y Mario Arrubla, *Compendio de estadísticas* (2346), hay estadísticas censales, de salarios, de precios, de comercio exterior y elecciones presidenciales.

Para Chile, Marta A. Ballesteros, and Tom E. Davis, "The growth of output in basic sectors of the Chilean economy 1908-1957." *Economic development and cultural change* [Chicago], v. 11, Jan-

uary, 1963: 152-176. También ver Marcello Carmagnani, *Sviluppo industriale e sottosviluppo economico; il caso cileno* (1860-1920). Torino, Einaudi, 1971. 242 p.

Para Venezuela hay series estadísticas en demografía, producción, rentas e intercambios en Miguel Izard, *Series estadísticas para la historia de Venezuela.* Mérida, Universidad de los Andes, 1970. 251 p.

Para Argentina, Roberto Cortés Conde, *et al., Evolución del comercio, op. cit.* [nota 39].

[42]Esto es lo que sostiene Carl Hempel, "The function of general laws in history." *in Aspects of scientific explanations and other essays in the philosophy of science.* New York, Free Press, 1965. Y Carl Hempel, "Explanation in science and in history," *in* Ronald H. Nash, *ed. Ideas of history.* New York, Dutton, 1969.

PART TWO

# GENERAL BIBLIOGRAPHY

Stanley J. Stein

with the assistance of

Jiřina Rybáček-Mlýnková

# Libraries

| | |
|---|---|
| (BDGEC) | Biblioteca Dirección General Estadística y Censos (Santiago de Chile) |
| (BIEI) | Biblioteca Instituto de Estudios Internacionales (Santiago de Chile) |
| (BMSP) | Biblioteca Municipal de São Paulo |
| (BNsCH) | Biblioteca Nacional sala Chilena (Santiago de Chile) |
| (BNsMV) | Biblioteca Nacional sala Matta Vial (Santiago de Chile) |
| (LC) | Library of Congress (Washington) |
| (NYPL) | New York Public Library |
| (PU) | Princeton University Library |

# I. General and Reference Works

## 1. Reference and statistical works

**1. Bayitch, S. A.** Latin America: a bibliographical guide to economy, history, law, politics, and society. Coral Gables, University of Miami Press, 1961. 335 p.

Contains only works in English, mostly published in the 1950's dealing with the 20th century. Classified by subject and country. Includes: agriculture, aliens, commercial codes, corporations, education, foreign investment, industry, labor, land, mining, railroads, taxation. Main stress on legal aspects. Limited utility. There is a later expanded version covering books and articles published in the 1960's: *Latin America and the Caribbean: a bibliographical guide to works in English*. Coral Gables, University of Miami Press, 1967. 943 p. [JRM]                (PU)

**2. Bureau of American Republics.** Commercial directory of American republics, comprising the manufacturers, merchants, shippers, and banks and bankers engaged in foreign trade; together with the names of officials, maps, commercial statistics, industrial data, and other information concerning the countries of the International Union of American Republics, the American colonies and Hawaii. Washington, Government Printing Office, 1897-98. 2 v. (Bulletin no. 91).

Two huge volumes aggregating 2500 pp. [JRM]     (NYPL)

**3. Griffin, Charles C.,** *ed.* Latin America: A guide to the historical literature. Austin, University of Texas Press, 1971. 700 p. (Conference on Latin American History. Publication no. 4).

Comprehensive coverage of source materials, books and articles in many languages on Latin American history since pre-conquest times. Parts 5 and 6 ("Independence," "Latin America since Independence") offer materials for economic history under sections on economy, description and travel. Very useful annotations. A major reference work. [SJS]        (PU)

**4.** Handbook of Latin American studies. Cambridge, Mass., 1936-51; Gainesville, Florida, 1951—.

Annual publication. Books and articles (in many languages) relevant to economic history are generally listed under economics, history, demography, sociology. General and country coverage; bibliographical entries are concisely annotated. Each discipline often prefaced by excellent introduction summarizing and analyzing trends. Author index to volumes 1-28; since no. 27 (1965) separate volumes on Social Sciences and Humanities appear in alternate years. Indispensable bibliographical tool. [SJS]                (PU)

**5. Harvard University. Bureau of Economic Research in Latin America.** The economic literature of Latin America: a tentative bibliography. Cambridge, Mass., Harvard University Press, 1935-36. 2 v.

Each national bibliography is treated in four major categories: economic and social theory, pre-Columbian Indian economy, colonial economy, economic conditions since Independence. Latter category is the most comprehensive and covers: economic conditions, travel and description, agriculture, industry, population, labor, trade, transport, public finance, currency and banking, capital migration and international economic relations. Volume 1 contains 6244 entries on South America; volume 2 contains 6276 entries on Mexico and Central America, plus appendix on statistical sources. A major reference work. [JRM]        (PU)

**6. Humphreys, Robert Arthur.** Latin American history: a guide to the literature in English. London, Oxford University Press, 1958. 197 p.

General bibliography containing 2089 titles of books and articles. About half of the guide is devoted to general reference and works on pre-conquest and colonial periods; the other half deals with individual Latin American countries after 1830, and contains short sections on economic development and economic conditions, population, immigration, settlement, social institutions, and international relations. [JRM]                (PU)

**7. Inter-American Institute of Agricultural Sciences. Orton Memorial Library.** Coffee; bibliography of the publications available in the library of the Institute. Turrialba, [Costa Rica], 1960. 637 p.

Annotated bibliography of more than 6000 entries. Very useful source book for the study of coffee. [WPM]

**8. Jones, Tom B.,** *et al.* A bibliography on South American economic affairs: articles published in nineteenth century periodicals. Minneapolis, University of Minnesota Press, 1955. 146 p.

Periodicals indexed include those of England, United States, France, Spain, Portugal, Italy, and Germany; only six are from Latin America. 6200 main entries are analyzed by country under the following sub-headings: agriculture, commerce, communications, finance, immigration, industry, labor, mining, transportation. No annotations. Appended list of 62 Latin American periodicals dealing with economic matters. [SJS]                (PU)

9. List of the serial publications of foreign governments, 1815-1931. Edited by Winifred Gregory. New York, H. W. Wilson, 1932. 720 p.

Record of holdings in principal North American libraries, as of 1931, listing after each serial reference location and extent of holdings. [SJH]                                    (PU)

10. McGreevey, William Paul. A bibliography of Latin American economic history: 1760-1960. Berkeley, Center for Latin American Studies Working Papers, 1968. 60 p.

Contiene bibliografías, historias económicas por países y obras generales. Incluye títulos sobre intereses extranjeros y el sector exportador, economía interna, aspectos sociales y políticos del desarrollo económico. Sin anotaciones. [CC y OS]

11. _____. Quantitative research on Latin American history of the nineteenth and twentieth centuries, in Val. R. Lorwin; and Jacob M. Price, eds. The dimensions of the past. New Haven, Yale University Press, 1972, p. 477-501.

Surveys available quantitative data from post-1810 period (censuses, output statistics, foreign trade statistics), and presents quantitative evaluation of scholars engaged in Latin American research. Appended bibliography consists mainly of general works on Latin America and those dealing with Argentina (including official sources). [JRM]

12. Naylor, Bernard. Accounts of nineteenth-century South America: an annotated checklist of works by British and U.S. observers. London, University of London, 1969. 80 p. (Institute of Latin American Studies, Monograph no. 2).

Limited to travel accounts of 320 long-term foreign residents only in South America. No evaluations of works cited; biographical annotations are frequently illuminating. [SJS]                                                      (PU)

13. Pan American Union. Division of Intellectual Cooperation. A bibliography on education in Latin America. Prepared by Concha Romero James. Washington, 1932. 24 p., mimeo.

Lists only books and articles in English. For an economic historian, the most relevant are the sections on universities, professional, vocational, and special schools, p. 18-22. Some entries have brief comments. [JRM]          (PU)

14. Poblete Troncoso, Moisés. Ensayo de bibliografía social de los países hispano-americanos. Santiago de Chile, Talleres Gráficos La Nación, 1936. 210 p.

Obra bibliográfica organizada en dos partes, correspondiendo la primera a un ordenamiento alfabético sobre literatura social de cada uno de los países de America y la segunda a una clasificación por temas. Se refiere a administración social, agricultura, colonización y migraciones, condiciones de trabajo y vida de los asalariados, derecho del trabajo, habitación obrera, indígenas, instrucción, legislación internacional del trabajo, organización industrial, salarios, seguros y sociología general. [CC y OS]    (BNsCH 11(441-17))

15. Sable, Martin H. Latin American agriculture: a bibliography. Milwaukee, The University of Wisconsin, 1970. 74 p. (Latin American Center. Special Publication no. 1).

Contains 1061 titles of books, periodicals, pamphlets, and government publications, divided into the following sections: general agriculture, agricultural colonies, economic development in agriculture, rural sociology, population and farm credit. Almost half of the entries refer to pre-1930 period. No annotations. [JRM]                              (PU)

16. Spanish-American Publishing Company. A classified business directory of the leading merchants, dealers, planters, mine owners, professional men, etc. in the principal cities of. . . . In Our trade with South America, Philadelphia, Spanish American Publishing Company, 1886, p. 203-291.

Also lists names and addresses of bankers, brokers, manufacturers, hotels, retail stores, publishers, telephone and telegraph companies, physicians, etc. Divided by country, city and professional group. [JRM]                        (LC)

17. The Statesman's year-book: statistical and historical annual of the states of the civilized world; handbook for politicians and merchants. London, 1864—.

Qualitative and statistical information by country on revenue, public debt, population, trade, industry, money, etc. A short bibliography on each country. Also comparative tables at the beginning of each volume on finance, commerce, taxation. [JRM]                                       (PU)

18. United States. Library of Congress. A guide to the official publications of the other American republics. Washington, Library of Congress, [1945]-1948. 18 v.

Lists holdings in the Library of Congress, occasionally with short comments. Divided into general publications, and those of legislative and executive branches, president's office, ministries. Covers the post-Independence period. [JRM] (PU)

## 2. Archival sources

19. Great Britain. Foreign Office. British and foreign state papers, 1912/14—. London, 1841—.

Each volume divided by country, with broad coverage of Latin America. Texts of treaties, conventions, governmental correspondence on political and commercial relations with Great Britain. Index volume facilitates consultation. [JRM] (PU)

20. _____. _____. Index to the correspondence of the Foreign Office, 1920-1945. (Now preserved in the Public Record Office, London.) Nendeln/ Liechtenstein, Kraus-Thomson, 1969—.

Reprint of an annual publication originally issued in

limited edition by the Foreign Office. Each year in 4 volumes. Alphabetical listing by subject, author, and country. Some subject headings relevant to economy: trade, investments, loans, agriculture, transport, banks, finances, customs. [JRM] (PU)

**21.** _____. **Public Record Office.** Guide to the contents of the Public Record Office. London, Her Majesty's Stationery Office, 1963. 3 v.

**22.** _____. _____. List of Foreign Office records to 1878, preserved in the Public Record Office. New York, Kraus Reprint Corporation, 1963. 489 p.

**23.** _____. _____. The records of the Foreign Office 1782-1939. London, Her Majesty's Stationery Office, 1969. 180 p. (Public Record Office Handbooks no. 13).

The three guides are complementary. The first covers the period from the early 19th century until the 1940's. List of Foreign Office records in volume 1, p. 123-164, and in volume 2, p. 52-71. Materials on Latin America may be located in: general correspondence, embassy and consular archives, archives of commissions, slave trade, confidential print. Each entry has identification number, years and number of volumes (e.g. correspondence: Argentina, F.O. 6, 1823-1905, 503 volumes). The second guide (for 1782-1878) lists individual volumes, with names of authors and brief remarks on contents—domestic, consular, commercial. The third merely describes each class of documents preserved in the Public Record Office. [JRM] (PU)

**24. Harrison, John P.** Guide to materials on Latin America in the National Archives. Washington, The National Archives, General Services Administration, The National Archives and Records Service, 1961. 246 p. (National Archives Publication no. 62-3).

Most useful for economic history is the section on Department of State, p. 45-136. Lists the following holdings, among others: diplomatic and consular dispatches (1789-1906), special agents (1794-1906), notes from and to foreign missions (1789-1906, 1793-1906), notes from and to foreign consuls (1789-1906, 1853-1906), consular trade reports (1926-50). [JRM] (PU)

**25.** _____. The archives of United States diplomatic and consular posts in Latin America. Hispanic American historical review [Durham, N.C.], v. 33, February, 1953: 168-183.

Brief survey of Latin American materials in the U.S. National Archives. To illustrate holdings, describes in detail amount and quality of diplomatic records for Argentina and consular reports for Bahia in Brazil. [JRM] (PU)

**26. Hill, Roscoe R.** The national archives of Latin America. Cambridge, Mass., Harvard University Press, 1945. 169 p. (Joint Committee on

Latin American Studies, Miscellaneous Publication number 3).

Somewhat outdated but still useful. Brief history of each national archive, physical description, section on regulations and administration, and most importantly, survey of documents and materials in each archive and a list of serial publications issued by individual archives. [JRM] (PU)

**27. Ozanam, Didier.** Guide du chercheur dans les archives françaises: I. Les Affaires Etrangères. Paris, Centre National de la Recherche Scientifique, 1963. 109 p. (Cahiers de l'Institut des Hautes Etudes de l'Amérique Latine, v. 4, part 1).

First three sections provide a brief history and description of organization of French foreign affairs' papers, personnel and archives. Last section surveys Latin American materials to 1815, between 1815-30 and 1830-90. Lists volume numbers and chronological coverage by country of *correspondance politique* and—of particular importance to the economic historian—the *correspondance commerciale* and *mémoires et documents* series. [SJS] (PU)

**28. Platt, Desmond Christopher St. Martin.** Business archives. *En* Peter Walne, *ed.* A guide to manuscript sources for the history of Latin America and the Caribbean in the British Isles. Oxford, Oxford University Press, 1973, p. 442-513.

A guide to the papers of British firms, organized under such categories as banking and finance, import and export, land, manufacturing, oil, public utilities, railways, shipping, retail, etc. Each entry offers basic information on each company and observations on the contents of its archives. Very useful guide to generally neglected primary sources. [SJS] (PU)

**29.** _____. Bibliographical aids to research, XX: the British in South America—an archive report. Bulletin of the Institute of Historical Research [London], v. 38, November, 1965: 172-191.

A brief review of factors accounting for the paucity of British company and family papers still located in Brazil, Argentina, Chile, and Peru, followed by a listing of the contents of "community" archives (newspapers, chambers of commerce, churches, societies), family papers and (the most numerous) business archives. [SJS]

**30. United States. National Archives and Records Service. General Services Administration.** List of National Archives microfilm publications. 1968. Washington, Government Printing Office, 1968. 108 p.

Records of the Department of State, p. 8-33. Following sections contain materials on Latin America: diplomatic dispatches, notes from foreign legations and decimal file. Each entry usually contains name of country (or city), years, identification number, number or rolls and price in US$; e.g., "Notes from foreign legations, Brazil, 1824-1906. M-49, 8 rolls, US$ 28." This guide is periodically updated. Film held by Center for Research Libraries (Chicago). [JRM] (PU)

**31. [United States. State Department].** General index to the published volumes of the diplomatic correspondence and foreign relations of the United States, 1861-1899. Washington, Government Printing Office, 1902. 945 p.

Alphabetical listing of contents of the Department of State correspondence, including author and subject headings. Several pages on each Latin American country, with following subheadings: commercial relations with the United States, financial conditions, immigration, railroads, tariffs, taxation, trade statistics. [JRM]　　　(PU)

## 3. Economic and/or social histories

**32. Beyhaut, Gustavo.** Raíces contemporáneas de América Latina. B.A., Eudeba, 1964. 168 p. (Biblioteca de América. Libros del Tiempo Nuevo).

Six provocative articles on the social and economic history of Latin America since 1800. Beyhaut views Europe's cultural and economic influences as distinct yet closely related phenomena; racism is seen as reinforced by forced laborers' reluctance to accept wage inducements; the historical roots of poverty are reviewed systematically. [SJS]　　(PU)

**32a. Bruit, Hector Herman.** El crecimiento económico de América Latina entre 1870 y 1914. Estudos históricos [Marília, Brasil], N° 9, 1970: 67-117.

Reune-se estudos secundários de varios paises, analisa-se tecnologia, mão-de-obra, capital estrangeiro, relações de troca. Contém estimativas de PNB, comércio exterior, população. A tese oferta é de que a fraqueza do desenvolvimento latinoamericano não era resultado de uma suposta impermeabilidade, mas a absorção excesiva de elementos extranhos, de uma maneira que permitia a sobrevivência e a reinvigoração de estruturas arcáicas, tal como o latifúndio. [WD]

**33. Calvo, Carlos.** Anales históricos de la revolución de la América Latina, acompañados de los documentos en su apoyo. París, Durand, 1964-67. 5 v.

Issued to indicate to the nations of Western Europe the gains obtained since Independence. Introduction (137 p.) to volume 1 offers a variety of statistical material, generally difficult to locate, on mining and agricultural output, and value of trade from the late 18th century to about 1860. [SJS]　　　(PU)

**34. Cardoso, Fernando Henrique; e Enzo Falleto.** Dependência e desenvolvimento na América Latina; ensaio de interpretação sociológica. Rio de Janeiro, Zahar Editores, 1970. 143 p.

Seeking the historical determinants of persistent underdevelopment, the authors examine (chapters 3-4) patterns of export-oriented growth (1830-1930) via the integration into the world economy of both domestically controlled and externally controlled (enclave) enterprises. Emerging national idiosyncrasies in the period 1880-1930 ("transição") are explained by the earlier predominance of one or the other type of enterprise. Emphasis upon the general process rather than upon specific detailed studies of national economic change. There is a Spanish edition: *Dependencia y desarrollo en América Latina; ensayo de interpretación sociológica.* México, Siglo XXI, 1970. 166 p. [SJS]　　(PU)

**34a. Cortés Conde, Roberto.** The first stages of modernization in Spanish America. Translated by Toby Talbot. New York, Harper & Row, 1973. 169 p. (Crosscurrents in Latin America).

An economic historian's sensitive overview of externally oriented growth based upon primary exports in Peru, Cuba, Chile, Mexico, and Argentina from the middle of the 19th to the early decades of the 20th centuries. Amply footnoted, but without bibliography. [SJS]　　　(PU)

**35. Florescano, Enrique,** *ed.* La historia económica en América Latina. V. 1. Situación y métodos. V. 2. Desarrollo, perspectivas y bibliografía. SepSetentas. México, Secretaría de Educación, 1972. 2 v. (XXXIX Congreso internacional de Americanistas, Lima, Perú, agosto, 1970; Comisión de Historia Económica del CLASCO).

A pioneer effort to provide a conspectus of the discipline of economic history in Latin America. In volume 1 are a series of essays on the status of economic history in Argentina, Brazil, Uruguay, Ecuador, Mexico, and the Caribbean concluding with two essays on the "new economic history." Volume 2 offers contributions of a broader scope, followed by unannotated bibliographies of the geographical areas covered in the first volume. Highly useful guide. [SJS]

**36. Frank, André Gunder.** Capitalism and underdevelopment in Latin America: historical studies of Chile and Brazil. New York, Monthly Review Press, 1967. 298 p.

A striking formulation of a pattern of Latin American economic history. Beginning with a refutation of the dual model (modern vs. archaic sectors) once fashionable, Frank questions the unilateral theory of capitalist change often shared by Marxists and non-Marxists alike and proposes that since the conquest Latin America has played the role of "satellite" to a more advanced "metropolis." [SJS]　　(PU)

**37. Furtado, Celso.** Economic development of Latin America; a survey from colonial times to the Cuban revolution. Translated by Suzette Macedo. Cambridge [Engl.], University Press, 1970. 271 p.

An economist's perspective of Latin America's historical pattern of economic change. Approximately the first third of the analysis treats the pre-1929 period, emphasizing the growth of the international economy in the 19th century, and its Latin American effects: types of export economies, the role of the gold standard, early industrialization. Portuguese version: *Formação econômica da América Latina.* 2. ed. Rio de Janeiro, Lia, 1970. 365 p.) [SJS]　　(PU)

**38. Glade, William P.** The Latin American economies: a study of their institutional evolution. New York, American Book, 1969. 665 p.

Comprehensive approach to Latin America's economic history seeking sources of differentiation among nations as well as intra-national sectoral disparities. Throughout there is emphasis upon the multiplicity of factors of causation, with special attention to the "failures in institutional development" and the interaction of "Neo-Iberian" institutions and economic processes. Cf. Sunkel and Paz, *El sub-desarrollo latinoamericano y la teoría del desarrollo* (47). [SJS]    (PU)

**38a. Halperín Donghi, Tulio.** The aftermath of revolution in Latin America. Translated by Josephine de Bunsen. New York, Harper & Row, 1973. 157 p. (Crosscurrents in Latin America).

An interdisciplinary synthesis of Spanish America in the first fifty years following independence. Stimulating and controversial. Short selected bibliography. Complements Cortés Conde (34a). Title in original: *Hispanomérica después de la independencia*. B.A., Paidós, 1972. 231 p. [SJS]    (PU)

**38b.** _____. Historia contemporánea de América Latina. 2. ed. Madrid, Alianza Editorial, 1970. 548 p.

Sophisticated interdisciplinary treatment of Latin America since about 1800 to the present. Particularly relevant are the chapters devoted to origins, growth, and maturity of the "neocolonial order." Selected bibliography. [SJS]

**39.** Hispanic American historical review. Baltimore, 1918-22; Durham, 1926—.

Throughout this quarterly publication, especially since about 1945, are important articles either on economic history or of interest to the economic historian. [SJS]    (PU)

**40.** Inter-American economic affairs. Washington, 1947—.

Founded, guided, and supported by its editor Simon Hanson for several decades. It is the only English-language journal devoted solely to the economy of Latin America. While its articles deal generally with current economic problems, the periodical has often published articles on economic history or on economic aspects of political and diplomatic history. Some articles are listed separately in this Guide. [SJS]    (PU)

**41.** Journal of Latin American studies. London, 1969—.

Semi-annual publication of interdisciplinary nature containing articles on economics, geography, history, international relations, politics, and sociology. To date a majority of contributions treat the post-independence period. [JRM] (PU)

**42. Léon, Pierre.** Économies et sociétés de l'Amérique latine; essai sur les problèmes du développement à l'époque contemporaine, 1815-1967. Paris, Société d'edition d'enseignement supérieur, 1969. 480 p.

Penetrating study of the causes of Latin American underdevelopment. First part (1815-1914) is a historical analysis of economic and social development, demographic expansion, immigration, racial structure, transport, agricultural specialization, evolution of plantations, external dependence, and governmental policies. Second part, "La lutte pour l'indépendance," covers the post-1914 period, with special emphasis on the impact of the international economy, U.S. economic influence, social reforms and new ideologies. The author argues that Latin America was not prepared for independence and that its whole 19th- and 20th-century history is characterized by the effort to overcome weaknesses inherited from the colonial past. [JRM]    (PU)

**43. Normano, João Frederico.** The struggle for South America; economy and ideology. Boston, Houghton, 1931. 294 p.

Obra destinada a estudar tanto a economia quanto a ideologia na América do Sul. Divide-se em 5 partes compreendendo itens distintos: "A economia," "A ideologia," "O perigo Ianque," "Uma experiência—Cuba," "O futuro." O livro foi escrito no período de 1929-30 justamente num momento de grandes transformações na vida econômica e política das nações sul-americanas, ocasionadas pelo "crack" da Bolsa de Nova York. Uma análise cuidadosa dos diversos aspectos da vida sul-americana no capítulo referente à economia se detém de forma mais aprofundada na análise do comércio entre as diferentes nações da América do Sul e o continente europeu. Neste particular são apresentadas tabelas que elucidam bastante os pontos apresentados. Faz uma distinção nítida entre os países que influem na vida das nações sul americanas, como grupos a disputar os mercados e a influir no campo das idéias. Faz então uma digressão em torno do pan-americanismo e ressalta as posições do Brasil. Depois de analisar o que chama de "Perigo Ianque" projeta-se no futuro salientando o papel da industrialização como fenômeno altamente significativo para o desenvolvimento dos países sul-americanos. Novamente destaca a posição do Brasil. [NVL]    (BMSP)

**44. Rippy, J. Fred.** Latin America and the industrial age. New York, Putnam, 1944. 277 p.

Survey of the industrial development of Latin America since the 19th century, with main emphasis on the role of U.S. capital and technology. Chapters on railways, telegraphs, telephone, oil industry, electricity, and sanitation. Although maintaining that United States should not exploit Latin America, author's attitude remains slightly condescending. [JRM]    (PU)

**45.** _____. Rivalry of the United States and Great Britain over Latin America. Baltimore, Johns Hopkins, 1929. 322 p. (The Albert Shaw Lectures on Diplomatic History, 1928).

Detailed analysis of conflicting U.S. and British interests in 19th-century Latin America; includes treatment of such issues as trade, investment and shipping. Useful background work. [JRM]

**46. Stein, Stanley J., and Barbara H. Stein.** The colonial heritage of Latin America. New York, Oxford University Press, 1970. 222 p.

The authors trace the beginning of dependence to the interaction between Latin America and the Iberian metropolises and discuss several factors which determined Latin America's evolution, e.g. tradition of large estates, scarcity of manpower and slavery, and export oriented economies. They conclude that Latin America has passed from 19th century neo-colonialism to the mature stage of 20th-century neo-colonialism. Spanish translation: *La herencia colonial de América Latina*. México, Siglo XXI, 1971. 204 p. French translation: *L'héritage colonial de l'Amérique latine*. Paris, François Maspero, 1974. 186 p. [JRM]

**47. Sunkel, Osvaldo; y Pedro Paz.** El subdesarrollo latino-americano y la teoría del desarrollo. México, Siglo XXI, 1970. 385 p.

One of the first systematic, comprehensive attempts to define development, analyze growth models, and produce "a historical and structural approach to the economic development of Latin America." Offers in part 4 an explanation of the differential response of Latin America's economies to common external phenomena, i.e., the capacity of diversification of the export sector. [SJS]                    (PU)

**48. Teichert, Pedro C. M.** Economic policy revolution and industrialization in Latin America. Mississippi, University of Mississippi, Bureau of Business Research, 1959. 282 p., mimeo.

Although the major focus is upon the post-1930 period, introductory chapters review the 19th-century roots of current aspects of economic growth, e.g., land concentration, raw materials exports, protectionism. Extensive bibliography by country. [SJS]                    (PU)

## 4. Economic, social, and geographical conditions

**49. Aughinbaugh, William Edmund.** Selling Latin America: a problem in international salesmanship; what to sell and how to sell it. Boston, Small, Maynard, 1915. 408 p.

General information by country, with statistical data (on trade, production, population, extent of cultivated land) scattered throughout the text. Separate chapters on salesmanship, trade marks, customs houses, finance and credit, packing and shipping, advertising. Appended are statistical tables on South American imports, 1910-15. [JRM]     (PU)

**50. Bureau of the American Republics.** Bulletin. Washington, 1891-99. 94 v.

Irregular publication, sometimes bilingual or trilingual. Bulletins include country handbooks, schedules of import duties, commercial directories, surveys of laws. Bulletins of import duties were assembled in three volumes and presented to the 52nd Congress, 1st session of the Senate, under the title *Tariffs of the American republics* (1893). More important bulletins cited individually in this guide. [JRM]     (PU)

**51. _____.** Commerical mission to South America; reports received from Mr. T. Worthington,

the special commissioner appointed by the British Board of Trade to inquire into and report upon the conditions and prospects of British trade in certain South American countries. Washington, Government Printing Office, 1899. 178 p. (Bulletin no. 94).

Reprint of a British publication which covers Chile, Argentina, Brazil, and Uruguay. Detailed data on trade, prices, marketing, mostly for 1890's. Also describes the industries of the four countries. [JRM]                    (NYPL)

**52. Caldcleugh, Alexander.** Travels in South America during the years 1819-20-21; containing an account of the present state of Brazil, Buenos Ayres, and Chile. London, John Murray, 1825. 2 v.

Greater attention to economic conditions than usually encountered in travel accounts. Notable for scattered data on foreign trade after 1810, description of mines, Argentine financial situation. Appended are official documents, accounts of vessels arriving at Buenos Aires, balance sheets of Argentine Contaduría General. [SJS]          (PU)

**53. Clemenceau, George.** Notes de voyage dans l'Amérique du sud: Argentine, Uruguay, Brésil. Paris, Hachette, 1911. 270 p.

Abundant information on social, political and cultural aspects of the three countries. The author gives a perceptive account of schools, hospitals, prisons, haciendas. Also discusses nationalism, immigration, and European (especially French) influence in Brazil. Comparative observations are provocative. [JRM]                    (PU)

**54. Commercial encyclopedia.** Third sectional issue: Argentina, Brazil, Chile, Peru, Uruguay. Compiler and publisher, W. H. Morton-Cameron. London, Globe Encyclopedia Company, 1922. 1282 p.

A deluxe publication, containing considerable data on actual and potential markets about 1920. Chapters by country discuss geography, history, population, administration and communications, banking, currency, finance, commerce, transport, agriculture, minerals, industries. Many photographs. [JRM]                    (LC)

**55. Curtis, William E.** Trade and transportation between the United States and Spanish America. Washington, Government Printing Office, 1889. 342 p.

Well organized survey of commercial situation in Latin America, including sections on transport, especially steamships. Trade statistics for 1880's. Also discusses proposed customs union, reciprocity treaties, and protection of trademarks. [JRM]                    (NYPL)

**56a. Domville-Fife, Charles W.** The great states of South America. A concise account of their condition and resources with the laws relating to government concessions. London, G. Bell and Sons, 1910. 235 p.

**56b.** _____. The states of South America, the land of opportunity; a complete geographical, descriptive, economic and commercial survey. 2. ed. (enlarged). New York, Macmillan, 1920. 276 p.

First edition covers only 8 countries. In addition to general information, it contains: a chapter on each country with a survey of laws concerning mining, immigration, colonization, railroads, etc. Second edition deals with all Latin American countries, with a special chapter on each country entitled "Commercial section." Information on railroads, foreign trade, commercial regulations, industries, agriculture, immigration, and colonization. Presents Latin America in roseate colors for potential British capitalists. Last chapter contains observations on trade with Latin America, e.g. ineffectiveness of the businesslike approach, problems of advertising, and credits. [JRM]                                        (PU)

**57.** _____. Modern South America. London, Seeley, Service, 1931. 320 p.

A product of long acquaintance with Latin America. A lively written guide, very optimistic, stressing the impressive development of urban areas. Most interesting are passages comparing the conditions of 1930 with those of 15 or 20 years before. [JRM]                                        (PU)

**58. Filsinger, Ernest B.** Exporting to Latin America; a handbook for merchants, manufacturers and exporters. New York, Appleton, 1916. 565 p.

Detailed, well organized businessmen's guide whose matter-of-fact, concise style contrasts with that of most of similar books of this period. Discusses salesmanship, correspondence rules, insurance, credits, banking situation, tariffs, advertising, mail order business, railroads, etc. Appended are surveys of commercial situation in each country, general bibliography, several statistical tables on foreign trade. A very useful book. [JRM]                                        (PU)

**59.** France-Amérique. Paris, 1910-14.

Monthly publication of the Comité France-Amérique, founded with the aim of popularizing both North and South America in France. Emphasis on economic matters, and especially Franco-American relations. A great number of statistical tables. Many articles written by French consular officials. [JRM]                                        (PU)

**60. Great Britain. Board of Trade.** Commercial tariffs and regulations of the several states of Europe and America, together with the commercial treaties between England and foreign countries. By John MacGregor. London, Charles Whiting, 1841-1848. 19 parts in 6 v.

Parts 16-21 cover Latin America and West Indies. Description of each country, its economic, political and social conditions, and many statistical tables on foreign trade,

population, public finance, prices. Very important source. [JRM]                                        (PU)

**61.** _____. **Department of Overseas Trade.** Report on the economic and commercial conditions of foreign countries. London, His Majesty's Stationery Office, 1920-1937/39.

Reports, usually over 100 pages each, prepared annually on the larger Latin American countries, and every two or three years on the smaller countries. They include sections on finance, trade, industry, legislation, transport, and social conditions. [JRM]                                        (PU)

**62.** _____. **Foreign Office.** Reports by Her Majesty's secretaries of embassy and legation on the manufactures, commerce etc. of the countries in which they reside. London, Harrison and Sons, 1867. 1878-80. 4 v.

Includes the following materials on Latin America: February 1867, mining in Mexico; March 1867, finance and commerce in Argentina, sulphur deposits in Mexico; May 1867, finance in Brazil; June 1867, commerce in Brazil, finance in Mexico and Peru; March 1878, railways in Argentina, finance and trade in Colombia; April 1878, commerce in Venezuela; August 1878, general report on Peru; February 1879, trade and finance in Venezuela; June 1879, trade and finance in Uruguay. [JRM]                                        (PU)

**63. Hadfield, William.** Brazil, the River Plate, and the Falkland Islands, with the Cape Horn route to Australia; including notices of Lisbon, Madeira, the Canaries, and Cape Verde. London, Longman, Brown, Green, and Longmans, 1854. 384 p.

**64.** _____. Brazil and the River Plate in 1868. London, Bates, Hendy, 1869. 271 p.

The first volume deals extensively with Brazil, the second with Argentina, noting changes in economic situation, and stressing urbanization, development of transport, and immigration. Hadfield, associated with the South American Steam Navigation Company, paid special attention to the problems of steamships, railways and transport in general. [SJS]   (PU)

**65. Hall, Basil.** Extracts from a journal, written on the coast of Chili, Peru, and Mexico in the years 1820, 1821, 1822. London, 1924. 2 v.

Reprinted the same year in Philadelphia, Boston, and Edinburgh. Standard traveller's account, which treats topics relevant to the economic historian: mining in Chile, political and social consequences of Independence, problems of education. Also a table of prices (for copper, steel, iron, beans, beef, etc.) before and after the revolution in Chile. (Volume 2, p. 47). [JRM]                                        (PU)

**66. Humphreys, Robert Arthur,** *ed.* British consular reports on the trade and politics of Latin America, 1824-1826. London, Offices of the Royal

Historical Society, 1940. 385 p. (Royal Historical Society publications; Camden Third Series, vol. 63.)

British consuls' general reports which deal in part with economic conditions and problems. A number of nations are omitted, including Brazil. Appendix includes exports and re-exports (British and Irish) by value, Great Britain to Latin America, 1812-30. Bibliography. [SJS]      (PU)

**67. International Bureau of the American republics.** Monthly bulletin. Washington, 1893-1910.

Before 1902: Bureau of the American republics (50). Title changes slightly. Published in English and Spanish, some sections in French and Portuguese. Each issue contains articles on general commercial and financial conditions, railways, industries, mining and agriculture. Detailed and extensive coverage of tariff changes. Occasional trade statistics. In 1910, this series became a popular illustrated magazine on Latin America, the *Pan American Union Bulletin*. [JRM]      (PU)

**68. James, Preston E.** Latin America. New York, Odyssey, 1942. 908 p.

Latest edition in 1969 (4. ed. New York, Odyssey). A human geographer's introduction to the area emphasizing patterns of settlement and resource utilization with strong historical perspective. [SJS]      (PU)

**69. Jones, Tom B.** South America rediscovered. Minneapolis, University of Minnesota Press, 1949. 285 p.

Reconstruction of Latin America through the eyes of contemporary travelers, 1810-70. Lists and analyzes travel accounts, and describes vividly housing, food preparation, customs, shops, and means of communication. Bibliography of travel books with short annotations, p. 241-258. Interesting, frequently humorous, reading. [JRM]      (PU)

**70. Peck, Annie S.** Industrial and commercial South America. 2. ed. New York, Crowell, 1927. 489 p.

First published, 1922. Provides following information by country: area, brief historical survey, government, population, education, cities, transport, resources, industries. Scattered statistical data from governmental publications on population, agricultural and mineral production and livestock population. [JRM]      (PU)

**71. Preusse-Sperber, O.** Süd- und Mittel-Amerika; seine Bedeutung für Wirtschaft und Handel. Berlin, Otto Salle, 1913. 218 p.

Indication of German interest in Latin America. Description of individual countries, with scattered statistics. Sections on German emigration to Latin America and competition with U.S. and English exporters and salesmen. Short bibliography of German works on Latin America. [JRM]      (NYPL)

**72. Réclus, Elisée.** Nouvelle géographie universelle; la terre et les hommes. V. 17. Les indes occidentales (Mexique, Isthme Américain, Antilles). V. 18. L'Amérique du Sud: les régions andines. V. 19. L'Amérique du Sud: L'Amazonie et La Plata. Paris, Librairie Hachette et Cie., 1876-94. 19 v.

Main stress on geography and population, also short sections on agriculture, mining, industry and communications. Maps, sketches, and photographs; footnote references to other works, and index. [JRM]      (NYPL)

**73. The Royal Bank of Canada. Foreign Trade Department.** Business conditions in Latin America and the West Indies. Montreal, 1928-42.

Five issues per year, plus annual report. Divided by country, with sections on: general situation, finance, foreign trade, production, investments, railway receipts. Statistical data in most of sections. Annual reports cover Latin America, Canada and several European countries. Some issues contain special articles, e.g. "Aviation in South America," May 1929; "Trade between Canada and Latin America," September 1929; "The fruit industry of South America," July 1931; "Trade agreements of Latin America," September 1931; "The mining industry of South America," November 1931. [JRM]      (PU)

**74. Santibáñez, Enrique.** Geografía comercial de las naciones Latino-Americanas. New York, Appleton, 1919. 264 p.

Simplistic generalizations on economy, but useful for scattered statistical information on population, immigration, mineral production, mostly for 1910-15; agricultural output, 1910-17; livestock population, 1910-16. Also tables on exports and imports for 1912; trade between Latin America and United States, 1916; British and U.S. investments, 1915. [JRM]      (PU)

**75. Savage, Thomas.** Manual of industrial and commercial intercourse between the United States and Spanish America. . . . San Francisco, Bancroft, 1889. 629 p.

A large amount of inadequately organized information, much of it statistical, by a long-time U.S. consul. Chapters on resources, manufacturers, commerce (the longest section), government, laws. Very incomplete list of references, lacks sources of data. [JRM]      (NYPL)

**76. Seeber, Francisco.** Argentina, Brazil, Chile, Uruguay, Perú, Bolivia y Paraguay; estudios comparativos, geográficos, étnicos, económicos, financieros, y militares. B.A., J. Rosso, 1903. 264 p.

Prepared to promote Latin American unity. Chapters contain comparative data, mostly for the early years of this century, on population, communications, commerce, revenue, debts, banking. Several chapters on individual products, e.g., sugar, cattle, wool, coffee, cotton. Statistical tables in appendix. There is an English translation: *Great Argentina: comparative studies between Argentina, Brazil, Chile, Peru, Uruguay, Bolivia, and Paraguay.* B.A., J. Peuser, 1904. 241 p. [JRM]      (NYPL)

77. South American handbook. London, 1921—.

Annual publication, with some years omitted. Volumes of 1921 and 1922, under the title *Anglo-South American handbook,* have identical structure: first part provides general information on each country, including some production and foreign trade statistics, and lists of railway and tramway companies and banks. Second part lists shipping and insurance companies, British-owned companies, Argentine and Uruguayan *estancieros* and a general bibliography (works published after 1870). Volumes after 1924 (1923 was omitted) are less useful, but list companies, banks, etc. and include information on mineral resources and unemployment. [JRM] (PU)

78*a*. United States. Bureau of Foreign and Domestic Commerce. Department of Commerce. The daily consular and trade reports. Washington, 1898-1914.

78*b*. _____. _____. _____. Commerce reports. Washington, 1915-40.

78*c*. _____. _____. _____. Review of industrial and trade conditions in foreign countries; supplement to Commerce reports. Washington, 1914-19.

78*d*. _____. _____. _____. Trade and economic review; supplement to Commerce reports. Washington, 1921-23.

78*e*. _____. _____. _____. Trade information bulletin; supplement to Commerce reports. Washington, 1922-39.

Commerce reports were first published daily, after September 1921 weekly, with information on economic and trade conditions of all countries. Supplements are usually short monographic reviews of an industry, marketing problems, etc. [JRM] (PU)

79*a*. _____. Bureau of Statistics. Department of State. Consular reports. Washington, 1880-97.

79*b*. _____. Bureau of Foreign Commerce. Department of State. Consular reports. Washington, 1897-1903.

79*c*. _____. Bureau of Statistics. Department of Commerce and Labor. Monthly consular reports. Washington, 1903-05.

79*d*. _____. Bureau of Manufactures. Department of Commerce and Labor. Monthly consular and trade reports. Washington, 1905-10.

80*a*. _____. Bureau of Statistics. Department of State. Special consular reports. Washington, 1890-97.

80*b*. _____. Bureau of Foreign Commerce. Department of State. Special consular reports. Washington, 1897-1903.

80*c*. _____. Bureau of Foreign and Domestic Commerce. Department of Commerce. Special consular reports. Washington, 1903-23.

Consular reports, published monthly, containing short reviews of economic conditions in all countries of the world, with emphasis on trade relations with the United States. Special consular reports are monographic surveys (issued irregularly, several volumes each year) of industries, marketing problems, communications, agriculture, etc; many are of excellent quality. About 15 monographs of this type were published (under the same title) between 1878-90. [JRM]

81. Whitbeck, Ray Hughes. Economic geography of South America. New York, McGraw-Hill, 1926. 430 p.

Divided by country and by geographical region within each country. Description of geographic, climatic, and economic conditions; many graphs (on foreign trade, mineral, and agricultural production), photographs and maps (distribution of various agricultural products, livestock population, density of forests). Main stress on contemporary conditions, but also contains historical data. A general historical introduction precedes each country analysis; short bibliographies appended at the end of each chapter. There is a later, revised edition (with Frank E. Williams): *Economic geography of South America.* 3. ed. New York, McGraw-Hill, 1940. 469 p. [JRM] (PU)

82. Wilcox, Marrion; and George Edwin Rines, *eds.* Encyclopedia of Latin America. New York, Encyclopedia Americana Corporation, 1917. 887 p.

Deals with commerce, industry, banking, finance, railways, shipping, transport, trade, tariffs, customs. Introductory part on Latin America as a whole, second part divided by country, third part on leading industries (cotton, meat, coffee, tobacco, rubber, wool). Written by U.S. and Latin American authors. Many sections have short bibliographies. [JRM] (PU)

See also: 119, 120, 122, 125, 148, 149, 177.

### 5. Review of research problems

83. Baugham, James P. Recent trends in the business history of Latin America. Business history review [Boston], v. 36, no. 4, 1965: 425-438.

Review of works, published in the 1950's and 1960's, on Latin American business history. Stresses the need for more narrowly focused monographs, regional and local studies, instead of broad surveys. [JRM] (PU)

84. Burgin, Miron. Research in Latin American economic and economic history. Inter-American economic affairs [Washington], v. 1, no. 3, 1947: 3-22.

An economic historian notes that until 1945 the economic history of Latin America remained neglected on the ground that Latin America functioned as "a mere appendage of the industrialized economies." Suggests the need for economic history in order to understand politico-institutional development and proposes a variety of research foci, e.g., the impact of industrialization upon rural and urban living standards, the economic role of the state. [SJS]                     (PU)

**85. McGreevey, William Paul; and Robson B. Tyrer.** Recent research on the economic history of Latin America. Latin American research review [Austin], v. 3, no. 2, 1968: 89-117.

Special emphasis on quantitative sources for determining per capita income for the 19th and 20th centuries. Short bibliography. [JRM]                     (PU)

**86. Mosk, Sanford A.** Latin America and the world economy, 1850-1914. Inter-American economic affairs [Washington], v. 2, no. 3, 1948: 53-82.

Like Burgin (84) a well reasoned plea for the study of the economic history of post-colonial Latin America. Mosk argues that "commercialization of economic life" in the 19th and 20th centuries modified colonial patterns, e.g., land tenure and social relations. Argentine agricultural and ranching specialization and Brazilian coffee agriculture are examined as Latin American responses to international conditions. Concludes that the gains of international trade flowed to the industrial, not the colonial economies. Research topics in economic history suggested. [SJS]                     (PU)

**87. _____.** Latin American economics: the field and its problems. Inter-American economic affairs [Washington], v. 3, no. 2, 1949: 55-64.

Warns against excessive reliance upon "research tools" in future Latin American economic research, urging instead concentration upon regional, detailed studies and the Latin American point of view. Highlights Latin American institutional structures for understanding economic phenomena. [JRM]                     (PU)

**88. Stein, Stanley J.** Latin American historiography: status and research opportunities. *In* Charles Wagley, *ed.* Social science research on Latin America. New York, Columbia University Press, 1964, p. 86-124.

Review of Latin American historiography, mainly of the post-1850 period. Suggests problems to be investigated, e.g. destruction of hacienda system in Mexico, influence of immigrants on the growth of the Brazilian economy between 1880-1934, roots of long-term stagnation of Argentine economy, modernization process in Latin America as a whole. [JRM]                     (PU)

**89. _____.** The tasks ahead for Latin American historians. Hispanic American historical review [Durham], v. 61, August, 1961: 424-433.

Outlines problems meriting analysis by economic historians of Latin America: agrarian history, urban development, role of conservatism in ideology and politics, economic nationalism. Urges methodological approaches of the "new history." [JRM]                     (PU)

**90. _____; and Shane J. Hunt.** Principal currents in the economic historiography of Latin America. The journal of economic history [New York], v. 31, March, 1971: 222-253.

Overview, with bibliographical citations, of principal scholarly contributions to the economic history of Latin America. The period 1830-1930 is reviewed on p. 230-237. Concludes with review of recent interpretations of growth performance of Chile and Argentina in which structuralist and neo-classical viewpoints are analyzed, and with suggestions for further research. [SJS]                     (PU)

## II. Demography, Manpower, and Living Conditions

### 1. Population

**91. Collver, O. Andrew.** Birth rates in Latin America: new estimates of historical trends and fluctuations. Berkeley, University of California, 1965. 187 p.

Reconstruction of demographic data since 1850 and analysis of past trends. Tables on infant and child mortality, birth rates, fertility. Draws upon available Latin American censuses, statistical handbooks and other official documents. Bibliography of statistical and demographic literature. [JRM] (PU)

**92. Paris. Université. Institut des Hautes Études del l'Amérique Latine. Centre de Documentation.** Bibliographie des recensements des pays d'Amérique latine existant à Paris. 2. ed. revue et augmentée. Paris, 1969. 84 p.

Catálogo de los censos de población y económicos de casi todos los países latinoamericanos que se encuentran en las bibliotecas de París. Incluye la referencia bibliográfica completa de cada censo y su ubicación en las bibliotecas de París. [CC y OS]                     (BDGEC)

**93. Sánchez-Albornoz, Nicolás.** La población de América Latina desde los tiempos pre-colombinos al año 2000. Madrid, Alianza Editorial, 1973. 312 p.

Slightly more than 60 percent of this systematic review of the literature on Latin American demography covers the period until about 1930. Bibliographic and comprehensive, illustrative material (charts, tables) are imaginatively used, and controversial points judiciously aired. A basic study. English edition: *The population of Latin America; a history.* Translated by W.A.R. Richardson. Berkeley, University of California Press, 1974. 299 p. Supersedes the same author's (with José Luis Moreno) *La población de América Latina.* B.A., Paidós, 1968. 183 p. [SJS]

**94. Texas. University. Population Research Center.** International population census bibliography: Latin America and the Caribbean. Austin, The University of Texas, Bureau of Business Research, 1965. (Census Bibliography No. 1.)

Bibliography of census reports in holdings of Library of Congress, Bureau of the Census Library, and New York Public Library. Provincial and municipal censuses incomplete. In some cases electoral data are included. [JRM]    (PU)

See also: 68.

## 2. Immigration

**95. Bórquez Scheuch, Alvaro.** El problema de la inmigración. Osorno, La Prensa, 1929. 83 p.

Estudio sobre el proceso de inmigración y las políticas seguidas en Chile y otros países americanos (Argentina, Perú). Análisis de las actividades agrícolas, mineras e industriales como fuentes necesitadas de mano de obra especializada y la importancia que para ellas tiene la inmigración europea. Procedencia y selección de los inmigrantes, finalidades de la inmigración (crecimiento de la población, aumento de la producción y consumo). [CC y CS]
(BNsCH 11 (97-1 p. 5))

**96. Einaudi, Luigi.** Un principe mercante; studio sulla espansione coloniale italiana. Torino, Fratelli Bocca, 1900. 315 p.

Historical account of Italian emigration, especially to Argentina and Brazil, including an examination of the Italians' economic and social position in these countries. Emphasizes the role of Italian industrialist dell'Acqua in promoting trade contacts with Latin America. [JRM]    (NYPL)

**97. Franceschini, Antonio.** L'emigrazione italiana nell'America del Sud; studi sulla espansione coloniale transatlantica. Rome, Forzani, 1908. 1134 p.

Detailed scholarly work presenting much data on legislative, economic and social aspects of Italian emigration to South America. Analyzes the causes of emigration and describes Italian immigration centers and colonies in individual Latin American countries. [JRM]    (LC)

**98. Hijar y Haro, Luis.** Influencia de la migración europea en el desarrollo de los principales países de Sud America; la colonización en México con aquellos factores para simplificar su problema indígena. Tacubaya, México, Dirección de Estudios Geográficos y Climatológicos, 1924. 165 p. (Secretaría de Agricultura y Fomento).

Very detailed description of colonization of Peru's Alto Ucayali in 1921. Immigration statistics for Chile, Argentina, Brazil, and Uruguay, and comparison between colonization in Mexico and other Latin American countries. [JRM]    (LC)

**99. Humphreys, Robin [Robert] A.** The evolution of modern Latin America. London, Oxford University Press, 1946. 176 p.

Introduction to modern Latin American history containing very good survey of immigration from the early 19th century until 1940's, p. 46-68. [JRM]    (PU)

**100. Mulhall, Michael George.** The English in South America. B.A. and London, Standard Office and Stanford, 1878(?). 641 p.

Second half of the book deals with post-Independence period, reviewing in detail the role of British settlers and entrepreneurs mainly in Argentina and Brazil, their personal histories, participation in mining, public works, banking and cultural life. Scattered foreign trade data, some going back to 1820's. [JRM]    (PU)

**101. National Bureau of Economic Research.** International migrations. Ed. by Walter Francis Willcox. New York, National Bureau of Economic Research, 1929-1931. 2 v.

Definitive work on international migrations. Volume 1 contains statistics on immigration and emigration by country. Volume 2 consists of interpretative essays, three of which deal with Latin America (Argentina, Brazil and Mexico). [JRM]    (PU)

**102. Normano, J. F.; and Antonello Gerbi.** The Japanese in South America. New York, John Day, 1943. 135 p.

Survey of Japanese emigration to Latin America, especially after 1900. Several statistical tables, also on Japanese trade with Latin America, 1900-39. Main part of the book devoted to Japanese in Brazil and Peru. Useful introduction to the topic. [JRM]    (PU)

**103. Valdivia, Víctor de.** La europeización de Sud América. Santiago de Chile, Imprenta Chile, 1923. 160 p.

Advocates Europeanization of Latin America according to the U.S. example. Considers immigration crucial in future progress. In a section on education argues that inadequate education is a consequence rather than a cause of general backwardness. [JRM]    (LC)

See also: 71, 179.

## 3. Education

**104. Amunátegui y Solar, Domingo.** El sistema de Lancaster en Chile i en otros paises sudamericanos. Santiago de Chile, Imprenta Cervantes, 1895. 371 p.

Centered around Diego Thomson who promoted the Lancasterian system in Latin America (mainly in Argentina, Chile, and Peru) in 1820's. Useful for analysis of Latin American educational institutions of the period, as well as those figures eager to develop primary schooling. [JRM]    (LC)

**105. Mazo, Gabriel del.** La reforma universitaria. La Plata, Edición del Centro Estudiantes de Ingeniería, 1941. 3 v.

Extensive compilation of documents and articles related to university reforms in the 1920's and 1930's. Volume 1 covers Argentina, volume 2 the other Latin American countries. Volume 3 contains essays on educational problems written during 1918-40 by well-known Latin American authors.

Social, political, and economic aspects of university reform are discussed. [JRM]                                    (PU)

**106. United States. Bureau of Education.** Latin-American universities and special schools. By Edgar Brandon. Washington, Government Printing Office, 1913. 153 p. (Bulletin no. 30).

Very thorough, matter-of-fact presentation of Latin American educational systems and practices, including: historical survey of universities, their organization, enrolment, budgets and salaries, faculty, curricula. Sections on teacher training, and commercial, agricultural and industrial education. Great attention to the conflict between traditional approaches to education and contemporary requirements. [JRM]        (PU)

**107. _____. _____. Department of the Interior.** Some phases of educational progress in Latin America. By Walter A. Montgomery. Washington, Government Printing Office, 1920. 62 p. (Bulletin no. 59).

Survey of Latin American education during 1916-18, with emphasis on legislative measures. Sections on primary, secondary and technical education, teachers' training and illiteracy. Scattered figures on enrolment, number of schools · and teachers. [JRM]                                    (PU)

**See also:** 13, 2456.

#### 4. Living and working conditions

**108. Alexander, Robert J.** Organized labor in Latin America. New York, Free Press, 1965. 274 p. (Studies in contemporary Latin America).

Discusses briefly the background, since 1900, and general characteristics of organized labor in Latin America stressing its political affiliations. Main part consists of historical surveys and analyses of labor in individual countries. Good introduction to the topic. [JRM]                       (PU)

**109. International Labor Office.** Legislación social de América Latina. Ginebra, 1928-29. 2 v.

Historical introduction to social legislation since colonial times, followed by survey of contemporary legislation by country. Texts of laws and decrees issued predominantly during 1900-27. Useful reference work, edited by Moisés Poblete-Troncoso. [JRM]                              (PU)

**110. Poblete-Troncoso, Moisés.** Recent advances in labour legislation in Latin America (1928-1934). International labour review [Geneva], v. 30, no. 1, 1934: 58-80.

Survey of labor legislation, with main emphasis on latest laws concerning vacations, labor contracts, trade unions, unemployment benefits, and minimum wage. [JRM]     (PU)

**111. _____.** El movimiento obrero latinoamericano. México, Fondo de cultura económica, 1946. 296 p. (Colección Tierra Firme, 17).

**112. _____; and Ben G. Burnett.** The rise of the Latin American labor movement. New York, Bookman Associates, 1960. 179 p.

Both books have similar structure, but differ in emphasis. Both present historical surveys of the Latin American labor movement from the mid-19th century onward; the second edition is predominantly concerned with post-World War II developments. Very useful for comparative study. [JRM]  (PU)

**See also:** 32.

## III. Structures and Institutions

### 1. Social structure

**113. Lambert, Jacques.** Amérique latine. Structures sociales et institutions politiques. Paris, Presses Universitaires de France, 1963. 448 p.

Although devoted mainly to analysis of contemporary social and political conditions, there are abundant historical references to both colonial and republican periods. In a broad historical perspective the author treats various topics, e.g., caciquismo, coronelismo, role of church and military, evolution of plantations, trade unionism, political parties. Very useful background work. Spanish translation: *América Latina. Estructuras sociales e instituciones políticas.* Barcelona, Ediciones Ariel, 1964. 552 p. English translation: *Latin America. Social structures and political institutions.* Translated by Helen Katel. Berkeley, University of California Press, 1967. 413 p. [JRM]                                  (PU)

**114. Pan American Union. Division of Philosophy, Letters and Science.** Materiales para el estudio de la clase media en América Latina. Washington, Pan American Union, 1950-51. 6 v.

Important collection of 27 short monographs. While the principal emphasis is on the 1930's and 1940's, attention is given to the historical evolution of the middle class in individual countries, often including the colonial period. Indispensable introduction. Certain monographs contain ample bibliographical references. [JRM]           (PU)

**115. Urzúa F., Raúl.** Estratificación social urbana en América Latina; síntesis y bibliografía. Santiago de Chile, Universidad Católica de Chile, 1961. 115 p. (Cuaderno de Sociología, núm. 3)..

Estudio sociológico sobre estratificación social que incluye una bibliografía comentada sistematizada en 187 títulos. [CC y OS]                                    (BIEI)

### 4. International factors

**116. García Calderón, Francisco.** La creación de un continente. París, Librería Paul Ollendorff, 1913. 264 p.

A plea for Latin America to unite and become independent of Europe and the United States. Advocates "americanismo" in contrast to "pan-americanismo" which he considers a cover for U.S. imperialism (one of whose agencies is the Bureau of the American Republics). Attacks nationalism as a dangerous and dividing force. Basic prerequisites for independence is domestic capital formation. No hard data, but interesting as a testimony of early anti-U.S. position. [JRM]     (PU)

**117.** _____. Latin America: its rise and progress. Translated by Bernard Miall. London, T. Fisher Unwin, 1913. 406 p.

The author viewed Latin America as moving from an era of authoritarianism (the era of caudillos) to industrialism, but saw the process of achieving economic as well as political independence imperiled by external powers (Japan, Germany, United States). Originally published in French: *Les démocraties latines de l'Amérique.* Préface de M. Raymond Poincaré. Paris, E. Flammarion, 1912. 383 p. [JRM]     (PU)

**118. Pérez Canto, Julio.** Los Estados Unidos y la América Latina; organización comercial y financiera. Valparaíso, Edición de la Revista Económica, 1919. 139 p.

Este libro recoge una serie de artículos sobre los trabajos del Congreso Financiero de Washington de Mayo 1915 (126) y de la Conferencia de la Alta Comisión Internacional de Buenos Aires de Abril 1916, escritos por el Director del *Mercurio* de Valparaíso y de la *Revista Económica,* publicados en esta última en 1918. Estudio importante que refleja la reorientación de las relaciones económicas internacionales desde Inglaterra hacia Estados Unidos en América Latina, que se expresa en los trabajos y acuerdos sobre comercio, finanzas, transportes, legislación comercial uniforme, arbitraje, tarifas, etc., de dichas conferencias, que el autor comenta en general favorablemente en esta obra. [CC y OS]     (BNsMV (22-21))

**119. Warshaw, J.** The new Latin America. New York, Crowell, 1922. 415 p.

Besides description of economic, social, and political conditions there are chapters on Latin American nationalism, the Monroe doctrine, Panamericanism, Latin American attitudes toward the United States, and foreign interests in Latin America. [JRM]     (PU)

See also: 32, 41, 71.

# IV. Macroeconomic Growth and Fluctuations

## 3. Money, credit, and banking

**120.** The Americas. New York, October 1914-July 1921.

Monthly publication of The National City Bank of New York, prepared by the bank's representatives, and designed to promote foreign trade between Latin America and United States. Short reports on financial conditions, general business situation and trade opportunities. [SJS]     (PU)

**121. The Anglo-American Bank, Ltd.** Cabled reports circular. London, 1926-36.

Weekly reports on monetary conditions in Latin American and some European countries. Regularly included: rates of exchange, stock quotations and wholesale prices of commodities. In 1926, the title is *Cabled reports from branches.* Continuation of The British Bank of South America, Ltd. *Monthly reports* (123). [JRM]     (PU)

**122a.** Brazil and River Plate Mail. London, 1863-78.

**122b.** The South American Journal and Brazil and River Plate Mail. London, 1879-1951.

Weekly publication of financial and commercial data, including reports of British-owned companies, their dividends, trade statistics, rates of exchange, stock exchange quotations, traffic returns, etc. Usually presents a short survey of the political situation. [JRM]     (PU)

**123. The British Bank of South America, Ltd.** Monthly report of trade conditions in South America. London, 1919-26.

Before December 1923, only the bank's name appears on the title page. Reviews briefly financial conditions, money market, exchange rates, investments, imports and exports, railway traffic receipts. Mostly statistical information. Continued in The Anglo-South American Bank, Ltd. *Cabled reports* (121). [JRM]     (PU)

**124. Joslin, David.** A century of banking in Latin America, to commemorate the centenary in 1962 of The Bank of London & South America Limited. London, Oxford University Press, 1963. 307 p.

History of British banks in Latin America, divided into three periods: 1860's-80 (beginnings), 1880-1914 (boom), 1914-36 (decline). Detailed historical accounts of four main banks: London and Brazilian Bank, Brazilian and Portuguese Bank, London Bank of Mexico and South America, London and River Plate Bank. Written exclusively from the bankers' and managers' point of view, utilizing bank archives. [JRM]     (PU)

**125a.** **London and River Plate Bank, Ltd.** Monthly review of business and trade conditions in South America. London, 1919-23.

**125b.** **Bank of London and South America, Ltd.** Monthly review of business and trade conditions in South America and Portugal. London, 1924-33(?).

Brief topical coverage of prices, labor conditions, land values, exchange rages, credit situation, banks. Scattered statistical data. Mainly dealing with Argentina, Chile, Uruguay, and Brazil; other Latin American countries included occasionally. [JRM]     (PU)

**126. Pan American Financial Conference.** Proceedings of the First Pan American Financial Conference. Washington, Government Printing Office, 1915. 744 p.

About half of the book contains transcriptions of official speeches and addresses and some trivia. Second part includes reports of committee and group conference reports by country on: public finance, monetary situation, financing of public improvements and private enterprises, extension of inter-American markets. [JRM]                    (PU)

**127. Wionczek, Miguel S.** La banca extranjera en América Latina. Lima, Instituto de Estudios Peruanos, 1969. 83 p., mimeo. (Estudios Económicos 1).

Although mainly concerned with the 1960's, the author presents a general historical survey of the role of foreign banks in Latin America. Chapter 2 traces development of three major groups of foreign banks—U.S., English and German; chapter 3 outlines the history of foreign banks in individual Latin American countries. Useful as an overview [JRM]                    (PU)

**See also:** 516.

## 5. General economic policy

**128. Carmona de la Peña, Fernando.** Dependencia y cambios estructurales; problemas del desarrollo económico de México. México, Universidad Nacional Autónoma de México, Instituto de Investigaciones Económicas, 1971. 403 p.

The first third of the volume presents an economist's perspective of the historical roots of Latin America's *crecimiento deformado.* [SJS]                    (PU)

**129.** Desarrollo económico. B.A., 1961—.

Quarterly publication of the Instituto de Desarrollo Económico y Social (Buenos Aires). Primary focus upon contemporary problems of economic growth and social change; often contains, however, articles on socio-economic factors of growth in historical perspective, with some emphasis upon Argentina. Index to volumes 1-11 (1961-72). Major articles included separately in this bibliography. [SJS]                    (PU)

**130. Pan American Scientific Congress.** Proceedings of the Second. . . . Section IX, transportation, commerce, finance and taxation. Washington, Government Printing Office, 1917. 653 p.

Topics discussed include: possibility of uniform customs regulations in Latin American countries, survey of Colombian railways, 1835-1914, railways of Uruguay, trade between U.S. and Central America, public finance, and credit policy in Peru. Statistical data on commerce, railroads, etc. Main stress on feasibility of economic integration of Latin America. [JRM]                    (PU)

# V. Foreign Trade and Investment

## 1. Statistical sources

**131. Blair, Calvin Patton.** Fluctuations in United States imports from Brazil, Colombia, Chile, and Mexico, 1919-1954. Austin, The University of Texas, Bureau of Business Research, 1959. 225 p. (Studies in Latin-American Business No. 1).

Analysis of functional relations between imports, income and production, followed by graphs and statistical tables. Relates import fluctuations to reference cycles of U.S. business activity; fluctuations appear more severe for recent periods than for the interwar period. [WPM]                    (PU)

**132. Bosch Spenser, M. H.** Commerce de la côte occidentale de l'Amérique du Sud; statistique commerciale du Chili, de la Bolivie, du Pérou, de L'Equateur, de la Nouvelle-Grenade, de L'Amérique Centrale et du Mexique; importations et exportations par les ports situés dans l'Océan Pacifique; industrie agricole du Chili, de la Bolivie et du Pérou. Bruxelles, Imprimerie et Lithographie de D. Raes, 1848. 429 p.

Important source for foreign trade in 1840's. Long, detailed tables on the composition of Peruvian, Chilean, and Bolivian imports (1844 and 1845, 1846, 1946 respectively), listing items, quantity and price. [JRM]                    (NYPL)

**133. Deutschland. Statistisches Reichsamt.** Monatliche Nachweise über den auswärtigen Handel Deutschlands. . . . Berlin, 1892-1939.

Monthly publication of foreign trade statistics, divided by product. Inconvenient because it lacks summaries of foreign trade with individual countries. [JRM]                    (PU)

**134. France. Direction Générale des Douanes.** Tableau général du commerce et de la navigation. Paris, 1818-1956.

Issuing agency and title varies. Only after 1830 are French exports and imports discriminated by product and country, with separate tables for each country starting in 1841. Value of each product exported and imported. [JRM]                    (PU)

**135. Great Britain. Custom and Excise Department.** Statistical Office. Annual statement of the trade and navigation of the United Kingdom with foreign countries and British possessions. London, 1864—.

Foreign trade statistics listing quantity and value (in £) of British exports and imports. Divided by country and by commodity. Title varies slightly. [JRM]                    (PU)

**136. Pan American Union. Division of Economic Research.** The foreign trade of Latin America since 1913. Washington, 1952. 216 p.

Statistical compilation documenting growth of Latin American trade between 1913 and 1940's. Three selected years for the pre-1940's period: 1913, 1929 and 1938. Includes percentage distribution of imports and exports, principal Latin American exporting and importing countries, imports by area, country, commodity, etc. [JRM]                    (PU)

**137. _____. Fourth Pan American Commercial Conference.** Foreign trade of Latin America. Washington, Government Printing Office, 1931. 55 p. (Special Publications for Use of Delegates, no. 1).

138. \_\_\_\_. \_\_\_\_. United States trade with Latin America. Washington, Government Printing Office, 1931. 18 p. (Special Publications for Use of Delegates, no. 2).

No. 1 contains foreign trade statistics prepared by the statistical division of the Pan American Union: data on import and export values, imports and exports by article, imports and exports by source and destination. No. 2 based on data from U.S. Department of Commerce: statistics by country, percentage of distribution and change in U.S.-Latin American trade, foreign trade by principal commodities. [JRM]    (PU)

139a. United States. Bureau of Foreign Commerce. Department of State. Commercial relations of the United States with foreign nations [later: countries]. Washington, 1855-1902.

139b. \_\_\_\_. \_\_\_\_. \_\_\_\_. Review of the world's commerce; introductory to commercial relations of the United States with foreign countries, 1894-1902. Washington, 1896-1903.

139c. \_\_\_\_. Bureau of Manufactures. Department of Commerce and Labor. Commercial relations of the United States with foreign countries, 1904-1910. Washington, 1905-1913.

139d. \_\_\_\_. Bureau of Foreign and Domestic Commerce. Department of Commerce. Commercial relations of the United States with foreign countries, 1911-1912. Washington, 1913-1914.

Contains annual reports of consular officers on the commerce, industries, and general economic conditions of their districts. Divided by country. Detailed statistical tables on foreign trade. [JRM]    (PU)

140. \_\_\_\_. Bureau of Foreign and Domestic Commerce. The foreign commerce and navigation of the United States. Washington, 1867—.

Continuation of the reports on commerce and navigation issued by the register of the Treasury, 1821-64/65. Between 1867-1903, published by Bureau of Statistics. Treasury Department. Between 1903-11, published by Department of Commerce and Labor. It is the basic annual statistical series on U.S. foreign trade, divided by product and country. [JRM]    (PU)

141. \_\_\_\_. Bureau of Statistics. Treasury Department. American Commerce: commerce of South America, Central America, Mexico, and West Indies, with share of the United States and other leading nations therein, 1821-1898. In United States. Bureau of Statistics. Treasury Department. Summary of commerce and finance for June, 1899 [Washington], 1899: 3165-3439.

Introduction contains excerpts from consular reports and economic and financial journals. Statistical tables divided into: commerce of American countries with U.S. and European countries, 1896-98; commerce of U.S. with principal American countries, 1821-98; value of gold and silver bullion in the commerce of United States with American countries, 1821-98. Similar publication with almost the same title issued in 1901: United States. Bureau of Statistics. Treasury Department. Monthly summary of commerce and finance [Washington], August, 1901: 503-739. [JRM]    (LC)

142. \_\_\_\_. \_\_\_\_. \_\_\_\_. Commerce of the United States and Europe with American countries, 1851-1895, with trade under reciprocity agreements of 1890. Washington, Government Printing Office, 1896. 84 p.

Contains statistical tables on U.S. trade with reciprocity countries, 1886-95; on European trade with Latin American countries, 1884-94; on U.S. trade with Canada and Latin America, 1851-95; and on U.S. wheat and wheat flour exports (by country), 1886-95. [JRM]    (PU)

143. \_\_\_\_. Tariff Commission. The foreign trade of Latin America; a report on the trade of Latin America with special reference to trade with the United States. Washington, 1940-41. 4 v.

Part 1 deals with Latin American trade as a whole. Part 2 with individual countries and part 3 with Latin American export commodities. Detailed foreign trade statistics for 1920's and 1930's: imports, exports, balance of payments between Latin American countries and United States, composition and source of imports, composition and destination of exports. Also analysis of commercial policies, trade trends, and general economic description of Latin American countries. Sources listed under each statistical table. Some of the selected export commodities: coffee, copper, cotton, meat, nitrates, petroleum, rubber, sugar. Very useful source. [JRM]    (PU)

## 2. General studies

144. Bureau of the American Republics. How the Latin American markets may be reached by the manufacturers of the United States. Washington, Government Printing Office, 1893. 505 p. (Bulletin no. 63, Special Exposition Bulletin).

Compilation of U.S. consular reports from Europe and Latin America on Latin American foreign trade. Statistical information mostly for 1889-91, detailed reports on demand for different products and goods. Useful source. [JRM]    (PU)

145. Jones, Clarence F. Commerce of South America. Boston, Ginn, 1928. 584 p.

Historical treatment of Latin American trade, dealing mostly with 20th century, but occasionally retrospective as far as 1830. Divided by country, each section contains description of commercial situation, individual products, foreign trade structure, etc. Many graphs, maps and photographs. Bibliography. Great emphasis on analysis of commercial trends both past and future. [JRM]    (PU)

146. O'Malley, Frank. Our South American trade and its financing. New York, National City Bank of New York, 1920. 125 p. (Foreign Commerce Series, no. 3).

Administrative and technical instructions for U.S. business-men interested in Latin America: establishment of commercial credits and branch offices, customs house regulations, insurance on merchandise, salesmen's licenses, letters of credit. [JRM]                                              (NYPL)

**147. Sosa-Rodríguez, Raúl.** Les problèmes structurels des relations économiques internationales de l'Amérique latine. Genève, Droz, 1963. 252 p.

Historical analysis of Latin American foreign trade and financial relations. Statistics on trade, foreign investment, and debt (mainly this century, but some from the period 1830-1900). Discusses European influence on Latin American economic and social structures, and its decline after 1914. Argues that U.S. hegemony over Latin America is one of the causes of the deep social, economic and political crisis in the 1960's. [JRM]                                      (PU)

**148. United States. Department of Commerce and Labor.** Report on trade conditions in Central America and on the West Coast of South America. By Lincoln Hutchinson. Washington, Government Printing Office, 1906. 113 p.

Includes import and export statistics, 1894-1904, of Chile, Bolivia, Peru, Ecuador, Colombia, Central America, taken from U.S., British, German and French sources. Survey of financial and commercial conditions in each country. Also freight rates to various Central and South American ports. [JRM]                                                      (PU)

**149. _____. _____.** Report on trade conditions on the West Coast of South America. By Charles M. Pepper. Washington, Government Printing Office, 1908. 82 p.

Surveys economic and commercial conditions of Colombia, Ecuador, Peru, Bolivia, and Chile with respect to demand for various products and goods: machinery, hardware, utensils, building material, textiles, leather goods, breadstuffs. Statistics on trade between above countries and United States for 1907, by article. Also treats fiscal systems and transport problems, salesmanship, advertising and packing. [JRM] (PU)

**150. Verrill, Alpheus Hyatt.** South and Central American trade conditions of today. New York, Dodd, Mead, 1914. 255 p.

Discusses mistakes committed by U.S. salesmen and businessmen in Latin America, and advises on how U.S. business can succeed, especially when European competitors are at war. Some statistics on foreign trade, railways and ocean shipping, 1910-13. [JRM]                                      (PU)

**151. Williams, John H.** Latin American foreign exchange and international balances during the War. Quarterly journal of economics [Cambridge, Mass.], v. 33, May, 1919: 422-465.

Analyzes the effects of World War I upon the financial situation of Argentina, Brazil, Chile, and Uruguay. Includes Argentine balance of payments, 1913-14, 1916-17; meat exports from Argentina and Uruguay, 1914-17; Chilean foreign trade, 1910-17; comparison of foreign trade of Brazil,

Argentina and Chile, 1910-17; exports of Brazil, Argentina and Chile, 1911-17. [JRM]                                      (PU)

**See also:** 49, 55, 60, 1502.

## 3. International capital flows

**152. Bernstein, Marvin D.,** *ed.* Foreign investment in Latin America. New York, Knopf, 1966. 305 p.

The introduction offers a balance-sheet of foreign investment, advantages and disadvantages. Part 2 contains 9 contributions discussing foreign investment between 1820 and about 1930. Substantial annotated bibliography. [SJS]    (PU)

**153. Corporation of Foreign Bondholders.** Annual report of the Council of the. . . . London, 1873—.

Title varies slightly. Arranged by countries, the majority of them Latin American. Information on national, provincial and municipal loans, on defaulted loans, texts of various agreements and abundant statistical material on public debt, fiscal revenue and expenditures, currency and foreign trade. A basic source for the study of British financial involvment in Latin America. [JRM]                                      (PU)

**154. Dunn, Robert W.** American foreign investment. New York, Huebsch and Viking, 1926. 421 p.

Contemporary survey of U.S. foreign investments. Tables on foreign capital flotations offered in United States, foreign government obligations held by U.S. treasury, dollar securities of foreign corporations, etc. Investments in Latin America, p. 61-118: value of investment, name of companies, and extent of their land ownership, mining operations. Appendices include texts of various bankers' loan contracts and concessions. [JRM]                                      (PU)

**155. Greffier, Maurice E.** La acción del capital extranjero en el desarrollo económico de la América Latina. B.A., Losada, 1945. 124 p. (Academia de Ciencias Económicas. Ediciones Especiales No. 10).

Brief survey of foreign investment emphasizing flows from Great Britain and the United States in the 20th century. Half the analysis is devoted to British and U.S. investment in Argentina. [SJS]                                      (PU)

**156. Jenks, Leland H.** Migration of British capital to 1875. New York, Knopf, 1927. 442 p.

Comprehensive treatment of the role of British overseas investment in creating an "invisible empire" in the 19th century. Succinct coverage of the mining investment cycle of the 1820's; scattered details on portfolio and direct investment, particularly in Argentina, Brazil, Mexico. Excellent bibliographical materials in copious notes, and graced by analytical skill and wit. [SJS]                                      (PU)

**157. Koebel, William Henry.** South America: an industrial and commercial field. London, T. Fisher Unwin, 1918. 359 p.

Surveys Latin American economic conditions in relation to British interests and presents detailed statistics on foreign trade, mostly for 1910-15. Faults Germany for decline in Anglo-Latin American trade but predicts a bright future for post-war British involvement in Latin America. There is a 2. ed. in 1919. [JRM]                                    (PU)

**158.** Moody's manual of investments and security rating service. New York, 1919—.

Annual publication. Sections on government and municipal securities summarize economic conditions of each Latin American country and give detailed account of each foreign loan from investor's point of view, emphasizing regularity of payment, creditworthiness. [SJH]                          (PU)

**159. Phelps, Dudley Maynard.** Migration of industry to South America. New York, McGraw-Hill, 1936. 335 p.

Survey of activities of U.S. companies in Argentina, Chile, Brazil, and Uruguay, with analysis of their experience, mainly in the period 1900-30. Deals with inducements to investment, problems of raw materials, labor, tariffs, taxation, and governmental control. Tables of volume of company capitalization with date of company founding. [SJS]                                                      (PU)

**160. Platt, Desmond Christopher St. Martin.** Latin American and British trade, 1806-1914. London, Adams and Black, 1972. 352 p.

A re-evaluation, based primarily upon British published sources, of Britain's role in Latin America's export trade. Minimizes significance of Latin America to the British economy and ascribes Britain's loss of economic pre-eminence in Latin America to choice of better investment opportunities elsewhere, not to lack of British entrepreneurial acumen. [SJS]                                                (PU)

**161. Reid, William A.** The young man's chances in South and Central America. Washington, Southern Commercial Congress, 1914. 173 p.

Surveys employment and investment possibilities for U.S. citizens in agriculture, construction, engineering, education, journalism, manufacturing, tourism, banks, medicine, railways. In some fields compares wages and salaries in Latin America and United States. Accounts of both successful and unsuccessful American enterprises. [JRM]               (PU)

**162. Rippy, J. Fred.** British investments in Latin America, 1822-1949. Minneapolis, University of Minnesota Press, 1959. 249 p.

Divided into three parts: general survey of British investments in Latin America, examination of British ventures by country, and a broader analysis of British investment policies and results (including views of British investors and Latin American recipients). Argues that the "imperialist exploitation" by some foreign companies was offset by many unprofitable and unsuccessful investments. [JRM]         (PU)

**163.** _____. French investment in Latin America. Inter-American economic affairs [Washington], v. 2, Autumn, 1948: 52-71.

Survey of French investments in Latin America from 1820's until 1930's. Several statistical tables and much quantitative data within the text. Footnotes contain ample bibliographical material. [JRM]                                      (PU)

**164. United States. Bureau of Foreign and Domestic Commerce. Department of Commerce.** Investments in Latin America and the British West Indies. By Frederic M. Halsey. Washington, Government Printing Office, 1918. 544 p. (Special Agents Series no. 169).

Detailed survey of financial conditions and foreign investments in Latin America (except Mexico): data on national debt, banking situation, investments in railways and public utilities, mining enterprises and industrial establishments. Statistics from official Latin America sources mainly for 1900-18, usually with a short historical review. Optimistic about Latin American potential. [JRM]                       (PU)

**165. Wilkins, Mira.** The emergence of multinational enterprise: American business abroad from the colonial era to 1914. Cambridge, Mass., Harvard University Press, 1970. 310 p.

Chapter 6, "Spillover to Mexico," on U.S. investment in Mexico, 1876-1914. Histories of individual enterprises, estimates of investment for 1908, 1911, 1914. Chapter 9, "South American experience," traces U.S. investments after 1900, with emphasis on Chilean mining (Guggenheim, Braden). Also reviews U.S. role in other fields and countries, e.g. in the meat-packing industry in Argentina and Uruguay. [JRM]                                                    (PU)

**166. Winkler, Max.** Investments of United States capital in Latin America. Boston, World Peace Foundation, 1929. 297 p.

Largely statistical summary of U.S. investments in each Latin American country, mostly for 1920's. Lists outstanding foreign indebtedness of governments, in some cases summarizing terms and disposition of each loan contracted. Also lists private direct investments by company and year, including number and value of shares issued, with particular detail to Cuban sugar and Mexican mining. Text adds further details on various investments. U.S. investment role viewed favorably. [SJH]                                     (PU)

### 4. Governmental policy

**167. Esquivel Obregón, Toribio.** Latin-American commercial law. New York, Banks Law Publishing Co., 1921. 972 p.

Comprehensive, documented coverage of domestic and international commercial forms and practices. Organized topically. Includes Spanish-English glossary. [SJS]       (PU)

**168. United States. Bureau of Foreign and Domestic Commerce. Department of Commerce.** Foreign tariff notes. Washington, 1910-22.

**169.** _____. _____. _____. Foreign tariff series. Washington, 1905-27.

First series published quarterly, contains information on tariffs reprinted from *Commerce reports* (78). Second series consists of monographic reviews of tariffs by country and by article, and studies dealing with commercial agreements. [JRM]                                                                 (PU)

**170. _____. Federal Trade Commission.** Report on trade and tariffs in Brazil, Uruguay, Argentina, Chile, Bolivia, and Peru. Washington, Government Printing Office, 1916. 246 p.

Detailed study of tariff policies, tariff and consular regulations, customs procedures, methods of calculating duties, valuation, tariff classification. Also import and export statistics, 1911-13. [JRM]                                    (PU)

**171. _____. Tariff Commission.** Reference manual of Latin American commercial treaties. Washington, 1940. 281 p.

Lists commercial treaties of individual countries from the early 19th century. Information on each treaty consists of: its full title, date of signing, duration, plus location of full text. Bibliography of sources. [JRM]                              (NYPL)

**See also:** 50, 67.

# VII.  Agriculture and Ranching

## 2.  General studies

**172. Deerr, Noël.** The history of sugar. London, Chapman and Hall, 1949-50. 2 v.

The classic overview of the growth of sugar production in the world. Volume 1 focuses upon geographical distribution, with chapters on the Spanish and Portuguese colonies; volume 2 is topically organized, treating slave and free labor, prices, and technology. Statistical materials. [SJS]        (PU)

**173. Kaerger, Karl.** Landwirtschaft und Kolonisation im Spanischen Amerika. Leipzig, Verlag von Duncker & Humblot, 1901. 2 v.

Collection of reports, most of them published previously in *Mitteilungen der deutschen Landwirtschaftsgesellschaft*. First volume covers La Plata countries, second volume Pacific countries and Mexico. Statistics on agricultural output, prices, wages, production costs, profitability, for the last quarter of 19th century. Discussed impact of world prices on internal price level, describes agricultural techniques. Very detailed, useful work. [JRM]                                           (NYPL)

**174. Laerne, C. F. Van Delden.** Brazil and Java: report on coffee culture in America, Asia, and Africa. London, W. H. Allen, 1885. 637 p.

A masterly review of coffee cultivation in several areas of the world by an outstanding coffee expert. More than one-third of the book devoted to survey of Brazil's political, economic, and social conditions, including a chapter on coffee agriculture there. Section on coffee exports of Mexico, Colombia, Venezuela, and Central America, and supplements on coffee cultivation in Venezuela and Mexico. Many statis-

tical tables: export, consumption, wages, profits, productivity. Maps. [JRM]                                               (LC)

**175. Production and consumption of coffee.** Monthly bulletin of the Bureau of the American Republics [Washington], v. 6, no. 11, 1899: 1939-50.

A summary of contemporary data from official sources on per capita and total consumption for the North Atlantic countries and estimates of exports and production by countries. The data could be used to work out a trade matrix for coffee. [WPM]

**176. United States. Bureau of Statistics. Department of Agriculture.** Coffee: production, trade, and consumption by countries. By Harry Crusen Graham. Washington, Government Printing Office, 1912. 134 p. (Bulletin, 79).

Detailed data on coffee production and consumption, with a wealth of otherwise scattered data. Bibliography, tables. [WPM]

**177. _____. Division of Statistics. Department of Agriculture.** Report on the agriculture of South America with maps and latest statistics of trade. Prepared by Almont Barnes. Washington, Government Printing Office, 1892. 189 p. (Miscellaneous Series, Report no. 2).

General country-by-country survey, with statistical data from official Latin American sources, consular reports and other statistical publications (*Statesman's yearbook* is frequently cited). Mostly for 1880's. [JRM]                      (LC)

**178. Villares, Jorge Dumont.** O café: sua produção e exportação. São Paulo, 1927. 2 v.

Relatório de viagem apresantado por um engenheiro agrônomo ao presidente do Estado de São Paulo, Carlos de Campos, e ao secretário da agricultura, Gabriel Ribeiro dos Santos. O primeiro volume abrange os países da América Central e do Sul, produtores de café. O segundo aos da Ásia e África. O objetivo era verificar as possibilidades de superprodução mundial de café, em 1923 e 1924. O autor faz observações sobre clima, hidrografia, solo, topografia, economia, demografia, custo de vida, condições da mão-de-obra, etc., e sobre a economia cafeeira particularmente custo de produção, mão-de-obra, transportes, fretes, créditos, hipotecas, investimentos, métodos de cultivo, colheita e processamento. Há dados estatísticos a partir de 1900, alguns de 1879. Profusamente ilustrado. Embora não tratando do Brasil, a obra é de interêsse pelas comparações feitas entre o Brasil e as regiões estudadas. [NVL]             (BMSP)

**See also:** 7, 15.

## 3.  Land tenure and colonization

**179. Bureau of the American Republics.** Laws of the American republics relating to immigration and the sale of public lands. Washington, Government Printing Office, 1896. 199 p. (Bulletin no. 53).

Legal aspects of immigration, colonization, and land sales as formulated or discussed in constitutions, consular reports, various manuals, and handbooks, and also presidential messages and decrees. Divided by country. [JRM]                    (PU)

**180. Diégues Junior, Manuel.** Establecimientos rurales en América latina. B.A., Eudeba, 1967. 230 p.

Descriptive survey of land tenure systems in Latin America, from colonial times to the present. Classification of rural property, typology of labor force, discussion of colonization and immigration. Useful introduction to rural Latin America. [JRM]                    (PU)

**181. García, Antonio.** Dominación y reforma agraria en América Latina. Lima, Moncloa-Campodónico, 1970. 268 p. (Instituto de Estudios Peruanos. Colección América-Problema, num. 3).

A structural analysis of Latin American agrarian problems devoted mainly to the 1960's, but containing historical insight. Part 3 is especially useful for the evolution of land tenure from colonial times to the present. Also sections on Mexican agrarian reform and Latin American "atraso" (a term the author considers more appropriate than "subdesarrollo"). [JRM]                    (PU)

**See also:** 98.

## 6. Governmental policy

**182. Wickizer, Vernon Dale.** The world coffee economy with special reference to control schemes. Stanford, California, Stanford University Food Research Institute, 1943. 258 p.

Useful survey of the economics of coffee production, processing, distribution and of the operation of the international coffee market in the 20th century. Concise summary of Brazilian valorization ("coffee control schemes") and its stimulus to Colombian production. Statistical material on output discriminated by producing country, on imports by country, on prices. [SJS]                    (PU)

**183. _____.** Coffee, tea and cocoa; an economic and political analysis. Stanford, California, Stanford University Food Research Institute, 1951. 497 p.

Deals with supply inelasticities and their effect upon the control of international price movements, formation of cartels, and international trade agreements. A useful study of the structure of the international coffee economy. [WPM]

## VIII. Industry: Factory and Artisan

### 2. General studies

**184. Hughlett, Lloyd J.,** *ed.* Industrialization of Latin America. New York, McGraw-Hill, 1946. 508 p.

A detailed, sector by sector survey of Latin American industrial development (e.g. cement, chemicals, food, leather, mining, petroleum, textiles). Abundant statistical tables and graphs. Although mainly concerned with the post-1930 period, the book contains useful information on the beginning of industrialization in the late 19th and early 20th centuries. [JRM]                    (PU)

**185. United States. Bureau of Foreign and Domestic Commerce. Department of Commerce.** Special agents series. Washington, 1910-24.

**186. \_\_\_\_\_. \_\_\_\_\_. \_\_\_\_\_.** Miscellaneous series. Washington, 1911-24.

**187. \_\_\_\_\_. \_\_\_\_\_. \_\_\_\_\_.** Trade promotion series. Washington, 1924-41.

The three series consist of monographic studies dealing with manufacturing industries, e.g. cotton, leather, food, and studies on trade and marketing. Selected studies annotated separately in this guide. [JRM]                    (PU)

**188. \_\_\_\_\_. Bureau of Manufactures. Department of Commerce and Labor.** Cotton goods in Latin America. By Willian A. G. Clark. Washington, Government Printing Office, 1909-1911. 4 v. (Special agents series, nos. 31, 36, 40, 44).

Information on consumer preferences, cotton cultivation, volume and composition of textile industry, tariffs, credit possibilities, technology. Trade statistics, mostly for post-1900. [JRM]                    (PU)

**189. Wythe, George.** Industry in Latin America. 2. ed. New York, Columbia University Press, 1949. 387 p., tables.

One of the earliest attempts to provide a conspectus of the first phase of Latin America's industrialization, 1900-45. Divided into topical (fuels, machinery, entrepreneurship, the role of government, demand) and geographical sections. Emphasis upon Argentina, Brazil and Mexico. 1. ed. 1946. [SJS]                    (PU)

## IX. Extractive Industry

### 2. General studies

**190. Bain, H. Foster; and Thomas Thornton Read.** Ores, and industry in South America. New York, Harper and Brothers, 1934. 381 p.

Survey of mineral resources in Latin America, with brief history and scattered statistics on mineral production after 1920. A valuable chapter on ownership rights, listed by minerals, showing the preponderance of U.S. interests. The authors predicted Latin America would remain mainly an exporter of raw materials and that spectacular industrial progress was unlikely. [JRM]                    (PU)

**191. Miller, Benjamin L.; and Joseph T. Singewald.** The mineral deposits of South America.

New York and London, McGraw-Hill and Hill Publishing Co., 1919. 598 p.

Location and description of important mineral deposits, by country. Main emphasis on topography, geology and chemical analysis of minerals, with few production figures. Extensive bibliographies appended to each chapter (Peru and Chile over 200 entries each). [JRM]                (PU)

See also: 2829.

### 4. Governmental policy

**192. Thompson, Joseph Wesley.** Petroleum laws of all America. Washington, Government Printing Office, 1921. 645 p. (United States. Bureau of Mines. Bulletin 206).

One-third of the book deals with Latin America. Reprints the most recent congressional and legislative enactments, mining codes, pertinent constitutional sections, etc. A guidebook for possible concessionaires. [JRM]                (PU)

**193. Velarde, Carlos. E.** Historia del derecho de minería hispano-americano y estado de la legislación de minas y petróleo en México, Perú, Bolivia, Chile y República Argentina. B.A., L. J. Rosso, 1919. 216 p.

Survey of mineral legislation from pre-Conquest time. Half of the volume on republican period, describing adaptation of colonial *ordenanzas* to republican laws plus review of current legislation in above countries. [JRM]                (PU)

## X. Transport, Public Utilities, and Services

### 2. General studies

**194. Fawcett, Brian.** Railways of the Andes. London, Allen, 1963. 328 p.

Popular, surprisingly useful account of railroading in northern Chile, Peru, and Bolivia from its beginnings, including construction, rolling stock, management, and personnel. Emphasis on the period before 1930. [SJS]                (PU)

**195. Intercontinental Railway Commission.** A condensed report of the transactions of the Commission and of the surveys and explorations of its engineers in Central and South America, 1891-1898. Washington, 1898. 197 p.

Introductory section on the founding of the Commission and its organization, followed by chapters devoted to individual countries. Very general description of each country, and survey of built and projected railroads. This report is part 1 of volume 1 of a larger work, consisting of 3 bilingual volumes and collections of maps and topographical profiles. [JRM]                (NYPL)

**196. International American Conference.** Report of the . . . relative to an intercontinental railway line. Washington, Government Printing Office, 1890. 215 p.

**197. Pan American Railway.** Reports, etc. By H. G. Davis. Washington, Gibson Bros., 1907. 57 p.

**198. _____.** Report of the Permanent Pan-American Railway Committee. . . . By H. G. Davis. Washington, Gibson Bros., 1910. 30 p.

Series of reports concerning the projected Pan American railway. The permanent Pan American Railway Committee was formed after the survey done by the Intercontinental Railway Commission during 1891-98 (195). Interesting testimony about a grandiose project never realized. [JRM]    (PU)

**199. Reid, William Alfred.** Ports and harbors of South America; a brief survey of aspects, facilities, prospects. Washington, Pan American Union, 1934. 195 p.

Historical description of South American ports from late 19th century. Names of construction companies, building costs, estimated cost of future improvements, docking facilities, warehouses. [JRM]                (PU)

**200. United States. Bureau of Foreign and Domestic Commerce. Department of Commerce.** Railways of South America. By W. Rodney Long. Washington, Government Printing Office, 1925-30. 5 v. (Trade promotion series, nos. 5, 16, 32, 39, 93).

Very detailed studies dealing with each railway. Data on companies, mileage, financing, rolling stock, equipment. Traffic statistics, numbers of employees, names of operating officials. Maps of railway networks in each country. [JRM]                (PU)

See also: 55, 63, 64.

### 3. Feasibility studies and projects

**201. Castro, Juan José.** Estudio de los ferrocarriles que ligarán en el porvenir las repúblicas americanas; presentado al Congreso Científico Latinoamericano de Buenos Aires. Montevideo, La Nación, 1898. 362 p.

Survey of existing railways in Latin America, by country, followed by a chapter on a projected intercontinental railway. Data on mileage production costs, profits, and ownership of each line, and budgets for the completion of the intercontinental railway. Maps. [JRM]                (LC)

PART THREE

# ARGENTINA

Tulio Halperín Donghi

# Bibliotecas

| | |
|---|---|
| (ABHN) | Archivo del Banco Hipotecario Nacional, B.A. |
| (BBCRA) | Biblioteca del Banco Central de la República Argentina, B.A. |
| (BBPBA) | Biblioteca del Banco de la Provincia de Buenos Aires, B.A. |
| (BDNEC) | Biblioteca de la Dirección Nacional de Estadística y Censos, B.A. |
| (BMA) | Biblioteca del Ministerio de Agricultura, B.A. |
| (BMHPBA) | Biblioteca del Ministerio de Hacienda de la Provincia de Buenos Aires, La Plata |
| (BMI) | Biblioteca del Ministerio del Interior, B.A. |
| (BMIC) | Biblioteca del Ministerio de Industria y Comercio, B.A. |
| (BN) | Biblioteca Nacional, B.A. |
| (BSH) | Biblioteca de la Secretaría de Hacienda, B.A. |
| (BT) | Biblioteca Tornquist |
| (LC) | Library of Congress, Washington |

# A. ENSAYO DE INTERPRETACIÓN

## I. Sobre la Presente Recopilación

Esta recopilación de fuentes y bibliografía no pretende ser exhaustiva. En la selección gravita la opinión de quien elige en cuanto a relevancia y calidad de fuentes y estudios; gravita también, de modo menos legítimo pero no menos inevitable, la escasez de esfuerzos anteriores para su exploración, imposible de suplir en plazo relativamente breve. En compensación, he contado con el auxilio de los directores del proyecto y la preciosa colaboración de la licenciada Margarita B. Pontieri, por lo que estoy vivamente agradecido. También lo estoy por la comprensiva colaboración de los funcionarios de bibliotecas y archivos argentinos, gracias a la cual se hace más fácil afrontar las dificultades nacidas de la creciente penuria de recursos que sufren esas instituciones, agravada por la dispersión de los materiales en muy numerosos repositorios. Las insuficiencias de la Biblioteca Nacional, que cumple cada vez menos adecuadamente sus funciones (aun sus colecciones de publicaciones del Estado Nacional presentan lagunas inesperadamente frecuentes y graves) son en parte compensadas por la existencia de una admirable biblioteca especializada, la de la Fundación Ernesto Tornquist; a ella debe mucho la presente recopilación, como por otra parte todos los estudios en el área. La frecuencia con que se la encontrará mencionada en relación con las piezas bibliográficas aquí recogidas sólo da una idea parcial de su riqueza; en efecto sólo se registra aquí el origen de éstas cuando se las ha hallado en un solo repositorio.

Los años en torno a 1830 parecen un buen punto de partida para examinar el proceso del que surgió la Argentina moderna. Ya para entonces, en efecto, aunque no muchos lo advirtieron, el país había tomado el rumbo que no iba a abandonar en un siglo. Un rumbo sustancialmente distinto del que aparecía insinuado en los últimos treinta años coloniales, en que el crecimiento indudable de la ganadería litoral no basta para sostener el aun más rápido de la economía urbana y comercial del área, apoyado sobre todo por una reorientación—en la cual el papel de Madrid es más importante de lo que gustarán de reconocer luego de 1810 sus ex-colonos del Río de la Plata—del comercio chileno y peruano hacia el Atlántico sur. Pero de esa línea de avance no se pasa de modo directo a la tan diferente que aparece triunfante ya en 1830. La Independencia pone en crisis el vínculo comercial con el Alto Perú y Chile, en que Buenos Aires ha conquistado posición hegemónica; si la destrucción de las bases de la ola expansiva que cubrió toda la etapa virreynal está ya completa en 1820, la creación de un mecanismo alternativo que permita proseguir la expansión es considerablemente más lenta. En esa primera década revolucionaria la guerra devasta las áreas del Litoral en que la ganadería para la exportación ha avanzado más rápidamente en el trentenio anterior; la liberación mercantil no va seguida entonces de una inmediata expansión de las exportaciones; en cambio las importaciones —impulsadas por un nuevo y agresivo sector mercantil en su mayor parte inmigrado de la Gran Bretaña— crecen mucho más rápidamente. . . . Al comenzar la segunda década revolucionaria parece que esos resultados decepcionantes podrán ser corregidos, no sólo porque en un clima interno marcado por una atenuación de los conflictos políticos la expansión de la economía primaria exportadora puede finalmente alcanzar un ritmo más rápido, sino sobre todo porque la nueva metrópoli mercantil parece dispuesta a transformarse en centro de financiación de ese proceso expansivo más acelerado. Para 1825 era evidente que esas esperanzas—tanto las vinculadas con la evolución política local, como las derivadas de la avidez con que la bolsa de Londres absorbe valores latinoamericanos— son otras tantas ilusiones; una guerra internacional— contra el imperio brasileño—seguida de guerra civil corrige brutalmente el pronóstico favorable en cuanto al futuro político del área rioplatense; la memorable crisis de 1825 va a hacer impensable—por más de tres décadas—cualquier nuevo aporte de inversiones metropolitanas en esa misma área, ya sólidamente sometida a su hegemonía comercial.

El camino que queda abierto—y que el país va a tomar resueltamente—es el de la expansión de su sector primario exportador con mínimo aporte de capitales locales y casi nula contribución de fuentes financieras externas; cuando—treinta años más tarde—en un nuevo clima político local y financiero internacional ese factor limitativo desaparezca, los progresos realizados cuando él mantenía toda su fuerza serán ya evidentes; entre 1810 y 1850 el valor de las exportaciones ganaderas de Buenos Aires se ha multiplicado diez veces; en los veinte años siguientes volverá a multiplicarse siete veces. Ya hacia 1830, entonces, el sector primario exportador, concentrado en el Litoral, ofrece el elemento dinámico en la estructura económica nacional. Aun así, sería erróneo limitar las transformaciones que se dan en el país a las ocurridas en ese sector: los procesos que en él se desencadenan alcanzan consecuencias que lo exceden. Ya antes de 1810 las áreas del Interior han asumido funciones económicas complementarias de las de los centros del Litoral y Alto Perú; ambos actuarán como intermediarios comerciales transportistas, proveedores de productos de agricultura templada, en menor medida de productos de industria artesanal . . . Sin que alcancen sino excepcionalmente participación directa en la expansión de la economía primaria exportadora, este proceso (y el de expansión de las importaciones industriales—y también, como con demasiada frecuencia se olvida, agrícolas—que lo acompaña) obliga a esas áreas del Interior a redefinir su relación con las del Litoral en ascenso; si su función de intermediarias comerciales la perderán tan rápida como irrevocablemente, si la de proveedoras de productos artesanales la deberán abandonar de modo más gradual pero igualmente definitivo, será su función de proveedoras de productos agrícolas—más aun que una participación tardía y limitada en la expansión de la ganadería para exportación—la que permitirá a algunas áreas del Interior compensar con creces a partir de las tres últimas décadas del siglo XIX, las pérdidas sufridas al redefinirse el vínculo de la economía rioplatense con la economía mundial.

He aquí una imagen extremadamente simple, y—salvo mejor opinión—tolerablemente exacta, de un proceso que mantiene sustancialmente su rumbo a lo largo de los cien años que van de 1830 a 1930. A partir de ella podría sin duda trazarse un programa de estudios sobre la historia de la economía argentina en esa etapa, en el estilo de los que gustaban de trazar los hombres de la generación de 1837 cuando creían tener toda la vida por delante, y esperaban consagrarla a escrutar ese amenazante enigma que era su propio país. La propia experiencia de esa generación—sin embargo tan exitosa—cuyas realizaciones intelectuales se alejan considerablemente de las previstas en los programas que minuciosamente elaboró, debiera alertar sobre los peligros implícitos en esos programas mismos. Hay todavía otra razón para que su elaboración en el campo de la historia económica tenga algo de anacrónico: sin que exista un *corpus* de estudios históricos que proporcione una imagen coherente del proceso vivido por la economía argentina en esos cien

años, se cuenta  ya sin duda con algo más que un conjunto de escritos dispersos de los que sólo serían utilizables por el estudioso actual los datos brutos parsimoniosamente incorporados a su texto. No es sin embargo la existencia de una sin duda incipiente pero de ningún modo desdeñable tradición de estudios el único factor que orienta a la vez que limita cualquier esfuerzo futuro: también la desigual disponibilidad de materiales para las distintas áreas influye de modo más discreto pero acaso más decisivo en el mismo sentido.

Estas circunstancias parecen imponer la línea del presente estudio: tras de examinar los aportes de la investigación ya realizada en el país sobre el tema (de modo predominante pero no exclusivo desde una perspectiva histórica), se intentará apreciar—de modo aproximativo—la gravitación de la ya mencionada disponibilidad de materiales en las posibilidades abiertas a futuros estudios, y por último se tratará de acotar algunos grupos de temas a los que la naturaleza misma del objeto de estudio acuerde prioridad.

## Historiografía Económica Argentina sobre el Período 1830-1930

### ESTUDIOS GENERALES SOBRE EL PERÍODO EN SU TOTALIDAD

La centuria aquí tomada en cuenta no ha sido objeto de un estudio global, salvo los que cubría la totalidad de la historia económica argentina. Entre ellos ocupa cronológicamente—pero sólo cronológicamente—el primer lugar la *Historia económica de la República Argentina,* del doctor Luis Roque Gondra (238). Publicada en 1943, y reflejo de una actividad docente comenzada en época muy anterior, la caracteriza un extremo desorden expositivo, que parece reflejar la ausencia de cualquier categorización clara en la mente del autor.

De muy distinta envergadura es el estudio sobre *La economía argentina: las etapas de su desarrollo y problemas actuales,* publicada por Aldo Ferrer en 1963 (236). Adoptando una perspectiva que Celso Furtado había contribuido a difundir en Latinoamérica, Ferrer busca dilucidar la dimensión histórica de los problemas económicos de la Argentina actual. Sin duda para hacerlo debe recurrir a los resultados de una investigación histórica cuyas limitaciones no siempre parece advertir por entero; aun así la tarea de elaborar una exposición coherente del desarrollo de la economía nacional a partir de fuentes secundarias, la mayor parte de las cuales desdeñan esa perspectiva, está lejos de ser fácil, y Ferrer la ha llevado adelante con notable éxito. Este éxito no estriba tan sólo en la formulación precisa de los problemas económicos que sus fuentes ignoraban, o por lo menos rehusaban afrontar explícitamente (así hallaremos en el libro de Ferrer un cálculo retrospectivo del peso del sector exportador en la economía nacional en su conjunto que el historiador sólo tendría derecho a hallar demasiado aproximativo si pudiera contraponerle otros más precisos: mientras tanto es la única tentativa de resolver—y antes que eso de definir con rigor—un problema capital de la historia económica argentina): lo que más impresiona al lector es la elegante arquitectura del libro, en que las etapas se suceden las unas a las otras por una interna necesidad y su majestuoso movimiento remata en esa futura economía integrada a la que el autor ve acercarse a la Argentina a través de los estadios sucesivos de crecimiento hacia fuera y sustitución de importaciones. Esa arquitectura a la vez sobria y sólida es entonces reflejo de la fe de Ferrer en un cierto sentido último del proceso que se propone desentrañar, y esa fe influye de muchas maneras—no todas ellas igualmente felices—en el modo en que son encarados también los problemas particulares que enfrentó la Argentina en el pasado. Ello no sólo porque—pese a que la cautela del autor logra esquivar los más evidentes riesgos de anacronismo—sus valoraciones actuales se proyectan en algunos casos con excesiva fuerza hacia el pasado (para poner un ejemplo, puede recordarse el papel quizá demasiado sistemáticamente negativo asignado a los sectores terratenientes); en términos más generales a menudo el lector recibe la impresión de que lo que a Ferrer interesa de cada época no es el modo en que en ella se enfrentaron y resolvieron los problemas que le eran peculiares, sino su relación con el presente y el futuro argentinos, tal como los veía un político y los economistas en 1963.

Como el de Furtado, el libro de Ferrer se vincula con el esfuerzo de explicación y diagnóstico que frente a la economía latinoamericana emprendió la Comisión Económica para América Latina de las Naciones Unidas, en la que la prolongada presencia de Raúl Prebisch iba a dejar huella vigorosa. El que había sido durante la década del 30 influyente inspirador de la reconstrucción de la economía por el gobierno conservador argentino reaparecía ahora, en un escenario más vasto, en la función nueva de vocero de las áreas marginales a las que el ordenamiento de la economía mundial en la segunda postguerra condenaba a un deterioro económico progresivo. Si en la década de 1930 la adhesión de Prebisch a la economía keynesiana partía de la implícita noción de que para la Argentina la crisis era coyuntural y que para elaborar soluciones adecuadas a ella eran suficientes las perspectivas a corto plazo, en su refugio de Santiago de Chile el economista argentino prefería adoptar otras más abarcadoras; en la medida en que el retorno de la prosperidad a los países centrales no aliviaba—sino por el contrario parecía agravar—los problemas económicos de los marginales, se hacía evidente que los problemas de éstos eran estructurales. Ello exigía un nuevo conjunto de soluciones, distintas de las

preconizadas en la década anterior, exigía también un distinto modo de estudiar los problemas, cuyas raíces—como comenzaba a advertirse—se hundían en un pasado a menudo remoto. No es sorprendente entonces que el informe elaborado por la CEPAL sobre la economía argentina, en el cuadro de la serie sobre problemas y perspectivas del desarrollo económico, haya juzgado necesario remontarse hasta 1900 para ubicar los problemas presentes y futuros de la economía argentina en una justa perspectiva. Sin duda, gracias a la utilización del vasto material estadístico disponible, el primer volumen del informe daba del pasado desempeño de esa economía un cuadro menos sistemáticamente sombrío que los que por entonces comenzaban a ponerse en boga. Aun así, el solo hecho de que su interés retrospectivo estuviera dominado por la preocupación de rastrear las raíces de los problemas contemporáneos (que colocara por lo tanto en primer plano problemas como el de la rigidez del ingreso proveniente de las exportaciones, y más aun del sector del ingreso que era preciso consagrar al pago de los servicios de la deuda pública, o que siguiera retrospectivamente la serie de importación de combustibles) hacía que de los parámetros que proponía para medir la economía de 1900 algunos sólo iban a tener extrema relevancia para la economía de 1950. Sería absurdo hacer de esta observación un punto de partida para una acusación de anacronismo; cualquiera fuese el uso que sus lectores iban a darle, el informe de CEPAL no se proponía dar un cuadro completo o equilibrado de la economía argentina anterior a la crisis de 1929, sino tomar en cuenta dentro de ella los elementos relevantes para su diagnóstico del presente y pronóstico del futuro. Aun así no es dudoso que el informe encerraba—así fuese implícitamente—un juicio sobre el pasado, en cuanto partía del supuesto de que en él se habían preparado algunos de los problemas que la Argentina del presente enfrentaba.

Esa conclusión—presentada mucho menos cautelosamente por los cada vez más numerosos críticos retrospectivos que el manejo de la economía argentina en la etapa de expansión de las exportaciones estaba encontrando en el país—despertó la encendida protesta de un veterano político y financista, con quien Prebisch había colaborado durante la década del 30. En su *Siglo y medio de economía argentina* (245), si hace plena justicia a los esfuerzos de rehabilitación económica que anteceden a la gran expansión, es este proceso (que para el doctor Federico Pinedo tiene entre sus causas fundamentales la adopción del constitucionalismo político y el liberalismo económico) el que marca la época de oro de la historia económica y no sólo económica argentina. Ese juicio retrospectivo,—que no carece de fundamentos—y que en todo caso viene a equilibrar muy felizmente el tono inesperadamente lúgubre que

suele tener en la pluma de autores recientes la reconstrucción de una etapa que vivió uno de los procesos
expansivos más rápidos de la historia mundial, se continúa en un juicio acaso menos agudo sobre momentos
más recientes, en los cuales la lealtad a las soluciones
que a juicio del autor aseguraron la prosperidad
conquistada antes de 1930, hubieran permitido recon-
quistarla, si no fuera que en un curioso acceso de
desvarío colectivo la entera nación prefiere perversa-
mente volverles la espalda desde hace cuarenta años.

ESTUDIOS SOBRE ÁREAS PARTICULARES QUE CUBREN
LA TOTALIDAD DEL PERÍODO

De nuevo aquí, se trata ante todo de estudios que
cubren el entero pasado nacional, incluida la etapa
que nos interesa. De las actividades primarias es la
ganadería la que ha merecido más abundantes exámenes de conjunto: su historia, en que los elementos
de continuidad son más evidentes que en las de otros
sectores agrícolas, explica en parte esa preferencia. Los
estudios de Carlos Lemée (797) y Prudencio de la Cruz
Mendoza (804) (más libre de altibajos, pero no más
rico en información el segundo que el primero) han
sido por entero superados por la *Historia económica
de la ganadería argentina,* de Horacio Giberti (783),
cuya primera edición data de 1954. Ingeniero agrónomo, conocedor por lo tanto no sólo desde un punto
de vista histórico de la ganadería nacional en sus etapas
más recientes, Giberti ha sabido además elaborar una
excelente *mise au point* de nuestros conocimientos
acerca de etapas más tempranas de esa historia. Particularmente feliz es su tratamiento de la etapa colonial;
quizá sea menos adecuado el que concede al período
que va de la independencia a la gran expansión de la
segunda mitad del siglo XIX: la acentuación de los
rasgos de estancamiento en que el autor ve la característica dominante de esa etapa se debe sólo en parte a
la concentración acaso excesiva en la figura de Rosas,
por la que Giberti profesa una aversión que resulta
difícil creer dibida tan sólo a sus supuestas insuficiencias
como ganadero. Acaso más decisivo sea el interés del
autor por la historia de las técnicas de explotación (en
cuanto a las cuales esa etapa se mostró en efecto muy
poco creadora) que hace que sólo parcialmente el
contenido de la obra responda a su título. Pero cuando
se da transformación no sólo cuantitativa en la explotación ganadera (por ejemplo, en el tránsito del vacuno
al ovino, en los avances del mestizaje de ambas especies
de ganado, en las nuevas modificaciones impuestas por
los avances del frigorífico), Giberti es capaz de trazar
con magistral seguridad y limpieza de rasgos la vinculación entre progreso técnico y estímulos económicos.

En el campo propiamente agrícola sólo los estudios
de Emilio J. Schleh (816, 946) sobre la evolución de los
cultivos azucareros y de la industrialización del algodón

ambicionaron cubrir lapsos comparables a los que
afrontan las citadas historias de la ganadería. Pero,
aunque estos estudios ofrecen un insustituible aporte
de información contemporánea y retrospectiva, no deja
de advertirse en ellos la vinculación del autor con las
organizaciones corporativas de la industria azucarera,
que nunca descuidaron la defensa ante la opinión
pública de las ventajas aduaneras y crediticias que le
prodigó el estado; este estudioso diligente era a la vez
un apologista decidido de un grupo de intereses cuyos
puntos de vista compartía sin duda con total sinceridad.

Falta por cierto una historia global de la actividad
industrial en la Argentina. La *Historia de la independencia económica,* de Eduardo B. Astesano (972),
aunque incluye datos abundantes sobre actividades
industriales, se interesa sobre todo por la protección del
Estado a la expansión y diversificación industrial. Por
otra parte (haciendo suyos en este aspecto, con lenguaje
parcialmente renovado, los criterios tradicionalmente
dominantes entre los estudiosos argentinos), Astesano
veía en la apertura plena de la Argentina al comercio
mundial y la consiguiente expansión de los sectores
primarios una precondición necesaria de cualquier expansión industrial. Si esta posición puede ser mejor
fundada que la que supone que la liberalización
mercantil de comienzos del siglo XIX frustró un inmi-
nente proceso de industrialización, una consecuencia
no totalmente positiva de ella es que el autor prefiere
consagrar su atención a episodios de gravitación limita-
dísima que en la primera mitad del siglo XIX anticipan el que será el futuro camino de la industria
argentina, antes que a las complejas vicisitudes atra-
vesadas por una actividad artesanal heredada del pasado y enfrentada con un clima por lo menos parcialmente hostil, que sin duda afectaba de modo mucho
más serio a la economía nacional en esa etapa.

Los estudios sobre industrias particulares no faltan
por completo. Señalemos entre ellos el excelente dedicado por el ingeniero Montoya a la de salazón de
carnes (932), que la sigue en su tercera trayectoria
desde su aparición a fines del siglo XVIII hasta su
desaparición a comienzos del actual.

Aun más escasas son las investigaciones sobre el
sector de servicios. En cuanto al transporte, la *Historia
de los medios de comunicación* de Ramón J. Cárcano,[1]
no sólo ha envejecido considerablemente desde que su
autor la escribió en el ocio político a que lo obligó la
revolución de 1890, sino se ocupa—pese a su título
general—de la época colonial. La historia del correo ha
sido objeto de estudios concienzudos, que se interesan
muy escasamente por su dimensión propiamente
económica.

---

[1]Ramón J. Cárcano. *Historia de los medios de comunicación y de
transporte en la República Argentina.* B.A., Lajouane, 1893. 2 v.

El área de historia financiera y monetaria ha sido también sólo parcialmente cubierta por los estudiosos. Sobre la primera aún sigue utilizándose, a sesenta años de distancia, el breve pero magistral cuadro histórico que José A. Terry (autor por otra parte de escritos importantes sobre etapas más breves, de las que fue testigo directo) consagró en el número del Centenario de *La Nación* (25 de mayo de 1910) a las finanzas argentinas en los anteriores cien años. Al lado de esta tentativa de presentación general del problema, notemos la abundancia de estudios sobre algunas instituciones financieras, en particular el Banco de la Provincia de Buenos Aires, que comprende tanto publicaciones retrospectivas de la misma institución como libros —los de Garrigós (500), Vedia (525) y Casarino (492)— en que el interés por la trayectoria de la institución misma predomina sobre el que evoca su gravitación en la economía.

Sobre historia monetaria la obra básica sigue siendo la que en 1916 publicó Emilio Hansen (504), abundante en información y excelentemente construida, que quiere sin embargo se a la vez que un estudio histórico un intermitente alegato en favor de una opinión entonces impopular: la que se rehusaba a ver en la moneda de papel inconvertible un rasgo patológico de consecuencias entera y exclusivamente negativas para la economía nacional.

Para la historia financiera y monetaria no podría olvidarse el aporte capital que constituye la *Memoria* del Director del Crédito Público, Pedro Agote (530, 531), publicada a lo largo de la década del 80. Se trata de una recopilación de datos sobre las finanzas públicas y las de algunas instituciones financieras privadas, realizada sin ningún evidente criterio selectivo y con criterios de ordenación algo desconcertantes (cosa nada sorprendente dada la personalidad del recopilador, reflejada en unas *Memorias* deliciosamente ingenuas; es poco probable que pudiese aportar a su tarea mucho más que una infatigable diligencia). Estas fallas son suplidas por la extrema riqueza de información; aunque la confiabilidad de ésta no ha sido puesta a prueba sino para algunas series aisladas (básicamente debido a la escasez de estudios posteriores sobre el área y la época) ha superado tolerablemente bien ese trance.

La historia de la mano de obra tampoco ha sido objeto de estudios generales que cubran la totalidad de esta etapa. Con ella se vinculan en buena medida, sin embargo, los estudios consagrados al gaucho como tipo social; el de Ricardo E. Rodríguez Molas (247) resume toda una corriente en su inagotable compasión por quienes tuvieron a su cargo la mayor parte en su esfuerzo necesario para la expansión ganadera y se beneficiaron tan escasamente con ella. Pero si Rodríguez Molas no ignora la función del gaucho en la economía privada, concede más atención a sus relaciones con el estado, que lo utilizó despiadadamente para la guerra. Podría verse aquí una consecuencia de la índole del material conservado en los archivos públicos que Rodríguez Molas sobre todo utiliza, si no fuera que su actitud continúa toda una tradición en la literatura que se ocupa del gaucho; aun el Martín Fierro, que quiere ser un inventario completo de sus desdichas en el marco de una Argentina en proceso de modernización, se ocupa de las que nacen del despótico estilo de la administración pública, dejando de lado las derivadas más directamente del proceso económico mismo.

Más abundantemente explorado—aunque todavía de modo muy desigual—se encuentra el campo de la historia regional y local. Aquí hallamos dos áreas particularmente frecuentadas por los estudiosos. Una es la de las provincias litorales, que contaron desde comienzos del siglo—y Entre Ríos aun desde fecha más temprana—con diligentes eruditos locales (y Santa Fe con un historiador de nivel excepcional, Juan Alvarez). Si sus trabajos no suelen reflejar—de nuevo salvo en el caso de Alvarez—un interés muy marcado por los problemas de historia económica, su voracidad erudita por datos de índole muy diversa se refleja también en este campo. La historiografía de la provincia de Buenos Aires debía sufrir durante una larga etapa las consecuencias de la identificación—casi total para ciertos períodos—entre historia provincial y nacional. Sólo más recientemente estos inconvenientes comenzaron a ser equilibrados por las ventajas que vienen de la concentración de archivos documentales y centros de estudios en la Capital Federal y La Plata, que ha facilitado el surgimiento de una corriente de investigaciones encaradas con espíritu más profesional, que tuvieron por primer animador a Ricardo Levene. A su iniciativa debemos la serie de estudios sobre historia de los pueblos de la provincia de Buenos Aires, que incluye algunas monografías excelentes (683); de alguna manera esta corriente es continuada a través de los estudios —centrados en la historia institucional de la provincia —cultivados en la Universidad de La Plata, que en algunos casos ofrecen al estudioso de historia económica una masa de información no desdeñable.

Hay todavía otro sector en que la producción historiográfica abunda: es el que cubre la imprecisa frontera entre economía y política. Buscar las raíces económicas de los conflictos políticos y las consecuencias económicas de las decisiones políticas no es un ejercicio nuevo para los historiadores, en un país en que a los niños de las escuelas no se les menciona la revolución de independencia sin recordar la vocación monopolista de los comerciantes gaditanos: como era esperable, éste es también uno de los campos favoritos de los que descubren de modo súbito—y a menudo algo tardío—

su vocación histórica. En esta frontera imprecisa encontramos sin embargo uno de los libros capitales de la historiografía argentina de este siglo, el *Estudio sobre las guerras civiles argentinas,* de Juan Alvarez (231). Su influencia en la historiografía posterior—la reconocida y acaso más aun la inconfesada—es enorme: a Alvarez se debe la hipótesis que hace de los avances del salariado rural—estimulados a su vez por los del salazón de carnes—el punto de partida para tensiones sociales que hallaron su expresión en las guerras civiles; a él se debe la presentación de toda la historia argentina independiente como un conjunto de conflictos y armisticios interregionales (entre los cuales se cuenta, antes de la constitución de 1853, la ley aduanera rosista de 1835) que no concluyeron—sino fueron continuados en estilo diferente—durante la etapa constitucional; a él se debe todavía la vinculación entre crisis políticas y económicas, reflejada en un célebre gráfico que mostraba el paralelismo entre los movimientos de la economía cerealera y los de la oposición radical. Ese valor sugestivo, debido a una prodigiosa riqueza de ideas, no está sin embargo exento de peligros. Uno de ellos deriva de la implícita perspectiva santafesina con que Alvarez contempla la historia nacional; su descripción del caudillo y su papel en el marco económico-social, si se adecúa bastante bien al que ocupó en su Santa Fe Estanislao López, refleja con menos fidelidad, por ejemplo, los de Rosas o Quiroga en un contexto más complejo; el primero cumple muy mal la función—que Alvarez asigna a todos los caudillos—de jefe de los sectores opuestos a una modernización de la producción ganadera que golpea a la plebe rural, para el segundo la posibilidad misma de desempeñar esa función no existía, ya que su zona de influencia no era sino muy marginalmente afectada por ese proceso. Del mismo modo, si la relación entre las dificultades de la economía cerealera y las tormentas políticas es inmediatamente evidente en Santa Fe, está lejos de ser igualmente clara para la nación en su conjunto. Otro peligro proviene de la perspectiva de futuro a partir de la cual Alvarez escrutaba el pasado: este agudísimo defensor del *statu quo,* que veía amenazado por el agudizarse de la tensión social en las áreas modernizadas del Litoral, buscaba la salvación en un nuevo pacto interregional, que diese mayor peso en las decisiones del poder central a las provincias del Interior, menos tocadas por ese proceso. Pero en su afán por dotar de prestigio tradicional a la solución que propone no se detiene a examinar qué poco hay de común entre ese nuevo pacto y los que había conocido la Argentina en el pasado: mientras en éstos habían sido las regiones que obtienen un aumento de influencia las promotoras del pacto que así las favorecía, en el que Alvarez propiciaba eran las supuestamente perjudicadas las que sobre todo necesitaban abdicar una parte de su influjo:

ello revelaba hasta que punto, aun para quien la evocaba a fin de obtener enseñanzas para el futuro, la etapa política marcada por los conflictos interregionales estaba dando paso a otra en que los conflictos dominantes eran sociales. Pero, habiendo decidido interpretar los conflictos sociales del presente en clave de conflicto interregional, la tentación es grande de interpretar los conflictos interregionales del pasado en clave social: la huella de esta actitud la encontramos por ejemplo en la postulación de un arrollador avance del salariado en las áreas ganaderas, que no encuentra apoyo suficiente en las fuentes que Alvarez manejó, pero que da una obvia dimensión social al conflicto político.

Si la influencia del ensayo de Alvarez terminó por presentar tantos aspectos ambiguos ello se debe, más que a la obra misma, al público que ella encontró. La obra es en efecto un ensayo, el fruto de la libre meditación—a ratos de la disciplinada fantasía—de un observador prodigiosamente agudo del pasado nacional; quiere ser para sus lectores una fuente de ideas que requerirían ser a cada paso controladas por la investigación histórica; es culpa de la pereza mental de tantos de esos lectores si este ágil soliloquio fue tratado por éstos como si fuese un *standard-book* de historia económica, que hiciese innecesario preocuparse por averiguar qué pasó en una etapa del pasado sobre cuyos lineamientos fundamentales ya se había pronunciado la palabra definitiva.

Una de las razones de la eficacia persuasiva del ensayo de Alvarez reside sin duda en su robusto escepticismo frente a las versiones del pasado nacional que hacen suya la causa de una de las facciones que lucharon en ese pasado: ello le permite descubrir entre ellas continuidades y afinidades que los protagonistas no pudieron—a veces no quisieron—advertir. También en esto el escrito de Alvarez se muestra escasamente representativo de una literatura histórica que en épocas posteriores, a medida que se agudizaban los conflictos del presente, tendió a hacer una virtud de la adopción de las actitudes facciosas del pasado. Un ejemplo de las consecuencias de esta actitud lo hallaremos en la briosa *Defensa y pérdida de nuestra independencia económica,* debida al doctor José María Rosa (574): en su afán por hacer de Rosas el único protector de cualquier actividad industrial, el doctor Rosa llega por ejemplo a presentar a la industria azucarera sobreviviendo penosamente a los rudos golpes asestados por los gobiernos posteriores a 1852, gracias a la vitalidad adquirida bajo la protección del Restaurador. No es sorprendente que, con el espíritu animoso que le permite dar de la historia de esa industria una versión cuya falsedad no puede sino ser evidente a cualquier lector medianamente informado, el doctor Rosa está aun más dispuesto a embellecer su cuadro retrospectivo en otros rincones que encontró menos iluminados; no es tampoco sorprendente que el resultado sea un panfleto cuyos méritos como tal le han asegurado vasta popularidad, pero cuyo valor propiamente histórico es necesariamente limitado.

Muy cerca de estos intentos se encuentran los que buscan medir la influencia económica y política a la vez de los países hegemónicos sobre la Argentina. La existencia misma del problema sólo fue descubierta tardíamente, en la etapa de penosa adaptación a las condiciones creadas por la crisis de 1929; sin embargo el interés por el tema tenía muy poco de propiamente histórico: se trataba de rastrear en el pasado los rasgos negativos de esa dependencia económica que comenzaba a revelarlos de modo clamoroso en medio de la penuria aportada por la crisis; se trataba de ver por qué extraño desvarío colectivo una entera nación pudo adoptar soluciones que—según ahora se postulaba—no sólo habían llevado a ese deplorable desenlace, sino habían sido ruinosas desde el comienzo. Ese es el objetivo del breve libro de Julio y Rodolfo Irazusta, sobre *La Argentina y el imperialismo británico* (439); sin duda la seriedad de sus intenciones coloca a los Irazusta a gran distancia de un despreocupado panfletista como el doctor Rosa; aun así algunas de sus premisas (por ejemplo, la que se resiste a ver en la adhesión de las clases dirigentes argentinas por el esquema de división internacional del trabajo otra cosa que el resultado de una ofuscación intelectual debida a la frecuentación de autores poco recomendables) resultan extremadamente endebles, y ello se vincula en parte con las tendencias conservadoras de los Irazusta; su seguridad de que bastará el retorno de la élite rural argentina a una conciencia más lúcida de sus tradiciones y de sus intereses para constituirla en vanguardia insustituible de la futura cruzada hace que la crítica retrospectiva de la acción de esa élite esté marcada por una cortesía sin duda indeliberada pero algo inesperada en un libro que quiere ser de denuncia. Lo que es acaso más grave desde el punto de vista que nos interesa, la preocupación por las raíces ideológicas del apoyo concedido por tantos sectores influyentes del país a la hegemonía británica hace que no siempre se preste la necesaria atención a los aspectos económicos de una relación que—cualesquiera fuesen sus consecuencias indirectas—se había consolidado sobre todo en el plano económico.

De este modo—aun en sus representantes más valiosos—esta historiografía que, a partir de una problemática centrada en la política, explora las fronteras entre ésta y la economía, presenta también peligros menos obvios que el de transformar a la narración histórica en la de la *fable convenue* de una facción actual o extinguida; esos peligros se hacen más graves si constituyen la forma predominante de aproximación a la problemática económica del pasado. El más importante es en este aspecto el de usurpar el lugar de una historia económica sin adjetivos, y de alguna manera postergar su indispensable elaboración. El interés persistente pero no intenso por la dimensión económica de los problemas políticos ha tenido, entre otras consecuencias menos desdichadas, la de acostumbrar a los historiadores argentinos a manejar como claves interpretativas procesos económicos de los que sabían muy poco—a veces su existencia misma era sólo postulada—y acerca de los cuales ninguna curiosidad los impulsaba a averiguar más; el resultado parece ser a veces que el precoz descubrimiento de las conexiones entre la problemática histórico-política y la histórico-económica frena más bien que estimula el desarrollo de la historia económica.

¿Hay todavía otras razones menos anecdóticas para que el énfasis puesto en la vinculación entre economía y política sea mayor que el habitualmente encontrado en la historiografía que estudia economías más complejas y mejor conocidas en sus datos básicos? En todo caso no deja de ser sugestivo que las tentativas de abordar temas de historia económica menos directamente vinculados con esa conexión se den sobre todo para las etapas más recientes del pasado nacional; los años en torno a 1880 parecen no sólo marcar un cambio decisivo en el proceso económico argentino, sino también en la actitud con que el estudioso se aproxima a él. Sin duda esta frontera cronológica no es absoluta, y más de una obra general sobre la etapa de expansión de la economía exportadora debe volver también la mirada a etapas más tempranas (la frontera más convencional de 1852 o 1862—ambas extrapoladas de la historia política—descubre aquí algunas ventajas prácticas; igualmente la de 1870, sin duda bastante arbitraria, que tiene el atractivo adicional de permitir utilizar para caracterizar el punto de partida los datos demográficos y ocupacionales del primer censo nacional, levantado el año anterior). Es indudable, sin embargo, que los estudios dedicados exclusivamente a la primera mitad del período que aquí nos ocupa se apoyan en una problemática algo distinta de la que subtiende la mayor parte de los más recientes estudios de conjunto, y más aun a los consagrados a aspectos del siguiente medio siglo. Se permitirá entonces que se los examine por separado.

## Estudios sobre el período 1830-1880

Para esta etapa los estudios—que se hacen más nutridos a medida que se avanza cronológicamente dentro de ella—se alejan menos (según se ha indicado ya) de la vieja preocupación dominante por las vinculaciones entre economía y política. El título mismo de la obra general más importante sobre el período previo a 1852

—que no es debida a un estudioso argentino, sino al norteamericano Miron Burgin—es ya revelador; es acaso todavía más significativo que de esos *Aspectos económicos del federalismo argentino* (491) haya interesado sobre todo al autor el contexto y las consecuencias económicas de las finanzas rosistas: el Estado es el protagonista no sólo político sino también económico de esta obra magistral.

La misma perspectiva está lejos de haber desaparecido de los estudios parciales dedicados a la etapa rosista; el de T. Halperín Donghi sobre "La expansión ganadera en la campaña de Buenos Aires" (789) examina la acción no sólo económica, sino político-militar del estado, que lo hizo posible; los escritos de José María Mariluz Urquijo sobre temas de historia industrial tienen por objetivo a ratos explícito y siempre presente medir las consecuencias que la gravitación del estado tuvo—por acción o por omisión—en la evolución de la actividad industrial (una preocupación que, pese a las diferencias que en este aspecto acaso más que en ningún otro se dan entre la Argentina de la primera mitad del siglo XIX y la de la segunda mitad del XX, y a las que el autor está lejos de permanecer ciego, se prolonga en otra apenas menos explícita por sacar de esa experiencia pasada enseñanzas para el presente). Sólo algunos estudios de intención puramente descriptiva escapan a esta tendencia; aún los de historia de precios no logran esquivarla (¿cómo podrían hacerlo si sus curvas reflejan a cada paso la incidencia de emisiones y bloqueos, con mucha mayor intensidad que la de los movimientos de la coyuntura en los grandes mercados ultramarinos?). De modo totalmente explícito se halla ella presente en el estudio (962) de H. Gorostegui de Torres sobre "Los precios del trigo en Buenos Aires durante el gobierno de Rosas" (cuyo título mismo es en efecto revelador); si el escrito más temprano de Julio Broide sobre "La evolución de los precios pecuarios argentinos en el período 1830-1850" (958) por el contrario la elude por entero es porque—como por otra parte lo declara su autor—es el resultado (utilísimo para el historiador) de una ejercitación emprendida en el marco de un seminario universitario en el manejo de números índices, conversión a otra base monetaria, y representación gráfica de movimientos de precios, que ignora deliberadamente los problemas históricos—y aun económicos—implícitos en esos movimientos mismos.

El período que va de 1852 a la unificación política que se afirma diez años después ha sido particularmente mal estudiado, pese a que no carece de atractivo: este último florecer de la Argentina tradicional, favorecido a la vez por la supresión casi total de trabas al comercio interno y por una coyuntura internacional excepcionalmente favorable en los años centrales de la década, merece sin duda un examen detenido. Ha sido

objeto de un estudio de intención predominantemente descriptiva, debido a G. Ibarra de Roncoroni (242), que no deja—como es del todo legítimo e inevitable—de evocar el influjo que sobre el movimiento económico tuvo el gran conflicto político que durante la entera década separó a Buenos Aires de las restantes provincias. Sería injusto, sin embargo, olvidar aquí los tomos IV y V de la vastísima obra que Carlos Alberto Silva tituló *El poder legislativo de la Nación Argentina* (437), consagrados a la gestión económico-financiera del gobierno de la Confederación de las trece provincias interiores; aunque es poco más que una transcripción de leyes, decretos y resoluciones y un resumen—muy inteligentemente hecho—de debates parlamentarios, constituye una fuente indispensable.

Para esa década y la siguiente H. Gorostegui de Torres ofrece un trabajo de intención predominantemente descriptiva, acaso preferible a una segunda versión más preocupada por alcanzar una problemática general para el período, pero mucho menos rica en informaciones. Sobre los años entre 1860 y 1880 los estudios más significativos se han orientado hacia la política financiera y económica. Señalemos entre ellos el examen que H. J. Cuccorese consagró a la conversión del papel moneda en Buenos Aires, 1861-67 (496); al revisar la agonía del sistema de papel moneda inconvertible que tanto influyó en las vicisitudes de la economía porteña, se concede en primer término atención a las polémicas entre la que el autor llama la buena doctrina (la que favorece la convertibilidad como única solución aceptable para todo tiempo y lugar) y la opuesta; le interesa mucho menos el contexto económico en que se dio la política emisionista y la función que ésta desempeñó dentro de él; esta indiferencia permite a Cuccorese pasar de largo frente a los numerosos testimonios (que recoge diligentemente, pero de los que no saca ninguna conclusión) sobre la importancia del hecho de que la moneda de papel, al abandonar en la década del 60 su tendencia de largo plazo a la baja, había dejado de tener la función de atenuante de ciertas consecuencias negativas de los altibajos coyunturales que en las finanzas públicas y en la economía privada había desempeñado durante tres décadas; esta estricta adhesión del autor a un modo acaso demasiado limitado de entender su tema hace que su obra—tan útil en otros aspectos—desde la perspectiva de la historia económica sólo pueda ser considerada como un aporte de materiales antes poco conocidos, y dotados a menudo de fuerte poder sugestivo.

Para esa década y la siguiente los estudios más importantes examinan el efímero florecimiento de una corriente proteccionista industrial, surgida en primer término como inesperada—pero nada ilógica—respuesta a la crisis de la ganadería ovina de 1866 y resurgida en la década siguiente en el marco de la crisis más financiera que económica abierta en Europa en 1873, cuyas consecuencias comenzaron a hacerse sentir en el Plata el año siguiente. José Carlos Chiaramonte ha dedicado un estudio sustancial al problema (560), al que José Panettieri consagró otro menos satisfactorio.[2] La vinculación entre el súbito interés por proteger una industria textil local y las dificultades encontradas por la exportación de lana, así como la que existe entre los proyectos de aumentos de impuestos a la importación y la perspectiva—satisfactoria para los productores —de una disminución de los que gravan la exportación es puesta de relieve por Chiaramonte, que sin embargo no se rehusa a ver al entero episodio como precursor del surgimiento de tendencias industrialistas menos dependientes de la ocasional conveniencia de los sectores primarios.

Sin duda las menciones aquí incluidas no cubren la totalidad de los estudios consagrados al período anterior a 1880. Sin embargo su exigüidad refleja la del volumen de estudios consagrados a éste; su orientación predominante—apenas exceden una ambición puramente descriptiva—hacia los problemas de política económica es también representativa de la tendencia dominante en las indagaciones sobre una etapa que figura entre las peor conocidas del pasado argentino.

## Estudios centrados en la etapa 1880-1930, o exclusivamente dedicados a ella

Aquí la producción más rica y variada permite discriminar mejor entre estudios consagrados a la economía en su conjunto y los dedicados a distintas áreas temáticas dentro de ella.

### ESTUDIOS GENERALES

A pesar de remontarse hasta 1850, el cuerpo de la *Historia económica de la Argentina,* de Ricardo Ortiz (244), se refiere al período ahora considerado. La obra del ingeniero Ortiz, que ha venido desde su aparición a cumplir una función utilísima de fuente informativa y auxiliar de investigación para la entera época de que se ocupa, se recomienda sobre todo por su sólida y ordenada exposición, y por el uso sistemático de datos estadísticos provistos para la mayor parte del período por el estado mismo. Sin duda ese ordenamiento tiene algo de excesivamente rígido y mecánico; esa base cifrada—amplia si se compara con la utilizada en intentos anteriores—no lo parece tanto en relación con el volumen de información que las fuentes ponían a disposición del autor. Las líneas robustas y despojadas

de esta historia económica reflejan entonces su condición de primera aproximación sistemática a una tarea que estudiosos posteriores—utilizando en parte el aporte de Ortiz—deberán entender de manera más compleja. El marxismo del autor se refleja en su obra de modo sólo indirecto y tenue, a través de una atención frecuente por los costos sociales del cambio económico (y acaso, de modo aún menos directo y más negativo, en la relativa indiferencia por los problemas de coyuntura, que en una obra destinada a cubrir sólo ochenta años de historia de una economía sólidamente vinculada con las de los países nucleares—y por lo tanto en extremo vulnerable frente a las crisis de éstas—no deja de ser notable). Pese a las limitaciones apuntadas, su esfuerzo por ordenar la imagen del pasado económico argentino, en la etapa de expansión de la economía exportadora, fue sustancialmente exitoso, y la medida de ese éxito la proporciona en parte el de la obra misma: gracias a sus sólidas virtudes, esta obra que no rehuye la polémica se ha transformado en una suerte de *standard-book* al que todos recurren.

La obra de Ortiz no contiene hipótesis explícitas sobre los elementos determinantes del proceso económico que estudia (salvo las muy genéricas de inspiración marxista, que el autor formula reiterativamente, pero sólo utiliza en pequeña medida.) Pero, a través del énfasis concedido a la descripción de ciertos sectores—en una obra que, cualquiera fuese la intención del autor, es más eficaz en el plano descriptivo que en el explicativo—puede advertirse como éste se interesó más por la producción que por otros aspectos de la economía, y que aun en cuanto a ésta—sin dejar de tomar en cuenta la incidencia que sobre ella tuvieron las modificaciones ocurridas en otras etapas del proceso económico y la modificación del equilibrio entre los factores productivos—son sobre todo las modificaciones técnicas las que interesan al ingeniero Ortiz. En este aspecto su obra, más que inaugurar un rumbo nuevo, continúa y resume toda una tradición, madurada en la etapa en que el estudio retrospectivo de los distintos sectores de la economía nacional interesaba sobre todo a los técnicos activos en esos sectores mismos.

Los intentos posteriores al de Ortiz centran más decididamente su problemática en los aspectos propiamente económicos del proceso que estudian. En esta modificación del punto de vista puede anotarse una doble influencia: la de la perplejidad creciente frente al rumbo actual de la economía argentina y la de los estudios y teorías sobre desarrollo elaborados en Europa y Estados Unidos. La primera influye de modo complejo: proporciona ante todo un estímulo para acicatear la curiosidad por el pasado (una función que era ya evidente en el libro de Ferrer, ocupado de la totalidad del desarrollo argentino, y no sólo de su etapa exportadora) pero también—al obligar a tomar conciencia

[2]José Panettieri. *La crisis económica; ideas en torno a un cambio en la estructura económica y social del país, 1866-71.* La Plata, Universidad de La Plata, Facultad de Humanidades y Ciencias de la Educación, 1965. 122 p. (Departamento de Historia, Monografías y Tesis, 6).

de la aparente intratabilidad de ciertos problemas económicos actuales—induce a una imagen más matizada y compleja de los procesos pasados, que se contrapone a la que solía ver a la gran expansión como una consecuencia por así decirlo automática y mecánica de la coexistencia de ciertos datos (abundancia de tierras, ampliación de mercados exteriores, disponibilidad de mano de obra extranjera capaz de aliviar la crónica escasez de la local, disponibilidad también mayor de capitales extranjeros, disponibilidad todavía de nuevas técnicas de producción y transporte). Esa manera de ver a la gran expansión, que traducía en lenguaje científico actitudes muy arraigadas en la conciencia colectiva (que por su parte la veían como una suerte de crecimiento vegetativo en un país que, como se decía, progresaba solo) está todavía implícitamente presente en la obra de Ortiz, pese a que éste no deja de percibir que la crisis de 1929 no es sólo un accidente en el camino, sino ha clausurado definitivamente esa etapa de progreso supuestamente automático (y no deja por otra parte de inventariar sin complacencias el costo social de ese progreso mismo).

Posteriormente la conciencia de que—pese a las ventajas objetivas que explicaban la casi unanimidad nacional en su adopción—el camino tomado tan decididamente por la Argentina en la segunda mitad del siglo XIX era sólo uno de los que se le abrían, comienza a estar más presente en los estudios que se consagran a la etapa de expansión de la economía exportadora. Y es aquí donde los estudios económicos sobre problemas del desarrollo comienzan a influir de modo igualmente complejo sobre los dedicados a esa etapa argentina; en buena parte su influencia más eficaz no deriva de su ambición teórica (la por otra parte no siempre presente de llegar a una teoría tan general como sea posible de los procesos de desarrollo) sino de la nueva masa de material empírico que presentan y ordenan, y que permiten a los estudiosos argentinos conocer mejor procesos de crecimiento dados en un marco parcial o totalmente distinto del que caracterizó a la Argentina de la segunda mitad del siglo XIX.

Las consecuencias de ese cambio de enfoque madurado bajo auspicios tan variados pueden seguirse en dos obras más recientes que la de Ortiz. En *La formación de la Argentina moderna* (233), Roberto Cortés Conde y Ezequiel Gallo colocan la expansión económica en el centro de su temática, y—contra toda una tendencia aparentemente innovadora que vuelve a buscar (como solía hacerse hacia 1850) en ciertas tradiciones culturales que han dejado rastro al parecer indeleble en la psicología colectiva la clave de las peculiaridades del proceso económico en los países hispanoamericanos—prefieren creer en la racionalidad de las decisiones de quienes lo orientaron. De este modo no nos vuelve a ser propuesta la versión algo

inverosímil, según la cual esa etapa de cambio velocísimo fue orientada por una clase dirigente tenazmente tradicionalista, incapaz por eso mismo de reorientar sus actividades con la agilidad necesaria a partir de los estímulos derivados del cambio del contexto económico. Al mismo tiempo el análisis de los cambios económicos no parece tener siempre suficientemente en cuenta lo que los mismos autores nos tienen que decir acerca de las transformaciones sociales y políticas en la misma etapa; sin duda nada de lo que ocurrió en estas últimas áreas obliga a corregir la imagen por ellos confirmada de un proceso económico firmemente controlado por los grupos que ya eran dirigentes antes de que ese proceso comenzara. Al mismo tiempo la creciente complejidad que ese proceso imprimía a la estructura socioeconómica hacía que, en la defensa de un interés de grupo que identificaban con el interés nacional, esos grupos dirigentes tuviesen que adaptarse a un contexto en que sus decisiones ya no podrían beneficiarlos tan exclusivamente como en el marco más sencillo de la Argentina no tocada por la gran expansión. En este sentido los retoques recientes de Lucio Geller (979) a una imagen todavía excesivamente esquemática de la hegemonía terrateniente parecen justificados (y en ello convendrían sin duda los autores mismos, que en escritos posteriores la han matizado considerablemente). Esas críticas, sin embargo, serían injustas si llevaran a dejar de lado lo que es el aporte principal del breve estudio de Cortés Conde y Gallo: la adopción de un criterio cuya fecundidad ha podido medirse ya en el breve lapso desde la publicación de su obra; al rehusarse a esa solución de comodidad que consiste en atribuir las decisiones económicas cuyos objetivos no entienden de inmediato, antes que a motivos racionales que podrían descubrirse mediante una indagación más minuciosa del marco en que esa decisión se tomó, a la inadecuada percepción que de ese contexto no podían no tener—debido a acondicionamientos culturales o psicológicos—los responsables de esa decisión misma, Cortés Conde y Gallo, han contribuido a salvar a la historia económica argentina de tomar un rumbo que ofrece como aliciente una cosecha cómoda y abundante de tautologías.

De inspiración algo diferente es el estudio que dos economistas, Guido Di Tella y Manuel Zymelman (251), han consagrado al mismo período. Su objetivo se aparta de la pura reconstrucción histórica: su propósito es a la vez descubrir la causa última de la originalidad del proceso argentino y subsumirlo en una teoría general del desarrollo. En cuanto a lo primero, encuentran la clave en una extrema abundancia de tierras aptas para la explotación; en el intento de rastrear las vastas y ramificadas consecuencias de ese dato básico, los autores llegan a proponer la modificación—para el caso argentino—de algunos principios fundamentales de teoría económica. Su segundo objetivo—la vinculación del examen del caso argentino con una teoría general del desarrollo—aproxima a Di Tella y Zymelman (como por otra parte el título mismo de su obra lo anticipa) a los que buscan explicar el proceso viéndolo con una sucesión necesaria de ciertas etapas. Entre ellos el término de referencia inmediato es proporcionado por los escritos de Rostow,[3] tan en boga cuando los autores comenzaron su investigación. Estos están sin embargo muy lejos de limitarse a elaborar una cronología argentina a partir del conocido esquema rostowiano. Por el contrario introducen en éste modificaciones fundamentales, entre ellas la postulación de una gran demora que ven ubicada entre la etapa de preacondicionamiento y la de despegue; aunque los indicadores que los autores han elegido no parecen siempre distinguir nítidamente entre las etapas por ellos definidas, su esquema tiene el mérito de intentar captar la complejidad y los elementos por así decirlo contingentes del proceso argentino, por los cuales mantienen una curiosidad constantemente alerta. Esta curiosidad tiene nueva ocasión de manifestarse en unos utilísimos apéndices (que cubren la mayor parte del volumen) en los cuales Di Tella y Zymelman examinan, con abundante acopio de material estadístico, diversos puntos oscuros de ese proceso; si a menudo su examen toma un tono casuístico que deja en segundo plano las amplias perspectivas y las explicaciones tan abarcadoras que dominan la primera parte de la obra, no todos los lectores estarán dispuestos a reprochar a los autores ese cambio de perspectiva.

Mencionemos por último, por afán de ser completos, el estudio que en la *Historia argentina contemporánea* editada por la Academia Nacional de la Historia publicó Horacio J. Cuccorese (230) sobre *Historia económica financiera (1862-1930);* el segundo elemento del título refleja su contenido más fielmente que el primero, ya que falta por entero una reconstrucción suficientemente rica y segura del proceso económico durante el período cubierto.

### ESTUDIOS SOBRE ASPECTOS PARTICULARES

(1) *La agricultura.* Sólo tardíamente, luego de los excelentes estudios debidos a contemporáneos de la gran expansión, comenzó una revisión retrospectiva de ambición seria y sistemática. El primer ensayo significativo en este sentido fue el de Juan L. Tenembaum, que rastrea en el pasado los estímulos económicos de la peculiar evolución de la agricultura argentina (820). El libro de Tenembaum se apoyaba en una juiciosa utilización de un material vasto y no difícilmente asequible; aunque su originalidad era escasa, su función de ordenador (y en parte de simplificador) de una imagen

retrospectiva hasta entonces harto borrosa le dio una justificada popularidad. Ese marco a la vez sólidamente construido y un tanto genérico está implícitamente presente en los estudios de Gastón Gori sobre la historia de la expansión cerealera. Partiendo de un interés predominante por las primeras etapas de la colonización agrícola en su Santa Fe Central (en la que eran sobre todo los aspectos de la interacción cultural y técnica entre los inmigrantes y el contexto criollo e indio los que Gori examinaba con notable perspicacia) su interés fue ampliándose hasta abarcar—en *La pampa sin gaucho* (877) la totalidad del área cerealera litoral, y exceder los límites de la historia sociocultural para abordar la económico-social en *El pan nuestro* (787). Hay que agregar que esas ampliaciones de horizonte no tuvieron únicamente consecuencias felices: a ratos la entera pampa cerealera parece modelada sobre Esperanza, Humboldt y San Carlos, sobre ese centro-oeste santafesino que Gori tan bien conoce; más seria sin embargo es la consecuencia del cambio de énfasis, privada en parte de eficacia por la actitud sin duda laudablemente humanitaria pero no demasiado perspicaz—ni aun curiosa de los mecanismos económicos en juego—que Gori lleva al examen del contexto económico-social de la expansión cerealera.

La perspectiva regional, implícita en los escritos de Gori, se manifiesta aún más abiertamente en la mayor parte de los dedicados a la agricultura pampeana. En Sante Fe—que cuenta con un excelente libro sobre su sector agrícola, debido a Curto Hotschewer (919) que continúa (y acaso clausura) la tradición tan vivaz a comienzos del siglo, de buenos estudios debidos a funcionarios técnicos de las oficinas agrícolas del Estado—ocupan el primer lugar los trabajos recientes de Ezequiel Gallo (874), que anticipan en parte los resultados de su tesis doctoral, aun inédita, sobre la frontera agrícola santafesina hasta 1895: Gallo se rehusa a admitir que el destino peculiar de Santa Fe—provincia precozmente agrícola, abierta a un flujo inmigratorio de volumen incomparablemente mayor que el conocido por cualquier otra área argentina de análogo índice de urbanización—deba explicarse por cualquier desfallecimiento en la hegemonía de los terratenientes locales. Por el contrario, el interés del caso santafesino surge más bien en este aspecto de que es el sector dominante tradicional, sólidamente apoyado en su control de la tierra, el que impulsa con infatigable entusiasmo un programa modernizador que le proporciona lucros considerables; más aun, las diferencias subregionales en ese apoyo a los avances de la colonización parecen explicarse por diferencias en las ventajas económicas esperables de ella, antes que por diferente disposición a aceptar innovaciones en cualquier plano.

Los planteos de Gallo siguen apoyándose entonces en una negativa a estudiar la historia de la expansión

---

[3]Walt W. Rostow. *The stages of economic growth.* Cambridge, Engl., University Press, 1960. 178 p.

agrícola como un proceso patológico (según una inclinación reforzada simultáneamente por sugestiones que provienen de las ciencias sociales de inspiración estadounidense, de la crítica social marxista y de la desazón debida a la falta de rumbo de la Argentina actual). Sus argumentos son tanto más convincentes en cuanto se apoyan en una indagación penetrante de un material empírico mucho más vasto que el habitualmente empleado para apoyar los criterios de los que se aparta. Al mismo tiempo el período por él escogido contribuye acaso a facilitar su tarea; para uno posterior, si muy probablemente sus criterios explicativos seguirían siendo más válidos que los de los defensores de las posiciones que recusa, debería quizá utilizarlos para analizar una realidad en la cual los elementos negativos se han hecho más evidentes.

De ella se ocupa, en una monografía de notable riqueza informativa sobre el surgimiento de un movimiento organizativo de los arrendatarios rurales, el santafesino Plácido Grela. Sin duda, su estudio sobre *El Grito de Alcorta* (390) presenta todos los inconvenientes de una historiografía estimulada por la militancia política: a menudo Grela parece valorar las actitudes frente al movimiento rural por su afinidad con las que el Partido Comunista juzgaba bueno adoptar en 1958; de modo más general su lealtad a una concepción épica de la lucha de clases lo lleva a dar contornos de lucha titánica a un movimiento de protesta en el que no faltaron episodios de sereno heroísmo, pero que al cabo contó con el apoyo activo del gobierno provincial y enfrentó a propietarios la mayor parte de los cuales estaban demasiado generosamente dotados de buen sentido para obstinarse en la resistencia. Aun así, echa una luz desigual pero abundante sobre un momento crítico en la historia de la pampa cerealera.

Las otras áreas de agricultura litoral han sido menos estudiadas que Santa Fe. Para Córdoba señalemos un estudio de Aníbal Arcondo (771), que al cubrir la totalidad de la provincia (en la que se yuxtapone al área de agricultura cerealera para exportación una de agricultura tradicional, arraigada en los distritos norteños y serranos) y escoger una década (la de 1870-1880) en que en rigor sólo se dan algunos signos anticipatorios de la que será la gran expansión de las zonas sud-orientales de la provincia, refleja una situación de rasgos aún imprecisos, ante la cual no se esfuerza acaso suficientemente por rastrear los elementos que explican su futura evolución.

Para la provincia de Buenos Aires Manuel A. Bejarano ha dedicado un estudio sustancial a la política colonizadora entre 1854 y 1930 (857), que en rigor excede los límites señalados por su título. Bejarano distingue entre una primera etapa (que va hasta 1890) en que los esfuerzos oficiales por ampliar el área dedicada a explotaciones agrícolas obtienen resultados sólo modestos (sobre todo si se los compara con el proceso santafesino) y una segunda en que la acción oficial cesa casi por entero y en su ausencia se da una vertiginosa expansión de los cultivos cerealeros, con fuerte inmigración de agricultores europeos. Esta expansión es llevada adelante por decisión de los propietarios rurales, que hallan su ventaja en ella. Aquí como en Santa Fe, la actitud de este grupo frente a la alternativa entre gran explotación ganadera y pequeña y mediana explotación cerealera depende menos del sistema de valores sociales y culturales que supuestamente le es peculiar que de la posibilidad de obtener mayores provechos adoptando una u otra alternativa. Pero Bejarano, aunque no deja de señalar esta conclusión evidente, prefiere insistir en lo que había a su juicio de exorbitante en el provecho que la clase terrateniente supo reservarse en una y otra función: en este sentido su estudio constituye el fruto más tardío de una tradición paradójicamente muy arraigada en nuestro partido conservador, en que el autor milita: la crítica despiadada, en el plano ideológico, de esos mismos grupos terratenientes a los que el partido ha defendido con tanto celo como eficacia en el plano político.

Este interés por los estudios consagrados a áreas más reducidas que el entero litoral no ha traído consigo la renuncia a todo intento de exposición de conjunto. En un plano predominantemente narrativo deben señalarse junto con un feliz esbozo debido a H. Giberti (783), las tentativas recientes de historia global de la agricultura y la ganadería en el período 1862-1930, incluidas en la ya mencionada *Historia argentina contemporánea* (230); la consagrada a la ganadería, debida a O. Williams Alzaga, se recomienda por la abundancia de su información. Pero se hallará una consideración mejor centrada en los problemas centrales de la expansión agrícola-ganadera en su conjunto en los estudios recientes de Roberto Cortés Conde (777, 778, 870, 871). Sin duda en estos estudios admirablemente ceñidos a su tema hay muy poco en común con los que hace algunos años inspiraba un pesimismo sistemático sobre el desempeño de la economía argentina actual, que reducía la indagación retrospectiva a la búsqueda—excesivamente superficial—de las razones remotas de un fracaso que se suponía total. Pero se conserva de ese enfoque el interés por hallar una explicación a las dificultades que encontró la economía argentina—tan exitosa en la etapa de ampliación de las exportaciones primarias—para efectuar la transición a formas más complejas. Ese interés desemboca ahora en líneas de investigación nuevas, como las relacionadas con las vicisitudes de la renta rural y el precio de la tierra, y las centradas en las modalidades de la canalización institucional de la inversión, que parecen revelar, por una parte, la persistencia hasta etapas muy tardías de pautas de inversión maduradas en la época de más rápida expansión agropecuaria, y por otra la modestia constante de las inversiones que dentro del sector agropecuario se orientaron a asegurar el progreso técnico de la producción. Esos problemas no agotan sin embargo la temática de esta serie de estudios, que parece orientada a una reconstrucción global de las dimensiones económicas del proceso de expansión primaria.

(2) *La industria.* En el campo de la historia industrial, el estudio de Adolfo Dorfman (975), casi contemporáneo del de Tenembaum (820), ocupa un lugar comparable al de éste en cuanto a la historia agrícola: también Dorfman ha fijado algunos hitos básicos para trazar la curva de avance industrial en la Argentina (su tarea era por otra parte notablemente más difícil por cuanto aquí los estudios contemporáneos y sobre todo la información estadística eran tanto más escasos). Dorfman—sistematizando una noción que de modo menos explícito era casi universalmente aceptada— marcaba en la historia industrial argentina dos etapas nítidamente separadas; para él hasta 1930 el éxito mismo de la economía exportadora primaria fijaba límites muy rígidos a cualquier proceso de industrialización. Roberto Cortés Conde tuvo ya oportunidad (974) de señalar una grave limitación a ese esquema: algunas industrias de transformación de productos primarios locales, en las que se dio desde el comienzo fuerte concentración de capitales y empresas y por lo tanto se introdujeron técnicas modernas y costosas, estuvieron lejos de conocer éxitos sólo efímeros antes de 1930; en su expansión el peso de la protección del estado es por otra parte considerable. Sin sacar conclusiones igualmente sistemáticas en cuanto a las industrias—de menor concentración empresaria—que utilizaban materia prima predominantemente importada, Cortés Conde advertía sin embargo que también en algunas de ellas el proceso de sustitución de importaciones había avanzado de modo regular desde mucho antes de 1930. Sin embargo ponía menos énfasis en esta segunda constatación que en la primera (muy de acuerdo por otra parte con el planteo general de su trabajo, surgido en un clima en el cual las dificultades emergentes de la más reciente etapa de industrialización eran vinculadas con la falta de esfuerzos sistemáticos—tanto de fuente pública como privada—por ampliar la gama de la producción industrial en etapas más tempranas). Sólo posteriormente se ha avanzado en los retoques a esa imagen tradicional que, acaso demasiado ansiosa por subrayar las limitaciones del avance industrial en la Argentina exportadora, olvida inventariar con la precisión necesaria los avances que a pesar de todo se dieron en esa etapa. A veces parece sin embargo que en esos retoques se puede ir demasiado lejos, sobre todo cuando se deja enteramente de lado la ya mencionada situación peculiar de

las industrias elaboradoras de materias primas. Al mismo tiempo, a medida que se descubren mejor las dimensiones del problema de la industrialización en el período de expansión de las exportaciones primarias, otros aspectos tienden a pasar a primer plano, postergando los vinculados al papel que el estado tuvo, por acción u omisión, en ese proceso industrializador; entre ellos ante todo la relación entre la expansión de los sectores productores para la exportación y la de las industrias orientadas al mercado interno. Según la versión más aceptada por los estudiosos que tenían por término de referencia la industrialización por sustitución de importaciones que siguió a la crisis de 1929 eran sobre todo las crisis de esa economía exportadora (sobre todo cuando una crisis financiera las agravaba) las que, al disminuir la capacidad de importar estimulaban el surgimiento de rubros de producción sustitutivos de las importaciones ausentes. Esa conclusión está sin embargo lejos de ser evidente: en otras economías mejor estudiadas que la argentina se pudo establecer que en algunos casos la expansión del sector primario exportador indujo una expansión del sector industrial: que ello ocurriera dependía de ciertas características económicas y sociales de la explotación de la *staple* que encabezaba el proceso de expansión primaria. Lucio Geller (979) y Ezequiel Gallo (978) han intentado cautamente utilizar las luces que proporciona la *staple theory*, para alcanzar una visión más precisa del lugar de la industria en la Argentina anterior a 1930.

Se trata en todo caso de un problema que está lejos de haber sido resuelto, sobre todo por la insuficiencia de nuestros conocimientos sobre la historia industrial del período; los avances parciales de la investigación parecen sin embargo sugerir que las etapas más prósperas para la economía primaria exportadora— la década de 1880 y luego la primera y tercera de este siglo—estuvieron lejos de ser desfavorables para el avance de la industria.

(3) *Comercio y servicios.* En una etapa en la que la expansión económica se da a partir de la del sector exportador, la importancia del comercio como tema de investigación no necesita ser justificada. Los estudios son sin embargo particularmente escasos en este área, y las razones para esta situación aparentemente paradójica son múltiples. La primera es sin duda la existencia—a partir de 1854—de estadísticas de exportación e importación sin duda no exentas de defectos, pero embarazosamente ricas en información. Sin duda, la utilización directa de esos datos no está exenta de riesgos; y aunque así no fuera, los frecuentes cambios en los criterios clasificatorios hace imposible su empleo sin alguna elaboración previa en estudios de períodos largos. Pero cualquier elaboración supone un esfuerzo prolongado y engorroso (esa es una de las enseñanzas del emprendido cuyos resultados permanecen inéditos,

por R. Cortés Conde, T. Halperín Donghi y H. Gorostegui de Torres para reconstruir la serie de exportaciones argentinas en el período 1863-1962); atenerse a los datos tal como los proporcionan las estadísticas oficiales (con sólo correcciones parciales ad-hoc fijadas por la índole del uso que de ellos se hace) puede ser no sólo una solución de comodidad sino una decisión juiciosa en vista de la relación entre recursos disponibles y tareas a realizar en este campo de estudios. Sobre todo porque, precisamente por el papel estimulante que el comercio tuvo sobre la producción, aquél es examinado casi siempre desde la perspectiva de ésta; no será entonces la estructura comercial en su conjunto la que interese al estudioso, sino ciertos cambios en ciertos sectores de ella, que repercuten de inmediato en cambios en el ritmo y la técnica de producción primaria. De este modo un enfoque fragmentario parece imponerse en cuanto a las indagaciones sobre el sector comercial.

El interés por otras actividades terciarias se da sobre todo en torno a los transportes; fueron los progresos de éstos los que hicieron posible la expansión de la economía primaria. De esos progresos los más importantes entre los que pueden ser estudiados a partir de fuentes y materiales existentes en el país se vinculan con la creación de la red ferroviaria. Sobre ese proceso contamos con algunas presentaciones de conjunto; la más difundida es la de Raúl Scalabrini Ortiz (1062). Interesado en probar las consecuencias negativas de la participación de empresas extranjeras—y sobre todo británicas—en ese proceso, Scalabrini Ortiz necesariamente encara su tema de manera muy limitada: es sobre todo el desempeño financiero de las empresas ferroviarias el que le interesa; aun en este aspecto, si muchos de sus reproches retrospectivos están lejos de ser infundados, la noción implícita de ellos, según la cual la inversión ferroviaria en la Argentina aseguró provechos excepcionalmente altos frente a posibilidades alternativas de inversión, tanto en el país como en el mercado metropolitano de capitales, parece por el contrario bastante alejada de la realidad.

En todo caso la obra de Scalabrini Ortiz tiene un valor informativo y sugestivo muy superior al de la vasta literatura que con intención por lo menos parcialmente apologética promovieron las empresas ferroviarias durante su etapa de actividades en el país. Pero para rastrear la influencia del ferrocarril en la economía en su conjunto, ni aquélla ni ésta podría reemplazar el estudio—de intención sin embargo sólo subordinadamente histórica—del ingeniero Ortiz sobre *El ferrocarril en la economía argentina* (1057), cuyas conclusiones vuelven a encontrarse, por otra parte, en las secciones pertinentes a su *Historia económica de la Argentina* (244).

En cuanto al sector financiero no abundan los estudios propiamente retrospectivos (no podría considerarse tal, por ejemplo, el de José A. Terry sobre *La crisis 1885-1892; sistema bancario* (457), que vio la luz en 1893, y es un ejemplo particularmente distinguido de un tipo de publicación muy frecuente en esta etapa). Mencionemos sin embargo el estudio (598) de Walter Beveraggi Allende sobre *El servicio del capital extranjero y el control de cambios (1900-1943);* es en todo caso innegable que en este aspecto los aportes más valiosos se deben a estudiosos extranjeros, desde Williams (528) a A. G. Ford (498).

(4) *Política y economía.* En esta sección, bajo un título deliberadamente amplio, se quisiera incluir a los trabajos que encaran problemas vinculados con las políticas económicas adoptadas, el peso de los sectores sociales y de intereses—nacionales y extranjeros—que puedan haberlas favorecido u obstaculizado y—recíprocamente—las repercusiones políticas que ciertas situaciones económicas (debidas o no a la acción del poder político) pueden haber alcanzado. Sin duda estos problemas han sido ya examinados, de manera no siempre marginal, en trabajos mencionados más arriba (es particularmente el caso de los estudios sobre industrialización), y en cuanto a los que hacen de la problemática arriba indicada el centro dominante de su interés, puede advertirse que son más escasos que para la etapa anterior a 1880. Esto no es necesariamente consecuencia de un menor interés por el tema, sino quizá de una mayor comprensión de sus dificultades, debida a una imagen menos panorámica tanto de la situación económica como del contexto social en la etapa más reciente. Señalemos en todo caso, junto con el estudio sobre ''La generación del 80 y su proyecto,'' debido a O. Cornblit, E. Gallo y A. O'Connell (566), que busca definir con precisión el proyecto de cambio global de la vida nacional adoptado por esa generación de dirigentes políticos, el de E. Gallo y S. Sigal sobre ''La formación de los partidos políticos contemporáneos: la U.C.R. (1890-1916)'' (414), en que las modalidades del programa radical, tan reticente frente a cualquier posibilidad de políticas económicas alternativas, son vinculadas con la complejidad de las adhesiones que supo ganar en el país. El de O. Cornblit sobre ''Inmigrantes y empresarios en la política argentina'' (565) reexamina desde otra perspectiva el mismo problema, al indagar, entre las causas de la escasa influencia que los empresarios industriales habrían tenido en la fijación de la política económica, la resistencia de los de origen extranjero (marcadamente mayoritarios durante toda esta etapa) a nacionalizarse y buscar contactos con fuerzas políticas dispuestas a identificarse con sus intereses; esta indiferencia hace más fácil de entender que los partidos dotados de séquito popular hayan mantenido frente al problema de la protección industrial una posición cautamente neutra (es el caso del radicalismo, que se detuvo en el camino de la hostilidad sobre todo en atención a los

apoyos con que contaba en las áreas de producción azucarera protegida) o abiertamente hostil (es el del socialismo, cuyos apoyos se encontraban en las zonas en que, a pesar de la supuesta indiferencia oficial, la industria realizaba sus avances más importantes). Una debilidad del trabajo es postular una desprotección llevada a niveles tales que la limitada importancia del sector industrial dentro de la economía en su conjunto no bastaría para explicarla; otra acaso sea un cierto anacronismo de todo el planteo, que parece dar a la Argentina anterior a 1914 algunos de los rasgos—y de los problemas—de la posterior a 1955.

Este anacronismo se manifiesta de modo mucho más evidente en escritos de intención deliberadamente polémica y actual. Así, en su *Historia crítica de los partidos políticos argentinos*,[4] Rodolfo Puiggros busca argumentos retrospectivos para su pluridecenal polémica contra la lineal política del Partido Comunista, que en la Argentina habría gastado medio siglo en invocaciones estériles a la alianza con una burguesía nacional progresista cuando la presencia de ésta en el escenario político resultaba imperceptible, sólo para desarrollar una hostilidad implacable contra los representantes que intermitentemente esa burguesía era capaz de proyectar al poder. No es sorprendente, pero sí un poco consternante, hallar al doctor Yrigoyen desempeñando ese último papel; eso facilita naturalmente la tarea polémica del autor, a costa desde luego de la validez histórica de su reconstrucción. Del mismo modo, aunque desde una perspectiva algo distinta, al rastrear la historia de los movimientos societarios del empresariado industrial argentino, Dardo Cúneo[5] no se fatiga de manifestar su dolorida sorpresa ante el entusiasmo que éste puso en la oposición a mejoras laborales, olvidando su estricto deber de dirigir un frente interclasista partidario de la diversificación económica.

(5) *Historia del trabajo y de la mano de obra.* Del mismo modo que para la sección anterior, hallamos en ésta una dicotomía notable; por una parte estudios que comienzan a plantear los problemas generales del área, por otra toda una literatura surgida sin mediación de los conflictos de los que esta historia es particularmente rica. Hay, si se quiere, una desventaja: aquí los trabajos del primer tipo son aun menos numerosos que en el caso anterior; pero hay también una ventaja: la literatura de interés más polémico que histórico suele brotar de una experiencia directa de los procesos estudiados; se halla más cerca de las memorias personales, a veces ricas en información y siempre dotadas de valor testimonial, que de las fantasías polémicas, en que la historia termina por cumplir una pura función alegórica.

Los estudios sobre historia del trabajo se centran sobre todo en la del movimiento obrero, debidas a militantes en las distintas corrientes de éste (el sindicalista Marotta (393), el socialista Oddone (396), el comunista Iscaro (391)). Aunque éstos coinciden en ver a la lucha de clases en el centro del proceso histórico, en cuanto al tema que estudian conceden atención aun mayor a la lucha entre las distintas corrientes que buscaron controlar el movimiento sindical, de las que dan versiones simétricamente facciosas. No puede negarse sin embargo el valor informativo de estos trabajos, no sólo para el tema que principalmente interesa a sus autores sino—de modo más indirecto y fragmentario—para una historia de las clases obreras argentinas.

Esta sólo ha sido objeto de un animoso intento de José A. Panettieri (397), por desgracia no demasiado satisfactorio. El autor ha dedicado en efecto lo mejor de su esfuerzo a acumular testimonios, algunos totalmente impresionistas y otros total o parcialmente apoyados en datos cuantitativos. La debilidad principal de este ensayo nace sin duda de la noción en él implícita según la cual la situación de los trabajadores urbanos permanece constante en sus rasgos esenciales entre 1870 y 1914. Cercano a la historia de la mano de obra se encuentra el tema de la inmigración; sobre ella el estudio clásico de Juan Alsina (319, 320)—y los especiales sobre diversas colectividades extranjeras—sólo han sido seguidos tardíamente por otras indagaciones retrospectivas; las vicisitudes del proyecto de investigación sobre la inmigración masiva, organizada en la Facultad de Filosofía y Letras de Buenos Aires, son acaso aleccionadoras; si en su marco se realizaron estudios sustanciales (entre ellos algunos—mencionados más arriba—de Bejarano (857), Cortés Conde (871) y Gorostegui de Torres (239)) sus aportes al tema supuestamente central resultaron modestos. Acaso fue así porque nos hallamos frente a un *faux beau thème,* que amenaza disolverse a cada paso en el de la gran expansión de la que la inmigración fue sólo uno de los soportes. Aun así el trabajo de Beyhaut, Cortés Conde, Gorostegui y Torrado sobre *Los inmigrantes en el sistema ocupacional argentino* (322)—también surgido en el marco de ese proyecto—marca el rumbo de un posible enfoque del proceso inmigratorio capaz de escapar al doble escollo de la historia general del período y de la historia anecdótica de ciertos grupos en proceso de asimilación.

## II. Economía Argentina y Economía Mundial

A lo largo de los cien años que corren entre 1830 y 1930 un solo movimiento domina el entero proceso económico argentino: es la creciente apertura a la economía mundial, la constante ampliación del sector exportador, hecha posible por otra parte por la

[4]Rodolfo Puiggros. *Historia crítica de los partidos políticos argentinos.* B.A., Argumentos, 1956. 482 p.
[5]Dardo Cuneo. *Comportamiento y crisis de la clase empresaria.* B.A., Pleamar, 1967. 319 p.

creciente participación de factores ajenos a la economía nacional en el proceso productivo mismo y más aún en los de comercialización y transporte. Los múltiples aspectos de esa compleja y cada vez más íntima relación con las economías metropolitanas parecen entonces ofrecer temas de importancia capital para el estudioso contemporáneo o retrospectivo de esa etapa argentina. Y sin duda—como se ha visto en las páginas anteriores —ni uno ni otro dejaron del todo de percibir la importancia de ese elemento del proceso; no era excesiva la perspicacia requerida para ello. ¿Cómo estudiar por ejemplo la crisis de 1890, que fuera de la Argentina lleva el nombre de Baring, como un hecho que sólo afectaba la economía nacional? Falta sin embargo no sólo un examen global del vínculo entre economía nacional y mundial y sus complejas transformaciones, sino también exámenes que concentren lo principal de su atención en aspectos parciales de ella.

Esta situación sólo aparentemente paradójica se vincula con la actitud general de los observadores contemporáneos o retrospectivos frente al proceso expansivo basado en el crecimiento de las exportaciones primarias. Más arriba se ha intentado describir la de los primeros: si no los caracteriza una aprobación ciega y crítica de todas las modalidades que el proceso asume (por el contrario no faltan quienes registran sin complacencias las insuficiencias técnicas de los productores en el sector primario o en otros, y en cuanto a las dimensiones sociales del cambio económico la crítica radical a la distribución de la propiedad de la tierra y el régimen de ésta, lejos de ser una rareza, se reitera como un casi lugar común en la pluma de observadores y estudiosos entre los cuales se cuentan un presidente de la república, y numerosos altos funcionarios o políticos cuyas tendencias generales son sólidamente conservadoras), no retacean en cambio su razonada adhesión a la tendencia general del proceso; que la prosperidad del país depende de la de su sector exportador es una premisa que no creen necesario discutir. La consecuencia es que también el examen del vínculo externo se orienta desde una perspectiva a la vez técnica y práctica que necesariamente lleva a estudiarlo en forma parcializada, concentrándose en aquellos elementos sobre los cuales los dirigentes de los sectores productivos locales y del estado (que forman—como se ha visto antes—el público que estos estudiosos tienen en mente) conservan algún control.

Esa perspectiva desemboca—nada sorprendentemente—en un interés por el lugar de la economía argentina en el cuadro mundial que se concentra (antes que en la vinculación con los países metropolitanos) en el peligro potencial que para ella supone el rápido crecimiento de otras áreas capaces de rivalizar con la Argentina en el mercado mundial. Desde el estudio de Estanislao Zeballos sobre las posibilidades de la

Argentina como país exportador primario (609), el tema ha de mantenerse en la atención de los estudiosos y técnicos contemporáneos, que—en un deslizamiento que repite los encontrados en otras áreas—tienden a examinarlo en ámbitos cada vez más limitados (así en el por otra parte excelente estudio de Gibson sobre los problemas que el país enfrenta como exportador de productos lácteos al mercado británico [590]).

Pero sería injusto ignorar que junto con esa orientación hacia el examen cada vez más minucioso y técnicamente más elaborado de áreas cada vez más restringidas se mantiene un interés por los aspectos más generales del problema. Sólo que ese interés se desplaza del campo de comercio al de la producción; presentado en sus términos más generales el problema es qué puede— y por lo tanto debe—hacer el productor primario (y subsidiariamente el estado) para afrontar una situación en que está condenado a perder sus ventajas iniciales frente a productores de otras áreas recientemente lanzadas a la ampliación de exportaciones. Las dificultades previsibles en cuanto a la colocación de productos en el mercado ultramarino están muy presentes—aunque no siempre explícitamente—en los estudios consagrados a las técnicas de producción agrícola y almacenamiento y transporte del cereal, tan frecuentes a lo largo de las dos primeras décadas del siglo XX, y caracterizados por un tono cada vez más alarmado en la denuncia de las persistentes insuficiencias técnicas, que en el pasado la abundancia y baratura de ciertos factores de producción han privado de consecuencias negativas, pero que están destinadas a gravitar con fuerza cada vez mayor en el futuro. El énfasis (tanto en la etapa del análisis como en la de la propuesta de soluciones) no se ubica entonces en el vínculo externo propiamente dicho, acerca del cual el estudioso— acaso no del todo insensatamente—cree que no demasiado podría hacerse, sino en los aspectos del proceso económico que se hallan aún bajo el control de sectores nacionales. Así se subrayará, por ejemplo, la necesidad de que los terratenientes del área cerealera abandonen su papel puramente pasivo de rentistas de la tierra y asuman responsabilidades de verdaderos empresarios, proporcionando a los arrendatarios servicios que permitirían aumentar su propia participación en el ingreso del sector exportador a la vez que aumentar ese ingreso en términos absolutos, o de nuevo la urgencia de que el estado emprenda o facilite la creación de un sistema de almacenamiento de granos menos costoso y menos incompatible con una mayor exigencia en cuanto a la calidad del producto final.

Es verdad que también otros aspectos de la vinculación externa comienzan a ser objetos de intermitente atención: es la distribución de tareas que ha reservado a elementos locales el control de la tierra y la producción primaria, mientras empresas extranjeras controlaban la mayor parte del transporte interno y ultramarino y aspectos importantes de la comercialización. No se trata tan sólo de que en los conflictos entre productores y transportadores—comercializadores, los primeros no se priven de subrayar ante la opinión pública el carácter extranjero de los segundos; mientras sólo se les achaque, como consecuencia de su condición de tales, una codicia de lucro que se gusta de contrastar con la aristocrática indiferencia al provecho monetario que el folklore local asigna a los nacionales, la caracterización no habrá siquiera tocado el conjunto de problemas efectivamente vinculados con la existencia y modalidades del vínculo externo en cuyo marco se dio el crecimiento de la economía exportadora argentina. Y en efecto apenas supera el nivel de una xenofobia pasablemente demagógica, la polémica contra las grandes empresas extranjeras de servicios públicos y comercio (desde las ferroviarias a las que se achaca a la vez la carestía de los fletes y la parsimonia con que ofrecen vagones a los productores en tiempos de cosecha—hasta las comercializadoras de cereales, a las que se reprocha sobre todo su tendencia a quedarse con una parte desmedida de los ingresos provenientes de las importaciones) toma sus argumentos de las polémicas entonces en boga—en Europa y más aun en los Estados Unidos—contra la concentración monopólica. Sólo excepcionalmente, en un autor relativamente oscuro como Damián M. Torino (442), se afrontará de lleno el problema de la existencia de sectores enteros de la economía nacional que no pueden considerarse nacionales; que de esa configuración provendrían en el futuro algunos de los problemas más graves para el desempeño de la economía argentina es un punto de vista que ni siquiera podría decirse que el conjunto de la opinión informada rechaza; más bien vive en feliz ignorancia de él. Y aun la lucidez de Torino surge en un momento relativamente tardío en un contexto ya dominado por el pesimismo en cuanto al futuro desempeño de la economía nacional una vez alcanzado el límite de las tierras incorporables a la producción primaria para exportación.

Ahora bien, pese a las crisis parciales que la atravesaron, la década de los veinte pareció dar muy pocos nuevos argumentos para ese pesimismo; en 1928 iban a duplicarse los valores alcanzados por la exportación en el año más próspero de la preguerra. Sin duda ello no borraba todas las razones de alarma en cuanto al futuro, pero invitaba a planear transformaciones menos radicales que las implícitamente propuestas por Torino; de nuevo la atención—tanto al señalar zonas de peligro como al proponer soluciones—se volvía de las etapas de transporte, comercialización y elaboración en que el vínculo externo se manifestaba directamente a la de la producción. En cuanto a ella las transformaciones propuestas iban a ser sin embargo menos limitadas que en la preguerra; ello se refleja en la más sistemática

y elaborada de las propuestas de reorientación de la economía nacional entonces elaboradas, la debida a A. Bunge (559). Sin duda, también para Bunge el flanco débil de la economía argentina iba a descubrirse en su vínculo externo, pero la debilidad creciente que éste no podría sino revelar en el futuro era atribuible ante todo al aumento del nivel de salarios y al de la participación del estado en el ingreso; uno y otro aumentaban consumos e importaciones; para restringir éstas era necesario sustituirlas mediante la expansión de la industria nacional (que también tendría la función positiva de absorber la nueva mano de obra que un sector agrícola detenido en su expansión no podría ya ocupar). Como se ve, si bien las transformaciones de la estructura económica encaradas por Bunge son más generales que en los observadores de preguerra, su función sigue siendo la de adaptar satisfactoriamente la economía nacional a un vínculo externo que es visto como un dato básico para el cual no se encaran modificaciones sustanciales. Anticipando la definición que de la etapa de la economía argentina que iba a seguir a la crisis de 1929 iba a dar F. Pinedo (245), podría decirse que al proclamar la urgencia de entrar en ella, Bunge la veía ya como caracterizada por una estructura más compleja en que el sector exportador conservaba sin embargo su papel de rueda maestra (y precisamente para que pudiera seguir desempeñándose eficazmente como tal, requería ser complementada por un sector industrial más desarrollado).

De este modo las propuestas de Bunge anticipan los diagnósticos y las soluciones que iban a triunfar en los años siguientes a la crisis de 1929; aun así la violencia de ésta y las vastas consecuencias que alcanzó en cuanto a la organización del comercio mundial estimularon una consideración más explícita de la gravitación del vínculo externo sobre la economía argentina. Aun para los defensores de un statu-quo que sólo aceptaban modificar en la medida estrictamente necesaria para mantener en marcha la economía, si el carácter esencialmente exportador de ésta seguía siendo un hecho inmodificable, era más dudoso que fuese un hecho que mereciese celebrarse; cuando el gobierno del general Justo presentó como un triunfo el pacto Roca-Runciman que colocó firmemente a la Argentina en una órbita británica cada vez más cerrada a contactos externos, no discutía que el precio pagado era muy alto y que las concesiones obtenidas no aseguraban un futuro particularmente brillante; alegaba que la situación general era bastante deplorable para que el lugar asegurado a la Argentina en la economía mundial fuese, pese a todo lo que tenía de negativo, el mejor—o, si se quiere, el menos malo—alcanzable en ese contexto.

Es muy comprensible que quienes no se sentían obligados a compartir el optimismo oficial no se impresionaran demasiado con esos argumentos; el hecho de que la economía mundial en cuyo avance general la Argentina había basado el propio por más de un siglo estaba acercándose al colapso era visto por muchos como una suerte de traición a la confianza depositada en ella, se ha visto ya como ello invitaba a una revisión sin complacencias de la historia del vínculo externo, en la que se descubriría acaso que éste no había comenzado a influir negativamente sólo en 1929: no deja de ser significativo que el estímulo inmediato para escribir *La Argentina y el imperialismo británico* (439) lo hayan debido Julio y Rodolfo Irazusta a la concertación del pacto Roca-Runciman. Ello los llevaba a ver en el pacto, antes que el signo de la entrada del país en una nueva etapa en sus relaciones con la economía mundial, la culminación de un proceso de conquista de la economía nacional por la dominante. Si bien no faltaban elementos que justificasen esta interpretación, ella encerraba graves peligros apenas se intentaba ponerla en la base de un estudio retrospectivo del vínculo externo de la economía argentina en su etapa de expansión de las exportaciones; sobre todo el de ignorar las peculiaridades del contexto económico daba a la etapa de vertiginosa expansión de la economía exportadora una fisonomía tan distinta de la que sigue a la crisis de 1929 (y que hace explicable que el vínculo externo haya podido consolidarse en medio de esa ola de creciente prosperidad sin encontrar oposiciones significativas). Por el contrario como se ha señalado antes para explicar este hecho para ellos desconcertante, quienes primero en la Argentina se han ocupado del tema prefirieron encerrarse en un nivel político-anecdótico: sería la erudita tontería de algunos y la despreocupada desvergüenza de otros, entre los que tenían el imprescindible deber de combatir ese avance, la causa de la ausencia de luchas de intensidad proporcional a la importancia de las alternativas en juego.

Aun desde una perspectiva menos alejada de los problemas propiamente económicos, ese interés por una etapa del pasado, basado casi exclusivamente en la gravitación que a ésta se asigna en la configuración de algunos rasgos de la siguiente, no deja de hacer más difícil una adecuada reconstrucción histórica de la economía y sus vínculos externos en la etapa dejada atrás. No nos preguntemos si las hipótesis en que se apoya la tentativa son tan evidentes que no requieran discusión explícita, si en efecto ya en 1930—o aun en 1946—el desenlace del proceso económico posterior estaba predeterminado (aunque no deja de ser significativo que las dudas sobre esta premisa, frecuentes en estudiosos extranjeros, estén casi ausentes de las tentativas de explicación elaboradas en la Argentina), si aun las características de la etapa anterior a 1929 cuya gravitación decisiva sobre la posterior se postula

eran consecuencia de decisiones políticas y económicas libremente tomadas, o bien de constriñentes objetivos a la libertad de decisión de los protagonistas del proceso (aunque de nuevo es revelador que la observación recientemente formulada por Lucio Geller (979) en cuanto a las limitaciones impuestas a la industrialización por la gama limitada de materias primas que ofrecía el territorio argentino sea un elemento relativamente nuevo en la discusión económica retrospectiva, siendo así que esa escasa variedad de materias primas era—como es natural—un dato universalmente conocido). Desde la perspectiva que aquí nos ocupa basta con subrayar que esa manera por así decirlo póstuma de considerar el vínculo externo y sus consecuencias en la etapa de expansión de exportaciones corre el riesgo de subrayar en exceso aspectos cuyas consecuencias a largo plazo son más amplias que su relevancia inmediata, dejando de lado otros de efectos inmediatos más considerables. Así por ejemplo, cuando se ha dicho que no ofrece la infraestructura de transportes más adecuada para un país industrial, no parece que se haya dicho todo lo que hay que decir sobre una red ferroviaria trazada para un país agroexportador por inversionistas extranjeros muy cercanos al sector de intereses que domina el comercio internacional de ese país. Estas observaciones no quieren ser un reproche dirigido al esfuerzo destinado a entender mejor el lugar que la Argentina tiene en la estructura económica mundial, sino sólo una explicación del carácter fundamentalmente no histórico de esos esfuerzos que—perfectamente legítimo en sí—les quita valor cuando se trata de usar sus conclusiones en reemplazo de la reconstrucción propiamente histórica a cuya elaboración el descubrimiento del papel determinante del vínculo externo, cruelmente subrayado por las consecuencias de la crisis de 1929, no sirvió de estímulo tan eficaz como por un momento pudo esperarse. Por el contrario, son la nueva transformación—actualmente en curso—de ese vínculo externo, y la nueva imagen de éste que las tentativas—también en curso—de redefinir la dependencia de las áreas marginales buscan elaborar, las que, al partir de la premisa de que el pasado anterior a 1929 es radicalmente diferente del presente, hacen posible una imagen de ese pasado menos deformada por la imposición de una problemática adecuada para una época más tardía; también en este aspecto es quizá representativo el trabajo de Lucio Geller; si este economista convencido de la existencia de una dimensión práctica del estudio económico puede rastrear con ánimo tan apaciblemente sereno las causas del escasamente satisfactorio desempeño del sector industrial en la Argentina anterior a 1914, es sin duda porque juzga que todo eso es, en todos los sentidos del término, historia pasada . . . Pero sigue siendo cierto que de esa historia es el vínculo externo el aspecto menos explorado por investigadores argentinos.

## III. Fuentes para la Investigación en Historia Económica

En esta sección no existe propósito ninguno de proporcionar un inventario exhaustivo; se trata tan sólo de describir ciertos tipos de fuentes desde el punto de vista de la utilidad que pueden prestar a los estudios de historia económica.

### Fuentes éditas

RELATOS Y DESCRIPCIONES DE VIAJEROS

Se trata de un tipo de literatura cultivado con relativa abundancia hasta—aproximadamente—1860 que conoció un inesperado renacimiento en los años inmediatamente anteriores a la primera guerra mundial. En su primera etapa estos relatos suelen tener como estímulo inmediato una especulación editorial destinada a menudo a compensar pérdidas incurridas en el negocio que llevó al viajero al que era entonces un país remoto; hay así toda una literatura agria y desengañada que sigue a la crisis de 1825. Esa actitud básica—a menudo fuertemente negativa—no es sin embargo la causa más importante de limitaciones en cuanto a este tipo de fuentes: la disponibilidad de medios de transporte suele fijar límites precisos a la movilidad de los viajeros, con el resultado de que hallaremos descripciones reiteradas de los mismos lugares (los más favorecidos son desde luego las postas de campaña). Hay sin embargo excepciones; así W. MacCann (266), al viajar a caballo, se liberó de la tiranía de los itinerarios preestablecidos. Aun en el mejor de los casos, sin embargo, la presentación de la situación económica general suele ser decididamente impresionista, la de aspectos parciales sólo excepcionalmente se esfuerza en cuantificar su información (y cuando estos aspectos han tocado de cerca al viajero suele ser abiertamente tendenciosa); la información más valiosa es a menudo la que el viajero proporciona inadvertidamente, que es necesariamente fragmentaria. En suma, aunque este tipo de literatura ha sido y seguirá siendo utilizada para alcanzar una primera aproximación a la realidad local, y en este sentido tiene una fuerza evocativa y sugestiva considerable, su utilización directa en investigaciones de historia económica suele ser escasamente rendidora.

Cuando vuelve la boga de este tipo de relatos, la relación entre la Argentina y los países a cuyos públicos éstos se dirigen ha cambiado considerablemente: no sólo la información es más abundante y difundida (de modo que cierto tipo de descripción exhaustiva se hace innecesaria) sino también se han establecido ya relaciones de personas e intereses que han hecho madurar en ese público ciertas actitudes frente a la realidad argentina. Tenemos entonces, por una parte, descripciones menos globales pero también más preocupadas por alcanzar cierta precisión, y por otra parte tentativas de explicación de la realidad argentina que—a menudo explícitamente—están destinadas a confirmar o corregir juicios dominantes entre los lectores. En uno y otro aspecto, el relato de viajero se aproxima cada vez más al *reportage* periodístico, y no es casual que alguna de las más valiosas muestras de la literatura de esta segunda etapa, antes de ser publicadas en forma de libro, hayan aparecido en forma serial en algún diario—es el caso de los penetrantes escritos de Jules Huret (263). Naturalmente es menos fácil dar un juicio de conjunto sobre la utilidad de este nuevo tipo de relato; la libertad del autor para definir y encarar su tema es ahora mayor, y es por lo tanto mayor el desnivel en cuanto a cantidad de información y calidad de análisis. Sigue siendo cierto, en todo caso, que el enfoque de los problemas propiamente económicos suele ser fragmentario (para seguir con el ejemplo de Huret, si hallaremos una admirable presentación de la actividad comercial cerealera, y una abundancia de descripciones de distintas regiones agrícolas, las ciudades son examinadas con un interés más social que económico). Esta fuente sigue conservando entonces carácter decididamente complementario.

Su utilización se hace aun más problemática debido a los fuertes preconceptos que suelen orientar a los autores—desde los irreductiblemente hostiles, pasando por los sistemáticamente desdeñosos, se llega al grupo de cultores de una literatura celebratoria que se hace más abundante a medida que crece la prosperidad argentina, y cuya presencia sería más peligrosa si su intención no se exhibiera tan claramente (un título como la *Argentina y sus grandezas,* en la pluma de un autor que—como Blasco Ibáñez—estaba lejos de ver en la literatura una actividad desinteresada, parece ya suficiente advertencia). La existencia para esta época de una relativa abundancia de información cuantificada (y en algunos casos seriada) hace aun menos necesario por otra parte utilizar a estos tardíos viajeros sino para descubrir a través de ellos ciertas reacciones y actitudes colectivas frente al proceso de expansión de la economía argentina.

DESCRIPCIONES SISTEMÁTICAS DE CONTEMPORÁNEOS

Al lado de la mezcla de narración de una experiencia directa y descripción de los rasgos de una realidad con la que a través de esa experiencia se toma contacto, característica de los relatos de viajeros, surgen desde bastante pronto las tentativas de descripción sistemática del país. Una de las más tempranas y justamente exitosas es debida a Woodbine Parish (271); primer cónsul inglés de carrera, agente no sólo comercial sino político de su país en el Plata durante seis años decisivos, Parish conservó un vivo interés por la Argentina y relaciones cordiales con el gobierno de Buenos Aires durante la entera época de Rosas. Su libro, de una manera que luego será imitada reiteradamente, reune la descripción física, la historia, los *excursus* de análisis institucional y político y la descripción—económicamente orientada—de la realidad contemporánea. Este último es quizá el punto delicado de la obra: publicada en 1837 y reeditada en 1852, aunque su autor ha hecho esfuerzos serios por actualizar su información, lo esencial de ella lo ha recogido durante su permanencia en la Argentina, entre 1825 y 1830; necesariamente su imagen del país superpone realidades que corresponden a etapas distintas de un desarrollo que en algunas regiones fue muy rápido.

Es muy característico que la obra de Parish haya sido publicada por primera vez en Buenos Aires en 1854 (con abundantes notas de su traductor, Justo Maeso, que no sólo amplían decisivamente el caudal de la información de interés económico, sino acentúan el optimismo de los juicios sobre el presente y el futuro del país). A partir del momento en que la apertura al flujo de capital y mano de obra ultramarinos se transforma en un objetivo indiscutido de los gobiernos argentinos, este tipo de literatura se hará más frecuente, y su inspiración será a menudo oficial. En el caso de la admirable *Description géographique et statistique de la Confédération Argentine,* del geógrafo francés Martin de Moussy (268), o de la mucho menos valiosa *Confédération Argentine* del belga Marbais Du Graty (267), una y otra surgen bajo el estímulo del gobierno de la confederación de las trece provincias interiores. . . . A partir de ahora la presentación del país o sus regiones en estudios cuya riqueza y precisión informativa suele ser considerable se transforma en una preocupación constante del gobierno agudizada por ocasiones como las exposiciones nacionales o internacionales (así la industrial de Córdoba, de 1871, o la de Filadelfia, de 1876, para la cual fue preparado el volumen dirigido por el alemán Ricardo Napp (270) destinado luego a conocer varias ediciones en distintos idiomas). El sucesor de Ricardo Napp al frente de los servicios estadísticos del estado, el austríaco Francisco Latzina, se consagró con ahinco a esta tarea divulgativa; su considerable habilidad para presentar con títulos muy variados (311, 543, 640) el que es sustancialmente el mismo trabajo de descripción general del país, puede llegar a causar alguna legítima impaciencia en sus

lectores; con Latzina puede decirse que se ha completado la transformación en tarea de pura rutina y aparato de la que comenzó por ser indagación de una realidad nueva y desconocida.

El estímulo para ella no provino solamente del estado: no lo tuvo de éste la más rica y sugestiva de las obras de este tipo, el *Handbook of the River Plate,* de los hermanos Mulhall (269). Periodistas en lengua inglesa en Buenos Aires, pero también estadísticos del comercio de reputación internacional, los Mulhall enriquecieron el esquema de la descripción esencialmente geográfico-económica gracias, por una parte, a su percepción más alerta de las grandes líneas de la estructura económica—que hace que su información en ese campo sea no sólo rica sino también admirablemente pertinente—y por otra a su orientación hacia un tipo de público levemente diferente de aquel al que se dirigen las obras descriptivas oficialmente inspiradas. Su manual es entre otras cosas una minuciosa guía para viajeros.

La complejidad acreciente de la realidad argentina, junto con los progresos en el conocimiento que del país se tenía fuera de él, terminaron por hacer inactual el esquema de la obra descriptiva general, elaborado a mediados del siglo XIX. Pero junto con ella se cultiva cada vez más la descripción y el estudio parcial: en ellos, si el estímulo directo del estado es menos frecuente que en el caso anterior, la iniciativa de los funcionarios técnicos que la ampliación de las funciones técnicas del estado ha multiplicado es aun más determinante.

ESTUDIOS ESPECIALIZADOS A CARGO DE TÉCNICOS DEL ESTADO

Estos comienzan junto con la existencia misma de las oficinas técnicas estatales. Se ha señalado ya el papel que los vinculados con los servicios estadísticos (Napp o Latzina) tuvieron en la boga de las descripciones generales; ellos mismos, por otra parte, contribuyeron con publicaciones más especializadas, de tema geográfico (Napp) o vinculado con la evolución del comercio (Latzina). Ya en el siglo XX, con Alejandro Bunge, los servicios estadísticos quedan a cargo de un economista interesado no sólo en los problemas teóricos sino también en las opciones prácticas vinculadas con el desarrollo de la economía nacional; en sus obras, a partir de *Riqueza y renta de la Argentina* (445), la abundancia de información estadística que su posición ponía a su alcance es utilizada por Bunge con propósitos que superan con mucho la mera descripción.

De las oficinas técnicas dedicadas a áreas especiales de la economía sólo las de asesoramiento y estadística agrícola han dado lugar al surgimiento de una literatura comparable en volumen con la derivada indirectamente de las actividades de las oficinas de estadística—

a la cual son por otra parte a menudo superiores en calidad. Durante las primeras dos décadas del siglo XX, en efecto, el Ministerio de Agricultura contó con un cuerpo de funcionarios de excepcional competencia: Girola (915), Miatello (805, 806, 807), Lahitte (794), Campolieti (860, 861, 862, 903) han contribuido a trazar un cuadro particularmente completo de la situación agrícola al culminar la expansión cerealera. Muy curiosamente, nada análogo se da en cuanto a las actividades financieras del estado; aquí lo que se halla sobre todo, al margen de las publicaciones periódicas de las reparticiones mismas, es la producción de ministros y expertos (o tenidos por tales), y en los escritos de unos y otros la atención se dirige, ya a la defensa de medidas tomadas en el pasado, ya a la propuesta de las que a juicio del autor deberían tomarse en el futuro. Entre una y otra preocupación, el espacio que queda para la descripción y análisis de la situación existente suele ser exiguo (aunque en cuanto a esto los escritos de José A. Terry (457, 555) constituyen sin duda una feliz excepción).

SERIES OFICIALES

La más importante contribución las reparticiones técnicas oficiales la ofrecen a través de sus informaciones seriadas. Las primeras de ellas preceden la etapa aquí considerada: se trata de los *Registros estadísticos* publicados primero por la Provincia de Buenos Aires y luego por el efímero gobierno presidencial durante la década de 1820. Por su contenido, esta publicación anticipa las que la provincia de Buenos Aires—de modo regular—y en forma más salteada otras provincias auspiciarán luego de 1852.[6] La información es decididamente heterogénea, e incluye desde cifras de animales sacrificados para el consumo de la capital, pasando por datos demográficos y sobre el estado sanitario, hasta informaciones sobre oscilaciones en la temperatura y lluvias caídas. Al lado de la información regularmente proporcionada en todos los números, no faltan por completo los artículos de miscelánea, que echan luz ocasional sobre un aspecto acerca del cual no se podría dar información continuada.

Este carácter misceláneo será mantenido y acentuado por las publicaciones estadísticas de las provincias interiores, sobre todo porque, debido a su regularidad sólo aproximativa (que refleja el carácter poco sistemático de la actividad estadística, a la cual no se ha consagrado todavía un organismo especializado dentro de la administración provincial) no podría aspirarse a la publicación de series continuas. Por el contrario, el renacido registro estadístico de la provincia de Buenos Aires (pese a que, como consecuencia de la vocación

[6]Buenos Aires (provincia). *Registro estadístico de la provincia de Buenos Aires.* B.A., 1854—. A partir de 1883, reemplazado por el *Anuario estadístico de la provincia de Buenos Aires.*

anticuaria de uno de sus primeros directores, Manuel Ricardo Trelles, incluya a veces datos sobre comercio de la ciudad en el siglo XVII) se orienta bien pronto a la publicación serial de informaciones sobre comercio exterior e interno, población y sanidad (a la que se agrega información aperiódica, pero asidua, sobre producción rural en distintos distritos de la provincia).

Mientras aun el mejor organizado de los registros estadísticos provinciales sigue ofreciendo información general sobre temas muy variados, la especialización es cada vez más la regla en las publicaciones del estado federal. Signo de ello es la transformación del registro estadístico anual en un anuario del comercio exterior, que madura muy rapidamente, a lo largo de la primera década de su publicación, comenzada en 1863. Al lado de esta serie, sólo la de presupuestos y cuentas de inversión ofrece análoga antigüedad y continuidad—se la hallará en las memorias anuales del Ministerio de Hacienda (532-5).

No todas las series elaboradas por reparticiones técnicas del estado federal y las provinciales se vuelcan en publicaciones periódicas de estas reparticiones. Para poner un ejemplo bastante característico, la información estadística periódica originada en el Ministerio de Agricultura que se encuentra parcialmente reproducida, aun en la prensa diaria, solo podrá utilizarse plenamente dirigiéndose antes que a las publicaciones del Ministerio (que pese a su carácter periódico son esencialmente una serie de monografías sobre temas particulares) al archivo de éste. Se advierte aquí la importancia que las fuentes inéditas conservan, aun en período reciente, y no sólo para alcanzar, más allá de la información ya elaborada, los datos brutos.

Una situación en parte análoga se da respecto de una importántísima fuente de información cuantitativa: los censos generales y especiales, nacionales, provinciales y municipales. La necesidad de acudir a la fuente originaria (las cédulas censales mismas) se impone aquí por causas complejas; la modificación de los criterios censales, que dificulta las comparaciones discrónicas, es sólo una de ellas; otras provienen del carácter aproximativo de estos criterios mismos, que hace a menudo necesario controlar de qué modo han sido efectivamente aplicados. La información de origen censal es por otra parte fuertemente aperiódica; la distribución de los censos generales nacionales entre 1869 (301), 1895 (206) y 1914 (207) es sólo un anticipo de una irregularidad aun más marcada en cuanto a los especiales y regionales. Por otra parte, aun cuando un feliz azar aproxima dos censos hasta hacer verosímil la posibilidad de una comparación diacrónica (es el caso de los censos provinciales en Buenos Aires (629), la capital (626) y Santa Fe en la década del 70 (696), el censo agropecuario de 1888 (748) y nacional de 1895 (206) y de nuevo el censo agropecuario nacional de 1908 (747) y el general de 1914 (207)), la divergencia de criterios que—al delimitar de modo diferente en cada caso el contenido informativo de las cédulas censales—tiene como resultado que aun la apelación a ellas no alcance a proporcionar datos homogéneos para las dos fechas, hace que el valor de los censos resida sobre todo en la riqueza de informaciones diversas que proporcionan para un dado momento.

En suma, las publicaciones de series y datos cuantitativos, a cargo de distintas reparticiones del estado, echan una luz muy irregular sobre el proceso económico. La información más rica (y también más fidedigna) se alcanza en torno a aquellas actividades en que el estado mismo tiene interés directo: aparte las que se refieren al estado mismo como personalidad económica, son las que se traducen en impuestos proporcionales al volumen del movimiento económico, o todavía aquellas ejercidas gracias a concesión estatal con modalidades fijadas por la concesión misma. Esto significa, por ejemplo, que tendremos información abundante sobre presupuesto, gastos públicos, créditos del estado y al estado, evolución de la emisión de moneda y de billetes emitidos por instituciones autorizadas para ello, transporte ferroviario; en todos estos casos es la gravitación directa del estado la que se traduce en la elaboración y eventualmente publicación de los datos pertinentes.

Cuando el estado toma a su cargo la información sobre sectores de actividad que le interesan menos directamente, lo hace de modo aproximativo y al principio muy incompleto. En cuanto a lo primero, basta comparar en el registro estadístico de la provincia de Buenos Aires las cifras de movimiento de ganados entre distintos distritos de ésta—un movimiento que legalmente requería la obtención de guías de la autoridad correspondiente—con la referida a existencia de ganados en esos mismos distritos, para advertir la diferencia radical en cuanto a la seriedad informativa: en el primer caso el informante (un juez de paz no excesivamente letrado) se limita a sumar cifras de unos documentos que es una de sus funciones más importantes llevar al día; en el segundo acude—con resultados a menudo aberrantes—a su ineducada fantasía. Sin duda estas fallas se corrigen apenas surge un grupo de funcionarios especializados en este tipo de tareas—en más de una provincia litoral ello comienza a ocurrir hacia la década del 80; en el plano nacional el cambio se da, pero de modo mucho más completo sólo en la siguiente. Aun ahora, sin embargo, la información sigue siendo sólo desigualmente fidedigna; esto lo saben muy bien los técnicos mismos que—si otorgan confianza a sus cifras de producción agrícola—la tienen mucho menor en las de existencia de ganados, dependientes de la buena voluntad informativa de propietarios que juzgan prudente presentar ante el estado

una imagen sistemáticamente pesimista de su patrimonio. No es esto sin embargo lo más serio: la abundancia informativa depende de la percepción de la importancia alcanzada por un cierto sector dentro de la economía. Para poner un ejemplo sólo aparentemente menudo, durante un largo período en el cual no sería superfluo saber en qué dirección se orientó el equipamiento industrial en el país, la estadística de importaciones clasifica a las máquinas sólo por peso. Esa misma actitud afecta a veces a enteros sectores: así sobre el industrial sólo a partir de 1935 se cuenta con información estadística de periodicidad anual. . . . En suma, salvo excepciones, lo que la información oficial ofrece es sobre todo una notable riqueza de datos para los grandes rubros de la economía exportadora; el resto ha de permanecer largamente en penumbra.

REVISTAS Y DIARIOS

Al lado de las publicaciones periódicas oficiales, algunas de las asociaciones e instituciones privadas ofrecen información cuantitativa de modo periódico: así el *Boletín de la Bolsa de Comercio* (462) no sólo contiene la vinculada con el movimiento del mercado bursátil, sino también los precios corrientes de artículos de exportación; los *Anales de la Sociedad Rural* (828) se preocupan por dar datos representativos del movimiento del valor de la propiedad. . . . Del mismo modo los diarios contienen información—abundante para el siglo XIX y luego menos frecuente y sistemática—sobre movimientos de precios en la plaza (que se concentran cada vez más en los de artículos de exportación o por lo menos de fuerte producción en el área rural); también incluyen información periódica sobre el estado general del mercado, que no sólo se manifiesta en las revisiones de año económico tal como los publica *La Prensa,* sino también en estimaciones publicadas con mayor frecuencia.

Al margen de esta función de información periódica, las revistas (y con menos frecuencia los diarios) cumplen una de estudio y presentación de áreas o problemas particulares. Las que representan intereses corporativos, agrarios e industriales, lo hacen de modo sistemático; al lado de ellas algunas vinculadas menos directamente con esos intereses conceden atención constante a los problemas económicos, desde la *Revista del Río de la Plata,*[7] en que en las dos décadas posteriores a Caseros se realizó una prédica tenaz en favor de la diversificación económica, hasta la mucho más especializada *Revista de economía argentina,* en que en la década de 1920 Alejandro Bunge defendió una posición análoga con tenacidad aun mayor. Las revistas generales de información cultural, que florecieron durante casi

[7]*Revista del Río de la Plata.* B.A., 1871-77. Dirigida por Andrés Lamas, Vicente Fidel López y Juan María Gutiérrez.

toda esta etapa (la *Nacional*,[8] la *de Buenos Aires*,[9] la *Nueva de Buenos Aires*,[10] la de *Derecho, historia y letras*,[11]) son en cambio bastante decepcionantes: sólo conceden atención más que ocasional a aquellos problemas financieros y monetarios que se tradujeron en debates políticos seguidos con apasionado interés por la opinión pública.

## Fuentes inéditas

### ARCHIVOS PÚBLICOS (BUENOS AIRES)

El archivo histórico por excelencia, para Buenos Aires, es el Archivo General de la Nación (532). Su contenido refleja las vicisitudes de la región en su compleja historia: para el período virreynal es el archivo central de lo que será Argentina, Bolivia, Uruguay, Paraguay: por una década (entre 1810 y 1820) lo es de los territorios virreynales que han transferido su lealtad al gobierno revolucionario de Buenos Aires; a partir de 1820 es esencialmente el archivo de la Provincia de Buenos Aires (o mejor dicho una parte de ese archivo, ya que luego de federalizarse la ciudad de Buenos Aires, en 1880, una parte de los fondos de su archivo fue trasladada a la nueva capital provincial para constituir el Archivo Histórico de la Provincia; hay que agregar que esta fragmentación apenas afectó a los fondos de interés económico directo); la reorganización del estado central, que para Buenos Aires solo comenzó en 1860, sólo comienza a reflejarse significativamente en el archivo a través de sus accesiones más recientes (en efecto, desde 1954 los fondos antes conservados en los archivos de los ministerios deben ser trasladados al general; esa disposición sólo se está cumpliendo lenta y parcialmente, y en algunos casos—como el del admirablemente organizado archivo del Ministerio del Interior—sin ventaja real para el estudioso).

Para el período que nos interesa, entonces, los fondos del archivo general son útiles esencialmente para los años anteriores a 1870; su información utilizable se da en torno a comercio exterior (aduana y movimiento marítimo); interior (navegación fluvial y guías para transporte por tierra); establecimientos industriales y comerciales y vehículos (patentes); información muy genérica e insatisfactoriamente cuantificada sobre patrimonio (contribución directa); desde luego todavía la entera actividad económica y financiera del estado provincial. A través de la accesión de fondos provenientes del Archivo de Tribunales (en cuya

selección es difícil adivinar qué criterio se utilizó) una parte de los materiales de ese archivo puede examinarse en el general; su utilización para temas generales es difícil, dado el carácter fragmentario de la incorporación.

El Archivo de los Tribunales no sólo conserva (de modo incompleto, debido a reiteradas destrucciones por falta de espacio) los expedientes referidos a procesos judiciales, sino—en su integridad—los protocolos de los escribanos autorizados; sin duda en esta última serie, la que presenta más directa utilidad desde el punto de vista de la historia económica, sobre todo para las primeras décadas del período en consideración, en que se hace sentir más la falta de fuentes alternativas y por otra parte, con un número más reducido de notarios en actividad, la masa documental por ellos producida es menos inabarcable que en tiempos más tardíos.

Al lado de esos archivos, es preciso tomar en cuenta los de los distintos ministerios y reparticiones, todos ellos abiertos al público, pero muy desigualmente preparados para la consulta. Se ha señalado ya la excelencia del dependiente del Ministerio del Interior; el del Ministerio de Agricultura, particularmente rico, es en cambio de manejo menos fácil. Son decepcionantes los de los ministerios vinculados con las finanzas; las frecuentes reorganizaciones de que han sido objeto en los últimos treinta años, explican su relativa pobreza. En cambio los archivos de instituciones bancarias y de crédito de carácter oficial están excelentemente conservados y ordenados (pero el acceso no es siempre fácil). Hay que mencionar especialmente el archivo del Banco de la Provincia de Buenos Aires, cuyos materiales—excelentemente organizados—se remontan hasta alrededor de 1820, y son de excepcional riqueza. De más difícil consulta son los archivos de la Municipalidad de Buenos Aires (que contienen material datado a partir de 1854).

### ARCHIVOS PÚBLICOS (INTERIOR)

Casi todas la provincias cuentan en la actualidad con archivos generales (la excepción, aparte algunas de creación reciente, cuyos papeles administrativos se encuentran aún en parte en el archivo del Ministerio del Interior, la constituyen La Rioja y Catamarca). El contenido de esos archivos es desde luego variable. Su organización varía de aceptable a excelente (aun los menos bien organizados presentan algunas ventajas frente al Archivo General de la Nación, derivadas, si no de otra cosa, del más reducido acervo documental). La información que contienen se vincula esencialmente con la administración y las finanzas del estado provincial (en relación con ella hasta la década de 1850 se incluye precioso material sobre impuestos al comercio interprovincial); sólo más tardíamente y para algunas

[8]*Revista nacional*. B.A., 1886-1908. Dirigida por A. P. Carranza.

[9]*Revista de Buenos Aires: historia americana, literatura, historia y variedades*. B.A., 1863-71. Dirigida por Vicente G. Quesada y Miguel Navarro Viola.

[10]*Nueva revista de Buenos Aires*. B.A., Casavalle, 1881-85. Dirigida por Vicente G. Quesada y Ernesto B. Quesada.

[11]*Revista de derecho, historia y letras*. B.A., Peuser, 1898-1923. Dirigida por Estanislao S. Zeballos.

provincias los archivos reflejan actividades de fomento económico tomadas a su cargo por el estado provincial (es el caso de las provincias que crean ministerios—u oficinas de dotación relativamente generosa—para asuntos agrícolas) o el control ejercido por la provincia sobre actividades privadas (así el conjunto de autorizaciones para establecer colonias agrícolas archivadas en los papeles del Ministerio de Gobierno de la provincia de Santa Fe). Al lado de los archivos generales mencionemos los de Tribunales (a veces incorporados parcialmente a aquéllos), con material análogo al de Buenos Aires. Finalmente, en algunas provincias se cuenta con archivos catastrales, como el riquísimo de la provincia de Buenos Aires, en La Plata, o el de la provincia de Santa Fe.

### ARCHIVOS PRIVADOS

De ellos no cabe mucho más que mencionar su presencia; no existe un inventario de los existentes y el trabajo realizado en ellos es—en el campo de la historia económica—mínimo hasta el momento. Dentro de estos archivos los de instituciones y asociaciones privadas son en general de acceso más fácil; sin duda el campo más fecundo—aunque aun menos explorado—es el de los archivos de empresas; el estudio de temas como el del movimiento de salarios urbanos y rurales, la evolución del comercio y la de la industria no podría prescindir de esta fuente.

## IV. Sobre las Futuras Líneas de Avance de la Investigación en Historia Económica Argentina

Esta última parte del exámen en los estudios de historia económica argentina pretende tener menos un valor profético que el de un conjunto de *desiderata* sobre la marcha futura de la investigación en historia económica, que a juicio del que esto escribe se deducen, por lo menos en parte, de las características del objeto de estudio, y—en parte también—del estado actual de los estudios en el área. Resumiendo y a la vez simplificando brutalmente el examen anterior, podría decirse que lo realizado hasta ahora en historia económica argentina se nuclea en dos sectores principales. Hay por una parte un conjunto de exploraciones en la frontera de la historia económica y la política, sólo ocasionalmente caracterizadas por algún rigor sistemático y en la actualidad marcadas por una creciente inclinación reiterativa; paralelamente con ellas hay una indagación más seria y prolongada por la economía productiva, centrada tradicionalmente en el examen de las técnicas de producción, y hoy en etapa de transición hacia una

consideración propiamente económica de los fenómenos estudiados. Frente a esta situación, quien quiera trazar líneas para futuros avances puede encarar su tarea desde dos perspectivas distintas. En primer término puede confrontar las hipótesis implícitas en las corrientes hoy dominantes con la imagen que el proceso histórico de la economía argentina ha podido elaborar a partir de su propia—y necesariamente muy limitada—experiencia de estudioso, ya sea para recusarlas globalmente, ya sea para sugerir otras áreas de indagación que la corriente dominante deja de lado, por juzgarlas escasamente relevantes. En segundo lugar—en una operación menos riesgosa—puede deducir del camino ya recorrido por esa corriente dominante la marcha que debería emprender para completar la tarea que implícitamente ella se ha fijado. Los resultados de uno y otro intento son necesariamente materia de controversia, pero—como se ha sugerido ya—el margen para ésta es aún más amplio adoptando la primera de las perspectivas antes descritas.

Hecha esta advertencia, permítase que se la encare en primer término.

### Líneas alternativas y complementarias de investigación

Esta primera perspectiva no sólo está caracterizada por su carácter más marcado y necesariamente controversial; también la distingue una ambición más vasta que la de completar, por así decirlo, los detalles de un paisaje cuyas líneas fundamentales han sido ya trazadas. Explícita e implícita, la acompaña la pretensión de agrupar de otro modo el conjunto de los hechos de la historia económica argentina; una pretensión que se sustenta—de nuevo no necesariamente de modo explícito—en la de explicar de modo también diferente ciertos aspectos del proceso histórico-ecónomico. Dejemos de lado, en efecto, las exploraciones en la frontera de la economía y la política, cuya creciente esterilidad se vincula sin duda con la falta, más allá de la anécdota política, de una hipótesis o un conjunto de hipótesis sobre la marcha de conjunto de la economía argentina capaz de explicar adecuadamente los aspectos ya conocidos de esa marcha. Si nos dirigimos en cambio a la que con más justicia puede considerarse tendencia dominante en la breve trayectoria de los estudios de historia económica en la Argentina—a la que se interesa en el desarrollo de la economía productiva—no será difícil establecer que ya en la etapa en que su interés predominante se orientaba hacia las técnicas de producción no estaba ausente una cierta interpretación de las condiciones económicas que hacía posible ese proceso expansivo. Se ha visto ya como esta corriente se ha inclinado a ver el progreso económico como una suerte de consecuencia automática de la presencia simultánea de los distintos factores de producción, tierra, capital y trabajo. Sin duda no ignora que en los hechos no siempre las ventajas derivables de su presencia simultánea son adecuadamente explotadas (cómo podría ignorarlo si en su origen la domina una cierta vena predicatoria; es—por lo menos en parte—un discurso a los que pueden utilizar esa conjunción favorable y corren riesgo de dejarla pasar; bajo su mirada severa los "buenos" y los "malos" propietarios y capitalistas se dividen tan nítidamente como los buenos y los malos estudiantes bajo la de Carlomagno). Si bien sería de nuevo una simplificación injusta presentar a toda esa corriente como la expresión de la conciencia crítica de una clase terrateniente a la que azuza en la búsqueda del provecho (sobre todo porque, si en el aspecto propiamente económico puede haber cumplido esa función, desde el punto de vista social su crítica era a menudo mucho más radical). Pero hay otros aspectos en que la identificación entre el punto de vista del estudioso y el del protagonista de las decisiones económicas en Argentina en expansión no deja de tener consecuencias serias: el estudio se centra sobre las condiciones sobre las cuales ese protagonista puede tener influencia práctica y tiende a dejar de lado—aun para su examen puramente teórico—aquellas de menos fácil modificación. Ello impone limitaciones de punto de vista que el estudioso retrospectivo hallará arbitrarias y deja en la oscuridad enteras áreas de posible investigación. Aquí sólo se mencionarán algunas de ellas.

## HISTORIA ECONÓMICA DE LA MANO DE OBRA

Se ha visto ya cómo no faltan del todo las indagaciones parciales para una posible historia social del trabajo; dominadas en general por una fuerte simpatía hacia el grupo estudiado, suelen concluir que para las clases laboriosas la vida en el Río de la Plata fue un telar de desdichas. Sin poner en duda la validez de esa conclusión, es posible sin embargo señalar que deja de lado algunos de los aspectos de la historia de la mano de obra que alcanzan mayor interés para la historia económica. Un observador externo—y quizá por ello aun más agudo—del desempeño de la economía argentina en las últimas décadas, Celso Furtado, le negaba todo valor representativo del de la economía latinoamericana en su conjunto; la diferencia esencial estaba dada por la comparativa escasez de mano de obra y sus consecuencias en cuanto al proceso de industrialización. Esa diferencia está lejos de ser nueva; hacia 1800 Hipólito Vieytes señalaba en la escasez y carestía de mano de obra la causa principal del estancamiento de la agricultura rioplatense del cereal ¿cómo podría ella prosperar—observaba Vieytes—si el salario de un peón era doble que en Chile? Pero ese dato bien conocido es

encarado en el plano práctico a dos niveles distintos: por una parte a través de un vivo interés por modificarlo, que se expresa a través del favor otorgado localmente a políticas destinadas a aumentar la mano de obra (desde los privilegios que la autoridad virreynal concedía a los importadores de esclavos hasta el fomento de la inmigración europea en la segunda mitad del siglo XX); por otra en una adaptación de todo el sistema productivo a las modalidades del mercado de trabajo, que—precisamente porque es constantemente practicada y no deja campo a alternativas propiamente económicas—es cada vez menos advertida. Puesto que la escasez de mano de obra puede alcanzar solución sobre todo en el plano político-social no es extraño que se la examine preferentemente en este último.

Esta manera de encarar el tema puede ser la más eficaz en el plano práctico; sus consecuencias para nuestro conocimiento de los aspectos económicos de la expansión primaria no dejan de ser graves (y es ilustrativa aquí la comparación con la atención otorgada a las limitaciones impuestas por la escasez de capital: es que esta última abría a los protagonistas de la expansión opciones prácticas, alternativas de acción cuyas consecuencias económicas no era superfluo indagar).

Ese vacío persiste una vez desaparecida la circunstancia que lo motivó, y sus consecuencias se hacen sentir todavía cruelmente: examínese por ejemplo qué tienen que decirnos acerca del funcionamiento económico del sistema de arrendamiento en las zonas cerealeras autores perfectamente respetables, y se advertirá de inmediato que buena parte de sus conclusiones no tienen siquiera sentido. ¿Cuántas veces no hemos leído que, por falta de posibilidades de alcanzar la propiedad de sus predios los inmigrantes prefirieron permanecer en las ciudades? Pero para fundamentar esta afirmación tantas veces repetida sería preciso demostrar que la escasez de cultivadores frenó el proceso de expansión del área cerealera (y de acuerdo con lo que sabemos acerca del ritmo del proceso, esa demostración se anuncia bastante difícil). Del mismo modo, cuántas veces no se nos ha dicho que el sistema de arrendamientos— y la brevedad creciente de los plazos por los cuales se arrendaba la tierra—eran un importante factor para mantener una explotación extensiva, ya que el arrendatario, excesivamente inestable, era desanimado de hacer las inversiones que hubieran permitido una más intensiva. Pero lo que sabemos acerca de las ventajas que el sistema concedía a los candidatos a arrendatarios que contaban con instrumental propio muestra que el argumento, tal como nos es presentado, no puede sostenerse. ¿Por qué, sin embargo, uno y otro argumento son tan frecuentemente reiterados? Porque son, si así puede decirse, argumentos metafóricos; sus críticas económicas, irrecibibles como tales, traducen críticas sociales mucho menos infundadas: es muy significativo, por ejemplo, que las objeciones a la baja capitalización de los arrendatarios vayan acompañadas tan frecuentemente de fotografías, no del primitivo material de labranza que el argumento supone, sino de las viviendas efectivamente deplorables que suelen erigir para una residencia que saben temporaria en el lote arrendado. Pero, por justas que sean las críticas a las consecuencias sociales de un dado sistema, ellas no suplen la comprensión de los mecanismos económicos que lo mantienen en funcionamiento. Una historia propiamente económica de la mano de obra en el sector rural parece por lo tanto indispensable para entender aspectos fundamentales de la gran expansión de la producción primaria y exportadora.

Una indagación paralela sería necesaria en cuanto a la economía urbana. Aquí no puede hablarse propiamente de escasez de mano de obra, sino de la existencia de dos mercados paralelos; uno de mano de obra calificada, en que ésta es en efecto escasa y cara, y otro de la no calificada, que no es ni lo uno ni lo otro. Tal es la situación durante toda la primera mitad del siglo XIX, y ella hace en este aspecto del Río de la Plata un área típica y no excepcional en el marco hispanoamericano. A partir de entonces comienza un doble proceso, del que no sabemos casi nada: por una parte la rápida modernización de la vida urbana en los centros mayores amplía la demanda de mano de obra considerada calificada para los standards locales; por otra la inmigración amplía la oferta en ese mismo mercado. Las modificaciones en el equilibrio impuestas por esos dos factores han conocido muy probablemente vicisitudes más complejas que en el sector rural; sin conocerlas parece imposible entender los comienzos de la industrialización argentina.

## DISPONIBILIDAD DE CAPITALES PARA LA EXPANSIÓN

Se ha señalado ya que la corriente dominante está más dispuesta a encarar de frente este problema que el de la oferta de mano de obra; que en esta actitud no hace sino continuar el enfoque de los estudios no retrospectivos, de orientación más práctica que teórica, de los que es en tantos aspectos heredera, y que ya habían advertido la complejidad de los problemas impuestos a los terratenientes por la escasez local de capitales. ¿Pero hasta qué punto fue esta escasez característica de la entera etapa de expansión primaria? De nuevo, lo sabemos muy mal; aun así, a medida que se entra en el siglo XX los comentarios contemporáneos se dirigen a deplorar rasgos de la economía rural que se explicarían mal en un marco de continuada escasez de capital para inversión. Sin duda, esas lamentaciones se expresan en un lenguaje en parte inspirado por preocupaciones sociales más que económicas, en parte animado

por un moralismo aun menos curioso del contexto económico en que se dan los fenómenos a los que no ahorra su severa condena. Un buen ejemplo de ello es la enigmática discusión sobre la suba del precio de la tierra, un proceso que, muy curiosamente, no deja de alarmar a más de uno de los que ven su patrimonio aumentado gracias a él. Sin duda el diagnóstico de las causas del hecho suele ser escasamente perspicaz y—como ya se ha señalado—estar excesivamente cargado de moralismo; aun así, la situación que refleja está lejos de ser imaginaria (del mismo modo que la extravagancia de las hipótesis que ven en la crisis económica de 1890 una justa retribución de los pecados del doctor Juárez Celman no quita nada a la realidad de la crisis). En cuanto a esta segunda etapa la corriente dominante reitera la perplejidad de los observadores contemporáneos; si ya sería un progreso dejar de deplorar la ciega avidez o el espíritu rutinario de una clase terrateniente que no sabe usar sus rentas y provechos sino en alimentar la especulación inmobiliaria, y preguntarse más bien entre qué alternativas reales debieron decidirse quienes tomaron el camino ahora deplorado, para responder a esta pregunta más amplia sería precisa una reconstrucción, no sólo de aspectos del proceso de expansión primaria todavía no estudiados (desde la incidencia de la abundancia creciente de mano de obra para disuadir de inversiones destinadas en buena parte a ahorrarla hasta el óptimo de inversión en mejoras de la técnica productiva en las distintas etapas de ese proceso) sino todavía del conjunto de la economía nacional—y en rigor no sólo de ella—en las primeras décadas del siglo XX.

De este modo, si bien el examen de los problemas vinculados con la disponibilidad de capitales significa algo más que la extensión de la orientación de dominantes áreas aún no exploradas, tiene como precondición una exploración de zonas muy vastas de la economía nacional; y hasta que esa exploración no haya avanzado no ofrece una alternativa efectivamente aplicable a las líneas de indagación y explicación favorecidas por la corriente dominante.

## LA TIERRA EN LA EXPANSIÓN DE LA ECONOMÍA PRIMARIA

También en cuanto a este aspecto la atención de los estudiosos se ha concentrado sólo en aspectos parciales del problema: así por ejemplo, la vinculación entre la posibilidad de utilizar nuevas tierras y el empleo de aguas subterráneas, mediante el balde volcador, o más tardíamente el cercamiento, no deja de ser examinada detenidamente, mientras sólo lo es de modo genérico la revolución en el transporte traída por el ferrocarril, y sólo comienza a serlo el ritmo de incorporación de nuevas tierras por acción político-militar (conquista de territorios indios) en su relación con el de la expansión agrícola-ganadera. De nuevo aquí, el estudioso tiende a ponerse en el lugar del terrateniente, e interesarse por los factores sobre cuya modificación este podía efectivamente incidir. Con ello se condena a alcanzar una imagen incompleta del proceso expansivo en relación con la disponibilidad de tierras (sólo muy recientemente se ha comenzado por ejemplo a advertir en sus plenos alcances el hecho de que durante ciertas etapas la tierra disponible, lejos de ser superabundante, llegó a hacerse escasa en el marco de las técnicas de explotación agraria dominantes).

Menos aun se toman en consideración ciertos aspectos más generales de marco geográfico en que se da la expansión, y de la influencia que sobre él tiene la transformación del sistema de transportes: hasta el triunfo del ferrocarril el país está organizado en dos bloques territoriales; el del Interior se apoya—como no puede ser de otro modo—en el transporte terrestre; el del Litoral, en cambio, utiliza predominantemente el fluvial. He aquí un hecho rico en consecuencias, entre las cuales se cuentan las ventajas comparativas de las zonas costeras de los ríos y de las regiones mejor ubicadas en el marco del sistema fluvial. El ferrocarril (auxiliado por la expansión en tierras indias) cambia por completo los datos de la situación: en el sur de Santa Fe y Córdoba una superficie comparable a la que fue la de la provincia de Buenos Aires a mediados del siglo XIX es abierta a la agricultura; en la misma provincia de Buenos Aires las zonas más alejadas de la costa conocen una expansión más rápida que las más cercanas a ella (es el nuevo oeste de Buenos Aires, zona de vacunos finos y agricultura cerealera). Pero la victoria de la masa continental, que también en la Argentina es aportada por la expansión ferroviaria, es acelerada por un retraso no sólo comparativo de las áreas dependientes del transporte fluvial: es la tan curiosa involución económica de la Mesopotamia (no sólo de Corrientes cuyo arcaísmo económico la colocaba de antemano en situación peligrosa, sino también de Entre Ríos, que por el contrario encierra al comenzar la segunda mitad del siglo XIX algunas de las áreas de producción primaria más pujantes del entero país).

También este aspecto de la expansión es dejado a menudo en la penumbra. Los que, en 1880 o en 1900, publicaban manuales para uso de futuros estancieros solían comenzar advirtiendo sobre las ventajas de escoger tierras bien ubicadas; más de un estudioso posterior no siempre parece suficientemente alerta al hecho de que esas tierras bien ubicadas no son siempre las mismas. En suma, en el examen del papel de la tierra en la expansión primaria como en el de los otros factores de producción, el estudioso—interesado en hacer el inventario de los frutos debidos a la afortunada conjunción de esos factores—se abstiene de examinar las situaciones en que ésta no se produce o se niega desconcertantemente a dar esos frutos. Surge así una historia agraria extrañamente incompleta: su preocupación casi exclusiva es explicar los orígenes y las oscilaciones del alud de granos y ganados que anualmente la campaña enviaba a los puertos. Sin duda, para una economía rural estimulada de modo tan significativo por la exportación, ése parece el necesario punto de partida de cualquier explicación de conjunto; aun para ella, sin embargo, no podría ser un punto de llegada.

Sin duda sería posible—y no demasiado difícil—proseguir el inventario de temas y enfoques hoy ignorados, que podrían ofrecer al estudioso que los encarase a partir de los documentos y con los instrumentos de trabajo actualmente disponibles, resultados seguros y novedosos. Pero acaso ese inventario excesivamente extenso de posibles investigaciones no sea demasiado ilustrativo: su abundancia misma arriesga transformarse en factor de confusión. Parece quizá preferible examinar las opciones concretas abiertas a partir de un tema más circunscripto, el que—de modo directo o indirecto—encara toda esa vasta literatura brotada en las fronteras de la historia política y la económica: el de las relaciones entre el Estado y la economía.

Sin duda la perspectiva desde la cual esa literatura examina casi siempre esa relación (en la que el Estado es visto sobre todo como un regulador de la economía privada, a través de un flujo de decisiones que implican el favorecimiento de ciertos grupos socio-económicos frente a otros) no es la única posible. En primer lugar, ella es incompleta en la medida misma en que ve al Estado sobre todo como un centro de decisiones que gobierna una realidad económica de la que no es una parte significativa: no toma entonces en cuenta, ni el hecho de que el estado es también él un sector de esa economía sobre la cual impone sus decisiones, ni que la eficacia de esas decisiones no es de ningún modo absoluta. Arbitro económico y unidad económica que existe junto con otras, el segundo aspecto de la relación entre estado y economía no podría dejar de influir sobre el primero. Los ejemplos extremos, y por eso mismo particularmente claros, no son escasos: las vicisitudes de la tarifa aduanera como las de la política monetaria de Buenos Aires primero, del Estado central luego, no podrían entenderse sino en el contexto de una defensa del ingreso fiscal que en sus momentos más agudos se identifica con una lucha por la supervivencia. Sin duda en esos momentos los lazos entre el estado y aun aquellos sectores sociales más íntimamente unidos aseguran menos eficazmente la defensa de los intereses de éstos. Pero en momentos menos críticos la defensa del ingreso fiscal halla manera de acordarse con esa lealtad a ciertos intereses sectoriales en la elaboración de una determinada política financiera, y esta circunstancia agrega una nueva dimensión al problema de las relaciones entre el estado y la economía:

así por ejemplo suele señalarse cómo la emisión de moneda de papel sin respaldo metálico favorece a los grandes productores para la exportación, que gastan en moneda devaluada y obtienen provechos en moneda fuerte; vistas de cerca estas ventajas son—sobre todo en las etapas más tempranas de la expansión primaria—menos considerables de lo que parecería a primera vista. ¿Pero no hay una ventaja adicional para los mismos grupos, evidente apenas se advierte que esa política monetaria es inspirada por la penuria fiscal, y que cualquier otro modo de paliarla sería más costoso para ese mismo sector? Canalizar hacia otros sectores la agresividad nacida de la miseria fiscal puede ser—durante largas etapas—más urgente que disputarse las ventajas derivadas de la acción reguladora que el estado ejerce sobre la economía.

De este modo uno de los modos posibles, aunque no el único, de ver la relación entre estado y economía es a través de la doble operación financiera que el estado cumple retirando de la economía bienes que finalmente vuelve a distribuir dentro de ella. He aquí una perspectiva desde la cual se podrán controlar más seguramente ciertas hipótesis generales sobre el propósito de la acción estatal (y que promete sin duda resultados sorprendentes para quien acepte en su literalidad las tomas de posición que sobre la función del estado en la economía expresaron los sucesivos responsables de la acción de éste). Sin duda reconstruir esa doble corriente no es tarea sencilla; particularmente delicado resulta establecer el sentido que en el contexto de su relación con los distintos sectores sociales tiene la preferencia por ciertas formas de ingreso fiscal frente a otras posibles (para ello es preciso—no siempre fácil—determinar mejor sobre qué sectores incide cada una de las formas adoptadas).

Aun así el trabajo en el tema está facilitado por la situación privilegiada que tiene la información acerca del estado en las etapas incipientes de organización de servicios estadísticos públicos. En palabras más pobres, si las dificultades intrínsecas al problema parecen aquí más evidentes que en otros casos, ello se debe a que los materiales ya disponibles permiten descubrirlas, pero por eso mismo anticipan parte del camino para resolverlas.

Aun despejadas las incógnitas sobre su incidencia en la economía y la sociedad nacionales, la función de retirar y redistribuir bienes no agota la acción del estado sobre la economía; en toda acción estatal existe sin duda un proyecto político que vá más allá de la redistribución inmediata de una parte de los bienes disponibles. Incomprensible desde esta perspectiva estrecha sería la disposición de sucesivos gobiernos, desde 1820 hasta la década de 1870, a adoptar políticas que—como no ignoraban—eran capaces de provocar guerras civiles, y luego a gastar parte muy considerable de sus

recursos en ellas: eran desde luego objetivos políticos de largo plazo los que esperaban alcanzar por ese costoso procedimiento. Dando sentido a las relaciones entre el estado y la economía existe siempre entonces no sólo un proyecto económico-social sino también un proyecto político, y—cualesquiera sean las reservas que despierten muchas de las tentativas ya realizadas por explorar uno y otro—esa exploración es un legítimo e indispensable tema de estudio. Al mismo tiempo los esfuerzos ya realizados debieran enseñar a eludir las celadas más obvias que el tema plantea: las más evidentes, pero no las únicas son las que derivan de la noción según la cual los distintos grupos políticos han mantenido rígidas lealtades a ciertos grupos sociales, hasta tal punto que sus luchas no serían sino un eco puntual en el terreno político de ciertos conflictos dentro de la sociedad.

Esta manera de encarar la relación entre el estado y la economía plantea entonces problemas mucho más complejos que la antes esbozada; sin que sea ésta una razón válida para eludirla, debe invitar a una extrema cautela; supone en efecto una reconstrucción del equilibrio económico-social tal como él aparece al estudioso retrospectivo pero también de ese equilibrio tal como era visto por quienes buscaban influir en él desde posiciones de poder, del bagaje de experiencias que los llevaba a verlo de esa manera. . . . Hay también otra consideración que acaso no sea totalmente irrelevante: sin anticiparse a los resultados de una indagación que los estudiosos argentinos apenas han comenzado a encarar seriamente, y cuya extrema dificultad ya se ha subrayado, no es imposible predecir que revelará antagonismos menos marcados entre defensores de políticas alternativas de lo que las reconstrucciones hoy en boga suelen sugerir.

Dos razones permiten justificar esa profecía. Una es que en un país que encuentra éxito tan grande al expandir su economía primaria-exportadora las posiciones que apoyan esa solución (y los grupos sociales que se benefician en primer término con ella) no podrían temer rivalidades serias; en ese marco sin duda no es imposible la lucha entre partidarios de soluciones entre sí alternativas, pero es improbable que esas alternativas supongan oposiciones radicales. Esto en cuanto a las posibles funciones del estado como regulador de la economía; se ha señalado ya, sin embargo, que el estado es a la vez un sector de la economía, y también en cuanto a su desempeño en esta otra relación la disidencia es posible. No sólo lo es, sino que, durante largas etapas, las voces de esa disidencia, que parte de los sectores más prósperos, se dejan oir con frecuencia e impaciencia notables: el Estado—viene a ser su argumento—gasta demasiado y es escasamente eficaz al encarar su función esencial de protección del orden interno. Pero esa crítica, surgida de sector tan influyente, es curiosamente ineficaz; aun un gobernante que, como Juan Manuel de Rosas, se identificaba al llegar al poder con esa protesta, pronto descubrió que para conservarse en él debía ser menos cicatero con los dineros públicos; si, de acuerdo con un puritanismo que era el de su grupo social de origen, limitó el número y aun más las retribuciones del personal del estado, tuvo en cambio que ampliar constantemente sus gastos de guerra. La razón de esa penosa necesidad la encontraba Rosas en el hecho de que, cualquiera fuese su estilo de gobierno, la Argentina era un país excesivamente democrático.

Era un juicio extremadamente perspicaz; traducido a otro lenguaje venía a sugerir que el país había sufrido ya tal movilización a la vez militar y política que requería un aparato político-militar más amplio y costoso que esos países más venturosos donde la pasividad de los más se traducía en espontánea obediencia. Esta verdad fue implícitamente aceptada por todos los protagonistas de la vida política argentina, y la conciencia de que las cosas estaban así ponía un límite a las tentativas de disminuir radicalmente el costo del estado.

Del mismo modo que antes, entonces, las disidencias sólo pueden darse dentro de un consenso general sobre algunos puntos fundamentales, y ello desde luego limita su alcance. Estas observaciones necesariamente aproximativas tampoco constituyen un intento de disuadir a nadie de la difícil empresa que es estudiar en su contexto económico-social el desempeño del estado como árbitro de la economía; tan sólo anticipan, se ha señalado ya, que como resultado de ese estudio se alcanzará probablemente un cuadro más matizado que los esbozos dominados por fuertes contrastes, tan frecuentes hoy.

## Líneas de continuidad con la orientación dominante

La descripción de algunas posibles líneas alternativas de indagación no suponen que la orientación dominante—la que examina la economía a partir de los problemas de la producción, y (tras de haber concentrado su interés en los aspectos técnicos de éstos) está adquiriendo creciente conciencia de los aspectos propiamente económicos de su temática—haya agotado sus posibilidades. Por otra parte, en su apertura a una perspectiva menos estrechamente técnica y más económica, esa orientación ha de encontrar el estímulo para una ampliación temática impuesta, si así puede decirse, por las cosas mismas. Hay en efecto un conjunto de problemas que una consideración estrechamente técnica dejaba en segundo plano y una centrada en problemas económicos no podría impunemente ignorar; esos problemas no podrían ser resueltos sin ampliar

el horizonte temático de la historia económica. Esa ampliación se hace necesaria en muchas direcciones diferentes, y sería difícil hallar un común denominador para todas ellas. Hay sin embargo un problema que impone con mayor urgencia que otras esa ampliación temática: es el del proceso de inversión en la producción primaria; a partir de él todo un conjunto de temas y problemas se imponen a la atención del estudioso, desde la acumulación en el sector primario, su ritmo y sus posibles insuficiencias, hasta el desempeño de otros sectores vinculados con la economía primaria-exportadora (el comercial y el financiero), hasta las vicisitudes en el vasto sector de la sociedad y la economía que sólo indirectamente se vincula con la producción, transporte y comercialización de los frutos de la campaña y que es imprudente no tomar en cuenta al examinar la marcha del sector primario, con el cual se encuentra vinculado así sea indirectamente.

### LA INVERSIÓN EN LA EXPANSIÓN PRIMARIA

La noción de que la expansión se realizó en un marco de penuria de capitales disponibles para inversión, y sólo fue posible en la medida en que supo adaptarse a él, sin ser falsa, está lejos—se ha señalado ya—de reflejar fielmente la situación vigente durante los enteros cien años que van de 1830 a 1930. Por otra parte, aun para las etapas en las cuales su exactitud no podría discutirse, no deja de ser cierto que, por reducida que fuese, alguna inversión de capital no dejaba de ser necesaria. El problema tiene entonces vigencia para la totalidad del período; visto más de cerca, sin embargo, se advertirá bien pronto que sus términos varían considerablemente a lo largo de él. No podría ser de otra manera en una etapa que comienza cuando no existe ninguna institución de crédito bancario en efectivo funcionamiento y asiste a la creación de un mercado institucionalizado de capitales, de complejidad creciente. Pero éste es sólo un aspecto de las transformaciones que caracterizan al período; otras menos lineales se producen en la relación entre los productores y los sectores de comercio y servicios vinculados con la producción primaria, que afectan la capacidad de acumulación de capital de los primeros. De este modo el tema de la inversión en el sector de producción primaria, que impone una vasta investigación sustantiva (en torno a los mecanismos de crédito, institucionalizado o no, que apoyaron esa expansión) se abre a un conjunto de temas conexos apenas se intente examinar en su complejidad los factores que la favorecen o la frenan.

### COMERCIO Y SERVICIOS EN RELACIÓN CON LA EXPANSIÓN PRIMARIA

Se ha señalado ya cómo el cambio es aquí menos lineal que en el sector temático antes examinado. Ello se debe a que uno de los factores decisivos es aquí el contexto económico-social en que se da la expansión productiva propiamente dicha: el hecho de que la expansión del vacuno hasta 1845 está a cargo de grandes hacendados asegura a éstos una posición relativamente fuerte frente a comerciantes y transportadores, que no podría no reflejarse en la distribución de los provechos derivados de la exportación de productos pecuarios; por el contrario el hecho de que las dos décadas que siguen a 1850 la expansión del lanar se apoya en hacendados medios y menores (y de que por otra parte la mayor necesidad de mano de obra debilita a esos hacendados frente a la fuerza de trabajo) se refleja también en una posición más ventajosa para los comercializadores y transportadores, corregida cuando—sobre todo a partir de 1880—el lanar pasa a ser explotado predominantemente en grandes estancias, y la escasez de mano de obra se transforma en un hecho del pasado. Pero una situación análoga a la de la primera etapa de expansión lanar caracteriza a la entera expansión de la agricultura cerealera, con consecuencias comparables pero aun más extremas.

Las variaciones en el contexto económico-social en que se da la producción primaria no son sin embargo las únicas que influyen en los cambios en el equilibrio entre productores y comercializadores-elaboradores-transportadores. Hay otro factor que influye de modo menos errático, y es la creciente organización del segundo sector, debida a transformaciones técnicas y financieras, que le da creciente carácter monopolístico. Las transformaciones del transporte influyen aquí: en el terrestre los ferrocarriles tienen en efecto un monopolio del transporte y no dejan de aprovechar las posibilidades que éste les concede; en el marítimo, por un avance más lento, una situación comparable termina por predominar también. Las de las técnicas de elaboración también: aun la ganadería, dominada por la gran propiedad y—por lo menos en las últimas cinco décadas del período en consideración—no afectada por ningún problema serio de mano de obra, termina por defenderse mal del poderío creciente de los frigoríficos que elaboran la carne para su exportación.

Un proceso paralelo e íntimamente vinculado con los anteriores se da en cuanto a la comercialización, desde la de los cereales, conquistada en la década de 1890 por las grandes casas exportadoras, hasta la del ganado, que en un proceso menos espectacular pero de sentido no menos claro se traduce cada vez más en transacciones directas entre grandes productores y grandes compradores (que vacían progresivamente de su función originaria a los mercados de hacienda).

Sin duda estos cambios no han escapado por completo a la atención de los estudiosos; como es habitual, son las vicisitudes sufridas por la situación del sector de mayores terratenientes frente a los frigoríficos las

que lo han atraído sobre todo. Falta en todo caso una consideración global y autónoma del problema.

## LA EXPANSION DE LOS SECTORES MENOS DIRECTAMENTE VINCULADOS CON LA ECONOMIA PRIMARIA-EXPORTADORA

Se ha señalado ya cómo apenas se intenta ver la expansión primaria en su contexto económico se hace evidente la importancia del sector no directamente vinculado con ella, acerca del que sabemos todavía demasiado poco. Para poner sólo un ejemplo, el hecho de que durante toda la etapa la población urbana haya crecido más rápidamente que la rural no pudo sino crear una situación en la cual las inversiones vinculadas con la expansión de los centros poblados no puede sino haber sido muy considerable. Una parte de ella puede seguirse a través de fuentes bastante obvias, aunque no siempre fácilmente asequibles: es la inversión pública en infraestructura urbana; es todavía la de grandes compañías privadas de servicios públicos. Pero hay otras modalidades de inversión menos fáciles de reconstruir: son las orientadas hacia la construcción de vivienda urbana y hacia la especulación en tierras urbanas y suburbanas, que durante ciertos períodos deben de haber alcanzado volumen importante, aun en comparación con el de la especulación en tierras rústicas. Una y otra atraen la inversión desde sectores muy distintos: sólo excepcionalmente son grandes empresas o capitalistas importantes quienes encaran la construcción de vivienda en gran escala; la especulación en tierras, en cambio, parte de un sector dominado por un número relativamente reducido de empresarios. Pero para uno y otro no faltan las fuentes cuantitativas; para la primera los archivos de los centros municipales más importantes registran los permisos de construcción otorgados; para la segunda los boletines de estadística municipal publican por lo menos resúmenes de transacciones significativos acerca del movimiento del valor de la tierra y la propiedad urbana.

El mencionado es, de nuevo, sólo un ejemplo del conjunto muy amplio de áreas temáticas que se imponen a la atención del estudioso apenas éste encara el problema de la expansión primaria como un problema económico, que se da en un determinado contexto. Sólo a partir de esa imagen más completa de la economía argentina en el período de la expansión primaria podrán examinarse con base suficiente los aspectos sociales del proceso; hasta ahora, como se ha visto, la historia social tiende a suplir más bien que a complementar a la historia económica, orientándose hacia las áreas que ésta no cubre adecuadamente.

Los resultados están igualmente a la vista, desde la presentación genéricamente humanitaria de los sufrimientos de unas clases laboriosas de las que no podría darse una caracterización más precisa, hasta las polémicas sobre los entrelazamientos y las oposiciones entre los distintos sectores dirigentes, imposibles de resolver también sin un conocimiento más preciso del lugar de cada uno de ellos en la economía, y que se arrastran fatigosamente, mientras el creciente calibre de las injurias intercambiadas entre los polemistas constituyen el único alivio para la monotonía de los argumentos. . . . El paso de la historia social de la etapa de las ocurrencias más o menos penetrantes a una de exploración más sistemática—y por eso mismo más rendidora—del campo que le es propio, no es la menor de las ganancias que pueden esperarse de la maduración de una historia económica dispuesta a examinar en toda su complejidad un desarrollo en el que la expansión del sector primario exportador aportaba el elemento dinámico, pero que estaba lejos de limitarse a esa expansión.

# B. BIBLIOGRAFIA

## I. Trabajos Generales y de Referencia

### 1. Trabajos estadísticos y de referencia

**202. Abad de Santillán, Diego,** *ed.* Gran enciclopedia argentina. B.A., Ediar, 1956-63. 8 v.

Esta obra se recomienda por la abundancia de informaciones; apoyada en la bibliografía asequible con relativa facilidad y en la labor de informantes benévolos, no es extraño que se den desigualdades en el caudal informativo. Sin ser totalmente confiable, ha sido compilada con criterios más rigurosos que los usuales en obras de este tipo.

**203. Alvarez, Juan.** Temas de historia económica argentina. B.A., El Ateneo, 1929. 237 p.

El libro comprende tres partes; las dos primeras sobre equivalencia actual de las monedas usadas en el territorio argentino y de las pesas y medidas empleadas en la misma área; la tercera sobre series de precios y su utilización, que incluye la de la lana, 1863-1927; cueros salados, 1863-1927; lino, 1882-1927; trigo, 1878-1927; maíz, 1878-1927; y novillos, 1893-1927. Las series han sido confeccionadas por Alvarez sobre datos extraídos del *Boletín de la Bolsa de Comercio* de Buenos Aires (462).

**204.** Anuario argentino de fabricantes y comerciantes nacionales y extranjeros; the Argentine standard directory. B.A., 1908—.

Publicación periódica trilingüe (español, francés, inglés) que contiene listas alfabéticas de fabricantes, comerciantes importadores y exportadores, representantes locales de empresas extranjeras y sociedades anónimas. De particular interés es el registro de los contratos de sociedad concertados durante el año, de cuyos aspectos esenciales se publica un breve resumen.

**205. Argentina.** Anuario oficial de la República Argentina; edición única, editada por el Ministerio del Interior, de Relaciones Exteriores y de Agricultura; primer año, 1912. B.A., 1913. 1898 p.

Se trata del único volumen publicado de una serie destinada a presentar en forma unificada el material estadístico relevado por distintas reparticiones. Datos sobre agricultura, inmigración y colonización, tarifa de avalúos, leyes de ferrocarriles, tierras y marcas de fábrica; condiciones de vida y trabajo (salarios y precios, con estadísticas). Año político-administrativo: instrucción pública (tres niveles).

**206.** \_\_\_\_\_. **Comisión Directiva del Censo.** Segundo censo de la República Argentina, mayo 10 de 1895. Comisión directiva, Diego G. De la Fuente, presidente; Gabriel Carrasco, Alberto B. Martínez, vocales. B.A., Taller Tipográfico de la Penitenciaría Nacional, 1898. 3 v.

El tomo 1 (*Territorio*) comprende estudios sobre temas geográficos y otros; el más directamente relevante es el de J.A. Alsina sobre inmigración y colonias. El tomo 2 (*Población*) proporciona datos sobre población absoluta, urbana y rural, argentina y extranjera y agrupada por sexo, edad y nacionalidad, grado de instrucción, religión y actividad; agrega censo de propietarios de bienes raíces agrupados por nacionalidad y datos sobre fecundidad agrupados por edad, nacionalidad y estado civil. El tomo 3 incluye censo de edificación (calidad y cantidad de edificios); guardia nacional, de periódicos, bibliotecas, centros de beneficencia, recreativos y sociales y teatros. Censo de agricultura, con cifras de superficie cultivada (comparada con la de 1888), maquinarias e instrumentos de labranza. Censo de ganadería, con información sobre existencias de ganado y grado de mestización. Censo de industrias, número de establecimientos, personal ocupado (por sexo y nacionalidad), nacionalidad de propietarios, maquinaria a vapor y otras. Censos especiales de los principales rubros industriales (molinos, saladeros, bodegas, fábricas de cerveza, ingenios azucareros, destilerías, usinas de gas y eléctricas). Censo del comercio (personal ocupado, capital y nacionalidad del propietario). Censo de navegación; de transporte ferroviario, tranviario, mensajerías. Comunicaciones, correos, teléfonos. Puentes.

**207.** \_\_\_\_\_. **Comisión Nacional del Censo.** Tercer censo nacional, levantado el 1º de junio de 1914. Comisión nacional: presidente, Alberto B. Martínez; vocales, Francisco Latzina, Emilio Lahitte. B.A., Rosso, 1916-19. 10 v.

El primer volumen comprende un informe sobre el aspecto organizativo del censo, y consideraciones sobre sus resultados, por A.B. Martínez. En el segundo F. Latzina ofrece su habitual presentación general del país. Los datos sobre población se extienden por los volúmenes 2, 3 y 4; agrupa a la población por sexo, edad, nacionalidad, ocupación, grado de instrucción, religión; separa población urbana y rural y ofrece además numerosas tablas con cruces de datos. El volumen 4 incluye además un censo de buques en puertos argentinos. El 5 ofrece un censo general de explotaciones agropecuarias (extensión, destino principal, nacionalidad del director, personal ocupado, máquinas y enseres, capital invertido, valores de inventario) y censo de agricultura (extensión sembrada, densidad de cultivos, rendimiento de agricultura cerealera, clasificación de explotaciones por extensión, arrendamiento, administración; datos sobre irrigación). En el volumen 6, censo ganadero (existencia y valor del ganado; densidad ganadera; ganado vacuno en general—grado de mestización y uso, vacuno puro, por razas; ganado caballar, lanar y porcino con las mismas tablas; información más concisa sobre ganado cabrío, camélidos, avestruces, animales de corral. Clasificación de las explotaciones ganaderas por extensión, arrendamiento y explotación. Precios del ganado. Industria lechera: producción, número de establecimientos, nacionalidad de los directores, personal, máquinas y enseres). En el volumen 7, censo de industrias (rama, número de establecimientos, capital, valor de la producción anual, materia prima utilizada; nacionalidad del propietario; fuerza motriz; personal agrupado por sexo, edad y nacionalidad. Censos de industrias particulares: molinos, bodegas, frigoríficos, productos lácteos, fábricas de cerveza, alcohol, papel, productos químicos). En el volumen 8, censo del comercio (clase, número de establecimientos, capitales, nacionalidad de los propietarios, personal empleado). En el volumen 9, censo de instrucción pública (escuelas, bibliotecas y periódicos) y censo de bienes del Estado. En el 10, censo de valores mobiliarios, sociedades anónimas, mutualistas y cooperativas; igualmente en él, cuadros retrospectivos de comercio, finanzas, movimiento migratorio, transportes y comunicaciones, de longitud variable entre los 5 y los 50 años.

En suma, el censo más completo y técnicamente más correcto que la estadística oficial argentina ha elaborado; se compara con ventaja no sólo con los anteriores sino también con los más tardíos.

**208. _____. Dirección General de Estadística y Censos.** Anuario. B.A., 1869-1913.

Información centrada en la producción agrícola y ganadera; industria alimenticia; comercio exterior e interno; transporte ferroviario; movimiento de población; algunos datos sobre empleo y precios.

**209. _____. Ministerio de Hacienda. Dirección General de Estadística de la Nación.** Extracto estadístico de la República Argentina correspondiente al año 1915. B.A., Cía. Sud-Americana de Billetes de Banco, 1916. 606 p.

El volumen es una colección de estadísticas retrospectivas, que supera en riqueza a las de E. Tornquist (214) y desde luego a las incluidas en el volumen de Martínez y Lewandowski (217). Incluye: comercio exterior argentino en los últimos 52 años; importaciones y exportaciones por procedencia y destino, en los últimos 40 años; las mismas por artículo, cantidad y valor, 1911-15; precios medios (en pesos oro) de los principales productos ganaderos y agrícolas cotizados en plaza (últimos 24 años). Presupuestos nacionales, provinciales y municipales (últimos 20 años); recursos y gastos de la Nación (últimos 52 años); rentas nacionales (últimos 20 años). Cotización del oro, 1826-1915. Circulación fiduciaria; seguros y giros bancarios, 1880-1915. Agricultura: superficies cultivadas, producción, rendimiento y valor de las principales cosechas, 1891-1915. Estadística escolar: elemental, pública y privada, colegios nacionales, normales y especiales, 1905-14. Navegación: movimiento de puertos, 1880-1915; movimiento de navegación, 1911-15. Ferrocarriles, 1911-15. Correos y telégrafos, 1895-1915. Inmigración y emigración, por nacionalidades (últimos 59 años); movimiento demográfico de la república (estadísticas completas, cuadros y gráficos).

**210. The Argentine year book, with short chapters on the republics of Uruguay, Paraguay and Chile.** B.A., 1902-16.

Se trata de la continuación del *Anuario Pillado* (218); datos retrospectivos y contemporáneos sobre las mayores ramas de actividad; deuda pública desde 1884; ingresos y gastos públicos; comercio exterior desde 1864; agricultura y ganadería desde 1840; industria (de particular interés por la abundancia de material contemporáneo); ferrocarriles, obras públicas y tranvías; seguros, navegación, bancos, quiebras e hipotecas. En general, mayor atención a las estadísticas globales y menor al desempeño de empresas particulares que en el *Anuario Pillado*.

**211. Bagú, Sergio; _et al._** Bibliografía crítica sobre la historia de la estratificación social en la Argentina durante el período 1880-1959. B.A., Universidad de Buenos Aires, Facultad de Filosofía y Letras, Departamento de Sociología, 1960. 56 p., mimeo. (Trabajos e Investigaciones del Instituto de Sociología. Publicación interna, 11).

Debido a la falta casi completa de estudios directos sobre el tema, esta recopilación acude a estudios que se refieren marginalmente al tema, o a textos utilizables como fuentes. Definido de esta manera, el material clasificable es amplísimo, y dentro de él los recopiladores han hecho una selección inteligente, que ofrece los medios para una primera toma de contacto con los distintos aspectos del tema.

**212. Boeri, Lilia E.** Catálogo de estadísticas publicadas en la República Argentina. 2. ed. B.A., Editorial del Instituto Torcuato Di Tella, 1966. 2 v., mimeo.

**213. Azar, Carmen Llorens de; y María Angélica Pizzurno.** Catálogo de estadísticas publicadas en la República Argentina; ampliación y actualización. Anexo a la 2 ed., v. 3 y 4 de ésta. B.A., Di Tella, 1968. 2 v., mimeo.

Las estadísticas aparecen ordenadas por tema y nivel (nacional, provincial y municipal). Se indica fecha de iniciación y finalización, periodicidad y criterios de tabulación. La recopilación no pretende ser exhaustiva, y en efecto quien la emplee advertirá de inmediato extrañas ausencias. La utilidad de este trabajo como instrumento de orientación para la investigación es indiscutible; una vez tomada cuenta de su carácter no-exhaustivo, contribuye también a abreviar la tarea de búsqueda.

**214. Ernesto Tornquist & Co., Ltd.** The economic development of the Argentine Republic in the last fifty years. B.A., Mercatali, 1919. 328 p.

Esta empresa financiera de inversiones ha recopilado datos estadísticos sobre la evolución argentina a partir de 1880, tomados de publicaciones oficiales y de escritos de A. Bunge, F. Latzina, C.F. Soares y C.A. Tornquist. A más de la información esperable sobre población, producción, transportes y comunicaciones, comercio exterior, trae abundantes datos sobre consumo (reflejo de los trabajos de Bunge sobre el tema). En suma, se trata de una recopilación inteligente, que reúne datos de fuentes dispersas y de consulta directa a veces engorrosa, pero de ningún modo inaccesibles.

**215. Hombres de la Argentina; diccionario biográfico contemporáneo.** 2. ed. B.A., Veritas, 1946. 1047 p.

La primera edición llevaba por título *Diccionario biográfico de hombres de negocios,* que describe adecuadamente también el contenido de la segunda. El compilador y editor se especializaba en publicaciones periódicas dirigidas al sector empresario; en este diccionario se muestra escasamente selectivo en sus criterios de inclusión.

**216. Marrazzo, Javier.** Ciudades, pueblos y colonias de la República Argentina: diccionario geográfico. 2. ed. B.A., Cantiello, 1910. 542 p.

El título describe adecuadamente el contenido.

**217. Martínez, Albert B.; and Maurice Lewandowski.** The Argentine of the twentieth century. Translated by B. Miall from the French of the 3. ed. London, Fisher Unwin, 1911. 376 p.

Presentación general del país con abundantísimo recurso a datos estadísticos. Geografía, ferrocarriles, inmigración, agricultura (con la habitual condena de la gran propiedad, y datos numerosos sobre rendimientos), ganadería (y movimiento del valor de la tierra), industrias agrícolas, comercio e industria, minería, bancos, bolsas y sociedades anónimas, finanzas. En suma un excelente resumen, competentemente presentado, del más importante material estadístico disponible en ese momento.

**218. Pillado, Picardo.** Anuario Pillado de la deuda pública y sociedades anónimas establecidas en las Repúblicas Argentina y del Uruguay para 1900, compilado por. . . . B.A., La Nación, 1900. 477 p.

Historia concisa de los empréstitos nacionales y provinciales y de las sociedades anónimas con asiento en ambas repúblicas (incluye estado en el momento de la compilación, dividendos repartidos y cotización de títulos y acciones). También información sobre papel moneda, bancos, seguros, ferrocarriles, tranvías, tierras y ganadería, electricidad, teléfonos, industria azucarera, cervecera. Cotización de monedas extranjeras, oro y títulos.

**219. Registro de patentes comerciales; Estado de Buenos Aires.** 1853-70. Archivo General de la Nación, B.A.

Periodicidad anual; el área cubierta es la de la Provincia (hasta 1860 Estado) de Buenos Aires. Registra el nombre del propietario y la rama de actividad de cada establecimiento comercial e industrial.

**220. Síntesis estadística de la República Argentina.** Dirección Nacional de Estadística y Censos de la República Argentina. B.A., 1912—.

Periodicidad mensual. Contiene informaciones no sólo sobre comercio exterior, sino también sobre aspectos de la producción, comercio y transporte (automotor a partir de 1922); construcciones, desde 1918; empleo, desde 1922.

**221. Sociedad Rural Argentina.** Anuario de la Sociedad Rural Argentina. Compilado bajo la dirección de Raúl Prebisch. B.A., Gotelli, 1928. 378 p.

Excelente publicación retrospectiva, en la tradición de las presentaciones generales del proceso expansivo de la economía argentina, representada previamente por los libros de Martínez y Lewandowski (217) y de la Compañía Tornquist (214); superior a sus predecesores no sólo por la mayor abundancia de series sino también por la mayor elaboración de algunas de ellas. Incluye ritmo del crecimiento de la economía nacional entre 1865-1927; volumen físico de la producción agropecuaria desde 1880; nivel de precios desde 1895; movimiento demográfico desde 1910; comercio exterior desde 1880; moneda, crédito y cambios, finanzas públicas, ferrocarriles y movimiento postal. La segunda, tercera, cuarta y quinta partes se refieren respectivamente a datos de producción y comercialización para agricultura cerealera, carnes, otros productos de la ganadería y varios.

**222. Udaondo, Enrique.** Diccionario biográfico argentino. B.A., Coni, 1928. 1151 p.

El autor—erudito historiador colonial—no mostraba curiosidad alguna por los temas económico-sociales. Sin embargo, su interés por incluir abundante material biográfico le hace proporcionar frecuentemente datos sugestivos sobre esa área. La selección de entradas está influida por la doble militancia del autor, católico y adicto al recuerdo de la Unión Cívica, en que hallaron ubicación política los últimos seguidores del general Mitre.

**Véase también:** 301.

## 2. Antecedentes y fuentes, archivos

**223. Archivo del Doctor Victorino de la Plaza.** Archivo General de la Nación. B.A., sala VII.

Victorino de la Plaza, alto funcionario y político, particularmente interesado en cuestiones financieras y vinculado con casas europeas de banca, dejó un muy rico archivo cuyos documentos datan desde 1850 hasta 1916, y, agrupados por temas, se refieren a agricultura, transportes, obras públicas, hacienda y cuestión monetaria (a más de libros de transacciones privadas y papeles personales, no carentes de interés, del Dr. de la Plaza).

**224. Archivo del Teniente General Justo José de Urquiza.** Archivo General de la Nación. B.A., sala VII.

En su mayor parte este vasto archivo conserva la correspondencia política de Urquiza; tienen interés desde la perspectiva de esta recopilación un legajo con correspondencia vinculada con la colonia San José y otras empresas de colonización; dos legajos titulados ''sección mercantil'' que abarcan correspondencia de temas comerciales, y otro sobre partidas y gastos distribuidos al ejército de Urquiza en el lapso 1842-47.

**225. Castro, Antonio P.** Nueva historia de Urquiza: industrial, comerciante y ganadero. 4. ed. B.A., 1953. 124 p.

El autor, director por largos años del Museo y Archivo del Palacio San José, residencia del general Urquiza, reconstruye, apoyándose en los documentos bajo su custodia, la figura empresarial de Urquiza (que fue quizá dueño del más importante patrimonio privado argentino entre 1850-70). La diversificación de inversiones reflejada en este estudio no se debe sólo a razones económicas, refleja necesidades de patronazgo político, a más del sincero deseo de Urquiza de acelerar el proceso de unificación económica del espacio nacional. Por desgracia, Castro está guiado sobre todo por el deseo de probar la opulencia y la probidad de Urquiza; ello hace que su utilización del riquísimo material a su disposición ofrezca frutos de sólo limitado interés para el historiador.

**226.** Ernesto Tornquist, 1842-1942. B.A., 1942. 145 p.

Biografía anónima, basada en abundante información—aunque sin discusión de fuentes—del importante banquero e influyente consejero financiero de varios gobiernos argentinos, publicado en ocasión del centenario de su nacimiento. Naturalmente toda crítica sistemática de la acción de Tornquist se buscaría en vano, pero por la riqueza informativa, perspicacia de análisis y constante referencia al marco histórico-económico en que la acción de Tornquist se inscribe, el volumen supera con mucho el nivel habitual de las biografías celebrativas. (BT)

**227. Ramos Mejía, Ezequiel.** Mis memorias, 1853-1935. 2. ed. B.A., La Facultad, 1936. 525 p.

Este terrateniente y político—conservador—historia su actuación pública, primero en la comisión de desagües del sur de la provincia de Buenos Aires (a propósito de ello analiza los problemas de la ganadería en las tierras anegadizas de la provincia) en 1893, luego como ministro de agricultura y obras públicas en las primeras dos décadas del siglo XX, y por último como admirativo enviado a la Italia fascista en la de 1930. El relato no pretende ser objetivo, y su precisión deja a veces que desear; aun así constituye una muestra particularmente útil de un tipo de obra por desgracia no muy frecuente en la Argentina.

**228. Rivero Astengo, Agustín.** Pellegrini. B.A., Coni, 1941. 2 v. (Carlos Pellegrini. Obras completas. v. 1 y 2).

Decepcionante biografía de una figura clave para la historia política, pero también financiera, del país. La actuación de Pellegrini como presidente durante la crisis económica es presentada de modo convencional, sin aportes novedosos; la menos bien conocida del biografiado como negociador financiero en Europa es objeto de un examen fragmentario e incompleto, que ofrece sin embargo datos sugestivos.

**229. Schleh, Emilio J.** Los grandes pioneros de la Argentina: la obra económico-social de don Alfredo Guzmán. B.A., Kraft, 1943. 222 p.

El bien conocido experto azucarero traza aquí un cuadro que se prohibe de antemano toda intención crítica de la personalidad y la acción de un gran empresario norteño.

Véase también: 335, 802.

## 3. Historias económicas y sociales

**230. Academia Nacional de la Historia.** Historia argentina contemporánea, 1862-1930. V. 3: Historia económica. B.A., El Ateneo, 1965. 622 p.

Entre las distintas colaboraciones (historia económico-financiera, por H.A. Cuccorese; industria y comercio, por R.O. Fraboschi; la agricultura, por J.A. Craviotto) presenta particular interés por su riqueza informativa lo que O. Williams Alzaga consagró a la ganadería.

**231. Alvarez, Juan.** Estudio sobre las guerras civiles argentinas. B.A., Roldán, 1914. 221 p.

Este breve libro en que se tratan temas tan distantes entre sí como las consecuencias sociales y políticas de la supuesta creación de un salariado rural en el litoral argentino en las primeras décadas del siglo XIX: las del desequilibrio económico entre Buenos Aires y las provincias interiores o la correlación entre crisis de precios agrícolas y crisis políticas en la Argentina posterior a 1890, es sin duda el que más intenso y amplio influjo ha tenido sobre las formulaciones posteriores de problemáticas para el análisis de la evolución político-social argentina: su extrema riqueza de ideas y sugestiones explica esa influencia.

**232. Cortés Conde, Roberto.** El boom argentino: ¿una oportunidad desperdiciada? *En* T.S. Di Tella; y Tulio Halperín Donghi, *eds.* Los fragmentos del poder. B.A., Alvarez, 1969, p. 217-241.

Utilizando en parte los resultados de otros estudios sobre aspectos parciales, el autor describe en sus rasgos fundamentales el grado del desarrollo de la economía argentina en la etapa inmediatamente anterior a la primera guerra mundial, cuando se estaba alcanzando el límite de las tierras incorporables al área agrícola-ganadera pampeana, y señala los elementos que—pese a la indudable prosperidad—no permiten ya enfrentar el futuro con excesivo optimismo.

**233. _____; y Ezequiel Gallo.** La formación de la Argentina moderna. B.A., Paidós, 1967. 103 p.

Centrado en el período 1860-1914, tras de dos capítulos introductorios sobre las etapas previas de la evolución argentina y sobre el marco internacional en la segunda mitad del siglo XIX, examina la expansión a partir de sus factores exógenos (comercio exterior, inversiones extranjeras, inmigración) e internos (expansión territorial y mecanismos de incorporación) para concluir analizando los condicionamientos (o sea, las distintas modalidades de la adaptación del proceso a los condicionantes antes estudiados). Es en suma el primer intento de examinar la expansión argentina como un problema económico-social que debe ser estudiado de modo a la vez sistemático y global.

**234. Díaz Alejandro, Carlos F.** Essays on the economic history of the Argentine Republic. New Haven, Yale University Press, 1970. 549 p.

El autor reúne en volumen una serie de estudios, la mayor parte de ellos sobre la etapa posterior a 1930, en los cuales propone una imagen del proceso económico argentino en la que las causas de su insatisfactorio desempeño reciente no requieren ser buscadas en un pasado demasiado remoto. En cuanto a la etapa anterior a 1930, Díaz Alejandro subrayará que la comparativa lentitud del desarrollo industrial—menos marcada de lo que a menudo se afirma—no podría en todo caso deberse a la también a menudo supuesta falta de protección aduanera. Como el autor demuestra, ésta estuvo lejos de faltar por entero. En este aspecto los puntos de vista de Díaz Alejandro se acercan a los recientemente presentados por L. Geller (979) y E. Gallo (978).

### 235. Ferns, H. S. Britain and Argentina in the nineteenth century. Oxford, Clarendon, 1960. 517 p.

Apoyado casi exclusivamente en fuentes británicas (entre las cuales las series diplomáticas y consulares son las más importantes), Ferns reconstruye la peculiar relación entre Gran Bretaña y la Argentina, subrayando el papel a su juicio decisivo que en la maduración de ésta tuvo la clase terrateniente argentina (que a juicio del autor derivó de ella provechos mayores que los inversores británicos); esa conclusión—sin duda más fácil de justificar para el siglo XIX que para el siguiente—no hace de este estudio siempre bien informado y a menudo penetrante una apología del *informal imperialism* británico en el Plata.

### 236. Ferrer, Aldo. La economía argentina; las etapas de su desarrollo y problemas actuales. México, Fondo de Cultura Económica, 1963. 266 p.

Del mismo modo que el libro de C. Furtado sobre Brasil (1125), el que Ferrer dedica a la Argentina se propone reconstruir las grandes etapas de su trayectoria económica para hallar en ellas las raíces de las dificultades presentes. El resultado es una presentación sintética de la historia económica argentina, en que las líneas maestras—trazadas con vigor—no dejan mucho lugar para matices, y que ha tenido amplio y merecido éxito como algo que su autor no se propuso hacer: un manual universitario de historia económica, de uso tanto en el mundo académico hispanoamericano como fuera de él.

### 237. Fuchs, Jaime. Argentina: su desarrollo capitalista. B.A., Cartago, 1965. 660 p.

El primer tercio de la obra está dedicado al período anterior a 1930: el autor, comunista de estricta observancia, muestra en estas secciones limitada originalidad, su principal fuente de inspiración es la *Historia económica* de Ortiz (244).

### 238. Gondra, Luis Roque. Historia económica de la República Argentina. B.A., Sudamericana, 1943. 488 p.

Cronológicamente la primera tentativa de historia global de la economía argentina. Se trata de un ensayo poco feliz: la información es desordenada y escasa, los criterios del autor para seleccionar sus temas son misteriosos (la obra se abre con un examen de la disolución del imperio de Carlomagno).

### 239. Gorostegui de Torres, Haydée. La República Argentina antes de la inmigración masiva. B.A.,

Universidad de Buenos Aires, Facultad de Filosofía y Letras, Departamento de Sociología e Instituto de Historia Social, 1963. 133 p., mimeo.

Presentación general de la economía argentina en el ventenio 1850-70, con atención especial a las modificaciones del sistema de transportes y comercio interior y sus consecuencias. Emplea material édito. De este trabajo se ha publicado una versión abreviada (bajo el título de ''Aspectos económicos de la organización nacional'') en Torcuato S. Di Tella; y Tulio Halperín Donghi, *eds. Los fragmentos del poder.* B.A., Alvarez, 1969.

### 240. Halperín Donghi, Tulio. Para un balance de la situación actual de los estudios de historia económica argentina. *En* Instituto de Investigaciones Históricas, Universidad Nacional del Litoral e I. D. E. S. Jornadas de historia y economía argentina en los siglos XVIII y XIX. B.A. y Rosario, 1964, p. 11-17, mimeo.

Para el autor la situación está marcada por la transición entre una doble tradición, que encara los problemas de historia económica bien desde una perspectiva política, bien desde la del desarrollo técnico de los distintos sectores productivos, y una que admite el interés dominante de los problemas globales de la economía nacional. Este trabajo ha sido vuelto a publicar en la revista *Universidad* [Santa Fe], núm. 64, 1964: 79-90.

### 241. Hanson, Simon Gabriel. Argentine meat and the British market: chapters in the history of the Argentine meat industry. Stanford and London, Stanford University Press, and Oxford University Press, 1938. 294 p.

Sin duda todavía el mejor estudio de conjunto sobre el tema, particularmente sólido en el examen de las etapas de comercialización y transportes fuera del territorio argentino.

### 242. Ibarra de Roncoroni, Graciela. Buenos Aires y la Confederación después de Caseros. *En* Universidad Nacional del Litoral, Facultad de Filosofía y Letras. Anuario del Instituto de Investigaciones Históricas. 6: Demografía retrospectiva e historia económica. Rosario, 1962-63, p. 191-212.

Utilizando de modo sistemático el material édito disponible, la autora reconstruye los lineamientos básicos del proceso económico en la Confederación y el estado secesionista de Buenos Aires durante la década posterior a 1852.

### 243. Oddone, Jacinto. El factor económico en nuestras luchas civiles. B.A., La Vanguardia, 1937. 280 p.

El interés constante del autor es rastrear los aspectos económicos en las luchas civiles de la primera mitad del siglo XIX; sólo secundariamente examina los conflictos económicos como determinantes de las oposiciones políticas (sobre todo buscando en la lucha entre ganaderos de Buenos Aires e industriales del Interior la clave para los enfrentamientos de la década de 1820).

**244. Ortiz, Ricardo M.** Historia económica de la Argentina, 1850-1930. B.A., Raigal, 1955. 2 v.

Merecidamente el más exitoso manual de historia económica argentina. Estudia las etapas del predominio lanero, 1850-80; de instalación del frigorífico, 1880-99; de expansión y afianzamiento del frigorífico, 1900-30: la periodización misma muestra cómo coloca en el centro de su atención a la ganadería; para cada una de las etapas y en capítulos separados estudia la población, transporte, finanzas y comercio exterior, a más de los restantes sectores productivos.

**245. Pinedo, Federico.** Siglo y medio de economía argentina. México, CEMLA, 1961. 138 p.

Reproducción, con modificaciones leves, del estudio publicado en el número dedicado por *La nación* de Buenos Aires al sesquicentenario de la revolución del 25 de mayo de 1810. Frente a otras interpretaciones recientes, Pinedo insiste no sólo en el carácter positivo de la etapa de expansión de la economía exportadora, sino en la permanente vigencia de la política económica aplicada durante esa etapa. En cuanto al período posterior, presenta a la década del 30 como una etapa marcada por la aplicación de soluciones de emergencia, de antemano reconocidas como provisionales, que poco tiene en común con la que le sigue, caracterizada según Pinedo por el triunfo total del "fatal estatismo."

**246. Portnoy, Leopoldo.** La realidad argentina en el siglo XX. V. 2: Análisis crítico de la economía argentina. México: Fondo de Cultura Económica, 1961. 204 p.

Historia económica en orden regresivo, a partir de la situación de la Argentina postperonista hasta la gran expansión de la economía exportadora, a comienzos del siglo. Trabajando sobre materiales fácilmente asequibles y no demasiado abundantes, el autor caracteriza sobre todo las políticas económicas de las sucesivas etapas, todas ellas juzgadas insatisfactorias (sus juicios sobre la del peronismo, estudiado en un capítulo significativamente titulado "La gran ilusión" son tan condenatorios como los formulados sobre la acción de los responsables de la conducción económica en la década del 30, presentados como "los cajeros," identificados con una cierta política financiera de cuya dimensión económica no se habrían percatado).

**247. Rodríguez Molas, Ricardo E.** Historia social del gaucho. B.A., E. Maru, 1968. 344 p.

Reconstrucción histórica de la utilización del gaucho como fuente de mano de obra rural y de soldados para el ejército de línea. Dada la escasez y relativa inaccesibilidad de las fuentes documentales sobre la administración de estancias, el primer aspecto es encarado sobre todo desde la perspectiva de la legislación y su aplicación por vía judicial y administrativa y el segundo—más abundantemente tratado en las fuentes de que el autor disponía—es también aquí objeto de examen particularmente minucioso. Importante masa de datos; en cuanto a la interpretación el autor prefiere subrayar (no sin motivo) la iniquidad de las consecuencias sociales de la política aplicada que examinar el contexto y los objetivos económicos que lo caracterizaron.

**248. Sabsay, Fernando L.** Historia económica y social argentina. V. 2: Argentina documental. B.A., Bibliográfica Omeba, 1967-69. 2 v.

Colección de documentos heterogéneos, entre los que predominan los textos legales de interés para la historia financiera y legislación del trabajo. En suma, un título engañoso.

**249. Sommi, Luis V.** La revolución del 90. B.A., Monteagudo, 1948. 239 p.

El autor propone un análisis marxista de la génesis de la revolución que resulta muy cercano al tradicional y convencional: la política monetaria y crediticia explicada por las oportunidades que abría a la corrupción, etc. Pero lo fundamenta en un estudio minucioso de la evolución económica durante los quince años anteriores a la crisis, que—aun sin acudir a otras fuentes que las éditas—ofrece indudable utilidad.

**250. Taylor, Carl C.** Rural life in Argentina. Baton Rouge, Louisiana State University Press 1948. 464 p.

Aunque primordialmente destinada a proporcionar un cuadro de la sociedad en las zonas cerealeras del Litoral argentino durante la segunda guerra mundial, esta obra concede atención al proceso por el cual esa sociedad alcanzó sus rasgos constitutivos; a más de veinte años de su publicación sigue siendo indispensable para el estudio de historia rural.

**251. Tella, Guido Di; y Manuel Zymelman.** Las etapas del desarrollo económico argentino. B.A., Eudeba, 1967. 540 p.

La primera parte de este libro presenta una adaptación de la teoría de Rostow al caso argentino, a más de un modelo de desarrollo económico de los espacios abiertos que parte de nociones elaboradas por A. Hansen; en uno y otro aspecto ofrece sólo un esbozo, rico, sin embargo, en elementos sugestivos. Más directamente interesante desde una perspectiva histórica es el conjunto de apéndices, que reconstruye las fluctuaciones cíclicas de la economía argentina entre 1876-1952, utilizando e integrando con felicidad el material disponible sobre esta etapa.

**Véase también:** 491, 818, 978.

## 4. Condiciones geográficas, sociales y económicas

**252. Alcorta, Amancio.** Escritos económicos. . . . B.A., El Comercio del Plata, 1862. 151 p.

Amancio Alcorta, santiagueño residente en Buenos Aires, alcanzó a establecer una importantísima empresa dedicada al comercio entre esta ciudad y el norte argentino. En estos escritos—publicados póstumamente—propone la fundación de bancos en todas las capitales de provincia y ensaya una defensa apasionada de la gran propiedad inmueble contra el error—que juzga peligrosamente difundido—de creer que es preciso introducir una legislación favorable a su división.

**253. Alsina, Juan A.** De mi archivo: gestión económica. B.A., F. Alsina, 1911. 362 p.

Alsina, experto y alto funcionario, publica aquí opiniones y dictámenes vertidos a lo largo de su carrera; aunque sólo moderadamente penetrantes, estos trabajos son buen ejemplo de un tipo de publicación por desdicha poco frecuente en la Argentina. Sólo un tomo ha sido publicado.

### 254. Argentina. Departamento de Inmigración. Noticias útiles para inmigrantes, trabajadores y capitalistas. B.A., s.f. 63 p.

Esta serie, publicada en francés, inglés, alemán, danés e italiano, a la vez que en español, ofrece en breves folletos datos sobre un aspecto particular de la realidad económica argentina. La Biblioteca Tornquist posee una colección aparentemente completa. Temas cubiertos: descripción general de provincias (Córdoba, San Luis, Mendoza, Entre Ríos, Tucumán, Salta y Jujuy, gobernación de La Pampa). Rubros de producción: tabaco, azúcar, ganadería bovina y ovina; ganadería caballar; ganado menor; vitivinicultura; algodón; maíz; aceites vegetales. En estos últimos el interés dominante es presentar las posibilidades de éxito económico de nuevas unidades de explotación; en relación con ello se proporciona abundante información sobre costos de explotación, incluidos jornales.

### 255. _____. Department of Agriculture. Sketch of the Argentine Republic as a country for immigration. 2. ed. B.A., Kidd, 1904. 138 p.

Un ejemplo más de esa literatura entre informativa y propagandística cultivada por distintas reparticiones oficiales hasta la primera guerra mundial. En este caso, recopilación de datos estadísticos sobre agricultura, ganadería, industria, exportaciones, transporte y comunicaciones, todos ellos éditos. Util para una compulsa rápida.

### 256. Bunge, Alejandro E. Los problemas económicos del presente. V. 1: Población-trabajo-costo de la vida-poder de compra de la moneda-producción e industrias nacionales. B.A., 1920. 342 p.

Intento de iluminar a partir de la información estadística disponible un conjunto de problemas íntimamente relacionados entre sí: población e inmigración; salarios y carestía; causas de ésta en cuanto a alimentos y vivienda; vivienda obrera y propiedad urbana; producción e industria nacional (sobre todo en cuanto al sector lechero y lanero).

### 257. Burmeister, Hermann. Reise durch die La Plata Staaten mit besonderer Rücksicht auf die physische Beschaffenheit und den Cultur-Zustand der Argentinischen Republik. Ausgeführt in den Jahren 1857, 1858 und 1860 von Dr. . . . Halle, H. W. Schmidt, 1861. 2 v.

Esta descripción geográfica, debida al conocido naturalista alemán, y rica en notaciones sobre áreas lejanas del interés científico de éste, ha sido objeto de una traducción española, publicada en Buenos Aires en tres volúmenes, en 1943-44. Burmeister no había alcanzado aún en la Argentina el influjo que luego iba a utilizar, por ejemplo, para poner su prestigio científico al servicio de la noción de que las tierras pampeanas no eran aptas para la agricultura cerealera; su descripción sólo es sistemática al nivel de la descripción de la naturaleza;

como cuadro geográfico alcanza sólo valor de complemento del tanto más valioso debido a Martin de Moussy (268).

### 258. Carrasco, Gabriel. Argentina y Chile al comenzar el siglo XX; comparaciones gráficas y estadísticas. B.A., Compañía Sudamericana de Billetes de Banco, 1902. 73 p.

El conocido estadígrafo santafesino, estimulado por el peligroso conflicto con Chile, hace una comparación del desarrollo y los recursos de éste y la Argentina, demostrando que la economía argentina alcanzó las dimensiones de la chilena en la sexta década del siglo XIX y desde entonces la ha superado rápidamente.

### 259. _____. Intereses nacionales de la República Argentina; estudios sobre población-colonización-agricultura-ganadería-comercio-ferrocarriles-navegación-correos-telégrafos-industrias-finanzas-administración - bibliografía - geografía - instrucción pública, etc. B.A., Peuser, 1895. 769 p.

El título hace plena justicia al carácter misceláneo de esta obra, que recopila escritos en los que Carrasco (no sólo importante estadígrafo, sino también influyente hombre público santafesino) toma posición sobre problemas de interés económico. Particularmente interesantes los referidos a impuestos y transportes.

### 260. Córdoba. Exposición Nacional, 1871. Boletín de la Exposición Nacional en Córdoba. Director D. Bartolomé Victory y Suárez. B.A., Bernheim, 1869-73. 7 v.

Los cuatro primeros tomos recogen la correspondencia vinculada con la organización de la exposición, informes, memorias y circulares sobre cultivos y máquinas, con ilustraciones completas de la maquinaria agrícola en exhibición, y finalmente un catálogo de los productos en exhibición (tomo 4). Los tres últimos tomos recogen memorias independientes, preparadas con vistas a la exposición, que aquí se asientan por separado. La exposición de Córdoba, convocada por iniciativa del presidente Sarmiento en la ciudad mediterránea en el momento en que el ferrocarril llegaba a ella, estaba destinada a acelerar la integración económica del interior y el litoral y a difundir la preocupación por la diversificación económica, sobre todo en la primera de esas regiones.

### 261. Denis, Pierre. La République Argentine: la mise en valeur du pays. Paris, Colin, 1920. 299 p.

Este volumen del geógrafo francés (del que hay traducción inglesa, *The Argentine Republic, its development and progress,* London and New York, Unwin and Scribner, 1922. 296 p.), sin alcanzar el nivel de excelencia de su estudio sobre el Brasil (1183), contiene sin embargo un excelente estudio del área de agricultura cerealera en vísperas de la primera guerra mundial.

### 262. Great Britain. Department of Overseas Trade. Report on the economic conditions in the Argentine Republic. His Majesty's Stationery Office, London, 1921-30.

Esta publicación anual recoge datos sobre situación financiera, monetaria, comercio exterior, transportes, producción y trabajo durante el año al que se refiere. Su redacción corrió a cargo del secretario comercial de la legación (luego embajada) británica en Buenos Aires.

**263. Huret, Jules.** En Argentine: de la Plata a la Cordillera des Andes. París, Fasquelle, 1913. 546 p.

**264. _____.** En Argentine: de Buenos-Ayres au Gran Cacho. Paris, Fasquelle, 1914. 608 p.

El autor, célebre por sus reportajes periodísticos (entre ellos uno dedicado a Alemania), consagró dos volúmenes a la crónica de una extensa visita a la Argentina: a los elementos impresionistas propios del género (sobre cultura, costumbres, formas de sociabilidad) a menudo singularmente penetrantes, se agrega una sólida—aunque no sistemáticamente cuantificada—descripción de la estructura de producción, comercio y finanzas y su relación con la estructura social en formación. En suma, una excelente primera aproximación a la Argentina en la cumbre del largo boom de la economía exportadora. Existe traducción española de ambos volúmenes, publicada por su editor francés y debida a M. Gómez Carrillo.

**265. Hutchinson, Thomas J.** Buenos Aires and Argentine gleanings with extracts from a diary of Salado exploration in 1862 and 1863. London, Stanford, 1865. 321 p.

El autor, antes viajero en el Medio Oriente y por un largo período cónsul en Rosario, proporciona en esta obra abundante información sobre economía y comercio interno (con la expansión de ésta se vinculaba el impresionante ascenso de Rosario como centro portuario y mercantil); la visita al Salado (en las provincias de Santa Fe y Santiago del Estero) se vinculaba con la búsqueda de nuevos terrenos aptos para el cultivo del algodón, estimulada por el gobierno británico ante la crisis de materias primas provocada a la industria textil por la guerra civil de los Estados Unidos. Existe traducción española de Luis V. Varela, *Buenos Aires y otras provincias argentinas*. B.A., 1866; reedición Buenos Aires, Editorial Huarpes, 1945. 387 p.

**266. MacCann, William.** Viaje a caballo por las provincias argentinas. 2. ed. Traducción de J. L. Busaniche. B.A., Ferrari, 1939. 242 p.

Traducción de las partes descriptivas de la obra publicada por MacCann en Londres: *Two thousand miles through the Argentine provinces*. London, 1853. El viajero—un inglés simpatizante con el régimen rosista—recorre en 1847 las provincias de Buenos Aires, Santa Fe, Córdoba y Entre Ríos, y analiza con penetración las peculiaridades de las distintas zonas ganaderas (en particular la participación de hacendados británicos en la expansión de la ganadería).

**267. Marbais Du Graty, Alfred.** La Confédération Argentine. Paris, Guillaumin, 1858. 371 p.

El autor, belga de origen, alcanzó en el gobierno de la Confederación de las provincias interiores un influjo debido en parte a su actuación como intermediario con la finanza europea, y llegó a ser diputado en el Congreso de Paraná. Esta obra es declaradamente una presentación favorable de su país de adopción ante el público europeo, y está marcada por un optimismo sistemático, que no llega sin embargo hasta la falsificación abierta de los datos. Un ejemplo temprano—pero ya significativo—de un tipo de literatura que iba a hacerse luego más abundante; cuenta en su favor con la perspicacia y el conocimiento preciso de la realidad que describe, que caracterizan a Du Graty.

**268. Martin de Moussy, Jean-Antoine-Victor.** Description géographique et statistique de la Confédération Argentine. Paris, Didot, 1860-73. 3 v.

Encargado por el gobierno de la Confederación, el estudioso francés no sólo trazó una completa descripión geográfica del país, sino también elaboró una imagen parcialmente impresionista, pero penetrante, del estado del desarrollo económico en la segunda mitad de la década de 1850, en que a la vertiginosa prosperidad surgida de la guerra de Crimea sucede el estancamiento en que se refleja localmente la crisis europea de 1857.

**269. Mulhall, Michael George; and E. T. Mulhall.** Handbook of the River Plate; comprising Buenos Aires, the upper provinces, Banda Oriental and Paraguay. B.A., Standard Printing Office, 1869. 2 v.

Los hermanos Mulhall, a la vez periodistas en Buenos Aires, fueron reputados estadígrafos del comercio internacional. Ello se refleja en este libro excepcional (destinado a conocer cinco ediciones en quince años), que participa del Baedeker, de la descripción geográfico-económica y del estudio (muy atento a problemas de costos y márgenes de lucro) de la expansión de la economía exportadora argentina.

**270. Napp, Ricardo.** The Argentine Republic, written in German by . . . , assisted by several fellow-writers for the Central Argentine Commission of the Centenary Exhibition at Philadelphia. B.A., La Sociedad Anónima, 1876. 560 p.

Otra muestra de esas formas de propaganda que hacía de la abundancia y precisión informativa una de sus armas más eficaces; cultivada por el gobierno argentino en la etapa de expansión de la economía exportadora, con vistas a atraer inmigrantes dotados de algún capital. Al margen de esa intención, esta obra ofrece una inteligente colección de información descriptiva y estadística, que explica su éxito entre los estudiosos.

**271. Parish, Sir Woodbine.** Buenos Aires and the provinces of the Rio de La Plata, from their discovery and conquest by the Spaniards to the establishment of their political independence; with some account of their present state, trade, debt, etc., [and] an appendix of historical and statistical documents and a description of the geology and fossil monsters of the Pampas. 2. ed. London, Murray, 1852. 434 p.

**272.** _____. Buenos Aires y las provincias del Río de la Plata, desde su descubrimiento y conquista por los españoles. Traducida del inglés al castellano y aumentada con notas y apuntes por Justo Maeso. B.A., Hortelano, 1852-53. 2 v.

Sir Woodbine Parish, primer cónsul de carrera y ministro de Gran Bretaña en Buenos Aires (1825-30), alcanzó un conocimiento íntimo de la economía, la sociedad y la política de la región. Su obra es particularmente informativa sobre el primer aspecto; Justo Maeso agregó a su traducción española información muy abundante (y a veces difícilmente asequible en otras fuentes) sobre el comercio interprovincial e internacional a mediados del siglo. Existe una edición reciente, con estudio preliminar de José Luis Busaniche. (B.A., Hachette, 1958. 647 p.)

**273. Plaza, Victorino de la.** Estudio sobre la situación política, económica y social de la República Argentina. B.A., Peuser, 1903. 269 p.

Ampliación de un discurso político; el importante político y financista (íntimamente vinculado a bancos europeos de inversión) se pronuncia fuertemente contra el proteccionismo; a su juicio la recuperación luego de la crisis de 1890 es sólo aparente, porque la importación no ha crecido al mismo ritmo que las exportaciones. En otros aspectos, violenta condena a los avances del poder estatal, manifestados en la "monstruosa" ley de servicio militar obligatorio.

**274.** Situation des affaires en Argentine; rapport confidentiel publié par la S. A. Financiera, comercial e industrial Ernesto Tornquist. B.A., 1915—.

Información sobre estado del mercado, perspectivas de la economía, medidas oficiales vinculadas con ella. Publicado en francés hasta 1928; en francés e inglés en 1928-34; luego sólo en inglés.

**Véase también:** 52, 380, 592, 1041, 1199.

## 4a.  Condiciones geográficas, sociales y económicas: periódicos

**275.** Boletín de la Cámara de Comercio Italiana en Buenos Aires. B.A., 1921-26.

Periodicidad trimestral y nivel nacional. Datos sólo cualitativos sobre comercio exterior y moneda, bancos y crédito privado: cualitativos y cuantitativos sobre comercio interno, empresas y coyunturas; cualitativos, cuantitativos y estadísticos sobre transportes (en especial marítimos), movimientos de población y precios.                                (BN)

**276.** Boletín de la Confederación Argentina del Comercio, Industria y Producción. B.A., 1925-28.

Periodicidad mensual: nivel nacional. Información cualitativa, cuantitativa y estadística sobre industria en general y manufactura: cualitativa y cuantitativa sobre moneda, crédito y bancos, coyuntura y propiedad: cuantitativa solamente sobre industria textil, comercio exterior e interno y precios.          (BN)

**277.** Boletín de productos argentinos. B.A., 1888-90.

Periodicidad semestral: nivel nacional. Información cualitativa y cuantitativa sobre agricultura de la caña, industria (artesana y textil): cualitativa, cuantitativa y estadística sobre industria manufacturera: sólo cuantitativa para crédito y bancos, precios y coyuntura: cuantitativa y estadística sobre empresas, sólo estadística sobre agricultura de cereales y cultivos industriales y ganadería vacuna.          (BN)

**278.** Boletín del Centro Unión Corredores de Comercio. B.A., 1917-21.

Periodicidad bimestral y nivel nacional. Información cualitativa y cuantitativa sobre comercio exterior, estado e impuestos, coyuntura y precios; sólo cualitativa sobre transporte ferroviario y automotor, asociaciones y empleo.          (BN)

**279.** Boletín industrial dedicado al fomento del comercio, industria y producción nacional. B.A., 1893-1913. 57 v.

Periodicidad trimestral, nivel nacional. Material muy abundante pero también extremadamente heterogéneo; predominantemente información cualitativa. Las áreas tocadas son desde luego la actividad industrial, pero también minería, comercio exterior e interno (alguna información estadística sobre este último), crédito y bancos, tecnología, empresa, propiedad, coyuntura y precios (y aun ocasionalmente algunos ramos de la actividad agrícola).          (BN)

**280.** Boletín oficial de la Cámara Sindical del Comercio de Frutas y Anexos. B.A., 1920-28.

Periodicidad mensual: nivel nacional, pero la mayor parte de las informaciones referidas a la plaza de Buenos Aires. Informaciones vinculadas con el área de acción de la Cámara; ofrece información (incluida estadística) sobre agricultura, industria manufacturera, comercio interno, transporte ferroviario y navegación a vapor y precios; datos también sobre asociaciones y empresas.          (BN)

**281.** Circular Bullrich. B.A., 1920-23.

Periodicidad mensual, nivel nacional. Boletín de informaciones de interés mercantil, publicado por la importante casa especializada en administración y venta de propiedades y ventas de ganado. Datos cualitativos y cuantitativos sobre las distintas ramas de la ganadería, comercio exterior e interno, empresas y propiedad; sólo cuantitativos sobre precios.          (BN)

**282.** El comercio del Plata. B.A., 1872-83.

Periodicidad diaria; nivel nacional. Información cualitativa y estadística sobre comercio en general, exterior e interno; cuantitativa y estadística sobre ganadería vacuna y ovina, crédito público, empresas, coyuntura y precios; sólo cualitativa sobre ganadería en general; sólo estadística sobre agricultura en general y cerealera, transporte ferroviario y por agua a vapor; movimiento de poblaciones.          (BN)

**283.** El economista argentino; periódico político y financiero. B.A., 1891-1916. 25 v.

Periodicidad semanal y nivel nacional. Información cualitativa sobre agricultura cerealera y ganadería vacuna y ovina; cualitativa y cuantitativa sobre crédito público, coyuntura, propiedad, empleo y precios; cualitativa, cuantitativa y estadística sobre comercio exterior, transporte ferroviario y navegación a vapor, bancos y crédito privado y empresas.

(BN)

## 284. La gaceta económica; finanzas. B.A., 1919-22.

Material cuantitativo y estadístico sobre comercio (en especial exterior), transportes (en especial marítimo), empresas y coyuntura. Nivel nacional y periodicidad anual.

(BN)

## 285. Gaceta industrial argentina (defensa de la industria) B.A., 1904-32.

Periodicidad quincenal; nivel nacional. Esta publicación, continuada luego de 1932 por la titulada *Ingeniería e industria* trae información particularmente abundante sobre actividades de talleres metalúrgicos. Ofrece datos sobre las siguientes áreas temáticas: comercio en general interno (cualitativos, cuantitativos y estadísticos), agricultura cerealera y azucarera; comercio exterior; moneda, crédito y bancos y empresas (cuantitativos y cualitativos); coyuntura (cualitativos solamente); industria y sus distintas ramas, estado e impuestos, empresas (cuantitativos solamente).

(BN)

## 286. Gaceta rural, mercantil e industrial. B.A., 1912-16.

Periodicidad mensual; nivel nacional. Información cualitativa, cuantitativa y estadística (más abundante a partir de 1914) sobre comercio exterior e interno y transportes en general; moneda; crédito y bancos, y precios. Información cualitativa y cuantitativa sobre agricultura general y cerealera, estado e impuestos, empresas y coyuntura.

(BN)

## 287. El industrial, artes e industrias nacionales. B.A., 1856.

Periodicidad mensual; nivel nacional. Información cualitativa, cuantitativa y estadística sobre comercio y transportes en general y comercio interno; cualitativa y cuantitativa sobre transporte por agua en vapores; estado e impuestos; coyuntura, empleo y precios; sólo cualitativa para industria artesanal y manufacturera, crédito, moneda y bancos.

(BN)

## 288. El mercurio de América. B.A., 1898-1900.

Periodicidad mensual; nivel nacional. Información cualitativa, cuantitativa y estadística sobre comercio exterior; cualitativa y cuantitativa sobre comercio interno; transporte por ferrocarril y vapor; moneda, crédito y bancos; empresas, coyuntura y precios.

(BN)

## 289. Monitor de las sociedades anónimas y patentes de invención. B.A., 1911-22.

Periodicidad mensual, nivel nacional. Datos cualitativos, cuantitativos y estadísticos sobre moneda, crédito y bancos y empresas; cualitativos y cuantitativos sobre asociaciones y precios; sólo cualitativos sobre estado e impuestos, coyuntura y propiedad.

(BN)

## 290. La producción agrícola, ganadera e industrial. B.A., 1905.

Periodicidad mensual; nivel nacional, aunque la información se refiere en su mayor parte a las provincias de Buenos Aires y Santa Fe. Datos estadísticos sobre comercio exterior; cualitativos y cuantitativos sobre agricultura (general); ganadería (general y del vacuno); empresas, coyuntura y empleo; sólo cualitativos sobre comercio interior, ganadería ovina y tecnología; sólo cuantitativos para industria manufacturera y precios.

(BN)

## 291. La producción nacional. B.A., 1918-20.

Periodicidad quincenal; nivel nacional. Información cualitativa, cuantitativa y estadística sobre agricultura en general; cuantitativa y estadística sobre ganadería en general y del vacuno, comercio exterior e interno, empresas, empleo y precios; cualitativa y cuantitativa sobre cultivos cerealeros, industriales y forrajeros, ganadería ovina y otras; minería, industria y sus distintas ramas; comercio en general, tecnología, estado e impuestos y empresas.

(BN)

## 292. Las provincias, finanzas, comercio, ganadería, agricultura, obras públicas, ferrocarriles. B.A., 1902.

Periodicidad quincenal, área nacional. Información sobre los rubros más importantes de la actividad económica en cada sector: agricultura del cereal y cultivos industriales, ganadería vacuna y ovina, transporte ferroviario y marítimo, crédito, moneda y bancos, coyuntura y precios.

(BN)

## 293. Revista comercial y administrativa. B.A., 1861-62.

Nivel nacional, periodicidad mensual. Información cualitativa y cuantitativa sobre comercio exterior e interno, transportes, empresas, coyuntura y propiedad; sólo cuantitativa para transporte por agua a vapor.

(BN)

## 294. Revista de aduana y comercio. B.A., 1905-09.

Periodicidad semanal; nivel nacional. Información (particularmente rica para el bienio 1905-06), de carácter cualitativo, cuantitativo y estadístico para transporte marítimo; cualitativo y cuantitativo para industria manufacturera (incluida textil), comercio exterior e interno, bancos y crédito privado, empresas y coyuntura; sólo cualitativo sobre asociaciones.

(BN)

## 295. Revista de economía y finanzas. B.A., 1914-22.

Información cualitativa y cuantitativa y datos estadísticos sobre comercio exterior e interno, transportes (ferrocarril), moneda, crédito y bancos; información cuantitativa sobre empresas, coyuntura y precios. Nivel nacional; periodicidad quincenal. Colección incompleta.

(BN)

## 296. Revista de la Bolsa de Cereales. B.A., 1915-23.

Periodicidad mensual, nivel nacional. Información cualitativa para transporte por tierra, construcción rural; cualitativa y cuantitativa para cultivos industriales, comercio interno, crédito, moneda y bancos, estado e impuestos, empresas y propiedad; sólo cuantitativa para transporte ferroviario;

cuantitativa y estadística para transporte marítimo y precios; cualitativa, cuantitativa y estadística para agricultura cerealera, industria artesanal y manufacturera y comercio exterior.   (BN)

**297.  Revista económica y financiera.** B.A., 1892-95.

Nivel nacional; periodicidad trimestral. Información cualitativa, cuantitativa y estadística sobre agricultura del tabaco; industria en general y manufacturera; comercio en general, y crédito privado, empresas, coyuntura y propiedad.   (BN)

**298.  El tabaco; revista de la Compañía Argentina de Tabacos.** B.A., 1918-19.

Periodicidad mensual; nivel nacional. Información cualitativa, cuantitativa y estadística sobre agricultura del tabaco; industria en general y manufacturera; comercio en general, interno y exterior; moneda, crédito y bancos; estado e impuestos. Cualitativa y cuantitativa sobre transporte ferroviario, propiedad y precios.   (BN)

# II.  Demografía, Fuerza de Trabajo y Condiciones de Vida

## 1.  Población

**299.  Aráoz, Ricardo.** Consideraciones sobre las estadísticas demográficas de la provincia de Salta; estudio presentado al Primer Congreso Nacional de Medicina. Salta, El Colegio Salesiano Angel Zerda, 1916. 16 p.

Evolución de la población entre 1895-1914: nupcialidad, mortalidad, mortalidad infantil, natalidad: datos sobre sanidad (asistencia pública).   (BT)

**300.  Argentina. Dirección General de Estadística y Censos.** Informes. B.A., 1921-44.

Entre las 34 publicaciones comprendidas en esta serie se vinculan con temas demográficos *Clasificación estadística de las causas de defunción 1910-1920* y *La población y el movimiento demográfico de la República Argentina 1910-1925 (1925).*   (BT)

**301.  _____. Superintendente del Censo.** Primer censo de la República Argentina, verificado en los días 15, 16 y 17 de setiembre de 1869. B.A., El Porvenir, 1872. 746 p.

Introducción: antecedentes censales. Población absoluta, y agrupada por nacionalidad y sexo, edad y sexo, población argentina agrupada por provincia de origen; población agrupada por estado civil, condiciones especiales, profesión. Censo de ciudadanos aptos para votar. Censo de puertos y navegación; de habitación; de ciudades, villas y pueblos. Datos sobre alfabetización y escolaridad; sobre densidad de población y de viviendas. En suma, un censo de población con sólo un mínimo de datos complementarios.

**302.  Besio Moreno, Nicolás.** Buenos Aires, puerto del Río de la Plata, capital de la Argentina; estudio crítico de su población, 1536-1936. B.A., Tudurí, 1939. 500 p.

Este estudio demográfico, que cubre los cuatro siglos a partir de la primera fundación de la ciudad en 1536, no sólo utiliza todo el material disponible, sino lo elabora en forma técnicamente satisfactoria. Reconstrucción de una serie continua de población urbana, examen de las causas de las principales inflexiones en esa serie (en particular epidemias, algunas de ellas muy mal conocidas).

**303.  Boletín demográfico nacional.** B.A., 1899-1902.

Periodicidad semestral; nivel nacional. Publicación del Ministerio del Interior, proporciona información cuantitativa y estadística sobre población, empleo y educación.   (BN)

**304.  Buenos Aires (provincia). Dirección General de Estadística.** Memoria demográfica. Año 1895. La Plata, 1898. 164 p.

Extensión, población, nupcialidad, mortalidad, natalidad.

**305.  Carrasco, Gabriel.** La estadística y los censos de población en la República Argentina. Nueva revista de Buenos Aires [B.A.], v. 10, 1884: 375-399; v. 11, 1884: 33-55 y 207-227.

Carrasco realizó tareas estadísticas para el gobierno nacional y el santafesino; a partir de la experiencia así adquirida resume y critica lo realizado en el país en ese campo. Sus criterios no son siempre claros, pero su escrito echa alguna luz sobre las técnicas estadísticas utilizadas en un período marcado por una constante innovación y experimentación en ese campo.

**306.  Casañas, Ofelia.** Algunos aspectos de la población de Santa María entre los dos primeros censos nacionales. *En* Instituto de Investigaciones históricas, Universidad Nacional del Litoral e I.D.E.S. Jornadas de historia y economía argentina en los siglos XVIII y XIX. B.A. y Rosario, 1964, p. 195-204, mimeo.

Examina la trasformación de las características demográficas y sociales de la población del departamento de Santa María entre los censos nacionales de 1869 (301) y 1895 (206): el crecimiento más que proporcional de los menores de 16 años y de las mujeres en el grupo de mayores de 16 y menores de 60 son los cambios demográficos de más bulto. Se utilizan a más de los datos censales los de los libros parroquiales.

**307.  _____.** La población de Santa María; las epidemias de 1882-1889. *En* Universidad Nacional del Litoral, Facultad de Filosofía y Letras. Anuario del Instituto de Investigaciones Históricas. 6: Demografía retrospectiva e historia económica. Rosario, 1962-63, p. 111-118.

Utilizando los archivos parroquiales del curato de Santa María, en Catamarca, la autora registra la incidencia de la epidemia de viruelas de 1885-86 en la curva de defunciones; analiza también el perfil estacional de la curva y su relación con las causas de decesos.

**308. Censo de habitantes de la capital y provincia de Buenos Aires, 1838. Archivo General de la Nación, B.A., sala X.**

Censo particularmente completo; edad, estado civil, origen, ocupación; falta todo resumen y tabulación, salvo en algunos casos al nivel de la ínfima unidad censal.

**309. Coni, Emilio R. Cuestiones demográficas. B.A., Coni, 1886. 189 p.**

Colección de estudios sobre los siguientes temas: demografía argentina, 1879-80; la mortalidad infantil en la ciudad de Buenos Aires, 1879; el servicio sanitario en la ciudad de Buenos Aires, 1880 y la estadística vital de la ciudad de Buenos Aires, 1860-70 (por Guillermo Rawson).          (BT)

**310. Gormaz y Carrera, J. J. Apuntes estadísticos sobre la ciudad de Rosario, 1858, con sujeción al Censo Oficial levantado en 1858. Rosario, El Comercio, 1859. 141 p.**

Detallada publicación de datos censales: población (nacionalidad, sexo, estado civil, edad, grado de instrucción, datos sanitarios); vivienda (casas por manzana y número de habitantes).          (BT)

**311. Latzina, Francisco. La mortalidad habida en 18 ciudades argentinas durante el año 1889; compilación realizada por la Oficina Demográfica del Departamento Nacional de Higiene con un apéndice sobre el movimiento de población de La Plata (1844-1890). B.A., Comp. S.A. de Billetes de Banco, 1891. 449 p.**

Datos sobre Capital Federal, Rosario, La Plata, Tucumán, Santa Fe, Salta, Paraná, Corrientes, San Nicolás, San Juan, Santiago del Estero, San Luis, Jujuy, Concordia, Bahía Blanca, La Rioja, Concepción del Uruguay y Catamarca. En anexo: inmigración y radicación en La Plata.          (BT)

**312. Maeder, Ernesto J. A. Evolución demográfica argentina desde 1810 a 1869. B.A., Eudeba, 1969. 68 p.**

En este breve examen del tema, el autor recurre a las estimaciones de fuente oficial y privada, para compararlas entre sí y con las cifras del primer censo nacional; aunque ofrece un inventario parcial de censos levantados durante la época que considera no utiliza sino esporádicamente sus datos. Pese a la exigüidad de los materiales empleados, la concordancia existente en cuanto a sus contenidos hace verosímiles las conclusiones propuestas.

**313. _____. Historia y resultados del censo confederal de 1857; trabajos y comunicaciones. [La Plata]v. 18, 1968: 137-162.**

El censo, destinado a cubrir todas las provincias de la Confederación, fue levantado en las de Entre Ríos, Corrientes, Santa Fe, Córdoba, San Luis, Mendoza, San Juan, Santiago del Estero y Tucumán. Aunque los materiales originales fueron destruidos por incendio en 1867, un amplio resumen de los resultados (reproducido aquí con sólo muy ligera elaboración) fue publicado en _El nacional argentino_ de Paraná y utilizado por Martin de Moussy (268).

**314. Ruggeroni, Dante. Historia demográfica de Reconquista. Reconquista, Santa Fe, 1968. 72 p.**

Reconstrucción de los movimientos vitales en este centro urbano, el más importante del Chaco santafesino, que utiliza datos censales y del registro civil de la localidad. El autor, formado en el Instituto de Investigaciones Históricas de la Universidad del Litoral, prosigue aquí la línea de investigaciones en demografía histórica comenzada por aquél.

**315. Sánchez-Albornoz, Nicolás. Rural population and depopulation in the province of Buenos Aires, 1869-1960. _In_ International Economic Association. Proceedings of section V (historical demography) of the Fourth Congress of the International Economic Association. Bloomington, Indiana University, 1968, p. 315-334.**

El autor compara la evolución demográfica de partidos predominantemente rurales y predominantemente urbanos (la variación en los criterios utilizados en los sucesivos censos para definir la población rural lo obliga a ello) y describe la sucesión de una fase ascendente y una descendente, explicable en parte por cambios en mortalidad y fertilidad, pero sobre todo por una urbanización cada vez más acelerada.

**316. _____; y Susana B. Torrado. Perfil y proyecciones de la demografía histórica en la Argentina. _En_ Instituto de Investigaciones Históricas, Universidad Nacional del Litoral e I.D.E.S. Jornadas de historia y economía argentina en los siglos XVIII y XIX. B.A., 1964. p. 145-162, mimeo.**

Señala la relativa pobreza de las fuentes para el lapso que corre entre el fin de la época colonial y la instalación de un aparato estadístico moderno (aproximadamente algo más de cincuenta años a partir de 1810). Aún así, los autores juzgan que la reconstrucción del movimiento demográfico es posible, y lo justifican mediante el ejemplo de la provincia de Buenos Aires, para la cual existen materiales que permiten elaborar series que con alguna interrupción se remontan hasta 1828.

**317. Santa Fe. Censo general de la ciudad de Santa Fe levantado el 22 de setiembre de 1907 por Tomás L. Martínez; primera parte: población. Santa Fe, La Argentina, 1908.**

**318. _____. Censo municipal de la población de Santa Fe, levantado el 29 de junio de 1923 por Tomás L. Martínez. Santa Fe, La Unión, 1924. 376 p.**

Ambos censos contienen los mismos cuadros: población por sexo, sexo y nacionalidad, sexo y edad, estado civil, escolaridad, nacionalidad de propietarios de bienes raíces, sexo y profesión.          (BT)

**Véase también:** 206, 207, 610-649.

## 2. Inmigración, migraciones internas

**319. Alsina, Juan A.** La inmigración europea en la República Argentina. 3. ed. B.A., 1898. 352 p.

**320. _____.** La inmigración en el primer siglo de la independencia. B.A., F. S. Alsina, 1910. 231 p.

La segunda obra repite el esquema de la primera: análisis somero y no siempre perspicaz de datos disponibles, sobre todo a través de fuentes oficiales. Con todo, la obra de Alsina goza de justificada popularidad por el volumen de información concentrada y relativamente confiable que ofrece.

**321. Amicis, Edmondo De.** In America. Roma, Voghera, 1897. 136 p.

Cerca de la mitad del volumen es reproducción de una conferencia diez años antes, luego de una visita a las colonias pobladas por inmigrantes oriundos de Italia septentrional en la provincia de Santa Fe. La presentación general es impresionista; De Amicis insiste en dos rasgos que le parecen decisivos: la pérdida de toda actitud deferencial en las relaciones con grupos sociales más altos, sin embargo tan significativa en las zonas de origen de los inmigrantes, y la total entrega a ambiciones de progreso económico, con resultados morales y culturales discutibles.

**322. Beyhaut, Gustavo;** _et al._ Inmigración y desarrollo económico; seminario interdisciplinario sobre el desarrollo económico y social de la Argentina. B.A., 1961. S.n., mimeo.

El trabajo examina la incorporación de los inmigrantes al sistema ocupacional argentino en la etapa previa a la primera guerra mundial. Abundante material estadístico extraído de censos y otras fuentes oficiales. De este trabajo se publicó una versión retocada y abreviada, bajo el título de ''Los inmigrantes en el sistema ocupacional argentino,'' en T. S. Di Tella; _et al., eds. Argentina, sociedad de masas._ B.A., Eudeba, 1965.

**323. Camera Italiana de Commercio ed Arti.** Gli italiani nella Repubblica Argentina. B.A., 1906. 1143 p.

Minucioso inventario de la participación de italianos en los distintos sectores de la economía argentina; se interesa sobre todo en la de profesionales y jefes de empresas.

**324. Chiodoni, Giorgio.** Dell'Emigrazione agricola alla Repubblica Argentina. Per il commisario di colonizzazione argentina. Milano, Guglielmini, 1877. 48 p.

Caracterizado por el esperable optimismo oficial, este folleto refleja, al combatirlas, las reticencias que frente a la emigración al Plata surgieron en Italia a lo largo de la década de 1870, vinculadas en parte al avance de reacciones xenófobas, en parte al de la crisis de 1874.                    (BT)

**325. Colocci, Adriano.** La crisi argentina e l'emigrazione italiana nel Sud-America. Milano, Balzaretti, 1892. 275 p.

Típica expresión de las obras de denuncia que siguieron a la crisis (para el autor consecuencia exclusiva de la extrema corrupción de los círculos dirigentes de la política y la economía). Aún más negativa es la imagen de la situación de los inmigrantes italianos en la Argentina.        (BT)

**326. Coni, Emilio A.** El gaucho, Argentina-Brasil-Uruguay. B.A., Sudamericana, 1945. 368 p.

Sólo en los últimos capítulos de este libro Coni se ocupa del período que nos interesa. Su propósito principal es restaurar la que considera imagen históricamente veraz del gaucho como marginal peligroso, contra idealizaciones tardías; subsidiariamente, contraponer la densidad de influjos extranjeros en el estilo de vida rural de la Pampa húmeda a las tentativas de buscar en ella las supervivencias de las más antiguas tradiciones nacionales. Pese a la intención polémica y las frecuentes arbitrariedades, no faltan observaciones penetrantes.

**327. Investigación sobre el impacto de la inmigración masiva en el Río de la Plata; boletín n°1.** B.A., Departamento de Sociología y cátedra de Historia Social. Facultad de Filosofía y Letras. Universidad de Buenos Aires, 1961. 62 p., mimeo.

En p. 5-58 un inventario de materiales vinculados con la emigración al Río de la Plata, en su mayor parte documentos consulares y diplomáticos existentes en archivos de España, Italia y Francia, y del material de la misma índole publicado por el gobierno italiano, debido a Juan A. Oddone y M. B. París de Oddone.

**328. Jones, Wilbur Devereux.** The Argentine British colony in the time of Rosas. Hispanic American historical review [Durham], v. 40, 1960: 90-97.

Publicación de un breve escrito inédito y anónimo sobre la índole y actividades, no sólo económicas, de los británicos residentes en Buenos Aires en 1845.

**329. Latino, Aníbal (José Ceppi).** Los factores de progreso de la República Argentina. 2. ed. B.A., Librería Nacional, 1910. 271 p.

El autor (el periodista José Ceppi, de _La nación_) había ya mantenido un cuarto de siglo antes exaltadas polémicas con Sarmiento, en las que defendía el papel positivo de la inmigración en el progreso nacional (él mismo era inmigrante). En el presente libro insiste en esa defensa, hecha de nuevo necesaria ante la reacción antiextranjera surgida ante la aparición de un movimiento obrero la mayor parte de cuyos organizadores eran inmigrantes.

**330. Macdonell, J.** Remarks on the River Plate republics as a field for British emmigration. By Her Majesty's chargé d'affaires at Buenos Ayres. London, Harrison, 1872. 93 p.

Es básicamente la reproducción de un informe elevado por

Macdonell al Foreign Office. Su publicación causó escándalo en la Argentina: insiste en la insalubridad, los excesos del clima, el peligro indígena, la xenofobia de los nativos y el carácter demasiado frecuentemente criminal de los funcionarios en la campaña. La publicación entra en abierta polémica con los folletos de propaganda publicados por la casa Bonar & Co., promotora de colonias en la Argentina, y refleja en parte el clima de tensión creciente entre población nativa y extranjera que sobre todo en la campaña caracterizó a los primeros años de la década de 1870.

**331. [Navarro, Samuel].** Informes parciales de la Comisaría General de Inmigración sobre propuestas para la importación oficial de inmigrantes mediante contratos con empresas particulares. Publicación oficial dedicada al H. Congreso Argentino. 1882. B.A., La Universidad, 1882. 47 p.

Los informes revelan una oposición consistente no sólo a los empresarios-reclutadores de inmigrantes (dictamen sobre las propuestas de Espínola y Pinasco y de Calvari) sino también a cualquier forma de inmigración subvencionada (dictamen sobre la propuesta de la compañía de navegación Lloyd Norte-Alemana, que invitaba al gobierno argentino a pagar la diferencia entre el precio del pasaje a Nueva York y a Buenos Aires, a fin de atraer inmigrantes alemanes).    (BT)

**332. Sarmiento, Domingo F.** Condición del extranjero en América. B. A. Librería La Facultad, 1928. (Obras completas, v. 36).

Salvo unos pocos, los artículos de este volumen, compilado por Augusto Belin Sarmiento, datan de la década de 1880, y giran en torno a las consecuencias—que Sarmiento juzga alarmantes—de la inmigración, sobre todo en cuanto a las clases medias y altas: concentración de las actividades económicas en manos de inmigrantes, mientras los nativos se instalan en la burocracia y la política. Es necesario a nivel popular imponer a los extranjeros y sus hijos una identificación sin reservas con el país; los sectores de inmigrantes que se han incorporado a la dirección de la economía del país deben descubrir que está en su interés gravitar en el proceso político (muy curiosamente Sarmiento parece no advertir que una profunda reforma de éste hubiese sido necesaria para que esa participación directa por él propuesta alcanzase frutos).

**333. Schamun, Alejandro.** La colectividad siria en la República Argentina. B.A., Tip. Santa Fe, 1910. 28 p.

Descripción de la colectividad y estadística de profesiones. El autor no oculta el bajo nivel social de la mayor parte de los inmigrantes; el único modo de atraer otros más prósperos sería intensificar los lazos comerciales con el Imperio Otomano.    (BT)

**334. Schobinger, Juan.** Inmigración y colonización suizas en la República Argentina en el siglo XIX. B.A., Instituto de Cultura Suizo-Argentino, 1957. 230 p.

Excelente monografía sobre una corriente inmigratoria que, tras de alcanzar significativa importancia en las primeras etapas del proceso de colonización rural del litoral, fue rápidamente superada en volumen. Aunque el autor da el primer lugar a la participación suiza en el proceso colonizador, se preocupa también por definir la fisonomía de los grupos inmigrantes de origen suizo en el cuadro urbano.

**335. Sergi, Jorge F.** Historia de los italianos en la Argentina: los italianos y sus descendientes a través del descubrimiento de América y de la historia argentina. B.A., Editora Italo-argentina, 1940. 536 p.

En 424 breves capítulos, en su mayoría biográficos (y previamente publicados en el *Mattino d'Italia,* órgano oficioso italiano en Buenos Aires) el autor encara el tema con un espíritu de reivindicación sistemática. Numerosas biografías de empresarios de origen italiano.

**336. Solberg, Carl.** Immigration and nationalism: Argentina and Chile 1890-1914. Austin, Texas University Press, 1970. 222 p.

Reaccionando—no sin motivo—contra la tendencia a negar que el proceso inmigratorio haya sido causa de tensiones y de reacciones hostiles de alguna significación, el autor halla que la xenofobia ha tenido un papel considerable en la vida nacional tanto en la Argentina como en Chile. Para probar su tesis reúne todos los juicios no totalmente positivos sobre los inmigrantes que ha podido rastrear y los explica indiscriminadamente como fruto de prejuicios; así llega a presentar a R. Campolieti—excelente funcionario del Ministerio de Agricultura argentino y fervoroso patriota italiano—como enemigo de la inmigración italiana, por haber señalado que un número considerable de inmigrantes de ese origen no dominan las técnicas de una agricultura moderna.

**337. Zuccarini, Emilio.** Il lavoro degli italiani nella Repubblica Argentina. B.A., La Patria degli Italiani, 1910. 479 p.

Abundante pero desordenada información sobre la actividad de los inmigrantes italianos en la economía argentina, a más de noticias sobre fundadores de ciudades, figuras individuales (en general de empresarios prósperos); sociedades, periodismo.

**Véase también:** 100, 565, 588, 852-892, 1873.

### 3. Educación

**338.** Anales de educación de la provincia de Catamarca. Catamarca, 1872.

Información de carácter cualitativo sobre educación, con datos de interés sobre movimiento de población. Solamente un año se encontró en la Biblioteca Nacional.    (BN)

**339.** Anales de la educación común en la República Argentina. B.A., 1858-74.

Periodicidad anual; nivel nacional. Pese a su interés principal en problemas de política educacional, esta publicación contiene información fáctica en las áreas de población y educación (datos cualitativos y cuantitativos) y construcción urbana y rural (sólo cuantitativos).    (BN)

**340. Argentina. Consejo Nacional de Educación.** La obra del Consejo Nacional de Educación, año 1930. B.A., 1932. 128 p.

Reseña la actividad del consejo: escuelas primarias y de adultos en la Capital; escuelas Láinez (escuelas dependientes del estado federal establecidas en las provincias como complemento de sistemas escolares provinciales insuficientes). Bibliotecas y cooperativas escolares. Datos estadísticos completos para el período 1920-30.

**341.** Boletín de educación; órgano del Consejo de Educación de la provincia de San Luis. San Luis, 1922-24.

Periodicidad mensual; nivel provincial. Información cualitativa, cuantitativa y estadística sobre construcción en general, urbana y rural; movimiento de poblaciones y educación.
(BN)

**342.** Boletín de educación de Entre Ríos. Paraná, 1892-1901.

Periodicidad trimestral, nivel provincial. Información cualitativa y cuantitativa sobre movimientos de población y educación.
(BN)

**343.** Boletín de educación de Santa Fe. Santa Fe, 1890.

Información cuantitativa sobre enseñanza (para el año 1889).
(BN)

**344.** Boletín de enseñanza y administración escolar. La Plata, 1895-1901.

Información cuantitativa sobre construcción, movimiento de población y enseñanza. Nivel provincial y periodicidad anual.
(BN)

**345.** Boletín de enseñanza y de administración escolar; órgano de la Dirección General de Escuelas de la provincia de Buenos Aires. B.A. 1895-1900.

Periodicidad mensual; nivel provincial. Información cualitativa, cuantitativa y estadística sobre educación; cualitativa y cuantitativa sobre movimiento de población; cuantitativa y estadística sobre construcción urbana y rural.
(BN)

**346.** Boletín de instrucción pública. B.A., 1909-14.

Información cualitativa y cuantitativa sobre educación; datos estadísticos sobre construcción escolar; nivel nacional y periodicidad anual.
(BN)

**347.** Censo escolar nacional 1885. B.A., La Tribuna Nacional, 1885.

Este censo, practicado a lo largo de 1883 y 1884, y publicado en 1885, incluye no sólo datos sobre población escolar sino sobre personal ocupado en enseñanza y edificación escolar.
(BDNEC)

**348.** Censo general de educación 1909. B.A., Talleres de Publicación de la Oficina Metereológica Argentina, 1910.

Información cualitativa y cuantitativa, nivel nacional. Incluye datos sobre población escolar, personal ocupado, edificación escolar.
(BDNEC)

**349.** La educación común en la provincia de Buenos Aires. B.A., 1876-79. 4 v.

Información cuantitativa sobre edificación escolar; cuantitativa y estadística sobre movimientos de población y enseñanza. Nivel provincial y periodicidad semanal.
(BN)

**350.** La enciclopedia escolar argentina. B.A., 1875.

Información cuantitativa sobre enseñanza, a nivel nacional y con periodicidad quincenal.
(BN)

**351.** La enseñanza; periódico de instrucción primaria. B.A., 1870.

Información cualitativa-cuantitativa, con periodicidad bimestral y a nivel nacional, sobre educación y movimiento de población.
(BN)

**352.** La escuela; órgano del Consejo Superior de Educación. Corrientes, 1910-19.

Periodicidad mensual; nivel provincial. Información cualitativa y cuantitativa sobre construcción—en general y rural; cuantitativa y estadística sobre movimientos de población y educación.
(BN)

**353.** La escuela argentina; periódico de educación. B.A., 1895-96.

A más de información cualitativa, sobre movimiento de población, esta publicación proporciona, con periodicidad mensual y a nivel nacional, datos cuantitativos y estadísticos sobre educación.
(BN)

**354.** La escuela nacional; órgano de las escuelas nacionales en las provincias y territorios. B.A., 1914-20.

Periodicidad mensual; nivel nacional. Información cualitativa, cuantitativa y estadística sobre educación; cualitativa y cuantitativa sobre construcción (en general y urbana); cuantitativa y estadística sobre movimientos de población; sólo cuantitativa sobre construcción rural.
(BN)

**355.** La escuela primaria. B.A., 1867-70.

Periodicidad anual; nivel municipal (ciudad de Buenos Aires). Información cualitativa y cuantitativa sobre construcción en general y urbana, movimiento de población y enseñanza; sólo cualitativa sobre construcción rural.
(BN)

**356.** Evolución educativa. B.A., 1899.

A más de información cualitativa y cuantitativa sobre educación, esta publicación proporciona, con periodicidad quincenal y a nivel nacional, datos sobre construcciones escolares y movimientos en la población.
(BN)

**357. Gallardo, Angel.** Educación común en la capital, provincias y territorios nacionales. Informe presentado al Ministro de Instrucción Pública. . . . Años 1919, 1920, 1921. B.A., Talleres Gráficos Argentinos, 1922. 352 p.

La enseñanza en la capital; consejos escolares, 1890-1920. En las provincias, 1879-1919; en los territorios; enseñanza privada; edificación escolar e higiene, recursos y gastos. Para todos los rubros estadísticas completas, que hacen de esta obra una fuente de consulta imprescindible y además relativamente cómoda. (BT)

**358.** La libre enseñanza en las escuelas del pueblo. B.A., 1876.

Este periódico, interesado sobre todo en problemas de política educacional, trae a la vez datos cuantitativos sobre enseñanza y movimientos de población. (BN)

**359. Ramos, Juan P.** Historia de la instrucción primaria en la República Argentina; proyectada por el Presidente del Consejo Nacional de Educación, José María Ramos Mejía, compilada y redactada por. . . . Conmemoración del Centenario. 1810-1910. B.A., Peuser, 1910. 615 p.

Información sobre el período 1810-1910, no sólo sobre establecimientos públicos, sino también sobre los privados. Excelente material estadístico, cuadros y gráficos.

**360.** Revista de educación; órgano del Consejo de Educación de la provincia de Tucumán. Tucumán, 1919-20.

Periodicidad anual; nivel provincial. Información cualitativa, cuantitativa y estadística sobre educación, cuantitativa sobre construcción urbana y rural (escolar) y movimiento de población. (BN)

**361.** Revista de educación de la provincia de Buenos Aires. B.A. y La Plata, 1881-91 y 1902-22 (segunda época).

Periodicidad semestral, nivel provincial. Información cualitativa, cuantitativa y estadística sobre educación, cuantitativa y estadística sobre movimientos de población, cualitativa y cuantitativa sobre construcción escolar urbana y rural (datos particularmente abundantes en la segunda época). (BN)

**362.** Revista de educación de la provincia de Mendoza. Mendoza, 1905-06.

Periodicidad trimestral, nivel provincial. Información cualitativa, cuantitativa y estadística sobre enseñanza, cuantitativa sobre movimientos de población, acción del estado y asociaciones. (BN)

**363.** Revista de educación de los territorios nacionales. General Pico, 1910-13.

Periodicidad trimestral. Información cualitativa y cuantitativa sobre movimientos de población; cualitativa, cuantitativa y estadística sobre enseñanza en los territorios nacionales (La Pampa, los patagónicos, Chaco y Formosa, Misiones, Los Andes). (BN)

**364.** Revista del Consejo de Instrucción Primaria de la provincia de Santa Fe. Santa Fe, 1884-88.

Periodicidad mensual, nivel provincial. Datos cualitativos, cuantitativos y estadísticos sobre movimientos de población, acción del estado y educación. (BN)

**365. Tella, Torcuato S. Di.** Raíces de la controversia educacional argentina. *En* T. S. Di Tella; y Tulio Halperín Donghi, *eds.* Los fragmentos del poder. B.A., Alvarez, 1969, p. 289-323.

En la primera parte de este trabajo el autor examina la función asignada al acrecido aparato educativo durante la etapa de organización nacional; contrapone al educacionismo de Sarmiento, ambicioso de impulsar una transformación profunda de las actitudes de la población en su conjunto mediante la creación de un sistema de enseñanza elemental universal, las tendencias favorables a consolidar y ampliar sólo limitadamente las elites mediante la expansión de la enseñanza media y superior; para el autor, mientras es la primera tendencia la que se impone en el litoral (donde adquiere un sentido cada vez más marcado de auxilio al control social en medio de cambios muy rápidos) la segunda se impone en el interior económicamente más estático.

## 4. Condiciones de vida y de trabajo

**366. Alsina, Juan A.** El obrero en la República Argentina. B.A., Lajouane, 1905. 2 v.

Vasto examen de las condiciones de trabajo, a nivel de ingreso y de vida del sector obrero. Tras de examinar su afectación a distintas ramas de actividad (desde 1895, fecha del último censo nacional, hasta 1904), leyes relacionadas con el sector obrero, asociaciones obreras e instituciones públicas y privadas de asistencia, ahorro, adquisición de propiedad raíz y vivienda, Alsina examina sucesivamente salarios, tenor de vida y tareas en distintas ramas agrícolas, ganaderas e industriales. En la sección destinada al mercado de trabajo da abundante información sobre salarios corrientes (en 1904) así como de las retribuciones a obreros pagadas por el estado, para terminar con una comparación entre el precio de los víveres en la Argentina y en las más importantes naciones europeas y americanas.

**367.** Anales de la Asistencia Pública. B.A., 1890-92.

Esta institución dotada de funciones vinculadas con la sanidad en el distrito municipal de Buenos Aires recoge y publica datos relacionados básicamente con la salud pública, con alguna información utilizable para temas vinculados con tecnología y movimientos de población. Periodicidad anual. (BN)

**368.** Anales de sanidad militar. B.A., 1900-03. 9 v.

Información cualitativa, cuantitativa y estadística sobre estado de salud y características físicas de militares y soldados bajo banderas (estas últimas extremadamente significativas

debido al sistema de servicio militar obligatorio); alguna
información sobre construcciones.                                    (BN)

### 369. Anales del Departamento Nacional de Higiene. B.A., 1891-1916.

Periodicidad anual, nivel nacional. Contenido y valor
informativo muy variables (los años 1899, 1903, 1905, 1908
y 1914 son particularmente ricos en datos). Toca las áreas de
población (información cualitativa, cuantitativa y estadística),
construcción urbana (cualitativa y cuantitativa), construcción
rural, tecnología y educación (sólo cualitativa).                   (BN)

### 370. Argentina. Dirección Nacional de Estadística y Censos. Informes. B.A., 1921-44.

Entre las 34 publicaciones de esta serie se vincula con temas
de empleo y trabajo la titulada *Personal de los servicios
públicos 1903-1923* (1923).                                         (BSH)

### 371. _____. Ministerio del Interior. La desocupación de los obreros en la República Argentina. B.A., Coni, 1915. 234 p.

Estudia la incidencia del paro forzoso en las distintas ramas
de actividad, y lo halla particularmente grave en la de
construcción; información abundante y fidedigna; el comentario busca demasiado evidentemente atenuar la seriedad del
problema. Un conjunto de anexos se ocupan del cumplimiento de la legislación del trabajo, y las formas más usuales
de violarla.

### 372. Asociación del Trabajo. Boletín de servicios de la Asociación del Trabajo. B.A., A. de Martino, 1924. 565 p.

La Asociación del Trabajo organizó a los empresarios más
decididos a resistir a la creciente presión obrera a partir de
1919. En este volumen de su Boletín de Servicios (recogido
en la Biblioteca Tornquist) se ofrece, en las p. 80, 132, 164,
224, 294 y 322, una estadística de salarios industriales en la
ciudad de Buenos Aires durante el quinquenio 1919-23.  (BT)

### 373. Ayarragaray, Lucas. Socialismo argentino y legislación obrera. B.A., Lajouane, 1912. 69 p.

Escrito decididamente antisocialista y hostil a la intervención reguladora del estado en cuanto a las condiciones
de trabajo: "no es posible llegar a una reforma relativa de
las condiciones de producción por golpes teatrales o violentos
de legislación." El folleto muestra muy bien la reacción de
tendencias conservadoras—de ningún modo extremas—ante
las primeras tentativas de legislación social, y en este sentido
tiene un valor típico considerable.

### 374. Baily, Samuel L. The Italians and organized labor in the United States and Argentina, 1880-1910. International migration review [New York], v. 1, 1967: 56-66.

El autor subraya la diferencia entre el papel activo que
los inmigrantes italianos tuvieron en la formación del movimiento sindical argentino y el mucho más limitado que
alcanzaron en los Estados Unidos. Examina luego algunas
hipótesis explicativas, tomando en cuenta tanto las diferencias
en origen regional entre los inmigrantes, cuanto las que corren
entre ambos países de inmigración.

### 375. Bialet Massé, Juan. Informe sobre el estado de las clases obreras en el interior de la República presentado al doctor Joaquín V. González. B.A., Grau, 1904. 3 v.

Este informe, que ha sido ampliamente usado por estudiosos retrospectivos, contiene en efecto una notable riqueza
de descripciones e información sobre nivel de vida y condiciones de trabajo en el Interior. Observador minucioso, Bialet
Massé no es sin embargo ni agudo ni desprejuiciado. Su interés
dominante es establecer la relación entre la dieta del trabajador y su capacidad de esfuerzo físico, medida con un aparato
con el cual realiza abundantísimas mediciones. Este interés se
vincula con el de combatir el mito de la superioridad del
trabajador italiano sobre todos los demás. La edición más
reciente: *El estado de las clases obreras argentinas a comienzos
del siglo*. Prólogo y notas de Luis A. Despontín. Córdoba,
Universidad Nacional de Córdoba, 1968. 665 p.

### 376. Boletín de la Sociedad Tipográfica Bonaerense. B.A., 1911—.

Periodicidad mensual; información referida a la Capital
Federal. Este órgano del más antiguo de los sindicatos obreros
organizados en el país ciñe su información a temas vinculados
con tecnología y empleo, asociaciones y empresas (incluye
datos cuantitativos).                                               (BN)

### 377. Boletín del Departamento Nacional del Trabajo. B.A., 1907-42.

Periodicidad mensual; nivel nacional. Información cuantitativa y estadística sobre movimientos de población, asociaciones y empresas y empleo; cuantitativa sobre estado e
impuestos. Las series estadísticas incluidas no proporcionan
información continuada para todo el período.                        (BN)

### 378. Boyer, C. Emigración para la República Argentina; salarios de los trabajadores; concesiones de terrenos en la provincia de Santa Fe. París, 1868. 5 p.

Este brevísimo folleto ofrece una lista de los oficios para los
cuales existe más demanda en el país, y una de salarios para
34 ocupaciones distintas, expresados en francos-oro.    (BT)

### 379. Bunge, Alejandro E. La desocupación en la Argentina: actual crisis del trabajo. B.A., Herrando, 1917. 22 p.

La crisis, debida a exceso de mano de obra, comienza ya—
a juicio de Bunge—en 1910, y sólo es agravada por las
consecuencias de la primera guerra mundial. En el momento
de redacción del trabajo, Bunge estima que el número de
desocupados supera los 400.000.                                     (BT)

### 380. Buyan, Marcelino. Una avanzada obrera: origen, desarrollo, luchas y conquistas de La Fraternidad, sociedad gremial del personal de locomotoras de los ferrocarriles; primera etapa. B.A., La Vanguardia, 1933. 196 p.

Estudia el período que va desde la creación del sindicato
(por incitación de un organizador proveniente de los Estados
Unidos) en 1887 hasta la huelga de 1912 y su fracaso, que

convence a la institución de la necesidad de favorecer la sindicalización del personal ferroviario menos calificado.

**381. Carbonell, Cayetano.** Orden y trabajo. B.A., Lajouane, 1910. 2 v.

Exposición comentada de las leyes de residencia, ciudadanía, normas sobre derecho de reunión, descanso dominical, represión del anarquismo. En suma, los aquí reunidos son los textos legales y reglamentarios vinculados con el mundo del trabajo, entre los cuales los represivos del movimiento obrero son aún numéricamente predominantes.

**382. Censo de empleados nacionales 1892.** B.A., Compañía Sud-Americana de Billetes de Banco, 1893.

Registra el personal de las distintas reparticiones estatales. Area nacional; información cualitativa y cuantitativa vinculada con bancos, asociaciones, empleo, salarios, precios y educación. (BDNEC)

**383. El conductor de máquinas.** B.A., 1902-04.

Esta revista sindical contiene algunos datos sobre empleo (cualitativos, cuantitativos y estadísticos), precios (cualitativos y cuantitativos) y transporte ferroviario y asociaciones (sólo cualitativos). (BN)

**384. Crónica del Departamento Nacional del Trabajo.** B.A., 1918-33.

Periodicidad mensual; nivel nacional. Esta publicación oficial de la repartición mencionada en el título, publica en buena parte el mismo material informativo que el *Boletín del Departamento Nacional del Trabajo* (377): datos cualitativos, cuantitativos y estadísticos sobre asociaciones y empresas; cualitativos y estadísticos sobre movimientos de población; cuantitativos y estadísticos sobre empleo. (BMI, BN)

**385. Estancia San Martín (Santos Lugares): Cuentas. Estancia de Rosas: Cuentas. Secretaría de Rosas: Ventas de cueros. 1843-44. Tribunal de Justicia: Bienes embargados a unitarios (1841).** Archivo General de la Nación. B.A., sala X.

En los legajos arriba indicados se hallará información particularmente densa sobre salarios y precios en el área de producción ganadera en la provincia de Buenos Aires durante la década de 1830.

**386. Ferrarazzo, Enrique Julio.** La acción obrera. B.A., Universidad de B.A., 1927. 150 p.

Util presentación sintética de la trayectoria del movimiento sindical argentino y de la génesis de la legislación laboral en el país. (BT)

**387. Gache, Samuel.** Les logements ouvriers a Buenos-Ayres. Paris, Steinheil, 1900. 190 p.

Tras de reseñar la distribución ocupacional de la población y proporcionar alguna información sobre salarios en las diferentes actividades, Gache se ocupa de la localización de los conventillos en los distintos distritos y da de ellos una descripción extensa—sobre todo desde la perspectiva de las condiciones sanitarias. En dos excursus se ocupa del barrio de las ranas (de marginales) y de los turcos (donde se agolpan los inmigrantes árabes).

**388. García Soriano, Manuel.** La condición social del trabajador en Tucumán durante el siglo XIX. Revisión histórica [Tucumán], v. 1, mayo, 1960: 7-46.

Examen de la legislación sobre disciplina de la fuerza de trabajo en la provincia; aunque reúne material abundante, el autor muestra escaso interés por medir la eficacia concreta de las medidas legislativas, y ubica por otra parte el problema en un marco más político que social atribuyendo a los gobiernos surgidos del partido federal menor rigor represivo frente a la fuerza de trabajo; en cambio prescinde de examinar las consecuencias del paso de una economía predominantemente ganadera a una predominantemente agrícola-industrial, basada en el cultivo e industrialización de la caña de azúcar. Aun así, una contribución significativa en un campo poco explorado.

**389. González, Juan B.** El encarecimiento de la vida en la República Argentina. B.A., Las Ciencias, 1908. 230 p.

Las causas principales: el proteccionismo aduanero, los altos impuestos y la carestía de la vivienda. (BT)

**390. Grela, Plácido.** El grito de Alcorta: historia de la rebelión campesina de 1912. Rosario, Tierra Nuestra, 1958. 463 p.

Minucioso estudio del movimiento de huelga de arrendatarios, surgido en Santa Fe y extendido a zonas de Córdoba, Buenos Aires y La Pampa en 1912. El autor, que no es historiador profesional, y sí militante político, ha llevado adelante una investigación amplia (aunque no cita sino globalmente sus fuentes) y el resultado es una gran riqueza de informaciones sobre el movimiento de huelga y las primeras etapas de la organización gremial de arrendatarios—la Federación Agraria Argentina—que fue su legado permanente. Las interpretaciones del autor son en cambio discutibles; al aceptar los puntos de vista dominantes en su partido, el comunista, Grela presenta por una parte un cuadro de extrema tensión social, que los mismos datos por él proporcionados desmienten en parte, y por otra aplica retrospectivamente las soluciones de conciliación y alianza interclasista propugnadas por aquél en 1958.

**391. Iscaro, Rubens.** Origen y desarrollo del movimiento sindical argentino. B.A., Anteo, 1958. 286 p.

El autor es un dirigente sindical y a la vez político, militante en el Partido Comunista. La obra tiene por propósito declarado presentar la historia del movimiento obrero desde el punto de vista de ese partido, que en ciertas etapas ha ejercido sobre él influencia considerable. No ocurre así con las que cubre la presente bibliografía, y para la mayor parte de ellas Iscaro se hace eco de los puntos de vista defendidos por los movimientos de inspiración socialista.

**392. Jornales corrientes en el primer cuatrimestre del año 1904 en la capital, provincias y territorios nacionales en pesos moneda nacional de curso legal.**

B.A., División de Inmigración del Ministerio de Agricultura, s.f. S.n.

Esta publicación, editada en español, alemán, francés, inglés e italiano, incluye tablas clasificadas por profesiones y oficios.

(BT)

**393. Marotta, Sebastián.** El movimiento sindical argentino; su génesis y desarrollo. B.A., Lacio, 1960. 2 v.

El autor era, cuando publicó este trabajo, veterano dirigente sindical del gremio gráfico, adscripto a la corriente sindicalista apolítica. La obra hace suyos los puntos de vista de esa corriente y, aunque no deja de ocuparse de episodios que afectan a sectores no dirigentes del movimiento obrero, éstos interesan sobre todo en la medida en que afectan el equilibrio en nivel directivo entre las distintas tendencias que se disputaron el control de las organizaciones sindicales.

**394.** El obrero; órgano de la Federación Obrera. B.A., 1891.

Información con periodicidad semanal, de carácter cualitativo y cuantitativo, sobre movimiento de las asociaciones obreras y empleo. Colección incompleta.          (BN)

**395.** El obrero municipal; órgano de la Unión Obreros Municipales. B.A., 1920-27.

Periodicidad trimestral; nivel municipal (Capital Federal). Este órgano sindical proporciona información cualitativa y cuantitativa sobre asociaciones; sólo cualitativa sobre empleo. Colección incompleta.          (BN)

**396. Oddone, Jacinto.** Gremialismo proletario argentino. B.A., La Vanguardia, 1949. 416 p.

El autor fue uno de los fundadores del movimiento obrero socialista y este hecho inspira la perspectiva, muy escasamente histórica, que domina a esta historia de medio siglo de movimiento sindical: el legalismo y el clasismo defendidos por su corriente le parecen bases necesarias de todo desarrollo sano del movimiento sindical, y el apartamiento de esos principios, inspirado primero por el comunismo y luego por el peronismo es visto como un síntoma de corrupción. Dominada por tales preocupaciones, esta historia del movimiento obrero apenas presta curiosidad a otros aspectos de la historia de la clase obrera.

**397. Panettieri, José.** Los trabajadores en tiempos de la inmigración masiva en Argentina, 1870-1910. La Plata, Universidad Nacional de la Plata, Facultad de Humanidades y Ciencias de la Educación. Departamento de Historia, 1966. 190 p. (Monografías y tesis, 8).

Estudio de niveles de vida y condiciones de trabajo de obreros urbanos, que utiliza material descriptivo y estadístico édito. Su limitación fundamental es acaso la falta de curiosidad por el contexto económico (aun la inmigración masiva, mencionada en el título, no es examinada en relación con los cambios en el volumen de la oferta de trabajo, que no pudo dejar de producir).

**398. Petroni, Adrian.** Los trabajadores en la Argentina. B.A., 1897. 157 p.

Petroni, temprano organizador sindical de orientación socialista, consagró este libro a estudiar el nivel de vida de la clase obrera (casi exclusivamente de Buenos Aires) a fin de probar que las huelgas eran reflejo de un justificado malestar social. Alguna información cifrada sobre salarios y—muy incompletamente—sobre precios de artículos que incidían en el costo de la vida.

**399.** Revista de la mutualidad; órgano de la Asociación Obrera de Socorros Mutuos. B.A., 1919-23.

Periodicidad mensual; nivel municipal (Capital Federal). Información cualitativa y cuantitativa sobre asociaciones, empleo y precios; sólo cualitativa sobre construcción en general y urbana y movimiento de población.          (BT)

**400. Smith, Harold R.** La gran huelga ferroviaria argentina de 1912; sus antecedentes, su origen y su desenlace. B.A., A. de Martino, 1912. 207 p.

Narración rica en pormenores del desencadenamiento y las primeras etapas del conflicto (fue publicada antes del fracaso del movimiento de huelga). Hostil al ministro E. Ramos Mejía, cuya vinculación íntima con las empresas ferroviarias subraya.

(BT)

**400a. Spalding, Hobart,** *ed.* La clase trabajadora argentina (documentos para su historia—1890/1912). B.A., Galerna, 1970. 638 p.

Modestly styled a "collage impresionista" of Argentina's early working class history, it organizes hard-to-find documentary materials under such rubrics as worker organization, strikes and arbitration, renters' strikes, the Catholic Social movement. A substantial introduction provides a conspectus for the documents. [SJS]

**401. Stach, Francisco.** Estudio sobre salarios y horarios de los obreros y empleados en los diferentes trabajos de la Capital Federal y en el resto de la República Argentina. Boletín mensual del Museo Social Argentino [B.A.], v. 3, 1914: 44 y 193—.

Análisis general de las condiciones de vida de los trabajadores; relación entre salarios, horarios y rendimientos. Estadísticas por oficio para 1912-13 y estadísticas retrospectivas a partir de 1905.

**402. Unsain, Alejandro M.** Legislación del trabajo. B.A., Abeledo, 1927. 3 v.

El autor, por entonces el más reputado especialista en la materia, examina no sólo la legislación vigente sino las modalidades de su aplicación (organismos nacionales, provinciales y municipales a cargo de ella). Trata sucesivamente del contrato colectivo, la asociación y los movimientos sindicales y huelga; salario básico, accidentes y desarrollo del seguro contratado entre compañías aseguradoras y empresarios a cuyo cargo se encuentra la correspondiente indemnización. Estadísticas sobre huelgas y seguros, datos cuantitativos irregulares sobre otros temas.

**403. Vidal, Miguel E.** Algunos de mis trabajos

relacionados con las industrias nacionales. B.A., Sociedad Gráfica Argentina, 1912-14. 25 p.

El autor, inspector del Departamento Nacional del Trabajo, publica aquí una serie de memorandums sobre trabajos de inspección y estadística por él efectuados en fábricas de la Capital Federal, Buenos Aires y Córdoba: sanidad y accidentes de trabajo, clasificados por secciones y especialidades. (BT)

**404. Weinberg, Pedro Daniel.** Para la historia de la clase obrera. *Revista latinoamericana de sociología* [B.A.], v. 3, marzo, 1967: 97-105.

**405. _____.** Una historia de la clase obrera. *Revista latinoamericana de sociología* [B.A.,], v. 4, marzo, 1968: 114-126.

El primero de los títulos presenta y selecciona materiales publicados en el periódico *El Obrero* (394) a partir de 1890. El segundo reseña del libro de J. Panettieri (397), incluye amplias y utilísimas informaciones sobre fuentes y bibliografía que el autor reseñado no tuvo en cuenta, y que son en efecto esenciales para el estudio del tema.

**406. Zuloaga, Manuel A.** Salario mínimo. Mendoza, Peuser, 1927. 189 p.

Detallado estudio de la ley de salario mínimo y jornada de 8 horas, implantada en la provincia de Mendoza en 1918; observaciones de empresarios sobre la incidencia en los costos de producción. Relación entre salario mínimo y costo de la vida; a propósito de ello se incluyen análisis de presupuestos familiares, precios de artículos de primera necesidad, precio de compra y alquiler de viviendas; trabajo en fábricas y talleres de la ciudad; en el campo; trabajo de menores.

**Véase también:** 247, 256, 416, 427, 428, 435, 444.

## 5. Esclavitud

**407. Masini Calderón, José Luis.** La esclavitud negra en Mendoza: época independiente. Mendoza, D'Accurzio, 1962. 84 p.

Este excelente estudio examina primero las vicisitudes de la población negra en Mendoza en la primera mitad del siglo XIX; enseguida los cambios en la condición de los esclavos y sobre todo de los libertos hasta que—al suprimirse la esclavitud por la constitución nacional de 1853—son asignadas indemnizaciones por la emancipación de 28 esclavos y la desvinculación de 47 libertos (alrededor de dos mil esclavos en 1810; la mitad hacia 1823).

# III. Estructuras e Instituciones

## 1. Estructura social

**408. Bagú, Sergio.** Evolución histórica de la estratificación social en la Argentina. B.A., Universidad de Buenos Aires, Facultad de Filosofía y Letras, Departamento de Sociología, 1961. 131 p., mimeo.

Se trata tan sólo de un informe preliminar que emplea un aparato conceptual extremadamente complicado para ordenar una masa de material empírico cuyo volumen quizá no exigía un esfuerzo clasificatorio tan intenso. Aun así, algunos temas y problemas (por ejemplo, distribución del ingreso) son explorados de manera original y la constante atención a la interrelación entre las estructuras económicas básicas y las modalidades de la sociedad argentina tal como es modificada en el período de rápida expansión de las exportaciones no deja de rendir frutos interesantes.

**409. Germani, Gino.** Estructura social de la Argentina. B.A., Raigal, 1955. 278 p.

Este libro, que abre una nueva época en los estudios sociológicos argentinos, examina la estructura demográfica y económico-social y en dos capítulos más breves, la distribución de la instrucción y la diferenciación de las actitudes políticas. Aunque se interesa sobre todo en las etapas más recientes (utilizando por primera vez de modo sistemático los resultados del censo general de 1947), para cada uno de sus temas de estudio se remonta hasta el primer censo nacional de 1869 (301) e incluye como términos de comparación los datos proporcionados por los de 1895 y 1914.

**410. Tella, Torcuato S. Di.** La teoría del primer impacto del crecimiento económico. Rosario, Universidad Nacional del Litoral, Instituto de Sociología, [1965]. 223 p.

El autor sostiene que si en plazo más largo el crecimiento económico eleva la proporción de la clase media dentro de la población, su primer impacto es precisamente el opuesto: liquida sin reemplazar inmediatamente sectores de clase media tradicional. Desde esta perspectiva examina la modernización de la Argentina, sobre datos cuantitativos de los años recientes, pero con abundante uso de reconstrucciones hipotéticas retrospectivas.

**411. Torrado, Susana B.** Cambios de la estructura social de la provincia de Córdoba durante el período de inmigración masiva 1870-1914. *En* Instituto de Investigaciones Históricas, Universidad Nacional del Litoral e. I.D.E.S. Jornadas de historia y economía argentina en los siglos XVIII y XIX. B.A. y Rosario, 1964, p. 205-219, mimeo.

Utilizando datos sobre ocupación de los censos nacionales de 1869 (301), 1895 (206), y 1914 (207), la autora examina los cambios principales que las modificaciones económicas introdujeron en la estructura ocupacional y por ende social, así como la participación de extranjeros en las distintas ramas y niveles de actividad.

**Véase también:** 211, 326, 538, 544, 787.

## 2. Grupos de interés

**412. Bayer, Osvaldo.** Los vengadores de la Patagonia trágica. *Todo es historia* [B.A.], v. 2, junio, 1968: 22-57; v. 2, julio, 1968: 50-89.

Pese a la tendencia a la historia anecdótica propia de esta publicación periódica, buena reconstrucción de las reacciones despertadas en los medios anarquistas por la brutal represión del movimiento de los peones rurales subpatagónicos inspirado por dirigentes de esa tendencia en 1921; interesante como reflejo de la vitalidad conservada por las corrientes anarquistas en la década de 1920.

**413. D'Amico, Carlos.** Buenos Aires, sus hombres, su política (1860-1890). B.A., Editorial Americana, 1952. 306 p.

Reedición de la obra que el autor publicó en México con el seudónimo de Carlos Martínez en 1890. D'Amico, exgobernador de la provincia de Buenos Aires, marginado de la vida política, ofrece una extensa diatriba en la que encara desordenadamente, pero no siempre sin perspicacia, las conexiones entre vida política y actividad económico-financiera en la década del 80.

**414. Gallo (h.), Ezequiel; y Silvia Sigal.** La formación de los partidos políticos contemporáneos; la unión cívica radical (1890-1916). Desarrollo económico [B.A.], v. 3, abril-setiembre, 1963: 173-230.

En este importante estudio los autores buscan vincular las peculiaridades del programa político radical (en particular la ausencia en él de elementos de reforma social y económica) con las del origen social y regional de los líderes y del séquito del partido, y por otra parte con las del proceso económico y las transformaciones sociales por él provocadas. Este trabajo ha sido republicado en T. S. Di Tella; *et al., eds. Argentina, sociedad de masas.* B.A., Eudeba, 1965.

**415. Garcia Soriano, Manuel.** El asalariado y el derecho del sufragio en la legislación argentina durante el siglo XIX. Revisión histórica [Tucumán], v. 2, mayo, 1961: 61-76.

El autor estudia—con mayor detención para Tucumán que para el resto del país—las vicisitudes en la concesión del sufragio a los jornaleros y criados; halla que—de nuevo sobre todo en Tucumán—los gobernantes adictos al partido federal eran más afectos que sus rivales a concederlo; el alcance de sus conclusiones aparece limitado por la ausencia de todo análisis de los usos electorales durante la época en exámen; aun así, se trata de un estudio pionero acerca de un tema insuficientemente explorado.

**416. Ingenieros, José.** La legislation du travail dans la République Argentine. Essai critique sur le projet du ministre González. Paris, Cornely, 1906. 183 p.

En este volumen—pérfidamente dedicado a A. L. Palacios, único representante del Partido Socialista en el Parlamento—Ingenieros polemiza contra ese partido, al que ha abandonado, y que lanzó una lucha frontal contra el proyecto de código del trabajo del ministro González. Juzga Ingenieros que aunque el proyecto recoge la legislación represiva ya vigente, significa un progreso importante y el socialismo debiera concederle su apoyo crítico. En suma, la ley no es socialista, pero si "burguesa inteligente" y ya en sentido del socialismo. Los argumentos de Ingenieros anticipan los utilizados en las largas polémicas en torno a la

necesidad de alianzas entre los partidos y movimientos obreros y algunos sectores de la burguesía.          (BT)

**417. Peña, Milcíades.** El paraíso terrateniente: federales y unitarios forjan la civilización del cuero. B.A., Fichas, 1969. 126 p.

**418. _____.** La era de Mitre: de Caseros a la guerra de la Triple Infamia. B.A., Fichas, 1968. 110 p.

**419. _____.** De Mitre a Roca: consolidación de la oligarquía anglocriolla. B.A., Fichas, 1968. 110 p.

Estas publicaciones póstumas de un brioso publicista desaparecido en 1965 subraya los elementos de unión entre los distintos grupos de intereses—y por ende grupos políticos—en la Argentina entre 1820-80. Las figuras que un cierto revisionismo histórico reivindicó como defensores de la integridad nacional y de una cierta justicia social, desde Rosas al poeta José Hernández, son arrojadas (junto con las de sus adversarios) a la fosa común de las verguenzas nacionales. Algunas observaciones penetrantes, entre mucha fatigada invectiva retrospectiva y actual.

**420. Registros electorales:** Estado de Buenos Aires, 1853-1870. Archivo General de la Nación, B.A., sala X.

Listas de ciudadanos inscriptos en los registros abiertos para participar en las elecciones. Incluyen datos sobre edad y ocupación, sólo relativamente confirmables (por añadidura sólo una parte de los que gozaban de derechos electorales se inscribía en los registros). Frecuencia irregular.

**421. Smith, Peter H.** Politics and beef in Argentina; patterns of conflict and change. New York, Columbia University Press, 1969. 292 p.

Aproximadamente el primer tercio del volumen está consagrado al exámen de las repercusiones políticas de los conflictos entre los distintos grupos de intereses vinculados con la producción, elaboración, comercialización y transporte de carne vacuna antes de 1930; aunque esta sección del volumen tiene en la economía de éste una función claramente introductoria al estudio del conflicto abierto destinado a estallar durante la década del 30, alcanza valor sustantivo por la amplitud del material utilizado y el penetrante análisis de éste.

**422. _____.** Los radicales argentinos y la defensa de los intereses ganaderos. Desarrollo económico [B.A.], v. 7, abril-junio, 1967: 795-830.

En este importante estudio Smith explora de modo sistemático un tema tocado sólo tangencialmente en su libro, y comprueba que no sólo las soluciones propiciadas por los gobiernos radicales tienen muy en cuenta los intereses ganaderos, sino también representantes de estos intereses tienen posición dominante en el gabinete nacional entre 1916-28.

**Véase también:** 243, 249, 322, 561, 566, 1004, 2486.

## 3. Legislación

**423. Argentina. Dirección de Ferrocarriles Nacionales.** Leyes, decretos y contratos sobre ferrocarriles nacionales. Recopilados por Luis F. Aráoz, presidente de la Dirección. B.A., Moreno, 1892. 575 p.

El título indica adecuadamente el contenido; materiales ordenados cronológicamente; cubren el lapso 1854-85.

**424. _____. Ministerio de Hacienda.** Digesto del Ministerio de Hacienda de las nuevas leyes, decretos y resoluciones. B.A., Ministerio de Hacienda, 1926. 2 v.

La publicación cubre el período 1918-25, y ordena cronológicamente sus materiales.

**425. _____. Ministerio de Obras Públicas.** Leyes, contratos y resoluciones referentes a los ferrocarriles y tranvías a tracción mecánica de la República Argentina. B.A., Taller Tipográfico de la Penitenciaría Nacional, 1904. 671 p.

Esta publicación, cuyo contenido está suficientemente indicado por el título, es objeto de nuevas ediciones actualizadas en 1913 y 1920. (BT)

**426. Banco de la Provincia de Buenos Aires.** Colección de leyes, decretos, reglamentos y acuerdos del Directorio del . . . que rigen a este establecimiento como Banco de Depósitos. B.A., El Nacional, 1857 [i.e., 1858]. 35 p.

Estadísticas completas sobre depósitos, intereses y cuentas corrientes en el período 1°de abril de 1854-1°de noviembre de 1858.

**427. Buenos Aires (provincia). Departamento del Trabajo.** Legislación del trabajo de la provincia de Buenos Aires. Director Bernardo Aineseder. La Plata, Taller de Impresiones Oficiales, 1926. 164 p.

Texto ordenado de las leyes nacionales del trabajo con los reglamentos vigentes para su aplicación en la provincia de Buenos Aires.

**428. Cadelago, Juan Carlos.** Recopilación de leyes y decretos del trabajo de la República Argentina. B.A., Boletín del Trabajo de la República Argentina, 1938. 357 p.

Leyes nacionales para el período 1912-37, indicando la fecha de promulgación y autor del proyecto; leyes provinciales, agrupadas por provincia, a partir de 1913.

**429. Corrientes (provincia).** Recopilación de leyes y decretos sobre tierras públicas. Corrientes, T. Heinecke, 1903. 64 p.

Recopilación completa de las disposiciones dictadas sobre el tema por la provincia de Corrientes, a partir del año 1828. (BT)

**430. Goyena, Juan.** República Argentina; digesto rural y agrario: recopilación de leyes, decretos, resoluciones, fallos de las Cortes Federales y provinciales sobre tierras, ganadería, límites, policía rural, municipalidades, justicia de paz, escribanías de campaña, irrigación, agrimensura, minas, islas, canteras, bosques, agricultura y demás asuntos que se relacionan con la tierra y sus productos; comprende desde 1810 hasta 1891. B.A., J. Alsina, 1892. 3 v.

El primer tomo recoge el material correspondiente a la nación; la documentación es muy heterogénea e incompleta, faltando material retrospectivo anterior a 1870. El segundo y el tercer tomos abarcan la parte correspondiente a la provincia de Buenos Aires; su recopilación es más completa que la del primer tomo.

**431. Mendoza (provincia). Ministerio de Hacienda.** Recopilación de leyes sobre tierras públicas (1823 a 1902). Mendoza, El Debate, 1902. 57 p.

El título expresa adecuadamente el contenido.

**432. Misiones. Gobernación Nacional.** La tierra pública y su colonización: yerbales; informes, leyes, decretos y reglamentos vigentes para la venta y colonización de la tierra pública y el beneficio de los yerbales en el territorio de Misiones. B.A., Impr. del Congreso, 1894. 63 p.

El título da clara idea del contenido.

**433. Muzlera, Joaquín M.** Tierras públicas: recopilación de leyes, decretos y resoluciones de la provincia de Buenos Aires sobre tierras públicas, desde 1810 a 1895. La Plata, Isidro Sola Sans, 1896. 3 v.

El título describe adecuadamente el contenido de esta obra, recopilada por el autor con excelente criterio y aparentemente exhaustiva. V. 1: 1810-60; v. 2: 1860-80; v. 3: 1881-95.

**434. Peña, José B.** Deuda argentina; compilación de leyes, decretos, resoluciones, notas y contratos sobre la deuda pública nacional. B.A., Alsina, 1907. 2 v.

El título describe adecuadamente el contenido de esta obra.

**435. Ruiz Moreno, José A.** Legislación social argentina; colección de leyes obreras y de previsión social con sus decretos reglamentarios; resultados prácticos. B.A., El Ateneo, 1925. 351 p.

El título indica adecuadamente el contenido de esta obra, en la cual la recopilación excede en extensión e importancia a los comentarios.

**436. Ruiz Moreno, Martín.** Provincia de Entre Ríos: sus leyes sobre tierras. V. 1: Paraná. V. 2: Fundación de pueblos y colonias. Paraná, Gutenberg, 1896-97. 2 v.

El título da idea de contenido de esta recopilación de textos legales y reglamentarios.

**437. Silva, Carlos Alberto.** El poder legislativo de la Nación Argentina. B.A., Cámara de Diputados de la Nación, 1937-44. 6 v.

Vasta recopilación, resumen y presentación de materiales vinculados con los cuerpos legislativos centrales que la nación conoció entre 1810-61. Los volúmenes 4 y 5, bajo el título de *Organización nacional (1854-61). Gestión económico-financiera,* ofrecen la más rica colección disponible de información sobre la política económica y financiera del gobierno de la Confederación durante el lapso indicado en el título, tanto más apreciable por la escasez de fuentes alternativas.

## 4. Factores internacionales

**437a. Fodor, Jorge; y Arturo O'Connell.** La Argentina y la economía atlántica en la primera mitad del siglo XIX. Desarrollo económico [B.A.], v. 13, abril-junio, 1973: 3-65.

Este importante artículo examina la relación triangular establecida desde principios del siglo XIX entre Gran Bretaña, Estados Unidos y la Argentina; a juicio de los autores la tendencia a favorecer en ese contexto los intereses británicos (característica de todos los gobiernos argentinos, incluido el peronista en su primera etapa) se debe a la identificación entre éstos y los de un grupo reducido pero extremadamente influyente de criadores de carne de exportación. El trabajo que no deja de tomar en cuenta otros factores, se apoya en una rica documentación (en particular utiliza por primera vez de modo sistemático la del Foreign Office).

**438. Irazusta, Julio.** Influencia económica británica en el Río de la Plata. B.A., Eudeba, 1963. 93 p.

A tres décadas de su primera denuncia del influjo negativo ejercido por Gran Bretaña sobre el proceso histórico argentino (439) el autor propone aquí una imagen menos sombría de éste; si las culpas británicas no aparecen aliviadas, en cambio se hallará una lista inesperadamente larga de paladines antiimperialistas (algunos de los cuales es de temer, se habrían sorprendido bastante de hallarse en ese lugar y compañía) que salvan por lo menos el honor nacional. Irazusta, buen conocedor de la historia del período, no parece entender del todo los aspectos propiamente económicos de una vinculación que—como el título lo indica—alcanzaba en ellos su dimensión más importante.

**439. Irazusta, Rodolfo; y Julio Irazusta.** La Argentina y el imperialismo británico; los eslabones de una cadena, 1806-1933. B.A., Tor, 1934. 157 p.

Primera formulación de un conjunto de interpretaciones históricas destinadas a gozar de larga fortuna. Los autores tratan por primera vez en forma explícita la influencia del vínculo desigual con Gran Bretaña como elemento decisivo en la historia de la Argentina independiente; el análisis del establecimiento y consolidación de ese vínculo se da en un plano casi exclusivamente ideológico; sin tomar en cuenta la existencia de grupos sociales que, al identificarse con ese vínculo de dependencia, no partían de una imagen ideológicamente deformada, sino perfectamente justa, de su propia posición en la economía y la sociedad argentina, y el modo de mejorarla.

**440. Scalabrini Ortiz, Raúl.** Política británica en el Río de la Plata. 2. ed. B.A., Reconquista, 1940. 313 p.

Conjunto de estudios de historia política general, financiera y económica, destinados a probar a satisfacción de su autor que Gran Bretaña tuvo influencia determinante—y negativa—en definir las decisiones políticas relevantes a sus intereses. La obra tiene el mérito de tratar por primera vez algunos temas demasiado tiempo ignorados, y el que le viene de la apasionada sinceridad de su autor; como fuente de información histórica requiere ser tratada con extrema cautela; Scalabrini Ortiz no distingue explícitamente hechos de conjeturas, y en la formulación de estas últimas parece dominado por un cierto monoideísmo.

**441. Tamagno, Roberto.** Sarmiento, los liberales y el imperialismo inglés. B.A., Peña Lillo, 1963. 444 p.

El argumento general es que su adhesión a ideologías ajenas a la índole nacionale transformó a Sarmiento—por cuya personalidad el autor siente viva admiración—en agente de políticas antinacionales. Los temas económicos son examinados a partir de la p. 329; la política ferroviaria y de empréstitos externos recibe una dura condena. Punto de vista extremadamente unilateral; buena reunión de materiales éditos y no siempre cómodamente asequibles.

**442. Torino, Damián M.** Estudios económicos. San Martin, Peirano, 1914. 114 p.

El primer capítulo censura la clausura de la Caja de Conversión, a consecuencia de la guerra. La convertibilidad podía haberse mantenido, regulando la oferta de oro y papel a través del Banco de la Nación. El capítulo 2 denuncia el desequilibrio permanente de la economía nacional, debido a que "La Argentina es hoy una dependencia económica de la Europa" (los servicios del capital extranjero superan las inversiones extranjeras nuevas; por otra parte cualquier aumento en las exportaciones se traduce en aumento de las remisiones de las empresas extranjeras). Para poner fin a esa situación es preciso poner el transporte y comercialización en manos nacionales. (BT)

**Véase también:** 235, 598-603, 1065, 1066.

# IV. Crecimiento Macroeconómico y Fluctuaciones Económicas

## 1. Fuentes estadísticas

**443. Bianco, José.** Estadística inmobiliaria; notas y observaciones, 1903-14. B.A., 1916. 569 p. 5 v.

Síntesis estadística del trienio 1912-14: trasferencia de dominio, arrendamiento, hipoteca, embargos e inhibiciones en la Capital Federal y territorios nacionales. La crisis inmobiliaria y sus causas, con información estadística adicional a partir de 1909. (BT)

**444. Bunge, Alejandro E.** El costo de la vida y el poder de compra de la moneda. Revista de economía argentina [B.A.], v. 12, febrero, 1924: 111-146.

En la línea de los estudios de Alejandro Bunge, que ya había abandonado la dirección de la repartición, el presente informe examina la incidencia del movimiento de precios en los salarios reales.

**445. _____.** Riqueza y renta de la Argentina, su distribución y su capacidad contributiva. B.A., Agencia General de Librería y Publicaciones, 1917. 304 p.

A. E. Bunge, que tuvo a su cargo durante un largo período los servicios estadísticos del estado, fue el primer economista encargado de esas funciones. La presente obra constituye un esfuerzo pionero por calcular la renta nacional; incluye también un inventario del patrimonio económico que, aunque no era el primero intentado en el país, superó en precisión y abundancia de datos a los anteriores.

**446. Censo de bienes nacionales 1890.** B.A., La Universidad, 1890. 425 p.

Censo levantado en 1890; registra las propiedades del Estado; información cualitativa y cuantitativa vinculada con transportes (en particular ferrocarriles); propiedad y construcciones, educación; bancos. (BDNEC)

**447. Fracchia, Alberto; Haydée Gorostegui de Torres; y Roberto Cortés Conde.** Producto bruto en el período 1869-1914; identificación de fuentes y sugerencias sobre métodos de estimación posibles. *En* Instituto de Investigaciones Históricas, Universidad Nacional del Litoral e I.D.E.S. Jornadas de historia y economía argentina en los siglos XVIII y XIX. B.A. y Rosario, 1964, p. 79-120, mimeo.

Tras de un examen del material relevado en esta primera exploración, propone un cálculo por origen sectorial, utilizando "primordialmente el método del valor agregado" y de modo complementario el de ingreso de factores, que se utilizaría de modo exclusivo para el sector bancario y financiero y de gobierno y otros servicios. Agrega una lista de las numerosas fuentes relevadas.

**448. Sociedad de Beneficencia: Cuentas.** Hospital General de Hombres, 1825-1860: Cuentas. Hospital General de Mujeres, 1830-1847: Cuentas. Archivo general de la Nación. B.A., sala III.

La Sociedad de Beneficencia tenía a su cargo establecimientos de enseñanza de mujeres y asistenciales; sus cuentas, así como la de los hospitales de Buenos Aires, contienen datos particularmente útiles para historia de precios, y mucho más limitadamente para la de salario y otras formas de remuneración.

**Véase también:** 203, 958, 962.

## 2. Estudios generales

**449. Balbín, F. L.** La crisis 1873-1875. B.A., Coni, 1877. 71 p.

Este escrito refleja el punto de vista del Banco de la Provincia de Buenos Aires (y debe entonces relacionarse con el de Rufino Varela, que traduce el del Ministerio provincial, y el de Anacarsis Lanús (453), identificado con los grandes beneficiarios del crédito bancario). Para Balbín la crisis se ha cerrado en 1876, y en el momento no hay escasez ni de circulante ni de crédito; no tendría por lo tanto sentido recurrir a nuevas emisiones y el Banco está plenamente justificado en su cautelosa política crediticia.

**450. Barros, Alvaro.** Actualidad financiera de la República Argentina. B.A., Mayo, 1875. 197 p.

Uno de los más sugestivos textos inspirados por las dificultades de la economía exportadora luego de la crisis de 1874. Barros es partidario de la adopción de formas de explotación más intensiva; en el prólogo, el presidente Avellaneda se pronuncia en cambio por una aceleración de la expansión sobre tierras nuevas.

**451. Bendicente, Francisco.** Elementos para el estudio de los ciclos. Revista de la Facultad de Ciencias Económicas de la Universidad del Litoral [Rosario], v. 4, 1945: 63-89.

Tentativa de reconstruir el ritmo del crecimiento económico argentino en el siglo XIX; la escasez de datos impone conclusiones extremadamente aproximativas y hace que el trabajo resulte más interesante como primera exploración de un área de estudios que por sus conclusiones.

**452. Buenos Aires. Bolsa de Comercio.** La Bolsa de Comercio de Buenos Aires en su centenario, 1854/10 de julio/1954. B.A., 1954. 333 p.

Básicamente un relato histórico-lineal; historia de la institución en el contexto de la evolución nacional durante un siglo; la presentación general de los problemas está dominada por la cautela adecuada al momento de su publicación.

**453. Lanús, Anacarsis.** Cuestiones económicas, financieras y bancarias. B.A., Biedma, 1877. 70 p.

Lanús, importante comerciante y financista, es extremadamente crítico frente a la política oficial ante la crisis. El gobierno restringe el crédito de los bancos públicos, y de ese modo los lanza a la ruina (ya que los bancos privados los desplazan en las actividades crediticias, en un momento en que el oro se obtiene en plaza a bajo interés). Ello prolonga las consecuencias de la crisis; para clausurarla sería necesario emitir diez millones de pesos en billetes, en lugar del préstamo que el gobierno federal ha contraído por esa suma con el Banco Nacional, y que ha venido a agravar la crisis.                                                      (BT)

**454. Martiré, Eduardo.** La crisis argentina de 1873-76. B.A., 1965. 35 p.

Presentación algo convencional de la crisis financiera; el interés principal de este trabajo reside en la abundante utilización de la correspondencia entre Anacarsis Lanús (fuerte comerciante, financista y proveedor del estado, mitrista convencido) y Juan Bautista Alberti. Algunas consideraciones generales de interés; la crisis es, según Lanús, fruto de un clima en que la sociedad "se ve invadir por la parte corrompida y baja de ella que escala los puestos gubernativos."

**455. Ortiz, Ricardo M.** El aspecto económico-social de la crisis de 1930. Revista de historia [B.A.], v. 3, 1958: 41-72.

El autor considera que la revolución de 1930 "adaptó la Argentina a la crisis mundial" abierta en 1929. Ello le da motivo para examinar las vicisitudes de la economía nacional a partir de 1914, prestando particular atención a los aspectos que tuvieron por consecuencia aumentar la vulnerabilidad de esa economía a las consecuencias de la crisis.

**456. Phelps, Vernon L.** The international economic position of Argentina. Philadelphia, University of Pennsylvania Press, 1937. 276 p.

Excelente examen de la situación económico-financiera de la Argentina; particularmente satisfactorio para el período posterior a 1914. Los altibajos del comercio internacional, los del crédito externo y su servicio así como los movimientos monetarios de corto plazo son tomados en cuenta por el autor.

**457. Terry, José Antonio.** La crisis. 1885-1892; sistema bancario. B.A., 1893. 353 p.

El autor, que luego de la crisis alcanzó responsabilidad ministerial, la analiza aquí desde la perspectiva de la política financiera y bancaria, que a su juicio (sobre todo a partir de la renuncia al retorno a la convertibilidad, en 1886) hizo inevitable ese desenlace catastrófico. En el marco de una condena enérgica, que refleja, a la vez que la opinión del autor, la de una opinión pública casi unánime en ese aspecto, Terry proporciona un cuadro completo y particularmente claro de un período de historia financiera particularmente intrincado y confuso. Los aspectos más generalmente económicos de la crisis le interesan mucho menos.

**Véase también:** 325.

## 2a. Estudios generales: periódicos

**458.** Anuario financiero 1910. B.A., 1911. 215 p.

Información cualitativa y cuantitativa sobre comercio, crédito, moneda y bancos; empresas y coyuntura. Datos estadísticos sobre comercio exterior. Nivel nacional, periodicidad anual. Solamente un año se encontró en la Biblioteca Nacional.                                              (BN)

**459. Argentina.** Revista financiera. B.A., 1919-23.

Información cualitativa sobre industria manufacturera y en especial textil, comercio, crédito, moneda y bancos, estado e impuestos, empresas y coyuntura. Datos cuantitativos sobre comercio exterior, moneda, bancos y crédito privado; estado e impuestos. Interés predominante por la política comercial gubernativa. Nivel nacional y periodicidad quincenal.   (BN)

**460.** El asegurador argentino. B.A., 1889-1929.

Periodicidad trimestral; nivel nacional. Información cualitativa, cuantitativa y estadística sobre moneda, crédito y bancos; estado e impuestos; asociaciones, empresas y coyuntura; cualitativa y cuantitativa sobre empleo; cuantitativa y estadística sobre precios. Serie incompleta.        (BN)

**461.** Bancos, seguros y comercio. B.A., 1894-1909.

Periodicidad trimestral; nivel nacional. Información cualitativa, cuantitativa y estadística sobre comercio—en general e interno—moneda, crédito y bancos, y estado e impuestos; cualitativa y estadística sobre precios; sólo cualitativa sobre comercio externo, coyuntura y propiedad. Serie incompleta.                                                      (BN)

**462.** Boletín de la Bolsa de Comercio. B.A., 1898—.

Periodicidad quincenal; nivel nacional. En sus comienzos poco más que una hoja de cotizaciones y precios corrientes en el comercio, el Boletín fue progresivamente—aunque no de modo sistemático—cubriendo otras áreas de información económica. Pero su utilidad principal la sigue prestando como fuente particularmente completa para los temas de que se ocupó desde su aparición (sobre sus datos se apoyan, por ejemplo, los estudios de movimiento de precios referidos a la época posterior a su publicación).          (BT, BN)

**463.** Boletín informativo de impuestos internos. B.A., 1929.

Periodicidad mensual, nivel municipal. Publicación del Departamento Financiero de la Municipalidad de Buenos Aires; incluye información muy abundante con datos cualitativos, cuantitativos y estadísticos sobre comercio interno, construcción urbana, tecnología y precios.

**464.** La bolsa; revista informativa. B.A., 1920. 1 v.

Información cualitativa sobre moneda, bancos y crédito privado; cuantitativa y cualitativa sobre comercio exterior e interno, coyuntura y precios; en todos los casos muy abundante.                                              (BT)

**465. Cámara Argentina de Comercio.** [Anuario], B.A., 1930—.

Anuario, nivel nacional. Información cualitativa, cuantitativa y estadística sobre comercio exterior e interno, transporte ferroviario; moneda, banco y crédito privado; coyuntura y precios; cualitativa y cuantitativa sobre crédito público y empresas; cualitativa sobre transportes en general. (BN)

**466.** La ciencia comercial; revista de comercio. B.A., 1902-05. 4 v.

Información cualitativa sobre comercio interno y exterior, acción del estado y empresas; cualitativa y cuantitativa sobre crédito, moneda y bancos y coyuntura. Periodicidad mensual y nivel nacional. (BN)

**467.** Finanzas, comercio e industria en la República Argentina. B.A., 1898.

Información cualitativa y cuantitativa sobre comercio interno y exterior, moneda, bancos y crédito, estado e impuestos y coyuntura. Nivel nacional y periodicidad anual. Solamente un año se encontró en la Biblioteca Nacional. (BN)

**468.** El Plata industrial y agrícola. B.A., 1876-79.

Periodicidad anual y nivel nacional. Datos cualitativos y cuantitativos sobre comercio exterior e interno, crédito, moneda y bancos; cuantitativos únicamente para agricultura de cereales y cultivos industriales, industria y artesanía y empleo; cuantitativos y estadísticos para precios; estadísticos solamente para coyuntura y propiedad. (BN)

**469.** La plaza, revista comercial. B.A., 1899-1902.

Información a nivel nacional y con frecuencia semanal, sobre comercio interno e internacional, coyuntura y precios; estadísticos solamente para coyuntura y propiedad. (BN)

**470.** Revista de ciencias comerciales. B.A., 1911-19.

Datos (escasos) sobre crédito, moneda y bancos, empresas, coyuntura y propiedad. Información cualitativa y cuantitativa, periodicidad trimestral, nivel nacional. Publicación del Colegio de Contadores de la Capital. (BN)

**471.** Revista del Banco Hipotecario Nacional. B.A., 1903-21.

Periodicidad trimestral, nivel nacional. Con intención más propagandística que informativa, reseña la labor del Banco; los datos se hacen paulatinamente más abundantes. Información cualitativa, cuantitativa y estadística sobre construcción y crédito; cualitativa y cuantitativa sobre movimientos de población y propiedad; cuantitativa sobre precios. (BN)

**472.** Revista económica del Río de la Plata. B.A., 1870-1900.

Nivel nacional, periodicidad anual. Este anuario de información comercial y financiera la ofrece de carácter cualitativo y cuantitativo sobre comercio exterior e interno, bancos, moneda y crédito público y privado, estado e impuestos, coyuntura, propiedad y precios. (BN)

**473.** Revista general de administración. B.A., 1885-92.

Periodicidad trimestral; nivel nacional. Información cualitativa, cuantitativa y estadística sobre comercio externo, estado e impuestos y empleo; cualitativa y cuantitativa sobre moneda, crédito y bancos, empresas y coyuntura; cuantitativa y estadística sobre precios; sólo cualitativa sobre comercio interno. Colección incompleta, faltan los años 1886-87. (BN)

**474.** Seguros; revista informativa, estadística y financiera. B.A., 1912-23.

Periodicidad mensual; nivel nacional. Información cualitativa, cuantitativa y estadística sobre moneda, crédito y bancos; empresas, coyuntura, propiedad y precios; cualitativa y cuantitativa sobre estado e impuestos. (BN)

## 3. Moneda, crédito y bancos

**475.** Antecedentes y decretos de inconversión para los Bancos Nacional y provincia de Buenos Aires. B.A., Librería Nacional, 1885. 19 p.

Comunicación del presidente del Directorio del Banco Nacional, W. Pacheco, al Ministro de Hacienda, describiendo la situación en que se hallan las reservas del Banco. Respuesta, texto del decreto de inconvertibilidad e intercambio de notas al respecto. (BT)

**476.** Archivo del Banco Hipotecario Nacional. Serie numerada; archivo del Banco Hipotecario Nacional. B.A.

Esta serie reúne los expedientes de contratos de concesión de crédito: discrimina crédito rural y urbano y los de colonización económica y otros datos de los aspirantes a crédito. Serie incompleta (se destruye sistemáticamente el material juzgado obsoleto; los claros son particularmente numerosos antes de 1902).

**477. Argentina. Ministerio de Hacienda.** Estudio de los documentos relativos a la inconversión de billetes bancarios. B.A., Ministerio de Hacienda, 1887. 57 p.

Reproducción facsimilar y breve comentario de las resoluciones dictadas sobre el asunto en el período 1838-78.

**478. Banco de Italia y Río de la Plata.** En su cincuentenario, 1872-1922. B.A., 1922. 48 p.

Más interesante que la reconstrucción histórica—sumaria e interesada en aspectos filantrópicos y previsionales excesivamente marginales—es la reproducción de los balances anuales a partir de la fundación del Banco y de cuadros relativos al movimiento de capitales, depósitos, descuentos y adelantos y movimiento de sucursales.

**479. Banco de la Nación Argentina.** El Banco de la Nación Argentina en su cincuentenario (1891-1941). B.A., Kraft, 1941. 473 p.

Escrito por un grupo de funcionarios del Banco bajo la dirección del entonces subgerente Gastón Lestard, este

volumen ofrece numerosos datos casi todos ellos ya previamente conocidos (la fuente principal de los autores la
proporcionan las memorias del Banco). A partir de la p. 167
está dedicada a una reseña histórica, caracterizada por una
comprensible discreción y un optimismo acaso demasiado
sistemático, que limitan, pero están lejos de suprimir su
utilidad.

**480. Banco de la Provincia de Buenos Aires.**
Banco de la Provincia de Buenos Aires: antece-
dentes, organización, situación, 1914; El Banco
de la Provincia de Buenos Aires en la Exposición
Universal de San Francisco de California. B.A.,
Peuser, 1915. 52 p.

Esta publicación oficial de la institución reseña su movimiento en el período 1854-1914; su reorganización en 1906
y aumento de capital en 1908-1912. Datos sobre acciones,
dividendos, instalaciones, directorio, administración, gerencia y personal. Series estadísticas completas.

**481. _____.** Banco de la Provincia de Buenos
Aires: estudio histórico y estudio constitucional.
Estudio preliminar del Dr. C. Sánchez Viamonte.
B.A., Banco de la Provincia de Buenos Aires,
1957. 73 p.

Este breve estudio retrospectivo aporta información interesante sobre el segundo aspecto evocado en su título; los
problemas legales y constitucionales surgidos a lo largo del
desenvolvimiento de esta institución de crédito y durante
largas etapas de emisión de billetes.

**482. _____.** Banco reorganizado. Archivo del
Banco de la Provincia de Buenos Aires, B.A.

Dos legajos de documentación vinculada con la reorganización que el Banco sufrió en 1906.

**483. _____.** Crédito. Archivo del Banco de la
Provincia de Buenos Aires, B.A.

Esta serie registra operaciones correspondientes al lapso
1871-1922. El material se encuentra agrupado en los siguientes rubros: 1) ejecuciones, 2) evolución de operaciones,
3) inhibiciones voluntarias, 4) operaciones en gestión y mora,
5) moratorias, 6) quitas, 7) radicación de operaciones, 8)
renovación de letras, 9) reducción de amortizaciones.

**484. _____.** Libros de actas del H. Directorio.
Archivo del Banco de la Provincia de Buenos
Aires, B.A.

El archivo del Banco de la Provincia de Buenos Aires
ofrece la más rica colección de documentos relacionados con
una institución financiera existente en el país; los más
tempranos datan de 1822. La serie de libros de actas se
encuentra dividida en trece secciones; de particular interés,
la comercial, de la cual 61 legajos cubren el período 1830-
1930, y la de crédito hipotecario, de la cual 24 legajos
cubren la etapa de 1910 (fecha en que, por absorción del
Banco Hipotecario de la Provincia de Buenos Aires, comenzó
a actuar en esta área) hasta 1930.

**485. _____.** Memoria. B.A., 1877—.

Cuarenta y ocho entregas cubren el período 1877-1902 y
el 1906-30; de particular interés las correspondientes a la
primera etapa (las posteriores a 1906, aunque incorporan
información sobre la sección hipotecaria, que toma a su
cargo los servicios antes ofrecidos por el extinguido Banco
Hipotecario de la provincia, son extremadamente escuetas).
Entre 1860-76 las memorias del Banco se hallan incorporadas
a su vez a las de la Oficina del Departamento de Hacienda
de la Provincia de Buenos Aires: de particular interés para
estudios regionales son los datos sobre movimiento de las
distintas sucursales del Banco.                    (BBPBA)

**486. Banco de la Provincia de Córdoba.** Un
banco al servicio de la riqueza social: LXXX
aniversario del Banco de la Provincia de Córdoba,
1873-1953. Córdoba, Assandri, 1953. 126 p.

Sucesivos regímenes jurídicos del banco (Banco de Córdoba, Banco Provincial, Banco de la Provincia). Trayectoria
de sucursales y agencias. El Banco y el crédito agrícola.
Estadísticas completas, cuadros y gráficos sobre la actuación
y finanzas del Banco.

**487. Banco Popular Argentino.** Reseña histórica,
1887-1930. B.A., Peuser, 1931. 40 p.

Fundación y desarrollo del Banco; su acción social y de
beneficencia; su acción en cuanto al fomento del ahorro
nacional. Más importantes que esta reseña son las estadísticas
completas para la etapa 1887-1930.

**488. Bank of London and South America, Ltd.
—Banco de Londres y América del Sud.** Un poco
de historia. B.A., 1922. 15 p.

Historia sumaria, datos cifrados sobre evolución de los
depósitos y del capital realizado, instalación de sucursales.
Fundado en 1862.

**489.** Boletín de asuntos legales del Banco Hipotecario Nacional: juicios. B.A., 1890—.

Esta serie existente con periodicidad trimestral desde 1890,
incluye los juicios (en la inmensa mayoría de los casos contra
deudores morosos) abiertos por el Banco. Utilizable para
propiedad urbana y rural, más aún para coyuntura. (ABHN)

**490. Buenos Aires. Universidad. Instituto de
Economía Bancaria.** La economía bancaria argentina a través de sus índices más significativos en el
período 1901 a 1935; cifras y gráficos. B.A., Imprenta de la Universidad, 1937. 129 p.

Cifras y gráficos globales sobre capitales, depósitos, préstamos, existencias, relaciones porcentuales de capitales sobre
depósitos, de préstamo sobre depósitos y de existencia sobre
depósitos; existencia de oro. Idénticos datos sobre Banco de
la Nación, sobre otros bancos nacionales globalmente considerados, y sobre bancos extranjeros. Relación de capital
bancario nacional y extranjero. Cheques compensados, tasa
de descuento, emisión de circulante, movimiento y existencia de oro. Caja de conversión, cambios internacionales.
Cotización de acciones bancarias. Redescuento.

**491. Burgin, Miron.** The economic aspects of

Argentine federalism, 1820-1852. Cambridge, Mass., Harvard University Press, 1946. 304 p.

Un estudio magistral sobre los aspectos financieros, más bien que económicos, de los gobiernos adictos a la facción federal en las provincias interiores y sobre todo en Buenos Aires. Existe una traducción española: *Aspectos económicos del federalismo argentino*. B.A., Hachette, 1960. 392 p.

**492. Casarino, Nicolás.** El Banco de la Provincia de Buenos Aires en su primer centenario, 1822-1922. B.A., Peuser, 1922. 351 p.

El autor, alto funcionario de la institución utilizó ampliamente la oportunidad que su posición le abría para compulsar el rico archivo de ésta. Gracias a ello escribió la más informativa de las historias del Banco de la Provincia (en parte limitada en su eficacia por el carácter sólo indirecto y fragmentario de la utilización de esa fuente privilegiada). Interesado predominantemente en el aspecto institucional, Casarino concede mayor espacio a las funciones económicas del banco en su examen de las etapas más tardías en la trayectoria de éste.

**493.** Censo bancario 1925. B.A., Kraft, 1926. 81 p.

Información cualitativa y cuantitativa, área nacional. Datos sobre los distintos establecimientos bancarios, sus características como empresas y movimiento bancario.

(BDNEC)

**494. Condomí, Enrique.** Informe sobre las realizaciones del Banco de la Provincia de Buenos Aires. La Plata, La Popular, 1904. S.n.

Publica material documental para el período 1822-53, que muestra el movimiento diario del banco en ese lapso; en anexo reproduce las planchas utilizadas para la impresión de billetes.

**495.** Correspondencia entre el Dr. Ernesto Tornquist y el Dr. José Terry y artículos de diarios relativos a la reforma y reorganización del Banco de la Nación Argentina (1894). Biblioteca Tornquist, B.A.

Copia de diez cartas intercambiadas entre Tornquist y Terry sobre el tema, entre los años 1894-1902 y recortes de artículos aparecidos en torno a éste en *La prensa* y *La nación* en el período 1903-05.

**496. Cuccorese, Horacio Juan.** Historia de la conversión del papel moneda de Buenos Aires. La Plata, Universidad Nacional de La Plata, 1959. 409 p.

Desde que en 1861 la emisión dejó de ser un medio de financiación al alcance del gobierno de la provincia de Buenos Aires una de las razones para mantener la inconvertibilidad desapareció; desde que, a falta de nuevas emisiones masivas inspiradas por necesidades fiscales, la masa de circulante se mantuvo relativamente constante, las consecuencias económicas de la existencia de un sistema de papel

moneda inconvertible variaron, también radicalmente. Comienza así una polémica en torno a las ventajas de la convertibilidad, que remata en la adopción de ésta en 1867, y que el autor explora diligentemente, pero acaso sin advertir demasiado bien el trasfondo económico de éste.

**497. Espineira, Mariano F.** Ultimo precio de contado de la onza de oro sellado (16 pesos fuertes): desde 1826 al 26 de noviembre del corriente año de 1864. Confrontado por Melchor C. Rom. B.A., Coni, 1864. 81 p.

Proporciona la cotización por día, mes y año a partir de la inconvertibilidad del billete por su valor nominal.

**498. Ford, Alec G.** The gold standard. 1880-1914: Britain and Argentina. Oxford, Clarendon, 1962. 200 p.

Estudio del funcionamiento del gold standard a través de un país central y uno periférico. Debido a la mayor pobreza de estudios complementarios para la Argentina que para Gran Bretaña, Ford ofrece en cuanto a la primera un estudio detallado y penetrante, del sistema monetario y financiero y su vinculación con el proceso económico nacional; en el primer aspecto es insustituible; en el segundo ofrece interpretaciones a menudo penetrantes. Escrito en polémica a ratos explícita con el libro de Williams (528).

**499. Fragueiro, Mariano.** Organización del crédito. B.A., Raigal, 1954. 253 p.

Reedición—con estudio preliminar de Ricardo M. Ortiz—del libro publicado por el maduro político cordobés durante su destierro chileno, en 1850. Inspirado en parte en Proudhon (al que reinterpreta muy libremente), Fragueiro propicia el monopolio estatal de crédito y el reemplazo de toda otra moneda por "la del crédito público." Interesante como testimonio de influencias ideológicas y también como anticipo de la política que el autor seguirá como ministro de la Confederación de las provincias interiores, cuando intentará—sin éxito—reemplazar el circulante metálico con billetes de banco.

**500. Garrigós, Octavio.** El Banco de la Provincia. B.A., Coni, 1873. 388 p.

Cronológicamente la primera entre las historias del Banco de la Provincia, ofrece un relato convencional y sistemáticamente positivo de la acción de la institución. El apéndice recoge textos legales sobre la organización del banco.

**501. Gesell, Silvio.** La razón económica del desacuerdo chileno-argentino. B.A., La Buenos Aires, 1898. 73 p.

Del mismo modo que Hansen (503), Gesell examina el conflicto desde la perspectiva de sus preocupaciones de política monetaria. Para él, la disputa es sobre territorios de cuya incorporación se espera una revitalización de la economía, que atraviesa en ambos países una fase depresiva. Pero ella se debe a la tendencia a valorizar la moneda de papel, que hace que ésta y el crédito sean excesivamente escasos. Es preciso adoptar una política de moneda de papel abundante y barata; si la moneda de papel no goza de prestigio ante la opinión pública, es porque siempre ha servido de instrumento fiscal, y no como medio para fomentar el comercio.

**502.** _____. El sistema monetario argentino, ventajas y posibles perfeccionamientos. B.A., Boote, 1893. 96 p.

Análisis de la situación monetaria, en que Gesell deja de lado la vinculación entre el circulante y el oro, para examinar detenidamente la relación entre la masa de éste y las dimensiones de las distintas actividades económicas.

**503. Hansen, Emilio.** Chile y la República Argentina: paralelo económico. B.A., El Hogar y la Escuela, 1895. 314 p.

Una expresión más de la preocupación por comparar el potencial económico de los dos países en una etapa de aguda rivalidad entre ambos. Pero pronto Hansen pasa a examinar un tema que le interesa más directamente: la política monetaria. De la experiencia chilena, presentada en términos deliberadamente brutales (la ley de conversión allí introducida no es sino una "ley de repudiación de la deuda") deduce que la economía argentina no debe ser sometida al esfuerzo que significa un retorno a la conversión sobre la base de la paridad legal entre oro y papel; tanto el fisco como la economía privada se han beneficiado con la devaluación; la convertibilidad debe establecerse sobre la base de un valor para la moneda de papel "no muy alejado del valor actual."

**504.** _____. La moneda argentina; estudio histórico. B.A., Sopena, 1916. 555 p.

Un serio examen histórico, estudiado con riqueza de detalles por quien era un economista antes que un historiador, y es capaz por eso de aportar una aguda inteligencia práctica de las motivaciones que inspiran a las sucesivas políticas monetarias, a partir de 1810. Hansen tiene también una tesis: que la demasiado frecuente tendencia a considerar que el único sistema monetario aceptable es el basado en la libre convertibilidad a metálico a una tasa de cambio estable (consecuencia de la cual es la imagen que ve en la historia monetaria argentina una serie de aberraciones debidas a la ignorancia o falta de escrúpulos de los que la dirigieron) no tiene fundamento científico serio.

**505.** Informe y memoria del Banco Hipotecario Nacional. B.A. 1887—.

Esta serie de periodicidad anual, proporciona información cada vez más discriminada; comienza dando sólo estados de caja y movimiento de casa matriz y sucursales; ya en 1908 los préstamos concedidos se clasifican por monto; en 1919 se separan préstamos urbanos y rurales y los garantizados por pequeñas propiedades; luego se agrega información sobre movimiento de cédulas. Fuente importante sobre todo para propiedad urbana y rural, construcción, crédito y coyuntura.                                            (ABHN)

**506. Lanús, Anacarsis.** Cuestión papel moneda; serie de artículos publicados en La Nación Argentina. B.A., El Porvenir, 1864. 49 p.

El poderoso comerciante y financiero propone un retorno a la moneda metálica, previo reconocimiento del papel circulante como deuda pública, que propone consolidar con vistas a su pago progresivo.                                 (BT)

**507. Lanusse, J. J.** Un error económico: la conversión de 1883. B.A., El Porvenir, 1885. 39 p.

Tras de comparar la coyuntura de 1876—cuando fue abandonada la convertibilidad—y 1883—en que se trata de volver a ella—el autor, que se proclama vocero del comercio, declara su hostilidad al proyecto, que a su juicio significa "decretar el cataclismo para mañana."

**508. Lestard, Gastón H.** Ordenación monetaria argentina y programa bancario. B.A., La Facultad, 1928. 137 p.

Examen de la organización bancaria: oro y régimen monetario; funciones de crédito, sobre todo en el sector agrícola. Materiales estadísticos.

**509. Marbais Du Graty, Alfredo.** Algunas palabras sobre el Banco Mauá. Paraná, El Nacional Argentino, s.f. 21 p.

Ataque contra el Banco por un vocero oficioso del gobierno de la Confederación de las provincias interiores: reseña las acciones que a su juicio revelan un espíritu de oposición hacia ese gobierno y hostilidad a los intereses generales (el Banco había recibido previlegio de emisión pero cumplía muy insuficientemente los compromisos contraídos).

**510. Martínez, Julio.** Origen de los bancos en Rosario: el Banco Mauá & Cía.; contribución al estudio de su historia. Rosario, Pomponio, 1942. 63 p.

Tras de examinar la trayectoria de Mauá como financista de la Confederación en la década de 1850, reseña la actividad del Banco entre su creación en 1858 y su clausura en 1872. Su actividad es muy reducida, y en 1860 le es retirado el privilegio de emisión de billetes; sobrevive como agencia del Banco Mauá de Montevideo. Examen de la trayectoria institucional del Banco antes que de su actividad económica.

**511.** Memoria y balance del Banco de la Nación Argentina. B.A, 1891—.

Publicada con periodicidad anual desde 1891. Balance general, operaciones de crédito, crédito agrario, id. de sucursales y agencias; giros, depósitos, balance por sucursales y agencias; pasivo de los desastres comerciales (desde 1918 discriminado por monto del capital y área geográfica); adelantos en cuenta corriente (desde 1916 discrimina entre comercio e industria); desde 1912 agrega gráficos sobre volumen de operaciones; posteriormente se discrimina el crédito rural según provincias y territorios y se agregan datos sobre préstamos a cooperativas y a colonos y préstamos a agricultores por cuenta del estado.               (BBCRA)

**512. Oliver, Juan Pablo.** El fundador del Banco de la Provincia de Buenos Aires; nota dirigida al Presidente del Banco, Dr. C. Huergo, por el

Presidente del Instituto de Investigaciones Históricas Juan Manuel de Rosas, Dr. . . . B.A., 1940. 18 p.

El autor intenta demostrar que el verdadero origen de la institución se encuentra en la creación de la Casa de Moneda, dispuesta por el gobernador J. M. de Rosas juntamente con la supresión del Banco Nacional, en 1836; se funda sobre todo en una carta del ex-ministro Rojas y Patrón, dirigida al ex-gobernador durante el destierro de éste en Inglaterra.

**513. Peña, Enrique.** Historia de la Casa de Moneda en Buenos Aires: acuñación de 1827 a 1861. La Plata, Publicación del Museo, 1894. 20 p.

Breve examen histórico y estadístico de acuñación.

**514. Piñero, Norberto.** Cuestiones económicas: la cuestión monetaria y la cuestión bancaria. Nueva revista de Buenos Aires [B.A.], v. 6, 1882: 58-106.

Este jurista y publicista, tras de condenar el bimetalismo de la ley 1881, combate la propuesta de nacionalización del Banco de la Provincia de Buenos Aires, avanzada por Francisco Seeber; apoyándose en los argumentos de Rufino Varela (556), se pronuncia en favor de una multiplicidad de bancos emisores de carácter privado.

**515. Plaza, Victorino de la.** Liga agraria; conferencia sobre valorización de la moneda de curso legal . . . 26 de agosto de 1896 y comentarios a la misma. B.A., Peuser, 1899. 147 p.

El influyente político y experto en finanzas se pronuncia en 1896 por una política tendiente a acrecer el valor del papel moneda, en una posición parcialmente relevante respecto de los problemas ventilados en 1899 en torno al retorno a la convertibilidad (destinado más bien a frenar la valorización del papel).

**516.** La question monétaire de la République Argentine: projet de M. Andrés Lamas pour la conversion obligatoire en argent et facultative en or du papier monnaie de la République Argentine; opinions de M. Emile de Laveleye, Baron Hottinguer, Ribot, Molinari, et Paul Leroy-Beaulieu; renseignements sur la dette publique de la République Argentine (articles parus dans la Revue Sud-Americaine). Paris, Charaire, 1889. 57 p.

Plan para adoptar un bimetalismo apoyado sobre todo en la plata, en reemplazo del curso forzoso; estadísticas y comparaciones con otros países latinoamericanos.    (BT)

**517. Ramm Doman, Roberto A.** Política monetaria y bancaria en la Argentina. B.A., Kraft, 1914. 135 p.

El autor, vinculado a la casa bancaria Tornquist, señala,

en la falta de un sistema monetario basado en la plena garantía del papel circulante mediante el respaldo oro y en la ausencia de un banco central que asuma funciones de redescuento, las dos debilidades fundamentales del sistema financiero nacional. La creación de un banco central, privado y privilegiado, con funciones de emisión (en el marco de una nueva ley monetaria) y redescuento eliminaría simultáneamente ambas fallas. El análisis de éstas y sus consecuencias (elevado encaje en billetes de los depósitos bancarios; dependencia demasiado estricta de la masa circulante respecto de las vicisitudes de la balanza comercial) no carecen de penetración; menos espíritu crítico es revelado en el examen de la solución propuesta.

**518. Rosa, José María.** La reforma monetaria en la República Argentina. B.A., Coni, 1909. 325 p.

Informes sobre diversas conversiones; discursos parlamentarios y estudios por el influyente hombre público, que participó decisivamente en el retorno a la convertibilidad en 1899.

**519. Rosso, Samuel A.** La caisse de conversion argentine. Toulouse, Librairie Marquette, 1924. 255 p.

Antecedentes históricos y trayectoria de la caja desde su fundación, con particular atención a los efectos de la primera guerra mundial. Proyectos de reforma, examen de los de Terry, Iriondo, Rosa, Zeballos Carlés y De la Torre. Estadísticas y cuadros completos sobre el movimiento de la Caja. Tesis doctoral.

**520. Shaw, Alejandro E.** La escasez de numerario y la crisis de nuestro sistema monetario y bancario. B.A., Lajouane, 1925. 51 p.

Un influyente banquero formula su opinión sobre el sistema monetario y bancario; subraya la insuficiencia del redescuento; señala que el mecanismo regulador de la circulación no es suficientemente elástico.

**521. Taullard, Alfredo.** Billetes de banco de la República Argentina. B.A., 1924. 123 p.

Cubre el período posterior a 1817. Aunque el autor bien conocido anticuario, se interesa sólo marginalmente por los aspectos económicos de la emisión, proporciona información útil, sobre todo para las series menores y provinciales.

**522. Tornquist, Ernesto.** La conversión de hecho y no obligatoria. B.A., Gunche, Wiebeck y Turtl, 1903. 13 p.

Tras de juzgar favorablemente los efectos de la ley de convertibilidad de 1899—en cuya gestación ha tenido tanta parte—el influyente banquero y empresario la define como de "convertibilidad de hecho"; la reforma por ella introducida debería ser consolidada mediante la "convertibilidad obligatoria."    (BT)

**523. [Uriburu, Francisco].** Los proyectos monetarios; Senado de la Nación Argentina: informe de la minoría de la Comisión. B.A., 1899. 85 p.

El senador por Salta propicia la convertibilidad del papel a su valor nominal en metálico; esta solución extremadamente impopular y difícilmente practicable no careció sin embargo de defensores (la mayor parte de los cuales se inclinaban a mantener el sistema de papel moneda de valor oscilante hasta que se consolidase el ya iniciado proceso de valorización de éste).

**524. Vaca-Guzmán, Santiago.** ¡Oro! Para dominar el oro ¡Plata! (Bolada de aficionado). B.A., Peuser, 1890. 104 p.

Propuesta destinada a eliminar las bruscas oscilaciones en el valor del papel: cree hallar la solución en el empleo de moneda de plata. La descripción del libro por su autor no es calumniosa, y refleja muy bien las ansiedades que en torno al tema monetario comienzan a expresarse fuera del círculo reducido de los considerados expertos en el tema.

**525. Vedia, Agustín de.** El Banco Nacional: historia financiera de la República Argentina. V. 1: 1811-1854. B.A., Lajouane, 1890. 513 p.

El tomo I es el único publicado. Luego del pedestre libro de Garrigós (500) y el de Lanús (506), el más interesado en el presente que en el pasado, el libro de Vedia significa un progreso enorme en el estudio de la historia financiera del segundo cuarto del siglo XIX, dominada por la primera experiencia de un sistema de papel moneda inconvertible. El autor analiza las razones y las consecuencias económicas de ese sistema, con notable perspicacia y manejando datos relativamente abundantes. Estudios posteriores (como el de Casarino (492) en cuanto al aspecto bancario) si han aportado alguna información adicional, no han logrado sustituir a esta obra.

**526. _____.** Problemas económicos; el proyecto de conversión. B.A., Chacabuco, 1899. 193 p.

Reseña del desenvolvimiento de la política monetaria, más informativo que crítico, pero favorable al proyecto de retorno a la convertibilidad.

**527. Walls, L.** Les reformes reclamées par la Banque de la Province. B.A., Courrier de La Plata, 1879. 57 p.

Se detiene en particular en la relación entre el Banco y los gobiernos nacional y provincial que en la década de 1870 alcanzó relevancia en el plano financiero y político.

**528. Williams, John H.** Argentine international trade under inconvertible paper money, 1880-1900. Cambridge, Mass., Harvard University Press, 1920. 282 p.

Lo que ha hecho indispensable a esta obra para el estudio de la economía argentina en las últimas décadas del siglo XIX es—más bien que la tentativa de probar mediante el ejemplo argentino la validez de las teorías monetarias de Taussig—el minucioso estudio de las consecuencias del cambio de la situación monetaria en la economía argentina en su conjunto. En este sentido, el estudio más reciente de Ford (498) no

ha logrado superar el de Williams en el campo cubierto por éste.

**Véase también:** 426, 598, 920, 1016.

## 4. Finanzas públicas y gastos públicos

**529. Arenas, Mario.** Estudio histórico y crítico sobre las finanzas de la provincia de Mendoza en 1912. B.A., La Ciencia Médica. B.A., 1913. 126 p.

El cuerpo de esa breve tesis lo proporciona un análisis de los presupuestos mendocinos a partir de 1852 y un examen más somero de los ingresos y gastos de la administración entre 1810 y esa fecha.

**530. Argentina. Junta de Administración del Crédito Público Nacional.** Informe del Presidente del Crédito Público, Don Pedro Agote, sobre la deuda pública, bancos y emisiones de papel moneda y acuñación de monedas en la República Argentina. B.A., La Tribuna Nacional, 1881. 556 p.

Incluye información que comprende series estadísticas sobre el Banco de la Provincia de Buenos Aires, Nacional de la Confederación Argentina, Nacional e Hipotecario de la Provincia de Buenos Aires. Series de acuñación de moneda y emisión de papel; de cotización de monedas extranjeras. En conjunto, una de las fuentes más importantes para la historia financiera del período 1820-80.

**531. _____. _____.** Informe del Presidente del Crédito Público, Don Pedro Agote, sobre la deuda pública, bancos, acuñación de moneda, y presupuestos y leyes de impuestos de la nación y de las provincias. B.A., 1884-88. 4 v.

Pese al título algo cambiado, es la continuación del informe publicado en 1881 (y que formaría el primer libro de la presente serie) (530). La variación del título refleja la del contenido: a los elementos antes recopilados se agregan presupuestos y leyes de impuestos nacionales y provinciales. Otra adición importante se refiere a deudas y bancos de las provincias; en este punto y el anterior una parte considerable del material es anterior a 1881; sin embargo la mayor parte de la documentación tomada en su conjunto corresponde a la década del 80, y su volumen refleja muy bien la ampliación de las actividades financieras durante ella.

**532. _____. Ministerio de Hacienda.** Archivo General de la Nación. B.A., sala VII.

Entre el amplio material recibido por el Archivo General de la Nación del antiguo archivo del Ministerio de Hacienda, de contenido por otra parte muy heterogéneo, resultan de interés los legajos correspondientes a la Caja de Conversión—la serie de créditos y empréstitos que cubre, a razón de un legajo por año, el lapso 1878-1916, los materiales más antiguos referentes a la aduana de Buenos Aires (tomas de razón, entradas y salidas de mercaderías, 1834-41 a legajo por año); rendición de cuentas de aduana 1860-70 (cuatro legajos) y la serie de ajustes, presupuestos y certificados de hacienda para el período 1832-46.

**533.** _____. _____. Memoria. B.A., 1863—.

Desde su fundación hasta 1917 (fecha en que comienza a publicarse la Memoria anual de la Contaduría General de la Nación) las Memorias del Ministerio de Hacienda incluyen los presupuestos y cuentas de inversión de los fondos asignados en los mismos. Aún despúes de 1917 continúan publicando los datos sobre rentas previstas y recaudadas. A ese material se agrega paulatinamente el referente a la deuda externa e interna y su servicio, inversión de fondos especiales de fomento (en particular referidos a construcciones ferroviarias), administración de fondos de reserva de cajas de jubilaciones. La memoria incluye además, como es usual, el informe sobre la marcha administrativa de las distintas secciones del Ministerio.

**534.** _____. _____. Presupuesto de la nación. B.A., 1865—.

Incluye el texto de las sucesivas leyes de presupuesto, en todos los casos de vigencia anual. No sólo la distribución de los gastos proyectados entre las distintas ramas del gobierno federal, sino también el cálculo de recursos.

**535.** _____. _____. **Contaduría General de la Nación.** Memoria. B.A., 1917—.

A más del informe anual sobre la marcha administrativa de la dependencia, lo que hace el interés de esta publicación es la inserción de las cuentas de inversión y recaudación de la renta.

**536. Bousquet, Alfredo.** Estudio sobre el sistema rentístico de la provincia de Tucumán, 1820-1876. Publicación subvencionada. B.A., Impr. de La Razón, 1878. 153 p.

Análisis histórico-financiero; tablas acerca del movimiento rentístico. Sugestiones para una reforma general.

**537. Buenos Aires (provincia).** Contaduría. Libros de caja. Archivo General de la Nación. B.A., sala III.

Se trata del manual, del mayor y de las tomas de razón de la Contaduría General de la Provincia de Buenos Aires; registran gastos, ingresos, operaciones de crédito (indirectamente operaciones de emisión de papel moneda) del estado provincial.

**538.** _____. **Departamento de Hacienda.** Memoria. B.A. y La Plata, 1860—.

Esta memoria no sólo registra los movimientos de la hacienda pública en la primera provincia argentina, sino también hasta 1876 los relativos al Banco de la Provincia de Buenos Aires y hasta 1871 los correspondientes al Banco Hipotecario de la mencionada provincia. (BMHPBA, BBPBA)

**539.** _____. Receptoría general. Contribución directa (1830-79); patentes. Archivo General de la Nación. B.A., sala III.

La contribución directa, impuesto al capital, distribuye su carga impositiva sobre propiedades inmuebles, giro comercial y ganados, las valuaciones en que se basa son aproximativas; las listas de contribuyentes, meticulosamente elaboradas, sólo proporcionan entonces indicaciones generales sobre la composición de las clases propietarias. Las patentes, en cambio, afectan a establecimientos comerciales e industriales, vehículos y animales domésticos, si sólo excepcionalmente establecen diferencias de acuerdo con las dimensiones de la empresa, informan en cambio con gran precisión sobre el ramo de actividad de ésta.

**540. Carranza, Arturo B.** Anuario financiero-administrativo de la República Argentina. B.A., Compañía Sudamericana de Billetes de Banco, 1904-05. 2 v.

Incluye cifras presupuestarias de la administración nacional, de las provinciales, de las municipales de la Capital, Rosario y las capitales de provincia; también cifras globales de las municipalidades de campaña y balances de los bancos oficiales. En apéndice, datos similares sobre Estados Unidos y México. Todo el material está tomado de fuentes oficiales y éditas.

**541.** Crédito público de la provincia de Buenos Aires. Biblioteca Tornquist, B.A.

Bajo este acápite se han reunido las planillas estadísticas publicadas a lo largo del la década de 1920 por el gobierno de la provincia de Buenos Aires acerca del estado de su deuda externa e interna. (BT)

**542. González, Norberto.** Política fiscal argentina en el período 1900-1960. B.A., Universidad de Buenos Aires, Facultad de Filosofía y Letras, Departamento de Sociología, 1961. 15 p. (Jornadas Argentinas y Latinoamericanas de Sociología).

Pese al marcado contraste de situaciones económicas entre el período anterior y el posterior a 1930, y los cambios profundos en el sistema impositivo introducidos a partir de esa fecha "la política fiscal no actuó principalmente como un elemento autónomo en el proceso de desarrollo del país en el período 1900 a 1959," y durante el entero período "el comercio exterior fue la variable realmente independiente."

**543. Latzina, Francisco.** Estudio estadístico del presupuesto nacional, seguido de un proyecto de reforma del mismo y de otro de Ley de empleos civiles. B.A., Compañía Sudamericana de Billetes de Banco, 1893. 76 p.

El conocido geógrafo y estadígrafo examina el presupuesto de 1891, los criterios usados para fijar la remuneración del personal y propone un presupuesto de gastos para 1892, reformado con vistas a establecer una correlación más sistemática entre el nivel de sueldos y la tarea realizada. (BT)

**544.** Lista alfabética de los señores capitalistas sujetos al ramo de contribución directa en esta capital y su campaña, con expresión de la calle, número de puerta o departamento donde habitan, y la cuota que a cada individuo le ha cabido con arreglo a las manifestaciones que han hecho en el año de 1825, la que se publica de orden superior para conocimiento de los interesados y satisfacción del encargado. Reproducción facsimilar. B.A., Academia Nacional de la Historia, 1970. 35 p.

El título describe adecuadamente el contenido. A más de la lista de contribuyentes, la cuota proporciona una idea extremadamente aproximativa de la magnitud de su patrimonio.

**545.   Lorini, Eteocle.** La Repubblica Argentina e i suoi maggiori problemi di economia e di finanza. Roma, Loescher, 1902-10. 3 v.

Como lo muestran los títulos de los tomos sucesivos *(La questione monetaria, Il debito pubblico, Il bilancio)* este vasto estudio se centra en el aspecto financiero, y ofrece información excepcionalmente rica sobre él; el análisis es considerablemente menos interesante.

**546.   Novara, Juan J.; y Horacio J. L. Palmieri.** Contribución a la historia de los precios en Córdoba (1887-1907). Córdoba, Universidad de Córdoba, Instituto de Estudios Americanistas, 1968. 19 p.

La fuente proporciona valores de inventario de una importante casa de ramos generales, calculados como la suma del precio de venta en fábrica más los costos de tranporte hacia Córdoba. Los autores descubren cuatro grupos de productos entre los incluidos (todos ellos alimentos o artículos de uso doméstico), de tendencias variables al alza y la baja durante el período. No intentan calcular un índice general.

**547.** Presupuestos provinciales y municipales. Biblioteca Tornquist, B.A.

La Biblioteca Tornquist posee una colección de presupuestos provinciales y municipales (impresos, pero generalmente de difícil ubicación en repositorios) que comprende los siguientes: Provincias de Buenos Aires, desde 1856: Santa Fe desde 1865; Córdoba desde 1888; Catamarca desde 1897; Corrientes desde 1865; Entre Ríos desde 1866; La Rioja desde 1903; Mendoza desde 1890; Jujuy desde 1906; Salta desde 1907; San Juan desde 1877; San Luis desde 1918; Santiago del Estero desde 1889; Tucumán desde 1889. Municipalidades de Buenos Aires desde 1886; de Rosario desde 1899; de Córdoba desde 1910; de Mendoza desde 1915; de Corrientes, desde 1917; de Tucumán desde 1905; de Santa Fe desde 1905; de San Luis desde 1916; de San Juan desde 1913; de Salta desde 1922; de Paraná desde 1902; de La Rioja desde 1917; de Jujuy (sólo 1922); de La Plata desde 1894; de General Pueyrredón (Mar del Plata) desde 1923; de Catamarca desde 1915; de Bahía Blanca desde 1908; de Avellaneda desde 1920, con lagunas particularmente importantes en el caso de los presupuestos municipales y más frecuentes en los provinciales correspondientes al siglo XIX.

**548.   Rebora, Juan Carlos.** Las finanzas de Buenos Aires; contribución para su historia y crítica. La Plata, La Popular, 1911. 394 p.

La parte histórica es relativamente breve y escasamente original. Mayor interés tiene la sección destinada a las finanzas provinciales en el siglo XX, que incluye una clasificación de los gastos según su objetivo, y un examen de los recursos ordinarios y el crédito.

**549.   Río, Manuel E.** Las finanzas de Córdoba en los últimos veinte años. Córdoba, Dirección General de Estadística, 1900. 272 p.

Cubre el período 1879-98. Datos sobre presupuesto, deuda pública, impuestos y su recaudación, recursos extraordinarios y eventuales, inversión de la renta. Planillas estadísticas y gráficos.

**550.   Saénz Peña, Luis; y José A. Terry.** Exposición sobre el estado económico y financiero de la República Argentina: mensaje del Poder Ejecutivo sobre el arreglo de la deuda externa e interna exteriozada. B.A., Compañía Sudamericana de Billetes de Banco, 1892. 246 p.

El ministro J. A. Terry fue a la vez uno de los más seguros conocedores de las finanzas argentinas; esta exposición (más centrada en el segundo y más limitado de sus temas, el del arreglo de la deuda luego de la crisis económico-financiera de 1890) debe integrarse con sus estudios publicados fuera de la función pública (457, 555).

**551.   San Juan (provincia). Ministerio de Hacienda y Obras Públicas.** Documentos referentes a la negociación del primer empréstito externo de la provincia de San Juan y a la fundación del Banco Provincial de San Juan. San Juan, Tip. y Librería Franklin, 1889. 91 p.

Documentos sobre su tramitación; relaciones con el Banco Nacional; negociaciones para obtener para el Banco Provincial autorización para la emisión de billetes.                    (BT)

**552.   Sarasketa, Victorino de.** El sistema rentístico de Buenos Aires (exposición y crítica). B.A., Martín García, 1915. 389 p.

Breve excursus retrospectivo y análisis minucioso del sistema impositivo en el momento de la publicación del libro; Sarasketa le reprocha sobre todo gravar a las actividades comerciales con mucho mayor intensidad que al resto de la economía.

**553.** Secretaría de Hacienda de la República Argentina. Archivo. B.A.

De particular interés en la perspectiva de esta recopilación son los datos recopilados por algunas ramas de la repartición, en relación con informes vinculados con resoluciones de política financiera. Se trata de los de la Dirección General de Investigaciones y Análisis Fiscal (a partir de 1890) y de la Dirección Nacional de Estadística, Departamento de Sistematización de Datos (a partir de 1880).

**554. Soares, Carlos F.** Economía y finanzas de la Nación Argentina. B.A., Giles, 1916-32. 3 v.

Esta publicación, debida a un funcionario del Ministerio de Hacienda, cubre el período 1903-21 y se concentra en las decisiones de política económica y financiera del gobierno central, y en la actividad hacendaria de éste. Rica información y análisis casi totalmente ausente; el autor se limita a resumir las consideraciones antepuestas por las autoridades a las distintas medidas adoptadas, y sólo agrega escasa información adicional, de la que elimina todo elemento controversial.

**555. Terry, José A.** Finanzas; conferencias pronunciadas. . . . 4. ed. aumentada con el estudio sobre cuestiones monetarias y un prólogo del Dr. Carlos Saavedra Lamas. B.A., Jesús Menéndez, 1927. 737 p.

El volumen reune las lecciones profesadas por Terry en la Facultad de Derecho de Buenos Aires; su fortuna editorial se debe a su utilización como texto universitario, que explica el carácter híbrido de la entera exposición: presentación de los principios generales de ciencia de las finanzas y examen de la práctica argentina, debido este último a un excelente experto en el tema, al que conoce por experiencia directa desde posiciones ministeriales.

**556. [Varela, Rufino].** Las finanzas de la provincia; sus presupuestos, sus recursos; plan que a ellos ha precedido; lo que debemos al Banco— lo que le hemos dado. B.A., La Científica, 1877. 52 p.

Título muy adecuado para la descripción ditirámbica de las finanzas de la provincia de Buenos Aires desde mayo de 1875 hasta 1877. Lo que da interés a este folleto es la actuación del autor en posiciones directivas de las finanzas provinciales y nacionales. (BT)

**Véase también:** 223, 226, 434.

## 5. Política económica general

**557.** Algunos apuntes sobre las ventajas del sistema protector para la República Argentina. B.A., Coni, 1874. 27 p.

Una expresión de la polémica en torno al proteccionismo, característica de la década de 1870. Acusa a los importadores de vender por debajo del costo para arruinar a la concurrencia local; insiste que el conocimiento de la situación concreta es indispensable para adoptar una política eficaz; porque no conocía la de Montevideo, el eminente economista Courcelle Seneuil (librecambista acérrimo) se rehusó a aconsejar sobre reformas a la legislación de aduana en el Uruguay. (BT)

**558. Astesano, Eduardo B.** Rosas; bases del nacionalismo popular. B.A., Peña Lillo, 1960. 78 p.

Sin duda el más penetrante de los análisis ofrecidos desde una perspectiva revisionista sobre el sentido de las transformaciones económicas ocurridas en la etapa de la Confederación rosista. Para Astesano, ella consolida un capitalismo exportador, pero independiente de los grandes centros ultrama-

rinos. La reconstrucción tiene aspectos discutibles: la importancia asignada al papel de Rosas como empresario privado parece excesiva (pero al concedérsela Astesano no hace sino retomar puntos de vista muy frecuentes entre los estudiosos del período); aun así es rica en sugestiones.

**559. Bunge, Alejandro E.** La economía argentina. V. 1: La conciencia nacional y el problema económico. B.A., Agencia General de Librerías y Publicaciones, 1928. 221 p.

En su mayor parte esta recopilación de escritos publicados en los diez años anteriores recoge exhortaciones a prestar atención a problemas básicos de la economía antes que análisis de éstos. De mayor interés es el capítulo 7 ("Nuestra posición en la economía internacional") en que insiste que la suba de los costos de producción (debida a un aumento de salarios del 70% desde la preguerra) terminarán por poner en crisis al sector exportador. La solución se encontrará según Bunge en el proteccionismo, que reemplace la importación de bienes de consumo por la de bienes de capital.

**560. Chiaramonte, José Carlos.** La crisis y el proteccionismo argentino de la década del 70. *En* Universidad Nacional del Litoral, Facultad de Filosofía y Letras. Anuario del Instituto de Investigaciones Históricas. 6: Demografía retrospectiva e historia económica. Rosario, 1962-63, p. 213-262.

Este importante trabajo examina las conexiones entre las corrientes proteccionistas surgidas al impulso de la crisis de exportaciones de lana (destinadas a favorecer su utilización por una industria textil nacional por crearse, y sostenidas por sectores terratenientes) y las surgidas de la crisis financiera de 1874, en que sectores vinculados a la incipiente industria buscan orientar en su provecho la acción del fisco, urgentemente necesitado de nuevos ingresos. Reproducido sin modificaciones sustanciales en T. S. Di Tella; y T. Halperín Donghi, *eds. Los fragmentos del poder.* B.A., Alvarez, 1969.

**561.** _____. Nacionalismo y liberalismo económicos en Argentina, 1860-1880. B.A., Solar-Hachette, 1971. 282 p.

En el marco de un interés predominante por la historia de las ideologías, el autor examina el movimiento proteccionista, que para él sólo se afirma cuando se transforma en expresión ideológica de una clase: hasta 1873 la terrateniente afectada por la crisis de la lana; luego de esa fecha un incipiente patronato industrial, que halla en las dificultades financieras del estado la oportunidad para favorecer la adopción de un régimen aduanero totalmente renovado. Como anota Chiaramonte, el retorno de la prosperidad pone término al auge de la corriente proteccionista.

**562.** _____. Problemas del europeísmo en la Argentina. Paraná, Universidad Nacional del Litoral, Facultad de Ciencias de la Educación, 1964. 95 p.

Sólo el capítulo final de esta colección de estudios, consagrado a examinar los "Efectos de la revolución industrial en Argentina y América Latina durante el siglo XIX y las primeras tendencias industrialistas'' se ocupa de la época aquí considerada.

**563. Colombo, Luis.** La industria nacional debe ser fomentada; de su progreso depende la grandeza nacional y el mejoramiento de la vida obrera. B.A., Unión Industrial Argentina, 1928. 64 p.

En las conferencias radiales aquí reproducidas, el entonces máximo dirigente del sector industrial propone una reforma proteccionista de las tarifas de importación, con una junta de productores destinada a asesorar al gobierno sobre este punto, la sindicalización obligatoria de obreros y patrones, la introducción de un Código del Trabajo y de un sistema de pensiones obreras a la vejez e invalidez, un aumento de la inversión pública en caminos, la creación de una marina mercante nacional y por último la limitación del gasto público, a fin de hacer posible una reforma ''equitativa'' del régimen impositivo.

**564. Coni, Emilio A.** El proteccionismo y la solidaridad nacional; conferencia pronunciada en la Universidad de Córdoba el 17 de agosto de 1927. B.A., Bolsa de Comercio, 1927. 35 p.

Presentación equilibrada—pero fundamentalmente favorable a soluciones proteccionistas—de un problema que en la década de 1920 había vuelto a preocupar a la opinión pública y los sectores de intereses, como lo demuestra su publicación por la Bolsa de Comercio. Coni no era profesionalmente un economista, sino experto en agricultura y alto funcionario del ministerio correspondiente.

**565. Cornblit, Oscar.** Inmigrantes y empresarios en la política argentina. Desarrollo económico [B.A.], v. 6, enero-marzo, 1967: 641-691.

El autor intenta explicar el fracaso de la corriente proteccionista luego de la primera guerra mundial a partir de las características del empresariado industrial (en su mayor parte aún entonces de origen extranjero) y de la baja tendencia de los extranjeros a incorporarse a la vida política nacional. Quizá para la explicación de este último dato no toma suficientemente en cuenta la ausencia en la Argentina, durante casi toda la etapa de gran inmigración, de un sistema político que hiciera posible a un grupo marginal ganar influencia mediante su participación en él. Reproducido en T. S. Di Tella; y T. Halperín Donghi, eds. *Los fragmentos del poder.* B.A., Alvarez, 1969.

**566. _____; Ezequiel Gallo (h.); y Alfredo A. O'Connell.** La generación del 80 y su proyecto. Desarrollo económico [B.A.], v. 1, enero-marzo, 1962: 5-47.

Breve examen del proceso de expansión económica y su incidencia social, que proporciona el marco para ubicar el ambicioso proyecto político de la generación que surgió a posiciones directivas luego de la victoria del general Roca en 1880. La primera parte del trabajo, pese a su extrema concisión, examina por primera vez de modo sistemático problemas capitales, como la participación regional y sectorial en el producto nacional. La segunda ofrece una caracterización penetrante del programa político del grupo. El trabajo ha sido reproducido con el mismo título en T. S. Di Tella, *et al.,* eds. *Argentina, sociedad de masas.* B.A., Eudeba, 1965.

**567. Fillol, Tomás Roberto.** Social factors in economic development: the Argentine case. Cambridge, Mass., MIT, 1961. 118 p.

Esta tesis de maestría de un estudiante argentino, que obtuvo el insólito honor de una publicación por las prensas de su universidad, refleja muy bien un cierto estilo de análisis de los problemas de la economía argentina (su estancamiento se debería al ''perfil de orientación hacia valores,'' que sería hostil al ''crecimiento económico a largo plazo.'' En el empresariado, los trabajadores y la comunidad en general, falta consagración a los fines y objetivos de la industrialización), que sin duda contaba con la plena aprobación de sus profesores, pero cuya utilidad para el estudio de los concretos problemas de esa economía es discutible.

**568. Huergo, Palemón.** Cuestiones políticas y económicas. B.A., Impr. Argentina, 1855. 184 p.

A partir de la p. 137, Huergo ofrece un examen de la limitada política proteccionista practicada por el estado de Buenos Aires, inspirado en un librecambio intransigente. Algunas impresiones—apoyadas en información escasa, o por lo menos no explicitada—sobre el estado de distintas ramas de producción en el Estado.

**569. Naciones Unidas. Comisión Económica para América Latina.** Análisis y proyecciones del desarrollo económico. V: El desarrollo económico de la Argentina, 1: Los problemas y perspectivas del desarrollo económico argentino. México, Naciones Unidas, 1959. 129 p.

Este estudio tuvo significativa influencia al estimular la toma de conciencia de la dimensión retrospectiva de ciertos problemas cuya vigencia inmediata era demasiado evidente (términos de intercambio, tasas de ahorro e inversión y todavía otros). Incluye por otra parte series retrospectivas, llevadas hasta 1900, basadas en los datos proporcionados por los servicios estadísticos nacionales, sometidos sin embargo a elaboración, y en otros casos en estimaciones que dejen campo considerable a la conjetura (producto bruto, y más aun participación en éste del sector industrial).

**570. _____. Comisión Económica para América Latina.** Análisis y proyecciones del desarrollo económico. V: El desarrollo económico de la Argentina, 2: Los sectores de la producción. México, Naciones Unidas, 1959. 2 v.

Esta segunda parte del informe CEPAL, cuyo primer volumen examina la producción agropecuaria y su posible crecimiento y las industrias dinámicas y la sustitución de importaciones, y cuyo segundo está consagrado a los problemas de transporte y energía, consagra atención menor a la exploración retrospectiva (incluye sin embargo series de producción agropecuaria desde 1920 y de producción industrial—para la cual no menciona fuente—desde 1900).

**571. Ortiz, Ricardo M.** El pensamiento económico de Echeverría: trayectoria y actualidad. B.A., Raigal, 1953. 189 p.

Más que intentar una reconstrucción minuciosa del pensamiento económico de Echeverría, tal como lo reflejan algunos pasajes (breves) de sus escritos, Ortiz se propone cotejar la posterior evolución nacional con el proyecto cuyos lineamientos se adivinan en esos pasajes. La conclusión es que en casi todo el programa echeverriano ha quedado incumplido y—acaso precisamente por eso—conserva buena parte de su validez pragmática.

**572. Pagés Larraya, Antonio,** *ed.* Prosas del Martín Fierro, con una selección de los escritos de José Hernández. B.A., Raigal, 1952. 355 p.

Luego de un prólogo esencialmente biográfico, debido al compilador, el volumen incluye algunos de los escritos periodísticos y discursos parlamentarios más reveladores de los puntos de vista político-sociales del autor de *Martín Fierro.* Incluye también los capítulos iniciales de la *Instrucción del estanciero* (917). La selección refleja muy bien la adhesión de Hernández a la política de expansión de exportaciones primarias, y sus reparos frente a la desigualdad con que se distribuyó la prosperidad a ella debida.

**573. Rodríguez del Busto, F.** El proteccionismo en la República Argentina. B.A., Peuser, 1899. 227 p.

Extenso alegato antiproteccionista, y en general hostil a toda acción reguladora del estado sobre la economía; revela cómo a los ojos de ciertos observadores la política económica seguida en las últimas décadas del siglo pecó por un exceso de intervencionismo y—como aspecto fundamental de éste—de proteccionismo aduanero.

**574. Rosa, José María.** Defensa y pérdida de nuestra independencia económica. 3. ed. B.A., Huemul, 1962. 195 p.

Este brioso alegato en favor de la política económica de la confederación rosista y en contra de las seguidas por los gobiernos predecesores y sucesores encierra sus enfoques más interesantes en el examen del período 1820-70; aun para él la información es poco segura y la interpretación a menudo arbitraria.

**575. Valle, Aristóbulo del.** La política económica argentina en la década del 80. B.A., Raigal, 1955. 289 p.

El volumen reproduce intervenciones de tema económico que el entonces senador por Buenos Aires dedicó a temas económico-financieros en el período mencionado en el título, a lo largo del cual acentuó su posición opositora. Incluye las conocidas denuncias sobre ferrocarriles y bancos garantidos (las últimas alcanzaron importantes consecuencias políticas). Un estudio preliminar de Luis V. Sommi traza con amplia información un perfil biográfico del parlamentario, con espíritu más celebrativo que crítico.

**Véase también:** 273, 821, 1023-1027.

# V. Comercio Exterior e Inversiones

## 1. Fuentes estadísticas

**576.** Aduana de Buenos Aires. Entradas marí-

timas, 1811-99. Archivo General de la Nación. B.A., Sala III.

Esta riquísima serie (la enumeración de los legajos que abarca cubre 22 páginas del catálogo mecanografiado de la Sala III) recoge los registros de cada uno de los barcos llegados al puerto de Buenos Aires durante el lapso indicado, mercadería introducida y derechos pagados. La falta de resúmenes—anuales o de otro tipo—no facilita por cierto su utilización.

**577.** Aduana de Buenos Aires. Entradas terrestres; salidas terrestres (hasta 1852). Archivo General de la Nación. B.A., Sala III.

Registro de la entrada y salida de mercaderías hacia las provincias del interior. Cantidades y derechos pagados. De nuevo, registra individualmente cada operación de control, sin resúmenes.

**578. Argentina. Dirección Nacional de Estadística y Censos.** Informes. B.A. 1921-44.

Entre las 34 publicaciones de esta serie se vinculan con comercio exterior; *Intercambio económico de la República Argentina 1910-1917* (1917, 3 v.); *Resúmenes estadísticos retrospectivos 1909-1918* (1918); *Análisis del comercio exterior argentino 1910-1922* (1923); *Las exportaciones 1910-1926* (1926); *Noticias sumarias del comercio exterior argentino 1910-1926* (1926); *Comercio exterior argentino 1927-1930* (1930).                                    (BHS)

**579. _____. Ministerio de Agricultura. Sección Propaganda e Informes.** Comercio de carnes. B.A., 1926. 186 p. (Circular 17-1926).

Datos retrospectivos de exportación desde 1920; estadísticas completas de embarques desde los diferentes puertos y de producción a nivel departamental para los años 1924-25.

**580. _____. Ministerio de Hacienda.** Estadística de Aduana de Buenos Aires, años 1861-79. B.A., El Comercio del Plata, 1863.

Estadísticas de navegación (entradas y salidas de buques; buques de ultramar, banderas y destino; salidas en lastre); exportación e importación por países; reembarques y transportes.

**581***a.* **_____.** Registro estadístico de la República Argentina. B.A., 1864-68.

**581***b.* **_____.** Estadística de las Aduanas de la República Argentina. B.A., 1870.

**581***c.* **_____.** Estadística general del comercio exterior de la República Argentina; formada sobre los documentos oficiales de sus aduanas. B.A., 1871-74.

**581***d.* **_____.** Estadística de la República Argentina: cuadro general del comercio exterior . . . formado sobre los documentos oficiales de sus aduanas. B.A., 1875-79.

**581***e.* **_____.** Estadística del comercio exterior

y de la navegación interior y exterior de la República Argentina. . . . B.A., 1880-81.

**581***f.* _____. Estadística del comercio y de la navegación de la República Argentina. . . . B.A., 1882-92.

**581***g.* _____. Anuario del Departamento Nacional de Estadística correspondiente. . . . B.A., 1893-1914.

**581***h.* _____. **Dirección General de Estadística de la Nación.** Anuario del comercio exterior de la República Argentina. B.A., 1915-17 y 1924-30.

**581***i.* _____. _____. El comercio exterior argentino en el trienio 1918-20. B.A., 1922.

**581***j.* _____. _____. Anuario del comercio exterior de la República Argentina; años 1921, 22 y 23 y noticia sumaria del período 1910-23. B.A., 1925.

Bajo títulos cambiantes, esta publicación ofrece los datos de comercio exterior (a los que agrega hasta 1870 heterogénea información demográfica, financiera y sanitaria). Sólo a partir de 1871 se introducen datos globales a nivel nacional (hasta entonces sólo se registra el movimiento de las distintas aduanas). Las categorías y agrupaciones de éstas varían considerablemente a lo largo de la serie. Esta proporciona volúmenes y valores, hasta 1916 éstos últimos son los de la tarifa de avalúos, que sólo paulatinamente se fueron aproximando a los reales de mercado.

**582. Espejo, Gerónimo.** Apuntes estadísticos sobre la importación y exportación de mercaderías por las aduanas de Rosario y Gualeguaychú, 1854 y 1855. Paraná, Impr. del Nacional Argentino, 1856. 9 p.

Informe del Departamento de Hacienda de la Confederación. Cuadros semanales de cantidad, valor, origen y destino de las mercaderías importadas y exportadas.                    (BT)

**583.** Estadística de la Aduana de Rosario en los años 1860-61. Rosario, La Confederación, s.f. S.n.

Exportación e importación por origen, destino, cantidad y valor, año 1860, y comparación con las cifras de 1859. Carretas y mulas empleadas en el tráfico terrestre, y valor de la carga. Movimiento de pasajeros. Estadística mensual de ingresos de la aduana.                    (BT)

**Véase también:** 532, 754.

## 2. Estudios generales

**584.** Boletín de la Aduana de la Capital. B.A., 1919-21.

Periodicidad mensual; datos de la Aduana de la Capital Federal. Información cualitativa, cuantitativa y estadística sobre comercio exterior, impuestos y precios; cualitativa y cuantitativa sobre transporte en vapor; movimientos de población y empresas. En ninguna de esas áreas incluye series globales completas.                    (BN)

**585.** Boletín de la Cámara de Comercio Argentino-Brasileña de Buenos Aires. B.A., 1919-24.

En relación con el tema sugerido en el título, proporciona información sobre comercio general y exterior, transporte en general; asociaciones y empresas (cualitativa, cuantitativa y estadística); transporte por tierra (cualitativa y cuantitativa); precios (cuantitativa y estadística); transporte a vapor por agua (estadística solamente). Colección incompleta.                    (BN)

**586.** Boletín del Centro Despachantes de Aduana de la Capital. B.A., 1916-22.

Periodicidad mensual; datos sobre Buenos Aires. Esta publicación de la asociación de los gestores de trámites aduaneros por cuenta de terceros trae información abundante, pero no reunida en series continuas. Datos cualitativos, cuantitativos y estadísticos sobre comercio exterior e interno, impuestos y empresas; cuantitativos y estadísticos sobre transporte ferroviario; sólo cualitativos sobre transporte y comercio en general, tecnología y coyuntura; sólo cuantitativos sobre precios; sólo estadísticos sobre transporte por agua (especialmente en vapor).                    (BN)

**587. Buenos Aires (provincia). Legislatura.** Exportación de carnes frescas; discusión en la Legislatura de Buenos Aires de un proyecto del Ejecutivo, bajo el gobierno del Dr. Carlos D'Amico. La Plata, 1887. 246 p.

Debate amplio y escasamente metódico sobre todos los aspectos de la producción y comercialización de carnes, así como los vinculados con los mercados continentales europeos y el británico. Información abundante, pero desigual.

**588. Calvet, A.** Mission . . . dans l'Amérique du Sud; rapport au Ministre du Commerce et de l'Industrie avec atlas économique annexe: l'immigration européenne, le commerce et l'agriculture a La Plata, 1886-1888. Paris, Charaire, 1889. 180 p.

Covers Argentine imports, exports and immigration, with special reference to France. Separate sections on imports and exports discriminated by product. Statistical tables. [ JRM]                    (LC)

**589. Cerda, Juan J. de la.** Exportación de carnes (ganado en pie). Santa Fe, 1895. 200 p.

Transporte de los animales; preparación para el embarque e instalación a bordo; medidas profilácticas; personal para atención del ganado a bordo; seguros; mercados y su selección para mejor arribo del ganado. Datos cuantitativos para los años 1890-94.                    (BT)

**590. Gibson, Heriberto.** Informe sobre la exportación de ganado en pie y de carne congelada y fresca en el Reino Unido presentado al Gobierno de la provincia de Buenos Aires por el comisionado . . . , marzo, 1896. La Plata, Ministerio de Obras Públicas de la provincia de Buenos Aires, 1896. 67 p.

Subraya la urgencia de elevar el nivel técnico en la preparación y transporte de ganado exportado en pie a Gran Bretaña. En las condiciones primitivas en que la exportación se practica, la abundancia de muertes en viaje, y la pérdida de valor por extrema suciedad y deterioración del producto ofrecido, inciden negativamente en la relación costo-beneficio. Por otra parte, si esas insuficiencias no se corrigen, la nación compradora terminará por prohibir el tráfico por razones de sanidad.

**591.** _____. Memorandum by Sir . . . K. B. E., a commissioner of the Royal Commission on Wheat Supplies on the purchase and shipment of cereals in the Argentine and Uruguayan republics on behalf of His Majesty's Government and those of allied countries. B.A., 1921. 36 p.

Este folleto, debido al conocido experto y empresario lanero, frecuente colaborador tanto del gobierno británico como del argentino, describe la actividad de la comisión que concentró las compras de cereal argentino para los países aliados, durante los años 1917-19: los mecanismos de crédito, transporte y comercialización, así como las relaciones con el gobierno argentino (proveedor de crédito), empresas ferroviarias y grandes empresas comercializadoras, empleadas como comisionistas para las compras, son sucesivamente examinados. Como ocurre con los escritos de Gibson, la información es abundante, inteligentemente seleccionada y concisamente expuesta.

**592. Hellauer, Josef.** Argentinien; Wirtschaft und Wirtschaftsgrundlagen. Berlin und Leipzig, Vereinigung wissenschaftlicher Verlerger, 1921. 251 p.

Presentación de distintos aspectos de la economía argentina por figuras alemanas vinculadas con el país. En su mayor parte tienen sólo el valor de resúmenes inteligentemente hechos, pero escasamente originales. Tiene particular interés, sin embargo, el capítulo de Hermann Weil sobre ''Der Getreidehandel,'' que echa luz sobre un aspecto poco estudiado, pero capital, de la economía argentina en los primeros años de la entreguerra (Weil estaba vinculado a las grandes empresas de exportación de cereales.) (BT)

**593. Liberti, Susana B.** Relaciones comerciales argentino-chilenas hasta la firma de los Pactos de Mayo. Trabajos y comunicaciones [La Plata], v. 18, 1968: 119-135.

Los movimientos de intercambio son independientes de las vicisitudes de la política internacional. Desde 1865 hasta 1874 el nivel se mantiene estable a alto nivel; luego se da una decadencia paulatina, agravada por la ley chilena de 1897 que impone un alto impuesto de importación al ganado en pie argentino. A más de las estadísticas comerciales, la autora utiliza material inédito (informes consulares y alguna correspondencia privada).

**594. Magariños Cervantes, Alejandro.** Estudios históricos, políticos y sociales sobre el Río de la Plata. 2. ed. Montevideo, Ministerio de Instrucción Pública y Previsión Social, 1963. 2 v.

La primera edición se había publicado en París en 1854; de particular interés el capítulo 18 del tomo 1, donde el autor uruguayo estudia las ''Relaciones mercantiles entre España y el Río de la Plata,'' sobre todo en la etapa comenzada en 1830, que asiste a un rápido resurgimiento del comercio con la antigua metrópoli. Actitud sistemáticamente hostil al papel de Buenos Aires en el comercio internacional rioplatense.

**595. Powell-Jones, H. E.** German trade in the Argentine Republic. B.A., British Chamber of Commerce in the Argentine Republic, 1915. 15 p.

Comparación entre el curso de las importaciones inglesas y las alemanas en los años de la inmediata preguerra. Subraya la eficacia de la competencia alemana en cuanto a metalurgia, electricidad, artículos domésticos y de vidrio (examen pormenorizado de todos los grandes rubros de importación).

**596. Richelet, Juan E.** The Argentine meat trade: Meat inspection regulations in the Argentine Republic. London, [Paris, Sté. Industrielle d'Imprimerie], 1929. 298 p.

Complejo alegato contra la tendencia a limitar la importación de carne argentina por razones sanitarias. Richelet argumenta sobre tres líneas distintas: la vigilancia del estado argentino hace imposible la exportación de carne infestada de aftosa; por otra parte la carne importada no podría propagar la aftosa en el ganado británico; por último Gran Bretaña tiene tan amplia participación en la economía argentina que su propia econonía se perjudicaría gravemente si por escrúpulos sanitarios provocase una crisis ganadera en el Río de la Plata. En su *L'Argentine et les pays consummateurs de viandes frigorifices.* París, 1928. 71 p. (BT) expone más brevemente argumentos análogos.

**597. Smith, L. Brewster; Harry T. Collings; and Elizabeth Murphey.** The economic position of Argentina during the war. Washington, U.S. Bureau of Foreign and Domestic Commerce, 1920. 140 p.

El estudio más completo sobre el modo en que la primera guerra mundial afectó al comercio exterior argentino, no sólo en cuanto a las importaciones sino también en cuanto a las transformaciones en la comercialización y el transporte de las exportaciones, debidas a los nuevos azares impuestos a la navegación y a la concentración en manos del estado de las importaciones de los países europeos beligerantes, en particular Inglaterra.

**Véase también:** 528, 896, 897.

## 3. Corrientes internacionales de capital

**598. Beveraggi Allende, Walter M.** El servicio del capital extranjero y el control de cambios;

la experiencia argentina de 1900 a 1943. México, Fondo de Cultura Económica, 1954. 238 p.

Por indicación de J. H. Williams el autor—que fue su alumno—examina en este volumen la época consiguiente a la estudiada por aquél en su clásico estudio sobre el comercio internacional argentino en el período de inconvertibilidad monetaria (528). En las primeras 150 páginas, examina sucesivamente el sistema monetario, el comercio exterior, las inversiones extranjeras y servicios financieros, la balanza de pagos y la influencia sobre ella del endeudamiento exterior.

**599. Fitte, Ernesto J.** Historia de un empréstito: la emisión de Baring Brothers in 1824. B.A., Emecé, 1962. 314 p.

Estudio basado en amplia base documental del empréstito concertado por la provincia de Buenos Aires, y destinado a enfrentar las mismas dificultades de los demás emitidos durante el breve boom latinoamericano cerrado por la crisis bursátil londinense de 1825.

**600. Fuchs, Jaime.** La penetración de los trusts yanquis en la Argentina. 2. ed. B.A., Cartago, 1959. 444 p.

El autor no oculta su intención hostil y el valor político inmediato que asigna a su obra. Esta se apoya en un estudio concienzudo de materiales limitados en parte por la discreción sistemática de las empresas en examen. Luego de un capítulo general, Fuchs examina los sectores de petróleo y minería, electricidad, frigoríficos e industrias alimenticias, metalurgia, prensa y cine, transportes y empresas financieras. De menos interés son las consideraciones generales incluidas en los capítulos finales sobre influjo de las empresas norteamericanas en la vida política cultural y militar, y su relación con la clase obrera y con la burguesía nacional.

**601. Peters, Harold E.** The foreign debt of the Argentine Republic. Baltimore, Johns Hopkins, 1934. 186 p.

Este excelente estudio, tras de un examen breve y no totalmente libre de errores—algunos elementales—sobre el período anterior a 1880, da información cada vez más rica y pertinente sobre las cuatro décadas posteriores. Particularmente útil es su examen de la de 1920, durante la cual—en un proceso generalmente descuidado por los estudiosos argentinos—la deuda externa volvió a crecer a ritmo muy rápido.

**602. Santa Fe (provincia). Excelentísimo Gobierno de la Provincia de Santa Fe.** Documentos referentes al empréstito hecho en Londres por la provincia de Santa Fe. Rosario, F. Monzón, 1874. 111 p.

Correspondencia, cuenta de inversión y gastos; relación con el Banco Nacional como depositario de los fondos.          (BT)

**603. Sommi, Luis V.** Los capitales alemanes en la Argentina: historia de su expansión. B.A., Claridad, 1945. 358 p.

En esta obra—concluida de escribir en 1943—Sommi examina la expansión de las inversiones alemanas en la Argentina

en los sectores bancario, eléctrico, transportes, construcción, azúcar, y actividades inmobiliarias. A falta de información más directa—e inasequible—utiliza la lista negra de guerra norteamericana y estudia el entrelazamiento en la composición de los directorios de diversas sociedades; la tendencia general es hostil a la penetración alemana y—más discretamente—a la británica, a la que acusa de entendimientos con aquélla.

**Véase también:** 155, 442, 456, 1065, 1066.

## 4. Política gubernamental

**604. Cámara de Comercio.** Petición . . . al Honorable Congreso de la Nación con motivo del proyecto de ley de aduana para 1884 presentado por el Poder Ejecutivo. B.A., La Nación, 1883. 41 p.

La ley en apariencia mantiene constantes los derechos de importación, y sólo cambia la técnica de cálculo (pasando de derechos ad-valorem a específicos). De hecho, sin embargo, la reforma aumenta los derechos de importación.          (BT)

**605. Jurado, Mario.** Antecedentes parlamentarios de la legislación argentina. V. 1: Comercio de carnes (1862-1941). B.A., Universidad de Buenos Aires, Facultad de Derecho y Ciencias Sociales, Seminario de Derecho y Ciencias Sociales, 1941. 386 p.

En la primera y más útil de sus dos secciones, este volumen reproduce el texto de 164 proyectos de ley vinculados con el comercio de carnes. En la segunda ofrece un resumen, no siempre penetrante, de los debates parlamentarios sobre el tema.

**606. Pillado, Ricardo.** Política comercial argentina; contribución a su estudio. B.A., Talleres de Publicaciones de la Oficina Metereológica Argentina, 1906. 367 p.

**607. _____.** Estudio sobre el comercio argentino con las naciones limítrofes. 2. ed. B.A., Kidd, 1910. 191 p.

El autor, reputado experto en el tema, sin proponer un cambio radical en la política comercial vigente, urge una actitud menos pasiva por parte del estado, que juzga tanto más necesaria por cuanto a su juicio la prosperidad presente oculta la presencia de serias razones de alarma para el futuro.

**608. Watson, N. L.** The Argentine as a market; a report to the electors to the Gartside Scholarships on the results of a tour in the Argentine in 1906-07. Manchester, University Press, 1908. 63 p. (Victoria University publications. Economic series no. 9).

El autor propone un cuadro alarmante. El comercio de exportación británico ha perdido su dinamismo expansivo; se mantiene sobre todo gracias a las compras de las empresas británicas que actúan en la Argentina; es de temer que en el futuro se defenderá cada vez peor de la concurrencia de otros países exportadores. En el capítulo "The tariff" (p. 41-52) el autor condena duramente las que llama tendencias al proteccionismo industrial de la legislación aduanera argentina.

**609. Zeballos, Estanislao S.** La concurrencia universal y la agricultura en ambas Américas; informe presentado al excmo. sr. ministro de Relaciones Exteriores de la República Argentina, Dr. D. Eduardo Costa, por . . . , enviado extraordinario y ministro plenipotenciario de los gobiernos de los Estados Unidos de América y de México. Washington, Gibson Bros., 1894. 657 p.

Examina la situación de las exportaciones argentinas en un clima internacional de concurrencia creciente. Propugna la introducción de tarifas de importación máximas y mínimas (como instrumento de presión sobre los países europeos), denuncia de tratados de comercio que incluyen la cláusula de nación más favorecida, y en general un proteccionismo moderado. Más que estos consejos, interesa el análisis minucioso de los factores que afectan el desempeño de la Argentina como país exportador. Hay también una 2. ed. B.A., Peuser, 1896. 718 p.

# VI. Economía Regional

## 1. Fuentes estadísticas

**610.** Anuario de la Dirección General de Estadística de la provincia de Córdoba. Córdoba, 1901-20.

Periodicidad anual; nivel provincial. Información cuantitativa y estadística sobre agricultura en general, ganadería del vacuno, movimiento demográfico y empresas; sólo cuantitativa sobre agricultura cerealera, ganadería en general, industria artesanal y textil, construcción en general y urbana y propiedad. Serie incompleta. (BN)

**611.** Anuario del Departamento de Estadística de la provincia de Entre Ríos. Paraná, 1897.

Periodicidad anual; nivel provincial. Información cuantitativa sobre agricultura en general y ganadería—general y vacuna, estadística sobre comercio interno, construcción—general y urbana, movimiento demográfico, asociaciones, empresas, propiedad y educación. (BN)

**612.** Anuario estadístico de la ciudad de Buenos Aires. B.A., 1891-1914.

Periodicidad anual; nivel municipal. Información cuantitativa y estadística sobre industria—general y manufactura, comercio—general e interno, transporte—general y ferroviario, construcción urbana, movimiento demográfico, estado e impuestos, asociaciones, empresas, propiedad, empleo y educación. En la colección falta el año 1909. (BN)

**613.** Anuario estadístico de la ciudad de Santa Fe. Santa Fe, 1905-20.

Periodicidad anual y nivel municipal. Información cualitativa sobre movimiento de poblaciones, empresas y propiedad; cualitativa y cuantitativa sobre construcción urbana y

educación; estadística sobre industria artesanal y manufacturera y comercio interno. Colección muy incompleta. (BN)

**614.** Anuario estadístico de la provincia de Mendoza. Mendoza, 1889.

Periodicidad anual y nivel provincial. Información cualitativa sobre construcciones y empleo; cuantitativa sobre agricultura (cereal, huerta, viña); ganadería (incluídas vacuna y ovina); minería; industria y minería; comercio y transportes; estado e impuestos; cuantitativa y estadística sobre movimientos de población, empresas, propiedad y educación. Solamente un año se encontró en la Biblioteca Nacional. (BN)

**615.** Anuario estadístico de la provincia de Tucumán. Tucumán, 1895-1920.

Periodicidad anual, nivel provincial. Información cuantitativa y estadística sobre agricultura azucarera y de huerta, industria—general y manufacturera—y movimiento demográfico; sólo cuantitativa sobre comercio—general e interno—estado e impuestos, empresas, propiedad y educación; sólo cualitativa sobre minería. (BN)

**616.** Boletín de estadística de la ciudad de Buenos Aires. B.A., 1890-95.

Abundante material estadístico sobre muy variados temas de las siguientes áreas: industria artesanal y manufacturera; comercio interno; transportes; construcción urbana; propiedad, empleo y educación. Periodicidad mensual y nivel municipal. (BN)

**617.** Boletín de estadística de la ciudad de Córdoba. Córdoba, 1895.

Periodicidad anual, nivel municipal. Información cualitativa, cuantitativa y estadística sobre comercio en general, cuantitativa y estadística sobre industria artesanal y manufacturera, comercio exterior, transporte, demografía y movimiento de población, estado e impuestos, propiedad y educación; sólo cuantitativa sobre construcción urbana. Solamente un año se encontró en la Biblioteca Nacional. (BN)

**618.** Boletín de estadística de la provincia de Buenos Aires. B.A., 1900-33.

Periodicidad mensual; nivel provincial. Información cualitativa, cuantitativa y estadística sobre agricultura cerealera; cuantitativa sobre empleo; cuantitativa y estadística sobre comercio interno y transporte ferroviario, movimiento de población y empresas; estadística únicamente sobre agricultura de huerta y forrajera, ganadería (en especial vacuna y ovina), industria (incluidas manufacturera y textil), construcción urbana y rural; estado e impuestos; educación. Colección incompleta. (BN)

**619.** Boletín de estadística de la provincia de Salta. Salta, 1911-17.

Periodicidad semestral; nivel provincial. Excelente publicación estadística, con información muy abundante sobre agricultura de azúcar y cultivos industriales, minería, industria artesanal, comercio interno, transporte ferroviario, construcción, movimientos de población, asociaciones y empresas, propiedad, empleo y educación. (BN)

**620.** Boletín de estadística municipal de la ciudad de Córdoba. Córdoba, 1913-19.

Periodicidad mensual y nivel municipal. Información cuantitativa sobre construcción en general; estadística sobre construcción rural, movimientos de población, estado e impuestos, empresas, empleo, y educación; cuantitativa y estadística sobre industria artesanal y manufacturera, comercio y transportes, construcción urbana y propiedad. (BN)

**621.** Boletín de estadística municipal de la ciudad de Santa Fe. Santa Fe, 1902-21. 4 v.

Periodicidad semestral, nivel municipal. Información sobre movimiento demográfico, educación, propiedad, empleo, precios, industria, comercio y construcción urbana. Predominantemente cuantitativa; parcialmente estadística. (BN)

**622.** Boletín de estadística municipal de Resistencia (Territorio del Chaco). Resistencia, 1926-29.

Información estadística sobre industria, comercio, construcción, movimientos de población, acción del estado e impuestos, empresas y educación en la capital del entonces territorio nacional y hoy provincia del Chaco. Periodicidad mensual; nivel municipal. (BN)

**623.** Boletín de la Dirección General de Estadística de Santiago del Estero. Santiago del Estero, 1902-08.

Periodicidad mensual y nivel provincial; datos cuantitativos sobre asociaciones; estadísticos sobre industria (en especial artesanal), construcciones urbanas y rurales, movimiento de población, estado e impuestos, empresas, coyuntura, empleo y educación. (BN)

**624.** Boletín de la Oficina de Estadística y Trabajo de la provincia de Tucumán. Tucumán, 1914-16.

Periodicidad mensual; nivel provincial. Información cualitativa, cuantitativa y estadística sobre empresas; cuantitativa y estadística sobre comercio en general e interno, transportes en general y propiedad; sólo estadística sobre agricultura cerealera y azucarera; ganadería en general y vacuna; industria artesanal y manufacturera; movimiento demográfico, empleo y educación. (BN)

**625.** Boletín mensual de estadística municipal de la ciudad de Santa Fe. Rosario, 1900—.

Datos sobre metereología; demografía y sanidad; movimiento del puerto y aduana; criminalidad y movimiento de las cárceles; ventas e hipotecas de propiedad inmueble; cotizaciones en la Bolsa de Comercio (incluido cambio de monedas, primero predominante); introducción de frutos y faenamiento en los mataderos.

**626. Buenos Aires. Comisión Directiva del Censo.** Censo general de población, edificación, comercio e industrias de la ciudad de Buenos Aires; levantado en los días 17 de agosto, 15 y 30 de setiembre de 1887 bajo la administración del Doctor Don Antonio Crespo y compilado por una comisión compuesta de los señores Francisco Latzina, presidente, Manuel C. Chueco y Alberto B.

Martínez, vocales, Doctor E. Norberto Pérez, secretario. B.A., Compañía Sud-Americana de Billetes de Banco, 1889. 2 v.

El tomo 1 incluye un "estudio topográfico," que no es sino una extensa descripción de la ciudad. El segundo publica los resultados del censo de población (edad, profesión, estado civil, color, religión, residencia, instrucción, nacionalidad), del comercio (capital, personal empleado, su nacionalidad y salarios), de la industria (capital, materia prima elaborada, fuerza motriz, nacionalidad y salarios del personal). Censo de la vivienda (y estudio de problemas sociales vinculados con ella).

**627. _____. Dirección General de Estadística Municipal.** Censo general de población, edificación, comercio e industria de la ciudad de Buenos Aires, efectuado el 11 y 18 de setiembre de 1904. B.A., Compañía Sud-Americana de Billetes de Banco, 1906. 553 p.

Población: nacionalidad, sexo, estado civil, ocupación, grado de instrucción. Edificación: stock de viviendas, alquileres, casas de inquilinato, material de construcción. Comercio: número de establecimientos, capital fijo y en giro; personal. Industria: número de establecimientos, maquinarias y motores, personal empleado y jornales, valor de la producción. Censo de propietarios de bienes raíces. Censo de periódicos. Asociaciones civiles. Finanzas municipales. Pavimentos. Impuestos al consumo (serie anual 1895-1904). Producto de derechos de construcción (1891-1904). Obras sanitarias, alumbrado. Instrucción pública. Valores mobiliarios.

**628. _____. _____.** Censo general de población, edificación, comercio e industria de la ciudad de Buenos Aires conmemorativo del primer centenario de la Revolución de Mayo 1810-1910, levantado en los días 16 al 24 de octubre de 1909. B.A., Compañía Sud-Americana de Billetes de Banco, 1910. 3 v.

Población, nacionalidad, sexo, estado civil, ocupación, grado de instrucción. Comercio: nacionalidad del propietario, personal ocupado, origen de mercadería, alquileres, seguros, impuestos pagados. Industria: valor de materia prima elaborada. Personal empleado y salarios; fuerza motriz; seguros. Edificación: número de casas, pisos y piezas; material, alquileres. Permisos; valor de la edificación en 1897-1909. Transferencias de inmuebles. Servicios públicos: agua, alumbrado público, ferrocarriles y tranvías. Instrucción pública; comunicaciones. Espectáculos. Finanzas, valores mobiliarios.

**629. _____ (provincia). Comisión Directiva del Censo.** Censo general de la provincia de Buenos Aires: demográfico, agrícola, industrial, comercial, etc. verificado el 9 de octubre de 1881. B.A., El Diario, 1883. 554 p.

El censo de población registra la población absoluta, urbana y rural y por nacionalidad, en 1869 y 1881; seguidamente, y a nivel de partido, origen (extranjero y provincial), sexo, edad, estado civil, grado de instrucción, ocupación; en cuadros adicionales se ofrecen censos escolares y militares. El censo de habitación registra número, características y valor estimado de la urbana y rural, extensión, características y valor estimado de los cercos; valor estimado de las tierras. El censo de agricultura registra áreas de cultivo y rendimientos, plantíos fijos y instrumentos de agricultura; en todos los acápites agrega el valor estimado. En cuanto a ganadería registra número, raza y uso de cabeza de ganado vacuno, caballar y ovino; datos más concisos para asnal, mular, porcino, cabrío y aves de corral; en todos los casos proporciona valores estimados. El censo de industria y comercio registra número de establecimientos, nacionalidad del director, capital y personal. Finalmente, incluye censo de vías de comunicación, de transporte, estadísticas de rentas públicas, instrucción pública y culto.

**630.** _____. **Dirección General de Estadística y Departamento del Trabajo.** Estadística de la provincia por partidos. La Plata, Taller de Impresiones Oficiales, 1921-22. 7 v.

Esta publicación, que llegó a cubrir sólo alrededor de la mitad de los partidos de la provincia, contiene datos de movimiento de población, industria, comercio, educación, bancos, comunicaciones, patentes, agricultura, ganadería y valor de la propiedad inmueble.

**631.** _____. **Oficina de Estadística General.** Registro estadístico de la provincia de Buenos Aires. B.A., 1854-79.

**632.** _____. _____. Anuario estadístico de la provincia de Buenos Aires. B.A. y La Plata, 1880—.

Informaciones sobre movimiento demográfico, explotación agropecuaria, movimiento de frutos y ganados, industria y comercio. Datos sobre escolaridad, sanidad, policía y criminalidad, ingresos y gastos del estado provincial. En los primeros años, información sobre comercio internacional en los puertos de la provincia.

**633. Carrasco, Gabriel.** Primer censo general de la provincia de Santa Fe (República Argentina, América del Sud); verificado bajo la administración del Doctor Don José Gálvez, el 6, 7 y 8 de junio de 1887. B.A. y La Plata, Peuser, 1888-89. 2 v.

Datos demográficos, ocupacionales, distribución de la propiedad inmueble, actividades productivas, a cargo de uno de los pioneros de la actividad estadística en el país, que aplica también en este censo criterios innovadores (pero no siempre fáciles de entender). De todos modos un documento capital sobre una provincia en plena expansión.

**634.** Censo de la capital de Tucumán (República Argentina) 1913: población, habitación, industria y comercio levantado el día 1° de agosto con referencia a las 12 de la noche del día 31 de julio bajo la administración del Doctor Ernesto E. Padilla por Paulino Rodríguez Marquina, director de la Oficina de Estadística y del Trabajo. B.A., Grosso, 1914. 94 p.

Estudio preliminar. Población por sexo, edad y profesión. Habitación, agrupada por secciones y destinos, ocupada y

desocupada, alquilada, agrupada por número de habitaciones. Comercio, número y capital de establecimientos por ramo, nacionalidad del propietario, personal ocupado. En suma un censo técnicamente inferior a la mayor parte de los municipales practicados en el momento de su confección.

(BT)

**635.** Comercio de la provincia de Santa Fe: año 1883; datos estadísticos. B.A., La Universidad, 1885. 60 p.

Sistema de comercio; comercio especial, comercio productor; comercio industrial. Industrias, artes y oficios. Datos de exportación e importación de las ciudades de Santa Fe y Rosario; información adicional incompleta y no discriminada por departamentos.                    (BT)

**636. Córdoba.** Censo general de la ciudad de Córdoba, levantado en los días 31 de agosto y 1° de setiembre de 1906. Compilado por el Dr. Juan Bialet Massé y Nicolás Agüero. Córdoba, La Italia, 1910. 207 p.

Censo de población: nacionalidad, edad, estado civil, profesión; censo escolar y de propietarios de inmuebles. Censo de edificación: número de casas, materiales de construcción, número de pisos, monto del alquiler, nacionalidad del propietario. Censo de comercio: empresas por ramo, capital, personal y procedencia de las mercaderías. Censo de industrias: número de establecimientos por ramo; capital, procedencia y monto de la materia prima, nacionalidad del propietario, personal motores, jornales. Censo agrícola y ganadero.

**637. Córdoba (provincia). Oficina de Estadística.** Estadística general comparativa de la provincia de Córdoba correspondiente a los años de 1876 a 1880. B.A., Stiller & Laass, 1885. 159 p.

Movimiento de población, inmigrantes, pasajeros, sanidad, mendicidad, criminalidad; edificación, transporte y comunicaciones, valor de la propiedad, bancos y emisiones, riqueza pecuaria, crédito público, presupuesto y rentas; patentes; colonias.

**638.** Estadística comercial de Buenos Aires. B.A., 1884-1901.

Periodicidad variable (mensual y trimestral); datos sobre la Capital Federal y la provincia de Buenos Aires. Información muy abundante sobre numerosos rubros menores; faltan series continuadas para todo el período. Datos cuantitativos y estadísticos sobre comercio exterior e interno, crédito, moneda y bancos, empresas, propiedad y precios; sólo cuantitativos sobre construcción urbana.                    (BN)

**639. La Plata. Oficina de Estadística General.** Censo general de la ciudad de La Plata: población, propiedad raíz, comercio e industrias. Carlos P. Salas y Arturo Condomí Alcorta, directores. La Plata, Coni, 1910. 617 p.

Extensos—pero por desgracia no muy densos—estudios sobre demografía, condiciones sanitarias, enseñanza, asociaciones, periodismo. Censo de población, por nacionalidad, sexo, grupo de edad, religión, profesión, grado de instrucción. Censo de edificación, material, altura, nacionalidad del propietario, ocupación por propietario o inquilino y monto del alquiler, fuente de agua y energía. Censo de comercio: capital, nacionalidad del propietario, procedencia de la mercadería, personal por categoría, nacionalidad, edad, salario y jornada. Censo bancario: cartera, depósitos, documentos descontados. Censo industrial: datos análogos a los del comercial. Censo de industria lechera.

**640. Latzina, Francisco.** La propiedad raíz y las industrias patentadas de la ciudad de Buenos Aires. B.A., Obras Estadísticas, 1882. 69 p.

Propiedad raíz y patentes industriales clasificadas por parroquias. Estadísticas completas.

**641. Mendoza (provincia).** Censo general de la provincia de Mendoza, levantado el 18 de agosto de 1909, durante la administración del doctor Emilio Civit, por Francisco Latzina y Alberto B. Martínez: año 1910. B.A., Compañía Sud-Americana de Billetes de Banco, 1910. 219 p.

Censo de población: nacionalidad, origen, sexo, grado de instrucción, estado civil. Fecundidad de mujeres casadas; censo escolar. Censo de edificación: material, agrupadas por nacionalidad del propietario, por índole del ocupante (propietario o inquilino), por escala de alquileres. Censo de ganadería, escala de extensión y número de animales; ganado bovino por edad y pureza; especie, calidad y valor de los ganados (toda la provincia). Censo de agricultura: cultivos, extensión, área sembrada, semilla, densidad de cultivo, rinde por superficie y por semilla; máquinas, enseres, vehículos y animales de trabajo; personal ocupado permanente y temporario (muy curiosamente el censo agrícola, en otros aspectos excelente, no incluye dato alguno sobre agricultura de viña). Censo de industrias: rama, nacionalidad del propietario o gerente, personal ocupado agrupado por sexo y grupo de edad, salarios; seguros pagados, gastos generales, alquileres mensuales, impuestos (toda la información sobre industria a nivel provincial). Censo del comercio: rama, personal empleado, capital fijo y en giro; origen de la mercadería (nacional o importada); propietarios y personal agrupados por nacionalidad; sueldos del personal agrupado por ramos.

**642. Rosario (Santa Fe).** Segundo censo municipal de la ciudad de Rosario de Santa Fe (República Argentina), levantado el 19 de octubre de 1906; intendencia del señor Nicasio Vila. Rosario, La Capital, 1908. 463 p.

Censo de población, por nacionalidad, sexo, edad, estado civil, propiedad de bienes raíces, profesión, grado de instrucción, fecundidad (cruces extremadamente abundantes). Censo escolar, de edificación (materiales, servicios, número de habitaciones y pisos); movimiento aduanero y de ferrocarriles. En suma, un excelente censo de población, seguido de otros mucho más pobres y menos elaborados.

**643. _____.** Tercer censo municipal de Rosario de Santa Fe, levantado el 26 de abril de 1910, bajo la dirección del secretario de la intendencia Dr. Juan Alvarez; intendencia del Dr. Isidro Quiroga. Rosario, La República, 1910. 107 p.

Juan Alvarez, el admirable historiador, se revela poco brillante director de censo. Ofrece censo de comercio e industrias (sólo número de establecimientos por ramo) movimiento del puerto, estadística de criminalidad, estadística de correos, densidad de conventillos, analfabetos en edad escolar. Censo de población, agrupado por sexo, nacionalidad, sexo y edad. En medio de la general pobreza informativa, se hallará una muy detallada tabla de salarios corrientes en el año 1910 (p. XXIII-XXXVII).

**644. Rossi, José A.** Cuadros estadísticos de la riqueza, población y comercio del partido de la Asunción del Saladillo (Buenos Aires) . . . *En* Córdoba, Exposición Nacional, 1871. Boletín de la exposición nacional en Córdoba. v. 6. B.A., Bernheim, 1871, p. 363-490.

Tablas de población, bienes raíces, semovientes, agricultura, arboricultura, comercio, profesiones e industrias.

**645. [Samper, Sebastián].** Apuntes estadísticos sobre la provincia de Córdoba para la exposición nacional de 1871. *En* Córdoba. Exposición Nacional, 1871. Boletín de la exposición nacional en Córdoba. v. 6. B.A., Bernheim, 1871, p. 211-337.

Entre otra información menos directamente útil, proporciona la estadística de cultivos, con provechos, gastos y salarios, a nivel departamental. Igualmente estadística industrial.

**646. San Juan (provincia).** Segundo censo general de la provincia; centenario de 1810; gobierno del señor coronel don Carlos Sarmiento. B.A., Alsina, 1910-12. 2 v.

Censo de población: absoluta, por nacionalidad, sexo, edad, grado de instrucción, religión, densidad de población, profesión. Censo de edificación, número de casas, cuartos, material, habitantes por casa, nacionalidad de propietarios. Movimiento demográfico, sanidad, criminalidad y policía, consumo de ganado, datos de transferencia de propiedad inmueble, movimiento del Banco Provincial. En suma, un censo de población relativamente completo más los datos habituales en los anuarios estadísticos provinciales. (BT)

**647. Santa Fe (provincia).** Ministerio de Instrucción Pública y Fomento. Dirección General de Estadística. Censo de industria, comercio, ganadería, practicado en los años 1928 y 1929. Santa Fe, Imprenta de la Provincia, 1929. 72 p.

Datos sobre capital, personal ocupado, volumen de producción, energía consumida, salarios e impuestos provinciales pagados. Se trata de un relevamiento más bien que de un censo propiamente dicho. (BT)

**648. Santiago del Estero (provincia).** Exposición industrial del centenario: provincia de Santiago del Estero; apuntes generales. Santiago del Estero, Ribas, 1910. 48 p.

Datos de 1909 sobre propiedad, raíz urbana y rural; existencia, venta, consumo y matanza de ganados; explotación de bosques; inmigración. Para 1910, datos estadísticos sobre comercio e industria (número de establecimientos por departamento y ramo).

**649. Tristany, Manuel Rogelio.** Guía estadística de la provincia de Mendoza. Mendoza, El Constitucional, 1860. 95 p.

Estadística civil, religiosa, militar, económica, comercial, industrial, agrícola, mineralógica.

Véase también: 547, 746-769.

## 2. Estudios generales

**650. Albarracín, Santiago J.** Bosquejo histórico, político y económico de la provincia de Córdoba. B.A., Juan A. Alsina, 1889. 456 p.

Eufórica presentación de la Córdoba favorecida por el régimen nacional de Juárez Celman, del cual el autor es apasionado seguidor. Población, colonias, irrigación, vías de comunicación, instrucción pública, inmigración, comercio, industria y artes, ganadería, agricultura, viticultura, minería. La hacienda pública, bancos, valor de la propiedad y de la edificación. La capital. Pese al optimismo sistemático—destinado a ser desmentido sólo parcialmente por las consecuencias locales de la crisis económica estallada al año siguiente—la obra contiene abundancia de información útil, y el análisis de la situación no está totalmente desprovisto de agudeza.

**651. Alcalde Espejo, Vicente.** Una excursión por la Sierra de Córdoba o memoria descriptiva de los productos naturales y de industria de los departamentos del Norte. . . . *En* Córdoba. Exposición Nacional, 1871. Boletín de la Exposición Nacional en Córdoba, v. 7. B.A., Bernheim, 1873, p. 39-204.

Análisis general del área serrana, seguida de una descripción de cada uno de los departamentos comprendidos en ella; como el título lo sugiere, las curiosidades del autor son más amplias que sistemáticas. Incluye datos sobre extensión y rinde de los cultivos, a nivel departamental.

**652. Argentina. Congreso Nacional.** Investigación parlamentaria sobre agricultura, ganadería, industrias derivadas y colonización; ordenada por la H. Cámara de Diputados el 19 de junio de 1896; anexo B: provincia de Buenos Aires. Informe de Francisco Seguí. B.A., Taller Tipográfico de la Penitenciaría Nacional, 1898. 458 p.

El primero de los tres volúmenes publicados, que contiene sólo una parte del material recopilado por la investigación parlamentaria. Estudio exhaustivo de los aspectos económicos de la explotación agrícola-ganadera en la provincia: la tierra y su división; producción, volumen y precios, factores de producción y su costo; comercialización de la producción y crédito; peones y jornales. Estudios particulares sobre centros de colonización. Transporte y tarifas; industrias derivadas; capital y crédito en la provincia de Buenos Aires.

**653. _____. _____.** Investigación parlamentaria sobre agricultura . . . ; anexo C: Santa Fe, Chaco y Formosa. Informe de Florencio T. Molinas. B.A., Taller Tipográfico de la Penitenciaría Nacional, 1898. 371 p.

El informe responde al mismo cuestionario y tiene por lo tanto el mismo temario que el elaborado para la provincia de Buenos Aires; el material informativo es algo inferior, pero todavía extremadamente abundante. Estadísticas completas para el período 1890-95.

**654. _____. _____.** Investigación parlamentaria sobre agricultura . . . ; anexo G: Tucumán y Santiago del Estero. Informe de Antonio M. Correa, revisado y ampliado por Emilio Lahitte. B.A. Taller Tipográfico de la Penitenciaría Nacional, 1898. 307 p.

Sobre el mismo esquema de los volúmenes anteriores, el presente reúne información extremadamente abundante sobre Tucumán, en particular la agricultura de la caña e industria del azúcar (en cuanto a ésta, se concede un examen pormenorizado al problema del crédito y la incidencia de los fletes ferroviarios). Mucho más pobre es la información sobre Santiago del Estero; cubre de modo general los rubros de producción, industrias derivadas y propiedad rural, haciendo uso de material estadístico irregular.

**655. Avé-Lallemant, Germán.** Memoria descriptiva de la provincia de San Luis; presentada al concurso de la Exposición continental de 1882. San Luis, El Destino, 1888. 166 p.

El autor preparó este texto descriptivo, muy atento al peculiar momento que vivía San Luis en su evolución económica, al comenzar la expansión de grandes explotaciones ganaderas, para la Exposición Nacional de 1881. Introductor del socialismo marxista en la Argentina, no es sorprendente que defina ese momento como de transición entre una etapa de acumulación primitiva y una de expansión capitalista, dominada por los bancos. Publicado también en la *Revista de la Junta de Estudios Históricos de Mendoza* [B.A.], v. 7, agosto, 1937: 5-113; v. 9, diciembre, 1937: 5-84.

**656. Barros, Alvaro.** Fronteras y territorios federales de las Pampas del Sur. 2. ed. B.A., Hachette, 1957. 319 p.

Reproducción del libro publicado por primera vez en 1872; se trata de una descripción, centrada en los problemas políticos, pero alerta a su contexto económico y social, de la situación de la frontera indígena siete años antes de la conquista final del territorio indio.

**657. Burmeister, Carlos.** Memoria sobre el territorio de Santa Cruz. B.A., Ministerio de Agricultura de la República Argentina, Dirección de Agricultura y Ganadería, 1901. 104 p.

Descripción de observaciones realizadas a lo largo de un viaje por la región. El autor se interesa en minerales y fauna, pero también en las características de la explotación ganadera en la zona.

658. **Carrasco, Gabriel.** De Buenos Aires al Neuquén; reseña geográfica, industrial, administrativa. B.A., Taller Tipográfico de la Penitenciaría Nacional, 1902. 116 p.

Descripción del territorio del Neuquén y del Alto Valle del Río Negro hasta la isla de Chos-Malal. Comercio, minería (incluida explotación del oro superficial), población y distribución de la tierra. Datos cuantitativos poco abundantes.

659. _____. Descripción geográfica y estadística de la provincia de Santa Fe. 4. ed. B.A., Stiller & Laass, 1886. 651 p.

El autor, que estuvo a cargo durante un largo período de los servicios estadísticos de su provincia, presenta en esta obra un cuadro—apoyado en rico material de cifras—de la expansión, en verdad impresionante, de Santa Fe. El libro es una muestra particularmente distinguida de ese tipo de literatura—tan frecuente en la Argentina de la segunda mitad del siglo XIX—en que la riqueza y relativa confiabilidad de la información proporcionada no excluye una a veces explícita intención de propaganda.

660. **Carrillo, Joaquín.** Descripción brevísima de la provincia de Jujuy de la República Argentina. Jujuy, José Petruzzelli, 1889. 171 p.

Geografía; flora, fauna y productos naturales; industria del azúcar, con información sobre los principales ingenios. Industrias artesanales, curtiembres, ganadería. Datos de población y administrativos (incluidos los de escolaridad y asistencia sanitaria). Información estadística abundante.

661. **Cenoz, Pedro.** El Chaco argentino. B.A., Peuser, 1913. 165 p.

Clima, flora, fauna, agricultura, distribución de la propiedad de la tierra, poblaciones indígenas y misiones, el ejército en la región chaqueña. El autor conoce admirablemente el territorio y su poblamiento posterior a la conquista (aún relativamente reciente); por desgracia acompaña a datos no demasiado abundantes con profusión de comentarios no demasiado penetrantes.

662. **Chueco, Manuel C.** Formosa. B.A., Peuser, 1894. 141 p.

Descripción geográfica del territorio nacional, incorporado efectivamente en la década anterior. Examen de palmares y obrajes; más detallado de Villa Emilia (colonia agrícola de reciente fundación).

663. **Daireaux, Emile.** Buenos-Ayres, la pampa et la Patagonie; études: races—moeurs et paysages—industrie—finances et politique. Paris, Hachette, 1877. 391 p.

El autor cubre aquí en una exposición más breve temas tratados por otra parte en su más difundida *Vida y costumbres en el Plata* (664). De particular interés son el capítulo 3, excelente presentación del estado de la ganadería e industrias conexas en el momento de publicación de la obra, y el 4, sobre las costumbres financieras y comerciales, en que intenta trazar las conexiones entre política, finanza pública y privada en Buenos Aires.

664. _____. La vie et les moeurs à La Plata. V. 1: La société des villes. V. 2: Industries et productions. Paris y B.A., Hachette, y Lejouane, 1888. 2 v.

Presentación impresionista en el primer volumen; más sistemática en el segundo. Daireaux es un excelente conocedor y observador penetrante de la realidad rioplatense; su preocupación por hacer ameno su relato lo recarga sin embargo a veces de elementos anecdóticos de dudosa relevancia. En esta publicación retoma en parte—pero amplía considerablemente—los materiales de *Buenos Ayres, La Pampa et la Patagonie* (663).

665. [**Day, Alberto A.;** *et al*]. Contribución al estudio de los problemas económicos, agrarios e industriales de la provincia de Mendoza. Mendoza, Kraft, 1917. 48 p.

Redactado con gráficos y tablas por un grupo de personas vinculadas a los círculos empresarios, y encomendado precisamente por las asociaciones empresarias locales, el presente informe ignora los temas habituales en el examen de los problemas de la economía mendocina (p. ej., predominio de los grandes bodegueros); acaso debido a la guerra tampoco insiste en alegatos proteccionistas; prefiere en cambio subrayar la necesidad de diversificar cultivos, forestar las zonas no irrigadas y mejorar el sistema de transporte.

666. Disertaciones sobre Misiones, Chaco, Formosa, Chubut y otras regiones de la Patagonia por la Conferencia de Agrónomos. B.A., Compañía Gráfica Argentina, 1920. 408 p.

Temas cubiertos relevantes para esta recopilación: la evolución económica del Chaco, Formosa y Misiones; colonización del Chaco; la colonia Buenaventura y el oeste de Formosa; la colonia Valle del Chubut; arrendamientos; peritajes y tasaciones rurales; el impuesto y su incidencia en la producción yerbatera; construcciones en la Patagonia; formación de bosques en la Patagonia. Información fidedigna; datos no siempre abundantes; la elaboración de los datos y planteamiento de la problemática suelen ser de limitado interés.

667. **Doleris, J. A.** Le Nil Argentin. Étude economique et agricole sur les regions du Sud Argentin: Río Negro, Neuquén, Confluencia. Paris, Roger, 1912. 204 p.

El alto valle del Río Negro; el cultivo de la alfalfa; la vid (encuesta vinícola en Río Negro). Climatología, agrología, hidrología, transportes y comunicaciones. Una excelente monografía.                                           (BT)

668. **Echevarría, Cecilio; y Ramón Contreras.** Informe acerca de la provincia de Corrientes. *En* Córdoba. Exposición Nacional, 1871. Boletín de la Exposición Nacional en Córdoba, v. 6. B.A., Bernheim, 1871, p. 1-114.

Descripción general de la provincia, que utiliza abundantemente los datos del censo de 1869; información económica somera.

669. **Fazio, Lorenzo.** Memoria descriptiva de la

provincia de Santiago del Estero. B.A., Compañía Sud-Americana de Billetes de Banco, 1889. 639 p.

Descripción física de la provincia. Condiciones económicas, transportes, mano de obra y salarios, propiedad urbana y rural, colonización, agricultura, hacienda y crédito público. Información abundante, frecuentemente cifrada.

**670. Gallo (h.), Ezequiel.** Santa Fe en la segunda mitad del siglo XIX: transformación en su estructura regional. *En* Universidad Nacional del Litoral, Facultad de Filosofía y Letras, Anuario del Instituto de Investigaciones Históricas. 7: Régimen de la tierra. Estructuras económicas y sociales. Historia de las ideas. Rosario, 1964, p. 127-161.

Estudio de los lineamientos fundamentales de la rapidísima expansión de la economía santafesina, basada en la del comercio primero y luego en la de la agricultura cerealera. Reproducido en T. S. Di Tella; y T. Halperín Donghi, *eds. Los fragmentos del poder.* B.A., Alvarez, 1969.

**671. Gálvez, Víctor [Vicente G. Quesada].** Memorias de un viejo; escenas de costumbres de la República Argentina. 5. ed. B.A., Solar, 1942. 437 p.

Recopilación de artículos publicados por Quesada en la década de 1880. De entre ellos resultan de particular utilidad los destinados a describir las provincias del interior en la década de 1850, a partir de experiencias personales del autor, pero con análisis explícitos de las características de la economía y la sociedad regional.

**672. Gancedo, Alejandro.** Memoria descriptiva de la provincia de Santiago del Estero. B.A., Stiller & Laass, 1885. 387 p.

Geografía, vías de comunicación, productos naturales, agricultura, horticultura, ganadería, viticultura, minería, división de la propiedad rural, industrias, comercio, administración pública, higiene, estadística, precios, sueldos y salarios corrientes. Inmigración y colonización. Exposición ordenada; la información se superpone en parte a la del libro de Fazio (669).

**673. Gez, Juan W.** Historia de la provincia de San Luis. B.A., Weiss & Preusche, 1916. 2 v.

Esta historia, encomendada por el gobierno de la provincia al respetado polígrafo local con motivo del centenario de la independencia nacional, no tiene nada del carácter oficioso que su origen podría anticipar. En el cuadro nada optimista que traza Gez, interesan a la historia económica sobre todo los circunstanciados exámenes de las consecuencias de las frecuentes invasiones indias, y lo de las finanzas provinciales.

**674. Granillo, Arsenio.** Provincia de Tucumán: serie de artículos descriptivos y noticiosos mandados publicar por S. E. el Sr. Gobernador D. Federico Helguera. Tucumán, La Razón, 1872. 207 p.

Describe la situación económica de la provincia luego de comenzada la expansión de su producción azucarera, pero antes de la llegada del ferrocarril, que tanto iba a favorecerla. Organización política, población, capital y otros centros, transportes, producción, beneficios de la agricultura en relación con el capital invertido (incluye datos sobre precios de la producción).

**675. [Groussac, Pablo; *et al.*].** Memoria histórica y descriptiva de la provincia de Tucumán. B.A., Biedma, 1882. 751 p.

Esta publicación, confeccionada por encargo del gobierno de la provincia, incluye una sección histórica debida a Groussac y una descripción general de la provincia. De ella resultan particularmente relevantes las secciones sobre labranza (en especial caña de azúcar), comercio, hacienda pública, y alguna información estadística sobre precios y salarios corrientes.

**676. Hernández, Rafael.** Cartas misioneras; reseña histórica, científica y descriptiva de las misiones argentinas (reproducción). B.A., Luz del Alma, 1887. 153 p.

El autor actuó como agrimensor a cargo del trazado de colonias organizadas por el gobierno nacional. Las cartas son predominantemente descriptivas, con inclinación a subrayar los elementos pintorescos. El apéndice reúne información más concentrada, presentada en forma más sistemática; aun en él, sin embargo, los datos cuantitativos son escasos.          (BT)

**677. Holmberg, Eduardo L.** Viaje a Misiones. B.A., Coni, 1887. 391 p.

Descripción algo desordenada de observaciones realizadas durante un viaje por el territorio, antes de que comenzara la colonización del este. Constante interés por aspectos económicos (explotación de trapiches e ingenios).          (BT)

**678. [Hume, Alejandro].** La provincia de Santa Fe en la República Argentina como país pastoril, agricultor e industrial, julio 1881. Rosario, El Independiente, 1881. 64 p.

Datos económicos generales y descripción del estado de las colonias agrícolas existentes en la provincia en la fecha indicada.          (BT)

**679. Igarzabal, Rafael S.** La provincia de San Juan en la exposición de Córdoba: geografía y estadística. *En* Córdoba. Exposición Nacional, 1871. Boletín de la Exposición Nacional en Córdoba, v. 5. B.A., Bernheim, 1871. 429 p.

Descripción sistemática de la provincia de San Juan en 1869. Tras de una serie de capítulos de contenido político administrativo, contienen material de interés para la historia económica el 6 (agricultura), el 8 (minería), el 9 (industria) y el 12 (poblaciones); igualmente los apéndices consagrados a la guardia nacional, que clasifica a sus miembros según nivel de educación, estado civil, provincia de origen y rama de actividad, y al comercio exterior (estadística de importación y exportación a otras provincias y países extranjeros).

**680. Jefferson, Mark.** Peopling the Argentine

pampa. New York, American Geographic Society, 1926. 211 p.

Esta obra cuyo autor había reunido en años de residencia en las provincias de Buenos Aires y Tucumán una vasta experiencia directa del área en estudio, fue, hasta la aparición de la de Taylor (250), la mejor presentación sistemática en lengua inglesa de la expansión pampeana; como reflejo de un momento de ese proceso conserva aún validez.

**681. Larrain, Nicanor.** El país de Cuyo: desde los tiempos primitivos hasta 1872. Edición revisada y anotada por Pedro N. Calderón. B.A., Alsina, 1906. 487 p.

Pese al título, se ocupa exclusivamente de la provincia de San Juan, una de las tres de la región de Cuyo. Hasta la p. 319 crónica política, más nutrida para la etapa más tardía (para la cual se examinan las actividades económicas de los sucesivos gobiernos). El resto del libro incluye un examen de la geografía, del sistema de irrigación (este último particularmente valioso) y de la minería.

**682. Lemos, Abraham. Mendoza.** Memoria descriptiva de la provincia; obra mandada ejecutar por el Excmo. Gobierno de la provincia para concurrir a la exposición de París en 1889. Mendoza, Los Andes, 1888. 218 p.

Descripción geográfica, régimen de aguas, transporte, mano de obra (datos sobre salarios), propiedad rural y urbana (valor), colonización, agricultura y ganadería. En la última parte los habituales datos sobre administración pública (rentas y gastos, escuelas, higiene y salubridad).

**683. Levene, Ricardo,** *ed.* Contribución a la historia de los pueblos de la provincia de Buenos Aires. La Plata, Archivo Histórico de la provincia de Buenos Aires, 1930—.

En las más de cuatro décadas desde la iniciación de esta serie se han publicado más de treinta volúmenes dedicados al estudio monográfico de la historia de los diferentes pueblos. En casi todos ellos el hilo conductor lo proporciona la historia administrativa, con abundantes excursus sobre la lucha contra el indígena en cuanto afectó al distrito en estudio. El interés por los aspectos económicos permanece resueltamente en segundo plano; aun así, se trata de un instrumento de trabajo indispensable.

**684. _____,** *ed.* Historia de la provincia de Buenos Aires y formación de sus pueblos. V. 2: Formación de los pueblos de la provincia de Buenos Aires; reseña histórica sobre los orígenes y desarrollo de los 110 partidos de la provincia y pueblos cabeza de partido. La Plata, Archivo Histórico de la Provincia de Buenos Aires, 1941. 733 p.

Breves presentaciones de la evolución de los 110 partidos de la provincia. En cada una de ellas una sección está consagrada al aspecto económico; aun las menos nutridas presentan la información existente en los censos nacionales y provinciales; del mismo origen son la mayor parte de los datos sobre población, también recogidos aquí.

**685. Masini Calderón, José Luis.** Mendoza hace cien años: historia de la provincia durante la presidencia de Mitre. B.A., Theoría, 1967. 269 p.

Ejemplo particularmente feliz de historia regional. Hasta la p. 114 el autor ofrece un ceñido análisis de la sociedad y la economía, en que estudia la agricultura, ganadería, minería e industria, comercio y hacienda pública, sueldos, salarios y precios, sobre la base de abundante documentación édita e inédita. De la sección de historia política es de interés el examen del grupo que gobierna la provincia en nombre del liberalismo mitrista, sus vinculaciones familiares y su ubicación en el sistema socioeconómico.

**686. Miranda, Guido.** Tres ciclos chaqueños: crónica histórica regional. Resistencia, Editorial Norte Argentino, 1955. 314 p.

Reconstrucción impresionista de la evolución histórica del Chaco; los tres ciclos son el de la fundación, el del tanino y el del algodón, y ello prueba la atención del autor por las bases económicas del desarrollo chaqueño. Aunque no remite sino excepcionalmente a fuentes ni se propone proporcionar una reconstrucción erudita, el autor domina las líneas generales de su tema y reconstruye con perspicacia el clima social que caracterizó a cada una de las etapas.

**687. Molins, Wenceslao Jaime.** La Pampa. B.A., Estab. Gráfico Oceana, 1918. 408 p.

Se trata aparentemente de una recopilación de artículos publicados en *La nación.* Pero no es sólo una crónica de viaje escrita con criterio periodístico. Incluye excelentes descripciones de pueblos y campañas; referencias sistemáticas a las alternativas del proceso colonizador y la implantación de grandes explotaciones ganaderas, en particular las iniciativas del exitoso especulador inmobiliario Antonio Devoto.

**688. Muello, Alberto Carlos.** Misiones: descripción geográfica; condiciones agrícolas y económicas del territorio, su yerba mate y las cataratas del Iguazú. B.A., Peuser, [1930]. 246 p.

Extensa descripción geográfica, información sobre colonización, cultivos y técnicas de explotación agrícola.

**689. Padilla, Vicente.** El norte argentino: historia política, administrativa, social, comercial e industrial de las provincias de Tucumán, Salta, Jujuy, Santiago del Estero y Catamarca. B.A., Ferrari, 1922. 420 p.

Conjunto de estudios sobre distintos temas: particular atención a Tucumán, el desarrollo ferroviario y azucarero; información sobre instituciones de crédito y empresas periodísticas. Estadísticas incompletas.

**690. Ramírez, P. P.** Provincia de San Juan; industria vitivinícola. B.A., Compañía Sud-Americana de Billetes de Banco, 1898. 380 p.

Es en primer término una descripción general de la economía provincial (propiedad urbana y rural, agricultura e industrias, régimen de aguas); con un extenso examen de la agricultura de vid e industria del vino.                    (BT)

**691. Ripoll, Cayetano R.** La provincia de Entre Ríos bajo sus diversos aspectos; obra confeccionada por . . . , Jefe de la Oficina General de Estadística. Paraná, La Opinión, 1888. 2 v.

Descripción geológica y geográfica. Colonias agrícolas, su población y producción. Agricultura: producción y exportación anual en los distintos cultivos. Ganadería. Industria: descripción de establecimientos industriales. Comercio, viabilidad y transporte; régimen político y administrativo; instrucción pública (estadísticas de escolaridad).          (BT)

**692. Roncallo, Franceschini y Cía.** Almanaque del Bodeguero. Mendoza, Escuela Alberdi, 1920.

Informaciones muy abundantes, a nivel provincial, sobre los distintos aspectos del cultivo de la vid y elaboración del vino, para los años 1918-19. Agricultura, industria, tecnología, transportes (ferroviarios).          (BN)

**693. Roqué, Emilio H.** La provincia de Córdoba: su clima, agricultura, ganadería, minería e industrias, por . . . , Secretario del Departamento General de Inmigración. 2. ed. B.A., Coni, 1903. 2 v.

Excelente presentación general de la economía cordobesa: suelo, precio de la tierra (datos estadísticos). Población, clima, hidrografía, vías de comunicación. Jornales y costo de vida. Agricultura, cultivos de alfalfa y engorde de ganado; ganadería en general, industrias, minería. La primera edición, de 1894, se ocupa de los mismos tópicos, pero con información mucho más limitada, y utilizando un método expositivo por preguntas y respuestas, que hace su manejo algo engorroso.

**694. Salas, Carlos P.** La agricultura, ganadería, industria y comercio de la provincia de Buenos Aires en 1895; memoria publicada bajo la dirección de. . . . La Plata, Dirección General de Estadística de la provincia de Buenos Aires, 1896. 347 p.

Descripción general, con abundantes datos estadísticos, de las distintas ramas de la economía provincial.

**695. Sánchez, Melchor B.** La provincia de La Rioja: estudio físico, político y económico. B.A., Rosso, 1928. 246 p.

Flora y fauna, agricultura y ganadería, industria vitivinícola, minera y otras; comercio, ferrocarriles. Descripción más detallada a nivel departamental, con información cuantitativa sobre actividades económicas en cada uno de ellos.

**696. Santa Fe (provincia).** Primer censo general de la provincia de Santa Fe, verificado bajo la administración del doctor don José Gálvez el 6, 7 y 8 de junio de 1877. B.A., Peuser, 1877-79. 4 v.

Director y comisario general del censo: Gabriel Carrasco. El primer tomo incluye censo de población (por distritos, sexo, distribución por edades, origen); el segundo de agricultura, ganadería e industria; el tercero una sinopsis física, política, administrativa e histórica y el cuarto un censo escolar.

En conjunto, y pese a las oscilaciones de criterio, una fuente capital sobre la economía y la sociedad de la provincia en medio de su vertiginosa transformación.

**697. Schleh, Emilio J.** Salta y sus riquezas, apuntes económicos y estadísticos. B.A., Otero, 1914. 169 p.

Muestra relativamente tardía de un tipo de producción que floreció en la segunda mitad del siglo XIX, esta suerte de guía económica de la provincia de Salta ofrece un cuadro preciso y minucioso, pero también sistemáticamente optimista, de la situación salteña en 1914.

**698. Schmidt, Guillermo.** El territorio nacional del Neuquén; breve reseña de su progreso en la agricultura, ganadería, industrias y minería desde la época de su entrega a la civilización, con una breve descripción de sus ríos, navegación, ferrocarriles, productos naturales, clima, baños termales y concesiones de tierras; minas de Campana Mahuida. B.A., La Universidad, 1890. 22 p.

Descripción sumaria del territorio; interesante sobre todo en cuanto refleja la primera etapa de su incorporación a la economía nacional: el autor describe una economía predominantemente ganadera, centrada en torno a graserías y queserías y la exportación de ganado en pie a Chile.          (BT)

**699. Solá, Manuel.** Memoria descriptiva de la provincia de Salta. B.A., Moreno, 1889. 415 p.

Este hombre público salteño ofrece un retrato minucioso—pero sistemáticamente favorable—de su provincia. Para uso, sin duda, de presuntos aspirantes a establecer empresas agrícolas en ella incluye cálculos de costos y rendimientos en esas empresas y una excelente presentación de la legislación provincial sobre trabajo rural.

**700. Stuart, Federico.** Datos sobre la provincia de Salta. *En* Córdoba. Exposición Nacional, 1871. Boletín de la Exposición Nacional en Córdoba, v. 6. B.A., Bernheim, 1871, p. 115-181.

Descripción sintética, pero rica en datos cuantitativos, que abraza geografía física, agricultura, industrias y comercio. Tablas sobre población y extensión cultivada en cuadras (por departamento); sobre establecimientos industriales clasificados por ramo; sobre existencia de ganados; sobre comercio interprovincial e internacional; estadística de escuelas. A continuación del trabajo de Stuart se incluye una *Descripción de la provincia de Salta*, por D. Francisco Host, p. 183-209, que no es sino una somera presentación de climas y cultivos. Y en el volumen 7, p. 309-324, se reproduce una *Memoria estadística general del departamento de Campo Santo*, debida a Alejandro Figueroa, que igualmente agrega poco a los datos de Stuart.

**701. Tello, Eugenio.** Descripción de la provincia de Jujuy: informes, objetos y datos que presenta el Comisionado Provincial, senador nacional . . . a la Exposición Universal de 1889 en París. Jujuy, Petruzzelli, 1888. 82 p.

Básicamente un catálogo de productos jujeños: maderas,

cereales y frutos (con precios); sustancias grasas; peletería y curtiembre; tejidos artesanales.                                    (BT)

**702.** _____. Resumen histórico, geográfico, estadístico y demografía del Chubut. B.A., Cía. Sud-Americana de Billetes de Banco, 1896. 125 p.

Presentación sumaria del territorio; la parte más rica en información del volumen se refiere a su capital, Rawson, de la que incluye una extensa descripción y un exhaustivo estudio demográfico.

**703.** [Terry, José A.]. Memoria presentada al señor Presidente de la República: Tucumán, Salta, Jujuy y Santiago. B.A., Compañía Sud-Americana de Billetes de Banco, 1894. 28 p.

El eminente experto en finanzas, tras de señalar los avances de la prosperidad en Tucumán, Salta y Jujuy, observa que el crédito usurario la frena; agotado el de los bancos Nacional e Hipotecario, los productores acuden a prestamistas privados, que obtienen hasta el 10% mensual. La economía del área subtropical debe ser fomentada, sobre todo cuando la crisis deprime los precios de las exportaciones del área templada. En cuanto a Santiago, subraya el peligro implícito en la tala indiscriminada de bosques. En conjunto, un examen parcial, pero agudísimo, de la economía del norte argentino bajo el impacto de la crisis comenzada en 1890.                 (BT)

**704.** Varela, Florencio. Escritos políticos, económicos y literarios del doctor . . . coleccionados por Luis L. Domínguez. B.A., Impr. del Orden, 1859. 331 p.

De particular interés los artículos en que Varela analiza la creciente discordancia de intereses entre la provincia de Entre Ríos, en plena expansión ganadera, y la de Buenos Aires, que entiende reservarse papel de intermediaria en las relaciones comerciales con ultramar. Aunque el propósito final de Varela es político (utilizar ese larvado conflicto para debilitar la solidez del frente rosista en la Argentina), su examen es concienzudo y penetrante.

**Véase también:** 266, 537, 538, 930, 1041, 1044.

## 2a. Estudios generales: periódicos

**705.** El bien raíz; boletín de la Asociación de Propietarios de Bienes Raíces. B.A., 1921-23.

Periodicidad trimestral, nivel municipal. Información cualitativa y cuantitativa sobre crédito bancario, estado e impuestos, coyuntura y propiedad y—con particular abundancia—sobre precios; información sólo cualitativa sobre construcción urbana.                                    (BN)

**706.** Boletín La Negra: número almanaque 1922; publicación de la Compañía Sansinena de Carnes Congeladas. B.A., 1922.

Ejemplo de un tipo de publicación muy abundante, pero particularmente mal conservado en bibliotecas públicas. Información cuantitativa sobre producción ganadera y actividad industrial; periodicidad anual y nivel provincial. Sólo un año se encontró en la Biblioteca Nacional.                 (BN)

**707.** Boletín mensual de la Cámara Industrial de Comercio de Buenos Aires. B.A., 1918-22.

Periodicidad mensual; la mayor parte de la información referente a la Capital Federal y provincia de Buenos Aires. Información muy completa y abundante sobre actividad industrial, acción del estado, propiedad y coyuntura. Incluye series estadísticas sobre comercio interno, transporte ferroviario, crédito y bancos, asociaciones y empresas y precios.
                                    (BN)

**708.** Boletín oficial del Centro de Almaceneros. B.A., 1902-22.

Periodicidad mensual; información sobre la Capital Federal. Se ocupa de comercio (incluye series estadísticas sobre el interno), crédito y bancos, impuesto y acción del estado, asociaciones y empresas y precios.                 (BN)

**709.** El Chaco; defensa de los intereses comerciales. B.A., 1928-30.

Periodicidad trimestral, nivel provincial (referido al entonces Territorio Nacional y hoy provincia del Chaco). Información cualitativa, cuantitativa y estadística sobre cultivos industriales (algodón); cualitativa y cuantitativa sobre empresas; sólo cualitativa sobre industria artesanal y manufacturera; sólo cuantitativa sobre comercio interno, coyuntura y precios.                 (BN)

**710.** El constructor. B.A., 1909-22.

Periodicidad mensual; información sobre la Capital Federal. Datos muy abundantes; de carácter cualitativo, cuantitativo y estadístico sobre empresas, empleo y precios; cualitativo y cuantitativo sobre industria manufacturera, comercio exterior, construcción urbana y propiedad; sólo cualitativo sobre construcción rural y coyuntura.                 (BN)

**711.** El constructor-arquitecto; órgano oficial del Centro de Arquitectos. B.A., 1919-22.

Información con periodicidad trimestral para el área de la Capital Federal y provincia de Buenos Aires, sobre construcción (especialmente urbana), tecnología y propiedad; cuantitativa sobre construcción y precios.

**712.** El eco de Corrientes; periódico comercial. Corrientes, 1866-67.

Información cualitativa y cuantitativa sobre industria artesanal y comercio interno, coyuntura y precios. Periodicidad quincenal y nivel provincial.                 (BN)

**713.** El eco del comercio. B.A., 1865.

Colección incompleta. Datos sobre comercio exterior (cuantitativos) e interno (sólo cualitativos). Referido a la plaza de Buenos Aires.                 (BT)

**714.** El economista del Plata; revista mensual. B.A., 1899-1901.

Información cualitativa sobre industria y comercio; cuantitativa sobre producción agrícola (en especial cereales y lino); estadística sobre las áreas mencionadas y en particular sobre manufactura.                 (BN)

**715.** Ecos comerciales y judiciales. B.A., 1899-1901.

Periodicidad mensual; nivel municipal (Capital Federal). Información cualitativa sobre industria artesanal y manufacturera; cualitativa y cuantitativa (pero poco nutrida en este segundo aspecto) sobre comercio exterior e interno, crédito, moneda y bancos, estado e impuestos, empresas y coyuntura. (BN)

**716.** L'émigration; journal commerciel, industriel, agricole. B.A., 1856.

Información cualitativa sobre agricultura del cereal, industria (especialmente artesanal), construcción (especialmente urbana), coyuntura, propiedad y empleo; cualitativa y cuantitativa sobre asociaciones. Periodicidad diaria; área de la ciudad y provincia (entonces estado) de Buenos Aires. (BN)

**717.** El ingeniero civil; órgano oficial de la Sociedad de Ingenieros Civiles de la República Argentina. B.A., 1888.

Periodicidad mensual; información sobre la Capital Federal. Información cualitativa y cuantitativa sobre construcción—general y urbana—moneda, créditos y bancos; coyuntura, propiedad y precios. (BN)

**718.** El mercurio; comercio e industria. Mendoza, 1919.

Periodicidad semanal; nivel provincial. Este boletín de noticias mercantiles incluye datos cualitativos, cuantitativos y estadísticos sobre comercio interno, cualitativos y cuantitativos sobre industria artesanal y manufacturera, empresas y precios; sólo cualitativos para coyuntura y propiedad. (BN)

**719.** El panadero. B.A., 1891-97.

Periodicidad mensual; nivel municipal (Capital Federal). Información muy abundante sobre movimientos de propiedades inmuebles urbanas; información referida a las siguientes áreas: construcción—en general y urbana—propiedad, coyuntura y precios (datos cualitativos, cuantitativos); comercio exterior (sólo cualitativos). (BN)

**719a.** La propiedad; las ventas. B.A., 1901-14.

Periodicidad semanal, nivel municipal (Capital Federal). Información muy abundante sobre movimientos de propiedades inmuebles urbanas; información referida a las siguientes áreas: construcción en general y urbana, propiedad, coyuntura y precios (datos cualitativos, cuantitativos y estadísticos); comercio interior y estado de impuestos (cualitativos y cuantitativos); comercio exterior (sólo cualitativos). (BN)

**720.** La provincial; semanario comercial. Concordia [Entre Ríos], 1888.

Información cualitativa sobre industria artesanal y comercio interno; cualitativa y cuantitativa sobre estado e impuestos, empresas, coyuntura y precios. Periodicidad quincenal, nivel provincial. (BN)

**721.** Revista de la Cámara Mercantil. B.A., 1900-06. 7 v.

Periodicidad trimestral; la mayor parte de la información referida a la ciudad de Buenos Aires. Datos cualitativos y cuantitativos sobre comercio exterior e interno, bancos y crédito privado, empresas, coyuntura, empleo y precios, sólo cualitativos para propiedad; sólo cuantitativos para industria manufacturera. (BN)

**722.** Revista de la Cámara Mercantil de Barracas al Sud. B.A., 1901.

Barracas al Sud (hoy Avellaneda, suburbio industrial de Buenos Aires) era ya en 1901 un centro de importante actividad económica. Información cualitativa sobre industrias en general, manufactura, comercio exterior; acción del estado. Cualitativa y cuantitativa a la vez sobre industria artesanal y textil, comercio interno, bancos y crédito privado, empresas, propiedad y precios. Datos de interés sobre salarios. Periodicidad semestral y nivel municipal. (BN)

**723.** Revista de la Sociedad Rural de Rosario. Rosario, 1921-23.

Area provincial y periodicidad trimestral. Información cualitativa sobre comercio exterior, crédito y bancos, tecnología; cualitativa y cuantitativa sobre comercio interno, transporte (en especial ferroviario y automotor), construcción rural, coyuntura y propiedad; sólo cuantitativa para ganadería vacuna; cualitativa, cuantitativa y estadística para agricultura (en especial cereales y lino y cultivos industriales, legumbres y hortalizas y forrajeras), ganadería (en especial vacuna), empresas y precios. (BN)

**724.** Revista de la Sociedad Rural Santafesina. Rosario, 1901-05. 4 v.

Periodicidad anual y nivel provincial. Datos cualitativos sobre construcción rural, crédito y bancos, tecnología, estado e impuestos y empresas; cualitativos y cuantitativos sobre agricultura del cereal y de huerta, y comercio externo e interior; sólo cuantitativos sobre cultivos forrajeros y ganadería caballar; cuantitativos y estadísticos sobre ganadería vacuna; cualitativos, cuantitativos y estadísticos sobre propiedad. (BN)

**725.** Revista del Mercado de Buenos Aires. B.A., 1882.

Periodicidad anual; nivel municipal (referido a la Capital Federal). Información cualitativa, cuantitativa y estadística sobre comercio en general y externo; cualitativa y cuantitativa sobre comercio interno; transporte en general y por tierra; moneda, crédito y bancos; empresas, coyuntura y precios; sólo cualitativa sobre empleo. Solamente un año se encontró en la Biblioteca Nacional. (BN)

**726.** Revista industrial y agrícola de Tucumán; publicación de la Estación Experimental y Agrícola. Tucumán, 1917-22.

Periodicidad trimestral y nivel provincial. Información cualitativa, cuantitativa y estadística sobre distintas ramas de la agricultura (cultivos industriales, cereales, huerta y forrajeras). Información cualitativa y cuantitativa sobre industria (azucarera), tecnología, empresas, propiedad, empleo y precios; sólo cualitativa sobre comercio interno y transporte (sobre todo ferroviario). Colección incompleta, solamente se encontraron volúmenes 8-13. (BN)

**727.** Revista oficial del Centro Comercial e Industrial de Avellaneda. Avellaneda, 1913-23.

Periodicidad mensual y nivel municipal. Este órgano de una asociación empresaria de Avellaneda, suburbio industrial de Buenos Aires, proporciona información cualitativa sobre acción pública e impuestos; cualitativa y cuantitativa sobre industria textil, coyuntura, propiedad y empleo; cualitativa, cuantitativa y estadística sobre industria artesanal y manufacturera, comercio interno, bancos y crédito privado, empresas, propiedad, empleo y precios. (BN)

**728.** La semana comercial. B.A., 1908-12.

Periodicidad semanal; la información se refiere sobre todo a la plaza de Buenos Aires. Este semanario de información económica general (comercio, agricultura, ganadería, navegación) proporciona datos cualitativos y cuantitativos sobre comercio en general e interior; transporte en general, ferroviario y por navegación a vapor; crédito público; coyuntura, propiedad y precios; datos cualitativos solamente sobre agricultura del cereal y empresas. (BN)

**729.** La semana de los constructores. B.A., 1879.

Periodicidad semanal; nivel municipal (referido a la Capital Federal). Información cualitativa, cuantitativa y estadística sobre construcción en general y urbana; cualitativa y cuantitativa sobre crédito bancario, propiedad, empleo y precios. (BN)

**730.** La unión comercial; órgano del comercio minorista de la República Argentina. B.A., 1919-20.

Información cualitativa y cuantitativa sobre comercio exterior y empresas, sólo cuantitativa sobre coyuntura, cuantitativa y estadística sobre precios, cualitativa, cuantitativa y estadística sobre comercio interno. Periodicidad mensual, la mayor parte de los datos referidos a la Capital Federal. (BN)

**731.** Unión Talleristas del Calzado. B.A., 1919-22.

Periodicidad mensual; nivel municipal (referido a la Capital Federal). Organo oficial del Centro Unión Talleristas del Calzado. Información cualitativa, cuantitativa y estadística sobre empleo; caulitativa y cuantitativa acerca de industria en general y artesanal, comercio en general e interno; tecnología, estado e impuestos; empresas; sólo cuantitativa sobre movimiento de poblaciones; cuantitativa y estadística sobre precios. (BN)

## 3. Desarrollo urbano, urbanización

**732. Alvarez, Juan.** Buenos Aires. B.A., Buenos Aires Cooperativa, 1918. 190 p.

El eminente historiador rosarino, alarmado por el excesivo crecimiento de la ciudad de Buenos Aires, propone un plan de desmantelamiento sistemático de las bases del proceso, mediante la creación de otros puertos de aguas profundas, la modificación de las tarifas ferroviarias que favorecen la concentración del comercio de importación en Buenos Aires y el traslado de la capital federal a otro centro.

**733.** _____. Historia de Rosario. B.A., Kraft, 1943. 658 p.

El ilustre historiador ofrece aquí un relato de calidad desigual de la historia de la ciudad con que se hallaba sobre todo identificado. Para la segunda mitad del siglo XIX ofrece una admirable presentación del crecimiento del puerto de Paraná y sus consecuencias para la economía urbana de Rosario. A medida que se aproxima a etapas más recientes, la exposición se centra en aspectos de crónica urbana excesivamente prolija.

**734. Astesano, Eduardo B.** Origen y desarrollo comercial de Rosario. Rosario, 1946. 47 p.

Breve presentación de las grandes etapas del desarrollo rosarino a lo largo del siglo XIX; aunque sin aparato erudito, información abundante y segura.

**735. Buenos Aires.** Digesto de ordenanzas, reglamentos, acuerdos, de la municipalidad de la ciudad de Buenos Aires. B.A., La Nación, 1873. 378 p.

El título describe adecuadamente el contenido de esta recopilación, que reúne numerosas resoluciones vinculadas con la policía y reglamentación de abastecimientos y mercados, y de oficios y profesiones.

**736.** _____. Secretaría de Cultura. Cuadernos de Buenos Aires, B.A., 1945—.

Se trata de una serie de publicaciones de periodicidad irregular y temas muy variados, que han pasado ya la veintena. Entre ellos abundan las evocaciones históricas, de tono costumbrista, de barrios, medios de transporte, y otros aspectos de la vida urbana, que prestan utilidad a falta de estudios más sistemáticos sobre esos temas.

**737.** _____. Universidad. Instituto de Arte Americano e Investigaciones Estéticas. Arquitectura del Estado de Buenos Aires, 1853-1862. B.A., Instituto de Arte Americano, Facultad de Arte y Urbanismo, 1965. S.n.

Examina la "gran renovación" arquitectónica de que es teatro Buenos Aires durante la década, y la vincula con la bonanza económica que la caracterizó, el impacto creciente de la modernización de las técnicas, etc.

**738. Carrasco, Eudoro; y Gabriel Carrasco.** Anales de la ciudad del Rosario de Santa Fe; con datos generales sobre historia argentina, 1527-1865. B.A., Peuser, 1897. 674 p.

A partir de la p. 175 los autores se ocupan del período posterior a la independencia. Incluyen—junto con crónica política—datos sobre el movimiento económico de la ciudad y transcriben y resumen descripciones de ésta en distintas etapas, también ellas interesantes desde el punto de vista económico y social.

**739. Coni, Emilio A.** El urbanismo en la Argentina (causas-efectos-remedios). B.A., Mazzucco, 1919. 42 p.

Las causas se hallan en una inmigración "excesivamente urbanista," en un crecimiento vegetativo elevado y en las migraciones internas (de particular interés son las cifras vinculadas con este último proceso). El crecimiento urbano es alarmante porque "la tierra será siempre base de toda riqueza." (BT)

**740. Gorraiz Bloqui, R.** Tandil a través de un siglo; reseña geográfica, histórica, económica y administrativa, 1823-1923. B.A., Matera, 1958. 168 p.

Recopilación algo desordenada de datos retrospectivos sobre ese centro urbano surgido de un fuerte de la frontera sud de la provincia de Buenos Aires. Información específicamente económica desde la p. 132.

**741. Martín, Antonio.** De la carreta al brillante: Rufino, historia de una ciudad. Rosario, Editorial All Publicity, 1964. 542 p.

Se trata de una colección de capítulos sobre distintos aspectos de la evolución de la ciudad surgida en el extremo sudoeste del departamento de General López y la provincia de Santa Fe. En casi todos ellos se encuentran datos de interés económico; particularmente abundan en las páginas sobre surgimiento de sindicatos obreros, comercios importantes de la localidad y avances de la mecanización agrícola (desde la perspectiva del comercio de maquinarias).

**742. Puccia, Enrique Horacio.** Barracas: su historia y sus tradiciones, 1536-1936. B.A., Cía. General Fabril Financiera, 1968. 416 p.

Crónica histórica de este barrio de Buenos Aires, sin aparato erudito pero apoyada en datos abundantes. Toca algunas actividades económicas (saladeros y mataderos, mercados, corrales de ganado, quintas de verdura) y conflictos sociales (huelgas, en particular la de inquilinos).

**743. Razori, Amílcar.** Historia de la ciudad argentina. B.A., López, 1945. 3 v.

El autor, alto funcionario municipal sin formación profesional como historiador, ha realizado sin embargo un trabajo útil al presentar en forma casi exhaustiva el estado de los conocimientos sobre historia urbana argentina en el momento de publicación de su obra. Casi todo el material que utiliza es secundario, pero en este aspecto el autor está cerca de haberlo agotado. Util primera aproximación al tema, y—si no se la emplea de modo exclusivo—como elemento de consulta.

**744. Scobie, James R.** Buenos Aires of 1910: the Paris of South America that did not take off. Inter-American economic affairs, [Washington], v. 12, no. 2., 1968: p. 3-14.

Examina las razones por las cuales Buenos Aires no alcanzó el desarrollo profetizado para ella por muchos observadores hacia 1910; la principal es desde luego el ritmo más lento de la expansión general argentina.

**745. _____.** Changing urban patterns: the porteño case. *En* Jorge E. Hardoy; y Richard P.

Schaedel, *eds.* El proceso de urbanización en América desde sus orígenes hasta nuestros días. B.A., Di Tella, 1969, p. 323-337.

Breve presentación de los cambios ocurridos en la estructura urbana de Buenos Aires durante el período de rápida expansión y modernización; examen de algunas de las consecuencias sociales más inmediatas.

# VII. Agricultura, Ganadería, Forestación

## 1. Fuentes estadísticas

**746. Alvarez, Antenor.** Riqueza forestal de Santiago del Estero, por el . . . Gobernador de la provincia. Santiago del Estero, Taller de Publicaciones de la Oficina Metereológica Argentina, 1916. 19 p.

Estadística de producción de durmientes, rollizos, carbón y leña, tirantes y tirantillos, postes, varillas y aserrín, entre los años 1906-15.

**747. Argentina. Comisión del Censo Agropecuario.** Censo agropecuario nacional: la ganadería y la agricultura en 1908; censo levantado durante la presidencia del Dr. José Figueroa Alcorta por una comisión compuesta de los señores Alberto B. Martínez, presidente, Dr. Francisco Latzina, Dr. José León Suárez y Emilio Lahitte, vocales. B.A., Talleres de Publicaciones de la Oficina Metereológica Nacional, 1909. 3 v.

Se trata de un censo completo y técnicamente excelente, cuyo valor aumenta por la presencia de un volumen de estudios especiales. Volumen 1, ganadería, número de propietarios, número de establecimientos agrupados por extensión y existencia de ganados. Ganados agrupados por especies, calidades y valores y variaciones numéricas durante los últimos veinte años (datos sólo provinciales); ganado bovino, agrupado por edad y grado de pureza; el mismo por razas y grado de pureza (sólo nivel provincial); equino y ovino por raza (por provincia). Personal ocupado, máquinas y enseres. Volumen 2, agricultura, explotaciones agrupadas por escala de extensión; área sembrada, cantidad de semilla, densidad de cultivos, rendimiento absoluto, extensivo e intensivo. Número y valor de máquinas, útiles y vehículos; de animales de trabajo. Personal ocupado permanente y estacional, agrupado por sexo y edad. Censo de árboles frutales y vides; inventario de establecimientos rurales con propietarios en el extranjero. Volumen 3: estudios especiales (G. Daireaux, "La estancia argentina"; H. Gibson, "La evolución ganadera"; R. Palencia, "La industria vitivinícola"; R. Pillado, "El comercio de carnes"; E. Lahitte, "La industria harinera"; F. Latzina, "El comercio argentino antaño y hogaño").

**748. _____. Comisión, Exposición de París, 1889.** L'agriculture et l'élévage dans la République Argentine d'après le recensement de la première quinzaine d'octobre de 1888; fait sous les auspices de la commission chargée des travaux de la section argentine a l'exposition de Paris. Ouvrage publié sous la direction de Francisco Latzina. Paris, Mouillet, 1889. 393 p.

Desde la p. 105 ofrece una serie de tablas que resumen los resultados del censo. Una introducción incluye presentación de la geografía, la fauna y la flora (resumen de nuevo de los capítulos introductorios del censo); se agrega el texto de la ley de Centros Agrícolas de la provincia de Buenos Aires, una lista de las colonias agrícolas existentes en el país, con su superficie, y un examen somero del movimiento del valor de la tierra y de los salarios agrícolas.

**749. _____. Dirección Nacional de Estadística y Censos.** Censo de las plantaciones de caña de azúcar. B.A., 1921.

Este censo, publicado en la serie de informes de la repartición, ofrece información no sólo sobre la agricultura de la caña, sino también sobre industrialización del azúcar, empresas activas en uno y otro sector, fuerza de trabajo y salarios y comercio azucarero.

**750. _____. Ministerio de Agricultura.** Censo general de ganado nacional, existencia al 1° de julio de 1930. B.A., 1932. 788 p.

Datos por departamento y partido sobre existencia y clasificación de vacunos, lanares, porcinos, yeguarizos, caprinos, asnales y mulares.

**751. _____. _____. Dirección de Economía Rural y Estadística.** Valor de la producción nacional: su transporte ferroviario; capacidad de depósitos graneros en estaciones y puertos; informe de la Dirección de Economía Rural y Estadística del Ministerio de Agricultura de la Nación. B.A., 1916. 69 p.

Productos transportados, en cantidad y valor, en 1915; relación entre cantidad y valor (por provincia). Clase, cantidad y valor de productos cargados por cada empresa ferroviaria (por provincia). Capacidad de depósitos graneros y transporte ferroviario de trigo, lino, avena y maíz correspondientes a las estaciones comprendidas en las zonas de influencia de los puertos de Buenos Aires, Santa Fe, Bahía Blanca, Rosario y los de Entre Ríos.

**752. _____. _____. Dirección General de Economía Rural y Estadística.** Anuario de estadística agropecuaria. B.A., 1905-18 y 1925-26.

Información sobre producción agrícola, y existencia y sacrificio de ganados.

**753. _____. _____. División de Estadísticas y Economía Rural.** Datos estadísticos, cosecha 1899-1900. B.A., Tailhade y Rosselli, 1900. 92 p.

Rendimientos. Clasificación de explotaciones agrícolas. Salarios. Costo de cosecha. Compra, venta e hipotecas de propiedades rurales (información a nivel provincial).

**754. _____. _____. Oficina de Estadística.** Ganadería nacional: producción-consumo 1914. B.A., 1915. 15 p.

Informe presentado al Ministro de Agricultura de la Nación. Series completas de producción y exportación de cueros, novillos, vacas y terneras para 1914.

**755.** Boletín de estadística y economía rural. B.A., 1912-13.

Periodicidad trimestral; nivel nacional. Esta publicación del Ministerio de Agricultura ofrece información cualitativa, cuantitativa y estadística (pero no en series continuas) sobre agricultura cerealera, ganadería vacuna y propiedad; cualitativa y cuantitativa sobre agricultura en general, cultivos industriales y de granja, forrajeras, ganadería en general, ovina y otras. Colección incompleta.                    (BT)

**756.** Boletín estadístico agropecuario. B.A., 1923-26.

Periodicidad mensual, nivel nacional. Publicación del Ministerio de Agricultura; contiene información cuantitativa y estadística sobre todas las ramas de la agricultura y ganadería ovina; cualitativa y estadística sobre ganadería vacuna; sólo cuantitativa sobre comercio interno y propiedad. Colección incompleta.                    (BN)

**757.** Boletín estadístico de la Junta Nacional de Carnes. B.A., 1913—.

Publicado trimestralmente a partir de 1913; proporciona información sobre stocks y faenamiento de animales, industrialización, transporte y comercio interior. Datos sobre salarios y precios. Complementado desde 1922 por el *Boletín estadístico del comercio exterior de la Junta Nacional de Carnes* (semestral), que proporciona datos sobre exportación de productos ganaderos (incluye precios).

**758. Buenos Aires (provincia). Dirección General de Estadística.** Informe sobre la estadística ganadera permanente de la provincia de Buenos Aires. La Plata, Taller de Impresiones Oficiales, 1924. 18 p., cuadros estadísticos. (Estudios e investigaciones, 1).

Continuación excesivamente modesta del ambicioso esfuerzo que significó el "censo base" de 1916 (759). Aún más sucintas son las planillas correspondientes a los años 1916-21 (una hoja por año) y el informe mimeografiado correspondiente al año 1925, que se encontrará en la Biblioteca Tornquist junto con el informe del acápite.    (BT)

**759. _____. Ministerio de Obras Públicas.** Censo ganadero 1916. B.A., Gadola, 1916. 188 p.

Se trata del "censo ganadero base" para el "censo permanente" dispuesto por la ley de 1915. Para cada partido incluye la superficie destinada a ganadería, clasificándola según directores de explotación (propietarios o arrendatarios) y superficie de las unidades de explotación. Cruza existencias de ganado con número de propietarios y superficie explotada. Incluye datos estadísticos sobre valor del ganado, número de cabezas de ganado de *pedigree* y nacionalidad de los propietarios de hacienda.                    (BT)

**760. Cassagne Serres, Alberto.** Establecimientos ganaderos. B.A., Baiocco, 1925. 72 p.

Este trabajo, de intención más preceptiva que descriptiva, incluye sin embargo no sólo abundante información sobre los usos vigentes en administración de estancias, sino también una estadística completa de explotaciones agropecuarias, clasificadas por rubro de producción y dimensión, por nacionalidad de los dirigentes de explotación, y por valor de máquinas y enseres (año 1924), a más de información irregular sobre salarios.

**761. Castro, Eduardo B.** Las maderas argentinas, su importancia industrial. Rosario, Brancucci, 1918. 344 p.

En el capítulo 2 datos estadísticos sobre la utilización de maderas argentinas en distintas ramas de la economía; a partir del capítulo 5, descripción de distintos tipos de maderas y sus usos. (BT)

**762.** _____. Les traverses de quebracho colorado. Leur emploi dans la construction de voies ferrées. B.A., Union Industrielle Argentine, 1889. 30 p.

Intercambio de notas sobre utilización de quebracho colorado para durmientes de ferrocarril; proporciona estadísticas sobre su producción en los años 1890-98. (BT)

**763. Coelho, Guillermo.** Memoria presentada al Excmo. Gobierno de la provincia de Santa Fe por el sr. Inspector de Colonias. . . . B.A., Kidd, 1875. 92 p.

Para cada una de las colonias inscriptas en el registro provincial se informa sobre edificios, población (según edad, sexo, religión y nacionalidad), siembras y árboles, cosechas, animales, instrumentos agrícolas, autoridades, valor de la producción. En apéndice, cuadros estadísticos que resumen esa información.

**764. Dossena, Constantino.** Prontuario de rindes y mermas de las cosechas y vendimias argentinas. B.A., 1908. 31 p.

Comentario estimativo sobre la producción agrícola argentina, a partir de 1895. Algunos precios. Estadísticas completas sobre producción cerealera en el período 1904-08, por provincia.

**765. Entre Ríos (provincia). Dirección General de Estadísticas.** Censo pecuario al 31 de diciembre de 1911. Paraná, Los Andes, 1912. S.n.

**766.** _____. **Ministerio de Gobierno. Sección ganadería.** Censo ganadero de la provincia de Entre Ríos. B.A., Artes Gráficas, 1915. S.n.

**767.** _____. Censo agrícola de Entre Ríos; levantado el 31 de diciembre de 1916. Paraná, Impr. de la Policía de la Capital 1917. 7 p.

**768.** _____. **Dirección de Ganadería.** Censo ganadero. Año 1925. Paraná, Radio Paraná, 1926. S.n.

Estos concisos censos, que se hallan en la Biblioteca Tornquist, ofrecen sólo datos sobre existencias y volumen de producción anual. Excepcionalmente el de 1925 informa sobre régimen de la tierra, jornales, pozos y bañaderos, superficies dedicadas en cada departamento a agricultura y ganadería; agrupa establecimientos ganaderos por número de animales y agrícolas por extensión.

**769.** La industria forestal y las vías férreas; informe oficial de la Inspección de Bosques sobre durmientes de quebracho. B.A., Librería Inglesa, 1905. 16 p.

Ventas de durmientes a las compañías de ferrocarriles y tranvías. Series completas (volúmenes y precios) para los años 1900-04. (BT)

**Véase también:** 970, 1005, 1858.

## 2. Estudios generales

**770.** Anuario industrial de la República Argentina. 1919-20. B.A., Boués-Benet, 1920. 862 p.

Lo que se hallará bajo este título algo engañoso es—junto con una enorme masa de publicidad sobre empresas agrícolas y comerciales—una muy completa doble lista de estancieros y agricultores de todo el país, a nivel departamental. (BT)

**771. Arcondo, Aníbal B.** La agricultura en Córdoba, 1870-80. Córdoba, Universidad Nacional de Córdoba, Facultad de Filosofía y Humanidades, Instituto de Estudios Americanistas, 1965. 75 p. (Serie histórica, 34).

Examen de la situación de la agricultura en una década de transición, marcada por los primeros efectos de la aparición del ferrocarril (que llega a la capital de la provincia en 1870). Examina sucesivamente los distintos aspectos vinculados con la agricultura y sólo en las últimas páginas intenta una regionalización.

**772. Argentina. Congreso Nacional. Cámara de Diputados.** Investigación nacional sobre agricultura, ganadería e industrias derivadas y colonización. B.A., Imprenta Europea, 1896. S.n.

Se trata de la presentación del diseño de investigación cuyos resultados para varias provincias se publicaron en sucesivos anexos: incluye la elaboración del cuestionario y las instrucciones para la elaboración de los informes.

**773. Barcena, José B.** Industria lanar en Jujuy. *En* Córdoba. Exposición Nacional, 1871. Boletín de la Exposición Nacional en Córdoba, v. 7. B.A., Bernheim, 1873. p. 235-249.

Descripción general de la actividad ganadera, censo de ganados y tabla de producción de lana (volumen y valor) y de tejidos de lana, a nivel departamental.

**774. [Bialet Massé, Juan].** Informe sobre la creación de colonias nacionales algodoneras. B.A., Talleres de Pulbicaciones de la Oficina Metereológica, 1906. 317 p. (Anales del Ministerio de Agricultura, 1906).

Datos sobre los seis primeros años del siglo; alguna información cuantitativa sobre producción, mano de obra, precios y salarios. Publicado anónimamente en los Anales del Ministerio de Agricultura, el mismo informe fue publicado también en francés, con nombre de autor: *Rapport sur la création de colonies cottonières nationales présenté à son excellence le ministre de l'agriculture docteur Damián M. Torino par . . .* B.A., Bureau Météorologique, 1906. 300 p.

**775. Buhmann, Christian.** Die Viehwirtschaft im argentinischen Zwischenstromland. Wiesbaden, Franz Stinner Verlag, 1968. 115 p. (Kölner Forschungen zur Wirtschafts- und Sozial-Geographie, 4).

Aunque primordialmente interesado por el estado actual de la ganadería mesopotámica, el autor ofrece un examen retrospectivo a partir de mediados del siglo XIX.

**776. Carrasco, Gabriel.** The province of Santa Fe; its agricultural colonization. B.A., General Department of Immigration, 1894. 100 p.

Incluye abundantes datos de producción, área sembrada, mano de obra ocupada, grado de mecanización alcanzado, para los años 1892-93 (en algunos casos con comparaciones con las cifras de 1887-88).

**777. Cortés Conde, Roberto.** Cambios históricos en la estructura de la producción agropecuaria en la Argentina; utilización de los recursos. *En* Colloque international sur les problèmes agraires des Amériques latines. Les problèmes agraires des Amériques latines. Paris, Editions du CNRS, 1967, p. 565-575.

Señala la fijación relativamente temprana de la posición relativa de los recursos entre sí, reflejo de las condiciones vigentes en la época en que ella se estableció, y del contexto en que se dio la gran expansión territorial posterior a 1880. Ello se tradujo en un predominio permanente de la explotación agrícola por arrendatarios y el mantenimiento de una baja tasa de inversión (para el autor durante el primer cuarto del siglo XX había disponibilidad de capitales, que no se volcaron sin embargo en la adopción de técnicas capital-intensivas en el sector primario, ni tampoco en inversiones industriales).

**778. _____.** Patrones de asentamiento y explotación agropecuaria en los nuevos territorios argentinos (1890-1910). *En* Alvaro Jara, *ed.* Tierras nuevas. México, El Colegio de México, 1969, p. 105-120.

Examina en primer lugar los desplazamientos geográficos de las áreas de explotación y cultivo como consecuencia de la incorporación de las tierras nuevas y la ampliación de la red ferroviaria; en la segunda parte traza las variaciones en la incidencia de los distintos factores de producción; a partir de 1890 la disponibilidad creciente de fuerza de trabajo (mientras el ritmo de apertura a la explotación de nuevas tierras disminuye) da lugar a un aumento del valor y la renta de la tierra más rápido que el movimiento general de precios y que el de los salarios rurales.

**779. Fliess, Alois E.** El presente y el porvenir de la agricultura argentina. B.A., La Universidad, 1890. 69 p.

Típico ejercicio de prospección optimista. Según Fliess, la Argentina puede producir—y producirá en el futuro—saldos exportables de 80 millones de toneladas de productos agrícolas de la zona templada y 20 millones de toneladas de la subtropical con un valor de más de 2,000 millones de pesos oro (3,200 millones de dólares post-1931).

**780. _____.** La producción agrícola en la provincia de Santa Fe. B.A., La Nación, 1891. 126 p.

Los factores de producción; la tierra; colonización y agricultura; producción agrícola, ganadera, bosques, industria y comercio. Futura cosecha probable. Abundante material estadístico.

**781. _____.** La producción agrícola-ganadera de la República Argentina en el año 1891. B.A., La Nación, 1892. 450 p.

El autor realiza una comparación sistemática entre la producción agrícola y ganadera en el año citado y su desempeño en la década de 1880. Examina minuciosamente las condiciones económicas en que se realiza la expansión de la agricultura, en particular en relación con el problema de las tarifas ferroviarias. Como es usual en la literatura anterior a 1920 se muestra vivamente hostil al latifundio.

**782. Giberti, Horacio C.** El desarrollo agrario argentino; estudios de la región pampeana. B.A., Eudeba, 1964. 95 p.

Excelente presentación sintética del tema, por el reputado técnico agrícola, autor de la *Historia económica de la ganadería argentina* (783). Partiendo de la situación actual de la economía rural, Giberti encuentra sus raíces en la historia económica del área, en particular en cuanto a organización del sistema de transportes y régimen de la tierra.

**783. _____.** Historia económica de la ganadería argentina. B.A., Raigal, 1954. 204 p.

El estudio del ing. Giberti ha llegado a ser el *standard book* sobre el tema. Examina la economía ganadera sobre todo a través de su influencia sobre los avances de las técnicas de explotación. Particularmente valiosos son los capítulos sobre la etapa posterior a 1850, en que el autor hace uso de su experiencia directa y de un vasto conjunto de fuentes éditas; para la etapa colonial ofrece también un excelente resumen del estado de la cuestión; menos sólida—por falta de estudios previos de comparable calidad a los consagrados a la ganadería colonial—es la presentación del problema en la primera mitad del siglo XIX.

**784. Gibson, Herbert.** The history and present

state of the sheep-breeding industry in the Argentine Republic. B.A., Ravenscroft and Mills, 1893. 297 p.

Breve ojeada retrospectiva; estado de la industria. Indicaciones técnicas sobre la selección, adquisición y administración de una explotación de ovejas; precios, impuestos y leyes rurales; marcados para exceso de stock y para la producción: industria frigorífica; mercados locales para lana y otros productos. Medios de envío: ferrocarriles y caminos; canalización y drenaje superficial. Algunas estancias argentinas. Como es usual en los escritos de Gibson, penetrante y abundantemente informado.

**785.** _____. The land we live on. B.A., Grant, 1914. 46 p.

Testimonio—debido a un respetado experto en problemas de economía rural—de la perplejidad frente al rumbo futuro de esta, una vez alcanzado el límite de las tierras explotables. Gibson admite que la falta de estabilidad del agricultor en la tierra baja la productividad; no cree que la solución sea la reforma agraria o el impuesto único georgista, sino mayor diligencia de parte de los arrendatarios, que les permitirá adquirir la tierra. A la vez los propietarios deben tomar a su cargo inversiones básicas que permitan aumentar la productividad de la zona cerealera y permitir el arraigo de familias en las estancias de ganados.

**786. Gil, Antonio.** Estudios agrícolas sobre las islas del Paraná; memoria presentada por el comisionado del Gobierno, ingeniero agrónomo.... La Plata, Ministerio de Obras Públicas de la Provincia de Buenos Aires, 1895. 241 p.

Introducción geográfica: régimen de aguas, composición del suelo, desagües. Descripción minuciosa de la explotación forestal y de los cultivos de frutales.

**787. Gori, Gastón.** El pan nuestro. B.A., Nueva Visión, 1958. 196 p.

Presentación general de los aspectos sociales de la expansión de la agricultura cerealera en el litoral y la pampa. El autor conoce admirablemente el proceso en la provincia de Santa Fe, y suficientemente en el resto del área; aunque vivamente identificado con los sectores sociales—arrendatarios más aún que jornaleros—que juzga perjudicados por la distribución del ingreso agrícola entre grupos sociales, su interés por los aspectos propiamente económicos del proceso que los afecta es por desgracia limitado.

**788. Grandoli, Sixto G.** La agricultura y ganadería en la provincia de La Rioja. La Rioja, Talleres Tipográficos del Estado, 1896. 13 p.

Reseña, con algunas cifras, la expansión de la ganadería en los Llanos, de la producción agrícola en el oeste y la viña en el centro.                                                                    (BT)

**789. Halperín Donghi, Tulio.** La expansión ganadera en la campaña de Buenos Aires (1810-52). Desarrollo económico [B.A.], v. 3, abril-setiembre, 1963: 57-110.

El autor examina los condicionamientos del proceso (escasez de mano de obra y capital y extrema abundancia de tierras) y sus consecuencias: expansión sin innovaciones técnicas significativas, empleo de presión política y social para fijar los trabajadores en la estancia, más bien que para imponerles una aceleración brusca del ritmo de trabajo; consolidación de la gran propiedad ganadera, sobre todo en la zona incorporada por apropiación de territorio indígena a partir de 1820. Este trabajo ha sido reproducido con el mismo título en T. S. Di Tella; y T. Halperín Donghi, *eds. Los fragmentos del poder.* B.A., Alvarez, 1969.

**790. Infante, J. Daniel.** El problema agrario. Rosario, Linares, [1912]. 92 p.

J. Daniel Infante, dirigente radical santafesino y abogado de la Federación Agraria (organización de arrendatarios) presenta un cuadro sombrío de la situación de éstos; la responsabilidad de la situación es de los terratenientes que obtienen rentas demasiado altas; las tarifas ferroviarias no son excesivas, ya que las ganancias de los ferrocarriles son inferiores al interés bancario (muy significativamente Infante ni siquiera menciona al llamado trust de los grandes importadores). Infante admite implícitamente que la elección de los terratenientes como adversarios se basa también en consideraciones tácticas, "implica nada más que una lucha y un enemigo"; para vencer sobre "los ferrocarriles, los acarreadores, los bolseros y los gobiernos" se habrían requerido "cuatro luchas y de qué género y con qué enemigos." Infante agrega cuentas de explotación que muestran la situación ruinosa de los arrendatarios.

**791. Investigación vinícola.** B.A., Talleres de Publicaciones de la Oficina Metereológica Argentina, 1903. 353 p. (Anales del Ministerio de Agricultura, 1903).

Excelente informe que cubre el período 1890-1903, de gran expansión de la vitivinicultura. Examina exhaustivamente tanto la agricultura de la vid como la industria vinera; gran abundancia de datos sobre precios.

**792. Issonribehere, Pedro J.** Investigación agrícola en el territorio de Misiones. B.A., Compañía Sud-Americana de Billetes de Banco, 1904. 106 p. (Anales del Ministerio de Agricultura, 1904).

Producción y distribución de la tierra; población y actividades que desarrolla. Problemas rurales y urbanos. Estadísticas y cuadros.

**793. Lahitte, Emilio.** Informes y estudios de la División de Estadística y Economía Rural. B.A., Ministerio de Agricultura, 1908. 450 p.

Este admirable técnico del Ministerio de Agricultura recopila aquí informes sobre temas muy variados: costo de producción de trigo; problemas económicos en la producción de caña de azúcar, tabaco y arroz; valor económico de la cosecha de 1898-99; producción, transportes, fletes y salarios en las cosechas 1898-99 y 1899-1900; plantas textiles, arpilleras, bolsas, hilo, lona, importación, derechos de aduana y costos; la cuestión molinera; stock ganadero equino; alfalfa; impuestos a la producción; informes sobre colonización (datos de producción en colonias); evolución de la propiedad rural en las provincias del litoral; informe sobre propiedad rural y colonización en San Luis; ferrocarriles y producción (transportes hasta puerto, almacenamiento; elevadores de granos, jornales). La tarifa de avalúos; antecedentes y aplicación.

**794.** _____. Informes y estudios. 2. ed. B.A., Ministerio de Agricultura, Dirección de Estadística y Economía Rural, 1916-18. 3 v.

De los tres volúmenes sólo el primero reproduce—con escasas modificaciones—el material de la primera edición (793); los dos restantes incluyen nuevos trabajos de Lahitte, de temas tan heterogéneos—dentro del campo general de la tecnología y economía rural—como el primero, y de nuevo en calidad invariablemente alta.

**795. Latham, Wilfrid.** The states of the River Plate, their industries and commerce; sheep-farming, sheep-breeding, cattle-feeding and meat preserving; employment of capital; land and stock and their values; labour and its remuneration. London, Longmans Green, 1866. 200 p.

Este manual destinado a inmigrantes capitalistas o trabajadores ofrece admirablemente rica información sobre las modalidades de la explotación ganadera en el momento de su publicación, con particular atención al rendimiento económico de las distintas ramas de ésta. Existe una traducción española: *Los estados del Río de la Plata, su industria y su comercio.* Traducido por Luis V. Varela. B.A., La Tribuna, 1867. 184 p.

**796. Lavenir, Pablo.** Contribución al estudio de los forrajes. B.A., Oficina Metereológica Argentina, 1904. 79 p. (Anales del Ministerio de Agricultura, 1904).

Plantas forrajeras, oleaginosas y cereales; posibilidades de expansión de la producción. Tipos de almacenamiento adecuados a las distintas áreas y climas del país. Cifras—incompletas—de producción.

**797. Lemee, Carlos.** La agricultura y la ganadería en la República Argentina; origen y desarrollo. La Plata, Solá, 1894. 408 p.

Esta primera historia de la economía rural argentina se caracteriza por la abundancia de información escasamente controlada (y desigual en cantidad y calidad), el desorden expositivo y la extrema riqueza de disgresiones (así incluye treinta páginas consagradas a reseñar la trayectoria de los bancos de emisión y dos capítulos sobre los aspectos estrictamente militares de la lucha contra los indios).

**798. Link, Pablo.** Lanares y lanas de la República Argentina. B.A., Pedrezzetti, 1933. 141 p.

Ojeada retrospectiva; regiones de cría y tipos de lana obtenidos en cada una de ellas. Razas ovinas argentinas: tipos de lana y sus mercados. Estadística de producción y exportación (irregular) para el período 1868-1930.      (BT)

**799. Llanos, Julio.** La cuestión agraria. La Plata, Taller de Impresiones Oficiales, 1911. 543 p.

Informe sobre industrias rurales y los ramos del comercio con

ellas vinculados; legislación agraria de la provincia de Buenos Aires sistemáticamente comparada con la vigente en diversos estados europeos. Temas más detenidamente examinados: movimiento agrario-cooperativo; crédito cooperativo; industria lechera; exportación de ganado en pie; legislación agraria; comercio de carnes. Algún material estadístico.

**800. López, José Francisco.** La agricultura e industria lanar argentina: exportación de ganado argentino; memorias presentadas al Ministerio de Relaciones Exteriores por . . . , Cónsul General en Alemania. París, Garnier, 1893. 66 p.

Informe solicitado por la Sociedad Rural Argentina sobre el cuadro estadístico de importación de lana y condiciones y clases de producción lanera apropiadas al consumo de fábricas de tejidos. Estadísticas irregulares; algunos precios.

**801. Louvain, Gustave André.** République Argentine: colonies agricoles de l'Entre Ríos. Paris, G. Masson, 1890. 160 p.

Descripción de la agricultura de trigo y maíz y de la ganadería ovina; alusiones al impacto de la crisis, de un optimismo sistemático (es significativo en todo caso que Louvain subraye las ventajas otorgadas al productor por la caída del valor del papel moneda). Cierra el volumen una descripción ditirámbica de la futura colonia "Campos Floridos," situada en las afueras de Gualeguaychú. Entre la literatura de propaganda debida a empresas colonizadoras—muy abundante en el último cuarto del siglo—este volumen se destaca por su seriedad y abundancia de información.

**802. Maciel Pérez, Fidel.** Investigación algodonera. B.A., Compañía Sud-Americana de Billetes de Banco, 1904. 105 p. (Anales del Ministerio de Agricultura, 1904).

Estudio centrado en los entonces territorios nacionales de Chaco, Formosa y Misiones. Especies cultivadas, problemas de siembra, unidades agrícolas dedicadas al cultivo y transporte. Cifras de producción; precios de tierras y productos, poco abundantes.

**803. Marquèze, M. de.** La vigne et les vins dans la République Argentine. B.A., Belin, 1886. 115 p.

Reseña histórica; producción y comercio a partir del período colonial. Descripción del viñedo cuyano, plantaciones, tipos de uvas y vinos, el problema de la irrigación, precio de la tierra; las vides de Benegas. Datos cuantitativos, pero no estadísticos.      (BT)

**804. Mendoza, Prudencio de la Cruz.** Historia de la ganadería argentina. B.A., Rosso, 1928. 326 p.

Hasta la aparición del libro de Giberti (783), el de Mendoza fue el *standard book* sobre el tema. El material, ordenado aproximadamente siguiendo un hilo cronológico, es abundante y variado; aunque apenas se mencionan fuentes, Mendoza maneja una información muy vasta y comparativamente segura.

**805. Miatello, Hugo.** La chacra santafesina en

1905. B.A., Compañía Sud-Americana de Billetes de Banco, 1905. 278 p.

Introducción geográfica (características del suelo, aguas y clima). La tierra y su valor; caminos y puertos; capítulos separados para el cultivo del trigo, del maíz, del lino, de papas, maní y forrajeras. Balance de la chacra santafesina (cálculo de insumos y ganancias de distintas explotaciones típicas). Una monografía admirable.

**806.** _____. **Industrias agrícolas y ganaderas en la República Argentina** (datos para los inmigrantes agricultores). B.A., Talleres Tipográficos de la Penitenciaría Nacional, 1901. 154 p.

Hugo Miatello, funcionario del Ministerio de Agricultura, fue excelente estudioso del área cerealera. El presente escrito, publicado por el gobierno argentino para uso de futuros inmigrantes, ofrece un cuadro general de la economía rural argentina al comenzar el siglo XX, relativamente libre del optimismo sistemático que suele caracterizar a esta literatura oficialmente inspirada (y rico en informaciones sobre costos y rendimientos).

**807. Miatello (h.), Hugo.** La agricultura en la Patagonia; zona de Comodoro Rivadavia. B.A., Ministerio de Agricultura de la Nación, División de Investigaciones Agrícolas y Estudios Especiales, 1921. 211 p.

Estudia las oportunidades para la instalación de agricultura intensiva en las limitadas zonas de regadío cercanas a Comodoro Rivadavia, señalando que la expansión de ese centro urbano y el alto costo del transporte desde las áreas agrícolas tradicionales la hacen económicamente posible. Añade descripción de las explotaciones agrícolas ya existentes.

**808. Morrison, Jorge J.** La ganadería en la región de las mesetas australes del territorio de Santa Cruz. B.A., Veggia, 1917. 172 p.

Condiciones de los campos y su ocupación. Razas ovinas introducidas. Mercados, instalaciones y medios de transporte. Personal (datos sobre salarios). Material estadístico de periodicidad irregular para los años 1912-16.

**809. Mulhall, Michael George.** The cotton fields of Paraguay and Corrientes, being an account of a tour through these countries, preceded by annals of cotton-planting in the River Plate territories from 1862 to 1864. B.A., Mulhall, 1864. 120 p.

Un ejemplo más de la literatura inspirada por la búsqueda de fuentes sustitutivas de algodón durante la guerra de secesión en los Estados Unidos; como de costumbre en este autor, inteligente y bien documentado.

**810. Pennington, A. Stuart.** La langosta argentina (acridium peregrinum): observaciones sobre su vida, desarrollo y migraciones, basadas en investigaciones personales. B.A., Peuser, 1897. 58 p.

El autor, zoólogo británico, contratado por la Sociedad Rural Argentina, describe la anatomía, fisiología, ciclo vital, migraciones y parásitos de la langosta. La obrita refleja muy bien el agudizarse del problema que la langosta significó a partir de la difusión de la agricultura del cereal.			(BT)

**811. Ramos Mejía, Ezequiel.** Veinte meses de administración. B.A., La Agricultura Nacional, 1908. 272 p.

El autor reseña su gestión como ministro de agricultura, y no deja de formular una severa condena al régimen de la tierra existente en el país, basado en el predominio del latifundio. Interesante como reflejo de una mentalidad; no necesariamente confiable como fuente histórica.

**812. Rey de Castro, Carlos; y Carlos Gandolfo.** Apuntes sobre la ganadería en la República Argentina; informe presentado al Congreso Industrial Argentino. B.A., Alsina, 1900. 326 p.

Sinopsis histórica. Selección, cruzamiento y mestizaje (con datos estadísticos para el período 1880-95). Saladeros, frigoríficos y lecherías (datos cuantitativos por provincias). Exposiciones y ferias. Inmigración, comunicaciones y transportes. Material informativo y estadístico irregular.

**813. Richelet, Juan E.** Territorios nacionales del Sur: información sobre el Chubut. B.A., Ministerio de Agricultura, 1912. 135 p.

Excelente estudio, centrado en el desarrollo de la ganadería ovina; datos sobre mestización, precios de hacienda, carne, tierra, arrendamientos, salarios. Estadísticas completas.

**814. Rio, Manuel E.** Estudios y resúmenes. B.A., Dirección General de Estadística de la provincia de Córdoba, 1900. 206 p.

Análisis detallado de los aspectos fundamentales de la economía rural cordobesa en los años 1898-1900. Colonización, vitivinicultura, exportación y transporte de ganados; exportación de frutos del país. Establecimientos rurales; producción, sistemas de explotación, distintas formas de explotación del trabajo.

**815. Sánchez Sorondo, Matías Guillermo.** El problema ganadero ante el congreso, 1922-1933. B.A., 1933. 237 p.

El autor, político y parlamentario conservador de la provincia de Buenos Aires, recoge en el presente volumen sus intervenciones en torno al problema de las carnes (básicamente el de la distribución de los lucros derivados de su industrialización y exportación entre hacendados y frigoríficos).

**816. Schleh, Emilio J.** La industria azucarera ante la crisis; reflexiones del momento y cifras que no deben olvidarse. B.A., Ferrari, 1923. 88 p.

Surgida y expandida gracias a la protección aduanera; constantemente combatida en nombre de los intereses de los consumidores urbanos, la industria azucarera necesitó más que otras de voceros informados. Emilio J. Schleh fue uno de ellos; en esta obra presenta la situación de la industria al comenzar la década de 1920, desde la perspectiva de los intereses que con ella se identifican. La relativa abundancia de información y la ausencia de falsificación de datos no excluye el carácter de alegato en favor de parte interesada que es el de este estudio.

**817. Scobie, James R.** Implications of the Argentine wheat economy. Inter-American economic affairs [Washington], v. 14, 1960: 3-18.

Concisa presentación de los problemas económicos de la expansión cerealera, más extensamente tratados por el autor en 818.

**818.** _____. Revolution in the Pampas: a social history of Argentine wheat, 1860-1910. Austin, University of Texas Press, 1964. 206 p.

El autor examina el proceso de expansión de la agricultura cerealera en las áreas litorales y pampeanas; el marco social está descrito con información abundante, que no modifica por cierto la versión dominante sobre las insuficiencias sociales del proceso. De mayor interés es el examen de los procesos de comercialización del cereal, que utiliza, a más de fuentes de información bien conocidas, el olvidado pero excelente escrito de William Goodwin (916).

**819. Sociedad Rural Argentina.** Tiempos de epopeya, 1866-1966. B.A., Eglo, 1966. 124 p.

Publicado en ocasión del centenario de la Sociedad Rural, este breve libro presenta los problemas fundamentales de la evolución agropecuaria nacional desde la perspectiva asumida por la institución. Util sobre todo como inventario de tomas de posición, encuadradas mediante evocaciones concisas, bien informadas pero parciales del contexto en que ellas se dieron.

**820. Tenembaum, Juan L.** Orientación económica de la agricultura argentina. B.A., Losada, 1946. 250 p.

Examen breve y algo convencional de las etapas de la historia agrícola argentina; puso al alcance de un público más amplio (por el que fue muy apreciado) datos y materiales ya ampliamente conocidos por el más especializado.

**821. Uriburu, Francisco; e Isaac M. Chavarría.** Petición al honorable Congreso de la nación presentada por los representantes de los vitivinicultores de San Juan y Mendoza. B.A., Argos, 1894. 133 p.

Alegato en favor de mayor protección para la industria vitivinícola: solicita subsidios a la producción y desgravación a las importaciones de insumos (las importación de vinos extranjeros está ya gravada con derechos elevados, aunque no totalmente prohibitivos). Presentación amplia, aunque tendenciosa, del estado de la industria en los años 1890-92; zonas cultivadas con vid, cifras de producción, problemas vinculados con la gradación alcohólica y con la posible exportación de extractos secos.

**822. Villanueva, Carlos E.** Observaciones sobre ganadería y agricultura. B.A., Centro Industrial y Agrícola de La Plata, 1887. 268 p.

En su primera parte el libro examina los problemas de las exportaciones ganaderas en el momento en que el frigorífico sólo comienza a adquirir una función significativa en éstas; la atención principal se orienta a la producción para saladeros y para exportación en pie. En la segunda el autor se interesa por el problema de la división de la tierra; tras de examinar la situación en áreas de propiedad comparativamente dividida (tierras irrigadas de Mendoza y San Juan) examina las posibilidades aún abiertas en el Litoral y Buenos Aires. En ambos casos el examen es más perspicaz que sistemático.

**823. Zeballos, Estanislao S.** Descripción amena de la República Argentina. B.A., Peuser, 1881-88. 3 v.

El primer volumen, *Viaje al país de los araucanos,* es de 1881, y en él el aspecto descriptivo y anecdótico predomina, pese a que Zeballos era uno de los publicistas más interesados en los problemas de la frontera indígena. El segundo volumen, publicado en 1884, y titulado *La región del trigo,* es una descripción del área de agricultura cerealera y análisis—casi siempre penetrante—de sus problemas; el tercero, de 1888, *A través de las cabañas,* se ocupa de la ganadería, particularmente porteña, en el momento de última expansión de la ganadería ovina. En suma, a la vez que una ''descripción amena,'' una presentación global, muy inteligentemente hecha, del sector primario—exportador.

**Véase también:** 230, 250, 326, 421, 422, 652, 653, 654, 688.

## 2a. Estudios generales: periódicos

**824.** La agricultura; órgano de los intereses rurales e industriales. B.A., 1893-1905.

Periodicidad mensual; nivel nacional. Datos cualitativos y cuantitativos sobre agricultura—en general, ganadería—en general y vacuna, comercio exterior (particularmente abundantes), crédito público y estado e impuestos; sólo cualitativos sobre ganadería ovina, industria—en particular manufacturera —tecnología, empresas y propiedad; sólo cuantitativos sobre precios. (BN)

**825.** Almanaque agrario para el año 1923. Rosario, 1923.

Datos con periodicidad anual, para la provincia de Santa Fe y el período 1920-22. Mayor abundancia de información sobre agricultura de cereales y lino; secundariamente sobre forrajeras y ganadería vacuna. Solamente un año se encontró en la Biblioteca Nacional. (BN)

**826.** Anales de agricultura de la República Argentina. B.A., 1873-76.

Periodicidad anual, nivel nacional (pero los datos se refieren en su mayor parte a la provincia de Buenos Aires). Información cualitativa y cuantitativa sobre agricultura de cereales y forrajeras y ganadería, especialmente vacuna; cualitativa sobre agricultura del azúcar; cuantitativa exclusivamente sobre comercio exterior. (BN)

**827.** Anales de la Asociación Argentina de Criadores de Shorthorn. B.A., 1922-23.

Periodicidad anual, nivel nacional. Información cualitativa, cuantitativa y estadística sobre ganadería vacuna; cualitativa y cuantitativa sobre comercio exterior e interno, crédito, asociaciones y propiedad; sólo cualitativa sobre tecnología.          (BN)

**828.** Anales de la Sociedad Rural Argentina. B.A., 1867-1922.

Periodicidad anual, nivel nacional. Una de la fuentes más importantes para estudios retrospectivos de economía rural; incluye abundante y bien ordenado material sobre las distintas áreas: agricultura en general, ganadería en general, vacuna y caballar; comercio exterior e interno y propiedad (datos cualitativos, cuantitativos y estadísticos); cultivos cerealeros, industriales y forrajeros; ganadería ovina; bancos, crédito y moneda; tecnología; empresas; coyuntura y precios (información cualitativa y cuantitativa).          (BN)

**829.** Anales del Instituto Agronómico-Veterinario de la provincia de Buenos Aires. B.A., 1860-90.

Periodicidad anual; nivel provincial. Publicación de la repartición indicada en el título y dependiente del gobierno provincial. Información cualitativa, cuantitativa y estadística sobre ganadería (en general y del vacuno), tecnología y asociaciones; cualitativa y cuantitativa sobre agricultura (en general y cerealera) y ganadería ovina; cualitativa sobre otras ramas de la ganadería.          (BN)

**830.** Anales del Instituto Superior de Agronomía y Veterinaria de la Nación. B.A., 1906.

Información cualitativa y cuantitativa sobre ganadería y agricultura; periodicidad irregular.          (BN)

**831.** Boletín de agricultura y ganadería. B.A., 1901-03.

Periodicidad quincenal; nivel nacional. Información cuantitativa, cualitativa y estadística sobre agricultura; cualitativa y cuantitativa sobre cultivos cerealeros e industriales, huerta y forrajeras; ganadería vacuna (datos particularmente abundantes) y minería.          (BMA)

**832.** Boletín de Departamento Nacional de Agricultura. B.A., 1885-96.

Periodicidad mensual, nivel nacional. Publicación de la entonces repartición agrícola del Ministerio del Interior. Información cualitativa y estadística sobre agricultura cerealera y comercio interno; sólo cualitativa sobre agricultura de granja y comercio exterior; sólo estadística sobre cultivos forrajeros; sólo cuantitativa sobre precios; cuantitativa y estadística sobre ganadería (en general y del vacuno).          (BMA, BN)

**833.** Cabañas y campos argentinos; revista de agricultura y ganadería. B.A., 1920-23.

Información cualitativa sobre tecnología y finanzas públicas e impuestos; cuantitativa sobre comercio exterior; cualitativa y cuantitativa a la vez sobre agricultura (especialmente de cereales y lino) y ganadería (especialmente vacuna y ovina). Periodicidad anual y nivel nacional.          (BN)

**834.** La campaña; revista de ganadería. B.A., 1883-89.

Información cualitativa sobre ganadería y construcción rural;

interés dominante en el mejoramiento de las razas vacunas y ovinas; periodicidad quincenal y área nacional.          (BN)

**835.** El campo; revista ilustrada. B.A., 1916-23. 3 v.

Datos (escasos) de carácter cualitativo sobre agricultura cerealera y de cultivos industriales, y forrajeras; sobre ganadería vacuna y ovina y tecnología; cualitativos y cuantitativos sobre comercio externo e interior. Periodicidad mensual y nivel nacional.          (BN)

**836.** El colono cooperador; órgano de la Fraternidad Agraria. B.A., 1926-29.

Periodicidad quincenal; nivel nacional. Información cualitativa, cuantitativa y estadística sobre crédito y bancos y asociaciones; cualitativa y cuantitativa sobre agricultura en general, propiedad, empleo; sólo cuantitativa sobre precios; sólo cualitativa sobre ganadería en general, construcción en general y urbana, crédito público, movimiento demográfico.          (BN)

**837.** Gaceta algodonera. B.A., 1924.

Periodicidad trimestral, nivel nacional. Esta ''publicación defensora de las plantaciones y los industriales del algodón'' incluye a más de información cualitativa, cuantitativa y estadística sobre agricultura algodonera, datos cualitativos y cuantitativos acerca del comercio exterior e interno, transporte ferroviario y fluvial, tecnología, empresas y precios.          (BN)

**838.** La gaceta rural. B.A., 1917-18.

Material cuantitativo y estadístico sobre las diversas ramas de la agricultura y la ganadería; nivel nacional y periodicidad anual.          (BN)

**839.** La ganadería argentina. B.A., 1920.

Abundante material estadístico sobre producción ganadera y comercio exterior, a nivel provincial y nacional; periodicidad mensual.          (BN)

**840.** La granja. B.A., 1918-22.

Publicación especializada en el tema que el título indica. Datos sobre cría de animales de granja y comercio interno; periodicidad mensual.          (BN)

**841.** El labrador; revista de agricultura, pastoreo, economía rural. B.A., 1856-57. 2 v.

Información cualitativa sobre acción del estado, propiedad y comercio interno; cualitativa y cuantitativa a la vez sobre agricultura (en especial cereales) y ganadería. Periodicidad anual y nivel provincial.          (BN)

**842.** Nuestra tierra; revista de la estancia, granja y el hogar. B.A., 1917-23.

Informe con periodicidad mensual sobre agricultura, industria y actividades artesanales; datos sobre construcciones y tecnología; nivel nacional; información cuantitativa sólo sobre ganadería.          (BN)

**843.** El obrajero; órgano del comercio forestal. B.A., 1918-19.

Datos cualitativos, cuantitativos y estadísticos sobre explotación forestal y precios; cualitativos y cuantitativos sobre industria en general, artesanal y manufacturera, comercio en general e interno, empresas y propiedad; cualitativos solamente sobre comercio exterior, transporte en general, ferroviario y por agua.                                                      (BN)

**844.** Periódico del estanciero. B.A., 1881-93.

Información predominantemente cualitativa con periodicidad semanal y a nivel nacional, sobre ganadería, agricultura forrajera y comercio exterior. También algunas noticias sobre precios.                                                                      (BN)

**845.** El progreso: ganadería, agricultura y comercio. B.A., 1901-03.

Información cuantitativa y estadística sobre ganadería y precios; sólo cualitativa para agricultura. Datos particularmente abundantes sobre la situación ganadera en Buenos Aires y Santa Fe. Nivel nacional y periodicidad quincenal.
                                                                      (BN)

**846.** Prontuario ganadero y agrícola de la República Argentina. B.A., 1905-25.

Razas y pedigree de reproductores en las distintas cabañas. Premios y precios alcanzados en certámenes ganaderos. Importación y exportación de animales finos (estadísticas irregulares). Publicación bimensual.                                          (BT)

**847.** Prontuario ganadero y agrícola de la República Argentina. B.A., 1919-21.

Periodicidad anual; nivel nacional. Información cualitativa y estadística sobre agricultura en general y cerealera; cuantitativa y estadística sobre ganadería en general y vacuna; cualitativa y cuantitativa sobre coyuntura y propiedad; cuantitativa únicamente sobre comercio en general e interno.             (BN)

**848.** Revista de ganadería. B.A., 1879-82. 2 v.

Datos cualitativos y cuantitativos sobre las distintas ramas de la actividad ganadera, comercio y transporte ferroviario y marítimo; estadísticas sobre ganadería vacuna y ovina y comercio exterior. Periodicidad anual y nivel nacional.    (BN)

**849.** Revista de la Asociación Argentina de Criadores de Aves, Conejos y Abejas. B.A., 1914-20.

Periodicidad trimestral; nivel nacional. Información cualitativa, cuantitativa y estadística sobre el rubro específico de la Asociación y comercio en general e interno; cualitativa y cuantitativa sobre estado e impuestos y propiedad; cuantitativa y estadística sobre precios.                                     (BN)

**850.** Revista de tierras y colonización. B.A., 1920-22.

Incluye información cuantitativa sobre producción agrícola, transporte por tierra, construcción rural y tecnología.      (BN)

**851.** Suelo argentino. B.A., 1922.

Información, con periodicidad mensual y para área nacional, sobre agricultura del cereal, ganadería y tecnología (cualitativa) y comercio interno (cuantitativa). Se publicaron tres números.
                                                                      (BN)

**Véase también:** 1004, 1005, 1008.

## 3. Tenencia de la tierra y colonización

**852. Allende, Andrés R.** La ley de arrendamientos rurales del 21 de octubre de 1857 en la provincia de Buenos Aires. Trabajos y comunicaciones [La Plata], v. 18, 1968: 45-51.

La ley fue muy criticada en su época y aún más por los estudiosos del tema por reflejar notable indiferencia a los aspectos sociales del problema de la tierra. Aun así, como demuestra el autor, estuvo lejos de ser el fracaso que algunos de esos críticos suponen; por el contrario favoreció la expansión de las explotaciones ganaderas que siguió a 1860.

**853. Argentina. Comisión Central de Inmigración.** Las colonias; informe sobre el estado actual de las colonias agrícolas de la República Argentina, presentado a la Comisión Central de Inmigración por el inspector nacional de ellas, Guillermo Wilcken. 1872. B.A., La Sociedad Anónima, 1873. 354 p.

El autor, inspector de colonias, las describe en un momento particularmente crítico de su desarrollo, anterior al comienzo de la gran expansión cerealera. Sin olvidar las dificultades económicas enfrentadas por los inmigrantes-colonizadores, se extiende largamente sobre las insuficiencias sociales y culturales fácilmente visibles en las áreas sometidas a colonización. Wilcken ofrece un testimonio ampliamente utilizado por los estudiosos que sostienen que la colonización agrícola fracasó en sus objetivos sociales.

**854. _____. Comisión de Inmigración.** La República Argentina: sus colonias agrícolas, ferrocarriles, navegación, comercio, riqueza territorial. B.A., 1866. 68 p.

Más que la presentación general del país (sumaria y convencional) interesa la descripción de cada una de las colonias existentes a la fecha con cifras sobre población, edificios, chacras, producción agrícola y existencia de ganados.      (BT)

**855. _____. Ministerio de Agricultura. Dirección General de Tierras.** Creación de colonias y pueblos en los territorios nacionales de Chaco, Formosa, Misiones, Chubut, Santa Cruz y Tierra del Fuego; decreto del 11 de julio de 1921. B.A., 1922. 32 p.

Folleto explicativo del decreto mencionado, e informaciones sobre los centros proyectados (en cuanto a tierras, producción, recursos naturales, economía y vías de comunicación) destinadas a los aspirantes a participar en la colonización. Excelentes planos de los nuevos centros de colonización.                   (BT)

**856. Avellaneda, Nicolás.** Escritos y discursos. V. 5: Estudios sobre las leyes de tierras públicas. V. 6: Conquista y colonización del desierto. B.A., Compañía Sudamericana de Billetes de Banco, 1910. 12 v.

En el primero de estos volúmenes Avellaneda—entonces joven abogado provinciano que hacía carrera en el Estado de Buenos Aires—ofrece un examen crítico de las leyes de tierras, y su incapacidad para impedir la concentración de ésta en manos privadas; en el segundo el dirigente político y presidente define y aplica una política interesada en primer término en acelerar la expansión sobre tierras nuevas y sólo secundariamente en atenuar los males previamente descritos.

**856a. Avila, José Luis;** *et al.* Historia de San Justo, 1868-1968. San Justo, 1969. 382 p.

Esta historia de una de las más tempranas colonias agrícolas santafesinas aplica un esquema que ya se ha hecho habitual: tras de un examen detenido de los orígenes de la población (p. 9-83) ocupa el primer lugar la historia de instituciones y asociaciones de carácter marcadamente anecdótico.

**857. Bejarano, Manuel.** La política colonizadora en la provincia de Buenos Aires (1854-1930). B.A., 1962. 125 p.

Estudio minucioso de la colonización agrícola en la provincia; fracaso sustancial de las tentativas de repetir en Buenos Aires la experiencia santafesina, a lo largo de los primeros treinta años del período en estudio; expansión posterior de las explotaciones cerealeras por iniciativa de los grandes propietarios ganaderos, al margen de cualquier plan sistemático de colonización; estancamiento del proceso a partir de 1914. Una versión abreviada de este excelente estudio podrá hallarse en Torcuato S. Di Tella; y Tulio Halperín Donghi, *eds. Los fragmentos del poder.* B.A., Alvarez, 1969, bajo el título "Inmigración y estructuras tradicionales en Buenos Aires (1854-1930)."

**858. Borea, Domingo.** La colonización oficial y particular en la República Argentina. B.A., 1923. 139 p.

Util recopilación de datos sobre legislación, impuestos e inmigración.

**859. Bowen, E. G.** The Welsh colony in Patagonia, 1865-1885: a study in historical geography. *En* Royal Geographical Society. Geographical journal [London], v. 32, March, 1966: 16-31.

Excelente estudio, de interés predominantemente, pero no exclusivamente geográfico, acerca de los comienzos de la colonización galesa en el Chubut.

**860. Campolieti, Roberto.** La chacra argentina; contribución al estudio de la ciencia y del arte de la colonización argentina. B.A., 1914. 189 p.

Este excelente funcionario del Ministerio de Agricultura examina los problemas de la economía cerealera una vez concluida su expansión en tierras nuevas. Es necesario a su juicio una explotación más intensiva: para ello debe recurrirse al capital nacional, los propietarios deben asumir la dirección técnica de la explotación, y no limitarse a percibir renta de sus arrendatarios o medieros, y debe hacerse un esfuerzo serio por mejorar el clima social y cultural de la campaña (vivienda e instrucción técnica).

**861. _____. La ciencia y el arte de la colonización; el libro del agricultor argentino. B.A., Prudent y Moetzel, 1916. 161 p.

El autor, funcionario del Ministerio de Agricultura, reúne en este volumen el texto de una serie de conferencias en estilo familiar en las que vuelve a examinar, adoptando la perspectiva del colono dominado por problemas económicos urgentes, la situación de la agricultura argentina en el momento en que, a juicio del autor, ha agotado las posibilidades de la explotación extensiva y sólo podrá mantener su ritmo expansivo renovando profundamente sus técnicas de explotación.

**862. _____. La colonizzazione italiana nell'Argentina. B.A., Cantiello, 1902. 294 p.

El excelente funcionario del Ministerio de Agricultura argentino y—como se advierte en las últimas páginas de este escrito—apasionado patriota italiano, presenta un cuadro menos sistemáticamente optimista que los publicados por el Ministerio de Agricultura para uso de inmigrantes, pero sustancialmente positivo, de las posibilidades abiertas para éstos en el campo argentino; como ejemplo proporciona detallados cálculos de costos y ganancias de colonos paperos y maiceros. Finalmente exhorta a los futuros colonos a mantener sus lazos con su tierra de origen, y una orgullosa conciencia nacional.

**863. Cárcano, Miguel Angel.** Evolución histórica del régimen de la tierra pública. 1810-1916. B.A., Peuser, 1917. 593 p.

Minuciosa reconstrucción de la liquidación del patrimonio de tierras públicas. El autor—distinguido político y diplomático conservador—condena duramente las tendencias reveladas por la acción del estado a lo largo de toda la etapa, no sólo porque duda de que haya obtenido las máximas ventajas financieras al desprenderse de las tierras, sino sobre todo porque sus consecuencias económico-sociales (expansión de la gran propiedad y de la explotación por arrendatarios) le parecen particularmente nocivas.

**864. Carrasco, Gabriel.** La colonización agrícola en la provincia de Santa Fe: cuadro general conteniendo el nombre, situación, extensión, fecha y fundador de las colonias existentes hasta el 1° de junio de 1893 (colonias particulares y oficialmente reconocidas). Santa Fe, Ministerio de Agricultura, Justicia e Instrucción Pública de la provincia de Santa Fe, 1893. 55 p.

Tablas de colonias, ordenadas por número de inscripción en el registro establecido al efecto por el gobierno de la provincia de Santa Fe, con nombre de fundador, año de fundación y extensión en hectáreas; de colonias (con los mismos datos) clasificadas por departamento; de colonias (de nuevo con iguales datos) por año de fundación, y por último de colonias establecidas por cada fundador.

**865. Carriego, Evaristo.** La tierra: artículos de El Litoral escritos por su redactor . . . , año de 1862. Paraná, 1862. 37 p.

Dedicado a "los pobres, a los desheredados de este

mundo,'' protesta contra la ley de la provincia de Entre
Ríos que impone a los ocupantes de tierras fiscales la alternativa
de comprarlas o abandonarlas. Interesante como reflejo de la
corriente crítica de la concentración de la propiedad de la
tierra, que en esa década y en la anterior gusta de expresarse
en términos de abierta protesta social.                          (BT)

**866. Castro Boedo, Emilio.** Estudios sobre la navegación del Bermejo y colonización del Chaco,
practicados . . . en 1872. B.A., La Sociedad
Anónima, 1873. 275 p.

Historia de las exploraciones del Bermejo; buena descripción
del territorio chaqueño antes de la conquista (flora, fauna,
población indígena). Plan de colonización, que debería recurrir a elementos locales (ganaderos de la frontera, indios
reducidos) encuadrándolos en una inmigración de élite (vasco-
españoles para ganadería; irlandeses para agricultura; alemanes para curtiembre; ingleses o estadounidenses para
industria).

**867.** Colonización agrícola en la provincia de Entre
Ríos sobre las márgenes de los ríos Uruguay y
Paraná y creación de un puerto para los buques
de ultramar en la entrada del río Uruguay. B.A.,
Biedma, 1876. 36 p.

Folleto destinado a dar a conocer los proyectos de colonización de la firma Lezica y Lanús sobre tierras que habían sido
del general Urquiza en la provincia de Entre Ríos. De él se
publicó una versión francesa, también hallable en la Biblioteca
Tornquist. A más de la descripción de los terrenos que se
proyecta colonizar, tiene interés la de los puertos fluviales,
su movimiento comercial y problemas de tráfico, así como—
en cuanto a las colonias, de las que da información muy
general y en general asequible en otras fuentes—las informaciones sistemáticas sobre precios a que se ofrece la tierra
en las existentes en el momento de la publicación.        (BT)

**868. Coni, Emilio A.,** *ed.* Arrendamiento o propiedad (encuesta); resultados. La Plata. Universidad Nacional de La Plata, Facultad de Agronomía
y Veterinaria, Seminario de Economía Rural, 1920.
22 p.

El cuestionario, distribuido entre agricultores, pregunta
sobre el método de cesión de la tierra preferidos por éstos
(arrendamiento por 5 años; por un plazo de 20 a 30 años;
compra en 30 anualidades); las respuestas corresponden a
localidades en las provincias de Buenos Aires, Santa Fe, Córdoba y Entre Ríos, y del territorio de la Pampa Central;
1267 se pronuncian por la propiedad y sólo 14 por el arrendamiento; se publican extractos de algunas respuestas favorables
a la primera solución.

**869.** Contribución directa: registro catastral de la
provincia de Buenos Aires con exclusión de la
capital, año 1865. B.A., Impr. del Orden, 1866.
86 p.

Listas de propiedades, ordenadas por partidos. Para cada
una de ellas; área en varas cuadradas, precio por legua,
capital tasado y monto del impuesto y nombre del propietario.

**870. Cortés Conde, Roberto.** Algunos rasgos de la

expansión territorial en Argentina en la segunda
mitad del siglo XIX. Desarrollo económico [B.A.],
v. 8, abril-junio, 1968: 3-29.

En este estudio, el autor examina extensamente las sucesivas
funciones económicas de la frontera en la Argentina y señala
cómo el gran avance de 1879, que eliminó el territorio indio,
fue estimulado, antes que por presiones demográficas, por la
de la superpoblación de ganados. Esa situación coyuntural
antes que la gravitación de las pautas predominantes en casi
todo el resto del área titular en cuanto a distribución de la
propiedad de la tierra, explica la rápida instalación de un
sistema de gran propiedad ganadera en las áreas abiertas a la
explotación por la conquista del desierto.

**871. _____.** El régimen de la tierra en la Argentina. Análisis estadístico de sus tendencias recientes.*En* Universidad Nacional del Litoral, Facultad de Filosofía y Letras. Anuario del Instituto de
Investigaciones Históricas. 7: Régimen de la tierra.
Estructuras económicas y sociales. Historia de las
ideas. Rosario, 1964, p. 69-86.

La expansión agrícola previa a 1914 se dio básicamente por
incorporación de nuevas tierras, manteniendo muy bajas
inversiones; desaparecida la disponibilidad de nuevas tierras
las relaciones entre los distintos factores de producción no
varían y la productividad permanece baja; la congelación de
los arrendamientos, que baja la renta de la tierra y da mayor
estabilidad al arrendatario, no afecta esta situación; tampoco
lo hace la tendencia posterior a 1956 a retomar la explotación
directa, mediante renuncia del arrendatario a su condición de
tal, obtenida contra indemnización pecuniaria.

**872. Eidt, Robert C.** Pioneer settlement in Northeast Argentina. Madison, University of Wisconsin
Press, 1971. 177 p.

Es un estudio geográfico sobre la instalación de colonias en
Misiones; los tipos de poblaciones y de asentamientos surgidos
en el área son objeto de la atención predominante del autor,
que sin desinteresarse del todo por el contexto económico de
la colonización sólo lo examina ocasionalmente.

**873. Gaignard, Romain.** Origen y evolución de la
pequeña propiedad campesina en la pampa seca
argentina (El caso de la provincia de La Pampa).
Desarrollo económico [B.A.], v. 6, abril-junio,
1966: 55-76.

El autor examina las vicisitudes de la explotación de la
campaña pampeana, distinguiendo una primera época de
transacciones puramente especulativas, cerrada por la crisis de
1890, y otra en la que la imposibilidad de competir con los
mejor ubicados terratenientes porteños y el interés de las
empresas ferroviarias por asegurarse fletes voluminosos impulsan al monocultivo triguero por arrendatarios; luego de
1930 la crisis económica, el agotamiento de una parte de las
tierras y por último la congelación de los arrendamientos
impuesta por el gobierno peronista han dado lugar a una
ocupación menos densa, con explotaciones a cargo sobre todo
de propietarios.

**874. Gallo, Ezequiel.** Ocupación de tierras y colonización agrícola en Santa Fe (1870-1895). *En*

Alvaro Jara, *ed.* Tierras nuevas. México, El Colegio de México, 1969, p. 92-104.

El autor rastrea el origen social de los propietarios de tierras y empresarios de la colonización. En cuanto a lo primero, halla que entre los 35 mayores propietarios en 1872-74 figuran en primer término terratenientes de Buenos Aires, seguidos de cerca por comerciantes de Rosario; en cuanto a lo segundo halla que en el período previo a 1895 uno y otro grupo han contribuido a abrir a la colonización superficies prácticamente iguales. A su juicio, unos y otros se orientaron a esa actividad por consideraciones económicas, y es imposible descubrir consecuencias precisas a las diferencias de formación cultural y actitudes generalmente sugeridas para justificar igualmente hipotéticas diferencias en su desempeño empresario.

**875. Gómez Langenheim, Antonio.** Colonización en la República Argentina. B.A., Biedma, 1906. 462 p.

El autor se interesa sobre todo por el marco legal del proceso: leyes de tierras y propuestas para su reforma, y crédito agrario.

**876. Gori, Gastón.** Inmigración y colonización en la República Argentina, B.A., Eudeba, 1964. 103 p.

Breve presentación del proceso de colonización entendido como "establecimiento de campesinos agricultores en tierras públicas." Esta definición algo limitativa quita una parte de su interés al trabajo, útil sobre todo como presentación de conjunto de un tema que el autor conoce bien, sobre todo en cuanto a la provincia de Santa Fe.

**877. _____.** La pampa sin gaucho: influencia del inmigrante en la transformación de los usos y costumbres en el campo argentino en el siglo XIX. B.A., Raigal, 1952. 95 p.

Utilizando estudios anteriores, este investgador de la historia de la colonización agrícola en Santa Fe central estudia no sólo las influencias señaladas en el título sino también las supervivencias técnicas y culturales de la agricultura cerealera tradicional en la Argentina, en las colonias pobladas por inmigrantes. En relación con esto, subraya la importancia del trabajador criollo en función auxiliar. El cuadro refleja mejor la situación en las primeras etapas de la expansión agraria que la de las más tardías.

**878. Gschwind, Juan Jorge.** Historia de San Carlos. Rosario, Universidad Nacional del Litoral, Instituto de Investigaciones Históricas, 1958. 375 p.

Esta historia de una de las más tempranas colonias agrícolas del Norte de Santa Fe sólo se ocupa brevemente de temas de historia económica (p. 111-136 sobre economía, transportes y comunicaciones, pero también información ocasional a lo largo de toda la obra).

**879. Irigoyen, Bernardo de.** Colonización e inmigración en la república; datos y antecedentes; del

. . . al Dr. Eleodoro Lobos. La Plata, Talleres de Publicaciones del Museo, 1901. 32 p.

Apasionada defensa de la colonización oficial, sobre todo en los territorios del sur; los argumentos no son excesivamente convincentes (entre otras cosas, atribuye el crecimiento de la inmigración despues de 1876 a la fundación de colonias oficiales en los nuevos territorios).                    (BT)

**880. [Lanusse, J. J.].** Gobernación del territorio nacional de Misiones; colonización en Misiones, 1897 a 1901. Posadas, Melchor de Morais, 1902. 19 p.

Descripción de las colonias existentes en el momento de publicación del folleto, todas ellas creadas por iniciativa oficial.                    (BT)

**881. Le Long, John.** Memoria sobre colonización presentada a la H. Cámara legislativa de la provincia de Corrientes. Corrientes, La Opinión, 1858. 16 p.

Le Long fue uno de los más activos, ya que no afortunados, promotores de la colonización agrícola luego de Caseros. En la presente memoria presenta un informe sistemáticamente optimista del curso de las iniciativas por él promovidas, y promete—en caso de contar con apoyo oficial—dotar a Corrientes de "cincuenta mil ciudadanos más" en veinte años. Una manifestación típica del proyectismo algo irreal que marcó los comienzos del esfuerzo de colonización en la Argentina.

**882. Monti, Daniel.** Presencia del protestantismo en el Río de la Plata durante el siglo XIX. B.A., La Aurora, 1969. 201 p.

En las p. 139-192, un examen detenido de la participación de colonos protestantes en la colonización del Río de la Plata (atención especial a los galeses del Chubut; a los valdenses en el litoral argentino y el Uruguay).

**883. Oddone, Jacinto.** La burguesía terrateniente argentina; Capital Federal, Buenos Aires, territorios nacionales. 2. ed. B.A., 1936. 117 p.

El organizador sindical y militante socialista traza aquí en sus grandes líneas la apropiación de la tierra pública por propietarios privados, en parte a título gratuito, en parte mediante compra. La masa de material reunido es considerable, y en particular para la provincia de Buenos Aires suficiente para reconstruir las líneas fundamentales del proceso, a través de la sucesión de regímenes legales de la tierra pública (enfiteusis, ventas y arrendamientos) adoptados por el gobierno provincial. Un aporte sin duda algo esquemático, pero todavía no reemplazado, a la historia de la propiedad de la tierra en la Argentina.

**884. Oroño, Nicasio.** La cuestión agraria; conferencia . . . en la Sociedad Rural Argentina. B.A., La República, 1891. 41 p.

El ex-gobernador y ex-senador santafesino, interesado desde hacía décadas en los problemas de la colonización agrícola, resume aquí sus puntos de vista sobre el problema del latifundio. Tras de examinar con simpatía la propiedad colectiva—que finalmente rechaza por impracticable en el país—preconiza la adopción de un impuesto a las tierras improductivas, que obligaría a lanzar al mercado—ya sea en venta o arrendamiento—las mantenidas en reserva por los especuladores. Interesante más que como expresión de un proyecto con serias posibilidades de ser envasado, como índice de un clima en que el problema de la concentración de la propiedad inmueble era aceptado como legítimo aún por la asociación que agrupaba a los mayores terratenientes.    (BT)

**885. Peyret, Alejo.** Consideraciones sobre la colonia Villa-Colón y la provincia de Entre Ríos. *En* Córdoba. Exposición Nacional, 1871. Boletín de la Exposición Nacional en Córdoba, v. 7. B.A., Bernheim, 1873, p. 267-311.

Descripción de flora y cultivos; a juicio de Peyret la provincia está superpoblada respecto de sus posibilidades productivas en el sector primario porque se obstina en la monoproducción ganadera. Los agricultores inmigrantes no cambian sustancialmente la situación, son demasiado frecuentemente incompetentes (en muchos casos no eran agricultores en su lugar de origen). La situación de la colonia San José, de la que Peyret propone un cuadro pesimista, refleja esas insuficiencias.

**886.** _____. Una visita a las colonias de la República Argentina. B.A., Tribuna Nacional, 1889. 2 v.

En esta obra Peyret presenta un cuadro general del avance de la colonización en el momento inmediatamente anterior a la gran expansión agrícola que será respuesta a la crisis de 1890. Utilizando en buena parte su propia experiencia, acumulada en años de participar en empresas colonizadoras, ofrece información completa, juiciosamente ordenada, y una imagen no sistemáticamente optimista de la marcha del proceso.

**887. Reynal O'Connor, Arturo.** Paseos por las colonias. B.A., Tommasi, 1908. 279 p.

Presentación descriptivo-anecdótica de las colonias agrícolas de la provincia de Entre Ríos al comenzar el siglo XX; falta análisis de la situación económica y el social es sumario. Lo que hace al interés de la obra es sin duda la comparativa escasez de material descriptivo para la etapa en que fue publicada (mientras treinta años antes la literatura sobre colonias agrícolas había sido tan abundante).

**888. Río, Manuel E.** La colonización en Córdoba, 1898-1899. B.A., Dirección General de Estadística de la provincia de Córdoba, 1899. 126 p.

Apuntes históricos; legislación; sistemas de colonización; cultivos y cosechas; población; estadísticas y gráficos completos.

**889. Ruggeroni, Dante.** Un siglo de luchas por la tierra y el agua: Santa María, Catamarca (1771-1871).*En* Universidad Nacional del Litoral, Facultad de Filosofía y Letras. Anuario del Instituto de Investigaciones Históricas. 7: Régimen de la tierra. Estructuras económicas y sociales. Historia de las ideas. Rosario, 1964, p. 13-30.

El conflicto tiene por protagonistas por una parte a los arrendatarios de pequeñas parcelas de tierras eclesiásticas y el mayordomo que tiene a su cargo la administración del patrimonio del curato de Santa María, que controla la distribución del agua de regadío, también considerada parte del patrimonio eclesiástico; hacia fines del período se agrega la tendencia a extender el regadío a zonas antes incultas, consecuencia de la presión demográfica y de la intensificación del ritmo del comercio, que acrecienta las tensiones con los arrendatarios.

**890. Schopflocher, Roberto.** Historia de la colonización agrícola en Argentina. B.A., Raigal, 1955. 96 p.

Excelente presentación sintética de la evolución de las colonias agrícolas a lo largo de un siglo, por un técnico en colonización.

**891. United States. Department of Agriculture.** Alfalfa and beef production in Argentina.*By* Frank W. Bicknell. Washington, Government Printing Office, 1904. 32 p. (Report 77).

Estudio muy rico en información, que refleja el momento en que comienza a dibujarse la repartición del área ganadera entre zonas de cría y de invernada.

**892. Winsberg, Morton D.** Jewish agricultural colonization in Entre Ríos, Argentina. American journal of economics and sociology [Lancaster, Pa.], v. 27, 1968: 285-295; v. 27, 1968: 423-428; v. 28, 1969: 179-191.

Examen de las causas del limitado éxito de la tentativa de colonización con inmigrantes originarios de Rusia; la más importante, a juicio del autor, es la reducida extensión de los lotes asignados a los colonos, que limitaba seriamente sus posibilidades de éxito económico.

**Véase también:** 224, 429, 431, 432, 433, 436.

## 4. Insumos

**893. Alonso, Isidro.** El tabaco en el Chaco; apuntes sobre su cultivo. B.A., Argos, 1894. 110 p.

El autor—cultivador de tabaco en la colonia Benítez—a partir de su experiencia durante esa primera etapa de explotación agrícola en el recientemente incorporado territorio, sugiere innovaciones en la técnica de cultivo. Proporciona datos sobre el desarrollo de la colonia Benítez y algunos precios para los años 1890-92.    (BT)

**894. Arata, Pedro;** *et al.* Investigación vinícola; informe. B.A., Talleres de Publicaciones de la Oficina Metereológica Argentina, 1903. 353 p. (Anales del Ministerio de Agricultura, 1903).

Estudio sobre el viñedo mendocino: cultivo de la vid y técnicas de elaboración del vino. Análisis de los mostos. Estado de la industria. Anexo: canales de riego, tierras irrigadas. Estadísticas completas.

**895. Argentina. Ministerio de Agricultura.** Almanaque. B.A., 1925—.

Esta publicación tiene un propósito predominantemente

divulgativo; da noticas más abundantes sobre problemas técnicos vinculados con cultivos (y plagas y enfermedades) que sobre aspectos propiamente económicos, que sin embargo no están totalmente ausentes.

**896. _____. _____. Sección Propaganda e Informes.** La crisis ganadera y el consumo de carne en la capital. B.A., 1923. 327 p. (Circular 52-1923, Libro azul, 3).

Reúne materiales variados vinculados con los problemas creados en el mercado de carnes: investigación en el frigorífico Swift; datos sobre abastecimiento de carne a la Capital Federal (incluida serie de precios mayoristas). Exportaciones; informes sobre el mercado de carnes en Inglaterra y Europa continental.

**897. Armour,** *et al.* Memorial de las empresas frigoríficas al Ministro de Agricultura sobre la situación ganadera. B.A., Lamb, 1923. 29 p.

Los frigoríficos (Armour, Swift, Smithfield, Las Palmas, San-sinena, Wilson, Algo-South American Meat) ofrecen su propia versión de las causas del descenso del precio de la hacienda vacuna, debida a vicisitudes del comercio internacional de carnes sobre las cuales niegan tener control alguno.      (BT)

**898. Baldassarre, Juan F.** Los elevadores de granos. B.A., Gadola, 1916. [45 p.].

Es urgente crear una red de elevadores, que liberen a los agricultores de la necesidad de usar bolsas y del predominio del trust de los exportadores. Una expresión más de la vigencia del problema en la segunda década del siglo XX (mientras su solución sólo se alcanzaría en las décadas de 1930 y 1940).

**899. Barba, Francisco.** La patata; desarrollo y principales zonas de cultivo en el país: estudio técnico-cultural y económico-social de su explotación en la zona sud-este de la provincia de Buenos Aires. B.A., Ministerio de Agricultura, 1933. 24 p.

Datos sobre volumen, técnica y factores de producción en los últimos años de la década de 1920; sugerencias sobre innovaciones técnicas.

**900. Basaldua, Florencio de.** Agricultura; el cultivo del maíz; estudio sobre cultivo y siega del maíz, y utilización del tallo en la provincia de Buenos Aires. Memoria presentada por el Comisionado del Gobierno, Ingeniero. . . . La Plata, Ministerio de Obras Públicas de la provincia de Buenos Aires, 1897. 89 p.

Esencialmente técnico-descriptivo, examina la climatología, preparación del suelo, siembra, recolección del maíz-grano y conservación de éste, uso de medios mecánicos (segadora "Euskaria").      (BT)

**901. [Basavilbaso, M. G.].** Las cabañas argentinas; guía de cabañeros. B.A., Peuser, 1919. 349 p.

Nómina de criadores de bovinos, equinos, lanares y porcinos por raza y localidad. A continuación, lista de criadores de asnales, caninos y aves de corral. Nómina de consignatarios de hacienda y rematadores. Frigoríficos, fábricas de productos lecheros; fábricas e importadores de artículos rurales e implementos agrícolas. En suma, un inventario completo de las empresas activas o vinculadas al sector ganadero.

**902. Benedit, Juan Carlos.** Estudio de las condiciones de explotación intensiva en los valles del Río Negro, Neuquén y Limay. Tesis no publicada, Facultad de Agronomía y Veterinaria, Universidad de Buenos Aires, 1921. 138 p.

Descripción de la situación en el Alto Valle del Río Negro—y otras zonas de menos interés económico—en el momento de redacción de esta tesis: la irrigación, la viticultura y fruticultura y los cultivos de alfalfa son sucesivamente examinados.      (BT)

**903. Campolieti, Roberto.** Los problemas de la ganadería. B.A., Ruegg, 1900. 126 p.

Estudio más técnico que estrictamente económico: praderas más adecuadas para la valorización ganadera; técnicas de alimentación del ganado y fabricación de queso. Ventajas comparativas de las distintas razas.

**904. Cano, Guillermo J.** Bosquejo del derecho mendocino intermedio de aguas. B.A., Facultad de Derecho y Ciencias Sociales de la Universidad de Buenos Aires, Instituto de Historia del Derecho Argentino, 1943. 48 p. (Conferencias y comunicaciones, 7).

En áreas de agricultura de regadío la distribución del agua plantea desde luego problemas de enorme significado económico. Desde la creación en 1810 de un Juzgado General de Aguas las autoridades mendocinas elaboraron y aplicaron un sistema de normas jurídicas, en una tendencia centralizadora que paulatinamente reemplazó al regionalismo de tradición española (en que cada curso de agua cuenta con un sistema de normas y de autoridades de aplicación diferente).

**905. Cárcano, Ramón J.** Francisco Lecoq: su teoría y su obra; conservación y transporte de carnes por el frío, 1865-1868. B.A., Mendesky, s.f. 116 p.

Examen de los primeros esfuerzos por hacer posible la exportación de carnes refrigeradas al mercado ultramarino, y del papel que cumplió Lecoq en ellos, que para Cárcano fue el de promotor—a partir de una idea muy general del tipo de proceso utilizable—más bien que el de inventor de técnicas aplicables.

**906. Cassagne Serres, Alberto.** La fruticultura nacional. B.A., 1928. 106 p.

Breve descripción de las zonas frutícolas; mayor atención a los problemas de mercado (competencia de fruta importada) y comercialización. Los mercados de concentración (Abasto, del Plata, Tigre). Operaciones de mercado. El transporte de fruta. Cooperativas y crédito agrícola. El trabajo tiene intención predominante descriptiva; se apoya en información cuantitativa abundante pero no sistemática, referida al período 1920-27.

**907. Córdoba. Exposición nacional, 1871.** Boletín

de la Exposición Nacional en Córdoba. Director D. Bartolomé Victory y Suárez. B.A., Bernheim, 1869-73. 7 v.

Los cuatro primeros tomos recogen la correspondencia vinculada con la organización de la exposición, informes, memorias y circulares sobre cultivos y máquinas, con ilustraciones completas de la maquinaria agrícola en exhibición, y finalmente un catálogo de los productos en exhibición (tomo 4). Los tres últimos tomos recogen memorias independientes, preparadas con vistas a la exposición, que aquí se asientan por separado. La exposición de Córdoba, convocada por iniciativa del presidente Sarmiento en la ciudad mediterránea en el momento en que el ferrocarril llegaba a ella, estaba destinada a acelerar la integración económica del interior y el litoral y a difundir la preocupación por la diversificación económica, sobre todo en la primera de esas regiones.

**908. Daireaux, Godofredo.** La cría del ganado en la estancia moderna. 4. ed. B.A., Prudente y Moetzel, 1908. 569 p.

La primera edición de este manual del ganadero rioplatense se publicó en 1887; aunque el propósito del autor era más perceptivo que puramente descriptivo, a lo largo de él analiza minuciosamente los usos técnicos y administrativos vigentes; útil en sí misma, la obra lo es sobre todo para entender las alusiones a menudo demasiado breves y concisas que en exámenes menos sistemáticos de uno y otro aspecto por parte de observadores contemporáneos suelen desconcertar al lector tardío.

**909. _____.** Manual del agricultor argentino. B.A., Prudent, 1906. 894 p.

Más preceptiva que descriptiva, esta obra de Daireaux se propone introducir al agricultor a técnicas modernas, de limitado empleo en el país, antes que presentar las ya utilizadas en él. Sólo se ocupa, por otra parte, de cultivos comerciales (no de granja).

**910. Davel, Ricardo J.** Los forrajes naturales de la provincia de Buenos Aires. B.A., Las Ciencias, 1903. 99 p.

Buena descripción de los pastos naturales de la zona ganadera de la provincia de Buenos Aires, y vehemente polémica contra ''la barbaridad'' que supone reemplazarlos por praderas artificiales.

**911. Ferrocarril del Sur. Sección fomento rural.** Folletos. B.A., 1918-33.

Dieciocho folletos de asesoramiento a los agricultores sobre cultivo en el sur de Buenos Aires y en el Alto Valle del Río Negro; fruticultura y sus plagas; técnicas de explotación agrícola. El ferrocarril sur goza de un verdadero monopolio del transporte en el área norpatagónica y se interesó vivamente en la expansión de la producción primaria en ella.          (BT)

**912. Frers, Emilio.** El progreso agrícola de la nación y la Sociedad Rural Argentina; reseña histórica. B.A., Gadola, 1916. 219 p.

El ingeniero Emilio Frers fue uno de los más caracterizados dirigentes de la Sociedad Rural, y a la vez tuvo responsabilidades de gobierno en el sector agrícola. Esta reseña histórica se propone inventariar los aportes de la institución al progreso del sector rural, desde una perspectiva que renuncia de antemano a toda intención crítica.

**913. Gallardo, Carlos P.** La viticultura y la vinificación en la provincia de Salta. B.A., Oficina Nacional de Agricultura, 1897. 69 p.

Examen—con intereses predominantemente técnicos—de la agricultura de la vid y la fabricación de vino en Salta. El primitivismo de los métodos utilizados—sobre todo en cuanto al segundo aspecto—es constantemente subrayado.

**914. García, Agustín.** La irrigación en la provincia de Mendoza. Mendoza, La Perseverancia, 1902. 189 p.

Estudio centrado en el sistema legal vigente y proyecto de reforma; datos sobre registro de propiedades concesionarias en los distintos departamentos.

**915. Girola, Carlos D.** Estudio sobre el cultivo del trigo en la provincia de Buenos Aires y los trigos del Sud de la misma (cosecha de 1902-1903). B.A., Gadola, 1904. 105 p.

El autor, funcionario del Ministerio de Agricultura ofrece en esta obra una muestra de los servicios que ese ministerio podía prestar a los agricultores al comenzar el siglo. En efecto, la explotación del trigo en el sur de la provincia de Buenos Aires planteaba problemas peculiares, vinculados con el menor volumen de lluvias y las heladas tempranas. Girola propone soluciones para ellos.

**916. Goodwin, William.** Wheat growing in the Argentine Republic. Liverpool, Northern Publishing Co., 1895. 76 p.

Densa y penetrante presentación de los problemas de transporte y comercialización del trigo. Irreemplazable examen por parte de un conocedor directo del mecanismo comercializador, que une al dominio de los detalles de los problemas una agudísima inteligencia.

**917. Hernández, José.** Instrucción del estanciero; tratado completo para la plantación y manejo de un establecimiento de campo destinado a la cría de hacienda vacuna, lanar y caballar. B.A., Sopena, 1940. 422 p.

Encargado por el poder legislativo de un estudio comparativo sobre la ganadería de la Argentina y Australia, el autor de *Martín Fierro* prefirió ofrecer un manual de explotación ganadera para uso de hacendados principiantes; en él ofrece una descripción precisa de las técnicas practicadas en la octava década del siglo XIX, y una crítica inspirada en criterios más innovadores de los esperables en el cantor nostálgico de una pampa aún no afectada por la expansión de la ganadería para exportación.

**918a. Holm, Gert T.** Agriculture in Argentina; national wealth prostituted: a plea for safe and scientific methods. B.A., Krieger, 1914. 30 p.

**918b.** _____. The Argentine grain growers' grievances. B.A., Rogeroni, 1919. 228 p.

Dos alegatos, apasionados casi hasta el delirio, en favor de la construcción de elevadores de granos, que liberarán a los agricultores de la zona del cereal, de la doble servidumbre que los liga a los fabricantes de bolsas y—con consecuencias aun más graves—al "wheat trust" (es decir, a las grandes casas exportadoras). Exposición desordenada, pero muy rica en información.

**919. Hotschewer, Curto Erico.** Evolución de la agricultura en la provincia de Santa Fe. Santa Fe, Ministerio de Hacienda, Economía e Industrias, 1953. 295 p.

Este escrito de un técnico del ministerio que lo publica examina de modo excelente los problemas de la agricultura santafesina. Aunque su interés predominante es agronómico-técnico, no deja de lado los aspectos económicos y sociales de las soluciones adoptadas. Buena introducción sobre las características de suelo y clima y su influencia.

**920. Lahitte, Emilio.** Crédito agrícola; la cooperación rural. B.A., Dirección de Estadística y Economía del Ministerio de Agricultura, 1912. 59 p.

Breve presentación del crédito agrícola y cooperativo en el extranjero. En cuanto a la situación en la Argentina, Lahitte propone un cálculo global del capital mueble prendable, y del costo de cosecha contrastado con el monto de los préstamos prendarios y personales del Banco de la Nación, que prueban adecuadamente la insuficiencia de los mecanismos de crédito.

**921.** _____. Región norte: tabaco, yerba y arroz; inmigración y colonización. B.A., Talleres de la Oficina Metereológica Argentina, 1911. 19 p. (Anales del Ministerio de Agricultura, 1911).

Examen minucioso y perspicaz de un sector entonces en comienzos de expansión de la agricultura nacional, a cargo de uno de los técnicos más competentes del ministerio. Información sobre el período 1900-10, referido a producción y comercialización. Datos sobre mano de obra, construcción, asociaciones y empresas, salarios y precios.

**922. Larguía, Eduardo T.** La economía rural en la provincia; el trabajo, estudio presentado a la Oficina Químico-Agrícola. . . . La Plata, Sesé y Larrañaga, 1898. 75 p.

De particular interés es la segunda parte, sobre la utilización de animales de trabajo en la explotación agrícola.        (BT)

**923.** _____. La esquila. La Plata, Oficina Químico-Agrícola, 1898. 16 p. (Boletín 9).

Técnicas de esquila en los partidos del norte, centro y sur de la provincia de Buenos Aires; esquila a mano y a máquina. Salarios del personal empleado (clasificado por categorías); costos por animal en la esquila de 1898.

**924. Lavenir, Pablo; y Andrés Morales.** Contribución al estudio de los suelos de la República Argentina. B.A., Talleres de Publicaciones de la Oficina Metereológica Argentina, 1908. 279 p. (Anales del Ministerio de Agricultura, 1908).

Análisis de tierras por provincias y territorios; cubre todo el país.

**925.** _____; y E. Herrero Ducloux. Estudio de la composición de las aguas superficiales y subterráneas de la República Argentina. B.A., Talleres de Publicaciones de la Oficina Metereológica Argentina, 1905. 274 p. (Anales del Ministerio de Agricultura, 1905).

Estudio y análisis de aguas de riego y consumo en provincias y territorios. Cuadros de riqueza hídrica.

**926. Lecler, M.** El ganado bovino de Tucumán. B.A., Ministerio de Agricultura, Dirección de Ganadería, Sección Fomento Ganadero, 1911. 32 p.

El autor, tras de describir la situación de la explotación vacuna en Tucumán (predominio de la raza criolla, comienzos de mestización, importancia económica de la lechería y fabricación de quesos en Tafí—con datos estadísticos completos para cada establecimiento) analiza las posibilidades de introducir mejoras en las técnicas de explotación.

**927. Lix Klett, Carlos.** Étude technique sur la race ovine; la production et le commerce de la laine dans la République Argentine; présentée au Congrès International du Commerce et de l'Industrie. Paris, Charles Schlaeder, 1889. 130 p.

Lix Klett, gran comerciante en lanas y publicista sobre problemas económicos, examina aquí los mercados de la lana argentina, utilizando las estadísticas para 1884-88; la clasificación utilizada para las lanas de producción argentina, y estudia regionalmente los resultados de las zafras de 1886-88.        (BT)

**928. Lorenzetti, José B.** La alfalfa en la Argentina; tratado completo. B.A., Kraft, 1913. 360 p.

Manual para el cultivador; esencialmente preceptivo, refleja sin embargo las técnicas de cultivo vigentes en el país en el momento de su publicación.

**929. Molina Massey, Enrique.** Contribución al estudio de los montes de la provincia de Córdoba. B.A., Cantiello, 1909. 173 p.

Formaciones fitogeográficas; tipos de monte presentes en Córdoba. Arboles cordobeses; explotación de bosques (precios de maderas y rendimiento de la explotación). Mecanización de la explotación de bosques.

**930. Molins, Wenceslao Jaime.** El alto valle del Río Negro. B.A., 1919. 197 p.

Descripción del desarrollo agrícola de la zona, en momentos en que comienza la colonización de ésta. Explotaciones agrícolas sobre superficie reducida y otras más extensas son examinadas sobre todo desde la perspectiva de la técnica agrícola. La influencia del Ferrocarril Sur y la persona de Sir Montague Eddy, funcionario de la empresa interesado en fomentar el desarrollo agrícola del Alto Valle, son subrayadas por Molins.

**931.** _____. Por tierras de secano. B.A., Establecimientos Gráficos Oceana, 1918. 251 p.

Presentación descriptiva de la agricultura en tierras áridas, en las provincias de San Luis y Mendoza y el territorio de La Pampa: descripción detallada de establecimientos rurales, con análisis de las técnicas de explotación utilizada.

**932. Montoya, Alfredo J.** Historia de los saladeros argentinos. B.A., Raigal, 1956. 107 p.

Admirable monografía que estudia la evolución de los saladeros desde su aparición en el área ríoplatense a fines del siglo XVIII hasta su extinción en la Argentina, a comienzos del actual. Aunque el interés predominante del autor va hacia las técnicas de explotación e industrialización de carnes, no olvida la relación de su tema con la evolución económica general del país. Abundante material inédito es explorado por primera vez y utilizado.

**933. Newton, Jorge; y Lily Sosa de Newton.** Historia de la Sociedad Rural Argentina en el centenario de su fundación. 2. ed. B.A., Goncourt, s.f. 373 p.

El autor es un prolífico productor de biografías político-patrióticas; la obra tiene un claro carácter oficioso y apologético que inhibe de antemano toda intención crítica; la fuente principal y casi exclusiva es la serie de memorias anuales de la Sociedad Rural. Aun así, se trata de la única obra que sigue a través de un siglo la trayectoria de una institución de importancia más que considerable en el cuadro de la economía rural argentina.

**934. Ochoa, José.** Industria caprina: estado actual y porvenir. B.A., Ministerio de Agricultura, Dirección General de Ganadería, Sección Fomento Ganadero, 1918. 39 p.

Funciones económicas del ganado caprino; mercado consumidor; exportación e importación; información técnica sobre crianza; estado de la explotación caprina. Datos cuantitativos de periodicidad irregular.

**935. Olivera, Eduardo.** Miscelánea, escritos económicos, administrativos, económico-rurales, agrícolas, ganaderos, exposiciones, discursos inaugurales y parlamentarios, viajes, correspondencia, historia y legislación. B.A., Compañía Sud-Americana de Billetes de Banco, 1910. 2 v.

Olivera fue hacendado, legislador y dirigente de la Sociedad Rural Argentina desde su fundación. Esta *Miscelánea* refleja su compleja actividad de difusor de innovaciones técnicas y organizativas en el sector hacendado y defensor de ese sector ante el gobierno y la opinión pública.

**936. Pavlovsky, Aarón.** La viticultura en la República Argentina. Mendoza, Escuela Nacional de Agricultura, 1888. 31 p.

Presentación general, que subraya los aspectos técnicos del tema. Datos cuantitativos sobre áreas cultivadas, rindes, producción.                                                                    (BT)

**937.** Preservación y conservación de las carnes animales: charque argentino. B.A., El Nacional, 1861. 31 p.

Uno de los testimonios de la preocupación—nunca desaparecida—por elevar la calidad de la carne conservada argentina, a fin de abrirle el mercado europeo, más exigente que el brasileño y antillano. El folleto presenta una máquina desecadora de carnes (horno de vapor) diseñada por el ing. Alfredo Chapman para Alfredo Fragueiro; siguen cartas sobre el asunto entre C. E. Pellegrino y Fragueiro, y una de Juan María Gutiérrez a Fragueiro, en la que el eminente erudito propone su propia receta para confeccionar charque.      (BT)

**938. Richelet, Juan E.** Descripción de los frigoríficos y saladeros argentinos; nómina de los productos elaborados y los métodos empleados en cada uno. B.A., Ministerio de Agricultura, Dirección General de Ganadería, 1912. 72 p.

Descripción de las plantas de los distintos establecimientos existentes en la fecha, con datos numéricos sobre distintos aspectos de la producción en cada uno de ellos.

**939.** _____. Industria de carnes en la República Argentina. B.A., Ministerio de Agricultura, Dirección General de Ganadería, 1913. 97 p. (Sección Zootecnia, Folleto 5).

Los aspectos aquí más interesantes se refieren al mercado interno de carnes; su influencia sobre el stock ganadero; mercado exterior y vicisitudes de la industria del tasajo.

**940. Ruano Fournier, Agustín.** Estudio económico de la producción de las carnes en el Río de la Plata. Montevideo, Peña, 1936. 387 p.

El libro está consagrado a la Argentina. Desde una perspectiva comparativa con la experiencia uruguaya, el autor subraya las consecuencias de la decadencia del mercado de carnes como centro de comercialización, provocada por la creciente proporción de transacciones directas entre estancias y grandes consumidores (sobre todo frigoríficos).

**941.** Los saladeristas ante el H. Congreso de la Nación. B.A., Coni, 1898. 26 p.

Testimonio característico de la etapa final de la industria de salazón de carnes: solicita desgravación impositiva a los productos de esta rama industrial y a la importación de sal. (BT)

**942.** Los saladeros argentinos: su importancia—su actualidad—su porvenir; el saladero indispensable a la ganadería ríoplatense. B.A., El Diario, 1901. 34 p.

Testimonio de la crisis final de la industria saladeril, que este folleto, totalmente identificado con los empresarios de la salazón, se obstina en atribuir a la incidencia de impuestos nacionales y—más aun—provinciales. Información interesante sobre el transporte de hacienda en la provincia de Buenos Aires, con datos cuantitativos para la etapa 1895-1900.    (BT)

**943. Santangelo, Oscar; y María J. C. de Spilimbergo.** Nuestros estancias: Argentine ranchos; cincuenta estancias representativas de la República Argentina. B.A., Pardo, 1968. S.n.

Esta álbum de lujo, editado por una casa anticuaria, publica en texto bilingüe historias de cincuenta estancias importantes, en las que los aspectos económicos reciben mayor atención de la esperable. Dada la rareza de los estudios sistemáticos sobre la empresa ganadera, la obra—cuya abundante información no se apoya en ninguna invocación de fuentes—no deja de prestar utilidad también al historiador.

**944. Sbarra, Noel H.** Historia de las aguadas y el molino. La Plata, El Jagüel, 1961. 191 p.

Historia de los medios sucesivamente aplicados para remediar las insuficiencias del relieve y la hidrografía pampeana; marcadamente anecdótica, es a la vez muy atenta a las modificaciones técnicas que cada innovación supone y a sus consecuencias sobre la técnica de explotación pecuaria. Información muy abundante sobre un tema para el cual es fácil hallarla.

**945. _____.** Historia del alambrado en la Argentina. B.A., Raigal, 1955. 85 p.

Historia predominantemente anecdótica, pero rica en información, de un proceso de importancia capital para la evolución agropecuaria: el cercamiento de campos con alambre; de él interesan al autor sobre todo las primeras etapas.

**945a. Scardin, Francisco.** La estancia argentina. B.A., 1908. 158 p.

Descripción de 10 cabañas y estancias con datos cuantitativos sobre stocks ganaderos, producción cerealera, personal y métodos de trabajo. El examen es exhaustivo; la muestra por otra parte no es totalmente representativa, pues incluye sobre todo grandes estancias administradas con criterios empresarios particularmente bien definidos.

**946. Schleh, Emilio J.** La industria algodonera en la Argentina; estado actual y desarrollo futuro. B.A., Ferrari, 1928. 156 p.

Estudia tanto la producción de algodón en el norte y el Chaco (modalidades de cultivo, costo de mano de obra, precio de la fibra), como la industrialización (hilanderías, importación anual de tejidos) y las posibilidades de otras líneas de industrialización a partir de la agricultura del algodón (aceites y tortas).

**947. Segui, Francisco.** Saladeros: situación de la industria saladeril; datos de actualidad; publicación ordenada por la Unión Industrial Argentina. B.A., La Buenos Aires, 1898. 39 p.

Examinando la estadística de matanza en saladeros para los años 1885-97, que revela declinación de sus actividades, el autor concluye que ella se vincula con la baja de las ganancias, trasladada al productor. Para aliviar la supuestamente grave situación de éste, propone extender la desgravación a la exportación, ya concedida para el tasajo, a todos los productos de la ganadería.

**948. Seymour, Richard Arthur.** Un poblador de las pampas: vida de un estanciero de la frontera sudeste de Córdoba entre los años 1865 y 1868. Traducción y notas de Justo P. Sáenz (h.). B.A., Editora y Distribuidora del Plata, 1947. 325 p.

El autor de este libro—cuyo original inglés no he podido hallar—fue uno más entre los ingleses que, disponiendo de algún capital, se dedicaron a explotar tierras ganaderas en el sur de Santa Fe y sudeste de Córdoba; tras de su fracaso en la empresa, en este libro rico en información no sólo anecdótica sobre el área que estaba siendo transformada por la construcción del ferrocarril Rosario-Córdoba, examina las dificultades enfrentadas; la principal fue a su juicio la debida a la presión indígena, que sólo después de la llegada de Sarmiento a la presidencia fue afrontada con la energía que el autor juzgaba necesaria.

**949. Simois;** *et al.* Apuntes sobre la agricultura y ganadería en la provincia de Tucumán. Por los ingenieros Simois, Storni, Acevedo y Bauret. B.A., Taller de Publicaciones de la Oficina Metereológica Argentina, 1911. 55 p.

Examen general de la situación agrícola en la provincia, que tiene la ventaja de no concentrarse exclusivamente sobre la caña de azúcar. A más de los cultivos azucareros, se examina en efecto la horticultura (en Lules), la explotación de maíz, alfalfa, arroz, tabaco, algodón, vid, frutales, maderas y la ganadería. Se incluyen datos cuantitativos; el interés predominante se orienta hacia las técnicas productoras.

**950. Soldano, Ferruccio A.** La irrigación en la República Argentina. B.A., Kraft, 1908. 239 p.

La obra básica, todavía no reemplazada, sobre el tema; no encara los aspectos del problema vinculados con la economía de modo directo, y se concentra en los geográficos y técnicos.

**951.** Solución del problema agrícola en la Argentina; antecedentes sobre la propuesta para la construcción y explotación de una red de elevadores y graneros. B.A., Kidd, 1914. 15 p.

Analiza—con entusiasmo al parecer no totalmente desinteresado—la propuesta de la firma J. & F. Rosenbaum, de Chicago, para construir en una primera etapa 3 elevadores terminales—en puertos—con capacidad para 30.000 toneladas de grano cada uno, y 150 de campaña con capacidad de 700 toneladas, y posteriormente 8 terminales y 400 de campaña; con motivo de la propuesta ofrece una excelente presentación sintética de los problemas que el método tradicional de transporte (en bolsas) crea para la comercialización del cereal.

**952. Trianes, Rafael.** La riqueza y el régimen social de la provincia y las finanzas del estado, como consecuencia del defectuoso sistema de venta de su producción vinícola; ensayo. Mendoza, Peuser, 1926. 46 p.

Testimonio de la perduración de problemas básicos: Trianes denuncia nuevamente la falta de grandes comerciantes en vinos, que puedan imponer a los productores ciertas exigencias de calidad, y el continuo predominio de los grandes bodegueros, que manejan la producción en beneficio del vino ordinario, muy denso y aguable.                    (BT)

**953. United States. Department of Agriculture.** Indian corn in Argentina: production and export *By* Frank W. Bicknell. Washington, Government Printing Office, 1903. 48 p. (Report 75).

Un excelente informe sobre cultivo y comercialización del maíz, correspondiente a una etapa de expansión en la producción de ese cereal.

**954. Vásquez, Angel.** Estudios sobre la conservación de carnes alimenticias. B.A., Coni, 1872. 40 p.

Breve presentación de la situación de la industria argentina de carnes conservadas; estadísticas comparadas de matanza vacuna por año en el Río de la Plata y Río Grande do Sul. Examen técnico de los problemas de la conservación con elementos químicos, en particular el biacetato de cal. Estadísticas completas a partir de 1860.

**Véase también:** 241, 584-597.

## 5. Precios y beneficios

**955. Argentina. Ministerio de Agricultura. Dirección de Agricultura y Ganadería.** Mercado de ganados, frutos y cereales; precios corrientes, año 1899. B.A., Gadola, 1899. 64 p.

Cotizaciones del oro y los productos agropecuarios, para exportación y mercado interno, en las plazas de Buenos Aires, Carmen de Patagones, Rosario y territorios nacionales.

**956. Argüello, Miguel.** Consideraciones generales sobre agricultura y ganadería en Córdoba. *En* Córdoba. Exposición Nacional, 1871. Boletín de la Exposición Nacional en Córdoba, v. 7. B.A., Bernheim, 1873. p. 205-234.

Examen comparativo de costos de la agricultura mecanizada y sin mecanizar, y de la ganadería en campos alambrados y sin alambrar en la provincia de Córdoba. Información abundante; los resultados tienen carácter parcialmente conjetural, y son sistemáticamente favorables a la mecanización y tecnificación.

**957. [Bernárdez, Manuel].** The Argentine estancia of today; special number of the annals of the Argentine Rural Society dedicated to the Livestock Show of September 1902. B.A., Sociedad Rural Argentina, 1903. 123 p.

Descripción de la exposición ganadera, seguida de presentación general del estado de la economía rural argentina y—sin duda lo más útil de la publicación—de una tabla de precios (en libras esterlinas) de productos agrícolas, comerciales y tierras, a nivel provincial.

**958. Broide, Julio.** La evolución de los precios pecuarios argentinos en el período 1830-1850. Revista de la Facultad de Ciencias Económicas [B.A.], v. 4, marzo, 1951: 113-183.

A partir de las series publicadas por el *British packet* y el *Diario de la tarde,* un seminario dirigido por el autor reconstruyó estadísticas completas de precios en oro y papel moneda, y números índices y representaciones gráficas de unas y otras para el período indicado en el título. Faltan los precios de animales en pie (ausentes también en la fuente) y en la ponderación introducida para alcanzar un índice general se aplican criterios discutibles (por lo menos en cuanto no toman en cuenta la gravitación de cada uno de los productos pecuarios en la masa de las exportaciones). Aun así, un trabajo fundamental en un área en que éstos no abundan.

**959. Dumas, A.** La crisis agrícola. Santa Fe, Ministerio de Hacienda, Justicia e Instrucción Pública, 1902. 86 p.

Uno de los testimonios más tempranos de las dificultades de la explotación agrícola ante la baja progresiva de la ganancia empresaria. Dumas observa que en las tierras abiertas más tardíamente a la colonización los rendimientos son más bajos que en las pobladas de más antiguo; mientras tanto suben los precios del arrendamiento. La única solución es a su juicio la diversificación productiva, transformando las explotaciones cerealeras en granjas con explotación de vacuno y ganado menor.

**960. Dunzelmann (senior), Carlos.** Die Rentabilität der Viehzucht im Verhältnis zum Ackerbau in Argentinien. B.A., Tjarks, 1914. 40 p.

Este folleto, de un excelente conocedor directo de la economía agraria litoral, se refiere a una etapa en que en efecto la diferencia de rentabilidad comenzaba a favorecer a la ganadería en comparación con la agricultura cerealera.

**961. Ezcurra, Mariano de.** Apuntes ganaderos. B.A., Gadola, 1916. 164 p.

En un examen de los problemas básicos de la ganadería, el autor niega que el precio de la tierra sea demasiado alto y que deba probablemente bajar como consecuencia de la emigración de capitales a Europa una vez vuelta la paz. Concluida la guerra, la orientación hacia la exportación de carne enfriada ha de acentuarse nuevamente; en preparación de ella, es necesario aumentar el nivel técnico de la explotación y de la mano de obra, mediante estancias-escuelas.

**962. Gorostegui de Torres, Haydée.** Los precios del trigo en Buenos Aires durante el gobierno de Rosas. *En* Universidad Nacional del Litoral, Facultad de Filosofía y Letras. Anuario del Instituto de Investigaciones Históricas. 6: Demografía retrospectiva e historia económica. Rosario, 1962-63, p. 141-55.

La autora reconstruye la curva de precios del trigo en el mercado de Buenos Aires, en la etapa 1835-58, y examina la influencia que tuvieron sobre sus movimientos los altibajos de la producción local, la desaparición de las importaciones ultramarinas debida a los bloqueos y el movimiento de precios europeos.

## 963. Kaerger, Karl. Landwirtschaft und Kolonisation im Spanischen Amerika. Leipzig, Duncker & Humblot, 1901. 2 v.

El primer volumen, consagrado a *Die La Plata Staaten*, incluye minuciosos estudios de costos y rendimientos agrícolas en distintas áreas litorales y pampeanas, para los cuales el autor dispuso de material contable de administraciones de tierras y estancias. Es quizá el más importante estudio contemporáneo sobre este aspecto de la expansión de la agricultura cerealera en la Argentina.

## 964. Mendoza, Prudencio de la Cruz. Estudio sobre matanza de vacas en la República Argentina. B.A., Peuser, 1908. 98 p.

Este reputado experto en cuestiones ganaderas examina las causas y consecuencias de la que considera excesiva matanza de vacas de vientre. Utiliza datos de la División de Estadística y Economía Rural del Ministerio de Agricultura y examina la incidencia de los movimientos de precios del ganado (acerca de los cuales proporciona información estadística irregular) sobre el proceso que le preocupa.                (BT)

## 965. Palma, José María. Industria ganadera: el trust de la carne; movimiento general desde el 1º de mayo de 1908 al 31/12/1912. B.A., Zunino, 1913. 27 p.

Estadísticas sobre movimiento de hacienda en el mercado de Buenos Aires, como base para una tentativa de rastrear la influencia de los trusts sobre los precios, o—en el lenguaje del autor—"la acción capitalista sobre nuestra principal industria madre."

## 966. Prebisch, Raúl. Anotaciones sobre la crisis ganadera. B.A., Sociedad Rural Argentina, 1928. 66 p.

Influjo del descenso de precios en Gran Bretaña, y el del pool de comercialización y transporte. Gráficos de cotización semanal de la carne vacuna, 1920-22. Estadísticas completas sobre todos los puntos examinados, para el período 1919-22.

## 967. Raña, Eduardo S. Investigación agrícola en la República Argentina; provincia de Entre Ríos. B.A., Biedma, 1904. 326 p. (Anales del Ministerio de Agricultura, Sección de agricultura, botánica y agronomía, v. 1).

El autor—ingeniero agrónomo y funcionario técnico—estudia las condiciones naturales de la provincia para la agricultura y examina detenidamente los aspectos económicos de la explotación agrícola: precio de compra y arriendo de la tierra, de los servicios contratados en relación con el cultivo (en especial entre colonos y dueños de trilladoras), costos y provechos de la explotación agrícola realizada por propietarios, arrendatarios y medieros.

## 968. United States. Tariff Commission. Sheep and wool production in Argentina with special reference to cost of production, 1918 and 1919. Washington, Government Printing Office, 1922. 35 p.

Administración de majadas; costo de producción. Tablas estadísticas en apéndice: muy abundante información sobre producción, precios y costos entre 1914-17 (nivel provincial).

## 969. Van Raffelghem, Gustave C. Explotations agricoles — fruticulture — aviculture — élevage de porcs et cultures maraicheres dans la province Argentine de Corrientes. Bruxelles, Bremaeker-Wauts, 1916. 64 p.

Tras una descripción sumaria de la provincia, de sólo relativo interés, Van Raffelghem proporciona cálculos de gastos y ganancias en los distintos cultivos practicados en la provincia, en vísperas de la primera guerra mundial.                (BT)

Véase también: 971.

# VIII. Industrias: Fabriles y Artesanales

## 1. Fuentes estadísticas

## 970. Argentina. Ministerio de Agricultura. Dirección General de Comercio e Industria. Censo industrial y comercial de la República Argentina, 1908-14. B.A., 1915. 482 p.

Colección de veinte boletines, que registran los resultados del censo industrial de 1910 en los distritos de Capital Federal, Buenos Aires, Entre Ríos, Santiago del Estero, Catamarca, La Rioja, Córdoba, San Juan y territorios nacionales; del censo industrial y agrícola practicado en la misma fecha en Corrientes, Tucumán y Santa Fe, y del censo industrial y comercial practicado en 1913 en la Capital Federal. Se trata de relevamientos más bien que de censos: para sector industrial proporcionan información sobre número de establecimientos, nacionalidad de sus propietarios, capital, volumen anual de ventas; materia prima utilizada, fuerza motriz y personal ocupado.

## 2. Estudios generales

## 971. Alvear, Marcelo T. de. Industria azucarera; conflicto fabril cañero de la provincia de Tucumán; laudo del Excmo. Sr. Presidente de la Nación . . . , mayo de 1928. B.A., Ministerio de Agricultura, 1928. 61 p.

El laudo, destinado a resolver el conflicto entre cañeros independientes (propietarios o arrendatarios de tierras que la explotan como empresa independiente) e industriales del azúcar, está precedido de una introducción de 52 páginas, que tras rechazar el modelo de la explotación azucarera tropical, basada en bajos salarios, proporciona cálculos muy detallados de costos de producción de caña y elaboración de ésta en los ingenios.

**972. Astesano, Eduardo B.** Historia de la independencia económica; aporte a la formación de una conciencia industrial argentina. B.A., El Ateneo, 1949. 319 p.

Presentación de las grandes líneas de avance de la industria en el país y de los debates y decisiones en torno a la política que correspondía al estado adoptar frente al proceso; particularmente interesante el examen de las primeras cuatro décadas del siglo XX.

**973. Bunge, Alejandro E.** Las industrias argentinas durante la guerra; investigación preliminar. B.A., 1919. 16 p.

Valor del capital invertido y producción en 1913 y 1918; valor de la materia prima, personal empleado, fuerza motriz en ambas fechas. Efectos de la situación bélica en las distintas industrias.

**974. Cortés Conde, Roberto.** Problemas del crecimiento industrial de la Argentina (1870-1914). Desarrollo económico [ B.A.], v. 3, abril-setiembre, 1963: 143-171.

El autor distingue entre una industria que utiliza materia prima producida por el sector agrícola-ganadero nacional, que surge rápidamente con caracteres modernos (concentración, relativa abundancia de capitales) y la que intenta sustituir, utilizando predominantemente insumos importados, las importaciones de los países industriales, que avanza más lentamente, y en la cual la concentración es por otra parte menos marcada. Sería esta última la que habría sufrido el impacto negativo del sistema de división internacional del trabajo en cuyo marco se estaba dando la vertiginosa expansión del sector primario. Este trabajo fue reproducido en T. S. Di Tella, *et al.,* eds. *Argentina, sociedad de masas.* B.A., Eudeba, 1965.

**974a.** El 43 [Cuarenta y tres]: manufactura de tabacos Piccardo . . . Defensa 1278. B.A., [1924?]. S.n.

Album con concisa información sobre la evolución de la empresa (una de las más importantes de la rama tabacalera) y riquísimo material fotográfico (edificios, maquinaria, personal).

**975. Dorfman, Adolfo.** Evolución industrial argentina. B.A., Losada, 1942. 388 p.

Estudio capital—y no sólo por ausencia de otros capaces de reemplazarlo—sobre la etapa posterior a 1913. Manejándose casi exclusivamente con material édito, y supliendo con razonables conjeturas sus numerosas carencias (en particular la falta de material estadístico seriado hasta 1935), Dorfman reconstruye la marcha de la industrialización durante la época dominada por la primera guerra mundial y en la década del 20. En la siguiente, la mayor abundancia de materiales y la mayor claridad de las líneas de avance le permiten pisar terreno más seguro.

**976. Foster Brain, H.** Las posibilidades de la manufactura de hierro y acero en la Argentina; estudio realizado en Washington por pedido del Gral. Agustín P. Justo y el Dr. Tomás Le Breton. B.A., Instituto Geográfico Militar, 1925. 135 p.

Este estudio, encargado por los ministros de Guerra y Agricultura del presidente Alvear, examina el consumo nacional de hierro, acero y carbón, las reservas nacionales de carbón mineral, la factibilidad y costos de la producción de acero en el país; posibles mercados, incidencias de las tarifas sobre las importaciones. Abundante ilustración estadística de los temas examinados. A más de su valor informativo, este trabajo refleja el interés ya existente en la década de 1910 en el ejército nacional por la creación de fuentes nacionales de acero.

**977. Galanti, A. N.** La industria vitivinícola argentina. B.A., Oswald, 1900. 155 p.

El primer tomo describe la situación a nivel nacional: consumo de vinos, tipos producidos en el país, breves *excursus* retrospectivos. El segundo describe los establecimientos industriales existentes en las distintas provincias; resumen estadístico general de producción por provincias.

**978. Gallo, Ezequiel.** Agrarian expansion and industrial development in Argentina (1880-1930). B.A., Di Tella, Centro de Investigaciones Sociales, 1970. 30 p. (Documentos de trabajo, 70).

Los períodos de más rápidos avances en el sector industrial son los de más rápida expansión de la economía primaria exportadora, y esta circunstancia atenuaba los conflictos de intereses entre sector agrario e industrial. Por otra parte tanto el primero como el segundo son de composición extremadamente compleja, y sus conflictos intrasectoriales son a menudo de intensidad más considerable que los intersectoriales.

**979. Gazaneo, Jorge O.; y Mabel M. Scarone.** Arquitectura de la revolución industrial. B.A., Instituto de Arte Americano e Investigaciones Estéticas de la Universidad de Buenos Aires, 1966 (1969). 72 p.

En la serie de estudios de historia de la arquitectura argentina, este volumen examina el impacto de la arquitectura industrial en Buenos Aires, desde la segunda mitad del siglo XIX. Ilustraciones abundantes, excelentes y a menudo desconocidas hasta ser incluidas en este volumen.

**980. Geller, Lucio.** El crecimiento industrial argentino hasta 1914 y la teoría del bien primario exportable. El trimestre económico [ México], v. 37, octubre-diciembre, 1970: 763-811.

Importante artículo que intenta el examen de la evolución industrial a la luz de la *staple theory.* La relativa lentitud del crecimiento industrial puede ser explicada con argumentos económicos antes que psicosociológicos. Geller muestra los motivos por los cuales la industria solo disponía de bajas inversiones iniciales, y su expansión debía necesariamente apoyarse en la reinversión de utilidades. Otro elemento negativo era el alto costo de producción, debido a altos salarios nominales, técnicas rudimentarias y abundancia de insumos importados. A más del influjo de la estructura sociopolítica, la escasa diversidad de los recursos naturales frenó la diversificación industrial.

**981. Goyena, Juan.** La pesca en la República Argentina. B.A., El Nacional, 1901. 60 p.

Examen general de la producción pesquera, basado en estadísticas incompletas, pero abundantes. Análisis de los problemas de derecho internacional y legislación interna vinculados con la pesca.                                    (BT)

**982. Helguera, Dimas.** La producción argentina en 1892: descripción de la industria nacional; estudio auspiciado por La prensa. B.A., Goyoaga, 1893. 302 p.

Estudia no sólo el sector industrial sino también el comercio y la producción de materias primas industrializadas (por ejemplo maderas y tabaco). Examina la industria de bebidas y alcoholes, la del tabaco, la del cuero y la de tejidos. Datos sobre fuerza motriz de uso industrial. Información menos abundante sobre confecciones, industria del papel, tierras y cementos, industrias química y metalúrgica. Se concentra sobre todo en la capital; contiene información estadística irregular.

**983. Korkus, Emilio J.** La industria metalúrgica argentina. B.A., 1922. 128 p.

Reseña histórica de su desarrollo desde 1870; su importancia relativa en el cuadro de la industria nacional; tablas sobre número de establecimientos metalúrgicos, volumen de producción y personal ocupado; y menos completas sobre el conjunto del sector industrial.                          (BT)

**984. Larguía, Eduardo T.** La industria lechera en la provincia; memoria presentada por el comisionado del gobierno, ingeniero agrónomo. . . . La Plata, Ministerio de Obras Públicas de la Provincia de Buenos Aires, 1897. 100 p.

Excelente descripción general de los tambos de la zona lechera de la provincia; análisis de técnicas aplicadas en ellos. A continuación, datos sobre los establecimientos más importantes de elaboración de leche y manteca.          (BT)

**985. Manacorda, Telmo.** La gesta callada; biografía de una industria. Introducción de Martín S. Noel. B.A., Peuser, 1947. 323 p.

Historia oficiosa de una conocida fábrica de chocolates y golosinas. Información abundante; datos cuantitativos.

**986. Miatello, Hugo.** La industria sericícola. Santa Fe, 1896. 88 p.

Estudio sobre las posibilidades de expansión de la industria de la seda, y análisis de desempeño de las explotaciones de gusanos de seda ya existentes.

**987. Moorni, D.** Las industrias fabriles en Buenos Aires. B.A., Librairie Française, 1893. 153 p.

Recopilación de artículos publicados en *El nacional*. Datos de producción, ventas y mano de obra para los establecimientos industriales entonces más importantes: fábrica de clavos; Compañía Nacional de Fósforos; hojalaterías mecánicas, Cristalería Rigolleau; fábrica de pastas Oneto; de chocolates de Godet y Guillot; de paños de A. Prat; perfumerías.          (BT)

**988. Salas, Carlos P.** Industria harinera en la provincia de Buenos Aires. La Plata, Dirección General de Estadística de la Provincia de Buenos Aires, 1895. 25 p.

Datos generales; cuadros estadísticos sobre instalaciones; gastos de explotación comparados; mano de obra empleada (por partidos). Productos derivados y secundarios; resultados de moliendas y coeficientes de rendimiento (regiones norte, centro y sur).                                    (BT)

**989. Unión Industrial Argentina.** La Unión Industrial Argentina: reseña histórica. B.A., Compañía Sud-Americana de Billetes de Banco, 1910. 38 p.

Esta publicación de la organización misma no sólo reseña su trayectoria sino que presenta un breve cuadro, rico en información cuantificada, del estado del desarrollo industrial en 1910.

**990. Valette, Luciano H.** Apuntes sobre la industria pesquera nacional. B.A., Ministerio de Agricultura, Dirección Nacional de Ganadería, 1922. 56 p.

**991. _____.** Explotación de las industrias marítimas en las costas de la República Argentina. B.A., Universidad de Buenos Aires, Facultad de Ciencias Económicas, 1925. 329 p.

Dos estudios excelentes, con descripción del cuadro geográfico y su influencia, régimen de aguas, transportes, personal ocupado. Estadísticas completas a partir de 1920.

## 2a. Estudios generales: periódicos

**992.** Anales de la Sociedad Tipográfica Bonaerense. B.A., 1872.

Información cualitativa sobre la industria gráfica, asociaciones y empresas, y empleo. Nivel provincial y municipal, periodicidad anual. Sólo un año se encontró en la Biblioteca Nacional.                                    (BN)

**993.** Anales gráficos; órgano del Instituto Argentino de Artes Gráficas. B.A., 1916-21.

Periodicidad anual; nivel nacional. Información vinculada con la industria gráfica, de carácter predominantemente cualitativo (área de asociaciones, empresas y educación) con algunos elementos cuantitativos en las de tecnología, empleo y precios.                                    (BN)

**994.** Arpillera, bolsas e hilos; revista comercial. B.A., 1920.

Información con periodicidad mensual y para área nacional, sobre industria textil, comercio exterior e interno y coyuntura (en todos los casos de carácter cualitativo y cuantitativo).                                    (BN)

**995.** El arte de la madera; órgano oficial de la

Sociedad de Fabricantes de Muebles, Carpinteros y Afines. B.A., 1925-45.

Datos cualitativos y cuantitativos sobre comercio exterior, empresas, coyuntura y precios; cualitativos, cuantitativos y estadísticos sobre industria artesanal y manufacturera. Datos abundantes sobre salarios. Periodicidad mensual, nivel nacional. Colección incompleta, llega hasta 1930.           (BN)

**996.** Boletín de la Asociación Argentina de Electromecánica. B.A., 1918-23.

Información cuantitativa sobre empleo y precios, cualitativa sobre la primera de esas áreas y las de tecnología, asociaciones y empresas. Area nacional y periodicidad mensual.           (BN)

**997.** Boletín de la Unión Industrial Argentina. B.A., 1887—.

Luego, *Anales de la Unión Industrial Argentina*. Publicado desde 1887 por la Union Industrial Argentina, en sus primeros años contiene predominantemente editoriales que reflejan el punto de vista de la entidad sobre problemas de política económica; paulatinamente el material informativo (en particular sobre nuevas técnicas de posible aplicación en la industria nacional) se hace más abundante, y las tomas de posición se encuentran sobre todo en materiales dirigidos a las autoridades; a partir aproximadamente de 1925 la colección refleja la intensa campaña en favor de la protección industrial, y recoge con frecuencia creciente los discursos que sobre el tema pronunciaba don Luis Colombo, presidente de la entidad.

**998.** Boletín del Centro de Destiladores y Licoristas. B.A., 1903-14. 11 v.

Periodicidad mensual, nivel nacional. Información sobre todo el rubro de actividad de la institución que publica el periódico; subsidiariamente sobre comercio exterior e interno, transporte ferroviario, bancos y crédito, asociaciones y empresas, coyuntura y precios. Colección incompleta, faltan años 1906 y 1912.           (BN)

**999.** El calzado en la República Argentina; órgano del Centro de Fabricantes de Calzado. B.A., 1917-23.

Periodicidad mensual, nivel nacional. Información cualitativa y cuantitativa vinculada con el rubro productivo de la asociación editora, en las siguientes áreas: industria artesanal y manufacturera, comercio interno y empresas; información sólo cualitativa sobre tecnología y asociaciones; sólo cuantitativa sobre precios.

**1000.** Ecos gráficos: revista de artes gráficas. B.A., 1910-15. 5 v.

Organo vinculado a la Cámara Gráfica de Buenos Aires, trae con periodicidad mensual y para área nacional datos sobre tecnología y asociaciones.           (BN)

**1001.** La industria argentina; órgano del Centro Industrial Argentino. B.A., 1879-1903. 20 v.

Periodicidad quincenal. Información cualitativa sobre asociaciones (sobre todo la que tiene a su cargo la publicación del periódico); cualitativa y cuantitativa sobre industria artesanal y textil, comercio interno, banco y crédito, tecnología, acción pública e impuestos, propiedad y empleo; cualitativa, cuantitativa y estadística sobre manufactura, comercio externo, empresas y precios.           (BN)

**1002.** La industria argentina del calzado. B.A., 1918-20.

Periodicidad anual; nivel nacional. Información cualitativa, cuantitativa y estadística sobre industria en general, artesanal y manufacturera; y precios. Cualitativa y cuantitativa sobre industria textil, comercio en general y externo, tecnología, empresas y empleo.           (BN)

**1003.** La industria lechera. B.A., 1919-21.

Periodicidad mensual; nivel nacional, órgano del Centro Nacional de la industria lechera. Información cualitativa, cuantitativa y estadística sobre ganadería en general y del vacuno y empresas; cuantitativa y estadística sobre industria en general y manufacturera, comercio en general, exterior e interno y precios; sólo cualitativa sobre tecnología.           (BN)

**1004.** El industrial; órgano del Club Industrial. B.A., 1875-83.

Periodicidad mensual, nivel nacional. Este vocero de una de las organizaciones que agrupaban a los empresarios industriales tiene una clara orientación de defensa de intereses sectoriales. Aporta material cuantitativo escaso; proporciona información vinculada a los siguientes sectores: agricultura general y cerealera, empresas, coyuntura y precios (cualitativa y cuantitativa); ganadería general y vacuna (sólo cualitativa); industria y artesanía (sólo cuantitativa).           (BN)

**1005.** Revista azucarera; órgano de los cultivadores de caña y fabricantes de azúcar. B.A., 1894-1922.

Periodicidad mensual, nivel nacional. Abundante material, sobre todo a partir de 1910. Información sobre producción e industrialización de caña y precios (cualitativa, cuantitativa y estadística); sobre tecnología (cualitativa), comercio, crédito y bancos, empresas y propiedad (cualitativa y cuantitativa); transporte ferroviario y por tracción animal (cuantitativa y estadística).           (BN)

**1006.** Revista de industria lechera y zootecnia; publicación de la Asociación Nacional de Lechería. B.A., 1915-19.

Periodicidad mensual y nivel nacional. Informaciones vinculadas con la industria lechera y la ganadería de tambo, y las empresas de producción e industrialización de la leche (cualitativa, cuantitativa y estadística). También datos cualitativos y cuantitativos sobre comercio interno, tecnología y precios; sólo cualitativos sobre comercio exterior y transportes.           (BN)

**1007.** Revista electro-técnica; órgano oficial de la Sociedad de Empresarios de Obras Eléctricas y Anexas. B.A., 1910-11.

Periodicidad mensual; información referida sobre todo a la Capital Federal. Datos cualitativos y cuantitativos sobre tecnología (particularmente abundantes) industrias, empresas y empleo; sólo cuantitativos sobre precios.           (BN)

**1008.** El vino; boletín viticoenológico comercial. B.A., 1896-97.

Periodicidad mensual; nivel nacional. Información cualitativa, cuantitativa y estadística sobre estado e impuestos; sólo cualitativa sobre industria; cualitativa y cuantitativa sobre agricultura de la vid, comercio exterior e interno, empresas y precios.

**Véase también:** 275-298, 459, 468, 824-851.

## 3. Insumos

**1009. Argentina. Dirección de Estadística y Economía Rural.** Bolsas y arpilleras; informe de la Dirección de Estadística y Economía Rural dirigido al Ministro Adolfo Mugica. B.A., 1912. 16 p.

Conciso informe sobre un elemento del transporte de granos que pesa decisivamente sobre el costo del producto en puerto: el envasamiento en bolsas de arpillera, confeccionadas por una industria local que goza de situación monopólica y utiliza costosa materia prima importada. Este informe se ciñe a proporcionar información cuantitativa sobre costo de materia prima y mano de obra en la producción de bolsas y la posibilidad de ampliar el volumen de ésta; series incompletas para el período 1900-10 y datos para los años 1911-12.

**1010. Chueco, Manuel C.** Los *pioneers* de la industria nacional. B.A., Imprenta de la Nación, 1886. 2 v.

El autor ofrece el ejemplo de empresarios extranjeros que han iniciado con éxito actividades industriales: Prat (paños), Durán (cigarrillos); Bieckert (cerveza), Benso (talabartería), Videla (calzado), Marenco y Cereseto (vinos), Bagley (galleta), Carrasco (cal), Ayerza (cerámica), Fábrica Argentina de Alpargatas, Devoto, Rocha (alcohol), Cranwell (pomos), Benegas (vinos), Noel & Lasalle (dulces y chocolates), Martí (calzado), Peuser, Cambaceres, Bacigalupo, Helmuth (molinos).

**1011. Cochran, Thomas C.; and Rubén E. Reina.** Entrepreneurship in Argentine culture: Torcuato Di Tella and S.I.A.M. Philadelphia, University of Pennsylvania Press, 1962. 228 p.

El autor de bien conocidos estudios sobre *business history* de los Estados Unidos y sobre actitudes empresariales en Puerto Rico es el principal responsable de esta investigación sobre una empresa metalúrgica argentina, cuyo carácter pionero en un campo particularmente mal explorado contribuye a dotar de interés.

**1012. Corvetto, P. M. de.** Les industries françaises à Buenos Aires. B.A., Librairie Française, 1886. 142 p.

Abundantes materiales sobre personalidad de empresarios de origen francés y características de las empresas por ellos fundadas (capacidad, producción, personal ocupado). Examina en detalle la cervecería Bieckert, tinturería Prat, fábrica de fósforos, pinturería Monserrat, cristalería Rigolleau.        (BT)

**1013. Galanti, A. N.** Estudio crítico sobre la cues-

tión vitivinícola, mayo a junio 1914. B.A., Perrotti, 1915. 144 p.

El autor achaca las dificultades en que se encuentra la industria a la concentración de la producción en vinos jóvenes y de baja calidad, y ve en ella la consecuencia de la hegemonía de los grandes bodegueros, consolidada por la ausencia de poderosos comerciantes en vinos. El estudio se inscribe en una vasta literatura crítica, estimulada por la crisis de superproducción, y toda ella coincidente en cuanto al diagnóstico de causas.

**1014. Gibson, Heriberto.** Informe sobre la producción de manteca y queso, por . . . , comisionado del gobierno de la provincia en el Reino Unido de la Gran Bretaña. La Plata, Ministerio de Obras Públicas de la provincia de Buenos Aires, 1896. 71 p.

El mercado británico se hace menos receptivo para los productos argentinos de lechería debido a los avances de las importaciones del norte de Europa y Australasia. Argentina sólo podrá competir eficazmente si eleva el nivel técnico de su industria lechera y se decide a tipificar la producción de acuerdo a las preferencias del mercado británico.        (BT)

**1015. Macchi, Manuel.** Urquiza el saladerista. B.A., Macchi, 1971. 292 p.

Minucioso estudio de la actuación de Urquiza como empresario de la salazón de carnes, que utiliza abundantemente el archivo del Palacio San José, en Entre Ríos (aunque omite especificar ubicación de las fuentes empleadas). A más de riquísima información sobre el tema principal, la contiene abundante acerca de otros conexos (ganadería, comercio interno e internacional) y abre perspectivas interesantes para la historia política (es notable, p.ej., la inclinación de Urquiza a iniciar negocios en sociedad con figuras influyentes, entre las cuales se cuentan algunos con los que mantenía muy escasa afinidad política). El libro recoge y amplía los datos de otro trabajo del autor ("La actividad de un gran saladero. Santa Cándida en la provincia de Entre Ríos." *En* Trabajos y comunicaciones [La Plata], v. 19, 1969: 71-103).

**1016. Mariluz Urquijo, José María.** Fomento industrial y crédito en el estado de Buenos Aires. Trabajos y comunicaciones [La Plata], v. 19, 1969: 105-144.

Utilizando el archivo del Banco de la Provincia de Buenos Aires, el autor examina el papel de la institución como fuente de crédito para la industria. Del hecho de que casi sin excepción los créditos solicitados han sido concedidos cree posible deducir que—por lo menos en la década de 1850—la política crediticia de las instituciones bancarias oficiales no frenó las posibilidades de expansión industrial.

**1017. Petrecolla, Alberto.** Sustitución de importaciones y formación de capital: la industria textil, 1920-40. *En* Universidad Nacional de La Plata. Economía [La Plata], v. 16, abril, 1970: 99-127.

Este excelente trabajo refleja una tendencia reciente a buscar los elementos de continuidad entre la tercera y cuarta década del siglo XX, y a buscar en las inversiones previas a la crisis una causa principal de la expansión de la producción industrial a partir de 1935.

**1018. Silvano, Gerónimo.** Nueva industria nacional: fabricación de vinos con pasas de uva en las provincias de San Juan, Mendoza, La Rioja, Catamarca y Salta. B.A., Impr. Italo-Argentina de B. E. Borghese, 1882. 40 p.

Se trata de la preparación en los centros de consumo del litoral de "vino" a partir de pasas auxiliadas por colorantes y otros aditivos, que permite ofrecer un producto final más barato que el importado y el elaborado en las zonas viñateras nacionales. El trabajo informa sobre producción, 1880-82.

**1019. Sociedad Industrial del Río de la Plata.** Fábrica de paños: lista de accionistas. B.A., Impr. Rural, 1874. 49 p.

La fábrica de paños, que fue la más importante manifestación tangible de la corriente proteccionista industrialista de la época, estuvo destinada a conocer limitada prosperidad. Aquí se reproduce la lista de socios, la composición del capital y el plan de producción, así como los discursos inaugurales de Sarmiento y Billinghurst. (BT)

**1020. Unión Industrial Argentina.** El meeting industrial: síntesis histórica de la manifestación del 26 de julio de 1899; con una reseña histórica de la Unión Industrial Argentina. B.A., Lacquaniti, s.f. 186 p.

A más de reseñar la reunión, contiene una lista de adherentes que enumera, industriales y tipos de industrias, con datos sobre capital y volumen de producción; acompaña un índice de establecimientos industriales y artesanales en el país. (BT)

**1021. _____.** La situación actual de la industria del cemento portland en la República Argentina; publicación de la Sección Fabricantes de Cementos Portland de la Unión Industrial Argentina. B.A., Monqaut & Bonthoux, 1923. 23 p.

Alegato en favor de protección oficial, basado en un minucioso estudio de las necesidades del mercado local, el precio del producto importado y el costo de producción local; factores que lo determinan. Estadísticas completas para el período 1915-22.

**1022. Vilar, J.** Contribución al estudio de los vinos de la provincia de Mendoza (vinos tintos). Tesis no publicada, Universidad de Buenos Aires, Facultad de Ciencias Exactas, Físicas y Naturales, 1909. 104 p.

Estudio técnico sobre las modalidades de la producción de vinos en esa provincia, cuando el principal interés de los bodegueros que dominan la comercialización se ha orientado hacia los vinos jóvenes, de alta gradación alcohólica y baja calidad. (BT)

## 4. Política gubernamental

**1023. Bunge, Alejandro E.** La economía argentina. V. 2: Capital y producción. V. 3: Política económica y aduanera. B.A., Agencia General de Librerías y Publicaciones, 1928. 4 v.

Como el volumen 1 (559), se trata de una recopilación de artículos. El volumen 2 se ordena en torno de la noción de que es urgente facilitar la acumulación de capitales; desde esta perspectiva el movimiento obrero y el Partido Socialista son duramente juzgados; una extensa sección es destinada a examinar la situación de los ferrocarriles, ante la cual Bunge tiene posiciones coincidentes con las de las empresas. El tercer volumen recoge artículos entusiastamente proteccionistas, inspirados por las tendencias de la administración Alvear en los años 1922 y 1923.

**1024. _____.** Las industrias del norte; contribución al estudio de una nueva política argentina. B.A., 1918. 220 p.

Las industrias del norte interesan a Bunge sobre todo como argumento en un debate más general sobre la necesidad del proteccionismo que este autor propugnó durante toda la entreguerra, como respuesta a la vez al creciente costo de producción en el sector primario exportador y a las dificultades de ese sector para absorber el crecimiento de mano de obra debido a un aumento de población cuyo ritmo por otra parte Bunge juzga insuficiente. Sólo un tomo ha sido publicado.

**1025. Centro Comercial, Agrícola e Industrial.** Exposición presentada a los señores diputados y senadores del h. Congreso nacional sobre la importancia de la industria vitivinícola. Mendoza, Los Andes, 1894. 16 p.

Alegato en favor de la protección y la aplicación de los requisitos (análisis previo) que se imponen al vino nacional para autorizar la venta del vino extranjero. Al segundo punto se concede más espacio que al primero; ello corresponde a la preferencia de los productores mendocinos por los vinos ordinarios de alto tenor alcohólico, que pueden beberse aguados.

**1026. Centro de Fabricantes de Calzado.** El Centro de Fabricantes de Calzado ante el honorable Congreso de la Nación. B.A., Cands, 1923. 21 p.

Uno de los no infrecuentes alegatos en favor del proteccionismo aduanero: con abundancia de cifras los industriales del calzado intentan probar que la proyectada rebaja del impuesto a la importación los lanzaría a la ruina. Datos sin duda fidedignos, pero cuidadosamente seleccionados. (BT)

**1027. Lix Klett, Carlos.** Estudios sobre producción, comercio, finanzas e intereses generales de la República Argentina. B.A., Tailhade y Roselli, 1900. 2 v.

Lix Klett fue un gran empresario y comerciante en lanas, que colaboró asiduamente en la prensa con artículos de actualidad económica, aquí recogidos en libro con tabla analítica, índices. Su tendencia general es de defensa de la producción primaria; frente a la industria propugna el "oportunismo"; en cada caso debe examinarse si debe o no concedérsele protección.

Véase también: 234.

# IX. Industrias Extractivas

## 1. Fuentes estadísticas

**1028. Alberdi, Manuel.** Informe sobre la minería y los principales criaderos metalíferos de la provincia de Córdoba. B.A., Kraft, 1880. 136 p.

Registro de minas, propietarios y estado de las explotaciones por departamento.

**1029. Argentina. Dirección General de Minas, Geología e Hidrología.** Padrón minero de la República Argentina, 1910. B.A., Taller de la Oficina Metereológica Argentina, 1913. 523 p. (Anales del Ministerio de Agricultura, 1913).

Cubre el período 1900-10. Información sobre empresas activas en el sector minero, producción, tecnología y empleo.

## 2. Estudios generales

**1030. Bodarbender, Guillermo.** La sierra de Córdoba. B.A., Talleres de Publicaciones de la Oficina Metereológica Nacional, 1905. 447 p. (Anales del Ministerio de Agricultura, 1905).

Constitución geológica y productos minerales; relevamiento de las riquezas explotables y estado de la explotación—casi inexistente—yacimientos metalíferos, cuadros y gráficos; aplicación a la industria.

**1031.** Boletín de informaciones petroleras, yacimientos e industrias. B.A., 1924.

Periodicidad mensual y nivel nacional; material muy variado; particularmente abundante en datos cuantitativos. Información cualitativa, cuantitativa y estadística sobre empresas; cuantitativa y estadística sobre industria manufacturera, transporte automotor y por agua; sólo cuantitativa sobre comercio (exterior e interno), minería y precios; sólo cualitativa sobre tecnología. (BMIC)

**1032.** Los Andes Petroleum Corporation. (Comodoro Rivadavia y Neuquén). Boletín. B.A., 1923-24.

Periodicidad bimestral; nivel nacional. Esta publicación, editada también en Nueva York, Londres y Santiago de Chile, ofrece información cualitativa, cuantitativa y estadística sobre minería del petróleo, y sólo cuantitativa sobre transporte ferroviario y mediante navegación a vapor, tecnología y empresas. (BN)

**1033.** Censo minero de la República Argentina

**1908.** Biblioteca de la Secretaría de Agricultura y Ganadería, B.A.

Información cualitativa a nivel nacional sobre todas las ramas de la actividad minera y manufacturera de productos de la minería; incluye datos sobre empresas, construcción y empleo.

**1034. Frondizi, Arturo.** Petróleo y política; contribución al estudio de la historia económica argentina y de las relaciones entre el imperialismo y la vida política nacional. 2. ed. B.A., Raigal, 1955. 412 p.

En esta obra el entonces jefe de la oposición radical al gobierno peronista examina la evolución de la explotación del petróleo en la Argentina entre 1907-43; aunque sin mencionar fuentes, utiliza material abundante y ofrece una historia detallada tanto de la empresa fiscal de petróleo cuanto del régimen fijado para la explotación privada; la interpretación de este último proceso está sin embargo sistemáticamente orientada a identificar las posiciones de la fracción radical a la que el autor pertenecía con las que el propio autor por entonces sustentaba. De menor interés es la introducción, que intenta encuadrar la historia del petróleo en el marco de "la lucha antimperialista como etapa fundamental del proceso democrático de América Latina," y que se caracteriza por una extrema imprecisión conceptual.

**1035.** Geología y minas. B.A., 1906-08.

Periodicidad mensual; nivel nacional. Información cualitativa y cuantitativa sobre minería; crédito bancario; tecnología; empleo. (BN)

**1036. Lafone Quevedo, Samuel A.** Relación histórico-descriptiva del mineral de las Capillitas y de sus ingenios en Andalgalá, provincia de Catamarca. B.A., Alsina, 1894. 78 p.

El autor, hijo del gran comerciante inglés que impulsó la actividad en Capillitas, proporciona estadísticas y planillas del mineral fundido en el lapso 1860-81 y relata el desarrollo de la mina y la fundición.

**1037.** Minería en el territorio de los Andes, 1909-11. B.A., 1912. (Anales del Ministerio de Agricultura, 1912).

Información sobre minería del cobre y salitre; empresas activas, tecnología, mano de obra y extracción de ésta. Examen de los problemas de comercialización y transporte.

**1038.** Petróleo y minas; revista mensual, 1921-22. B.A., Sarmiento, 1922. 32 p.

Información a nivel nacional y con periodicidad mensual sobre minería (de carácter cualitativo, cuantitativo y estadístico), comercio, transporte y precios (de carácter cualitativo y cuantitativo). (BN)

**1039. Ramírez, P. P.** La minería en San Juan. B.A., Franklin, 1889. 161 p.

Yacimientos minerales, valoración y estado de la explotación; medios de fomentar la industria minera. Establecimientos metalúrgicos. Abundantes datos cuantitativos; nivel departamental.

**1040. Rickard, F. Ignacio.** Informe sobre los distritos minerales, minas y establecimientos de la República Argentina. B.A., Ministerio del Interior, 1869. 188 p.

Excelente informe del experto británico: minerales explotados y no explotados. Establecimientos mineros (trabajadores, maquinaria, capitales). Estado de las minas en explotación por provincia. Resumen general estadístico.

**1041. _____.** A mining journey across the great Andes; with exploration of the silver mining districts of the provinces of San Juan and Mendoza, and a journey across the Pampas to Buenos Ayres. London, Elder, 1863. 314 p.

Descripción general del país, con atención especial hacia las explotaciones mineras, y circunstanciado examen de la técnica utilizada en las existentes.                    (BT)

**1042. Stappenbec, R.; E. Hermitte; y J. Keidel.** Contribuciones al conocimiento geológico de la República Argentina. B.A., Talleres de Publicaciones de la Oficina Metereológica Argentina, 1910. 187 p.

Mapa geológico-económico del país; descripciones regionales. Análisis económico de la Precordillera de San Juan y Mendoza desde el punto de vista geológico. Planillas de riqueza geológica por provincias y departamentos.

**1043. Vitreau, Pablo; y E. Hermitte.** Informe sobre el estado de la minería en los distritos mineros de Famatina y Guandacol (La Rioja). B.A., Talleres de Publicaciones de la Oficina Metereológica Argentina, 1910. 84 p. (Anales del Ministerio de Agricultura, 1910).

A más de la descripción de las labores mineras (plata, cobre, oro), examen del contexto geológico de los yacimientos.

**Véase también:** 976.

### 3. Insumos

**1044. Schickendants, Federico; y Samuel A. Lafone Quevedo.** Las industrias de la provincia de Catamarca. Catamarca, Impr. del Estado, 1881. 63 p.

La mayor atención es concedida a la minería del cobre en Capillitas; análisis de las técnicas utilizadas y de las ventajas de introducir la separación de la plata existente en el mineral. Progresos técnicos en la viticultura y en la industria del vino.
                                                (BT)

# X  Transporte, Servicios Públicos y Servicios en General

## 1. Fuentes estadísticas

**1045.** Estadística de los ferrocarriles en explotación. B.A., 1892—.

Publicada con periodicidad anual por la que es a lo largo de toda la etapa la misma repartición, pero que cambia frecuentemente de nombre (Dirección de Vías de Comunicación hasta 1894, Dirección de Ferrocarriles Nacionales hasta 1896, Dirección de Vías de Comunicación y Arquitectura hasta 1906; Dirección de Ferrocarriles desde 1907), se ocupa a la vez del movimiento ferroviario con las empresas estatales y privadas (para la cual da información cada vez más abundante y variada, aunque hasta el final del período insuficiente para reconstruir flujos de productos y mercancías) y de la participación del estado en la construcción y administración de una parte de la red; para este último aspecto su información es exhaustiva.

**1046.** Pasajeros: entradas y salidas, (Consulados, 1833-64). Archivo General de la Nación, B.A., sala X.

Nómina de los pasajeros que llegan y parten por vía fluvial y marítima, ordenados según fechas consecutivas y barcos utilizados. Datos (incompletos) de estado civil.

**Véase también:** 762, 769.

## 2. Estudios generales

**1047. Abrego, Armando.** Historia del camino en el país; importancia de las rutas comerciales hasta la introducción del automotor. Mendoza, Universidad Nacional de Cuyo, 1943. 60 p.

Exploración de un tema particularmente descuidado; utiliza abundantemente material secundario y disperso.

**1048. Arias, Hector D.** El ferrocarril y la transformación económica de San Juan. Trabajos y comunicaciones [La Plata], v. 17, 1961: 51-63.

Para el autor la etapa en que San Juan se incorpora plenamente al mercado nacional es la que va de 1874 a 1890; en ese proceso el influjo directo del ferrocarril es tardío, ya que éste sólo llega a la provincia en 1885. La presentación del contexto de transformaciones económicas en que se da la expansión ferroviaria es más interesante que el examen de ésta, para el cual el autor sigue fuentes bien conocidas.

**1049.** Boletín de obras públicas e industria. Primera parte: ferrocarriles. B.A., 1916-22.

Periodicidad mensual y nivel nacional. Esta publicación, destinada a reseñar la gestión del gobierno nacional en materia de obras públicas (sección ferrocarriles), proporciona información cualitativa y cuantitativa sobre construcción urbana y rural, tecnología, estado, asociaciones; cualitativa, cuantitativa y estadística sobre transporte ferroviario, empresas, empleo y precios; cuantitativa y estadística sobre transporte a vapor marítimo y fluvial y sobre movimiento de población.    (BN)

**1050. Bunge, Alejandro E.** Ferrocarriles argentinos; contribución al estudio del patrimonio nacional. B.A., Mercatali, 1918. 445 p.

Tentativa de apreciar el valor a precios corrientes de la infraestructura ferroviaria. El trabajo tiene además un propósito práctico perfectamente explícito: demostrar que las valuaciones de la ley Mitre de 1906 que, aunque a criterio de otros adversarios de la ley ha hecho posible una sistemática generosidad en las evaluaciones, impone la estimación del costo de inversión y no el de reposición; suponen injusticia contra las empresas ferroviarias.

**1051. Compañía Italo-Argentina de Electricidad.** Evolución y desarrollo de la Compañía Italo-Argentina de Electricidad en los primeros veinte años de actividad, 11 de setiembre de 1911-31. B.A., Peuser, 1932. 118 p.

Desarrollo de la usina, redes y servicios en la Capital Federal. Cuadros, gráficos y estadísticas anuales. Producción de electricidad.

**1052. Díaz Araujo, Enrique.** El trasandino, aspectos de su frustrada historia. Revista de historia americana y argentina [Mendoza], 1964-65: 99-142.

Uno de los demasiado escasos estudios sobre ferrocarriles; examina los primeros proyectos del ferrocarril trasandino, trazados por el ingeniero Emilio Rosetti (que proponía utilizar el paso de Planchón) y la posterior actuación de los hermanos Clark, empresarios de ferrocarriles, que impusieron el trazado por Uspallata.

**1053.** El ferroviario. B.A., 1920-23.

Información cualitativa y cuantitativa, con periodicidad mensual y nivel nacional, y datos sobre tecnología, asociaciones, empresas y empleo.    (BN)

**1054. Huergo, Luis A.** Ferrocarriles económicos de la República Argentina. B.A., La Prensa, 1896. 74 p.

El ingeniero Huergo fue en su época uno de los no muchos argentinos que se ocuparon del tema ferroviario desde una perspectiva predominantemente técnica. En el presente opúsculo examina los problemas de la construcción del tramo Córdoba-Tucumán.

**1055. Madero, Guillermo.** Historia del puerto de Buenos Aires. B.A., Emecé, 1955. 190 p.

A partir de la p. 68 se ocupa de la construcción del Puerto Madero; sigue minuciosamente primero los proyectos sucesivos de Eduardo Madero, luego la organización por iniciativa de éste de la empresa encargada por el gobierno de la construcción, el lanzamiento de valores en la plaza de Londres, la contratación de la ejecución de los trabajos con empresas inglesas. Como es esperable, el autor no comparte las críticas frecuentemente formuladas, tanto en el plano financiero como en el técnico, a la acción de su antepasado; esa falta de toda perspectiva crítica es compensada por una considerable abundancia de información.

**1056. Mulleady, Ricardo T.** Breve historia de la telefonía argentina, 1886-1956. B.A., Kraft, 1956. 70 p.

Somero relato histórico, no particularmente sensible a los aspectos económicos.

**1057. Ortiz, Ricardo M.** El ferrocarril en la economía argentina. 2. ed. B.A., Cátedra Lisandro de la Torre, 1956. 221 p.

El autor de la bien conocida *Historia económica de la Argentina* (244) era también un respetado especialista en transportes; en este volumen proporciona un balance equilibrado de las consecuencias de la construcción de la red ferroviaria, y de las decisiones de las empresas en cuanto a su trazado, régimen tarifario, etc., sobre la economía nacional en su conjunto.

**1058.** Revista de las industrias eléctricas y mecánicas. B.A., 1919-20.

Información cuantitativa sobre industria, tecnología y empresas, algunos datos sobre empleo y precios.    (BN)

**1059.** Revista industrial de electricidad; órgano de la Asociación de Empleados. B.A., 1919-20.

Periodicidad mensual; información referente a la Capital Federal. Revista gremial, contiene sin embargo información sobre temas no extrictamente vinculados con su orientación principal (cualitativa, cuantitativa y estadística sobre comercio externo, cualitativa y cuantitativa sobre tecnología y precios, a más de asociaciones, empresas y empleo). Siete números publicados.    (BN)

**1060.** Riel y fomento; revista editada por los Ferrocarriles del Estado. B.A., 1922-23.

Información cualitativa y cuantitativa sobre transporte por tierra en general, movimientos de población, asociaciones y propiedad; cualitativa, cuantitativa y estadística sobre comercio interno; transporte ferroviario, tecnología, empresas y empleo. Periodicidad mensual y nivel nacional.    (BN)

**1061. Rögind, William.** Historia del Ferrocarril Sud. B.A., Gráfico Argentino, 1937. 129 p.

Historia oficiosa, para celebrar los 75 años de la iniciación de actividades; útil recopilación de datos básicos sobre ritmo de construcción; estadísticas irregulares e incompletas.

**1062. Scalabrini Ortiz, Raúl.** Historia de los ferrocarriles argentinos. 1. ed. completa (2. ed). B.A., Devenir, 1957. 361 p.

Examina al ferrocarril como "pérfido instrumento de dominación y de sojuzgamiento"; en este contexto le interesan en primer término los aspectos financieros de la acción de las compañías británicas y sus relaciones con el Estado; en segundo lugar algunas consecuencias negativas de su política tarifaria. Pero ni aún ésta es encarada en su conjunto; el examen por separado de cada una de las compañías disminuye las ocasiones para encarar otros problemas vinculados con la expansión ferroviaria. Información abundante, basada en fuentes éditas.

**1063. Soares, Ernesto E.** Ferrocarriles argentinos; sus orígenes, antecedentes legales, leyes que los rigen y reseñas estadísticas. B.A., Compañía Impresora Argentina, 1937. 206 p.

El autor, alto funcionario del Ministerio de Hacienda, ha hecho obra escasamente original y por otra parte desprovista de todo aspecto analítico, por no decir crítico. Aún así, ofrece una útil recopilación de informaciones recogidas en fuentes asequibles, pero dispersas y de acceso no siempre fácil.

**Véase también:** 911.

### 3. Insumos

**1064.** Ferrocarril del Oeste. 1863-72. Archivo del Banco de la Provincia de Buenos Aires.

Se trata de dos legajos que pasaron a poder del Banco al adquirir éste el control financiero del ferrocarril. La documentación está agrupada bajo dos rubros: 1) accionistas, 2) financiera.

**1065. Lewis, Colin.** Problems of railway development in Argentina, 1857-90. Inter-American economic affairs [Washington], v. 22, Autumn, 1968: 55-75.

Utilizando abundantes fuentes argentinas y británicas, el autor reexamina una etapa ya estudiada intensamente por H. S. Ferns. Aportes novedosos: subraya la importancia, en la primera etapa de la expansión ferroviaria, de los hombres de negocios ingleses residentes en la Argentina, no sólo como funcionarios sino como inversores; sólo posteriormente, cuando la cuantía de las inversiones se hizo mayor, las metropolitanas desplazaron totalmente a las locales. La utilización del archivo Baring le permite aportar informaciones nuevas (p. ej. la cifra en que ciertos inmencionados funcionarios argentinos fueron sobornados durante la negociación que culminó en la instalación del Ferrocarril Sud).

**1066. Wright, Winthrop R.** Foreign-owned railways in Argentina, a case study in economic nationalism. Business history review [Boston], v. 41, 1967: 62-93.

Tras de un examen de la expansión de la red ferroviaria argentina, que para el autor prueba acabadamente el éxito de la política de apertura a inversiones extranjeras, una dura crítica de la decisión de nacionalizarlos, debida a su juicio ante todo a lealtades ideológicas (se concede escasa atención a la bien conocida situación creada por la acumulación de reservas en libras bloqueadas en Londres, cuyo destino final el gobierno argentino no podía decidir sin acuerdo del británico, partidario por su parte de retenerlas como indemnización de la proyectada nacionalización ferroviaria).

PART FOUR

# BRASIL

Nicia Villela Luz

# Bibliotecas

| | |
|---|---|
| (BACSP) | Biblioteca da Associação Comercial de São Paulo |
| (BAESP) | Biblioteca do Arquivo do Estado de São Paulo |
| (BANRJ) | Biblioteca do Arquivo Nacional do Rio de Janeiro |
| (BDEESP) | Biblioteca do Departamento de Estatística do Estado de São Paulo |
| (BDH) | Biblioteca do Departamento de História |
| (BFCESP) | Biblioteca da Faculdade de Ciências Econômicas de São Paulo |
| (BFIESP) | Biblioteca da Federação das Indústrias do Estado de São Paulo |
| (BIBGE) | Biblioteca do Instituto Brasileiro de Geografia e Estatística |
| (BIEB) | Biblioteca do Instituto de Estudos Brasileiros |
| (BIHGB) | Biblioteca do Instituto Histórico e Geográfico Brasileiro |
| (BMF) | Biblioteca do Ministério da Fazenda |
| (BMSP) | Biblioteca Municipal de São Paulo |
| (BMT) | Biblioteca do Ministério do Trabalho |
| (BNRJ) | Biblioteca Nacional do Rio de Janeiro |

# A. ENSAIO DE INTERPRETAÇÃO[1]

## Historiografia Brasileira: Seu Perfil

São relativamente recentes as histórias gerais sobre as atividades econômicas que se desenvolveram no Brasil. Deixando de lado os historiadores que se limitaram aos sucessos políticos ou à evolução de nossas instituições, notamos que os principais estudiosos de nosso passado, mais preocupados com as origens, a herança portuguesa, sua desagregação ou transformação em um meio diverso e ao contacto de culturas e raças diferentes, dedicaram-se, principalmente, ao conhecimento da sociedade ou sociedades que aqui se constituíram, abordando-as mais do ângulo de suas peculiaridades, de sua tipologia, por assim dizer, do que do de seus aspectos estruturais.

Podemos distinguir três grandes momentos na historiografia brasileira. O primeiro coincide com o Segundo Reinado e relaciona-se com as atividades do Instituto Histórico e Geográfico Brasileiro, organizado no final da Regência, em 1839. Influenciado pelas idéias que Martius[2] propôs a respeito de como escrever a história do Brasil e pelas teorias mesológicas do século XIX, seus efeitos perduraram, entretanto, até o início da República. Foi então que se publicaram as obras de seu mais ilustre representante, Capistrano de Abreu, que, embora só tenha tratado mais especificamente da época colonial, merece, contudo, ser mencionado neste ensaio pela influência que exerceu e por ser a expressão do pensamento brasileiro da época, pensamento ainda muito preso ao determinismo geográfico do século XIX e à importância do meio ambiente como fator histórico de relevância.

O segundo momento foi, por assim dizer, fruto do movimento modernista dos anos de 1920, embora algumas obras sejam posteriores à década. Apresenta semelhanças com a primeira fase no sentido em que revelam, ambos os grupos, tendências nacionalistas de certa maneira românticas. Isto é, representam tentativas para se compreender o Brasil, seu povo, sua *gens,* na expressão de Euclides de Cunha,[3] e explicar suas origens e suas características. Daí a importância atribuída ao estudo de nossa história. Diferem, entretanto, quanto à abordagem dada aos estudos históricos. Enquanto os estudiosos da primeira fase dão ênfase à pesquisa e à crítica das fontes, os da segunda mostram-se mais inclinados à interpretação.

Dos três principais representantes desse segundo momento, apenas um—Sérgio Buarque de Holanda—revela-se propriamente historiador. Os outros dois—Oliveira Viana e Gilberto Freyre—classificam-se melhor como cientistas sociais.

Oliveira Viana, ao contrário de Gilberto Freyre e Sérgio Buarque de Holanda, está ligado de certa maneira às idéias do século XIX. Passou, entretanto, pela experiência republicana e sua posição reflete a reação contra o pessimismo que invadiu o pensamento brasileiro depois da implantação do regime republicano, sendo Paulo Prado[4] o autor mais representativo desta corrente.

A instabilidade econômica e a insegurança dos anos de 80 foram atribuídas às instituições monárquicas e depositou-se excessiva esperança na implantação do novo regime. A desilusão, como era de se prever, não tardou. Passada a euforia inicial, esteiada na crença em que, uma vez proclamada a república, uma era de progresso inaugurar-se-ia, afinal, para o país, o desânimo dominou setores influentes do pensamento brasileiro. Reagindo contra esta tendência e adotando uma

[1]Desejo destacar a colaboração eficiente, na fase de pesquisa bibliográfica, levantamento de fontes manuscritas e redação de fichas de Suely Robles Reis de Queiroz, Ismênia de Lima Martins, Myriam Quartim Barbosa, Irene Maria Esther Ruiz Nardy, Arlinda Rocha Nogueira, José Sebastião Witter e José Eduardo Mauro. Da amiga e bibliotecária Maria Thereza Pichetti obtive dedicada assessoria técnica. O economista Benedicto Heloiz Nascimento prestou relevante auxílio, encarregando-se da parte estatística e apresentando significativas sugestões, muitas das quais foram incorporadas ao presente ensaio. Valiosos foram os comentários e contribuições de Stanley J. Stein e Warren Dean. A todos esses amigos e colaboradores os meus agradecimentos.

[2]Karl Friedrich Philipp von Martius, "Como se deve escrever a história do Brasil." *Revista do Instituto Histórico e Geográfico Brasileiro* [Rio de Janeiro], v. 6, 1844: 381-403.

[3]Euclides da Cunha, *Os sertões.* Rio de Janeiro, Aguilar, 1966. 138 p. (Obra completa, v. 2).

[4]Paulo Prado, *Retrato do Brasil: ensaio sobre a tristeza brasileira.* São Paulo, [Duprat-Mayença], 1928. 216 p.

atitude afirmativa em relação ao destino do Brasil, Oliveira Vianna (1366) procurou defender a existência de uma aristocracia rural e apresentá-la como o elemento construtivo e fundamental da sociedade brasileira.

Esta linha aristocrática é retomada por Gilberto Freyre (1123, 1124), com a diferença que realça a contribuição do elemento negro, mostrando-o de tal modo integrado em nossa raça e cultura que, não só não podemos rejeitá-lo, como devemos valorizá-lo. Transforma, assim, em dado positivo, o que antes era considerado um aspecto depreciativo da cultura brasileira.

Este otimismo relativo à nossa formação é de certa forma temperado por um natural ceticismo, ressaltado ainda por Sérgio Buarque de Holanda ao traçar, em *Raízes do Brasil* (1113), a imagem do homem cordial brasileiro. Esta é, aliás, a primeira obra que, do ponto de vista histórico, nos apresenta uma síntese interpretativa da evolução da sociedade brasileira. Sem nos determos em suas obras mais importantes, particularmente sua *Visão do Paraíso*,[5] que pela profundeza de análise e ampla erudição pode se ombrear com os grandes estudos da historiografia mundial, mas que escapa aos objetivos deste ensaio, desejamos lembrar a contribuição de Sérgio Buarque de Holanda à historiografia econômica do Brasil, principalmente no setor da história das técnicas.

Sustentando-se na sólida base metodológica da escola alemã, mas aberto às tendências renovadoras e às novas técnicas e métodos, capítulos de sua autoria na *História geral da civilização brasileira* (1088), sob sua direção, abrem importantes perspectivas para o conhecimento e estudo de nossa história econômica. Se Oliveira Viana forma uma transição entre o primeiro e segundo momento de nossa historiografia, Sérgio Buarque de Holanda representa o elo entre a segunda e terceira fase.

Esta decorre, em grande parte, do período de renovação resultante da Revolução de 30 e da instalação no país das Faculdades de Filosofia que, com suas seções ou departamentos de história, vão dar aos estudos do nosso passado uma maior sistematização e objetividade. É também nesse momento que surgem as grandes sínteses da história econômica com Roberto Simonsen (1610, 1669), Caio Prado (1135) e Celso Furtado (1125). A crise de 1929 e a conseqüente depressão econômica não deixou, obviamente, de despertar o interesse pelas análises econômicas.

O interesse de Simonsen pelos estudos econômicos é bem anterior à década de trinta e explica-se pela

sua posição de líder nos meios empresariais e suas conexões com a Escola de Sociologia e Política. Caio Prado, pelas suas tendências ideológicas, voltar-se-ia necessariamente para preocupações semelhantes. De outro lado, seus contactos com a recém-fundada Faculdade de Filosofia de São Paulo e, particularmente, com os geógrafos franceses, explicam provavelmente o realce que dá ao fator geográfico ao analisar e interpretar o processo de nossa evolução econômica. Celso Furtado, finalmente, vem dar à história econômica brasileira a contribuição do economista.

Ambas as contribuições—a de Caio Prado e a de Celso Furtado—são de certo modo complementares, pois, pertencentes a escolas de pensamento distintas, preocupam-se com diferentes tipos de questões. O primeiro, adotando uma posição marxista, centraliza sua atenção em problemas como o imperialismo, as inversões estrangeiras, a concentração e a dependência econômicas, e no sistema de produção baseado na grande lavoura de exportação que considera responsável pela manutenção de uma estrutura sócio-econômica tradicional. Visualiza, entretanto, conflitos e mudanças decorrentes das contradições internas do sistema.

Celso Furtado filia-se a uma corrente neo-keynesiana, que se convencionou denominar estruturalista e seus problemas centrais são: a formação e distribuição da renda, taxa de crescimento econômico e estrutura do comércio externo. Se metodologicamente a corrente estruturalista aproxima-se da marxista, pela importância dada aos fatores endógenos, dela se distancia pelo encaminhamento das soluções que naquela é de inspiração nitidamente keynesiana. Com transposições heterodoxas, evidentemente, particularmente quanto aos aspectos distributivos, no caso específico de Celso Furtado.

Além do mais o livro de Caio Prado (1135) é uma obra de síntese que procura abranger toda a história das nossas atividades econômicas, enquanto que Celso Furtado detem-se na análise de pontos que considera fundamentais na gênese da estrutura econômica brasileira. Para tanto utiliza métodos quantitativos mais elaborados.

A voga dos estudos sobre as teorias do desenvolvimento econômico e da modernização levou economistas e sociólogos a voltarem-se mais para as indagações sobre o passado e com essa tendência muito têm enriquecido a historiografia moderna. A história econômica do Brasil viu-se desta maneira diante do desafio que constituiu *Formação econômica do Brazil* (1125). Não possuindo, embora, o didatismo nem o sólido conhecimento histórico de Caio Prado, o que torna a obra alvo de sérias limitações, o brilhante estudo de Celso Furtado veio entretanto rasgar perspectivas e propor problemas que estão à espera de análises mais

---

[5]Sérgio Buarque de Holanda, *Visão do paraíso; os motivos edênicos no descobrimento e colonização do Brasil*. Rio de Janeiro, Olympio, 1959. 412 p.

cuidadosas que venham dar mais base a suas conclusões. Essas restrições não invalidam o alcance do trabalho de Furtado que representa, certamente, marco fundamental nos estudos de história econômica do Brasil.

Para levar avante a análise das questões propostas por Celso Furtado ou outras que eventualmente se imponham, torna-se necessário aos historiadores brasileiros o domínio de certas técnicas já utilizadas pelas demais ciências sociais, particularmente as técnicas de quantificação. Estas já começam a ser empregadas, entre nós, mas os resultados das pesquisas iniciadas ainda não se completaram. Torna-se, pois, impossível avaliá-las, por enquanto. Desejamos apenas assinalar as tendências atuais da historiografia brasileira no campo da história econômica.

Ao lado desses aspectos mais técnicos, parece delinear-se o que seria o quarto momento dessa historiografia, marcado também pelo nacionalismo como os dois primeiros. Trata-se porém de um nacionalismo menos romântico e mais voltado para as questões de ordem econômica e social. A influência de Celso Furtado revela-se decisiva sobre essa geração, superando mesmo, talvez, a de Caio Prado, certamente pelo fato dos modelos oferecidos pelo primeiro se ajustarem e corresponderem melhor às expectativas e anseios da jovem geração latino-americana. Julgamos, contudo, ser ainda muito cedo para uma apreciação mais consubstancial do movimento.

Essas rápidas considerações introdutórias destinaram-se apenas a situar os progressos das obras gerais da história econômica dentro da historiografia brasileira. O seu aparecimento tardio não implica, entretanto, na ausência de anteriores preocupações por assuntos econômicos por parte dos estudiosos brasileiros. Em campo mais especializado destacam-se, particularmente, os trabalhos de Calógeras. Para uma apreciação mais detida das monografias, ensaios, depoimentos e demais obras, distinguiremos por razões de ordem metodológica e necessidade de sistematização, dois períodos (1830-1870 e 1870-1930), no lapso de tempo abrangido por este ensaio. Pelos mesmos motivos centralizaremos nossas preocupações ao redor do que consideramos a característica fundamental que distingue as duas épocas: a relativa homogeneidade econômica, social e cultural do país no primeiro período e a diferenciação crescente entre as diversas regiões, no segundo.

## Era da Homogeneidade, 1830-1870

O período de 1830 a 1870 é assinalado pelo deslocamento do eixo econômico do Norte para o Centro-Sul,

com o desenvolvimento da lavoura de café, acontecimento considerado por Caio Prado como uma verdadeira revolução na distribuição das atividades produtivas do país. Apesar de sua magnitude e importância fundamental, o fato e suas implicações ainda não foram adequadamente analisados nem aprofundados. Segundo o autor acima mencionado, a expansão da cultura cafeeira no Central-Sul, trazendo embora "o progresso moderno e uma certa riqueza e bem-estar material," teve também o "efeito de reforçar a estrutura tradicional da economia brasileira," isto é, a monocultura escravista voltada para o mercado exterior.

A importante monografia de Stanley Stein sobre Vassouras (1612), escrutinando em todos os seus aspectos a economia e sociedade que se implantaram no vale do Paraíba, parece, à primeira vista, confirmar este ponto de vista. Teríamos, assim, uma simples transferência do centro geográfico sem nenhuma transformação estrutural ou de qualidade, como preferimos dizer.

Ora, o próprio Stein nos mostra o papel do capital nacional no financiamento da produção e as atividades dos comissários de origem brasileira na comercialização do produto. O mesmo ter-se-ia dado em relação à empresa açucareira do Norte? Celso Furtado assinala a diferença entre as condições em que se desenvolveram as duas economias, fato que não podia deixar de marcá-las e dotá-las de características distintas. Apresenta, o citado autor, como aspecto fundamental de diferenciação, o entrelaçamento entre os interesses da produção e os do comércio no caso da empresa cafeeira, enquanto que, na exploração açucareira do Norte, a fase produtiva e a da comercialização estavam rigorosamente isoladas.

As observações de Celso Furtado são de grande relevância e estão à espera de análises baseadas em maiores provas. Para o café algo já existe na obra de Stanley Stein, já mencionada, e no capítulo sobre São Paulo onde Sérgio Buarque de Holanda, na *História geral da civilização brasileira* (1088), sob sua direção, traça as origens das dinastias açucareira e cafeeira. Mas e para o Norte? Como se processou a economia açucareira e quais as transformações sofridas no decorrer dos séculos? Praticamente nada existe. Muito se tem escrito a respeito e o Instituto do Álcool e Açúcar tem-se mostrado ativo no campo das publicações sobre o assunto. Mas, excetuando as de abordagem mais social, são obras em geral de cunho mais descritivo, ricas em informações, pouco elaboradas, porém nenhum esforço amplo no sentido de avaliar o comportamento dessa economia e suas relações com os grupos sociais a ela relacionados.[6]

[6]Veja a obra de Peter Eisenberg, *The sugar industry in Pernambuco, 1840-1910* (1582).

Pouco se conhece, por exemplo, das desesperadas tentativas feitas em meados do século XIX para salvar uma atividade econômica ameaçada de decadência e que, no entanto, era de importância capital para uma boa parte do território nacional. No arquivo público da Bahia e nas falas dos presidentes das províncias açucareiras encontram-se numerosas referências às iniciativas visando o reerguimento da indústria açucareira, durante as décadas de 1840 e 1850.

Se aceitarmos, entretanto, a tese que atribui à economia cafeeira um maior dinamismo, teria essa dinâmica provocado mudanças na sociedade tradicional brasileira? Os estudos sobre a estrutura social de nosso país têm sido empreendidos principalmente por sociólogos e outros cientistas sociais que, embora chamando a atenção para aspectos importantes da sociedade brasileira, revelam conhecimentos pouco sólidos sobre nossa história, circunstância essa que torna suas análises pouco aceitáveis para o historiador.

Há, entretanto, algumas exceções entre as quais colocamos Lucila Herrmann que se dignou ir às fontes, realizando exaustivas pesquisas sobre a *Evolução da estrutura social de Guaratinguetá num período de trezentos anos* (1127). Ora essa socióloga observa, justamente, como a introdução do cultivo do café veio provocar uma certa mobilidade social na região estudada.

É verdade que necessitamos de um maior número de monografias sobre o assunto para termos uma visão mais adequada de um problema de fundamental relevância para a história econômica do Brasil. O café, realmente, parece ter criado uma nova área de desenvolvimento em condições bem mais favoráveis do que a que gozou o açúcar no período colonial (país politicamente independente, organização estatal mais aperfeiçoada, mão-de-obra provavelmente mais eficiente, mesmo sob o regime escravista, porque mais rigorosamente fiscalizada e a seguir, livre, e fator de capital importância, produzindo para um mercado mundial sob o signo do capitalismo industrial com sua avassaladora força de expansão). Esta última condição teve, como veremos mais adiante, seus aspectos negativos, mas inegavelmente atuou como a principal força propulsora da economia cafeeira e imprimiu-lhe suas dimensões.

Se ainda pouco se sabe das repercussões da economia cafeeira na estrutura social brasileira, são mais conhecidos os reflexos de seu dinamismo em outros setores como, por exemplo, urbanização mais intensa, maior e mais rápida acumulação de capital, criação de uma indústria de máquinas para a lavoura e beneficiamento de café, além da formação de um mercado consumidor de produtos de fabricação nacional.

De outro lado circunstâncias adversas, como a predominância do particularismo local e, principalmente, a existência do regime escravista, constituíram sérios obstáculos às transformações que se impunham. Daí a importância da extinção do tráfico negreiro para que a sociedade brasileira pudesse encaminhar-se num sentido mais conduzente à modernidade. A tese clássica é a de que essa extinção foi imposta pela Grã-Bretanha. A obra mais recente e mais completa sobre a questão é a de Bethell (1320) que praticamente esgotou todas as fontes que dão opoio à tese.

Parece-nos, porém, que deu pouca atenção à atuação do governo brasileiro e à dos grupos nacionais, uma minoria, é verdade, mas uma minoria atuante, que pugnou no sentido de extirpar o que considerava um ''cancro'' a corroer a nossa economia e minar nossa sociedade. Em pesquisa por nós iniciada e retomada por uma ex-aluna, a licenciada Irene Maria Esther Ruiz Nardy,[7] procura-se, justamente, ressaltar estes pontos até agora negligenciados. Alguns desses grupos, por exemplo aquele ligado à Sociedade Auxiliadora da Indústria Nacional, perceberam que o trabalho escravo dificultava a modernização dos métodos de produção, isto é, a introdução de máquinas, oferecia obstáculos à imigração européia além de constituir uma imobilização desnecessária de capital. Empenharam-se, pois, pelo estancamento da importação de mão-de-obra africana. Uma vez conseguido este objetivo primordial, esperaram pela extinção gradual do regime escravista. Não há indícios que tenham participado, de modo geral, do processo revolucionário da Abolição. Este foi obra de outros setores, particularmente daqueles mais integrados à vida urbana. Não se esquecer, além do mais, do papel dos ex-escravos e seus descendentes que se constituíram em porta-vozes desse sub-proletário que foi o escravo.

A Profa. Dra. Alice Canabrava e sua equipe[8] parece que estão também preocupados em estudar a rentabilidade da mão-de-obra escrava, a respeito da qual existem opiniões impressionistas. O resultado dessas pesquisas deverá, naturalmente, elucidar muitos aspectos ainda obscuros dos esforços feitos no sentido de uma mudança tão radical na base mesmo de nossa economia novecentista.

Foi necessário, entretanto, para vencer as resistências locais, a organização de um estado centralizado, processo que se efetuou de maneira relativamente acelerada, pois exigiu menos de uma década. Conhece-se muito mal os mecanismos utilizados no processo. No entanto o Arquivo Nacional e os Arquivos Estaduais apresentam ricos mananciais de dados a respeito, tanto na correspondência dos presidentes de província como nos arquivos da justiça e da polícia.

---

[7]Irene Maria Esther Ruiz Nardy: trabalhos preliminares para dissertação de mestrado.

[8]Informações verbais.

Um outro aspecto dessas tentativas para reorientar a sociedade brasileira e prepará-la para a substituição do braço escravo pelo livre foi o novo impulso dado à política de colonização, com a promulgação da Lei de Terras, em 1850 e a organização da Repartição de Terras e Colonização, anexa ao Ministério da Agricultura, criado em 1861. A história da colonização e do estabelecimento de núcleos coloniais tem sido abordada por vários autores, mas nada há ainda de satisfatório, se excetuarmos estudos regionais como o de J. Roche para o Rio Grande do Sul (1287). Falta-nos, porém, uma apreciação geral, objetiva e crítica, sobre a política de colonização do Governo Imperial e seus resultados. Críticas têm sido feitas à lei de 1850 e à Repartição de Terras e Colonização (ver a este respeito o livro de Ruy Cirne Lima, 1620), mas o tema está a exigir análises mais aprofundadas. Muitos dados encontram-se publicados nos relatórios dos ministérios do Império e da Agricultura. No Arquivo Nacional existe um precioso acervo documental praticamente virgem, constituído de processos de legitimação de terras. Seria de grande interesse, pois, um exame mais minucioso dessa questão.

Estas considerações afastaram-nos, contudo, do nosso ponto de partida, isto é, o deslocamento do eixo econômico do Norte para o Centro-Sul. Quais teriam sido os efeitos dessa nova distribuição das atividades produtivas do país? Consistiram pura e simplesmente no desenvolvimento de uma região em detrimento de/ ou em substituição a outra, como dão a entender os estudos mais gerais até agora empreendidos?

O contraste entre a "apatia" do Norte e o "progresso" do Sul foi observado no final da década de 1830 por José Cristino da Costa Cabral (1176). Mas não nos parece que este desânimo fosse generalizado entre os nortistas, pelo menos até os anos de 1870. No relatório apresentado em 1844 à Assembléia Legislativa de Pernambuco, o presidente da província, Barão da Boa-Vista,[9] embora assinalando os pontos de estrangulamento da economia pernambucana, mostrava-se entretanto confiante no futuro.

Durante as décadas de 1840 e 1850, conforme já observamos, verifica-se pelas mensagens dos presidentes de província e documentos existentes nos arquivos estaduais que grandes esforços foram realizados em Pernambuco e Bahia para reaparelhar os engenhos e aperfeiçoar a fabricação do açúcar, tendo em vista o descrédito do produto nacional nos mercados estrangeiros. Tentativas foram feitas até para a melhoria do cultivo da cana. É verdade que os resultados não corresponderam à expectativa, mas só o fato da mobilização do capital necessário a esses melhoramentos já

indica que a situação econômica não era propriamente de estagnação. Outro indício é a atividade fabril, já assinalada por Stein (1612), e sobre a qual os arquivos baianos e as falas dos presidentes de província nos dão informações pormenorizadas. Manoel Pinto de Aguiar, em seus *Ensaios de história e economia* (1464), levanta por sua vez a hipótese de existência de "ponderáveis" disponibilidades de capitais na Bahia dos meados do século XIX.

Com a extinção efetiva do tráfico negreiro, a importação do escravo do Norte para as províncias do Sul deve ter contribuído para a transferência de capital para aquela região, e uma análise da questão seria de grande relevância para o conhecimento do desenvolvimento econômico do Brasil no período. Estimativas do tráfico interno da mão-de-obra escrava foram feitas por Ferreira Soares (1584), baseado nos registros da polícia da Corte e utilizados já por alguns autores como Stein e Moacir Medeiros de Sant' Ana (1596). Um exame mais detido dessa documentação, das falas presidenciais e dos arquivos locais permitirão provavelmente traçar a história desse tráfico e suas implicações de ordem econômica. Poderão talvez demonstrar que o desnível econômico entre as diversas regiões não foi assim tão acentuado, pelo menos até 1870.

Realmente, que destino teve esse capital transferido para o Norte com a venda de seus escravos para o Sul? Ignoramos. E até que provas sejam apresentadas, só poderemos levantar hipóteses sobre sua utilização. Teria sido gasto em bens de consumo, na própria região? Empregado na indústria açucareira, em pagamento de dívidas e modernização das unidades de produção? Investido no comércio local? Aplicado no Sul do país? É possível que parte tenha sido utilizada na compra de títulos da dívida pública, dado o favor que estes gozavam na época.

E a carestia dos gêneros alimentícios, tratada também por Ferreira Soares (1584) e tão acentuada nos anos de 1850, não teria tido suas conseqüências nos setores dedicados à subsistência, ou permitido a ação dos atravessadores e, em conseqüência, a acumulação de capitais em determinadas mãos?

Todos esses problemas, enfim, nos levam a crer que é um tanto simplista esta interpretação que contrasta um Norte decadente com um Sul em ascensão, em se tratando do período de 1830 a 1870. Tudo indica, ao contrário, que durante esse período da expansão da lavoura cafeeira, persiste ainda uma certa homogeneidade econômica entre as províncias brasileiras, homogeneidade que se reflete também na sociedade e que não resulta apenas da existência do sistema monocultor-escravista. Ou melhor dizendo, as condições e fatores atuantes na época, impedindo discrepâncias regionais, teriam provavelmente favorecido e prolongado a manutenção do sistema.

---

[9]Boa Vista, *Relatório que à Assembléia legislativa de Pernambuco apresentou na sessão ordinária de 1844 o exmo. barão de Boa Vista, presidente da mesma província.* Recife, M. F. de Faria, 1844, p. 17-19.

O primeiro impulso da economia cafeeira, exigindo a transferência da mão-de-obra escrava do Norte para o Sul, teria, assim, de certa maneira diluído-se. Só mais tarde, quando seus efeitos se concentraram no Centro-Sul do país, sua dinâmica revelar-se-ia em plena forma, particularmente após a intensificação da imigração estrangeira.

Maiores transformações parecem ter ocorrido no município da Corte, como observa Joaquim Nabuco em *Um estadista do Império* (1102). Sede do Governo Imperial e principal centro financeiro e comercial do país, capitalizou deste modo o novo surto econômico. De outro lado, barômetro sensível, registra com fidelidade este encaminhamento para uma maior integração do Brasil no capitalismo ocidental, como deixaram entrever os abalos sofridos pela praça do Rio de Janeiro, mais do que qualquer outra do país, por ocasião das crises de 1857 e 1864. A nossa história econômica está à espera de um cuidadoso estudo dessas flutuações de curta duração para cuja análise conta-se com a preciosa documentação dos relatórios das comissões de inquérito destinadas a investigá-las. A respeito da crise de 1864 uma tentativa de estudo sistemático de suas causas foi feito por uma testemunha—Ferreira Soares (1400).

Tudo indica, entretanto, que essas crises não abalaram profundamente a economia brasileira esteiada então no café, cuja situação no mercado internacional era sólida. A posição do Brasil beneficiou-se, além do mais, por ocasião da crise de 1864, da maior demanda externa de nossos principais gêneros (café, açúcar e algodão) conforme observa Ferreira Soares (1400) que atribui a crise à agiotagem e especulações comerciais.

Quanto às demais questões por nós propostas, haveria meios de verificá-las através dos dados existentes? As estatísticas, mesmo as comerciais, são escassas, para esse período. Mapas oficiais de importação e exportação só aparecem a partir de 1841 (*Coleção de mapas estatísticos do comércio e navegação do Império do Brasil. . . . Rio de Janeiro, 1848*). Depois de 1845 surgem também nos relatórios do Ministério da Fazenda (1454, 1455). Para a década anterior, dados menos completos podem ser encontrados em Sturz no *Almanaque geral do Império do Brasil* (1140) e particularmente na obra de Ferreira Soares, *Elementos de estatística* (1195), primeira análise sistemática da estatística comercial aplicada ao Brasil e analisando nosso comércio de 1834 a 1864. Séries mais contínuas sobre o comércio exterior, transportes, dívida pública, moeda, bancos, impostos, encontram-se no *Anuário estatístico do Brasil*, 1939/40 (1068), publicação do IBGE, que embora editado em data recente, nos dá um retrospecto a partir dos anos de 1820, a data inicial variando com os assuntos. Dados sobre o comércio exterior, a partir de 1821 são apresentados também nos dois volumes publicados pelo Ministério da Fazenda sob o título *Quadros estatísticos do Brasil* (1077). O Centro Industrial do Brasil, em sua obra, *O Brasil, suas riquezas naturais e suas indústrias* (1081) computa o comércio exterior desde 1827 e nos oferece, a partir da mesma data, dados sobre a indústria extrativa vegetal.

Os relatórios do Ministério dos Negócios da Fazenda (1455) retratam com fidelidade a vida financeira e econômica do Império. Através de seus dados percebem-se as modificações das estruturas tributárias, a política monetária, a expansão e as depressões econômicas, as tendências protecionistas ou não da política tarifária. Os tipos de impostos estabelecidos deixam vislumbrar certos problemas como a mão-de-obra escrava, as tentativas de colonização, etc. Os da década de 1830 denotam grande preocupação com o estado do meio circulante. Este assunto é, aliás, preocupação constante da vida financeira brasileira e a nossa literatura econômica é dominada pela questão monetária.

À medida em que, paralelamente à expansão da lavoura cafeeira desenvolve-se a rede bancária, surgem os primeiros debates entre os partidários da monoemissão e os da pluralidade de emissões. Entre estes, destacou-se Sousa Franco que, já em 1848, em sua obra, *Os bancos do Brasil* (1426), defendia sobre a organização bancária teorias que julgava mais adequadas a um país novo e falho de capitais.

Informações sobre o estado do comércio, indústria, agricultura, mineração, transportes e obras públicas, podem ser encontradas até 1861 nos relatórios do Ministério dos Negócios do Império (1167), assuntos que, a partir daquela data, passam a ser tratados nos relatórios do Ministério da Agricultura (1166). Das questões que permanecem afetas ao Ministério do Império, interessam particularmente à história econômica os dados referentes à demografia e à saúde pública. São particularmente minuciosos os mapas de casamentos e óbitos relativos ao município do Rio de Janeiro. Das diferentes epidemias que assolaram o país temos também informações particularizadas. Os relatórios da década de 1840 nos dão estimativas da população de várias províncias, dados demográficos por sexo e pela condição de livre ou escravo. Anexo ao de 1870 há o estudo de J. Norberto de Sousa Silva (1265) sobre os recenseamentos da população do Império, por província, desde os tempos coloniais. Cita para o período que nos interessa, as estimativas de José Saturnino da Costa Pereira (1834) em seu *Dicionário topográfico*;[10] as de Cândido Batista de Oliveira apresentadas no Instituto Histórico e Geográfico Brasileiro e os dados do relatório do Ministério do Império de 1856. Este último faz observações sobre as dificuldades para o levantamento censitário do país e apresenta dados sobre a

[10]José Saturnino da Costa Pereira, *Dicionário topográfico do Império do Brasil*. Rio de Janeiro, R. Ogier, 1834. 242 p.

população das províncias (livre e escrava, sexo, estado civil, nacionalidade e, para algumas províncias, a natalidade e mortalidade). Conclui, apresentando a população geral do Império. É o trabalho mais completo que se tem sobre a população brasileira, anterior ao censo de 1872 (1254). Algumas estimativas não citadas por J. Norberto encontram-se compiladas no *Anuário político, histórico e estatístico do Brasil* (1067), que ressalta também as dificuldades de se conhecer o cômputo exato da população brasileira e suas características.

Possuímos, em relação a São Paulo, a preciosa série de dados censitários depositada no Arquivo Estadual e intitulada "Maços de População." Essa documentação começa a ser trabalhada por vários estudiosos e na tese de doutoramento defendida pelo Prof. Oscar Holm,[11] sobre o município de Ubatuba, verifica-se as possibilidades de análise que nos oferece, como por exemplo, sobre as transformações estruturais provocadas pela passagem de uma economia de subsistência à de exportação, no caso a do café. A série, infelizmente, interrompe-se em 1850.

## Era da Diferenciação Regional, 1870-1930

Afirmamos acima, depois de um exame rápido da documentação utilizável, a não existência de sérios desnivelamentos econômicos entre as diferentes regiões brasileiras pelo menos até 1870, certos, porém, que estudos mais aprofundados poderão possivelmente invalidar semelhante constatação.

Já para o período subseqüente de 1870 a 1930, não há dúvidas, as discrepâncias acentuam-se num ritmo acelerado. A penetrante análise de Stein (1671) sobre a indústria têxtil, nos revela, por exemplo, a concentração industrial, primeiro no município do Rio e a seguir em São Paulo no século XX. Os germens dessa diferenciação já haviam se instalado com o desenvolvimento da economia cafeeira no Centro-Sul. Mas ela (a diferenciação) só se torna irreversível mesmo, a partir da substituição da mão-de-obra escrava pela livre.

O problema dessa substituição de mão-de-obra tem sido tratado por vários autores como Paula Beiguelman,[12] Otávio Ianni (1340), Fernando Henrique Cardoso (1325) e Emília Viotti da Costa (1330) para citar apenas os mais recentes, que entretanto se ocupam mais, seja com as posições ideológicas, seja com as

[11]Oscar Holm, *Ubatuba; de uma agricultura de subsistência para uma agricultura comercial.* Tese de doutoramento apresentada ao Departamento de História da Faculdade de Filosofia, Letras e Ciências Humanas da Universidade de São Paulo. 1971. 227 p., mimeo.
[12]Paula Beiguelman, *A formação do povo no complexo cafeeiro.* São Paulo, 1963. 152 p.

causes e os elementos da mudança, desinteressando-se de seus efeitos e suas implicações de ordem econômica.

Celso Furtado, de outro lado, assinala a importância básica da expansão da força de trabalho para o crescimento econômico do Brasil, inferindo deste postulado que o estancamento da tradicional fonte africana, ao cessar o tráfico, criara um impasse para aquele desenvolvimento. Não subestimando embora a importância desse fator, acreditamos que outros elementos devem ser levados em consideração, ao se colocar o problema.

Em primeiro lugar, não há estudos ainda que nos dêem uma idéia, se não exata, pelo menos aproximada, da situação da força de trabalho no espaço de tempo decorrido entre a extinção do tráfico e os anos de 1870, quando começa a se intensificar a imigração assalariada. São mesmo discordantes as estimativas sobre o número de escravos no final do tráfico. Para Furtado existiriam "pouco mais de dois milhões," enquanto M. Goulart dá a cifra de 3.500.000 a 3.600.000 (1337). Trinta anos após a extinção da importação de africanos, Couty (1331) estimava em 1.500.000 o número de escravos trabalhando na roça e em mais de 3.000.000 ou 4.000.000 os negros ou mestiços livres, cumprindo-se notar que o critério atribuído aos livres era um tanto frouxo; pelo nosso cômputo o autor inclui os escravos domésticos. Couty constata ainda a facilidade das manumissões. Há a considerar, além do mais, o tráfico interprovincial e outros recursos empregados pelos fazendeiros para suprir a deficiência da mão-de-obra e que foram tão bem analisados por Stein (1612) em relação à província do Rio de Janeiro cuja decadência, aliás, não se explica propriamente nem unicamente pelo estancamento da força de trabalho.

Se, de outro lado, dirigirmos nossa atenção para os escritos da época, verificamos que o problema não era tanto de falta como de substituição de mão-de-obra. Basta citarmos o depoimento que por ser de um estrangeiro, mas radicado no Brasil e portanto conhecendo suficientemente a situação, podemos considerar assaz isento de paixões e apresentando uma relativa objetividade. Referimo-nos ao de Couty (1331) que enfoca com realismo o impasse com que se defronta a economia nacional em relação ao problema da substituição da mão-de-obra. Refletindo opinião corrente na época, considera baixa a rentabilidade do escravo. Seus trabalhos abordam, num momento de grandes mudanças, aspectos básicos da economia brasileira como as falhas do sistema da colonização, a capacidade ociosa da mão-de-obra, a descontinuidade administrativa da política imperial e o baixo índice da poupança que atribui ao sistema escravista. Apresenta cálculos sobre a produção e rentabilidade das propriedades, cálculos que coincidem com os de A. Rebouças (1593).

Temos, pois, aí vários pontos de partida para uma avaliação, a partir de 1870, da expansão econômica das regiões ligadas à lavoura cafeeira que, apesar da extensa literatura existente sobre o assunto, ressente-se da ausência de um estudo global.

Outra fonte importante de dados sobre as dificuldades enfrentadas por essa própria expansão consiste na coleção de documentos que se referem ao Congresso Agrícola de 1878 (1579) onde se apontam como necessidades urgentes para a lavoura a questão do capital e a da mão-de-obra. Nota-se porém, relativamente a esta, que não se trata da escassez da força de trabalho escrava e sim do problema de sua substituição, pois os congressistas advogam, entre outras medidas, a extinção do tráfico interprovincial de escravos.

O setor mais progressista da lavoura cafeeira pretendia a substituição da mão-de-obra escrava pela imigração estrangeira e não o aproveitamento do trabalhador nacional que era considerado ineficiente. O próprio Couty não acreditava em seu aproveitamento a curto prazo, pois segundo ele, só uma educação adequada poderia capacitá-lo à faina agrícola. A diferença entre o médico francês e os fazendeiros brasileiros, principalmente os das velhas zonas cafeeiras, é que Couty defendia a tese da colonização da terra cultivada, isto é, dividir as fazendas de baixa produtividade e vender os lotes ao imigrante europeu. Mas não nutria ilusões. Sabia que o fazendeiro preferiria deixar a terra abandonada a dispor de sua propriedade, mesmo hipotecada (1614).

Quanto à imigração voluntária de trabalhadores do Norte atraídos pelo incentivo de maiores salários em São Paulo, o problema na época, fins do século XIX, não se colocava, pois não havia condições que permitissem tais deslocamentos. Além da distância e das dificuldades de comunicação, existia um polo de atração mais acessível—a Amazônia. Segundo Tomás Pompeu Acioli Borges (1268), só a partir de 1915 a entrada de trabalhadores nacionais em São Paulo começou a tomar vulto. E de acordo com José Francisco de Camargo (1262), só adquiriu importância a partir de 1920. O fenômeno certamente deve estar ligado ao agravamento da situação no Nordeste (Gileno dé Carli, 1656) e à industrialização de São Paulo.

Se tal era a situação no Centro-Sul, quais seriam as condições no Norte na zona açucareira? As informações parecem contraditórias e variam de província para província. Henrique Augusto Millet, que exprime o ponto de vista de um proprietário médio de engenho em Pernambuco, salienta em 1881 a persistência da falta de braços (1589). H. Raffard (1592) apreciando a situação da mão-de-obra na indústria do açúcar em geral, observa a sua escassez, mas acrescenta, a seguir, que os senhores de engenho não admitiam a extinção da escravidão porque consideravam o escravo como o único trabalhador capaz de cultivar a cana e fabricar o

açúcar. Moacir Medeiros de Sant'Ana (1596) ao transcrever o depoimento de vários senhores de engenho de Alagoas revela o motivo dessa atitude. Verifica-se, com efeito, que se escasseava o braço escravo, sobrava o livre que alugava seus serviços aos engenhos. Aos donos destes faltava, entretanto, o capital necessário para pagar o trabalhador livre.

Se na zona cafeeira, pois, o problema poderia ser resolvido com a substituição da mão-de-obra escrava pela assalariada, nas regiões açucareiras tratava-se de uma transformação ainda mais profunda, uma vez que exigia mudanças estruturais, isto é, a divisão do trabalho entre o plantador de cana e o fabricante do açúcar. Recorreu-se, na primeira, à imigração européia ou asiática. Na segunda, à instalação dos engenhos centrais.

Muito se tem escrito sobre a imigração assalariada, mas o assunto carece ainda de um estudo sistemático. Dados existem, mas dispersos e praticamente perdidos nos maços de documentação da Inspetoria Geral de Terras e Colonização no Arquivo Nacional e dos Serviços de Imigração e Colonização dos estados imigrantistas, como os de São Paulo, que se encontram no Arquivo Estadual. Acha-se aí documentação valiosa que não só nos permite traçar o volume e destino dos imigrantes, mas a política governamental, seu alcance e seus limites, formas de utilização da terra, dados sobre as medidas agrárias e aparelhos utilizados na mensuração do solo que poderão contribuir para estudos de tecnologia. Até análises de programas públicos de bem-estar social podem ter como ponto de partida as medidas adotadas pelo Governo Imperial para proteger o colono, o imigrante e também o índio, legitimando-os em suas posses. Não são séries completas, mas cujas lacunas podem ser preenchidas com dados estatísticos dos repertórios clássicos ou de publicações especializadas do Ministério da Agricultura ou das Secretarias da Agricultura dos diferentes estados.

Temos notícias de várias pesquisas que se processam, visando esclarecer melhor a imigração no Brasil e a contribuição das diferentes nacionalidades. De grande seriedade é a tese de doutoramento da licenciada Arlinda Rocha Nogueira (1283) sobre a imigração japonesa para a lavoura cafeeira paulista, onde se constata a persistência do problema da mão-de-obra rural. Sua premência foi a tal ponto de vencer os preconceitos raciais que se opunham à imigração asiática que, na opinião de Oliveira Lima,[13] referindo-se, é verdade, ao chinês, "abastardaria ainda mais uma raça que a enervação tropical e o cruzamento com raças inferiores (sic) já tem suficientemente estigmatizado." Esta opinião não era isolada e representou uma corrente

[13]Oliveira Lima, *Nos Estados Unidos: impressões políticas e sociais.* Leipzig, Brockhaus, 1899, p. 87.

ponderável do pensamento da época, corrente responsável pelas tentativas de colonização (núcleos coloniais) e imigração européia e que culminou, na república, com o decreto do Governo Provisório em 28 de abril de 1890, obstando a entrada de africanos e asiáticos. Era, entretanto, necessário conciliar essas tendências por assim dizer eugênicas, com os interesses da grande lavoura. Recorreu-se à imigração européia, particularmente à italiana que se revelou, porém, incapaz de se fixar nas fazendas. Assim, na década de 90, em plena expansão cafeeira, pensava-se novamente apesar da chegada de grandes levas de italianos, na introdução do trabalhador asiático, agora o japonês.

A imigração japonesa, ao contrário da européia, veio influir poderosamente nos métodos e técnicas de ocupação e utilização da terra, recuperando solos esgotados pela ação predatória da grande lavoura. Para citar apenas um exemplo  segundo informações do proprietário da principal firma paulista de comércio de fertilizantes, só a partir da imigração japonesa  desenvolve-se o consumo de fertilizantes artificiais no Brasil. Está-se à espera de um estudo sistemático da contribuição japonesa nesse setor da utilização do solo para compará-lo com os resultados da colonização alemã no Sul, por exemplo, onde, segundo o magnífico estudo de J. Roche (1287), as práticas adotadas denotam uma involução ao se adaptarem às condições reinantes em outras regiões do Brasil, práticas que, pelo esgotamento do solo resultante, levam a um deslocamento contínuo da fronteira agrícola.

Não foi, entretanto, por falta de tentativas no sentido de se aperfeiçoar as técnicas agrícolas que estas permaneceram em estágio rudimentar, como pôde constatar R. Courtin (1120) ainda em 1937 e como se pode verificar ainda hoje em grande parte da zona rural brasileira. Basta citar os esforços da Sociedade Auxiliadora da Indústria Nacional, do Instituto Fluminense de Agricultura ou do Instituto Agronômico de Campinas, este obtendo resultados que os dois primeiros não conseguiram alcançar. Nos periódicos dessas entidades encontram-se preciosas fontes de informação sobre essas tentativas de aperfeiçoamento das técnicas agrícolas e das condições do nosso meio rural.

Em relação à grande lavoura, esses aperfeiçoamentos tornaram-se particularmente prementes no setor açucareiro. Já nos referimos às iniciativas tomadas em meados do século XIX. A partir do final da década de 70 esses esforços se concretizam com a instalação dos engenhos centrais, experiência que procura pôr em prática a divisão do trabalho acima mencionada, ao mesmo tempo em que introduz consubstanciais mudanças de ordem tecnológica nos métodos de fabricação do açúcar. Sua existência, entretanto, durou pouco, sendo logo substituídos pela usina onde aquela divisão de trabalho já não era tão nítida, pois conforme

assinala Gileno dé Carli (1656), esta instalou-se nas terras do seu proprietário, sem as obrigações a que estavam presos os engenhos centrais de aceitarem cana dos fornecedores. A usina, se de um lado favoreceu a introdução de certos progressos técnicos no cultivo da cana, propiciou de outro a concentração da propriedade rural e maiores desigualdades, como assinala Manuel Diegues Jr. (1581).

Ainda não foram bem elucidadas as causas da falta de êxito dos engenhos centrais. Autores contemporâneos como Couty atribuem à especulação desencadeada pela política de garantia de juros, enquanto estudos mais recentes, como os de Dé Carli e Manuel Diegues Jr., afirmam que os engenhos centrais foram derrotados pela concorrência das usinas que não estavam adstritas às mesmas prescrições contratuais. Maior atenção ao assunto foi dada por Richard Graham (1126) ao analisar as dificuldades das companhias inglesas de engenho central. Seria de interesse comparar mais detalhadamente os métodos operacionais de uns e de outros, isto é, engenho central e usina e o papel representado pelos fatores de ordem econômica, social e administrativa, assim como o da interferência governamental.

Isto nos leva a abordar a questão fundamental da intervenção estatal da economia brasileira. O sistema adotado pela política imperial e pelas diversas províncias para atuar no campo do desenvolvimento econômico  de forma indireta, foi o da garantia de juros. Os setores mais favorecidos foram o dos transportes (estradas de ferro) e o dos engenhos centrais. Isto é, aqueles que exigiam maiores investimentos. Se no caso dos engenhos a política não teve êxito, o mesmo não aconteceu com as estradas de ferro, pelo menos algumas. Portanto não se pode atribuir o insucesso do sistema mas a outros fatores que num caso atuaram positivamente, em outro negativamente.

Destacam-se, entre os trabalhos sobre nossas estradas de ferro, o livro de Francisco Picanço da Costa (1699) e o capítulo de Richard Graham intitulado ''Café e Trilhos'' (1126). O primeiro aborda, entre outros problemas, o do papel do Estado. Infelizmente essa obra tão informativa data da década de 80, quando nossa rede ferroviária iniciava sua expansão. O bem fundamentado capítulo de Graham detem-se mais nas estradas do Centro-Sul, interessado que está, além de apontar a participação inglesa no setor, em mostrar as relações entre a expansão do café e a da estrada de ferro. As demais obras ou são de caráter descritivo, ou limitam-se a estudos regionais que apresentam, contudo, contribuições não desprezíveis.

Faltam-nos entretanto abordagens globais e quantitativas do papel que representou no desenvolvimento econômico brasileiro, como as existentes na historiografia econômica dos Estados Unidos. Mesmo os estudos que ressaltam as correlações entre a estrada de ferro e o café não aprofundam a análise quantitativa. Seria de grande interesse uma comparação entre as estradas administradas pelo poder público e as particulares nos diferentes momentos da conjuntura econômica nacional.

Fontes documentais não são escassas. Dada a interferência estatal nesse domínio, os documentos oficiais são ricos em informações a respeito e as diferentes companhias mostraram-se, em geral, pontuais em seus relatórios que se encontram publicados. Os da Companhia Paulista de Estrada de Ferro (1690), por exemplo, são valiosos não só para se conhecer a história dessa ferrovia, como pelas informações que apresentam sobre a economia nacional e particularmente a de São Paulo a partir de 1870.

Mas a intervenção estatal fazia-se sentir através de outros meios como os das dotações orçamentárias, cujo exame pode nos esclarecer quais os interesses mais beneficiados, ou se o governo central contribuiu ou não para essas discrepâncias regionais que nos parecem ser o traço mais característico da nossa história econômica a partir dos anos de 1870.

A implantação do regime federativo, com a proclamação da República, veio favorecer essas diferenciações na medida em que os governos locais aplicavam recursos e procuravam desenvolver o seu Estado. É óbvio que a eficiência desta situação seria diretamente proporcional ao nível de riqueza de cada Estado. Mas descuidou o governo federal de certos estados, política e economicamente mais fracos, em favor dos mais fortes? Acreditamos haver muitos mal-entendidos a propósito da liderança política de São Paulo e Minas Gerais, durante a Primeira República. A consulta de relatórios governamentais revelou interesse em fomentar o desenvolvimento das regiões menos favorecidas. Se as iniciativas não deram resultado ou não tiveram continuidade, o poder local não teria sua parte de responsabilidade? A persistência da herança municipalista ou localista tem merecido a atenção dos estudiosos, particularmente sob a forma não institucionalizada do "coronelismo." Suas implicações econômicas parecem-nos, porém, que ainda não foram adequadamente tratadas.

Victor Nunes Leal (1369) enfocou magistralmente a questão ao vincular o "coronelismo" a uma estrutura agrária economicamente frágil. Passa, porém, muito rapidamente sobre o assunto. Parece-nos que essas forças locais, justamente pelo fato de sobreviverem à custa de tal situação, não poderiam estar empenhadas em transformá-la e sim em perpetuá-la.

Frutos do subdesenvolvimento e a ele vinculados, não estariam os "coronéis," pelo menos inconscientemente, interessados em sua manutenção? Conseqüentemente aplicavam mal e em função de sua clientela os recursos recebidos e mostravam-se mesmo incapazes de compreender os seus próprios problemas e de cooperar com o governo federal na sua solução. Convenhamos, é verdade, que havia freqüentemente falta de continuidade nos esforços "desenvolvimentistas" do governo federal.

Com essas considerações não pretendemos subestimar a predominância de certos interesses como os do café. Mas as análises a respeito do assunto demonstram uma visão parcial do problema. Tomemos, por exemplo, a questão das valorizações do café. Apesar de autores terem-se preocupado com o tema e uma parte pelo menos da documentação estar reunida nos volumes *Valorização do café* da série Documentos Parlamentares (1639), não possuimos um estudo aprofundado dessa decisão fundamental não só para os estudos cafeeiros, mas para toda a nação, seus efeitos não se limitando àqueles estados.[14] Os interesses regionais muitas vezes refletem-se em nossa historiografia, dando-nos a impressão que os estados se comportam como se fossem compartimentos estanques. Ora, a dinamização da economia cafeeira era de tal monta que afetava toda a nação. Celso Furtado e Delfim Netto (1602) não deixam de salientá-lo, mas a maioria dos estudos monográficos tendem a esquecê-lo.

Nossas observações, embora destacando as discrepâncias e os desequilíbrios regionais, não implicam nosso apoio à interpretação dualista dos "Dois Brasis," se a entendemos como defendendo a existência de duas áreas estanques: uma tendo-se desenvolvido graças a certas circunstâncias históricas ou a qualquer outra explicação que se queira dar, e outra revelando-se incapaz de superar seu arcaísmo. Como notou Celso Furtado (1125, p. 273) "o rápido crescimento da economia cafeeira—durante o meio século compreendido entre 1880 e 1930—se por um lado criou fortes discrepâncias regionais de níveis de renda *per capita,* por outro dotou o Brasil de um sólido núcleo em torno ao qual as demais regiões tiveram necessariamente de articular-se." Veremos quando tratarmos da industrialização que o processo se agravou, acentuando a tendência à concentração da renda na região Centro-Sul, particularmente no eixo Rio-São Paulo.

Outro aspecto fundamental da influência econômica do governo foi a sua política monetária. H. William Spiegel (1486) defende a tese, explícita no título de sua obra, da inflação crônica da economia brasileira. É possível que tenha razão. Mas se inflação houve, ela se impôs, salvo em raros momentos, a uma orientação governamental de tendência ortodoxa e metalista que, em geral, se esforçou para manter programas estabilizadores.

---

[14]Carlos Manuel Pelaez pretende demonstrar que a valorização foi prejudicial à industrialização (1641).

Já nos referimos às tendências opostas das duas correntes—papelista e metalista—a se refletirem na abundante literatura sobre as nossas questões monetárias e financeiras. O problema do meio circulante tornou-se mais agudo quando, depois do período inflacionário decorrente das exigências impostas pela Guerra do Paraguai, retorna o Governo Imperial à sua política de valorização da moeda justamente numa época de expansão econômica.

A questão agrava-se ainda mais com a Abolição, quando a lavoura vê-se na contingência de pagar salários. É verdade, como assinala Delfim Netto (1602), a "conta corrente" foi uma solução. Mas o mesmo autor não deixa de apontar os efeitos da libertação dos escravos sobre a necessidade de maiores recursos financeiros para o custeio da fazenda.

De qualquer maneira já antes da Abolição na década de 70 são freqüentes os clamores contra a falta de capitais e a necessidade de se organizar e desenvolver o crédito agrícola, reivindicações que perduram ainda em pleno século XX. Alguns são, entretanto, céticos a respeito, como Lourenço de Albuquerque em prefácio no livro de J. de Carvalho Borges (1577) que considera difícil a organização do crédito agrícola, dada a absorção de capital pelo comércio e indústria, sendo de opinião que o lavrador só poderá contar com seu crédito pessoal.

As dificuldades em se organizar o crédito agrícola não implicam propriamente na escassez de fundos. As oportunidades de investimentos sofrem naturalmente uma variação diretamente proporcional ao nível de desenvolvimento do país. Stein observou em um de seus comentários à versão preliminar deste ensaio, que a Estrada de Ferro Paulista foi financiada por venda de ações que mobilizou a poupança local. De início, gostaríamos de acrescentar. Poderíamos ainda citar outros exemplos, como a organização de empresas bancárias.

Os relatórios do Banco do Comércio e Indústria de São Paulo (1409) são de grande interesse para se acompanhar essa oferta de capitais. Revelam igualmente a crescente penetração do capital estrangeiro, mostrando que a poupança interna era insuficiente para atender à procura de capitais à medida em que se expandiam os negócios. Seriam, pois, de grande valia para se conhecer melhor os mecanismos e o nível de nossa situação de dependência externa, estudos mais minuciosos dessas instituições de crédito.

Infelizmente as poucas histórias bancárias existentes, em sua maioria tratando do Banco do Brasil, não nos apresentam uma visão adequada dessas atividades. Talvez seja difícil essa análise, dada a estrutura nem sempre institucionalizada dos agentes creditícios no Brasil na época que aqui abordamos. Segundo infor-

mações de um empresário paulista cujos antepassados estabeleceram uma pequena indústria em São Paulo, em 1890, seus tios, donos da empresa, procuravam sempre, dentro do possível, evitar recorrerem aos financiamentos bancários.

Acreditamos, entretanto, que um exame dos relatórios bancários, muitos dos quais encontram-se publicados, permitem vislumbrar os mecanismos das operações bancárias. Poderíamos ter assim uma verdadeira história dessas instituições e, através dela, do desenvolvimento ou dos obstáculos ao desenvolvimento do capitalismo no Brasil. Seria também útil para esclarecer as relações de dependência, visto as conexões desses bancos com o capital estrangeiro, como já assinalamos.

Essa escassez de capitais certamente prejudicou, entre outros, o progresso tecnológico no setor agrícola e impôs a política de garantia de juros pelo poder público como forma de atrair o capital estrangeiro para certas atividades. Como já vimos, no setor açucareiro transformações tecnológicas substanciais só se deram com a instalação dos engenhos centrais cujos capitais, a juros garantidos, eram de proveniência inglesa em sua maior parte, ou francesa. O interesse dos empresários ingleses era tal que o opúsculo de Raffard (1592) sobre a indústria açucareira foi traduzido para o inglês. Quanto às primeiras usinas, foram frutos, segundo Dé Carli (1656), do Encilhamento.

Em relação ao fluxo de capitais externos não existem análises globais: apenas estudos feitos em geral por autores estrangeiros e refletindo a posição de seus respetivos países. Fala-se muito em colonialismo e neo-colonialismo, mas estudos objetivos sobre a penetração e dominação estrangeira no Brasil são ainda escassos. A Inglaterra, como era de se esperar, está mais bem servida com as obras de Manchester (1099), Graham (1126) e Gilberto Freyre.[15] Mas há ainda muito o que se fazer. Parece-nos crucial o período que se inicia com as primeiras crises do café na década de oitenta e que se prolonga até o *funding loan*, passando pela Abolição e o Encilhamento. Foi uma fase nacionalista, quando o país procurou adotar uma política econômica que lhe permitisse dirigir seu próprio desenvolvimento. Não soube ou não teve condições, entretanto, para organizar uma melhor utilização dos recursos disponíveis e, conseqüentemente, retrocedeu à ortodoxia do liberalismo novecentista. Conhecer os motivos deste malogro seria de capital importância para o esclarecimento da forma que, subseqüentemente, tomou o processo de desenvolvimento econômico brasileiro.

A reação contra o capital estrangeiro é tardia no Brasil, apesar dos seus efeitos sobre alguns grupos já se manifestarem nas últimas décadas do século XIX.

[15]Gilberto Freyre, *Ingleses no Brasil*. Rio de Janeiro, Olympio, 1948. 394 p.

Realmente, como nota Delfim Netto (1602), quando os recursos financeiros dos comissários de café tornam-se insuficientes, eles são obrigados a ceder em face da atuação dos exportadores, em grande parte representados por firmas estrangeiras. Apesar de algo já ter sido feito por alguns autores, particularmente por Stein (1612), está ainda por se escrever uma história desses comissários, de seu papel no financiamento e comercialização de nossos produtos de exportação e, no caso do café, da transferência do controle dos negócios para os grupos estrangeiros, particularmente americanos.

Em geral, nossos ideólogos defensores de uma política de desenvolvimento econômico, tanto os de posição liberal como Tavares Bastos (1237, 1374), ou os industrialistas representados por Felício dos Santos,[16] Amaro Cavalcanti (1419, 1420, 1457), Serzedelo Corrêa[17] e outros, ou os positivistas, não se mostraram particularmente contrários ao capital estrangeiro. Os industrialistas tinham uma certa consciência da descapitalização do país provocada pela nossa estrutura econômica. E Aníbal Falcão,[18] de certo modo influenciado pelo positivismo, denota um acentuado antiamericanismo de fundo, entretanto mais cultural do que econômico.

Apesar das manifestações isoladas de anti-imperialistas, só na segunda década do século XX surgem as reações mais sérias, o que certamente denota uma intensificação do fluxo do capital estrangeiro, maior agressividade em seus métodos e uma crescente desnacionalização, fenômenos ainda pouco conhecidos em nossa história econômica.

Alberto Torres (1387) foi o grande representante e o grande incentivador dessa reação contra as mudanças que as influências externas estavam provocando na sociedade brasileira. Certas ressonâncias aproximam dessa corrente nacionalista alguns autores que, no início da era republicana, já se levantam contra a predominância dos interesses urbanos e abandono do interior e sua gente. Coelho Netto publicava em 1897 *O sertão* e no ano seguinte surgia *Pelo sertão* de Afonso Arinos. Mas é principalmente Euclides da Cunha que, com o seu *Os sertões* (Rio, 1902), tenta despertar a consciência nacional em prol das populações sertanejas relegadas ao descaso pelo novo regime.

Para a burguesia que ascende ao poder com a República, progresso e urbanização eram com efeito sinônimos. Os estudos urbanos, entre nós, têm sido realizados mais pelos geógrafos. E recentemente os arquitetos têm-se sentido atraídos por um campo que surpreendentemente não parece ter estimulado muito a imaginação dos responsáveis pela nossa história econômica. Parece-nos, contudo, que a descontinuidade do nosso processo de urbanização, que se tem feito por surtos espasmódicos, reflete bem o caráter de nossa economia, cujos aspectos predatórios resultam nas "cidades mortas" de que fala Monteiro Lobato.[19]

A análise mais importante, do ponto de vista econômico, sobre o processo de urbanização no Brasil é a de Paul Singer (1562), embora seus objetivos sejam mais ambiciosos, pois trata-se de analisar o processo de desenvolvimento econômico sob o prisma da evolução urbana. Adota, para tanto, um modelo estruturalista. Defende como pontos fundamentais os seguintes: a urbanização do Brasil estaria vinculada à expansão do setor externo. Constitui-se, assim, um mercado interno cuja dinâmica depende, como em toda economia colonial, daquele setor. Este mercado interno, representado principalmente pela cidade, pode ou não romper esta situação de dependência e crescer autonomamente, industrializando-se.

Mas, para o mencionado autor, os fatores que vão permitir esta ruptura estrutural não se localizam propriamente na qualidade desta urbanização. No caso de São Paulo, por exemplo, a economia cafeeira teria criado condições propícias mas não suficientes para desencadear a industrialização. Esta só foi possível graças a fatores de ordem geral, principalmente a situação cambial e a intervenção estatal, condições estas que se conjugaram durante o Encilhamento. A seguir "as potencialidades industriais de cada cidade" foram "definidas pela amplitude do seu *hinterland*" (1562, p. 362).

Seu trabalho constitui um estudo brilhante dos mecanismos da urbanização e industrialização no seio de uma sociedade colonial. O historiador, entretanto, sente a falta de uma maior qualificação dos momentos históricos e de sua influência sobre esses mecanismos. Traz, contudo, contribuição valiosa para o conhecimento dos processos de urbanização, industrialização e do desenvolvimento econômico do Brasil, mostrando os desequilíbrios regionais deste resultantes.

Essas discrepâncias já surgem com a economia cafeeira, conforme assinalamos. Elas acentuam-se, porém, com a industrialização que se concentra de início no eixo Rio-São Paulo e a seguir neste último. Graças aos efeitos acumulativos, São Paulo acaba assumindo a posição hegemônica e torna-se, apropriando-nos das palavras de Stein (1612), talvez o único sistema industrial de grande potência que se organizou dentro de

[16]Felício dos Santos, *apud* Nícia Villela Luz. *A luta pela industrialização do Brasil* (1477).

[17]Inocencio Serzedelo Corrêa, *O problema econômico no Brasil*. Rio de Janeiro, Imprensa Nacional, 1903. 414 p.

[18]Aníbal Falcão, *Fórmula da civilização brasileira*. Rio de Janeiro, Editora Guanabara, [1934]. 199 p.

[19]Monteiro Lobato, *Cidades mortas*. São Paulo, Editora Brasiliense, 1946. 272 p.

uma economia de plantação. Dada essa situação excepcional achamos que Singer tenha, talvez, subestimado o papel das condições peculiares apresentadas pela cidade de São Paulo na industrialização da área.

Se os pioneiros dos estudos sobre a industrialização do Brasil, como Roberto Simonsen (1669), a abordaram sob o ângulo de seu crescimento, autores mais recentes como Celso Furtado (1125) e Paul Singer (1562) a analisam sob o prisma da integração nacional, apontando seus efeitos sobre a marginalização das demais áreas e a distorção no processo de desenvolvimento do país. Ao analisar a evolução da indústria têxtil brasileira Stein (1671) já havia apontado essa concentração. Mas trata-se de uma monografia cujo objetivo primordial, parece-nos, era verificar os efeitos do subdesenvolvimento e as pressões de uma sociedade tradicional e paternalista sobre o processo industrial. Preocupava-se, pois, mais com os obstáculos a este processo do que com suas consequências sobre o desenvolvimento do país. Trouxe, contudo, importantes contribuições para o entendimento deste desenvolvimento, muitas das quais permitiram ao próprio Singer reforçar sua análise.

Essa mesma linha de interpretação (a de Stein) é, até certo ponto, seguida por Warren Dean em sua obra sobre a *Industrialização de São Paulo* (1660), onde destaca a influência da mentalidade de uma economia de plantação e das condições dessa economia sobre a industrialização paulista. Pergunto-me se não seria útil para a história econômica do Brasil tentar combinar as duas tendências, isto é, a do pensamento estruturalista brasileiro e a orientação dos dois historiadores americanos?

De outro lado Dean adota uma posição revisionista, particularmente quando, discordando da opinião corrente entre os estudiosos brasileiros, não atribui à Primeira Guerra Mundial a importância que estes lhe dão como fator de nosso desenvolvimento industrial. Sua argumentação, embora brilhante, não convence, entretanto, inteiramente. Apenas para abordar uma face de questão, lembramos que, apesar da importação de bens de capital não ter aumentado durante o conflito mundial, é possível que tenha sido aproveitada a capacidade ociosa das empresas. Não o afirmamos. Apenas levantamos uma hipótese para indicar uma das possibilidades de análise que o assunto oferece.

Reconhecemos as dificuldades com que se defronta a pesquisa histórica nesse setor. Em São Paulo, por exemplo, tudo indica que as empresas, ao contrário das do Rio, pelo menos as têxteis examinadas por Stein, não conservaram os seus arquivos. Talvez o próprio dinamismo da industrialização paulista e o seu pouco apego ao passado seja responsável pelo fato. Temos, entretanto, uma Junta comercial onde dados importantes podem ser obtidos. O material aí reunido permitirá, talvez, conhecer-se a vida das empresas nos seus aspectos gerais, tais como composição de diretorias, capital social, numero e participação de acionistas, etc.

Encontram-se também, arquivados, relatórios anuais de certas firmas, sendo essa fonte mais rica em informações sobre a vida das empresas do que as atas das assembléias gerais. Estes relatórios, a partir de 1915, parecem escassear, enquanto que as atas das assembléias gerais anteriores a 1918 são menos sucintas que as posteriores. Encontram-se, de quando em vez, referências à publicação pela imprensa de relatórios anuais das empresas.

A documentação poderá ser de interesse para se conhecer quais setores atraíram a atenção do mundo dos negócios e, particularmente, para onde se canalizaram os capitais. Entre 1912-1915, por exemplo, encontram-se um sem número de sociedades com fins de valorização de terras, vendas de lotes, construção de conjuntos urbanos, etc. Poder-se-á, quiçá, mensurar e elaborar estatísticas sobre o volume de capitais mobilizados para os diferentes setores. Talvez, quem sabe mesmo, uma classificação de indústrias e casas comerciais.

Outro aspecto interessante é o relativo a empreendimentos estrangeiros. Quais as firmas que se estabeleceram e quais as relações com elementos nacionais?

Insistimos, contudo, que o material reunido na Junta poderá servir apenas como ponto de partida, devendo-se juntar a ele informações paralelas obtidas em outras fontes. Nesse sentido chamamos a atenção para o fato de que a prática do cadastramento das firmas pelas instituições bancárias, a partir da segunda década do século XX, fazem, destas, fontes valiosas de informação.

Enfim, pelos estudos gerais e especializados, particularmente os que tratam da industrialização, pode-se verficar que a evolução da economia do Brasil deu-se a partir da grande lavoura destinada ao mercado externo, constituindo-se o que hoje convencionou-se chamar de economia "colonial" ou "periférica." Uma delas, entretanto, a do café, conseguiu em certo momento e em certa área superar este tipo de produção e transformar-se numa economia industrial. São Paulo conseguiu organizar assim um sistema autônomo ao redor do qual giram as demais regiões do país.

As análises têm concentrado em buscar as razões desse fenômeno, investigando particularmente a industrialização de São Paulo. Nesse setor importantes contribuições foram feitas. Acreditamos, porém, que para se entender o processo dever-se-ia procurar conhecer melhor as causas de nosso subdesenvolvimento. Seus aspectos sociais, por exemplo, embora abordados, não o foram com a suficiente profundidade. É verdade que mesmo em países onde os estudos históricos encontram-se altamente desenvolvidos, considera-se ainda em seus primórdios a história social que, ao contrário da econômica, ainda não conseguiu dominar uma segura metodologia. É o que se pode constatar consultando os trabalhos apresentados ao Colóquio da Escola Normal Superior de Saint-Cloud[20] em maio de 1965. O fato, porém, não deve nos desencorajar.

Nesta perspectiva atribuímos grande importância aos estudos regionais. Sem um conhecimento mais exato do comportamento das economias regionais e suas correlações, não conseguiremos uma visão global da história econômica brasileira. Celso Furtado já apontou o caminho ao se referir aos benefícios indiretos obtidos com a expansão das exportações pelos setores de subsistência localizados no Sul do país. Outra contribuição importante é a de Singer. Parece-nos, porém, que só depois de termos um número suficiente de "estudos de caso," solidamente esteiados em fontes documentais, poderemos tentar construir teorias gerais. Não subestimamos as tentativas de teorização já existentes, pois limpam, por assim dizer, o terreno e apontam novas direções.

Temos notícias de pesquisas em andamento que adotaram essa abordagem regional. Seria de todo o interesse que elas se fizessem em termos comparativos para maiores esclarecimentos das situações. Do contrário teremos apenas visões incompletas. Foi recentemente publicada uma obra cujo título nos deixou esperançosos. Trata-se do livro de J. Love sobre o Rio Grande do Sul (1098). Mas o autor, embora abordando aspectos econômicos, dá maior ênfase à participação política daquele Estado na cena nacional. Além do mais, o desconhecimento de certos mecanismos do processo econômico brasileiro, de modo geral, leva-o a certas distorções como a de exagerar o caso da região analisada. Referimo-nos, particularmente, à luta do Rio Grande do Sul pelo mercado interno, quando na realidade não foi o único prejudicado. Ignoramos até que ponto exatamente este ou outro estado da Federação sofreu com a ausência de suficiente proteção para seus produtos. Sabemos, entretanto, que Minas Gerais mais do que qualquer outro, talvez, lutou em prol de uma política de protecionismo agrário.

E para finalizar, algumas considerações sobre o elemento propulsor de uma economia colonial como a nossa, dependente de mercados externos—o comércio exterior. Porque qualquer que seja a região, este elemento tem sido o fator atuante, seja positivamente, seja negativamente. No entanto, por incrível que pareça, não temos ainda uma análise adequada de nosso comércio internacional. Conhece-se relativamente o comportamento dos diferentes produtos de exportação. Desconhece-se, porém, com certa precisão, os

termos de intercâmbio para o período aqui abordado. Temos uma idéia da política tarifária, mas ignoramos em grande parte os seus efeitos e suas relações com o desenvolvimento industrial. Há a assinalar apenas, quanto às correlações entre nosso balanço internacional de pagamentos e o meio circulante brasileiro, a obra fundamental de Wileman (1445). Restringe-se ao período de 1860-1894, mas seu alcance vai além graças ao método de análise adotado para superar nossas deficiências estatísticas.

Há, pois, grandes lacunas na história econômica do Brasil. Permitiria a documentação existente tratamento mais adequado e análises mais sistemáticas? Acreditamos que sim. A partir da década de 1870 os dados estatísticos tornam-se gradativamente mais abundantes. Se até hoje são falhos, não podemos esperar muita exatidão em relação ao passado. Estamos certos, entretanto, que a imaginação dos especialistas é bastante fértil para criar teorias que permitem superar as dificuldades.

No setor demográfico, por exemplo, técnicos competentes têm procurado suprir as lacunas e corrigir os erros de nossos censos na tentativa de atingir resultados pelo menos aproximativos de 1872, data do 1º recenseamento oficial do Brasil independente (1254). Possibilidades de correção das estatísticas demográficas foram aventadas por Bulhões de Carvalho, responsável pela organização e processamento dos dados referentes ao recenseamento de 1920 (1069). Seus cálculos foram reajustados posteriormente por Giorgio Mortara, cujos trabalhos são de importância capital para o conhecimento das características e da dinâmica da população do Brasil, particularmente a partir de 1870 (1263, 1264).

As fontes anteriores a este período são ainda mais precárias, em se tratando do período após a independência. Apesar do interesse demonstrado por Dom Pedro I ao criar em 1829 a Comissão de Estatística Geográfica, Natural, Política e Civil e dos esforços posteriores despendidos pelo Governo Imperial (ver os relatórios do Ministério do Império), o estado da estatística brasileira em 1863 era bastante desanimador, segundo o relatório apresentado ao Ministro da Agricultura por José Cândido Gomes (1166). Apenas umas poucas províncias possuíam um quadro satisfatório de sua respectiva população. Entretanto, talvez seja possível, aplicando a esses dados mais antigos as técnicas atualmente utilizadas para implementar estatísticas mais recentes, chegar-se a algum resultado mais positivo.

Considerações gerais e críticas sobre as estimativas demográficas feitas no Brasil desde os tempos coloniais podem ser encontradas no relatório de Joaquim Norberto de Souza Silva, anexo ao relatório do Ministério do Império em 1870 (1265), já citado nesse

---

[20]*L'histoire sociale: sources et méthodes*. Colloque de l'École Normale Supérieure de Saint-Cloud (15-16 mai 1965). Paris, Presses Universitaires de France, 1967. 298 p.

ensaio ao tratarmos do período anterior a 1870. Baseando-se nesse relatório e atualizando os comentários para abranger épocas mais recentes, há na introdução ao recenseamento de 1920 um resumo histórico das realizações oficiais e seus métodos no campo da estatística demográfica.

Em relação à estatística econômica, o quadro é ainda mais sombrio. Os recenseamentos anteriores ao de 1920 só se preocuparam com os dados demográficos. Portanto, para a análise quantitativa dos setores econômicos é necessário recorrer a publicações diversas cujas informações são freqüentemente discrepantes. Acreditamos, entretanto, que um estudo comparativo minucioso e sistemático possa levar a conclusões aceitáveis, particularmente com referência às áreas de maior relevância econômica. E, como Warren Dean observou em seu comentário, um confronto com as fontes estatísticas estrangeiras relativas ao Brasil seria de grande valia. Wileman (1445), aliás, aponta na mesma direção.

A agricultura, excetuando-se ate certo ponto os principais produtos exportáveis, talvez seja o setor mais vulnerável. Apreciando os resultados do recenseamento de 1920, Bulhões de Carvalho salienta as deficiências do censo agrícola, alegando, como maiores obstáculos para o levantamento de dados nas zonas rurais, a ignorância, o receio de tributação e a diversidade de medidas usadas para a avaliação das áreas. Reconhece, contudo, que o Estado de São Paulo foi um dos mais perfeitos.

Feitas essas considerações e remetendo os leitores para os principais analistas de nossas estatísticas no período estudado, acreditamos ser desnecessária uma enumeração das principais fontes, já que constam da parte bibliográfica.

Desejamos, entretanto, ressaltar que a imprecisão dos dados quantitativos não impede os historiadores de atingir uma avaliação aproximada das tendências e forças atuantes no devir histórico, resultados, sabemos, muitas vezes considerados ''impressionistas'' por economistas e cientistas sociais e, ultimamente mesmo por jovens historiadores fascinados pelas análises e conclusões aparentemente seguras das demais ciências humanas. Ora, os cientistas sociais mais conscienciosos e particularmente os economistas conhecem bem as armadilhas dos números e os falsos resultados a que podem conduzir. Sabem que dados quantitativos e qualitativos completam-se e podem mutuamente se elucidar.

Não ignorando, portanto, os serviços que as análises quantitativas prestam à história, introduzindo em seus estudos maior precisão, acreditamos, porém, que em nosso campo as tendências são mais reveladoras e mais fecundas do que a constatação pura e simples do *fato exato,* se é que esta situação existe ou pode ser alcançada, uma vez que, estando a história vinculada ao tempo, seu objeto apresenta-se em estado de constante mudança, mesmo quando as estruturas denotam, aparentemente, uma perfeita imobilidade.

Lendo, por exemplo, os relatórios dos delegados regionais do censo de 1920, o que será mais significativo para o historiador? Ter dados exatos sobre as áreas rurais da Paraíba do Norte, ou saber que seus lavradores ignoram o valor ou a renda de suas propriedades, o que denota um certo estágio econômico e cultural, em que o valor, o lucro, não têm o significado que lhes é atribuído nas sociedades mais desenvolvidas, particularmente nas de tipo capitalista? Mas tudo indica que, para a posição anti-histórica da geração atual, a mística do número comporta maior segurança e traz maior satisfação.

Pesquisas efetuadas no Arquivo Nacional e no Arquivo Estadual de São Paulo induzem-nos a expressar a opinião de que para análises quantitativas relativas à maior parte da época em consideração, as fontes impressas ainda são as mais importantes por nos oferecerem séries mais contínuas. Quanto às qualitativas, os arquivos, naturalmente, não devem ser desprezados. Chamamos, contudo, a atenção para o fato de que se deve, em se tratando de documentos oficiais, iniciar as buscas nas fontes já impressas como relatórios, mensagens, anais parlamentares, etc., cujas informações serão depois completadas com a leitura de manuscritos. Do contrário correr-se-ia o risco de duplicar-se o serviço. Achamos mesmo que essas fontes impressas têm sido mal aproveitadas e merecem ser examinadas com maior cuidado. Os Anais do Parlamento ou do Congresso particularmente têm sido, em geral, ignorados como fontes de informação do nosso passado econômico. Valiosos são os pareceres das diferentes comissões, particularmente os da do orçamento.

Retornando, porém, às fontes manuscritas, cumpre assinalar que o Arquivo Nacional (Rio de Janeiro) é particularmente rico quanto à documentação referente ao século XIX. Já a República, mais interessada no presente e no futuro, não se preocupou muito em recolher e conservar os testemunhos do passado. Na seção histórica encontram-se dois acervos principais: 1) o da Real Junta do Comércio, Agricultura, Fábricas e Navegação que se referem à primeira metade do século XIX, e 2) o do Ministério da Agricultura, Comércio e Obras Públicas, cuja documentação data da segunda metade do século XIX, pois o Ministério foi criado em 1861.

Destacam-se, no primeiro, os documentos concernentes aos pedidos de privilégios, empréstimos e licenças para o estabelecimento de fábricas, através dos quais pode-se acompanhar as primeiras tentativas de industrialização e os primeiros esforços de aperfeiçoamento tecnológico, principalmente no setor agrícola. Há ainda informações sobre obras públicas executadas, projetos de estradas de ferro, tratados de comércio, mapas de importação e exportação, questões relativas a navios negreiros capturados pelos ingleses, salários de empregados públicos e estabelecimentos de ensino comercial.

Relativamente ao segundo, o material pertencente à Inspetoria Geral de Terras e Colonização é da maior importância para a compreensão do desenvolvimento sócio-econômico do período imperial. Permite-nos traçar a ação governamental nas décadas de 1860-1870, no sentido de tentar executar uma verdadeira política de legitimação das posses de terra, sua melhor e maior utilização, objetivando particularmente incentivar a colonização e a imigração.

A maioria dos documentos consiste em traslados de medição vinculados, em geral, a um processo de legitimação da posse das terras. De grande interesse são as plantas das propriedades que acompanham o processo, indicando por exemplo o aproveitamento do solo, as matas existentes, além de "árvores testemunhas," marco, etc. Fornecem, assim, elementos para o estudo do desenvolvimento da agricultura ou da pecuária e da utilização da terra. Os dados referem-se a várias províncias, sendo porém mais ricos em relação às do Sul (São Paulo, Paraná, Santa Catarina, e Rio Grande do Sul). O material relativo às províncias do Norte apresenta esclarecimentos sobre a situação do índio no século XIX.

O mencionado acervo oferece também lista de imigrantes, permitindo estudos sobre população e mão-de-obra, e questionários que revelam a preocupação do Governo Imperial em relação aos colonos (estrangeiros ou nacionais), política que pode indicar um programa público de bem-estar social eivado de certo paternalismo peculiar à época.

A documentação relativa à Inspetoria Geral de Terras e Colonização completa-se com o Códice no. 861 que abrange período anterior (1842-1845) e particularmente o de no. 559 que possui material de maior importância para pesquisas sobre colonização, imigração (externa e interna), população, mão-de-obra e utilização do solo.

O acervo relativo ao Ministério da Agricultura oferece, além da seção de Terras e Colonização, material sobre transportes (estradas de ferro, navegação fluvial) no período de 1854 a 1880, estado da tecnologia (principalmente a documentação referente às concessões de privilégios) e a participação estrangeira.

Embora não tão ricos e completos quanto os de São Paulo, possui o Arquivo Nacional mapas de população referentes a várias províncias: Alagoas (1833-1849), Maranhão (1834-1848), Piauí (1833-1849), Ceará (1833-1849), Rio Grande do Norte (1830-1870), Paraíba do Norte (1847-1861), Pernambuco (1848-1849), Sergipe (1834-1848), Bahia (1832-1849), Rio de Janeiro (1835-1848).

Outros códices de interesse para estudos sócio-econômicos são os seguintes: no. 751 que apresenta dados sobre a alfândega do Rio de Janeiro nos anos de 1878-1879 e 1888-1889 e demonstra as rendas alfandegárias desde 1808 até 1885-1889 (impresso); confronta a renda alfandegária com a receita geral e faz observações sobre a regulamentação da arrecadação, como alterações nas taxas dos direitos de importação, armazenagem, ancoragem, direitos de exportação, baldeação e reexportação. Códice no. 279 que consta de seis volumes de documentos relativos a Consultas do Conselho de Estado e Negócios do Império (1842-1860) sobre vias de comunicação, oferecendo valiosas informações sobre linhas de navegação a vapor, estradas de ferro, transporte urbano e conotações estreitas com o comércio interno e fluxo internacional de capital; sobre indústrias diversas, mas particularmente de fiação e tecelagem de algodão; atividades agro-pastoris, urbanização do Rio de Janeiro, instrução, companhias de seguro (inclusive contra a mortalidade de escravos, em 1854); e mineração. Há uma série de requerimentos que revelam a dinamização dos negócios na década de 1850. Códice no. 783: Pareceres do Conselho de Estado (1876-1884), 4 volumes sobre navegação a vapor, estrada de ferro, empresas diversas (comercial, industrial, companhias de seguro, sociedades de crédito e bancos); representações e ofícios de câmaras municipais sobre melhoramentos urbanos; vários documentos sobre a questão do elemento servil. Finalmente o voluminoso códice no. 807 composto de inúmeras "memórias," algumas de importância capital para o estudo sócio-econômico do período, e que deixamos de assinalar pois existe um índice das mesmas. Consta de escritos particulares, em sua maior parte versando sobre ensino, colonização, imigração, índios, socorros públicos, comércio, indústria, estradas de ferro, navegação, comunicações, urbanização, movimentos filantrópicos e estudos técnicos (geológicos, de engenharia, abastecimento de água, gás, construção civil, etc.). Cobrem, em geral, o período de 1832 a 1889.

Além da documentação da seção histórica, cumpre assinalar a existente na seção dos Ministérios onde encontra-se material de grande importância embora disperso, destacando-se a correspondência dos presidentes de província com o Ministério do Império, onde se registra as ocorrências e a situação econômico-financeira das diferentes províncias e através da qual pode-se obter informações valiosas sobre problemas de ordem regional e local.

Quanto ao Arquivo Público do Estado de São Paulo, os dados mais abundantes são relativos à política de colonização, núcleos coloniais e imigração. Sobre esta há uma série bastante longa (1854-1891) dando a entrada e destino dos imigrantes que se dirigiam para os municípios do oeste paulista, assim como informações sobre problemas de adaptação enfrentados pelos ádvenas. São de interesse os relatórios sobre os núcleos coloniais pelo que esclarecem a respeito da qualidade das terras, estradas, população e sua nacionalidade, culturas (área e espécies cultivadas), produção (volume e valor), máquinas e implementos agrícolas utilizados, fábricas e oficinas existentes e estado da instrução pública.

Série importante é a relativa à estatística eleitoral de São Paulo, capital e municípios (1847-1890), onde se computam o nome, idade, filiação, estado civil, profissão e domicílio dos eleitores. Para a década de 1870 especifica-se também a renda e grau de instrução.

A documentação sobre estradas de ferro é extensa e variada. Anualmente as ferrovias apresentavam ao presidente da província e posteriormente ao governador do Estado, seus relatórios "sobre as principais ocorrências," através dos quais pode-se conhecer a expansão da rede ferroviária de São Paulo, sua rentabilidade, cargas e demais aspectos. Os da São Paulo-Jundiaí informam as remessas para Londres.

Sobre a mão-de-obra escrava os dados são dispersos e referem-se a problemas relativos à extinção do tráfico, levantes, fugas e busca de escravos, bem como relatórios de sua emancipação por conta da quota do Fundo de Emancipação.

Outra série longa (1849-1889) refere-se à alfândega de Santos e consta de relatórios sobre ocorrências gerais, obras e melhoria do porto, correspondência e alguns mapas estatísticos da exportação e importação.

A atuação governamental, através de subvenções a várias entidades particulares (escolas, associações beneficentes, sociedades comerciais, principalmente manufatureiras e engenhos), visando o aperfeiçoamento da agricultura, pode ser apreciada através da documentação da Secretaria do Interior (1872 a 1932, com algumas falhas). Existem também relatórios de engenhos centrais a juros garantidos pelo Estado. Alguns datam de 1888-1889, mas a maioria de 1892. Inúmeros relatórios de variadas comissões do início do período republicano denotam a preocupação da administração pública com as melhorias urbanas, tanto no sentido

urbanístico propriamente dito, como em relação ao saneamento. Sobre este tópico há documentação importante referente à capital de São Paulo e Campinas.

A documentação concernente aos bancos (1865-1892) inclui não só balancetes das organizações bancárias existentes, nacionais e estrangeiras, mas fornece esclarecimentos sobre suas ligações com outras atividades e interesses econômicos, particularmente certos vínculos com a política de colonização e imigração, relação de acionistas, empréstimos ao governo e tentativas de organização do crédito agrícola. Através dos dados relativos a 1891 vislumbra-se o papel desempenhado por certos bancos em relação a indústrias recém-criadas graças aos estímulos do Encilhamento.

Em conclusão, muito há ainda para se fazer no campo da história econômica do Brasil. Há alguns estudos de valor, dedicados a análises mais especializadas, mas são pouco numerosos. Há as grandes sínteses interpretativas que abrem perspectivas, sugerem problemas, mas que se ressentem muitas vezes da ausência de pesquisas mais aprofundadas. Nota-se na década de 1930 e, principalmente, na de 1940 uma grande atividade no campo da pesquisa séria, fruto certamente, das correntes renovadoras que despertam já nos anos de 1920, mas que só irão atuar plenamente no campo científico, após 1930. A Segunda Guerra Mundial e o engajamento político que se seguiu, veio de certo modo interromper ou dar novo sentido ao processo. A atuação tornou-se mais importante e a pesquisa ressentiu-se, pode-se dizer, dessa nova orientação. É verdade que problemas até então intocáveis são levantados e discutidos. Tomou-se consciência do subdesenvolvimento do país e o tema polarizou a atenção de nossos cientistas sociais e economistas. Os historiadores foram menos atingidos, certamente por falta de um treinamento adequado. A jovem geração demonstra, entretanto, um interesse crescente por estas questões. Seria de importância capital para o futuro de nossa história econômica que teoria e pesquisa se unissem para um mais completo conhecimento do nosso passado, afim de que possamos compreender melhor o presente.

# B. BIBLIOGRAFIA*

## I. Obras Gerais e de Referência

### 1. Obras de referência e dados estatísticos

**1067.** Anuário político, histórico e estatístico do Brasil. Rio de Janeiro, Firmin Didot, 1846-47. 2 v.

Publicação bastante útil e informativa. Divide-se em quatro partes: (1) Política: faz referências a discursos da coroa, relatórios dos ministros, leis votadas e decretadas. (2) Histórica: relata os principais acontecimentos do ano, descobertas e novas instituições. (3) Estatística: oferece dados sobre o comércio, manufaturas, agricultura e população. (4) Parte necrológica. No primeiro volume, a seção referente à demografia traz várias estimativas de população geral do país, desde o censo de 1798 e mapas populacionais das diferentes províncias segundo as estimativas de vários autores, em diferentes anos. O quadro literário oferece a lista das publicações periódicas da Capital e Províncias. O quadro financeiro e comercial é extraído do *Retrospecto Comercial do Jornal do Comércio* (1204). Há dados sobre a entrada de estrangeiros no Rio de Janeiro e mortalidade nesta cidade, 1835-45, segundo Relatório do Ministério do Império. Apresenta a seguir, notícias e informações sobre as diversas províncias. O segundo volume segue, em geral, a distribuição de matéria adotada no primeiro volume.

(BNRJ)

**1068. Brasil. Diretoria Geral de Estatística.** Anuário estatístico do Brasil. Rio de Janeiro, 1908-12, 1936, 1937, 1939-40. 4 v.

Contém dados referentes às áreas nacional e estadual. Produção em geral, 1908-12; água, 1920-39; pecuária, 1900-09, 1912, 1916, 1920, 1928; mineração, 1920-39; indústria, 1907, 1914-38; comércio externo, 1821-39; comércio interno, 1900-12; transportes: ferroviário, 1854-1939; automotor, 1908-37; aquático, 1907-12; aéreo, 1927-39; dívida pública, 1824-1931; moeda e bancos, 1821-1939; população e migrações, 1776-1939; impostos, 1823-1939; propriedade imobiliária, 1890-1931; salários, 1924-34; preços, 1893-1937; educação, 1871-1938.

**1069. Brasil. Diretoria Geral de Estatística.** Recenseamento de 1920. Instruções para a apuração do censo demográphico. Rio de Janeiro, Typ. da Estatística, 1922. 31 p.

As instruções estão divididas em 6 partes: 1) arquivo dos impressos; 2) preparo das listas para apuração e transformação em cartolinas das informações referentes aos ausentes e hóspedes; 3) perfuração das cartolinas; 4) separação e contagem das cartolinas; 5) estatística predial e 6) revisão e registro dos resultados nos quadros finais, p. 3-10. Modelos anexos, p. 11-31.

**1070. Brasil. Diretoria Geral de Estatística.** Recenseamento do Brasil realizado em 1 de setembro de 1920. Rio de Janeiro, Typ. da Estatística, 1922-30. 5 v.

Contém dados referentes às áreas nacional, provincial e municipal para 1872-1920: agricultura (cereais, açúcar, café, outros produtos agrícolas e outros produtos tropicais), 1920; gado (vacum, ovino e outros), 1920; produção de sal, 1907, 1912 e 1920; indústria extrativa vegetal em geral, 1919-20; borracha, 1920; indústria (manufaturas, alimentos, têxtil), 1850-1913 e 1919-20; despesas com transportes, 1919; construção urbana e rural, 1920; população e migrações, 1872, 1890, 1900 e 1920; tecnologia, 1920; administração pública (impostos), 1919; empresas, 1889-1920; propriedade, 1920; emprego (mão-de-obra), 1872, 1900, 1907, 1912, 1919, 1920; salários, 1919-20.

**1071. Brasil. Diretoria Geral de Estatística.** Recenseamento do Brasil realizado em 1 de setembro de 1920; custo dos inquéritos demográphico e econômico. Rio de Janeiro, Typ. da Estatística, 1923. 36 p.

Os objetivos desta publicação: prestar contas das despesas efetuadas e servir como base para o cálculo do orçamento de recenseamentos futuros.

**1072. Brasil. Diretoria Geral de Estatística.** Relatório. Rio de Janeiro, 1903, 1907, 1915-17, 1922-29.

Contém dados referentes às áreas nacional, provincial e municipal para 1776-1929. Agricultura (cereais, café, outros produtos agrícolas e outros produtos tropicais), 1911-20; açúcar, 1911-12; gado (vacum, ovino e outros), 1908-09, 1913, 1916 e 1919-20; indústria (manufaturas, produtos alimentícios, têxtil), 1850-1918 e 1919-20; comércio exterior 1890-1928; transportes, ferroviário, 1854-1928; automotor, 1913 e 1923-26; aquático, 1889-1922; construção urbana, 1920; hipotecas e transações de imóveis, 1909 e 1922-26; moeda e bancos, 1908-26; população e migrações, 1776-1929; administração pública (impostos), 1914-49; empresas, 1913-16 e 1929; emprego, 1912 e 1919; preços, 1908-09; educação, 1901-14 e 1920, 1927-28. O volume de 1907 refere-se ao censo de 1900.

*Os editores querem agradecer a revisão cuidadosa desta bibliografia por Warren Dean.

**1073. Brasil. Diretoria Geral de Estatística.** Relatórios apresentados ao Ministério do Império. Rio de Janeiro, 1873-78.

Esses relatórios apresentam valiosos dados, embora nem sempre completos, sobre a instrução pública (ensino primário, secundário, clássico e técnico); população escrava (óbitos, manumissões, entradas em certas províncias). O de 1878 traz um quadro comparativo da população escrava em 1872 com a de 1876 e outro sobre o número de escravos por município. Há considerações sobre o recenseamento de 1872; divisão judiciária eleitoral e administrativa e diversas colônias. O de 1874 apresenta a dívida passiva das diversas províncias desde o Ato Adicional; dados sobre a projetada província do Rio São Francisco que incluiria municípios da Bahia, Pernambuco, Minas Gerais, sobre as quais dá informações, não completas embora, sobre a renda, produção (espécie e valor), exportação (valor e gêneros), importação (valor e gêneros), número de engenhos, fábricas, oficinas, número de trabalhadores livres e escravos.                                        (BIBGE)

**1074. Brasil. Diretoria Geral de Estatística.** Relatórios apresentados ao ministro de Indústria, Viação e Obras Públicas. Pelo diretor geral, Rio de Janeiro, 1901-25.

Continuação dos relatórios dirigidos, antes da República, ao Ministério do Império, basicamente oferece as mesmas informações (instrução pública, registro civil, divisões judiciárias, eleitoral e administrativa) enriquecidas porém de dados sobre outras atividades e dando grande ênfase ao movimento imigratório. O relatório de 1902, oferece um quadro geral da imigração, 1855-1901. Faz também considerações sobre o censo de 1900. O de 1915 apresenta dados sobre os núcleos coloniais no período de 1908-12 e um quadro da população por estado de 1900-12. Dá preços da carne verde, 1908-09 e estatística das sociedades comerciais, 1913-14. O de 1916-17 traz estimativas sobre a população por estados além de outros dados sobre comércio externo, estradas de ferro, navegação, etc.                                        (BIBGE)

**1075. Brasil. Diretoria Geral de Estatística.** Resumo de várias estatísticas econômico-financeiras. Rio de Janeiro, Typ. da Estatística, 1924. 175 p.

Dados referentes às áreas nacional e provincial para 1703-23. Agricultura (cereais, açúcar, café, outros produtos agrícolas e outros produtos tropicais), 1919-23; gado (vacum, ovino e outros), 1920; sal, 1920; indústria extrativa vegetal e borracha em particular, 1919-23; indústria (manufatura, alimentos, têxteis), 1920; comércio exterior, 1883-1922; transportes: ferroviário, 1854-1922, aquático, 1839-1922; construção urbana e rural, 1909-19; dívida pública, 1912-21; moeda e bancos, 1703-1923; população e migrações, 1872-1920; estado (impostos), 1893-1922; empresas, 1920; emprego, 1911, 1920-21.

**1076. Brasil. Ministério da Agricultura, Indústria e Comércio.** Dados estatísticos; movimento econômico do Brasil. Rio de Janeiro, Imprensa Nacional, 1918. 53 p.

População do Brasil: 1872, 1890, 1900, 1910, 1917; crescimento médio anual, 1872-1912; navegação de longo curso e de cabotagem, 1840, 1880, 1903, 1913-17: nacionalidade e

tonelagem dos navios, entrada e saída dos portos: extensão das estradas de ferro brasileiras, 1854, 1860, 1870, 1890, 1900, 1910, 1912, 1917; entrada de imigrantes, total 1839, 1880, 1913, 1916; por nacionalidade 1820-1916; valor das exportações, 1880, 1885, 1890, 1895, 1900-17; valor das importações, 1880, 1885, 1890, 1895, 1900-04; importações e exportações por estados, 1913 e 1917; valor dos principais produtos brasileiros exportados, 1880-1917; principais países importadores, por produto, 1913; valor total importado por país; número de estabelecimentos industriais, capital, valor da produção, número de operários por estado, 1915(?); indústria têxtil (fiação e tecelagem), número de fábricas, capital, número de trabalhadores, valor da produção, algodão, lã, juta, seda, 1915(?); importação de carvão de pedra, 1912-17.

(BDEESP)

**1077a. Brasil. Ministério da Fazenda.** Quadros estatísticos do Brasil, 1928-1935. Rio de Janeiro, Typ. da Diretoria de Estatística Econômica e Financeira, 1936. 105 p.

**1077b.** _____. _____. Quadros estatísticos do Brasil, 1932-39. Rio de Janeiro, Imprensa Nacional, 1940. 258 p.

Contém dados referentes às áreas nacional e estadual. Agricultura (cereais e outros produtos agrícolas, 1928-36, (açúcar e café), 1913-38; pecuária, 1920, 1928-29; mineração (ouro), 1928-35, (sal), 1913-38, (outros), 1913-38; manufaturas, alimentos, têxteis, 1913-38; transportes: ferroviário, 1913-38, aquático, 1913-38, aéreo, 1913-38; comércio externo, 1821-1935; comércio interno, 1913-38; construção urbana e rural (hipotecas), 1909 e 1929; dívida pública, 1929-35; moeda a bancos, 1913-38; população e migrações, 1872, 1887-1938; preços, 1912-38.

**1078. Brasil. Ministério do Trabalho. Departamento Nacional de Indústria e Comércio.** Sociedades mercantis autorizadas a funcionar no Brasil (1808-1946). Rio de Janeiro, Departamento Nacional de Indústria e Comércio, 1946. 153 p.

Trabalho de grande utilidade. Reune todos os atos do governo, relativos às empresas, nacionais ou estrangeiras, autorizadas a funcionar no território nacional e expedidos no período de 1808 a outubro de 1946. Apresenta quatro colunas: a primeira corresponde à data do ato, a segunda ao número do decreto, a terceira à sede da empresa e a quarta contém observações relativas à aprovação, reforma ou alterações dos estatutos; extinção eventual da sociedade; aumento ou redução do capital; transferência de direitos e obrigações; alteração de denominação. As companhias nacionais estão agrupadas separadamente das estrangeiras. Na primeira página há um gráfico indicando o crescimento comparativo entre as nacionais e estrangeiras.                                        (BMSP)

**1079. Brasil. Ministério do Trabalho, Indústria e Comércio.** Brasil today. Rio de Janeiro, Ministério do Trabalho, 1931. 216 p.

Dados sobre as áreas nacional e provincial. Agricultura (cereais), 1921-30, (café), 1888-89, (outros produtos agrícolas), 1922-30, (outros produtos tropicais), 1900-30; gado, 1920-30 e (discriminado por tipo) vacum, ovino e outros, 1920;

indústria extrativa vegetal, 1920-30, borracha, 1921-30; valor da produção industrial, 1819, 1914, 1920 e 1926; indústria alimentícia, 1921-30; indústria têxtil, 1915 e 1924-30; comércio exterior, 1910-30; comércio interno, 1921-30; transportes: ferroviário, 1928-31, aquático, 1910-29 e aéreo, 1927-30; dívida pública, 1883-1927 e 1931; população e migrações, 1776-1930; moeda e bancos, 1912-30; salários rurais, 1930; educação, 1929.

**1080.** Le Brésil économique; annuaire du Brésil économique, 1913. Rio de Janeiro, L. Mayence, s. d. 986 p.

Dados referentes às áreas nacional e provincial para 1901-12. Agricultura (cereais), 1910-11, (outros produtos agrícolas), 1911, (açúcar), 1908-12; sal, 1911; indústria extrativa vegetal, 1892-1910; indústria em geral, 1911-12; manufaturas, alimentos e têxteis, 1911; comércio exterior, 1901-12; comércio interno, 1911; transportes: ferroviário, 1854-1911, aquático, 1907-12; dívida pública, 1901, 1906, 1910-12; moeda e bancos, 1911; população e migrações, 1908-11; estado (impostos), 1910-11; empresas, 1907, 1910 e 1911; emprego, 1911-12; educação, 1800-1912. Número de fábricas, quantidade, valor da produção e imposto de consumo pago por cada grupo de mercadorias: fumo, bebidas, fósforos, sapatos, velas, perfumarias, produtos farmacêuticos, vinagre, conservas alimentares, cartas de jogar, chapéus e guarda-chuvas, bengalas, tecidos, sal. Indústrias por estado: número de trabalhadores. Casas de comércio por estado: casas atacadistas, casas a varejo (primeira, segunda e terceira classes), total. Hipotecas feitas, 1900-09. Lista das Sociedades Anônimas registradas na Associação Comercial do Rio de Janeiro e capital de cada uma, 1911. Empréstimos externos, públicos e privados que têm os seus títulos quotados na Bolsa de Paris. Descrição e objetivos da instituição de cada empréstimo federal, estadual e privado. Descrição sumária de cada estado, 1905-11: população, produção, riquezas mineral e agrícola, exportação e importação, orçamento, dívida externa e interna, regime tributário, transporte, portos, instrução pública, gastos feitos com instrução pública em cada estado de 1800 a 1912, regulamentação das leis referentes a concessões de quedas d'água e a minas em Minas Gerais. Estradas de ferro, da União, arrendadas, 1906 e 1911. Extensão em tráfego de cada uma, quantidade transportada (passageiros e carga), fretes cobrados, receita e despesa quilométricas médias para cada estrada de ferro e linha, 1907, 1910 e 1911. Taxa de arrendamento e quotas pagas pelas estradas arrendadas pela União. Situação e movimento financeiro de cada estrada da rede e de ferrovias sob controle da Inspecção Federal de Estradas de Ferro, 1911. Emissão de apólices para a construção de ferrovias. Extensão, em tráfego, das estradas de ferro brasileiras, 1854-1911. Material rodante (existente em serviço, em reparo, fora de serviço, aquisições), quantidade e receita de passageiros e carga (serviço pago e gratuito) de cada estrada pertencente e administrada pela União, 1907-11. Estradas de Ferro em construção, 1911; para cada estrada de ferro: data do contrato, início da construção, extensão, linha e tráfego, dezembro de 1911, linha a construir, valor dos trabalhos efetuados, forma de pagamento, empreendedores, arrendatário. Decreto 3617 (19 de março de 1900) de revisão de tarifas. Decreto 1103 (21 de novembro de 1903) sobre tarifas consulares. Lei 3129 (5 de janeiro de 1912) e decreto 9521 (17 de abril de 1912) sobre a defesa econômica da borracha. Lei 3129 (14 de outubro de 1882) regulamentando a concessão de patentes a invenções e descobertas industriais. Regulamentação do uso de marcas de fábrica e de comércio. Tabela das tarifas aduaneiras para cada mercadoria (direitos, razão, % em ouro). Lista dos principais exportadores de produtos do Brasil (nome, endereço), 1912(?). Relatório do Ministério da Fazenda, 1912. Resumo histórico da política tarifária no Brasil. Total da importação e exportação de espécies metálicas, 1901-12. Exportação dos nove principais artigos, 191'-12 (valor, quantidade, preço médio). Total da exportação de mercadorias nacionais por origem, 1911-12, por estado e porto. Total de exportação de mercadorias nacionais pelos principais países de destino, 1911-12. Exportação pelos portos de origem e países de destino, 1911-12 (quantia e valor) de café, borracha, mate, couro, cacau, algodão, fumo, peles, açúcar, manganês, areia monazítica. Importação de mercadorias: valor de cada mercadoria, 1910-12; valor da importação por país de origem, 1909-12; gráfico para o período de 1909-11. Entradas e saídas de navios dos portos brasileiros, 1912: número e tonelagem dos navios de cada nacionalidade e por porto. Total de entradas e saídas de navios, nacionais e estrangeiros, 1907-12. Movimento de passageiros e de mercadorias, 1911; das companhias que gozavam das prerrogativas ao Lloyd, exceto subvenção (vinte companhias). Movimento dos portos; descrição e capital empregado nos trabalhos executados em cada porto durante o ano de 1911.                                    (BDEESP)

**1081. Centro Industrial do Brasil.** O Brasil; suas riquezas naturais; suas industrias. . . . Rio de Janeiro, Orosco, 1908-09. 2 v.

Contém dados referentes às áreas nacional, provincial e municipal para 1824-1908. Agricultura (cereais), 1901-03, (outros produtos agrícolas), 1901-07, (açúcar), 1900-06, (café), 1882-1907, (outros produtos tropicais), 1900-08; gado (vacum, ovino e outros), 1907; ouro, 1896-1907; sal, 1900-07; outros minerais, 1901-08; indústria extrativa vegetal e borracha, 1827-1908; indústria (manufaturas, alimentos, têxteis), 1907; comércio exterior, 1827-1908; transportes: ferroviário, 1854-1907, aquático, 1907-08; dívida pública, 1824-1908; empresas, 1907; emprego, 1907. Há tradução inglesa pela mesma editora: *Brazil, its natural riches and industries.* Rio de Janeiro, Orozco, 1908-09. 2 v.

**1082. Gonçalves, Carlos Alberto Stoll.** Brasil. Rio de Janeiro, Litotipografia Fluminense, 1930. 133 p.

Dados referentes às áreas nacional e provincial para 1854-1929. Agricultura (cereais e outros produtos agrícolas), 1921-29, (café), 1889-1929, (outros produtos tropicais), 1921-29; mineração em geral, 1925-38, ouro, sal e outros produtos, 1929-38; indústria extrativa vegetal e borracha em particular, 1929-38; indústria (manufaturas, alimentos, têxteis), 1911-37; comércio exterior, 1918-29; transportes: ferroviário, 1854-1929, aquático, 1910-29, aéreo, 1927-29; construção urbana no Distrito Federal, 1929; dívida pública, 1928-29; moeda e bancos, 1912-29; população e migrações, 1776-1930; estado (impostos), 1900-30; educação no Distrito Federal, 1930.

**1083. Wileman, J. P.,** *ed.* The Brazilian year book; issued under the patronage of the Brazilian government. 1st—2nd issue; 1908-1909. Rio de Janeiro and New York, Brazilian Year Book and G. R. Fairbanks, [1908-09]. 2 v.

Leis de patentes e marcas comerciais. População do Brasil, estados e suas capitais, 1872, 1890 e 1900. População dos estados e sua área, 1907. Alterações de tarifas, 1908. Movimento do meio circulante brasileiro de 1860 a 1906: meios de pagamento em circulação (em mil reis e ££), papel moeda em circulação, *per capita*. Lei de conversão, movimento de Caixa de Conversão, taxa média oficial de câmbio. Exportação e importação por artigo de cada estado brasileiro, 1908: quantidade e valor *cif* em £ para cada porto ou cidade de fronteira. Importação por país de origem e por distrito alfandegário do Brasil: dados para todo o Brasil, 1902-06, valor em *cif* (mil reis e £). Exportação por portos de embarque e por país de destino, 1902-06; dados para todo o Brasil, valor *fob* (mil reis e £). Valor das importações *(cif)* e exportações *(fob)*, 1886-1906 (mil reis e £). Receita e despesa federal, 1860-1906. Mil reis ouro e papel, equivalente em £. Discriminação da receita e despesa de cada estado, 1901-06 (mil reis e £). Dívida brasileira interna e externa (federal, estadual e municipal) em mil reis e £, 1824-1907. Dívida federal, 1861-1906 e de cada estado, 1900-06. Dívida fundada e flutuante em mil reis e £. Dívidas das cidades de São Paulo e Santos, 1884-1906. Descrição histórica e geral de cada estado: população, educação, ferrovias, bancos, produção local. Condições e legislação da mineração em cada estado. Movimento de navios por portos: número de chegadas e partidas, tonelagem dos navios de cada nacionalidade, 1902-06. Descrição de cada uma das ferrovias do país: bitola, capital empregado, custo da construção, tráfego de passageiros e de carga, gastos com pessoal e material, 1884-1905, receita e gastos da linha, 1858-1905. Embarque de café, borracha, cacau, 1850-1907 (quantidade e valor de cada produto), entrada nos portos, embarque por porto de origem, embarque por país de destino. Títulos governamentais (federal, estadual e municipal) no país e no exterior, 1883-1907, data da autorização, taxa de juro, quotação em dezembro de 1907. Remanescente (outstanding) em 31 de dezembro de 1907. Sociedades anônimas operando no Brasil, nacionais e estrangeiras (por país de origem), endereço, data de incorporação, objetivo, capital, títulos de dívida, balanço.                (BDEESP)

## 2. Fontes de antecedentes e arquivos públicos

**1084. Azevedo, Fernando de.** A cultura brasileira. 2. ed. São Paulo, Companhia Editora Nacional, 1944. 549 p.

A obra constitui o tomo primeiro do volume primeiro (*(Introdução)* da série das publicações do *Recenseamento geral do Brasil* de 1940. É portanto uma espécie de balanço da sociedade brasileira e suas realizações nos setores materiais e culturais, assim como de sua evolução. Bastante informativa sobre os aspectos gerais da vida brasileira. Bibliografia geral e bibliografia especial para cada capítulo.

**1085. Bello, José Maria.** História da República (1889-1954). 5. ed. São Paulo, Companhia Editora Nacional, 1964. 426 p.

Embora não inteiramente satisfatória, principalmente falha em relação aos fatos econômicos, é praticamente a única síntese existente sobre o período.

**1086. Besouchet, Lidia.** Mauá e seu tempo. São Paulo, Editora Anchieta, 1942. 258 p.

Biografia agradavelmente escrita onde se procura projetar a figura de Irineo Evangelista de Souza, Barão e depois Visconde de Mauá, engrandecida, contra o pano de fundo de uma sociedade atrasada, tradicional e rotineira. A autora diz

ter consultado documentação inédita, mas há poucas referências, quase nenhuma a essas fontes. No final da obra transcrição de algumas cartas de Mauá, de sua correspondência no Rio da Prata publicada posteriormente pela autora sob o título: *Correspondência política de Mauá no Rio da Prata.* São Paulo, Companhia Editora Nacional, 1943.

**1087. Blancato, Vicenzo S.** Conte Francesco Matarazzo. São Paulo, Monteiro Lobato, 1925. 521 p.

O autor se preocupa fundamentalmente com o papel proeminente do seu biografado enaltecendo a todo instante os seus dotes morais e de homem de empresa. Fixa-se quase unicamente na pessoa de Francesco Matarazzo e quase nada nos apresenta do período em que o personagem viveu, embora na primeira parte tenha tentado fazê-lo, quando inicia com a proposição de estudar a civilzação do século XX e comparar a figura de Matarazzo com Rockefeller, Carnegie, etc. Faz depois um estudo praticamente genealógico reportando-se aos ancestrais de Francesco Matarazzo e à sua vida entre os membros da família. Tenta ainda algumas incursões pelo mundo econômico discutindo as instituições comerciais, industriais e financeiras. Procura fazer uma crítica social no último capítulo desta parte, mas sempre se prende mais ao personagem ou toca nos assuntos superficialmente. Na segunda parte estuda a colônia italiana, os problemas ligados à imigração italiana para o Brasil e a participação de São Paulo na vida econômica do país. Sempre laudatório, mostra o papel do conde na vida econômica brasileira sem oferecer dados estatísticos ou informações de alto valor para o conhecimento do período. Apresenta algumas fotografias como ilustração. É obra superficial.                (BMSP)

**1088. Buarque de Holanda, Sérgio, *ed*.** História geral da civilização brasileira. São Paulo, Difusão Européia do Livro, 1960—.

Já foram publicados dois tomos desta História geral. O primeiro, em dois volumes, sob o título: *Época colonial;* o segundo, em cinco volumes: *O Brasil monárquico.* Apesar de se tratar de uma história geral, no que diz respeito à história econômica, vale destacar (no volume 2, tomo 1) a atuação do primeiro banco do Brasil; (no volume 2, tomo 3) o tráfego africano e o processo da abolição, a mão de obra escrava na grande lavoura, tipos de colonização, industrialização, estradas de ferro, e a grande lavoura. De muita utilidade. [SJS]

**1089. Campos Salles, Manuel Ferraz de.** Da propaganda à presidência. São Paulo, 1908. 448 p.

Obra importante para se conhecer a ideologia republicana e os fundamentos da política da Primeira República.

**1090. Cruz Costa, João.** Contribuição à história das idéias no Brasil; o desenvolvimento da filosofia no Brasil e a evolução histórica nacional. Rio de Janeiro, Olympio, 1956. 484 p.

Como o subtítulo indica, o autor procura relacionar o desenvolvimento da filosofia no Brasil e a evolução histórica nacional, dando grande ênfase à herança européia e às formas que este legado adquiriu ao contacto de realidades concretas brasileiras e em face à experiência histórica do Brasil. Obra de consulta indispensável não só para o estudo da história das idéias como também para a compreensão do comportamento do Brasil como nação.

**1091. Faria, Alberto de.** Mauá: Irenêo Evangelista de Souza, Barão e Visconde de Mauá, 1813-1889. 2. ed. São Paulo, Companhia Editora Nacional, 1933. 568 p.

Biografia clássica de Mauá, tendo o autor procurado reunir a documentação esparsa relativa ao biografado. Ênfase dada às atividades empresariais e às relações pessoais e políticas. Pouca atenção dispensada à época.

**1092. Ferreira de Rezende, Francisco de Paula.** Minhas recordações. Rio de Janeiro, Olympio, 1944. 451 p. (Coleção documentos brasileiros, dirigida por Octavio Tarquinio de Sousa, 45).

Documento de vivo interesse para a vida social, familiar e dos costumes brasileiros, em geral, e mineiros, em particular, durante o período de 1830-90. O autor, nascido em Campanha (Minas Gerais) e que foi juiz, fazendeiro de café e ministro do Supremo Tribunal Militar, relata festas familiares e populares; descreve a vida nas cidades e fazendas e as relações entre senhores e escravos. Narra sua primeira viagem à Corte em 1839, sua vida acadêmica em São Paulo e faz comentários sobre o estado da sociedade em 1842. Informações sobre a cidade de Leopoldina (Minas Gerais) e sobre a situação financeira em 1885. Interessa mais à história social.     (BMF)

**1093. Freire, Felisbelo Firmo de Oliveira.** História territorial do Brazil. Rio de Janeiro, Typ. Jornal do Commercio, 1906. 1 v.

Felisbelo Freire planificou a apresentação de sua obra em cinco volumes, de acordo com os cinco centros de povoamento considerados pelo autor. Somente o primeiro deles foi publicado. Nele é feito o estudo relativo aos atuais estados da Bahia, Sergipe e Espírito Santo. Alicerçado em farta documentação, estuda as diferentes etapas do povoamento do território brasileiro desde o século XVI até o ano de 1900. Fatores de ordem econômica, social e religiosa que influíram, direta ou indiretamente, no processo de povoamento foram abordados pelo autor. Tece considerações sobre as linhas de povoamento; o direito de propriedade territorial do particular e do Estado; a divisão judiciária, militar, civil, administrativa e religiosa do Brasil. Uma série de documentos formam o apêndice deste volume.

**1094. Gauld, Charles Anderson.** The last titan: Percival Farquhar, American entrepeneur in Latin America. Stanford, Institute of Hispanic American and Luso-Brazilian Studies, Stanford University, 1964. 406 p.

Obra apologética narrando a vida de Farquhar desde York (Grã-Bretanha) e suas passagens por Nova York, 1864-98, Havana, 1898-1903, Guatemala, 1903-08 e depois sua ida para o Brasil onde iria fundar a Rio de Janeiro Light & Power Co., 1904-07, a Bahia Tramway Light & Power Co., 1905-13. A seguir passaria a se interessar pelos problemas do norte do país: estradas de ferro na Amazônia, Madeira-Mamoré, 1906-15; e depois as inversões na Itabira Iron, desde o início do processo de instalação da companhia, em 1919, até o efetivo estabelecimento em 1942. Traz em apêndice vários artigos do autor. A obra é complementada por ilustrações e mapas.

(BMSP)

**1095. Guanabara, Alcindo.** A presidência Campos Salles; política e finanças, 1898-1902. Rio de Janeiro, Laemmert, 1902. 514 p.

Retrata com bastante cuidado esse quatriênio de importância capital para a economia e finanças brasileiras e para a consolidação do regime instituído com a república.

**1096. Lambert, Jacques.** Le Brésil; structure sociale et institutions politiques. Paris, A. Colin, 1953. 165 p. (Cahiers de la Fondation Nationale des Sciences Politiques, 44).

Obra onde o autor defende a discutida e discutível tese dos Dois Brasis. Depois de situar o Brasil dentro da América do Sul, faz considerações de ordem demográfica, indaga das relações entre a estrutura racial e a estrutura social e faz observações sobre os diversos aspectos da economia brasileira (transportes, energia, agricultura, principais produtos de exportação, trigo, cultura de gêneros alimentícios, indústria e capitais). Finaliza com um panorama da vida política e das relações exteriores, particularmente com a França. Estudo de caráter geral, de nível jornalístico.

**1097. Lima Sobrinho, Alexandre José Barbosa.** Presença de Alberto Torres (sua vida e pensamento). Rio de Janeiro, Civilização Brasileira, 1968. 520 p. (Retratos do Brasil, 62).

Biografia bastante informativa sobre a personalidade, idéias e influência do grande representante da corrente nacionalista no Brasil. Apresenta considerações sobre a região cafeicultora fluminense e sua decadência.

**1098. Love, Joseph LeRoy.** Rio Grande do Sul and Brazilian regionalism, 1882-1930. Stanford, Stanford University Press, 1971. 311 p.

A obra trata principalmente da política do Rio Grande do Sul e de sua participação na cena nacional. Apresenta, entretanto, dados de ordem econômica, compilados de fontes regionais, muitas de difícil acesso. O autor nos oferece também quadros bem elaborados e elucidativos. Por esses dois motivos o estudo, embora essencialmente político é de certo interesse para a história econômica regional. Quando aborda problemas econômicos de âmbito nacional seus conhecimentos parciais e sua visão incompleta dos mesmos tornam a análise um tanto simplista e incapaz de revelar a complexidade dos assuntos tratados, como por exemplo, a questão da valorização do café ou a dos interesses do comércio interno.

**1099. Manchester, Alan Krebs.** British preeminence in Brazil, its rise and decline; a study in European expansion. Chapel Hill, University of North Carolina Press, 1933. 371 p.

Clássico estudo sobre a predominância política e econômica da Grã-Bretanha no Brasil. Grande parte do livro é dedicado à expansão britânica a partir de suas bases em Portugal. As frições resultantes da questão do tráfico negreiro levam o Brasil, segundo o autor, a sacudir o jugo inglês. Economicamente porém, a Grã-Bretanha consegue manter sua supremacia durante todo o século XIX. Esta supremacia é ameaçada a partir do último quartel do século, pela Alemanha. Mas a primeira guerra mundial a anula. Os Estados

Unidos surgem como o principal competidor e acabam ocupando o lugar da Grã-Bretanha que, contudo, na opinião do autor, ainda era, na época, um fator decisivo na América Portuguesa.

**1100. Mauá, Irineu Evangelista de Souza, Visconde de.** Autobiografia ("Exposição aos credores e ao público") seguida de "O meio circulante no Brasil." 2. ed. Prefácio e notas de Claudio Ganns. Rio de Janeiro, Z. Valverde, 1943. 370 p.

Na exposição aos credores e ao público, como indica o subtítulo, Mauá relata minuciosamente todas as suas atividades empresariais. Fonte importante para o estudo das transformações econômicas por que passava o Brasil durante o Segundo Reinado e dos óbices enfrentados por um empreendedor na época. "O meio circulante" interessa principalmente por mostrar a posição de Mauá em face à questão monetária e às controvérsias que esta suscitava na época.

**1101. Mello Moraes, Alexandre José de.** Chorographia histórica, chronográphica, genealógica, nobiliária e política do Império do Brasil. Rio de Janeiro, Typ. Americana de J. Soares de Pinho, 1858-63. 5 v.

Não é obra sistemática. Cuida em seus diferentes volumes de assuntos ligados à história, geografia política, etc., do Brasil, desde o descobrimento da América até o reinado de Pedro II. Não houve preocupação nenhuma do autor em ordenar assuntos ou periodizar a matéria tratada em seus cinco volumes. É no entanto, obra riquíssima em documentação, pois o autor transcreve-a. É, indiscutivelmente, obra importante pela riqueza de documentação apresentada, embora os documentos não se encontrem agrupados por assunto ou ordenados por data, e sim expostos ao longo da publicação.                    (BIEB)

**1102. Nabuco, Joaquim.** Um estadista do Império. Nabuco de Araujo, sua vida, suas opiniões, sua época. Rio de Janeiro-Paris, Garnier, [1898-1900]. 3 v.

Contribuição de capital importância para o conhecimento da história do Segundo Reinado e das transformações sócio-econômicas que se operavam no Brasil, na época. Abrange o período de 1813-78.

**1103. Nash, Roy.** The conquest of Brazil. London and New York, Harcourt, Brace, 1926. 438 p.

Inclui-se a experiência vivida pelo autor ao percorrer quase todos os estados brasileiros, pois deixou de visitar somente Piauí e Goiás. Em todo seu trabalho parece mais voltado para uma descrição geográfica da terra brasileira. Dá informações históricas do Brasil no primeiro capítulo do livro 1 quando estuda o descobrimento e no capítulo 4 do mesmo livro quando estuda o domínio holandês, o Brasil de 1700, o desenvolvimento da mineração, a transmigração da família real portuguesa, o 7 de setembro e a imigração, 1820-1920. Ainda estuda neste mesmo capítulo a contribuição do negro e a população resultante. Os demais livros cuidam da geografia humana e das condições da "felicidade humana" no Brasil (a liberdade, as relações domésticas, educação, cooperação).

Na última parte preocupa-se com as possibilidades futuras do país e em especial com a conquista da Amazônia. As notas bibliográficas são de interesse. Introduz ainda muitas fotografias sôbre tipos humanos brasileiros (gaúcho, vaqueiro nordestino, etc.) e sobre diferentes paisagens regionais brasileiras (Belém, São Paulo, R. G. do Sul, etc.).                    (BIEB)

**1104. Neves da Fontoura, João.** Memórias. Porto Alegre, Globo, 1952. 2 v.

A obra, de caráter memorialista, foi dividida em duas partes: a primeira intitulada "Borges de Medeiros e seu tempo," onde são relatados episódios da vida rio-grandense no período abrangido desde a mocidade do autor até a passagem do governo de Borges a Getúlio. Na segunda parte, trata dos pródromos da Aliança Liberal e depois dos eventos que culminaram com a Revolução de 30. Do contexto geral da obra podem ser separados aspectos econômicos e sociais interessantes, como por exemplo, o governo rio-grandense, "sui generis" na federação brasileira na primeira República, o problema da imigração européia, e comentários sobre a "ordem econômica" implantada no governo rio-grandense, onde se podem distinguir a influência de Castilhos e dos postulados positivistas. No v. 2, encontram-se referências sobre o problema do café, sobre a crise de 1929, destacando-se a atuação que o autor, na época líder oposicionista na Câmara Federal, teve nesse episódio. Também há referências aos efeitos da crise no Rio Grande do Sul no ano de 1930.    (BIEB)

**1105. Pereira Rebouças, Antonio.** Recordações da vida parlamentar. Rio de Janeiro, Laemmert, 1870. 2 v.

O autor reuniu nesses dois volumes a sua participação no parlamento brasileiro durante as décadas de 1830 a 1840. São variados os assuntos abordados, sendo de certo interesse à história econômica os discursos que tratam do orçamento da Fazenda, dos Negócios do Império, da Marinha, do Ministério das Relações Exteriores; os que abordam a questão da importação de africanos (o autor considera inoperante a lei de 1831, pois priva o tesouro nacional do imposto de importação e de outro lado não evita a importação sob forma de contrabando). Outros discursos tratam das operações de crédito entre o governo e particulares (apólices da dívida pública) e do "juro convencional" e seus efeitos perniciosos na lavoura.                    (BMSP)

**1106. Queiroz, Carlota Pereira.** Um fazendeiro paulista no século XIX. São Paulo, Conselho Estadual de Cultura, 1965. 205 p.

Nesta obra a autora faz a biografia do seu avô, Manoel Elpidio Pereira de Queiroz, fazendeiro paulista da zona de Jundiaí, na segunda metade do século XIX. Apoiada em documentação deixada pelo próprio biografado, Carlota Pereira de Queiroz fornece dados preciosos sobre a vida não só de um fazendeiro, mas de um homem que teve o seu nome ligado à política, aos transportes e à imprensa de sua época. Esta publicação é enriquecida pela publicação de um diário feito por Manoel Elpidio em 1854 sobre uma viagem que fez naquele ano para o Rio de Janeiro, afora a publicação de 47 outros documentos de interesse, sobretudo, para a história econômica do Brasil do fim do século passado.

**1107. Soares de Souza, Paulino José, Visconde**

**do Uruguai.** Ensaio sobre o direito administrativo. Rio de Janeiro, Typ. Nacional, 1862. 2 v.

Obra clássica sobre a centralização administrativa no Brasil do Segundo Reinado. No primeiro volume, o autor cuida dos conceitos, definições do Direito como ciência e procura mostrar a posição do Direito Administrativo. Estabelece então as diferenças entre as diversas instituições jurídicas e as relações existentes entre elas, o direito civil e o direito administrativo. Faz um histórico do direito administrativo e mostra em capítulo especial o que representa o Conselho de Estado. Estabelece comparações entre essa instituição jurídica na Espanha, Portugal e Brasil. Em apêndice: (1) projeto originário do Conselho de Estado, emendas apresentadas pelos senadores Marquez de Barbacena, Paula Sousa e Vergueiro; (2) projeto substitutivo apresentado em terceira discussão pelo senador Vasconcellos; (3) projeto apresentado pelo senador Paula Sousa. O segundo volume é dedicado ao estudo do Poder Moderador e à sua função como elemento conservador. Estabelece ainda as relações entre o poder moderador e o executivo. Estuda o poder moderador durante o período regencial e depois de 1841. O último capítulo é dedicado ao estudo da centralização administrativa, onde o autor demonstra a sua posição face aos problemas administrativos do Brasil, optando pela centralização, embora mostrando os perigos da centralização excessiva. Procura estabelecer comparações entre o nosso sistema centralizador e o sistema francês. Em apêndice: (1) projeto de reforma da Constituição aprovado pela Câmara dos Deputados e recebido no Senado em 14 de outubro de 1831. (2) emendas aprovadas pelo Senado ao projeto vindo da Câmara dos Deputados, sobre a reforma da Constituição. (3) projeto de lei sobre a Reforma da Constituição, do qual resultou o Ato Adicional. (4) parecer da Comissão das Associações Provinciais da Câmara dos Deputados, de 10 de novembro de 1837, sobre a interpretação do Ato Adicional.

**1108. Soares Junior, Rodrigo.** Jorge Tibiriçá e sua época. São Paulo, Editora Nacional, 1958. 2 v.

O jornalista ao biografar Jorge de Almeida Prado e tentar acompanhá-lo nas diferentes fases de sua existência, se bem que de forma subjetiva, fornece elementos de interesse aos estudiosos dos meados do século XIX e início do século XX, pois não foi pequeno o número de dados coligidos pelo autor em diferentes fontes documentais. Como fazendeiro presenciou Jorge Tibiriçá a substituição do braço escravo pelo livre; como político testemunhou os anos anteriores e posteriores à proclamação da República. Afora o fato de ter vivido nessa época, foi elemento politicamente atuante pois além de Senador e Presidente do Tribunal de Contas, foi Governador de São Paulo por ocasião da valorização do café. Daí ter o seu nome conotação com a história econômica, política e social do Brasil de seu tempo.

**1109. Sodré, Nelson Werneck.** Panorama do Segundo Império. São Paulo, Companhia Editora Nacional, 1939. 394 p.

O autor, como indica o título, nos dá um aspecto geral do Segundo Reinado, do ponto de vista político, parlamentar e econômico, com uma parte especial sobre a escravidão.

**1110. Vianna, Francisco José de Oliveira.** Introdução à história social da economia pré-capitalista no Brasil; obra póstuma. Rio de Janeiro, Olympio, 1958. 192 p.

Trata de um estudo sobre a "mentalidade econômica" dos colonizadores e povoadores do Brasil. Refere-se pois à Europa medieval e à península ibérica, muito pouco ao Brasil. Mas pode ser útil como uma introdução (explícita no título) à análise da "aristocracia" rural brasileira.

**Veja também:** 1292, 1366, 1367, 1369, 1408, 1423, 1474, 1673, 1675, 1712.

## 3. Histórias econômicas e/ou sociais

**1111. Bastos, Humberto.** A marcha do capitalismo no Brasil. São Paulo, Martins, 1944. 226 p.

Trata-se, conforme diz o sub-título, de um ensaio interpretativo. Abrange o período de 1500-1940. Faz uma análise da situação do Brasil dentro dos quadros da política colonial e do capitalismo comercial, procurando mostrar o papel do "colonizador mercantilista." Estuda as posições do liberalismo do século XIX e o desenvolvimento do capitalismo no Brasil. Dá ênfase à atuação de Rui Barbosa dentro do cenário econômico-financeiro da República e procura analisar o Brasil dentro do panorama financeiro mundial, destacando como marcos importantes as datas de 1914, 1926 e 1940. Finaliza mostrando a posição do Brasil, seu progresso técnico e padrão de vida. Tenta um estudo das diferentes regiões brasileiras apontando seus contrastes e terminando por apresentar sugestões de caráter econômico.                                      (BMSP)

**1112. Brasil. Ministério do Trabalho, Indústria e Comércio.** Boletim. Rio de Janeiro, 1934—.

Embora a publicação, que é mensal, inicie-se na década de 1930 e trate principalmente de problemas sócio-econômicos da atualidade, apresenta entretanto vários artigos que abordam os períodos anteriores e que são de interesse histórico. Há vários sobre questões demográficas, inúmeros sobre aspectos econômicos (produtos agrícolas, indústrias, pecuária, latifúndios, urbanismo, comércio exterior, custo de vida do trabalhador rural, imigração, emigrações e colonização, crédito agrícola). Há alguns sobre o ensino.                        (BMT)

**1113. Buarque de Hollanda, Sérgio.** Raízes do Brasil. 2. ed. revista e ampliada. Rio de Janeiro, Olympio, 1948. 298 p.

É entre os estudos brasileiros, a primeira obra que, do ponto de vista histórico, nos apresenta uma síntese interpretativa da evolução da sociedade brasileira. Altamente estimulante pelos problemas que sugere, procura caracterizar as raízes da "civilização" brasileira, segundo sua expressão, como rurais e não a rigor agrícolas. É uma observação prenhe de significados e de importância capital para se entender as estruturas econômico-sociais do Brasil.

**1114. Buescu, Mircea.** História econômica do Brasil; pesquisas e análises. Rio de Janeiro, APEC, 1970. 283 p.

Reúne-se artigos sobre vários assuntos. Entre os mais interessantes estão estudos de preços de escravos, desigualdade regional, importações de escravos, renda nacional, e câmbio e inflação entre 1850-1900. Por último tenta aproximar os dados à teoria estruturalista; determina que a coincidência não é convincente. [WD]

### 1115. Buescu, Mircea; e Vicente Tapajós. História do desenvolvimento econômico do Brasil. Rio de Janeiro, Edições A Casa do Livro, 1969. 204 p.

Compilação no estilo de Normano: elementos geográficos, socio-culturais, legais, etc. Trata-se de ciclos na produção das exportações primárias, pouca matéria quanto a fontes de capital, técnica, produtividade, etc. [ WD]

### 1116. Carone, Edgard. A primeira república, 1889-1930; texto e contexto. São Paulo, Difusão Européia do Livro, 1969. 303 p. (Corpo e alma do Brasil, 29).

O livro é uma antologia de textos sobre a Primeira República, tendo a obra sido dividida em quatro partes: "Sistemas políticos," "Economia," "Classes sociais" e "Forças armadas." Na parte consagrada à economia o autor selecionou textos relativos às valorizações do café (Convênio de Taubaté, discursos parlamentares), ao açúcar e à borracha (documentos parlamentares). Sob o mesmo ângulo escolheu documentos relativos ao "desenvolvimento industrial e expansão imperialista" (carta do Centro Industrial do Brasil, trecho da obra de Assis Brasil). O atentado de 5 de novembro de 1897 contra o Presidente da República; o problema de envio de lucros é focalizado através da obra de Inocêncio Serzedelo Corrêa, *O problema econômico do Brasil* (Rio de Janeiro, Imprensa Nacional, 1903. 414 p.); o capital estrangeiro é visto sob a ótica de Virgílio Corrêa Filho, *Joaquim Murtinho* (Rio de Janeiro, Departamento de Imprensa Nacional, 1951.) Numa terceira abordagem enfoca o capítulo das finanças, trazendo textos sobre o Encilhamento (decreto de 17 de janeiro de 1890); sobre o *funding loan* (teor do acordo financeiro de 15 de junho de 1898); sobre a criação da Caixa de Conversão (íntegra do decreto), Carteira de Redescontos do Banco do Brasil (trecho do decreto), Banco do Brasil Emissor (Inglêz de Sousa, *A anarquia monetária e suas conseqüências* (1429)), Caixa de Estabilização (decreto). Pela seleção dos textos pode-se inferir a importância que o autor atribui a esses problemas, no contexto geral do período. Demonstra ainda a familiaridade do mesmo com os assuntos mais marcantes da época em questão.                                    (BIEB)

### 1117. Carone, Edgard. A república velha; instituições e classes sociais. São Paulo, Difusão Européia do Livro, 1970. 392 p.

Contém uma seção que trata da economia, na maior parte descritiva: fatores geográficos, produtos, política do governo quanto às finanças e tarefas. Discussão do imperialismo no Brasil. [ WD]

### 1118. Cobra, Amador Pereira Gomes Nogueira. Em um recanto do sertão paulista. São Paulo, Tip. Hennies, 1923. 272 p.

Sem muita sistematização, mas com uma linguagem simples e direta, o autor descreve o desbravamento dos sertões do Paranapanema e seus primeiros posseiros, reduzidos ao gênero de vida precário de uma economia de subsistência e cercados de índios que dominavam as terras mais férteis, cobertas de matas. Marco importante é a passagem do regime monárquico ao republicano, quando as terras devolutas tornam-se domínio do Estado de São Paulo, e a Estrada de Ferro Sorocabana avança em direção à região. Chegam os primeiros adventícios e com eles o "grilo" das terras, a violência, as expedições exterminadoras contra os índios. História local, mas que traz contribuições capazes de esclarecer aspectos da história geral do Brasil e de São Paulo em particular, como a importância da coesão partidária, os efeitos de uma estrutura política monopartidária, os obstáculos ao desenvolvimento e ao mesmo tempo as conseqüências sociais e econômicas do "progresso." Obra importante para o estudo da Primeira República.                                                   (BMSP)

### 1119. Colloque international sur l'histoire quantitative du Brésil de 1800 à 1930, Paris, 1971. L'Histoire quantitative du Brésil de 1800 à 1930. Paris, C.N.R.S., 1973. (No. 543).

Reúne-se artigos, todos baseados em análises estatísticas: demografia da escravidão no Rio de Janeiro (Maria Bárbara Levy); epidemias e flutuações demográficas em Salvador (Queiroz Mattoso e Lopes de Athayde); salários e preços no Rio de Janeiro (Eulália Lobo); inversões belgas no Brasil (Eddy Stols); preços no Recife (Perruci); inflação brasileira, 1850-70. (Mircea Buescu). [WD]

### 1120. Courtin, René. Le problème de la civilisation économique au Brésil. Paris, Librairie de Médicis, [1941]. 238 p.

O autor, economista, esteve no Brasil entre 15 de abril e 7 de novembro de 1937. Terminou seu manuscrito em julho de 1939. Dá-nos, pois, uma visão do Brasil do final da década de 1930. Para considerações anteriores baseia-se principalmente em Pierre Denis (1183) e J. F. Normano (1133). Elogia o trabalho de Mario Cardim (1392). Faz considerações gerais sobre o nível de vida e padrões de poupança, relativamente à década de 1930. No capítulo 1 trata das possibilidades agrícolas e industriais e dos transportes. No capítulo 2 do povoamento, população e urbanização. No capítulo 3 aborda a questão dos capitais e dos obstáculos à poupança nacional. No capítulo 4 traça as características gerais da economia brasileira, salientando a persistência da economia colonial, da autonomia regional e da descontinuidade da ocupação do solo; é a parte mais importante do trabalho. Termina com uma análise da moeda e inflação, baseada em Calógeras (1416) e Normano (1133) e apresentando as grandes fases da economia brasileira.                          (BMSP)

### 1121. Expilly, Charles. Les femmes et les moeurs du Brésil. Paris, Charlieu et Huillery, 1864. 447 p.

Continuação do trabalho anterior do autor, *Le Brésil tel qu' il est* (Paris, Jung-Treuttel, 1862. 382 p.) Neste descreve principalmente a vida na corte, no Rio de Janeiro. No segundo trata da existência na província, principalmente nas fazendas e nos engenhos, dos grandes senhores escravistas. Em ambas as obras o autor procura nos oferecer não uma monografia sobre os recursos materiais do Brasil, o que para ele seria apenas uma compilação de dados, mas nos mostrar a psicologia do brasileiro, seus costumes, suas instituições (particularmente a escravidão), seu comportamento e sua moral. Estudos importantes para a história social do Brasil, da história econômica do Brasil. Salvador, Universidade da Bahia, 1958. 95 p. (Publicações da Universidade da Bahia, II, 5).

A obra é resultante de um curso ministrado por Afonso Arinos. Como tal, composta por diversas conferências que procuravam sintetizar a história econômica do Brasil, desde o século XVI até o século XX. O autor trata da evolução da economia brasileira dentro da divisão clássica dos ciclos do pau-brasil, do açúcar, do ouro e do café, dedicando ainda alguns capítulos complementares sobre o tabaco, a criação de gado e ao surto industrial. Traz dados quantitativos poucos e é mais uma visão panorâmica da história econômica do Brasil do que obra de profundidade.            (BMSP)

**1123. Freyre, Gilberto.** Casa-grande e senzala; formação da família brasileira sob o regimen de economia patriarchal. 3. ed. Rio de Janeiro, Schmidt, 1938. 364 p.

Obra clássica, de leitura indispensável, marcou época quando surgiu e exerceu grande impacto sobre os estudos sociais no Brasil. Hoje sua influência é bem menor, tendo em vista o desenvolvimento de metodologias mais apuradas. Seu enfoque excessivamente regional constitui também uma de suas limitações, uma vez que o autor pretende caracterizar a família brasileira em geral.

**1124. Freyre, Gilberto.** Sobrados e mucambos; decadência do patriarchado rural no Brasil. São Paulo, Companhia Editora Nacional, 1936. 405 p.

Analisa as modificações sofridas pela família patriarcal brasileira, ao se deslocar da zona rural para a urbana, e as conseqüentes transformações das relações sociais. Não é um estudo de urbanização, embora o autor dê importância ao estudo da habitação, como em sua obra anterior—*Casa-grande e senzala* (1123). Para os objetivos desta bibliografia, *Sobrados e mucambos* talvez seja mais importante do que *Casa-grande e senzala*.

**1125. Furtado, Celso.** Formação econômica do Brasil. Rio de Janeiro, Editora Fundo de Cultura, 1959. 291 p.

A obra de Celso Furtado, como o próprio autor afirma na "Explicação" que a antecede, pretende ser "um esboço do processo histórico de formação da economia brasileira." Faz assim "a análise dos processos econômicos e não reconstituição dos eventos históricos que estão por trás desses processos." Obra de economia portanto. Daí a objeção que se faz ao autor, que escreveria como economista ao explicar a formação da economia brasileira, tarefa que demanda o fôlego do historiador. Em que pese a ressalva, o livro de Celso Furtado mostra-o claramente equipado para o assunto, uma vez que destaca habilmente o que há de significativo no processo evolutivo, captando-lhe as grandes linhas e fazendo observações que revelam a sensibilidade do historiador. Utilizando a cronologia como base de inteligente periodização, a obra divide-se em 36 capítulos contidos em cinco partes. Na primeira parte, "Fundamentos econômicos da ocupação territorial," destacam-se os capítulos sobre as colonias de povoamento ao norte do hemisfério (capítulo 5) e as conseqüências da penetração do açúcar nas Antilhas (capítulo 6).

A segunda parte, "Economia escravista de agricultura tropical (séculos XVI e XVII)," analisa, entre outros tópicos, a capitalização e nível de renda na colônia açucareira (capítulo 8), bem como a formação do complexo econômico nordestino (capítulo 11) e a pecuária como projeção da economia açucareira (capítulo 10). A terceira parte, "Economia escravista mineira (século XVIII)" divide-se em três capítulos: (1) "Povoamento e a articulação das regiões meridionais;" (2) "Fluxo de renda," em que o autor conclui ser a renda média na economia mineira muito inferior à da economia açucareira na fase da prosperidade e de potencial muito maior do mercado, uma vez que ali, na região, entre outros fatores, havia uma bem maior população livre; (3) "Regressão econômica e expansão da área de subsistência." Nas duas últimas partes, "Economia de transição para o trabalho assalariado (século XIX)" e "Economia de transição para um sistema industrial (século XX)" avulta a análise da economia cafeeira desde os seus primórdios (gestação da economia cafeeira, capítulo 20), o problema da mão-de-obra a ela ligado (capítulos 21 a 24) até às políticas de valorização adotadas pelo governo (capítulos 30 e 31). Como remate, uma perspectiva dos próximos decênios (capítulo 36). Um índice onomástico e outro analítico completam esse estudo altamente estimulante, mercê da renovação das teses que desenvolve, das interpretações que vêm exigir a recolocação de muitos problemas históricos. Tradução inglesa por Ricardo W. De Aguiar e Eric C. Drysdale: *The economic growth of Brazil.* Berkeley, University of California Press, 1963.

**1126. Graham, Richard.** Britain and the onset of modernization in Brazil, 1850-1914. London, Cambridge University Press, 1968. 385 p.

Excelente e bem fundamentada obra, utilizando além das usuais fontes manuscritas ou publicadas, importantes arquivos particulares. Ao estudar minuciosamente as contribuições britânicas para a modernização do Brasil, o autor aborda tópicos de fundamental importância para a nossa história econômica como a construção de estradas de ferro, o desenvolvimento dos meios de comunicação, o comércio internacional (um dos melhores capítulos), a extinção do tráfico negreiro e a abolição da escravidão, o papel de alguns empreendedores e alguns aspectos da industrialização. Não esquece o papel da ideologia de inspiração britânica nessa transformação de uma sociedade tradicional, referindo-se ao Spencerianismo, liberalismo e individualismo.

**1127. Herrman, Lucila.** Evolução da estrutura social de Guaratinguetá num período de trezentos anos. Revista de administração [São Paulo], v. 2, março-junho, 1948: 3-326.

Obra importante, baseada em documentação hoje de difícil acesso, onde a autora se propõe a verficar os processos de transformação da estrutura social de uma dada comunidade, no caso Guaratinguetá (São Paulo), como e porque novas formas surgiram. Para tanto divide o período estudado em quatro fases que denomina de ciclos: o da economia de subsistência, 1630-1775, o dos engenhos, 1775-1836, o do café, 1805-1920 e o atual, 1900-44. Depois de caracterizar cada fase, analisa sua evolução ecológica, a estrutura econômica, a das famílias, a política; a composição da população, aspectos culturais e considerações gerais. O trabalho é enriquecido de muitos quadros estatísticos, gráficos, mapas e ilustrações.

É uma das raras análises das estruturas sociais do Brasil esteiada em pesquisa das fontes primárias.                (BFCESP)

**1128. Iglesias, Francisco.** Situação da história econômica no Brasil. Anais de história [Assis], v. 2, 1970: 9-64.

Ensaio historiográfico. O autor lamenta o tardio aparecimento da história econômica e a sua incompleta discriminação da história política e social, o que considera mais como um resultado de condições intelectuais e econômicas coloniais. Faz-se referência à historiografia e bibliografia do século XIX, e precursores como Vitor Viana, Lemos Brito, neste século. Apreciação mais detalhada de Simonsen, Caio Prado, e Furtado, e descrição de temas evidentes na literatura. Extensa bibliografia. [WD]

**1129. Jornal do comércio.** Aspectos da formação e evolução do Brasil. Rio de Janeiro, 1953. 585 p.

Coletânea de artigos publicados no *Jornal do comércio* por ocasião do seu 125° aniversário. Abordam assuntos diversos, tais como a unidade nacional, educação, literatura, artes, etc. Do ponto de vista sócio-econômico os de maior interesse são: Giorgio Mortara, "A população do Brasil e seu desenvolvimento nos últimos 125 anos"; Edison Carneiro, "A nacionalização do negro"; Manuel Diegues Jr, "Dois grupos étnico-culturais no Brasil: italianos e sírio-libaneses"; Pierre van den Meiren, "O desenvolvimento econômico do Brasil"; Djacir Menezes, "A imigração e a transformação do regime de trabalho no Brasil"; Heitor Ferreira Lima, "Obra precursora de Mauá e os primórdios do capital estrangeiro no Brasil"; e outros sobre o café, borracha, ferro e carvão, pecuária, ferrovias e primórdios da industrialização.

**1130. Leff, Nathaniel.** Economic retardation in nineteenth-century Brazil. Economic history review [London], series 2, v. 25, August, 1972: 489-507.

O autor quer explicar porque o Brasil não experimentou, como outros "países novos" no século XIX, uma economia de altos salários, alta produtividade, e distribuição de renda menos concentrada. Considera, como fatores determinantes: monopólio de terras, que implicava não somente salários baixos pelas massas, uma vez que não havia a alternativa de fazerem-se sitiantes, mas também a drenagem de capitais para uma inversão improdutiva; mão-de-obra coagida, e depois baratizada com levas de imigrantes; quase inexistência de educação pública (que não era política consciente, aliás); e falta de transportes. O governo não atendeu aos defeitos, porque os seus recursos dependiam de um setor exportador relativamente pequeno. Opõe-se o autor a explicações culturais ou estruturais, e mesmo à idéia de neo-colonialismo. [WD]

**1131. Lima, Heitor Ferreira.** História político-econômica e industrial do Brasil. São Paulo, Companhia Editora Nacional, 1970. 422 p.

O método é descritivo; trata-se do período 1850-1930 em umas cem páginas. Contém discussões da transformação do regime de trabalho, finanças públicas, protecionismo. É sumário e limitado a narrativas. [WD]

**1132. Linhares, Hermínio.** Contribuição à história das lutas operárias no Brasil. Rio de Janeiro, 1955. 129 p.

Obra de militante é, ao mesmo tempo, um depoimento e uma exposição em ordem cronológica dos acontecimentos relativos à questão, a partir, principalmente de 1823, data da fundação do jornal de Cipriano Barata—*Sentinela da liberdade.*

**1133. Normano, João Frederico.** Brazil, a study of economic types. Chapel Hill, University of North Carolina Press, 1935. 299 p.

A obra abrange a evolução econômica do Brasil desde os primórdios da exploração do pau brasil até o século XX (mais precisamente o ano de 1930). Trata, em sete capítulos bem distintos, dos problemas ligados à "descolocação das fronteiras" no Brasil, fenômeno que segundo ele estava acontecendo no país ainda em 1935 quando a obra foi escrita. Faz neste capítulo história comparativa, buscando mostrar o fato de ainda não se ter feito um estudo sistemático da descolocação das fronteiras no país. No segundo capítulo vai abordar, embora superficialmente, os diferentes produtos que serviram de base à economia brasileira, ou seja o açúcar, o ouro, o cacau, o café, etc. Depois de fazer uma rápida análise da economia brasileira e dos seus principais produtos, estuda os reflexos, sempre presentes, das variações da economia mundial sobre o Brasil. Estuda o período de 1830-1930 como um século em que as finanças públicas se desenvolveram e ampliaram os horizontes da vida brasileira. Faz uma análise geral do período preocupando-se mais com a época republicana. Procura mostrar a situação geral dos bancos no Brasil e a situação monetária brasileira. Estuda num último capítulo a Segunda República, na qual naturalmente só aborda o início, uma vez que a obra é editada cinco anos depois de sua instalação. É rica em informações e procura dar uma visão global do problema econômico brasileiro até o advento da Segunda República. É altamente ilustrada com dados estatísticos e com elementos elucidativos de alguns momentos de nossa história econômica. O autor procura fazer uma análise clara da situação político-econômica brasileira.                (BDH)

**1134. Prado Junior, Caio.** Formação do Brasil contemporâneo. Colonia. São Paulo, Martins, 1942. 388 p.

Obra fundamental para qualquer estudo sobre a sociedade brasileira pois apresenta as bases mesmas da formação econômico-social do Brasil, analisando-as em todos os seus aspectos com a acuidade e autoridade do grande historiador que é.

**1135. Prado Junior, Caio.** História econômica do Brasil. 4. ed. São Paulo, Editora Brasiliense, 1956. 348 p.

Renovando os métodos de interpretação da história brasileira, Caio Prado Junior analisa a evolução econômica brasileira em um trabalho de sentido objetivo, no qual confere grande unidade à exposição. Cada capítulo corresponde a um período, delimitado por datas que o autor acha significativas no nosso desenvolvimento econômico. Os quatro primeiros referem-se à época colonial e são discriminados como: (1) Preliminares, 1500-30; (2) A ocupação efetiva, 1530-1640; (3) Expansão da colonização, 1640-1770; (4) Apogeu da colônia, 1770-1808. Uma descrição do meio geográfico aponta as condições naturais que os colonizadores europeus encontraram no território que formaria o Brasil. Em função dessas condições naturais e dos objetivos perseguidos pelos europeus que abordam a América tropical, estabelecer-se-ia o caráter inicial e geral da formação econômica brasileira: constituir-se-ia a colônia na "empresa do colono branco destinada a explorar os recursos naturais de um território virgem em proveito do comércio europeu." Essa, a idéia que preside toda a análise do autor. Com uma "súmula geral econômica no fim da era colonial" mostra como já se patenteavam claramente as contradições internas que levariam ao processo de emancipação. Os dois capítulos seguintes abrangem o período monárquico: (5) A era do liberalismo, 1808-50; (6) O império escravocrata e a aurora burguesa, 1850-89. Os efeitos da liberação econômica, o novo equilíbro econômico trazido pelo café, a decadência do trabalho servil e sua abolição bem como a imigração européia substitutiva do braço escravo, são alguns dos tópicos aí tratados, completados com uma "síntese da evolução econômica do Império." O período republicano é analisado sob os títulos: (7) A república burguesa, 1889-1930; (8) A crise de um sistema, 1930-. As crises da produção agrária, o processo de industrialização, o imperialismo são destacados pelo autor que aponta a crise do sistema a se refletir na revolução de 1930. A primeira edição da *História econômica* não alcança a segunda guerra mundial. A edição que ora descrevemos foi acrescida do capítulo: (9) A crise em marcha, 1956. A grande conflagração não poria fim à crise do sistema, pois "a guerra, apesar das repercussões profundas que teve, não modificou substancialmente como não poderia por si só, modificar o processo de transformação da economia brasileira." Embora numa forma mais complexa, continuaríamos, em essência, a reger-nos pelos mesmos sistemas do passado, isto é, com "uma organização fundada na produção de matérias primas e gêneros alimentícios demandados nos mercados internacionais." Bibliografia e anexos sobre (1) a moeda brasileira; (2) população do Brasil em diferentes épocas; (3) comércio exterior do Brasil de 1821 a 1940, completam esta importante e indispensável obra, a primeira a aclarar pontos deixados à sombra por autores anteriores e a dar impulso novo ao exame de fatos fundamentais do processo histórico do Brasil.

**1136. Quintas, Amaro Soares.** O sentido social da revolução praieira; ensaio de interpretação. Recife, Imprensa Oficial, 1946. 44 p.

Tentativa de interpretação social de um movimento político cuja análise em profundidade ainda está para ser feita.

**1137. Sodré, Nelson Werneck.** Formação histórica do Brasil. São Paulo, Editora Brasiliense, 1963. 417 p.

Tentativa revisionista da história do Brasil, abordando-a do ponto de vista social e econômico. O tipo de abordagem não deixa de ser interessante mas peca muitas vezes por se apoiar em dados freqüentemente mal interpretados.

**Veja também:** 1316, 1318, 1334, 1402, 1464, 1495, 1515, 1549, 1602, 1668.

## 4. Condições econômicas, sociais e geográficas

**1138. Adam, Paul Auguste Marie.** Les visages du Brésil. Paris, P. Lafitte, 1914. 302 p.

Livro de viagem, impressionista, onde o autor procura exaltar as "forças latinas" e o "espírito mediterrâneo." Fato significativo: a obra é dedicada a Graça Aranha. Apesar de suas idéias feitas e convencionalismos, dá-nos um retrato vivo do Rio de Janeiro da "belle époque" e seu cosmopolitismo; das atividades dos homens de negócios estrangeiros e informações sobre empresas dirigidas por franceses; o alto custo de vida e nível de vida dos imigrantes. Descreve a fazenda do Conde de Prates, investimentos e aperfeiçoamentos técnicos introduzidos também em outras fazendas e o desenvolvimento dos frigoríficos. A obra oferece-nos uma boa visão da penetração do capital estrangeiro no Brasil nas duas primeiras décadas do século XX. (BMSP)

**1139. Agassiz, Louis.** A journey in Brazil, by professor and Mrs. Louis Agassiz. Boston, Fields, Osgood, 1871. 540 p.

Depois de narrar a viagem de Nova York ao Rio de Janeiro, os viajantes descrevem esta cidade e seus arredores que se estende até Juiz de Fora; a vida numa fazenda (Fazenda de Santa Ana em Minas Gerais); a costa brasileira do Rio de Janeiro ao Pará (Maceió e considerações sobre o negro e a escravidão no Brasil; Pernambuco, Ceará, Maranhão); a subida pelo Amazonas até Manaus (observações sobre os indios); a vida em Tefé; Manaus e seus arredores; excursões ao Rio Negro; excursão costa (Marajó, etc.); observações geográficas e geológicas sobre o rio Amazonas; descrição do Ceará e as secas; considerações sobre as instituições públicas do Rio de Janeiro. O diário da viagem que foi realizada em 1865 termina com um capítulo sobre as impressões gerais do Brasil. Em apêndice observações sobre a Estrada de Ferro D. Pedro II e o esboço das viagens feitas separadamente por outros membros da expedição.

**1140. Almanaque geral do Império do Brasil,** 1836. Rio de Janeiro, Tip. Comercial Fluminense, 1836.

Suas informações são ainda concernentes principalmente à cidade do Rio de Janeiro, mas já apresenta algumas notícias sobre as províncias. Trata do comércio nacional e estrangeiro pelo porto do Rio de Janeiro, das companhias de seguros nacionais e estrangeiras, também só do Rio de Janeiro; corretores, cambistas, casas de leilão, tipografias, litografias, fábrica de pólvora e outras, soldos da marinha e exército nacionais assim como os do Corpo Municipal da Corte. (BANRJ)

**1141. Almeida, Pires de.** L'agriculture et les industries du Brésil. Rio de Janeiro, Imprimerie Nationale, 1889. 401 p.

Embora com o título de agricultura e indústrias no Brasil, a obra cuida mais detidamente do problema industrial. Analisa a indústria manufatureira fazendo um relato daquelas que já existem e propondo a implantação de novas. Estuda a indústria extrativa, relatando os processos de extração e os benefícios que esse tipo de indústria pode trazer. Em seguida cuida da "indústria agrícola" relacionando as culturas desenvolvidas no Brasil. Depois faz um estudo sobre a indústria zootécnica, sobre a indústria mineira e tece considerações gerais sobre a colonização e imigração. (BMSP)

**1142. Alves de Lima, José Custodio.** Problemas sociais e econômicos. B.A., 1916. 141 p.

Reunião de artigos, publicados a partir de 1910, onde o autor reivindica uma série de medidas de ordem política, administrativa e econômica, como a transferência da capital federal para o interior; a desoficialização do ensino superior; a eliminação gradual de vários impostos e a adoção, também gradual, do imposto territorial; o tráfego mútuo entre as estradas de ferro e as companhias de navegação; enfim uma série de medidas que, na sua opinião, promoveriam o desenvolvimento do comércio interno e externo. Estudou em Cornell e a influência dos Estados Unidos é marcante sobre suas idéias. Particularmente influenciado por Henry George. Critica a corrupção da República o que, a seu ver, explica o apelo das "classes laboriosas" para um governo *forte* mas *honesto* (escreve no início do governo de Hermes da Fonseca). Informações sobre monopólios (companhias estrangeiras de navegação e frigoríficos).

**1143. Antonini, Emidio.** Relatórios sobre o Brasil (1828-1831). São Paulo, Instituto Cultural Italo-Brasileiro, 1962. 124 p.

O autor veio ao Brasil como encarregado da primeira missão diplomática napolitana na América do Sul. Na qualidade de enviado do Rei das Duas Sicílias, sua incumbência era manter a corte de Nápoles a par dos acontecimentos de todo o continente sul-americano, além de estudar as possibilidades comerciais e, na medida do possível, fomentar o intercâmbio entre o Brasil e as Duas Sicílias. O volume em questão reúne cartas e relatórios inéditos pertencentes à correspondência diplomática do barão, hoje parte do acervo do Arquivo do Estado de Nápoles. Esta documentação, embora não faça grandes revelações do período estudado, fornece detalhes e sobretudo é a expressão da visão de um espectador estrangeiro aos acontecimentos da época. Ao todo foram compilados 59 relatórios expedidos de Paris, Londres, Falmouth ao Cav. de Medici, ao Com. de Guardi e ao Príncipe de Cassaro. Entre os documentos e anexos publicados no apêndice, encontram-se instruções aos vice-cônsules e agentes consulares. (BIEB)

**1144. Associação Comercial de Santos.** Relatórios da Associação Comercial de Santos. Santos, 1905-20.

A Biblioteca do Arquivo do Estado de São Paulo só possui os números seguintes: 1905/06, 1907/08, 1911-14, 1914/15, 1917/18, 1919, 1920, mas a coleção completa deverá certamente existir na sede da Associação (fundada em 1870), em Santos. É publicação importante pelos dados referentes ao principal produto de exportação e por ser Santos o principal porto escoadouro desse produto, durante grande parte do período estudado. Além dos assuntos referentes ao café (estimativa das safras por municípios de São Paulo e de alguns de Minas Gerais, exportação do mercado e da praça, principais companhias exportadoras, transportes ferroviários e marítimos, por companhia de navegação), trata do movimento de títulos e cambiais; arrecadação alfandegária; greves; salários; exportações de outros gêneros; indústrias, etc. Publicação importante para o estudo das condições econômicas. (BAESP)

**1145. Avé-Lallemant, Robert Christian Berthold.** Viagem pelo norte do Brasil no ano de 1859. Traduzido do alemão por Eduardo de Lima e Castro. Rio de Janeiro, Instituto Nacional do Livro, Ministério da Educação e Cultura, 1961. 2 v.

O primeiro volume descreve as províncias da Bahia, Pernambuco, Alagoas e Sergipe. Ao tratar da Bahia dedica um capítulo à colonização no vale do Mucurí, verdadeiro libelo a propósito do que o autor considera "o triste resultado da especulação empreendida por uma sociedade anônima." O segundo volume é dedicado quase exclusivamente à região amazônica.

**1146. Avé-Lallemant, Robert Christian Berthold.** Viagem pelo sul do Brasil no ano de 1858. Tradução do Instituto Nacional do Livro. Rio de Janeiro, Instituto Nacional do Livro, 1953. 2 v.

Médico, o autor residiu no Brasil durante dezessete anos, exercendo sua profissão. Voltou à Europa e retornou ao Brasil. Foi então que empreendeu suas excursões ao sul e ao norte do país. Interessou-o particularmente a colonização alemã e sua contribuição à nossa cultura. Suas observações implacáveis e seu exaltado germanismo provocaram calorosas controvérsias. O primeiro volume é dedicado principalmente ao Rio Grande do Sul e o segundo a Santa Catarina, Paraná e São Paulo.

**1147. Azevedo, Alceu G. d'.** Artigos. Rio de Janeiro, Leite Ribeiro, 1921. 77 p.

Artigos publicados na imprensa, entre 1908-21. Aborda vários assuntos de ordem econômica tais como: metalurgia, café, emissões, questões bancárias, caixa de conversão.

**1148. Barbosa Carneiro, Julio Augusto.** Situation économique et financière du Brésil; memorandum présenté à la Conférence Financière Internationale. Bruxelles, 1920. 68 p.

Trata-se de considerações sobre a situação do Brasil no campo econômico e financeiro. O autor chama a atenção para os problemas enfrentados pelo país logo após o conflito mundial de 1914-18. Mostra as diversas etapas da vida econômico-financeira da nação desde a crise de 1898 *(funding loan)* até o período em que apresenta o trabalho. Mostra com riqueza de dados o intercâmbio entre o Brasil e os outros países do mundo nas trocas comerciais e nas entradas e saída de navios dos portos brasileiros. Dá uma série enorme de tabelas referentes à receita e despesa da Federação, apontando os montantes em *Reis ouro e Reis papel.* Apresenta inúmeros quadros estatísticos sobre importação e exportação. Nas páginas finais introduz duas curvas estatísticas: uma referente ao comércio exterior, cobrindo o período de 1890-1919 e outra sobre a circulação do papel-moeda no Brasil, 1910-19. Ainda apresenta o movimento bancário brasileiro, comparando os anos de 1913 e 1919 em tabelas explicativas. (BMSP)

**1149. Baril, V. L., Comte de la Hure.** L'Empire du Brésil; monographie complète de l'empire sud-américain. Ouvrage dedié à S.M.I. Dom Pedro II. Paris, F. Sartorius, 1862. 576 p.

A primeira metade da obra consiste num estudo geográfico do Brasil. O autor faz uma descrição bastante minuciosa dos limites, raças e línguas do Brasil. Descreve as costas do Brasil e suas fronteiras terrestres. Cuida do clima, da hidrografia, da geologia e riquezas minerais além de abordar assuntos relacionados com a fauna e a flora brasileiras. Estuda em seguida os problemas relativos à exportação e importação e matérias correlacionadas. Nesta parte apresenta, embora sem um sistema bem elaborado, muitos dados relativos à nossa economia, durante o período imperial. Faz ainda observações em torno da colonização brasileira e das relações entre o Brasil e a Europa. Dedica um capítulo inteiro aos problemas governamentais estudando aspectos os mais diversos da administração imperial, entre os quais as finanças do Segundo Reinado. Num último capítulo cuida da descrição das províncias brasileiras e de algumas cidades. Não se nota grande profundidade no tratamento dos dados, ficando o autor, quase sempre, nos aspectos puramente descritivos da vida brasileira no Segundo Reinado.                                   (BIEB)

### 1150. Bartolotti, Domenico. Il Brasile meridionale. Roma, A. Stock, [1930]. 513 p.

Livro de tipo jornalístico e de exaltação ao fascismo. Apresenta, contudo, algumas informações sobre o Brasil meridional (Capital Federal, Rio de Janeiro, São Paulo, Minas Gerais, Espírito Santo, Paraná, Santa Catarina e Rio Grande do Sul) logo após a crise de 1929 e antes da revolução de 1930. Dá ênfase, obviamente, às atividades da colônia italiana e trata da penetração italiana através das missões religiosas. Aborda o tráfico marítimo entre a Itália e o Brasil. Há além disso informações sobre os setores agrícolas, comerciais e industriais e em Minas Gerais sobre empresas mineradoras. A obra é ilustrada.                                   (BMSP)

### 1151. Bennett, Frank. Forty years in Brasil. London, Mills & Boon, 1914. 271 p.

É um livro sobre todo o Brasil, dando as impressões do estrangeiro sobre a vida brasileira, os tipos étnicos, a geografia, os meios de transporte, os diferentes estados que compõem a pátria brasileira. Dedica um capítulo especial ao Rio Grande do Sul e à sua vida diária, as danças, as "xaroneadas," os "cowboys" sul-americanos, etc. Ainda cuida do problema do território das "Missões" e a sua disputa histórica. Descreve o carnaval, a vida no Rio de Janeiro, analisa o progresso do Brasil e estuda os diversos costumes nacionais, detendo-se na análise das cerimônias de casamento, nos batizados e no estudo dos "padrinhos" e "madrinhas." Traz muitas fotografias das diferentes capitais dos estados brasileiros.      (BMSP)

### 1152. Bertarelli, Ernesto. Il Brasile meridionale. Ricordi e impressioni. Roma, Editrice Nazionale, 1914. 254 p.

Trata-se, como o próprio subtítulo sugere, de obra de viajante que relata suas recordações e suas impressões. Trata da beleza natural do Brasil. Narra suas impressões de duas grandes cidades: São Paulo e Rio de Janeiro e depois tece comentários em torno das fazendas de café e dos núcleos coloniais. Estuda o clima, as características psicológicas do povo, o otimismo e o pessimismo em torno da imigração italiana para o sul do Brasil. Aborda o problema da assistência sanitária e da instrução, cuida do problema da jornada de trabalho no Brasil e dedica uma parte especial ao colono italiano. Dá alguns dados esparsos sobre o café, sua produção, consumo e exportação e enriquece a obra com fotografias das grandes cidades, das fazendas de café e de algumas paisagens naturais do Brasil-Sul.                     (BMSP)

### 1153. Boisguillebert [Nogueira, Manuel Thomas

Alves]. O governo e o povo. Fatos da atualidade. Rio de Janeiro, Laemmert, 1877. 62 p.

A obra apresenta uma primeira parte doutrinária que consiste numa comparação entre as correntes centralista e descentralista. Atribui à organização do trabalho a fonte de todas as nossas calamidades. Faz referência ao recenseamento, provavelmente ao de 1872 (1254), e comenta a situação demográfica, os latifúndios e distribuição do solo. Aborda o problema de capitais para a lavoura e da intervenção estatal através dos orçamentos. Observações sobre o sistema financeiro. Retrocede, às vêzes, à época colonial. A parte talvez mais importante seja aquela em que analisa a influência da extinção do tráfico nas atividades econômicas brasileiras: pressão exercida pela agiotagem no mercado agrícola, crédito agrícola, mercantil e industrial.                                   (BIHGB)

### 1154. Bouças, Valentim F. Brazil. Economic data, 1928-1932. London, 1933, 36 + 47 p.

Contém dados coligidos para serem apresentados às Conversações de Washington em maio de 1933 e à Conferência Monetária e Econômica de Londres em junho de 1933. Abrangem o período de 1928-33, sobre finanças do Brasil, seu comércio externo, situação bancária, câmbio, meio circulante, custo de vida no Rio de Janeiro, dívida pública (1890, 1900, 1912, 1922, 1933) da União, Estados e Municípios, receita e despesas dos Estados e Municípios. Vários gráficos.

### 1155. Braga, Cincinato. Questões econômico-financeiras. São Paulo, Duprat, 1915. 173 p.

É uma coletânea do trabalho desenvolvido pelo autor, como deputado paulista. Inicia-se com um parecer sobre a mensagem econômico-financeira do presidente da República. Além disso contém um discurso sobre esse projeto citado e ressalta o papel histórico, econômico e político do estado de São Paulo na Federação. Ainda inclui um discurso sobre a indústria pastoril e a situação econômica do Brasil, além de um projeto a respeito do discurso citado. No primeiro trabalho faz um apanhado da situação econômica do Brasil dando dados interessantes a propósito de novos saldos e deficits, 1889-1914. Apresenta dados sobre a dívida federal externa, a dívida estadual externa e a dívida municipal externa e ainda acrescenta dados sobre as dívidas internas. Há dados sobre o café e a borracha, a situação bancária, a situação financeira, etc. Nos demais faz a apresentação de projetos e acrescenta dados sobre exportação de algodão, açúcar, cacau, fumo, erva-mate, areias monazíticas, manganês, no período de 1902-13. Apresenta um quadro interessante sobre a "população bovina" em diversos países, entre os quais Estados Unidos, Rússia, Argentina, Brasil, Alemanha, Dinamarca, etc.                                   (BMSP)

### 1156. Brasil. Comissão d'Expansão Econômica. Relatório apresentado ao snr. ministro da Agricultura, Indústria e Comércio. . . . Ano de 1909. Paris, 1910. 72 p.

A entidade cujo diretor era Luís Rafael Vieira Souto fora criada provavelmente pouco antes (há notícia de um relatório em 1908) com a finalidade de divulgar no estrangeiro os produtos brasileiros, produtos vegetais e minerais e alguns preparados, como vela de cera de carnaúba, charutos, etc. Várias agências foram instaladas na Europa e um museu organizado em Paris cuja escassez de dados era, entretanto, lamentada pela comissão. A atividade da entidade consistia em pronunciar conferências e distribuir folhetos e obras sobre o Brasil. Dentre as mais procuradas encontra-se *Le Brésil, ses richesses naturelles, ses industries* (1081). O café obviamente tinha lugar de destaque nessa propaganda. O interesse da publicação é refletir os esforços tendentes à expansão comercial do país.                                    (BNRJ)

### 1157. Brasil. Comissão Parlamentar de Inquérito. Informações apresentadas pela Comissão Parlamentar de Inquérito na terceira sessão da décima oitava legislatura. Rio de Janeiro, Typ. Nacional, 1883. 512 p.

Nomeada em 1882 para inquerir sobre as condições do comércio, indústria fabril, serviço das alfândegas, e dar parecer sobre a tarifa alfandegária mandada executar provisoriamente pelo decreto número 8360 de 31 de dezembro de 1881. Compunha-se do Dr. Luiz Joaquim Duque Estrada Teixeira, Dr. Adolfo Bezerra de Menezes, Dr. Antonio Felicio dos Santos, Franklin Américo de Menezes Doria e Manoel Soares. Formulou quesitos referentes à tarifa alfandegária, à indústria fabril, aos bancos, meio circulante, transportes e seguros. Receberam respostas de todo o país. As informações mais numerosas referem-se ao sistema bancário e ao meio circulante. Apesar das lacunas é um documento rico em dados sobre os assuntos ventilados apresentando, por vezes, quadros estatísticos anexos a algumas das respostas.            (BIHGB)

### 1158. Brasil. Congresso Nacional. Pareceres e projetos (1912-1913). Rio de Janeiro, Typ. do Jornal do Commercio, 1913-14. 3 v.

Referem-se a assuntos diversos. São de particular interesse os relativos à viação férrea federal, arrasamento do morro do Castelo, indústria siderúrgica, instrução pública, previdência social, empréstimos externos, finanças, estradas de ferro, navegação marítima.

### 1159. Brasil. Congresso Nacional. Câmara dos Deputados. Livro do centenário da. . . . (1826-1926). Rio de Janeiro, Empresa Brasil Editora, 1926. 3 v.

Consiste na reunião de vários artigos (teses) escritos por diversos deputados tratando de vários problemas, objetos de discussão, tramitação e legislação por parte do Congresso Nacional. As teses que mais interessam à história econômico-social são as seguintes: Tomo 1—n° (5) O elemento servil e sua extinção gradual e definitiva; n° (6) Organização do trabalho livre e leis de proteção a acidentes, seguros e pensões; n° (8) Ensino primário; n° (9) Ensino secundário. Tomo 2— n° (3) Formação e codificação das leis comerciais; n° (6) Empréstimos externos e internos; n° (7) Impostos interestaduais; n° (8) Transportes ferroviários e rodoviários; n° (9) Produtos agrícolas (sua defesa, matérias primas, mercados, etc.); n° (10) Pecuária (organização e desenvolvimento); n° (11) Navegação marítima de longo curso e cabotagem; n° (12) Leis relativas aos serviços de higiene e saúde pública. Relativamente à indústria, apenas poucas linhas sobre a indústria têxtil.                                    (BMF)

### 1160. Brasil. Ministério da Agricultura. Serviço

de Informações. Economical notes on Brazil. . . . Dr. Ildefonso Simões Lopes being the minister of agriculture. . . . 3. ed. Rio de Janeiro, Villas Boas, 1919. 103 p.

Comércio internacional do Brasil, 1913-17: exportação dos nove principais artigos, valor médio por unidade, exportação por países de destino, por estados brasileiros de origem e por produtos em peso e valor. Situação da indústria: capital, produção, número de operários, 1917. Ferrovias: evolução da rede, 1854-76, em km. e sua extensão em 1913 e 1917. Navegação: tonelagem, entrada e saída de navios nacionais e estrangeiros dos portos nacionais, 1912-17. Imigração: imigrantes chegados, 1910-17, por nacionalidade. Exportação, 1918, dos dez principais artigos: quantidade, valor em mil reis e valor em £. Exportação, 1918, pelos principais países de destino: valor em mil reis e valor em £. Gado: número de cabeças por estado, 1917(?). Exportação de carne congelada em peso e valor, 1914-17.                    (BDEESP)

### 1161. Brasil. Ministério da Agricultura, Indústria e Comércio. Relatórios. Rio de Janeiro, 1910-29.

O vulto dos empreendimentos públicos torna necessária a criação de um ministério específico para os assuntos referentes às obras públicas que deixam de figurar nos relatórios do Ministério da Indústria. Este a partir de 1910 passa a denominar-se Ministério da Agricultura, Indústria e Comércio. Nota-se nos relatórios deste ministério, de 1910-20, grande preocupação pelo ensino profissional e agrícola, e estabelecimentos desse gênero multiplicam-se pelo país. Tentativas para atrair capitais para a mineração. Informações sobre sociedades anônimas e em comanditas. Núcleos coloniais federais. Quadro do movimento imigratório, 1820-1920 (*Relatório* de 1920). Registro de lavradores, criadores e profissionais de indústrias conexas. Esforços para a diversificação agrícola e aperfeiçoamentos técnicos.

### 1162. Brasil. Ministério da Agricultura, Indústria e Comércio. What Brazil buys and sells. Rio de Janeiro, Imprensa Nacional, 1918. 101 p.

Preparado para o público americano, o trabalho consta de uma introdução onde se faz sugestões práticas aos exportadores e se tece considerações gerais sobre clima, área, população, moeda, finanças, correios e telégrafos, estradas de ferro, navegação, indústria, pecuária, agricultura, recursos minerais, tarifas, faturas consulares e medidas de proteção à borracha. Seguem-se as diversas tabelas referentes ao comércio exterior, 1913-17, navegação e movimento bancário, 1913-17. O objetivo é destacar o papel da primeira guerra mundial no movimento das trocas.

### 1163. Brasil. Ministério da Agricultura, Indústria e Comércio. Serviço de Informações. Economical notes on Brazil, 4. ed. Rio de Janeiro, Ministry of Agriculture, Bureau of Information, 1921. 114 p.

Edição atualizada e como as anteriores analisa a exportação e tece considerações sobre os principais produtos brasileiros. apesar de algum exagero resultante de preconceitos inevitáveis no gênero.

### 1122. Franco, Afonso Arinos de Melo. Síntese

Acrescenta ainda informações sobre o ouro, ferro, indústrias, transporte e navegação, imigração, clima, moeda e direitos constitucionais.

**1164. Brasil. Ministério da Fazenda.** Economical data about Brazil, 1910-1928. Rio de Janeiro, Imprensa Nacional, 1929. 104 p.

Contém dados demográficos, 1808-1928; sobre imigração, 1820-1928; moeda, comunicação (correios, telégrafos, navegação, estradas de ferro), atividades agro-pecuárias, exportação de minérios, indústrias (volume da produção e valor, por categoria, 1913, 1916, 1921, 1928, baseados no imposto de consumo); atividades bancárias, comércio exterior e de cabotagem e finanças. Constitui-se quase que totalmente por tabelas e os dados são, em geral, muito minuciosos.

**1165. Brasil. Ministério da Indústria, Viação e Obras Públicas.** Relátorios. Rio de Janeiro, 1893-1910.

Com a instituição do regime republicano, organizou-se o Ministério da Agricultura, Comércio e Obras Públicas que continuou a supervisionar os negócios antes afetos ao Ministério e Secretaria de Estado dos Negócios da Agricultura, Comércio e Obras Públicas do Império (indústria, comércio, mineração, agricultura, imigração, etc.). Em 1892, esta repartição passa a denominar-se Ministério da Indústria, Viação e Obras Públicas. Apesar do nome os assuntos referentes à agricultura aí se encontram. A nova constituição atribui aos estados a propriedade das terras devolutas e passa a estes o serviço de introdução e localização dos imigrantes. A União se responsabiliza apenas pela imigração espontânea. Em vista disto os dados sobre imigração já não são tão profusos. As referências mais importantes: estradas de rodagem, de ferro, engenhos centrais, portos. O de 1893 apresenta dados demográficos sobre o Rio de Janeiro e estatística predial. Anexos importantes.

**1166. Brasil. Ministério e Secretaria de Estado dos Negócios da Agricultura, Comércio e Obras Públicas.** Relátorios. Rio de Janeiro, 1861-89.

Com a criação do Ministério da Agricultura, Comércio e Obras Públicas, assuntos antes afeitos ao Ministério do Império passam a ser tratados pela nova pasta (comércio, indústria, agricultura, mineração, etc.). Tomam vulto, particularmente, os dados referentes direta ou indiretamente à agricultura com a questão das terras públicas (com a lei de 1850 sobre terras, torna-se assunto administrativo de importância), à imigração e colonização. A indústria subvencionada pouco a pouco extingue-se (em 1862 só existia uma) e observa-se a preocupação com a reforma da lei relativa aos privilégios ou patentes de invenção. A partir da lei de 1860 sobre sociedades anônimas surgem listas das autorizadas a funcionar. Preocupação com aperfeiçoamentos técnicos referentes à agricultura (Instituto Imperial Fluminense), copiosas informações sobre estradas de ferro. Em conseqüência das diversas leis sobre o elemento servil, surgem informações e dados a respeito (ver particularmente o relatório de 1886).          (BAESP)

**1167. Brasil. Ministério e Secretaria de Estado dos Negócios do Império.** Relátorios. Rio de Janeiro, 1833-89.

Até 1861, quando se organiza o Ministério da Agricultura, os relatórios do Ministério do Império apresentam, além de informações sobre assuntos que ficarão afetos a esta pasta, como instrução e saúde públicas, demografia, negócios eclesiásticos e eleições, matéria sobre o estado do comércio, indústria, agricultura, mineração, navegação interna e obras públicas (estradas, canais, navegação a vapor nos rios). Em 1839 já há notícias sobre tentativas de estabelecer estradas de ferro, mas só a partir de 1850 essas informações começam a tomar vulto. No setor demográfico destacam-se os mapas de casamentos e óbitos na corte; os da década de 1840 dão estimativas da população em várias províncias. O de 1849 destaca-se pela parte demográfica (população por sexo, livre e escrava por província) e pelas informações sobre indústria (privilégios concedidos, 1808-49): fábricas protegidas por subvenções, com especificação da localização, proprietários, datas dos decretos e condições de concessão, estado atual, como número de operários e no caso das têxteis, número de teares. A partir de 1847 dão informações minuciosas sobre os diversos núcleos coloniais com observações sobre a carestia de vida, 1856-60.          (BAESP)

**1168. British Chamber of Commerce of São Paulo and Southern Brazil.** Report on Brazil's trade and industry in 1918. São Paulo, 1919. 144 p.

Comércio externo do Brasil, 1913-18: exportação, importação, balança de comércio. Principais produtos exportados e importados, 1913-18. Indústria manufatureira no Brasil, 1914-16. Indústria manufatureira em São Paulo, 1900-17. Energia elétrica em São Paulo, 1916. Usinas hidroelétricas (capacidade em hp), municípios com iluminação elétrica, número de consumidores privados de energia elétrica, preço da energia para o consumidor particular (taxas), capital investido na indústria, importação de equipamento elétrico por país de origem, 1913 e 1917. Ferrovias no Brasil: extensão de rede, 1855, 1860, 1865, 1870, 1875, 1880, 1885, 1890, 1895, 1900, 1905, 1910, 1915, 1918. Extensão da rede por estado, 1918. Extensão da linha e tamanho da bitola por estrada (companhia), 1918. Importação de material ferroviário por país de origem, 1913 e 1917.          (BDEESP)

**1169. Buley, Ernest Charles.** North Brazil: physical features, natural resources, means of communication, manufactures and industrial development. London and New York, Pitman, 1914. 216 p.

O livro faz parte da coleção *South American handbooks* (77). Compõe-se de dezessete capítulos e traz quatro itens distintos no Apêndice. Nos três primeiros capítulos são estudados os aspectos geográficos e físicos do norte do Brasil (Bahia até Amazonas), o clima, a flora e a fauna. O capítulo 4 é dedicado à história e ao estabelecimento dos portugueses no Brasil. Em seguida estuda os estados brasileiros e os meios de comunicação. Detem-se um pouco mais quando cuida da produção da borracha e dos produtos florestais e minerais. Analisa a agricultura "nortista" e cuida das importações e exportações da região. Traz dados quantitativos de importância, na sua maioria referentes à produção da borracha e produtos agrícolas da região "nortista," apresentando tabelas comparativas das diversas regiões brasileiras. O último capítulo é uma lista de cidades com a respectiva população de toda a área estudada pelo autor. O apêndice cuida da moeda, pesos e medidas, de informações postais e telegráficas, linhas marítimas e das representações diplomáticas.          (BMSP)

**1170. Burmeister, Hermann.** Viagem ao Brasil através das províncias do Rio de Janeiro e Minas

Gerais. Tradução de Manoel Salvaterra e Hubert Schoenfeldt. Nota bio-bibliográfica de Augusto Meyer. São Paulo, Livraria Martins, 1952. 341 p.

Embora a principal contribuição desta obra publicada originalmente em 1853 seja para o estudo da história natural do Brasil, há observações de interesse sobre aspectos da sociedade e economia das duas províncias visitadas.

**1171. Burton, Richard.** Explorations of the highlands of the Brazil, with a full account of the gold and diamond mines. London, Tinsley, 1869. 2 v.

Um dos mais importantes relatos de viagem no interior do Brasil, na década de 1860. Descreve acidentes geográficos, gênero de vida, clima, vida política, transportes, vias de comunicação, mineração e fornece dados sobre os preços de gêneros. Parte do Rio de Janeiro para Minas Gerais passando por Petrópolis, Juiz de Fora, Barbacena, São João d'El Rei, Congonhas do Campo, Morro Velho, Mariana, Ouro Preto, Sabará, Santa Luzia, Diamantina, Cuiabá. Desce o rio São Francisco, descrevendo seus principais povoados.

**1172. Câmara do Comércio Internacional. Biblioteca.** O problema econômico e financeiro do Brasil. Rio de Janeiro, 1915. 176 p.

Consiste da reunião de entrevistas (de Wenceslau Braz e de Paulo Morais Barros), artigos e comentários publicados no *Jornal do comércio* e *O imparcial*. A entrevista do futuro presidente (dada em 15 de abril de 1914) denota preocupação em fomentar outros produtos além do café e borracha e revela seus planos e diretrizes políticas a respeito de imigração, colonização, estradas de ferro e finanças. A do Secretário da Agricultura de São Paulo, Morais Barros, refere-se ao café, colonização e frigoríficos. Os artigos tratam de diversos assuntos de ordem econômica, com ênfase dada aos problemas de diversificação da economia brasileira (possibilidade de desenvolvimento das atividades pecuárias particularmente) e ao da mão-de-obra rural em face da concorrência feita pela indústria à lavoura. (BMF)

**1173. Camboim, Natalicio.** Brasil, síntese de seus recursos econômicos. Madrid, Juan Pueyo, 1929. 375 p.

A obra se compõe de cinco partes. A primeira o autor chama de "Generalidades" e nela trata do Brasil desde a época do descobrimento até 1929 dando uma idéia de conjunto sobre o país. Além do histórico propriamente dito, faz um estudo geográfico apresentando aspectos diversos de nossa climatologia e divisão político-administrativa. Estuda as correntes imigratórias e se detem depois no nosso sistema monetário. Faz, então, um estudo da situação econômico-financeira do Brasil até a reforma monetária de W. Luis e o que chamou de "estatização." A segunda parte cuida dos recursos econômicos do Brasil. Prende-se mais às safras de 1926-27. Procura dar ampla idéia dos produtos agrícolas e das riquezas minerais. Na terceira parte o autor faz uma "monografia dos estados do Brasil." Procura mostrar os recursos gerais de cada estado e faz uma comparação de superfície dos estados com o Distrito Federal e capitais. A quarta parte é dedicada ao "Comércio exterior do Brasil." Prende-se bastante aos anos de 1927 e 1928 e fica mais adstrito aos acordos entre Brasil e Espanha. A quinta parte, "Informações úteis" fornece dados sobre a produção de papel no Brasil, as companhias carboníficas, os movimentos das companhias de seguro de vida, lista de importadores e exportadores e uma lista de exportadores espanhóis. (BMSP)

**1174. Castelnau, Francis, Comte de.** Expédition dans les parties centrales de l'Amérique du Sud, de Rio de Janeiro à Lima, et de Lima au Pará; exécutée par ordre du gouvernement français pendant les années de 1843 à 1847. Histoire du voyage. Paris, P. Bertrand, 1850-51. 6 v.

A finalidade da viagem era realizar um levantamento dos recursos naturais da América tropical e de suas reais possibilidades para o comércio das nações. Havia assim um duplo objetivo—científico e utilitarista. O cientista viajante estava particularmente interessado em observar a divisão de águas entre a bacia do Amazonas e a do Prata para verificar as possibilidades de circulação entre as duas redes hidrográficas e a do escoamento dos produtos amazônicos. Daí a importância dada pela expedição de de Castelnau aos afluentes meridionais do Amazonas na época menos conhecidos que os setentrionais. Além das vias comerciais o viajante observou cuidadosamente os produtos das diversas regiões percorridas (Rio de Janeiro, Minas Gerais, Goiás, Mato Grosso e Amazonas) particularmente os passíveis de comercialização.

**1175.** Ce que nous sommes; considérations sur la situation du Brésil en 1927. Rio de Janeiro, Paulo, Pongetti, 1927. 64 p.

Folheto visando provavelmente, a divulgação do Brasil no exterior. Considerações gerais sobre o país, seu território, população e clima. Informações sobre a agricultura, pecuária e indústria (número de estabelecimentos por estado e capital investido; firmas estrangeiras e capital investido), vias de comunicação, marinha mercante, comércio exterior, 1901-25, câmbio, 1922-26 e orçamento para 1927.

**1176. Cincinato [José Cristino da Costa Cabral].** Coleção de diversos artigos sobre a agricultura e a indústria, a escravidão e a colonização. Rio de Janeiro, Vianna, 1837. 202 p.

Oferece grande interesse em virtude do momento em que os artigos foram escritos: época em que o eixo da economia brasileira começava a se deslocar do norte para o centro-sul; e os pontos de vista do autor refletem essa conjuntura. Discorda dos que vêem progresso no país, pois para ele só há "apatia." Mas é que se refere, em geral, aos produtos da Bahia e Nordeste (açúcar, algodão, fumo); para o reerguimento da lavoura tradicional advoga progresso tecnológico, novos métodos de cultivo e a colonização européia. Condena o regime escravista, mas só admite a sua abolição gradual. Assinala já a expansão da lavoura cafeeira e observa a mobilidade social que estava provocando. Representante típico da corrente moderadora. (BNRJ)

**1177. Constatt, Oscar.** Brasil, a terra e a gente. Tradução de Eduardo de Lima Castro. Rio de Janeiro, 1954.

Publicado pela primeira vez em Berlim, 1877, tendo o autor vindo para o Brasil em 1868 e trabalhado na comissão imperial de agrimensura. Consta de uma parte corográfica (aspectos geográficos, fauna e flora) e etnográfica (índios botocudos e coroados). Tece a seguir observações sobre a agricultura de subsistência (mandioca, feijão, legumes) e comercial (café, algodão, açúcar, fumo, cacau, chá, mate, borracha), sobre pecuária, recursos minerais, indústrias (açúcar, cerveja, têxtil de algodão, máquinas), oficinas (segundo o autor, nas mãos de mulatos e negros libertos), comércio, navegação, transportes e colonização.

**1178. Correia de Araujo, Pedro F.** Datas e fatos relativos a história política e financeira do Brasil, por um brasileiro. Recife, Typ. de M. Figueiroa de F., 1885. 119 p.

Depoimento sombrio sobre as condições políticas, sociais, econômicas e financeiras do Brasil no fim do regime monárquico. Critica os gastos do governo, aborda a questão dos impostos, do elemento servil e apresenta um estudo sobre a depreciação da moeda brasileira. Organiza uma série de quadros: (1) comparativo da população por província brasileira, 1875 e 1884; (2) dívida fundada até 31 de março de 1884; (3) demonstração da renda alfandegária, 1808-84; (4) dívida passiva em 31 de março de 1884; (5) empréstimos, 1824-84; (6) moedas do Brasil; (7) oscilações cambiais, 1846-85; (8) organização ministerial.                              (BMF)

**1179. Costa, Affonso.** Aspecto econômico, comercial e financeiro do Brasil. Rio de Janeiro, Typ. do Serviço de Informações do Ministério da Agricultura, 1926. 31 p.

Rápidas considerações sobre o clima, população, imigração, portos e meios de transporte, produção agrícola e industrial, exportação e importação. Publicação oficial de divulgação. O autor era diretor do Serviço de Informações do Ministério da Agricultura, Indústria e Comércio.

**1180. Costa, Affonso.** Questões econômicas: fatores da nossa riqueza; entraves à produção; comércio exterior. Rio de Janeiro, Imprensa Nacional, 1918. 372 p.

A obra se divide em três partes. Na primeira o autor cuida dos fatores da riqueza brasileira e dedica capítulos especiais à pesca, fruticultura, trigo, cereais, silvicultura, pecuária, algodão, carvão e siderurgia. Na segunda parte, quando analisa os problemas que dificultam a produção, estuda também em capítulos especiais a seca, os transportes, os impostos, a falta de crédito, a deficiência do ensino, a carestia de vida. A terceira parte é dedicada ao comércio exterior, tratando do intercâmbio geral e do intercâmbio com as Américas em especial. Analisa os efeitos da primeira guerra mundial e traz uma riqueza de tabelas e dados quantitativos para cada assunto estudado. A obra é publicada pelo Ministério da Agricultura, Indústria e Comércio. (BMSP)

**1181. Couty, Louis.** Ébauches sociologiques; le Brésil en 1884. Rio de Janeiro, Faro & Lino, 1884. 416 p.

Consiste da reunião de artigos publicados no *Le messager du Brésil,* entre agosto de 1883 a junho de 1884, onde defende a tese da colonização da terra cultivada, isto é, dividir as fazendas de baixa produtividade e vender lotes ao imigrante europeu. Ao argumentar a favor de suas idéias nos oferece riquíssimas informações sobre: utilização do solo, produtividade das lavouras de café e cana, qualidade da mão de obra, problema da substituição do elemento servil,

agregados, imigração, vida do imigrante; desenvolvimento industrial que considera artificial; questões cambiais e monetárias, manipulações financeiras em relação ao café, crise financeira de abril de 1884; estimativas da população escrava, avaliação da colonização realizada pelo estado; rentabilidade das culturas de café, cana, mandioca e da pecuária; orçamento de um colono; política de garantia de juros e estradas de ferro, etc. Obra importante para o estudo das transformações econômico-sociais que ocorriam no Brasil, na época.     (BMSP)

**1182. Crespo, Jorge B.** Geografía económica del Brasil. B.A., Talleres Gráficos del Instituto Geográfico Militar, 1919. 387 p.

O livro se divide em três partes. Na primeira o autor faz um apanhado da situação geográfica, da imigração e colonização. Estuda ainda as fontes de riqueza agrícola e mineral. A segunda parte é dedicada aos transportes e às comunicações. Nela a maior atenção está voltada para as estradas de ferro que são estudadas pelo autor nas diversas regiões do país, com riqueza de detalhes e informações. Trata também, embora mais rapidamente, da marinha mercante brasileira e dos sistemas de comunicação por correio e telégrafo. A terceira parte é inteiramente dedicada ao comércio, indústria e finanças do Brasil. Faz uma análise dos principais produtos agrícolas e de sua comercialização e estuda a indústria mineira, nas diversas regiões do país, com sua legislação e dados estatísticos. O último capítulo desta parte é dedicado à situação econômico-financeira do país antes e depois da primeira guerra mundial. Dedica atenção ao intercâmbio argentino-brasileiro. Rica em dados estatísticos, principalmente das duas primeiras décadas do século XX.                                    (BMSP)

**1183. Denis, Pierre.** O Brasil no século XX; versão portuguesa. Lisboa, José Bastos, s.d. 408 p.

Observador arguto, o autor nos oferece informações preciosas sobre o Brasil no início do século XX, com alguns dados retrospectivos. Depois de descrever a paisagem brasileira e de apresentar a geografia das vias de comunicação, aborda ligeiramente a nossa vida política, para, em seguida, dedicar-se à análise da vida econômica. Após considerações gerais sobre a tarifa aduaneira, comércio exterior e a questão monetária, iniciam-se os capítulos mais importantes da obra: a vida econômica de São Paulo é esquadrinhada sob vários aspectos, como sua riqueza, colonização, expansão da lavoura cafeeira, povoamento, mão-de-obra, ocupação do solo. Depois de dedicar todo um capítulo à valorização do café, estuda a colonização no Paraná e Rio Grande do Sul. As populações negras merecem um capítulo especial, assim como o Ceará e a emigração do cearense para o Amazonas.            (BIEB)

**1184. Dent, Hastings Charles.** A year in Brazil, with notes on the abolition of slavery, the finances of the Empire, religion, meteorology, natural history, etc. London, K. Paul, Trench, 1886. 444 p.

Trata-se de um relatório de viagem que se inicia em 8 de junho de 1883 e termina em 20 de agosto de 1884. O autor faz um relato minucioso de sua estada no Brasil, procurando dar uma idéia bem objetiva do país no ano que aqui passou. Descreve a sua chegada ao Rio de Janeiro e as suas impressões sobre a cidade, o Jardim Botânico, o hotel, etc. Narra sua ida a Queluz, Paraopeba. Em seguida descreve suas "explorações" em Minas Gerais, São Paulo e a sua estada nas mais diversas fazendas dessas duas províncias. É em essência um naturalista, preocupado com a vegetação, os rios, as frutas, etc. Os capítulos 9, 10, 11, dedica aos seus últimos dias no Rio de Janeiro, descrevendo minuciosamente as suas visitas aos pontos mais significativos da capital. Em apêndice 1 trata dos problemas da colonização de Minas Gerais, da posição geográfica e da formação geológica de Fernando de Noronha, da religião brasileira, da escravidão, dos pesos e medidas, da cunhagem de moeda e da circulação, das condições financeiras do Brasil. No apêndice 2 trata mais das condições climáticas, da flora e da fauna. Apresenta uma série de notas em botânica, geologia, insetos, etc.                    (BMSP)

**1185. Dias, Arthur.** The Brazil of to-day; a book of commercial, political and geographical information on Brazil. Nivelles, Belgium, Lanneau & Despret, [1907]. 628 p.

A tônica é propagandista e deve ser mais um destes livros visando a promoção do Brasil, no exterior, com o objetivo de atrair capitais e emigrantes para o país. Apesar disto ou mesmo por este motivo, apresenta uma série de dados sobre os diversos estados, suas produções agrícolas e industriais; o grau de urbanização; atividades comerciais e bancárias; vendas de terra de 1896-1900; colonização e imigração; movimento de alguns portos; estradas de ferro. Se o progresso do presente é ressaltado, não se esquece do passado representado por Ouro Preto e São João del Rei, cujos monumentos antigos contrastam com as aparatosas construções fabris da nova era industrial.                    (BMSP)

**1186. Domville-Fife, Charles William.** The United States of Brazil, with a chapter on the republic of Uruguay. London, F. Griffiths, 1910. 249 p.

Trata-se de uma obra descritiva. Divide-se em duas partes: a primeira dedicada ao "Velho Brasil" na qual o autor estuda o Brasil colonial, a atuação dos jesuítas e a ação dos indígenas. A segunda parte é dedicada ao "Moderno Brasil." Nesta parte cuida em dez páginas do Brasil Império e em seguida passa a descrever o "Brasil de hoje" (1910) e faz então como que uma viagem através dos estados, detendo-se em algumas capitais tais como Rio de Janeiro, São Paulo, Belém, Salvador. É obra fartamente ilustrada com fotografias das diferentes regiões desertas. Tem um último capítulo dedicado ao Uruguai.                    (BMSP)

**1187. Dunlop, Charles J.** Brazil as a field for emigration. London, Bates, Dendy, n.d. 262 p.

Descreve, a propósito do Brasil, as condições climáticas, a situação da população, das produções vegetais, dos recursos minerais, animais domésticos e selvagens. Dá detalhes sobre a constituição e o governo do Brasil, cuidando da colonização e imigração, do comércio e manufaturas, dos principais portos. Mostra ainda os interesses ingleses no Brasil e apresenta informações gerais sobre pesos, medidas e a moeda brasileira.                    (BMSP)

**1188. Dutot, S.** France et Brésil. Paris, Guillaumin, 1857. 262 p.

Informações destinadas a atrair a atenção dos franceses para o Brasil como o campo de investimento e para reforçar os laços de latinidade. Habituais considerações sobre os aspectos geográficos, demográficos, recursos naturais, costumes, escravidão, constituição, orçamento, obras públicas, além das relações entre o Brasil e a França. Há um capítulo sobre a colonização e os meios de estimular a emigração francesa para o Brasil e outro, final, sobre a conveniência de se implantar o imposto territorial, sobre o sistema alfandegário e creditício. Traz o orçamento do Brasil para 1857-58, um quadro do comércio exterior em 1854-55 e lista das matérias primas isentas de imposto de importação.

**1189.** O economista; revista mensal de economia, finanças, comércio e indústria. Rio de Janeiro, 1918-30.

Publicação que pode oferecer bastante interesse aos estudiosos da história econômica. Há artigos sobre o problema da estabilização; retrospectos da situação econômico-financeira ao final de cada ano; indicações sobre a evolução da crise do café, análises sobre a situação creditícia e comercial da praça, situação do comércio exterior, informações econômicas e financeiras dos estados, movimento de falências e concordatas; relatórios de bancos e comentários sobre a situação de agências de crédito e da liquidez de firmas industriais e comerciais e comentários em geral sobre a atualidade no campo econômico. A revista reflete quase sempre a opinião das classes conservadoras, porém pode ser uma indicação útil, dada a objetividade com que são analisados os problemas.                    (BNRJ)

**1190.** O economista brasileiro. Rio de Janeiro, 1878-80.

Revista quinzenal, iniciando-se em janeiro de 1878 e tendo como redator principal Ramos de Queirós. Tem por objetivo "estudar e discutir as grandes questões econômicas que se prendem à organização do trabalho, socorrendo-se da estatística, legislação e economia política." Aborda uma série de problemas brasileiros como atividades econômicas, meio circulante, bancos, malogro da industrialização, câmbio. Cuida da situação política e econômica do Brasil e da proteção à indústria. Traz notas agrícolas e informações sobre as empresas de navegação subvencionadas, a tarifa, o Congresso Agrícola, a colonização chinesa, a crise da lavoura, a indústria nacional, engenhos centrais e outras questões de atualidade. Dá ênfase às questões financeiras. Há anúncios de máquinas e outros ilustrados.                    (BNRJ)

**1191.** O economista brasileiro; revista semanal de economia, política e literatura. Rio de Janeiro, 1907-14.

O primeiro número é de 1906 e o editor Felisbello Freire. Trata de questões como o contrato com a Light & Power Co., o convênio de Taubaté, as tarifas alfandegárias e a carestia de vida; evolução econômica do Brasil em geral e de alguns estados, em particular; a exposição de 1908, a evolução histórica dos impostos, legislação sobre seguros de vida, história monetária, as crises financeiras, comerciais, econômicas e monetárias do Brasil. Transcreve e comenta mensagens dos governadores e trata das questões debatidas no Congresso.                    (BNRJ)

**1192. Elliot, Lilian E.** Brazil today and tomorrow. New York, Macmillan, 1917. 338 p.

Contém uma introdução, uma lista dos estados e sua área geográfica e população e um glossário de termos brasileiros. Na introdução o autor se ocupa em mostrar os aspectos geográficos do Brasil e a sua posição em relação ao mundo.

Tece comentários a propósito da diversificação das indústrias e dos "interesses divergentes" no Brasil. O primeiro capítulo é dedicado a um resumo da história do Brasil, desde o seu descobrimento até a República. O segundo capítulo trata da colonização. Estuda as diversas tentativas de introdução do imigrante, desde as oficiais até as particulares e nas diversas regiões do país. Detém-se mais no caso do estado de São Paulo, com a experiência da parceria, a imigração italiana e japonesa. No terceiro capítulo faz uma análise das condições sociais, estudando a cortesia brasileira, a influência européia, os títulos, as classes dominantes, a atuação e a influência do negro, etc. No quarto capítulo faz um estudo dos meios de transporte terrestres e fluviais, dedicando atenção especial às estradas de ferro. As indústrias são tratadas no quinto capítulo. O sexto capítulo é dedicado às finanças. Estuda então a circulação, os investimentos e os débitos municipais e federais. No sétimo capítulo cuida mais do aspecto botânico e medicinal da flora brasileira e do descuido do mundo para com o Brasil, neste particular. O oitavo capítulo é dedicado ao comércio exterior. Traz bastantes tabelas e dados estatísticos interessantes, abrangendo os diferentes períodos da história do Brasil.                    (BMSP)

**1193. Ewbank, Thomas.** Life in Brazil; or a journal of a visit to the land of the cocoa and the palm . . . . New York, Harper, 1856. 469 p.

Descrição do Rio de Janeiro e outros sítios do recôncavo da Guanabara, a vida de seu povo, seus costumes, atividades, com ênfase dada aos aspectos religiosos. Eventualmente há referências a outras províncias.

**1194. Falcão, Teófilo Borges.** Atividade comercial da Bahia; da colônia aos nossos dias. Bahia, 1925. 18 p.

O autor, secretário da Fazenda e do Tesouro do Estado da Bahia na época, tece considerações gerais e apresenta dados (volume e valor em reis) sobre o comércio no império, 1834-89. Em relação às trocas na era republicana, refere-se à crise da lavoura de cana de açúcar e apresenta dados sobre o café, o comércio internacional, interestadual e doméstico e sobre o movimento bancário, 1901-23. Há uma série de tabelas relativas à atividade comercial da Bahia, em 1924.

**1195. Ferreira Soares, Sebastião.** Elementos de estatística. Rio de Janeiro, Typ. Nacional, 1865. 2 v.

Constitui a primeira análise sistemática da estatística comercial aplicada ao Brasil. Depois de expor os princípios gerais da estatística, particularmente da comercial, faz considerações sobre o território brasileiro e sua população (livre e escrava), para finalmente abordar o assunto principal, isto é, comércio brasileiro. Historia seu desenvolvimento; analisa-o em 1834-64; estuda o crédito comercial ou operações bancárias, como diz, e as crises comerciais. O segundo volume trata da estatística comercial das diversas províncias brasileiras, separadamente, 1854-64. Em apêndice apresenta um projeto para criação de bancos auxiliadores da lavoura nas províncias.
(Bibl. Sérgio Buarque de Holanda)

**1196. Fletcher, James C.; and Daniel P. Kidder.** Brazil and the Brazilians, portrayed in historical and descriptive sketches. 6. ed., rev. and enl.

Boston and London, Little Brown and Sampson, Low, 1866. 640 p.

Trata-se da sexta edição revista e ampliada pelos autores, que nela introduziram novos apêndices e fizeram revisões gráficas das edições anteriores, como afirmam no prefácio. É uma obra de viajantes, fundamentalmente descritiva e que cobre quase todos os estados do país. Cuida sistematicamente, em quase todos os capítulos, de dar ao leitor uma visão geral da região estudada em seus aspectos geográfico, histórico e folclórico. Faz descrições minuciosas de tipos humanos das diferentes regiões do país completando-as com ilustrações. A obra termina com notas explicativas e apêndices referentes a uma cronologia da história do Brasil, outro da constituição de 1824, além de outros referentes à escravidão e tráfico negreiro, tábuas de pesos e medidas brasileiras, população, importação e exportação, religião, trabalho do professor Agassiz no Amazonas e observações climáticas no Rio de Janeiro, em 1864.                                        (BIEB)

**1197. Fragoso, Arlindo.** Notas econômicas e financeiras. Bahia, Imprensa Official do Estado, 1916. 571 p.

Consiste da reunião de artigos publicados no *Diário oficial* do estado da Bahia, onde diversos assuntos de ordem econômica são abordados, como finanças públicas, rendas dos estados e comércio exterior do Brasil. Faz considerações sobre a restrição das operações de crédito pelos bancos, em geral, e sobre as atividades peculiares dos bancos estrangeiros. Uma boa parte dos artigos é dedicada à Bahia, à sua produção (algodão, fumo, açúcar e particularmente cacau), a seu comércio externo, suas rendas, movimento bancário. Refere-se ainda às falhas do ensino agrícola na Bahia e em Minas Gerais. Obra de caráter bastante informativo.        (BMSP)

**1198. Gardner, George.** Viagens no Brasil, principalmente nas províncias do norte e nos distritos do ouro e do diamante durante os anos de 1836-1841. Tradução de Albertino Pinheiro. São Paulo, Companhia Editora Nacional, 1942. 467 p.

Observações minuciosas sobre os hábitos do povo, alimentação, doenças, atividades econômicas, tratamento dado aos escravos, vestuário, festas religiosas, população indígena e descrição de cidades. Demora-se particularmente, no Ceará, Piauí e Minas Gerais (distritos do ouro e diamantes). O autor era superintendente dos jardins botânicos reais do Ceilão.

**1199. Great Britain. Department of Overseas Trade.** Report of the British economic mission to Argentina, Brazil and Uruguay. London, Her Majesty's Stationery Office, 1930. 58 p.

A introdução destaca a imensa importância do subcontinente para o desenvolvimento futuro do comércio britânico e critica a Grã-Bretanha por não estar aproveitando adequadamente a posição vantajosa que goza na região. Tem-se mostrado particularmente incapaz de se ajustar às condições locais, mantendo toda uma infraestrutura obsoleta. Na parte relativa ao Brasil considera a situação bastante insatisfatória. Faz considerações sobre o desenvolvimento da cidade de São Paulo, que considera um dos mais notáveis feitos da história econômica dos últimos vinte anos. Considera que, excetuando a solução da questão cafeeira, os principais problemas do

Brasil são: escassez de capital e desenvolvimento das vias de comunicação. Analisa a seguir o comércio exterior brasileiro e a posição da Grã-Bretanha em comparação com os Estados Unidos. Critica o desenvolvimento industrial do Brasil e sua política tarifária, mas elogia sua visão em relação ao capital estrangeiro. Trata, a seguir, da situação das vias de transporte e das necessidades de expansão nesse setor. (BMSP)

**1200. Great Britain. Department of Overseas Trade.** Report on the economic and financial conditions in Brazil . . . 1924. By Mr. Ernest Hambloch. London, Her Majesty's Stationery Office, 1925. 96 p.

Relatório do secretário de comércio junto à embaixada da Grã-Bretanha no Brasil. Expressa o ponto de vista do funcionário e não propriamente do Department of Overseas Trade. Oferece preciosas informações sobre a economia, finanças e recursos naturais do Brasil. Refere-se ao ano de 1922, em geral, mas há dados anteriores que, em algumas áreas, recuam a 1899 e mesmo 1883. Grande ênfase ao comércio externo, mas dá especial atenção à indústria manufatureira, em 1922, particularmente em São Paulo. Há observações sobre educação, leis trabalhistas, obras contra a seca, imigração, estradas de ferro, portos, telégrafos, aviação e custo de vida. Em apêndice vários quadros estatísticos sobre a dívida pública externa, 1883-1922; interna, 1922; receita de despesa pública orçada; balança comercial, 1899-1922; censo da riqueza industrial, 1922; e companhias estrangeiras autorizadas a operar entre agosto e dezembro de 1922 e janeiro a julho de 1923. Relatórios do mesmo conteúdo se publicaram para 1921-26, 1928-32, 1935, 1937, 1938. (BMSP)

**1201. Howarth, William.** Modern Brazil. Liverpool, Tinling, 1923. 220 p.

Retrato do Brasil, no início da década de vinte, por um súdito britânico. Depois de uma introdução histórica, descreve as atividades econômicas de vários estados e nos oferece informações sobre a agricultura, mineração, pecuária, indústria, comércio internacional, navegação comercial. Várias tabelas estatísticas.

**1202. Hu, Charles.** Le Brésil, S.l., s.e., [1908].

O autor era conselheiro do comércio exterior da França em São Paulo e a obra foi editada, provavelmente em 1908, pela revista *France-Brésil* que se dedicava a promover o desenvolvimento das relações entre os dois países. É esse o objetivo do livro que, para tanto procura divulgar o comércio, indústria, agricultura, mineração e belezas naturais do Brasil. Depois de generalidades sobre a geografia, história, estrutura política, sistema monetário e comercial, imigração, colonização, etc., apresenta um capítulo de maior interesse em que trata da indústria e comércio e onde apresenta valiosas informações sobre várias firmas do Rio de Janeiro, São Paulo (capital e interior) e outros estados do Brasil. Na parte agrícola traz, além de dados sobre os principais produtos, descrições de várias fazendas. Profusamente ilustrada. (BIHGB)

**1203. James, Herman Gerlach.** Brazil after a century of independence. New York, Macmillan, 1925. 587 p.

O autor, baseado na massa de informações publicadas por ocasião do centenário da independência do Brasil, procurou reunir e publicar, em inglês, dados sobre o país que pudessem interessar os Estados Unidos e dar-lhes uma melhor idéia do Brasil. São considerações gerais sobre a geografia, a história e o sistema de governo. Um bom resumo sobre a imigração. A obra interessa mais pelos comentários a respeito do censo de 1920 que considera assaz aceitável. Faz maiores restrições em relação aos dados sobre indústrias cuja dispersão tornava difícil a coleta. Só para o Distrito Federal (Rio de Janeiro) a enumeração seria quase completa. Apesar dessas lacunas, é possível perceber-se o notável desenvolvimento industrial do país. Termina fazendo considerações sobre as condições sociais dos diversos estados e com conselhos aos turistas. (BMSP)

**1204. Jornal do commercio; retrospecto commercial.** Rio de Janeiro, 1875-1931.

Descrição sumária da situação econômico-financeira do ano. Textos de leis, decretos e análise dos atos do governo referentes à economia brasileira (comércio, transportes, finanças, agricultura, indústria), relatórios dos ministros e do Presidente da República, orçamento do Governo Central, impostos arrecadados (impostos de consumo, de renda, a partir de 1922, receitas das alfândegas da república, rendas arrecadadas pela alfândega do Rio de Janeiro), dívida pública (descrição do título, valor da emissão, amortização, cotações mensais em Londres, do *funding loan*). Comércio exterior; tarifas, legislação, tabelas, discussões no congresso, câmbio, total da exportação, principais produtos exportados e exportadores, frete e despesas com seguro dos produtos importados, principais produtos importados e importadores, exportação de café (movimento do mercado de Nova York, Havre, Hamburgo, Londres, quantidade, preços nas diferentes praças, listas de exportadores e quantidade exportada por cada um), importação e exportação de espécies metálicas, entradas de capital estrangeiro. Entradas de gêneros nacionais no Distrito Federal: procedência, meio de transporte utilizado, quantidade de cada produto, principais recebedores. Meios de transporte: estradas de ferro (extensão das linhas, receita, despesas, número de passageiros e quantidade de carga transportada, capital, estradas de ferro particulares e do estado); transportes urbanos, portos, movimento marítimo (entradas e saídas de navios dos portos brasileiros e dos portos do Rio e Santos). Moeda: meio circulante, lastro, custo de vida no Brasil, custo de vida no Rio de Janeiro, 1910-28; orçamento mensal de uma família, 1912-30; preços de vários produtos (açúcar, café, algodão . . .). Empresas: falências, concordatas e liquidações judiciais requeridas, empresas autorizadas a funcionar no país, dividendos distribuídos, lançamentos de companhias na praça do Rio, movimento bancário (capital realizado, letras descontadas e a receber, caixa, depósitos a vista e a prazo, fundos de reserva), capital de firmas e sociedades anônimas registradas na Junta Comercial, ações de bancos e companhias (títulos da praça do Rio de Janeiro: denominação da empresa, capital, número de ações, número de ações em circulação, valor, fundo de reserva, último dividendo, última venda). Movimento da Bolsa do Rio de Janeiro: legislação referente à Bolsa e títulos, situação de empresas, movimento de títulos vendidos (número, tipo, preço de venda máximo e mínimo). Dados sobre produção industrial, agrícola e extrativa, mineral e vegetal, começam a aparecer a partir do *Retrospecto* de 1909, abrangendo o período de 1907-30. Capital empregado, produção (valor e quantidade), número de estabelecimentos, mão de obra (número de empregados e de operários). Também o *Jornal do comércio do Rio de Janeiro*, publicado diariamente desde 1847, é fonte importante de dados estatísticos sobre preços, comércio exterior e atividade bancária, além de informações gerais sobre economia e política.                    (BACSP)

**1205. Kidder, Daniel Paris.** Sketches of residence and travels in Brazil. Philadelphia and London, Sorin & Ball and Wiley & Putman, 1845. 2 v.

É obra de viajante. Narra com detalhes a sua residência no Brasil, dedicando-se mais intensamente à descrição das viagens feitas pela província do Rio de Janeiro e por São Paulo. Cuida ao longo do primeiro volume da vida diária no Rio de Janeiro e em São Paulo, da iluminação das ruas e dos ensinamentos religiosos no Brasil, etc. O segundo volume tem uma preocupação um pouco maior com a história do Brasil, fornecendo informações sobre a transferência da capital para o Rio de Janeiro, sobre a independência e sobre as lutas da Regência. Traz dados sobre a vida política nacional, sobre a organização partidária antes e depois da maioridade. Ainda dá informações sobre o tráfico negreiro, imigração, literatura, religião, etc. É obra puramente descritiva, mas de alto valor informativo, principalmente para os usos e costumes do Brasil, durante o século XIX.                    (BIEB)

**1206. Koseritz, Carlos von.** Imagens do Brasil. Tradução, prefácio e notas por Afonso Arinos de Melo Franco. São Paulo, Martins, 1943. 292 p.

Trata-se de uma obra que reúne uma série de publicações jornalísticas do autor escritas durante o ano de 1883 e publicadas como livro primeiramente em Leipzig e somente traduzida para o português em 1943. É um livro de feitura jornalística e como tal nem sempre se aprofunda na análise dos assuntos tratados. O próprio título *Imagens do Brasil* parece traduzir o que o autor desejava, dar imagens esparsas da terra em que vivia, desde os seus vinte e um anos. Dá informações as mais diferentes possíveis a propósito da vida política e social do país, principalmente da capital do império. Relata suas viagens, descrevendo minuciosamente suas experiências vividas nas diferentes províncias brasileiras.                    (BIEB)

**1207. Lafond, Georges.** Le Brésil. Paris, Éditions Pierre Roger, 1927. 93 p.

O autor faz um resumo sucinto da vida brasileira, começando por um quadro geográfico delimitando fronteiras, dando informações sobre a hidrografia, clima, etc., passando por um resumo de toda a história do Brasil desde a descoberta até 1925. Sempre resumidamente oferece informações sobre a organização administrativa e financeira para em seguida tecer comentários sobre a economia, agricultura, indústria, importação e exportação. No último capítulo se detém nos problemas imigratórios, nos direitos e vantagens dos estrangeiros, nos salários e tece considerações em torno das vantagens reservadas aos agricultores. Embora apresente alguns dados estatísticos sobre importação e exportação, é obra superficial e só faz sentido como obra de divulgação. Faz parte de uma coleção de monografias editadas na França com a denominação de *Monographies économiques* e está encadernada juntamente com um volume do mesmo estilo sobre a Argentina.    (BMSP)

**1208. Leclerc, Max.** Cartas do Brasil. Tradução e notas de Sérgio Milliet. São Paulo, Editora Nacional, 1942. 190 p.

Reunião de artigos publicados no *Journal des débats*, entre 1889-90. O autor, testemunha da mudança do regime político em 1889, faz observações agudas sobre aspectos da vida brasileira, a substituição do trabalho escravo pelo livre e a imigração.

**1209. Ledent, Armand.** Un pays d'expansion économique; questions d'émigration et de colonisation. Bruxelles, Verteneuil et Desnet, 1910. 187 p.

O autor, anônimo, depois de considerações gerais sobre as migrações humanas e problemas da Bélgica, procura esclarecer seus compatriotas e desfazer as idéias que têm sobre o Brasil e que considera falsas. Apresenta, nesse sentido, informações de ordem geográfica, étnicas e sanitárias. Defende a valorização do café e descreve em tons laudatórios a ação governamental relativa aos núcleos coloniais. Acena com as possibilidades dos colonos tornarem-se proprietários e faz observações de ordem prática sobre o recrutamento de imigrantes. É provável que a publicação tenha sido da iniciativa do governo brasileiro, ou subsidiada por ele.        (BAESP)

**1210. Lloyd, Reginald,** *et al., eds.* Twentieth century impressions of Brazil. Its history, people, commerce, industries, and resources. London, Lloyd's Greater Britain Publishing Co., 1913. 1063 p.

Publicada sob os auspícios do presidente Hermes da Fonseca, a obra tem por objetivo atrair capital e mão-de-obra para o Brasil. É particularmente informativa e aborda os mais variados aspectos do país e de sua vida, desde os geográficos, arqueológicos, históricos, até os políticos, sociais, econômicos e culturais (como educação e artes). Sobre a população, além dos traços étnicos, oferece dados segundo os recenseamentos e estimativas e considerações sobre a natalidade e a desigualdade da distribuição populacional. Descreve a política e o movimento referentes à imigração. Há informações sobre os meios de comunicação e transportes. Traça a história da agricultura e pecuária, comentando a crise da monocultura após a eliminação da mão-de-obra escrava. Refere-se ao reerguimento da agricultura paulista, sob o governo de Jorge Tiberiçá e descreve várias fazendas. Indica, por regiões, a pequena lavoura. Número e tipos dos estabelecimentos industriais são indicados por estado, assim como, respectivamente, o número de operários, capital e valor da produção dessas empresas. Ênfase dada às possibilidades de investimentos, com um artigo de A. B. Ramalho Ortigão, "Openings for capital." A obra é profusamente ilustrada, com fotografias de fazendas, fábricas, etc. Interessa também aos estudos sobre urbanização.                    (BAESP)

**1211. Lyra, João.** Cifras e notas (economia e finanças do Brasil). Rio de Janeiro, Typ. da Revista do Supremo Tribunal, 1925. 560 p.

Coletânea de informações de origem principalmente oficial, sobre aspectos econômicos e financeiros do Brasil em geral, ou especificados por estados. Há dados sobre a superfície territorial, a população (segundo o recenseamento de 1920), a produção, comércio, vias de comunicação e finanças. Obra bastante útil.

**1212. Macedo, Joaquim Manuel de.** Notions de chorographie du Brésil. Leipzig, Imprimerie de F. A. Brockaus, 1873. 504 p.

A primeira parte dá uma idéia generalizada do Brasil. Começa por um apanhado da história brasileira e passando pelas descrições do clima, do sistema hidrográfico, pelo sistema de governo e administração; estuda aspectos da civilização e da população brasileira e cuida da colonização e catequese. Na segunda parte preocupa-se em descrever província por província do Brasil e fornece dados sobre o município da capital do Império brasileiro. É sempre uma obra descritiva. Introduz em seu final, cinco tabelas referentes a assuntos diversos: (1) tabela das forças armadas, com dados sobre a localização, composição hierárquica e numérica dessas forças no território nacional; (2) receita e despesas das províncias, 1868-69; (3) receita alfandegária, 1870-71; (4) receita alfandegária, 1871-72; (5) tabelas de navegação dentro dos limites imperiais, 1868-71 e navegação de cabotagem durante os exercícios de 1868-71.                                    (BIEB)

**1213. Macedo Soares, José Carlos de.** Palavras ao comércio. São Paulo, Instituto D. Anna Rosa, 1924. 39 p.

Discurso pronunciado na Associação Comercial de São Paulo, em fevereiro de 1924, comentando particularmente a plataforma governamental do candidato escolhido para o governo de São Paulo e abordando problemas de interesse do comércio, como o dos transportes ferroviários e a necessidade de dar maior vazão à produção de cereais; a situação cambial que considera o maior flagelo do comércio; a necessidade de uma reforma aduaneira para que se ponha fim ao sistema injusto das tarifas impostas nas caudas orçamentárias; a injustiça do imposto de renda que recai sobre a indústria e o comércio enquanto as propriedades imobiliárias estão insentas; a necessidade de se reformar o Código comercial que data de 1850 e a insuficiência de energia elétrica fornecida ao município.                                    (BMSP)

**1214. Malesani, Emilio.** Brasile: condizioni naturali ed economiche. Roma, Wantegazza, 1929. 894 p.

Na primeira parte é cuidado o ambiente físico. Nela se vê problemas de relevo e geologia, dados sobre a costa, o clima, a hidrografia, a flora, a fauna e os problemas sanitários. Na segunda parte estuda-se a vida humana no seu aspecto histórico (neste capítulo o autor faz uma síntese da história brasileira desde a descoberta até o período republicano), dentro da ordem política e administrativa. Cuida ainda nessa parte da população do Brasil, apresentando quadros estatísticos sobre a densidade demográfica, analfabetismo, etc. Estuda a imigração e a colonização em geral e destaca em um capítulo a imigração italiana. A terceira parte é dedicada às regiões naturais do Brasil, com estudo sobre os diversos estados e cidades mais importantes. A quarta parte é dedicada às condições econômicas do país: a produção agrícola, os recursos florestais, a pesca, a indústria, as vias de comunicação e o comércio e finanças.                                    (BMSP)

**1215. Marc, Alfred.** Le Brésil. Excursion à travers ses 20 provinces. Paris, [Charaire et Fils], 1890. 2 v.

O autor era redator do jornal *Le Brésil* e membro da Sociedade de Geografia Comercial de Paris. A viagem, iniciada em outubro de 1887, tinha como objetivo um estudo mais completo e atualizado sobre o Brasil. É mais uma dessas obras que visava atrair capitais e braços. Diz que por ocasião da Exposição Universal de Paris foram publicados vários trabalhos sobre o Brasil e que por este motivo deixara de lado informações de ordem histórica ou política para dar ênfase à vida econômica. Descreve com minúcias os recursos e atividades econômicas das vinte províncias (para algumas chega mesmo a citar o nome e nacionalidade dos exportadores) e apresenta dados sobre as vias de comunicação no final da década de 80. Termina com um panorama geral da flora brasileira do ponto de vista botânico e de sua utilização e conclui que o futuro do Brasil estava na imigração. Mostra-se otimista em relação ao novo regime político, proclamado quando terminava a redação da obra.                                    (BMSP)

**1216. Marchesini, Giovanni Battista.** Il Brasile e le sue colonie agricole. Roma, Barbèra, 1877. 161 p.

O objetivo do trabalho é divulgar o Brasil e incentivar as relações da Itália com a América. Depois de uma introdução sobre a situação geográfica e recursos naturais o autor descreve o sistema agrícola e os principais produtos (café, açúcar, algodão, fumo, cacau, mandioca, borracha, etc.) e faz referência ao Imperial Instituto Agrícola Fluminense. Seguem-se informações sobre o comércio brasileiro, em particular com a Itália; considerações sobre o sistema escravista; sobre os primórdios da imigração e sistema de colonização (vários contratos são analisados), as diversas colônias e nacionalidade dos imigrantes. Finaliza, com um capítulo sobre a imigração italiana que reconhece ser de data recentíssima.

**1217. Milliet de Saint-Adolphe, J. C. R.** Diccionario geographico, historico e descriptivo do Imperio do Brazil. Pariz, J. P. Aillaud, 1845. 2 v.

Com observações e adições feitas por Caetano Lopes Moura, este dicionário apresenta das províncias, cidades, vilas e aldeias dados relativos a suas origens, sua história, população, comércio, indústria, agricultura, produtos mineralógicos, nome e descrição dos rios, lagoas, serras e montes, "estabelecimentos literários," navegação e outros dados a elas relativos, de acordo com o que vem indicado no próprio sub-título da obra.                                    (BIEB)

**1218. Monitor mercantil;** edição especial commemorativa do centenário da independência do Brasil. Rio de Janeiro, 1922. 364 p.

Edição comemorativa do centenário da independência. Contém vários artigos e estatísticas sobre diferentes setores da economia brasileira: comércio exterior (em geral e com alguns países); indústrias (têxtil, extrativas, açúcar, frigorífica, calçados, cerveja, borracha) e aspectos econômicos de alguns estados.

**1219. Monteiro, J.** Os progressos do Brasil. Rio de Janeiro, 1908. 16 p.

Série de gráficos sobre população, imigração, orçamento, comércio exterior, estradas de ferro, navegação, produção, exportação de borracha, mate e cacau, importação de arroz, trigo (grão e farinha na primeira década do século XX) e o último mostrando o progresso de São Paulo em vinte anos, 1887-1909.

## 1220. Oakenfull, J. C. Brazil, a century of independence, 1822-1922. Freiburg, C.A. Wagner, 1922. 826 p.

Nova edição ampliada e atualizada de suas obras anteriores onde apresenta informações gerais sobre o Brasil (geografia, etnografia, história, agricultura, pecuária e recursos naturais) e mais específicas sobre a população e colonização, finanças e comércio, educação, etc. Oferece também uma espécie de guia turístico para viajantes como informações sobre os diversos estados do Brasil. Há um apêndice onde aborda assuntos variados tais como: do fetichismo ao cristianismo, a questão social, etc. Fornece dados sobre salários e custo de vida, 1913-21, em várias regiões do país, imprensa, ciência, arte e literatura.                                              (BMF)

## 1221. The Religious Tract Society. Brazil: its history, people, natural productions, etc. London, Religious Tract Society, 1860. 352 p.

Observações de interesse, embora preconceituosas sobre o Brasil, são feitas nesta publicação de uma instituição protestante do seculo XIX, que depois de narrar a história do país descreve suas condições religiosas e sociais. O penúltimo capítulo é dedicado aos recursos naturais (vegetais e animais) e o último aos indígenas. Há longas citações de viajantes anglo-saxões.

## 1222. Revista do Brasil. São Paulo-Rio de Janeiro, 1916-27.

Periódico de feição nacionalista, mas não xenófoba, que se propõe a trabalhar ''pela coesão nacional completando o milagre da integridade territorial.'' Através, seja de seus artigos, seja de suas resenhas, procura sempre apresentar um caráter renovador. Aborda os mais variados assuntos, desde as artes e letras até os econômicos. Entre estes destacam-se os seguintes: ''Economia e finanças de São Paulo'' de Carlos de Carvalho, em que se trata da valorização do café; ''A expansão da lavoura cafeeira em São Paulo'' de Paulo Rangel Pestana, artigo bastante informativo que se inicia com o desenvolvimento da cultura cafeeira na província, a partir de 1854 (estatística organizada sob a direção de Machado d'Oliveira); ''O *stock* bovino e a exportação de carnes'' de A. Prado que critica as estimativas oficiais do número de bovinos existentes no país e a falibilidade dos métodos de estimativas aplicados até então; ''A organização do meio circulante'' de Mário Pinto Serva que é favorável à ampliação da circulação fiduciária, mantendo-se porém, a moeda dentro do regime da convertibilidade; preconiza, para o Brasil, reformas bancárias já operadas em outros países: ''O café e a carestia da vida,'' que procura desfazer a opinião de que o custo de vida elevado se deve à alta cotação dos preços do café e defende a valorização; ''Uma figura de *Far-West*,'' de Assis Chateaubriand, em torno da personalidade de Carlos Leôncio Magalhães, suas atividades e métodos de gerência de seus quase 4 milhões de pés de café; ''Notas econômicas'' de Mário Guedes que destaca o fato de que a soma do valor das propriedades rurais dos estados de São Paulo (1), Rio Grande do Sul (2) e Minas Gerais (3) representa mais de 3/5 do total

para todo o país; ''As construções em São Paulo'' que indica o ritmo de construção na cidade de São Paulo e aborda o custo da habitação naquela cidade e na do Rio de Janeiro. Sobre educação há o artigo de Carlos da Silveira, ''Fins da educação sob o ponto de vista brasileiro (sugestões),'' que reivindica o ensino primário gratuito e obrigatório, a formação profissional para todos e reserva para a elite dirigente uma cultura clássica.                                           (BIEB)

## 1223. Reybaud, Charles. Le Brésil. Paris, Guillaumin, 1856. 244 p.

Obra escrita em resposta à de Straten-Ponthoz (1233) sobre o orçamento do Brasil. Contesta as opiniões deste sobre o sistema centralizado e o imposto territorial. Procura mostrar que o Brasil mudou nos últimos dez anos e que portanto os caminhos indicados por Ponthoz não são mais adequados ao progresso brasileiro. Apresenta noções históricas e geográficas sobre o país, sua constituição, a situação interna e externa e analisa a colonização estrangeira, apresentando sugestões.

## 1224. Ribeyrolles, Charles. Brasil pitoresco; história—descripções—viagens—colonização—instituições; ilustrado com gravuras de vistas, panoramas, paisagens, costumes, etc. por Victor Frond. Tradução e notas de Gastão Penalva. Prefácio de Afonso d' E. Taunay. São Paulo, Martins, [1941]. 2 v.

Depoimento importante, embora muitas vezes eivado de incompreensões e distorções sobre o Brasil dos meados do século XIX (1858-61), principalmente pelas observações sobre a terra fluminense no auge da lavoura cafeeira. No segundo volume, um histórico e a situação dos núcleos coloniais existentes no Brasil.

## 1225. Rio de Janeiro. Almanaque administrativo, mercantil e industrial da corte e provincia do Rio de Janeiro, . . . fundado por Eduardo von Laemmert. Rio de Janeiro, 1849-1937.

Contém informações sobre as profissões liberais, o artesanato, o comércio, a indústria, artes e ofícios. Fonte importante para o estudo da urbanização, classes sociais e industrialização.

## 1226. Rodrigues, Alvaro J. Mapa econômico do Brasil organizado por ordem do Exmo. Sr. Dr. Pedro de Toledo, ministro da agricultura, indústria e comércio. Rio de Janeiro, Hartman, 1911.

Trata-se de um mapa em escala de 1:500,000. Nele estão localizados os principais produtos de cada estado brasileiro. No Amazonas, por exemplo, destacam-se a borracha, baunilha, concha de tartaruga; em Mato Grosso e Goiás, ervas, gado e minerais; em São Paulo, café; na Bahia, algodão, gado e café; nos estados do sul, gado e madeira; no litoral, pesca. Apresenta em anexo, dados sobre o comércio internacional, 1908-09: exportação pelos países de destino e pelos portos brasileiros de procedência; exportação total, pelas classes de tarifa de alfândega e exportação dos principais produtos; importação pelos portos brasileiros de destino e importação pelos países de procedência. Os valores estão consignados em mil reis ouro = 27 d. Computa ainda a população brasileira por estado e respectivas superfícies. (BMSP)

## 1227. Rougier, Georges. Le Brésil en 1911. Paris, Garnier, 1911. 278 p.

Obra dedicada ao Dr. João Severiano da Fonseca Hermes e família. Ora o doutor João Severiano era irmão do então presidente, Hermes da Fonseca. Obra de jornalista, trata de generalidades sobre história e recursos naturais com informações sobre a população por estado, a imigração, principais atividades econômicas e valorização do café. O que torna mais significativa essa obra de propaganda é a tentativa feita pelo autor de atrair imigrantes franceses para o Brasil, particularmente os da região meridional da França que levavam uma vida dura e miserável nos solos rochosos do sul; para esses acenava com as possibilidades do Brasil. (BMSP)

## 1228. Roy, Just Jean Etienne. L'Empire du Brésil; souvenirs de voyage par N. X. et publiés par. . . . Tour, Ad. Mame, 1861. 187 p.

Depois de uma rápida introdução histórica, o autor, que era funcionário do governo francês, registra suas observações sobre o porto e cidade do Rio de Janeiro. Descreve as condições da população negra e seus meios de ascensão social. Trata da colônia francesa e em particular de um Sr. Valtier, proprietário de uma relojoaria e que fizera fortuna no Rio de Janeiro. Narra sua viagem a Minas Gerais, aludindo aos ranchos, vendas, estalagens e tropeiros. Descreve Valença, São José no Rio das Mortes, e que se distinguia pelos seus concertos musicais; São João D'El Rei e Ouro Preto. Termina tecendo considerações gerais sobre a população indígena, a situação escolar administrativa e sobre as instituições brasileiras. A obra preocupa-se mais com os costumes brasileiros.

## 1229. Rugendas, Johann Moritz. Viagem pitoresca através do Brasil. Tradução e nota de Sérgio Milliet. Introdução de Rubens Borba de Morais. 2. ed. São Paulo, Livraria Martins, 1940. 205 p. 110 gravuras.

Obra de grande valor documental pelos desenhos que a ilustram. Acompanham-na observações mais ou menos fiéis, muitas vezes confusas sobre aspectos da vida, da sociedade e da economia brasileiras.

## 1230. Scully, William. Brazil, its provinces and chief cities; the manners and customs of people; agricultural, commercial and other statistics, taken from the latest official documents with a variety of useful and entertaining knowledge, both for the merchant and the emigrant. London, Murray, 1866. 398 p.

Depois de uma rápida introdução o autor faz um relato de como está constituída a família imperial na época em que escreve e dá noções gerais da história do Brasil e dos usos e costumes de seu povo. Passa, em seguida, a descrever a agricultura. Detem-se um pouco no café. A respeito deste produto apresenta uma tabela de exportação abrangendo o período de 1840-63 e apresentando a quantidade de arrobas exportadas e valor da exportação em mil reis. Em seguida

trata do açúcar, do qual também dá informações para o mesmo período. Procede da mesma maneira para com o algodão. Para este produto no entanto dá dados específicos para cada província. Com menos elaboração cuida do tabaco, do cacau, do caucho, da erva-mate, da farinha de mandioca. Introduz tabelas sintéticas, nas quais apresenta diferentes artigos que estão sendo exportados para o exterior pelos portos do Rio de Janeiro e Bahia, 1858-63, o seu valor e quantidade (parecem-nos de interesse estas tabelas estatísticas, além de muito elucidativas). Apresenta comentários sobre a moeda brasileira para em seguida cuidar em extenso do comércio brasileiro. Este capítulo é fartamente ilustrado com tabelas referentes à exportação e importação de produtos primários e manufaturados. Trata, a seguir, de cada uma das províncias brasileiras, apresentando dados sobre população, área, número de escravos e suas respectivas capitais. É provavelmente, para o período, o relato de viajante mais informativo e minucioso. Dedica um capítulo à imigração. (BMSP)

## 1231. Seidler, Karl Friedrich Gustav. Dez anos no Brasil. São Paulo, Martins, 1941. 320 p.

O livro oferece informações a respeito da região centro-sul do país. Dá as impressões do autor a propósito do Brasil no período de 1825-35 e narra com riqueza de detalhes as viagens por ele realizadas no Rio de Janeiro, Santa Catarina e Rio Grande do Sul. Apresenta informações genéricas sobre a emigração, os indígenas brasileiros, os judeus no Brasil e a escravidão dos negros. É uma obra parcial e amarga. (BIEB)

## 1232. Smith, Herbert Huntington. Brazil, the Amazons and the coast. New York, Scribner's, 1879. 644 p.

O autor fez uma primeira viagem em 1870, em companhia de Hartt. Volta em 1874 para estudar a fauna brasileira. Explora, a pedido de Hartt, os tributários norte do Amazonas e o Tapajós. Mais tarde, enviado pela Scribner Co., faz mais duas viagens à América do Sul, revisitando o Rio de Janeiro e o Amazonas e estudando especialmente a exploração do café e açúcar, a vida social e comercial e a zona seca do Ceará.

## 1233. Straten-Ponthoz, Gabriel Auguste van der, Comte. Le budget du Brésil. Bruxelles, C. Muquardt, 1854. 3 v.

Trata-se de uma obra descritiva e que se propõe a fornecer dados sobre a situação geral do Brasil. O primeiro volume dá informações sobre a organização do império e das implicações do exercício do poder moderador por Pedro II. Além disso fornece dados estatísticos organizados em tabelas explicativas, referentes aos assuntos mais diversos da administração imperial e da vida econômico-financeira do país. Fornece ainda informações detalhadas das diferentes províncias brasileiras. No segundo volume dedica-se mais detalhadamente, embora não exclusivamente, à exportação e importação do império brasileiro. Inclui algumas tabelas explicativas de grande interesse por apresentar dados referentes aos produtos de exportação e os países a que se destinam. Além desses ainda inclui outros sobre produção, comércio interno, etc. O terceiro volume cuida das riquezas latentes. É mais ou menos uma inferição a respeito de tudo quanto o Brasil poderá produzir. Em apêndice traz dados sobre o recrutamento de colonos alemães na Prússia, as respostas brasileiras aos pedidos feitos a propóstio desse recrutamento, sobre terras públicas (lei de 18 de setembro de 1850), proteção dos emigrantes, etc.

(BIEB)

**1234. Sturz, Johann Jakob.** A review, financial, statistical, & commercial, of the Empire of Brazil and its resources: together with a suggestion of the expediency and mode of admitting Brazilian and other foreign sugars into Great Britain for refining and exportation. London, E. Wilson, 1837. 151 p.

Obra importante para o estudo da década de 1830. Objetivo: contribuir para a expansão comercial da Grã-Bretanha, apresentando dados sobre o estado econômico-financeiro do Brasil. Depois de um apanhado geral retrospectivo e presente da situação financeira e monetária, com análise do relatório Barbacena e das propostas dos capitalistas londrinos, perscruta o futuro, revelando-se otimista quanto à expansão econômica brasileira. Observações sobre a política de colonização, a cultura do algodão, a manipulação cambial e os lucros dos estrangeiros. Quadros estatísticos: despesa, 1831-36; comércio exterior, 1832-35; navegação; população por província, 1835; exportação de Minas Gerais. Termina concitando a Grã-Bretanha a importar açúcar do Brasil.

**1235. Tavares, João Lyra.** Cifras e notas, economia e finanças do Brasil. Rio de Janeiro, Revista do Supremo Tribunal, 1925. 560 p.

A obra está dividida em duas partes. A primeira fornece dados gerais sobre a superfície e população, a produção, o comércio, vias de comunicação e finanças do Brasil. A segunda oferece dados particulares dos estados e territórios do país. Excetuando o primeiro capítulo, que fornece dados geográficos referentes à superfície brasileira, todos os demais foram dados extraídos do recenseamento de 1920. Quando o autor faz tabelas mais explicativas em geral, as coloca entre os anos de 1915-20. Capítulo riquíssimo em dados sobre a produção de café, açúcar, madeira, etc. e o dedicado à produção do Brasil, no qual apresenta informações sobre a produção em toneladas ou em sacos, destacando para cada produto os estados e cidades que apresentaram maior produção. Quando cuida dos estados, apresenta dados minuciosos a propósito da dívida interna e externa de cada um e da flutuação das contas. Nestes casos não se detém nas balanzas (1915-20) apresentadas, variando conforme os dados que conseguiu obter. Para alguns recua até 1889 e amplia até 1924. Faz ainda anotações em torno dos impostos e taxas arrecadados e nos valores obtidos por cada um desses impostos. Obra rica em dados estatísticos.                           (BMSP)

**1236. Tavares, João Lyra.** Economia e finanças dos estados. Paraíba, Imprensa Official, 1914. 200 p.

Período de análise: 1900-12. Para cada estado faz uma análise da população, importação e exportação, orçamento (receita e despesa, distribuição da despesa), produção (agrícola, industrial, extrativa).          (BDEESP)

**1237. Tavares Bastos, Aureliano Cândido.** Cartas do solitário. 3. ed. São Paulo, Companhia Editora Nacional, 1938. 521 p.

Reunião sistematizada das "Cartas" publicadas pelo autor no *Correio mercantil*. Estão enfeixadas em três séries: (1) referente à organização administrativa e ao ensino religioso; (2) à questão dos africanos livres e tráfico de negros; (3) às leis de navegação, comércio costeiro, liberdade de navegação (questão amazônica) e comunicações diretas entre as duas Américas. Há vários apêndices sobre os assuntos tratados.

**1238. Walle, Paul.** Au Brésil. Paris, Guilmoto, 1912. 904 p.

Trata-se da reunião de duas obras. A primeira, sob o título *De l'Uruguay au Rio São Francisco*, com prefácio de M. E. Levasseur e com 444 p., resultou de uma missão econômica confiada ao autor pelo Ministério do Comércio da França e pela Société de Géographie Commerciale de Paris, com o objetivo de estudar os recursos do Brasil, seu progresso, situação econômica e métodos comerciais dos concorrentes da França, e divulgar esses conhecimentos neste país a fim de despertar o interesse dos franceses. No segundo livro, *Du Rio São Francisco à l'Amazonie* (460 p.), a autor procura demonstrar que nos estados do Norte também há possibilidades para os europeus, principalmente em Pernambuco, Paraíba, Rio Grande do Norte e Ceará, em cujas capitais encontrou tantos franceses quanto nas cidades mais favorecidas do Sul. Preocupa-se em mostrar as diversas regiões do Brasil como vastos campos de ação para as grandes e médias empresas do Brasil. Além dos recursos naturais, descreve o grau de urbanização, condições de trabalho rural, atividades econômicas, preços de passegens e de produtos, meios de comunicação e faz observações de ordem demográfica. No prefácio, Levasseur faz um retrospecto das relações comerciais entre o Brasil e a França. Profusamente ilustrado.        (BMSP)

**1239. Wells, James William.** Exploring and travelling three thousand miles through Brazil, from Rio de Janeiro to Maranhão. London, S. Low, Marston, Searle, & Rivington, 1886. 2 v.

Minuciosas descrições do interior do Brasil ao norte do Rio de Janeiro, no final do Império. O autor quis contrastar a estagnação da região com o progresso do litoral. Este ele o expressa em apêndice, onde apresenta estatísticas e observações sobre o clima, estradas de ferro, engenhos centrais, mineração, comércio, finanças e movimento imigratório.

**1240. Werneck, Américo.** O Brazil; seu presente e seu futuro. Petrópolis, Gazeta de Petrópolis, 1892. 60 p.

Reunião de artigos publicados na *Gazeta de Petrópolis*, a obra vale principalmente como depoimento de um velho representante da aristocracia rural do Vale do Paraíba fluminense, numa época de transição. Não denota saudosismo, mas critica os excessos da política financeira. Faz observações de interesse sobre a atitude dos libertos, sobre o abastecimento do Rio de Janeiro e do interior, elevação de preços e desorganização dos transportes. Refere-se à fabricação de vagões no país e das possibilidades da indústria metalúrgica. Apoia igualmente a política econômica de Serzedelo Corrêa.    (BMSP)

**1241. Wright, Marie Robinson.** The new Brazil, its resources and attractions; historical, descriptive and industrial. 2. ed. rev. and enl. Philadelphia, Barrie, 1907. 494 p.

Obra em homenagem ao presidente Campos Salles, elogiosa e superficial, não cita fontes. Pode ser util como observações de uma contemporânea e norte-americana, em visita ao Brasil. Interessante como iconografia (possui inúmeras fotografias sobre as cidades, edifícios públicos, escolas, personagens importantes, etc.). Faz um histórico interessante sobre os primeiros anos da República e a obra dos presidentes até Campos Salles. Dados demográficos e sobre a dívida externa do Brasil; estatísticas sobre o comércio de exportação. Faz um resumo sobre a exploração da borracha, do café, do mate e da mineração.                                         (BMSP)

Veja também: 1269, 1279, 1291, 1371, 1409, 1417, 1426, 1455, 1473, 1496, 1500, 1505, 1529, 1550, 1577, 1584, 1680.

## 4a. Condições econômicas, sociais e geográficas: Exposições

**1242. Azevedo, Joaquim Antonio d'.** Documentos oficias da 3a. Exposição Nacional inaugurada na cidade do Rio de Janeiro em 1º de janeiro de 1873; publicados . . . pelo secretario. . . . Rio de Janeiro, Typ. Nacional, 1875. 217 p.

A exposição a que se refere a presente publicação foi uma prévia à que se realizaria no mesmo ano em Viena. Traz a relação dos expositores que se apresentaram à exposição nacional e dos expositores brasileiros que se fizeram presentes em Viena. Publica ainda outros documentos oficiais como as atas das sessões das comissões encarregadas da exposição nacional e as das sessões do júri. Na introdução há considerações gerais sobre a indústria brasileira.        (BAESP)

**1243. Brasil. Comissão, Exposição Universal, Filadelfia, 1876.** O Império do Brasil na Exposição Universal de 1876 em Filadelfia. Rio de Janeiro, Typ. Nacional, 1875. 558 p.

O objetivo da obra é apresentar o Brasil, suas condições, recursos e realizações. Oferece, além de outros, dados de ordem econômica, particularmente sobre os recursos minerais e vegetais. Dá destaque às realizações de infra-estrutura como meios e vias de comunicação, navegação a vapor, estradas de rodagem e de ferro (mapas indicando as construídas, em construção e projetadas). Informações demográficas (estimativas), sobre colonização e comércio. Na parte referente à agricultura, ênfase às inovações tecnológicas. A indústria, embora na infância, não deixa de figurar, particularmente a mais desenvolvida, a têxtil (quadro das têxteis de algodão: denominação, capital, sede e observações sobre número de operários, fusos, teares, consumo de matéria prima, data da fundação, proprietários, força motora, tipo de máquina, produção). Algumas informações sobre sociedades anônimas.
(BIHGB, BMF)

**1244. Brasil. Comissão Brasileira na Exposição Universal de Paris, 1867.** L'Empire du Brésil à L'Exposition Universelle de 1867 à Paris. Rio de Janeiro, Laemmert, 1867. 135 p.

Procura dar uma idéia aproximada dos recursos naturais e forças produtivas do país. Lamenta a situação política (guerra do Paraguai) que impediu uma melhor representação. Considerações geográficas (situação, extensão, topografia e clima), descrição dos recursos minerais, vegetais e animais; população; constituição, administração e direitos civis; força pública (exército, marinha, polícia); finanças, comércio; indústria (agricultura principalmente); vias de comunicação; imigração e colonização; instrução primária, secundária e superior; imprensa e entidades culturais; casa da moeda, casa de correção; considerações sobre o município da Capital; membros das comissões. Em anexo, o catálogo dos diversos grupos representados.

**1245. Brasil. Diretoria Geral de Estatística.** Boletim comemorativo da Exposição Nacional de 1908. Rio de Janeiro, Typ. da Estatística, 1908. 239 p.

Escrita em comemoração ao centenário da abertura dos portos brasileiros, a obra tem por objetivo a divulgação de dados sobre o Brasil. Depois de uma introdução geral sobre o país e sua economia apresenta quatro partes que tratam, respectivamente, do território, população, movimento econômico e movimento social (instrução pública e particular). A parte demográfica consiste num resumo dos recenseamentos anteriores, acrescentando coeficientes de natalidade e mortalidade em 1907 no Distrito Federal e capitais do Centro e Sul do país. Imigração, por nacionalidades, desde 1820; comércio exterior, em geral desde 1833, por estados desde 1839 (valores e produtos exportados); navegação desde 1839, movimento telegráfico, 1897; situação financeira de várias empresas telefônicas em 1907. Empréstimos desde 1824, circulação monetária por estados, 1906, e outras informações sobre a situação financeira.        (BMF)

**1246. Cunha, Antonio Luiz Fernandes da.** Relatório geral da Exposição Nacional de 1861 e relatórios dos juris especiais. . . . Rio de Janeiro, Typ. do Diario do Rio de Janeiro, 1862. 527 p.

Consiste no primeiro inventário das riquezas naturais do país e incipiente indústria e reflete o otimismo da ideologia liberal do século XIX. Reúne, além do relatório geral, elaborado por Frederico Leopoldo Cesar Burlamaqui, relatórios especiais sobre: (1) a indústria agrícola; (2) a indústria fabril e manual; (3) a indústria metalúrgica, artes e produtos químicos (incluindo cerâmica e vidros); (4) artes liberais e mecânicas; (5) belas artes. O mais importante, como era de se esperar, é o primeiro, com informações sobre máquinas, aparelhos e ferramentas utilizadas por nossos principais produtos agrícolas, histórico do desenvolvimento dessas atividades produtoras, no Brasil; métodos de cultivo e estatística da exportação em geral a partir de 1840. Há em apêndice outros quadros estatísticos sobre o pessoal da Ponta de Areia, café, açúcar e aguardente.        (BAESP)

**1247.** Guia para os comissários do Brasil na Exposição Universal de São Luis (EUA). Rio de Janeiro, Typ. do Jornal do Commercio, 1903. 124 p.

Trata-se de uma crítica preparatória para a exposição a realizar-se em São Luis, examinando-se, para tanto, a representação brasileira na exposição de Chicago. Apresenta informações sobre educação, artes, artes liberais, aparelhos de precisão, tipografia, instrumentos musicais, trabalhos de engenharia, aparelhos de medição, instrumentos óticos e inclui nessa categoria mesmo associações políticas, profissionais e científicas, preparados farmacêuticos e químicos; manufaturas (ácidos, produtos químicos, papel, móveis, artesanato, tecidos, chapéus, couros e peles; tece considerações gerais a propósito desse setor e apresenta a lista dos expositores); máquinas, eletricidade, transportes, agricultura, horticultura, florestas, minas e metalúrgica, pesca e caça, antropologia, aspectos sócio-econômicos (comércio, negócios e bancos) e educação física.                                                            (BAESP)

**1248.** O Império do Brazil na Exposição Universal de 1873 em Viena d'Austria. Rio de Janeiro, Typ. Nacional, 1873. 383 p.

Escrita com o objetivo de atrair imigrantes, dado o ensejo da participação do Brasil na exposição de Viena, tece considerações gerais sobre o país: geografia e recursos naturais; população; divisão adminstrativa; constituição; finanças e moeda; comércio, instituições bancárias, companhias de seguro e sociedades anônimas; agricultura e indústria; correios, telégrafos e vias de comunicação; migração e colonização; catequese, estrangeiros e naturalização; vida cultural, instrução e ensino; associações beneficientes; iluminação pública. É interessante notar o destaque que dá ao fazer comentários sobre a Lei do Ventre Livre (1871).                        (BAESP)

**1249. Rego, Antonio José de Souza.** Relatório da segunda exposição nacional de 1866. Rio de Janeiro, Typ. Nacional, 1869. 2 v.

O primeiro volume apresenta, além de documentos oficiais, discursos e relação dos expositores premiados, o relatório do primeiro grupo, relativo aos produtos primários, em geral. O segundo volume traz o importante relatório de Borja Castro que, ao contrário das tendências observadas no relatório da exposição de 1861, já começa a defender uma política protecionista, ao analisar os obstáculos que até então tinham impedido a industrialização do Brasil, particularmente a hegemonia britânica. Além deste, que é o relatório do segundo grupo (artigos manufaturados para consumo), há o do terceiro grupo (estradas de ferro, máquinas e bens de capital) e do quarto grupo, onde se incluem o que se denominava artes liberais e mecânicas. Há ainda o relatório da exposição hortículo-zootécnica e, em anexo, os das comissões expositoras de diversas províncias.                                (BAESP)

**1250. Santa-Anna Néry, Frederico José de,** *et al.* Le Brésil en 1889. Paris, C. Delagrave, 1889. 669 p.

A obra, publicada pelo Sindicato da Comissão Franco-Brasileira para a Exposição Internacional de Paris, tem por objetivo demonstrar o progresso realizado pelo Brasil entre 1860-89. Consiste na reunião de vários artigos escritos por especialistas como Garceix, o Barão do Rio Branco, Amaro Cavalcanti, Eduardo Prado, etc. Contém, além de aspectos gerais de geografia, história e política do Brasil, dados sobre população, imigração, eleições, finanças, moeda, mineração, estradas de ferro, navegação, a economia da borracha no Amazonas, instrução pública, comunicações, etc. Fornece uma lista dos bancos e principais empresas existentes no Brasil em 1889.                                              (BMSP)

**1251. Zaluar, Augusto Emilio.** Exposição nacional brasileira de 1875. Rio de Janeiro, Typ. do Globo, 1875. 296 p.

Traz considerações gerais sobre os produtos e o estado das atividades econômicas no Brasil, na época. Há capítulos especiais sobre a indústria manufatureira (móveis, máquinas principalmente agrícolas, calçados e chapéus), sobre obras públicas em construção ou projetadas e particularmente sobre estradas de rodagem. Os produtos são apresentados por província (Paraná, Santa Catarina, Goiás, Ceará, Pará, Amazonas, Alagoas, Paraíba, Rio Grande do Norte, Pernambuco, Bahia, Minas Gerais, Rio Grande do Sul, São Paulo, Rio de Janeiro e Município Neutro).                                      (BAESP)

## II. Demografia, Força de Trabalho e Condições de Vida

### 1. População

**1252. Brasil. Diretoria Geral de Estatística.** Confirmação dos resultados do recenseamento demográfico de 1920 e da estimativa feita pela Diretoria Geral de Estatística da população escolar de 6 a 12 anos existente no Distrito Federal em 21 de dezembro de 1926. Rio de Janeiro, Typ. da Estatística, 1927. 15 p.

Contém vários estudos sobre a natalidade e mortalidade infantis. Crescimento fisiológico e comparação com várias cidades da América e Europa.

**1253. Brasil. Diretoria Geral de Estatística.** População recenseada em 31 de dezembro de 1890. Rio de Janeiro, Typ. da Estatística, 1898. 3 v.

Contém dados referentes às áreas nacional, provincial e municipal para 1886-90; contrução urbana, 1870-90; população e migrações 1868-90; emprego 1870, 1872 e 1890.

**1254. Brasil. Diretoria Geral de Estatística.** Recenseamento do Brasil em 1872. Rio de Janeiro, Typ. Dous de Dezembro, 1877. 23 v.

A cada província é dedicado um volume contendo: (1) quadros da população por paróquia, considerada aquela em relação às idades, nacionalidade, profissões, raças, estado civil, condição livre ou escravo, sexos; (2) por município, e freguesias, considerada em relação a defeitos físicos (cegos, surdos-mudos, dementes, alienados), discriminando-se os livres e os escravos, os homens e as mulheres; indicam-se, também a religião, o número de casas e fogos. O recenseamento da província de São Paulo informa o grau de instrução da população.

**1255. Brasil. Diretoria Geral de Estatística.** Resumo histórico dos inquéritos censitários realizados no Brasil. Rio de Janeiro, 1922. 141 p.

Comentários das estimativas, inquéritos e censos feitos da população do Brasil, desde 1776. Histórico e instruções para o recenseamento de 1920. Apresenta um resumo dos dados parciais desses inquéritos e censos (dados para o Brasil, em geral, e para as províncias ou estados; população total, escrava e livre; a partir do censo de 1872, distingue a população masculina e feminina). Comentários e dados parciais das estimativas, inquéritos e censos dos Estados e Distrito

Federal (Rio de Janeiro) desde 1634 (população livre e escrava, masculina e feminina, estado civil e número de estrangeiros).                    (BMSP)

**1256. Brasil. Diretoria Geral de Estatística.** Synopse do recenseamento de 31 de dezembro de 1900. Rio de Janeiro, Typ. da Estatística, 1905. 106 p.

Resumo do recenseamento demográfico do Brasil de 1900, publicado na íntegra, posteriormente, no Relatório de 1907 da Diretoria Geral de Estatística (1074).

**1257. Brasil. Diretoria Geral de Estatística.** Synopse do recenseamento realizado em 1 de setembro de 1920: População do Brasil; resumo do censo demográphico por estados, capitais e municípios; confronto do número de habitantes em 1920 com as populações recenseadas anteriormente. Rio de Janeiro, Typ. da Estatística, 1922. 43 p.

População dos estados, p. 7. População das capitais dos estados, p. 7. População da cidade do Rio de Janeiro (Distrito Federal), urbana, surburbana e marítima, p. 11. População dos estados por municípios, p. 15. Confronto com as populações recenseadas anteriormente, p. 37-38: por estados: 1872, 1890, 1900, 1920, p. 37; crescimento médio anual: 1872, 1890, 1900, 1920, p. 38; população das capitais dos estados, p. 39; crescimento médio anual das capitais dos estados, p. 40; área e densidade territorial da população do Brasil (1920) com o crescimento médio anual (1872-1920), p. 41. Densidade territorial da população do Brasil (1872, 1890, 1900 e 1920), p. 42. Área e densidade territorial da população do Rio de Janeiro (Distrito Federal) com o crescimento médio anual (1906-1920), p. 43.

**1258. Brasil. Diretoria Geral de Estatística.** Synopse do recenseamento realizado em 1 de setembro de 1920: População do Brasil; resumo do censo demográphico, segundo o grau de instrução, a idade, o sexo e a nacionalidade, nos estados e nas capitais, coeficientes da população do Brasil, em 1872, 1890, 1900 e 1920, segundo o grau de instrução a idade, o sexo e a nacionalidad. Rio de Janeiro, Typ. da Estatística, 1925. 39 p.

População dos estados do Brasil, segundo o grau de instrução, a idade, o sexo e a nacionalidade, p. 6-13. População das capitais dos estados do Brasil, segundo o grau de instrução, a idade, o sexo e a nacionalidade, p. 16-23. Coeficientes da população do Brasil em 1872, 1890, 1900 e 1920, segundo o grau de instrução e idade, p. 26-27. Coeficientes da população dos estados do Brasil em 1872, 1890, 1900 e 1920, segundo o grau de instrução e o sexo, p. 28-29. Coeficientes da população dos estados do Brasil, em 1920, segundo o grau de instrução, a idade, e a nacionalidade, p. 30-31. Coeficientes da população das capitais dos estados do Brasil em 1872, 1890, e 1920, segundo o grau de instrução e o sexo, p. 36-37. Coeficientes da população das capitais dos estados do Brasil em 1920, segundo o grau de instrução, a idade e a nacionalidade, p. 38-39. Desfavoráveis as condições do Brasil em matéria de instrução: o número de analfaberos de todas as idades, que era de 84.2% em 1872, reduziu-se apenas a 75,5% em 1890; baixando de 65,3% em 1900 a 64,9% em 1920, o coeficiente dos analfabetos maiores de 15 anos. Tendo-se em vista, porém, o sexo da população, são menos desfavoráveis os coeficientes relativos aos habitantes do sexo masculino: em 1872, o número de analfabetos era de 84.2% (homens 80,2% e mulheres 88,5%); atingindo, em 1920, a 75,5% (homens 71,1% e mulheres 80,1%).

**1259. Brasil. Diretoria Geral de Estatística.** Synopse do recenseamento realizado em 1 de setembro de 1920: População do Brasil; resumo do censo demográphico segundo o sexo, a idade, a nacionalidade e os defeitos phísicos dos habitantes recenseados nos estados e nas capitais; coeficiente da população do Brasil, por sexo, idade e defeitos phísicos em 1872, 1890, 1900, e 1920. Rio de Janeiro, Typ. da Estatística, 1924. 118 p.

População do Brasil segundo o sexo, a idade e a nacionalidade. População dos estados, Distrito Federal e do território do Acre, segundo os defeitos físicos, o sexo, a idade e a nacionalidade. População das capitais dos estados, segundo o sexo, a idade e a nacionalidade. População dos estados, segundo os defeitos físicos, segundo o sexo, a idade e a nacionalidade, p. 54-57. População das capitas dos estados, segundo os defeitos físicos, segundo o sexo, a idade e a nacionalidade, p. 60-63. Coeficiente da população do Brasil em 1872, 1890, 1900 e 1920, dos estados em 1872, 1890, 1900 e 1920 segundo o sexo e a idade, p. 68-69. Coeficientes das populações das capitais dos estados em 1872, 1890, e 1920, segundo o sexo e a idade, p. 92-105. Coeficiente da população do Brasil em 1872, 1900 e 1920, segundo o sexo e os defeitos físicos, p. 109. Coeficiente das populações das capitais dos estados em 1872 e 1920, segundo o sexo e os defeitos físicos, p. 113. A distribuição da população brasileira demonstra que são mais numerosos os habitantes maiores de 15 anos, tanto no sexo masculino como no feminino (8.747.081). Em 1920, quanto a defeitos, havia 10 cegos e 9 surdos-mudos em cada 10.000 habitantes. Nos recenseamentos anteriores para cada 10.000 habitantes: 1872: 16 cegos e 11 surdos-mudos; 1900: 16 cegos e 4 surdos-mudos.

**1260. Brasil. Diretoria Geral de Estatística.** Synopse do recenseamento realizado em 1 de setembro de 1920: População do Brasil; resumo do censo demográphico segundo o sexo, o estado civil e a nacionalidade dos habitantes recenseados nos estados e nas capitais; coeficientes da população do Brasil, por sexo, estado civil e nacionalidade em 1872, 1890, 1900 e 1920. Rio de Janeiro, Typ. da Estatística, 1924. 62 p.

População dos estados, segundo o sexo, o estado civil (casado, solteiro, viúvo e ignorado) e a nacionalidade, p. 6-19. População das capitais dos estados, segundo o sexo, o estado civil e a nacionalidade, p. 22-37. Coeficientes da população do Brasil nos vários estados em 1872, 1890, 1900 e 1920, segundo o sexo, o estado civil e a nacionalidade, p. 41-48. Coeficientes das populações das capitais dos estados em 1872, 1890, 1900 e 1920, segundo o sexo, o estado civil e a nacionalidade, p. 51-58.

**1261. Brasil. Diretoria Geral de Saúde Pública.** Boletim de estatística demógrafo-sanitária da cidade do Rio de Janeiro. Rio de Janeiro, 1900-30.

A princípio quinzenal e a seguir mensal, o periódico é riquíssimo em informações demógrafo-sanitárias sobre o ex-Distrito Federal. Apresenta informações sobre o moviemento de população pelo porto e estradas de ferro; estatísticas demográficas sobre natalidade, mortalidade (com obituário das principais moléstias transmissíveis, segundo a naturalidade e a profissão), casamentos segundo a idade e estado civil anterior. Fornece um quadro completo do estado sanitário da cidade e dos serviços encarregados do saneamento e despesa sanitária, abrangendo mesmo as zonas rurais do antigo Distrito Federal. (BIBGE)

**1262. Camargo, José Francisco de.** Crescimento da população no estado de São Paulo e seus aspectos econômicos. São Paulo, Faculdade de Filosofia, 1952. 3 v., tabelas.

O primeiro estudo sistemático feito sobre a população paulista e onde o autor procura examinar as relações entre a demografia e a economia. Numa primeira parte examina o crescimento demográfico de São Paulo a partir de 1836 e numa segunda os aspectos econômicos desse crescimento.

**1263. Mortara, Giorgio.** Os estudos demográficos no Brasil. Rio de Janeiro, Biblioteca Nacional, 1959. 19 p.

Separata de *Decimalia,* publicação do Ministério de Educação e Cultura, trata-se de excelente análise crítica dos estudos e censos demográficos brasileiros. Inicia expondo os motivos do aparecimento tardio de trabalhos de caráter científico no campo da demografia brasileira. Faz apreciações críticas sobre os nossos dados demográficos, desde o relatório de Norberto (1265) até o recenseamento de 1920, com o estudo introdutório de J.L.S. Bulhões de Carvalho (1070). Considera que o trabalho deste autor, *Estatística, método e aplicação* (Rio de Janeiro, Leuzinger, 1933. 603 p.), apesar de suas deficiências, marca o início da pesquisa científica no domínio da demografia no Brasil. Cita, a seguir, os diversos autores que contribuíram para o desenvolvimento desses estudos em nosso país. Menciona o papel do Instituto Brasileiro de Geografia e Estatística, criado em 1936, e o vigoroso impulso dado pelos trabalhos de preparação e execução do recenseamento de 1940, sob a direção de J. Carneiro Felipe. Este faz uma análise crítica dos resultados dos censos anteriores e, aplicando métodos originais, elabora tábuas que serviram de elementos para os cálculos de coeficientes de Boeckh e de Lotka. Cita os métodos e resultados das pesquisas efetuadas até 1948 pelo Gabinete Teórico do Serviço de Recenseamento e finaliza tratando das atividades do Serviço de Recenseamento de 1950 e mencionando os trabalhos mais recentes (década 1950). (BMSP)

**1264. Mortara, Giorgio.** Estudos sobre a utilização do censo demográfico para a reconstrução das estatísticas do movimento da população do Brasil. Revista brasileira de estatística [Rio de Janeiro], v. 1, 1940; 7-16, 229-242, 443-472, 674-693.

Obra de grande valor metodológico onde o autor ressalta a importância dos censos demográficos num país como o Brasil que não possui estatísticas aceitáveis sobre o movimento da população. Depois de examinar a tentativa de Bulhões de Carvalho, procura determinar "os métodos mais adequados à obtenção de resultados aceitáveis e de aplicar estes métodos ao período anterior ao censo de 1920." Seu objetivo é, uma vez conseguido este instrumento de análise, de aplicá-lo aos vinte anos seguintes, isto é, ao período decorrido entre os recenseamentos de 1920 e o de 1940. No decorrer dessa análise e ensaio de ajustamento das tábuas demográficas de Bulhões de Carvalho (1263). Mortara apresenta uma série de considerações críticas sobre os nossos recenseamentos entre 1872-1920. (BFCESP)

**1265. Souza Silva, Joaquim Norberto de.** Investigação sobre os recenseamentos da população geral do Império e de cada província de per si tentados desde os tempos coloniais até hoje. Rio de Janeiro, Typ. Perseverança, 1870. 167 p.

Freqüentemente acompanham os relatórios governamentais, em anexos, numerosas tabelas estatísticas, quando não verdadeiros relatórios, cuja importância torna-os merecedores de comentários à parte, como é o caso do presente, que é um anexo do Relatório do Ministério do Império de 1870. Às vésperas de organizar o censo geral do Império, o autor apresenta considerações gerais e crítica sobre como foram feitos e calculados os recenseamentos do Brasil desde os tempos coloniais. Para o período que nos interessa, cita a estimativa dada no *Dicionário topográfico do império do Brasil. . . .* (Rio de Janeiro, P. Gueffier, 1834. xv, 242 p.) de José Saturnino da Costa Pereira; outra apresentada no Instituto Histórico e Geográfico por Cândido Baptista de Oliveira e os dados que constam no *Relatório do ministério do Império de 1856* (1167). Faz observações sobre as dificuldades para o levantamento censitário do país e apresenta dados sobre a população das províncias: livre e escrava, sexo, estado civil, nacionalidade e para algumas, natalidade e mortalidade. Conclui apresentando a população geral do Império. (BAESP)

## 2. Imigração

**1266. Avila, Fernando Bastos de.** L'immigration au Brésil; contribution à une théorie générale de l'immigration. Rio de Janeiro, AGIR, 1956. 230 p.

Consiste num estudo monográfico de um caso concreto—o do Brasil—a fim de construir um modelo teórico. Situa o problema no contexto doutrinal e examina a questão sob o ponto de vista do direito, do pensamento católico e das contribuições (doutrinárias e práticas) da igreja católica. A segunda parte é a que mais nos interessa: analisa o problema da imigração no Brasil, dando um apanhado histórico de sua evolução, numa análise da estrutura e da dinâmica dessa imigração e suas relações com a economia nacional. A terceira parte trata de problemas tais como fixação, naturalização e assimilação, o optimum econômico, as fontes da imigração, seu financiamento e rentabilidade.

**1267. Balán, Jorge.** Migrações e desenvolvimento capitalista no Brasil. Estudos CEBRAP [São Paulo], v. 5, julho-setembro, 1973: 7-79.

Hábil resumo das interpretações acerca das correntes imigratórias no Brasil. Faz-se comparações com a experiência histórica do México e Argentina. Utiliza-se como esquema sintetizador uma linha divisória, 1930, entre períodos exportador e industrializante. Acha o autor que as condições de migração internacional tendem a convergir depois de 1930 em contraste com situações bem distintas no século XIX. Volta várias vezes ao problema das razões porque nordestinos não substituiam imigrantes europeus em São Paulo, e por que foram marginalizados os libertos naquela região. [WD]

**1268. Borges, Tomas Pompeu Acioli.** Migrações internas no Brasil. Rio de Janeiro, Comissão Nacional de Política Agrária, 1955. 41 p.

Como análise propriamente dita do fenômeno e suas implicações, a obra só interessa ao período posterior a 1934. Há, entretanto, informações de interesse para época anterior principalmente a partir de 1915 quando, segundo o autor, intensifica-se a entrada de trabalhadores nacionais em São Paulo. Utiliza-se de fontes tais como o registro de desembarque de passageiros de terceira classe pelo porto de Santos; registro de imigrantes nacionais na Hospedaria de Imigrantes e controle estatístico das pessoas colocadas como trabalhadores nas fazendas do interior por intermédio do Serviço de Imigração e Colonização. (BNRJ)

**1269. Canella, Francisco.** Notas e anotações. Rio de Janeiro, O Norte, 1923. 440 p.

Obra composta por diversos artigos tratando de assuntos diversos. Tem no entanto uma preocupação geral, qual seja a de propiciar subsídios para o estudo da imigração italiana no Brasil. Embora não traga dados estatísticos cuidadosamente elaborados, nem o autor tenha tido a preocupação de formular tabelas complexas e rigorosamente corretas, apresenta dados interessantes sobre o Brasil, suas produções em geral e sobre o café em particular. (BMSP)

**1270. Carneiro, José Fernando.** Imigração e colonização no Brasil. Rio de Janeiro, Faculdade Nacional de Filosofia, 1950. 73 p.

Obra básica para o estudo do assunto, reúne a matéria versada em duas conferências pronunciadas em 1949. Na primeira o autor faz um resumo da história da imigração no Brasil, dividindo-a em três períodos: 1808-86, 1887-1930, 1931-49. Na segunda palestra concentra sua atenção em avaliar o êxito da colonização européia nas terras de mata do Brasil meridional (Santa Catarina e Rio Grande do Sul). Ressalta os contrastes entre a vegetação, o regime de propriedade, as atividades econômicas e a origem das populações, sendo que de modo geral as grandes propriedades pertencem aos luso-brasileiros e as pequenas aos descendentes dos colonos alemães ou italianos. Observa que Santa Catarina soube estabelecer um melhor sistema de divisão territorial e maior conservação das matas.

**1271. Carvalho, Augusto de.** O Brazil; colonização e emigração; esboço histórico baseado no estudo dos sistemas e vantagens que oferecem os Estados-Unidos. 2. ed. rev. e acrescentada. Porto, Imprensa Portuguesa, 1876. 511 p.

Analisando detalhadamente a política colonizadora e imigratória, alude ao malogro da primeira tentativa de colonização estrangeira em Nova Friburgo, bem como às demais iniciativas que se fizeram nesse sentido. Defendendo a necessidade de estimular a imigração, condena a visão acanhada de alguns estatutos brasileiros ao permitirem que somas consideráveis, a serem aplicadas na abertura de estradas, medição de terrenos, levantamento de plantas, franquia de transportes, a fim de se oferecer maiores atrativos, fossem gastas inicialmente em proveito de engajadores sem consciência, que em seus contratos de trabalho fascinavam os adventícios com promessas de cumprimento irrealizável. Para ele o sistema de pequena propriedade e venda de terras seria mais atraente que o de parceria. Defendia ainda a nacionalização dos estrangeiros como fator de êxito na fixação desses alienígenas. Obra de pesquisa que reúne dados minuciosos sobre o estabelecimento de colônias no Brasil, analisa assim a criação da Agência Oficial de Imigração, Hospedaria de Imigrantes na Ilha do Bom Jesus, a Sociedade Internacional de Imigração e as causas de sua dissolução. Traz uma tabela dos imigrantes entrados no porto do Rio de Janeiro, 1855-63, bem como um mapa das colônias estabelecidas no império entre 1812-75. (BIEB)

**1272. Diégues Jr., Manuel.** Imigração, urbanização e industrialização; estudo sobre alguns aspectos da contribuição cultural do imigrante no Brasil. [Rio de Janeiro], Centro Brasileiro de Pesquisas Educacionais, Instituto Nacional de Estudos Pedagógicos, Ministério da Educação, [1964]. 385 p.

Como diz o subtítulo, a ênfase é dada ao aspecto cultural. A primeira parte é uma síntese de natureza histórica acerca da imigração estrangeira, a partir de 1808, ou mais propriamente de 1819, quando chegam os primeiros imigrados. Mostra a influência da escravidão como obstáculo; aborda o problema da educação do imigrante; conclui que sua participação no desenvolvimento demográfico brasileiro não é expressiva, no conjunto da nação; que aceitaram os valores culturais lusitanos e que sua contribuição talvez a mais importante foi no desenvolvimento industrial, a partir das atividades artesanais. Na segunda parte coloca o imigrado no processo de urbanização e industrialização. Depois de um histórico da vida urbana no Brasil, procura situar a contribuição do imigrante. Destaca os casos particulares de São Paulo, Rio de Janeiro e do Sul (Santa Catarina e Rio Grande do Sul). Na terceira parte analisa o imigrado em suas relações com o Brasil atual. Considera a parte mais difícil pois depende de pesquisa de campo e a obra baseou-se fundamentalmente em investigações bibliográficas, algumas em jornais, almanaques e anuários. (BMSP)

**1273. Expilly, Charles.** La traite, l'immigration et la colonisation au Brésil. Paris, A. Lacroix, Verboeckhoven, 1865.

O autor detém-se na história do tráfico negreiro, na colonização e imigração, tecendo considerações sobre o regime de trabalho dos imigrantes, sobre os sistemas de colonização utilizados e sua legislação.

**1274. Graham, Douglas.** Migração estrangeira e a questão da oferta de mão-de-obra no crescimento econômico brasileiro, 1880-1930. Estudos econômicos [Rio de Janeiro], v. 3, abril, 1973: 7-64.

Compara a experiência imigratória no Brasil, Argentina, e E.U.A., e demonstra o impacto de ciclos econômicos nos três países e na Europa. O fato de não terem ocorrido simultaneamente influencia a distribuição dos emigrantes europeus entre os portos do Novo Mundo. Em parte, o Brasil ganhou quando ficou reduzida a corrente para os Estados Unidos e Argentina. O autor considera os efeitos da imigração na economia brasileira como favoráveis do ponto de vista da região sulina, mas não esquece a sua contribuição à marginalização dos libertos, ao aumento das disparidades regionais, e à solidificação dos latifúndios de café. Não se atreve a fazer o balanço. [ WD]

**1275. Grossi, Vicenzo.** Storia della colonizzazione europea al Brasile e della emigrazione italiane nello stato de São Paulo. Roma, Officina Poligrafica Italina, 1905. 588 p.

Resulta da compilação de aulas e conferências pelo autor ministradas durante os anos letivos de 1903-04 e 1904-05, na "Scuola diplomatico-coloniale," anexa à "Facolta Giuridica" da Real Universidade de Roma. Faz uma apresentação do Brasil, sob o ponto de vista geográfico, passando a seguir aos aspectos históricos, abrangendo os períodos colonial e independente. Na retrospectiva histórica são abordadas as questões da imigração italiana para o Estado de São Paulo, fazendo referências às várias leis e projetos sobre o referido assunto.                                                      (BIEB)

**1276. Langendonck, Madame van.** Une colonie au Brésil; récits historiques. Anvers, Gerrits, 1862. 152 p.

Relato de uma imigrante belga sobre suas experiências no Rio Grande do Sul, no grupo colonizador organizado pela Sociedade Montravel. Descrição de Porto Alegre. Observações sobre as categorias de alemães que vinham para o Brasil, sobre os holandeses e a vida na colônia.

**1277. Lowrie, Samuel Harman.** Imigração e crescimento da população no estado de São Paulo. São Paulo, 1938. 44 p.

Trabalho feito à luz da teoria de Walker e às críticas a ela formulada, procurando num confronto entre o que se passou nos Estados Unidos da América do Norte e a realidade brasileira. Depois de fixar a proporção de imigrantes estrangeiros entrados no Estado de São Paulo, o autor analisa os efeitos dessa imigração sobre a população (coeficientes de natalidade, casamentos, ascendência de grupos específicos, substituição da população, padrões de vida) e sobre a industrialização e urbanização; inúmeros gráficos e quadros.

**1278. Maffei Hutter, Lucy.** Imigração italiana em São Paulo, 1880-1889. São Paulo, Instituto de Estudos Brasileiros, 1972. 170 p.

Condições de transporte, hospedagem, recrutamento pelas fazendas, contratos de locação, condições de trabalho, assimilação, aquisição de pequenas propriedades. [ WD]

**1279. Menezes e Souza, João Cardoso de, Barão de Paranapiacaba.** Teses sobre colonização do Brasil; projecto de solução às questões sociaes que se prendem a este difícil problema. Rio de Janeiro, Typ. Nacional, 1875. 429 p.

Relatório apresentado ao Ministério da Agricultura, Comércio e Obras Públicas em que o autor, por ter sido incumbido de organizar um plano de promoção da imigração e colonização, tece preliminarmente, considerações sobre as causas pelas quais o Brasil não se constitui um país de eleição para a imigração, a despeito de ser "a síntese de todas as magnificiências da natureza." Após assinalar os fatos que lhe parecem os motivos do fenômeno, busca os meios que se lhe afiguram eficazes para os fazer cessar. Assim estuda o caráter brasileiro, propondo medidas tendentes a modificá-lo no sentido de criar-lhe a vocação do trabalho técnico, de cuja aplicação e desenvolvimento dependeria a transformação do regime econômico do país. Proclama a necessidade de instituições de crédito agrícola e popular, ao alcance de todos, a fim de auxiliar o colono e a lavoura, especialmente a média e pequena cultura. O espírito de associação e a iniciativa individual deveriam ser protegidos, bem como empresas industriais ligadas à extração do ferro e carvão-de-pedra. Importantíssimo seria o estabelecimento de uma propaganda regularmente organizada na Europa a fim de restabelecer a verdade dos fatos desfigurados pela má fé dos inimigos do Brasil, interessados em afastar a imigração. A proibição da imigração para o Brasil, feita pelo governo alemão, deveria cessar por meio de um tratado. Para o autor, o melhor sistema de colonização seria aquele já posto em prática pelo governo, de comprar terras nas vizinhanças das estradas de ferro, nelas fundando núcleos coloniais. À medida que se fosse encaminhando para o Império a corrente de imigração estrangeira, dever-se-ia abandonar o sistema de colonização oficial. O relatório apresenta ainda um quadro estatístico da imigração no porto do Rio de Janeiro, no período de 1864-73, baseado em informes colhidos na Agência Oficial de Colonização do Império do Brasil.

**1280. Moré, Jean Louis.** Le Brésil en 1852 et sa colonisation future. Genève-Paris, Chez les principaux libraires, 1852. 318 p.

Segundo o autor, trata-se de uma "notícia" redigida na base de documentos enviados pelo cônsul da Suíça no Rio de Janeiro. Depois de considerações gerais sobre a necessidade da emigração na Europa, faz uma descrição sumária do Brasil, sua geografia, população, atividades econômicas e principais cidades. Mais importante é o capítulo em que analisa as tentativas de colonização no Brasil e suas falhas. Refere-se à atitude dos fazendeiros e descreve minuciosamente a experiência do Senador Vergueiro em Ibicaba. Desaconselha a colonização no Norte do país. Termina com a descrição da colônia dirigida por Perret-Gentil, no Paraná. É uma espécie de guia para o imigrante no Brasil e também uma amostra do pensamento filantrópico da época. Há em anexo um ensaio sobre o pauperismo.                                          (BNRJ)

**1281. Moreira Telles, Antonio Carlos.** A emigração portuguesa para o Brasil. Lisboa, Ventura Abrantes, 1913. 32 p.

Procura refutar a campanha de difamação contra o Brasil movida pela imprensa portuguesa. Cita trechos de artigos contra e a favor do Brasil e nomes de cidadãos portugueses que fizeram fortuna em nosso país. Discute as dificuldades enfrentadas na assinatura de um tratado comercial luso-brasileiro. Fornece dados quantitativos sobre as relações comerciais entre os dois países e outras nações. Relaciona a expansão comercial portuguesa no Brasil com a imigração portuguesa e esta com o trabalho em nosso país. Cita a propósito trechos do relatório do consulado inglês em São Paulo. Dá informações sobre o mercado de trabalho. (BIEB)

**1282. Niemeyer, Waldyr.** O japonês no Brasil; uma face do nosso problema imigratório. Rio de Janeiro, Editora Brasileira Lux, 1925. 39 p.

Obra um tanto apaixonada e dispersiva, com o objetivo de defender a imigração japonesa e a política paulista a respeito. Elogia os núcleos coloniais, tanto federais como estaduais, cuja situação econômica afirma ser boa (fonte: relatórios das repartições de agricultura). Aborda a questão racial e acusa a elite intelectual e científica de ignorar as faculdades assimiladoras do Brasil. Além das informações que apresenta sobre as atividades dos imigrantes japoneses, o trabalho interessa principalmente como ilustração do clima existente, na época, a respeito da imigração não-européia e das questões levantadas a propósito de assimilação racial e integração nacional. (BMSP)

**1283. Nogueira, Arlinda Rocha.** A imigração japonesa para a lavoura cafeeira paulista (1908-1922). São Paulo, Instituto de Estudos Brasileiros da Universidade de São Paulo, 1973. 255 p.

Fruto de acurada pesquisa em fontes documentais, a obra constitui contribuição de interesse para o estudo da imigração no Brasil e o problema da mão-de-obra na lavoura cafeeira paulista.

**1284. Prado Junior, Caio.** A imigração brasileira no passado e no futuro. *Em* Caio Prado Junior. Evolução política no Brasil e outros estudos. São Paulo, Editora Brasiliense, 1953, p. 253-271.

Trata-se do texto de uma conferência pronunciada pelo autor em 1946. Considerando o imigrante como elemento indispensável no quadro econômico e social brasileiro, a partir da conceituação da palavra—imigração—passa ao estudo das correntes européias recebidas pelo Brasil a partir do século XIX. Destaca o papel do imigrante não só como elemento povoador, mas também ativo na transformação de certos aspectos e de certas condições de vida até então vigentes em diferentes regiões do país. Ao tratar da evolução da política imigratória no Brasil, considera o ano de 1927 como o marco final do que chamou "tráfico de imigrantes." Contra o seu reestabelecimento, nos moldes anteriores, era que se pronunciava então. Defendia a vinda do imigrante mas num Brasil econômica e socialmente modificado por reformas que criassem condições para um real desenvolvimento dos padrões culturais do país.

**1285. Rangoni, Domenico.** Il lavoro colletivo degli italiani al Brasile. São Paulo, Duprat, 1912.

Obra informativa apresentando alentadas notas sobre as primeiras tentativas associativas dos imigrantes italianos em São Paulo. Traça a história das associações beneficentes italianas em São Paulo e das cooperativas de trabalho e explica a falta de êxito de semelhantes iniciativas. Cita trechos de discursos de parlamentares brasileiros ressaltando a contribuição italiana. Finaliza apresentando um programa

com o objetivo de dar maior apoio à colônia italiana. Partindo das bases jurídicas, aborda o setor da assistência, proteção, educação, instrução, difusão da língua e cultura, da produção (capital, crédito e trabalho) e a criação de associações de assistência mútua. (BNRJ)

**1286. Revoredo, Julio.** Imigração. São Paulo, Revista dos Tribunais, [1934]. 326 p.

O trabalho, baseado em pesquisas no Departamento Estadual do Trabalho, de São Paulo, tem por objetivo apresentar as contribuições positivas dos imigrantes estrangeiros, num momento em que o Brasil, influenciado pelos Estados Unidos, impunha medidas restritivas à imigração. Na primeira parte trata do conceito e evolução do fenômeno migratório, da política dos Estados Unidos e sua repercussão no Brasil. Na segunda analisa a política imigrantista brasileira durante a república (aspectos constitucionais). Apresenta várias tabelas do movimento migratório pelo porto de Santos (1908-33). A terceira parte aborda o problema do trabalhador nacional em face do alienígena. Discute teorias raciais, a questão do aproveitamento da mão-de-obra nacional através da educação em núcleos coloniais e a migração de nordestinos para São Paulo. Na quarta e última parte trata das teorias relativas à assimilação e amalgamação dos ádvenas. Reconhece que as questõs são controvertidas, mas é de opinião que novas e fortes levas de imigrantes não pertubarão o equilíbrio socioeconômico. Apresenta tábuas sobre o aumento da população brasileira, 1808-1932; o número de estrangeiros alfabetizados ou não, 1908-31, por nacionalidade, e o crescimento das principais cidades. Referências bem cuidadas. (BMSP)

**1287. Roche, Jean.** La colonization allemande et le Rio Grande do Sul. Paris, Institut des Hautes Études de l'Amérique Latine, 1959. 703 p. (Université de Paris. Travaux et mémoires de l'Institut des Hautes Etudes de l'Amérique Latine, 3).

Depois de delimitar o assunto, precisar os conceitos, esclarecer os métodos e os objetivos da obra, o autor, na primeira parte traça a imagem do Rio Grande do Sul antes da colonização alemã, o Rio Grande do Sul gaúcho, sua herança do passado e suas realizações e a do território virgem à disposição do colonizador. Narra, a seguir, as origens e expansão da colonização alemã, distinguindo duas fases: 1824-89; a partir de 1889, com duas subdivisões: (1) até 1915, (2) a partir de 1914. Passa depois a analisar as contribuições (demográficas, culturais, econômicas) dos colonos. Os capítulos seguintes são dedicados à agricultura dos colonos, ao regime da pequena propriedade e às migrações rurais dele resultantes, às atividades comerciais e industriais. Indaga das posíveis transformações sofridas pela antiga sociedade de origem germânica, procura desvendar seu novo gênero de vida e de pensamento, para finalizar com a análise da participação cívica e política dos elementos de origem alienígena. É a obra mais completa e mais importante até agora escrita sobre a matéria.

**1288. São Paulo (estado). Diretoria Administrativa da Hospedaria dos Imigrantes.** Registro de imigrantes. 65 v. Manuscrito.

Referem-se à emigração para o estado de São Paulo. Dados fornecidos: idade, sexo, naturalidade, religião, procedência (porto de embarque), nome do navio, data da chegada, destino. A partir de 1860 há algumas modificações no padrão dos registros—nome, idade, estado civil, nacionalidade, profissão, procedência, nome do navio, data de chegada e saída, destino e pagamento, isto é, o auxílio que recebem do governo. Nem sempre os dados estão preenchidos. Cerca de 600 páginas cada volume.

**1289. Simpósio Nacional dos Professores Universitários de História, 4°.** Anais: colonização e migração. São Paulo, Revista de História, 1969. 773 p.

A temática do simpósio abrangeu toda a história mundial. embora contenha algumas contribuições que tratam da colonização no Paraná (Boruszenko e Wachowicz), Santa Catarina (Piazza) e São Paulo (Scarano), além de arrolamentos de fontes primárias em São Paulo, Rio Grande do Sul e Santa Catarina. Jean Roche apresentou uma palestra importante em que analisa a migração rural no Rio Grande do Sul e conclui-se que o empobrecimento dos colonizadores está ligado com a técnica da queimada e a alta natalidade. [WD]

**1290. Tenório, Oscar.** Imigração. Rio de Janeiro, Pimenta de Mello, 1936. 328 p.

Consta de vários depoimentos resultantes de um inquérito para levar avante revisão da constituição de 1934 que, influenciada pelas medidas tomadas nos Estados Unidos, procurou desenvolver uma política de integração étnica, seleção, distribuição e assimilação dos imigrantes. Com esse objetivo fixou em 2%, sobre o número dos que no Brasil se fixaram, a cota respectiva das nacionalidades desejosas de emigrar para o Brasil. O resultado dessa política foi, segundo consta, de acarretar, em apenas dois anos, a escassez de braços para a lavoura paulista. Alguns depoimentos fazem um retrospecto da imigração brasileira e seus problemas.     (BMSP)

**1291. Ubaldi, Pietro.** L'espansione coloniale e commerciale dell'Italia nel Brasile. Roma, Loescher, 1911. 264 p.

Apesar de seu tom de exaltação da raça latina em face do imperialismo anglo-saxônico, apresenta um estudo razoável da emigração italiana para o Brasil, suas causas, legislação pertinente, situação demográfica italiana (quadros), procedência e destino dos imigrantes. A segunda parte da obra trata da imigração italiana no Brasil, dos seus núcleos coloniais nos diversos Estados, das conseqüências da crise do café. Apresenta um mapa da saída e entrada de imigrantes em São Paulo e no Brasil meridional. A terceira parte é dedicada à expansão italiana no Brasil e aos problemas de adaptação. Aborda a questão da língua, ensino, as bancárias e remessa de dinheiro; a organização dos núcleos e as instituições de proteção e auxílio. Assinala a ausência de afluxo de capital italiano e sugere a instalação de uma Câmara Italiana de Comércio a fim de promover o intercâmbio comercial entre os dois países e resolver questões das relações entre patrão e operários.     (BNRJ)

**Veja também:** 1074, 1104, 1152, 1187, 1208, 1209, 1216, 1227, 1374, 1543, 1614, 1615, 1623, 1624.

## 3. Educação

**1292. Barros, Roque Spencer Maciel de.** A ilustração brasileira e a idéia de universidade. São Paulo, 1959. 411 p.

A obra analisa o pensamento daqueles que o autor considera os renovadores da mentalidade brasileira no final do Império e que reputavam a educação como a força inovadora por excelência. Contribuição importante à história das idéias no Brasil.

**1293. Brasil. Congresso Nacional.** Instrucção pública. Rio de Janeiro, Typ. do Jornal do Commercio, 1918-19. 10 v. (Documentos parlamentares).

Coleção importante de documentos, mensagens, projetos, pareceres etc. sobre o ensino em geral (planos e diretrizes), ensino primário e normal, ensino secundário e superior, reforma Carlos Maximiliano, códigos de ensino, cursos jurídicos, cursos politécnico, médico, agrícola e comercial. Abrange o período 1891-1918.

**1294. Brasil. Congresso Nacional. Câmara dos Deputados. Commissão de Instrucção Pública.** Reforma do ensino primário. . . . parecer e projeto . . . . Relator, Ruy Barbosa. Rio de Janeiro, Typ. Nacional, 1883. 378 p.

O parecer consta de 18 capítulos, sendo que o primeiro trata da situação do ensino "popular" no Império, e cujas condições são consideradas sombrias pelo relator. Apresenta estatísticas das escolas públicas e particulares, 1857-78. Para o município da corte os dados recuam a 1836. Há freqüentes comparações com o ensino nos Estados Unidos, Canadá e países da Europa. Nos restantes capítulos o relator expõe e defende princípios educacionais e orientação pedagógica que se enquadram na ideologia liberal. Dentro dessa filosofia reclama uma reforma radical do ensino primário. Ao parecer segue-se o projeto de lei e, em anexo, trabalhos escolares de cartografia, executados no Brasil, em 1882. As referências são freqüentes e cuidadosas, tratando-se, em geral, de autores estrangeiros, nos quais o autor procura basear-se.     (BMF)

**1295. Brasil. Departamento Nacional de Estatística.** Estatística intelectual do Brasil, 1929. Rio de Janeiro, Typ. do Dep. Nacional de Estatística, 1931-32. 2 v.

Ensino superior: número de escolas, matrículas e conclusão do curso por sexo e ramo (jurídico, médico-cirúrgico, farmacêutico, filosófico e literário, politécnico). Ensino médio: matrícula, conclusão de cursos e corpo docente por sexo e ramo (agrícola, artístico industrial, comercial, música, pintura, militar, enfermagem). Ensino primário: número de professores, matrículas, número de escolas, por município e entidade mantenedora. Apêndice: leis e decretos referentes à instrução superior, secundária e primária, a partir de 1808 (Carta Régia de 2 de dezembro de 1808).     (BDEESP)

**1296. Brasil. Diretoria Geral de Estatística.** Estatística da instrução. Rio de Janeiro, Typ. da Estatística, 1916. 396 p.

Ensino primário: estadual, municipal, subvencionado pelo município e particular; escolas comuns e especiais, pessoal docente, matrículas e freqüência, conclusão do curso. Ensino profissional (sacerdotal, pedagógico, artístico-industrial, agronômico, náutico, comercial): federal estadual, municipal, particular; pessoal docente, matrícula, conclusão do curso. Ensino superior (jurídico, médico-cirúrgico e farmacêutico, politécnico): pessoal docente, matrícula, conclusão dos cursos. Ensino militar: número de escolas, pessoal docente, matrícula, conclusão dos cursos. (BDEESP)

#### 1297. Campos, Ernesto de Souza. Educação superior no Brasil. Rio de Janeiro, Serviço Gráfico do Ministério da Educação, 1940. 611 p.

Trata-se, segundo as palavras do autor, de "uma súmula dos fatos principais que influíram ou promoveram a nossa evolução educativa nos quatro séculos após o nosso descobrimento." Os fatos são narrados por século, até o final do século XIX. A seguir analisa as tentativas para a criação universitária, dando destaque ao Congresso do Ensino Superior, em 1927. Finaliza com o estudo da questão na época e considerações sobre os fatores essenciais do problema educacional, onde afirma sua posição relativamente à matéria. Obra informativa com extensa bibliografia.

#### 1298. Carneiro da Silva, João José, Barão de Monte Cedro. Estudos econômicos. Rio de Janeiro, 1878. 146 p.

Trata-se, como indica o título, de uma série de estudos sobre assuntos variados como a indústria açucareira em geral e particularmente nas colônias francesas e na Luisiana, dando, de passagem, algumas informações sobre essa atividade, no Brasil. O artigo de maior interesse é o que trata da instrução pública, onde defende o ponto de vista da sua promoção por iniciativa particular e de que o Brasil deve inspirar-se nos Estados Unidos e na Alemanha, quanto ao currículo, dando ênfase às noções úteis e simples e procurando incutir na juventude idéias claras e exatas. Sugere a descentralização do ensino e propugna pela instrução profissional. Trata, em outro artigo, das caixas econômicas cuja divulgação também preconiza. Finaliza apresentando uma série de informações sobre os progressos tecnológicos introduzidos em Quissamã, onde era fazendeiro, no município de Macaé, Rio de Janeiro. (BNRJ)

#### 1299. Carneiro Leão, Antonio. A sociedade rural, seus problemas e sua educação. Rio de Janeiro, Editora S. A. A Noite, 1939. 368 p.

O autor, que foi diretor geral da instrução pública, defende a tese segundo a qual a obra fundamental a ser realizada nos meios rurais é a relativa à educação, saúde, nutrição e os males resultantes do sistema de monocultura; as condições da escola rural no Brasil, comparando-as com as soluções adotadas nos Estados Unidos e México e com as aspirações e planos chilenos, a habitação, o regime de trabalho, e o êxodo rural. Nesta primeira parte os exemplos tomados pelo autor referem-se principalmente ao nordeste brasileiro. Numa segunda parte, mais teórica, defende a tese da diversidade regional. A terceira parte cita exemplos estrangeiros e avalia os efeitos de nossa descentralização política na organização do sistema educacional. Na quarta e última parte apresenta

soluções para a educação rural no Brasil. Enriquecida de ilustrações e ampla bibliografia.

#### 1300. Carvalho, Leoncio de. Primeira Exposição Pedagógica do Rio de Janeiro; relatório de. . . . Rio de Janeiro, Typ. Nacional, 1884. 347 p.

Além da introdução onde se expõe o objetivo da exposição, que era o de promover o ensino primário, o relatório divide-se em duas partes. A primeira, sob o título de seção histórica, dedica-se a relatar os fatos concernentes à organização da exposição e seus resultados. Considera-os benéficos, pois vieram expor as condições deploráveis do ensino primário. Apresenta dados estatísticos por província e confronta-os com os de outros países. A segunda parte, denominada seção filosófica, expõe os princípios a serem adotados. Defende a liberdade de currículo, a educação obrigatória e a coeducação. Dá ênfase à reorganização das escolas normais e à criação de outras, já que constituem a primeira condição para um bom ensino. A obra, enfim, faz um verdadeiro balanço da situação do ensino no Brasil na época. Em anexo vários documentos. (BAESP)

#### 1301. Colégio Menezes Vieira. Apontamentos para a histórioa da educação nacional; treze anos de magistério no Rio de Janeiro, 1875 a 1887. Rio de Janeiro, 1887.

Compilação de notícias sobre o colégio Menezes Vieira, publicadas na imprensa do Rio de Janeiro e através das quais fica-se informado do currículo e métodos adotados pelo estabelecimento e que representavam, para a época, uma inovação. Foi o introdutor do método Froebel (Jardim de infância) e dos de Mme. Pape Carpentier. Possuia, além do curso Maternal (Jardim de infância), o primário e o preparatório para as escolas do governo (Colégio Pedro II, Escola Normal, Escola de Minas, Escola Naval, Politécnica, Direito e Medincina). D. Pedro II visitava freqüentemente o colégio. Em anexo lista dos alunos aí educados e das publicações didáticas, escritas e editadas por Menezes Vieira.

#### 1302. Ferreira, Felix. Noções da vida doméstica. 3. ed. Rio de Janeiro, Typ. de Dias da Silva Jr., 1879. 241 p.

Manual adaptado, com acréscimos, do francês e destinado à educação das jovens brasileiras. O adaptador, depois de afirmar a necessidade urgente de reforma dos compêndios escolares, diz que é preciso dar à juventude noções práticas da realidade e não ministrar-lhe histórias fantásticas. Pragmatismo e utilitarismo são realmente a tônica desta obra que, embora não seja inteiramente brasileira, revela, apesar ou mesmo por isso, mudanças de mentalidade, refletindo-se nos objetivos educacionais e resultantes da progressiva urbanização e desenvolvimento da burguesia, pelo menos no Rio de Janeiro. Entre as noções preconizadas, destacam-se as referentes ao emprego e distribuição de tempo, hábitos de higiene, escolha e direção dos servos, o emprego do dinheiro, a poupança, a arte de enriquecer e o bom uso da fortuna. Exalta o dever e a caridade, trecho em que dá informações sobre a assistência social no Rio. Não esquece o papel da mulher na roça e ensina como aplicar o trabalho feminino na agricultura, indústria, belas artes e ensino.

**1303. Lourenço Filho, Manoel Bergstrom.** Tendências da educação brasileira. São Paulo, Comp. Melhoramentos de São Paulo, [1941?]. 159 p.

Procura mostrar as transformações ocorridas no setor educacional brasileiro em conseqüência das mudanças que, segundo o autor, se processaram nos últimos trinta anos e particularmente no decênio de 1930-40 (o livro foi prefaciado em 1940). Faz entretanto um ligeiro retrospecto da evolução do ensino no Brasil desde a época colonial.

**1304. Moacyr, Primitivo.** A instrução e a república. Rio de Janeiro, Imprensa Nacional, 1941-42. 7 v.

Compilação de todos os atos e fatos referentes à instrução no Brasil republicano, abrangendo todos os níveis de ensino inclusive os de caráter técnico.

**1305. Moacyr, Primitivo.** A instrução e as províncias (subsídios para a história de educação no Brasil) 1834-1889. São Paulo, Companhia Editora Nacional, 1939-40. 3 v.

Depois de um capítulo preliminar sobre a instrução nas províncias, durante a década de 1820, passa a examinar, província por província, o estado e as condições da instrução em todos os níveis e sob todos os aspectos. No caso de algumas, como por exemplo a do Amazonas, trata do ensino dispensado aos índios. Obra bastante informativa.

**1306. Moacyr, Primitivo.** A instrução e o império. São Paulo, Companhia Editora Nacional, 1936-38. 3 v.

O primeiro volume trata dos diversos graus de ensino no período de 1823-53. O segundo, das diversas reformas educacionais, de 1853-88 e o terceiro, do ensino em geral, mas particularmente do de nível superior no período de 1850-89.

**1307. Moreira, João Roberto.** Educação e desenvolvimento no Brasil. Rio de Janeiro, 1960. 293 p. (Centro Latino-Americano de Pesquisas em Ciências Sociais, 12).

Embora procurando dar ênfase aos fatores sócio-econômicos, é obra de caráter geral para o período que nos interessa. O autor aprofunda-se mais, a partir de 1930. Suas considerações sobre a sociedade e economia brasileiras, anteriores a esta data, baseiam-se em escritores clássicos como Gilberto Freyre, (1123, 1124), Sérgio Buarque de Holanda (1088, 1113), Nelson Werneck Sodré (1109, 1137), Caio Prado Jr. (1134, 1135), entre outros.

**Veja também:** 100, 1222, 1361, 1545.

## 4. Condições de vida e de trabalho

**1308. Brasil. Congresso Nacional.** Legislação social. Rio de Janeiro, Typ. do Jornal do Commercio, 1919. 304 p. (Documentos parlamentares).

Coletânea de discursos, projetos, pareceres, etc., referentes a acidentes de trabalho, indenização, máximo de trabalho, condições de salário, contratos de locação de serviço no comércio, etc. Inicia com o projeto Medeiros e Albuquerque (3 de setembro de 1904) e encerra com o parecer do deputado Andrade Bezerra sobre o projeto de modificação da lei sobre acidentes de trabalho (24 de maio de 1919). Em anexo entrevista de Jorge Street sobre o projetado Código do Trabalho (10 de setembro de 1917); comentário do *Jornal do comércio* (29 de setembro de 1918) sobre a questão trabalhista e vários decretos relativos ao assunto.

**1309. Cunha, Herculano Augusto Lassance.** Dissertação sobre a prostituição, em particular na cidade do Rio de Janeiro. Rio de Janeiro, 1845. 61 p.

Sendo tese de concurso apresentada à Faculdade de Medicina do Rio de Janeiro, a obra trata, em grande parte, dos aspectos médicos e clínicos do problema. Mas como não poderia deixar de ser, cuida também de seus aspectos sociais e mesmo morais. Faz considerações gerais sobre os costumes populares no Rio, descreve as diversas categorias de prostituição e locais de suas atividades, distinguindo entre a prostituição livre e a clandestina, esta exercida principalmente por escravas. Disserta sobre as causas gerais do fenômeno e sobre as que são peculiares ao Rio. Atribui estas ao regime escravista que considera um "flagelo." Portanto o trabalho representa também uma contribuição para o pensamento anti-escravista no Brasil, em meados do século XIX.                                                      (BNRJ)

**1310. Dias, Everardo.** História das lutas sociais no Brasil. São Paulo, Editora Edaglit, 1962. 330 p.

Participante das lutas sociais no Brasil, o autor estuda a difusão dos ideais socialistas no Brasil, traçando ao mesmo tempo a história das lutas políticas desde o início de século XX. Passa a seguir a tratar da organização trabalhista e das lutas sindicais, apresentando dados sobre o custo de vida no Estado de São Paulo durante a greve de 1917 e, em forma de efemérides, os principais acontecimentos relacionados com as lutas sociais no Brasil desde a rebelião dos alfaiates em 1798.

**1311. Holloway, Thomas.** Condições de mercado de trabalho e organização do trabalho nas plantações na economia cafeeira de São Paulo, 1885-1915: um estudo preliminar. Estudos econômicos [Rio de Janeiro], v. 2, dezembro, 1972: 145-180.

Baseado numa análise do recenseamento agrícola do estado de São Paulo, 1904-05, este estudo é uma demonstração da tese de que o proletariado médio nas fazendas de café conseguiu melhorar o nível de vida e até experimentou mobilidade social vertical. A razão fundamental encontra-se no fato de que os fazendeiros não conseguiram número suficiente de imigrantes para superar uma escassez relativa de mão-de-obra. [WD]

**1312. Lobo, Eulália Maria Lahmeyer,** *et al.* Estudo de categorias socio-profissionais, dos salários e do custo da alimentação no Rio de Janeiro de 1820 a 1930. Revista brasileira de economia [Rio de Janeiro], v. 27, outubro-dezembro, 1973: 129-176.

Uma tentativa preliminar de relacionar os dados colecionados pelos autores sobre preços e salários com ciclos econômicos e desenvolvimento econômico. Apresentam-se dados relacionados a cinco categorias sociais em vários anos, 1844-1930. Observa-se um melhoramento nos níveis de consumo, evidente no declínio da porcentagem dos orçamentos familiares gastos com alimentação. A circunstância atribuída à incipiente industrialização, ainda que se deteriora nos anos 1920. [WD]

**1313. Lobo, Eulália Maria Lahmeyer,** *et al.* Evolução dos preços e do padrão de vida no Rio de Janeiro, 1820-1930: resultados preliminares. Revista brasileira de economia [Rio de Janeiro], v. 25, outubro-dezembro, 1971: 235-265.

Apresenta-se um índice de custo de vida, baseado em treze produtos essenciais. Mostra que, com ponderação de 1856, os níveis de preços dobraram oito vezes em cem anos. Oferece-se a hipótese de que a economia de exportação não foi favorável a uma melhoria no padrão de vida do trabalhador manual, e que, nos períodos de declínio nas exportações, a massa do povo ganhou, porque os fatores de produção reverteram para o setor de subsistência. [WD]

**1314. Lopes, João Fernandes.** Colonias industriais: destinadas à disciplina, correção e educação dos vagabundos regenerados pela hospitalidade e trabalho. . . . Recife, A Provincia, 1890. 128 p.

Procura demonstrar a importância da criação dos núcleos coloniais que pudessem disciplinar e corrigir os vícios dos vagabundos através do trabalho. Ao tratar desse assunto, busca na Europa e nos Estados Unidos os exemplos para justificar a implantação do sistema no Brasil. Discute a questão em duas partes: a primeira em que coloca os problemas referentes à instalação desses núcleos e na segunda procura apresentar soluções adequadas, principalmente para o norte do país, onde havia o problema da falta de gente para uma "efetiva colonização." Estuda mais pormenorizadamente a Colônia Agrícola de Payerne (França) da qual publica todo o regulamento, e faz uma análise de seu estabelecimento e do seu desenvolvimento. Publica ainda um discurso do autor, proferido a 17 de abril de 1888 no Palácio da Presidência, no qual ressalta a importância da implantação dos núcleos industriais no Brasil e da sua importância na integração dos indivíduos "marginalizados" na sociedade brasileira. (BMSP)

**1315. Luz, Nicia Villela; e Carlos Manuel Peláez.** Economia e história, o encontro entre os dois campos do conhecimento. Revista brasileira de economia [Rio de Janeiro], v. 25, julho-setembro, 1972: 273-302.

Contém uma crítica ao tabalho de Eulália Lobo e sua equipe sobre preços e salários no Rio de Janeiro (1313). Os autores insistem na validez das séries baseadas na taxa de câmbio e preços de exportações. Há um apêndice estatístico (por Lívio Petrônio), em que se faz uma comparação entre custos de vida na Inglaterra, França, e Estados Unidos, e a taxa de câmbio no Brasil. A alta correlação entre custo de vida e preços de exportações leva os autores a crer que o custo de vida no Brasil devia ter acompanhado os preços das suas exportações. [WD]

**1316. Niemeyer, Waldyr.** Movimiento sindicalista no Brasil. Rio de Janeiro, 1933. 163 p.

Reunião de artigos publicados no *Correio da manhã* do Rio de Janeiro. Faz apanhado geral do movimento sindical no Brasil entre 1907-32. Trata da organização dos diversos sindicatos existentes e da legislação em torno da sindicalização. Publica o decreto número 19.770 de 19 de março de 1931 que regula a sindicalização das classes patronais e operária e dá outras procedências. Em seguida publica uma relação dos sindicatos de empregados, reconhecidos de acordo com o decreto 19.770, de 19 de março de 1931. (BMSP)

**1317. Rodrigues, Leoncio Martins.** Conflito industrial e sindicalismo no Brasil. São Paulo, Difusão Européia do Livro, 1966. 22 p. (Corpo e alma do Brasil, 18).

Reunião de três estudos. O primeiro, de caráter geral, só indiretamente se relaciona com o Brasil. O segundo é uma tentativa de análise sistemática das greves operárias em São Paulo, nas décadas de 1950 e 1960. Só o terceiro interessa propriamente ao período abrangido por esta bibliografia e apenas a sua primeira parte, onde o autor estuda os movimentos operário e sindical brasileiros antes de 1930.

**1318. Simão, Azis.** Sindicato e estado; suas relações na formação do proletariado de São Paulo, Dominus, 1966. 245 p. (Ciências sociais Dominus, 7).

É talvez o único trabalho baseado em pesquisa nas fontes originais até agora publicado no Brasil sobre a questão operária. Refere-se apenas a São Paulo, no período que se estende do final do século XIX ao término de década de 1930. É enriquecido por inúmeras tabelas e arrolamentos.

**1319. Telles, Jover.** O movimento sindical no Brasil. Rio de Janeiro, Vitoria, 1962. 301 p.

Obra de um militante, refere-se principalmente ao período de 1946-62. Há, entretanto, um ligeiro histórico do movimento operário no Brasil.

**Veja também:** 1132, 1181, 1358, 1378, 1390, 1391, 1581.

## 5. Escravidão

**1320. Bethell, Leslie.** The abolition of the Brazilian slave trade: Britain, Brazil and the slave trade question, 1807-1869. London-New York, Cambridge University Press, 1970. 425 p.

A história da supressão do tráfico escravo internacional no século XIX tem sido largamente tratada em vários e proveitosos trabalhos pioneiros. A obra de Bethel, como o próprio autor acentua, estuda um importante aspecto do assunto: a luta pela abolição do tráfico negreiro para o Brasil, compreendida entre 1807-69, abrangendo portanto todo o período joânico e mais o Primeiro Reinado e parte do Segundo. Três questões básicas são propostas e estudadas no decorrer do trabalho, estruturado em doze capítulos. Como chegou a ser declarado ilegal o tráfico escravo para o Brasil, sendo o cativo um dos maiores pilares da economia brasileira? Uma vez declarado ilegal, porque foi impossível extinguir o tráfico num espaço de vinte anos (capítulos 3 a 10)? Como foi finalmente suprimido (capítulos 11 e 12)? Mapas, abreviaturas das fontes utilizadas apêndice com estimativas sobre a importação de escravos para o Brasil no período de 1831-55, exaustiva bibliografia e índice remissivo, completam esta importante contribuição para a história do Brasil, da Inglaterra e porque não dizer de Portugal também de vez que, mesmo após a independência brasileira o tráfico negreiro se fez sob bandeira lusa e teve a África portuguesa como principal celeiro de cativos.

### 1321. Bocayuva, Quintino. A crise da lavoura. Rio de Janeiro, Typ. Perseverança, 1868. 59 p.

A obra trata do problema da emancipação dos escravos e da introdução de novos braços para a lavoura. Quintino dá uma idéia geral do problema da agricultura no momento em que cuida da questão servil e faz observações em torno da ação oficial no campo de "migração e colonização." Defende a idéia da introdução dos "coolies" como mão de obra que supriria as necessidades da agricultura brasileira, assim que se processasse a "revolução" que poria fim ao sistema escravista no Brasil. No último capítulo apresenta um estudo sobre o salário a ser pago aos imigrantes e a fórmula por ele apresentada revela muito a influência do contrato de parceria.                                    (BMSP)

### 1322. Brandão, Francisco Antonio. A escravatura no Brasil. Bruxelas, Typ. H. Thiry-Vern Buggenhoult, 1865. 188 p.

O autor confessa-se positivista e adota uma posição anti-escravista moderada. Revela semelhanças com a posição de José Bonifácio no sentido em que a "heterogeneidade" social do Brasil infunde-lhe receios. O problema fundamental é a assimilação do escravo. Ao desenvolver sua tese, o autor nos dá informações preciosas sobre a vida do escravo no Maranhão, seu custo e rendimento. Há um capítulo especial sobre os *Calhambolas*, hordas de escravos que fugiam das fazendas para os matos. Apresenta cáculos sobre a entrada de escravos e sobre a população escrava e tem considerações sobre a agricultura no Maranhão e a necessidade de reformas. Mostra-se contrário à aplicação indiscriminada de técnicas da zona temperada, em terras tropicais.          (BNRJ)

### 1323. Burlamaqui, Frederico Leopoldo Cesar. Memória analítica acerca do comércio de escravos, e acerca dos males da escravidão doméstica. Rio de Janeiro, Typ. Commercial Fluminense, 1837. 62 p.

Tema que revela a importância que passou a ter o papel do escravo doméstico, depois que a urbanização se acelerou com a abertura dos portos, no conjunto do trabalho. A obra tem seu grande valor como testemunho de um abolicionismo precoce, identificado ao programa da Sociedade Defensora da Liberdade e Independência Nacional do Rio de Janeiro. Na introdução, o própio autor relaciona as matérias por ele abordadas. O primeiro e segundo capítulos mostram "o odioso comércio de escravos," e acusam os que nele têm interesses. O autor objetiva convencer "os espíritos suscetíveis de admitirem idéias de moralidade, conveniência social e virtude." O terceiro capítulo destina-se a convencer os espíritos formados de matéria bruta, refutando os seus cálculos. Compara,

com vários exemplos, o custo e productividade do escravo e do trabalhador assalariado. O último capítulo encerra uma espécie de projeto para a abolição gradual e lenta da escravidão doméstica.                                    (BNRJ)

### 1324. Camargo Jr., Jovelino de. Abolição e suas causas. *Em* Congresso Afro-Brasileiro, Recife, 1934. Rio de Janeiro, Ariel, 1935. 275 p. (Estudos afro-brasileiros, v. 1).

Defende a tese segundo a qual a causa fundamental, entre outras que conduziram à abolição da escravidão, foi a ocorrência de modificações gerais nas relações de produção, isto é, a necessidade de substituir a velha técnica e incorporar na produção a massa de desocupados.

### 1325. Cardoso, Fernando Henrique. Capitalismo e escravidão no Brasil meridional; o negro na sociedade escravocrata do Rio Grande do Sul. São Paulo, Difusão Européia do Livro, 1962. 339 p.

O enfoque principal é o estudo das relações entre o sistema capitalista e o trabalho escravo. Numa abordagem monográfica sobre o Rio Grande do Sul, defende a tese de que a adoção do trabalho escravo integra a economia sulina no mercado capitalista exportador e que, por outro lado, "constitui-se no obstáculo fundamental para o desenvolvimento das formas modernas de capitalismo." Tentativa de análise estrutural com interpretações sociológicas.

### 1326. Castro, Hélio Oliveira Portocarrero de. Viabilidade econômica da escravidão no Brasil, 1880-1889. Revista brasileira de economia [Rio de Janeiro], v. 27 janeiro-março, 1973: 43-68.

O autor utiliza séries de preços de escravos, preços de café, estimativas de produtividade média por escravo, e custos de manutenção dos escravos para determinar a viabilidade do regime neste período. Com Fogelman e Engerman, pressupõe que a caída ou subida do preço do escravo era reflexo do cálculo dos compradores acerca da rentabilidade, e não por exemplo do cálculo do escravo sobre se queria continuar trabalhando ou não. [WD]

### 1327. Coelho Rodrigues, Antonio. Manual do súbdito fiel ou cartas de um lavrador sobre a questão do elemento servil. Rio de Janeiro, 1884. 143 p.

Reedição de cartas publicadas na imprensa do Rio de Janeiro. Interessa ao estudo do movimento abolicionista no Brasil e das diferentes posições idelógicas adotadas relativamente à questão.

### 1328. Conrad, Robert. The destruction of Brazilian slavery, 1850-1880. Berkeley, University of California Press, 1972. 344 p.

Focaliza principalmente a política do movimento abolicionista, mas contém capítulos em que trata do problema de mão-de-obra nas fazendas, e do tráfico inter-provincial. Importantes discussões das leis de locação de 1830, 1837, 1879. A análise destas questões é feita em consideração de seus efeitos políticos, mas encontram-se dados relevantes. [WD]

**1329. Correia Lopes, Edmundo Armenio.** A escravatura (subsídios para a sua história). Lisboa, Divisão de Publicações e Biblioteca, Agência Geral das Colônias, 1944. 208 p.

O livro trata da origem da escravidão negra, sua introdução em Portugal, e seu desenvolvimento nas colônias. O capítulo 2 da Parte 2 é referente ao Brasil. O autor analisa a importância da mão de obra escrava para a lavoura de açúcar e o trabalho das minas; faz considerações econômicas e demográficas. Além disso estuda separadamente no Rio de Janeiro, Minas Gerais, Pará e Maranhão, Pernambuco, Bahia e Rio Grande, a relação entre o número de escravos importados e o desenvolvimento econômico da região, os contratos, a ação das companhias, os preços, etc.          (BNRJ)

**1330. Costa, Emília Viotti da.** Da senzala à colônia. São Paulo, Difusão Européia do Livro, 1966. 497 p.

Estudo sobre a escravidão. na região cafeeira. A primeira parte estuda os aspectos econômicos, desde a expansão do café e a mão-de-obra escrava, até as transformações na economia cafeeira e a decadência do sistema escravista. A seguinte trata das "condições da vida do escravo nas zonas cafeeiras." A último analisa os aspectos ideológicos: idéias escravistas e anti-escravistas, a opinião pública, a formação da consciência emancipadora, etc. Apresenta rica citação de fontes primárias e secundárias, e também de referências bibliográficas.          (BIEB)

**1331. Couty, Louis.** L'esclavage au Brésil. Paris, Librairie de Guillaumin, 1881. 92 p.

O opúsculo é uma resposta ao discurso de M. Schoelcher em Paris (1881) atacando o regime escravista do Brasil. Couty protesta contra o tom da fala e ressalta a importância da mão-de-obra escrava e o impasse em que se encontrava a economia brasileira em face de uma súbita substituição do regime de trabalho. Faz um ligeiro histórico da escravidão no Brasil para depois tecer importantes considerações sobre a situação do escravo, seu comportamento, como era tratado; seu preço, custo e rendimento. Dá estimativas da população escrava. Mostra os esforços do governo imperial para solucionar a questão, de um lado promovendo a colonização e o aperfeiçoamento técnico da agricultura, de outro estabelecendo fundos de emancipação e educação. Reconhece, entretanto, que o impulso reformista de 1871 não teve continuidade. Mostra-se pessimista em relação ao aproveitamento do negro, constatando, ao mesmo tempo, que este elemento conservará importância no povoamento brasileiro. Ressalta certas qualidades do negro e do mulato que, aptos para as funções distribuidoras e de relação, não o são para as de produção, segundo a terminologia de Spencer.          (BMSP)

**1332. Dornas Filho, João.** A escravidão no Brasil. Rio de Janeiro, Civilização Brasileira, 1939. 321 p.

Estudo informativo sobre a escravidão, que abrange desde os primórdios da colonização, até a abolição. Ênfase dada à exposição factual, e a generalidade da obra não permite análises mais profundas, principalmente de ordem econômica. A primeira parte trata da escravidão indígena; a segunda dos aspectos gerais da escravidão negra; a terceira de insurreições negras; a quarta da abolição; a quinta da influência social do negro; e a última da igreja brasileira em relação

à escravidão. Os dados fornecidos nesta última parte são interessantes, por ser em geral este assunto pouco explorado; no entanto as interpretações dadas pelo autor são inteiramente contaminadas por um romantismo religioso. O livro contém ainda um apêndice composto de: "Joaquim Nabuco em Roma," "A Pastoral do Arcebispo da Bahia," "Encíclica de Leão XII," e "As festas da abolição."          (BMSP)

**1333. Escragnolle Taunay, Affonso de.** Subsídios para a história do tráfico africano no Brasil. São Paulo, Imprensa Oficial do Estado, 1941. 311 p.

O erudito historiador estuda o tráfico africano no Brasil, a partir do século XVI. Oferece dados preciosos sobre a procedência dos escravos, os locais de desembarque, a venda, a distribuição. Analisa o papel econômico desempenhado pelo trabalho escravo na lavoura açucareira e na mineração. Especificamente sobre o século XIX, temos os quatro últimos capítulos que tratam do esforço abolicionista, da campanha contra o tráfico, da atuação inglesa, da dependência da grande lavoura de café, em relação ao trabalho escravo, e cálculos sobre os números do tráfico. O autor pode ser acusado de sérias omissões, no que diz respeito ao registro das fontes de muitas informações que fornece.          (BMSP)

**1334. Franco, Maria Sylvia de Carvalho.** Homens livres na ordem escravocrata. São Paulo, Instituto de Estudos Brasileiros, 1969. 249 p. (Publicações, 13).

Estudo dos camponeses de Guarantinguerá no século XIX, como elemento significativo do sistema social brasileiro. A autora quer mostrar que a escravidão não define por inteiro a sociedade; era portanto uma forma de exploração que coexistia dentro da estrutura capitalista peculiar ao Brasil. Utiliza-se processos criminais, atas da câmara municipal, e arquivos notariais. Demonstra-se claramente os laços de dominação e dependência entre os terratenentes, os burocratas, e as camadas populares. Útil ao estudo de história econômica; a elite revela-se o único setor que tinha acesso aos fatores de produção. Um mercado realmente limitadíssimo. O resto da sociedade participava na base de medo. [WD]

**1335. Franco de Almeida, Tito.** O Brasil e a Inglaterra; ou o tráfico de africanos. Rio de Janeiro, Typ. Perseverança, 1868. 458 p.

Veemente testemunho da "honra nacional ferida" pela pressão britânica. Apesar do tom apaixonado das acusações contra a Inglaterra, o livro mostra a visão profunda de um brasileiro culto, conselheiro do Império, que desmascarou a "política humanitária" inglesa, deixando às claras os seus interesses econômicos. Isto com provas eloquentes, que acentuavam o caráter exaltado da obra como: relatórios de governadores das colônias britânicas, testemunhos da venda de escravos tomados a contrabandistas portugueses e americanos por parte dos ingleses, além de análises frias dos acordos anglo-lusos e anglo-brasileiros.          (BNRJ)

**1336. Godoy, Joaquim Floriano de.** O elemento servil e as câmaras municipais da província de São Paulo. Rio de Janeiro, Imprensa Nacional, 1887. 641 p.

Senador do Império por São Paulo, Floriano de Godoy, ao tempo em que se discutia o projeto depois transformado na lei nº 3270 de 28 de setembro de 1885, a conhecida "Lei dos Sexagenários," fez uma consulta às câmaras municipais da província de que era representante, a fim de obter dados e opiniões que orientassem o seu voto a respeito do momentoso assunto. Naquela ocasião o problema da emancipação dos escravos agitava o país, trazendo "em contínuo sobressalto todos os interesses nacionais." O trabalho teve por objetivo trazer a público as respostas obtidas, que representariam o modo de pensar da província de São Paulo sobre a questão servil. Em uma explicação preliminar o autor expõe os seus pontos de vista, colocando-se em posição moderada, segundo a qual reconhece a necessidade de extinguir o trabalho escravo, deixando de lado "o egoísmo interesseiro e intransigente de uns." Ao mesmo tempo, manifesta-se contra a agitação provocada pelos abolicionistas, "os elevados exageros de outros." É a favor da emancipação, que deveria ser decretada de imediato, sob a condição dos libertos continuarem por algum tempo a prestar serviços aos seus ex-senhores. Argumenta ainda que ao trabalhador nacional e não ao imigrante estrangeiro estaria reservada a missão de substituir o trabalhador cativo. Após a explicação o autor descreve a consulta que fez às câmaras, consubstanciada em indagações sobre adoção ou não do projeto Dantas, fixação de prazo para o término da escravidão ou extinção gradual, alteração ou não da Lei do Ventre-Livre, medidas a serem tomadas para resolver os problemas da emancipação caso as câmaras se manifestassem contrariamente às sugestões propostas; opiniões sobre a idéia do trabalhador nacional livre conseguir preencher satisfatoriamente os claros abertos pelas libertações. A terceira parte do trabalho é dedicada às respostas enviadas pelas câmaras da província, das quais somente 23 atenderam ao apelo. O autor lamenta a omissão das demais, atribuindo-a à ignorância das graves questões sociais e por isso mesmo, geradora do indiferentismo quanto a soluções que deveriam ser tomadas urgentemente. Chega à conclusão de que "as municipalidades paulistanas não esposam a causa da escravidão." As que se fizeram presentes, inclinaram-se pela emancipação gradual, com indenização aos senhores pelos escravos libertados e a substituição do braço cativo pelo do trabalhador nacional livre. O trabalho é completado com vários documentos históricos para o estudo da questão do elemento servil, entre 1870-87.

### 1337. Goulart, Maurício. Escravidão africana no Brasil das origens à extinção do tráfico. São Paulo, Martins, 1949. 300 p.

O autor procura destacar as estruturas econômicas em que se enquadra a escravidão, desde suas origens, até a extinção do tráfico. Na introdução dividida em três itens trata respectivamente: da escravidão negra em Portugal no século XV, do início da colonização e das necessidades do trabalho escravo do negro no Brasil, do controle do tráfico africano pelos ingleses. Analisa depois o desenvolvimento econômico da colônia, registrando a importância da mão de obra negra na lavoura e na mineração, esboça as linhas gerais do tráfico: portos africanos de exportação, locais de desembarque, número de embarcações utilizadas no tráfico, mercadorias usadas nos resgates, etc. Relaciona a revolução industrial na Inglaterra com a regressão do tráfico. Mostra a resistência do Brasil em mantê-lo, o recrudescimento da ação inglesa, e a extinção do tráfico. Como considerações finais, analisa criticamente os números do tráfico, comparando os dados de diversos autores

como Escragnolle Taunay (1333), Robert Walsh (*Notices of Brazil in 1828 and 1829*. London, Frederick Westley and A. A. Davis, 1870. 2 v.), Roberto Simonsen (*História econômica do Brasil: 1500-1820*. São Paulo, Editora Nacional, 1937. 2 v.), e Rocha Pombo (*História do Brasil*. Rio de Janeiro, Fonseca Saraiva, 1905. 10 v.), etc. (BMSP)

### 1338. Gouveia, Maurílio de. História da escravidão. Rio de Janeiro, 1955. 423 p.

O autor estuda o desenvolvimento histórico da escravidão no Brasil. As cinco partes, constantes de um total de 24 capítulos, foram divididas dentro de simples critério cronológico. A linha seguida pelo autor é episódica e factual. Os problemas econômicos internos e externos que envolvem a escravidão, ficam dentro da obra relegados a um plano inferior. De maneira geral, as tentativas de interpretação feitas pelo autor tornam-se simplórias, sufocadas por uma visão romântica que ameaça o cunho científico da obra. Este só não é destruído pela séria e honesta pesquisa em fontes de maior interesse, como os *Anais da Câmara Imperial e do Senado*, várias vezes citados e devidamente registrados, ao longo do livro. Concluindo, a obra merece citação pelo seu valor informativo, inclusive o apêndice no qual o autor transcreve os principais atos da legislação brasileira referentes à escravidão, 1815-55.

(BMSP)

### 1339. Guimarães, Augusto Alvares. Cartas de Vindex ao Dr. Luís Alvares dos Santos. Bahia, Tip. do Diario da Bahia, 1875. 86 p.

Publicadas no *Diário da Bahia*. Interessam ao estudo da extinção do tráfico africano, do movimento abolicionista e sua ideologia no Brasil.

### 1340. Ianni, Octavio. As metamorfoses do escravo; apogeu e crise da escravatura no Brasil Meridional. São Paulo, Difusão Européia do Livro, [1962]. 312 p.

Focaliza o apogeu e a crise do sistema escravista em Curitiba, comunidade que o autor considera "representativa das regiões do país não atingidas totalmente por uma economia colonial." O objetivo primordial da análise era verificar como "os africanos e seus descendentes foram absorvidos por um sistema social escravocrata induzido." Esta investigação levou o autor à pesquisa da evolução histórica e econômica da comunidade em questão, utilizando-se de fontes primárias, o que realça o interesse da obra para o conhecimento histórico e não puramente sociológico do sistema escravista numa região desligada das áreas exportadoras tradicionais.

### 1341. Leff, Nathaniel. Long-term viability of slavery in a backward closed economy. Journal of interdisciplinary history [Cambridge, Mass.], v. 5, Summer, 1974: 103-108.

Explica-se a tendência ao declínio da população escravizada na taxa alta de mortalidade. Parece que os fazendeiros não tentavam melhorar as condições de vida nem estimular a reprodução. Este fato foi talvez não o resultado do irracionalismo por parte dos donos, senão de cálculos de lucratividade. Em contraste com as condições nos estados sulinos dos Estados Unidos, o alto custo de capital convenceu os fazendeiros a obter o máximo de esforço imediatamente, em vez de prolongar a vida útil dos escravos. [WD]

**1342. Machado Filho, Aires da Mata.** O negro e o garimpo em Minas Gerais. 2. ed. Rio de Janerio, Editora Civilização Brasileira, 1964. 131 p.

É uma obra que cuida do garimpo em S. João da Chapada, Minas Gerais, a partir do ano de 1833 quando os povos da Chapada descobriam as lavras da Pratinha. A partir do estudo dessa localidade o autor procura mostrar os diferentes aspectos das regiões de garimpeiros, estudando os diversos personagens que vivem nesse trabalho. Além de apresentar dados quantitativos tais como o número de escravos existentes na região, classificando-os por sexo e agrupando-os por idade, e de apresentar dados quanto ao valor da produção em moeda corrente na época, colheu dados sobre as superstições próprias dos negros, recolheu interessante material folclórico e registrou grande quantidade de vocabulário do dialeto crioulo sanjoanense e os "vestígios do dialeto crioulo no linguajar local."

(BMSP)

**1343. Marcílio, Maria Luiza, *et al*.** Considerações sobre o preço do escravo no período imperial. Anais de história [Assis], v. 5, 1973: 179-194.

Baseada nos registros de escritura de compra e venda de escravos em Salvador, 1838-1882, num total de 2.527. Análise de variáveis geralmente indicadas nos contratos: profissão, sexo, idade, origem, e defeitos físicos. Encontra-se preços mais altos por homens, domésticos, e africanos. A idade em que o preço chega ao ápice é 34 anos. Sugerem os autores que estes preços eram influenciados pela extinção do tráfico. A metodologia é avançada, utiliza-se medidas de variância, que indicam a não significância de interação das variáveis testadas. [WD]

**1344. Moraes, Evaristo de.** A escravidão africana no Brasil (das origens à extinção). São Paulo, Companhia Editora Nacional, 1933. 253 p. (Biblioteca Pedagógica Brasileira, ser. V, Brasiliana, 23).

O livro segue a linha tradicional da história episódica. Na parte 1, "O tráfico," o assunto é tratado desde suas origens portuguesas, até os interesses ingleses na extinção do tráfico. A parte 2, "A Lei do Ventre Livre" e a 3, "A abolição." mostram as lutas parlamentares e extra-parlamentares (principalmente imprensa), que envolveram aqueles projetos, destacando cuidadosamente a atuação das personalidades políticas que delas participaram. Nestes dois itens finais a argumentação, ou simples exposição, é bastante reforçada pela citação de fontes, como *Anais da Câmara, do Senado, Jornais,* etc., que o autor não se preocupou no entanto em registrar devidamente. A ausência de uma bibliografia destacada também desvaloriza a obra. (BMSP)

**1345. Nabuco, Joaquim.** O abolicionismo; conferências e discursos abolicionistas. São Paulo, Instituto Progresso Editorial, 1949. 418 p.

Leitura indispensável para o estudo da campanha abolicionista e a ideologia brasileira relativa à questão da escravidão.

**1346. Nina Rodrigues, Raymundo.** Os africanos no Brasil. Revisão e prefácio de Homero Pires. São Paulo, Companhia Editora Nacional, 1932. 409 p.

O livro trata das procedências dos negros brasileiros e das sobrevivências culturais africanas no Brasil, procurando defender a predominância numérica da importação sudanesa bem como o domínio absoluto da sua cultura, especialmente na Bahia. As principais fontes de que o autor se utilizou para documentar a sua tese foram as estatísticas do tráfico, a história do comércio de escravos de Portugal e do Brasil, os feitos africanos na história pátria, o estudo dos seus últimos representantes na América Portuguesa, bem como o da sua influência nos hábitos e costumes brasileiros. Em que pese à carência de estatísticas, servindo-se de dados que encontrou, elaborou um quadro para o tráfico na Bahia no período de 1812-15, indicando a superioridade da importação sudanesa. Apesar de reconhecer ter sido também avultada a importação de elementos do vasto grupo étnico dos negros de língua bântu, conclui que nenhuma vantagem numérica conseguiu levar à dos negros sudaneses aos quais, além disso, caberia incontestável "a primazia em todos os feitos em que da parte do negro houve em nossa historia uma afirmação da sua ação ou dos seus sentimentos de raça." De indiscutível importância pelas revelações insubstituíveis a respeito dos últimos africanos no Brasil, esse trabalho consagrou pontos de vista que só recentemente foram revistados.

**1347. Ottoni, Christiano Benedito.** O advento da república no Brasil. Rio de Janeiro, Perseverança, 1890. 139 p.

Além da contribuição que apresenta para o estudo da implantação do regime republicano, a obra esclarece sobre a situação do regime servil e da posição dos senhores em face ao movimento abolicionista, no período que precedeu a abolição.

**1348. Peixoto de Lacerda Werneck, Luiz.** Idéias sobre colonização precedidas de uma suscinta exposição dos princípios gerais que regem a população. Rio de Janeiro, Eduardo e Henrique Laemmert, 1855. 193 p.

Reunião de artigos publicados no *Jornal do comércio.* Vale principalmente como depoimento e expressão do pensamento de um representante da aristocracia rural fluminense. Faz considerações sobre a população, particularmente a escrava, comparando a situação no Brasil com a dos Estados Unidos e ressaltando as diferenças. Aborda também o problema da carestia da vida que relaciona ao monopólio da terra e à condição dos agregados. Reconhece as vantagens do trabalho livre que em sua opinião poderá vingar no Brasil com o sistema de núcleos coloniais bem localizados e depois de adotadas medidas complementares como liberdade de culto, barateamento dos lotes, etc. Não acredita ser possível o trabalho livre na grande propriedade. Suas opiniões revelam bem o dilema com que se defrontava o setor rural mais progressista ou pelo menos não tão retrógrado, em meados do século XIX. (BMSP)

**1349. Perdigão Malheiros, Agostinho Marques.** A escravidão no Brasil, Ensaio histórico-jurídicosocial. Rio de Janeiro, Tip. Nacional, 1866-67. 3 v.

A obra é sem dúvida grande clássico da história da escravidão no Brasil e porto obrigatório para qualquer estudo nessa área. Apesar de abolicionista apaixonado o trabalho é revestido de grande seriedade, equilíbrio e isenção. O primeiro volume consta de um minucioso e erudito levantamento jurídico: direito sobre os escravos e libertos. O livro seguinte trata da escravidão indígena, desde o início da colonização até a abolição completa do cativeiro e servidão dos índios. Constitui o ponto alto deste segundo volume o estudo das contradições da legislação sobre o índio no período colonial e mesmo no primeiro Império. O último volume diz respeito à escravidão africana. Analisa o problema desde suas origens no período colonial. Dá ênfase no entanto ao estudo das condições do trabalho escravo na segunda metade do seculo XIX, período em que a extinção oficial do tráfico enfraquece o sistema. Trata também de toda a evolução da jurisprudência brasileira sobre o escravo africano. Aponta as vantagens da colonização e da imigração e conclui elaborando um projeto para a abolição da escravidão.            (BIEB)

**1350. Pradez, Charles.** Nouvelles études sur le Brésil. Paris, E. Thorin, 1872. 265 p.

A primeira parte é dedicada à descrição da vegetação, da filosofia de vida do interior brasileiro e da introdução do negro. A segunda parte é dedicada à emancipação do elemento negro. Faz então um estudo histórico da introdução e do tratamento dado aos negros, dos africanos livres, da lei da extinção do tráfico e das conseqüências de sua aplicação. Faz um balanço das conseqüências da emancipação definitiva dos escravos. Apresenta a mensagem do comitê abolicionista francês. Em seqüência dedica um capítulo à civilização indígena e aos problemas de colonização. Trata depois das leis de emancipação e da atuação dos negros no interior. Em apêndice a lei de emancipação apresentada em 12 de maio de 1871, promulgada em 28 de setembro de 1871.            (BMSP)

**1351. Queiroz, Polycarpo.** Transformação do trabalho. Campinas, Livro Azul, 1888. 229 p.

O autor publicou uma série de artigos no *Correio de Campinas* e no *Jornal do comércio,* do Rio de Janeiro, sobre a emancipação dos escravos e a imigração. A presente obra constitui-se em sua maior parte de escritos publicados em periódicos da cidade de Amparo (São Paulo), e interessa particularmente para ilustrar certas correntes do pensamento da época, a propósito da abolição da escravidão, da questão da imigração e do problema da mão de obra. Mostra-se anti-escravista mas acusa os abolicionistas de cuidarem de extinguir o sistema antes de se preparar o país para uma transformação gradual. Defende a imigração asiática, pois acredita que a vinda de elementos europeus é insuficiente para resolver o problema da mão de obra, nesse período de transição. Acusa a imprensa e os opositores da imigração asiática de serem não propriamente racistas, mas de inimigos da grande propriedade.            (BMSP)

**1352. Soares, Antonio J. Macedo.** Campanha jurídica pela libertação dos escravos (1867-1888). Prefácio de Evaristo de Moraes. Rio de Janeiro, Olympio, 1938. 233 p.

Coletânea de documentos forenses, da lavra do autor, cujo objetivo era defender o interesse do escravo através da aplicação das leis relativas ao elemento servil. Contribui para o conhecimento da situação jurídica do escravo, assim como para o das idéias da época.

**1353. Toplin, Robert Brent.** The abolition of slavery in Brazil. New York, Atheneum, 1972. 299 p.

Uma narrativa do movimento abolicionista, detalhada e com excelente base nas fontes. Argumenta que a escassez de mão-de-obra era um fantasma dos fazendeiros. Temiam até o fim do abolição, supondo que os libertos não continuariam na lavoura, e que nem prestavam. Daí a insistência em trazer europeus, com subsídios enormes. De fato os libertos não só aceitavam proletarização, mas trabalhavam a salários mais baixos. A transição não foi fácil nem pacífica; existiam fazendeiros progressistas, porém a maioria desistiu somente em face da resistência violenta e da recusa dos escravos de continuar nos eitos. [WD]

**1354. Valete (pseudônimo).** Carta aos fazendeiros e comerciantes fluminenses sobre o elemento servil. Rio de Janeiro, 1871. 46 p.

Refutação do parecer de Christiano Benedito Ottoni *(A emancipação dos escravos; parecer por. . . . Rio de Janeiro,* 1871), sobre a emancipação dos escravos a respeito da proposta do Governo Imperial ao Parlamento sobre a questão. O autor procura alertar as "classes conservadoras" contra a posição de Christiano Ottoni, que considera radical.

**1355. Veiga, Luiz Francisco da.** Livro do estado servil e respectiva libertação. Rio de Janeiro, Pantheon Fluminense, 1876. 348 p.

A obra foi publicada por determinação do governo imperial e contém a lei de 28 de setembro de 1871 (Lei do Ventre Livre) assim como decretos e avisos expedidos pelos Ministérios da Fazenda, Justiça, Império e Guerra, compilados entre 1871-75. Na realidade transcreve alguns atos anteriores que o compilador considerou como de grande utilidade, pois reúne uma série de atos governamentais referentes à questão servil, englobando mesmo decretos relativos às companhias emancipadoras e respectivos estatutos. Apresenta, por província, um quadro dos escravos matriculados na Diretoria de Estatística, em dezembro de 1874 e outro dos ingênuos.            (BNRJ)

**1356. Verger, Pierre.** Flux et reflux de la traite des nègres entre le golfe de Bénin et Bahia de Todos os Santos. Paris-La Haye, Mouton, 1968. 720 p.

Numa alentada pesquisa que utiliza a abundante documentação existente nos arquivos da Bahia, Paris, Lisboa e Daomé, o autor estuda as flutuações no tráfico entre a Bahia e o Golfo de Bénin. Considera predominante a importação de negros bântus no século XVII, colocada em evidência entre outros dados, pelo fato de haver no porto da Bahia, quando da chegada dos holandeses, seis navios vindos de Angola com um total de 1440 escravos bântus, contra somente um da Guiné que trazia 28 cativos. Baseado em estatísticas resultantes de suas pesquisas, ratifica assim as conclusões de Luiz Viana Filho (1357) no tocante à importação bântu em larga escala. Considera entretanto que no século XIX, quando ainda era legal o tráfico ao sul do Equador, a importação de escravos das regiões super-equatoriais como o golfo de Bénin, se fazia maciçamente, apesar de clandestina. Dessa forma as cifras oficiais, que representariam a negação dessa afirmativa, seriam puramente formais.

**1357. Viana Filho, Luiz.** O negro na Bahia. Rio de Janeiro, Olympio, 1946. 167 p.

Este trabalho vem esclarecer vários aspectos ainda superficialmente estudados da história e do caráter baianos "coloridos por influências de sangue e principalmente de culturas africanas." Para isso, analisa o tráfico baiano durante os três séculos de sua duração, bem como as sobrevivências culturais africanas decorrentes desse tráfico. Utilizando, entre outras fontes, certidões, livros de visita em embarcações da África, livros de entrada de embarcações, pertencentes às coleções de Manuscritos do Arquivo da Prefeitura da Bahia, organizou o autor uma estatística que permite conhecer concretamente as cifras do tráfico na Bahia do século XVI até 1830. Reunindo evidências numéricas e culturais sobre o contingente bântu na população negra da Bahia, desvia-se de pontos de vista consagrados como os de Nina Rodrigues (1346). O exclusivismo pretendido por esse autor para o grupo sudanês é documentadamente contestado. O tráfico teria variado profundamente em suas direções, preferindo ora uma, ora outra região, sem exclusivismo de qualquer delas. Imperativos de ordem econômica e política determinariam os desvios, alterando o rumo dos tumbeiros. Buscavam os traficantes negros os mais diversos, dentre os dois grupos sudanês e bântu. Daí não se poder admitir o exclusivismo de qualquer um dos dois grupos, que realmente se revezavam nos mapas do tráfico negreiro para a Bahia.                    (BIEB)

**Veja também:** 1099, 1121, 1126, 1237, 1309, 1360, 1380, 1628, 1634.

# III. Estruturas e Instituições

## 1. Estrutura social

**1358. Albano, Ildefonso.** Jeca Tatú e Mané Chique-Chique. Rio de Janeiro. Araújo, s.d. 79 p.

A obra é resposta a Monteiro Lobato, onde o autor opõe ao combalido Jeca Tatú, o ativo e forte Mané Chique-Chique. É portanto uma defesa de homem do nordeste que interessa no sentido em que o autor descreve as atividades, nessa região, e os meios de sobrevivência. Há descrições pormenorizadas das fainas agrícolas e processamento de seus produtos; da vida do vaqueiro, do jangadeiro e do seringueiro, pois aborda também a emigração para a Amazônia. O livro talvez seja sugestivo como ponto de partida para um estudo sociológico do comportamento do caboclo brasileiro diante de processos sócio-econômicos diversos.          (BMSP)

**1359. Barbosa, Francisco de Assiz.** A vida de Lima Barreto (1881-1922). Rio de Janeiro, Olympio, 1951. 406 p.

Excelente biografia daquele que foi o intérprete da classe média urbana brasileira, num período de rápida urbanização de algumas regiões brasileiras e particularmente do Rio de Janeiro.

**1360. Belo, Julio.** Memórias de um senhor de engenho. 2. ed. Rio de Janeiro, Olympio, 1948. 304 p.

Com um prefácio de Gilberto Freyre e outro de José Lins do Rego. Trata-se de um depoimento de um senhor de engenho pernambucano, que tendo ainda alcançado a época da escravidão, descreve as relações entre senhor e escravo e aspectos da sociedade brasileira criada dentro daquele sistema, mas que passou pelas transformações ocorridas posteriormente com a decadência do engenho e a abolição.

**1361. Binzer, Ina von.** Alegrias e tristezas de uma educadora alemã no Brasil. Prefácio de Paulo Duarte. São Paulo, Anhembi, 1956. 132 p.

Fascinante relato das experiências de uma jovem professora no Brasil, no início da década de 1880. Participou, como educadora, da vida de várias famílias da "aristocracia" fluminense e paulista. Lecionou também em um colégio do Rio de Janeiro. Observações agudas sobre a sociedade patriarcal brasileira. Do original em alemão.

**1362. Carvalho, Elysio de.** Esplendor e decadência da sociedade brasileira. Rio de Janeiro, Garnier, 1911. 244 p.

Trata-se, apesar do título pomposo, de mera expressão saudosista e nostálgica do antigo regime monárquico e sua pseudo-aristocracia. Grande parte da obra refere-se ao período colonial, ao "esplendor" de Pernambuco, à "opulência" de Minas Gerais e ao "fausto" da Bahia. Apresenta algum interesse para o estudo da vida social na Corte e costumes das altas camadas sociais do Rio de Janeiro e seu meio diplomático, no século XIX, particularmente depois de 1870. Curioso é que em outro livro—*Os bastiões da nacionalidade* (Rio de Janeiro, Annuario do Brasil, 1922. 445 p.) e que consiste da reunião de conferências proferidas entre 1921-22, o autor revela-se ardoroso nacionalista, defendendo uma política que "tenha a perfeita visão sociológica da realidade brasileira."

(BIHGB)

**1363. Lyra, João.** As classes contribuintes: o operariado; o funcionalismo público; a administração da fazenda federal. Rio de Janeiro, Instituto Brasileiro de Contabilidade, 1917. 98 p.

Discursos pronunciados em outubro de 1917 a propósito de apelo dos funcionários da alfândega do Rio Grande do Norte. Confronta as condições de várias "classes" sociais (salários de operários, funcionários públicos, forças armadas) e faz um levantamento do custo do funcionalismo público da União.

**1364. Smith, Thomas Lynn.** Brazil: people and institutions. [Rev. ed.]. Baton Rouge, Louisiana State University Press, 1963. 667 p.

Uma útil síntese dos aspectos demográficos e das instituições sociais do Brasil (família, educação, religião e instituições públicas). Grande ênfase dada aos sistemas de ocupação do solo, tipos de propriedades agrícolas, colonização e povoamento.

**1365. Torres, João Camilo de Oliveira.** Estratificação social no Brasil; suas origens históricas e suas relações com a organização política do país. São Paulo, Centro Latino-Americano de Pesquisas em Ciências Sociais. Difusão Européia do Livro, 1965. 222 p. (Corpo e alma do Brasil, 14).

Gênese e estrutura da sociedade brasileira com ênfase em suas relações com o poder político (coronelismo). Ideologia federalista e suas bases econômicas (Tavares Bastos (1237, 1374) e Rui Barbosa (1410, 1448)). Aborda rapidamente o problema da valorização do café.

**1366. Vianna, Francisco José de Oliveira.** Evolução do povo brasileiro. São Paulo, Monteiro Lobato, 1923. 275 p.

Escrito originalmente para integrar o volume introdutório ao recenseamento de 1920 (1070), não foram, entretanto, alteradas suas conclusões. Trata numa primeira parte da evolução da sociedade brasileira; da evolução da raça, numa segunda, e finalmente da evolução das instituições políticas, na terceira parte.

**1367. Vianna, Francisco José de Oliveria.** Populações meridionais do Brasil; história, organização, psicologia (populações rurais do centro-sul: paulistas, fluminenses, mineiros). 4. ed. São Paulo, Editora Nacional, 1938. 422 p.

Obra básica para o estudo da sociedade rural brasileira, embora as teorias do autor sejam discutíveis. Estuda a formação do tipo rural, na região centro-sul (o matuto), sua ascenção política e sua psicologia. Trata a seguir da organização da propriedade rural, das relações entre as diversas classes na sociedade rural (o escravo, o negro, o foreiro, o mestiço e os brancos) e entre as classes rurais e urbanas.

Veja também: 1092, 1118, 1545.

## 2. Grupos de interesse

**1368. Fausto, Boris.** A revolução de 1930: historiografia e história. São Paulo, Editora Brasiliense, 1970. 118 p.

Análise das forças políticas que impulsionaram a revolução de 1930. Entre as perguntas relevantes ao processo de industrialização: até que ponto desejava a classe média uma política de industrialização; representava a revolução de fato a vitória de uma aliança entre a burguesia industrial e a classe média? A tese do atuor é de que a atitude da classe média era anti-industrialista, em parte porque temia o crescimento do proletariado. Estas incertezas explicam as hesitações do governo Vargas na fase provisória. [WD]

**1369. Leal, Victor Nunes.** Coronelismo, enxada e voto; o município e o regime representativo no Brasil. Rio de Janeiro, 1948. 311 p.

Obra importante sobre o fenômeno do "coronelismo," forma peculiar que tomou o poder privado e a liderança política local no Brasil. O autor analisa a sua base de sustentação—a estrutura agrária brasileira—(baseando-se principalmente nos dados do censo de 1940); suas relações com as instituições políticas representativas e municipais; seus métodos, sua função político-social e suas implicações. De grande interesse para a história econômica são as observações, rápidas, mas agudas, a respeito das vinculações entre o "coronelismo"

e uma estrutura agrária economicamente fragil, gerando uma fragmentação hegemônica do poder que só é contrabalançada pela ação do governo institucionalmente constituído. O estudo constitui pois ponto de partida para uma análise mais sistemática das conseqüências político-sociais do subdesenvolvimento. O autor tem o cuidado de distinguir os coronéis da república, representantes de um sistema rural decadente, dos poderosos senhores da época de apogeu da grande lavoura escravista.

(BFCESP)

**1370. Martins, Antonio Egydio.** São Paulo antigo (1554-1910). São Paulo, Imp. do Diário Official, 1911-12. 2 v.

Traz (segundo volume, p. 199-215) uma relação de cidadãos que ocuparam o cargo de presidente da província e de governador do estado de São Paulo. Insere também uma relação dos nomes que ocuparam as secretarias da Fazenda, da Agricultura, da Justiça e do Interior. Em geral apresenta indicação da profissão do apontado. É uma obra narrativa, sem qualquer tentativa de interpretação. (BDH)

**1371. Moreira Lima, Lourenço.** Marchas e combates (a coluna invicta e a revolução de outubro). Pelotas, Rio Grande do Sul, Livraria do Globo, 1931. 2 v.

Trata-se de um relato minucioso do secretário da coluna Prestes, sobre as andanças desses revolucionários pelo interior do Brasil no período 1924-27. O livro relata o dia a dia dos revoltosos, traçando o autor a personalidade e a participação de cada um dos tenentes que compunham a coluna, enfatizando a figura de Luís Carlos Prestes como gênio militar. A obra resumir-se-ia a esses aspectos, não fossem os comentários e apreciações que o autor faz da realidade brasileira da década de 20. Há mesmo páginas em que revela um agudo senso de observação, compondo um quadro vivo da situação político-econômica e social do Brasil de então. Por exemplo, as páginas em que comenta a falta de adesão ao movimento guerrilheiro e o justificado pessimismo com que Prestes encarava a adesão popular à luta. Em outras partes encontram-se relatos sobre as oligarquias regionais e suas ligações com o cangaço. Em outras discorre sobre a distribuição de justiça (o autor era advogado) no sertão brasileiro dominado pelos coronéis. Em outros sobre o estado de pauperismo de certas regiões do Brasil e a ausência de escolas primárias. Todas essas observações podem ser filtradas nas quase 950 páginas em que discorre sobre as peripécias da coluna. O que mais chama a atenção é a possível e quase certa influência que exerceram essas experiências no ânimo dos revolucionários e que podem explicar os fatos posteriores em que se envolveram.

(BIEB)

**1372. Nabuco, Joaquim.** Minha formação. Rio de Janeiro, Garnier, 1900. 311 p.

Leitura indispensável para o conhecimento da educação, comportamento e atitudes de certo setor da classe senhorial brasileira, da segunda metade do século XIX. Informa também sobre as primeiras atividades políticas do autor, particularmente sua participação na campanha abolicionista.

**1373. Ridings, Eugene W.** The merchant elite and the development of Brazil. Journal of inter-American studies and world affairs [Coral Gables], v. 15, August, 1973: 335-353.

O autor alega que a província da Bahia tinha, como São Paulo e Rio de Janeiro, todos os requisitos para industrializar-se. Em meados do século passado a Bahia era a região mais avançada, só perdendo depois a liderança industrial para as províncias sulinas. O que faltava era o interesse por parte da elite importadora-exportadora. Com base na documentação da Associação Comercial, mostra que na Bahia o compradorismo florescia. Vetou continuamente uma política governamental em favor da industrialização. [WD]

**1374. Tavares Bastos, Aureliano Cândido.** Os males do presente e as esperanças do futuro (estudos brasileiros). São Paulo, Companhia Editora Nacional, 1939. 336 p.

Coletânea de panfletos e monografias. São de particular interesse para esta bibliografia o primeiro, cujo título enfeixa o volume. Trata-se de um folheto de 35 páginas, publicado em 1861, onde o autor, recém-formado, já esboça idéias que defenderá posteriormente, afirmando sua posição de liberal. E o segundo, sobre a questão da imigração, a propósito do manifesto da Sociedade Internacional de Imigração que se constitui na Corte em janeiro de 1866 e de que foi um dos fundadores.

**Veja também:** 1096, 1098, 1107, 1108, 1660.

### 3. Legislação

**1375. Araújo Costa, Salustiano Orlando de, *ed*.** Código comercial do Império do Brasil, annotado por . . . , com toda a legislação do paiz que lhe é referente. . . . Rio de Janeiro, Laemmert, 1878. 113 p.

Contém a lei n. 556 de 25 de junho de 1850, devidamente anotada e em apêndice vários decretos relacionados ao assunto (bancos, sociedades anônimas, impostos, etc.) de 1846-77.

**1376. Brasil. Departamento Nacional do Café.** Legislação federal cafeeira, 1922-1940. Rio de Janeiro, Departamento Nacional do Café, 1940. 755 p.

Divulgação de textos legais relacionados com a produção, transporte, comércio e consumo do café. Há índice alfabético e remissivo, além do cronológico.

**1377. Cabral, P. G. T. Veiga.** Direito administrativo brasileiro. Rio de Janeiro, Laemmert, 1859. 660 p.

Obra dividida em quatro partes. Primeira parte dedicada à discussão teórica da ciência administrativa, a segunda cuida da administração geral e do papel do estado e do governo, a terceira dedicada ao direito administrativo das sociedades civis e a quarta às administrações locais, províncias e municípios. Ainda publica em apêndice leis, decretos, regulamentos e avisos do Direito Administrativo Brasileiro.            (BMSP)

**1378. Dunlop, Charles J. *ed*.** Legislação brasileira do trabalho. Rio de Janeiro, Laemmert, 1933. 446 p.

Trata-se de uma compilação de leis do trabalho, na seguinte forma: (1) Acidentes do trabalho (todos os decretos e leis referentes a acidentes do trabalho). (2) Caixas de Aposentadoria e Pensões. (3) Carteiras profissionais. (4) Casas para proletários. (5) Comissões mixtas de conciliação. (6) Convenção coletiva de trabalho. (7) Execução de leis do trabalho no estado de São Paulo. (8) Favores garantidos aos prepostos das casas comerciais. (9) Férias. (10) Juntas de Conciliação e Julgamento. (13) Doação de serviços. (14) Multas impostas pelas leis do trabalho. (15) Nacionalização do trabalho. (16) Profissão de leiloeiro. (17) Serviço de estiva no porto do Rio de Janeiro. (18) Serviço doméstico. (19) Serviços teatrais. (20) Sociedades cooperativas. (21) Sindicalização de classes. (22) Trabalho agrícola e rural. (23) Trablaho de mulheres. (24) Trabalho de menores. O período abrangido é de 1850-1932. Maior número de leis do século XX e maior ênfase ao período de 1931-32.            (BMSP)

**1379. Vasconcellos, José Marcellino Pereira de, *ed*.** Livro das terras; ou coleção da lei, regulamentos e ordens expedidas a respeito desta matéria até o presente. . . . 2. ed. Rio de Janeiro, Laemmert, 1860. 432 p.

Trata-se da importante lei de terras de 1850 e sua regulamentação.

**1380. Vidal, Luiz Maria.** Repertório da legislação servil. Nova edição. Rio de Janeiro, Laemmert, 1886. 3 v.

Compilação de leis e decretos referentes à escravidão. Foram reunidos os três volumes em um só encadernados sob o título Legislação Servil. O primeiro volume contém um índice alfabético de legislação servil, no qual estão contidos termos os mais usados dentro dessa leglisação como: taxas, vendas, alforria, escravos, etc, e questões fundamentais e práticas sobre o elemento servil: (1) alienação da mulher escrava sem seus filhos livres menores de doze anos; (2) manutenção de menor de oito anos demente ou insuportável—obrigatória ou não; (3) possibilidade de escravo fazer testamento; (4) admissível a separação entre escravos casados por motivos diversos tais como: rixa, infidelidade conjugal, doença perigosa ou contagiosa, etc.; (5) serão válidos os legados para trinta escravos que habitam em tais terras, deixados em testamento anterior a outro, em que esses legados foram limitados somente a vinte escravos, sendo depois abertos ambos testamentos, prevalecerá a liberdade para os trinta escravos; (6) morre um escravo deixando pecúlio e filhos livres, um seu credor pode outorgar a entrega do pecúlio a seus filhos para pagamento de sua dívida) (7) um devedor insolvente, em vida ou por testamento, pode libertar um seu escravo? O segundo volume tem duas partes distintas: a primeira é dedicada à publicação de leis e decretos tais como: lei 2040 de 20 de setembro de 1871—declara livres os filhos de mulher escrava e libertos os escravos da nação; decreto n. 5135 de 13 de novembro de 1872—aprova o regulamento geral para a execução da lei supra n. 2040; decreto n. 4835 de 1 de dezembro de 1871—aprova o regulamento para matrícula dos escravos e dos filhos livres de escravas; decreto n. 4960 de 8 de maio de 1872.            (BMSP)

**Veja também:** 1419, 1453, 1622, 1696, 1702.

## 4. Fatores internacionais

**1381. Amaral, Antero Freitas do.** Sindicato Farquhar: força e grandeza, assalto e conquista, nacionalismo. Rio de Janeiro, 1915. 53 p.

Consiste da reunião de artigos publicados em 1914, no Ceará, contra as atividades do capital estrangeiro, particularmente as relacionadas com Farquhar. Além de informações minuciosas sobre os planos e métodos de Farquhar, o autor revela a posição de vários brasileiros em relação à atuação do estrangeiro. Mostra também a luta de morte entre os grupos alienígenas. A obra reflete, enfim, o clima de xenofobia que surgia no Brasil, em face da agressividade do capital estrangeiro e seus métodos de conquista.          (BMSP)

**1382. Baklanoff, Eric N.** External factors in the economic development of Brazil's heartland: the center-south, 1850-1930. *In* Colloquium on the modernization of Brazil. The shaping of modern Brazil. Baton Rouge, Louisiana State University Press. 1969, p. 19-35.

Ligeiras observações sobre a influência dos fatores externos—comércio de mercadorias, dívida externa crescente, correntes de imigração e investimentos diretos—na transformação da região centro-sul. Infelizmente a análise é muito superficial e não satisfaz a necessidade de estudos nesse setor.

**1383. Bastos, Humberto.** Rui Barbosa, ministro da independência econômica do Brasil. 2. ed. São Paulo, Martins, 1951. 205 p.

Trata da atuação de Rui Barbosa como ministro da Fazenda da Primeira República. Estuda com cuidado as inferências externas na vida política nacional e analisa com atenção a atuação dos políticos ao implantar o regime republicano no Brasil. Trabalho interpretativo da atuação de Rui. É interessante, mas não é rico em dados estatísticos. Dá ao leitor uma idéia razoavelmente boa do final do século XIX, abordando sempre as ligações do Brasil com o exterior e as injunções da política internacional junto ao governo brasileiro.          (BMSP)

**1384. Graham, Richard.** Sepoys and imperialists: techniques of British power in nineteenth-century Brazil. Inter-American economic affairs [Washington], v. 23, 1969: 23-37.

Demonstração da complacência da elite brasileira na penetração do seu mercado pelos ingleses. Uma ideologia comum permitia cooperação e mesmo alienação de valores nacionais e tornou óbvia a necessidade de intervenção mais direta por parte da Grã-Bretanha. Aliás os brasileiros atuavam como agentes dos ingleses no Prata, e aplaudiram os seus sucessos imperialistas alhures. [WD]

**1385. Love, Joseph L.** External financing and domestic politics: the case of São Paulo, Brazil, 1889-1937. *In* Robert Edwin Scott, *ed.* Latin American modernization problems. Urbana, University of Illinois Press, 1972, p. 236-259.

Estudo dos efeitos dos empréstimos estrangeiros na política regionalista de São Paulo. Demonstra o forte impacto do setor de exportações no programa do Partido Republicano Paulista, como por exemplo a insistência na ordem política e social como prerequisito para empréstimos europeus com baixa taxa de juros. [WD]

**1386. Prado, Eduardo Paulo da Silva.** A ilusão americana. 3. ed. São Paulo, Editora Brasiliense, 194 p.

Denúncia do sistema americano refletindo mais a influência européia do autor do que um autêntico nacionalismo.

**1387. Torres, Alberto.** O problema nacional brasileiro. 3. ed. São Paulo, Companhia Editora Nacional, 1938. 281 p.

Obra clássica do pensamento nacionalista brasileiro, consiste na coletânea de vários escritos que constituem uma reação aos valores representados pelo regime implantado com a República. Ataca o "colonialismo" estrangeiro, a "fictícia circulação econômica." Procura analisar as causas da "desorganização" brasileira a partir da formação histórico-social e apontar as soluções necessárias ao que considera o problema vital—a organização nacional.

**Veja também:** 1099, 1126, 1476, 1495, 1497, 1640, 1936.

# IV. Crescimento e Flutuações Macroeconômicos

## 1. Fontes de dados estatísticos

**1388. Affonseca Junior, Leo de.** O custo de vida na cidade do Rio de Janeiro. Rio de Janeiro, 1920. 18 p.

O autor, que era diretor geral da Estatística Comercial do Ministério da Fazenda, tem como objetivo verificar o aumento do custo de vida na cidade do Rio de Janeiro, tomando por base para termo de comparação o ano de 1893 e estabelecendo relação com os preços de 1914 e 1919. Depois de enumerar as dificuldades encontradas relativamente aos dados e como conseguiu contorná-las, explica o método utilizado e tece considerações de ordem teórica. Apresenta a seguir as tabelas elaboradas: (1) Preços correntes, a retalho, de gêneros alimentícios no Rio de Janeiro, em 1893, 1914 e 1919; (2) *Idem* para artigos e serviços de primeira necessidade (combustíveis e luz, roupas, calçados, chapéus, sabão, aluguel e criados); (3) Orçamento mensal para uma família de sete pessoas (quantidade e valor em reis), para os referidos anos; (4) Comparação dos números índices (1893, 1914 e 1919); (5) Porcentagem total da despesa (alimentos, combustíveis e luz, vestuário, criados, utensílios, móveis, roupa de cama e diversos).          (BMF)

**1389.** Bahia price current. Bahia, 1855-90.

Publicada periodicamente por W. Menge, broker, fornece os preços diários dos produtos de importação e exportação;

dados sobre navegação estrangeira, câmbios, fretes. Estatística bastante completa sobre o comércio exterior da Bahia. A série não está completa.

**1390. Brasil. Ministério da Agricultura, Indústria e Comércio.** Circulação dos produtos agrícolas e custo de vida, em relação aos artigos de alimentação no Brasil. 1921-1923. Rio de Janeiro, 1925. 520 p.

Trata-se da elaboração de números índices sobre preços de gêneros alimentícios e suas flutuações entre 1921-23. Na introdução há uma rápida comparação entre os índices de 1911-14 com os de 1921. Para cada estado e o território do Acre são analisados os gêneros alimentícios de maior consumo, sua procedência e abastecimento dos mercados; as oscilações de preços e fatores que as influenciam; crises agrícolas e comerciais (para alguns estados as informações recuam ao último quartel do século XVIII); mecanismo dos mercados; transporte dos produtos agrícolas (fretes); impostos sobre os gêneros de produção e consumo; custo de vida em relação aos artigos de alimentação; relação das principais casas exportadoras.

**1391. Brasil. Ministério da Fazenda. Serviço de Estatística Econômica e Financeira.** Custo de vida na cidade do Rio de Janeiro. Rio de Janeiro, 1912-44.

Orçamento mensal para uma família de sete pessoas, (aluguel, alimentação, combustível e luz, criados e vestuário, sendo que neste último item estão incluídos artigos diversos como móveis, utensílios, roupa de cama e mesa, etc.). Dados em números absolutos (valor em CR$) e em números relativos (índices). Até 1943 a tabulação é anual. Para 1943-44, mensal.

**1392. Cardim, Mario.** Ensaio de análise de fatores econômicos e financeiros do estado de São Paulo e do Brasil em 1913-14. São Paulo, Secretaria da Agricultura, Indústria e Comércio do estado de São Paulo, 1936. 35 p.

Justificação e utilidade do trabalho, método empregado, descrição e interpretação dos gráficos. Quadros e gráficos (valor e números índices—1913-34; 1913 = 100). Preços a varejo dos principais gêneros alimentícios das cidades de São Paulo, Santos e Rio de Janeiro. Custo mensal da refeição de uma pessoa na cidade de São Paulo, em junho. Custo de vários componentes da vida doméstica na cidade de São Paulo. Valor médio anual do mil reis em relação à libra (£), dolar (US$) e franco francês. Circulação de papel moeda no Brasil; notas emitidas em circulação e títulos da dívida federal interna em circulação. Comércio exterior do Brasil e participação do estado de São Paulo no comércio internacional e no balanço comercial do Brasil. Movimento da dívida externa do Brasil: federal, estadual e municipal. Meio circulante, preço do dolar (US$) e custo dos gêneros alimentícios no Brasil e em vários países em 1914, 1920, 1924, 1927-34 e nos meses de junho de 1920, 1924, 1927-34.                    (BDEESP)

**1393. Leff, Nathaniel.** A technique for estimating income trends from currency data and an applica-

tion to nineteenth-century Brazil. Review of income and wealth [New Haven], series 18, December, 1972: 355-368.

Com base teórica na exposição de Milton Friedman, e dados comparativos de Ernest Doblin, o autor faz estimativa da taxa de crescimento da renda brasileira, 1822-1913. O método consiste em relacionar renda com moeda em circulação. Para isso, é necessário fazer estimativas da velocidade da moeda como fração do estoque monetário, e da taxa de inflação (esta última calcula-se só em 1.0 por cento). O resultado é de que a rende cresceu entre .4 e 1.0 por cento ao ano, com o número mais baixo sendo o mais provável. Outra estimativa é feita na base de exportações, a qual confirma a taxa de .4. [WD]

**1394. Leitão, Evaristo; Romolo Cavina; e João Soares Palmeira.** O custo da vida do trabalhador rural no Brasil. *Em* Brasil. Ministério do Trabalho, Indústria e Comércio. Departamento de Estatística e Publicidade. Boletim [Rio de Janeiro], v. 3, julho, 1937: 89-103.

A pesquisa abrange o período de 1924-34.

**1395. Magalhães, Jr., Sérgio Nunes de.** Os ciclos econômicos. Revista brasileira de estatística [ Rio de Janeiro], v. 8, outubro-dezembro, 1947: 807-814.

Tentativa de avaliação da renda nacional do Brasil, a partir de 1901.

**1396. Souza Reis, Francisco Tito de.** Indexes of business conditions (Brazil). [ 1931]. 85 p.

Índices do movimento de preços de alimentos, por atacado, no Rio de Janeiro (1910-30): quadro, gráfico, tendência secular, ciclo. Poder de compra no Rio de Janeiro: quadro e gráfico (1910-30). Poder de compra por meses (janeiro 1927 a janerio de 1931). Poder de compra: índices (mil reis e moedas estrangeiras). Taxas de câmbio no Rio de Janeiro, sobre Londres. Paridades de poder de compra: quadro gráfico. Índices do crescimento da produção do Brasil: quantidade (1921-30— quadro e gráfico), valor (1921-30—quadro e gráfico). Índices do valor da tonelada produzida no Brasil (1921 a 1930)— quadro e gráfico 1921 = 100. Índices da produção industrial no Distrito Federal (1924-28)—quadro e gráfico, 1924 = 100. Números índices do preço médio do café em Santos e Nova York (1900-30)—quadro e gráfico, (1927-28 = 100)—tendência secular, ciclo. Caixa, depósitos, descontos e empréstimos mensais no Banco do Brasil (1927-30)—quadro de número de índices (janeiro de 1927 = 100)—quadro. Total de dinheiro em caixa e depositado, relação caixa depósito. Depósitos no Banco do Brasil (1927-30)—quadro (números índices), gráfico. Tendência secular, ciclo, variação sazonal. Descontos e emprés-.timos, depósitos no Banco do Brasil—quadro (números índices, janeiro de 1927 = 100), gráfico. Tendência secular, ciclo, variação sazonal. Papel moeda em circulação (por mês, 1927-30)—quadro (valor, números índices), gráfico. Caixa, descontos, depósitos e empréstimos de bancos nacionais e estrangeiros (1912-30)—valor, números índices (por ano e trimestre) —relações: caixa / depósitos (valor e números índices por ano e trimestre), descontos/depósitos, empréstimos/depósitos.

228 BRASIL

Crescimento da importação e da exportação do Brasil por ano, 1910-30, por mês, 1927-30—números índices e gráfico em valor (£) e em quantidade—tendência secular, ciclo, variação sazonal da exportação e da importação, 1927-30. Preços de títulos no Rio de Janeiro e São Paulo (1928-30, por mês). Açoes (Corporation Bonds). Dívida pública. Preços e títulos, de juro fixo e dividendo variável, no Rio (1925-30, por mês). Preços de títulos no Rio, de juro fixo (1925-30, por mês). Governo Federal, Governos Estaduais, Governos Municipais, Debêntures, Média Mensal. Preços de títulos no Rio, de dividendo variável (1925-30, por mês). Ações (corporation bonds, exclusive bancos e serviços públicos). Serviços públicos. Média mensal. Arrecadação do imposto de renda (1924-30).

(BMSP)

## 2. Estudos gerais

**1397. Albuquerque, Lourenço.** A crise financeira e sua solução. Rio de Janeiro, 1897. 40 p.

Análise das causas da situação financeira e cambial da década de 1890 e sugestões de como saná-la.

**1398. Brasil. Comissão encarregada pelo Governo Imperial por avisos de 1° de outubro e 28 de dezembro de 1864 de proceder a um inquérito sobre as causas principais e accidentais da crise do mez de setembro de 1864.** Relatório da. . . . Rio de Janeiro, Typ. Nacional, 1865. 200 p.

Um notável apanhado geral, com cuidadosas referências ao pé da página, das origens das flutuações econômicas de curta duração no Brasil a partir de 1822, seguindo-se uma análise minuciosa da crise de 1864. O cerne da documentação, reproduzida numa série de apêndices, consiste das respostas aos 16 itens do questionário submetido às principais firmas bancárias e mercantis do Rio de Janeiro. Ênfase dada aos problemas fiscais e monetários, com referências freqüentes aos aspectos políticos do desenvolvimento econômico. Notas ao pé da página indicam a literatura estrangeira modelando a política e o pensamento econômicos do Brasil. (BMF)

**1399. Buescu, Mircea.** 300 anos de inflação. Rio de Janeiro, APEC, 1973. 232 p.

O estudo tem início no ciclo do açúcar e se estende até o término do Império. Adota uma classificação original das ondas inflacionárias, subdividindo-as nos períodos seguintes: *inflação rastejante* (do término do açúcar ao advento do ciclo da mineração); a *inflação galopante* (durante o ciclo da mineração); *desaceleração da inflação* (do fim do ciclo da mineração até a Independência); a *inflação flutuante* (da independência à abolição do tráfico); a *inflação agravada* (da abolição até o final da guerra do Paraguai); a *inflação decrescente e de preços virtualmente estáveis* (do final da guerra à queda do Império). A obra contém prefácio do economista Mário Henrique Simonsen.

**1400. Ferreira Soares, Sebastião.** Esboço ou primeiros traços da crise commercial da cidade do Rio de Janeiro em 10 de setembro de 1864. Rio de Janeiro, Laemmert, 1865. 136 p.

O autor tenta, segundo sua expressão, um estudo sistemático das causas da crise de 1864, baseado em fatos, isto é,

estatísticas. Conclui que a causa fundamental foi a agiotagem e especulações na praça do Rio de Janeiro, refletidas no crescimento das transações e desconto de letras no Banco do Brasil. Argumentos básicos que apresenta: (1) na ocasião registrou-se a maior exportação de nossos principais produtos (café, algodão e açúcar); portanto as transações não foram ocasionadas pelas exigências da lavoura e sim por maus negócios comerciais; (2) a crise só atingiu a praça do Rio de Janeiro. Termina advogando uma série de medidas de política econômica. (Bibl. Sérgio Buarque de Holanda)

**1401. Ferreira Vianna, Pedro Antonio.** A crise comercial do Rio de Janeiro em 1864. Rio de Janeiro, Garnier, 1864. 32 p.

Tem como objetivo assinalar as causas da crise de 1864, mostrar seus efeitos e examinar os aspectos econômicos dela originados. Apresenta como causas os empréstimos à lavoura, a especulação financeira em que atribui ao governo papel capital, e o malogro das empresas por falta de planejamento, concepção e péssima administração. Em sua opinião o vulto dos negócios não correspondia à existência de uma necessária base de poupança nacional. Acha que esta deve ser estimulada com a criação de caixas econômicas e cita o exemplo da Alemanha. Analisa, a seguir, os diferentes decretos promulgados por ocasião da crise e disserta sobre a liberdade de crédito, citando o exemplo dos Estados Unidos e de diversos países europeus. Nas conclusões, tece considerações sobre as condições econômico-financeiras do Brasil. É uma amostra do pensamento liberal brasileiro na época. Em apêndice, vários documentos. (BMF)

**1402. Onody, Oliver.** A inflação brasileira, 1820-1958. Rio de Janeiro, 1960. 419 p.

Considerações de caráter teórico e análise de dados empíricos sobre inflação, meio circulante, movimento e controle de preços, poupança, investimento, salários, comércio exterior, desenvolvimento, orçamento, crédito e comportamento social de diferentes grupos étnicos em relação à inflação do Brasil e outros países. Dados sobre o Brasil referentes ao período anterior a 1930: legislação brasileira referente ao tabelamento de preços em 1920-51; taxa de câmbio (livre) da libra esterlina (CR$/£) em 1822-1956; índice do custo de vida em 1829-1959; emissões de papel moeda em 1822-1958; receita e despesa da União em 1823-1958; comércio exterior do Brasil em 1796-1958; empréstimos contraídos no exterior em 1824-1927; índice do salário real do operário no Distrito Federal em 1920-57; produção de ouro no Brasil em 1700-1957; renda nacional do Brasil em 1901-56; estrangeiros entrados em caráter permanente no Brasil em 1820-1947, por nacionalidade. (Bib. Roberto Simonsen)

**1403. Rangel, Ignacio.** A inflação brasileira. 2. ed. Rio de Janeiro, Tempo Brasileiro, 1963. 138 p.

Dada a importância da bolsa e do Banco na economia, percebendo o perigo que corriam, no intuito de defendê-los, o autor procurou elucidar as propriedades da moeda brasileira através do estudo em questão. Ao correr de sua exposição mostra a necessidade da inflação nas condições então vigentes no país e aponta as desvantagens de um processo deflacionário improvisado. Finaliza suas considerações sugerindo algumas medidas ao governo no sentido de conseguir a deflação sem comprometer o desenvolvimento do país.

**1404. Simonsen, Roberto Cochrane.** As crises no Brasil. São Paulo, São Paulo Editora Limitada, 1930. 57 p.

Escrito em plena "crise," o trabalho é uma tentativa de esclarecimento e de compreensão do momento. Depois de considerações gerais sobre as crises econômicas, analisa as influências da crise mundial de 1929 sobre o Brasil e passa em revista as crises econômicas por que passou o Brasil no século XIX e as intervenções governamentais na economia brasileira no século XX.

**1405. Souza Carvalho, Antonio Alvez.** A crise da praça em 1875. Rio de Janeiro, Typ. do Diário do Rio de Janeiro, 1875. 98 p.

É um libelo contra o governo e particularmente contra o Visconde do Rio Branco, que acusa de favorecer amigos e proteger Mauá. As ligações deste com o Banco Alemão arrastam-no à falência que o governo, apesar de seus esforços, foi incapaz de impedir. Segundo o autor os acontecimentos de Montevideu apenas agravaram a crise do Rio de Janeiro. Acusa o Tesouro Nacional de práticas prejudiciais às sociedades anônimas. É favorável à entrada de capital estrangeiro e reconhece a insuficiência do meio circulante em face do desenvolvimento dos negócios. Acusa, enfim, uma posição de defesa à organização bancária brasileira, particularmente do Banco Nacional, cuja atuação exalta e que foi, entretanto, desamparado pelo governo. (BNRJ)

**1406. Werneck, Américo.** Reflexões sobre a crise financeira. Rio de Janeiro, Typ. do Jornal do Commercio, 1895. 66 p.

Coletânea de artigos publicados de maio a julho de 1895 na *Cidade do Rio*. Considerações sobre as causas da crise financeira, os defeitos de nossa organização política, a influência do papel-moeda, da especulação, do déficit orçamentário e internacional. Prevê novas crises e propõe medidas para evitá-las; entre elas a revisão das tarifas alfandegárias. Propugna também a favor da imigração européia.

**Veja também: 1664.**

### 3. Moeda, crédito e bancos

**1407. Andrada, Antonio Carlos Ribeiro de.** Bancos de emissão no Brasil. Rio de Janeiro, Leite Ribeiro, 1923. 484 p.

Trata de uma questão cuja importância foi vital durante o Império, dadas a extensão territorial do país, as dificuldades de comunicação e a escassez do meio circulante. Durante a primeira década republicana a questão se desloca para o problema do financiamento de empresas industriais (Encilhamento) e os privilégios do Banco da República. Ressurge no início da década de 1920 com as dificuldades econômico-financeiras do após-guerra. A abordagem é narrativa mas cuidadosa, com referências constantes a relatórios, pareceres e discursos no Congresso. Na parte final (década de 1920) adquire feição mais crítica, provavelmente por ter o autor participado das discussões como membro do Congresso e da comissão de finanças. Manifesta-se contrário aos bancos de emissão. Obra útil para um primeiro contacto com o problema. (BMSP)

**1408. Baleeiro, Aliomar.** Rui, um estadista no ministério da Fazenda. Rio de Janeiro, Casa de Rui Barbosa, 1952. 110 p.

A obra está dividida em três partes, nas quais são analisadas as idéias financeiras de Rui Barbosa, a reforma bancária proposta pelo ministro e os objetivos da política de Rui frente ao Ministério da Fazenda. Cuida de forma especial da formação de Rui e de seus antecedentes doutrinários e da reforma bancária, dando simplesmente uma visão superficial do trabalho de Rui no Ministério e de suas lutas, reveses e glória à frente do governo brasileiro. (BMSP)

**1409. Banco do Comércio e Indústria de São Paulo.** Relatório anual da diretoria do Banco do Comércio e Indústria de São Paulo. São Paulo, 1891-1918.

De grande importância para se conhecer não apenas a expansão e situação dessa empresa bancária (capital, volume dos negócios, montante e distribuição de dividendos, lucros líquidos, volume dos depósitos, política operacional, lista dos acionistas, número de ações, etc.), mas a própria história econômica do período. Nota-se particularmente a influência exercida de início pelo Encilhamento e a seguir os reflexos da situação do mercado cafeeiro. Há informações de interesse para a industrialização do estado, sobre a oferta de capitais, retração ou expansão do crédito e atuação governamental. Observa-se entre 1898-1907 o número crescente de pequenos acionistas estrangeiros, principalmente alemães e franceses e posteriormente ingleses e belgas. Em 1912 o maior acionista é o Brasilianische Bank für Deutschland com 2.216 ações e surge o Banco Alemão Transatlântico (com apenas 40 ações). Já em 1917 os alemães diminuem consideravelmente sua participação e são substituídos pelo National City Bank of New York com 2.535 ações.

**1410. Barbosa, Ruy.** Finanças e política da república; discursos e escritos. Capital Federal, Companhia Impressora, 1892. 475 p.

Coletânea de discursos e escritos. Os discursos referem-se à situação e à política financeira (câmbio, bancos emissores) e constituem um complemento à análise do relatório de Rui como ministro de Fazenda, publicado em 1891 (1448). Os outros escritos consistem do *Manifesto à Nação* (série de artigos publicados na imprensa brasileira em defesa do governo provisório instalado em 15 de novembro de 1889) e de duas cartas referentes ao tratado americano.

**1411. Bartholomeu, Luiz.** O crédito agrícola no Brasil. 2. ed. Rio de Janeiro, Imprensa Nacional, 1923. 225 p.

O objetivo é despertar a atenção do setor agrícola para a solução de um problema de grande interesse para a classe. Para tanto faz longas considerações sobre a situação financeira do país, que considera má. Nessas considerações analisa as ligações entre o Tesouro Nacional e o Banco do Brasil; as relações entre a economia e as finanças brasileiras; o meio-circulante, o câmbio e o papel do café. Aborda o problema da escassez de mão-de-obra e o alto custo de vida. Trata finalmente da questão do crédito agrícola e hipotecário em outros países e no Brasil. Refere-se a projetos nesse sentido e a criação da carteira de crédito agrícola no Banco do Brasil que, promulgada por Afonso Pena, não chegou, entretanto, a operar. Mostra também como os saldos das caixas econômicas são aplicados às despesas do Tesouro Nacional.           (BMSP)

**1412. Batista, Homero.** A unificação do padrão monetário. Rio de Janeiro, Imprensa Nacional, 1923. 88 p.

Conferência realizada em dezembro de 1916 a propósito da inserção pela Conferência Financeira Pan-Americana de Washington do tema—estabelecimento de um padrão monetário ouro—entre as teses a serem discutidas no Congresso Pan-Americano que se realizaria em Buenos Aires. Tece considerações a respeito da evolução monetária mundial. Manifesta-se a favor da tese, uma vez que a uniformização monetária das Américas só traria, em sua opinião, vantagens para o comércio interamericano. Apresenta proposta referente à questão.

**1413. Brant, Mario.** As ilusões financeiras. Rio de Janeiro, Imprensa Nacional, 1921. 125 p.

Discurso proferido na Câmara dos Deputados. Faz considerações sobre o papel moeda e sua influência sobre o câmbio, preços, exportação, produção nacional, orçamentos, finanças públicas e o progresso do país. Em anexo uma exposição apresentada à Comissão de Finanças sobre o orçamento de 1922, onde trata do mal das finanças e seus remédios.

**1414. Brasil. Comissão de inquérito sobre o meio circulante.** Relatório da. . . . Rio de Janeiro, Typ. Nacional, 1859. 127 p.

Só foi encontrado o volume dos anexos que apresenta dados minuciosos sobre a economia e finanças do Brasil e de suas províncias, durante a primeira metade do século XIX e década de 1850: movimento bancário; tabela dos termos médios dos preços dos gêneros exportados; curso de câmbio entre Rio de Janeiro, Londres, Paris, Hamburgo, Antuérpia e Marselha; entre Bahia, Pernambuco, Maranhão e Londres; variações do preço das moedas metálicas; apólices emitidas em circulação; dívida externa fundada; ouro e prata amoedados e respectivos valores; moeda de cobre cunhada; importação e exportação de espécies metálicas; exportação de diamantes; exportação dos principais artigos (1839-59); renda e despesa do estado (1826-57); cambiais remetidas a Londres.
(BMF)

**1415. Brasil. Congresso Nacional.** Caixa de Conversão (1906 e 1910). Paris, Typ. Aillaud, Alves, 1914. 2 v. (Documentos parlamentares).

Coletânea de documentos, mensagens, pareceres, projetos, discursos, etc. relativos à Caixa de Conversão. Há também referências ao Convênio de Taubaté.

**1416. Calógeras, João Pandiá.** La politique monétaire du Brésil. Rio de Janeiro, Imprimerie Nationale, 1910. 526 p.

A obra divide-se em duas partes. A primeira é dedicada ao Império e a segunda prende-se ao período republicano. Publicada em 1910, analisa as questões monetárias brasileiras até o ano de 1910, portanto estudando a República somente até a primeira década do século XX. Durante o Império

Calógeras recua até a abertura dos portos brasileiros e mesmo trata, de passagem, do início da colonização e estabelecimento dos portugueses no Brasil. Analisa, em seguida, a evolução do padrão monetário brasileiro e as crises enfrentadas pelo governo imperial, principalmente nos meados do século XIX, quando da pluralidade das emissões e das "perturbações da circulação." Aborda, durante a parte referente ao Império, todas as leis que se prenderam às emissões mostrando o papel da abolição da escravatura e o retorno da política de pluralidade das emissões. A segunda parte cuida mais detalhadamente do final do século XIX, desde a lei de 17 de janeiro de 1890 até a crise dos bancos de 1900. Trata com bastante propriedade dos *funding schemes* e do plano financeiro do governo Campos Salles. Cuida, ainda, da crise de superprodução de café e do Convênio de Taubaté. Analisa a Caixa de Conversão e procura documentar a situação econômico-financeira de 1907-10. O último item abordado prende-se a um "estudo crítico das soluções propostas," dada a situação em que se encontrava o país por volta de 1910. A obra traz inúmeros gráficos que elucidam as afirmações do autor, que adota uma posição ortodoxa e metalista. É de imprescindível consulta para o conhecimento deste ponto de vista.                                        (BMSP)

**1417. Carvalho, Daniel de.** Estudos de economia e finanças. Prefácio de Eugênio Gudin. Rio de Janeiro, AGIR, 1946. 358 p.

Coletânea de estudos diversos, alguns já publicados, outros inéditos. Ênfase às finanças brasileiras na República, com uma especial análise da política monetária de Washington Luis. Há ainda considerações sobre alguns aspectos sócio-econômicos do Brasil (produção e riqueza do Brasil, café, imigração polonesa), e vários artigos dedicados à economia e finanças do estado de Minas Gerais. (1891-1944).

**1418. Castro, A. M. de Miranda.** Estudos sobre o crédito comercial do Brasil; procedimentos de considerações históricas sobre o crédito commercial do Reino Unido da Inglaterra e da União Norte-Americana. Rio de Janeiro, Dias da Silva Junior, 1877. 194 p.

O autor dividiu a matéria em oito capítulos, sendo que nos primeiros faz um retrospecto histórico das instituições de crédito da Inglaterra desde a criação do Banco da Inglaterra em 1694 até a lei bancária de 1844; analisa os inconvenientes do meio circulante em metal precioso, mostrando as vantagens da utilização de crédito comercial através de notas bancárias e outras operações; apresenta um balanço do crédito comercial nos Estados Unidos. A partir do sétimo capítulo estuda a situação no Brasil, não só estudando o histórico de nossas instituições bancárias a partir do primeiro banco (1808) até a época em que escreveu (1877), como faz um estudo das crises comerciais de 1864-75. No oitavo e último capítulo, mostra a necessidade do crédito comercial para o desenvolvimento e a segurança do país. A obra é enriquecida por dois quadros, a saber: (1) número de bancos da União Norte-Americana, valor da circulação de suas notas, valor de seu fundo metálico e valor de seu fundo e capital realizado. (2) mapa aproximado dos estabelecimentos de crédito comercial do império do Brasil, seu capital realizado, seu capital nominal e número de caixas filiais. Defende a tese da volta do Banco do Brasil a banco de emissão e regulador de câmbio, propugnando o mesmo para as caixas filiais nas diferentes províncias. (BIEB)

**1419. Cavalcanti, Amaro.** O meio circulante nacional; resenha e compilação chronologica de legislação e de fatos. Rio de Janeiro, Imprensa Nacional, 1893. 2 v.

De formação humanística e jurídica, o autor teve, entretanto, como presidente da Companhia Viação Central do Brasil e procurador do Banco da República, a oportunidade de aplicar e consolidar seus conhecimentos sobre economia e finanças. Representa, em face da corrente metalista e livre-cambista, a tendência papelista e industrialista brasileira. Esta orientação é manifesta no seu estudo do meio circulante nacional onde analisa os fatos e compila a legislação referente ao assunto, 1808-93. Transcreve discursos no Parlamento e pareceres de comissões que revelam aspectos importantes da vida financeira e do pensamento econômico brasileiro. O primeiro volume trata do período de 1808-35 e o segundo, de 1836-66. Obra importante para a história monetária do Brasil no período considerado. (BMSP)

**1420. Cavalcanti, Amaro.** Política e finanças. Rio de Janeiro, Imprensa Nacional, 1892. 424 p.

Consiste da reunião de discursos pronunciados no Senado entre outubro de 1891 a julho de 1892, quanto à parte em que trata de assuntos financeiros e econômicos, pois a primeira parte da obra refere-se a questões de ordem política. O primeiro discurso é dedicado à questão do meio circulante e aos projetos de reforma bancária. Critica o sistema ou melhor a falta de sistema existente, analisa as diversas teorias sobre os lastros de emissões. Defende o sistema americano e atribui o progresso econômico ao papel-moeda. A segunda questão abordada é a de lei orçamentária e a necessidade da adoção de uma sistemática a respeito. Trata a seguir do projeto de auxílio à indústria nacional, como relator que era da comissão encarregada de estudar o assunto. Finaliza com o artigo publicado na *Gazeta de notícias* sobre ''A questão financeira,'' onde aborda o problema do Encilhamento e fornece informações sobre as empresas organizadas na época, seus estatutos e capitais, o preço de algumas ações e respectivas quedas. (BMSP)

**1421. Comité da Defesa da Produção Nacional.** À nação e aos seus representantes no Congresso Nacional; pela estabilidade do câmbio; manifesto do. . . . Rio de Janeiro, 1920. 63 p.

Ao apelar para a estabilização do câmbio, o manifesto faz um exame da situação cambial brasileira e seus efeitos de ordem financeira, monetária e econômica, principalmente sobre a lavoura.

**1422. Costa, Affonso.** A caixa de conversão e a taxa cambial. Rio de Janeiro, Imprensa Nacional, 1910. 140 p.

Crítica à reforma cambial introduzida com a criação da Caixa de Conversão. Inicia com um histórico do meio circulante brasileiro, detendo-se particularmente na primeira década republicana. Examina a seguir as origens da Caixa de Conversão, seus objetivos e seus resultados.

**1423. Dantas, Francisco Clementino de San Thiago.** Dois momentos de Rui Barbosa. Rio de Janeiro, Casa de Rui Barbosa, 1949. 127 p.

Compilação de duas conferências: (1) Rui e a renovação da sociedade e (2) Rui Barbosa e o código civil. A primeira cuida da atuação de Rui como elemento da classe média dentro do novo governo da república. Estuda a participação de Rui à frente da pasta da Fazenda e as modificações que tentou introduzir. A segunda conferência trata mais da participação de Rui Barbosa nas modificações introduzidas no código civil brasileiro. (BMSP)

**1424. Egidio, Paulo.** Banco de Crédito Real de São Paulo: estudo econômico. São Paulo, 1888. 101 p.

Coletânea de artigos publicados no *Correio paulistano,* que nos traça não só a história de uma organização bancária, mas também as tentativas para se implantar os bancos de crédito real no Brasil.

**1425. Franco, Afonso Arinos de Melo.** História do Banco do Brasil (primeira fase, 1808-1835). São Paulo, Instituto de Economia da Associação Comercial, 1947. 350 p. (Coleção cultura econômica).

O autor pertenceu ao quadro funcional do Banco do Brasil (consultoria jurídica) e realizou pesquisas em livros, jornais e manuscritos da Biblioteca Nacional. Traz portanto contribuição nova e apresenta abordagem com um sentido mais histórico que as histórias anteriores do Banco do Brasil, cujos autores estavam mais interessados em defender uma posição doutrinária. Infelizmente A. Arinos não prosseguiu sua obra e deste primeiro volume, referente ao que considera a primeira fase do Banco do Brasil, só nos interessam os dois últimos capítulos, que se referem à liquidação do Banco e cuja fonte principal é o *Correio oficial.* (BMSP)

**1426. Franco, Bernardo de Souza.** Os bancos do Brasil; sua história, defeitos da organização atual e reforma do sistema bancário. Rio de Janeiro, Typ. Nacional, 1848. 119 p.

Obra polêmica em que o autor procura defender suas teorias sobre a organização bancária adequada a um país novo e falho de capitais. Não se limita a estudar os bancos do Brasil mas aborda toda a história bancária (ainda embrionária) do país, acompanhada da análise do sistema bancário de outros países. Procura basear a teoria defendida apontando os bons resultados de certas experiências brasileiras como a do Banco do Rio de Janeiro e o da Bahia, que cita como exemplos de solidez bancária. Aborda a questão do crédito agrícola e oferece uma visão da agricultura brasileira e do sistema escravista. Depoimento importante sobre as condições econômicas e financeiras num período em que as estruturas tradicionais começavam a serem abaladas pelo desenvolvimento do capitalismo no Brasil. (BMF)

**1427. Freire, Felisbello Firmo de Oliveira.** História do Banco do Brasil. Rio de Janeiro, Typ. d'O Economista Brasileiro, 1907. 284 p.

Embora, até certo ponto, superado pela obra mais alentada de Victor Viana (1441), fornece informações e dados numéricos referentes particularmente ao segundo e terceiro Bancos do Brasil que não encontramos no trabalho de Victor Viana. Esse aspecto informativo revela-se na preocupação de citar, no texto, longos trechos de documentos e publicar outros em apêndice onde encontram-se atas de assembléias do Banco da República e do quarto Banco do Brasil. Trata especificamente do Banco do Brasil ou do Banco da República que substituiu o primeiro, temporariamente (1893-1906). Dá um certo destaque às crises de 1864 e de 1900, que são entretanto encaradas do prisma, seja do Banco do Brasil (a de 1864), seja do Banco da República (a de 1900). Ressalta as relações diretas entre o Banco e o governo. Não tenta analisar a atuação do Banco em relação à economia brasileira. É uma história financeira em que defende uma posição monetarista.

(BMSP)

**1428. Gudin Filho, Eugênio.** Câmbio e café, 1933-1934. Rio de Janeiro, Laemmert, 1934. 21 p.

Contém três trabalhos distintos: "A política de câmbio, "Prosperidade e câmbio baixo" e "Câmbio e reajustamento." Nos três o autor procura mostrar a atuação do governo federal na política de câmbio e traz uma tabela da exportação no ano de 1933 de janeiro a agosto, apresentando a situação do café, o seu valor/ouro e a comparação com outros produtos. Traz também um gráfico do valor das cent/ouro typo/Rio, comparada com o ouro/mil reis, abrangendo o período de 1929-33.

(BMSP)

**1429. Inglez de Souza, Carlos.** A anarchia monetaria e suas consequências. São Paulo, Monteiro Lobato, 1924. 832 p.

Abrange um amplo período da história do Brasil. Inicia-se com um capítulo que retoma os problemas do descobrimento e vem até D. João VI. Aborda, dessa forma, o problema monetário no Brasil, desde o seu período colonial até o período republicano (Primeira República). Até o ano de 1911, notamos que muitas das observações feitas e muitos dados apresentados foram utilizados da obra de Calógeras. Entretanto, a partir daí, Inglez de Souza faz como que uma continuação do estudo de Calógeras apresentando muitos dados importantes para o estudo da questão monetária no Brasil. É uma obra rica em tabelas, apresentando bons quadros estatísticos, quase sempre baseados em dados oficiais, tais como relatórios dos ministros da fazenda, agricultura, relações exteriores, etc. Como exemplo, o quadro número 26 inserido à p. 388 que trata das diferenças de câmbio, calculadas sobre uma importação de £17.000.000, que abrange o período compreendido entre 1898 (antes do *funding*) e setembro de 1901: ou o quadro comparativo de setembro de 1901, calculado o câmbio a 10 1/2 dinheiros e estipulado o valor do ouro a 2,5714285, no qual aparecem o valor de mercadorias tais como: pedras preciosas, ouro e prata em medalhas, cereais, instrumentos científicos e outros. Ainda como exemplo podemos lembrar o quadro número 54, inserido às p. 762 e 763, que o autor denomina como "A condenação do papel moeda" e refere-se a uma sinopse do movimento financeiro de 1890-1923, com dados extraídos da Diretoria Geral de Estatística e do *Almanach commercial brasileiro*. São Paulo, 1918. (Edição da Revista de commercio e indústria).         (BMSP)

**1429a. Legislação sobre papel-moeda.** Rio de Janeiro, Imprensa Nacional, 1923.

Publicação aparentemente semi-oficial (não há indicação de autor), apresenta uma síntese da evolução do padrão monetário do Brasil desde a época colonial, com estatísticas sobre o papel-moeda e resumo da legislação pertinente.

**1430. Maia, Paulo Otoni de Castro.** Estabilização do câmbio. Rio de Janeiro, 1920. 24 p.

Artigos publicados na imprensa. Analisa as oscilações cambiais e os males que acarreta. Examina os meios que julga eficazes para estabilizar o câmbio e avalia os efeitos da Caixa de Conversão David Campista cujo malogro atribui, não a um vício orgânico da instituição, mas sim à taxa fixada e às excessivas despesas do quatriênio 1910-14.

**1431. Mattoso da Câmara, Enzelaio de Queiroz Coutinho.** Discursos parlamentares sobre questões econômicas. Rio de Janeiro, Leuzinger, 1890. 344 p.

A obra consta da reunião de oito discursos pronunciados na Câmara dos Deputados do parlamento brasileiro, durante a década de 1880, principalmente entre julho e novembro de 1888. São desta época os três primeiros, onde o autor combate os projetos governamentais relativos aos bancos de crédito real e de emissão. O quarto trata do orçamento geral da receita. Os últimos cuidam da política cambial (agosto 1886) procurando demonstrar os erros cometidos nesse setor. A obra foi publicada com o objetivo de servir de lição para o que o autor chama de "anarquia de 1890," referindo-se à política monetária de Rui Barbosa e de sua resultante—o Encilhamento.            (BNRJ)

**1432. Mattoso da Câmara, Enzelaio de Queiroz Coutinho.** A questão monetária. Rio de Janeiro, Laemmert, 1905. 239 p.

A obra tem a intenção de colocar diante do governo da República, como diz o autor, no momento grave por que passa o país, a questão fundamental da vida econômico-financeira da nação, qual seja a questão monetária. Discute longamente a teoria monetária e as diversas leis que regem o assunto. Aborda em diversos momentos o problema do metalismo e do papelismo e as questões do câmbio. Aponta meios para, "corrigindo o papel moeda, preparar o regímen metálico."                           (BMSP)

**1433. Mauá, Irineu Evangelista de Souza, Visconde de.** O meio circulante do Brasil. Rio de Janeiro, Typ. de J. Villeneuve, 1878. 34 p.

Interessa principalmente por mostrar a posição de Mauá em face à questão monetária e às controvérsias que esta suscitava na época.

**1434. Miranda e Castro, A. M. de.** Estudos sobre o crédito comercial do Brasil. Rio de Janeiro, Dias da Silva Junior, 1877. 193 p.

Primeiros capítulos dedicados à análise das atividades bancárias na Inglaterra e Estados Unidos. Depois de ponderação sobre os inconvenientes do meio circulante de metais preciosos e as vantagens do crédito comercial pelas suas notas dos Bancos e outras numerosas operações, em contraposição às desvantagens da moeda metálica, o autor tece considerações sobre o crédito comercial no Império brasileiro. Histórico sobre o

Banco do Brasil de 1808 e o seu malogro. Até 1850, cinco bancos compunham todo o crédito comercial do Brasil, com um capital realizado de 8,894.000$000. Constantes reclamações das provîncias contra a exiguidade do meio circulante, que emperrava o desenvolvimento do comércio. De 1850 em diante, impulso do sistema bancário com Mauá e Itaboraí. Além do Banco do Brasil, criação do Banco Rural e Hipotecário, Banco Mauá e mais três de menor porte. A partir dessa data, três períodos na história do crédito comercial nacional: 1. (1853-64) enquanto duraram as funções do Banco do Brasil como emissor e regulador do câmbio, criação de seis caixas filiais. Elevou-se a atividade comercial, também a produção agrícola e a indústria nascente. 2. (1864-66) Crise de 1864 (praga no café). Banqueiros sofrem com a redução de capitais, mas excepcionalmente o governo autoriza o Banco do Brasil e elevar sua emissão, favorecendo o restabelecimento da praça do Rio de Janeiro. 3. (1886-75) Guerra do Paraguai determina a suspensão das operações de emissão do Banco do Brasil, uma vez que a baixa de câmbio produzida pela contenda não permite que os bancos de emissão possam sustentar o troco de suas notas em metal precioso à vontade do portador e à vista. Fenômeno geral e providência acertada e necessária pelas circunstâncias. Criação nesse período de vários bancos de depósito e desconto. O autor constata vinte e sete bancos e quinze caixas filiais com um capital realizado de 9.213:324$000, a sexta parte do crédito inglês e a sétima do capital realizado nos Estados Unidos. Todavia, com a guerra do Paraguai, aumentou a papel moeda. Declínio do câmbio e desaparecimento da moeda metálica na circulação interna: sintomas do excessivo papel inconvertível. O autor defende a idéia do Banco do Brasil voltar a ser um banco emissor, e a necessidade do resgate imediato do papel moeda com vistas a uma circulação normal. (BIEB)

## 1435. Peláez, Carlos Manuel; e Wilson Suzigan. Bases para a interpretação monetária da história econômica brasileira. Revista brasileira de economia [Rio de Janeiro], v. 26, outubro-dezembro, 1972: 57-93.

Explicação e aplicação ao caso brasileiro das teorias monetárias de Friedman, Schwartz, Cagan e Cameron. Os autores apresentam uma série de meios de pagamento de 1870-1970. Calcula-se a taxa de crescimento em 11,7 porcento ao ano, mais de que o dobro daquela experimentada nos Estados Unidos. Faz-se análise de períodos de aceleração e desaceleração; parece que a renda crescia mais nos períodos em que o estoque de meios de pagamento aumentou. Há, então, uma contradição à teoria estruturalista. Explicações mais detalhadas vão aparecer num livro dos autores. [WD]

## 1436. Pino, Miguel de. Quesitos da Comissão Parlamentar de Inquérito; parecer e projetos de . . . . Rio de Janeiro, 1883.

Respondendo aos quesitos da Comissão Parlamentar de Inquérito, o autor apresenta seu parecer e sugestões. Trata principalmente da atuação dos bancos e o meio circulante nacional, retrocedendo à crise de 1864 para afirmar que a situação do meio circulante só tem agravado e atribuindo a responsabilidade ao Banco do Brasil. Tece também críticas à política fiscal do governo que, segundo o autor, asfixia a produção nacional. Defende um regime alfandegário protecionista, temporariamente, a fim de diversificar a produção

do país. Apresenta alguns dados sobre a indústria têxtil do algodão. (BMF)

## 1437. Pires do Rio, José. A moeda brasileira e seu perene caráter fiduciário. [Rio de Janeiro], Olympio, [1946?]. 614 p.

Estudo feito em torno da moeda brasileira desde o período colonial até 1945. Estuda em capítulos distintos a moeda na Colônia, no Império, na Regência, na guerra do Paraguai, na República. Dedica um capítulo à construção ferroviária, e outro à caixa de conversão, à primeira guerra, ao Banco do Brasil, à Missão Inglesa, à crise econômica mundial (1929) e aos anos que se seguiram e a cujo capítulo deu o nome de "Quinze anos de dificuldades financeiras e monetárias." É um livro com diversos dados quantitativos referentes à circulação monetária no país e também às relações econômico-financeiras com as outras potências. Além disso oferece muitos dados sobre o comércio exterior apresentando os saldos da balança do comércio, em diversos períodos, mas com mais detalhes para os anos da segunda guerra mundial (1939-45).

## 1438. Ribeiro, Benedito; e Mário Mazzei Guimarães. História dos bancos e do desenvolvimento financeiro do Brasil. Rio de Janeiro, Pro Service Editora, 1967. 439 p.

Consiste de edição especial ofertada pelas autoridades monetárias do Brasil aos Governadores do FMI, aos Diretores do BIRD e entidades filiadas, bem como aos delegados e participantes da XXII Reunião Anual Conjunta do FMI e BIRD. É uma boa síntese da história bancária e financeira do Brasil. Para o período colonial baseia-se em R. Simonsen, P. Calógeras, Nelson Werneck Sodré, Normano e Amaro Cavalcanti; o da Independência em Afonso Arinos de Melo Franco (1425) e O. Onody (1402); e o Segundo Reinado em A. Cavalcanti (1419). Ao contrário das histórias bancárias anteriores, procura correlacionar o desenvolvimento dessas organizações à vida econômica do país e não somente à situação financeira. O trabalho não pretende ser interpretativo, mas descreve as diferentes fases da vida econômica, política e administrativa para um maior entendimento, principalmente por parte de leitores estrangeiros, das instituições bancárias, dentro do quadro geral do país. Apresenta informações de interesse sobre o funcionamento do crédito particular, não institucionalizado, no Segundo Reinado.

## 1439. Rodrigues, José Duarte. O câmbio, ou o Brasil e o Sr. Paul Leroy-Beaulieu. Rio de Janeiro, Jornal do Commercio, 1898. 260 p.

Obra dedicada a Bernardino de Campos, então ministro da Fazenda. É um estudo polêmico no qual o autor procura contradizer as opiniões emitidas por Leroy-Beaulieu. Busca as causas da baixa do preço do café e as razões da baixa do câmbio. Discute pontos de vista de Leroy-Beaulieu e procura contraditá-los. Embora quase toda a obra seja mais teórica e baseada num ideal nacionalista muito arraigado, há dois capítulos em que aparecem dados concretos, quando faz comparações de nossas dívidas internas e externas com as da Argentina para o ano de 1897. Em seguida analisa a nossa circulação fiduciária, afirmando ser o assunto sobre o qual existe a maior controvérsia tanto no Brasil como no exterior. Faz uma análise da situação da lavoura cafeeira no Brasil, mostrando o seu período de declínio de produção, 1880-87, quando novamente torna a se expandir. Mostra a crise de superprodução em 1895, motivo principal da baixa do preço do produto.                                          (BMSP)

**1439a. Suzigan, Wilson.** A política cambial brasileira, 1889-1946. Revista brasileira de economia [Rio de Janeiro], v. 25, julho/setembro, 1971: 93-111.

Análise das diferentes etapas da evolução da política cambial brasileira, suas causas e seus prováveis efeitos sobre a produção interna.

**1440. Théry, Edmond.** Projet de réforme monétaire e de création d'une banque d'émission au Brésil. Paris, Imprimerie de la Presse, 1904. 110 p.

O autor, diretor do *L'Economiste européen,* comenta os progressos financeiros realizados pelo Brasil sob Campos Salles, dando um balanço dos resultados obtidos e apresentando sugestões para a consolidação das finanças brasileiras. Depois, num retrospecto, analisa a crise de desvalorização da nossa moeda, analisando as vantagens e desvantagens de um câmbio baixo para o país. Em sua opinião a baixa cambial favoreceu a expansão da produção nacional, particularmente a do café, o que levou, entretanto à superprodução e à crise dos preços. Outra desvantagem da baixa cambial teria sido onerar o orçamento do país tendo em vista os compromissos externos e os serviços da dívida pública. É favorável à estabilização cambial em certo nível e à criação de um banco emissor. Apresenta em anexo um projeto para a criação do padrão ouro, no Brasil. (BMSP)

**1441. Viana, Victor.** O Banco do Brasil, sua formação, seu engrandecimento, sua missão nacional. Rio de Janeiro, Typ. do Jornal do Commercio, 1926. 1036 p.

Trata praticamente da história bancária do Brasil pois, como diz o autor, a história dos bancos no Brasil gira em torno e se integra na do Banco do Brasil. Abrange o início do século XIX até 1926. Mais do que uma história do Banco do Brasil, é uma defesa da instituição como propulsora do progresso do país, contribuindo para sua coesão econômica, fomento da riqueza e valorização do meio circulante. Defende a tese monetarista e sua abordagem é mais teórica do que a de Felisbello Freire (1427). Faz tentativas de análise econômica sobre como relacionar inflação e custo de vida, conjuntura econômica e fundação de instituições bancárias, por exemplo. Mais ainda permanece principalmente na área da história financeira e da política monetária. Traça também a história dessa política e das duas correntes que nesse setor se debateram—a unitária, influenciada pela Europa e a pluralista, pelos Estados Unidos. Apresenta índices do custo de vida de 1920-26, comparados com o de 1912; dados de comércio exterior de 1901-24; cotações das ações de 1887-1925 e quadros de balanços e movimento do Banco do Brasil. Representa o pensamento desses administradores, precursores dos modernos tecnocratas, que tanta influência têm tido nas reformas institucionais brasileiras.           (BMSP)

**1442. Vieira, Dorival Teixeira.** A evolução do sistema monetário brasileiro. Revista de administração [São Paulo], v. 1, junho, 1947: 1-334.

Procura fazer uma análise objetiva e sistemática de um dos assuntos mais estudados na história financeira do Brasil.

São porém, em sua maioria, trabalhos eivados de preconceitos resultantes da posição teórico-política de seus autores. A presente obra limita-se a um estudo de economia aplicada, evitando qualquer posição normativa.

**1443. Vieira Souto, Luiz Raphael.** Caixa de conversão. Rio de Janeiro, Jornal do Commercio, 1905. 249 p.

Parecer apresentado ao Centro Industrial do Brasil, tendo em vista o projeto da Caixa de Conversão a ser apresentado à Câmara dos Deputados. Inicia-se com considerações sobre o Convênio de Taubaté para depois examinar a política cambial brasileira, as características do sistema monetário, a viabilidade da reforma projetada, as experiências recentes nesse sentido feitas por outros países. Termina apresentando sugestões sobre a maneira como deve ser levada a efeito a medida projetada. Em apêndice, a resposta do autor a artigos do Conselheiro Lourenço de Albuquerque suscitando dúvidas a respeito do parecer de Vieira Souto.

**1444. Vieira Souto, Luiz Raphael.** O papel moeda e o câmbio. Paris, Imprimerie de Vaugirard, 1925. 196 p.

Coletânea de artigos publicados em *O país* em 1914 e transcritos em outros jornais brasileiros. Foram escritos a propósito de um projeto de emissão de papel moeda, em discussão na Câmara dos Deputados em agosto de 1914. Segundo o autor, representa um protesto contra as duas correntes antagônicas sobre o caráter, as causas e os efeitos do papel moeda e do câmbio: a corrente ''antipapelista'' e a ''inflacionista.''

**1445. Wileman, J. P.** Brazilian exchange; the study of an inconvertible currency. B.A., Galli, 1896. 267 p.

Análise das causas das oscilações cambiais inspirada pela anomalia, segundo o autor, apresentada pelo contraste entre a prosperidade individual e os recursos do Brasil, de um lado, e a desorganização econômica e financeira, de outro. Para tanto examina os diferentes fatores que influíram sobre o meio circulante brasileiro no espaço de tempo, decorrido entre 1860-94 que subdivide em seis períodos (1861-64, 1865-69, 1870-75, 1876-77, 1886-89, 1890-94). Reune esses fatores em dois grupos distintos que constituem, respectivamente, a primeira e segunda parte da obra—o balanço internacional de pagamentos ou câmbio internacional e câmbio nominal ou depreciação local da moeda. Na primeira examina os diferentes elementos de nosso comércio exterior com diferentes países, os empréstimos e investimentos estrangeiros. Na segunda o estado meio circulante brasileiro e seus efeitos sobre a indústria nacional. Numa terceira parte faz uma análise do movimento financeiro e econômico para verificar a dinâmica cambial nos diferentes períodos. Obra importante para o conhecimento e estudo da economia brasileira no época abordada.                     (BMSP)

**Veja também:** 1086, 1091, 1100, 1375, 1632.

## 4. Receita e despesa públicas

**1446. Affonso Celso, Affonso Celso de Assis Figueiredo, Conde de.** As finanças da regeneração.

Estudo político oferecido aos mineiros. Rio de Janeiro, Typ. da Reforma, 1876. 182 p.

Procura chamar a atenção dos mineiros, às vésperas do pleito eleitoral, sobre a situação financeira que considera lamentável. Trata não só da união como aborda as finanças das diversas províncias.

**1447. Andrada, Antonio Carlos Ribeiro de.** O ministro da Fazenda da independência e da maioridade; sua ação no governo e no parlamento; suas opiniões sobre assuntos de finanças. Rio de Janeiro, Jacinto Ribeiro dos Santos, 1918. 165 p.

Trata do papel desempenhado por Martim Francisco Ribeiro de Andrada como ministro da Fazenda (o primeiro cronologicamente a ocupar esta pasta no Império) e também das suas posições face aos problemas financeiros do país. Abrange um período mais amplo do que o da atuação de Martim Francisco como ministro, pois começa a fornecer dados financeiros desde 1810. Traz razoável quantidade de informações sobre o período imperial com maiores detalhes para os anos de 1823-24 e 1835-40: importação e exportação do Brasil sob D. João VI; empréstimos a serem levantados para atender as necessidades brasileiras, com detalhes sobre as diversas maneiras de concretizá-los. O "deficit" foi em regra o expoente do movimento financeiro. Estas informações se repetem em diversos anos seguintes e com dados agrupados ou divididos, procurando salientar posições diferentes. Estuda ainda os problemas da dissolução do Banco do Brasil. Trata-se de trabalho já publicado anteriormente na *Revista do Instituto Histórico* [Rio de Janeiro], v. 127, 1913: 361-452. Obra descritiva que tenta biografar Martim Francisco dando ênfase aos períodos em que atuou como ministro da Fazenda. (BMSP)

**1448. Barbosa, Ruy.** Relatório do ministro da Fazenda em janeiro de 1891. Rio de Janeiro, Ministério da Educação e Saúde, 1949. 313 p. (Obras completas, v. 8).

Expõe e justifica a política que adotou quando ministro da Fazenda, durante o governo provisório, ao se proclamar a república. De grande importância para se conhecer não só as idéias e a política desenvolvida por Rui durante este período crucial da vida econômica e financeira do Brasil, mas também para se compreender os fatores de ordem política e econômica que levaram ao Encilhamento. Os tomos 3 e 4 do volume 18 das *Obras completas*, contêm os anexos do Relatório de 1891.

**1449. Bouças, Valentim F.** Brasil: esclarecimentos econômicos 1928-32. Londres, Waterlow & Sons, 1933. 47 p.

Renda e gastos do governo federal. Comércio internacional do Brasil: principais produtos exportados e importados em quantidade e valor por país de origem e de destino. Bancos: depósitos, títulos descontados, caixa. Taxas de câmbio. Moeda em circulação. Custo de vida no Distrito Federal (Rio de Janeiro). Dívida pública externa—federal, estadual, municipal—1890, 1900, 1912, 1922, 1932. Renda arrecadada e despesa dos estados e municípios. Remessa de juros e pagamentos de empréstimos externos. Gastos do município que tem dívida externa. Anuidades do serviço de dívida externa.
(BDEESP)

**1450. Bouças, Valentim F.** Estudos econômicos e financeiros; meio século de trabalho. Rio de Janeiro, Edições Financeiras, 1953-55. 3 v.

Coletânea, em ordem cronológica, de artigos e discursos do autor, escritos ou pronunciados entre 1931-42 e relativos às finanças brasileiras, particularmente, às questões concernentes à dívida pública e ao comércio externo. Preocupa-se ainda com o problema do crédito agrícola, nacionalização dos bancos, ferro, café e borracha.

**1451. Brasil. Congresso Nacional.** Elaboração de orçamentos. Paris-Rio de Janeiro, Typ. Aillaud, Alves, 1913-14. 7 v.

Pareceres, propostas, discussões, votação, redação final dos orçamentos por ministério, nos anos de 1912-13.

**1452. Brasil. Diretoria Geral de Estatística.** Estatística das finanças do Brasil. Rio de Janeiro, Typ. da Estatística, 1926. 256 p.

Receitas, despesas e dívidas públicas da União, Estados e Municípios, 1914-23. Receita e despesa da União, 1900-24. Discriminação da receita e despesa da União, 1900-24. Situação da dívida externa, 1915-24 com designação dos empréstimos e moeda em que foi feito. Situação da dívida interna consolidada e flutuante, 1914-29 com especificação dos títulos. Discriminação das receitas estaduais arrecadadas, 1914-19, e fixada, 1923-25. Despesas estaduais efetuadas, 1914-19, e fixadas, 1923-25. Dívida fundada interna e externa dos estados, Distrito Federal e território do Acre, 1922. Receita e despesa municipal nos estados, Distrito Federal e território do Acre, 1919-23. Receita municipal, discriminada, arrecadada nos estados, Distrito Federal e território do Acre, 1919-23. Despesa municipal, discriminada, nos estados, Distrito Federal e território do Acre, 1919 e 1923. Despesa de cada município, discriminada, nos estados, Distrito Federal e território do Acre, 1923. (BDEESP)

**1453. Brasil. Ministério da Fazenda.** Circular do Ministério de dez. 1889 a jan. 1891. Rio de Janeiro, Imprensa Nacional, 1889-92. 90 p.

Este volume se compõe de circulares do Ministério da Fazenda sobre os assuntos mais variados, tais como: instruções a inspetores das Tesourarias da Fazenda a propósito de decretos que regulamentam as "notas do Banco do Brasil," auxílios à lavoura junto ao Banco Agrícola do Brasil; fiscalização dos impostos sobre a transmissão de imóveis; sobre vencimentos de funcionários da Fazenda (em especial dos exatores); sobre a harmonização do serviço de depósito de mercadorias nas alfândegas ou entrepostos alfandegários; sobre inspeção sanitária no exército, etc. Existem oito circulares de 1889; setenta e uma circulares do ano de 1890 e quatro de 1891. São todas assinadas por Rui Barbosa e em algumas delas há muitos dados oficiais sobre a situação financeira do país. Trata-se de uma coletânea de circulares, não trazendo nenhuma observação além da publicação pura e simples.

**1454. Brasil. Ministério da Fazenda.** Relatórios. Rio de Janeiro, 1891-1929.

Os da primeira década republicana não são tão ricos em dados estatísticos quanto os relatórios do Ministério da Fazenda do Império (1455). Não constam por exemplo os dados referentes ao comércio exterior. Retratam principalmente as reformas introduzidas pelo novo regime e particularmente a grave crise econômico-financeira que se instalou com o Encilhamento e as reformas tarifárias. São por outro lado de capital importância para o estudo das idéias econômico-financeiras de outros ministros como Rui Barbosa (1891), Serzedelo Corrêa (1893) e Joaquim Murtinho (1899). Deste último são também os relatórios de 1900, 1901 e 1902. Ainda neste setor das idéias destacam-se os relatórios de Leopoldo Bulhões (1903, 1904 e 1910). A partir de 1899 tornam a apresentar dados sobre o comércio exterior e relatórios da Câmara Sindical que foi instituída em 1892 e que apresenta informações sobre câmbio, empresas autorizadas a funcionar, cotações de suas ações e das apólices da dívida pública federal, estaduais e municipais. Muitos dados sobre companhias de seguro, movimento das cambiais. Verificar particularmente as caudas orçamentárias onde várias concessões são feitas a determinadas empresas.                    (BMF)

## 1455. Brasil. Ministério dos Negócios da Fazenda. Relatórios. Rio de Janeiro, 1830-89.

Retratam com fidelidade a vida financeira e econômica do Império. Através de seus dados percebem-se as modificações das estruturas tributárias, a política monetária, a expansão e as depressões econômicas, as tendências protecionistas ou não de política tarifária. Os tipos de impostos deixam reslumbrar certos problemas como o da mão-da-obra escrava, as tentativas de colonização, etc. Os da década de 1830 denotam grande preocupação com o estado do meio circulante. A partir da década seguinte o problema permanece relevante, mas outras questões começam a adquirir ênfase, como o desenvolvimento econômico e a proteção à produção nacional. Daí a importância das reformas alfandegárias. Mapas de importação e exportação surgem a partir de 1845. Destaque dado ao comércio com o Prata. Depois de 1870 tentativas de reformas estruturais particularmente no setor tributário, tendo em vista os deficits orçamentários e as tendências descentralizantes. O de 1884 apresenta retrospecto da receita e despesa desde 1862 e fatores que contribuíram para expansão ou deficit.                    (BMF)

## 1456. Castro Carreira, Liberato de. História financeira e orçamentária do império do Brasil desde a sua fundação, precedida de alguns apontamentos acerca da sua independência. Rio de Janeiro, Imprensa Nacional, 1889. 789 p.

Obra clássica e muito citada. Peca pela ausência de sistematização e análise, embora seja útil pela soma de informações que reúne sobre as finanças imperiais.

## 1457. Cavalcanti, Amaro. Resenha financeira do ex-império do Brasil em 1889. Rio de Janeiro, Imprensa Nacional, 1890. 370 p.

O objetivo do autor é, pela apresentação dos fatos e circunstâncias, habilitar o leitor a julgar as condições financeiras do país ao findar o regime monárquico. Parte de uma análise, através dos orçamentos, da política financeira dos últimos gabinetes do Império para dar, em seguida, um retrospecto da história da fazenda pública durante o primeiro e o segundo Reinados. Numa segunda parte trata da situação financeira de cada província de per si. A terceira parte é

constituída por uma série de documentos e tabelas estatísticas, destacando-se a da receita e despesa públicas de 1826-88; renda alfandegária, 1808-85/86; dívida interna e externa; papel moeda circulante desde 1835; câmbio (extremos de 1808-89); produção de café, 1792-1888; viação férrea (condições técnicas, capital, garantia de juros, tráfego); empresas (capital, número de ações, valor, denominações, etc. em 1889); mapa população em 1872 e cálculos para 1888 por Favilla Nunes, com aditamentos do autor.                    (BMSP)

## 1458. Fernandes Pereira de Barros, José Maurício. Apontamentos de direito financeiro brasileiro. Rio de Janeiro, Laemmert, 1855. 431 p.

Formado em Ciências Jurídicas e Sociais pela Academia de São Paulo, o autor expõe sua matéria em quatro grandes divisões. Numa primeira, afora apontar os objetivos do direito financeiro, apresenta princípios gerais de arrecadação, fiscalização e distribuição das rendas públicas, ao lado da relação do orçamento do ano anterior, apontando também os diferentes setores da despesa pública. Sempre com base na legislação, aborda numa segunda parte as formas de administração, a fiscalização e a arrecadação das rendas públicas e os respectivos funcionários delas encarregados. Dando maior ênfase a essa parte do trabalho, ao lado da compilação da legislação, entremeia com ela dados ou opiniões de estadistas e documentos oficiais para, no dizer do autor, "ilustrar os diversos assuntos que se inscrevem no quadro geral das fontes productoras de nossa renda," faz uma exposição sobre as rendas peculiares aos municípios, as rendas extraordinárias e os depósitos. Na quarta e última subdivisão trata da contabilidade. Neste trabalho o autor teve em mente não só fornecer dados essenciais sobre a regulamentação das finanças do país, como procurou apresentar justificativas para o ônus a que estava sujeita a sociedade de então.                    (BIEB)

## 1459. Niemeyer, Otto E. Rapport de Sir . . . au gouvernement fédéral du Brésil. Paris, Chambre de Commerce Franco-Brésilienne, 1931. 35 p.

O autor foi convidado pelo governo brasileiro para estudar a situação financeira e apresentar um programa de estabilização da moeda e de reforma monetária. Faz uma série de observações e oferece sugestões que, como não poderia deixar de ser, representam o ponto de vista de um financista de país desenvolvido. Os setores particularmente tratados são: o sistema orçamentário, os serviços públicos explorados diretamente pelo governo, o *Caso do Lloyd,* o sistema tributário, o da contabilidade pública e o de emissão. Apresenta, em anexo, um projeto de estatuto do Banco de Reserva Central do Brasil. Há ainda uma série de sugestões a respeito do funcionamento do Banco e de como liquidar as dívidas dos estados, assim como considerações sobre o papel desproporcional do café nas exportações brasileiras (mais de 60%) e sobre os efeitos da valorização daquele produto, efeitos que considera desastrosos.                    (BMSP)

## 1460. Silva, Gerson Augusto. Sistema tributário brasileiro. Rio de Janeiro, 1948. 293 p.

O autor, funcionário do Conselho Técnico de Economia e Finanças do Ministério da Fazenda, faz um estudo basicamente estatístico da evolução, composição e estrutura do sistema tributário brasileiro. Os dados estatísticos apresentados são posteriores a 1940, ano em que se processou a padronização dos orçamentos e balanços dos estados e municípios, bem como começaram a ser sentidos os efeitos da guerra mundial sobre a economia e as finanças do país. Não foram deixados de parte, pelo autor, os aspectos legislativos tanto na área federal, como na estadual e municipal. São passados em revista pelo autor os diferentes tipos de impostos dessas áreas, com exceção do de importação e o do selo.

## 1461. Viveiros de Castro, Augusto Olympio. História tributária do Brasil. Revista do Instituto Histórico e Geográfico Brasileiro [Rio de Janeiro], v. 78, 1915: 1-283.

Trata do assunto razoavelmente, embora boa parte da política tributária da Primeira República não seja abrangida pela obra.

## 1462. Whitaker, José Maria de Aguiar. Relatório da administração financeira do Governo Provisório de novembro de 1930 a 16 de novembro de 1931; exposição apresentada por. . . . Rio de Janeiro, Revista dos Tribunais, 1937. 134 p.

A obra procura expor e justificar o programa financeiro do Governo Provisório, detendo-se particularmente nos problemas de café e câmbio. Trata ainda da situação do Banco do Brasil e a do Tesouro Nacional, da política monetária, orçamento, missão Niemeyer, o terceiro *funding loan* e campanha do café. Há dados sobre o período anterior a 1930. Em apêndice: decisões, informações, avisos e documentos justificativos das exposições sobre o café.

Veja também: 1095, 1211, 1363, 1509, 1510, 1511, 1570.

## 5. Política econômica geral

## 1463. Affonso Celso, Affonso Celso de Assis Figueredo, Conde de. A década republicana 2. ed. Rio de Janeiro, Cia. Typ. do Brasil, 1902. 8 v.

No volume 1, trata-se da defesa da política financeira do último gabinete imperial e de crítica à que desenvolvia o governo republicano, a partir de Rui Barbosa no ministério da Fazenda.

## 1464. Aguiar, Manoel Pinto de. Ensaios de história e economia. [Salvador], Livraria Progresso Editora, [1906]. 2 v.

Reunião, por iniciativa de amigos do autor, de artigos sobre assuntos diversos de natureza econômica. Os do primeiro volume referem-se, além da época colonial, ao Segundo Reinado e início da República. O segundo volume é dedicado à atualidade. São ensaios bastante provocativos que abordam com penetração, no período que nos interessa, a Bahia nos meados do século XIX; a reforma bancária de 1860 e a questão do Encilhamento. Em relação à Bahia, conclui, através da análise dos orçamentos da província, da provável existência de "ponderáveis," disponibilidade de capitais. Mostra-se cauteloso ao interpretar os efeitos retardadores da lei de 1860 sobre a economia nacional, mas levanta o problema. Lamenta, no ensaio sobre o Encilhamento, a ausência de estudos mais meticulosos sobre as causas e é de opinião

que encontraremos suas raízes na extinção do tráfico e nas leis sobre o elemento servil, cuja conseqüência foi a alteração da estrutura da economia brasileira.          (BMF)

## 1465. Andrade, Almir de. Contribuição à história administrativa do Brasil, na república, até o ano de 1945. Rio de Janeiro, Olympio, 1950. 2 v.

De grande utilidade para se conhecer a política e os atos oficiais referentes aos diversos aspectos da economia brasileira (produtos, povoamento e colonização, penetração no oeste, obras contra as secas no nordeste, expansão do sistema rodoviário).

## 1466. Associação Industrial do Rio de Janeiro. O trabalho nacional e seus adversários. Rio de Janeiro, 1881. 341 p.

Coleção de artigos d'*O Industrial,* orgão da Associação Industrial do Rio de Janeiro, entidade fundada para defender os interesses da indústria nascente. Encontramos aí os argumentos e idéias apresentados pela corrente industrialista da época, liderada por Antonio Felício dos Santos: falacias da doutrina do livre-câmbio; necessidade de se adotar uma tarifa protecionista (série de artigos), críticas à maneira como se organizam nossas tarifas: envio de agentes fiscais à Europa para lá estudar o sistema; a compatibilidade entre o desenvolvimento industrial e o da agricultura; vulnerabilidade de nossa economia baseada num único produto—o café—cujos preços estavam então em baixa.          (BIHGB)

## 1467. Barbosa Carneiro, Julio Augusto. O problema da expansão econômica do Brasil. Rio de Janeiro, Rodrigues, 1923. 23 p.

Consiste de uma conferência realizada em 1923 na Sociedade Nacional de Agricultura pelo então adido comercial da Embaixada Brasileira em Londres. Significativo pela audácia de suas sugestões, tendo em vista a época e os métodos tradicionais do comércio brasileiro. Apresenta várias soluções para a expansão do comércio externo. Assim exemplificando com métodos usados na Inglaterra e Estados Unidos, preconiza a criação, no Banco do Brasil, de uma carteira de créditos especiais para o financiamento da exportação. Vai mais longe e aconselha o *dumping* do café, cacau e mesmo o mate. É de opinião que se deve estimular a ida de comerciantes ao estrangeiro para conquista de mercados e advoga a necessidade de se formar homens de negócio no Brasil, denotando a carência de mentalidade empresarial no país. É também favorável a esforços no sentido de atrair capitais estrangeiros para o Brasil.          (BIHGB)

## 1468. Bartholomeu, Luíz. Estudo sobre a situação econômica e financeira do Brasil. Rio de Janeiro, Typ. do Jornal do Commercio de Rodrigues, 1915. 43 p.

Considerações sobre a posição antagônica, em face da questão cambial, das duas correntes brasileiras e dos respectivos grupos de interesses econômicos que as constituíam. Em apêndice um projeto de reorganização geral administrativa, econômica e financeira.

## 1469. Bastos, Humberto. O pensamento industrial no Brasil; introdução à história do capitalismo

industrial brasileiro. São Paulo, Livraria Martins, 1952. 248 p.

Analisa o desenvolvimento do pensamento industrial do Brasil. Procura mostrar no nacionalismo e no protecionismo as molas propulsoras do progresso industrial brasileiro. Faz um estudo retrospectivo da questão, abordando o assunto desde as medidas adotadas por D. João VI até as conseqüências da segunda guerra mundial. Rico em informações e dados estatísticos, mas não se trata de obra meramente descritiva. Procura interpretar os fatos apontados, tentando inclusive achar novos caminhos para a industrialização brasileira.

**1470. Braga, Cincinato.** Brasil novo. Rio de Janeiro, Imprensa Nacional, 1930-31. 4 v.

O primeiro volume consta de sugestões apresentadas ao governo provisório instalado após a revolução de 1930. Resumem-se em três proposições: (a) aumentar a exportação, para incrementar a capacidade de importação; (b) reduzir o custo dos transportes; (c) eliminar as taxas de exportação. Analisa a economia pública na década de 1920, com algumas referências retrospectivas. O volume segundo é constituído pela defesa de sua atuação como presidente do Banco do Brasil (1923-24); expõe suas idéias a respeito da criação de um banco emissor central. No terceiro propugna pela modernização da agricultura, cadastro territorial, crédito agrícola e outras medidas, manifestando-se contra o protecionismo industrial. No quarto volume trata de assuntos bancários em torno do relatório Otto Niemeyer e da sindicância contra o Banco do Brasil.

**1471. Braga, Cincinato.** Intensificação econômica no Brasil. São Paulo, Seção de Obras de O Estado, 1918. 78 p.

**1472. Braga, Cincinato.** O Brasil de ontem, de hoje e de amanhã; estudo econômico-financeiro. Rio de Janeiro, Imprensa Nacional, 1923. 168 p.

Nestes dois trabalhos (o primeiro é um discurso pronunciado na Câmara dos Deputados em 30 de dezembro de 1917 e o segundo um parecer à Comissão de Finanças da Câmara) expõe sua política econômica, que consistia essencialmente em aumentar a produção nacional e intensificar o comércio externo. Nesse contexto critica a política governamental de saldos orçamentários, as taxas altas de câmbio e o predomínio das finanças sobre a economia. Preconiza o aumento da produção agrícola através de um cultivo do solo mais científico, com emprego de fertilizantes (propõe a instalação de duas usinas: uma no norte, outra no sul); da pecuária pela importação maciça de reprodutores estrangeiros; da indústria pela organização técnica do trabalho e instalação de escolas práticas e laboratórios técnicos.

**1473. Brasil. Comissão Parlamentar de Inquérito.** Relatório apresentado ao corpo legislativo. . . . Rio de Janeiro, 1885.

Nomeada em 1883 para proceder a inquérito sobre as condições do comércio, indústria fabril e tarifa alfandegária, desdobrou-se em comissões especiais para assuntos correlatos, como bancos e meio circulante, transportes, companhias de seguro, companhias comerciais e industriais, comércio externo

e interno. Questionários foram enviados às respectivas comissões organizadas nas províncias e a particulares que pouco interesse demonstraram. Apesar das parcas informações obtidas, o relatório é de capital importância por revelar os problemas de desenvolvimento econômico que então se colocavam e as tendências da política econômica brasileira, na época. Compunha-se dos seguintes membros: Antônio Felício dos Santos, Adolfo Bezerra de Menezes, Manoel José Soares, Barão do Guahy e Dr. Idelfonso José de Araújo.          (BMF)

**1474. Bulhões, Leopoldo de.** Os financistas do Brasil. Rio de Janeiro, Jornal do Commercio, 1914. 43 p.

O autor, ministro da Fazenda em 1903-06, sucedeu a J. Murtinho, cuja obra consolidou. Voltou a exercer o cargo sob o governo de Nilo Peçanha, 1909-10. O trabalho em consideração consistiu de uma conferência realizada em 22 de dezembro de 1913 e abrange a administração financeira do Brasil, desde a abertura dos portos até o governo de Hermes da Fonseca. Suas realizações como ministro da Fazenda são apreciadas no prefácio do opúsculo cujo valor reside, principalmente, no fato do autor ter ocupado posição chave num período de alta importância para o desenvolvimento econômico do Brasil e como expressão das idéias e princípios de um financista altamente considerado no país. As últimas páginas constituem um ataque à Caixa de Conversão que considera ''uma nova forma do inflacionismo e do protecionismo.''          (BMSP)

**1475. Fernandes Pereira de Barros, José Maurício.** Considerações sobre a situação financeira do Brasil acompanhadas da indicação dos meios de ocorrer ao *deficit* do tesouro. Rio de Janeiro, 1867. 134 p.

Depoimento sombrio sobre as condições financeiras brasileiras, resultantes da guerra do Paraguai, agravadas pela questão do elemento servil que ''bate a porto.'' Apesar de gravíssima, não considera entretanto desesperadora a situação e apresenta suas soluções salvadoras: restaurar as finanças, aumentar a população, desenvolver a indústria e o comércio e reformar o sistema tributário. Considerações numerosas sobre a tarifa alfandegária e suas diversas categorias, sobre impostos diretos, emissões e papel moeda. Termina apresentando os meios que considera necessários à redução das despesas públicas. Exemplo típico da corrente ortodoxa e conservadora do império.          (BIHGB)

**1476. Leal da Cunha, Alfredo Alberto.** Pela independência econômica e emancipação commercial do Brasil. São Paulo, Universal, 1912. 178 p.

Consta de artigos publicados na *Gazeta* de Batatais, em 1912. É um libelo contra o capitalismo ''cosmopolita'' e contra o regime que considerava uma ''ditadura de oligarcas.'' Elogia, entretanto, Jorge Tibiriçá pela sua repulsa aos ''especuladores do comércio internacional.'' Acusa Leroy-Beaulieu de ser o advogado dos capitais e empresas estrangeiras vinculadas ao Brasil. Ataca o Encilhamento, o *funding loan* e a política de J. Murtinho. Apoia a valorização do café e a Caixa de Conversão. Há, em anexo, um artigo publicado no *Diário da manhã*, de Ribeirão Preto, onde atribui a penetração do capital estrangeiro à fragilidade da estrutura econômica brasileira e advoga uma série de medidas com a finalidade de "libertar" e "tonificar" a economia.    (BMSP)

**1477. Luz, Nicia Villela.** A luta pela industrialização do Brasil, 1808 a 1930. São Paulo, Difusão Européia do Livro, 1961. 216 p.

Estudos dos esforços em prol de e dos obstáculos opostos à industrialização do Brasil, assim como das correntes industrialistas e nacionalistas do país.

**1478. Macedo Soares, José Carlos de.** A política financeira do presidente Washington Luis. São Paulo, Instituto D. Anna Rosa, 1928. 76 p.

Trata-se de um discurso pronunciado em 26 de novembro de 1927, em sessão solene da Associação Comercial de São Paulo. Aborda o progresso material de São Paulo, detendo-se em informações sobre a exportação de café e o crescimento industrial do estado. Faz um retrospecto das crises financeiras da Primeira República, motivadas, segundo o autor, pela inquietação política e os diversos "movimentos revolucionários." Passa a expor, a seguir, o programa financeiro da administração Washington Luis. Analisa a instabilidade cambial e o papel moeda, procurando mostrar como, com seu atual programa, o governo pretende encontrar o caminho para a estabilidade monetária e normalização da situação geral do país.    (BMSP)

**1479. Mayrink, Francisco de Paula.** O câmbio, a produção, o governo. Rio de Janeiro, Typ. do Cruzeiro, 1881.

Reunião artigos publicados na imprensa da Corte, em maio de 1881. Procura explicar as causas da queda do câmbio que não residia no café, cujo preço caíra, mas fora compensado pelo aumento do volume da produção. Mayrink atribuía-as à balança de pagamentos desfavorável, em razão dos juros da dívida pública externa e da retirada de capitais estrangeiros. Dá a seguir uma série de sugestões para solucionar o problema, destacando-se, entre elas, a da necessidade de uma revisão da tarifa aduaneira a fim de facilitar a exportação e dificultar a importação. O autor é categórico: para equilibrar o balanço de pagamentos só existia um meio—uma enérgica política de proteção à indústria nacional.    (BNRJ)

**1480. Moura, Francisco Amyntas de Carvalho.** Ensaios econômicos e apreciações práticas sobre o estado financeiro do Brasil. Rio de Janeiro, Imprensa Nacional, 1885. 403 p.

Obra dividida em três partes, sendo a primeira ligada a problemas gerais da economia e finanças do império, onde se procura mostrar a falta de organização econômica do Brasil. A segunda parte é composta por ensaios econômicos que, como o próprio autor salienta, são "estudos teóricos" sobre ·ciências sociais e sobre economia nacional. A terceira parte tem o sentido de oferecer sugestões para uma tentativa de organização econômica do império do Brasil, através de algumas "medidas urgentes e apropriadas." Insere no final do livro um quadro demonstrativo do "aumento da produção dos principais gêneros de exportação nos exercícios de 1839-82 pelas médias quinquenais." Entre os produtos arrolados estão o café, açúcar, algodão, couros, fumo e goma elástica. A tabela é feita tomando, como unidade de medida, a tonelada

e calculado o valor global e por arroba, dos produtos exportados.    (BMSP)

**1481. Nascimento Brito, José do.** Economia e finanças do Brasil, 1822-1940. Rio de Janeiro, Freitas Bastos, 1945. 195 p.

Baseado principalmente no *Anuário estatístico do Brasil,* ano V, 1939-40 e em Amaro Cavalcanti, *Elementos de finanças* (Rio de Janeiro, Imprensa Nacional, 1896. 582 p.), não interessaria se não defendesse idéias e sugerisse teorias que hoje começam, até certo ponto, a ser aventadas por historiadores e economistas sobre o desenvolvimento econômico do Brasil em diversos períodos de sua história, isto é, que o império foi uma época de estagnação econômica e que o maior desenvolvimento ocorreu durante a Primeira República. A partir de 1930 até 1940 o ritmo teria diminuído. Apresenta quadros sobre a dívida externa e interna, os orçamentos, o comércio exterior, que embora reproduzidos das fontes já citadas são acrescidos de cálculos do autor. Apesar das insuficiências e falhas metodológicas, constitui obra curiosa.    (BMSP)

**1482. Pinto Junior, Joaquim Antonio.** Liberdade de comércio. Rio de Janeiro, Instituto Artístico, 1869. 21 p.

Trata-se de um discurso pronunciado em 1869 no qual o autor defende a tese da liberdade geral do comércio e detém-se bastante na análise da legislação de 1860, que veio "propiciar à nossa inteligência, atividade e capitais." Não fica somente nisto, no entanto, pois cuida de problemas mais gerais tais como a Guarda Nacional, Associação dos Voluntários da Pátria, etc.    (BMSP)

**1483. Piragibe, Vicente.** O paradoxo nacional. Rio de Janeiro, 1925. 197 p.

Critica a maneira como o Brasil se industrializa, reclamando a concorrência que a indústria faz à lavoura no setor da mão-de-obra e revela-se um ferrenho anti-protecionista (historia, desde 1868, a utilização da taxa ouro a que atribui o protecionismo de nossas tarifas). Advoga o fomento e melhor organização da produção agrícola (os diversos produtos apresentados separadamente) a cujo baixo nível atribui a carestia e os *deficits* orçamentários. Aborda também algumas questões de ordem demográfica e sanitária. A obra vem precedida de comentários da imprensa sobre a política econômica defendida pelo autor na Câmara dos Deputados.    (BMF)

**1484. Reis, Fidelis.** País a organizar. Rio de Janeiro, A. Coelho Branco F., 1931. 293 p.

Discursos, entrevistas e vários escritos, datados todos da década de 1920 e abordando assuntos diversos como cooperativismo, imigração (onde trata da questão racial) e problemas da organização do trabalho e da produção, preocupação fundamental do autor. Enaltece freqüentemente as iniciativas dos Estados Unidos e conclama o Brasil a imitar aquele país. No prefácio, já redigido após a revolução de 1930, apela para Vargas no sentido de criar uma Universidade do Trabalho ou Universidade Técnica. Transcreve cartas de Henry Ford sobre o projeto da Amazônia, de vários presidentes do Brasil e mesmo de Einstein, sobre a criação de um liceu modelo em Uberaba.    (BNRJ)

**1485. Sociedade Auxiliadora da Indústria Nacional.** Parecer do presidente interino da Seção de Comércio (André Rebouças) sobre a reforma da tarifa das alfândegas do império do Brasil. Rio de Janeiro, Leuzinger, 1877. 24 p.

Longa introdução sobre a conveniência ou não de se adotar um sistema protecionista. Considerações sobre o protecionismo na Inglaterra, nos Estados Unidos e no Brasil (desde a época colonial). Transcrição das reclamações contra a tarifa em vigor e das reformas reclamadas pela agricultura, comércio e indústria (algodão, metalúrgica, chapéus e luvas de pelica). A conclusão é a parte mais importante onde expõe suas idéias—substituição do imposto de importação pelo de renda; abolição dos impostos sobre matérias primas e semi-manufaturadas necessárias à indústria nacional. Enfim advoga liberdade total de indústria e trabalho pela abstenção da intervenção estatal. Paradoxalmente, entretanto, reclama reformas que favoreçam a indústria nacional. Aborda outros problemas como a escassez de capitais e de mão-de-obra e as deficiências do ensino profissional e das vias de comunicação.        (BNRJ)

**1486. Spiegel, Henry William.** The Brazilian economy; chronic inflation and sporadic industrialization. Philadelphia, Blakiston, 1949. 246 p.

Tem por objetivo analisar os principais problemas da economia brasileira, tentando mostrar as contradições profundas que o desenvolvimento do capitalismo e a industrialização geram numa sociedade tradicional. A análise econômica empreendida pelo autor apresenta, pois, um enfoque também político. Trata mais especialmente da década de 1940; faz considerações retrospectivas que interessam ao período abrangido por esta bibliografia. Estimativas da renda nacional, 1889-1944. Comércio exterior, 1881-1945. Análises demográficas desde 1891. E inúmeros quadros estatísticos que interessam a esta bibliografia.

**1487. Tarquinio, Luiz.** Apelo aos ilustres Representantes da Nação e a ilustrada Comissão Revisora pela Companhia Emporio Industrial do Norte representada por. . . . Rio de Janeiro, 1895. 49 p.

É um panfleto onde, depois de analisar as taxas do fio de algodão impostas por diversas tarifas alfandegárias, a companhia reivindica uma taxa mais baixa para o fio de algodão, argumentando que a medida não prejudicará a produção do algodão nacional. Revela as lutas entre os interesses das fábricas de fiação e as de tecelagem, assim como a tendência governamental de proteção aos produtos nacionais e seu processamento. Informa-nos também sobre a história da companhia, a mais moderna da Bahia naquela época, e sobre sua clientela em Porto Alegre (Rio Grande do Sul). Em seus ataques ao Banco da República desvenda aspectos da política de financiamento do governo republicano.        (BNRJ)

**1488. Torres Filho, Eugenio Magarinos.** Expansão econômica do Brasil; organização interna, situação internacional. Rio de Janeiro, Calvino Filho, 1935. 489 p.

Tem por objetivo formular uma política relativa à produção agro-pecuária brasileira a fim de tornar mais eficiente a defesa no nosso mercado interno e assegurar o externo. Seu enfoque principal é portanto o momento de crise dos anos de 1930. Faz entretanto um retrospecto da evolução econômica do Brasil, abordando particularmente os setores ligados à agricultura.

**1489. Vieira Souto, Luiz Raphael.** O último relatório da fazenda. Rio de Janeiro, Malafaia, 1902. 286 p.

Coleção de artigos publicados no *Correio da manhã*, de novembro a dezembro de 1901. Crítica ao relatório de Joaquim Murtinho e à política financeira do governo, com considerações sobre relatórios anteriores e orientação financeira do Império. De grande interessse para o estudo do pensamento econômico brasileiro.

**1490. Villela, Anníbal Villanova; e Wilson Suzigan.** Política do governo e crescimento da economia brasileira. 1889-1945. Rio de Janeiro, IPEA/INPES, 1973. 468 p.

O objetivo é verificar até que ponto a política econômica do governo serviu de instrumental adequado à promoção do crescimento econômico do Brasil, no período estudado. Obra importante para a história econômica do Brasil, rica em dados e sugestivas análises.

**Veja também:** 1099, 1111, 1126, 1130, 1249, 1495, 1506, 1640, 1670.

# V. Comércio Exterior e Investimento Estrangeiro

## 1. Fontes de dados estatísticos

**1491. Brasil. Ministério da Fazenda, Diretoria de Estatística Comercial.** Comércio exterior do Brasil. Rio de Janeiro, 1912-31.

Exportação de mercadorias nacionais, 1910-19 e 1928-30. Total, em valor, da exportação nacional por procedência e destino, 1910-19, 1925-30. Exportação nacional das principais mercadorias por destino e porto de procedência, 1915-19, 1926-30. Movimento do café, 1911-19, 1924-30. Exportação por cabotagem (Rio, Santos, Vitória); vendas (Rio, Santos); preços correntes, existência em 31 dezembro (Rio, Santos); exportação para o exterior; entrada nos portos. Exportação de cada uma das principais mercadorias nacionais por destino e porto de procedência, 1915-19, 1926-30. Importação de mercadorias, 1910-19, 1925-30; quantidade e valor de cada mercadoria e classe de produtos. Total do valor da importação por estado, alfândega e postos aduaneiros. Valor da importação por país de origem. Importação de farinha de trigo por país de procedência, 1910-15, 1926-30. Custo, frete e valor das mercadorias importadas, 1902-30. Valor da exportação e da importação de mercadorias, 1901-30. Exportação e importação de espécies metálicas e notas de banco estrangeiras. Valor médio, por classe de produto, da tonelada importada e da exportada, 1925-30. Movimento de embarcações de longo curso e cabotagem, 1911-19; número e tonelagem de entrada e saída de cada porto de navios a vapor e a vela, nacionais e estrangeiros (a partir de 1915 temos somente dados para o total de portos do Brasil). Movimento bancário, 1913-

15. Discriminação do ativo e passivo de cada banco ou agência por estado em 31 de dezembro. Exportação: FOB. Importação: CIF. (BDEESP)

## 1492. Brasil. Ministério da Fazenda. Serviço de Estatística Econômica e Financeira. Comércio Exterior do Brasil. Rio de Janeiro, 1942. 2 v.

Há dois tipos de quadros: (1) importação anual por país (totais parciais por decênios), indicando a quantidade por toneladas, o valor em contos de reis, valor médio por tonelada e porcentagem sobre total geral da importação; (2) exportação, composto de forma similar. A obra é encadernada por fascículos referentes ao período 1911-40.

## 1493. Brasil. Serviço de Estatística Comercial. Importação e exportação; movimento marítimo, cambial e do café. Rio de Janeiro, 1906-11.

Importação (mercadorias e classes de mercadorias): total, por país de origem e porto de destino. Total da importação: por alfândegas, país de origem, movimento mensal da importação de mercadorias, espécies metálicas e notas de banco estrangeiras, 1901-09. Exportação (mercadorias e classes de mercadorias): total, por porto de procedência, por país de destino, exportação de borracha, de couro, erva mate, cacau, algodão, açúcar, fumo, peles, 1901-09. Total da exportação: por porto e estado de origem, por país de destino, movimento mensal de exportação de mercadorias, espécies metálicas e notas de banco estrangeiras, 1901-09. Movimento de café: saída de café para o exterior e por cabotagem (portos de procedência e destino, embarcações, armadores); embarque mensal de café pelos portos do Rio de Janeiro e Santos; entradas de café no Rio, Santos, Vitória, Bahia, Ceará, Santa Catarina; valor do café saído para o exterior, 1898-1904; fretes de café no Rio. Preços médios dos sete principais artigos de exportação, 1904-08. Taxas médias de câmbio sobre Londres, 1901-09. Movimento dos bancos estrangeiros no Brasil, caixa, depósitos a vista e a prazo, letras descontadas, empréstimos. Movimento marítimo: entradas e saídas de embaracações a vapor e a vela por porto e nacionalidade. Cotação em Londres de títulos públicos brasileiros e de companhias relacionadas com o Brasil, 1900-05. Gráficos: preço mensal da borracha fina no Pará (mil reis) e em Londres (shillings); preço mensal do algodão em rama em Pernambuco (reis/kl) e em Londres (pence/libra); preço mensal do açúcar mascavo em Pernambuco (reis/kl.); câmbio bancário, preço de café em Nova York e no Rio de Janeiro. (BDEESP)

## 1494. São Paulo (estado). Secretaria da Agricultura, Comércio e Obras Públicas. Diretoria de Estatística, Indústria e Comércio. Comércio de cabotagem pelo porto de Santos: 1907-30. São Paulo, Typ. Brasil, 1931.

Comércio de cabotagem (valor e peso das mercadorias e classes de mercadorias): importação por estado de origem; exportação da produção do estado por estado de destino; exportação de produtos de outros estados por estado de destino, 1907-12; exportação de produtos estrangeiros por estado de destino. Dados gerias sobre o estado de São Paulo, 1890, 1900, 1905, 1910, 1915, 1920, 1925, 1930: superfície, população e número de imigrantes entrados no estado; estradas de ferro (extensão da linha, carga transportada); produção agrícola e área cultivada; valor da produção industrial, produ-

ção de tecidos de algodão, de chapéus e de calçados; receita do estado, municípios e união; movimento marítimo (tonelagem e carga); importação e exportação de cabotagem pelo porto de Santos, 1902-30; câmbio médio; comércio exterior (importação e exportação). (BDEESP)

Veja também: 1389.

## 2. Estudos gerais

## 1495. Abranches Moura, João Dunshee de. Expansão econômica e comércio exterior do Brasil. Rio de Janeiro, Imprensa Nacional, 1915. 175 p.

Trata-se de uma série de considerações críticas sobre a organização interna e política comercial. Talvez seja o primeiro autor brasileiro a ressaltar os efeitos maléficos do "neo-colonialismo" sobre o desenvolvimento econômico do Brasil. Ao expor suas idéias aborda os mais variados assuntos: o sistema orçamentário brasileiro, a herança colonial e o direito financeiro, a balburdia legislativa, a burocracia que considera o maior impecilho ao desenvolvimento econômico e social, os primeiros empréstimos e as primeiras emissões, a tutela inglesa e os ajustes com a França, os impostos de exportação, a política eoconômica no Império e na República. A parte mais importante talvez seja aquela em que analisa os tratados e convenções comerciais e acordos aduaneiros. Tece considerações sobre o Convênio de Taubaté, a fixação da moeda e a posição de Rodrigues Alves a respeito de ambas as questões. Termina com sombrios prognósticos para o período de após-guerra. (BMSP)

## 1496. Associação Comercial do Rio de Janeiro. Relatórios da Associação Comercial. Rio de Janeiro, 1872-1910.

De grande importância para o estado do comércio exterior brasileiro pelo porto do Rio de Janeiro, apresenta também informações sobre a praça, a situação dos principais produtos, particularmente o café e sugestões para resolver as crises eventualmente ocorridas. Mapas estatísticos diversos: exportação e importação dos principais produtos; navegação a longo curso e costeira; operações das companhias de seguros; renda do tráfego, custeio e renda líquida da Estrada de Ferro Pedro II; imigração; preços diários dos títulos mobiliários; movimento cambial; passivo e ativo de vários bancos, etc. Lista dos sócios. (BNRJ)

## 1497. Barros Pimentel, José Francisco de. Nossa expansão econômica; o Brasil, sua situação econômica, commercial e financeira na política internacional. Rio de Janeiro, Imprensa Nacional, 1928. 134 p.

O autor, ministro brasileiro no Egito, procura mostrar a dependência de um país quase exclusivamente agrícola como o Brasil em relação ao comércio exterior. Desse fato decorre a necessidade de expandir as exportações, conquistando mercados e estabelecendo linhas de navegação diretas e eficientes (considerações sobre o Lloyd Brasileiro e suas insuficiências). Embora reconheça que nossas relações comerciais concentram-se no Ocidente, é de opinião que se deve também olhar o Oriente, particularmente o Egito que considera o país-chave do comércio do Levante. Chama a atenção para o fato que o Brasil perde terreno em relação ao café e insiste na intensificação da propaganda desse produto, no Egito. Além do café haveria possibilidades para o fumo e madeiras de construção.

**1498. Brasil. Comissão de Estatística do Commercio Marítimo.** Introdução retrospectiva da estatística do commercio marítimo do Brasil do exercício de 1873-1875, organizada pelo dr. Sebastião Ferreira Soares. Rio de Janeiro, 1883. 136 p.

Embora o título refira-se particularmente ao exercício de 1873-75, há informações e esclarecimentos sobre o comércio marítimo brasileiro (longo curso e cabotagem) nos seis exercícios referentes a 1869-70, 1874-75. O autor expõe os métodos empregados para a sua análise e confecção dos mapas e quadros apresentados. Dá informações sobre o balanço de pagamentos (remessa de saldos para o exterior). Faz um estudo comparado do nosso comércio marítimo, 1869-75, e termina apresentando considerações sobre o estado da navegação no Império.                                                              (BNRJ)

**1499. Brasil. Ministério da Fazenda.** Informações sobre a posição comercial dos produtos do Brasil nas praças estrangeiras. Rio de Janeiro, Typ. Nacional, 1875. 165 p.

Trata-se de uma circular do Ministério da Fazenda de 1874 na qual o governo imperial procura mostrar a "posição mercantil" dos principais produtos nas praças da América e Europa. Aparecem então fartas informações sobre a cotação de produtos como o café, o jacarandá, os couros de boi, a lã. São interessantes as tabelas estatísticas apresentadas, principalmente as que estabelecem comparações entre as diversas praças. Trata-se de uma publicação oficial, sem qualquer comentário ou anotação. De grande interesse.            (BMSP)

**1500. Brasil. Ministério das Relações Exteriores.** Relatório de 1900. Rio de Janeiro, 1900. 329 p.

Relatórios dos consulados brasileiros. Situação econômica e financeira do país e da cidade onde estão localizados. Comércio com o Brasil: exportação, importação, movimento de navios do e para o Brasil, câmbio e tarifas, valores e títulos brasileiros negociados nas bolsas de valores locais.
                                                              (BDEESP)

**1501.** Companhia Prado Chaves, Exportadora. 1887-1947: 60 anos de suas atividades; publicações comemorativas com fim de propaganda junto aos clientes no estrangeiro. São Paulo, Revista dos Tribunais, s.d. 101 p.

Fornece o histórico da Cia. Prado Chaves, inicialmente exportadora de café, e, a partir dos 1930, também de algodão. Contém dados estatísticos sobre o movimento de exportação de café desde 1898, descreve a fundação de filiais na Europa (1908), detalha a origem e situação das principais fazendas de café pertencentes à companhia. Fotografias e explicações sobre a expansão dos armazéns e laboratórios em São Paulo e Santos.

**1502. Greenhill, Robert G.** Britain and the cocoa trade in Latin America before 1914. Cambridge, Engl., University of Cambridge, [1937?]. 34 p.

(Centre of Latin American Studies, Business Imperialism series: working paper no. 8).

Estudo da comercialização do cacau na América Latina, em que se inclui material sobre a produção de cacau na Bahia. A estrutura, em comum com o resto de América Latina, estava em boa parte nas mãos de pequenos terratenentes. O comercio da Bahia foi organizado não pelos ingleses, mas por companhias alemãs. O autor pretende determinar até que ponto as relações comerciais podem caracterizar-se como neo-imperialistas. Percorre matérias primárias, principalmente consulares; chega à conclusão de que não havia más intenções por parte dos exportadores, porém a estrutura do ramo facilitava o monopólio, uma vez que os produtores e intermediários locais eram de fato extremamente débeis em comparação com os exportadores estrangeiros. [WD]

**1503. Leff, Nathaniel.** Tropical trade and development in the nineteenth century: the Brazilian experience. Journal of political economy [Chicago], v. 81, May-June, 1973: 678-696.

No século XIX, a exportação representava o setor dinâmico, porém crescia num ritmo lento (2,2 por cento ao ano, per capita). Não se encontra os limites do impacto deste setor nas relações de troca, que melhoravam nesse período, mas no pequeno porte e lentidão de crescimento das exportações, e na elasticidade na oferta de mão-de-obra. Na ausência de melhoramentos na produtividade em outros setores, a exportação permitia desenvolvimento, sem exigir da elite mudanças estruturais prévias. [WD]

**1504. Paridant, Ladislas.** Du système commercial à Rio de Janeiro; commerce d'importation. Liège, Desoer, 1856. 109 p.

O autor, que residiu vários anos no Rio de Janeiro, resolveu publicar suas observações para prestar serviço aos interesses belgas. Faz considerações gerais sobre a cidade, que considera um mercado colonial de primeira categoria, e sobre o movimento comercial do Brasil, seus portos e estimativa de sua população. Em sua opinião a legislação brasileira é avançada, mas a prática deixa a desejar. Dá a seguir, informações minuciosas sobre o funcionamento do sistema comercial: comissários, corretagem e comissões; agentes de vendas públicas, leilões, tipos de comerciantes e suas respectivas nacionalidades; organização e funcionamento da alfândega; descarga de navios; armazenagem, despachos; casas importadoras e suas práticas, sistemas de crédito e vendas. Obra importante para o conhecimento das práticas comerciais (comércio externo) do Rio de Janeiro em meados do século XIX.            (BNRJ)

**1505. Porto, Hannibal.** Aspectos econômicos do Brasil, retrospecto de 1921 a 1923; considerações sobre as nossas possibilidades mercantis. Rio de Janeiro, Typ. do Annuario do Brasil, 1924. 303 p.

Fundamentando-se em estatísticas e outras considerações que revelam, apesar da crise cambial e outros fatores de depressão financeira, as condições vantajosas da produção nacional, o autor procura demonstrar o progresso animador do comércio interno e externo. Analisa a produção, preço, exportação (volume e valor) de vários produtos, particularmente os provenientes dos estados do norte. A obra interessa não só pelas informações curiosas que apresenta sobre produtos pouco conhecidos, mas também pelas observações otimistas e sugestões que oferece, revelando uma atitude pouco realista. O autor era, entretanto, deputado junto à Junta de Comércio da Capital Federal, vice-presidente da Sociedade Nacional de Agricultura e membro do Conselho Superior do Comércio e Indústria. (BMSP)

**1506. Silva, Helio Schlittler.** Tendências e características do comércio exterior no século XX. Revista de história da economia brasileira [São Paulo], v. 1, junho, 1953: 5-21.

Examina de início a política comercial do Brasil a partir de 1822, para depois analisar o comércio exterior orientado para a exportação de artigos primários. Várias tabelas e gráficos. (BIEB)

**1507. Vieira Souto, Luiz Raphael.** O movimento atual da nossa exportação em suas relações com o desenvolvimento da lavoura brasileira. Rio de Janeiro, 1919. 33 p.

Parecer apresentado à Sociedade Nacional de Agricultura sobre as causas do declínio da exportação de certos produtos brasileiros. Análise do movimento exportador de produtos de origem animal (carne, banha, manteiga, couros) e vegetais (café, borracha, algodão, cera de carnaúba, óleos vegetais, milho, cigarros, madeiras, arroz, batata, açúcar, farinha de mandioca, feijão). De interesse pelo tipo de análise e considerações apresentadas.

**Veja também:** 1144, 1161, 1180, 1226, 1281, 1385, 1428, 1449, 1450, 1548, 1664, 4059.

## 3. Fluxos internacionais de capital

**1508. Abreu, M. de P.** The Niemeyer mission: an episode of British financial imperialism in Brazil. Cambridge, Engl., University of Cambridge, [1937?]. 52 p. (Centre of Latin American Studies, Working papers no. 10).

Um ataque contra as interpretações revisionistas da política econômica do govero provisório, 1930-34. O autor acha que as intenções de Vargas não eram aquelas anunciadas em público, e que de qualquer maneira o resultado contrariava os desejos dos banqueiros ingleses. Contém dados importantes sobre a posição comercial e financeira do Brasil nos anos 1920, e a atuação das missões financeiras estrangeiras da mesma década. [WD]

**1509. Bouças, Valentim F.** Finanças do Brasil: história da dívida externa estadual e municipal. Rio de Janeiro, 1942. 354 p.

Condensação da história da dívida externa de alguns estados (Amazonas, Pará, Maranhão, Ceará, Rio Grande do Norte, Pernambuco, Alagoas, Bahia, Rio de Janeiro, São Paulo, Paraná, Santa Catarina, Rio Grande do Sul e Minas Gerais) e municípios (Manaus, Belém, Recife, Salvador, Niterói, São Paulo, Santos, Pelotas, Porto Alegre e outros municípios do Rio Grande do Sul e Distrito Federal). Contém ainda os empréstimos especiais realizados por São Paulo e relativos ao café. Em apêndice, quadro da circulação da dívida externa

brasileira em 1941 abrangendo as da união, estados e municípios. Documentação importante não só para se conhecer a situação econômico-financeira dos estados e municípios, como também para o funcionamento do regime federal na primeira república.

**1510. Bouças, Valentim F.** História da dívida externa. 2. ed. Rio de Janeiro, Edições Financeiras, 1950. 368 p.

Compreende o período 1822-1937 com um capítulo introdutório sobre o Brasil colonial. Ao traçar o histórico dos empréstimos externos o autor faz a história econômico-financeira do Brasil nesse período. Clara, concisa e objetiva, é obra indispensável para o estudo das finanças brasileiras e questões correlatas. Acompanham o trabalho várias tabelas sobre a circulação da dívida externa brasileira.

**1511. Brasil. Ministério da Fazenda.** História da dívida externa federal. Por Jacob Cavalcanti. Rio de Janeiro, Imprensa Nacional, 1923. 156 p.

O autor foi incumbido pelo ministro da Fazenda, Homero Baptista, a escrever a obra em apreço, em comemoração ao primeiro centenário da independência do Brasil. A primeira parte, mais abreviada, trata dos empréstimos contraídos pelo Brasil, 1824-89. A segunda parte, que já constitui uma apreciação mais detalhada, cuida dos empréstimos contraídos durante a república, na Inglaterra, França e Estados Unidos. Termina fazendo considerações sobre a capacidade dos estados para contrair empréstimos, apresentando várias teses contra os abusos dos estados nesta questão. É a favor da intervenção da união para coibir esses abusos. Discorre também sobre a conveniência ou não de se recorrer ao crédito externo. Representa a posição de um técnico que é também um funcionário do governo federal. (BMSP)

**1512. Moura, Aristóteles.** Capitais estrangeiros no Brasil. São Paulo, Editora Brasiliense, 1959. 381 p.

Embora trate do capital estrangeiro em geral, Moura dá maior ênfase e apresenta maior número de dados a propósito dos capitais estadunidenses. Explica tal atitude por ser o volume de capitais americanos maior que o total daquele das empresas européias no Brasil. Ao estudar os fatos gerais como reinvestimento e transferência de lucros, informa o autor que seu objetivo foi ter maior base para proceder à análise das condições legais e a atuação do capital estrangeiro. Como uma das metas principais do autor foi mostrar a estrutura dos recursos externos hoje em dia, poucas foram as considerações de ordem política feitas no trabalho. Em apêndice, além do acordo do trigo de 1955, da comunicação conjunta de julho de 1956 e da instrução 113 da Superintendência da Moeda e Crédito, apresenta uma série de quadros estatísticos ilustrativos da matéria tratada. (BIEB)

**Veja também:** 1138, 1381, 1445, 1684, 1686, 1701.

## 4. Política governamental

**1513. Franco, Honorio Alonso Baptista.** Relatório dos trabalhos da Comissão de Revisão da Tarifa . . . . Rio de Janeiro, Imprensa Nacional, 1897. 2 v.

Trabalho importante para o estudo das reformas alfandegárias num período em que se tentou uma política de proteção à indústria nacional. Há explicações sobre as tarifas de 1895, 1896, e 1897. Valores oficiais e razões adotadas no novo projeto, 1897. Tarifa móvel e modificação das classes apresentadas. Em anexo há o decreto de 17 de dezembro de 1897 que manda executar a tarifa, com suas disposições preliminares e a tarifa. Análise desta pela comissão de orçamento e receita da Câmara dos Deputados (2 de dezembro de 1898). Nomenclatura para a estatística da importação direta e tarifa em vigor em 1899. (BIHGB)

**1514. Mandell, Paul.** A expansão da moderna rizicultura brasileira—crescimento da oferta numa economia dinâmica. Revista brasileira de economia [Rio de Janeiro], v. 25, jul.-set., 1972: 169-236.

Um estudo que se ocupa principalmente com o período de após-guerra, porém oferece dados importantes quanto ao começo da substituição das importações de arroz até 1920, e enfatiza o sucesso do estímulo de altas tarifas neste setor, como um caso que contraria a teoria estruturalista. [WD]

**1515. Onody, Oliver.** Histórico dos direitos alfandegários no Brasil, 1808-1954. Rio de Janeiro, s.d. 911 p., datilografado.

Resumo das principais posições doutrinárias a favor e contra o protecionismo alfandegário, de leis e decretos nacionais e estrangeiros consultados, referentes a direitos alfandegários, cartéis nacionais, dumping do exterior, subsídios à exportação. Finalidade e trechos de leis, decretos, decisões e alvarás sobre direitos alfandegários, comércio interno e externo e tratados de comércio e navegação do Brasil (1808-1954). Modificações introduzidas nas diferentes leis de tarifas brasileiras, tipo de tarifa adotado por diferentes países (tarifas específicas, ad valorem, mistas). Direitos de exportação: histórico a partir da Grécia antiga; produtos taxados por cada país, propósitos da taxação da exportação; critério e taxas da tributação das exportações no Brasil, 1818-82; impostos de exportação nas constituições do Brasil; tratados internacionais, 1851, 1857, 1888. Histórico das tarifas brasileiras a partir de janeiro de 1808: direitos de importação (taxa geral, taxa para diversos artigos, taxas segundo a procedência do produto); direitos de exportação; impostos internos que gravam diretamente a importação e a exportação de mercadorias; direitos sobre gêneros reexportados; critérios para a isenção de direitos alfandegários e artigos beneficiados; tratados de comércio e navegação com países estrangeiros (isenções de direitos, tratamento preferencial, leis e decretos que concederam isenções de direitos de importação e mercadorias beneficiadas). Revisão de tarifas: leis e alteração, comissões de trabalho criadas, diretrizes para elaboração de projetos, conclusões sobre tarifas do Primeiro Congresso Brasileiro de Economia, do Primeiro Congresso Brasileiro de Indústria, da Primeira e Segunda Conferências Brasileiras das Classes Produtoras. Nível de tributação das importações em vários países antes da primeira e segunda guerras mundiais. Unificação da nomenclatura aduaneira, nomenclatura de vários países e a brasileira de cada tarifa; nomenclatura brasileira de mercadorias para uso da estatística nacional. Métodos usados nos convênios internacionais; cláusula de nação mais favorecida nas relações comerciais do Brasil (tratados de comércio que continham essa cláusula, formas de cláusula de nação mais favorecida); Acordo Geral de Tarifas Aduaneiras de 1947; documentação brasileira referente ao GATT. Quadros:

tarifa das alfândegas brasileiras, 1844-1948: data da publicação, mercadorias sujeitas a direitos ad valorem, número de taxas ad valorem e razão (por cento) para fixação dos valores das mercadorias sujeitas a taxas ad valorem, taxa geral, número total de artigos e número de isenções, preço regulador para cálculo ad valorem, caracterização da tarifa, artigos menos e mais tributados por direitos ad valorem (nome do artigo e taxa). Direitos alfandegários, 1823-1953; receita do governo central; direitos de importação arrecadados; participação percentual dos direitos de importação na receita do governo central; valor das importações; incidência (por cento) do total dos direitos de importação sobre o total (do valor) importado. (Bib. Roberto Simonsen)

# VI. Economia Regional

## 1. Fontes de dados estatísticos

**1516. Brasil. Departamento Nacional de Estatística.** Comércio de cabotagem do Brasil. Rio de Janeiro, 1932. 63 p.

Comércio de cabotagem em toneladas e valor, 1921-31. Total, animais vivos, produtos manufaturados, matérias primas, produtos nacionais e nacionalizados em tonelada e valor. Valor da importação de mercadorias nacionais e nacionalizadas, por porto de destino, 1929-31. Valor da exportação de mercadorias nacionais e nacionalizadas por porto de procedência e de destino, 1929-31. Movimento de mercadorias nacionais e nacionalizadas em quantidade e valor, 1929-31. (BDEESP)

**1517. Minas Gerais (estado). Secretaria da Agricultura. Serviço de Estatística Geral.** Carteira estatística de Minas Gerais. Belo Horizonte, Imprensa Oficial, 1929. 573 p.

Dados demográficos, a partir do período colonial. Pecuária, 1912-26. Indústria fabril, 1907-21. Correios, 1912-27. Telégrafos, 1892-1928. Rede ferroviária, 1869-1927. Exportação, 1839-1927. Propriedade imóvel, 1909-26. Movimento bancário, 1911-27. Ensino primário estadual, 1852-1927. Ensino secundário, profissional e superior, público e particular, 1907-21. Finanças municipais, 1889-1927. Finanças da província e do estado, 1835-1927. Situação geral do estado, 1928 (condições físicas, demográficas, econômicas, sociais, administrativas e políticas). A segunda parte da obra trata da sinopse estatística do Brasil, em geral.

**1518. Muller, Daniel Pedro.** Ensaio d'um quadro estatístico da província de São Paulo, ordenado pelas leis provinciais de 11 de abril de 1836 e 10 de março de 1837. Reedição literal. São Paulo, Secção de Obras d'O Estado de São Paulo, 1923. 265 p.

Um dos trabalhos raríssimos de história econômica do Brasil. Editado pela primeira vez em 1838 teve uma reedição em 1923, que também se encontra esgotada. Talvez a primeira tentativa de sistematização de dados esparsos e incompletos, fornecidos pelos diferentes municípios da antiga província. Além da parte propriamente introdutória da obra, onde encontramos os traços biográficos do autor, advertência ao leitor e a introdução propriamento dita, o trabalho de Muller se divide em duas partes distintas: à primeira ele denomina "Estatística geográfica e natural" e nela cuida de aspectos históricos e geográficos da província, além de abordar assuntos relacionados com as diferentes produções dos reinos animal, vegetal e mineral. Cuida nesta parte também da agricultura. Na segunda parte estuda a "Estatística política e civil." Nos capítulos que a compõem estuda a povoação, a população em geral, o governo, as finanças e o estado militar; o comércio de importação e exportação, bem como as divisões eclesiásticas, as irmandades e confrarias e tem um capítulo especial dedicado ao curso jurídico. As tabelas que encerram o trabalho cobrem a maior parte da obra, pois nas últimas 143 páginas encontram-se inúmeros quadros que dão uma idéia de conjunto da situação da província de São Paulo nos seus mais diversos aspectos, nos anos de 1836-37. É obra importantíssima pelas informações que fornece ao pesquisador. (BMSP)

**1519. São Paulo (estado).** Estatística geral e agrícola dos municípios do estado. São Paulo, Secretaria da Agricultura do Estado de São Paulo, s.d. 518 p.

Dados, por município em 1935: histórico da criação, divisão administrativa e judiciária, superfície, aspecto físico e clima, população, instrução pública, vias de comunicação, economia (divisão das propriedades agrícolas, por nacionalidades; por número de alqueires; divisão das propriedades cafeeiras por mil pés; fruticultura, pecuária, máquinas de benefício de produtos agrícolas, e outras atividades agrícolas conforme o município.

**1520. São Paulo (estado).** Relatório apresentado ao Dr. Carlos de Campos, pelo Dr. Gabriel Ribeiro dos Santos, secretário da Agricultura, Comércio e Indústria e Obras Públicas, ano de 1926. São Paulo, Secretaria de Agricultura, s.d. 494 p.

Como fonte de interesse, destacam-se as secções que tratam do comércio internacional (quadro das importações e exportações paulistas relativas ao ano de 1926); safras de café, algodão, a produção agrícola e a produção industrial (quadro da produção, 1924-25 com indicação do ramo industrial e o valor da produção). A indústria têxtil e o movimento marítimo são também focalizados. Em outra secção cabe a vez ao movimento imigratório por nacionalidade. O movimento ferroviário apresenta quadros do movimento financeiro de cada uma das estradas de ferro do estado; há relatórios individuais da Estrada de ferro Sorocabana com quadros indicativos das mercadorias transportadas e o custo por tonelada, como também da Estrada de ferro Araraquarense, com mercadorias transportadas nos anos de 1922-26. (BAESP)

**1521. São Paulo (estado).** Relatório apresentado ao Dr. Jorge Tibiriçá, presidente do estado, pelo Dr. Carlos Botelho, secretário da Agricultura, I. C. e O. P., no ano de 1904. São Paulo, Typ. Brasil, 1905. 237 p.

Aborda a situação da lavoura do café. Faz menção do problema das vendas, da necessidade de se elaborarem estatísticas sobre a produção e consumo mundiais, de se proceder a um estudo em geral da situação cafeeira, tais como stocks no exterior, distribuição e preços. Refere-se também ao problema da diminuição da produtividade por pé de café, fruto de mau aproveitamento da terra. Merecem também atenção as lavouras de algodão e a pecuária. Há dados sobre o movimento geral das exportações do estrangeiro, sobre os produtos importados, movimento de importação proveniente de outros estados. Quadro de importação do estrangeiro, segundo as mercadorias (porto de Santos) e o seu valor comparativo, 1903 e 1904. Quadro de importação por países. Quadro do comércio por Santos. Exportação para o estrangeiro, segundo as mercadorias, abrangendo comparativamente 1903 e 1904. Quadro das exportações por países de destino. Gráfico por colunas da importação e exportação por mercadoria e por origem, anos de 1903-04. Quadros das importações e exportações por cabotagem (volume, peso, valor). Igualmente refere-se o relatório ao movimento marítimo, ao movimento imigratório (entradas e saídas, dados por nacionalidade, movimento de imigração subsidiada e espontânea, movimento da hospedaria de imigrantes). Finalmente o movimento das estradas de ferro: movimento financeiro e estatística de tráfego. Quadro indicativo da receita, despesa, saldo, coeficiente por tráfego, receita por km., despesa por km., saldo por km., das ferrovias. Quadro comparativo, 1903 e 1904. Quadro com o valor das mercadorias transportadas e sua quantidade, 1903. (BAESP)

**1522. São Paulo (estado).** Comissão Central de Estatística. Relatório. São Paulo, Leroy King Bookwalter, 1888. 578 p.

Contém dados sobre áreas provincial e municipal referentes ao período 1872-87: agricultura (cereais, café, outros produtos agrícolas e outros produtos tropicais) em 1886; manufatura (produtos alimentícios e têxteis) em 1886-87; comércio exterior em 1901 e 1907-28; comércio interno em 1901 e 1911-28; transportes, ferroviário, 1886, e por vias aquáticas e navegação a vapor, 1882-83 e 1886-87; moeda e bancos, 1875-86; população e migrações em 1872 e 1882-87; administração pública (impostos) em 1877-78 e 1886-87; empresas em 1877-86; emprego (número, valor e idade dos escravos), 1886; educação, 1877-87.

**1523. São Paulo (estado). Departamento Estadual de Estatística.** São Paulo, 1889-1939: dados gerais do estado. São Paulo, 1940. 110 p.

População, receita e despesa do estado, 1890-1938. Valor total e de cada um dos impostos arrecadados pelo estado, 1890-1938. Exportação e importação para o exterior e outros estados através do porto de Santos, 1890-1938. Movimento bancário: empréstimos, dinheiro em caixa, depósitos (1894-1938), depósitos e retiradas da Caixa Econômica Federal de São Paulo, 1890-1938. Movimento financeiro (extensão da linha, receita, despesa, 1890-1938): S. P. Railway Company, Cia. Paulista de Estradas de Ferro, Estrada de Ferro Sorocabana, Cia. Mogiana de Estrada de Ferro. Vias de comunicação do estado (estradas de ferro, de rodagem, navegação fluvial, navegação aérea—mapas), 1890, 1896, 1902, 1908, 1914, 1920, 1926, 1932, 1938. Instrução pública (despesa efetuada, matrícula, custo por aluno), 1890-1938—ensino primário, secundário, superior, profissional, auxílios a estabelecimentos particulares. População de cada município do estado de São Paulo em 1890. Receita, despesa, população, nascimentos, óbitos em cada município do estado em 1896, 1902, 1908, 1914, 1920, 1926, 1932, 1938. (BDEESP)

**1524. São Paulo (estado). Repartição de Estatísti-**

**ca e Arquivo.** Anuário estatístico de São Paulo. São Paulo, 1898, 1900-29. 30 v.

Contém dados referentes às áreas provincial e municipal, 1835-1929. Agricultura (cereais, café, outros produtos agrícolas e outros produtos tropicais) em 1898-1906; gado (rebanho) em 1898-1906 e (abatido) em 1907-29, vacum, ovino e outros; indústria (manufaturas em geral e têxtil) em 1898 e produtos alimentícios em 1898, 1906 e 1928; comércio exterior em 1901 e 1907-28; comércio interno em 1901 e 1911-28; transportes (animal) em 1927, ferroviário em 1894-98 e 1907-28, (automotor) em 1927 e (aquático) em 1898 e 1907-28; moeda e bancos em 1890-98 e 1907-28; população e migrações em 1822-1929; administração pública (impostos) em 1895-1928; emprego em 1898; salários em 1898; preços em 1911-28; educação em 1835-1929.

**1525. São Paulo (estado). Secretaria da Agricultura, Comércio e Obras Públicas. Diretoria de Indústria e Comércio.** Boletim. São Paulo, Typ. Brasil, 1911-28.

Produção dos principais produtos agrícolas: quantidade, valor, cotação (Bolsa de Valores). Produção industrial: produção, capital, mão-de-obra de algumas empresas, produção industrial total e de alguns setores. Contratos comerciais registrados: denominação das empresas, finalidade, capital registrado. Estradas de ferro do estado: exportação e importação através do porto de Santos por produtos, país de destino e de origem; câmbio diário. Comércio de cabotagem. Movimento marítimo: embarcações, entradas e saídas do porto por bandeira e procedência e destino. Movimento bancário: capital, fundo de reservas, depósitos a vista, depósitos a prazo, valores depositados, caixa, hipotecas. População do estado e da capital, número de prédios da capital, imposto predial. Imposto de consumo pago. Café: mercados de Santos e do Rio—entradas, embarques, estoques, preço, imposto.

(BDEESP)

**1526. Solorzano y Costa, Juan N.** El estado de São Paulo (Brasil): estudio acerca de la verdadera situación del mismo en 1912-13. São Paulo, Diario Español, 1913. 134 p.

Quedas d'água e jazidas minerais existentes no estado. Agricultura: ocupação da terra (área cultivada, florestas, pastos e campos, terras inúteis, distribuição da área ocupada em 1915, por classes de área, 1911 e 1912); número de propriedades e área ocupada por classes de área, 1905, número de propriedades, área e valor por nacionalidade do proprietário, 1905, valor da produção agrícola, 1911 (principais produtos) e no período 1900-12 para alguns deles. Gado: regiões de criação, rebanho, preço da carne, 1911. Condições de trabalho no campo, 1912-13: patronato agrícola, cooperativas, hospedaria de imigrantes, condições de trabalho, o cultivo do café, mão-de-obra imigrante e salário pagos na lavoura do café, colônias agrícolas. Ação do governo do estado na agricultura. Indústria e transportes; principais produtos industriais, valor da produção industrial em 1907-12, valor por produto da produção industrial, 1912; principais vias de transporte do estado. Comércio exterior: valor da importação e exportação no período 1903-12, importação por país de origem e por artigo, 1912; valor da exportação por país de destino, 1911-12; exportação de café e de frutas em 1912. Movimento marítimo: entrada e saída de navios de Santos por nacionalidade, 1912.

Movimento bancário: caixa, contas correntes, depósitos a prazo fixo e judiciais, títulos descontados. Demografia: população do estado e de cada um dos seus municípios, 1912; nascimentos, óbitos, 1910-12; densidade demográfica, 1890, 1900, 1910, 1912; imigrantes entrados no estado, 1827-1910, 1910, 1912; número de imigrantes entrados por Santos por nacionalidade, 1912. Educação e saúde: número de estabelecimentos e de alunos do ensino primário, secundário e profissional, saúde e assistência social no estado. Principais cidades do estado, 1912: número de habitantes, área ocupada, número de vias públicas, praças, clubes, principais empresas industriais e comerciais, número de casas da capital, 1908-12.    (BDEESP)

**Veja também:** 1646.

## 2. Estudos gerais

**1527. Akers, Charles Edmond.** Relatório sobre o vale do Amazonas; sua indústria da borracha e outros recursos. Rio de Janeiro, Jornal do Comércio, 1913. 201 p.

Minucioso relatório de um dos membros de uma comissão de investigação de caráter particular organizada por empresários estrangeiros, entre os quais Farquhar. O objetivo da missão era estudar as condições da bacia amazônica, visando o desenvolvimento e extensão das indústrias existentes, assim como "a criação de novas atividades adaptáveis à condição predominante do trabalho e povoamento," a fim de aumentar o tráfego da Companhia de Navegação e outras empresas existentes. Descreve com minúcias, não só o meio físico, como as atividades econômicas, inclusive dados sobre o custo de vida. As informações são completadas por quadros estatísticos. Cuida mais detalhadamente da borracha, mas não esquece dos produtos secundários, porém de grande importância para a região. Em anexo decretos presidenciais de 1912 sobre a região. Ricamente ilustrada.    (BMSP)

**1528. Andrade, Edgard Lage de.** Sertões do noroeste, 1850-1945. São Paulo, 1945. 355 p.

História das expedições de exploração e penetração da região hoje percorrida pela Estrada de ferro noroeste do Brasil. Estudo dos rios, da construção e das lutas brutais contra os índios e da vida sertaneja. Baseado em depoimentos de sobreviventes, na reunião de elementos esparsos em publicações e em arquivos, tendo o autor vivido e pesquisado na região.

**1529. Biard, François Auguste.** Deux années au Brésil. Paris, L. Hachette, 1862. 680 p.

O viajante detém-se principalmente na Amazônia. Descreve também o Rio de Janeiro, a província do Espírito Santo e a costa norte do Brasil.

**1530. Bossi, Bartolomé.** Viaje pintoresco por los ríos Paraná, Paraguay, Sn. Lorenzo, Cuyabá . . . con la descripción de la provincia de Mato Grosso. Paris, Dupray de la Mahérie, 1863. 153 p.

Aspectos fisiográficos, a mineralogia e as produções naturais da província de Mato Grosso. Informações de ordem geográfica e etnográfica, com descrição de cidades e povoados, recursos naturais e algumas considerações sobre a colonização, que reconhece ser desprezível, na província. A obra é dedicada a Mauá.

**1531. Braga, Cincinato.** Magnos problemas econômicos de São Paulo. São Paulo, O Estado de São Paulo, 1921. 342 p.

Nos dois primeiros capítulos procura mostrar a preponderância de São Paulo no âmbito nacional, apresentando um quadro comparativo no qual coloca as rendas de São Paulo e dos demais estados da federação. Em seguida faz comparação da receita paulista com muitas nações do mundo, entre as quais, México, Chile, Grécia, Portugal, mostrando o alto nível de arrecadação. Aborda imigração, estradas de ferro, portos, eletrificação, saneamento da capital, impostos, reforma tributária, crédito agrícola, siderurgia, emissão, entre outros. (BMSP)

**1532. Brasil. Comissão junto à Missão Official Norte-Americana.** Relatório da comissão brasileira junto à Missão Offical Norte-Americana de estudos do vale do Amazonas; apresentado ao Dr. Miguel Calmon, ministro da Agricultura, pelo eng. Avelino Ignácio de Oliveira. Rio de Janeiro, Serviço de Informações do Ministerio da Agricultura, 1924. 476 p.

Dividido em cinco partes: itinerário e observações locais, geologia e fisiografia e solos, esboço de fitogeografia, exploração de borracha e outros produtos, estatísticas. (BFIESP)

**1533. Brasil. Congresso Nacional.** Impostos interestaduais (1900-1911). Paris, Aillaud, 1914. 643 p. (Documentos parlamentares).

Coletânea de discursos, projetos, pareceres, etc. apresentados à Câmara dos Deputados sobre a questão. Inicia com o projeto apresentado em 1910 por Serzedelo Corrêa visando regulamentar melhor a discriminação de impostos entre a União e os Estados, e encerra com a redação final e aprovação do projeto N° 61 (1911) sobre mandados de manutenção ou proibitórios, relativos aos impostos de importação pelos estados. Importante para o estudo do federalismo brasileiro durante a Primeira República.

**1534. Carvalho, Carlos Miguel Delgado de.** Le Brésil méridional; étude économique sur les états du sud, São Paulo, Paraná, Santa-Catharina et Rio-Grande-do Sul. Rio de Janeiro, 1910. 529 p.

Trata numa primeira parte dos portos e navegação, estradas de ferro, imigração e colonização. Na segunda parte, do café, das indústrias paulistas, das relações comerciais de São Paulo, da colonização nos estados do Paraná e Santa Catarina e do desenvolvimento econômico desses dois estados. A terceira parte é dedicada ao mate, à indústria florestal, à colonização no Rio Grande do Sul e às questões agrícolas deste estado. Por fim examina o Rio Grande do Sul sob os aspectos da pecuária, da indústria e do comércio.

**1535. Cavalcanti de Albuquerque, Luiz Rodolpho.** Comércio e navegação da Amazônia e países limítrofes. Pará, Costa Junior, 1891. 46 p.

Divide-se em duas partes, ''Comércio de trânsito e reforma dos tratados internacionais'' e ''Redução de tarifas e da produção e navegação da Amazônia.'' Mapa da região e inúmeras tabelas estatísticas cuja maior parte abrange o período 1879-90. Obra puramente descritiva elaborada com a finalidade de alertar o governo para a importância da Amazônia e do estado do Pará em particular. (BMSP)

**1536. Denslow, David.** As origens da desigualdade regional no Brasil. Estudos econômicos [Rio de Janeiro], v. 3, abril, 1973: 65-88.

O autor critica a hipótese de Nathaniel Leff, de que o Nordeste teria ganho com a separação política do Sul do Brasil durante o primeiro século de independência. A análise mostra que Leff não dava atenção ao alcance dos possíveis efeitos da integração econômica, entre os quais alguns deviam ter sido favoráveis, como por exemplo a demanda do Sul pelos produtos nordestinos. [WD]

**1537. Dreys, Nicolau.** Noticia descritiva da província do Rio Grande de São Pedro do Sul. Porto Alegre, Instituto Estadual do Livro, Divisão de Cultura, Secretaria de Educação e Cultura, 1961. 173 p.

Contém, na edição de 1961, introdução de Augusto Meyer dando uma notícia bio-bibliográfica do autor. A primeira edição data de 1839 e posteriormente edita-se novamente em 1921. É obra puramente descritiva, dando ênfase especial à geografia, à topologia. Muito pouco tem da ocupação do homem. Registrou no entanto alguns usos e costumes do Rio Grande do Sul e apresenta elementos e dados sempre genéricos sobre Vacaria, Bagé, Taim, Santa Vitória. Cuida, também, embora rapidamente, da indústria, comércio e navegação. (BMSP)

**1538. Egas, Eugenio.** Quatriênio presidencial do Dr. Washington Luis, 1920-1924. São Paulo, s.d. 571 p.

Reúne as biografias do Dr. Washington Luis, do coronel Virgílio Rodrigues Alves, do coronel Fernando Prestes, de Heitor Penteado, Rocha Azevedo, Alarico Silveira e Cardoso Ribeiro. Apresenta ainda a plataforma política do candidato ao governo, Washington Luis. Em seguida publica as mensagens do presidente do estado, Washington Luis, apresentadas ao Congresso Legislativo, em 1920, 1921, 1922 y 1923. Além disso apresenta uma lista das principais leis referentes aos ministérios do Interior, Fazenda, Justiça e Agricultura. A parte dedicada às mensagens é muito rica em informações estatísticas, incluindo uma série enorme de tabelas elucidativas de cada período. Altamente informativa. (BMSP)

**1539. Godoy, Joaquim Floriano de.** A província de São Paulo; trabalho estatístico, histórico e noticioso destinado à Exposição Industrial de Filadelfia (Estados Unidos). Rio de Janeiro, Typ. do Diario do Rio de Janeiro, 1875. 147 p.

Depois de descrever a geografia, as povoações e produções naturais da província, trata da população, criticando o recenseamento de 1872 e apresentando tábuas da população de diversas povoações paulistas (a de Azevedo Marques, 1870, a da repartição de estatística, da população escrava, conforme a lei de 28 de setembro de 1871 e dois mapas organizados pelo autor). Dá a seguir uma notícia histórica, política e administrativa e aborda os aspectos econômicos (estradas de ferro; navegação fluvial; finanças públicas com mapa do volume e valor da exportação do porto de Santos, 1859-74; indústrias, lavoura, colonização, telégrafos e correios); estabelecimentos de caridade. Mapa topográfico da província com o traçado das vias férreas existentes.                    (BMSP)

**1540. Grossi, Filippo.** Lo stato di Minas Geraes. [Bello Horizonte?, S. Nessi e F. Grossi, 1911]. 182 p.

Panorama sumário do estado de Minas Gerais, sua organização política e econômica e o progresso que desenvolvia. Discorre sobre aspectos geográficos e demográficos; sobre agricultura, pecuária, indústrias extrativas de mineração e outras, comércio, vias de comunicação, educação, cidades principais e colônias agrícolas. Referências especiais aos imigrantes italianos no estado destacando algumas figuras de maior importância e suas atividades empresariais.

**1541. Iglesias, Francisco.** Política econômica do governo provincial mineiro (1835-1889). Rio de Janeiro, Instituto Nacional do Livro, 1858. 231 p.

Embora tendo em mira analisar propriamente a política econômica da província de Minas Gerais, dá-nos informações minuciosas sobre a vida econômica da província, como a expansão dos diversos produtos da lavoura; o estado da pecuária; a indústria incipiente (metalúrgica têxtil, chapéus, velas, cigarros, micro-engenhos de açúcar e vinhos); a situação da mão-de-obra, com as tentativas de imigração e colonização; o desenvolvimento dos transportes (estradas de ferro e navegação fluvial); finanças provinciais (orçamentos, tributos, crédito, desenvolvimento bancário). As principais fontes utilizadas são as mensagens presidenciais e os relatórios governamentais.
(Bib. Sérgio Buarque de Holanda)

**1542. Jacob, Rodolfo.** Minas Geraes no XX século. Rio de Janeiro, Impressores Gomes, Irmão, 1911. 665 p.

Tem o mérito de reunir e coordenar dados profusamente dispersos em repartições estaduais e federais. Uma grande riqueza de informações sobre população, colonização, imigração, número de trabalhadores nas atividades agrícolas e pastoris por município; produção e exportação de diversos gêneros agrícolas e pastoris. Para o café há dados sobre área de cultivo, preço, produção, sistemas de plantio e custeio, beneficiamento, transportes, etc. Trata da indústria de mineração e suas empresas; outras indústrias e sua força motriz; maiores detalhes para a indústria têxtil; indústria de açúcar e laticínios. Comércio (importação e exportação); comunicações (vias, estradas de ferro, correios, telégrafos, telefones); quadro da exportação por postos fiscais em 1909. Atividades comerciais e bancárias por município.                    (BMSP)

**1543. Lede, Charles van.** De la colonisation au Brésil; mémoire historique, descriptif, statistique et commercial sur la province de Sainte-Catherine. Bruxelles, A. Decq, 1843. 427 p.

Relatório, o segundo, apresentado à Sociedade Belgo-Brasileira de Colonização, com o objetivo de verificar as condições para o estabelecimento de colônias na região. Os dois primeiros capítulos referem-se à história do Brasil em geral com ênfase na de Santa Catarina. A partir de então as condições desta

província passam a ser examinadas minuciosamente. O autor manifesta-se favorável à colonização belga.

**1544. Leff, Nathaniel.** Economic development and regional inequality: origins of the Brazilian case. Quarterly journal of economics [Cambridge, Mass.], v. 86, May, 1972: 243-262.

A desigualdade regional começou no Brasil, não com a industrialização, senão com o crescimento de exportações no século XIX, no qual o nordeste não participou de maneira igual. O autor acha que a dificuldade insuperável do Nordeste residia na maior lucratividade do café, que atraía os fatores de mão-de-obra e capitais europeus e que, devido à união econômica nacional, elevavam-se os preços das importações e exportações nordestinas. A região também devia ter experimentado um crônico desequilíbrio inter-regional de pagamentos. [WD]

**1545. Lyra Filho, João.** O sertão social; ensaio de psicologia coletiva. São Paulo, Companhia Editora Nacional, 1933. 157 p.

Um ensaio que procura mostrar os problemas do norte do país, principalmente aqueles ligados à educação. Faz referências de passagem às diversas etapas da economia brasileira, mostrando dentro delas a posição do norte do país. Prefácio de Odylo Costa Filho, onde é discutida a posição do autor face aos problemas do norte naquele momento da história do Brasil, ou seja o início do governo de Vargas.        (BMSP)

**1546. Magalhães, Basílio de.** O estado de São Paulo e o seu progresso na atualidade. Rio de Janeiro, Typ. do Jornal do Commércio, 1913. 131 p.

Abordam assuntos bem diferentes: situação geográfica, desenvolvimento político e econômico no século XIX, atuação de figuras de destaque na vida nacional como Glycerio, Rangel Pestana, Campos Sales, Feijó, Vergueiro. Trata ainda da exportação de café durante a segunda metade do século XIX e da prosperidade da agricultura paulista, das crises do início da República e dos primeiros anos do século XX. Apresenta dados econômicos-financeiros do estado de São Paulo mostrando a sua evolução em relação a outros estados, utilizando quase sempre Minas Gerais como elemento de comparação. Apresenta nesse particular elementos referentes à receita e à despesa dos estados e também o movimento do comércio exterior pelo porto de Santos.        (BMSP)

**1547. Marques, Manuel Eufrazio de Azevedo.** Apontamentos históricos, geográficos, biográficos, estatísticos e noticiosos da província de São Paulo seguidos da cronologia dos acontecimentos mais notáveis desde a fundação da capitania de São Vicente até o ano 1876. . . . São Paulo, Martins, 1952. 2 v. (Biblioteca histórica paulista, 1).

Baseada em documentação da antiga Secretaria do governo da Província e cujo fundo constitui atualmente acervo do arquivo público estadual de São Paulo. Foram utilizados outros arquivos como os da Câmara Municipal de São Paulo, Mosteiros do Carmo e de São Bento, da Tesouraria da Fazenda e vários cartórios como o Episcopal de São Paulo, o de órfãos e de notas, além de obras impressas. Apresenta-se em forma de dicionário cujos verbetes dão copiosas informações sobre a geografia e história; biografias de cidadãos e fatos como insurreição de escravos, sedições, etc. Alguns municípios merecem verbetes mais noticiosos, informando sobre suas produções, população livre e escrava, rendas públicas, etc. Apresenta o recenseamento demográfico de 1874 por município e paróquias. Obra de grande utilidade pois utilizou documentação hoje desaparecida.

**1548. Marques de Góes Calmon, Francisco.** Vida econômico-financeira de Bahia; elementos para a história de 1808 a 1899. Bahia, Imprensa Official do Estado, 1925.

Estão incluidos dois trabalhos: "Contribuição para o estudo da vida econômico-financeira da Bahia no começo do século XIX (Subsídio para a história)", "Ensaio de retrospecto sobre o comércio e a vida econômica e comercial da Bahia de 1823 a 1900" (Contribuição para estudo). O primeiro procura mostrar as implicações da mudança do centro administrativo de Salvador para o Rio de Janeiro. Embora em rápidas pinceladas, dá uma idéia da situação da Bahia até 1830 e apresenta alguns dados quantitativos que interessam à história econômica do Brasil. O segundo trabalho, mais elaborado, vai se deter nos aspectos econômicos da Bahia que se relacionam com o seu comércio, tanto interno quanto externo. Não só trata mais cuidadosamente dos elementos comerciais ligados à vida econômica baiana como também dá informações a respeito de nosso comércio exterior. Tabela interessante sobre a exportação da província (estado) para o exterior que abrange os anos 1886-91 e se detém no açúcar, café, cacau e fumo. Ensaio geral deixando muitos claros e é mais do que tudo descritivo. (BIEB)

**1549. Monbeig, Pierre.** Pionniers et planteurs de São Paulo. Paris, A. Colin, 1952. 376 p.

Importante estudo da expansão paulista no século XX. Distingue o autor a primeira fase, aproximadamente em 1900, a segunda em 1929, para se deter mais na análise da zona pioneira da década de 1940, quando se processa o trabalho. Considerações de grande interesse sobre os tipos de pioneiros, o ocupação do solo, técnicas agrícolas, o estado sanitário e demográfico, a formação e desenvolvimento das cidades.

**1550. Peçanha, Nilo.** Política, economia e finanças; campanha presidencial (1921-1922). Conferências. Rio de Janeiro, Imprensa Nacional, 1922. 136 p.

Uma conferência é dedicada aos povos da Amazônia, outra aos povos do nordeste, outras proferidas em São Luis do Maranhão, em Pernambuco, na Bahia e no Espírito Santo, procurando sempre colocar os problemas de cada ponto do país e encontrar caminhos para solucioná-los. (BMSP)

**1551. Rangel Pestana, Paulo.** A expansão econômica do estado de São Paulo num século (1822-1922). São Paulo, Typographia Brasil, Rothschild, 1923. 54 p.

Sumário bem feito, publicado pela Secretaria da Agricultura, Comércio e Obras Públicas do Estado de São Paulo, sendo que o autor era, na ocasião, diretor do setor de

Indústria e Comércio. Informações gerais sobre a população; meios de transportes; agricultura; pecuária (seus progressos entre 1905-19 com a instalação dos frigoríficos); indústria (seus primórdios, instalações das primeiras máquinas a vapor, formação das grandes indústrias do século XX); comércio externo (importação, exportação: mostrando o açúcar substituído pelo café e o incremento das exportações depois de 1880). (BMSP)

**1552. Senna, Nelson Coelho de.** A terra mineira (corografia do estado de Minas Gerais); nova edição correta e ampliada tirada da primitiva edição saída no volume II da grande obra Geografia do Brasil, publicada em 1922 pela Sociedade de Geografia do Rio de Janeiro, em comemoração do Iº centenário da independência nacional. Belo Horizonte, Pimenta de Mello, 1927. 396 p.

Refere-se aos elementos componentes da população mineira, bem como à colonização, correntes imigratórias e seus principais núcleos. Nesse sentido, em cem anos de vida independente, italianos, portugueses e espanhóis lideraram a imigração, seguidos de alemães, fundadores de cidades como Teófilo Otoni e Juiz de Fora, e de sírios. As principais vilas, cidades e localidades mineiras são relacionadas nesta obra, bem como os seus filhos mais ilustres, além da apresentação de dados sobre a instrução pública e particular. Os três poderes, executivo, legislativo e judiciário, são também analisados. Ressalta a importância política e econômica de Minas Gerais, computando minuciosamente os estabelecimentos industriais, comerciais e bancários e salientando que até 1921, 1/5 do corpo eleitoral da república brasileira era representado pelo grande estado central. Monografia informativa.

**1553. Teofilo, Rodolfo.** História das secas do Ceará (1877-1880). Rio de Janeiro, Imprensa Inglesa, 1922. 430 p.

Embora a obra trate fundamentalmente das secas dos anos de 1877-80, de suas causas e das medidas propostas com o fim de prever ou remediar esses fenômenos, o autor aborda também aspectos econômicos da província (indústria e comércio), assim como o estado da instrução.

**1554. Vasconcellos, José Marcellino Pereira de.** Ensaio sobre a história e estatística da província do Espírito Santo. Vitória, P. A. d'Azevedo, 1858. 254 p.

São tão poucas as informações sobre o Espírito Santo que mesmo uma obra tão incompleta quanto esta merece ser mencionada. Informa-nos sobre seus recursos e produções por município e respectivas populações (livre e escrava); o período varia conforme o município; para Vitória, 1818-56. Para 1856 as informações demográficas por termos são mais completas (a população livre é arrolada por sexo, estado civil, raça, profissão e nacionalidade). Número de jurados e votantes 1857-58. Mapa eleitoral de 1837. (BMSP)

**1555. Veiga Filho, João Pedro da.** Estudo econômico e financeiro sobre o estado de São Paulo. São Paulo, Typ. do Diario Official, 1896. 137 p.

Reunião de artigos publicados, 1894-96. Escritos durante a crise da década de 1890, tem o objetivo otimista de chamar a atenção pública para as possibilidades e riqueza do estado de São Paulo. No primeiro artigo tenta uma avaliação dos bens do estado, dos municípios e da propriedade particular (propriedade urbana e rural, predial), lavoura de café e safra anual, estradas de ferro; indústria pecuária e manufatureira; capital realizado dos bancos e outras empresas; capital ativo e no giro. No segundo estuda as finanças do estado desde 1835. No terceiro trata da organização do trabalho agrícola no regime escravista e no livre. Advoga uma série de medidas para uma melhor distribuição da riqueza e formação de uma classe média. O quarto artigo é sobre as estradas de ferro do estado, e o quinto uma análise da crise da década, 1891-94. Livro curioso para a época.                          (BMSP)

**1556. Viveiros, Jerônimo de.** História do comércio do Maranhão, 1612-1895. São Luis, Associação Comercial Maranhão, 1954. 2 v.

Obra volumosa que cobre a história do comércio do Maranhão desde o escambo franco-indígena do período colonial até as exportações do Segundo Reinado e início da República. Cuida do açúcar, algodão, arroz e lavoura em geral. Trata da administração pública, da colonização, escravidão, comércio, estabelecimentos de crédito, índios, indústria, meio circulante, produtos econômicos, saúde pública, transportes e comunicações, tributos, vida social e cultural, apresentando dados quantitativos. Rica em ilustrações. Em apêndice traz uma representação dirigida ao governo imperial pelos subscritores do Banco Hipotecário do Maranhão.         (BMSP)

**1557. Williams, Horace E.** Notas geológicas e econômicas sobre o vale do rio São Francisco. Rio de Janeiro, Imprensa Nacional, 1925. 58 p. (Ministério da Agricultura. Boletim do Serviço Geológico e Mineralógico do Brasil, 12).

Trabalho eminentemente técnico oferece, entretanto, interesse pelas considerações feitas na introdução sobre as condições de vida na região e os efeitos da seca. Revela já consciência da necessidade do desenvolvimento do vale.

**Veja também:** 1104, 1118, 1127, 1140, 1152, 1170, 1197, 1275, 1276, 1277, 1285, 1287, 1288, 1318, 1336, 1358, 1385, 1464, 1494, 1509, 1626, 1681, 1697, 1701.

### 3. Desenvolvimento urbano, urbanização

**1558.** Almanaque nacional do comércio do império do Brasil. Rio de Janeiro, Typ. Imperial, 1832.

Rico em informações sobre as profissões (entre as liberais destaca-se o número de médicos), escolas, tipografias, litografias, estamparia e freguesias da cidade do Rio de Janeiro. Sobre os negociantes da referida praça (nome, endereço, nacionais e estrangeiros); corretores, casas de leilão, coletores e escrivães. Notícias sobre os profissionais estrangeiros particularmente franceses (médicos, farmacêuticos e fabricantes) (nome e endereços). Limita-se à cidade do Rio de Janeiro.                                         (BANRJ)

**1559. Chagas, João Pinheiro.** De *bond;* alguns aspectos da civilização brasileira. Lisboa, Livraria Moderna, 1897. 201 p.

São impressões de um viajante português. Justamente dessa condição decorre o interesse da obra, pois ela era rara na época, como o próprio autor observa, embora os estrangeiros fossem numerosos. Depois da clássica descrição da cidade, informa sobre os restaurantes, hotéis e pensões; sobre a vida noturna e a prostituição. Tece considerações sobre os costumes das classes ricas onde nota grande influência estrangeira, principalmente francesa; sobre o imigrante português e o anti-lusitanismo da república. Descreve os subúrbios, a vida de família, o carnaval. O título da obra decorre da importância que notou no mencionado veículo para a vida urbana da cidade. "No Rio vive-se na dependência do *bond* porque as distâncias são enormes." Impressões de um turista inteligente, não falhas de interesse.                       (BNRJ)

**1560. Geiger, Pedro Pinchas.** Evolução da rede urbana brasileira. Rio de Janeiro, Centro Brasileiro de Pesquisas Educacionais, Instituto Nacional de Estudos Pedagógicos, Ministério de Educação e Cultura, 1963. 462 p.

É o trabalho mais alentado sobre urbanização no Brasil. Sendo o autor um geógrafo, procura ressaltar as características geográficas e as transformações nelas operadas pelo processo de urbanização e industrialização do país. Trata particularmente do período 1940-50, baseado nos respectivos recenseamentos (considera pouco fidedigno o censo de 1920). É o capítulo 3 que particularmente nos interessa, pois embora afirmando que a organização da rede urbana brasileira é fenômeno do século XX, retrocede ao passado para analisar os efeitos da abolição e discordar com diversos autores de que a vida urbana só começa a existir a partir da república. Chega mesmo a admitir a existência de uma organização urbana no período colonial, só que distinta da atual, sendo como foi o resultante de uma economia mercantil.                       (BMSP)

**1561. Moreira de Azevedo, Manoel Duarte.** O Rio de Janeiro: sua história, monumentos, homens notáveis, usos e curiosidades. Rio de Janeiro, Garnier, 1877. 2 v.

Obra bastante informativa para a história do Rio de Janeiro. Trata-se de uma espécie de dicionário biográfico das personalidades ilustres do Rio novecentista e dos principais edifícios da cidade, onde se pode encontrar valiosas informações sobre as entidades que ocupavam os respectivos prédios. O verbete sobre a Praça do Comércio, por exemplo, conta-nos a história não só da construção do edifício, como a dessa organização (Bolsa do Comércio) e suas atividades. Há um capítulo sobre a exposição nacional de 1875 e outro sobre a expansão da cidade. A obra procura refletir a vida e crescimento da capital brasileira e, através dela, o desenvolvimento do país.                                         (BIHGB)

**1562. Singer, Paul Israel.** Desenvolvimento econômico e evolução urbana. São Paulo, Editora da Universidade, 1968. 376 p.

Analisa o processo de desenvolvimento econômico sob o prisma da evolução urbana de São Paulo, Blumenau, Porto Alegre, Belo Horizonte e Recife. Defende como pontos fundamentais os seguintes: a urbanização do Brasil estaria vinculada à expansão do setor externo. Constitui-se, assim, um mercado interno cuja dinâmica depende daquele setor e que poderá ou não romper esta situação de dependência e crescer autonomamente ao se industrializar.

**Veja também:** 1124, 1225, 1253, 1261, 1272, 1277, 1370, 1694.

# VII. Agricultura, Pecuária, Silvicultura

## 1. Fontes de dados estatísticos

**1563. Brasil. Diretoria Geral de Estatística.** Estimativa do gado existente no Brasil em 1916. Rio de Janeiro, Typ. da Estatística, 1917. 121 p.

Número de animais existentes (bovinos, suinos, equinos, asininos, muares, caprinos e ovinos). Raças predominantes das diferentes espécies, reprodutores de puro sangue, preços de venda, peso médio, moléstias e pastagens. Comparação entre o número de animais existentes em 1912 e 1916. Dados por estado e município.          (BDEESP)

**1564. Brasil. Diretoria Geral de Estatística.** Recenseamento geral do Brasil, 1920; relação dos proprietários dos estabelecimentos rurais recenseados. Rio de Janeiro, Typ. da Estatística, 1923. 22 v.

Fornece por estado e município: nome do proprietário; nome do estabelecimento ou localidade.

**1565. Brasil. Diretoria Geral de Estatística.** Recenseamento do Brasil realizado em 1 de setembro de 1920: população pecuária. Rio de Janeiro, Typ. da Estatística, 1922. 51 p.

Resumo geral do gado existente no Brasil (número de animais da espécie—bovina, equina, asinina e muar, ovina, caprina, suina), p. 7. Gado (por espécie) existente nos estabelecimentos recenseados (por estados), p. 8. Gado (por espécie) existente fora dos estabelecimentos rurais (por estados), p. 9. Gado (por espécie) existente nos estabelecimentos rurais, recenseado, por estados, municípios, Distrito Federal e território do Acre (por municípios), p. 13-51.

**1566. Brasil. Diretoria Geral de Estatística.** Recenseamento do Brasil realizado em 1 de setembro de 1920: synopse do censo da agricultura. Rio de Janeiro, Typ. da Estatística, 1922. 90 p.

As tabelas permitem um juízo mais ou menos perfeito das condições das propriedades rurais no Brasil, quer quanto à área dos imóveis, ao sistema de exploração adotado na lavoura, à nacionalidade e categoria dos proprietários, quer quanto ao efetivo dos rebanhos e à capacidade produtiva das terras. As 12 primeiras tabelas referem-se à superfície territorial do Brasil: à extensão das áreas recenseadas; ao valor dos bens inventariados, inclusive as benfeitorias, os maquinismos e os instrumentos agrários; ao sistema de exploração rural; ao país de nascimento e à categoria dos proprietários, p. 5-23. Nos sete resumos seguintes figuram os algarismos relativos aos rebanhos nacionais, segundo as espécies recenseadas, p. 59-79.

Finalmente, os dois últimos fornecem informações sobre a produção de várias colheitas, p. 82-85.

**1567. Brasil. Diretoria Geral de Estatística.** Synopse do censo pecuário da república pelo processo indireto das avaliações em 1912-1923. Rio de Janeiro, Typ. do Min. da Agricultura, Industria e Commercio, 1914. 88 p.

População pecuária por área e por habitante. População pecuária por estado e municípios: bovino, equinos, asininos, muares, caprinos, ovinos, suinos.          (BDEESP)

**1568. Brasil. Diretoria Geral de Estatística.** Valor das terras no Brasil segundo o censo agrícola realizado em 1º de setembro de 1920. Rio de Janeiro, Typ. da Estatística, 1924. 51 p.

O valor das terras, por hectare, constante da presente publicação, representa a média geral, calculada segundo as informações individualmente fornecidas pelos possuidores ou administradores das propriedades rurais. Conforme se pode verificar, foram recenseados 648.153 estabelecimentos rurais, com área total de 175.104.675 hectares (pouco mais de 20% de superfície total de país) e o valor de 10.568.008:691$000, correspondendo propriamente às terras (78,82%); às benfeitorias, 1.918.186:722$000 (18,1%) e, finalmente, aos maquinismos e instrumentos agrários, 324.546:442$000 (3,1%). Os dados estatísticos baseiam-se nas declarações dos lavradores e criadores de 648.153 municípios. Valor médio, por hectare, em cada município e valores extremos (máximo e mínimo) em cada estado. Municípios onde se verificam os valores médios e extremos das terras recenseadas, p. 7-8. Área e valor das terras recenseadas em 1º de setembro de 1920 nos estados, no Distrito Federal e nos territórios, p. 9. Área e valor das terras recenseadas em 1º de setembro de 1920 por estado e por município, p. 10-51.

## 2. Estudos gerais

**1569. Amaral, Luis.** História geral da agricultura brasileira no tríplice aspecto político-social-econômico. 2. ed. São Paulo, Companhia Editora Nacional, 1958. 2 v.

Luis Amaral divide a sua obra em três partes específicas. Nas três primeiras partes estuda a agricultura analisando o papel do homem e do meio, mostrando os elementos étnicos que compuseram a "raça" e procura mostrar tanto os costumes quanto as condições da vida agrícola. Realça a falta de homens na formação inicial da vida brasileira. Quando se estende sobre o papel exercido pelo meio faz uma análise praticamente geográfica, estudando as regiões e procurando mostrar como as condições meteorológicas autuam na vida agrária nacional. Numa segunda parte faz um histórico da instalação da agricultura no Brasil à época do descobrimento, sua expansão rumo ao oeste e os obstáculos que foram se antepor à manobra empreendida. Em seguida vai estudar os fatores propriamente político-econômicos que iriam interferir na vida agrícola do Brasil. Estuda as estradas e os meios de transportes, a política fiscal e alfandegária. Nesta parte dá uma boa idéia do meio circulante e do crédito agrícola. Dentro do estudo dos fatores político-econômicos dedica um capítulo especial ao sistema escravista, analisando a escravidão negra e dos indígenas. Estuda a política da imigração e colonização. Dentro dos fatores políticos e econômicos vai se deter na política agrária, analisando o seu desenvolvimento na colônia e no Império e a atuação ministerial. Além disso aborda o problema do ensino agrícola e a própria organização da política agrária. Aborda, em seguida, na parte geral, o desenvolvimento e o cultivo da mandioca, do açúcar, do algodão, cereais em geral, a pecuária, o fumo, o cacau, a monocultura, a policultura, e dedica um capítulo especial aos cocos, borracha e à carnaúba. O café é estudado numa parte especial do volume 2. É a parte mais cuidada do livro. Na parte final estuda o valor da produção agrícola no Brasil e a marcha para o oeste. É a parte menos elucidativa do livro. Apresenta muitas tabelas estatísticas e quadros elucidativos referentes à política agrária no Brasil.                    (BDH)

**1570. Braga, Cincinato.** Secas do nordeste e reorganização econômica. Rio de Janeiro, Imprensa Nacional, 1919. 88 p.

Projeto (1919) cuidando de liquidar com os problemas da seca nordestina e Cincinato Braga vai mostrar as dificuldades de solução e a necessidade de uma "verdadeira" reorganização econômica para enfrentar as despesas e solucionar a questão. São apresentados elementos interessantes sobre o algodão, preços de exportação, 1901-18, quantidade de fardos exportados para diversos países, entre eles Estados Unidos, Rússia, Alemanha, etc. no ano de 1913. Há dados ainda sobre arrecadação de impostos, 1910-18. Apresenta uma série de sugestões visando solucionar os problemas que se colocam à nação e aos deputados.                    (BMSP)

**1571. Branner, John C.** Cotton in the Empire of Brazil; the antiquity, methods and extent of its cultivation, together with statistics of exportation and home consumption. Washington, Government Printing Office, 1885. 79 p.

Importante, apesar de breve, relatório sobre a economia algodoeira no Brasil. Elaborado para o Departamento de Agricultura dos Estados Unidos.

**1572. Brasil. Ministério da Agricultura.** Boletim do Ministério da Agricultura, Indústria e Comércio. Rio de Janeiro, 1912—.

O boletim, em seus primeiros 6 números (março 1912—jan., fev. 1913) traz uma sinopse dos decretos e resoluções expedidas pelo governo e referentes ao Ministério da Agricultura, Indústria e Comércio, decretos e relatórios. Além disso, são publicados artigos relacionados com problemas agrícolas e informações diversas, como por exemplo: emigração, praxes comerciais, registro de lavradores, etc. Alguns apresentam bibliografias variadas e outros relações de publicações recebidas. No ano de 1926 (2 v.) ainda permanece a publicação dos atos oficiais (primeira parte). A segunda parte preocupa-se com a legislação agrícola e industrial nos estados. A terceira parte dedica-se à publicação de artigos relacionados com a agricultura, a quarta parte refere-se à indústria pastoril, a quinta parte ao comércio e indústria, a sexta parte, a publicações meteorológicas e estatísticas. Como nos números anteriores há uma bibliografia final composta pela relação das publicações recebidas pela Biblioteca do Ministério da Agricultura. Os boletins que foram publicados entre 1937-47 (ano 26-36) já estão divididos em 3 partes e dedicam-se exclusivamente a assuntos agrícolas (o antigo Ministério da

Agricultura, Indústria e Comércio já havia sido desdobrado). A primeira parte traz colaborações variadas (como por exemplo, artigos sobre a juta, drenos de bambu ou o combate à formiga de enxerto); a segunda parte—notas e comentários breves e a terceira parte publica atos oficiais.

**1573. Brasil. Ministério da Agricultura. Diretoria do Serviço de Inspeção e Fomento Agrícolas.** Aspectos da economia rural brasileira. Rio de Janeiro, Villas Boas, 1922. 2 v.

Obra riquíssima em informações sobre a economia rural brasileira, no primeiro quartel do século XX. Cada estado encontra-se dividido em zonas naturais e agrícolas com suas respectivas características geográficas e geológicas. Seguem-se considerações técnicas e econômicas sobre as principais culturas exploradas; produção média por hectare conforme a qualidade das terras; calendário agrícola; salário dos trabalhadores rurais; preço das terras de cultura e exportação geral do estado, 1910-20. Na introdução há uma sinopse do comércio exterior do Brasil de 1889-1920 e tabelas de exportação de 1908-20 por natureza do produto.

**1574. Brasil. Ministério da Agricultura, Indústria e Comércio. Diretoria Geral de Estatística.** Indústria açucareira no Brasil. Rio de Janeiro, Typ. da Estatística, 1919. 102 p.

Resultado de inquérito efetuado pela Diretoria Geral de Estatística, a obra trata da produção das usinas, do comércio interno e externo do açúcar, o consumo local por habitante e situação dos preços nas diversas praças. Aborda o problema da concorrência estrangeira e a situação de inferioridade do Brasil principalmente em relação ao rendimento por área cultivada. Numerosas tabelas estatísticas (1902-17).

**1575. Brasil. Ministério da Agricultura, Indústria e Commercio. Superintendencia da Defesa da Borracha.** A borracha no Brasil; relatorio. . . . Pelo Dr. O. Labroy. Rio de Janeiro, 1913. 173 p.

Trata-se de um relatório apresentado ao Ministério da Agricultura, Indústria e Comércio. A primeira parte apresenta considerações de ordem econômica sobre a produção mundial da borracha com um exame sumário das principais fontes, tanto naturais como sintética. Na segunda parte estuda a *hevea brasiliense* sob o ponto de vista botânico mas também de sua exploração comercial: organização e traçados das estradas; duração anual da exploração das estradas; rendimento; sistema de coagulação; comercialização. Algumas considerações sobre outros aspectos econômicos e aperfeiçoamentos necessários: transporte, vias de comunicação, mão-de-obra, capitais.                    (BMSP)

**1576. Canabrava, Alice Piffer.** O desenvolvimento da cultura do algodão na província de São Paulo, 1861-1875. São Paulo, 1951. 323 p.

Cuidadoso estudo do surto algodoeiro paulista, no início da segunda metade do século XIX. Analisa os fatores de seu desenvolvimento e sua expansão; as condições desse desenvolvimento e finalmente a decadência da cultura algodoeira na província. Nesta última parte trata das primeiras fábricas de tecidos em São Paulo.

**1577. Carvalho Borges, João de.** Economia social:

interesses econômicos da lavoura. Rio de Janeiro, 1908. 131 p.

Trata de problemas relacionados com o povoamento do solo fluminense, a atração de capitais e braços para solucionar a crise resultante da decadência da lavoura cafeeira. Propugna pela instrução profissional (técnica) particularmente relacionada com a agricultura; diversificação agrícola; implantação do crédito agrícola nos moldes alemães e italianos; e estabelecimento de núcleos coloniais. A obra é prefaciada por Lourenço de Albuquerque, que considera difícil a organização do crédito agrícola, dada a absorção do capital pelo comércio e indústria. O lavrador só poderá contar com seu crédito pessoal. Obra importante como ilustração dos problemas resultantes de uma economia extensiva e predatória. (BMSP)

**1578. Congresso Agrícola, Pernambuco, 1878.** Trabalhos do Congresso Agrícola do Recife em outubro de 1878. . . . Recife, Typ. de M. Figueiroa, 1879. 465 p.

Consta da reunião de atas, ofícios, discursos a propósito da reunião; relação nominal dos agricultores, dos membros da Sociedade Auxiliadora e das corporações relacionadas com a lavoura que tomaram parte nos trabalhos do Congresso ou nele se fizeram representar. As memórias apresentadas e as discussões por elas suscitadas abordam problemas de capital importância para a lavoura: mão-de-obra, crédito agrícola, carência de capitais e de meios de transporte, impostos onerosos, fragmentação da propriedade, comparação entre os níveis de vida no norte e sul do país. Destacam-se as queixas contra o governo imperial, que na opinião dos congressistas só favorecia a grande lavoura do sul. Documentação importante para se conhecer a crise da economia açucareira no nordeste, particularmente em Pernambuco e Alagoas. (BIHGB)

**1579. Congresso Agrícola, Rio de Janeiro, 1878.** Coleção de documentos. Rio de Janeiro, Ministério da Agricultura, 1878. 262 p.

O Congresso fora programado pelo Ministério da Agricultura com o objetivo de promover os interesses da grande lavoura, particularmente do centro-sul (estados convidados: Rio de Janeiro, São Paulo, Minas Gerais e Espírito Santo). A particulares e entidades foi enviado um questionário sobre as necessidades mais urgentes da grande lavoura (problemas de mão-de-obra e possibilidade de trabalho dos ingênuos; questão da carência de capital: seria devido à sua falta absoluta no país ou apenas uma questão de crédito agrícola? Como levantar este crédito. Quais os melhoramentos da lavoura e como promovê-los, etc.). Consta da coleção a lista das pessoas ou entidades inscritas no Congresso. As respostas aos quesitos são numerosas e de maneira geral apontam como necessidades mais urgentes para a lavoura a questão do capital e da mão-de-obra. Não contam com os ingênuos como elemento permanente de trabalho. Advogam maiores facilidades de comunicação, a extinção do tráfico de escravos interprovincial e do imposto de exportação, promoção da imigração. O problema dos agregados é abordado. Os paulistas solicitam legislação que favoreça a imigração (casamento civil, separação do estado e a igreja, leis de locação de serviços) e melhoria do sistema educacional. As respostas focalizam também a expansão do café em São Paulo, aspectos sociais de trabalho livre nacional, melhorias técnicas, mas queixam-se da falta de transporte. Apresentam análise das leis bancárias e sistema de crédito. Os de Minas Gerais clamam por melhoramentos técni-

cos. Coleção importante para se conhecer as condições da lavoura da região centro-sul num período de transição entre o sistema escravista e o trabalho livre. (BIHGB)

**1580. Costa Filho, Miguel.** A cana-de-açúcar em Minas Gerais. Rio de Janeiro, Instituto do Açúcar e do Álcool, 1963. 415 p.

A obra prende-se mais ao desenvolvimento da lavoura canavieira em Minas Gerais durante o século XVIII, no entanto avança pelo século XIX nas suas últimas páginas. Inicialmente cuida dos problemas ligados à instalação dos primeiros engenhos e da sua proliferação em território mineiro. Em seguida trata do que chamou a "Guerra dos engenhos," isto é, disputa ou concorrência entre os diferentes estabelecimentos que se instalavam e procuravam se afirmar econômica e financeiramente. Cuida em seguida da aparelhagem desses engenhos, da tributação, da mão-de-obra, do comércio regional e da importação e exportação. Estuda os problemas políticos, na Assembléia Legislativa Provincial e no Parlamento, dando ainda uma visão geral da economia mineira. Estuda os velhos e novos impostos, o problema da arrecadação provincial, os tributos municipais e dos dados comunais. Cuida do que chamou de "micro-engenhos" e dos engenhos centrais. Com o capítulo "Última fase" estuda a criação do engenho central Rio Branco e a importância desse estabelecimento agro-industrial. Procura mostrar, então, a fase de transição que constituíram esses engenhos centrais antes de se instalarem as usinas de açúcar. Traz dados estatísticos sobre a produção mineira de açúcar. (BMSP)

**1581. Diégues Jr., Manuel.** População e açúcar no nordeste do Brasil. [Rio de Janeiro], Comissão Nacional de Alimentação, [1954]. 236 p.

O objetivo da obra é estudar a economia açucareira e suas relações com o homem, no nordeste agrário. Sua tese é de que o latifúndio e o exclusivismo da produção explicam o sistema de trabalho (escravo e depois livre sob o regime de colonato), a hierarquia social, a ausência de um processo dinâmico de urbanização e a existência de uma técnica primitiva e rotineira. Baseado em falas e relatórios presidenciais mostra a divergência de técnicas entre o plantio da cana e a fabricação do açúcar e os conflitos resultantes dessa divergência; o aparecimento da usina que vem acentuar as desigualdades sociais; os efeitos da abolição sobre a escassez de mão-de-obra (os libertos dirigem-se para as cidades e em número maior para as plantações de cacau da Bahia ou de café em São Paulo). Discute a questão dos engenhos centrais versus usinas, estas multiplicando-se com a inflação resultante do Encilhamento. A usina traz a concentração da propriedade rural e a imigração de antigos senhores de engenho para as cidades cujas fisionomias adquirem, em decorrência, traços da vida rural. Nos últimos capítulos o autor detém-se na concentração agro-industrial e nas relações entre população, monocultura e latifúndio. (BMSP)

**1582. Eisenberg, Peter.** The sugar industry in Pernambuco, 1840-1910. Berkeley, University of California Press, 1974. 289 p.

Estudo exaustivo da agro-indústria de açúcar no período de crise aguda, marcada com a perda de mercados e o colapso da escravidão. A tese é que os fazendeiros praticavam um tipo de modernização que mantinha sua posição econômica ao custo de afogar a massa da população na miséria. Representa, portanto, um caso de modernização sem transformação que põe em dúvida cálculos de crescimento do PNB, afastados da realidade social. Boas fontes primárias. [WD]

**1583. Fernandes, Annibal.** Um senhor de engenho pernambucano. Rio de Janeiro, Edições O Cruzeiro, 1959. 152 p.

É obra genérica sobre a vida de um senhor de engenho pernambucano, durante o século XX. Dá idéia, sempre muito geral, dos assuntos ligados à produção de açúcar, o comércio e as safras melhores e piores de um engenho, que luta pela sobrevivência num período de grande desenvolvimento industrial.                                             (BMSP)

**1584. Ferreira Soares, Sebastião.** Notas estatísticas sobre a produção agrícola e carestia dos gêneros alimentícios no Império do Brasil. Rio de Janeiro, Villeneuve, 1860. 366 p.

O autor, formado em ciências físicas e matemáticas e diretor geral da repartição estatística do Tesouro nacional, foi dos primeiros, no Brasil, a tentar um estudo sistemático de nossas estatísticas. A obra em questão não tem pretensões a ser um trabalho científico, mas apenas simples notas sobre os principais gêneros de exportação, seguindo-se considerações sobre a carestia dos gêneros alimentícios na época. Seu objetivo é provar que a produção do país crescia apesar da extinção do tráfico negreiro (segundo o autor não havia abandono da mão-de-obra) e que a carestia prvonha do abandono da plantação dos gêneros de subsistência em prol dos produtos exportáveis. Obra rica em informações.

(Bibl. Sérgio Buarque de Holanda)

**1585. James, Preston E.** Brazilian agricultural development. *In* Simon Smith Kuznets, *et al., eds.* Economic growth: Brazil, India, Japan. Durham, Duke University Press, 1955, p. 78-102.

Analisa o sistema tradicional da agricultura brasileira e seus progressos. Ênfase no período posterior a 1930.

**1586. Linhares, Temístocles.** História econômica do mate. Rio de Janeiro, Olympio, 1969. 522 p.

Um verdadeiro tratado sobre o mate, bebida conhecida na América desde os tempos pré-colombianos. O autor estuda o seu emprego desde então até os dias atuais, quando analisa o problema da colocação do produto no mercado internacional. Aborda problemas técnicos de sua produção, suas crises, enfermidades, transporte, impostos sobre a indústria, propriedades químicas, botânicas e terapêuticas do mate, bem como estuda a atuação do Instituto Nacional do Mate, de suas origens até sua extinção. A obra é enriquecida por uma bibliografia considerável, onde ao lado de obras científicas figuram também trabalhos de ordem folclórica e literária, que contribuem sobremodo ao estudo dessa espécie.        (BIEB)

**1587. Mendes, José Amando.** Amazônia econômica, problema brasileiro. São Paulo, Editora Record, 1939. 204 p.

O autor ainda uma vez tece considerações sobre o problema da borracha na Amazônia, as razões da sua decadência e a maneira de reerguer-lhe a produção. Nesse sentido analisa o latex brasileiro e seu futuro econômico apontando as experiências da sua aplicação na indústria nacional e o estado da manufatura da borracha no Brasil até 1938. Mas não só isso: procura mostrar outros elementos da flora amazônica como a castanha, a copaíba, o timbó, a coquirana que estimulados contribuiriam para o reerguimento econômico da região. O trabalho é enriquecido por dados estatísticos sobre a exportação da borracha brasileira no período 1900-38        (BIEB)

**1588. Mendes, José Amando.** A borracha no Brasil. São Paulo, Sociedade Impressora Brasileira, 1943. 192 p.

O autor, relembrando a fase áurea da borracha, tem em mira redespertar o interesse tanto oficial quanto particular no desenvolvimento das regiões equatoriais, oferecendo sugestões para a consecução de tal objetivo. Alude assim ao vale do Amazonas que ainda em 1919 concorria com mais de 61% da produção mundial de borracha. Em 1932 entretanto, sua contribuição decairia para menos de 1%. A concorrência de ingleses e holandeses ralentaria a produção brasileira até o colapso final. Culpa a imprevidência das administrações federais (Afonso Pena, Marechal Hermes e Epitácio Pessoa) que se esterilizavam em discussões acadêmicas e planos irrealizáveis e omissos. A situação econômica da Amazônia de longa data seria um verdadeiro círculo vicioso criado pelo regime fiduciário inconvertível, rotina da produção e voracidade do fisco. Advoga o fomento da produção nacional para o próprio consumo interno. O governo federal deveria agir no sentido de favorecer o incremento da exportação do artigo, promovendo ainda taxativamente o aproveitamento da borracha através da pavimentação de ruas, estradas, edifícios públicos. Gráficos sobre produção, consumo, cotações, câmbio, 1898-1941.

(BIEB)

**1589. Millet, Henrique Augusto.** A lavoura da cana de açúcar. Pernambuco, Typ. do Jornal do Recife, 1881. 116 p.

Aborda, em geral, os mesmos problemas discutidos em *Os quebra-quilos* (1590). Salienta a persistência da falta de braços, de capitais, de conhecimentos técnicos, de crédito e de excesso de impostos. Apresenta, entretanto, maiores detalhes sobre o trabalhador agrícola e seus hábitos; sobre a questão dos fretes e a rentabilidade das estradas de ferro de Pernambuco e Bahia; compara nível de vida entre Norte e Sul e expõe suas teorias monetárias e creditícias. Vários de seus trabalhos estão também reunidos em *Miscelânea econômica* (Pernambuco, Typografia Jornal do Recife, 1879, 40 p.) onde problemas semelhantes são discutidos e idênticas reivindicações apresentadas. Sua obra é importante para se conhecer a situação da lavoura do nordeste, na segunda metade do século XIX e os pontos de vista de um proprietário médio de engenho.                                            (BMF)

**1590. Millet, Henrique Augusto.** Os quebra-quilos e a crise da lavoura. Recife, Typografia do Jornal do Recife, 1876. 118 p.

Consiste da reunião de artigos publicados no *Jornal do Recife,* em 1875, onde o autor analisa as causas imediatas e mais longínquas do movimento que irrompeu nas províncias de Paraíba, Rio Grande do Norte e Alagoas. Atribui como causa próxima a crise da lavoura de cana e de algodão onde os preços atuais dos produtos eram inferiores aos gastos.

Analisa a origem dessa situação que consistia na inferioridade dos produtos do nordeste em relação aos demais países. Diz que a guerra de secessão dos Estados Unidos e posteriormente a guerra do Paraguai retardaram a crise que agora eclodia. Apresenta como solução ao problema a organização do crédito "popular," diversificação da produção, estabelecimento de um sistema de vias férreas e renovação total dos métodos de fabricação do açúcar. Aborda a questão dos engenhos centrais e os problemas de crédito e mercados a ela relacionados. Fornece dados minuciosos sobre o custeio da lavoura de cana e fabricação do açúcar. Afirma que, com a crise, deu-se uma redução de 20% no salário do trabalhador agrícola.      (BMF)

**1591. Petrone, Maria Thereza Schorer.** A lavoura canavieira em São Paulo; expansão e declínio (1765-1851). São Paulo, Difusão Européia do Livro, 1968. 241 p. (Corpo e alma do Brasil, 21).

Cuidadoso estudo da economia açucareira em São Paulo durante o reerguimento, efêmero embora, da exploração desse produto no Brasil, a partir do último quartel do século XVIII e seu subseqüente declínio.

**1592. Raffard, Henri.** The sugar industry in Brazil. Translated by W. H. Barber. London, 1882. 56 p.

O tradutor explica, em nota, que a versão para o inglês foi feita tendo em vista o crescente interesse dos meios comerciais ingleses pelo açúcar brasileiro, graças às concessões, com garantia de juros, pelo governo imperial para a construção de engenhos centrais no Brasil. O autor, em poucas páginas, nos dá uma visão bastante informativa da indústria açucareira em nosso país. Estuda província açucareira por província, apresentando informações sobre as espécies cultivadas, rendimento por hectare, número de engenhos, custo de produção, rentabilidade, progressos tecnológicos. Conclui que as falhas de produção de açúcar no Brasil resultam da carência de educação profissional, escassez de capital, mão-de-obra, meios de comunicação e excesso de impostos, métodos de cultivo e refino irracionais. Tece considerações sobre a rentabilidade da mão-de-obra escrava e livre.      (BNRJ)

**1593. Rebouças, André Pinto.** Agricultura nacional; estudos econômicos. Rio de Janeiro, Lamoureux, 1875. 409 p.

O objetivo da obra é estimular no Brasil o que o autor denomina "centralização agrícola e industrial" por meio do estabelecimento de engenhos e fazendas centrais e assim desenvolver a agricultura nacional. Ao defender suas idéias apresenta informações minuciosas sobre as atividades agrícolas e situação econômica das diversas províncias brasileiras. Detem-se mais sobre a cultura do café, particularment em São Paulo, onde ressalta os progressos nesse setor; sobre a crise do açúcar, quando oferece informações minuciosas sobre os engenhos da Bahia, a mão-de-obra escrava e a experiência do trabalho livre; sobre o algodão, sua expansão em São Paulo e ainda o trabalho livre; as fábricas de tecidos existentes e em projeto, no Brasil. Termina com observações sobre as conclusões do inquérito de 1874 a propósito dos principais problemas do país: falta de conhecimentos profissionais, escassez de capitais, carência de braços, falta de estradas, elevados impostos de exportação. O que existe é o mal aproveitamento da mão-de-obra. A solução depende de reformas sociais, econômicas e financeiras, particularmente a abolição da escravidão, a divisão do solo (o que chama "a democracia rural") e melhor aproveitamento da população nacional dando-lhe vias de comunicação, instrução e indústria. Obra importante para o estudo da agricultura e lavoura brasileiras.      (BMSP)

**1594. Reis, Fidelis.** A política da gleba. Rio de Janeiro, Leuzinger, 1919. 288 p.

O autor, um dos presidentes da Sociedade Mineira de Agricultura, reúne aqui vários artigos e discursos que datam do período de 1909-19. Aborda assuntos variados, mas todos relacionados com a agricultura, como a colonização no vale do Paraopeba, Minas Gerais, o sul de Minas e seu futuro econômico; sugestões para a reforma do ministério da agricultura; comércio do gado em Goiás e Mato Grosso; cultura de chá em Ouro Preto; a pecuária no Brasil; instrução agrícola e fomento rural em Minas Gerais; transporte do sal; carestia de vida; cultura do cacau, etc.

**1595. Rodrigues Peixoto, Manoel.** A crise do açúcar: os pequenos engenhos centrais; a colonização e o problema servil. Rio de Janeiro, Imprensa Nacional, 1885. 164 p.

Reunião de dois opúsculos e um discurso pronunciado em 1884. No primeiro trata da lavoura em Campos onde presenciava-se uma "revolução agrícola" com a introdução de novas técnicas de cultivo (arado) e novas máquinas para a fabricação do açúcar. Refere-se também à imigração de mineiros e desenvolvimento da lavoura de café. Aborda o problema das usinas de açúcar, sua distribuição, custo de produção. O segundo opúsculo é dedicado ao problema da mão-de-obra, tendo em vista a próxima extinção da escravidão. Revela-se pessimista quanto ao elemento nacional, dados os vícios da economia escravista. O discurso versa sobre o orçamento da agricultura. Manifesta-se a favor do imposto territorial e contra a agitação abolicionista.      (BAESP)

**1596. Sant'Ana, Moacir Medeiros de.** Contribuição à história do açúcar em Alagoas. Prefácio de Manuel Diégues Júnior. Recife, Instituto do Açúcar e do Álcool, Museu do Açúcar, 1970. 514 p.

Minucioso estudo da exploração açucareira com grande utilização das fontes primárias, até então inexploradas. Sua contribuição interessa não só à região mencionada mas ao Brasil em geral.

**1597. Ville de Beauvais. Exposition Industrielle, Agricole, Scolaire et Artistique.** Le Brésil, ses débuts, son développement, sa situation économique, ses échanges commerciaux, ses plantations de café. Beauvais, 1885. 123 p.

Catálogo da seção brasileira organizado pelo Centro da Lavoura e Comércio para a exposição de Beauvais. É apresentado o catálogo dos produtos expostos em sua maior parte tropicais e exóticos—coleção de madeiras, borracha, mate, açúcar, fumo, algodão, coco, peles e couros, fibras da Amazônia. A seção dedicada ao café apresenta maior interesse econômico pois além de considerações gerais sobre o produto, fornece uma lista das fazendas que expõe e dá informações sobre o custo da produção.      (BIHGB)

**1598. Wanderley de Araujo Pinho, José.** História de um engenho do Recôncavo, 1552-1944. Rio de Janeiro, Valverde, 1946. 368 p.

História do engenho da Freguesia desde seus primórdios até a época em que foi escrita a monografia. Aborda temas de grande interesse para a história sócio-econômica, tais como situação da lavoura, regime de trabalho, a condições da mão-de-obra escrava, técnicas de produção, transportes, padrão de vida do senhor de engenho, enfim toda a vida deste tipo de empresa durante quatro séculos. Termina com a agonia e morte do bangüê.

**Veja também:** 1106, 1108, 1121, 1138, 1180, 1181, 1216, 1279, 1299, 1348, 1507, 1514, 1549, 1656, 1662.

## 2a. Estudos gerais: café

**1599. Brasil. Departamento Nacional do Café.** O café no segundo centenário de sua introdução no Brasil. Rio de Janeiro, Departamento Nacional do Café, 1934. 2 v.

Série de artigos sobre o café, sua exploração, beneficiamento, comercialização, papel dos comissários, obtenção de crédito, custo de produção, etc. Obra bastante útil.

**1600. Brasil. Ministério da Agricultura, Indústria e Comércio.** Coffee. Rio de Janeiro, Fluminense, 1928. 86 p.

Informativa publicação sobre a exploração e comercialização do café no Brasil na década de 1920. Dados sobre o plantio, cultivo, doenças, produção, 1900-28, exportação, 1901-27, custos de produção (no estado de São Paulo), preço das terras nos principais estados produtores.

**1601. Burlamaqui, Frederico Leopoldo Cesar.** Monographia do cafeseiro e do café. Rio de Janeiro, Vianna, 1860. 62 p.

O manual faz parte de uma série que trata além do café, do açúcar, tabaco e algodão, os quatro produtos que constituíam na época a base do comércio brasileiro de exportação. Contém a história do café; sua composição química e propriedades; sua cultura, além de estatísticas relativas à exportação, preços e valor comercial das diferentes espécies. Trata-se de uma obra de divulgação da cultura do cafeeiro dentro do espírito que orientava a Sociedade Auxiliadora da Indústria Nacional. (BNRJ)

**1602. Delfim Netto, Antônio.** O problema do café no Brasil. São Paulo, Faculdade de Ciências Econômicas e Administrativas, Universidade de São Paulo, 1959. 349 p.

Elaborada análise econômica do comportamento cíclico, isto é, do comportamento oscilatório dos preços do café durante um século, 1857-1956. Distingue neste período, meio século de mercado livre, quando o comportamento cíclico é claro, e meio século de intervenção estatal, quando, embora disfarçado, mantém-se comportamento idêntico. Ao apreciar a fase intervencionista examina minuciosamente a política cafeeira para em seguida analisar o crescimento da concorrência. Estabelece um modelo do mercado cafeeiro que permite estabelecer as relações entre este mercado, o cambial e o nível de rendimento interno do país. Finaliza com considerações sobre o problema dos acordos internacionais e as possibilidades do Brasil dentro do mercado cafeeiro internacional. Obra fundamental para o conhecimento da economia cafeeira e de seu papel na economia brasileira. (BMSP)

**1603. Escragnolle Taunay, Affonso de.** História do café no Brasil. Rio de Janeiro, Departamento Nacional do Café, 1939-43. 14 v.

Obra monumental, publicada sob os auspícios do Departamento Nacional do Café, é imprescindível, apesar de suas falhas, a qualquer estudo sobre o café no Brasil. Apresenta valiosas informações relativas aos diversos aspectos da economia cafeeira, como a expansão da lavoura de café pelas diferentes regiões do Brasil, o problema da mão-de-obra (a questão do elemento servil, a imigração), o regime de vida nas fazendas (características sociológicas e econômicas), comercialização, influência do café sobre nosso sistema financeiro, câmbio internacional e economia. Os dois primeiros volumes tratam do período colonial, 1727-1832. O terceiro, o quarto e o quinto, abordam o período imperial, 1822-72. Os volumes sexto, sétimo e oitavo, o império, 1872-89. A época republicana, 1889-1906, é o assunto dos volumes nono, décimo, décimo-primeiro e décimo-segundo. Os restantes cuidam do período de 1906-37. Estes tratam principalmente da política governamental, as sucessivas valorizações e diversos atos oficiais. A obra é enriquecida de numerosos depoimentos e de quadros estatísticos comparativos. (BIEB)

**1604. Lacerda, Joaquim Franco de.** Produção e consumo de café no mundo. São Paulo, Typ. da Industrial de S. Paulo, 1897. 196 p.

Escrita em plena crise cafeeira, a obra tem como objetivo expor a necessidade de se organizar a defesa do café brasileiro. Para tanto o autor analisa a marcha da produção e do consumo de café no mundo, dando ênfase às condições de produção no estado de São Paulo e aos aspectos da comercialização e flutuação de preços. Passa em revista a situação econômico-financeira do Brasil, fazendo referências à incipiente industrialização, às medidas de reorganização financeira, política bancária, tendências do emprego dos capitais disponíveis e mesmo à questão social.

**1605. Laërne, C. F. van Delden.** Le Brésil et Java; rapport sur la culture du café en Amérique, Asie et Afrique. La Haye, Wijhoff, 1885. 587 p.

Importante contribuição ao estudo da economia cafeeira. Em relação ao Brasil aborda a questão da mão-de-obra (escrava e livre), a expansão das vias férreas, o comércio e as instituições bancárias, a cultura do café, sua produção, exportação e consumo. Vários quadros estatísticos e ilustrações.

**1606. Milliet da Costa e Silva, Sérgio.** Roteiro do café e outros ensaios; contribuição para o estudo da história econômica social do Brasil. 3. ed. revista e aumentada. São Paulo, 1941. 211 p.

Dos estudos reunidos nessa edição interessam aos objetivos dessa bibliografia, "O roteiro do café" e "Desenvolvimento da pequena propriedade no estado de São Paulo." No primeiro, procura analisar as relações entre a expansão da lavoura cafeeira e o povoamento do estado de São Paulo, depois de uma introdução sobre a situação econômica, no início do século XIX, baseada em R. C. Simonsen (1610) e nos *Documentos interessantes para a história de S. Paulo* (São Paulo, Arquivo do Estado, 1894—). Para análise demográfica utiliza-se dos recenseamentos de 1836 e 1920, relatórios provinciais de 1854 e 1886 e boletins da Secretaria da Agricultura (1935). Discute questões metodológicas e reconhece a precariedade de nossos dados demográficos. Preocupa-se também com problemas de método no ensaio sobre o "Desenvolvimento da pequena propriedade no estado de São Paulo" dada a falha de equivalência entre as unidades adotadas pelas diferentes fontes. Cita o exemplo do critério adotado pela Secretaria da Fazenda do Estado de São Paulo e o utilizado pelo recenseamento de 1920.                    (BMSP)

**1607. Moreira, Nicoláo Joaquim.** Breves considerações sobre a história e cultura do cafeeiro e consumo de seu produto. Rio de Janeiro, Typ. do Imperial Instituto Artistico, 1873. 107 p.

Não trata especificamente do Brasil, mas fornece informações sobre a produção por alqueire, rendimento por trabalhador, aperfeiçoamentos técnicos, problemas de mão-de-obra, aceitação do produto brasileiro nos mercados estrangeiros. Mais da metade da obra constitui-se de estatísticas, algumas datando de 1830, referindo-se à exportação, total e por províncias, destino, quantidade, valor, preço médio, consumo em diversas praças estrangeiras com a respectiva proveniência e cotações nestas praças.                    (BMSP)

**1608. Porto-Alegre, Paulo.** Monografia do café; história, cultura e produção. Lisboa, V. Bertrand, 1879. 526 p.

Alentado estudo sobre o café em âmbito mundial. Embora não específico sobre o Brasil apresenta considerações importantes sobre a técnica do cultivo no Brasil e suas modificações no decorrer do século XIX, como também sobre as maneiras de colher o fruto, os métodos e máquinas para tratamento e beneficiamento do grão. Indicações sobre o rendimento por pé e sobre as variedades comerciais. Finaliza tratando da produção do Brasil em geral e das províncias produtoras em particular, destacando-se a de São Paulo sobre a qual nos dá informações sobre o valor das terras (comparadas com as da província do Rio de Janeiro), mão-de-obra, influência das estradas de ferro, ônus fiscal e produção (estatísticas de 1839-70/71).                    (BMSP)

**1609. Ramos, Augusto.** O café no Brasil e no estrangeiro. Rio de Janeiro, Santa Helena, 1923. 645 p.

O autor, engenheiro, lavrador e professor da Escola Politécnica de São Paulo, teve em mira preencher a falta de um estudo de conjunto sobre o principal produto brasileiro. A obra é rica em informações sobre os métodos de cultivo e processamento do café; tipos de máquinas empregadas; custo da produção (maiores detalhes em relação a São Paulo); e adubação. A comercialização é minuciosamente tratada, em

geral, e particularmente nos portos de Santos e do Rio de Janeiro. Não é esquecida a intervenção do estado no mercado e as valorizações. Há uma parte escrita pelo Dr. Guido Maiestrelo onde são descritas fazendas paulistas em 1922; seus costumes, preço de contratos; despesas e ganhos de uma família; organização do trabalho; capital necessário para formar uma fazenda (comparação entre 1900-22). Obra de grande importância para o assunto tratado.                    (BMSP)

**1610. Simonsen, Roberto Cochrane.** Aspectos da história econômica do café. São Paulo, 1940. 80 p.

O autor, inicialmente, faz um breve histórico da propagação do seu uso e da expansão de suas culturas. Trata da sua introdução no Brasil, mostrando o deslocamento progressivo dos principais centros produtores, até alcançar o planalto paulista. Trata, a seguir, do êxito que teve a produção cafeeira paulista, atribuindo-o à excelência dos terrenos, à multiplicação da rede ferroviária paulista e à solução do problema da mão-de-obra com a introdução da imigração européia. Sobre esse último aspecto analisa, em termos comparativos, a produção cafeeira proveniente da mão de obra escrava e a realizada pelo trabalho livre. Chega à conclusão que embora a rentabilidade não tenha sido excessivamente maior (por problemas vários) nas áreas dominadas pelo trabalho livre, mostra que em termos de aproveitamento global da terra (surgimento de outras culturas de subsistência, humanização das regiões) foi bastante superior o trabalho feito pelos imigrantes. Compara os antigos centros produtores do Estado do Rio com os centros decadentes da cultura cafeeira, onde se fez sentir a presença do trabalho livre. Para ele, os efeitos negativos foram bem menores, nesses últimos. Em seguida, destaca o problema da super-produção, que se inicia em 1897 e que se estende até a crise de 1929. Mostra o papel preponderante de São Paulo na produção global do café e na política de defesa do produto, empreendida a partir da Convenção de Taubaté até 1929.                    (BIEB)

**1611. Smith, Herbert Huntington.** Uma fazenda de café no tempo do império. Rio de Janeiro, 1941. 23 p. (Separata da Revista do Departamento Nacional do Café, Rio de Janeiro, agosto, 1940).

Este folheto corresponde à tradução do capítulo 17 da obra original *Brazil, the Amazons and the coast.* New York, C. Scribner's Sons, 1879. 644 p. Seu autor, um americano, fez viagens sucessivas ao Brasil. Neste capítulo ele dá o seu testemunho sobre o que viu e ouviu em uma das fazendas brasileiras da zona de Entre Rios. De caráter descritivo, o seu trabalho retrata a situação de uma fazenda de café às vésperas da abolição. Descreve, com detalhes, as dependências da fazenda, a colheita, o beneficiamento, a maquinária, o transporte, o comércio e a exportação do café, bem como a mão de obra empregada: o escravo. O prefaciador classifica essas páginas como "uma reportagem honesta sobre a visita que o autor fez a uma fazenda de café."                    (BIEB)

**1612. Stein, Stanley J.** Vassouras, a Brazilian coffee county, 1850-1900. Cambridge, Mass., Harvard University Press, 1957. 316 p.

O objetivo da obra é a grande lavoura cafeeira do século XIX no Brasil, importante para o autor, pelas características que iria imprimir à formação econômica e social do país. Apesar da abordagem monográfica, a escolha de Vassouras, município tão ilustrativo do desenvolvimento, apogeu e decadência da lavoura de café, a farta documentação seriamente trabalhada e o esgotamento dos dados em profundas e cuidadosas análises econômicas e sociais fizeram da obra um modelo para o estudo das comunidades cafeeiras do Vale do Paraíba. Na primeira parte o autor apresenta a região estudada. A seguinte traz uma análise econômica: a fazenda, as técnicas de produção, a mão-de-obra, a venda e o transporte do produto. Depois trata das relações sociais: fazendeiros, escravos e homens livres, estilos de vida, religião e festas. A última parte relaciona as causas da decadência; analisa as conseqüências da abolição, e trata do advento da pecuária. Como apêndice tabelas valiosas e elucidativas sobre câmbio, medidas brasileiras, população do Brasil e por províncias.

**Veja também:** 2669.

### 3. Posse da terra e colonização

**1613. Beaurepaire, Henrique de Beaurepaire Rohan, Visconde de.** O futuro da grande lavoura e da grande propriedade no Brasil; memória apresentada ao Ministério da Agricultura, Comércio e Obras Públicas (Congresso Agrícola. Coleção de documentos.) Rio de Janeiro, Imprensa Nacional, 1878. 22 p.

Apesar de estar incluído em obra já comentada (1579), merece destaque a parte pela originalidade de certas sugestões, a começar pela distinção que faz entre grande lavoura e grande propriedade. Prevê o fim da escravidão pela morte e manumissão. Considera o sistema de parceria condenado pela prática e advoga a instalação de núcleos coloniais e de imigrantes ao longo das vias férreas e em terrenos férteis com base em arrendamentos e vendas. A solução significaria o retalhamento da grande propriedade, mas sem quebra da unidade da grande lavoura pois o fazendeiro conservaria o domínio direto do solo. Quanto ao problema dos ingênuos, é de opinião que sua sorte depende do ensino a ser-lhes ministrado.      (BIHGB)

**1614. Couty, Louis.** Pequena propriedade e imigração européia. Rio de Janeiro, 1887. 149 p.

Obra póstuma, escrita em fins de 1883 e início de 1884, com introdução biográfica do autor e notas por Alfredo de Escragnolle Taunay. Depois de constatar a rápida expansão da lavoura cafeeira em São Paulo e seus progressos, chama a atenção para a desproporção entre as culturas e a mão-de-obra disponível e previne contra o excesso de otimismo, pois as transformações materiais não se fizeram acompanhar das sociais, isto é, do progresso do povoamento e melhoria da mão-de-obra. Apresenta o seu plano de ''colonização da terra cultivada,'' isto é, lotear as grandes propriedades de pouco rendimento a fim de atrair melhores imigrantes da Europa. Mas não tem ilusões. Sabe que os fazendeiros preferem abandonar suas plantações do que vender a propriedade e que, exceto os de São Paulo, nada têm feito pela imigração. Ao tecer suas considerações apresenta uma série de informações sobre contratos de imigrantes, produção e rentabilidade das propriedades. As notas de Taunay também são informativas. Em anexo, o programa da Sociedade Central de Imigração.      (BNRJ)

**1615. Davatz, Thomas.** Memórias de um colono no Brasil (1850). Trad., prefácio e notas de Sérgio Buarque de Holanda. 2. ed. São Paulo, Martins, 1951. 276 p.

Este diário constitui uma preciosa fonte de informações aos estudiosos da imigração no Brasil. Testemunho de quem viveu numa fazenda paulista na condição de colono. Embora polêmico, encerra informes indispensáveis aos interessados em penetrar na história agrária do Brasil dos meados do século XIX. O volume é sobremodo enriquecido pelo prefácio e pelas notas do historiador Sérgio Buarque de Holanda que, ao discorrer sobre a história imigratória e sobre o sistema de parceria em particular, situa e aponta a importância do diário que teve a oportunidade de traduzir.

**1616. Dean, Warren.** Latifundia and land policy in nineteenth-century Brazil. Hispanic American historical review [Durham], v. 51, November, 1971: 606-625.

As origens da lei de terras de 1850, tal como pode-se determinar nos debates legislativos. Esta foi a única tentativa de uma política de terras durante o império. O autor descreve a pretensa solução Wakefieldiana no projeto de 1843, e a sua transformação numa política de terras baratas, visando o exemplo dos Estados Unidos. Devido a pressões locais, a lei foi continuamente burlada até o fim do império. [WD]

**1617. Diegues Jr., Manuel.** População e propriedade da terra no Brasil. Washington, União Pan-Americana, 1959. 277 p.

Numa primeira parte um apanhado da legislação referente à propriedade da terra no império e na república mostrando, às vezes, as discrepâncias entre a situação legal e a realidade. Numa segunda parte trata do problema da colonização e da pequena propriedade, a partir de 1750 (Amazonas, Santa Catarina e Rio Grande do Sul). Depois da independência, aborda a questão no Rio Grande do Sul, Santa Catarina, Paraná, São Paulo e parte do Espírito Santo. Mostra a falta de êxito da tentativa na Bahia e Pernambuco. Procura conceituar a grande, média e pequena propriedades. Embora retroceda às origens, a obra interessa mais para uma análise de épocas mais recentes.      (BNRJ)

**1618. Guimarães, Alberto Passos.** Quatro séculos de latifúndio. São Paulo, Fulgor, 1963. 196 p.

Trata-se de uma análise marxista do latifúndio no Brasil, desde as origens (doação de sesmarias) até a estrutura agrária no século XX, passando pelo latifúndio açucareiro e cafeeiro. Paralelamente estuda a formação das pequenas propriedades em suas diferentes formas (intrusos, posseiros, colônias) e enfoca a crise do sistema latifundiário, que explica pela superprodução e as transformações capitalistas. Estudo mais teórico do que empírico, tem todavia os seus méritos.      (BIEB)

**1619. Lacerda, Cândido F. de.** Estudo da meiação, parceria, etc. e das suas vantagens. São Paulo, 1903. 44 p.

O autor procura demonstrar a lavradores e colonos as vantagens desses sistemas de exploração da terra, tendo em vista o regime tributário existente na época. Examina este regime e os sistemas de parceria existentes, para finalmente expor suas teorias.

### 1620. Lima, Ruy Cirne. Terras devolutas (história, doutrina, legislação). Porto Alegre, Livraria do Globo, 1935. 110 p.

O autor, depois de um histórico da legislação portuguesa sobre o assunto e de uma apreciação do regime jurídico da posse de terras devolutas no Brasil, detém-se na análise da Lei das Terras de 1850 que pos fim ao sistema de posseiros até então vigente. Estuda a lei e respectivos regulamentos, suas falhas e efeitos; as tentativas de reforma sob o governo provisório da república, o sistema de colonização introduzido pela lei de 1850, para terminar com o decreto de 27 de abril de 1931, que introduz modificações no regime de terras devolutas. As referências apresentam-se muito bem cuidadas e é obra imprescindível para uma primeira abordagem do assunto.                                                           (BNRJ)

### 1621. Milliet da Costa e Silva, Sérgio. A queda do latifúndio. O observador econômico e financeiro [Rio de Janeiro], junho, 1939: 15-25.

Estuda a fragmentação da propriedade rural em São Paulo, com a decadência do café.

### 1622. Pereira, J. O. de Lima. Da propriedade no Brasil. São Paulo, Duprat, 1932. 235 p.

Estudo, do ponto de vista jurídico, da origem e organização da propriedade no Brasil, detendo-se particularmente na legislação do estado de São Paulo sob o regime republicano. Analisa a Lei das Terras de 1850 abordando a seguir o regime instituído pela constituição de 1891 que atribui aos estados as terras devolutas situadas em seus respectivos territórios. Os estados, por sua vez, cedem parte de suas terras aos municípios. Discute a legislação e as interpretações jurídicas dos atos do estado de São Paulo sobre terras devolutas, tratando dos bens dominiais dos municípios, suas origens, situação jurídica em face das antigas concessões territoriais para aldeamento indígena, limitações das concessões estaduais, para finalizar com o estudo das duas modalidades que extinguem o domínio municipal por meio da alienação: carta de data e uso capião.
(BMSP)

### 1623. Perrin, Paul. Les colonies agricoles au Brésil; notices géographiques et économiques sur les centres coloniaux créés par le gouvernement fédéral ou par les états brésiliens d'après les documents officiels les plus récents. Paris, Société Générale d'Impression, 1912. 104 p.

Obra bastante informativa, principalmente na segunda parte. Na primeira, depois de uma introdução geral sobre a história do Brasil, apresenta noções geográficas relativas aos 21 estados brasileiros (clima, recursos naturais, imigração e centros coloniais). Menciona, a seguir, as colônias agrícolas de Minas Gerais, Rio de Janeiro, Espírito Santo, São Paulo, Paraná, Santa Catarina e Rio Grande do Sul. A segunda parte, mais minuciosa, tece considerações sobre as diversas colônias: situação, meios de comunicação, população, comér-

cio, culturas de cada núcleo, número de lotes rurais e urbanos. Para algumas colônias dá o número de escolas primárias. É uma espécie de guia para os imigrantes que pretendem se estabelecer no Brasil.

### 1624. Silva Rocha, Joaquim da. História da colonização do Brasil. Rio de Janeiro, Imprensa Nacional, 1918-19. 2 v.

O autor ao empreender a obra era chefe da Diretoria do Serviço de Povoamento do Minstério da Agricultura, Indústria e Comércio. Depois de considerações gerais sobre imigração e sistemas de colonização desde a antigüidade, reproduz no primeiro volume atos referentes ao assunto, 1678-1859, acompanhando-os de discussões no Parlamento brasileiro e comentários do autor. O segundo volume trata do período 1860-1918, seguindo-se o mesmo método. Obra dispersiva, repleta de considerações sobre teorias raciais, comparações com outros países e críticas à política demográfica do regime imperial. Exalta, pelo contrário, a política da república. Apresenta certa utilidade pela soma de informações que oferece sobre o assunto, isto é, imigração e colonização (núcleos coloniais). Os dados estatísticos estão dispersos, o que dificulta a consulta.                                                           (BMSP)

**Veja também:** 1093, 1209, 1224, 1321, 1379, 1543, 1677.

## 4. Insumos

### 1625. Burlamaqui, Frederico Leopoldo Cesar. Catechismo de agricultura . . . , refundido e acomodado aos alunos das escolas rurais do Brasil. Pelo Dr. Nicolao Joaquim Moreira. Rio de Janeiro, Typ. de J. A. dos Santos Cardoso, 1870. 200 p.

A obra, em forma de diálogo entre discípulo e mestre, foi editada às expensas da Sociedade Auxiliadora da Indústria Nacional e revela a preocupação da minoria dirigente em educar e instruir as massas rurais no momento em que se colocava o problema da substituição do trabalho escravo pelo livre. O manual, dividido em várias lições, tece considerações sobre a agricultura, em geral, e sua utilidade, para em seguida ministrar noções elementares de botânica, química, física, meteorologia, geologia e mecânica agrícolas; sobre máquinas, instrumentos, motores e hidráulica, também referentes à agricultura; irrigação, dessecação de terrenos, drenagens; adubos e estrumes; sementeira, colheita e métodos de cultura. Divisão das plantas agrícolas, horticultura e animais domésticos. Procura sempre exaltar a agricultura e o trabalho agrícola.
(BNRJ)

### 1626. Burlamaqui, Frederico Leopoldo Cesar. Manual da cultura, colheita e preparação do tabaco. Rio de Janeiro, Cotrim & Campos, 1865. 135 p.

Trata-se de um manual que procura ensinar como cultivar o tabaco e todos os requisitos necessários para o bom aproveitamento da terra e os cuidados essenciais para melhores colheitas. Cuida primeiramente do tabaco, os efeitos psicológicos de seu uso e da exposição universal do tabaco em 1862. Em seguida apresenta a história natural do tabaco, de suas espécies e variedades passando a descrever a planta e os terrenos onde melhor se adapta. Dá informações sobre os fertilizantes (estrume) que convém ao tabaco e trata da aclimatação e da constituição da terra apropriada ao bom cultivo. No capítulo 7 descreve minuciosamente uma fazenda de tabaco e apresenta um desenho de sua organização. Depois de apresentar os tipos de inimigos do tabaco (pragas) faz uma descrição da colheita e preparação do tabaco.   (BMSP)

### 1627. Companhia Industrial Agrícola e Pastoril d'Oeste de São Paulo. Relatório da diretoria da Cia. Industrial Agrícola e Pastoril d'Oeste de São Paulo. São Paulo, 1914. S.p.

Relatório de uma das maiores companhias de exploração agrícola do estado, possuidora nessa época de uma extensão territorial de 25.000 alqueires, com 1.462.000 pés de café, além de lavouras de cana, indústrias extrativas e pastoris. Contém, ainda, o balanço da Companhia e, em anexo, um artigo de José Antônio Alves Lima, dando suas impressões da visita que realizou à propriedade. Também, em anexo, um extenso relatório redigido em francês e português, de Julien Morel, feito para o Banco Francês Italiano, sobre a Companhia. Neste é feita a avaliação provável das terras, das plantações de café, da maquinária, animais e caminhos. A propriedade, segundo esse relatório, foi avaliada em 4.530.000$000. Finaliza o relatório relatando a possível expansão da propriedade e estima as rendas prováveis da Companhia para os anos 1917-18 e 1923-24.   (BFIESP)

### 1628. Galloway, J. H. The last years of slavery on the sugar plantations of northeast Brazil. Hispanic American historical review [Durham], v. 51, November, 1971: 285-303.

Descrição de melhoramentos na técnica da produção de açúcar durante o século XIX. Nessa época a população da Zona da Mata cresceu de 200 até 500 mil, e completou o desflorestamento. O ajustamento às novas condições do mercado foi muito gradual na técnica e produtividade da mão-de-obra, assim assegurando a sobrevivência do setor, mas não o desenvolvimento. Os capitais eram em grande parte de origem local. [WD]

### 1629. Gomes Carmo, Antonio. Reforma da agricultura brasileira. Rio de Janeiro, Casa da Moeda, 1897. 191 p.

O autor era engenheiro agrônomo, formado pela Escola de Montpellier (França), membro da Sociedade Nacional Agrícola Brasileira e da Sociedade Agrícola da França. Seu objetivo é combater a rotina e a cultura predatória e incentivar a mecanização da agricultura brasileira. Coloca ao alcance do lavrador menos ilustrado noções práticas de agronomia e economia agrária. Ao tecer suas considerações fornece informações sobre preços de custos e venda de produtos agrícolas, hábitos do nosso agricultor e particularmente do pequeno lavrador em Minas Gerais.   (BMSP)

### 1630. Labre, Bento José. Memória oferecida ao ilustríssimo e excelentíssimo senhor Presidente da província de São Paulo. São Paulo, Typ. Commercial Fluminense, 1859. 38 p.

Conselhos aos senhores de engenho de açúcar da província de São Paulo, concernentes aos meios mais adequados de se utilizar a força de trabalho e os recursos do solo. Informa ao mesmo tempo sobre as técnicas empregadas, os meios de transporte utilizados.

### 1631. Lalière, Amour. Le café dans l'état de Saint Paul. Paris, A. Challamel, 1909. 407 p.

Engenheiro agrônomo, o autor, depois de considerações gerais sobre a produção do café no mundo e no Brasil, analisa minuciosamente a cultura do café no estado de São Paulo, condições de clima e solo, métodos de cultivo, tratamento e beneficiamento. As três últimas partes são dedicadas aos aspectos econômicos da produção (mão-de-obra, implementos, preço de custo, situação econômica dos fazendeiros e execução de hipotecas, colocando várias fazendas sob o encargo dos bancos), comercialização do produto e ao problema da valorização. Profusamente ilustrada com fotografias e croquis de máquinas e das instalações de tratamento e beneficiamento do produto. Obra importante para o conhecimento da cultura e economia cafeeira na primeira década do século XX.   (BMSP)

### 1632. Moura, Euclides B. de. A álgebra da nossa riqueza. Rio de Janeiro, 1916. 34 p.

Conferência realizada na Sociedade Nacional de Agricultura onde o autor reivindica maior facilidade de crédito para a lavoura. Diz que crédito só há para o café. Aborda certos problemas como o refluxo de capitais por motivo da guerra; o êxodo rural; a necessidade de mecanização da lavoura que só existia no Rio Grande do Sul e do aumento da produção; a questão dos fretes; o meio circulante e o encaixe dos bancos. Comparações entre o Brasil e outras nações do continente, particularmente com a Argentina. Conclui pela necessidade de emissão monetária.   (BNRJ)

### 1633. Peixoto de Lacerda Werneck, Francisco, Barão de Paty do Alferes. Memória sobre a fundação e custeio de uma fazenda na província do Rio de Janeiro. 3. ed. Rio de Janeiro, Laemmert, 1878. 377 p.

O objetivo do autor é instruir seus contemporâneos lavradores fluminenses que em grande maioria estavam "longe de conhecer as épocas próprias das sementeiras e a maneira de dirigir bem o seu trabalho." Dedica especial atenção à fundação da fazenda; ao meio de conhecer os terrenos férteis; às madeiras, seu uso e qualidades; às obrigações de administrador; à escravatura; às ferramentas e ao café. De grande interesse são suas observações sobre o escravo e sobre as dificuldades de introduzir a mão de obra assalariada na província. Em relação ao café fornece detalhes pormenorizados desde o tipo de terra em que deve ser plantado até explicações sobre a colheita e o saque. Trata ainda da cultura de várias plantas (chá, cana de açúcar, milho, feijão, arroz, mandioca, tapioca, guando, cará, mangaritos, inhame, batata doce, amendoim, mamona), explicando onde e quando devem ser semeados, quando devem ser colhidos, seu uso. Fala ainda ligeiramente sobre os animais. A "boiada" e a "tropa" pelos seus custos elevados não devem ultrapassar o número necessário, uma vez que são indispensáveis, a primeira para o serviço da fazenda, e a segunda para o transporte "sem o que não se pode ser fazendeiro terra acima." Porcos, ovelhas e cabras devem ser criados para a alimentação pois a fazenda além de produzir para o comércio, deve também atender a todas as suas necessidades. Conclui com uma observação de que a terra possui ainda outros recursos como: o anil, o bicho da seda, a cochonilha, o chá, etc. . . . (são apenas mencionados). Esta segunda edição compreende ainda artigos do *Manual do agricultor*, do Major Taunay, sobre os recursos acima citados, a título de Apêndice.

**1634. Pinto, Jerônimo Pereira.** Esboço de manual de agricultura campista. Rio de Janeiro, Laemmert, 1869. 35 p.

Pode-se distinguir neste opúsculo dirigido aos agricultores de Campos dois temas: (1) conselhos sobre o tratamento que se deve dar ao escravo, quando nos dá informações sobre o regime do trabalho escravo na região; (2) incentivos para se reerguer e aperfeiçoar a agricultura; explica como se deve plantar, como usar fertilizantes naturais, como lutar contra as pragas. Manifesta-se contrário à agricultura extensiva. Discorre sobre as estradas e transportes. (BIEB)

**1635. Prado, Nazareth.** Antonio Prado no império e na república; seus discursos e actos. Rio de Janeiro, F. Briguiet, 1929. 814 p.

**1636. Prado, Nazareth.** Primeiro centenário do conselheiro Antonio da Silva Prado; coletânea de discursos, artigos, comentários e noticiários publicados na imprensa brasileira na passagem do 1° centenário do nascimento do conselheiro Antonio da Silva Prado, ocorrido a 25 de fevereiro de 1940. São Paulo, Revista dos Tribunais, 1946. 408 p.

Estas duas obras são inteiramente constituídas de artigos escritos por amigos, parentes e admiradores do conselheiro Antonio Prado. Revelam as múltiplas atividades de um fazendeiro de café: na política (como deputado, senador, ministro da Agricultura e Obras Públicas, prefeito), na indústria, nas finanças (como presidente do Banco Comércio e Indústria de São Paulo), no comércio exportador de café, e como dirigente de uma ferrovia, a Companhia Paulista de Estradas de Ferro. Informações sobre o período do império, a partir de 1840, e sobre a república, até 1929. Dados sobre a educação, mentalidade, recursos econômicos de uma importante família de fazendeiros paulistas durante a era do café. Contém excertos de discursos do Parlamento Imperial relativos à imigração, à fundação de núcleos coloniais de imigrantes, à emancipação dos escravos, ao progresso dos transportes marítimos e fluviais, à modernização dos portos, às lutas partidárias. Informações sobre a expansão cafeeira no oeste Paulista, evolução da Companhia Paulista de Estradas de Ferro, formação de indústrias (Vidraria Sta. Marina, Frigorífico de Barretos), etc. (BMSP)

**1637.** Revista agrícola do Imperial Instituto Fluminense de Agricultura. Rio de Janeiro, 1869-74.

A publicação propõe-se a orientar a lavoura e a desenvolver métodos científicos de cultivo. Com esse objetivo apresenta vários artigos sobre os principais produtos da agricultura brasileira e sobre os que considera conveniente introduzir no Brasil. Observa-se igualmente a preocupação com os aperfeiçoamentos tecnológicos. A seção ''Notas agrícolas'' oferece informações de interesse sobre a situação da agricultura nacional, particularmente na província do Rio de Janeiro. Denota

o interesse na época, de renovação e reerguimento da lavoura nacional. (BNRJ)

**Veja também:** 1246, 1411.

## 6. Política governamental

**1638. Brasil. Congresso Nacional.** Política econômica; defesa da borracha. 1906-1914. Rio de Janeiro, Typ. do Jornal do Commércio, 1915. 632 p. (Documentos parlamentares).

Coletânea de discursos, projetos, mensagens, pareceres, etc., apresentados à Câmara dos Deputados e relativos à defesa da borracha. Inicia com o projeto Passos de Miranda (6 de agosto de 1906). Informa não apenas sobre a política econômica mas também sobre as condições de exploração e comercialização do produto além de considerações gerais sobre a economia brasileira. Em anexo vários decretos referentes ao assunto.

**1639. Brasil. Congresso Nacional.** Política econômica; valorização do café (1895-1915). Rio de Janeiro, Typ. do Jornal do Commércio, 1915. 2 v. (Documentos parlamentares).

Documentos de importância capital para se conhecer as origens e os fatos que levaram à intervenção estatal na economia cafeeira. Consiste na compilação e reunião de discursos, exposições, requerimentos, projetos, etc., encaminhados à Câmara dos Deputados e relacionados com a valorização do café. O primeiro volume inicia com um discurso de Serzedelo Corrêa, presidente da comissão encarregada de examinar o monopólio do projeto apresentado por Francisco Bernardino, em agosto de 1906, sobre o serviço dos câmbios, a defesa da produção, o regime das emissões e créditos agrícolas. O segundo volume, com o parecer da Comissão de Finanças (sessão de 16 de novembro de 1908) sobre mensagem presidencial para finalizar com discurso de Cincinato Braga na sessão de 22 de agosto de 1915.

**1640. Jaguaribe Filho, Domingos José Nogueira.** La verité sur la valorisation du café au Brésil. Rio de Janeiro, 1918. 11 p.

Defesa da política de valorização. Considerações sobre as atividades dos comissários de café; sobre a tentativa dos interesses dos importadores de café dos Estados Unidos contra a medida e repercussão desta na França. Separata da revista internacional *Les documents du progrès*.

**1641. Peláez, Carlos Manuel.** Análise econômica do programa brasileiro de sustentação de café— 1906-1945. Revista brasileira de economia [Rio de Janeiro], v. 25, outubro-dezembro, 1971: 5-212.

Como prefácio, descreve o mercado de café na época anterior às intervenções, 1857-1906. Analisa fatores exógenos, e política monetária e financeira. Em especial, considera os programas dos ministros da fazenda Murtinho e Bulhões. Acha as valorizações sem efeito no sentido pretendido, e de efeitos secundários perniciosos, uma vez que tinham motivos meramente políticos, e distorciam a alocação dos fatores de produção dentro do país. Afinal em 1929 a ''defesa permanente" foi um fracasso tão grande que, mesmo sem a eclosão da depressão mundial, teria resultado na revolta armada. [WD]

**1642. Uribe Uribe, Rafael.** Estudios sobre café. Bogotá, Banco de la República, 1952. 197 p. (Archivo de la economía nacional, 6).

A series of papers prepared in the first decade of the twentieth century. Most were written in Brazil where the author served as correspondent for the Sociedad de Agricultores de Café de Colombia to study Brazilian coffee cultivation. Some of the papers contain astute analyses of Brazil's early valorization schemes and efforts at price control and manipulation of inventories. Other essays consider secular trends in coffee demand, prices and supply. These articles deserve careful reading by those interested in the peculiar problems of coffee production and marketing. [WPM]

**Veja também:** 1104, 1209, 1376, 1443, 1488.

# VIII. Indústria: Manufatura e Artesanato

## 1. Fontes de dados estatísticos

**1643. Brasil. Departamento Nacional de Estatística.** Estatística da produção industrial do Brasil, 1915-1929. Rio de Janeiro, 1933. 362 p.

Estimativas do valor da produção das indústrias sujeitas ao imposto de consumo. Cálculo da produção industrial do Brasil tomando por base o valor das manufaturas sujeitas ao imposto de consumo (ou de produção fabril do estado de São Paulo). Produção industrial brasileira sujeita ao imposto de consumo por espécie e por estados, 1928. O desenvolvimento recente da indústria de eletricidade. Indústrias nacionais isentas do imposto de consumo e sua produção. Imposto de consumo sobre os produtos da indústria nacional, 1915-19; receita arrecadada segundo a espécie de produto; quantidade dos produtos sujeitos ao imposto; valor da produção industrial por estado e por espécie. (BDEESP)

**1644. Brasil. Diretoria Geral de Estatística.** Recenseamento geral do Brasil: relação dos estabelecimentos industriais recenseados no Distrito Federal (Rio de Janeiro) e estados. Rio de Janeiro, Typ. da Estatística, 1924. 2 v.

Fornece por estado e ramo: nome do proprietário; nome do estabelecimento; município e localidade; atividade principal; atividade acessória. (BFIESP)

**1645. Centro Industrial do Brasil.** Estatística da indústria fabril nacional. Rio de Janeiro, Sociedade Anonyma Progresso, 1913. 64 p.

Cálculos baseados na arrecadação do imposto de consumo. Produção nacional, 1911, dos artigos sobre os quais incide o imposto de consumo. Idem classificados por estado. Comparações entre os dados da produção nacional conforme a última estatística do Centro, 1908-09, e o valor da produção calculado pela arrecadação do imposto de consumo. Número de fábricas de cada produto. Produção em quantidade e valor dos vários "tipos" de cada produto. Produtos sujeitos a arrecadação do imposto de consumo: preparados de fumo, bebidas, fósforos, sal, velas, perfumarias, especialidades farmacêuticas, vinagre, conservas, cartas de jogar, chapéus, bengalas, tecidos. Relatório sobre a arrecadação do imposto de consumo, 1911.

(BDEESP)

**1646. São Paulo (estado). Departamento Estadual de Estatística.** Catálogo das indústrias do estado de São Paulo e do município da capital. São Paulo, Departamento Estadual de Estatística, 1943. 2 v.

Fornece para a capital e interior e por ramo: firma ou denominação da empresa; denominação e endereço do estabelecimento; tipo de produção; bairro (distrito de paz) ou cidade; natureza jurídica, data do início de funcionamento e natureza (matriz, filial). (BDEESP)

**1647. São Paulo (estado). Secretaria da Agricultura, Indústria e Comércio. Diretoria de Estatística, Indústria e Comércio.** Estatística industrial do estado de São Paulo, 1928-30. São Paulo, Casa Garraux, 1930-31. 3 v.

Produção industrial em 1910-30. Situação das principais indústrias: número de fábricas, capital, número de operários, força motriz (elétrica, vapor, hidráulica), valor da produção. Quantidade e valor da produção industrial do estado (por produto). Relação das fábricas: nome do fabricante, firmas ou companhias, localização, capital, número de operários, força motriz, produtos fabricados, número de fusos e teares, debêntures. Endereços dos industriais, firmas ou companhias, localização da fábrica e do escritório na capital. (BDEESP)

## 2. Estudos gerais

**1648. Associação Industrial do Rio de Janeiro.** Relatório apresentado à assembléia geral da Associação Industrial . . . pela diretoria da mesma associação. Rio de Janeiro, 1882-84. 2 v.

O relatório de 1882 é de longe bem mais importante que o de 1884 pois historia o início da luta pela industrialização do Brasil sob a liderança das fábricas de chapéus. Transcreve os dois pareceres da Sociedade Auxiliadora da Indústria Nacional, noticia a criação do jornal, *O industrial,* e a atuação de Felício dos Santos. Apresenta comentários sobre a tarifa alfandegária em vigor (1879) e a representação feita ao governo em 1877. Dá relação dos sócios da Associação e relata as atividades tendo em vista a organização de uma Exposição da Indústria Nacional. O Relatório de 1884 refere-se particularmente ao maior ou menor êxito dos produtos nacionais na Exposição Continental de Buenos-Aires. Apresenta informações sobre atividades industriais relativas às estradas de ferro e agita problemas do momento, como o da imigração. (BIHGB)

**1649. Baer, Werner.** Industrialization and economic development in Brazil. Homewood, Illinois, Irwin, 1965. 309 p.

Dedica-se essencialmente ao período posterior à segunda guerra mundial. Há, porém, um capítulo dedicado às tentativas anteriores. Apresenta tabelas estatísticas que também interessam.

**1650. Baer, Werner; e Annibal Villanova Villela.** Crescimento industrial e industrialização: revisões nos estágios do desenvolvimento econômico do Brasil. Dados [Rio de Janeiro], Nº 9, 1972: 114-131.

A revisão consiste em admitir que a industrialização brazileira começa bem antes da primeira guerra mundial, e que a mesma guerra criou um obstáculo à instalação de novas fábricas. Mesmo assim, aumentou-se a produção, e com os lucros da época da guerra pagou-se a expansão manufatureira dos anos 1920. [WD]

**1651. Bandeira Jr., Antonio Francisco.** A indústria no estado de São Paulo em 1901. São Paulo, Diário Oficial, 1901. 227 p.

O objetivo da obra é mostrar o progresso de São Paulo e exaltar o empresário industrial. O autor realizou pesquisa *in loco* (percorreu 145 estabelecimentos) e apesar das dificuldades, falhas e lacunas, seu trabalho constitui um verdadeiro inventário da indústria paulista no início do século XX. Além de considerações gerais sobre as diversas indústrias, traz informações específicas a respeito de cada uma (nome do proprietário, localização, descrição das máquinas, data de fundação, pessoal, produção e, às vêzes a área ocupada). Ressalta o espírito empreendedor do paulista, o papel do imigrante italiano. Observa a dispersão das pequenas indústrias, as condições de trabalho e a ausência de proteção.
(BAESP)

**1652. Biblioteca da Associação Industrial.** Arquivos da indústria nacional. Rio de Janeiro, 1882. 565 p.

Consta de atas, pareceres e decisões do juri geral da Exposição da Indústria Nacional realizada no Rio de Janeiro em 1881. A obra é precedida de uma introdução pelo engenheiro civil Antônio Augusto Fernandes Pinheiros que é a parte mais importante do trabalho. Faz um levantamento geral e minucioso do estado da indústria na época, que considera embrionária e destinada apenas ao mercado interno. São reunidas em 16 grupos, com descrição da produção de cada grupo e nome das empresas representadas. Para as fábricas de tecidos dá-se a sede, data de fundação, número de operários, fusos e teares, tipo de fabricação e origem da matéria prima. Há informações importantes sobre a fabricação de máquinas agrícolas. A segunda parte da introdução levanta os problemas cuja atualidade a Exposição veio acentuar: necessidade de tarifa protecionista, de escolas profissionais, da expansão dos engenhos centrais, do incremento da indústria pastoril, do aperfeiçoamento e expansão do volume das matérias primas e desenvolvimento dos transportes. (BNRJ)

**1653. Brasil. Departamento Nacional de Indústria e Comércio.** Aspectos da indústria brasileira. Rio de Janeiro, 1940. 63 p.

Tendo sua primeira edição publicada em 1928 pelo Museu Agrícola e Comercial do Ministério da Agricultura, a obra foi reeditada e atualizada pelo Departamento Nacional de Indústria e Comércio. Suas informações, portanto, referem-se principalmente à década de 1930. Há entretanto dados anteriores, sobre algumas fábricas na província de São Paulo em 1888, e um quadro estatístico comparativo da indústria brasileira em 1920 e 1938 (número de estabelecimentos, capital, número de operários, valor da produção manufaturada). (BMSP)

**1654. Brasil. Ministério da Fazenda.** Relatório apresentado a s. excia. o snr. ministro da Fazenda pela Comissão de Inquérito Industrial. Rio de Janeiro, 1882. 181 p.

A comissão composta de Fabio Alexandrino de Carvalho Reis, Alexandre A. R. Sattamini e Honorio A. Batista Franco, foi nomeada em 1881, por Saraiva, com o objetivo de estudar o estado das indústrias do país. Contém informações sobre as fábricas de fiação e tecidos de algodão, de chapéus, obras de marcenaria, couro, indústria metalúrgica e artes gráficas. Queixa-se a comissão da falta de estatística pois só conseguiram informações de 136 estabelecimentos industriais da Corte e 32 das províncias. Apesar dessas falhas é obra de importância para o conhecimento do estado embrionário da industrialização do Brasil na época. Completa as informações recebidas com dados fornecidos por pessoas e escritos. É uma contribuição para a história das indústrias acima mencionadas, fornecendo a data de fundação, sede, ativo, procedência da matéria prima e para algumas informações mais minuciosas como o número de operários. Da relação verifica-se ser pequena a participação da província de São Paulo na industrialização do país na época.
(BIHGB)

**1655. Caravelas, Oscar Reynaldo Muller.** História de uma indústria. São Paulo, Graphicars, 1949. 173 p.

O autor nos conta a vida de seu pai, Carlos Muller, e a sua, enquanto traça, paralelamente, o desenvolvimento das indústrias Caravelas. Dá-nos preciosas informações sobre a formação do empresário paulista.

**1656. Carli, Gileno dé.** O processo histórico da usina em Pernambuco. Rio de Janeiro, Pongetti, 1942. 179 p.

Apenas pouco mais do terço da obra interessa ao período estudado. Aborda, entretanto, questões de capital importância como a organização dos engenhos centrais e o espírito que a presidiu. Indica as primeiras brechas introduzidas pela legislação republicana nessa estrutura, e o aparecimento das primeiras usinas. Mostra como o estado de Pernambuco não teve o cuidado observado pelo governo federal ao dar concessões para o estabelecimento de engenhos centrais em São Paulo, isto é, delimitar as zonas tributárias de fornecimento de cana a fim de impedir que a concorrência eliminasse os fornecedores mais fracos. Resultado: só a periodicidade das crises de preço e produção salva alguns fornecedores. Descreve, a seguir, a formação de diversas categorias de fornecedores e suas relações com a usina. Narra a luta entre as usinas e a concentração agro-industrial. Apresenta análise detalhada da situação das diversas usinas e a relação dos fornecedores durante a safra de 1929-30. Demonstra que é enorme a contribuição dos fornecedores, mas que metade da safra destes é produzida pelo pequeno lavrador arrendatário. Relata, enfim, a debacle de 1929-30 e a marcha dos fornecedores que denomina de "a burguesia canavieira" contra as usinas. Apresenta-a como uma luta de classe. Obra importante para o conhecimento das transformações econômico-sociais do Nordeste.
(BMSP)

**1657. Centro das Indústrias do Estado de São Paulo.** Relatório do Centro das Indústrias do Estado de São Paulo. São Paulo, Escolas Profissionais do Lyceu Coração de Jesus, 1929. 10 p.

Detalhes sobre os esforços desenvolvidos pela Diretoria para a instalação do Centro das Indústrias do Estado. Fornece dados sobre o valor da produção industrial de São Paulo às vésperas do censo de 1920, mostrando a participação, cada vez mais crescente, de São Paulo no processo. A seguir refere-se aos esforços da diretoria para solucionar os problemas decorrentes da aplicação da lei de férias e do código de menores, de modo que a indústria não atravessasse séria crise. Refere-se, ainda, aos estudos para a reforma da tarifa aduaneira, fios, tecidos e artefatos de algodão e, em geral, à propalada reforma das tarifas aduaneiras.                    (BFIESP)

**1658. Centro dos Industriais de Fiação e Tecelagem de São Paulo.** A crise têxtil; relatório apresentado pela Comissão do Centro dos Industriais de Fiação e Tecelagem de São Paulo sobre a crise têxtil, suas causas, seus efeitos, seus remédios. São Paulo, 1928. 62 p.

O relatório apresentado consta dos seguintes itens: (a) matéria prima para a indústria paulista; (b) produção nacional; (c) importação; (d) importação clandestina; (e) os remédios. No primeiro item estuda o período 1920-28; elabora uma tabela da produção do algodão no Brasil da qual constam dados sobre a área cultivada em hectares, a produção em massa, a produção média por hectare e o número de fardos de 225 kilos. Em seguida, ao analisar a produção nacional, introduz um quadro sobre a população do Brasil em 1926, com referência a todos os estados da federação, além do Distrito Federal e do território do Acre, num total de 36.879.972 habitantes. Apresenta também dados da produção de tecidos de algodão no ano de 1927, em todos os estados do Brasil, fornecendo elementos sobre a produção anual em metros, o valor total da produção e a quantidade (em quilos) de algodão consumido nesse ano. Ao cuidar da importação apresenta tabelas estatísticas demonstrativas dos países exportadores para o Brasil e dos estados importadores, 1922-26. Consta da tabela a quantidade em quilos e o valor em mil reis. Apresenta para o mesmo período uma tabela de exportação de produtos de algodão e os portos de procedência. Faz ressalvas quanto à entrada de produtos manufaturados e mesmo matéria prima importados clandestinamente e aponta remédios para a crise, tais como o fomento ao cultivo da matéria prima, distribuição de inseticidas pelo governo, revisão periódica das máquinas de beneficiar, revisão das tarifas ferroviárias que abrangem o algodão—sua fibra e subprodutos, além de uma revisão da tarifa aduaneira vigente. Em anexo apresenta um "Projeto relativo à criação" do Departamento Paulista de Algodão, apresentado à Câmara Federal pelo Sr. Orlando de Almeida Prado.                    (BMSP)

**1659. Companhia Cervejaria Brahma.** Relatório da Cia. Cervejaria Brahma; Rio de Janeiro, 1904-54; edição comemorativa do cinqüentenário. Rio de Janeiro, 1954. S.p.

Notícias sobre a origem da cerveja, os princípios da indústria cervejeira no Brasil, os antecedentes históricos da Companhia Cervejaria Brahma, as fases por que passou a companhia no

Brasil. Há gráficos sobre o número de operários desde 1904 até a data do relatório, das vendas anuais de 1904-05, 1909-10, 1912-13, 1921-22, 1928-29, etc.; gráfico sobre a venda de refrigerantes; da contribuição aos cofres da nação da produção da companhia, 1905, 1913, 1920, 1927, etc., dos capitais que a Brahma investiu em 1904, 1912, 1940. Nome dos diretores de Brahma desde 1904.                    (BFIESP)

**1660. Dean, Warren.** The industrialization of São Paulo, 1880-1945. Austin, University of Texas Press, 1969. 263 p.

O autor concentra sua análise no papel das elites paulistas no processo de industrialização de São Paulo. Embora reconheça o papel inicial da expansão da lavoura cafeeira como responsável pela formação de um mercado interno, centraliza suas explicações nas decisões de nível empresarial como a "causa" da industrialização paulista cuja "matriz econômica" teria sido o comércio importador. Contrariando os estudos anteriores, considera a primeira guerra mundial como fator de estagnação e não de desenvolvimento de nosso parque industrial. Apesar de não abranger todos os aspectos da industrialização paulista, nem mesmo ter a intenção de fazê-lo, a obra traz contribuições relevantes para a compreensão do processo.

**1661. Delhaes-Guenther, Dietrich von.** Industrialisierung in Südbrasilien. Köln, Bahlau Verlag, 1973. 346 p.

Estudo do processo de industrialização no Rio Grande do Sul até 1914. O autor focaliza a influência da imigração européia nas colônias de pequenos sítios, e a influência de recursos locais na estrutura da indústria. A experiência era evidentemente muito distinta daquela de São Paulo e Rio. A técnica derivava-se principalmente de usos artesanais, suplementado de vez em quando com viagens de indivíduos à Alemanha para adquirir conhecimentos empíricos. Prevaleciam o auto-financiamento e vendas locais. Documentação ampla. [WD]

**1662. Diégues Jr., Manuel.** O bangüê nas Alagoas; traços da influência do sistema econômico do engenho de açúcar na vida e na cultura regional. Rio de Janeiro, Instituto do Açúcar e do Álcool, 1949. 288 p.

O autor, fazendo uso de um valioso documentário compilado em antigas crônicas, em diferentes publicações e mesmo manuscritos raros, aborda, sob os mais variados aspectos, o papel do bangüê em Alagoas. Como a história do engenho de açúcar em Alagoas se confunde com a própria história daquele estado, o autor ao estudá-lo faz relação do bangüê com a formação da sociedade alagoana, com a economia, com o escravo negro, com a vida social e cultural, não deixando de estudá-lo também em função do folclore. Faz, enfim, a reconstituição de um longo período da história alagoana, dando a sua interpretação sociológica. Na introdução o autor confessa ter sido seu intuito traçar, com o maior número de pormenores possível, o fato do bangüê ter se tornado o centro em volta do qual girou a economia, a vida social e as manifestações culturais daquele estado brasileiro. Entre as ilustrações, apresenta a planta do Engenho Buenos-Aires, demarcado em 30 de novembro de 1858.                    (BIEB)

**1663. Ferreira Ramos, Francisco.** Industries and

electricity in the state of São Paulo, Brazil. São Paulo, Vanorden, 1904. 41 p.

O autor toma a palavra indústria no sentido amplo pois inclui a agricultura, que ocupa o primeiro capítulo da obra. Dentre os produtos tratados ressalta-se o café, com descrição das principais fazendas, métodos de cultivo e de beneficiamento, força motora; número de colonos; comercialização. Reconhece o pouco desenvolvimento da mineração e trata a seguir do setor manufatureiro: indústrias alimentícias, de bebidas, construção, vestuário, couro, móveis, fundições e oficinas mecânicas, papel, etc. Destaque às indústrias têxteis (juta, aramina, algodão e lã) informando sobre o número das empresas, seu capital e força motriz. Menção especial à fábrica do Banco da União em Sorocaba. Quanto à eletricidade fornece número das usinas, dando destaque especial à São Paulo Tramway Light & Power Co. Ltd. Ilustrado e apresentando dois mapas: (1) vias de comunicações (férrea e fluvial), 1903; (2) distribuição da lavoura cafeeira, 1901.          (BAESP)

**1664. Fishlow, Albert.** Origens e conseqüências da substituição de importações no Brasil. Estudos econômicos [Rio de Janeiro], v. 2, dezembro, 1972: 7-76.

Estudo da industrialização brasileira da década de 1890 até o presente. Faz-se análises do processo de substituição das importações em diferentes épocas, em que se recorre ao conceito de surtos industriais—no início da república, na primeira grande guerra e na depressão dos anos 1930. O autor acha que nos dois primeiros períodos foi a influência da inflação que favoreceu a lucratividade do setor industrial. Nas condições da guerra, de fato não se expandiu a capacidade das indústrias, porém aumentou-se a produção, a geraram-se lucros maiores, que invertiam os industriais em novas máquinas no começo da década seguinte. Entre 1919-50, choques exógenos tiveram maior influência no processo de industrialização. A política governamental, em geral, ajudava o processo, e não foi mal dirigida. [WD]

**1665. Forum Roberto Simonson.** Capítulos da história da indústria brasileira. São Paulo, 1959. 127 p. (Coleção Forum Roberto Simonsen, 11).

Consta da publicação de cinco conferências sobre a indústria brasileira, patrocinadas pelo Forum Roberto Simonsen, com apresentação de Garcia Rossi: (1) Olavo Baptista Filho, "Condicionamento geográfico da industrialização" (observações sobre a geografia econômica brasileira, o comportamento demográfico, os centros industriais e os eixos da expansão industrial); (2) Heitor Ferreira Lima, "A indústria no Brasil colonial (atividades manufatureiras e reivindicações econômicas); (3) Jorge Martins Rodrigues, "A indústria brasileira no século XIX (comércio exterior, capitais estrangeiros e óbices à industrialização); (4) Mário F. di Pietro, "O papel de São Paulo no desenvolvimento industrial do Brasil" (referências à evolução industrial de São Paulo, mas trata principalmente da indústria paulista na década de 1950); (5) Constantino Ianni, "Fatores e perspectivas do desenvolvimento industrial do Brasil."

**1666. International Federation of Cotton and Allied Textile Industries. International Cotton Mission to Brazil.** Brazilian cotton; being an account of the journey of the International Cotton Mission . . . , March to September, 1921. By Arno S. Pearse, Manchester, Taylor, Garnett, Evans, 1922. 231 p.

Trata-se do relatório de uma missão internacional que veio a convite de Roberto Simonsen e visitou as principais regiões produtoras de algodão no Nordeste e em São Paulo. Analisa as condições de produção, rendimento por acre, rentabilidade do lavrador. Dá sugestões para a melhoria da produção e de sua comercialização. Faz considerações sobre os meios de comunicação e os resultados benéficos produzidos pela construção de estradas na Paraíba e Rio Grande do Norte. Aborda também o setor da indústria de fiação e tecelagem. Termina com considerações gerais sobre o algodão no Brasil (em São Paulo também sobre o café) e a indústria no Brasil. Em apêndice, uma lista das fábricas de tecidos por estado (número das fábricas, proprietários, capital, valor dos empréstimos, reserva, força motriz, número de operários, de teares e fusos e mercadorias produzidas).          (BMSP)

**1667. Kohlhepp, Gerd.** Industriegeographie des nordöstlichen Santa Catarina (Südbrasilien). Heidelberg, Geographisches Institut der Universität Heidelberg, 1968. 402 p.

A industrialização de Joinville e Blumenau. Contém umas cem páginas referentes aos anos até 1914. Trata-se das precondições sociais e políticas, dos problemas de fornecimento de matérias primas, de transporte, e de capital. [WD]

**1668. Peláez, Carlos Manuel.** História da industrialização brasileira; crítica à teoria estruturalista no Brasil. Rio de Janeiro, APEC, 1972. 241 p.

A obra se inicia com uma série de reflexões visando colocar em cheque a tese de que o desenvolvimento brasileiro tomou o seu verdadeiro impulso após a Grande Depressão. Aliás, a política cafeeira é estudada, a partir de 1930, e serve de coluna de apoio para as afirmações do autor. Apresenta ainda um histórico das indústrias do aço, carvão vegetal, cimento, além de dedicar uma parte do livro aos eventos que cercaram a instalação da Itabira Iron.

**1669. Simonsen, Roberto Cochrane.** A evolução industrial do Brasil. São Paulo, Empresa Gráfica da Revista dos Tribunais, 1939. 80 p.

Falta de proteção alfandegária após 1808, determinismo geográfico, revolução industrial nos Estados Unidos da América. Tarifa de 1844, regime livre cambista até aquela data e dificuldade da balança de pagamentos. Nova elevação tarifária em 1866, superavit na balança comercial, instalação dos principais estabelecimentos industriais. Situação da indústria nacional: número de estabelecimentos, valor da produção, capital, número de operários, 1850, 1866, 1881, 1880-90 (primeiro surto industrial), 1890-95. A partir de 1905 observase ritmo sempre crescente na evolução industrial. Recenseamentos de 1907 e 1920, produção industrial em 1938. O estado de São Paulo, evolução industrial, 1920-38 (valor da produção industrial, número de operários, capital empregado, concentração regional da indústria, número de estabelecimentos, força motriz), política tarifária. Evolução industrial de São Paulo: participação na produção industrial brasileira. Desde 1901 observa-se pronunciado afluxo de colonos para as cidades principais, para a capital do estado; depressão dos preços conduzindo a uma baixa dos salários no interior, formação de um mercado para os produtos industriais. Fatores favoráveis ao surto industrial de São Paulo: lucros da lavoura, recursos vindos do exterior, energia elétrica abundante e relativamente barata, existência de artífices industriais entre os imigrantes, situação geográfica da capital (centro ferroviário), as solicitações do mercado interno, a guerra mundial dando novos impulsos e direções. Predominância de artigos para consumo imediato no parque industrial paulista, salários pagos e matérias primas consumidas pela indústria paulista. Característica do processo de industrialização brasileiro: a indústria se constituiu graças às solicitações do consumo, determinadas pela impossibilidade absoluta de importação. Mercados internos: matérias primas adquiridas no mercado interno, volume de transporte, importação de matéria prima estrangeira, especialização regional. Produção de energia: energia elétrica (a partir de 1883), carvão, CNP. Quadros: índices do custo de vida e da produção industrial de São Paulo e no Brasil, 1914-38. Índices da produção industrial brasileira; comércio de cabotagem de matérias primas e manufaturas; importação de matérias primas estrangeiras, 1931-38. Produção industrial nos vários estados do Brasil, 1938. Arrecadação do imposto de consumo nos estados, 1937-38. Participação percentual de cada estado na arrecadação do imposto de consumo e contribuições para o IAPI. Dados para os anos de 1914-38, valor e índice: câmbio sobre Nova York; meio circulante; custo de vida; salários (só índice); produção industrial do Brasil, São Paulo e resto do Brasil (valor nominal e ponderado: deflacionado pelo custo de vida).                              (BFIESP)

**1670. Simonsen, Roberto Cochrane.** As finanças e a indústria. São Paulo, São Paulo Editora, 1931. 55 p.

Conferência pronunciada em São Paulo, no Mackenzie College, a 8 de abril de 1931. Na primeira parte traça a evolução da indústria a partir da revolução industrial na Inglaterra no século XVIII até os nossos dias com os modernos "trusts" americanos, oportunidade em que tece observações quanto à política de altos salários e seus efeitos sociais. Numa segunda parte, ao analisar a racionalização apresentada pela Alemanha, afirma que os alemães souberam aproveitar a experiência de nações adiantadas—principalmente o "scientific management" dos americanos—em proveito de uma maior e melhor produção. Só na terceira e última parte analisa a política industrial do Brasil. Trata de temas como: a pobreza do povo, seu poder aquisitivo; o parque industrial brasileiro, protecionismo, produtividade; carestia de vida, etc. Defende, enfim, para o Brasil a racionalização das forças produtivas e a conquista para o seu povo de um padrão de vida correspondente àquele dos países mais adiantados.              (BIEB)

**1671. Stein, Stanley J.** The Brazilian cotton manufacture; textile enterprise in an underdeveloped area, 1850-1950. Cambridge, Mass., Harvard University Press, 1957. 273 p. (Studies in entrepreneurial history).

As origens e o crescimento da indústria têxtil brasileira, ressaltando os aspectos peculiares da industrialização numa área subdesenvolvida. Distingue três períodos: o formativo, 1850-92, quando nos mostra os obstáculos a implantação da indústria e o papel dos importadores portugueses na estabilização do setor. Destaca ainda a resistência da indústria têxtil às inovações, conservantismo que atribui à herança social

brasileira. Considera o segundo estágio, 1892-1930, a sua idade de ouro. Tendo em vista a alta margem de lucro a indústria têxtil brasileira expande-se rapidamente, acentuando sua concentração no Rio de Janeiro e São Paulo. Em crise atinge a terceira fase, 1930-50, quando as forças inovadoras começam a se fazer sentir e se acelera a ascendência da indústria como força política. Obra importante para o estudo não só do processo da industrialização do Brasil, mas também da história econômica brasileira.

**1672. Vidraria Santa Marina.** Livreto comemorativo: 1903-1953.

Contém o histórico da companhia, dados biográficos de Antonio Prado, uma pequena história do vidro e da primeira vidraria do Brasil (fundada seis anos antes da Santa Marina). Descreve a evolução da Santa Marina, até sua associação à "Corning Glass Works" dos Estados Unidos. Trata-se de um resumo muito breve. Detalhes sobre assistências médica, social, habitações e recreações fornecidas aos operários em 1953.                                      (Bibil. particular)

**Veja também:** 1086, 1087, 1091, 1100, 1272, 1368, 1581, 1583.

## 3. Insumos

**1673. Góes, Raul de.** Um sueco emigra para o nordeste; vida, obra e descendência de Lundgren. Rio de Janeiro, Olympio, 1963. 127 p.

O autor estuda, com rara felicidade, a atuação da família Lundgren no nordeste brasileiro. A partir da figura de Herman Lundgren, imigrante sueco chegado ao Brasil em meados do século XIX, Raul de Góes acompanha a atividade dessa família, fazendo não uma biografia pura e simples mas um estudo da própria economia nordestina dos fins do século passado às primeiras décadas do século atual. A atividade de Herman Theodor Lundgren junto à indústria e o comércio pernambucano e paraibano foi notável, pois foram de sua iniciativa a fundação de uma fábrica de pólvora (1861), a exportação da cera de carnaúba, peles e couros, bem como a industrialização do sal de Macau e Areia Branca, sem contar com o seu maior feito, a exploração da indústria têxtil na região. À imagem do pai, segundo o autor, seus filhos vêm tendo também atuação destacada na região, sobressaindo sobretudo na Paraíba, onde conseguiram transformar uma região antes inóspita, a antiga aldeia de Preguiça, na sede de uma das maiores indústrias da região.          (BIEB)

**1674. Martin, Jean Marie.** Processus d'industrialisation et développement énergétique du Brésil. Paris, Institut des Hautes Études de l'Amérique Latine, 1966. 376 p.

Bem documentado estudo sobre as relações entre as fontes de energia do Brasil e o desenvolvimento industrial. Examina a escassez de combustíveis e os obstáculos à industrialização, a estrutura industrial, o papel do poder público, as modificações estruturais do consumo energético e a expansão do setor energético (indústria carbonífera, petrolífera e elétrica). Em anexo a evolução da produção industrial do Brasil, 1914-62; os problemas metodológicos relativos à avaliação do consumo energético e potência já instalada, em construção ou programada, no fim do primeiro trimestre de 1963.

**1675. Martins, José de Souza.** Empresário e empresa na biografia do Conde Matarazzo. Rio de Janeiro, Instituto de Ciências Sociais, 1967. 110 p.

Análise da ideologia do conde Francisco Matarazzo, o maior industrial do Brasil da velha república. Compara-se auto-conceitos, atitudes quanto aos operários e à sociedade em geral, com as realidades da incipiente industrialização numa sociedade hierarquizada e marcada com traços coloniais. As contradições são marcadas, como por exemplo o fato de que Matarazzo considerava-se comerciante e não industrial, um conceito que freqüentemente aplicava na administração das empresas. Voltando às teorias da centralidade do empresário de Schumpeter, Hagen e outros, conclui-se que foram incorporados elementos ideológicos do próprio empresário. De fato Matarazzo aparece menos inovador do que mediador, e as suas aplicações de tecnologia, parciais e insatisfatórias. [WD]

**1676. Muniz Barreto de Aragão, Francisco.** Manual do fabricante de açúcar. Paris, Remguet, 1853. 86 p.

Oferecida aos proprietários de engenho e mestres de açúcar da Bahia, a obra pretende indicar os meios de aperfeiçoar a indústria açucareira pois, segundo o autor o ''grande atraso na fabricação'' no Brasil era a causa dos baixos preços que o produto alcançava no mercado internacional. É de opinião que todos os melhoramentos introduzidos na fabricação do açúcar de beterraba também podem sê-lo no de cana, mas que a ação do governo, diminuindo as taxas que recaíam sobre o produto, seria um fator importante nessa transformação da indústria açucareira no país. Passa, a seguir, às considerações de ordem técnica, que constituem o objetivo do autor e que refletem o esforço e as tentativas feitas na época para uma recuperação da tradicional atividade da economia brasileira.

**1677. Pellanda, Ernesto.** A. J. Renner, um capitão da indústria. Porto Alegre, Livraria do Globo, 1944. 125 p.

Biografia de um descendente de colonos alemães do Rio Grande do Sul (1884—) e pioneiro da indústria rio-grandense. Há um capítulo introdutório sobre os primórdios da colonização estrangeira no Vale do Caí (Rio Grande do Sul).

# IX. Indústria Extrativa

## 2. Estudos gerais

**1678. Brasil. Ministério da Fazenda. Conselho Técnico de Economia e Finanças.** A grande siderurgia e a exportação de minério de ferro brasileiro em larga escala. Rio de Janeiro, 1938. 268 p.

Parecer do relator Pedro Rache sobre os projetos Raul Ribeiro, Paul H. Denizot e *Itabira Iron,* em considerações e votos de alguns conselheiros e conclusões finalmente votadas pelo Conselho. Há um retrospecto de todas as discussões travadas em torno dos problemas da siderurgia brasileira e o da exportação do minério em grande escala, desde 1909.

**1679. Diniz Gonçalves, Alpheu.** Ferro no Brasil: história, estatística e bibliographia. Rio de Janeiro,

Tip. do Ministério da Agricultura, 1932. 130 p. (Ministério da Agricultura. Serviço Geológico e Mineralógico, Boletim no. 61).

Oferece-nos, depois de um suscinto mas bem documentado histórico da exploração do ferro no Brasil, desde os tempos coloniais, uma série de quadros estatísticos referentes à importação de ferro manufaturado (barras, chapas, máquinas, etc.) para o período 1926-30. Apresenta rica bibliografia, decretos e outros atos públicos relativos à siderurgia no Brasil. Obra de grande utilidade.

**1680. Ferreira, Francisco Ignacio.** Diccionario geographico das minas do Brasil, concatenação de noticias, informações e descripções sobre as minas, extrahidas de documentos officiaes, memorias, historias. . . . Rio de Janeiro, Imprensa Nacional, 1885. 754 p.

O autor, funcionário da Secretaria do Estado dos Negócios da Agricultura, Comércio e Obras Públicas e chefe da seção encarregada do ''serviço de minas,'' procurou reunir neste dicionário tudo o que de mais curioso tivesse sido publicado sobre o ''importante ramo da indústria nacional,'' com o intuito de tornar conhecidas as riquezas espalhadas pelo Império. O dicionário fornece, de cada uma das vinte províncias do império e mais do município neutro, os limites de cada uma, sua posição astronômica, clima, comarcas, jazidas minerais e, em apêndice, observações de natureza mineralógica ou geológica de cada uma delas. Na introdução, o autor apresenta uma série de informações sobre as diversas camadas geológicas do Brasil, suas riquezas em minerais, metais e em pedras preciosas, bem como sua distribuição pelas diferentes províncias, procurando mostrar a importância da exploração dessa riqueza para o desenvolvimento do país.     (BIEB)

**1681. Gonzaga de Campos, Luiz Felippe.** Informações sobre a indústria siderúrgica. Rio de Janeiro, Empresa Brasil Editora, 1922. 117 p. (Ministério da Agricultura. Serviço Geológico e Mineralógico, Boletim no. 2).

O autor, depois de indagar as causas do atraso nesse setor, estuda as condições de seu desenvolvimento e a situação da siderurgia brasileira na época, 1910-16. Detém-se particularmente na região do Vale do Rio Doce e Minas Gerais. A obra consiste da reunião de vários trabalhos escritos em épocas diferentes, mas dentro do período acima assinalado.

**1682. Jobin, José.** The mineral wealth of Brazil. Rio de Janeiro, Olympio, 1941. 169 p.

Descrição, localização e exploração dos recursos minerais do Brasil. Os dados referem-se principalmente ao período posterior a 1930. Mas nas considerações gerais há alguma informação relativa à época anterior.

**1683. Peláez, Carlos Manuel.** Itabira Iron e a exportação de minério de ferro do Brasil. Revista brasileira de economia [Rio de Janeiro], v. 24, outubro-dezembro, 1970: 139-174.

Análise da proposta de Percival Farquhar, o promotor americano de empresas, de construir uma estrada de ferro de Minas Gerais até a costa Atlântica, exportar minério de ferro e importar carvão para queimar numa usina integrada que ele construiria no Espírito Santo. O autor acha a idéia viável tecnicamente, e economicamente de grande significado para o Brasil. As "ambições monopolistas" do grupo Farquhar são admitidas, porém contrapostas ao "nacionalismo emocional" e "ignorância" dos brasileiros. Considera Itabira Iron "uma das maiores frustrações desenvolvimentistas da história econômica da América Latina." [WD]

**1684. Ribeiro da Silva, Raul.** O problema da siderurgia no Brasil e o contrato da Itabira Iron Ore Company Limited. Rio de Janeiro, 1922. 133 p., mimeo.

Aborda a situação mundial dos minérios de ferro e os do Brasil e sua exportação; as possibilidades do mercado siderúrgico brasileiro para manter a indústria do ferro no país. Estuda ainda a localização da indústria siderúrgica, o Vale do Rio Doce e o transporte do minério. Faz, em seguida, um estudo sobre o carvão vegetal e mineral e a produção de energia elétrica. Estuda o custo de produção do ferro no Brasil e no Vale do Rio Doce. Detém-se então no contrato da Itabira Iron Ore Company, analisando as exposições do ministro da Viação e o contrato de 1916 da Companhia Estrada de Ferro Victoria a Minas. Tece considerações em torno do desenvolvimento da indústria siderúrgica no país. Anexa diversas "gravuras," quadros estatísticos sobre o aumento do preço dos minérios no Lago Superior, sobre custo do ferro guza, importação de produtos siderúrgicos no Brasil, etc. Em anexo: (1) exposição do ministro da Viação sobre o contrato da Itabira Iron Ore Company; (2) contrato da Itabira Iron Ore Company com o governo federal; (3) ofício do Tribunal de Contas e exposição do presidente da república pelo ministro da Viação; (4) contrato de 1916 da companhia E. F. Victoria a Minas com o governo federal; (5) exposição do ministro da Viação Tavares Lyra sobre o contrato de 1916 da Victoria a Minas; (6) parecer da Comissão de Constituição e Justiça da Câmara dos Deputados; (7) voto vencido do Deputado Gonçalves Maia; (8) decisão do Tribunal de Contas negando registro do contrato da Itabira Iron Ore Company.

**Veja também:** 1094, 1527.

### 3. Insumos

**1685. Gorceix, Henri Claude.** O ferro e os mestres de forja na província de Minas Gerais. Rio de Janeiro, Imprensa Nacional, 1880. 24 p.

Faz um apanhado da produção de ferro de Ouro Preto e regiões circunvizinhas, mostrando em detalhes as diversas conformações geológicas onde é encontrado. Analisa as possibilidades do uso do carvão vegetal na produção de ferro e considera o seu custo inferior ao da hulha ou coke. Estuda os processos de extração do carvão, a evolução da fabricação do ferro e seus processos na província. Descreve as fábricas existentes, o custo da produção, o número de operários e condições de trabalho. É apenas um opúsculo de um técnico, mas de importância capital para o conhecimento da situação dessa indústria na época e na região estudada.          (BMSP)

**1686. Laris, F.** Brazilian Iron Steel Company (American); Itabira Iron Ore Company (British); Victoria-Minas Railway. 1916. 34 p., datilografado.

Parecer sobre projeto de investimento nos setores mencionados no título, baseado em relatórios anteriores e depoimentos. Analisa minuciosamente a situação legal e financeira das empresas e as possibilidades futuras (custo, rentabilidade, capitalização, etc.). De interesse para a indústria siderúrgica no Brasil e suas relações com o capital estrangeiro. Em anexo um mapa localizando a Victória-Minas Railway.

# X. Transporte, Utilidades e Serviços Públicos

## 1. Fontes de dados estatísticos

**1687. Brasil. Ministério da Fazenda. Diretoria de Estatística Econômica e Financeira.** Movimento marítimo: 1929 a 1933. Rio de Janeiro, 1935. 158 p.

Número e tonelagem de entradas e saídas de navios, inclusive viagens repetidas para 1929-33: total de entradas e saídas, navios nacionais e estrangeiros, a vapor e a vela, de longo curso e cabotagem, entradas e saídas por porto, por empresas de navegação (agrupadas por nacionalidade). Número e tonelagem de entradas e saídas de navios brasileiros e estrangeiros, a vapor e a vela, por estados, inclusive viagens repetidas, para 1902-06.          (BDEESP)

## 2. Estudos gerais

**1688. Azevedo, Fernando.** Um trem corre para o oeste, estudo sobre a Noroeste e seu papel no sistema de viação nacional. 2. ed. São Paulo, Melhoramentos, 1958. 222 p.

A partir da análise do papel econômico e social das vias de comunicação e dos diversos meios de transporte utilizados pelo homem para se locomover, o autor focaliza o papel primordial das estradas de ferro e traça o histórico das vias férreas brasileiras. Dentre elas destaca a Estrada de Ferro Noroeste do Brasil da qual apresenta o histórico, a organização, aspectos financeiros e outros mais, tais como sua influência no panorama econômico, demográfico, estratégico e político do país. O volume, além de ilustrado, é enriquecido pelo relacionamento de fontes primárias e secundárias de interesse para os estudiosos da viação brasileira.

**1689. Barros, Eudes.** A Associação Comercial no império e na república; antecedentes históricos. Rio de Janeiro, 1959. 292 p.

Narra o desenvolvimento e as atividades da Associação Comercial do Rio de Janeiro, desde sua fundação, em 1834, até a década de 1950, destacando a atuação de seus sucessivos presidentes. Mas ao fazer a história da entidade, o autor toca em problemas fundamentais da vida comercial, financeira e econômica do país, durante o longo período estudado. Em apêndice a Carta econômica de Teresópolis (6 de maio de 1945).

**1690. Companhia Paulista de Estradas de Ferro.**

Relatório da directoria da Cia. Paulista de Estradas de Ferro. São Paulo, 1878-1933.

Resumo da situação geral da companhia: tráfego, conservação da via permanente, situação financeira, remessas para Londres, dividendos, movimento e cotação de ações, ampliação da linha e da área tributária da companhia, navegação. Tráfego: número de passageiros, de animais, quantidade de café e de outras mercadorias transportadas, extensão da linha em tráfego (férrea e fluvial), 1872-1932; movimento de cada estação—passageiros, mercadorias, imigrantes, café, açúcar, sal, em 1878, 1880, 1884, 1887, 1888; quantidade de mercadorias recebidas e entregues de e para outras estradas, em 1923-27; procedência, por estação, do café transportado em 1927. Tonelagem quilométrica transportada pela companhia 1923-32; extensão das linhas eletrificadas, capital dispendido nas instalações fixas da eletrificação, economias feitas, 1929; material rodante existente, 1927; receita proveniente do transporte de passageiros, animais, mercadorias, valores, bagagem e encomendas em 1918-27. Navegação no rio Mogi-guaçu: número de passageiros, mercadorias, sal, receita e despesa da navegação, quilometragem percorrida pelos vapores e lanchas. Conservação da via permanente: substituição de dormentes; aquisição e conservação de locomotivas, carros e vagões; construção de balsas e canoas, construção de linhas de telégrafo. Fundo de aumento, melhoria e renovação do material fixo e rodante, 1927; despesas com a reparação e conservação de carros, vagões e locomotivas em 1923-27. Situação financeira: receita, despesa e saldo; formação e distribuição da renda líqüida em 1872-1932; amortização dos empréstimos de 1892 e 1922; empréstimos de 1878, 1892 e 1922. Capital realizado em ações; capital e renda líquida para efeitos contratuais; dividendos distribuidos; empréstimos feitos a diversas companhias; impostos pagos e restituição da garantia de juros; custo das linhas. Custo global das linhas e suas dependências em 1872-1929: despesa com pessoal e material em 1923-27; movimento de ações, balanço, balancete, de receita e despesa, distribuição do saldo anual. Serviço florestal: extensão da área, número de árvores, plantação anual, despesa e renda anual e total em 1908-29. Relação dos acionistas em abril 1930 e dezembro de 1932: nome, número de ações integradas, número de ações em 1929 e 1932. (BDEESP)

**1691. Costa, Affonso.** A marinha mercante (o problema da atualidade). Rio de Janeiro, Imprensa Nacional, 1917. 188 p.

História da marinha mercante brasileira e análise dos problemas que enfrentava na época. Aborda também o comércio de cabotagem e a navegação de longo curso, com alguns dados estatísticos sobre o comércio exterior, 1906-16.

**1692. Debes, Célio.** A caminho do oeste; subsídios para a história da Companhia Paulista de Estradas de Ferro e das ferrovias de São Paulo. São Paulo, 1968. 175 p.

Descreve as raízes históricas de uma das mais importantes estradas de ferro do Brasil, construída numa época em que São Paulo se preparava para a grande eclosão de progresso que o transformaria no mais opulento estado da federação. Mostra o autor que a primeira estrada de ferro estabelecida em São Paulo organizou-se sob os auspícios de uma companhia inglesa, a São Paulo Railway Company, e foi inaugurada em 1867,

percorrendo uma extensão de 139 quilômetros. Indo de Santos a Jundiaí, foi a grande monopolizadora do transporte para o porto que viria a ser o mais importante do Brasil. Nessa época entretanto Campinas era o ponto chave do transporte do café, despontando então a idéia de que a estrada deveria chegar até essa cidade. No entanto os dirigentes da companhia inglesa, embora tivessem preferência para a construção da linha desejada, não demonstraram interesse pelo empreendimento, o que fez o presidente Saldanha Marinho tomar providências para a incorporação de uma companhia paulista. A 16 de dezembro de 1867 estabelecia-se a incorporação para a construção de uma estrada de ferro que margearia os cafezais paulistas e que se faria com capital brasileiro. (BIEB)

**1693. Duncan, Julian Smith.** Public and private operation of railways in Brazil. New York, Columbia University Press, London, P.S. King, 1932. 243 p.

Cuida do desenvolvimento da política ferroviária do governo imperial, 1835-89, dividindo este período em dois, delimitados entre 1835-74 e 1874-89. Estuda, a seguir, a política republicana do setor, distinguindo ainda dois períodos: 1890-1914 e 1915-20. Conclui assim a primeira parte da obra, cuja abordagem é descritiva e cronológica. Na segunda parte tece considerações em torno de vias férreas especificamente analisadas, tais como, Rede Sul Mineira, Estrada de Ferro Sorocabana, Viação Férrea do Rio Grande do Sul. Na terceira parte, mais analítica, procura fazer um estudo comparativo entre as diversas estradas de ferro com o objetivo de encontrar os fatores comuns a todas elas. Em apêndice publica dados sobre as flutuações comerciais, 1821-1930, e sobre as variações de preços e volumes do transporte ferroviário (uma série enorme de tabelas comparativas). Oferece ainda diversas tabelas estatísticas sobre as estradas de ferro, dando, entre outros, dados sobre a extensão quilométrica, fretes, número de empregados, percentagem da utilização por capacidade dos carros, etc. Obra importante como tentativa de análise operacional do sistema ferroviário brasileiro. (BMSP)

**1694. Dunlop, Charles J.** Apontamentos para a história da iluminação da cidade do Rio de Janeiro. Rio de Janeiro, n.p., 1949. 134 p.

Cobre o período de 1763-1886 e faz um apanhado geral sobre o problema da iluminação da cidade do Rio de Janeiro, através dos lampadários, oratórios de esquina, candieiros a azeite de peixe, passando pela iluminação a gás e chegando até as primeiras instalações elétricas e o início das atividades da Light no Rio de Janeiro. Contém fotografias interessantes do Rio de Janeiro do começo do século XX e do final do século XIX. (BMSP)

**1695. Ferreira, Manoel Rodrigues.** A ferrovia do diabo; história de uma estrada de ferro na Amazônia. São Paulo, Edições Melhoramentos, 1959. 344 p.

Estudo da construção da estrada de ferro Madeira-Mamoré. Inicia a narrativa no século XVIII, com as tentativas de conquista do interior amazonense, os vários esforços para vencer as cachoeiras dos rios e as diversas expedições realizadas. Estuda as primeiras tentativas fracassadas de construção da ferrovia no século XIX. Analisa a efetiva construção da estrada, já no século XX. Dados sobre os custos da construção e os pareceres de Rui Barbosa sobre o preço apresentado pela companhia construtora. Dá as razões da intervenção do governo federal e os resultados obtidos. Rica em fotografias e dados estatísticos referentes aos gastos com a construção da estrada. (BMSP)

**1696. Goulart, José Alípio.** O mascate no Brasil. Rio de Janeiro, Conquista, 1967. 223 p.

Estudo de um dos tipos populares do Brasil—o mascate—cuja atuação foi de importância capital para a vida econômica, social e cultural do Brasil. Relata sua origem a partir da idade média, seu aparecimento no Brasil, suas atividades e nacionalidade.

**1697. Mesquita, Elpídio de.** Aspectos de um problema econômico. Navegação e colonização na Bahia. Rio de Janeiro, Leuzinger, 1909. 261 p.

A obra está concentrada na navegação marítima e fluvial na Bahia. Dedica maior parte aos problemas ligados à navegação fluvial do Rio São Francisco. Mostra as vantagens da circulação por agua, chamando a atenção para movimentos a favor dos transportes por agua na América do Norte, na Alemanha e na França. Cuida do litoral baiano, da pesca, da indústria extrativa e da produção agrícola. Um único capítulo é dedicado à colonização. Traz, em apêndice, uma carta do Dr. Orville Derby sobre o regime de aguas no sertão do norte e as novas tarifas da Estrada de Ferro do São Francisco. É obra rica em informações e repleta de fotografias e desenhos elucidativos sobre a navegação fluvial e marítima da Bahia. (BMSP)

**1698. Pereira da Silva Ramos, Joaquim José.** Abecedário jurídico-comercial do Código Comercial do Império do Brasil. Rio de Janeiro, Laemmert, 1861. 629 p.

Coletânea de termos ligados ao código comercial e às implicações jurídico-comerciais ligadas ao código. (BMSP)

**1699. Picanço da Costa, Francisco Barreto.** Estradas de ferro; vários estudos. Rio de Janeiro, Machado, 1887. 741 p.

Divide-se a obra em duas partes distintas: a primeira consiste de um trabalho publicado em 1884 onde o autor, que era engenheiro, fundador da *Revista de engenharia* e redator da *Revista de estrada de ferro*, estuda, por província, a rede ferroviária brasileira: a história das diversas estradas, contratos, capital, condições do traçado, elementos e movimentos do tráfego, custos, tração, condições técnicas das linhas, orçamento, obras de arte (pontes, túneis, viadutos, etc.), procedência das locomotivas, dos carros. É estudo baseado nos relatórios das companhias, cujos trechos muitas vezes são citados, e nos relatórios do Ministério de Obras Públicas. A segunda parte consta da reunião de artigos publicados na *Revista de estrada de ferro* e onde oferece uma série de dados técnicos sobre a matéria, mas também onde aborda questões de ordem política como a do papel do estado. Dá ênfase aos saldos indiretos das estradas de ferro para as rendas públicas. Obra de imprescindível consulta sobre o assunto. (BMSP)

**1700. Pinto, Adolpho Augusto.** História da via-

ção pública de São Paulo (Brasil). São Paulo, Vanorden, 1903. 320 p.

História da construção das vias férreas paulistas e respectiva legislação. Aborda questão dos capitais, garantia de juros, orçamentos, bitolas e outras condições técnicas, o problema das zonas privilegiadas (conflitos e decisões) e o tráfego mútuo. Compra de ramais e fusões. Apresenta um mapa geral das empresas em tráfego, 1900; um quadro estatístico do tráfego em 1901; outro do desenvolvimento das vias férreas de São Paulo, de 1867-1901; outro do capital realizado em 1901; do tráfego e movimento financeiro de cada estrada de ferro desde sua inauguração até 1901. Café despachado pelas diversas companhias de estrada de ferro, por estações, em 1900 e 1901. Termina fazendo considerações sobre a viação ordinária marítima e fluvial. Obra bastante informativa. (BMSP)

**1701. Pinto, Estevão.** História de uma estrada de ferro do nordeste (contribuição para o estudo da formação e desenvolvimento da empresa "The Great Western of Brazil Railway Company Limited," e das suas relações com a economia do nordeste brasileiro). Rio de Janeiro, Olympio, 1949. 310 p.

Estuda as primeras vias de comunicação no nordeste e a penetração em Pernambuco, a abertura dos portos e a influência inglesa, assim como o plano dos irmãos Mornay relativamente ao vale São Francisco. De grande interesse para o conhecimento da penetração dos capitais ingleses no nordeste.

**1702. Ribeiro Pessoa, Cyro Diocleciano.** Estudo descriptivo das estradas de ferro do Brasil. Rio de Janeiro, Imprensa Nacional, 1886. 500 p.

A primeira parte consta da legislação referente à construção de estradas de ferro, 1852-85. Na segunda estuda os problemas ferroviários, província por província, desde o Amazonas até o Rio Grande do Sul. Na terceira apresenta dados referentes às diversas estradas, com demonstrações de gastos com construção, despesa de manutenção. Elementos quantitativos referentes a essas despesas e os quadros oficiais durante o período estudado pelo autor. (BMSP)

**1703. Sá, C. E. Chrockatt de.** Brazilian railways; their history, legislation and development. Rio de Janeiro, 1893. 43 p.

Rápido histórico do desenvolvimento das vias férreas no Brasil; análise dos diversos sistemas e alguns decretos relativos à matéria. Em apêndice um quadro do sistema ferroviário da união.

**1704. São Paulo (estado). Contadoria Central das Estradas de Ferro.** Relatório anual do inspector da Contadoria Central das Estradas de Ferro, para ser apresentado na reunião dos Srs. representantes das estradas filiadas a esta Contadoria. São Paulo, 1893-1902.

Relatórios anuais do inspetor da Contadoria Central das Estradas de Ferro (fundada em 1875), 1893-1902. A contadoria tinha por finalidade a liquidação das contas do tráfego recíproco das companhias que operavam nesse regime no estado de São Paulo. O que se depreende dos relatórios é uma cooperação cada vez mais estrita entre as companhias nesse período. Em cada relatório há quadros indicativos da parcela que cabia a cada companhia, ao final de cada ano. Há, também, tabela de salários de funcionários e os respectivos aumentos levados a efeito no período. Começam a aparecer nos relatórios, em anexo, diagramas indicativos das variações mensais das taxas cambiais e das taxas de fretes. Isso a partir da adoção do sistema de taxas móveis para fretes, decretada pelos governos estadual e federal. Pela análise dos dados, verifica-se progressivamente o aumento das rendas das companhias que operavam nesse sistema, o que equivalia, também, ao incremento do própio sistema. A partir do relatório de 1900, aparecem tabelas indicando, por companhia, o tráfego de passageiros de primeira e segunda classes, operando em tráfego mútuo. (BFIESP)

**1705. Senna, Ernesto.** O velho comércio do Rio de Janeiro. Rio de Janeiro, Garnier, 1907. 192 p.

Informações valiosas sobre o comércio de varejo, atacado e importador do Rio de Janeiro no século XIX: data de fundação, proprietários e atividades de vários estabelecimentos comerciais. Relações entre as pequenas indústrias e os retalhistas; a evolução e transformação sofrida pelas atividades comerciais; a psicologia dos caixeiros e seu espírito associativo; a concorrência feita aos ingleses por outros comerciantes e industriais europeus. A arte das armações de vitrinas introduzida pelos franceses e sua generalização e aperfeiçoamento. Interessa particularmente à história social. (BMSP)

**1706. Silva, Moacir Malheiros Fernandes.** Geografia dos transportes no Brasil. Rio de Janeiro, IBGE, 1949. 271 p.

Engenheiro-geógrafo, Moacir Silva—neste volume repleto de ilustrações—procura destacar, entre outros aspectos o papel povoador e civilizador dos transportes. A partir da análise do meio físico, das regiões morfo-climato-botânicas, facilitando ou dificultando a penetração do homem, faz o autor um retrospecto dos recursos empregados no sentido de aproveitá-las ou superá-las, nas diferentes épocas de nossa história. Por outro lado Moacir Silva faz um paralelo entre o desenvolvimento dos meios de transporte e a necessidade de por em circulação os produtos resultantes da ocupação produtiva do solo. Feito o esboço da situação viária do país antes do advento das vias férreas, passa para a análise da situação depois do seu aparecimento e principalmente o panorama geral da rede de transportes no final da quarta década do século XX.

**1707. Simões, C. Quirino.** Histórico da rede rodoviária do estado de São Paulo. São Paulo, 1940. 66 p.

Apreciação da situação rodoviária do estado a partir de 1913, leis e decretos referentes ao assunto, características técnicas das estradas, medidas tomadas pelos vários governos e seu esforço para aumentar e melhorar a rede rodoviária do estado, tipo e número de veículos em tráfego, 1928-39, transporte coletivo, dados técnicos da construção e conservação de estradas, pontes e balsas, 1904-39. Gráfico: extensão, em quilômetros, da rede rodoviária do estado, 1920-40. (BDEESP)

**1708. Souza, Bernardino José de.** Ciclo do carro de bois no Brasil. São Paulo, Companhia Editora Nacional, 1958. 540 p.

Estudo minucioso sobre o carro de bois, com descrição de seus aspectos materiais, sua origem, características, modificações, utilidade e serviços prestados ao Brasil no decorrer dos tempos, do século XVI ao XX. A obra recebeu a colaboração de vários estudiosos e interessados cujos nomes estão relacionados no livro. As três últimas partes são dedicadas ao boi, aos trabalhadores do carro de bois, à avaliação do veículo estudado como meio de transporte e às cargas transportadas. Enriquecida de ilustrações, desenhos, plantas e mapas.

**1709. Vianna, Hélio.** História da viação brasileira. Rio de Janeiro, Laemmert, 1949. 221 p. (Biblioteca militar, 139, 140).

Estuda a gênese e o desenvolvimento da viação brasileira. Analisa-a em função das diferentes divisões político-econômicas tradicionalmente empregadas no estudo da história colonial, imperial e republicana do Brasil. Partindo das vias marítimas utilizadas pelos descobridores, finaliza suas considerações com o traçado da situação viária do Brasil no final da década de 1940.

**Veja também:** 1094, 1237, 1498, 1528, 1535, 1559.

## 4. Insumos

**1710. Brasil. Ministério da Agricultura, Comércio e Obras Públicas.** Relatório dos trabalhos da Comissão do Ministério da Agricultura, Comércio e Obras Públicas, na Europa e nos Estados Unidos da América do Norte apresentado . . . em 31 de janeiro de 1888. Paris, Imprimerie Chaix, 1888. 335 p.

A mencionada comissão foi constituída para fiscalizar o emprego dos créditos abertos pelo Tesouro Nacional para compras na Europa e nos Estados Unidos. O relatório consiste da demonstração do emprego dos referidos créditos para compra de material fixo e rodante e mesmo carvão para várias estradas de ferro. Fornece dados sobre pagamentos da garantia de juros de estradas de ferro deficitárias (particularmente no nordeste). Verifica-se que créditos foram aplicados principalmente na Corte, Bahia, Nordeste e Rio Grande do Sul. (BAESP)

**1711.** A Companhia Mogiana de Estradas de Ferro no seu 75º aniversário (1872-1947). São Paulo, Revista dos Tribunais, 1947. 52 p.

O relatório refere-se à influência preponderante do café na vida dessa estrada de ferro e, igualmente, à "deficiência crônica" de capitais de que se ressentiu sempre a empresa. Encontra-se também um breve resumo histórico da companhia desde a sua fundação até a inauguração de suas principais linhas. Quanto à situação financeira da estrada, ela é dividida em duas fases bem nítidas: a fase ascendente, que vai até 1913 e na qual se distribuiu aos associados dividendos que variaram entre 10 e 13%; a segunda de 1913-40 e caracte-

rizada pelos pesados encargos com que teve de arcar a
companhia após o empréstimo contraído junto aos bancos
ingleses, fazendo com que se desviasse quase toda a renda da
companhia para o pagamento de juros e amortizações do
empréstimo. Com a crise de 1929 e a conseqüente retenção de
café nos vagões da empresa, essa sofreu um prejuízo avaliado
em 10 milhões de cruzeiros, sendo obrigada a suspender os
pagamentos para o exterior. Segundo o relatório a situação dos
empréstimos só foi resolvida em 1940, quando a dívida externa
foi nacionalizada. O documento informa ainda do quadro
técnico da companhia no ano de sua fundação e a relação de
seus diretores a partir de 1872.                              (BFEISP)

### 1712. Pinto, Adolpho Augusto. Minha vida (memórias de um engenheiro paulista). São Paulo, Conselho Estadual de Cultura, 1970. 135 p.

Embora muito auto-elogiosa, a obra pode ser útil em suas
referências a problemas de tarifas e concessões de estrada de
ferro, história da viação férrea em São Paulo. Esclarece diversos
assuntos mencionados nos relatórios da Companhia Paulista
de Estradas de Ferro, da qual foi funcionário graduado.
Menciona como uma novidade a venda de ações com ágio,
destinando-se este ao pagamento das dívidas externas—recur-

so utilizado para minorar os efeitos da queda cambial que
impedia as companhias de pagarem suas dívidas externas com
a renda normal, sem prejuízo dos dividendos. O livro pode ser
útil numa pesquisa sobre a formação de técnicos nacionais e
também sobre alguns aspectos da sociedade paulista da primeira república.

## 5. Política governamental

### 1713. Brasil. Ministério da Viação e Obras Públicas. Relatórios. Rio de Janeiro, 1910-29.

A partir de 1910 o vulto tomado pelas obras públicas torna
necessária a criação de um ministério incumbido unicamente
dos empreendimentos públicos. A repartição que tratava
desses assuntos separa-se do Ministério da Indústria, Viação
e Obras Públicas. Em seus relatórios encontramos informações
referentes às vias férreas (maior parte dos dados referentes
às administradas pela União); à navegação marítima e fluvial
(Lloyd Brasileiro e outras companhias de navegação marítima
ou fluvial); telégrafos e correios; portos; obras contra a seca no
nordeste e obras públicas em geral, particularmente as realizadas na Capital Federal.                              (BAESP)

PART FIVE

# CHILE

Carmen Cariola y Osvaldo Sunkel

# Bibliotecas

| | |
|---|---|
| (BCN) | Biblioteca Congreso Nacional |
| (BCFFEUCH) | Biblioteca Central Facultad Filosofía y Educación Universidad de Chile |
| (BDGEC) | Biblioteca Dirección General Estadística y Censos |
| (BIEI) | Biblioteca Instituto de Estudios Internacionales |
| (BN) | Biblioteca Nacional |
| (BNsCH) | Biblioteca Nacional sala Chilena |
| (BNsMV) | Biblioteca Nacional sala Matta Vial |
| (BSNA) | Biblioteca Sociedad Nacional de Agricultura |

# A. ENSAYO DE INTERPRETACION[1]

## Introducción

Este ensayo bibliográfico acerca de la historia económica chilena entre 1830 y 1930 consta de cinco partes. La primera e introductoria se limita a describir la organización del ensayo en sus diversas secciones. La segunda constituye una breve síntesis destinada a caracterizar a grandes rasgos, los elementos y factores esenciales de esta etapa de evolución de la economía chilena, a explicar los principales períodos en que se subdivide, y los criterios que apoyan dicha periodización. La tercera parte, es un ensayo preliminar de descripción e interpretación del primer gran ciclo de expansión económica experimentado por el país, entre la iniciación del régimen portaliano en 1830, y la crisis de la década de 1870. La cuarta sección intenta una interpretación similar respecto del segundo gran ciclo de expansión, que comienza en 1879 con la Guerra del Pacífico y la incorporación de los territorios salitreros a la economía nacional, y finaliza con la Gran Depresión mundial iniciada en 1929. La quinta y última sección procura extraer algunas conclusiones del trabajo bibliográfico y del ensayo relacionadas con las características del material disponible y las posibilidades, oportunidades y exigencias que se presentan para la investigación de la historia económica del período.

Nos parece importante advertir que las interpretaciones generales o específicas, hechas a lo largo de las secciones siguientes, no deben tomarse, de manera alguna, como una síntesis o resumen de conocimientos históricos definitivos. Aunque pueda resultar superfluo, nos interesa recalcar que se trata de un conjunto parcial de hechos e hipótesis de trabajo integrados a un ensayo preliminar de interpretación global, que se basa exclusivamente en la bibliografía examinada y no en investigaciones de primera mano. El propósito fundamental es estimular, orientar y facilitar la investigación de este período tan importante como desconocido.

## Características Básicas del Período

### La gran expansión

Los autores que han intentado una apreciación del período en su conjunto, concuerdan en caracterizar la etapa comprendida entre 1830 y 1930 por la notable expansión que experimentó el país en todos los sentidos, aspectos, ámbitos y niveles (1782, 1803, 1816, 1864, 1965, 2119), y por sus profundos desequilibrios y grave inestabilidad.

En lo que al proceso expansivo se refiere, en los cien años que corren entre los comienzos de la vida republicana independiente y la víspera de la gran depresión mundial, la población chilena pasó de menos de un millón a más de cuatro millones de personas, y rebasó ampliamente los límites territoriales iniciales. La extensión geográfica incorporada a la economía del país comprendía, al principio, el Norte Chico desde Copiapó y el Valle Central hasta la región de Concepción. Pero, a lo largo del siglo se fueron agregando, sucesivamente, la región sur del Valle Central (desde Valdivia a Puerto Montt), los territorios australes (Magallanes), las provincias del Norte Grande adquiridas en la Guerra del Pacífico (Tarapacá y Antofagasta) y la región de la Frontera (desde Malleco a Temuco, aproximadamente). Santiago, Valparaíso y Concepción se transformaron de pueblos y villorrios en ciudades importantes y modernas; Santiago, por ejemplo, tenía 36,000 habitantes en 1810 y casi 700,000 en 1930. Desde Arica hasta Punta Arenas se formaron y crecieron progresivamente un conjunto de medianas y pequeñas ciudades, que, con las tres principales, acogían en 1930 una considerable proporción de población urbana (1862, 1864, 1866).

El fuerte crecimiento demográfico, la urbanización, y su extensión en diversos grados a todos los ámbitos geográficos del actual territorio nacional fueron acompañados por un proceso rápido y eficaz de reorganización, consolidación y arraigo de las instituciones estatales, tanto en la administración civil en sus ramas ejecutiva, legislativa y judicial, como en las fuerzas armadas y la policía (1746, 1762, 1789, 1813). Otro instrumento fundamental de integración del territorio fue el desarrollo de los transportes y comunicaciones, principalmente los ferrocarriles, caminos, navegación de cabotaje y telégrafos. Estos elementos, que fueron constituyendo la infraestructura económica básica,

[1]Los autores agradecen al Profesor Sergio Villalobos y a Robert Oppenheimer sus valiosos consejos y comentarios.

estuvieron muy condicionados en su disposición y evolución por la considerable expansión de la producción nacional, concentrada, sobre todo, en algunas ramas de la minería y de la agricultura; sin embargo, también influyó en ellos una deliberada política del Estado, especialmente en la zona central del país (1813, 2306).

Esta acción de fomento estatal, que se extendió a otros ámbitos de la economía; la incorporación de ésta a un sistema internacional en extraordinario auge; y el empuje de grupos empresariales nacionales fueron algunos de los factores que hicieron posible el notable crecimiento económico. Si bien dicha expansión se manifestó en su forma más espectacular en los rubros mineros, agrícolas y comerciales vinculados directamente con el intercambio exterior, la producción agropecuaria para el mercado interno se amplió y diversificó vigorosamente, lo mismo que los servicios públicos y privados. Los sectores manufactureros tuvieron también cierto desarrollo, aunque más limitado que las restantes actividades económicas (1762, 1864).

Por otra parte, el auge económico, demográfico, urbano e incluso territorial que experimentó el país en el período, fue acompañado por una elevación del nivel cultural, aunque ello benefició, casi exclusivamente, a sectores minoritarios de la población. El sistema educativo se estableció lentamente al comienzo para expandirse en sus varios niveles hacia el final del período. La prensa, principal medio de información y debate público, evolucionó vigorosamente; y la producción intelectual, con sus instituciones características—Universidad, bibliotecas, museos, academias, asociaciones de diverso tipo, librerías, imprentas—se expandió y arraigó (1736, 1762).

Pero el país no sólo se ampliaba y transformaba en sus manifestaciones internas sino que dicho proceso se trasuntaba también en sus relaciones internacionales. Durante la colonia, Chile mantenía escasas relaciones con la metrópolis, desarrollando sus contactos comerciales preferentemente con Perú, y después con Mendoza y Buenos Aires. Hacia fines del siglo XVIII, la audacia y perseverancia de los ingleses, y en menor escala de los franceses, habían comenzado a superar las restricciones impuestas por el Imperio Español al comercio con otras potencias. La Independencia cambió esta situación en forma definitiva. La importancia del comercio con los países vecinos se redujo, al menos en forma relativa, en la medida en que el país establecía y desarrollaba nuevas relaciones comerciales, financieras, culturales y diplomáticas particularmente con Inglaterra. La temprana organización de un gobierno y una institucionalidad estables (1833); el triunfo en la guerra contra la Confederación Peruano-Boliviana (1837-39) que le aseguró el predominio en el Pacífico; el valor estratégico que adquirió Valparaíso en el comercio de la costa pacífica; y la importancia de la minería y la agricultura con amplios mercados en América, Europa e incluso Asia y Oceanía, llevaron al nuevo país, desde los albores de su Independencia, a desarrollar una compleja y creciente actividad en el campo internacional (118, 1826, 2056, 2062, 2063).

## Las contradicciones fundamentales

La notable expansión que experimentó Chile durante el período no se realizó en una forma progresiva y equilibrada, como podría sugerirlo una descripción tan global. Muy por el contrario, el desarrollo produjo profundos y graves desequilibrios; y el proceso no se realizó suave y gradualmente, sino a través de ciclos de violenta expansión y crisis de aguda decadencia, que afectaron, en distintos momentos, a determinadas actividades y a ciertas regiones del país.

En lo que al primer aspecto se refiere, si bien el crecimiento de la población fue acompañado de una importante urbanización y ocupación territorial, en ese proceso se configuraron fuertes desequilibrios y violentos contrastes entre las diferentes regiones del país: entre el campo y la ciudad, y entre las grandes urbes y las demás localidades (1864). Esto se expresó, también, en la administración del Estado, que tendió a concentrarse en las ciudades principales, sobre todo en Santiago, dejando en relativo abandono a las más pequeñas y particularmente al campo (1773, 1779, 1788, 2102). De esta manera, la administración estatal se debilitaba al alejarse de los centros importantes, y de hecho, en determinadas regiones rurales, muchas de sus funciones eran sustituidas por instituciones como la hacienda o los caciques locales.

Las actividades económicas, por su parte, se concentraron en las zonas mineras del norte, las provincias agrícolas del Valle Central y las tres principales ciudades del país. Además, como consecuencia del extraordinario auge del comercio exterior, y de la adaptación de la economía nacional a dicho proceso, hacia fines del período la estructura productiva acusaba un grave contraste entre la expansión de algunas actividades primarias de exportación y el subdesarrollo de la manufactura y la industria en general, desajuste inherente al modelo de crecimiento dependiente a que fue inducido el país (1816).

Las contradicciones más flagrantes de este desarrollo desequilibrado se manifestaron en la distribución de sus frutos y costos entre los diferentes sectores y clases sociales. Aunque no se dispone de adecuada evidencia empírica, de la literatura revisada, y especialmente de las crónicas de viajeros y descripciones de formas de vida, se desprende que sólo contados grupos y clases sociales tuvieron acceso a la propiedad de la tierra; a los recursos naturales; al capital y al crédito; a las oportunidades educacionales; y a las ocupaciones de mayor nivel económico, poder político y prestigio social. En contraste, amplios sectores de la población rural, urbana y minera fueron desarraigados con frecuencia de sus tierras y ocupaciones; obligados a migrar en busca de magras oportunidades de sustento; y explotados terriblemente en las precarias ocupaciones que encontraban (1801, 1807, 1808). La gran expansión del país favoreció desmesuradamente a algunos sectores minoritarios, deterioró la posición de otros en un sentido relativo, y en forma absoluta los niveles de vida de ciertos grupos marginados de sus tierras y ocupaciones.

Por consiguiente, el proceso de expansión se daba dentro de tensiones sociales crecientes que causaban reorientaciones significativas, cuando los nuevos grupos y clases sociales se fortalecían y hacían prevalecer sus intereses. Basta recordar, al respecto, las Guerras Civiles de 1829-30, 1851, 1859, 1891, y la agudización de los conflictos sociales promovidos por los sectores obreros y medios desde fines del siglo XIX. Además, estas transformaciones de la sociedad chilena así como sus estrechas vinculaciones con otras naciones, particularmente con los intereses británicos, tuvieron consecuencias externas, que, en más de una ocasión, produjeron al país problemas internacionales graves, incluso conflictos bélicos de enorme significación para el desarrollo nacional (1747, 1753, 1764, 1789).

## Los dos grandes ciclos de expansión y crisis

Este complejo y contradictorio proceso de expansión debe encuadrarse en una perspectiva global de largo plazo, que ayude a situar en el tiempo y a dar su importancia relativa a los hechos particulares que lo conformaron. Para ello nos parece esencial agrupar la multiplicidad de factores en cuatro grandes categorías: 1) las características económicas, sociales y políticas del sistema colonial, que constituyen el legado histórico más inmediato y decisivo del período; 2) la organización del Estado desde 1830 y el papel fundamental que desempeña desde entonces en la economía nacional; 3) el nuevo y cambiante contexto internacional dentro del cual se desenvuelve el proceso; 4) las transformaciones de la estructura social.

Teniendo en cuenta estos criterios generales, podemos distinguir en la evolución de la economía chilena entre 1830 y 1930 dos grandes ciclos de expansión y crisis, perfectamente configurados y claramente diferenciados entre sí.

### EL PRIMER CICLO DE EXPANSIÓN Y CRISIS

Se extendió entre la década de 1830 y 1878, y se caracterizó, en sus fases iniciales, por la herencia de instituciones, tendencias culturales y grupos sociales derivados de la Colonia; por el proceso de reorganización y consolidación del Estado, atribuido a la gestión del Ministro Diego Portales durante la Presidencia del General Prieto (1831-41); y por la inserción de la economía chilena en la internacional a través del auge de las exportaciones, fundamentalmente plata, cobre y trigo. Este ciclo de expansión decayó y entró en crisis en la década de 1870, debido a tres factores principales. En primer lugar, la influencia decisiva de las instituciones, orientaciones, sectores sociales y políticos heredados de la Colonia se fue atenuando por el desafío de los nuevos grupos dominantes en ascenso. Además, el acoso persistente y cada vez más poderoso de las concepciones e intereses de los grupos liberales fue limando las aristas del Estado ''portaliano.'' Por último, los pilares de la expansión económica—cobre, plata y trigo—que habían alcanzado su auge máximo, iniciaron, con la crisis de esa década, un proceso definitivo de deterioro.[2]

### EL SEGUNDO CICLO DE EXPANSIÓN Y CRISIS

Comenzó a fines de la década de 1860 con la explotación del salitre en el Norte Grande, y adquirió todo su empuje desde 1879 a raíz de la Guerra del Pacífico, que incorporó definitivamente a la economía chilena la fabulosa riqueza salitrera. La producción del salitre regirá la economía del país hasta la década de 1920, en que los primeros síntomas de decadencia anticiparon su crisis definitiva, que se desencadenaría conjuntamente con la Gran Depresión de 1930. Por su parte, el fortalecimiento de los grupos liberales y de los intereses extranjeros impuso al Estado un violento reajuste que se extendió desde 1891 hasta 1920. Son las tres décadas de la República Parlamentaria, en que, bajo el manto de la prosperidad salitrera, se van acumulando y acentuando violentas contradicciones por la formación y fortalecimiento de las clases proletarias, y por la creciente expresión política de los grupos medios urbanos. Estas tensiones desembocarían en los acontecimientos de la década de 1920, en que se produjo un importante reajuste institucional ante la irrupción en la escena política y social de amplios sectores medios y populares. Sin embargo, y no obstante los sucesivos ataques al edificio estatal construido por Portales, algunas de sus características centrales—el enorme poder presidencial, la relativa estabilidad, la burocracia, la impersonalidad de la función pública, el elevado prestigio de la ocupación estatal—persistieron influyendo decisivamente en el desarrollo del país.

Este segundo ciclo de expansión y crisis contrasta

[2]La nueva industria del cobre que se comienza a desarrollar en la década de 1910 no alcanza a tener importancia sino hacia fines del período, y en todo caso, por su modo de organización y niveles tecnológicos, constituye una actividad enteramente diferente a la explotación de cobre del siglo XIX.

con el primero, en que la herencia de instituciones y grupos sociales coloniales se atenuó considerablemente, pasando a tener una importancia secundaria. La oligarquía terrateniente y las instituciones agrarias experimentaron transformaciones radicales durante el siglo XIX por la decadencia de los mercados de exportación de sus productos, y por la reorganización de las estructuras agrarias, tanto en el Valle Central como en los nuevos territorios incorporados a la explotación.

En los dos grandes ciclos descritos se pueden señalar algunos períodos menores, teniendo en cuenta factores de significación más limitada, pero nos parece que provisoriamente esta división general cumple una función útil para el ordenamiento del material bibliográfico. Nos gustaría acentuar, sin embargo, el carácter provisional heurístico de esta periodización. El escaso conocimiento acumulado acerca de la historia económica de la etapa no permite una justificación más cabal y elaborada que la ofrecida. Estamos, por consiguiente, sujetos a las revisiones que provengan de la investigación histórica. Por otra parte, tenemos claro que la periodización depende de los criterios que se escojan para definir lo que constituye el comienzo y el fin de un período. Otros investigadores podrán discrepar respecto de los criterios que hemos considerado como más significativos, y de esa manera arribar a una clasificación diferente.

## Principales tendencias bibliográficas

Los dos ciclos en que hemos dividido el período también pueden justificarse desde un punto de vista directamente bibliográfico, ya que presentan, en este sentido, características bastante diferentes (2049).

Desde luego, la literatura contemporánea acerca de cuestiones económicas es prácticamente inexistente hasta fines del primer ciclo, excepción hecha de algunos documentos oficiales y particularmente las *Memorias* de Hacienda (2011). En realidad, la estadía en Chile del economista francés Courcelle Seneuil, entre 1855 y 1863, constituye un hito demarcatorio fundamental. La influencia de Courcelle Seneuil en la propagación de las ideas y el análisis económico liberal fue muy grande, tanto a través de su Cátedra de Economía Política en la Universidad como por sus trabajos de asesoría al gobierno. En las décadas anteriores prácticamente no existieron disensiones ilustradas acerca de aspectos concretos de la economía chilena. En los sectores gobernantes, junto al interés por la apertura de los puertos y la liberalización del comercio, necesarios para romper lo que quedaba del monopolio comercial español, prevalecían las ideas doctrinarias del neomercantilismo. Estas, que justificaban ciertas medidas proteccionistas y de fomento de la marina mercante y otras actividades, ya habían sido propagadas por Manuel de Salas y otros criollos influidos por la Ilustración desde fines de la Colonia. Por otra parte, comenzaron a penetrar, en los sectores dirigentes, las concepciones del liberalismo económico, y se encuentran algunas referencias a las ideas de Smith y Say que ya eran conocidas. Sin embargo, los propulsores de estas teorías se limitaron, por lo general, a enunciar los principios, careciendo de toda capacidad para el manejo analítico de la doctrina económica liberal (2047, 2048).

La falta de una enseñanza sistemática tuvo, probablemente, mucho que ver con la naturaleza esencialmente pragmática de las políticas económicas de Portales, Rengifo, Tocornal, Montt, Varas y otros, y con la falta, en esa época (1830-1860), de una literatura analítica o polémica acerca de temas económicos. A ello contribuyó también la escasez de una base estadística adecuada, capaz de permitir la elaboración de juicios objetivos sobre la magnitud de los fenómenos económicos, sus tendencias y orientaciones. En este sentido fueron importantes el establecimiento, en 1844, de la Oficina de Estadística y la realización de censos de población. Sin embargo, tanto estos esfuerzos, como los de Tocornal y Courcelle Seneuil para normalizar la contabilidad pública, sólo dieron frutos hacia la década de 1860. En ese momento las publicaciones estadísticas adquirieron una mayor regularidad y confiabilidad—dentro de lo relativo de este concepto—y se hicieron diversas recopilaciones de series estadísticas retrospectivas (1721, 2051).

La situación descripta explica porqué la mayoría de los libros acerca del primer ciclo de expansión económica lo traten en forma superficial y escasa, saltando, enseguida, al ciclo del salitre. Esta actividad aparece con un rol protagónico, que sin duda tuvo en su época, pero que no debería opacar el hecho de que antes hubo otro medio siglo de notable expansión y que tuvo efectos perecederos sobre la organización del Estado; el desarrollo de la agricultura y las manufacturas; la formación del territorio nacional y otros elementos de similar significación histórica. Nos encontramos precisamente ante una de las mayores lagunas en el conocimiento de la historia económica de Chile. Faltan datos del período en su conjunto; del desarrollo y estructuración de sus principales actividades productivas y de la forma adoptada por la política económica. En contraste con esta etapa, el ciclo del salitre fue relativamente bien estudiado, por lo menos en algunos de sus aspectos fundamentales. Las condiciones para un mejoramiento del conocimiento histórico habían experimentado notable avance: se amplió la base estadística; las enseñanzas de Courcelle Seneuil hicieron escuela; y se institucionalizó una cátedra de Economía Política donde se formaron estadistas y funcionarios de cierta influencia (2035). Posteriormente entraron al país nuevas corrientes doctrinarias, en particular el pensamiento de List; el nuevo proteccionismo europeo y norteamericano; las concepciones del historicismo alemán del "socialismo de estado o de cátedra" y de la "economía social." En general estas ideas favorecían la intervención del Estado con el fin de fortalecer, proteger y desarrollar la economía nacional y de mejorar la condición social de los sectores populares (2033, 2045, 2050). Las concepciones marxistas sólo aparecen a fines de siglo pero no influyen demasiado en la historiografía económica hasta después de la Gran Depresión de 1930 (1749, 1819).

En el desarrollo del nuevo ciclo expansivo, el país se enfrentó a una serie de opciones: el libre cambio o el proteccionismo; la acción del Estado o el fortalecimiento de los intereses privados; los empresarios nacionales o los capitales extranjeros; el régimen monetario de patrón oro o el del papel moneda. Estas y otras cuestiones más concretas, legislación bancaria, formas de financiamiento fiscal, inmigración, etcétera, fueron la preocupación principal de los partidarios de estas escuelas de pensamiento, dando lugar a una intensa y prolongada controversia pública. Fruto de ella es una importante literatura contemporánea, de limitada o nula calidad científica, pero que constituye un valiosísimo aporte al conocimiento de la época, de sus hombres, de sus políticas, de sus hechos y tendencias. Artículos de periódicos, libros, folletos, abundante documentación oficial, e incluso, durante un breve lapso, una revista especializada—la *Revista Económica*, desde 1886 a 1892 (1848)—son fuentes de indudable valor para el conocimiento de la historia económica del período.

## El Primer Ciclo de Expansión

### Las bases sociopolíticas de la organización del Estado

Tanto en relación a los demás países latinoamericanos como a la historia institucional de Chile desde entonces hasta nuestros días, una característica fundamental de esta etapa fue la organización de un Estado de hecho y de derecho de notable estabilidad, eficacia y permanencia. Su gran significación para la historia posterior del país exige una explicación satisfactoria. Los historiadores económicos no podemos contentarnos con una interpretación esencialmente política (1759, 1772, 1778, 1917) o sicológica (1762) como la que prevalece, atribuyendo virtudes y rasgos excepcionales a una clase—la oligarquía terrateniente conservadora—y a un grupo de personas extraordinarias: Portales, Rengifo, Tocornal, etcétera. No hay duda que estas personalidades y la clase que representaban y dirigían, cumplieron un papel sobresaliente en el encauzamiento

institucional del país después de las turbulentas décadas de la Independencia. Sin embargo, dicha función histórica tiene que haberse basado en procesos y fenómenos más profundos para lograr buenos resultados. Aunque los elementos a tomar en cuenta podrían multiplicarse, debemos centrarnos en los más directamente relacionados con la historia económica.

El primero de ellos tiene que ver con la naturaleza misma del proceso de Independencia. Hay interpretaciones que explican este fenómeno por las contradicciones entre la naciente burguesía criolla y las limitaciones impuestas a su expansión por el sistema colonial español, y aun, como un levantamiento popular contra las clases opresoras extranjeras. Pero los antecedentes históricos concretos y objetivos sugieren un proceso algo diferente. Existían, sin duda, conflictos importantes entre la oligarquía criolla y los funcionarios españoles de la Corona, y entre los intereses del Virreinato de Lima y los de la población de la Capitanía General. Por otra parte, es efectiva también la penetración de las ideas libertarias de la Revolución Francesa y Norteamericana, y en general del liberalismo. Pero todo ello se produjo en medio de la liberalización de la política imperial de España, de su decadencia como poder hegemónico central, de una creciente penetración comercial británica y de otras naciones europeas, que generaron, a fines del siglo XVIII, la recuperación económica de las colonias americanas, incluso Chile (1784, 1795, 1919).

En este contexto, la Independencia parece haberse desencadenado como consecuencia secundaria de un hecho absolutamente externo—la guerra europea y la deposición de Fernando VII—que llevó al establecimiento de Juntas de Gobierno locales, en representación del monarca. Estas Juntas se crearon en la periferia de los virreinatos y no en los centros coloniales de España en América, puesto que los Vireyes procuraron mantener la organización del Imperio en sus manos. Dichas Juntas representaban, por consiguiente, una primera afirmación de independencia y reflejaban los conflictos latentes entre los centros coloniales y sus dependencias comerciales y administrativas, en nuestro caso, entre Lima y Santiago. Por otra parte, las Juntas de Gobierno se convirtieron muy pronto en lugares donde afloraban los conflictos locales de los criollos con administración española, que contribuyeron decisivamente a las guerras de la Independencia (47).

Si bien los criollos se unieron para derrotar a los españoles, apenas obtenida la victoria se produjo una distinción entre liberales o "pipiolos" y oligarquía conservadora o "pelucona." Los primeros, representantes de las doctrinas de la Ilustración y del liberalismo, estaban apoyados por la creciente influencia británica, y los segundos eran principalmente criollos terratenientes. Estos dos bandos, con concepciones completamente diferentes en cuanto a la organización de la nueva república, se disputaron la primacía durante toda la década de 1820, hasta que en 1830, en la batalla de Lircay, los "pelucones" se impusieron definitivamente a sus adversarios. Este triunfo se debió, probablemente, a que las guerras de la Independencia no produjeron alteraciones fundamentales en la estructura de la sociedad colonial, ya que, por una parte los españoles no eran los principales propietarios de la tierra, y por otra, la independencia no fue una auténtica revolución social. Por consiguiente, si bien Inglaterra, que emergía como potencia reemplazando a España en su papel protagónico, apoyaba a los "pipiolos," las guerras permitieron a la oligarquía terrateniente criolla consolidarse como elemento dominante de la estructura social gestada durante la Colonia (1762, 1804, 1915, 1916).

## Las bases económicas del Estado portaliano

Pero aunque la hipótesis anterior podría contribuir a aclarar el triunfo de conservadores sobre liberales, no constituye simultáneamente una explicación del éxito de Portales, Rengifo, Prieto, Tocornal, Bulnes, Montt y Varas, entre otros, en el establecimiento de una república estable y eficaz. Es probable, en efecto, que el edificio institucional portaliano, afincado en la Constitución de 1833 y en la oligarquía terrateniente, no se hubiera armado con tanta prontitud y eficacia, si no hubiera encontrado igualmente un sólido basamento económico, además del legal y político. En este sentido hay que hacer algunas consideraciones importantes.

En primer lugar, Chile se había constituido durante la Colonia en un exportador importante de productos agrícolas al Perú y había desarrollado la minería del oro, la plata y, en menor medida, el cobre. Si bien las guerras de la Independencia fueron prolongadas y costosas, a pesar de las vicisitudes bélicas, y tal vez precisamente por no llegar a constituir éstas una verdadera revolución social, la *capacidad* productiva de la agricultura y la minería se vio afectada pero no parece haber sido dañada seriamente. Es decir que cuando se inició este período existían ciertas condiciones, creadas a fines de la Colonia, tales como exportaciones de alguna importancia en agricultura, ganadería y minería (1795).

A esta situación inicial interna relativamente favorable, se agregó otra de no menos significación. Los yacimientos de oro habían disminuido su rendimiento, pero en 1832 en Chañarcillo se descubrió plata, el fabuloso mineral que tan importante y prolongada contribución haría al desarrollo de la riqueza nacional (2212, 2214, 2231). En 1831, por su parte, el ingeniero francés Carlos Lambert introdujo en la minería del cobre la fundición por hornos de reverbero según el sistema inglés, innovación tecnológica que iniciaría un extraordinario y prolongado período de auge en su producción (2202, 2226, 2232). La expansión de las actividades mineras señaladas en las provincias del Norte Chico provocó en éstas un desarrollo económico que se tradujo en un incremento de ingresos y población, dando origen a un fuerte aumento de la demanda de productos agropecuarios. Esto reanimó la agricultura sureña, decaída por los problemas que la Independencia provocó para sus mercados peruanos, y dio un fuerte estímulo al transporte de cabotaje (2284).

Por otra parte, las manufacturas inglesas, que la economía chilena requería para sus inversiones y consumo, incrementaban las importaciones y daban lugar a la instalación, en nuestros principales puertos y ciudades, de agentes y casas comerciales británicos, que desplazaban al tradicional comerciante español de los tiempos coloniales. Además, la creación de depósitos en Valparaíso y la transformación del puerto en emporio comercial lo llevaron a disputar la primacía del comercio del Pacífico con Lima, que la había tenido durante la Colonia por ser asiento del Virreinato y estar en la ruta a Europa por Panamá (1762, 2072, 2106, 2284). Significó también el desarrollo de la navegación por el Cabo de Hornos y el Estrecho de Magallanes, lo que más adelante interesaría al Gobierno de Chile en la ocupación y población del extremo Sur.

## El contexto económico internacional

Estos acontecimientos internos deben ser inscriptos en el panorama general del desarrollo de la economía mundial. Con la Independencia culminó formal y dramáticamente un proceso de transformaciones internas e internacionales que ya se había iniciado a mediados del siglo XVIII, y que se aceleró rápidamente con el cambio de siglo. El monopolio comercial del sistema colonial español se atenuó y debilitó debido a su gradual liberalización interna, y a la creciente penetración económica e ideológica inglesa. Sin embargo, solamente a partir de la Independencia, Chile logró integrarse en forma directa a la parte más dinámica de la economía capitalista mundial, eliminando la mediación colonial del Imperio Español, especialmente a través del Perú (1784, 1795).

Desde mediados del siglo anterior la Revolución Industrial se aceleraba en Inglaterra inaugurando una fase de expansión extraordinaria de la economía capitalista mundial. Ello implicó la ampliación de los mercados de materias primas y alimentos, como consecuencia del crecimiento demográfico, la producción, la productividad y los ingresos de determinadas capas de la población en los países centrales. Significó además la creación de excedentes de capital y de mano de obra en esas naciones, y su aplicación para explotar en los otros países los recursos naturales disponibles, necesarios para la expansión de las economías centrales. Todo ello se basaba en un proceso sumamente dinámico de innovaciones tecnológicas, que revolucionó los métodos de producción manufacturera, agrícola, minera, el transporte, las comunicaciones terrestres y marítimas. Esta última área, en particular, permitía un rápido avance hacia la integración económica internacional nunca alcanzado hasta entonces, logrando incorporar países tan lejanos y aislados como Chile al mercado mundial de productos y factores productivos (47, 1776, 2065).

Desde el punto de vista económico, la Independencia significó para Chile, fundamentalmente, la eliminación definitiva de las trabas institucionales de la Colonia que aún subsistían y le impedían incorporarse plenamente al proceso de desarrollo mundial. La liberalización del comercio intentaba, precisamente, superar las prácticas restrictivas de la política comercial española y ampliar los mercados externos para la producción nacional, que por otra parte se amparaba de la competencia externa por medio de un arancel proteccionista.

La gran expansión, que con algunos altibajos y cada vez mayor inestabilidad, experimentó la economía chilena desde 1830, se basó, casi enteramente, en un mayor aprovechamiento de los recursos naturales, hasta entonces escasamente utilizados o enteramente desaprovechados. La fuerza motriz de este proceso de naturaleza esencialmente "extensiva" fue la creciente apertura y vinculación con el mercado mundial y, particularmente, con la economía inglesa. Ello se manifestó en el notable desarrollo de las corrientes comerciales y financieras entre Chile y esos países, así como en el establecimiento y expansión de los medios de transporte y comunicación.

Las actividades económicas en que se apoyó esta inserción del país en el sistema capitalista internacional son especialmente dos: la minería, a través de una secuencia de auges y decadencias en la explotación del oro, la plata y el cobre; y la agricultura, particularmente trigo, gracias a la recuperación y ampliación de los mercados tradicionales del Perú, el aprovechamiento del desarrollo temporal de los que se crearon a mediados del siglo en California y Australia, e incluso los de Inglaterra (1816, 2119, 2202, 2312).

El papel protagónico desempeñado por las relaciones económicas internacionales del país en su crecimiento y transformación durante el siglo XIX ha sido destacado por prácticamente todos los autores que intentaron una interpretación del proceso. Pero, si bien existe un amplio margen de consenso en este sentido, al punto que se habla de un determinado patrón de desarrollo "hacia afuera," no existe igual acuerdo acerca del significado y efectos de este modo de crecimiento. Precisamente una de las áreas de investigación más fructíferas se encuentra en el estudio de la forma concreta que adoptó la expansión de las actividades económicas de exportación y de su interacción con las estructuras, instituciones y políticas preexistentes.

## El papel del Estado

En efecto, el auge de las exportaciones e importaciones, y la transformación que ello exigió a las restantes actividades económicas del país, a que luego nos referiremos, impuso perentoriamente una reestructuración institucional de los aspectos internos y de las relaciones internacionales. De hecho, las guerras de la Independencia quebraron el marco institucional colonial y confrontaron a la nación con la tarea inmediata de darse una nueva estructura institucional. Chile, en contraste con la mayoría de los otros países latinoamericanos, presenta un período relativamente breve de anarquía, puesto que ya en 1833 se establecieron las bases de la institucionalidad, que mostrará una notable estabilidad durante todo el siglo siguiente. Esta institucionalidad alteró radicalmente la naturaleza de las vinculaciones externas del país para adaptarlas a los requerimientos de un mundo capitalista en proceso de liberalización.

En este contexto económico interno e internacional conviene situar la obra de Portales (1756, 1763, 1789, 1793, 1798) y particularmente de los ministros de Hacienda, Rengifo y Tocornal. Dada la acelerada expansión de la producción, las exportaciones, las importaciones y el comercio que se inicia en 1832, no es de extrañar que el ordenamiento tributario, la simplificación de trámites aduaneros, la organización y disciplina administrativa y demás medidas tomadas por Rengifo y Tocornal, dieran por resultado un fuerte aumento de las entradas fiscales. Con ello se regularizó el pago de los compromisos del Fisco, incluyendo la amortización de deudas heredadas de los períodos anteriores y la obtención de excedentes importantes (2011).

Este es un momento vital para la comprensión de todo el proceso que sigue, y un período apasionante para la investigación, sobre todo, porque no se ha analizado profundamente la interacción de los diversos factores indicados. Ello llenaría una laguna en la interpretación de nuestro desarrollo, por cuanto el Estado ha jugado un papel central en la economía chilena, de importancia probablemente similar a la del factor externo.

No se trata aquí solamente de la estrecha relación funcional que se estableció entre la hacienda pública y el comercio exterior. Este tema fundamental dio lugar a una amplia literatura, con la adicional ventaja de que acerca de ambos aspectos existe una buena base estadística para el análisis cuantitativo. Como es bien conocido, el auge del comercio exterior constituyó la base gravable para las recaudaciones tributarias del Estado—impuestos a la exportación, tarifas de importación, estancos. A su vez, la condición tributaria del Estado fue un elemento importante para la contratación de empréstitos internos y externos. De suerte que en una estructura de este tipo, la capacidad de acción estatal, determinada en gran parte por la evolución de sus ingresos, se asoció íntimamente a las condiciones del comercio exterior. Las tendencias de largo plazo de este último, así como su inestabilidad a corto plazo, fueron un motivo permanente de preocupación, como se aprecia en la abundante literatura disponible acerca del tema de la Hacienda Pública. De entre las numerosas obras que se refieren a este aspecto merecen destacarse, sobre todo, los *Resúmenes* de la Hacienda Pública (2007, 2009). Constituyen una recopilación estadística exhaustiva y detallada de prácticamente todos los aspectos fiscales; además, incluyen cuestiones financieras y de comercio exterior, siendo obras de referencia indispensables y de gran utilidad. Se dispone también de las *Memorias* ministeriales de Hacienda (2011) entregadas anualmente, que aunque son una de las fuentes cuantitativas de los *Resúmenes,* hacen análisis cualitativos del estado general de la economía y de la Hacienda Pública. Cabe citar el importante estudio reciente de Carlos Humud (2018) en el que realiza un análisis del sistema, estructura y realidad fiscal del país para todo el período. Toma como base el material cuantitativo previamente señalado, y lo elabora para hacerlo comparable, incluyéndolo en el apéndice de la obra.

## La política económica

La acción del Estado no interesa solamente en cuanto a su magnitud, sino en lo que se refiere a su orientación, es decir, a la naturaleza de su política económica. En este sentido, no obstante la tendencia chilena a integrarse a la economía internacional en expansión, la política económica implantada después de la Independencia, y particularmente con el advenimiento del régimen conservador de Portales y sus seguidores, tenía características mercantilistas y nacionalistas. El decreto de liberalización del intercambio de 1811, promulgado en 1813 bajo el título de "Apertura i fomento del comercio i navegación," abrió al comercio los puertos mayores de Chile—Coquimbo, Valparaíso, Talcahuano y Valdivia, estableció una tarifa general a la importación de mercaderías del 30 por ciento, así como prohibiciones y protección especial para la mayor parte de los intereses que podrían ser afectados por la libre importación.

De esa manera, este decreto, la más importante medida económica de todo el período de la Independencia, más que reflejar una posición ideológica y la penetración de las ideas liberales, mostraba la nueva constelación de fuerzas. Mientras el poder del grupo comerciante monopolista colonial se deterioraba, se fortalecía el de los exportadores agrícolas y mineros. Y, como estos últimos deseaban ampliar sus mercados externos y abaratar sus compras de productos importados, les interesaba, sobremanera, la apertura de los puertos y la eliminación del monopolio tradicional de importación. Pero, dado que el nuevo Estado requería una fuente de financiamiento fiscal para solventar sus compromisos y poder establecerse y mantenerse como gobierno, tuvo que recurrir a la tarifa protectora. Esta resultaba, para los agricultores y mineros, preferible a los gravámenes internos de sus actividades productivas o propiedades, y desde el punto de vista fiscal también presentaba ventajas de recaudación (1813, 2045, 2048, 2284).

Por otra parte, la ideología predominante en los últimos tiempos de la Colonia, que los sectores conservadores continuaron propiciando durante la Independencia y el período inicial de la República, era el mercantilismo. En esta doctrina, cabía al Estado la responsabilidad fundamental de estimular y proteger las actividades productivas nacionales y particularmente la manufactura y la marina mercante. Asimismo debía tomar las iniciativas necesarias para fomentar el desarrollo de la educación, la técnica, la ciencia y el conocimiento de los recursos naturales del país. Ello exigía, desde el punto de vista político, la organización de un Estado centralizado, autoritario, jerárquico, poderoso y despersonalizado, justamente aquél que concibió y estableció Portales, y que fue plasmado en la Constitución de 1833. Sin embargo, los esfuerzos para realizar una política proteccionista y de fomento industrial de este tipo, si bien se mantuvieron por largo tiempo, tropezaron con una situación real que caminaba en dirección contraria.

Los intereses de los sectores económicos cada vez más influyentes—exportadores mineros, importadores y terratenientes—constituyeron, junto a los sectores conservadores tradicionales, el telón de fondo de los debates y controversias que se producían en torno a la política económica y a las orientaciones que en definitiva se impusieron. En este sentido, la expansión del comercio y las finanzas internacionales del país, con presencia de capitales y empresarios extranjeros, parece haber minado el tradicional poder conservador, centralista y autoritario de la aristocracia rural heredado de la Colonia, que se expresó en la organización portaliana del Estado. Ese proceso fortaleció la posición de los grupos y sectores liberales ligados estrechamente a la exportación e importación, los que fueron imponiendo una orientación liberalizante desde fines del gobierno de Bulnes. Esta orientación es, probablemente, la que se encuentra en el trasfondo de los graves conflictos políticos y militares que enfrentó el Presidente Montt, cuando en la década de 1850 los grupos de La Serena y Concepción se levantaron en su contra (1919).

El caso de la política proteccionista destinada a la

formación y fomento de una marina mercante nacional puede tomarse como un buen ejemplo de la complejidad de las fuerzas en juego, que en definitiva determinaron el resultado de las políticas más allá de sus inspiraciones ideológicas. El estudio de Véliz muestra, en efecto, que durante las décadas de 1830 a 1850 se mantuvieron formalmente posiciones políticas proteccionistas en esta materia. Pero, señala también que éstas se fueron atenuando para ser finalmente evadidas, al adoptar los barcos extranjeros la bandera chilena como bandera de conveniencia, favoreciéndose con las ventajas que otorgaba la legislación nacional (2284). Guillermo Subercaseaux, el destacado economista de orientación nacionalista, apreció las características de la política económica en la siguiente forma: "Respecto de las orientaciones liberales de la política económica en Chile conviene anotar que durante la primera mitad del siglo XIX, si bien se hizo una política liberal, el Gobierno, sin embargo, no se inspiraba en el doctrinarismo bastante absolutista de la escuela clásica, que apenas era conocida en el país. Nuestros estadistas de esa época eran espíritus prácticos que no estaban dominados por los prejuicios de una teoría como la liberal individualista."[3]

Este cuadro, que comparten diversos autores, pero otros rechazan, resulta sin embargo demasiado simple. Si bien hay un proceso de liberalización, éste sufre interrupciones importantes, con persistentes muestras de políticas proteccionistas en diversas actividades nacionales (1764, 1770, 2031). Hay además factores determinantes de la política económica del Estado que contradicen en alguna medida la tendencia general y cuyo origen posiblemente, se encuentra en las características de la burocracia pública, las necesidades del financiamiento fiscal, y la formación de sectores medios. Todo lo cual merece un esfuerzo de investigación con una mayor fundamentación empírica, para apreciar objetivamente el efecto concreto de las políticas en ciertos aspectos específicos.

## La acción de los nuevos grupos empresariales

La formación, basada en las exitosas actividades productivas y comerciales ligadas al comercio exterior, de grupos sociales económicamente poderosos que surgen como alternativa a los grupos dominantes tradicionales, se expresa de diversas maneras. Desde luego, uno de los hechos centrales que caracterizan este primer ciclo de expansión, y que constituye un contraste significativo en relación al segundo, es la presencia y acción del vigoroso grupo de empresarios nacionales, con notable espíritu emprendedor. Algunos de los más destacados fueron Diego de Almeyda, José Antonio Moreno, José Santos Ossa y Tomás Urmeneta, cuya vida y obra de pioneros dieron lugar a escritos de sumo

interés (1762, 2232). Junto a ellos numerosas familias formaron grandes fortunas por medio de la minería, el comercio y las finanzas ligadas con ellas: los Ariztía, Gallo, Subercaseaux, Edwards, Cousiño, Matta, Waddington, etcétera.

La riqueza privada formada en el Norte Chico se expresó en obras importantes relacionadas con la minería, como las fundiciones de cobre de Tongoy y Guayacan, en buena medida obras de Urmeneta, y, más tarde, en la construcción del primer ferrocarril chileno, el de Caldera a Copiapó (1851), financiado en parte por las familias antes mencionadas. Pero, este mismo grupo llevó también sus capitales al centro del país. En 1852 aportaron parte del capital necesario para la iniciación de la construcción del ferrocarril de Santiago a Valparaíso. Este fue iniciado por Wheelwright y terminado en 1863 por Meiggs, gracias a la posterior intervención y apoyo del Estado.

Uno de los aspectos más importantes de esta transferencia de los capitales acumulados en la minería al centro del país es su inversión en la agricultura. Varios autores mencionan no sólo que dichas familias adquirieron numerosas haciendas en la zona central, como lo demuestran los apellidos vinculados a la explotación agrícola de esa región, particularmente a las viñas, sino que además realizaron en ella importantes obras de regadío e introdujeron nuevos cultivos y adelantos técnicos. De esta manera contribuyeron a la transformación productiva y social de las estructuras agrarias sobrevivientes desde la época colonial (1908, 1909, 2119, 2122, 2125, 2128, 2131, 2138, 2312). Es posible que estas transformaciones en el agro no sean ajenas a los importantes cambios legales y tributarios que se realizaron en los primeros años de la administración Montt, entre 1851-1861, tales como la abolición de los mayorazgos y el reemplazo del diezmo por una contribución directa sobre el valor de los predios rurales. Este es otro tema para investigar, lo mismo que algunas fuentes cuantitativas aún inexplotadas—*Archivo de la Contaduría Mayor*, volúmenes 1141-1148 (1738); *Archivo Ministerio de Hacienda*, volúmenes 296-299, 305-310 (1740).

Por su parte, el Estado, respondiendo a las necesidades de los nuevos sectores empresariales y de sus actividades productivas, tomó otras iniciativas importantísimas.

La política de reafirmar el predominio comercial de Chile en el Pacífico, y asegurar a Valparaíso una posición de privilegio en dicho comercio, tuvo su expresión inicial en la protección a la marina mercante nacional, la construcción de los almacenes de depósito de Valparaíso, e incluso la guerra contra la Confederación Peruano-Boliviana. En 1835, el Gobierno otorgó a Guillermo Wheelwright la concesión para establecer una línea de vapores entre Valparaíso y El Callao. Se estableció en 1840 y fue el origen de una de las más importantes compañías británicas de navegación: la *Pacific Steam Navigation Company* (2285). Además, la aparición en las costas chilenas de barcos a vapor llevó a Wheelwright a interesarse en la minería del carbón de la región de Concepción, iniciativa que el gobierno había encargado previamente a un ingeniero francés sin mayores consecuencias y que a partir de 1852 habría de entrar en franco desarrollo. Otra consecuencia del auge de la navegación y el comercio por Valparaíso fue el interés demostrado en la ocupación y población del extremo sur, que se concretó en la fundación del Fuerte Bulnes en 1843 y de Punta Arenas en 1849. Sin embargo, la riqueza ganadera de Magallanes no se manifestaría sino unos 40 años después.

En el campo de la ocupación territorial se encaró la colonización de la región comprendida entre Valdivia y Puerto Montt, encargada a Bernardo Philippi y Vicente Pérez Rosales, y la ocupación y "pacificación" de la Araucanía, de la que se responsabilizó al coronel Cornelio Saavedra. Aunque esta última iniciativa no iba a alcanzar mayor éxito hasta después de la Guerra del Pacífico, dio lugar a una importante especulación de tierras, fenómeno similar al que ocurrió en el sur cuando se conocieron los proyectos de colonización. Esta región fue colonizada exitosamente, aunque el número de colonos que se instaló entre las zonas de Valdivia y Puerto Montt entre 1851 y 1860 sólo alcanzó a unos 3,000. En todo caso, este proceso constituye un fenómeno digno de estudio tanto desde el punto de vista de la constitución de la propiedad agraria en esa zona, como del destino de la población indígena que residía en ella y del desarrollo de una comunidad relativamente pequeña y aislada durante un período bastante prolongado (1867, 1868, 1871, 1931, 1934, 2146, 2150).

## La influencia liberal en la educación y la cultura

Desde el comienzo del ciclo expansivo que estamos analizando, los diferentes gobiernos se preocuparon de estimular la educación, la introducción de los modernos conocimientos científicos y técnicos, y el estudio de la realidad del país en lo que se refiere a su historia, territorio, recursos naturales, fauna y flora. La personalidad intelectual máxima del período, Andrés Bello, tuvo como discípulos a casi todos los intelectuales. Durante los primeros gobiernos fue, prácticamente, el responsable de la política exterior de Chile; autor del *Derecho de Gentes* (1832), de la *Gramática castellana para uso de los americanos* (1847) y del *Código Civil* (1855); fue, además, el creador, organizador y primer Rector de la Universidad de Chile (1842-65). El ideario liberal de Bello, adquirido en sus años de formación en Inglaterra, se extendió ampliamente a través de su

obra y la de sus discípulos, entre los que se contó el notable historiador Diego Barros Arana (1746, 1747).

El gobierno contrató también durante esta etapa un grupo de sabios europeos, especialmente franceses, que contribuyeron al conocimiento de la realidad chilena e iniciaron el estudio moderno de sus respectivas disciplinas en el país. Entre otros cabe destacar a Claudio Gay (2125), Ignacio Domeyko (2144), Rodulfo Armando Philippi y Courcelle Seneuil (2015, 2076).

Junto al desarrollo de la educación superior, la educación primaria recibió un fuerte impulso, no obstante las discrepancias que se advertían entre los intelectuales de la época acerca de la necesidad de extender la educación a todo el pueblo. Las ideas positivas que albergaba a este respecto Manuel Montt, primero como ministro y después como presidente, coincidieron con la presencia de Domingo Faustino Sarmiento. Este fue nombrado Director de la Escuela Normal de Preceptores fundada en 1842, realizando una notable labor en materia de educación primaria. Sarmiento formaba parte del grupo de emigrados argentinos que habían huido de la tiranía de Rosas, entre los cuales llegaron destacados intelectuales como Mitre, Alberdi, López, Ocampo y Gutiérrez. Todos ellos contribuyeron al notable florecimiento cultural que hizo de Santiago, en la década de 1840, un centro intelectual de la mayor importancia en América Latina (1775, 1878, 1880, 1882, 1883, 1884).

Las transformaciones estructurales del país en los primeros decenios de la vida republicana fortalecieron a las actividades económicas y a los sectores sociales interesados en la apertura del país y su integración al sistema británico. Esas transformaciones fueron reforzadas por la penetración de las doctrinas, conceptos, valores e instituciones del ideario liberal, al que pertenecían casi todos los integrantes del movimiento cultural e intelectual a que se ha hecho referencia.

Al respecto es interesante anotar, sin embargo, dos curiosas paradojas. Por una parte, el hecho de que este desarrollo intelectual se haya dado bajo el patrocinio y fomento de los gobiernos que la historiografía tradicional chilena—particularmente la liberal y marxista—califica de conservadores, oligárquicos, dictatoriales, oscurantistas, etcétera. Es muy probable que, como en el caso de la política económica de dicho régimen, los prejuicios conceptuales de los historiadores hayan llevado a clasificaciones y calificaciones demasiado simplistas. Un examen cuidadoso y desapasionado revelaría situaciones mucho más complejas y ricas en matices y variantes. El segundo aspecto contradictorio que podría dar lugar a una indagación interesante, es que, mientras la influencia externa sobre la economía chilena es fundamental y crecientemente inglesa, la influencia en el desarrollo cultural e intelectual es predominantemente francesa.

En cualquier caso, resulta claro que, hacia la década de 1850, la base económica, los grupos sociales respectivos y la superestructura ideológica y cultural del régimen establecido en 1830, comenzaron a ser fuertemente desafiados. Los graves conflictos políticos que debió enfrentar el Presidente Montt en 1851 y 1859, con rebeliones que se apoyaban en las fuerzas económicas de Concepción y Coquimbo y en los intelectuales de Santiago y Valparaíso, son, con toda probabilidad, manifestaciones del reajuste de poder indicado. Ello se refleja, por otra parte, en los partidos políticos. En 1849 se fracciona el Partido Conservador dando lugar al Partido Liberal; en 1857 se forma el partido Montt—Varista o Nacional; y en 1863 se crea el Partido Radical, fracción de izquierda del Partido Liberal (1760, 1770).

## La crisis de 1857-61

Además de los problemas políticos que tuvo que enfrentar el Presidente Montt durante esta década, se produjo la primera interrupción significativa de la expansión en el comercio exterior chileno desde el comienzo del período. Encina da gran importancia a esta crisis que se extiende desde 1857 a 1861: "A fin de agosto de 1857, la contracción monetaria y crediticia se hizo tan intensa que las transacciones comerciales se paralizaron completamente en Valparaíso. . . . La crisis comercial tenía fatalmente que repercutir sobre los agricultores, mineros e industriales que se vieron obligados a reducir sus trabajos, a abandonar o a aplazar las grandes instalaciones y mejoras que habían emprendido. Hubo muchas quiebras ruidosas. El precio de la propiedad rural bajó en un 40 por ciento."[4]

La crisis coincide con la decadencia de las exportaciones agrícolas a California y Australia y con el fin del auge comercial y naviero que el descubrimiento de oro en esas regiones le había dado a Valparaíso. En este sentido, el puerto fue afectado también por la inauguración del ferrocarril del Istmo de Panamá en 1855, que desvió mucho tráfico de Valparaíso. Sin embargo, las exportaciones chilenas en general y las de trigo en particular, no parecen haberse reducido muy seriamente. De acuerdo con el cuidadoso estudio de Sepúlveda, confirmado por otros autores, los mercados de California y Australia no tuvieron la importancia que tradicionalmente se les ha atribuido ni como iniciadores del desarrollo agrícola chileno—que ya tenía importantes mercados en Perú—ni en cuanto a inducir su decadencia cuando se cerraron. El hecho es que las exportaciones trigueras crecieron significativamente durante dos décadas, reorientándose al mercado europeo (2064, 2116, 2119). Es posible que la importancia excesiva atribuida al auge Californiano—inducido tal vez por

el efecto especialmente expansivo que tuvo sobre las actividades del puerto de Valparaíso—haya llevado también a otorgarle exagerada importancia al cierre de ese mercado y la disminución de las actividades del puerto. Con todo, la segunda mitad del período del Presidente Montt constituye, cuando menos, una pausa en el crecimiento económico que se produjo en Chile desde comienzos de la década de 1830. Al fin de la fiebre del oro, al estancamiento de la producción de plata, y a los efectos de la recesión económica internacional en los precios del cobre, hay que agregar las malas cosechas de 1857 y 1858, que dejaron en difícil situación financiera a los agricultores. El gobierno intervino en esta situación con una política expansiva, utilizando parte de los recursos que aún no habían sido utilizados de un empréstito inglés destinado a la construcción de ferrocarriles, y aprovechando lo acumulado en ejercicios anteriores. Esta fue, probablemente, una de las primeras operaciones de política anticíclica en nuestro país. Como ocurre en relación a otros fenómenos económicos del período, las diferentes fuentes parciales acerca de esta crisis y su superación no permiten formarse un cuadro de conjunto del proceso, y constituyen, por lo mismo, una oportunidad interesante para el historiador económico.

## Expansión económica y liberalización

El período siguiente ha sido calificado por algunos autores como de crecimiento mucho más lento que el anterior, y como el comienzo de una franca liberalización de la economía, que liquidó los progresos logrados por las políticas proteccionistas anteriores en materia, principalmente, de marina mercante y producción manufacturera. Ello se atribuye en general a la consolidación del poder liberal con el Presidente Pérez (1861-1871), y sobre todo a la gran influencia que tuvo Courcelle Seneuil (1807).

Sin embargo, un examen cuidadoso de la literatura y los hechos del período muestra un cuadro más complejo y algo diferente. Desde luego, Courcelle Seneuil, contratado en Francia para asesorar al gobierno y establecer la enseñanza de economía política en la Universidad, no parece haber sido el doctrinario extremo y dogmático que algunos pretenden. Esto puede apreciarse en su informe acerca de la tarifa aduanera chilena (2076), que califica de demasiado liberal en sus consejos para superar la crisis de 1857, y en su interesante correspondencia con su discípulo Marcial Martínez (2038). Por otra parte, tampoco parece haber tenido la desmesurada influencia que se le atribuyó en la política económica del período, aunque sin duda tuvo importancia en la formación de todo un grupo de hombres—Marcial Martínez, Miguel Cruchaga, Zorobabel Rodríguez y otros—que posteriormente

[4](1775), v. 2, p. 1188.

influyeron en el pensamiento y la acción. Por lo que se acaba de apuntar, el pensamiento, obra docente y asesoría pública de Courcelle Seneuil constituyen sin duda, un tema de importancia e interés (2035).

Por otra parte, el juicio respecto de la acentuada liberalización de la política económica, y del detenimiento del proceso de desarrollo tampoco parece enteramente correcto. El ejemplo, tantas veces enarbolado, de la desaparición de la flota mercante chilena quedó aclarado con la investigación de Véliz (2284). Además, la marcha ascendente de la economía chilena, apoyada decididamente por la acción del Estado, se reanudó con todo vigor después de la crisis de 1857-61. El auge, que adquiere caracteres excepcionales después de la Guerra con España (1865-66), se extendió hasta la aguda depresión iniciada a mediados de la década de 1870, con la que se cerraría definitivamente el primer ciclo de expansión que comenzó en 1830 (1830).

Durante todo este período continúa el avance de la política ferrocarrilera impulsada por Montt, en medio de una fuerte polémica acerca del papel que le debía corresponder al Estado y a la iniciativa privada. No obstante los argumentos de los liberales en favor de esta última, el Estado la apoyó en una primera etapa, pero ante las dificultades que se presentaron tomó una participación más activa y adquirió el Ferrocarril de Santiago a Valparaíso en 1858 y el de Santiago al sur en 1873; se hizo cargo de su administración y continuó impulsando la instalación y expansión de las principales líneas en la Zona Central. En 1863 se inauguró el ferrocarril entre la capital y el puerto, mientras que el del sur llegó a Curicó en 1868 y a Angel en 1873 (1926, 2273, 2280, 2288, 2291, 2300, 2304, 2306, 2308, 2313, 2316, 2317, 2318, 2324, 2328).

De esta manera se puso en práctica la idea que había guiado al Presidente Montt cuando inició la construcción de este ferrocarril: facilitar la salida de la producción agrícola del Valle Central por el puerto de Valparaíso. Al mismo tiempo que esto permitía incrementar sustancialmente y abaratar los costos de la producción triguera, la agricultura se diversificó desarrollándose la producción vitivinícola, de frutas y sobre todo de verduras y legumbres. Todo ello fue acompañado de transformaciones tecnológicas importantes en materia de represas y canales de riego, mecanización, introducción de nuevos cultivos, etcétera.

La política de obras públicas no se centró sólo en los ferrocarriles sino que se extendió también a la construcción y mejora de caminos y puentes; al establecimiento del telégrafo; al mejoramiento de los servicios de correos; a la construcción de edificios para diversos servicios públicos en numerosas ciudades; a la ampliación de los almacenes de aduana de Valparaíso y su reconstrucción después de la Guerra con España—; a la modernización de las ciudades de Valparaíso y de Santiago bajo las Intendencias de Echaurren y Vicuña Mackenna, respectivamente.

Durante el mismo período, y como consecuencia del crecimiento de las actividades de la minería, la navegación, los ferrocarriles, las exportaciones de trigo, del auge de la construcción pública y privada, y del proceso de urbanización, se continuaron instalando y desarrollando diversas actividades manufactureras, muchas de ellas impulsadas por medidas de fomento y protección del Estado. Hay que destacar especialmente la expansión de la molinería, consecuencia de la demanda externa; de una gran variedad de productos de consumo (calzado, textiles, cervecerías, gas, azúcar, etcétera); de la industria del carbón; y de varias maestranzas que fabricaron arados, trilladoras, locomotoras, carros de ferrocarril, etcétera. Estas industrias no sólo se localizaron en Santiago y Valparaíso, sino también en la zona de Concepción y en Valdivia (1800, 2180, 2182, 2184).

Durante la administración del Presidente Montt se inicia otro período de desarrollo institucional de gran importancia, exigido por el volumen y amplitud que alcanzaron en la actividad económica las instituciones bancarias privadas y públicas. El primer banco autorizado legalmente que tuvo un desarrollo institucional significativo, fue el Banco de Valparaíso en 1855, al que seguiría, cuatro años después, el Banco de Chile, en Santiago. En 1860 se dictó la Ley de Bancos, de corte extremadamente liberal. Por otra parte, estos años se fundó también la Caja de Ahorros de Empleados Públicos (1858) y se creó en 1855 la Caja de Crédito Hipotecario (1954) que tan importante papel habría de jugar en el financiamiento de los grandes propietarios rurales.

La expansión del crédito, y el gradual reemplazo del oro y la plata por el papel moneda, parecen haber sido provocados por los siguientes factores: a) los cambios de los precios internacionales del oro y la plata desvirtuaron el sistema monetario bimetálico que regía en el país; b) la Guerra con España produjo pánico financiero con atesoramiento de monedas metálicas y una "corrida" de los bancos. Esto llevó, junto con las mayores necesidades financieras del gobierno, a la primera experiencia de emisión de papel moneda inconvertible; c) la balanza de pagos se tornó crecientemente deficitaria como consecuencia de una fuerte tendencia al aumento de las importaciones, y de un gran incremento de los compromisos derivados de la deuda exterior. Todo ello redundó en la exportación y fuga de numerario, o en su atesoramiento, hechos que contrastaban con las necesidades crecientes de circulante exigidas por una economía que se monetizaba rápidamente y se encontraba en fuerte expansión.

Después de la Guerra con España se experimentó un notable auge económico y financiero derivado del repunte de las exportaciones agrícolas, del comienzo de la explotación, por mineros chilenos, del salitre de Antofagasta en 1866 y los yacimientos de plata de Caracoles en 1870 (2220), ambos en territorio boliviano. Un destacado observador contemporáneo, Marcial González, describe el clima económico que se vivía en 1873, de la siguiente manera: "El país cree que su vida está vinculada sólo al desarrollo de la riqueza, a los juegos de bolsa, a las aventuras mineras y al agiotaje del papel fiduciario y de las sociedades anónimas."[5]

## La crisis final del primer ciclo de expansión

La "fiebre de Caracoles" con que la década del 70 se inició de manera tan optimista, fue en realidad el último relumbrón de la expansión comenzada en 1830. Varios factores internacionales y locales se confabularon para poner término definitivo a ese modelo de crecimiento hacia afuera. En una economía abierta al comercio exterior, e integrada tan estrechamente a la economía internacional, las tendencias de esta última debían influir profundamente. Alrededor de 1870 empezó, en efecto, un largo período depresivo de la economía mundial, que produjo una baja general de precios, afectando en forma muy directa los principales productos chilenos de exportación. El precio del trigo en el mercado internacional entró en un largo período depresivo, consecuencia de la competencia con nuevas zonas de cultivo más productivas: Argentina, Estados Unidos, Australia, Ucrania, Canadá. Estas se fueron incorporando a la economía mundial como consecuencia de los grandes adelantos técnicos en la agricultura y los transportes terrestres y marítimos. Algo similar ocurrió con el cobre, que representaba más de la mitad de las exportaciones, y cuyos precios cayeron verticalmente a partir del máximo alcanzado en 1872. Como en el caso del trigo, ya no se recuperarían hasta fines de siglo, debido, fundamentalmente, al agotamiento de los minerales más ricos en Chile y al desarrollo de grandes depósitos cupríferos en los Estados Unidos, en los que el empleo de técnicas más avanzadas permitían la elaboración de minerales de leyes más bajas. Parecida, aunque menos aguda, fue la caída del precio de la plata, a lo que se agregó la estabilización de sus niveles de producción (1816, 1864, 1965).

En otras palabras, la crisis del comercio exterior iniciada en 1873 con la caída de los precios y luego de la producción y exportación de los principales productos chilenos, tiene un carácter permanente. Los productos en que se apoyaban las exportaciones del país, factor determinante del crecimiento y estabilidad del resto del sistema, terminaron su ciclo de expansión

comenzado 40 años antes. Si bien con la adquisición de los territorios salitreros por la Guerra del Pacífico (1879-83), Chile encaró un nuevo período de prosperidad, basado en un producto cuyos mercados se ampliaban rápidamente no obstante la declinación internacional de los precios, el nuevo modelo de crecimiento hacia afuera tendría características bastante diferentes del anterior, como señalaremos más adelante.

El estudio de la década de 1870 es de gran interés por los cambios en las tendencias de la producción cuprífera, de plata y de trigo, fundamento de la economía chilena. Además, por la reorientación y reorganización de esas actividades, y en los casos en que ello no fue posible, su decadencia y abandono, con los consiguientes efectos en la ocupación y las economías regionales. En concreto, en este período aparecen los graves problemas de desocupación y estancamiento que se agudizarían con el tiempo en las hasta ese momento prósperas provincias del Norte Chico. Esta es otra etapa de enorme interés que prácticamente no ha sido analizada.

Otro aspecto que da a esta década tan poco explorada un atractivo especial, es el examen del proceso monetario, fiscal, financiero y cambiario que acompaña a la crisis del comercio exterior. Sobre todo, porque es el comienzo del proceso de desvalorización monetaria que persistirá hasta nuestros días. En esta materia, además de la crisis del comercio exterior, y de los empréstitos con que se trató de hacerle frente aumentando violentamente la deuda externa, tiene especial interés examinar el papel jugado por el sistema bancario. El desarrollo de los bancos durante el período anterior hizo posible—en contraste con la crisis de 1857—la inconvertibilidad, es decir, la monetización del sistema económico mediante la circulación de billetes bancarios y papel moneda. Creó, además, las instituciones y grupos de interés bancarios que, ante una crisis de reservas metálicas en los bancos, lograban desplegar el poder político y económico necesario para obtener el apoyo de la emisión estatal. Este era particularmente el caso en virtud de que el propio Estado había endeudado con los Bancos. Este tema será uno de los más debatidos durante el período posterior a 1878-1879, años en que se declaró la inconvertibilidad del billete bancario y el curso forzoso del papel moneda fiscal, respectivamente. En ello influyó la crisis de balanza de pagos, y la iniciación en este último año de la Guerra del Pacífico, que exigiría ingentes recursos financieros (1961, 1965, 1976, 1980, 1986).

# El Segundo Ciclo de Expansión

## El salitre, la Guerra del Pacífico y la reactivación de la economía

La actividad salitrera, que comenzó en la década de

[5](1830), p. 211.

1860 (2237), llegó a constituir el pilar fundamental y prácticamente único del segundo gran ciclo de auge de la economía chilena, que se extiende entre la Guerra del Pacífico y la gran depresión mundial de 1930. Como señaláramos en la sección anterior, la vigorosa expansión de la economía había llevado a los empresarios nacionales a ampliar el territorio ocupado a comienzos de siglo en varias direcciones. La penetración del desierto nortino se había iniciado en 1846, cuando una compañía chilena empezó a explotar el guano en Mejillones. Hacia mediados de la década de 1860 comenzó en Antofagasta la explotación del salitre, y en los años siguientes, se descubrió el mineral de plata en Caracoles.

Estas actividades atrajeron a la provincia boliviana de Antofagasta fuertes inversiones y un considerable flujo de población, de manera que, hacia fines de la década de 1870, aquella región estaba poblada en su mayoría por chilenos y había desarrollado una importante actividad económica. Por otra parte, la iniciativa chilena también se había extendido, aunque en menor grado, hacia las salitreras de la provincia peruana de Tarapacá. Pero, aquí su expansión se vio limitada por la política del gobierno peruano, que, a través del estanco (1873), la expropiación (1875) y los gravámenes tributarios, procuraba resarcirse de la decadencia del guano como fuente fundamental de exportación y recursos fiscales.

Por consiguiente, la Guerra del Pacífico, en la que Chile conquistó las provincias de Tarapacá y Antofagasta, no sólo significó la adquisición de un vasto territorio con diversificada riqueza mineral y pesquera—buena parte de la cual no se explotaría hasta muchas décadas después—sino que le entregó una industria salitrera floreciente en la fase de gran expansión de sus mercados.

La adquisición de esta riqueza en plena producción gravitó enormemente en todos los aspectos de la vida chilena, tanto a corto como, sobre todo, a largo plazo.

En el primer aspecto, la Guerra del Pacífico (1747, 1753) que tuvo lugar entre 1879 y 1883, se tradujo en importantes consecuencias económico-financieras. Desde luego, el pertrechamiento bélico de un contingente humano considerable, incentivó diversas actividades manufactureras, agrícolas y comerciales. Por otra parte, el reclutamiento de soldados disminuyó la desocupación, consecuencia de la crisis desatada varios años antes. El aumento del gasto público necesario para enfrentar la guerra, que significó su duplicación entre 1878 y 1883, se financió, en buena parte, con una fuerte emisión y con un incremento de las entradas fiscales, producto de las exportaciones adicionales de salitre. De esta manera se desarrolló de hecho una política anticíclica que tuvo resultados inesperados para la opinión de la época.

"Al estallar la guerra, gobernantes y políticos, banqueros y economistas creyeron que se les venía encima la peor catástrofe de la historia patria. Muy por el contrario, los negocios mejoraron rápidamente; la economía nacional, en vez de deprimirse, entró en un período de vigorosa expansión, hasta el punto de enfrentar . . . los gastos de guerra sin empréstitos externos y absorber 28,000,000 de pesos de papel moneda en tres años, sin que se abatieran los cambios internacionales ni la moneda se depreciase en el interior en la medida que todos temían.''[6] Lo cierto es que tomando en cuenta el estado depresivo del que se partió, la adquisición de capacidad productiva adicional y el hecho de que ésta generaba divisas, puede concluirse que se dieron las condiciones óptimas para el funcionamiento de una política anticíclica de tipo keynesiano. Situación histórica, enteramente excepcional en países exportadores de materias primas, que merecería una investigación acuciosa.

## La década de 1880 y la política económica de Balmaceda

La recuperación de la crisis económica, resultado, en definitiva de la guerra y la ampliación de los ingresos fiscales, consecuencia de la ocupación de las oficinas salitreras, permitó al gobierno, apenas terminado el conflicto, continuar su política de expansión de los servicios públicos comenzada con vigor por Montt, pero que había decaído durante el decenio de 1870. Fue sobre todo en el gobierno de Balmaceda (1886-91) que la iniciativa estatal recuperó su impulso de mediados de siglo.

En 1884 se había creado la Empresa de los Ferrocarriles del Estado, que unificó los ferrocarriles de Santiago a Valparaíso y los del sur. Durante la administración de Balmaceda se ampliaron notablemente los ferrocarriles, se inició la instalación de líneas telefónicas, se construyeron puentes y caminos, comenzó a instalarse el alumbrado público eléctrico, se adelantó en la construcción de edificios hospitalarios y hubo importantes modificaciones en todos los niveles de educación.

La actividad económica privada también continuó en expansión. La agricultura contaba con nuevos mercados en el norte, se incorporaban cultivos, se construían canales de irrigación, y sobre todo, se avanzaba en la colonización y la explotación económica de la Araucanía. En esta región se desarrollaba el cultivo del trigo, se instalaban molinos, aserraderos, bancos, etcétera; todo ello en la medida en que el ferrocarril se extendía hacia el sur. El período es crucial en la formación de la estructura agraria nacional, puesto que esta extensa región estaba poblada por los mapuches

[6](1755), v. 3, p. 1584.

y fue colonizada por chilenos e inmigrantes. El proceso dio lugar a una literatura abundante acerca de las formas de apropiación de la tierra (1932, 2145, 2156, 2157, 2158), el destino de las poblaciones indígenas (1912), la inmigración (95, 1870, 1875) y la colonización (1871, 2146, 2149, 2151).

En el mismo caso se encuentran Punta Arenas y la región magallánica, que se consolidó, en esta etapa, como una valiosa área ganadera (2079, 2082, 2085, 2086, 2099, 2136).

En las ramas productivas de la minería no salitrera y de la manufactura, se iniciaron también actividades importantes. En el terreno institucional se fundaron la Sociedad Nacional de Minería (1884), la Sociedad de Fomento Fabril (1883), y en 1887 el Ministerio de Industria y Obras Públicas, para impulsar de diversas maneras una política de promoción y fomento de la producción nacional. Además, se creó la Escuela de Minería de Copiapó y se renovó la Escuela de Artes y Oficios de Santiago, con el propósito de desarrollar la educación técnica. Con el mismo objetivo se promovió la inmigración de técnicos, artesanos y obreros calificados. Por otra parte fueron liberados de pagar derechos de aduana los bienes de producción destinados a instalar nuevas industrias o a mejorar las existentes. De esta manera, la Sociedad de Fomento Fabril, si bien solitaria en su defensa del desarrollo industrial, obtuvo apoyo y estímulo durante el gobierno de Balmaceda.

Los resultados prácticos de estas acciones parecen haber sido importantes, sobre todo, en la rama metalúrgica, aunque las informaciones dispersas y anecdóticas de que se dispone impiden llegar a conclusiones valederas (1880, 2174, 2179, 2180, 2181, 2182, 2183, 2190, 2195). La investigación histórica en esta área es francamente precaria, y las apreciaciones acerca de la magnitud del crecimiento industrial son muy divergentes, dependiendo de la posición ideológica de los autores. Por ejemplo, para Hurtado (1864) la expansión industrial habría tenido lugar durante el segundo ciclo como consecuencia de la ampliación del mercado interno derivada del auge salitrero y la acción moderadamente proteccionista del gobierno. Pinto (1816), entre otros, afirma en cambio que el crecimiento industrial chileno llegó a su máxima expresión en la década de 1850, bajo el gobierno de Montt, y que las tendencias liberales, la concentración en el crecimiento salitrero y la apertura de la economía al comercio exterior, inhibieron el progreso industrial durante la segunda mitad del siglo XIX.

La naturaleza y magnitud del desarrollo manufacturero en los dos ciclos de expansión ''hacia afuera'' reviste, obviamente, una importancia fundamental para el conocimiento y comprensión de la historia económica del país. Por esta razón, el análisis de la

evidencia empírica, particularmente su apreciación de conjunto, y el estudio de los factores condicionantes del desarrollo manufacturero (mercados, capacidad empresarial, disponibilidades de capital, políticas arancelarias, etcétera) deberían merecer la atención preferente de los investigadores.

Dos obras más recientes y con mayor fundamentación empírica, la de Lagos (2180) y la de Muñoz (2183), lamentablemente no dilucidan en forma definitiva esta cuestión, pues sus investigaciones cuantitativas sólo abarcan las primeras décadas del siglo actual.

En esta etapa, las instituciones bancarias se expandieron, instalándose numerosos bancos privados, varios de ellos en provincia. El Estado, por su parte, creó la Caja de Ahorros de Santiago. El auge de las instituciones de crédito no puede sorprender dado el notable crecimiento de las necesidades financieras por el rápido aumento de la producción, el comercio exterior y las finanzas públicas, y por el proceso de desvalorización de la moneda que se aceleró desde fines de la Guerra.

En apariencia, el país parecía haber retomado el proceso de expansión de mediados de siglo, tanto por las iniciativas privadas como, sobre todo, por el audaz impulso estatal de Balmaceda, que, en este sentido, parecía dispuesto a superar a Portales y Montt. El estudio de la personalidad y la política económica de Balmaceda resulta, en verdad, apasionante (1752, 1764, 1783, 1785, 1799, 1995, 2031). Su programa de gobierno, por ejemplo, revela una contradicción ya insinuada con respecto a gobiernos anteriores: decididamente liberal en los aspectos políticos, tuvo interesantes ingredientes de nacionalismo, proteccionismo y estatismo en los económicos. Estos últimos aspectos han sido idealizados con frecuencia, por ejemplo en la obra de Ramírez Necochea (1785). Pero, aunque no llegaron a constituir un programa nacionalista, entraron en fuerte contradicción con la realidad económica, social y política que había cambiado notablemente después de la Guerra del Pacífico. Lo que pretendía el Presidente Balmaceda era evitar la entrega de la totalidad de los terrenos salitreros fiscales a los monopolios extranjeros, para reservar al Estado un instrumento de regulación de la industria; obtener el control de los ferrocarriles salitreros vinculados con los del centro del país; e invertir el gran excedente de los ingresos fiscales derivados del salitre, en obras reproductivas a fin de formar una riqueza nacional permanente para cuando se agotara la del salitre.

## La entrega del salitre y su significado socioeconómico

Estas aspiraciones del estadista y las políticas que impulsaba, chocaron, sin embargo, con la realidad económica y política del país. Esta última se había comenzado a expresar en las primeras decisiones con respecto a la industria salitrera tomadas en 1880. Con la obtención del control de las provincias salitreras, sobre todo la de Tarapacá, Chile debió decidir respecto a la propiedad de las oficinas y su forma de operación. En 1875 el gobierno peruano había constituido un monopolio estatal, adquiriendo 75 oficinas modernas y numerosos terrenos, que pagó con certificados salitreros al portador y bonos con garantía hipotecaria de la oficina respectiva. Chile tenía entonces que establecer si se haría cargo del monopolio, y en caso contrario, su actitud respecto de las oficinas, los bonos y los certificados. La primera comisión del salitre que elaboró los antecedentes de la ley dictada el 1° de octubre de 1880, se manifestó absolutamente contraria al monopolio estatal. "En lugar de este sistema peligroso y absorbente, es de esperar que Chile acate y mantenga la primera de las reglas de la buena economía política, que condena toda intervención gubernativa en los dominios especiales de la industria."[7]

Esta ley involucraba la devolución de las oficinas salitreras a sus dueños, lo que habría de desatar una colosal especulación con los bonos y títulos. Ante la inminencia de la derrota peruana y la escasa esperanza que los ex-propietarios y tenedores de bonos tenían de recuperar sus propiedades o ser indemnizados por el vencedor, el precio de los bonos y certificados había caído verticalmente. Numerosos especuladores entraron en juego, y uno en particular, John Thomas North, se convertiría en "el rey del salitre." "Conocía yo mejor que cualquier extranjero el valor exacto de esos bonos territoriales. . . . Compré, pues, a pesar de su descrédito, cantidades considerables de ellos, convencido de que el gobierno chileno triunfaría en la guerra y que, una vez vencedor, respetaría por completo el derecho de propiedad que constituían esos títulos emitidos por el vencido."[8]

La "convicción" de North acerca del respeto de los títulos parece deberse a infidencias de Robert Harvey, un técnico a quien el gobierno había dejado a cargo de las salitreras y que incluso actuó como asesor en la primera y segunda comisiones del salitre. Esta última influyó en el decreto del 11 de junio de 1881, en que el gobierno establecía la devolución de las salitreras de Tarapacá a quien depositara una cierta proporción del valor en certificados y el resto en efectivo. Quedaba así consagrada una de las más extraordinarias operaciones en contra del interés nacional que pueda encontrarse en nuestra historia económica. De esta manera, buena parte de la industria salitrera, desarrollada a partir de la década de 1860 con la participación de mineros y empresarios chilenos e incorporada al territorio nacional después de la victoria en la Guerra del Pacífico, fue entregada a especuladores extranjeros de

bonos y certificados peruanos. Incluso, parte de esta operación—la que se refiere a North—se financió con créditos del Banco de Valparaíso, es decir con recursos chilenos (1750, 2260).

Este notable episodio, con el que se inicia el segundo gran ciclo de expansión del siglo XIX, revela los profundos cambios que se habían producido en la realidad nacional e internacional. Es contra ella que se estrellarán los propósitos del Presidente Balmaceda. La nueva correlación de fuerzas económico-políticas y las corrientes de opinión no correspondían ya al espíritu promotor que había caracterizado la acción del Estado a lo largo del siglo.

En primer lugar, los terratenientes conservadores, base de poder de la República portaliana, habían sido desplazados por las transformaciones ocurridas en el agro que se han indicado anteriormente. En segundo lugar, las finanzas públicas y el comercio exterior habían pasado a depender en forma muy considerable de la actividad salitrera. Esto se demostrará en la guerra civil de 1891, en la que Balmaceda fue derrocado, entre otras razones, por haber perdido buena parte de la base financiera del Estado. En tercer lugar, la industria salitrera representaba un poder económico y político de una envergadura muy superior a lo que en sus momentos de mayor auge representaron los intereses de la plata, el cobre o el trigo. En cuarto lugar, y este es un elemento decisivo, mientras en el ciclo anterior las actividades de exportación estaban en manos de empresarios chilenos, en el caso del salitre, éstas pasaron casi enteramente a ser propiedad de capitales extranjeros—principalmente ingleses—primordialmente concentrados bajo el control del monopolio organizado por North. Por último, la importancia de la industria salitrera y la vastedad de su red de mercados, transportes e intereses financieros, la convirtieron en un gran negocio internacional. En torno a él se movían los intereses económicos y diplomáticos de Inglaterra, Francia, Alemania y los Estados Unidos, como queda claramente demostrado en la Guerra del Pacífico y en la Guerra Civil de 1891.

Acerca de estos aspectos, íntimamente relacionados, existe una amplísima documentación, en el país y en el extranjero, particularmente en Inglaterra, dados los intereses internacionales comprometidos. Con referencia al país hay mucho material que casi no ha sido tocado: discusiones e informes de las dos comisiones salitreras, extensos debates parlamentarios, que se agudizaron con la política de Balmaceda, crónicas y memorias de protagonistas y visitantes, documentación oficial local, y documentación de las propias empresas del salitre y de los ferrocarriles salitreros (1734, 1920, 2200, 2237, 2238, 2240, 2252, 2253). En general puede afirmarse que, salvo algunas excepciones, la década de 1880 y los acontecimientos bélicos que la enmarcaron— la Guerra del Pacífico y la Guerra Civil en 1891—no

---

[7](1785), p. 26.
[8](1755), v. 3, p. 1652.

han recibido suficiente atención por parte de los historiadores económicos. Sin embargo, dichos acontecimientos, las transformaciones y políticas que se gastaron en el decenio, fueron de una importancia decisiva en el desarrollo ulterior del país, por lo que su investigación seria y desapasionada, basada en un examen de las fuentes primarias y no sólo en los comentarios interesados, constituye una tarea de gran prioridad.

## Algunos temas de investigación relacionados con la actividad salitrera

A pesar de la importancia que los capitales ingleses, y después en cierta medida los alemanes, adquirieron en la explotación del salitre, poco es lo que se ha investigado este tema. Convendría especialmente examinar la significación que la propiedad extranjera tuvo en la proporción de los valores generados en la actividad salitrera que retornó al país, y la que quedó en el extranjero en pago de intereses, utilidades, insumos importados, fletes, etcétera. Tampoco existen investigaciones sistemáticas acerca de la política de comercialización y de precios del salitre en el mercado mundial, no obstante la amplia documentación disponible y los trabajos elaborados posteriormente, cuando los mercados del salitre comenzaron a decaer. Lo mismo sucede con la copiosa información referida a las formas de organizar la producción, las técnicas empleadas, y lo que entrañaban en cuanto a la utilización de bienes de capital y de insumos nacionales. Sin duda, este aspecto permite evaluar la significación del auge salitrero como estímulo del desarrollo en otras actividades y en otras regiones del país.

Otra característica de la participación extranjera en la actividad del salitre, es la integración de Chile al sistema económico internacional organizado por el Imperio Británico. Tiene particular interés el estudio de las formas de dependencia derivadas de esa integración, y de la transición del centro hegemónico de Inglaterra a Estados Unidos en la segunda década del siglo XX. En efecto a fines de siglo comenzaba a declinar el predominio inglés mientras se insinuaba la expansión imperialista de la nueva potencia hegemónica (1817, 2066). Este fenómeno influyó en la manera de actuar del capital extranjero, ya que el nuevo poder central utilizó formas de organización y políticas diferentes.

En Chile, este cambio tuvo principalmente dos manifestaciones. Por una parte, las inversiones norteamericanas en la nueva industria del cobre, que pasará luego a ser la base de la economía nacional, y en la industria del salitre, que en la década de 1920 pasó de manos inglesas a norteamericanas. Por otra parte, durante y después de la Primera Guerra Mundial, se produjo una reorientación y renegociación de los vínculos de dependencia, una de cuyas expresiones más

interesantes fue la Conferencia Financiera Panamericana realizada en Washington en mayo de 1915. Esa conferencia y las comisiones y reuniones que le siguieron, constituyen acontecimientos de la mayor importancia para el historiador económico interesado en la naturaleza, características y formas que adoptó en América Latina y particularmente en Chile, la transferencia del sistema hegemónico inglés al norteamericano (118, 1832, 1833, 1855, 1938, 1989, 2030, 2069, 2070). No obstante la popularidad que ha adquirido en los últimos años el tema de la dependencia, este proceso crucial de transición de una forma a otra es totalmente desconocido y no hay investigaciones acerca de la materia.

Otro aspecto que no ha sido estudiado es la ocupación, las horas de trabajo, los niveles salariales, la evolución de los ingresos reales, y en general, las condiciones de vida del trabajador salitrero (1821, 1893). Interesa también, ya que representaron una inversión considerable, el tema de los ferrocarriles salitreros, de los cuales existe una amplísima documentación (2307). Lo que su construcción y operación significó en términos de capitales empleados, tasas de retorno, ocupación, procedencia de los insumos, política de tarifas, su utilización como instrumento de competencia y de concentración de la propiedad, etcétera (2287), permanece sin estudiar. Para terminar, y sin que ello agote la lista de temas posibles, es importante el análisis del papel económico, social y político desempeñado por las ciudades-puerto y las ciudades-campamento, que conformaban el mapa urbano del norte.

A pesar de que la investigación acerca del salitre y su papel en la economía chilena ha sido precaria, lo poco que se ha hecho acaparó la atención que la historia económica le ha dedicado a la minería en este período. Sin embargo, otras actividades mineras avanzaron en procedimientos técnicos y en materia de fundición, y continuaron teniendo importancia, particularmente, para algunas zonas del país. Además, desde la primera década del siglo XX, surgieron nuevas y grandes minas en Chuquicamata, Potrerillos y Sewell que comenzaron a sustituir y opacar la minería tradicional del cobre. Nuevamente el capital extranjero jugó un papel preponderante, en una actividad que al fin del período estaba en pleno auge y que, con la decadencia del salitre, se convirtió en la principal actividad de exportación chilena. Es interesante examinar las causas de dicha evolución, que fue muy criticada en su tiempo por algunos sectores (2215, 2222, 2223).

## La decadencia de las clases dirigentes nacionales

La actividad salitrera alcanzó un abrumador predominio en la vida nacional, sobre todo después de que

Balmaceda y su intento de oponerle una autoridad estatal poderosa, fueron eliminados. Aparentemente influyó también en la transformación de los valores y actitudes de las clases dirigentes del país y en su desplazamiento por empresarios extranjeros. La prosperidad de dichos grupos, derivada de las actividades de capitalistas extranjeros y obreros chilenos, lo llevó—según algunos autores—a perder los rasgos que los caracterizaron en el ciclo anterior como un grupo dirigente emprendedor, dinámico, esforzado y con espíritu empresarial. Con ello se desvaneció la legitimidad que pudieron haber tenido como capa dirigente (1814, 1937, 2034).

No es fácil, por supuesto, confirmar o rechazar esta hipótesis, sin embargo debería intentarse. Mientras alguna literatura económica de fin de siglo y comienzos del actual está impregnada de ella, hay otros elementos empíricos que parecieran confirmarla. En este segundo período de expansión no reaparece un grupo de hombres de empresa similar al de los Urmeneta, Ossa, Moreno, Almeyda y otros que tan destacado papel cumplieron en el primero. No hay evidencia de una transferencia de capitales privados de la minería a la agricultura, manufactura y demás actividades, como la que realizaron los empresarios de mediados de siglo. El Estado continuaba con los programas de infraestructura básica iniciados en tiempos de Montt, pero, en todo el período, no agregó ningún elemento de similar envergadura y visión. En las tres décadas de etapa parlamentaria no surgieron tampoco figuras del relieve de Portales, Rengifo, Tocornal, Montt, Varas o Balmaceda, capaces de inspirar y realizar tareas económicas imaginativas y de significación duradera. Finalmente, los patrones de consumo relativamente moderados que prevalecían en épocas anteriores se convirtieron en un desmesurado derroche y consumo, como lo sugieren algunas estadísticas de importación.

## La inestabilidad de la economía y la desvalorización monetaria

Otro elemento de contraste entre el primer y segundo ciclo de expansión fue el predominio que las rentas salitreras tuvieron en el presupuesto nacional y en el financiamiento de los compromisos externos. El carácter monoexportador de la economía chilena, y la inestabilidad característica de una actividad primaria exportadora, sujetas a las manipulaciones de grupos monopólicos extranjeros, acentuaron la inestabilidad económica, financiera y cambiaria del país. La economía chilena estuvo durante este período sujeta al vaivén de los mercados externos tanto en el volumen de sus exportaciones como en los precios de éstas y de las importaciones. Bastaría apuntar que mientras en la

década de 1890 continúa la recesión internacional, en los últimos años de la del 1900 se produce un extraordinario auge, el que se interrumpe en los años anteriores a la Primera Guerra Mundial. Durante la guerra, por otra parte, aumentan nuevamente las exportaciones y se limitan las importaciones por causa del mismo conflicto bélico, lo que redundó en una expansión extraordinaria económica en el país. Esta terminará violentamente en el período postbélico y, sobre todo, en los primeros años de la década de 1920, para volver a repuntar a fines de la etapa, antes de la catástrofe económica de 1930 (1816, 1965, 2242).

Esta extraordinaria inestabilidad de la economía chilena fue uno de los elementos más importantes que llevó (2067, 2071), no obstante la expansión de sus exportaciones, al endeudamiento del país y que produjo la persistente presión sobre la moneda.

Este último tema es seguramente el más estudiado por la literatura económica en Chile. Hasta las primeras décadas de este siglo una gran proporción de los escritos económicos giraron en torno a la depreciación de la moneda y a la política monetaria, y desde ese ángulo se enfocaron los más variados aspectos del desarrollo económico nacional. Se establecieron diferentes hipótesis destacándose particularmente las que asignaban la responsabilidad de este proceso al papel del sistema bancario, a las prácticas de la hacienda pública, al interés de los sectores terratenientes en la desvalorización de sus deudas hipotecarias, al de los exportadores de aumentar sus retornos por la devaluación, a la tendencia deficitaria del comercio exterior, etcétera. No obstante la abundancia de trabajos serios, y la disponibilidad de información cuantitativa, la explicación acerca de este proceso tan importante como persistente, que ha despertado la atención de los especialistas internacionales, todavía no ha sido elaborada.

La variada experiencia que en materia de políticas monetarias registra el país está en general bien documentada. Según Agustín Ross, dicha experiencia pasa por las siguientes etapas: anarquía monetaria hasta 1851; bimetalismo (oro-plata), 1851-74; monometalismo (plata), 1874-78; inconvertibilidad de billetes bancarios, 1878-79; curso forzoso de papel moneda fiscal, 1879-95; monometalismo (oro), 1895-98; y, desde 1898 en adelante, curso forzoso de papel moneda fiscal. Estas políticas desembocaron finalmente, después de los intentos de restablecer el patrón oro y de la discusión de otros proyectos alternativos, en la creación del Banco Central en 1925. Cada uno de estos períodos y particularmente aquellos en que se produjeron los cambios de política, desataron una amplia polémica que ha quedado registrada en nuestra literatura económica (1822, 1945, 1953, 1961, 1963, 1965, 1974, 1976, 1980, 1981, 1983, 1986, 1991, 2025, 2036, 2038).

## La formación de la clase obrera y de los grupos medios

Como anticipamos en relación con la malograda administración de Balmaceda, el contexto social había cambiado en forma notable, no sólo en cuanto a la clase dirigente, sino también a los grupos obreros y a los estratos medios. La expansión de la actividad salitrera significó, en contraste con los demás países latinoamericanos, la formación hacia fines del siglo pasado de un proletariado de considerable magnitud y fuerza. La naturaleza de la explotación del salitre en los desiertos del norte le dio un carácter bastante especial; por una parte se trataba de una actividad de gran densidad de mano de obra, por lo que significaba el empleo de grandes cantidades de obreros; por la otra, dada la localización de las salitreras en el desierto, cada explotación significaba una concentración urbana.

La industria salitrera se complementó con un intenso desarrollo ferroviario y portuario en el norte y centro del país, actividad que también dio lugar a la creación de proletariado. Además, en las ciudades principales se habían desarrollado pequeñas industrias artesanales y manufacturas mayores que, junto a las minas carboníferas de Concepción, constituían bases obreras importantes. Hay que agregar a esto la formación de sectores medios de cierta significación, producto de la ampliación del sistema educacional, de las ocupaciones técnicas y profesiones, de la inmigración, de la expansión de la administración pública y de los servicios comerciales, bancarios en las ciudades (1818, 1892, 1896, 1901, 1905).

Como consecuencia del fortalecimiento de estos grupos se comenzaron a producir, desde fines del siglo pasado, conflictos y luchas reivindicatorias de importancia, principalmente en las provincias salitreras. Ya en 1890 se produjeron huelgas de gran envergadura, acentuadas y generalizadas en las décadas posteriores, a la par de una creciente organización obrera.

Con esta base no es extraño que se empezaran a organizar movimientos políticos populares. El primero de ellos fue el Partido Democrático, fundado en 1887, con la participación de sectores obreros artesanales y clase media, y con un programa de defensa de los intereses obreros y de protección a la producción nacional. La figura máxima y líder vitalicio del partido fue Malaquías Concha, interesante personaje, autor de varias publicaciones de inspiración nacionalista y socialista (2032, 2033). Otro militante destacado, hacia fines de siglo, fue Luis Emilio Recabarren (1819) quien en 1912 se separó para fundar el Partido Obrero Socialista, transformado en 1922 en el Partido Comunista.

## La "cuestión social"

El fortalecimiento de los sectores populares, la aparición de la prensa y los partidos que los representaban, las incipientes organizaciones sindicales, y la influencia de ideas socialistas, contribuyeron al debate acerca de "la cuestión social" (1839, 1914). Bajo esta denominación se englobó el tema de la situación económico-social de las clases obreras, que habría de ser preocupación fundamental en la literatura socio-económica de comienzos de siglo. Esta preocupación se fundaba en el contraste entre la prosperidad aparentemente maravillosa del país de la que participaban las capas dominantes de la sociedad, y las condiciones miserables de vida de los obreros del campo, la minería y las ciudades (1895, 1898). Aunque no se poseen estudios estadísticos, existen numerosas descripciones de las condiciones de trabajo en las minas, en el campo y en las industrias; de los bajos salarios y la extensión de la jornada laboral; del trabajo de mujeres, menores y ancianos; de las misérrimas condiciones de nutrición, habitación y salud. Cuando estos hechos comenzaron a evidenciarse, dieron lugar a proyectos y políticas que buscaban soluciones para el problema habitacional y los otros aspectos de "la cuestión social." Además se crearon diversas instituciones como el Consejo Superior, los Consejos Departamentales de Habitaciones Obreras y la Oficina del Trabajo, que se encargó de reunir antecedentes acerca de los niveles salariales, costos de vida, nutrición, etcétera (1887, 1894, 1903, 1907).

Lo dicho refleja el impresionante conjunto de presiones y tensiones que se venían acumulando en el país no obstante la expansión de la economía salitrera, o, tal vez, precisamente por la aguda contradicción entre esa expansión y el relativo rezago de otras, la desigual distribución de sus frutos y la acumulación de problemas graves y sin solución (1856, 1857, 2046). La desnacionalización de las riquezas chilenas, consumada con la entrega del cobre a capitales norteamericanos; las tres décadas de intrascendencia parlamentaria; la agudización de los contrastes sociales y los niveles de vida en un cuadro de gran abundancia; la inestabilidad financiera, monetaria y cambiaria, que afectaba los niveles de ocupación y deterioraba el poder de compra de los salarios; la falta de iniciativas vigorosas por parte del Estado; la pérdida del predominio de Chile frente a otros países latinoamericanos; todos estos elementos—y seguramente muchos otros—se fueron acumulando y configuraron el cuadro social y político que irrumpiría con fuerza con la elección de Arturo Alessandri Palma en 1920 (1735, 1758, 1767).

## Las reformas económicas y sociales de la década de 1920

El accidentado gobierno de este primer gran líder político popular y populista respondió, en efecto, a la presión social de los grupos obreros y medios. Su programa reflejaba buena parte de las aspiraciones de estos grupos emergentes, que coincidían con los problemas y tensiones ya anotados: la reforma del régimen parlamentario para fortalecer el poder ejecutivo; un amplio conjunto de proyectos de legislación social; la creación del Banco Central y de un nuevo régimen bancario (1965); el impuesto a la renta; el mejoramiento de los salarios de los empleados públicos; y la adopción de medidas que entrañaban un repudio a las tendencias liberalizantes y antiestatistas, y que preludiaban la vuelta a una política nacionalista, tales como la protección de la marina mercante. Estas adquirieron cierta importancia durante el período presidencial de Alessandri, pero, sobre todo, durante el régimen dictatorial de su sucesor, el General Ibáñez.

Así, el último quinquenio del período que estamos analizando, se caracterizó por una febril actividad del Estado en la reorganización de la administración pública, en las obras públicas (ferrocarriles, caminos, canales, edificios públicos, etcétera), en la colonización (Aysen) y en las instituciones de fomento (Caja de Crédito Minero, Caja de Crédito Industrial, etcétera). Gran parte de esta actividad descansaba en un incremento sustancial de las inversiones y empréstitos provenientes de los Estados Unidos. Sin embargo, el auge económico, y el gobierno del General Ibáñez naufragaron, en definitiva, por los efectos de la gran depresión mundial desatada con el ''crash'' de la Bolsa de Nueva York a fines de 1929 (1935).

El segundo ciclo de expansión de la economía chilena, terminaría, como el primero, con una gran crisis de la economía mundial, de la que ya no se recuperaría la principal actividad promotora del auge nacional: el salitre. Además, los avances tecnológicos realizados durante la primera guerra mundial en Alemania, marcaron la decadencia del salitre natural sustituido por productos sintéticos de costo mucho menor, en su utilización como materia prima para explosivos, y en su uso como fertilizante. Pero así como el salitre reemplazó a las actividades del cobre, la plata y el trigo al concluir el primer ciclo de expansión en la década de 1870, el cobre adquiriría nuevas fuerzas tomando el lugar del salitre en 1930, al terminar el segundo ciclo.

Por último, al finalizar el primer ciclo de expansión comenzaron a consolidarse las ideas predominantes en la política económica del ciclo siguiente. La década de 1920 se caracteriza, desde el punto de vista del pensamiento económico, por las nuevas corrientes proteccionistas, nacionalistas, estatizantes y aun socialistas, que se incubaron en las décadas anteriores. De hecho, la influencia de las ideas de List, de la escuela historicista alemana, y de las doctrinas del ''socialismo de cátedra o de Estado,'' encarnadas posteriormente entre otros por Schmoller, Wagner y Gide, comenzaron a percibirse en

Chile en 1870. Los ''papeleros'' Manuel Arístides, Aníbal Zañartú, y especialmente Malaquías Concha, reconocen esa influencia en sus ideas. Es el caso también de Guillermo Subercaseaux y de Daniel Martner, profesores de la Universidad de Chile y economistas de la década de 1920. Sus orientaciones y enseñanzas tendrían gran significación al asumir, en 1938, un gobierno de izquierda, el Frente Popular, un programa de industrialización, proteccionista, nacionalista y estatista, que el presidente Pedro Aguirre Cerda anticipaba en sus obras (2118, 2170).

# Conclusiones

## Existencia de un marco general de referencia

El estudio de la bibliografía acerca de la historia económica de Chile en el período 1830-1930, pone de manifiesto, con toda claridad, la necesidad imperiosa de avanzar decididamente en su investigación, y la posibilidad de hacerlo, en vista del material disponible.

Los estudios y trabajos más generales, tanto los que se escribieron a lo largo del período como los que se publicaron en las últimas décadas, constituyen, sin duda, un buen punto de partida. Ofrecen un amplio marco de referencia e interpretaciones alternativas que permiten al investigador orientarse en cuanto a la evolución de conjunto, a los períodos, situaciones y acontecimientos y temas específicos más significativos.

Este conjunto de obras reflejan, en gran medida, la orientación del pensamiento económico chileno que prevaleció durante el período. Por otra parte su enfoque tiende a ser cada vez más global, especializado y sistemático. Las más antiguas, escritas en las últimas décadas del siglo pasado y las primeras del actual, destacan especialmente los problemas monetarios y financieros, y los aspectos relacionados con la política económica. En cambio, los trabajos más recientes procuran penetrar más allá del ''velo'' monetario y de la ''apariencia,'' colocando el acento en el proceso de evolución estructural de la economía chilena, en un esfuerzo por interrelacionar variables estructurales, institucionales, sociales, políticas y culturales—internas y externas— con las que reflejan el funcionamiento del sistema económico.

Aunque provengan de orientaciones ''monetaristas,'' ''estructuralistas'' o ''marxistas,'' y no obstante su calidad muy dispar, estas obras aportan al investigador elementos para una interpretación global, relativamente concordante en sus rasgos generales. Pero, a pesar del cierto grado de acuerdo respecto de las características esenciales de la evolución económica durante el período, existen, entre los diversos autores, fuertes discrepancias en aspectos más específicos. Esta situación constituye un excelente punto de partida para establecer nuevas hipótesis de investigación; criticar otras aceptadas sin mayor evidencia documental; aportar elementos de juicio a controversias en curso; y revelar áreas del conocimiento histórico particularmente descuidadas.

## Algunos aspectos descuidados en la investigación

Es interesante recalcar que si bien toda la bibliografía pone el énfasis en algunos aspectos de la dependencia económica chilena con la economía internacional, hay otros que se han descuidado enteramente. Uno de ellos es la evolución del sistema capitalista, sus ciclos de expansión y crisis, los sustanciales cambios en materia de organización que experimentó en el transcurso de un siglo, las modificaciones tecnológicas que lo acompañaron, y las importantes repercusiones de la transferencia del centro hegemónico de Inglaterra a los Estados Unidos. Estos y otros rasgos relevantes de la evolución a largo plazo de la economía internacional debieron tener efectos muy importantes en la naturaleza del proceso chileno, sin embargo esa evolución y sus repercusiones no se reflejan en la bibliografía existente. La atención se ha concentrado, casi exclusivamente, en los problemas de corto plazo y en los efectos del capital foráneo, pero esos fenómenos, si bien muy importantes, constituyen solamente un aspecto del análisis de la dependencia.

Como ya se indicó en el ensayo, los dos ciclos de expansión—1830-79 y 1879-1930—merecieron atención muy diferente. Del primero se estudiaron la década inicial y el decenio de Montt, pero la formación y evolución de este modelo de crecimiento hacia afuera, su auge posterior, sus fluctuaciones, y decadencia en la década del 70, han sido ignorados casi por completo. Sin embargo, la expansión relativamente equilibrada, el papel desempeñado por el Estado y por clases empresariales nacionales, y otros rasgos ya señalados, lo diferencian por completo del ciclo del salitre, mostrando que, bajo ciertas condiciones, el modelo de crecimiento hacia afuera pudo alcanzar resultados bien interesantes. Además, la comparación entre el primer ciclo—para lo cual habría que investigarlo seriamente—y el segundo, podría aclarar los determinantes de este tipo de crecimiento.

Una de las áreas más descuidadas ha sido la agricultura. Incluso, existió la idea de que esta actividad habría permanecido estancada durante todo el período en una especie de secular letargo colonial. Pero estas interpretaciones no tienen en cuenta que la creación y expansión de las actividades exportadoras agrícolas y mineras influyó en la localización económica; produjo

desplazamientos poblacionales; creó mercados de consumo, de insumos y de bienes de capital; reorganizó los sistemas de transporte y comunicaciones; y generó y utilizó recursos financieros. Todo esto afectó el grado de utilización de los recursos agrícolas, las formas de tenencia de la tierra, las relaciones sociales rurales, la naturaleza de los cultivos, la innovación tecnológica en el agro, etcétera. Si bien los trabajos existentes tocan algunos de estos aspectos, el estudio sistemático de las interrelaciones señaladas no ha sido aún abordado.

En el caso de Chile, ello tiene, además, una manifestación especial de enorme trascendencia. El país emergió de la colonia utilizando y ocupando, en forma efectiva, solamente una fracción del actual territorio nacional, desde Aconcagua a Bío-Bío. El auge de la minería del oro, la plata y el cobre en su primera etapa significó la expansión hacia el llamado Norte Chico; y el desarrollo de la industria salitrera, la incorporación de las provincias del Norte Grande. Esto implica un importante proceso migratorio. Los mercados exteriores y la expansión económica representada por los mercados que se crean en esas zonas, influyen en la modernización de la agricultura colonial, y en las políticas de colonización y expansión hacia el sur adoptados por los gobiernos chilenos desde fines de la década de 1840 especialmente en cuanto al ferrocarril. De esta manera la inmigración en la región de Llanquihue, la población y fomento de las actividades económicas de la región magallánica y la "pacificación" de la Araucanía, es decir, la redistribución de las tierras ocupadas por las tribus araucanas, fenómenos que abarcan la segunda mitad del siglo, se pueden estudiar teniendo en cuenta el proceso general de expansión "extensiva" de la economía nacional a que nos hemos referido anteriormente.

Esta temática de investigación es de la mayor trascendencia, especialmente en lo que se refiere a la organización de la actividad económica de la agricultura. Se pueden apreciar algunas diferencias importantes en la constitución de la propiedad agraria y en las formas de organización de su producción; en las tradicionales regiones agrarias del valle central, de origen colonial; en la región de la Frontera; en las áreas de colonización alemana y en el extremo sur. Esto afecta los tipos de cultivos que se desarrollan; las tecnologías que se utilizan; las relaciones sociales de producción que se establecen; las formas de organización comerciales y financieras; la distribución del ingreso; la naturaleza del proceso de acumulación; los mecanismos de transferencia de ingresos entre el sector agrario y los restantes; el tipo de relación urbano-rural y el proceso de marginación de las poblaciones existentes en las nuevas áreas incorporadas. Algunos de estos aspectos han sido investigados, pero otros se han dejado casi enteramente de lado.

Algo similar ocurre con el desarrollo de la industria

artesanal y fabril. Los historiadores críticos del liberalismo se esfuerzan en demostrar que el país tuvo una industrialización incipiente a mediados del siglo luego barrida por la apertura de la economía al comercio internacional como consecuencia del auge salitrero. Otros sostienen que no fue así, señalando que las políticas proteccionistas se mantuvieron a lo largo del período y que hay indicios de un desarrollo industrial continuado de cierta significación, base del que se produjo después de 1930. Sin embargo, este problema fundamental para la apreciación e interpretación del crecimiento ''hacia afuera'' no ha sido investigado adecuadamente en sus aspectos esenciales: la naturaleza y magnitud del desarrollo industrial y las características, significación y efectos de la política tarifaria.

Otro aspecto no aclarado, si bien ha dado lugar a muchos estudios, es el de la política monetaria. Existen diversas interpretaciones, pero todas ellas son sumamente precarias. Ya hemos señalado la necesidad de analizar y comparar las crisis del comercio exterior y las políticas adoptadas. La evolución del sistema bancario, de los mecanismos cambiarios, y de la hacienda pública, sin duda de gran influencia en el fenómeno de la desvalorización, constituyen otro tema de interés.

Nos hemos limitado a especificar aquí, a modo de conclusión, sólo algunos de los rasgos más generales, cuya elucidación tiene enorme significado para comprender nuestro desarrollo en el período estudiado y en las décadas ulteriores. A lo largo del ensayo destacamos aspectos regionales, referidos a sectores de la actividad económica; relacionados con los procesos de acumulación y desarrollo de los factores productivos; o ligados a situaciones, acontecimientos y políticas de particular importancia. Ello ha ido acompañado de referencias a la bibliografía respectiva, que puede servir como punto de apoyo y marco de referencia para la investigación. Consideramos que, con ciertos desniveles, el material disponible para determinadas ramas de la actividad económica, como la industrial, y para los períodos anteriores a mediados de siglo, es relativamente abundante y útil.

Sin embargo, si bien todo ese material bibliográfico constituye un punto de partida indispensable y una fuente valiosísima, presenta serias limitaciones. Con la excepción de algunas de las obras más recientes, los defectos de esta bibliografía son notorios: rara vez el tratamiento es científico o, al menos, sistemático y riguroso; el análisis cuantitativo, en las pocas oportunidades que se recurre a él, es bastante precario; buena parte de los libros y estudios son reelaboraciones y reinterpretaciones que reflejan posiciones ideológicas más que investigación empírica del material primario. Especialmente en los trabajos más antiguos, la defensa de los intereses de determinados grupos, de ciertas

gestiones administrativas, de algunas políticas y doctrinas, limita su valor historiográfico, a menos que se tengan claros esos sesgos y restricciones.

## Las fuentes documentales y primarias

Hay que añadir también las fuentes documentales y primarias de gran valor para la investigación. Desde este punto de vista, tiene extraordinaria importancia el ordenamiento institucional relativamente estable que comenzó alrededor de 1830, y que no sufrió interrupciones significativas hasta 1930. Esto permitió la creación de las diversas instituciones del Estado, tales como los Ministerios y sus reparticiones nacionales y locales, que llevaron los correspondientes registros, archivos de documentos, informes, memorias, etcétera. El establecimiento de la institución parlamentaria y su funcionamiento casi ininterrumpido durante el período, significa un registro prácticamente permanente y sistemático de los debates parlamentarios, es decir, de las opiniones que los representantes de los grupos dirigentes chilenos tenían acerca de los diferentes temas. La creación de la Oficina Central de Estadística en 1848 y la realización regular de censos de población desde 1835, constituyen hechos importantes para la investigación de tipo cuantitativo. Lo mismo sucede con las medidas de política educacional, especialmente la creación de la Universidad de Chile en 1842 y la llegada al país de profesores e investigadores extranjeros. Estos estimularon notablemente la investigación histórica y, en general, el relevamiento de la realidad económica, social, política y cultural. Además, la ruptura del lazo colonial creó a la nueva nación la necesidad de escribir su propia historia, lo que estimuló los estudios de este tipo e inició la tradición historiográfica y bibliográfica chilena, que cuenta con notables cultores y una obra apreciable.

La temprana organización de un Estado de hecho y derecho significó también el establecimiento de relaciones diplomáticas, consulares, comerciales, financieras y de todo orden con numerosos países; y, por consiguiente, el registro de los respectivos informes, memorias, documentos y archivos en el nuestro y en otros países.

La persistencia de instituciones coloniales, como la Iglesia, con una organización nacional, es otra importante fuente documental. En la misma forma las organizaciones privadas que se van creando a lo largo del siglo, como la Sociedad Nacional de Agricultura en 1838, la Sociedad de Fomento Fabril en 1883, las empresas públicas, privadas, nacionales, extranjeras, urbanas y rurales, y los diversos periódicos y revistas que tuvieron considerable desarrollo, constituyen un excelente material de investigación.

La Biblioteca Nacional, creada en 1813 y reabierta en 1818, fue, a partir de 1832, declarada por ley depositaria de todas las publicaciones chilenas y por lo tanto, en ella se encuentra gran parte del material señalado. La *Estadística bibliográfica de la literatura chilena* de Ramón Briceño[9] es un catálogo detallado de todos los impresos y obras chilenas y extranjeras referidos al país, que corresponden al período 1812-1876. Este exhaustivo trabajo continúa hasta nuestros días en el *Anuario de la prensa chilena.*

El examen parcial del material disponible revela, por lo expresado, una situación relativamente favorable para investigar la historia económica de Chile en el período 1830-1930. Sin embargo, como se desprende de la revisión de los estudios bibliográficos de los cuales hay una tradición importante en Chile, las investigaciones

[9]Santiago de Chile, Imprenta Chilena, 1862; Imprenta Nacional, 1879. 2 v.

acerca de historia económica son más bien escasas, particularmente en cuanto al período posterior a la Independencia. En los últimos años, se ha fomentado decisivamente la interpretación e indagación de tipo histórico, debido al progreso de los estudios económicos, la profesionalización de esta disciplina, la creación de institutos de investigación, y, particularmente, la crítica que ha despertado en el país la aplicación de modelos, teorías y conceptos considerados inadecuados para la interpretación de la realidad económica nacional. La realización de una serie de investigaciones de esta naturaleza, como las de Humud (2018), Bauer (2119), Hurtado (1864), Góngora (2120), Véliz (1919, 2284) y Sepúlveda (2312), entre otros, demuestra el nuevo interés y la posibilidad de llevar a cabo investigaciones cuantitativas, empíricas, rigurosas y modernas en esta materia.

# B. BIBLIOGRAFIA

## I. Trabajos Generales y de Referencia

### 1. Trabajos estadísticos y de referencia

**1714. Anrique R., Nicolás.** Bibliografía marítima chilena 1840-1894. Santiago de Chile, Cervantes, 1894. 205 p.

Estudio bibliográfico que comprende 639 títulos, muchos de los cuales aparecen con comentarios del autor. Se refieren a estrategia y táctica naval, legislación, instrucción, aspectos técnicos, historia y geografía, periódicos y revistas marítimas.
(BNsCH 1(1034-31))

**1715. _____; e Ignacio Silva A.** Ensayo de una bibliografía histórica i geografía de Chile. Santiago de Chile, Imprenta Barcelona, 1902. 679 p.

Obra premiada con medalla de oro en el certamen de la universidad para presentar al Congreso Internacional de Ciencias Históricas y Geográficas de Roma. Constituye una recopilación bibliográfica de obras históricas y geográficas. Comprende 2561 títulos que se refieren a crónicas y documentos sobre la colonia, independencia, historia política, literatura eclesiástica, instrucción pública, marina y ejército.
(BNsCH 11(1125-1))

**1716.** Artículos sobre agricultura publicados en la prensa periódica desde el año 1875. Santiago de Chile, Imprenta Franco-Chilena, 1924. 119 p.

Valioso índice de los artículos publicados en los distintos periódicos del país relativos a agricultura hasta 1922, catalogados por periódicos.
(BNsCH)

**1717. Briceño, Ramón.** Catálogo de la Biblioteca Chilena Americana de don Ramón Briceño, ex-director de la Biblioteca Nacional. Santiago de Chile, Gutenberg, 1889. 365 p.

Obra bibliográfica con referencias de publicaciones sobre instituciones bancarias; compañías de ferrocarriles; sociedades anónimas; compañías de seguros; sociedades comerciales; mensajes y memorias oficiales; documentos administrativos y hacienda pública.
(BNsMV (100-20))

**1718. Bruggen, J.** Bibliografía minera y geológica. Santiago de Chile, Universo, 1927. (Servicio de Geología de Chile, Folleto 1919 y Folleto 16).

Publicación en dos números, el primero contiene todas las publicaciones aparecidas en el país y en el extranjero sobre las minas y geología de Chile. Incluye 1350 referencias bibliográficas. El segundo folleto corresponde a una ampliación efectuada por el autor a la primera publicación y se incluyeron 600 nuevos títulos. Incluye un índice por materia, autor y nombre del mineral. La segunda parte trae un índice general.
(BCN vol. 22 colec. Folletos Y-5)

**1719. Carmona, Manuel G.** Apuntes estadísticos sobre la República de Chile. 2. ed. Valparaíso, Helfman, 1876. 31 p.

Recopilación de datos estadísticos elaborados para la Exposición de Filadelfia. Incluye datos sobre exportación y precios de productos agrícolas, 1844-75, ingresos y egresos fiscales para 1871-75, sociedades anónimas, bancos de emisión, comercio de vinos y licores, 1844-75 y el movimiento marítimo en el último año.
(BNsCH 11(982-7))

**1719a. Chile. Dirección General de Contabilidad.** Resumen de la hacienda pública de Chile desde 1833 hasta 1914; summary of the finances of Chile from 1833 to 1914. London, Spottiswoode, [1915?]. 97 p.

Updated version of *Resumen de la hacienda pública desde la independencia hasta 1900* (2009). Statistical data covering details on governmental income and expenditure, budgetary allocations, public debt (domestic and foreign), foreign trade by composition and by direction of flows. [ SJS]

**1720. _____. Dirección General de Estadística.** Estadística chilena. Santiago de Chile, 1928—.

Publicación mensual iniciada en 1928. Se refiere al territorio y la población, a las actividades económicas del país, finanzas y moneda. Incluye series estadísticas y gráficos sobre los temas mencionados.
(BDGEC)

**1721. _____. Oficina Central de Estadística.** Anuario estadístico de la República de Chile. Santiago de Chile, 1860-1930.

La publicación del *Anuario* se inicia en 1860 con un volumen sobre el movimiento de la población entre 1848-58 inclusive. A partir de la segunda entrega en 1861 presenta información sobre los siguientes rubros: demografía, instrucción pública, establecimientos carcelarios, asuntos judiciales, funcionarios públicos, comercio exterior, correos, agricultura, ganadería, vías públicas, censos electorales, patentes industriales, impuestos, censos de población, ocupación, minería,

municipalidades y beneficencia. Esta información no mantiene una continuidad rigurosa. A partir de 1875 estos contenidos se organizan en secciones y en 1911 se reorganiza en volúmenes separados debido a la amplitud de las materias constituyendo sub-series del *Anuario*. Se publican con los nombres de *Demografía; Beneficencia, medicina e higiene; Política y administración; Justicia; Policía y criminalidad; Instrucción; Hacienda; Agricultura; Minería, Industria; Comercio exterior, Comercio interior y comunicaciones.* En 1928 se altera nuevamente la organización de la publicación que mantiene las materias pero reduce el número de volúmenes y varía sus nombres. Entre 1911-27 el volumen correspondiente a demografía presenta información cuantitativa sobre el movimiento de la población por provincias, departamentos y subdelegaciones, con datos sobre estado civil, mortalidad, natalidad y nacionalidad. El volumen correspondiente a beneficencia, medicina e higiene para el mismo período informa sobre población y movimiento hospitalario, manicomios, lazaretos, asilos y estaciones sanitarias. El volumen sobre política y administración se refiere a división administrativa, ministerios, Congreso nacional, telégrafos y teléfonos, obras públicas, ejército y armada nacional. El volumen correspondiente a hacienda para el mismo período 1911-27 informa sobre finanzas, bancos, cajas sociales, monedas y cambio, bienes nacionales, entradas, gastos y presupuestos de la nación, deuda pública, movimiento municipal, impuestos y contribuciones. El volumen sobre instrucción para el mismo período presenta información sobre educación pública y privada en general y censos de población escolar. Se refiere para el nivel primario, secundario, especial y superior, a locales, personal docente, asistencia media de los alumnos, matrículas y condiciones materiales de los establecimientos. El volumen correspondiente a agricultura, 1911-27, informa sobre producción y superficies cultivadas, regadas, bosques, maquinaria agrícola, cultivos, lechería, molinos, vehículos de transporte, arboricultura, viñas y colmenares. El volumen correspondiente a minería y metalurgia, 1911-17, presenta información sobre producción minera en general, producción detallada por minerales, pertenencias mineras, operarios, jornales, precios de los productos y monografías mineras por provincias. El volumen correspondiente a industrias entrega información nacional y provincial sobre capitales invertidos, producción, operarios, salarios, capacidad de producción anual y propiedad industrial. El volumen sobre comercio interior y comunicaciones, 1911-27, presenta información sobre volúmenes de venta, valores de los productos nacionales e importados por mayor y menor. Sobre comunicaciones se refiere al tráfico marítimo, ferrocarriles, vías camineras, correos, telégrafos, teléfonos y cables. La estadística comercial a partir de 1911 es publicada por la Oficina Central de Estadística y en 1915 con el nombre de *Comercio exterior*. Se refiere al comercio general y especial, importaciones, exportaciones y comercio de cabotaje.
(BNsCH 12(377. . . . a 12(382. . . .)

**1722.** _____. _____. Boletín estadístico. Santiago de Chile, 1919-26.

Revista informativa mensual sobre: meteorología, demografía, instrucción, moneda y cambio, aduanas, importaciones, exportaciones, bonos hipotecarios, precios medios de algunos productos agrícolas y mineros y cambio internacional. A partir de noviembre de 1922 apareció publicada en francés e inglés.
(BDGEC)

**1723.** _____. _____. Sinopsis estadística y geográfica de Chile. Santiago de Chile, 1978-1927.

Fuente básica de referencia para datos cuantitativos. Publicación anual, constituye una síntesis del *Anuario estadístico* (1721). Hasta 1897 aparece organizada en torno a: demografía, división provincial, resumen histórico, gobierno y administración, incorporando por ministerio las materias correspondientes. En 1898, cambia la organización de su información presentando 36 rubros que resumen las materias del *Anuario*. Se refiere a demografía, leyes y decretos, correos y telégrafos, obras públicas, hacienda, agricultura, minería y metalurgia, industria, comercio interno y externo, precios, propiedad territorial, bancos, crédito, ahorro, ferrocarriles y vías públicas. Entre 1876-79 se llama *Sinopsis estado de Chile*, después continúa *Sinopsis estadística y geográfica de Chile*. (BDGEC)

**1724. Cortés Pinto, Raúl.** Bibliografía anotada de educación superior. Valparaíso, Universidad Técnica Federico Santa María, 1967. 31 p.

Selección bibliográfica, compuesta de 126 títulos de libros y folletos en español que se refieren a la educación superior. El estudio incorpora el índice de las obras y en algunos casos comentarios del autor. (BNsCH 10(1011-14))

**1725. Elgueta de Ochsenius, Herminia.** Suplemento y adiciones a la Bibliografía de bibliografías chilenas que publicó en 1915 don Ramón Laval. Santiago de Chile, Cervantes, 1930. 71 p.

Continuación y complementación de la obra realizada por don Ramón Laval (1729), por lo cual utiliza el mismo método y organización de dicha obra. Comprende 219 títulos, algunos de los cuales son adiciones al período tratado hasta 1915, pero en su gran mayoría se refieren a las publicaciones de esa fecha a 1930. (BNsCH 10(988-16))

**1726. Feliú Cruz, Guillermo.** Notas para una bibliografía sobre viajeros relativos a Chile. Santiago de Chile, Editorial Universitaria, 1965. 281 p.

Estudio histórico y bibliográfico de los viajeros. Contiene una investigación histórica y crítica acerca de los viajeros como fuente de investigación histórica. La segunda parte corresponde a una investigación de las bibliotecas públicas y privadas, de las cuales incluye todos los títulos encontrados sobre el tema. La tercera parte la constituye una bibliografía de viajeros. (BNsCH 10(337-12))

**1727. Figueroa, Virgilio.** Diccionario histórico, biográfico y bibliográfico de Chile, 1800-1931. Santiago de Chile, La Ilustración, 1925-31. 5 v., ilustraciones, retratos.

Obra de referencia muy importante y completa que facilita la identificación social y política y describe las actividades de las principales personalidades chilenas dentro del período histórico en que se desenvolvieron. Contiene descripciones y biografías de aquellas personas y familias que tuvieron algún significado en la actividad pública del país y también de las principales instituciones y acontecimientos nacionales. (BNsMV (93 1-1 a 4) Vol 1° 2° 3° y 5°; BNsCH 11 (1068-11) Vol. 4° y 5°)

**1728. Jobet, Julio César.** Literatura histórica chilena, historiografía chilena. Santiago de Chile, Nascimento, 1949. 377 p.

Obra historiográfica donde presenta una reseña de las corrientes de la producción histórica nacional durante el siglo XIX y XX. Se encuentra insertada en una separata extraordinaria de la revista *Atenea,* compuesta de 12 artículos sobre la producción intelectual del país, publicada con el nombre de *Historiografía chilena.* (BNsCH)

**1729. Laval, Ramón A.** Bibliografía de bibliografías chilenas. Santiago de Chile, Imprenta Universitaria, 1915. 71 p.

Estudio sobre bibliografías que comprende 358 títulos, muchos de los cuales traen comentarios del autor. Organizada en forma alfabética, incorpora todas las recopilaciones de obras, leyes, anuarios existentes. Se refieren a bibliografías publicadas en Chile, publicaciones extranjeras que se refieren al país, estudios realizados sobre bibliografías, índices de revistas y catálogos de librerías. (BNsCH 11(999-1))

**1730. Paunes Gálvez, Hilda.** Bibliografía histórica de Chile, 1917-1950. Tesis para optar al título de Profesora de Estado en Historia, Geografía, Educación Cívica y Economía Política. Santiago de Chile, Universidad de Chile, Facultad de Filosofía y Educación, 1957. 257 p., mimeo. (Apuntes mimeografiados).

Estudio bibliográfico que incluye 2843 títulos de libros y folletos publicados en Chile y que tienen relación con la historia nacional. Organizado en 25 capítulos por materias. De utilidad para historia económica, incluye alrededor de 300 títulos. (BCFFEUCH)

**1731. Pereira Salas, Eugenio.** Bibliografía chilena sobre el ''Gold Rush'' en California. Santiago de Chile, Universidad de Chile, s.f. 4 p.

Recopilación de 18 títulos de libros, artículos y folletos publicados en Chile que tienen relación con la emigración a California. Incluye comentarios generales sobre ellos. (BNsCH 10(440-8))

**1732. Ponce, Manuel Antonio.** Bibliografía pedagógica chilena. Santiago de Chile, Elzeviriana, 1902. 307 p.

Estudio bibliográfico que comprende 665 títulos, muchos de los cuales traen una reseña sobre el autor o de contenido. Se refiere sólo a obras publicadas en Chile o en el extranjero por chilenos. (BNsCH 11(1070 a -1))

**1733. Tornero y Letelier.** Guía general de las sociedades anónimas establecidas en Chile, formada por Bowden Dalzel & Cía. Valparaíso, Imprenta del Mercurio, 1872. 144 p.

Nómina de todas las sociedades anónimas existentes en el año 1872, presentando información sobre cada sociedad: nombre, valor del capital, número de acciones y su valor, número de emisiones y objetivos y finalidades de cada sociedad. (BNsCH)

## 2. Antecedentes y fuentes, archivos

**1734. Ahumada Moreno, Pascual.** Guerra del Pacífico: recopilación completa de todos los documentos oficiales, correspondencias y demás publicaciones referentes a la guerra que ha dado a luz la prensa de Chile, Perú y Bolivia; contiene documentos inéditos de importancia. Santiago de Chile, Excélsior, 1892. 8 v.

Recopilación de toda la documentación surgida del conflicto por las salitreras a partir de 1874. Se refieren a impuestos y gravámenes, escrituras de transacciones de salitreras y ferrocarriles, tratados de límites, decretos de los gobiernos beligerantes, legislación de guerra y formación de ejércitos. (BNsCH 10(951 a-16))

**1735. Alessandri Palma, Arturo.** Chile y su historia. Santiago de Chile, Orbe, 1954. 2 v.

Historia política de Chile, 1810-1925. Se refiere esencialmente a la evolución política de la nación e incorpora el aspecto económico como un elemento secundario en el contexto general. (BNsCH 11(210-13 y 14))

**1736. Amunátegui y Solar, Domingo.** El progreso intelectual y político de Chile. Santiago de Chile, Nascimento, 1936. 172 p.

El autor efectúa en la obra un análisis en que vincula estrechamente la evolución intelectual del país y las tendencias y actividades políticas. Se extiende a lo largo de toda la vida independiente de la nación hasta la década de 1920. Se detiene más específicamente en las influencias que tuvieron algunas personas—como José Miguel Infante, Andrés Bello, Lastarria y Barros Arana—en la instrucción y en la actividad intelectual.

**1737. Archivo Claudio Gay.** Archivo Nacional, Santiago de Chile.

Posee un índice clasificado por volúmenes y por materia. Contiene alrededor de 50 volúmenes, en los cuales se encuentran documentos manuscritos e impresos, notas personales y datos estadísticos. Casi toda la información corresponde al período 1835-60. Los volúmenes 25, 28, 35, 38 y 50 contienen abundante información relativa al comercio exterior, producción agrícola, aduanas y ferrocarriles. El volumen 28 tiene información sobre el régimen de tenencia de la tierra, registro del catastro, impuesto fiscal y rentas agrícolas. En general este archivo comprende los manuscritos de Gay y está incorporado al Archivo Morla Vicuña.

**1738. Archivo de la Contaduría Mayor.** Archivo Nacional, Santiago de Chile.

Está catalogado bajo dos series y los documentos agrupados bajo el nombre de colecciones. La documentación corresponde principalmente a los siglos XVII, XVIII y las primeras décadas del siglo XIX, salvo algunos rubros como aduanas en que la documentación llega hasta mediados del siglo XIX. En la colección Aduanas, la información cubre todas las aduanas del país en forma separada, incluyendo informes, correspondencia, memorias, etc. Es importante destacar que en los volúmenes n° 1141 al 1148 se encuentra recopilada la información sobre el diezmo para todo el territorio nacional entre 1676-1848, con datos sobre diezmos rematados, subastadores, fiadores, valor y distribución. Esta información es posible continuarla en el Archivo del Ministerio de Hacienda, volúmenes 296, 299, 305 al 310, en los que se encuentran los documentos relativos a la conversión del diezmo entre 1953-58 para todo el territorio nacional, aparecen los informes de las comisiones evaluadoras, resúmenes departamentales (con el nombre del fundo, dueño, renta anual, renta calculada, renta rectificada y valor de la contribución). Otro tipo de documentos que contiene este archivo pero que cubre sólo algunos años del período en estudio son: tesorería, correos, edificios públicos, estanco, fuerzas armadas, hacienda, instituciones fiscales y moneda.

## 1739. Archivo de la Oficina del Trabajo. Archivo Nacional, Santiago de Chile.

Los documentos relativos a su organización están recopilados en un volumen con fecha de 1907. Dificulta la búsqueda de datos para las tres primeras décadas del siglo XX la falta de una catalogación apropiada para consultas. Se encuentran sin embargo interesantes datos sobre salarios, costo de vida, habitación obrera, precios de artículos de primera necesidad para todo el país, organización obrera y desocupación. Estos datos, a pesar de que uno de los objetivos de la institución era la creación de una estadística del trabajo, no es posible rastrearlos en forma anual para todo el territorio nacional. Se encuentran recopilados datos sobre precios para los años 1911, 1912, 1916 y 1920, además es posible encontrar datos similares para los años posteriores en volúmenes cuya documentación no está organizada en forma sistemática. Es importante mencionar el volúmen correspondiente a 1906 con el nombre de Estadística—es el único encontrado de la serie—pues contiene datos retrospectivos desde 1903, con información sobre ocupación, salarios y número de operarios por industria para todo el país; este tipo de datos también se encuentra para los años posteriores en otros volúmenes. Sobre organización obrera existe documentación recopilada en forma sistemática para los años 1917, 1919, 1921 y 1922, no obstante es posible encontrar en los volúmenes Varios, Archivo y Comunicaciones recibidas, datos similares. Para el período en estudio, la organización de la documentación de este archivo aparece bajo los siguientes títulos: Comunicaciones enviadas; Comunicaciones recibidas; Varios; Archivo; Habitaciones obreras; Artículos de consumo; Accidentes del trabajo; Sociedades obreras; Desocupación obrera; Huelgas; Estudios y trabajos; Estadística obrera. Se ubica en la Oficina del Trabajo, Santiago de Chile.

## 1740. Archivo del Ministerio de Hacienda. Archivo Nacional, Santiago de Chile.

Contiene 1700 volúmenes y cubre la documentación hasta 1888. En el catálogo correspondiente, por su deficiente organización, no corresponde la numeración a los volúmenes que indica, lo que dificulta la búsqueda de datos. Contiene los documentos sobre aduanas y estanco (1857-79) que constituyen en su mayoría libros copiadores de disposiciones oficiales. En la documentación sobre la Factoría General del Estanco (1850-80) los datos encontrados que mantienen una mayor continuidad son los balances del Libro Mayor de Cuentas, en los que aparecen costos, precios y existencia de especies estancadas; pagos, gastos y sueldos de los empleados de la Factoría. La documentación de la Factoría correspondiente a 1817-37 se encuentra recopilada en el volumen 32 A del Archivo del Ministerio del Interior. Contiene además la documentación de la aduana de Valparaíso, entre los años 1841-74, donde aparecen los balances del Libro Mayor, memorias y sueldos. Otro tipo de documentación que este archivo

reúne es la relativa a la Caja Hipotecaria (1856-84), conteniendo balances, memorias y presupuestos; balances de bancos entre 1870-87; ferrocarriles entre 1860-87; documentos sobre consulados; Delegación de Inspección del Salitre y documentos de la Superintendencia de Aduanas.

## 1741. Archivo del Ministerio del Interior, 1653-1904. Archivo Nacional, Santiago de Chile.

Reúne una gran variedad de documentación, especialmente hasta la década de 1870, debido a que de él dependían diversos departamentos, que posteriormente fueron anexados a otros ministerios o constituyeron departamentos independientes. El catálogo elaborado por el profesor González Izquierdo permite una consulta fácil y accesible a la documentación. Reúne hasta 1871 la documentación sobre colonización, fecha en que se crea el Ministerio de Relaciones Exteriores y Colonización. Los volúmenes que contienen esta documentación son el n° 85, 262, 273, 389, 582. Es importante destacar el n° 273 que contiene la correspondencia de Phillipi y Pérez Rosales, con el ministro del ramo y el n° 389 que reúne la documentación, correspondencia, informes y cuentas relativas a la colonia de Llanquihue. Los volúmenes 216 y 217 contienen la documentación relativa a los presupuestos municipales del país entre 1844-54. Es necesario mencionar también que en este archivo se encuentran documentos relativos a la navegación a vapor entre 1880-87 (volumen 978) y sobre la deuda externa de Chile entre 1822-44 (volumen 64). Sobre ferrocarriles la documentación se extiende hasta 1883; es posible encontrar datos sobre este tema en otros archivos, como el de Hacienda (1740) y Obras Públicas (1743). Hay cierto tipo de documentación que se mantiene a lo largo de todo el período en estudio como correspondencia, informes y cuentas relativas a las Intendencias, obras públicas, beneficencia, documentación relativa a las municipalidades del país y Oficinas de Correos y Telégrafos.

## 1742. Archivo Fondo Varios. Archivo Nacional, Santiago de Chile.

Cuenta con un catálogo publicado en 1952, que sigue un orden alfabético. Posee una gran variedad de materias y de épocas, con información desde el siglo XVII hasta 1930. Los datos económicos están centrados en algunos temas como el sistema bancario, empréstitos externos, aduanas. Aparecen también algunos documentos referentes a colonización, población y explotaciones mineras.

## 1743. Archivo del Ministerio de Industrias y Obras Públicas. Santiago de Chile.

Posee alrededor de 294 volúmenes, con documentos datados entre 1868-95, sin embargo la mayoría corresponde al período 1887-91. Gran parte de la información corresponde a la proyección y ejecución de obras ferroviarias, especialmente de los ferrocarriles del norte (Atacama-Tacna y Tarapacá) y a los ferrocarriles de la región central y sur (Pelequen a Peumo; de Talca a Constitución; de Coihue a Mulchen; de Parral a Cauquenes; de Angol a Traiguen y de Renaico a Victoria). La información también se refiere a la construcción de caminos y puentes en la zona central, y la construcción de edificios públicos.

## 1744. Archivo del Ministerio de Relaciones Exteriores. Santiago de Chile.

El archivo posee alrededor de 1513 volúmenes, con documentos datados entre 1810-1911. Hasta 1872 incluye una variada documentación con materias sobre Hacienda, Guerra, Justicia, Aduanas, Ferrocarriles, información diplomática, etc. Después de 1872 se van conformando las principales secciones del Ministerio de Relaciones Exteriores, vale decir sección Diplomática, Consular, Colonización y Culto.

**1745. Archivo Vicuña Mackenna. Archivo Nacional, Santiago de Chile.**

Posee un índice muy antiguo y mal conservado, organizado por volúmenes y en un orden muy deficiente. Contiene alrededor de 336 volúmenes con documentos impresos, correspondencia, mapas, folletos, etc. La información mantiene un predominio de los temas políticos y anecdóticos, constituyendo más bien un epistolario. Los volúmenes XIII, f.2 y XIX, f.6 incluyen datos sobre la región de Valdivia y sobre la Cía. Sud-Americana de Vapores (un informe completo de la compañía).

**1746. Barros Arana, Diego.** Un decenio de la historia de Chile, 1841-1851. Santiago de Chile, García Valenzuela, 1905-06. 2 v.

Historia general de Chile durante el decenio de 1841-51 que corresponde al gobierno de don Manuel Bulnes. Presenta infomación detallada de los acontecimientos ocurridos y de las instituciones creadas en el período. Con un enfoque político incorpora los aspectos religiosos, culturales, económicos, sociales y de relaciones internacionales, además de la hacienda pública y las medidas económicas del decenio.
(BNsMV(61-14 y 15))

**1747. _____.** Historia de la Guerra del Pacífico, 1879-1881. Santiago de Chile, Imprenta Barcelona, 1914. 535 p. (Obras completas, v. 16).

Análisis histórico del conflicto bélico de 1879 de los antecedentes que lo originaron. Estudia las relaciones diplomáticas entre Chile, Perú y Bolivia, la situación política de los países y la expansión territorial de Chile. Además se refiere a las operaciones militares durante 1879-81.   (BNsCH 11(802-34))

**1748. Basadre, Jorge.** Chile, Perú y Bolivia independientes. Barcelona, Salvat, 1948. 880 p.

Estudio histórico de los tres países desde que se crearon como repúblicas independientes hasta alrededor de 1940. Obra de referencia que presenta una organización cronológica, que incluye una bibliografía al final de cada período. Interesante para tener el panorama simultáneo de los tres países.

**1749. Bezé, Francisco de; y Víctor J. Arellano.** El capital y el trabajo. Valparaíso, Tipografía Nacional, 1896. 61 p.

Folleto que contiene dos trabajos separados pero de igual título, en los que se plantea una discusión teórica entre el liberal de Bezé y el socialista Arellano. Este último es un polémico periodista que cita y utiliza el pensamiento de Marx y Engels en su trabajo y es probablemente uno de los precursores del pensamiento marxista en Chile.
(BNsCH 11(979 a-1))

**1750. Blakemore, Harold.** John Thomas North, the nitrate king. History today [London], v. XII, July, 1962: 467-475.

Breve pero sugestivo relato de las actividades y personalidad del notorio aventurero, especulador y empresario inglés que tanta importancia tuvo en la economía salitrera del norte de Chile en las décadas de 1880 y 1890, en las relaciones entre dicha actividad y el gobierno chileno, y en las relaciones entre Chile y Gran Bretaña.

**1751. _____.** Los agentes revolucionarios chilenos en Europa en 1891. Traducción de Carlos Pantoja Gómez. Mapocho [Santiago de Chile], v. 15, 1966: 101-117.

Interesante estudio sobre la febril actividad desplegada en el extranjero por los agentes revolucionarios y especialmente de las presiones empleadas para evitar la entrega de barcos al gobierno de Balmaceda.                    (BNsCH)

**1752. _____.** The Chilean revolution of 1891 and its historiography. Hispanic American historical review [Durham, N.C.], v. 54, August, 1965: 393-421.

Interesante artículo sobre la conflictiva y crítica situación política que conduce a la revolución de 1891. En su análisis el autor examina las diversas opiniones y corrientes que tuvieron un significativo papel en el conflicto, confrontando las diversas posiciones con la política de Balmaceda.

**1753. Bulnes, Gonzalo.** Guerra del Pacífico. Santiago de Chile, Pacífico, 1955. 3 v., mapa.

Importante estudio que presenta con bastante nitidez la gestación del conflicto y el desarrollo y magnitud que alcanzó, basado en una excelente y completa documentación. En esta elaboración histórica surgen en forma espontánea los acontecimientos, las actuaciones individuales y los hombres que participaron en el conflicto. El primer tomo abarca en su análisis desde las causas que produjeron la guerra hasta el combate de Tarapacá, el segundo se refiere a las campañas de Tacna, Arica y Lima, y el tercero centra su atención en la ocupación del Perú, las campañas de la Sierra y el Tratado de Paz.                    (BNsCH 10(520-1))

**1754. Campbell, Margaret.** The Chilean press: 1823-1842. Journal of inter-American studies [Gainesville, Fla.], v. 4, 1962: 545-556.

Breve artículo sobre la evolución y distintas corrientes de la prensa chilena entre los años indicados. Destaca la estrecha relación entre la prensa y los grupos políticos, además la fuerte influencia de algunos extranjeros en la evolución de ella. Incluye un detalle de los periódicos y revistas aparecidos en el período.

**1755. Castedo, Leopoldo.** Resumen de la Historia de Chile de Francisco A. Encina. Redacción, iconografía y apéndices de. . . . Santiago de Chile, Zig-Zag, 1954. 3 v.

Excelente resumen de la voluminosa obra que pública Encina en 20 tomos (1762), profusa y magníficamente ilustrada y que ha alcanzado una gran popularidad. Muy útil para una primera aproximación a la historia de Chile, no reemplaza sin embargo la obra original.

**1756. Cruz, Ernesto de la; y Guillermo Feliú Cruz,** *eds.* Epistolario de Don Diego Portales 1821 a 1837; recopilación y notas de los autores; edición impresa por acuerdo del Ministerio de Justicia en ocasión del centenario de la muerte de Portales. Santiago de Chile, Dirección General de Prisiones, 1936. 3 v.

Recopilación de 595 cartas escritas por don Diego Portales entre los años indicados, además de los trabajos y biografías más relevantes sobre el estadista. A través de este conjunto de documentos y trabajos se presenta un amplio panorama de la acción política, económica de Portales y de la época en general. (BNsCH 11(790-7, 8 y 8A))

**1757. Cruz G., Alberto de la.** Balmaceda; documentos históricos. Montevideo, 1893. 129 p.

Recopilación de algunos documentos políticos escritos por Balmaceda. Se incluye el manifiesto dado por Balmaceda el 1º de enero de 1891, momentos en que se acentuaba la lucha entre el Congreso y el poder ejecutivo; el Mensaje leído en la apertura del Congreso Constituyente el 20 de abril de 1891; el testamento político y cartas personales a algunos amigos y familiares. En el apéndice se incorporan algunos documentos como el acta elaborada por la mayoría del Congreso argumentando la destitución del presidente, la carta de renuncia de Balmaceda, etc.

**1758. Donoso, Ricardo.** Alessandri: agitador y demoledor, cincuenta años de historia de Chile. México, Fondo de Cultura Económica, 1952, 2 v.

Estudio histórico sobre la situación política y personalidad de Arturo Alessandri en el cual plantea un ataque violento al personalje y a su acción. Eminentemente un análisis político del período con antecedentes desde la segunda mitad del siglo XIX. (BNsCH 10(438-55 y 56))

**1759. _____.** Desarrollo político y social de Chile desde la Constitución de 1833. Santiago de Chile, Imprenta Universitaria, 1942. 209 p.

Análisis histórico de Chile desde el punto de vista social y político que abarca el período 1833-1930. Presenta la acción política de los distintos grupos políticos que han detentado el poder a través del período mencionado, analizando además su extracción social. (BNsCH 11(391-7))

**1760. _____.** Las ideas políticas en Chile. 2. ed. Santiago de Chile, Universidad de Chile, Facultad de Filosofía y Educación, 1967. 380 p.

Interesante estudio sobre la evolución ideológica en el país desde el siglo XVIII hasta 1891. El análisis destaca especialmente los aspectos que tienen relación con el desarrollo social y político ahondando en los puntos que tuvieron mayor influencia en la transformación de la sociedad chilena durante el siglo XIX. Plantea la acción de los partidos políticos en su esfuerzo por establecer un sistema democrático. En esta edición se agregan algunos documentos y una bibliografía

reactualizada con las obras aparecidas entre 1946, fecha de la primera publicación, y 1967. (BNsCH 10(845-41))

**1761. Elliot, George Francis Scott.** Chile: its history and development, natural features, products, commerce and present conditions. With an introduction by Martin Hume. New York, Scribner's, 1907. 363 p., illustr., map. (The South American series, v. 1).

Historia física y política de Chile desde su descubrimiento. Tiene interés en la información respecto a la actividad salitrera y cuprífera donde incluye algunas cifras sobre producción y exportación.

**1762. Encina, Francisco A.** Historia de Chile desde la prehistoria hasta 1891. Santiago de Chile, Nascimento, 1940-52. 20 v., mapas, cuadros, grabados, gráficos, biblio.

Historia general de Chile hasta 1891 de carácter monumental y descriptivo, elaborada a base de criterios políticos, militares y administrativos, destacándose sobre todo hechos y personajes del proceso evolutivo del sistema social. Si bien constituye una valiosísima obra de referencia imprescindible, debe recordarse que se la critica mucho por sus personales interpretaciones "psicológicas" sobre las características, valores y actitudes de las personalidades históricas. Incorpora y describe las tendencias y acontecimientos económicos más significativos, pero no desarrolla sistemáticamente las vinculaciones entre éstos y los procesos sociales, políticos y culturales. Esta obra fue compendiada en tres volúmenes por Leopoldo Castedo (1755). Véase también un análisis crítico de la obra de Encina en el artículo de Charles C. Griffin. "Francisco Encina and his revisionism in Chilean history." *Hispanic American historical review* [Durham, N.C.], v. 37, February, 1957: 1-28.

**1763. _____.** Portales: introducción a la historia de la época de Diego Portales, 1830-1891. Santiago de Chile, Nascimento, 1934.

Estudio histórico que analiza la personalidad y acción política del estadista y su proyección hasta 1891. Se refiere a la actividad política y administrativa entre 1830-37 y a la posición de Chile frente a los problemas creados por la guerra contra la Confederación. (BNsCH 11(729-9 y 10))

**1764. _____.** La presidencia de Balmaceda. Santiago de Chile, Nascimento, 1952. 2 v.

El primer volúmen corresponde al gobierno constitucional del presidente Balmaceda. Se refiere a la personalidad de Balmaceda, su programa de gobierno; los partidos políticos y las alianzas partidistas; la actividad y opinión de la prensa hacia 1886; los conflictos creados entre el Ejecutivo y el Congreso; la organización de los poderes públicos; la política educacional; la política financiera y económica; los planes de obras públicas y las relaciones exteriores de la presidencia de Balmaceda. En el volumen 2 analiza la revolución de 1891, sus orígenes, su desarrollo y las consecuencias políticas y sociales. (BNsCH 11(40-25 y 26))

**1765. Estellé, Patricio.** Correspondencia de don

Agustín Ross sobre la revolución de 1891; recopilación, prólogo y notas del autor. Estudios de historia de las instituciones políticas y sociales [Santiago de Chile], 1967: 331-378.

Recopilación de once cartas de Agustín Ross, agente de la Junta del Gobierno Revolucionario en Europa. En ellas se refiere a los recursos económicos de los revolucionarios, al control de los recursos mineros del norte y a las relaciones con las empresas extranjeras. (BNsCH)

**1766. Eyzaguirre, Jaime.** Chile durante el gobierno de Errázuriz-Echaurren. 1896-1901. Santiago de Chile, Zig-Zag, 1957. 380 p.

Estudio histórico que presenta el panorama de Chile en 1896 en relación a su territorio, población, estructura social, tendencias ideológicas, régimen político y económico y actividad cultural. Analiza la labor realizada en el gobierno de Errázuriz en obras públicas y en los aspectos culturales y económicos, además de las actividades de los partidos políticos, las relaciones del Estado y la Iglesia y la política exterior de Chile durante el período de gobierno. (BNsCH 10(667-1))

**1767. Feliú Cruz, Guillermo.** Alessandri, personaje de la historia. Santiago de Chile, Nascimento, 1950. 62 p.

Estudio sobre la personalidad y actuación política de Arturo Alessandri Palma hasta 1938. Se refiere a la campaña electoral de 1920, su elección y gestión presidencial, su actuación política y las proyecciones que su pensamiento tuvo en el ámbito nacional. (BNsCH 11(23-5))

**1768. _____.** 1891-1924: Chile visto a través de Agustín Ross; ensayo de interpretación. Estudio preliminar de Francisco Antonio Encina. Santiago de Chile, Pino, 1950. 207 p.

Importante libro que contiene en realidad tres trabajos. El prólogo de Encina presenta en breve esquema su interpretación de la evolución histórica de Chile y critica severamente las interpretaciones de Agustín Ross por su estrechez y unilateralidad; su visión puramente monetarista y su posición intransigente en favor del patrón oro. En segundo lugar, se incluye el trabajo de Feliú, "Un esquema de la evolución social en Chile en el siglo XIX hasta 1891," interesante ensayo sobre la evolución de la estructura social del país en el siglo XIX, y su traducción a la gama cada vez más diversificada de los partidos políticos. El grueso del libro consiste en una biografía de Ross, un conjunto largo de citas de sus numerosos escritos sobre la cuestión monetaria y una interesante descripción del cambiante ambiente social y político (movimiento obrero y partidos políticos) del período 1891-1926. Incluye una bibliografía de la extensa obra escrita de este importante hombre público, estadista, banquero, diplomático y financista liberal. (BNsCH 11(35-3))

**1769. Galdames, Luis.** Historia de Chile. 9. ed. Santiago de Chile, Zig-Zag, 1944. 64 p.

Manual de la historia de Chile desde la prehistoria hasta 1942. La primera edición se publicó en 1906 y 1907 en dos tomos con el nombre de *Estudio de la historia de Chile;* las ediciones posteriores han sido corregidas y puestas al día. Se refiere al aspecto político, administrativo, económico,

social, cultural, religioso, relaciones internacionales y a la situación general del país en el contexto internacional. (BNsCH 10(419-5))

**1770. [Gonzalez, Marcial; José Victorino Lastarria; Diego Barros Arana; y D. Santa María].** Cuadro histórico de la administración Montt escrito según sus propios documentos. Valparaíso, Santos Tornero, 1861. 590 p.

Obra que analiza la gestión administrativa del presidente Montt. Se refiere a los problemas políticos creados desde que recibe el mando, a la revolución de 1859 y a la candidatura de Pérez. Analiza también la organización del Senado y las luchas parlamentarias durante el período. Incluye además información sobre política económica, organización de la empresa del ferrocarril de Valparaíso, relaciones exteriores, justicia, instrucción, hacienda (rentas, aduanas, impuestos, empréstito), guerra y marina. Los autores no aparecen impresos en la obra, fueron colocados por la Biblioteca Nacional. (BNsCH 11(1134-41))

**1771. Hardy, Osgood.** Los intereses salitreros ingleses y la revolución de 1891. Revista chilena de historia y geografía [Santiago de Chile], enero-junio, 1949: 60-81.

Breve pero interesante artículo sobre el desarrollo de la industria salitrera y la actuación de Thomas North en la explotación de dicha industria. Analiza detalladamente la influencia de la industria del salitre en la revolución de 1891, especialmente la actuación de North en el conflicto. (BNsCH)

**1772. Heise González, Julio.** 150 años de evolución institucional. Santiago de Chile, Andrés Bello, 1960. 118 p.

Estudio en torno a la vida institucional del país, desde que surgió como país independiente. Analiza las instituciones públicas y los grupos políticos, que tuvieron importancia e influencia en el orden y estructura constitucional que se fue dando el país en una centuria y media de vida independiente. (BNsCH 10(689-9))

**1773. Holley, Gustavo Adolfo.** Descentralización política y administrativa en Chile; composición premiada en el certamen Varela de 1890. Santiago de Chile, Cervantes, 1892. 132 p.

Análisis y comentarios de la Constitución de 1833. Presentación histórica de los factores de socialización que permitieron la formación del sistema gubernativo republicano y la centralización a través de la jerarquía de funcionarios y empleados. Proyecta posibilidades de descentralización de poder. (BNsCH 11(1000-14))

**1774. Lara, Horacio.** Crónica de la Araucanía; descubrimiento y conquista: pacificación definitiva i campaña de Villa Rica (leyenda de tres siglos). Santiago de Chile, El Progreso, 1889. 2 v.

Descripción histórica del descubrimiento, conquista, hechos bélicos de la guerra de Arauco, origen y costumbres de los araucanos. En el tomo 1 la descripción abarca hasta fines del siglo XVI y el tomo 2 se refiere desde los acontecimientos históricos hasta la campaña y ocupación de Villa Rica. En sus últimas páginas entrega información hasta 1887 sobre la creación de Malleco y Cautín.

**1775. Montt, Luis.** Discursos, papeles de gobierno i correspondencia de don Manuel Montt. Santiago de Chile, Cervantes, 1905. 2 v.

Recopilación de documentos y cartas, que en conjunto muestran la obra realizada por Manuel Montt, durante la época en que fue rector del Instituto Nacional y posteriormente ministro de Estado. La documentación se extiende de 1835-46 y se refiere a instrucción pública y establecimientos educacionales. Además incluye nueve memorias al Congreso en las materias de justicia, culto e instrucción pública, interior, relaciones exteriores, guerra y marina. (BNsMV (20-25))

**1776. Nichols, Theodore E.** The establishment of political relations between Chile and Great Britain. Hispanic American historical review [Durham, N.C.], v. 28, February, 1948: 137-143.

Breve pero interesante artículo sobre el dilatado proceso de reconocimiento de Chile por parte de Gran Bretaña. El análisis histórico elaborado se remonta a las negociaciones iniciadas en la segunda década del siglo XIX, ahondando especialmente en los diferentes tratados de amistad, comercio y navegación suscriptos por ambos países.

**1777. Nunn, Frederick M.** Military rule in Chile: the revolutions of September 5, 1924 and January 23, 1925. Hispanic American historical review [Durham, N.C.], v. 47, February, 1967: 1-21.

Detallado artículo de la situación política y de los acontecimientos que llevaron a la crisis de 1924 y 1925 que concluyeron con la salida de Alessandri del gobierno.

**1778. Orrego Luco, Luis.** Chile contemporáneo. Santiago de Chile, Cervantes, 1904. 232 p.

Estudio sobre la organización política y social de Chile y su evolución histórica. Análisis del espíritu de la Constitución de 1833; del desarrollo y evolución de la prensa; la opinión pública y los partidos políticos. Incluye consideraciones generales sobre instituciones de crédito existentes. (BNsCH 11(935-30))

**1779. _____.** El gobierno local i la descentralización. Santiago de Chile, La Epoca, 1890. 191 p.

Estudio sobre gobierno local. Análisis del desarrollo de las instituciones locales en Europa y Estados Unidos. Estructura institucional establecida por los españoles en América y formas de descentralización realizadas en Chile a partir de 1818. Análisis de los ensayos constitucionales entre 1822-33 inclusive. (BNsCH 11(1134-32))

**1780. _____.** Los problemas internacionales de Chile: la cuestión peruana. Santiago de Chile, Cervantes, 1901. 287 p.

Historia de las relaciones internacionales entre Chile y Perú durante 1810-79. Se refiere especialmente a la guerra, la Confederación Peruana-Boliviana 1838, a la deuda de postguerra

que Perú debía cancelar a Chile, al conflicto de 1866 con España, tratados de límites con Bolivia, desplazamiento de trabajo y capitales chilenos hacia Tarapacá, a la alianza defensiva entre Perú y Bolivia y conflictos de límites posteriores a la guerra de 1879. (BNsMV (22-12))

**1781. Pérez Rosales, Vicente.** Recuerdos del pasado. Notas prologales de Emiliano M. Aguilera. Barcelona, Iberia, 1962. 505 p. (Obras maestras).

Esta importante obra constituye prácticamente una autobiografía del autor, llena de ricos pasajes, donde describe vivamente interesantes hechos de la historia nacional, costumbres de la época y la labor realizada como agente de colonización en Valdivia. Muy interesante resulta la descripción de la colonización y las dificultades de todo orden que se le presentaban a las autoridades y a los colonos.

(BNsCH 10(910-37))

**1782. Pike, Frederick B.** Chile and the United States, 1880-1962; the emergence of Chile's social crisis and the challenge to U.S. diplomacy. Notre Dame, Ind., University of Notre Dame Press, 1963. 466 p.

Aunque esta importante obra se centra en el estudio de las relaciones políticas entre Chile y los Estados Unidos en las últimas décadas, el enfoque del autor lo lleva a indagar los orígenes de la política exterior de Chile hacia ese país en el proceso histórico de desarrollo interno. De este modo, incluye un amplio estudio del desarrollo económico, político, social y cultural de Chile desde la Independencia. La obra contiene un apéndice bibliográfico comentado, extraordinariamente valioso por lo completo y bien seleccionado.

**1783. Prado Martínez, Alberto,** *ed.* Discursos y escritos políticos de don José Manuel Balmaceda, 1864-1891. Santiago de Chile, Imprenta Moderna, 1900. 5 v.

Recopilación de los discursos y escritos políticos de Balmaceda agrupados en cinco tomos, lo que permite demostrar las distintas facetas de su vida política y diplomática. Incluye los discursos pronunciados en el Club de la Reforma hasta 1871, los discursos pronunciados mientras fue parlamentario entre 1870-85, los documentos diplomáticos de 1879 y los mensajes leídos durante su presidencia. (BNsCH 11(928-1))

**1784. Ramírez Necochea, Hernán.** Antecedentes económicos de la independencia de Chile. 2. ed. revisada, corregida y aumentada. Santiago de Chile, Universidad de Chile, Facultad de Filosofía y Educación, 1967. 167 p., biblio.

Importante estudio que analiza los antecedentes económicos de la Independencia y en el cual se sustenta la tesis que como efecto del desarrollo logrado por la economía chilena durante la colonia, Chile llegó a convertirse en una estructura económica cuyos intereses entraron en abierta e insuperable contradicción con los del imperio español. Tal contradicción se exteriorizó violentamente en la profunda crisis que afectó al país en los últimos años de la dominación hispana, aspecto fundamental de la crisis general del régimen colonial español.

**1785. _____.** Balmaceda y la contrarrevolución

de 1891. Santiago de Chile, Editorial Universitaria, 1958. 243 p., biblio. (Colección América Nuestra).

El conocido historiador marxista estudia en este influyente libro el proceso de incorporación del salitre a la economía chilena y la penetración del imperialismo inglés, personificado en John Thomas North. Luego analiza las relaciones entre los industriales del salitre—en su mayoría extranjeros—y los políticos chilenos, y los conflictos que se generan entre los intereses salitreros y la política económica de Balmaceda, que termina en guerra civil y el derrocamiento de Balmaceda.

**1786. Riesco, Germán.** Presidencia de Riesco, 1901-1906. Santiago de Chile, Nascimento, 1950. 366 p.

Obra general de historia política sobre la presidencia de Riesco, donde se analizan también las medidas económicas aplicadas durante esa administración. Se refiere a las elecciones de 1901, los cambios ministeriales, los partidos políticos y su acción, las alianzas políticas, las reformas al régimen electoral, política educacional, social e industrial, movimiento de la hacienda pública y a la constitución de la propiedad salitrera.                          (BNsCH 11(149-25))

**1787. Romano, Ruggiero.** Una economía colonial: Chile en el siglo XVIII. Traducción de Alicia Fajardo de Minazzoli. B.A., Editorial Universitaria, 1965. 75 p. (Biblioteca de América).

Aunque esta cuidadosa y detallada investigación no se refiera al período que cubre esta bibliografía, este esfuerzo por interpretar—sobre la base de fuentes principalmente primarias—el funcionamiento de la economía colonial chilena a fines del siglo XVIII tiene enorme interés, pues permite contrastar las limitaciones impuestas por el sistema colonial—no obstante el auge del contrabando—con las condiciones que se darían en el siglo XIX.

**1788. Silva, Jorge Gustavo.** Nuestra evolución político-social; 1900-1930; conferencias, artículos. Santiago de Chile, Nascimento, 1931. 166 p.

Recopilación de artículos y conferencias del autor que se refieren a problemas de legislación social, política social, parlamentarismo, partidos políticos y acción social del Estado.
(BNsCH 11(673-32))

**1789. Sotomayor Valdés, Ramón.** Historia de Chile bajo el gobierno del General D. Joaquín Prieto. 2. ed. Santiago de Chile, Esmeralda, 1900. 4 v.

Historia general del gobierno de Joaquín Prieto. Los primeros tomos corresponden a la obra del autor publicada en 1875 y 1876 con el nombre de *Historia de Chile durante los cuarenta años transcurridos desde 1831 hasta 1871.* Presenta un análisis de la estructura y organización política y administrativa de la década de 1830; de los problemas religiosos, culturales, sociales y militares del período. En relación al aspecto económico se refiere a la administración de la hacienda pública en las gestiones de Rengifo y Tocornal, impuestos, aduana, renta pública, deuda interna y externa, comercio exterior, marina mercante, protección a la industria nacional, descubrimiento de Chañarcillo y otros recursos

mineros, y a la fundación de la Sociedad Nacional de Agricultura.

**1790. Urzua Valenzuela, Germán.** Evolución de la administración pública chilena (1818-1968). Advertencia preliminar de Francisco Cumplido Cereceda. Santiago de Chile, Editorial Jurídica de Chile, 1970. 277 p. (Publicaciones del Instituto de Ciencias Políticas y Administrativas de la Universidad de Chile).

Estudio que presenta una descripción de la organización administrativa del Estado desde los primeros intentos realizados como nación independiente. Analiza extensamente las bases organizacionales desde el gobierno de J. Prieto y la Constitución de 1833. En su último capítulo se refiere a la creación de los servicios públicos y administrativos entre 1925-68, destacando las funciones, intentos de planificación y racionalización del sistema. Incorpora algunos datos referentes a plantas de empleados, sueldos y cargos.
(BNsCH 10(865-22))

**1791. Vera, Robustiano.** Historia de Chile desde el descubrimiento hasta nuestros días. Santiago de Chile, Imprenta del Debate, 1903-05. 3 v.

Historia general de Chile desde la prehistoria hasta 1891. Presenta información esencialmente cualitativa sobre la evolución del sistema administrativo y político, problemas religiosos, sociales, culturales y económicos.   (BNsCH 10(934-16 a 18))

**1792. [Vergara, José Francisco].** La administración de don Domingo Santa María: El Hombre Muerto; artículo publicado en la Libertad Electoral. Santiago de Chile, Imprenta de la Libertad Electoral, 1886. 57 p.

El presente artículo no trae el nombre del autor, este fue colocado por la biblioteca y aparece también transcrito en la obra de Walker Martínez, *Historia de la administración Santa María* (1797). Constituye un análisis crítico del gobierno de Santa María en los aspectos políticos, social y económico. Se refiere también a la hacienda pública entre 1876-85 y a la economía nacional después de la guerra de 1879.
(BNsCH 11(832-16))

**1793. Vicuña Mackenna, Benjamín.** Don Diego Portales. Santiago de Chile, Universidad de Chile, mayo 1937. 784 p., lámina.

Obra que presenta una reseña histórica sobre el período llamado la "época de Portales," 1829-37. Se refiere a la reacción política de 1829 y a la actuación de Portales, su acción como comerciante en Valparaíso; la constitución de 1833 y las corrientes adversas a ella. Relaciones diplomáticas entre Perú, Chile y Bolivia, y a la guerra contra la Confederación de 1837.                          (BNsCH 11(644-6))

**1794. Villalobos R., Sergio.** Comercio y contrabando en el Río de la Plata y Chile. B.A., Editorial Universitaria, 1965. 147 p. (Biblioteca América. Libros de Tiempo Nuevo).

El destacado historiador chileno procura refutar en esta acuciosa investigación la arraigada idea de que los países americanos estaban sujetos a un monopolio riguroso y odiado de España, lo que habría sido causa importante de la independencia. Demuestra, por el contrario, que a fines del siglo XVIII la naturaleza restrictiva y exclusiva del imperio se había atenuado notablemente y que las colonias americanas habían desarrollado un considerable comercio con Inglaterra, Francia y otras potencias.

**1795.** _____. El comercio y la crisis colonial: un mito de la independencia. Santiago de Chile, Editorial Universitaria, 1968. 382 p. (Ediciones de la Universidad de Chile).

Interesante estudio del conocido historiador chileno, quien extiende en esta obra muy bien documentada algunos planteamientos expresados en trabajos anteriores. Amplía su investigación sobre la historia del comercio al último siglo colonial y plantea la tesis de que "el comercio, lejos de estar sujeto a barreras que impidieran su desarrollo gozó de gran desenvoltura, al extremo de que el monopolio virtualmente había desaparecido en las últimas décadas coloniales."

**1796.** _____. Tradición y reforma en 1810. Santiago de Chile, Editorial Universitaria, 1961. 247 p. (Ediciones de la Universidad de Chile).

Interpretación histórica muy bien documentada del complejo proceso emancipador chileno. Detalla con bastante minuciosidad los elementos que configuraron dicho proceso, permitiendo ver a través de los hechos políticos y económicos, la sociedad, sus costumbres, aspiraciones y descontentos.
(BNsCH 10(773-23))

**1797. Walker Martínez, Carlos.** Historia de la administración Santa María. Santiago de Chile, El Progreso, 1888-89. 2 v.

Historia esencialmente política de la gestión administrativa del presidente Santa María. Se refiere a los problemas de política interna; a las relaciones internacionales de Chile especialmente con Perú; a la situación económica en general y a la estructura y organización constitucional. Incluye documentos y artículos de prensa e informes oficiales.
(BNsCH 11(832-16))

**1798.** _____. Portales. París, Lahure, 1849. 466 p.

Estudio histórico de la personalidad política de Portales, de la situación del país después de la independencia y advenimiento del estadista. Se refiere también a su pensamiento y su acción durante el gobierno de Prieto, a la Constitución de 1833 y a la guerra contra la Confederación Perú-Bolivia. Abarca el período 1810-37. (BNsCH 11(596-8))

**1799. Yrarrázaval Larraín, José Miguel.** El Presidente Balmaceda. Santiago de Chile, Nascimento, 1940. 2 v.

Importante estudio sobre la actividad política de Balmaceda a partir de 1864. Describe detenidamente su acción como parlamentario, ministro y posteriormente su gestión presidencial. Se refiere también al sistema electoral a partir de 1840 y a las diversas intervenciones electorales.
(BNsCH 11(561-33))

Véase también: 1917, 2128.

## 3. Historias económicas y sociales

**1800. Alvarez Andrews, Oscar.** Historia del desarrollo industrial de Chile. Santiago de Chile, La Ilustración, 1936. 356 p.

Historia económica general de Chile desde la época prehispánica hasta 1935, escrita en ocasión del cincuentenario de la Sociedad de Fomento Fabril (1933). Su autor es un nacionalista, ardiente partidario de la protección y fomento industrial. Agudo crítico de los criterios básicamente financieros de política económica y de la estructura económica primaria y excesivamente dependiente del comercio y las finanzas externas que de ahí derivan. Obra de referencia fundamental, contiene una detallada descripción, con abundancia de información cuantitativa, de la evolución de la economía chilena, especialmente desde comienzos del siglo XIX con particular acento en la industria manufacturera. Se refiere también a los recursos productivos (especialmente población), los diferentes sectores de actividad (agricultura, minería, transporte, comercio) y la política económica social. (BNsCH (773-43))

**1801. Amunátegui y Solar, Domingo.** Historia social de Chile. Santiago de Chile, Nascimento, 1932. 346 p.

El autor divide su obra en dos partes: el "Pueblo" y la "Aristocracia." En la primera, hace una breve historia de la evolución de las clases y grupos populares en la formación y evolución del país, desde la conquista hasta comienzos del siglo XX. Interesante ensayo en una historiografía que prácticamente ha ignorado todo lo que no atañe a la clase dominante.

**1802. Baltra Cortés, Alberto.** Desarrollo general de la economía. *En* Corporación de Fomento de la Producción, *ed.* Geografía económica de Chile; texto refundido. Santiago de Chile, Editorial Universitaria, 1965, p. 437-452.

Breve artículo introductorio a la tercera parte de la *Geografía económica* de la CORFO en que el destacado economista hace un esbozo de la evolución de la economía chilena en su conjunto durante el siglo XIX y especialmente el XX. Util para obtener una rápida apreciación global del desarrollo histórico de la economía nacional.

**1803. Burr, Robert N.** By reason or force; Chile and the balancing of power in South America, 1830-1905. Berkeley, University of California Press, 1965. 322 p., biblio. (University of California publications in history, v. 77).

Importante y documentada obra en que se estudia cuidadosamente la interrelación entre la evolución socio-económica y política interna de Chile, la evolución de la economía internacional y particularmente los efectos de su gran expansión en la segunda mitad del siglo, y la aparición de una política exterior de equilibrio de poderes entre las potencias sudamericanas, en las que Chile jugó un papel destacado.

**1804. Feliú Cruz, Guillermo.** Un esquema de la

evolución social en Chile en el siglo XIX. Santiago de Chile, Nascimento, 1941. 29 p.

Estudio de historia social, que analiza la evolución de Chile de 1810-91. Se refiere a los principios morales que regían a la sociedad chilena en el siglo XVIII y que continúan en el siglo XIX, a la población, la estructura social y su carácter aristocrático. Presenta además planteamientos sobre democracia política y democracia social. (BNsCH 11(722-25))

**1805. Fuenzalida Villegas, Humberto;** *et al.* Desarrollo de Chile en la primera mitad del siglo XX. Santiago de Chile, Editorial Universitaria, 1951. 2 v. (Ediciones de la Universidad de Chile).

Obra colectiva que contiene ensayos de diversos autores sobre la evolución del país desde fines del siglo XIX hasta 1950. El primer tomo se refiere primordialmente a temas económicos y sociales en tanto que el segundo estudia los diversos aspectos del desarrollo cultural.

(BNsCH 10(452-13 y 14))

**1806. Godoy Urzua, Hernán.** Estructura social de Chile; estudio, selección de textos y bibliografía. Santiago de Chile, Editorial Universitaria, 1971. 632 p.

Interesante obra que consta fundamentalmente de una selección de artículos, textos y documentos relativos al desarrollo histórico de nuestra sociedad desde la conquista hasta nuestros días. La presentación de los documentos aparece organizada en cinco capítulos de acuerdo a una interesante periodización, precedidos cada uno de ellos por una introducción del autor donde señala los rasgos fundamentales de cada período, sus transformaciones y la relevancia de cada uno de los textos incluidos. Esta obra constituye una importante contribución al conocimiento de la sociedad chilena.

**1807. Jobet, Julio César.** Ensayo crítico del desarrollo económico social de Chile. Santiago de Chile, Editorial Universitaria, 1955. 238 p. (Colección América Nuestra).

Ensayo interpretativo desde una posición marxista de la evolución histórica de Chile entre 1831-1938, que ha tenido gran difusión e influencia. Contiene un análisis del desarrollo económico nacional; del nacimiento de la burguesía en el siglo XIX; de la formación del sistema bancario; del surgimiento del capitalismo; de la evolución del sistema monetario; de la incorporación de nuevos territorios y del desarrollo y condiciones del proletariado además de la penetración del imperialismo entre 1891-1925. (BNsCH 10(550-3))

**1808. _____.** Precursores del pensamiento social de Chile. Santiago de Chile, Editorial Universitaria, 1955-56. 2 v. (Colección Saber).

En este trabajo el conocido historiador chileno analiza el pensamiento y posición de los llamados "precursores del pensamiento social." En el primer volumen se refiere a Francisco Bilbao, Santiago Arcos, Genaro Abasolo y Alejandro Venegas; en el segundo a J. V. Lastarria, Valentín Letelier, Roberto Espinoza y Nicolás Palacios. Destaca los rasgos biográficos de ellos, su labor en la sociedad chilena y la influencia de su pensamiento social a través de sus obras y posiciones.

(BNsCH 11(19-39))

**1809. _____.** Síntesis interpretativa del desarrollo histórico de Chile durante el siglo XX. Atenea [Santiago de Chile], v. 86, junio, 1947: 347-363; v. 87, julio, 1947: 105-111; v. 87, agosto, 1947: 227-246.

Obra que presenta un análisis de la estructura política y económica predominante en el primer cuarto del siglo XX, y la evolución de la estructura social. Se refiere especialmente a la situación de los obreros del salitre, a las luchas y organización obrera y a los efectos económicos de la primera guerra mundial. (BNsCH 10(521-25))

**1810. Keller, Carlos.** La eterna crisis chilena. Santiago de Chile, Nascimento, 1931. 319 p.

Estudio sobre el desarrollo social y económico de Chile en el período republicano hasta 1930. Presenta información esencialmente cualitativa sobre organización política, estructura económica, minería, agricultura, colonización y aumento de la población. (BNsCH 11(667-19))

**1811. Machiavello Varas, Santiago.** Política económica nacional; antecedentes y directivas. Santiago de Chile, Barcells, 1931. 2 v. (Anales de la Universidad de Chile).

Obra de referencia general organizada en forma de manual descriptivo de la economía nacional. Se refiere a la evolución general de la economía y a las diferentes actividades económicas, a los recursos y políticas económicas, incluyendo además aspectos sociales tales como habitación y condiciones de vida. Incluye datos cuantitativos. (BNsCH 10(942-31))

**1812. Mamalakis, Markos.** Growth and structure of the Chilean economy: 1840-1968. Milwaukee, Center for Latin American Studies, University of Wisconsin, 1969. 4 v., mimeo.

Voluminosa obra que pretende reunir y sintetizar el conocimiento sobre el desarrollo económico de Chile en el período indicado. Por lo que se refiere al período que interesa en esta bibliografía, la obra contiene: una reseña de las diversas interpretaciones sobre el desarrollo del país; una descripción del período 1840-1930; un análisis del papel del salitre en la eonomía nacional; un estudio sobre el cambiante papel de la agricultura en las diversas etapas del desarrollo; y una apreciación sobre el crecimiento industrial. La mayor parte del libro y de su extenso y detallado apéndice estadístico se refiere al período posterior a 1930.

**1813. Martner, Daniel.** Historia de Chile: historia económica. Santiago de Chile, Balcells, 1929. 646 p. (Universidad de Chile).

Historia económica general del país hasta 1929. Incluye en la primera parte una breve descripción de la evolución de la estructura económica y social colonial. Presenta, por períodos presidenciales, la situación económica general, los principales acontecimientos económicos y financieros, especialmente el comercio y finanzas internacionales, la hacienda pública y la política económica y financiera de cada gobierno. Incluye información estadística y fuentes documentales. Martner fue profesor de economía de la Universidad de Chile, Ministro de Hacienda de Arturo Alessandri, y perteneció a la generación de economistas nacionalistas y progresistas que tuvo bastante influencia en la década de 1920.          (BNsCH)

**1814. Palacios, Nicolás.** Raza chilena. Santiago de Chile, Editorial Chilena, 1918. 2 v.

Estudio socio-histórico de la "raza" chilena. Se refiere a moral, idioma, criminalidad, territorio y demografía. Analiza las riquezas nacionales comparativamente con las de países europeos. Se refiere a la extensión de las tierras ocupadas por nacionales, a la densidad de población y al movimiento de ella entre 1897-1902; a la colonización extranjera en relación a la población nacional y a la explotación de las riquezas nacionales; procedimientos y leyes de colonización y la labor que a este respecto desarrolló la Sociedad de Fomento Fabril y la Agencia de Colonización en Europa.

(BNsCH 11 (603-A 9 y 10))

**1815. Pérez Canto, Julio.** Economical and social progress of the Republic of Chile. Santiago de Chile, Imprenta Barcelona, 1906. 344 p., láminas, mapas.

Estudio descriptivo del desarrollo económico y social de Chile entre 1850-1905. Análisis de la población, colonización, ciudades, sistemas de comunicaciones y transportes, comercio interno y externo, desarrollo de la navegación, ferrocarriles, caminos, telégrafos y teléfonos. Las exportaciones aparecen por productos y en forma regional. Incluye datos cuantitativos sobre comercio exterior y doméstico; colonización; ferrocarriles; comercio de cabotaje y tráfico marítimo.

(BNsCH 11(593 a-14))

**1816. Pinto Santa Cruz, Aníbal.** Chile, un caso de desarrollo frustrado. Santiago de Chile, Editorial Universitaria, 1959. 198., cuadros. (Colección América Nuestra).

Este popular libro del conocido y destacado economista, perteneciente a la corriente "estructuralista," es posiblemente el ensayo que más influencia ha tenido en la formación de las ideas actuales sobre la historia económica del país en su período republicano. La primera parte del libro cubre el período 1830-1930, refiriéndose brevemente a "la gran expansión" (1830-57) y a "la pausa entre dos crisis" (1857-78), para entrar en seguida en mayor profundidad en el estudio del período del auge salitrero ("Declinación bajo la prosperidad"), en cuyas características de modelo de crecimiento hacia afuera encuentra los antecedentes de la frustración.

(BNsCH 10(550-31))

**1817. Ramírez Necochea, Hernán.** Historia del imperialismo en Chile. Prólogo de Olga Poblete de Espinoza. Santiago de Chile, Austral, 1960. 302 p. (Colección Realidad Americana).

Historia económica de Chile desde el siglo XIX. Se refiere en su análisis especialmente a la influencia de los capitales europeos, penetración de ellos y efectos en la economía nacional durante el siglo pasado. Analiza también la penetración del capital norteamericano y las consecuencias para el país.

**1818. _____.** Historia del movimiento obrero en Chile: antecedentes del siglo XIX. Santiago de Chile, Lautaro, 1956. 332 p.

Historia económica y social de Chile, donde se analizan los orígenes y formación del proletariado en el siglo XIX, las características y condiciones de trabajo de la clase obrera chilena, las organizaciones gremiales y sus movimientos reivindicatorios.          (BNsCH 10 (593-9))

**1819. Recabarren, Luis Emilio.** Los albores de la revolución social en Chile—Ricos y pobres—La Rusia obrera y campesina. Santiago de Chile, Recabarren, 1965. 190 p. (Obras escogidas, v. 1).

Publicación que comprende tres obras escogidas del autor, incorpora un estudio preliminar de Julio César Jobet sobre la personalidad y trayectoria pública de Recabarren, 1889-1924. "Los albores de la revolución social en Chile," constituye un fragmento de los debates parlamentarios donde el diputado Recabarren hace una defensa de la clase obrera. "Ricos y pobres," es el título de una conferencia donde analiza los cien primeros años de la república en relación al atraso, explotación y miseria del pueblo chileno. "La Rusia obrera y campesina" presenta una visión de Rusia en 1922.          (BNsCH 10(296-51))

**1820. Rumbold, Horace.** Le Chili. Paris, Lahure, 1877. 90 p.

Informe sobre condiciones políticas y progresos generales de la república. Análisis de desarrollo agrícola, minero, educación y comercio desde los primeros años de vida independiente. Se refiere además a las fuerzas armadas, hacienda pública entre 1874-76, comercio exterior 1844 y 1874, importación y exportación de ganado entre 1847-73, incluye, además de estos datos cuantitativos, cuadros comparativos de las exportaciones de cobre de Chile y Bolivia entre 1873-75. Hace referencia a las contribuciones agrícolas y a la condición social del campesinado.

**1821. Segall, Marcelo.** Desarrollo del capitalismo en Chile; cinco ensayos dialécticos. Santiago de Chile, Pacífico, 1953. 347 p.

Conjunto de ensayos de historia económica y social de Chile desde la independencia hasta 1900 desde una perspectiva marxista. Analiza la formación de los capitales mineros, bancarios, mercantiles y agrícolas, como también la actividad económica en el gobierno de Balmaceda. Incorpora un estudio del movimiento obrero en Chile desde 1848 y las condiciones de la clase obrera minera a través del desarrollo de esta industria.

(BNsCH 10(489-27))

Véase también: 1864, 1888, 1901, 1993, 2034, 2125, 2180.

## 4. Condiciones geográficas, sociales y económicas

**1822. Aldunate, Luis.** Desde nuestro observatorio; estudio de actualidad. Santiago de Chile, Cervantes, 1893. 153 p.

Estudio que analiza la situación económica y financiera del país, específicamente en relación a las fluctuaciones del cambio internacional, al comercio exterior, salarios, créditos, industria en general y bancos de emisión.

(BNsCH 11(1000-27 p. 2))

**1823. Amunátegui, Miguel Luis.** Discursos parlamentarios. Santiago de Chile, Imprenta Barcelona, 1906. 2 v.

Recopilación de los discursos parlamentarios de Amunátegui entre 1864-87. Se refieren a problemas de colonización; subsidios para refundación de pueblos en Arauco; enseñanza del estado; minería, especialmente salitre; comercio interior; crédito público; bancos; impuestos; empleos y salarios y precios de artículos de consumo.           (BNsCH 10(919-8 y 9))

**1824. El Araucano.** Santiago de Chile, 1830-71.

Periódico que mantiene a lo largo de toda su existencia un carácter de órgano oficial del gobierno. Presenta mucha información del exterior y acuerdos oficiales del gobierno y del congreso, sesiones de la cámara, presupuestos municipales y ministeriales, movimiento de la Tesorería General de Santiago y de la Dirección General de Contabilidad.

**1825. Chile. Congreso Nacional.** Documentos parlamentarios; discursos de apertura en las sesiones del Congreso i memorias ministeriales, 1831-1861. Santiago de Chile, Imprenta del Ferrocarril, 1838-61. 9 v.

Recopilación de los discursos de apertura de las sesiones del Congreso y las memorias anuales de los Ministerios de Relaciones Exteriores, del Interior, Justicia, Culto e Instrucción Pública, Hacienda, Guerra y Marina, en el período señalado.

(BNsCH 11(840-1 a 9))

**1826. Chile-American Association.** Recursos y comercio mutuo de Chile y los Estados Unidos; obsequio del comité ejecutivo en Chile de la Chile-American Association. Santiago de Chile, Comité Ejecutivo de Chile-American Association, 1924. 64 p.

Publicación en inglés y castellano que se refiere a los rasgos físicos de Chile, sus recursos económicos, yacimientos mineros, recursos agrícolas, industrias y manufacturas, medios de transportes y comunicaciones, comercio exterior, finanzas y rentas nacionales, inversión de capital de Estados Unidos en el país, producción y comercio entre Chile y Estados Unidos.

(BCN)

**1827. Cruchaga, Miguel.** Discursos parlamentarios, pronunciados por . . . ante la Cámara de Diputados, 1864-1867, 1870-1873, 1885-1887, precedidos de un prólogo por Manuel Rivas Vicuña. Madrid, Reus, 1928. 592 p.

Recopilación de los discursos pronunciados por Cruchaga durante su época de diputado por Talca y Curepto. Los discursos se refieren básicamente a temas económicos como bancos de emisión, empréstitos del exterior, hacienda pública, derechos de aduanas, debates sobre el presupuesto nacional, etc.

**1828.** _____. Sociedades anónimas en Chile y

estudios financieros. Prólogo de A. Silva de la Fuente. Madrid, Reus, 1929. 388 p.

En el prólogo se destaca la importante labor e influencia que el autor tuvo en la actividad económica nacional; su pensamiento económico y un breve análisis de sus obras. El presente volumen es un estudio de las reglamentaciones vigentes sobre sociedades anónimas, y de los fundamentos de dicha reglamentación.

**1829. Espinoza, Enrique.** Geografía descriptiva de la República de Chile. 2. ed. Santiago de Chile, Imprenta Barcelona, 1892. 387 p.

La portada agrega "obra arreglada según las últimas divisiones administrativas con los territorios anexados y en conformidad al Censo General levantado en 1885." Constituye un manual de geografía, en que se describe el territorio nacional de Tacna a Magallanes en forma provincial con mucha información sobre población, organización administrativa, comercio, industria, medios de comunicación y división administrativa y judicial. La primera edición de esta obra apareció en 1890.           (BNsCH 11(963-13))

**1830. González, Marcial.** Estudios económicos. Prólogo de Eduardo de la Barra. Santiago de Chile, Gutenberg, 1889. 632 p.

Destacado periodista, político, escritor y hombre público liberal, escribió artículos y estudios entre 1861-78, que reflejan las preocupaciones de la política económica en esas dos décadas. La atención se centra sobre las cuestiones cambiarias, monetarias y fiscales, particularmente en la década de crisis de 1870, pero se incluyen también estudios sobre la industria del carbón de piedra y la necesidad de fomentarla en su calidad de actividad básica para el desarrollo de la minería, los transportes, etc. Un alegato para entregar la administración de los ferrocarriles a empresarios particulares y varios trabajos sobre las condiciones de vida de la clase obrera.

(BNsMV (2-25))

**1831. Great Britain. Department of Overseas Trade.** Report on the industrial and economic situation in Chile, dated December, 1921. By W. F. Vaughan Scott. London, His Majesty's Stationery Office, 1922. 102 p., statistical appendix.

Completo y bien documentado informe por el secretario comercial de la Embajada británica en Chile sobre los principales aspectos de la economía chilena en los años 1920 y 1921, incluyendo en algunos casos cifras comparativas de la década anterior. Incluye una serie de breves pero interesantes informes de cónsules y corresponsales en las principales ciudades del país sobre la economía regional. Excelente apéndice estadístico.

**1832.** _____. _____. Report on the industrial and economic situation in Chile, September 1925. By W. F. Vaughan Scott. London, His Majesty's Stationery Office, 1926. 93 p., statistical appendix.

Informe presentado por el secretario comercial de la Embajada británica en Chile. Corresponde a un completo y detallado informe sobre la situación económica e industrial del país. Se refiere a los recursos naturales existentes y en explotación, al comercio exterior, desarrollo industrial, transporte y comunicaciones, con cifras estadísticas para el período 1913-24. Describe especialmente la producción de cobre, acero y carbón. Incluye informes elaborados por los representantes consulares en las distintas provincias, con informaciones regionales y un importante apéndice estadístico.

(BCN Y-5 colecc. Folletos vol. 4-b)

**1833.** \_\_\_\_\_. \_\_\_\_\_. Report on the industrial and economic situation in Chile, November 1927. By W. F. Vaughan Scott. London, His Majesty's Stationery Office, 1928. 86 p., statistical appendix.

Detallado informe de la situación industrial y económica de Chile elaborado por el secretario comercial de la Embajada británica en Chile. Se refiere a la industria salitrera, finanzas, bancos, agricultura, comercio, industria textil y comunicaciones. Incluye, como en los documentos anteriores, informes consulares sobre la situación provincial, y un excelente apéndice estadístico con información desde 1913.      (BCN D-5)

**1834.** El Heraldo. Valparaíso, 1888-1953.

Fundado por el político liberal Enrique Valdés Vergara. Se distinguió por su hostilidad a Balmaceda y sus campañas en favor de la estabilidad monetaria y la conversión metálica. Mantuvo constantemente información comercial y sobre las provincias. Incluía semanalmente una revista comercial con datos sobre importación y exportación de productos, y cambio bancario. Hacia 1918 disminuyó de tamaño y se transformó en un periódico preferentemente judicial (incluyendo remates, roles de avalúos, avisos judiciales, listas de abogados, etc.). Mantiene la información internacional.

**1835. Mac-Iver, Enrique.** Discursos políticos y parlamentarios. 1868-1898. Santiago de Chile, Imprenta Moderna, 1899. 428 p.

Recopilación de los discursos políticos de Mac-Iver, revisados por él mismo y compilados por Alberto Prado Martínez. La obra está precedida de una biografía del autor. Los discursos se refieren a la anexión de Tarapacá, recursos para la guerra del Pacífico, impuestos sobre el salitre, administración de los Ferrocarriles del Estado, separación de la Iglesia y el Estado, empréstitos y contribución sobre la herencia.

(BNsCH 11(1055-36))

**1836.** El Mercurio. Valparaíso, 1827—.

Periódico fundado en 1827 en Valparaíso y que a partir de 1900 publica otra edición en Santiago. Hacia fines del siglo llegó a ser uno de los más importantes, siendo su propietario desde 1880 Agustín Edwards Ross. Publica desde su fundación importantes artículos, editoriales y comentarios sobre problemas nacionales y del exterior. Informa regularmente sobre el movimiento marítimo y de la aduana de Valparaíso, además mantiene con bastante regularidad una sección comercial desde 1848, entregando en ella precios de artículos nacionales de consumo corriente, como también precios de artículos importados. Entrega además con bastante regularidad información bancaria (precios de acciones y bonos) desde 1868.

**1837. Mills, George J.** Chile; physical features,

natural resources, means of communication, manufactures and industrial development. With introduction by W. H. Koebel. New York, Appleton, 1914. 193 p., illustr. maps.

La presente obra constituye una descripción general del país. Se refiere a diversos aspectos como la distribución de la población por ciudades; el sistema de gobierno y administración; el sistema comercial financiero y bancario; sistema de comunicaciones, ferrocarriles, puertos; producción agrícola y minera; rasgos físicos y geográficos y una somera descripción de la historia nacional. Incluye algunos datos sobre población por ciudades, cifras del capital bancario y sobre importación y exportación de productos para 1912.

**1838. Miquel, Manuel.** Estudios económicos administrativos sobre Chile, desde 1856 hasta 1863. Santiago de Chile, Imprenta del Ferrocarril, 1863. 382 p.

Variado e interesante conjunto de artículos sobre la Sociedad Nacional de Agricultura entre 1838-56; inmigración, sistemas de protección aduanera, agricultura en general, comercio exterior, minería, sistema monetario, instrucción pública, primaria, media y superior, instituciones bancarias y estudios estadísticos sobre la situación comercial en general.

(BNsCH 11(1013-8))

**1839. Olavarría Bravo, Arturo.** La cuestión social en Chile. Santiago de Chile, Imprenta de la Penitenciaría, 1923. 278 p.

Análisis cualitativo de la problemática social del país. Se refiere en su estudio a los partidos políticos frente a los problemas sociales y a la orientación de la legislación social en América y al proyecto del Código Chileno del Trabajo.

(BNsCh 11(577-29))

**1840. Orrego Cortés, Augusto;** *et al.* Chile; descripción física, política, social, industrial y comercial de la República de Chile. Santiago de Chile, C. Tornero, 1903. 312 p., grabados, mapas, fotos.

Descripción general de Chile en lo que se refiere a sus características geográficas, organización política y social, comunicaciones (ferrocarriles, correos, telégrafos y caminos), instituciones de crédito, instrucción pública, hacienda, comercio, industria, ejército y marina. El trabajo sobre hacienda pública, el comercio y la industria, preparado por Augusto Orrego, contiene abundante información cuantitativa sobre entradas y gastos públicos (1817-1902); empréstitos amortizados (1885-1903), cambio (1861-1867) y comercio exterior y de cabotaje (1850-1902).

**1841. Ortúzar, Adolfo.** Chile of today; its commerce, its production and its resources. National yearly publications of reference (1907-1908). New York, Tribune Association, 1907. 525 p.

Incorpora referencias sobre economía, política, administración, historia, legislación, literatura, y otros aspectos de carácter general. Entre la información económica presenta datos cualitativos y cuantitativos sobre comercio exterior, agricultura, industrias mineras e industrias manufactureras.

(BNsMV (12-25))

**1842.** Pasado republicano de Chile: colección de discursos pronunciados por los presidentes de la República ante el Congreso Nacional al inaugurar cada año el período legislativo, 1832-1900. Concepción, El País, 1899. 2 v.

Discursos presidenciales de apertura del Congreso durante 1832-1900. Se refieren a tratados internacionales, de comercio, deuda interna y externa, obras públicas, transportes marítimos y terrestres, educación, política económica y presupuesto fiscal.
(BNsCH)

**1843.** La Patria. Valparaíso, 1870—.

Periódico de tendencia liberal independiente, mantiene una posición favorable a la emisión de papel moneda en 1896. Presenta gran información de tipo comercial, con estadística de precios, exportaciones e importaciones, aduanas, cambio monetario, etc. Incluye gran cantidad de avisos comerciales, especialmente de casas importadoras y navieras.

**1844. Pérez Canto, Julio.** Chile, an account of its wealth and progress. London, Routledge, 1912. 251 p.

Constituye una descripción política y geográfica de los recursos naturales del país. Se refiere a la historia nacional desde el descubrimiento, a la población, ciudades, colonización, comunicaciones, comercio, minas y metalurgia e industria manufacturera. Incluye datos cuantitativos para 1910-12.
(BNsMV (16-10))

**1845. Pérez Rosales, Vicente.** Ensayo sobre Chile. Escrito en francés y traducido por Manuel Miquel. Santiago de Chile, Imprenta del Ferrocarril, 1859. 510 p.

Estudio sobre la situación de Chile que se refiere a la producción en general, población, organización política y administrativa, colonización, minería, instrucción, caminos, agricultura, rentas públicas, comercio exterior e interior. Incluye datos cuantitativos sobre rentas del estado, producción agrícola, industrias privilegiadas, comercio interior y exterior por los principales puertos nacionales para el período 1844-55.
(BNsCH. Reservado)

**1846. Prado Martínez, Alberto; y Erasmo Guzmán F.** Guía completa de Santiago y comercial de Valparaíso para 1901-1902. Santiago de Chile, Imprenta Barcelona, 1901. 1136 p.

Incluye información general sobre geografía, historia, administración política y social del país. Contiene una nómina de los propietarios de Santiago y Valparaíso, con indicación de la propiedad y tasación municipal, rol profesional, comercial e industrial, enseñanza particular y del estado, precios de productos, movimiento marítimo, itinerarios, tarifas y reglamentos de los ferrocarriles.          (BNsCH. Reservado)

**1847.** La producción nacional; revista de propaganda industrial y mercantil. Valparaíso, 1905-06.

Revista que publicó nueve números mensuales de abril 1905 a enero 1906 conteniendo interesante información sobre: establecimientos industriales, comerciales, mineros, financieros, agrícolas y de transportes, biografía de empresarios y

técnicos industriales, y precios de productos y frutos del país. Director-propietario: Salvador Soto Rojas.
(BNsCH 12(338-26))

**1848.** Revista económica; economía política-ciencias políticas y sociales. Valparaíso. 1886-92.

Publicación mensual fundada por Félix Vicuña y Miguel Cruchaga; revista de elevado nivel académico que se debe al notable esfuerzo de un grupo de intelectuales liberales. Incluye artículos de fondo sobre los principales problemas económicos del país, discusiones teóricas, análisis de políticas, así como también análisis de la situación económica; informaciones sobre las principales ramas de la economía (incluyendo cuadros estadísticos) y reproduce documentos oficiales como leyes y decretos. Entre sus principales colaboradores se contaron: Félix Vicuña, Miguel Cruchaga, Zorobabel Rodríguez, Marcial González, Marcial Martínez, Luis Aldunate, Pedro Lucio Cuadra, Melchor Concha y Toro, etc.
(BNsCH. Reservado)

**1849.** Revista económica; semanario de los intereses generales, político, literario y comercial. Valparaíso, 1918-22.

Revista semanal que se comenzó a publicar en julio de 1918 bajo los auspicios de la Cámara Nacional de Comercio. Incluye artículos de fondo sobre temas de actualidad y mantiene a lo largo de su publicación algunas secciones sobre movimiento financiero y bancario, informaciones generales sobre comercio y registro de sociedades. Incorpora además datos cuantitativos relativos a transacciones bursátiles, estados bancarios, operaciones de seguros, precios corrientes de los productos de importación y exportación.
(BNsCH 12(233-1 a 7))

**1850. Rivas Vicuña, Francisco.** Economía nacional. Santiago de Chile, Imprenta Chile, 1914. 238 p.

Recopilación de artículos sobre variados temas de la economía nacional: tipos de cambio, el sistema monetario, organización bancaria, tratados comerciales, empréstitos externos, presupuestos y sistemas de tributación.   (BNsCH 11(945-19))

**1851. Séve, Edouard.** Le Chili tel qu'il est. Valparaíso, Imprimerie du Mercurio, 1876. 666 p., tableaux, appendice statistique.

Estudio con gran cantidad de información estadística para la mitad del siglo XIX sobre agricultura, minería, y movimiento marítimo. Describe el territorio nacional en su aspecto geográfico y de estructuras administrativa y judicial. Analiza en detalle el comercio exterior y la realidad agrícola del país y sus posibilidades de expansión.   (BNsCH 11(849-16))

**1852. Tornero, Recaredo S.** Chile ilustrado: guía descriptiva del territorio de Chile, de las capitales de provincias, de los puertos principales. Valparaíso, Librería i Agencia del Mercurio, 1872. 495 p., grabados, litografías.

Descripción general del país, en forma provincial, especialmente de las ciudades y las costumbres nacionales. Se refiere además a la administración pública, instrucción, empresas privadas y del estado y a los establecimientos de crédito, con datos cuantitativos no seriados de los aspectos mencionados.                    (BNsCH 11(1102-11))

**1853. Treutler, Paul.** Andanzas de un alemán en Chile 1851-1863. Traducción de Carlos Keller R. Santiago de Chile, Pacífico, 1958. 570 p.

Valioso y ameno relato de un viajero observador y perspicaz que recorrió el territorio nacional de un extremo al otro durante una década de las más significativas en la historia del siglo XIX. Gracias a su formación en ingeniería de minas y su interés por estas materias, sus crónicas sobre las actividades mineras que él visitó y en que en ocasiones participó, son del mayor interés.

**1854. Ugarte, Carlos.** La situación económica de Chile entre los años 1892 y 1894, juzgada por don Luis Aldunate Carrera. Introducción, selección y notas del autor. Estudios de las instituciones políticas y sociales [Santiago de Chile], v. 2, 1967: 299-330.

Estudio que presenta la realidad económica nacional a través de la personalidad y pensamiento económico de don Luis Aldunate. Incluye una selección de extractos y comentarios de sus estudios sobre la situación económica y especialmente su posición crítica frente a la política de conversión. Analiza temas como los ferrocarriles, los capitales extranjeros en la economía del país; la balanza comercial; las políticas salitreras, financiera y monetaria.

**1855. United States. Bureau of Manufactures. Department of Commerce and Labor.** Report on trade conditions on the West Coast of South America. By Charles M. Pepper. Washington, Government Printing Office, 1908. 82 p.

Probablemente el primero de la serie de importantes y excelentes estudios realizados por el Departamento de Comercio del gobierno norteamericano sobre las condiciones económicas y las perspectivas comerciales y financieras de los países sudamericanos en las primeras décadas del siglo XX, desde el punto de vista de las posibilidades de expansión del comercio, las inversiones y los transportes norteamericanos hacia América del Sur. Contiene una descripción de los recursos naturales, actividades productivas, obras públicas y mercados de manufacturas de los países de la costa del Pacífico, especialmente Perú y Chile.

**1856. Valdés Cange, J.** [Alejandro Venegas]. Cultura chilena; por propias y extrañas tierras. Santiago de Chile, Nascimento, 1922. 173 p.

Constituye un estudio comparativo de Chile, Perú y Panamá. En relación a Chile, analiza especialmente los problemas económicos y sociales entre 1905-10, además de la política agraria y económica del gobierno de Balmaceda y la revolución de 1891.                    (BNsCH 10(910-16))

**1857. _____.** [Alejandro Venegas]. Sinceridad: Chile íntimo en 1910. 2. ed. Santiago de Chile, Editorial Universitaria, 1910. 355 p.

Libro escrito en forma de una serie de cartas dirigidas al presidente de la república Don Ramón Barros Luco, en que se hace una aguda crítica a la política económica y financiera desde 1878 y a sus consecuencias en el orden económico, político, administrativo, educacional, militar, en los servicios públicos y en lo social. Propone a continuación una serie de reformas en las mismas materias. Escudado bajo un seudónimo, este libro escrito por Alejandro Venegas representa la violenta crítica de la emergente clase media a una sociedad en que se agudizaban las contradicciones entre una pequeña aristocracia enriquecida y los grupos medios y el pueblo. Libro de gran importancia, narra vívidamente la situación de los diversos grupos sociales desde una perspectiva liberal y progresista.

**1858. Valdés Vergara, Francisco.** La situación económica y financiera de Chile. Valparaíso, Trautmann, 1894. 1204 p.

Estudio general sobre la situación financiera y económica de Chile. Se refiere especialmente a los problemas de conversión metálica, exportaciones de oro, análisis de situación de la industria salitrera en relación a su importancia en la economía nacional con datos de producción entre 1880-93, circulante y fluctuaciones del cambio internacional. Incluye una estadística comparada entre Chile y Argentina del movimiento agrícola y ganadero para los años 1892 y 1893.
                    (BNsCh 11(1013-28 p. 1))

**1859. Vicuña Mackenna, Benjamín.** Discursos parlamentarios. Santiago de Chile, Universidad de Chile, 1939. 3 v. (Obras completas de Vicuña Mackenna, v. 12-14).

Recopilación de los discursos del período parlamentario de Vicuña Mackenna. El primer volumen contiene los correspondientes a la Cámara de Diputados y los dos últimos a los pronunciados en el Senado. Se refieren en su contenido a la pacificación de Arauco, financiamiento de la guerra con España, contribuciones fiscales, economía en general, sueldos fiscales, inmigración y Guerra del Pacífico.
                    (BNsCH 11(578-1 a 3))

**1860. Wiener, Charles.** Chili & chiliens. 10. ed. Paris, Carf, 1888. 381 p.

Obra general sobre Chile en la que se hace referencia al sistema de enseñanza; a la estructura política y administrativa y su evolución histórica desde la conquista hasta Balmaceda; a las relaciones y organización social en el agro y a la estructura de la propiedad rural. Incluye además una descripción del tipo de construcción en Santiago, de la literatura nacional desde los cronistas y un análisis del desarrollo comercial, industrial y minero.                    (BNsMV)

**1861. Wright, Marie Robinson.** The republic of Chile: the growth, resources, and industrial conditions of a great nation. Philadelphia and Paris, Barrie and Cazenove, 1904. 450 p., pictures.

Entusiasta descripción de la evolución histórica y de las condiciones políticas, sociales, militares y económicas de Chile a la vuelta del siglo, profusamente ilustrada con excelentes fotografías. La autora viajó por dos años a lo largo y ancho del país y parece haber tenido muy estrechos contactos con los grupos sociales dirigentes cuya confianza y optimismo en el futuro del país refleja en su obra.        (BNsMV (98-12))

**Véase también:** 258, 1949, 1994, 2096.

## II. Demografía, Fuerza de Trabajo y Condiciones de Vida

### 1. Población

**1862. Bezé, Francisco de.** La población de Chile. Santiago de Chile, Bellavista, 1911. 50 p.

Análisis de las estadísticas de población desde los primeros censos realizados en el país. Se refiere a la natalidad, mortalidad, colonización o inmigración. Presenta las cifras en forma de series, comparando años y efectuando proyecciones. Los datos llegan hasta 1910.                    (BNsCH (886-52))

**1863. Chile. Oficina Central de Estadística.** Censo General de la República de Chile; levantado en abril de 1854. Santiago de Chile, Imprenta del Ferrocarril, 1858.

El primer censo encontrado corresponde al de 1854. Por referencias en este mismo censo se tiene conocimiento de los censos levantados en 1831 y 1835, los cuales se refundieron en uno solo que se conoce como censo de 1835. Se refiere a las provincias de Chiloé, Valdivia, Concepción, Maul y el departamento de Santiago. Se tiene conocimiento también del censo de 1843 el cual sólo considera la distribución de la población nacional por provincias, departamentos y subdelegaciones. A partir de 1854, se levantaron censos cada diez años. Es así como en 1854, 1865, 1875, 1885, 1895, 1907, 1920 y 1930 se realizaron estos censos en forma más completa y general para todo el país. Presentan información sobre la distribución de la población por provincia, subdelegación y departamento, y de todo el país. Clasificada por edades, sexo, estado civil, nacionalidad, por parroquias, profesiones, grados de instrucción, distribución urbana y rural con resúmenes provinciales y generales de todo el país.

(BNsCH 11(571-15))

**1864. Hurtado, Carlos.** Population concentration and economic development; the Chilean case. Ph.D. dissertation. Cambridge, Mass., Harvard University and Instituto de Economía de la Universidad de Chile, 1966. 259 p., maps, charts.

Importante trabajo, basado en un notable esfuerzo de elaboración de series estadísticas de largo plazo, que estudia la evolución de la población chilena desde el punto de vista de su distribución espacial y del proceso de urbanización dentro del contexto del desarrollo general de la economía. En contraste con los enfoques más corrientes, Hurtado da un menor énfasis a los efectos expansionistas del crecimiento de las exportaciones y acentúa la importancia de otros factores: los ferrocarriles, la incorporación de nuevas regiones y recursos; la inmigración. Refuta igualmente los frecuentes argumentos que atribuyen al auge salitrero una inhibición del desarrollo agrícola e industrial, sectores que por el contrario se habían desarrollado bajo la influencia de las exportaciones.

**1865. Palacios, Nicolás.** Demografía chilena. Valparaíso, Imprenta i Litografía Alemana, 1904. 67 p.

Análisis de la extensión del territorio nacional en relación al número de habitantes por provincias, extensión de los terrenos cultivados y no productivos, densidad de la población y movimiento de ella. Los datos cuantitativos corresponden al período 1899-1904.          (BNsCH 11(247-4 p. 3))

**1866. Pereira Salas, Eugenio.** El desenvolvimiento histórico-étnico de la población de Chile. *En* Corporación de Fomento de la Producción, *ed.* Geografía económica de Chile; texto refundido. Santiago de Chile, Editorial Universitaria, 1965, p. 337-356.

Análisis de la formación y evolución de la población chilena desde sus orígenes prehispánicos y durante la Colonia, por principales regiones y grupos étnicos y ocupaciones, incluyendo las referencias censales y otras de tipo cuantitativo, por regiones, ciudades y para el conjunto del país. Efectos de las migraciones y de la guerra del Pacífico.

### 2. Inmigración

**1867. Aranda, Diego; José María Llarena; y Rafael Tenajo.** La colonización alemana en Chile. Santiago de Chile, Claret, 1920. 836 p., fotos.

Obra que presenta la labor desarrollada por la colonia alemana en el país con monografías sobre sus actividades comerciales, industriales y agrícolas. Analiza la labor efectuada en el campo de las ciencias, del arte, industria, agricultura y comercio. Incluye también la acción colectiva en hospitales, colegios, clubs, deportes y periodismo.    (BNsCH 11(923-11))

**1868.** Chile en la Exposición de Quito: la colonización e inmigración en Chile. Santiago de Chile, Universo, 1909. 200 p.

Informe sobre inmigración en Chile entre 1845-1909. Se refiere al número de familias establecidas; sistemas y formas de propiedad para los colonos; sistemas de propaganda para fomentar la inmigración; número de personas inmigradas a Chile entre 1898-1908. Incorpora todas las leyes y decretos sobre servicios de colonización.                (BNsCH)

**1869. Hernández C., Roberto.** Los chilenos en San Francisco de California. Valparaíso, San Rafael, 1930. 414 p.

Estudio histórico de la emigración de chilenos hacia California en 1848. Presenta información cualitativa y cuantitativa sobre las relaciones comerciales que se establecieron entre el país y California. Situación de los chilenos emigrados. Valores de los productos exportados y empresas comerciales encargadas de este tráfico. Cifras comparativas de las importaciones de California desde Chile y otros países.

(BNsCH 11(728-23))

**1870. Mackenna Subercaseaux, Alberto.** La inmigración, gran problema nacional; recopilación de artículos publicados en El Mercurio. Santiago de Chile, La Ilustración, 1929. 41 p.

Recopilación de breves artículos periodísticos sobre inmigración. Aparecen enfocados desde el punto de vista racial, la inmigración como estimulante de las energías nacionales y el problema legal de la inmigración.    (BNsCH 11(374-12))

**1871. Pérez Rosales, Vicente.** Memoria sobre emigración, inmigración i colonización, dedicada al Sr. D. Antonio Varas. Santiago de Chile, Julio Belin, 1854. 172 p.

Estudio general que tiende a demostrar la importancia de fomentar la colonización del país. Se refiere a la colonización parcial y colectiva, a los lugares de emigración, a las condiciones económicas del emigrante y a las instituciones europeas que las promueven. Además incluye un análisis general sobre los efectos de la inmigración contratada y los procedimientos propuestos para realizarla.

(BNsCH. Reservado)

**1872. Sociedad Científica Alemana de Santiago.** (Deutscher wissenschaftlicher Verein zu Santiago de Chile). Los alemanes en Chile. Santiago de Chile, Imprenta Universitaria, 1910. 364 p.

Obra elaborada como un homenaje de la sociedad científica al país en el centenario de su independencia. Constituye un conjunto de artículos básicamente enfocados a la influencia y aporte de la colonización alemana en la educación nacional. El primer trabajo corresponde a un estudio de Hoerll sobre la afluencia de colonos al país, con interesante información sobre los colonos que entraron al país entre 1852-1900.

**1873. Solberg, Carl.** Immigration and urban social problems in Argentina and Chile, 1890-1914. Hispanic American historical review, [Durham, N.C.], v. 49, 1969: 215-232.

Este breve pero bien documentado artículo explica el cambio de actitud de los grupos dirigentes de Argentina y Chile hacia la inmigración a fines del siglo XIX. Mientras hasta entonces se había favorecido decididamente la inmigración, desde fines del siglo se comienza a atribuir los graves y crecientes problemas sociales a la inmigración y a promover políticas restrictivas, que sin embargo no llegaron a tener mayores consecuencias prácticas.

**1874. Stewart, Watt.** El trabajador chileno y los ferrocarriles del Perú. Revista chilena de historia y geografía [Santiago de Chile], v. 85, julio-diciembre, 1938: 128-171.

Interesante estudio sobre el proceso de inmigración de trabajadores chilenos, que se inicia en 1868 a raíz de la construcción de ferrocarriles a cargo de Enrique Meiggs, proceso que duró aproximadamente cuatro años. Se describen extensamente las condiciones de vida de los trabajadores chilenos en el Perú y los problemas que de este proceso derivaron para el gobierno chileno. (BNsCH 12(85-5A))

**1875. Vicuña Mackenna, Benjamín.** Bases del informe presentado al Supremo Gobierno sobre la inmigración extranjera por la comisión especial nombrada con ese objeto, redactada por el secretario de la Sociedad de Agricultura. Santiago de Chile, Imprenta Nacional, mayo 1865. 224 p.

Estudio sobre problemas generales de inmigración y de la realidad nacional. Incluye datos estadísticos sobre los colonos llegados al país entre 1858-64, su procedencia, regiones de establecimiento con el número de familias y profesiones de

los colonos. Presenta además un informe sobre la producción agrícola de algunas colonias. (BNsMV (31-27))

**1876. Villarino, Joaquín.** Estudio sobre la colonización i emigración europea a Chile. Santiago de Chile, Imprenta Nacional, 1867. 171 p.

La portada agrega que corresponde a la memoria premiada por el gobierno de Chile en el certamen mandado abrir ante el Consejo de la Universidad, por decreto del 16 de diciembre de 1864. Presenta un análisis general sobre la emigración, sus causas y condiciones que la producen. Se refiere a las políticas para fomentar la inmigración y a los sistemas de colonización. Incluye además un análisis de los ensayos de colonización realizados en América.

(BNsCH 11(1136-4p. 10))

Véase también: 336, 1731, 2137-2159.

## 3. Educación

**1877. Amunátegui, Miguel Luis.** Estudios sobre instrucción pública. Santiago de Chile, Imprenta Nacional, 1897-98. 3 v.

Tratado sobre educación y análisis de los sistemas educativos. Se refiere a la educación secundaria y superior y a los establecimientos de instrucción. Presenta datos cuantitativos sobre dineros invertidos en educación durante 1872-77, sueldos del ministerio, número de alumnos del país entre 1853-74. Incluye las memorias del ministro del ramo correspondientes a los años 1877-78. (BNsCH 10(919-5 a 7))

**1878.** _____; y Gregorio Amunátegui. De la instrucción pública en Chile; lo que es, lo que debería ser. Santiago de Chile, Imprenta del Ferrocarril, 1856. 391 p.

Obra premiada por el gobierno en el concurso preparado por la Universidad de Chile, a petición del gobierno, para obtener ideas en relación a generalizar la enseñanza primaria. Presenta un planteamiento organizativo en relación a las necesidades del país, abogando enfáticamente por la libertad de enseñanza. Analiza la población escolar y el analfabetismo, incluyendo cifras sobre gastos públicos destinados a la instrucción primaria e impuestos que los financian, entre 1836-55.

(BNsMV (4-2))

**1879. Amunátegui y Solar, Domingo.** Enseñanza del Estado. Santiago de Chile, Cervantes, 1894. 364 p.

Estudio sobre educación pública en Chile durante el siglo XIX. Se refiere a la educación de la mujer, conservatorio de música, instituto nacional, escuela normal de preceptores, estudio de las ciencias físicas y matemáticas y la enseñanza de la historia. (BNsCH 11(1070-6))

**1880. Campos Harriet, Fernando.** Desarrollo educacional 1810-1960. Santiago de Chile, Andrés Bello, 1960. 210 p., biblio., cuadros.

Detallada descripción de la evolución de la política educacional y del sistema educacional desde la independencia, en sus tres niveles clásicos: a) la enseñanza primaria, normal y especializada; b) la enseñanza media o secundaria; c) la enseñanza universitaria.

### 1881. Chile. Ministerio de Instrucción Pública. Estadística escolar. Santiago de Chile, Imprenta Moderna, 1901. 117 p.

Estadística de instrucción pública del país de los años 1879-1900, presentada por provincias. Se refiere al número de establecimientos para instrucción primaria, secundaria y especial. Número de matrículas y asistencia media en la instrucción primaria, secundaria, especial y superior. Presenta lista de los sueldos anuales del personal de la Inspección General de la Instrucción Pública. (BNsMV)

### 1882. Encina, Francisco A. La educación económica y el liceo—La reforma agraria—El momento sociológico mundial y los destinos de los pueblos hispanoamericanos. Santiago de Chile, Nascimento, 1962. 285 p.

El ensayo sobre la "Educación económica" contenido en este libro que recopila varios trabajos del destacado historiador fue publicado por primera vez en 1912 y constituye en realidad la continuación de su conocido ensayo *Nuestra inferioridad económica* (2034). De acuerdo con la tesis de Encina sobre la antinomia entre las dificultades y limitaciones que presentan los recursos naturales de Chile y las aptitudes insuficientes de su población, este estudio presenta un agudo análisis de las deficiencias de la educación nacional y las reformas que requiere para elevar la capacidad productiva de su población.

### 1883. González M., Guillermo. Memoria histórica de la educación pública, 1810-1900. Santiago de Chile, Maza, 1913. 164 p.

Historia de la educación en el país, que comprende una reseña cronológica de las instituciones educacionales y de los educadores más destacados, como también la legislación y reformas educacionales. (BNsMV (3-21))

### 1884. Labarca Hubertson, Amanda. Historia de la enseñanza en Chile. Santiago de Chile, Imprenta Universitaria, 1939. 399 p., biblio. (Publicaciones de la Universidad de Chile).

Excelente descripción del desarrollo educacional chileno, desde la colonia hasta 1936. Este importante estudio analiza la evolución de la enseñanza entrelazada al proceso social y económico del país. Organizado en cuatro capítulos fundamentales, va mostrando los progresos de la educación nacional. Los períodos corresponden a: "La Colonia," "La República (1810-1900)," "Primer tercio del siglo XX" y el "Estado actual de la enseñanza." (BNsCH. Reservado)

### 1885. Vargas, Moisés. Bosquejo de la instrucción pública en Chile; obra dedicada a los señores delegados al IV Congreso Científico (1º Pan-Americano), diciembre 1908-enero 1909. Santiago de Chile, Imprenta Barcelona, 1909. 453 p., ilustraciones.

Descripción del funcionamiento del sistema educacional, con un detalle sobre instrucción primaria, escuelas normales,

secundaria, superior, artística y técnica, dependientes del ministerio y también sobre establecimientos particulares. Incluye datos cuantitativos sobre presupuestos y resúmenes de los planes de estudio. (BNsMV (68-31))

**Véase también:** 1724, 1732, 1736, 1775, 1922, 1925.

## 4. Condiciones de vida y de trabajo

### 1886. Actas de la Junta de Beneficencia de Valparaíso. Valparaíso, 1897-1905.

Presenta información cualitativa y cuantitativa sobre las condiciones de los centros hospitalarios y asilos de Valparaíso. Se refiere a los presupuestos de cada organismo encargado de la beneficencia del puerto, especificando sueldos, alimentación, mobiliario, artículos de farmacia y equipos médicos. (BN)

### 1887. Bañados, Guillermo. Casas baratas para empleados y obreros. Santiago de Chile, Excélsior, 1923. 28 p.

Análisis cualitativo del problema habitacional y su relación con la salud pública. Se refiere además a la legislación habitacional, arriendos y compras de terrenos. (BNsCH 11(479-17))

### 1888. Barría Serón, Jorge. Breve historia del sindicalismo chileno. Santiago de Chile, Facultad de Ciencias Económicas de la Universidad de Chile, 1967. 60 p. (Publicación INSORA, 37).

Monografía sobre el sindicalismo en Chile en 1810-1965. Se refiere al origen de los sindicatos, la evolución histórica del sindicalismo nacional desde que aparecen las mutualidades, legislación y participación sindical y tenencias organizativas del sindicalismo actual. Incluye una cronología de los hechos sindicales más significativos. (BNsCH 10(932-39 p.1))

### 1889. _____. Cuadro cronológico de la historia del sindicalismo y socialismo en Chile. S.f. 8 p.

Folleto que presenta información cualitativa, con una organización cronológica para 1810-1960, sobre las organizaciones obreras, y leyes de asociación sindical. (BNsCH 10(837-17))

### 1890. _____. Los movimientos sociales de Chile 1910 hasta 1926: aspecto político y social. Memoria de prueba para optar al grado de Licenciado en Ciencias Jurídicas y Sociales. Santiago de Chile, Editorial Universitaria, 1960. 440 p., biblio.

Estudio histórico descriptivo de las condiciones sociales y económicas de los trabajadores en las principales actividades económicas; la evolución de la organización de la clase obrera; de los conflictos, protestas y movimientos más importantes que protagonizaron los trabajadores en el período; y de la actitud del gobierno y los diferentes partidos políticos frente al movimiento obrero. Incluye una bibliografía especialmente de periódicos. (BNsCH 10(777-70))

### 1891. Barros, Lauro. Ensayo sobre la condición

de las clases rurales en Chile; memoria presentada al concurso de la Exposición Internacional de 1875. Santiago de Chile, Imprenta Agrícola de Enrique Ahrens, I. C., 1875. 34 p.

El presente estudio plantea la necesidad de desarrollar la agricultura y mejorar la educación en el campo como medidas esenciales para lograr elevar las condiciones económicas del trabajador agrícola. Con información esencialmente cualitativa, se refiere al desarrollo histórico del campesinado, a la evolución del inquilinaje y a las posiciones políticas que se han manifestado frente a esta forma de organización laboral desde 1830.                              (BNsCH 11(982-7))

**1892. Berguecio, Alberto.** Los gremios en Chile. Revista económica [Valparaíso], julio, 1890: 333-351.

Artículo sobre la organización de los gremios portuarios y los movimientos ocurridos en los puertos nacionales. Analiza las diferencias de acción y económicas entre el trabajador libre y el trabajador incorporado al gremio, las relaciones entre el asalariado y el patrón. Incluye la ley sobre abolición de los gremios en 1890.            (BNsCH 12B (49-18))

**1893. Chile. Congreso. Cámara de Diputados. Comisión encargada de estudiar las necesidades de las provincias de Tarapacá y Antofagasta.** Sumario, informe, proyectos de ley, monografías de carácter sociológico, memoriales, medidas insinuadas al gobierno y otros antecedentes. Santiago de Chile, Zig-Zag, 1913, 328 p.

Recopilación de informes, proyectos de leyes, monografías de carácter sociológico, y antecedentes propuestos al gobierno para mejorar la organización de los servicios departamentales de dichas provincias. La comisión propone medidas sobre reglamentación del trabajo de mujeres y niños, regularización salarial, y soluciones al problema de la habitación obrera. Incluye un informe sobre las condiciones de vida y trabajo de los obreros en la industria salitrera, además informa sobre el número de oficinas entre 1901-13, el origen del capital, destino de las exportaciones, producción, precios del salitre, comercio de cabotaje, número de operarios en las salitreras.
(BNsCH 11(770-6))

**1894. _____. Consejo Superior de Habitaciones para Obreros.** Asamblea de la Habitación Barata, celebrada en Santiago los días 28, 29 y 30 de setiembre de 1919. Santiago de Chile, La Ilustración, 1920. 397 p.

Reunión convocada por el Consejo Superior de Habitaciones para Obreros, a la cual asistieron los delegados de los consejos departamentales, autoridades administrativas e invitados especiales que por su conocimiento del tema podía hacer aportes útiles al problema. El presente volumen lo constituye la documentación oficial de la reunión y los documentos presentados en las sesiones de trabajo. Dichos documentos tratan preferentemente sobre las condiciones higiénicas habitacionales, posibilidades de créditos para construcción, arrendamiento y disposiciones legales.          (BNsCH 11(1070-7))

**1895. Eyzaguirre Rouse, Guillermo; y Guillermo**

**Errázuriz Tagle.** Estudio social; Monografía de una familia obrera de Santiago. Santiago de Chile, Imprenta Barcelona, 1903. 140 p.

Interesante estudio socio-económico de una familia obrera, a través del cual se trata de conocer las condiciones materiales de vida, costumbres y en forma detallada las entradas y gastos familiares. Según los autores, por constituir dicha familia una clara expresión de la clase obrera, podría proyectarse y ser el reflejo de la clase obrera de la época.
(BNsCH 11(263-3))

**1896. Frías Collao, Eugenio.** Estadística de la Asociación Obrera. Santiago de Chile, Imprenta i Litografía Santiago, 1910. 98 p., cuadros.

La presente investigación fue elaborada por la oficina del trabajo en forma de censo parcial, por provincias y departamentos. Presenta datos sobre las distintas sociedades, informando sobre: sus nombres, domicilio, objetos que persiguen y el número de socios con que cuenta. Permite ver el grado de desarrollo alcanzado por el movimiento obrero. Incluye un estudio de las sociedades de socorros mutuos y las instituciones de previsión en Bélgica y anexa el Programa de la 6ª Convención Social Obrera reunida en Valdivia el 1° de enero de 1909.                       (BNsCH 11(959-34))

**1897. González, Marcial.** Condición de los trabajadores rurales en Chile; informe al Directorio de la Exposición Internacional de 1875. Santiago de Chile, Jacinto Núñez, 1876. 27 p.

Informe crítico de tres trabajos sobre el trabajador rural en Chile, presentados a un concurso organizado por la Exposición Internacional. Presenta información cualitativa sobre la condición del trabajador agrícola y sobre la organización laboral del agro.          (BNsCH 11(1094 A-26 p.3))

**1898. Huneeus, Francisco.** Por el orden social. Santiago de Chile, Imprenta Barcelona, 1917. 141 p.

Recopilación de conferencias y documentos sobre habitación popular, caja de crédito popular e instituciones de caridad. Incluye datos sobre número de piezas y habitantes por conventillo.                       (BNsCH 11(839-31))

**1899. Jequier, Enrique.** Casas familiares para obreros. Santiago de Chile, Cervantes. 1900. 6 p.

Constituye un proyecto de ciudad obrera. Presenta valores del metro cuadrado de construcción, valores sobre arriendo de viviendas populares; presupuesto para construcción de casas de obreros e interés del capital invertido en este tipo de viviendas para arriendo.       (BNsCH 11(849-17 p. 15))

**1900. _____.** Proyecto de conventillo. Santiago de Chile, Cervantes, 1900. 6 p.

Proyecto con presupuestos para construcción obrera, presentado a un concurso en 1900. Presenta información sobre costos de construcción y sobre valores de terrenos urbanos.
(BNsCH 11(907-15 p.4) y 11(849-15 p.4))

**1901. Jobet, Julio César.** Movimiento social obrero. *En* Humberto Fuenzalida Villegas, *et al.* Desarrollo de Chile en la primera mitad del siglo XX, v. 1. Santiago de Chile, Editorial Universitaria, 1951, p. 51-106.

Informativo ensayo que describe la trayectoria del movimiento obrero chileno; sus orígenes a fines del siglo XIX en la minería, los puertos y los servicios públicos; su desarrollo sindical-institucional posterior; tendencias políticas, publicaciones, luchas y conflictos, líderes, etc. Todo ello en el cuadro de la evolución sociopolítica y económica general.
(BNsCH 10(452-13))

**1902. Martner, Daniel.** El problema social-económico de Tarapacá y Antofagasta. Revista chilena [Santiago de Chile], v. 8, septiembre, 1919: 457-473.

Interesante conferencia dictada en la Universidad de Chile, en la cual se resalta el poder económico y el carácter exportador de las provincias mineras de Antofagasta y Tarapacá y los graves problemas sociales existentes en ellas. Atribuye estos problemas sociales al bajo nivel de los salarios, el alto precio de los bienes de consumo y el desarrollo progresivo de sentimientos culturales y progresistas como también las aspiraciones de justicia social del trabajador. (BNsCH)

**1903. Pérez Canto, Julio.** Estudios de economía social: habitaciones higiénicas y baratas para obreros; el obrero proletario. Santiago de Chile, Tipografía Nacional, 1903. 96 p.

Consideraciones generales sobre la habitación obrera en relación a la familia, salubridad y condiciones de arrendamiento o propiedad de ellas. Incluye clasificación de los diversos tipos de viviendas y planos de casas adaptables a la realidad nacional y una descripción de las habitaciones obreras en algunos países europeos. (BNsCH 11(033-34))

**1904. _____.** Las habitaciones para obreros: estudio presentado a la Sociedad de Fomento Fabril. Santiago de Chile, Ercilla, 1898. 399 p.

Estudio que plantea la importancia social e influencia que tiene el mejoramiento de la habitación obrera, en los planos de salud pública y privada, moral, educacional, constitución de la familia y costumbres de la población.
(BNsCH 11(959-39))

**1905. Philippi, Julio.** Las huelgas en los puertos del Norte. Revista chilena [Santiago de Chile], v. 2, noviembre, 1917: 250-262.

Interesante análisis de los movimientos obreros a comienzo de siglo y de las medidas gubernamentales aplicadas para su solución. Plantea las causas y desarrollo de los movimientos de 1907 y 1916 y la ineficacia de las medidas tendientes a solucionar los problemas sociales y económicos de los obreros.
(BNsCH)

**1906. Poblete Troncoso, Moisés.** La organización sindical en Chile y otros estudios sociales. Santiago de Chile, Ramón Brias, 1926. 194 p. (Ministerio de Higiene, Asistencia, Previsión Social y Trabajo, serie A, 8).

Estudio con información esencialmente cualitativa sobre el sistema legal vigente en 1926 relativo a las organizaciones obreras. Se refiere también a las organizaciones existentes en 1910 y anexa los estatutos de las organizaciones sindicales del país. (BNsCH 11(954-22))

**1907.** Revista de la habitación. Santiago de Chile, 1920-27.

Constituye el órgano de información del Consejo Superior y de los Consejos Departamentales de Habitaciones para Obreros. Aparece por primera vez en octubre de 1920, en forma mensual. A partir de mayo de 1923 pierde la frecuencia mensual apareciendo varios meses en un número, alternados con números mensuales. En mayo de 1925 es publicada como segunda época y mantiene en su organización una sección editorial y otra oficial. No se publicaron los números correspondientes a febrero y setiembre de 1921 y enero y febrero de 1923. Presenta información departamental y provincial sobre el problema habitacional. Se refiere a los arriendos, construcción barata, materiales, desahucios, problemas sociales en la región salitrera, sociedades obreras y legislación social. (BNsCH 12M(62-1 a 6))

**Véase también:** 1739, 1818, 1819, 1821, 1918, 1928, 1944, 2130, 2167, 2312.

## 5. Peonaje

**1908. Aranquiz Donoso, Horacio.** La situación de los trabajadores agrícolas en el siglo XIX. *En* Universidad de Chile. Facultad de Ciencias Jurídicas y Sociales. Estudios de historia de las instituciones políticas y sociales [ Santiago de Chile], v. 2, 1968: 5-31.

Estudio sobre la transformación de las relaciones laborales en el agro a través del siglo XIX. Analiza principalmente la formación y transformación del inquilinaje, la situación de los peones y arrendatarios de tierras, los intentos de legislación rural y las relaciones entre los propietarios y trabajadores rurales. (BNsCH 10(1090-61 p.1))

**1909.** Atropos; el inquilino en Chile; un siglo sin variaciones, 1861-1966. Mapocho [Santiago de Chile], v. 14, 1966: 195-218.

Descripción del fundo tradicional característico de la agricultura de las provincias del valle central en cuanto al sistema social. Situación del inquilino dentro de dicho sistema, características del inquilinaje, la relación inquilino-tierra-nación, origen de la hacienda o fundo y su organización y condiciones de vida. (NBsCH 11(035-23 p.1))

**1910. Domínguez, Ramón.** Nuestro sistema de inquilinaje. Memoria de prueba para optar al grado de Licenciado en la Facultad de Leyes i Ciencias Políticas. Santiago de Chile, El Correo, 1867. 64 p.

Análisis de las relaciones de trabajo entre el propietario de la tierra y el trabajador rural. Se refiere especialmente a las obligaciones y derechos del campesino, a los sistemas de pagos y salarios, y a la carencia de una legislación reguladora y protectora del trabajo en el agro. (BN. Reservado)

# III. Estructuras e Instituciones

## 1. Estructura social

**1911. Alarcón Pino, Raúl.** La clase media en Chile: orígenes, características e influencias. Tesis de prueba para optar al grado de Licenciado en la Facultad de Ciencias Jurídicas y Sociales. Santiago de Chile, Tegualda, 1947. 118 p.

Estudio que tiende a fijar en su primera parte en forma general los conceptos de sociedad y clases sociales, para luego desarrollar un análisis socio-histórico de la sociedad chilena y en especial de la clase media chilena. (BNsCH 11(130-5))

**1912. Maza Cortés, Luis de la.** Propiedad indígena. Memoria de prueba para optar al grado de Licenciado en la Facultad de Leyes y Ciencias Políticas de la Universidad de Chile. Santiago de Chile, Cervantes, 1918. 180 p.

Estudio crítico de la legislación indígena entre 1813-1918. Se refiere a la fundación de poblaciones en territorio indígena, condición legal-social e integración del indígena en la sociedad. (BNsCH 11(340-4))

**1913. Pike, Frederick B.** Aspects of class relations in Chile, 1850-1960. Hispanic American historical review [Durham, N.C.], v. 43, February, 1963: 14-33.

El autor sostiene que en el período indicado se desarrolló en Chile una clase media amplia, rica y poderosa, cuya aspiración fue la de integrarse con la aristocracia tradicional, la que a su vez demostró la suficiente flexibilidad para permitir esta acomodación. Por el otro lado esto, junto con la existencia de fuertes prejuicios raciales, habría llevado a una aguda separación entre dicha clase media y las clases populares. El autor desarrolla esta tesis en forma más extensa y profunda en su libro *Chile and the United States, 1880-1962* (1782), que basa en una impresionante investigación bibliográfica. La excelente bibliografía se incluye en el libro.

**1914. Quezada Achara, Armando.** La cuestión social en Chile. Santiago de Chile, 1908. 42 p. (Extensión Universitaria de la Asociación de Educación Nacional. Sesión del 5 de julio de 1908).

Estudio general sobre los problemas sociales del país. Analiza la problemática social desde un punto de vista político, jurídico, financiero y económico. Se refiere además al papel que le corresponde al estado en la protección de las clases sociales. (BNsCH 11(822-51))

**1915. Waiss Band, Oscar.** Antecedentes económicos y sociales de la Constitución de 1833; ensayo de interpretación social. Memoria de prueba para optar al grado de Licenciado en Ciencias Jurídicas y Sociales de la Universidad de Chile. Santiago de Chile, Lers, 1934. 75 p.

Analiza las características del sistema social y económico implantado por los españoles en el país y los efectos de la dominación española en la estructura indígena existente. Extiende su análisis socio-económico hasta las primeras décadas del siglo XIX y se refiere además a la reacción de los sectores agrarios frente al proceso de la independencia. (BNsCH 11(366-17))

**Véase también:** 1768, 1801, 1804, 2028.

## 2. Grupos de interés

**1916. Edwards Vives, Alberto.** La fronda aristocrática: historia política de Chile. 4. ed. Santiago de Chile, Pacífico, 1952. 315 p.

Este importantísimo libro del brillante intelectual conservador, reimpreso numerosas veces, atribuye la organización de un estado estable en 1833 al genio político de Portales y la concepción conservadora, centralista, autoritaria y paternalista de los grupos aristocráticos "pelucones" que gobernaron el país hasta mediados de siglo. La creciente influencia del liberalismo individualista habría llevado a la gradual decadencia del país después de 1850. (BNsCH 11(30-25))

**1917. _____.** La organización política de Chile. Santiago de Chile, Pacífico, 1943. 137 p.

En este breve e importante ensayo el autor analiza las características sociopolíticas del proceso de la independencia, los intentos de organización política que le siguieron, las fuerzas o ideas en juego, la obra de Portales y la significación de la Constitución de 1833.

**1918. Ramírez Necochea, Hernán.** Origen y formación del Partido Comunista de Chile; ensayo histórico del partido. Santiago de Chile, Editorial Austral, 1965. 319 p.

Ensayo que presenta un análisis histórico de la formación y desarrollo del partido comunista chileno. Incorpora un análisis de la clase obrera y de las luchas sociales y la influencia que en el país tuvo la revolución rusa. Se refiere además a la situación política del país entre 1924-25. (BNsCH 10(249-1))

**1919. Véliz, Claudio.** La mesa de tres patas. Desarrollo económico [B.A.], v. 3, abril-setiembre, 1963: 231-247.

Breve pero importante artículo en que se sostiene que la no industrialización del país se debió a la formación, durante el siglo XIX, de poderosos grupos, los exportadores mineros del norte, los exportadores agropecuarios del sur, y las grandes firmas importadoras de Valparaíso y Santiago, que impusieron una política librecambista a ultranza.

**Véase también:** 1759, 1839, 2214.

## 3. Legislación

**1920. Aldunate Solar, Carlos,** *ed.* Leyes, decretos

i documentos relativos a salitreras. Santiago de Chile, Cervantes, 1907. 178, 220, 215 p.

Importante recopilación de documentos relativos a las salitreras, con documentación oficial de Perú, Bolivia y Chile que cubre el período anterior y posterior a la guerra del Pacífico. La primera numeración de páginas corresponde a las salitreras de origen peruano y se refiere a materias tales como establecimientos comprados por el Perú, tasaciones, mensuras de terrenos, certificados salitreros, expropiaciones, etc. Las siguientes 220 páginas corresponden a documentos relativos a las salitreras de origen boliviano, conteniendo artículos del código de minería, concesiones, transacciones, tratados, informes ministeriales, compra de salitreras, mensura de tierras. La última parte la constituyen los documentos relativos a las salitreras chilenas incluyendo el mismo tipo de materias mencionadas más los tratados de límites, pactos de treguas y tratados de paz. Los últimos documentos incluidos son de 1906.                                          (BCN L-1)

**1921. Anguita, Ricardo.** Leyes promulgadas en Chile desde 1810 hasta el 1º de junio de 1912. Santiago de Chile, Imprenta Barcelona, 1912. 4 v.

Recopilación de todas las leyes promulgadas en Chile desde la independencia. Se refieren a leyes en que se basa la elección de los poderes públicos; administración local; régimen interior, reorganización de las secretarías de Estado; las que fijan la planta de empleados y determinan los sueldos; las relativas a la beneficencia pública; servicio de correos y policía, administración consular; recolonización, instrucción pública, poder judicial; servicio de aduana; ferrocarriles; obras públicas; bancos; guerra y marina. El trabajo está elaborado en forma anual y no por materias. Contiene un índice general presentado en forma alfabética, incluye el año de promulgación de la ley, tomo en que se ubica y página.                                          (BNsCH 10(145-7))

**1922. Ballesteros E., Manuel.** Compilación de leyes y decretos vijentes en materia de instrucción pública. Santiago de Chile, El Independiente, 1872. 446 p.

Colección de leyes y decretos dictados desde la independencia hasta 1872, vigentes en la época. Las disposiciones se encuentran agrupadas en secciones, las que se refieren a la Universidad de Chile; las que corresponden a la reglamentación de instrucción secundaria; reglamentación sobre instrucción primaria y las que corresponden a otros establecimientos educacionales. Incluye un índice cronológico y otro alfabético.                                          (BNsCH 11(999-6))

**1923. Boza L., Agustín; y Ricardo Anguita,** *eds.* Lejislación política, administrativa i judicial o sea colección completa de leyes i decretos dictados en Chile i vijentes en 30 de junio de 1898. Santiago de Chile, Establecimiento Poligráfico Roma, 1898. 2 v.

Recopilación de todas las leyes vigentes, promulgadas desde 1818. Se refieren a régimen interior del Estado; reorganización de las secretarías de Estado; planta y sueldo de los empleados; beneficencia pública, correos, policía, administración consular; colonización; instrucción pública; poder judicial;

movimiento económico; servicios de aduanas; ferrocarriles, industrias, obras públicas, guerra y marina. Ambos tomos incluyen un índice general de materias y otro cronológico.                                          (BNsCH (98-23 y 24))

**1924. Chile. Congreso.** Ley de Municipalidades de 1891: disposiciones que la complementan i la modifican, sentencias judiciales i relaciones gubernativas acerca de las dudas a que ha dado lugar su aplicación. Santiago de Chile, Imprenta Nacional, 1896. 212 p.

Importante ley que define la organización de las municipalidades del país y sus atribuciones. Esta publicación incorpora además decretos complementarios dictados por el presidente de la república, sentencias judiciales y la derogación de algunas leyes como las que se refieren a impuestos agrícolas de 1874 y 1880, policía rural de 1881, patentes de industrias y profesiones de 1888, etc.

                                          (BNsCH 11(1000-9))

**1925. _____. Ministerio de Instrucción Pública.** Anuario del Ministerio de Instrucción Pública; recopilación de leyes y reglamentos relativos a los servicios de instrucción superior, secundaria i especial, precedida por índice cronológico, índice alfabético e índice analítico de materias. Santiago de Chile, Imprenta Universitaria, 1912. 607 p.

Recopilación de leyes sobre educación, 1818-1912, referidas a: organización de los ministerios, el gobierno provincial y departamental, contribuciones e impuestos que se relacionan directamente con los servicios de instrucción, edificios escolares, material de enseñanza y propiedad literaria. Incluye también las referidas a enseñanza superior y secundaria dependiente de la Unviersidad de Chile, enseñanza comercial, técnica e institutos destinados al desarrollo de las artes, letras y ciencias.                                          (BNsCH. Reservado.)

**1926. Jofré, Emilio.** Boletín de leyes y decretos sobre ferrocarriles dictados por la República de Chile desde 1848 hasta 1890. Santiago de Chile, Imprenta Santiago, 1891. 2 v.

La presente obra constituye una recopilación de los documentos oficiales (leyes y decretos) sobre ferrocarriles. El primer volumen contiene las disposiciones generales relativas a la construcción, explotación y administración de los ferrocarriles particulares y del Estado y el segundo volumen contiene las concesiones y privilegios para la construcción y explotación de los ferrocarriles particulares, como también la legislación civil, comercial y penal de los ferrocarriles en general.

                                          (BCN G-13)

**1927. Olguín, Arsenio; y Marcos Walton Green.** Novísima recopilación de disposiciones aduaneras. Valparaíso, Escuela Tipográfica Salesiana, 1914. 1061 p.

Obra de consulta que constituye una recopilación de disposiciones de aduana vigentes, ordenadas por materias, permitiendo una orientación más fácil de dicha legislación.

                                          (BNsCH 11(593-9))

**1928. Poblete Troncoso, Moisés; y Oscar Alvarez**

**Andrews.** Legislación social obrera chilena; recopilación de leyes y disposiciones vigentes sobre el trabajo y la previsión social. Santiago de Chile, Imprenta Santiago, 1924. 478 p.

Recopilación de leyes sobre habitación obrera, protección a la infancia, neutralización de los residuos nocivos en las industrias, y otras leyes sociales dictadas antes de 1924, además de las disposiciones legales de carácter social adscritas en el derecho común. (BNsCH 11(655-35))

**1929. Rodríguez Jiménez, Miguel.** Legislación aduanera: compilación de leyes y disposiciones vigentes y de interés jeneral, relativos al régimen de las aduanas de la república. Santiago de Chile, Gutenberg, 1892. 583 p.

Recopilación de todas las disposiciones legales, ordenanzas y reglamentos sobre aduanas, vigentes en 1892. Tratados de paz y tregua con Bolivia, con las medidas y acuerdos sobre aranceles aduaneros y relaciones comerciales y la planta del personal del servicio de aduanas de 1883, incluyendo los sueldos respectivos. (BNsCH 11(287-30))

**1930. Tagle Rodríguez, Emilio.** Legislación de minas: comentario del Código de Minería y legislación comparada. Santiago de Chile, Imprenta Chile, 1922. 659 p.

Detallado estudio de los principios legales que rigen la minería chilena. Incorpora comentarios sobre la constitución de la propiedad minera, patentes mineras, prestación de servicios, impuestos que gravan la minería y derechos de exportación del salitre y del yodo. (BNsCH 10(897-12))

**1931. Varas, José Antonio.** Colonización de Llanquihue, Valdivia y Arauco; colección de leyes y decretos supremos concernientes a estas materias, desde 1823 a 1871 inclusive. Santiago de Chile, Jacinto Núñez, 1872. 168 p.

Recopilación de todas las leyes sobre colonización, dictadas entre 1823-70. Se refieren a la adquisición de propiedades de terrenos indígenas; pueblos indígenas; contratos de inmigración; caminos públicos; casas de colonos; presupuestos de gastos para colonización y fundación de villas. (BNsCH 11(1124-5 p.3))

**1932. Venegas, Fortunado.** Legislación chilena sobre aguas de regadío. Santiago de Chile, Gutenberg, 1887. 109 p.

Recopilación de leyes y ordenanzas sobre aguas de regadío de 1819-87. Se refiere a la división de las aguas con relación al dominio, derechos de los particulares sobre las aguas de uso público, aguas de dominio privado, acueductos y desagües, mercedes de agua y derechos adquiridos, derechos de las aguas sobrantes, autoridades y representantes de la distribución de las aguas. (BNsCH 10(965-26))

**1933. Vergara, Washington W.** Legislación aduanera; recopilación completa de las disposiciones vijentes que rijen el ramo de aduanas de la república; edición oficial. Santiago de Chile, Imprenta Nacional, 1895. 1161 p.

Obra de consulta que constituye una recopilación de disposiciones de aduanas, ordenadas por materia desde 1872.
(BNsCH 10(272-33))

**1934. Zenteno Barros, Julio.** Recopilación de leyes y decretos supremos sobre colonización, 1810-1896. 2. ed., publicada por el Ministerio de Colonización. Santiago de Chile, Imprenta Nacional, 1896. 1464 p., biblio.

Edición ampliada de la publicación de 1892 que contiene todas las disposiciones, leyes y decretos relativos a la colonización, clasificadas por materias, conservando el orden cronológico. Contiene: Ministerio de Colonización y sus dependencias, división administrativa del territorio nacional en relación a colonización, bienes fiscales, inmigración, misiones y población, colonización de Bío-Bío, Malleco, Cautín, Arauco, Valdivia, Llanquihue, Chiloe, Magallanes, Juan Fernández, e Isla de Pascua. Además incluye disposiciones varias sobre: venta de terrenos fiscales, mensajes, proyectos y mociones sobre colonización e inmigración pendientes en el Congreso Nacional. (BNsMV (32-33))

## 4. Factores internacionales

**1935. Ellsworth, Paul Theodor.** Chile, an economy in transition. New York, Macmillan, 1945. 183 p.

En este breve pero importante libro, el conocido economista norteamericano examina cuidadosamente el crucial período 1929-42, en que la economía chilena sufre el gravísimo impacto de la gran depresión mundial y adopta una serie de políticas destinadas a atenuar dicho impacto y sus efectos, así como medidas orientadas hacia la industrialización y el desarrollo con el fin de transformar la naturaleza colonial de su economía.

**1936. Frank, André G.** Capitalism and underdevelopment in Latin America: historical studies of Chile and Brazil. New York, Monthly Review Press, 1967. 298 p.

Este influyente libro, que representa una reinterpretación marxista del fenómeno del subdesarrollo, tanto en relación con las interpretaciones convencionales como marxistas ortodoxas, contiene un ensayo (p. 1-120) sobre ''el desarrollo capitalista del subdesarrollo en Chile.'' La tesis central es que desde la conquista en el siglo XVI Chile fue sometido a un proceso de desarrollo capitalista, prolongación colonial e imperialista del desarrollo capitalista en las metrópolis, y que dicho desarrollo capitalista satelizado y dependiente generó y genera un proceso de subdesarrollo en Chile y en general en todo el mundo llamado subdesarrollado.

**1937. Palacios, Nicolás.** Decadencia del espíritu de nacionalidad. Santiago de Chile, 1908. 32 p. (Extensión universitaria de la Asociación de Educación Nacional. Año 2, 8ª sesion, el 2 de agosto de 1908).

Artículo publicado con el objeto de crear conciencia sobre la necesidad de defender las riquezas nacionales frente a los grupos de comerciantes extranjeros. Destaca las ventajas que traería para el país mantener una política económica con espíritu nacionalista y sostiene que la decadencia de este espíritu de nacionalidad está fomentado por los grupos de comerciantes extranjeros.                                     (BNsCH)

**1938. Rowe, Leo Stanton.** Early effects of the European war upon the finance, commerce and industry of Chile. New York, Oxford University Press, American branch, 1918. 63 p. (Carnegie endowment for international peace. Division of economics and history. Preliminary economic studies of the war, ed. by David Kinley).

Interesante y detallado estudio de las condiciones de la economía chilena en vísperas de la Primera Guerra Mundial y de sus efectos sobre las finanzas públicas, la situación bancaria y monetaria, el comercio internacional o interno, la actividad productiva y el empleo, incluyendo una descripción de las medidas de política económica adoptadas. Incluye abundante información cuantitativa sobre producción, salarios, empleo, comercio internacional, etc.

**Véase también:** 1785, 1817, 2234-2263.

# IV.  Crecimiento Macroeconómico y Fluctuaciones Económicas

## 1.  Fuentes estadísticas

**1939.** La revista comercial. Valparaíso, 1897-1930.

Publicación semanal destinada a informar sobre las actividades mercantiles en Valparaíso y en el país. Presenta datos sobre los valores de las mercancías importadas en aduanas; precios de los productos nacionales cotizados al por mayor; precios de los productos agropecuarios; cotizaciones de las ferias de animales; precios de productos mineros (carbón, salitre, cobre, etc.). Además incluye balances de bancos y de sociedades anónimas, nuevas industrias establecidas, tarifas ferroviarias y propuestas fiscales y municipales. Faltan los números correspondientes a los años 1918 y 1919.
(BNsCH 12(282-1 a 15))

**1940.  Simón, Raúl.** Determinación de la entrada nacional ("national income") de Chile. Santiago de Chile, Nascimento, 1935. 101 p.

La primera mitad del trabajo está destinada a explicar los conceptos e ilustrarlos con cifras de los Estados Unidos. La segunda mitad (p. 46 y siguientes) contiene el primer cálculo de la renta y la riqueza nacional de Chile para los años 1929 a 1934.

**Véase también:** 1836, 2295.

## 2.  Estudios generales

**1941. Lagarrigue, Luis.** La cuestión económica; proyecto de solución de la actual crisis financiera. Santiago de Chile, Ercilla, 1897. 43 p.

Análisis de la crisis financiera y bancaria de 1897, relacionada con la situación económica general de la nación, el desarrollo industrial, cambio internacional, importaciones y exportaciones.                     (BNsCH 11(979 a-13 p.9))

**1942.  Matte Larrain, Luis.** Estudio sobre nuestra situación económica y monetaria. Santiago de Chile, Universo, 1933. 14 p.

Documento que corresponde a una conferencia dictada por el consejero de la Sociedad de Fomento Fabril y del Banco Central de Chile el 7 de dic. de 1932. Analiza la crisis económica del país entre 1925-30, las medidas desarrolladas para controlar la situación, la realidad agrícola y de la industria salitrera y especialmente las condiciones de la balanza de pago y comercio exterior. (BCNY-5 colec. Folletos vol. 4-B))

**1943.  Quintano Costa, Domingo.** La crisis de 1929 y sus efectos. Memoria de prueba para optar al grado de Licenciado en la Facultad de Ciencias Jurídicas y Sociales de la Universidad de Chile. Santiago de Chile, 1945. 63 p.

Estudio que analiza las causas, extensión y evolución de la crisis mundial y los efectos negativos que tuvo en la economía chilena. Se refiere además al desarrollo alcanzado en algunos rubros de la actividad industrial hacia 1933.

(BNsCH 11(339-23))

**1944.  Wilson Hernández, Santiago.** Nuestra crisis económica y la desocupación obrera. Memoria de prueba para optar al grado de Licenciado de la Facultad de Ciencias Jurídicas y Sociales de la Universidad de Chile. Santiago de Chile, Dirección General de Prisiones, 1933. 59 p.

Estudio de la economía nacional y los problemas sociales entre 1850-1933. Analiza las crisis económicas producidas en el país, sus posibles causas y efectos en el plano social. Analiza además el problema de la desocupación obrera y los trastornos económicos en los centros productivos.

(BNsCH 11(366-18))

**1945.  Zegers, Julio.** Estudios económicos; recopilación de artículos publicados en la prensa de Santiago, Valparaíso i otras ciudades. 1907-1908. Santiago de Chile, Imprenta Nacional, 1908. 331 p.

Comentarios y opiniones sobre las causas, naturaleza y remedios de la crisis que afectaba al país en los años indicados, desde una posición liberal extrema. Incorpora datos cuantitativos sobre la exportación de salitre desde 1830 y anexa documentos parlamentarios, leyes especiales de subsidio y documentos de los ferrocarriles. El autor fue abogado y representante de North, el "rey del salitre," y uno de los principales enemigos políticos de Balmaceda.

(BNsCH 11(1013-7))

## 3.  Moneda, crédito y bancos

**1946.  Aldunate, Luis.** Cartas de actualidad. Santiago de Chile, Rova, 1894. 134 p.

Publicación de dos cartas relativas a problemas económicos nacionales. Específicamente se refieren al problema del comercio exterior en relación a las fluctuaciones del cambio, a la deuda externa, a la relación del circulante en el comercio interno y a las corrientes de opinión sobre la conversión del circulante.                     (BNsCH 11(977-23 p.3))

**1947.** _____. Indicaciones de la balanza comercial. Santiago de Chile, Cervantes, 1893. 231 p.

Estudio general sobre política monetaria. Se refiere especialmente a las formas de conversión, al curso forzoso en relación a las transacciones y cambios internacionales, a la balanza comercial y al crédito. Analiza también los efectos de la política monetaria en el desequilibrio del comercio exterior. (BNsCH 11(1013-11 p.2))

**1948.** Apuntes para una memoria de bancos, sobre los bancos chilenos. Santiago de Chile, Cervantes, 1889. 124 p., cuadros.

Se supone que el autor del presente estudio es Ramón Santelices. Analiza y describe detalladamente desde su creación a las distintas instituciones bancarias del país como también sus operaciones. Incluye copiosa información estadística y las principales disposiciones legales que incidieron en la existencia y funcionamiento de los bancos. La segunda parte examina en forma similar a los bancos hipotecarios. (BNsCH 11(970-3))

**1949. Banco Central de Chile.** Boletín del Banco Central de Chile. Santiago de Chile, 1928—.

Publicación mensual del Banco Central, continuada hasta el presente. Entrega información cualitativa y cuantitativa sobre la situación financiera y económica del país; el movimiento del Banco y de las instituciones de crédito; número de oficinas, balances y utilidades de los bancos en general. Informa también sobre la industria salitrera y ferrocarriles en cuanto a producción y carga movilizada; precios agrícolas y rendimientos de las cosechas; crédito agrícola e industrial; producción minera en general y comercio exterior. (BNsCH 12(496. . . .))

**1950. Banco Chileno Garantizador de Valores del Sur.** Sociedades anónimas de Concepción. Concepción, 1872-1903.

Recopilación de diversos folletos. Contiene las memorias y balances del Banco Chileno Garantizador de Valores del Sur, autorizado por decreto supremo del 20 de diciembre de 1869, memorias de La Internacional, compañía de seguros contra incendios y riesgos marítimos y del Ferrocarril Urbano de Concepción, en los años indicados. (BNsCH 11(924-38))

**1951. Banco Garantizador de Valores.** Memorias. Santiago de Chile, 1867-1901. 1 v.

Recopilación de folletos. Contiene las memorias presentadas a la Junta General de Accionistas, balances correspondientes y listas de accionistas. (BNsCH 11(919-29))

**1952.** Los bancos de Chile; artículos de Fondo de la Libertad Electoral. Santiago de Chile, Imprenta de la Libertad Electoral, 1886. 28 p.

Recopilación de trece artículos, sin autor, sobre el desarrollo económico del país entre 1870-80. Señalan los peligros y efectos del régimen bancario establecido por la ley de 1860, la actuación de los bancos de emisión en relación a la fuga de metálico y la inconvertibilidad. Incorporan una historia de la legislación bancaria desde 1859. (BNsCH 11(970-1))

**1953. Barahona Vega, Clemente.** La conversión metálica en Chile. Concepción, Tornero, 1895. 100 p.

Valioso folleto informativo publicado en ocasión de la Ley de Conversión metálica del 14 de febrero de 1895, que incluye el texto de dicha ley, la del empréstito de 2 millones de libras, el reglamento para el canje de billetes, tablas de equivalencias y un conjunto de notas con datos históricos y estadísticos, documentos oficiales, comunicaciones entre el gobierno y los bancos, párrafos de la prensa nacional y extranjera, etc. (BNsCH 11(955-17 p.4))

**1954. Barros Borgoño, Luis.** La Caja de Crédito Hipotecario; su organización i réjimen económico, con un estudio sobre la constitución de la propiedad i el réjimen hipotecario. Santiago de Chile, Cervantes, 1912. 2 v.

Estudio general sobre el sistema hipotecario desde la creación de la institución en 1855. Incorpora información cuantitativa sobre imposiciones, balances y amortizaciones. El primer volumen se refiere a la organización, mecanismos y operaciones de la institución. Incluye un estudio preliminar sobre el régimen de propiedad, el sistema hipotecario y un análisis sobre las principales instituciones de este tipo en América y Europa. El volumen 2 se refiere a las disposiciones legales que organizaron la Caja y su funcionamiento. Incluye las disposiciones sobre ahorro y préstamo. (BNsCH 11(274-8) y 11(20-11))

**1955. Chile. Caja de Ahorros para los Empleados Públicos.** Memoria. Santiago de Chile, 1860-84.

Memoria anual con información cuantitativa sobre el movimiento de la Caja de Ahorros. Abarca el período de 1859-84. Presenta la liquidación anual de la institución y de cada imponente. Capitales del banco y su procedencia. (BN)

**1956.** _____. Caja de Crédito Hipotecario. Informe pasado al Supremo Gobierno dando cuenta de las operaciones ejecutadas en la Caja de Crédito Hipotecario. Santiago de Chile, 1878-90.

Memoria anual, enviada por un representante del Consejo de la Caja al Ministro de Hacienda, con información cuantitativa y cualitativa sobre su movimiento al período 1878-90. Detalla el estado de los fondos, valores pagados por dividendos, pagos de intereses, letras de amortización y fondo de reserva. (BNsCH)

**1957.** _____. Caja Nacional de Ahorros. Informes presentados al Supremo Gobierno sobre las operaciones practicadas en la Caja Nacional de Ahorros de Santiago. Santiago de Chile, 1884-1930.

Publicación seriada, semestral o anual. En 1899 aparece con el nombre de *Memoria que el administrador de la Caja de Ahorros de Santiago presenta al Consejo de Administración.* Entrega información cualitativa y cuantitativa y se refiere a los objetivos de la institución y su organización. Presenta el número de los imponentes e incluye cuadros con los estados de las cuentas y los balances de la Caja. (BHsCH)

**1958.** _____. **Superintendencia de Bancos.** Estadística bancaria de la República de Chile. Santiago de Chile, 1928-32.

Publicación anual con información de los años 1916-32. Se refiere a las empresas bancarias, su clasificación y distribución en el país, divididas en nacionales y extranjeras. Capitales y reservas, encaje, depósitos, redescuento en el Banco Central. Colocaciones de las disponibilidades, las inversiones y utilidades bancarias.                     (BNsCH 12(147-9 a 15))

**1959.** _____. _____. Memoria. Santiago de Chile, 1928-53.

Publicación bianual. Presenta información sobre legislación bancaria, encaje, disposiciones sobre el interés bancario, estados de situación de estas instituciones, formas de créditos y movimiento del Banco Central.                     (BN)

**1960.** _____. **Superintendencia de la Casa de Moneda y de Especies Valoradas.** La Casa de Moneda de Santiago de Chile, 1743-1943. Santiago de Chile, [1944?]. 244 p., facsímiles de monedas, grabados, láminas.

Obra que contiene algunos estudios sobre la moneda en Chile y documentos relativos a la Casa de Moneda. El estudio más destacado es el de Julio Pérez Canto y se refiere a la moneda desde la época colonial, analiza además la influencia de las leyes monetarias en la economía nacional.
(BCN D-9b)

**1961. Espinoza, Roberto.** Cuestiones financieras de Chile. Santiago de Chile, Cervantes, 1909. 670 p., cuadros, gráficos.

Obra fundamental para el estudio de las cuestiones monetarias, bancarias y cambiarias de Chile en el período 1860-1910. Extraordinariamente bien documentado el autor sostiene puntos de vista liberales y es ferviente partidario de la conversión metálica y violento crítico de la corriente proteccionista y "papelera." Atribuye la desvalorización cambiaria a deficiencias en la legislación bancaria y monetaria y al uso que hacen de ellas, mediante su influencia política, los hacendados exportadores y los banqueros, sectores deudores interesados en la desvalorización interna y externa de la moneda. Espinoza es citado extensamente por Agustín Ross (1976) y su hipótesis explicativa es también retomada por Fetter (1965).                     (BNsCH 11(179-43))

**1962.** _____. El papel moneda ante la actual situación económica de Chile. Santiago de Chile, Cervantes, 1907. 84 p.

Análisis de la situación económica y financiera de Chile. Se refiere específicamente al crédito y al papel moneda en el aspecto legal y económico y al cambio internacional desde 1865 relacionado con la legislación monetaria y la balanza comercial. El autor desarrolla posteriormente sus ideas en forma más completa y extensa en dos importantes libros (1961, 1963).                     (BNsCH 11(903-15 p.2))

**1963.** _____. La reforma bancaria y monetaria de Chile. Santiago de Chile, Imprenta Barcelona, 1913. 703 p.

Obra apasionada y polémica, pero muy bien documentada. Crítica de la organización bancaria extremadamente liberal que se dio al país en 1860, a la que atribuye en definitiva las leyes de inconvertibilidad de 1878 y 1898 y la imposibilidad de recuperar una moneda estable, en virtud de que aquel sistema favorecía los intereses de "una aristocracia de hacendados y banqueros" que utilizaban los bancos de emisión en forma irresponsable y en momentos de crisis obtenían el apoyo estatal. Estudia la experiencia del régimen de los bancos de emisión en diversos países europeos y americanos, incluyendo un extenso y detallado estudio de la experiencia chilena desde 1860 y propone un proyecto de ley para la reforma monetaria y bancaria. Aparte del cúmulo de antecedentes sobre el tema, el libro es particularmente interesante por su análisis de la significación social y política de la evolución monetaria de Chile.                     (BNsCH 11(922-16))

**1964. Fernández, Manuel Salustio.** La reforma de la legislación bancaria de Chile; artículo publicado en El ferrocarril. Santiago de Chile, Ercilla, 1897. 102 p.

Estudio sobre política financiera y organización bancaria nacional. Se refiere a la ley de bancos de 1860, las modificaciones sufridas durante su vigencia, condición de los bancos (límite de garantías y emisión), billetes de curso legal, impuestos sobre emisión y sugerencias para modificar la organización bancaria.                     (BNsCH. Reservado)

**1965. Fetter, Frank W.** La inflación monetaria en Chile. Traducción de Guillermo Gandarillas. Santiago de Chile, Dirección General de Prisiones, 1937. 237 p., biblio., cuadros, gráficos.

Importante, influyente y muy bien documentado estudio de la evolución monetaria del país, especialmente del período que se inicia con la crisis de 1877 y termina con la creación del Banco Central en 1925. El autor fue secretario de Kemmerer, presidente de la Comisión de Consejeros Financieros norteamericanos que propuso la creación del Banco Central, y visitó Chile en 1925 y 1927. El libro desarrolla básicamente la tesis propuesta a principio de siglo por Roberto Espinoza (1961) de que el deterioro de valor de la moneda es consecuencia de las ventajas que la desvalorización significa para una clase de terratenientes fuertemente endeudados y con gran influencia en el gobierno. Fetter, por su parte, es partidario muy ortodoxo del patrón oro. El original inglés: *Monetary inflation in Chile.* Princeton, Princeton University Press, 1931. 213 p.                     (BNsCH 11(717-7))

**1966. Hörmann, Jorge.** El curso forzoso en Chile. París, Paul Dupont, 1910. 87 p.

Análisis de política monetaria, referido especialmente a: el papel moneda de curso forzoso y su relación con el sistema comercial, la situación nacional entre 1895-1909, el sistema bancario en general y formas de conversión.
(BCN. Vol.44 colec. folletos X 5.)

**1967. Ibáñez, Maximiliano.** La cuestión económica. Santiago de Chile, Gutenberg, 1893. 156 p.

Folleto que aborda el problema del sistema monetario, combatiendo la existencia del papel moneda en curso forzoso.

Presenta información sobre tipos de cambio, de la moneda nacional.                    (BNsCH 11(1120-7 p.1))

**1968. Mannheim, Aquiles.** Estudios sobre la situación y porvenir de Chile a propósito del proyecto de conversión metálica. Santiago de Chile, Gutenberg, 1892. 74 p.

Cinco artículos referidos a la política monetaria y conversión metálica. Análisis de las corrientes de opinión pública sobre el problema monetario y la situación económica general del país.                    (BNsCH 11(982-7))

**1969. Marshall, Enrique L.** Régimen monetario actual de Chile y sus antecedentes históricos. *En* Humberto Fuenzalida, *et al.* Chile: geografía, educación, literatura, legislación, economía, minería. B.A., Losada, 1946, p. 217-343.

El volumen correspondiente reúne una serie de cursos dictados en el "Colegio Libre de Estudios Superiores en 1941 y 1942 sobre aspectos y problemas de la vida chilena" por un grupo de profesores, entre ellos H. Fuenzalida, A. Labarca, N. Pinilla, F. Walker y E. Marshall. En este documento el autor elabora un análisis del desarrollo y evolución del sistema monetario desde la creación de las primeras instituciones bancarias en la década de 1850, incluyendo además alguna información sobre el sistema operante en la época colonial. Se refiere a las diferentes crisis monetarias desde 1874, conversión metálica, conflicto entre "papeleros y obreros," efectos de las guerras (1879, 1891, 1914-18) y de la gran depresión. Luego describe las medidas desarrolladas por el Banco Central a partir de 1925 y el problema de la inflación.                    (BNsCH 10(404-11))

**1970. Max, German.** Diez años de historia monetaria de Chile. *En* Banco Central de Chile. Boletín [Santiago de Chile], diciembre, 1935: 1-20. (Anexo al Boletín mensual n° 94).

Breve reseña de la historia monetaria de Chile durante los diez años de existencia del Banco Central. El autor define cuatro períodos básicos: el primero correspondería desde la fundación del Banco Central (1925) hasta 1929; el segundo de 1930 a julio 1931 correspondería a una crisis deflacionaria; el tercero de 1931-33 a inflación monetaria, y el cuarto de mediados de 1933 a 1935 que correspondería a un período de políticas de estabilización monetaria. Se refiere con bastante información a las medidas seguidas por el gobierno y el Banco frente a cada período indicado.                    (BNsCH)

**1971.** Memorias de bancos. 1881-1900. Sin referencias.

Colección de memorias de bancos de los años 1881 a 1900. Memorias y balances semestrales, que incorporan el capital suscrito y el capital pagado, además de una nómina de los socios accionistas con el número de acciones y valores de ellas. Corresponden a los bancos de Curicó, de Melipilla y Chileno Garantizador de Valores.                    (BNsCH 11(1021-8))

**1972. Novoa, Manuel.** Discurso sobre la solución del problema económico de Chile (Congreso Científico Pan-Americano.) Santiago de Chile, Imprenta Universitaria, 1908. 35 p.

Interesante folleto que contiene una fuerte crítica a quienes confunden la desvalorización cambiaria con una crisis económica y, por tanto, el restablecimiento del patrón oro como la solución a los problemas económicos. Señala el efecto positivo sobre la producción y el empleo que puede producir la emisión monetaria, siempre que ésta no exceda las "legítimas necesidades" de la economía. Original enfoque de la crisis monetaria de 1878 y del efecto expansivo de la guerra de 1879.                    (BNsCH 11(903-15 p.10))

**1973. Palma, Alejo.** Historia de la hipoteca especial en Chile; memoria de prueba. Santiago de Chile, Imprenta Nacional, 1866. 16 p.

Breve esquema del desarrollo histórico del sistema de hipotecas y de las disposiciones oficiales que a ella se refieren.                    (BNsCH 11(1042-9))

**1974. Pérez Canto, Julio.** Reforma del régimen monetario: el Banco Central de Chile. Santiago de Chile, Edición de la Revista Económica, 1921. 572 p.

Estudio general sobre política financiera y bancaria. Análisis sobre el papel moneda, el cambio internacional, crisis financieras, legislación bancaria desde 1860 y efectos de la crisis norteamericana de 1907. Incluye el movimiento de la Caja de Emisión entre 1912-17.                    (BNsCH 11(951-53))

**1975. Rocuant, F., Enrique.** Bosquejo de la situación financiera; estudio al alcance de todos y destinado a la clase obrera. Valparaíso, Imprenta Nacional, 1895. 78 p.

Análisis de la situación económica y financiera de Chile desde 1837 presentado en forma de manual. Se refiere especialmente a las instituciones bancarias y a las emisiones de papel moneda con datos cuantitativos de la época.                    (BNsCH 11(979a-13))

**1976. Ross, Agustín.** Chile 1851-1910: sesenta años de cuestiones monetarias y financieras y de problemas bancarios. Santiago de Chile, Imprenta Barcelona, 1911. 265 p.

Decidido partidario del patrón oro, autor de la conversión metálica de 1895. Critica violentamente en esta obra a los "papeleros" demostrando que esa política favorece a los exportadores y deudores que logran imponerla en virtud del poder político que ejercen. Comparte la tesis de Roberto Espinoza (1961) a quien cita abundantemente. Efectúa un análisis histórico del comercio exterior entre 1850-1909.                    (BNsMV (2-17))

**1977.** _____. Defensa de la conversión metálica; contestación al discurso del senador por Coquimbo señor Sanfuentes, por el senador de la misma provincia . . . ; antecedentes de la actual situación monetaria en Chile. Valparaíso, Helfmann, 1894. 85 p.

Discurso del destacado banquero y hombre público liberal en que analiza las condiciones políticas y financieras que en 1878 produjeron la inconvertibilidad y plantea la necesidad de cambiar el sistema. Analiza además el sistema bimetálico, el problema de la desvalorización de la plata y el de la fuga del oro del país entre 1872-76.        (BNsCH 11(179-43))

**1978.** _____. Problema financiero; la acción de los bancos de emisión para producir la situación actual de Chile. Valparaíso, Universo, 1894. 56 p.

Estudio sobre política monetaria y bancaria desde 1865. Incluye un análisis sobre la circulación de monedas de oro, los billetes de bancos y la crisis de 1878.        (BCN)

**1979.** _____. Restablecimiento del curso metálico en Chile y liquidación general sobre la base del oro; proyecto de ley sobre la materia. Santiago de Chile, Cervantes, 1890. 96 p.

Estudio que propone una reforma del sistema monetario que tiende a reemplazar el sistema de inconvertibilidad. Incluye el proyecto de ley sobre la materia. Además presenta una reseña histórica de la acuñación de monedas desde la época colonial y un análisis de las reformas monetarias.
(BNsCH 11(970-3 p.9))

**1980. Santelices, Ramón E.** Los bancos chilenos. Santiago de Chile, Imprenta Barcelona, 1893. 467 p.

Extraordinariamente bien documentada narración de la evolución bancaria de Chile durante 1811-92, insertando en orden cronológico los decretos, leyes y otros documentos sobre la materia, acompañados de comentarios sobre cada uno, y de referencias más generales sobre la evolución de la economía. Incluye abundante material cuantitativo sobre capital, depósitos, tasas de interés, etc., cuadros, resúmenes de los balances de sistema bancario para el período 1889-92 y los cuadros, resúmenes de comercio exterior y finanzas públicas para 1845-89.        (BNsCH 11(680-14))

**1981.** _____. Bancos de emisión. Santiago de Chile, Imprenta Nacional, 1900. 426 p., gráficos, cuadros.

Cuidadoso, detallado y muy documentado análisis, incluyendo abundante información cuantitativa de las causas internas y externas de la inconvertibilidad de 1878, de la evolución de la política monetaria y de sus factores condicionantes desde esa fecha hasta fines del siglo, y de los repetidos esfuerzos para lograr el retorno al régimen metálico. Obra fundamental para el estudio del tema y de la época. Incluye una recopilación de leyes y disposiciones administrativas sobre bancos de emisión y descuento de Chile, Estados Unidos y numerosos países de Europa y América Latina. (BNsCH)

**1982. Subercaseaux, Antonio.** La crisis del oro; folletos de actualidad. Santiago de Chile, Imprenta y Encuadernación Roma, 1896. 30 p.

Artículo sobre los problemas monetarios del país en la década de 1880-90. Se refiere a la situación del circulante en monedas de oro ante el comercio de exportación, que provoca una fuga de metales preciosos a cambio de productos manufacturados, y una escasez del circulante para el comercio interno. Plantea la necesidad de restablecer el papel moneda para agilizar la economía del país.        (BNsCH 11(979a-13))

**1983. Subercaseaux, Guillermo.** Estudios económicos; el papel moneda en Chile y ensayo sobre la teoría del valor. Santiago de Chile, Imprenta Barcelona, 1898. 182 p., gráficos.

Estudio sobre la circulación monetaria en Chile durante 1878-95. Información sobre la crisis económica frente a la guerra en 1879 y la emisión de billetes fiscales. Presenta los valores emitidos por el fisco y por los bancos en 1882. Cuadro con las entradas de gastos fiscales de 1878-94 año a año.        (BNsCH 11(977-23 p.6))

**1984.** _____. El papel moneda. Santiago de Chile, Cervantes, 1912. 407 p.

Importante obra del destacado economista, que se refiere al desarrollo del papel moneda en Europa, América y Chile especialmente. Análisis general sobre las condiciones para la circulación del papel moneda, los factores en las fluctuaciones del cambio internacional, sus efectos económicos y las operaciones de conversión.        (BCN)

**1985.** _____. El papel moneda en Chile desde 1898. Santiago de Chile, Cervantes, 1906. 51 p.

Estudio sobre el problema monetario y financiero entre 1898-1905, refiriéndose especialmente a la crisis de 1898, las emisiones de papel moneda fiscal de curso forzoso, el precio del oro y a las sociedades anónimas autorizadas en el período.        (BCN. Vol. 45 D colec., folletos Y-20)

**1986.** _____. El sistema monetario y la organización bancaria de Chile. Santiago de Chile, Universo, 1921. 404 p., cuadros.

Cuidadoso y documentado estudio sobre la evolución monetaria, cambiaria y bancaria, especialmente del período 1860-1920. El destacado economista partidario del *Gold Exchange Standard* y de una autoridad monetaria estatal centralizada, critica la excesiva liberalidad en materia de bancos de emisión establecida en la ley de 1860 y la inoperancia y falta de autoridad política del régimen parlamentarista. Reconoce los problemas causados por los factores que afectan al comercio exterior. Incluye abundantes estadísticas bancarias, cambiarias, de comercio exterior y finanzas públicas.
(BNsCH 11(922-24))

**1987. Tocornal, Enrique.** Análisis comparado de nuestra legislación hipotecaria. Discurso de incorporación a la Facultad de Leyes el 12 de diciembre de 1861. *En* Enrique C. Latorre, *ed.* Memorias y discursos universitarios sobre el Código Civil Chileno. Santiago de Chile, Imprenta de Los Debates, 1889, v. 4, p. 333-404.

Análisis del funcionamiento del sistema de crédito hipotecario existente desde la creación del Banco Hipotecario en 1855, en relación directa a la propiedad rural. El análisis está elaborado en forma comparativa con los de algunos países europeos. (BNsCH 11(1019-4))

**1988. Undurraga Ovalle, Julio.** La riqueza mobiliaria de Chile: decenio 1913-1922 y primer semestre de 1923, según datos tomados del Archivo Oficial de la Bolsa de Comercio de Santiago de Chile. Santiago de Chile, Universo, 1923. 539 p., fotos, cuadros.

Obra estadística de consulta que permite conocer el movimiento bursátil en el período señalado. Referencias específicas y datos cuantitativos sobre sociedades anónimas, capitales, movimientos y valores de acciones, bonos en circulación de las cajas hipotecarias del país y el movimiento bancario. Incluye además cotizaciones mensuales en el mercado internacional del oro, cobre y estaño como también datos sobre producción y comercialización de los principales productos de la industria nacional con información para los años indicados. (BNsCH 11(1075a-7))

**1989. United States. Bureau of Foreign and Domestic Commerce. Department of Commerce.** Banking opportunities in South America. By William H. Lough. Washington, Government Printing Office, 1915. 156 p., pictures, graphs. (Special agents series no. 106).

Cuidadoso estudio de las condiciones económicas y financieras de los principales países sudamericanos, con capítulos dedicados especialmente a Chile y Perú. Análisis de las inversiones e instituciones bancarias europeas en Sudamérica y de las oportunidades abiertas para los bancos norteamericanos. Revela con claridad el interés de los Estados Unidos en expandirse económicamente en América Latina aprovechando los problemas que la guerra ocasionaba a los inversionistas europeos.

**1990. Valdés Vergara, Francisco.** Observaciones sobre el papel moneda. Santiago de Chile, Cervantes, 1885. 87 p.

Estudio sobre el papel moneda y el curso forzoso del billete en Chile. Analiza la influencia del problema monetario en la industria, hacienda pública, comercio en general y sobre los asalariados. Incorpora datos sobre: tipo de cambio, estado de los bancos del país, importación y exportación de monedas entre 1869-83. (BNsCH 11(648-22 p.1))

**1991. _____.** Problemas económicos de Chile. Valparaíso, Santiago de Chile, Universo, 1913. 368 p.

Análisis retrospectivo de la situación monetaria nacional, de los efectos del curso forzoso en la economía nacional y las tentativas realizadas por restablecer la conversión metálica. Se refiere en su análisis especialmente a las actividades bancarias, al comercio exterior y a las teorías del circulante y del cambio. La obra incluye correspondencia y otros estudios sobre el tema escrito por el autor. (BNsCH 11(980-46))

**1992. Vicuña, Pedro Félix.** Apelación al crédito público por la creación de un Banco Nacional;

artículos publicados en El Mercurio. Valparaíso, Santos Tornero, 1862. 38 p.

Artículo que se refiere a los problemas crediticios existentes en el país y a los sistemas usureros utilizados. Propone la creación de un banco nacional que establezca un sistema de créditos que tienda al desarrollo de la industria y elimine las prácticas de préstamos usureros. (BNsCH 11(1088-17 p. 20))

**1993. _____.** Breve historia política y económica de Chile. Santiago de Chile, Andrés Bello. 1873. 97 p.

Historia de Chile para 1810-71. Se refiere a la actividad comercial y bancaria; legislación de privilegio y beneficios que se le otorgó a algunos bancos nacionales y al crédito. Plantea además la necesidad de establecer instituciones de préstamos sin fines de lucro. (BNsMV (20-20 p.2))

**1994. _____.** Cartas sobre bancos; recopilación de las que ha insertado en El Mercurio de Valparaíso. Valparaíso, El Mercurio, 1845. 120 p.

Recopilación de 20 cartas sobre problemas económicos del país. Se refiere al sistema de crédito existente, a las prácticas usureras utilizadas y a la necesidad de crear una institución bancaria que reglamente el crédito. Presenta, además, información sobre la deuda interna y externa del gobierno, agricultura y comercio. (BNsCH. Reservado)

**1995. Yrarrázaval Larraín, José Miguel.** La política económica del Presidente Balmaceda. Santiago de Chile, La Gratitud Nacional, 1963. 116 p.

El presente volumen constituye la reedición de dos estudios publicados en la Academia Chilena de la Historia, uno "La administración de Balmaceda y el salitre de Tarapacá" y el otro sobre "El gobierno y los bancos durante la administración de Balmaceda." Constituyen un interesante análisis sobre la política bancaria y salitrera del presidente Balmaceda. Se refiere a la legislación bancaria desde 1860, a la relación de los bancos con el gobierno, a las medidas monetarias tomadas durante el gobierno de Balmaceda y a las relaciones entre el presidente y el sector bancario. Da información cuantitativa para 1860-91. (BNsCH 10(363-7))

**1996. Zañartu Prieto, Enrique.** Crónicas de vulgarización del sistema monetario. Santiago de Chile, Zig-Zag, 1938. 30 p.

Crónicas informativas sobre problemas económicos nacionales y principios generales de economía. Analiza la moneda y su papel en la economía de los países, plantea además la relación entre el valor de la moneda y los productos alimenticios básicos en Chile: trigo, frijoles y carne. Se refiere también a la relación entre el valor de la moneda y el standard de vida de los obreros y empleados. (BNsCH 11(447-15))

**Véase también:** 503, 1768, 1834, 1843.

## 4. Finanzas públicas y gastos públicos

**1997.** La administración pública y los presupuestos, por los redactores del Heraldo. Valparaíso, Imprenta del Heraldo, 1892. 115 p.

Publicación que presenta un análisis de la realidad del país en el momento post-revolucionario, 1891-92. Detalla los gastos fiscales, la deuda pública, las rentas fiscales y los presupuestos de entradas ordinarias y extraordinarias y de gastos públicos. (BNsCH)

**1998. Aldunate, Luis.** Finanzas revueltas. Santiago de Chile, Cervantes, 1892. 43 p.

Análisis de la situación financiera y económica de Chile. Se refiere específicamente a las políticas seguidas en el aspecto financiero, a las disposiciones sobre conversión y a la deuda externa. (BNsCH 11(1000-19 p.2))

**1999. Celis Maturana, Víctor R.** Los ingresos ordinarios del Estado; contribución al estudio de nuestras finanzas: los patrimonios y las empresas del Estado. Santiago de Chile, Minerva, 1922. 632 p.

Cuidadoso y detallado estudio de la evolución histórica de la legislación tributaria referente a los patrimonios y empresas del estado. Contiene las fluctuaciones mensuales del cambio sobre Londres entre 1872-1921. (BNsCH 11(847 a-17 p.1))

**2000. Chile.** Impuesto agrícola: rol de contribuyentes (leyes de 2 de setiembre de 1880-1 de enero de 1883). Santiago de Chile, J. Núñez, 1883. S.n., cuadros.

Nómina elaborada en forma provincial y departamental de los propietarios, avalúos y porcentaje de tributación. (BNsCH)

**2001. _____.** Impuestos internos: boletín de impuestos internos de Chile. Santiago de Chile, 1927-29.

Revista mensual con información principalmente cualitativa del servicio de impuestos internos. Se refiere a leyes y decretos sobre impuestos; roles industriales, comerciantes e importadores inscritos en la Dirección General de Impuestos Internos; resoluciones del servicio y artículos de revistas sobre temas variados. Esta revista se fusiona con la revista *Seguros de Chile* y continúa con el título *Seguros e impuestos*. (BNsCH 12(572-1 a 4))

**2002. _____.** Libro de rentas i contribuciones territoriales desde 25 hasta 10,000 pesos; arreglado sobre la base de 7 pesos 11 centavos por 100, que corresponde al diezmo convertido según el Supremo Decreto de 19 de octubre del año de 1855. Santiago de Chile, Pedro Yuste, 1856. 12 p.

Tabla sobre rentas y contribuciones aplicadas en sustitución del diezmo, sobre los fundos rústicos del territorio. Incluye un cuadro de las entradas por pago del diezmo en 1852. (BNsCH 11(988-22))

**2003. _____.** Ordenanza del estanco. Santiago de Chile, 1861. 65 p.

Esta ordenanza adjudica la compra, administración y expendio de las especies estancadas a la "Factoría General."

Establece la nómina de cargos que comprenderá esta Factoría y sus respectivos sueldos. Agrega los precios de las especies estancadas en el artículo 55. (BCN)

**2004. _____.** Ordenanza para la Factoría Jeneral del Estanco. Santiago de Chile, Imprenta Nacional, 1861. 42 p.

Ordenanza que reglamenta la organización de la Factoría General del Estanco, organismo al cual se le confirió el monopolio de la comercialización del tabaco en 1861. (BNsCH)

**2005. _____. Congreso Nacional. Comisión Mixta.** Informe de la Comisión Mixta del Congreso Nacional para el estudio de la hacienda pública i para abrir dictamen sobre el proyecto de empréstito pasado por el ejecutivo. Santiago de Chile, Imprenta Nacional, 1876. 9 p., cuadros.

Informe sobre el estado de la hacienda pública y proyecto de contratación de nuevos empréstitos internos. Se agrega el informe especial presentado por Pedro Lucio Cuadra que incluye cuadros con los déficits de la hacienda en 1876 y el déficit probable para el año siguiente; los ingresos ordinarios de 1869-75 y monto de los empréstitos externos e internos contraídos entre 1870-75. (BNsCH 11(858-9 p.5))

**2006. _____. _____. Comisión Mixta de Presupuesto.** Actas de la Comisión Mixta de Presupuesto. Santiago de Chile, 1898-1922.

Publicación anual de las actas de la Comisión Mixta de Presupuesto. Presenta información sobre el monto de los ingresos fiscales y su procedencia. A partir de 1911 aparecen detalles de los ingresos ordinarios y extraordinarios, expresados en valor oro y en moneda corriente, estableciendo su origen. Presenta cuadros de la deuda externa del país. (BN)

**2007. _____. Dirección de Contabilidad.** Resumen de la hacienda pública de Chile desde 1833 hasta 1914. Londres, Spottiswoode, [1914]. 196 p., cuadros, gráficos, láminas.

Obra condensada del *Resumen de la hacienda pública de Chile desde la independencia hasta 1900* (2009), incorpora la información estadística para 1901-14. Presenta una descripción del sistema fiscal, la legislación monetaria e información estadística sobre cambio internacional, entradas ordinarias y extraordinarias, gastos públicos, bienes nacionales, deuda interna y externa, exportaciones e importaciones, rentas de aduanas y movimiento marítimo. Anexa gráficos sobre el crédito público y el desarrollo nacional. (BNsMV (103-1))

**2008. _____. Dirección Jeneral de Contabilidad.** Deuda pública de la República de Chile, 1899. Santiago de Chile, 1900. 20 p., gráficos.

Fuente básica de información sobre el movimiento de la deuda pública nacional. Se refiere a renta externa: el movimiento general entre 1885-94. Deuda interna: trae información desde 1827 con datos anuales de su movimiento. Anexa gráficos y cuadros que manifiestan las condiciones de los empréstitos contratados desde la Independencia hasta 1900 y sobre el promedio anual del precio de los bonos comprados por el gobierno de Chile en el mercado de Londres.

(BNsMV (103-4))

**2009. _____. Dirección General de Contabili-dad.** Resumen de la hacienda pública de Chile desde la independencia hasta 1900. Editado en inglés y castellano. Santiago de Chile, 1901. 757 p., biblio., cuadros, gráficos.

Constituye una obra de referencia fundamental para el estudio de la hacienda pública, elaborado para la exposición Panamericana de Buffalo en 1901, en inglés y castellano. Contiene información cuantitativa sobre fluctuaciones del cambio entre 1830-1900, precios de la plata en barra en el mercado de Londres y precios del oro y la plata comprados por la Casa de Moneda durante 1810-1900, precios de los metales, y la legislación monetaria. Incluye además un re-sumen general de las entradas, gastos y presupuestos fiscales en forma anual y por ministerio, datos sobre la deuda interna y externa desde 1822, bienes nacionales desde 1871, comercio exterior con un resumen de 1850, comercio especial y de cabotaje, rentas recaudadas por las aduanas y movimiento de la navegación. (BNsMV (103-3))

**2010. _____. Ministerio de Hacienda.** Anuario. Santiago de Chile, 1892, 1893 y 1895.

Información cualitativa y cuantitativa. Se refiere a las disposiciones legales y administrativas del servicio. Los mensa-jes del ejecutivo ante el Congreso, y leyes de presupuestos. Gastos públicos, empréstitos y créditos fiscales, contribuciones e ingresos de aduanas. (BN. Reservado)

**2011. _____. _____.** Memoria del Ministro de Hacienda presentada al Congreso Nacional. . . . Santiago de Chile, 1834—.

La presentación de las memorias anuales de hacienda al Congreso Nacional se inicia en 1834 y 1835 con las famosas memorias del ministro Rengifo, en que analiza la lamentable situación en que encontró la hacienda pública y propone un conjunto de medidas tributarias, aduaneras, contables y de economías de gastos, y los presupuestos de los años siguientes. Las memorias de los años siguientes de Tocornal y nuevamente Rengifo son importantes por cuanto muestran la forma en que se va organizando la administración de la hacienda pública. Posteriormente, se presenta regularmente un análisis de la situación económica del país, el detalle de las entradas y gastos públicos así como el desarrollo de la deuda pública y los presupuestos. Importantísima fuente anual de datos cuantitativos así como de análisis de la realidad nacional y de las políticas adoptadas. (BNsCH)

**2012. _____. _____.** Memorias y proyectos pre-santados al Supremo Gobierno . . . para el establecimiento de un impuesto sobre el tabaco . . . . Santiago de Chile, Cervantes, 1902. 390 p.

Por Decreto Supremo del 5 de noviembre de 1901 se convocó a un concurso para elaborar un proyecto de ley que aplique un impuesto al tabaco y una memoria adjunta que demuestre las ventajas. Esta publicación presenta cinco trabajos, de Pérez de Carce Hermógenes, Varas Antonio, Wage-mann Enrique, Echeverría J. B. y Navarrete Luis A. Presentan información cualitativa y cuantitativa sobre consumo de tabaco

en el país por provincia y por habitante. Cantidad de tabaco importado, precios de este producto, el sistema del estanco del tabaco y las utilidades que rindió. Gran parte de esta información se refiere a un período entre 1820-1900. (BN)

**2013. _____. _____. Oficina del Presupuesto.** Exposición del Ministro de Hacienda sobre la situación de la finanzas públicas. Santiago de Chile, 1928. 40 p. (Folleto, 13).

Informe sobre el estado de la hacienda pública, la situación del crédito fiscal, la política financiera del gobierno entre 1927-28, el presupuesto correspondiente a 1929 y el proyecto de ley complementaria. Presenta las entradas ordinarias y gastos ordinarios de 1926-29, la situación del crédito fiscal y los valores con las cotizaciones de los bonos de crédito interno y externo entre 1926-28. (BNsCH)

**2014. _____. Ministerio del Interior i Relacio-nes Exteriores.** Cuenta de la inversión de los cau-dales concedidos para el servicio público. Santiago de Chile, El Progreso, 1845-65. 4 v.

Contiene las entradas, gastos e inversiones de los Ministerios del Interior y Relaciones Exteriores, Justicia, Culto e Instruc-ción Pública, Hacienda, Guerra y Marina. Anexa cuadros generales con los ingresos de la Contaduría Mayor, estado de las arcas fiscales y entradas y gastos de la nación.

(BNsCH. Reservado)

**2015. Courcelle-Seneuil, Jean Gustave.** Informe sobre el estado de la hacienda pública el 1° de octubre de 1861. Pasado al señor ministro del ramo. Santiago de Chile, Imprenta Nacional, 1861. 22 p.

Informe sobre la situación fiscal y de caja en octubre de 1861 y sobre los gastos y entradas probables durante 1862. Recomendación de diversos procedimientos para cubrir el déficit y de la necesidad de establecer un sistema general uniforme de contabilidad pública. (BNsCH 11(1088-17 p.6))

**2016. Cruchaga, Miguel.** Estudio sobre la organi-zación económica i la hacienda pública de Chile. Santiago de Chile, Gutenberg, 1878-80. 2 v.

El tomo 1 se divide en dos libros. El primero incluye una descripción histórica y crítica de la legislación económica de Chile desde la colonia hasta 1878. El segundo se refiere a las características del territorio nacional, a una detallada descripción de la población y a la organización, dirección y distribución general de los servicios públicos de hacienda. Anexa documentación referente a la hacienda pública durante la colonia. El segundo tomo se destina enteramente a una descripción de la legislación minera, incluyendo un apéndice sobre la administración del guano y otro con la ley de minas de Bolivia. Su hijo, Miguel Cruchaga Tocornal, recopiló todos estos estudios en tres volúmenes, los cuales aparecen publi-cados en 1929. (BCN D-27)

**2017. Edwards Vives, Alberto.** Nuestro régimen tributario en los últimos cuarenta años. Revista chilena [Santiago de Chile], v. 1, julio, 1917: 337-356.

Breves notas sobre el sistema tributario y la significación que en el presupuesto nacional tienen los diferentes impuestos. (BNsCH)

**2018. Humud T., Carlos.** El sector público entre 1830-1930. Santiago de Chile, Universidad de Chile, Instituto de Economía y Planificación, 1968. 168 p., mimeo. (Documento de discusión, 24).

Investigación esencialmente cuantitativa de reconstrucción de las series referentes a la estructura, sistema y realidad fiscal de Chile desde los primeros años de vida independiente hasta 1930. Se refiere a las medidas de financiamiento, empréstitos, rentas públicas, legislación, evolución política y social, población urbana y rural, exportación de salitre e industria salitrera en general, ferrocarriles, ingresos y egresos fiscales y comercio exterior. Incluye un apéndice estadístico con datos anuales del período en estudio sobre finanzas públicas: entradas fiscales, derechos aduaneros, empresas y servicios públicos, impuestos internos, gastos fiscales, deuda pública y tipo de cambio.

**2019. López A., Vitalicio.** El déficit en las arcas fiscales, y la manera de llenarlo: de como se debe garantir el porvenir. Valparaíso, Imprenta del Deber, 1877. 96 p.

Análisis de la situación fiscal, administrativa y económica del país. Se refiere al estanco del tabaco y el monopolio del azúcar y las proyecciones que tienen en la agricultura, a las rentas y gastos fiscales. Contiene además un análisis de política comercial. (BNsCH 11(1118-9))

**2020. Molina A., Evaristo.** Bosquejo de la hacienda pública de Chile desde la independencia hasta la fecha. Santiago de Chile, Imprenta Nacional, 1898. 354 p., láminas, gráficos.

Obra de información general sobre hacienda pública y la actividad económica nacional. Presenta información cuantitativa sobre las fluctuaciones del cambio oficial entre 1830-97; entradas, gastos y presupuesto nacional, con un análisis detallado de la deuda pública desde el empréstito de 1822 hasta 1897. Estudio general de la deuda interna y externa, datos sobre comercio exterior y un estudio histórico de la moneda en Chile, incorporando documentación oficial de 1813-95. (BNsCH 11(971-12))

**2021. Ovalle Correa, Eduardo.** Les finances du Chili; dans leurs rapports avec celles des autres pays civilisés. Paris, Lucotte et Cadoux, 1889. 170 p.

Estudio de las finanzas chilenas durante 1810-88. Presenta los presupuestos públicos de todos los años que abarca su análisis y la recaudación de las contribuciones directas o indirectas para 1840-87. Propone reformas a la economía fiscal y analiza la situación de la deuda pública nacional. (BNsCH 10(920-25))

**2022. Pérez de Arce, Hermójenes.** Datos sobre la deuda pública. Santiago de Chile, Imprenta Nacional, 1886. 16 p.

Recopilación elaborada por orden del ministro de Hacienda

y que contiene leyes y documentos sobre la deuda interna, vales del tesoro, emisión fiscal y moneda. Sobre la deuda externa contiene la documentación oficial relativa a los empréstitos contraídos entre 1822-75. (BNsCH (1094 a-24 p. 7))

**2023. _____.** Exposición que el Ministro de Hacienda presenta a la Comisión de Presupuesto del Congreso Nacional. Santiago de Chile, Imprenta Nacional, 1885. 22 p.

Memoria presentada por el ministro de Hacienda en 1885 a la comisión parlamentaria. Presenta información sobre el balance probable del año 1885 y el presupuesto de ingresos y egresos de 1886. Los ingresos percibidos en el primer semestre de 1885 y las economías contempladas por ministerios en el presupuesto de 1886. (BNsCH 11(1120-14 p. 1))

**2024. Plaza de la Barra, Víctor M.** Los impuestos en Chile considerados bajo sus aspectos histórico, político, jurídico, económico y social. Santiago de Chile, La Nación, 1937. 108 p.

Breve estudio sobre los impuestos presentado en dos folletos y en forma de charlas. Analiza el régimen tributario durante la colonia; las contribuciones de 1810-80, los cambios producidos con la política salitrera, la acción de la misión Kemmerer y la ley de impuesto a la renta dentro de un contexto histórico. (BNsCH 11(479-15))

**2025. Ross, Agustín.** La cuestión económica; folleto de actualidad. Valparaíso, Excélsior, 1885. 39 p., cuadros.

Crítica del sistema monetario sin respaldo de oro y de la situación que enfrenta el estado con respecto a la deuda externa e interna. Presenta un paralelo entre las cantidades y formas de pago de la deuda externa e interna. Incluye series estadísticas de 1836-85.

(BCN vol. 4A colec. Folletos Y-5)

**2026. _____.** La procedencia y la inversión de las rentas nacionales de Chile en 1885. Valparaíso, Imprenta del Nuevo Mercurio, 1887. 143 p., cuadros.

Estudio comparativo de las fuentes y la inversión de las rentas nacionales en Chile, Colonia Victoria (Australia) y en Francia, para 1885, expresadas en pesos chilenos. Analiza las formas de contribuciones en las regiones mencionadas tanto en las fuentes directas como indirectas, los Ferrocarriles del Estado, inversiones para desarrollar la agricultura, obras públicas e instrucción pública en forma comparativa.

(BNsCH 11(970-3 p.2))

**2027. Santiago de Chile.** Tasación de las propiedades de la Iª. Municipalidad de Santiago practicada por la Dirección de Obras Municipales i por la Empresa de Agua Potable. Santiago de Chile, Establecimientos Poligráficos Roma, 1898. 425 p., planos, grabados.

Los objetivos planteados para elaborar la tasación corresponden a poner de manifiesto el monto de los bienes municipales, las posibilidades de enajenación de algunas propiedades y practicar mejoras y transformaciones. Presenta un resumen de las tasaciones expresando el valor de las propiedades, terreno y accesorios (BNsCH)

**2028. Santiago de Chile (departamento).** Matrícula de las profesiones e industrias sujetas por la lei al pago de la contribución de patentes. Santiago de Chile, Imprenta de Los Deberes, 1891. 176 p.

Lista de las profesiones e industrias que pagan impuestos por patente en el año 1891. Organizada por profesiones, nombre y valor que le corresponde; las industrias aparecen por rubros. (BNsCH)

**2029. Simón, Raúl.** Nuestra situación financiera. Revista chilena [Santiago de Chile], v. 14, mayo, 1922; 40-61.

Análisis de la situación deficitaria de la hacienda pública a partir de 1918 y las causas de su deterioro: la disminución de las entradas por las ventas del salitre; el crecimiento de los gastos fiscales; el crecimiento de la deuda pública y la inversión estatal en obras públicas no rentables como los ferrocarriles. (BNsCH)

**2030. United States. Bureau of Foreign and Domestic Commerce. Department of Commerce.** Chilean public finance. By Charles A. McQueen. Washington, Government Printing Office, 1924. 121 p. (Special agents series no. 224).

Uno de los mejores y más completos de entre los excelentes informes producidos en la época por la institución pública norteamericana indicada. Contiene un completísimo y muy bien documentado estudio de la evolución de los ingresos y gastos públicos desde mediados del siglo XIX, y en mayor detalle desde comienzos del siglo XX, discriminando por tipos de ingresos y gastos. Incluye informativos capítulos sobre deuda pública y evolución monetaria, y sobre las condiciones y evolución económica general del país. Contiene abundante información estadística sobre todos los temas mencionados, en muchos casos con series de largo plazo, ajustadas por la variación del tipo de cambio.

**Véase también:** 1719*a*, 1738, 1740, 1827, 2067, 2071, 2109, 2112, 2115, 2138.

## 5. Política económica general

**2031. Balmaceda, José Manuel.** Discurso programa pronunciado en Valparaíso ante la convención al aceptar la candidatura que se le había ofrecido. Santiago de Chile, La República, 1886. 14 p.

Discurso pronunciado en Valparaíso al presentarse ante la convención del 17 de enero al aceptar su candidatura. Esboza en este planteamiento su pensamiento político, administrativo y económico. Se refiere especialmente a la necesidad de desarrollar el país económicamente a través de la industrialización. (BNsCH 11(1130-13 p.3))

**2032. Concha, Malaquías.** Balanza de comercio. Revista económica [Valparaíso], marzo, 1889: 305-333.

Estudio crítico de las distintas posiciones adoptadas por Zorobabel Rodríguez, Julio Pérez Canto, Marcial Martínez y Patricio Larraín en una extensa polémica sobre los problemas de la balanza de pagos, el sistema monetario y las crisis producidas entre 1862-79. (Ver respuesta de Z. Rodríguez en p. 357 de la misma revista). Constituye un interesante ejemplo de la violenta controversia entre los economistas liberales, discípulos de Courcelle Seneuil y la posición nacionalista y proteccionista de M. Concha y Julio Pérez Canto, líder del partido democrático el primero y representante de intereses industriales el segundo. (BNsCH)

**2033. _____.** La lucha económica; estudio de economía social presentado al IV Congreso Científico Americano reunido en Santiago de Chile en 1908. Santiago de Chile, Imprenta Nacional, 1909. 152 p.

Importante monografía del fundador, en 1887 y líder vitalicio del partido democrático cuyo pensamiento y acción política siguieron una orientación nacionalista, proteccionista, estatista y socializante. En la polémica monetaria fue uno de los inspiradores y teóricos del bando "papelero." En esta obra traza los orígenes de su pensamiento a List y los socialistas de estado alemanes (Schmoller, Wagner), describe su concepción biológica de la vida social (Darwin, Spencer), critica las escuelas lógico-deductivas liberales apoyando el empirismo histórico-inductivo, ataca violentamente el liberalismo inglés como una forma de imperialismo, y propone políticas proteccionistas y de fomento nacional y una federación del conjunto de países sudamericanos. (BNsCH 11(903-15 p.4))

**2034. Encina, Francisco A.** Nuestra inferioridad económica. Santiago de Chile, Editorial Universitaria, 1955. 170 p. (Colección América Nuestra).

Este libro del conocido historiador, publicado por primera vez en 1911, es uno de los ensayos de interpretación del desarrollo nacional que más influencia ha tenido y sigue teniendo en Chile. En su esencia, la tesis de Encina es que la dotación de recursos naturales del país es relativamente escasa y de difícil aprovechamiento, y que su población no posee las virtudes industriales que se requerirían para una vigorosa expansión económica en esas condiciones. Mantiene sin embargo que dichas virtudes pueden adquirirse mediante una educación apropiada. En el ensayo se trata de explicar y probar estas tesis analizando el valor económico del territorio en la agricultura y la minería; los condicionantes psicológicos de la población nacional; el desplazamiento gradual del chileno por el extranjero en las actividades económicas; los efectos de la riqueza salitrera; etc. Con estos y otros elementos se explica el fuerte desarrollo entre 1810-75, la lentitud y debilidad del desarrollo en las últimas décadas del siglo y el resurgimiento transitorio de 1905-11. (BNsCH 10(550-2))

**2035. Fuentealba Hernández, Leonardo.** Courcelle-Seneuil en Chile: errores del liberalismo económico. Santiago de Chile, Prensa de la Universidad de Chile, 1945. 108 p.

Estudio sobre la actuación e influencia política que tuvo en Chile el economista francés Courcelle Seneuil. Se refiere especialmente a la labor desarrollada por él en el Ministerio de Hacienda y en la Universidad de Chile. Análisis de la influencia de sus ideas liberales en la intelectualidad chilena, en la esfera administrativa y en la política económica en general. Su participación concreta en los cambios introducidos en el sistema monetario y bancario, en el sistema aduanero y la legislación de aduanas y en la reorganización del sistema de contabilidad de las oficinas fiscales.   (BNsCH 11(186-1-4))

**2036. Hirschman, Albert O.** Journeys towards progress: studies of economic policy making in Latin America. New York, Twentieth Century Fund, 1963. 308 p.

Este conocido libro del destacado economista incluye una descripción histórica del proceso inflacionario chileno desde mediados del siglo pasado, una apreciación crítica de las diferentes interpretaciones del fenómeno y un examen de las políticas anti-inflacionarias (p. 161-223). Aunque la parte dedicada al período anterior a 1930 es relativamente breve (p. 161-180) el análisis es particularmente útil por cuanto contiene acertadas críticas a las interpretaciones tradicionalmente aceptadas en la época y por los historiadores.

**2037. Mackenna Eyzaguirre, Juan.** Consideraciones sobre el proteccionismo y el libre cambio. Santiago de Chile, Establecimiento Poligráfico Roma, 1898. 18 p.

Estudio teórico sobre el proteccionismo y el libre cambio y sus posibilidades de aplicación a la economía chilena. Plantea la necesidad de aplicar una política proteccionista a la industria nacional para hacer posible su desarrollo.
(BNsCH 11(1013-11 p.5))

**2038. Martínez, Marcial.** La cuestión económica; cartas relativas a la materia. Santiago de Chile, La Unión, 1886. 166 p.

Extraordinariamente interesante serie de artículos publicados en la prensa en forma de cartas que el autor envía a su antiguo maestro Courcelle Seneuil, incluyendo la contestación de esta último. Se refieren a dos cuestiones principales: la depreciación monetaria y cambiaria que afectan al país desde 1878 y la necesidad de una política económica que dé cierta protección y estímulo al desarrollo industrial. Interesante contraste entre las posiciones doctrinarias del teórico ausente y el eclecticismo pragmático de su discípulo enfrentado a problemas concretos.   (BNsCH 11(970-1 p.3))

**2039. Morel, Domingo.** Ensayo sobre el desarrollo de la riqueza de Chile. Santiago de Chile, Imprenta de la Libertad, 1870. 50 p.

Análisis de la evolución de Chile desde la independencia hasta 1870. Apreciaciones sobre el resultado económico de la emancipación y de la aplicación de las doctrinas liberales. Analiza las desventajas que tiene para el país ejercer el libre cambio en las relaciones comerciales con países europeos. Considera la situación de la industria nacional al enfrentar la competencia de la industria extranjera.
(BNsCH 11(970-9 p.1))

**2040. Naciones Unidas. Comisión Económica para América Latina.** Antecedentes sobre el desarrollo de la economía chilena 1925-52. Santiago de Chile, Pacífico, 1954. 136 p., cuadros, gráficos.

Análisis general del desarrollo económico nacional entre 1925-52 y los efectos de la crisis de 1930. Se refiere a la Corporación de Fomento de la Producción, a las relaciones entre la agricultura y la industria, a la importancia del cobre y el salitre en el desarrollo económico del país. Analiza además el crecimiento de la producción, los efectos de la relación de intercambio sobre el producto bruto, la evolución del consumo y la inversión y los cambios en la composición del ingreso. Contiene series estadísticas anuales correspondientes a los conceptos enumerados para todo el período.   (BIEI)

**2041. Pinochet Le-Brun, Tancredo.** La conquista de Chile en el siglo XX. Santiago de Chile, La Ilustración, 1909. 240 p.

Estudio económico y socio-histórico de Chile, donde se analizan las políticas proteccionistas y nacionalistas en el panorama mundial y las políticas aplicadas en Chile en relación a la colonización, producción nacional, comercio, industrias, instituciones bancarias, marina mercante y educación.   (BNsCH 11(300-12))

**2042. Rodríguez, Zorobabel.** De nuestra inferioridad económica: causas y remedios. Revista económica [Valparaíso], diciembre, 1886: 65-82; febrero, 1887: 127-144.

Estudio destinado a señalar la superioridad del empresario extranjero sobre el nacional, basado en la gran extensión alcanzada por la propiedad extranjera en la industria y el comercio en Valparaíso. Atribuye esa superioridad únicamente a las virtudes de la educación y a las características personales de tenacidad y espíritu de ahorro del extranjero. Interesante antecedente de la obra de Encina del mismo título (2034).
(BNsCH)

**2043. _____.** Estudios económicos. Valparaíso, Sandoval, 1893. 202 p.

Cuidadoso y detallado análisis de la balanza comercial de 1892 y de las causas y efectos del gran desequilibrio que presenta, en relación al tipo de cambio, la relación de intercambio, la balanza de pagos, la depreciación del billete de curso forzoso y otras cuestiones monetarias y financieras, por el más extremo de los discípulos del economista liberal francés Courcelle Seneuil. Incluye también un estudio sobre la necesidad de revisar la política comercial con los países de América Latina y una nota necrológica con un análisis de la obra de Courcelle Seneuil.   (BNsCH 11(993-1))

**2044. Sanfuentes, Enrique S.** Conversión metálica. Santiago de Chile, Nueva República, 1894. 104 p.

Vigorosa crítica a las leyes de conversión de 1892 y 1893 y a las interpretaciones "metalistas" de los problemas económicos y financieros del país. Argumenta que el equilibrio externo sólo puede alcanzarse con decididas políticas proteccionistas y de fomento de la industria nacional y mediante la limitación de los gastos privados y públicos en consumos superfluos.   (BNsCH 11(955-17 p.2))

**2045. Subercaseaux, Guillermo.** Historia de las doctrinas económicas en América y en especial en Chile. Santiago de Chile, Universo, 1924. 143 p.

Excelente estudio de las doctrinas económicas que influyeron en las políticas económicas de América y Chile. El análisis abarca desde el período colonial hasta el siglo XX. Describe la doctrina mercantilista colonial y su aplicación en América, su crisis en la segunda mitad del siglo XVIII y el espíritu liberal de la política económica chilena que se va acentuando con la independencia y a lo largo del siglo XIX hasta que a fines de siglo se inicia una evolución hacia el nacionalismo proteccionista. Incluye dos interesantes capítulos sobre la enseñanza de la economía política y sobre la literatura económica en Chile. (BNsCH 11(948-9))

**2046. Valdés Cange, J. [Alejandro Venegas].** Cartas al excelentísimo señor don Pedro Montt: sobre la crisis moral de Chile en sus relaciones con el problema económico de la conversión metálica. 2. ed. Valparaíso, Universo, 1909. 104 p.

Publicación de dos cartas escritas al presidente Montt, donde se critica la administración de los fondos fiscales en las intendencias y gobernaciones, así como también las inversiones en obras públicas. Se refieren también a la depreciación del circulante y sus efectos en los distintos sectores de la sociedad, a la contratación de empréstitos y al sistema de inconvertibilidad. (BNsCH 10(1093-20))

**2047. Will, Robert Milton.** The introduction of classical economics into Chile. Hispanic American historical review [Durham, N.C.], v. 44, February, 1964: 1-21.

Aunque los economistas clásicos eran conocidos por algunas personas en Chile desde la independencia—Camilo Henríquez, Diego José Benavente, José Joaquín de Mora—y el texto de Say era usado en los cursos de derecho del Instituto Nacional, las ideas neomercantilistas españolas de fines del siglo XVIII prevalecieron hasta mediados del siglo XIX. Sólo desde 1856, con los cursos de Courcelle Seneuil en el Instituto Nacional cambió rápidamente esta situación. (Una opinión diferente es la de Jay Kinsbrunner. "A comment on the exclusiveness of protection in Chilean economics at mid-nineteenth century." *Hispanic American historical review* [Durham, N.C.], v. 45, November, 1965: 591-594.)

**2048. _____.** La política económica de Chile, 1810-64. El Trimestre económico [México], v. 27, abril-junio, 1960: 238-257.

"El presente artículo examina la política económica de Chile entre 1810-64, poniendo especial énfasis en la ideología económica que influyó sobre los estadistas durante aquel período de la historia chilena." Analiza sucesivamente la influencia en la política económica del neomercantilismo, las medidas proteccionistas desarrolladas para fomentar y proteger la industria nacional, y "la liberalización de la política y del pensamiento económico de Chile después de 1850."

**2049. _____.** Some aspects of the development of economic thought in Chile (ca. 1778-1878). Unpublished Ph.D. dissertation. Duke University, Graduate School of Arts and Sciences, 1957. 290 p., appendices, biblio.

Excelente trabajo, que presenta el más completo análisis de la evolución del pensamiento económico en Chile desde fines de la colonia. Examina especialmente el neomercantilismo español de fines del siglo XVIII, y su gran influencia durante la primera mitad del siglo XIX; los comienzos de la difusión de la economía clásica a través de Camilo Henríquez y J. J. de Mora y su generalización en ocasión de las influyentes actividades de Courcelle-Seneuil desde 1856, y de sus discípulos posteriormente. El autor vincula sistemáticamente la evolución del pensamiento económico a las principales cuestiones de la política económica: proteccionismo y libre cambio, política fiscal, moneda y bancos, población.

**2050. Zañartu Prieto, Enrique.** Manuel Arístides Zañartu o historia y causas del pauperismo en Chile. Prólogo de E. Rodríguez Mendoza. Santiago de Chile, Zig-Zag, 1940. 423 p.

Extensa y detallada exposición de las ideas y de las actividades públicas y como empresario privado, del fundador y principal impulsor de la corriente nacionalista, proteccionista y "papelera," que tanta importancia adquiere en el último cuarto del siglo XIX, en oposición a la corriente de ideas liberales y librecambistas inspiradas en las enseñanzas de Courcelle-Seneuil y sus discípulos. Incluye una versión abreviada de una novela escrita por M. A. Zañartu *(Pedro Ríos)* con la que pretendía difundir sus ideas proteccionistas y atacar las ideas fisiócratas en boga.

**Véase también:** 1807, 2171, 2179, 2180, 2284, 2306, 2329.

# V. Comercio Exterior e Inversiones

## 1. Fuentes estadísticas

**2051. Chile.** Estadística comercial. 1840-1845.

Volumen que contiene una recopilación de folletos con información estadística sobre el comercio realizado por el puerto de Valparaíso de 1840-43, y de todos los puertos mayores del país de 1844-45. Presenta información cuantitativa sobre las mercaderías extranjeras existentes en los almacenes de depósito, las despachadas en tránsito para el extranjero y la existencia y ventas de las mercaderías estancadas. (BNsCH 12(376-1))

**2052. _____. Oficina Central de Estadística.** Estadística comercial de la República de Chile, correspondiente al año de. . . . Valparaíso, 1862—.

La estadística comercial aparece como una publicación anual de la Superintendencia de Aduanas hasta 1910. A partir de esa fecha fue publicada por la Oficina Central de Estadística. Desde 1915 aparece con el nombre de *Comercio exterior* en el volumen 9 de la subserie del *Anuario estadístico* (1721). En 1928 amplía su información y constituye el volumen 7 del *Anuario*. Hasta 1915 informa sobre comercio general y comercio especial, incluyendo cuadros con las importaciones, exportaciones, comercio de cabotaje y movimiento de la navegación. A partir de 1916 las materias se amplían y cambia su organización, apareciendo separadamente importaciones y exportaciones, exportación y tránsito de mercaderías de Bolivia por Arica y tránsito marítimo. En el volumen correspondiente a 1875 se presentan datos estadísticos retrospectivos del comercio nacional de 1844-75. Incluye datos sobre exportación de productos agrícolas, mineros, resumen del comercio general y especial, de tránsito y cabotaje en el mismo período y las rentas de aduana de la república de 1831-75. La información la presenta anualmente.

(BDGEC)

**2053. Menadier, Julio.** Estadística comercial comparativa de la República de Chile. Valparaíso, Santos Tornero, 1862. 22 cuadros.

Información estadística sobre exportaciones e importaciones de Chile en el período 1847-62. Con cuadros comparativos por quinquenios y con gráficos ilustrativos. Incorpora información sobre comercio de cabotaje, ingresos a las rentas fiscales de los cobros de aduanas y valores de la importación de las especies estancadas. Se han agregado en el mismo volumen las publicaciones de la estadística comercial correspondiente a 1865, 1866, 1867 y 1870.                (BNsMV (111-15))

## 2. Estudios generales

**2054. Amunátegui y Solar, Domingo.** Origen del comercio inglés en Chile. Revista chilena de historia y geografía [ Santiago de Chile], julio-diciembre, 1943: 83-95.

Breve artículo sobre el establecimiento y desarrollo de los comerciantes ingleses en Chile, especialmente en Valparaíso y el comercio con Inglaterra hasta la mitad del siglo XIX.

(BNsCH)

**2055. Ballesteros, Francisco.** Nuestras relaciones comerciales con el Perú y Bolivia, bajo el punto de vista tributario. Santiago de Chile, Gutenberg, 1885. 57 p.

Informe presentado por el administrador de la aduana de Pisagua al ministro de Hacienda en que da respuesta a la petición sobre medidas y protección en la frontera con Bolivia en Antofagasta para evitar el contrabando. Analiza además las posibilidades de regularizar las relaciones comerciales con el Perú y las medidas necesarias para poner en ejecución el pacto de tregua con Bolivia en el comercio por Tacna y Arica. Incluye información cuantitativa sobre el aforo de mercaderías y derechos de exportación percibidos por la aduana de Arica entre 1882-84. Anexa los tratados de comercio y aduanas entre Bolivia y Perú de 1881 y 1878.

(BNsCh 11(1120-14 p.6))

**2056. Chile. Ministerio de Relaciones Exteriores.** Informes comerciales 1905-1909. Santiago de Chile, Imprenta Nacional, 1907-09. 2 v., cuadros.

Recopilación de los informes comerciales enviados por los cónsules chilenos establecidos en los diferentes países con los cuales Chile tenía relaciones de intercambio en los años indicados. Incluyen abundante información estadística.

(BNsCH 12(319-1-2))

**2057. _____. Superintendencia de Aduanas.** Boletín oficial. Valparaíso, 1905-21. 16 v.

Publicación mensual con información cualitativa y cuantitativa de la Superintendencia de Aduanas. La información se refiere a las disposiciones legales y administrativas relativas a los servicios de aduanas del país. Incluye resoluciones arancelarias, cuadros con las mercaderías internadas, rentas recaudadas cada mes por las oficinas respectivas y reclamos de avalúos.                (BNsCH 12(143-1 a 21))

**2058. _____.** Memoria de la Superintendencia de Aduanas. Valparaíso, 1883-1925.

Publicación anual, con información del comercio exterior del país. Se refiere a las importaciones y exportaciones, al comercio de tránsito, a las oficinas de aduanas existentes en el país y sus ingresos. Incluye disposiciones legales referentes a las exportaciones, al servicio de aduanas y a los impuestos que este servicio tiene a su cargo.                (BNsCH)

**2059. Herrmann, Alberto.** Comercio exterior de Chile: observaciones a la estadística del comercio exterior de Chile 1889-90 calculado al cambio de 38 peniques por peso. Santiago de Chile, Imprenta Nacional, 1892. 68 p., cuadros.

Análisis estadístico que muestra el desequilibrio del comercio exterior del país y sostiene la imposibilidad de Chile para seguir manteniendo este balance adverso. Plantea la necesidad de ampliar las exportaciones para lo cual se refiere especialmente a la minería y a la industria fabril.

(BNsCH 11(979 a -13))

**2060. Muller, Walter.** Instalación de refinerías de petróleo e hidrogenación de carbones en Chile. Santiago de Chile, Imprenta Nascimento, 1930. 41 p. (Ministerio de Fomento. Departamento de Industrias Fabriles).

Estudio realizado con el objetivo de establecer refinerías de petróleo en el territorio nacional. Incluye una explicación detallada de las importaciones de petróleo y sus derivados entre 1925-29, con cuadros de las importaciones en todo el país, por provincias, puertos de internación, costos de fletes marítimos, seguros y precios.                (BNsCH)

**2061. Navarrete, Víctor Manuel.** Sociedad Nacional de Minería. Santiago de Chile, 1931. 12 p.

Informe general sobre el comercio exterior del cobre entre 1924-28, con datos cuantitativos sobre volúmenes de producción y precios del mineral.                (BCN Y-5)

**2062. Rivas Vicuña, Francisco.** Política nacional. Santiago de Chile, Imprenta Universitaria, 1913. 223 p., planos.

Estudio general sobre la economía nacional donde se analiza especialmente el comercio exterior de Chile y los medios de transporte. Se refiere a las rutas marítimas hacia Europa, situación general de los ferrocarriles y la marina mercante nacional, aranceles aduaneros y sistemas de cancelación de los productos chilenos en el extranjero.    (BNsCH 11(938-21))

**2063. Ross, Agustín.** Memoria sobre las relaciones comerciales entre Chile y la Gran Bretaña, presentada al Supremo Gobierno de Chile. París, Paul Dupont, 1892. 258 p., cuadros.

El autor, enviado extraordinario y ministro plenipotenciario de Chile ante el gobierno inglés, elaboró una memoria donde analiza las relaciones comerciales, financieras y el movimiento marítimo entre ambos países. Se refiere también a los ferrocarriles salitreros de Tarapacá y el monopolio inglés y a la industria, producción y exportación del cobre. Anexa documentación consular, cuadros sobre importación y exportación entre ambos países e información sobre las compañías salitreras formadas en Inglaterra y los dividendos pagados por ellas. (BNsMV (2-23))

**2064. Sepúlveda G., Sergio.** El trigo chileno en el mercado mundial; ensayo de geografía histórica. Santiago de Chile, Editorial Universitaria, 1959. 133 p.

Estudio geográfico e histórico del comercio del trigo chileno desde la época colonial. Importante análisis de las exportaciones, mercados externos y fluctuaciones del comercio de dicho producto, con cuadros estadísticos de las exportaciones de trigo y harina entre 1844-1940. Publicado originalmente en *Informaciones geográficas* [Santiago de Chile], 1956: 7-133. (BNsCH 10(508-41))

Véase también: 1947, 2103.

## 3. Corrientes internacionales de capital

**2065. Centner Jr., Charles William.** Great Britain and Chile, 1810-1914: a chapter in the expansion of Europe. Chicago, 1944. 39 p., biblio. (Part of Ph.D. thesis, University of Chicago, 1941. Reproduced from typewritten copy).

Breve pero interesante síntesis de una bien documentada tesis doctoral que describe la penetración inicial de los intereses económicos británicos en Chile desde la independencia y particularmente en la década de 1820, y su expansión ulterior especialmente en la minería, el comercio, los ferrocarriles, los teléfonos y telégrafos, las actividades bancarias, los empréstitos públicos y la navegación. Se refiere especialmente a la relación entre la expansión económica inglesa y las actividades del gobierno inglés.

**2066. Estellé, Patricio.** La controversia chileno-norteamericana de 1891 a 1892. Estudios de historia de las instituciones políticas y sociales [Santiago de Chile], v. 1, 1967: 149-277.

Interesante estudio de las relaciones de Chile y Estados Unidos durante los últimos años del gobierno de Balmaceda. El análisis se refiere a la penetración de capitales europeos en la industria salitrera y a la posición de Estados Unidos frente a la política salitrera del gobierno. Incluye documentos de cancillería relativos a ambos gobiernos. (BNsCH)

**2067. Ferrada Urzúa, Alfonso.** Historia comentada de la deuda externa de Chile, 1810-1945: nociones de deuda pública. Memoria de prueba. Santiago de Chile, Imprenta Casa Hogar San Pancracio, 1945. 166 p., anexo documental.

Estudio que analiza el desarrollo histórico de la deuda externa de Chile desde la independencia. Recopila gran cantidad de información y datos en relación a la deuda externa a través de todos los gobiernos. (BNsCH 11(137-25))

**2068. La Peruvian Corporation y la Compañía Nacional Explotadora de Guano.** El monopolio contra los intereses del estado; informe de derecho acerca de la irrevocabilidad del decreto sobre la exportación de guano del 6 de julio de 1897. Santiago de Chile, Establecimientos Poligráficos Roma, 1897. 34 p.

Folleto con información cualitativa sobre la Peruvian Corporation y la Compañía Nacional Explotadora de Guano. Se refiere a la actividad de ambas empresas, dedicada la primera a la exportación y la segunda al comercio interno. Analiza el decreto que concedió el permiso de exportación a la Compañía Nacional y anexa el decreto mencionado. (BCN vol. 13 colec. Folletos 4-5)

**2069. United States. Bureau of Foreign and Domestic Commerce. Department of Commerce.** Investments in Latin America; 3: Chile. By Frederic M. Halsey; and G. Butler Sherwell. Washington, Government Printing Office, 1926. 85 p. (Trade information bulletin no. 426).

Excelente estudio monográfico, con abundante información cuantitativa, sobre la evolución de las inversiones norteamericanas en Chile desde la primera década del siglo XX, tanto en lo que se refiere a inversiones privadas directas en los diversos sectores de la actividad productiva como en lo que respecta a la evolución de la deuda externa y los sectores financieros. Contiene estudios particularmente detallados de los ferrocarriles, de los servicios públicos y de la minería, los principales sectores de interés para el capital extranjero.

**2070. _____. _____. _____.** Investments in Latin America and the British West Indies. By Frederic M. Halsey. Washington, Government Printing Office, 1918. 544 p. (Special agents series no. 169).

Interesante y detallado informe, el cual en su sección relativa a Chile (p. 216-264) describe las inversiones externas en el país en los diferentes rubros y las posibilidades existentes en la diversidad de recursos naturales. Se refiere específicamente y con abundante información cuantitativa a los empréstitos externos contratados por el país, a las compañías de seguros, a los ferrocarriles, a la minería (salitre, carbón, hierro y cobre), a la existencia de petróleo, y al desarrollo de la industria y agricultura.

**2071. Vera Vera, Raúl.** Historia de la deuda externa de Chile. Memoria de prueba. Santiago de Chile, Imprenta Roma, 1942. 100 p.

El tercer capítulo del trabajo presenta un detalle de las condiciones, características y antecedentes históricos de los empréstitos contratados por Chile durante 1822-1930. (BNsCH 11(413-5))

**2072. Vicuña Mackenna, Benjamín.** Valparaíso y los ingleses en tres siglos. Santiago de Chile, Cervantes, 1910. 65 p.

Conferencia pronunciada en inglés por el autor en la Doug Mens Christian Association de Valparaíso en 1884. Se refiere a las actividades comerciales desarrolladas por los ingleses en el territorio nacional. Incluye datos sobre el movimiento de los vapores ingleses en el puerto de Valparaíso.

(BNsCH 11(891-1))

**Véase también:** 1946, 2008, 2246, 2259, 2262.

## 4. Política gubernamental

**2073. Chile.** Ley de internación 8 de enero de 1834. Santiago de Chile, Imprenta de la Opinión, 1834. 12 p.

Ley sobre importación que especifica detalladamente las mercaderías sujetas a impuestos aduaneros y las tarifas respectivas. Disposiciones especiales para el trigo y harina. Estipula los artículos a través de los cuales quedan derogadas disposiciones de 1833.                                                                (BCN)

**2074. _____.** Reglamento de aduanas para el régimen de comercio de internación y tránsito; impreso de orden del Supremo Gobierno. Santiago de Chile, Imprenta de la Opinión, 1842. 86 p.

Reglamento que determina los derechos de depósito, almacenaje, trasbordo y reembarque de las mercaderías extranjeras en el comercio de tránsito. Anexa 10 cuadros modelos de movimiento de mercaderías. (BCN Vol. Constituciones y Leyes Comerciales de Chile y España. F-8)

**2075. _____.** Tarifa de avalúos que debe rejir en las aduanas de la República de Chile para el año 1856 y 1858. Valparaíso, Imprenta y Librería del Mercurio, 1855 y 1857. 144 p.

Dos publicaciones encuadernadas juntas. Lista de las mercaderías en forma alfabética, con su descripción, unidad, avalúos y el impuesto correspondiente. Incluye también un resumen general de las mercaderías libres de derechos de importación.                                        (BNsCH 11(1006-29))

**2076. Courcelle-Seneuil, Jean Gustave.** Examen comparativo de la tarifa y legislación aduanera de Chile con las de Francia, Gran Bretaña y Estados Unidos. Santiago de Chile, Imprenta Nacional, 1856. 46 p.

Informe presentado al ministro de Hacienda, donde se analizan aspectos de la política comercial del país en comparación con las de Francia, Gran Bretaña y Estados Unidos. Se refiere a tarifas y reglamentos de aduanas; legislación aduanera; franquicias; prohibiciones y disposiciones generales. El destacado economista francés a cuya influencia se atribuye con frecuencia la liberalización de la política comercial chilena en trono a 1860, concluye: "De las cuatro tarifas que hemos examinado, la de Chile es sin duda la que lleva menos rastros . . . del sistema pretendido protector." (p. 44).

**2077. Ross, Agustín.** Impuestos al ganado argentino. Valparaíso, Tornero, 1888. 60 p.

Ardoroso ataque a un proyecto de ley que propone imponer un impuesto de internación al ganado argentino. Analiza el significado del desnivel comercial con Argentina apoyando su posición en datos extraídos de la *Estadística comercial*, sobre el comercio exterior de Chile entre 1844-66. Critica además la posición de la Sociedad Nacional de Agricultura cuya política tendía a favorecer los intereses de algunos grupos.                                        (BNsCH 11(970-3 p.4))

**Véase también:** 1927, 1929, 1933.

# VI. Economía Regional

## 1. Fuentes estadísticas

**2078. Bezé, Francisco de.** La provincia de Curicó. Santiago de Chile, Imprenta Moderna, 1899. 107 p., cuadros.

Estudio estadístico que entrega interesantes datos sobre la propiedad territorial y precio de ella, como también sobre producción en forma anual. Efectúa una clasificación de la población agrícola e incluye precios corrientes de comestibles, vestuario, maquinaria agrícola, animales de labranza y salarios de algunas profesiones.                                (BNsCH 11(847 A-17))

**2079. Navarro Avaria, Lautaro.** Censo jeneral de población i edificación, industria, ganadería i minería del territorio de Magallanes, República de Chile; levantado por acuerdo de la comisión de alcades el día 8 de setiembre de 1906. Punta Arenas, El Magallanes, 1907. 2 v., fotos, cuadros.

Estudio cuantitativo y cualitativo sobre la región magallánica. Presenta el censo de la población, de la industria (con datos sobre producción, materias primas, operarios, salarios semanales y trabajo, maquinaria y sociedades anónimas industriales), censo escolar; ganadero y minero de la región. Incluye información sobre comercio (rol de avalúos, patentes comerciales, movimiento comercial, cabotaje, sociedades anónimas comerciales y bancos); propiedad inmueble urbana y rural (rol de avalúos, remates de tierras fiscales entre 1903-06, constitución de la propiedad rural, tierras fiscales ocupadas y concesiones, sitios urbanos, hijuelas industriales y de colonos, sociedades ganaderas). Incorpora además información sobre movimiento marítimo de 1904-06, instrucción fiscal y particular, cuerpo consular, reseña biográfica de los gobernadores, presupuestos municipales de 1898 y roles de avalúo de la misma fecha.                        (BNsMV (28-17))

## 2. Estudios generales

**2080. Arauco (provincia).** Memoria del Intendente de la provincia de Arauco, pasada al Supremo Gobierno. Santiago de Chile, Imprenta Nacional, 1877. 46 p.

Memoria presentada por el intendente de Arauco al gobierno en marzo de 1877. Presenta información sobre los departamentos de Lebu y Arauco en cuanto se refiere a rentas municipales, escuelas, cárcel, matadero, cuartel de policía, bodega de muelles, calles y veredas, alumbrado público, agua potable, salubridad pública, educación y vías de comunicación. (BN)

**2081. Barros Alemparte, Patricio.** Legislación de tierras en Magallanes; Estudio jurídico y social. Memoria de prueba para optar al grado de Licenciado en la Facultad de Ciencias Jurídicas y Sociales de la Universidad de Chile. Santiago de Chile, Lathrop, 1945. 120 p.

Análisis jurídico y social de la región magallánica desde el descubrimiento hasta 1941. Se refiere a las características geográficas. La evolución histórico-jurídica de la zona y de las sociedades ganaderas, concesiones, contratos de colonización, legislación en vigencia, minería, industria y comercio. El análisis social está enfocado a los problemas de despoblamiento, cesantía, instrucción y hospitales. (BNsCH 10(576-22))

**2082. Bertrand, Alejandro.** Memoria sobre la región central de las Tierras Magallánicas presentada al señor ministro de Colonización por el autor. Santiago de Chile, Imprenta Nacional, 1886. 146 p.

Estudio sobre la región magallánica, con información sobre la existencia ganadera, dividida por tipos, precios de los animales, recursos madereros, mercaderías importadas y exportadas por el puerto de Punta Arenas en el año 1884. Existencia de establecimientos y estadística de población.
(BNsCH. Reservado)

**2083. Bezé, Francisco de.** Tarapacá en sus aspectos físico, social y económico. Santiago de Chile, Universo, 1920. 327 p., fotos, mapas, planos.

Obra informativa y descriptiva de la región desde un punto de vista geográfico, administrativo, social y económico. Con abundante información cuantitativa del movimiento comercial de los diferentes puertos de la provincia entre 1906-19 y se refiere detalladamente a la industria salitrera con datos sobre precios, fletes, producción, consumo mundial y exportación. Entrega además información sobre producción agrícola como también precios de artículos corrientes para 1919.
(DCN D-5a)

**2084. Billinghurst, Guillermo E.** Estudio sobre la geografía de Tarapacá. Santiago de Chile, El Progreso, 1886. 113 p., cuadros.

Estudio elaborado para el círculo científico y literario de Iquique. Se refiere a la topografía del territorio, a su demarcación política y administrativa y a las estadísticas sobre población, industria y producción regional. Contiene datos sobre tarifas de ferrocarriles y certificados salitreros.
(BNsCH 11(847 A-17))

**2085. Bonacic-Doric B., Luka.** Resumen histórico del estrecho y la colonia de Magallanes; obra publicada por La Nueva Epoca Yugoeslava. Punta Arenas, Imprenta La Nacional, 1937-39. 471 p., fotos, dibujos.

Descripción histórica de la región magallánica desde su descubrimiento. Analiza la evolución política desde la fundación de la colonia de Magallanes y los esfuerzos para lograr su desarrollo y progreso a través de los diferentes gobernadores. Describe además la estructura administrativa, judicial y su desarrollo económico e industrial hasta comienzos del siglo XX. (BNsCH 11(333-12))

**2086. Durán, Fernando.** Sociedad explotadora de Tierra del Fuego, 1893-1943. Valparaíso, Universo, 1943. 128 p.

Monografía histórica sobre la región magallánica, desde las primeras expediciones al estrecho en el siglo XVI. Se refiere al desarrollo histórico de la ganadería desde la llegada del gobernador Dublé Almeyda y a las concesiones y origen de la Sociedad Explotadora de Tierra del Fuego. Incluye una nómina de los presidentes, directores y altos funcionarios administrativos entre 1893-1943. (BNsCH 11(39-11))

**2087. Espech, Roman.** El jubileo de Atacama: estudio sobre la situación económica de esta provincia a través de cincuenta años. Santiago de Chile, La Gaceta, 1897. 30 p.

Análisis del desarrollo económico de la provincia que se refiere especialmente al comercio y la minería. Incluye datos cuantitativos anuales de las exportaciones entre 1848-96, compara las exportaciones de Copiapó y Huasco, Caldera-Carrizal Bajo y Taltal. Se refiere también a los asientos mineros y su desarrollo. (BNsCH 11(979 A 13 p.8))

**2088. López Loayza, Fernando.** La provincia de Tarapacá; alrededor de su industria i de Iquique su principal puerto, 1912-13. Iquique, Muecke, [1913]. 309 p.

Obra informativa con abundantes datos sobre la región, su movimiento comercial y su industria principal, el salitre. Los datos estadísticos se refieren especialmente a 1910-13. Incluye una lista de todas las salitreras en 1912 y sus propietarios y también algunos datos sobre empleo. (BNsMV (2-6))

**2089. Marín Vicuña, Santiago.** Al través de la Patagonia; páginas íntimas. Santiago de Chile, 1901. 202 p.

Observaciones sobre la región comprendida entre Llanquihue y Magallanes. Se refiere a la colonización alemana, problemas limítrofes en la Patagonia, breve historia de Magallanes desde el siglo XVI hasta 1900, donde destaca la riqueza minera y ganadera de la región. Incluye datos sobre industrias derivadas de la ganadería y explotación de bosques. Anota cifras sobre número de ganado de 1878-96.
(BNsCH 11(1002-7))

**2090. Morales O. L., Joaquín.** Historia del Huasco. Valparaíso, Santos Tornero, 1896. 317 p.

Estudio histórico regional. Se refiere a la geografía, población, costumbres regionales, agricultura, minería, administración pública y vida política del valle del Huasco.

(BNsMV (18-7))

**2091. Nolasco Herrera A., Pedro.** Magallanes:

un emporio de riqueza nacional. Santiago de Chile, Imprenta Santiago de Chile, 1897. 134 p.

Conferencia dada en la Asociación de la Prensa en 1897. Se refiere a las riquezas mineras de Magallanes y las posibilidades de desarrollo industrial de la región. Abarca en su análisis desde las primeras incursiones por el estrecho en el siglo XVI y la creación de Punta Arenas en 1853 hasta el desarrollo regional en 1896. Incluye una descripción geográfica de la zona: fauna, riquezas minera, marina y maderera, colonización y agricultura. Se refiere especialmente al carbón de piedra, tipos de carbón, minas y posibilidades industriales.

(BNsCH)

**2092. Pérez Canto, Julio.** Las industrias de Valdivia: noticias históricas y estadísticas. Santiago de Chile, Cervantes, 1894. 23 p., ilustraciones.

Breve informe sobre la colonización de Valdivia, con información cualitativa y cuantitativa sobre su notable expansión económica. Se refiere a la producción agrícola: cultivos, existencia de animales, número de predios y superficie de los mismos y número de trabajadores agrícolas contratados por los colonos. Describe además su desarrollo industrial, incluyendo breves descripciones de sus principales establecimientos. (BNsCH 11(928-4 p.4))

**2093. Sayago, Carlos María.** Historia de Copiapó. Copiapó, El Atacama, 1874. 450 p.

Estudio histórico regional desde la época prehistórica. Descripción geográfica de la región, actividad económica y minera, con un detalle de las minas existentes, agricultura y ganadería. Análisis de la estructura política y eclesiástica. Descripción del descubrimiento de Chañarcillo. (BNsCH 11(1119-1))

**2094. Silva Narro, Domingo.** Guía administrativa, industrial y comercial de las provincias de Tarapacá y Antofagasta. Año X. Santiago de Chile, Imprenta Universitaria, 1907. 412 p., ilustraciones.

Contiene un conjunto de informaciones sobre la administración de las provincias indicadas: comercio, movimiento de ferrocarriles, empleados, accionistas de diferentes compañías, sindicatos, aduanas y Bolsa de Comercio de Iquique.

(BNsCH 11(1005-5))

**2095. Sociedad Nacional de Agricultura.** Congreso Agrario Regional de Concepción. Santiago de Chile, La Ilustración, 1925. 121 p.

Publicación de la Sociedad Nacional de Agricultura, que se refiere a los trabajos presentados al congreso regional de Concepción en 1925. Presentan información principalmente cualitativa sobre los intereses fiscales y su relación con la economía privada, comercio y exportación de productos, explotación industrial de los bosques. Banco del Estado y crédito agrícola, sistema tributario y contribuciones.

(BCN vol. 29 colec. Folletos Y-5)

**2096.** El Sur. Concepción, 1882—.

En la Biblioteca Nacional el periódico está sólo desde 1885. Es el vocero del partido radical. Es una importante fuente de información regional, con datos sobre construcción de caminos, obras públicas en general, población, producción, movimiento obrero, etc. Particular importancia poseen los periódicos de inicio de año, donde se presenta un balance político, económico y cultural de lo ocurrido en el país en el año anterior. Contó con colaboradores importantes de su tendencia política como también del partido liberal.

**2097. Valdés, Samuel.** Informe sobre el estudio minero i agrícola de la rejión comprendida entre el paralelo 23 i la laguna de Ascotan, presentado al Ministerio de lo Interior. Santiago de Chile, Imprenta Nacional, 1886. 196 p., mapas, planos, cuadros.

Estudio efectuado a petición del gobierno que deseaba tener un conocimiento completo de la región, para poder fijar una línea de frontera con Bolivia y estudiar las posibilidades de construir una línea férrea. Consiste el estudio en una detallada descripción geológica y geográfica de la zona, y un detalle de los yacimientos mineros. Anexa un diario de viaje y un informe de la Compañía Explotadora de Lipez.

(BNsMV (18-21))

**2098. Vera, Robustiano.** La colonia de Magallanes i Tierra del Fuego (1843 a 1897). Santiago de Chile, La Gaceta, 1897. 510 p.

Estudio histórico de Magallanes y Tierra del Fuego desde el descubrimiento del Estrecho. Se refiere en su análisis a la toma de posesión del territorio en nombre de Chile, a la colonización y administración regional, a las actividades económicas y sociales y desarrollo de la región hasta fines del siglo XIX. Incluye disposiciones legales sobre pesca y caza de lobos marinos, franquicias para implantar industrias, nómina de fundos en explotación y arriendo, con datos sobre nombre del predio, propietario y número de hectáreas.

(BNsCH 10(930-22))

**2099. Vergara Quiroz, Sergio Rodolfo.** Economía y sociedad en la colonización magallánica, 1843-1877. Memoria de prueba. Santiago de Chile, Universidad de Chile, Facultad de Filosofía y Educación, Departamento de Historia, 1971. 111 p.

Análisis de la región magallánica que presenta el desarrollo de la región y las formas de apertura al fomentarse la navegación. El impulso que adquieren ciertas actividades económicas básicas y la explotación de las riquezas naturales. Se refiere especialmente a las actividades ganaderas y a la explotación de la industria maderera, carbonífera y a la caza de lobos. Incluye un cuadro de los buques fondeados en Punta Arenas en el período estudiado indicando: nombre, clase y nacionalidad. (BCFFEUCH)

**2100. Weber, S. Alfredo.** Chiloé: su estado actual; su colonización; su porvenir. Santiago de Chile, Mejía, 1903. 194 p., mapa.

Descripción general de la zona elaborada con el objetivo de atraer tanto capitales nacionales como extranjeros, como también a los industriales de la región, para dar un impulso al desarrollo regional. Se refiere por lo tanto a la agricultura, ganadería, pesquería, comercio, comunicaciones e industria existentes y sus posibilidades de expansión.

(BNsCH 11(847-17))

Véase también: 1893, 1902, 2120, 2136, 2143, 2149, 2153, 2154, 2155, 2207-2233.

### 3. Desarrollo urbano, urbanización

**2101. Aguirre Echiburu, Luis.** El libro de Valparaíso, 1536-1946. Valparaíso, Escuela Tipográfica Salesiana, 1946. 548 p., fotos.

Albúm gráfico e histórico sobre Valparaíso y sus actividades. Se refiere a las instituciones educacionales, culturales, de acción social, municipalidades, colectividades extranjeras, deportivas, a las comunicaciones, al comercio y a la industria. Es una obra muy informativa pero sin datos cuantitativos. (BNsCH 11(623-36))

**2102. Cifuentes, José María.** Las municipalidades en Chile: una solución a nuestro problema municipal. Santiago de Chile, Imprenta Chile, 1920. 49 p.

Análisis histórico del poder municipal y su importancia desde los cabildos coloniales. Estudia la ley de 1887 y la autonomía municipal, la situación de las finanzas locales y los servicios que de ella dependen. (BNsMV (94-20))

**2103.** Revista comercial de Antofagasta. Antofagasta, 1912-15.

Revista quincenal con información cualitativa y cuantitativa sobre la vida comercial del puerto local. El movimiento marítimo es detallado en relación al número de embarcaciones, entradas y salidas de los barcos, volúmenes de carga y procedencia. Además incluye el movimiento de las notarías, indicando cancelación de deudas, contratos de compra y venta de terrenos, etc. En 1915 esta publicación cambia de nombre y aparece como *Boletín comercial de Antofagasta.* (BNsCH 12(215-6 a 13))

**2104. Silva, Jorge Gustavo.** La nueva era de las municipalidades de Chile: recopilación histórica de la vida comunal del país que abarca desde los primeros cabildos en la época colonial hasta nuestros días, y que se complementa con una información gráfica y monográfica de las municipalidades de la república. Santiago de Chile, Atenas, 1931. 879 p., fotos.

Album gráfico e histórico de la vida comunal chilena desde los primeros cabildos. Incluye monografías históricas sobre el desarrollo de las municipalidades en todo el territorio nacional. Se refiere a servicios municipales, obras, vías de comunicación, presupuestos, población, escuelas, rol de avalúos, hospitales, industrias, comercio y actividades culturales. (BNsCH 11(654-A))

**2105. Soto Rojas, Salvador.** Crónicas chilenas. Santiago de Chile, Imprenta Barcelona, 1913. 242 p.

Interesante conjunto de breves crónicas, en las que se destacan las relativas a personalidades que contribuyeron a través de sus actividades comerciales, industriales o financieras al desarrollo de Valparaíso, sobresaliendo en particular la influencia de las colonias extranjeras. (BNsMV (16-18))

**2106. Vicuña Mackenna, Benjamín.** Historia de Valparaíso. Santiago de Chile, Universidad de Chile, 1936. 2 v., láminas. (Obras completas de Vicuña Mackenna, v. 3 y 4).

Obra publicada por primera vez en 1869. En su característico estilo, algo anecdótico, liviano y ameno, pero siempre lleno de valiosa información general y específica, constituye un valioso estudio de Valparaíso desde los primitivos habitantes de la región. Presenta la evolución política, social, cultural, económica y administrativa del puerto. Se refiere en su análisis a la incursión de los corsarios en el territorio nacional, la sociedad y comercio colonial y la evolución en la época republicana. (BNsCH 11(639-3 y 4))

Véase también: 1846, 2027, 2276, 2277.

## VII. Agricultura, Ganadería, Forestación

### 1. Fuentes estadísticas

**2107. Ballesteros, Marto.** Desarrollo agrícola chileno, 1910-1955. Santiago de Chile, Pacífico, 1965. 40 p. (Apartado de Cuadernos de economía N° 5).

Estimación de las series de producción e insumos en la agricultura chilena para el período 1910-55, y sobre dicha base elabora los respectivos índices de producción e insumos, así como un índice de la eficiencia productiva. (BNsCH 10(825-20))

**2108. Chile.** Estadística agrícola de Chile. Valparaíso, Imprenta del Diario, 1855-61. 2 v.

Publicación con información cuantitativa sobre los avalúos de los fundos rústicos de todo el país presentado por provincias y departamentos. Presenta la nómina de los propietarios, el número de fundos de cada uno; el nombre del fundo; la renta anual y el porcentaje para deducir el impuesto o contribución sobre la renta. (BNsCH 12(375-10 y 11))

**2109.** _____. Impuesto agrícola: rol de contribuyentes; ley del 18 de junio de 1874. Santiago de Chile, La Patria, 1875. S.n.

Avalúo de todas las propiedades agrícolas del país, presentado por provincias y departamentos. Nómina de los propietarios con las cifras de sus respectivos avalúos, más el porcentaje que le corresponde de contribución. No indican superficies. (BNsCH)

**2110.** _____. **Dirección General de Estadística.** Censo agropecuario, 1929-30. Santiago de Chile, Universo, 1933. 117 p.

Contiene datos sobre predios rústicos, superficie y distribución, extensión, cosechas y rendimientos de los principales productos cultivados, plantas forrajeras e industriales y árboles industriales. Además incluye datos sobre ovejunos, caballares, vacunos, maquinarias y útiles de labranza. Toda la información se presenta por provincias, departamentos y comunas. (BNsCH 12B(10-1))

**2111. _____. Junta Central del Catastro.** Rejistro del catastro formado en el año de 1852. Santiago de Chile, Julio Belini, 1855. 53 p.

Constituye una lista de propiedades, elaborada en forma departamental y provincial, con el nombre del propietario, valor de arrendamiento y del catastro. Abarca desde Atacama hasta Concepción.                    (BNsCH 11(1006-29))

**2112. _____. Ministerio de Industrias y Obras Públicas. Oficina de Estadística e Informaciones Agrícolas.** Indice de propietarios rurales y valor de la propiedad rural. Santiago de Chile, Universo, 1906. 914 p.

Indice de propietarios rurales con los avalúos agrícolas municipales presentados por provincias y departamentos. No presenta la extensión de los predios.          (BNsCH)

**2113. _____. _____. Sección Estadística e Información Agrícola.** Censo ganadero de la República de Chile levantado en el año 1906. Santiago de Chile, Universo, 1908. 100 p.

Censo ganadero presentado por provincias, departamentos y comunas, con resúmenes provinciales y un resumen nacional. El ganado está presentado por rubros: caballares, asnales, bovinos, ovinos, cabríos y porcinos. Agrega un cuadro con el consumo de carne en cada provincia del país.          (BNsCH)

**2114. _____. Oficina Central de Estadística.** Estadística agrícola. Santiago de Chile. 1877-80 y 1907-11.

Publicación anual para 1877-80 y 1910-11, los años correspondientes a 1907-10 aparecen bajo la presentación del Ministerio de Industria y Obras Públicas. Entrega información sobre la producción agropecuaria del país, por provincias y departamentos; extensión de tierras cultivables, de siembras y de praderas; existencia de maquinaria agrícola, etc.
(BNsCH 12(375-12 a 16))

**2115. _____. Oficina de Estadística e Informaciones Agrícolas.** Indice de propietarios rurales i valor de la propiedad rural según los roles de avalúos comunales tomado por la Oficina de Estadística e Informaciones Agrícolas. Santiago de Chile, Universo, 1908. 915 p.

Registro de los propietarios rurales elaborado en forma provincial y departamental. Indica el nombre del propietario, nombre de la propiedad y la tasación municipal. Cubre desde Atacama a Magallanes e incluye un cuadro resumen del valor de la propiedad rural por comunas, departamentos y provincias.                    (BNsCH 10(922-13))

**2116. Gandarillas Matta, Javier.** Producción y consumo del trigo y de los abonos en el mundo. Santiago de Chile, Universo, 1932. 160 p., cuadros.

Interesante análisis y datos estadísticos sobre la producción, exportación y consumo del trigo en general. Para Chile incluye información estadística sobre exportación y precios desde 1885; siembra y rendimiento desde 1907. Además

analiza detalladamente el costo, producción, consumo y precios de los abonos utilizados en el país.          (BNsCH)

**2117. Menadier, Julio.** La cosecha de trigo en Chile. Santiago de Chile, Imprenta del Mercurio, 1867. 27 p., cuadros, gráficos.

Estudio estadístico sobre la producción del trigo en 1867, efectuado por la Oficina de Estadística Comercial. Presenta cifras, en toneladas, de la producción de trigo en el país para ese año. La información aparece por provincias; incorpora información sobre el consumo interno del trigo y los volúmenes de exportación. Analiza además la relación entre producción triguera y la población del país. Incluye información sobre comercio externo de harina flor.          (BNsCH 11(787-1))

**Véase también:** 1858, 2064.

## 2. Estudios generales

**2118. Aguirre Cerda, Pedro.** El problema agrario. París, Imprimerie Française de l'Edition, 1929. 510 p.

Estudio general sobre el problema agrario, comparando Chile con países europeos y americanos. Análisis del desarrollo científico y de la orientación y esfuerzo de los gobiernos para enfrentar los problemas del agro. Contiene información cualitativa sobre el estado de la agricultura, aprovechamiento de las tierras, educación agrícola, adelantos científicos en la agricultura, cooperativización agrícola, transporte y ferrocarriles.                    (BNsCH 11(296-7))

**2119. Bauer, Arnold J.** Expansión económica en una sociedad tradicional: Chile central en el siglo XIX. Historia [Santiago de Chile], 1970: 137-233, apéndice documental.

Importante estudio del desarrollo económico del país que analiza con abundante información estadística la evolución de la economía agrícola, sus momentos de expansión y contracción, los mercados externos, las innovaciones tecnológicas y el sistema de crédito. Anexa un apéndice documental con promedio anual de precios del trigo, harina y porotos de 1846-1900; préstamos de la Caja de Crédito Hipotecario de 1856-1910. Este trabajo ilustra además el valioso acervo de información existente en archivos notariales, municipales, de haciendas, etc.

**2120. Borde, Jean; y Mario Góngora.** Evolución de la propiedad rural en el Valle del Puangue. Santiago de Chile, Imprenta Universitaria, 1956. 2 v., mapas.

El primer tomo corresponde al texto y el segundo a los mapas. Estudio histórico y geográfico de la constitución y evolución de la propiedad rural en el Valle del Puangue, desde la ocupación española hasta la estructura de propiedad en el siglo XX. Análisis cualitativo y cuantitativo sobre estructura de la propiedad, arrendamiento, ganadería y agricultura, habitaciones, regadío, carreteras, población, progresos técnicos en la agricultura, producción y mercados de los productos y crédito agrícola. Presenta datos cuantitativos sobre crecimiento demográfico entre 1813-1952 (tomados de los respectivos censos), cotización de la moneda nacional en peniques de 1875-1935. (BNsCH)

## 2121. Chile. Ministerio de Obras Públicas, Comercio y Vías de Comunicación. Maderas chilenas; informaciones comerciales. Santiago de Chile, Apolo, 1926. 113 p. (Publicación, 3).

Estudio referido a las riquezas forestales de Chile, con datos de 1913-24. Incluye producción anual, importación y exportación, tarifas ferroviarias, aranceles aduaneros, cotizaciones de los distintos tipos de madera y medidas convencionales. (BCN)

## 2122. Correa Vergara, Luis. Agricultura chilena. Santiago de Chile, Nascimento, 1938. 2 v., biblio., cuadros, mapas, ilustraciones.

El prólogo es de Luis Barros Borgoño. El primer tomo es una descripción histórica de la evolución del agro chileno desde la época colonial, con alguna información cuantitativa entre 1850-1930. El segundo tomo contiene un conjunto de monografías sobre colonización, regadío, ganadería, arborización, industrias derivadas de la agricultura, legislación social, inquilinaje, transporte, caminos, ferrocarriles, educación y crédito agrario. El autor, activo miembro de la Sociedad Nacional de Agricultura, dedica esta obra al centenario de dicha institución, ofreciendo un panorama extremadamente elogioso y favorable de su acción y del desarrollo agrícola del país, a través de la renovación tecnológica. (BNsCH 11(630-23 y 24))

## 2123. Drouilly, Martin; y Pedro Lucio Cuadra. Ensayo sobre el estado económico de la agricultura en Chile; redactado para el Congreso Agrícola de París, en 1878. Santiago de Chile, El Independiente, 1878. 21 p.

El presente documento constituye un informe elaborado a petición del presidente de la Sociedad de Agricultura para presentar al Congreso Agrícola de París. Analiza la superficie explotada y no explotada, las instituciones para favorecer el crédito agrícola, tasas de interés y amortización, bancos locales, cajas de ahorro, movimiento de los capitales nacionales, y su inversión en la agricultura. Incluye mucha información estadística como número de animales por provincia, cantidad de fundos entre 1854-75, con indicación de los precios medios y valor, con igual información para las viñas y las tierras regadas. (BNsCH 11(1049-7))

## 2124. Faivovich Hitzcovich, Angel. Contribución al estudio de la legislación agrícola nacional. Memoria de prueba para optar al grado de Licenciado en la Facultad de Leyes y Ciencias Políticas de la Universidad de Chile. Santiago de Chile, Dirección General de Talleres Fiscales de Prisiones, 1930. 56 p.

Estudio que analiza la legislación sobre colonización, constitución de la propiedad austral y la reglamentación indígena. Contiene una descripción de la actividad agropecuaria, del sistema de crédito agrícola y del comercio interno entre 1875-1929. (BCN 0-10-j (F))

## 2125. Gay, Claudio. Historia física y política de Chile: agricultura; según documentos adquiridos en esta república durante doce años de residencia en ella y publicada bajo los auspicios del Supremo Gobierno. Santiago de Chile, en el Museo de Historia Natural; y París, en casa del autor, 1862-65. 2 v.

Importante estudio histórico del desarrollo agrícola de Chile desde la época prehispánica. Constituye el primer esfuerzo sistemático y científico por describir y plantear en forma amplia y documentada la evolución y realidad de la agricultura en el país. Se refiere a la propiedad agrícola, estructura social, desarrollo de las comunicaciones, producción y técnicas agrícolas. Incluye precios de la propiedad, datos anuales del movimiento de pasajeros, carga y equipaje para 1855-62 entre Santiago y Valparaíso. (BNsCH 11(1112-19 y 20))

## 2126. Labarca Letelier, René. Subproducción agrícola y sistema de propiedad ante la estadística chilena. Memoria de prueba para optar al grado de Licenciado en la Facultad de Ciencias Jurídicas y Sociales de la Universidad de Chile. Santiago de Chile, El Esfuerzo, 1943. 90 p.

Estudio que desarrolla un análisis retrospectivo de la agricultura chilena, enfocando el problema agrícola desde el punto de vista de la propiedad y producción, y del sistema de inquilinaje y el latifundio. Se detiene extensamente en este último punto analizando sus efectos sociales y económicos. (BNsCH 11(226-3))

## 2127. Le Feuvre, René. L'agriculture au Chili. Paris, A la Légation du Chili, 1890. 48 p.

Descripción general de las condiciones climáticas existentes en el país y las posibilidades de desarrollo de la agricultura. Incorpora datos sobre la constitución de la propiedad agrícola, producción de cereales, legumbres, forrajeras, cultivos industriales y horticultura. (BNsMV (20-20 p.7))

## 2128. McBride, Jorge M. Chile: su tierra y su gente. Traducción de Guillermo Labarca H. Santiago de Chile, Instituto de Capacitación e Investigación en Reforma Agraria, 1970. 308 p.

La primera edición de esta influyente e importante obra fue publicada en 1936. Interesante estudio crítico que muestra la constitución de la propiedad rural en el país desde sus orígenes, los sistemas de cultivo, condición económica-social del trabajador del agro y las relaciones patronales. Además analiza ''la influencia del latifundio en la vida política, social y económica de la nación.''

## 2129. Matthei, Adolfo. La agricultura en Chile y la política agraria chilena. Santiago de Chile, Nascimento, 1939. 291 p., biblio.

Obra cuidadosa y bien documentada, que contiene una descripción de las condiciones naturales, económicas y sociales de la agricultura chilena en la década de 1930, discriminando detalladamente entre los diferentes cultivos, actividades ganaderas y forestales. En la parte destinada al examen de la política agraria se destaca sobre todo un buen estudio sobre la inmigración desde mediados del siblo XIX. Es interesante la posición del autor de crítica a la gran propiedad y en favor de una reforma agraria "moderada."

**2130. Poblete Troncoso, Moisés.** El problema de la producción agrícola y la política agraria nacional. Santiago de Chile, Imprenta Universitaria, 1919. 281 p. (Seminario de Ciencias Económicas de la Universidad de Chile).

Estudio histórico de economía agraria en Chile que presenta una reseña histórica de la constitución de la propiedad agrícola desde la conquista hasta 1919. Analiza la repartición de la propiedad agrícola desde el punto de vista social y económico y las desventajas que provoca la concentración de la propiedad agrícola. Se refiere además a la situación económica y social del obrero, el contrato de trabajo, el ausentismo en la agricultura y a los arrendamientos como forma de trabajo agrícola. Propone además medidas sobre política agraria. (BNsCH 11(824-20))

**2131. Schneider, Teodoro.** La agricultura en Chile en los últimos cincuenta años. Santiago de Chile, Imprenta Barcelona, 1904. 220 p.

Importante obra descriptiva sobre la agricultura chilena en el período de 1850-1900. Presenta información cualitativa y cuantitativa sobre áreas cultivadas y extensión de los principales cultivos, producción ganadera, producción lechera y sus derivados, maquinarias agrícolas y herramientas, abonos, legislación rural, habitaciones rurales, vías de comunicación, enseñanza agrícola y relación histórica de la Sociedad Nacional de Agricultura. (BNsMV (20-10))

**2132. Sociedad de Agricultura.** El agricultor. Santiago de Chile, 1838-49.

Publicación periódica de frecuencia variable, quincenal o mensual. Contiene artículos sobre agricultura y ganadería en general, técnicas agrícolas, maquinarias, abonos, legislación agrícola y aguas de regadío, instrucción, política agraria, colonización, industria vitivinícola, instituciones de ahorro y crédito y caminos. (BSNA)

**2133. Sociedad Nacional de Agricultura.** Boletín de la. . . . Santiago de Chile, 1869-1933.

Publicación periódica de frecuencia variable, en forma semanal, quincenal o mensual. Aparece publicada por primera vez en 1869 con información cuantitativa desde 1847. Contiene artículos relativos a problemas agrícolas y ganaderos en general y la documentación oficial de la Sociedad. A partir de 1900 la revista se organiza en secciones incorporando una comercial con listas de precios sobre productos agrícolas y ganaderos. En 1926 se agrega una sección estadística que presenta volúmenes de producción. Faltan los años 1916-21. (BNsCH Reservado)

**2134. _____.** El mensajero de la agricultura. Santiago de Chile, 1856. 1 v.

Boletín mensual de la Sociedad Nacional de Agricultura, redactor en jefe Benjamín Vicuña Mackenna. Contiene artículos sobre la situación de la agricultura nacional, política agraria, instrucción y documentación oficial de la sociedad. (BSNA Reservado)

**2135. Vicuña Mackenna, Benjamín.** La agricultura de Chile: la Sociedad Nacional de Agricultura; protección del gobierno a la agricultura nacional. El mensajero de la agricultura [Santiago de Chile], v. 1, 1856: 3-25.

Memoria presentada a la Sociedad Nacional de Agricultura, donde se analiza la situación agrícola del país, las finalidades planteadas por la Sociedad para mejorar las condiciones agrícolas existentes y se examina la agricultura en el contexto del desarrollo general del país. Se refiere también a los problemas socio-económicos de la población rural y la política agraria gubernamental. (BNsCH Reservado)

**2136. Yrarrázaval Larrain, José Miguel.** El ganado lanar de Magallanes: su origen, condición actual, su porvenir. Santiago de Chile, Imprenta Barcelona, 1910. 169 p. (Sociedad Nacional de Agricultura).

Estudio que se refiere al desarrollo histórico del ganado lanar en Magallanes desde la incorporación del territorio al país. Descripción del territorio, primeras industrias frigoríficas, constitución de la propiedad, formas de crianzas, faenas desarrolladas en las haciendas, necesidades materiales y legales para el desarrollo ganadero y principales sociedades ganaderas con datos sobre existencia ovina de 1894-1909 y lana cosechada de 1895-1902. Datos estadísticos de las exportaciones e importaciones durante 1909. (BNsCH 11(825-44) y 11(1133-27))

**Véase también:** 1716, 1891, 1897, 2171, 2172, 2173, 2186.

## 3. Tenencia de la tierra y colonización

**2137.** Los alemanes en Chile en su primer centenario; resumen histórico de la colonización alemana de las provincias del sur de Chile. Santiago de Chile, Liga Chileno-Alemana, 1950. 207 p., fotos.

Conjunto de trabajos históricos, relacionados con la colonización alemana y la labor realizada por ellos en cien años. Se refieren al desarrollo histórico de la colonización, disposiciones legales, actividad comercial industrial y agrícola, ganadera, forestal, navegación, instrucción, religión y sociedades culturales. Incluye datos cuantitativos no seriados y una gran información cualitativa basada en una amplia documentación bibliográfica. Incorpora además una lista de los colonos que se radicaron en Llanquihue entre 1868-75 y el monto de los préstamos recibidos por el gobierno. (BIEI)

**2138. Amunátegui y Solar, Domingo.** Estudios históricos. Santiago de Chile, Leblanc, 1940. 154 p. (Ediciones de la Universidad de Chile).

Estudio que analiza el aumento del precio de la tierra agrícola, cubriendo desde la conquista y los primeros repartimentos de tierras. Se refiere especialmente al valor de los fundos rústicos en los siglos XIX y XX, al cambio de la

base alimenticia del campesinado en la misma época, a las reformas sociales y parcelación de la tierra agrícola. Incluye un apéndice sobre la tasación de los fundos rústicos.
(BNsCH 11(942A-12))

**2139. Chile. Inspección Jeneral de Tierras i Colonización.** Memoria. Santiago de Chile, 1899-1913.

Publicación anual con información sobre el estado de los trabajos de colonización en las distintas regiones del país. Datos sobre radicación de colonos, con cuadros informativos sobre los establecimientos o colonias, número de personas, sexo, procedencia, fecha de llegada, construcciones, extensión de los terrenos, siembras, cosechas y producción en general de las colonias. Colonias nacionales y de repatriados de Argentina. Esta publicación se refiere a los años 1899-1906 y 1912-13. (BNsCH)

**2140. _____. Ministerio de Relaciones Exteriores.** Memorias de colonización. Santiago de Chile, 1872-1920.

La primera memoria presentada por el ministro de Relaciones Exteriores al Congreso Nacional corresponde a la de 1872. A partir de 1924, por ley nº 43 del 14 de octubre, se creó el Ministerio de Agricultura, Industria y Colonización, y en mayo de 1931 se creó el Ministerio de Tierras y Colonización. La ubicación de las memorias se hace por el año y los ministerios correspondientes. Las memorias contienen los informes de los gobernadores de las provincias, la política sobre colonización del gobierno, los requisitos sobre el ingreso al país, disponibilidad de territorios para efectos de colonización, y todo lo referente a la materia. (BNsCH)

**2141. _____. Oficina de Mensura de Tierras.** Memoria del Director de la Oficina de Mensura de Tierras, pasadas al Ministro de Colonización. Santiago de Chile, 1908-14.

Publicación anual. Presenta información sobre límites de la división administrativa del país e internacionales. Tierras de colonización y concesiones de tierras. Problema de radicación indígena. (BN)

**2142. Corvalán, Antonio,** *ed.* Antología chilena de la tierra. Santiago de Chile, Instituto de Capacitación de Investigaciones en Reforma Agraria, 1970. 184 p.

"En esta antología se presentan documentos, ensayos y trozos literarios relacionados con tipos de trabajadores agrícolas y sistemas de explotación de la tierra en Chile. El trabajo se ha llevado a cabo considerando tanto el interés histórico como el interés social." Excelente selección de documentos relevantes para el conocimiento de la estructuración del agro, los sistemas de explotación utilizados y la mano de obra campesina. (BIEI)

**2143. Cuadra, Luis de la.** Ocupación y civilización de Arauco. Santiago de Chile, Imprenta Chilena, 1870. 111 p.

Estudio general sobre colonización. Descripción de la región de Arauco, posibilidades de colonización y perspectivas del desarrollo económico regional. (BNsCH 11(1124-5))

**2144. Domeyko, Ignacio.** Memoria sobre la colonización en Chile. Santiago de Chile, J. Belini, 1850. 14 p.

Documento que destaca la importancia de fomentar la colonización en el país, y la necesidad de desarrollar una política adecuada de colonización. Indica la importancia de las tierras fiscales para estos efectos, la posibilidad de una medición de ellas en la región comprendida entre Valdivia y Chiloé para obtener un mejor aprovechamiento. Se propone en su última sección una serie de medidas que tienden al fomento de la colonización y procedimientos para la concesión de tierras.

**2145. Donoso, Ricardo; y Fanor Velasco.** La propiedad austral. Santiago de Chile, Instituto de Capacitación de Investigaciones en Reforma Agraria, 1970. 282 p.

Interesante estudio histórico sobre la constitución de la propiedad territorial, en las regiones de Arauco, Valdivia, Osorno, Llanquihue y Chiloé. Desarrolla un profundo análisis de las características que este proceso tuvo en las regiones mencionadas basándose en fuentes fundamentales para su estudio, como son las diferentes colecciones que contiene el Archivo Nacional, Archivo del Ministerio del Interior (1741), Archivos Notariales, Capitanía General, etc., además de periódicos y una importante bibliografía. Este análisis abarca hasta el año 1866. La primera edición de esta obra apareció en 1928 y fue destruida casi totalmente por ser considerada desfavorable al gobierno. (BIEI)

**2146. Echeverría, Francisco de Borja.** Terrenos fiscales i colonización. Santiago de Chile, El Correo, 1886. 105 p.

Fuerte crítica a la política de ventas en grandes lotes de las tierras fiscales de la Araucanía, que se inició bajo el gobierno Santa María, señalando sus efectos negativos en cuanto a concentración de la propiedad, estructura social, cultivos extensivos y agotamiento de los suelos. Ardiente partidario de la colonización, destaca las ventajas agrícolas y generales para la economía y la sociedad, sobre la base del estudio de las políticas de asignación de tierras en los Estados Unidos, Australia y Argentina. (BNsCH 11(970-1 p.2))

**2147. Fuenzalida Villegas, Humberto.** La conquista del territorio y la utilización de la tierra durante la primera mitad del siglo XX. *En* Desarrollo de Chile en la primera mitad del siglo XX. Santiago de Chile, Ediciones de la Universidad de Chile, s.f., v. 1, p. 11-34.

Fecha de depósito en la Biblioteca Nacional: 1953. Interesante estudio que analiza brevemente la ocupación del territorio en las provincias mineras y salitreras del norte durante el siglo XIX y las transformaciones efectuadas, para luego entrar con mayor profundidad a la ocupación y aprovechamiento de la tierra y de los recursos naturales en la región austral. (BNsCH 10(452-13 y 14))

**2148. [Gómez García, Agustín].** Sociedad Austral. Santiago de Chile, [Imprenta Barcelona], 1905. 98 p.

Presenta información cualitativa y cuantitativa sobre los objetivos y realizaciones de la sociedad anónima denominada Sociedad Austral. Se refiere a la labor de colonización de la zona comprendida entre el paralelo 42 y la península de Taitao y de explotación, comercialización e industrialización de la madera. Incluye precios de distintas maderas y en distintos mercados. Datos sobre transportes y sobre recursos naturales de la zona.                                    (BNsCH 11(921-21))

**2149. Goycolea Cortés, Marcos.** Colonización de Magallanes y Aysen. Memoria de prueba para optar al título de Licenciado en la Facultad de Ciencias Jurídicas y Sociales de la Universidad de Chile. Santiago de Chile, El Imparcial, 1942. 58 p.

Análisis histórico de la ocupación y colonización del territorio de Magallanes y Aysen. Se refiere a los recursos naturales del territorio, población, historia y desarrollo de la ganadería, distribución de terrenos fiscales, concesiones, arrendamientos e industrias regionales. Incluye datos cuantitativos sobre división de tierras y existencia ganadera en Aysen entre 1905-40. Incorpora además la legislación sobre contratos de arriendo a las sociedades explotadoras de la región.

(BNsCH 11(366-24))

**2150. Palacios, Nicolás.** Colonización chilena; reparos y remedios. Valparaíso, Imprenta i Litografía Alemana de Gustavo Schafer, 1904. 223 p.

Estudio general sobre colonización y los sistemas utilizados para realizarla. Analiza la composición étnica del país, el origen y los rasgos físicos y morales de la población. Presenta un planteamiento opuesto a la introducción de extranjeros como colonos. Analiza la legislación sobre colonización, la política nacional sobre colonización y los ensayos de colonización con nacionales.          (BNsCH 11(247-4 p.3))

**2151. _____.** Colonización italiana; inconvenientes para Chile y para Italia. Valparaíso, Imprenta i Litografía Alemana de Gustavo Schafer, 1904. 34 p.

Ferviente nacionalista, partidario de efectuar un plan de colonización con nacionales, ataca violentamente la política y propaganda iniciada para desarrollar en la región de Lumaco una colonia italiana. Manifiesta además su oposición al sistema de colonización forzada, sugiriendo que la espontánea se adapta mejor a las costumbres nacionales. Este trabajo se encuentra incorporado al estudio *Colonización chilena* del autor (2150).          (BNsCH 11(916-20))

**2152. Pérez Canto, Julio.** Breves noticias sobre la colonización i la inmigración en Chile. Santiago de Chile, Imprenta Nacional, 1888. 32 p.

Estudio histórico del proceso de inmigración en Chile. Incluye referencias desde el proyecto promulgado en 1845 sobre colonización y analiza los primeros ensayos de colonización, los efectos positivos y negativos en Llanquihue, la colonización de Arauco, la política estatal y legislación sobre colonización e inmigración.          (BNsCH 11(977-14 p. 2))

**2153. Pérez Rosales, Vicente.** La colonización de Llanquihue, su origen, estado actual i medios de impulsar su progreso. Santiago de Chile, La Libertad, 1870. 16 p.

Informe sobre colonización del territorio de Llanquihue, con referencias cualitativas y cuantitativas del período 1852-69. Se refiere a la transformación del paisaje de la zona por los efectos de la colonización, al número de inmigrantes alemanes llegados a Llanquihue y Valdivia, al grado de instrucción, a la fundación de la ciudad de Puerto Montt como capital de la colonia y a las dimensiones de los predios agrícolas y productos que se cultivan.          (BNsCH 11(1107-1 p.6))

**2154. _____.** Memoria sobre la colonización de la provincia de Valdivia. Valparaíso, Imprenta del Diario, 1852. 36 p.

Descripción de las condiciones físicas, climáticas y de población, y producción agrícola de la región de Valdivia en relación directa a su colonización. Incluye cifras de importación y exportación a través del puerto de Corral en el año 1851, y el movimiento marítimo de él.          (BHsCH Reservado)

**2155. Serrano Montaner, Ramón.** La constitución de la propiedad rural en Magallanes. Santiago de Chile, Cervantes, 1899. 30 p.

Estudio que analiza con criterio jurídico las sociedades explotadoras de Magallanes y sus actividades económicas, la propiedad rural y la venta de terrenos fiscales en la región.

(BNsCH 11(969-22 p. 7))

**2156. Torrealba Z., Agustín.** La propiedad rural en la zona austral de Chile. Santiago de Chile, Imprenta Universitaria, 1917. 3 v.

La primera parte de la obra ("Tierras fiscales y de indígenas. Su legislación i jurisprudencia") contiene la legislación aplicada para construir la propiedad rural, y se han incorporado las principales leyes y decretos sobre la materia. La segunda parte ("La propiedad fiscal y la particular en las provincias australes") se aboca al estudio de los servicios de colonización, incorporando las disposiciones gubernamentales de mayor importancia. Presenta además una síntesis de estos servicios de colonización en forma de cuadros, agregando numerosos datos estadísticos. Incluye además en el anexo, el proyecto de ley sobre tierras y colonización.

**2157. _____.** Tierras del estado i radicación de indíjenas; apuntes para la nueva legislación; proyecto de ley para constituir la propiedad en las provincias australes. Santiago de Chile, Imprenta Barcelona, 1908. 184 p.

Interesante estudio con información y datos sobre la propiedad indígena en las provincias australes. Recopilados y presentados a las autoridades con el objeto de servir de base a una legislación sobre indios. Presenta un análisis de las leyes derogadas y vigentes, información sobre la propiedad fiscal, privada e indígena en la región.  (BNsCH 11 (593A-16))

**2158. _____.** Tierras fiscales; anexo a la memoria de la Inspección de Tierras y colonización. Santiago de Chile, Cervantes, 1907. 42 p.

Estudio jurídico e histórico sobre la utilización de las tierras del estado y un proyecto de ley para constituir la propiedad en las provincias australes.                    (BNsCH (593A-16))

**2159. Urrutia Ibáñez, Luis.** Estudio sobre la constitución de la propiedad raíz en la zona austral. Valdivia, J. Lampert, 1911. 52 p.

Análisis de las medidas administrativas necesarias para defender y constituir la propiedad fiscal y particular de la región. Se refiere a medidas como: inventario de los terrenos fiscales, delimitación de la propiedad fiscal y particular, inscripción de los terrenos fiscales, enajenación de los terrenos fiscales con valor comercial, medidas judiciales y legislativas.
(BNsCH 11(970-31 p.7))

**Véase también:** 1781, 1814, 1867-1876, 1931, 1934, 2092.

## 4. Insumos

**2160. Bezé, Francisco de.** Chile, informaciones útiles. Santiago de Chile, Universo, 1919. 285 p.

Interesante estudio de orden económico y agrícola. Se refiere extensamente al consumo, perspectivas y técnicas de la producción agropecuaria y de sus industrias derivadas. En relación a la minería se refiere a las formas de producción, exportación, aplicación de los diferentes minerales. La información cuantitativa es esencialmente para 1913-17.          (BNsCH 10(940-25))

**2161. Covarrubias, Alvaro.** Informe general presentado a S.E. el Presidente de la República sobre los trabajos de la Comisión Directiva de la Exposición Nacional de Agricultura celebrada en Santiago de Chile en mayo de 1869. Valparaíso, Santos Tornero, 1869. 636 p.

Informe general que recopila los documentos, correspondencia, memorias, informes, discursos y toda la documentación oficial de la Exposición. Presenta un interesante informe de los adelantos tecnológicos en la agricultura, como también sobre el ganado. Incluye precios de productos agrícolas anuales y por decenio entre 1847-67.          (BNsCH 11(843-21))

**2162. Fernández Niño, Pedro.** Cartilla de campo, escrita para el uso de los agricultores. 2. ed. aumentada y corregida. Santiago de Chile, El Independiente, 1867. 119 p.

Manual con indicaciones sobre la forma de organizar las labores agrícolas en las haciendas del país, que presenta información cualitativa sobre los sistemas de cultivo utilizados en la segunda mitad del siglo XIX.          (BNsCH Reservado)

**2163. Hernández, Silvia.** Transformaciones tecnológicas en la agricultura de Chile central, siglo XIX. Santiago de Chile, Universidad de Chile, Facultad de Ciencias Económicas, 1966. 31 p. (Cuadernos del Centro de Estudios Socio-Económicos, 3).

Breve descripción de las transformaciones que experimenta

la agricultura "tradicional" del valle central durante el siglo XIX y que la hacen perder las características heredadas del período colonial. Se refiere a dos grandes transformaciones. La primera, desde 1845, como consecuencia de la apertura de importantes mercados externos que lleva a ampliar considerablemente la superficie cultivada. La segunda, después de mediados del siglo, que se manifiesta por la creciente presencia de empresarios capitalistas provenientes principalmente de la minería, que llevan a cabo importantes innovaciones tecnológicas: riego, mecanización, importación de ganado fino, diversificación de cultivos, etc.

**2164. Izquierdo F., Gonzalo.** Un estudio de las ideologías chilenas: la Sociedad de Agricultura en el siglo XIX. Santiago de Chile, Centro de Estudios Socio-Económicos (CESO), Facultad de Ciencias Económicas, Universidad de Chile, 1968. 199 p.

Constituye un estudio de la Sociedad Nacional de Agricultura durante el siglo XIX y las ideologías vigentes. Destaca las características de esta asociación y el cambio de orientación que se produce dentro de ella a través del siglo. El autor distingue dos períodos en este proceso evolutivo. El primero va desde su formación en 1858 hasta 1870 y durante el cual la Sociedad constituye un centro de debate sobre problemas generales de la agricultura de un grupo de liberales con ideas progresistas, con escasa participación de agricultores. Durante el segundo período que va de 1870 en adelante, la Sociedad se comienza a preocupar más específicamente de la modernización técnica y tiene una mayor participación de los agricultores.          (BNsCH 10(1023-27 p.2))

**2165. Sociedad del Canal de Maipo.** Antecedentes i documentos de la apertura del canal: formación i progresos de la sociedad de este nombre. Santiago de Chile, El Correo, 1859. 163 p.

Recopilación de los documentos relativos al canal desde 1769, como también aquellos referentes a la Sociedad que se formó para la conservación y administración del canal. El último documento es de 1827.          (BNsCH 10(025-9))

**2166. _____.** Dirección del Canal de Maipo. Santiago de Chile, La Sociedad, 1848. 94 p.

Presentación dirigida al gobierno de la República por la Sociedad del Canal de Maipo, con el objetivo del cambio de dirección y orientación de la sociedad. Incluye el convenio, acuerdos, pactos, reglamentos de la Sociedad y toda la documentación oficial de 1832-47, como también el movimiento del capital de ella.          (BNsCH)

**2167. Valdés Tagle, Elías.** La cuestión obrera y el crédito agrícola en Chile. *En* Trabajos del Cuarto Congreso Científico (1° Pan-Americano), celebrado en Santiago de Chile del 25 de diciembre de 1908 al 5 de enero de 1909. V. 8: Trabajos de la VII sección: Ciencias Económicas y Sociales, v. 1. Santiago de Chile, Imprenta Barcelona, 1911, p. 38-67.

Análisis cualitativo de la condición social y económica

del obrero agrícola y el pequeño propietario. Se refiere a la necesidad de establecer el crédito agrícola a través de cajas rurales. Analiza además las distintas formas de crédito agrícola en Europa y las posibilidades de aplicación en Chile.

(BNsCH 11(287-2))

# VIII. Industrias: Fabriles y Artesanales

## 1. Fuentes estadísticas

**2168. González, Pedro Luis.** Chile; breves noticias de sus industrias. Santiago de Chile, Universo. 1920. 44 p., cuadros.

Síntesis estadística de la economía chilena en general y de las diversas ramas industriales en particular con breves comentarios sobre los principales establecimientos de cada rubro y cifras de 1918 con series desde aproximadamente 1910.　　(BNsCH 11(442-19))

**2169. Sociedad de Fomento Fabril.** Resúmenes jenerales de la estadística industrial, correspondiente a las provincias de Aconcagua, Santiago, O'Higgins, Colchagua, Curicó, Talca, Linares, Maule, Ñuble, Concepción, Arauco, Bío-Bío, Malleco, Cautín, Valdivia y Llanquihue. Santiago de Chile, Universo, 1908. 93 p., cuadros.

Estadística preparada por la Sociedad de Fomento Fabril en el primer semestre de 1908. Presenta cuadros estadísticos para cada provincia, con cifras de capital; de producción y materias primas; número de operarios por industrias, diferenciados por sexo y edad, nacionalidad y salarios de cada categoría: información sobre maquinaria instalada, número de motores, energía que los mueve y otras maquinarias, así como el número de establecimientos existentes.　　(BNsCH)

## 2. Estudios generales

**2170. Aguirre Cerda, Pedro.** El problema industrial. Santiago de Chile, Prensa de la Universidad de Chile, 1933. 176 p.

Estudio general sobre política industrial. Análisis de las políticas seguidas en Norteamérica, cuyas influencias repercuten en Chile. Se refiere a la ciencia y la técnica en el desarrollo económico, al nacionalismo en su acción interna (protección tarifaria y nacionalización de las actividades económicas) y en su acción externa. Análisis de la política económica e industrial que debería aplicarse en el país para el aprovechamiento de las industrias básicas.

(BNsCH 10(966-19))

**2171. Barros Borgoño, Luis.** La industria azucarera y las refinerías: exposición y defensa. Santiago de Chile, Cervantes, 1903. 202 p.

Cuidadoso y detallado estudio sobre la rentabilidad de las refinerías de azúcar y la forma en que les afectan los cambios en la política arancelaria. Excelente ejemplo de argumentación proteccionista en un caso específico.　　(BNsCH 11(903-15 p.5))

**2172. Congreso Industrial y Agrícola. 1°, Santiago de Chile, 1899.** Congreso Industrial y Agrícola, 1899. Santiago de Chile, Imprenta Barcelona, 1899. 366 p., fotos.

Recopilación de los documentos relativos al primer Congreso industrial y agrícola y los trabajos presentados en él. En la sección industrias aparecen trabajos monográficos sobre la industria de la loza, soda cáustica, acido sulfúrico, etc. En la agricultura presenta un estudio sobre el azúcar de betarraga y un proyecto para crear un Banco Agrícola e Industrial, ademas de algunos estudios generales sobre irrigación, ferrocarriles y enseñanza industrial y agrícola.　　(BNsCH 11(083-1))

**2173. Congreso Industrial y Agrícola. 2°, Talca, 1905.** Congreso Industrial y Agrícola, noviembre de 1905; celebrado en Talca bajo el patrocinio del Centro Industrial y Agrícola. Santiago de Chile, Universo, 1906. 230 p.

Recopilación de los documentos presentados, nómina de los miembros del congreso y de los comités locales de fomento agrícola. El congreso trabajó dividido en tres secciones, una de agricultura e industria, otra de zootecnia y veterinaria y una tercera de estadística y comercio. Uno de los principales temas de discusión fue el relativo a incrementar la producción a través del uso racional de los abonos. Se analizó también el problema de la irrigación, además se insinúa la conveniencia de crear una comisión a nivel gubernativo para estudiar e incrementar el intercambio con los países latinoamericanos.

(BNsCH 11(893-19))

**2174. Espech, Román.** Colección de artículos encaminados a demostrar la necesidad de crear manufactura nacional i los medios de conseguirlo. Santiago de Chile, Victoria, 1887. 180 p., cuadros.

Conjunto de estudios sobre la industria nacional presentados para mostrar la necesidad de desarrollar la industria, como medios de equilibrar la balanza comercial y aprovechar el elemento humano existente. Se refieren esencialmente a la industria fabril, producción alimenticia y de vestuario. Analiza comparativamente los productos nacionales con los importados, además de presentar información cuantitativa sobre materias primas desde 1881. Anexa estudios específicos sobre la fabricación de tejidos de lana, elaboración del cáñamo y documentos oficiales sobre la industria nacional.

(BNsCH 11(970-3 p. 1))

**2175. _____.** La industria fabril en Chile; estudio sobre el fomento de la industria nacional presentado al Ministerio de Hacienda. Santiago de Chile, J. Núñez, 1883. 24 p.

Informe monográfico sobre el estado y posibilidades de desarrollo de la industria fabril en el país, que incorpora datos estadísticos sobre importaciones industriales obtenidos de la *Estadística comercial* (2051, 2052), con los cuales demuestra las posibilidades de desarrollo de dicha industria, y la importancia que ello tiene en la realidad nacional. Propone en este informe la creación de la Sociedad de Fomento Fabril y plantea cuales podrían ser los posibles objetivos de ella.　　(BNsMV (17-31))

**2176. González, Pedro Luis.** Chile industrial 1919. Santiago de Chile, Universo, 1919. 244 p.

Detallada información de la industria nacional, con monografías de algunas industrias. Incluye el rol de industriales de Chile clasificado por industrias, una descripción de la economía nacional y las modificaciones propuestas por la Sociedad de Fomento Fabril a la ley respectiva.

**2177. _____.** Las fábricas de tejidos de algodón en Chile y los derechos de aduanas. Santiago de Chile, Universo, 1924. 11 p.

Estudio sobre la industria de tejidos de algodón, referido especialmente a las fábricas existentes en Viña del Mar. Datos cuantitativos sobre: importación de artículos de algodón 1912-22, con precios en moneda nacional y oro de 18 d.; capitales invertidos; producción anual; consumo de materias primas; artículos producidos; número de operarios y salarios.
(BCN vol. 28 colec. Folletos Y-5)

**2178. _____; César Silva Cortés; y Enrique Gajardo Cruzat.** El esfuerzo nacional; estudios de política industrial; reseña de las industrias nacionales: rol de industriales. Santiago de Chile, Universo, 1916. 266 p., ilustraciones.

Estudio que refleja la política industrial del país y los intereses de la Sociedad de Fomento Fabril. Se refiere entusiastamente a la Exposición de Industrias Nacionales realizada por la Sociedad en 1916 y a las posibilidades de desarrollar la industria nacional. Contiene breves monografías industriales y un rol de todos los industriales de la república clasificados por industrias. (BNsCH 11(1075-9))

**2179. Hörmann, Jorge.** Chile industrial y económico 1897-1917: efectos de las leyes de impuestos n° 980 del 23 de diciembre de 1897 y n° 3066 del 1° de marzo de 1916. Santiago de Chile, Cervantes, 1918. 137 p.

Recopilación de artículos económicos surgidos a raíz de la política proteccionista implantada desde 1897. A través del análisis de cifras y de las leyes de impuestos de 1897-1912 y 1916 muestra el desarrollo alcanzado por las principales industrias del país, el surgimiento de nuevas industrias y el impulso dado al comercio. (BNsCH 11(1070a-24))

**2180. Lagos Escobar, Ricardo.** La industria de Chile; antecedentes estructurales. Santiago de Chile, Universidad de Chile, 1966. 240 p. (Publicaciones del Instituto de Economía, 90).

Valioso estudio económico que se refiere a la incidencia que el sector industrial tiene en la economía nacional. Se refiere a los antecedentes históricos del siglo XIX y aun del período colonial y se extiende hasta la década de 1960. Del siglo XIX presenta información sobre la política económica de los primeros gobiernos de la república y las corrientes ideológicas que la influenciaron, desarrollo de la industria alimenticia 1810-61, recursos económicos del país, presupuesto fiscal, análisis de las importaciones entre 1870-1907.
(BNsCH 10(883-29))

**2181. Martínez, Mariano.** Industrias santiaguinas. Santiago de Chile, Imprenta Barcelona, 1896. 267 p., cuadros.

Conjunto de numerosas monografías breves que describen los principales establecimientos industriales de Santiago. Contienen: breve historia de la empresa y de los empresarios, descripción de las instalaciones, volumen de actividad, tipos de productos, volumen de empleo y ventas y comentarios varios sobre la situación y perspectivas de la industria. Abarca las siguientes ramas: forja del hierro, artículos eléctricos, hierro esmaltado, máquinas para lavar oro, elaboración de madera, curtidos, licores, cervecerías, jabones y perfumes varios. (BNsCH 11(928-4 p.5))

**2182. Montenegro Gutiérrez, Aurelio.** Estudio general de la industria fabril en Chile: desarrollo histórico de las fábricas y manufacturas nacionales; la actual realidad industrial de Chile; posibilidades y proyecciones de la producción fabril de la nación. Memoria de prueba para optar al grado de Licenciado en la Facultad de Ciencias Jurídicas y Sociales de la Universidad de Chile. Santiago de Chile, Seminario de Ciencias Económicas de la Escuela de Ciencias Jurídicas y Sociales de la Universidad de Chile, 1947. 220 p. (Colección de Estudios de Economía Chilena).

Estudio que analiza el desarrollo de la industria manufacturera y fabril desde sus primeras manifestaciones artesanales durante la conquista y la colonia hasta la realidad fabril en el siglo XX. Analiza las industrias a través de la producción, precios, jornales y población industrial. Se refiere además al capital extranjero en la industria, al sistema de aduanas, a la iniciativa privada y estatal, al comercio exterior y a la industria nacional en relación al panorama internacional. Los datos cuantitativos sobre producción, precios y comercio exterior para 1850-1942. (BNsCH 11(130-16))

**2183. Muñoz G., Oscar.** Crecimiento industrial de Chile, 1914-1965. Santiago de Chile, Universidad de Chile, 1968. 220 p. (Instituto de Economía y Planificación, 105).

Estudio histórico y económico del desarrollo industrial de Chile. Se refiere a la urbanización acelerada, creación de instituciones y al proceso de industrialización general del país. Contiene estimación del crecimiento anual de la producción industrial entre 1913-58, relación entre las cifras de importación y de producción de manufacturas, evolución de las exportaciones de productos manufacturados y de los cambios en la industria manufacturera. (BIEI)

**2184. Nolff, Max.** Industria manufacturera. *En* Corporación de Fomento de la Producción, *ed.* Geografía económica de Chile; texto refundido. Santiago de Chile, Editorial Universitaria, 1965, p. 508-548.

Aunque el artículo trata principalmente sobre la industria manufacturera después de la crisis de 1930, contiene una breve descripción de su evolución anterior, que refleja el pensamiento, ampliamente compartido, de que la industria tuvo una evolución importante durante la primera mitad del siglo XIX para estancarse posteriormente con el auge salitrero.

**2185. Pérez Canto, Julio.** La industria nacional; estudio i descripciones de algunas fábricas de Chile. Boletín de la Sociedad de Fomento Fabril [Santiago de Chile], 1891: 1-63; 1893: 1-36; 1896: 103-136.

Recopilación en un volumen de los estudios elaborados por el secretario de la Sociedad de Fomento Fabril sobre los establecimientos industriales del país. Constituyen un conjunto de monografías sobre los principales establecimientos industriales del país, con información cuantitativa sobre volúmenes de producción, número de obreros, salarios, fuerza motriz y descripción de los equipos e instalaciones. Incorpora además el desarrollo histórico de las industrias e información sobre los empresarios. Se refiere a las fundiciones, carrocerías, industria de maquinaria, fábricas de tabaco, aceites e industrias alimenticias. (BNsCH 11(928-4))

**2186. Puelma Tupper, Alfredo.** La industria azucarera en Chile y establecimiento de una nueva fábrica nacional de azúcar de betarraga en Santa Fé. Santiago de Chile, Gutenberg, 1887. 160 p.

Estudio sobre la industria azucarera, las plantas en producción, proyectos de instalación de nuevas plantas y la necesidad de plantear una política nacional para desarrollar la industria. Incorpora un análisis detallado de las condiciones para el cultivo de la betarraga, las técnicas utilizadas, las entradas, costos de mano de obra, insumos y capital y las utilidades de las plantas existentes. (BNsCH 11(970-1 p.7))

**2187. Rivas Vicuña, Francisco.** Nuevas bases para el establecimiento de la industria siderúrgica en Chile. Santiago de Chile, Universo, 1917. 20 p.

Breve reseña sobre la industria siderúrgica nacional, basada en el quinquenio de 1908-13. Incluye un análisis de los precios en el mercado mundial, costos de fletes y un estudio sobre el establecimiento de nuevas usinas con costos de instalación. (BNsCH)

**2188. Sánchez Hurtado, Carlos.** Evolución histórica de la industria siderúrgica chilena e iberoamericana. Santiago de Chile, Nascimento, 1950. 398 p., fotos.

Interesante estudio sobre el desarrollo y situación de la industria siderúrgica nacional y de algunos países latinoamericanos (Argentina, Brasil, Méjico, Colombia, Perú, Cuba y Bolivia). El estudio relativo a Chile comienza con el informe del ingeniero francés Vattier en 1890 y la acción de las primeras compañías extranjeras, que se instalaron en la industria siderúrgica, hasta el funcionamiento de la planta de Huachipato, de la Compañía de Acero del Pacífico. Elabora un detenido análisis de los factores básicos para la creación de la industria siderúrgica, para lo cual incorpora abundante información estadística sobre materias primas, transportes, mercados de consumo interno y externo, procedimientos, técnicas y capitales necesarios para establecer la industria.

**2189. Sociedad de Fomento Fabril.** Chile; breves noticias de sus industrias. Santiago de Chile, Universo, 1920. 44 p.

Folleto informativo sobre la industria nacional. Contiene una reseña geográfica y económica del país, una nómina de todas las industrias fabriles, cifras sobre volumen de producción industrial corespondiente al año 1906, informe estadístico sobre las industrias nacionales, comercio exterior entre 1909-18 y sobre impuestos y crédito público entre 1914-18. (BNsCH)

**2190.** _____. Industria; boletín de la Sociedad de Fomento Fabril. Santiago de Chile, 1884-1934.

Revista informativa publicada por primera vez el 5 de enero de 1884 en forma quincenal, se continúa mensualmente en los años posteriores. Contiene artículos editoriales, estudios técnicos sobre la industria en general, enseñanza técnica, informaciones consulares sobre mercados para la industria nacional y noticias sobre nuevas empresas que podrían instalarse en el país, leyes, reglamentos y decretos relacionados con la industria, propiedad industrial, patentes y marcas comerciales, informes, correspondencia y actas de la Sociedad. Cada boletín incorpora un índice especial y el volumen correspondiente al año 1932 incluye un índice de los artículos editoriales publicados desde 1884.

(BNsCH 12(343-2 a 32) y 12(345-1 . . .))

**Véase también:** 1800, 2028, 2060.

### 3. Insumos

**2191. Compañía Refinería de Azúcar de Viña del Mar.** 50 años, 1887-1937. Santiago de Chile, Universo. 58 p., fotos.

Breve reseña de los orígenes de la Compañía y los acontecimientos más destacados que dieron impulso a su desarrollo industrial y comercial en los años posteriores, como también su posición dentro del campo de la industria nacional.

(BNsCH 11(351-4))

**2192. Concha, Manuel H.** Breves observaciones sobre la molinería chilena; conferencia dada en el Instituto Agrícola. Santiago de Chile, Cervantes, 1890. 47 p., diagramas.

Artículo que presenta la situación de la industria molinera en el año 1890 y las posibilidades de desarrollarla. Analiza las condiciones técnicas de la elaboración de la harina. Constituye esencialmente una exposición técnica de la industria molinera. (BNsCH 11(970-3 p.10))

**2193. González, Pedro Luis.** Cincuenta años de labor de la Sociedad de Fomento Fabril, 1883-7 de octubre de 1933. Santiago de Chile, Universo, 1933. 31 p.

Breve reseña de la labor realizada por la Sociedad desde su fundación referente a: enseñanza industrial, inmigración, estadística industrial, boletín *Industria* (2190), exposiciones, derechos aduaneros, protección a la industria, industria en general, patentes, tratados de comercio, economía social, ferrocarriles particulares. Incluye la nómina directiva de la Sociedad desde su fundación. (BNsCH 11(457-17))

**2194.** _____; **y Miguel Soto Núñez.** Album gráfico e histórico de la Sociedad de Fomento

Fabril y de la industria nacional. Santiago de Chile, Cervantes, 1926. 411 p., fotos.

Se refiere a la labor realizada por la Sociedad de Fomento Fabril en relación a la industria nacional y su significado en la riqueza nacional. Incluye una reseña de la Sociedad, exposición gráfica de la industria, referencias sobre enseñanza industrial, derechos aduaneros, protección industrial, patentes de invención, leyes sociales, tratados comerciales y sobre la industria en general. Datos cuantitativos sobre oro y plata amonedados entre 1895-1925. (BNsCH 11(1031-1))

**2195. Pfeiffer, Jack B.** Notes on the heavy equipment industry in Chile, 1800-1910. Hispanic American historical review [Durham, N.C.], v. 32, February, 1952: 139-144.

Este breve artículo se refiere específicamente al desarrollo de la industria pesada en las últimas décadas del siglo XIX en relación al capital y tecnología extranjera. Muestra la importancia y predominio que tuvieron algunas firmas inglesas en el establecimiento de la industria minera y de ferrocarriles en las dos últimas décadas del siglo XIX y comienzo del siglo XX, y la incorporación de los intereses norteamericanos hacia fines del siglo.

# IX. Industrias Extractivas

## 1. Fuentes estadísticas

**2196. Asociación Salitrera de Propaganda.** Estadística comparada, 1911-24.

Publicación mensual, impresa en lugares distintos, con información cuantitativa sobre producción, volumen de consumo total y por países de destino, valores de precios de producción y de fletes, de la industria salitrera nacional entre 1906-24. (BNsCH Fichero Caja 10)

**2197. _____.** Salitre elaborado. 1908-24.

Publicación mensual, impresa en lugares distintos, con información cuantitativa sobre salitre elaborado durante los años 1908-24. Publica una nómina de todas las oficinas salitreras en producción con las cifras del volumen de extracción mensual y acumulada de cada año. Se refiere al extraído y elaborado. (BNsCH Fichero Caja 10)

**2198. _____.** Salitre exportado, 1900, 1907, 1908, 1910, 1911 y 1914-24.

Publicación mensual, impresa en lugares distintos, con información cuantitativa sobre el salitre exportado. Presenta nóminas de las oficinas salitreras con cifras en quintales del salitre exportado en el mes y del exportado acumulado durante el año y totales para todo el país. Además presenta los volúmenes de exportación por puertos de embarque. (BNsCH Fichero Caja 10)

**2199. Atacama (provincia).** Estadística minera de la provincia de Atacama correspondiente a los años 1873, 1874, y 1875. Copiapó, Imprenta del Atacama, 1875-76. 2 v., cuadros.

Recopilación estadística provincial con información anual del movimiento general de los yacimientos mineros, clasificación de los operarios, movimiento de las minas según la explotación, exportación por los puertos de la provincia y un resumen general. El año 1875 trae información retrospectiva sobre producción y exportación de cobre y plata desde 1844 y sobre fluctuaciones del precio del cobre en barras en Liverpool desde 1865. (BNsCH 12(775-8 y 9))

**2200. Chile. Ministerio de Hacienda. Sección Salitre.** Antecedentes sobre la industria salitrera. Santiago de Chile, Universo, 1925. 134 p., cuadros, gráficos.

Importante estudio elaborado sobre la base de los datos estadísticos obtenidos en la Sección Salitre del Ministerio, en la Delegación Fiscal de Salitreras y en la Asociación de Productores del Salitre. Presenta la evolución histórica del salitre chileno a partir de 1878, incluyendo interesantes datos, como: propietarios nacionales y extranjeros de las diferentes salitreras; producción entre 1880-1924, con antecedentes desde 1830; exportación entre 1880-1924; contribución del salitre a las rentas ordinarias del Estado, 1880-1924; países consumidores y exportación por país, 1880-1924; inversiones y gastos en la propaganda salitrera; remates de salitreras; número de operarios en las distintas salitreras, 1884-1925.

(BNsCH 11(848-38))

**2201. Copiapó (departamento).** Estadística de las minas del departamento de Copiapó, 1869-1873; exportación de productos de la minería de la provincia de Atacama, 1843-1873. Copiapó, Imprenta El Copiapó, 1874. 351 p., cuadros.

Contiene una nómina de las principales minas en explotación en Copiapó en el año 1869, además de información sobre el movimiento general de las minas, clasificación de los operarios, explotación y producción de los minerales, elaborado por subdelegaciones e individualizando cada yacimiento. Incluye además una reseña estadística de la exportación de productos de la minería de la provincia de Atacama, indicando valores anuales y por quinquenios. (BNsCH 12(375-7))

**2202. Herrmann, Alberto.** La producción en Chile de los metales i minerales más importantes, de las sales naturales, del azufre i del guano desde la conquista hasta fines del año 1902. Santiago de Chile, Imprenta Barcelona, 1903. 81 p., cuadros, gráficos.

Obra básica que constituye una cuidadosa y completísima recopilación de series estadísticas y que analiza la producción, ubicación, precios, comercio interno y externo de los productos de la minería chilena. Se refiere a la plata, oro, cobre, manganeso, cobalto, plomo, hierro, salitre, yodo, perclorato de potasa, borato y sal común, azufre y guano.

(BNsCH 10(577-23))

**2203.** Revista del carguío del salitre; Asociación Salitrera de Propaganda [Iquique], 1900-24.

Revista mensual que presenta información cuantitativa

sobre cantidades de salitre exportado, indicando fecha, nombre de los productores y destino del mineral. Incluye un resumen del salitre exportado cada mes, los barcos que efectuaron el movimiento, indicando el tonelaje, procedencia y destino. El número de enero de 1900 incluye un resumen de las exportaciones mensuales de los años 1894-99.

(BNsCH 12(310-11 a 14))

**2204. Sociedad Nacional de Minería.** Datos estadísticos sobre las minas i fábricas metalúrjicas de la República de Chile correspondientes al año 1893; recolectados por la Sociedad Nacional de Minería en el año 1894. Santiago de Chile, Imprenta Nacional, 1894. S.n., cuadros.

Acuciosa recopilación de datos estadísticos que cubre el territorio nacional desde el extremo norte hasta la provincia de Arauco, elaborado en forma departamental y provincial. Entrega información sobre los yacimientos mineros, su ubicación y naturaleza, nombre del propietario, formas de extracción, personal, maquinarias, ley de metal, lugar de venta del producto, fletes. Incluye información retrospectiva desde 1844 sobre exportación, producción, precios y detalle de las operaciones de algunas minas. La última parte está destinada a un informe presentado a la Exposición de Minería y Metalurgia sobre el mineral de Caracoles, describiendo la situación topográfica, constitución de la propiedad, vetas, explotación, costos de los trabajos, producción y exportación.

(BNsCH 12(375-1))

**2205. _____.** Estadística minera de Chile. Encomendada a la . . . por el Supremo Gobierno i llevada a cabo bajo la dirección i vijilancia de la Sociedad por el injeniero de minas Guillermo Yunge. Santiago de Chile, Imprenta Barcelona, 1905-1913. 5 v.

Análisis estadístico de la minería nacional, revisa la importancia de cada producto minero y la evolución de su producción con datos retrospectivos, en algunos casos como el salitre desde 1878, pero esencialmente corresponden al año de publicación. Se agrega información sobre operarios y condiciones de vida, cotizaciones de precios, tarifas, fletes y nuevas sociedades mineras que se van creando. El tomo 3 correspondiente a 1906-07 trae abundante información sobre la Braden Copper Company. Incluye además en los tomos siguientes un resumen de la producción del cobre en Chile desde 1601 y costos de producción del mineral, como algunos trabajos sobre el hierro, instalaciones hidroeléctricas y otros.

(BNsCH 12(375-2 al 6))

**2206. Sociedad Nacional de Minería y Metalurgia.** Estadística de las minas de Chile. Santiago de Chile, Exposición de Minería y Metalurgia de Santiago, 1894. S.n.

Recopilación de información periódica principalmente cuantitativa sobre industrias mineras de 1844-94. Presenta nóminas de los yacimientos mineros y sus propietarios, ley de los metales y características de los yacimientos, producción media anual y lugar de venta y de embarque. Series anuales para 1844-94 de los minerales exportados, expresados en volúmenes y valores en pesos chilenos.                    (BNsCH)

## 2. Estudios generales

**2207. Aracena, Francisco Marcial.** La industria del cobre en las provincias de Atacama y Coquimbo y los grandes y valiosos depósitos de Lota y Coronel en la provincia de Concepción. Valparaíso, Imprenta del Nuevo Mercurio, 1884. 372 p.

Estudio sobre las riquezas mineras de las provincias de Atacama y Coquimbo y la región carbonífera de Concepción. Se refiere a los yacimientos mineros en las provincias en estudio, indicando situación de los minerales, estado de la explotación, formaciones geológicas, sistemas de trabajo y de explotación, constitución de la propiedad minera, tipos y ley de los minerales, volúmenes de producción, problemas de transporte, número de operarios y empleados, salarios, maestranzas y fundiciones.          (BNsCH 11(5989-5))

**2208. Arancibia, Luis Evaristo.** La región carbonífera: consideraciones en sus aspectos nacional y minero. Memoria de prueba. Santiago de Chile, Gutenberg, 1921. 61 p.

Análisis de la región carbonífera en relación a su valor e importancia en el contexto de la economía nacional. Incorpora datos sobre el número de pertenencias, minas, valor de la producción en pesos oro, número de mineros de dicha industria y cuadros con los niveles de salarios.

(BNsCH 10(94-97 p.2))

**2209. Astorquiza, Octavio; y Oscar Galleguillos V.** Cien años del carbón de Lota, 1852-setiembre-1951. Antecedentes históricos, monografía y estudios sobre el desarrollo industrial, económico y social de las minas carboníferas de Lota en su primer siglo de vida. Santiago de Chile, Zig-Zag, 1952. 270 p., fotos, mapas, gráficos.

Album gráfico e histórico de las minas de Lota. Se refiere a la historia y geología del carbón, síntesis histórica, producción mundial, compañías explotadoras de Lota y Coronel, organización administrativa, organización sindical, formas y técnicas de trabajo. Incluye gráficos sobre producción en los cien años, distribución del carbón de Lota, personal ocupado en las minas de Lota y estadística de accidentes.

(BNsCH 10(436-24))

**2210. Concha i Toro, Enrique.** Estudio sobre el carbón fósil de Chile. Santiago de Chile, Imprenta Nacional, 1876. 87 p.

Estudio geológico del carbón de piedra en Chile y los yacimientos en explotación con información cualitativa y cuantitativa. Se refiere al sistema y método de extracción. Número de empresas explotadoras y reseña de cada una. Informa sobre las maquinarias utilizadas, la energía, recursos humanos, número del personal, horario de trabajo y jornales diarios. Utilidades de las empresas y cifras de explotación de consumo nacional. Incorpora información sobre industria de ladrillos refractarios, con volúmenes de producción, número de obreros, salarios y fuerza motriz.

(BNsCH 10(940-23 p.))

**2211. Figueroa, Pedro Pablo.** Historia de la fundación de la industria del carbón de piedra en Chile: Don Jorge Rojas Miranda. Santiago de Chile, Imprenta del Comercio, 1897. 82 p., fotos.

Estudio histórico, descriptivo y regional del desarrollo de la industria del carbón de piedra en Chile entre 1844-90, que pretende resaltar la importancia de la industria carbonífera en la economía nacional. Incluye documentos relativos a compras, venta, attendamientos y solicitudes de minas de carbón y datos sobre la producción del período mencionado.                                (BNsCH 11(803-1 a p.4))

**2212. Gandarillas Matta, Javier.** Influencia de Chañarcillo en nuestro desenvolvimiento económico. Santiago de Chile, Universo, 1932. 7 p.

Importante conferencia del presidente de la Sociedad Nacional de Minería del 16 de mayo de 1932. Presenta información cualitativa y cuantitativa sobre el mineral de Chañarcillo para 1832-83 aproximadamente. Se refiere a la producción del mineral en los años 1841-83 en kilogramos y a la influencia que esta riqueza tuvo en otras actividades económicas del país, como los bancos, los ferrocarriles y la minería misma.                                       (BNsCH 11(442-20))

**2213. _____.** La producción y consumo del carbón i su influencia en el desarrollo económico de las naciones. Santiago de Chile, Universo, 1917. 257 p.

Estudio sobre la producción y consumo del carbón de piedra en el mundo y en Chile. Se refiere a los yacimientos mineros existentes, tipos de carbón, exportación e importación, consumo de carbón nacional y extranjero y problemas del transporte. Incluye balances de las compañías carboníferas de los años 1913 y 1916.          (BNsCH 11(913-11))

**2214. Hernández C., Roberto.** Juan Godoy o el descubrimiento de Chañarcillo. 1832-1932. Valparaíso, Victoria, 1932. 2 v.

Interesante e importante estudio histórico del mineral de plata de Chañarcillo desde la época de su descubrimiento. Se refiere a su explotación y a la influencia que tuvo en la economía nacional. Analiza la formación de la aristocracia minera, su influencia y acción en la política nacional. Contiene información además sobre la productividad del yacimiento.
(BNsCH 11(294-21 y 22))

**2215. Hiriart, Luis.** Braden: historia de una mina. Santiago de Chile, Andes, 1964. 306 p.

Desarrollo histórico de la industria del cobre en Chile. Se refiere a la modernización de la maquinaria industrial, desarrollo regional, operaciones financieras, relaciones patronales, normas de seguridad laboral, tributación de las compañías explotadoras. Incorpora datos cuantitativos de la producción de cobre mundial, nacional y de la Braden entre 1906-61.                                 (BNsCH 10(334-19))

**2216. Kuntz, Julio.** Informe sobre un viaje a los principales centros mineros del departamento de Chañaral. Santiago de Chile, Universo, 1924. 35

p., fotos, planos, viñetas. (Ministerio de Industria y Obras Públicas, Servicios de Minas y Geología. Dirección de Minas y Geología, folleto 11).

El autor del informe era ingeniero consultor de la Dirección de Minas del Ministerio de Industrias y Obras Públicas. Presenta un detalle del estado de explotación de los yacimientos mineros de la región y una descripción general de las minas. Incluye datos sobre la producción de cobre en 1924 en la zona.                    (BNsCH 10(899-2 p.2))

**2217. _____.** Monografía minera de la provincia de Antofagasta. Santiago de Chile, Ministerio de Industrias y Obras Públicas, 1928. 80 p. (Servicio de Minas y Geología).

Informe detallado del estado de la minería en Antofagasta, con datos sobre la producción minera del país y de la región para los años de 1916-25.
(BCN vol. 25 C colec. Folletos Y-5)

**2218. _____.** Monografía minera de la provincia de Coquimbo. Santiago de Chile, Universo, 1925. 112 p. (Ministerio de Industrias y Agricultura. Publicaciones del Cuerpo de Ingenieros de Minas).

Descripción detallada de las minas en la provincia de Coquimbo, elaborada en forma departamental. Incluye datos sobre producción de oro, plata y cobre de 1914-25, además, información sobre extensión de las minas, propietarios y formas de extracción y elaboración de los metales.
(BCN vol. 25 C colec. Folletos Y-5)

**2219. _____.** La zona cuprífera de los departamentos de Vallenar y Freirina. Santiago de Chile, Universo, 1923. 66 p. (Ministerio de Industrias y Obras Públicas, folleto 9).

Informe sobre la minería del cobre en tres departamentos del norte. Se refiere especialmente a la producción y procedimientos utilizados en su extracción. Los datos cuantitativos son de 1923.              (BCN vol. 25 C colec. Folletos Y-5)

**2220. Lastarria, José Victorino.** Caracoles: cartas descriptivas sobre este importante mineral dirigidas al Sr. Tomás Frías, ministro de Hacienda de Bolivia. Valparaíso, La Patria, 1871. 88 p.

Cartas de don José Victoriano Lastarria al señor ministro de Hacienda boliviano, donde expone la necesidad de establecer, por parte de su gobierno, autoridades locales en los poblados mineros y en especial en Caracoles. Informa sobre la ubicación de este mineral y las posibilidades de transporte del mineral a los puertos de Cobija, Mejillones y Antofagasta.
(BNsCH 11(1104-17 p.5))

**2221. Machiavello Varas, Santiago.** Estudio económico sobre la industria del azufre en Chile. Santiago de Chile, Universidad de Chile, [1935]. 60 p. (Cuadernos Jurídicos y Sociales).

Estudio de la industria azufrera, con información estadística de la producción de 1887-1934, de la comercialización interna y externa de 1908-34 y 1894-1934 respectivamente. Principales yacimientos mineros, condiciones técnicas de la explotación, capitales invertidos, créditos otorgados y análisis comparativo del consumo del azufre importado y nacional.

(BNsCH 11(482-9))

**2222. _____.** El problema de la industria del cobre en Chile y sus proyecciones económicas y sociales. Santiago de Chile, Imprenta Fiscal de la Penitenciaría, 1923. 348 p. (Seminario de Ciencias Económicas y Sociales de la Universidad de Chile, 2).

Un destacado economista, profesor universitario, de tendencia nacionalista, analiza el desarrollo histórico de la industria cuprífera y de las políticas aplicadas. Incluye cifras de producción y precios desde el siglo XVII. Se refiere a la pequeña y gran minería del cobre, producción nacional comparada con la mundial entre 1909-19, interdependencia de las actividades industriales (carbón y cobre, petróleo y cobre), capitales nacionales y extranjeros en la industria cuprífera nacional, cobre y salitre en relación a las entradas fiscales, problemas sociales de los obreros del cobre, principales establecimientos mineros, la industria del cobre y el sistema legal. (BNsCH 11(288-9))

**2223. Marín Vicuña, Santiago.** La industria del cobre en Chile: problemas nacionales. Santiago de Chile, Imprenta Universitaria, 1920. 43 p., fotos.

Conferencia dictada por el autor sobre la industria cuprífera nacional. Desarrolla una reseña histórica de la evolución de dicha industria y un análisis de las fuertes y crecientes inversiones extranjeras en ella. Plantea la urgente necesidad de nacionalizar la industria minera en general.

(BNsCH 10(892-17))

**2224. Morales Balcells, Fernando.** La industria del cobre en Chile. Memoria de prueba para optar al grado de Licenciado de la Facultad de Ciencias Jurídicas y Sociales de la Universidad de Chile. Santiago de Chile, Talleres Gráficos Santiago, 1946. 152 p.

El autor examina en este estudio el desarrollo y evolución de la industria cuprífera nacional y sus efectos en la economía del país. Se extiende en mayor detalle en la penetración de capitales foráneos en la industria cuprífera como también en los problemas relativos a producción, precios y rentas. Elabora una síntesis histórica de la industria, e incorpora información estadística y series con datos de producción desde 1844 en su análisis. (BCN D-5 k(M))

**2225. Orrego Cortés, Augusto.** La industria del oro en Chile; memoria escrita por encargo de la Sociedad Nacional de Minería. Santiago de Chile, Imprenta Nacional, 1890. 111 p.

Estudio sobre la existencia de minas y producción de oro en Chile. Incluye una explicación detallada de las minas y lavaderos, su ubicación, procedimientos utilizados y producción en $ de 18 d. Incorpora la historia de la explotación del mineral desde la conquista, la acuñación de monedas

en el siglo XIX, las exportaciones entre 1844-88 y una comparación de la producción chilena con otros países americanos. (BCN)

**2226. San Román J., Francisco.** Reseña industrial e histórica de la minería y metalurgia de Chile, escrita por encargo de la Comisión Directiva de la Exposición de Minería y Metalurgia. Santiago de Chile, Imprenta Nacional, 1894. 501 p.

Estudio histórico del desarrollo de la minería desde el siglo XVI hasta fines del XIX, con una descripción física del territorio nacional y distribución geológica de los minerales, formas de trabajo y elaboración minera. Se refiere además a las minas de oro, plata, cobre, plomo y manganeso, con datos cuantitativos para la plata, 1701-1894. (BCN Y-5)

**2227. Sewell Gana, Enrique.** Esfuerzos para enriquecer a la patria, desde 1851 hasta 1887. Santiago de Chile, Cervantes, 1887. 109 p.

Comprende artículos y correspondencia sobre legislación minera, la industria minera en general y la instrucción técnica. Análisis de la minería del Huasco, explotación del cobre, oro, plata, manganeso y las técnicas utilizadas.

(BNsCH 11(970-1 p.6))

**2228. Sociedad Nacional de Minería.** Boletín. Santiago de Chile, 1883-1919.

Revista informativa con una frecuencia quincenal durante el primer decenio; a partir de 1890 aparece mensual. Presenta artículos sobre producción, consumo, exportación e industrialización de los productos mineros. Incluye artículos sobre capitales nacionales y extranjeros invertidos en la industria extractiva y sobre posibles mercados para cobre. Incorpora estadística de producción y comercialización minera y también las memorias de la Sociedad Nacional de Minería. Existe un índice general desde 1883.

(BNsCH 12(276-1 a 31) y 12(277-2))

**2229. Vattier, Carlos.** La industria del hierro en Chile. Santiago de Chile, Universo, 1910. 66 p., láminas.

Análisis de la producción de hierro y manganeso y su importancia en el desarrollo nacional. Se refiere a la producción y consumo mundial, producción nacional, precios, transporte y costos de fletes marítimos, mano de obra, técnicas, política gubernamental, salarios y consumo nacional. Datos cuantitativos desde 1885. (BNsCH 11(953-8 p.2))

**2230. Vicuña Mackenna, Benjamín.** La edad del oro en Chile o sea una demostración histórica de la maravillosa abundancia de oro que ha existido en el país, con una reseña de los grandes descubrimientos argentíferos que lo han enriquecido principalmente en el presente siglo, y algunas recientes excursiones a las regiones auríferas de Catapilco y quebrada de Alvarado y Malcara. Santiago de Chile, Cervantes, 1881. 491 p.

Como lo indica el título, se trata de una narración histórica de la evolución de los minerales de oro en Chile, desde la época prehispánica, en el ameno y personal estilo de este prolífico historiador. Con datos cuantitativos de la región del norte y central y la descripción de las minas existentes. Incluye además la legislación sobre la minería del oro y las posibles reformas. Anexa la documentación sobre dicha legislación y las discusiones sobre ella en el Senado de la República.

(BNsCH 11(369-5 p.3 y 4))

**2231.** \_\_\_\_\_. El libro de la plata. Santiago de Chile, Cervantes, 1882. 519 p.

Amena y colorida narración histórica de la evolución de la minería de la plata, desde la prehistoria hasta 1880. Incluye datos sobre volúmenes de producción y describe técnicas de extracción, capitales invertidos, ubicación de los yacimientos mineros y las características de los mineros. (BCN)

**2232.** \_\_\_\_\_. El libro del cobre y del carbón de piedra en Chile. Santiago de Chile, Cervantes, 1883. 607 p.

Detallada, informativa y amena crónica histórica del desarrollo de la minería del cobre en Chile hasta 1882. Se refiere abundantemente a las personalidades de los principales pioneros de la minería del cobre, al descubrimiento y evolución de los yacimientos, los capitales invertidos, volúmenes de producción, técnicas de explotación y a la comercialización en el mercado internacional. La parte referente al carbón de piedra no está desarrollada en la obra. Hay una reimpresión reciente del libro (Santiago de Chile, Editorial del Pacífico, 1966) encargada por la Corporación del Cobre que incluye un prólogo de Javier Lagarrigue y un valioso apéndice con estadísticas históricas del cobre. (BNsCH 10(286-23))

**2233. Ward, Carlos A; y L. Joaquín Prieto.** Legislación petrolera: ligeras observaciones al proyecto del Senado que reserva al estado la explotación de los yacimientos del petróleo que se descubra en terrenos de cualquier domicilio. Valparaíso, 1927. 127 p.

Constituye una defensa de los principios que permiten la libre prospección y explotación por parte de las empresas privadas de los yacimientos petrolíferos. Presenta cifras de producción de petróleo en el país durante el año 1927.

(BNsCH 11(1046-52))

**Véase también:** 1718, 1853, 2061, 2087, 2091, 2160.

## 2a. Estudios generales: salitre

**2234.** Antecedentes y las actas de las sesiones de la Comisión de Salitre, encargada del estudio del problema salitrero. Santiago de Chile, Universo, 1925. 118 p.

Documentos relativos al salitre y la disminución de los derechos de exportación y abonos artificiales. Incluye datos sobre la producción de salitre entre 1913-23, en relación a la producción mundial. Análisis de costos de elaboración, cifras de gastos de propaganda y de las actividades salitreras respecto a la situación general del comercio.

(BCN vol. RE colec., Folletos Y-2)

**2235a. Asociación de Productores de Salitre.** Circular trimestral. Iquique, enero-marzo, 1922.

**2235b.** \_\_\_\_\_. Boletín mensual. Iquique, 1922-25.

Publicación trimestral y mensual con información cualitativa y cuantitativa sobre la industria salitrera en general, publicada durante 1922-25. Con datos desde 1883. La Asociación de Productores de Salitre fue sucesora de la Asociación Salitrera de Propaganda. Presenta información sobre terrenos salitreros y formas de propiedad salitrera. Legislación referente a esta industria y disposiciones sociales, sindicatos, salarios, contratos de trabajo. Cotizaciones diarias de la bolsa de corredores. Informes de los delegados de las industrias en los países consumidores con estadística de consumo y precios medios, de transporte y tarifas. Estadísticas semestrales de producción.

(BNsCH Fichero Caja 10)

**2236. Asociación Salitrera de Propaganda.** Circular trimestral. Iquique, 1897-1916.

Publicación periódica trimestral con información cuantitativa y cualitativa relativa a la industria salitrera. Se refiere a la labor de propaganda del salitre chileno en el mundo. Presenta estadísticas de producción, exportación y consumo para cada año desde 1897 y mensual, con cuadros comparativos. Estadísticas de los delegados en los demás países con cifras sobre consumo y precios en cada localidad. Disposiciones legales referentes a esta industria. Valores de los fletes. Faltan los años 1905 y 1906. (BNsCH 12(308-1 a 17))

**2237. Bermúdez Miral, Oscar.** Historia del salitre desde sus orígenes hasta la Guerra del Pacífico. Santiago de Chile, Ediciones de la Universidad de Chile, 1963. 456 p., biblio., mapas, ilustraciones.

Estudio histórico sobre el salitre y las regiones salitreras que se refiere a la producción, comercio y exportación hasta 1879 y especialmente la situación económica, técnica y humana de la industria salitrera del Perú en la década del 70. Incluye un análisis de la situación general de la industria al producirse el conflicto: tratados internacionales, política salitrera, créditos, concesiones, certificados, privilegios y ferrocarriles salitreros. Según el autor, la industria salitrera se formó y desarrolló durante los cincuenta años anteriores a la Guerra del Pacífico. (BNsCH 10(365-39))

**2238. Bertrand, Alejandro.** La crisis salitrera (1910); estudio de sus causas y caracteres y de las condiciones favorables que caracterizan a la industria y comercio del salitre para evolucionar en el sentido de su concentración económica. París, Louis Hechaud, 1910. 104 p., gráficos.

Estudio sobre la situación salitrera presentada a través de gráficos que van mostrando sucesivamente la producción nacional, costos de elaboración, consumo mundial, relaciones existentes entre la producción, exportación y consumo, existencias explotables y avalúos. El análisis siguiente se ciñe a las posibilidades de expansión de la industria y su relación con las condiciones financieras, técnicas y económicas existentes. (BCN G-5A)

**2239.** _____. Tributación salitrera; estudio acerca de su mejor adaptación al mercado post-bélico; edición oficial. Santiago de Chile, Universo, 1919. 62 p.

Análisis de la producción salitrera después de la guerra y las posibilidades de mantenerla. Se refiere especialmente al derecho de exportación aplicado a la industria chilena del salitre y las formas de modificar el sistema para enfrentar la nueva situación de mercados.

(BCN Y-5 colec. Folletos vol. 17)

**2240. Billinghurst, Guillermo E.** Los capitales salitreros de Tarapacá. Santiago de Chile, El Progreso, 1889. 132 p., cuadros.

Importante obra que analiza el desarrollo económico y financiero de la industria salitrera, su porvenir y la política estatal frente a los problemas de las combinaciones salitreras. Sostiene que el auge de la industria del salitre se debe básicamente a los capitales peruanos y en segundo lugar a los capitales chilenos. Incluye datos estadísticos abundantes y un cuadro que muestra el capital extranjero y chileno; nombres de las oficinas; propietarios y facultad productiva de ellas.

(BNsCH 11(970-3))

**2241.** _____. La cuestión salitrera; artículos publicados en la Industria de Iquique. Santiago de Chile, J. Núñez, 1884. 34 p.

Constituye un estudio de la producción salitrera en 1884. Se refiere al período de crisis sufrido por esa actividad y a las causas que motivaron tal situación. Presenta cifras de producción para ese año en quintales.   (BNsMV (61-24 p.6))

**2242. Brown, Joseph R.** Nitrate crisis, combinations and the Chilean government in the Nitrate Age. Hispanic American historical review [Durham, N.C.], v. 43, May, 1963: 230-246.

Cuidadoso estudio de la inestabilidad de la producción, demanda y precios del salitre entre 1880-1920 aproximadamente; de las sucesivas "combinaciones" salitreras mediante las que se procuraba regular la producción y mercados; de sus fracasos; y de los diferentes intereses gubernamentales, privados, extranjeros y nacionales, en juego.

**2243.** La cuestión del salitre: recopilación de varios artículos de la prensa. Iquique, El Nacional, 1893. 102 p.

Publicación de una selección de artículos sobre el problema salitrero, a raíz de la creación de una comisión destinada a estudiar la combinación salitrera. Aparecen claramente expuestas las corrientes de defensores y oponentes de la polémica creada en torno al problema.   (BCN Y-2 (F))

**2244. Hernández C., Roberto.** El salitre: resumen histórico desde su descubrimiento y explotación. Valparaíso, Fisher, 1930. 201 p., mapas.

Resumen histórico de los usos, producción e interesante evolución general de la industria salitrera desde la época prehispánica. Desarrolla ampliamente el problema salitrero a partir de 1879 y la actividad desarrollada por North.

Incluye abundante información cuantitativa desde 1830 sobre exportación y producción de salitre, además informa sobre los industriales extranjeros en el país, nómina de las salitreras y propietarios de ellas.   (BNsCH 11(375-28))

**2245.** Huano y salitre, 1887-90. Biblioteca Nacional. Santiago de Chile.

Es un volumen que lleva ese nombre. Contiene una recopilación de artículos sobre guano y salitre publicados en el período indicado. Cada artículo tiene fecha, lugar de publicación, editorial y número de páginas. Su ubicación en la biblioteca se logra con el nombre asignado al volumen.

(BNsCH 11(970-12))

**2246. Ibáñez, Maximiliano.** La cuestión del salitre. Santiago de Chile, Editorial de la Libertad Electoral, 1893. 52 p.

Artículo sobre la industria del salitre en 1893 que presenta la forma en que se han organizado las empresas inglesas, explotadoras del salitre nacional. Formación de combinaciones o sindicatos salitreros que monopolizan la producción y comercialización de esta industria.   (BNsMV (15-33 p.1))

**2247. Kaempffer, Enrique.** La industria del salitre i del yodo, 1907-1914. Santiago de Chile, Cervantes, 1914. 1233 p., cuadros, ilustraciones.

Voluminosa obra en que se recopilan una diversidad de informaciones y opiniones sobre la industria salitrera: breves biografías de Balmaceda, Luis Aldunate, Manual J. Vicuña, Billinghurst, Manuel Ossa y varios. Otros "prohombres" de la industria salitrera; los "cateos"; informaciones sobre la evolución de la tecnología del salitre en cuanto a extracción, acarreo de la materia prima, elaboración o beneficio del salitre; el consumo de combustibles; el problema del agua; el procedimiento Nordenflych. Se refiere además al yodo, el perclorato de potasio y el sulfato de aluminio, y a los ensayos que se requieren para determinar la naturaleza del mineral. Detallada estadística de exportación de estos minerales para 1907-14.

**2248. Le Feuvre, René; y Arturo Dagnino.** El salitre de Chile o nitrato de soda. Santiago de Chile, Cervantes, 1893. 79 p.

Estudio sobre las posibilidades de desarrollo de la industria salitrera, e informe técnico sobre sus usos y aplicación. Contiene datos cuantitativos sobre producción para 1830-91, precios del mineral en el país y en Europa y volúmenes de exportación en los años 1889-91.

(BCN vol. 11 colec Folletos Y-5)

**2249. Marín Vicuña, Santiago.** El salitre de Chile, 1830-1930. Santiago de Chile, Nascimento, 1931. 16 p.

Trabajo esquemático presentado por su autor a la Société Belge d'Etudes et d'Expansion, sobre la industria salitrera nacional en 1830-1930. Se refiere a la ubicación geográfica de los minerales, las características geológicas de la zona, relación histórica de la explotación por parte de Chile, política salitrera y producción.   (BNsCH 11(442-18))

**2250. Montes, Nicanor.** El problema salitrero;

conferencia dada en el Club del Progreso. Santiago de Chile, Imprenta de la Libertad Electoral, 1889. 27 p.

Se refiere a la importancia que para la economía chilena tiene la industria del salitre. El auge de esta industria en los últimos ocho años. Reconocimiento y pago de los certificados salitreros por parte del gobierno de Chile e impuesto con que gravó su explotación. Experiencia del estanco peruano. Inconvenientes que presentaría la exclusión de las empresas extranjeras en la explotación salitrera. Presenta información cuantitativa sobre la situación del salitre entre los años 1880-88.                                    (BNsCH 11(970-3))

**2251. Prieto Matte, José Joaquín.** La industria salitrera, su historia, legislación y desarrollo, proyecciones para el futuro. Memoria de prueba para optar al grado de Licenciado en la Facultad de Ciencias Jurídicas y Sociales de la Universidad de Chile. Santiago de Chile, Imprenta Central, 1945. 94 p., diagramas. (Seminario de Ciencias Económicas de la Facultad de Ciencias Jurídicas y Sociales de la Universidad de Chile).

Trabajo de carácter histórico sobre la evolución de la industria salitrera, con antecedentes a su incorporación al territorio chileno. Analiza las diferentes etapas y procedimientos: "Combinaciones salitreras," "Asociación de Productores de Salitre," "Compañía de Salitre (Cosach)," "Corporación de Ventas de Salitre y Yodo (Covensa)." Se refiere por último a la situación del salitre frente al retroceso sufrido por el salitre sintético. Incorpora en su análisis abundantes datos estadísticos referidos al aporte de la industria salitrera, al presupuesto nacional, número, sueldo y salario de obreros y empleados (1933-43).                           (BNC L-5-a (S))

**2252. Russell, William H.** A visit to Chile and the nitrate fields of Tarapacá. London, Virtus, 1890. 374 p., grabados.

Obra descriptiva de Chile desde el Bío-Bío hasta la región salitrera. Se refiere extensamente a la explotación del salitre, sus usos, mercados, oficinas, certificados, sector obrero e historia general de la propiedad salitrera. Se refiere además a la región carbonífera de Lota, Coronel y Arauco, con datos sobre producción, líneas de ferrocarril y precios por toneladas de carbón.                                           (BIEI)

**2253. Semper, Erwin; y Michels.** La industria del salitre en Chile; monografía publicada en la Revista oficial de minas, metalurjia i sustancias salinas, v. 52, 1904, Berlín. Traducida directamente del alemán i considerablemente aumentada por Javier Gandarillas y Orlando Ghigliotto Salas. Santiago de Chile, Imprenta Barcelona, 1908. 418 p.

Estudio monográfico sobre la industria salitrera nacional. Presenta información cualitativa y cuantitativa sobre los yacimientos salitreros, formas de extracción y elaboración del salitre, costos, salarios, transportes, condición social de los trabajadores, jornadas de trabajo, contratos, condición legal de la industria, estadística de producción por oficina para 1901, capitales invertidos, utilidades, comercialización y fletes del salitre.                              (BNsCH 11(846-18))

**2254. Vidal, Jorge.** Veinte años después de la tragedia del salitre. Santiago de Chile, Universo, 1923. 152 p.

Conjunto de artículos escritos entre 1913-22 sobre los problemas de la industria salitrera. Presenta la situación de la economía nacional entre 1879-1914 y especialmente la situación de la industria salitrera. Analiza además los efectos de medios para impulsar nuevas industrias. Se refiere también al sistema de tributación y ventas de salitre.

(BNsCH 11(435 A 20))

Véase también: 1734, 1750, 1771, 1785, 1893, 1920, 1995, 2063, 2088.

### 3. Insumos

**2255. Bertrand, Alejandro.** Estudios sobre la industria y comercio de sustancias azoadas considerado especialmente en cuanto se relaciona con la industria y el comercio del salitre de Chile, presentado al Ministerio de Hacienda de la República. Santiago de Chile, Imprenta Barcelona, 1915. 219 p.

Antecedentes técnicos y financieros de la industria salitrera y sus diferentes competidores artificiales. Perspectivas de los diferentes productores frente a los problemas creados por la Primera Guerra Mundial y sus efectos futuros para Chile.

(BNsCH 11(815-20))

**2256. Delcourt, Edmundo.** Estudios sobre la cuestión carbonera en Chile. Santiago de Chile, Universo, 1924. 92 p. (Ministerio de Industrias y Obras Públicas. Dirección de Minas y Geología. Comisión del Carbón).

Estudio económico y técnico sobre la industria del carbón en la región de Lota y Lebu. Se refiere especialmente a los métodos de explotación, transporte del mineral, industrias anexas, y a la producción con precios de costo y venta.

(BNsCH 10(899-2))

**2257. Fuenzalida Grandón, Alejandro.** El trabajo i la vida en el mineral El Teniente. Santiago de Chile, Imprenta Barcelona, 1919. 211 p., ilustraciones, mapas, diagramas.

Interesante y completo estudio sobre el mineral El Teniente que incluye una reseña histórica de dicho mineral. Describe ampliamente los procedimientos técnicos y maquinarias utilizadas como también las condiciones económicas y habitacionales de los obreros. Incluye datos sobre salario según las actividades, precios de artículos de consumo, producción, exportación y precios del mineral desde las últimas décadas del siglo XIX.                              (BNsCH 11(283-34))

**2258. Marín Vicuña, Santiago.** El oro en Chile; problemas nacionales. Santiago de Chile, Cervantes, 1920. 37 p.

Esquemático análisis de las explotaciones auríferas desde el siglo XVI hasta el siglo XX. Se refiere especialmente a las técnicas y procedimientos utilizados en la extracción del oro y a la producción y precio, con datos cuantitativos entre 1545-1920. (BNsCH 10(892-17))

**2259. Rippy, J. Fred.** Iniciativas económicas del Rey del Salitre y de sus socios en Chile. Revista chilena de historia y geografía [Santiago de Chile], enero-junio, 1949: 82-94.

Interesante artículo sobre la formación de los capitales ingleses en la industria salitrera y el movimiento de las compañías británicas y los beneficios obtenidos por ellas. Incluye un cuadro de las compañías británicas que operaron en la región del salitre incluyendo el nombre de la compañía y el capital nominal entre 1890-96. (BNsCH)

**2260. Rosales J., Abel.** El coronel don Juan Thomas North. Santiago de Chile, H. Izquierdo, 1889. 130 p.

Estudio de carácter biográfico, que describe entusiastamente las actividades desarrolladas por North en el país. El material presentado corresponde a los datos obtenidos por el autor en la prensa nacional y extranjera, además de la información verbal otorgada por Thomas North. Describe los procedimientos utilizados por el Rey del salitre para la adquisición de terrenos salitreros, su actividad como banquero, sus relaciones con la agricultura nacional y su participación en el establecimiento de líneas de vapores. Se refiere, además, a los colaboradores directos de North en el país. (BNsCH 11(1128-44))

**2261. Sociedad Nacional de Minería.** Monografías mineras y metalúrgicas. Santiago de Chile, Universo, 1910. 215 p.

Monografía de 14 sociedades mineras. Presenta información sobre la nacionalidad de las empresas, la fecha de su formación, el capital invertido, el número de yacimientos en explotación, tipos de minerales, ley y cifras de producción. Incorpora listas de salarios medios de las minas y de las fundiciones, como también precios de algunos artículos de consumo básico: carne, pan, café, té y azúcar. (BNsCH)

**2262. Sundt, Federico Alfredo.** Monografías mineras. Santiago de Chile, Universo, 1919. 217 p., grabados, cuadros. (Sociedad Nacional de Minería).

Estudio que analiza la actividad de las sociedades extranjeras explotadoras de cobre en Copiapó, Chañaral, Gatico y Tocopilla. Se refiere a la estructura de las sociedades y capitales invertidos, propiedades mineras, técnicas y procedimientos empleados. Incluye además datos sobre ferrocarriles y fletes. (BNsCH 11(953-8))

## 4. Política gubernamental

**2263. Bertrand, Alejandro.** Memoria acerca de la condición actual de la propiedad salitrera en Chile; exposición relativa al mejor aprovechamiento de los salitrales de Estado. Santiago de Chile, Imprenta Nacional, 1892. 160 p.

Informe presentado al Ministro por el delegado fiscal de salitreras con el propósito de lograr una uniformidad en la constitución de la propiedad salitrera nacional. Además, plantea la necesidad de establecer disposiciones precisas acerca

del amparo y despueble de las pertenencias salitreras y de la existencia de una agencia fiscal para la supervigilancia de los intereses salitreros del Estado. Incluye una gran cantidad de documentos tales como Reales Ordenanzas de Minería de Nueva España, decretos del gobierno peruano, boliviano y chileno sobre constitución de la propiedad y otros documentos varios. (BCN L-3c)

**2264. Billinghurst, Guillermo E.** Condición legal de los estacamentos salitreros de Tarapacá. Iquique, Imprenta de la Industria, 1884. 91 p., cuadro.

Recopilación de documentos que tienden a demostrar el monopolio que quiso crear el gobierno peruano a través de la compra de estacamentos salitreros por disposiciones establecidas en 1875 y la oposición firme de los propietarios particulares, amparados por el poder judicial. (BNsMV (2-5))

**2265. Chile. Comisión Consultiva de Guanos y Salitres.** Informe de la . . . sobre las reclamaciones de ciudadanos alemanes, franceses, italianos y españoles, en la que piden revocación del decreto expedido por el Supremo Gobierno de Chile, el 28 de marzo de 1883. Firmado por Alejandro Reyes y Hernán Vial Bello. Santiago de Chile, Imprenta Nacional, 1882. 59 p.

Informe elaborado por la Comisión, que rechaza las reclamaciones hechas al país por parte de los extranjeros dueños de certificados salitreros, otorgados por el Perú antes de la anexión de los territorios del norte. Incorpora una reseña del procedimiento peruano para estacar el salitre. (BNsMV (17-31))

**2266. _____. Comisión Salitrera.** Informes y actas de la . . . (nombrada por decreto no. 356 del 6 de marzo de 1909). Santiago de Chile, Cervantes, 1909. 272 p.

Volumen que contiene un conjunto de documentos relativos a la Comisión creada para el estudio de los problemas salitreros. Incluye el decreto que la creó, las actas de las sesiones, informes relativos a la propaganda salitrera, documentos sobre propiedad salitrera, proyectos de reformas en los métodos de elaboración, patentes, contratos y consignaciones con Gibbs y Compañía de 1903, y una relación general sobre la situación salitrera. Incluye muy pocos datos cuantitativos. (BNsCH 11(287-10))

**2267. _____. Delegación Fiscal de Salitreras y Guaneras.** Octavo, noveno y décimo remate de terrenos salitrales de Tarapacá y Antofagasta, 1912. 88 p., planos.

Folleto que incorpora la ley que autoriza la venta de terrenos salitreros. Incluye información sobre las tasaciones y cubicaciones de las tierras salitreras hechas por la delegación de avalúos durante los años 1910-12, y los valores en que se calculan los terrenos, expresados en moneda nacional y en pesos oro. (BCN L-5-a CH)

**2268. _____. Ministerio de Hacienda.** Fomento de la industria salitrera. Santiago de Chile, Imprenta de los Debates, 1889. 170 p.

Publicación del Ministerio que obedece a la necesidad de dar a conocer los informes consulares publicados en la última *Memoria* de Hacienda, como respuesta a las circulares enviadas a los cónsules, con el objeto de sondear las posibilidades de desarrollar los mercados de la industria salitrera nacional.

(BCN Y-5 vol. 16 colec. Folletos)

**2269. Martínez, Marcial.** Exposición presentada por el señor senador de Santiago. . . . Santiago de Chile, Imprenta Nacional, 1874. 25 p.

Exposición presentada a la comisión parlamentaria destinada a estudiar proyectos de ley sobre forma de pago de las salitreras, en 1894. Presenta apreciaciones sobre las medidas proteccionistas que se pueden aplicar a la industria salitrera nacional, sobre la importancia de dejar en el país la totalidad de los ingresos salitreros, y sobre el interés que tendría para el país la nacionalización de este mineral.

(BNsCH 10(911-22 p.9))

**2270. Palacios, Nicolás.** Nacionalización de la industria salitrera. Santiago de Chile, Universidad de Chile, 1908. 35 p.

Artículo sobre la nacionalización de la industria salitrera. Análisis crítico de la política económica en relación al aprovechamiento de las riquezas nacionales. Se refiere a la burguesía nacional, a la falta de incentivo laboral y de industrias productivas. (BNsCH 11(822-51 p.2 y 3))

**Véase también:** 1930, 2016.

# X. Transportes, Servicios Públicos y Servicios en General

## 1. Fuentes estadísticas

**2271. Chile. Ministerio de Industrias y Obras Públicas. Inspección de los Ferrocarriles Particulares.** Estadísticas de los ferrocarriles particulares en explotación. Santiago de Chile, 1909-10.

El volumen correspondiente a 1911 fue publicado bajo el mismo título, por la Oficina Central de Estadística. La publicación no continúa después de 1911, pues la *Anuario estadístico* (1721), a partir de ese mismo año, la reemplaza con una publicación con estadísticas sobre comunicaciones. *Estadística de los ferrocarriles particulares en explotación* no sólo se refiere a las vías férreas mencionadas, sino que su información involucra los Ferrocarriles del Estado. Comparaciones de los ferrocarriles por provincia, clasificación por trocha, estado comparativo según su superficie y población, existencia de locomotoras y vagones, tráfico de pasajeros y carga. (BDGEC)

## 2. Estudios generales

**2272. Bañados H., Guillermo.** Marina mercante de Chile. *En* Trabajos del Cuarto Congreso Científico (1° Panamericano), celebrado en Santiago de Chile del 25 de diciembre de 1908 al 5 de enero de 1809. V. 8: Trabajos de la VII sección: Ciencias Económicas y Sociales, v. 2. Santiago de Chile, Imprenta Barcelona, 1911, p. 123-256.

Análisis cualitativo de la marina mercante nacional. Se refiere especialmente a las medidas de protección de la marina mercante, a la ley de navegación vigente, a los reglamentos a que deben ceñirse los armadores y capitanes de navío nacionales y extranjeros. Además contiene datos e informaciones de utilidad para los navegantes.

**2273. Berthold, Victor Maximilian.** History of the telephone and telegraph in Chile, 1851-1922. New York, 1924. 87 p.

Cuidadosa y detallada descripción de los orígenes y desarrollo de los servicios telegráficos y telefónicos en Chile, tanto de los estatales como de los privados. Incluye detalladas series estadísticas sobre extensión de líneas, localidades servidas, tráfico, número de suscriptores, tarifas, y estadísticas financieras, por compañías, cubriendo el período 1851-1922. Incluye tanto los servicios nacionales como internacionales.

**2274. Chile. Dirección Jeneral de Correos.** Memoria de correos. Santiago de Chile, 1875-84.

Publicación anual con información sobre movimiento de las oficinas de correos entre 1873-84. Informa sobre el número de cartas enviadas y recibidas en cada oficina del país, número de cartas por habitantes y número de cartas certificadas. Presenta cuadros, con las líneas de correo especificando el nombre de las oficinas terminales y puntos que tocan, número de viajes por día, por semana, por mes y por año. Distancias que cubren y medios de transportar la correspondencia: ferrocarril, caballo, vías fluviales y carruajes. (BNsCH)

**2275. _____. Ministerio de Industrias y Obras Públicas.** Anuario. Santiago de Chile, 1890-97.

Publicación anual con información cuantitativa sobre el personal del Ministerio y sus dependencias para el período indicado. Presenta los cargos del Ministerio en su organización jerárquica, los de las escuelas técnicas, servicios de correo y telégrafo, Dirección General de Ferrocarriles y Dirección General de Obras Públicas, con sus respectivos sueldos.

(BNsCH 12(36-6))

**2276. Fagalde, Alberto.** El puerto de Talcahuano y sus obras de mejoramiento. Santiago de Chile, Imprenta y Encuadernación Roma, 1895. 180, 97 p., planos.

Estudio que muestra los antecedentes históricos, las obras realizadas y el movimiento del puerto de Talcahuano. Además, presenta los proyectos de mejoramiento de las obras portuarias. (BNsMV (19-17 p.1))

**2277. _____.** El puerto de Valparaíso y sus obras de mejoramiento. Holanda, Tipografía van Marken-Delft, 1903. 158 p., fotos, mapa, diseños, cuadros, gráficos.

Interesante descripción del puerto de Valparaíso, y sus posibilidades de desarrollo, realizada a raíz de la memoria y el proyecto presentado por la Comisión Kraus, sobre las obras de mejoramiento del puerto. Incluye un resumen de dicho proyecto. Aparte de entregar una visión histórica de Valparaíso, describe su importancia a través de sus industrias, comercio, población y la región a la cual sirve. Los datos cuantitativos se refieren especialmente al comercio exterior, de cabotaje, entre 1890-1900. (BNsCH 10(969-13))

**2278. Galdames, Luis.** El comercio interior de Chile: Chile en la Exposición de Quito. Santiago de Chile, Universo, 1909. 106 p., cuadro, gráficos, mapas.

Breve geografía económica del comercio interno en que se destacan: zonas de producción y consumo, principales materias del comercio interno, medios de transporte, capitales y enseñanza comercial. (BNsMV (2-16))

**2279. Hernández C., Roberto.** Las obras marítimas de Valparaíso y el Puerto de San Antonio. La concesión de Quintero. Valparaíso, Victoria, 1926. 314 p.

Estudio histórico regional, que plantea la situación de competencia de Valparaíso, al desarrollarse San Antonio. Presenta el movimiento de ambos puertos, con cifras del tonelaje movilizado durante los años 1900-25, y los ingresos en dinero por derechos cobrados, como también las inversiones en construcciones portuarias. (BNsCH 10(969-14))

**2280. Johnson, John J.** Pioneer telegraphy in Chile, 1852-76. Stanford, Stanford University Press, 1948. 159 p., biblio. (Stanford University Publications. University Series. History, economics, and political science, v. 6, no. 1).

Minuciosa investigación de los orígenes de la telegrafía en Chile, a mediados del siglo XIX, y de su extensión en el cuarto de siglo siguiente, en que destaca sobre todo la forma en que se fueron resolviendo los problemas financieros y administrativos, así como la influencia de este nuevo medio de comunicación sobre la estructura política, económica y social del país.

**2281. Marín Vicuña, Santiago.** Los hermanos Clark. Santiago de Chile, Balcells, 1929. 90 p.

Interesante relato histórico de la labor realizada por los hermanos Juan y Mateo Clark, en la construcción del telégrafo y del ferrocarril trasandino. Se describe detalladamente el complicado proceso de construcción del ferrocarril, las dificultades diversas que se presentaron, las relaciones con los gobiernos y el financiamiento de la obra. Incluye algunos datos de costos del ferrocarril.

**2282. Martínez, Pedro S.** Los caminos internacionales de la cordillera a mediados del siglo XIX. Historia [Santiago de Chile], 1969: 323-362.

Estudio histórico con antecedentes del siglo XVI, de las comunicaciones entre Chile, Perú y Bolivia, a través de la Cordillera de Los Andes y de las conexiones con Argentina. Se refiere especialmente al tráfico por el paso de Uspallata, itinerario y distancia en leguas. (BNsCH)

**2283. Uribe Orrego, Luis.** Nuestra marina mercante 1810-1904. Reseña histórica. Valparaíso, La Armada, 1904. 122 p.

Historia de la marina mercante que incorpora la legislación

dictada sobre el comercio de cabotaje y tráfico marítimo en general. Se refiere a la influencia que el oro de California tuvo en la marina mercante, cifras sobre el movimiento comercial entre Valparaíso y California, número de barcos, tonelaje, condiciones de la navegación a vela y a vapor y astilleros nacionales. (BNsCH 11(1060-51))

**2284. Véliz, Claudio.** Historia de la marina mercante de Chile. Santiago de Chile, Editorial Universitaria, 1961. 406 p., biblio., cuadros, gráficos, reproduciones. (Ediciones de la Universidad de Chile).

Importante y muy bien documentado estudio en que el destacado historiador económico analiza la evolución de la marina mercante nacional en función de las políticas adoptadas y los resultados alcanzados, dentro del contexto de la evolución general de la economía y la sociedad. Se distinguen tres fases: entre la independencia y 1848, cuando impera el ideario neomercantilista; entre 1848-66 en que por diversas circunstancias se van abandonando las prácticas proteccionistas; entre 1866-1922 en que predominan las ideas liberales pero a cuyo término se restablece la política proteccionista. Constituye un excelente ejemplo especial de la evolución de la política económica del país en el período. (BNsCH 10(773-21))

**2285. Wardle, Arthur C.** El vapor conquista el Pacífico; anales de las hazañas marítimas 1840-1940. Valparaíso, Universo, 1940. 222 p., biblio., fotos.

Crónicas y documentos sobre la formación histórica de la Pacific Steam Navigation Company, una de las más importantes compañías de navegación del mundo, que llegó a controlar gran parte del transporte marítimo de la costa del Pacífico de América del Sud. Incluye información sobre principales personalidades, aspectos financieros y evaluación de la tecnología naviera. Enumera detalladamente la flota de la Compañía entre 1840-1940 indicando año y tipo de construcción, tonelaje y dimensión. (BNsCH 10(514-45))

**2286. Wheelwright, William.** Mr. Wheelwright's report on steam navigation in the Pacific: with an account of the coal mines of Chile and Panama, together with some remarks addressed to the directors of the Pacific Steam Navigation Company, in defence of his management as chief superintendent of its affairs in the Pacific; also a letter to the proprietors, explaining the causes which have led to the present position of the company's affairs, to which is added, some official correspondence. London, Johns, 1843. 82 p.

El título describe adecuadamente el contenido. (BNsCH 11(790-23))

**Véase también:** 1714, 2062.

## 2a. Estudios generales: ferrocarriles

**2287. Brown, Joseph R.** The Chilean nitrate railways controversy. Hispanic American historical review [Durham, N.C.], v. 38, November, 1958: 465-481.

Excelente análisis de los conflictos entre el estado chileno y la empresa ferroviaria controlada por North y que monopolizaba el transporte salitrero en Tarapacá, desde la Guerra del Pacífico hasta 1895, fecha en que se quiebra el monopolio. Se destaca la importante función del monopolio ferroviario en la política de concentración de la propiedad y el control de la industria por parte de North, las acciones de otros intereses privados nacionales y extranjeros y las de los gobiernos de Chile y Gran Bretaña.

**2288. Campbell, Allan.** Documentos relativos al proyecto de un ferrocarril entre Santiago y Valparaíso. Santiago de Chile, Julio Belin, 1852. 103 p.

Informe presentado por el ingeniero Campbell, sobre la construcción del ferrocarril entre Santiago y Valparaíso. Incluye datos sobre el tráfico de pasajeros transportados por el camino de Santiago-Quillota y Valparaíso y las posibilidades de tráfico por ferrocarril. Incluye además información técnica sobre su construcción. Se encuentra en la Biblioteca Nacional en el volumen *Documentos relativos al Ferrocarril entre Santiago y Valparaíso* y su ubicación se hace más fácil por el nombre del volumen.                (BNsCH 11(818-42))

**2289. Chile. Ministerio de Industria y Obras Públicas. Inspección General de Ferrocarriles en Estudio i Construcción.** Historia del Ferrocarril de Arica a La Paz. Alberto Decombe, inspector visitador de ff.cc. Santiago de Chile, Librería e Imprenta de Artes i Letras, 1913. 114 p., planos, mapas, fotos.

Detallado estudio del ferrocarril desde los primeros antecedentes y propuestas para su construcción. Con una detallada descripción de las maestranzas, obras, material rodante, costos e inspección técnica. Incluye alguna documentación oficial como convenios, leyes y decretos ministeriales.
(BCN Y-5 vol. 38 colec. Folletos)

**2290. Clarck, Mateo.** El Ferrocarril Trasandino, defendido por. . . . Santiago de Chile, Imprenta Universitaria, 1924. 87 p.

Informe sobre el Ferrocarril Trasandino desde su fecha de funcionamiento, 1911. Informa sobre el tráfico de personas y el volumen de carga del ferrocarril, sobre las cifras de utilidad y el sistema de administración.
(BCN colec. Folletos vol. 39 Y-5)

**2291. Directores de la Junta Jeneral de Accionistas del Ferrocarril de Santiago a Valparaíso.** Estudios sobre la línea preferible para la continuación del Ferrocarril entre Valparaíso y Santiago. Valparaíso, Imprenta del Mercurio, 1857. 63 p.

Informe que contiene las diversas líneas propuestas para la construcción del ferrocarril. Se encuentra en la Biblioteca Nacional en el volumen *Documentos relativos al Ferrocarril entre Santiago y Valparaíso* y su ubicación se hace más fácil por el nombre del volumen.        (BNsCH 11(818-42))

**2292. Empresa de los Ferrocarriles del Estado.** Boletín del servicio de los Ferrocarriles del Estado. Santiago de Chile, 1889-1907.

Revista informativa del servicio de ferrocarriles que apareció en este período con una frecuencia quincenal y mensual. Mantiene una sección administrativa que incluye los decretos; circulares; instrucciones; nombramientos y datos sobre sueldos, multas y premios aplicados al personal. Además incorpora datos sobre accidentes, gastos de reparaciones del material y balances de la compañía. Esta información no es constante a lo largo de la publicación. En 1900 aparecen artículos relativos a los ferrocarriles que tienden a plantear una mejor organización y funcionamiento de ellos, además aparece una sección judicial y de crónicas.        (BNsCH 12(252-52))

**2293. Empresa de los Ferrocarriles del Estado.** Presupuesto general de gastos de los Ferrocarriles del Estado. Valparaíso y Santiago de Chile, 1886-1905.

Tienen especial interés porque describen cargos y los correspondientes sueldos o salarios. Se han encontrado para los siguientes años: 1886, 1889, 1892, 1896 (ubicación: 11(977-21 p.1)), 1904, 1905 (ublicación 12(B-33 y 34)).
(BNsCH Fichero Caja 32)

**2294. Empresa del Ferrocarril Trasandino de Chile.** Ferrocarril Trasandino de Chile. Santiago de Valparaíso, Casa Mackenzie, 1920. 68 p., cuadros.

Conjunto de antecedentes que se reunieron para mostrar razones que impidieron el servicio eficaz y regular de la compañía y las negociaciones entre ésta y el gobierno. La descripción de los datos tiende a presentar la importancia y ventajas que para el país significa el funcionamiento del ferrocarril y las medidas necesarias para mejorar el servicio. Incluye información estadística sobre tráfico de carga movilizada entre 1911-18.        (BCN Y-5 vol. 38 colec. Folletos)

**2295. El ferrocarril.** Santiago de Chile, 1855-1911.

Periódico que aparece por primera vez el 22 de diciembre de 1855 y se continúa hasta el 20 de setiembre del 1911. Aparece como una de las voces de las clases adineradas; frente al problema monetario mantiene una posición contraria al papel moneda. Su fundador y director hasta 1890 fue Juan Pedro Urzúa. Entrega mucha información sobre ferrocarriles y a partir de 1856 aparece una sección comercial con precios corrientes de artículos nacionales e importados, la cual no es regular a lo largo de su existencia.

**2296. Ferrocarril de Copiapó.** Informe de las operaciones del año 1881 y memoria de los 30 años 1852-1881. Valparaíso, Universo, 1882. 126 p.

Informe financiero y comercial de la compañía. Incluye datos cuantitativos sobre entradas y gastos, tráfico de pasajeros y carga movilizada, descripción del material rodante, ingresos y egresos por decenios. Anexa la documentación oficial sobre antecedentes de construcción, plano general del ferrocarril y una traducción al inglés del informe.        (BCN G-13)

**2297. Ferrocarril del Sur.** Informes de la Junta Directiva del Ferrocarril del Sur presentados a los accionistas de esta empresa. Santiago de Chile, 1858-1873.

Serie de informes anuales que cubren el período 1858-73. A partir de 1873, en que el Ferrocarril del Sur pasa a ser propiedad estatal, estos informes son presentados al Ministro del Interior e incluidos en las memorias de dicho Ministerio. Desde 1884 el Ferrocarril del Sur pasa a formar parte de la Empresa de Ferrocarriles del Estado. Los informes contienen resultados financieros, estadísticas del tráfico, adquisiciones de equipos e insumos, mantenimiento y reparaciones de las vías y material rodante, listas de accionistas y apreciaciones sobre la marcha general de la empresa. (BNsCH)

**2298. Ferrocarril entre Santiago y Valparaíso.** Informe que el superintendente del Ferrocarril entre Santiago y Valparaíso presenta al Supremo Gobierno. Santiago de Chile, 1867.

Este ferrocarril es adquirido por el estado en 1858. Hay informes disponibles desde 1884 en que pasa a integrar la Empresa de los Ferrocarriles del Estado. Durante ese período eleva sus informes al Ministerio del Interior, en cuya *Memoria* anual aparecen. Los informes contienen resultados financieros, estadística del tráfico, adquisiciones de equipos e insumos, mantenimiento y reparaciones de las vías y material rodante y apreciaciones sobre la marcha general de la empresa.                                  (BNsCH)

**2299. Ferrocarriles del Estado.** Biblioteca Nacional. Santiago de Chile.

Contiene memorias, informes, boletines, actas de reuniones, folletos y libros sobre la Empresa de los Ferrocarriles del Estado desde 1884 hasta el presente. Incluye discusiones sobre política ferroviaria, estadísticas de tráfico de pasajeros y carga en gran detalle, tarifas, adquisiciones de insumos y equipo nacional e importado, análisis técnicos, etc.
                                    (BNsCH Fichero Caja 32)

**2300. Hillman, Carlos.** Examen de los informes sobre el sistema de equipos pasados por la administración del Ferrocarril entre Santiago y Valparaíso al Consejo Directivo de dicha empresa. Santiago de Chile, Imprenta de la Librería del Mercurio, 1874. 154 p.

Informe técnico sobre la diversidad de equipos y material rodante utilizados en ferrocarriles. Se encuentra en la Biblioteca Nacional en el volumen *Documentos relativos al Ferrocarril entre Santiago y Valparaíso* y su ubicación se hace más fácil por el nombre del volumen.     (BNsCH 11(818-42))

**2301. Huet, Omer.** Informe sobre el Ferrocarril de Antofagasta a Bolivia. Santiago de Chile, La Unión, 1901. 85 p.

Estudio sobre los antecedentes, desarrollo y explotación del Ferrocarril hasta 1900. Se refiere detalladamente a tarifas, reglamentos de transporte, movimiento de pasajeros, equipaje y carga. Anexa documentación oficial sobre concesiones otorgadas hasta 1889 y material rodante existente hasta la misma fecha.                       (BCN vol. 9 colec. Folletos 4-5)

**2302. Jéquier, Enrique.** Estudios económicos y estadísticos sobre ferrocarriles en Chile y aplicación al ferrocarril de Chillán a Concepción y Talcahuano. Santiago de Chile, Imprenta del Ferrocarril, 1868. 58 p.

Estudio elaborado por el ingeniero jefe del Ferrocarril del

Sur, con el objeto de efectuar algunas modificaciones al proyecto aprobado de construcción del ferrocarril de Chillan a Concepción. Para ello efectúa un análisis general sobre el funcionamiento de ferrocarriles en otros países y de los ferrocarriles del Norte.              (BNsCH 11(818-42))

**2303. López C., José Olayo.** Generalidades de Chile y sus ferrocarriles en 1910. Santiago de Chile, Universo, 1910. 96 p.

Estudio sobre los ferrocarriles con abundante información y análisis estadístico sobre su desarrollo entre 1884-1909. Se refiere también a los políticos que tuvieron participación en la construcción de ferrocarriles. Tiene información estadística sobre carga transportada, número de pasajeros, itinerarios, estaciones y extensión de la red.     (BNsCH 11(827-3))

**2304. Marín Vicuña, Santiago.** Estudio de los ferrocarriles chilenos. Santiago de Chile, Cervantes, 1900. 199 p., mapas. (Anales de la Universidad de Chile).

Estudio monográfico elaborado por el ingeniero de la Sección Ferrocarriles de la Dirección de Obras Públicas. Constituye un análisis general del desarrollo de los ferrocarriles particulares y del estado, con una descripción histórica de evolución de cada uno de ellos. Incluye datos sobre extensión de las líneas, tipos de vías, carga transportada, número de pasajeros, material rodante, ramales, estaciones y legislación sobre transporte. Esta obra tuvo varias ediciones posteriores, las cuales fueron ampliadas, corregidas y puestas al día.
                                   (BNsCH 11(801-18))

**2305. _____.** Ferrocarriles internacionales. Revista chilena de historia y geografía [Santiago de Chile], v. 10, 1914: 207-255.

Estudio general sobre el desarrollo ferroviario de América del Sur. Análisis de las conexiones de los ferrocarriles entre Chile y los países limítrofes, con datos cuantitativos sobre extensión de líneas en explotación en proyecto.
                                    (BNsMV (94-27 p.9))

**2306. Martner, Daniel.** Nuestros problemas económicos: el tráfico nacional; estudio económico-político de los ferrocarriles de Chile con una investigación preliminar de las vías de tráfico marítimo, terrestre y fluvial, en relación con los factores de la población, producción y comercio nacionales. Santiago de Chile, Imprenta Barcelona, 1918. 287 p.

Detallado estudio sobre la evolución histórica y las políticas económicas en materia de marina mercante y ferrocarriles por un destacado economista de orientación nacionalista, proteccionista e intervencionista. Destaca la importancia de estos medios de transporte para un país con la configuración económica-geográfica y la ubicación de Chile.
                                    (BNsCH 11(849-35))

**2307. Memorias de Compañías de Ferrocarriles del Norte.** Biblioteca Nacional. Santiago de Chile.

Series de memorias e informes semestrales o anuales de las diversas compañías privadas de ferrocarriles mineros del norte de Chile. Entre las principales series, que cubren períodos de varias décadas, se encuentran las memorias de la Compañía de Ferrocarriles de Copiapó (Copiapó Railway Company), del Ferrocarril de Coquimbo, del Ferrocarril de Tongoy, de la Compañía de Ferrocarriles Salitreros, del Ferrocarril de Carrizal, de la Compañía de Ferrocarriles de Antofagasta y otros. Las memorias contienen informaciones sobre resultados financieros, detallada estadística sobre el tráfico de pasajeros y de carga, descripción de las adquisiciones de equipos e insumos, de mantenimiento y reparaciones de las vías y material rodante, listas de accionistas y un informe general sobre la marcha de la empresa en que con frecuencia se vincula ésta con la situación más general de la actividad minera del cobre, la plata y el salitre. (BNsCH Fichero Caja 33)

**2308. Núñez Olaechea, Samuel.** Los Ferrocarriles del estado. Santiago de Chile, Imprenta y Encuadernación Chile, 1910. 133 p.

Reseña histórica de los ferrocarriles del estado hasta 1909. Analiza su explotación comercial tanto en su red central como de los ferrocarriles aislados. Incluye abundante información estadística desde 1864 sobre capital, utilidades, movimiento de carga, pasajeros movilizados y material rodante.
(BNsCH 11(935-14))

**2309. Pérez de Arce, Hermójenes.** Los ferrocarriles ingleses y los de Chile. Revista económica [Valparaíso], julio, 1889: 171-177.

Artículo con información cualitativa y cuantitativa sobre los ferrocarriles chilenos desde 1897. Informa sobre la dotación de los ferrocarriles del Estado, el número de las locomotoras de coches de pasajeros y de carga, número de kilómetros de líneas en explotación, ingresos y utilidades. (BNsCH)

**2310. Poblete, Martiniano O.** Una jornada ferroviaria: recuerdos de 38 años de vida carrilana. Santiago de Chile, Imprenta y Estampería Clarat, 1930. 309 p.

Relato personal de la labor realizada en los ferrocarriles durante 38 años de trabajo en la institución. A través de la narración refleja la organización interna de la Empresa de los Ferrocarriles del Estado. (BNsCH 11(811-34))

**2311. Rivera Jofré, Ramón.** Reseña histórica del ferrocarril entre Santiago y Valparaíso. Santiago de Chile, Imprenta del Ferrocarril, 1863. 173 p., planos, fotos.

Breve descripción de la gestación de las ideas que promovieron la construcción del ferrocarril y un detalle del proceso de construcción. Incluye algunos documentos como los Estatutos de la Sociedad del Ferrocarril, contratos de construcción y datos sobre costos e itinerarios. (BNsCH 11(854-20))

**2312. Sepúlveda, Armando.** Historia social de los ferroviarios. Santiago de Chile, Siglo XX, 1959. 113 p.

Reseña histórica del personal ferroviario desde la reorganización de la Empresa de los Ferrocarriles del Estado en 1907, a partir de la cual se logran algunas medidas tendientes a mejorar la situación económica y social de los empleados como también medidas técnicas para desarrollar la empresa. Se refiere también a las huelgas de los empleados y a la Federación de Empleados Ferroviarios. Llega su descripción hasta la mitad del siglo XX (BNsCH 10(714-25))

**2313. Simón, Raúl.** Contribución al estudio de nuestra crisis ferroviaria. Revista chilena [Santiago de Chile], v. 11, marzo, 1921: 380-412.

Análisis de la crisis ferroviaria iniciada en 1895, presentando como solución del problema la reforma del sistema de tarifas. Sostiene que el éxito del desarrollo de empresa no depende de los sistemas administrativos que la rigen sino de factores y circunstancias económicas externas. (BNsCH)

**2314. _____.** La situación económico-política de los Ferrocarriles del Estado; sumario. Primer Congreso de los Ferrocarriles del Estado. Santiago de Chile, Imprenta Universitaria, 1921. 172 p., gráficos, anexo estadístico.

Trabajo presentado al Primer Congreso de Ferrocarriles, donde se analizan las causas de la crisis en la explotación ferroviaria y los procedimientos utilizados para superarla. Se refiere en detalle a la política monetaria del estado y a la política general de ferrocarriles, para demostrar los efectos negativos que tuvieron en la explotación de los ferrocarriles. Incluye un interesante apéndice estadístico con datos sobre explotación de la red Sur de los Ferrocarriles del Estado, después de la reorganización de 1914, consumos de carbón y lubricantes, capitales invertidos y tarifas medidas de los ferrocarriles nacionales y extranjeros. (BNsCH 11(900-1))

**2315. _____; y Manuel Araya.** Informe sobre la situación del Ferrocarril Trasandino Chileno. Santiago de Chile, Ministerio de Vías y Comunicación, 1927. 77 p.

Informe sobre el movimiento y organización del ferrocarril. Incorpora datos estadísticos sobre volúmen de carga movilizada, número de pasajeros, equipaje y salarios 1915-27. Los valores aparecen expresados en pesos y en libras. (BCN Y-5)

**2316. Superintendente del Ferrocarril entre Santiago y Valparaíso.** Contestación del . . . a varios cargos dirigidos contra la administración general. Valparaíso, Imprenta del Mercurio, 1871. 76 p.

Oficio enviado por el Superintendente del Ferrocarril al Ministerio del Interior, para responder a los cargos hechos por senadores y editoriales de la prensa en contra de la administración del ferrocarril. Se encuentra en la Biblioteca Nacional en el volumen *Documentos relativos al Ferrocarril entre Santiago y Valparaíso* y su ubicación se hace más fácil por el nombre del volumen. (BNsCH 11(818-42))

**2317. Titus S., Arturo.** Monografía de los ferrocarriles particulares de Chile. Valparaíso, Scherrer y Hermann, 1910. 210 p., mapas, plano.

Estudio detallado sobre los ferrocarriles particulares. Analiza los antecedentes históricos de cada uno de ellos, la explotación y sus resultados y el material rodante existente. Incorpora información estadística sobre el movimiento de carga y pasajeros en algunos casos desde 1871.    (BNsCH 10(969-10))

**2318. Vasallo Rojas, Emilio; y Carlos Matus Gutiérrez,** *eds.* Ferrocarriles de Chile: historia y organización. Santiago de Chile, Rumbo, 1943. 448 p., cuadros, mapas, ilustraciones.

Completa y detallada obra colectiva que reseña la historia de los ferrocarriles chilenos, la evolución técnica, administrativa y económica de la Empresa de los Ferrocarriles del Estado.    (BNsCH 11(743-1))

**2319. Vergara Montt, Enrique.** Factores parasitarios de los Ferrocarriles del Estado. Santiago de Chile, Imprenta Barcelona, 1910. 54 p.

Magnífico ejemplo de un alegato de tipo nacionalista sobre los problemas de los Ferrocarriles del Estado, considerados como parte de los problemas generales de Chile en la época. Señala que las enormes utilidades de la industria salitrera hicieron que no existiera suficiente preocupación en los Ferrocarriles por la productividad y la eficiencia. Ataca el informe de Santa María y otros de 1893.    (BNsCH 11(827-50 p.11))

### 3. Estudios de viabilidad y proyectos

**2320. Chile. Ministerio de Relaciones Exteriores.** Informe especial relativo al establecimiento de una línea directa de vapores entre Chile y Centro América. Santiago de Chile, Imprenta Nacional, 1906. 103 p.

Informe consular que se refiere al propósito de establecer una línea regular y directa de vapores entre Chile, México y Centro América. Efectúa estudio del desarrollo del comercio exterior y la marina mercante nacional como de los países centroamericanos, incluyendo datos comparativos de las exportaciones entre 1901-05.    (BNsCH 12(319-1 y 2))

**2321. Ferrocarril entre Santiago y Valparaíso.** Documentos relativos al proyecto de un ferrocarril entre Santiago y Valparaíso. Santiago de Chile, Julio Belín, 1858. 103 p.

Publicación que incorpora el decreto que entrega los fondos para iniciar el Ferrocarril de Santiago a Valparaíso en 1852. Agrega presupuestos sobre costos de construcción, en pesos chilenos.    (BCN Y-5)

### 4. Insumos

**2322. Empresa de los Ferrocarriles del Estado.** Actas de las sesiones del Consejo Directivo de los Ferrocarriles del Estado. Santiago de Chile, 1885-89.

Publicación anual. Presenta información cualitativa y cuantitativa sobre la Empresa de los Ferrocarriles del Estado; su administración, alternativas de la planta administrativa, sueldos de personal, propuestas para abastecimiento de la institución y presupuesto de gastos de cada año.    (BN)

**2323. Prieto y Cruz, Angel.** Contestación del Superintendente del Ferrocarril entre Santiago de Chile y Valparaíso, a varios cargos dirigidos contra la Administración General de la Empresa. Valparaíso, Tornero y Letelier, 1871. 76 p.

Informe del Superintendente del Ferrocarril entre Santiago de Chile y Valparaíso sobre los costos de explotación de esta línea. Presenta las cifras de los capitales iniciales en 1864, y los de 1870, las de las utilidades líquidas entre 1864-70 y las cantidades entregadas al gobierno. Además, incluye las de las inversiones efectuadas en los equipos móviles, en construcciones y los valores de las tarifas.    (BNsCH 11(1088 A-19 p.6))

**2324. Ross, Agustín.** Memoria sobre los Ferrocarriles de Chile, presentada al Supremo Gobierno. París, Paul Dupont, 1892. 61 p., cuadros.

Análisis de la rentabilidad decreciente de los Ferrocarriles del Estado y de los planes de expansión de las vías. Propone entregar la explotación y ampliación a una empresa privada. Entrega informes sobre ingresos, gastos de explotación, capital invertido y porcentajes de utilidad, 1881-90.    (BCN Y-5 vol. 10 colec. Folletos)

### 5. Política gubernamental

**2325. Chile.** Recopilación de documentos relativos a los ferrocarriles de Tarapacá. Santiago de Chile, J. Núñez, 1883. 592 p.

Recopilación de documentos elaborados para facilitar la tarea de la Comisión nombrada para informar sobre cuestiones relativas a los ferrocarriles de Tarapacá. La documentación del gobierno peruano llega hasta 1879 y la constituyen esencialmente concesiones para contratar la construcción o explotación de los ferrocarriles. Los documentos chilenos en el primer tomo llegan hasta 1880, y se refieren a circulares ministeriales, decretos sobre fletes, tarifas y decretos sobre construcción de ferrocarriles. El segundo tomo incluye documentación sobre el mismo tipo de materiales, más aquellos documentos surgidos en la controversia producida sobre la posibilidad de confiscación de los ferrocarriles peruanos.    (BCN G-13)

**2326. _____. Congreso Nacional. Cámara de Diputados. Comisión de Gobierno.** Antecedentes del Ferrocarril Trasandino . . . publicados por la Comisión de Gobierno de la Honorable Cámara de Diputados. S.f., s.n.

Recopilación de la documentación oficial sobre la construcción del Ferrocarril Trasandino. Incluye decretos que aprueban plano, fijación de tarifas, presupuestos, mensaje presidencial, informes de la Comisión de Gobierno y de los ingenieros y administración en Chile.    (BCN Colec. Folletos v.9 Y-5)

**2327. _____. Ministerio de Ferrocarriles.** El régimen administrativo de la Empresa de los Ferrocarriles del Estado (informes y anexos presentados por la Comisión Inspectora nombrada por el Ministerio de Ferrocarriles). Santiago de Chile, Imprenta Universitaria, 1912. 112 p.

Dos informes relativos al régimen administrativo de la Empresa de Ferrocarriles del Estado. El anexo comprende: decretos y leyes que reorganizan provisionalmente el servicio, memoranda en los que se anotan el funcionamiento y deficiencias del servicio.     (BCN G-13)

**2328. Greve, Ernesto.** Historia de la ingeniería en Chile; publicaciones de la Comisión Organizadora del Primer Congreso Sudamericano de Ingeniería. Santiago de Chile, Imprenta Universitaria, 1938-44. 4 v., fotos, ilustraciones.

Importante y detallado estudio sobre la evolución de la ingeniería y arquitectura en Chile, desde la conquista española, basado en una muy buena documentación. Presenta la labor y política fiscal en relación a las obras públicas, como también la labor desarrollada por los particulares, especialmente en relación al problema de aguas de regadío y ferrocarriles. Gran parte del estudio está destinado a analizar en forma histórica y técnica a los ferrocarriles nacionales, así como la creación del Ministerio de Industrias y Obras Públicas en 1887, y su organización interna.     (BNsCH 10(272-13 a 16))

**2329. Yáñez, Eliodoro.** Comercio marítimo y marina mercante nacional; discurso pronunciado por el senador señor Eliodoro Yáñez, en la discusión de las leyes sobre protección a la marina mercante nacional. Santiago de Chile, Universo, 1916. 105 p.

Elocuente defensa de la marina mercante nacional manifestando las condiciones excepcionales del país para mantener dicha institución, no sólo por tener los recursos naturales necesarios para su manutención, sino que por la seguridad y progreso económico nacional. Mantiene una firme posición de protección de los intereses económicos nacionales frente a la penetración de los intereses extranjeros.

(BNsCH 10(902-36))

**Véase también:** 1926.

PART SIX

# COLOMBIA

William Paul McGreevey

# Libraries

| | |
|---|---|
| (LAA) | Biblioteca Luis Angel Arango, Bogotá |
| (LC) | Library of Congress, Washington |
| (UA) | Universidad de Antioquia |

# A. INTERPRETATIVE ESSAY[1]

The century between 1830 and 1930 witnessed enormous change in Colombia and its economy. The population of the country grew from about 1.2 million in 1825 to more than 8 million by 1930. The growth of foreign trade and the growing presence of foreign investment altered the economic landscape, at once creating an increasing degree of dependence on the external sector and opening fresh options to individuals seeking to escape the insecurity of an agrarian subsistence economy. Economic conditions in 1930 as compared to those of a century earlier were marked by greater economic opportunities but also greater risks, as demonstrated by the problems which the Great Depression brought in its wake. Our concern in this paper, however, is not merely to compare conditions at the end points of the century in question but to review briefly the interplay of events which caused and accompanied economic change.

Except for the few who have lived through the process of economic change in Colombia and attempted to understand their own experience, virtually all knowledge of the country's economic history must derive from written materials. Hence, the purpose of this paper is to examine the body of literature and documentation on the subject and to integrate several threads of literary and quantitative documentation in order to gain a comprehensive picture of the current state of research on this subject. It is also an objective to estimate the possibilities for future research, insofar as they are constrained by the availability of quantitative and other documentary materials. The research undertaken in the course of preparing this paper has uncovered a good deal of material pertinent to two essentially

different perspectives that scholars may bring to the study of the economic history of Colombia. First, there are those who will be concerned with the unearthing of particular details about Colombia's past with a view to explaining the process of change in Colombia as an end in itself. Second, other scholars, particularly comparative social scientists, will be concerned principally with Colombia as a "case study," an example of some more general process of human change which they hope to understand and explain. I will try in this essay, as well as in the format and content of the bibliographical citations, to serve the needs of both groups.

The accompanying bibliography is in no sense a complete statement of available research materials on the subject; however, one may hope it will serve as a useful introductory guide to scholars embarking on studies of the economic history of Colombia in the period covered.

## Periodization

An investigation of Colombian economic history, 1830-1930, poses the serious problem of designing an approach which will permit appreciation of substantial regional diversity, decisive turning points in the economic progress of the nation and great differences in the temporal phases which make up that history. It is useful to divide the century to be considered into three periods, the temporal divisions of which are arbitrary. Luis Ospina Vásquez (2387) divided the period 1810 to 1930 into seven sub-periods; Luis E. Nieto Arteta (2385) enumerated three; and still other divisions have been suggested.[2] Since my purpose is to discover the important events in the secular growth of the Colombian economy, I chose periods with specific and differentiable characteristics which were significant for the state of and changes in the well-being of Colombians. The description of each period should make clear what conditions generated those characteristics. One must also determine the causes of change from one period to

[1]The author wishes to thank the editors of this volume, also Miguel Urrutia Montoya, J. León Helguera, and the participants in the Latin American Economic History Project meeting held in Austin, Texas, in March of 1971, all of whom offered useful comments for revision. The directors and staff members of the Biblioteca Nacional and Biblioteca Luis Angel Arango in Bogotá, and the director of the Biblioteca de Autores Antioqueños at the Universidad de Antioquia, Medellín, were all helpful in the assembly of materials in the bibliography. Darío Fajardo Montaña examined materials in the Archivo Nacional, some of which have been selected from his larger work for inclusion here. None of the preceding bear any responsibility for any of the opinions expressed by me nor for the final form which essay and bibliography have taken.

[2]See the special report in *Hispanic American historical review* [Durham], v. 47, May, 1967: 318-319, on "New approaches to Latin American periodization: the case for an eighteenth-century watershed."

the next. Forces which break an equilibrium and initiate change may be exogenous with respect to the process described (as, for example, with changes in political leadership), but their role as the initiator of the process should be clear. The set of qualities characterizing a stage and its empirically verifiable effects on the well-being of Colombians should be unique to that stage to distinguish it from preceding and succeeding ones. That is, the qualities described should necessarily lead to the observed effect on the level and changes in per capita income.

Table 1 sets out the periods to be discussed. Change in per capita income cannot in fact be measured directly from available data, but rough qualitative judgments can be made: there was probably little or no change in the first period; possibly a decline in the second, and an acceleration in the rate of change through the third period.

TABLE 1

Principal Phases of Colombian History, 1830-1930

| Period | Number of years | Change in per capita income | Motive force | General characteristic |
|---|---|---|---|---|
| 1830-1847 | 18 | 0 | None | Stagnation |
| 1848-1902 | 55 | − | Tobacco exports | Decline |
| 1903-30 | 28 | + | Coffee exports | Transition to growth |

The "motive force" considered in each period is that which seems to have been the main stimulus for changes in per capita income. In the first period the failure of any motive force to change the level of per capita income must be discussed: inertia held over from the colonial period and reluctance on the part of the earliest Republican regimes to undertake new policies were enemies of change; civil conflict which marked the first decade and final quinquennium of that period played some role in maintaining the low level of per capita income. In the second period expansion of tobacco exports, the spread of the large cattle hacienda and intensified civil conflict were the most significant events. The third period was, more than any other, dominated by coffee as an export crop—the motive force was export expansion, the visible performer, coffee, and the supporting cast included transport improvements, supplementary processing activities, and the initial stages of industrial development. Let us turn then to the first period to be considered, the era of economic stagnation that prevailed after the achievement of political independence.

## The period of stagnation, 1830-47

By April of 1830 the union of Colombia, Ecuador and Venezuela had ended. The threat of Spanish reconquest was over and Colombians could begin to consider the solution of domestic economic problems. These included the poor state of local transportation, dependence on foreign manufactures and the shortage of local entrepreneurial talent to undertake the exploitation of natural resources. There was little action of road improvements (2394) but river transport was the subject of intensive experimentation with steamboats (2746, 2747, 2750, 2752, 2758). There were some local manufacturing industries which began in the 1830's but then failed in the civil disturbances of the early 1840's (2387). This early effort to industrialize has received little attention. Besides the work of Ospina Vásquez who uncovered materials on a number of enterprises begun in Bogotá, only Safford (2568) has given attention to the details of industrial development in that decade. Yet in retrospect one must ask whether it may not have been possible to sustain some manufacturing activity if conditions had been only slightly different—if, for example, a longer period of domestic tranquility could have been maintained or effective protection extended to entrepreneurs.

One of the earliest solutions to the exploitation of domestic resources was the extension of monopoly privileges in exchange for a share of profits (156). A number of British entrepreneurs attempted to take advantage of the concessions offered, but in these activities as well there was no sustained success. Foreign and national entrepreneurs fared equally poorly in the 1830's and 1840's. The achievement of political independence thus seems not to have provided the basis for progressive economic development.

Ospina Vásquez characterized the period as one of "moderate prosperity," in spite of the heavy damage caused by the 1840 war.[3] The closing of a few glassware, paper and pottery factories in Bogotá affected only a few owners and workers. Traditional cottage industries

[3]Luis Ospina Vásquez (2387), p. 188-189. This is the best single reference work on Colombian economic history.

were also in decline in the face of competition from English textiles but at a rate so slow as almost to pass unnoticed. Agricultural production was generally carried out in small-scale enterprises with a rudimentary technology little different from that which prevailed during the late colonial period. Mining had suffered a setback with the decline of forced labor as an outgrowth of the independence movement. Nonetheless, new technology and British capital kept up production and export of gold and silver. Further progress was obstructed by the growing fear of foreign capital to enter a country of such precarious political stability; the supply of local capital was very small. Moderate prosperity: perhaps. But with little change for most Colombians from what they had experienced in earlier centuries.

At present there are few works beyond government documents which provide information on this period. Several ministerial reports are worth noting (2394, 2395, 2397, 2526, 2596), and there are a number of useful travel accounts written during the period (2304, 2408, 2420). Useful contemporary writings are also found in the *Semanario de la Nueva Granada* of 1809-10 edited by Francisco José de Caldas, the great savant and naturalist (2351). The essay attributed to Guillermo Wills (2428) covers a number of aspects of local production in 1831. The official government gazette (2393) also contains valuable materials. All things considered, however, these published contemporary sources yield too thin a base for studies of this period's economic history. One must rely on a thorough examination of newspapers as in the work of Safford (2389) and unpublished manuscript materials which may be drawn from public and private archives. An excellent discussion of the potentials of such materials is found in Safford (2389) and Helguera (2379).[4]

Many secondary works published in the twentieth century treat this period, but most of them concentrate on aspects of political history with economic questions occupying a peripheral position in the discussion. For the 1820's one would begin with Bushnell, *The Santander Regime in Gran Colombia* (2350), an excellent monograph which appeared in a Spanish translation in 1968. It does not treat the second Santander government of the 1830's but concentrates on the problems associated with the formation, administration and subsequent breakup of Gran Colombia. The six-volume work by Arboleda gives a mass of details which cover the three decades 1829-60 (2349). The overview of Colombian economic history prepared in 1908 by José María Rivas Groot is perhaps still the best general survey in short form of the years 1809-1908 (2388). It is based on a thorough study of official reporting in the *Memorias* and *Informes* of government ministers.

Despite the utility of political histories of the years 1830-47 as a means of familiarizing oneself with the general course of events, the economic historian might best ignore these works and turn his attention directly to primary documentation. I would suggest the following problems of analysis:

(1) *Land policy.* During the era of the Bourbon Reforms (1759-88) the colonial government of Nueva Granada began subtle changes in the legal basis of land tenure which operated to the detriment of native Americans. The republican governments accelerated the process of change but did not make a clear break with the past—at least with respect to treatment of communal lands. The ending of entail as a normal practice was initially regarded as an action liberating society from traditional restraints on the efficient use of resources; subsequently, scholars (particularly Nieto Arteta) denied the importance of that legal change. Further, there was ambiguity in the republican governments toward the real property of the Catholic Church and its dependencies since the Church hierarchy was largely Spanish and had supported the Royalist cause. The extensive liens *(censos* and *capellanías)* held by Church organizations on real property added to a state of confusion about the ownership of property. Both national and local governments undertook to establish and enforce new legal conditions affecting tenure and ownership. This process culminated in the Reforms of 1850 and the later disamortization of Church lands in 1861, both of which will be discussed below. However, it would be extremely useful to have a study of land policy and its impact on the changing tenure and use of land in the early years of independence. Unfortunately, the Archivo de la República in the Biblioteca Nacional does not appear to be so organized as to facilitate research on this problem; none of the seven thousand *tomos* is devoted specifically to land tenure and policy. The thirty *tomos* in the Fondo de Bienes Desamortizados bear examination, but much of the material deals with urban real property. The investigator might have some luck in working in notarial archives which recorded data on land sales and exchanges. Some general observations based on archival research appear in the article of Fals Borda which covers a longer span of time (2677). The survey of Hernández Rodríguez (2679) would also provide a good beginning for more intensive research.

(2) *General welfare.* Were there changes in the general standard of living of Colombians from the late colonial period (say 1790) to the middle of the nineteenth century? Table 1 showing stagnation in the general welfare is nothing more than a heuristic statement; it is not supported by firm evidence about general conditions. It is possible to show that exports

[4]The appendix to this paper prepared by Dr. Darío Fajardo Montaña provides a useful introduction to the holdings of the Archivo Nacional housed within the Biblioteca Nacional in Bogotá.

per capita were little different in the late colonial period from those in the 1840's. Thus foreign trade had not made any great impact on the general welfare. However, there could have been important changes in the domestic economy undetected by international trade data. Had regional markets become more (or less) integrated? Were there changes in the structure of production (government monopolization of tobacco production, for example) which affected welfare? General questions of this sort can only be answered by the slow accumulation of monographic studies of local economies.

## The period of decline, 1848-1902

The touchstone for change from the period of stagnation to that of decline was a diminished role of the central government in economic affairs. The new role was consistent with the theory that the central government should play a passive role vis-à-vis private enterprise and local governments. It was not peculiar to either Liberal or Conservative Parties. For example, General Tomás Cipriano de Mosquera, president from 1845 through 1849, was nominally a Conservative, whereas his minister of finance, Florentino González, beginning in 1847, was a Liberal. And González was architect of a laissez-faire policy which was the dominant motif of government action until the 1930's. The surge of development in the twentieth century could not be attributed to more effective state action; it originated instead in the private sector, i.e., among the coffee cultivators and early industrialists of Antioquia. The unifying theme of this fifty-four year period was inaction—inaction despite the efforts of Núñez and the Regeneration of the 1880's.

Powerful external forces for the first time began to influence the course of internal economic events: expanding industrial output in the North Atlantic nations sought an outlet in Colombian (and other colonial) markets which had not enjoyed the cost-reducing innovations of the modern factory system.[5] External influence grew strong because the openness of the economy increased with the export of Colombian tobacco to European markets. For a time in the 1850's exports were expanding at more than five per cent per annum in value—after a half-century of virtual stagnation. Consequent on this rise in exports was the growth of imports and the gradual contraction of local (import-competing) artisan industries. When the period of export expansion came abruptly to an end in the mid-1860's, the economy, grown increasingly dependent on trade but not yet able to transform itself in the face of adverse market conditions, stagnated.[6]

The years from 1847 through 1854 encompass the Reforms of 1850, a period of bourgeois reform favoring landed elites and urban middle classes despite the patina of social justice with which the reforms have been affected by their supporters. Policymakers applied a version of English and continental liberalism or laissez-faire and in so doing adopted foreign ideas in many respects inappropriate to the Colombian situation. Virtually all the reforms were negative in the sense that they reversed then current administrative and institutional conditions and did not include positive new programs (2560). The principal reforms were abolition of slavery, revocation of legal recognition of communal land tenure for Indian resguardos, repeal of a number of taxes levied by the federal government and the displacement of certain others to control by local governments. The reforms are discussed sympathetically in Galindo (2563), somewhat more critically in Molina's political history of the Liberal Party. Details appear in the *Memoria del ministro de Hacienda, 1851* (2526f).

The active period of reform may be said to have begun with the accession of Florentino González as minister of finance in 1847 and to have ended with the overthrow of Melo in 1854. This period, perhaps more than any other in Colombia's nineteenth century, has captured the attention of intellectual and political historians who have been conducting research during the past two decades. Gilmore (2354, 2355) treats the problem of federalism and the social and intellectual origins of some of the leaders' ideas. Helguera's dissertation (2379) admirably covers government policy under Mosquera (1845-49), detailing internal improvements and the shift of the tobacco monopoly to private enterprise. Colmenares has prepared a general survey of political parties and issues for the period; the rather more thorough study of the Liberal Party published by Molina is mentioned above. It was during this period that the Liberal and Conservative Parties formulated their basic positions, positions which have continued to influence the course of political and economic events (2491, 2567). The ideas of Florentino González bear careful examination as he was the principal architect of certain of the reforms, particularly the abolition of the government's monopoly of tobacco sales (2561). The best general survey of the intellectual history of the period is that included in the work of Jaramillo Uribe which covers the whole of the 19th century (2361).

[5]Two works by Eric Hobsbawn: *The age of revolution, 1789-1848.* Cleveland, World, 1962. 356 p. and *Industry and empire; an economic history of Britain since 1750.* London, Weidenfeld, 1968. 336 p., present a variety of data on the export of British goods, particularly textiles, to areas of colonial penetration. The most rapid period of growth for British textile exports to Latin America appears to have been during two decades, between 1820 and 1840.

[6]See McGreevey, *An economic history of Colombia, 1845-1930* (2384), chapter 5, and especially p. 106. Per capita exports reached their 19th-century peak in the quinquennium 1875-79 and were less than half that level at the end of the century (*ibid.*, p. 104).

The Liberals were particularly given to writing their views in newspaper articles, pamphlets and books: see those of Salvador Camacho Roldán (2575, 2576, 2588), Aníbal Galindo (2400, 2563), José María Samper (2484, 2503) and Miguel Samper (2469). But the policies of both Liberals and Conservatives are perhaps best examined through a reading of ministerial reports. A list of such reports by author appears in the bibliography of Nieto Arteta (2386).

Many books and doctoral dissertations written in this century concentrate on the middle decade (1845-54). Besides government action for reform there was the formation of democratic artisan societies (2474), the expansion of the tobacco export industry (2417, 2697), and what some regarded as the threat of European socialism (2355). But with some exceptions, e.g. Fals Borda (2377), too little attention has been devoted to the long-range impact of the reforms. The next phase of research on this period would best include analysis of the manner in which the reforms altered the path along which Colombia was moving and might have moved.

The late 1850's saw a reaction to the reforms of 1850. Mariano Ospina held the presidency and attempted to put Colombian public finance back on a firm footing (2357, 2358). The period of rapid initial growth for the tobacco export industry came to an end during these years, but the high level of production was maintained. The balance of trade was not unfavorable and economic conditions seem to have been reasonably good (2568). What then was the basis for the outbreak of civil war in 1861 and Mosquera's seizure of power?

It is tempting for the economic historian in search of paradox to regard the years 1854-61 as a period of intelligent policymaking reversing the errors of Radical Liberalism made in the Reforms of 1850. It has become twentieth-century dogma to regard the Liberals as the party of the future, bringing with them foresight and policies for economic development. Yet an examination of nineteenth-century Liberalism leads to the conclusion that their policies were disastrous for Colombia. Certainly that is the view of Liévano (2490, 2567) and Fals Borda (2377). In contrast, the Conservatives appear to have understood better the exigencies of the Colombian situation. They were not less dedicated in principle to laissez-faire, as Ospina Vásquez (2387) has pointed out, but they were less willing to throw over institutions and policies helter-skelter than were their Radical Liberal colleagues. But the paradox is unsolved because key issues remain unstudied. How did the Ospina government maintain the balance of trade despite the decline in the growth-rate of exports? How successful was the effort to reduce budget deficits and restore fiscal responsibility? What positive actions were taken in the fields of internal improvements and industrial promotion? Until these questions are answered by thorough research into existing documentation it will be difficult to determine whether nineteenth-century Conservatives enjoyed greater success with their economic policies than did the Liberals.

Tomás Cipriano de Mosquera, the caudillo of the Cauca, seized control of Bogotá in mid-1861, and instituted a series of radical reforms (2529). Particularly important was the disamortization of Church lands by Mosquera's decree of 9 April 1861. The repercussions of this and other acts (formulation and establishment of the Constitution of 1863) was to influence Colombian history for decades to come.

A major source of material on government policy has already been cited (2529). One may also examine the messages of Mosquera and contemporary ministerial reports (2526g, 2550, 2551). The 1861 *Memoria* of Minister of Treasury Rafael Núñez includes a lengthy defense of disamortization—by the man who was later to engineer rapprochement with the Vatican. The Liberal position favoring disamortization is stated in a paper by Camacho Roldán (2671); the opposing view is by Restrepo (2493). An effort to compare disamortization in Colombia and Mexico by Knowlton (2556) falls well short of a satisfactory analysis of the economic issues involved. The problem with all these materials is that they fail to delve into the details of what actually resulted from disamortization. Despite the charges of some that disamortization actually tied up rural farm land which had previously been rented by smallholders from Church organizations, in terms of value a large percentage of all holdings confiscated by the government were urban properties. And some states (Antioquia and Santander, for example) saw almost no exchange of property, if the 1868 ministerial report is to be believed (2551). A fruitful approach will have to begin with examination of the 30 *tomos* of manuscripts and reports in the Fondo de Bienes Desamortizados of the Archivo de la República (2672). The contents of these tomes is briefly discussed in the bibliography attached. Many of the documents were prepared by the Caja de Amortización, a dependency of the Ministry of the Treasury charged with administration of intervened properties, their sale and the payment of recognized liens attached to such properties. A study of disamortization (and its forerunners in the expulsion of the Jesuits and earlier attempts at disamortization in the 1850's) would be particularly timely, since Jan Bazant's excellent study of disamortization in Mexico has recently appeared.

Disamortization may prove to be but a single phase of a general reassertion of interests which had been undermined by the Conservative reaction of the late 1850's. Although Mosquera's military leadership was essential to the return of Radical Liberals to important positions of political power, he was subsequently shunted aside and even tried by the Senate for possible misconduct in office (2490). Liévano suggests that Mosquera perceived that the disamortization of Church lands, far from creating the intended class of agricultural smallholders, merely led to concentration of Church lands in the hands of the Liberal bourgeoisie. He then attempted to reverse the disamortization and found himself opposed to the Radicals who were by then powerful enough to dislodge him finally from political power. But altogether too little research has been done to date which would enable us to specify the interests of the Radicals, the extent to which specific individuals gained title to land or the manner in which they benefited. An analysis of the Constitution of 1863 (written almost single-handedly by Radicals) might be undertaken to determine how that document affected individual and class interests. Consider the constitutional issues: disamortization, payment of the public debt, issuance of paper money, payments to military pensioners, conditions for acceptance of public bonds in payment for public lands, distribution of authority and responsibility in the field of public works between state and federal governments. All of these had potentially great impact on the distribution of income and benefits accruing to the political in-group.

The period from the signing of the Constitution of 1863 to the first Núñez presidency was one of unrelieved political dominance by the Radical Liberals. It has been referred to by intellectual and political historians as the "Olimpo Radical," the apogee of Radical influence. Although the Radicals were not able to effect as extreme a brand of liberalism and laissez-faire as they may have liked, rarely has a state been turned so completely into a sleeping night watchman. Activities in the field of internal improvements were turned over to state governments which rarely had the resources necessary to finance construction (2751, 2754, 2755, 2756). The advent of the railways may have been delayed by several decades because of the zeal for decentralization. After all, the first Colombian railway was built across the Isthmus of Panama in the years between 1845 and 1855. Why the delay until 1870 for the next section of track?[7] An international comparison (2384) of railway construction shows that Colombia lagged far behind other nations at comparable levels of development in the years between 1870 and 1914. Hoffman holds the policies of land grants and concessions at fault (2751). These policies evolved during the Radical era.

The Radicals were particularly strong in Santander,

where they dominated state government. For a number of years they opposed the establishment of public schools on grounds that such schools, if required by society, would be established by private enterprise (2455, 2457). The memoirs of Aquileo Parra (2367) offer useful background data on the Santander experiment. But the utopian writings of political and intellectual leaders of Santander fail to discuss the impact of their policies on a large local minority, the artisans. The census of 1870 (2438) indicates that from 20 to 25 per cent of all Santander adults gave their occupation as *artesano*. The bulk of these were women engaged in cottage by-employments which supplemented male agricultural earnings. Since their principal activity was the spinning and weaving of cotton and woolen goods, their products were progressively displaced by growing imports of foreign (English) textiles which were both cheaper and of higher quality. The geographic dispersion of the artisans prevented them from organizing to get effective protective legislation. Only a careful study of local documents in notarial archives seems likely to offer us a detailed picture of the costs to the artisans of public policies they were unable to influence.

A striking feature of this period was persistent deficits in the balance of trade. Inaccuracies in Colombian data ((2330, 2335, 2572, 2573) during this period make them almost useless; for example, the listed imports of Colombia from the United States for the 1860's are less than a fifth of U.S. exports to Colombia as recorded in *Commerce and navigation of the United States* (140). There is obviously an extreme degree of underreporting. The trade data are corrected and new estimates presented in Urrutia and Arrubla (2346). The new series indicates that for the years 1863-74 imports greatly exceeded exports, producing a persistent deficit and crisis. Contemporary ministerial reports discuss the problem, which is summarized in secondary works by Torres García (2523), Rivas Groot (2388) and Beyer (2654). However, there is still no comprehensive analysis of the interplay of fiscal, monetary and commercial policy under the Radical regime. Since the governments were merchant-dominated, there may have been a tendency to foster imports far in excess of import capacity generated by tobacco and gold exports.

The significant excess of merchandise imports over merchandise and gold exports for more than a decade would, under normal gold standard conditions of the kind which applied in Colombia under the Radicals, result in depressed economic conditions and downward pressure on prices. However, the admittedly sketchy index of food prices prepared by Miguel Urrutia (2384, p. 85) stood at 100 in 1864 and rose to 117 in 1879 indicating a rate of price increase of just one per cent per annum. (Even if different years are selected for comparison the annual rate of price increase during the

---

[7]This question was a topic of discussion at the annual meeting of the American Historical Association on 29 December 1972 in New Orleans. Professor Frank Safford presented a useful summary of the problem in his paper, "Problems in the transportation development of Colombia."

period would appear to be in the range of one to two per cent.) The price increase combined with an unfavorable balance of trade might be explained by expansion of the money supply through the private banking system. Despite the concern of Colombian economists and financial experts with money, banking, and comercial policy, the basic data has yet to be organized and analyzed on this period.

Useful materials do appear in Echavarría (2514), Guerra Azuola (2515), Osorio y Gil (2518), Perry (2521) and Torres García (2523). However, none of these sources offers even so simple a series as the quantity of money in circulation; such a series would have to be built up from source materials provided by banks of issue—if such materials are still available. It is only after 1880 that the Banco Nacional was made the sole bank of issue.

If the problem of uncovering monetary policy is great, so much the greater is the study of fiscal policy. The Constitution of 1863 had turned over many responsibilities to the eight state governments. The documentary records of those governments have not generally been gathered together in Bogotá, although the Biblioteca Luis Angel Arango and Biblioteca Nacional have collected some materials. The *Memoria del ministro de Hacienda,* 1870, prepared by Salvador Camacho Roldán, contains an estimate of aggregate national, state and municipal finances. But these are budgeted revenues and expenditures and no detail on the breakdown of expenditures by type is given. (Similar general data are available for the early 1850's (2526f.)) One can hardly study fiscal policy without fuller details about local and state finance. And these may only become available to the investigator prepared to visit local archives in Cartagena, Panamá, Medellín, Popayán, Ibagué, Tunja, Bucaramanga and Cúcuta. Perhaps materials will be unearthed by scholars at work on local histories such as that by Johnson.[8]

In 1875 Colombian tobacco was rejected by German cigarmakers due to its declining quality and the appearance of a superior Japanese product in that year (2582). The extension of production out from the best alluvial soils and the multiplication of inexperienced export firms little versed in the ways of controlling quality resulted in shipments to Dutch and German merchants which did not meet their exacting standards for wrapper leaves. At this moment, civil war erupted (1876-77), a conflict whose causes have been ascribed either to the Radicals' commercial policy of dependence upon textile and capital goods imports, or to electoral fraud (1876). One cannot overlook that the tobacco crisis and subsequent crisis for indigo and quinine exporters in the

early 1880's pointed to basic structural problems within the Colombian economy. Some 9,000 people perished in the 1876-77 conflict: were their deaths occasioned by strictly political differences or was there dissatisfaction with economic conditions and economic policies? Only after a comprehensive study of fiscal, monetary, and commercial policy has been carried out will it be possible to offer a satisfying answer to that question.

Rafael Núñez, an important figure in Colombian political economy in the 1850's and 1860's, dominated the political arena in the 1880's and until his death in 1893. While earlier identified with the Radicals, in the presidential office Núñez aligned himself with moderate Liberals and Conservatives. His support of disamortization did not prevent him from engineering the Concordat of 1887 (2489). Espousing laissez-faire principles, he nonetheless based the government of the Regeneration on a stronger, centralizing constitution which went into force in 1886. Chameleon-like, Núñez was able to alter his policies and ideas to suit the needs of a country faced with growing problems of internal integration and international trade. It will be essential to understand Núñez and his political economy before one can fully understand Colombian economic history in the second half of the nineteenth century.

Perhaps the greatest source of conflict caused by the policies of the Regeneration was in the area of Church-state relations. Although the general question may appear to be of marginal interest to the economic historian, the manner in which the Concordat of 1887 restored control of education to the Catholic Church had a significant impact on economic development. Church-controlled schools (primary, secondary and university levels were included) maintained an elitist and other-worldly tradition in educational style (2454, 2457). A recent paper by Safford (2456) explores the lag in technical education before 1900. Yet the problem was not exclusively one attributable to Church-operated institutions because the lack of demand for skilled technicians may have been as much a barrier to expansion of technical education as were clerical attitudes. There are, no doubt, other problems related to Church-state relations which might well be examined by historians interested in economic, political, and administrative questions.

In the area of strictly economic policy a problem arose about the appropriate expansion of the money supply. The Banco Nacional, established in the 1880's by Núñez, was given the exclusive right to note issue up to a maximum of Ps$12 million on the presumption (attributed to Núñez) that such a quantity of money could be absorbed by the economy without increasing price levels. A defense of the policy appears in the economic writings of Miguel Antonio Caro (2509). But

[8]David Church Johnson, "Santander in the nineteenth century: an economic and social history." Unpublished Ph.D. dissertation, University of California, Berkeley, 1971.

as inflation proceeded in the late 1880's and early 1890's the opponents of Núñez and Caro guessed that illegal emissions of paper money far in excess of Ps$12 million had been permitted by the administration (2517). The issue generated congressional inquiries (included in 2517 and an Attorney General's report, 2512). General data on banks and banking in the years between 1885 and 1891 are included in Vergara (2525) and one may usefully review the general study of Torres García (2523).

A recently completed thesis at the Universidad de los Andes by Darío Bustamante (2508) has brought together an important collection of data and analyses of this period. Drawing on records from private haciendas, he concludes that although money wages rose substantially with the inflation, real wages or worker purchasing power declined, particularly in the 1890's. The data are summarized in Urrutia and Arrubla (2346).

The inflation of this period leads to a number of difficulties in interpreting a wide range of economic data. Government trade statistics, for example, were published with peso values expressed in terms of the inflated paper currency circulating in the country. Yet some trading arrangements were made for payment in specie when a silver or gold peso was worth considerably more than a paper peso. This problem is discussed and new estimates made by British consular officials (2579, 2581). Certain United States consular reports offer trade data not elsewhere available (2583) because of the deterioration of reporting to the central government during civil disturbances.

An important administrative change came in 1885 with the decision to make all ministerial reports, budgets, meetings of congress, etc., on a biennial rather than annual basis. A useful anonymous pamphlet prepared around 1885 (2552) presents data on local, state, and national finance, along with an argument for the return of most local sources of revenue to the national government. A consular report of 1896 (2558) gives a contemporary North American view of the state of public finance, emphasizing naturally enough the possibilities of paying off the foreign public debt. Other data can be gleaned from ministerial *Memorias*. There was no consolidated budget reporting, so that the investigator will have to examine the accounts of the several ministries to determine the distribution of expenditures, e.g., between current and capital expenditures. Consolidation of a central accounting procedure did not occur until the Kemmerer reforms were introduced in the 1920's (2547). The research carried out by the Kemmerer mission pushed details of federal government finance back to 1912; an excellent project would be further work to organize the data of the years 1880-1912 to link up with the available series beginning in that latter year.

The Regeneration government sought to stimulate manufacturing and internal improvements. Steel plants at Pacho and Samacá, and a large textile mill, received some government support (2387). But too little is known about the details of these operations which enjoyed little success. Strictly private activities in beverage and food processing did considerably better. These did not depend on the whims of politicians; nonetheless, the whole question of incipient industrialization has received too little attention, despite the pioneering work of Ospina Vásquez. A useful historical study deals with German immigrants to Santander (2449). Some of these same immigrants established breweries, banks and other commercial activities in Bogotá, which proved to be among the most successful in Colombia. Reichel-Dolmatoff points to the importance of immigrant entrepreneurs in an essay exploring the social origins of the middle class (2482), but there has been no systematic study. Studies in business history can draw on work for the mid-nineteenth century by Safford (2389, 2568, 2569) and link it to documentation for the immediately subsequent period contained in works by Rodríguez Plata (2449) for Santander and Echavarría (2447) for Antioquia. If such studies in entrepreneurial history could be supplemented by careful industry studies in cotton textiles (Echavarría's book (2716) is rather general), banking (2514), and food processing, one would have a clearer picture of the course of events in the private sector. But to date Colombian businessmen have not shown great interest (as have their European and North American counterparts) in the sponsorship of company histories. Despite the uneven quality of such works in the United States they provide an invaluable source of information about activities which rarely receive attention in government publications.

The slowness of government to fulfill the needs for internal improvements continued from the era of Radical domination into the Regeneration. At a time when investable funds were easily available in international capital markets, Colombia made little progress in railway construction, and probably even less in roads. The documentation on internal improvements seems to be good for this period. The Biblioteca Luis Angel Arango has in its Miscelánea series reports from toll road companies (2740, 2759) which may provide the basis for a comparative study of the economics of various modes of transport in that period. But the most substantial literature deals with the railways. A general summary of early construction appears in Ortega's three-volume work (2754), but there are dozens of reports worth examining, only a few of which are noted in the bibliography (2743, 2760). Many more reports refer to the early twentieth century. The failure of the Regeneration to improve substantially on the record of the Radicals is perhaps the principal problem for examination. One wonders whether it would not have been possible to do better: such wondering leads naturally to examination of relevant counterfactual alternatives. What impact, for example, would earlier construction of railways or the Panama Canal have had on the timing of development?

A subject which has received little systematic attention is river navigation. Consular reports offer some data (2634, 2635, 2757), but the importance of Colombia's "historic artery" suggests that it deserves more attention. Nichols' work on north coast cities (2753) and the growth of Barranquilla's trade (2643) offers a beginning in this area, and one could usefully examine Krogzemis's historical geography of the Santa Marta area (2623). The doctoral dissertations of these two scholars contain excellent bibliographies as guides for further research. When did steam power clearly overtake the *champan* on the river? And when did steam give way to the diesel engine? Has soil erosion (and its link to the problem of dwarf holdings on marginal hillsides) been related to silting on the river and hence to difficulties of navigation? Many of these questions take the scholar well into the twentieth century, but their study leads back at least to the era of the Regeneration.

The last years of the nineteenth century found virtually everyone with a printing press in Colombia turning out paper money. For a number of years a U.S. dollar would buy 10,000 Colombian paper pesos. But that state of affairs could not be blamed solely on fiscal mismanagement. It was civil war and its exigencies which led to inflation.

What were the underlying causes of the War of a Thousand Days? That war lasted from 1899 until 1902 and may have cost 10,000 Colombian lives. Certainly some purely political disputes between rival caudillos were essential ingredients for warfare. But adverse economic conditions must also have played a role: the terms of trade for coffee declined precipitately in the late 1890's, and there was a decline in real wages.[9] Elite groups may have been pressing their own interests against those of smallholders, though we have no firm evidence on this problem. The political and military historians have yet to give us a satisfactory analysis of the war which includes economic factors. Consider, for example, that one of the leaders on the Liberal side of the conflict was Rafael Uribe Uribe, who demonstrates in his writings an intimate concern with social problems (2424). A reading of his work leads one to conclude that he would not have gone to battle for purely political reasons: there must have been more. But which of his biographers has given us a cogent investigation

of the complex interrelations of his political, economic and social ideas? The author who comes nearest to explicating the Liberal caudillo is Gabriel García Márquez, especially in *Cien años de soledad* (2353). His characterization of Colonel Aureliano Buendía may, despite its historical inverisimilitude, offer us insights into the making and thinking of a Liberal caudillo, one of the rank and stature of Rafael Uribe Uribe. Which historian has given us a better sense of Colombian history?

In an essay written in the late 1840's Miron Burgin (84) suggested study of the economic roots of the War of a Thousand Days as a priority topic in the economic history of Latin America. I can only echo his sentiment and note that a score of years have passed without action on this question.

Peace was restored by the Treaty of Neerlandia in 1902, and civil war was not a threat again until the *Bogotazo* of 1948. But in the first quinquennium of the twentieth century Colombia was to feel the weight of Manifest Destiny, the polite term for U.S. imperialism. Because the Colombian Congress failed to ratify an agreement transferring the rights of the French canal-building company to the United States, relations deteriorated between the U.S. and Colombia, Panamanians rose in arms to establish their independence from the government in Bogotá and the U.S.S. *Nashville* prevented Colombian reinforcements from putting down the insurrection. Within one hour[10] Roosevelt authorized recognition of the new government in Panama, and several weeks later signed the agreement with that government's representative which established the United States' right to act as if it were sovereign in the canal zone. No issue has caused greater enmity and bitterness between the United States and Colombia.

The political and military events surrounding the independence of Panama have been the subject of a multitude of studies. Few of them offer any historical perspective on the relations between Panama and the rest of Colombia—yet the attenuation of ties must have played some role in Panamanian independence from Colombia. An unpublished dissertation prepared by J. Ignacio Méndez details a number of efforts by Panamanians in the years between 1820 and 1847 to achieve independence from the government in Bogotá.[11] Moreover, the Isthmian state enjoyed a great deal of autonomy from the central government—as did the other

---

[9]A brief analysis of this question appears on p. 87 of Urrutia and Arrubla (2346) and was prepared on the basis of price and wage series which are presented in the volume. The work represents an

important first step in the effort to assemble and analyze empirical data relevant to the changing economic condition of the majority of Colombians in the late nineteenth and early twentieth centuries.

[10]On this incident, see Thomas A. Bailey, *A diplomatic history of the American people.* 6. ed. New York, Appleton-Century-Crofts, 1958, p. 493.

[11]J. Ignacio Méndez, "Panama: Public administration and the *Censo* in the early nineteenth century." Unpublished Ph.D. dissertation, University of California, Berkeley, 1970. 325 p.

states—in the period 1861-85. During much of the colonial period Panama remained under the administrative jurisdiction of Lima. For many years during the nineteenth century the customs houses of Panama failed to report at all to the government in Bogotá. Panama would probably not have become a nation independent of Colombia had it not been for the role played by U.S. military forces because of the Roosevelt Administration's interest in constructing the canal; nonetheless, the history of attenuated relations between the Isthmus of Panama and mainland Colombia provided a necessary condition for secession.

How then should one treat Panama in a review of the economic history of Colombia? It was part of the union for three-quarters of the period under consideration here, but its special economic role as a zone of transit in international commerce and its eventual independence may justify the practice adopted in this essay of regarding it as a separate region beyond the concerns of this analysis.[12]

At the opening of this section of the essay the period, 1848-1902, was characterized as a period of economic decline. This characterization cannot be based firmly on extensive empirical quantitative data since the available data is so limited. One may add, however, that even if much more complete information were available or became available there would remain difficult problems in reaching any warranted conclusions about long-term changes in economic welfare. There can be no doubt, for example, that some families, regions, occupations and industries were better off at the close of the nineteenth century than they had been fifty years earlier. Equally, there can be no doubt that some of the same groupings were worse off. A basic problem in analyzing the process of economic change is to devise reasonable weighting schemes which may be used to draw the balance of change in overall welfare. It is an appropriate challenge to those who will in the future carry out research in this field and period in Colombian history to specify sources and methods of analysis with sufficient precision to allow independent investigators the chance to evaluate claims of economic progress or economic decline.

## The period of transition to growth, 1903-1930

Sometime between the late nineteenth century and the beginning of World War I Colombia successfully reversed a long economic decline and began a spectacular

period of economic development. To explain such a dramatic change one searches naturally for the presence of dramatic events which might have altered in a substantial way the national mood or temper. Two events of enduring psychological importance for many Colombians did occur in the first years of the twentieth century: The Thousand Days War and the loss of Panama. As with all so-called ''psychological'' explanations of the process of economic change, it would be difficult to show the direct relationship between the two events mentioned and the economic progress achieved in subsequent years. The end of the war did establish conditions of domestic tranquility which must certainly have been favorable to trade and industry. Political leaders did make a valiant effort to avoid further conflict by establishing a degree of cooperation in the management of government between the two parties. The loss of Panama was certainly related to the receipt in the 1920's of the $25 million indemnity payments from the U.S. government, payments which did much to assist the government of Colombia in its efforts to build up the transportation infrastructure. I would suggest, however, that the end of warfare and the loss of Panama had much more extensive influence on the course of economic events than can be described by a simple listing of direct relationships. Those events may have produced a cathartic effect that made it possible for Colombians at all levels of society and from all walks of life to turn away from internal conflict and to devote their energies to the task of economic development. Many may have seen the futility of internal struggles when faced with the loss of territory and sovereignty. Many may also have realized that technical progress and economic development were essential if Colombia were to retain some measure of autonomy and independence from external pressure. An analysis of this question would be a most welcome addition to the literature on Colombia's economic history.

Among the events of economic significance which followed close on the end of the War of a Thousand Days and the loss of Panama are the following: the first large Colombian textile mill was established in Medellín; a successful currency conversion was completed by 1910, and exports, particularly of coffee, expanded for a score of years at a rate never before or since experienced in the country. A long period of economic decline had been reversed.

Two government policy activities in the first decade of this century claim special attention: (1) the success of the Junta de Conversión in mopping up the inflated paper currency generated during the War of a Thousand Days and reestablishing the peso on a par with the U.S. dollar, and (2) passage of a tariff law which favored the

[12]The author visited the archive in Panama in December, 1971, with the guidance of Professor Omar Jaén Suárez of the Universidad de Panamá. The manuscript holdings there are undoubtedly substantial, and there is apparently considerable material which bears on the economic history of Panama during the nineteenth century. However, it was not possible during a short visit to determine the likely utility of the holdings for research on topics under review in this essay.

growth of the Medellín textile industry. The fiscal-monetary problem is discussed in a number of works on banking and public finance (2523, 2547, 2557) but there appears to be no comparative analysis of the inflation which might link the Colombian experience to what has been learned of inflations in Europe in the years after World War I. Conversion schemes were also employed in Brazil and Argentina in the early twentieth century. Comparative study could lead to improved understanding of relations between inflation and employment in the three countries. The Colombian money managers were apparently quite successful in conversion. Did they do the job as well as their European, Brazilian and Argentine counterparts? Were conditions sufficiently similar to permit useful comparison?

In the words of Ospina Vásquez, the Reyes government was successful in putting teeth into the tariff law. Nieto Arteta suggests in a brief essay (2385) that the law was passed because of the coincidence of interests between the Antioqueño coffee growers and incipient industrialists in Medellín. The Echavarría family, after a period of success in coffee processing and export, financed the first major textile mills. Relations among other entrepreneurs in both export and manufacturing activities were facilitated by close family ties. A kind of logrolling was supposedly possible in 1905, whereas it had been impossible a quarter-century earlier (under Núñez) because of opposition between merchant and artisan interests in the eastern highlands. These general observations suggest the need for more careful analysis. Who supported the tariff? What opposition appeared in the Congress and within the Reyes Administration? An analysis combining the skills of the economist and political scientist is obviously in order to gain an understanding of events leading to the early phase of industrialization. And of course such an investigation cannot ignore the social origins, political ties and economic interests of the earliest entrepreneurs in these activities. Echavarría (2716) and Gómez Martínez and Puerta (2708) have merely scratched the surface. Here a study of the genealogies of industrial families would provide a useful supplement to the political economist—as well as providing important new information in itself.

In the years between 1910 and 1919 Colombian merchandise exports rose from US$14.4 million to US$78.1 million. Coffee as a share of exports increased from under 40 per cent to about 54 per cent of the total of exports. At a cumulative rate of 11.4 per cent per annum over those years the export growth-rate was the highest ever achieved over a long period in Colombian history. The dominant role of the export sector was built during the second decade of this century.

The results were spectacular. The income-generating effects of export expansion stimulated several sectors of the domestic economy: manufacturing output grew rapidly; many subsistence farmers were drawn into active participation in the market through production of coffee; the railway system expanded from 900 km. in 1909 to 1,500 by 1922 (the coffee railways expanded over 80 per cent in the same interval), and there were substantial investments in social overhead capital. In contrast to Argentina, which enjoyed a great flow of immigrants, Colombia achieved a decade of development with but a trickle of immigration—and without substantial foreign investment.

What were the roots of development? There can be little doubt that coffee played a transcendent role, but as an export product it could have played such a role decades earlier. Conditions of price and demand were good enough to allow Brazil to expand production all during the second half of the nineteenth century. Why not Colombia? The export boom was a necessary condition for rapid development, but it must itself have been caused by domestic changes within Colombia.

One might begin to understand these changes by a reading of the early coffee entrepreneurs (2669, 2689, 2691). What led these men to shift their ambitions and activities from politics to coffee growing, from military struggles to railway promotion? Hagen suggests (2565) that denial of their expected status was important. Subsequently, scholars such as Safford (2568), Fajardo (2562), and López Toro (2624) have explored the florescence of entrepreneurship in Antioquia, but the result has not been entirely satisfying. There might usefully be more concentration on specific entrepreneurs or families of entrepreneurs to understand the conditions under which they got their starts. Such studies might reveal how men of talent came to concentrate their efforts on the solution of economic problems rather than on politics per se.

Nor should one ignore the "social entrepreneurs," those politicians and men of public affairs who helped alter Colombian politics from a game of warfare between caudillos to a system for interest-articulation, problem-solving and arbitration of competing wants. It is tempting to impute political skill to the Conservatives in power during these years, and they undoubtedly deserve credit for a politics very different from those of the nineteenth century. However, the willingness of the Liberals to accept a secondary position with grace was equally important. There was also a primitive form of "National Front" for part of this period, a sharing of ministries with the Liberals and other evidence that the Conservatives would not play winner takes all. But the political economy of this decade has yet to receive the attention of modern political scientists, who have not reached back further in history than the 1920's—except to analyze the founding of parties in the middle of the nineteenth century.

A problem in Brazilian historiography has been the effect of World War I on the rate of industrial development. There is as yet no literature on this problem in Colombia, though source materials exist in the 1915 national survey of manufacturing establishments (2526i) and that for 1922 in Medellín (2605). Materials from individual firms (2706 for example) and municipal yearbooks may provide further data. United States government reports (2719), particularly the one prepared by P. L. Bell and published in 1921 (2421), are also useful. But it seems unlikely that this problem will ever loom as large in Colombia as in Brazil.

Because it was a period of such rapid growth, the second decade of the twentieth century deserves detailed investigation. Quantitative data become more generally available than for earlier periods, so that the potentials of source materials should invite competent investigators. Perhaps the decade could be characterized as an era of preindustrial transformation: understanding such transformations will be essential to understanding the patterns of economic development of countries which have yet to develop into dominantly industrial systems.

After a period of postwar readjustment in the 1920's Colombia embarked on a period of rapid economic growth possibly exceeding that of the years 1910-19. Estimates by ECLA for gross product only begin in 1925 (2390) so that reliable quantitative comparisons are impossible. An index of economic activity in Antioquia constructed by Jorge Rodríguez (2502) covers the years 1923-32, but it is of doubtful utility unless carefully analyzed by a competent investigator. An extremely useful research project would be a critical evaluation of the ECLA data for the years 1925-53, a detailed account of how the data were constructed from primary documents and an extension of aggregate series back to 1905 or 1910 and forward with the Banco de la República national accounts (2501) by means of workmanlike splicing of the series. With such a series it would be possible to study the most significant periods of Colombian economic development and thus greatly to increase our knowledge of the process of development generally.

But the decade of the 1920's must be studied from a point of view that is more than quantitative. Institutional changes were of great importance. The Kemmerer mission arrived early in the decade and recommended a number of changes to the government (2547). These resulted in the founding of the Banco de la República, the Banco Central Hipotecario, and the Contraloría General de la República. Early planning on the Banco de la República is discussed by Andrade (2505, 2506) who served on the Board of Directors. Otero Muñoz (2520) prepared a history of the bank published in 1948 and the book by Kalnins (2516) contains much data on the money supply and related variables, reaching back to 1923. The bank's annual report (2330)

contains a wealth of data. Other governmental annual reports (2513, 2547) which offer data on banking and public finance began in 1923 or 1924 in compliance with the new systems of accounting recommended by Kemmerer and adopted by the Colombian government. A second Kemmerer mission at the end of the 1920's reviewed fiscal and monetary operations (2511) and published some useful data (2549), some series extending back to the prewar period. General works of the period by Jaramillo (2555) and McQueen on behalf of the U.S. Department of Commerce (2557) give detailed data on institutional questions surrounding the new systems of administration.

Receipt of the American indemnity as a result of the Thompson-Urrutia treaty signed in 1922, combined with the imprimatur of the Kemmerer mission, opened the door to the Wall Street bond market of the 1920's. Local, state and national governments of Colombia sold over $235 million in bonds in Wall Street between 1923 and 1928 (2592, p. 156-159; see also 1549). There was also a great increase in direct foreign investment by oil companies in the Magdalena Valley and by United Fruit in the banana zone. The growth of external borrowing, trade, debt service and direct foreign investment increased the degree of dependence on the external sector. What then were the effects of this dependence?

One can see the force of external constraints most clearly in the constriction of freedom of the Colombian government. Access to foreign funds was conditioned by fiscal responsibility. But were "responsible" fiscal and monetary policies the best ones? One example was the policy followed in 1927 to lower duties on food imports and thus hold down domestic food prices. A large part of foreign exchange earnings and bond sales was then devoted to importing foodstuffs which might easily have been produced locally. Some analysts (Cruz Santos, for example, who treats this question in detail in (2372) part II) have regarded this policy as an error and a waste of foreign exchange. It may also have depressed the potential for agrarian change as it depressed the terms of trade for agriculture. And what role may these policies have played in the agrarian unrest (2679) of that era? The analyst will wish to work through the inter-relationships of government policy, food prices and agrarian conditions. The combination of government documents, secondary materials and contemporary newspaper accounts should make such a study possible.

There are suggestions in literary (2353) and historical (2592) works that Colombian government officials supported foreign enterprises against Colombian workers at the time of the banana zone strike of 1928. The careful study of these events by Urrutia (2474) discounts extreme versions of the events surrounding the strike and its suppression, but it leaves open the question of complicity between government and military officials with the United Fruit Company. The military was also called to the defense of foreign interests in the oil town of Barrancabermeja in the 1920's. How did the organized force of the state come so ineluctably to be identified with foreign interests—particularly those of large North American corporations?

The operations of the international oil companies in Colombia have been examined by Villegas Arango in a polemical work (2500), in more objective fashion by Mendoza and Alvarado (2731) and Sandoval Mendoza (2739). In a work opposed to the activities of Standard of New Jersey in Colombia (2593), Sandoval Mendoza and Gómez offer some discussion of the 1920's, despite their concentration on the late 1930's and more recent events. There is a considerable body of material on mining and fuel policy (2724, 2727, 2738) and much more could be dug out of a careful review of ministerial reports. To what degree were mining laws designed to serve the public interest? Could an investigator now reconstruct the workings of those laws to see what specific interests were served? These questions require more than an examination of the relevant body of data. They also require some sensitivity to the policy space in which administrators had to work. But if one wishes to understand the problem of dependence and bring new sophistication to its analysis, then some scenarios of alternative pasts will have to be built up against which to compare the relevant data and decisions. This area of direct foreign investment and its consequences may offer a fruitful field for the applications of comparative study—comparison, that is, between what was and what might have been. There is the futher possibility of exploring the interplay of national policies developed by Mexico, Colombia, and Venezuela during this formative period for the international petroleum industry.

In the 1920's foreign capital concentrated in export-related activities. Such concentration may have been essential given the desire to avoid international payments problems with fixed exchange rates. If an investment generates production and income which neither creates foreign exchange nor produces a substitute for existing imports, then balance of payments problems will result: (1) the growth of income will push up the aggregate demand for imports causing balance-of-payments pressure; (2) the effort to repatriate profits arising from production of "home" goods would equally depress the exchange value of local currencies, and (3) the initial transfer of real resources may prove to be irreversible, a situation hardly acceptable to the international investor. Debt service and fiscal responsibility thus became matters of major governmental concern, as a number of Colombian documents testify (2548, 2549, 2590). Although the first phase of Colombian borrowing in the 1920's was concentrated in railway construction and agricultural credit, subsequently municipal securities were issued for the improvement of local water and sanitation systems and to help finance electrification of the cities. To what extent was foreign debt undertaken with little hope of repayment short of impossible improvement in the production and price of coffee? What public efforts were made to control nonessential imports in order to stave off the balance of payments crisis that came in 1929? Exports were still high in that year, but the capital inflow that began in the mid-1920's began to reverse itself. The details of the monetary, fiscal, financial, and commercial policies of the Conservative governments (particularly that of Abadía Méndez, 1926-30) ought to be examined with these questions and perspectives in mind.

The index of Antioqueño economic activity, 1923-1932 (2502), provides one measure of the timing and extent of the crisis in Colombia. Of 17 separate indices the modal low point occurs in 1928. Slightly fewer lows occurred in 1929. Thus if one sought to date with some exactness when the crash came (if a moment in time can be so isolated from the web of history) it was probably in the second half of 1928. This timing puts Colombia's low point a year ahead of the great crash on Wall Street in October 1929 and four years ahead of the depression low of 1932 in United States gross national product.

Relevant aggregate data appear in Table 2 and Figure 1 which follow. They are drawn from the ECLA Study (2390, Statistical Appendix, Tables 1 and 14) and the index of economic activity for Antioquia constructed by Rodríguez (2502, p. 20); I calculated the annual rate of change of total output (in constant pesos), exports and the index of Antioqueño economic activity. The gross product is of course the most comprehensive indicator of economic activity: it increased by more than seven per cent from 1927 to 1928 but only 3.6 per cent from 1928 to 1929. Output actually declined when 1930 is compared to 1929. How may one judge these figures? The growth-rate of the mid-1920's was cut in half already in late 1928. The growth-rate of exports by value fell from 16.9 per cent (1927-28) to 3.6 per cent (1928-29). The index of Antioqueño economic activity declined absolutely between 1928 and 1929. The growth-rate was apparently slowing from sometime early in 1928 and continued to do so until recovery began in 1931.

The initial cause of hard times in Colombia may not have been the Wall Street crash of 1929 nor necessarily other events in the North Atlantic financial community. Brazil's decision to end the policy of price supports (valorization) for its coffee exports in December 1928 was an important causal element in the poor performance of the Colombian export sector in 1929. The value of exports still increased 3.6 per cent above 1928 as noted above, but the growth-rate previously had been four times as high—hence expectations were well above realized export earnings and a reverse accelerator worked against the Colombian economy. Unit prices of Colombian coffee exports declined about 18 per cent between 1928 and 1929. For years Colombia had benefited from the Brazilian price umbrella. Did the events of 1928 and after wipe out the benefits of previous years?

After half a century of dominating Colombian politics and economic policy, the Conservatives gave way in 1930 to a moderate Liberal government. After that period of transition the López government (1934-38) began to explore new paths of economic change via industrial promotion, an expanded role for semi-autonomous government corporations and legal protection for occupant smallholders against the claims of latifundistas whose titles were unsupported by effective use.

There are a number of large and perhaps unanswerable questions one might wish to pose about the short- and long-term effects of the downturn beginning in

TABLE 2

Colombian Gross Domestic Product and Value of Exports, 1925-33

| Year | Gross Domestic Product | | Value of exports | |
|------|------------------------|-----------------|------------------|-----------------|
|      | Million 1950 pesos | Per cent change | Million 1950 pesos | Per cent change |
| 1925 | 2,189 | — | 487.4 | — |
| 1926 | 2,398 | 9.5 | 611.0 | 25.4 |
| 1927 | 2,614 | 9.0 | 668.8 | 9.5 |
| 1928 | 2,806 | 7.3 | 781.8 | 16.9 |
| 1929 | 2,907 | 3.6 | 810.4 | 3.6 |
| 1930 | 2,882 | -0.9 | 881.4 | 8.8 |
| 1931 | 2,836 | -1.6 | 780.3 | -11.5 |
| 1932 | 3,024 | 6.6 | 793.4 | 1.7 |
| 1933 | 3,194 | 5.6 | 800.5 | 0.9 |

—Not Applicable.
Source: See source for Gross Product and Exports in Figure 1.

FIGURE 1

Annual Rates of Change of Gross Product, Value of Exports and an Index of Economic Activity in Antioquia, 1925-32

Percentage change

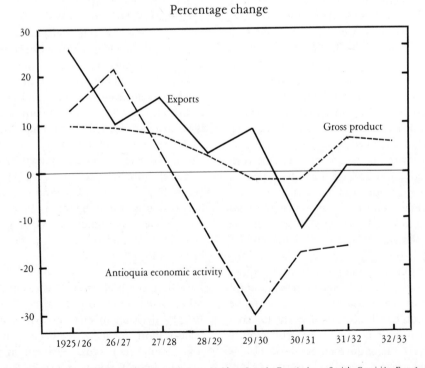

SOURCES: Gross Product and Exports are from United Nations (Naciones Unidas, Consejo Económico y Social, Comisión Económica para América Latina), *Análisis y proyecciones del desarrollo económico*. III. *El desarrollo económico de Colombia*. Anexo estadístico (mimeo.) Santiago de Chile, 15 Sep 1957, Tables 1 and 14.
Antioquia, *Index of Economic Activity* and from Jorge Rodríguez, *Semiología económica, Antioquia 1923-1932* (Medellín, Imprenta Oficial, 1933) p. 20.
Data on exports and gross product are presented in constant pesos of 1950; the Antioquia index is less price-sensitive.

1928. But the immediate task of the economic historian is a fuller revelation of the events which actually took place. There are no works similar to those of Galbraith and Friedman and Schwartz for the United States which analyze in detail the Great Depression. There are as yet no satisfying studies of trends in employment and real wages, although Urrutia has made substantial advances in this area (2346, 2474). What was the role of the banking system and the Banco de la República? A cursory review of the ECLA data (2390) suggests that Colombia employed a more effective countercyclical policy than did the United States, perhaps because of the greater ability of a rural economy to absorb the shock.

Celso Furtado maintains in *The economic growth of Brazil* (1125) that the Great Depression hit Brazil less severely than the United States. He makes the following comparison (p. 211):

The reduction in monetary income in Brazil between 1929 and the rock bottom point of the depression was between 25 and 30 per cent, hence relatively small compared with that in other countries. In the United States, for instance, the fall exceeded 50 per cent, despite the fact that wholesale price indexes in that country declined far less than those of coffee prices in international trade. . . . Brazil was in fact constructing the famous pyramids which Keynes was to envisage some years later.

Furtado sets out the argument that the extent of depression was limited by intelligent government fiscal policy. Yet in examining the behavior of several Latin American countries during this period, we can show that it was not Brazil alone which acted sensibly during this period. The response of the governments of Colombia, Brazil, Mexico and Argentina all appear to have been more intelligent than that of the United States. If one keeps in mind that the counter-cyclical expansion of the national budget in the United States was counter-acted by the decline in expenditures by state and local governments, it is possible to understand how the U.S. federal government failed to compensate for the decline in aggregate demand in the private sector. It was perhaps because Latin America's government expenditures were so much in the control of central governments that they were able substantially to offset the tendency for income to decline as a result of the decline in exports.

The most useful tool of government fiscal policy used by Latin American governments was perhaps the running of current account deficits. In Colombia, the government managed to increase internal public debt in the years 1929-33 and 1939-44. The most substantial increase was achieved in 1932. In that year the internal public debt was increased by 165 per cent, an act which helped to offset the very substantial decline in Colom-

bia's capacity to import. Because of the decline in coffee prices, Colombia in 1933 could import only about 55 per cent of the goods it had imported in 1928. One would have expected this drastic decline in import capacity to have multiplier effects throughout the Colombian economy. Given that the dependence on the external sector was very great (the ratio of exports to gross product was .31), one might have expected total income to decline by nearly 50 per cent. Yet in fact income declined, according to the figures of ECLA, only about 2.5 per cent. Although not all of the better performance ought to be attributed to the role of the government, the deficits between 1929 and 1933 must have been of substantial importance.

Colombians almost universally (and incorrectly) date the beginning of industrialization with the response to the crash. Nonetheless, the tempo of change remained rapid despite balance-of-payments constraints. What was the mechanism of response? Did merchant importers become local producers of products they had been importing? Or was there expansion of existing manufacturing establishments? Certainly labor was more easily available and raw materials inputs (cotton, for example) fell in price at the end of the 1920's. But the scarcity of foreign exchange must have limited the possibilities for industrial expansion. Who were the new recruits to industrial management—converted coffee growers, merchants, immigrants, foreigners? Too little is known now to answer the question, but the data are not unavailable. A student might usefully begin with a study of the Medellín textile industry and its managers.

How did rural Colombia respond to the crash? Coffee growers must have been hit the hardest. For some growers prices fell so low that it no longer paid even to pick coffee. Could the agrarian unrest in Cundinamarca be directly related to unemployment? I have little doubt that it could, but one looks in vain for empirical studies of this problem. And in Caldas, did the small-holders solve their problem by shifting their efforts to interplanted subsistence crops?

In the shakedown and catharsis of depression one may learn much about the roots of business-as-usual which are hidden by prosperity. The sustained growth of the years 1910-28 may have allowed imbalances and inequities to build up unnoticed. Readjustment was essential. That it took "revolutionary" forms can hardly be surprising because entrenched interests were difficult to dislodge. A careful examination of the late 1920's may suggest approaches to the study of the previous two decades from the perspective of imbalances and their creation.

## Problems

Economic historians can at times be intrigued by purely factual questions of what happened in the past. One salient issue is trends in the level or standard of living. Thus one finds the great debate over trends in real wages during England's industrial revolution. Data for Colombia on this matter will never be as rich as that for industrial countries, but there are some empirical materials which suggest that it may be possible to estimate real wage trends from perhaps the 1880's until the present. A basic source is Cotes (2465), a Colombian physician who conducted surveys and interviews with agricultural workers on the sabana in 1892. From his work he produced estimates of income and expenditures for that group. His paper provides the best benchmark for the nineteenth century. His data will provide a yardstick to measure the adequacy of various less scientific approaches—accounts and records of individual haciendas, materials from schools and convents and such materials as may be gleaned from notarial and parish records. There are credible wage series reaching back to 1863 (2346). The problem is that existing series and cross-section data often deal with different social and occupational groups. Careful quantitative work could, however, bring these materials together to improve our knowledge of secular trends among some groups. The study of working-class cost of living by Hermberg for 1938 (2467) provides another important benchmark. Papers by Samper (2468) and Camacho Roldán (2692) offer data for the nineteenth century reaching back to 1848. There are of course more detailed data for the years since 1938. The statistical volume edited by Urrutia and Arrubla offers a wage series for one occupation to compare to a price series for the year 1863-1917. Further research could build on this data.

It may be useful to present here an earlier unpublished effort made by the author to construct an estimate of Colombian gross product for 1870. Two sources were used: The 1870 census of occupations and the ECLA estimates for labor productivity by sector for 1925. By multiplying sectoral labor productivity of 1925 times the 1870 labor force one arrives at an 1870 gross product estimate. This approach requires the probably erroneous assumption that there was no productivity improvement in the fifty-five years between 1870 and 1925. Having completed the operation it seemed to the author that the resulting estimate of per capita product of US$150 (stated in dollars of 1950 purchasing power) must have been inordinately high. Nonetheless, such techniques, when submitted to a continuing series of consistency checks, may lead eventually to credible estimates of past levels of living. In this sense historical research in this field must take on a "scientific" cast in which no theory or "fact" is final but must await its eventual replacement by a better theory based on a more satisfying method of analysis.

A great deficiency in Colombian data is the absence of effective cadastral surveys before recent decades. A cadastral survey was conducted in Cundinamarca for the year 1878, but as Camacho Roldán shows, there were serious omissions (2603). For example, the number of people per house in Bogotá comes out to 19, which must be too high, thus indicating an undernumeration of houses. There is a 1913 cadaster for the Department of Antioquia (2601). But overall there is too little information on the value of property to yield an estimate for the total.

The questions and potentials suggested by this brief review of source material will show how preliminary are the estimates of real wages which appear in Ospina Vásquez (2387); these are extended for comparative purposes by McGreevey (2384) to 1962. Nonetheless, they are so suggestive of large movements in the standards of living of the rural poor that further examination with careful attention to the details of statistical reconstruction must have a high priority.

An obvious extension of the study of average well-being over time is study of the distribution of income and wealth. The greater difficulties associated with such studies should not deter efforts to investigate a question of such great social importance. It would be particularly interesting to investigate whether the role of the state or of various forms of external dependence could be shown to have shifted in any way the size and functional distribution of income in this period. The pattern of smallholder production in coffee, for example, may have led during the latter part of the century under consideration to substantial economic improvement for the lower strata of rural dwellers in the coffee zone, and hence may have produced a lessened inequality in the distribution of income and landholdings. In contrast, the operations of the major foreign company in the banana zone may have led to an increasing inequality there. Obviously, this problem cannot be treated by a simplistic aggregate analysis but will require investigation of the many micro-economies which were prospering and stagnating in various parts of the country.

An issue related to the origins and causes of inequality is that of the historical beginnings of so-called "marginal" populations, those groups of landless rural poor who "floated" about the country, and the newly urbanized lower classes who participated in only a minor way in the urban life of the several cities. In the intercensal period, 1918-38, Colombian cities were growing around 4 per cent per annum, and about half that growth was due to net immigration from the countryside or smaller towns. There is little reason to doubt that most rural-urban migrants who stayed in the cities were better off than they had been in their place or origin. Nonetheless, great disparities continued to exist in levels of income, disparities that may be in part accounted for by place of origin. Did internal migration, related as it must have been to wage differentials, expansion of the export sector, growth of governmental expenditures and services related to trade, tend to reduce or expand disparities in personal and regional income? Was the expansion of "marginal" populations related to the foregoing economic changes or was it more directly the result of the rapid decline in mortality after 1910 which yielded accelerated rates of population growth?[13] These questions could be analyzed in such a manner as to produce a much better understanding of Colombian economic history in the first three decades of this century. Let us consider one final research problem among the many worthy of attention.

What did government do? As the work of Wilkie (2980) on Mexico has suggested, there may be substantial divergences between budgeted and actual revenues and expenditures. Yet the actual revenues and expenditures were only rarely published. For the period since 1923 actual revenues and expenditures are available for the national government in reports of the Contraloría General de la República. There is no general reporting for earlier years, but the raw materials presumably exist in ministerial archives. But the national government was but a part of the total of government activity—in 1870 national government revenues were less than the sum of state and local governments. Thus a study in public finance, whatever its more grandiose aims of understanding economic policy, must begin with the hard work of unearthing the primary documents. Ideally, such a study would extend well beyond any individual period to produce a coherent picture of long-term changes to government policies.

There are many other general, long-term issues which might be mentioned here. However, it seems best at this point to turn to some general comments on the accompanying bibliography.

## The Bibliography

This bibliography of source and secondary published materials on the economic history of Colombia includes around 500 items. (A few works are discussed in two or more places because of their varied content). There is emphasis on those materials which are likely to serve the scholar who is intent on conducting quantitative research on some problem. The collection is a biased sample of the best materials for such work. Many general items which might have been included were

[13]On this subject see Eduardo E. Arriaga and Kingsley Davis, "The pattern of mortality change in Latin America." *Demography* [Chicago], v. 6, August, 1969: 223-242.

rejected because they seemed to have little potential to add to the user's understanding of Colombian history. Ministerial reports and other serials such as the *Anuario general de estadística* receive but short consideration relative to their importance. Ordinarily, I have discussed early numbers of serials on grounds that a potential user will get a fair idea of the content of such works and then choose for himself how much more thoroughly to dip into the whole series.

A principal source, particularly for the nineteenth century, must be the accounts of travelers. The best collection of these is in the Biblioteca Luis Angel Arango. From that library's general catalogue (Banco de la República, Bogotá. Biblioteca Luis-Angel Arango. *Catálogo general de la Biblioteca Luis-Angel Arango.* Bogotá, Banco de la República, 1961—, v. 7, p. 162-174) I made a list of nearly 100 such accounts and related geographies prepared by Colombians (notably Felipe Pérez on the basis of the Chorographic Commission reports). The greatest number of these were published in the decade of the 1890's. The 1920's also saw publication of many such accounts. There are substantially fewer for earlier decades in the nineteenth century though some are of very high quality and utility. Over half of all accounts listed in the catalogue were published in the years 1890-1929. The accounts were thus concentrated in the years of most impressive tension and economic change.

The items listed in this bibliography demonstrate a similar temporal distribution, as one may verify by examining Table 3. There were more contemporary publications, consular reports, and other materials in the 1890's than in any other decade between 1830 and 1930. And it is almost sad to note the small number of materials with publication dates prior to 1880. To some extent this is due to unavoidable reliance on later editions where originals were unavailable. It should be clear that any studies of periods prior to 1880 will have to use—if not rely on—unpublished materials and serial publications of government ministries.

Table 3 also presents data on the subject matter distribution of materials in the bibliography. More items appear in the categories of Macroeconomic Growth, International Trade and Finance, Regional and Interregional Economic Relations, and Income Distribution and Standards of Living (grouped together in the third column) than in any other grouping. This appears to be due to the large number of items on public finance and banking. Many of the works for recent decades in the general column are bibliographical aids. The rash of studies by foreigners (particularly North American graduate students) accounts for many items in the 1950's and '60's.

The best place to conduct research in Colombian

economic history are the Biblioteca Luis Angel Arango and Biblioteca Nacional, both in Bogotá. In Antioquia one will have to visit the new library of the Universidad de Antioquia, which includes a special section of Antioqueño materials. There are other good regional libraries.

No Colombian library has an adequate collection of foreign publications on Colombia. Nor is there anywhere in the country a collection of foreign consular and diplomatic reports and the reports of special missions. Some items appear in the Biblioteca Luis Angel Arango, but even Colombians may have to go abroad for some investigations.

TABLE 3

Temporal and Subject Matter Distribution of Bibliographical Materials for Colombian Economic History

| Decade beginning | General | Social | Macroeconomic, foreign and regional studies | Agriculture | Manufac- turing, mining | Transport, commerce | Total |
|---|---|---|---|---|---|---|---|
| 1810 | 2 | — | 1 | — | — | — | 3 |
| 1820 | 4 | — | 1 | — | — | — | 5 |
| 1830 | 5 | — | 2 | 1 | — | — | 8 |
| 1840 | 3 | 2 | 2 | — | — | — | 7 |
| 1850 | 3 | — | 3 | 1 | 1 | 1 | 9 |
| 1860 | 1 | 3 | 3 | 2 | — | 1 | 10 |
| 1870 | 2 | — | 2 | 1 | — | 3 | 8 |
| 1880 | 3 | 3 | 14 | 7 | 3 | 5 | 35 |
| 1890 | 5 | 4 | 24 | 4 | 9 | 6 | 52 |
| 1900 | 6 | 4 | 2 | 5 | 1 | 3 | 21 |
| 1910 | 7 | 8 | 13 | 3 | 4 | 7 | 42 |
| 1920 | 3 | 6 | 14 | 5 | 5 | 9 | 42 |
| 1930 | 4 | 4 | 15 | 6 | 6 | 2 | 37 |
| 1940 | 4 | 9 | 16 | 10 | 4 | 6 | 49 |
| 1950 | 17 | 14 | 13 | 10 | 4 | 3 | 61 |
| 1960 | 17 | 21 | 21 | 5 | 6 | 1 | 71 |
| 1970 | 2 | 1 | 3 | — | — | — | 6 |
| TOTAL | 88 | 79 | 149 | 60 | 43 | 47 | 466 |

NOTE: The total N = 466 is less than the total of items in the bibliography due to some double citations and the exclusion of some items of recent publication which were bibliographical guides as well as unpublished manuscript sources.
—Not Applicable.

## Apéndice

### Nota sobre el Archivo de la República
### Biblioteca Nacional, Bogotá
**Darío Fajardo**

El Archivo Nacional de Bogotá está conformado por dos grandes secciones, históricamente delimitadas: la Sección Colonial y la de la República. En tanto que la primera Sección posee índices que cubren casi todo el material contenido, la segunda carece de una guía fundamental. Existen algunos índices de cierta utilidad, pero tanto su cobertura como su organización interna (están sistematizados cronológicamente, por encima del orden de los tomos y el Fondo) impiden una óptima utilización dentro de un trabajo como el que nos proponíamos.

Se hizo necesario entonces localizar una lista de los Fondos, con el número de tomos que componen cada Fondo (Anexo) y dentro de ella seleccionar los Fondos que por su título podrían contener la mayor cantidad del tipo de material que se intentaba localizar. A esta selección la siguió un muestreo de los

tomos que componían cada uno de los Fondos escogidos y con base en ellos se elaboró el Fichero. Las fichas describen entonces el contenido de los Tomos seleccionadas y el criterio central en esta descripción fue el de la ubicación de material de interés económico, en particular de tipo cuantitativo.

Como podrá advertirse a través de la revisión de las fichas, los temas que probablemente ofrecen mayores posibilidades de tratamiento sistematizado son los de: Salarios, Rentas Públicas (Tabaco, explotación de la Sal), Bienes Desamortizados, Deuda Nacional y Servicios (Correos y Ferrocarriles). Es fácil observar además que la documentación se concentra en el siglo pasado y languidece en el presente, dado que estos materiales reposan aún en las entidades originales (ministerios, etc.).

### Lista de los Fondos que componen el Archivo de la República de los Archivos Nacionales de Bogotá*

(Fondo y número de tomos): Ministerio de Hacienda

*Total de tomos por Fondos: 7.021; a estos se añaden varios

(508); Secretaría de Hacienda (68); Ministerio del Tesoro (195); Ministerio y Secretaría del Interior y Relaciones Exteriores (182); Tesorería Provincial (45); Criminales de la República (104); Civiles de la República (25); Ministerio de Fomento (136); Ministerio de Gobierno (683); Ministerio de Justicia (22); Bienes Desamortizados (30); Curas y Obispos (28); Tabacos (87); Correspondencia del Presidente Sanclemente (27); Rebajas de Penas (55); Congreso (13); Peticiones y Solicitudes (18); Negocios Eclesiásticos (9); Negocios Administrativos (12); Monedas (10); Empleados Varios (19); Funcionarios Públicos (12); Reclamaciones por Empréstitos (15); Censos de Población (11); Negocios Judiciales (6); Diezmos (19); Conventos (4); Tesorería y Marina de Guayaquil (12); Manumisión (3); Consejo de Estado (4); Carnicerías Oficiales (2); Policía Nacional (7); Aguardientes (3); Historia (9); Ferrocarril de Bolívar (5); Recompensas a la Policía (2); Secretaría de Guerra y Marina (1,614); Hojas de Servicios (62); Intendencias de Guerra y Marina (2); Ajustamientos Militares (29); Correos y Telégrafos (966); Contabilidad (242); Miscelánea de la República (483); Aduanas en General (26); Aduanas de varios años (2); Aduanas de Barranquilla (28); Aduana de Arauca (1); Aduana de Cartagena (26); Aduana de Cúcuta (19); Aduana de Buenaventura (11); Aduana de Boyacá (1); Aduana de Carlosama (5); Aduana de Sabanilla (7); Aduana de Santa Marta (14); Aduana de Riohacha (14); Aduana de Tumaco (12); Aduana de Riosucio (3); Aduana de Ipiales (3); Aduana del Meta (2); Aduana de Tolú (1); Aduana de Tolú, Orocué y Arauca (1); Correspondencia de Consulados (14); Consulado de Guayaquil (2); Consulado de Burdeos (3); Consulado de Barcelona (2); Consulado del Callao y Málaga (1); Consulados Varios (7); Consulado del Callao (1); Consulado de Curazao (1); Consulados de Francia (1); Consulado del Havre (5); Consulado de Kingston (2); Consulado de Liverpool (10); Consulado de Londres (1); Consulado de Nueva Orleans (2); Consulado de Nueva York (25); Consulado de Hamburgo (8); Consulado de Marsella (2); Consulado de Southampton (7); Consulado de la Habana (1); Consulado de San Francisco (4); Consulado de San Nazario (2); Consulados de Cádiz, Tulcán, Bolívar y Payta (1); Consulado de Génova (1); Asuntos Consulares (1); Salinas de la República (10); Salinas de Boyacá (12); Salinas de Cundiamarca (18); Miscelánea de Salinas (7); Tesorería General (11); Suministros (10); Ministerio de Instrucción Pública (140); Secretaría de Instrucción Pública (19); Gobernaciones Varias (222); Gobernación de Antioquia (33); Gobernación de Barbacoas (3); Gober-

nación de Bolívar (5); Gobernación de Boyacá (2); Gobernación de Buenaventura (16); Gobernación de Bogotá (37); Gobernación de Bogotá y Casanare (1); Gobernación de Cartagena (54); Gobernación del Cauca (14); Gobernación de Casanare (20); Gobernación de Cundinamarca (4); Gobernación del Chocó (16); Gobernación del Magdalena (3); Gobernación de Mompós (35); Gobernación de Mariquita (19); Gobernación de Neiva (14); Gobernación de Ocaña (2); Gobernación de Pamplona (18); Gobernación de Panamá (24); Gobernación de Popayán (14); Gobernación de Pasto (10); Gobernación de Riohacha (29); Gobernación de Sabanilla (10); Gobernación del Socorro (16); Gobernación de Santander (5); Gobernación de Santa Marta (38); Gobernación del Tolima (1); Gobernación de Tunja (31); Gobernación de Tundama (7); Gobernación de Tequendama (1); Gobernación de Túquerres (2); Gobernación de Valledupar (2); Gobernación de Vélez (13); Gobernación de Veraguas (10); Gobernación de Zipaquirá (2); Gobernación del Socorro y Pasto (1); Gobernación de Tequendama, Santander y Tunja (1); Gobernación de Riohacha, Pamplona y Vélez (1); Gobernación de Soto y Fábrega (1); Gobernación del Magdalena y Tolima (1); Miscelánea de Gobernaciones (1); Asambleas y Gobernaciones (13); Administración de Hacienda (16); Municipalidades, Prefecturas y Policía (8); Tesorería Departamental (9); Establecimientos de Castigo (3); Correspondencia de Antioquia (2); Correspondencia de Antioquia y Cundinamarca (1); Correspondencia de Boyacá (2); Correspondencia de Bogotá (1); Correspondencia de Bolívar (6); Correspondencia del Cauca (7); Correspondencia de Cundinamarca (2); Correspondencia del Magdalena (4); Correspondencia de Santander (2); Correspondencia de Panamá (1); Correspondencia del Tolima (1); Intendencia de Antioquia (2); Intendencia de Boyacá y Antioquia (1); Intendencia de Boyacá (7); Intendencia de Bolívar (1); Intendencia del Cauca (8); Intendencia del Centro (5); Intendencia del Ecuador (2); Intendencia del Magdalena (10); Intendencia de Maturín y Venezuela (1); Intendencia del Orinoco (1); Intendencia de Panamá (4); Intendencia de Riohacha y Cundinamarca (1); Intendencia de Santa Marta (1); Intendencia de Santander (1); Intendencia de Santander y Casanare (1); Intendencia del Sur (4); Intendencia del Norte (5); Intendencia de Venezuela (7); Intendencia del Zulia (3); Archivos (17); Deuda Flotante (3); Contrabandos (1); Indios (1); Canal Interoceánico (1); Particulares (66); Juzgados y Tribunales (39); Administración de Correos Nacionales (32); Tesorería de Bogotá (2); Correspondencia del Banco Nacional (1); Ministerio de Gobierno [sección 3] (266); Ministerio de Gobierno [sección 4] (430).

paquetes de documentos sin empastar, referentes en su mayoría a renglones como: Aguardientes, Tabacos, etc.

# B. BIBLIOGRAPHY

## I. General and Reference Works

### 1. Reference and statistical works

**2330. Banco de la República.** Informe anual del gerente a la junta directiva. Bogotá, 1923—.

Certain volumes of this serial publication contain much useful retrospective data covering the years since 1923. National income and product and balance of payments data for the years since 1945 are included. Longer series on foreign trade and government budgets reach back into the 19th century. Railway traffic data are included in aggregate form for the years since 1923. All series should be used with caution as virtually no source notes or explanations are given.

**2331. _____. Biblioteca Luis Angel Arango.** Boletín cultural y bibliográfico. Bogotá, 1958—.

Publishes brief articles of interest to librarians and bibliographers and some materials of more general interest. New economic accessions to the library's series of Miscelánea are listed as they are catalogued. The Biblioteca Luis Angel Arango has the best collection of economic materials on Colombia extant.

**2332. _____. Departamento de Investigaciones Económicas.** Atlas de la economía colombiana. Bogotá, Banco de la República, 1959-64. 4 v.

The maps give a detailed picture of Colombian economic geography as of the late 1950's. Also retrospective maps on distribution of population, political divisions in the 19th century and the areal dominance of regional groups. Perhaps most useful is volume 2 dealing with political, human and administrative aspects of Colombia's geography.

**2333. Brown, Jack.** Land use in Colombia; a bibliography. Berkeley, Center for Latin American Studies, Institute of International Studies, University of California, 1968. 84 p.

Lacks annotations and adequate index. Nonetheless, provides comprehensive coverage. Many items of historical interest included.

**2334. Charry Lara, Alberto.** Desarrollo histórico de la estadística nacional en Colombia. Bogotá, Departamento Administrativo Nacional de Estadística, 1954. 150 p.

A general review of the principal achievements in the presentation of statistical data from the 16th through the 20th centuries. References to little-known sources of data, many cited and discussed elsewhere in this bibliography.

**2335. Colombia. Departamento Administrativo Nacional de Estadística (DANE).** Anuario general de estadística. Bogotá, 1905—.

A full collection of Colombia's statistical yearbooks is housed at DANE, which has produced the document in the recent past. The first of the series was issued in 1905, the second not until 1915; it has appeared more or less regularly since then. The title varies. All manner of data are included, most drawn from official sources. An essential source-book.

**2336. _____. Ministerio de Fomento.** Boletín trimestral de la estadística nacional de Colombia. Bogotá, Imprenta Nacional, 1892-94. 5 v.

Studies of vital statistics, marriage, banking, transport and such other subjects as submitted to statistical analysis. One advantage of these studies, directed by S. Höeg-Warming, is that they reveal information on completeness of returns from various states which may provide a basis for sample estimations. (LAA, No. 500)

**2337. _____. Ministerio de Gobierno.** Estadística general de la República de Colombia. Bogotá, Imprenta Nacional, 1905. 319 p.

Disparate statistical data prepared by Henrique Arboleda C., director of the Statistical Office. Summarizes a long series of trade data from 1784, and comments on population, money supply and educational establishments.

**2338. Giraldo Jaramillo, Gabriel.** Bibliografía colombiana de viajes. Bogotá, ABC, 1957. 224 p.

Listing of travelers' accounts. Alternatively, one may utilize the general catalogue of the Biblioteca LAA which includes virtually all such travelers' accounts in its holdings. Elsewhere in this bibliography are listed only travel accounts offering useful quantitative data.

**2339. _____.** Bibliografía de bibliografías colombianas. 2. ed. corregida y puesta al día por Rubén Pérez Ortiz. Bogotá, Instituto Caro y Cuervo, 1960. 204 p.

A good introduction to the study of Colombia. Useful to insure complete coverage of a given subject. Of limited utility to most economic historians.

**2340. Hermberg, Paul.** Las actividades estadísticas de Colombia. *In* Statistical activities of the American nations, 1940. Washington, Inter-American Statistical Institute, 1941, p. 198-248.

An excellent resumé (if outdated) of statistical publications and formation and operation of statistical offices.

**2341. Instituto Colombiano de la Reforma Agraria (INCORA).** Bibliografía del sector agropecuario colombiano. Bogotá, Imprenta Nacional, 1967. 399 p.

Useful scholarly bibliography divided into: main topics, subject and author indexes, annotations and section descriptions. Most materials treat contemporary problems, but a substantial number consider historically-oriented books and articles.

**2342. Mesa, Rosa Quintero.** Colombia. Compiled by. . . . Ann Arbor, Michigan, University Microfilms, 1968. 137 p. (Latin American serial documents, v. 1).

A union catalogue of major U.S. library holdings of Colombian serials. Publications of provincial, municipal, and international organizations are excluded. Useful in leading the investigator to U.S. libraries.

**2343. Palau, Lisímaco.** Directorio general de Colombia, comercial, geográfico, administrativo y estadístico. . . . Año 1. Bogotá, Imprenta Nacional, 1898. 604 p.

Of limited but very important potential. Although generally neglected as a source, it can still be utilized in quantitative and statistical investigations. P. 121-231 include alphabetical list of all towns, many with population estimates. This extensive list could usefully be checked against the detailed census data for the years 1870, 1905 and 1912. P. 235-595 include a list of townspeople by town, including the occupations. Particularly useful for regional studies.

**2344. Ramírez, Jesús Emilio.** Bibliografía de la Biblioteca del Instituto Geofísico de los Andes Colombianos sobre geología y geofísica de Colombia. 2. ed. Bogotá, Banco de la República, 1956. 521 p. (Archivo de la Economía Nacional, 20).

An unannotated list of publications on the subjects indicated. Alphabetical listing by author is followed by a subject index with references to the numbered items in the main list, and a similar regional index.

**2345. Romero, Mario Germán; Guillermo Hernández de Alba; y Sergio Elías Ortiz.** Papeletas bibliográficas para el estudio de la historia de Colombia. Bogotá, Banco de la República, 1961. 115 p.

Annotated bibliography includes principal works on Colombian history from 1810 through 1886 (p. 63-115). Only a few items deal with economic questions.

**2346. Urrutia Montoya, Miguel; y Mario Arrubla,** *eds.* Compendio de estadísticas históricas de Colombia. Bogotá, Universidad Nacional de Colombia, Dirección de Divulgación Cultural, 1970. 312 p., cuadros.

Excellent collection of historical statistics includes a review of population censuses of the 19th century, data on salaries in Bogotá, 1863-1933, real wages in manufacturing and government, 1915-63, price statistics, 1846-1933, revised estimates of foreign trade, 1835-1962 and election data, 1825-56. Notes on tables constitute an excellent bibliography for quantitative research.

**2347. Vegalara, Humberto; y Eduardo Wiesner Durán.** Bibliografía comentada sobre el desarrollo económico y la economía colombiana. Bogotá, Universidad de los Andes, Centro de Estudios sobre el Desarrollo Económico, 1959-61. 2 v.

Mainly devoted to economic problems of the 1950's. Many references to the general literature of economic development. Important sections concerned with Colombian economic history. Brief annotations of limited utility.

## 2. Background

**2348. Abella, Arturo.** "Don Dinero" en la independencia. Bogotá, Lerner, 1966. 210 p.

An essay on capitalists and financiers in the Colombian movement for independence. The major focus is the loan solicited in England by Zea during the 1820's. Also discusses the Caja de Diezmos, a source of conflict between church and state. A minor work which most economic historians may ignore.

**2349. Arboleda, Gustavo.** Historia contemporánea de Colombia, desde la disolución de la república de este nombre hasta la época presente. Cali, Arboleda y Valencia, 1918-35. 6 v.

Based on primary sources, this work has data of potential utility to the economic historian. Covers the years 1829-60 in great detail and is especially useful to those specializing in this early period.

**2350. Bushnell, David.** The Santander regime in Gran Colombia. Newark, Delaware, University of Delaware Press, 1954. 381 p.

A product of careful research on many aspects of the 1820's. Although mainly concerned with political history, there is much important economic information. Spanish translation available: *El régimen de Santander en la Gran Colombia.* Traducción de Jorge Orlando Melo. Bogotá, Tercer Mundo—Facultad de Sociología (Sección de Investigación Social), Universidad Nacional, 1966. 403 p.

**2351. Caldas, Francisco José de.** Semanario de la

Nueva Granada. París, Librería Castellana, 1849. 572 p.

Originally published in 1809 and 1810. Caldas was editor and contributor. His paper (p. 1-33) on geography opens the work. It includes essays, statistical data (on viceregal revenues, for example), geographical descriptions of the country and basic data of natural science. A useful compendium on the late colonial period.

**2352. Cuervo, Antonio B.,** *ed.* Colección de documentos inéditos sobre la geografía y la historia de Colombia. Bogotá, Zalamea, 1891-94. 4 v.

These documents on the colonial period were located in Spain where Cuervo represented the Colombian government.

**2353. García Márquez, Gabriel.** Cien años de soledad. B.A., Editorial Sudamericana, 1967. 351 p.

Besides being the best novel published in Latin America in the past decade, this work presents an inside view of Colombian history and politics. The author was born in the banana zone and writes tellingly of life on the north coast from the mid-nineteenth century to the present. Of particular interest are observations on internecine struggles between Liberals and Conservatives, and the impact of the gringos and the banana company.

**2354. Gilmore, Robert Louis.** Federalism in Colombia, 1810-1858. Unpublished Ph.D. dissertation, University of California, 1949. 421 p.

Mainly a political history, the dissertation deals with the struggles between political and regional factions in the early republican period. No quantitative data.

**2355. _____.** Nueva Granada's socialist mirage. Hispanic American historical review [Durham], v. 36, May, 1956: 190-210.

An intellectual history of the ideological conflict over socialism in the 1850's in which Gilmore argues that European revolutions of 1848 played a significant role in real changes and attitudes. Useful for impressions of the ideas of the Radical Liberals. It has been partially superseded by Jaramillo Uribe, *El pensamiento colombiano en el siglo XIX* (2361).

**2356. Giraldo Jaramillo, Gabriel,** *ed.* Relaciones de mando de los virreyes de la Nueva Granada: memorias económicas. Bogotá, Banco de la República, 1954. 283 p. (Archivo de la Economía Nacional, 13).

A collection of viceregal observations on the state of the economy and its problems. Most also appear in Posada and Ibáñez, *Relaciones de mando* (2370). This volume may be more easily accessible. Essential for an understanding of the late colonial economy.

**2357. Gómez Barrientos, Estanislao.** Don Mariano Ospina y su época. Medellín, Imprenta Editorial y Gaceta Antioqueña, 1913-15. 2 v.

Political history and the role played therein by Mariano Ospina. Publishes an interesting series of price data which may be loosely interpreted to include a market basket of consumption items (food and clothing) which would have prevailed in the 1830's (p. 152-154).

**2358. _____.** Páginas de historia: 25 años a través del estado de Antioquia. Medellín, Tip. de San Antonio, 1918-27. 2 v.

A continuation of the author's biography of Mariano Ospina, to the 1880's.

**2359. Henao, Jesús María; y Gerardo Arrubla.** Historia de Colombia. 7. ed. Bogotá, Escuela Tipográfica Salesiana, 1911-12. 2 v.

First published 1910, still the best history of Colombia from the colonial period to the end of the 19th century. The English edition *(History of Colombia.* Translated by J. Fred Rippy. Chapel Hill, University of North Carolina Press, 1938. 578 p.), which contains much material added by the translator, has a number of errors of fact and interpretation.

**2360. Humboldt, Alexander.** Political essay on the Kingdom of New Spain. London, Longman, Hurst, Rees, Orme and Brown, 1811. 4 v.

In his classic work on the economy of colonial Mexico Humboldt presents data on the trade balance, governmental revenues and mining production of all Spain's American colonies. Those relevant to Colombia (New Granada) appear in volumes 3 (gold and silver produced, p. 420) and 4 (trade, p. 127-128; revenues, p. 241). These figures are cited in numerous secondary works, often without crediting their source in Humboldt's brilliant work.

**2361. Jaramillo Uribe, Jaime.** El pensamiento colombiano en el siglo XIX. Bogotá, Temis, 1964. 464 p.

Although this is a general intellectual history of 19th-century Colombia, much of it is concerned with economic ideas, particularly the economic liberalism of the Radicals. The writings of the Sampers, Camacho Roldán, Galindo and others are all given close scrutiny. A useful work, with bibliography.

**2362. Liévano Aguirre, Indalecio.** Los grandes conflictos sociales y económicos de nuestra historia. Bogotá, Nueva Prensa, [ 1926]. 4 v.

Originally published as a series of articles in the weekly, *La nueva prensa,* on the colonial period and movement for independence through the 1820's. Lacks scholarly apparatus, but should be on the reading schedule for any economic historian of Colombia.

**2363. López de Mesa, Luis.** De cómo se ha formado la nación colombiana. Bogotá, Librería Colombiana, 1934. 228 p.

A general sketch of Colombian society and its development, possibilities and problems. A chapter is devoted to the racial origins of the present population and the development of regional and cultural groups. A variety of economic data.

**2364. Melo, Jorge Orlando.** Los estudios históricos en Colombia: situación actual y tendencias predominantes. *En* Universidad Nacional de Colombia. Revista de la Dirección de Divulgación Cultural [Bogotá], enero-marzo, 1969: 15-41.

Discussion of Colombian historiography to encourage interest in the 19th and 20th centuries and fresh viewpoints. Includes an interesting analysis of the subjects of articles appearing in *Boletín de historia y antigüedades* (Bogotá, 1902—).

**2365. Ortiz, Sergio Elías,** *ed.* Escritos de dos economistas coloniales. Bogotá, Banco de la República, 1965. 273 p. (Archivo de la Economía Nacional, 29).

Of particular interest is the "Informe de la provincia de Santa Marta y Río Hacha. . . ." by Antonio de Narváez y La Torre. It enunciates a theory of comparative advantage and hence anticipates the economic thought of most Colombian politicians after 1850. It was written in May of 1778.

**2366. Ots y Capdequi, José María.** Nuevos aspectos del siglo XVIII español en América. Bogotá, Universidad Nacional, 1946. 429 p.

Although the author treats a number of facets of 18th century colonial history, the most important is the changing policy toward Indians and their "reserved" lands. Included is a discussion of a revision of legal stance in 1754 and an examination of litigation following complaints of the Indians moved off their lands.

**2367. Parra, Aquileo.** Memorias de Aquileo Parra, Presidente de Colombia 1876 a 1878. (Comprenden de 1825 a 1876.) Bogotá, Librería Colombiana, 1912. 747 p.

Parra, a leader of the Radical Liberals, offers in his memoirs observations on their policies and programs. Of most interest are his observations on internal improvements in his home state of Santander, particularly the effort to build a road into the hot lowlands connecting to the Magdalena River. Since the lack of internal improvements forestalled Santander's development, Parra's comments on this problem are an essential ingredient to an understanding of the region's history.

**2368. Pérez Aguirre, Antonio.** 25 años de historia colombiana, 1853 a 1878, del centralismo a la federación. Bogotá, Editorial Sucre, 1959. 448 p.

A narrative political history of the third quarter of the 19th century when Radical Liberals established a federal system, the subject of constant civil disorder. A superficial view of political development. Bibliography of limited utility.

**2369. Pérez Ayala, José Manuel.** Antonio Caballero y Góngora, Virrey y Arzobispo de Santa Fe. Bogotá, Imprenta Municipal, 1951. 431 p.

Documents by viceroy Caballero y Góngora (1782-89). Appendix includes population estimates by regions and professions, the earliest for which anything resembling a modern census is available. The data are incomplete, however, and must be used with care.

**2370. Posada, Eduardo; y Pedro M. Ibáñez,** *eds.* Relaciones de mando. Memorias presentadas por los gobernantes del Nuevo Reino de Granada. Bogotá, Imprenta Nacional, 1910. 759 p. (Biblioteca de Historia Nacional, 8).

Official viceregal reports to review progress and problems of administration and to advise successors. All date from the Bourbon period and are an invaluable source for understanding the last stages of development of the colony.

**2371. Robledo, Emilio.** La vida del general Pedro Nel Ospina. Medellín, 1959. 324 p. (Autores antioqueños, 8).

Ospina, president (1922-26), revolutionized the economy by establishing the Banco de la República, accepting the American indemnity and beginning a substantial program of road and railway construction. Little substantive data on achievements, but nonetheless an essential source of background material.

See also: 2450, 2567.

## 3. Economic and/or social histories

**2372. Academia Colombiana de Historia.** Historia extensa de Colombia. V. 15: Economía y hacienda pública. Bogotá, Lerner, 1965-66. 20 v.

Volume 15 prepared by Abel Cruz Santos draws together a wide range of mainly secondary sources. Not a major work of new scholarship, since the author seems not to have delved into any primary documentation. A useful general orientation for the beginning student.

**2373. Bergquist, Charles Wylie.** Coffee and conflict in Colombia, 1886-1904: origins and outcome of the War of the Thousand Days. Unpublished Ph.D. dissertation, Stanford University, 1973. 416 p., tables.

Based on a variety of primary and secondary sources this study attempts to place Colombian clientelist politics within the context of the expanding capitalistic system of the West. Focusing on the political implications of the rise of the Colombian coffee industry, the study argues that basic economic trends and clashing elite economic interests provide the most fruitful point of departure for an understanding of Colombian politics at the turn of the century. Special attention is focused on elite world views, the sociology of elite factions, and the motivations of rank and file political participants.

**2374. Caballero, Enrique.** Historia económica de Colombia. 2. ed. Bogotá, 1971. 299 p., cuadros.

Traditional essayist style of economic history; no apparently systematic citation of sources or use of unpublished materials. Appendix includes tables of data that pertain mostly to the post-1930 period.

**2375.** Ciencias económicas, órgano de la Facultad de Ciencias Económicas de la Universidad de Antioquia. Medellín, 1953—.

A quarterly publication. Most articles deal with contemporary economic problems but a few treat the country's economic history.

**2376. Colombia. Presidente. Comité Nacional de Planeación. Dirección Ejecutiva. Misión Economía e Humanismo.** Estudio sobre las condiciones del desarrollo de Colombia. Bogotá, Aedita, 1958. 2 v., cuadros.

Presents data on the Colombian economy at the beginning of the 1950's including the only publicly available estimates of per capita income by departments for that period. Could prove useful for long-term comparisons in development trends. Includes maps.

**2377. Fals Borda, Orlando.** La subversión en Colombia; visión del cambio social en la historia. Bogotá, Universidad Nacional, Facultad de Ciencias Humanas, Departamento de Sociología, 1967. 293 p. (Monografías sociológicas, 24).

Two Spanish editions, the second in 1969 in considerably revised form. An English translation based on the first Spanish edition, with the author's revisions *(Subversion and social change in Colombia.* New York, Columbia University Press, 1969. 238 p.). A general sociological analysis of Colombian history with emphasis on the "subversive" elements of new ideas which undermined first the Indian communal system and in the 19th century the seignorial order developed during the colonial period. The author also discusses the socialist subversion originating in the 1920's. An interesting interpretation lacking the substantial research in primary materials which one finds in the other works of Fals Borda.

**2378. Harbison, Ralph W.** Modernization in Colombia, 1885-1915: from stagnation to economic growth. Unpublished manuscript. Bogotá, 1969. 63 p.

Part of a book on economic change in tropical countries. A review of general works contributing interesting new data on primary and secondary school enrollments (p. 25).

**2379. Helguera, J. León.** The first Mosquera administration in New Granada, 1845-1949. Unpublished Ph.D. dissertation, University of North Carolina, 1958. 567 p.

Treats all aspects of the Mosquera regime; chapters on fiscal reform and internal improvements. Bibliography includes annotations for manuscript materials in official depositories (p. 529-536).

**2380.** _____. La primera administración de Mosquera, 1845-1849. Economía colombiana [Bogotá], v. 2., agosto, 1954: 125-141.

Discusses internal improvements, the reforms of Florentino González and international policies of Mosquera, followed

by an 1825 documentary article which inventories one of the Mosquera haciendas. Laborers are also listed by age and sex: could prove useful in an analysis of production techniques in the early 19th century.

**2381. Hincapié Santa-María, Julio.** Algunos aspectos de la estructura económica de Colombia. Medellín, Universidad de Antioquia, 1959. 454 p.

Forays into the economic history of Colombia. A useful summary of petroleum concessions and exploration (p. 281-285).

**2382. Hirschman, Albert O.** The strategy of economic development. New Haven, Yale University Press, 1957. 217 p.

Theoretical work on economic development based to some extent on study of the economy of Colombia. Hirschman was resident in Colombia in the early 1950's as an economic consultant. Analysis of growth-poles, import-substituting industrialization, interregional imbalances (perhaps even the general concept of unbalanced growth) are drawn from the extreme regionalism of Colombia.

**2383. International Bank for Reconstruction and Development.** The basis of a development program for Colombia. Report of a mission headed by Lauchlin Currie. Baltimore, Johns Hopkins, 1950. 642 p., tables.

With the success of the Marshall Plan in rebuilding Europe's economy, the World Bank began to look elsewhere for prospective clients. They began their search in Colombia with the first mission to an underdeveloped country. The mission conducted an exhaustive study of the economy, particularly the demand for infrastructure. Data appear in the report along with statistical appendix of limited circulation. These materials are indispensable to any quantitative investigation of economic development up to 1950. The mission attempted an estimate of national income and product for the late 1930's.

**2384. McGreevey, William Paul.** An economic history of Colombia, 1845-1930. New York, Cambridge University Press, 1971. 335 p.

An attempt to apply modern social science research techniques to several problems in Colombian economic history: impact of the Reforms of 1850; the nature of government policies during the apogee of Radical Liberalism; the transition to rapid growth with the expansion of coffee exports, and the nature of economic change in the decade before the Great Depression. More than 40 tables as well as useful maps and graphs demonstrating characteristics of the growth and structural change. Bibliography.

**2385. Nieto Arteta, Luis Eduardo.** El café en la sociedad colombiana. Bogotá, 1958. 98 p. (Breviarios de orientación colombiana, 1).

Written in 1948, this is perhaps the best work by this author in the field of Colombian economic history. More useful than his *Economía y cultura en la historia de colombia* (2386). Points out the essential political role of coffee in making Conservatives of smallholders, thus balancing party strength and helping to create a poly-class party structure. Thoughtful and provocative, required reading. Many editions.

**2386.** _____. Economía y cultura en la historia de Colombia. 2. ed. Bogotá, Tercer Mundo, 1962. 436 p.

Among the few general economic histories available. It has some of the qualities of a 'class' analysis but also depends significantly on the evolution of institutions as an explanation for change. The scarcity of other materials recommends this work to future scholars.

**2387. Ospina Vásquez, Luis.** Industria y protección en Colombia, 1810-1930. Medellín, Santa Fe, 1955. 506 p.

The best book on Colombian economic history. Any scholar would be foolhardy to begin work on a subject in this area without first consulting this book. Scattered throughout this magnum opus are discussions of efforts to begin modern manufacturing activities. These date from the 1930's although few enterprises were able to survive even a decade. Ample notes on sources and a useful if limited bibliography. Ideal guide to original materials and extremely useful for the author's wise observations on most questions raised.

**2388. Rivas Groot, José María.** Asuntos económicos y fiscales. Bogotá, Banco de la República, 1952. 267 p. (Archivo de la Economía Nacional, 8.)

This work, originally published in Bogotá, 1909, presents an overview of a century of economic change in Colombia, 1809-1908. Although most of the data presented and sources cited deal specifically with problems of public finance, money, and credit, there are general observations of some utility on economic conditions. Old but still useful. Emphasis on the need to establish domestic tranquility as a prerequisite for successful development is perhaps as timely as anything written in the second half of the 20th century.

**2389. Safford, Frank Robinson.** Commerce and enterprise in central Colombia, 1821-1870. Unpublished Ph.D. dissertation, Columbia University, 1965. 501 p.

Excellent study of many aspects of merchant activities in the middle of the 19th century: transport, credit, sources of entrepreneurship, the export trade, textile imports, wholesaling and retailing. Contains an excellent "note on sources" (p. 411-52) discussing libraries and source materials. On p. 425-429 a list of uncatalogued law briefs in the Biblioteca Luis Angel Arango. The rest of the bibliography, partially annotated, is an excellent starting place for any study of private commerce in the 19th century.

**2389a. Tirado Mejía, Alvaro.** Introducción a la historia económica de Colombia. Bogotá, Universidad Nacional de Colombia, Dirección de Divulgación Cultural, 1971. 310 p.

Overview of Colombian economic history from colonial period to the present. Includes many (unnumbered) tables from both primary and secondary sources. Does not attempt

to break new ground but rather to synthesize materials not readily available to students.

**2390. United Nations. Economic Commission for Latin America.** Analysis and projections of economic development. V. 3: The economic development of Colombia. Geneva, United Nations, 1957. 454 p. (U.N. document: E/CN.12/365/rev. 1, November, 1956).

ECLA study of trends in the Colombian economy, 1925-53. The unpublished statistical appendix (available from ECLA, Santiago) contains estimates of national product by type of activity, estimates of labor force and capital stock and such other data as were developed to support the principal document. The main shortcoming is a failure to provide information on the methods used to formulate the various aggregate series of data. However, an essential source.

See also: 2653.

## 4. Economic, social, and geographical conditions

**2391. Ancízar, Manuel.** Peregrinación de Alpha (M. Ancízar) por las provincias del norte de la Nueva Granada, en 1850 i 1851. Bogotá, Echeverría, 1853. 524 p.

Account of life in the textile villages of areas north of Bogotá by secretary to the Codazzi-directed Chorographic Commission. No quantitative date presented, but gives a feel of conditions among artisans and the rural poor. Comments on education and internal migration. Other editions in 1914, 1944, and 1956.

**2392. Brisson, Jorge.** Viajes por Colombia en los años de 1891 a 1897. Bogotá, Imprenta Nacional, 1899. 350 p.

Travel account prepared by a civil engineer interested in internal improvements and mining, especially in Antioquia. Useful comments on mining enterprises; information on prices for foodstuffs for a number of locales. Unfortunately, there are no tables to speed use of this material.

**2393a. Colombia.** Gaceta de la Nueva Granada. Bogotá, 1832-47.

**2393b.** _____. Gaceta oficial. Bogotá, 1847-61.

Official publication of the Colombian government containing acts, decrees and related materials. Name changed in 1847, but the numbering is consecutive from 1 to 2603. Early census materials were published here: the 1835 census in Nos. 211 and 234; the 1843 census in No. 661. Basic source of information on the acts and policies of the government.

**2394.** _____. Reports of the Secretaries of State of the Republic of Colombia: first Constitutional Congress in the year 1823. London, Treuttel and Würtz, 1824. 199 p.

English translations of the first ministerial reports. Commentaries on internal conditions, roads and the enunciation of fiscal and tax policies make this a useful collection of documents.

**2395. _____. Ministerio de Relaciones Exteriores.** Informe del ministro de Relaciones Exteriores. Bogotá, Imprenta Nacional, 1847. 40 p., 25 cuadros.

Before 1850 the minister of Foreign Relations also had responsibility for certain domestic matters; thus this report includes tables on public works expenditures, criminal statistics, movement of shipping through the ports and manumission of slaves. Also data on foreigners given Colombian citizenship, births and deaths by province. A rewarding source.

**2396. _____. Presidente.** Mensaje presidencial. Bogotá, 1823—.

Annual report. Title varies: Informe, Discurso, Mensaje. Reports are available for most years and are worth examining. Following are separate annotations for two such reports.

**2396a. _____. _____.** Mensaje del Presidente de la República al Congreso de 1849. Bogotá, Imprenta Nacional, [1489]. 47 p.

Information on problems with which the Mosquera administration had dealt in the preceding four years—roads (p. 12-21), tax reform, and tobacco reforms initiated in that regime.

**2396b. _____. _____.** Informe del Presidente de la Confederación Granadina al Congreso Nacional de 1861. Bogotá, 1861. 34 p.

Report written after uprisings which ended in the overthrow of Mariano Ospina (the author). Includes data on the budget and government operations. Laments the failure to hold the planned census of population during Ospina's administration. (LAA, Misc. Nº 1023)

**2397. _____. Secretaría de Estado y del despacho del Interior.** Exposiciones del Secretario de Estado del despacho del Interior. Bogotá, 1830—.

Between 1830 and 1850 this serial publication included statistics on foreign trade, schools, budgets on governments, crime and manumission of slaves. In the Biblioteca LAA it is bound and shelved with Colombia. Ministerio de Relaciones Exteriores. *Memoria del ministro de Relaciones Exteriores.*

**2398. Cuervo, Rufino.** Documentos oficiales para la historia y la estadística de la Nueva Granada. Bogotá, 1843. 162 p.

Report submitted by Cuervo to his successor as governor of the province of Bogotá. Contains information on population in 1833; education; the Indian population; internal improvements; provincial revenues; and the salt works. Of particular use to any study of Cundinamarca and the Bogotá area.

**2399. Eder, Phanor James.** Colombia. London-Leipsic, Unwin, 1913. 312 p.

The Eder family came to the Cauca Valley in the second half of the 19th century. Eventually they founded Manuelita, the largest sugar plantation in Colombia. This author draws together his observations based on travel and participation in the two cultures of the United States and Colombia. Few hard data, but yields insight into the period before World War I.

**2400. Galindo, Aníbal.** Estudios económicos i fiscales. Bogotá, Andrade, 1880. 309 p.

Essays by Galindo previously published in periodicals. Of interest are papers on the foreign debt (p. 64-88), railroads (p. 99-168), general economic history and public finance (p. 190-256), and public lands (p. 257-268). Bound with Clemente Nieto. *Breves observaciones al libro del señor doctor Aníbal Galindo.* Bogotá, 1885. 39 p. (LAA: Misc. Nº 4)

**2401. Great Britain. Foreign Office.** Diplomatic and consular reports; annual series no. 1148. Report for the year 1891 on the trade of the Republic of Colombia. London, His Majesty's Stationery Office, 1893. 14 p.

Reports on the growing prosperity of the country since 1888. Rents in Bogotá doubled over a decade. Food prices remained low in comparison with other countries. Progress shown in the use and expansion of the telegraph system. Useful for general observations and specific data on foreign trade.

**2402. _____. _____.** Diplomatic and consular reports; annual series no. 2660. Report for the year 1900 on the trade and commerce of Barranquilla. London, His Majesty's Stationery Office, 1901. 11 p.

Written in the midst of the War of a Thousand Days; hence, useful reporting on the war and the economy. Government control of the river ended communications between highlands and coasts. Limited data on trade and exchange rates.

**2403. Hamilton, J. P.** Viajes por el interior de las provincias de Colombia. Bogotá, Banco de la República, 1955. 2 v. (Archivo de la Economía Nacional, 15, 16.)

Originally published in London, 1827. Among the most useful travel accounts prepared by foreigners. The author discusses handicrafts (v. 1, p. 141) with principal emphasis on the textiles of Pasto and Ecuador. Remarks on the poor conditions of roads and internal transport. Little quantitative data.

**2404. Holguín, Jorge.** Desde cerca (asuntos colombianos). París, Ficker, 1908. 324 p.

An interesting part of this book is the author's effort on p. 144 to estimate the costs of civil wars during the 19th century.

**2405. Holton, Isaac F.** New Granada; twenty months in the Andes. New York, Harper, 1857. 605 p.

Holton, a botanist traveling in Colombia to gather scientific specimens, wrote this travel account emphasizing difficulties of transportation on the river and overland. Comments on Bogotá society, offers comparisons on cost of living and the conditions of the poor in the United States and Colombia. Among the more complete reports of foreign visitors, but has little quantitative data.

**2406. Jaramillo, Esteban.** Memoria destinada a los miembros de la conferencia económica internacional . . . de la Sociedad de las Naciones. París, Imprenta París-América, 1926. 85 p.

Reviews industrial, agricultural, and mineral resources; the flow of foreign trade and its relation to internal improvements; the system of public finance and banking, and the country's capacity to absorb capital for further development. A useful summary prepared for the mid-1920's.

**2407. López, Alejandro.** Problemas colombianos. París, Editorial París-América, 1927. 315 p.

Colombians regard this book as a precursor in elucidating and understanding the principal problems of the country in the 20th century. It includes essays on agrarian reform, the money supply, cost of living and internal transport. The author helped create the statistical office in Medellín.

**2408. Mollien, Gaspard Théodore.** Voyage dans la république de Colombia en 1823. Paris, A. Bertrand, 1824. 2 v.

Among the best and earliest travel accounts of Colombia; appeared in subsequent English and Spanish editions *(Travels in the republic of Colombia, in the years 1822 and 1823.* London, C. Knight, 1824. 460 p. *Viaje por la república de Colombia en 1823. . . .* Bogotá, Imprenta Nacional, 1944. 458 p.)* Tables on population, prices, revenues and military salaries are useful.

**2409. Monsalve, Diego.** Colombia cafetera. Barcelona, Artes Gráficas, 1927. 950 p., cuadros.

Large, fancy book paid for by the Colombian government to promote the country and its products. Contains data on revenues and expenditures taken from the *Memorias de Hacienda* and some historical material; not a major source of information.

**2410. Núñez, Ricardo; et Henry Jalhay.** La république de Colombie. 2. ed. Brussels, 1898. 351 p.

The authors were consular officials of the Colombian government based in Belgium. Several editions of this general compendium of information on Colombia appeared. Data on gold and silver mining in the late 19th century, public finance and foreign commerce also available in official sources. Book with same title published by these authors in 1893, also in Brussels. (LC)

**2411. Pérez, Felipe.** Jeografía física i política de los Estados Unidos de Colombia. Bogotá, La Nación, 1862-63. 2 v.

Brings together regional geographies which Pérez prepared in the early 1860's. General description of local manufactures, state income and export products. Data, based on Chorographic Commission reports, neither carefully drawn up nor with sufficient detail. Could be of help to those studying particular regions.

**2412. _____.** Geografía general de los Estados Unidos de Colombia. Bogotá, Echeverría, 1883. 455 p.

Draws on the Chorographic Commission survey and includes a wealth of contemporary data on population, agriculture, and transport. Different from the work published by the same author with similar title in the 1860's (2411). Both of considerable utility but the 1883 edition is superior.

**2413. Petre, Francis Loraine.** The republic of Colombia. London, E. Stanford, 1906. 352 p.

Account of an Englishman promoting English investment in Colombia who visited the country in 1904 and talked with Reyes and some of his ministers. Chapter on the current situation (p. 301-334) has a discussion of financial problems and the effort to reestablish a monetary unit at par with the U.S. dollar. Favorable evaluation of Reyes and comparisons of him with Porfirio Díaz. Map.

**2414. Powles, John D.** New Granada: its internal resources. London, A. H. Baily, 1863. 154 p.

Powles, Chairman of the Committee of Spanish American Bondholders, assembled in this book commentaries by engineers and farmers of English extraction who had taken up residence in Colombia. His hope was to entice Englishmen to take up land grants in Colombia and through the grants to secure payment on defaulted bonds. Useful material on roads, agricultural possibilities, and prospects for cotton cultivation since the British were seeking alternative sources of supply because of the U.S. Civil War.

**2415. Reclus, Elisée.** Colombia. Traducida y anotada con autorización del autor por F. J. Vergara y Velasco. Bogotá, Samper Matiz, 1893. 440 p., cuadros.

Geography of Colombia by a Frenchman who visited Colombia but based much of his study on data in Vergara y Velasco's own geography (2425). Copious notes added by the translator give quantitative detail on economic questions.

**2416. Reyes, Rafael.** Asuntos económicos e industriales. Bogotá, Arboleda y Valencia, 1917. 64 p.

Nine articles examine the possibility of expanding new exports of sugar, chilled beef and lamb, and mineral products. Discusses impact of internal improvements (railways and the Panama Canal) on trade and offers quantitative data on industrial possibilities. Only sugar production in the Cauca Valley seems to have turned out as planned—and then with a long lag before plans were realized.

**2417. Rivas, Medardo.** Los trabajadores de tierra caliente. 2. ed. Bogotá, Prensa de la Universidad Nacional, 1946. 364 p.

This study, originally published in 1899, was written by a participant in the expanding tobacco industry in the Magdalena valley in the mid-19th century. Offers impressions on wage levels, working conditions in the valley, and the relative successes of highland entrepreneurs in tierra caliente. Also discusses coffee and tobacco exports. A useful document from the period. This author's unpublished manuscripts were examined by Safford and discussed in his note on sources (2389).

**2418. Roger, René.** La Colombie économique. Paris, L. Tenin, 1914. 441 p.

A Sorbonne thesis containing a wealth of material drawn from travel accounts, official publications and miscellaneous sources in France. Excellent French scholarship despite lack of access to documents in Colombia. A copy available in Harvard's Widener Library, among other places. Bibliography and pictures.

**2419. Scruggs, William L.** The Colombian and Venezuelan republics. London, Sampson Low, Marston, 1900. 350 p.

Travel account stretching over the years 1873-1900, thus commenting on changes in the last quarter of the 19th century. Qualitative descriptions a useful supplement to quantitative materials.

**2420. Steuart, John.** Bogotá in 1836-1837; being a narrative of an expedition to the capital of New Granada, and a residence there of eleven months. New York, Harper, 1838. 312 p.

Good traveler's description of the Upper Magdalena and the area between the river and Bogotá. Includes data on commerce and manufacturing in Bogotá; one of the few good sources of independent information for the mid-1830's.

**2421. United States. Bureau of Foreign and Domestic Commerce. Department of Commerce.** Colombia: a commercial and industrial handbook. By P. L. Bell. Washington, Government Printing Office, 1921. 423 p. (Special agents series, 206).

Wealth of data on the economy prepared originally for U.S. investors. Emphasizes manufacturing development and foreign trade. Included are detailed reviews of specific commercial districts and hence of the several local and regional economies.

**2422. _____. Bureau of Foreign Commerce.** Colombia: its past, present and future. *In* United States. Bureau of Foreign Commerce. Consular reports [Washington], no. 101, January, 1889: 98-112.

General report on historical background, the people and their habits, local politics, commercial relations with other nations, and transport facilities.

**2423. _____. Bureau of Manufactures. Department of Commerce and Labor.** Report on trade conditions in Colombia. By Charles M. Pepper. Washington, Government Printing Office, 1907. 53 p. (Special agents series, 16).

Report emphasizing the lack of cheap transport facilities. Critical of failure to speed railway construction and to improve river navigation. Mentions Medellín as the most important commercial city.

**2424. Uribe Uribe, Rafael.** El pensamiento social de Uribe Uribe. Bogotá, 1960. 126 p. (Biblioteca del Ministerio del Trabajo, 6).

Speeches and shorter writings of one of the leading liberals. One paper discusses trends in real wages between 1886-96, another deals with the problem of socialism and its possible application in Colombia. An excellent essay surveys the major national problems of the first decade of the 20th century. A perceptive look at Colombia's economy and society.

**2425. Vergara y Velasco, Franciso Javier.** Nueva geografía de Colombia. Bogotá, Zalamea, 1892. 839 p., cuadros.

General work with quantitative data not easily available elsewhere. Data from a census of Santander artisans in 1892; ease of access in this book recommends its use to many investigators.

**2426. Villegas, Clímaco.** Vida económica y financiera de Colombia. Bogotá, La Luz, 1930. 156 p.

Review of economic and financial problems generated in the 1920's and culminating in the Depression. Uses quantitative data and international comparisons, particularly with other South American countries.          (LAA, Misc. Nº 467)

**2427. Walker, Alexander.** Colombia; being a geographical, statistical, agricultural, commercial and political account of that country. London, Baldwin, Cradock and Joy, 1822. 2 v.

This travel account includes descriptions of virtually all of the former Gran Colombia.

**2428. [Wills, Guillermo].** Observaciones sobre el comercio de la Nueva Granada con un apéndice relativo al de Bogotá. Bogotá, Banco de la República, 1952. 74 p. (Archivo de la Economía Nacional, 4.)

This work, originally published in Bogotá, 1831, gives one of the few accounts of the output of the Colombian economy in the early 19th century. Far from complete, but it does discuss some crops which move in domestic trade (common staples such as potatoes and yucca are ignored) and mineral exports. Discussion of textile handicrafts in Santander (Socorro). Notes the incursion of competing goods in their market and suggests a protective tariff on imports.

**See also:** 2434, 2607-2637.

# II. Demography, Manpower, and Living Conditions

## 1. Population

2429. **Berry, R. Albert.** Breve estudio de los determinantes del crecimiento de la población en Colombia. Bogotá, División de Estudios de Población de la Asociación Colombiana de Facultades de Medicina y Centro de Estudios sobre Desarrollo Económico de la Universidad de los Andes, 1965. 31 p.

Examines the relation between population growth and such variables as wages, internal migration and the prevalence of religious training. Most data drawn from the censuses of 1938 and after; some comments on the interwar period drawing on 1918 census materials.

2430. **Colombia. Departamento Administrativo Nacional de Estadística (DANE).** Anuario general de estadística. Bogotá, DANE, 1958. 731 p.

Contains retrospective demographic data reaching back to 1919. Among the few places where such data is conveniently published and, hence, easily available to many scholars.

2431. _____. **Departamento de Contraloría. Dirección Nacional de Estadística.** Anales de economía y estadística. Bogotá, 1938—.

An outlet for government statisticians analyzing census materials and other information. Many early articles are devoted to analyses of the 1938 census; a few consider long-term trends in the Colombian population. More useful for years after 1938.

2432. _____. **Dirección Nacional de Estadística.** Censo de población de la República de Colombia levantado el 14 de octubre de 1918. 2. ed., revisada y corregida. Bogotá, Imprenta Nacional, 1923. 49 p.

One of a number of volumes published on the 1918 census. Should be consulted to check errors in the first census publication. Lists other places of publication of census materials. (LAA, Misc. Nº 610)

2433. _____. _____. Estadística de Colombia. Bogotá, Imprenta Nacional, 1876. 2 v., cuadros.

First volume presents data on population by states, territories, and capitals in 1870. Details on population are not as useful as those which appear in the *Anuario estadístico,* 1875 (2438). Second volume presents foreign trade data for the year 1875 in great detail. Not as important a source as the 1875 publication.

2434. _____. **Ministerio de Gobierno.** Censo general de la República de Colombia, levantado el 5 de marzo de 1912. Bogotá, Imprenta Nacional, 1912. 336 p.

As with other census publications, this volume presents the enumerations by various categories. In addition there are useful commentaries on the scope of various economic activities (though these seem not to be based on census materials) and a review of political and administrative divisions and their changes between 1819-1912.

2435. _____. _____. Informe presentado por el ministro de Gobierno de la República al Congreso Constitucional de 1904. Bogotá, Imprenta Nacional, 1904. 228 p.

Appendix (p. 210-228) includes commentary on provincial censuses levied between 1870-99. Also contains criminal statistics for the years 1898-1904.

2436. _____. **Ministerio de Hacienda. Dirección General de Estadística.** Anuario estadístico, 1916-1917, con el censo civil levantado el 14 de octubre de 1918. . . . Bogotá, Imprenta Nacional, 1920. 524 p.

Variety of useful data including tables on the 1918 census. Population by municipio (male and female and total) are given for both 1912 and 1918 censuses (p. 488-524). No other classifications of the population are shown. (LAA)

2437. _____. **Ministerio de Relaciones Esteriores.** Estadística Jeneral de la Nueva Granada, que conforme al decreto . . . ; parte primera: población e instituciones. Bogotá, 1848. 235 p., cuadros.

A statistical compendium largely devoted to data on population.

2438. _____. **Oficina de Estadística Nacional.** Anuario estadístico de Colombia, 1875. Bogotá, Imprenta Nacional, [1875]. 224 p., cuadros.

First publication by the statistical office which was set up in 1873. Includes population data by states and municipios, 1851, 1870; and an occupational distribution of the population for 1870. Prepared under the direction of Aníbal Galindo, head of the office. Useful comments by him on the censuses as well as revisions of the 1843 and 1851 returns. An essential document.

2439. **Higuita, Juan de Dios.** Estudio histórico-analítico de la población colombiana en 170 años. Bogotá, Imprenta Nacional, 1940. 113 p. (Colombia. Dirección Nacional de Estadística. Anales de economía y estadística, v. 3, suplemento al número 2).

Analyses the growth of population; by fitting a logistic curve to census totals he guesses at the probability of any particular census being correct. Of the pre-1900 censuses these four seem most reliable: 1770, 1778, 1825, 1870. Includes some political analysis. Assumption that population grew smoothly is questionable.

2440. **López Toro, Alvaro.** Problems in stable

population theory. Princeton, New Jersey. Princeton University Press, 1961. 107 p.

Theoretical tour-de-force containing estimates of vital rates derived from age/sex pyramids. In the course of the work López Toro adjusted population data from the 1918, 1938 and 1951 censuses. Any careful work in demography should examine his findings and the new data developed.

**2441. Rosenblat, Angel.** La población indígena y el mestizaje en América. 2. ed. B.A., Nova, 1954. 2 v., biblio.

Includes estimates of the total population by racial categories for Colombia. Full bibliographical references are given so that this work can prove useful to other scholars. Partly superseded by more recent research.

**2442. Smith, T. Lynn.** The racial composition of the population of Colombia. Journal of inter-American studies [Coral Gables], v. 8, April, 1966: 221-235.

Reviews various estimates of racial composition, some of colonial origin. Author's estimates based on years of personal observation.

**2443. United Nations. Economic Commission for Latin America.** Some aspects of population growth in Colombia. Prepared by the secretariat of ECLA. Report by J. V. Graumann. New York, United Nations, 1962. (U.N. document: General E/CN.12/618, 10 November, 1962).

Of particular interest is the study of secular trends in urbanization which reach back to the 1912 and 1918 censuses. Can be of use in the study of interwar trends in urbanization, internal migration, fertility and mortality.

**2444. United States. Department of Commerce. Bureau of the Census.** Colombia, summary of biostatistics. Washington, 1944. 138 p.

Contains maps and charts on population, natality and mortality statistics. Data drawn from official Colombian sources which substantially underestimate fertility and mortality since the former were based on parish records and the latter on officially recorded deaths. The value of this source lies in bringing this data together for the years 1905-41 in one place for easy use.

**2445. Valle del Cauca (departamento).** Breve estudio acerca del último censo civil del Valle del Cauca. *En* Departamento del Valle del Cauca. Boletín de estadística [Cali], v. 4, febrero, 1925: 45-61.

Perhaps the first study of its kind in Colombia. Analysis of the census of 1918 with comparisons to earlier censuses. Discusses accuracy of the total count and of the principal sex, age, literacy and occupational distinctions. Prepared by Leonidas Marulanda O.

**2446. _____.** Censo de 1918. *En* Departamento

del Valle del Cauca. Boletín de estadística [Cali], v. 1, enero, 1922: 3-97.

Departmental population presented in great detail. Age-sex breaks, occupational data, racial composition, literacy and schooling information. Information available in the national census publications but not in the same detail.

**See also:** 2369, 2393, 2479, 2503.

## 2. Immigration

**2447. Echavarría, Enrique.** Extranjeros en Antioquia. Medellín, Bedout, 1943. 102 p.

Series of 181 brief biographies (in alphabetical order) of foreign-born residents of Antioquia. Some written by descendants of the immigrants, many of them important in the economic history of Antioquia. More than a century of immigration is included.

**2448. Martí Bufill, Carlos.** Nuevas soluciones al problema migratorio. Madrid, Cultura Hispánica, 1955. 547 p., biblio.

Appendix tables show immigration and emigration to and from Colombia, 1912-20, 1921-30, 1946-54. Discusses Spanish migration, in general.

**2449. Rodríguez Plata, Horacio.** La inmigración alemana al estado soberano de Santander en el siglo XIX. Bogotá, Kelly, 1968. 273 p.

Useful for information on change in Santander and role of a few Germans in brewing, banking, and commerce. Since this German group came to occupy leading positions among Bogotá's entrepreneurial elite, this work has lasting importance for the economic historian.

## 3. Education

**2450. Borda, José Joaquín.** Historia de la Compañía de Jesús en la Nueva Granada. Poissy, Lejay, 1872. 2 v.

Covers the periods of the Jesuits' presence in Colombia, 1604-1767, and 1842 to 1850, when they were once again expelled. Treats their role in building educational institutions.

**2451. Colombia. Archivo Nacional.** Fondo: Conventos, Tomo 4.

Como parte del volumen figura una colección de "libramientos," órdenes de pago a favor de la Universidad del primer distrito por gastos de distinta índole sufragados por particulares. Se concentran en Bogotá, 1846. [DF]

**2452. _____. Congreso. Cámara de Representantes.** La universidad colombiana. Bogotá, Imprenta Nacional, 1932. 196 p.

Contains proposal of Germán Arciniegas, then minister of Education, for reform of Colombian universities which signaled the beginning of efforts to bring more practical education into the universities. Important document for study of changing technology, education and development.

**2453. _____. Ministerio de Hacienda.** Informe del ministro de Hacienda, 1845. Bogotá, Imprenta Nacional, 1845. 38 p., 15 cuadros.

Data on education make this volume particularly interesting. Included are the number of students and teachers by regions, by levels of schooling and totals for the country as a whole. Data on income and expenditures of colegios, seminaries and universities.

**2454. Fals Borda, Orlando.** La educación en Colombia: bases para su interpretación sociológica. Bogotá, Universidad Nacional, Facultad de Sociología, 1962. 37 p. (Monografías sociológicas, 11).

Treats history of education policy; has reference to 19th century materials. Concerned with the elitist and otherworldly quality of educational tradition.

**2455. Martínez Silva, Carlos.** Estado actual de la instrucción pública en Colombia. Repertorio colombiano [Bogotá], v. 14, 1 de octubre, 1896: 298-310.

Draws on documents from the Ministry of Public Instruction and a similar department for Cundinamarca to demonstrate the backwardness of Colombian education. Table (p. 305) shows the number of students per thousand population for the countries of the Caribbean and Latin American area. Superiority of the *antioqueños* is emphasized and the question asked why other areas do less well.

**2456. Safford, Frank R.** In search of the practical: Colombian students in foreign lands, 1845-1890. Hispanic American historical review [Durham], v. 52, May, 1972: 230-249.

Based on longer monograph treating several facets of education and technical change in Colombia in the 19th century. Develops data on Latin American students at Rensaellaer Polytechnic Institute in the 19th century.

**2457. Valencia-Vásquez, Héctor G.** Theories and practices of secondary school organization and administration in the Republic of Colombia. Unpublished Ph.D. dissertation, Ohio State University, 1953. 280 p.

Reviews development of the educational system during the nineteenth century. Lengthy précis of the work appears in *Dissertation abstracts* (v. 19, 1959, p. 1993).

See also: 2378.

## 4. Living and working conditions

**2458. Antioquia (departamento).** Censo de los empleados públicos del departamento de Antioquia y asignaciones anuales, 1915. *En* Departamento de Antioquia. Dirección de Estadísticas.

Boletín de estadística [ Medellín], abril, 1916: 501-505.

Listing of public employees distinguished by main employer (municipio, department, or national government). Total wage bill for each group given. No distinctions made for part-time employment nor is there an occupational distinction.

**2459. Bejarano, Jorge.** Alimentación y nutrición en Colombia. Bogotá, Editorial Iqueima, 1950. 239 p.

Discusses nutritional status of income and occupational groups as of the mid-1940's with some retrospective data. Reviews regional differences in diet and relationship of diet to intake of calories, proteins, and vitamins. Discusses Hermberg's cost-of-living study (2467). Useful work on standards of living.

**2460. _____.** La derrota de un vicio; origen e historia de la chicha. Bogotá, Editorial Iqueima, 1950. 114 p.

Expresses middle- and upper-class attitudes toward the common alcoholic drink of the poor in eastern Colombia, chicha. Historical evidence on use of alcohol and the effort to suppress it.

**2461. _____.** Nuevos capítulos sobre el cocaísmo en Colombia. Bogotá, 1952. 95 p.

Bejarano was minister of Health in the late 1940's and at that time was able to get a law passed suppressing chicha, the principal alcoholic drink of the rural poor of Boyacá. Here he discusses another vice of the poor in Southern Colombia, its economic importance, past efforts to suppress it and the need to end its use among Indians because of its apparent spread to mestizos as well. Another example of upper-class imposition of norms inappropriate to the life conditions of the poor.

**2462. Buenahora, Gonzalo.** Huelga en Barranca. Bogotá, 1938. 104 p.

Describes social structure of the oil town on the Magdalena, goes on to deal with causes of the strike of 1938. No quantitative data in this polemical work; however, gives flavor of anti-American feelings among the working class.

(LAA, Misc. N° 174)

**2463. Colombia. Archivo Nacional.** Fondo: Ministerio de Fomento.

Tomo 1

Contiene comprobantes de las cuentas pagadas por obras de mantenimiento en el Capitolio Nacional de Bogotá, durante abril de 1880. Es posible establecer tanto costo de materiales como salarios. Gastos de importación (aduanas) de semillas e instrumentos y relaciones sobre costos de instrucción técnica y nóminas de empleados para abril de ese año. Gastos de instrucción a telegrafistas; nóminas de empleados de la Secretaría de Fomento.

Tomo 50

Contiene nóminas de los empleados de la Secretaría de Fomento en el período 1883-84. Cuentas de gastos en materiales y salarios de obreros en reparación y mantenimiento de edificios públicos; salarios de empleados del ferrocarril para junio de 1883, especificando días de trabajo y jornales. Para 1883-84 figuran cuentas por gastos del Departamento de Agricultura en adquisición de implementos; nóminas de sueldos a los alumnos del Instituto de Agricultura (1883) y a trabajadores de mantenimiento para edificios públicos.

Tomo 70

Incluye nóminas de empleados del Departamento de Telégrafos para 1886-87 en Cali, Buenaventura, Buga, Tuluá. Figuran igualmente listas de pagos a trabajadores empleados en mantenimiento de obras y edificios públicos, así como cuentas de materiales para 1886.

Tomo 100

Incluye partidas del Tesoro de la República dirigidas al administrador general de hacienda de Cundinamarca, destinadas a la construcción de las carreteras que comunican las salinas de Nemocón, Sesquilé y Zipaquirá, para octubre de 1889. Figuran nóminas de los empleados del Ministerio de Fomento, detallando sueldo anual, tipo de empleo, días de trabajo. Se incluyen también copias de escrituras de bienes raíces y cuentas de gastos oficiales. Nóminas de obreros de mantenimiento de obras y edificios públicos y facturas de compra e importación de materiales para el mismo fin, referentes a 1889. El tipo de documento más recurrente es la ''Lista de obreros que han trabajado en . . .'' diferentes obras públicas: Hospital Militar, Polvorines, Palacio Presidencial, Teatro Nacional, Panóptico, etc. Figuran también nóminas de los obreros empleados en la apertura y mantenimiento de carreteras, en las dragas del Magdalena y obras de defensa contra el mar, 1889. Más de 400 folios están dedicados a la obra del Camino a Cambao: nóminas de trabajadores y comprobantes de remesas de materiales.

Tomo 130

Nóminas de empleados oficiales y obreros de mantenimiento de obras públicas, 1889-93. Constancias de auxilios para la construcción de caminos, prestados por el Tesoro Nacional. Gastos de mantenimiento y reparaciones en edificios públicos y nóminas de los obreros empleados en la construcción y mantenimiento de alcantarillados y caminos rurales, 1893. [DF]

**2464. _____. Ministerio del Trabajo.** Primer censo sindical de Colombia, 1947. Bogotá, Contraloría General de la República, 1949. 183 p., cuadros.

Because of the struggles between the Church-supported federation of unions and the leftist federation, the government conducted a census of union membership. This volume contains published results of the census; some tables present data on the time of foundation of unions which stretch back to the 1910's.

**2465. Cotes, Manuel.** Régimen alimenticio de los jornaleros de la sabana de Bogotá; estudio presentado al Primer Congreso Médico Nacional de Colombia. Bogotá, 1893. 48 p., cuadros.

Document of outstanding importance; includes income and consumption of rural laborers in the area around Bogotá. The methodology is not perfect; deals only with food intake assuming minimum possible expenditure on clothing and housing. Details on food intake classified with respect to their food value. Estimates male wages at 60 centavos per day, equivalent perhaps to US$130 annual income of 1892 purchasing power. Could provide basis for careful estimates of levels of living and subsequent trends.   (LAA, Misc. N° 201)

**2466. García, Antonio.** Regímenes indígenas de salariado; el salario natural y el salario capitalista en la historia de América. América indígena [México], v. 8, octubre, 1948: 249-287.

Reviews wage systems developed in the colonial period in mining and weaving activities; suggests that they maintained their importance well into the 20th century.

**2467. Hermberg, Paul.** El costo de la vida de la clase obrera en Bogotá. *En* Colombia. Dirección Nacional de Estadística. Anales de economía y estadística [Bogotá], v. 1, 1938: 1-82.

Summarizes survey of 225 blue-collar families to determine income, cost of living and distribution of expenditures. Aggregate data presented so that one can proceed to calculations of elasticities with respect to income for major food groups. Invaluable source for study of the standard of living of the urban working class prior to World War II.

**2468. Samper, Miguel.** Carta. *En* Escritos político-económicos de Miguel Samper. Bogotá, Espinosa Guzmán, 1898, v. 2, p. 805-819.

Letter written to describe trends in living conditions of the Colombian working class. Tables comparing meat consumption by departments and real wages between 1848-92. Antioquia had the highest level of consumption; real wages in 1892 were perhaps 50 per cent below 1848 levels.

**2469. _____.** La miseria en Bogotá. *En* José María Samper Brush; y Luis Samper Sordo, *eds.* Escritos político-económicos de Miguel Samper, v. 1. Bogotá, Cromos, 1925, p. 7-134.

Essay written in 1867 to describe the effects of the disamortization of church lands and property in Bogotá. Emphasizes failure of government to maintain public order and want of ''moral and industrial habits'' among the working class. A useful document on urban conditions.

**2470. _____.** Retrospecto. Repertorio colombiano [Bogotá], v. 14, 15 de octubre, 1896: 321-322; 1 de noviembre, 1896: 401-421.

Examines conditions in Bogotá, three decades after the earlier look at the problem. Discusses private charities, construction of new buildings, changes in housing and local transport, and the advent of new industries. Excellent source on the history of Bogotá.

**2471. United States. Bureau of Foreign Commerce.** Barranquilla. *In* United States. Bureau of Foreign Commerce. Consular reports [Washington], no. 44, August, 1884: 169-177.

Extensive data on wages in the Barranquilla consular district for a variety of trades, agriculture, commerce, and government service. A single sentence, "The rate of wages has not changed since 1878," summarizes his view of trends in money wages. Sections on general conditions of the working people and a Barranquilla mason's earnings and expenses. Followed by a briefer report for the Medellín consular district.

**2472. _____. _____.** Extension of markets for American flour: Colombia. *In* United States. Bureau of Foreign Commerce. Consular reports [Washington], no. 164, May, 1894: 129-135.

Discusses standard of living in the various consular districts. Medellín consular district appeared to be the most prosperous area of the country.

**2473. _____. _____.** Labor in Colombia. *In* United States. Bureau of Foreign Commerce. Consular reports [Washington], no. 34, October, 1883: 678-688.

Extensive tabular data on wages, perquisites and cost of living for dozens of specific occupations.

**2474. Urrutia Montoya, Miguel.** The development of the Colombian labor movement. New Haven, Yale University Press, 1969. 297 p.

Major work on the subject. Considers the founding of the *sociedades democráticas* in the 1850's; deals extensively with labor unrest in the 1920's. Analysis of secular trends in real wages over four decades. Struggle between the CTC and UTC confederations emphasized. Also published as *Historia del sindicalismo en Colombia.* Bogotá, Ediciones Universidad de los Andes, 1969. 275 p., cuadros.

**2475. _____.** Reseña de los estudios de distribución de ingresos en Colombia. Revista del Banco de la República [Bogotá], v. 43, febrero, 1970: 180-191.

Reviews efforts to determine size distribution of income: the earliest, that of the World Bank mission, held that inequality lessened between 1939 and 1947. Because of the different methods used in the 10 studies reviewed, it is difficult to determine trends in income distribution.

**See also:** 2346, 2391, 2417, 2495, 2508, 2535, 2653, 2737.

## 5. Slavery

**2476. Colombia. Archivo Nacional.** Fondo: Manumisión, Tomo 2.

Contiene cuadros sobre esclavos manumisos, detallando nombre del esclavo, del dueño, precio del esclavo y fecha. Corresponden a los años 1851 y siguientes. Informes sobre precios pagados por el gobierno por la liberación de los esclavos. [ DF]

**2477. Escalante, Aquiles.** El negro en Colombia. Bogotá, Universidad Nacional de Colombia, Facultad de Sociología, 1964. 196 p., biblio. (Monografías sociológicas, 18.)

Deals with slave trade during the colonial period; bibliography useful aid to economic studies.

**2478. Posada, Eduardo.** La esclavitud en Colombia. Bogotá, Imprenta Nacional, 1933. 438 p.

Historical essay of some 90 pages; series of documents on slavery, manumission and legal decrees. Remarks on p. 69 suggest there were 90,000 slaves in Gran Colombia in 1822; otherwise, this volume lacks quantitative data. A decree (p. 433) called for an annual census of slaves in 1842; it was never carried out.                              (LAA)

# III. Structures and Institutions

## 1. Social structure

**2479. Colombia. Ministerio de Fomento.** Muertes violentas durante el año de 1891 en toda la república. *En* Colombia. Ministero de Fomento. Boletín trimestral de la estadística nacional de Colombia [Bogotá], v. 4, 1893: 5-33.

Early effort to study violence in Colombia and treat it comparatively with other countries. The statistician Höeg-Warming gathered statistics from 165 out of 748 *distritos* on this question, then made interregional and international comparisons. Useful as a measure of violence in the society.

**2480. Fals Borda, Orlando.** Peasant society in the Colombian Andes: a sociological study of Saucío. Gainesville, University of Florida Press, 1955. 277 p.

Based on the author's residence as a participant observer in the Boyacense town of Saucío. Ethnographic description of town life; important sections devoted to history of land tenure with discussion of the growth of the largest hacienda in the area. Bibliography. Spanish translation: *Campesinos de los Andes: estudio sociológico de Saucío.* Bogotá, Universidad Nacional, Facultad de Sociología, 1961. (Monografías sociológicas, 7).

**2481. García, Antonio.** El indigenismo en Colombia, génesis y evolución. América indígena [México]. v. 5, julio, 1945: 217-234.

Reviews principal studies of Indian populations in Colombia. Commentary on 19th-century authors puts in perspective the essayists' varying concern with empirical investigation. Singles out writings of José María Samper (2484) as important and perceptive.

**2482. López de Mesa, Luis; T. Lynn Smith; y Gerardo Reichel-Dolmatoff.** Tres estudios sobre la clase media en Colombia. [Bogotá, 1952]. 54 p.

Fascinating exchange between three sociologists about the origins, size and commitments of Colombia's middle class. Smith offers the hypothesis that middle-class lawyer-bureaucrats come mostly from a down-at-the-heels former upper class. Reichel offers telling criticisms of the hypothesis. López de Mesa estimates national wealth in 1900 and its subsequent growth.

**2483. Reichel-Dolmatoff, Gerardo; and Alicia Reichel-Dolmatoff.** The people of Aritama: the cultural personality of a Colombian mestizo village. Chicago, University of Chicago Press, 1961. 482 p.

Anthropological field study of a village in the Sierra Nevada de Santa Marta. Comments on methods of cultivation and labor, though contemporary, are useful for economic history.

**2484. Samper, José María.** Ensayo sobre las revoluciones políticas y la condición social de las repúblicas colombianas. París, Thunot, 1861. 340 p.

Treats colonial origins of Colombian class structure. Lengthy discussion of Spanish colonial land and labor policy; consideration of the social policies of republican governments. A reprint was published by the Universidad Nacional in 1969.

**2485. Smith, Thomas Lynn,** *et al.* Tabio, estudio de la organización social rural. Bogotá, Minerva, 1944. 124 p., cuadros.

Combines techniques of the ethnographer-anthropologist with those of the rural sociologist to produce a quantitative evaluation of the level of living in a rural Colombian community. The World Bank mission of 1949-50 used data from the Tabio study in constructing an estimate of national product. English edition: *Tabio: a study in rural social organization.* Washington, United States Department of Agriculture, Office of Foreign Agricultural Relations, 1945. 65 p.

**See also:** 2363, 2377, 2644, 2678, 2679, 2680.

## 2. Interest groups

**2486. Bushnell, David.** El sufragio en la Argentina y en Colombia hasta 1853. Revista del Instituto de Historia del Derecho [B.A.], v. 19, 1968: 11-29.

Compares voter participation in the two countries. Political data complement quantitative economic studies.

**2487. Dealy, Glen David.** Toward a theory of Spanish American government. Unpublished Ph.D. dissertation, University of California at Berkeley, 1965. 211 p.

Discusses transition from colonial period to the first republican governments in the Grancolombian states. Finds high incidence of colonial officials among signers of the earliest constitutions and declarations of independence.

**2488. Guillén Martínez, Fernando.** Raíz y futuro de la revolución. Bogotá, Tercer Mundo, 1963. 234 p.

Rambling essay suggesting that the survival of colonial systems of prestige and bureaucracy prevent Colombia from realizing a rapid rate of development. Discusses transformation of colonial institutions in the 19th century, the function of political parties, the popularity of government jobs. Not a scholarly work but provocative and perceptive about Colombian politics.

**2489. Ibarra, Gabriel de.** El concordato de Colombia en algunos puntos principales; estudio histórico-jurídico. Bogotá, Santafé, 1941. 252 p.

Part 2, p. 85-163, deals with the period to 1887 and financial agreements concerning earlier expropriations of church property and the diezmos. Of interest to those concerned with the economic role of the church.

**2490. Liévano Aguirre, Indalecio.** El proceso de Mosquera ante el Senado. Bogotá, Editorial Revista Colombiana, 1966. 125 p. (Populibro, 3.)

Analyzes the revolt of the merchant elite against Mosquera in 1867. Maintains that the foreign policy issue was merely a smokescreen for elite opposition to Mosquera's domestic policies. Also argues (though with little evidence) that Mosquera was attempting to undercut elite power and to lead toward a more equitable distribution of land.

**2491. Molina, Gerardo.** Las ideas liberales en Colombia, 1849-1914. Bogotá, Universidad Nacional de Colombia, Dirección de Divulgación Cultura, 1970. 339 p.

Deals with the formation of the Liberal Party and liberal ideas among principal political leaders. A major concern of political thinkers was role of the state in the economy.

**2492. Payne, James L.** Patterns of conflict in Colombia. New Haven, Yale University Press, 1968. 358 p.

Deals principally with contemporary politics but delves into the formation of political parties in the 19th century and long-term trends in the size of the military establishment (p. 130).

**2493. Restrepo, Juan Pablo.** La iglesia y el estado en Colombia. Londres, E. Isaza, 1885. 690 p.

Author was supporter of the church position in struggles with republican governments and the Liberal Party. Useful material on the expulsion of the Jesuits in the 1850's and on the policy of disamortization in the 1860's. A major source on the subject.

**See also:** 2385, 2556, 2560, 2671, 2672.

## 3. Legislation

**2494. Colombia. Ministerio de Hacienda. Ramo de Tierras Baldías.** Recopilación de las leyes y disposiciones vigentes sobre tierras baldías. Bogotá, Imprenta Nacional, 1884. 137 p.

Summarizes Colombian law on public lands and their alienation. List of public land grants, 1827-83 (p. 97-137) indicating names of recipients, size of the grant and the reason for adjudication. Total distributed was 1.35 million hectares. (LAA, Misc. N° 821)

**2495. _____. Ministerio de Industrias.** Compilación de leyes obreras, 1905-27. Bogotá, Imprenta Nacional, 1928. 136 p.

Principal labor legislation of Colombia over the indicated period. No quantitative data since this is a prescription for behavior rather than a study of it.

**2496. Cundinamarca (departamento).** Recopilación de leyes i decretos del estado soberano de Cundinamarca, espedidos desde su creación en 1857, hasta . . . 1878. Bogotá, Gaitán, 1868-78. 3 v.

Data on the state budget by types of expenditures over more than a decade. This period was the height of "states rights," when many important public functions were assumed by state governments. (LAA)

**2497. Eder, Phanor James.** The mining laws of the republic of Colombia. Washington, Adams, 1912. 150 p.

Useful compendium of Colombian law on subsoil rights prepared for potential U.S. investors.

**2498. Guerra Azuola, Ramón.** Lecciones de legislación fiscal. Bogotá, Echeverría, 1880. 140 p.

Basic text, written for law students. Contains convenient digests of fiscal legislation then in force.

See also: 2673, 2674.

### 4. International factors

**2499. Randall, Stephen.** Good neighbors in depression: the United States and Colombia, 1928 to 1938. Unpublished Ph.D. dissertation, University of Toronto, 1972. 447 p.

Deals largely with diplomatic relations but also considers in some detail the two major U.S. investment activities which generated some problems between the two governments—the United Fruit Company operation in Santa Marta and Tropical Oil, the Standard of New Jersey subsidiary. Also gives some attention to problems surrounding Colombian default on dollar bonds.

**2500. Villegas Arango, Jorge A.** Petróleo, oligarquía e imperio. Bogotá, Ediciones E.S.E., 1969. 653 p.

Attacks the combination of Colombian oligarchs and North American imperialists who have for decades been robbing Colombians of their national patrimony of oil. Useful only to those already convinced of the author's position.

# IV. Macroeconomic Growth and Fluctuations

## 1. Statistical sources

**2501. Banco de la República.** Cuentas nacionales, 1950-1960. Bogotá, 1962.

The Banco de la República has issued a series of publications with details of national income and product. None of these include the years before 1945. Since these data are subjected to periodic revision even for early years, the scholar should refer to recent issues in this series.

**2502. Rodríguez, Jorge.** Semiología económica. Antioquia, 1923-1932. Medellín, Imprenta Oficial, [1933]. 22 p.

Early effort to construct an index of economic activity in Colombia. Seventeen variables are put into index form (1923 = 100), then aggregated with equal weights to form a general index. The index peaks in 1928 and stands at a lower point in 1932 than in any of the previous 9 years. (LAA, Misc. N° 610)

**2503. Samper, José María.** Ensayo aproximado sobre la jeografía política i estadística de los ocho estados que compondrán el 15 de setiembre de 1857, la Federación Neo-Granadina. Bogotá, 1857. 39 p., cuadros.

Remarkable essay offering estimates of wealth and output for several states. City populations are estimated on p. 15; income and expenditures by provinces and states appear on p. 24. Could prove to be a useful source of data on national product for the mid-19th century. (LAA, Misc. Nª 37)

**2504. Torres García Herrero, Leonel.** La actividad económica colombiana: formación del índice general. Bogotá, Banco de la República, Sección de Investigaciones Económicas, 1947. 183 p.

Index of economic activity constructed by the staff of the Banco de la República. Some elements of the index go back to 1932; none reach into the 1920's. This material might provide some basis for the backward extrapolation of national product estimates.

See also: 2482.

## 3. Money, credit, and banking

**2505. Andrade, José Arturo.** El Banco de la República; glosas y comentarios. Bogotá, Minerva, 1929. 219 p.

Discusses composition of the Bank's Board of Directors, relations with the government, rediscount policy and other technical matters.

**2506.** _____. El Banco de la República; nociones sobre su organización y funcionamiento. Bogotá, Minerva, 1927. 208 p.

Explains functions, limitations and purposes of the bank. Useful as a statement by an early participant in the bank's operations. Appended are the legal decrees which formed the bank and amended its charter. Of interest to specialists in money and banking.

**2507. Barriga Villalba, Antonio María.** Historia de la Casa de Moneda. Bogotá, Banco de la República, 1969. 3 v., gráficos. (Archivo de la Economía Nacional, 30).

Third volume should prove valuable to the economic historian. It deals with the 19th and 20th centuries; contains tables on the quantities of gold and silver minted from the early colonial period until the 1960's.

**2508. Bustamante Roldán, Darío.** Efectos económicos del papel moneda durante la regeneración. Tesis de grado. Facultad de Economía, Universidad de los Andes, 1970. 139 p.

Analyzes interrelations between expansion of the money supply and trends in real wages in the late 19th century. Presents new data on wages on a coffee plantation drawn from plantation records.

**2509. Caro, Miguel Antonio.** Escritos sobre cuestiones económicas. 2. ed. Bogotá, Banco de la República, 1956. 160 p. (Archivo de la Economía Nacional, 19).

Includes an introductory essay by Carlos Lleras Restrepo written in 1943 and Caro's principal writings on money and monetary policy. Since he served as president and was an intellectual advisor of Núñez, his ideas deserve careful consideration.

**2510. Colombia. Archivo Nacional.** Fondo: Monedas.

Tomo 1

Figura una lista de las introducciones de oro y plata hechas por extranjeros; incluye: años 1830-33, enterante y suma. Un balance de la Casa de Moneda de Popayán para abril de 1834. Cuadros de introducción de oro y plata a la Casa de Moneda. Para el año económico de 1838/39 figura un cuadro de ingresos y egresos de la Casa de Moneda de Bogotá, con cuenta del existente en metálico.

Tomo 5

Contiene informe de ingresos y egresos de la Casa de Moneda de Bogotá, 1868. Cuadro de la cuenta de Caja de la Casa de Moneda de Bogotá, 1869. Cuadro especificando las cantidades de cobre compradas para amonedación, enero a mayo de 1869; incluye fecha, peso de la compra y precio. Para Medellín incluye un cuadro sobre introducción y amonedación, noviembre de 1868.

Tomo 8

Cuadro sinóptico para todo el año económico de 1872/73 conteniendo: introducción, amonedación, producto, gastos y re-amonedación. Material similar para 1874. [DF]

**2511.** _____. **Misión Kemmerer.** Proyectos de ley de la Comisión de Consejeros Financieros sobre establecimientos bancarios. Banco de la República y presupuesto nacional. Bogotá, Banco de la República, 1930. 111 p.

Recommendations of the second Kemmerer mission to Colombia. Open-market operations for the central bank, the relationship of the central bank to private banking and the formulation and presentation of the national government's budget discussed. No quantitative data but of interest to banking, public finance studies.

**2512.** _____. **Procuraduría General de la Nación.** Visitas fiscales y alegatos del procurador general de la nación en el proceso por delitos cometidos en el Banco Nacional. Bogotá, Imprenta Nacional, 1895. 173 p.

Reviews the "secret emissions" of paper money in the early 1890's by the Banco Nacional. These were never approved by the Congress, were illegal and hence led to these investigations. (LAA, Misc. N° 821)

**2513.** _____. **Superintendencia Bancaria.** Informe. Bogotá, 1924—.

The Superintendencia Bancaria was created at the same time as the Banco de la República; its report, prepared annually from 1924 onward, is the principal printed source of information on its operations. First volume contains data on components of the money supply reaching back to 1918. Title and report year vary. (LAA)

**2514. Echavarría, Enrique.** Crónicas e historia bancaria de Antioquia. Medellín, Bedout, 1946. 381 p.

Essay on the history of banking (p. 317-381) of use as a source of data on the founding, founders and early operations of some banks. Author was among the few knowledgeable entrepeneurs who wrote about economic activities.

**2515. Guerra, Azuola, Ramón.** Historia de nuestra amonedación. Repertorio colombiano [Bogotá], v. 4, junio, 1880: 430-442.

Reviews technical matters of law and evidence about coinage in the colonial period and early 19th century. Comments on contemporary minting procedures make this a valuable source.

**2516. Kalnins, Arvid.** Análisis de la moneda y de la política monetaria colombiana. Bogotá, Tercer Mundo, 1963. 459 p., cuadros.

Reviews inflation and the falling rate of exchange between the Colombian peso and other currencies from 1923 through the early 1960's. Statistical tables and figures (p. 157-204) generally begin no earlier than 1938. Documents include the act establishing the Banco de la República in 1923 (p. 207-224).

**2517. Martínez Silva, Carlos.** Las emisiones clandestinas del Banco Nacional y otros escritos con notas y comentarios. Bogotá, Imprenta Nacional, 1937. 388 p.

Includes *Informe de la comisión investigadora de la Cámara de Representantes,* signed by 5 deputies, dated 14 November 1894 (p. 55-121). Data on the currency supply and related materials on the Banco Nacional which was under fire for questionable practices at the time. An essential source on money.

**2518. Osorio y Gil, Jorge.** La moneda en Colombia. Su historia, antecedentes y efectos. Bogotá, Optima, 1937. 179 p.

Begins with the early 19th century, but is strongest in dealing with the period 1861-1905 when various emissions of paper money led to periods of inflation. Data on components of the money supply; however, no source notes and inadequate bibliography. A useful supplement to primary documentation.                                            (LAA)

**2519. Ospina, Tulio.** Proyecto de ley que ordena la reorganización del Banco Nacional y fija la unidad monetaria de la república. Bogotá, Zalamea, 1890. 70 p.

Offers justification for expansion of the money supply. Little in the way of hard data.        (LAA, Misc. N° 732)

**2520. Otero Muñoz, Gustavo.** El Banco de la República, 1923-1948. Bogotá, Banco de la República, 1948. 330 p.

Study of origins and operations of the Colombian central bank. Few quantitative data. A list of the members of the board of directors shows the domination of *antioqueños* and *bogotanos* in the bank's operations.

**2521. Perry, Oliverio,** *ed.* Banco de Bogotá, trayectoria de una empresa de servicio, 1870-1960. Bogotá, 1960. 273 p.

To honor the bank on its ninetieth anniversary. Contains data about early operations from bank archives.

**2522. Restrepo, José Manuel.** Memoria sobre amonedación de oro i plata en la Nueva Granada desde 12 de julio de 1753 hasta 31 de agosto de 1859. Bogotá, 1860. 36 p.

Valuable document prepared by the Director of the Mint reviewing records which are probably no longer available. Details of mintings by year over the indicated period. Seven tables and several documents are appended giving precise data. There is a 2. ed. Bogotá, Banco de la República, 1952. 59 p. (Archivo de la Economía Nacional, 2).

(LAA, Misc. N° 732)

**2523. Torres García, Guillermo.** Historia de la moneda en Colombia. Bogotá, Banco de la República, 1945. 464 p.

Comprehensive review of money in Colombia. Portions dealing with the second half of the 19th century are largely based on annual reports of the minister of finance.

**2524. United States. Bureau of Foreign Commerce.** Credit and trade systems in Colombia. *In* United States. Bureau of Foreign Commerce. Consular reports [Washington], no. 43, July, 1884: 440-442.

Report delivered in response to circular of 13 May 1883 asking about conditions of credit as they affect business. Interest rates in Barranquilla and Panama were 5 to 6 per cent plus a 3 per cent commission for periods of 6 to 9 months. Short-term credit was prevalent among mechanics and laborers.

**2525. Vergara, Simón.** Bancos. *En* Colombia. Ministerio de Fomento. Boletín trimestral de la estadística nacional de Colombia [Bogotá], v. 2, 1893: 36-98.

Data from a survey of the four banks operating in Bogotá in the early 1890's: Internacional, Nacional, Colombia and Bogotá. Currency in circulation; amount of loans outstanding; number of shareholders and paid capital, and other data, some of it covering the years 1885-91.

## 4. Public finance and expenditure: Memorias del Ministerio de Hacienda

**2526. Colombia. Ministerio de Hacienda.** Memoria de Hacienda. Bogotá, 1823—.

Annual until 1880's, then biannual. Reports for 1824-25, 1862-63, 1900-02, 1937 and 1944 not published. Issued under the ministry's variant names: Secretaría de Hacienda, Secretaría de Hacienda y Fomento, Ministerio de Hacienda y Crédito Público. Title varies: Exposición, Informe. Following is a chronological list of the more important reports.

**2526a. _____. Ministerio de Hacienda y Crédito Público.** Informe del ministro de Hacienda, 1831. Bogotá, 1831. 43 p., cuadros.

Good retrospective review of the sources of public revenues. Table 2 presents data on diezmos, 1790-94, 1801-05 and 1825-29. Another table (3) indicates expenditures but neglects those of several ministries and the military. The distinction between budgeted and actual expenditures is not clear. Since there was no central budgeting, only a few of these annual reports contain complete information on national government expenditures.

**2526b. _____. _____.** Informe del ministro de Hacienda, 1833. Bogotá, 1833. 108 p., cuadros.

As with other annual reports in this series, there is considerable data on questions of public finance, particularly income and expenditures in the fiscal year 1831/32. Review of legislation concerning government (public) lands beginning with the act of 13 October 1821 and continuing through

1830. Even at that early date the public lands were viewed as a means of liquidating the outstanding internal and external debt.

**2526c.** \_\_\_\_\_. **Ministerio de Hacienda.** Informe del ministro de Hacienda, 1836. Bogotá, 1836. 97 p.

First of the series to move outside the narrow realm of public finance to present other relevant data on the economy. Data on the movement of ships into and out of the major ports; *fincas raíces enajenadas* by states and incomplete data on mining with 5 of 14 major operations reporting. Actual expenditures for the fiscal year 1 september 1834 through 31 august 1835 is included. Shipping data is continued in the report for the following year, then drops out subsequently.

**2526d.** \_\_\_\_\_. \_\_\_\_\_. Informe del ministro de Hacienda, 1837. Bogotá, 1837. 20 cuadros.

Retrospective data not available elsewhere comparing revenues in the late colonial period with those of the 1830's. The colonial data are based on the work of Mario Torrente (1801) and José Manuel Restrepo. The two sources give very different estimates for colonial income so that comparisons with the 1830's are most difficult. Table 11 gives details of imports by value.

**2526e.** \_\_\_\_\_. \_\_\_\_\_. Informe del ministro de Hacienda, 1843. Bogotá, 1843. 57 p., 13 cuadros.

The preceding five reports in this series are less useful than this one prepared by Rufino Cuervo. Summary table on income and expenditures from 1832 through 1843. Discussion of the public debt; some data on foreign trade.

**2526f.** \_\_\_\_\_. \_\_\_\_\_. Memoria del ministro de Hacienda, 1851. Bogotá, 1851. 98 p., 13 cuadros.

First of the *Memorias* to deal directly with the new policies on government revenues implied by the Reforms of 1850. Of special significance was the decentralization of several revenue sources from central government to the states. Consonant with that change was a study prepared by Manuel Murillo Toro on provincial expenditures. On p. 59 appears a table detailing provincial expenditures. These data are continued in the succeeding volume.

**2526g.** \_\_\_\_\_. \_\_\_\_\_. Memoria del ministro de Hacienda, 1853. Bogotá, Imprenta Nacional, 1853.

Included in this volume is a discussion of the likely impact of disamortization. Juan Nepomuceno Gómez attempts to estimate total agricultural output and its capitalized value, then uses five per cent of that amount as an estimate of the value of lands under *censos* and *capellanías*, Ps$82.7 million. He goes on to estimate the value of houses in a similar condition which might also be seized by the government. It should be noted that his estimate is inflated.

**2526h.** \_\_\_\_\_. \_\_\_\_\_. Esposición que el Secretario de Estado del Despacho de Hacienda de la Nueva Granada dirije al Congreso Constitucional de 1856. Bogotá, Imprenta de El Neo-Granadino, 1856. 124 p., cuadros.

Report prepared by Rafael Núñez, then minister, includes a calculation of the output of locally produced textiles and imports. One of the few quantitative evaluations by a contemporary of the importance of artisan activity.

**2526i.** \_\_\_\_\_. \_\_\_\_\_. Memoria del ministro de Hacienda, 1912. Bogotá, Imprenta Nacional, 1916. Cuadros.

Contains a listing of manufacturing establishments in existence in 1915. Data for each firm mentioned include paid capital, horsepower used, employment (distinguishing male, female, and child laborers) and in some cases volume and value of output. This document (p. xcvi-cxvii) is the only approximation known for the output of the manufacturing sector before World War I.

## 4a. Public finance and expenditure: general

**2527. Arboleda Cortés, Henrique.** Informe que presenta al gobierno nacional. Bogotá, Imprenta Nacional, 1906. 60 p.

Includes tables (as an appendix) on road construction, education, foreign trade, and local government revenues not available elsewhere. A valuable source, may only be available in Bib. LAA. (LAA, Misc. Nº 80)

**2528. Calderón, Clímaco.** Elementos de hacienda pública. Bogotá, La Luz, 1911. 614 p.

Text discusses Colombian public finance, but mostly deals with general principles of taxation and expenditures. Of marginal interest to the economic historian.

**2529. Colombia.** Actos oficiales del gobierno provisorio de los Estados Unidos de Colombia. . . . Bogotá, Echavarría Hermanos, 1862. 1054 p.

Summarizes acts of the provisional government under Mosquera, in power during 1861-62. Activities included expansion of the money supply, issuance of treasury notes, and the announcement of the policy of disamortization of Church property.

**2530.** \_\_\_\_\_. **Archivo Nacional.** Fondo: Administración de Hacienda.

### Tomo 1

Contiene estados del movimiento de la Renta de Estampillas en Antioquia para agosto de 1859. Registros del pago de derechos de importación hechos en Medellín, octubre de 1859. Series de Billetes de Censo sobre el Tesoro, amortizados en mayo de 1860.

### Tomo 3

Incluye documentación referente al ''Estado Soberano de Bolívar,'' 1872-87. Cuadros estadísticos sobre movimiento portuario (1873) especificando tipo de embarcación, capacidad, procedencia, destino y producto de la aduana. Relaciones de gastos públicos.

Tomo 5

Cuadros sobre el estado de tabaco deteriorado y posible venta de éste; incluye: provincia, clase de tabaco y valor, para el mismo año. Balances de la oficina de Administración de Hacienda en varias localidades, para el año de los remates celebrados, especificando: nombre del rematador, cantones, veredas y parroquias y valor de cada remate. Relación y estado de caja de las distintas oficinas locales de Administración y Hacienda, 1859. Relación de la deuda flotante, según consignaciones en las oficinas de Administración de Hacienda Nacional, Cali, 1859.

Tomo 8

Contiene documentos de reconocimiento de crédito, especificando nombre del acreedor y valor, 1892. Cuadro general de remates, especificando: cantón, parroquia, nombre del administrador y rematador, valor y fecha del remate, 1892. Relación de deudores por rentas y contribuciones nacionales, recaudados por la Administración General de Hacienda. Relación de buques norteamericanos que habiendo arribado en diciembre de 1857, descargaron productos varios, especificando: nombre y clase del buque, producto, cantidad y valor.

Tomo 10

Incluye documentación referente al estado de Panamá, entre 1872-83. Integrado por manifiestos de aduana de buques arribados a Colón. Cuadros estadísticos de despacho de mercancías, especificando unidades, tipo de mercancía y valor. Facturas de mercancías detallando características y precios.

Tomo 15

Cuadro sobre el estado de ingresos y egresos de la renta de tabaco en la provincia de Casanare, especificanco procedencia, cantidad y precio. Estado de entrada y salida de caudales en la Administración de Rentas para septiembre de 1847 y 1848. [DF]

**2531. _____. _____. Fondo: Contabilidad.**

Tomo 1

Incluye relaciones presupuestales de asuntos públicos para 1834, 1839, 1845, 1849, 1850, y 1851; nóminas para la Secretaría de Relaciones Exteriores detallando nombre, empleo, sueldo anual, días de servicio y deducciones. Cuadros para ingresos y egresos de las rentas municipales provinciales (1851) detallando causa y monto. Figura un cuadro del presupuesto nacional para obras públicas, 1851-52.

Tomo 5

Contiene una relación de gastos de los empleados del gobierno en diferentes misiones, detallando ciudad, oficio, costo y fecha; órdenes de pago a empleados públicos especificando oficio, sueldo y fecha. Comprobantes de pago a empleados públicos; documentos de importación, especificando valor y fecha; documentos de liquidación correspondiente a sueldos, 1856.

Tomo 8

Figuran varios balances para distintas gobernaciones,

correspondientes al año económico 1853/54, detallados por renglones; nóminas, presupuestos y constancias de pago de salarios. Este último tipo de documento corresponde en su mayoría al estado de Panamá.

Tomo 10

Incluye relaciones de vales de deuda interior para el estado de Antioquia, agosto de 1857. Nóminas de los empleados de la Tesorería General en Bogotá, enero de 1857; nóminas de la Secretaría de Estado del Despacho de Hacienda para el mismo año. Todas estas nóminas incluyen nombre, empleo, jornal devengado, salario anual, jornadas, retenciones y sueldo líquido. Figura otro tipo de material contable: balances; también para distintas agencias de la capital y de provincia, 1857.

Tomo 13

Incluye constancias de gastos en mantenimiento de obras públicas (edificios), para enero de 1866. Relaciones de la Administración de Salinas de Zipaquirá, para 1865-66, incluyendo gastos en sueldos de personal, útiles en cada dependencia (Zipaquirá, Nemocón y Sequilé).

Tomo 23

Se incluyen nóminas de empleados de aduanas locales (Buenaventura) para agosto de 1868. Relaciones de gastos de otras dependencias oficiales, como la Administración de Hacienda en algunas provincias, incluyendo nóminas, constancias de gastos en la Administración de Correos, relaciones de manejo en la misma, cantidades remitidas al exterior y dentro del país, especificando monto en dinero (papel moneda) y en oro, remesas hechas desde Antioquia correspondiente a 1868. Nóminas de los empleados del Resguardo de Tumaco, en 1868; de la Administración de Hacienda de Tunja, de Ibagué, etc. por períodos mensuales y para 1868.

Tomo 50

Documentos sobre importaciones y su justificación. Aparece una relación de vales flotantes amortizados; detalla capital, interés y fecha, 1859-60. Están contenidos igualmente algunos vales individuales correspondientes a la deuda flotante, especificando: nombre, capital, interés y fecha.

Tomo 100

Contiene contratos para la explotación de sal en las salinas de Recetor, Pajarito, Gualivita, Cocuacho y Muneque, para 1839. Documentos referentes al reajuste de contratos para explotación de salinas, suscritos entre el gobierno y particulares correspondientes a 1841. Junto con otros contratos para explotación de sal figuran cuadros con los cálculos de la utilidad que aportarán estos contratos al erario público en 1844, incluyendo el producido de los años 1842-43. Relaciones de gastos de administración en la salina de Chámeza, incluyendo nóminas para septiembre de 1882 y gastos de mantenimiento—alumbrado—1883.

Tomo 150

Incluye material para 1889-90, referente a pago de salarios

(relaciones) para empleados aduaneros durante todo el año de 1889.

## Tomo 200

Dentro de material referente al manejo burocrático de agencias locales gubernamentales figura un balance general de cuentas del Banco de Bogotá, para diciembre de 1876.

## Tomo 240

Figura un balance de la Administración Principal de Hacienda en Ibagué para el año 1881/82. Aparece material de la misma índole para la Administración de Hacienda de Panamá, 1880/81. Balance del libro mayor de la Casa de Moneda de Bogotá para en año económico 1880/81, detallando cada uno de sus renglones. Balance del Departamento de Bienes Desamortizados, 1881/82 y del Departamento de ''Política Nacional,'' para el mismo período. [DF]

## 2532. _____. _____. Fondo: Deuda flotante.

### Tomo 1

Contiene una relación (cuadro) de la deuda flotante para la Aduana de Cartagena, desde el 1° de enero de 1830 hasta el 16 de agosto de 1838. Figuran varias planillas en las que se consignan los vales de deuda flotante radicados en Santa Marta hasta 1830 exclusive. Aparece un resumen de la emisión del 23 de febrero; relaciones de la deuda interior para Popayán, 1848. Lista de los documentos expedidos por la Dirección de Crédito Nacional, 1831.

### Tomo 2

Para los años 1857-59 figura una relación de vales de segunda clase, detallando número del vale, capital e interés, correspondientes a la Aduana de Cartagena y organizados mensualmente. Se incluye una serie de vales expedidos a particulares por empréstitos, detallando capital, interés, suma abonada y deuda.

### Tomo 3

Figuran documentos de liquidación de intereses especificados, para enero de 1859. Relaciones de vales de segunda, tercera y octava clase especificados (número del vale, capital e interés); series de vales expedidos a particulares, especificados. [DF]

## 2533. _____. _____. Fondo: Diezmos.

### Tomo 1

El material incluido en este volumen es únicamente de índole jurídica, relacionado con descripciones, reclamaciones y remates de diezmos; no trae material cuantitativo. [DF]

## 2534. _____. _____. Fondo: Empleados varios.

### Tomo 1

Aparecen algunos cuadros (estados) de ingresos y egresos de la tesorería de Hacienda provincial de Cartagena para el año económico de septiembre 10 de 1844 a agosto de 1845. Se incluye un cuadro sobre ingresos y egresos de la administración de estancos varios de Honda, abril de 1843. Un cuadro similar para Mariquita, julio 1845.

### Tomo 5

Contiene informes y solicitudes de empleos de funcionarios civiles y militares, 1866-70. Cuadros y material contable especificado para Sabanilla, 1866; material contable para aduana de Cúcuta, enero de 1868. Relación y nómina de los trabajadores del Camino al Meta, 1870, conteniendo nombre, jornal diario, dinero para alimentación, total del salario.

### Tomo 8

Incluye información estadística sobre plantaciones tabacaleras de acuerdo a la política restrictiva: sembrador, área, cosecha y número de matas plantadas, para julio de 1833 en la provincia de Girón. Con éste se incluye más material sobre estancos de Tabaco para distintas provincias: Vélez, Tunja, Mompós, Panamá, Santa Marta, Bogotá, Pasto, para 1835. Figura una nómina de estibadores empleados en el embarque y desembarque de sal en Buenaventura, julio 19 de 1844: nombre y jornal.

### Tomo 10

Contiene solicitudes e informes de los distintos empleados civiles y militares; un cuadro sobre ingresos de la factoría de San Gil incluye fecha, remesas, alcances y totales, 1848-49; cuadro que manifiesta el producto de las rentas y su recaudación para 1848; para la misma fecha figura un cuadro similar de Ocaña. Figura una planilla sobre remesas de tabacos, febrero de 1844.

### Tomo 15

Contiene varias nóminas de los empleados de instrucción pública de Tolima, 1875, incluyendo nombre, empleo, sueldo anual y jornadas de trabajo. Nóminas similares figuran para Panamá en 1876; San Antonio, 1876. [DF]

## 2535. _____. _____. Fondo: Ministerio de Gobierno.

### Tomo 5

Incluye oficios del Ministerio de Hacienda, entre ellos un cuadro estadístico de las importaciones verificadas por la aduana de Barranquilla durante el mes de junio de 1889; cuadros sobre movimiento portuario en 1899 en Barranquilla.

### Tomo 20

Gastos de administración (útiles de escritorio, etc.) para 1883. Nóminas de los empleados de la Administración Subalterna de Hacienda, para varios meses de 1882 y 1883, detallando nombre, empleo, sueldo anual y días de servicio. Figuran también nóminas para los empleados de la Administración de Correos y Telégrafos y relaciones de gastos de administración para la misma agencia. Constancias de pago a particulares por contratos suscritos con distintas entidades del gobierno: transportes, manufacturas, etc.

## Tomo 40

Como material de especial interés figuran los cuadros sobre división política territorial para los distintos departamentos en 1887.

## Tomo 75

Incluye comprobantes de pago a particulares por servicios a distintas agencias de la administración pública (Correos), para 1891-92. Nóminas de empleados públicos.

## Tomo 85

Contiene nóminas para empleados públicos en 1890-91, correspondientes a agencias seccionales de Correos y Telégrafos. Relaciones de pagos hechos por la Administración de Hacienda Nacional, por provincias, en varios meses (1890-91) detallando los renglones.

## Tomo 95

Figuran constancias de gastos públicos para 1889-90, referidos particularmente a la rama de correos y telégrafos. Nóminas de empleados de esta misma rama.

## Tomo 105

Contiene relaciones mensuales de gastos de la Administración Departamental de Hacienda Nacional del Cauca, para 1891. Nóminas de empleados del mismo ramo local para varios meses de 1891. Nóminas para los empleados de correos en el Cauca y en otras provincias, también para varios meses de 1892.

## Tomo 300

Nóminas para los empleados de correos y telégrafos y relaciones de gastos de la misma rama para 1893-98. Aparecen también nóminas para otros empleados oficiales en ramas como los negocios judiciales, Hacienda Nacional, etc.

## Tomo 400

Contiene documentación para 1897-99: comprobantes y legalizaciones de gastos realizados por distintas ramas del gobierno, en particular en los correos; nómina de empleados de éste y otros ramos, seccionales y mensuales. [DF]

**2536.** _____. _____. Fondo: Ministerio de Hacienda.

## Tomo 100

Incluye nóminas de los empleados del almacén de sal marina en Ciénaga Grande, 1893-94; constancias del pago de fletes a la Compañía Colombiana de Transportes, por parte del Tesoro Nacional, por transporte de sal en julio de 1885.

## Tomo 200

Comunicaciones oficiales sobre nombramiento de funcionarios, licitación, consecución y escisión de contratos, 1904. Numerosos documentos sobre la administración de salinas, 1880, 1883, 1900, y contratos del gobierno con particulares para la explotación de la salinas.

## Tomo 300

Información referente a distintos problemas de la región del Orinoco y Barinas para 1928. Contiene una nómina de los empleados de la renta del tabaco en el departamento de Orinoco para ese año, especificando cargo y salario. [DF]

**2537.** _____. _____. Fondo: Ministerio del Tesoro.

## Tomo 1

Se incluyen varios certificados de "empréstitos forzosos" de particulares al gobierno, correspondientes a 1861. Otros documentos como las referencias a oficios presentados ante la Dirección del Crédito Nacional, cubren hasta 1864.

## Tomo 10

Aparecen documentos referentes a la suscripción de un contrato para la construcción de la vía férrea en Panamá, 1867. Contiene memoriales sobre la producción en las minas. Se incluye un cuadro sobre las "Remesas hechas a la Aduana de Tumaco" en 1870, presentado por Salvador Camacho Roldán. Cuadros sobre administración fiscal, particularmente aduanera, documentos contables sobre la Administración del Ferrocarril de Panamá, 1866.

## Tomo 50

Incluye un balance de la oficina de la Administración Principal de Hacienda Nacional en Santa Marta, Cali, Popayán, Cartagena, para septiembre de 1878.

## Tomo 100

Contiene certificaciones de gastos públicos, 1882, y una nómina de los empleados de la Oficina General de Cuentas del Departamento del Tesoro 1881-82, detallando sueldo, empleo y días de servicio.

## Tomo 195

Incluye relaciones de gastos en contratos con la Compañía Francesa de Fósforos, 1901. Nómina de los empleados de la Litografía Nacional, 1902, conteniendo nombre, jornadas trabajadas y sueldos. Contratos de la Litografía con particulares señalando precio de los materiales y tipo de suministros. [DF]

**2538.** _____. _____. Fondo: Reclamaciones por empréstitos.

## Tomo 1

Comprende certificados de empréstitos al gobierno de los años 1840, 1851, 1853, 1854. Figuran algunos cuadros de empréstitos detallando nombre del prestamista, lugar, fecha y monto del empréstito. Son excepcionales los cuadros en que se sintetizan los empréstitos y estos generalmente sólo son localizables en los certificados individuales.

### Tomo 2

Este tomo lo conforman certificados del mismo tipo y período, correspondientes a la provincia de Neiva. Aparecen igualmente algunos cuadros, aunque en forma dispersa. Se encuentran certificados individuales de empréstitos para otras regiones: Antioquia, Toro y Valledupar.

### Tomo 5

Contiene certificaciones de empréstitos forzosos del gobierno a particulares, 1850-75, por distintos valores; incluyen nombre del acreedor, lugar y fecha. [DF]

**2539. _____. _____. Fondo: Secretaría de Guerra y Marina.**

### Tomo 300

Contiene documentación para 1843, referente a administración militar, con algunos cuadros sobre pensionados, incluyendo nombre y monto de las pensiones.

### Tomo 700

Contiene cuadros sobre sueldos militares (1946) especificando rangos y monto de sueldos y pensiones. Presupuestos para guarniciones locales.

### Tomo 1100

Incluye constancias de pagos por servicios al ejército; detallando acreedor, valor y fecha. Contratos con particulares para la manufactura de implementos, indicando su valor. Inventarios de documentos que comprueban cuentas, incluyendo número, clase de documento, marca de comprobante (valor). [DF]

**2540. _____. _____. Fondo: Secretaría de Hacienda.**

### Tomo 1

Contiene circulares del gobierno sobre administración aduanera para 1833. Documentos pertinentes al manejo de la renta de tabacos en Honda, 1831.

### Tomo 40

Contiene algún material contable (registros del libro de Caja) de la sección de Rentas de la Secretaría de Hacienda, julio 1855. Documentos sobre un negociado referente a la deuda con el Perú en el que intervino una firma particular, 1854. Oficios referentes a administración militar y documentos sobre manumisión de esclavos en el cantón de San Andrés, para el mismo año.

### Tomo 420

Contiene estados sobre la deuda extranjera, 1826-30. Constancias de gastos públicos, 1858. Con fecha febrero 1 de 1827 figura un documento sobre "la utilidad del restablecimiento del estanco de aguardiente." Están incluidas numerosas relaciones o estados sobre el movimiento de buques en el puerto de Santa Marta, 1827 [DF]

**2541. _____. _____. Fondo: Suministros.**

### Tomo 1

Incluye documentos sobre recaudación de empréstitos forzosos, expedidos por el gobierno a particulares, detallando valor y fecha. Certificados a favor de particulares por empréstitos y suministros hechos al gobierno durante la guerra, 1886-87, e igualmente por expropiaciones.

### Tomo 5

Incluye recibos por suministros de particulares al gobierno para fines militares. Estipulan el tipo de suministro, suministrador, avalúo y fecha, 1841. Cuentas de elaboración de provisiones militares, correspondientes al cantón de Rionegro, Antioquia, 1842; especifican tipo de provisión y su valor.

### Tomo 10

Para los años 1880-90; expedientes de suministro, empréstitos y expropiaciones a particulares, especificando valor y fecha. Registros de suministros de Boyacá, incluyendo fecha, número de suministro, características y valor. [DF]

**2542. _____. _____. Fondo: Tesorería de Bogotá.**

### Tomo 2

Relación semanal de ingresos y egresos en la Tesorería de Hacienda de Bogotá, 1832. Relación semanal de ingresos en la provincia de Chocó del 1° de junio al 31 de julio de 1832. Ingresos y egresos en la Aduana de Quibdó, julio de 1832. Estado semanal de la Aduana del Atrato, del 7 al 28 de julio de 1832. Inventario de los edificios de la Casa de Moneda de Bogotá, incluyendo manifiestos de los enseres y utensilios que hay en ella. [DF]

**2543. _____. _____. Fondo: Tesorería Departamental.**

### Tomo 2

Incluye un balance de la Tesorería Departamental de agosto de 1837 a octubre de 1838. Autorizaciones del presidente de la República para gastos ordinarios.

### Tomo 9

Relaciones de vales cancelados por la Tesorería General, de pagos de distritos provinciales para varias fechas de 1848. Relaciones de la "Nueva Deuda." Balances de dependencias de la Tesorería General de distintas provincias. Presupuestos para el año económico 1847/48, expedidos por el Departamento de la Deuda Nacional. [DF]

**2544. _____. _____. Fondo: Tesorería General.**

### Tomo 5

Incluye documentos sobre deuda flotante, remitidos por la Tesorería General, especificando fecha de expedición, de amortización y valor, 1859. Relación de los cupones de Renta y Censo sobre el Tesoro y de Billetes de Censos amortizados mensualmente; especifican: cupones, número de vales y billetes y valor. Relación de créditos a cargo del Tesoro en marzo y abril de 1860. Constancias del recibo de especies y producto de ramos locales de rentas públicas. Documentos sobre el movimiento de Caja de la Tesorería, mensualmente registrado, especificando: existencias anteriores, empréstitos, salidas (valor) y fecha.

### Tomo 10

Incluye material contable (estados de valores) para la Tesorería General en 1842-43, detallando razón de los gastos. Nóminas de empleados civiles de la Aduana de Cartagena, para diciembre de 1845. Relaciones de vales procedentes de distintas agencias aduaneras para varios meses del mismo año. Estados de cuentas de la Tesorería General para varios meses de 1846. Relaciones de cartas de crédito por sueldos retenidos por la Tesorería especificando el número de serie de las cartas y su capital. Incluye además constancias de dineros remitidos por Tesorerías locales a la Tesorería General de Bogotá en enero de 1845, detallando el valor total y el lugar de procedencia. Figura un cuadro de la cuenta de Caja, correspondiente a los meses de noviembre de 1849 a agosto de 1850 de la Administración General de Hacienda de la República para los meses de marzo, abril, mayo y octubre de 1851. [DF]

### 2545. _____. _____. Fondo: Tesorería Provincial.

### Tomo 1

Documentos procedentes de la jurisdicción de Neiva y correspondientes a varios años a partir de 1834. Comprende relaciones sobre gastos civiles como pago a empleados y contratos con particulares, 1848. Relaciones sobre lo producido por contribuciones a las Rentas Nacionales, especificando la procedencia y el monto en varios cuadros para 1849. Figura información del mismo tipo para el período 1836-37. Nóminas de empleados de la Gobernación para varios años, 1839-51.

### Tomo 10

Contiene documentos procedentes del "Estado de Riohacha" para los años 1832-44: cuadros sobre el movimiento de caudales en el Crédito Público. Relaciones sobre Cartas de Crédito expedidas a empleados oficiales por sueldos retenidos, detallando nombre del funcionario, cargo, meses, fecha de expedición y monto.

### Tomo 20

Contiene documentación procedente de la provincia de Tunja para varios años entre 1832-49, conformada por oficios sobre remate de diezmos, muy detallados; relaciones de cartas de crédito. Relaciones de la deuda a funcionarios señalando nombre, cargo, sueldos y descuentos. Se incluye alguna información de este tipo para la provincia de Vélez, 1834-35.

### Tomo 35

Incluye documentos procedentes de las provincias de Chocó, de Soacha, Cauca y Mariquita, para varios años comprendidos entre 1832-62. Contiene nóminas de empleados oficiales y pagos de contratos con particulares. Lista de acreedores del Tesoro por gastos públicos: nombres y sumas. Como

documento de especial interés figura en este volúmen una "Liquidación de la utilidad líquida" de la renta de tabacos en la provincia del Chocó para el período 1832-33. [DF]

### 2546. _____. _____. Fondo: Tesorería y Marina de Guayaquil.

### Tomo 1

Incluye documentación para 1822-23; se concentra en certificados de empréstitos a particulares, procedentes en su mayoría de Panamá. Para 1825 trae constancias de "gastos hechos por cuenta del Perú," de carácter militar. Se revisaron igualmente los tomos 5 y 8; el primero incluye documentación para 1825 y el segundo para 1824-25 [DF]

### 2547. _____. Departamento de Contraloría. Informe financiero. Bogotá, 1923—.

Annual series on national government revenues and expenditures. Title varies slightly. First volume includes consolidated budget of the ministries, operations of the railways and other state enterprises and retrospective series of national government revenues, 1912-23.

### 2548. _____. _____. Prontuario de la deuda pública de Colombia y su situación en 31 de diciembre de 1925. Bogotá, Imprenta Nacional, 1926. 95 p.

Summarizes data on Colombian debt, internal and external. A general table (p. vii-viii) lists each issue by interest rate and date of issue and the state of amortization, 31 December 1925. Details on loans, legislation and agreements surrounding their official authorization.          (LAA)

### 2549. _____. Ministerio de Hacienda. Régimen tributario y crédito público. Bogotá, 1931. 170 p., cuadros, gráficos.

Study by a foreign mission headed by E. W. Kemmerer; reviews structure of the Colombian debt. Most of the obligations undertaken in the 1920's were on behalf of local governments. Includes data on expenditures for public works, railways and roads.

### 2550. _____. Ministerio del Tesoro. Memoria del ministro del Tesoro. Bogotá, 1861—.

In the late 1860's these annual reports contained summary data on the operations of the Caja de Amortización de Bienes de Manos Muertas, the agency set up to handle corporate property taken over by the state. Manuscript reports of the Caja to the minister repose in the Archivo Nacional. The whole question of disamortization remains for examination. It should be noted that the bulk of real property intervened was urban rather than rural.

### 2551. _____. _____. Memoria del ministro del Tesoro. Bogotá, 1868. 86 p.

Data on three important subjects: progress of the disamortization of church properties; data on internal and external public debt; payments to pensioners of the Colombian military. Included is an extensive list of several hundred pension recipients which could be of use in a study of the military. Good discussion of disamortization policy, which should be read in connection with annual report of the Caja de Amortización.

**2552. Las finanzas.** [Bogotá?, 1885]. 30 p.

Pamphlet written to support the return of various revenues from the individual states (departments) to the national government. Presents data on the sources and uses of funds for each of the departments in considerable detail. Useful in studies of public finance or relations between central and regional government entities.        (LAA, Misc. N° 821)

**2553. Guerra Azuola, Ramón.** Nuestra deuda interior. Repertorio colombiano [ Bogotá], v. 4, abril, 1880: 241-252, cuadros.

Reviews lack of progress in liquidating the public debt; earlier article in the same journal (March, 1880: 212-221) deals with the external debt. Expenditures by ministry; tables on expenditures and revenues.

**2554. Jaramillo, Esteban.** La reforma tributaria en Colombia, un problema fiscal y social. Bogotá, Banco de la República, 1956. 222 p. (Archivo de la Economía Nacional, 17).

Reviews sources of revenues in Colombia and other countries with emphasis on the inelasticity of traditional sources such as import duties. A useful work expounding the views of a policymaker who prepared a preliminary version of Colombia's income tax law (p. 203-218). Originally published in 1918.

**2555. _____.** Tratado de ciencias de la hacienda pública. 3. ed. Bogotá, Mundo al Día, [1938]. 606 p., cuadros.

Text on public finance. This third edition includes a number of statistical tables which do not appear in the second edition (1930). Discussions of public finance, banking, foreign debt and public enterprises in Colombia.

**2556. Knowlton, Robert J.** Expropriation of church property in nineteenth century Mexico and Colombia: a comparison. The Americas [Washington], v. 25, April, 1969: 387-401.

Reviews legislation, purposes of disamortization as stated by contemporaries, and impact on the distribution of property and reduction of the internal public debt. Does not deal with such questions as the size of church holdings, old and new structures of tenancy, the distribution of gains and losses.

**2557. United States. Bureau of Foreign and Domestic Commerce. Department of Commerce.** Colombian public finance. By Charles Alfred McQueen. Washington, Government Printing Office, 1926. 93 p. (Trade promotion series, 43).

Review of economic conditions from the 1890's onward, with special attention to exchange rates (p. 60-62). Tables with details of state and local budgets; national government budgets and actual receipts and expenditures, 1910-22. A chapter devoted to banking.

**2558. _____. Bureau of Foreign Commerce.** Finances of Colombia. *In* United States. Bureau of Foreign Commerce. Consular reports [Washington], no. 199, April, 1897: 490-494.

Data on the financial condition of the Colombian government; discusses prospects for settlement of the public debt. Included is an agreement between the Colombian government and its bondholders, law 160 of 1896. Written just prior to the accelerated inflation of 1899-1902.

**See also:** 2388, 2413, 2498, 2588.

## 5. General economic policy

**2559. Barnhart, Donald S.** Colombian transport and the reforms of 1931: an evaluation. Hispanic American historical review [Durham], v. 38, February, 1958: 1-24.

Juxtaposes reform sentiment in the early 1930's with the massive investment in transport which had taken place in the 1920's. Alleges substantial waste and corruption during the 1920's; views Colombian political economy through the prism of North American styles of reform governments.

**2560. Colmenares, Germán.** Partidos políticos y clases sociales. Bogotá, Ediciones Universidad de los Andes, 1968. 190 p.

Long essay dealing with the political economy of the reforms of 1850. Included are chapters on land policy, the political position of the artisans, and the abolition of the tobacco monopoly. Useful examination of a period of complicated political and economic change.

**2561. Espinosa Valderrama, Augusto.** El pensamiento económico y político en Colombia. Bucaramanga, 1942. 190 p.

Perspective on economic thought and policies in the early years of independence, at the time of the Reforms of 1850, and during the Regeneration. Review of policies toward Indian lands is especially interesting, showing the influence of Antonio García.                              (LAA)

**2562. Fajardo, Luis H.** Social structure and personality; the protestant ethic of the Antioqueños— La moralidad protestante de los antioqueños; estructura social y personalidad. Cali, Universidad del Valle, Ediciones del Departamento de Sociología, [ 1969?]. 71 p.

Examines the sources of economic success in the personality and social type of the *antioqueño*. Observes relation of the development of the novel in Antioquia to economic development. Offers a critique of Hagen's work (2565). Printed in both Spanish and English.

**2563. Galindo, Aníbal.** Historia económica i estadística de la hacienda nacional, desde la colonia hasta nuestros días. Bogotá, Pontón, 1874. 102 p., 20 cuadros.

Essential reading on government policy and public finance from the late colonial period through the 1870's. Galindo writes from the point of view of the Radical Liberals then in power; not surprisingly his strongest sections are devoted to analysis (and praise) of the reforms of 1850. The compendium of data is useful.

**2564. [González, Florentino].** A la imparcialidad y la justicia. Bogotá, Cualla, 1848. 23 p.

González was minister of Finance in the period just before writing this pamphlet in defense of his economic theories. He more than any other single individual brought the concept of laissez-faire into government as state policy. As a consequence his views, expounded also in ministerial reports, should receive close attention. Discussion of tobacco is of particular interest. (LAA, Misc. N° 1023)

**2565. Hagen, Everett E.** On the theory of social change. Homewood, Ill., Dorsey, 1962. 557 p.

General study of the formation of entrepreneurs and their role in innovation and economic development. Examines the *antioqueños* as a case of innovators formed by their special relationship with other regional groups in the country. Makes use of secondary materials, particularly Ospina Vásquez's general work (2387), and some interviews taken in 1957. The Hagen theory has been criticized generally by I. C. McClelland and more specifically for the *antioqueño* case by López Toro (2624), Safford (2569), and Payne (2492).

**2566. Iregui, Antonio José.** Curso teórico y práctico de economía política. Bogotá, 1905. 332 p.

Basic economics text follows a French pattern of discusssions of scarcity, supply and demand, production and distribution. Scattered comments on Colombia's economic history.

**2567. Liévano Aguirre, Indalecio.** Rafael Núñez. Bogotá, Ediciones Librería Siglo XX, 1946. 450 p.

This biography of Núñez deals critically with his public life (1850's to 1890's) and domestic economic policy. No figure is more important in the development of the state's economic policy.

**2568. Safford, Frank Robinson.** Foreign and national enterprise in nineteenth-century Colombia. The business history review [Boston], v. 39, Winter, 1965: 503-526.

Presents background materials on the leading entrepreneurs in Colombia. Foreigners and domestic entrepreneurs were equally unsuccessful in most activities: the import trade alone offered good possibilities of success.

**2569. _____.** Significación de los antioqueños en el desarrollo económico colombiano. Anuario colombiano de historia social y de la cultura [Bogotá], v. 5, 1967: 49-69.

Critique of Hagen's (2565) notions about denial of expected status as the origin of Antioquia's drive for economic success.

Attempts to show that economic superiority in the region antedated the period when *antioqueños* were looked down upon by *bogotanos*.

**2570. Samper, Miguel.** La protección. Análisis económico y político de la república de Colombia. Bogotá, 1880. 109 p.

Reviews trends in the volume and value of exports, particularly for the 1870's but even including comparisons with the late colonial period. Calculations of tariff rates, real values of exports and the impact of foreign textiles on local handicrafts. Among the best of contemporary analyses of Colombia's economy in the 19th century.

(LAA, Misc. N° 769)

**2571. Vélez, Bernardo.** Una campaña económica (1923-1929). Medellín, Antonio J. Cano, 1930. 249 p.

Newspaper articles written during the 1920's on economic topics, none more than a few pages in length. The recurrent theme is government policy and its errors in banking, public finance and high tariffs.

**See also:** 2361, 2697, 2742.

# V. Foreign Trade and Investment

## 1. Statistical sources

**2572. Colombia. Departamento Administrativo Nacional de Estadística (DANE).** Anuario de comercio exterior. Bogotá, 1914—.

Primary source of trade statistics in the period since 1914. In some years (1918-22, 1935) it was issued as part of the *Anuario general de estadística* (2335).

**2573. _____. Dirección General de Estadística.** Comercio exterior de la república de Colombia, año de 1916. Bogotá, Imprenta Nacional, 1919. 498 p.

Summary tables on imports, exports, and the balance of trade, 1834-1916; these data are very unlikely to be accurate. Quality improves markedly for the years after 1905 and especially after 1910 when the new currency standard was established. Basic source of official trade data.

**2573a. Great Britain. Foreign Office.** Diplomatic and consular reports; annual series no. 804. Report on the trade of Colombia for the year 1889. London, Her Majesty's Stationery Office, 1890. 15 p.

Quantitative data on exports and imports (including some data unavailable in Colombian sources). Also critical observations on road maintenance and consequent freight rate increases.

**2574. Parks, E. Taylor.** Colombia and the United

States: 1765-1936. Durham, Duke University Press, 1935. 555 p., tables.

Statistics on commerce and on the volume and value of trade between the two countries up to 1936.

See also: 2433, 2688.

## 2. General studies

**2575. Camacho Roldán, Salvador.** Comercio de tránsito con Venezuela. *En* Escritos varios de Salvador Camacho Roldán. V. 1: Estudios sociales: intereses americanos; agricultura colombiana. Bogotá, Librería Colombiana, 1892, p. 434-483.

Original newspaper article including estimates of the extent and significance of border trade, with emphasis on the differences in tariffs. Useful for investigations of the local economy of Santander, international economic relations between Colombia and Venezuela, and trade in selected products.

**2576.** _____. Notas de viaje. Bogotá, Librería Colombiana, 1890. 900 p.

Travel account of the author's trip to the United States; includes extensive portions about Colombia. Series of data on Colombian tobacco imports into London and Bremen, 1850-70, apparently not published elsewhere. Camacho solicited these data when he was ministro de Hacienda.

**2577. Colombia. Archivo Nacional.** Fondo: Aduanas.

### Tomo 5

Relación de los documentos de deuda flotante radicados en la Aduana de Panamá, enero de 1830, detallando nombre del acreedor, oficina expedidora del documento, número del documento, número y fecha de la orden de radicación, capital e intereses.

### Tomo 10

Incluye documentos de remisión de mercancías, especificando fecha y valor. Relación de los pagarés otorgados a favor de la Aduana por importaciones hechas en julio de 1850, detallando: número del pagaré, nombre del deudor, plazos, valor y fecha. Aparecen algunos cuadros sobre el estado de ingresos y egresos de la Caja de Aduanas en 1852.

### Tomo 15

Se incluyen cuadros sobre el movimiento del Puerto de Panamá para varios meses de 1870, detallando nacionalidad de los buques, tonelaje, peso y valor de la carga. [ DF]

**2578. Federación Nacional de Cafeteros. Sección de Investigaciones Económicas.** Importancia del café en el comercio exterior de Colombia. *Por* Armando Samper, jefe de Investigaciones Económicas. Bogotá, 1948. 151 p., cuadros.

Demonstrates the large and growing share of total exports accounted for by coffee, 1905-47. Includes time series on exports; scattered information summarized in this work.

**2579. Great Britain. Foreign Office.** Diplomatic and consular reports; annual series no. 53. Report on the trade of Colombia by Alfred St. John. London, His Majesty's Stationery Office, 1886. 5 p.

Report prepared in the midst of civil war; hence few firm data. The consul managed to glean some information from private sources. Reports British imports, 1867-84; total trade in exports and imports, 1865-84. Adjustments to official data made to account for use of both paper and metallic currencies. Comments on economic conditions.

**2580.** _____. _____. Diplomatic and consular reports; annual series no. 316. Reports for the year 1887 on the trade of Carthagena and Santa Martha. London, His Majesty's Stationery Office, 1888. 10 p.

Data on imports and exports passing through these two north coast ports in 1887. Discussion of commercial interests and firms operating in the two cities; comments on local agricultural conditions and progress on railway construction.

**2581.** _____. _____. Diplomatic and consular reports; annual series no. 456. Report for the year of 1888 on the trade of Colombia. London, His Majesty's Stationery Office, 1889. 21 p.

Among the best of the consular reports; includes in its coverage most aspects of trade—imports and exports, exchange rates, transport costs, progress in railway construction, efficiency of river steamboats, and roads. A table (p. 11-12) shows comparative purchasing power of a Colombian and Canadian laborer.

**2582. Harrison, John Parker.** The evolution of the Colombian tobacco trade to 1875. Hispanic American historical review [ Durham], v. 32, May, 1952: 163-174.

Presents but part of the data and information available in the author's unpublished doctoral dissertation (2697). Particularly interesting are data on the decline in prices for Colombian tobacco in German ports due to new competition in the 1870's. Includes a series of data on Colombian exports to Germany and England.

**2583. United States. Bureau of Foreign Commerce.** Export trade of Colombia. *In* Unites States. Bureau of Foreign Commerce. Consular reports [Washington], no. 109, October, 1889: 356-360.

Consul John T. Abbott managed to get trade returns directly from the several customs houses since at the time they were not available directly from the government in Bogotá. Includes destination of exports by country; articles exported, 1888; exports to the U.S.; total exports for the years 1871-87, and the number and tonnage of ships passing through Colombian ports.

2584. _____. _____. Import trade of Colombia. *In* United States. Bureau of Foreign Commerce. Consular reports [Washington], no. 114, March, 1890: 383-394.

In this report Abbott gathered import data from individual customs houses as he had in the case of exports cited above. He discusses possible errors in the data and presents in tabular form imports by type with the percentage coming from the United States, and 10 pages of tables presenting detailed breakdowns of total Colombian imports. This source may have data nowhere else available on trade of the period.

2585. _____. _____. Packing goods for export. *In* United States. Bureau of Foreign Commerce. Consular reports [Washington], no. 160, January, 1894: 69-78.

Statements from 5 consuls resident in Colombia on how to pack goods for shipment to or through their consular districts. Dependence on mule transportation required that no packages over a certain size could be shipped. Problems of breakage were also severe.

2586. **Zuluaga Z., Jaime A.** El comercio exterior colombiano en el siglo XX. *En* Colombia. Dirección Nacional de Estadística. Anales de economía y estadística [Bogotá], v. 3., abril, 1940: 13-38.

Trade data, 1905-39, trends in the commercial balance. Data on coffee prices for 8 different grades; percentage breakdown of exports and functional distribution of imports for the years 1932 and after.

See also: 2389, 2401, 2416, 2622, 2663.

### 3. International capital flows

2587. **Barriga Villalba, Antonio María.** El empréstito de Zea y el préstamo de Erick Bollman de 1822. Bogotá, Banco de la República, [1969]. 90 p.

Documents and photos relating to the first English loan to Colombia in the 1820's. Details on the use of the loan and lender conditions.

2588. **Camacho Roldán, Salvador.** Escritos varios de Salvador Camacho Roldán. V. 3: Hacienda pública; política general; variedades. Bogotá, Librería Colombiana, 1895. 875 p.

Papers in this series deal with public finance, the foreign debt and general political questions. Of greatest interest is the exchange between Camacho as ministro de Hacienda and the British Council of Foreign Bondholders, 1870-72 (p. 91-186). Also important are his analyses of foreign trade, the tariff and transport problems (p. 187-332).

2589. El empréstito de 1880. Artículos publicados en La Luz sobre dicha negociación. Bogotá, La Luz, 1882. 107 p.

Critique of the last Radical administration. Comments on the Panama Railway and the government's failure to benefit from its legal right to operation of the line after 1875. Railway revenues were pledged to pay off the 1880 loan. Some quantitative data. (LAA, Misc. N° 822)

2590. **Escallón, Raimundo.** La deuda externa en Colombia desde la independencia hasta nuestros días. Revista del Banco de la República [Bogotá], v. 33, enero, 1960: 19-23.

This article and one which follows in the same journal (v. 34, septiembre, 1961: 1139-1146) review the foreign debt. Short bibliographies appended.

2591. **Olarte Camacho, Vicente.** Resumen histórico sobre la deuda exterior de Colombia del 3 por 100. Bogotá, 1914. 216 p.

This book reviews legislation and treatment of the foreign public debt, beginning with the Grancolombian loan received in the 1820's through to the 1870's. The research is based on primary materials. A second volume carrying the story up to the second decade of the 20th century was apparently never published. There is considerable quantitative data on the debt.

2592. **Rippy, J. Fred.** The capitalists and Colombia. New York, Vanguard, 1931. 240 p.

This general survey of foreign investment in Colombia was particularly critical because of the negative Colombian reaction to events in the banana zone in the late 1920's. Quantitative data of interest include estimates of foreign investment for as early as 1881 and a summary of loans and bonds floated in the New York market by Colombian governments during the Dance of the Millions in the 1920's. Spanish translations: *El capital norteamericano y la penetración imperialista en Colombia*. Traducción de Cristina de García. Medellín, Oveja Negra, 1970. 245 p.

2593. **Sandoval Mendoza, Alejandro; y José del C. Gómez S.** El imperio de la Standard Oil en Colombia y tierras aledañas. Bogotá, Editorial Colombia Nueva, 1963. 299 p.

Strong views opposed to past exploitation of Colombian oil resources by subsidiaries of Standard of New Jersey. Some discussion of early conflict between the company and governments. No quantitative data; not a systematic presentation.

2594. **Wurfel, Seymour W.** Foreign enterprise in Colombia; laws and policies. Chapel Hill, North Carolina, University of North Carolina Press, 1965. 563 p., biblio.

Can assist the English reader to understand the legal environment for foreign enterprise and how it has been shaped through the experiences of past foreign investments. Investments in Colombian oil receive major attention along with a review of relevant legal provisions.

See also: 2735.

## 4. Governmental policy

**2595. Bushnell, David.** Two stages in Colombian tariff policy: the radical era and the return to protection (1861-1885). Inter-American economic affairs [Washington], v. 9, Spring, 1956: 3-23

Covers the decline of the tariff, a long period of low duties, and reinstitution of protection by Núñez in the 1880's. A table (p. 8) presents representative duties on 7 items for the years 1861, 1864, 1870, 1874, 1877, 1880. Useful supplement to Ospina Vásquez, *Industria y protección* (2387).

**2596a. Colombia. Ministerio de Hacienda.** Arancel para el aforo de derechos de los artículos que se importen por las aduanas del estado de la Nueva Granada. [Bogotá, 1822]. 78 p.

**2596b.** _____. _____. Arancel para el aforo de derechos de los artículos que se importen por las aduanas del estado de la Nueva Granada. [Bogotá, 1833]. 92 p.

Lists of products likely to come to the attention of customs officials with the duties to be charged on each item.      (LAA)

**2597.** _____. _____. Código de aduanas de la república de Colombia. Bogotá, Imprenta Nacional, 1918. 473 p.

Includes legislation related to tariffs and lists of specific duties (p. 171-473). Calculation of percentage duties would require information on the price of each item being taxed—little wonder that no detailed study of Colombia's tariff structure has yet been carried out. It would be an immense but very useful job.

**2598.** _____. **Ministerio de Relaciones Exteriores.** Canal Interoceánico de Panamá; proyecto de tratado entre Colombia y los Estados Unidos. Bogotá, Imprenta Nacional, 1903. 36 p.

Bilingual printing of the proposed treaty between Colombia and the U.S. dated 22 January 1903. Hardest bargaining revolved around U.S. payments for easements and leasing of the land through which the canal would pass. To analyze these questions one should have recourse to pamphlet material in the miscellaneous series of the Biblioteca LAA.
                                              (LAA, Misc. N° 221)

**2599. Portocarrero M., Carlos.** Tratados y convenios comerciales de Colombia. Bogotá, Imprenta Nacional, 1946. 256 p.

Trade agreements, 1829-1944; documents presented in their entirety, often with details concerning goods which may and may not be taxed on importation.

**2600. United States. Bureau of Foreign Commerce.** The Colombian tariff. *In* United States. Bureau of Foreign Commerce. Consular reports [Washington], no. 121, October, 1890: 303-322.

Detailed listing of Colombian tariffs. Useful for evaluating the degree of protection afforded Colombian industries.

**See also: 2387.**

# VI. Regional Economy

## 1. Statistical sources

**2601. Antioquia (departamento).** Catastro de la propiedad raíz del departamento en 1913. *En* Departamento de Antioquia. Dirección de Estadística. Boletín de estadística [Medellín], octubre, 1914: 141-145.

A cadaster had been scheduled for 1911 but was delayed. Tables distinguish taxable and non-taxable property and that owned by private individuals, the church and local governments. Data given for all 89 municipios and the total.

**2602.** _____. **Dirección de Estadística.** Boletín de estadística; órgano de la oficina subalterna departamental. Medellín, 1911—.

First appeared 25 October 1911; continued for many years to publish statistical information on Antioquia. Some materials are cited in relevant parts of this bibliography. Many issues are missing from the Biblioteca LAA holdings of this publication.                              (LAA, N° 206)

**2603. Camacho Roldán, Salvador.** Catastro del estado de Cundinamarca. *En* Escritos varios de Salvador Camacho Roldán. V.: Estudios sociales; intereses americanos; agricultura colombiana. Bogotá, Librería Colombiana, 1892, p. 585-612.

Discusses the cadastral survey conducted in Cundinamarca in 1867, apparently the first of its kind in rural Colombia. A cadaster was conducted in Bogotá in 1863. Author offers a succinct analysis of the major findings, supplementing the original documents which according to Camacho Roldán lacked some data generally found in a cadaster. Author estimates the state's total wealth at Ps$98 million. Calculates income per person for the city of Bogotá at Ps$76, the total being Ps$4.4 million. Comparisons between the Bogotá data of 1863 and those of 1891 based on a new cadaster were added for 1892 edition. Originally published in *La Paz* [Bogotá], July, 1868.

**2604. López, Alejandro; y Jorge Rodríguez.** Estadística de Antioquia. Medellín, 1914. 181 p.

Lectures on statistics, tables on diverse subjects in Antioquia. Of particular interest are population estimates which reach back to 1825 and imports of machinery via the Ferrocarril de Antioquia, 1895-1913 (p. 150-152). Essential data for any study of *antioqueño* development in this country.

**2605a. Medellín. Dirección de Catastro y Estadística municipal.** Anuario estadístico del distrito de Medellín. Medellín, 1915—.

Statistical information on the Medellín area beginning in 1915: price data, factories, labor, wages, and other material relevant to the urban area. Main advisors to the early publications were Alejandro López and Jorge Rodríguez, two of Colombia's earliest and best statisticians. Title varies: *Anuario estadístico del municipio de Medellín*.

**2605*b*. _____. _____.** Anuario estadístico del municipio de Medellín relativo al año 1922 [Medellín], v. 8, 1923.

Statistical data on the city, including a survey of manufacturing. Only large companies were contacted in the survey (held in conjunction with an industrial exposition) and not all of those responded. Nonetheless, there is useful data on employment and production. Similar data is available for 1934 in Colombia, Contraloría General de la República, *Geografía económica de Colombia*, 1, Antioquia, p. 175 (2612). Roughly similar data for 1915 can be found in Colombia, Ministerio de Hacienda, 1916, p. xcvi and following (2526i). These materials taken together can provide a picture of growth for large manufacturing enterprises in Medellín over much of the 20th century.

**2606. Monsalve, Diego.** Monografía estadística del departamento de Antioquia. Medellín, Imprenta Oficial, 1929. 210 p., cuadros.

Data from private and public sources on development of coffee in the region (p. 148-160); a chart relating the price of coffee to birth and marriage rates (p. 31); list of principal commercial houses (p. 157-158); exports of coffee via the railway, 1888-1928 (p. 159).

See also: 2343.

## 2. General studies

**2607. Antioquia (departamento).** Informe del secretario de Hacienda. Medellín, 1916. 779 p., cuadros.

Data on the railway, taxes, expenditures by ministries and the state, and progress in improvement of public works. The railway data include a breakdown of cargo (in kilos) by products. Such data may aid estimation of local production of some products. (UA)

**2608. _____.** Informe que el administrador general del tesoro presenta al sr. secretario de Hacienda. Medellín, 1896. 83 p., cuadros.

This treasurer's report presumably appeared regularly, although only a few numbers were available in Biblioteca UA. The report for 1896 includes retrospective data for a decade of revenues, railway appropriations and operations, other public finance data. It is bound with similar reports for various years, 1864-1916. An essential source on local finances and government. (UA)

**2609.** Boletín comercial; órgano de la Cámara de Comercio y de la Oficina de Estadística; revista mensual de comercio e industrias. Medellín, 1910—.

Includes comparative tables on mining output in the Americas, lists of manufacturers, merchants and commercial agents in Medellín. In one issue appears a list of all foreigners by name in Medellín. (UA)

**2610. Botero, Arturo; y Alberto Sáenz,** *eds.* Medellín, república de Colombia. New York, Schilling, [1924?]. 270 p.

Short articles on transport, banking, commerce and manufacture pertinent to Medellín's potential as a recipient of foreign investment and trade. Includes a list of enterprises and commercial agencies. (US)

**2611. Colombia. Comisión Corográfica.** Jeografía física i política de las provincias de la Nueva Granada. Por la Comisión Corográfica bajo la dirección de Agustín Codazzi. Bogotá, Imprenta del Banco de La República, 1957-59. 4 v. (Archivo de la Economía Nacional, 21-24).

Originally published in Bogotá, 1856. General information on the provinces of Socorro, Vélez, Tunja, Tundama, Soto, Santander, Pamplona, Ocana, Antioquia, and Medellín in the 1850's. Included are figures (not clearly presented) on the volume and value of foreign and domestic trade. Data for this publication became the basis of the later geographies published by Felipe Pérez in the 1860's (2411).

**2612. _____. Contraloría General de la República.** Geografía económica de Colombia. V. 1: Antioquia. [Bogotá], Imprenta Nacional, 1935. 189 p., cuadros, gráficos.

First in a series of eight volumes on departments of Colombia, some with retrospective, historical data reaching back to 1910, and in a few cases even further. Excellent source for data on population, coal production, cattle sales, coffee exports, and agricultural and industrial output.

**2613. _____. _____.** Geografía económica de Colombia. V. 2: Atlántico. [Bogotá], Imprenta Nacional, 1936. 245 p., cuadros.

Contains few data for periods before 1930; some information on the output of major industrial activities and agriculture for the early 1930's. Maps, graphs and pictures useful to any study of Barranquilla.

**2614. _____. _____.** Geografía económica de Colombia. V. 3: Boyacá. [Bogotá], Imprenta Nacional, 1936. 597 p., cuadros.

Includes an historical account of emigration from the area since early in the 19th century; population censuses; handicrafts and internal improvements, etc. Results of a cadastral survey are included.

**2615. _____. _____.** Geografía económica de Colombia. V. 4: Caldas. [Bogotá], Imprenta Nacional, 1937. 607 p., biblio., cuadros.

Includes section on transport costs (p. 391-434), which fell dramatically in the 1920's, material on the evolution of coffee processing, data on costs of production, prices and output (p. 543-598). Excellent bibliography.

**2616.** \_\_\_\_\_. \_\_\_\_\_. Geografía económica de Colombia. V. 5: Bolívar. [Bogotá], Imprenta Nacional, 1942. 762 p.

Few new data but includes descriptive sections on agriculture, education, handicrafts, and small manufacturing enterprises in the 1940's. Data from the 1938 census is repeated in the volume. Not too useful.

**2617.** \_\_\_\_\_. \_\_\_\_\_. Geografía económica de Colombia. V. 6: Chocó. [Bogotá], Imprenta Nacional, 1943. 692 p.

The Chocó is among the least developed areas of Colombia. In 1940, a typical year, 11.9 meters of rain fell in Quibdó the capital (p. 50). Being backward there is little quantitative data.

**2618.** \_\_\_\_\_. \_\_\_\_\_. Geografía económica de Colombia. V. 7: Tolima. [Bogotá], Imprenta Nacional, 1946. 449 p.

No historical data of significance, with the exception of departmental budgets, 1915-45 (five-year averages, p. 148). Map facing p. 136 shows the reduction of departmental territory from the colonial period to 1946, as some areas passed to the control of other departments.

**2619.** \_\_\_\_\_. \_\_\_\_\_. Geografía económica de Colombia. V. 8: Santander. Bucaramanga, Imprenta Nacional, 1947. 646 p.

Last in this series of regional economic geographies. Practically no retrospective data beyond 1930. Discussions of artisan handicrafts in the 19th century add little to materials cited elsewhere.

**2620.** \_\_\_\_\_. Instituto Geográfico Agustín Codazzi. Oficina de Estudios Geográficos. Monografía del departamento de Antioquia. Bogotá, 1969. 97 p., mapas, cuadros.

General work on population, transport, industry, agriculture and natural conditions in Antioquia. Useful retrospective data. Demonstrates the rising quality of research in the social sciences in Colombia.

**2621. Duque Betancur, Francisco.** Historia del departamento de Antioquia. Medellín, Imprenta Departamental, 1967. 1175 p.

This book won a local prize and was published by the *antioqueño* education department as a school text.

**2622. Gutiérrez, Rufino.** Pasto y las demás provincias del sur de Colombia; sus relaciones políticas y comerciales con El Ecuador. Bogotá, 1896. 80 p.

Presents data on trade between the southern provinces of Colombia and neighboring Ecuador. Estimates of trade by the author based on his travels through the area. Bound with two other similar papers by the author.          (LAA, Misc. Nº 213)

**2623. Krogzemis, James R.** A historical geography of the Santa Marta area, Colombia. Unpublished Ph.D. dissertation, University of California at Berkeley, 1967. 176 p.

Study based on the author's travel in the area, with concentration on the morphology of the Ciénaga Grande. Descriptive account of the contemporary situation with some historical information. (May be available from Department of Geography, University of California, Berkeley.)

**2624. López Toro, Alvaro.** Migración y cambio social en Antioquia durante el siglo diez y nueve. Bogotá, Universidad de los Andes, 1968. 99 p. (Centro de Estudios sobre Desarrollo Económico).

Analytical study attempting to show the origin of *antioqueño* prosperity in experience gained in mining activities. The author develops an interesting model showing certain advantages for the *antioqueño* area over others. Unfortunately, there is practically no data available to test his propositions.

**2625. Ordóñez Y., D. R.** Gramalote (Santander, Colombia). Bogotá, 1893. 48 p.

Local history of a hamlet founded in 1855 in the coffee-growing mountains west of Cúcuta. General data and explanations for the prosperity of the town; description of the gradual development of a new area and new economic activity.
(LAA, Misc. Nº 186)

**2626. Parsons, James Jerome.** Antioquia's corridor to the sea. Berkeley, University of California Press, 1967. 182 p. (Ibero-Americana, 49.)

Through dozens of administrative changes since 1810 Antioquia has always maintained control over a strip of land connecting the highland to the Gulf of Urabá. Only recently a road has been completed to Turbo on the gulf. The author examines the history of Antioquia's corridor, but concentrates mostly on the recent expansion of banana production in the Turbo area.

**2627.** \_\_\_\_\_. Antioqueño colonization in Western Colombia. Berkeley, University of California Press, 1949. 210 p., tables, maps. (Ibero-Americana, 32).

Classic study of the *antioqueños*, translated into Spanish: *La colonización antioqueña en el occidente de Colombia.* Versión castellana, prólogo y notas por Emilio Robledo. [Antioquia, Imprenta Departamental], 1960. 252 p. A revised edition in English was published in 1969. Excellent combination of history, geography, economics and anthropology.

**2628.** \_\_\_\_\_. San Andrés and Providencia: English-speaking islands in the Western Caribbean. Berkeley, University of California Press, 1956. 84 p. (University of California Publications in Geography, v. 12, no. 1).

Historical geography of Colombia's Caribbean island possessions, with chapters on 19th century political developments and the role of Yankee traders in the agricultural and commercial development of the islands. A Spanish edition, with revisions: *San Andrés y Providencia; una geografía histórica de las islas colombianas del mar Caribe occidental.* Bogotá, Banco de la República, 1964. 192 p.

**2629. Restrepo, José Manuel.** Ensayo sobre la geografía, producciones, industria y población de la provincia de Antioquia en el Nuevo Reino de Granada. *En* Francisco José de Caldas, *ed.* Semanario de la Nueva Granada. Nueva edición corregida, aumentada. . . . París, Librería Castellana, 1849, p. 194-226.

Data on population, diezmos, mining and geography. Dated by the author, 1 February 1809; excellent source on conditions in Antioquia at the close of the colonial period.

**2630. Restrepo Euse, Alvaro.** Historia de Antioquia. Medellín, 1903. 280 p.

General history of the province of Antioquia. Includes estimates of the region's population and comments on economic conditions.

**2631. Robledo, Emilio.** Bosquejo biográfico del señor Oidor Juan Antonio Mon y Velarde, Visitador de Antioquia, 1785-1788. Bogotá, Banco de la República, 1954. 2 v. (Archivo de la Economía Nacional, 10, 11).

Historical investigations of the role of Mon, the Regenerator of Antioquia; documents prepared by him. Some scholars contend that Antioquia's period of growth began specifically with the *visita* of Mon; thus this volume can be a useful guide to the problem.

**2632. Salamanca T., Demetrio.** La Amazonia colombiana. Bogotá, Imprenta Nacional, 1916. 616 p.

Historical information on the *llanos orientales,* an area which remains largely unpopulated. Useful subject and chronological indexes but no quantitative data of consequence.

**2633. Schenck, Ferdinand von.** Viajes por Antioquia en el año de 1880. Bogotá, Banco de la República, 1953. (Archivo de la Economía Nacional, 9).

Travel account, originally published in German, offers a picture of the economy in 1880. Discusses transport problems, banking and the issue of bank notes, wealth generated in mining and commerce, and to a lesser extent, stock-raising.

**2634. United States. Bureau of Foreign Commerce.** Colombia: region of the Magdalena; trade of Baranquilla. *In* United States. Bureau of Foreign Commerce. Consular reports [Washington], no. 190, July, 1896: 372-381.

Geographic description of the area—navigable rivers, port facilities and the like. Discusses past growth of commerce

and prospects for the near future. Comments on the problem of the Bocas de Ceniza, i.e., the mouth of the river closed by sand bars, preventing the entry of ocean steamers to the river port. Tables on shipping.

**2635. _____. _____.** The Magdalena river and valley. *In* United States. Bureau of Foreign Commerce. Consular reports [Washington], no. 144, September, 1892: 121-134.

Description of travel conditions on the Magdalena River—river towns, problems with shipping, principal tributaries of the main river, and some aspects of the history of the region.

**2636. Valderrama Benítez, Ernesto.** El departamento de Santander: breve reseña estadístico-económica. Estudio [Bucaramanga], v. 2, febrero-marzo, 1933: 175-192.

Presents data on the fall of transport costs occasioned by the opening of the railway to Bucaramanga. Other useful quantitative data included.

**2637. _____.** Santander y su desarrollo económico en el año de 1929. Bucaramanga, Imprenta del Departamento, 1930. 231 p., cuadros.

Author was Director de Estadística y Catastro of the department. Here he presents regional data on population, commerce, agriculture and internal improvements. Also includes a census of tobacco and coffee cultivators.

(LAA, Misc. N° 747)

See also: 2367, 2411, 2496, 2562, 2569, 2682, 2708, 2781.

## 3. Urban development, urbanization

**2638. Duque Gómez, Luis; Juan Friede; y Jaime Jaramillo Uribe.** Historia de Pereira. Pereira, Club Rotario de Pereira, 1963. 418 p.

Special volume to commemorate founding of Pereira. The first two parts deal with pre-conquest and colonial periods; the third, prepared by the social historian Jaramillo Uribe, with the recent epoch, 1863-1963 (p. 349-413). Data on the city's development, budgets and social life. Excellent source on urban development.

**2639. Gaviria Toro, José.** Monografía de Medellín. Tomo I. Medellín, 1925. 324 p., cuadros.

Data and brief essays on the city and its progress. The materials are poorly organized; data on prices cover approximately a decade. Not certain whether subsequent volumes were issued. (UA)

**2640.** Guía comercial, industrial y general de Barranquilla y de todo el departamento del Atlántico. 2. ed. Barranquilla, 1917. S.p.

Guide, typical of many for Colombian cities, contains a list of major industrial plants. Discussion of transport and communications in the city. (LAA, Misc. N° 80)

**2641. Hoyos, Germán de.** Anuario ilustrado de Bogotá (Colombia), 1920. Bogotá, 1920. 341 p.

Contains lists of professionals, major commercial companies and retail outlets, manufacturing plants, and other detailed information. Worth examining for development of Bogotá as a commercial center. (LAA, Misc. N° 737)

**2642. Medellín. Dirección de Catastro y Estadística municipal.** Censo de población del distrito de Medellín. *En* Medellín. Dirección de Catastro y Estadística Municipal. Anuario estadístico del distrito de Medellín [ Medellín], v. 4, 1918: 3-38.

More detailed data on Medellín here than in the national census publications. Summary tables on a census of housing taken locally. Historical tables analyze trends in urban development for Medellín.

**2643. Nichols, Theodore Edward.** The rise of Barranquilla. Hispanic American historical review [Durham], v. 34, may, 1954: 158-174.

Two events led to Barranquilla's dominance over Cartagena and Santa Marta—opening of the Ferrocarril del Bolívar in 1871 and its extension to an ocean pier in 1895. City rivalries here discussed have certain parallels with those of U.S. cities in the 19th century. Worth examining; draws on the author's unpublished doctoral dissertation (2753).

**2644. Ocampo T., José Fernando.** Dominio de clase en la ciudad colombiana. Medellín-Bogotá, La Oveja Negra, 1972. 221 p., biblio.

Analysis of political change and class relations in Manizales. Using a Marxist framework, the author deals amply with the extant literature on the rise of the city from 1848 onward and the evolution of relations between landholders and an urban bourgeoisie. Most data presented apply to the post-1930 period.

**2645. Ospina, E. Livardo.** Una vida, una lucha, una victoria; monografía histórica de las empresas y servicios públicos de Medellín. Medellín, Empresas Públicas de Medellín, 1966. 571 p., mapas.

Reviews the formation of public enterprises in the city from their beginnings in the latter part of the 19th century. Major figures in the development of public works discussed along with contracts and related materials. Of particular interest are maps of Medellín from as early as 1800.

**See also:** 2443, 2469, 2470, 2550, 2753.

# VII. Agriculture and Ranching

## 1. Statistical sources

**2646. Antioquia (departamento).** Industria de la caña de azucar. *En* Departamento de Antioquia. Dirección de Estadística. Boletín de estadística [Medellín], julio, 1914: 121-132.

Results of a survey of sugar production by municipios; includes data on output of sugar and *panela,* number of machines in use and prices in local markets. Comparative data for the department of Cundinamarca also appear (p. 125). Dispersion of prices might interest a student of market integration.

**2647. Censo cafetero levantado en 1932.** *En* Federación Nacional de Cafeteros de Colombia. Boletín de estadística [Bogotá], v. 1, febrero, 1933: 117-156.

Results of the first coffee census; invaluable for any study of the economic history of coffee in Colombia. Details of production by farm size and by municipio; maps of production and consumption. (LAA, Misc. N° 79)

**2648. Colombia. Archivo Nacional.** Fondo: Tabacos.

Tomo 1

Relación de gastos de administración del estanco de tabacos de purificación (Huila), conteniendo monto de los gastos y fecha (documentos producidos entre 1865-70). Constancias de venta de tabaco que detallan cantidad, precio y condiciones de la venta. Cuadros sobre ingresos y egresos de especies y caudales en la factoría de Ambalema, conteniendo cantidad, precios, origen y fechas de los movimientos. Lista de cosecheros que componían la primera fundación de plantaciones de tabaco en Ambalema y Beltrán; contiene: número de inscripción, nombre del cosechero, sitio de la siembra y número de matas, 1833. Listas similares para Méndez, Peladero, Venadillo y Piedras.

Tomo 5

Cuadros de producción local con gastos de administración para distintas regiones de Santander en 1877; cuadros sobre el estado de las cosechas en la provincia de Popayán en 1834, indicando ubicación, sembrador, etc.

Tomo 10

Gastos de administración y manejos de los estancos de tabacos en la provincia de Pamplona; material contable sobre ingresos y egresos de la factoría de Ambalema (1835) representado por varios cuadros.

Tomo 15

Documentos de 1835 y 1836 referentes a la situación local de la producción y consumo de tabaco en las provincias de Mariquita y Honda. Un "estado general" sobre ingresos y egresos para el resguardo de Ambalema en 1836; un informe sobre la ronda efectuada en septiembre de 1836 en la provincia de Honda, incluyendo el número de plantas sembradas clandestinamente. Aparecen igualmente registros de las plantaciones hechas en Ambalema, agosto y septiembre de 1836, incluyendo el número de matas y de labradores.

Tomo 20

Un "Estado" que manifiesta el ingreso y egreso de la provincia de Tunja para 1837 y 1838. Cuadros para las provincias de Popayán, Cartagena, Cauca y Pamplona.

Tomo 40

Incluye informaciones de las factorías sobre productos de cosechas; comunicaciones varias sobre ingresos y egresos; nombramientos y consultas. Diario de la ''Ronda Volante'' en su inspección de Palmira, 1844. Relación de cartas de crédito expedidas por la factoría de Ambalema a los cosecheros y tenedores de libramientos por la deuda de 1840-42. [DF]

**2649. _____. Ministerio de Fomento.** Algunos datos sobre el cultivo de los más importantes artículos de exportación. *En* Colombia. Ministerio de Fomento. Boletín trimestral de la estadística nacional de Colombia [Bogotá], v. 5, 1894: 54-149.

Data on tobacco, coffee, cacao, sugar cane and plantain production was requested of each reporting district by the national statistical office beginning in 1891. The data in this article pertain to 1892 and are probably the only survey of this type published by the office. Not all districts reported; nonetheless, if supplemented by other data identifying the area of production of some of these crops, this source could prove an invaluable guide to the economic geography of agriculture at the end of the nineteenth century. There are sufficient notes on the shortcomings of the data to make them useful to the modern scholar.

**2650. Ospina Pérez, Mariano.** La industria cafetera en Colombia. *En* Colombia. Departamento de Contraloría. Boletín del Departamento de Contraloría [Bogotá], v. 78, marzo, 1934: 238-266.

Includes salient features of the coffee census of 1932 (2647), time series beginning in 1835 on the quantity of Colombian coffee exported. No source is given.

**2651. United Nations. Economic Commission for Latin America, and Food and Agricultural Organization.** Coffee in Latin America. V. 1: Colombia and El Salvador. New York, United Nations, 1958. 144 p., tables, graphics. (U.N. document: E/CN.12/490.)

Second coffee census in Colombia; technicians attempted to specify the production function for coffee and determine relationship between productivity, farm size and inputs. Although done in the 1950's, it has relevance for earlier decades.

**2652. United States. Office of Foreign Agricultural Relations.** The agriculture of Colombia. By Kathryn (Hulen) Wylie. Washington, Government Printing Office, 1942. 160 p., tables. (Foreign Agriculture Bulletin, 1).

Brings together data as far back as 1893 on cattle population, foreign trade, composition of imports by major classes. Based on official Colombian statistics not conveniently available elsewhere.

See also: 2774.

## 2. General studies

**2653. Berry, R. Albert.** The development of the Colombian agricultural sector. New Haven, Yale University, in press.

Analysis of agriculture in the 20th century, with special emphasis on the period after 1925/30. Reviews the process of growth, especially the determinants of capital formation and technological change. Size and tenure structure of the agricultural sector is discussed, including an appraisal of the relative efficiency and potential of smaller and larger farms. Finally, historical data on incomes, wages, and other determinants of living conditions are presented with a view to judging how much improvement has occurred in the standard of living of the agricultural population over the years. Real wages are shown to have increased very little since the mid-thirties despite the fact that income per capita in agriculture has risen rapidly (nearly 3% per year). Accordingly, the distribution of income generated in agriculture has worsened substantially over the last several decades.

**2654. Beyer, Robert Carlyle.** The Colombian coffee industry: origins and major trends, 1740-1940. Unpublished Ph.D. dissertation, University of Minnesota, 1947. 370 p., biblio., tables.

There are few doctoral dissertations which should have been published but were not—this is one of them. Major scholarly effort based in original documents and travel in Colombia; describes the expansion of coffee cultivation, offers original production estimates for the 1870's.

**2655. Bureau of the American Republics.** Coffee in America. *In* Monthly bulletin of the Bureau of the American Republics [Washington], October, 1893: 3-36.

Discusses coffee production in Latin America. Pages 25-27 are specifically devoted to Colombia and include an estimate of the initial investment and costs for establishment of a plantation of 100,000 plants, as well as transport and labor costs. Projected profits indicate an internal rate of return to the investment of about 35 per cent per annum.

**2656. Camacho Roldán, Salvador.** Artículos escogidos del Doctor Salvador Camacho Roldán. Bogotá, Librería Colombiana, [1927]. 181 p.

An article in this collection, ''Problemas agrícolas'' (p. 79-103), includes estimates of agricultural output for domestic consumption and for export. Comments on excessively large holdings and absentee landlords. Reprinted from *Diario de Cundinamarca,* 19 September 1884.

**2657. Colombia. Ministerio de Agricultura y Comercio.** La industria de la seda. Bogotá, 1921. 31 p.

Pamphlet written to encourage Colombian farmers to take up silk culture. Long arguments in favor of the industry, the high profits to be gained and the ease of introducing the activity to various Colombian climates. The fact that the industry never took hold should not deter one from investigating this effort at innovation.                    (LAA, Misc. N° 201)

**2658.** _____. _____. Memoria. Bogotá, 1915-23.

Previous reports (1863-1914) included in reports of Secretaría de Hacienda y Fomento. In 1914 Ministerio de Agricultura y Comercio was formed and the annual report was issued during 1915-23. From 1924-33 the report is included in the *Memoria* of the Ministerio de Industrias. Not a very useful source. 1915 census discussed in the first volume—only to report that fewer than 10 per cent of the municipios reported the required data.

**2659. Comité Interamericano de Desarrollo Agrícola.** Colombia; tenencia de la tierra y desarrollo socio-económico del sector agrícola. Washington, Unión Panamericana, 1966. 563 p.

Treats rural problems of the 1960's with some examination of the evolution of agricultural problems from earlier periods. Useful bibliography.

**2660. Great Britain. Foreign Office.** Diplomatic and consular reports; annual series no. 446. Report on agriculture in Colombia. London, Her Majesty's Stationery Office, 1888. 18 p.

Overview of Colombian agriculture; interesting though probably misleading data. The estimate of the number and value of livestock on p. 5 is probably much too low and seems to be based on a Colombian government report drawn up on the basis of reports from only about 25 per cent of all local governments. Data on prices and wages.

**2661.** _____. _____. Diplomatic and consular reports; miscellaneous series no. 822. Report on the cultivation of cacao, bananas, and india rubber in districts surrounding the Sierra Nevada of Santa Marta. London, Her Majesty's Stationery Office, 1894. 17 p.

Discusses the advantages of combined cultivation of cacao, bananas and india rubber. Suggests that slopes of sierra could hold large-scale coffee production profitably.

**2662. International Federation of Cotton and Allied Textile Industries. International Cotton Mission to Colombia.** Colombia, with special reference to cotton; being the report of the journey of the International Cotton Mission through the republic of Colombia. By Arno S. Pearse. . . . February-April, 1926. Manchester, International Federation of Master Cotton Spinners and Manufacturers' Association, 1927. 131 p.

Covers several regions; data on a number of farm products, emphasis on the potential for cotton cultivation. Data on the cotton textile industry and production in Medellín.

**2663. Patiño, Víctor Manuel.** Plátanos y bananos en América equinoccial. Revista colombiana de antropología [Bogotá], v. 7, 1958: 297-337, biblio.

Scholarly study of the banana in Colombia, the spread of varieties, uses of the fruit in various areas, and beginnings of the banana export industry at the end of the nineteenth century. Since plantains are a major staple in the Colombian diet, this study has interest both for its comments on domestic food supplies and as a major export product.

**2664. Revista nacional de agricultura; órgano de la Sociedad de Productores de Café.** Bogotá, 1906—.

Early issues include prices for foodstuffs, short articles on needed road improvements, and other material of interest to farmers. Format changed from newspaper to journal and the price information no longer appears. After the third issue this became the Organo de la Sociedad de Agricultores.

**2665. Ukers, William Harrison.** All about coffee. New York, The Tea and Coffee Trade Journal Company, 1922. 794 p.

Lengthy volume by the editor of *Tea and coffee trade journal* (New York, 1901—) contains data (p. 278) on the history of coffee in Colombia which differ in some respects from official data of the Federation of Coffee Growers.

**2666. United States. Bureau of Foreign and Domestic Commerce. Department of Commerce.** The coffee industry in Colombia. By [Mary L. Bynum]. Washington, Government Printing Office, 1931. 31 p. (Trade promotion series, 127).

Report of coffee cultivation based on the research and internal travel of the U.S. Commercial Attaché in Bogotá. Data on transport costs and trends in production, 1909-30.

**2667.** _____. **Bureau of Foreign Commerce.** Cultivation of, and trade in, coffee in Central and South America. *In* United States. Bureau of Foreign Commerce. Consular reports [Washington], no. 98, 1888: 1-143.

General report on coffee cultivation with sections devoted to Colombia's production and marketing. Data on U.S. imports summarized from U.S. Treasury Department, *Commerce and navigation of the U.S.* (140).

**2668. Uribe Campuzano, Andrés.** Brown gold, the amazing story of coffee. New York, Knopf, 1954. 237 p.

Popularized story of coffee's history, its introduction to the western hemisphere and the expansion of production in Latin America. The author is Colombian, hence the emphasis on that country. Enjoyable reading for the coffee scholar.

**2669. Uribe Uribe, Rafael.** Por la América del Sur. Bogotá, 1908. 528 p.

Uribe Uribe fought on the side of the Liberals in the War of a Thousand Days. After the Liberal defeat he was sent by Rafael Reyes as ambassador to Brazil. As a secondary mission he studied Brazilian agriculture, coffee cultivation, and pricing policy at the behest of the Colombian Society of Agriculturalists. The result was this book which includes materials on coffee (p. 7-143), general agricultural conditions and other related material comparing Brazilian, Colombian and U.S. agriculture. An excellent study.

**See also:** 2341, 2385, 2625, 2763.

## 3. Land tenure

**2670. Brücher, Wolfgang.** Die Erschliessung des tropischen Regenwaldes am Ostrand der kolumbianischen Anden; der Raum zwischen Rio Ariari und Ecuador. [Tübingen], Im Selbstverlag des Geographischen Instituts der Universität Tübingen, 1968. 218 p., Karten, Photos. (Tübinger geographische Studien, Heft 28).

Geographical analysis and settlement history of the forested lowland zone of the Colombian Oriente between the Río Ariari and Ecuador, based on extensive archival research and field work carried on in 1966/67.

**2671. Camacho Roldán, Salvador.** Desamortización de bienes de manos muertas. *En* Escritos varios de Salvador Camacho Roldán. V. 1: Estudios sociales; intereses americanos; agricultura colombiana. Bogotá, Librería Colombiana, 1892, p. 143-163.

Liberal view of what could be expected from the reforms via seizure and resale of church property. Camacho was not only optimistic, he expected both the problems of the rural poor and the government to be solved by the act of the Mosquera government. The data he offers make an interesting contrast to the real outcome.

**2672. Colombia. Archivo Nacional.** Fondo: Bienes desamortizados.

### Tomo 1

Incluye documentos comprendidos entre 1866-71, procedentes en particular del estado de Bolívar. Está contenido un cuadro o relación de billetes amortizados, detallando el tipo de documento, la cantidad y la serie, el capital e intereses y el número de documentos. Lista de los bienes desamortizados en Cartagena, indicando el tipo de propiedad, su ubicación y avalúo, junto con el nombre del rematador.

### Tomo 5

Documentación para los años entre 1861-89; relaciones sobre bienes desamortizados de Bolívar y Boyacá. Tabla de avalúos y documentos del remate de la hacienda de Belén de Chámeza.

### Tomo 15

Contiene documentos referentes a diligencias de remates entre 1862-82, reconocimientos 1821 y 1823 y escrituras

1823 y 1847. Los primeros documentos contienen descripciones de las propiedades, ubicación, límites y avalúos para bienes de finca raíz en Ubaté, Pamplona, Suesca, etc.

### Tomo 20

Contiene descripciones de bienes muebles, contratos de arrendamientos, representaciones y constancias de diligencias de avalúos. Incluye cuadros sobre bienes desamortizados señalando capital, intereses, monto y tiempo, para varios años comprendidos entre 1861-78. Aparece una lista de bienes de manos muertas para Zipaquirá, 1861.

### Tomo 30

Contiene avalúos de lotes en distintos lugares del Tolima para los años 1865-67. Figuran varios cuadros procedentes de la Administración Principal de Hacienda de Ibagué, para 1870, sobre ingresos y egresos totales, de bienes desamortizados. Se incluyen varios "Cuadros generales" de los censos y deudas a favor de bienes desamortizados por redimir en el Tolima, incluyendo distrito, censatario y deudores, fincas gravadas, entidad a la que éstas pertenecían, intereses y valor total. Cuadros sobre fincas raíces desamortizadas, vendidas en remates en el Tolima 1871-72. [DF]

**2673. _____. Ministerio de Industrias.** Memoria, 1931. Bogotá, Imprenta Nacional, 1931. 6 v.

Compilation in volumes 3 and 4 of laws, decrees and resolutions concerning public lands, 1821-1931. List of all concessions. Useful concentration of otherwise scattered information.

**2674. _____.** Resguardos de indígenas; informes de comisiones, exposición de motivos y ley 104 de 1919, por la cual se dispone la división de algunos terrenos de resguardo. Bogotá, 1920. 23 p.

Reviews legislation concerning reserved lands for Indians, then offers an argument in favor of eliminating them. Reveals contemporary attitudes toward communal holdings. Supposedly, more than a third of all lands in Cauca and Nariño were still in *resguardos*.        (LAA, Misc. N° 917)

**2675. Crist, Raymond E.** The Cauca Valley, Colombia: land tenure and land use. Baltimore, Waverly, 1952. 118 p.

Geographer's description of agriculture and land use in the Cauca Valley. Some historical data, little of it quantitative.

**2676. Fals Borda, Orlando.** El hombre y la tierra en Boyacá; bases sociológicas e históricas para una reforma agraria. Bogotá, Ediciones Documentos Colombianos, 1957. 259 p.

Scholarly study of land tenure and fragmentation of holdings employing research techniques of the historian, anthropologist and sociologist. Excellent sections on the breaking up of *resguardo* lands and on the growth through purchase of some of the larger haciendas.

**2677. _____.** Indian congregations in the New

Kingdom of Granada: land tenure aspects, 1595-1850. The Americas [Washington], v. 13, April, 1957: 331-351.

Reviews Spanish and republican policies on Indian communal lands from the period of establishment of the *resguardos*, 1595-1642, until their gradual elimination, 1756-1850. Since these policies bear major responsibility for creation of minifundia and fragmentation of land, they deserve careful study.

**2678. Friede, Juan.** El indio en lucha por la tierra: historia de los resguardos del macizo central colombiano. Bogotá, Ediciones Espiral, 1944. 210 p. (Instituto Indigenista de Colombia).

Careful study of the history of Indian *resguardos* in Nariño and Cauca, emphasizing struggle with local haciendas and legal authorities to maintain autonomy. Comments on the impact of the legal changes wrought by independence.

**2679. Hernández Rodríguez, Guillermo.** De los chibchas a la colonia y a la república; del clan a la encomienda y al latifundio en Colombia. Bogotá, Universidad Nacional de Colombia, Sección de Extensión Cultural, 1949. 326 p.

Historical survey of the Indian groups populating the eastern highlands. Emphasizes impact of legal changes on native populations—enclosure of common lands beginning in the 1750's and the progressive abolition of restricted tenure rights during the 19th century.

**2680. Ortiz, Sergio Elías.** Las comunidades indígenas de Jamondino y Males. Pasto, Imprenta del Departamento, 1935. 100 p.

Ethnography of Indian communities; investigates the history of the communities with respect to titles, disputes with nearby haciendas and legal battles. Useful work on land tenure in the south of the country.

**2681. Páez Courvel, Luis E.** Historia de las medidas agrarias antiguas; legislación colonial y republicana y el proceso de su aplicación en las titulaciones de tierras. Bogotá, Voluntad, 1940. 350 p.

Study of units of measurement used in Colombia relating them to the metric system. Useful to avoid confusion about antiquated units.                                    (LAA)

**2682. Pardo Umaña, Camilo.** Haciendas de la Sabana; su historia, sus leyendas y tradiciones. Bogotá, Kelly, 1946. 250 p.

History and evolution of large farms (held since the colonial period in some cases) in the area around Bogotá. The Sabana is among the richest agricultural areas of the countyr, and the owners of haciendas there constitute a Colombian elite. Potentially useful for agricultural history.

**2683. Rodríguez Maldonado, Carlos.** Hacienda

de Tena (IV centenario), 1543-1943. Bogotá, El Gráfico, [1944]. 231 p.

Descriptive history of an important hacienda in Cundinamarca once owned by Santander. Data show rise in the sale price of the hacienda in the last quarter of the 19th century. The main facts about this hacienda are summarized in T. Lynn Smith (2685).

**2684. Salazar, Mardonio.** Proceso histórico de la propiedad en Colombia (desde 1497 hasta hoy). Bogotá, ABC, 1948. 461 p.

Devoted principally to Colombian land law, treating in particular communal lands, public lands and their alienation, and the formation of latifundia and minifundia. No quantitative data.

**2685. Smith, Thomas Lynn.** Colombia; social structure and the process of development. Gainsville, University of Florida Press, 1967. 389 p.

Treats agriculture and its problems; based partly on the author's field experience over the course of three decades, and partly on the agricultural census of 1960. Interesting commentary on the history of inequality of land distribution and on the origins of certain haciendas.

**2685a. Tovar, Hermes.** El movimiento campesino en Colombia durante los siglos XIX y XX. Bogotá, Ediciones Libres, 1975. 132 p.

Carefully documented review of peasant movements and rural violence, especially in the 1920's and 1930's. Data on property ownership taken from 1912 and 1918 censuses demonstrate low rate of ownership to total population in Antioquia in 1918, perhaps explaining greater degree of rural violence there subsequently.

**See also:** 2333, 2414, 2480, 2484, 2494, 2601, 2603.

## 4. Inputs

**2686. Beyer, Robert Carlyle.** Transportation and the coffee industry in Colombia. Inter-American economic affairs [Washington], v. 2, Winter, 1948: 17-30.

Includes table on the decline of transport costs for coffee occasioned by the building of the railways. Good sample of Beyer's excellent historical research. Two other articles by him were published at about the same time in this journal.

**2687. Federación Nacional de Cafeteros.** Manual del cafetero colombiano. Bogotá, Litografía Colombia, [1932]. 399 p.

Federation guide for growers; useful on the technical problems of coffee cultivation. Sections devoted to shading, plagues and diseases affecting coffee bushes. Good photographs.                               (LAA, Misc. N° 110)

**2688. Great Britain. Foreign Office.** Diplomatic and consular reports; miscellaneous series no. 598.

Report on the present state of the coffffee trade in Colombia. By Mr. vice-consul Spencer S. Dickson. London, His Majesty's Stationery Office, 1903. 8 p.

Analyzes the interaction between overexpansion of coffee planting and the civil war, 1899-1902. The rise of wages, the fall of coffee prices and local scarcity of capital may have led to a change in the scale of enterprises as large, heavily capitalized units had to give up production. A table summarizes coffee exports by custom-house in volume and values, 1894-98.

**2689. Ospina Rodríguez, Mariano.** Cultivo del café. Medellín, 1880. 30 p.

Description of how to grow and market coffee; deals with selection of site, use of shade, picking, hulling and transporting the beans—all the technical aspects of coffee cultivation as it was then known.                    (LAA, Misc. N° 769)

**2690. Pérez Ramírez, Gustavo.** El campesinado colombiano; un problema de estructura. 2. ed. Friburgo, Oficina Internacional de Investigaciones Sociales de FERES, 1962. 188 p., biblio., cuadros.

Examines relations between the agrarian sector, the external economy, and urban demand. Most data and analyses concentrate on the 1950's; however, some series of data (on prices for example) reach back to the 1920's. Useful bibliography.

**2691. Restrepo, José Manuel; Francisco Ospina; Mariano Ospina Rodríguez; Nicolás Sáenz; y Medardo Rivas.** Memorias sobre el cultivo del café. Bogotá, Banco de la República, 1952. 209 p. (Archivo de la Economía Nacional, 5).

Essays and fragments (the Rivas contribution is from his book, *Los trabajadores de la tierra caliente* [2417]) written by men of affairs in the second half of the 19th century who discuss procedures for beginning coffee production, methods of cultivation, and the solution of practical problems. Essential documents on the introduction of coffee to Cundinamarca and Antioquia.

See also: 2417.

## 5. Prices, profitability

**2692. Camacho Roldán, Salvador.** La agricultura en Colombia. *En* Artículos escogidos del Doctor Salvador Camacho Roldán. Bogotá, [1927], p. 15-40.

Text of the author's speech before the inaugural meeting of the Sociedad de Agricultores Colombianos, 31 March 1878. Includes comparative prices for 1848 and 1878, commentary on agricultural techniques, and other materials of interest on agriculture. Agricultural prices went up, artisan products may have fallen in price, 1848-78.

**2693. Ruiz Lara, Jorge.** Fluctuations of world coffee prices: an economic analysis. Unpublished Ph.D. dissertation, University of Illinois, 1961. 114 p.

Examines economic causes of persistent and extreme price variations utilizing statistical estimates of price and income elasticities in the major coffee-consuming countries of the North Atlantic. Recent decades receive most attention.

**2694. Uribe Uribe, Rafael.** El banano. Conferencia dictada por el Doctor don . . . ante la Sociedad de Agricultores de Colombia. San José, Costa Rica, Alsina, 1908. 108 p.

The Costa Rican statistical office published Uribe's paper from the *Revista nacional de agricultura* (Bogotá, 1 May 1908) because it compares banana cultivation in the Santa Marta and Puerto Limón areas. The Costa Ricans have added notes on their banana industry which amount to a defense of the United Fruit Co. there. There are data on costs of production, risks, profits and exports. Good source.                    (LAA)

See also: 2606.

## 6. Governmental policy

**2695. Bureau of the American Republics.** League of the coffee growing countries. Bulletin of the Bureau of the American Republics [Washington], v. 6, March, 1899: 1560-1566.

Discusses a plan proposed by José Antonio Olavarría of Venezuela to form a league to defend coffee prices and to control the tendency of overproduction. There is an indication of Colombian interest in the plan (p. 1565). Worth looking at as a precursor of coffee defense and valorization schemes.

**2696. Federación Nacional de Cafeteros.** Carta del Doctor Mariano Ospina Pérez al Doctor Alfonso López; la política cafetera de Colombia. Bogotá, Minerva, 1934. 45 p.

With the fall in coffee prices in the early 1930's Colombians were considering a policy of limiting production. Here Ospina Pérez cites data on the secular growth of Colombian production to defend a policy of allowing output to continue to grow. President López was at the time on his way to a meeting to plan a coffee defense policy with other nations.
                    (LAA, Misc. N° 111)

**2697. Harrison, John Parker.** The Colombian tobacco industry from government monopoly to free trade, 1778-1876. Unpublished Ph.D. dissertation, University of California at Berkeley, 1951. 427 p., biblio.

Covers the subject very well, particularly local reaction to the colonial monopoly. Useful in any study of the Reforms of 1850 in which tobacco played a major role. Should be in wider circulation.

# VIII. Industry: Factory and Artisan

## 1. Statistical sources

**2698. Colombia. Archivo Nacional.** Fondo: Carnicerías oficiales.

Tomo 2

Para 1885, contiene cuadros de control de ventas diarias, discriminados por precios y calidades en el mercado de Bogotá. Al respaldo de cada cuadro figura una sección "gastos," con salarios de los empleados. [DF]

**2699. _____. Dirección Nacional de Estadística.** Primer censo industrial de Colombia, 1945. Bogotá, 1947-48. 16 v.

The first 15 volumes contain the reports by states on value of output, employment, and capital by major industry groups. Volume 16 is a general summary. This was the first industry census. There are a number of problems with the data (e.g., value added is not given, only total output), but it is the earliest official enumeration of this sector. Whatever its limitations, its use is essential as a starting point.

**2700. López, Eduardo,** *ed.* Almanaque de los hechos colombianos. [Bogotá], Arboleda y Valencia, 1918.

Limited utility; however, on p. 22-24 appears a series on the output in yards, 1906-16, of the Fábrica de Hilados y Tejidos de Samaca, which may not be available in any other source.

**2701. Medellín. Oficina de Estadística municipal.** Sección industrial. *En* Medellín. Dirección de Catastro y Estadística Municipal. Anuario estadístico del municipio de Medellín [Medellín], v. 8, 1923: 96-124.

Data on 65 major industrial enterprises; careful review of each firm and its operations. Essential source on early industrial development in Medellín. (UA)

**2702. Medellín en 1932.** Medellín, Imprenta Editorial y Librería Pérez, 1932. 328 p.

Includes data on manufacturers' activities in 1932; supplements statistical publications of official agencies. (UA)

See also: 2605.

## 2. General studies

**2703. Bureau of the American Republics.** Colombia: budget of 1899—railway statistics—new loan. Bulletin of the Bureau of the American Republics [Washington], v. 6, November, 1898: 789-793.

Refers to a planned increase in receipts of $3.9 million from the match monopoly, a concession which has received little attention. Brief description of soap-making plants in three cities, recent additions to railways system.

**2704. _____.** The shoe and leather trade of Barranquilla. Bulletin of the Bureau of the American Republics [Washington], v. 6, June, 1899: 2162-2165.

Contains data on factories and small shops making shoes, workmen in the industry and quantity of output. Descriptive data on styles and prices, exports of hides and level of tariffs on leather goods. Useful information not available elsewhere.

**2705. Colombia. Ministerio de Relaciones Exteriores.** Nuestra revolución económica. Bogotá, [Imprenta del Estado Mayor General], 1939. 172 p.

Data on manufacturing output in the 1930's not easily available elsewhere; some retrospective data on the second and third decades of this century. Principal concern was enunciation of a policy of import substitution as a response to the war in Europe. Study was conducted by Guillermo Torres García. (LAA)

**2706. Compañía Colombiana de Tejidos, S. A. (Coltejer).** Reseña histórica. Medellín, 1963. 18 p., mimeo.

Brief history of Colombia's oldest and largest textile enterprise; contains some data on employment, capital, and output during its earliest years before World War I. Data on the 1920's and 1930's. This company's history remains to be written.

**2707. Echandía G., Manuel.** Algunos aspectos del desarrollo de la industria manufacturera en Colombia. Ciencias económicas [Medellín], v. 4, mayo, 1957: 329-366; diciembre, 1957: 400-408.

Thesis in economics at the Universidad de Antioquia; historical sections based on Ospina Vásquez (2387).

**2708. Gómez Martínez, Fernando; y Arturo Puerta,** *eds.* Biografía económica de las industrias de Antioquia. Medellín, 1945. 200 p.

Sections on each of the major manufacturing companies in the Medellín area; 24 are treated. Some historical data, but in many cases no more information is given than the date of founding of the firm and the nature of current (1945) operations.

**2708a. Rodríguez S., Oscar.** Efectos de la Gran Depresión sobre la industria colombiana. Bogotá, Libros de Bolsillo de la Carreta, 1973. 118 p., tablas.

Examines the hypothesis that the advent of the Great Depression offered Colombia the opportunity to expand industrial production. Many enterprises started in the 1920's with excess capacity and were able to operate efficiently only with the protection offered by the decline in U.S. production. A frankly Marxist analysis, this work does not seem to recognize that Hirschman offered the same argument in his *The strategy of economic development* (2382). Ample statistical documentation.

**2709. Ramírez Montúfar, Manuel.** El cemento en Colombia. Bogotá, Cámara Colombiana de la Construcción, 1963. 132 p.

Includes data on the growth of the industry from the time of the founding of Cementos Samper in 1909. There are data on output of the first plant in Bogotá (p. 21-30). That first plant was not followed by others until the 1930's. By the 1950's Colombia was an exporter of cement from a plant in Barranquilla.

**2710. United States. Bureau of Foreign Commerce.** Cotton goods in Colombia. *In* United States. Bureau of Foreign Commerce. Consular reports [Washington], no. 226, July, 1899: 553-561.

Prepared just prior to the beginning of the modern textile industry in Antioquia. Details cotton imports into Barranquilla for the year ending 30 June 1898. Useful to those interested in the beginnings of textile manufacture.

**2711. _____. _____.** Industrial possibilities of Colombia. *In* United States. Bureau of Foreign Commerce. Consular reports [Washington], no. 129, June, 1891: 330-338.

Examines which industries had a chance of success given local demand and the difficulties of acquiring materials, machinery and skilled labor. Written on the eve of founding of a brewery, glass works, and textile enterprises; worth examining as an effort to predict industrial expansion.

**2712 _____. _____.** Paper trade in foreign countries. *In* United States. Bureau of Foreign Commerce. Consular reports [Washington], no. 204, September, 1897: 33-38.

Includes responses of consuls to questions about expanding U.S. paper exports to Colombia; names of paper dealers, prices and quantities consumed of various grades. Useful in assessing size of market and indices of communication.

**2713. _____. _____.** Shoe and leather industries. *In* United States. Bureau of Foreign Commerce. Consular reports [Washington], no. 59, December, 1885: 296-297.

Data on the tariff on shoes and local production. No shoe factories used machinery in Barranquilla; imported shoes came mostly from France due to superior styling and resistance to heat and humidity. U.S. products had made no inroads on the local shoe market.

**2714. _____. _____.** Shoe trade in Colombia. *In* United States. Bureau of Foreign Commerce. Consular reports [Washington], no. 227, August, 1899: 663-667.

Includes a list of 10 shoe manufacturers in Barranquilla with their weekly output. Data on shoe prices, cost of materials, volume and value of imports and the extent of duties on the imported product. Shoemakers appear to have begun import-substituting industrialization at an early date.

**2715. Villa Uribe, Miguel; y Francisco Uribe Muñoz.** El libro de la industria colombiana. S.f. 227 p.

Collection of letters to the authors by outstanding Colombians concerning the importance of industry. An appendix presents data on the Empresa Siderúrgica de Medellín and is dated January 1938. Of use to those interested in the nascent steel industry.

**See also:** 2387, 2403, 2662.

## 3. Inputs

**2716. Echavarría, Enrique.** Historia de los textiles en Antioquia. Medellín, Bedout, 1943. 95 p.

Personal account of the early formation of the industry; data on the expansion of each of the major firms. Of special interest is the link established between capital generated in commerce and coffee processing and its use in expanding textile manufactures. The author is of the second generation of the great textile families of Antioquia.

**2717. Medellín. Dirección de Catastro y Estadística municipal.** Estadística del personal y jornales de las obreras en fábricas y talleres. *En* Medellín. Dirección de Catastro y Estadística municipal. Anuario estadístico del distrito de Medellín [Medellín], v. 1, 1915: 37-53.

Data on female employees in the principal factories and workshops of Medellín. Firms identified with hours of work, pay rates, and other material relevant to labor force questions. No data on productivity. Series continues in subsequent years.

**2718. Triana y Antorveza, Humberto.** Extranjeros y grupos étnicos en los gremios neogranadinos. Boletín cultural y bibliográfico [Bogotá], v. 8, 1965:

This article, and others which follow in v. 9 (p. 65-73, 269-281, 432-440), deal with artisan guilds in the 19th century. Based on primary documents; useful as a guide to further research.

**2719. United States. Bureau of Foreign and Domestic Commerce. Department of Commerce.** Colombia: commerce and industries, 1922 and 1923. Washington, Government Printing Office, 1924. 21 p. (Trade information bulletin, 223).

Offers details on external trade, public sector budgets, budgets of individual departments. Some data on manufacturing in large-scale enterprises in Medellín and other cities with special emphasis on cotton textiles.

## 4. Governmental policy

**2720. Sanín Villa, G.** La industrialización del país. Bogotá, 1937. 112 p., tables.

Document placed before the Cámara de Representantes supporting a policy of import-substituting industrialization.

Useful as a presentation of policy. The analysis suggests
that the decision to begin an industry depends only on the
absolute level of imports—disregarding comparative advantage, economies of scale, etc.; nonetheless, an important
document.

# IX. Extractive Industry

## 1. Statistical sources

**2721. Colombia. Archivo nacional.** Fondo: Miscelánea de salinas. Tomo 1.

Para el año de 1900, figura un cuadro con el personal
de la salina de Zipaquirá, detallando nombre, categoría y
empleo, aunque sin sueldo. Figura igualmente una copia
de las operaciones de Caja de la Administración de las salinas
de Chita para 1896, discriminando por meses. [DF]

**2722. _____. Ministerio de Fomento.** Las minas
de Colombia en 1891. *En* Colombia. Ministerio de
Fomento. Boletín trimestral de la estadística nacional de Colombia [Bogotá], v. 3, 1893: 103-290.

List of mines in each of the departments giving the name
of the owner, type of mine, location, and the amount of
tax paid as prescribed by the mining code. Insufficient
information but useful indication of size of enterprises via
the tax data.

**2723. _____. Ministerio de Gobierno.** Estadística nacional. Bogotá, Imprenta Nacional, 1899.
74 p.

Contains only information on the government-owned salt
works, an important source of government revenue. Includes
tables on production by individual mines and some retrospective data.

**See also:** 2507.

## 2. General studies

**2724. Asociación Colombiana de Mineros.** Revista de minería. Medellín, 1932—.

Technical articles on mining; sections on legal and juridical
problems of miners and data from the Casa de Moneda
(mint) located in Medellín. Little economic data.

**2725. Caracristi, C. F. Z.** Coal and petroleum
in Colombia. Bulletin of the Bureau of the American Republics [Washington], v. 1, November,
1893: 5-13.

Covers the departments of Panamá, Cauca, Bolívar and
Magdalena; discusses local mining laws and geological conditions for coal mining. Estimates coal consumed (p. 12-13)
by ships and railways for steam power. Discusses the conjuncture offered by cheap coal and a canal through which ships
could pass—transport costs could be cut by 10 per cent.

**2726. _____.** Nitrate and manganese in Colombia. Bulletin of the Bureau of the American
Republics [Washington], v. 1, December, 1893:
18-23.

The author discovered large nitrate beds in the department
of Magdalena similar in nature and size to those located
in Chile—only the lack of transport facilities prevented exploitation. Deserves more careful study.

**2727. Colombia. Ministerio de Industrias. Depar-
tamento de Minas y Petróleos.** Boletín de minas
y petróleos. Bogotá, 1929—.

Contains technical, legal, and some statistical and economic
materials; however, there are few data. An article on petroleum output in Spanish America, 1925-28 (v. 1: 63-68),
of interest from a comparative point of view.

**2728. Great Britain. Board of Trade.** Archive
of the Companies Registration Office: Records.

Microfilm copies of dozens of British company records
concerning mining activities in Colombia are available in the
Bancroft Library, University of California, Berkeley. No
attempt is made in this bibliography to assess the value of
this collection. The records begin as early as 1845 and are
recorded for as late as 1935. There are some 6000 microfilm
exposures, about half the total dealing with the Oroville
Dredging Company which operated in Colombia and California.

**2729. _____. Foreign Office.** Diplomatic and
consular reports; miscellaneous series no. 677.
Report on the mines and mineral resources of
Colombia. By Mr. Francis Strong, His Majesty's
Minister at Bogotá. London, His Majesty's Sta-
tionery Office, June 1909. 21 p.

This report is the successor to Foreign Office miscellaneous
series No. 331 prepared in 1894 and hence the first British
review of mining after a lapse of 15 years. Principal mines
discussed individually with scanty quantitative data supplied.
An appendix summarizes applicable mining law. A table
shows official data on gold, silver and platinum exports
for 1907.

**2730. Humboldt, Alexander.** Memoria raciocina-
da de las salinas de Zipaquirá. Bogotá, Banco
de la República, 1952. 27 p. (Archivo de la
Economía Nacional, 1).

Brief essay by Humboldt (1801) inspired Luis Angel Arango
of the Banco de la República to begin the series, Archivo
de la Economía Nacional.

**2731. Mendoza, Félix; y Benjamín Alvarado.** La
industria del petróleo en Colombia. Bogotá, ABC,
1939. 217 p.

Reviews the industry's early operations, the legal environment and the geological conditions for oil. In both English
and Spanish, sponsored by the Ministerio de la Economía
Nacional, Departamento de Petróleo. Many pictures, tables,
charts and other materials.                              (LAA)

**2732. Restrepo, Vicente.** Estudio sobre las minas de oro y plata de Colombia. 3. ed. Bogotá, Banco de la República, 1952. 295 p. (Archivo de la Economía Nacional, 7).

Outstanding study of mining for precious metals in Colombia. Includes data on production and export covering the colonial and early national periods. Brings together otherwise scattered material. Originally published in the 1880's.

**2733.** _____. Influencia de la minería en el desarrollo de la población, de la industria y de la civilización de Colombia. Repertorio colombiano [Bogotá], v. 12, agosto, 1884: 401-418.

Reviews the impact of mining on Colombian society since the early colonial period emphasizing the need to expand technical skills by creation of a college of mines. Quantitative data on output is also available in his book cited above.

**2734. Ridgway, Robert Henderson.** Summarized data on gold production. Washington, Government Printing Office, 1929. 63 p. (United States. Bureau of Mines. Economic paper, 6).

Includes data on Colombian gold production drawn mostly from Restrepo, *Estudio sobre las minas de oro y plata* (2732), but updating to the 1920's. More easily available to some scholars than Restrepo's work.

**2735. Rippy, J. Fred.** British investments in Colombian mines. Inter-American economic affairs [Washington], v. 7, Winter, 1953: 65-72.

Chronicles the poor returns to British mining ventures in the years after 1880. Handicaps included difficulties of transport, disease-prone locations for placer operations, refractory ores, and the frequent civil disturbances. Combines descriptive material on some of the larger mines with specific data on paid capital and the return on investment. The Frontino Gold Mine in Antioquia was among the few successful enterprises.

**2736. Segovia Salas, Rodolfo Enrique.** Crown policy and the precious metals in New Granada, 1760-1810. Unpublished M.A. thesis, University of California at Berkeley, 1960. 161 p., biblio.

The author examined the papers of Vicente Restrepo and other unpublished materials and was able to make certain revisions in the estimated production of precious metals in the colonial period. Would be useful to examine for any study of mining.

See also: 2381, 2392, 2500, 2522.

### 3. Inputs

**2737. West, Robert C.** Colonial placer mining in Colombia. Baton Rouge, Louisiana State University Press, 1952. 157 p., maps.

Concentrates on small mining operations in western Colombia examining technical operations, internal transport, products supplied from other regions (foodstuffs and textiles),

and conditions of labor and servitude among mine workers. Excellent study of the late colonial period.

## 4. Governmental policy

**2738. Colombia. Congreso. Senado.** El petróleo y la propiedad minera en Colombia. Datos para el estudio de un proyecto de ley. Bogotá, 1919. 179 p.

Reviews Colombian legislation on subsoil rights and mineral resources and examines policies of several other governments. Concentrates on legal forms rather than real results.

(LAA, Misc. Nº 875)

**2739. Sandoval Mendoza, Alejandro.** La política del petróleo. Bogotá, Minerva, 1930. 603 p.

Deals with the formation of government petroleum policy; few tables, more a legal-juridical than economic study.

**2739a. Villegas, Jorge.** Petróleo colombiano, ganancia gringa. 3. ed. Medellín, Libros de Bolsillo de la Carreta, 1973. 194 p.

Frankly biased interpretation of events leading up to the De Mares and Barco concessions for oil production. Utilizes primary sources such as newspapers, government and congressional reports, to demonstrate the injustice and dishonesty of the concessions.

See also: 2497, 2593.

# X. Transport, Public Utilities, and Services

## 1. Statistical sources

**2740. Camino de Occidente.** Cuenta general y estadística del Camino de Occidente del estado de Cundinamarca correspondiente al año de 1875. [Bogotá, 1876]. 8 p., cuadros.

Presents tables on revenues of the toll road company. Details of revenues and expenses, list of principal merchants and freight forwarders paying tolls. Equivalent reports for the years through 1885 are bound with this one in Biblioteca LAA covering a decade of traffic movements between Bogotá and the Magdalena River.          (LAA, Misc. Nº 214)

**2741. Colombia. Archivo nacional.** Fondo: Ferrocarril de Bolívar.

Tomo 1

Contiene un informe sobre el costo efectivo del ferrocarril y telégrafo de Bolívar, fechado en mayo of 1871; se incluyen gastos detallados en material, tierras adquiridas, etc. Cuadros con material contable resumido para los años 1871-73. Para 1876-77, cuadros estadísticos sobre movimiento de pasajes, equipajes, importaciones y exportaciones, gastos y productos de la empresa.

Tomo 3

Contiene cuadros estadísticos de importación y exportación para 1879-81, informe del visitador fiscal nacional al secretario de Estado en el Despacho de Hacienda de Bogotá, 1881. [DF]

See also: 2535.

## 2. General studies

**2742. Barnhart, Donald S.** The development of the surface transportation system of Colombia, 1820-1940. Unpublished M.A. thesis, University of Chicago, 1950.

Analiza el desarrollo del transporte terrestre y fluvial dentro del contexto geográfico, económico y político. Las fuentes consultadas se concentran particularmente en las de carácter secundario; los documentos pertenecen en su totalidad a archivos norteamericanos y tienen una cobertura limitada. [DF]
(Biblioteca de la Facultad de Economía,
Universidad de los Andes, Bogotá)

**2743. Cisneros, Francisco Javier.** Informe del . . . Ferrocarril de Antioquia. Medellín, 1879. 36 p., cuadros.

This report is bound together with (presumably) all the annual reports of the railway as well as certain special reports by investigative commissions during the years 1879-1916. Hence, in one volume the investigator can find a wealth of essential material on the railway. The same library did not seem to have equivalent reports for later years.           (UA)

**2744. Ferrocarril de Girardot.** Informe del gerente, 1915. Bogotá, Casa Editorial de Arboleda & Valencia, 1916. 11 p., cuadros.

Details operations of the railway joining Bogotá with the river port of Girardot. This was an English firm so that more details of its operation may only be available in appropriate archives in the country.           (LAA, Misc. N° 198)

**2745. Ferrocarril del Pacífico.** Informe que rinde la gerencia del Ferrocarril del Pacífico a la junta directiva del mismo . . . , 1923. Cali, 1924. 157 p., cuadros, mapas.

Excellent summary of the early history of the line, data on contracts, construction completed, costs of operation, and maintenance presented by engineers and accountants of the line. Among the best documents on the early railways.
(LAA, Misc. N° 201)

**2746. Gilmore, Robert L.; and John Parker Harrison.** Juan Bernardo Elbers and the introduction of steam navigation on the Magdalena River. Hispanic American historical review [Durham], v. 28, August, 1948: 335-359.

Study of efforts to put steamboats on the Magdalena between 1828-50. Elbers was given early concessions in exchange for providing the service, but he was never able to keep his end of the bargain. Regular steam traffic did not get started until the late 1840's with the advent of

tobacco exports. No comparable study for the following half-century.

**2747. Gómez Picón, Rafael.** Magdalena, río de Colombia. 2. ed. Bogotá, Santafé, [1947]. 526 p., biblio.

Florid description of the river and its history; scattered information on towns, navigation, technical improvements, and the products of different river ports and production areas.

**2748. Great Britain. Foreign Office.** Diplomatic and consular reports; miscellaneous series no. 678. Report on the railways of Colombia. By Mr. Victor Huckin, acting British consul-general at Bogotá. London, His Majesty's Stationery Office, July 1910. 57 p.

Valuable source on the railways in 1910. Includes data on costs of construction, descriptive statements on the difficulties of building in mountainous terrain, current data on receipts, expenditures and traffic. Each line discussed individually so that the scholar may aggregate the information as he wishes.

**2749. Gutiérrez, Rufino.** Monografías. Bogotá, Imprenta Nacional, 1920-21. 2 v.

Essays on the first three decades of the 20th century, some dealing with construction of the Ferrocarril del Pacífico. Includes data on early traffic movements, difficulties of construction, etc. Also useful on development of the western and Cauca valley areas.

**2750. Harrison, John Parker.** Introduction of steam navigation on the Magdalena river. Unpublished M.A. thesis, University of California at Berkeley, 1948. 134 p.

Complements and extends the Gilmore and Harrison article (2746). More detail on costs of shipping and on the difficulties associated with primitive forms of transport.

**2751. Hoffman, H. Theodore.** A history of railway concessions and railway development policy in Colombia to 1943. Unpublished Ph.D. dissertation, American University, 1947. 278 p., biblio., 20 tables.

Dull but detailed description of railway expansion. Contrasts the policy of land grants and concessions before 1922 with the more rapid progress of the 1920's under a system of direct payments for construction completed.

**2752. Naranjo Martínez, Enrique.** Monografía del río Magdalena, 1916; reseña histórica del descubrimiento y de la navegación del río. Datos y cuadros estadísticos referentes al movimiento de sus transportes. [Barranquilla], 1917. 40 p., cuadros.

Reviews navigation on the river, naming the major companies which operated steamboats in the second half of the 19th century. Data on ship movements on the river, 1912-16, through El Dique canal and Barranquilla's port.
(LAA, Misc. N° 214)

**2753. Nichols, Theodore Edward.** The Caribbean gateway to Colombia: Cartagena, Santa Marta, and Barranquilla, and their connections with the interior. Unpublished Ph.D. dissertation, University of California at Berkeley, 1951. 402 p., biblio.

Examines changing fortunes of three northern ports; shows that access to the hinterland proved to be the principal factor in the eventual dominance of Barranquilla. Good material on transport improvements and city growth. There is a Spanish translation *(Tres puertos de Colombia: estudio sobre el desarrollo de Cartagena, Santa Marta y Barranquilla.* Bogotá, Biblioteca Banco Popular, Divulgación Económica y Social, 1973. 299 p.) which contains added materials updating the history of the three cities through the mid-1950's. Since the dissertation is not widely available, readers will finally have fuller access to the Spanish version.

**2754. Ortega Díaz, Alfredo.** Ferrocarriles colombianos. Bogotá, Imprenta Nacional, 1920-49. 3 v. (Biblioteca de Historia Nacional, 26, 47, 80).

Massive work by a Colombian railway engineer; definitive study of the early railroads. Lines are treated individually and in detail. The last volume brings the work up to date after the expansion of the 1920's.

**2755. _____.** Historia del Ferrocarril de la Sabana. Bogotá, Aguila Negra, 1917. 28 p.

Supplements the author's three-volume general study (2754) with details of contracts, costs of construction, and related data. Bound in Biblioteca LAA with other railway and road studies worth consulting. (LAA, Misc. Nº 80)

**2756. Rippy, J. Fred.** Dawn of the railway era in Colombia. Hispanic American historical review [Durham], v. 23, November, 1943: 650-663.

Concentrates on the early phase of railway construction in Colombia; presents data on kilometers built during the early years. Lists engineers with data on background, interests and company affiliations; many were North American including Cisneros who though born in Cuba was a U.S. citizen.

**2757. United States. Bureau of Foreign Commerce.** Navigation and traffic on the Magdalena. *In* United States. Bureau of Foreign Commerce. Consular reports [ Washington], no. 47, November, 1884: 334—349.

Descriptive materials about travel on the river, 6 pages of tables on hours of travel time between points on the river, volume of cargo shipped from each river station in 1883, volume and value of steamboat traffic (passengers and cargo), and the number of steamboats calling at Sabanilla.

**2758. Ybot León, Antonio.** La arteria histórica del Nuevo Reino de Granada, Cartagena-Santa Fé, 1538-1798: los trabajadores del río Magdalena y el canal del Dique, según documentos del Archivo General de Indias de Sevilla. Bogotá, 1952. 435 p.

Consists of three parts: The first section devoted to communications before construction of El Dique canal between Cartagena and the Magdalena (1650); the second to the later colonial period, and the third a series of documents from the Archivo de Indias, Seville. Useful background to river transport; includes a list of relevant documents and *legajos.*

**See also:** 2389, 2414, 2423, 2559, 2573a, 2607.

## 3. Feasibility studies and projects

**2759. Camino de Soacha.** Informe del presidente: proyecto de camino al río Magdalena por la vía de Fusagasuga. Bogotá, 1892. 14 p., gráfico.

Reports on plans for a new road from the *sabana* to the river. Data on the expected cost of construction and expected traffic drawn from reports of freight and animals paying a local toll in 1888. Might be useful in arriving at pre-railway traffic estimates. (LAA, Misc. Nº 216)

**2760. Cisneros, Francisco Javier.** Informe . . . al señor secretario de Hacienda i Fomento del estado soberano de Antioquia. [Puerto Berrío, 1878]. 25 p.

Document prepared by Cisneros to get the contract to build the Ferrocarril de Antioquia. Includes estimates of the work (earth-moving in particular) which needed to be done, the costs, availability of labor and an inventory of buildings and capital equipment. Related documents concerning this railway and others built by or contracted for by Cisneros are bound in this same volume in Biblioteca LAA.

(LAA, Misc. Nº 214)

**2761. _____.** Memoria sobre la construcción de un ferrocarril de Puerto Berrío a Barbosa. New York, 1880. 196 p.

Includes an informal survey of coffee production in the area served by the railway, estimates of tariffs which will have to be charged.

**2762. Colombia. Ministerio de Obras Públicas.** Ferrocarril de Cúcuta al río Magdalena. Bogotá, 1916. 36 p.

Report of a special commission to study the costs and advantages of extending the railway from Cúcuta to a Magdalena River port. Average cost per km. calculated at about $22,000. The line was never built because traffic via Venezuela was cheaper. Bound with this volume are other pamphlets on railway ventures and disputes in the second decade of the 20th century. (LAA, Misc. Nº 198)

**2763. Davies, James E.** Exposición sobre varias empresas propuestas al gobierno de Colombia. Bogotá, 1888. 128 p.

This work was written to gain governmental support for construction of a road and railway in the north coast area and to sponsor a program of European immigration to people new agricultural areas. Apparently nothing came of the proposal, but the data offered on possible output of corn and a variety of tropical export products is of interest.

(LAA)

**2764. Haupt, Lewis M.** Informe sobre las Bocas de Ceniza. [Barranquilla], 1908. 24 p., mapas.

Report of an engineer concerning the possibilities of opening the mouth of the Magdalena to ocean traffic. Offers cost estimates and maps describing the problem.

(LAA, Misc. N° 216)

**2765. Tolima (departamento). Ferrocarril del Pacífico.** Informes; comisión técnica encargada del estudio y trazado de la sección entre Girardot y Palmira. Ibagué, 1914. 26 p.

Technical report on problems of constructing a railway across the Cordillera Central. Data on towns to be served and traffic which can be expected from them (it is not clear if the production estimates refer only to the surplus for export). Useful early study of demand.

(LAA, Misc. N° 198)

**2766. United States. Bureau of Foreign Commerce.** Railroads in Colombia. *In* United States. Bureau of Foreign Commerce. Consular reports [Washington], no. 113, February, 1890: 146-155.

Reports on proposals to build the Cartagena-Calamar Railway, which subsequently became the subject of extended litigation. Offers comparison of the port facilities of Cartagena and Barranquilla. Includes data on operations of La Dorada Railway, and letters from businessmen-shippers on the importance of various rail lines.

## 4. Inputs

**2767.** Cartas dirigidas a Salvador Camacho Roldán por varios corresponsales. Archivo del Departamento de Historia, Universidad de los Andes, Bogotá.

Colección de cartas comprendidas entre 1841-79, algunas de interés económico: gestiones comerciales y negocios referentes a la construcción de la línea férrea en Bolívar, presupuestos, dotaciones. Contienen algunos datos relevantes sobre los costos de construcción. [DF]

**2768. Colombia. Ministerio de Obras Públicas. Consejo Administrativo de los Ferrocarriles Nacionales.** Revista del Consejo Administrativo de los Ferrocarriles Nacionales. Bogotá, 1931—.

Data on the operations of nationally-owned railways; of particular interest is No. 78 (January-June 1950, p. 24-25, 45) which summarizes total investment up to 31 December 1949 and expenditures and revenues annually by line for the period 1932-49. No earlier data published in the source.

**2769. Ferrocarril de Santa Marta.** Exposición que al honorable congreso de 1915 hace el gerente de la compañía. Bogotá, 1915. 123 p.

This railway was under criciticism and involved in legal battles with the national government and the department. Defense of the English stockholders' position.

(LAA, Misc. N° 216)

**2770. Horna, Hernán.** Francisco Javier Cisneros: a pioneer in transportation and economic development in Colombia. Unpublished Ph.D. dissertation, Vanderbilt University, 1970. 349 p.

Study on the career of this Cuban railway engineer in Colombia. There are two articles based on this disertation: "La variedad de las actividades de Francisco Javier Cisneros." *Boletín de historia y antigüedades* [Bogotá], v. 57, abril-junio, 1970: 195-212; and "Francisco Javier Cisneros: a pioneer in transportation and economic development." *The Americas* [Washington], v. 30, July, 1973: 54-82.

**2771. Sánchez, Diódoro.** Manual práctico de construcción de líneas telegráficas y telefónicas. Bogotá, 1891. 62 p.

Devoted to technical problems of construction and maintenance of the Colombian telegraph lines. Data on p. 62 concern size of the network. Reviews the history of construction, contracts and expenditures for maintenance.

(LAA, Misc. N° 198)

**2772. United States. Bureau of Foreign Commerce.** Colombian railroads. *In* United States. Bureau of Foreign Commerce. Consular reports [Washington], no. 92, April, 1888: 90-95.

Includes sketch maps of railways in operation and under construction; several lines discussed individually with data on tariffs, costs of construction, operation and subsidies in cash and land. Information was gathered from interviews with engineers and contractors; useful as a check on official sources.

**See also:** 2686.

## 5. Governmental policy

**2773. Barnhart, Donald S.** Colombian transportation problems and policies, 1923-1948. Unpublished Ph.D. dissertation, University of Chicago, 1953. 200 p., tables, maps.

Covers the period of greatest investment in Colombia's transport system (the 1920's) and the subsequent effort to formulate a policy for using the resources created. Discusses benefits which accrued from the investments, formation of the Consejo de Ferrocarriles, reorganization of the Ministerio de Obras Públicas, recommendations of the World Bank mission.

**2774. Colombia. Ministerio de Fomento.** Memoria. Bogotá, 1880—.

A Ministerio de Fomento existed from 1886 to 1895 and was preceded by a Secretaría de Fomento which had been separated from the Ministerio de Hacienda. Reports deal with internal improvements and some state enterprises. The Memoria for 1880 includes detailed though partial returns from a census of animals (Part 3, p. 147-270).

**2775. _____. Ministerio de Hacienda.** Régimen tributario y crédito público. Bogotá, Imprenta Nacional, 1931. 170 p., cuadros, gráficos.

Appendix Tables 5 and 6 show investments in roads and railways by the national government for the 1920's. Other tables and graphs show expenditures on such internal improvements back to 1911. A useful source summarizing data not easily available elsewhere.

**2776.** _____. **Ministerio de Obras Públicas.** Estado actual de las carreteras en Colombia. Bogotá, 1924. 80 p.

Report presented by the Director General de Caminos Nacionales at the 1924 road conference of the Pan American Union; contains data on roads in service by type, plans for new construction, problems of administration and maintenance and a long appendix concerning road planning.

(LAA, Misc. N° 214)

**2777.** _____. _____. Informe que presenta al señor ministro de Obras Públicas el oficial mayor del Ministerio sobre el estado y condiciones de los caminos nacionales del Quindío y de Calarcá. . . . Bogotá, 1917. 24 p.

Describes the state of the most important road in Colombia and recommends further investments to join the road to Ibagué which a railway was to reach from the east at about the same time. (LAA, Misc. N° 80)

**2778.** _____. _____. Memoria del ministro de Obras Públicas. Bogotá, 1910—.

This annual report presents current information on the progress of construction, maintenance and operation of public roads and certain nationally-owned railways.

**2779.** _____. _____. **Dirección General de Caminos Nacionales.** Ley 70 de 1916, general sobre caminos; decreto reglamentario número 422 de 1917. . . . Bogotá, 1917. 31 p.

Includes a plan for amplification of the road system with specification of priorities and preliminary estimates of costs.

(LAA, Misc. N° 198)

**2780. Martínez Landínez, Jorge.** La regeneración sobre rieles; la acción administrativa sobre el Ferrocarril del Norte de 1884 a 1925. Bogotá, Editorial Patria, 1925. 150 p.

Reviews the lengthy disputes between the management of the Ferrocarril del Norte and the government concerning the period of construction, early operation and the state's takeover of operations in 1925. This line was never of primary importance. (LAA)

**2781. Nariño (departamento). Gobernación de Nariño.** Circular sobre carretera Pasto a Barbacoas y tarifa de aduanas. Pasto, 1917. 18 p.

Fascinating polemic written to protect Nariño's mistreatment by the national government with regard to road and railway construction. The author (Francisco Albán) suggests that only .5 per cent of the nation's total investment in roads and railways had been made in that department.

(LAA, Misc. N° 198)

**See also:** 2589, 2645.

PART SEVEN

# MEXICO

Enrique Florescano

# Bibliotecas

| | |
|---|---|
| (BB) | Biblioteca Bancroft, Berkeley, California |
| (BBM) | Biblioteca del Banco de México, México |
| (BCM) | Biblioteca de El Colegio de México, México |
| (BCW) | Biblioteca del Congreso, Washington |
| (BDGE) | Biblioteca de la Dirección General de Estadística, México |
| (BDIH) | Biblioteca del Departamento de Investigaciones Históricas, México |
| (BH) | Biblioteca de Hacienda, México |
| (BM) | Biblioteca México, México |
| (BMNA) | Biblioteca del Museo Nacional de Antropología e Historia, México |
| (BMW) | Biblioteca de Miguel Wionczek (privada), México |
| (BN) | Biblioteca Nacional, México |
| (BS) | Biblioteca Sutro, San Francisco, California |
| (BSIC) | Biblioteca de la Secretaría de Industria y Comercio, México |
| (BSMGE) | Biblioteca de la Sociedad Mexicana de Geografía y Estadística, México |
| (BUNAM) | Biblioteca de la Universidad Nacional Autónoma de México, México |
| (BUT-LAC) | Biblioteca de la Universidad de Texas, Austin—Latin American Collection |
| (HN) | Hemeroteca Nacional, México |

# A. ENSAYO DE INTERPRETACION

En la recopilación bibliográfica concerniente a la historia económica de México, procuramos rescatar y comentar los materiales estadísticos y las obras que contenían más información acerca del período 1830-1930. Nuestras notas, en cambio, examinan la literatura descriptiva e interpretativa producida desde el siglo pasado hasta la fecha respecto del crecimiento y la estructura económica de ese período.

Las sugerencias para la investigación futura se desprenden de la comparación entre lo logrado y explorado hasta la fecha, y la enorme riqueza de datos cuantitativos y cualitativos que contienen las obras acumuladas en la bibliografía, escasamente utilizadas en los estudios que se comentan a continuación.

Según han señalado varios autores,[1] la historia económica del siglo XIX se mantiene como una de las porciones más descuidadas de la historia de México. Tampoco fueron muy abundantes en esa época las obras que se ocuparon de analizar el desarrollo económico. En este siglo, sólo a fines de la década de 1950 comenzaron a publicarse estudios centrados en los procesos económicos. Además como consecuencia de las manifestaciones ideológico-políticas que produjo la Revolución de 1910, el siglo XIX se convirtió en una de las épocas negras de la historia mexicana, un terreno que muy rara vez pisaban los historiadores. Ante las definiciones y actitudes que exigía el estudio del siglo XIX o de las etapas revolucionarias y postrevolucionarias, los historiadores profesionales mexicanos prefirieron—con excepción de unos cuantos—dedicar sus mayores esfuerzos a la historia colonial y prehispánica. Así, el período considerado, además de contar con escasas obras de historia económica, carece del número y la variedad de estudios históricos que permiten a los investigadores de otras épocas caminar con soltura y seguridad.

Otro hecho que explica la escasa atención prestada a este período es la condición en que se encuentran sus archivos. Mientras los documentos de las épocas colonial y prehistórica se beneficiaron con continuos esfuerzos de concentración, ordenamiento y crítica, los del

[1]Robert A. Potash, ''Historiografía del México independiente,'' *Historia mexicana* [México], v. 10, enero-marzo, 1961: 361-412; y Enrique Florescano, ''Situación y perspectivas de la historia económica en México.'' (35.)

siglo XIX padecieron primero las consecuencias de los trastornos políticos, militares y administrativos de su época, y más tarde la dispersión en varios lugares. Allí han permanecido sin ordenar, expuestos a todas las eventualidades que registran los archivos mexicanos: deterioro y pérdida graduales, desaparición repentina, venta al extranjero, etc.

Frente a estos factores negativos los escasos esfuerzos individuales realizados en favor de una mejor comprensión del siglo XIX parecen bastante débiles. Sin embargo, como luego se verá, hay obras importantes y relativamente numerosas en el campo de la historia económica, lo que prueba que, más que una época carente de estudios y de fuentes, es un período poco explorado. La demostración más contundente de esto último es la bibliografía de estadística y obras con información económica que acompaña a este ensayo, cuya riqueza es verdaderamente impresionante. Sin embargo, son rarísimos los estudios interpretativos o descriptivos que se apoyaron en este cuantioso arsenal de datos económicos, y todavía más excepcionales los que hicieron incursión en el casto material de los archivos. Un breve examen de las obras de historia económica referidas a este período nos servirá para indicar con mayor precisión los temas y áreas que interesaron a los estudiosos de esta época, y apreciar los resultados obtenidos.

## Obras Generales

En comparación con los estudios publicados acerca de sectores y problemas concretos de la economía del siglo XIX, las obras que abarcan todo el período, o una parte considerable de él, son relativamente más numerosas. Entre éstas conviene distinguir las que contemplan una porción de ese período, las que pretenden examinarlo en su totalidad y las más amplias que consideran la historia económica de América Latina en su conjunto dedicando una parte importante al desarrollo económico de México en el siglo XIX.

La historiografía política ha dividido el período que va de 1821 a 1910 en cuatro épocas: la de la Anarquía, 1821-1857; la de la Reforma y la Intervención, 1858-1867; la de la República Restaurada, 1867-1876 y la del

Porfiriato, 1877-1911. Siguiendo con fidelidad estas demarcaciones, los historiadores interesados en la economía produjeron recientemente varias obras que pretenden abarcar ''la vida económica'' de las épocas de la Reforma, la República Restauradora y el Porfiriato. Es decir que sólo la llamada etapa de la Anarquía sigue haciendo figura de pariente pobre, aunque debe mencionarse una tesis que intenta cubrir sus aspectos económicos (2835). Además, quien se interese en este período todavía confuso, encontrará en la excelente obra de Charles A. Hale[2] acerca del liberalismo una preciosa guía que arroja luz sobre muchos aspectos económicos y sociales.

Si bien las obras que estudian la Reforma, la República Restauradora y el Porfiriato son más numerosas y se internan más profundamente en los procesos económicos, muestran diferencias que conviene señalar. Así, el libro que Francisco López Cámara dedicó a la estructura económica de la época de la Reforma (2840)[3] descansa, sobre todo, en los informes de los cónsules franceses y en apreciaciones de viajeros de la misma nacionalidad. Esto explica que la parte referida al comercio y el tráfico comercial sea la más rica de su estudio. Para el período de la República Restaurada disponemos también de una sola obra importante: la elaborada por Francisco R. Calderón (2836) dentro de la serie *Historia moderna de México* que dirigió Daniel Cosío Villegas. A diferencia de López Cámara, Calderón contó con la ayuda necesaria para extraer una abundante cantidad de cifras y datos de las memorias y estadísticas económicas oficiales de la época, lo que le permitió componer un vasto cuadro que incluye casi todos los aspectos: agricultura, industria, minería, comercio, hacienda pública, comunicaciones, obras públicas e inversión extranjera. Pero su obra comparte una debilidad común a la mayoría de los ensayos de la *Historia moderna:* establece una tajante separación entre los hechos y procesos económicos y los político-sociales: sin embargo ello no oscurece el mérito de haber sido la primera obra que intenta una visión sistemática, coherente y bien fundada de la economía durante los gobiernos de Juárez y Lerdo de Tejada.

De todas estas épocas, la más favorecida en obras generales es la de Porfirio Díaz. El sorprendente desarrollo económico del Porfiriato atrajo la atención de sus contemporáneos, quienes produjeron varios libros buscando ''concretar en algunas páginas el progreso material del país [alcanzado] en el período de la paz

que disfrutamos.'' De hecho todas estas obras conceden algunas páginas al ''progreso material,'' y, aun aquellas que no proporcionan cifras ni se refieren concretamente al crecimiento económico, incluyen reflexiones acerca de la paz y el progreso económico. Entre los trabajos que utilizan las cifras para probar el progreso económico se destacan los de Rafael de Zayas Enríquez y Carlos Díaz Dufoo,[4] que procuran presentar un cuadro de la economía entre 1876 y 1900. Aunque en estas y otras obras semejantes se percibe el propósito de exaltar con cifras la dictadura porfirista, no es posible omitir que sus autores intentaron apoyarse en las estadísticas y los datos más confiables para esbozar la primera imagen de la economía del Porfiriato. Con todo apenas son un sumario de los recursos naturales, agricultura, minería, comercio, hacienda, bancos, ferrocarriles y colonización, que encomia los adelantos en tal o cual aspecto y excluye, generalmente, toda tentativa de análisis riguroso del fenómeno aquí descrito.

Cincuenta años más tarde, un equipo de economistas e historiadores dirigido por Daniel Cosío Villegas se propuso elaborar la historia de todos los aspectos económicos de esta época, tal como se había hecho para la de la República Restaurada: Fernando Rosenzweig, Luis Cossío, Francisco R. Calderón, Luis Nicolau D'Olwer, Guadalupe Nava, Gloria Peralta y Ermilo Coello dieron a conocer, en dos gruesos volúmenes (2846), el primer estudio sistemático de la agricultura, la ganadería, la minería, la industria, los ferrocarriles, el comercio interior y exterior, la moneda y los bancos, la hacienda pública y las inversiones extranjeras del Porfiriato. En esta obra notable resalta el esfuerzo de reunir y ordenar un conjunto nutrido de los datos económicos, para lo cual se hizo una acuciosa búsqueda en las estadísticas, memorias de gobierno y periódicos de la época. Sobre esta base, que es en sí misma un sobresaliente aporte, se elaboró la historia detallada de cada uno de los principales sectores de la economía. Obra de rescate y sistematización, esta historia económica ofrece, en conjunto y por partes, el estudio más vasto acerca de la economía del Porfiriato. Además, como resultado subsidiario, el equipo produjo un trabajo de gran utilidad: la colección, el ordenamiento y la publicación de las estadísticas socioeconómicas del período (2789, 2797, 3221). Por último, un miembro destacado del equipo intentó llenar la laguna más sensible de los dos tomos dedicados a la historia económica del Porfiriato: la ausencia de una síntesis que uniera los distintos aspectos tratados y los integrara en una explicación general del desarrollo económico de la época. Tal fue el propósito del ensayo de Fernando Rosenzweig (2847), que hasta la fecha continúa

[2]Charles A. Hale, *El liberalismo mexicano en la época de Mora, 1821-1853.* México, Siglo XXI, 1970. 347 p. Original inglés: *Mexican liberalism in the age of Mora, 1821-1853.* New Haven, Yale University Press, 1968. 347 p.

[3]Anteriormente, el mismo autor había publicado un estudio más limitado, *Los fundamentos de la economía mexicana en la época de la Reforma y la Intervención.* México, Sociedad Mexicana de Geografía y Estadística, 1962. 96 p.

[4]Véase 2921, 2863; y también Rafael de Zayas Enríquez, *Los Estados Unidos Mexicanos, sus condiciones naturales y sus elementos de prosperidad.* México, Secretaría de Fomento, 1893. 479 p.

siendo el resumen explicativo más coherente del Porfiriato.

Junto a estos análisis de etapas particulares, se han publicado varias obras que intentan abarcar toda la historia económica, desde los tiempos más antiguos hasta los más recientes. El primer trabajo con estas características fue *México, su evolución social* (2849), obra colectiva que dirigió Justo Sierra y en la que colaboraron algunos de los escritores más destacados de fines del siglo XIX. Anunciada como "un inventario monumental" que habría de resumir, en una serie de "trabajos magistrales," los "grandes progresos de la nación," la obra expresa la satisfacción inocultable de quienes, habiendo dejado atrás los años terribles de la "Anarquía," marchaban optimistas por la senda de "la paz y el progreso." Su primer tomo, dividido en dos volúmenes, dio cabida al conocido ensayo de Justo Sierra, "Evolución política del pueblo mexicano," junto a otras acerca del progreso social y cultural. El segundo tomo incluye seis estudios dedicados al desarrollo económico desde sus más remotos orígenes hasta el Porfiriato; Genaro Raygosa trazó la "evolución agrícola," Gilberto Crespo la minera, Carlos Díaz Dufoo la industrial, y Pablo Macedo el desarrollo del comercio, de las comunicaciones, de las obras y la hacienda públicas.

En conjunto, estos ensayos aportan una imagen magnificada de la época de Díaz y caracterizaciones sumarias, más políticas que económicas, de las épocas precedentes. Mientras el Porfiriato es presentado, con abundantes cifras y datos, como el reino de la paz y el progreso económico, el período colonial aparece como una sucesión de siglos oscuros en los que no hubo "adelantos materiales" importantes, y los años que van desde 1821 hasta 1848 son calificados como los de la "Anarquía." De esta manera, el estudio de la "evolución económica" del país se convirtió en apología y exaltación del régimen de Díaz.

Sin embargo, aunque el análisis económico de la colonia y la primera mitad del siglo XIX fue sustituido por la descripción superficial y a menudo anecdótica, la obra que comentamos tiene méritos indudables: es la primera que sitúa los hechos económicos en el centro del relato, y la primera, asimismo, que intenta trazar la historia económica de todo el pasado mexicano; contiene además aportes novedosos como el de acompañar los textos con tablas, gráficas y fotografías que muestran el desarrollo de las actividades económicas, innovación que no se generalizó sino hasta muchos años más tarde, y sólo en las obras económicas. En suma, pese a su evidente carácter apologético, *México, su evolución social* es la obra de historia económica más importante de su época.

Treinta años más tarde, durante el gobierno de Lázaro Cárdenas, se volvió a intentar el estudio de la historia económica del país en su conjunto, esta vez bajo la influencia de las ideas marxistas. En 1933, Luis Chávez Orozco inició la publicación de una serie de documentos referidos al tema, y en 1938 dio a conocer un libro con el título de *Historia económica y social de México*.[5] Incorporó a esta obra ensayos acerca de diversos temas, servidumbre y peonaje, problemas agrarios, obrajes, fábricas, etc. La mayoría de estos se refieren a la época colonial, de manera que, como interpretación general de la historia mexicana, sus alcances son bastante reducidos. Lo mismo ocurre con las conferencias de igual título que por entonces divulgó Miguel Othón de Mendizábal.[6] El ensayo de Mendizábal sólo abarca el período que va desde los tiempos prehispánicos hasta la expulsión de los jesuitas en 1767, limitándose al estudio de la economía indígena y de los cambios que ésta experimentó al quedar sujeta a la española. Con todo, ambos estudios y otras obras de los mismos autores destacaron, en una época cuyo interés se centraba sobre los acontecimientos políticos, la importancia de los hechos económicos y promovieron la adopción de los métodos marxistas en el análisis histórico. Además, el deseo de estudiar la historia de México a través de los modos de producción condujo a ambos autores a revalorar algunas fuentes y descubrir otras como a plantear nuevos problemas y distintas formas de encararlos. En tal sentido, se ha de señalar que Mendizábal fue uno de los rarísimos autores que, en esa época, practicaron con acierto el análisis interdisciplinario.

Sin embargo, quienes en años posteriores quisieron estudiar la historia mexicana a la luz del marxismo, olvidaron que éste se fraguó apoyado en la investigación rigurosa, enfrentando continuamente la teoría y las hipótesis iniciales con los descubrimientos de la investigación empírica, y sustituyendo todo tipo de dogmas por la explicación razonada de los hechos. La mayoría de los autores que continuaron el camino abierto por Chávez Orozco y Mendizábal se preocupó poco por la investigación original, concentrándose en las síntesis generales y en la elaboración de manuales para uso escolar. Obras de este tipo fueron publicadas en 1947 por Agustín Cue Cánovas[7] y en 1954 por Diego G. López Rosado,[8] gozando de sucesivas reediciones. Poco más tarde aparecieron, en la línea de lo que desde entonces se entendió por materialismo histórico, los libros de Manuel López Gallo en 1965 (2842) y de Alonso Aguilar Monteverde en 1968 (2834). Pero en los textos de Cue Cánovas y López Gallo lo poco que hay de historia económica del siglo

[5]México, Botas, 1938. 184 p.

[6]Miguel Othón de Mendizábal, "Historia económica y social de México," *en Obras completas*. México, 1946-47, v. 6, p. 7-138.

[7]*Histora social y económica de México (1521-1854)*. 3. ed. México, Ed. América, 1963. 422 p.

[8]*Curso de historia económica de México*. 2. ed. México, U.N.A.M., 1963. 380 p. Véase también sus *Ensayos sobre historia económica de México*. 3. ed. México, U.N.A.M., 1965. 321 p.

XIX aparece subordinado a la historia política, y la visión que de aquélla se ofrece surge de generalizaciones muy gruesas no admitidas ni probadas por la investigación más reciente. Aunque la obra de Aguilar Monteverde se basa, como las anteriores, sobre fuentes secundarias, es más sólida y coherente. Se concentra en el virreinato y el período 1821-72, con el objeto de estudiar el tránsito de la economía colonial al capitalismo, sistema que el autor considera dominante, hacia 1860, en la economía del país. Su novedad, en relación con los anteriores estudios hechos por marxistas, consiste en abandonar la caracterización de economía feudal atribuida a la época colonial y proponer la de mercantil, que, según afirma, con la independencia entra en crisis para dar paso a la economía capitalista. Aun así, esta caracterización no resulta de una investigación de los principales mecanismos económicos de la época; como ocurre con todas las interpretaciones pretendidamente marxistas que han intentado explicar la historia del país, constituye un esfuerzo por acomodar hechos y datos heterogéneos a una idea del desarrollo económico cuyas etapas y características han sido establecidas previamente. Así, para citar un ejemplo, cuando el autor sostiene que hacia 1860 el capitalismo ''es el sistema socioeconómico dominante,'' se ve constreñido a ''probar'' que, entre 1821 y 1860, en lugar de contracción y desarticulación económica, hubo un gradual crecimiento de las ''fuerzas productivas'' cuyo desenlace fue la consolidación del capitalismo. El ejemplo es ilustrativo porque revela, por una parte, cómo los datos de la realidad empírica se subordinan a esquemas y teorías aceptados de antemano, y, por otra, la dificultad de esta corriente para trabajar con ideas y fuentes originales.

Dentro de esta serie de obras generales se debe citar el último libro de Diego López Rosado (2843), sin duda el manual más útil que hasta hoy existe sobre la historia económica del país. Aunque lleva el título de *Historia y pensamiento económico de México*, no es exactamente una historia sino una acumulación de datos, dispuestos en orden cronológico y por sectores (agricultura, minería, industria, etcétera), que proporcionan información cualitativa y cuantitativa (tablas y cuadros) acerca de las principales actividades económicas. Junto a estos datos, que van desde la época prehistórica hasta 1925, el trabajo incluye reflexiones y juicios de los contemporáneos respecto de la situación de esas actividades. Sin embargo, como el autor decidió tratar cada sector en forma aislada, no hay relación de éstos entre así, ni se explican sus conexiones y su proyección en el cuadro económico general.

El único estudio que, más allá de la descripción cronológica, intenta explicar las características generales de la economía mexicana y de los factores que la determinaron, es el de Robert C. West, contenido en una obra más amplia acerca de la historia económica y social de Mesoamérica y El Caribe (2850). Como historiador, West ha sabido distribuir su material en un discurso coherente y sobrio que pasa de las características físicas y ecológicas del territorio a los primeros asentamientos humanos, y de ahí a sus formas de organización social, para detenerse finalmente en la minuciosa explicación de las actividades económicas que los sustentaban. West combina en la obra su formación de geógrafo y sus habilidades de historiador para ofrecer un excelente resumen de las constantes económicas que perviven en el país, y de los cambios más importantes que han afectado a algunos de sus sectores, todo ello apoyado en una abundante y variada literatura, de la que el autor extrajo lo esencial, insertándolo en un relato explicativo, coherente y armonioso. La parte dedicada al siglo XIX es considerada en relación con sus precedentes coloniales y va unida al análisis de la economía del período postrevolucionario. El texto se completa con una serie de mapas e ilustraciones que hace más clara la percepción de los fenómenos explicados.

Más recientemente, al tratar la situación y las perspectivas del crecimiento económico de México, Leopoldo Solís se vio obligado a hurgar en sus antecedentes, dedicando dos capítulos de los ocho que componen su obra a la economía colonial y al Porfiriato.[9] Respecto de este último período, el interés del autor se concentró en los aspectos que fracturaron la antigua estructura económica y promovieron el crecimiento postrevolucionario: los ferrocarriles, el mercado interno y externo que con ellos se abrió, la agricultura de exportación, la minería, la industria, el comercio y la creación de instituciones financieras y de crédito. Es decir que el interés de Solís, como el de muchos otros economistas, no se orientó especialmente hacia el análisis general de la economía, sino hacia los factores que promovieron o dificultaron el crecimiento económico.

Veamos, por último, las obras que al considerar en conjunto la historia económica de América Latina, contemplan también la del siglo XIX mexicano. El libro de Tulio Halperín[10] incorpora los aportes más recientes sin separar los procesos políticos y sociales de los económicos; su exposición acerca del siglo XIX adquiere así gran coherencia y da lugar a nuevas interpretaciones que rebasan no sólo los marcos nacionales sino también el relato anecdótico de la historia tradicional. La obra de otro economista, William P. Glade (38), profundiza resueltamente en la historia manejando el material más denso y erudito a su alcance y concentrándose en los hechos institucionales

[9]Leopoldo Solís M., *La realidad económica mexicana: retrovisión y perspectivas*. México, Siglo XXI, 1970. 356 p.
[10]Tulio Halperín Donghi, *Historia contemporánea de América Latina*. Madrid, Alianza, 1969. 548 p. (2. ed., corregida y ampliada: Madrid, Alianza, 1970. 548 p.)

que rodean a los fenómenos económicos. Divide el campo económico en dos sectores: público y privado, y busca en ellos los factores institucionales, políticos y sociales que determinaron el curso y las características de la economía. México es uno de los países que más atención reciben en su análisis, pero el afán de esclarecer la influencia de los factores institucionales y sociales sobre los económicos lo lleva, frecuentemente, a explicar éstos por aquéllos (el latifundio, por ejemplo), descuidando el estudio de las condiciones económicas que crearon mecanismos y dinámicas independientes de otros procesos.

El estudio de Stanley y Barbara Stein (46), además de incluir páginas excelentes acerca de México, sostiene que el carácter dependiente y subdesarrollado de las economías latinoamericanas se fraguó en la época colonial y que esa estructura se trasmitió casi íntegra a la primera mitad del siglo XIX. Los autores analizan especialmente el comercio exterior, los enclaves mineros, la hacienda y la plantación, además de los grupos dominantes y las estructuras sociales producidas por esas economías. De su trabajo surge una visión bien fundada del carácter periférico de las economías latinoamericanas y de las estructuras y mecanismos socioeconómicos que mantienen el subdesarrollo y la dependencia.

En todos estos estudios, y particularmente en el de Glade y en el de los Stein, se observa la preocupación por definir un marco teórico que permita un enfoque más sistemático de las economías latinoamericanas. Esta intención es más evidente en el libro de Osvaldo Sunkel y Pedro Paz (47) que se propone, por una parte, caracterizar en su marco histórico los procesos de desarrollo y subdesarrollo, y por otra, definir una teoría del desarrollo económico general, apoyada en un método que los autores llaman "histórico-estructural." Este método reconoce como premisa básica "la historicidad del objeto de la ciencia económica y la necesidad de enfocar el proceso y los sistemas económicos en su interacción con el todo social (hipótesis totalizante)." Con este enfoque los autores observan la evolución histórica de las economías latinoamericanas, señalando tanto sus elementos comunes como la diversidad que el proceso del subdesarrollo manifiesta en cada país o grupo de países. El análisis culmina con una tipología del subdesarrollo, que descansa en la presunción de que todo cambio estructural en las economías latinoamericanas es consecuencia de cambios ocurridos en el exterior. Esta tipología produjo una periodización y una caracterización que, si bien puede aceptarse como operativa para el conjunto de los países, no atiende a las peculiaridades de cada uno de ellos.

Esto último se debe, más que a las limitaciones del enfoque, a la ausencia de estudios rigurosos que examinen con detalle el desarrollo de estos países en el siglo XIX. Con todo, a partir de estas obras se ha

planteado la necesidad de vincular el estudio histórico de los procesos económicos en cada país, con la teoría económica que los explique.[11]

## Estudios Sectoriales

La escasa atención prestada al siglo XIX es visible al observar el reducidísimo número de estudios que se ocupan de los diversos sectores de su economía. Todavía más; si se suprimieran las partes y secciones que en las obras generales antes reseñadas se dedican a estos aspectos, nuestro conocimiento de los campos de la economía decimonónica sería insignificante. Con todo, recorrer lo hecho y no hecho en cada sector permitirá apreciar con mayor crudeza la situación de la literatura económica acerca de esta época.

### Demografía

No hay, y seguramente no habrá en mucho tiempo, una obra general que muestre la evolución demográfica del país entre 1821 y 1910. Se ignora el comportamiento de la población en su conjunto y se desconocen las características y tendencias de sus diversos componentes (mortalidad, natalidad, fecundidad, migraciones, desarrollo urbano, etc.). Los pocos datos que se conocen provienen de las escasas obras generales acerca del conjunto de Latinoamérica[12] y de los, aún más raros, estudios referidos a una región del país.[13] En ambos casos los resultados iluminan poco, sea porque se trata de estudios que no tienen como tema central el desarrollo demográfico, o porque las estadísticas y datos utilizados son insuficientes. Sólo en los últimos años se han publicado trabajos más consistentes, que abordan el crecimiento demográfico de las ciudades y los cambios en los patrones de urbanización.[14] En ellos

[11]Véase un análisis general semejante, aunque más reducido, en Celso Furtado, (37). Traducción española: *La economía latinoamericana: una síntesis desde la conquista ibérica hasta la revolución cubana.* México, Siglo XXI, 1971. 311 p. (También publicado en Santiago de Chile, Univesitaria, 1969).

[12]Véase Nicolás Sánchez Albornoz; y José Luis Moreno, 93; y también Richard M. Morse, *ed. The urban development of Latin America, 1750-1920.* Stanford, Center for Latin American Studies, Stanford University, 1971. 129 p.

[13]Véase Gonzalo Aguirre Beltrán, *Problemas de la población indígena de la cuenca del Tepalcatepec.* México, Instituto Nacional Indigenista, 1952. 363 p.; Sherburne F. Cook; and Woodrow Borah, *The population of the Mixteca Alta, 1520-1960.* Berkeley, University of California Press, 1968. 89 p.; y de los mismos autores, *Essays in population history: Mexico and the Caribbean.* Berkeley, University of California Press, 1971—.

[14]Véase Richard E. Boyer; y Keith A. Davies. *Urbanization in 19th century Latin America: Statistics and sources.* Los Angeles, UCLA Latin American Center, University of California, 1973. Traducido en parte en Keith A. Davies, "Tendencias demográficas urbanas durante el siglo XIX en México," *Historia mexicana* [México], v. 21, enero-marzo, 1972: 481-524; Richard E. Boyer, "Las ciudades mexi-

se utilizan los enfoques y técnicas más recientes y se muestra la conveniencia de vincular la variable demográfica a los fenómenos socioeconómicos en que ésta interviene como causa o efecto determinante.

Algunos problemas esenciales, como el de las migraciones del campo a la ciudad, no fueron tratados, pero ya se inició la investigación de los desplazamientos temporales y permanentes de los trabajadores mexicanos hacia E.U.A., los que fueron particularmente intensos después de la primera y segunda guerra mundiales.[15] De todos los aspectos ligados a la demografía, el tema más estudiado ha sido el de la colonización, acerca del que se han producido obras generales y monografía que narran sus fracasos.[16] Más recientemente se han publicado varios trabajos que se refieren al mestizaje y a los conflictos interétnicos,[17] pero los que tocan este último tema se han interesado en la visión o las ideas que tenían los intelectuales de los indios.

## El sector interno

De las actividades comprendidas en este sector, la que ha provocado mayor número de estudios es, sin duda, la agricultura, sobre todo en relación a la tenencia de la tierra, el latifundio y el ejido. Francisco Pimentel (3492), Andrés Molina Enríquez (2912) y Wistano L. Orozco[18] iniciaron el largo debate acerca de las deformaciones que se produjeron en el campo mexicano como consecuencia del impetuoso desarrollo del lati-

fundio a través del siglo XIX. La obra de Molina Enríquez fue la primera explicación sistemática e inteligente de la formación de la gran propiedad y de las desigualdades que ésta generó en la estructura de la tenencia de la tierra, de la producción, el crédito, la irrigación, etc., hasta conformar el gran problema social y político que dividió a la nación. En cambio, las obras de Pimentel, Orozco y otros, se concentraron en los aspectos políticos del problema, produciendo argumentos a favor o en contra de la gran propiedad. A ellas hay que agregar el numeroso grupo de panfletos y folletos acerca de la cuestión agraria publicados antes y durante la lucha armada, entre los cuales hay penetrantes análisis de la propiedad, el crédito y la situación de los peones, así como planes para repartir la tierra y acabar con los males del campo (3484).

Al concluir la lucha armada, uno de los aspectos más atractivos que se ofrecían al investigador era explicar los resortes profundos que habían movilizado a la enorme masa de campesinos que participó en la Revolución. La participación le dio su contenido social al movimiento político originado en 1910, y esta característica colocó al problema agrario en el centro de las preocupaciones de muchos estudiosos mexicanos y extranjeros. Entre los primeros, Fernando González Roa (3481), Molina Enríquez,[19] Lucio Mendieta y Núñez (3458) y Gildardo Magaña (2844), intentaron establecer las causas del malestar campesino y el sentido de sus reivindicaciones. Sin embargo, la mayoría de los que se ocuparon del tema sustituyeron la explicación razonada por el argumento político, contribuyendo a crear una leyenda negra del campo y de la hacienda porfiriana que no favoreció el estudio de sus fundamentos económicos.[20] En cambio, los aportes extranjeros—sobre todo norteamericanos—fueron más consistentes y rigurosos. Se iniciaron con los excelentes estudios de McBride y Phipps acerca de la historia de los sistemas de propiedad y del problema agrario,[21] seguidos por el importante trabajo de Frank Tannenbaum[22] referido al carácter agrario de la Revolución,

canas: perspectivas de estudio en el siglo XIX," *Historia mexicana* [México], v. 22, octubre-diciembre, 1972: 142-159. También ver Alejandra Moreno Toscano, "Cambio en los patrones de urbanización en México, 1810-1910," *Historia mexicana* [México], v. 22, octubre-diciembre, 1972: 160-187.

[15]El artículo de Arthur F. Corwin, "Historia de la emigración mexicana, 1900-1970: literatura e investigación," *Historia mexicana* [México], v. 22, octubre-diciembre, 1972: 188-220, contiene una reseña de todos los estudios publicados acerca de este tema.

[16]Los tomos acerca de la "vida social" de la *Historia moderna de México*, tanto de la República Restaurada como del Porfiriato, contienen excelentes secciones dedicadas a este tema. Véase además Moisés González Navarro (2985) y Thomas A. Robertson, *A southwestern utopia*. Los Angeles, Ward Ritchie, 1964. 266 p.

[17]Véase el importante estudio de Magnus Mörner, *La mezcla de razas en la historia de América Latina*. B.A., Paidós, 1969. 163 p. (original inglés: *Race mixture in the history of Latin America*. Boston, Little, Brown, [1967]. 178 p.) y los ensayos de Martin S. Stabb, "Indigenism and racism in Mexican thought: 1857-1911," *Journal of inter-American studies* [Gainesville, Fla.], v. 1, October, 1959: 405-423; T. G. Powell, "Mexican intellectuals and the Indian question, 1876-1911," *Hispanic American historical review* [Durham, N.C.], v. 48, February, 1968: 19-36; William D. Raat, "Los intelectuales, el positivismo y la cuestión indígena," *Historia mexicana* [México], v. 20, enero-marzo, 1971: 412-427; y el excelente capítulo que Charles Hale dedica a este tema en *El liberalismo mexicano*, citado en n. 2, p. 221-254.

[18]Wistano Luis Orozco, *La cuestión agraria*. Guadalajara, El Regional, 1911. 62 p.

[19]Andrés Molina Enríquez, *Esbozo de la historia de los primeros diez años de la revolución agraria de México (de 1910 a 1920)*. . . . México, Museo Nacional de Arqueología, Historia y Etnografía, 1932-36. 5 v.

[20]Véase una amplia muestra de este tipo de literatura en la obra de Jorge Martínez Ríos (2802).

[21]George McCutchen McBride, *The land systems of Mexico*. New York, American Geographical Society, 1923. 204 p. Versión española: "Los sistemas de propiedad rural en México," *Problemas agrícolas e industriales de México* [México], v. 3, julio-septiembre, 1951: 11-114; Helen Phipps, *Some aspects of the agrarian question in Mexico: a historical study*. Austin, Tex., The University, 1925. 157 p.

[22]*The Mexican agrarian revolution*. New York, Macmillan, 1929. 543 p. Versión española: "La revolución agraria mexicana," *Problemas agrícolas e industriales de México* [México], v. 4, abril-junio, 1952: 9-169.

y poco más tarde las obras ejemplares de Eyler N. Simpson[23] y Nathan L. Whetten.[24]

Estas continúan siendo básicas para comprender las ideas que conformaron la política ejidal postrevolucionaria y los problemas que enfrentó el ejido en sus años de nacimiento y auge.

A partir de la década de 1920, y sobre todo de 1930, estos análisis fueron enriquecidos por las contribuciones de antropólogos mexicanos y norteamericanos, quienes se aplicaron al estudio de las comunidades indígenas. Las características de la tenencia y explotación del suelo en éstas, y la intensa vinculación entre la economía agrícola y la estructura social, política e institucional de los pueblos, cobraron nueva dimensión a la luz de los estudios de Manuel Gamio (3005) y Robert Redfield.[25] Ambos iniciaron la prolongada serie de obras antropológicas acerca de la comunidad, precisamente en el momento en que los efectos del desarrollo capitalista la resistieron con mayor fuerza.

Desde 1940 en adelante fueron más frecuentes las publicaciones de agrónomos y economistas referidos a diversos problemas agrarios, pero la mayoría se concentró en el período 1940-70. Entre las obras que, además de considerar la época reciente se interesan por el que nos ocupa, habría que mencionar los estudios críticos acerca del desarrollo de la reforma agraria, de los ejidos, de la tenencia de la tierra y la participación del sector agrícola en el crecimiento económico general del país.[26] En ellas hay aportes esclarecedores de muchos de los problemas que se refieren a la relación del hombre con la tierra. Más nutrida fue la contribución de los antropólogos mexicanos (Miguel Othón de Mendizábal, Julio de la Fuente, Gonzalo Aguirre Beltrán, Ricardo Pozas, Ro-

dolfo Stavenhagen, Guillermo Bonfil, Alejandro Marroquín, etc.), y extranjeros (Robert Redfield, George S. Foster, Oscar Lewis, Calixta Guiteras, Isabel Kelly, Evon Z. Vogt, Jack Stauder, Raymond Wilkie, Eric Wolf, Frank Cancian, etc.), acerca de las comunidades campesinas y la economía agrícola que las sustenta. Reducidos al examen de pueblos y comunidades diminutas, estos estudios han establecido, sin embargo, las características generales de la producción, la tierra y el intercambio de productos agrícolas en las economías marginales; así como, las relaciones que se crearon entre la economía agrícola y la organización social, política y cultural de las comunidades campesinas.

Otro tema que ha llamado la atención de los investigadores recientemente es el de las protestas y rebeliones campesinas. En un libro acerca de las ideas socialistas difundidas en México a partir de la segunda mitad del siglo XIX, Gastón García Cantú señaló el contenido social que tuvieron muchas de las rebeliones campesinas de esa época.[27] Estas manifestaciones del malestar general que aquejaba al campo han sido estudiadas con mayor detalle en diversas monografías. Así, Nelson Reed y Moisés González Navarro publicaron importantes trabajos con respecto a la guerra de castas en Yucatán,[28] mientras la rebelión cristera fue analizada por Nicolás Larín[29] y Jean Meyer. Acerca de este tema Meyer produjo una obra excelente[30] mostrando, entre otras cosas, el carácter agrario de un movimiento que hasta la fecha había sido caracterizado como estrictamente político y esencialmente reaccionario. También publicó un ensayo igualmente heterodoxo acerca de Manuel Lozada, "El tigre de Alica," quien quiso instaurar una democracia agraria en la Meseta del Nayar y sublevó a coras y huicholes cuando su movimiento fue reprimido (3464). La rebelión campesina más conocida, la zapatista, fue objeto de estudios de gran calidad que la despojaron de los estereotipos más divulgados y profundizaron en sus motivaciones agrarias y sociales.[31] Incluso se inició el examen de rebeliones poco conocidas, como la de

[23]*The ejido; Mexico's way out.* Chapel Hill, University of North Carolina Press, 1937. 849 p. Versión española: "El ejido: única salida para México," *Problemas agrícolas e industriales de México* [México], v. 4, octubre-diciembre, 1952: 7-350.

[24]*Rural Mexico.* Chicago, University of Chicago Press, 1948. 671 p. Versión española: "México rural," *Problemas agrícolas e industrias de México* [México], v. 5, abril-junio, 1953: 11-395.

[25]*Tepoztlán, a Mexican village.* Chicago, Chicago University Press, 1930. 247 p.

[26]Véase, por ejemplo, Jesús Silva Herzog (3696); Moisés T. de la Peña, *El pueblo y su tierra; mito y realidad de la reforma agraria en México.* México, Cuadernos Americanos, 1964. 895 p.; Ramón Fernández y Fernández, *Economía agrícola y reforma agraria.* México, Centro de Estudios Monetarios Latinoamericanos, 1962. 157 p.; Manuel Aguilera Gómez, *La reforma agraria en el desarrollo económico de México.* México, Instituto Mexicano de Investigaciones Económicas, 1969. 375 p.; Marco Antonio Durán, *El agrarismo mexicano.* México, Siglo XXI, [1967]. 175 p.; Carlos Tello, *La tenencia de la tierra en México.* México, Instituto de Investigaciones Sociales, U.N.A.M., 1968. 143 p.; Salomón Eckstein Raber, *El ejido colectivo en México.* México, Fondo de Cultura Económica, 1966. 511 p.; Clark W. Reynolds, *The Mexican economy; twentieth century structure and growth.* New Haven, Yale University Press, 1970. 468 p.

[27]Gastón García Cantú, *El socialismo en México, siglo XIX.* México, Era, 1969. 514 p.

[28]Nelson Reed, *La guerra de castas de Yucatán.* México, Era, 1971. 297 p. (Original inglés: *The caste war of Yucatan.* Stanford, Stanford University Press, 1964. 308 p.); Moisés González Navarro, *Raza y tierra; la guerra de castas y el henequén.* México, El Colegio de México, 1970. 392 p.

[29]Nicolás [Nicolai Sergeevich] Larín, *La rebelión de los cristeros, 1926-1929.* México, Era, 1969. 259 p. Traducido del ruso.

[30]Jean Meyer, *La Christiade: societé et ideologie dans le Mexique contemporain.* Paris, 1971. 5 v., mimeo. Versión española: *La cristiada.* México, Siglo XXI, 1973. 3 v.

[31]Véase François Chevalier (3454); Jesús Sotelo Inclán, *Raíz y razón de Zapata.* 2. ed. México, C.F.E., 1970. 588 p.; John Womack, *Zapata y la Revolución Mexicana.* México, Siglo XXI, 1969. 443 p.

Primo Tapia en Naranja[32] (estado de Michoacán), y se produjeron varios ensayos que analizaban el carácter de las reivindicaciones campesinas en toda una región, a lo largo de grandes períodos, y a través de sus organismos formales de lucha.[33] Estos estudios contribuyeron a esclarecer la enorme gama de presiones que la progresiva modernización del país la hecho sentir sobre las comunidades campesinas, y la variada serie de respuestas que éstas dieron a la lucha por mantenerse semejantes a su modelo tradicional.

La abundancia de obras referentes al período 1870-1940 contrasta notablemente con la escasez de estudios acerca de la economía agrícola y los problemas agrarios de los años 1821-60. De esta etapa existen pocos trabajos con excepción de los dedicados a la Guerra de Castas, de manera que se ignora la situación de la agricultura en general y la forma como la hacienda colonial se fue convirtiendo, en algunas regiones, en empresa capitalista. En suma, no sabemos nada de la producción, el trabajo, los precios, los salarios y el mercado de productos agrícolas en este período. El panorama es menos sombrío respecto a las épocas de la Reforma y el Porfiriato, pues se cuenta con los estudios aparecidos en los volúmenes de "vida social" y "vida económica" de la *Historia moderna de México,* ya mencionados. Las obras más recientes de Costeloe, Bazant, Powell y Fraser[34] arrojan nueva luz en cuanto a los bienes de la iglesia, a los efectos que tuvieron las leyes de desamortización en la división de las grandes propiedades y a la partición de las tierras comunales de los indígenas. Además, para el Porfiriato existe una amplia serie de estadísticas de producción y precios agrícolas (2789).

Con todo, es sensible la escasez de estudios acerca de la economía del latifundio (principal unidad de producción de la época), y del papel social y político que éste jugó en la historia del siglo XIX. Este aspecto fue objeto de reflexiones en el siglo pasado (3217), pero luego ningún investigador otorgó una atención sostenida, aunque la mayoría de ellos se refirieron a él como la célula más importante y generalizada de la economía decimonónica. Algunos trabajos recientes tocan el fenómeno de la concentración de la tierra y la formación de latifundios;[35] otros intentan examinar uno o más de sus componentes económicos, o sus aspectos institucionales y sociales;[36] pero ninguno ha investigado, exhaustivamente, la composición y características de la economía latifundista, ni sus relaciones con el mercado y la economía regional en que operaba. También debe señalarse la falta de estudios acerca de la utilización del capital, de tecnología y de mano de obra, a pesar de que este último aspecto fue tratado en la literatura de intención política.

Por otra parte, el análisis de la industria, otra gran rama del sector doméstico, ha sido también errático y poco consistente. Existen visiones panorámicas con respecto a las principales actividades industriales en las obras generales ya citadas de la Reforma y el Porfiriato, pero no hay una sola monografía que, apoyándose en fuentes primarias y bajo la guía de una problemática adecuada, estudie su composición, examine las características cuantitativas y cualitativas de su desarrollo, y exponga analíticamente el peso y el carácter de su participación en el progreso general del país. La parte mejor estudiada de la actividad industrial es la rama textil. La excelente obra de Robert A. Potash estudia la política adoptada por los gobiernos del período 1821-46, y principalmente el apoyo que recibieron las fábricas textiles a través del Banco de Avío (3552). También hay importantes trabajos de Quintana, Chávez Orozco, Hale, Reyes Heroles y Cline, acerca de Estevan de Antuñano, Lucas Alamán y Pedro Baranda, promotores entusiastas de la creación de una industria manufacturera.[37] Recientemente Jan Bazant publicó análisis de

[32]Paul Friedrich, *Agrarian revolt in a Mexican village.* Englewood Cliffs, N.J., Prentice-Hall, 1970. 158 p.

[33]Heather Fowler, "Orígenes laborales de la organización campesina en Veracruz," *Historia mexicana* [México], v. 20, octubre-diciembre, 1970: 235-264; del mismo autor, "Los orígenes de las organizaciones campesinas en Veracruz: raíces políticas y sociales," *Historia mexicana* [México], v. 22, julio-septiembre, 1972: 52-76; Gerrit Huizer, *La lucha campesina en México.* México, Centro de Investigaciones Agrarias, 1970. 111 p.; Francisco A. Gómez Jara, *El movimiento campesino en México.* México, Editorial Campesina, 1970. 333 p.; Moisés González Navarro, *La Confederación Nacional Campesina.* México, Costa-Amic, 1968. 333 p.; Eric R. Wolf, *Peasant wars of the twentieth century.* New York, Harper and Row, 1969. 328 p.

[34]Michael P. Costeloe, *Church wealth in Mexico: a study of the "Juzgado de Capellanías" in the archbishopric of Mexico, 1800-1856.* Cambridge, Engl., Cambridge University Press, 1967, 139 p.; Jan Bazant, *Los bienes de la iglesia en México (1856-1875)* (3473); Donald J. Fraser, "La política de desamortización en las comunidades indígenas, 1856-1872," *Historia mexicana* [México], v. 21, abril-junio, 1972: 615-652; y T. G. Powell, "Los liberales, el campesinado indígena y los problemas agrarios durante la Reforma," *Historia mexicana* [México], v. 21, abril-junio, 1972: 653-676.

[35]Moisés González Navarro, "Tenencia de la tierra y población agrícola (1877-1960)," *Historia mexicana* [México], v. 19, julio-septiembre, 1969: 62-86.

[36]Charles H. Harris, *The Sánchez Navarros: a socio-economic study of a Coahuilan latifundio, 1846-1853.* Chicago, Loyola University Press, 1964. 127 p.; William H. Dusenberry, "The Mexican agricultural society, 1879-1914," *The Americas* [Washington], v. 12, April, 1956: 385-398; Edith Boorstein Couturier, "Modernización y tradición en una hacienda (San Juan Hueyapan, 1902-1911)," *Historia mexicana* [México], v. 18, julio-septiembre, 1968: 35-55.

[37]Miguel A. Quintana, *Estevan de Antuñano, fundador de la industria textil en Puebla* (3561); Charles H. Hale, "Alamán, Antuñano y la continuidad del liberalismo," *Historia mexicana* [México], v. 11, octubre-diciembre, 1961: 224-245; Jesús Reyes Heroles, "El caso Antuñano," *Historia mexicana* [México], v. 11, octubre-diciembre, 1961: 246-262; Howard F. Cline, "The 'Aurora Yucateca' and the spirit of enterprise in Yucatan, 1821-1847," *Hispanic American historical review* [Durham, N.C.], v. 27, February, 1947: 30-60; Luis Chávez Orozco; y Enrique Florescano, *eds.*

carácter más económico referidos al desarrollo de la industria algodonera en Puebla (3556) y la productividad de la industria textil entre 1843 y 1845 (3537). Los antiguos estudios del algodón y su industria, realizados por Carden y Sandoval[38] han sido superados por la nueva obra de Dawn Keremitsis que presenta un cuadro general y bien fundado de esta industria durante todo el siglo XIX.[39] Pero, con excepción de ésta, es notorio que las obras acerca de la industria textil se concentraban en la primera mitad de ese siglo. A esto hay que agregar que el interés de los investigadores se volcó hacia los establecimientos fabriles e industriales de tipo moderno, descuidando el análisis de los pequeños talleres y obrajes, que por su número, y población trabajadora, eran más importantes en esa época. Todavía ignoramos el número de estas unidades de producción, su distribución, concentración geográfica, su especialización, sus técnicas, capital y organización del trabajo. Sin embargo, fueron estos talleres con su enorme población trabajadora los que resistieron con mayor fuerza la instalación de fábricas dotadas de maquinaria altamente especializada, y la introducción—legal o por contrabando—de telas baratas de algodón y lana procedentes de Inglaterra y los Estados Unidos. Sólo el estudio de los intereses y fuerzas que se agruparon alrededor de estos talleres por una parte, y de los que se polarizaron en el contrabando, el agio y la intermediación, por la otra, podrá esclarecer el sentido de la lucha entre proteccionistas y librecambistas, que hasta la fecha se ha analizado únicamente en sus aspectos doctrinarios y declarativos. En medio de esas fuerzas reales jugaba el interés de los gobiernos de turno incapaces de ejecutar una política verdaderamente proteccionista, dado que el 60 por ciento de sus ingresos provenía de los impuestos aduaneros recaudados en concepto de derechos de importación de artículos extranjeros.

Por otro lado, para obtener una idea aunque sea general de la situación de las pequeñas artesanías e industrias de loza, calzado, vidrio, papel, etcétera, el interesado tendrá que consultar los impresionantes volúmenes de la *Historia moderna de México*, pues no hay otros estudios acerca de ellas. En cambio, existen ensayos importantes de los orígenes y desarrollo del complejo industrial de Monterrey[40] y de la industria petrolera.[41] Pero en general, con excepción de las obras dedicadas a la minería—que mencionaremos luego— los estudios referidos a las industrias básicas y de transformación, así como los dedicados a los recursos no renovables, se interesaron en los años que van de 1920 o 1930 en adelante.

Como puede apreciarse, pues, en casi todo el sector industrial faltan trabajos que aporten series estadísticas prolongadas y confiables de producción, importación, exportación, inversiones y precios, así como datos más consistentes acerca de la maquinaria, tecnología y organización de las empresas. Además, debe hacerse notar que salvo los estudios dedicados a Alamán, Antuñano y Baranda, no sabemos nada de los empresarios mexicanos. El origen y desarrollo de este grupo, ya perceptible desde 1840, nos es desconocido, lo mismo que los medios que utilizaron para acumular y conservar su capital, sus relaciones políticas y económicas y la constitución interna de sus empresas. En cambio, como se verá más adelante, existen numerosas publicaciones que tratan el problema de las inversiones y empresarios extranjeros, aunque son pocas las que aportan conocimientos rigurosos. Ha sido mejor explorado, pero no en todos los períodos que dividen el siglo XIX, el tema de la fuerza de trabajo que propulsaba a las pequeñas y grandes industrias. Para los años 1821-50 apenas se cuenta con las publicaciones de Luis Chávez Orozco,[42] con los estudios de Gastón García Cantú.[43] En las primeras se expresan las quejas de los artesanos contra

*Agricultura e industria textil de Veracruz, siglo XIX*. Xalapa, Universidad Veracruzana, 1965. 316 p.

[38]Great Britain. Foreign Office. Diplomatic and consular reports. Miscellaneous series no. 453. *Mexico; report on the cotton manufacturing industry in Mexico* [by] Lionel E. G. Carden. London, Harrison, 1898. 32 p.; Alberto Ruiz Sandoval, *El algodón en México*. México, 1884.

[39]*La industria textil mexicana en el siglo XIX*. México, Secretaría de Educación Pública, 1973. 247 p. (SepSetentas, 67).

[40]Agustín Basave, "Monterrey preindustrial," *Historia mexicana* [México], v. 10, enero-marzo, 1961: 413-424; Frédéric Mauro, "Le

développement économique de Monterrey," *Caravelle* [Toulouse, France], no. 2, 1964: 35-126; Isidro Vizcaya Canales, *Los orígenes de la industrialización de Monterrey; una historia económica y social desde la caída del Segundo Imperio hasta el fin de la revolución (1867-1960)*. Monterrey, 1969. 194 p.; Frédéric Mauro, "El desarrollo industrial de Monterrey (1890-1960)," *en* David Barkin, *ed.* Los beneficiarios del desarrollo regional. México, SepSetentas, 1973, p. 96-124; Compañía Fundidora de Fierro y Acero de Monterrey, S.A. *Recopilación de sus informes anuales para los años de 1901 a 1922*. México, 1922. 503 p.

[41]Miguel Manterola, *La industria del petróleo en México*. México, Secretaría de Hacienda y Crédito Público, 1938. 437 p.; Jack Richard Powell, *The Mexican petroleum industry*. Berkeley, University of California Press, 1956. 269 p.; Merril Rippy, "El petróleo y la Revolución mexicana," *Problemas agrícolas e industriales de México* [México], v. 6, julio-septiembre, 1954: 9-180; Lorenzo Meyer, *México y los Estados Unidos en el conflicto petrolero, 1917-1942*. México, El Colegio de México, 1968. 273 p. Sobre otras industrias, véase: Julio Blumenkron, *Apuntes sobre la organización de la industria azucarera nacional*. México, 1940; Benfield Breker y Cía. *Representación que en defensa de la industria nacional, y especialmente de la fabricación de papel mexicano, elevan al gobierno. . . .* México, Escalante, 1878; Ernesto Galarza, *La industria eléctrica en México* (3624); Jesús Rivero Quijano, *La industria textil del algodón y el maquinismo*. México, s.d. 139 p.

[42]3243. Véase también la recopilación del mismo autor, *Prehistoria del socialismo en México*. 2. ed. México, Secretaría de Educación Pública, 1936. 43 p.

[43]*El socialismo en México*, citado en n. 27, p. 14-54, 120-135, 149 y ss.

la invasión de artículos extranjeros y la disminución de fuentes de trabajo por causa de esto y de los proyectos de mecanizar la producción: en los segundos se analizan las protestas políticas de los mismos artesanos y sus primeras formas de organización. Para el período de la República Restaurada Luis González trazó un cuadro general de las condiciones de vida del trabajador minero, de los obreros fabriles y de otros operarios urbanos, ofreciendo también un relato de las formas de organización obrera de la época y de las reivindicaciones que sustentaron.[44] Para el Porfiriato, la época mejor estudiada, Moisés González Navarro produjo una documentada exposición de las condiciones en que vivía el trabajador agrícola y urbano, de sus asociaciones pacíficas y de sus explosiones de rebeldía.[45] Los colaboradores de los volúmenes de la *Vida económica* del Porfiriato completaron ese cuadro con análisis más económicos y especializados, que detallan la situación y características de la fuerza de trabajo empleada en la minería y la industria.[46] Además, como resultado de estas investigaciones se publicó un utilísimo volumen de estadísticas con cuadros de la población económicamente activa y la fuerza de trabajo ocupada en cada sector de la economía (2789). Finalmente, para el período comprendido entre 1910 y 1930 contamos con los libros, siempre útiles, de Rosendo Salazar[47] y los excelentes estudios de Marjorie Clark (2995) y Jean Meyer;[48] sin embargo todos éstos, y muchos otros referidos a las organizaciones obreras y sus reivindicaciones, le otorgan poca atención al aspecto puramente económico de la mano de obra empleada en la industria. En contraste con la abundante literatura acerca de las ideas sociales, organización política y huelgas obreras, se observa que no se han estudiado los salarios, el nivel de vida y cómo incidió el hecho de las bajas remuneraciones en el desarrollo industrial y las ganancias de los empresarios.

Los trabajos acerca del comercio interior y los transportes son más escasos. De hecho, el único referido al comercio interior está contenido en los volúmenes de la Reforma y el Porfiriato de la *Historia moderna de México*. Decir esto no es nada reconfortante, sobre todo, cuando sabemos que ignorar los límites, la amplitud, el funcionamiento del mercado en general y de la pluralidad de mercados existentes en esa época, equivale a desconocer una característica fundamental de esas economías. Sabemos que la existencia del derecho de alcabala, las barreras impuestas por la geografía, los pocos y malos caminos, la falta de transportes adecuados y el autoconsumo de una gran parte de la población, dificultaron enormemente la circulación de los productos y crearon multitud de pequeños mercados autárquicos. Pero lo que no sabemos es cómo se combinaron estos y otros factores en cada región; cómo se acomodaron a ellos las diferentes actividades económicas y qué particularidades le imprimió esta estructura al conjunto de la economía nacional.

Con el comercio interior está ligado un importante problema que no ha recibido la atención que merece: el de los intermediarios. Puede decirse que la mayor parte de las grandes fortunas e intereses que operaban en la capital del país, y con mayor razón en la provincia y en los pueblos, tuvieron su origen o basaron su potencia económica en la intermediación y especulación con productos y mercancías. El examen más superficial de los grandes capitales de ese tiempo muestra que éstos se amasaron acaparando las cosechas y artículos de los productores pequeños y medianos, controlando los canales de distribución y el mercado, e imponiéndole al consumidor los tiempos y precios de venta merced al monopolio de la oferta. Pero, por otra parte, el dominio de uno o más de estos factores sólo estuvo abierto a quienes disponían de crédito, de capital líquido, o de relaciones sociales y políticas que les dieran acceso a ellos. En otras palabras, el estudio riguroso de los intermediarios (la mayoría de los comerciantes y muchos empresarios) ayudaría a conocer las principales formas de acumulación de capital de la época; explicaría los mecanismos económicos que sustentaban la dominación del grupo ''blanco'' sobre la mayoría indígena y marginada; y permitiría comprender la compleja cadena de relaciones e intereses que ligaban al voraz intermediario de las zonas productoras, con los grandes especuladores y comerciantes del centro, y con los grupos políticos que consentían o estimulaban estas actividades. El análisis de estos aspectos está tan descuidado, que aún no sabemos quienes eran los intermediarios y comerciantes, qué posición ocupaban en las ciudades y regiones donde operaban y a qué intereses políticos y económicos estaban ligados. La supresión de los Consulados de Comerciantes, que antes de la Independencia estaban controlados exclusivamente por españoles, abrió la puerta de este sector a grupos nuevos, tanto nacionales como extranjeros. Pero al parecer, durante la primera mitad del siglo XIX, los españoles, junto con una minoría de mexicanos, siguieron dominando el comercio interior, sobre todo en las ciudades y pueblos pequeños. En cambio,

[44]Véase 2838, p. 410-450, y también 2836, en el que Francisco R. Calderón se ocupa de artesanos y obreros.

[45]Véase 2837, p. 187-380.

[46]Véase 2846, v. 1, p. 248-257, 401-420.

[47]Rosendo Salazar; y José G. Escobedo, *Las pugnas de la gleba, 1907-1922*. México, Avante, 1923. 2 v.; Rosendo Salazar, *La casa del obrero mundial*. México, Costa-Amic, 1962. 286 p.

[48]Jean Meyer, ''Los obreros en la Revolución mexicana: los batallones rojos,'' *Historia mexicana* [México], v. 21, julio-septiembre, 1971: 1-37. Además, acerca del movimiento obrero en general, hay estudios útiles como el de Alfonso López Aparicio, *El movimiento obrero en México; antecedentes, desarrollo y tendencias*. 2. ed. México, Jus, 1958. 280 p.

en la capital y en algunas grandes ciudades del interior, comenzaron a instalarse franceses, ingleses y norteamericanos, quienes acapararon la comercialización de bienes importados y la compraventa de los principales productos de exportación. Acerca de estos y otros aspectos hacen falta estudios monográficos y regionales.

Por otra parte, se carece también de trabajos que muestren el volumen y dirección de las corrientes regionales de comercio, aspecto que está ligado al tema de las comunicaciones y transportes. Como se sabe, en la primera mitad del siglo tanto las comunicaciones como el transporte permanecían casi en el mismo nivel que habían alcanzado a fines del virreinato. Para los contemporáneos, las malas comunicaciones y los transportes ineficientes eran una de las causas que mantenían el atraso del país; por ello vieron en los ferrocarriles el motor que habría de impulsar una etapa de prosperidad general. Así, desde 1830 en adelante se publicó una abundante serie de folletos[49] que contenían planes acerca de posibles líneas de ferrocarril, o que exaltaban las ventajas que produciría su implantación. Pero sólo a partir de 1850 comenzaron a tenderse las primeras vías, y hubo que esperar hasta el Porfiriato para ver al país cruzado por una amplia red ferrocarrilera. Ya a fines del Porfiriato se comenzaron a publicar las primeras historias de los ferrocarriles, generalmente apologéticas, y casi siempre descriptivas.[50]

Estas fueron seguidas por estudios de extranjeros, que ponían énfasis en los aspectos técnicos y económicos del sistema ferroviario, o que llamaban la atención del inversionista acerca de la conveniencia de colocar sus capitales en este sector, financiado con capital externo, especialmente norteamericano e inglés.[51] A partir de 1915 se publican varias obras referidas al crecimiento y los problemas económicos, administrativos y laborales que enfrentaron los ferrocarriles en esos años.[52] No es sino desde 1950 en adelante que economistas e historiadores profesionales emprenden la tarea de valorar el impacto de los ferrocarriles en la economía porfiriana. Los economistas que escribieron las secciones dedicadas a los ferrocarriles de la *Historia moderna de México,* además de narrar la suerte que corrieron los diversos proyectos y señalar los graves problemas que enfrentó su realización, calificaron la red ferroviaria creada entre 1872 y 1910 como uno de los logros más notables del régimen porfirista, principalmente por dos razones: porque estimuló la creación de un mercado nacional, y porque fue uno de los instrumentos más vigorosos en la modernización del país.[53] Quienes poco más tarde estudiaron los ferrocarriles de esa época, o indagaron las consecuencias que produjeron en la economía, no dejaron de insistir en esos dos aportes.[54] Sin embargo, en fecha más reciente, John H. Coatsworth, en un estudio heterodoxo y cargado de novedades, apuntó que los ferrocarriles no beneficiaron tanto al mercado nacional como a la burguesía exportadora ligada a la economía mundial, y que los pequeños productores y mercados regionales del interior sufrieron a partir de entonces un constante deterioro.[55] Según las evidencias que presenta Coatsworth, quienes resultaron favorecidos con la creación del sistema ferroviario fueron los exportadores de productos primarios, los intermediarios y comerciantes de la ciudad de México. En otras palabras, dejando de lado los indudables beneficios que produjo el ferrocarril, los estudios de Coatsworth y Moreno Toscano señalan que dos de sus mayores consecuencias fueron: vincular más estrechamente al país con la potencia del norte, y devolverle a la ciudad de México su antiguo lugar como centro monopolizador de la riqueza nacional.[56] En este sentido se dice que los ferrocarriles integraron, interna y externamente a la economía mexicana dentro del capitalismo mundial.

Acerca de los otros sistemas de transporte no hay nada parecido a lo que se ha hecho en ferrocarriles. Sin embargo, para la primera mitad del siglo se cuenta con un estudio general de los caminos y transportes[57]

[49]Gran parte de la folletería aludida se encuentra en las secciones de folletos del Archivo General de la Nación, de la Biblioteca Nacional y del Archivo de la Secretaría de Comunicaciones y Obras Públicas. Otra se encuentra en las bibliotecas de Estados Unidos e Inglaterra.
[50]Véase 3168; 3619; Mariano Téllez Pizarro, *Breves apuntes históricos sobre los ferrocarriles de la República Mexicana.* . . . México, Dirección General de Telégrafos, 1906. 66 p.; el capítulo correspondiente de 2849; y Jaime Gurza, *La política ferrocarrilera del gobierno.* México, Oficina Impresora de Estampillas, 1911. 139 p.
[51]Véase 3632; Fred Wilbur Powell, *The railroads of Mexico.* Boston, Stratford, 1921. 233 p.; del mismo autor, "The railroads of Mexico," *in The Mexican year book, 1920-21.* Los Angeles, Mexican Year Book, 1922, p. 163-188; y *Railways of Mexico,* en 201.
[52]Fernando González Roa, *El problema ferrocarrilero y la Compañía de los Ferrocarriles Nacionales de México.* México, A. Carranza, 1915. 324, 116 p.; Manuel de Irabién Rosado, *Historia de los ferrocarriles de Yucatán.* Mérida, Bassó, 1928. 84 p.; Servando A. Alzati, *Historia de la mecanización de los ferrocarriles nacionales de México.* México, Beatriz de Silva, 1946. 337 p.; Manuel Aguilar Uranga, "Los ingresos de la Federación y los ingresos de los

Ferrocarriles Nacionales en la primera mitad del siglo," *Revista económica* [México], v. 13, enero, 1950: 6-10; y también 3001, 3633.
[53]Véase las secciones dedicadas a los ferrocarriles en 2836, 2846.
[54]2847; Carlos Villafuerte, *Ferrocarriles.* México, Fondo de Cultura Económica, 1959. 281 p.; Sergio Ortiz Hernán, *Los ferrocarriles de México; una visión social y económica.* México, Secretaría de Comunicaciones y Transportes, 1970. 193 p.
[55]"Railroads and the Concentration of landownership in the early Porfiriato," *Hispanic American historical review* [Durham, N.C.], v. 54, February, 1974, 48-71. Estos aspectos los desarrolla plenamente en su tesis, que se publicó en 1976 en la colección SepSetentas, bajo el título de *Crecimiento contra desarrollo: el caso de los ferrocarriles en la época de Díaz.*
[56]Véase, además de los estudios de Coatsworth citados en la nota anterior, Alejandra Moreno Toscano, "Cambios en los patrones de urbanización en México, 1810-1910," citado en n. 14, p. 179-184.
[57]Sergio Ortiz Hernán Lozano, *Caminos y transportes en México a*

y para la Reforma y el Porfiriato los volúmenes de la *Historia moderna de México* aportan datos suficientes que permiten conocer su situación general. La gran revolución de principios del siglo XX, el transporte con motores de explosión interna, y la creación de una extensa red carretera, apenas comienza a estudiarse.[58]

Por otra parte, la agricultura, la industria y el comercio en general fueron constantemente obstruidos por la escasez de moneda, la falta de instituciones de crédito, y la incapacidad del sector público para financiar las actividades económicas. Hasta los primeros años del Porfiriato el único medio de cambio era la moneda de plata, que se acuñaba en las Casas de Moneda de varias ciudades manejadas por particulares. Sus emisiones, aunque relativamente considerables, iban en su mayor parte al extranjero, pues la moneda acuñada era, como durante el virreinato, el principal artículo de exportación. Debido a esto, los particulares y el sector público se quejaban continuamente de la falta de circulante, agravada por los malos caminos y las temporadas anuales de lluvias, que dejaban intransitables hasta los llamados carreteros. En esas temporadas, y sobre todo en los centros comerciales del interior, "el giro de los negocios" se reducía a la mitad o más, y se suspendían muchas transacciones comerciales. Sin embargo, todas las consecuencias como la proliferación del agio, que esta penuria permanente y estacional del circulante provocó en el comercio, la agricultura, la minería y la industria, no han sido estudiadas. Tampoco lo fue el impulso que la escasez de moneda dio al desarrollo de formas de pago tales como los vales y pagarés, muy frecuentes entre comerciantes, mineros y agricultores. Salvo noticias y datos dispersos, los primeros análisis de estos problemas se encuentran en la parte económica de la *Historia moderna de México*.

En relación a la economía mundial, la adopción durante todo el siglo XIX del patrón monetario bimetalista (libre acuñación de los metales preciosos y predominio del uso de los pesos de plata), y la depreciación del peso permitió a los gobiernos de la época sostener una política proteccionista frente al exterior. La depreciación del peso de plata confirió a los artículos mexicanos de exportación una prima en plata que los hacía más baratos y competitivos en el mercado mundial. Por otra parte, la misma depreciación encareció los artículos de importación, estableciendo una barrera proteccionista que estimuló la creación de esos bienes y productos en el país. La

concepción deliberada de esta política fue expuesta en la época por hombres notables, como Matías Romero[59] y ha recibido atención en los volúmenes de la multicitada *Historia moderna de México*. Pero habría que confrontar esa política, al parecer consciente, con los resultados que produjo en el comercio exterior y la economía interna. Por otro lado, a partir de 1880 las fluctuaciones del precio de la plata fueron cada vez más constantes y perjudiciales para la economía nacional; ello motivó que en 1905 se adoptara el patrón oro. La decisión fue precedida por la publicación de una serie de estudios que analizaban los perjuicios causados por las oscilaciones de la plata, y la conveniencia de afiliarse a un sistema más estable.[60]

Estas medidas, y otros cambios paralelos produjeron la transformación más importante del sistema monetario y bancario, que prácticamente no se había alterado desde la colonia. Ya en 1864 operaba el banco de Londres y México, sucursal de una sociedad inglesa, que fue el primero en emitir billetes, aunque en escala reducida. Veinte años más tarde se creó el Banco Nacional de México, que junto con el del Monte de Piedad emitían los únicos billetes aceptados como dinero en las oficinas públicas. A partir de 1884 crecieron juntas la circulación monetaria y el desarrollo de las instituciones de crédito. La primera aumentó de 25 millones en 1880 a 310 en 1910, y cambió sustancialmente su composición, pues el 60 por ciento lo constituían billetes de banco y cuentas de cheques, y el resto piezas metálicas. Al mismo tiempo, la aparición del dinero bancario se vinculó a la aparición de modernas instituciones de crédito, las que se multiplicaron, dotando al sector público y privado de una organización financiera más adecuada al desarrollo del comercio, la industria y la minería. Esta revolución trascendental en la historia económica de México ha recibido mayor atención de los contemporáneos que la vieron desarrollarse,[61] que de los historiadores y economistas

[59]*The silver standard in Mexico*. New York, Knickerbocker, 1898, p. 559-623. (Reprinted from *North American review*, June, 1897).

[60]3040, 3042, 3044; Great Britain. Foreign Office. Diplomatic and consular reports. Miscellaneous series no. 302. *Mexico: report on the effect of depreciation of silver on Mexico*, [by] Lionel E. G. Carden. London, Her Majesty's Stationery Office, 1893. 29 p.; Jaime Gurza, *Apuntes sobre la cuestión de la plata en México*. México, S. Dorador, 1902. 50, 17 p.; México. Comisión Monetaria, *Datos complementarios para el estudio de la cuestión monetaria en México*. México, Oficina Impresora de Estampillas, 1903. 130 p.; México. Commission on International Exchange, *Stability of exchange; steadiness of the price of silver bullion; silver currency on the gold standard*, by Enrique C. Creel; Luis Camacho; and Eduardo Meade. London, A. E. Bailey, 1903. 152 p.; Raúl Ortiz Mena, *La moneda mexicana; análisis histórico de sus fluctuaciones, las depreciaciones y sus causas*. México, Ed. América, 1942; Bulmaro García Solórzano, *Problemas monetarios y del desarrollo económico de México*. México, 1963. 344 p.

[61]3024, 3034; Joaquín Demetrio Casasús, *La cuestión de los bancos*

*fines de la colonia y principios de la independencia*. Tesis. México, Escuela Nacional de Economía, U.N.A.M., 1970. 288 p.

[58]François Chevalier, "Une revolution majeure au Mexique: la route," *dans 'Eventail de l'histoire vivante (Hommage a Lucien Febvre)*. Paris, A. Colin, 1953, p. 407-418; México. Secretaría de Obras Públicas. *Documentos para la historia de las carreteras en México*. México, 1964. 3 v.

actuales. En la *Historia moderna de México* se encuentran los estudios recientes más detallados acerca de este tema, pero no se destacan suficientemente sus nexos con la creciente centralización del estado que tendía a intervenir cada vez más promoviendo desarrollo económico. La conversión del Banco Nacional de México en un organismo cuasiestatal y la ingerencia del Estado en la creación y regulación de las instituciones de crédito y las medidas que terminaron con el arrendamiento privado de las Casas de Moneda, son evidencias claras de este proceso que culmina en la época actual, pero cuyo desarrollo y consecuencias requieren mayores estudios.

Finalmente, en cuanto a la hacienda pública y a la financiación del desarrollo económico por parte del Estado, hay muchos problemas por aclarar y pocos trabajos. El período 1821-60 es el más descuidado y sin duda el más catastrófico en la historia de la hacienda pública. Las guerras de Independencia produjeron la decadencia total de la minería; la desarticulación de la agricultura, las manufacturas, el comercio interior y exterior; la fuga de importantes capitales de españoles que financiaban esas actividades; y una serie de préstamos e incautaciones que inauguraron la deuda externa de la naciente república. Así, al iniciar su vida independiente, el país carecía de recursos internos para atender los gastos básicos de la administración. Esta situación se agravó en los años siguientes a causa de las guerras y pugnas internas, las invasiones extranjeras, la pérdida de más de la mitad del territorio nacional, y el aumento de la deuda pública, medida a la que acudieron casi todos los gobiernos. A todo ello se sumaron otros factores tales como la tremenda debilidad política que manifestaron los múltiples gobiernos de ese tiempo, el desorden administrativo y la imposibilidad de fijar una orientación duradera en materia de economía. Sin embargo, aunque conocemos las grandes líneas que configuran esta época aciaga, no sabemos nada firme acerca de los efectos económicos que causó la guerra de independencia en la hacienda y la economía del país. Ignoramos los procedimientos que utilizó el gobierno para improvisar sus dirigentes

*a la luz de la economía política y del derecho constitucional.* México, Francisco Díaz de León, 1885. 214 p.; Jean Favre, *Les banques au Mexique; organization et développemente.* Paris, Riviere, 1907. 100 p.; México. Ministerio de Hacienda y Crédito Público. *Memoria de las instituciones de crédito . . . correspondiente a los años de 1897 a 1911.* México, Oficina Impresora del Timbre, 1900-14. 17 v.; José Ives Limantour, *Informe al Congreso de la Unión sobre la reforma a la ley de instituciones de crédito en México. Leyes y circulares relativas.* México, Oficina Impresora de Estampillas, 1908; Ricardo Delgado, *Las primeras tentativas de fundaciones bancarias en México.* Guadalajara, Hernández y Hernández, 1945. 162 p.; Virgil M. Bette, *Central banking in Mexico: monetary policies and financial crisis, 1864-1940.* Ann Arbor, Bureau of Business Research, School of Business Administration, University of Michigan, 1957. 123 p.

en las ramas de hacienda y administración, la cantidad de ingresos y el destino de los egresos que componían las carteras de hacienda, y también las modalidades tributarias y de política fiscal que heredó la república de la colonia. Si a esto se agrega que desconocemos—como ya se dijo—la situación de los principales sectores de la economía de este período, se verá cuan difícil resulta comprender las posibilidades reales de la hacienda pública y emitir juicios fundados acerca de la política económica adoptada. Más todavía: sin estos conocimientos no pueden apreciarse en su verdadera dimensión las presiones que ejercieron Inglaterra, Francia y Estados Unidos, para penetrar en la economía del país, ni las defensas y concesiones de los gobiernos de la época.

Por otro lado, la incapacidad de estos gobiernos para ejecutar una línea económica continuada y aceptada en todo el territorio nacional fue un fenómeno paralelo al fortalecimiento de economías y poderes locales. Con el debilitamiento del poder central se produce la quiebra del monopolio económico que ejercía la ciudad de México, principalmente a través del Consulado de Comerciantes. La república suprime esta corporación y abre la puerta al desarrollo de intereses comerciales regionales, que se apoyan en la creación de aduanas marítimas y fronterizas promoviendo nuevas relaciones y flujos económicos entre los centros donde éstas operan y su hinterland. En los primeros años del siglo XIX, paralelamente al desarrollo de fuertes intereses comerciales y empresariales en el interior, se manifiesta una creciente ruralización del país, expresada en la expansión de los latifundios, el incremento de los cultivos de plantación (café, henequén, caña de azúcar) y la concentración de poder en los señores rurales y caciques regionales. Este proceso de fragmentación económica y política se ve claramente en las medidas que tomaron los gobiernos provinciales gravando las mercaderías que pasan por sus territorios (alcabalas) y estableciendo impuestos locales, que repiten los federales y se suman a ellos. Todo esto señala la necesidad de relacionar el análisis de los ingresos y la política fiscal de los estados y municipios con el de la hacienda pública federal. Hasta la fecha no disponemos de estudios de esta naturaleza para ningún estado o región, ni siquiera de una obra que esclarezca el sentido de la política hacendaria federal, sus pugnas con la orientación adoptada por los estados, y la distribución de las cargas y beneficios.

Con el triunfo de Juárez y la consolidación posterior del gobierno de Porfirio Díaz, esta situación se modifica sustancialmente. Junto al notorio esfuerzo por sanear la hacienda pública—evidente en el tratamiento que se da a la deuda externa, comienza la reorganización del ramo. Esta se expresa en el decidido empeño de acumular los datos estadísticos necesarios para evaluar la situación económica y los recursos del país, que culmina en 1883 con la creación de la Dirección General de Estadística y la publicación regular de anuarios y censos.[62]

El interés se observa también en el progresivo intento de clasificar el origen, propósito y organización de los distintos rubros de la hacienda pública, que se inicia con la publicación de la *Historia general de la real hacienda*[63] y alcanza uno de sus puntos más altos en 1870, con la aparición de la *Memoria de Hacienda* preparada por Matías Romero (3108). Pero son varios artículos de la Constitución de 1857 los que expresan la determinación más importante: simplificar las numerosas partidas de ingresos y egresos de la federación; uniformar el régimen hacendario de los estados con el del centro, y limitar las atribuciones de aquellos para crear impuestos a su arbitrio. En esta reorganización participa destacadamente Matías Romero, sistematizador eficiente de las nuevas ideas acerca del estado y sus funciones. De Juárez a Díaz la concepción de estado pasivo se transforma en la de estado que centraliza, estimula y dirige el proceso del desarrollo económico. Para ello se procedió primero a fortalecer el poder central. La supresión del derecho de alcabala—principal sostén económico de los gobiernos y caciques provinciales; el aumento de los impuestos federales; la prohibición a los estados de establecer nuevos impuestos, y el surgimiento de una burocracia administrativa dependiente de la federación; fueron algunas de las principales medidas hacendarias que concentraron otra vez el poder y la riqueza económica en el centro. Con esos recursos el estado pudo entonces intervenir más directamente en la orientación del crecimiento económico. Manifestaciones concretas y continuadas de esta nueva concepción del estado son: la fundación de la Secretaría de Fomento, Colonización, Industria y Comercio; el apoyo ilimitado a la creación de la red ferroviaria; la colonización por extranjeros; la venta de las tierras baldías y el fraccionamiento de las comunales; la supresión del arrendamiento de las casas de moneda; la formación del sistema bancario y la intervención estatal en el crédito; y por fin, la decidida política industrial del régimen porfirista.

El cambio en la concepción del estado, que en la primera mitad del siglo XIX se proclamaba partidario del *laissez faire* y que en la época de Díaz impulsaba decididamente el crecimiento económico a través de una política hacendaria y económica bien definida, no ha recibido la atención que merece. Las *Memorias* de las secretarías de hacienda y fomento, que se recogen en la bibliografía adjunta, documentan ese proceso, pero no fueron analizadas en conjunto ni con profundidad. Existe una publicación (3182) que compila las partes dedicadas a la hacienda pública en los informes presidenciales, desde 1821 hasta 1963. Los mejores estudios acerca de la política hacendaria, y económica en general, de la época de Díaz, se encuentran en la *Historia moderna de México,* aunque para lograr una visión de conjunto hay que integrar los análisis y resultados sectoriales que aparecen en cada parte de la obra. Otros estudios referidos a esta época tratan las finanzas y la política económica del régimen.[64]

Los aspectos financieros del fin del porfiriato y los primeros años de los gobiernos revolucionarios—período de inestabilidad y de graves crisis—también han sido estudiados.[65] Finalmente, el desarrollo de las instituciones financieras y su influencia en la economía de 1930 en adelante ha sido objeto de recientes trabajos especializados.[66]

Sin embargo, la mayoría de estos análisis examinan separadamente los distintos sectores: la política hacendaria y fiscal; la intervención del estado en la creación de los bancos; el desarrollo de las instituciones de crédito; la promoción de la red ferroviaria; la política de colonización y el proteccionismo otorgado a la industria. Al ser enfocados separadamente estas políticas casi nunca se vinculan con los demás elementos económicos y políticos que, en conjunto, integraban los

[62]Véase 2786, 2794, 2825, 2826, 2920, 2970, 2971, 2972. Acerca del desarrollo de la compilación de estadísticas véase: "Resumen histórico de la estadística en México," [por] Jesús S. Soto, *en* México. Departamento de la Estadística Nacional. *Estadística nacional* [México], v. 3, núm. 55, mayo, 1927: 1-10; "Apuntes para la historia de la estadística en México," [por] Francisco Barrera Lavalle, *en* México. Departamento de la Estadística Nacional. *Estadística nacional* [México], v. 3, núm. 47, enero, 1927: 2-5; v. 3, núm. 48, enero, 1927: 1-5; v. 3, núm. 49, febrero, 1927: 4-7; y Rodolfo Flores Talavera, "Historia de la estadística nacional." *En Memoria de la Cuarta Reunión de Estadística.* México, Dirección General de Estadística, 1958, p. 210-238.

[63]Fabián de Fonseca; y Carlos de Urrutia, *Historia general de real hacienda.* México, Vicente G. Torres, 1845-53. 6 v.

[64]Prosper Glover, *Les finances des États-Unis Mexicaines d'après les documents officiels.* Berlin, Puttkammer of Muhlbrecht, 1896. 703 p.; Gerald Theisen, "La mexicanización de la industria en la época de Porfirio Díaz," *en* El Colegio de México. *Foro internacional* [México], v. 12, abril-junio, 1972: 497-506.

[65]3195; Tomás Mendoza, *El porvenir de México a la luz de sus cuestiones financieras.* México, Díaz de León, 1879. 41 p.; J. Singer, *Die mexicanischen Finanzen und Wilsons Panamerikanische Politik.* Berlin, F. Siemenroth, 1914. XIX, 123 p.; Edwin W. Kemmerer, *Inflation and revolution; Mexico's experience of 1912-1917.* Princeton, N.J., Princeton University Press, 1940. 173 p.; Carlos Díaz Dufoo, *Capítulos para la historia: una victoria financiera.* París, Vda. de Ch. Bouret, 1920. 159 p.; Joseph Edmond Sterret; and Joseph Stancliffe Davies, *The fiscal and economic condition of Mexico; report submitted to the International Committee of Bankers of Mexico.* New York, May 25, 1928. 255 p.; M. G. Villers, *La hacienda pública en los estados.* México, Oficina Impresora de Estampillas, 1911 2 v.

[66]Armando Servín, *Las finanzas públicas locales durante los últimos cincuenta años.* México, Secretaría de Hacienda y Crédito Público, 1956. 142 p.; Robert Lee Bennett, *The financial sector and economic development: the Mexican case.* Baltimore, Johns Hopkins, 1965. 223 p.; O. Ernest Moore, *Evolución de las instituciones financieras de México.* México, Centro de Estudios Monetarios Latinoamericanos, 1963. 413 p.

lineamientos económicos de la época. La parcelación de los diversos factores que conforman un proceso histórico fue un procedimiento comúnmente practicado por los historiadores y economistas que se han ocupado de esta y otras épocas. Y aunque éste sigue siendo el enfoque más difundido entre los historiadores, estudios recientes encaran el análisis con esquemas más totalizadores.

Es significativo que los estudios integrales provengan del campo de los sociólogos, economistas y politólogos. Así lo testimonia la obra de Pablo González Casanova, la primera de un mexicano que intentó descubrir el sentido del proceso político reciente a través del análisis de los componentes sociales, económicos e institucionales que intervinieron en él.[67] Poco antes se publicó el controvertido estudio de Raymond Vernon, que aborda con mayor decisión el tema de las políticas económicas adoptadas por Juárez y Díaz, por los primeros gobiernos postrevolucionarios y la asumida a partir de 1940. Su estudio concluye con algunas reflexiones acerca de las disyuntivas económicas y políticas que la continuidad de la orientación desarrollista habría legado al futuro inmediato del país.[68]

En un libro también controvertido, James W. Wilkie indagó la participación directa de los gobiernos postrevolucionarios en el desarrollo económico, estudiando el destino que se le dio al gasto público entre 1910 y 1963.[69] Clark Reynolds y Roger D. Hansen continuaron el análisis de estos aspectos, el primero a través de un sólido estudio de la economía postrevolucionaria, y el segundo mediante un penetrante análisis de las relaciones existentes entre el sistema político y el desarrollo económico.[70] Enfoques similares acerca del crecimiento y la política económica, y los desajustes sociales producidos por ambos procesos, pueden encontrarse en los trabajos recientes de economistas mexicanos.[71]

[67]Pablo González Casanova, *La democracia en México*. 2. ed. México, Era, 1967. 281 p.

[68]3220; y del mismo autor, *The dilemma of Mexico's development; the roles of the private and public sectors*. Cambridge, Mass., Harvard University Press, 1963. 226 p.

[69]*The Mexican revolution; federal expenditure and social change since 1910*. 2. ed. Berkeley, University of California Press, 1970. 337 p. Para datos e interpretación hasta 1970, ver James W. Wilkie, *Statistics and national policy*, Los Angeles, UCLA Latin American Center, University of California, 1974, p. 101-150 y 166-169.

[70]Véase Clark W. Reynolds, *The Mexican economy*, citado en n. 26; Roger D. Hansen, *The politics of Mexican development*. Baltimore, Johns Hopkins, 1971. 267 p.; Frank R. Brandenburg, *The making of modern Mexico*. Englewood Cliffs, N.J., Prentice-Hall, 1964. 379 p.; Charles C. Cumberland, *Mexico: the struggle for modernity*. New York, Oxford University Press, 1968. 394 p.

[71]Leopoldo Solís, *La realidad económica mexicana*, citado en n. 9; *El perfil de México en 1980*. México, Siglo XXI, 1970-72. 3 v.; Edmundo Flores, *Vieja revolución, nuevos problemas*. México, Joaquín Mortiz, 1970. 125 p.; Fernando Carmona de la Peña, *et al. El milagro mexicano*. México, Nuestro Tiempo, 1970. 363 p.

Las características más notables de estas obras son las siguientes: la mayoría, aunque se centra en los procesos económicos y políticos del período 1920-60, busca los orígenes de éstos en las épocas de Juárez y Díaz, tratando de establecer la continuidad general y las diferencias cualitativas y circunstanciales que se manifestaron en cada época. En casi todas se observa un esfuerzo por estudiar las interrelaciones entre la política económica, la estructura de poder y la orientación del crecimiento económico. Finalmente, gran parte de ellas adopta un enfoque crítico y revisionista de esos procesos, muchas introducen métodos e instrumentos de análisis novedosos, o aplican los marcos teóricos más recientes de la ciencia política y la economía. Cabe esperar que esta revisión crítica de la orientación y del sistema político que la impulsa, aunada a la adopción de nuevos instrumentos de análisis, produzca una visión diferente del desarrollo económico y de las políticas que lo propiciaron.

## El sector externo

Como ocurre con las actividades económicas del sector interno, las del sector externo están ligadas al proceso político del país y a la vulnerabilidad que desde sus inicios presentó el sistema político-económico ante la expansión del capitalismo mundial. Desde la conquista, la economía mexicana mantuvo con la mundial una relación subordinada y dependiente, creada por las necesidades de la metrópoli española y su posición en la economía europea. Con la independencia, el país rompió abruptamente esa relación y tuvo que encarar, sin preparación ni experiencia previas, la acometida de las potencias europeas y norteamericanas en expansión. Cortados los lazos político-económicos con España, los recursos y mercados del país se convirtieron en presa para las potencias que disputaban la supremacía mundial. Pero, aunque se ha escrito mucho —y se habla más— acerca de la penetración del imperialismo y del capitalismo mundiales en la economía mexicana del siglo XIX, todavía no existen trabajos que expliquen las condiciones internas que permitieron la penetración extranjera; las presiones que ejerció la economía mundial para intervenir en la economía del país; los campos en que ésta se centró; los mecanismos económicos que hizo operar; y las consecuencias políticas y económicas que produjo.

Internamente nada favorecía la defensa del país en los años que van de 1821 a 1867. Sin un poder central fuerte —dividido por dos grupos en pugna y "mil naciones" indígenas— empobrecida y desarticulada su economía y sin cuadros administrativos preparados para dirigir una nación independiente el país fue objeto en esos años de todas las acometidas imperiales: penetración económica extranjera, invasiones militares, despojo del territorio nacional, intento de instaurar una monarquía extranjera. . . . Dos hechos externos influyeron también en la penetración del imperialismo en México: la disolución del imperio español en América y la creciente expansión de las naciones que basaban su poderío en la industria, las manufacturas, el comercio y la disposición de mercados donde vender sus productos y alimentar sus industrias. Estos países crearon las condiciones para que las naciones latinoamericanas se convirtieran en el teatro lejano de las disputas imperiales. Mientras que los Estados Unidos preparaban, recién independizados de Inglaterra, la anexión que concluirían medio siglo más tarde,[72] Inglaterra y Francia consideraron de inmediato la posibilidad de llenar el vacío que España había dejado en México. Esta coyuntura y la publicidad que el *Ensayo* de Humboldt hizo de la riqueza minera del país, corroborada poco después por los detallados informes de Sir H. G. Ward y Nicholas Mill[73] acerca de la situación de las minas, decidieron la inversión de importantes capitales ingleses en ese sector entre 1825 y 1830. De esta primera aventura de los capitales ingleses en México ignoramos la cuantía de la inversión y las causas de su fracaso, aunque ya se publicaron una monografía importante y varios artículos.[74]

Los ingleses, y sobre todo los franceses, invirtieron también en la naciente industria textil;[75] además, hacia la época de la Reforma tenían en sus manos las principales casas comerciales de productos importados, y controlaban la mayoría de las exportaciones mexicanas hacia Europa. Los norteamericanos, por su parte, dominaban el comercio de las costas del golfo y tenían numerosos agentes en los puertos principales donde los nacionales de ese país e intermediarios mexicanos participaban activamente en el contrabando.[76] Entre 1821 y 1850 la firma de los tratados comerciales con Inglaterra, Francia, Estados Unidos y Alemania[77] se tradujo en la aparición de nuevos intereses que todavía

no han sido bien estudiados. La decisión de abrir los puertos mexicanos al libre comercio de todas las naciones no podía significar otra cosa que la penetración de los más fuertes, es decir Inglaterra, Francia y Estados Unidos, que volcaron en el país sus manufacturas, afectando a los obrajes y fábricas textiles de algodón y lana. Otra consecuencia de esta política fue el extraordinario aumento del contrabando al elevarse los aranceles para evitar la entrada de manufacturas textiles. Finalmente, la desaparición del monopolio que ejercía el antiguo Consulado de comerciantes; la apertura de nuevos puertos además del de Veracruz; y la creación del sistema de aduanas fronterizas, rompieron el eje comercial Veracruz-México. Esto permitió que se crearan nuevas corrientes comerciales en el interior y nacieran nuevos centros económicos alrededor de los puertos y aduanas, los que a su vez impulsaron la agricultura, las manufacturas y el comercio en sus áreas periféricas—es decir, por primera vez una modificación geográfica de los centros de producción y de las corrientes comerciales.

Sin embargo, acerca de estos aspectos hay pocos trabajos. El único libro que estudia el comercio exterior de México es el publicado en 1853 por Miguel Lerdo de Tejada (3251)[78] muy útil aún por los datos estadísticos que aporta. Pero hace falta completar las estadísticas del movimiento marítimo, del tonelaje y valor de las mercancías. Sobre todo, se requiere un análisis cuantitativo de la composición de las importaciones y exportaciones; del origen de aquéllas y del destino de éstas; del movimiento marítimo y comercial de los puertos y aduanas fronterizas; y de las consecuencias que estos flujos provocaron en las zonas del interior. Aún más sensible es la falta de obras acerca de los comerciantes e intermediarios que participaban en ese tráfico. No sabemos quiénes eran, cómo operaban, cuáles eran sus beneficios, qué destino les daban, qué relaciones mantenían con los manufactureros y agricultores cuyos productos transportaban, qué posición económica y social tenían en la sociedad de su tiempo. Estas y otras lagunas impiden hacer una apreciación fundada de la importancia que tuvo el comercio exterior en la economía del país. Así, por ejemplo, la política comercial adoptada en los primeros años de la

[72]Gastón García Cantú, *Las invasiones norteamericanas en México.* México, Era, 1971. 366 p.

[73]H. G. Ward, *Mexico in 1827.* London, 1828. 2 v.; N. Ray Gilmore, "Henry George Ward, British publicist for Mexican mines." *Pacific historical review* [Los Angeles], v. 32, February, 1963: 35-47; Nicholas Mill, *The history of Mexico . . . also observations . . . as to the best means of working the Mexican mines. . . .* London, Sherwood, Jones, 1824. 300 p.

[74]162; y Robert W. Randall, *Real del Monte: a British mining venture in Mexico.* Austin, Institute of Latin American Studies at the University of Texas, 1972. 257 p.

[75]Véase 3552; Dawn Keremitsis, *La industria textil,* citado en n. 39; y Auguste Génin, *Les français au Mexique. Du XVI siècle a nos jours.* Paris, Argo, 1931. 544 p.

[76]Norman A. Graebner, "United States gulf commerce with Mexico, 1822-1848." *Inter-American economic affairs* [Washington], v. 5, Summer, 1951: 36-51.

[77]3011, 3247, 3282; Carlos Bosch García, "El primer tratado comercial anglo-mexicano: intereses económicos y políticos." *El trimestre económico* [México], v. 13, octubre-diciembre, 1946: 495-

532; Jacques Heers, "Les relations commerciales entre la France et le Mexique au lendemain de l'indépendance." *Revista de historia de América* [México], núm. 48, 1959: 445-484; P. Arnaud, *L'émigration et le commerce français au Mexique.* Paris, 1902; Hendrik Dane, "Primeras relaciones diplomático-comerciales entre Alemania y México," *Historia mexicana* [México], v. 17, julio-septiembre, 1967: 72-102.

[78]El libro reciente de Guillermo Tardiff (3258) es muy general y confuso pues incluye documentos de la época dentro de la descripción del autor, sin distinguir unos de la otra, y no cita las fuentes de donde provienen aquellos. Véase también Teodor Amerlinck y Zirión, *El comercio marítimo en México hace un siglo.* México, Antropología e Historia de Guatemala, 1967. 56 p.

independencia sólo se trata en un breve estudio,[79] a pesar de que este aspecto, junto con la polémica acerca de libre cambio o proteccionismo, fue uno de los más intensamente discutidos en la prensa de la época (3213, 3566). De hecho, el mayor aporte al conocimiento de muchos problemas relacionados con el comercio exterior entre 1821 y 1867 lo constituye la colección documental que dirigió Luis Chávez Orozco en el Banco de Comercio Exterior, y que, por fortuna, se ha continuado después de su muerte.[80] Pero esta valiosa colección no alivia la falta de obras interpretativas del comercio exterior y del tráfico en los puertos.[81]

En cambio, para los períodos de la Reforma y el Porfiriato hay más y mejores estudios del comercio exterior. En esta última época se incrementaron notablemente las exportaciones mexicanas, favorecidas por la depreciación de la plata en el mercado mundial y el desarrollo de nuevos cultivos que demandaba el exterior, tales como henequén, café, azúcar, hule, etc. Otro cambio importante fue el desplazamiento de Inglaterra y Francia como expedidores de la mayoría de las importaciones mexicanas; ese lugar fue ocupado por Estados Unidos, que a partir de entonces se convirtió también en el principal receptor de las exportaciones del país. Por último, aunque México sigue siendo un receptor de artículos manufacturados y un exportador de productos primarios, es perceptible que en la época de Díaz aumenta la importación de maquinaria y bienes de capital. Los flujos comerciales y la composición del comercio exterior en esta época

han sido estudiados en los capítulos respectivos de *México, su evolución social,* de la *Historia moderna de México,* y en monografías (3221, 3257). Asimismo, la participación de Estados Unidos, Francia, Inglaterra, Alemania y otros países, también ha sido objeto de algunos trabajos.[82]

En la época de Díaz, junto con la creciente participación de las potencias mundiales en el sector comercial de México, aumentó su interés en la inversión directa. Los ferrocarriles, la minería, la industria textil, los bienes raíces y los servicios públicos fueron los sectores donde se concentró la inversión privada extranjera. Hacia 1910 las inversiones extranjeras en ferrocarriles representaban el 33 por ciento de la inversión total; y Estados Unidos, Inglaterra, Alemania y Francia eran los principales inversores en este ramo. Hardy, Knapp, Pletcher y Coatsworth han hecho aportes importantes acerca de la participación de los norteamericanos en la creación de la red ferroviaria.[83] Además, los volúmenes de la "Vida Económica" de la *Historia moderna de México* tratan con amplitud la influencia de la inversión extranjera en los ferrocarriles. La minería y la metalurgia, como ya se dijo, atrajeron, desde 1825, el interés de los ingleses, quienes volvieron a invertir grandes sumas a partir de 1870, tanto en este sector como en los ferrocarriles y el comercio. El libro de Tischendorf[84] proporciona un cuadro general de las

[79]Véase 3552; y John E. Baur, "The evolution of a Mexican foreign trade policy, 1821-1828." *The Americas* [Washington], v. 19, January, 1963: 225-261.

[80]Con el título de Colección de documentos para la historia del comercio exterior de México, y el pie de imprenta del Banco Nacional de Comercio Exterior, entre 1958 y 1962 se publicaron los siguientes libros, de la Primera serie de esta colección: *El comercio de España y sus Indias* (introducción de L. Chávez Orozco); *Controversia que suscitó el comercio de Nueva España con los países extranjeros (1811-1821)* (prólogo de L. Chávez Orozco); *Los industriales mexicanos y el comercio exterior (1848-1852)* (prólogo de L. Chávez Orozco); *El comercio exterior y su influjo en la economía de la Nueva España (1793)* (prólogo de L. Chávez Orozco); *El comercio de Nueva España y Cuba (1809-1811)* (prólogo de L. Chávez Orozco); Matías Romero, *La promoción de las relaciones comerciales entre México y los Estados Unidos de América* (advertencia de L. Chávez Orozco); *La industria nacional y el comercio exterior (1842-1851)* (advertencia de L. Chávez Orozco y estudio preliminar de Jan Bazant); de la Segunda serie se han publicado, entre 1965 y 1971, los siguientes títulos: *El comercio exterior y el artesano mexicano (1825-1830)* (introducción de L. Chávez Orozco); *El comercio exterior y la expulsión de los españoles* (introducción de L. Chávez Orozco); *El Banco de Avío y el fomento de la industria nacional* (introducción de L. Chávez Orozco); *El contrabando y el comercio exterior en la Nueva España* (advertencia de L. Chávez Orozco y nota preliminar de Ernesto de la Torre Villar). (3243); *Protección y libre cambio; el debate entre 1821 y 1836* (nota preliminar de R. Flores Caballero y selección de Luis Córdova); y Matías Romero, *Reciprocidad comercial entre México y los Estados Unidos. (El tratado comercial de 1883)* (nota preliminar de R. Flores Caballero).

[81]3248; Romeo Frías Bobadilla; y Rubén Frías Bobadilla, *Progreso*

*y su evolución, 1840 a 1900.* Progreso, 1957. 220 p.; A. Pierce, *Trade of the consular district of Progreso, 1909.* London, His Majesty's Stationery Office, 1910.

[82]Entre las obras de la época que tratan este tema véase Matías Romero, *Exposición de la Secretaría de Hacienda de los Estados Unidos Mexicanos de 15 de enero de 1879 sobre la condición actual de México y el aumento del comercio con los Estados Unidos. . . .* México, Imprenta del Gobierno, 1879. 349 p.; *Reciprocidad comercial entre México y los Estados Unidos. . . .* México, Oficina Tipográfica de la Secretaría de Fomento, 1890. VI, 350 p.; Alfred P. Tischendorf, "The loss of British commercial preeminence in Mexico, 1876-1911." *Inter-American economic affairs* [Washington], v. 11, Summer, 1957: 87-102; Warren Schiff, "The Germans in Mexican trade and industry, during the Díaz period." *The Americas* [Washington], v. 23, January, 1967: 279-196; Lionel Carden, *Report for the year 1895, on the trade of Mexico.* London, Her Majesty's Stationery Office, 1896; United States. Department of Commerce, *Trade and commerce with Mexico.* Washington, Government Printing Office, 1908; Paul Lamartine Yates, *Forty years of foreign trade.* London, Allen, 1959. 255 p.

[83]Osgood Hardy, "Ulysses S. Grant, President of the Mexican Southern Railroad." *Pacific historical review* [Los Angeles], v. 24, May, 1955: 111-120; David Mitchell Pletcher, *Rails, mines and progress: seven American promoters in Mexico, 1867-1911.* Ithaca, N.Y., Cornell University Press, 1958. 321 p.; Frank A. Knapp, Jr. "Precursors of American investment in Mexican railroads." *Pacific historical review* [Los Angeles], v. 21, February, 1952: 43-64; J. H. Coatsworth, *Crecimiento contra desarrollo,* citado en n. 55; véase además las obras citadas en las notas 50 y 57.

[84]Alfred P. Tischendorf, *Great Britain and Mexico in the era of Porfirio Díaz.* Durham, N.C., Duke University Press, 1961. 219 p.; del mismo autor: "Great Britain's disastrous adventure in Mexican real-estate and rubber, 1885-1911." *Inter-American economic affairs* [Washington], v. 13, Winter, 1959: 72-86.

relaciones económicas entre México e Inglaterra en la época de Díaz, pero para conocer con mayor precisión las características de esta relación es necesario trabajar el vasto material documental acumulado en la biblioteca Bancroft de Berkeley.[85]

Entre las actividades más ligadas con el sector externo, la minería es una de las mejor estudiadas. Una serie importante de descripciones de viajeros, siguiendo el modelo trazado por Humboldt y Ward, aportan conocimientos muy útiles acerca de este sector: la situación de las minas, su producción, sistemas de trabajo, técnicas, acuñaciones, exportaciones, etc.[86] A estas obras se suman las valiosas estadísticas y relaciones que aparecen en los directorios y diccionarios mineros.[87] Teniendo en cuenta estas y otras fuentes, se produjeron en la época numerosos trabajos acerca del desarrollo de la industria minera.[88] Por último, todas estas informaciones y análisis fueron ampliamente utilizados para componer la parte de minería de la *Historia moderna de México,* y el valioso estudio de Marvin D. Bernstein (3578), única obra que traza el desarrollo de la industria minera desde la época de Díaz hasta 1950.

El problema de las inversiones extranjeras, tanto en sus aspectos legales y políticos, como en su composición, monto y orientación por sectores, fue continuamente estudiado desde fines del siglo XIX. Hay numerosas obras acerca de los principales países que invirtieron en México, y análisis particulares de los sectores más favorecidos por el capital extranjero. Desde luego, las inversiones norteamericanas fueron las más exploradas a partir de la época de Díaz;[89] le siguen los estudios dedicados a la inversión francesa,[90] y luego los que tratan las inversiones inglesas, alemanas y de otros países.[91] En estas y otras fuentes se apoyaron las investigaciones recientes que se esfuerzan por ofrecer una visión de conjunto acerca de la influencia de las inversiones extranjeras en el desarrollo económico y político del país.[92]

Después de las inversiones directas, el segundo gran tema del sector externo en el siglo XIX fue el problema de la deuda pública. Esta se originó con la guerra de independencia y fue creciendo a lo largo del siglo hasta convertirse, como decía Matías Romero en 1870, en la gangrena que amenazaba con ''carcomer y destruir la nacionalidad mexicana.'' La historia de este complejo tejido compuesto de problemas financieros, políticos, militares, administrativos y de orientación económica mundial, ha sido reconstituida recientemente en un libro claro y aleccionador por Jan Bazant (3263). Este libro, y el conjunto de los antes citados, muestran hasta qué punto el destino de México estuvo condicionado por su estrecha vinculación con la economía mundial. Entre 1821 y 1867 la convulsa situación interna del país despertó las ambiciones de las grandes potencias para intervenir en él y convertirlo

[85]Bancroft Library (Manuscripts). Microfilms of Great Britain Board of Trade. Archive of the Companies Registration Office.

[86]Véase, sólo como ejemplo de esta abundante literatura, ''A report on the expediency of augmenting the duties on the exportation of gold and silver, presented to the General Constituent Congress of Mexico, by the Committee of Finance and Mines, August 9, 1824,'' *North American review* [Boston], v. 21, 1825: 429-443; Duport Saint Clair, *De la production des métaux precieux au Mexique.* Paris, 1843. 429 p.; Alexander Dwight Anderson, *The silver country; . . . a review of the mineral and other wealth . . . of New Spain, comprising Mexico and the Mexican concessions to the United States in 1848 and 1853.* New York, Putnam's, 1877. 221 p.; Percy F. Falcke, *Mexico's treasure house (Guanajuato); . . . the mines and their operation in 1906.* New York, Cheltenham, 1906. 259 p.; Louis Lejeune, *Sierras mexicaines, mines et mineurs.* Paris-Mexico, C. Bouret, 1908. 371 p.; Claude T. Rice, ''The silver load mines of Santa Barbara, Mexico.'' *Engineering and mining journal* [New York], v. 86, August 1, 1908: 207-211; Albert François Joseph Bordeaux, *Le Mexique et ses mines d'argent.* Paris, Plon-Nourrit, 1910. 295 p.; L. de Launay, ''Mines et industries minières,'' *dans* Roland Napoleon Bonaparte, *et al. Le Mexique au debut du XXe siècle.* Paris, C. Delagrave, 1904, v. 1, p. 261-322.

[87]3584, 3591, 3605; Alberto Grothe, *Adelantos de la minería en México durante el siglo del centenario de independencia.* México, Francisco Díaz de León, 1911. 20 p.; A. Vignotti, *Coup d'oeil sur les richesses métallurgiques du Mexique.* Paris, Guthier, 1868. 156 p.; John R. Southworth, *El directorio oficial de las minas y haciendas de México. . . .* México, 1910. 263 p.

[88]Gilberto Crespo y Martínez, *México; industria minera; estudio de su evolución.* México, Secretaría de Fomento, 1903. 168 p.; Robert G. Cleland, ''The mining industry of Mexico: a historical sketch,'' *Mining and scientific press* [San Francisco], v. 123, July 2, 1921:

13-20; November 5, 1921: 638-642; H. A. C. Jenison, ''The mining history of Mexico.'' *Engineering and mining journal press* [New York], v. 115, February 24, 1923: 364-368; March 3, 1923: 401-403; V. R. Garfias, ''Historical outline of mineral production in Mexico,'' *in* American Institute of Mining and Metallurgical Engineers. *Transactions* [New York], v. 126, 1937: 346-355; Genaro P. García, *La situación de la industria minera: síntesis comparativa entre la producción y consumo de los principales metales en México y los principales países; problemas de la industria en México.* México, Limón, 1929. 126 p.

[89]166; D. Barlow, ''United States enterprises in Mexico,'' in 139a, v. 1, October 29, 1902, p. 433-503; David M. Pletcher, ''The fall of silver in Mexico, 1870-1910, and its effect on American investment.'' *Journal of economic history* [New York], v. 18, March, 1958: 33-55.

[90]L. Caille, *La question mexicaine et les intérêts français.* Paris, 1913; Fred J. Rippy, ''French investments in Mexico.'' *Inter-American economic affairs* [Washington], v. 2, Autumn, 1948: 52-71; ''La fortune français à l'étranger.'' *Journal officiel* [Paris], 25-11-1902: 6380; Raphaël-Georges Lévy, ''La fortune mobilière de la France à l'étranger.'' *Revue des deux mondes* [Paris], v. 140, 1897: 415-445; Etienne Micard, *La France au Mexique.* Paris, Monde Moderne, 1927. 290 p. Véanse además los estudios citados en las notas anteriores y la *Liste approximative des intérêts français engagés au Mexique.* Manuscrito de la Asociation Nationale des Porteurs Français de Valeurs Mobilières (en el Banco de México).

[91]164; Alexander K. Cairncross, *Home and foreign investment, 1870-1913.* Cambridge, Engl., Cambridge University Press, 1953. 262 p.; Herbert Feis, *Europe, the world's banker, 1870-1914.* New Haven, Yale University Press, 1930. XXIII, 469 p.; Erick Gunter, *Ilustriertes Handbuch von Mexico mit besonderer Beruecksichtigung der deutschen Interessen.* Berlin, 1912. Véase además las obras ya citadas de Rippy y Tischendorf.

[92]Véase 3246, 3265; los capítulos correspondientes de la *Historia*

en un protectorado más o menos disfrazado. Luego a partir de 1872, la estabilidad política creada por el régimen de Díaz por una parte, el creciente poderío del país vecino y el reparto mundial de esferas de influencia por otra, dieron lugar a la más sutil, pero no menos efectiva, intervención económica. Durante el Porfiriato, sobre todo, la participación privada y pública del capital extranjero fue el factor determinante del gran crecimiento económico que caracterizó a esa época. "La Paz Porfiriana," por si sola, no hubiera podido crear la red ferroviaria que hizo fluir los productos primarios mexicanos hacia el mercado mundial, ni revivir la minería de su larga postración, ni crear la planta industrial que surgió en menos de medio siglo como brotada de la nada. La literatura acumulada en estas notas, aunque sin duda incompleta, muestra sin embargo que esos procesos están bien documentados, y, a veces, coherentemente explicados. En cambio, es sensible la falta de estudios que documenten el proceso de cambio mental, las prácticas cotidianas y los ideales modernizantes, que llevaron al grupo en el poder a abrazar "la marcha del progreso," incorporarse al mundo de los países industriales, y liquidar la sociedad agraria que por tantos siglos había sido la expresión más genuina del país.

# Apéndice

*Nota sobre las Memorias de la Secretaría de Fomento*

Las memorias de la Secretaría de Fomento corresponden a la dependencia del poder ejecutivo federal que se formó el 22 de noviembre de 1853 con el objeto de "dedicarse a la promoción, fomento y ejecución de obras que positivamente de una manera muy directa conducen a la prosperidad." A partir de la *Memoria* de 1892-96 el acento recae sobre la promoción y fomento más que en la ejecución. De ahí se deriva la posibilidad de dividir las memorias en dos grupos, uno que va de 1857 a 1883-85, y otro de 1892-96 a 1912-13, donde la diferencia fundamental consiste en que a partir de la *Memoria* 1892-96 desaparece la información sobre las casas de moneda, y sobre las obras y servicios públicos, a raíz de la formación en 1891 de la Secretaría de Comunicaciones y Obras Públicas. La información, en orden decreciente de importancia es nacional, provincial, y regional. La única ficha que presentamos con una descripción particular es la de 1865, por las características de su contenido, y por ser la única *Memoria* que corresponde al gobierno del "Segundo

*moderna de México*, que contienen la información más rica y amplia acerca del tema; y las reflexiones que acerca de este aspecto contienen las obras ya citadas de Raymond Vernon, Leopoldo Solís, Fernando Rosenzweig, Charles C. Cumberland, etc.

Imperio.'' Los temas principales están sintetizados bajo los rubros siguientes:

## Obras y servicios públicos

Caminos: Clasificados en aquellos que ya están abiertos, los que están por abrirse, y los que están en reconocimiento. Informa sobre contratos, caminos, obras realizadas, gastos (salarios). En ocasiones datos sobre población y actividades económicas, en otras movimiento de carga y pasajeros en los caminos de México a Toluca, Morelia, Guanajuato, y otros más (en la *Memoria* de 1877-82). Del total de caminos sólo mencionaremos, a manera de muestra, los que van de México a Veracruz, Manzanillo, San Blas, Tuxpan, Tampico, Guanajuato, Morelia, Acapulco, Progreso, Tehuacán, Barrancas, Querétaro, Perote, Pachuca y Ozumbilla. La sección incluye información sobre puentes.

Ferrocarriles: Concesiones, subvenciones, inversiones, costos, extensión, tarifas, gastos, productos, movimiento de pasajeros y de carga. En particular, la *Memoria* de 1876-77 presenta estadísticas de los ferrocarriles Mexicano, de Jalapa, de Veracruz a Medellín, de Toluca, y del Distrito Federal; y la *Memoria* de 1877-82, un resumen de las compañías ferrocarrileras (entre otras, las del Ferrocarril Mexicano, la Compañía Constructora Nacional y la del Ferrocarril de Sonora), kilómetros construidos hasta 1882.

Telégrafos: Datos sobre subvenciones, tarifas, extensión, oficinas, activo fijo, gastos, productos, personal, movimiento de mensajes y telegramas. En la *Memoria* de 1877-82 aparece una balanza de comprobación.

Obras en los puertos: Gastos y costos.

Desagüe del valle de México: Obras ejecutadas, a menudo costo y gastos. El grueso es descripción física y técnica de las obras, en algunos casos materiales utilizados y precio, en otros, activo fijo utilizado. Buena parte de la información de las memorias del primer grupo la ocupa este renglón.

Casas de moneda: Acuñaciones y valor por casas de moneda del país. Menciona las de México, San Luis Potosí, Guanajuato, Zacatecas, Chihuahua, Oaxaca y el presupuesto de algunos gastos de la casa de moneda de México.

## Agricultura y política agraria

Terrenos baldíos: De la *Memoria* de 1857 a la de 1876-77 aparece en diversos apartados. De la de 1877-82 a la de 1909-10 en la sección primera. De la de 1910-11 a la de 1912-13 en apartado de la Dirección Agraria. En general, hasta la *Memoria* de 1883-85 adjudicaciones y enajenaciones, su ubicación, extensión y valor, y con menos regularidad, tarifas de venta. De la de 1892-96 a la de 1912-13, clasificado como movimiento de terrenos baldíos o de terrenos nacionales, títulos expedidos por adjusticaciones, deslindes, venta de terrenos nacionales, composición de demasías, declaración de no haber baldíos, fraccionamiento y reparto de ejidos, cesiones gratuitas a labradores pobres, y enajenaciones a colonos. Generalmente, acompaña a la información ubicación de los terrenos, superficie y productos obtenidos. La *Memoria* de 1909-10 incluye valor de ventas.

Colonización: Aparece por primera vez en la *Memoria* de 1857, y por última en la de 1909-10. Hasta la de 1876-77 encontramos reflejada la preocupación del gobierno por formar colonias, principalmente por extranjeros, ya que las consideraban casi una panacea para resolver los problemas agrícolas. A partir de la *Memoria* de 1877-82 resultado de esta política: datos sobre valor de las propiedades compradas para colonización, informes de colonias, clasificadas en las que fueron establecidas por el gobierno y las formadas por compañías autorizadas. Proporciona nombre de la colonia y población (mexicanos y extranjeros). En la *Memoria* de 1897-1900, datos de las colonias establecidas por particulares, su ubicación, población y la compañía que las formó. En algunos casos producción agrícola y ganadera, su valor, utensilios de trabajo con que cuentan. Algunas colonias de origen oficial son: Porfirio Díaz, Manuel Fernández Leal, Tecate; algunas de origen privado son: Topolobampo, Novalato, Las Palomas, La Sauteña, Creel, y Guadalupe.

Aguas y arrendamientos: Contratos para el aprovechamiento de aguas para irrigación, fuerza motriz, y otros. Contratos de arrendamiento de terrenos nacionales, para la explotación de sal y de guanos, especificando las cuotas que deben cubrir. La información es de las memorias de 1892-96 a 1912-13.

Bosques: La mayor parte está incluida en las memorias de 1908-09 a 1911-12. Descripciones, concesiones, labores de forestación y conservación. Particularmente, la *Memoria* de 1911-12 contiene una estadística forestal y censo pecuario del Distrito Federal, y un informe de los bosques de Quintana Roo, referencias al costo de la explotación.

Varios: En la *Memoria* de 1857: Corte y exportación de Palo de Brasil y otras maderas de Baja California, en el año de 1853; semillas de hortaliza repartidas. En la de 1909-10: cuadro de las pérdidas habidas en las siembras de maíz, frijol y cebada (en por ciento y valor). En la de 1911-12: rendimientos medios por hectárea de arroz, algodón, maíz y trigo para algunas localidades del país. En la de 1912-13: cosecha de algodón, arroz, café, caña de azúcar, cebada, chicle, frijol, maíz, tabaco y trigo, por entidades del país.

## Industria y comercio

A la sección de industrias extractivas corresponde la más rica información cuantitativa del apartado.

Minería: La de las memorias de 1857 a 1877-82 es escasa, y se confunde a menudo con la proporcionada por las casas de moneda. Particularmente, en la de 1868, datos de producción de azufre y hierro. En la de 1883-85 y la de 1891-96 sobre minería. A partir de la *Memoria* de 1883-85 valiosos datos en informes de diversas minas y compañías mineras, las de Boleo, New Pinos Altos Co., The Velardeña Mining and Smelting Company, Sombrerete Mining Company, Real del Monte, Compañía Minera y Fundidora de Monterrey, Cananea Consolidated Copper Company S.A., The Batopilas Mining Co., The Montezuma Copper Company. Los informes describen instalaciones, producción, inversiones, gastos (salarios y sueldos), y personal. De la *Memoria* de 1905-07 a la de 1912-13 cuadros del número de títulos mineros (incluyen la superficie de las minas). La *Memoria* de 1905-07: valores totales de producción de oro, plata y cobre.

Petróleo: La *Memoria* de 1901-04 ofrece informes de las regiones petroleras de San Luis Potosí, Tamaulipas, Veracruz, Istmo de Tehuantepec, y en particular de la región petrolera de El Ebano. La de 1911-12 datos de la producción de algunos pozos de la Huasteca Petroleum Co., El Aguila, y otras, con descripción de instalaciones, datos técnicos, y en ocasiones salarios y personal. La de 1912-13: amplio informe de la compañía El Aguila, datos de producción, gastos, y balance general, además de la producción de El Ebano; y del capital, monto de arrendamiento y extensión de varios campos, los de la Tampico Oil Co., y los de la Compañía Mexicana de Petróleo de del Golfo.

Industrias de transformación: La información cuantitativa es escasa. El grueso son contratos para establecer industrias, quien los celebra y los términos de su establecimiento. Sin embargo, localizamos algunos datos en la *Memoria* de 1857: número de fábricas de hilados y tejidos de algodón, de fundición de hierro, de loza y vidrio (ubicación, activo, fijo, costos, precios, producción, sueldos, personal, y otros); producción de grana en Oaxaca, 1758-1857 (peso, valor, precios). En la de 1868: producción de sosa. En la de 1911-12 y en la de 1912-13 aparece un apartado con el nombre de Departamento del Trabajo con datos sobre huelgas (lugar, fecha, causa, y resultado).

Privilegios, patentes y marcas: Bajo este título incluimos los privilegios de exclusividad para desarrollar labores industriales y comerciales, solicitudes y concesiones de patentes de inversión y registro de marcas de fábrica. La misma información bajo el título de ''Industria'' está en la *Memoria* de 1857, como ''Privilegios'' en las de 1868 a 1883-85, y como ''Patentes y marcas de fábrica'' en las de 1892-96 a 1912-13.

Comercio: La información, aunque escasa, es en varios casos importante por sus datos cuantitativos. En la *Memoria* de 1857: exportación de numerario y metales preciosos, derechos por aduanas. En la de

1868-69: cuadros sobre movimiento de buques, procedencia y destino, pasajeros y clase de cargamento, referido a puertos del país. En la de 1873: exportación de madera en Tabasco, de 1870-73, y en Minatitlán, de 1868-73; movimiento marítimo por puertos del país, según nacionalidad, número de pasajeros, 1869-72. En la de 1883-85, está dedicado al apartado de comercio el capítulo 2 del tomo 4, con más información internacional que nacional, y más cualitativa que cuantitativa, aunque existen ciertos datos sobre precios de artículos agrícolas y algunos datos estadísticos sobre comercio exterior.

## Recursos financieros

Con excepción de la *Memoria* de 1857 en que aparecen los valores recibidos y su inversión, el grueso aparece en 1877-82 a 1912-13. Datos para la Secretaría de Fomento, ingresos (por derechos y por productos), egresos (por sueldos, salarios, y otros), y presupuestos por renglones. En particular es importante, en la *Memoria* de 1912-13, una serie graficada con el monto total de los presupuestos de la Secretaría de Fomento, para cada año de 1853-1921. Se detalla las cantidades realmente gastadas del presupuesto de egresos.

## Otros

Secciones tales como geografía, cartografía, observatorios (Meteorológico Central de México, Astronómico Nacional de Tacubaya y Astronómico y Meteorológico de Mazatlán), y comisiones científicas (geográficas, geodésicas, o con alguna misión especial, como la de Sonora y otras), ocupan gran parte del contenido de todas las memorias. Otras secciones son: breves censos de habitantes, en las de 1857 a 1892-96, medidas organizativas, administrativas, de difusión y de control, representadas en conjunto por labores estadísticas (que regularmente contiene informes cualitativos), educación y cultura (escuelas agrícolas, industriales y comerciales; bibliotecas, e institutos), estaciones experimentales, agrícolas y pecuarias, exposiciones agrícolas e industriales en México y en el extranjero, publicaciones, y actividades de la oficina de pesas y medidas. Como un ejemplo aislado, y de carácter predominantemente cualitativo, el apartado titulado "Datos estadísticos de la república," la *Memoria* de 1873 informa en forma escueta, para cada entidad del país, el número de habitantes, valor de la propiedad, rentas públicas, presupuestos, y menos comúnmente, datos de producciones e instrucción pública. El período que cubre es variado, fluctuando entre 1869-73.

# B. BIBLIOGRAFIA

Con la colaboración de Jorge Ceballos

## I. Trabajos Generales y de Referencia

### 1. Trabajos estadísticos y de referencia

**2782. Aguilar y Santillán, Rafael.** Bibliografía geológica y minera de la República Mexicana. . . . México, Secretaría de Fomento, 1898. 158 p.

Referencias a lo publicado desde 1556 hasta fin de 1896, sobre mineralogía, minería y geología, la metalurgia, legislación y estadística, explotación de minas, etc., libros y monografías, sobre esos temas y artículos en publicaciones periódicas. Contiene 1953 cédulas bibliográficas, indicando dónde fueron publicadas (México, Francia, Inglaterra, Alemania, E.U.A.). Las que corresponden a México provienen fundamentalmente de la revista *El minero mexicano* (3599) y del *Boletín de la Sociedad Mexicana de Geografía y Estadística.*

(BCM)

**2783. Almonte, Juan Nepomuceno.** Guía de forasteros y repertorio de conocimientos útiles. México, Cumplido, 1852. 638 p., mapas, tablas, ilustraciones.

Casa de moneda, movimiento y acuñación, deuda interior, contaduría mayor y la tesorería general, crédito público, presupuesto anual del gobierno 1851-52, comercio exterior, aduanas, movimiento marítimo, deuda exterior, población de los estados, comercio, industria, minería, propiedades de los estados, producción minera, circulación y exportación de metales, presupuestos e ingresos estatales, comercio de exportación, artículos, costos etc., junta mercantil de fomento, acreedores de la deuda pública, escuelas, profesionistas, transportes y comunicación, directorio del Distrito Federal (comercial e industrial).

(BN)

**2784. Archivo Histórico de Hacienda.** Colección de documentos publicados bajo la dirección de J. Silva Herzog. México, Secretaría de Hacienda, 1943-45. 5 v.

Importante colección que agrupa documentos sobre: (1) libertad de comercio en Nueva España en la segunda mitad del siglo XIX; (2) comercio extranjero por el puerto de San Blas, 1812-17; (3) relaciones estadísticas de Nueva España a principios del siglo XIX; (4) documentos relativos al arrendamiento de alcabalas de la ciudad de México y distritos circundantes; (5) mercedes y pensiones, limosnas y salarios en la Real Hacienda de Nueva España.

(BCM)

**2785. Barrett, Ellen C.** Baja California, 1535-1964; a bibliography of historical, geographical and scientific literature relating to the peninsula of Baja California and to the adjacent islands in the Gulf of California and the Pacific Ocean. Los Angeles, Bennett & Marshall, 1957-67. 2 v.

La mejor bibliografía sobre la Baja California, con la pretensión de ser exhaustiva, aun cuando faltan la mayoría de los manuscritos y periódicos sobre la región. Muchas de las cédulas tienen algún comentario y referencia a la biblioteca donde fueron consultadas.

(BB)

**2786. Busto, Emiliano.** Estadística de la República Mexicana. México, Cumplido, 1880. 3 v., cuadros, tablas. (Anexo núm. 3 a la Memoria de Hacienda del año económico de 1877 a 1878).

Importantísimo compendio estadístico, 1873-1878. Tomo 1: división territorial, población del país; valor de la propiedad, presupuestos y rentas por entidad federal; valor y precio de la producción agrícola por estados; lista de giros mercantiles y establecimientos industriales del país; estadística industrial del Distrito Federal, en 1879; situación de la industria y de los tejidos de algodón y lana en el país, con nombre y número de los establecimientos, cantidad y valor de la producción, personal, capital y precios; valor y cantidad de las importaciones y exportaciones, 1873-78. Tomo 2: establecimientos mineros, personal ocupado, valor y cantidad de la producción, valor de las acuñaciones, 1878-79. Tomo 3: estadística con informes que agricultores, mineros, industriales, comerciantes y cónsules contestaron a la Secretaría de Hacienda, en respuesta a su cuestionario de 1877.   (BCM BH)

**2787. Cámara Nacional de Comercio de la Ciudad de México.** Anales de economía, finanzas, industria y comercio. México, Jesús Rico, 1927. 2 v., cuadros.

Acuñación de moneda en 1920, comercio exterior, producción forestal, minería (plantas productoras, títulos expedidos, precio mensual de la plata y número de hornos de fundición).

(BBM)

**2788. Castillo, Ignacio B. del.** Bibliografía de la Revolución Mexicana de 1910-1916: historia, legislación, literatura, cuestiones sociales, políticas y económicas, documentos, etc. . . . marzo de 1908 a junio de 1916. México, Secretaría de Comunicaciones y Obras Públicas, 1918. 92 p.

Contiene 799 títulos, algunos con interés para la historia económica.

(BB)

**2789. El Colegio de México,** *ed.* Estadísticas económicas del porfiriato: fuerza de trabajo y actividad económica por sectores. México, El Colegio de México, [1965?]. 323 p., cuadros.

Explicación preliminar sobre fuentes utilizadas, elaboraciones realizadas y criterios y métodos seguidos. La obra fue redactada por Fernando Rosenzweig. Los capítulos se refieren a: población y fuerza de trabajo; producción agrícola, ganadera y forestal; producción industrial; comercio interior; moneda y bancos; finanzas públicas. Estadísticas que oscilan entre 1877-1910. (BCM)

**2790. Colín, Mario.** Bibliografía general del estado de México. México, Jus, 1963. 1964. 3 v.

Primer tomo, impresos del estado, 1821-1961; segundo, impresos 1606-1963; tercero, referencias y autores del estado, 1541-1964. Rica en registros oficiales. (BB)

**2791. Echegaray, Salvador.** División territorial de los Estados Unidos Mexicanos. . . . México, Secretaría de Fomento, 1912-18. 30 v., cuadros.

Para las entidades de la república: el territorio, sus localidades, estadísticas de rentas públicas y población, por edades, instrucción, estado civil, cultos y nacionalidad. El título tiene variaciones de menor importancia, que no impiden la fácil localización de la obra. Los datos se refieren al año de 1910. (BSMGE, BDGE)

**2792.** Estadística gráfica: progreso de los Estados Unidos Mexicanos; presidencia del sr. gral. d. Porfirio Díaz. México, 1896. 276 p., ilustraciones.

Información estadística sobre fábricas, haciendas, compañías, refinerías, etc. Además informes generales de las Secretarías de Estado. (HN)

**2793. Figueroa Domenech, J.** Guía general descriptiva de la República Mexicana. México, Araluce, 1899. 2 v., mapas, tablas, plano, ilustraciones.

Movimiento bancario, 1895 y 1897, industria y comercio del Distrito Federal, población del Distrito Federal hasta 1895; importaciones, 1893-98, principales aduanas de entrada, exportación, 1887-98, valor y principales productos, 1893-97 (monto y destino), movimiento de aduanas y marítimo, 1895-97; producción agrícola en 1896, minera y petrolera, metales preciosos y ensaye federal, 1896-97, acuñación, exportación del metal o monedas, vías de comunicación y transportes (su explotación hasta 1896), presupuestos de egresos de la federación, 1869-98, ingresos y rentas públicas de los estados, 1896-97, valor fiscal de la propiedad urbana y rústica en el país, población en tres años, hasta 1895, instrucción pública en 1896, industria, comercio, apéndices de las principales casas comerciales extranjeras en México, directorios profesional, industrial y comercial de los estados y del Distrito Federal. (BSMGE, BMNA)

**2794. García Cubas, Antonio.** Atlas geográfico y estadístico de los Estados Unidos Mexicanos. México, Debray, 1887. S.n., mapas, tablas, cuadros.

Incluye una carta general de la república, con líneas de ferrocarriles, telégrafos, límites, recursos naturales y puertos; 30 cartas de los estados y territorios, datos sobre población, producción mineral, agrícola y ganadera, principales localidades, renta y gastos públicos, valor de la propiedad e instrucción pública. El texto en español, francés e inglés. (BSMGE)

**2795. _____.** Diccionario geográfico-histórico y biográfico de los Estados Unidos Mexicanos. México, Murguía, 1888-91. 5 v.

Importante catálogo de las ciudades, pueblos, ranchos y haciendas del país en la década de 1880. Datos de población y de los principales productos y actividades económicas. (BCM)

**2796. González Arce, José.** Directorio de todas las poblaciones que constituyen la República Mexicana. México, El Gran Libro, 1885. 233 p.

Información sobre todas las poblaciones: nombre, distrito, cabeceras y distancia en leguas desde la ciudad de México. En 1888 se publicó una edición ampliada de esta obra. (BUT-LAC)

**2797. González Navarro, Moisés.** Estadísticas sociales del porfiriato, 1877-1910. México, Talleres Gráficos de la Nación, 1956. 249 p., cuadros.

Cuadros sobre población (cantidad, densidad, crecimiento, migraciones, status social, edificios); criminalidad (analizada por edades, estado civil, ocupación e instrucción); presupuestos de organismos oficiales (educación, guerra, policía y salubridad); propiedad (número de propietarios, ranchos y haciendas, cultivos agrícolas, venta de tierras nacionales, 1867-1910, superficie de haciendas en 1910); educación y cultura (educación primaria, 1878-1907, densidad escolar, alumnos, museos, bibliotecas, sociedades científicas y publicaciones periódicas). (BCM)

**2798. González y González, Luis; Guadalupe Monroy; Luis Muro; y Susana Uribe,** *eds.* Fuentes para la historia contemporánea de México: libros y folletos. México, El Colegio de México, 1961-62. 3 v.

El segundo volumen cubre 1910-40. Para dicho período ésta es la bibliografía económica más completa. 4861 fichas sobre: bibliografías; trabajo y movimiento obrero; propiedad inmueble y reforma agraria; recursos naturales; agricultura y ganadería; industrias de transformación; comunicaciones y transportes; contabilidad y organización de empresas; comercio interior; balanza de pagos; moneda, crédito y banca y finanzas públicas. Sólo una parte está comentada; y buena parte se refiere a donde se puede localizar la obra. (BCM, BDIH)

**2799. Gurría Lacroix, Jorge.** Bibliografía mexicana de los ferrocarriles. [México]. 1956. 499 p., ilustraciones. (Biblioteca técnica ferrocarrilera, 50).

Comprende fichas bibliográficas de 1833 a nuestros días. Se aprovecharon las publicaciones con datos sobre esas cuestiones, pero la tarea se desarrolló sobre todo consultando bibliotecas públicas y particulares que cuentan con libros y folletos que nunca habían sido registrados. Incluye los ''Principales decretos sobre construcción de ferrocarriles'' y el ''Proyecto del primer camino de hierro de la república, desde el puerto de Veracruz a la capital de México . . . 1837.'' (BN)

**2800. Ker, Annita Melville.** Mexican government publications. A guide to the more important publications of the national government of México, 1821-1936. Washington, Government Printing Office, 1940. 333 p.

Sólo algunas de las cédulas mencionan datos sobre su contenido.                                    (BCM, BDIH)

**2801. Madoz, Pascual.** Diccionario geográfico-estadístico histórico de España y sus posesiones de ultramar. Madrid, Madoz y Sagasti, 1845-50. 16 v., cuadros.

Numerosas estadísticas: población, industria, ganadería y agricultura.                                  (BSMGE)

**2802. Martínez Ríos, Jorge.** Tenencia de la tierra y desarrollo agrario en México; bibliografía selectiva y comentada: 1522-1968. México, U.N.A.M., 1970. 305 p.

Divide 1553 cédulas en: estudios bibliográficos; tenencia de la tierra en México prehispánico, en México colonial y en el período independiente hasta 1968. Contiene una introducción en que utiliza el material comentado.  (BCM, BDIH)

**2803. Mata, Filomeno, *ed*.** Anuario universal para los años 1882 a 1886 y 1892. México, F. Mata, [1882, 1886, 1892].

Movimiento de aduanas marítimas y terrestres, exportación, importación, aranceles, 1880, 1885, 1891, exportaciones, 1877-83; presupuesto del gobierno federal, 1880-86 y 1891-92; vías de comunicación y transporte (su movimiento y explotación); movimiento comercial y directorios comerciales, profesionales, industriales y de servicios (Distrito Federal); deuda pública, población, comercio, industria, producción agrícola, ganadera y minera de los estados, población del país, acuñación de monedas, instrucción pública.    (BSMGE)

**2804.** The Mexican year book: a statistical, financial, and economic annual, compiled from official and other returns. Mexico City, Departamento de Finanzas, 1908-14. 6 v., tables, maps.

Pesas y medidas, población, leyes, organización y personal del gobierno, armada y ejército, asuntos extranjeros, finanzas, comercio exterior, banca y circulación monetaria, ferrocarriles y comunicaciones, agricultura (productos, legislación, colonización, etc.), manufacturas, minería. Los datos cubren las áreas nacional y provincial.                          (BCM)

**2805. México. Departamento de la Estadística Nacional.** Anuario. Tacubaya, Secretaría de Agricultura y Fomento, 1932. 529 p., cuadros.

Datos de población según censos de 1895, 1900, 1910, 1921, 1930, (razas, idioma, ocupación, religión); matrimonios, 1922-27, y divorcios 1926-27; migración, 1908-28 y 1911-24; trabajo: agrupaciones obreras, 1928-29 y conflictos de trabajo, 1922-29; educación, 1925-28; títulos profesionales, 1901-27; asistencia social, 1924-28; judicial, 1926-28; administración pública, 1923-28, y 1918-28; agricultura, 1925-28; ganadería, 1902-26; propiedad rústica, 1923-27;

estadística agraria, 1914; producción minera, 1921-29; petróleo, 1927-29; comunicaciones, 1923-29; comercio, 1925-29; ingresos y egresos de la hacienda de 1925-29; seguros, 1925-29.                                    (BSIC)

**2806. _____. _____.** Censo, demografía, producción y circulación. . . . México, Murguía, 1924. 153, 41 p., cuadros.

Población, 1921-24; 1922-23; censo ocupacional; producción agrícola: azúcar, 1921-23; henequén, 1911-20; producción minera, 1915-22; exportación de metales, 1919-23; casa de moneda en 1924; producción y exportación de petróleo, 1901-24; bancos, 1913-23; operaciones de la bolsa de valores, 1910-22; aduanas, 1920-24; comercio exterior, 1915-24; educación, 1922-24; justicia, 1922-24.                          (BSIC)

**2807. _____. _____.** Estadística nacional; órgano del Departamento de la Estadística Nacional: censo, demografía, producción y circulación. México, 1925-32. 8 v.

La referencia cuantitativa más completa para 1924-30, el período básico a que se refiere la obra. Sin embargo, los datos anteriores a 1924 son abundantes, particularmente a partir de 1920. Contiene: movimiento de la población, ocupación, criminalidad, inmigración y emigración (los datos más abundantes son del Distrito Federal); costo de vida, salarios y precios; cotizaciones de crédito; cotizaciones del peso, presupuestos; comercio exterior, con un interesante estudio desde 1519 hasta 1924 en el número 13 de la revista (15 de julio de 1925); entrada y salida de buques; comercio interior; producción agrícola; propiedad de la tierra (incluye dotaciones y restituciones de tierras para ejidos, 1916-29); industria de transformación; minería; transportes y servicios públicos; valor del capital invertido en sociedades mercantiles, 1919-24. Además, ensayos y noticias técnicos y propagandísticos para el fomento de las actividades económicas. Periodización quincenal hasta diciembre de 1927; y mensual desde enero de 1928. La información nacional y provincial; de particular importancia datos del Distrito Federal.                  (BCM)

**2808. _____. _____.** El progreso de México. México, Imprenta del Diario Oficial, 1924. 50 p., cuadros, tablas.

Comercio exterior (valor de las importaciones y exportaciones, 1872-1903, 1905-13 y 1915-23); acuñaciones, 1905-19, y 1920-23; bancos (depósitos en 1923); industria minera (producción, 1910-23; exportación; actividades de la casa de moneda de Hermosillo, en 1918; producción y ventas de hierro y acero en Monterrey, 1903-23); petróleo (producción por campos, capital invertido, con procedencia y destino, y exportaciones por compañías en 1923); industria textil (valor de las instalaciones, costo de producción, producciones por artículos; henequén, 1901-20, datos de las exportaciones a los Estados Unidos de América).        (BCM)

**2809. _____. Dirección de Estadística Económica.** Aspectos estadísticos de un quinquenio, 1921-1925. México, Mundial, 1927. 87 p., tablas, gráficos.

Agricultura (producción, superficie cultivada, maquinaria e implementos importados), 1909-11 y 1923-25; minería y petróleo (producción, valores, volumen); industrias (textil); transporte; comercio (importación y exportación de manufacturas, ganado, pescado y productos forestales); instituciones de crédito, 1921-26; operaciones hipotecarias; seguros; ingresos del estado (recaudaciones municipales, 1923-25; e ingresos de la federación). Contiene gráficos sobre producción agrícola, de oro y plata, de tejidos estampados, de importación y exportación, 1906-10, de depósitos y préstamos en bancos, 1921-26, y de ingresos de la federación, 1921-26.        (BCM)

**2810. \_\_\_\_\_. Dirección de Exposición Estadística.** Estadísticas compendiadas de los Estados Unidos Mexicanos. México, Departamento de la Estadística Nacional, 1929. 121 p., cuadros.

Importante compendio para la década de 1920, principalmente para 1925-27. Geografía, población, industria extractiva y de transformación, comercio exterior, agricultura y ganadería, navegación, precios al menudeo de artículos de primera necesidad en la ciudad de México, comercio, transportes, bancos, educación, asistencia social, y cuerpo diplomático.        (BB)

**2811. \_\_\_\_\_. Dirección General de Estadística.** Bibliografía mexicana de estadística. México, Talleres Gráficos de la Nación, [1924]. 2 v.

Magnífica bibliografía organizada a base del siguiente criterio: incluir todas las obras de autores mexicanos o extranjeros, que contengan informes o cuadros estadísticos, datos, noticias y, en general, materiales aprovechables para estudios estadísticos.        (BM, BUNAM)

**2812. \_\_\_\_\_. Ministerio de Fomento.** Anuario estadístico. . . . México, Oficina Tipográfica de la Secretaría de Fomento, 1894-1912. 15 v., cuadros.

Informan sobre los años 1893-1907. Es general una introducción amplia sobre algunos de los renglones. En cada volumen información detallada sobre demografía (población, nacimientos, muertes, matrimonios, y causas de defunción); importaciones y exportaciones (artículos, cantidades, valores, procedencias y destinos); aduanas (entrada y salida de embarcaciones, puertos, tonelaje, tripulación); bancos (balances mensuales); industria (fábricas de hilados y tejidos de algodón, alcoholes, tabacos, cerveza, solicitudes de instalación, solicitante, población, y concesiones); patentes de privilegios y salarios; minas (explotación, beneficio, y fundición); moneda (acuñación, introducción de metales preciosos, censo monetario de 1903); comunicaciones (telégrafo, correos, teléfono, y ferrocarril); educación (clases, alumnos inscritos, asistencia, edades, y estado de adelanto); agricultura (peso y valor de los productos agrícolas); publicaciones periodísticas (editor, periodicidad, idioma, objeto, y fecha de iniciación de la publicación); terrenos (valor fiscal de la propiedad urbana y rústica, y terrenos baldíos, con extensiones y valores; títulos expedidos); ejército y armada. Retrocede hasta 1868 sobre mortalidad en el municipio de México, a 1888 en la de introducción de efectos nacionales a la capital, a 1876 en exportaciones, a 1888 en el destino de las exportaciones, a 1878 en el número de carneros y cerdos sacrificados para el abasto de la ciudad de México, a 1883 en la introducción de metales preciosos a la casa de moneda, a 1879 en la acuñación, a 1868 en los presupuestos de egresos de la federación, a 1881 en las rentas de la federación y en las

de los estados y municipios, a 1877 en los títulos de ejidos, a 1867 en adjudicación de terrenos baldíos, a 1878 en el movimiento interior de correspondencia, y a 1867 en la noticia de terrenos baldíos.        (BDGE)

**2813. \_\_\_\_\_. \_\_\_\_\_.** Boletín semestral de la estadística de la República Mexicana. . . . México, Ministerio de Fomento, 1890-92. 3 v., cuadros.

Principalmente, información demográfica: población, área y densidad de las entidades federativas, 1890-92; cuadros comparativos de censos; resumen de la mortalidad en el Distrito Federal, 1868-92; migraciones; instrucción elemental; hacienda pública, valor fiscal de la propiedad, ingresos del tesoro federal, 1868-96; comunicaciones y transportes: ferrocarriles construidos hasta 1892; líneas telefónicas y telegráficas, hasta 1892, oficinas postales y movimiento interior de correspondencia; acuñación de moneda, 1874-89; estado que manifiesta la introducción de efectos nacionales afectos al derecho de portazgo, 1888-89; valor de la exportación e importación, 1877-90; agricultura, 1892; establecimientos mercantiles, industriales y talleres de artes y oficios, 1892. Incluye la ley de 1882 que creó la Dirección General de Estadística. El mismo tipo de información para 1895-1910 en la publicación trimestral: México. Secretaría de Fomento, Colonización e Industria. Dirección General de Estadística. *Boletín; publicación demográfica y estadística.* . . . México, Secretaría de Fomento, 1912-14. 1 v.        (BCM)

**2814. \_\_\_\_\_. Secretaría de Comunicaciones y Obras Públicas.** Bibliografía: Secretaría de Comunicaciones y Obras Públicas. 1891-1943. México, La Nacional Impresora, 1943. 189 p., foto, tablas.

Incluye 444 cédulas de obras publicadas por la mencionada Secretaría, clasificadas en 17 secciones.        (BSMGE)

**2815. \_\_\_\_\_. Secretaría de Fomento.** Informes y documentos relativos a comercio interior y exterior: agricultura, minería e industrias. México, Secretaría de Fomento, 1885-91. 24 v., cuadros, tablas, mapas.

Publicación con importante información económica y estadística, sistematizada y completa: comercio exterior de México y tráfico marítimo comercial; cuestionario sobre el comercio exterior contestado por el servicio consular de México; estudio comparativo del comercio exterior en América Latina 1879-83; informes estatales sobre productos de posible exportación; revista comercial con precios corrientes en el mercado mundial; tráfico de ganado exportado y precios. A partir del segundo semestre de 1888 mayor importancia de la información consular para el comercio exterior, importaciones, exportaciones, precios, existencias, puertos y aduanas y cantidades; importaciones; circulares para la exportación. Comercio interior: cotizaciones en la bolsa con relación de fondos públicos, registro de valores mexicanos, tipo de descuento, precios de metales preciosos, cambios; precios corrientes de productos de importación; precios de productos de consumo en mercados regionales. Informes del comercio interior: mercados, precios, existencias, productos por estados, municipalidades y distritos; comercio de frutas por estados, distritos y municipalidades. Los datos para el comercio comprenden 1885-91. Minería: informes oficiales y de particulares, producción, ubicación, mano de obra, salarios, tecnología y comercialización; producción de plomo, cobre, estaño, y otros. Agricultura y ganadería; informes de las haciendas del país, extensión, producción, cultivos, mercados, impuestos, transportes; trabajo en el campo, salarios, condiciones de contratación, fuerza de trabajo; principales productos, cantidad y precios, producción de cultivos factibles de industrialización, tipo, cantidades, precios, mercados; importancia de las fincas de pulque; producción ganadera en el país y razas extranjeras; estudio sobre el maguey; informes de la producción de café, chile, tabaco, vainilla, chicle, hule, raíz de zacatón, ramié henequén, caña de azúcar y otros cultivos; plagas e insectos que afectaban la producción; enseñanza agrícola, prácticas de los alumnos de la Escuela Nacional de Agricultura; tecnología y su desarrollo en México y en el mundo; ingeniería rural y obras construidas; sobre la previsión y cursos de aguas. Toda la información agrícola y ganadera está referida por estados, distritos, municipalidades, congregaciones y haciendas, por medio de las agencias agrícolas del Ministerio de Fomento. Industria: producción textil; obreros y jornales; situación de la sericicultura; producción de seda silvestre; fábricas de azúcar; disposiciones sobre terrenos baldíos, formas de adquirirlos y precios.                                                        (HN)

**2816. _____. _____. Dirección General de Estadística.** Cuadro sinóptico informativo de la administración del señor general don Porfirio Díaz, presidente de la República hasta 1909. México, Secretaría de Fomento, 1910. 107 p., cuadros.

Informaciones sobre población: total, por entidades, de la ciudad de México, y densidades, 1895-1900; ferrocarriles: concesiones, 1900-07; productos, 1876-80 y 1901-06; kilómetros en explotación, 1900-07; correos, 1896-1907; telégrafos, 1896-1907; instrucción pública: establecimientos oficiales y no oficiales, sueldos y gastos, museos, bibliotecas, sociedades científicas, y publicaciones periodísticas, 1893-1907; comercio: importación, marcas extranjeras, exportación, y movimiento de embarcaciones, 1895-1906; impuestos, 1898-1903 y 1905-07; consumo de carne para el abasto de la capital, 1881-1907; industria de hilados y tejidos de algodón, 1898-1904, de tabaco, de 1898-1906, de vino y bebidas alcohólicas, 1892-1906; bancos: capital social, 1893-1906, y acuñación de moneda, 1876-1905; agricultura: producción, valor y peso, 1899-1908; uso de agua, terrenos nacionales, ganado y su valor para cada entidad federativa, en 1902; minería: producción, 1902-06, y origen de capitales invertidos; valor de la propiedad rústica y urbana, 1896-1906; presupuesto de egresos de la federación, 1901-11; obras del desagüe del valle de México; y bibliografía de las publicaciones de la Dirección General de Estadística.                                       (BCM)

**2817. _____. Secretaría de Hacienda y Crédito Público.** Bibliografía de la Secretaría de Hacienda y Crédito Público, 1821-1942. México, 1943. 226 p. (Biblioteca de la Feria del Libro y Exposición Nacional de Periodismo).

Dividido en dos grandes apartados. El primero: obras y documentos oficiales. El segundo comprende las obras publicadas por particulares con temas relativos a la hacienda pública.                                                            (BCM)

**2818. _____. Secretaría de Industria, Comercio y Trabajo.** Directorio provisional, industrial de

algunos estados de la república. México, Dirección de Talleres Gráficos, 1920. 91 p., cuadros.

Industrias establecidas registradas hasta junio de 1920 por estados, con noticia del ramo industrial al que pertenecen, producción, nombre de la fábrica, propietario o razón social, y ubicación.                                                   (BH)

**2819. _____. _____. Departamento de Comercio.** Directorio de los principales manufactureros y productores de materias primas de México, diciembre de 1918. México, Dirección de Talleres Gráficos, [1918]. 98 p.

De gran utilidad para los investigadores de esta época tan poco estudiada desde el punto de vista económico.   (BB)

**2820. _____. _____. Departamento del Petróleo.** Bibliografía del petróleo en México. México, Secretaría de Relaciones Exteriores, 1927. 169 p. (Monografías bibliográficas mexicanas, 8).

Reúne publicaciones de México y del extranjero sobre recursos, industria, legislación, y diversos datos técnicos sobre extracción y procesamiento del petróleo. Generalmente trata de artículos y ensayos que aparecieron en periódicos, revistas y boletines especializados, como el *Boletín del petróleo*, el *Boletín de la Sociedad Mexicana de Geografía y Estadística*, y el *Boletín minero* (3597). La mayoría de las cédulas corresponden a 1910-26.                                          (BCM)

**2821. _____. Secretaría de la Economía Nacional. Dirección General de Estadística.** Informes sobre las principales estadísticas mexicanas. México, 1941. 174 p.

Descripción de las fuentes estadísticas mexicanas desde la época prehispánica hasta 1941, que a juicio del autor son las más importantes. Incluye las fuentes que se refieren a censos de población, de edificios e industrias de la construcción, movimiento de población, sanidad, educación, asistencia social, trabajo, administración pública, agricultura y ganadería, censos ejidales, industrias, comunicaciones, comercio exterior, precios, finanzas públicas, riqueza nacional, estadística bancaria, operaciones de propiedad inmueble, salarios, y costo de la vida.                                                       (BCM)

**2822. Müller, Hnos.,** *ed.* Directorio general de los estados de la República Mexicana. México, 1913. 1096 p., ilustraciones, tablas.

Datos de los estados y de algunas poblaciones importantes de ellos: población, principales productos agrícolas e industriales, directorio de comercio, fábricas y profesiones, funcionarios de gobierno, empleados de comercio del Distrito Federal y del país, principales residentes de las ciudades.

**2823. Navarro y Berea.** Memoria estadística . . . 1888. México, Dublán, 1888. Cuadros.

Información mensual sobre: movimiento bancario, 1887-88; de giros y operaciones; portazgo en el Distrito Federal; bolsa mercantil de México en 1888, comparada con 1887; propiedad raíz en el Distrito Federal y operaciones registradas; compañías mexicanas en el extranjero; minas mexicanas registradas en Londres en 1887; vías de comunicación y transporte (su explotación y movimiento hasta diciembre de 1887), movimiento marítimo; minería, acuñación y valores; deuda pública consolidada y flotante (hasta 1888), deuda exterior de México; rentas municipales del Distrito Federal en 1887 y 1888; cuentas del erario federal del año fiscal, 1886-87; contratos y disposiciones de la federación.     (BSMGE)

**2824. Pérez, Juan E.** Almanaque de las oficinas y guía de forasteros para el año. . . . México, Imprenta del Gobierno en Palacio, 1871, 1873-76, 1881-82. 7 v., tablas, cuadros.

Movimiento de aduanas marítimas y fronterizas, exportación, tablas de aranceles, 1871-76 y 1881, derechos de portazgo en el Distrito Federal, tablas con efectos y valores para 1872-75 y 1880, derecho de portazgo en Baja California, 1881-82, rentas y gastos de la federación, presupuestos del gobierno federal, 1871-76 y 1879-80, deuda pública hasta 30 de junio de 1874, circulación, exportación y acuñación de metales en 1867, empleados federales y sueldos anuales, empleados del ayuntamiento del Distrito Federal y sueldos en 1881, vías de comunicación y transporte, gastos en instrucción pública, movimiento escolar para la capital del país y sus estados, directorios comerciales, industriales y profesionales de la capital y estados del país, anuncios comerciales, tarifas de terrenos baldíos, explotación minera hasta 1874.
(BSMGE)

**2825. Pérez Hernández, José María,** *ed.* Diccionario geográfico, estadístico, histórico, biográfico de industria y comercio de la República Mexicana. México, Imprenta 5 de mayo, 1874-75. 4 v., cuadros, tablas, ilustraciones.

Los datos estadísticos corresponden a todo el país y sus estados, fundamentalmente a partir de 1822.     (BSMGE)

**2826. _____.** Estadística de la República Mexicana, escrita por. . . . Guadalajara, Tipografía del Gobierno, 1862. 356 p., cuadros, tablas.

Inventario y estadística comentada de la república. Se ocupa en detalle de su geografía, división política y económica; población; flora y agricultura; fauna y ganadería; propiedad rústica y urbana; recursos mineros y minería; industria fabril y manufacturera; comercio interior y exterior; navegación; gobierno (administración), hacienda y crédito público; ejército y marina; religión y clero; justicia; instrucción pública; colonización y colonias civiles y militares; consideraciones generales sobre la agricultura y las artes; lista de las haciendas del estado de Jalisco y de las áreas urbanas más importantes del país. La información es muy desigual; el período muy variable en algunos casos llega hasta la época colonial. Básicamente se ocupa del año de 1861.     (BN)

**2827. Rodríguez de S. Miguel, Juan.** La República Mexicana en 1846, o sea directorio general de los supremos poderes y de las principales autoridades, corporaciones y oficinas de la nación. México, Lara, 1845. 123 p., tablas.

Población de la república en 1793, 1811 y 1845; directorios de profesionistas, comerciantes y empleados públicos del Distrito Federal.     (BMNA)

Véase también: 2974.

## 2. Antecedentes

**2828. Diario de México.** México, Fernández de Jáuregui, 1805-09. 12 v., tablas.

Los informes económicos y estadísticos están muy dispersos, siendo el comercio el sector más rico y preciso en datos: precios corrientes de los víveres de mayor demanda en los principales mercados de la ciudad de México y Veracruz, consumo y existencias; comercio en general; disposiciones y reales cédulas sobre alcabalas y diversos impuestos. Aspectos técnicos sobre algunos cultivos y su localización; datos generales sobre la agricultura. Noticias sin regularidad de minería, por provincias y reales de minas; barcos del extranjero. Proclamas y papeles relativos a Nueva España. Datos estadísticos de los enfermos y pobres socorridos en hospitales e instituciones asistenciales. Lista de suscriptores del país al *Diario,* por lugares del país.     (HN)

**2829. Idea estadística y geográfica del Reyno de la Nueva España,** precedida de una descripción general de la América. Guadalajara, Urbano Sanromán, 1823. 118 p., cuadros.

Escrita en francés in 1814, publicada en 1817 en París, y traducida en 1822 al español, por un anónimo ''M.B.,'' con un criterio geográfico y antropológico. Escasas estadísticas sobre población, valor total de las importaciones y exportaciones de ''America''; producto anual de las minas de la América Española al inicio del siglo XIX, que incluye los virreynatos de Nueva España, Perú, Buenos Ayres, Granada, y la capitanía de Chile; los productos totales, de las minas del Potosí para 1556-78, 1579-1736, 1737-89; y de Guanajuato en 1766-1803.     (BB)

**2830. Journal económico mercantil de Veracruz.** Veracruz, López Bueno, 1806. 1 v.

Importante información sobre el comercio del puerto de Veracruz. Balanza comercial de Veracruz; comercio en dicha plaza con precios de productos nacionales y extranjeros; cargamentos que entraban y salían del puerto en barcos y en mulas; fletes por tierra en el puerto; comercio de granos; acero; víveres consumidos, 1805. Datos para el resto del país y otros lugares: productos chinos en Acapulco; descripción de Zacatecas, Puebla, Guadalajara y Nueva Vizcaya; comercialización de la agricultura; legislación marítima; balanza comercial de Cartagena de Indias; productos que entraron y salieron de La Habana en 1805; comercio y manufacturas de Inglaterra; ferias en diferentes puertos; rasgos históricos del comercio.     (HN)

**2831. Orendain, Leopoldo I.** Cosas de viejos papeles. Guadalajara, Vera, 1968. 3 v.

Cubre los últimos años de la colonia, particularmente 1813-19. Algunos de los temas tratados: desvalorizaciones monetarias y sus consecuencias; introducción de mercaderías en San Blas; inventario de la hacienda de Estipac en 1830; valor de la propiedad en la calle del Carmen. El tercer volumen le dedica varios artículos a la intervención francesa de Napoleón.     (BB)

**2832. Semanario económico de México;** sobre

noticias curiosas y eruditas de agricultura, medicina, minería, comercio y demás ciencias naturales, artes, oficios, literatura, etc. México, Fernández Jáuregui, 1808-10. 2 v., cuadros.

Fomento a la agricultura: maíz; trigo; aspectos técnicos; alimentos económicos de consumo generalizado; azafrán; comercio, su relación con la agricultura y navegación; itinerarios en Nueva España; comercio exterior; precios en la ciudad de México; industria; el gusano de seda y su industrialización; metales mexicanos; educación pública. Estadísticas sobre la población de Nueva España en 1807: poblados, curatos, juzgados, intendencias, arbitrios de particulares, tesorerías, y un cuadro de población según la matrícula de tributos.

(HN)

**2833. Sierra, Catalina.** El nacimiento de México. México, U.N.A.M., 1960. 221 p.

Estudio de la situación económica anterior y posterior a 1821: población, política demográfica, económica y hacienda pública. (BCM)

**Véase también:** 3207, 3561.

### 3. Historias económicas y sociales

**2834. Aguilar Monteverde, Alonso.** Dialéctica de la economía mexicana, del colonialismo al imperialismo. México, Nuestro Tiempo, 1968. 207 p. (Colección Desarrollo económico).

Se ubica en la corriente marxista de la historia económica de México. Caracteriza a la época colonial como un régimen híbrido, en que la sociedad burguesa emerge del viejo marco feudal, manifestándose con claros rasgos capitalistas en la segunda mitad del siglo XVIII, que se convierten en rasgos dominantes en la época de la reforma, y se afianzan con el triunfo de los liberales en Calpulalpan, o sea al final de la guerra conocida en la historia de México como de los tres años. La guerra de intervención francesa consolida el capitalismo, y al final de la misma existía, dice el autor, la posibilidad de que México tuviese un desarrollo capitalista independiente, que se frustró por coincidir éste con la etapa de la expansión del capital monopolista, a nivel de hegemonía mundial, que imprimió a la economía mexicana su carácter definitivo de capitalismo subdesarrollado. Las fuentes que utiliza son de carácter secundario, fundamentalmente, y dejan mucho que desear para comprobar su tesis. (BDIH)

**2835. Bitar Letayf, Marcelo.** La vida económica de México de 1824 a 1867 y sus proyecciones. México, U.N.A.M., 1964. 363 p.

Examen general de la agricultura, industria, minería, comunicaciones, transportes, moneda, banca, política fiscal y hacienda pública. (BBM)

**2836. Calderón, Francisco R.** La República restaurada: la vida económica. Prólogo de Daniel Cosío Villegas. México, Hermes, 1955. 812 p., mapas, ilustraciones. (Daniel Cosío Villegas, *ed.* Historia moderna de México).

Se ocupa de agricultura, industria (de transformación y

extractiva), comercio, hacienda pública, comunicaciones y transportes, e inversiones extranjeras. (BCM, BDIH)

**2837. González Navarro, Moisés.** El porfiriato: la vida social. Prólogo de Daniel Cosío Villegas. México, Hermes, 1957. 979 p., cuadros, mapas, ilustraciones. (Daniel Cosío Villegas, *ed.* Historia moderna de México).

Capítulos importantes sobre demografía, propiedad de la tierra y trabajo. (BCM)

**2838. González y González, Luis; Emma Cosío Villegas; y Guadalupe Monroy.** La República restaurada: vida social. México, Hermes, 1956. 1011 p., fotos, mapas. (Daniel Cosío Villegas, *ed.* Historia moderna de México).

Capítulos importantes sobre la situación económica regional y la propiedad. (BCM, BDIH)

**2839. Hernández, Octavio A.** Esquema de la economía mexicana, hasta antes de la revolución: una advertencia para Iberoamérica. México, Continental, 1961. 253 p., tablas.

Análisis general de la economía mexicana que va del siglo XV a 1910; se divide en 4 grandes apartados: (a) la economía española, de mediados del siglo XV a principios del siglo XIX; (b) la economía de Nueva España y la política económica colonial de la península; (c) México independiente, hasta antes del porfiriato; (d) la ecomonía y la política económica del porfiriato. (BBM)

**2840. López Cámara, Francisco.** La estructura económica y social de México en la época de la Reforma. México, Siglo XXI, 1967. 244 p., cuadros.

Es el primer intento de estudiar el conjunto de la historia socio-económica de México en la época de la Reforma. Resulta ser algo más y algo menos de lo que promete su título. Más porque se ocupa de todo el período del México independiente que culmina con la Reforma. Y menos porque a menudo realiza extrapolaciones de condiciones e indicadores del período inmediatamente anterior a la Reforma, en lugar de concretar el dato al tiempo que trata, dando así una visión dudosa de las continuidades y rupturas en la estructura socio-económica de la Reforma en relación a épocas pasadas. La obra mantiene, sin embargo, un valor excepcional hasta ahora por los logros que alcanza sobre sistematización de informaciones dispersas y la localización de interrelaciones entre los diversos sectores de la economía y entre éstos y la estructura social, para concluir que en la época de la Reforma cristaliza una nueva estructura socio-económica, al consolidarse como clase la burguesía y destruir el poder político y económico del clero. Las fuentes que utiliza, además de las mexicanas tradicionales, proceden de informes de cónsules y viajeros franceses e ingleses, fundamentalmente de los primeros. Desde el punto de vista cuantitativo, estas fuentes le permiten intentar elaboración de series estadísticas de gran interés sobre comercio exterior por los puertos de Veracruz, Tampico, Matamoros (que incluye Reynosa, Camargo y Mier), Carmen (Laguna de Términos), y San Blas, en el período de 1837-69 (que varía según el puerto, y siempre es discontinuo), siendo los datos sobre Veracruz los más completos. (BCM)

**2841.** _____. Las contradicciones de la economía mexicana después de la revolución de independencia. Investigación económica [México], v. 23, núm. 89, 1963: 189-222.

Estudia las pervivencias y rupturas de la vieja estructura colonial en el México independiente, hasta la Reforma. Analiza el comercio exterior, industria de transformación, minería, inversiones, y hacienda pública. (BBM)

**2842. López Gallo, Manuel.** Economía y política en la historia de México. 3. ed. México, El Caballito, 1970. 607 p.

Obra realizada con grandes ambiciones que no llegan a cristalizar. Estudia la política económica de México a través de su historia en siete etapas: "México precolombino," "La colonia," "De 1800 a 1854," "El movimiento liberal" (lo que se ha dado en llamar ahora la Reforma y la República restaurada), "De Díaz a Madero," "De la revolución a 1940," y "Epoca actual." El método que dice utilizar en su investigación es el marxista. La obra no se resuelve en una unidad, sino en dos: la que corresponde a la estructura, que es la más limitada, y la de la superestructura, que es la más abundante, donde utiliza como fuente fundamental el sistema jurídico-económico de las diversas etapas señaladas. Además de las fuentes legales, se basa para su análisis en fuentes de carácter secundario y en mínima parte en fuentes primarias. (BCM)

**2843. López Rosado, Diego G.** Historia y pensamiento económico de México. México, U.N.A.M., 1968-71. 4 v., mapas, cuadros, tablas, gráficos.

El primer volumen se ocupa de agricultura, ganadería, y propiedad de la tierra; el segundo, minería y la industria de transformación; el tercero, comunicaciones y transportes, y relaciones de trabajo; el cuarto, comercio interior y exterior, sistema monetario y crédito. Comprende el período que va de la época prehispánica a 1925. (BCM, BDIH)

**2844. Magaña, Gildardo.** Emiliano Zapata y el agrarismo en México. México, [Secretaría de Prensa y Propaganda del Partido Nacional Revolucionario], 1934-37. 4 v., láminas, retratos.

Escrita por uno de los más connotados zapatistas, jefe de la Revolución del Sur a la muerte del caudillo. Empieza por describir la geografía del estado de Morelos y continúa con el problema de la tierra. Narra arbitrariedades cometidas por hacendados y menciona hechos contemporáneos para explicar la conducta del zapatismo. Tiene una abundante documentación y, a pesar de la filiación del autor, está escrita sin apasionamiento. (BMM, BNM)

**2845.** México, cincuenta años de revolución. V. 1: la economía. Por Enrique Beltrán, *et al.* México, Fondo de Cultura Económica, 1960. 620 p.

Balance de la economía de México en 1910-60. Ensayos sobre diferentes temas económicos. (BM, BN)

**2846. Nicolau D'Olwer, Luis; Francisco R. Calderón; Guadalupe Nava Oteo; Fernando Rosenzweig Hernández; y Ermilo Coello Salazar.** El porfiriato: la vida económica. Prólogo de Daniel Cosío Villegas. México, Hermes, 1965. 2 v., mapas, ilustraciones. (Daniel Cosío Villegas, *ed.* Historia moderna de México).

Temas tratados: agricultura, ganadería, minería, industria, ferrocarriles, comercio exterior, interior, moneda y bancos, hacienda pública, e inversiones extranjeras. A pesar de que fue escrita por diferentes autores, la obra mantiene en su conjunto una sólida estructura unitaria que le dio su coordinador Daniel Cosío Villegas. En el porfiriato confluyen factores internos y externos que explican el crecimiento económico de México en dicho período. Dentro de los factores internos son de primordial importancia la estabilidad política del país, la expansión de las vías de comunicación y del comercio, el saneamiento de la hacienda pública, la modernización de la minería y de la industria textil, y el nacimiento de sólidas instituciones de crédito. En los factores externos el porfiriato coincide con la gran expansión del capitalismo monopolista en los países de mayor desarrollo económico, de ahí el gran auge de la agricultura, minería, e industria de exportación, favorecida por la baja del precio de la plata en los mercados mundiales, al traducirse en una barrera proteccionista "natural" que propiciaba las exportaciones y limitaba las importaciones del país. La expansión del capitalismo monopolista incluía exportación de capitales de los países metrópolis. (BCM, BDIH)

**2847. Rosenzweig Hernández, Fernando.** El desarrollo económico de México de 1877 a 1911. El trimestre económico [México], v. 32, 1965: 405-454.

El estudio de conjunto más importante para el período de 1877-1911. Con base a la interpretación de las estadísticas de comunicaciones, comercio interior y exterior, población, industria, moneda, inversiones extranjeras y mano de obra del período, ofrece un excelente panorama de la economía del porfiriato, que explica sus etapas de auge y crisis que culminan con la revolución mexicana de 1910. (BCM)

**2848.** _____. El proceso político y el desarrollo económico de México. El trimestre económico [México], v. 29, 1962: 512-530.

Distingue tres etapas, la primera desde la independencia hasta la República restaurada, cuando se normaliza políticamente el país y las condiciones de estabilidad social que permiten el desarrollo económico en el régimen de Porfirio Díaz. El porfiriato, que constituye la segunda etapa, manifiesta claros síntomas de crisis en la primera década de este siglo, que la estructura política imperante no logra resolver, convirtiéndose en un obstáculo para el desarrollo. La revolución de 1910 inicia el rompimiento de esa caduca estructura política, y no es sino hasta el primer lustro de la década cuando se logra establecer un gobierno adecuado a las nuevas circunstancias, reanudando entonces el desarrollo económico interrumpido en 1910, e iniciando así la tercera etapa. El rigor con que trata cada una de estas etapas es desigual, siendo los correspondientes al siglo XIX los que reciben mayor atención. Sin embargo, no por eso resultan de menor interés las apreciaciones que hace de la etapa post-porfirista, ya que los graves conflictos políticos que han acaecido en México en la década de los sesenta y en los primeros años de la actual han confirmado plenamente la tesis de Rosenzweig. A lo largo de todo el análisis, el autor toma en cuenta como un factor de primera importancia, para explicar el proceso señalado, las relaciones de dependencia política y económica de México respecto a las naciones extranjeras hegemónicas.                                    (BCM)

**2849. Sierra, Justo,** *ed.* México, su evolución social. México, Ballescá, 1900-01. 3 v.

Primer intento colectivo de los mexicanos para obtener una visión de conjunto de la vida económica desde la época prehispánica hasta 1900. Estudios sobre la ciencia, la evolución agrícola, minera, industrial y mercantil; sobre comunicaciones, obras públicas y hacienda pública.   (BDIH, BCM)

**2850. West, Robert C.; and John P. Augelli.** Middle America: its lands and peoples. New Jersey, Prentice-Hall, 1966. 482 p.

Las páginas que West dedica a México (229-377) constituyen el mejor resumen que se ha escrito sobre la historia económica y social del país.                                    (BCM)

**Véase también:** 3108, 3454, 3473, 3578.

## 4. Condiciones geográficas, sociales y económicas

**2851. Alvarez, José J.; y Rafael Durán.** Itinerarios y derroteros de la República Mexicana. México, Godoy, 1856. 480 p.

Carreteras generales, transversales y vecinales; catálogo de minerales más conocidos y sus distancias a la capital del país; derroteros y tarifas de las diligencias generales y particulares establecidas en la capital.                                    (BCM)

**2852. Anderson, Alexander Dwight.** Mexico from the material stand-point: a review of its mineral, agricultural, forest and marine wealth, its manufactures, commerce, railways, isthmian routes and finances, with a description of its highlands and attractions. Washington, Brentano, 1884. 156 p.

Util inventario de los temas que ofrece. Utiliza mucho la fuente de viajeros.                                    (BB)

**2853. Bancroft, Hubert Howe.** Resources and development of Mexico. San Francisco, Bancroft, 1893. 325 p., tables, maps, illustrations.

A Bancroft le dio el presidente Porfirio Díaz toda clase de facilidades para viajar e investigar. El resultado es este libro, pleno de información y escaso de interpretación. Se ocupa de la geografía y etnografía del país, de su cultura, comunicaciones interiores, minas e industria minera, agricultura, ganadería, manufacturas, comunicaciones con naciones extranjeras por mar y tierra, comercio, mano de obra y su organización laboral, y la inmigración.          (BMNA, BB)

**2854. Bianconi, F.; et Louis de Balestrier.** Texte et carte commerciale des Etats Unis du Mexique . . . . Paris, Chaix, 1889. 2 v., cartes. (Collection des études générales géographiques).

El primer volumen: resumen histórico del país, geografía física, sistema de gobierno, instituciones y divisiones administrativas, población, recursos naturales, agricultura, ganadería e industria, vías de comunicación, industria y comercio, finanzas públicas y bancos e inmigración (incluye precios de los terrenos nacionales y salarios). El segundo volumen: brevísimas monografías de las entidades del país.          (BB)

**2855. Bonaparte, Roland,** *et al.* Le Mexique au début du XX^e siècle. . . . Paris, Delagrave, 1904. 2 v., tables, cartes.

Apología de Díaz. Estudia fundamentalmente el período de 1870-1900: geografía, por Elisée Reclus; población y colonización, por Roland Bonaparte; instituciones políticas, judiciales y administrativas, por León Bourgeois; agricultura, por Hippolyte Gamot; minas e industria minera, por L. de Laury; industria, comercio y navegación, por Alfred Picard; comunicaciones y obras públicas, por C. Krantz; correos y telégrafos, por M. Lagrave; moneda, "change," y bancos, por A. de Foville; finanzas, por P. Leroy-Beaulieu; instrucción pública, por O. Gréard; ciencias, por A. Haller; arte y literatura, por J. Claretie; ejército y marina, por el general Niox; relaciones exteriores, por Estournelle de Constant; introducción y conclusiones de E. Levasseur. Mapas de la geografía física y política, de la agricultura, de la minería, ferrocarriles y vías de navegación, y de algunas obras públicas del país. Existe un resumen de esta obra en inglés: *Mexico at the beginning of the twentieth century.* St. Louis, Mexican National Commission, 1904. 64 p.          (BB)

**2856. Bullock, W.** Six months' residence and travels in Mexico; containing remarks on the present state of New Spain, its natural productions, state of society, manufactures, trade, agriculture, and antiquities. London, Murray, 1824. 532 p., illustrations.

Descripción de viaje en 1823 de México a Veracruz, y por el Valle de México.                                    (BB)

**2857. Bureau of the American Republics.** Mexico . . . . By Arthur W. Fergusson. [Washington, Government Printing Office], 1891. 347 p., map, appendices. (Bulletin no. 9).

Importante inventario de la economía mexicana, información de su organización institucional y datos históricos generales del país. Los apéndices contienen la constitución del país, directorios de personajes oficiales, de periódicos y comerciantes (por entidades del país), y una guía de viajeros, con noticia de las líneas de Ferrocarril y de vapores.          (BB)

**2858. _____.** Mexico; a geographical sketch, with special reference to economic conditions and prospects of future development. . . . Washington, Government Printing Office, 1900. 385 p., tables.

Datos oficiales de México y de los Estados Unidos de América (incluido el servicio consular), así como los publicados por organismos privados norteamericanos.          (BB)

**2859. Caballero, Manuel,** *et al.* Primer almanaque histórico, artístico y monumental de la República

Mexicana 1883-1884. México y New York, Green Printing, 1883. 377 p., cuadros, ilustraciones, mapa.

Datos estadísticos de fuentes oficiales. De particular interés son los capítulos titulados "Revista administrativa," por Juan de Dios Peza, que se ocupa de la ciudad de México; la "Revista minera," por Santiago Ramírez; la "Revista económica," por C. de Olaguibel, que se ocupa de población, agricultura, industria, ferrocarriles y bancos en todo el país, y la "Revista de los estados," por Manuel Caballero, con respuestas de los gobernadores de las entidades federativas del país a un cuestionario que incluye preguntas políticas y económicas. (BB)

**2860. Chávez, Nábor,** *ed.* Guía práctica del viajero y del comerciante en México, escrita para el Centro Mercantil por Manuel Tornel. México, La Enseñanza, 1876. 140 p., cuadros, tablas, ilustraciones.

Abundantes datos de interés económico: noticias generales de deuda exterior e interior; personal de ministerios y dependencias federales, aduanas y garitas; exposición de la ley de portazgo de 1875 y tarifas; tarifas de aduanas marítimas; guía para introducir productos extranjeros; puertos habilitados para el comercio; resumen del producto obtenido en las aduanas marítimas y terrestres en el año fiscal de 1873/74 por importaciones y exportaciones; servicio de vapores, precios de pasajes, itinerarios y horarios; itinerarios, horarios y precios de pasajes de ferrocarriles, diligencias y coches de alquiler; ley de contribuciones; ley del timbre; reforma arancelaria de 1872; contribuciones municipales en la ciudad de México; expendios de estampillas en el Distrito Federal; telégrafos, tarifas y distancias; movimiento de correos; Monte de Piedad; escuelas nacionales existentes; anuncios comerciales que a menudo proporcionan el precio de diversos artículos en venta. (BN)

**2861. Cuevas, José de Jesús.** Las confiscaciones en México: expropiación de la familia Sánchez Navarro. México, La Constitución Social, 1868. 57 p.

Hace la defensa de esa familia, a la cual le fueron confiscados sus bienes por su participación en el segundo imperio. (BN)

**2862.** Description of the Republic of Mexico, including its physical and moral features, geography, agriculture, products, manufactures, etc., illustrated by a map, in which is included smaller maps of the valley of Mexico, and the fields of Palo Alto, and Resaca de la Palma. Philadelphia, Cowperthwait, 1847. 83 p., tables.

Descripciones generales, datos variados sobre cada una de las entidades federativas, geografía hasta costumbres, población y actividades económicas relevantes de la entidad. (BB)

**2863. Díaz Dufoo, Carlos.** México: 1876-1892. México, El Siglo Diez y Nueve, 1893. 2 v., tablas, cuadros, mapas.

La obra se escribió por iniciativa de Luis Pombo, y consiste en un análisis histórico-crítico de la economía y de aspectos culturales y administrativos del país, basados principalmente en fuentes estadísticas primarias. Está dividido en: medio físico, recursos naturales, terrenos baldíos, colonización, progreso material, ferrocarriles, hacienda y bancos, comercio, minería, progreso intelectual y social, departamento de guerra, progreso de los estados, la ciudad de México. Los datos estadísticos, que son abundantes, se resumen en el capítulo 12. (BCM)

**2864. Droux, León.** Le Mexique, ses ressources et son avenir. Paris, Dentu, 1864. 31 p.

Expone la conveniencia de la intervención francesa. Descripción de la riqueza del país: minas, agricultura, población, suelo, configuración y situación histórica. (BN)

**2865. Folsom, Charles J.** Mexico in 1842: a description of the country, its natural and political features; with a sketch of its history, brought down to the present year, to which is added an account of Texas and Yucatan, and of the Santa Fé expedition. New York, Wright, 1842. 256 p., map.

Para la historia económica particularmente interesan las descripciones que hace de los recursos naturales y de las actividades económicas de todo el país y de cada una de sus entidades. (BB)

**2866. García, José M.** Ideas que se recopilan para la corrección de la estadística y geografía del país. Sociedad Mexicana de Geografía y Estadística. Boletín [México], primera época, v. 7, 1859: 103-136.

Por entidades del país, las cifras que se han publicado sobre límites territoriales, latitudes y longitudes, extensión, división territorial y población. (BSMGE)

**2867. García Cubas, Antonio.** Cuadro geográfico, estadístico, descriptivo e histórico de los Estados Unidos Mexicanos; obra que sirve de texto al atlas pintoresco. México, Secretaría de Fomento, 1885. 588 p., mapas, tablas.

Datos estadísticos sobre rentas y gastos públicos de la federación, rentas de los estados, valor de la propiedad, vías de comunicación, comercio exterior, instrucción pública, agricultura y minería (1870-80). También para la ciudad de México. (BCM)

**2868. Gostkowski, Gustave.** Au Mexique; études, notes et renseignements utiles au capitaliste, à l'immigrante et au touriste. Paris, M. de Brunoff, 1900. 191 p., tables, cartes, illustrations.

Es una invitación a invertir en México. Sostiene que la gran estabilidad política y el gran desarrollo económico de México permite recuperar rápidamente los capitales invertidos y obtener grandes fortunas en poco tiempo. Ofrece un cuadro financiero de los bancos del país, y estadísticas del comercio exterior (1899-1900). Dos mapas son de rutas ferrocarrileras en 1899, y uno es la carta general del país.    (BB)

**2869. Great Britain. Naval Intelligence Division.** A handbook of Mexico. [London], Naval Staff, Intelligence Dept., 1919. 550 p., tables, charts, maps.

Se ocupa de la geografía, etnografía, historia (de la colonia hasta la constitución de 1916-17), recursos naturales, agricultura, comercio y finanzas, topografía y comunicaciones y transportes, servicios de salubridad y médicos, periódicos, y una carta cartográfica. Los datos estadísticos son escasos. Tiene interesantes mapas sobre la densidad de población.    (BB)

**2870. Hamilton, A. M. Leonidas Le Cenci.** Hamilton's Mexican handbook, a complete description of the republic of Mexico: its mineral and agricultural resources, cities and towns of every state, factories, trade imports and exports, how legally to acquire property in Mexico, how to transact business under Mexican laws, railroads and travelling in the republic, tariff regulations, duties, . . . and a commercial directory of the principal business men of Mexico; combining practical information for ready reference by the merchant, miner, real estate investors, railroad builder, mining engineer and locator, traveller and settler. Boston, Lothrop, 1883. 281 p., tables.

Casi toda la información la presenta por entidades federativas, de la cuales Sonora, Sinaloa y Chihuahua son las que reciben mayor atención. Los datos estadísticos no están sistemáticamente presentados.    (BB)

**2871. Hermosa, Jesús.** Compendio elemental de geografía y estadística de la República Mejicana. 2. ed., revisada y arreglada a la última división territorial por Antonio García Cubas. París, Toimon, 1870. 234 p.

Geografía física, humana y económica (nacional y estatal). Datos sobre el valor de la propiedad raíz, moneda, comercio interior y exterior, educación, y rentas del clero.    (BN)

**2872. International Bureau of the American Republics.** Mexico: geographical sketch, natural resources, laws, economic conditions, actual development, prospects of future growth. Washington, Government Printing Office, 1904. 454 p., tables.

Es un inventario muy útil de todos los temas que ofrece. Utiliza las fuentes mexicanas tradicionales, y las oficiales del gobierno de los Estados Unidos de Norteamérica. Las cifras más tardías son para 1900-03.    (BB)

**2873. Lerdo de Tejada, Miguel.** Cuadro sinóptico de la República Mexicana en 1856, formado en vista de los últimos datos oficiales y otras noticias fidedignas por. . . . México, Cumplido, 1856. 92 p., tablas, cuadro.

Noticia cronológica de los diversos gobiernos que ha tenido México desde la conquista hasta 1856; situación geográfica, configuración del suelo, climas, población, idiomas, agricultura, industria, moneda, comercio exterior e interior, transporte, comunicaciones, inversión pública, criminalidad, empleados de la administración pública, clero, deuda nacional, estado comparativo de la población de la república.    (BCM, BMW)

**2874. Maillefert, Eugenio,** *ed.* Directorio del comercio del Imperio Mexicano para el año de 1866. París, Cosson, 1865. 188, 87 p.

Datos de todo calendario o almanaque antiguo, contiene: itinerarios y derroteros principales; noticias de la introducción y acuñación de plata y oro en las casas de moneda en 1864; entrada y carga de buques extranjeros en México; tarifa de importación; precios corrientes de productos de importación; lista de comerciantes matriculados.    (BUT-LAC, BCM)

**2875. María Campos, Ricardo de.** Renseignements commerciaux sur les États-Unis Mexicains. México, Ministère de Fomento, 1899. 409 p., tablas.

En esta obra se encuentra toda la información legal que podía interesar a un francés con interés de comerciar con México. Contiene las tarifas de importación; la ubicación de los puertos mexicanos y sus tarifas, a veces el costo de cargo y descarga de mercancías, y toda la información sobre trámites legales, el del sistema de crédito, y las cotizaciones de precios.    (BB)

**2876. México. Departamento de la Estadística Nacional.** La riqueza de México y el poder constructor del gobierno. México, 1926. 98, 50 p., cuadros, gráficos.

Estudio escrito para la Exposición Internacional de Lyon, Francia. Resúmenes de estadísticas mineras (1910-24), agrícolas (1920-24), valor de la propiedad rural y urbana (1923), petróleo (1901-25), valor de las ventas al menudeo (1919-24), bancos y compañías de seguros, ingresos del estado y del comercio exterior. Información sobre la política económica del gobierno mexicano.    (BB)

**2877. _____. Dirección General de Estadística.** Cuadro sinóptico y estadístico de la República Mexicana formulado por la Dirección General de Estadística a cargo del sr. dr. Antonio Peñafiel, socio de número de la Sociedad de Geografía y Estadística. *En* Sociedad Mexicana de Geografía y Estadística. Boletín [México], quinta época, v. 1, 1902: 54-133.

La primera parte: geografía; la segunda; puertos, aduanas, idiomas, religión, gobierno, organización militar, marina, principales productos agrícolas, minerales y vegetales, instituciones de crédito, relaciones exteriores, deuda pública interior y exterior, 1888-90. Información sobre: número de habitantes, movimiento de población, 1895-99; importaciones, 1898-99; movimiento marítimo, consumo de carnes, productos minerales, 1897-99; telégrafos y teléfonos, 1890-99; fábricas, rentas públicas (por estados y municipios, 1895-99), presupuesto de egresos (por estados), y número de terrenos baldíos, 1890-99.    (BSMGE)

**2878.** _____. **Ministerio de Fomento.** Anales del Ministerio de Fomento: industria agrícola, minera, fabril, manufacturera y comercial y estadística general de la República Mexicana. México, Escalante, 1854-55. 2 v., mapas, cuadros, láminas.

Dividida en tres partes; la primera con datos de industria agrícola, minera, fabril, manufacturera, comercio y estadística general de la república. Estadísticas de cantidades acuñadas en plata y oro en las casas de moneda del país, 1690-1853, cantidades de cobre acuñadas, 1814-42; buques mercantes nacionales matriculados en la comandancia de marina del norte hasta marzo de 1854; buques construidos en el astillero de Campeche de enero de 1827 a abril de 1853; lista de extranjeros que tomaron carta de seguridad en la Secretaría de Relaciones, 1851-53. Estadísticas del departamento de México, con noticia de los distritos, partidas, pueblos, haciendas, y ranchos en que estaba dividido con datos de población; valor de fincas urbanas y rústicas; minas, datos de propietarios, quien las trabaja y minas abandonadas; haciendas de beneficio y fundiciones; monografía descriptiva del departamento de México, por poblaciones. La tercera parte contiene información de la agricultura, industria fabril y manufacturera, comercio, y estadística general de las naciones extranjeras. (BMNA)

**2879.** _____. _____. Anales del Ministerio de Fomento de la República Mexicana. México, Díaz de León, 1877, 1880-82, 1887-88, 1891, 1898. 11 v., planos, láminas, cuadros, mapas, diagramas.

Disposiciones legislativas o administrativas acerca de los ramos que por ley están encargados al expresado Ministerio; los informes y documentos que presentan las comisiones científicas nombradas oficialmente; los datos estadísticos que deben reunirse y las cartas y planos que se juzguen indispensables para la geografía del país y para el conocimiento de los trabajos que emprendan el gobierno Federal o los particulares de los estados. (BMNA)

MÉXICO. MINISTERIO DE RELACIONES EXTERIORES

**2880.** _____. **Secretaría de Estado y del Despacho de Relaciones Interiores y Exteriores.** Memoria de la Secretaría de Estado y del Despacho de Relaciones Interiores y Exteriores, presentada por el secretario del ramo, en cumplimiento del artículo 120 de la Constitución, a las cámaras del Congreso General al principio de sus sesiones ordinarias del año de 1832. México, El Aguila, 1832. 35, 28 p., cuadros, tablas.

Censo de población por estados y territorios, estado civil y sexo, por José Antonio Valadés, con interesantes observaciones de don Lucas Alamán; informe y cuentas del Banco de Avío, por Victoriano Roa, con noticia de las compañías industriales que ha fomentado (nombre, actividad, valor y número de sus acciones, y fondo general con que cuenta.) (BSMGE, BMNA)

**2881.** _____. **Secretaría de Relaciones Interiores y Exteriores.** Memoria de la Secretaría de Estado y del Despacho de Relaciones Interiores y Exteriores, leída por el secretario del ramo en la Cámara de Diputados y en la de Senadores el día 20 de mayo de 1833. México, El Aguila, 1833. 15, 16 p., cuadros, tablas.

Informes y cuentas del Banco de Avío, por Victoriano Roa, datos de fondos de las compañías industriales que fomentó y de los fondos del Banco provenientes de la quinta parte de los derechos cobrados en las aduanas por la introducción de los géneros de algodón extranjeros (de octubre de 1830 a noviembre de 1832) y por otros ingresos. Participación en los productos por concepto de comisos y ventas de ganado merino propiedad del Banco, deudas de la hacienda pública al Banco. Informes sobre la introducción de maquinaria, contratación de mano de obra extranjera (incluye sueldos destinados a los trabajadores traídos de Estados Unidos de América y Francia), agricultura, introducción de animales útiles, ramo de abejas, y de minería. (BSMGE, BMNA)

**2882.** _____. _____. Memoria de la Secretaría de Estado y del Despacho de Relaciones Interiores y Exteriores, presentada por el secretario del ramo a las cámaras del Congreso General, en cumplimiento del artículo 120 de la Constitución, y leída en la de Diputados el día 26 y en la de Senadores el 30 de marzo de 1835. México, El Aguila, 1835. 50, 33 p., cuadros, tablas.

Ingresos y egresos del fondo piadoso de las Californias, con especificación de origen y destino. Informe y cuentas del Banco de Avío por Victoriano Roa, estadísticas de pagos por concepto de mano de obra extranjera contratada y que no se ha ocupado, fondos del Banco desde octubre de 1830 hasta el fin de febrero de 1835 (cantidad en pesos por aduanas), adeudos de la hacienda pública al Banco de Avío. Datos sobre el arribo y distribución de maquinaria, situación de las fábricas, causa del atraso de la industria, mano de obra, animales exóticos, minería, y agricultura. (BSMGE, BMNA)

**2883.** _____. _____. Memoria de la primera Secretaría de Estado y del Despacho de Relaciones Interiores y Exteriores de los Estados Unidos Mexicanos, leída al soberano Congreso constituyente en los días 14, 15 y 16 de diciembre de 1846, por el ministro del ramo, c. José María Lafragua; impresa por acuerdo del soberano Congreso. México, García Torres, 1847. 185, 246 p., cuadros, tablas.

Recaudaciones del "real por marco de plata," por entidades, 1835-44; fondo dotal de minería: ingresos y egresos, 1827-33 (global), en el mes de diciembre de 1833, y 1834-45; resumen general de valores, 1835-44; deudas por capitales y réditos, 1811-27; cantidades invertidas, 1835-44, en el pago de réditos y amortización de capitales impuestos (los réditos corresponden al período de 1812-44); Junta de Fomento y Administrativa de Minería (fondo de azogues): recaudaciones, deducciones, y saldo, de septiembre de 1843 a febrero de 1845, y productos e inversiones de septiembre de 1843 a noviembre de 1846; ingresos y egresos (según origen y destino) de la Dirección General de Industria Nacional, de 1843 a septiembre de 1846; cantidades recaudadas por pensiones impuestas a testamentarías (incluye datos de quien las ha pagado y los gastos de recaudación), manda forzosa de bibliotecas, y fondo de instrucción pública; colegios y seminarios de los departamentos y de las provincias religiosas, en 1844, con especificación del nombre, número de alumnos, cátedras, personal, y bibliotecas.                                    (BMNA)

**2884. _____. Ministerio de Relaciones Interiores y Esteriores.** Memoria del Ministerio de Relaciones Interiores y Esteriores, leída al Congreso general en enero de 1850. México, García Torres, 1850. 38 p., cuadros, tablas.

Población por entidades, 1839, 1848; balance de pensiones por herencias transversales y legados; productos de la manda forzosa para bibliotecas; capitales del fondo de instrucción pública que se hallan impuestos a réditos: cantidad de los capitales, personas que los reconocen, fincas hipotecadas (nombre y ubicación), y colegios que perciben los créditos en 1850; colegios en el Distrito Federal en 1849; nombre, número de alumnos, cátedras que se imparten y autores que se utilizan, sueldo de empleados, volúmenes con que cuenta la biblioteca; movimiento de caudales en la caja de ahorros establecida por el Monte de Piedad.            (BSMGE, BMNA)

**2885. _____. _____.** Memoria que en cumplimiento del precepto constitucional presentó al octavo Congreso de la Unión, en el primer período de sesiones Juan de Dios Arias, oficial encargado del Ministerio de Relaciones. México, El Eco de Ambos Mundos, 1874. 79 p., 3 anexos.

Los anexos 1 y 2 incluyen una relación de las reclamaciones entre México y Estados Unidos de América destacando por su amplitud y minuciosidad la información que se refiere a las reclamaciones entre México y Estados Unidos de América, nombre del reclamante, y el origen y cantidad de la reclamación. El anexo 3 incluye los extranjeros en México: matrícula, naturalizaciones, matrimonios, defunciones e hijos tenidos en México, de junio de 1873 a septiembre de 1875 (en términos generales); movimiento marítimo y de pasajeros, por puertos y nacionalidad.                                    (BN)

**2886. _____. Secretaría de Relaciones Exteriores.** Memoria que en cumplimiento del precepto constitucional presentó al Congreso de la Unión en el primer período de sus sesiones el c. Ignacio L. Vallarta, secretario de Estado y del Despacho de Relaciones Exteriores. México, Esteva, 1878. XXVL, 197, 17, 35, 17, 2, 291 p., documentos anexos.

Documento 1 incluye datos de extranjeros en México: matrículas, naturalizaciones, adquisición de bienes y raíces, matrimonios, defunciones, e hijos de extranjeros, septiembre de 1875 hasta septiembre de 1877. Movimiento de buques y pasajeros, nacionalidad y puertos, 1874-77. El documento 7 contiene las reclamaciones estadounidenses y mexicanas contra los respectivos países; liquidación de las indemnizaciones concedidas por la comisión de reclamaciones estadounidenses.                                    (BMNA)

**2887. _____ . _____.** Memoria que en cumplimiento del precepto constitucional presenta al décimo Congreso de la Unión el c. Ignacio Mariscal, secretario de Estado y del Despacho de Relaciones Exteriores. México, Esteva, 1881. 122 p., tablas.

Para los extranjeros presenta: naturalizaciones, matrimonios, defunciones, e hijos de extranjeros en México, de septiembre de 1878 a agosto de 1881 (cifras globales).

**2888. _____. _____.** Memoria de las labores realizadas por la Secretaría de Relaciones Exteriores de agosto de 1925 a julio de 1926 presentada al h. Congreso de la Unión. México, 1926. 347 p.

Matrimonios, defunciones, e hijos de los extranjeros residentes en México. Cuadros de exportación e importación, 1910-11, y 1924-25.                                    (BMNA)

MÉXICO. SECRETARÍA DE FOMENTO*

**2889. México. Secretaría de Fomento, Colonización, Industria y Comercio.** Memoria de la Secretaría de Estado y del Despacho de Fomento, Colonización, Industria y Comercio . . . escrita por el ministro . . . c. Manuel Siliceo, para dar cuenta . . . al Congreso Constitucional. México, García Torres, 1857. 129 p., anexos, cuadros, mapas.
                                    (BSMGE, BMNA, BDGE)

**2890. _____. Ministerio de Fomento.** Memoria presentada a s.m. el Emperador por el ministro de Fomento Luis Robles Pezuela, de los trabajos ejecutados en su ramo el año de 1865. México, Andrade y Escalante, 1866. 657 p., tablas, mapas.

Presupuesto y cuenta general; población; minería, casas de moneda, acuñación, 1857-65; escuela de agricultura; haciendas en Cuernavaca y Morelos (localización, propietarios); fábricas de papel y tejidos de algodón, producción; molinos de trigo en Orizaba, Toluca, Sultepec, Tenango, Zitácuaro, Zacatecas, Valle de México; molinos de aceite en Puebla; corredores (especuladores), correos; telégrafos (concesiones, 1863-65); colonización; predios rurales expropiados a obras pías en Tacuba y Zumpango (localización, superficie, valor); caminos; ferrocarriles.            (BCM, BMNA, BDGE)

**2891. _____. Secretaría de Fomento, Colonización, Industria y Comercio.** Memoria que el secretario de Estado y del Despacho de Fomento, Colonización, Industria y Comercio presenta al Congreso de la Unión. México, Imprenta del Gobierno, 1868. 399 p., tablas, mapas.
                                    (BSMGE, BMNA, BDGE)

**2892. _____. _____.** Memoria que el secretario de Estado y del Despacho de Fomento, Colonización, Industria y Comercio . . . presenta al Congreso de la Unión correspondiente al año transcurrido de 1º de julio de 1868 al 30 de junio de

*Ver apéndice más arriba: "Notas sobre las memorias de la Secretaría de Fomento," p. 453.

1869. México, Imprenta del Gobierno, 1870. 354 p., cuadros, mapas. (BSMGE, BMNA)

2893. \_\_\_\_\_. \_\_\_\_\_. Memoria que el secretario de Estado y del Despacho de Fomento . . . presenta al Congreso de la Unión, conteniendo documentos hasta el 30 de junio de 1873. México, Imprenta en la calle de Tiburcio núm. 18, 1873. 1061 p., cuadros, mapas. (BDGE)

2894. \_\_\_\_\_. \_\_\_\_\_. Memoria presentada al Congreso de la Unión por el secretario de Estado y del Despacho de Fomento . . . Vicente Riva Palacio; corresponde al año trascurrido de diciembre de 1876 a noviembre de 1877. México, Díaz de León, 1877. 558 p., cuadros, mapas. (BSMGE, BMNA)

2895. \_\_\_\_\_. \_\_\_\_\_. Memoria presentada al Congreso de la Unión por el secretario de Estado y del Despacho de Fomento . . . general Carlos Pacheco; corresponde a los años trascurridos de diciembre de 1877 a diciembre de 1882. México, Secretaría de Fomento, 1885. 3 v., cuadros. (BSMGE, BMNA, BDGE)

2896. \_\_\_\_\_. \_\_\_\_\_. Memoria presentada al Congreso de la Unión por el secretario de Estado y del Despacho de Fomento . . . general Carlos Pacheco . . . enero de 1883 a junio de 1885. México, Secretaría de Fomento, 1887. 5 v. cuadros, mapas. (BDGE)

2897. \_\_\_\_\_. **Secretaría de Fomento, Colonización e Industria.** Memoria presentada al Congreso de la Unión por el secretario de Estado y del Despacho de Fomento . . . ingeniero Manuel Fernández Leal. Corresponde a los años transcurridos de 1892 a 1896. México, Secretaría de Fomento, 1897. 521 p., mapas. (BSMGE, BMNA, BDGE, BBM)

2898. \_\_\_\_\_. \_\_\_\_\_. Memoria presentada al Congreso de la Unión por el secretario de Estado y del Despacho de Fomento . . . corresponde a los años . . . de 1897 a 1900 a la gestión administrativa del señor ingeniero don Manuel Fernández Leal. México, Secretaría de Fomento, 1908. 1015 p., cuadros. (BSMGE, BMNA, BDGE)

2899. \_\_\_\_\_. \_\_\_\_\_. Memoria presentada al Congreso de la Unión por el secretario de Estado y del Despacho de Fomento . . . corresponde a los años transcurridos de 1° de enero de 1901 al 31 de diciembre de 1904 y a la gestión . . . de los señores d. Leandro Fernández y gral. Manuel González de Cosío. México, Secretaría de Fomento, 1909. 557 p. (BSMGE, BDGE)

2900. \_\_\_\_\_. \_\_\_\_\_. Memoria presentada al Congreso de la Unión por el secretario de Estado y del Despacho de Fomento . . . Lic. Olegario Molina; corresponde a los años trascurridos de 1° de enero de 1905 a 30 de junio de 1907. . . . México, Secretaría de Fomento, 1909. 871 p., cuadros, mapas. (BSMGE, BDGE)

2901. \_\_\_\_\_. \_\_\_\_\_. Memoria presentada al Congreso de la Unión por el lic. Olegario Molina, secretario de Estado y del Despacho de Fomento . . . corresponde al ejercicio fiscal de 1907-1908. México, Secretaría de Fomento, 1909. 871 p., tablas, cuadros. (BSMGE, BDGE)

2902. \_\_\_\_\_. \_\_\_\_\_. Memoria presentada al Congreso de la Unión por el lic. Olegario Molina, secretario de Estado y del Despacho de Fomento, Colonización e Industria . . . corresponde al ejercicio fiscal de 1908-1909. México, Secretaría de Fomento, 1910. 88, 444 p., tablas, anexos. (BDGE, BBM)

2903. \_\_\_\_\_. \_\_\_\_\_. Memoria de la Secretaría de Fomento presentada al Congreso de la Unión por el secretario de Estado y del Despacho del ramo, lic. Olegario Molina, corresponde al ejercicio fiscal de 1909-1910. México, Secretaría de Fomento, 1910. 75, 496 p., anexos, tablas, mapas. (BSMGE, BDGE)

2904. \_\_\_\_\_. \_\_\_\_\_. Memoria de la Secretaría de Fomento presentada al Congreso de la Unión por el secretario de Estado y del Despacho del ramo, lic. Rafael Hernández; corresponde al ejercicio fiscal de 1910-1911. México, Secretaría de Fomento, 1912. 116, 480 p., anexos. (BSMGE, BDGE, BBM)

2905. \_\_\_\_\_. \_\_\_\_\_. Memoria de la Secretaría de Fomento presentada al Congreso de la Unión por el secretario de Estado y del Despacho del ramo, ingeniero Alberto Robles Gil; corresponde al ejercicio fiscal de 1911-12. . . . México, Secretaría de Fomento, 1913. 138, 707 p., anexos, mapas, tablas. (BDGE)

2906. \_\_\_\_\_. \_\_\_\_\_. Memoria de la Secretaría de Fomento, presentada al Congreso de la Unión por el Secretario de Estado y del Despacho del ramo, lic. Leopoldo Rebollar; corresponde al ejercicio fiscal de 1912-13. . . . México, Secretaría de Industria y Comercio, 1914. 104, 784 p., mapas, planos, tablas. (BSMGE)

2907. \_\_\_\_\_. **Secretaría de Agricultura y Fomento.** Memoria de la Secretaría de Agricultura y Fomento presentada al Congreso de la Unión por el secretario de Estado y del Despacho del ramo, Francisco S. Elías; labores desarrolladas durante el período comprendido del 1º de agosto de 1932 al 31 de julio de 1933. México, 1933. Diversa paginación, mapas, tablas.        (BSMGE)

**2908. _____. Secretaría de Gobernación.** Esquema de las condiciones económicas actuales de México, con relación a la industria y al comercio. . . . México, León Sánchez, 1928. 12 p.

Algunas referencias numéricas de los valores industriales y mineros, en 1910 y 1928 (cifras globales).        (BCM)

**2909. _____. Secretaría de Industria, Comercio y Trabajo.** La industria, el comercio y el trabajo en México durante la gestión administrativa del sr. gral. Plutarco Elías Calles. México, Galas, 1925-28. 5 v., cuadros, gráficos, planos, mapas, fotos.

(1) Departamento de Industrias: muy buena información de las existentes en el país, 1925-27, en algunos casos con reseñas históricas de su formación y desarrollo. Los datos más interesantes se refieren a minería, petróleo, industria textil y eléctrica, propiedad industrial, patentes y marcas, nombres comerciales registrados como dados en concesión, y un apéndice que se ocupa de la legislación industrial. (2) Departamento de Comercio: desarrollo histórico del comercio en México; situación del comercio de 1925-27, por entidades de la república; importaciones y exportaciones, 1925-27; artículos de consumo, 1927. (3) Departamento del Trabajo: conflictos de trabajo; huelgas, contratos colectivos etc. en diversas industrias; convención de industriales y obreros textiles en 1927; accidentes de trabajo; salarios en diversas industrias; costo de la vida del obrero; legislación. (4) Departamento de Seguros: las compañías de seguros que operan en el país, así como la legislación correspondiente y los informes de labores realizados por el Departamento de Seguros.   (BSIC)

**2910. _____. _____.** Memoria de los trabajos realizados por la Secretaría de Industria, Comercio y Trabajo durante la gestión administrativa del señor lic. Emilio Portes Gil, presidente provisional de la República Mexicana; la presenta el señor don Ramón P. de Negri; secretario del ramo, para el conocimiento de las h.h. cámaras de la Unión en obediencia del artículo 93 constitucional. México, Talleres Gráficos Editorial y Diario Oficial, 1929. 322 p., tablas, cuadros.

La mayor parte de la información económica y estadística está en los informes de los departamentos. Además aspectos generales sobre desempleo; acuerdo que creó la Oficina de Previsión Social, personal, labores y funciones; acuerdo que creó la comisión mixta de la grande y pequeña industria; la asonada militar de marzo de 1929 y sus efectos en el comercio; conflictos intergremiales y las organizaciones obreras; la especulación ilícita; política gubernamental en petróleo; política de la Secretaría de Industria, Comercio y Trabajo; información sobre el congreso obrero pan-americano. (1) Departamento del Trabajo: industria textil; situación general y conflictos en los ferrocarriles; industria minera, petróleo y platanera; investigaciones sociales, accidentes de trabajo, sala-

rios, conflictos y agrupaciones obreras registradas; funcionamiento de las diversas cooperativas del país; seguro social; la legislación y reglamentación industrial; labores y situación de la Procuraduría Federal de Defensa del Trabajo; labores y dictámenes de la Junta Federal de Conciliación y Arbitraje. (2) Departamento de Industrias: situación de la industria en el país; productos extraídos; solicitudes para fomento industrial gestionando la modificación de la tarifa arancelaria. (3) Departamento del Petróleo: concesiones, exploraciones y explotación; actividad y situación de la industria del petróleo; producción, consumo, exportación, afinación, transporte, almacenamiento, capitales, rendimientos, visitas de inspección y agencias de la industria petrolera. (4) Departamento de Minas: hombres empleados, jornadas; compañías que trabajan; valor de la producción; exploración minera; accidentes de trabajo. (5) Departamento de Comercio: comercio exterior; movimiento de mercancías; legislación de las cámaras de comercio, impuestos; código del comercio. (6) Departamento de la Propiedad Industrial: ley de patentes; marcas, nombres y avisos comerciales y lista de patentes concedidas. (7) Departamento de Seguros: garantías de seguros; depósitos y reservas; Comisión Revisora de Valores y su función; compañías de seguros en el país y su nacionalidad; creación y apertura de compañías aseguradoras; cuadros del movimiento general de seguros en los ramos de vida, accidentes, enfermedad, incendios, diversos riesgos, ramo marítimo y de transporte.   (BSIC)

**2911. _____. _____.** México, sus recursos naturales, su situación actual. México, Secretaría de Industria, Comercio y Trabajo, 1922. 328 p., cuadros, tablas, gráficos, mapas, ilustraciones.

Miscelánea política, social, y económica: información sobre comercio (importación y exportación, en 1921); exportación de henequén, 1880-1921; bancos; correos; teléfonos y telégrafos (kilómetros construidos y mensajes transmitidos, discontinuos, 1854-1921); ferrocarril (número de kilómetros); agricultura (producción de 1921); fuerza hidroeléctrica; industrias; petróleo (exportación, 1911-21, y producción de petróleo crudo, 1901-21); minería (producción, 1910-21, exportación, 1910-21, y sociedades mineras, 1892-1919); fibras textiles (maguey); y educación pública.        (BCM)

**2912. Molina Enríquez, Andrés.** Los grandes problemas nacionales. México, A. Carranza, 1909. 361 p.

Propiedad y crédito territorial, irrigación, población, y el problema político del porfiriato, con breves antecedentes que van hasta la época colonial. Para todos los temas que trata, este libro es obra de consulta indispensable.        (BDIH)

**2913. O'Farril y Comp, R.** Reseña histórica, estadística y comercial de México y sus estados . . . . México, Reina Regente, 1895. 215 p., ilustraciones.

Importante obra donde se señalan las principales actividades económicas de los estados y se ofrece un directorio de comerciantes.        (BCM)

**2914. Ortiz de Ayala, Tadeo.** Resumen de la estadística del Imperio Mexicano; estudio preliminar, revisión de texto, notas y anexos de Tarsicio García Díaz. México, Biblioteca Nacional, U.N. A.M., 1968. 105 p., ilustraciones, plano.

Reedición del original publicado en 1822: descripción geográfica de México; características y población; plano e ilustraciones de la ciudad de México. (BCM)

**2915. Perigny, Maurice de.** Les États Unis du Mexique. Paris, Guilmoto, [1911]. 310 p., carte.

Las 124 primeras páginas las dedica a estudios generales de la historia, instituciones, leyes, y la economía del país. Después se ocupa de estos mismos temas por regiones. (BB)

**2916. Robertson, J. M.** Hand-book of Mexico. New York, Thomson and Moreau, 1883. 141 p.

Situación y recursos del país, utilizando fundamentalmente periódicos y revistas como fuentes de información. Se refiere a correos, acuñaciones, valor de la propiedad, población, producción, minería, ferrocarriles, impuestos, tarifas al comercio exterior y a telégrafos. Los datos estadísticos no se encuentran debidamente sistematizados. (BCM)

**2917. Romero, Matías.** Artículos sobre México, publicados en los Estados Unidos de América por . . . . México, Oficina Impresora de Estampillas, 1892. 332 p., cuadros, tablas.

Documentos: Acusación de Mr. William Henderson contra funcionarios mexicanos; valor de los pesos mexicanos en Londres; correspondencia de la Legación Mexicana en Washington con la Secretaría de Relaciones sobre el valor de los pesos mexicanos en Londres, Nueva York; texto del artículo del sr. Romero, ''Los jornales en México'' publicado en inglés por el *North American Review* y en español por las *Novedades* de Nueva York; artículo sobre el cultivo del árbol del hule en México; arreglo de la deuda contraída en Londres, con fecha febrero de 1886; artículo sobre el tratado de límites entre México y Guatemala; artículos sobre ''la asonada de Garza y sus enseñanzas.'' (BMNA)

**2918. Tylor, Edward. B.** Anahuac, or Mexico and the Mexicans, ancient and modern. London, Longman Green, Longman & Roberts, 1861. 344 p.

Relata el viaje que hizo durante los meses de marzo a junio de 1856 por las entidades que ahora son de Veracruz, Hidalgo, Morelos, Puebla, estado de México, y el Distrito Federal. Narración de la vida cotidiana de los lugares que visita, incluida la económica. (BB)

**2919. United States. Bureau of Foreign and Domestic Commerce. Department of Commerce.** Mexican west coast and lower California. . . . Washington, Government Printing Office, 1923. 340 p., map. (Special agents series no. 220).

Datos para los comerciantes e industriales norteamericanos sobre la península de la Baja California, Sonora, Sinaloa, y Nayarit: recursos naturales, población, transporte, puertos, producción agrícola e industrial, minería, comercio exterior, e instituciones bancarias. (BB)

**2920. Velasco, Alfonso Luis.** Geografía y estadística de la República Mexicana. México, Secretaría de Fomento, 1889-98. 20 v.

Datos generales sobre la geografía, superficie, población, producción, agricultura, industria, comercio, propiedad y vías de comunicación de las distintas entidades de la república, en diferentes años de publicación. Las cifras estadísticas son escasas y no se indica su procedencia. (BSMGE)

**2921. Zayas Enríquez, Rafael de.** Los Estados Unidos Mexicanos; sus progresos en veinte años de paz, 1877-97 . . . . New York, H. A. Rost, [1899]. 253 p., cuadros, tablas, ilustraciones.

Una de las obras de divulgación más importantes de la época. Analiza el desarrollo económico del país, con un criterio positivista y utilizando fundamentalmente fuentes primarias. Destacan los siguientes datos estadísticos: hacienda: movimiento de fondos durante el imperio, 1861-67; productos de que dispuso el imperio y su distribución; deuda interior y exterior en 1861; ingresos y egresos de la federación, 1822-97. Existe una traducción francesa: *Les États-Unis Mexicains: leur ressources naturelles, leur progrès, leur situation actuelle.* México, Ministère de Fomento, 1899. 238 p., tablas.
(Versión española, BCM)
(Versión francesa, BB)

**Véase también:** 3184, 3203, 3530, 3579, 3606, 3619.

## 4a. Condiciones geográficas, sociales y económicas: periódicos

**2922.** Aguila mexicana. México, Ontiveros, 1823-27. 8 v.

Diario importante, con abundante información económica: política económica; hacienda pública; problemas y polémicas sobre el desarrollo económico del país. Abundantes datos continuos para el comercio en general. (HN)

**2923.** El comerciante mexicano; semanario dedicado a la minería, agricultura, comercio, en inglés-español. México, 1893-94. 2 v., cuadros, tablas.

Sobre minería: negociaciones existentes, valores de acciones mineras, nuevas compañías; la compañía anglo-mexicana, sus funciones, movimiento; producción de plata en México, 1873-93. Sobre comercio: productos mexicanos y extranjeros, demanda y distribución; café mexicano en el extranjero; comercio de México entre Estados Unidos y Europa (principalmente de Estados Unidos a México, 1891-93); valor de exportaciones mexicanas a Estados Unidos, 1878-92; importaciones de Inglaterra a México, 1892-93; valor de los ingresos de aduanas, 1879-93. Sobre banca y finanzas: relaciones bancarias con Estados Unidos; cotizaciones y valores de bonos y fondos mexicanos en Londres y París; movimiento bancario en el país; informes y funciones; compañía general de hipotecas territoriales e inversiones, funciones, labores y movimiento. Sobre comunicaciones y transportes: los ferrocarriles y su vinculación con el movimiento industrial, comercial, agrícola y minero; entradas, movimiento y explotación de los ferrocarriles en el país. Sobre industria: datos generales; compañía de fundiciones y fábrica de máquinas en Monterrey. Sobre agricultura: cultivo del café y de la caña de azúcar; compañía de riego de Sonora y Sinaloa; precio de los terrenos baldíos. (HN)

**2924.** El correo de México. México, El Correo de México, 1867. 1 v., cuadros.

Diario de carácter político fundamentalmente, con alguna información sobre hacienda pública y comercio. (HN)

**2925.** Correspondance mexicaine; journal politique, commercial et independant. México, Imprimerie du Socialiste, 1879-81. 1 v., graphiques, tables.

Publicación quincenal con datos abundantes sobre la situación económica, social y política. Estadísticas: boletín comercial, con precios corrientes de productos mexicanos por origen; tarifas de importación y exportación de productos derivados del algodón. (HN)

**2926.** El cosmopolita. México, Gallo, 1837-43. 5 v.

Bisemanario de tendencia federalista con importante información económica sobre: política económica; polémicas sobre el desarrollo; comercio; agricultura; industria; demografía; minería; información económica de algunas regiones. (HN)

**2927.** El día; periódico diario, de comercio, agricultura, industria, minería y noticias. México, 1896-97. 2 v., tablas.

Datos sobre agricultura y ganadería, política fiscal y hacienda pública, comercio, minería, e inversiones de capital, mexicano y extranjero. (HN)

**2928.** Diario de la Bolsa de México. México, Díaz de León, 1895-96. 1 v., tablas, cuadros.

Contiene los reportes diarios de las operaciones verificadas en la Bolsa de México, y datos hacendarios, comerciales, agrícolas y mineros. (HN)

**2929.** Diario liberal de México. México, Valdés, 1º de abril al 31 de agosto de 1823. 1 v.

Información de la política económica oficial y situación de la hacienda pública. Sobre la necesidad de un empréstito después de 14 años de lucha; peticiones para el cese total de los diezmos; necesidad de reforestación para prever la escasez de leña, considerada como artículo de primera necesidad. (HN)

**2930.** El eco del comercio; diario de información general. Mérida, 1902-05. 10 v., cuadros, ilustraciones.

Importante información económica y estadística sobre bancos, minería, comercio y mercados, agricultura, comunicaciones y transporte, población en la agricultura, huelgas. Información de la situación económica, política y social del país y de Yucatán. (HN)

**2931.** El eco del comercio; diario literario, político, de artes e industria. México, Payno, 1848, 1 v., tablas.

Información diversa sobre política fiscal y hacienda pública: informes de los estados que desean abolir las alcabalas; el préstamo de U.S. $600,000 a la administración del sr. Santa Anna efectuado por Manning y Mackintosh; documento

que muestra lo que se perdió en los préstamos contraídos en 1823; noticias acerca del progreso de la empresa del tabaco; decreto derogando el arancel de peajes del 22 de septiembre de 1840. Algunos datos sobre el comercio: efectos de importación, informe de entrada y salida de buques; datos de importaciones y exportaciones. (HN)

**2932.** Eco hispano mexicano; periódico político, de industria, literatura, comercio y avisos. México, Políglota, junio-julio, 1878. 1 v., cuadros, ilustraciones.

Datos económicos y estadísticos sobre: entrada y salida de buques, exportaciones por Mazatlán, precios de terrenos baldíos en los estados, Distrito Federal y territorio de Baja California, 1879-80; noticias económicas de importancia publicadas en los estados. Artículo informativo sobre la clase obrera. Anuncios y avisos comerciales. (HN)

**2933.** Economía; Asociación de Banqueros de México. México, 1929-31. 3 v., cuadros, tablas.

Precisa y sistemática información económica y estadística, donde los principales datos corresponden al comercio, la banca, y en menor escala a la industria, agricultura, política económica, hacienda pública y comunicaciones y transporte.

**2934.** El economista; diario financiero y estadístico. México, 1917-19. 9 v., cuadros, tablas, gráficos.

El periódico es órgano oficial de las bolsas de valores; publica importante información económica de índole oficial sobre hacienda pública; comercio: precios de mayoreo y menudeo; ingresos en las aduanas; oro; moneda; minas y petróleo; agricultura: crisis en la industria henequenera; dotación de ejidos y terrenos; la política agraria de la Revolución; las fincas henequeneras; finanzas. (HN)

**2935.** Economista mexicano; semanario de asuntos económicos y estadísticos. México, 1886-1915. 58 v., cuadros, tablas, ilustraciones.

Publicación de marcada importancia económica y estadística. Contiene: comercio y mercados, exteriores e interiores: revista mercantil semanal con datos de precios corrientes en el país; movimiento marítimo comercial, 1884-1915; en el caso de las exportaciones parten de 1872; minería: 1885-1915; industria: 1885-1915; agricultura y ganadería; banca; comunicaciones y transportes; moneda: acuñación, 1537-1889 en general y 1885-1915 en particular; situación del peso mexicano; población: estadísticas de consumo de bebidas embriagantes; economía oficial y hacienda pública: presupuestos de la federación y estatales; deuda pública de México y operaciones practicadas; amortización de la deuda pública y privada (esto es uno de los sectores más ricos en datos); colonización; trabajo: salarios en el campo, industria y minería; capitales extranjeros y nacionales. La información se encuentra acompañada de cuadros estadísticos, que casi siempre comprenden el período de 1885-1915, donde se observa una marcada relevancia sobre el comercio. Los directores del semanario eran Manuel Zapata y Carlos Díaz Dufoo. (HN)

**2936.** Fenicia; publicación de agricultura, industria, comercio. México, American Book and Printing, 1917-18. 1 v., tablas.

Publicación mensual que contiene datos económicos sobre hacienda pública, minería, agricultura y comercio. (HN)

**2937.** El ferrocarril; diario popular político, literario y mercantil. México, Imprenta del Ferrocarril, 1867-72. 10 v.

Publicación trisemanaria de tendencia liberal, que presenta editoriales, gacetilla, variedades y avisos, con información económica diversa, a saber: Política económica y hacendaria: diversos editoriales y artículos donde se analizan los problemas económicos del país, así como la influencia de los regímenes políticos en el desarrollo económico de México; sobre el sistema de trámites y gabelas; el sistema de aduanas interiores; operaciones del gobierno en el extranjero; visión oficial del desarrollo económico y medidas gubernamentales puestas en práctica; diversos decretos y legislación en general; gastos en los estados; presupuestos de la federación; tarifas de correos y de papel sellado. Comercio: movimiento marítimo de Veracruz y fechas de entradas y salidas de barcos; anuncios de la Compañía General Trasatlántica al comercio, precios de fletes de México a Londres, Havre, Francia, etc.; sobre seguros de viaje, transporte de carga y precios de pasajes; directorio de negocios de la ciudad de México; datos generales sobre el comercio; avisos y anuncios comerciales. Comunicaciones y transportes: el ferrocarril de Veracruz en 1867; proyecto de construcción del ferrocarril que uniría a México con Estados Unidos de América; sobre el ferrocarril del estado de México a la ciudad de México; ferrocarriles urbanos y semiurbanos; ferrocarriles en general; correos en el país, su necesidad, orígen e historia, ingresos de la Dirección de Correos en 1867. Además contiene datos sobre: colonización e inmigración; agricultura en general; escuelas públicas, hospicios y casas de beneficencia; instrucción pública; salubridad pública; casas de moneda y su acuñación; noticias de los estados, demografía, cosechas, crisis económicas, gastos estatales; la implantación de una nueva moneda; la banca y su necesidad en México, la Sociedad Hidalgo y el Banco de Avío; el problema de los indios bárbaros del norte del país. (HN)

**2938.** La gaceta comercial; diario mercantil, industrial y de noticias. México, 1899-1901. 7 v., cuadros, tablas, ilustraciones.

Importantes datos sobre el movimiento mercantil del país, especialmente de la ciudad de México. Información diaria o semanal de importaciones y exportaciones; productos nacionales comercializables internamente; movimiento marítimo y registro de pasajeros arribados; mercado de cambios internos y externos; cotizaciones y movimiento de las acciones mineras mexicanas en el mercado mundial y de los bonos del gobierno; la situación bancaria; precios en la ciudad de México; biografías de comerciantes, industriales, y agricultores nacionales y extranjeros; ferrocarriles y tranvías. Contiene, además, análisis, comentarios y críticas sobre la situación económica del país relacionados con la política del régimen porfirista. (HN)

**2939.** La industria nacional, periódico político de industria, comercio y variedades. México, Sandoval, 1879-80. 1 v., cuadros, tablas.

Publicación bisemanal con amplia información económica y estadística. Datos sobre valor de la propiedad rústica por estados; habitantes en Puebla, 1869-78; proyecto de estatutos de un banco minero, de una sociedad minera, y para el establecimiento de ferrocarriles urbanos; lista de líneas férreas;

sección industrial; resumen de las exportaciones de algodones, lanas, linos y sedas del Reino Británico para la República de México, 1877-78; protección a la industria; lista de los buques que operan entre Sn. Juan Bautista del estado de Tabasco y otros. (HN)

**2940.** El liberal; diario de política e información general. México, 1898-1900. 5 v., tablas.

Periódico de noticias políticas y sociales que contiene interesantes datos económicos. Comercio; política oficial y hacienda pública; minería: decaimiento de la explotación minera, en la frontera norte de la república; moneda: fabricación de la moneda falsa; agricultura. (HN)

**2941.** El mexicano; periódico bimensual. México, 1866. 1 v., tablas.

Información de las casas de moneda, acuñación, 1856-65; consumo de productos franceses en México, y mexicanos en Francia, 1859-64; ley sobre tierras y aguas, y la necesidad de elaborar una ley agraria; cultivo del algodón y sus precios; cuotas de fletes. (HN)

**2942. México. Secretaría de Fomento, Colonización e Industria.** Boletín de agricultura, minería e industria. México, Secretaría de Fomento, 1899-1901. 39 v., cuadros, ilustraciones, tablas, diagramas.

Amplia información económica y estadística sobre agricultura y ganadería: cuestionarios en zonas agrícolas con información sobre costos, extensión y producción de los cultivos de café, algodón, caña de azúcar y otros productos agrícolas, cosechas de trigo levantadas, 1890-95; reseñas agrícolas de las principales zonas productoras del país; datos de ganadería; mercados y comercio; minería: cuadros estadísticos mensuales del movimiento minero, producción, precios y valor de acciones; industria: fábricas de hilados y tejidos en el país, 1895-96. (HN)

**2943.** _____. _____. Boletín oficial. México, Secretaría de Fomento, 1916-20. 5 v., tablas, cuadros, mapas, diagramas.

Información diversa sobre nacionalización de extranjeros y colonización; minas; condiciones de vida de los peones en las haciendas; derechos para el uso de aguas y ríos; declaraciones sobre la jurisdicción de aguas; información general de la política oficial respecto a los sectores de la producción agrícola, minera e industrial. Los números consultados corresponden a la cuarta época, que se encuentra completa y corresponde a 1916-18, la quinta época de 1919 y la sexta época, de la cual faltan los años de 1921-25. (HN)

**2944.** _____. **Secretaría de Industria, Comercio y Trabajo.** Boletín de industria, comercio y trabajo; órgano de los Departamentos de Industria, de Comercio y del Trabajo. México, Imprenta Talleres Gráficos, 1918-21. 5 v., cuadros, tablas.

Información sobre salinas, guanos y algas; fábricas en el Distrito Federal, fundiciones de fierro, acero y bronce; información comercial; asuntos de trabajo: huelgas, paros y accidentes de trabajo; índices del costo de la vida en el Distrito Federal y territorios, y de algunos estados, 1918-20. (BSIC)

**2945.** México industrial; órgano de la Confederación de Cámaras Industriales. México, 1922-32. 11 v., cuadros, tablas, ilustraciones.

Contiene: comercio y mercados con amplia y completa información del comercio exterior de México; minería: situación y movimiento minero en el país; la minería 1921-26; industria: información completa de las diversas industrias existentes en el país; agricultura: productos cultivados, comercialización y mercados; industrialización; valor; precios; vías de comunicación y transportes: carreteras, situación y construcción; movimiento, fletes, tarifas de ferrocarriles; empresas de transportes; legislación; moneda y banca: situación de los bancos en el país, crisis financiera; situación monetaria internacional y nacional. Contiene abundante información sobre los problemas laborales y la legislación obrera.      (HN)

**2946.** El monitor. México, El Universal, 1897, 1903. 4 v., cuadros, tablas.

Diario político, con importantes datos económicos: el cálculo del monto del pasivo de la nación; decreto que aprueba la tarifa de precios de terrenos baldíos; la reforma a la tarifa de aduanas; empréstitos otorgados por Estados Unidos de América y Londres; alza de la plata y su repercusión en las tarifas ferrocarrilas; sección financiera; la crisis comercial y sus consecuencias; posibilidad de importar azúcar; información general sobre el cultivo del tabaco y café en Veracruz; la producción de maíz en la república en 1901; estadística de los correos.      (HN)

**2947.** Mosaico mexicano. México, Cumplido, 1836-42. 7 v., tablas.

Información diversa: historia, movimiento y propietarios de fábricas de hilados y tejidos de Cocolapan; industria del vidrio plano en Puebla; agricultura; cría del ganado lanero merino; observaciones sobre el proyecto de ley que concede derechos a los extranjeros para obtener tierras y bienes raíces; noticias de las leyes sobre oro y plata.      (HN)

**2948.** La nación; diario de la colonia española. México, J. de Elizalde, 1894. 2 v., tablas.

Algunos datos financieros y comerciales sobre México: precios de artículos de consumo y exportación (diario); precios de mercado en varios estados de la república; mercancías que llegan a la aduana por los ferrocarriles (diariamente); exportación de frutos mexicanos a Estados Unidos y Europa; la sección "Bolsa" contiene datos de fondos públicos, valores mexicanos, metales preciosos, cambios sobre exterior y empréstitos (diariamente).      (HN)

**2949.** El nuevo nacional; diario de información. México, febrero, 1888. 1 v., cuadros, ilustraciones.

Información económica y estadísticas sobre: mercados y comercio; mercancías extranjeras en el país y su reglamentación; cotizaciones en la plaza de México; cambios en el interior y exterior; cotizaciones de acciones del Banco Nacional, bonos y acciones de ferrocarriles en el mercado mundial; productos nacionales y precios corrientes en el Distrito Federal (febrero de 1888). Datos sobre entidades del país: ley del catastro en Puebla; despojo de la propiedad en Guanajuato; lonja mercantil de Veracruz; café y los impuestos en los estados; sistemas tributarios en los estados y sus cambios; ferrocarriles en Coahuila y Tampico; educación. Movimiento de

la compañía trasatlántica francesa. Datos de la población flotante y entrada de extranjeros; administración de rentas municipales y el corte de caja hecho en enero de 1888 en el Distrito Federal; balance y corte de caja de los Bancos Nacional de México, de Londres de México y Sudamérica, en enero de 1888. Artículos sobre capitales extranjeros; deuda pública, la deuda inglesa y el ministro Dublán; conflicto del ministro de Fomento con una compañía extranjera; fondos públicos del país; industria azucarera. Tanto la información como los artículos son, en muchos casos, tomados de otros periódicos de mayor importancia.      (HN)

**2950.** El progreso de México; semanario dedicado a la agricultura práctica, al comercio y a la industria. México, 1896-98, 1901-02. 7 v., tablas, ilustraciones.

Información diversa sobre aspectos económicos: agricultura y ganadería; comercio y mercados: el mercado del henequén en New York; productos mexicanos en los mercados europeos; comercio exterior con Centro, Sudamérica y con Estados Unidos de América; los minerales mexicanos y su situación en el extranjero; industria; minería; ferrocarriles: concesiones; empresas ferroviarias; proyectos y creación de líneas; administración y tarifas; datos sobre capitales norteamericanos en el país; sobre patrones y asalariados y diversos decretos oficiales de interés económico.      (HN)

**2951.** Progreso latino; revista semanaria de interés general: industria, banca, seguros, ferrocarriles, comercio, navegación, minas, electricidad, hacienda, agricultura, administración. México, 1905-06. 3 v., cuadros, tablas.

Revista especializada en información económica con importantes datos estadísticos. Comercio: valor de la exportación de productos minerales, 1903-04; comercio exterior, 1904-06; existencia y demanda de productos mexicanos en el extranjero; productos de las aduanas, 1905-06; situación de la marina mercante nacional; minería: valor de la producción minera, 1902-06; principales zonas mineras del país; propiedades mineras, 1903-05; producción de metales preciosos en 1906; industria: datos estadísticos generales de las textiles y tabacaleras, fábricas en los estados con noticia de las compañías y personas que las poseen en propiedad; empresas industriales que operaron en el país; industria del hierro y el acero; fabricación de ladrillos; ferrocarriles: situación en 1906; concesiones, fletes; construcción y obras; política gubernamental respecto a ferrocarriles; agricultura y ganadería: precios, irrigación; producción agrícola, 1903-05; producción nacional de chile y caucho, 1901-09; inversión de capitales en la agricultura; exportaciones de productos agrícolas; número y valor del ganado existente en el país; movimiento mercantil y bancario; 1899-1904; moneda y crédito: existencias en los bancos en 1906; sector gobierno: presupuesto federal, 1906-07; rentas federales, 1897-98 y 1904-05; deudas y valores que liquidó, 1904-05; empréstitos, 1888-89; deuda en oro, 1888-92; deuda en plata; deuda flotante; amortizada, 1901-02; legislación fiscal, minera, industrial; amonedación, 1903-05; movimiento marítimo: tráfico mercantil en 1906; fletes; resumen del censo nacional de 1900: valor de la propiedad rústica y urbana.      (HN)

**2952.** La raza latina; diario de intereses generales. México, 1895-96. 5 v.

Información estadística y económica se reduce a: agricultura, datos sobre henequén y préstamo del Banco Agrícola a sus productores; exportación de artículos de México a España, 1888-93; la abolición de las cotizaciones en la bolsa de valores de México.                                                    (HN)

**2953.** El relámpago; publicación de noticias varias. México, Reina Regente, 1894-95. 2 v.

Cotización de la bolsa de valores diariamente desde octubre de 1894.                                                    (HN)

**2954.** Revista económica y comercial de la República Mexicana. México, Cumplido, diciembre, 1843-enero, 1844. 1 v., cuadros, tablas.

Datos generales sobre la situación económica: sistema prohibitivo; minería, agricultura, comercio; producción de las minas de oro y plata comparado con la producción de la época colonial; acuñación de las casas de moneda del país, 1838-42; entradas de buques en puertos nacionales, sus cargamentos y cantidades; informes de las empresas mineras de Fresnillo, Guadalupe y Calvo, y mineral del oro; créditos del gobierno; precios de azogue; situación del erario; contribuciones de las aduanas, las alcabalas y cuotas a fincas y personas, oro y plata convertido en numerario y su cambio por importaciones; estadística de importaciones y exportaciones por Veracruz, Tampico, Tabasco, Matamoros, San Blas, Mazatlán y Guaymas, 1838-42.                              (BN)

**2955.** Revistas unidas; publicación sobre agricultura, literatura, comercio e industria. Ciudad Juárez, 1927-29, 1931-33. 7 v.

Publicación mensual, de carácter literario y técnico, con algunos datos de interés para la historia económica.    (HN)

**2956.** La riqueza nacional; boletín económico y estadístico; órgano de la Agencia Mercantil de la República Mexicana. México, El Gran Libro, marzo-julio, 1887. 1 v., cuadros, tablas.

Publicación semanal económica con información estadística privada y oficial. Informaciones diversas sobre disposiciones publicadas en el *Diario oficial:* patentes de privilegio, amparos de minas, propiedad literaria, marcas de fábricas, noticias consulares, disposiciones hacendarias (informe de la Dirección de la Deuda Pública); crédito público de México; informe de la propiedad raíz; contribuciones interiores; precios de los terrenos nacionales y colonizables, 1874-88; minas. Estadísticas: estado y movimiento comparativo de los bancos de México, autorizados por las leyes especiales de la federación; cuadros comparativos de varios bancos; estado de las colonias en México, número de colonos, nacionalidad y sexo, y producción; importación de harinas, 1886; comercio de México con Estados Unidos de América, 1877-87.          (HN)

**2957.** Semanario político y literario. México, Valdés, 1821. 1 v., cuadros.

La información económica y estadística mas frecuente se refiere a la política económica y a la hacienda pública, y en menor grado, a la minería y al comercio. Para la hacienda pública y la política económica, contiene: abolición de las leyes y ordenanzas de montes y plantíos; acuerdo para la abolición de las aduanas interiores; supresión de los derechos

e impuestos al oro y la plata; datos sobre la alteración de la moneda, el préstamo a interés y el valor intrínseco de la plata. Los datos más importantes para minería y comercio son: informes de la situación de minería en los estados (partidas e ingresos); producto de las minas de Guanajuato en 1820; descripción mineralógica del Real de Tetela de Jonotla e inmediaciones; incluye un informe del estado del comercio en las provincias antes de la cédula del 12 de octubre 1778.
                                                        (HN)

**2958.** El sol. México, Imprenta Rivera, 1823-32. 18 v., cuadros, tablas.

Publicación diaria, con información más completa y diversificada sobre los años de 1823-29. Los datos económicos y estadísticos giran, generalmente, en torno de la política oficial, la hacienda pública y los grupos económicamente poderosos. Hacienda pública; comercio; agricultura; minería; educación. Importantes artículos sobre economía nacional y política económica. En términos generales, los datos estadísticos aparecen dispersos y sin continuidad sistemática, distribuidos entre los textos de noticias y artículos.    (HN)

**2959.** El tráfico; semanario de comercio y anuncios. Guaymas, El Tráfico, 1895-1901. 8 v.

Publicación de importancia, con información económica abundante. Anuncios comerciales para maquinaria en general; datos sobre sistemas de impuestos y alcabalas; marina mercante, líneas de vapores con itinerarios nacionales e internacionales; el ferrocarril de Sonora y su itinerario, tarifas y fletes; la inmigración china y sus efectos nocivos en Sonora; fuentes de trabajo y mano de obra; agricultura y la minería en el estado; participación de capitales norteamericanos en comercio y otros sectores de la economía.        (HN)

**Véase también:** 3171, 3242, 3244, 3245, 3250, 3253, 3256, 3260, 3586, 3602.

## II. Demografía, Fuerza de Trabajo y Condiciones de Vida

### 1. Población

**2960.** Censo comparativo del estado de Tlaxcala, de mayo de 1868 a julio de 1870. *En* Sociedad Mexicana de Geografía y Estadística. Boletín [México], segunda época, v. 4, 1872: 529-530.

Por distritos, municipalidades, y sexo.        (BSMGE)

**2961.** Dato estadístico de la municipalidad de Veracruz. *En* Sociedad Mexicana de Geografía y Estadística. Boletín [México], primera época, v. 5, 1857: 427, tablas, cuadros.

Proporciona datos sobre la población del Puerto de Veracruz, según los patrones formados en el año de 1857, por edad, sexo, número de matrimonios, viudos, viudas, varones, hembras célibes, y comparación con el número de habitantes del censo de 1841.                                    (BMNA)

**2962.** Estado que manifiesta el censo habido en la

capital de la república en todo el año de 1856. *En* Sociedad Mexicana de Geografía y Estadística. Boletín [México], primera época, v. 5, 1857: 428, cuadros.

Presenta un cuadro con datos de nacimientos, fallecimientos (por causas), y matrimonios, clasificados por sexo.    (BSMGE)

**2963. García Cubas, Antonio.** Apuntes relativos a la población de la República Mexicana. México, Imprenta del Gobierno, 1870. 87 p.

Población por estados y distritos, con cifras (década de 1860) tomadas de la *Memoria* del Ministerio de Fomento de 1857.    (BCM)

**2964. González Navarro, Moisés.** Indio y propiedad en Oaxaca. Historia mexicana [México], v. 8, 1958: 175-191.

Datos estadísticos sobre la población en 1878 y 1910. Toca el problema de la desamortización de las propiedades comunales indígenas y el aumento de las haciendas a fines del siglo XIX.    (BCM)

**2965. Loyo, Gilberto.** Notas sobre la evolución demográfica de la ciudad de México. México, 1933. 40 p., tablas, gráficos.

Gilberto Loyo fue de los principales impulsores de los estudios demográficos en México. Ocupó relevantes puestos oficiales y dirigió múltiples trabajos de estadística económica oficial. Utiliza las cifras de los censos de población de 1895, 1900, 1921, y 1930. Los antecedentes coloniales y los anteriores a 1895 son limitados y de escasa importancia. Una de sus conclusiones es que la población extranjera en el Distrito Federal no se incorpora a la nación mexicana sino en muy pequeña escala.    (BB)

**2966. Mejía, Demetrio.** Estadística de mortalidad en México. México, Escalante, 1879. 32 p., cuadros.

Los datos estadísticos corresponden al período 1869-78. Se analiza la mortalidad, los nacimientos, las epidemias, enfermedades y otros aspectos que explican el índice de mortalidad en México.    (BUT-LAC)

**2967. México. Departamento de la Estadística Nacional.** Censo general de habitantes, 30 de noviembre de 1921. . . . México, Talleres Gráficos de la Nación, 1925-28. 31 v., cuadros.

Cada volumen sobre una entidad federativa, generalmente con una pequeñísima introducción que se refiere a la geografía física y económica. Datos demográficos: información sobre población, por edad, sexo, razas, defectos físicos y mentales, nacionalidad, idiomas, estado civil, bienes raíces, ocupación y religión, 1910-21; población por municipios y localidades de más de 2,000 habitantes; comparaciones entre los censos de 1895, 1900, 1910 y 1921. Resumen general en: México. Departamento de Estadística Nacional. *Resumen del censo general de habitantes de 30 de noviembre de 1921.* México, Talleres Gráficos de la Nación, 1928. 203 p., cuadros, gráficos.    (Censo, BSMGE, BDGE) (Resumen, BCM)

**2968.** _____. _____. Población de Nuevo León, desde 1603 hasta 1921. México, Dirección de Exposición Estadística, 1929. 34 p., cuadros.

Casi todas las cifras se refieren a los años de 1803-1921. Utiliza las fuentes oficiales y privadas más conocidas, como las memorias de estado, el cuadro de F. Navarro y Noriega, la guía de J. N. Almonte (2783), el atlas de A. García Cubas (2794), la estadística de E. Busto (2786) y los censos generales de 1895-1921.    (BB)

**2969.** _____. **Dirección General de Estadística.** Boletín demográfico de la República Mexicana, formado por la Dirección General de Estadística a cargo del dr. Antonio Peñafiel. México, Secretaría de Fomento, 1897-1908. 8 v., cuadros.

Movimiento de la población en cada uno de los estados de la república: nacimientos (sexo, nacidos vivos y muertos); matrimonio (nacionalidad, religión, edad); mortalidad (por meses, sexo, nacionalidad, religión, estado civil, edad y en algunos casos ocupación); enfermedades por regiones; nomenclatura de las enfermedades; nomenclatura para la estadística de las defunciones.    (BUT-LAC, HN)

**2970.** _____. _____. Censo general de la República Mexicana, verificado el 20 de octubre de 1895, [Antonio Peñafiel, director]. México, Secretaría de Fomento, 1897-99. 30 v.

Población del país clasificada por sexo, edad, lugar de nacimiento, nacionalidad, estado civil, instrucción elemental, ocupación, religión e idiomas. Resumen general en: México. Dirección General de Estadística. *Censo general de la República Mexicana, verificado el 20 de octubre de 1895,* [Antonio Peñafiel, director]. México, Secretaría de Fomento, 1899. 502 p., cuadros.    (BDGE)

**2971.** _____. _____. Censo general de la República Mexicana, verificado el 28 de octubre de 1900, a cargo del dr. Antonio Peñafiel. México, Secretaría de Fomento, 1901-07. 30 v.

Información sobre población por entidades federativas, sexo, edad, lugar de nacimiento, estado civil, profesión, religión, idiomas, instrucción, y defectos físicos e intelectuales. Resumen en: México. Ministerio de Fomento. Dirección General de Estadística. *Resumen general del censo de la República Mexicana verificado el 28 de octubre de 1900.* [México], Secretaría de Fomento, 1905. 79 p., cuadros.    (Censo, BSMGE, BDGE) (Resumen, BCM)

**2972.** _____. _____. Estadística general de la República Mexicana, a cargo del dr. Antonio Peñafiel. . . . México, Secretaría de Fomento, 1892. 108, 906 p., cuadros.

Datos relativos al censo de población de la municipalidad de México, 1890-91. Divide el municipio en cuarteles y manzanas y proporciona información sobre: población total, por familias, edades, sexo, ocupación, estado civil, nacionalidad, religión, educación, población originaria del extranjero, población fija y flotante, edificios.    (BCM)

2973. \_\_\_\_\_. \_\_\_\_\_. Población clasificada por divisiones de ocupación en las zonas estadísticas federativas en los años de 1921 y 1930. [México], s.f. 7 p., cuadros.

Cuadros para cada entidad federativa: número de personas ocupadas en actividades agropecuarias, mineras, industriales, comunicaciones, comercio, administración pública, profesiones, trabajo doméstico, actividades improductivas, y personas sin ocupación o cuya ocupación se ignora. (BCM)

2974. \_\_\_\_\_. \_\_\_\_\_. Quinto censo de población, 15 de mayo de 1930. . . . México, Talleres Gráficos de la Nación, 1930-36. 32 v., cuadros.

Información sobre división territorial (superficie, población, densidad, en 1900, 1910, 1921, 1930); división política (población por municipios, superficie y categorías políticas); edificios (materiales de construcción en 1900 y 1929, tipo de propiedad, nacionalidad de los dueños, viviendas); población (crecimientos por grupos rurales urbanos, por sexos, edad estado civil, alfabetismo, escolaridad, actividades económicas, nacionalidades, idiomas, posesión de bienes raíces, defectos físicos y mentales). Información semejante por ciudades y gráficas y mapas de cada uno de los temas citados. Resumen en: México. Dirección General de Estadística. *Quinto censo de población, 15 de mayo de 1930: resumen general.* México, Talleres Gráficos de la Nación, 1934. 269 p., cuadros, gráficos, mapas. (Censo, BSMGE, BDGE)
(Resumen, BCM)

2975. \_\_\_\_\_. \_\_\_\_\_. Oficina del Censo de Población. Población por zonas y entidades federativas en 1910, 1921 y 1930. [México], s.f., 6 p., cuadros.

Hojas sueltas con 3 cuadros estadísticos sobre población (crecimientos absolutos y relativos, medio anual y de los períodos intercensales; población y densidad; población extranjera). (BCM)

2976. \_\_\_\_\_. Secretaría de Agricultura y Fomento. Dirección de Estadística. Tercer censo de población de los Estados Unidos Mexicanos, verificado el 27 de octubre de 1910. México, Dirección de Talleres Gráficos del Poder Ejecutivo, 1920. 105 p., cuadros.

Población por entidades federativas, sexo, estado civil, residencia, defectos físicos e intelectuales; edificios, según número de pisos, materiales de construcción empleados, y uso a que se le destina. (BCM)

2977. México (Distrito Federal). Secretaría de Gobierno. Estado que manifiestan los nacidos, casados y muertos en el Distrito Federal en el año de 1851. (Hoja suelta, sin clasificar).

Distinción de sexo, edad y causas de defunción. (BSMGE)

2978. Navarro y Noriega, Fernando. Memoria sobre la población del reino de la Nueva España escrita por don . . . , contador general de los ramos y arbitrios de este reino. México, D. Juan Bautista de Arizpe, 1820. 19 p., cuadro.

Es la fuente clásica sobre la población de México en 1810. Existe una re-edición, con una introducción por Jaime Delgado. (Llanes, Turanzas, 1954. 30 p.) (BS)

2979. Oaxaca (estado). Censo clasificado del estado de Oaxaca. Departamento de. . . . [Oaxaca], 1832. 8 v. (Manuscritos).

Población por edad y estado civil, y en algunos casos también ocupaciones. (BSMGE)

2980. Wilkie, James W. Statistical indicators of the impact of national revolution on the catholic church in Mexico, 1910-1967. *En* James W. Wilkie. Statistics and National Policy. Los Angeles, UCLA Latin American Center, University of California, 1974, p. 55-63.

Características de la población: filiación religiosa, clase de unión matrimonial y número de sacerdotes por área geográfica y por población. Llega a la conclusión de que la revolución estimuló el crecimiento acelerado de la población, y la Iglesia fue incapaz de crear los instrumentos humanos necesarios para su control. En el fondo se critica a la Iglesia por su política opuesta al control de la natalidad. (BB)

Véase también: 2795, 2797, 2813, 2837, 2880, 2912.

## 2. Inmigración, emigración

2981. Bojórquez, Juan de Dios. La inmigración española en México. México, Crisol, 1932. 21 p., cuadros, tablas.

Informe especial de la inmigración española (global), por entidades federativas, nacionalidad y sexo en 1926; movimiento mensual de la migración española en México, 1928-31; censo de entrada y salida de españoles, 1911-31. También datos de otros inmigrantes. (BCM)

2982. Flores, Romeo R. El gobierno mexicano y el fomento de la inmigración de 1820 a 1850. Ensayos [Monterrey], v. 1, abril, 1965: 113-126.

Expone las medidas que se aplicaron para promover la inmigración extranjera y los resultados obtenidos. (BCM)

2983. Gamio, Manuel. Mexican immigration to the United States; a study of human migration and adjustment. Chicago, University of Chicago Press, 1930. 262 p., graphics, tables.

Origen de inmigración y su distribución en Estados Unidos de América, causas y efectos, cultura de inmigrantes (religión, arte, actitudes, comida, vestido, etc.), movilidad social. Datos estadísticos: por sexo, 1919-26; "giros" enviados de Estados Unidos de América a México, 1920-26; estados de donde procede la inmigración y distribución en los Estados Unidos de América; censo de población de México, 1793-94, y 1804-1921 (discontinuo); costo de la vida de la familia de un trabajador en enero de 1926 en Aguascalientes, Coahuila,

Chihuahua, Guanajuato, Jalisco, Michoacán, Tamaulipas, Zacatecas, Distrito Federal; actividades a que se dedican los inmigrantes, y sueldos que perciben; objetos traídos a México en 1926 por los inmigrantes. (BCM)

**2984.** _____. Quantitative estimate sources and distribution of Mexican immigration into the United States. México, Talleres Gráficos Editorial y Diario Oficial, 1930. 19 p., maps, graphics, tables.

Características de la población que emigra a Estados Unidos de América, los motivos que la impulsan a dejar el país y convenientes e inconvenientes que resultan para México de su decisión; cantidad de mexicanos que emigraron, 1910-28; origen en México y distribución en Estados Unidos de América, 1920-28; épocas de mayor emigración; emigración anual, 1920-28; ingresos al país por concepto de ''giros'' remitidos por los emigrantes. (BCM)

**2985. González Navarro, Moisés.** La colonización en México, 1877-1910. México, Talleres de Impresión de Estampillas y Valores, 1960. 160 p., cuadros, ilustraciones.

Análisis de la política colonizadora durante el porfiriato. Medidas empleadas para impulsar la colonización, proyectos y realidades; forma en que se desarrollaron la colonización y la inmigración; análisis de las actitudes en torno a la colonización. Describe la inmigración de mexicanos a Centroamérica, Cuba y los Estados Unidos y la situación de los emigrantes. (BDIH)

**2986. México. Departamento de Migración. Sección de Estadísticas.** Inmigración y emigración registradas en los Estados Unidos Mexicanos durante los años de 1908 a 1927. México, 1927. S.n., gráficas.

Contiene fragmentos del Boletín del Servicio de Migración y gráficos de migración. Se detectan grandes emigraciones a raíz de la revolución de 1910. Especifica las inmigraciones y emigraciones por la frontera norte del país. (BB)

**2987.** _____. **Ministerio de Relaciones Interiores y Esteriores.** Memoria del Ministerio de Relaciones Interiores y Esteriores de la República Mexicana, leída en la Cámara de Diputados el 10 y en la de Senadores el 12 de enero de 1827. México, Imprenta del Supremo Gobierno, 1827, 37 p., cuadros.

Pasaportes otorgados en 1826, ocupación de los extranjeros que han entrado (agricultores, mineros, artesanos, comerciantes, particulares, eclesiásticos) destacando por su número la de comerciante. (BSMGE)

**2988.** _____. _____. Memoria del Ministerio de Relaciones Interiores y Esteriores de la República Mexicana, leída en la Cámara de Diputados el 8, y en la de Senadores el 9 de febrero de 1828. México, Supremo Gobierno, 1828. 22 p., cuadros.

Españoles a quienes se ha prohibido la entrada al país en 1827; españoles que han entrado con pasaporte, de abril de 1826 a noviembre de 1827; españoles que entraron y salieron del país, con distinción de ocupación (destaca comerciantes), miembros de la familia, criados y miembros del clero, por cada mes de 1827; movimiento de extranjeros, clasificados primero por nacionalidad y después por ocupación (destaca la de comerciantes, seguido de la de mineros). (BSMGE)

**2989.** _____. **Secretaría de Relaciones Interiores y Esteriores.** Memoria de la Secretaría de Estado y del Despacho de Relaciones Interiores y Esteriores de la República Mexicana, leída en la Cámara de Diputados el 8 y en la de Senadores el 10 de enero de 1829. México, El Aguila, 1829. 23 p., cuadros.

Movimiento de los extranjeros que han entrado al país, nacionalidad y ocupación (destaca la de mineros, seguida de la de comerciantes; cifras globales para el año de 1828). Por último, número de españoles expulsados de México, y los que han salido voluntariamente. (BSMGE, BMNA)

**2990.** _____. _____. Memoria que en cumplimiento del precepto constitucional presentó al séptimo Congreso de la Unión en el primer período de sesiones José María Lafragua, ministro de Relaciones Exteriores. México, Imprenta del Gobierno, 1873. 76 p., 4 anexos.

El anexo 4 incluye movimiento de buques y pasajeros, septiembre de 1871-junio 1873, nacionalidad y puertos; número de extranjeros radicados, cartas de naturalización tramitadas, hijos que han tenido, y matrimonios y defunciones ocurridas, de septiembre de 1871 a julio de 1873. (BMNA)

**2991.** _____. _____. Memoria que en cumplimiento del precepto constitucional presenta al noveno Congreso de la Unión en el primer período de sus sesiones el c. Eleuterio Avila, oficial mayor encargado del despacho de la Secretaría de Estado y de Relaciones Exteriores. México, Esteva, 1878. 70, 278, 35, 95 p., cuadros.

Para los extranjeros residentes en México con los siguientes datos: naturalizaciones, de septiembre de 1877 a septiembre de 1878, con especificación de nombre, filiación, nacionalidad, lugar de nacimiento, ocupación y residencia; matrimonios, defunciones e hijos de extranjeros en México (referido por estados); bienes raíces adquiridos por extranjeros de septiembre de 1875 a septiembre de 1878, con especificación de fecha, nombre, nacionalidad y ubicación, y nombre de la propiedad. (BSMGE)

**2992.** _____. _____. Memoria de la Secretaría de Relaciones Exteriores de agosto de 1927 a julio de 1928, presentada al h. Congreso de la Unión por Genaro Estrada, subsecretario de Relaciones Exteriores, encargado del despacho. México, 1928. 1130 p., cuadros, tablas.

Cartas de naturalización otorgadas, 1908-27, por nacionalidad, matrimonios, defunciones, divorcios, e hijos de extranjeros en México. (BMNA)

**2993.** _____. _____. Memoria de la Secretaría de Relaciones Exteriores de agosto de 1928 a julio de 1929, presentada al h. Congreso de la Unión por Genaro Estrada, subsecretario de Relaciones Exteriores, encargado del despacho. México, 1929. 3 v., cuadros, tablas, mapas.

El volumen 3 incluye naturalizaciones, matrimonios, fallecimientos, divorcios, e hijos de extranjeros radicados en México, de junio de 1927 a junio de 1929. (BMNA)

**2994. Pasquier de Dommartin, Hippolyte du.** Les États-Unis et le Mexique: l'intérêt européen dans l'Amérique du Nord par M. . . . concessionnaire de vastes terrains dans les provinces mexicanes de Chihuahua et de Sonora pour l'établissement des colonies européennes. Paris, Guillaumin, 1852. 88 p., carte, tableau.

A Dommartin le dieron en 1850 una concesión de tierras en Chihuahua. Problemas a que se enfrentó para lograr que un grupo de colonizadores europeos ocupara territorios de Chihuahua y Sonora. Menciona riquezas y proyecciones de la empresa colonizadora. Sostiene que estos territorios son ricos en minas de oro y plata y que la colonización europea se constituiría en una valla a la expansión norteamericana. El cuadro se refiere a los marcos de oro y plata presentados a las casas de ensaye de Chihuahua, Guadalupe y Calvo, Jesús María, e Hidalgo, 1841-45. (BB)

## 4. Condiciones de vida y de trabajo

**2995. Clark, Marjorie Ruth.** Organized labor in Mexico. Chapel Hill, University of North Carolina Press, 1934. 315 p., illustrations, tables.

Habla de los orígenes de las organizaciones laborales en México como antecedentes de la revolución de 1910; su situación con Madero y más tarde con Carranza; la Casa del Obrero Mundial, la organización de batallones de obreros (batallones rojos); la legislación del trabajo y la Constitución de 1917; creación de organizaciones laborales (Federación Mexicana del Trabajo, C.R.O.M., Partido Laboral Mexicano, actividades del Partido Comunista, de las Uniones Católicas, etc.); la política laboral de Obregón y Calles; organizaciones regionales: organizaciones de electricistas, ferrocarrileros y de la industria textil; el movimiento social en Yucatán; el frente único; Lombardo Toledano. Miembros de la Federación Mexicana del Trabajo, 1918-32 (sin contar el Distrito Federal); huelgas; accidentes de trabajo y compensaciones, 1924-32. (BCM)

**2996. Garza, Eliseo.** Estudio sobre el costo de la vida obrera en México. México, Nuevo Horizonte, [1922]. 15 p., cuadros. (Secretaría de Industria, Comercio y Trabajo. Departamento del Trabajo).

El promedio de la familia obrera de las municipalidades del Distrito Federal es la unidad que utiliza. Datos sobre costo de la vida obrera en todas las entidades del país en abril de 1922, precios medios de los artículos de mayor consumo, números índices del costo de la vida obrera en la república, y el análisis de los alimentos que conformarían la dieta de los habitantes. (BB)

**2997. México. Secretaría de Industria, Comercio y Trabajo.** Convención colectiva de trabajo y tarifas mínimas. México, Talleres Gráficos de la Nación, 1927. 256 p., tablas, ilustraciones.

Relaciones laborales entre patrones y trabajadores (1925-26) en fábricas de hilados y tejidos de algodón, estampados, lana y bonetería; especificación de sueldos y salarios. (BCM)

**2998. Padilla Gallo, Jesús.** Apuntes breves del movimiento social en Michoacán, desde el Primer Congreso de la C.R.M.D.T., hasta su Sexto Congreso; su organización y los caídos en la lucha de clases. Morelia, Alvaro Obregón, 1935. 98 p.

La Confederación Revolucionaria Michoacana del Trabajo (C.R.M.D.T.) nació como resultado del primer Congreso Obrero y Campesino, celebrado en Pátzcuaro, Michoacán, en 1929, que convocó el gral. Lázaro Cárdenas, gobernador del estado.

**2999.** Periódico oficial; órgano del gran Círculo Nacional de Obreros, y de todas las sociedades de trabajadores y mutualistas de la República Mexicana. México, Sandoval, 1879-80. 1 v.

Periódico de carácter cualitativo que difunde esencialmente los objetivos de las sociedades de trabajadores y mutualistas. El área que cubre es nacional. (HN)

**3000. Prieto, Guillermo.** Breve estudio sobre la cuestión de huelgas de obreros, leído en el Colegio de Abogados de México, por. . . . México, Revista Universal, 1875. 36 p.

Derechos de asociación y las relaciones entre el capital y el trabajo. Hace referencias a casos particulares de México y el exterior. (BN)

**3001. Rodea, Marcelo N.** Historia del movimiento obrero ferrocarrilero en México, 1890-1934. México, 1944. 680 p., ilustraciones.

Trata de los sindicatos de rieleros, de los congresos nacionales ferrocarrileros, de huelgas y otros conflictos obrero-patronales, de la contribución de la Sociedad Ferrocarrilera de la República Mexicana a la unificación del proletariado de México, de la expropiación de los ferrocarriles y la administración obrera. (BMNA)

**Véase también:** 2789, 2837, 3262, 3453, 3557, 3612.

## 5. Esclavitud y peonaje

**3002. Chávez Orozco, Luis.** Maximiliano y la restitución de la esclavitud en México, 1865-1866.

México, Secretaría de Relaciones Exteriores, 1961.
168 p.

Leyes, decretos y cartas diplomáticas referentes a la política
de colonización del Imperio de Maximiliano, y sus relaciones
con los esclavistas sureños de Estados Unidos de América.
(BCM)

**3003. Zavala, Silvio.** Victor Considerant ante el
problema social de México. Historia mexicana
[México], v. 7, 1958: 309-328.

Análisis de cuatro cartas de Considerant en las que pide
la abolición del peonaje, "institución híbrida y bárbara"
que conoció en el norte de México.          (BDIH, BCM)

## III. Estructuras e Instituciones

### 1. Estructura social

**3004. Avila, Manuel.** Tradition and growth, a
study of four Mexican villages. Chicago, The University of Chicago Press, 1969. 219 p.

Trabajo de antropología social de las localidades de Chan
Kom, Soteapan, Mitla, y Tepoztlán, elaborado a base a
dos cortes temporales, 1930 y 1964. Estudia elementos tradicionales de las localidades y relaciones con el país y su tipo
de desarrollo; concluye que ha sido un desarrollo endógeno.
(BB)

**3005. Gamio, Manuel.** La población del Valle de
Teotihuacán; el medio en que se ha desarrollado,
su evolución étnica y social, iniciativas para procurar su mejoramiento. México, Dirección de Talleres
Gráficos, 1922. 2 v., fotos, mapas, tablas, cuadros.

Informe de la investigación realizada por la Dirección de
Antropología en el Valle de Teotihuacán. Ambiente físico-
biológico; características de la población prehispánica; relaciones entre la civilización teotihuacana y azteca; división
política, población, gobierno, instrucción pública y organización económica en la época colonial y siglos XIX y XX.
(BMNA)

Véase también: 3454.

### 2. Grupos de interés

**3006.** Disertación que manifiesta la propiedad
que los eclesiásticos tienen de sus bienes. México,
Miguel González, 1834. 39 p.

Apasionada defensa de las propiedades del clero, fundamentada en argumentos de autoridades ideológicas reconocidas por la Iglesia.                                (BS)

Véase también: 2980, 3345.

### 3. Legislación

**3007. Andrade, Manuel.** Codificación petrolera:
contiene todas las leyes, circulares, disposiciones,

acuerdos, reglamentos y aclaraciones dictadas desde el año de 1887 a 1920 en materia del petróleo,
debidamente arreglada, anotada y concordada por
el lic. . . . México, Secretaría de Gobernación,
[1920]. 380 p.

Se refieren sobre todo al período de 1916-20.    (BB)

**3008.** Ordenanzas de minería y colección de las
órdenes y decretos de esta materia posteriores a
su publicación, a las que van agregadas las reformas
de que son susceptibles algunos de los artículos
vigentes de las mismas ordenanzas, con un apéndice concerniente (a) las minas del Perú, y dos
láminas para explicar los métodos más económicos
de disfrutar las vetas. París, Rosa Bouret, 1870.
335, XLVIII p.

La mayoría de los artículos de las Ordenanzas coloniales
ya no eran vigentes en 1870, de ahí la importancia de la
recopilación.                                      (BB)

**3009. Pallares, Eduardo.** Leyes federales vigentes
sobre tierras, bosques, aguas, ejidos, colonización
y el gran registro de la propiedad . . . ; ordenada
y anotada con arreglo a las últimas disposiciones
vigentes, por el lic . . . ; contiene todas las circulares
de la Comisión Nacional Agraria, algunas de las
cuales no han sido aún publicadas oficialmente.
México, Herrero, [1917]. 623 p.

Reseña histórica de la propiedad territorial en la república,
p. 7-74. Propiedad territorial (1867-1901); terrenos baldíos
(1863-1910, tarifas vigentes, 1895-1910); el gran registro de
la propiedad (1894); bosques (1894); colonización (1884-89);
las aguas federales (1888-96); las medidas de tierras y aguas
(1863-1917).                                       (BB)

### 4. Factores internacionales

**3010. Bennet, Margaret L.** British interests in
Mexico, 1830-1845. Unpublished Ph.D. dissertation, University of California, 1930. 104 p.

Además de los intereses mineros se ocupa de los comerciales
y financieros. Incluye operaciones en Texas y Alta California.
(BB)

**3011. Bosch García, Carlos.** Las primeras negociaciones comerciales entre México y Francia. El
trimestre económico [México], v. 12, 1946: 696-
716.

Estudio del inicio de esas relaciones en 1821 hasta el
período de 1836-38, fecha en que se restringen.    (BCM)

**3012. Chevalier, Michel M.** L'expédition du Mexique, par. . . . Paris, Claye, 1862. 90 p.

Señala las posibilidades de desarrollo del país, y justifica
la intervención francesa en México.                (BB)

**3013. Cuevas, Luis G.** Esposición del ex-ministro

que la suscribe, sobre las diferencias con Francia. México, Cumplido, 1839. 60 p.

Narra las relaciones comerciales y políticas entre México y Francia que motivaron la intervención armada francesa en 1838. (BS)

**3014. De Bekker, Leander Jan.** The plot against Mexico. Introduction by John Farwell Moors. New York, Knopf, 1919. 295 p.

Se opone a quienes piden que Estados Unidos de América intervenga militarmente en México. Los últimos capítulos se ocupan de temas específicamente económicos: comercio, finanzas y bancos, ferrocarriles y nacionalización, petróleo y política. (BB)

**3015.** Documentos relativos a la comisión mixta establecida en Washington conforme a la convención de 4 de julio de 1868. México, Cumplido, 1873. 176 p. (Anexo núm. 1 a la Memoria del Ministerio de Relaciones Exteriores).

Abundantes datos de las reclamaciones americanas contra México, y de este país contra Estados Unidos de América, con especificación del nombre del reclamante, origen y cantidades reclamadas y concedidas hasta septiembre de 1873. Esta obra es un anexo a la *Memoria* de Relaciones escrita por José María Lafragua y publicada en 1873 (2990); en algunos casos aparece encuadernada en tal *Memoria.* (BMNA)

**3016. Domenech, Robert.** Méjico y el imperialismo norteamericano. Buenos Aires, La Leonesa, 1914. 120 p.

Analiza los problemas ocasionados por la guerra de Tejas con numerosos detalles en favor de México; informa también de la intervención norteamericana en la revolución mexicana. (BN)

**3017. Moreno, Daniel.** Los intereses económicos de la intervención francesa. México, Sociedad Mexicana de Geografía y Estadística, 1962. 43 p.

Los intereses nacionales y extranjeros, que sostenían la intervención francesa (crédito Jecker, las tierras de la iglesia, etc.), estaban destinados a ser vencidos; apunte sobre los gastos de la casa imperial y una comparación con los gastos de la república. (BN)

**3018.** La scintilla italiana; diario destinado a la defensa del comercio e interés italiano en México. México, El Fénix, 1880. 1 v.

Señala los obstáculos y perspectivas de la participación económica de Italia en México. Escasos datos estadísticos se refieren a la entrada de buques a los diferentes puertos del país, con lista de pasajeros, por nacionalidad. Además, presenta anuncios y avisos comerciales y noticias generales sobre Italia. La periodización es semanal. (HN)

**3019. Valori, Henry de.** L'expedition du Mexique rehabilitée au triple point de vue, religieux, politique, et commercial. Paris, Dentu, 1864. 39 p.

Señala la tendencia de los Estados Unidos de dominar a América Latina, advirtiendo el peligro político y económico que hay para Francia al permitir que ésta tendencia pueda desarrollarse; propone que se restituya a la iglesia sus tierras o bien que se le paguen en su justo valor. (BN)

**Véase también:** 2834, 2848, 2917.

# IV. Crecimiento Macroeconómico y Fluctuaciones Económicas

## 3. Moneda, crédito y bancos

**3020. Alvarado, Salvador.** Proyecto sobre organización bancaria. México, Secretaría de Gobernación, 1920. 85 p.

(1) Exposición de motivos de la ley general de instituciones de crédito, incluyendo la constitución y organización del Banco de la República Mexicana; (2) ley que fija la situación de los antiguos bancos de concesión federal; (3) decreto que fija la fecha en la cual ha de levantarse el moratorio general. (BM, BH, BN)

**3021. Banco Nacional de Comercio Exterior.** El banco de Avío y el fomento de la industria nacional. Introducción por Luis Chávez Orozco. México, Banco Nacional de Comercio Exterior, 1966. 343 p. (Colección de documentos para la historia del comercio exterior de México, 2 ser., 3).

Registros oficiales del gobierno, circulares, informes y cuentas del Banco de Avío en 1830; leyes, circulares y reglamentos relativos a la industria nacional; relación de las habilitaciones dadas por el Banco de Avío para el establecimiento y fomento de varias empresas industriales; resumen aritmético de las sumas que el Banco de Avío ha proporcionado desde su creación en capitales y en máquinas con expresión del objeto industrial a que la han aplicado y concesiones dadas; artículos aparecidos en el *Registro oficial* acerca del Banco de Avío; empresas creadas por el estímulo del Banco de Avío; papeles del Banco de Avío existentes en el Archivo de la Casa Amarilla. (BDIH)

**3022. Banco Nacional de México.** Examen de la situación económica de México. México, 1925—.

Publicación mensual. Título varía; marzo 1925-julio 1929: *Examen de las condiciones bancarias e industriales.* Se ocupa de las condiciones bancarias, industriales y comerciales del país. Incluye apreciaciones globales de la economía mexicana. Es de las más interesantes fuentes privadas para el período de 1925-28. Números consultados: 5-9, 11-16, 22-27, 29-39 (julio 1925-febrero 1928). (BB)

**3023. Barrera Lavalle, Francisco.** La cuestión monetaria en México; estudio sobre la moneda y los cambios en la economía nacional, presentado en el primer Congreso Científico Mexicano, seguido de varios artículos sobre el mismo tema. México, Ch. Bouret, 1914. 175 p.

Según el autor, es una crítica de las deficiencias ofrecidas en la práctica por la reforma monetaria de 1905, durante los ocho años de su funcionamiento.                    (BM, BCW)

**3024. _____. Estudio sobre el orígen, desenvolvimiento y legislación de las instituciones de crédito en México.** México, García, 1909. 529 p.

Historia de los establecimientos de crédito entre 1882-1902, las leyes y disposiciones oficiales y diversos estudios y artículos publicados en la prensa, 1903-08. Movimiento y desarrollo de las instituciones crediticias, y el movimiento bancario durante 1904 y el primer semestre de 1905.      (BBM)

**3025. Casasús, Joaquín. Las instituciones de crédito de México.** México, Oficina Impresora de Estampillas, 1901. 65 p., cuadros.

Estudia la Ley General de Instituciones de Crédito de 1897. Datos estadísticos: resúmenes mensuales de los balances de los bancos de México, 1896-1900; balances mensuales del banco internacional hipotecario en 1899 y resumen de sus balances en 1900; y balances del Banco Central Mexicano, en 1899 y 1900.                              (BN)

**3026. _____. El peso mexicano y sus rivales en los mercados del extremo oriente.** México, Oficina Impresora de Estampillas, 1901. 47 p. cuadros, tablas.

Funciones monetarias, historia y porvenir del peso mexicano, competencia que le hacen las monedas rivales.    (BMNA)

**3027. _____. La reforma monetaria en México.** México, Hull, 1905. 369 p., cuadros.

Informes oficiales, entre los cuales están los de Casasús y Manuel Fernández Leal, sobre efectos del alza de los cambios monetarios en la agricultura, industria, minería y metalurgia, comercio, propiedad urbana y rústica (incluye alquileres), y en el consumo de los trabajadores. Los datos estadísticos que presentan son muy interesantes, incluyen precios, ventas, utilidades y producciones, de 1890-1903, principalmente. Presenta proposiciones para un nuevo sistema monetario.
(BCM)

**3028. Convención Bancaria, México, 1924. Comisión bancaria de 1924.** México, Cultura, 1924. 274 p. (Publicaciones de la Secretaría de Hacienda y Crédito Público).

Convocatoria para la Convención; lista de delegados y de representantes del gobierno; actas oficiales de las sesiones; dictámenes sobre bancos hipotecarios, refaccionarios, de depósito y descuento, y sobre agencias y sucursales de instituciones extranjeras; cuadros que muestran los balances de los bancos de emisión, la cartera y cuentas corrientes, la deuda del gobierno federal, los billetes en circulación y las cuentas acreedoras.                              (BM, BH)

**3029. _____. Comisión Permanente. Comisión permanente de la Convención bancaria.** México, Cultura, 1924. 402 p. (Publicaciones de la Secretaría de Hacienda y Crédito Público).

Breve nota sobre los antecedentes de la Comisión Perma-

nente; actas de las sesiones entre el 10 de marzo y el 5 de noviembre de 1924.                              (BCM)

**3030. Creel, Enrique C. Estudio sobre finanzas, bancos y ley monetaria de la República Mexicana.** México, Mesones, 1930. 126 p., ilustraciones, cuadros, tablas.

Abundantes datos estadísticos sobre: recursos económicos de México; movimiento de la hacienda federal; bancos federales; propiedad rústica y urbana en el país; hipotecas sobre predios rústicos y sobre fincas urbanas; deuda pública; capitales extranjeros invertidos en México. Desarrollo de la banca en el país hasta 1914 y legislación bancaria de 1917, formación de los bancos, concesiones otorgadas, etc. Ley monetaria y la acuñación de moneda, existencia de monedas acuñadas, sus antecedentes históricos, acuñación y circulación de monedas, el fondo regulador de la circulación y los decretos sobre los cambios de moneda. Producción y consumo de plata, así como su comercialización en México y en el mundo. (BCM)

**3031. Decreto sobre el establecimiento de un banco en la capital del estado, con notas que tienen por objeto explicar sus disposiciones: representación del cabildo eclesiástico de Guadalajara contra dicho decreto, con notas dirigidas a refutar los errores y suposiciones de aquella corporación; observaciones del gobierno supremo sobre la exposición del cabildo, y otras reflexiones relativas a esta materia.** Zacatecas, Supremo Gobierno, 1830. 83 p.

Se trata de un banco para fomentar a los pequeños propietarios y anular las grandes propiedades territoriales.      (BB)

**3032. Dresel, Gustavo. Una noche de años y el despertar de la patria. Nuestros bancos de emisión y reflejos mundiales.** México, Guerrero, [1920]. 43 p.

Propone que se devuelvan a sus dueños las instituciones bancarias incautadas y que se concedan franquicias a las compañías petroleras para que influyan en el reconocimiento de México.                              (BM, BN)

**3033. La fraternal; boletín de la Compañía de Seguros de Vida y Accidentes.** México, Siglo XIX, 1894-1902. 2 v., tablas.

Publicación mensual de la Compañía de Seguros La Fraternal, que proporciona información privada y oficial sobre los seguros.                              (HN)

**3034. Labastida, Luis G. Estudio histórico y filosófico sobre la legislación de los bancos, y producto de ley que presenta el lic. . . . por disposición de la Secretaría de Hacienda y Crédito Público.** México, Imprenta del Gobierno, 1890. 534 p.

El proyecto de ley se refiere a las instituciones de crédito. Incluye documentos sobre contratos de establecimientos bancarios, así como decretos oficiales al respecto, y a veces estatutos de los bancos.                              (BB)

**3035. Lebrija, Joaquín; e Ignacio de la Barrera.** Análisis e impugnación del proyecto de ley sobre amortización de la moneda de cobre, sobre controlar la renta del tabaco y sobre arbitrios para la guerra de Tejas. México, Lara, 1841. 21 p., tablas.

Gastos y percepciones de los socios, del contratista y del gobierno, en la compañía; el giro general de la compañía. (BN)

**3036. Lobato López, Ernesto.** Contradicción interna del sistema bancario porfirista. El trimestre económico [México], v. 11, 1944: 439-470.

El estudio de la contradicción entre el crédito hipotecario único que ofrecía el régimen y la necesidad de un sistema de crédito adecuado al desarrollo capitalista.

**3037. López Pimental, Tomás.** Observaciones sobre el proyecto de las comisiones unidas de Hacienda y Tejas, relativo a la amortización de la moneda de cobre, contrata de la renta del tabaco y recursos para la guerra de Tejas. México, Cumplido, 1841. 24 p., cuadros, tablas.

Objeta que el proyecto de compañía entre el gobierno y la empresa del tabaco es desventajoso para aquél y propone cambios. (BN)

**3038. McCaleb, Walter Flavius.** Present and past banking in Mexico . . . under the auspices of the Doheny Foundation. New York, London, Harper, 1920. 269 p.

Desarrollo bancario desde el juarismo hasta el porfiriato. Los últimos capítulos tratan de la época revolucionaria hasta Carranza. (BH, BM, BN)

**3039. Manero, Antonio.** El Banco de México, sus orígenes y fundación. New York, F. Mayans, 1926. 420 p.

Funcionamiento de los bancos en diferentes partes del mundo y en México, como el de Londres, el Nacional Mexicano, etc. Estudia el código de comercio de 1884 y el de 1889, la ley de 1897 hasta llegar a la época de la revolución y los primeros pasos hacia la formación de un banco único de emisión. Explica finalmente la ley del Banco de México y su funcionamiento. (BM, BH, BN)

**3040. Martínez Sobral, Enrique.** Estudios elementales de legislación bancaria. México, Oficina Impresora de Estampillas de Palacio Nacional, 1911. 387 p.

Nociones generales de crédito, bancos de México ante la ley de 1897, preliminares de la legislación bancaria, bancos de emisión, bancos hipotecarios, bancos refaccionarios, almacenes generales de depósito, disposiciones legales comunes a las instituciones de crédito, intervención del gobierno, franquicias e impuestos, bancos de depósito sin concesión, bancos en México después de la ley de 1897. (BN)

**3041. _____.** La reforma monetaria. México, Oficina Impresora de Estampillas, 1909. 384 p., tablas.

Temas monetarios: bimetalismo y monometalismo; explicación de la baja de la plata y sus repercusiones en los sistemas monetarios; antecedentes monetarios en México; la reforma monetaria, su necesidad, y cómo se efectuó la legislación; estudio sobre las sociedades anónimas; sociedades anónimas extranjeras con sucursales en México, etc. (BN)

**3042. México. Comisión Monetaria.** Datos para el estudio de la cuestión monetaria en México. México, Oficina Impresora de Estampillas, 1903. 134, 129, 106 p., cuadros.

Contiene: (1) Estudios de carácter económico, relaciones con el problema monetario, publicados en folletos especializados o revistas europeas. Predomina el tema del patrón monetario. (2) Artículos periodísticos sobre la cuestión monetaria. (3) Datos, leyes, informes y reformas, de sistemas monetarios de Europa, Estados Unidos, Inglaterra y sus colonias, Asia y Sudamérica. (BBM)

**3043. _____. Ministerio de lo Interior.** Memoria del Ministerio de lo Interior de la República Mexicana leída en las cámaras de su Congreso General en el mes de enero de 1838. México, El Aguila, 1838. 88 p., tablas.

"Relación circunstanciada de las habilitaciones dadas por el Banco de Avío para el establecimiento y fomento de varias empresas industriales, desde la creación de dicho establecimiento hasta fin de julio de 1837." Informe de las entradas y salidas de fondo piadoso de las Californias, de marzo de 1835 a enero de 1838. (BSMGE)

**3044. _____. Secretaría de Fomento, Colonización, Industria y Comercio.** La crisis monetaria . . . . México, Secretaría de Fomento, 1886. 264 p., cuadros.

Estudios individuales (como los de J. D. Casasús y F. Bulnes) e informes oficiales en relación a los problemas monetarios y sus consecuencias, los que provocaron la depreciación de la plata. Cuadros de acuñaciones (1872-85); de exportación de metales (1872-85), de artículos ganaderos y agrícolas (1884-85), y precios de venta (1873-86). (BCM)

**3045. _____. Secretaría de Hacienda.** Memoria de las instituciones de crédito. México, Oficina Impresora del Timbre, 1887-1902, 1909. 6 v., cuadros, gráficos.

Aspectos legislativos, movimiento general y datos estadísticos de las instituciones de crédito en el país, incluyendo: ley general de las instituciones de crédito de 1887; ley de almacenes generales de depósito de 1900; monografías de diversas instituciones de crédito, operaciones y movimiento general; balances mensuales. (BMNA)

**3046. Pinal, Leandro.** Memoria histórica sobre el origen de la moneda, su invención, usos, variedades, etc. hasta la presente época, con algunas ideas sobre los cambios, valores e importancia social. México, Cumplido, 1856. 67 p., tablas, cuadros.

Pídese proteja al ramo de minería. Datos sobre la historia de la moneda; el mal funcionamiento del sistema financiero y el monetario; noticias que da Humboldt de los productos de minas desde los últimos 7 años del siglo XVIII y los 3 primeros del XIX. Tablas: estado de acuñación de moneda de oro y plata en la Casa de Moneda de México, 1805-47 (discontinua); cantidad de amonedaciones entre 1535-1847, cada cuatro años; oro y plata acuñados del 1° de enero de 1848 al 30 de junio de 1849, especificando los usos de moneda del país donde se acuñaron; tabla de división y valor de algunas monedas de Europa y la que en ese momento regía en México; productos de plata, 1850-52; amonedación, 1690-1847 y 1822-47; comparación de la producción minera entre 1801-09 y 1810-18.                          (BN)

**3047. Quintana, Miguel.** Los ensayos monetarios como consecuencia de la baja de la plata: el problema de la plata y de la moneda de plata en el mundo y en México. México, Galas, 1931. 237 p.

Estudio histórico sobre las fluctuaciones que ha sufrido la moneda de plata y las medidas que se han aplicado en México.                                      (BH, BM, BN)

**3048. Trejo, Francisco.** El Banco Unico de Emisión y las demás instituciones de crédito en México. México, 1921. 2 v.

Tomo 1: Génesis del Banco Unico de Emisión y proyectos de ley para su reglamentación y la de otros bancos; textos legales de carácter general sobre instituciones y operaciones de crédito, 1899-1921. Tomo 2. Síntesis de los trabajos desarrollados por las Comisiones de Crédito Público y de Hacienda de la Cámara de Diputados en la XXIX Legislatura.                                      (BH, BN)

**Véase también:** 2880, 2881, 2882.

### 4. Finanzas públicas y gastos públicos: Memorias del Ministerio de Hacienda*

**3049.** Memoria que el ministro de Hacienda presenta al soberano Congreso sobre el estado del

*La mayoría de las memorias del Ministerio de Hacienda constan de dos partes. La primera es un comentario del secretario de Hacienda sobre los documentos cuantitativos y cualitativos que se presentan en la segunda. Son particularmente interesantes los comentarios de las memorias publicadas entre 1822-57, por las opiniones y apreciaciones que manifiestan los secretarios sobre la administración de la hacienda pública y la política económica del gobierno federal. Los presupuestos generalmente ofrecen una relación, con mayor o menor detalle, de sueldos y gastos de administración para cada una de las dependencias del poder judicial y el legislativo.

La mayoría de las memorias incluyen: situación de la hacienda pública, ingresos y egresos, emisión, deuda pública externa y a veces interna, inversiones. Se precisa a veces origen de las rentas y destinos de las inversiones. Acuñación. En algunos casos se hacen comparaciones con años anteriores y se explica en qué consisten los diversos ramos de la hacienda. También critica a gestiones anteriores (1833) y alguna información adicional a la general, Banco de Avío (1833), reformas al sistema tributario (1834). Críticas a la situación de la hacienda (1836). En muchas hay referencias a: exportación e importa-

erario. México, en la Oficina de D. Alejandro Valdés, Impresor de Cámara del Imperio, 1822. 22 p.

Informe del primer ministro de Hacienda sobre el estado de los fondos nacionales y gastos de la administración pública. Ingresos y egresos, presupuesto. Demanda especial atención los ramos de minería y renta de tabaco.          (BH)

**3050.** Documentos que tuvo presentes la Comisión de Hacienda de la Junta Instituyente para formar el plan de contribución del año de 1823, entre los que se encuentra la Memoria presentada en 1822 por Antonio de Medina. [México, 1822]. Cuadros, tablas. (Manuscrito).          (BN)

**3051.** Exposición al soberano Congreso mexicano sobre el estado de la hacienda pública, y conducta del ciudadano Antonio de Medina en el tiempo que fue a su cargo el Ministerio. México, El Aguila, 1823. 42 p., cuadros, tablas.

Productos anuales en las aduanas, 1810-23; acuñaciones de plata y oro en la Casa de Moneda de México, 1810-23 (sueldos, gastos, y utilidades); cantidad y calidad de la materia prima utilizada en las fábricas de tabaco, producción de cajas de puros y cigarrillos y renta del erario público por dicha producción, 1810-23; ingresos y egresos en la Tesorería General del Ejército y hacienda pública, 1810-23; ingresos destinados a las tropas, y su utilización; papel moneda; egresos por ministerios, 1822-23.                          (BSMGE)

**3052.** Memoria provisional, presentada al soberano Congreso por el Ministerio de Hacienda en 2 de junio de 1823. [México], Supremo Gobierno, [1823]. 16 p.                          (BN)

**3053.** Memoria que el secretario de Estado y del Despacho de Hacienda presentó al soberano Congreso constituyente . . . leída en la sesión del día 12 de noviembre de 1823. . . . México, Supremo Gobierno, [1823]. 30 p., cuadros, tablas.

Año de 1822: deuda pública; estado de ingresos y egresos; emisión de papel moneda; renta del tabaco, gastos de industrialización, sueldos y honorarios; alcabalas; pulques, presupuesto de hacienda.                          (BH, BN)

**3054.** Memoria sobre el estado de la Hacienda pública, leída en la Cámara de Diputados y en la de Senadores . . . á 4 de enero de 1825. México, Supremo Gobierno, [1825]. 52 p., tablas.

                                      (BH, BN)

ción, movimiento marítimo y aduanas; indemnizaciones pagadas por los Estados Unidos (1951); ventas de inmuebles rurales y urbanos; desamortización (Lerdo de Tejada); repudio a la deuda contraída por el emperador Maximiliano (1868: Matías Romero); valor de la propiedad raíz y mapa fiscal (1869); precios mercantiles (1872); bienes nacionalizados en 1865-66 y 1872-73 (1873 y 1874); subsidios a ferrocarriles (1872); valor de la propiedad del Distrito Federal (1875); deudas del segundo Imperio; inversiones de Estados Unidos (1879); producción textil (1880); bancos en varias memorias como así minería y registros de minas y ferrocarriles.

3055. Análisis de la Memoria del Ministerio de Hacienda formado por la comisión nombrada al efecto por la Cámara de Diputados. [México, 1825]. 13 p. (BH)

3056. Análisis de la Memoria presentada por el señor secretario del Despacho de Hacienda, al primer Congreso constitucional de los Estados Unidos Mexicanos; hecho por la Comisión de hacienda de la Cámara de Senadores, de cuya orden se imprime. México, Rivera, 1825. 46 p., tablas. (BH)

3057. Memoria del ramo de hacienda federal . . . leída en la Cámara de Diputados el 13 de enero, y en la de Senadores el 16 del mismo . . . año de 1826. México, Supremo Gobierno, 1826. 83 p., cuadros, tablas. (BN, BSMGE)

3058. Memoria del ramo de la hacienda federal . . . leída en la Cámara de Diputados . . . el día 3 y en la de Senadores el 4 de enero de 1827. México, El Aguila, 1827. 22 p., cuadros, tablas. (BH, BN)

3059. Memoria del ramo de la hacienda federal . . . leída por el encargado del Ministerio respectivo en la Cámara de Senadores el día 1º, y en la de Diputados el 7 de febrero de 1828. México, Supremo Gobierno, 1828. 13 p., tablas, cuadros. (BN, BSMGE)

3060. Memoria del ramo de la hacienda federal . . . leída en la Cámara de Diputados, por el ministro respectivo, el día 3, y en la de Senadores el 7 de enero de 1829. México, El Aguila, 1829. 16 p., cuadros, tablas. (BN)

3061. Memoria de la Secretaría del Despacho de Hacienda. Leída por el ministro del ramo en la Cámara de Senadores el día 5 de abril de 1830, y en la de Diputados el día 7 del mismo. México, El Aguila, 1830. 20 p., cuadros, tablas. (BN)

3062. Esposición del secretario del Despacho de Hacienda, d. Lorenzo de Zavala, a las Cámaras de la Unión, a su ingreso al despacho del ramo. México, El Aguila, 1829. 9 p. (BN)

3063. Memoria del secretario del Despacho de Hacienda leída en la Cámara de Diputados el día 24, y en la de Senadores el 27 de enero de 1831. México, El Aguila, 1831. 27 p., cuadros, tablas. (BN)

3064. Informe presentado al exmo. señor Pesidente . . . por el contador mayor, jefe de la Oficina de Rezagos, Juan Antonio de Unzueta. . . . México, El Aguila, 1833. 11 p., cuadros, tablas. (BN)

3065. Memoria del secretario del Despacho de Hacienda leída en la Cámara de Senadores el día 15, y en la de Diputados el 17 de febrero de 1832. México, El Aguila, 1832. 23 p., cuadros, tablas. (BSMGE)

3066. Memoria del secretario del Despacho de Hacienda leída en las cámaras del Congreso general el día 20 de mayo de 1833. México, El Aguila, 1833. 17 p., cuadros, tablas. (BH, BN)

3067. Esposición documentada que José María de Bocanegra, secretario de Estado y del Despacho de Hacienda, leyó en la Cámara de Diputados el día 19 de noviembre de 1833, a consecuencia del acuerdo de la misma del día 16 del propio mes, sobre dar cuenta con los contratos celebrados en los tres últimos meses. México, Ojeda, 1833. 28 p., cuadros, tablas. (BN)

3068. Memoria hasta hoy inédita que de la hacienda federal de los Estados Unidos Mexicanos formó con fecha 23 de abril de 1834 el secretario del ramo don Antonio Garay para presentarla al Congreso general de la Unión; impresa por acuerdo de 14 de marzo de 1913. México, Oficina Impresora de Estampillas, 1913. 61 p., cuadros, tablas. (BN)

3069. Memoria de la hacienda federal . . . presentada . . . en 22 de mayo de 1835. México, El Aguila, 1835. 25 p., cuadros, tablas. (BN)

3070. Memoria de la hacienda general de la República Mexicana, presentada . . . en 29 de julio de 1837. México, El Aguila, 1837. 30 p., cuadros, tablas. (BH, BN)

3071. Esposición que dirige Ignacio Alas a sus conciudadanos. México, Fernández de Lara, 1836. 11 p. (BN)

3072. Memoria de la hacienda pública de la República Mexicana, presentada . . . en julio de 1838. México, El Aguila, 1838. 65 p., cuadros, tablas. (BH, BN)

3073. Memoria de la hacienda nacional de la República Mexicana, presentada a las cámaras por el ministro del ramo, en julio de 1839. México, El Aguila, 1840. 37 p. (BN)

3074. Memoria de hacienda, durante el tiempo en que Francisco María Lombardo fué secretario del Estado y del despacho de la misma. México, Cumplido, 1840. 141 p. (BN, BSMGE)

3075. Memoria de la hacienda nacional de la República Mexicana, presentada á las cámaras por el ministro del ramo en julio de 1840. Firma Javier Echeverría. México, El Aguila, 1841. 37 p., tablas.                               (BN, BSMGE)

**3076.** Memoria de la hacienda nacional . . . presentada a las cámaras . . . en julio de 1841: primera parte. México, Lara, 1841. 17 p., cuadros, tablas.                               (BH, BSMGE, BN)

**3077.** Memoria que el secretario de Estado y del Despacho de Hacienda . . . presentó a las cámaras del Congreso General, y leeyó [sic] en la de Diputados en los días 3 y 6 de febrero y en la de Senadores en 12 y 13 del mismo. México, Lara, 1844. 52 p.                               (BN, BSMGE)

**3078.** Memoria de la hacienda nacional de la República Mexicana, presentada a las cámaras por el ministro del ramo, en julio de 1844. México, Lara, 1844. 35 p., cuadros, tablas.

(BH, BSMGE, BN)

**3079.** Memoria de la hacienda nacional de la República Mexicana presentada a las cámaras por el ministro del ramo en julio de 1844: segunda parte. México, Lara, 1845. 3 p., cuadros, tablas.

(BH, BN, BSMGE)

**3080.** Memoria que sobre el estado de la hacienda nacional de la República Mexicana, presentó a las cámaras el ministro del ramo en julio de 1845. México, Cumplido, 1846. 160 p., cuadros, tablas.

(BSMGE, BN)

**3081.** Memoria de hacienda, presentada en 5 de marzo de 1849. 10 p., tablas. (Manuscrito.)  (BH)

**3082.** Esposición que al Congreso general dirige el ministro de Hacienda sobre el estado de la hacienda pública de la federación en fin de julio de 1848. México, Cumplido, 1848. 153 p., cuadros, tablas.                               (BSMGE)

**3083.** Esposición con que el exmo. sr. ministro de Hacienda presentó a la Cámara de Diputados de la nación el día 2 de enero de 1849, el presupuesto general de gastos para el mismo año. México, García Torres, 1849. 112 p., tablas.                               (BH)

**3084.** Memoria presentada á la Cámara de Diputados en 20 de octubre del presente año por el secretario de Estado y del Despacho de Hacienda, sobre la creación y estado actual de las casas de moneda de la república, mandada a imprimir por acuerdo de la misma cámara. México, Murguía, 1849. 80 p., tablas, ilustraciones.    (BH, BN)

**3085.** Esposición del exmo. sr. ministro de Hacienda a la Cámara de Diputados sobre la urgencia

de cubrir el deficiente y medios para verificarlo. México, García Torres, 1849. 8 p., cuadros.    (BH)

**3086.** Iniciativas de hacienda presentadas al Congreso por el ministro del ramo d. Francisco Yturbe en 3 de noviembre de 1849. 10 p., tablas. (Manuscrito).                               (BH)

**3087.** Memoria de la hacienda nacional de la República Mejicana, presentada por el secretario del ramo, en febrero de 1850. Méjico, García Torres, 1850. 12 p., cuadros, tablas.

(BH, BSMGE, BN)

**3088.** Memoria de la hacienda nacional . . . presentada . . . en julio de 1851. México, O'Sullivan y Nolan, 1851. 8 p., cuadros, tablas.

(BH, BSMGE, BN)

**3089.** Exposición que dirige al exmo. sr. Presidente de la República, su ministro de Hacienda ciudadano José Ignacio Esteva. México, García Torres, 1851. 112 p., cuadros, tablas.    (BN)

**3090.** Esposición que el ministro de Hacienda dirige a las cámaras sobre el estado de la hacienda pública en el presente año, e iniciativas correspondientes para establecer impuestos para el erario federal y arreglar la administración y distribución de las rentas que se le consignen. México, V. Torres, 1850. 127 p., tablas.                               (BN)

**3091.** Esposición que el ministro de Hacienda dirige a las cámaras, al darles cuenta de los recursos con que ha contado el gobierno desde el día 2 al 25 de julio de 1850, y de las medidas que ha dictado en diversos ramos de los que forman el erario. México, Voz de la Religión, 1850. 15 p.

(BN)

**3092.** Exposición que dirige a la Cámara el ministro de Hacienda, en solicitud de los ausilios indispensables para la marcha de la administración pública. México, Voz de la Religión, 1850. 8 p.

(BN)

**3093.** Reseña sobre el estado de los principales ramos de la hacienda pública, escritos por el c. Manuel Payno, para su sucesor en el despacho de la Secretaría de Hacienda, lic. José I. Esteva. México, Cumplido, 1851. 59 p.                               (BN)

**3094.** Exposición que el ministro de Justicia y Negocios Eclesiásticos, encargado provisionalmente del despacho de Hacienda, dirige a la Cámara de Diputados del Congreso general en 9 de abril del presente año, sobre el estado actual de la hacienda pública de la nación. México, García Torres, 1851. 34 p., cuadros, tablas.                               (BN)

3095. Esposición e iniciativas que el Ministerio de Hacienda ha dirigido a la Cámara de Diputados en 2 y 13 de junio de 1851, sobre consignación de fondos para la deuda interior y recursos con qué cubrir el deficiente del erario federal. México, García Torres, 1851. 32 p., tablas. (BN)

3096. Memoria de la hacienda nacional . . . presentada . . . en febrero de 1852. [ México], Lara, [1852]. 22 p., cuadros, tablas. (BSMGE, BN)

3097. Informes leídos en la Cámara de Diputados por el secretario de Hacienda, sobre el estado que guarda el erario público, y sobre las últimas operaciones practicadas en la deuda esterior e interior de la República Mexicana. México, Cumplido, 1852. 58 p., cuadros, tablas. (BN)

3098. Informe presentado al escmo. sr. Presidente de la República, por el ministro de Hacienda, sobre los puntos que en él se trata. México, Cumplido, 1853. 30 p., tablas.

Se niega por motivos financieros al establecimiento de un Banco Nacional. Preocupaciones principales: la deuda pública, el déficit y el crédito. Propone obtener este último por mediación del clero. (BN)

3099. Informe que por orden de Su Alteza Serenísima presenta al supremo gobierno sobre el estado de la hacienda pública y sus reformas, M. Olasagarre. México, Cumplido, 1855. 67 p.

Especial atención a las reformas a los diversos gravámenes establecidos, particularmente a los aranceles, que a su juicio son indispensables si se quiere incrementar el comercio exterior y los ingresos de la hacienda. (BN)

3100. Memoria de hacienda . . . de diciembre de 1855, á mayo de 1856. . . . México, Cumplido, 1857. 63, 125 p., cuadros, tablas. (BSMGE, BN)

3101. Memoria presentada . . . por el c. Miguel Lerdo de Tejada. . . . México, García Torres, 1857. 733 p., cuadros, tablas. (BBM, BSMGE, BN)

3102. Memoria de hacienda. Por José María Mata. México, Neve, 1868. 23 p., tablas. (BN)

3103. Memoria que el secretario de Estado y del Despacho de Hacienda y Crédito Público presenta al Congreso de la Unión. México, Imprenta del Gobierno, 1868. 72 p. (BH)

3104. Memoria que el secretario de Estado y del Despacho de Hacienda y Crédito Público presenta . . . el 31 de enero de 1868. México, Imprenta del Gobierno, 1868. 28 p. (BN)

3105. Memoria de hacienda y crédito público, que el secretario del ramo presenta al Congreso de la Unión, el 28 de septiembre de 1868. México, Imprenta del Gobierno, 1868. 22 p., cuadros, tablas. (BSMGE, BN)

3106. Memoria que el secretario de Hacienda y Crédito Público presenta . . . de 1º de julio de 1868 al 30 de junio de 1869. México, Imprenta del Gobierno, 1869. 1041 p., cuadros, tablas, mapa. (BSMGE)

3107. Esposición que el ejecutivo dirige al Congreso de la Unión, dando cuenta del uso que hizo de las facultades que le concedió el artículo 11 de la ley de 17 de enero de 1870 y del estado que guarda la hacienda federal. México, Imprenta del Gobierno, 1870. 395 p., cuadros, tablas. (BSMGE)

3108. Memoria de hacienda y crédito público correspondiente al cuadragésimoquinto año económico, presentada por el secretario de Hacienda al Congreso de la Unión el 16 de septiembre de 1870. México, Imprenta del Gobierno, 1870. 1075 p., cuadros, tablas.

Obra excepcional, presenta una valiosa y amplia relación histórica de la hacienda pública, bajo el título de "Reseña del deficiente y de la legislación rentística en México." Esta reseña analiza rápidamente el período anterior a la independencia, y a partir de 1821 hace el análisis año tras año, hasta 1869, cubriendo así multitud de vacíos en las informaciones oficiales de la Secretaría de Hacienda, como es el caso del período de 1858-67, en que no aparecen memorias. Expone la situación de la hacienda de 1869/70, y estudia brevemente los sistemas de contabilidad aplicados en México. Al final, ofrece una relación de las personas que han tenido a su cargo las diversas secretarías o ministerios, nacionales, dependientes del poder ejecutivo, y presenta la bibliografía que fue utilizada para escribir esta monumental *Memoria*. (BH, BBM, BN)

3109. Memoria de hacienda y crédito público . . . de 1º de julio de 1870 a 30 de junio de 1871. . . . México, Imprenta del Gobierno, 1871. 655 p., cuadros, tablas. (BH, BN)

3110. Esposición que el ejecutivo federal dirige al Congreso de la Unión, dando cuenta del uso que ha hecho de las facultades que le concedió el artículo 3º de la ley de 1º de diciembre de 1871 y estado que guarda la hacienda federal en 1º de abril de 1872. México, Imprenta del Gobierno, 1872. 465 p., cuadros, tablas. (BH)

3111. Memoria que el secretario de Estado y del Despacho de Hacienda y Crédito Público presenta al Congreso de la Unión en cumplimiento del precepto constitucional. México, Cumplido, 1872. 279 p., cuadros, tablas. (BN)

3112. Informe presentado al Congreso de la Unión el 16 de septiembre de 1873 . . . por el c.

Francisco Mejía, secretario de Estado y del Despacho de Hacienda y Crédito Público . . . 1872-1873. México, Imprenta del Gobierno, 1873. 176, 125, 48 p., cuadros, tablas.                    (BH)

3113. Informe presentado al Congreso de la Unión el 16 de septiembre de 1874 . . . por c. Francisco Mejía, secretario de Estado y del Despacho de Hacienda y Crédito Público. . . . México, Imprenta del Gobierno, 1874. 296, 379 p., cuadros, tablas, mapas.                    (BH)

3114. Informe presentado al Congreso de la Unión . . . por el c. Francisco Mejía, secretario de Estado y del Despacho de Hacienda y Crédito Público . . . 1874-75. México, Velasco, 1875. 314, 475 p., cuadros, tablas.                    (BH)

3115. Memoria de hacienda y crédito público . . . del 1º de julio de 1876 a 30 de junio de 1877. . . . México, Imprenta de Comercio, 1877. 99, 301, 59, 8 p., cuadros, tablas.          (BH, BBM)

3116. Memoria de hacienda y crédito público . . . del 1º de julio de 1877 á 30 de junio de 1878. . . . México, Díaz de León, 1879. 524 p., cuadros, tablas.                    (BH)

3117. Exposición de la Secretaría de Hacienda de los Estados Unidos Mexicanos. . . . [Toluca], Instituto Literario, 1879. 1174 p., cuadros, tablas.                    (BCM)

3118. Memoria de hacienda y crédito público . . . del 1º de julio de 1878 al 30 de junio de 1879, presentada por el secretario de Estado y del Despacho de Hacienda y Crédito Público, Trinidad García. . . . México, Imprenta del Comercio, 1880. 991 p., cuadros, tablas.                    (BH)

3119. Memoria de hacienda y crédito público . . . de 1º de julio de 1879 a 30 de junio de 1880. . . . México, Esteva, 1881. 158, 580, 99, 98, 98 p., cuadros, tablas.          (BH, BSMGE)

3120. Memoria de la Secretaría de Hacienda . . . , 1880 a 1881. México, Esteva, 1881. 355, 246 p., cuadros, tablas.                    (BH)

3121. Memoria de hacienda y crédito público . . . de 1º de julio de 1883 a 30 de junio de 1884, presentada . . . el 30 de septiembre de 1884. México, Antonio B. de Lara, 1884. 248 p., cuadros, tablas.                    (BH)

3122. Memoria de la Secretaría de Hacienda . . . de 1884 a 1885. . . . México, Imprenta del Gobierno Federal, [1885]. 734 p., cuadros, tablas.                    (BH)

3123. Memoria de la Secretaría de Hacienda correspondiente al ejercicio fiscal de 1885 a 1886. . . . México, Cumplido, 1887. 390 p., cuadros, tablas.                    (BBM)

3124. Memoria de la Secretaría de Hacienda correspondiente al ejercicio fiscal de 1886 a 1887. . . . México, Imprenta del Gobierno Federal, 1888. 529 p., cuadros, tablas.          (BBM, BH)

3125. Memoria de la Secretaría de Hacienda . . . de 1887 a 1888. . . . México, Imprenta del Gobierno Federal, 1890. 77, 508 p., cuadros, tablas.                    (BH)

3126. Memoria de Hacienda y Crédito Público . . . de 1888 a 1889. . . . México, Escalante, 1891. 571 p., cuadros, tablas.                    (BH)

3127. Memoria de la Secretaría de Hacienda y Crédito Público . . . de 1889 a 1890. . . . México, Escalante, 1892. 68, 598 p., cuadros, tablas.   (BH)

3128. Memoria de hacienda y crédito público . . . de 1º de julio de 1891 a 30 de junio de 1892. . . . México, Oficina Impresora de Estampillas, 1892. 303 p., cuadros, tablas.                    (BH)

3129. Memoria de hacienda y crédito público . . . de 1º de julio de 1892 a 30 de junio de 1893. . . . México, Oficina Impresora de Estampillas, 1893. 567 p., cuadros, tablas.          (BBM, BH)

3130. Memoria de hacienda y crédito público . . . de 1º de julio de 1893 a 30 de junio de 1894. . . . México, Oficina Impresora de Estampillas, 1894. 595 p., cuadros, tablas.          (BBM, BH)

3131. Memoria de hacienda y crédito público . . . de 1º de julio de 1894 a 30 de junio de 1895. . . . México, Oficina Impresora de Estampillas, 1895. 640 p., cuadros, tablas.          (BBM, BH)

3132. Memoria de hacienda y crédito público . . . de 1º de julio de 1895 a 30 de junio de 1896. . . . México, Oficina Impresora de Estampillas, 1896. 512 p., cuadros, tablas.          (BBM, BH)

3133. Memoria de hacienda y crédito público . . . de 1º de julio de 1896 a 30 de junio de 1897. . . . México, Escalante, 1897. 508 p., cuadros, tablas.                    (BBM, BH)

3134. Memoria de hacienda y crédito público . . . de 1º de julio de 1897 a 30 de junio de 1898. . . . México, Oficina Impresora de Estampillas, 1901. 714 p., cuadros, tablas.          (BBM, BH)

3135. Memoria de hacienda y crédito público . . . de 1º de julio de 1898 a 30 de junio de 1899. . . .

México, Oficina Impresora de Estampillas, 1902.
423 p., cuadros, tablas. (BH)

**3136.** Memoria de hacienda y crédito público . . .
de 1º de julio de 1899 a 30 de junio de 1900.
México, Oficina Impresora de Estampillas, 1903.
485 p., cuadros, tablas. (BBM, BH)

**3137.** Memoria de hacienda y crédito público . . .
de 1º de julio de 1900 a 30 de junio de 1901. . . .
México, Oficina Impresora de Estampillas, 1904.
596 p., cuadros, tablas. (BBM, BH)

**3138.** Memoria de la hacienda y crédito público
. . . de 1º de julio de 1901 a 30 de julio de 1902. . . .
México, Oficina Impresora de Estampillas, 1905.
338, 139 p., cuadros, tablas. (BBM, BH)

**3139.** Memoria de hacienda y crédito público . . .
de 1º de julio de 1902 a 30 de junio de 1903. . . .
México, Oficina Impresora de Estampillas, 1907.
371, 161 p., cuadros, tablas. (BBM, BN)

**3140.** Memoria de hacienda y crédito público . . .
1º de julio de 1903 a 30 de junio de 1904. . . .
México, Oficina Impresora de Estampillas, 1909.
953, 149 p., cuadros, tablas. (BBM, BHM)

**3141.** Memoria de hacienda y crédito público . . .
de 1º de julio de 1904 a 30 de junio de 1905.
México, Oficina Impresora de Estampillas, 1909.
639 p., cuadros, tablas. (BH)

**3142.** Memoria de hacienda y crédito público . . .
de 1º de julio de 1905 a 30 de junio de 1906. . . .
México, Oficina Impresora de Estampillas, 1909.
560, 163 p., cuadros, tablas. (BBM, BH)

**3143.** Memoria de hacienda y crédito público . . .
de 1º de julio de 1906 a 30 de junio de 1907. . . .
México, Oficina Impresora de Estampillas, 1909.
516, 163 p., cuadros, tablas. (BBM, BH)

**3144.** Memoria de hacienda y crédito público . . .
de 1º de julio de 1907 a 30 de junio de 1908. . . .
México, Oficina Impresora de Estampillas, 1909.
629, 244 p., cuadros, tablas. (BBM, BH)

**3145.** Memoria de hacienda y crédito público . . .
de 1º de julio de 1908 a 30 de junio de 1909. . . .
México, Oficina Impresora de Estampillas, 1910.
656, 232 p., cuadros, tablas. (BH)

**3146.** Memoria de hacienda y crédito público . . .
de 1º de julio de 1909 a 30 de junio de 1910. . . .
México, Oficina Impresora de Estampillas, 1911.
741, 168 p., cuadros, tablas. (BH)

**3147.** Memoria de hacienda y crédito público . . .
de 1º de julio de 1910 a 30 de junio de 1911. . . .

México, Oficina Impresora de Estampillas, 1912.
2 v., cuadros, tablas. (BBM, BH)

**3148.** Memoria de la Secretaría de Hacienda y
Crédito Público, 25 de mayo de 1911 a 22 de
febrero de 1913. México, Talleres Gráficos de la
Nación, 1949. 734 p., cuadros, tablas. (Secretaría
de Hacienda y Crédito Público. Publicaciones
históricas).

Partes relativas a la Secretaría de Hacienda en los informes
de los presidentes Francisco León De la Barra y Francisco I.
Madero al congreso en 1911-12. Proyectos de ley (destaca
la Ley agraria de Luis Cabrera, que incluye datos sobre precios
del maíz y jornales en el campo). (BCM)

**3149.** Memoria de la Secretaría de Hacienda y
Crédito Público, 23 de febrero de 1913 a 15 de
abril de 1917. Nota preliminar del lic. Antonio
Carrillo Flores, secretario del ramo. México, Talleres Gráficos de la Nación, 1952-53. 3 v., tablas.
(Secretaría de Hacienda y Crédito Público, Publicaciones históricas).

Volumen 1: informe de D. Venustiano Carranza a la XXVII
legislatura: impuestos y estudio de nacionalización del petróleo; tarifas al comercio exterior. Volumen 2: situación de los
bancos del país; egresos por cada dependencia gubernamental;
deuda de la revolución; impuestos por cobrar a fábricas de
hilados y tejidos de algodón. Volumen 3: situación y actividades de las casas de moneda y oficinas federales de ensaye;
documentos de la soberana convención de Aguascalientes
(sueldos y gastos militares); estudio sobre la industria petrolera
(estadística de producción, 1900-06, global), y de 1907-12;
y cuenta del gobierno convencionista. (BCM)

**3150.** Memoria de la Secretaría de Hacienda y
Crédito Público, 16 de abril de 1917 a 21 de
mayo de 1920. México, Talleres de Impresión de
Estampillas y Valores, 1957-58. 9 v., tablas. (Secretaría de Hacienda y Crédito Público, Publicaciones
históricas).

Volumen 1: informes al congreso del c. Presidente Venustiano Carranza, en 1917, 1918 y 1919; monto de las reclamaciones extranjeras por daños causados por la revolución;
actividades y medidas administrativas y legales del ramo de
Hacienda; leyes de ingreso y presupuestos de egreso en el
año de 1917-20. Volumen 2: debates en la Cámara de Diputados sobre facultades del ejecutivo federal, organización de sus
dependencias y política hacendaria. Volumenes 3-9: debates
en la Cámara de Diputados sobre las leyes de ingreso y los
presupuestos de egresos. (BCM)

**3151.** Memoria de la Secretaría de Hacienda y
Crédito Público, 22 de mayo de 1920 a 25 de
septiembre de 1923. México, Talleres de Impresión
de Estampillas y Valores, 1960-61. 6 v., tablas.
(Secretaría de Hacienda y Crédito Público, Publicaciones históricas).

Parte correspondiente a la Secretaría de Hacienda en los
informes presidenciales al Congreso de la Unión, 1920-23.
(BCM)

**3152.** Memoria de la Secretaría de Hacienda y Crédito Público correspondiente a los años fiscales de 1923-1924-1925. Presentada por el secretario . . . ing. Alberto J. Pani . . . con especial referencia al período comprendido entre el 26 de septiembre de 1923 y el 31′ de diciembre de 1925. México, Cultura, 1926. 509, 1468 p., cuadros, tablas.

Introducción a la crisis hacendaria que atraviesa el país, medidas que se consideran indispensables para superarla. Leyes de ingreso y recaudaciones; presupuestos de egresos, y ampliaciones efectuadas; valor de la producción minera e impuestos que cubrió, valor de la acuñación de moneda; situación de los bancos del país; deuda pública antes y después del convenio de De la Huerta-Lamont; enmienda Pani; asistencia pública; tarifas; remate de propiedades; impuestos; ingresos y egresos de algunos estados, y medidas legales y administrativas de la Hacienda pública. (BCM)

**3153.** Memoria de la Secretaría de Hacienda y Crédito Público, 1° de enero de 1926 a 30 de noviembre de 1928. México, Talleres Gráficos de la Nación, 1962. 3 v., cuadros, tablas. (Secretaría de Hacienda y Crédito Público, Publicaciones históricas).

Informes rendidos por el presidente Plutarco Elías Calles sobre la hacienda pública. (BBM)

**3154.** Memoria de la Secretaría de Hacienda y Crédito Público, 1° de diciembre de 1928 al 30 de noviembre de 1934. México, Talleres Gráficos de la Nación, 1962. 6 v., cuadros, tablas. (Secretaría de Hacienda y Crédito Público, Publicaciones históricas).

Informes presidenciales al Congreso, 1929-34 sobre la hacienda pública. Leyes de ingreso 1929-34, y presupuestos de egresos para 1929-32. Presupuestos de egresos 1933-34. Medidas legales sobre crédito público e instituciones de crédito. Memorias de la Dirección de la Casa de Moneda de México, 1929-34. Medidas legales relativas a aduanas. (BCM)

## 4a. Finanzas públicas y gastos públicos: general

**3155. Castaños, José María.** Apuntes sobre la hacienda de México. Guadalajara, Tipografía del Gobierno, 1861. 96 p.

Análisis de las contribuciones; estudio sobre si México debe tener aduanas marítimas; el arancel de las aduanas; del medio para conocer la riqueza nacional; el municipio; el estado, la federación y la hacienda; reformas a las actuales ordenanzas de aduanas marítimas y fronterizas. (BN)

**3156. Castillo, Demetrio del.** Proyecto de ley sobre el arreglo de la Contaduría Mayor. México, Lara, 1840. 56 p., tablas.

Señala la desorganización de la Contaduría Mayor, y propone una ley para corregir la situación. (BN)

**3157. Castillo, Juan.** El crédito público de México: estudio sobre los antecedentes, consolidación, conversión y arreglo definitivo de la deuda nacional e información completa del estado actual de la deuda pública y de los títulos de circulación; obra escrita por don . . . , jefe de la sección quinta de la Tesorería General de la Federación. México, Herreno, 1900. 271 p., tablas.

Datos concernientes al crédito público diseminados en obras y documentos oficiales diversos publicados en distintas épocas. Da a conocer los antecedentes y el estado actual de la deuda nacional en concordancia con la legislación y jurisprudencia modernas. Antecedentes, consolidación y conversión de la deuda nacional; arreglo definitivo de la deuda pública; la deuda flotante; deuda contraída en fondos y su clasificación; prescripción; substitución; bonos en circulación; deuda pendiente de conversión; deuda exterior; resumen de los empréstitos; deuda consolidada exterior mexicana del 5 por ciento de 1899; deuda interior. (BBM)

**3158. Chandler, Henry Alfred Ernest.** A preliminary survey of the Mexican revenue problem, with suggestions for the reconstruction of the system. Mexico, Chandler, 1918. 24 p.

Cambios introducidos por el gobierno constitucionalista en el sistema fiscal federal, y desventajas del sistema anterior.
(BN)

**3159.** Colección de disposiciones relativas a la renta de alcabalas y derecho de consumo. México, Fernández de Lara, 1853. 259 p.

Desde la circular de 7 de octubre de 1830 sobre las reglas para la recaudación del derecho de alcabala, hasta septiembre de 1853. Incluye las pautas de comisos y el decreto de la creación de la Inspección General de Guías y Tornaguías de 24 de febrero de 1837. (BB)

**3160.** Colección de los documentos más interesantes, relativos al préstamo del medio millón de pesos ofrecido por el venerable clero secular y regular de este arzobispado. México, Abadiano y Valdés, 1839. 16 p.

Es una colección de diversas notas cambiadas entre el ministro de Hacienda y el vicario capitular de la arquidiócesis de México, para fijar las condiciones del préstamo y de la hipoteca de bienes del clero por medio millón de pesos, ofrecido al gobierno del general Santa Anna. Existe una continuación de esta colección: *Continuación de los documentos relativos al préstamo de medio millon de pesos ofrecido por el venerable clero.* México, Luis Abadiano y Valdés, 1839. 7 p. (BN, BS)

**3161.** Contestación de los agentes de la Convención Inglesa a la Memoria del señor Payno. México, Fernández de Lara, 1855. 32 p.

**3162.** Memoria de la Convención Inglesa. 1855. (Manuscrito).

Trata de los créditos de Martínez del Río Hermanos. *La Contestación* refuta las afirmaciones de Manuel Payno respecto a los créditos de Martínez del Río Hermanos. La *Memoria* incluye balances y liquidaciones. (BH)

**3163. Corral, Juan José del.** Exposición acerca de los perjuicios que ha causado al erario de la república y a su administración el agiotaje sobre sus fondos y reflecciones sobre los medios de remediar aquellos males. México, El Aguila, 1934. 44 p.

Al consumarse la independencia, la administración estaba completamente desorganizada, la devastación del país era muy grande y se produjo una gran fuga de capitales cuando abandonaron México muchos españoles adinerados; todo esto produjo un gran déficit que llevó al gobierno a recurrir al préstamo. Estos préstamos no arreglaron la situación y sí dejaron a la nación grandes deudas, que la hacían depender de sus acreedores, dando principio a la actividad de agiotistas. El autor, quién ocupó diversos puestos en la Secretaría de Hacienda, exhorta en esta exposición a derogar el decreto del 3 de enero, por el cual se dedicó gran parte del ingreso de aduanas marítimas a la amortización de la deuda y contradice las objeciones que se le hacen; propone algunas ideas para solucionar el problema. (BN, BH)

**3164.** Documentos relativos a la reunión en esta capital de los gobernadores de los estados, convocados para proveer a las exigencias del erario federal. México, Lara, 1851. 273 p., tablas.

Iniciativas del ministro de Hacienda sobre consignación de fondos para cubrir la deuda interior y el déficit del erario federal (con cálculos del ingreso federal, 1851-52, y de los déficits); exposición del ministro de Guerra y Marina sobre presupuestos de Guerra, 1846-48, y 1848-51, obras militares, personal y equipo del ejército; exposición del ministro de Hacienda sobre recursos del estado, cantidades adeudadas por los estados de la federación, rentas de los estados, contribuciones por habitante; aduanas marinas (productos, sueldos, gastos); contribuciones, 1849-50. Incluye informes de los gobernadores como respuesta a las iniciativas de la federación. (BCM)

**3165. Domínguez, Angel M.** Cuadro estadístico de las rentas públicas de la nación mexicana durante el quinquenio de 1889 y 1893 inclusive. México, Sagrado Corazón de Jesús, 1895. 17 p., cuadros.

Ingresos de los estados, de los municipios y de la federación; y cálculo de los cambios en el ingreso. (BUT-LAC)

**3166.** Gorostiza a sus conciudadanos, o breve reseña de las operaciones del Ministerio de Hacienda durante los ocho meses y diez y ocho días que lo ha tenido a su cargo. México, El Aguila, 1838. 34 p.

Gorostiza fue nombrado ministro el 19 de febrero de 1838. Defiende su actuación, en relación de los préstamos que intentó y de los que logró, hipotecando ingresos del erario, y de otras medidas que tomó para allegar fondos y del destino que dio a los recursos obtenidos. (BN)

**3167. Guerra, José Basilio.** Representación que el comercio nacional y extranjero de esta capital dirige al supremo gobierno de la Unión, para que se sirva pedir al Congreso General la derogación de la ley de 11 de junio de 1822, que estableció el dos por ciento sobre la moneda que sale de las aduanas de la república; formada por el lic. . . . México, Rivera, 1831. 17 p., cuadros.

Sostiene que debe desaparecer el impuesto del 2% sobre la moneda que sale de las aduanas de la república, porque fue establecido para pagar cierta cantidad que adeudaba el gobierno, y de las aduanas ya se ha obtenido esa cantidad y mucho más. En 4 cuadros estadísticos presenta los ingresos del erario nacional por concepto del impuesto a la salida de moneda, referido a la aduana de la ciudad de México, y a otras aduanas y comisarías fuera de la capital del país, en los años de 1822-30. (BN)

**3168.** El heraldo; periódico político, industrial, agrícola, mercantil, de literatura y artes. México, Godoy, 1855-61. 2 v., tablas.

Publicación diaria cuya información económica gira fundamentalmente alrededor de la hacienda pública y la política gubernamental, y en menor proporción, a los aspectos comerciales. Hacienda pública y política económica: decreto que abolía las alcabalas interiores, los monopolios de tabaco y de naipes, decreto que clasificaba las rentas, decreto para la contribución predial, presupuestos de ingresos y egresos de hacienda, petición contra el alza de prohibiciones en los aranceles, ley de presupuestos generales en la república, ley que organizaba la renta del papel sellado y sus usos, datos generales de los bienes del clero. Comercio: exportaciones, precios corrientes de mercancías, nota de cambios, con indicación del flete de carros y el flete de arrieros. (HN)

**3169.** Importantes observaciones sobre los gravísimos males en que se va a ver envuelta la nación, o sea: ruina del erario, de la industria, agricultura y demás ramos que la sostienen, como resultado del decreto de 10 del actual que dispone la cesación del cobro de alcabalas desde diciembre próximo. México, Lara, 1846. 32 p.

Señala que al suprimir impuestos es perjudicial porque se dejará de percibir una fuerte cantidad en el momento en que, por el cierre de las aduanas marítimas, el erario ha dejado de percibir su principal ingreso y que, por otra parte, el efecto de esta medida será un aumento del contrabando y una reducción del ingreso en los estados. Muestra una lista con los ingresos provenientes del comercio exterior y otra de los gastos del estado. (BN, BS)

**3170.** La independencia. México, Abadiano, 1861. 1 v., tablas.

Publicación diaria que contiene información sobre hacienda pública: críticas al decreto sobre desamortización de bienes administrados por corporaciones eclesiásticas; decreto sobre el remate de los bienes del clero; decreto sobre la venta de terrenos a extranjeros; decreto sobre contribuciones; arreglo de la hacienda pública; datos sobre la deuda nacional en

Londres; sobre la liquidación de créditos que se adeudaban a los súbditos franceses; resumen general de la deuda de la república en abril de 1861; redenciones hechas en la oficina de Hacienda, en 1861; la situación de la Tesorería General de la nación; numerario (diariamente); noticias de la acuñación de moneda en Culiacán y Durango; la acuñación que ha habido en la capital, en los meses de enero, febrero y marzo; informe sobre la acuñación de cobre. (HN)

**3171.** Indicador federal; diario político, económico y literario de Mégico. Mégico, Municipal, 1825. 2 v.

Información continua sobre entrada y salida de caudales de la tesorería nacional; hacienda pública; sobre el sistema prohibitivo a ciertas importaciones; el desarrollo de la industria nacional. (HN)

**3172.** Instrucción que deja Guillermo Prieto sobre los negocios pendientes en la Secretaría que estuvo a su cargo, a su sucesor el exmo. sr. ministro de Hacienda, lic. José María Arquidi. México, García Torres, 1853. 47 p.

Reflexiones teóricas e ideológicas sobre la hacienda pública. Considera que un buen funcionamiento de las aduanas y una buena organización del comercio interior conducirán a la prosperidad de la hacienda. (BN)

**3173. Jiménez, Julio.** Tratado de administración y contabilidad de los caudales del gobierno general. México, Imprenta del Gobierno en Palacio, 1868. 708 p., cuadros.

Nociones sobre la organización de la hacienda pública y sus relaciones con el pueblo; hace una reseña de las rentas que constituyen el erario de la República Mexicana, y presenta cuenta concentradora a fin de señalar la situación financiera en todos sus detalles. (BSMGE)

**3174. Macedo, Pablo.** La hacienda pública. *En* Justo Sierra, *ed.* México, su evolución social, v. 2. México, Ballescá, 1901, p. 329-434, cuadros.

Abarca el período que va desde la época prehispánica hasta 1903. La mayor parte de la obra la ocupa la etapa independiente de México, particularmente el período de 1867-1903. Las fuentes que utiliza Macedo para el estudio del México independiente son las *Memorias* de Hacienda; particularmente la *Memoria* de don Matías Romero de 1870 (3108), para el período anterior a 1867. Los aspectos administrativos de la hacienda pública ocupan buena parte de la obra. (BDIH)

**3175. Manero, Gonzalo.** La administración fiscal en México. México, Orozco, 1887. 130 p.

Reseña los poderes públicos de la federación, y el papel que desempeñan. Presenta documentos y datos estadísticos sobre: empleados de hacienda, propiedades e ingresos de la federación, deuda pública, etc. Por último, muestra los procedimientos administrativos sobre el denuncio y adquisición de terrenos baldíos. (BSMGE)

**3176.** Memoria en que Manuel Payno da cuenta al público de su manejo en el desempeño del Ministerio de Hacienda, y de las comisiones que le confió el supremo gobierno en Inglaterra acompañándose los documentos relativos al pago del primer dividendo de la deuda exterior y las comunicaciones dirigidas a Lord Palmerston sobre la ley de 30 de noviembre de 1850. México, Cumplido, 1852. 62 p., tablas.

Defensa y explicación de su actuación, ante los ataques dirigidos por José I. Esteva, demostrando el buen camino que habían tomado los asuntos de la hacienda. Misión en Inglaterra para el arreglo de la deuda, incluyendo la liquidación de la casa Lizardi y el cobro de lo que prestó el sr. Rocafuerte a la República de Colombia. Los principales datos estadísticos que presenta son los relativos a la conversión de la deuda, y pagos a diversos acreedores ingleses desde que terminó la guerra con Estados Unidos de América. (BN)

**3177. México. Congreso. Cámara de Diputados. Comisión de Crédito Público.** Dictámen de la mayoría de la Comisión de Crédito Público de la Cámara de Diputados, voto particular, y documentos relativos al arreglo de la deuda interior de la república. México, Cumplido, 1850. 41 p., cuadro.

Iniciativas para el arreglo de la deuda, y un cuadro que resume el monto de la misma, clasificado según su orígen. (BN)

**3178. _____. Junta de Crédito Publico.** Noticia del crédito activo del erario nacional de que tiene conocimiento la Junta de Crédito Público; impresa por disposición del supremo gobierno. México, García Torres, 1852. 64 p., tablas.

Está dividida en dos partes: la primera, crédito activo del erario nacional; la segunda, se refiere a la deuda liquidada. (BN)

**3179. _____. Ministerio de Hacienda.** Boletín. México, Castro, 1853. 1 v.

Para la elaboración del *Boletín* se tomó como ejemplo el *Boletín de la Real Hacienda de España*. En México, se edita con el propósito de publicar asuntos de interés para los sectores agrícola, industrial, comercial y minero; y para los empleados del Ministerio de Hacienda. (BN)

**3180. _____. Ministerio de Hacienda y Crédito Público.** Guía de hacienda de la República Mexicana. México, Supremo Gobierno, 1825. 203 p., tablas.

Sueldos anuales de funcionarios y empleados del gobierno de la capital y de los estados; costos del oro y la plata introducidos a la Casa de Moneda de México. (BN)

**3181. _____. _____.** La controversia Pani-De la Huerta; documentos para la historia de la última asonada militar. México, Secretaría de Hacienda y Crédito Público, 1924. 168 p.

Contiene toda la documentación relativa a la acusación de Pani contra Adolfo de la Huerta sobre doloso manejo de los fondos destinados al pago de la deuda pública, y la defensa de éste ante tales acusaciones. (BMNA, BH)

**3182.** _____. _____. La hacienda pública de México a través de los informes presidenciales, a partir de la independencia hasta 1963. México, Talleres Gráficos de la Nación, 1963. 2 v.

Situación de la hacienda pública contenida en los informes presidenciales. Esta edición agrega la relación cronológica de los secretarios de Hacienda que han desempeñado esa función de 1822 a 1963. Es fuente de consulta indispensable, si se quiere entender la política económica de los diversos regímenes gubernamentales del México independiente. Editado por primera vez en 1951. (BDIH)

**3183.** _____. _____. La política hacendaria y la revolución. . . . México, Cultura, 1926. 737 p., tablas, cuadros, ilustraciones.

Medidas administrativas adoptadas entre 1923-26; análisis y presentación del movimiento de ingresos y de los presupuestos de egresos, 1923-25; acuñaciones en la Casa de Moneda de México, 1923-25; deuda pública federal antes y después del convenio "De la Huerta-Lamont" y enmienda Pani; balance del Banco de México, S.A., del 31 de agosto de 1926. Abundante información jurídica de los temas tratados. (BCM)

**3184.** _____. Secretaría de Estado y del Despacho de Hacienda y Crédito Público. Boletín de estadística fiscal. . . . México, Oficina Impresora del Timbre, 1898-1909. 22 v., cuadros.

Información mensual, bimestral, semestral y anual, de los años de julio de 1898 a diciembre de 1909. Primera parte: comercio exterior, cantidades y valores; navegación (aparece trimestralmente), tráfico de cabotaje y fluvial; movimiento comercial por los ferrocarriles de la frontera norte, entrada y salida de furgones y mercancías, por aduanas y total del movimiento; impuestos sobre el comercio exterior y la navegación, derechos recaudados por las aduanas. Segunda parte: propiedades mineras, por estados, con títulos existentes; introducción de metales preciosos a las casas de moneda; fabricación de tabacos por administraciones de la renta del timbre, de alcoholes (información anual), de hilados y tejidos de algodón, por estados y número de fábricas, husos, telares y máquinas de estambre (estos datos se presentan anualmente); producción de oro y plata en la república (aparece anualmente); bancos de crédito; productos de impuestos interiores por conceptos de la renta del timbre, y metales preciosos en las casas de moneda y ensayes federales destinados a la exportación. Tercera parte: (aparece bimestralmente), impuestos interiores que se causan solamente en el Distrito Federal y territorios, contribución predial, de profesiones, de patente, de hornos (fábricas de productos de harina sometidos a cocción), y del pulque. Cuarta parte: tesoro federal, ingresos y egresos, egresos del presupuesto, activo y pasivo del tesoro federal, estado de la deuda federal, títulos de la deuda pública. Toda la información viene acompañada de comparaciones con el año inmediato anterior y con resúmenes generales. (BH)

**3185.** _____. _____. Impuestos que se cobran en los estados de la federación. México, Oficina Impresora de Estampillas, 1909. 24 p.

Impuestos directos, indirectos, adicionales, municipales y de ramos menores que se cobran en los estados (causa y cuotas); productos anuales de impuestos, por estados. (BCM)

**3186.** _____. _____. La hacienda pública de los estados. . . . México, Oficina Impresora de Estampillas, 1911. 401 p., cuadros, tablas.

Básicamente, trata de las cuotas que se cobrarán, y de la forma en que se harán dichos cobros. (BCM)

**3187.** _____. Secretaría de la Presidencia. Dirección de Inversiones Públicas. México, inversión pública federal: 1925-1963. [México], Talleres Gráficos de la Nación, 1964. 257 p., tablas.

Informa del financiamiento y destino de las inversiones públicas federales, por secretarías de estado, ferrocarriles, y actividades. (BCM)

**3188.** _____. Supremo Gobierno. Invitación dirigida . . . al venerable cabildo metropolitano, para el auxilio de las más urgentes necesidades de la República. México, Santiago Pérez, 1847. 15 p.

Llama a la conciencia patriótica del clero para que le otorgue un préstamo. (BS)

**3189. México. Tesorería General de la Federación.** Cuenta del tesoro federal. . . . México, 1880—.

Las cuentas del erario público federal cuyos registros presentamos a continuación y las Memorias de la Secretaría de Hacienda (3099-3154) se complementan mutuamente. Las memorias de Hacienda son de gran importancia para el análisis de las cuentas porque ofrecen valiosos informes de carácter cualitativo, como apreciaciones e informes diversos sobre los renglones de que se ocupan las cuentas, y de carácter cuantitativo, como los presupuestos de ingresos y egresos. Las cuentas son a su vez necesarias para entender las apreciaciones e informes diversos antes mencionados y para comparar los presupuestos, que son los posibles ingresos y egresos, con la realidad que las cuentas representan. Las cuentas son indispensables para las memorias que aparecen señaladas como Publicaciones históricas (3148-3154) de la Secretaría de Hacienda porque en ellas sólo encontramos parcialmente los datos de ingresos y egresos del erario federal.

Con algunas variantes, generalmente de tipo técnico-contable y de detalle, los datos que proporcionan las cuentas son: existencias de entradas y salidas; ingresos y egresos; balance del activo y del pasivo; balanza general de comprobación; y diversas relaciones comparativas y verificativas. La deuda pública recibe a menudo especial atención. Particularmente, al final de cada cuenta comprendida entre 1884/85-1902/03 encontramos un magnífico cuadro que resume la cuenta del año en curso y de cuatro años anteriores, excepto la de 1884/85 que sólo comprende 3 años, con datos de los ingresos y egresos del erario público según origen y destino (por ramos del presupuesto), y un balance del activo y del pasivo, en el que ocupa un lugar especial la información sobre le deuda pública.

**3189***a*. **México. Tesorería General de la Federación.** Cuenta del tesoro federal, correspondiente al año económico de. . . . México, Esteva, 1880-81. 2 v. (BH)

**3189***b*. _____. _____. Cuenta del tesoro federal. . . [ejercicio fiscal de . . . a . . . ]. México, 1883-1904. (BH)

**3189***c*. _____. _____. Cuenta del tesoro federal . . . correspondiente al año económico de. . . . México, Oficina Impresora de Estampillas, 1905-08. 3 v.

El volumen de 1904-05 incluye una cuenta especial de los productos del empréstito de cuatro por ciento oro, de 1904. (BH)

**3189***d*. _____. _____. Cuenta del erario federal . . . correspondiente al año económico de. . . . México, Oficina Impresora de Estampillas, 1909-10. 2 v. (BH)

**3189***e*. _____. _____. Cuenta de la hacienda pública federal . . . correspondiente al año económico de 1909-10. México, Oficina Impresora de Estampillas, 1910. 294 p. (BH)

**3189***f*. _____. **Dirección de Contabilidad y Glosa.** Cuenta de la hacienda pública federal . . . correspondiente al año económico de. . . . México, Oficina Impresora de Estampillas, 1912-14. 3 v. (BH)

**3189***g*. _____. _____. Cuenta de la hacienda pública federal . . . correspondiente a los meses de mayo y junio de 1917. México, Secretaría de Hacienda, 1918. 158 p. (BH)

**3189***h*. _____. **Departamento de Contraloría.** Cuenta de la hacienda pública federal correspondiente a los meses de julio a diciembre de 1917. México, Departamento de Aprovisionamientos Generales, 1919. 257 p. (BH)

**3189***i*. _____. _____. Cuenta de la hacienda pública federal por el ejercicio fiscal económico de enero a diciembre de. . . . México, 1921-23. 3 v. (BH)

**3189***j*. _____. **Contaduría Mayor de Hacienda.** Informe sobre el resultado de la glosa de la cuenta general del erario correspondiente al ejercicio fiscal de 1921. México, Cámara de Diputados, 1925. 185 p. (BH)

**3189***k*. _____. **Congreso. Cámara de Diputados.** Cuenta de la hacienda pública correspondiente al ejercicio fiscal de 1922 enviada por el Departamento de Contraloría. México, Cámara de Diputados, 1923. 119 p. (BH)

**3189***l*. _____. **Departamento de Contraloría.** Cuenta de la hacienda pública federal correspondiente al ejercicio fiscal de 1923. [México, 1923]. (BH)

**3189***m*. _____. **Congreso. Cámara de Diputados.** Estados de la cuenta del tesoro federal por el año de 1923, que envía para su examen el poder ejecutivo. México, Cámara de Diputados, 1924. 124 p. (BH)

**3189***n*. _____. **Departamento de Contraloría.** Cuenta de la hacienda pública federal. [México, 1924-30]. (BH, BBM)

**3190. El Monitor** [seudónimo]. Un impreso más con algunas refleccciones modestas sobre el estado presente de los negocios públicos. México, Rivera, 1832. 46 p.

Es una crítica a la administración realizada por el gobierno, sobre todo en lo referente a inversión de fondos públicos. (BN)

**3191.** El noticioso; diario de información, México, 1894-96, 5 v.

Periódico de carácter social y político, que incluye algunas noticias de carácter económico. Política oficial y de hacienda para nivelar el presupuesto; el informe del secretario de hacienda (sr. Limantour) a la Cámara de Diputados. (HN)

**3192.** Observaciones imparciales acerca de la administración financiera en la época del gobierno provisional. México, Lara, 1845. 73 p., tablas.

Hace referencia a un dictamen presentado por el poder legislativo, en el cual se hacía responsable a la administración del gobierno provisional de los desórdenes del erario; éstos se crearon por haber contraído fuertes compromisos económicos, por ocupación de propiedades, impuestos inmoderados, despilfarro de los caudales públicos y mala administración. En éstas "observaciones imparciales" se hace ver que el desorden del erario es anterior al gobierno provisional y que las causas de éste malestar son: la malversación de fondos, la supresión de algunos impuestos que no fueron reemplazados por otros, y el no percibir el erario el producto total de los impuestos existentes. Contiene algunas tablas con monto de impuestos y gastos del estado. (BN)

**3193.** Observaciones sobre la Memoria de la Hacienda federal mexicana para 1827, publicadas en el periódico El Sol por sus editores, y reimpresas con algunas notas. México, Rivera, 1827. 26 p., cuadros.

Los cuadros contienen estadísticas sobre los ingresos y egresos de la hacienda pública; ingresos y egresos de la fábrica de tabacos, con noticia de su origen; población en 1827; oficios despachados por la Secretaría de Gobernación; trabajos del consejo de gobierno del estado; trabajos del

Supremo Tribunal de Justicia; activos físicos y materiales de la milicia cívica; cantidad de oro y plata que entraron a la casa de ensaye; "Estado que manifiesta el resultado del giro de las minas y haciendas de la compañía Anglo Mexicana, así como por la compañía unida de Guanajuato; número de haciendas y zangarros que ecsisten en este mineral y su comprehensión, para el trabajo de los metales, con espresión de su estado actual, en número de arrastres que estan en corriente, los paraderos . . .''; minas abandonadas, amparadas, denunciadas, y las que giran sus dueños, por vetas; acuñación de moneda de plata; saldo de las finanzas del estado, con noticia de las deudas pendientes. (BS)

**3194.** El pájaro verde. México, Villanueva, abril-junio, 1861. 1 v., tablas.

Publicación diaria, cuyo contenido más abundante en datos económicos se refiere a la política fiscal y a la hacienda pública, y en menor grado al comercio. (HN)

**3195. Pani, Alberto J.** La política hacendaria y la revolución. México, Cultura, 1926. 738 p.

Estudio que contiene: la rehabilitación hacendaria y los esfuerzos hechos; la reorganización fiscal; la anarquía fiscal; reforma fiscal de la federación; reorganización bancaria; la primera Convención Bancaria; la nueva legislación bancaria; la Comisión Nacional Bancaria; el Banco de México; ley sobre crédito agrícola; ley sobre Almacenes Generales de Depósito y Graneros; la restauración del crédito del gobierno; deuda interior y exterior; derechos de importación y exportación; impuestos a las industrias extractivas, de transformación, alcoholes y bebidas, capitales y general del timbre; servicios públicos; aduanas; recursos naturales; productos de bienes muebles; ingresos totales en 1923; presupuesto de egresos de 1923; ingresos en 1924; presupuesto de egresos de 1924; ingresos de 1925; presupuesto de egresos de 1925; acuñación en 1923-25; deuda pública federal (antes y después del convenio De la Huerta-Lamont); balance del Banco de México al 31 de agosto de 1926; documentos fundamentales de la reforma hacendaria; ley del impuesto sobre la renta, su reglamento; ley del impuesto sobre herencias, legados y donaciones; ley para calificar infracciones a las leyes fiscales; ley general de pensiones civiles de retiro; ley general de instituciones de crédito y establecimientos bancarios; ley que crea el Banco de México, sus estatutos; ley de crédito agrícola; varios decretos sobre deuda exterior; numerosas estadísticas de los temas tratados. (BBM)

**3196. Payno, Manuel.** Cuentas, gastos, acreedores y otros asuntos del tiempo de la intervención francesa y del imperio; obra escrita y publicada de orden del gobierno constitucional de la república, por, . . . de 1861 a 1867. México, Cumplido, 1868. 934 p., cuadros, tablas.

Productos por cada aduana, y su distribución; ingresos del erario, y distribución de la misma, referidos a la capital del imperio, en los años 1863-66, y por cada departamento, 1862-66; ingresos y gastos diversos por concepto de la Casa Civil y Militar de Maximiliano, y la Casa de la Princesa Carlota; presupuestos de 1865-66; deuda francesa, inglesa, y nacional; ingresos y egresos en el año de 1867. (BH)

**3197.** _____. La deuda interior de México. México, Imprenta Económica, 1865. 42 p., tablas.

Análisis de la deuda interior entre 1822-65; incluye algunos datos de la deuda anterior a la independencia. Permanece hasta nuestros días el interés y la importancia de esta obra, por el poco cuidado que se ha tenido desde entonces por estudiar este aspecto de las finanzas públicas, y por los conflictos políticos que se crearon entre los particulares acreedores y el estado deudor. (BN)

**3198. Piquero, Ignacio.** Breve instrucción sobre las contribuciones directas establecidas en la nación desde el año de 1836. México, García Torres, 1845. 238 p., cuadros.

Información en forma general sobre la hacienda y los impuestos directos. (BN)

**3199.** Reflexiones sobre los males que va a esperimentar la nación a consecuencia del decreto de 10 del corriente que dispone cese el cobro de alcabalas el mes de diciembre próximo. México, Sociedad Literaria, 1846. 10 p., cuadro.

El cuadro ofrece datos de la disminución que sufrirán las rentas de los estados si cesa el cobro de alcabalas, calculados en base a los ingresos obtenidos por dicho concepto en 1844. (BS)

**3200. Servín, Armando.** Nuestra política tributaria de 1889 a 1911. El trimestre económico [México], v. 7, 1940: 425-462, cuadros.

Después de la intervención francesa, el desarrollo económico del país implicaba, entre otros cosas, la reorganización de la hacienda pública. Matías Romero y J. Y. Limantour participan en esta tarea, logrando el primero eliminar los obstáculos que entorpecían el progreso del comercio y la industria; y el segundo, consolidar lo creado por M. Romero y hacer posible el ajuste de la hacienda pública al progreso económico del país. Para el autor, la actuación decisiva y determinante fue la de M. Romero. Contiene los siguientes cuadros: el progreso económico del país antes de 1912, minería y bancos, 1906-07, valor de la importación y monto de los derechos de importación, ingresos sobre el impuesto del timbre; ingresos específicos del timbre procedentes del cobro de alcabalas. (BCM)

**3201. Unzueta, Luis Antonio de.** Informe presentado al exmo. señor presidente de los Estados Unidos Mexicanos por el contador mayor, gefe de la oficina de rezagos . . . en cumplimiento de la comisión que le confirió S.E., para que le manifestase el manejo, y estado que guardó la hacienda pública en los años de 1830, 1831 y 1832. México, El Aguila, 1833. 11 p., cuadros.

Importante obra que contiene 9 documentos estadísticos. El primero corresponde a las letras giradas contra las aduanas marítimas, con especificación del nombre del beneficiario (1830-32). El segundo a las cantidades tomadas a préstamo por el supremo gobierno (1832), con noticia del nombre del prestamista. Estos dos documentos juntos contienen algunos de los más valiosos datos para el estudio de la deuda interior,

y para precisar quienes eran y cual era la presión económica
que los llamados agiotistas ejercían sobre los gobiernos de
México en la primera mitad del siglo XIX. El documento
número 7 contiene información de los ingresos y egresos
(por destino) de la Dirección del Banco de Avío. Critica con
dureza la labor de Rafael Mangino en el Ministerio de
Hacienda.                                                        (BB)

**3202. Variedades; o mensajero de Londres.** Londres, Carlos Wood, enero, 1823-octubre, 1824. 1 v.

Periódico trimestral. Datos sobre: política económica oficial;
hacienda pública; empréstito que se tomó en Londres para
proporcionar capitales y maquinaria a las principales minas
mexicanas, y decreto del gobierno garantizando el cumplimiento de los contratos, exceptuando los que estipulen el
traspaso total de la propiedad. Propone se suspenda la ley
que prohibía a los extranjeros ser propietarios de minas.  (HN)

**3203. Willie, Roberto Crichton.** México: noticia sobre su hacienda pública bajo el gobierno español y después de la independencia; probabilidades sobre su aumento o mejora, cálculos sobre la deuda pública interior y esterior; presupuestos aprocsimados de sus ingresos y egresos . . . dirigido al caballero George B. Robinson, presidente de la Comisión de Tenedores de Bonos Españoles y Americanos. . . . México, Cumplido, 1845. 91, 37 p., tablas, cuadros.

Obra realizada con el fin de proporcionar información acerca
de la hacienda pública de México a la Compañía de Tenedores
de Bonos Mexicanos en Londres. Contiene: estado de la
hacienda pública en México bajo el dominio español; la
hacienda pública desde la independencia; estado de la hacienda pública en 1843; perspectivas de las finanzas públicas;
información estadística; presupuestos anuales de entradas y
gastos, 1823-42; entradas y gastos efectivos anuales de la
tesorería, 1823-42; productos totales, gastos de salarios y
colectación, y los productos líquidos de las diferentes aduanas
marítimas; estado comparativo que manifiestan los productos
líquidos después de deducidos los gastos de colectación, las
proporciones de las rentas de aduanas aplicadas al pago de la
deuda extranjera, conforme a las primitivas y posteriores
asignaciones, y de la insuficiencia de todas; estado general
que manifiestan los conventos de monjas, número de religiosas niñas y criadas, el de sus fincas, rendimientos anuales,
capitales corrientes, y productos que poseen en el año de
1843; estado del valor de las exportaciones en principales
puertos; noticia del numerario embarcado por Veracruz y
Tampico, por cuenta de los dividendos de la deuda de México;
estado que manifiestan las ventas, gastos y utilidades de la
venta del tabaco, desde el 14 de febrero de 1765, en que se
estableció el estanco; derechos que han pagado varias manufacturas inglesas de considerable consumo; población de la
república en 1839; cálculo de la riqueza de la república en
1839; estado general del número de fábricas de hilados de
algodón. La información fue tomada de las memorias oficiales
de Hacienda, del *Boletín del Instituto Nacional de Geografía
y Estadística,* y de los informes de la Dirección General de
Industria.                                                       (BN)

**3204. Yáñez Ruiz, Manuel.** El problema fiscal en

las distintas etapas de nuestra organización política. México, Secretaría de Hacienda y Crédito Público, 1958-60. 6 v.

La finalidad de la obra es la de realizar una recopilación
de lo pensado y escrito por historiadores y ministros de
hacienda, en relación al problema fiscal y sus conexiones
políticas. Por otra parte, pretende ser una síntesis del contenido de las leyes hacendarias. La obra principia tratando
brevemente los tributos entre los aztecas, para continuar
ampliamente con el problema fiscal durante la dominación
española y el México independiente.                   (BBM)

**Véase también:** 2931, 3261-3281, 3517-3518, 3519, 3522-3525.

## 5. Política económica general

**3205. Antuñano, Estevan de.** Exposición reveren-
te que el que suscribe dedica al soberano Congreso
nacional. Puebla, Imprenta Antigua, 1845. 13 p.

Propone hacer crecer la industria fabril, partiendo para
conseguirlo del arreglo del comercio exterior.         (BMW)

**3206. Campos, Antonio de María.** Economía po-
lítica en Mégico: contestación a d. Carlos de
Landa, sobre comercio libre. Puebla, J. M. del
Valle, 1844. 38 p.

Refuta las doctrinas que sostenían los editores de la *Revista
económica y comercial de la República Mexicana* en favor del
comercio libre.                                          (BB)

**3207. Díaz Dufoo, Carlos.** Limantour. México,
Gómez de la Fuente, 1910. 335 p.

Estudio de la gestión hacendaria y política de José Yves
Limantour, en el porfiriato. Incluye un somero bosquejo
biográfico de Limantour y se concentra en la descripción de
las condiciones económicas, sociales y políticas que conformaron las actividades de Limantour dentro de la política
económica del régimen.                                   (BCM)

**3208. El diputado y el fabricante: diálogo.** Guadalajara, 1845. 9 p.

Discusión sobre la libertad del comecio y el desarrollo
de la industria en el país.                              (BB)

**3209. Florescano, Enrique; y María del Rosario
Lanzagorta.** Política económica: antecedentes y
consecuencias. *En* Luis González, *et al.* La economía mexicana en la época de Juárez. México,
Secretaría de Industria y Comercio, 1972, p. 57-
102.

Síntesis de las tendencias más notables de la política
económica, desde fines de la colonia hasta 1872.

**3210. García, Francisco.** Exposición sobre el dictamen en que la Comisión Ordinaria de Hacienda
consulta la prohibición de ciertas manufacturas y
efectos extrangeros. México, Ontiveros, 1823. 12 p.

Se inclina por las prohibiciones más que por las restricciones, porque estas últimas significarían que una vez introducida la mercancía ya no sería posible distinguirla de aquella que entró de contrabando. (BS)

**3211. Macedo, Pablo.** La evolución mercantil. *En* Justo Sierra, *ed.* México, su evolución social, v. 1. México, Ballescá, 1901, p. 159-249.

Estudia el régimen impositivo al comercio exterior e interior, para derivar de ahí los obstáculos a su desarrollo, por su carácter monopolista y prohibicionista en la colonia, y proteccionista y prohibicionista hasta el porfiriato, cuando se liberaliza el sistema impositivo y se elimina el derecho de alcabala. (BDIH)

**3212. [Mendivil, Manuel].** Asunto supremo: la vida y la prosperidad de México, su punto crítico. Puebla, Imprenta Guadalupana de Obreros, 1878. 48 p.

"Resulta pues, que en general las producciones de México y la vitalidad de México, no pueden sostenerse sino por la protección efectiva y eficaz, por mientras el mal radical, consistente en la baratura del dinero en México, no se ponga remedio suficiente. . . . En México con relación a los demás países, ser sostenidamente barato el dinero, es hoy, y ha sido siempre el punto crítico y fatal de la economía política." (BB)

**3213. Mora, José Joaquín.** De la libertad del comercio. México, Cumplido, 1853. 21, 233 p., tablas.

Trata de la importancia del comercio en la economía en general; hace notar la necesidad de desarrollo técnico en una región muy rica; subraya la necesidad de comercio, de libertad, y la amenaza del monopolio como una acción funesta; destaca sus ventajas e influencia en la creación y acumulación de capitales, agricultura, población, industria fabril y el tesoro público. (BCM)

**3214.** Observaciones contra la libertad del comercio exterior o sea contestación al Diario del Gobierno Federal. Puebla, Imprenta del Hospital de San Pedro, 1835. 20 p.

Refuta el juicio de Tadeo Ortiz en numerosos puntos de su libro *México considerado como nación independiente y libre.* . . . (Burdoes, Lavalle, 1832. 598 p.). Rechaza las ventajas de la libertad y franquicias al comercio que Ortíz, en forma especial, recomienda se realicen. Menciona ejemplos como Francia y el progreso de su industria textil. (BN)

**3215.** Observaciones de los fabricantes y agricultores de México y Puebla, a los proyectos presentados al supremo gobierno, sobre reformas a la ordenanza general de aduanas marítimas y fronterizas. México, Lara, 1861. 93 p.

Sostiene que el libre comercio es perjudicial, que es necesario un sistema proteccionista; ilustra este aserto haciendo algunas consideraciones sobre la industria algodonera en

Europa y en México; toca también el problema del contrabando. (BN, BS)

**3216. Olasagarre, M. J.** Reflexiones a la esposición del exmo. sr. ministro de Hacienda don Ygnacio Esteva, sobre el alza de prohibiciones. México, Vilá, 1851. 15 p., tablas.

Sostiene que el alza de las prohibiciones no es el camino adecuado para solucionar las necesidades de consumo. Demuestra que los precios de los artículos de importación serían elevados si se permitiese el libre comercio. Para comprobar sus afirmaciones utiliza las facturas de un embarque de algodón precedente de los Estados Unidos, y muestra los incrementos que sufre el precio del algodón hasta llegar a la capital del país. (BS)

**3217. Otero, Mariano.** Ensayo sobre el verdadero estado de la cuestión social y política que se agita en la República Mexicana. México, Instituto Nacional de la Juventud Mexicana, 1964. 150 p.

Reedición de la obra publicada en 1842. Es el primero y más brillante, por original, ensayo interpretativo del desarrollo socio-económico del país, para el período de 1821-42, aunque se refiere a menudo al régimen colonial, pero siempre en relación a la época independiente. Sostiene que la recuperación de la crisis económica, social y política de México tendrá lugar cuando prosperen los "giros" que constituyen la economía del país, y para ello, dice Otero, es indispensable que se elaboren leyes adecuadas, leyes que se apoyen en la realidad del país y no en principios abstractos como los que profesan los liberales demagogos y los conservadores que añoran el viejo orden colonial. La aportación de Otero para conocer dicha realidad consiste en estudiar las causas del atraso socio-económico del país, partiendo del análisis de la propiedad que ahora llamaríamos de los bienes de producción, para luego descubrir la inoperabilidad de los sistemas políticos del federalismo y el centralismo ortodoxo, y llegar a la idea de la necesidad de una síntesis, que no cristaliza en medidas concretas, pues Otero piensa que dichas medidas deberán determinarse en un futuro congreso constituyente. (BCM)

**3218. Pérez y Camoto, Florencio.** Representación que a favor del libre comercio dirigieron al excelentísimo sr. don Juan Ruiz de Apodaca, virrey, gobernador y capitán general de Nueva España, doscientos veintinueve vecinos de la ciudad de Veracruz. La Habana, Arazoza y Soler, 1818. 82 p.

Recomienda el libre comercio como la solución para restablecer la economía del país, explicando los beneficios que acarrearía y refutando a los que se oponen a este plan; señala como causas que han afectado a la economía: la guerra entre Francia y España, que impidió el comercio; la disminución del circulante como resultado de la consolidación de los fondos piadosos; el préstamo de 20 millones; y la insurrección de Nueva España, que paralizó la agricultura, el comercio y la minería. (BN)

**3219. Prieto, Guillermo.** Lecciones elementales de economía política, dadas en la Escuela de Jurisprudencia de México en el curso de 1871.

México, Imprenta del Gobierno en Palacio, 1871.
659 p.

Se divide en tres partes: (1) propiedad y producción de
la riqueza; (2) circulación de la riqueza; y (3) consumo de la
riqueza. Aunque la teoría y toda la argumentación de la
obra se basan en autores extranjeros, los ejemplos que se
dan provienen de la realidad económica de México en la
época. Agrega cuadros y datos estadísticos sobre diversos
aspectos económicos.

**3220. Vernon, Raymond,** *ed.* Public policy and
private enterprise in Mexico. Cambridge, Mass.,
Harvard University Press, 1964. 324 p.

Son cuatro estudios y una introducción, de Vernon, sobre
la política gubernamental y la empresa privada. El primer
trabajo, de Miguel S. Wionczek, es sobre la industria eléctrica,
con referencias históricas que se remontan al inicio de dicha
industria en México; el segundo es de David H. Shelton
sobre el sistema bancario; el tercero es sobre la Nacional
Financiera, de Calvin P. Blair; y el cuarto es sobre el proteccionismo en México, de Rafael Izquierdo.                         (BB)

**Véase también:** 2842, 2922, 3249, 3255, 3264,
3541.

# V. Comercio Exterior e Inversiones

## 1. Fuentes estadísticas

**3221. El Colegio de Mexico,** *ed.* Estadísticas económicas del porfiriato: comercio exterior de México 1877-1911. México, Talleres Gráficos de Impresiones Modernas, 1960. 558 p., cuadros, gráficos.

Proporciona una explicación de la metodología estadística
empleada para la elaboración y análisis de las fuentes primarias
consultadas. En forma de cuadros estadísticos y gráficos presenta datos sobre importaciones: valor de la factura en pesos
mexicanos, quantum (cif) en pesos de 1900-01, e índices de
precios 1900-01 = 100 de las importaciones totales y de cada
uno de los grupos de la clasificación económica de las mercancías importadas; exportaciones: valor en pesos mexicanos de
1900-01 e índices de precios 1900-01 = 100 de las exportaciones totales y de cada uno de los grupos de la clasificación
económica de las exportaciones; capacidad para importar:
monto y por ciento del total de la capacidad para importar,
generada por la producción de metales preciosos y por cada
uno de los grupos de las mercancías exportadas en pesos de
1900-01; relación de precios del intercambio con el exterior:
índices con base en 1900-01 = 100 para la producción de
metales preciosos y cada uno de los grupos en que se
clasificaron las exportaciones de mercancías; sistema monetario, tipos de cambio y precios relativos internos del sector
externo; balanzas de mercancías; principales artículos objeto
de comercio exterior, importaciones: datos sobre valor, cantidad y precio de los principales artículos según cada uno de
los rubros de la clasificación adoptada; principales artículos
objeto de comercio exterior, exportaciones: datos sobre valor,
cantidad y precios de los principales artículos exportados,
según cada uno de los rubros de la clasificación adoptada;
clasificación fiscal, aduanal y por países: clasificación por

capítulos de la tarifa arancelaria; clasificación por aduanas de
entrada y de salida; clasificación por países de orígen y de
destino; bibliografía de las fuentes estadísticas consultadas
sobre el comercio exterior de la república, 1877-1911.   (BCM)

**3222. [Esteva, José Ygnacio].** Balanza general
del comercio marítimo por los puertos de la
República Mexicana en el año de 1826, formada
por orden del gobierno en cumplimiento de lo
mandado por el Congreso general en la ley de
ocho de mayo de mil ochocientos veinte y seis.
México, El Aguila, 1828. 182, 38 p.

Importante obra, dividida en dos partes. Presenta los
artículos importados, exportados, y de cabotaje, por 18 puertos
marítimos del país, según pesos y medidas, precios de arancel
y aforo, valores totales, y nombre y tonelaje de los buques
que transportaron la mercancía. Al final contiene una recopilación general de los artículos importados y exportados, unos
resúmenes generales por valores y aduanas. La segunda parte
se titula: "Suplemento del comercio marítimo que se hizo
por algunos puertos de la república, en el año de 1825 y
fue omitido en la balanza general del citado año, por no
haberse recibido con oportunidad las noticias respectivas."
El material que ofrece está clasificado en la misma forma que
la *Balanza* de 1826, y se refiere a los puertos de Matamoros
o Refugio, Sisal, y Tabasco. Existe también un volumen para
1825: [Esteva, José Ygnacio]. *Balanza general del comercio
marítimo por los puertos de la República Mexicana en el
año de 1825, formada por orden del gobierno en cumplimiento de lo mandado por el Congreso general en la ley de
ocho de mayo de mil ochocientos veinte y seis.* México, El
Aguila, 1827. 138 p., cuadros.                             (BS)

**3223. México. Ministerio de Hacienda y Crédito
Público.** Balanza general del comercio marítimo
por los puertos de la República Mexicana en el
año de 1828. México, El Aguila, 1831. 153 p.,
cuadros.

Cuadros con datos sobre el comercio de importación, de
exportación y de cabotaje, con noticia del nombre del puerto
mexicano por donde se efectuaba, medidas y cantidades de
productos, precios, aforo, valores totales, buques en que se
hacía y su lugar de procedencia. Además, ofrece comentarios
sobre el movimiento comercial del año en curso comparándolo
con el de los años anteriores, así como de la situación de
los puertos mexicanos en relación a este movimiento comercial.
                                                          (BMNA)

**3224. _____. Junta de Fomento.** Balanza mercantil de la plaza de México, correspondiente al
año de 1844, formada y publicada por la Junta de
Fomento, conforme a lo prevenido en el artículo
17 del decreto de su creación. México, Cumplido,
1845. 12 p., cuadros.

Clasificado en introducciones y "estracciones" de efectos
nacionales y extranjeros. Informa de precios y valores totales.
Los efectos introducidos de mayor valor son: algodón en rama
(efectos extranjeros), y el numerario y la plata en pasta
(nacionales). En 1846, se publicó una *Balanza* similar (con el
mismo título) correspondiente a 1845.                      (BN)

**3225.** \_\_\_\_\_. \_\_\_\_\_. Balanzas comerciales de los puertos de la República Mexicana correspondiente al año fiscal de 1871 a 1872: puertos del Golfo. México, Imprenta del Gobierno, 1874. 307 p., cuadros.

Número de embarcaciones que entran a los puertos, su procedencia, carga, tonelaje y nacionalidad; noticia de las mercancías importadas, cantidad, peso y medida, valor de factura y de plaza, derechos aduanales pagados y país de procedencia; mercancías exportadas, cantidad, peso y medida, valor, derechos y país de destino. (BUT-LAC)

**3226.** \_\_\_\_\_. \_\_\_\_\_. Balanzas particulares de los puertos de la República Mexicana durante el año fiscal de 1872 a 1873, publicadas como comprobantes de la balanza general del mismo año, formada por la sección 5a. del Ministerio de Hacienda. México, Imprenta del Gobierno, 1875. 363 p., tablas.

Incluye las balanzas de las aduanas marítimas y fronterizas siguientes: Matamoros, Tampico, Tuxpan, Coatzacoalcos, Tabasco, Isla del Carmen, Campeche, Progreso, La Paz, La Magdalena, Mazatlán, San Blas, Manzanillo, Acapulco, Salina Cruz, Tonalá, Soconusco, Reynosa, Camargo, Mier, Monterrey-Laredo, Guerrero, Piedras Negras, Presidio del Norte, Paso del Norte, La Magdalena y Zapaluta, con expresión de la cantidad, peso y medida, valor, derechos y procedencia de las mercancías. (BH)

**3227.** \_\_\_\_\_. **Secretaría de Estado y del Despacho de Hacienda y Crédito Público.** Noticia de la importación y exportación de mercancías en los años fiscales de 1872 a 1873, 1873 a 1874 y 1874 a 1875, formada bajo la dirección de José María Garmendia, jefe de la Sección 5a. encargada de la estadística y contabilidad directiva. México, Esteva, 1880. 97, 98 p., cuadros.

Datos por procedencia de las mercancías, por capitales del arancel, por aduanas de importación y resumen general del año. La última parte contiene un cuadro de la exportación en 1874/75, con expresión de los artículos, la aduana de donde salen y el país de destino. (BUT-LAC)

**3228.** \_\_\_\_\_. \_\_\_\_\_. Resumen general de la balanza del comercio exterior de la república, correspondiente al año económico de 1872/1873. México, Imprenta del Gobierno, 1875. 170 p., cuadros.

Es un apéndice a la *Memoria* de 1874/75 (3114) (aparece encuadernado en el mismo volumen). Importaciones: cantidad, peso, medida, valor de factura y de plaza, procedencia (algodón, lino, cáñamo, lana, seda, abarrotes, loza, cristal, mercería, ferretería, drogas y otros). Exportación: por artículos en general, peso, medida, valor, derechos, destino. Contiene una pequeña introducción, por Antonio García Cubas. (BH)

**3229.** \_\_\_\_\_. \_\_\_\_\_. Noticia de la exportación de mercancías en el año fiscal . . . , formadas bajo la dirección de José M. Garmendia, jefe de la Sección 5a. encargada de la estadística y contabilidad directiva. México, F. Mata, 1882-84. 4 v., cuadros.

Comprende los años fiscales de 1879-83. Mercancías exportadas según tipo de producto, aduanas, peso o cantidad, valor y destino. (HN)

**3230.** \_\_\_\_\_. \_\_\_\_\_. Noticia de la exportación de mercancías en el año fiscal . . . , formadas bajo la dirección de Javier Stávoli, jefe de la Sección 7a. encargada de la estadística. México, Imprenta del Gobierno, 1885-88. 4 v., cuadros.

Comprende los años fiscales de 1883-87. Mercancías exportadas, clasificadas según tipo de producto, aduanas, peso o cantidad, valor y destino. (HN)

**3231.** \_\_\_\_\_. \_\_\_\_\_. Noticias de las mercancías importadas en los dos primeros semestres de los años fiscales de 1884 a 1885 a 1886, formadas bajo la dirección de Javier Stávoli, jefe de la Sección Séptima. México, Imprenta del Gobierno, 1888. 124 p., cuadros.

Noticias mensuales de las importaciones, clasificadas por procedencia capítulo de arancel, tipo de productos, valor de factura, valor de plaza y derechos arancelarios que pagaban, cantidades, peso o medida y aduana por donde se internaron. (BH)

**3232.** \_\_\_\_\_. \_\_\_\_\_. Noticias del movimiento marítimo . . . , año fiscal de . . . ; noticias formadas bajo la dirección de Javier Stávoli, jefe de la Sección Séptima. México, Oficina Impresora del Timbre, 1887-95. 1 v., cuadros.

La información corresponde a los años fiscales de 1885/86 a 1893/94, y contiene: navegación exterior e interior, número de pasajeros, registro de entradas y salidas; resumen del movimiento de navegación interior y exterior por nacionalidad y banderas, por procedencia, destino y entradas y salidas; cuadros comparativos del movimiento de navegación del año fiscal tratado con el año fiscal anterior. En el número correspondiente al año fiscal de 1893/94, la información correspondiente al movimiento de transportes terrestres se enriquece con noticias del movimiento habido en las aduanas fronterizas, clasificado por procedencia, número de furgones, carros y acémilas, toneladas de carga, número de pasajeros, y entradas y salidas. (BH)

**3233.** \_\_\_\_\_. \_\_\_\_\_. Noticias de las exportaciones de México para los Estados Unidos y de los Estados Unidos para México; en el año fiscal de 1887 a 1888, formadas bajo la dirección de Javier Stávoli, jefe de la Sección Séptima. México, El Gran Libro, 1889. 28 p., cuadros.

Informe de las mercancías exportadas a Estados Unidos de América durante el año fiscal de 1887/88: tipo de productos, peso, cantidad, valor y aduanas por las que salieron; mercancías importadas de Estados Unidos de América durante el año de 1887/88, por capítulos y fracciones de la ordenanza general de aduanas, con especificación de mercancías, cantidades y valor, con un cuadro del estado general de las importaciones. (BH)

**3234. _____. Secretaría de Hacienda y Crédito Público.** Exportaciones en el año fiscal de . . . ; noticias formadas bajo la dirección de Javier Stávoli, jefe de la Sección 7a. de la Secretaría de Estado y del Despacho de Hacienda y Crédito Público. México, Aguilar, 1890-93. 5 v., cuadros.

La información cubre el período de 1889-93. Valor y cantidad de las exportaciones en cada aduana mensualmente; exportación de productos y metales preciosos, por aduanas y valores, comparados con el año inmediato anterior, por semestres y año fiscal; el monto de la exportación, por semestres, de metales preciosos y demás artículos (cantidad y valor), y en el año fiscal, según la proporción en que se encuentran sus valores; resumen del valor según destino, por semestres y año fiscal. Aparecen al final de cada año noticias y resúmenes de las exportaciones habidas en los últimos 5 años, incluido el año en cuestión. (BH)

**3235. _____. Departamento de Estadística, Archivo y Biblioteca.** Boletín de estadística fiscal . . . de 1915. México, Oficina Impresora de Hacienda, 1917. 2 v., cuadros.

Corresponde a cada uno de los meses del año de 1917. Importaciones y exportaciones según tarifa de la ordenanza, cantidades y valores, resumen de su valor por aduanas, países de procedencia y destino; navegación de altura y cabotaje. A partir del mes de julio se agrega información sobre la introducción de metales preciosos a la casa de moneda y ensayes federales, y noticias de la amonedación practicada en la misma. (BH)

**3236. _____. [Secretaría de Hacienda y Crédito Público. Departamento de Estadística, Archivo y Biblioteca].** Boletín de estadística fiscal . . . de 1916. México, s.f., 3 v., cuadros.

Importaciones y exportaciones mensuales clasificadas según tarifa de la ordenanza, cantidades y valores, resumen de su valor por aduanas, países de procedencia y de destino; navegación de altura y cabotaje; e introducción de metales preciosos a la Casa de Moneda y ensayes federales. Todos los datos vienen comparados con los correspondientes al mismo mes del año anterior. (BDGE)

**3237. _____. Departamento de la Estadística Nacional.** Anuario estadístico: comercio exterior y navegación, años de 1920, 1921, y 1922. México, Talleres Gráficos de la Nación, 1927. 164 p., cuadros, tablas.

Datos sobre importaciones (artículos, tarifas, países de procedencia, cantidades y valores declarados), resúmenes comparativos de los valores de importación por mercancías, países y aduanas, 1920-22; sobre exportaciones (detalle de tarifas, países de destino, cantidades y valores declarados), resúmenes comparativos de valor de exportaciones por mercancías, país y aduana; sobre navegación (movimiento internacional y de cabotaje por banderas, países, puertos, 1920-22), carga en tráfico marítimo (resúmen por toneladas, nacionalidad de buques y puertos). (BSMGE)

**3238. _____. _____.** Anuario estadístico: comercio exterior y navegación, año de 1925. México, Talleres Gráficos de la Nación, 1926. 228 p., cuadros, tablas.

Importaciones (artículos, unidades y valores, países de procedencia), 1924-25, cuadros de valores totales de importaciones (por meses y grupos de artículos), 1924-25 con distinción de aduanas y países de procedencia (solo 1925), resumen de valores de importación (clases de mercancías, aduanas y procedencias), 1920-25; sobre exportación, artículos gravados y libres de derechos con referencia a destinos (unidad, cantidad y valor), 1924-25, cuadros de valores de artículos exportados por grupos, tarifas (información mensual, 1924-25), valores totales de las exportaciones en 1925; cuadros comparativos de exportaciones e importaciones (países, aduanas, valores y derechos), 1924-25; navegación, tonelaje, cabotaje, y clases de buques en 1925, internación directa, movimiento marítimo, movimiento de carga marítima y terrestre. (BSMGE)

**3239. _____. _____.** Anuario estadístico: comercio exterior y navegación, año de. . . . México, Talleres Gráficos de la Nación, 1927-34. 5 v., cuadros.

La información cubre los años de 1926-29. Importaciones y exportaciones según tarifa de la ordenanza, cantidades y resumen de su valor por aduanas, países de procedencia y de destino; navegación de altura y cabotaje. Indice alfabético de los artículos de importación y exportación. Los datos de cada año se presentan comparados con los del anterior.

(BDGE)

**3240. _____. Secretaría de la Economía Nacional. Dirección General de Estadística.** Estadística del comercio exterior año de 1931. México, Talleres Gráficos de la Nación, 1935. 531 p., cuadros.

Información de los años 1930-31 sobre importaciones y exportaciones, clasificadas según tarifa de la ordenanza, cantidades y valores y resumen de su valor por aduanas, países de procedencia y de destino. Además, un índice alfabético de los artículos de importación y exportación. (BDGE)

**Véase también:** 288, 3196, 3470.

## 2. Estudios generales

**3241. Antuñano, Estevan de.** Comercio exterior en México, primera y segunda parte. Puebla, Imprenta del Hospital de San Pedro, 1837. S.p.

En la primera parte proporciona datos generales sobre el comercio exterior; en la segunda habla del sistema prohibitivo y la prohibición de manufacturas gruesas; además de proporcionar información general del trabajo y cultivo del algodón en México. (BMW)

**3242. El anunciador mexicano; órgano del comercio e industria.** México, Aguilar Ortiz, noviembre, 1877-marzo, 1878. 1 v., tablas, ilustraciones.

Movimiento de transportes, vapores y tarifas; relación de comerciantes que se abastecían en las principales casas comerciales de Europa y Norteamérica; importación; sobre la importación libre por la frontera norte del país; cambios exteriores e interiores; cotizaciones de la moneda mexicana; profesionistas reconocidos en la ciudad de México; anuncios y avisos comerciales de varios establecimientos de la capital del país. (HN)

**3243. Banco Nacional de Comercio Exterior.** Colección de documentos para la historia del comercio exterior de México. Segunda serie. México, Banco Nacional de Comercio Exterior, 1965-67. 4 v.

Documentos sobre: (1) El comercio exterior y el artesano mexicano (1825-1830); (2) El comercio exterior y la expulsión de los españoles; (3) El Banco de Avío y el fomento de la industria nacional; (4) El contrabando y el comercio exterior de Nueva España. El primer volumen contiene: resumen histórico del comercio exterior y la situación del artesano mexicano; suplemento al *Editor constitucional* número 7, sobre el contrabando inglés por Belice; dictamen sobre reforma al arancel general presentado al congreso por sus comisiones de Hacienda y Comercio, en 1824; reformas al arancel mercantil que presenta el secretario de Hacienda, en la sesión del 13 de enero de 1824; dictamen de las comisiones unidas de Hacienda y Comercio, sobre prohibición de efectos; discusión habida en la sala de sesiones del h. Congreso de Puebla, en febrero de 1829; selección de versos y literatura popular de los artesanos, de 1829. (BCM)

**3244.** Boletín comercial; publicación social y mercantil. México, Políglota, 1875. 1 v., cuadros, ilustraciones.

Movimiento de transportes y su relación con el comercio; entrada y salida de barcos, su destino, fecha, cargamentos; movimiento en aduanas y puertos nacionales; construcción, explotación y movimiento de ferrocarriles; tarifas telegráficas al exterior e interior; movimiento comercial del puerto de Veracruz, 1874-75; arribo de los productos a las aduanas, con noticias de cantidades, tipo de productos y destino; mercados internacionales y la demanda de productos mexicanos, sus cotizaciones; exportación de valores y diversos productos; datos del mercado monetario; mercados nacionales y los precios, tanto de productos nacionales como extranjeros; panorama de la situación mercantil del país. Además, incluye datos sobre hacienda pública con relación al comercio; noticias económicas de las entidades del país; datos de la deuda pública; información general de la minería, huelgas y salarios; colonización; y múltiples anuncios y avisos comerciales de la ciudad de México. (HN)

**3245.** Correo semanario, político y mercantil de México. México, Ontiveros, julio-diciembre, 1809. 1 v.

Contiene: entrada y salida de buques con noticia de los cargamentos que contenían; la entrada y salida de los productos de América, Europa y Asia por las aduanas de México, Puebla y Veracruz, durante 1809; precios y productos en las plazas de la ciudad de México y Córdova, precios del maíz y trigo; movimiento mercantil en Veracruz; lista de buques mercantes que obtuvieron licencia para comerciar; donativos y contribuciones recogidos para la ayuda del país; relaciones comerciales de la Nueva España con Estados Unidos y España; información sobre el comercio terrestre; y situación de la agricultura en el país. (HN)

**3246. Espinoza de los Reyes, Jorge.** Relaciones económicas entre México y los Estados Unidos, 1870-1910. México, Nacional Financiera, 1951. 189 p.

Estudia las relaciones económicas con los Estados Unidos en la época de Díaz, dando especial importancia al comercio, las inversiones y los sistemas aduanales. (BCM)

**3247. Hernández Rodríguez, Rosaura.** Comercio entre México y las ciudades Hanseáticas en 1842. Estudios de historia moderna y contemporánea de México [ México], v. 1, 1965: 135-155.

Se refiere al comercio entre México y las ciudades libres de Lübeck, Bremen y Hamburgo.

**3248. Herrera Canales, Inés.** Comercio exterior. *En* Luis González y González, *et al.* La economía mexicana en la época de Juárez. México, Secretaría de Industria y Comercio, 1972, p. 127-158.

Estudio sintético que aporta una visión más clara del comercio exterior, basada en fuentes de la época.

**3249.** La hesperia. México, Sousa, 1840. 1 v.

Bisemanario con información del comercio y movimiento mercantil. Precios corrientes en la lonja de corredores. Estado de las recaudaciones aduanales; tarifas de artículos exentos del pagio de alcabalas en México, Mexicalcingo, Tacubaya, Guadalupe y El Casco. Política económica oficial y situación y actividades de la hacienda pública. (HN)

**3250.** El ingenuo. Oaxaca, Valdés y Moya, del 4 de octubre al 16 de diciembre de 1839. 1 v.

Semanario con información comercial; entrada y salida de buques en Veracruz. (HN)

**3251. Lerdo de Tejada, Miguel.** Comercio exterior de México, desde la conquista hasta hoy. Nota preliminar de Luis Córdova. México, Libros de México, 1967. 63 p., cuadros, tablas.

Reedición del original publicado en 1853. Se trata de la obra de conjunto más importante sobre el comercio exterior, para el período que va desde la época colonial a la primera mitad del siglo XIX. Consta de dos partes: la primera es una reseña histórica del comercio exterior escrita desde el punto de vista de su legislación y organización, dividida en tres épocas, 1519-1777, 1778-1821, y 1822-53; la segunda contiene 55 documentos estadísticos, con datos discontinuos del comercio entre México y España, algunos otros países europeos y algunos americanos. La información más completa se refiere al comercio realizado por el puerto de Veracruz, artículos importados y exportados, su cantidad y valor total; a menudo vienen acompañados estos datos con notas explicativas. (BDIH, BCM)

**3252. Manero, Vicente E.** Noticias históricas sobre el comercio exterior de México desde la conquista hasta el año de 1878, con dos croquis que señalan, el uno: las rutas de las flotas y demás embarcaciones que venían de España a Indias, y el otro:

la situación de los puertos de la república; dichas noticias estan sacadas por . . . de las Memorias de Hacienda y otras publicaciones verídicas. México, Esteva, 1879. 59 p., cuadros, mapas.

El título ya es bastante explícito. Considera las tarifas y los artículos del comercio exterior. (BS, BUT-LAC)

**3253.** El noticiero de México; revista mensual, política, literaria y mercantil para el extranjero. México, Imprenta de la Colonia Española, 1876-79. 1 v., cuadros, ilustraciones.

Información comercial sobre: situación de los productos mexicanos en el mercado mundial; los metales y demás artículos de exportación, su cotización en diversos mercados; cambios monetarios exteriores e interiores; aduanas; cotizaciones de diversos productos en los mercados del país; importaciones; datos sobre zonas libres; listas de precios de productos nacionales; movimiento mercantil del país; registro de entrada y salida de pasajeros por puertos mexicanos; precios de fletes en el país. Noticias, comentarios y críticas sobre la situación económica del país y su relación con la política imperante. (HN)

**3254.** Opúsculo de la verdad y de la razón, contra el vastísimo y enorme proyecto de un monopolio comercial, que se denuncia al supremo gobierno de la República Mexicana. México, Cumplido, 1839. 56 p., cuadro.

Sostiene que la solicitud de Manning y Marshall para obtener un privilegio por 15 años para establecer el servicio de correspondencia directa entre Inglaterra y México, esconde la intención de monopolizar el comercio. El cuadro es un cálculo de los buques y el tonelaje necesario para transportar las mercancías que México requiere de Inglaterra. Manning y Marshall responden a las acusaciones en un folleto titulado: *Esposición dirigida al escelentísimo señor ministro de lo Interior, por los señores Manning y Marshall, que contesta al anónimo titulado: Opúsculo. . . .* México, Cumplido, 1839. 11 p. (BB)

**3255. Prieto, Guillermo.** Indicaciones sobre el origen, vicisitudes y estado que guardan actualmente las rentas generales de la federación mexicana. México, Cumplido, 1850. 37, 469 p.

Se refiere a la organización de las aduanas marítimas como el más importante ramo de la riqueza pública; narra el estado que guardan las aduanas, en qué consiste la importación, su administración, contrabando, etc. Acompaña a este capítulo un mapa de la costa del Golfo de México, de Veracruz a Matamoros; dedica un capítulo a la importación, otro a la exportación, y el último se refiere a las reformas radicales sobre las aduanas. (BN)

**3256.** Revista hispano americana; periódico de comercio, literatura, industria y variedades. San Francisco, California, 1895-96. 1 v., tablas.

Publicación mensual que contiene algunos datos del comercio de la República Mexicana: precios de plaza; cambios y fluctuaciones en el valor de las mercancías; precios corrientes de artículos de exportación; precios corrientes de semillas y legumbres; reseña del mercado (aparece periódicamente); llegada y salida de vapores; la situación financiera de México. (HN)

**3257. Rosenzweig Hernández, Fernando.** Las exportaciones mexicanas de 1877 a 1911. Historia mexicana [México], v. 9, 1960: 394-413.

Muestra cómo las fluctuaciones del ciclo económico internacional afectaron las economías subdesarrolladas y cómo éstas reaccionaron. (BCM)

**3258. Tardiff, Guillermo.** Historia general del comercio exterior mexicano. V. 1: Antecedentes, documentos, glosas y comentarios: 1503-1847. México, Gráfica Panamericana, 1968—.

Pretende ubicar el comercio exterior dentro de períodos históricamente determinados, y analizarlos en relación con los fenómenos políticos y económicos. Contiene las disposiciones legales del gobierno, los tratados con otros países y los resultados de estas medidas calculadas en base a los ingresos obtenidos; los factores políticos y económicos que influían en el comercio; los objetivos del comercio exterior, los lugares a que estaba destinado; puertos por donde se realizaba; los impuestos y derechos de exportación; y algunas consideraciones sobre geografía económica. (BCM)

**3259.** Tehuantepec, dato estadístico. *En* Sociedad Mexicana de Geografía y Estadística. Boletín [México], primera época, v. 4, 1857: 134, cuadros.

Artículo que contiene datos de las exportaciones de caoba por el puerto de Coatzacoalcos en 1849-56, especificando el peso y valor de la madera, así como su importancia.

(BSMGE, BMNA)

**3260.** La voz del comercio; semanario mercantil. México, Imprenta Industrial, septiembre, 1878. 1 v., cuadros, tablas.

Aduanas; introducción y despacho de mercancías en el Distrito Federal; la tarifa de portazgo; aranceles en general; productos de las aduanas, 1877-78; efectos extranjeros que causaban adeudos en las aduanas de México, con noticia de los responsables, tipo de producto y cantidades; lista de agentes comerciales de México en Europa; datos estadísticos de los productos nacionales introducidos a la plaza del Distrito Federal en julio de 1878; lista de establecimientos comerciales acreditados en la ciudad de México. (HN)

**Véase también:** 2784, 2931, 3168.

## 3. Corrientes internacionales de capital

**3261. Arístides** [seudónimo]. La deuda extranjera, los tenedores de bonos mexicanos en Londres, cuestión de derecho internacional. México, Escalante, 1869. 72 p.

La preocupación por la deuda pública exterior fue constante en el período de que se ocupa esta bibliografía. Esta obra es sólo un ejemplo más de los muchos intentos analíticos para encontrar solución a los problemas políticos y económicos que provocó la deuda exterior. Propone con infinito optimismo que para resolver el problema de la deuda: "Cumplir religiosamente con nuestros compromisos!" (BS)

**3262. Barron, Clarence Walter.** The Mexican problem. With introduction by Talcott Williams. Boston, Riverside Press, 1917. 136 p., map.

Sobre todo se refiere a las inversiones petroleras y a los conflictos que han provocado en el país. El mapa se refiere al territorio donde están ubicados los campos petroleros del Golfo de México. (BB)

**3263. Bazant, Jan.** Historia de la deuda exterior de México, 1813-1946. Prólogo de Antonio Ortiz Mena. México, El Colegio de México, 1968. 277 p.

Excelente estudio, la mayor parte se concentra en el examen del período independiente. (BCM)

**3264. Cortés, Anselmo.** Proyecto de pronto pago de la deuda esterior e interior moderna, en cinco años, con los productos de las aduanas marítimas, y en el de veinte la antigua del gobierno español; con los intereses de un banco nacional de treinta millones, dedicados a proteger la industria peculiar del país, escrito por el contador de la aduana marítima de Acapulco, don. . . . México, El Mexicano, 1852. 95 p., tablas.

Señala que si los acreedores se ocuparan de su propio pago se aseguraría la honradez en el manejo de las aduanas, y se suspenderían las leyes prohibitivas; el banco se formaría también con recaudaciones de las aduanas, y se dedicará a fomentar las industrias particulares del país, que a su juicio son aquellas que produjeron grandes ingresos en la época colonial, y por esto ataca duramente a la industria fabril, de la cual dice que no tiene nada de nacional y ha tomado facultades indebidas; con los intereses de los fondos del banco se pagará la deuda antigua. (BN)

**3265. Díaz Dufoo, Carlos.** México y los capitales extranjeros. México, Ch. Bouret, 1918. 542 p.

Estudios sobre el capital extranjero, los países nuevos, riquezas del territorio mexicano y las concesiones hechas a los extranjeros. Exhibe estadísticas y saca conclusiones para el futuro. (BCW, BH, BM)

**3266.** Documentos y comentarios relativos a los arreglos financieros llevados a cabo entre el gobierno mexicano y el Comité Internacional de Banqueros. México, El Heraldo, 1922. 119 p.

Informe del secretario de Hacienda sobre los arreglos llevados a cabo con el Comité Internacional de Banqueros, el 16 de junio de 1922; iniciativa del decreto enviado al congreso para la aprobación del Convenio; dictámenes de las comisiones de la Cámara de Diputados y del Senado; aprobación del Convenio por ambas cámaras; decreto del Congreso aprobando el Convenio, y comentarios a éste por Carlos Díaz Dufoo, Francisco Bulnes, Jaime Gurza y Arturo F. García. (BM, BN, BCW)

**3267.** España y Méjico en el asunto de la convención española. Madrid, Aguado, 1855. 92 p., tabla.

Establece cuatro puntos: la legitimidad de la deuda española; las ventajas que reporta a México el arreglo de la deuda; la futilidad de las objeciones contra la deuda; la necesidad de que se cumpla la convención. Presenta apéndices que incluyen: la convención para el arreglo de la deuda española, concluida en 17 de julio de 1847; el proyecto de convenio entre el sr. Lozano, embajador de España, y el ministro de Relaciones de México, sr. Cuevas; la convención de 1851; una comparación entre la convención de 1847 y los tratados posteriores; el tratado de 1853; las actas de las sesiones de las juntas de acreedores de la convención en octubre y noviembre de 1854 y el examen de los créditos de los sres. Carrera y Tijera. (BN)

**3268. Hammond, William Jackson.** The history of British commercial activity: Mexico, 1820-1830. Unpublished Ph.D. dissertation, University of California, 1928. 258 p., map.

Se ocupa de un período poco estudiado de la historia de México. Utiliza mucho material de folletería, así como fuentes oficiales inglesas. Es de gran utilidad. (BB)

**3269. Haro y Tamaríz, Antonio.** Extracto del expediente sobre la conversión de la deuda esterior. México, Cumplido, 1846. 54 p., tablas.

Explica por que dio su aprobación al convenio para la conversión de la deuda y la emisión de nuevos bonos. Argumenta que el convenio había sido acordado conforme a la ley y facultades de los representantes; que los bonos ya circulaban en el mercado y si se anulaban hubiera sido muy difícil establecer un nuevo acuerdo ventajoso; añade después el extracto del expediente de abril de 1845 sobre la conversión, por medio del cual se crea un nuevo fondo consolidado de 40 millones de pesos, se emiten nuevos bonos, se estipula el pago en 80 años que fijan las hipotecas de las rentas de la nación que servirían para el pago, y el interés que había de ganar el nuevo fondo; presenta también el extracto del expediente sobre los bonos en poder de Lizardi y Compañía, por valor de 784 350 libras esterlinas. (BN)

**3270. Lill, Thomas B.** National debt of Mexico, history and present status. New York, 1919. 115 p.

Síntesis de la deuda exterior de México desde 1823 hasta la administración de Carranza. Contiene cuadros estadísticos. (BM)

**3271. Manero, Antonio.** El contrato De la Huerta-Lamont. México, Botas, 1922. 36 p.

Señala los méritos del convenio entre el gobierno mexicano y el Comité Internacional de Banqueros, no sin antes exponer los compromisos financieros de México, previos al convenio; deuda de la revolución, deuda de los ferrocarriles y deuda pública. (BM, BH, BN)

**3272. México. Secretaría de Hacienda y Crédito Público.** Convenio De la Huerta-Lamont; informe del ciudadano presidente de la República y artículos relativos al convenio. Por Arturo F. García. México, Talleres Tipográficos El Heraldo, 1922. 37 p., retratos.

Se refiere al arreglo con Estados Unidos, para evitar que se hicieran efectivas las sanciones y garantías estipuladas en los empréstitos llevados a cabo entre México y banqueros del Norte.                                                      (BM)

**3273.** _____. _____. La deuda exterior de México. México, Cultura, 1926. 341 p.

Convenio Lamont-De la Huerta, enmienda Pani y debates parlamentarios que suscitó. En los convenios se especifica el monto de la deuda y la forma en que se pagará. Documentos relacionados con la devolución de los Ferrocarriles Nacionales de México a la compañía propietaria.          (BCM)

**3274.** _____. **Secretaría de Relaciones Interiores y Exteriores.** Documento no. 4 de la memoria que el secretario de Relaciones Interiores y Esteriores presentó a las cámaras, en que se da cuenta de los arreglos hechos para el pago de la deuda garantizada por convenciones diplomáticas. México, García Torres, 1852. 106 p., cuadros, tablas.

Condiciones y formas de pago, así como la cantidad, antecedentes y situación en que se encuentran en 1851 las siguientes deudas; la española, la liquidada antes y después de la independencia, la sin pagar, la que está en negociación con referencia especial a la deuda pendiente por concepto de las misiones de Filipinas; la británica, que incluye el crédito de Martínez del Río Hermanos y los de Montgomery; la francesa (crédito Sermon P. Fort) y una breve relación de los créditos de José Romero y L. S. Hargous.

**3275. Osterheld, T. W.** Deuda de los Estados Unidos de México y de los Ferrocarriles Nacionales de México hasta enero de 1919 con la firma Lansburgh Brothers, miembros de la bolsa de Nueva York. [New York?, 1919]. 36 p.

Se enumeran las deudas de México y se hace hincapié en la buena fe con que ha procedido siempre. Se exhiben estadísticas.                                                    (BH, BM)

**3276. Payno y Flores, Manuel.** La convención española. México, Cumplido, 1857. 74 p., tablas, cuadros.

Analiza históricamente la deuda española, y sostiene en base al tratado de Madrid de 1836, que la convención de 1847 es nula y asímismo las posteriores convenciones que en ella se fundan. Además, incluye un informe sobre los créditos que han debido entrar en la convención y los que entran violentando el citado tratado de 1836.          (BN)

**3277.** _____. México y sus cuestiones financieras con la Inglaterra, la España y la Francia. México, Cumplido, 1862. 346, 161 p., tablas.

Breve historia de las deudas contraídas con cada uno de los países citados en el registro, desde que se contrató el primer préstamo en 1824, hasta 1862; cantidades que se han pagado a los tenedores de bonos de Londres, 1824-56, pérdi-

das, gastos y comisiones por concepto de préstamos adquiridos, y total en efectivo que recibió el gobierno; cuenta corriente de los dividendos vencidos y pagados, 1851-52; adeudo por réditos; conversiones por concepto de la deuda de 1850 y diversas convenciones inglesas; otras deudas a los ingleses y pagos que se efectuaron; la convención española, su historia, los créditos que en ella se incluyen y que violan el tratado de Madrid de 1837; conversión de la deuda española (crédito del Padre Morán); convención con Francia, su historia, segunda convención (créditos Jecker Torre y Cía.) y tercera convención (varios créditos), monto de la deuda y su conversión, bonos Jecker, y bonos Peza; resumen de lo pagado a Inglaterra, Francia y España; reclamaciones de súbditos ingleses, franceses y españoles, 1861-62; distribución de las rentas marítimas para el pago de la deuda. Además, contiene leyes y documentos diversos sobre las deudas a Francia, Inglaterra y España.                              (BN)

**3278. Prieto, Guillermo.** Voto particular del sr. diputado don . . . en el dictamen de las comisiones primera y segunda de Hacienda, sobre la iniciativa del Ministerio, que pide se autorice al gobierno para disponer de tres millones de pesos de la indemnización americana. México, Cumplido, 1850. 8 p., tablas.

Se indigna ante el hecho de que los acreedores del gobierno sean los mismos que determinen los pagos que se les han de hacer; las consecuencias serán, según Prieto, que no se pueda hacer frente a las necesidades de la nación, pues se agotarán los medios del erario en estos pagos. Se opone a que se utilicen los fondos de la indemnización norteamericana en estos pagos, y propone la suspensión de pagos por concepto de la deuda pública, con excepción de la deuda inglesa, y que todos los fondos independientemente de que tengan consignación especial, ingresen al erario.          (BN)

**3279. Sherwell, Guillermo Butler.** Mexico's capacity to pay; a general analysis of the present international position of Mexico. Washington, 1929. 119 p, pictures, tables.

Las dificultades que tenía el gobierno de México para cubrir sus deudas con los financieros norteamericanos impulsó a Sherwell a escribir esta obra. Utiliza además de las fuentes mexicanas oficiales, algunas de los Estados Unidos de América, y otras confidenciales de supuesto origen mexicano. Para el análisis parte de dos momentos: 1910 y 1926, estudiando las balanzas de comercio y de pagos, así como el desarrollo de la deuda pública. La organización y estabilidad del gobierno, concluye Sherwell, permitirá que se cubra la deuda y mantendrá el flujo de las inversiones extranjeras que son, a juicio del autor, necesarias al país.

**3280. Thompson, Wallace.** Trading with Mexico. New York, Dodd, Mead, 1921. 271 p.

Obra escrita con el propósito de servir de estímulo y de guía a los empresarios y al gobierno norteamericano. Sostiene que a pesar de las condiciones caóticas del país, es posible y necesario desarrollar las relaciones comerciales, tanto si se tienen fines políticos como si se quieren beneficios económicos. Se opone a las tesis alarmistas sobre el bolchevismo mexicano y declara que México es indudablemente capitalista.                                                      (BB)

**3281. Turlington, Edgar W.** Mexico and her foreign creditors. New York, Columbia University Press, 1930. 449 p., illustrations, tables.

Es una historia de la deuda exterior de México, tratada tanto en su aspecto financiero, como en el terreno de las negociaciones diplomáticas con los acreedores; señala cuáles son estos acreedores y el monto de la deuda con cada uno, así como el desarrollo de la deuda exterior, 1824-1925 (discontinuo). Incluye varios tratados y convenios: el contrato de la deuda de 1824, el Carbajal-Carlies, el de 1910, el convenio Doyle de 1857, el arreglo entre el gobierno mexicano y el Comité Internacional de Banqueros y las modificaciones que posteriormente se le hicieron. Por último, presenta la ley de 1929 sobre las obligaciones de carácter interno. Es la obra extranjera de conjunto sobre le deuda exterior más importante.                                            (BN)

**Véase también:** 2886, 3049-3154.

### 4. Política gubernamental

**3282. Bosch García, Carlos.** Preliminares políticos al primer tratado de comercio entre México y España. El trimester económico [México], v. 13, 1947: 712-754.

Reseña las negociaciones que condujeron a la firma del tratado de 29 de diciembre de 1836. El tratado y sus adiciones se transcriben.                                         (BCM)

**3283. México.** Arancel general interino é instrucción para gobierno de las aduanas marítimas en el comercio libre del Imperio Mexicano. México, Celestide la Torre, 1821. 40 p.

La comisión que elaboró el arancel considera que debe ser provisional.                                             (BS)

**3284. _____.** Reglamento para la exacción del derecho de consumo decretado por el supremo gobierno en 27 de junio del corriente año. México, Lara, 1842. 24 p.

Discute las tarifas aprobadas por el nuevo arancel.       (BB)

**3285. _____. Ministerio de Hacienda.** Arancel de aduanas marítimas y fronterizas de la República Mexicana. México, García Torres, 1845. 96 p.

Contiene la legislación relacionada con la entrada y salida de mercancías, así como las tarifas correspondientes.      (BS)

# VI. Economía Regional

### 1, 2. Fuentes estadísticas y estudios generales: entidades políticas

#### AGUASCALIENTES

**3286. Aguascalientes (estado). Gobernador.** Memoria que sobre los diversos ramos de la administración pública presenta a la honorable legislatura

el ciudadano G. Francisco Hornedo. Aguascalientes, Trinidad Pedroz, 1888. 188 p., cuadros, tablas.

Nacimientos, instrucción pública en cada municipio, ingresos y egresos de las dependencias del estado. 1º de diciembre de 1883 al 30 de septiembre de 1887.              (BSMGE)

**3287. Epstein, I.** Cuadro sinóptico del estado de Aguascalientes formado según los últimos datos por. . . . Aguascalientes, Avila y Chávez, 1861. (Hoja suelta, sin clasificar).

Estadísticas sobre: población (edad, sexo, estado civil y razas); número de haciendas y ranchos, por partidos; población en 1860 (nacimientos y muertes, por parroquias, sexos y profesiones, con distinción de extranjeros); producción agrícola y ganadera, por partidos; valor de las fincas rústicas por partidos, número de jornaleros, arrendatarios, arrimados y tipo de tierras; minería (trabajadores, sueldos); rentas públicas; valor de la propiedad raíz; criminalidad; capitales eclesiásticos nacionalizados; correos; cultura; policía; servicios públicos; movimiento mercantil; artículos de primera necesidad consumidos; moneda exportada; caminos.      (BSMGE)

#### BAJA CALIFORNIA

**3288. Baja California (estado).** Memoria administrativa del gobierno del distrito Norte de la Baja California, 1924-1927. [Mexicali, 1928]. 236 p., mapas, cuadros, tablas, planos, ilustraciones.

Conflicto religioso; inmigración; turismo; salubridad; hacienda pública y subsidio federal; ayuda económica a los municipios; presupuesto de educación; enseñanza; la colonización y su relación con la agricultura; bancos; cultivo y riego en la agricultura; obras públicas, en especial las de Mexicali; problema de los ''braceros''; salarios de obreros; sindicatos; situación de la industria en general; población; sociedades y empresas mercantiles; movimiento carcelario; propiedad.        (BSMGE)

**3289.** Geografía y estadística de la Baja California, 1853. *En* Sociedad Mexicana de Geografía y Estadística. Boletín [México], primera época, v. 7, 1859: 338-359.

Los siguientes datos para los pueblos que integran el territorio: agricultura, industria, comercio, minería, ganado, y breve reseña de las islas, puertos, animales y maderas en Baja California.                                      (BSMGE)

**3290. Pérez Hernández, José María.** Compendio de la geografía del territorio de la Baja California. México, Comercio, 1872. 95 p.

Historia y descripción geográfica, producciones y estimación de la propiedad, industria, comercio, instrucción pública, grupos étnicos, lenguas, religión y censo de 1870.      (BN)

**Véase también:** 2785, 3491.

#### CAMPECHE

**3291. Campeche (estado). Secretaría General de Gobierno.** Memoria de la Secretaría General de

Gobierno del estado de Campeche . . . del 29 de marzo de 1862. Campeche, Sociedad Tipográfica, [1862]. 57 p., cuadros, tablas.

La información cubre todo el estado. Censo de población; número de escuelas primarias y secundarias; matrimonios, nacimientos, fallecimientos; negocios; producción de maíz, frijol, pepita, arroz, cacahuate, higuerilla, tabaco y maderas; establecimientos mercantiles e industriales; importaciones y exportaciones. Los años de la información (1855-62) varían según el tema tratado.

3292. _____. Secretaría de Gobernación y Hacienda. Memoria de la Secretaría de Gobernación y Hacienda del estado libre y soberano de Campeche . . . del 19 de agosto de 1869, [por Pedro Lavalle]. Campeche, Sociedad Tipográfica, [1869]. Cuadros, tablas.

Censo de población con ocupaciones; relación de los establecimientos del campo, su ubicación, propietarios, número de sirvientes que tienen y sus deudas. La información corresponde al estado en general durante 1868-69.

3293. _____. _____. Memorias de las secretarías de Gobernación y Hacienda y de Guerra y Guardia Nacional, redactadas por los secretarios Eduardo Salazar y Prudencio P. Rosado . . . de 1874. Campeche, Sociedad Tipográfica, [1874]. 126 p., cuadros.

La información se refiere al estado en general y a los partidos de Campeche, Carmen, Hecelchakan, Champotón, Bolonchen, así como a los municipios que los constituyen. Datos estadísticos: censo de población; maquinaria de vapor que hay en el estado, con nombre de la finca en que se encuentra, sus dueños, y objeto a que están destinadas.

3294. Las mejoras materiales; publicación de agricultura, industria, comercio, colonización, estadística y administración. Campeche, Sociedad Tipográfica, 1858-59, 1 v., tablas.

Publicación mensual. La información económica y estadística se refiere, principalmente, a la zona del sureste de México. Aporta datos importantes del henequén, entre otros, cálculos del costo de cultivo de 500 mecates en 20 años; interesante información económica y estadística sobre la caña de azúcar.

(HN)

3295. Shiels, Arturo. El partido del Carmen; breve reseña histórica, geográfica y estadística de aquel partido con observaciones sobre su navegación, industria, comercio. En Sociedad Mexicana de Geografía y Estadística. Boletín [México], segunda época, v. 2, 1870: 661-701, planos, mapas, cuadros, tablas.

División política y censo de población, 1861-69, establecimientos industriales, producción agrícola, valor de la propiedad rústica y urbana. Los datos se refieren, fundamentalmente, a 1868-69.

(BSMGE)

CHIAPAS

3296. Chiapas (estado). Secretaría General del Gobierno. Memoria presentada por el c. secretario general del gobierno constitucional del estado libre y soberano de Chiapas, al Congreso del mismo, en la sesión del día 14 de enero de 1878. Chiapas, Imprenta del Gobierno, 1878. 77 p., cuadros, tablas.

Situación del estado con relación a la guerra civil de 1875, con reseña general de las actividades del gobierno, la hacienda pública, la seguridad, registro civil, justicia y educación.

(BSMGE)

3297. _____. Gobernador. Memoria. Chiapas, 1883-91.

Actividades de la administración pública, datos estadísticos sobre población, propiedad, agricultura, industria, comercio y hacienda pública. Se han examinado Memorias de 1883, 1885, 1889 y 1891.

(BSMGE)

3298. Noticia geográfica y estadística del pueblo y municipio de Quechula. En Sociedad Mexicana de Geografía y Estadística. Boletín [México], segunda época, v. 4, 1892: 481-496.

Localización, población y límites de su jurisdicción, ríos y arroyos navegables, caminos, flora y fauna, y costumbres y ocupación de la población de Quechula.

(BSMGE)

3299. Rabasa, Ramón. Datos recogidos del estado de Chiapas: geografía y estadística, recursos del estado, sus elementos, condiciones de riqueza, porvenir agrícola, etc. Chiapas, Cuerpo Especial del Estado Mayor, 1895. 198 p., cuadros, tablas.

Situación geográfica y medio físico; gobierno, población (censo de 1892), división política, descripción de los departamentos, número de habitantes y resumen del censo de 1892.

(BSMGE)

3300. Rubalcaba, Luis N. Chiapas. En Sociedad Mexicana de Geografía y Estadística. Boletín [México], quinta época, v. 10, 1923: 11-22, tabla.

Información sobre geografía y funciones de los poderes estatales; datos del valor de la propiedad, población en 1909, y valor de las exportaciones realizadas por el ferrocarril Pan-Americano.

(BSMGE)

3301. Santibáñez, Enrique. Chiapas, reseña geográfica y estadística. París, Ch. Bouret, 1911. 29 p., tablas, cuadros, mapas, ilustraciones.

Situación geográfica; habitantes y lenguas, censo del estado (1900); gobierno, división territorial; valor de la propiedad; fabricación de hilazas y de tejidos e hilados de algodón (1899-1900 y 1908-09) con número de fábricas; importaciones y exportaciones; instrucción pública y comunicaciones.

(BSMGE)

CHIHUAHUA

**3302. Chihuahua (estado).** Memoria sobre la administración pública del estado de Chihuahua leída al honorable Congreso tercero constitucional por el secretario del despacho en 4 de julio de 1831. [Chihuahua], Supremo Gobierno, 1831. 78 p., cuadros.

Las estadísticas sobre: sanidad, plata ensayada, escuelas y finanzas. (BS)

**3303. _____. Gobernador.** Memoria presentada el 16 de septiembre de 1888 por el c. Lauro Carrillo, gobernador constitucional del estado al honorable Congreso del mismo. Chihuahua, Miramontes, 1888. S.p., tablas, cuadros.

Informa sobre los siguientes ramos: gobernación, hacienda, educación, fomento, guerra. Datos estadísticos: ingresos y egresos de la hacienda pública estatal, escuelas, minería. (BSMGE)

**3304. _____. Secretaría del Gobierno.** Anuario estadístico del estado de Chihuahua; sección de estadística, [a cargo de José Ma. Ponce de León]. Chihuahua, Imprenta del Gobierno, 1900-13. 5 v., cuadros.

División municipal, población y extension territorial del estado; movimiento de población, mortalidad por enfermedad, sexo y profesiones; establecimientos mercantiles e industriales; vías de comunicación. El período que cubren es de 1905-09, aunque en algunos casos ofrecen datos anteriores a 1905. (BSMGE)

**3305. _____. Tesorería General.** Cuenta del erario del estado libre y soberano de Chihuahua correspondiente al ejercicio fiscal de 1888 a 1889 formada por la Tesorería General del mismo en cumplimiento de lo preceptuado en el artículo 86 fracción XIII de la Constitución Política. México, El Gran Libro, [1889]. 220 p., cuadros.

Cuadros con información sobre: ingresos, egresos, balance de créditos, balance general, movimiento del Banco Minero de Chihuahua, giros mercantiles, movimiento industrial, balance de la deuda pública, recaudación de rentas. (BSMGE)

**3306. Creel, Enrique C.** El estado de Chihuahua, su historia, geografía y riquezas naturales. *En* Sociedad Mexicana de Geografía y Estadística. Boletín [México], quinta época, v. 12, 1928: 127-201, tablas.

Descripción geográfica; población, habitantes según censo de 1921; minería; informe de la Casa de Moneda sobre cantidad de plata acuñada; agricultura; educación pública; industria y comercio; bancos; ferrocarriles; informes diversos de carácter cualitativo sobre los indios tarahumaras. (BSMGE)

**3307. Escudero, José Agustín de.** Noticias estadísticas del estado de Chihuahua por . . . ; reimpresas de orden del supremo gobierno. México, Oficina del Puente de Palacio y Flamencos, 1834. 253 p., cuadros, tablas.

La información principia por la descripción geográfica y la división territorial, y continúa con datos económicos y estadísticos de gran interés: movimiento de población por departamentos, ciudades, pueblos, haciendas, ranchos y villas, con noticia de sexo y estado civil, 1803-33 (varía el año de la información según el lugar); las riquezas del estado y la producción territorial agrícola, ganadera y minera; precios de los productos; rentas y valor de la tierra; cálculo aproximado del diezmo pagado por concepto de ganado y trigo; descripción de los minerales y noticias de la minería; sobre rentas públicas estatales, municipales y federales. (BN)

**3308. García Conde, Pedro.** Ensayo estadístico sobre el estado de Chihuahua. *En* Sociedad Mexicana de Geografía y Estadística. Boletín [México], primera época, v. 5, 1857: 166-324, mapa, tablas, cuadros.

Localización geográfica del estado; medio físico; división política, agrícola, industrial, minera, eclesiástica y fiscal; población, 1803-05, 1823-27, y 1832-33; comercio interior y exterior; rentas públicas. Los datos estadísticos son escasos, los de mayor interés se refieren a la minería y sus productos. (BSMGE)

DURANGO

**3309. Durango (estado).** Memoria en que el gobierno del estado de Durango da cuenta al honorable Congreso de la marcha de la administración pública en el año de 1849; presentada el día 4 de marzo de 1850. [Victoria de Durango], Imprenta del Gobierno, 1850. 20 p., cuadros.

Cosechas de maíz, frijol, trigo, y algodón, por partidos; finanzas del estado; censo y movimiento de población; enfermos y muertos del cólera; fondos para la educación; gastos y productos de la fábrica de hilados y tejidos de lana y algodón de Juan Nepomuceno Flores y de la fábrica de hilados y tejidos de algodón en el Ojo de Agua del Peñón Blanco. (BS)

**3310. _____.** Memoria presentada al h. Congreso del estado por el gobierno del mismo sobre los actos de la administración pública durante el período del 16 de septiembre de 1898 al 16 de septiembre de 1900. Durango, Imprenta de la Mariposa, 1900. 41 p., cuadros, tablas.

Datos económicos y estadísticos sobre: movimiento de población; ingresos del erario, 1897-98, separados por ramos; movimiento de educación; relación del número de haciendas, su nombre, dueño y ubicación; producción agrícola.

**3311. _____.** Noticias estadísticas del estado de Durango, reunidas, aumentadas y presentadas a la Comisión de Estadística Militar, por el licenciado José Agustín Escudero. México, Rafael, 1849. 72 p., tablas, cuadros.

Movimiento de población; producción agrícola, minera y

ganadera; casa de moneda; instrucción y beneficencia pública; industria; comercio; rentas públicas.                    (BN)

**3312. Ramírez, José Fernando.** Noticias históricas y estadísticas de Durango (1849-1850). *En* Sociedad Mexicana de Geografía y Estadística. Boletín [México], primera época, v. 5, 1857: 6-115, mapas, cuadros, tablas.

Movimiento de población; instrucción pública; productos agrícolas y cría de ganado; industrias existentes; valor de las importaciones y exportaciones.              (BSMGE, BN)

**3313. Rouaix, Pastor.** Geografía del estado de Durango. Tacubaya, Secretaría de Agricultura y Fomento, 1929. 268 p., tablas, cuadros, mapas, ilustraciones.

Geografía general e historia del estado, censo, población, razas y religiones, condiciones económicas y sociales de la población, cuestión agraria, organización política y administrativa, hacienda pública, educación pública, agricultura, productos naturales de la flora explotados industrialmente, minería, industrias y fábricas, comercio, ferrocarriles, carreteras y comunicaciones en general.              (BSMGE)

**GUANAJUATO**

**3314. Guanajuato. Gobernador.** Memoria. México, 1826—.

Se han podido localizar las siguientes *Memorias* e *Informes:* (año de publicación) 1826-27, 1830, 1832, 1847, 1851-53, 1869, 1871, 1873, 1875-76, 1878, 1880, 1882, 1895, 1913-14, 1917-18, 1922-23, 1930; bibliotecas donde se encuentran: BB (1826, 1875, 1913-14, 1917-18, 1922-23, 1930), BS (1826-27, 1830, 1832, 1847), BSMGE (1851-53, 1869, 1871, 1876, 1878, 1880, 1883, 1895), BUT-LAC (1883). En general contienen datos diversos sobre situación de la administración pública, población, agricultura, tesorería: ingresos y egresos, instrucción pública, hospitales, La de 1875 tiene 43 cuadros con detallada información que incluye importaciones y exportaciones.

**Véase también:** 3601.

**GUERRERO**

**3315.** Apuntes estadísticos del distrito de Teloloapan del estado de Guerrero. *En* Sociedad Mexicana de Geografía y Estadística. Boletín [México], primera época, v. 7, 1859: 448-455.

Obras públicas; clases de tierras; y cosechas; industrias y comercio en el distrito; riqueza territorial; valor de las fincas rústicas y urbanas.              (BSMGE)

**3316. García, Juan B.** Apuntes estadísticos del distrito de Galeana (Tecpan) del estado de Guerrero. *En* Sociedad Mexicana de Geografía y Estadística. Boletín [México], primera época, v. 7, 1859: 439-447.

Datos de los pueblos y haciendas principales del distrito.
                    (BSMGE)

**3317. Guerrero (estado). Gobernador.** Memoria. Guerrero, 1870—.

Se han localizado las siguientes *Memorias:* (año de publicación) 1870-71, 1880-81, 1883, 1886, 1896, 1903. En general tienen información sobre administración, población, tesorería, ingresos y egresos, instrucción pública, criminalidad, haciendas, templos y comercios.              (BSMGE)

**HIDALGO**

**3318. Belio, J. R.** El estado de Hidalgo. *En* Sociedad Mexicana de Geografía y Estadística. Boletín [México], quinta época, v. 10, 1923: 211-250, cuadros, ilustraciones.

Datos históricos, descripción geográfica y recursos naturales; agricultura; negociaciones mineras existentes; haciendas de beneficio y cantidad de molienda; industria, descripción de la zona petrolera; fábricas de casimires y cemento, plantas eléctricas; vías de comunicación, con especial referencia a los ferrocarriles; poblaciones; educación pública; división política, superficie y población total, por distritos y municipios.
                    (BSMGE)

**3319.** Breves noticias estadísticas de Guadalupe Hidalgo. *En* Sociedad Mexicana de Geografía y Estadística. Boletín [México], primera época, v. 7, 1859: 277-279, tablas.

Población en 1856, clasificada por razas, oficios, profesiones y establecimientos comerciales en la entidad; ganado.
                    (BSMGE)

**3320. Hidalgo (estado).** Primera memoria de hacienda del estado libre y soberano de Hidalgo, presentada a la honorable legislatura del mismo por el secretario del ramo; comprende el año fiscal que por decreto especial se formó de los meses de noviembre y diciembre de 1869 y del año de 1870. México, Díaz de León y S. White, 1871. 28 p., cuadros.

Detallada relación de los ramos de hacienda pública. Se han localizado también Memorias de Hacienda de Hidalgo publicadas en 1873 y 1874.              (BB)

**3321. _____. Gobernador.** Memoria. Pachuca, 1869—.

Se han localizado las siguientes *Memorias* e *Informes:* (año de publicación) 1869, 1874, 1921, 1927-28, 1931-32. Bibliotecas donde se encuentran: BSMGE (1869, 1874), BB (1921, 1927-28, 1931-32). Contienen información despareja y variada sobre hacienda pública, educación, obras públicas; en general escasos datos estadísticos.

**Véase también:** 3461, 3590.

**JALISCO**

**3322. Banda, Longinos.** Estadística de Jalisco formada con vista de los mayores datos oficiales y noticias ministradas por sujetos idóneos en los años de 1854 a 1863. Guadalajara, I. Banda, 1873. 209 p., mapa, cuadros.

Tierra cultivada; población general del estado en 1793, 1800, 1803, 1822, 1823, 1830, 1831, 1832, 1837, 1839, 1840, 1848, 1851, 1854, 1855, 1856, 1857 y 1862; población por cantones y por sexos en varias de esas fechas; estadísticas de nacimientos, matrimonios y defunciones, 1800-54 en varios curatos; agricultura: número de haciendas y ranchos, cantidades de granos sembrados y valor de la producción; industria: fábricas de hilados y tejidos, número de husos y telares, precios, número de empleados, producción de algodón e hilaza, 1843-54; minas explotadas hasta 1863; establecimientos comerciales, 1842-54; comercio: importación y exportación; navegación y vías de comunicación; administración pública; presupuestos, 1827-53; rentas públicas, 1809-63.
(BSMGE)

**3323. Bárcena, Mariano.** Ensayo estadístico del estado de Jalisco, referente a los datos necesarios para procurar el adelanto de la agricultura y la aclimatación de nuevas plantas industriales. México, Secretaría de Fomento, 1888. 729 p., ilustraciones, mapas.

Situación geográfica y medio físico, censo del estado e índice de las poblaciones. (BN)

**3324. Jalisco (estado). Gobernador.** Memoria. Guadalajara, 1826—.

Se han localizado las siguientes *Memorias* e *Informes:* (año de publicación) 1826, 1828-29, 1832, 1848, 1869-70, 1872, 1879, 1889. Bibliotecas donde se encuentran: BB (1826, 1832, 1848), BS (1828, 1829, 1832). BSMGE (1869-70, 1872, 1879, 1889). Contiene información diversa sobre gobierno, hacienda pública, agricultura, instrucción pública y comercio.

**3325. _____. Junta de Seguridad Pública.** Noticias geográficas y estadísticas del departamento de Jalisco, reunidas y coordinadas de orden del gobierno del mismo, por la Junta de Seguridad Pública. Guadalajara, Imprenta del Gobierno, 1843. 154 p., plano, tablas, cuadros.

Para los años de 1837-41 informa sobre los siguientes temas: situación geográfica, población, superficie, habitantes, relación de los nacidos y de las defunciones con la población total, ciudades, villas, pueblos, congregaciones, haciendas, ranchos, parroquias, ayuntamientos, escuelas públicas, numerales y fanegas de sembradura. Los datos corresponden a los distritos de Guadalajara, Lagos, Barca, Sayula, Etzatlán, Autlán, Tepic, Colotlan y sus partidos. También fue publicado en Sociedad Mexicana de Geografía y Estadística. *Boletín* [México], primera época, v. 6, 1858: 269-374.     (BSMGE)

MEXICO (DISTRITO FEDERAL)

**3326. México. Dirección del Catastro.** Atlas general del Distrito Federal, geográfico, histórico, comercial, estadístico, agrario; se formó esta obra por orden del sr. d. José Ma. Puig Casauranc. México, Talleres Gráficos de la Nación, 1930-31. 2 v., mapas, cuadros.

Descripción geográfica del Distrito Federal; minería; agricultura; población; industrias y comercios; reseña histórica del Distrito Federal; situación económica, cuenta del departamento del Distrito Federal; establecimientos bancarios; propiedad raíz urbana; datos históricos sobre la formación de la ciudad de México; saneamiento y desagüe; comunicación y transportes; educación pública, y datos históricos. Mapas del Distrito Federal y de la ciudad de México, desde antes de la conquista hasta 1929.     (BSMGE)

**3327. _____. Secretaría de Industria, Comercio y Trabajo. Departamento de Industrias.** Directorio industrial del Distrito Federal: índice alfabético y decimal de las industrias visitadas por los inspectores de la sección de productos manufacturados y plantas generadoras de fuerza, luz y calor, durante el período de julio de 1917 a mayo de 1918. México, Dirección de Talleres Gráficos, 1919. 105 p.

Industrias alimenticia, textil, de metales, eléctrica, y otras como las químicas, de maderas, cueros y pieles, tabacos, ladrillo y cemento. Anota la ubicación de cada industria y el nombre del productor, que en algunos casos es alguna firma comercial.     (BB)

**3328. México (Distrito Federal). Gobernador.** Memoria. México, 1886—.

Se han localizado dos *Memorias* (publicadas en 1886 y 1888) y un *Informe* (1919). Contiene información diversa sobre obras públicas, ferrocarriles, salubridad, instrucción, a veces sobre número de habitantes.     (BSMGE)

**3329. _____. Secretaría del Gobierno.** Boletín de estadística del Distrito Federal. México, Imprenta del Gobierno Federal, 1901-13. 13 v., cuadros, tablas.

Estadística demográfica, carcelaria; estadística de policía; estadística de las casas de préstamos: a partir de enero de 1908 ofrece datos de las operaciones de empeño, de refrendo, y de valor de las ventas.     (HN)

**3330. Romero, José.** Guía de la ciudad de México y demás municipalidades del Distrito Federal. México, Porrúa, 1910. 431, 32 p., planos, tablas, ilustraciones.

Movimiento de población de los distritos y municipios del Distrito Federal; deuda del gobierno, 1895-1908, vías de comunicación y transporte.     (BN)

**3331. Southworth, John R.** México ilustrado; Distrito Federal: su descripción, gobierno, historia, comercio e industrias; la biografía del sr. general Porfirio Díaz, en español e inglés. Dibujos de Julio Ruelas. Liverpool, Blake and Mackenzie, 1903. 168 p., ilustraciones.

Descripción general del territorio y datos sobre su población; hacienda y crédito público; la antigua ciudad de México; distritos del Distrito Federal y sus características; ferrocarriles, bancos, comercios y compañías industriales.     (BUT-LAC)

Véase también: 2977.

**3332. México (deparamento). Recaudación General de Contribuciones Directas.** Estado que manifiesta los ingresos totales, gastos de recaudación y productos líquidos que tuvieron las administraciones de rentas del extinguido estado de México, en el quinquenio corrido desde el 1º de enero de 1848 hasta el 31 de diciembre de 1852 por los ramos que se expresan. Toluca, febrero 28 de 1854. (Hoja suelta, sin clasificar).

Ingresos, deducciones, y noticia de los decretos que establecieron los impuestos.                           (BSMGE)

**3333. México (estado).** Memoria de las Secretarías de Relaciones y Guerra, Justicia, Negocios Eclesiásticos e Instrucción Pública del gobierno del estado de México, leída a la honorable legislatura por el secretario de esos ramos, c. lic. Pascual González Fuentes. Toluca, Quijano, 1849. 55 p., cuadros.

Datos estadísticos sobre: población por distritos y partidos; minas en operación y abandonadas; fondos y cuentas públicas municipales, 1842-46.                       (BSMGE)

**3334. _____.** Memoria política y estadística de la prefectura de Cuernavaca, presentada al superior gobierno del estado libre y soberano de México por el lic. Alejandro Villaseñor. México, Cumplido, 1850. 62 p., cuadros.

Datos estadísticos de censos de población, delitos, ingresos y egresos del estado, estado general de escuelas, parroquias y vicarías.                              (BSMGE)

**3335. _____. Gobernador.** Memoria. México y Toluca, 1826-1930.

Contienen datos variados que no parecen siempre en todas las Memorias pero que, en general, se refieren a ayuntamientos, fondos públicos, sistema impositivo, población, rentas, gastos, conventos y sus rentas, escuelas, hospitales. La Memoria de 1879 contiene abundantes datos estadísticos, producción agrícola, fábricas textiles, de cerveza, etc. Se han examinado Memorias e Informes de los años 1826-27, 1831, 1835, 1870-71, 1879, 1885-87, 1893, 1897, 1899, 1917, 1920 y 1930. La mayoría de Memorias se encuentran en BSMGE, con excepción de las de 1835, 1870, 1885, 1897, 1917, 1920 y 1930, localizadas en BB.

**3336. _____. Secretaría de Hacienda.** Memoria que el secretario de Hacienda, ciudadano Manuel de la Sota Riva leyó al honorable Congreso del estado de México en los días 24 y 26 de marzo de 1852. Toluca, Quijano, 1852. 32 p., cuadros.

Datos estadísticos de la administración de rentas, bonos emitidos amortizados y pendientes de pago, presupuesto de gastos, valor y número de las fincas rústicas y urbanas, establecimientos industriales y giros mercantiles.       (BSMGE)

**3337. _____. Tesorería General.** Estado de México; cuenta del tesoro público formada por la Tesorería General del estado, en cumplimiento de la ley relativa. Toluca, Escuela de Artes, s.f. 167 p., cuadros.

Detallada relación de la cuenta de 1894/95.       (BSMGE)

**3338. México, Valle de (departamento). Gobierno. Sección de Estadística.** Noticia de las prefecturas, municipios y pueblos de que se compone el departamento en el año de 1859. (Hoja suelta, sin clasificar).

Detallada relación de la división territorial del departamento y resumen numérico de municipios, parroquias, vicarías y pueblos que forman cada uno de sus cuatro distritos.

(BSMGE)

**3339. Vera, Hipólito F.** Itinerario parroquial del arzobispado de México y reseña histórica, geográfica y estadística de las parroquias del mismo arzobispado. Amecameca, Imprenta del Colegio Católico, 1880. 158, 28 p.

Información sobre los pueblos donde se encuentran establecidas parroquias y vicarías; distancia a la capital en leguas, población por sexo e idioma, actividades agrícolas y "enfermedades endémicas."                          (BCM)

Véase también: 2790.

**3340.** Análisis estadístico de la provincia de Michoacán. S.d. 45 p., tablas.

Información histórica general, y población (1882).     (BS)

**3341. Martínez de Lejarza, Juan José.** Análisis estadístico de la provincia de Michoacán en 1822. México, Supremo Gobierno de los Estados Unidos, 1824. 279 p., cuadros, tablas.

Análisis de Michoacán: poblaciones; población por sexo en partidos, pueblos, curatos, vicarías, haciendas, ranchos; principales actividades de la población; cronología de los jefes políticos, alcaldes y regidores.                 (BN)

**3342. Michoacán (estado). Gobernador.** Memoria. Morelia, 1829-1919.

Información variada sobre erario público, presupuestos, ingresos y egresos, defensa, escuelas, población, hospitales, a veces producción agrícola y ganadera, minería e industria textil. Obras públicas y deuda pública. Años consultados: 1829, 1830, 1846, 1861, 1869, 1877, 1882-87, 1889, 1890, 1893-94, 1896, 1900, 1904 y 1919. La mayoría de las Memorias se encuentran en BSMGE, con excepción de la de 1829 (localizada en BS) y las de 1830 y 1919 (localizadas en BB).

**3343. _____. Tesorería General.** Extracto de las cuentas, de la Tesorería General de Michoacán y de la Tesorería Especial del Fondo de Instrucción Secundaria que manifiestan los ingresos y egresos ocurridos en ambas oficinas durante el sesto año fiscal, que corrió de 1º de septiembre de 1870 a 31 de agosto de 1874. Morelia, Imprenta del Gobierno, 1876. 32 p., cuadros.

Contribuciones directas; impuestos por distritos; pago de los productos entregados por los administradores de rentas; honorarios y gastos erogados; presupuesto de egresos. (BSMGE)

**3344.** Noticias estadísticas del distrito de Tacámbaro que la Junta Auxiliar de Geografía y Estadística ha formado con vista de los datos adquiridos, y del conocimiento que tiene de este lugar; a las cuales van agregadas un croquis tipográfico y el plano de la población. *En* Sociedad Mexicana de Geografía y Estadística. Boletín [México], segunda época, v. 4, 1872: 512-518.

Geografía; medio físico; poblaciones, 1822-68; administración pública, judicial, municipal y rentística; industrias, con algunos datos de producción y con especial referencia a la de la seda; rendimiento de todas las rentas públicas, 1870-71.
(BSMGE)

**3345. Romero, José de Guadalupe.** Noticias para formar la historia estadística del obispado de Michoacán, presentadas a la Sociedad Mexicana de Geografía y Estadística en 1860. México, García Torres, 1862. 251 p., mapas.

Datos geográficos, políticos, económicos, eclesiásticos y de población sobre los estados de Michoacán, Guanajuato y Guerrero. La información sobre bienes materiales de la iglesia tiene particular importancia. (BCM)

**3346. Romero, Luis G.** Apuntes estadísticos del distrito de Zinapécuaro del estado de Michoacán de Ocampo. México, Cumplido, 1883. 52 p.

Situación geográfica y medio físico, caminos, industrias, clases sociales, rentas del gobierno, población, idiomas, escuelas, minas, asuntos eclesiásticos, enfermedades endémicas, y existencias de maquinaria para aserrar madera. (BN)

**3347. Sánchez, Ramón.** Bosquejo estadístico e histórico del distrito de Jiquilpan de Juárez. Morelia, trabajo de Composición Tipográfica del alumno Cecilio Tinoco de la Escuela Industrial Militar Porfirio Díaz, 1896. 232 p., grabados, tablas.

Contiene información sobre división política, caminos y distancias, población, historia del culto y sus ministros, razas, idioma, valor y división de la propiedad raíz y rentas del estado y municipalidades, comunicaciones, producciones agrícolas, situación mercantil, industria fabril y manufacturera.
(BSMGE)

Véase también: 3591.

Véase también: 3591.

MORELOS

**3348. Estrada, Pedro.** Nociones estadísticas del estado de Morelos. Cuernavaca, Aurelio Flores, 1887. 106 p., tablas, cuadros.

El ejemplar consultado está mutilado, le faltan páginas referentes a la parte histórica. Geografía y medio físico, artículos mineros, agrícolas y ganaderos, acompañados en algunos casos de su valor y cantidad; administración pública, presupuesto anual de egresos, división política y administrativa, población, fondos municipales, propiedad urbana y rústica, fomento industrial, profesiones, vías de comunicación, correos, nombres de los pueblos. (BSMGE)

**3349. Morelos (estado). Gobernador.** Memoria. Cuernavaca, 1873-92.

Informa sobre ramos de la administración, población, ingresos y egresos, escuelas, minas, hospitales y vías de comunicación. Años consultados: 1873, 1882, 1887 y 1892. (BSMGE)

NUEVO LEÓN

**3350. González, Eleuterio.** Algunos apuntes y datos estadísticos que pueden servir de base para formar una estadística del estado de Nuevo León, recogidos, ordenados y publicados por. . . . Monterrey, Imprenta del Gobierno, 1873. 47 p.

Producción de vegetales y animales, superficie y habitantes, 1803-51, creación de municipios, 1812-72, población, organización política, productos agrícolas de los municipios (fanegas y costo), valor de las fincas urbanas y rústicas, contribuciones estatales, 1868-72, gastos de los poderes del estado. (BSMGE)

**3351. Nuevo León (estado). Gobernador.** Memoria. Monterrey, 1874-1904.

Informes generales sobre población, escuelas, movimientos de caudales de la hacienda pública, a veces valor de la producción agrícola y recursos naturales. Fábricas de hilados, recaudación. Años consultados: 1874, 1879, 1881, 1883, 1885, 1887, 1891, 1895, 1902. (BCMGE)

Véase también: 2968.

OAXACA

**3352. Belmar, Francisco.** Breve reseña histórica y geográfica del estado de Oaxaca. Oaxaca, Imprenta Comercio, 1901. 249 p., ilustraciones.

Datos históricos desde la época prehispánica hasta el movimiento de Tuxtepec; geografía del estado y la situación económica, política y social del mismo. (BN)

**3353.** Estadística del departamento de gobierno de Teposcolula en el que se incluye el partido de su nombre y los de Vachistlán y Tlaxiaco. 1827. 218 p., cuadros. (Manuscrito).

Segunda parte de las estadísticas del partido de Teposcolula, población, edades y estado civil; ganadería; estadística de los partidos de Tlaxiaco y Justlahuaca y del departamento de Huajuapam. (BSMGE)

**3354.** Estadística del departamento y gobierno de Tehuantepec el que comprende el partido de su nombre y el de Quiechapa o Nexapa. 1826. 105 p. Cuadros, mapas. (Manuscrito).

Población; haciendas del departamento, nombre del propietario y número de animales que posee; información histórica del departamento y apreciaciones sobre la importancia de los recursos salinos, pesca, maderas, gomas y ganadería. (BSMGE)

**3355. Murguía y Galardi, José María de.** Apuntamientos estadísticos de la provincia de Oaxaca en esta Nueva España. . . . Oaxaca, 1826-27. 5 v., tablas, cuadros. (Manuscritos).

Población, producción agrícola, producción ganadera, industria, gobierno y partidos de los siguientes departamentos: Oaxaca, Etta, Zimatlán, Tlacolula, Zachila, Yalala, Chuapan, Yxtlán, Villa-Alfa, Tehuantepec, Quiechapa, Nexapa, Xamiltepeque, Tuquila, Teposcolula, Nochistlán y Tlaxiaco. (BSMGE)

**3356. _____.** Estadística antigua y moderna de la provincia, hoy estado libre, soberano e independiente de Guajaca. *En* Sociedad Mexicana de Geografía y Estadística. Boletín [ México], primera época, v. 7, 1859: 161-275, tablas, cuadros, ilustraciones.

La primera parte, una reseña histórica de la ciudad de Oaxaca; enumeración de los obispos que tuvo, 1535-1820, y de los gobernadores, 1581-1822; principales pueblos y haciendas. La segunda se refiere a población y producto de las rentas públicas en 1832, 1834, 1837-38, 1841, 1845, 1849, 1851, 1852, y 1857; valor y cantidad del grano exportado, 1785-1858; y recaudación mensual en el departamento. (BSMGE)

**3357. Oaxaca (estado).** Segunda parte de la estadística del estado de Guajaca. [Oaxaca], 1826. 104 p., cuadros. (Manuscritos).

Departamentos, pueblos y curatos, población, comercio, artes, hacienda pública, derechos aduanales y municipales, tabacos, tesorería general provincial, bienes de comunidad, comercio en general en el estado, e información de las villas con datos de población por edades y estado civil, y situación de la ganadería. (BSMGE)

**3358. _____. Gobernador.** Memoria. Oaxaca, 1827-99.

Situación del estado, finanzas, variada información estadística, escuelas, minas. A veces población, producción, obras públicas, comercio interior, industria y ferrocarriles. Las memorias de 1848, 1850 y 1852 las firma Benito Juárez. Memorias consultadas: 1827-28, 1832, 1848, 1850, 1852, 1858, 1861, 1869, 1871, 1877, 1879-81, 1883, 1887, 1899. La mayoría de las Memorias se encuentran en BSMGE, con excepción de las de 1827, 1828 y 1832 (localizadas en BS) y las de 1848 y 1850 (localizadas en BB).

**3359. Romero, Matías.** El estado de Oaxaca. Barcelona, 1886. 212 p., cuadros, tablas.

Noticias estadísticas del estado de Oaxaca, tomadas de la Memoria del Gobernador Jiménez de 17 de septiembre de 1883: división territorial, población, educación, movimiento de caudales, hacienda pública, contribuciones directas, portazgo y consumo, crédito, productos agrícolas, maderas, minería,

acuñación, importación, servicio postal, artículos sobre el cultivo del café en Oaxaca y en Veracruz; la cuestión de brazos para el cultivo del café en Oaxaca, causa de su escasez y remedio probable; producción de maíz, de caña de manta; cultivo del café en varios distritos de México y en la Alta California; comercio exterior de frutas; exportación de azúcar mexicano; inmigración china en México. (BMNA)

**Véase también:** 2964, 2979.

PUEBLA

**3360. Arriaga, Francisco Javier.** Expediente geográfico estadístico. México, Imprenta del Gobierno, 1873. 43 p.

Descripción estadística del distrito, principales producciones, flora, fauna, ríos, sistemas de cultivo, trabajo agrícola y jornales, población e historia. (BUT-LAC)

**3361.** Cuadro estadístico del departamento de Tulancingo, distrito de Huauchinanco. Enero de 1866. (Hoja suelta, sin clasificar).

Población (por municipios, sexo) con especificación del pueblo, ranchería y hacienda a que corresponde. Relaciones de terrenos baldíos (extensión y características). (BSMGE)

**3362. Fages, Eduardo.** Noticias estadísticas sobre el departamento de Tuspan. Puebla, Macías, 1856. 126 p., cuadros.

Descripción de los partidos de Tuxpan y Chicontepec, con especial referencia a su geografía, flora, fauna, principales productos agrícolas, comercio, instrucción pública y población. Estadísticas de los ingresos y gastos; población; comercio y fábricas de aguardiente; entradas y salidas de buques; exportación e importación por productos y buques; contribuciones directas; población de la municipalidad de Tamahua, Temapache, Tepetzintla, Tihuatlán, Amatlán. Los datos corresponden a los años de 1845-50, especialmente a 1849. (BN)

**3363. Ortega, Francisco.** Ensayo de una memoria estadística del distrito de Tulancingo; impreso de órden del exmo. sr. gobernador del estado. México, Valdés, 1825. 14 p., tablas, cuadros.

Población, censo de 1824, rentas, ramos en administración, contribución directa, utilidades; milicia cívica; posibilidad de industrializar la seda, grana, lino, azúcar, papel de maguey. Los cuadros contienen: estado de las minas, población, valor de productos agrícolas del distrito, escuelas, ingresos y egresos en las administraciones de rentas; incluye una tabla estadística general del distrito de Tulancingo. (BSMGE)

**3364. Puebla (estado). Gobernador.** Memoria. Puebla, 1827-1930.

Título varía: Memoria, Informe, Mensaje. Información variada, no siempre continua, sobre administración, hacienda, obras públicas, población, escuelas, hospitales, valor de la propiedad, a veces industria y minería. Años consultados: 1827, 1830, 1849, 1880, 1882-83, 1908, 1910, 1919, 1922, y 1930. La mayoría de las Memorias se encuentran en BB, con excepción de las de 1849 y 1880, localizadas en BSMGE.

**3365. Southworth, John R.** El estado de Puebla . . . ; su historia, comercio, minería, agricultura e industrias; sus elementos naturales en español e inglés. Puebla y Oaxaca ilustrado [México], v. 6, diciembre, 1901. 71 p.

Publicación de carácter descriptivo, no presenta los datos estadísticos en forma sistemática. Contiene: historia, monumentos, instrucción pública, la iglesia, la ciudad de Puebla, número de habitantes de la ciudad, temperaturas, colegios, hospitales, lista de haciendas inmediatas al ferrocarril mexicano del sur del estado de Puebla y de Oaxaca, el ferrocarril mexicano, bancos y fábricas. (BSMGE)

QUERÉTARO

**3366. Balbontín, Juan María.** Estadística del estado de Querétaro formada por . . . en los años de 1854 y 1855. México, García Torres, 1867. 206 p., cuadros, tablas.

Descripción geográfica general y por pueblos; número de haciendas y ranchos; población por grupos étnicos, por sexos, edades y profesiones; tierras por su calidad (riego temporal), cultivadas o no y por su producción; ganadería: clases de ganado, número, uso, precio; número de minas y haciendas de beneficio, nombre de sus dueños, método de beneficiar, número de hornos de fundición y de morteros, molienda y cantidad de mineral beneficiado anualmente, consumo de maderas y carbón, número de trabajadores, etc.; número de obrajes, tiendas y artesanías; principales productos de comercio y valor de esta actividad; estadística de edificios civiles, militares y eclesiásticos; fincas urbanas; caminos y sistemas de transporte; rentas del gobierno; gastos públicos. También está publicado por la Sociedad Mexicana de Geografía y Estadística. *Boletín* [México], primera época, v. 7, 1859. (BN)

**3367. Bustamante, Francisco.** Apuntes estadísticos que escribió el sr. d. . . . , relativos al departamento de Querétaro. *En* Sociedad Mexicana de Geografía y Estadística. Boletín [México], primera época, v. 7, 1859: 535-540.

Breve relación histórica y algunos datos, breves también, de costo de instalación de fábricas, importancia de la industria agrícola, y habitantes. (BSMGE)

**3368. Domínguez, Juan de Dios.** Catecismo elemental de geografía y estadística del estado de Querétaro, formado por . . . , e impreso por acuerdo de la Sociedad Mexicana de Geografía y Estadística en el año de 1873. México, Escalante, 1873. 72 p., cuadros, tablas.

Descripción geográfica y catálogo de ríos, manantiales y uso de las aguas; división de la tierra según su utilización; división política, judicial y eclesiástica; registro de haciendas, ranchos, etc., tipo de riego utilizado y producción; comercio y establecimientos comerciales, movimiento mercantil, principales artículos de consumo y cantidades consumidas; producción y situación en la minería; talleres industriales, número de operarios, producción y su valor, relación de fábricas; estimación de la riqueza territorial; instrucción pública; población según el censo de 1790 y de los padrones de 1822 y 1826;

itinerarios de México a diversos puntos, señalando el número de leguas. Además datos sobre fundaciones de pueblos, mejoras materiales. (BN)

**3369. Querétaro (estado).** Memoria estadística y administrativa, presentada al h. Congreso del estado de Querétaro. Querétaro, Frías y Soto, 1879. 19 p., cuadros.

División política y situación de los ramos de la administración pública y las actividades económicas del estado. Cronología de los gobernadores de Querétaro, 1821-79. (BSMGE)

**3370. _____. Asamblea Constitucional.** Notas estadísticas del departamento de Querétaro, formadas por la Asamblea Constitucional del mismo y remitidas al supremo gobierno, en cumplimiento de la parte primera del artículo 135 de las bases orgánicas, año de 1845. México, Lara, 1848. 128 p., tablas, cuadros.

Notable escrito que indica la situación geográfica, comunicaciones, calidad de los suelos, flora, fauna, agricultura, industria, fábricas, comercio y población de Querétaro. Los capítulos dedicados a la agricultura y demografía destacan por la riqueza de los datos y por el análisis detallado y agudo. (BN, BSMGE)

**3371. _____. Gobernador.** Memoria. Querétaro, 1851-1934.

A partir de 1910, entitulado Informe. Contienen variada información sobre administración pública, salubridad, instrucción, producción, industria, comercio, hacienda pública, ingresos y egresos, transportes y comunicaciones. Años consultados: 1851, 1878, 1879, 1892, 1898, 1910, 1917, 1919, 1931, y 1934. Hasta 1910, se encuentran en BSMGE, después en BB.

**3372. Raso, José Antonio del.** Notas estadísticas del departamento de Querétaro. . . . *En* Sociedad Mexicana de Geografía y Estadística. Boletín [México], primera época, v. 3, 1852: 169-236, cuadros.

Situación geográfica, extensión, distritos, aspecto físico, obras hidráulicas, clasificación de tierras, flora, división política, jurídica, eclesiástica y militar, agricultura y ganadería (1840), industria, distribución del trabajo, oficios, minerías, comercio, alcabalas, educación, datos estadísticos muy completos de cabezas de ganado, sueldos, oficios, cosechas, población, matrimonios, nacimientos, defunciones (por años y lugares), impuestos. El período que abarcan se remonta en algunos casos hasta 1786, pero se refiere fundamentalmente a 1845. (BSMGE)

**3373. Septien y Villaseñor, José Antonio.** Memoria estadística del estado de Querétaro. Querétaro, González y Legorreta, 1875. 483 p., ilustraciones, tablas, cuadros.

Instrucción pública; beneficencia; cárceles; hospitales; policía; enfermedades; población (1790, 1845-51, 1854, 1868-72; cantidad, nacimientos, muertes, razas, religión); división territorial, administrativa, municipal, judicial, política, rentística y judicial; valor de la propiedad rústica y urbana; presupuestos generales del estado. (BSMGE)

**3374. Iturribarria, Ciriaco.** Memoria geográfica y estadística del departamento de San Luis Potosí, formada por orden del excmo. gobernador d. Ramón Adame, por . . . , socio corresponsal de las sociedades de geografía y estadística, y de las mejoras materiales en la República Mejicana. 1853. *En* Sociedad Mexicana de Geografía y Estadística. Boletín [México], primera época, v. 7, 1859: 288-321.

Reseña histórica y geografía general del departamento con datos sobre: productos vegetales y animales; principales poblaciones; ubicación de las minas y principales minerales, división de la propiedad rústica; total del valor comercial en el departamento; caminos principales; población.      (BSMGE)

**3375. Macías Valadez, Francisco.** Apuntes geográficos y estadísticos sobre el estado de San Luis Potosí. San Luis Potosí, Vélez, 1878. 139 p., tablas, cuadros.

Información general sobre: situación geográfica y medio ambiente; exportación de los productos naturales e industriales. Datos estadísticos de los municipios y partidos: población y su movimiento; valor de la propiedad raíz, congregaciones, haciendas y ranchos del estado; posición geográfica de algunos puntos del estado; alturas sobre el nivel del mar; resumen de la población del estado de San Luis Potosí; municipios y comisarías.      (BSMGE)

**3376. San Luis Potosí (estado). Gobernador.** Memoria. San Luis Potosí, 1829-1931.

Variada información sobre población, producción agrícola, ganadera, escuelas, aduanas, casas de moneda, minería y hacienda pública. Años consultados: 1829, 1849, 1869, 1874-75, 1928-31. La Memoria de 1829 se encuentra en BS, las de 1849, 1869, 1874-75, en BSMGE, y las de 1928-31, en BB.

**Véase también:** 3589, 3604.

**3377.** Apuntes estadísticos del Puerto de Mazatlán en el año de 1854. *En* Sociedad Mexicana de Geografía y Estadística. Boletín [México], primera época, v. 7, 1859: 323-337, cuadros, tablas.

A pesar de sus escasas páginas ofrece una interesante visión de la situación económica, política y social del Puerto. Cuadros estadísticos: censo de la capital de la república y los pueblos que la constituyen, en 1858; población de Mazatlán con especificación de los extranjeros; fuerzas del ejército; miembros del clero; ocupaciones profesionales y oficios lucrativos.      (BSMGE)

**3378. Buelna, Eustaquio.** Compendio histórico, geográfico y estadístico del estado de Sinaloa. México, Paz, 1877. 139 p.

*Véase también: Sonora, más abajo.

Descripción geográfica y datos sobre las principales producciones, industria, comercio, vías de comunicación, instrucción pública, censo del estado y población de las ciudades.      (BN)

**3379.** Datos estadísticos de la municipalidad de Mazatlán. Correspondiente al año de 1867. *En* Sociedad Mexicana de Geografía y Estadística. Boletín [México], segunda época, v. 4, 1872: 64-93.

Breve reseña histórica. Ofrece los siguientes datos: movimiento de población, rancherías, ocupación de sus habitantes, fanegas sembradas, consumo de ganado, valor de la propiedad rústica y urbana, entrada y salida de buques nacionales y extranjeros, establecimientos comerciales, caminos públicos, y escuelas oficiales y particulares.      (BSMGE)

**3380. Sinaloa (estado). Gobernador.** Memoria. Culiacán, 1881-1895.

Datos sobre población, producción agrícola y ganadera, minas, establecimientos industriales, e hacienda pública. Años consultados: 1881, 1886, 1895.      (BSMGE)

**3381. _____. Tesorería General.** Estados generales de valores y noticias estadísticas formadas por la Tesorería General del estado de Sinaloa por el año de 1896. Culiacán, Retes y Díaz, 1897. 34 p., tablas, cuadros.

Ingresos y egresos ordinarios y extraordinarios de la Tesorería General del estado; balance general de 1896; valor de la propiedad en el estado, por distritos; alambiques.
      (BSMGE)

**3382. Southworth, John R.** El estado de Sinaloa, México; sus industrias comerciales, mineras y manufactureras. San Francisco, Hicks-Judd, 1898. 102 p.

Breve historia del estado y su población; administración, instrucción y rentas; agricultura por distritos, algunos datos sobre producción; ríos y transportes; recursos minerales y situación de las minas; y datos históricos y económicos de las ciudades de Culiacán y Mazatlán.      (BUT-LAC, BN)

**3383. Escudero, José Agustín de.** Noticias estadísticas de Sonora y Sinaloa, compiladas y amplificadas para la Comisión de Estadística Militar por . . . . México, Rafael, 1849. 146 p., cuadros, mapa.

Datos geográficos y división territorial, física, política, agrícola, industrial, religiosa, judicial, fiscal y militar de la provincia; población y principales ciudades: producción y actividades agrícolas, minera, industriales y comerciales; rentas, hacienda pública y situación de los indios.      (BUT-LAC)

**3384. Espinosa de los Monteros, Carlos.** Exposición que sobre las provincias de Sonora y Sinaloa escribió su diputado. . . . México, Ontiveros, 1823. 44 p., tablas.

Tiene alguna importancia para la geografía económica y estado financiero de la administración pública de Sonora y Sinaloa.                                                             (BS)

**3385. México. Departamento de la Estadística Nacional.** Sonora, Sinaloa y Nayarit: estudio estadístico y económico social, . . . año de 1927. México, Imprenta Mundial, 1928. 498 p., cuadros, mapas, planos, ilustraciones.

Importante inventario sobre población, educación, riqueza forestal, caza, y pesca, propiedad rústica, agricultura, ganadería, minería, industrias de transformación, comunicaciones, comercio, trabajo, instituciones de crédito. Los autores iniciaron con esta obra una serie de estudios regionales del país. Sostienen que es necesario vincular a esta zona con el resto del país, y aminorar sus lazos de dependencia natural con los Estados Unidos de América.                                        (BB)

**3386. Pérez Hernández, José María.** Compendio de geografía del estado de Sonora. México, Chávez, 1872. 142 p.

Descripción geográfica; productos naturales y estimación de la propiedad; industria, comercio, instrucción pública, beneficencia, razas, idiomas y religión; comunicaciones y censo del estado, en 1870.                                      (BN)

**3387. Sonora (estado). Gobernador.** Informe. Hermosillo, 1870-1929.

Lugar de publicación cambia: Ures, Guaymas, Sonora. Información variada sobre administración pública, presupuesto, educación, seguridad, caminos. A veces datos estadísticos, escuelas, población, minería. Años consultados: 1870, 1888-89, 1891, 1917-18, 1928-29. Hasta 1891, se encuentran en BSMGE, a partir de 1917, en BB.

**3388. Ulloa, Pedro N.** El estado de Sonora y su situación económica. Hermosillo, Monteverde, 1910. 216 p., cuadros, tablas.

Contiene: descripción del estado, medio físico, recursos naturales; el elemento político; los nueve distritos y sus recursos; las fuentes de riqueza, minería, agricultura, colonización, ganadería, industria, comercio, instituciones bancarias, y vías de comunicación.                              (BSMGE)

**3389. Velasco, José Francisco.** Noticias estadísticas del estado de Sonora, acompañadas de ligeras reflexiones. México, Cumplido, 1850. 350 p.

Detallada relación de la topografía, situación y extensión del estado; administración pública y religiosa; población y principales ciudades, pueblos y presidios; producción minera; montes, madera, caza y pesca.                      (BUT-LAC)

**Véase también:** 3488.

TABASCO

**3390. Carrascosa, Romualdo.** Estadística general de la Sierra, uno de los cuatro distritos que componen el departamento de Tabasco en la República

Mexicana, firmado por el agrimensor. . . . S.l., Trinidad Flores, 1834. 52 p., tablas, cuadros.

Geografía, producciones principales, población. Padrón general de las riberas, haciendas y rancherías, nombre de las haciendas, propietarios, y habitantes de cada distrito. También aparece en Sociedad Mexicana de Geografía y Estadística. *Boletín* [México], primera época, v. 7, 1859: 361-391.

**3391. Correa, Alberto.** Reseña económica del estado de Tabasco. México, Secretaría de Fomento, 1899. 168 p.

Población, gobierno, vías de comunicación, propiedad rural, caña de azúcar, café, maíz, frijol, arroz, frutas, plátano, tabaco, hule vainilla, cocotero higuerilla, achiote, plantas textiles, ganadería, industrias fabriles y extractivas, comercio.                                                             (BN)

**3392. Gil y Sáenz, Manuel.** Compendio histórico, geográfico y estadístico del estado de Tabasco. Tabasco, Abalos, 1872. 252 p., cuadros, tablas.

La primera parte, nociones generales, nombre, topografía, división política, características físicas, producciones, pobladores, religión, y régimen político del estado. La tercera, datos estadísticos: inventario de los recursos del estado, gastos municipales, entrada y salida de mercaderías, producciones, minas, administración y otros.                                 (BN)

**3393. Tabasco (estado). Gobernador.** Memoria. Tabasco, 1849-1900.

Lugar de publicación varía: México. Información variada sobre administración, obras públicas, agricultura, industria, comercio, hacienda pública. Años consultados: 1849, 1880, 1900.                                                        (BSMGE)

**Véase también:** 3592.

TAMAULIPAS

**3394. Alba, Rafael de.** Tamaulipas: reseña geográfica y estadística. París, Ch. Bouret, 1910. 74 p., tablas, cuadros, mapas, ilustraciones.

Situación geográfica, orografía, hidrografía, clima, minerales, flora y fauna; reseña histórica; población, con datos aislados desde la época prehispánica hasta 1907 (tablas); organización y división política, judicial, municipal y religiosa; cuadro de la división política, con nombre de las municipalidades, nombre antiguo de su cabecera (datos acerca de la fundación de la misma), situación de la cabecera, población de la municipalidad; educación; cuadro de navegación, entrada y salida de buques por el puerto de Tampico; comercio, importación y exportación, movimiento comercial por los ferrocarriles de la frontera del norte; instrucción pública; minería, asfalto y petróleo (producción); agricultura y ganadería, producciones, plantas cultivadas, haciendas, ranchos y rancherías, censo agrícola del estado, en 1907, producciones totales, colonias agrícolas y obras de riego, ganadería, producción ganadera, valor del ganado, número de cabezas existentes; vías de comunicación.                                        (BSMGE)

**3395. Arguelles, Adalberto J.** Reseña del estado

de Tamaulipas. Ciudad Victoria, Gobierno del Estado, 1910. 362 p., ilustraciones, cuadros.

Límites, extensión, relieve, minería, organización política, administración local, hacienda pública, educación, población, vías de comunicación, agricultura, ganadería, industria extractiva y fabril, comercio, e influencia del gobierno en el desarrollo.

**3396.** Cuadro estadístico del departamento de Tamaulipas, año de 1837. (Hoja suelta, sin clasificar).

Situación geográfica, fábricas, población (edad, sexo, estado civil), oficios, producción de los principales artículos agrícolas y ganaderos, con especificación del número de ranchos y haciendas. (BSMGE)

**3397. Tamaulipas (estado).** Anuario estadístico del estado de Tamaulipas. Por Espiridión Ledesma. Victoria, Establecimiento Tipográfico del Gobierno, 1905. 116 p., cuadros, tablas.

Presupuesto y rentas municipales; valor de la propiedad, por distritos; instrucción pública: población, población en edad escolar, escuelas, bibliotecas, sociedades científicas y literarias; comunicaciones: líneas telegráficas, teléfonos, ferrocarriles en el estado; agricultura: número de fincas (categoría y extensión), producciones por distritos, producción de maderas; demografía: defunciones, nacimientos, matrimonios, mortalidad por sexo, enfermedades, ocupación. Los datos estadísticos corresponden a 1903, con algunas excepciones. (BSMGE)

**3398.** _____. Anuario estadístico del estado de Tamaulipas. Victoria, Establecimiento Tipográfico del Gobierno, 1908-13. 3 v., cuadros.

Geografía general del estado; tesoro público: ingresos y egresos, 1901-11; mejoras materiales; deuda pública (amortización); movimiento de población (edad, sexo); instrucción pública; agricultura (producción, haciendas, ranchos); industria de transformación; comercio (cámaras comerciales, capital y giro de los establecimientos mercantiles); ganadería; minas (en explotación y paralizadas); maderas; instituciones de crédito; comunicaciones y transportes. Los datos estadísticos corresponden al año de 1907, con algunas excepciones, e incluyen referencias a los municipios del estado. (BSMGE)

**3399.** _____. Ensayo de una memoria estadística del distrito de Tamaulipas; impreso del órden del exmo. sr. gobernador del estado. México, Valdés, 1825. 14 p., cuadros.

Informe general sobre su situación geográfica y medio físico, productos naturales, población, agricultura, industria, comercio (pulque), instrucción pública, hacienda pública. Datos estadísticos de las minas, ubicación, nombre y número de trabajadores; movimiento de población, de enero a junio, por municipalidades; valor de los productos agrícolas; escuelas; ingresos y egresos del erario, por partidos. (BSMGE)

**3400.** _____. Memoria administrativa del estado de Tamaulipas correspondiente al año de mil

ochocientos noventa. Victoria, Gobierno del Estado, 1892. 193 p., cuadros.

Límites geográficos; situación de la administración pública, hacienda pública y repartimiento de ejidos. (BSMGE)

**3401.** _____. **Gobernador.** Discursos leídos por el señor gobernador del estado de Tamaulipas ingeniero Alejandro Prieto al h. Congreso en los dos primeros años de su gobierno, precedidos de un prólogo por Rafael Garza. Victoria, El Eco del Centro, 1891. 239 p.

Incluye la *Memoria* leída al Congreso del estado el día 1º de abril de 1889. (BSMGE)

**3402.** _____. **Secretaría de Gobierno.** Memoria presentada por el ciudadano secretario del gobierno Carlos Mario Gil, al XV Congreso del estado de Tamaulipas, el día 8 de abril de 1890. Victoria, Gobierno del Estado, 1891. 436 p., cuadros, tablas, ilustraciones.

Descripción y actividades en que se encuentran los ramos de la administración pública: Relaciones Públicas, Gobernación, Justicia, Instrucción Pública (escuelas), Fomento (propiedad territorial, agricultura, giros industriales y mercantiles, medios de comunicación). Los datos corresponden al año de 1890. (BSMGE)

**Véase también:** 3493.

TLAXCALA

**3403. Tlaxcala (estado). Gobernador.** Memoria. Puebla, 1861; Tlaxcala, 1869-94.

Datos sobre población, agricultura, industria e hacienda pública. La Memoria de 1861 describe la situación crítica por la que atraviesa la economía del país (1859-61). Años consultados: 1861, 1869, 1894. (BSMGE)

**Véase también:** 2960.

VERACRUZ

**3404. Bausa, José Ma.** Bosquejo geográfico y estadístico del partido de Papantla, formado por el jefe de él d. . . . , por disposición del exmo. sr. gobernador del departamento d. Antonio María Salonio en el año de 1845. *En* Sociedad Mexicana de Geografía y Estadística. Boletín [México], primera época, v. 5, 1857: 374-426.

Información general, dividida en 10 partes, situación económica, política y social. En la segunda parte, el censo general del partido. (BSMGE)

**3405. César, Juan Nepomuceno.** Tlacotálpam, noticias estadísticas sobre aquella municipalidad del distrito de Veracruz, escritas en 1859. . . . Veracruz, Blanco Burgos, 1864. 94 p., cuadros.

Descripción geográfica e histórica; ingresos y egresos, población, educación, agricultura, establecimientos industriales y mercantiles, población e ingresos.                    (BSMGE)

**3406. Fages, Eduardo.** Noticias estadísticas sobre el departamento de Tuxpan. *En* Sociedad Mexicana de Geografía y Estadística. Boletín [México], primera época, v. 4, 1854: 187-205, 241-259, tablas, cuadros.

Los límites y posiciones geográficas, población (1849) y administración, industria y comercio, haciendas y rancherías, correos, navegación, ferias y fiestas.          (BMNA)

**3407. Ramírez, Mariano.** Estadística del partido de Córdoba formada en cumplimiento de las órdenes del exmo. sr. gobernador de Veracruz, don Antonio María Salonio. *En* Sociedad Mexicana de Geografía y Estadística. Boletín [México], primera época, v. 4, 1854: 73-110, tablas, cuadros.

Noticias estadísticas de los 22 pueblos del partido, población, instrucción pública; agricultura, productos y sus valores; industria, oficios y artes; comercio, productos que se exportan a otros lugares de la república, y mercado local.          (BMNA)

**3408. Segura, Manuel de.** Apuntes estadísticos del distrito de Orizaba en el año de 1839, de orden del exmo. sr. d. Antonio María Salonio, gobernador de Veracruz. *En* Sociedad Mexicana de Geografía y Estadística. Boletín [México], primera época, v. 5, 1854: 3-71, tablas, cuadros.

Artículo de interés estadístico, que proporciona también datos geográficos e históricos sobre los partidos de Orizaba y Zongolica, en Veracruz. Población; ganadería y agricultura; fábrica de hilados de Cocolapan, alcabalas; artesanos; pueblos; educación pública; censo del partido de Orizaba; el partido de Zongolica; la villa de Zongolica y sus pueblos con indicación de población; censo general del partido de Zongolica.          (BMNA)

**3409. Southworth, John R.** El estado de Veracruz-Llave . . . ; publicado bajo la dirección y autorización del gobierno del estado. [Liverpool, Blake & Mackenzie], 1900. 171 p., mapa, ilustraciones.

Historia general, organización política y población del estado; instrucción pública; fomento, y hacienda pública; productos agrícolas y establecimientos comerciales.          (BN)

**3410. Veracruz (departamento).** Informe que sobre el estado de la administración pública debió presentar el gobierno del departamento de Veracruz, a la honorable Asamblea. Jalapa, Aburto, 1844. 72 p.

División territorial y política; instrucción pública; productos agrícolas y enumeración de fábricas; rentas públicas, ingresos en las aduanas.          (BSMGE)

**3411. _____.** Informe que sobre el estado de la administración pública presentó a la honorable Asamblea, en cumplimiento de su reglamento interior del artículo 79, el gobierno del departamento de Veracruz. . . . Jalapa, Aburto, 1846. 24 p.

Diversa información descriptiva sobre: escuelas, agricultura, industria y comercio, hacienda pública (impuestos, contribuciones, egresos; recaudación por aduanas), justicia (hospitales, colegios).          (BSMGE)

**3412. Veracruz (estado).** Estadística del estado libre y soberano de Veracruz; cuaderno primero que comprende los departamentos de Orizaba y Veracruz y la memoria del gobierno. Por Ramón Hoyos. Jalapa, Blanco y Aburto, 1831. 125 p., tablas, cuadros.

Datos sobre departamentos (Veracruz, Misantla, Papantla y Tampico): producción agrícola y ganadera; ingresos de las aduanas del estado en el año de 1831, ingresos que tuvieron las rentas del estado. Estadística del departamento de Orizaba y los cantones de Córdoba y Cosamaloapan: ganadería y agricultura, comercio, industria, instrucción pública, policía y gobierno.          (BSMGE)

**3413. _____.** Estadística del estado libre y soberano de Veracruz; cuaderno segundo que comprende los departamentos de Acuyucam y Jalapa. Por José María Iglesias. Jalapa, Blanco y Aburto, 1831. 60 p., tablas, cuadros.

Estadísticas del departamento de Acuyucan y los cantones de Acayucan, Huimanguillo y San Andrés Tustla: producción agrícola y ganadera, población por edades y sexos, nacimientos y defunciones, gobierno, religión. Estadísticas del departamento de Jalapa y los cantones de Jalapa y Jaloncingo, con resumen general de la población del estado.          (BSMGE)

**3414. _____. Estado de Veracruz-Llave.** Noticia estadística. Xalapa, Gobierno del Estado, 1902. 116 p., tablas, cuadros.

Empadronamiento de edificios (casas, hoteles) y de habitantes (ocupaciones). Los datos de 1900.          (BSMGE)

**3415. _____. Gobernador.** Memoria. Jalapa, 1827-1891.

Lugar de publicación cambia: Veracruz, México, Orizaba. Se destacan algunas Memorias como las de 1883, 1887, 1889, con sus datos estadísticos sobre población, ingresos y egresos de la hacienda pública, instrucción pública, agricultura, industria y comercio. Años consultados: 1827, 1852, 1861, 1869, 1871, 1874-75, 1879, 1882, 1883, 1887, 1889, 1891. La mayoría de las Memorias se encuentran en BSMGE, con excepción de las de 1827 y 1869, localizadas en BN.

**3416. _____. Secretaría de Gobierno. Departamento de Estadística.** Sinopsis de la división territorial del estado. Xalapa Enríquez, Gobierno del Estado, 1900. 249, 79 p., tablas.

Comprende cantones, municipios, congregaciones, haciendas, y rancherías. Apéndice con disposiciones legislativas que fijan la jurisdicción administrativa de cada localidad. (BSMGE)

**Véase también:** 2961, 3525.

YUCATAN

**3417. Canton, Francisco.** Informe administrativo del estado libre y soberano de Yucatán. Mérida, Pérez Ponce, 1902. 36 p., ilustraciones, cuadros.

Situación de la administración pública. Para comunicaciones ofrece datos estadísticos anuales, 1898-1902.          (BSMGE)

**3418. López, Alfonso E.** Guía geográfica, mercantil, agrícola e industrial de Yucatán. México, El Lápiz del Aguila, 1900. 156 p., planos, mapas, tablas, ilustraciones.

Rentas, egresos y contribuciones del estado, valor de la propiedad urbana y rústica, rentas municipales, ocupaciones, importación y exportación en 1897, instrucción pública y particular, catastro, henequén exportado en 1899 y resumen del exportado en 1895-99. Datos sobre el estado de Campeche: propiedad urbana y rústica, instrucción pública, población, ingresos del estado, industrias. Industria, vías de comunicación, y transporte en todo el estado de Yucatán (movimiento y explotación).          (BN, BSMGE)

**3419. Montiel y Duarte, Isidro Antonio.** Colección de los artículos publicados en el Foro con motivo del atentado que se cometió contra la soberanía del estado de Yucatán, embargándosele sus rentas más importantes. México, Sandoval, 1879. 39 p.

Es una defensa de la soberanía del estado de Yucatán que contiene: la facultad económica y la hacienda pública de los estados.          (BN)

**3420. Régil, José Ma.; y Alfonso M. Peón.** Estadística de Yucatán. 1853. 338 p. (Manuscrito).

Geografía general, recursos naturales, minería, agricultura, población, industria, comercio. La información corresponde al año de 1852. Está impreso también en Sociedad Mexicana de Geografía y Estadística. *Boletín* [México], primera época, v. 4, 1857: 237-336.          (BSMGE)

**3421. Yucatán (estado). Gobernador.** Memoria. Mérida, 1846-1925.

Título varía: Mensaje, Informe. Información variada sobre actividades del gobierno, tesorería, finanzas, educación, agricultura, comercio, industria, y población. La de 1862 contiene un censo de población. Años consultados: 1846, 1862, 1864, 1884-85, 1904, 1908, 1923, y 1925. Hasta 1885, se encuentran en BSMGE, a partir de 1904, en BB.

ZACATECAS

**3422. Amador, Elías.** Noticia estadística de Zacatecas. Zacatecas, Escuela de Artes y Oficios, 1892. 57 p., cuadros, tablas.

Datos sobre población; educación; agricultura; ganadería; comercio; industria, y minería.          (BSMGE)

**3423. [Arechiga, Jesús].** Memoria administrativa del estado libre y soberano de Zacatecas. [Zacatecas], 1897. 85, 609 p., cuadros.

Estadísticas detalladas para el estado y los partidos en que se subdivide: educación, comunicaciones, agricultura y ganadería, etc.          (BSMGE)

**3424. Bustamante, José María.** Descripción de la serranía de Zacatecas, . . . 1828 y 1829; aumentada y combinada con planes, perfiles y vistas trazadas en los años de 1829, 30, 31, y 32 por C. de Berghes. Méjico, Imprenta de Galván, 1834. 39 p., tablas.

Informe de la geografía y aspecto físico de la serranía y de la ciudad de Zacatecas, población, noticias estadísticas de las minas que incluyen producción y empleados, número y profundidad de los tiros de las minas. Por último, datos generales de la casa de moneda de Zacatecas.          (BN)

**3425. Esparza, Marcos C.** Informe presentado al gobierno supremo del estado por el c. . . . a consecuencia de la visita que practicó en los partidos de Villanueva y Juchipila. . . . Zacatecas, Imprenta de Gobierno, 1830. 63 p.

Contiene datos históricos, económicos, políticos y sociales de los dos departamentos y los pueblos que los forman.    (BN)

**3426. Fernández, Carlos.** Apuntes referentes a la municipalidad de Chalchihuites, dedicadas a la Sociedad Mexicana de Geografía y Estadística. Guadalupe, Tipografía del Hospicio, 1882. 20 p.

Datos sobre el territorio, población, minerales, haciendas, congregaciones, ranchos, instrucción pública, comunicaciones, industria y rentas.          (BUT-LAC)

**3427. Matute, Juan I.** Noticia geográfica, estadística y administrativa del partido de Juchipila. Guadalajara, Pérez Lete, 1885. 101 p., tablas, cuadros.

Geografía general; población; instrucción pública; agricultura, industria y comercio del tejido; mejoras materiales; división política; valor de la propiedad; total de la producción y consumo; rentas públicas.          (BSMGE)

**3428. Zacatecas (estado).** Informe administrativo del estado de Zacatecas. Zacatecas, Tipografía del Hospicio de Niñas en Guadalupe, 1909. 498 p.

Información detallada sobre: rentas; comunicaciones; estadísticas de los productos ganaderos, mineros etc., 1904-08, para cada partido.          (BSMGE)

**3429. \_\_\_\_\_. Gobernador.** Memoria. Zacatecas, 1871-1927.

Título varía: Informe. Lugar de publicación varía: Guadalupe, México. Destacan las Memorias de 1871 y 1905 por la riqueza de su información estadística. Años consultados: 1871, 1903, 1905, 1921, 1926, 1927. Se encuentran en BB, con la excepción de la Memoria de 1871 que está en la BSMGE.

PROVINCIAS Y ESTADOS ANTIGUOS

**3430. Almonte, Juan Nepomuceno.** Noticia estadística sobre Tejas. México, Cumplido, 1835. 96 p., cuadros.

Descripción de Texas en 1834 con datos estadísticos sobre: geología; población, poblaciones y municipios; ganado; movimiento comercial tanto interno como externo de los puertos pertenecientes a Texas; comercio en general; industria, personal y producción: número y tipo de pueblos habitados por "indios bárbaros"; lugar de residencia y registro de "indios pacíficos"; caminos y su extensión, itinerarios a México. Los datos señalados son presentados por departamentos, poblaciones, municipios, etc. (BN)

**3431.** Memoria sobre las proporciones naturales de las provincias internas occidentales, causas de que han provenido sus atrasos, providencias tomadas con el fin de lograr su remedio, y las que por ahora se consideran oportunas para mejorar su estado e ir proporcionando su futura felicidad; formada por los diputados de dichas provincias que la suscriben. México, Ramos Palomera, 1822. 66 p.

Observaciones sobre la agricultura, minería, comercio y hacienda pública en Sonora, Sinaloa, Nuevo México y Nueva Vizcaya. (BB)

**3432. Occidente (estado). Gobernador.** Esposición sobre el estado actual de la administración pública del estado de Occidente, leída por su gobernador ante la honorable Asamblea legislativa del mismo estado el día 2 de marzo de 1829. Guadalajara, Supremo Gobierno, 1829. 11 p.

Situación política, instrucción pública, temporalidades, estado eclesiástico, industria y agricultura, comercio y minería, indígenas, milicia, acuñación de moneda y hacienda pública. (BS)

**3433. Pino, Pedro Bautista.** Noticias históricas y estadísticas de la antigua provincia del Nuevo-México presentadas por su diputado en Cortes . . . , en el año de 1812; adicionadas por el lic. d. Antonio Barreiro en 1839, y últimamente anotadas por el lic. don José Agustín de Escudero, para la Comisión de Estadística Militar de la República Mexicana. México, Lara, 1849. 98 p., mapa.

Contiene valiosos datos sobre la extensión y situación geográfica de la provincia, y sobre agricultura, industrias, comercio, explotación de bosques y minerales, y población. (BN)

**3434. Riesgo, Juan M.; y Antonio J. Valdez.** Memoria estadística del estado de Occidente. Guadalajara, Alatorre, 1828. 80 p.

Descripción sobre los aspectos políticos, hacendarios, eclesiásticos, jurídicos, militares, educativos, agrícolas, mineros, industriales, comerciales y geográficos de los estados que ahora conocemos como Sonora y Sinaloa. (BN)

## 3. Desarrollo urbano, urbanización

**3435. Díaz, Celestino.** Guía del viajero en Querétaro. Querétaro, González, 1881. 336, 28 p., tablas.

Valor y número de fincas urbanas, población de la ciudad, consumo anual aproximado de alimentos en la ciudad, comercios, industrias, fábricas, instrucción pública. (BN)

**3436. Mendoza, Justo.** Morelia en 1873, su historia, su topografía y su estadística. *En* Sociedad Mexicana de Geografía y Estadística. Boletín [México], tercera época, v. 1, 1873: 616-663.

Describe la ciudad de Morelia, sin presentar en forma sistemática los datos estadísticos. (BSMGE)

**3437. Portillo, Andrés.** Oaxaca en el centenario de la independencia nacional; noticias históricas y estadísticas de la ciudad de Oaxaca, y algunas leyendas tradicionales recogidas . . . con la cooperación de varias personas cuyos nombres constan en los capítulos respectivos. Oaxaca de Juárez, Imprenta del Estado, 1910. 784 p., planos, gráficos, cuadros.

Decreto que la declara Oaxaca de Juárez; manzanas y calles de la ciudad, con noticia de su nomenclatura en 1848, 1884 y 1910; anexión del pueblo del Marquesado a la ciudad, cuarteles de la ciudad; teatros; mercados; plazas; instrucción pública; movimiento de población; producción en general; fincas y capitales desamortizados. (BN)

**3438. San Luis Potosí (ciudad). Ayuntamiento.** Memoria que el ayuntamiento de 1872 presenta a sus comitentes. San Luis Potosí, Vélez, 1872. 9 p., tablas, cuadros.

Descripción de los siguientes aspectos: hacienda pública, alumbrado; ejidos; cárceles; plazas y mercaderes; obras públicas; salubridad pública; beneficencia pública; montepío municipal; instrucción pública; y documentos que contienen presupuestos y gastos de los diversos temas descritos. (BSMGE)

**3439. Venegas, Aurelio J.** Guía del viajero en Toluca. Toluca, Tipografía del Gobierno en la Escuela de Artes, 1894. 381 p., plano, tablas.

Población de la ciudad, valor de la propiedad urbana, establecimientos comerciales, industria, ganado sacrificado anualmente, instrucción pública, presupuesto anual, capacidad de agua, gastos en obras públicas, presupuesto anual de sueldos de empleados públicos. (BMNA)

### 3a. Desarrollo urbano, urbanización: México (ciudad)

**3440. Arroniz, Marcos.** Manual del viajero en

México ó compendio de la historia de la ciudad de México. París, Deis, 1858. 298 p., tablas.

Contiene noticias estadísticas de la ciudad, datos sobre casas comerciales, servicios, y bienes del clero.          (BMNA)

**3441. Azcarate, Miguel María de.** Noticias estadísticas que sobre los efectos de consumo introducidos en esta capital en el quinquenio de 1834 a 1838, presenta el comandante de resguardo de rentas unidas de México, coronel retirado del ejército. . . . México, Aguila, 1839. 46 p., cuadros.

Interesante obra que rebasa los ofrecimientos que hace su título. La primera parte está formada por los apartados de población, agricultura, ganados; venta de casas, solares y haciendas; pulques; y azúcares. En la segunda parte presenta cinco cuadros estadísticos que dan noticia de los efectos agrícolas, madereros, mineros y ganaderos introducidos a la capital, pertenecientes al ramo de viento; al ramo de aforo, según sean extranjeros o nacionales; número de fincas urbanas, rústicas y solares que se han vendido y comprado en la capital en 1838 con nombre del comprador y del vendedor, así como ubicación de las casas y un resumen para 1834-38; número de cargas de carbón y leña, mulas, caballos y burros, con noticia de lo que han causado por concepto de alcabalas; relación por renglones de los ingresos y gastos de la Aduana de México. Por último, presenta un cuadro con la población de la capital de México (Nueva España) en 1790 con noticias de religión, monjas, estado civil, "castas," "clases," colegios, hospitales, casas de misericordia y cárceles.          (BN)

**3442. Christen y Cía., José H., *ed*.** Guía del viajero. Diario comercial vespertino. México, El Gran Libro, 1887. 1 v., ilustraciones, tablas.

184 números, publicados de mayo a diciembre. Contiene: mercancías llegadas a la aduana de México, por cantidades y destinatarios, lista de algunos comercios; movimiento de vías de comunicación y transporte; plano descriptivo del centro comercial de México (en los números de diciembre).          (HN)

**3443. Galván Rivera, Mariano.** Guía de forasteros en la ciudad de Mégico, para el año 1854. Mégico, Santiago Pérez, 1854.

Contiene una lista de las principales casas comerciales con el nombre de sus propietarios.          (BN)

**3444. México. Comisión Monetaria.** Datos sobre rentas de fincas urbanas en la ciudad de México. México, Tipografía de la Oficina Impresora de Estampillas, 1903. 240 p., cuadros.

(a) Datos referentes al número de casas, rentas anuales, valor manifestado e impuestos que han causado. Los datos están clasificados por años y número de fincas y corresponden a los años 1891-1903. (b) Padrón general de las casas de la ciudad de México. Dividida la información en ocho cuarteles mayores, que engloban a 32 cuarteles menores. Los datos de cada cuartel menor están ordenados por: calles, manzanas, casas, accesorias, nombre de dueño y valor del arrendamiento en 1813 y 1796, en una columna donde se consigna el aumento o disminución comparada. Al final de los datos de cada cuartel menor hay un resumen por manzanas y calles,

y un extracto por manzanas. Al final de la obra, resumen de los 8 cuarteles mayores, y se ofrece el valor total en 1813 y 1796 y el aumento global en las rentas. Además, hay un cuadro adicional de la división de los propietarios individuales y corporaciones con el valor de las rentas por cada cuartel.          (BSMGE)

**3445. México (ciudad).** Boletín mensual municipal de estadística de la ciudad de México. México, 1899-1903. 2 v., cuadros.

Obra eminentemente estadística, contiene: información mensual sobre el servicio de aguas, alumbrado público, cárcel municipal, carros y coches, diversiones, hacienda pública, servicios de limpia, mercados y expendios, obras públicas, panteón municipal, paseos, policía, rastro, relojes y administración municipal.          (HN)

**3446. _____. Ayuntamiento.** Memoria. México, 1852-1927.

Título varía: Informe, Discurso. Contienen información sobre hacienda, obras públicas, servicio de limpia, demografía, educación, mercados, fábricas. Años consultados: 1852, 1866-68, 1870-73, 1875, 1878, 1880, 1883-85, 1891-92, 1894-96, 1898-1900, 1902-04, 1908-09, 1927-28. La mayoría de las Memorias se encuentran en la BSMGE, con la excepción de las de 1866-67, 1870-73, 1875, 1880, 1885, y 1928, localizadas en la BB.

**3447. Ruhland, Emil, *ed*.** Directorio general de la ciudad de México. México, Jens, [1889]. 156, 144 p., ilustraciones.

Contiene los directorios profesional, comercial, industrial, de servicios, y de oficinas públicas. Incluye anuncios comerciales. Se refiere al año de 1888. A continuación, se publicaron cuatro Directorios editados por el mismo autor (fechas de publicación: 1894, 1895, 1896, 1900).          (BSMGE)

**3448. Ruhland y Ahlschier Sucr., *ed*.** Directorio de México, D. F. México, 1905. 712 p., ilustraciones, tablas, grabados.

Contiene anuncios comerciales, con grabados y fotos; directorio comercial, industrial, de negocios y servicios en el Distrito Federal.          (BMNA)

**3449. Valle, Juan N. del.** El viajero en México, o sea la capital de la república encerrada en un libro. México, Castro, 1859. 703 p., mapas, ilustraciones, tablas.

Muy útil para conocer el comercio al menudeo de la ciudad de México. Incluye una tabla del Sacro y Nacional Monte de Piedad de Animas, de 1821-59, con noticia, año por año, del número de personas socorridas, cantidades con que lo han sido, personas que han desempeñado, y cantidades con que lo han hecho.          (BN)

**3450. _____.** El viajero en México; completa guía de forasteros, para 1864. México, Andrade y Escalante, 1864. 336 p., tablas.

Contiene para la ciudad de México: directorio comercial,

industrial y profesional; movimiento de las vías de comunicación y transporte; sueldos de agentes de policía; fincas urbanas, sus propietarios, valores, movimiento de valores y operaciones verificadas; movimiento de bienes nacionalizados; gastos en obras públicas del Distrito Federal. Acuñación y movimiento de casas de moneda del país en los años 1857-63.

(BMNA)

**Véase también:** 2965, 2966, 3631.

# VII. Agricultura, Ganadería, Forestación

## 1. Fuentes estadísticas

**3451. México. Secretaría de la Economía Nacional. Dirección General de Estadística.** Primer censo agrícola ganadero. . . . México, Talleres Gráficos de la Nación, 1936-38. 32 v., cuadros.

Información global por entidades federativas, por distritos económicos agrícolas y municipios. El resumen general *(Primer censo agrícola ganadero de 1930.* México, Talleres Gráficos de la Nación, 1936. 261 p.) contiene una introduccion explicativa del censo y una descripción de la situación económica del país, acompañada de los siguientes datos: jefes de explotación agropecuaria y nacionalidad de los propietarios, clasificación de los predios, características culturales, maquinaria e implementos, capitales y gastos de explotación, la producción agrícola y su valor y superficie cosechada, número de árboles y árboles en producción (incluye valor), número y valor de ganado mayor y menor.     (BSMGE, BDGE, BSIC)

## 2. Estudios generales

**3452.** El agricultor mexicano. Ciudad Juárez, 1896-1966. 20 v., cuadros, ilustraciones.

Informaciones agrícolas, ganaderas y comerciales, de carácter provincial y nacional, sobre: política agraria, irrigación; caminos; producción agrícola en el país, 1896-1900; la ganadería en el país; construcción de presas; producción agrícola en Chihuahua en 1905; impuestos a la agricultura; cooperación agrícola; prácticas agrícolas introducidas por los mormones; colonización en grandes zonas del país; las aguas del río Bravo; el problema indígena; la migración de trabajadores y peones a Estados Unidos; maderas libres de derechos de exportación; valor y explotación de la madera; datos generales de los ferrocarriles; el comercio exterior de México en 1899 y 1888; agentes exportadores e importadores; casas comerciales que proveían a los agricultores, ganaderos y mineros; tecnología y enseñanza agrícola; crisis y escasez de productos agrícolas.

(HN)

**3453. Aguirre Cerda, Pedro.** El problema agrario. París, Imprenta Française de L'Edition, 1929. 509 p.

Exposición del movimiento social mexicano en favor del campesino.     (BN)

**3454. Chevalier, François.** Un facteur décisif de la révolution agraire au Mexique: le soulévement de Zapata. Annales: economies, sociétés, civilizations [Paris], v. 16, 1961: 66-82.

Excelente estudio que explica las causas profundas que motivaron el movimiento zapatista.

**3455. Díaz Navarro, José Concepción.** Ameca, Jalisco y sus costumbres; agricultura, ganadería, industria, comercio y minería en 1910. México, 1964. 330 p.

Relato que exalta la vida en el campo: las haciendas y sus propietarios, sus peones.     (BCM)

**3456. Legrain, Jean Baptiste.** La situation et l'avenir agricoles du Mexique. 2. ed. Bruxelles, Alex Fischlin, 1846. 38 p.

Estado de la agricultura: abandono, atraso y agricultura rudimentaria.     (BN)

**3457. Lejeune, Louis.** Au Mexique. París, Cerf, 1892. 314 p.

Capítulos sobre la agricultura tropical, plantas industriales (tabaco, henequén, hule, oleaginosas), bosques y minería.

**3458. Mendieta y Núñez, Lucio.** El problema agrario de México, desde su origen hasta la época actual. México, 1923. 146, 28 p., planos.

Estudia el problema agrario desde la época prehispánica hasta el siglo XX, para analizar luego cómo estaba a principios del siglo y lo que ha progresado su resolución después de la revolución. Acompañan al libro las leyes agrarias vigentes.

(BM, BMNA, BH, BN)

**3459. México. Dirección General de Agricultura.** Boletín. México, Secretaría de Fomento, 1911-15. 10 v., cuadros, ilustraciones, mapas.

Importante información estadística y económica, a saber: comercio y mercados, exportaciones agrícolas a Estados Unidos y Europa; mercado mundial azucarero; exportación de fibras; proyecto de ley sobre franquicias a la agricultura y a la exportación de frutos; casas importadoras de productos mexicanos; precios del algodón; producción agrícola: estado general de la agricultura en el país, datos estadísticos de cultivos y cosechas en México, 1909-10, principales cultivos en el país, henequén, tabaco, maíz, frutas, algodón, plátano, datos estadísticos del cultivo y cosechas del trigo, situación de la producción de forrajes, la agricultura en zonas tropicales; industrias agrícolas: la avicultura, industria sericícola, la apicultura, la industria vinícola; problemas forestales: concesiones para la explotación forestal, informes de exploraciones en diversos bosques del país, datos estadísticos del sector forestal, cartas forestales de algunas regiones; propiedad rural y colonización: contratos de aparcería en beneficio de obreros desempleados, sobre el reparto de la propiedad rural, el censo agropecuario y la agricultura familiar de pequeños propietarios, conveniencia de las sociedades cooperativas frutícolas, datos estadísticos de las hipotecas y arrendamientos rurales, colonización de empresas particulares, colonos extranjeros, colonización de propiedades subdivididas, movimiento en las diversas colonias, contratos para la explotación de terrenos nacionales, el problema de la pequeña propiedad, movimiento del valor predial, valor predial en 1911, la renta territorial, valuación de terrenos incultos. Sobre la colonización nacional; la inmigración suiza, china, italiana, española, proyecto de línea de pasajeros para emigrantes genoveses a México; tecnología y enseñanza agrícola: jornales en Tabasco y el empleo de maquinaria agrícola, enseñanza agrícola en general, movimiento de la Escuela Nacional de Agricultura, reglamento de información y propaganda, informes anuales de las cámaras agrícolas del país, congresos agrícolas nacionales, congreso henequenero, informes de cónsules mexicanos sobre agricultura, industria y comercio; el crédito hipotecario rural; artículos diversos donde se analizan las posibilidades de la agricultura en México y el problema agrario; vías de comunicación y transporte: líneas y movimiento de los ferrocarriles.                                    (HN)

**3460. _____. _____. La revista agrícola;** órgano oficial de la Dirección General de Agricultura. México, Talleres Gráficos de la Secretaría de Fomento, 1917-19. 1 v., cuadros, ilustraciones.

Amplia información agrícola, de carácter económico, estadístico, técnico y legislativo, y en menor proporción, de tipo comercial.                                    (HN)

**3461. _____. Secretaría de Agricultura y Ganadería. Dirección de Agricultura y Ganadería.** El problema agrario en el estado de Hidalgo. Tacubaya, Dirección de Estudios Geográficos y Climatológicos, 1926. 38 p., mapas, gráficas, cuadros, ilustraciones.

Informa acerca de la situación agraria del estado antes de la revolución (haciendas, superficie y condiciones de trabajo); medidas tomadas para el reparto de tierras; crédito agrícola; lista de ejidos con su superficie; cooperativas del Banco Agrícola Ejidal (capital en 1926); dotación de ejidos, 1916-26.                                    (BCM)

**3462. _____. Secretaría de Educación Pública.** El maestro rural; órgano de la Secretaría de Educación Pública para los maestros rurales. México, Talleres Gráficos de la Nación, 1932-40. 8 v., láminas, cuadros.

Proporciona la información necesaria para entender el panorama general de la política agraria y educativa de la época, incluyendo datos económicos y estadísticas sobre: el problema agario a través de la historia de México: censo ejidal; código agrario; las cooperativas y el problema agrario; la casa del agrarista; industrialización de la agricultura; producción de varias cooperativas agrarias; Veracruz en cifras de producción agrícola, ganadera, industrial; la producción sericícola; ferias ganaderas y agrícolas. Política educativa: gastos de la Universidad de México, 1930-33; gastos de títulos expedidos; presupuesto de educación pública para 1934; el proceso educativo en la historia del país; educación pública en cifras; el programa educativo de Lázaro Cárdenas; la escuela rural y su función; política indigenista; trabajos y noticias de las escuelas normales rurales; resumen de la población de México según el censo de mayo de 1930. Política obrerista: historia del movimiento obrero, salarios, organización del trabajo y el salario mínimo;

datos generales de ferrocarriles; información sobre la expropiación petrolera. El turismo y las exposiciones y ferias comerciales.                                    (HN)

**3463. _____. Secretaría de Fomento. Boletín.** V. 1: Agricultura. México, 1901-02. 2 v., ilustraciones, cuadros. (Año 1, Segunda época).

Es una recopilación de estudios de diversa índole, todos referentes a la agricultura. Hay un cuadro de precios máximos y mínimos de efectos de consumo de julio de 1901 a mayo de 1902.                                    (BDGE)

**3464. Meyer, Jean.** El ocaso de Manuel Lozada. Historia mexicana [México], v. 18, abril-junio, 1969: 535-568.

Estudio del movimiento lozadista y de sus reivindicaciones agrarias.                                    (BDIH, BCM)

**3465. Payno, Manuel.** Memoria sobre el maguey mexicano y sus diversos productos. México, Boix, 1864. 132 p., tablas.

Interesante obra, en la que el autor reune datos sobre el maguey dispersos en libros y documentos diversos, escritos por mexicanos y extranjeros.                                    (BN)

**3466. Raigosa, Genaro.** La evolución agrícola. *En* Justo Sierra, *ed.* México, su evolución social, v. 2. México, Ballescá, 1901, p. 7-48, gráficos.

Es un estudio más bien teórico que concreto de la evolución agrícola, que va desde las postrimerías de la época prehispánica hasta principios del siglo XX.                                    (BDIH)

**3467. Revista mexicana de economía;** órgano trimestral del Instituto Mexicano de Investigaciones Económicas. México, Limón, 1928-29. 3 v., tablas.

La mayoría de los artículos se refieren a análisis de la situación de la agricultura en el país. Contiene: población indígena; balance de ejidos; deuda pública agraria; nuevas zonas rurales y el problema del indio; rebeliones agrarias; el Banco de México; la moneda en el país; créditos agrícolas; funcionamiento de The National City Bank of New York en el país; la industria en México; lucha mundial por el petróleo; cambios comerciales entre España y América en el siglo XVI.                                    (HN)

**3468. Ruiz de Velasco, Felipe.** Historia y evoluciones del cultivo de la industria azucarera en México, hasta el año de 1910. México, Cultura, 1937. 546 p.

Especie de enciclopedia universal sobre la caña y la elaboración del azúcar. Incluye los siguientes cuadros: la producción de azúcar y miel en Morelos, 1870; valor fiscal de las haciendas de Morelos, 1870; precio de costo de una tarea de caña, Jojutla, 1888-89; productos obtenidos en la molienda de 1898-99; cuotas que pagan las fincas azucareras por toneladas de frutos, 1900; materia prima manifestada por elaboradores de azucar, miel y destiladores de aguardiente en Morelos, 1899; fincas azucareras que elaboran mieles en Morelos, 1899; fábricas de azúcar, y miel, 1912-13; alcohol de la zapa,

1912-13; exportación de azúcar, 1793-1820 (tomado de Humbolt); importación y exportación de azúcar, 1898-1906; producción mundial y mexicana de 1906-25. Generalmente no se indica la fuente de origen de los cuadros estadísticos. (BCM)

**3469. Sala, Atenor.** Emiliano Zapata y el problema agrario en la República Mexicana: el sistema Sala y el Plan de Ayala; correspondencia sostenida con el jefe suriano y su secretario Manuel Palafox. México, Imprenta Franco-Mexicana, 1919. 93 p.

Correspondencia cambiada en 1914 entre don Atenor Sala, cierto que su sistema de reforma agraria era mejor que el propuesto por el Plan de Ayala, y, en cierta medida, complementario de éste, y don Emiliano Zapata y don Manuel Palafox, empeñados en demostrarle a don Atenor que su plan era impracticable y opuesto al espíritu del Plan de Ayala. Don Atenor concluye que la muerte de Zapata se debió al rechazo del "sistema Sala." (BH, BM, BN)

**3470. Sociedad Agrícola Mexicana.** Boletín. México, Esteva, 1879-90, 1892-1914. 36 v., cuadros, ilustraciones.

Publicación especializada, con datos nacionales, regionales e internacionales. Los datos económicos y estadísticos que contiene son: importaciones y su valor, 1896-97, y 1900-05; productos que entraron por el puerto de Veracruz; cantidades de granos importados y los derechos pagados; exportación de productos, especialmente agrícolas, 1882-92, y 1900-05; la hacienda de Rabaso y la exportación de moscabo de centrífuga, 1880-86; matanza en el rastro del Distrito Federal; resumen del censo de 1895; precios de productos en la plaza del Distrito Federal y en los mercados de los estados; cambios monetarios en el interior y exterior; demanda de productos mexicanos en el mercado mundial, especialmente el Liverpool y Havre; aranceles en 1880 y 1885; recaudaciones en las aduanas; movimiento bancario en general y situación de los bancos regionales; precios de terrenos baldíos, 1883-84; créditos agrícolas en general; capitales extranjeros invertidos en el país; obras hidráulicas, su situación y construcción; líneas, explotación y tarifas en ferrocarriles; funcionamiento y situación de la siderúrgica Altos Hornos de México. De aspectos legislativos contiene amplia información de la política fiscal y la hacienda pública, en relación a la agricultura y su comercialización. Abundantes datos técnico-agrícolas. (HN)

**3471. Treviño Martínez, Roberto.** El problema agrario de México y la solución revolucionaria. México, Nueva Era, 1936. 152 p.

Sostiene que la solución dada por la revolución al problema agrario es incompleta, por cuanto admite la persistencia de elementos individualistas, así en la forma de distribución de la tierra como en la técnica de su explotación. (BH, BN)

**Véase también:** 2844, 3241, 3548, 3549, 3550.

## 3. Tenencia de la tierra y colonización

**3472. Antuñano, Estevan de.** Discursos analíticos de algunos puntos de moral y economía política de México con relación a su agricultura cereal, o sea pensamientos para un plan para animar la industria mejicana; escritos y publicados por el ciudadano . . . a beneficio de su patria. Puebla, Campos, 1834. 43 p.

Contiene: narraciones sobre la agricultura cerealera en Puebla; medios para proporcionar consumos a la agricultura de cereales; cotización de los costos; remuneración a los que se dediquen a descubrimientos y fomentos de la industria; comercio exterior; fomento e ilustración de las artes mecánicas. (BMW)

**3473. Bazant, Jan.** Los bienes de la iglesia en México, 1856-1875. México, El Colegio de México, 1971. 364 p.

Importante obra que estudia la desamortización en los siguientes capítulos: bienes nacionalizados y bienes eclesiásticos, 1821-55; intervención y desamortización de los bienes eclesiásticos en Puebla y Veracruz, 1856-57; desamortización en México, San Luis Potosí, Michoacán y Jalisco, 1856-57; la guerra civil, 1858-60; bienes nacionalizados en la ciudad de México, 1861-63; la ocupación extranjera y la república liberal, 1863-75. Además, contiene numerosos documentos que fundamentan un excelente análisis de los bienes de la iglesia. (BCM)

**3474. Brinsmade, Robert Bruce.** El latifundismo mexicano, su origen y remedio, obra que contiene proyectos prácticos para liberar a México o cualquier otra nación del azote del monopolio privado. . . . Prólogo del sr. ing. José Covarrubias. Traducido del inglés por Ignacio Flores Zúñiga. México, Imprenta de la Secretaría de Fomento, 1916. 250 p., ilustraciones, tablas, cuadros.

Las tesis centrales del estudio se refieren a la necesidad de terminar con la hacienda como concentración de tierra, riqueza y poder; a la eliminación de las contribuciones e impuestos innecesarios (dejando sólo uno, sobre el valor de la renta de la tierra); y al aprovechamiento racional de las tierras ociosas. (BCM)

**3475. Chávez Orozco, Luis.** Francisco García, su ley desamortizadora y de crédito agrícola, 1829. México, Banco Nacional de Crédito Agrícola y Ganadero, 1953. 28 p. (Documentos para la historia del crédito agrícola, 2).

Este decreto, aparecido el 11 de diciembre de 1829, no es solamente un intento de desamortización, sino un proyecto de desamortización para llegar a la subdivisión de la propiedad, liquidando el latifundio, todo ello a través del "artificio de un banco de crédito agrícola"; reflexiones sobre la ley anterior, publicadas en el número 5 de *Pasatiempo;* notas que manifiestan la utilidad de dicha ley. (BBM)

**3476. Convención Nacional Catastral, México, 1923.** Memoria. México, Cultura, 1924. 269 p. (Secretaría de Hacienda y Crédito Público).

Convocatoria, actas, debates y dictámenes de la convención reunida en la ciudad de México, en diciembre de 1923, para estudiar medidas para la formación de un catastro uniforme, nacional, fiscal de la propiedad raíz y los sistemas de impuestos sobre la misma propiedad.                                    (BM)

**3477. Esquivel Obregón, Toribio.** Influencia de España y los Estados Unidos sobre México. Madrid, Calleja, 1918. 396 p.

Presenta un cuadro del número de ranchos y haciendas existentes en 1810, 1854, 1876 y 1893 (p. 330-332).      (BH)

**3478.** Exposición que elevan al soberano Congreso de la Unión varios propietarios, pidiendo la insubsistencia de la llamada ley agraria que se publicó en el estado de Aguascalientes el 17 de agosto último, a cuya exposición se acompañan algunas observaciones escritas sobre la materia. México, Imprenta Literaria, 1861. 85 p., tabla.

Rechazan la citada ley alegando ataques al derecho de propiedad, faltas contra los artículos 31, 27 y 1° de la constitución, e incompetencia de los estados para dar una ley de esa índole. Se incluye la mencionada ley con los motivos que dieron lugar a promulgarla (concentración de la propiedad en pocas manos); esta ley grava con un impuesto progresivo la propiedad, según la cantidad de tierra poseída, dando por resultado prácticamente una expropiación de la misma; incluye artículos de periódicos en los que se reprueba la ley y se la califica de "socialista" y la representación que hicieron al congreso constituyente varios propietarios, contra algunos artículos del proyecto de constitución que atacaban la propiedad.                                    (BN)

**3479. [Gómez Robelo, Ricardo].** Importantes apuntes sobre la solución del problema agrario. México, Voz de Juárez, 1912. 39 p.

Exponen el programa del partido vazquista, que buscaba la distribución de la propiedad acaparada, el cultivo de las tierras abandonadas y la garantía de la propiedad.

**3480. González de Cosío, Francisco.** Historia de la tenencia y explotación del campo desde la época precortesiana hasta las leyes del 6 de enero de 1915. México, Instituto Nacional de Estudios Históricos de la Revolución, 1957. 2 v.

Contiene un estudio preliminar y numerosos documentos sobre el tema, especialmente de la época colonial.      (BCM)

**3481. González Roa, Fernando.** El aspecto agrario de la Revolución Mexicana. México, Dirección de Talleres Gráficos, 1919. 330 p.

Estudia la cuestión agraria en los Estados Unidos, Francia, China, América Latina, Irlanda y Rusia antes de referirse a la formación del latifundismo mexicano, el régimen territorial, las condiciones del trabajo agrícola bajo el gobierno de Díaz y a la política agraria de la Revolución.

(BCW, BH, WM, BN)

**3482. _____; y José Covarrubias.** El problema rural de México. México, Secretaría de Hacienda, 1917. 438 p.

Análisis crítico, teórico, histórico y social, del sistema agrícola en México y del latifundismo en relación a la organización social del país.                                    (BCM)

**3483. González Rubio, José.** Solución práctica del problema agrario y la institución jurídica del *homestead;* estudio histórico, social y político. Ciudad Guzmán, Contreras, 1912. 45 p.

Colección de varios artículos publicados en el *Tiempo,* diario de la ciudad de México, donde se analizan las diversas teorías sobre el derecho de propiedad, el límite que deben tener la pequeña y la gran propiedad, los diversos sistemas propuestos para el fraccionamiento de la propiedad, el *homestead,* las instituciones de mutualidad agrícola, el crédito agrario y los sindicatos de labriegos.                (BM)

**3484. Instituto Mexicano de Investigaciones Económicas,** *ed.* La cuestión de la tierra. México, Instituto Mexicano de Investigaciones Económicas, 1960-62. 4 v. (Colección de folletos para la historia de la Revolución Mexicana dirigida por Jesús Silva Herzog).

Las polémicas, proyectos, y decisiones legales sobre tenencia de la tierra en el período de la revolución son el tema de los siguientes folletos. Volumen 1: Observaciones sobre el fomento agrícola considerado como base para la ampliación del crédito agrícola en México, por Oscar J. Braniff, 1910; Las cajas rurales de crédito mutuo en México, por Alberto García Granados, 1911; El problema de la pequeña propiedad, por Lauro Viadas, 1911; El fraccionamiento de la propiedad en los estados fronterizos, por Pastor Rouaix, 1911; Importancia de la agricultura y el fraccionamiento de tierras, por Gustavo Durán, 1911; La cuestión agraria, por Wistano Luis Orozco, 1911; Filosofía de mis ideas sobre reforma agraria, por Andrés Molina Enríquez, 1911; Estación agrícola experimental de Ciudad Juárez Chihuahua, por Rómulo Escobar, 1911. Volumen 2: Política nacional agraria, por Carlos Basave y del Castillo Negrete, 1911; Estudio para el programa del Partido Liberal, derecho del hombre a los bienes naturales, influencia de los impuestos en la distribución de las riquezas, la solución del problema agrario, por Felipe Santibáñez, 1912; El problema agrario en la República Mexicana, por Atenor Sala, 1912; Política agraria, por Rafael L. Hernández, 1912; El problema agrario en México, la acción del gobierno y la iniciativa individual, por Toribio Esquivel Obregón, 1912; Trabajos e iniciativas de la Comisión Agraria Ejecutiva, por José L. Cossío, Roberto Gayol, M. Marroquín y Rivera, 1912; Proyecto de ley sobre adiciones a la constitución general respecto de la materia agraria, por Juan Sarabia, 1912; Proyecto de ley, sobre creación de un impuesto directo a la propiedad rústica no cultivada, por Miguel Alardín, 1912; Iniciativa de ley sobre creación de granjas agrícolas, por Adolfo M. Isassi, 1912; Iniciativa de ley . . . sobre creación y organización de crédito agrícola mediante el sistema de cajas rurales, por José González Rubio, 1912; Iniciativa de ley sobre mejoramiento de la situación actual de los peones y medieros de las haciendas, por Gabriel Vargas, 1921; La reconstitución de los ejidos de los pueblos como medio de suprimir la esclavitud del jornalero mexicano, por Luis Cabrera, 1913. Volumen 3: La cuestión agraria, en la *Revista positivista* núm. 159, por José Covarrubias, 1931; Estudio de nuestros problemas nacionales, la cuestión agraria, por

Roberto Gayol, 1913; Sobre el problema agrario en México, por Telésforo García, 1913; Reintegración del fundo y del ejido, por Cesareo L. González, 1913; El servicio militar agrario y la pequeña propiedad, por Zeferino Domínguez, S.A.; El campamento agrícola de don Zeferino Domínguez, opinión del lic. Alonso Mariscal y Piña, 1913; Causas de la revolución en México y como efectuar la paz, bosquejo sociológico, por Paulino Martínez, 1914; Apuntes para el estudio del problema agrario, por Manuel Bonilla, 1914; Monopolio y fraccionamiento de la propiedad rústica, por José L. Cossío, 1914; El problema agrario y la emancipación del peón y proletario mexicanos, por Antonio Sarabia, 1914; Tierra libre, por M. Mendoza López Schwertfeger, 1914; Estudio sobre la cuestión agraria, proyecto de ley, por Pastor Rouaix y José I. Novelo, 1914. Volumen 4: La esclavitud en Tabasco, por J. D. Ramírez Garrido, 1915; Lo que causa la miseria de nuestro pueblo y la manera de aliviarlo, consideraciones relativas a los medios que deben ponerse en acción para el desenvolvimiento de la producción agrícola, por Francisco Loria, 1915; Reglamentación de la ley agraria, por el gobierno del estado de Yucatán, 1915; Proyecto de ley sobre cajas rurales cooperativas, por Rafael Nieto, 1915; Tierra y libros para todos!, . . . por P. Elías Calles, 1915; Carta al pueblo de Yucatán, por Salvador Alvarado, 1916, la subdivisión de las 5 tierras en México, por J. M. Luján, 1916; Parte general de un informe sobre la aplicación de algunos preceptos de la ley agraria de 6 de enero de 1915, por Fernando González Roa, 1916; Algunas consideraciones sobre nuestro problema agrario, por Miguel Angel de Quevedo, 1916; El reparto de tierras a los pobres no se opone a las enseñanzas de nuestro señor Jesucristo y de la santa madre iglesia. El pueblo mexicano peleó y sufrió diez años queriendo hallar la palabra de nuestro señor Jesucristo, por Vicente Lombardo Toledano, 1917; El gobierno, la población, el territorio, por M. Gamio, 1917. (BCM)

**3485. Loria, Francisco.** Algunas consideraciones acerca del problema agrario. México, Tipografía de la Escuela Industrial de Huérfanos, 1916. 73 p., 1 cuadro sinóptico. (Política agraria).

Opina que se repartan tierras, pero sólo aquellas que están inactivas para que no se afecten las de particulares. (BN)

**3486. Matamoros, L.** El problema agrario y la democracia en México; estudio social. Guanajuato, Imprenta de la Salud, 1913. 24 p.

Se inclina por la repartición de la tierra sin recurrir a la expropiación. Aboga por la industrialización de México y aconseja que se cultive la tierra científicamente. (BM)

**3487.** Memoria de las operaciones que han tenido lugar en la Oficina Especial de Desamortización del Distrito, desde el 7 de enero en que se abrió, hasta el 5 de diciembre de 1861, en que cesaron sus labores, para continuarlas la Junta Superior de Hacienda, creada en virtud de la ley de 17 de julio del mismo año. México, Cumplido, 1862. 162 p., tablas.

Estadísticas de la propiedad raíz desamortizada: catálogo de capitales impuestos sobre fincas rústicas y urbanas; análisis de los valores que han sido nacionalizados; nuevos propietarios y cantidades que se han obligado a redimir; movimiento de valores. (BH)

**3488. México. Congreso. Cámara de Diputados.** Proyectos de leyes sobre colonización y comercio en el estado de Sonora presentados a la Cámara de Diputados por el representante de aquel estado, en la sesión estraordinaria del día 16 de agosto de 1850. México, Cumplido, 1859. 24 p., plano.

Domina el temor por la posible expansión norteamericana en la Baja California y Sonora. Propone combinar los proyectos de colonización con el desarrollo económico de la región. (BB)

**3489. _____. Dirección de Colonización e Industria.** Memoria de la Dirección de Colonización e Industria, año de 1849. México, García Torres, 1850. 46 p., cuadro.

Explicaciones históricas y juicios críticos firmados por Antonio Garay y Mariano Gálvez, que se refieren a la situación y proyectos de colonización e industria. Incluye datos sobre los artículos industriales, agrícolas o mineros introducidos a la feria de San Juan de los Lagos en 1848, clasificados en nacionales y extranjeros, con especificación de los "prohibidos." (BCM, BN)

**3490. _____. _____.** Memoria que la Dirección de Colonización e Industria presentó al ministro de Relaciones en . . . , sobre el estado de estos ramos en el año anterior. México, Torres, 1851-52. 2 v.

Informa de la situación de los ramos señalados, mencionando los problemas a que se enfrenta su desarrollo, así como las medidas que ha tomado el gobierno para solventar algunos de ellos. (BN)

**3491. _____. Ministerio de Fomento, Colonización e Industria.** Exposición que hace el secretario de Fomento sobre la colonización de la Baja California. México, 1887. 113 p., cuadros.

Información sobre: población en las colonias de Baja California, con noticia de su nacionalidad; ingresos de la Aduana de Santa Rosalía, 1885-87; terrenos baldíos vendidos (nombre del adquiriente, ubicación, extensión, valor); colonias fundadas en los años de 1881-87 (colonos, nacionalidad, sexo y gastos hechos por el gobierno); productos de la Aduana Marítima de Todos Santos, 1881-87. (BCM)

**3492. Pimentel, Francisco.** La economía política aplicada a la propiedad territorial en México. México, Cumplido, 1866. 265 p.

Apología de la propiedad privada, con datos sobre: la propiedad; apropiación legítima del terreno; breve visión histórica de la propiedad en México; subdivisión del terreno y su aplicación en México; sistemas de cultivo: los aplicados en Europa y en México; situación de los jornaleros en México; la colonización como una medida para mejorar la población mexicana; establecimiento de los bancos agrícolas; contribución que deben pagar las fincas rústicas. (BMNA)

**3493. Prieto, Alejandro.** La propiedad agraria en el estado de Tamaulipas. Ciudad Victoria, Gobierno del Estado, 1909. 35 p.

Contiene datos sobre la formación de la propiedad rural durante los siglos XVIII y XIX. (BH)

**3494. Rendón Peniche, Miguel.** La propiedad territorial y los impuestos. México, Carlos Ramiro, 1878. 157 p.

Señala las causas que produjeron la concentración de tierras y cita una serie de grandes haciendas existentes después de la independencia, así como estadísticas de propiedad tomadas de las memorias de los gobiernos de los estados. Indica que había 6,555 haciendas y 10,618 ranchos. Trata también problemas de colonización y de política fiscal agrícola. (BH)

**3495. Sala, Atenor.** El problema agrario en la República Mexicana. 2. ed. México, Soria, 1915. 237 p., retrato.

Propugna la colonización con extranjeros y la formación de la pequeña propiedad agrícola. Considera que es necesario que se formen compañías para dividir y colonizar las tierras. Se anexan los trabajos de otros socios de la Sociedad de Geografía y Estadística, los cuales rebaten algunos de sus puntos de vista. (BCW, BH, BM, BN)

**3496. Silva Herzog, Jesús.** El agrarismo mexicano y la reforma agraria. 2. ed. México, Fondo de Cultura Económica, 1964. 627 p.

Crítica del autor a las medidas oficiales manifiestas a través de leyes y disposiciones, y a las opiniones de funcionarios públicos y escritores y pensadores independientes sobre el problema agrario del país, de la tenencia de la tierra, y de la lucha por la tierra, desde la época colonial hasta el régimen del Presidente Adolfo López Mateos. (BCM)

**3497. Wodon de Sorinne, Guillermo.** La colonización de México. 2. ed. México, Secretaría de Fomento, 1902. 104 p., tablas.

Estudio de la colonización en la república, donde se examina, entre otros puntos, la causa del poco éxito colonizador, y posibles soluciones; tablas de los terrenos, colonias y compañías colonizadoras; precio de los terrenos en las diferentes entidades del país. (BSMGE)

**Véase también:** 2802, 2837, 2964, 2985, 3009, 3031.

## 4. Insumos

**3498.** La agricultura; publicación dedicada a propagar los conocimientos agrícolas en el estado. Tuxtla Gutiérrez, Imprenta del Gobierno, 1892-93, 1 v.

Publicación quincenal especializada en aspectos técnicos de la agricultura: maquinaria, fertilizantes, calidad de la semilla empleada; incluye un artículo sobre el cultivo y costo de una plantación de tabaco en el departamento de Simojovel. (HN)

**3499.** El amigo del campo; órgano de los agricultores mexicanos. México, 1919-20. 1 v., ilustraciones.

Publicación quincenal que incluye: información comercial y financiera: las oportunidades industriales y comerciales de México, informes de acciones industriales, acciones bancarias, bonos hipotecarios, acciones mineras, fondos públicos, comisión monetaria, valor de las monedas antiguas, artículos nacionales de consumo y reporte de los rastros de la capital; agricultura y ganadería: urgencia de fomentar la ganadería; informe de las cosechas de maíz, azúcar y trigo, consideraciones sobre el problema agrario; política oficial: la Secretaría de Agricultura y Fomento y el incremento de maquinaria agrícola, decreto que declara nulas las enajenaciones de tierra, aguas y montes pertenecientes a los pueblos, rancherías y congregaciones. Los datos técnicos sobre la agricultura son abundantes. (HN)

**3500.** Apuntamientos sobre la necesidad de promover el cultivo del azúcar y otros frutos por medio de providencias que faciliten su extracción, y hagan necesarios y útiles en los mismos frutos los retornos del comercio exterior. México, Ramos Palomera, 1822. 31 p., tabla.

Busca el apoyo fiscal del gobierno para impulsar la industria azucarera. Incluye el costo de la cosecha y el capital empleado en un ingenio de azúcar. (BS)

**3501. Barba, Rafael.** El henequén en Yucatán. 2. ed. México, Secretaría de Fomento, 1905. 114 p. (Biblioteca Agrícola de la Secretaría de Fomento).

El primer capítulo contiene datos históricos del cultivo del henequén en Yucatán. Los demás se refieren a cuestiones técnico-agrícolas de su producción, y a su comercialización. Se pretende impulsar el cultivo del henequén en zonas alejadas de la península yucateca. (BB)

**3502.** Boletín de consultas sobre agricultura, ganadería e industrias rurales. México, Secretaría de Fomento, 1911, 1913-14. 2 v., ilustraciones.

Aspectos técnicos de agronomía, zootecnia, veterinaria e industrias rurales, abarcando temas de utilidad para el sector rural. (HN)

**3503.** El campo; publicación destinada a la difusión de las ciencias agrícolas y sus ramos anexos. Aguascalientes, J. Díaz de León, 1895-96. 1 v.

Aspectos técnicos de la agricultura. (HN)

**3504. Chávez Orozco, Luis.** La guerra de independencia y el crédito agrícola en México. México, Banco Nacional de Crédito Agrícola, 1953. 63 p. (Documentos para la historia del crédito agrícola, 1).

Presenta y analiza el *Discurso* (México, Impreso en la Oficina de Alejandro Valdés, 1820) en que se manifiesta que deben bajarse los créditos a proporción del quebranto que hayan sufrido en la insurrección los bienes y giros de los deudores; puesto en forma de representación, que a consecuencia de la real cédula del año de 1819, debía elevarse al exmo. sr. Virrey por varios individuos que encargaron la formación de este papel. Este discurso traza el cuadro de la etapa de consumación y explica las vicisitudes económicas de los gobiernos independientes, a partir de Iturbide.        (BBM)

**3505.** Gaceta agrícola veterinaria de la Sociedad Ignacio Alvarado. México, Escalante, 1877-78, 1880-82. Cuadros, tablas.

Detallada información técnica sobre agricultura y ganadería.
(HN)

**3506. García Granados, Alberto.** Las cajas rurales de crédito mutuo en México. México, Díaz de León, 1911. 42 p. (Concurso Científico y Artístico del Centenario).

Estudio sobre la posibilidad de crear en México las llamadas cajas rurales.        (BN, BCW)

**3507.** _____. El crédito agrícola en México. México, Vázquez, 1910. 183 p.

Se rebate a Toribio Esquivel Obregón, el cual afirmaba que no se podía conceder crédito sin cambiar el sistema de explotación de la tierra. El autor menciona todos los créditos que existían en la época.        (BM, BMNA, BH, BN)

**3508. Gómez Morín, Manuel.** El crédito agrícola en México. Madrid, 1928. 331 p.

Concepto del crédito agrícola y sus problemas. Organización y operaciones del crédito agrícola. El Banco Nacional de Crédito Agrícola; las sociedades regionales de crédito agrícola; las sociedades locales de crédito agrícola.
(BHM, BM, BNM)

**3509.** El heraldo agrícola; órgano del agricultor mexicano. México, febrero-julio, 1900.

Publicación mensual de carácter técnico, que proporciona información sobre la maquinaria agrícola y su aplicación; preparación de semillas, enfermedades de las plantas, etc.
(HN)

**3510.** El heraldo mexicano; órgano del agricultor mexicano. México, 1911-14. 3 v., ilustraciones.

Precios de artículos agrícolas, cajas de préstamo para el agricultor; el crédito agrícola en general; precios de terrenos fraccionados en los estados de la república; reparto de tierras; panorama agrícola por zonas del país; el problema del riego; proyectos del gobierno federal para solucionar los problemas agrarios; procedimientos oficiales utilizados para el reparto de tierras; proyecto de ley para derogar el impuesto federal a los pequeños terratenientes; derogación del impuesto del 30 por ciento en la agricultura; análisis y comentarios sobre política agraria, y la actitud de los gobernantes; información sobre la creación del Ministerio de Agricultura; decretos para crear la

Secretaría de Agricultura y Colonización. Incluye datos del engranaje comercial en el país y además, información sobre organizaciones laborales.

**3511.** La ilustración veterinaria; publicación dedicada a la propagación de los conocimientos y adelanto de las ciencias veterinaria, agrícola y anexas. México, Secretaría de Fomento, 1896-97. 1 v., tablas.

Publicación quincenal de carácter técnico, que proporciona alguna información económica en su sección comercial.   (HN)

**3512. México. Secretaría de Agricultura y Fomento.** Escuela Central Agrícola de Michoacán. Tacubaya, Dirección de Estudios Geográficos y Climatológicos, 1926. 31 p., ilustraciones.

Analiza los objetivos y la importancia de las escuelas agrícolas y contiene el reglamento, plan de estudios y localización de las instalaciones de la Escuela Central Agrícola de Michoacán.        (BCM)

**3513.** El progreso de México; semanario dedicado a la industria agrícola. México, Laguna, 1895. 1 v., ilustraciones, tablas.

Contiene iniciativas para resolver el problema agrario; el crédito agrícola; producción, comercialización e industrialización de los principales productos agrícolas del país, como el café, azúcar, henequén, algodón, tabaco, vid, etc.; el problema de la irrigación en México; situación de la industria sericícola; datos de la riqueza y explotación agrícola y ganadera del país; panorama general de la colonización. Información de la industria en general. Movimiento, situación, explotación, construcciones etc., de ferrocarriles. Dentro de la sección comercial incluye precios corrientes en los diversos mercados del país; productos mexicanos en los mercados extranjeros, su demanda, cotizaciones y existencias; cambios de moneda y valores en el interior y exterior. Además, hay información técnica diversa y datos de la educación agrícola y ganadera en la Escuela Nacional de Agricultura.        (HN)

**3514. Sánchez de Antuñano, Othón.** Caja de Préstamos para Obras de Irrigación y Fomento de la Agricultura. México, 1920. 80 p.

Balances al 31 de diciembre de 1919 y 31 de mayo de 1920. Inversiones para fomento del crédito agrícola, irrigación, etc. y relación de fincas pertenecientes a la Caja, intervenidas y administradas por la misma.        (BM)

**3515.** La tierra; revista sobre agricultura y ganadería. México, 1895-96. 1 v., ilustraciones, cuadros.

Publicación semanal con abundantes descripciones de las técnicas de cultivo y de aspectos legislativos. Datos económicos y estadísticos sobre: exportaciones de productos agrícolas y ganaderos; precios de productos en las plazas de los estados y de la ciudad de México; el cultivo del tabaco; la caña de azúcar y su industrialización; las principales casas importadoras en Estados Unidos de América e Inglaterra; situación de los viñedos mexicanos; la industria ganadera y lechera; la electricidad y la irrigación en la agricultura; colonización y formación de colonias por extranjeros.                                    (HN)

**Véase también:** 3031.

## 6. Política gubernamental

**3516. Cámara Central Agrícola de México.** Boletín; publicación mensual, órgano de dicha Cámara. México, 1920-25. 2 v., ilustraciones.

Iniciativas de las cámaras agrícolas en el país; proyecto de ley agraria; acuerdos de la Secretaría de Agricultura y Fomento; ley de ejidos del 28 de diciembre de 1920; impuestos a la agricultura y su reglamentación; decretos; resoluciones y acuerdos de Hacienda, ley del trabajo agrícola; la Suprema Corte de Justicia y el reparto de ejidos; ley de fomento de irrigación Guanajuato; los impuestos a la propiedad; decreto que faculta a los mexicanos mayores de 18 años para adquirir tierras baldías; decreto que creó la Dirección de Aguas e Irrigación; resoluciones de la Suprema Corte de Justicia sobre tierras y aguas; acuerdo sobre cuotas para el aprovechamiento de recursos forestales; decretos sobre exportaciones e importaciones; la constitución y el reparto de tierras ejidales; sobre la administración agraria oficial; informes de la junta directiva de la Cámara Central Agrícola, sus asambleas y finanzas; decreto para la importación de maquinaria agrícola exenta de impuestos; decreto para el establecimiento del impuesto federal sobre la propiedad raíz rústica y urbana; decretos y leyes de los estados; circulares de la Comisión Nacional Agraria. Sobre el problema agrario de la época; las dificultades de la pequeña propiedad y su fracaso en México; la necesidad de la gran propiedad para el progreso del país; la situación de la tierra y aguas; la política oficial y los agricultores; el problema de los bosques; el estado de Chihuahua y sus riquezas; los cultivos de algodón; datos estadísticos de fincas afectadas por restitución y dotación de ejidos; repoblación de centros ganaderos con razas importadas; el aumento del riego en el campo; la Cámara de Comercio Americana en México; revista del mercado mundial; importación de semillas; cotizaciones de productos agrícolas mexicanos; datos del departamento comercial del Consulado General de México en New York; importaciones en México; sobre censos agrícolas; la agricultura y los caminos, carreteras y ferrocarriles; la colaboración de la General Supply Company en México; comentarios de la situación financiera y la crisis económica del país; los agricultores y la sindicalización; la inmigración alemana; sobre la Sociedad Nacional de Agricultores; sobre sueldos, salarios, emolumentos, honorarios y utilidades de las compañías y empresas; aspectos técnicos, como abonos, maquinaria, zootecnia; los bancos refaccionarios agrícolas; cuotas de transportes en cifras; protestas de campesinos en Guanajuato; exposiciones y congresos diversos, tanto agrícolas como ganaderos; consecuencias económicas de la guerra; directorio de los miembros de la Cámara Central Agrícola.                                    (HN)

**3517.** Demostración de los términos en que ha obtenido la renta del tabaco una planta de empleados que se aprobó en 4 de diciembre de 1846, y comparación de lo que se economiza, según el gusto que se hacia conforme a la planta antigua. México, El Aguila, 1846. 10 p.

El objetivo es hacer rentable el estanco del tabaco, en beneficio de la hacienda pública.                                    (BS)

**3518. Dirección General de Tabaco.** Informe de la . . . sobre la queja elevada al supremo gobierno por la diputación de cosecheros de Orizava acerca de la siembra que pretendía hacer aquel distrito en el año corriente. México, Lara, 1851. 16 p., tabla.

La compañía que administró la renta del tabaco por contrato del 20 de agosto de 1848 sostiene que no ha faltado a los acuerdos estipulados con los cosecheros de Orizaba, sino todo lo contrario, que son estos últimos quienes han querido aumentar sus ventas cuando no han sido contratadas. Ofrece cifras de las cantidades de tabaco de Orizaba entregadas en 1849, 1850 y 1851.                                    (BS)

**3519. López Pimental, Tomás.** Cuatro palabras que dirige a los individuos de las comisiones de Hacienda y Tejas que suscriben la esposición que en 18 del presente hacen a la Cámara de Diputados. México, Cumplido, 1841. 30 p.

Habiendo el autor atacado el proyecto de compañía entre el gobierno y una empresa particular, para la explotación del tabaco, expone sus razones basándose en cálculos; niega que el proyecto favorezca a los empresarios y no al gobierno, como también que tenga intereses personales en el negocio.                                    (BN)

**3520. México. Comisión Nacional Agraria.** Boletín. México, Secretaría de Hacienda, 1917-19. 3 v., cuadros.

La generalidad de los datos que contiene están relacionados con el aspecto legislativo de la agricultura.                                    (HN)

**3521. _____. Oficina para la Defensa Agrícola.** Boletín oficial. San Jacinto, Secretaría de Agricultura y Fomento, 1927-28. 2 v.

La información se refiere generalmente a los aspectos legislativos de la agricultura del país.                                    (HN)

**3522. Prieto, Vicente.** Manifiesto que hace de la importancia y ventajas que la renta del tabaco debe producir a favor del erario público, y de innumerables empleados y personas particulares. México, Cumplido, 1836. 83 p., tablas.

Este *Manifiesto* encierra una proposición al gobierno para la reimplantación del estanco del tabaco; aduce, en apoyo de su propuesta, el ingreso que el erario tendría y que el autor calcula sería muy notable; muestra sus cálculos en tablas donde se puede ver la ganancia que se obtendría, una vez descontados los gastos; su cálculo está basado en la consideración de la mínima cantidad de consumidores que podría haber en la república y en el precio a que se vendería el tabaco labrado; enumera los gastos y saca el balance.                                    (BN)

**3523.** Reflecciones sobre la inconveniencia del contrato de compañía para la administración y giro de la renta del tabaco, celebrado en agosto del año próximo pasado. México, Plácido Blanco, 1849. 16 p.

Estudio económico en el cual se establece que la renta del

tabaco no debe estar en manos de una empresa particular, demostrando con una nota final que el erario pierde una suma anual superior a los 743,000 pesos con respecto a los años anteriores. (BN)

**3524.** Restablecimiento del estanco de la siembra y cultivo del tabaco en los puntos cosecheros: contrata entre el Banco Nacional y la compañía empresaria de México, haciendo estensivo a toda la república por cinco años el arrendamiento de la renta; y disposiciones del supremo gobierno acerca de estas materias. México, Imprenta del Iris, 1839. 19 p.

Propuesta de Benito Maqua para operar la empresa del tabaco, y la aceptación por parte del gobierno. (BS)

**3525. Veracruz (ciudad). Ayuntamiento.** Representación que el excmo. Ayuntamiento de la h. ciudad de Veracruz, eleva al Soberano Congreso de la República, solicitando la abolición del estanco del tabaco, y algunos otros documentos relativos al asunto. Veracruz, Imprenta del Comercio, 1848. 28 p.

Interesante alegato en el que se sostiene que el estanco no sólo causa males a la economía de Veracruz, sino a todo el país; funda históricamente su posición y analiza los efectos negativos que tiene él en los diversos sectores de la economía y la administración del gobierno, para concluir pidiendo que se derogue el estanco del tabaco en toda la nación y, mientras ésto se hace, se ocupen de su restablecimiento en la ciudad de Veracruz. (BN)

# VIII. Industrias: Fabriles y Artesanales

## 1. Fuentes estadísticas

**3526. México. Secretaría de Fomento, Colonización e Industria. Dirección General de Estadística.** Estadística industrial, formada por la Dirección General de Estadística, a cargo del dr. Antonio Peñafiel. México, 1903. 131 p., cuadros.

Hasta la p. 98, relación de las fábricas del país, por clase de producción, municipalidad, distrito o partido y entidad federativa; después, por estados y territorios. Cuadros sobre jornaleros y jornales pagados en los establecimientos fabriles, valor declarado de los productos fabricados en el año, y fuerza motriz empleada. Por último, directorio de algunos de los establecimientos industriales en 1902 por clase de producción, ubicación, y nombre del establecimiento y del propietario. (BB)

**3527. _____. Secretaría de la Economía Nacional. Dirección General de Estadística.** Primer censo industrial de 1930; resúmenes generales por entidades. . . . México, Talleres Gráficos de la Nación, 1933. 32 v., cuadros.

**3528. _____. _____. _____.** Primer censo industrial de 1930; resúmenes generales. México, Talleres Gráficos de la Nación, 1933. 91 p., cuadros.

Informes sobre las características fundamentales de los establecimientos censados, por clases y entidades federativas; inversiones, horas trabajadas y sueldos y jornales pagados, fuerza motriz, combustible y electricidad, valor de las materias primas y producción, por clases e industrias y entidades federativas; características de los establecimientos censados, resumen por industrias del número de obreros, materias primas y producción; clasificación de las industrias por la importancia de su producción, número de obreros que ocupan, y de los establecimientos industriales; ferrocarriles y tranvías de concesión federal, resumen de los ingresos y gastos de explotación por kilómetro y totales, kilómetros explotados y no explotados, kilómetros de más construidos en la república; minerales y metalurgia, datos de las empresas minerales en explotación, mineral extraído, lotes de trabajo, hombres empleados y total pagado por rayas y sueldos; valor de la producción minera y metalurgia en el país (por clases y metales), minerales y productos metalúrgicos tratados por fundición (productos obtenidos); petróleo, producción, por clase, entidades, y zonas petrolíferas, producción de artículos derivados del petróleo, por productos y compañías; establecimientos industriales de las dependencias oficiales. Los datos se refieren, fundamentalmente, al año de 1929, y son de carácter nacional-provincial. (BDGE)

## 2. Estudios generales

**3529. Alamán, Lucas;** *et al.* Representación al supremo gobierno de los empresarios de fábricas nacionales de hilados y tegidos de algodón. México, Cumplido, 1840. 10 p., tablas.

Contiene una relación de las fábricas de hilados de algodón, en Querétaro, México y sus inmediaciones, Puebla, Orizaba y Jalapa. Casi siempre informa del nombre del propietario de la fábrica y siempre da noticia del número de malacates con que cuentan. (BS)

**3530. Antuñano, Estevan de.** Ampliación, aclaración y conección a los principales puntos del manifiesto sobre el algodón, manufacturado y en greña que escribió y publicó en el mes de abril e c . . . , quien también escribió y publica ésta dedicándola al escmo. señor Presidente de la República, general de division d. Antonio López de Santa Anna. Puebla, Oficina del Hospital de San Pedro, 1833. 83 p.

Obra presentada en forma de diálogo entre un comerciante y un tejedor. Para el autor la industria del algodón es "la más rica producción que tiene México"; presenta la situación del país con respecto a sus habitantes, la ignorancia de éstos, el desnivel político existente y el espíritu público; describe el estado y la influencia que han tenido sobre él las opiniones y acontecimientos políticos; ve como indispensable el establecimiento de unas artes más avanzadas y como primera necesidad el manufacturar el algodón por medio de máquinas modernas. (BN)

**3531. _____.** Breve memoria del estado que guarda la fábrica de hilados de algodón Constancia

Mexicana, y la industria de este ramo. Puebla, Oficina del Hospital de San Pedro, 1837. 24 p.

Contiene 3 cartas que demuestran que no ha dejado la empresa de sostener la industria de algodones que comenzó en 1833.                                                    (BMW)

**3532.** _____. Economía política; documentos (en doce cartas) para la historia de la industria moderna de algodones, en México. Puebla, Imprenta Antigua en el Portal de las Flores, 1843. 19 p.

Publicación que contiene la correspondencia entre Antuñano y el presidente provisional de la república, general de división d. Antonio López de Santa Anna.        (BH, BMW)

**3533.** _____. Economía política en México; apuntes para la historia de la industria de algodón de México; pensamientos patrióticos, sentimentales del que suscribe. [Puebla, Imprenta Antigua en el Portal de las Flores, 1842]. 10 p., tabla.

Antuñano se queja de las medidas prohibitivas a la introducción del algodón, indispensable para que funcionaran las fábricas de hilados y tejidos, porque la materia prima producida en el país no alcanzaba a satisfacer la demanda y estaba controlada por monopolistas. Al argumento de que si se permitía importar algodón después se tendría también que dejar entrar manufacturas, contesta que no sucede así necesariamente, y que en caso de serlo, se podría dejar entrar tanto las manufacturas como el algodón, siempre y cuando se estableciesen impuestos adecuados. Dice que para que las cosechas de algodón aumenten se necesita, entre otras cosas, que existan fábricas textiles que consuman sus productos. La tabla se refiere a la clase y número de fábricas que hay en el "departamento" y estado de Puebla.

**3534.** _____. Economía política en México; cinco documentos para la historia de la industria algodonera de México. Puebla, Imprenta Antigua en el Portal de las Flores, 1843. 8 p.

El documento 1 habla de la falta de algodón en rama y del paro de fábricas en Puebla; propone como solución el permiso a la importación de algodón en rama. El documento 2 trata de la escasez de algodón; el documento 3 es una contestación al anterior; el documento 4 señala el problema de la escasez de algodón en rama, para la provisión de las 21 fábricas de hilados de la ciudad de Puebla y sus inmediaciones y destaca sus consecuencias; el documento 5 va dirigido a los operarios de dos fábricas de hilados y tejidos, en las cuales deberán parar 300 husos, de los 11,580 que hay en ambas fábricas.                                              (BN)

**3535.** _____. Manifiesto sobre el algodón manufacturado y en greña, escrito y publicado en Puebla a beneficio de su patria, por el ciudadano . . . , coronel del batallón veinte y uno cívico del mismo estado. Puebla, Imprenta del Hospital de San Pedro, 1833. 24 p.

Señala la importancia que tiene el algodón para México, mencionando las causas que sepultaron la industria fabril poblana en el ramo de hilados y tejidos.      (BMW)

**3536.** _____. Memoria breve de la industria manufacturera de México, desde el año de 1821 hasta el presente. . . . Puebla, Oficina del Hospital de San Pedro, 1835. 14 p.

Sostiene que la prosperidad de un país depende de la activación de la industria; se opone a que se hayan abierto las puertas al comercio extranjero; dos medidas beneficiosas para la industria lo fueron la fundación del Banco Nacional de Avío, el cual representó estímulos a la industria y repartió caudales, y la prohibición de algodones extranjeros.    (BMNA)

**3537. Bazant, Jan.** Estudio sobre la productividad de la industria algodonera mexicana en 1843-1845. *En* Banco Nacional de Comercio Exterior. La industria nacional y el comercio exterior (1842-1851). México, Publicaciones del Banco Nacional de Comercio Exterior, 1962, p. 29-85, cuadros, gráficos. (Colección de documentos para la historia del comercio exterior de México, 7).

Una obra excepcional, porque aplicó por primera vez en México el método cuantitativo de investigación histórica. Utiliza como fuentes primarias fundamentales los informes y cuentas del Banco de Avío, las memorias de la Dirección General de Industria y el *Semanario de la Industria Mexicana* (3553); sobre todo los cuadros número 5 y 7 de la primera Memoria de la Dirección General de Industria. Hace un análisis crítico de sus fuentes, cualitativo y cuantitativo, para llegar, entre otras, a la conclusión de que "los salarios en la industria algodonera no eran tan bajos como hoy día nos inclinaríamos a pensar; que las utilidades eran suficientes para alentar al inversionista; y que, en suma, dicha industria la (sic) que proporcionaba al pueblo abundantes telas de vestir a precios razonables, no era tan anticuada sino bastante moderna para aquellos tiempos." Estudia con particular atención la fábrica Cocolapan de Lucas Alamán, y La Constancia Mexicana de Estevan de Antuñano.        (BCM, BM)

**3538. Béjar Navarro, Raúl; y Francisco Casanova Alvarez.** Historia de la industrialización del estado de México. México, Biblioteca Enciclopédica del estado de México, 1970. 309 p.

Una visión histórica de las condiciones internas y externas del estado de México y del país, que propiciaron la acelerada instalación de sus industrias. Contenido: el proceso de industrialización en Europa y en los Estados Unidos; antecedentes de la industria en el estado de México durante la colonia; la industria y la minería desde la independencia hasta 1944; la industria después de 1944 y sus actuales perspectivas de desarrollo.                                            (BCM)

**3539. Cámara Zavala, Gonzalo.** Reseña histórica de la industria henequenera de Yucatán. Mérida, Imprenta Oriente, 1936. 106 p.

Abarca desde la época prehispánica hasta el año de 1910, cuandro ya había terminado el auge de la producción y venta de esa fibra.                                       (BH)

**3540. Congreso Nacional de Industriales.** Reseña y memorias del primer Congreso Nacional de Industriales, reunido en la ciudad de México bajo el patrocinio de la Secretaría de Industria, Comercio y Trabajo. México, Dirección de Talleres Gráficos, 1918. 635 p.

Incluye el nombre de los participantes, el lugar de procedencia y la industria que representaban. Se manifestaron en este Congreso los puntos de vista de la iniciativa privada industrial respecto a la Constitución de 1917. Particularmente, fue importante la discusión sobre la nueva ley minera, a la que lograron imponer varias reformas.                    (BB)

**3541. Díaz Dufoo, Carlos.** La evolución industrial. *En* Justo Sierra, *ed.* México, su evolución social, v. 1. México, Ballescá, 1901, p. 100-158.

Comprende el período que va de la época pre-hispánica a 1900. Estudia la evolución del sector industrial al lado de los factores aceleradores y limitantes de otros sectores, tales como el comercio, las comunicaciones y la hacienda pública. Sostiene que el proteccionismo y el prohibicionismo fueron los más grandes obstáculos para el desarrollo de la industria. Estos obstáculos, dice el autor, se liquidaron en la época que ahora conocemos como del porfiriato, debido a que la baja del precio de la plata se convirtió en barrera proteccionista natural.                    (BDIH)

**3542. Espinosa de los Monteros, María del Carmen.** La industria del papel en México. México, s.p.i., 1951. 110 p.

Los orígenes y desarrollo de la industria papelera nacional.

**3543. Foster, Alice.** Orizaba, a community in the Sierra Madre Oriental. Economic geography [Worcester, Mass.], v. 1, October, 1925: 356-372.

Datos sobre la situación industrial de esa ciudad antes de 1910.                    (BCM)

**3544. Flores Caballero, Romeo.** Etapas del desarrollo industrial. *En* Luis González, *et al.* La economía mexicana en la época de Juárez. México, Secretaría de Industria y Comercio, 1972, p. 103-125.

Síntesis de los esfuerzos de industrialización realizados en esta época.

**3545. Lens, Hans; y Federico Gómez de Orozco.** La industria papelera en México: bosquejo histórico. México, Cultura, 1940. 128 p.

Historia que abarca desde la época precortesiana hasta la época actual.

**3546. México. Departamento de Industrias.** Boletín de industrias . . . , época 2. México, 1922-23. 1 v.

La mayor parte de la información se refiere a informes sobre las potencialidades industriales y a la ubicación de las industrias en el país. Es particularmente interesante una "Memoria descriptiva de las cartas geográficas presentadas por la sección de productos manufacturados," que informa de la localización de las industrias más importantes. En los números 10 al 15 hay una curiosa y sugestiva gráfica titulada "Pormedios de kilowatts-hora generados en la planta de Necaxa, en comparación a los acontecimientos políticos," de enero de 1913 a diciembre de 1922. Los números 1 y 2 están publicados por la Imprenta Franco-Mexicana; del 3 al 9, por los Talleres Tipográficos de la Cía. Editora de *El Heraldo;* y del 10 al 18 por la Editorial Cultura.                    (BB)

**3547. _____. Dirección de Exposición Estadística.** La industria nacional del calzado. Por Jesús S. Soto. México, 1928. 38 p., cuadros. (Publicaciones del Departamento de la Estadística Nacional).

Sostiene que de 14,768,266 habitantes del país, sólo 3,693,056 usaban calzado, en buena parte de origen extranjero. Ofrece valores y el costo detallado de la producción nacional de zapatos en 1926; menciona las organizaciones sindicales de los trabajadores; la cantidad y valor de los pares de zapatos importados, 1908-27, y únicamente el valor para los años de 1904-13; y por último, las exportaciones de 1920-27, por cantidad y valor.                    (BB)

**3548. _____. Dirección General de Agricultura e Industria Nacional.** Memoria sobre el estado de la agricultura de la república, que la Dirección General de estos ramos presenta al gobierno supremo, en cumplimiento del artículo 26 del decreto orgánico de 2 de diciembre de 1842. México, Lara, 1843. 74 p., cuadros.

Consta de 3 partes: la primera, una introducción por Lucas Alamán, tiene información histórica y juicios críticos y explicativos de la situación económica del momento. La segunda, 4 apéndices con datos del número de talleres en operaciones en el estado de Durango, clasificados regionalmente, especificando sus actividades y su producción. También se ocupa, aunque en términos generales, de los estados de Zacatecas y Veracruz. Por último, informa de los proyectos de decreto elaborados por la Dirección. La tercera parte tiene 9 cuadros: (1) sobre las juntas de industria; (2) importe de la rentas decimales, en todas las diócesis de la república, con datos para cada una de ellas, 1806-10 y 1829-33; (3) consumo de algodón en greña o despepitado, 1837-42; (4) algodón guiado, en greña o despepitado, de enero a septiembre de 1843; (5) fábricas de hilados y "tegidos" de algodón hasta fines de diciembre de 1843 (nombre, localización, dueños, maquinaria, horas trabajadas, salarios, producción, precio de compra del algodón, y fuerza motriz); (6) cantidad de pesos de las hilazas y mantas producidas, por fábrica y propietario, en 1837 y 1842; (7) número de piezas "tegidas"; (8) número de obrajes y telares en 1801; (9) cantidad producida de algunas manufacturas en 1837 y 1842.                    (BCM, BN)

**3549. _____. _____.** Memoria sobre el estado de la agricultura e industria de la república en el año de 1844, que la Dirección General de estos ramos presenta al gobierno supremo en cumplimiento del artículo 26 del decreto orgánico de 2 de diciembre de 1842. Mégico, Lara, 1845. 32, 24 p., cuadros.

Dividida en 3 partes, la primera: una introducción crítica de Lucas Alamán; la segunda: informes cualitativos sobre la situación de la agricultura y la industria en Aguascalientes, Tulancingo, Autlán, Sayula, Puebla, y Jalisco; la tercera con los siguientes datos estadísticos: número de husos de hilar algodón, y telares, en 1843 y 1844; número de mantas tejidas en 1844 (por mes); producción de hilaza, de enero a diciembre de 1844; arrobas de algodón cosechado, de enero a diciembre de 1844; lana introducida en San Miguel de Allende; artículo con el siguiente título: "Estado que manifiestan las manufacturas nacionales, que además de las mantas e hilazas, se han extraído, con documentos aduanales, de los distritos en que se han fabricado en el año de 1844, según las noticias que se han recibido de las administraciones de renta"; ramos de industria en Querétaro, San Juan del Río y Cadereyta.    (BN)

**3550.** _____. _____. Memoria sobre el estado de la agricultura e industria de la república en el año de 1845, que la Dirección General de estos ramos presenta al gobierno supremo, en el actual, de 1846, en cumplimiento del art. 26 del decreto orgánico de 2 de diciembre de 1842. Méjico, Losa, 1846. 73 p.

Escasos datos estadísticos, generalmente no sistemáticos. Se distinguen 2 secciones: agricultura e industria fabril.    (BN)

**3551.** _____. **Secretaría de Industria, Comercio y Trabajo.** Monografía sobre el estado actual de la industria en México. México, Talleres Gráficos de la Nación, 1929. 104 p., cuadros, tablas.

Información sobre el número de fábricas y capital invertido, 1927-28, en las industrias alimenticias, de aceite, alcohol, hielo, textil, metales, química, de maderas, de construcción, de modas y confecciones; artículos producidos por cantidades y pesos; condiciones en que operan las fábricas. Incluye documentos con datos de fábricas y talleres registrados; capital invertido en la industria, por nacionalidad; fábricas de hilados y tejidos de algodón y de lana, con especificación de clase, maquinaria, fuerza motriz, operarios, horas de trabajo, consumos, producción y ventas; salarios promedios por entidades federativas, en 1927.    (BCM)

**3552. Potash, Robert A.** El Banco de Avío de México; el fomento de la industria, 1821-1846. México, Fondo de Cultura Económica, 1959. 281 p.

Excelente monografía. Estudio completo del primer intento de la época por industrializar el país e introducir la más moderna tecnología de la época.    (BCM)

**3553.** Semanario de la industria mexicana. México, García Torres, 1841-42. 1 v., ilustraciones, tablas.

Semanario dedicado al sector industrial, donde se analizan los problemas y la situación económica del país, siendo el contrabando de productos extranjeros tema de marcada importancia.    (HN)

**Véase también:** 2818, 2819, 2882, 3205, 3243, 3327, 3489, 3490.

## 3. Insumos

**3554. Antuñano, Estevan de.** Economía política en México: raciocinio. Puebla, Imprenta Antigua en el Portal de las Flores, 1842. 3 p.

Concluye que el único modo de evitar el contrabando de artículos prohibidos al extranjero es la baratura de manufacturas mexicanas de algodón.    (BMW)

**3555.** _____. Economía política en México: teoría fundamental de la industria de algodones en México, por exposición que dirige al soberano Congreso nacional, el que suscribe, probando el prócsimo peligro que amenaza al ramo de algodones, por la subsistencia de la ley que prohibe la importación del algodón extranjero en rama, y proponiendo respetuosamente medios para evitar de pronto, y prevenir para lo futuro, este fatal acontecimiento. Puebla, Imprenta Antigua en el Portal de las Flores, 1840. 33 p.

Señala la estrecha relación entre la agricultura y la industria, particularmente entre el cultivo del algodón y la industria fabril; los males que augura para el país, si no se permite la introducción en rama del algodón, van desde la baja en la riqueza hasta la revolución misma. Propone el establecimiento de un impuesto de importación, dando como ejemplo de tal política a Inglaterra, que permite la introducción del algodón pero prohibe la de hilados y tejidos.    (BN)

**3556. Bazant, Jan.** Industria algodonera poblana de 1800-1843 en números. Historia mexicana [México], v. 14, 1964-65: 131-143.

Estudia los siguientes aspectos de la industria textil en Puebla, en los años de 1803 y 1843: la producción, mano de obra, capital fijo, materia prima y salarios. Para los 2 años concluye que los salarios eran lo suficientemente buenos como para permitir una vida decorosa al trabajador. Para 1843 concluye que la productividad de la industria textil sólo desmerecía ante la de las fábricas inglesas.    (BCM)

**3557.** La Escuela Nacional de Artes y Oficios; periódico dedicado a la instrucción de la clase obrera. México, 1878-86. 5 v.

Para desarrollar la pequeña y grande industria en México se propone capacitar técnicamente a los trabajadores. Contiene una breve historia de la Escuela de Artes y Oficios. No se localizaron los volúmenes correspondientes a los años de 1880-81 y de 1883-84. La periodización es quincenal.    (HN)

**3558. [Godoy, José María].** Nuevo arbitrio para dar un grande aumento a la hacienda federal y para proporcionar al mismo tiempo ocupación y medios de subsistir a la clase de gentes pobres de la República Mexicana. México, Galván, 1829. 19 p.

Presentan un proyecto que incluye la ubicación de las fábricas, la mano de obra y la materia prima que utilizarían. Solicitan el apoyo oficial para hacer realidad el proyecto.    (BB)

**3559. Guenot, Esteban.** Proyecto de una sociedad protectora de la industria de la seda, en la República Mexicana. Morelia, Arango, 1844. 7 p.

Propone formar una escuela de enseñanza de la industria de la seda, y establecer factorías que trabajen 8 artículos diferentes del mismo material. (BN)

**3560. [_____].** Proyecto de utilidad común, que se somete a la aprobación del Congreso General. Méjico, Galván, 1839. 8 p.

Propone el cultivo de la seda en el país, con el apoyo fiscal del gobierno, y el de una escuela de artes y oficios. (BB)

**3561. Quintana, Miguel A.** Estevan de Antuñano, fundador de la industria textil en Puebla. México, Secretaría de Hacienda, 1957. 2 v.

Biografía de Antuñano y exámen de la situación económica, especialmente de la actividad industrial. Incluye largas citas de las obras de Antuñano. (BH)

**3562.** Semanario artístico; publicación para la educación de los artesanos de la República Mexicana. México, Torres, 1844-46. 1 v., cuadros.

Publicación de carácter técnico y promocional, que contiene información económica oficial y particular, proporcionada por la Junta de Fomento de Artesanos: notas recibidas de los gobiernos de varios estados, donde declaran estar dispuestos a promover lo conveniente para que se establezcan en sus departamentos juntas de fomento de artesanos; la inauguración de empresas artesanales y la manera en que están funcionando; noticia de la Secretaría Superior del Gobierno de Durango, sobre el estado que manifiesta el número de talleres existentes en el departamento, con especificación de clases que se importan; nuevos aranceles de comercio, con noticia de los efectos prohibidos por ellos, exención de derechos y derechos establecidos; datos estadísticos de varias fábricas textiles. (HN)

**Véase también:** 2997, 3043.

## 4. Política gubernamental

**3563. [Alamán, Lucas].** Exposición dirigida al Congreso de la Nación por los fabricantes y cultivadores de algodón, con motivo de los permisos dados por el general don Mariano Arista, para la introducción por el puerto de Matamoros de efectos prohibidos en la república, leída en la Cámara de Diputados en la sesión pública de 4 de febrero de 1841. México, Cumplido, 1841. 20 p.

Se refieren a permisos otorgados para importar hilazas, con lo cual, dice la exposición, en aras de lograr un ingreso por derechos de importación, el gobierno priva a mexicanos de trabajo y hace que lleguen a la quiebra las fábricas de textiles y con ello bajarán en el futuro las rentas de la nación. Propone entre otras cosas, se reembarquen todos los efectos importados o que se importen en el futuro. Algunos de los firmantes son: Lucas Alamán, Estevan de Antuñano, y Antonio Garay. (BS)

**3564. Antuñano, Estevan de.** Carta particular de un ciudadano de Puebla a otro de esta capital. Puebla, Santiago Pérez, 1835. 8 p.

Señala que lo mejor para la industria textil es la prohibición de la importación de mantas, pero debe facilitarse la entrada de la hilaza, lo cual fomentaría el desarrollo de los telares. (BMW)

**3565. _____; y Gumersindo Saviñón.** Exposición respetuosa que los que suscriben elevan a las soberanas cámaras de la Unión, sobre la prohibición de artefactos gordos de algodón extranjeros. Puebla, Campos, 1835. 13 p.

Explican el nacimiento de su fábrica de algodón señalando que la industria no progresará mientras no varíe su método, instrumentos y maestros. Hablan de la prohibición de las mantas, señalando que debería permitirse la entrada del algodón en ramo extranjero. (BMW)

**3566.** Colección de artículos del siglo XIX, sobre alzamiento de prohibiciones. México, Cumplido, 1851. 141 p., tablas.

Son 14 artículos, escritos de octubre de 1850 a enero de 1851, que tienen por objeto defender la industria textil mexicana de la competencia exterior. Incluye análisis de la situación de la industria, con datos del número de fábricas por estados y mano de obra empleada. (BS)

**3567. México. Dirección General de la Industria Nacional.** Representación dirigida al supremo gobierno por la . . ., contestando a lo que ha expuesto la Junta de Puebla sobre proveer de algodón a las fábricas de la república. Méjico, Lara, 1843. 18 p., cuadro.

Discusión sobre si se debe o no permitir la importación de algodón, y si alcanzan o no las cosechas nacionales para proveer de materia prima a la industria textil del país. Incluye un cuadro sobre el "Estado de las fábricas de hilados de algodón de la república, según las noticias recibidas en la dirección general de industria," el 18 de marzo de 1843. Se refiere a los departamentos de México, Puebla, Veracruz, Guadalajara, Querétaro, Durango, Guanajuato, y Sonora. Informa del nombre de la fábrica, del dueño, y del número de husos. (BB)

**3568. _____. Secretaría de Fomento. Oficina de Patentes y Marcas.** Gaceta oficial. México, Talleres Gráficos de la Nación, 1904-28. 45 v., tablas, ilustraciones, diagramas.

Información de los asuntos tratados en la Oficina de Patentes y Marcas, a saber: expedientes de patentes de invención, solicitudes, nombre del inventor, objeto de privilegio, resoluciones; marcas de fábricas y de comercio cuyo registro se solicitó; certificado de marcas expedido; nombres comerciales cuyo registro se solicitó; marcas a las que hizo declaración de propiedad; certificados concedidos a marcas de fábrica, de comercio y anuncios comerciales; resumen del movimiento de marcas de fábricas, comercios, nombres y avisos comerciales; resumen por entidades y territorios de los derechos de registro pagados y su monto; lista de patentes que caducan y las renovadas; renuncia de derechos por diversas causas; legislación de patentes y marcas; avisos bimestrales en relación con la explotación industrial de patentes; cambios de denominación, nombre, ubicación y transmisión de derechos.

(HN, BSIC)

**3569.** Representación dirigida al Congreso de la Unión por 6124 artesanos, pidiendo protección para el trabajo de los nacionales. México, García Torres, 1851. 62 p.

Piden se les proteja evitando la entrada de artículos extranjeros y fomentando la producción y el comercio de los nacionales. Dicen que el hambre motiva su petición.        (BS)

# IX. Industrias Extractivas

## 1. Fuentes estadísticas

**3570.** Cuadro gráfico estadístico de producción de oro y plata en todo el mundo con especificación de la de México desde 1850 a 1893. (Hoja suelta, sin clasificar).

El cuadro está mutilado, conservándose intacta la curva de México así como las fuentes utilizadas por el autor de la gráfica.        (BSMGE)

**3571. Gurza, Jaime.** Apuntes sobre la cuestión petrolera en México. México, 1923. 43 p., tablas, cuadros.

En los momentos en que la ley del petróleo era discutida en las cámaras federales, Gurza procura reunir en un sólo estudio y en forma clara todos los datos e ideas que se han publicado en torno al problema desde 1901. Contenido estadístico de los cuadros: producción de petróleo, 1901-22 para México y el mundo; cantidades que la federación ha recibido por concepto del impuesto al petróleo en Tamaulipas, 1901-10, y 1911-22; pozos perforados, 1917-23; impuesto especial del timbre sobre el petróleo crudo, 1912-14; rendimientos producidos por los impuestos, 1915-16; productos derivados de la refinación del petróleo crudo; rendimientos al fisco, 1917-19; tarifas y derechos de exportación del petróleo en 1921; rendimientos de la exportación, 1921-22; impuestos pagados por concepto de petróleo, 1920-22.        (BN)

**3572. Martínez Gracida, Manuel; y C. D. Vázquez.** Cuadro estadístico de la minería en el estado libre y soberano de Oaxaca. México, Secretaría de Fomento, 1884. 11 p, cuadros.

Los siguientes datos estadísticos: minas en giro, por distritos, dueños de las minas, capital en giro, localidad en que están ubicadas, situación topográfica, posición que ocupa, clase de metales, carga al año, su valor, su ley, número de operarios y rayas al año, número de empleados y sueldos al año, animales empleados y pasturas que consumen al año, costo de edificios, de maquinaria, herramienta y útiles, valor estimativo de las minas, minas abandonadas, minas denunciadas; haciendas de beneficio de metales; cuadro de producción de carbones fósiles y aceites minerales; rocas, yesos y arcillas para loza de colores; cal, sales naturales y de beneficio; acuñación de moneda.        (BSMGE)

**3573. México. Departamento de la Estadística Nacional. Dirección de Exposición Estadística.** Anuario estadístico de minerales y metales, año de 1927. México, Papelería Nacional, 1929. 55 p., apéndice, cuadros, gráficos.

Detalladas estadísticas de la producción minero-metalúrgica, de su consumo interior, exportación, e impuestos y derechos que cubrió. El apéndice incluye: producción de oro y plata de 1521-1927; producción de metales industriales, 1910-27; producción de metales industriales en 1927; fundos mineros y establecimientos metalúrgicos en 1927. Comprende el año de 1927 y en algunos casos se refiere a 1926.        (BB)

**3574. _____. Secretaría de Industria, Comercio y Trabajo.** Anuario de estadística minera, correspondiente al año de 1922. México, Talleres Gráficos de la Nación, 1923. 231 p., cuadros.

Informa sobre la producción minera, 1920-22 (oro, plata, zinc, fierro, carbón); producción y exportación de oro y plata, 1910-22; precio de la plata, 1833-1922; diversos datos sobre producción de carbón y compañías carboníferas (trabajadores, consumo de dinamita); plantas metalúrgicas (por estados, nombre del propietario y capacidad); plantas de cianuración, fundiciones de plomo; y refinadoras, con datos de producción para 1922; amonedación; exportación, acuñación y producción de oro y plata, 1921-22; emisiones de moneda, 1910-22; compañías mineras en 1922 (empleados, jornales); minas registradas en el Registro Público de la Propiedad de la ciudad de México, 1891-1922; propiedad minera (títulos, revocaciones, posesiones, superficies); agencias de minería; directorios de compañías metalúrgicas y de ingenieros de minas. Datos similares para 1927-28 contenidos en *Anuario de estadística minera correspondiente al año de 1928.* México, Talleres Gráficos de la Nación, 1930. 462 p.        (BSMGE)

## 2. Estudios generales

**3575. Acevedo Escobedo, Antonio.** El azufre en México; una historia documentada. México, Cultura, 1956. 218 p.

Historia y recopilación de datos sobre un tema de gran interés y actualidad para la minería y la economía de México.

**3576.** Anales de la minería mexicana; o sea revista de minas, metalurgia mecánica, y de las ciencias de aplicación a la minería. México, Cumplido, 1861. 1 v., mapas, planos, tablas, cuadros.

La información económica y estadística comprende: datos de las minas de Pachuca y Real del Monte, 1824-60, discontinuo con especificación de producción, gastos, sueldos pagados, reparaciones, mantenimiento de instalaciones y maquinaria, egresos e ingresos en general; el fomento y avío de minerales en Guanajuato, así como denuncias, posesiones, maquila, y obras y reparaciones, 1860-61; producción y egresos de las minas explotadas por capitales ingleses; datos generales de la Compañía Unida de Minas; obras realizadas en las instalaciones mineras en Fresnillo y su costo; acuñación de moneda en el país durante 1824; réditos de los capitales invertidos por compañías inglesas en los ferrocarriles; precios de la maquila de metales en el país, en 1861; producción y valor de los metales, de la plata en especial, 1851-54; situación de los criaderos auríferos de California; aspectos técnicos múltiples sobre la minería y la metalurgia; posibilidades de restauración de minas y la compañía anónima restauradora; proyecto de ley para reducir los derechos de fundición y ensaye en Zacatecas.                                    (HN)

**3577. Bach, Federico; y Manuel de la Peña.** México y su petróleo; síntesis histórica. México, Editorial Nuevo México, 1938. 78 p.

Colección de documentos que por "su autenticidad resisten la crítica más severa" sobre los hechos que culminaron en la expropiación petrolera.                (BM, BMNA, BH, BN)

**3578. Bernstein, Marvin D.** The Mexican mining industry, 1890-1950; a study of the interaction of politics, economics, and technology. New York, State University of New York, 1964. 404 p., graphics.

Contenido: El marco geográfico e histórico; la era de Díaz; la revolución de 1910-20; progreso y reajuste, 1920-33; La segunda guerra mundial y la postguerra; la experiencia de México. Cuadros estadísticos.                        (BCM)

**3579. Bianconi, F.** Le Mexique à la portée des industriels, des capitalistes, des négociants importateurs et exportateurs et des travailleurs; avec une carte du Mexique commerciale, routière, minière et agricole. Paris, Chaix, 1889. 144 p.

Destaca la variedad de minerales, los centros mineros más importantes y describe la situación de la agricultura, industrias y comercio en general.

**3580. Castillo, Antonio de.** Resumen de los trabajos que sobre reconocimiento de criadores y minas de azogue se practicaron en el año de 1844, bajo la dirección de la Junta de Fomento y Administrativa de Minería, formado por. . . . México, Imprenta de la Sociedad Literaria, 1845. 29 p., planos, mapas.

Describe los criaderos y minas de azogue del sur del departamento de México, y de los departamentos de Jalisco, Guanajuato, San Luis Potosí, y Zacatecas. Los mapas son de las minas de azogue del Tequesquite, en el departamento de Zacatecas. Nueva edición con notas y adiciones se publicó en 1871: *Memoria sobre las minas de azogue de América.* México, Escalante, 1871. 104 p., cuadros, tablas.
(Edición de 1845—BS)
(Edición de 1871—BMNA)

**3581. Compañía Esplotadora de los Placeres de Oro en la Sierra Madre del Sur.** Compañía Esplotadora de los Placeres de Oro en la Sierra Madre del Sur, estado de Guerrero. México, Juan R. Navarro, 1857. 75 p.

Presenta una serie de informes, como el del ingeniero Agustín Fout, que se refiere a los resultados obtenidos del reconocimiento de los placeres de oro del departamento de Guerrero al presidente Antonio López de Santa Anna; el decreto que el presidente concede a la compañía descubridora de los placeres de oro en la Sierra Madre del Sur, la propiedad de ellos y el privilegio de su explotación a d. Sebastián Camacho, apoderado general de la empresa; otro informe es el del sr. d. Julián de Miranda acerca de la salubridad, clima aguas y placeres de oro.                                    (BN)

**3582. El consultor;** periódico técnico de ciencias, artes, industrias, agricultura, comercio, minas, manufacturas, etc. México, 1898-1903. 3 v.

Periódico de eminente carácter técnico con datos económicos sobre: la decadencia en la minería, sus causas y legislación minera, así como estudios que se refieren a la posibilidad de encontrar mercados en Sudamérica para los productos mexicanos.                                    (HN)

**3583. Crespo y Martínez, Gilberto.** La evolución minera. *En* Justo Sierra, *ed.* México, su evolución social, v. 2. México, Ballescá, 1901, p. 49-67, cuadros, tablas, gráficos.

Estudia el desarrollo de la minería desde la época prehispánica hasta 1901. Señala los descubrimientos de minas, su ubicación, legislación, técnica minera, educación encaminada al conocimiento científico de la minería, las casas de moneda del país, impuestos y sistemas de crédito a la minería, las compañías mineras y la industria metalúrgica. La importancia que le da a cada una de las etapas es desigual, siendo la colonia, y la "etapa actual" (1867-1901) las que reciben mayor atención. Las obras de mayor importancia que utiliza como fuentes son las de Trinidad García y Santiago Ramírez (3588, 3603). Los datos estadísticos son escasos.        (BDIH)

**3584. Dahlgren, Charles B.** Minas históricas de la República Mexicana. México, Secretaría de Fomento, 1887. 241 p., mapas, tablas, cuadros.

Rica información acerca de las minas descubiertas a partir de la conquista: descripción geológica de la república, noticia de productos minerales, compañías mineras establecidas, producción y acuñación en México, historia de las minas antiguas; vetas y minerales existentes en cada uno de los estados de la república. Contiene además un apéndice con sinópsis de los antecesores de Humboldt y de su visita a México, y descripciones técnicas de minería. Los datos fueron tomados de las obras de Humboldt, Ward, Burkart, Egloffstein, del informe de la Compañía Unida Mexicana de Minas, y de los periódicos *El minero mexicano* y del *Boletín de la Sociedad de Geografía y Estadística de México.*        (BSMGE)

**3585. Eguia, José Joaquín de.** Memoria sobre la utilidad e influjo de la minería en el reino: necesidad de su fomento, y arbitrios de verificarlo. México, Juan Bautista de Arizpe, 1819. 98 p., tablas.

Hace un análisis de la minería, ubicándola como principal actividad económica de la Nueva España; busca fomentar la minería que se encuentra en decadencia; presenta algunas medidas de ayuda y se opone a otras. El autor se manifiesta enemigo de la causa insurgente a la que atribuye en buena medida la decadencia del ramo.                        (BN)

**3586.** El explorador minero; periódico científico destinado al estudio, progreso y desarrollo de las industrias nacionales en general y muy especialmente de la minería en sus diversas fases. México, Carlos Ramiro, noviembre, 1876-diciembre, 1877. 1 v., cuadros, ilustraciones.

Las páginas editoriales presentan el panorama de la minería de la época y sostienen la idea de que dicha industria es la más importante del país. Los datos económicos y estadísticas son: legislación minera; denuncias y concesiones; sobre extranjeros y su participación en la vida económica del país; expropiaciones; privilegios y patentes; tarifas para minerales y su beneficio; problemas legales de la minería. Educación y tecnología: educación minera en general; movimiento de la Escuela de Minería y de la Ingeniería. Situación de la minería en el país y producción: actividad de las minas; estadísticas del ensaye en 1876 y 1877, con noticia de la procedencia del mineral, cantidades, valor y contribución que le producen a la federación; crisis y paralización del mineral del Catorce; movimiento minero en Zacatecas; hundimiento del suelo en San Luis Potosí; minas en Pachuca y Durango; los sistemas de transportación de los minerales. Comercio y mercados y moneda: cotizaciones de los metales; sobre la moneda de cobre; la cuestión de la plata; exportación de minerales. Contiene además, datos sobre las comisiones exploradoras del Ministerio de Fomento en el suelo del país; datos generales del movimiento agrícola y comercial; líneas telegráficas; disposiciones para ferrocarriles urbanos; exposición de Filadelfia; datos de la Sociedad Minera Mexicana; la instrucción pública en Puebla; avisos y anuncios comerciales.          (HN)

**3587. Flores, Manuel.** Apuntes sobre el petróleo mexicano; dedicados a los señores miembros del XXVI Congreso Federal. [México ?, 1913?]. 60 p.

Consideraciones generales. Origen de la industria en México. Desarrollo y capital invertido. La producción actual y la potencial. ¿Ha beneficiado el petróleo al país? Los impuestos sobre el petróleo. Legislación, nacionalización y porvenir del petróleo. Apéndice.          (BM, BH, BM)

**3588. García, Trinidad.** Los mineros mexicanos. 2. ed., México, José A. García, 1968. 462 p., tablas, cuadros.

Anecdotarios sobre tradiciones y carácter de los mineros, principalmente en la época colonial y reseñas históricas sobre el descubrimiento de algunos minerales (Compostela, Zacatecas, Guanajuato, Cerro del Mercado, Tasco, Pachuca, Fresnillo, Sombrerete, Durango, San Luis Potosí, Catorce). Artículos varios del autor sobre la crisis monetaria y los problemas de la minería (1894). Cuadros de la producción minera de la época colonial y del México independiente; las utilidades de las minas y los dividendos pagados en la capital del país, con noticia del nombre de la negociación; incremento del tráfico de los ferrocarriles en 1894; e inversión de capital en minas y otro tipo de empresas y negocios.

**3589. Gómez del Campo, José María.** Noticia minera del estado de San Luis Potosí . . . de 4 de mayo de 1871. *En* Sociedad Mexicana de Geografía y Estadística. Boletín [México], segunda época, v. 4, 1872: 685-698.

Incluye la cantidad y valor de la plata registrada en el ensaye de San Luis Potosí, en 1853-70 y la plata y el cobre acuñados en la casa de moneda de dicha localidad, 1827-70, según su valor en pesos.          (BSMGE)

**3590. González, Fernando,** *et al.* La industria minera de México en el estado de Hidalgo. México, Secretaría de Fomento, 1911. 117 p., cuadros, mapas.

Descripción del medio físico, división política, comunicaciones, los distritos mineros y las vetas más importantes del estado. Cuadros del movimiento de los títulos mineros y de los dividendos pagados por las compañías mineras. Incluye los siguientes mapas: comunicaciones del estado en 1911, municipio de Pachuca, topografía del Real del Monte, aspecto minero de Pachuca y Real del Monte, y otros sobre la distribución interna de varias minas.          (BH)

**3591. Grothe, A.; y L. Salazar.** La industria minera de México: estado de Michoacán; 1ª parte. México, Secretaría de Fomento, 1912. 83 p., planos, tablas.

Configuración, aspecto físico y división política del estado, bosquejo geológico, vías de comunicación, impuestos locales y agencias de minería, los distritos mineros del estado; las vetas de Tlalpujahua, planos, diagramas e ilustraciones de las minas.          (BN)

**3592. López, Ramón.** Tabasco y su petróleo. Tabasco, Talleres Gráficos La Nacional, 1926. 46 p., tabla, ilustraciones.

Breve reseña histórica del petróleo en el estado de Tabasco, desde las concesiones otorgadas por el gobierno imperial de Maximiliano hasta 1924. Compara la zona petrolera de Tabasco-Chiapas con las zonas petroleras de Norteamérica. El principal objetivo de la obra es conocer el curso que siguió la adquisición de terrenos petroleros, su exploración y explotación, incorporando datos sobre la primera compañía explotadora, su capital y acciones. Además, presenta las diversas inversiones habidas en 1872 y en 1924. Una de las fuentes que utiliza es el informe de los terrenos petrolíferos de la región de Tabasco-Chiapas, de L. S. Lajous.          (BN)

**3593. Mena, Ramón.** El libro del petróleo en México. México, Porrúa, 1915. 172 p., mapa.

Breves noticias sobre todos los aspectos de la industria petrolera mexicana: regiones petrolíferas, compañías explotadoras, capital invertido, cantidad producida, análisis químico del petróleo, oleoductos, vías de comunicación, legislación, etc.          (BM)

**3594. México.** El petróleo de México; recopilación de documentos oficiales del conflicto de orden económico de la industria petrolera, con una introducción que resume sus motivos y consecuencias. México, Cultura, 1940. 923 p., cuadros, láminas, mapas, diagramas.

La industria petrolera en México, hasta 1933. La industria petrolera en Estados Unidos y referencia a la de otros países. Aspectos generales de la industria petrolera en la actualidad.

Producción, comercio exterior y consumo. Transportes y precios. Salarios y previsión social. Impuestros. Condiciones financieras de la empresa petrolera en el período de 1934-36. Antecedentes del conflicto de orden económico. Dictamen de la comisión parcial en el conflicto de orden económico en la industria petrolera. Acumulación de pruebas. Laudo. Demanda de amparo. Ejecutoria de la Suprema Corte. Expropiación.                (BMNA, BH, BCW)

**3595. _____. Comisión Monetaria. Informe . . . al e. sr. ministro de Relaciones sobre el estado que han guardado los fondos de azogue y dotal de los mineros en el presente año de 1850, especificando la recaudación, distribución e inversión dada a este segundo, con unos apuntes para formar la estadística minera de los Estados Unidos Mexicanos. México, Murguía, 1851. 64 p.**

Nueva queja porque el gobierno federal no cubría los fondos prometidos, y petición para que no se incrementen los gravámenes fiscales a la minería. Apuntes de estadística minera de las entidades del país; contienen informes de los minerales y haciendas de beneficio existentes, y en algunos casos (Guanajuato, Pachuca, estado de México) de su producción y costos.                (BN)

**3596. _____. Secretaría de Fomento. Boletín. V. 2: Minas y metalurgías. México, Secretaría de Fomento, 1901-02. 2 v., ilustraciones, cuadros. (Año 2, Segunda época).**

Una recopilación de artículos diversos: El peso mexicano y sus rivales en el extremo oriente; precio de efectos para minas por meses; nuevo método de alumbrado en minas; títulos de propiedad minera; los campos carboníferos de Coahuila; resumen de informaciones mineras por meses; informe anual de la compañía minera de Batopilas en 1902; las minas de los estados fronterizos; la compañía minera de Cananea; informe de la Fundición de Monterrey; la minería en Chile; el mineral de Xaguia en Oaxaca; dictamen de la subcomisión monetaria; informe de The Sombrerete Mining Co.; honor a Alejandro Humbolt; los yacimientos de fierro en Jalapa; parasitología agrícola; informe de la comisión monetaria; estudio químico y metalúrgico de amalgamación.                (BDGE)

**3597. _____. Secretaría de Industria, Comercio y Trabajo. Boletín minero; órgano del Departamento de Minas. México, Talleres Gráficos de la Nación, 1916-33. 35 v., cuadros.**

Aparece quincenalmente en el período 1916-18, y en 1918 se vuelve mensual. Los volúmenes 1 y 2 aparecen bajo la denominación de Secretaría de Fomento, Colonización e Industria, el 3 y 4 como Secretaría de Industria y Comercio, y el 35 como Secretaría de la Economía Nacional. A partir de 1933 cambia a *Boletín de petróleo y minas.* Contiene información acerca de: técnicas; propietarios y bienes de las minas; sistemas y recursos para la explotación; transporte y disposición del producto; huelgas; yacimientos; estadística: producción y exportación de metales; estado económico de la minería; solicitudes de concesiones; títulos expedidos; concesiones declaradas caducas; promedio de valores de los metales; cuotas de exportación; cotizaciones; leyes; legislación sobre propiedades e impuestos; deudas y sociedades mineras.

Información general sobre: patentes concedidas; cambios en la organización de las minas; resumenes de consultas resueltas por el Instituto de Ecología dependiente de la U.N.A.M.                (BH)

**3598. El minero, periódico del pueblo. Batopilas, Chihuahua, 1893-95. 1 v., cuadro.**

Publicación semanal, que proporciona amplia información sobre la minería, tanto de aspectos técnicos como datos de importancia económica, a saber: los reportes de producción y capital de las minas del estado de Chihuahua (aparecen periódicamente), y un cuadro comparativo de los ingresos y egresos habidos en la tesorería municipal de Batopilas, 1890-94. Propietario, A. Vega.                (HN)

**3599. El minero mexicano; periódico dedicado a promover los adelantos de la industria en general y muy particularmente de la minería y clases mineras. México, García Torres, 1873-1885, 1890-1903. 22 v., cuadros, ilustraciones.**

Abundantes datos de la legislación minera y de la función del estado en este sector de la economía, con noticia del código minero y proyectos de ley; medidas hacendarias, aranceles, diversos impuestos por concepto de la propiedad minera, por comercialización de la producción, por amonedación, etc.; reglamentación de amparos, denuncias, contratos, concesiones y exploraciones; legislación para la exportación de metales, de monedas, etc.; las ordenanzas mineras; informes oficiales de diversas exploraciones en los minerales; funciones y propósitos de la Agencia General de Industria y Minería. Sobre la situación de la explotación y producción minera en el país: relación de los principales minerales que se extraían; noticias importantes de la minería en los estados; San Luis Potosí y la situación de sus minerales; estadísticas del mineral Del Chico, Hidalgo; minas y haciendas argentíferas en Pachuca en 1874, y el beneficio del metal extraído; movimiento de las minas de Guerrero; vetas de oro en Sonora; minería en Coahuila; reseña general de las minas en el país, su funcionamiento, producción y costo; estadísticas oficiales de hacienda sintetizando el valor de la producción minera; sobre asociaciones mineras en el país; situación del azogue, 1864-74. Tecnología: precios de herramientas y diversos efectos para la minería, la metalurgia en el país, la fundición de la plata y procedimientos utilizados, la tecnología en general y las innovaciones experimentadas. Sobre comercio y mercados: valores y cotizaciones de las acciones mineras; dividendos decretados; mercado y precios de metales; precios de venta de minas; mercado monetario; cotización de metales, 1851-74; el precio de la plata y su producción; situación del mercado de metales en México, Estados Unidos y Londres; precios del oro; comercio en general entre México y Norteamérica; diversos productos mexicanos en París, Londres y Hamburgo; movimiento mercantil en el Paso del Norte; exportaciones mexicanas a Inglaterra; precios de plaza en el país. La acuñación de monedas y los 3 siglos de extracción de oro y plata en México; casas de moneda, sumas acuñadas y su movimiento; sobre el peso mexicano; el talón monetario mexicano y sus cambios. Además, contiene información general sobre la agricultura del país; los cultivos de caña de azúcar y café; medidas proteccionistas oficiales a la agricultura; política oficial y proyectos sobre ferrocarriles, movimiento y extensión de las vías en el país, productos obtenidos en los ferrocarriles; datos generales del Banco Hipotecario Mexicano.                (HN)

**3600.** Las novedades; bisemanario de literatura, social y de avisos. San Luis Potosí, Imprenta E. I. Militar, 1897. 1 v.

Publicación con escasa información económica, entre la que sobresale aquella que se refiere a la minería y el comercio: progreso de la minería en San Luis Potosí; acerca del trabajo de las minas de Santa María de la Paz y anexas; la depreciación de la plata y el monopolio que existe sobre este metal; reporte de la bolsa minera; comercio entre Estados Unidos y México; informes de compañías salineras, fábricas de vidrio y de cal; industria sericícola; e informe sobre el estado de la agricultura en el país.                 (HN)

**3601. Orozco, Rafael.** La industria minera de México. Distrito de Guanajuato. México, Talleres Gráficos de la Nación, 1921. 167 p., ilustraciones. (Secretaría de Industria, Comercio y Trabajo. Departamento de Exploraciones y Estudios Geológicos).

Historia y transformación de la industria minera en Guanajuato, al ponerse en vigor nuevos sistemas de explotación.
                                           (BH, BN, BM)

**3602.** Progreso minero; semanario dedicado a la minería, metalurgia y ciencias en general. México, Paz, 1885. 1 v., cuadros.

Información general sobre la minería en los estados, con noticia de su explotación, producción, propietarios, descripción de la propiedad minera y recursos de posible explotación; informes de los diversos distritos mineros; legislación minera en general; exportación de metales preciosos, 1883-84; situación de las compañías beneficiadoras; exploración y localización de minerales; capitales extranjeros operando en la minería; relación y noticias de las agencias mineras y sus sucursales en Nueva York, Nueva Orleans, Londres, París; minas de oro que se explotan en el país, con datos de su situación y producción; inversiones y capitales aplicados a la minería del país; el mercado para los metales mexicanos, su situación y fluctuaciones; reglamento sobre el impuesto de la plata en Hidalgo; denuncias presentadas y concesiones otorgadas por la Secretaría de Fomento; artículos y editoriales donde se analiza la situación de la minería, su desarrollo e impulso. Además, incluye información general de los ferrocarriles del país; la inmigración y su efecto en el desarrollo agrícola y minero; situación de la colonización nacional; panorama general de la agricultura; datos específicos del cultivo del tabaco y su producción; artículos y comentarios sobre el capital y el trabajo; el capital nacional y su participación en la industria. La publicación proporciona un interesante panorama de la economía del país a través de datos e información diversa sobre la riqueza de los estados de la república y su posible desarrollo.                            (HN)

**3603. Ramírez, Santiago.** Informe que como resultado de su exploración en la Sierra Mojada, rinde al Ministerio de Fomento el ingeniero en minas. . . . México, Díaz de León, 1880. 63 p., mapas, cuadros, ilustraciones.

Constitución geológica del terreno y descripción orográfica; estudio estratigráfico y paleontológico; clasificación y determinación de los criaderos descubiertos; condiciones geonósticas del yacimiento; substancias explotables; valor de los criaderos;

condiciones para su explotación; tratamientos metalúrgicos adecuados; ventajas y desventajas para su exportación; medios de transporte existentes y un croquis del camino de Saltillo; lugares convenientes para establecer poblados y hechos principales del descubrimiento del mineral. Concluye que el mineral no es importante y que los gastos de establecimiento de una hacienda de beneficio son incosteables, recomendando la exportación del mineral. Incluye un cuadro con la composición del mineral, mina de procedencia y ley por carga.         (BN)

**3604.** _____. Informe sobre el mineral de Guadalcazar, en el estado de San Luis Potosí, presentado al sr. ministro de Fomento por el ingeniero de minas. . . . México, Villada, 1879. 90 p., tablas.

Informe sobre las posibilidades minerales de esta zona; menciona las minas de Guadalupe, San Pedro el Alto, San Esteban, del Carmen, del Espíritu Santo, San Miguel, San Rafael, de la Sangre de Cristo, Socavón de la Galana, Socavón del Gato, del Promontorio, del Muerto, San Diego, Nombre de Dios, Concepción del Rosario, y otros; menciona gastos probables en la explotación, utilidades posibles de cada mineral, maquinaria requerida, y el método de explotación más apropiado.                            (BMNA)

**3605.** _____. Noticia histórica de la riqueza minera de México y de su actual estado de explotación. México, Secretaría de Fomento, 1884. 768 p., cuadros.

Bosquejo histórico de la minería en México; productos mineros conocidos; estados mineros de la república; explotación de las minas y beneficio de los minerales; influencia de la minería en México; producción minera apreciada por la acuñación; legislación minera; bibliografía minera.   (BCM)

**3606. Sociedad Científica Antonio Alzate.** Memorias y revista de la. . . . México, Imprenta del Gobierno, 1887-1947, 1949-55, 1958-64. 53 v., cuadros, mapas, gráficos, láminas, planos.

Contiene valiosos trabajos y ensayos de investigación histórica, etnográfica, económica, geológica, etc., donde se analizan las riquezas naturales del país, su explotación y posibilidades de desarrollo. La información más rica e importante corresponde al período de 1887-1920, incluyendo: el oro en los diferentes placeres del país; descripciones de las zonas mineras de Guerrero, Jalisco, Durango, Baja California, estado de México, Hidalgo, Michoacán, San Luis Potosí, Guanajuato, con noticia de las principales minas y recuento histórico de las más importantes por su producción; reseña histórica general de la minería mexicana, 1559-1875; noticia de hallazgos mineros. Amplia información de las zonas petrolíferas, su explotación, industrialización y comercialización: el petróleo en la Costa del Pacífico, en el sur de Tamaulipas, en los límites de Puebla, Oaxaca y Guerrero; datos de la industria de azufre en el país. La situación y problemática agrícola: datos técnicos y legislativos; diversos cultivos en el país, su distribución y productividad; recursos alimenticios del país; información general del ingenio de Tlaltenango; situación y funcionamiento de la enseñanza agrícola en México; riqueza forestal, su posible explotación y formas legislativas para hacerlo; la riqueza del estado de Morelos con noticia de las haciendas y su producción; noticia de las exploraciones realizadas en diversas zonas del país para conocimiento de las riquezas de posible explotación. Monografías de Tehuantepec, Tuxpan, Jalisco, y Tlaxcala; el fraccionamiento de la propiedad territorial en los estados fronterizos; la propiedad territorial en varios estados de la república y su situación; datos del lago de Chapala y la desecación del lago de Texcoco. Abundante información de la industria eléctrica en el país, su génesis y desarrollo: datos para las instalaciones hidroeléctricas de Necaxa con descripción de las obras realizadas. Datos técnicos, movimiento, explotación de diversos ferrocarriles en el país. Situación de algunas industrias en México, como la química. Además, incluye estadísticas de mortalidad y morbidad infantil, 1916-17; la ceguera en México con datos de su repartición, frecuencia, causas; reseñas histórico-económicas de varias regiones y estados de la república; una evaluación económica del país, en un lapso de 50 años, o sea, la mayor parte del porfiriato y la primera etapa del régimen posterior a la revolución de 1910. (HN)

**3607. Southworth, John R.; y Percy G. Holms.** El directorio oficial minero de México: "Las minas de México" y "Directorio minero de México" (Fusionados); historia, geología, antigua minería y descripción general de las propiedades mineras de la República Mexicana. Liverpool, Blake and Mackenzie, 1908. 242 p., láminas.

En español e inglés, ofrece una reseña histórica de la minería; describe el número y la distribución geográfica de las minas; destaca las facilidades para la inversión minera y las leyes e instituciones que las protegen y hace una descripción detallada de las minas que existen en cada estado, mencionando el nombre de las minas y de su propietario, su capital, las acciones, la producción y otras características. Numerosas fotografías. (BUT-LAC)

**Véase también:** 2782, 2820, 2957, 2994, 3046, 3193, 3202, 3262.

## 3. Insumos

**3608.** Discurso sobre la minería de este imperio, sobre su banco de avíos, tribunales especiales y colegio, y si deben o no subsistir; por un minero, iniciado en la facultad. México, Villar, 1822. 54 p.

Concluye que el banco de avío era inútil y que no debía restablecerse; que debe haber una adecuada protección al minero a través de tribunales especiales; y que es indispensable la subsistencia del colegio de minería. (BS)

**3609. México. Comisión Monetaria. Junta de Fomento y Administrativa de Minería.** Exposición dirigida al supremo gobierno . . . sobre el reconocimiento de criaderos de cinabrio en la república, inversión de los fondos destinados al Banco de Azogues, y utilidad de fomentarlo. México, Cumplido, 1845. 62 p., cuadros.

Información sobre los casos de Guanajuato y Zacatecas. Cifras totales del producto del fondo de azogues y de su inversión, entre el 25 de septiembre de 1843 y diciembre de 1844. Se analizan los ingresos provenientes de los derechos de importación sobre las aduanas de Tampico y Veracruz

y de la circulación monetaria entre ambos departamentos. (BSMGE)

**3610.** \_\_\_\_\_. \_\_\_\_\_. Informe . . . , dado al exmo. señor ministro de Relaciones, sobre el estado en que se encuentran los fondos de azogues y dotal de los mineros. México, García Torres, 1850. 11 p., cuadros.

Se queja de no recibir los fondos que el gobierno federal prometió para el fomento de la minería, particularmente para impulsar la producción de azogue y para importarlo de Europa. Menciona el origen y cantidad de los fondos. En siete documentos estadísticos presenta las recaudaciones obtenidas por cobro del impuesto del real por marco de plata, entre 1845-47, y el estado financiero de la Junta. (BN)

**3611.** \_\_\_\_\_. **Secretaría de Fomento. Dirección General de Estadística.** Noticia del movimiento de sociedades mineras y mercantiles, habido en la oficina del Registro Público de la Propiedad y Comercio durante los años de 1866 a 1910. México, Secretaría de Fomento, 1911. 277 p., cuadros.

Sociedades mineras registradas (ubicación del mineral, metal que explota, y capital social) y disueltas; sociedades mercantiles registradas y disueltas, 1886-1910 (objeto, capital social, duración, y disolución); y resumen, por años, del capital social invertido o retirado. (BCM)

**3612. Nava, Guadalupe.** Jornales y jornaleros en la minería porfiriana. Historia mexicana [México], v. 12, 1962-63: 57-71.

Análisis de la población minera activa durante el porfiriato: distribución geográfica de los trabajadores mineros; situación de los operarios; remuneraciones y salarios mínimos y máximos. (BCM)

## 4. Política gubernamental

**3613. Camacho, Sebastián.** Carta dirigida al sr. ministro don Matías Romero sobre la cuestión de minería. México, Escalante, 1871. 33 p.

Objeta a Matías Romero sus proposiciones sobre la libre exportación de los productos de minería y el gravamen de las utilidades, con un impuesto en beneficio del erario fiscal y del de los estados. Opina que el gobierno dejaría de percibir el antiguo impuesto antes de que se regularizara el nuevo, trastornándose todo el sistema administrativo; que implicaría la ingerencia de funcionarios gubernamentales en los registros privados de las compañías, que resultaría muy gravoso para éstas, y que no se podrían gravar las utilidades de las pequeñas minas; por último indica que antes de tomar una medida de esa naturaleza, habría que impulsar la industria, el comercio y la agricultura; concluye que el impuesto debe ser indirecto, esto es, que el Estado se reservase una parte de la mina, de manera que quedara como un accionista de la misma, percibiendo sus utilidades; propugna por una reforma a las ordenanzas de 1783 y por ayuda para el Colegio de Minería. (BN)

**3614. México. Secretaría de Industria, Comercio**

**y Trabajo.** Boletín de concesiones mineras; órgano del Departamento de Minas (continuación del Boletín de industrias mineras). . . . México, Talleres Gráficos de la Nación, 1930-33. 6 v., tablas, cuadros.

Proporciona, principalmente, información legal para la explotación de minas.                                    (HN)

**3615. Quintana Roo, Andrés.** Informe del apoderado de los acreedores a los fondos del establecimiento de minería, en un recurso dirigido al supremo gobierno por los responsables, a las cuentas de aquel ramo, y algunos otros sobre el nombramiento de una comisión interventora. México, Arévalo, 1834. 28 p.

Presenta el informe de lo ocurrido en la Junta de Minería, alegando su legitimidad, y la legitimidad de la elección del apoderado de los acreedores que firman la representación dirigida al supremo gobierno, en la cual se pide la nulidad de lo acordado en la Junta, por considerarla ilegal.     (BMW)

**Véase también:** 3007, 3008.

# X. Transportes, Servicios Públicos y Servicios en General

## 1. Fuentes estadísticas

**3616. México. Secretaría de Comunicaciones y Obras Públicas.** Estadística de ferrocarriles y tranvías de concesión federal. . . . México, Talleres Gráficos de la Nación, 1929-31. 3 v.

Corresponde a los años de 1927-29. Datos técnicos, administrativos y financieros que rinden las empresas, comparados con los correspondientes a los de 1920-26; ingresos por concepto de fletes y pasajeros; gastos; subvenciones; inversiones y costos; número de kilómetros en explotación y de los que están fuera de servicio; distancias recorridas; movimiento de pasajeros y carga; equipo con que cuentan: nombre de los ferrocarriles, con noticia del servicio a que se destinan, propiedad del equipo que utilizan, empleados, sueldos, horas de trabajo, y accidentes de trenes y personas.     (ASC)

## 2. Estudios generales

**3617. Arizpe, Rafael R.** Estadística de las aplicaciones de la electricidad en la República Mexicana. México, La Europea, 1900. 160 p.

Datos sobre telégrafos, historia y red telegráfica federal y estatal, de ferrocarriles y de empresas particulares; teléfonos: federales y estatales, de ferrocarriles y de empresas particulares; alumbrado: historia y servicios públicos y privados; sistemas de transporte que utilizan energía eléctrica.   (BUT-LAC, BN)

**3618. Bárcena, Mariano.** Los ferrocarriles mexicanos. México, F. Mata, 1881, 60 p., cuadros, tablas.

Pretende impulsar la construcción de ferrocarriles, pues con ellos se introducirá en el país un gran movimiento económico, indispensable para su desarrollo; presenta un resumen del progreso de la construcción y explotación de los ferrocarriles en el país y de su estado al momento de escribir el presente estudio. Relación de los productos de los lugares por donde pasará el ferrocarril; señala los beneficios que para estos lugares se desprenderán de este tránsito; presenta un cuadro con las concesiones otorgadas, y una relación estadística del movimiento que estos tienen.                          (BCM)

**3619. Baz, Gustavo; and E. L. Gallo.** History of the Mexican railway. México, Gallo, 1876. 211 p.

Aprovecha la descripción del recorrido del ferrocarril mexicano para dar una visión de la historia y de la población, valor de producción agrícola, ganadera e industrial, de los estados de Veracruz, Puebla, Tlaxcala, Hidalgo, estado y valle de México. Información desigual, destacando la del valor de la producción agrícola, ganadera e industrial del estado de Veracruz, 1873-73, del de la propiedad y circulación de capitales en Veracruz, y del valor y destino de las exportaciones por los puertos del estado de Veracruz.                    (BCM)

**3620. Bouligny, Edgard.** Guía del Ferrocarril Central Mexicano—Mexican Central Railway Guide. México, Benito Nichos, 1883. 38 p., cuadros.

Breve historia del ferrocarril, tarifas comerciales y de pasajeros, distancias entre los puntos que presta servicio, horarios, y numerosos anuncios comerciales.                  (BB)

**3621.** El cable trasatlántico; trisemanario político, literario y comercial. México, Villada, 1881. 1 v., cuadros, tablas.

En las páginas editoriales el tema central se refiere a la construcción de ferrocarriles y su desarrollo en México. La mayor parte de la información estadística está incluida en la sección de gacetilla, que contiene los siguientes datos: entrada y salida de buques a puertos mexicanos, pasajeros, por nacionalidad; amplia información sobre los ferrocarriles en México, los ya establecidos, los proyectos de construcción.

(HN)

**3622. Escandón, Manuel.** Breve exposición al público sobre el negocio del camino de fierro entre Veracruz y México. México, Andrade y Escalante, 1858. 15 p.

Menciona la gran importancia de este ferrocarril para México, sobre todo por su posición geográfica con respecto a Europa y Asia; menciona la inversión ya realizada y la historia de cómo nació el compromiso de un ferrocarril que atravesara de mar a mar el continente americano.       (BN)

**3623. _____.** Segunda exposición al público sobre el negocio del camino de fierro entre México y Veracruz. México, Cumplido, 1861. 15 p.

Narra las dificultades técnicas y financieras que ha tenido que vencer; da noticia de la situación en que se encuentra el proyecto del ferrocarril México-Veracruz y hace una apología de los grandes beneficios que se derivan de esta obra y de los ''caminos de fierro'' en general.                (BN)

**3624. Galarza, Ernesto.** La industria eléctrica en México. México, Fondo de Cultura Económica, 1941. 233 p.

Estudio amplio y muy documentado sobre la historia de la industria eléctrica en México, desde su establecimiento a fines del siglo XIX hasta 1935. Al final, ofrece una bibliografía muy completa. (BHM)

**3625. Macedo, Pablo.** Comunicaciones y obras públicas. *En* Justo Sierra, *ed.* México, su evolución social, v. 1. México, Ballescá, 1901, p. 250-327, gráficos, mapa, cuadros.

Después de una breve relación de los caminos de la Nueva España, pasa a reseñar las comunicaciones y transportes de la época independiente, hasta principios del siglo XX, especialmente los ferrocarriles, comunicaciones marítimas, faros e iluminación de las costas, obras en los puertos, correos y telégrafos, teléfonos, y obras públicas urbanas, el desagüe del Valle de México y el saneamiento de la ciudad de México. (BDIH)

**3626. México. Comisión Nacional de Irrigación.** La industria eléctrica en México; estudios estadísticos preliminares. México, Cultura, 1931. 121 p., gráficas, mapa, cuadros, tablas.

Es un acopio de datos estadísticos sobre las labores realizadas por la Comisión Nacional de Irrigación; presenta: a) aspecto de la industria eléctrica en México; capacidad eléctrica instalada hasta 1930; b) generación de energía eléctrica; producción y consumo de energía. Incluye un apéndice que reseña las posibilidades hidroeléctricas de algunos proyectos de riego estudiados por la Comisión Nacional de Irrigación, y una carta geográfica con localización de plantas y sistemas eléctricos de los Estados Unidos Mexicanos. (BSMGE)

**3627. _____. Departamento de la Estadística Nacional. Dirección de Exposición Estadística.** Vías férreas en explotación en 30 de junio de 1928. México, [Imprenta Mundial], 1929. 137 p., tablas, cuadros, mapa, gráficos.

Desarrollo de los ferrocarriles mexicanos, proyectos presentados, comisiones otorgadas y decretos emitidos para su realización, extensión en kilómetros de concesión federal, y un resumen para cada entidad del país, nombre de los ferrocarriles, extensión, estaciones y lugares de conexión en 1928. (BCM)

**3628. _____. Dirección General de Correos. Sección de Transportes.** Itinerarios de las rutas postales de la República Mexicana 1906-1907. México, Murguía, s.f., 503 p.

Lugares que tienen servicio de correos, por estados, distancia en kilómetros, rutas, medios de locomoción, y empleados; comunicaciones entre la ciudad de México y las principales ciudades del mundo. (BCM)

**3629. _____. Secretaría de Comunicaciones y Obras Públicas.** Anales de la Secretaría de Comunicaciones y Obras Públicas. México, Dirección General de Telégrafos, 1902-97, 1912-13, 1919-24. 14 v., cuadros, tablas, planos, diagramas, ilustraciones.

Costo de obras realizadas, estudios y exploraciones, contratos, exploración y movimiento de puertos, ríos, ferrocarriles y carreteras, correos, telégrafos y teléfonos, aspectos legislativos y el funcionamiento de la Secretaría. Los números consultados abarcan la 1a, 2a, y 3a series; falta un número de 1908 y otro correspondiente a la 4a serie, de 1930. (HN)

**3630. México. Secretaría de Comunicaciones y Obras Públicas.** Memoria. México, 1899-1936.

La Secretaría de Comunicaciones y Obras Públicas, creada en 1891, permanece bajo esta denominación hasta la última de las memorias, excepto del 13 de abril de 1917 al 25 de diciembre de 1917 en que se conoció oficialmente como Secretaría de Comunicaciones. La información está dividida por secciones, y se refiere a aspectos técnicos, administrativos, financieros, legislativos y de fomento de la Secretaría. (1) Correos: ganancias, gastos, subsidios, propiedades de la Dirección de Correos, y tarifas; medios por los que se distribuye la correspondencia; cantidad, clase y movimiento de correspondencia; número de oficinas; empleados e inspectores del servicio postal; kilómetros del servicio; emisiones de estampillas y otras formas postales; giros y bultos postales; servicio exterior. La Memoria de 1923/24 da noticias sobre la creación de un vale postal y sobre alteraciones en las tarifas; la de 1927/28 informa sobre el servicio aéreo y su movimiento. (2) Telégrafos: extensión y crecimiento de las líneas; oficinas y zonas; movimiento anual y número de mensajes; tráfico con el exterior. Desde la Memoria de 1901/02 se señalan las líneas cedidas por los estados a la red nacional, la telegrafía sin hilos y desarrollo del teléfono. La Memoria de 1911/12: datos sobre personal, costos, gastos, ingresos y egresos de la Dirección de Telégrafos. La de 1923/24: tramos de línea reparados, relación valorada de los materiales empleados en construcción de las líneas telegráficas. Calzadas, caminos y puentes: proyectos, obras y reparaciones. La Memoria de 1891/96: reparaciones realizadas, con gran detalle. A partir de la Memoria de 1896/99 se separa la información correspondiente al Distrito Federal de la de la Dirección de Caminos. En la de 1928/29: información sobre la dirección técnica proporcionada por la Comisión Nacional de Caminos para el desarrollo de los trabajos efectuados en los estados, con gráficas que muestran la situación en que se encuentran. La Memoria de 1934/35: los trabajos que se realizaron conforme al plan sexenal, especificando, con detalle, en qué consistió el progreso de las obras y la ubicación de las mismas. (3) Ferrocarriles: Tarifas, subvenciones, gastos y ganancias; equipo; kilómetros cubiertos; trabajos realizados, empleados, concesiones, etc.; hasta la Memoria de 1910, con especial atención, construcción del ferrocarril de Tehuantepec. En la Memoria de 1911/12, información sobre el Ferrocarril Mexicano y sus ramales; cuadros sobre ferrocarriles en construcción y concesiones otorgadas con subsidio y sin subsidio. La de 1923/24: especificaciones sobre carga y tonelaje transportado, material rodante, ferrocarriles y tramos no explotados. La de 1928/29: datos sobre movimiento de pasajeros. La de 1934/35, datos sobre tarifa. (4) Puertos: mejoras y construcciones, realizados por el gobierno o particulares; detalles de gastos y reparaciones en algunos puertos, que varían de memoria a memoria (Veracruz, Tampico, Manzanillo, Salina Cruz y Coatzacoalco; los más constantes son Veracruz y Tampico). (5) Faros: número y clase, personal y gastos; crecimiento del servicio en construcciones, embarcaciones que utiliza, 1901-03, personal, señales, cantidades de petróleo consumidas y su costo, 1901-29, guardacostas y movimiento de correspondencia y archivo, 1907-10. Vías marítimas de navegación y vapores correos: tanto del océano Atlántico como del Pacífico; contratos, reglamentación, puertos que se conectan, número de viajes y nacionalidad de las compañías navieras. En la Memoria de 1923/24: tráfico de mercancías (en toneladas); numerosos cuadros estadísticos con el movimiento marítimo, de julio a diciembre de 1923, mensualmente; nacionalidad de la tripulación, escuelas náuticas; astilleros. La Memoria de 1928/29: datos sobre material flotante y autorizaciones para navegar; tráfico fluvial. (6) Desagüe del Valle de México: Gran Canal, Tunel de Tequisquiac y Tajo del mismo nombre, obras realizadas y gastos erogados. Desde 1901 incluye gastos y trabajos de conservación del ferrocarril utilizado en la obra del desagüe; jornales ocupados, días empleados y gastos; trabajos del río Bravo del Norte y del río Nazas; creación de la Comisión Hidrográfica en 1897, dividida en la sección del Valle de México y la de Costas (posteriormente aparecen nuevas divisiones), con noticia de los trabajos a su cargo. Varios: Desde 1927/28, informa sobre aeronáutica civil: accidentes, unidades en servicio, horas de vuelo, kilómetros recorridos, número de vuelos; construcción de campos de aterrizaje, comunicaciones en que cuenta el servicio, vuelos especiales, etc. La Memoria de 1934/35 contiene datos del transporte aéreo: cuadro comparativo sobre kilómetros recorridos, horas de vuelo, correspondencia transportada, número de vuelos anuales, 1924-34, y mensuales para 1934. Hasta 1912, las Memorias se encuentran en la ASC, después en la BH.

**3631. México (ciudad). Ayuntamiento.** El Ayuntamiento constitucional de esta corte a sus conciudadanos. México, 1825. 14 p., cuadro.

Importante para quien se interesa en las obras y servicios públicos de la capital del país. La Biblioteca Sutro incluye en este trabajo bajo la misma clasificación, un "Estado de contribución directa de 6 millones de pesos repartido entre las provincias del Imperio," de 1822, firmado entre otros por L. de Zavala, y que incluye la población total de cada provincia del país.                                    (BS)

**3632. Moses, Bernard.** The railway revolution in Mexico. San Francisco, Berkeley Press, 1895. 90 p.

Después que Moses hizo un viaje por casi todas las líneas férreas, anotó los cambios que se habían operado en el país a raíz de su instalación, así como las alternativas de su desarrollo. Asegura que ya se manifestaban entonces los beneficios de la construcción de los ferrocarriles, por que salvaron al país de las crisis comerciales que en ese momento azotaban a naciones mucho más favorecidas.                                    (BB)

**3633. Román, Julia.** Historia de los ferrocarriles de México. México, Museo Nacional de Arqueología, Historia y Etnología, 1933. 64 p.

Breve estudio sobre el desarrollo general del sistema ferroviario, desde la primera concesión, otorgada en 1837, hasta la terminación de la línea del Sud-Pacífico, en 1932.       (BMNA)

**3634. Romero, Matías.** El ferrocarril de Tehuantepec. México, Secretaría de Fomento, 1894. 39 p., mapa.

Artículo originalmente publicado en *El Universal;* contiene una historia de los intentos por construir el ferrocarril de Tehuantepec; además, incluye los intentos por construir un canal en Nicaragua y un plano de América señalando las rutas de navegación; finalmente menciona los contratos celebrados para el proyecto de Tehuantepec.          (BH)

**Véase también:** 2799, 2937.

## 3. Estudios de viabilidad y proyectos

**3635. Méndez, Santiago.** Memoria sobre ferrocarriles, leída en la Asociación Mexicana de Ingenieros Civiles y Arquitectos el día de su instalación. México, Cumplido, 1868. 16 p.

Sostiene que debe impulsarse el desarrollo de los sistemas de transporte más baratos, ya sean fluviales, ferrocarriles o carreteras. Calcula costos y gastos que representa un tramo del ferrocarril México-Veracruz, y considera los beneficios que aportarían a la economía general del país los ferrocarriles, tomando en cuenta el ahorro en fletes; se pronuncia por los ferrocarriles que van de los puertos a la mesa central como los más convenientes.                                    (BN)

**3636. Payno, Manuel; Ramón Olarte; y José Joaquín Pesado.** Cuestión de Tehuantepec. México, Cumplido, 1852. 66 p.

Analizan los factores mercantiles, políticos y de beneficio material que conlleva la construcción de un camino a través del Istmo de Tehuantepec. Hacen una relación histórica de las concesiones que se han otorgado para su construcción, y piden una para ellos, a nombre de una compañía mixta que operaría con capitales nacionales y extranjeros.     (BS)

**3637.** Proyecto del primer camino de hierro de la república, desde el puerto de Veracruz a la capital de México. México, Cumplido, 1837. 112 p., cuadros, tablas, ilustraciones.

Da a conocer las ventajas de los caminos de hierro, las dificultades que se presentan en el trazo del camino, "productos y beneficios del ferrocarril hasta México y su ramal a Puebla," clima, orografía, hidrografía; recursos de México para el primer ferrocarril y para continuar con el segundo a Salamanca, San Blas y sus respectivos ramales.          (BN)

## 4. Insumos

**3638. Méndez, Santiago.** Presupuesto de un ferrocarril. Veracruz, Zayas, 1857. 10 p., cuadros.

Con base en los datos de costos de compañías francesas, expone el presupuesto de la línea de Veracruz a Orizaba, con desglose de gastos de terracerías, cercados, material de vía, edificios, estaciones, talleres, material de locomoción, gastos generales y productos del ferrocarril.                   (BN)

**3639. Villa Urrutia, Jacobo de.** Convocatoria de accionistas para la empresa del camino de Veracruz. México, Ontiveros, 1826. 8 p., tablas.

Incluye un cálculo del costo de operación de la Compañía de Transportes de México a Veracruz. (BS)

**Véase también:** 3001.

## 5. Política gubernamental

**3640. González de Cosio, Francisco.** Historia de las obras públicas en México. México, Larios, 1971. 501 p., ilustraciones.

Se refiere a la política "oficial" de obras públicas, vista a través de la legislación y la administración pública, desde la época prehispánica hasta el gobierno del presidente lic. Luis Echeverría Alvarez. Es una obra de "tijeras y engrudo," en la que el autor combina las numerosas y largas citas entrecomilladas con pretendidas explicaciones del contexto en que se realizaron las obras públicas. Su único valor reside en la sistematización de leyes y disposiciones administrativas sobre las obras públicas, y en la precisión de las fechas en que se realizaron algunas obras públicas.

**3641. Guzmán, Ramón G.** Discurso pronunciado por el c. diputado . . . , presidente de la segunda comisión de industria en las sesiones del 9 y 10 de enero de 1874, con motivo del contrato celebrado entre el Ejecutivo de la Unión, y la Compañía Limitada Mexicana para construir el ferrocarril internacional e interoceánico. México, Díaz de León y Santiago White, 1874. 52 p., tablas.

Expresa que los motivos por los cuales se le dio a la Compañía mencionada la concesión para la construcción del ferrocarril, fueron impedir presiones económicas y políticas sobre México, que podrían ejercer, por ser norteamericanas las otras dos compañías solicitantes, y examina los intereses comerciales de éstas. Describe rápidamente el modo como se llevan a cabo en otros países estos negocios, y declara que debido a que no se tiene una legislación al respecto en México, se hubo de seguir el modelo norteamericano; expone la conveniencia de abrir rutas ferrocarrileras y refuta a los que ven en la línea hacia el norte una vía de acceso fácil, a las pretensiones de conquista de Estados Unidos; habla también de una línea interoceánica en el Istmo, que si no serviría como ruta de comercio internacional, sería factor de desarrollo en el país. (BN)

**3642. Martínez de la Torre, Rafael.** La concesión del ferrocarril entre México y Veracruz ante el Congreso. México, Díaz de León y Santiago White, 1868. 67 p., cuadros, tablas.

Se refiere el autor a la concesión dada a la compañía inglesa por el gobierno para construir un ferrocarril entre México y Veracruz; analiza esta concesión y cree conveniente la necesidad de una revisión por parte del congreso, para examinar si al país le conviene que subsista la concesión, o si hay que modificarla, o si en fin conviene anularla definitivamente. (BN)

**3643. México. Congreso. Senado. Comisión Especial de Tehuantepec.** Dictamen de la Comisión Especial de Tehuantepec del Senado, encargada de ecsaminar las varias resoluciones dictadas con motivo del privilegio esclusivo concedido a d. José Garay, y de proponer la que deba adoptarse, atendiendo el estado que guarda actualmente este negocio, presentado en la sesión del día 24 de marzo de 1851. México, O'Sullivan y Nolan, 1851. 51 p.

Después de hacer una exposición de los intentos de abrir una vía de comunicación interoceánica por Tehuantepec, y del papel del gobierno y de los concesionarios, aconseja a la Cámara de Senadores que tome la decisión de declarar ". . . nulo e insubsistente el decreto de 5 de noviembre de 1846, por no haberlo podido dictar el gobierno provisional de aquella época en virtud de las facultades con que entonces estaba investido." Firman: Cuevas, Tornel, Gómez Farías, Solana, y Larrainzar. (BS)

**3644. Zambrano, Juan Andrés.** Apuntes para formar un plan de hacienda. México, Cumplido, 1868. 72 p., cuadros.

Proyecto para que con un préstamo de cien millones de pesos progrese el país: en primer término los ferrocarriles, comparando con datos estadísticos su desarrollo en Estados Unidos en México; decreto del 1º de julio de 1862 sobre el fomento de ferrocarriles y telégrafos de Missouri al Océano Pacífico. Proyecto para fomentar los ferrocarriles en México; las comunicaciones y la inmigración. Sobre concesiones de ferrocarriles en el país. (BSMGE)

PART EIGHT

# PERU

Pablo Macera and Shane J. Hunt

# A. INTERPRETATIVE ESSAY*

La historia económica tuvo en el Perú un desarrollo tardío, como en casi todos los países latinoamericanos. El primer libro que trata el tema se publicó en 1882[1] y sólo en la segunda década del siglo XX se dictaron algunos cursos acerca de la materia en la Universidad Mayor de San Marcos. Pero el interés por los temas histórico-económicos no surgió entonces: es no sólo anterior sino, hasta cierto punto, independiente de la historiografía económica en sentido estricto. Una de las consecuencias inmediatas de nuestra recopilación bibliográfica fue, precisamente, revelar la existencia de heterogéneas y discontinuas modalidades al respecto. De hecho, aproximadamente el 90 por ciento de la literatura peruana acerca del tema estuvo constituido por este tipo de producción en la cual, antes que los sectores académicos, intervinieron políticos, aficionados, técnicos y funcionarios públicos. La escasa formalización de esa literatura, que incluye fuentes informativas (oficiales y privadas), análisis contemporáneos al suceso y estudios historiográficos, dificulta su clasificación y su análisis; los límites entre las diversas categorías suelen ser muy débiles.

La primera parte de este estudio presenta un esbozo de la historia económica peruana dividida según los períodos específicos. El esbozo comienza con una revisión de los antecedentes y orígenes de la literatura económica peruana durante la dominación colonial española y los primeros años de la república.

La segunda parte del ensayo considera la historia económica peruana menos desde el punto de vista de

cada período con sus particularidades, que desde el suministrado por la teoría económica, en la medida en que tal teoría puede ser adaptada al estudio de problemas históricos.

Fundamentalmente, en tanto la primera parte del estudio representa el enfoque del historiador, la segunda configura la del economista; esperamos, sin embargo, que ambas constituyan aproximaciones integradas.

Hemos intentado, para cada período, un breve sumario del cambio económico ocurrido, a modo de referencia general para examinar las fuentes históricas y contemporáneas utilizables por el historiador económico. Así, tanto el estado de nuestra ignorancia como el de nuestros conocimientos, sugieren la necesidad de intensa investigación posterior al respecto.

## Periodización e Interpretación

Hemos elegido una cronología en la cual las fechas señalan, más que límites, zonas de transición; para ello, aplicamos fundamentalmente la propuesta por Jorge Basadre (3675),[2] quien tuvo en cuenta, entre otros indicadores, el desarrollo económico republicano. Los títulos elegidos para cada período aluden a los fenómenos económicos más importantes a nuestro juicio. Somos conscientes de la necesidad de reajustar esa cronología a medida que las investigaciones todavía en curso ofrezcan mayor información acerca de la historia de la economía peruana; sin embargo, nos opondremos a una cronología sectorial que aísle a la economía de su contexto histórico.

### Cambios de la economía colonial peruana, 1780—1826

La escasa contribución académica peruana al desarrollo de las disciplinas económicas constituye un fenómeno cultural que data de la colonia. La economía adquirió un relativo prestigio científico-social en el Perú a mediados del siglo XVIII en coincidencia con el ''economismo'' del reinado de Carlos III. Aun entonces, sin embargo, no fue reconocida por los centros superiores de estudio y quienes la cultivaron se interesaron menos

*We express our appreciation to Stephen Stein for careful criticism of an earlier draft of our essay, and to Peter Klaren for writing annotations to some references not available to us. We express particular appreciation to Félix Denegri Luna, official consultant of the Project, who has given unstintingly of time, excellent advice, and the facilities of his own library. Also, through Dr. Denegri we were able to enlist the excellent bibliographical assistance of Dr. Alejandro Lostaunau.

Our debt to research assistants is also great. Mrs. Patricia Marks began the library search in the United States, Mr. Mauro Escobar Gamboa labored valiantly in Lima, and Mrs. Jiřina Rybáček of Czechoslovakia turned her talents to Peruvian history to help us complete the task. We thank them all.

[1]Esteves, *Apuntes para la historia económica del Perú* (3683). Un juicio sobre el autor y la obra puede verse en la reedición hecha por la Biblioteca Peruana de Historia Económica, Lima, 1971.

[2]Otras cronologías alternativas pueden encontrarse en las obras de Dancuart-Rodríguez (3941), Ugarte (3695) y Romero (3693, 3694).

por los problemas teóricos que por cuestiones relacionadas con su aplicación. Esa actitud puede ser atribuida a dos factores que se complementan: primero, la satelización global del Perú en virtud de la cual, en los niveles básicos, la élite local distribuyó y consumió una cultura importada en lugar de producirla; segundo, los procesos de abstracción y generalización exigidos por un planteamiento teórico suponían de hecho, en la ciencia económica, un cuestionamiento previo (aunque fuera hipotético) del orden social establecido, cuestionamiento que el régimen colonial excluía. Las dificultades de comunicación con los centros intelectuales europeos y la subsecuente incapacitación individual, en sí obstáculos suficientes, pueden ser considerados efectos de esos dos factores principales.

A la manera de una literatura casuística, los conocimientos económicos fueron producidos sobre todo por la administración pública, para su propio uso, o por los representantes de algunos grupos de presión local, en defensa de sus intereses. De ambos grupos, el más activo fue el de los funcionarios. Resulta significativo que Feijóo de Sosa, el más serio analista de temas económicos a mediados del siglo XVIII, fuera un alto asesor del gobierno y que lo mejor de su obra (incluyendo el *Nuevo gazofilacio*[3]) haya sido escrito en cumplimiento de deberes oficiales. Los ejemplos típicos abundan: Bravo de Lagunas escribió su *Voto consultivo*[4] acerca del comercio triguero en calidad de oidor de Lima; Lecuanda aprovechó su experiencia como empleado de aduanas para redactar su disertación acerca del comercio;[5] y casi todas las referencias económicas publicadas por el *Mercurio peruano*[6] tuvieron procedencia similar.

Gran parte de esa contribución burocrática fue puramente descriptiva. La contabilidad de las Cajas Reales y las estadísticas quinquenales de población y, en un nivel inferior, las compilaciones preparadas por algunos de los cosmógrafos mayores del Perú—y hasta las relaciones preparadas por corregidores y subdelegados—constituyeron, al respecto, las modalidades principales. Pero tan indispensables como esta información básica resultaron los análisis críticos, bajo secreto de gobierno, para un público cuidadosamente seleccionado. Tal el caso de los informes preparados por responsables de

cada oficina para instrucción de sus superiores, algunos de los cuales (por ejemplo, Nordenflicht sobre minería)[7] fueron modelos en su género; los mismos virreyes—es decir los secretarios que escribieron sus Memorias—pueden ser incluidos en esta categoría.

En cuanto a la actuación de los sectores privados, podemos asegurar que la suya fue una literatura comprometida, parcializada, que reelaboraba el dato económico primario dentro de un ideologizado proceso de racionalización. Así, no parece que Palacio Atard[8] haya exagerado al relacionar la obra de José Baquijano[9] con los intereses de su propio grupo social. También Alonso Carrio escribió su *Reforma del Perú*[10] como vocero de corregidores y comerciantes. Mayores evidencias de tal asociación existen respecto de los informes—por otra parte exhaustivos—que produjo el poderoso Consulado de Lima, cuyo rol entonces fue semejante al que luego cumplirían las Cámaras de Comercio republicanas y la Sociedad Nacional Agraria.[11]

## Desorganización de la economía tradicional, 1826—1841

Instalada la República después de 1826, la situación económica era desfavorable para el fisco y para los sectores privados. Como último centro del poder militar español, el Perú había financiado desde 1810 las guerras contra todos los separatistas criollos de la América Meridional. Más tarde (1820-24) mantuvo dos ejércitos: el español, con sede en el Cuzco, y, en la capital de Lima, el "patriota," cuyos gastos incluían los sueldos de los oficiales llegados de Buenos Aires, Chile y Nueva Granada, y las vituallas y los servicios procedentes de provincias. Ante la insuficiencia de los recursos internos hubo que apelar a los créditos externos. Durante esos quince años de guerra, que descapitalizaron al Perú y desorganizaron su economía ya relativamente en crisis, se consolidaron las opciones políticas del militarismo, cuyos orígenes inmediatos se hallaban entre los virreyes militares que gobernaron el país desde mediados del siglo XVIII. Cada Señor de la Guerra debía satisfacer política y económicamente a una clientela propia, lo

[3]Feijóo de Sosa, *Nuevo gazofilacio real del Perú*. Lima, 1771. Hay una copia, en 114 folios, en A.G.I., Lima, 1068.

[4]Pedro José Bravo de Lagunas y Castilla, *Voto consultivo, que ofrece al excelentíssimo señor Joseph Antonio Manso de Velasco . . . el dr. . . .* Lima, Impresso con licencias en la calle del Tigre, 1755. 255 p.

[5]José Ignacio de Lecuanda y Escarzaga, *Ydea sucinta del comercio del Perú y medios de prosperarlo, con una noticia general de sus producciones. . . .* Lima, 1974. (El original se halla en el Museo Británico, Egerton, 771.)

[6]*Mercurio peruano*. Lima, 1791-95. 12 v. (Edición facsimilar: Lima, Biblioteca Nacional del Perú, 1964-66. 12 v.)

[7]Barón de Nordenflicht, *Tratado del arreglo y reforma que conviene introducir en la mineria del reyno del Peru para su prosperidad, conforme al sistema y practica de las naciones de Europa más usadas en este ramo*. Lima, 1971. Se encuentra en el Archivo General de Indias, Sevilla, Audiencia de Lima, legajo 1350.

[8]Vicente Palacio Atard, "Areche y Guirior; observaciones sobre el fracaso de una visita al Perú." *Anuario de estudios americanos* [Sevilla], v. 3, 1946: 269-376.

[9]José Baquijano del Carillo (Cephalio), "Disertación histórica y política sobre el comercio del Perú." *Mercurio peruano* [Lima], v. 1, marzo, 1791-abril, 1791.

[10]Alonso Carrio de la Vandera, *Reforma del Perú*. Transcripción y prólogo de Pablo Macera. Lima, Universidad Nacional Mayor de San Marcos, 1966. 109 p. (Originalmente publicado en 1782.)

[11]Sobre la literatura y el pensamiento económico en el Perú del siglo XVIII, cf. Pablo Macera, *Iglesia y economía en el Perú del siglo*

que introducía un factor de irracionalidad en los egresos públicos; asimismo, su acción influyó negativamente en la economía privada sujeta a cupos, instrucciones y cambios continuos de las ''reglas de juego.''

También los cambios producidos en la economía peruana desde antes de las guerras criollas influyeron en la crisis de las dos primeras décadas republicanas. A fines del siglo XVIII, los mercados internos del Perú se habían reducido y arcaizado cuando el Rey prohibió la venta compulsiva de las mercaderías que los corregidores ''repartían'' entre los indios; las importaciones europeas de textiles (ingleses sobre todo) invadieron el mercado hasta entonces controlado por los obrajes peruanos; la minería no reaccionaba en la medida esperada por la administración española, pese al envío de misiones tecnocientíficas europeas: la estructura y la falta de mentalidad empresarial, el deficiente sistema de créditos y el atraso tecnológico fueron los principales obstáculos para el desarrollo de este sector.

Ello no significa que todos los sectores de la economía colonial estuvieran en decadencia en los últimos decenios del siglo XVIII, según sostiene frecuentemente la historiografía del período. A la inversa, sospechamos que la alegada decadencia fue exagerada por una falta de énfasis en ciertos aspectos positivos: el aumento de la exportación metálica y el del comercio de importación destinada al Perú mismo. Consideramos necesario estudiar más la evolución de los respectivos sectores a fines del siglo XVIII para juzgar mejor la coyuntura global y el cambio de posición relativa de los sectores, y modificar (o confirmar) la hipótesis hasta hoy más difundida. Por ahora, cabe afirmar que cambio y crisis sectoriales caracterizaron el período sin que necesariamente hubiese decadencia ni estancamiento generales.

Frente a esos problemas, las primeras administraciones republicanas procuraron diseñar un programa de rehabilitación económica con dos objetivos inmediatos: reorganizar la hacienda pública y dinamizar la actividad privada. La literatura económica, privada y pública, se ajusta a tales pautas; en el caso de la privada, no por acuerdo implícito ni por directiva oficial sino como contribución crítica a menudo conflictiva. Uno de los primeros estudios directamente relacionados con la reorganización hacendaria versó acerca de los sistemas de contabilidad fiscal.[12] En sus comienzos, el régimen colonial había usado el método italiano (partida doble), que abandonó por el de cargo y data vigente hasta el siglo XIX, pese a las reformas de 1784-1790, que significaron, a lo sumo, un compromiso con modificaciones accidentales para cada administración particular. A partir de 1830, diversos informes de los funcionarios del Ministerio de Hacienda insistieron en la necesidad

de uniformar los sistemas de contabilidad fiscal y crear una Cuenta General que incluyera todos los ramos: la reforma sugerida, sin cargo y data, mantenía el Libro Mayor, corregía el Manual añadiéndole una columna de generales e introducía el Libro de Cuentas Corrientes; reemplazaba asimismo el corte y tanteo colonial por balances mensuales de entradas y salidas. Este esfuerzo de racionalización duró varios años.

Las actividades estadísticas sufrieron innovaciones menores. La administración republicana siguió usando los modelos y las técnicas coloniales; la continuidad fue asegurada mediante la comunicación interna informal entre los administradores, que se transmitían los conocimientos acumulados. Como bajo la colonia, estos servicios estadísticos tuvieron, sobre todo, un objetivo fiscalista: los más importantes fueron las series demográficas a cargo de los Apoderados Fiscales, quienes cada cinco años visitaban algunas poblaciones para realizar su censo con auxilio de los párrocos católicos; las *Matrículas de contribuyentes* (3758, 3990) resultantes han sido parcialmente conservadas en los archivos peruanos. El efecto más significativo de tales estadísticas fue estimular algunos estudios como los de Choquehuanca (4198) y Córdova y Urrutia (4199), para quienes el dato cuantitativo era el prerrequisito de la política económica estatal. Las *Matrículas* fueron usadas, además, hacia 1828 para intentar la primera—e incompleta—estimación de ingresos per capita en casi todos los departamentos de la república, y sirvieron de base para algunos censos demográficos anteriores al general de 1876.

Destacamos el rol de las matrículas de contribuyentes por sobre las compilaciones de aduanas y los registros de diezmo, porque tanto los Apoderados como las Tesorerías Departamentales que las tuvieron a su cargo fueron los más activos gestores de la literatura económica. Resulta ilustrativo, por ejemplo, que los *Principios generales de economía* de Suzanne fueran traducidos (1832) en una ciudad de provincia por el oficial de su Tesorería, y que entre las más valiosas informaciones acerca del estado económico del Perú sean destacables las que escribieron los Visitadores Fiscales.

Como dijimos, los funcionarios de aduana demostraron mucho menos iniciativa: sus recopilaciones (por puertos) deben ser completadas con las series consulares extranjeras, que en su mayor parte, fueron desconocidas por los peruanos; entre las excepciones se cuenta la estadística comercial del belgo Bosch-Spencer (4078) publicada más tarde (1848).

No obstante su deficiencia, las informaciones económicas de que disponían entonces el Estado y los empresarios nacionales bastaban para implementar una política económica promocional e incentivar los estudios respectivos. No fue así sin embargo; doctrinariamente, el Estado se definió en ocasiones como un agente promocional de la empresa privada. ''Nuestra política,''

*XVIII*. Lima, Universidad Nacional Mayor de San Marcos, 1963. 44 p. (Separata de la revista *Letras*).
[12]Dancuart (3941), v. 2, p. 157-174.

decía un ministro de Hacienda (1831), "es equilibrar los gastos públicos con los ingresos de manera que resulten sobrantes para atender al fomento gradual de todos los ramos que concurren a la prosperidad interior de la nación."[13] En la práctica, ese rol promocional fue limitadísimo: la supresión de los impuestos coloniales de cobros y diezmos (1829) que pesaban sobre la minería, y las sumas invertidas por el Estado en la Compañía de Desagüe de Cerro de Pasco (centro productor de plata), fueron algunas de las pocas acciones positivas. Fuera de otros factores—el crónico déficit fiscal—lo decisivo fue la incertidumbre acerca de las prioridades. ¿Se debía proteger el desarrollo agrícola o el país? Las respuestas oficiales nunca fueron muy explícitas, confundidas quizás por los heterogéneos y contrarios pronunciamientos particulares. Esa definición resultó favorecida, además, por la debilidad y la inestabilidad que caracterizaban a los gobiernos de entonces.

A su vez, los agricultores pedían al Estado el mantenimiento del régimen tradicional de trabajo—esclavitud en la Costa, servidumbre en la Sierra, la reducción de censos y la liberalización del comercio exterior; la introducción de la caña de la India en sustitución parcial de la caña criolla y la apertura de los mercados europeos para su producción azucarera a partir de 1831 les ofrecían mejores condiciones que las de otros sectores. No obstante, su desarrollo se vio dificultado por un arcaico espíritu empresarial: no comprendían que la "falta de brazos" a la cual atribuían sus problemas, era, más que resultado de cierto tipo de localización demográfica, efecto de una tenencia de la tierra estructurada en función de la hacienda privada. Pese a diversos proyectos—como los de F. de Rivero (4290)—no se introdujeron nuevos cultivos ni se variaron sus métodos; sólo en la década del 60, los agricultores, estimulados por el "hambre del algodón" resultante de la guerra civil norteamericana, expandieron su cultivo manteniendo aun entonces sistemas agrícolas primarios. Hubo excepciones, como las que impuso en sus propiedades (principalmente viñedos) el agitado político y terrateniente Domingo Elías, capaz de modernizar con maquinarias sus empresas y simultáneamente dedicarse al tráfico esclavista de colonos chinos.

El sector manufacturero, formado por los artesanos agremiados, los grandes complejos agro-industriales (obrajes) cuya crisis hemos mencionado, y algunas pocas "fábricas" limeñas, no contó con un cuerpo teórico que le permitiera competir con los agricultores y mineros; la literatura económica ofrece pocos ejemplos en su favor (4361). Los políticos peruanos, si bien percibieron la urgencia de protegerlos, se vieron impedidos de aplicar consecuente y continuamente una

política arancelaria en virtud de la importancia de las rentas de aduana en los ingresos fiscales, a lo que se sumaba la presión de los consumidores urbanos, clientela política de primer orden. Como argumentación post-facto, se afirmó entonces que la inmediata industrialización del país era imposible. Para avalar este criterio, que reservaba al Perú el exclusivo papel de productor de materias primas, se invocó el ejemplo norteamericano:

Se reconoció en fin—decía J. M. Pando—que los capitalistas y fabricantes norteamericanos no podían competir todavía con los capitalistas y fabricantes ingleses y que valía más ocuparse . . . en conducir a Inglaterra mucho algodón, tabaco, tablazón, harinas, salazones . . . nutriendo así las producciones agrícolas . . . que hallarse los puertos ingleses cerrados a producciones que son en el continente Atlántico lo que las minas del Perú en el Pacífico.[14]

Aunque una exploración intensiva pondría en evidencia una abundante materia prima, este primer período republicano es particularmente deficiente en fuentes interpretativas, virtualmente un territorio virgen para el historiador económico. Los investigadores más recientes sólo le han consagrado unos pocos artículos y monografías: conocemos el esbozo de la evolución económica, pero los detalles no están claros. El proceso dentro de cada sector económico exige estudios especiales, sobre todo cuantitativos; necesitamos saber más acerca de los problemas particulares confrontados por cada sector, los obstáculos que impidieron una expansión mayor que la producida.

Hemos mencionado los problemas del empresariado en la agricultura, pero necesitamos conocer mejor la particular combinación de obstáculos (empresariado, crédito, tecnología, factor de costos, incertidumbre, etcétera) que obstruyeron su desarrollo.

No sólo nos interesamos en la expansión del sector doméstico sino también en la penetración extranjera que comenzó seriamente en el sector comercial durante este período y aumentó cada vez más desde entonces. Los comerciantes extranjeros adquirieron tal dominio en Lima que en algún momento influyeron significativamente sobre la legislación aduanera (3883, p. 566); tanto para este período como para los posteriores, las relaciones entre presencia económica extranjera, la política aduanera fiscal y la expansión o el estancamiento son problemas de especial interés.

## La época del guano y el desarrollo frustrado, 1841-1883

A mediados del siglo, los impasses económicos que reseñamos fueron agravados por el fracaso de la Con-

[13]Dancuart (3941), v. 2, p. 157.

[14]Dancuart (3941), v. 2, p. 167.

federación Peruano-Boliviana (combatida por Argentina y Chile) y la acentuada ventaja que ininterrumpidamente obtenía Valparaíso sobre el Callao en la Guerra de los Puertos por el dominio comercial del Pacífico. Los gastos fiscales seguían siendo deficitarios y el Perú había adquirido fama de mal deudor en los mercados europeos: "By 1840," dice Levin (3685, p. 47), "the debt to the British bondholders totalled about 16,886,259 pesos, 8,887,500 in capital plus about 7,998,759 in unpaid interest, which increased by about 533,250 pesos a year. Peruvian bonds, in default for fifteen years, were down to 16 per cent of face value on the London market."

La comercialización del guano abrió nuevas perspectivas y ofreció al Perú la oportunidad de implementar un desarrollo de condiciones más ventajosas que las de otros países americanos. Pero al final del período, después de 25 años, casi todo había fracasado. Desde entonces, los peruanos se vienen preguntando qué ocurrió con el guano, qué factores impidieron aprovecharlo mejor. La pregunta se ha convertido en un tema clásico de la historia económica del Perú y motivó abundante literatura, entonces y después.[15]

Entre 1841 y 1860, el Perú exportó guano por un valor aproximado a los 200 millones de pesos. El Estado organizó sus finanzas en función de estos ingresos extraordinarios: en el presupuesto bienal 1848-49 se había precisado con cierta prudencia que las rentas del guano serían aplicadas a la amortización de la deuda pública; en el del siguiente año el guano fue considerado, con más generalidad, "ramo destinado a reemplazar el déficit," y se reconocieron como deuda pública interna los créditos que los particulares reclamasen por bienes y servicios prestados al Estado desde 1821; en el presupuesto de 1854-55, el guano representaba el 50 por ciento de los ingresos fiscales; y en el de 1861-62, sobre un ingreso presupuestado de 20,763,036, le correspondieron 16,317,536. Políticos y economistas discutieron el uso que se debía dar a estos inesperados fondos, y si bien convenían en la prioridad de las deudas impagas (aunque algunos objetaron la veracidad de la interna), coincidían en cuanto al margen sobrante. La literatura económica de entonces revela esta confusión: aunque el objetivo final reconocido fuese "modernizar" el Perú, nadie sabía muy bien en qué consistía tal modernización. En definitiva, el Perú resolvió montar un ambicioso programa de obras públicas de infraestructura (ferrocarriles) pensado en función de la comercialización mundial de materias primas, con lo que su economía seguiría siendo una economía satélite complementaria de los centros manufactureros del exterior. El financiamiento de esas obras, por empréstitos externos, con garantía de las ventas del

guano, resultó inadecuado por el mal uso de los fondos y por cálculos erróneos acerca de su rentabilidad a corto y mediano plazo.

En coincidencia con esa modernización general, el Estado peruano impuso algunos cambios que por sus efectos fueron materia de debate entre economistas y políticos. El cumplimiento del primero de ellos, la implantación del régimen presupuestario, fue sin embargo discontinuo y defectuoso. El primer presupuesto (1845) fue sólo de gastos y no de ingresos—aunque se publicó un estado de valores—y desde entonces hasta 1870, sólo hubo, en 25 años, 8 presupuestos bienales con dos interrupciones (1856-60 y 1865-68). Desde mediados de siglo, los gobiernos se empeñaron, además, en el saneamiento monetario, enfrentando un problema que databa del período anterior. El amonedamiento de la plata había bajado en los primeros años republicanos hasta un 50 por ciento de lo producido en el quinquenio 1790-95. Para la década del 30 se había calculado que hasta 4-5 millones de pesos del valor de las importaciones se pagaban en plata piña. A partir de 1832, esta situación resultó agravada por la introducción del feble boliviano. Entre 1830 y 1861 se habían acuñado en Potosí 36,848,103 pesos con una liga de cobre de 2 dineros 20 gramos; de esa cantidad, 12,282,701 fueron internados en el Perú, ocasionando el ocultamiento de la moneda nacional y serios trastornos en las operaciones comerciales. En la década del 60, se puso fin a esta anomalía. No es muy conocida, en cambio, la eficacia de la acción oficial contra los establecimientos clandestinos emisores de moneda fraudulenta, cuyo número se estimó entre 10 y 50, sin contar los que operaban en Guayaquil, Cuenca y Loja, destinados al mercado peruano. La explicación parcial de las emisiones clandestinas y el curso de la moneda extranjera se halla en una defectuosa política de circulación del numerario. Muchas provincias del Perú, obligadas a usar sustitutos, denunciaron el hecho: en Maynas, la moneda fue reemplazada por el ovillo de algodón, en la Cajamarca nororiental por el cacao y en las propias sierras de Lima (Yauyos) por—en parte—la sal.

La acción reformista oficial procuró también modificar algunas estructuras sociales arcaicas de la economía rural peruana: la libertad de los esclavos y la supresión de la contribución personal de indígenas fueron las principales medidas. La conexión entre ambos hechos no pasó inadvertida. Ya desde la época colonial se había sugerido que el mercado de trabajo rural en la sierra dependía del endeudamiento de los indígenas y de su obligación de obtener dinero para pagar los tributos, tras cuya supresión no pedían trabajo en las haciendas. La dificultad de obtener "trabajadores libres" puede haber sido—es nuestra hipótesis—una de las causas de la extensión de la servidumbre en esos años. En cuanto

[15]Además de Levin (3685), el mejor estudio fue hecho por J. M. Rodríguez (4161).

a la libertad de esclavos, fue combatida por los dueños de las plantaciones costeñas que, finalmente, consiguieron una compensación monetaria para sus esclavos negros y la legalización del tráfico esclavista de colonos chinos.

A fines de este período se produce un intenso desarrollo de los estudios económicos, dinamizado en parte como reacción contra la política fiscal imperante hasta entonces y en parte por el auge de un grupo tecnócrata modernizante, resultado de la expansión económica producida por el guano. En sus comienzos, estas tendencias se vieron en los programas reformistas del gobierno civil del Perú (Manuel Pardo, 1872-76); al respecto, sólo sugerimos la relación, sin pretender por ahora examinarla, ni resumir lo hecho por Manuel Pardo en el orden económico. Consideramos, a lo sumo, algunos testimonios de la actividad administrativa: La Rosa[16] y Paz Soldán (3663) se empeñaron en racionalizar la demarcación política del país, prerequisito para el *Censo general* de 1876 (3772), que reclamó el concurso de casi todos los escalones burocráticos (militares, civiles, religiosos), incluyendo algunos asesores técnicos. El agrónomo francés Martinet (4281) propuso, después de estudiar la ecología de la agricultura costeña, la realización de un censo agropecuario; Fuentes (4394) publicó la primera estadística minera, que no incluyó cifras de producción y comercio exterior, sino, únicamente, las informaciones de un patrón de minas; los empleados de aduanas y de la sección estadística del Ministerio de Hacienda ensayaron reordenamientos y compilaciones de sus respectivos sectores. En definitiva, un exceso de actividad que permitía conocer aproximadamente el potencial económico del país cuando ya, sin embargo, era muy tarde para utilizar tal conocimiento.

De hecho, las numerosas publicaciones estadísticas de este período (3763, 3764, 3765, 3766, 4394, 4473, 4474) han sido hasta hoy escasamente utilizadas. En cuanto a la literatura económica, refleja las preocupaciones del gobierno. Consiste, sobre todo, en folletos y documentación oficial acerca de los contratos del guano (4111-4173), la política de precios (3886), los proyectos de ferrocarriles (4492-4522), los empréstitos extranjeros (4085-4110) y los sistemas monetarios (3893-3940); son escasos, en cambio, los estudios referidos a las condiciones de la agricultura y la industria y a la condición general de la economía. Sin embargo, estimulado por la crisis económica que afectó al Perú en la segunda mitad de la década del setenta, Casós publicó una conservadora pero muy útil sinopsis de la minería y la agricultura con estimados de la producción agrícola de exportación (4405), mientras Martinet ofrecía una amplia descripción de la coyuntura costeña (4281); entretanto, Pradier Foder animaba las discusiones económicas del Club Literario donde José Manuel Osores pronunció sus tres conferencias acerca de *Materias económicas* (3275). Pero el mayor valor intrínseco y testimonial corresponde a los *Estudios sobre la independencia económica del Perú* (3709), cuyos 48 capítulos, más balance de la historia económica republicana, proponían algunas medidas para el logro de una independencia económica, que los autores diferenciaban de la puramente política.

Aunque las características del cambio económico durante el período del guano son en general bien conocidas, quedan todavía algunos puntos claves por investigar. El colapso económico debido a la guerra del Pacífico suscitó recriminaciones, en esencia válidas, por la oportunidad desperdiciada y el desarrollo frustrado. Cabe, sin embargo, preguntarnos si entre 1841 y 1879 se produjo o no algún progreso económico en el Perú, al menos para ciertos sectores de actividades y para sólo una fracción de sus pobladores. ¿Fue el Perú, como ha sugerido Levin (3685), el caso típico de una economía de enclave y una oportunidad perdida? ¿Fue, como supone Maiguashca (3686), un país gobernado por una élite responsable? Y ¿qué parte tuvieron, en todo el proceso, los países e intereses extranjeros? Para responder a esas preguntas será necesario consultar no sólo la documentación pública peruana—en particular las cuentas del guano, con su confusa contabilidad—sino también los archivos extranjeros (oficiales y privados) que recientemente exploró Heraclio Bonilla (3681).

Existen además otras áreas cuya investigación será aún más compleja por la carencia o la dificultad de las fuentes. En ellas interesa tanto saber qué ocurrió como qué no ocurrió y por qué. Por ejemplo, ¿por qué la industria azucarera no penetró en los mercados europeos en los años 30, sino sólo más tarde, en los comienzos de la década del 70? Podemos sugerir diferentes explicaciones para el cambio en este último período: acceso a capitales, mejoramiento de comunicaciones, abaratamiento del transporte oceánico, posiblemente una disposición empresarial más fuerte. Pero sabemos muy poco todavía acerca de la importancia relativa de cada uno de estos factores.

Afrontamos iguales dificultades en la Sierra. Por ejemplo, la incapacidad de la tecnología británica, o cualquiera otra, para restaurar el sector minero peruano, carece aún de explicación suficiente. ¿Se debió a una reducción del contenido metálico de los minerales, a la ausencia de facilidades de crédito, o a defectos de organización? Convendrá conceder especial atención al aspecto de la organización, que consideramos importante.

Asimismo, es indispensable un estudio de la interrelación entre todos los sectores económicos. Durante el

---

[16]Agustín de la Rosa Toro, *Geografía del Perú bajo su aspecto físico, fisiográfico y político: o sea, Conocimiento del Perú bajo todos puntos de vista . . . por. . . .* 4. ed. corr. y mejorada. Lima, Aubert, 1871. 178 p.

período colonial, la agricultura costeña, mientras prosperaba, extendió crédito a los centros mineros. Y como también las minas prosperaban, su demanda de alimento y vestido proveyó mercados para la agricultura serrana. Aunque no conocemos exactamente el peso y la importancia de esta cadena de causas, creemos que muchos de esos vínculos fueron quebrados durante la época del guano. Si bien Jean Piel (4287) señala una creciente comercialización de algunas áreas durante la expansión del tráfico mundial de la lana, la agricultura de la Sierra, a mediados del siglo XIX, parece haber estado muy aislada y económicamente decadente. Necesitamos, pues, un estudio tanto de la relación entre comercialización y retroceso económico en la agricultura serrana, como de la importancia del estancamiento minero en esa relación. Sospechamos, por ejemplo, que la trayectoria de las haciendas de Huancavelica descrita por Favre (4316)—desintegración antes de 1880, reconstitución posterior—estuvo internamente conectada con la prosperidad minera.

Finalmente, conviene conocer mucho más las relaciones entre expansión de las exportaciones, capacidad de importación, destrucción de la industria artesanal y crónico desempleo que caracterizó la vida económica de Lima durante la "Era del Guano." La gran afluencia de importaciones comenzó recién en los últimos años de la década del 50, causando las casi inmediatas sublevaciones de artesanos que inspiraron el folleto de Silva Santisteban (4392) acerca del comercio libre. Pero, ¿qué sucedió con el artesano después de la sublevación?

## Reorganización y diversificación, 1883-1930

Expresamente omitimos el examen de la guerra del Pacífico en su tercera etapa (1879), pues había comenzado mucho antes y no terminó con el Tratado de Ancón (1883). Dos series de fenómenos enmarcan los cincuenta años posteriores a esa guerra; por un lado, el impacto liquidatorio de la derrota y la subsecuente diversificación económica; por el otro, la crisis coyuntural capitalista (1929-32) con sus efectos en los países del Nuevo Mundo, incluyendo Perú. El fenómeno local (la guerra) tuvo para el Perú mayores consecuencias a corto y largo plazo que la coyuntura mundial posterior, que por su carácter cíclico pudo ser mundialmente "asimilada" y no alteró las relaciones económicas generales ni el lugar que en ellas había ocupado el Perú.

Durante ese lapso, los estudios económicos se intensificaron más que en todos los períodos anteriores, y asumieron una función efectiva de asesoría para el Estado y las empresas privadas, connotación oficial empresarial que no excluyó la eventual asociación entre esos estudios y el pensamiento doctrinario, sobre todo en la crítica década 1920-1930.

### A. HASTA LA PRIMERA GUERRA MUNDIAL

Para su exposición, las tres subetapas en que hemos dividido estos cincuenta años de historia económica peruana pueden ser reducidas a dos grandes áreas: reorganización inicial (hasta 1895 aproximadamente) y posterior diversificación económica.

Pactada la paz con Chile, tanto los políticos como los economistas advirtieron la urgente necesidad de un balance y una liquidación de la "Era del Guano." Significativamente, Luis Esteves publicó entonces sus *Apuntes para la historia económica del Perú* (3683), citados en este trabajo. Como Copello y Petriconi (3709), Esteves, además de describir la situación económica peruana, sugirió algunas soluciones para su crisis. También los trabajos de Lisson acerca de sociología económica (1887, 3720) y los de Larrañaga (1888, 3719), incluidos aquí sobre todo por su valor testimonial, fueron literatura de la guerra. Para una historia del pensamiento económico doctrinario conviene recordar las ideas de Larrañaga respecto a los hábitos de consumo y su libre paráfrasis de Stuart Mill al definir la formación de capital como acumulación de ahorros.

Sin embargo, las generalizaciones (Lisson, 3720; Larrañaga, 3719) y los análisis retrospectivos (Esteves, 3683) no prosperaron; quienes se ocupaban de cuestiones económicas debieron, en los diez años siguientes a la guerra, pronunciarse ante problemas concretos, dos de los cuales acapararon su atención: los arreglos con los tenedores de bonos y la cuestión monetaria. El primero enfrentó a numerosos y heterogéneos grupos y autores cuyas opiniones dependieron en muchos casos más de su posición política previa que de los intereses particulares que representaban. No comentaremos toda la literatura producida acerca de la materia; destacaremos las combativas y bien informadas publicaciones del líder político J. M. Quimper (3965, 4039, 4103) y las exposiciones más objetivas de S. Velarde (4172), ambos contrarios a las propuestas de Grace. Jorge Basadre (3675) hizo un excelente análisis de todo este debate.

Añadiremos que las propuestas de Grace y la posterior constitución de la Peruvian Corporation (1891) inauguraron un nuevo tipo de relaciones entre el Perú y el capital extranjero que, hasta entonces limitado principalmente a la inversión indirecta (empréstitos), inició entonces las inversiones directas. Los términos de esa intervención fueron desde un principio desfavorables para el Perú pese al estímulo que significaron para el desarrollo de la agricultura y la minería de exportación. Ciertos sectores gobernantes creyeron absolutamente necesaria para el "progreso" económico del país la restauración de la confianza en su crédito (credit worthiness) en las bolsas mundiales, tanto que el Perú fue obligado a entregar un enorme valor de capital físico a los tenedores de bonos en pago de la deuda pendiente. Así, la Peruvian Corporation obtuvo todos los ferrocarriles estatales (10 líneas), la libre navegación por el Titicaca, dos millones de toneladas de guano, tierras selváticas, exención de impuestos y 80,000 libras anuales. En veinte años, la Peruvian ganó más de tres millones de libras esterlinas en un régimen en el que sus gastos de explotación (no fiscalizados) estimados sólo alcanzaban al 66,8 por ciento de sus ingresos brutos. No obstante, la contabilidad de la compañía presenta una paradoja que merece mayor estudio: hasta los años 20, la compañía nunca había pagado dividendos a sus accionistas ordinarios y muy poco a las acciones preferenciales (McQueen, 4048; Wynne, 4109); aún el pago de los intereses de sus hipotecas fue problemático. Sin embargo, creemos que el resultado fue desastroso para el Perú. Una vez firmado el contrato con la Peruvian, la historia económica del siglo siguiente fue determinada por los intereses económicos extranjeros que controlaban los sectores claves de la economía peruana, estableciendo una red de relaciones políticas, económicas y culturales que se resumen en una situación reflejada en el concepto de la dependencia externa.[17]

En cuanto a las reformas monetarias, comprendieron tanto la liquidación de las notas consolidadas (soles $13,303,225) y los bonos redimibles (soles $5,671,050) de la deuda interna peruana como la desmonetización de la plata y la implantación del patrón oro. La índole de estos problemas favoreció una mayor tecnicidad formal de la literatura económica. Los mejores estudios fueron hechos por hombres procedentes de la empresa privada y las funciones públicas (Rodríguez [1887], 3926, Payán [1892], 3920, Perla [1891], 3921).

En transición entre este breve lapso y las posteriores institucionalización y madurez de la literatura económica, aparecieron especialistas y divulgaciones de temas económicos en algunos sectores. Tuvimos entonces sinopsis comerciales de la economía peruana (Cisneros [1899-1901], 3704), estudios acerca de los presupuestos republicanos ([1900] 4031), estadística (el autodidacta Clavero [1896], 3708), migración (Arona [1891], 3774), agricultura, comercio exterior y política internacional (Garland [1895-1900], 3877, 4081, 4271) y minería (Olaechea [1898], 4428, Dávalos [1901], 4407). Algunos de esos autores continuaron publicando en los años siguientes. Fuera de Garland y Rodríguez (que después examinaremos), los más importantes fueron Moreno, por sus excelentes monografías respecto al petróleo peruano ([1891], 4427) y por su labor en la revista *El economista* ([1896], 3711), primera de su clase en el Perú; y Dancuart, cuyos *Anales de la hacienda pública* (3941) iniciaron la más ambiciosa compilación informativa acerca de la economía

peruana, un libro tan usado como poco citado por los historiadores y economistas de hoy. Dancuart llegó a la economía desde la administración pública, según el modelo colonial ya mencionado; empleado de prefecturas y tesorerías fiscales, luego comisario de Guerra, fue diputado, director de Hacienda, visitador de Tesorerías, encargado de Aduanas y autor de reformas referidas a la descentralización y los impuestos.

La institucionalización de la literatura económica ya señalada cubrió los primeros años del siglo XX hasta la Primera Guerra Mundial inclusive, y coincidió con la relativa estabilidad de la economía peruana. Las reglas de juego estaban definidas. La opción elegida por el Perú (Estado y empresarios locales) consistió en estimular la diversificación de las exportaciones de materias primas mediante acuerdo con los inversionistas extranjeros. Los capitalistas nacionales sólo invirtieron significativamente en algunos sectores agropecuarios—azúcar, algodón, gomas, lanas—mientras el capital extranjero controlaba la minería (cobre y petróleo principalmente), las comunicaciones (Peruvian Corporation) y las finanzas (banca inglesa), y hasta penetraba en el propio sector agropecuario (Gildemeister, British Sugar, Grace, Duval).

Los empresarios nacionales y en menor medida los extranjeros encontraron poca resistencia para sus inversiones en la producción de los bienes y servicios que antes estaban reservados al Estado. Merced a las gestiones del cubano Payán, redescubierto hace poco por Camprubí (3906), se diseñaron las empresas mixtas con aportes públicos y privados: la Compañía de Recaudación (que administraba 13 impuestos y los monopolios del tabaco y el opio), el Estanco de la Sal y la Compañía Administradora del Guano fueron las principales de estas corporaciones. Aunque tal modelo tenía precedentes en las consignaciones de mediados del siglo XIX y en los ''arriendos'' de contribuciones de la época colonial, su estructura moderna y su importancia las singularizaron. Entre otras consecuencias, identificaron el aparato estatal y los intereses privados nacionales en medida desconocida hasta entonces.

Todos estos factores—nueva política oficial, pasaje de la inversión extranjera indirecta a la directa y nuevo comportamiento empresarial—influyeron en la recuperación de la economía peruana. Antes de ver su efecto sobre la minería y la agricultura, presentaremos algunos indicadores de este fenómeno. En el orden de los ingresos fiscales, por ejemplo, el crecimiento sorprendió incluso a los más optimistas. Hacia 1884, las rentas del Estado sólo llegaban a 527,186 Libras peruanas (Lp: medida frecuentemente usada en la época); antes de fin de siglo sobrepasaban el millón, registrando un aumento promedio de Lp. 100,368 anuales. En proporción cada vez mayor, esos ingresos fueron generados por los impuestos internos y no sólo por las rentas de aduana, aunque estas conservaron su importancia (61 por ciento

[17] Al respecto será indispensable consultar el valioso archivo local de la Peruvian Corporation en Lima y, de ser posible, el que se encuentre en sus sedes principales (Inglaterra, Canadá).

de los ingresos en 1906; 55 por ciento antes de la Primera Guerra). Los sectores privados combatieron esta política fiscal pese a que el promedio de impuestos per capita era bajísimo en el Perú (Lp. .750 en 1910).

El comercio exterior muestra un segundo indicador del crecimiento: la mayor expansión relativa de las exportaciones en los últimos años del siglo. Pero, a diferencia de lo ocurrido en la era del guano, esa exportación estuvo diversificada: en 1913 la componían los minerales (38 por ciento), el azúcar (18,9 por ciento), las gomas (11,2 por ciento), el algodón (10,9 por ciento); con todo, se mantenía la figura de la economía exportadora de materias primas.

Los sectores básicos, generadores del crecimiento global y de los cambios reseñados en las finanzas públicas y el comercio exterior, fueron las plantaciones costeñas de caña y algodón y las empresas mineras. Nos hemos ocupado de ambos en otros estudios (4449); aquí presentaremos sólo algunas conclusiones generales. En primer lugar, la agricultura de exportación, sobre todo la caña de azúcar que desde la colonia había desempeñado un rol decisivo en la economía peruana: en la segunda mitad del siglo XIX, a partir de la década del 70, se expandió explosivamente. En 1871, sus exportaciones alcanzaron las 4,500 toneladas, triplicadas luego en dos años hasta llegar a 80,000 en 1879. Ese volumen quedó reducido a casi sus 2/3 como consecuencia de la guerra. En los primeros años de la pos-guerra, diversos factores obstaculizaron el desarrollo de la industria azucarera: el estacionamiento de la demanda interna (promedio anual de 25,000 toneladas entre 1895-1904); la desorganización de los créditos locales y, fundamentalmente, las fluctuaciones del mercado internacional ocasionadas por la contracción coyuntural y por la competencia de la remolacha, que redujo la participación del azúcar de caña, del 53 por ciento a mediados del siglo XIX, al 31,2 por ciento del consumo mundial en 1899-1900. Los productores locales debieron enfrentarse a precios en baja hasta su estabilización en el Convenio de Bruselas. Estas circunstancias forzaron una reestructuración de toda la industria azucarera en el Perú; muchos antiguos propietarios debieron vender sus plantaciones, movilidad que favoreció la concentración de la tenencia y la formación de todavía más grandes latifundios. En lugar de los pequeños sembradores de caña con algunas decenas de fanegadas (tipo Pacasmayo), predominaron las extensas haciendas (tipo Valle de Chicama).

Además, se produjo una forzosa tecnificación con la introducción del arado a vapor tipo Fowler, la sustitución de las carretas por el ferrocarril y, poco más tarde (1904), las descargadoras automáticas. Las antiguas acequias fueron modificadas mejorando el sistema de irrigación fluvial, que la excavación de pozos complementó en los antiguos sitios. Las empresas más progresistas contrataron agrónomos extranjeros, instalaron laborato-

rios y campos de experimentación. A partir de 1908-1909, las plantaciones de caña insumieron cada vez mayores cantidades de fertilizantes elevando la productividad de sus suelos. La demanda de guano excedió la oferta y se impuso un sistema de prorrata; las cifras de producción crecieron continuamente—aún en los tiempos más desfavorables: en 1900 sobrepasaban las 112,000 toneladas, 5 años después alcanzaban las 134,234 y en 1913 las 142,901. A diferencia de otros sectores, la industria azucarera peruana demostró una gran capacidad para corregir los efectos desfavorables del mercado mundial del cual dependía.

El caso del algodón peruano difiere del azucarero. El mercado mundial le fue favorable. Así, los algodoneros no se vieron obligados a introducir mayores innovaciones. A fines del siglo XIX iniciaron el cultivo de otras variedades (Mitafifi, Sea Island, Egipto) además de la *Rough Peruvian,* pero mantuvieron las antiguas técnicas de cultivo, algunas precoloniales. Esta producción sirvió de insumo para una cada vez mayor demanda de las fábricas de aceite, cake-oil y textiles instaladas en el Perú.

Consideramos por último la minería. Durante la mayor parte del siglo su decadencia fue evidente. Los proyectos de Meiggs para el socavón de Cerro de Pasco, la creación de la Escuela de Ingenieros (1876) y la reforma de las antiguas ordenanzas de minería (1877) fueron algunas de las iniciativas aplicadas en su favor, sin mayores resultados inmediatos. Después de la guerra con Chile, pocos mineros peruanos pudieron resistir la baja del precio de la plata, debido a que sus técnicas anticuadas sólo les permitían explotar minerales de alta ley. Los inversionistas sustituyeron a los peruanos, validos de una mayor tecnificación del personal y el empleo de nuevos métodos que alcanzó incluso a algunas empresas nacionales. En 1888 se aplicó la primera fundición plomosa en hornos de manga; se comenzó a tratar por fundición los minerales de Casapalca (1890), y algunas oficinas adoptaron la lixiviación imitando a la primera instalada en Castrovirreyna (1892). A fines del siglo (1895) se introdujo maquinaria moderna de molienda y concentración mecánica, y la fundición de hornos de camisa. Fue posible entonces desarrollar la minería del cobre. La minería peruana se diversificó todavía más con la explotación del petróleo (1883-1889-1901: Piaggio, London Pacific, Milne), los boratos arequipeños (1891) y el oro de Carabaya. Una legislación liberal (Código de 1901) atrajo capitales extranjeros. El siglo XX se inició con la constitución de la que sería la más poderosa de las empresas mineras, la Cerro de Pasco (1901), y con la creación del Cuerpo Técnico de Ingenieros de Minas (1902). La Cerro de Pasco, concesionaria del tramo ferrocarrilero La Oroya-Cerro de Pasco, adquirió las hulleras de Goyllarizquizga y formó un gran latifundio minero en el centro del país; desde 1906 comenzó la exportación de barras de cobre con contenido de plata y oro. Mientras, otras compañías desarrollaban la minería del bismuto (1904), el tungsteno (1910), el vanadio (1907).

En conclusión, hallamos, a principios del siglo XX en el Perú, una economía en proceso de expansión dinamizada principalmente en sus sectores exportadores de materias primas (agricultura, minería), y en el Estado que reorganizaba su aparato fiscal y administrativo. Era imposible racionalizar las relaciones entre ambos sin un flujo de información y análisis económicos. Según prueban las publicaciones periódicas de las Cámaras de Comercio y sobre todo de la Sociedad Nacional Agraria (4300, 4301, 4302), el sector privado se abocó a la tarea, pero demostró menos interés por colaborar con el Estado en la elaboración de estadísticas oficiales, como lo denunciaron algunos funcionarios. Esta brecha fue colmada única y exclusivamente por los propios escalones de la administración pública y los servicios técnicos de las compañías o corporaciones mixtas. Estas (Sal, Tabaco, Recaudadora de Impuestos, Guano) publicaron memorias anuales (4406, 4021, 4446) con el informe completo de sus gestiones, incluyendo costos, proyectos, y estadísticas de producción.

Más que las corporaciones mixtas, fueron los ministerios de Fomento y Hacienda los gestores de la información económica oficial. La calidad y la abundancia de sus servicios puede ser parcialmente explicada por el reclutamiento (como empleados suyos) de los egresados de la Escuela de Ingenieros de Lima: entre 1881 y 1914, esta institución expidió 330 títulos profesionales. Los ingenieros constituían el grupo profesional más numeroso en Lima, después de los abogados (8 por 1000 y 10 por 1000 habitantes respectivamente); no todos pudieron obtener ocupación en la empresa privada y fueron absorbidos por la administración. La presencia de Balta y Garland en el Ministerio de Fomento permitió que ese personal fuera íntegramente aprovechado: los Boletines del Ministerio de Fomento (Minas, Agricultura, Salud Pública), los Registros y otras publicaciones técnicas son obra suya; desde 1903, preocupados por la estadística minera del Perú (4395), continuaron (y mejoraron) la tarea individualmente iniciada por Habich (4398).

Los médicos cuyo mercado profesional sufría las mismas crisis que el de los ingenieros por los bajos ingresos de la población, tomaron a su cargo, dentro del Ministerio de Fomento, los servicios estadísticos demográficos; a uno de ellos se debió el excelente censo de 1908 (4206).

De todo este grupo de funcionarios públicos hay dos de singular importancia para la historia económica peruana, Alejandro Garland y J. M. Rodríguez, y, en segundo término, J. A. Lavalle a quien aludiremos luego.

La numerosa obra personal de Garland (más de 27 títulos) cubre casi 20 años (1890-1908) de actividad bibliográfica muy intensa y versátil. Como todos los peruanos de su época, se interesó por asuntos diplomáticos y de política internacional, relacionados con hechos económicos. A este ciclo pertenecieron sus trabajos acerca del comercio entre Perú y Chile ([1895], 4081), las indemnizaciones de guerra y la intervención de los Estados Unidos en los conflictos sudamericanos ([1900], 3877). Casi al mismo tiempo, investigaba la historia de la moneda en el Perú ([1908], 3912) y dedicaba atención preferencial al desarrollo económico de la minería y la agricultura desde fines del siglo XIX en monografías ([1895], 4271; [1896], 4052; [1900], 4051; [1901], 4050; [1902], 4415) resumidas en dos obras mayores: *La reseña industrial del Perú* ([1905], 3715) y su magnífico *El Perú en 1906* (3714). Tuvo tiempo, además, para ocuparse de la política vial ([1906], 4527) y redactar informes referidos a las tarifas de importación, los impuestos y las empresas mixtas.

J. M. Rodríguez no fue funcionario de Fomento como Garland sino del Ministerio de Hacienda. Según él mismo confesó, se había desviado de los estudios jurídicos hacia la economía. Tuvo mejor formación teórica económica que sus contemporáneos y predecesores, y una capacidad de organización que demostró en las oficinas de Aduanas y Estadística Comercial del Perú. A principios del siglo, sufrió la influencia de los economistas de la escuela austríaca (Menger, Wieser, y Böhm von Bawerk), cuyos análisis de las teorías del valor y el capital e hipótesis acerca de las preferencias individuales de consumo repitió. Rodríguez es especialmente citado porque continuó los *Anales* de Dancuart (3941), pero su propia obra es de igual o mayor importancia. Ya en 1895 había publicado sus *Estudios económicos y financieros* (4043), incluyendo una historia fiscal del Perú; en el siglo XX editó el *Economista peruano* (3712), debido casi exclusivamente a él, con monografías respecto al comercio de exportación durante el siglo XIX, los presupuestos republicanos, historia de la deuda externa, la comercialización del guano (4161) (el mejor estudio en la materia), el movimiento cooperativista y los desarrollos regionales.

Aunque abiertamente opuesto a la teoría de la lucha de clases, Rodríguez fue más consciente que otros de los peligros sociales implícitos en el nuevo desarrollo peruano. Señaló la escasez de moneda circulante en los mercados y la discriminación social del crédito respecto de las clases populares en Lima. Pocos de sus proyectos fueron aplicados por los diferentes gobiernos peruanos, aunque todos recurrieron a su asesoramiento en circunstancias difíciles. Su obra, como la de Garland y los trabajos colectivos ya mencionados de médicos e ingenieros, reflejó las nuevas tendencias tecnócratas que mejoraron la administración pública y permitieron crear un aparato estatal más eficiente y poderoso. Se llegó entonces a la convicción de que era necesario evitar los errores cometidos en el siglo XIX, y de que el Perú no podía permitirse desorganización ni empirismo administrativos. Se pensaba también, que el Estado debía ser un promotor de las empresas privadas, aunque retuviera un control congnoscitivo de sus actividades; la economía era el instrumento indispensable para cumplir estos fines. "Propagar las ideas económicas," decía Rodríguez, "es promover la prosperidad de una nación" (4043, p. iii). Aunque nada de esto parece novedoso ahora, en su tiempo lo fue.

## B. LA PRIMERA GUERRA MUNDIAL

La contrapartida del relativo desarrollo económico del Perú durante esos primeros años era, ante todo, la medida en que tal desarrollo dependía "pasivamente" de los mercados externos, y luego, los conflictos sociales que parecía originar o agravar. La Primera Guerra Mundial puso en evidencia ambos hechos, incluso al producir indirectamente mayores ganancias para los exportadores peruanos. Estos y otros problemas serán objeto de un estudio especial; hasta la fecha, sólo contamos, al respecto, con la tesis de Hernando Lavalle ([1919], 3880) y el estudio de Rowe (3737).

La Primera Guerra Mundial fue precedida, en el Perú, por una crisis que en 1912-1913 comprometió algunos de los productos líderes de su exportación. El caso del azúcar es ilustrativo: en plena expansión, su producción había disminuido de 179,533 tns. en 1911 a 178,533 en 1912 mientras su área cultivada aumentaba en casi un 8 por ciento; el número de plantaciones se había elevado de 65 a 81 y el de los ingenios de 32 a 38. Pero en 1913, los precios internacionales cayeron desde $4,08 por cada 112 libras (1912) hasta $2,80. Los algodoneros incrementaron sus exportaciones, las destinadas a los EE.UU., por ejemplo, en un 33 por ciento. Las exportaciones de goma, en cambio, quedaron reducidas a la mitad.[18]

A partir de ese año se agudizaron los conflictos laborales, que se manifestaban desde principios de siglo. Con la guerra, el gobierno civilista de José Pardo adoptó algunas medidas para contrarrestarlos con las leyes reglamentarias del costo de vida y la estabilidad de los trabajadores. La literatura acerca del tema, poco conocida, está siendo investigada por sociólogos e historiadores peruanos. Sin contar los periódicos anarquistas, gremiales y obreros, los documentos más amplios son las tesis universitarias referidas al régimen de trabajo como las de Samanamud (3836) y Denegri (3830) acerca de los "enganchados" mineros y agrícolas; se destaca entre ellas la de Alberto Ulloa (3829), clásico de la literatura social peruana, enumeración selectiva necesariamente incompleta ya que se trata de un sector bibliográfico apenas explorado. Conviene señalar, sin embargo, el valioso informe de Osma respecto a las

huelgas en los ingenios azucareros del norte ([1912], 3818) y el olvidado estudio de Dora Mayer acerca de las operaciones de la Cerro de Pasco ([1914], 3814).

Como un subproducto de la crisis laboral y del encarecimiento de la vida, se crearon comisiones destinadas a investigar la producción de artículos alimenticios, la formación de sus precios y el sistema de comercialización. La Cámara de Comercio de Lima publicó algunos de estos trabajos, entre los que se cuenta el de J. A. Lavalle que estudia los cultivos alimenticios en el Perú con estadísticas por muestreo en todo el territorio nacional (dividido en 12 distritos) durante los años 1915-1917 (4247). El informe preparado por Lavalle se debía, más que a la comisión ocasional, al programa de investigaciones que él mismo había propuesto e impuesto a la Compañía Administradora del Guano, cuya Sección Técnica dirigía; esa estadística alimenticia continuaba y complementaba su libro *Las necesidades de guano y la agricultura nacional* ([1916], 4278) que contenía información de cultivos y sistemas de tenencia de la tierra, productividad de los suelos, etcétera, en los valles costeños.

Hubo pues, en los estudios de Lavalle un dinamismo interno y un desarrollo anterior e independiente de la guerra y sus efectos locales. Lo mismo podemos decir de las estadísticas agrícolas (algodón (4262) y arroz (4264) [1916]; trigo (4263) [1918]) iniciadas durante la guerra por el Ministerio de Fomento como resultado de la actividad administrativa precedente y no de la guerra misma.[19]

## C. LOS AÑOS VEINTE

Después de la Primera Guerra Mundial y hasta la crisis coyuntural de 1929-32 hubo en el Perú cambios sociales y políticos más que económicos, cuya significación en términos de sus efectos futuros es comparable a la del período inmediatamente posterior a la Guerra con Chile. En cuanto atañe a la literatura económica, continuaron sin embargo los modelos institucionalizados en el período anterior. Pero paralelamente se desarrolló una literatura social radicalizada.

Económicamente, el hecho principal fue el rol preponderante que adquirieron los EE.UU., desplazando a los países europeos, que se manifestó en su participación cada vez mayor en el comercio exterior peruano. Transcribimos en el Cuadro 1 los porcentajes de su intercambio comparados con los de Inglaterra. Según estas cifras, resulta evidente que la participación norteamericana en el mercado externo peruano se hallaba en plena expansión desde antes de la Guerra, y que únicamente se intensificó esa tendencia.

---

[18]Macera (4449), p. 70 y siguientes.

[19]Véase Pablo Macera, *Estadísticas agrícolas del Perú: el censo agropecuario de 1929*. Lima, 1972. El autor proyecta analizar la validez de estas y otras fuentes cuantitativas en su próximo estudio sobre estadísticas históricas del Perú.

CUADRO 1
(En Porcentajes)

| | Importación | | Exportación | |
|---|---|---|---|---|
| Años | EE.UU. | Reino Unido | EE.UU. | Reino Unido |
| 1877 | 7.4 | 43.9 | 2.3 | 63.8 |
| 1897 | 9.1 | 37.9 | 4.5 | 50.4 |
| 1907 | 21.5 | 29.6 | 23.8 | 42.4 |
| 1913 | 29.8 | 26.3 | 33.8 | 37.2 |
| 1917 | 65.1 | 14.3 | 58.7 | 20.3 |
| 1922 | 39.8 | 19.1 | 35.2 | 35.3 |
| 1927 | 41.6 | 15.9 | 27.6 | 28.3 |

La reacción local ante esta nueva hegemonía en formación fue adversa. En 1895, Moreno había dicho que el Perú debería ampliar su intercambio con los EE.UU. para corregir su dependencia respecto de los mercados europeos y, con toda naturalidad y probablemente con aceptación de sus lectores, decía que debían cambiarse materias primas sudamericanas por manufacturas norteamericanas. Veinte años después, la actitud había cambiado. Precisamente cuando terminaba la guerra, Alfonso Quiroz denunció el tutelaje que sobre América Latina ejercían o habían ejercido los EE.UU. y Europa. La política empresarial de algunas compañías inglesas y norteamericanas que operaban en el Perú estimuló este tipo de pensamientos; la cuestión de la Brea y Pariñas (4420, 4421, 4422, 4434), que por sí sola exigiría una bibliografía, cohesionó a todos los grupos políticos del Perú contra las empresas extranjeras del petróleo.

Otro tema de oposición fue la Cerro de Pasco Corporation. La política discriminatoria de fletes que, tanto como a la Peruvian Corporation, se le imputaba, le había enajenado la voluntad de sectores locales políticamente influyentes. El latifundismo minero que practicaba, aunque prerequisito para una explotación racional en gran escala, lesionó antiguos intereses regionales y globales. Los efectos de la nueva fundición de la Oroya (1922) en la vida de las poblaciones vecinas se hicieron sentir profundamente.

El régimen de trabajo impuesto por la Compañía, si bien tradicional en el Perú, fue motivo de debates merced a la notoriedad que le confería la magnitud de las poblaciones obreras comprometidas. Por cierto, el huarache (trabajo de un hombre durante 36 horas sin dormir, en las minas) era utilizado por otras compañías extranjeras como la Northern (1918) y algunos de los empresarios peruanos más "modernos" (Fernandini en sus minas de Cloquijirca). Está probado también, que la Cerro de Pasco pretendió al principio innovar en el régimen de trabajo vigente en el Perú cuando inició sus operaciones, y así lo atestigua Dora Mayer (3814). Pero muy pronto comprendió las desventajas que sufriría si desorganizaba las reglas de juego establecidas y decidió aplicarlas por entero, perfeccionándolas. Cualesquiera

que fuesen los menores costos económicos, los créditos sociales—en términos de prestigio—de esta política afectaron no sólo a la propia compañía sino, a través de ella, a la imagen de los EE.UU. en el Perú.

Además de estas reservas ante situaciones concretas, hubo un cuestionamiento global de todo el modelo de desarrollo posterior a 1883 y, simultáneamente, de la entonces reciente apertura norteamericana. Las propias estadísticas oficiales, pese a su "neutralismo," indicaban cuán reducido había sido para el Perú el porcentaje obtenido sobre los beneficios totales producidos por la inversión privada extranjera. Desde luego, la misma imputación era extensiva a las empresas nacionales; no obstante, tal generalización sólo ocurrió a fines de la década del 20. Hasta entonces, la empresa extranjera hizo las veces de "símbolo exclusivo." En el Primer Congreso Minero varias de las comunicaciones aludieron al tema criticando las leyes como débiles para proteger los intereses del nacional.

Aunque el tema de la hegemonía norteamericana y la crítica a las empresas extranjeras sería desde entonces recurrente en la literatura social peruana, no basta por sí solo para explicar el desarrollo de ésta durante la década 1920-30. Por el contrario, su principal modalidad, la información económica, siguió siendo producida por los canales oficiales y privados de modo autónomo, al margen de las implicaciones político-sociales. Desde 1918, se publicó el *Extracto estadístico* (3666) y, en 1920, la primera *Estadística de precios y números indicadores* (3887). En aquellos años se realizaron dos censos de la población de Lima ([1920 y 1931], 4205, 4202) sobre el modelo—con algunas variaciones—del censo de 1908 (4206). El Ministerio de Fomento continuó trabajando en las estadísticas mineras y agropecuarias y a fines del período, en 1929, realizó el primer censo agropecuario (4261). Alrededor de estos núcleos bibliográficos se desarrolló una literatura complementaria. En minería, existen estudios generales como los de Jiménez y Basadre ([1924 y 1929] 4418, 4401), también sobre legislación minera (Solf [1924], 4472) y metalurgia (Fort [1924], 4462) y particulares acerca de carbón, cobre, petróleo, etcétera.

Los datos demográficos sirvieron a León García

(3572), Arrús (3885) y Bambaren[20] para aplicaciones respecto de la vivienda, la carestía de vida y las condiciones sociales de la población en Lima. Las investigaciones de medicina social que, iniciada mucho tiempo antes (Aljovin,[21] Paz Soldán, 3819), produjo en la década del 20 la magnífica *Geografía médica* de Lorente (3811), estuvieron relacionadas con las demográficas.

También el sector de las finanzas y la organización empresarial fueron considerados entonces: la Superintendencia de Bancos (3923) y el Banco Central de Reserva ([1922], 3894) iniciaron sus ediciones periódicas: se discutió la organización bancaria peruana y , si bien con carácter divulgatorio, aparecieron las primeras historias de empresas privadas (Banco del Perú y Londres [1919], 3938; All American Cables [1928], 4477).

En cuanto a la agricultura, la década estuvo dominada por la ofensiva de azucareros y algodoneros tendiente a reducir la intervención estatal y obtener un régimen de exención en los impuestos y la distribución del guano. Fuera de las publicaciones del Ministerio de Fomento, las principales referencias al respecto fueron proporcionadas por la Compañía Administradora del Guano (4446) y la Sociedad Nacional Agraria (4298). Las fluctuaciones en los precios mundiales del azúcar y el algodón estimularon la respectiva producción bibliográfica. A los informes preparados por Lavalle y sus colaboradores se sumaron los de los propios azucareros (Aspillaga [1926], 4349), con la intervención de técnicos como Klinge ([1924], 4276) y Rosenfeld ([1928], 4291).

No insistiremos en un catálogo razonado que puede convertirse en inútil reiteración de nuestras listas bibliográficas. Preferimos señalar, como hecho nuevo de este último período, un cambio en la recepción de la literatura económica antes que en su producción. Tal tema suscitó inquietud entre profesores y estudiantes universitarios y en la reducida pero activa élite intelectual limeña (compuesta asimismo por provincianos), sobre todo en sus sectores más radicales. Ya en 1926, César Antonio Ugarte (3695) publicó el primer texto de enseñanza acerca de la *Historia económica del Perú* y algunos estudiantes eligieron para tesis asuntos económicos—Yrigoyen [1928]. Al mismo tiempo, los promotores del indigenismo en Cuzco, Arequipa y Lima propiciaron publicaciones referidas a las condiciones económicas y sociales de la población rural. Abelardo Solís (4304), el propio Ugarte (4306), Castro Pozo (3848, 3849), y otros, comenzaron sus investigaciones respecto del agro peruano.

Los movimientos estudiantiles, con planteamientos iniciales de reforma académica y de asociación con los obreros, se transformaron en grupos políticos que a partir de entidades como las universidades populares llegarían a constituir los modernos partidos políticos del Perú (APRA, Partido Comunista). De toda esa actividad destacamos para la literatura económica la obra de José Carlos Mariátegui. El pensamiento económico de Mariátegui y su grupo puede ser recogido principalmente en la revista *Amauta* (3698) y en otros periódicos menores *(Mundial, La Sierra)*. Resumen de su posición fueron los *Siete ensayos* (3687), primera explicación marxista del desarrollo económcio social peruano desde antes de la Conquista hasta la República. En esos tiempos comenzó Haya de la Torre a formular su doctrina política (APRA) que muestra coincidencias con la de Mariátegui, aunque disiente en puntos básicos, como la interpretación de los fenómenos imperialistas (primera etapa del capitalismo, según Haya, en los países subdesarrollados). En la década siguiente, el APRA estimuló algunos estudios económicos. Lamentablemente, Mariátegui no tuvo seguidores inmediatos salvo el segregado Martínez de la Torre, cuyos *Apuntes para una interpretación marxista de la historia social del Perú* (3688), publicados en la década del 40, aluden sobre todo a los movimientos obreros peruanos del período en estudio. Este vacío de la historiografía marxista sólo ha empezado a ser cubierto en los últimos años, por obra de Emilio Choy, principalmente interesado en la historia precolonial.

Entre la crisis de la guerra con Chile y la de la depresión mundial, la trayectoria de la economía peruana estuvo dominada por la de su sector externo. Como se indicó, la reseña histórica del desarrollo en los sectores de exportaciones es especialmente exhaustiva. Pero de ningún modo el tema se halla cerrado para estudios adicionales, ya que nuestro conocimiento es incompleto en muchos aspectos importantes, e.g., la evolución de las tareas de beneficio en la medida que se fueron presentando nuevas oportunidades de producción en las haciendas costeras (o en la medida que los precios mundiales evolucionaban hacia arriba y hacia abajo), además de la calidad del empresariado, como lo demuestra la celeridad con que se difundió la nueva tecnología, se introdujeron cosechas nuevas y se buscaron otros mercados extranjeros. Como parte del tema de los beneficios, tendríamos que saber más acerca de las tasas de salarios, las prácticas laborales, la importancia del enganche y otras prácticas de explotación para mantener bajos los salarios, y si los bajos salarios resultantes fueron necesarios para la supervivencia de las haciendas costeras o si solamente se necesitaron para mantener altos los precios de la tierra y los arrendamientos.

Dado que este período estuvo caracterizado por la creciente importancia de la inversión extranjera directa, tanto en minería como en azúcar, nos enfrentamos al

---

[20]Carlos A. Bambaren, *Sanidad pública municipal; dos años de labor en la inspección del Departamento de Sanidad del municipio de Lima.* Lima, Imprenta La Cotera, 1943. 130 p.

[21]Miguel Cecilio Aljovín del Castillo, *Apuntes para el estudio del cáncer en nuestros servicios hospitalarios.* Por . . . y G. Lozada. Lima, 1927. 40 p.

problema del impacto extranjero. El estudio de Klaren (4319) acerca de las plantaciones de azúcar en el Valle de Chicama plantea una cuestión clave: el proceso por el cual la empresa extranjera reemplaza a la nacional y coarta al empresariado nacional. En general sabemos bastante poco respecto de los factores que permitieron que los extranjeros destruyeran la empresa nacional en ciertas áreas (Cerro), coexistieran con ella en otras (azúcar) y no representaran ninguna amenaza en las restantes (haciendas algodoneras, aunque en el desmonte y la exportación del algodón los extranjeros dominaban completamente). El proceso por el cual una compañía extranjera se adjudicó el control total de Cerro de Pasco y ejerció su influencia dominadora sobre la reducida economía agrícola y minera en la Sierra central todavía necesita un estudio detallado.[22] En el caso del azúcar, existe una oportunidad excelente para estudiar las ventajas competitivas que tenía la empresa extranjera. En rigor, ¿por qué sobrevive Gildermeister donde falla Larco Herrera? ¿Cómo sobreviven otras haciendas peruanas durante aquella crisis que terminó con Larco Herrera? Se están abriendo excelentes oportunidades de investigación en estos temas a medida que los archivos de las haciendas expropiadas por la reforma agraria son puestos a disposición del público.

A medida que se expandió la economía de exportación y se aceleró el ritmo de la vida económica costera, la Sierra, cada vez más, quedó vinculada a una economía nacional. La magnitud del cambio y los procesos por los cuales se transmitieron los impulsos externos a la sierra requieren un mayor estudio. Seguramente un factor importante es la política de transportes. Con respecto a los ferrocarriles confiados a la Corporación Peruana, ya hemos mencionado la importancia de estudiar la historia, en especial la rentabilidad, de la compañía. También es importante el estudio del impacto económico del ferrocarril sobre las tierras que cruzaba.

El desarrollo de una red vial probablemente tuviese mayor impacto en la Sierra aun antes de 1930. La gran prioridad que mereció la construcción de caminos durante el oncenio de Leguía es bien conocida, pero no se ha estudiado todavía con detalle.

A medida que las economías locales se reorientaron a la producción de bienes para exportación, ya fuese para Lima o para otros países, se produjeron varias transformaciones estructurales en la agricultura y la sociedad de la Sierra. Tenemos pruebas dispersas acerca de los distintos tipos de transformaciones: en algunas áreas del Mantaro un cultivo más intensivo sin cambios profundos en la distribución del ingreso (Adams, 3842); alrededor de Puquio y Puno una mayor concentración de la propiedad de la tierra a través de la formación de latifundios (Chevalier, 4314); en Cuzco

y Puno reacciones violentas contra una distribución cada vez más desigual de la propiedad de la tierra precipitada por fluctuaciones en los precios mundiales (Piel, 4287). Sin embargo se trata sólo de tres instancias; todavía queda por ver el esquema general de cómo cambió la Sierra en función de los niveles, la inestabilidad y la distribución de los ingresos.

Si bien pueden encontrarse antecedentes desde el 1840, el período posterior a 1895 marca el verdadero comienzo de un sistema fabril moderno en Perú. Con su creación entra en un nuevo período en el cual la protección de las importaciones fue clave para la expansión de importantes industrias domésticas.

Esta protección no se mide tan sólo por las tarifas, sino por diversas restricciones cuantitativas suplementarias, fluctuaciones de las tasas de cambio y, en los primeros años, por la relación entre los valores reales de la importación y los valores de aforo usados para calcular las tarifas aduaneras.

Solamente después de desentrañar tales relaciones podemos juzgar las condiciones requeridas para que la industria doméstica prospere y se expanda frente a la competencia extranjera. La creación de un sector manufacturero hace imprescindible no sólo los estudios que analicen su éxito frente a la competencia de la importación sino también el resultado de las luchas de competencia entre Lima y la industria regional (especialmente la textil del Cuzco) y entre el sistema manufacturero total y la industria artesanal.

La creación de un sistema manufacturero hizo emerger también una mano de obra industrial que muy rápidamente desarrolló cierta influencia política. Las relaciones entre desarrollo industrial, articulación de la estructura de clases y la creación de legislación social y oportunidades de educación exigen mayores estudios. Entre estas relaciones, sugerimos que se otorgue particular importancia a la investigación de los comienzos de un sistema moderno de educación, como el de alrededores del 1900.

Una extensa bibliografía necesita aún ser analizada y podrá brindar respuestas a interrogantes tales como la motivación de los primeros gobiernos civilistas para promover la educación, los resultados de los esfuerzos reformistas de la primera presidencia de Leguía y el impacto de la expansión de las oportunidades educacionales en la estructura de clases y la distribución de ingresos.

Volviendo a la cuestión de la industria artesanal, es casi seguro que se redujo bajo la presión de la competencia manufacturera, proporcionando otra fuente más de tensión a la vida rural. Al mismo tiempo, la expansión demográfica aumentó rápidamente, en parte como respuesta a los amplios programas de obras públicas que incluían hospitales, provisión de agua potable y sistemas de cloacas. Tenemos por lo tanto una serie de factores: la expansión de los latifundios, la destrucción

[22]Bonilla ha comenzado un trabajo importante en este tema.

de la industria artesanal, la expansión demográfica, y la introducción de la manufactura moderna, que contribuyeron a la migración y a la urbanización comenzada en serio durante este período y que ha continuado desde entonces. Estos factores probablemente hayan contribuido también a una desigualdad cada vez mayor en la distribución del ingreso. Pero no estamos seguros y presentamos estas cuestiones como parte de los interrogantes que deben encarar los historiadores económicos.

Por fin, aludiremos aquí a lo ocurrido en la historiografía económica peruana después de 1930, particularmente en los últimos 10 años. Soslayaremos las *fuentes,* es decir las publicaciones—seriadas o no—generalmente oficiales que, a partir de su institucionalización a principios de este siglo, aparecen aun hoy para hablar, en cambio, de los estudios acerca de historia económica.

La bibliografía revela discontinuidad (1930-1945). Las inquietudes de los años 20 no alcanzaron mayor desarrollo inmediatamente después, en gran parte a causa del control que sobre las actividades culturales ejercieron las dictaduras que entonces gobernaban el Perú, oficializando el pensamiento histórico más tradicionalista. Desterrado L. A. Sánchez, muerto J. G. Leguía, aislado en la diplomacia Raúl Porras, la historiografía "moderna" sólo estuvo representada por Basadre, Romero y Moreyra.

La influencia de cada uno de ellos en la historiografía económica es diversa. Basadre sólo se interesó indirectamente por los asuntos económicos dentro del cuadro general de su *Historia de la República* (3675). Romero, siguiendo el modelo universitario de Ugarte, publicó en ese tiempo las primeras versiones de su *Historia económica del Perú* (3693). Las monografías histórico-económicas de algunos estudiantes (Capuñay, 4024, 4025) de la Facultad de Ciencias Económicas donde él enseñaba parecieron prometer un "boom" de investigaciones, pero la función pública impidió a Romero ser gestor de una escuela peruana de historia económica. Tampoco Manuel Moreyra pudo desempeñar este papel aunque por razones diferentes, entre ellas sus deberes administrativos (Superintendencia de Bancos) y su predisposición al aislamiento: nunca dictó cursos en la Universidad y publicó sin alharaca sus valiosos ensayos acerca de la moneda (3917, 3918) y el comercio,[23] pocos de los cuales se refieren a la época republicana.

Asimismo, hombres como Rómulo Ferrero (3909) y Enrique Camprubí (3905, 3906, 3907) con sus trabajos acerca de bancos, moneda, y comercio internacional, no influyeron después de 1945 sobre los jóvenes estudiantes de economía e historia. El propio resumen de

Gerbi,[24] pese a su difusión, no estimuló nuevas investigaciones. Es sintomático que uno de los mejores libros referido a demografía retrospectiva (Kubler [1952], 3758) fuera buscado sólo por los antropólogos, no por los historiadores, y que hasta hace poco no hubiera en el Perú quién reexaminase los materiales de manejo.

La historia económica fue redescubierta en la década del 60, cuando las becas (fenómeno nuevo en la educación superior peruana) pusieron en contacto a los nuevos investigadores en ciencias sociales con la historiografía moderna europea, especialmente francesa e inglesa. La creación de las asignaturas de Historia Económica en la Facultad de Letras de San Marcos en 1966 revela otro aspecto de este interés; hoy, 1970, dividida en nueve secciones, esa cátedra sirve a cerca de 700 estudiantes, con un personal docente de 6 profesores.

Inicialmente, no fue la República sino la época colonial la más favorecida por el nuevo interés histórico-económico. Historiadores de diferentes edades (Lohmann, Macera) especializados en los siglos XVI-XVII modificaron sus métodos y puntos de vista previos para trabajar en temas de historia económica: precios,[25] minería,[26] organización de empresas, economía agraria y demografía colonial,[27] hacienda pública, mercados internos.

En los últimos años, algunos de los citados y otros historiadores más recientes ex-antropólogos y ex-sociólogos han empezado a corregir su anterior descuido respecto de la época republicana: Bonilla con sus estudios acerca del comercio peruano en el siglo XIX (4076) y Macera con sus investigaciones en minería y agricultura, 1895-1945 (4449). Tal reivindicación de la República como tema científico se advierte, asimismo, entre los historiadores y economistas extranjeros. Si bien en algunos sectores (demografía retrospectiva) lo hecho se refiere todavía a la época colonial (Cook,[28]

[23]Manuel Moreyra y Paz Soldán, "El comercio de exportación en el Pacífico a principios del siglo XVIII." *En* Universidad Católica del Perú. Instituto de Investigaciones Históricas. *Cuadernos de estudios* [Lima], v. 2, 1943: 248-285.

[24]Antonello Gerbi, *El Perú en marcha.* Lima, 1943.

[25]Ver Guillermo Lohmann Villena, "Apuntamientos sobre el curso de los precios de los artículos de primera necesidad en Lima durante el siglo XVI." *Revista histórica* [Lima], v. 29, 1966: 79-104; y Pablo Macera, *Estadísticas históricas del Perú: sector minero (precios).* Lima, 1972.

[26]Guillermo Lohmann Villena, *Las minas de Huancavelica en los siglos XVI y XVII.* Sevilla, 1949. 465 p. (Sevilla, Universidad, Escuela de Estudios Hispano-Americanos, Publicaciones, Serie 2: Monografías, no. 14).

[27]Pablo Macera, "Instrucciones para el manejo de las haciendas jesuitas del Perú, ss. XVII-XVIII." *En* Universidad Nacional Mayor de San Marcos. *Nueva Crónica;* órgano del Departamento de Historia [Lima], v. 2, 1966: 5-127.

Pablo Macera, *Tratados de utilidad, consultas y pareceres económicos jesuitas.* Lima, 1969.

Pablo Macera, *Mapas coloniales de haciendas cuzqueñas.* Lima, Universidad Nacional Mayor de San Marcos, Seminario de historia rural andina, 1968. 170 p.

[28]Noble David Cook, "La población indígena en el Perú colonial." *Anuario del Instituto de Investigaciones Históricas* [Rosario, Argentina], v. 8, 1965: 73-110.

Wachtell,[29] Vollmer[30]) en otros aparece favorecida la república, especialmente la sociedad rural (Piel, 3861, 4287; Chevalier, 3850, 4314; Collin-Delavaud[31]). El número cada vez mayor de becarios norteamericanos y europeos enviados al Perú para preparar sus tesis en historia republicana parece indicar que se intensificará la tendencia descripta en los próximos años.

# Economic History and Theory

In this second section we approach the tasks of Peruvian economic history not from the study of problems associated with historical periods, but from a more theoretical framework that treats economic history as the study of a continuing process.

To begin, we propose that economic historians give emphasis to the same fundamental issue that today confronts governments and their economic advisors. This is the issue of economic growth and structural change, the process by which an impoverished colonial economy may be transformed into one that is productive, prosperous and in some sense diversified. Terminology and outlook may differ; the process may be called economic growth, economic development, modernization, or the achieving of economic independence. The concern is common and obvious. However, the policy advisor is concerned with how to make it happen; the historian should wish to assess the extent to which the process has or has not taken place over various periods, and why.

Peru has indeed passed through several decades of growth and structural change, and yet it remains an underdeveloped economy, markedly dualistic,[32] with most of the population enduring a poverty that has always been stark and made only more degrading by the relative prosperity of urban middle and upper classes. Clearly Peru has not gained much out of the opportunities presented by 150 years of politically independent but economically dependent association with the expanding capitalist world economy.

The growth and structural change that have taken place must therefore be traced and explained; in addition, historians are also confronted with the challenge of explaining why this change has been so limited. We therefore propose two questions as the fundamental issues of Peruvian economic history in the first century of political independence. First, what are the facts of economic change? Second, what are the obstacles that prevented the Peruvian economy from undergoing a more rapid development?

## The facts of economic change

The facts of economic change that one would like to discover are fundamentally statistical: how has the volume and composition of output changed over the history of the Peruvian republic? How has the volume and distribution of consumption changed as well?

These questions pose agonizing but not impossible challenges to students of Peruvian history. Although few studies have been attempted, a great deal of unused statistical material is available.

Consider, first, estimates of the volume of output on a purely aggregative level. This involves national product, which has been estimated annually by the Banco Central de Reserva since 1942.[33] Peru was thus one of

[29]Nathan Wachtel, *La vision des vaincus: les Indiens du Pérou devant la conquête espagnole, 1530-1570.* Paris, Editions Gallimard, 1971. 395 p.

[30]Guenter Vollmer, *Bevölkerungspolitik und Bevölkerungstruktur im Vizekönigreich Peru zu Ende der Kolonialzeit (1741-1821).* Bad Honburg, Berlin y Zurich, 1967. 482 p.

[31]Claude Collin-Delavaud, "Consecuencia de la modernización de la agricultura en las haciendas de la costa norte del Perú." *En* Henry Favre, *et al. La hacienda en el Perú.* Lima, Instituto de Estudios Peruanos, 1967, p. 259-281.

[32]Peru is characterized as a dualistic economy despite Stavenhagen's justly-famous caveat that the term is often fallaciously applied to Latin America (Rodolfo Stavenhagen, *Siete tesis erróneas sobre América Latina.* El Día [Mexico], June, 1965. Reprinted as "Seven fallacies about Latin America," *in* James Petras; and Maurice Zeitlin, eds. *Latin America, reform or revolution?* Greenwich, Conn., Fawcett, 1946, p. 13-31.) Stavenhagen's complaint applies to sociological descriptions of dualism that overlook intimate relations between the two sectors operating through labor markets, viz., the poverty of the traditional sector causes wages to be depressed in the modern sector. Economic analyses of dualism focus on just this relationship. However, to characterize Peru as a dual economy merely states that one part of the economy functions with technologically advanced production for reinvestment, while another part of the economy functions with primitive technology and produces very little reinvestible surplus. This view is elaborated by W. Arthur

Lewis, "Economic development with unlimited supplies of labor." *In* Amar Narain Agarwala; and Sampat Pal Singh, *eds. The economics of underdevelopment.* Bombay, Oxford University Press, 1958, p. 400-449, and "Reflections on unlimited labor." *In* Luis Eugenio DiMarco, *ed. International economics and development; essays in honor of Raul Prebisch.* New York, Academic Press, 1972, p. 75-96.

[33]Banco Central de Reserva del Perú, *Renta nacional del Perú.* Annual, the first issue covered 1942-47 (Lima, 1949), the last 1942-60 (Lima, 1962). *Cuentas nacionales de Perú.* Periodic, the first issue covered 1950-65 (Lima, 1966), the most recent 1950-1969 (Lima, 1970). An alternate GNP series for 1945-1955 was developed in United Nations. Economic Commission for Latin America, *Análisis y proyecciones del desarrollo económico. 6: El desarrollo industrial del Perú.* México, Naciones Unidas, Departamento de Asuntos Económicos y Sociales, 1959, p. 309-319, and continued in Instituto Nacional de Planificación, *La evolución de la economía en el período 1950-1964.* Lima, 1966, v. 3, chapter 3. The two series are compared in Virgilio Roel Pineda, *Elementos de contabilidad social.* Lima, 1964. 268 p., and Rosemary Thorp, "Inflation and orthodox economic policy in Peru." *Bulletin of the Oxford University Institute of Economics and Statistics* [Oxford], August, 1967: especially p. 206-210. For further discussion of the compilation methodology employed by the Banco Central de Reserva, see Rosemary Thorp, "A note on food supply, the distribution of income and national income accounting in Peru." *Bulletin of the Oxford University Institute of Economics and Statistics* [Oxford], November, 1969: 229-241; Richard Webb, "Trends in real income, 1950-1966."

the first Latin American countries to develop national accounts, but over the years no government agency has interested itself in backward projections. The only attempt at earlier estimates comes from Schydlowsky (3888), who correlated monetary data with real GNP in the post-1942 period and then used the same equation with earlier monetary data to estimate real GNP annually from 1910 to 1941. For all its ingenuity, Schydlowsky's study remains a casual first effort; the really careful job that can be done, given the data available, has yet to be started.[34]

The aggregating of everything into a handsome number called GNP can, however, produce a deceptive result after an unnecessary struggle. The component parts are perhaps more valuable in and of themselves; a more useful goal lies in estimating output series in basic sectors, as has been done in Chile by Davis and Ballesteros.[35] Again, the raw material is quite abundant in some sectors, and some of the work is already done. The recent study of Bonilla is perhaps the first to assemble sectoral production statistics and trace a pattern of sectoral growth (3681). The export sector that he dealt with is of course the easiest to handle since data are more readily available, but even the export sector presented substantial data problems in the nineteenth century.

As for other sectors, annual estimates of total mining production were begun in 1903 (4395) and many incomplete estimates exist before that date.[36] Agricultural output estimates for sugar, rice, cotton, and wheat are also available, beginning in the period 1911-1918 (4247, 4262, 4263, 4264, 4265). The first three remain the basic crops of coastal agriculture, so the evolution of this most commercialized of regions can be traced out with accuracy.

Besides these crop-specific annual estimates, there exist a few valuable benchmark studies that attempt to cover the full range of agricultural output. Working at

Research Program in Economic Development, Princeton University, 1972, typescript.

[34]Much earlier contemporary estimates of total income at provincial or departamental levels are found in Choquehuanca (4198), Córdova y Urrutia (4199), and Saráchaga, et al. (4208).

[35]Marto Ballesteros; and Tom Davis, "El crecimiento de la producción y el empleo en sectores básicos de la economía chilena, 1908-1957." *Cuadernos de economía* [Santiago de Chile], septiembre-diciembre, 1965: 5-29, published in English as "The growth of output and employment in the basic sectors of the Chilean economy, 1908-1957." *Economic development and cultural change* [Chicago], January, 1963: 152-176. Also Marto Ballesteros, "Desarrollo agrícola chileno, 1910-1955." (2107) Javier Todd is currently preparing similar estimates for 18th century Peru, relying principally on colonial tax records.

[36]Output estimates of government smelting houses in Cerro de Pasco and a number of other mining districts are available for the 1830's, but beyond 1840 only the Cerro smelting house remained open, and even there the contraband trade was not insignificant. Official estimates are in Mariano Felipe Paz Soldán (3662).

the Compañía Administradora del Guano, Lavalle produced national estimates for 1915-1917 (4247) in an effort that remained unmatched until the first national agricultural census of 1929 (4261). Earlier statistical efforts of considerable value were confined to specific crops or regions (4253, 4254, 4256, 4257, 4258, 4259, 4260, 4266). Annual agricultural output estimates of all crops were not established permanently as part of the nation's statistical output until the late 1940's.

A similar scattering of valuable data exists for industry. As with agriculture and the national accounts, regular statistical surveys began only in the 1940's,[37] even though the Peruvian government had interested itself in industrial development from the beginning of the century when the Ministerio de Fomento published a number of industrial surveys for promotional purposes (3705, 3714, 3715, 3730). Subsequent industrial surveys of the Lima-Callao area give benchmark statistics for 1918, 1921, and 1933 (4205, 4358, 4359). Since even today practically all modern industry is found in this one metropolitan area, industrial growth can be traced out in some detail. Nevertheless, the presently published studies of Peru's industrial development provide only general description without statistical rigor (e.g., 4363).

Sectoral production estimates are the raw material from which one may build an understanding of the structural change through which the Peruvian economy has passed. We may be aided in this understanding by statistics on the occupational distribution of the labor force, available nationally in the censuses of 1876 (3772) and 1940,[38] and for Lima in the regional censuses of 1908 (4206), 1920 (4205), and 1931 (4202). Unfortunately the occupational classifications of these various censuses require many adjustments before they correspond to the economic sectors that interest us in questions of structural change.[39]

Indeed this type of difficulty presents itself even in the most up-to-date national accounts; the structural changes that interest us involve not only the expansion of manufacturing relative to agriculture, but also the expansion of modern factory output relative to artisan production, and of foreign-owned relative to nationally-owned enterprise. Published statistics almost completely overlook these latter two divisions, yet a good case can be made for asserting that the traditional agriculture-industry-services division is the least interesting of the three. The task of effecting these more interesting divisions, the better to trace the more

[37]Perú. Dirección de Industrias, *Estadística industrial*. Lima, 1942—.

[38]Perú. Dirección Nacional de Estadística, *Censo nacional de población y ocupación, 1940*. Lima, 1944-49. 9 v.

[39]This exercise is nearly completed, in a study by Doris Garvey and Shane Hunt, and will be presented shortly in a separate paper.

important structural changes, presents a heady challenge for national accounts statisticians working in the present, and an even more difficult task for economic historians working in the past.

Production trends are interesting mostly for what they imply about consumption trends, since we generally view consumption as the final goal of economic activity. Independent estimates of aggregate consumption are lacking in Peru today, and we have little hope of their being estimated for the past. The trend in aggregate production may be considered an acceptable surrogate for the trend in aggregate consumption, the only difference being a terms of trade effect, but aggregates have their limits here as well. We cannot assume that trends in aggregate consumption or production accurately depict consumption trends for component groups in society. Our perceptions of welfare and power relationships require that we study consumption trends for various groups more directly, even though we must again fall back on the use of income as a surrogate for consumption.

Thus we arrive at the imperative of producing statistical studies of income distribution, even though definitional and measurement problems are intense, and yield no completely satisfactory answers. For example, it often makes a substantial difference whether we treat the family or the individual as the unit of measurement, whether measured income includes unrealized capital gains, and whether adjustments are made for different price structures in different regions.[40] Only in the last few years have economists and statisticians confronted the challenge of measuring income distribution in Latin America. At least one carefully done estimate now exists for most countries, thanks largely to the efforts of ECLA.[41] In the case of Peru, three estimates have been published, but they must be approached with extreme caution. One begins with improbable data showing that the average campesino earns more than the average white collar worker, another gives no information whatsoever on computation methods, and a third presumes income distribution out of the distribution of land holdings, although we know very little about the relationship between these two distributions.[42] These statistical studies have

advanced us very little beyond the insight of casual empiricism: that in Peru a few people are very rich and a lot of people are very poor.

Although a reliable estimate of income distribution at a given time would be useful, much of its significance is lost without some idea of changes in income distribution over time. Therefore, we really need distributional measures at two or more points of time. This substantially more difficult task has been attempted recently in only a few Latin American countries, and only over the last 20 years at that.[43] Nevertheless, the challenge of tracing changes in the distribution of income over the last 150 years demands particular attention from the quantitative economic historian.

Evidently the job will have to be done on a partial basis, through studying trends in real wages and incomes of particular social groups. It will take a great deal of work just digging up wage series, but the quantity of easily available data suggests that series can be constructed for such groups as miners, coastal agricultural workers, and textile workers. Similar opportunities and difficulties exist for price indices. Prices themselves are perhaps somewhat more readily available; official price series were begun in 1909 (3887), and the work of Macera on the eighteenth century and Lohmann on the sixteenth gives promise that similar series can be produced for 1830-1910.[44] The problem of quantity weights is a good deal thornier, however, and may have to be solved merely by trying a range of weights in the hope that fundamental conclusions are not altered.

There are, of course, many non-statistical facts of economic change that we would like to know, but also many that we know already thanks to the presently existing monographic literature. Here the statistical facts have been emphasized because they are important, because they have been neglected, and because the raw material is there. The framework proposed here

[40]For example, the decision whether to evaluate subsistence food production at farm price or urban retail price is crucially important for estimating regional income distribution. For an elaboration of the problem, see Dan Usher, *The price mechanism and the meaning of national income statistics*. Oxford, Clarendon Press, 1968. 180 p.

[41]United Nations. Economic Commission for Latin America, "Income distribution in Argentina." *Economic bulletin for Latin America* [New York], April, 1966: 106-131; "Income distribution in Latin America." *Economic bulletin for Latin America* [New York], October, 1967: 38-60.

[42]Eugene Brady, *The distribution of total personal income in Peru*. Ames, Iowa, Department of Economics, Iowa State University,

1968. 13 p. (International Studies in Economics, no. 6). Perú. Instituto Nacional de Planificación, *La evolución de la economía en el período 1950-1964*. Lima, 1966. V. 1, Chapter 3. David Chaplin (4313). A fourth estimate by Richard Webb, currently in mimeographed form, avoids these various pitfalls. Richard Webb, "The distribution of income in Peru." Research Program in Economic Development Discussion Paper No. 26, Princeton University, September 1972. 61 p.

[43]Robert Slighton, "Relative wages, skill shortages, and changes in income distribution in Colombia." RAND Corporation Memorandum RM-5651-RC/AID, November 1968. Richard Weiskoff, "Income distribution and economic growth in Puerto Rico, Argentina, and Mexico." *Review of income and wealth* [New Haven], December, 1970: 303-332. Peruvian estimates for 1960-1966 are available in Richard Webb, cited above [note 33].

[44]Guillermo Lohmann Villena, "Apuntaciones sobre el curso de los precios de los artículos de primera necesidad en Lima durante el siglo XVI." *Revista histórica* [Lima], v. 29, 1966: 79-104. Macera's work on eighteenth century prices is not yet published. Also (3886).

also relates to non-statistical, institutional studies, however. Such studies acquire particular value by showing how a particular institution has either contributed to increased production and improved distribution, or has helped maintain some of the obstacles to development that are discussed in the next section.

## Obstacles to past growth and transformation of production

The proximate causes of output stagnation are identified through a production function: insufficient factor accumulation and inefficient factor use. The former refers specifically to slow expansion of the capital stock, the labor force, and the skills embodied in that labor force; with the latter our concern lies more with technological change and entrepreneurship than with the static efficiency of resource allocation. These elements determine the volume of output provided by a given bundle of factors. Let us examine them one by one, beginning with the issues of factor use: technology and entrepreneurship.

We have no real understanding of the mechanisms whereby technological change is introduced into the Peruvian economy. The few instances of technological improvement generated by intensive research and experimentation within Peru are exceptional. In general, Peruvian agriculture and industry have spent very little on research and development, and technological change has come mostly from improvements embodied in imported machinery.

In its present condition of external dependence, the basic technological challenge faced by Peru lies not in creating entirely new technologies, but in creating the capability to take advantage of foreign technologies, adapting them to be more appropriate to local conditions. This adaptive process is no small challenge; in some degree it is always present, even with the process of installing a newly imported machine. A substantially more demanding adaptive process exists in the case of agricultural technology; we need to know more about the success of this adaptive process, through the study of agricultural experiment stations and other key points for the dissemination of new techniques.[45]

We suggest that the main question to be addressed in the study of technology is why dissemination and adaptation have been so limited. The answer to this question may be closely connected to a key question of entrepreneurship: Why have those Peruvian manufacturing firms not controlled by foreigners generally been controlled by families of recent immigrants? Have

immigrant families had greater access to foreign technology? While migrating to Peru, they may well have maintained close financial and technological contacts with their native land. By contrast, Peruvians of longer standing may have remained out of touch with opportunity partly for lack of technical training required for successful technological adaptation.

An entirely different explanation can be put forward based on cultural factors. Possibly immigrant families have been more effective in borrowing foreign technology and undertaking industrial enterprises not because of previous contacts but because of more active entrepreneurial behavior. Successful industrial entrepreneurship may have derived either from their distinctive cultural background or from their having been denied access to high social status through the traditional routes of landowning, politics, and commercial enterprise. Thus we have competing (but not mutually exclusive) explanations: one based on discriminatory access to information and finance, the other on cultural factors. We need to know more about the merits of these explanations.[46]

Apart from the problems of acquiring technology, entrepreneurship requires study as a separate and highly important factor in economic growth. In other economic sectors as well as in industry, we have conflicting views on the nature of Peruvian entrepreneurship. On the one hand we see evidence of substantial deficiencies. For example, the acerbic Englishman A. J. Duffield unburdened himself in 1877 as follows:

The land is not cultivated: The things, for the most part, which are taken to market, are those which grow spontaneously, without art or industry. The people who supply the Lima market are chiefly Italians. . . . Idleness among the upper classes, i.e., the whole white population . . . is the order of the day, and is punished by no one.[47]

This is only one idiosyncratic foreigner's judgment, but the judgment carries weight precisely because it came from a representative of the Victorian culture whose norms were exceedingly well adjusted to the imperatives of capitalist development. We get a similar view of the particular absence of entrepreneurship in Peruvian culture by considering the extraordinary

Wilson School, Princeton University, 1972. 354 p.

[46]The problem has been addressed in other countries by works such as Warren Dean, *The industrialization of São Paulo, 1880-1945* (1660), esp. chapters 3 and 4. In Peru, the work of William Foote Whyte has focused on relations between entrepreneurship and culture. See W. G. Whyte; and Graciela Flores, *Los valores y el crecimiento económico en el Perú.* Lima, Senati, 1963. 23 p. Also Whyte; and Flores. "High-level manpower for Peru." *In* Frederick Harbison; and Charles Myers, *eds. Manpower and education.* New York, McGraw-Hill, 1965, p. 65-71.

[47]Duffield (3710), p. 9-11.

[45]For a recent study of the adaptive research required for introduction of hybrid corn into Peru, see James Himes, "The utilization of research for development: two case studies in rural modernization and agriculture in Peru." Unpublished Ph.D. dissertation, Woodrow

progress of Chinese and Japanese immigrant communities in Peru. These communities, begun as collections of impoverished indentured laborers, have forged ahead economically without outside capital assistance in a span of 5 or 6 decades. One noteworthy example, a Japanese farmer in the valley of Chancay, rose from indentured laborer to become the most powerful landowner in a wealthy valley.[48]

On the other hand, a good deal of evidence has been accumulated from around the world showing that peasants are indeed economic men, responding rationally to economic incentives. An active market economy permeates practically all less developed countries, including Peru, and the actors in these markets, be they producers or traders, are sensitive to price fluctuations and to new opportunities as they perceive them. How then can failure of entrepreneurship be represented as an important obstacle in Peru's past development? The answer is not certain, but we suggest that if such failure can be represented as an important obstacle to development, it has presented obstacles particularly in managing large enterprises, or in acquiring large-scale financing, or in gaining access to modern technology.

We next turn to the development obstacles created by failures of factor accumulation, beginning with skills embodied in the labor force, i.e., education. The history of Peruvian education from an economic standpoint has yet to be written. It will not be a happy history, however, but one of inadequate effort and uncertain or even pernicious purpose. The effort has been quite impressive in recent years; from 1956 onward the pace of expansion in educational expenditures and the percent of school-age cohort groups actually in school have increased appreciably, while the illiteracy rate has fallen steadily.[49] But in the first century of independence the situation was quite different—the illiteracy rate was measured at 79 per cent in 1876; by 1940 it had declined only to 57.6 per cent.[50]

This did represent some progress, of course, and detailed study of the means by which it was achieved is indeed a worthy pursuit that will be made easier by the few pioneering works in the field (3675, 3788, 3794, 3796, 3801b).

Illiteracy rates are important measures of educational quantity, but the problem of educational quality presents an equally important challenge. Generally problems of quality have been finessed in economists' estimates of educational capital stock, and such estimates are thus reduced to a rather sterile numbers game. Quality is both a policy problem and a measurement problem in all countries; in the case of Peru, we note the recent critique produced by an official committee charged with planning educational reform:

Mucho podría decirse acerca de la ausencia de contenidos significativos en las diversas ramas y niveles de nuestra educación, del exagerado intelectualismo o memorismo que prevalece en la práctica didáctica y en el aprendizaje, del casi total olvido del sentido creador que debe tener toda educación. Los educandos no adquieren ni siquiera las habilidades básicas, como la lectura inteligente y el pensamiento reflexivo, ni son capacitados para ninguna actividad útil y productiva.[51]

These features have remained the curses of Peruvian education throughout the decades. Even when curricula have been deliberately geared to economic needs, these same shortcomings have persisted. Perhaps the first noteworthy effort was the Escuela de Minas, founded in 1876, but even this attempted innovation received the following judgment:

Cuando los alumnos se convirtieron en ingenieros, y se lanzaron a la vida práctica, . . . no llevaban nada del verdadero contingente que exije la labor minera. La mayor parte de su tiempo, lo habían pasado en aprenderse de memoria, una nomenclatura pesada e indigesta . . .[52]

The point of this critique is that all aspects of educational history, even pedagogical technique, are important to economic history, for in education, or the lack of it, one finds a key obstacle to development. One also finds a key mechanism by which unequal income and opportunity have been perpetuated.

Some implicit consideration has already been given to capital accumulation, since it is so closely associated with entrepreneurial spirit and the introduction of technological change. Nevertheless, capital accumulation also requires separate attention through the study of savings behavior. One often sees the argument that Latin America's social structure, with income and power concentrated in the hands of a few, is pernicious

[48]Matos Mar (3857), p. 348-352.

[49]Education expenditure consumed 1.8 per cent of GNP during 1950-55, but this share rose to 3.6 per cent ten years later, an educational effort exceeded only by Cuba and Puerto Rico among Latin American countries. The illiteracy rate for the adult population (age 15 and over) declined from 57.6 per cent in 1940 to 38.9 per cent in 1961. See Shane Hunt: "Distribution, growth, and government economic behavior in Peru." In Gustav Ranis, ed. Government and economic development. New Haven, Yale University Press, 1971, table 3; and "The growth performance of Peru." Research Program in Economic Development Discussion Paper No. 1, Princeton University, 1967, table 10. Mimeo.

[50]Perú. Ministerio de Gobierno. Dirección General de Estadística (3772a), v. 7, apéndice, p. 48, 50; Perú. Dirección Nacional de Estadística, Censo nacional de población y ocupación, 1940. Lima, 1944-49, v. 1, tablas 6 y 68. The 1876 census fails to classify illiteracy by age; the 79 per cent figure comes from assuming that all children under 10 are illiterate, and that the illiteracy rate for the population age 10-15 is the same as for the population over 15 years.

[51]Perú. Ministerio de Educación Pública, Reforma de la educación peruana; informe general. Lima, 1970, Sección 1.27, p. 13-14.

[52]Dávalos y Lissón (3677), p. 78.

to economic development precisely because of the discouragement to savings.[53] The wealthy of Latin America are often accused of lavish consumption standards, partly induced by social obligation, to the detriment of economic growth. This may indeed be the case. However, our evidence on this proposition is very weak. It is not enough to observe the lavish consumption standards of the well-to-do and infer that their savings propensities are low. The really wealthy of the Western world have found it within their power to live regally and accumulate capital at the same time.

There is to our knowledge only one piece of direct evidence in all Latin America on the question of savings rates among the upper class: a survey of twenty Chilean hacendados, done in the early 1960's, which showed their savings rate to be 16 per cent of disposable income.[54] This is a low figure; it may be compared with informal estimates that Pakistani industrial entrepreneurs have saved over 50 per cent of their income.[55] The point to note, however, is not that the Chilean rate is low, but that so important a factor in Latin American economic thought is given empirical substantiation through only one study of twenty households. To be sure, obtaining such data from the well-to-do presents great difficulty, since tax evasion makes respondents reluctant to give answers. Turning to the past, however, a great opportunity awaits the economic historian who locates the account books that surely exist among family papers in innumerable private archives.

A final element to be studied among failures of factor accumulation is labor itself. This may seem paradoxical, since development is generally defined on a per capita basis, therefore involving the accumulation of other factors relative to the expansion of population and the labor force. Nevertheless, one often sees it argued that in certain countries in certain periods labor shortages become the binding constraint to economic expansion. Furtado has elaborated this thesis in his survey of Brazil's coffee economy in the nineteenth century.[56] In Peru during the nineteenth century a shortage of labor was commonly identified as the chief obstacle to expansion of coastal agriculture in general and the sugar industry in particular (3695, 4271, 4276). It remains unclear, however, how labor markets could have functioned for this situation to come about. Did coastal hacendados confront a highly inelastic labor supply curve, such that use of chattel slavery, indentured servitude, and debt peonage represented the only means of mobilizing labor, or did these various devices merely serve to lower labor costs and avoid paying higher wages?

## Fundamental explanations of stagnation

The challenge of economic history lies in examining not merely the evolution of factor accumulation and efficiency of factor use, i.e., the proximate causes of output growth, but also the forces underlying and explaining these proximate causes. We can identify three fundamental explanations: The nature of merchandise trade between Republican Peru and her industrialized trading partners, the character of international capital flows, and the conditions of internal social and economic structure inherited from the Spanish colonial system. Each of these explanations contains a number of variations, all of which can be assimilated into the concept of external dependence.

Merchandise trade relations have presented obstacles through the world market forces that press upon an economy specialized in the export of primary products. In its classic form these forces are elaborated in the structuralism of Prebisch and ECLA, which shows how a primary exporting nation consistently loses the gains from international specialization through declining terms of trade, and thus its economy stagnates.[57]

The reasons adduced for this unhappy situation boil down essentially to two: that technological improvement in export industries increases supply and lowers export prices, and that demand conditions for primary products show continuing weakness. These arguments have been put forward at the most aggregative level, for all of Latin America or for all of the Third World; they have not been examined and tested with care in the case of particular Latin American countries. In the Peruvian case, such a test should involve not only a calculation of the terms of trade, but also study of the relation between wage trends and productivity increases in export sectors, and the evolution of world market conditions for Peru's exports.

Even if it should turn out that Peru's exports have enjoyed unusually buoyant world market conditions, possible benefit could have been lost if export sectors

[53]Raúl Prebisch, *Towards a dynamic development policy for Latin America.* New York, United Nations, 1963, p. 4; Aníbal Pinto, *Chile: un caso de desarrollo frustrado* (1816), p. 75.

[54]Marvin John Sternberg, ''Chilean land tenure and land reform.'' Unpublished Ph.D. dissertation, University of California, 1962. 217 p. Sternberg's results are reprinted in Comité Interamericano de Desarrollo Agrícola (CIDA), *Chile: Tenencia de la tierra y desarrollo socio-económico del sector agrícola.* Santiago de Chile, 1966, p. 187. See also Sternberg, ''The latifundista: the impact of his income and expenditure patterns on investment and consumption.'' *Studies in comparative international development* [New Brunswick, N.J.], Spring, 1972: 1-13.

[55]Gustav Papanek, *Pakistan's development; social goals and private incentives.* Cambridge, Harvard University Press, 1967, p. 198.

[56]Celso Furtado, *Formación económica del Brasil.* México, Fondo de Cultura Económica, 1962, chapters 21-24. See also 1125.

[57]The seminal statement of this position is of course Raúl Prebisch, *The economic development of Latin America and its principal problems.* New York, United Nations, 1950. 59 p., reprinted in *Economic bulletin for Latin America* [New York], February, 1962: 1-22.

have existed in relative isolation, with few linkages to the domestic economy. Empirical studies of export enclaves are particularly needed in the case of Peru, since the Peruvian experience with guano has been used as the classic example in world history of an enclave whose riches were exhausted without benefit to the domestic economy (3685). Aside from guano, monographic work dealing with the economic impact of other export industries is almost entirely lacking. Only Garland's work on sugar and an excellent but nonhistorical study of the fishmeal industry come to mind.[58] In the case of copper, the industries of Chile and Zambia have been analyzed in detail with particular emphasis on the evolving structure of income flows and gains to the domestic economy.[59] The Peruvian copper industry is a clear candidate for similar study.

The social organization associated with specializing in the export of primary products can also present obstacles by generating behavioral patterns inimical to further development. An extreme case lies in the traditional plantation economy, totally geared for export production through efficient use of local factors, but almost surely headed for eventual stagnation. The West Indies, allegedly drugged into the lassitude of the "sugar mentality," represents a classic case. So does the southern United States, originally more prosperous than the resource-poor but entrepreneurially motivated North.

The mechanisms by which particular types of export specialization can lead development to a dead end are often mentioned, but generally through casual reference unsupported by research. One such mechanism works through education. If a system of production generates a social structure with wide gulf between classes, that class structure probably will not support mass education. The stifling of educational opportunity may be the most pernicious economic factor working to effect eventual stagnation. Beyond that, savings rates are often thought to be depressed by the extravagant consumption of the wealthy in such societies, with industry stunted by the absence of a mass market for those simple manufactured products that constitute the beginnings of national industrial development.[60] Implicit in this last point lies the assumption that Latin American national markets are presently too small for efficient production, or, to put it the other way around, economies of scale in modern industries are so great as to inhibit industrial development on a national basis.

Such arguments function, however, with no apparent sense of the magnitudes involved. Furtado has doubted that the domestic market of nineteenth century Brazil was large enough to sustain substantial industrial development, yet Pinto expressed no such hesitation in his study of nineteenth-century Chile.[61] These issues may be directed to the case of nineteenth-century Peru: What was optimal production size for a given industry in a given epoch? How much higher would costs have been if industry had operated at only half that optimum size? One quarter? One tenth? Could such cost differentials have been covered by tariffs? How much greater would the market have been after a given redistribution of income? The questions are easy to produce, but the answers are not.

These purely economic obstacles to development— terms of trade, lack of linkages, structure of demand, size of market, economies of scale—have been reinforced by the power of economic imperialism. This much-abused term merits a definition: economic imperialism refers to the exercise of political power by a strong nation in order to gain economic advantage in its dealings with weaker nations. This exercise of power should be seen as a deliberate political act, not merely the exercise of monopolistic power in a market.

Throughout the nineteenth century the focal point of imperialist pressure was tariff policy. Latin America lay within the informal empire of the United Kingdom, which used every opportunity to push its advocacy of free trade. Historians in Chile and Brazil point to the low tariff policies of those countries as the quintessence of imperialism's triumph.[62] The mechanisms whereby imperialist power was exercised varied: Direct negotiation established the Anglo-Brazilian trade treaties under which Brazil could not raise tariffs until 1844; in the case of Chile, British finance is alleged to have played an important role in the overthrow of the one Chilean president who wished to follow a more autarchic policy.[63]

Two key issues confront the economic historian wishing to assess the role of imperialist power in

[58]Garland (4271). Michael Roemer, *Fishing for growth; export-led development in Peru, 1950-1967.* Cambridge, Harvard University Press, 1970. 208 p.

[59]Clark W. Reynolds, "Development problems of an export economy; the case of Chile and copper." *In* Markos Mamalakis; and Clark W. Reynolds, *Essays on the Chilean economy.* Homewood, Ill., Irwin, 1965, p. 203-398. Robert Baldwin, *Economic development and export growth: a study of Northern Rhodesia, 1920-1960.* Berkeley, University of California Press, 1966. 254 p.

[60]See, for example, Pinto, *op. cit.* [note 53], p. 86-88; Max Nolff, "Industria manufacturera." *In* Corporación de Fomento de la Producción. *Geografía económica de Chile.* (2184).

[61]Furtado, *op. cit.* [note 56], p. 117; Pinto, *op. cit.* [note 53], p. 34-43, 49.

[62]Pinto, *op. cit.,* [note 53], p. 34-38; Hernán Ramírez Necochea, *Historia del imperialismo en Chile* (1817), esp. p. 94-98; Nolff, *op. cit.,* [note 60], p. 512-513; Andre Gunder Frank, *Capitalism and underdevelopment in Latin America* (36), p. 67-73, 162-165; Caio Prado, *História económica do Brasil.* 8. ed. São Paulo, Editora Brasilense, 1963, p. 125-143. (4. ed. 1135).

[63]Hernán Ramírez Necochea, *Balmaceda y la contra-revolución de 1891* (1785), esp. p. 161-163, 195-199. Frank, *op. cit.,* [note 62], p. 82-83.

establishing tariff policy in Peru. First, the political history of tariff-setting demands intensive study for every period of Peru's republican history.[64] Second, we need a better sense of the importance of tariff policy as a possible means of escaping market size constraints to industrial development. We might heed the warning of Celso Furtado, who has doubted the significance of the Anglo-Brazilian trade treaties for Brazilian industrial development, thereby colliding with conventional wisdom.[65] Furtado's argument calls for reevaluation, since it is an aggregative generalization, and the essence of tariff policy lies in differential rates providing production incentive in particular lines. Nevertheless, it remains an important reminder that the connection between tariffs and industrial development is not at all clear.

Merchandise trade with Europe resulted in the importation of European goods, European power, and European ideas. The imperialism of free trade carried with it a force of ideas—sometimes called cultural imperialism—that is well documented in the case of Chile, where laissez-faire ideology dominated economic thought in the closing decades of the nineteenth century.[66] Its influence was strengthened through being used as justification for the conquest of Peru's nitrate provinces: Chilean laissez-faire, it was held, would undertake a progressive development which Peruvian statism could never have achieved.[67]

Peruvian history gives us innumerable instances of the uncritical absorption of foreign ideas and models. Laissez-faire has had its advocates in Peru as well over the years (4050, 4051, 4052, 4053, 4054, 4055, 4060, 4392) but beyond that particular foreign idea one must recognize the oppressive sense of cultural inferiority that gripped nineteenth-century Peru, making it eager for European immigration, European ideas, for any contact with Europe as its only path of salvation (3782, 3859). The development of these attitudes and their impact on economic policy and economic development form an important unwritten chapter in Peruvian history.

Tariff policy involves import flows. The exercise of foreign controls over Peru's export trade presents another series of problems requiring analysis. As in so many other cases, this concern was perhaps best expressed by Mariátegui in the following diagnosis of the Peruvian economy:

Su movimiento, su desarrollo, están subordinados a los intereses y a las necesidades de los mercados de Londres y de New York. Estos mercados miran en el Perú un depósito de materias primas y una plaza para sus manufacturas. La agricultura peruana obtiene, por eso, créditos y transportes sólo para los productos que puede ofrecer con ventaja en los grandes mercados. La finanza extranjera se interesa un día por el caucho, otro día por el algodón, otro día por el azucar. El día en que Londres puede recibir un producto a mejor precio y en cantidad suficiente de la India o del Egipto, abandona instantáneamente a su propia suerte a sus proveedores del Perú. Nuestros latifundistas, nuestros terratenientes, cualesquiera que sean las ilusiones que se hagan de su independencia, no actúan en realidad sino como intermediarios o agentes del capitalismo extranjero.[68]

In these comments Mariátegui secured the agreement of the Catholic traditionalist Víctor Andrés Belaúnde, who commented: "Pavorosa y exacta la pintura que [Mariátegui] nos hace de una produccion agrícola orientada hacia el mercado entranjero y controlada por éste."[69]

Yet it is not precisely clear what makes a coastal agriculture oriented towards export production so fearful a sight. Is it merely the fear of uncertainty which besets an overspecialized sector, worried about losing its exports markets to lower cost competitors? Then economic historians are presented the interesting challenge of examining the intensity of fluctuations in Peru's export markets and the flexibility of Peruvian producers and factors of production in adjusting to such changes. More than that, however, at various times social commentators have also been concerned that Peru has been victimized by price fixing and monopsony control in these markets. Certainly many Peruvians have felt themselves victimized. For example, resentment and hostility towards buying agents for international commodity markets, especially in cotton, remain intense. Yet another task for economic historians therefore lies in examining these market structures, how they operate, how they have changed over time, and how much Peru has lost.

Turning from the structure of merchandise trade flows, we identified a second category of fundamental obstacles to development in the character of international capital flows, particularly the typical twentieth-century form of direct foreign investment. The advantages that direct foreign investment presents to the receiving country are well known and obvious: the country has additional factors of production made available for the expansion of certain sectors. Against

[64]Portions of Peru's tariff history may be found in Dancuart and Rodríguez (3941), Mathew (3883), Rivera Serna (3691), and Rodríguez (4060).

[65]Furtado, op. cit., [note 56], p. 107.

[66]Pinto, op. cit., [note 53], p. 52-56. Markos Mamalakis. "The role of government in the resource transfer and resource allocation process:

the Chilean nitrate sector, 1880-1930." In Gustav Ranis, ed. Government and economic development. New Haven, Yale University Press, 1971, p. 195-198, 204-205.

[67]Mamalakis, op. cit., [note 66], p. 204.

[68]Mariátegui (3687), p. 84-85.

[69]Belaúnde (3680), p. 28.

this must be set a number of disadvantages, such as the displacement of national enterprise and national entrepreneurship, loss of savings potential through the increased influence of foreigners' consumption standards, and a disturbing sense of national subordination to foreign economic direction.[70] Moreover, the receiving country has frequently paid a very high price for the capital and management factors thus acquired, particularly since the amount of foreign capital received is limited by the tendency of foreign firms to finance their expansion by drawing on domestic sources of savings. In several recent studies the price has been assessed in terms of balance of payments impact: total capital inflow compared to the eventual outflow of repatriated profits and amortization.[71] This comparison is hindered by a number of interpretative difficulties, however. Evaluative studies would be more meaningful if directed to calculations of profit rates, i.e., profits as a per cent of invested capital.[72]

Direct foreign investment has been assisted in its twentieth-century penetration of Latin America by the changing character of imperialist pressure. On the one hand, restrictions on commodity flows through tariffs have ceased to be a major issue. Latin American countries have established their right to tariff protection to the point of pushing rates up to the world's highest levels. However, as tariffs have provided increasingly secure protection to local industry, this industry has increasingly fallen into foreign hands, since few attempts have been made to control the inflow of foreign capital. Thus the twentieth century has witnessed a strange evolution of policy in which nation states have generally been conceded the right to control the international flow of commodities and of

one factor of production (labor) but not of the other factor (capital).[73]

On the other hand, a major shift has occurred in the focal point of imperialist power, from England to the United States. Thus the United States has been left to exercise its political influence in support of this curious new set of rules for the game of international commerce.

With these changes, the instrument of penetration has shifted from the merchant to the U.S.-based multinational corporation. Such corporations are powers in and of themselves, but only recently have researchers developed some understanding of the nature of this power and its relation to U.S. national power.[74]

These various effects of direct foreign investment immediately suggest an agenda for research: to establish the historical record of profit rates earned by foreign companies in Peru, to study the sources and uses of investment funds and the role of local financing sources, to undertake case studies showing the process by which local firms were displaced to make room for foreign enterprises, to examine the mechanisms by which foreign-based multinational corporations have exerted power, paying particular regard to the distinctive differences in the exercise of power by foreign as opposed to domestic companies, and to examine the impact of foreign managers and technicians on the social structure of the environment in which they placed themselves.

Apart from these various external obstacles, we are left with a third and final fundamental explanation for slow growth and weak structural change in Peru. This consists of the internal weakness inherent in the social and economic structure inherited from the colonial period, slow to change and be righted even without pernicious external influences. We may best distinguish this from preceding explanations by asking,

[70]These factors are discussed in Shane Hunt, "Evaluating direct foreign investment in Latin America." In Luigi Einaudi, ed. Beyond Cuba: Latin America Takes Charge of Its Future. New York, Crane, Russak, 1973. p. 127-146; Carlos Díaz-Alejandro, "Direct foreign investment in Latin America." In Charles P. Kindleberger, ed. The international corporation. Cambridge, MIT Press, 1970, p. 319-344; Carlos Díaz-Alejandro, "The future of direct foreign investment in Latin America." Economic Growth Center Discussion Paper no. 131, Yale University, December 1971. 28 p. Latin America literature on external dependence focuses on these issues, generally from a broader perspective. See, for example, Osvaldo Sunkel, "Política nacional de desarrollo y dependencia externa." Estudios internacionales [Santiago de Chile], mayo, 1967; Celso Furtado, "La concentración del poder económico en los Estados Unidos y sus proyecciones en América Latina." Estudios internacionales [Santiago de Chile], octubre, 1967: 323—336; Theotonio Dos Santos, "Foreign investment and the large enterprise in Latin America: the Brazilian case." In James Petras; and Maurice Zeitlin, eds. Latin America, reform or revolution? [note 32], p. 431-453.

[71]For example, Malpica (3882), p. 80-86; Dos Santos, op. cit. [note 70], p. 442; Keith Griffin, Underdevelopment in Spanish America. London, Allen and Unwin, 1969, p. 145-147.

[72]A range of profit rate estimates is discussed in Hunt, Evaluating . . . op. cit. [note 70], Cf. the interesting estimates of Constantine

Vaitsos, "Transfer of resources and preservation of monopoly rents." Economic Development Report No. 168, Development Advisory Service, Harvard University, 1970, especially p. 34, 59-62. For a historical effort, see the many works of J. Fred Rippy, e.g. "British investments in Latin America: a sample of profitable enterprises." Inter-American economic affairs [Washington], Spring, 1953: 3-17.

[73]The General Agreement on Tariffs and Trade (GATT) has placed some restrictions on a nation's freedom to manipulate international flows of commodities. However, its restrictions have been evaded repeatedly as nations have developed numerous non-tariff barriers to trade. Also, Third World countries have generally been exempted from GATT restrictions.

[74]Three distinct views are found in Raymond Vernon, Sovereignty at bay; the multinational spread of U.S. enterprises. New York, Basic Books, 1971. 326 p.; Robert Gilpin, "The politics of transnational economic relations." International organization [Boston], September, 1971: 398-419; Stephen Hymer, "The multinational corporation and the law of uneven development." In Jagdish N. Bhagwati, ed. Economics and world order from the 1970's to the 1990's. New York, Macmillan, 1972, p. 113-140. U.S. government-corporation interactions in the Peruvian context are studied by Charles Goodsell, "Diplomatic protection of U.S. business in Peru." In

What would have happened to an independent Peruvian Republic in the nineteenth century if there had been no foreign investment, no expanding world economy, i.e., assuming an essentially autarchic economic system?

The externally focused arguments suggest that an autarchic Peru would have enjoyed considerable prosperity. After all, a flourishing economic life had existed in seventeenth-century colonial Peru, despite miserable treatment of the workers, with an abundance of textile workshops *(obrajes)*, a diversified coastal agriculture, and a vigorous commerce in food and clothing stretching through the Sierra in service to various mining regions.[75] Such a system very possibly contained a class of small entrepreneurs who could have formed the foundation of future development along similar lines.

The internal weakness argument suggests rather that an autarchic nineteenth-century Peru would have stagnated economically for lack of sufficient strength in these entrepreneurial qualities. The historian can not examine this argument in isolation, however, since in historical context these weaknesses existed in an environment of foreign influence, where only with great difficulty can one trace the connections between that influence and the observed internal weakness. This final explanation is perhaps best viewed merely as a negation of the two previously described explanations, i.e., that external obstacles were not so great but rather that internal adjustment to economic opportunity was slow and halting.

## Conclusion

The burning social and economic issues of the present have their roots in the past. As Peru seeks its own restructuring for a future of greater prosperity, dignity and justice, it also seeks the insights of history, the better to understand its present difficulties. Thus interest in Peruvian economic history has flourished as never before; the discipline is now entering its most exciting period.

We believe that this new era will be marked by the introduction into historical studies of a few new economic and quantitative techniques, but not the escalation of technique associated with the "New Economic History" in the United States. Linear programming and general equilibrium models are not needed, in part because the issues that seem most important can be handled with simpler methods, in part because the fancier techniques of economics derive mostly from the fundamental paradigm of allocative efficiency, which is *not* a key issue in Peruvian history. The fundamental characteristic of this new period of study will not be new technique, but new relevance.

We have attempted to point out the fields of study that seem most relevant. The range is wide, covering studies of output and income, education, entrepreneurship, savings behavior, export enclaves, terms of trade, interactions between economic structure and social structure, behavior of foreign investment, tariff policy, and the exercise of imperialist power through government, multinational corporations, and commodity markets. There is plenty of work for everybody. We look forward to the results.

## Apéndice

### *Fuentes para el Estudio de la Historia Económica Peruana*

Las anotaciones bibliográficas que constituyen la sección final de este estudio, no incluyen un informe acerca de la biblioteca específica de la cual se ha tomado este trabajo. En cambio, se presenta un resumen de las bibliotecas consultadas para todo el proyecto. Hemos tenido ocasión de utilizar las siguientes: en Perú, Biblioteca Nacional del Perú, Biblioteca del Instituto Riva Aguero, y las colecciones privadas de Félix Denegri Luna y Pablo Macera. En los Estados Unidos, la Biblioteca del Congreso, la Biblioteca Pública de la ciudad de Nueva York, las Bibliotecas de la Universidad de Princeton y de la Universidad de Yale. En Inglaterra, el Museo Británico y la Biblioteca Bodleian de Oxford.

Entre las bibliotecas públicas, la Biblioteca Nacional del Perú, es con mucho, la mejor; no sólo por la magnitud de su colección de libros, sino también por la comodidad de su Sala de Investigaciones. Su colección es tan exhaustiva que no hemos necesitado consultar otras bibliotecas públicas del Perú. En los Estados Unidos, la situación es algo más confusa. La Biblioteca del Congreso es, probablemente, la más grande, pero Yale es casi tan buena como aquélla y brinda más comodidades para trabajar. Los problemas ocasionados por la dispersión de material en los Estados Unidos se han superado con la publicación del *National Union Catalogue. Pre-1956 Imprints* (London, Mansell, 1968—). Hasta 1976, ya se habían publicado 464 volúmenes de

Daniel Sharp, *ed. U.S. foreign policy and Peru.* Austin, University of Texas Press, 1972, p. 237-257.

[75]See, for example, Oscar Febres Villaroel, "La crisis agrícola del Perú en el último tercio del siglo XVIII." *Revista histórica* [Lima], v. 27, 1964: 102-199; Fernando Silva Santisteban, *Los obrajes en el Virreinato del Perú.* Lima, Museo Nacional de Historia, 1964. 167 p.; Guillermo Céspedes del Castillo, "Lima y Buenos Aires; repercusiones económicas y políticas de la creación del Virreinato del Plata." *Anuario de estudios americanos* [Sevilla], v. 3, 1946: 677-874;

Pablo Macera, "Feudalismo colonial americano: el caso de las haciendas peruanas." *Acta histórica* [Szeged, Hungary], v. 35, 1971: 3-43.

este catálogo, llegando hasta la letra "P." Se encuentran allí las listas unificadas de unas 700 bibliotecas norteamericanas, que indican a qué biblioteca específica corresponde cada uno de los títulos mencionados. Los nuevos volúmenes de la serie se están publicando a razón de dos o tres por mes.

No tuvimos oportunidad de inspeccionar qué había en Chile, pero la excelente bibliografía de Gabriel René Moreno, extraída íntegramente de bibliotecas chilenas, atestigua la magnitud de esos archivos.

## Fuentes primarias peruanas

Incluimos entre las fuentes primarias los diarios y archivos peruanos públicos y privados. Nuestro propósito es indicar selectivamente algunos archivos—no todos—que el estudiante de historia económica peruana puede utilizar. Aunque en virtud de la centralización política y económica hemos dedicado atención preferencial a la Capital de la República (Lima), obtuvimos también información complementaria acerca de algunas ciudades del interior.

Hemos puesto especial interés en los materiales de la época republicana, que se encontraban en los archivos, para complementar el énfasis del trabajo anterior de Silva Santisteban[76] acerca del período colonial.

A fin de facilitar el estudio, hemos dividido el material en los tres grupos siguientes:

### A. ARCHIVOS PÚBLICOS

En total, han sido revisados 15 repositorios, 11 en Lima y 4 en provincias. Su condición de "públicos" es, en algunos casos, nominal, pues con frecuencia los reglamentos administrativos limitan o impiden la consulta del investigador. Otro de los obstáculos es su relativa desorganización. La infraestructura documental del país resulta todavía muy débil, y gran parte de la información oficial es, además, periódicamente destruida, debido a limitaciones de espacio en los respectivos depósitos. Hallamos el caso extremo en las tesorerías fiscales de provincias y en el Tribunal Mayor de Cuentas (Sede Lima), donde hasta hace poco tiempo se acostumbraba "quemar" los papeles más antiguos, para recibir las cuentas del último año fiscal.

Sin embargo, todavía es posible obtener, en esos archivos, información válida y original acerca del proceso económico peruano durante el período que estudiamos (1830-1930).

[76]Fernando Silva Santisteban, "Algunos archivos históricos y repositorios de Lima." *Fénix; revista de la Biblioteca Nacional del Perú* [Lima], 1958: 145-182. Otros catálogos y guías de archivos y bibliotecas privadas aparecen comentados por Basadre (3647), p. 37-44.

A 1. *Archivos Públicos Generales (Lima)*

A 1.1. Archivo Nacional del Perú.
A 1.2. Archivo Histórico del Ministerio de Hacienda.
A 1.3. Biblioteca Nacional de Lima (Sala de Investigaciones).
A 1.4. Archivos actuales del Ministerio de Hacienda.
A 1.5. Archivo del Tribunal Mayor de Cuentas.
A 1.6. Archivo del Ministerio de Fomento.
A 1.7. Archivo del Ministerio de Trabajo.
A 1.8. Archivos del Ministerio de Agricultura.
A 1.9. Archivo de la Beneficencia Pública de Lima.
A 1.10. Archivo de la Universidad Mayor de San Marcos.

A 1.1. *Archivo Nacional del Perú*. De origen republicano, aunque tiene en su mayor parte documentos de la época colonial; recientemente (1970), ha incorporado el valioso Archivo Histórico del Ministerio de Hacienda, que describimos aparte. El predominio de la documentación anterior a 1821 se debe a que, en el momento de su fundación, ese archivo incorporó la documentación procedente de varias oficinas coloniales, principalmente Secretaría de Cámara del Virrey, Cajas Reales de Lima y Cuzco, Cabildo, Inquisición de Lima, Temporalidades, etcétera.

A 1.1.a. *Tribunal de Minería*. Sus últimos legajos aluden a los primeros decenios republicanos. Lo integran, en su mayor parte, expedientes de carácter contencioso. Información acerca de sistemas de trabajo, estado tecnológico de la explotación minera y algunas cifras discontinuadas de producciones regionales.

A 1.1.b. *Tribunal de Consulado*. Como el anterior, casi íntegramente colonial, pero con una sección republicana. Sus fondos son complementarios de los que respecto de la misma entidad existen en Biblioteca Nacional de Lima, Archivo Histórico del Ministerio de Hacienda y Ministerio de Relaciones Exteriores. Util para conocer la estructura del empresariado peruano en el siglo XIX. Guarda algunos tomos de correspondencia de comerciantes particulares (1830-1850).

A 1.1.c. *Aguas*. Igual carácter que los anteriores. Importan, para nuestro propósito, los expedientes relativos al régimen de los usarios de los valles costeños (fines del siglo XIX). Incluye algunas actas de asociaciones de agricultores.

A 1.1.d. *Derecho Indígena: Comunidades*. Formado por dos fondos diferentes, el primero, Derecho Indígena, así titulado y clasificado en la década de 1940, por el archivero Padre Domingo Angulo; el otro, procedente del Archivo de la Corte Suprema de la República, y tardíamente incorporado al Archivo Nacional. Se podría añadir, como parte de este segundo fondo, los expedientes archivados a solicitud de parte para prueba ulterior. El sector republicano, no muy cuantioso, presenta litigios relacionados con la tenencia de la tierra.

A 1.1.e. *Temporalidades.* Originado en el secuestro de las propiedades de la Compañía de Jesús (1767). Como la oficina de ese nombre continuó activa después de 1821-1824, hay noticias relativas a la administración de propiedades rurales para la primera mitad del siglo XIX.

A 1.1.f. *Notarios de Hacienda.* Una colección completa, no catalogada, de todas las escrituras públicas referentes a negociaciones económicas en las que haya intervenido el Estado Peruano. De particular importancia para los primeros decenios republicanos.

A 1.1.g. *Notarios de Lima.* Integramente clasificado según el Notario de procedencia. Continúa el fondo similar de la época colonial (desde el siglo XVI).

A 1.2. *Archivo Histórico del Ministerio de Hacienda.* Creado en la década de 1940, pudo incorporar parte del Archivo Antiguo de Hacienda, y, más tarde, los papeles de la Casa de Moneda de Lima. Mientras los documentos coloniales aparecen íntegramente clasificados, los republicanos sólo lo están en un 20%. Existe un catálogo de documentos republicanos: Perú. Ministerio de Hacienda y Comercio. Archivo Histórico. *Catálogo de la sección republicana, 1821-1822, 1823-1825.* Lima, Imprenta Torres Aguirre, 1945; Imprenta Azul, 1946. 2 v. Estos catálogos continúan la serie de documentos de Hacienda, inaugurados con el Catálogo de la Sección Colonial del Archivo Histórico (1944). Organizados por año y tema, por ejemplo, tribunal de cuentas, aduana y caja de Lima, rentas estancadas. Los catálogos fueron preparados bajo la dirección de Federico Schwab y representan un modelo de este tipo de publicación, con lúcida introducción, índices de temas y nombres.

Las principales secciones del Archivo Histórico del Ministerio de Hacienda son:

A 1.2.a. *Casa de Moneda.* Toda la documentación referente a sus actividades durante el siglo XIX. Incluye en primer término, los Libros Copiadores de Informes, luego correspondencia oficial y por último Libros de Cuentas. Recientemente declarado en reserva temporal, se proyecta reincorporarlo a la actual Casa Nacional de Moneda.

A 1.2.b. *Matrículas de Contribuyentes.* Colección geográfica y cronológicamente discontinuada de las matrículas de contribuyentes que en principio debían realizarse cada cinco años en el Perú. Esas matrículas equivalen a verdaderos censos demográficos y económicos. El archivo podría agruparlos—aún no lo ha

hecho—en Matrículas de Indios, de Castas y de Oficios. Las primeras son las más importantes; contienen datos acerca de la edad y condición civil de cada habitante, y el nombre y edad, y número de sus dependencias familiares. El fondo abarca, sobre todo, el período 1825-1850.

A 1.2.c. *Leyes y Decretos de Hacienda.* En copiadores manuscritos desde las primeras administraciones republicanas. Muchos de estos textos no están incorporados a las colecciones impresas conocidas (Quiroz, Oviedo, etc.) Faltan algunos del período 1821-1824.

A 1.2.d. *Comunicaciones e Informes del Interior.* Correspondencia dirigida a las oficinas centrales (Lima) del Ministerio de Hacienda. Abarca el lapso 1830-1880. Algunos de estos informes no se refieren solamente a las operaciones fiscales, sino también a las actividades económicas del sector privado en la respectiva circunscripción.

A 1.3. *Biblioteca Nacional de Lima.* La colección documental de esta institución, no muy numerosa, se halla íntegramente catalogada por cronología, tema y entidad emisora del documento. En nuestra opinión, se trata de documentación discontinua, salvo en el caso de las Memorias de Prefectos y Autoridades Políticas, que pueden ofrecer información cuantitativa complementaria acerca del proceso económico-social de la República.

A 1.4. *Archivos actuales del Ministerio de Hacienda.* Bajo la administración del actual Ministerio de Economía y Finanzas. La mayor parte corresponde a los llamados *Archivos de Sección.* No los describimos, porque aluden a fechas posteriores a 1930. Pero existe un archivo general, gran depósito sin clasificar, con documentos que van desde 1860, hasta la década de 1940. Es difícil estimar la cuantía y la naturaleza de esos papeles. Para dar una idea aproximada, procedimos a una remoción física de los números acumulados. Lo más importante es, al parecer, la Colección de Resoluciones Ministeriales y Directoriales mecanografiadas y empastadas que cubren la casi totalidad del siglo XX. Expedientes de listas pasivas y reconocimiento de servicios (parcialmente según sistema cardex), de los cuales los más antiguos carecen de orden, comenzando los grandes legajos en 1853; Contribuciones; Co-declaraciones impositivas y algunos expedientes de revisión contenciosa, son de particular importancia, algunos refrentes a la década 1920-1930; Depósito General de la Dirección de Estadística, que incluye los borradores y cálculos iniciales de los primeros Anuarios Estadísticos. La parte correspondiente a Censos Demográficos ha sido parcialmente transferida al Archivo Histórico del Ministerio de Hacienda.

A 1.5. *Archivo del Tribunal Mayor de Cuentas.* Una

de las más antiguas instituciones de la administración peruana. Es probablemente el archivo de más difícil consulta, a causa del excepcional desorden en que se encuentran los papeles más antiguos; se halla, además en estado de continua destrucción. Guarda información referente a la contabilidad de todos los "ramos" del fisco, ejercicios presupuestales y unidades de operación, desde la segunda mitad del siglo XIX. Para algunos años hay un orden aproximativo, por departamentos.

A 1.6. *Archivos del Ministerio de Fomento*. Como en el caso del Ministerio de Hacienda (hoy Economía y Finanzas), y por las mismas razones, tampoco consideraremos los archivos de sección. Fuera de ellos, existe un archivo general que contiene documentos desde fines del siglo XIX, muchos de los cuales aluden a servicios públicos que hoy dependen de otros ministerios (Agricultura, Trabajo, Transportes, etcétera). Sus partes principales se relacionan con obras públicas, incluyendo presupestos de las mismas e informes y proyectos técnicos; agricultura, con listas de regantes para el período 1900-1930, proyectos de irrigación, visitas agronómicas a los valles y recomendaciones técnicas acerca de cultivos; listas pasivas y reconocimientos de servicios. Subrayamos, además, la existencia de una pequeña pero valiosa colección de Papeles Raimondi, que incluye algunas de sus libretas de campo.

A 1.7. *Archivo del Ministerio de Trabajo*. Uno de los pocos en los que el trabajo del investigador resulta facilitado por un relativo ordenamiento de la documentación. La sección principal está compuesta por los expedientes de reconocimiento de comunidades indígenas. En virtud de las exigencias reglamentarias o de la propia iniciativa de las comunidades interesadas, incluye: titulación desde la época colonial hasta la República acerca de la tenencia de la tierra; catastros de tierras de cultivo y ganadería; estimados de población. Aunque la información se concentra en años recientes, la hay válida para el período anterior a 1930.

A 1.8. *Archivos del Ministerio de Agricultura*. Aunque creado después de 1930, fueron incorporados a sus archivos algunos documentos procedentes de la sección Agricultura del antiguo Ministerio de Fomento. Lamentablemente, esos documentos carecen de orden para el período que examinamos, y su estudio, como el del Ministerio de Hacienda, resulta difícil. Lo principal concierne a aguas e irrigaciones, con planos de ciertos valles costeños y listas de haciendas, yanaconas y regantes. Buena parte de esta documentación fue incluida en los respectivos boletines. Relevamos, además, algunos legajos con los borradores de las primeras estadísticas agropecuarias.

A 1.9. *Archivo de la Beneficencia Pública de Lima.*

Institución relacionada con los servicios asistenciales de salud pública, cuenta con un rico archivo, del cual nos interesan, principalmente, los documentos acerca de la administración de hospitales durante el siglo XIX. Además de su posible utilización en una historia de los precios, esos fondos informan de movimientos demográficos. Su ordenamiento es satisfactorio.

A 1.10. *Archivo de la Universidad de San Marcos*. Gran parte de sus documentos se conservan en el Archivo Central Domingo Angulo; otros están en la Biblioteca Central. De los fondos universitarios propiamente dichos, destacamos las tesis acerca de asuntos económicos y sociales, escritos para obtener grados en Ciencias Políticas, Derecho y Letras, en los cuales el período mejor representado es 1880-1920. Existen también papeles de otras procedencias, en particular una muy completa colección de listas de oficiales y soldados del ejército peruano entre 1824 y 1895.

A 2. *Archivos Públicos Provinciales*

A 2.1. Archivos de Cajamarca.
A 2.2. Archivos de Huánuco.
A 2.3. Archivos de Ayacucho.
A 2.4. Archivos del Cuzco.

Relativamente desconocidos e inexplorados, los archivos públicos peruanos (época de la República) ubicados fuera de Lima se concentran en las capitales departamentales. Ante la imposibilidad, dentro de nuestro proyecto, de realizar un censo documental exhaustivo, nos hemos limitado a examinar ciertos archivos-tipo en algunas de las principales ciudades del interior. Para ese muestreo, elegimos dos ciudades de la Sierra Norte (Cajamarca, Huánuco) y otras dos de la Sierra Sur (Ayacucho, Cuzco); a nuestro pesar, omitimos la Ciudad de Arequipa, a causa de dificultades en la organización de nuestro programa.

A 2.1. *Archivos de Cajamarca*. Hemos buscado aquí, inútilmente, los archivos antiguos de recaudación fiscal Más suerte tuvimos con los archivos municipales, los archivos notariales, los primeros fragmentos de un esbozo demográfico, probablemente de fines del siglo XIX, y cuentas de colegios. Los archivos notariales (Antiguos Fondos Silva) son, en su mayor parte, coloniales. Pero hay una serie continua y bien conservada para los siglos XIX y XX, que ocasionalmente incluye expedientes judiciales acerca de tenencia de la tierra y actividades mineras para el período 1830-1850. Muy importantes son los documentos referentes al asiento mineral de Hualgayoc, con planos de laboreo y estimaciones de costos de producción.

A 2.2. *Archivos de la Ciudad de Huánuco*. Aquí

investigamos los fondos documentales del municipio y de la Tesorería Fiscal. El municipio guarda documentos demográficos del período 1897-1910, incompletos y en mal estado; también de esa época, existen cuentas de rentas de escuelas y colegios. Como en Cajamarca, no hay ninguna clasificación. En cuanto a la tesorería fiscal, la mayor parte de los documentos antiguos fue destruida; subsisten algunos para el período 1850-1920.

A 2.3. *Archivos de la ciudad de Ayacucho.* Consignamos nuestra exploración en esta ciudad, como un caso típico de lo que viene ocurriendo con los archivos regionales peruanos. La importancia económica de Ayacucho en la época colonial y durante parte del siglo XIX, es conocida; sus archivos estuvieron relativamente bien guardados hasta hace pocas décadas. En 1971, comprobamos la completa destrucción (por incineración) de los fondos de la Tesorería Fiscal; sólo hallamos dos matrículas de contribuyentes de Muanta (1830-1845), y libros de contabilidad interna desde el período 1905-1930 en adelante.

A 2.4. *Archivos de la ciudad del Cuzco.* Sin duda, ésta es, después de Lima, la ciudad más importante del Perú, desde el punto de vista documental.

A 2.4.a. *Archivo de la Tesorería Fiscal.* Incorporados desde 1969 a los fondos de la Universidad, y parcialmente ordenados. Constan de dos series principales: Libros de Caja, continuos y completos desde 1825 hasta el fin del sigo XIX, y numerosas matrículas de contribuyentes en proceso de catalogación y estudio. El Seminario de Historia Rural Andina (Universidad de San Marcos, Lima) ha proyectado una investigación especial acerca de estos últimos fondos.

A 2.4.b. *Archivos Parroquiales.* Sin contar los libros coloniales, todas las parroquias del Cuzco tienen una serie completa para la época republicana (bautismos, matrimonios, defunciones). Para los primeros decenios del siglo XX, hay división interna por castas. En Belén y la Catedral figuran cuadros y resúmenes estadísticos anuales de nacidos y muertos en los años 1860-1870.

A 2.4.c. *Archivos del Arzobispado del Cuzco.* Nos interesan exclusivamente los libros de las cofradías de gremios, tanto actas de reuniones como contabilidad de sus rentas y, en segundo lugar, una sección especial para la administración de bienes temporales con información discontinua desde 1830 en adelante.

## B. ARCHIVOS PRIVADOS

En cuanto a los archivos privados, constituyeron la parte más difícil de nuestra tarea. En casi todos los casos, tropezamos con una absoluta resistencia y el acceso a esos archivos nos fue negado. No creemos que

en el futuro inmediato se produzca, al respecto, un cambio de actitud entre los empresarios; en tal sentido, la única acción positiva sería estimular a las empresas para que, al menos, custodien su propia documentación "antigua," y no la destruyan o mal ordenen, como hasta ahora.

Incluimos bajo este rubro todos los repositorios documentales relacionados con las actividades económicas del sector privado, es decir, tanto los archivos de las empresas de negocios como los de las entidades asociativas de representación y defensa de aquel sector, por ejemplo, la Sociedad Nacional Agraria. Hemos considerado pertinente analizar, dentro de este grupo, la Compañía Administradora del Guano, pese a su carácter mixto (con co-participación del Estado), por la estructura de sus operaciones y la identificación entre la política empresarial y la de las empresas agrícolas de negocios.

Nuestra exploración abarcó un total de unidades que, en su mayoría, arrojaron resultados negativos. Para facilitar la comprensión de la situación, las hemos dividido en dos grupos:

*Grupo I (Negativo)*
1. Andahuasi States Company
2. Cerro Pasco
3. Fábrica de Tejidos Santa Catalina
4. Pacífico Steam Navigation Company
5. Sociedad Ganadera del Centro
5. W. R. Grace

*Grupo II (Positivo)*
1. Cámara de Comercio de Lima
2. Librería e Imprenta Gil
3. Peruvian Corporation
4. Sociedad Nacional Agraria
5. Compañía Administradora del Guano

Podríamos añadir un tercer grupo todavía "en gestión," compuesto por entidades que no han dado respuestas definitivas pese a nuestra insistencia: D'Onofrio, Field, Compañía Nacional de Recaudación, Banco Popular del Perú, Banco de Crédito del Perú. No pensamos, sin embargo, obtener al respecto mayores éxitos.

Las empresas del grupo negativo explicaron su decisión con diversos argumentos: la mayoría alegó que carecía de archivos antiguos; en pocos casos nos comunicaron francamente que no consideraban pertinente autorizar nuestras averiguaciones, y en otros, como el de la Pacific Steam Navigation Company, hubo una excepcional falta de cooperación, probada por la burocratización de nuestras solicitudes.

Los archivos de la Cerro de Pasco Corporation merecen un párrafo aparte: en principio, se nos concedió el permiso, pero condicionándolo a un previo ordenamiento de papeles por el personal de la empresa, ordenamiento que concluiría en febrero del 1972. Sabemos, sin embargo, que otros investigadores peruanos lograron consultar, no el archivo central de Lima, (es el que nos interesaba), pero sí el de las planillas de obreros en las mismas minas.

B 1. *Cámara de Comercio de Lima*. Activa desde el siglo pasado. Conserva sus libros de actas y un limitado archivo de informes encargados por su mesa directiva, algunos de ellos publicados por su boletín, y otros inéditos. Destacamos, en particular, los informes producidos entre 1903 y 1921. Todos los fondos permanecen sin clasificar.

B 2. *Librería e Imprenta Gil*. La más antigua en su género entre las activas en el Perú. Los archivos en buen estado de conservación y orden incluyen planillas de salarios, contratos de obras y contabilidad general. En todos los casos hay series continuas desde 1860 hasta la fecha. Hemos gestionado su incorporación, ya aceptada, al archivo Nacional del Perú.

B 3. *Peruvian Corporation*. Como Cerro de Pasco (minería) y Casa Grace (agricultura) constituye una de las primeras organizaciones empresariales de inversión extranjera directa en el Perú. Sus archivos incluyen una Sección General y un Archivo de Gerencia; ambos con catalogación y orden antiguos, hoy en proceso de modificación. La Sección General guarda series completas de planillas de salarios y contabilidad, y cajas de varios, con correspondencia entre la central limeña y las empresas del interior. El Archivo de Gerencia está compuesto por títulos de propiedad, expedientes judiciales y una colleción completa de *Reports* enviados desde 1905 en adelante, por la administración de Lima al Directorio de Londres, reports mucho más amplios que los similares impresos por la Peruvian para sus reuniones de accionistas.

B 4. *Sociedad Nacional Agraria*. Asociación representativa de la gran agricultura. El Archivo General consultado parece haber sido importante y cuantioso hasta hace pocos años. Además de actas de Directorio, hay informes técnicos y copias de solicitudes y representaciones enviadas por la sociedad a los organismos públicos.

B 5. *Compañía Administradora del Guano*. Activa desde principios del siglo XX, posee un depósito general carente de clasificación y un Archivo de Gerencia con las actas del Directorio. En el primero, además de la contabilidad, hay informes de la sección técnica de la compañía. Subrayamos la existencia de borradores acerca de cultivos industriales en los valles costeños (1912-1925).

Una primera conclusión de este resumen es la necesidad de organizar un censo documental del Perú que permita saber a mediano plazo cuáles son los archivos públicos y privados disponibles para cada circunscripción del territorio nacional. Sin este conocimiento previo, toda tarea historiográfica en el Perú seguirá siendo difícil. Además, sólo un censo documental podrá, según parece, impedir la futura destrucción de muchos de esos archivos.

En el caso de las empresas privadas, nuestra experiencia indica que la intervención de cualquier organismo público o de investigadores particulares no sería bien recibida; sólo cabe promover al propio sector empresarial hacia la acción correspondiente para preservar y ordenar su documentación.

El Gobierno tiene, sin embargo, una buena oportunidad de intervenir en los casos en que adquiere el control de ciertas empresas privadas. Así, la expropiación de haciendas, bajo la reciente reforma agraria, ha puesto en manos del estado una voluminosa y valiosa documentación.

Mientras escribimos este trabajo, no existen, todavía, fondos disponibles para poner en orden y preservar estos documentos que corren peligro de ser destruidos. Esperamos que esos fondos se establezcan a tiempo.

## C. DIARIOS PERUANOS

Entre las fuentes primarias, debemos destacar especialmente los diarios, en los que se encuentra un importante material acerca de condiciones económicas y la política del gobierno. Además, a menudo los diarios del siglo XIX se referían a los movimientos de los barcos, volumen y valor de los bienes exportados y resúmenes de los precios existentes en el mercado. La publicación de estadísticas económicas excede ampliamente lo que se espera hoy en día de los diarios.

La mejor orientación inicial para los diarios peruanos puede encontrarse en Raúl Porras Barrenechea (3668), p. 306-312, y Jorge Basadre (3647), p. 51. En unas pocas páginas, Porras nombra y resume brevemente su contenido y orientación política. Las bibliografías importantes acerca de los diarios son las siguientes:

Mariano Felipe Paz Soldán, *Biblioteca peruana* (3661), capítulo 1, "Publicaciones periódicas," p. 1-103.

Manuel Odriozola, "Catálogo de los periódicos nacionales existentes en la Biblioteca Nacional." *En* Biblioteca de la Universidad Mayor de San Marcos. *Boletín bibliográfico* [Lima], julio-noviembre, 1924: 170-179; diciembre, 1924: 234-265.

Perú. Ministerio de Gobierno. Dirección de Propaganda e Informaciones, *Primera exposición de la prensa peruana*. Lima, 1941. 124 p.

Alejandro Tumba Ortega, *Periódicos nacionales del siglo XIX, que existen en la Biblioteca Central de la Universidad Nacional Mayor de San Marcos*. Lima, Compañía de Impresiones y Publicidad, 1945. 146 p.

## Fuentes primarias extranjeras

No hemos emprendido una inspección de los archivos fuera del Perú, pero podemos ofrecer la siguiente guía, que incluye archivos de embajadas y de compañías.

### ARCHIVOS DE LAS EMBAJADAS

Cada país que cuenta con una embajada en Lima ha acumulado un archivo de informes acerca de distintos aspectos de las condiciones económicas peruanas. Estos informes son naturalmente profusos en aquellos países que tienen relaciones más activas con Perú, en lo que se refiere a comercio, inversiones o flujo de inmigrantes. Muchos han publicado informes consulares respecto de las condiciones económicas, a saber:[77]

United States. Bureau of Foreign Commerce, *Report on the commercial relations of the United States with foreign nations.* Washington, 1855— (139).
Great Britain. Parliament. House of Commons, *Sessional papers.* London. Para un índice de los informes acerca de Perú, véase Great Britain. Parliament. House of Commons, *General alphabetical index to the bills, reports, estimates, accounts and papers, printed by order of the House of Commons and to the papers presented by command, 1852-1899.* London, His Majesty's Stationery Office, 1909, v. 4, bajo "Trade navigation shipping: commercial reports." También los índices que acompañan los *Sessional papers,* para cada sesión.
France. Ministère du Commerce et de l'Industrie, *Annales du commerce extérieur.* 3. Série des Avis Divers. Faits commerciaux. Paris, 1843-1917.
Italia. Ministèro degli Affari Esteri, *Bolletino consolare.* Roma, 1861-87.
Italia. Ministèro degli Affari Esteri, *Bolletino del Ministèro degli Affari Esteri.* Roma, 1888-1918.

Más allá de los informes publicados, el material de archivo inédito es inmenso. En el caso del Reino Unido, la correspondencia entre los funcionarios diplomáticos y consulares británicos en Perú y el *Foreign Office,* abarca 322 volúmenes para el período 1824-1880.[78] Un material similar para Francia ha producido una tesis y sería capaz de originar varias más.[79]

Hemos tenido oportunidad de examinar los archivos de gobiernos extranjeros sólo en el caso de los Estados Unidos. El Archivo Nacional de los Estados Unidos registra algún material peruano en la sección del *Bureau of Foreign and Domestic Commerce,* pero la gran masa de material se encuentra en la sección del Departamento de Estado norteamericano.[80] La correspondencia diplomática del siglo XIX está clasificada por despachos de los cónsules y embajadores a Washington, las instrucciones que Washington enviaba a esos funcionarios, documentos consulares que se guardaron en las oficinas extranjeras y fueron luego repatriadas al Archivo Nacional, y otros.[81] De los mismos, los más interesantes son los despachos consulares que informan acerca de asuntos de rutina pero que también contienen información respecto de las condiciones económicas, políticas y sociales. Para el período anterior a 1906 los despachos consulares están en microfilm y pueden ser adquiridos. La parte correspondiente a Perú está integrada por Lima-Callao 1823-1906 (17 volúmenes), Arica-Tacna 1849-1906 (2 volúmenes), Lambayeque 1860-1888 (3 volúmenes), Tumbes 1852-1874 (1 volumen), y Paita 1832-1874 (3 volúmenes).

Después de 1906 el material está clasificado por temas y la mayor parte de la información económica se encuentra en los informes de la División de Asuntos Comerciales.[82]

### ARCHIVOS DE COMPAÑÍAS

Los archivos comerciales abundan tanto en Europa como en los Estados Unidos, pero su acceso puede representar un problema, si bien tal vez no tan serio como en el Perú mismo. El examen de Platt acerca de existencias en el Reino Unido enumera archivos para el *Council of Foreign Bondholders, Duncan Fox & Co., Phoenix Assurance Company, Lobitos Oil Fields, The Peruvian Corporation* y la *Pacific Steam Navigation Company,* todas compañías que operan en el Perú.[83]

En los Estados Unidos, el estudio de Dean de los archivos comerciales tuvo bastante menos éxito para obtener la cooperación de las compañías.[84] Ninguno de los principales inversores norteamericanos en Perú informa respecto de la existencia de archivos. La mayoría simplemente se niega a contestar el formulario que Dean envía por correo, so pretexto de una política general de la compañía acerca de los cuestionarios. No hay duda de que existe material importante en las oficinas de las principales corporaciones y que su acceso podría lograrse a través de contactos personales. Sin embargo, existe material anterior para muchas

---

[77]Estas referencias se enumeran en forma más abreviada en Maiguashca (3686), p. 309-310. Uno de los primeros y excelentes informes se encuentra en Robert Arthur Humphreys, *ed. British consular reports on the trade and politics of Latin America, 1824-1826* (66).

[78]Maiguashca (3686), p. 309. Public Record Office Series 61.

[79]Alexis George, *Le Pérou depuis 1871 d'après la correspondance du quai d'Orsay.* Paris, Université de Paris, 1957.

[80]Un resumen útil de existencias se encuentra en John P. Harrison, *Guide to materials on Latin America in the National Archives* (24).

[81]Daniel Goggin; and H. Stephen Helton, *eds. Preliminary inventory of the general records of the Department of State.* Washington, National Archives, 1963. 311 p. (Preliminary inventories no. 157).

[82]*Ibid.,* p. 113-115.

[83]D. C. M. Platt, *Latin America: business archives in the United Kingdom* (28).

[84]Warren Dean, "Sources for the study of Latin American economic history: the records of North American private enterprises." *Latin American research review* [Austin, Texas], Summer, 1968: 78-86.

compañías en el *Marvyn Scudder Financial Record Collection* del Graduate School of Business de la Universidad de Columbia. Para los historiadores del Perú, esta colección sería particularmente útil, debido a su material referido a las primeras empresas mineras norteamericanas.[85]

[85]Mira Wilkins, *The emergence of multinational enterprise: Amer-*

En Francia, mencionaremos sólo la existencia de los archivos Dreyfus, que describiéramos previamente en una breve nota de Macera.[86]

*ican business abroad from the colonial era to 1914* (165).

[86]Pablo Macera, ''Los archivos de la casa Dreyfus y la historia del Perú republicano.'' *En Libro de homenaje a Luis Alberto Sánchez en los 40 años de su docencia universitaria.* Lima, 1967, p. 305-310.

# B. BIBLIOGRAPHY

## 1. General and Reference Works

### 1. Reference and statistical works

**3645. Barrios, Felipe Arturo.** Compendio del sistema mértrico decimal. Lima, Empresa Tipográfica, 1876. 14 p.

Equivalencias entre el sistema métrico decimal y las medidas usadas en el Perú.

**3646. Basadre, Jorge.** Bibliografía general de la etapa republicana. Lima, Editorial Universitaria, 1968. 591 p.

Anexo a su *Historia de la República del Perú, 1822-1953* (3675). Sección especial seleccionada sobre historia económica del Perú. Otros títulos son incluidos en las secciones cronológicas. De muy útil consulta.

**3647. _____.** Introducción a las bases documentales para la Historia de la República del Perú con algunas reflexiones. Lima, Villanueva, 1971. 2 v.

Monumental bibliographical work developed from author's *Historia de la República del Perú* (3675). Contains 17,137 entries, many with brief annotations. Prologue discusses and defends approach of *Historia*. Bibliography divided by types of materials, and by period, with sections containing short introductory texts on topics such as archival materials, *calendarios y guías,* personal memoirs, methodology of the study of economic history, and the historiography of various time periods. In discussion of 1868-78 period, Dreyfus and Raphael contracts, origins of sugar haciendas, and histories of early factories are of particular interest.

**3648. Bureau of the American Republics.** Commercial directory of Peru. Washington, Government Printing Office, 1891. 10 p. (Bulletin, 16).

Lists major commercial houses in cities of Peruvian coast. Classified by merchants, commission agents, banks, importers, exporters, sugar planters.

**3649.** Calendario y guía de forasteros de Lima para el año de 1793[-1873]. Lima, 1793-1873.

Annual publication. For the period 1830-1873 published in all years except 1839, 1843, 1845, 1854, and 1855, by J. G. Paredes, 1830-40; Eduardo Carrasco, 1841-57; and Pedro M. Cabello, 1858-73. Title varies: For 1830-35, 1837-40, as above; for 1836, *Calendario de Lima;* for 1841-57, *Calendario y guía de forasteros de la República Peruana;* for 1858-59, *Guía del Perú;* for 1860-73, *Guía política, eclesiástica y militar del Perú.* This last title was also used in 1841-59 for the publication's principal section. Lima: various publishers (José Masías, 1830, 1832-38, 1840, 1848, 1856-59, 1861-63; Félix Moreno, 1841-42, 1844, 1846, 1847, 1852, 1853; Imprenta de la Guía, 1864-70; etc.)

Almanac with brief calendar and geographical data, but mainly a detailed summary of organizational structure giving names of principal office-holders for government, church and armed forces, down to departmental and provincial levels. Contains censuses of 1836, 1850, and 1862 (first appearing in issues of 1838, 1851 and 1864 respectively). For primary and secondary schools, gives number of teachers and school enrollment on a nationwide basis in 1846 and subsequent data in most issues through 1861, also a few statistics for 1871. Brief descriptions of agricultural and industrial products by province, particularly in 1848 and 1852. Also descriptions of new factory enterprises (1850, p. 82-84), roads and bridges in each province (1852), government accounts, public works and foreign trade of 1859 (1861) and exchange rates (various issues, beginning 1858). Further discussion of Guía de forasteros in Basadre, *Introducción a las bases documentales para la Historia de la República del Perú,* volume 1, p. 85-90 (3647).

**3650.** El comercio; almanaque. Lima, 1892—.

Continuation of the *Calendario y guía de forasteros* (3649). Lists names of high officials in congress, executive, judiciary, and foreign embassies; rates charged by railroads, wharves and postal systems; various statistics, particularly on taxes and banking; and business directory. Of particular interest: Statistics on education in Lima, 1887-91, and reports of 1891 census of Lima (1892 volume); business directory covering all of Peru (1919 volume). Annual.

**3651.** Directorio de Lima para 1879-1880. Lima, Imprenta del Estado, 1879. 466 p.

Reprints important laws and reglamentos (consular, comercial), and provides directory of government offices, schools, *sociedades de beneficencia,* banks, private companies. Also tariffs for railroads, street and commercial directory.

**3652. Dorsey, George.** A bibliography of the anthropology of Peru. Field Columbian Museum anthropological series [Chicago], v. 2, January, 1898: 55-206.

Covers books and articles on history, geographical description and travel. Not as complete as the works of certain

Peruvian bibliographers, but particularly useful for coverage of foreign books.

**3653. Herbold, Carl, Jr.; y Steve Stein.** Guía bibliográfica para la historia social y política del Perú en el siglo XX (1895-1960). Lima, Instituto de Estudios Peruanos, 1971. 165 p.

Highly selective bibliography of 102 books and articles with critical evaluations (often with further references), bibliography of bibliographies, and short surveys of periodicals, pamphlets and literary sources on social and political problems. Very useful.

**3654. Horton, Susan; and Douglas Horton.** Sources for the investigation of Peruvian agrarian history. Land Tenure Center, University of Wisconsin-Madison, 1973. 53 p., mimeo.

Guide to sources: Collections in Biblioteca Nacional, university theses, primary documents from colonial period (e.g. church archives, notarial records, visitas), account books and other documents from expropriated haciendas. Summary of materials available from archives and other offices in Lima. Bibliography.

**3655. Lamale, Carlos,** *ed.* Estadística anual de la industria; almanaque del comercio de Lima. Lima, Imprenta del Estado, 1876. 3 v.

Includes extracts of important commercial laws, tariff rates, freight costs for Peruvian exports, railroad freight rates, bank balance sheets, and a directory of businesses.

**3656. Leubel, Alfredo.** El Perú en 1860, o sea Anuario nacional. Lima, El Comercio, 1861. 306 p.

A political and economic almanac, with statistical tables and brief commentary. Most useful information concerns coastal agriculture, described valley by valley; foreign trade of 1859 and 1860, transportation activity, both railroad and maritime, public education, and the census of 1850.

**3657. Martínez, Héctor; Miguel Cameo C.; y Jesús Ramírez S.** Bibliografía indígena andina peruana (1900-1968). Lima, Instituto Indigenista Peruano, 1968. 2 v.

Well-organized bibliography on general history, social and political conditions, religion and economy of people. Restricted to works in Spanish.

**3658. Menéndez, Baldomero José.** Manual de geografía y estadística del Perú. París, Rosa y Bouret, 1861. 378 p.

Encyclopedia of mineral and agricultural resources, population, transport, towns and cities, and health conditions. Estimates of population by department and province. Military statistics seem more reliable, and include personnel by rank, number of men serving in provincial police, and personnel and equipment of the navy. Schools and hospitals listed by department and province; some budgetary data. Also a table of equivalencies for Peruvian coinage.

**3659. Moreyra y Paz Soldán, Carlos.** Bibliografía regional peruana. Lima, Librería Internacional del Perú, 1967. 518 p.

Arranged by department, alphabetically by author within each department; items restricted to author's personal collection. Major works accompanied by useful descriptive annotations.

**3660. Pacheco Zegarra, Gavino.** Estudio sobre la estadística nacional. Lima, Imprenta del Estado, 1901. 145 p.

Capítulo sobre su desarrollo en el Perú. Analiza los censos de 1862 y 1876. Problemas de demarcación. Descripción de nuevos métodos y técnicas.

**3661. Paz Soldán, Mariano Felipe.** Biblioteca peruana. Lima, Imprenta Liberal, 1879. 544 p.

Bibliographical references. "Viajes, geografía, estadística, límites" (Chapter 3); "Hacienda, comercio, industrias" (Chapter 9); "Instrucción pública" (Chapter 11).

**3662. _____.** Diccionario geográfico estadístico del Perú. Lima, Imprenta del Estado, 1877. 1077 p.

Classic statistical compendium produced by famous Peruvian encyclopedist. Especially useful sections include population census summaries for 1862 and 1876; guano exports, 1841-75; public finance, 1827-76; public debt, 1846-76; export quantities by product, 1862-66; exports by value, 1862-75; nitrate exports, 1830-75; silver production in Puno, 1775-1826, and in Cerro de Pasco, 1784-1873; condition of banks in 1876; and maritime activity in Callao, 1860-74.

**3663. Paz Soldán, Mateo.** Geografía del Perú. Paris, Didot, 1862. 822 p.

Outstanding geographical encyclopedia of its time. Its significance for economic historians is diminished by more original or comprehensive sources published later, viz., *Diccionario geográfico estadístico del Perú* by Mariano Felipe Paz Soldán (3662) and the *Anales* of Dancuart and Rodríguez (3941). Some useful information on particular localities.

**3664. Perú. Dirección de Estadística.** Demarcación política del Perú. Lima, Imprenta del Estado, 1874. 280 p.

Complete listing of political divisions: departments, provinces, districts, *ciudades, villas, pueblos, aldeas,* and *caseríos,* with dates of official recognition.

**3665. _____. Ministerio de Fomento.** Guía bibliográfica consultiva de obras, folletos, revistas y publicaciones, sobre temas relacionados con la agricultura y la ganadería nacionales. Por José G. Otero. Lima, La Academia, 1906. 99 p.

Very good bibliography for 1830-1905; general economic essays, colonization, crops, cattle raising, statistics, guano, irrigation, immigration and monographs.

**3666. _____. _____. Dirección de Estadística.** Extracto estadístico del Perú. Lima, 1918—.

Serie (usualmente anual; algunas veces bilingüe) iniciada para 1918. Cifras y cuadros sobre demografía, beneficencia, navegación, comercio exterior (desde 1877), actividades extractivas, hacienda (ingresos y egresos desde 1898), instituciones de crédito, transporte, comunicaciones, moneda, etc. Apéndice: cultivos alimenticios, registro de inmuebles, otros. Se incluyen y suprimen algunos datos como el de criminalidad, desocupados.

**3667. _____. Ministerio de Gobierno. Dirección de Estadística.** Guía de la demarcación política, religiosa, judicial, etc. del Perú. Lima, Imprenta del Estado, 1879. 39 p.

Incluyendo, a más de los mencionados, la demarcación marítima (aduanas, capitanías), postal y telegráfica.

**3668. Porras Barrenechea, Raúl.** Fuentes históricas peruanas. Lima, Instituto Raúl Porras Barrenechea, 1963. 601 p.

Basic reference work of historiography and bibliography. Lengthy chapter on sources for republican period (p. 295-472) includes sections of economic interest: Bibliographies, official documents *(Anales parlamentarios, Diarios de debates, Colecciones de leyes y de tratados),* newspapers, accounts of foreign travelers, important studies on education, geography, transport, statistics, population, and social condition of indigenous population. Other chapters on republican historiography and regional bibliography.

**3669. René-Moreno, Gabriel.** Biblioteca peruana. Santiago de Chile, Biblioteca del Instituto Nacional, 1896. 2 v.

Volume 1 lists Peruvian books and pamphlets in Biblioteca del Instituto Nacional (Santiago); volume 2 lists Peruvian holdings in Biblioteca Nacional (Santiago). 3474 entries in total.

**3670. Torres, J. Leopoldo.** Guía bibliográfica consultiva, descripción de minas y oficinas metalúrgicas en el Perú, clasificadas por departamentos. . . . Lima, Moreno, 1904. 27 p.

Contains articles on mining and petroleum, 1873-1904, published in various periodicals sponsored by the Engineering School of Lima. Articles survey specific regions and enterprises, discuss application of new technologies to Peru.

**3671. United States. Library of Congress.** A guide to the official publications of the other American republics. V. 17: Peru. Compiled by John de Noia. Henry V. Besso, general editor. Washington, Library of Congress, 1948. 90 p.

Incomplete record of Peruvian government publications, since the list is generally restricted to holdings of the Library of Congress. Nevertheless a useful introduction to a confusing bibliographical area.

**3672. Ureña, Pedro G.** Equivalencia de los pesos y medidas del Perú y el extranjero con el sistema métrico decimal. Lima, La Equitativa, 1927. 38 p.

Equivalencias entre las medidas antiguas, usadas, aún, en el Perú, con las del sistema métrico decimal. Comparación con las del extranjero.

**3673. Villanueva, Ana; y Haydeé Sánchez.** Bibliografía peruana de estadística. Estadística peruana [Lima], abril, 1951: 63-134; noviembre, 1952: 44-71.

Mostly concerned with post-depression period, but contains useful pre-1930 references, with descriptive annotations.

## 2. Background

**3674. Bachmann, Carlos J.** Historia de la demarcación política del Perú. Lima, Clauss, 1905. 224 p.

División política del Perú en diversas épocas. Disposiciones sobre creación y cambios en departamentos, provincias y distritos.

**3675. Basadre, Jorge.** Historia de la República del Perú. 6. ed. Lima, Editorial Universitaria, 1968-69. 16 v.

La historia definitiva del Perú desde principios de la República hasta 1930. Proyecta una historia global, incluyendo aspectos políticos, sociales, diplomáticos, culturales, y económicos. El ordenamiento es a la vez temático y cronológico en función de cada uno de los sucesivos gobiernos. Incluye también temas exhaustivos de tipo monográfico. Los temas económicos considerados comprenden: política hacendaria de cada régimen (presupuestos, impuestos, deuda interna y externa, contratos guaneros, obras públicas), problemas monetarios y banqueros, desarrollo de los sectores privados (minería, agricultura, industria, comercio, transporte) y complementariamente la exposición de los conexos problemas sociales. Varios capítulos se dedican a la historia de la educación, con datos sobre número de alumnos, gastos y currículos. La obra de Basadre es la de mayor importancia sobre el período republicano debido al hecho de que (1) proporciona al historiador de la economía un marco global de referencia; (2) evidencia temas y fuentes de historia económica que antes eran escasamente conocidos; (3) ha alcanzado una gran difusión como obra de consulta en todos los sectores intelectuales. El uso de modelos monográficos y la periodificación política parecen ser justificados en un campo historiográfico muy poco conocido.

**3676. Chavarría, Jesús.** Desaparición del Perú colonial (1870-1919). Aportes [París], enero, 1972: 120-153.

Broad vision of political and economic change during the rise of modern Peruvian nationalism. Emphasis on *civilismo* and its economic policies, including attitudes toward foreign investment.

**3677. Dávalos y Lissón, Pedro.** La primera centuria: causas geográficas, políticas y económicas que han detenido el progreso moral y material del Perú en el primer siglo de su vida independiente. Lima, Gil, 1919-26. 4 v.

Encyclopedic study of economy, geography, and history which surveys contemporary conditions and historical roots.

Volume 1 (1919) deals with contemporary polity, society, and economy. Surveys of contemporary opinion on Peru's backwardness and prospects for future progress. Separate chapters discuss education, foreign indebtedness, budget, taxation, commerce, money, agriculture, mining, transport, and public health. Volume 2 (1922) on physical and social geography contains lengthy chapter on social classes that draws on works of Haenke, Javier Prado, and Carranza (3847). Volumes 3 and 4 (1926) review Peruvian history from independence to 1876. Mostly conventional political history, but includes economic sections that emphasize weak condition of economy in 1830's, foreign indebtedness, undesirable economic and social effects of sudden enrichment through debt consolidation in particular and guano in general. Strongly critical of economic policy around 1870; opposes both Dreyfus Contract and consignment system, criticizes decision to borrow heavily for railroad construction. Generally pessimistic and critical view, emphasizing bad decisions and missed opportunities, tracing historical misfortune to poor leadership rather than social forces. Portions, especially of volume 1, consist of extended quotations, with little integrative analysis. Such sections useful as source references.

**3678. Markham, Clements R.** A history of Peru. Chicago, Seigel, 1892. 556 p.

Only history of Peru available in English until publication of Fredrick Pike's *The modern history of Peru* in 1967. Last chapter, "The wealth of Peru" (p. 485-505), of interest to economic historians. Describes guano, petroleum, silver and coal mining, cotton, sugar, and other agriculture, as they were in the early 1890's. Abridged Spanish version: *Historia del Perú.* Lima, 1895.

**3679. Perú. Congreso.** Diario de los debates. Lima, 1860—.

Annual chronicle of parliamentary debates, often summarized in early years, but usually transcribed verbatim. Separate volumes for Cámara de Diputados and Cámara de Senadores beginning 1868. Before 1860, debates often summarized in newspapers, especially *El peruano* and *El comercio.* Occasionally published, viz.: Manuel Jorge Terán. *Diario de las sesiones de la Cámara de Senadores de la República del Perú, celebradas en la Lejislatura de 829. . . .* Lima, Imprenta del Estado, 1830. 36 p.

**See also:** 1748, 1793, 1797.

## 3. Economic and/or social histories

**3680. Belaúnde, Víctor Andrés.** La realidad nacional. 3. ed. Lima, 1964. 220 p.

Response of moderate traditionalist to Mariátegui's *Siete ensayos* (3687). Treats same problems from perspective of *generación de novecientos.* Additional essays on public administration, reform politics, university reform and philosophy of life. First edition in 1931.

**3681. Bonilla, Heraclio.** Aspects de l'histoire économique et social du Pérou au XIXᵉ siècle. Thèse de doctorat de 3ᵉ cycle, Université de Paris, 1970. 418 p.

Interpretation of 19th-century history focusing on mechanisms whereby foreign trade and finance maintained Peru in economic dependence, facilitating foreign penetration and domination. Abundant use of European diplomatic reports and statistical publications to trace evolving structure of Peruvian exports and imports. Delineates stages of export growth; emphasizes disastrous effects of imports on local industry. Detailed financial history, beginning in late colonial period and continuing through independence, early guano contracts, period of national contracts, and Dreyfus. Analysis of various foreign loans. Appendix data on internal finances of Dreyfus. Important synthesis of major theme in Peruvian economic history.

**3682. Castañón, Emilio.** Esquema de nuestra historia económica en el siglo XIX. El comercio [Lima], suplemento, 28 de julio, 1957. 7 p.

Attributes 19th-century economic stagnation to government dependence on customs revenues and the influence of foreign merchants on government, both factors causing Peru's internal market to be destroyed, with contraction of artesanal sector and loss of opportunity for industrialization. Also judges Panama Canal favorably, since it broke commercial dependence on Straits of Magellan, and thus on Chile. Valuable as one of the few available attempts at historical synthesis.

**3683. Esteves, Luis.** Apuntes para la historia económica del Perú. Lima, Huallaga, 1882. 157 p.

Por primera vez aparece el título "Historia económica." Sobre cada sector económico (agricultura, minería, comercio, industria) suscinta descripción. Cifras de exportación de algunos productos (1854-82). Relaciones de trabajo. Enfasis en problemas del guano y el salitre.

**3684. Hunt, Shane J.** Growth and guano in nineteenth-century Peru. Research Program in Economic Development Discussion Paper No. 34, Princeton University, February 1973. 122 p., mimeo.

Broad survey of economic change, 1830-80, focusing on reasons for lack of substantial material progress. Reviews economic conditions in late colonial period for base line. Traces development of aggregate exports, mining, agriculture and guano. Analyzes guano income flows, and estimates allocation of benefits to various classes. Concludes that government expenditures spread guano income widely throughout economy, thus arguing against enclave concept. Also argues that guano income changed structure of comparative advantage, causing destruction of local industry and loss of entrepreneurship. Appendix estimates national income for 1876.

**3685. Levin, Jonathan V.** The export economies; their pattern of development in historical perspective. Cambridge, Mass., Harvard University Press, 1960. 347 p.

Chapter 2, "Peru in the guano age," gives concise history of guano trade and its impact on Peruvian economy through public finances. Author uses this epoch as classic example in modern world history of an export enclave that produced no benefit for economy, in Peru's case because income received by government was transferred immediately to luxury importers. Also published in Spanish: *Las economías de exportación; esquema de su desarrollo en la perspectiva histórica.* Traducido por Alfonso Castaño. México, Editorial Hispano Americana, 1964. 389 p.

**3686. Maiguashca, Juan.** A reinterpretation of the guano age 1840-1880. Unpublished Ph.D. dissertation, Oxford University, 1967. 315 p.

Analysis of economic policy and uses of guano income. Opposes view that Peru grossly wasted economic opportunities of guano age through corruption and mismanagement. Instead argues that many expenditures were necessary for national unification and reducing urban unemployment, that administration of guano accounts was generally satisfactory, that government was increasingly concerned with using guano income productively, and that economic collapse in 1870's was caused in large part by misreading lending capability of London market. Sources include European consular reports as well as basic Peruvian works.

**3687. Mariátegui, José Carlos.** 7 ensayos de interpretación de la realidad peruana. Lima, Biblioteca Amauta, 1959. 305 p. (Obras completas, 2).

Probablemente la obra y el autor que más han influido en el pensamiento social peruano. El autor ordenó en el libro los artículos con carácter polémico escritos en la década de 1920. Es la primera interpretación marxista del proceso histórico peruano y, también, la primera imagen global del mismo. Están dedicados a temas económico-sociales los ensayos sobre ''Esquema de la evolución económica'' y ''El problema de la tierra,'' pero contienen referencias los titulados ''El problema del indio'' y ''Regionalismo y centralismo.'' Enfatiza los temas relacionados con el sector agrícola. Le interesa principalmente el tránsito del feudalismo al capitalismo burgués y el desarrollo de los sistemas coloniales en el Perú así antes como después de la Independencia. Indica al colonialismo como causa del subdesarrollo peruano. Escasas referencias bibliográficas aunque es evidente la consulta exhaustiva de las publicaciones nacionales.

**3688. Martínez de la Torre, Ricardo.** Apuntes para una interpretación marxista de historia social del Perú. Lima, Peruana, 1947-49. 4 v.

Compilation of essays and articles, in most cases published previously, concerning working class movements ca. 1910-45. Statistics on living standards, trade union documents, analyses of the general political situation. Mainly on post-1930 period.

**3689. Perú. Ministerio de Fomento.** Historia del Ministerio de Fomento y Obras Públicas, 1896-1936. Por E. G. Lara Ch. Lima, Imprenta y Librería del Gabinete Militar, [1935]. 475 p.

Historia del Ministerio y juicios sobre sus diferentes gestiones. Comparación con similares extranjeros.

**3690. Revoredo, Alejandro.** Apuntes de historia política y financiera. Lima, Gil, 1939. 406 p.

Estudio y defensa de las administraciones civilistas, sus políticas económicas y obras públicas. Reseña histórica sobre los empréstitos y su inversión. Crítica del Contrato Dreyfus y comparación con las consignaciones.

**3691. Rivera Serna, Raúl.** Aspectos de la economía durante el primer gobierno del Mariscal Don Agustín Gamarra. Revista histórica [Lima], v. 24, 1959: 400-439.

Various aspects of the Peruvian economy in 1829-33: mining, tax collection, artisan guilds, customs administration, foreign commerce, smuggling, and, perhaps most interesting, the beginning of the continuing republican struggle over tariff protection.

**3692. Román de Idiáquez, José.** Prospecto sobre demarcación general del Perú. Lima, Imprenta del Estado, 1893. 79 p.

Historia de la demarcación territorial. Consideraciones sociológicas y proyectos económicos.

**3693. Romero, Emilio.** Historia económica del Perú. 2. ed. Lima, Universo, 1967. 2 v., biblio.

Primera edición en 1937. Segundo volumen sobre la república hasta 1960. Discontinuidad temática: para el siglo XIX énfasis en el pensamiento económico, política estatal, presupuesto, guano, salitre, ferrocarriles. Para el XX: minería, agricultura de exportación, comercio, moneda. Consideraciones sobre la renta nacional. Escaso uso de estadísticas.

**3694. _____.** El proceso económico del Perú en el siglo XX. *En* José Pareja Paz Soldán, *ed.* Visión del Perú en el siglo XX, v. 1. Lima, Studium, 1962, p. 83-122.

Survey of Peruvian economy, 1900-50. Argues that centralization policy favoring Lima and influence of foreign investors prevented balanced development and solution of basic socioeconomic problems.

**3695. Ugarte, César Antonio.** Bosquejo de la historia económica del Perú. Lima, Cabieses, 1926. 214 p.

Primer texto universitario de historia económica (Incas-república). Para el siglo XIX énfasis en las finanzas públicas y panorama muy general del desarrollo de agricultura, minería y comercio. Su cuidadoso examen de las interrelaciones entre contratos de guano, deuda pública y estabilidad interna es muy crítico. Afirma que la mala organización y falta de perspicacia causaron la pérdida de oportunidades del Perú. Capítulos especiales sobre guano y salitre. Bibliografía selectiva. Escaso uso de fuentes estadísticas.

**3696. Yepes del Castillo, Ernesto.** Perú 1820-1920: un siglo de desarrollo capitalista. Lima, Instituto de Estudios Peruanos, 1972. 367 p.

Important survey that views Peru's economic history as evolution of dependent capitalism. In early period, emphasizes relations between guano trade and political development, rise of national bourgeoisie and its failure to prevent general crisis of 1870's. Surveys changes of membership in economic elite caused by war with Chile and subsequent development of new export economy. Analyzes export orientation of *civilista* governments as solidifying external dependence, workers' living standards, early formation of proletariat. Rosters of names of the economic elite, both individuals and companies. Many appendices reprint statistics and reports of various sources (Rodríguez (4043, 4161), Bonilla (3681), Denuncia Bogardus, Revoredo (3690), Casos (4405), etc.)

See also: 3899, 4136.

## 4. Economic, social and geographical conditions

**3697. Albertini, Luis E.** Le Pérou en 1878; notice historique et statistique suivie du catalogue des exposants. Paris, Nouvelle (Association Ouvrière), 1878. 47 p.

Visión general de la situación peruana: geografía, producción de lanas, guano, vías de comunicación, renta nacional; exportación, importación. Cuadro de exportación de nitrato de sodio, líneas férreas.

**3698. Amauta.** Lima, 1926-30.

Monthly publication, founded by J. C. Mariátegui following student movement in 1920's. Important testament to intellectual ferment, and rising concern for indigenous population. Strong socialist and anti-clerical orientation. Main stress on problems of Indians, education, and politics; also arts and literature.

**3699. Basadre, Modesto.** Riquezas peruanas; colección de artículos descriptivos, escritos para La Tribuna. . . . Lima, La Tribuna, 1884. 224 p.

Modest but useful tract on nitrate mining, and effects of Chilean war on the great haciendas and families of southern Peru. Rich source of names, including those of social elites, hacienda owners, and entrepreneurs. Discussion of gold-mining and quinine (cascarilla) trade.

**3700. Bowman, Isaiah.** The Andes of southern Peru; geographical reconnaissance along the seventy-third meridian. New York, Henry Holt for American Geographical Society, 1916. 336 p.

Chapters 5-7 (p. 46-109) discuss socioeconomic conditions: relation between physiography and climate at different altitudes and resulting economic activity; crop patterns, labor supply and labor relations on haciendas in lower Urubamba region; oppression of indigenous people in Abancay and Antabamba. Spanish translation: *Los Andes del sur del Perú.* Arequipa, La Colmena, 1938. 267 p.

**3701. Bureau of the American Republics.** Peru. Washington, Government Printing Office, 1892. 145 p. (Bulletin, 60).

General survey of Peru including history, finance, agriculture, mining, public works and commerce. Statistics on imports and exports for 1885-92.

**3702. Caplan, M.** Geografía descriptiva del Perú. Lima, Tip. Americana, 1859. 100 p.

Resumen de otros autores como Rivero (4290), Tschudi (3740), Gillis, con capítulos especiales sobre actividades económicas y recursos naturales. Escasas cifras.

**3703. Cisneros, Carlos B.** Frutos de paz. Lima, La Opinión Nacional, 1908. 349 p.

Very optimistic picture of Peruvian social and economic conditions. General economic description, statistical tables on shipping, tariffs, trade and financial situation.

**3704. _____.** El Perú en Europa. Lima, M. A. Guzmán, 1901. 112 p.

Situación peruana después de la guerra del 1879. Agricultura, ganadería, minería, comercio, vías de comunicación. Cuadros de producción y comparativos con las otras naciones. Resurgimiento económico peruano; desarrollo de nuevos productos (caucho, jebe, azúcar, etc.).

**3705. _____.** Reseña económica del Perú. Lima, La Industria, 1906. 247 p.

Propaganda para atraer capitales y mano de obra calificada desde Europa. Estudia por separado la navegación, aduanas, comercio, agricultura, minería, industrias diversas, colonización. Datos estadísticos. Apéndice con lista de privilegios registrados.

**3706. [_____; y Rómulo E. García].** Sinópsis geográfica y estadística del Perú, 1895-1898. Lima, L. H. Jiménez, 1899. 207 p.

Información general destinada a inversionistas e inmigrantes. Red de comunicaciones, organización administrativa. Cifras sobre escolaridad y comercio exterior del Perú (1877-97). También en inglés: *Geographical and statistical synopsis of Perú, 1895-1898.* Lima, L. H. Jiménez, 1899. 36 p.

**3707. Cisneros, Luis Benjamín.** Ensayo sobre varias cuestiones económicas del Perú. *En* Luis Benjamín Cisneros. Obras completas, v. 3. Lima, Gil, 1939, p. 2-140.

Study of Peru's economic growth since 1821, its strength and weaknesses in 1860's, and program for development, addressed to "new generation" of Peruvian leadership. Contains chapters on commerce, industry, merchant marine, customs collection, consular system, and guano. Analyses based on hard data, and proposals for reforms defended with financial statistics. Originally published in: Havre, Alfred Lemale, Tipografía del Comercio, 1866.

**3708. Clavero, José G.** El tesoro del Perú. Lima, Torres Aguirre, 1896. 138 p.

Análisis de los diferentes sectores de la economía peruana en la segunda mitad del siglo XIX. Estadísticas de guano, salitre, petróleo, agricultura y amonedación. Capítulo sobre presupuestos, aduanas, contribuciones, empréstitos (1830-95).

**3709. Copello, Juan; y Louis Petriconi.** Estudios sobre la independencia económica del Perú. Lima, El Nacional, 1876. 105 p.

Outstanding study describing Peru's economic situation in the mid-1870's, emphasizing why guano trade produced no lasting benefits. Plan for economic development with legislation proposals regulating commerce, industry, and agriculture, and suggestions for securing capital and organizing manpower.

**3710. Duffield, Alexander James.** Peru in the guano age, being a short account of a recent visit to the guano deposits. London, Bentley, 1877. 151 p.

Lively, entertaining, acerbic, and sometimes outrageous commentary on Peru. Attacks public and private morals and wretched condition of Chinese. Finds foreign entrepreneurs everywhere. Excellent description of guano islands. Devastating critique of Meiggs and railway building.

**3711.** El economista; publicación semanal. Lima, 1895-1902.

**3712.** Economista peruano; revista mensual de economía política, finanzas y estadística. Lima, 1909-[1946?].

Important reviews of business conditions, edited by Federico Moreno (*El economista*) and by J. M. Rodríguez under changed title (*Economista peruano*). Short articles on wide range of topics, also reprinted statistical reports. Emphasizes public finance, agriculture, foreign commerce.

**3713. García Calderón, Francisco.** Le Pérou contemporain. Paris, Dujarric, 1907. 333 p.

Uno de los primeros intentos, después de la guerra con Chile, de ofrecer una interpretación de conjunto de la historia republicana. Interesa sobre todo el capítulo 3 ("las fuerzas económicas actuales") acerca del desarrollo de diferentes sectores económicos, en particular agricultura y minería, pero también bancos y finanzas públicas. Presentación descriptiva y optimista; limitado uso de fuentes disponibles.

**3714. Garland, Alejandro.** El Perú en 1906; precedido de una breve relación histórica y descripción geográfica. Lima, La Industria, 1907. 306 p.

De interés la segunda y tercera partes y algunos capítulos de la primera (población y división política). Visión de conjunto de todos los sectores de la economía peruana: agricultura, minería, manufacturas, comercio, finanzas, hacienda pública, vías de comunicación. También en inglés: *Peru in 1906 and after, with a brief historical and geographical sketch.* 2. ed. Lima, La Industria, 1908. 354 p.

**3715.** _____. Reseña industrial del Perú. Lima, La Industria, 1905. 161 p.

Surveys agriculture, manufacturing and mining. Sections on major crops, with output estimates and descriptions of cultivation and labor conditions. Manufacturing and mining sections describe each industry or mineral product, with names of major firms.

**3716. Great Britain. Department of Overseas Trade.** Report on the finance, industry and trade in Peru. London, Her Majesty's Stationery Office, 1919-37.

Survey of economic conditions. Reviews developments in public finance, banking, production, foreign trade, transport, labor relations, and cost of living. Many statistics. 1919 edition issued in Parliamentary Papers, not published by Department of Overseas Trade. Irregular; issued for 1919-23, 1926, 1931, 1934, and 1937. Title varies slightly.

**3717.** Guía del inmigrante en el Perú: la vía central, zona del Pichis. Lima, 1902. 46 p., mapas.

Información general sobre el Perú y en particular sobre la zona de migración, minería, industria gomera, leyes de irrigación, itinerarios.

**3718. Hird, Richard T.** Peru as a market for the British engineering manufacturer. London, British Engineers' Association, 1921. 2 v.

Survey of Peruvian economy emphasizing machinery-using sectors. Lists of major enterprises in cotton, sugar, rice, mining, railways, automobile importing and general importing. Particular emphasis on public works contracts and Peruvian Corporation.

**3719. Larrañaga y Loyola, Luis.** Apuntes sobre la situación económica del Perú 1888; editoriales de La Opinión Nacional. Lima, Bacigalupi, 1888. 63 p.

Principles of political economy applied to Peru in general terms. Economic decadence explained by capital shortage, lack of industrial education, instability discouraging to savings.

**3720. Lisson, Carlos.** Breves apuntes sobre la sociología del Perú en 1886. Lima, Gil, 1887. 110 p.

Disertación polémica sobre agricultura, minas, comunicaciones y finanzas públicas. Partidario de la explotación de las riquezas por los propios peruanos. Resistencia a la inversión extranjera. Crítica de la negociación Grace.

**3721. Markham, Clements R.** Cuzco: a journey to the ancient capital of Perú; . . . and Lima: a visit to the capital and provinces of modern Perú. . . . London, Chapman and Hall, 1856. 419 p.

One of the few foreign visitors whose eye for description included economic phenomena. Describes haciendas in Chincha, Cañete and Ica, agricultural scenes in Ayacucho and Abancay, economic activity in Cuzco and Tarapoto.

**3722. Martin, Percy F.** Peru of the twentieth century. London, Arnold, 1911. 348 p.

Basic survey of Peru with particular emphasis on economic affairs. Sections on public finance, debt, financial institutions, education, wages and working conditions, sugar growing and milling, cotton and other crops, railways and shipping, textile industry, guano, salt, petroleum, and British investments in Peru. An important source.

**3723. Maúrtua, Aníbal.** El porvenir del Perú. Boletín de la Sociedad Geográfica de Lima [Lima], v. 27, trimestre tercero, 1911: 241-278.

Optimistic essay comparing favorably Peru's economic prospects to Chile's and outlining required measures of economic policy. Convenient secondary source of statistical series: consolidated banking statistics, 1894-1910; savings deposits,

1886-1908; silver and gold coinage, 1886-1910; accounts of the Caja de Depósitos y Consignaciones, 1905-10; value of principal exports, 1877, 1897-1909; rubber exports by quantity and trade totals by value for Loreto, 1853-1909; internal tax collections by tax, 1900-10. Also published separately: Lima, Fabbri, 1911. 38 p.

**3724. Osores, José Manuel.** Conferencia dada en el Ateneo de Lima: causas económicas de la decadencia de la República y medidas que podían adoptarse para mejorar la situación. Lima, F. Masías, 1886. 72 p.

Source of economic decadence found in disorder: political disorder through periodic revolts; administrative disorder through which government was defrauded by guano consignees permitting emission of paper money; disorder in enterprises—e.g., banks were imprudent, coastal estates borrowed excessively for machinery purchases while failing to cultivate all their lands, and mines failed to arrange credit. Examples of guano frauds. Appendices on administration of *bienes nacionales* and *billetes fiscales.*

**3725. _____.** Conferencias sobre materias económicas. Lima, El Correo del Perú, 1876. 52 p.

Enjuiciamiento de la historia económica del Perú en la segunda mitad del siglo XIX. Análisis de las causas de la crisis financiera y sugerencias para solucionarla. Contra el establecimiento de un Banco Central fiscalizado.

**3726. Perú. Dirección General de Industrias.** Memoria que presenta . . . al señor ministro de Hacienda y Comercio. . . . Lima, 1890-95.

Annual report on economic conditions by precursor of Ministerio de Fomento. Concerned particularly with mining, but also with trade-marks and patents, merchant marine, and agriculture. Anexos to 1893 report have studies of mining in Puno, Hualgayoc, Arequipa, and Huancavelica. Also report by Federico Moreno on petroleum in Piura, including output, 1885-91. Title varies. Some issues *Anexos* to *Memoria de Ministerio de Hacienda.*

**3727. _____. Ministerio de Fomento.** Memoria. Lima, 1896—.

Informes sobre la actividad en: industrias, minas, obras públicas, higiene, irrigación, y otros en la medida de nuevas creaciones. Disposiciones ministeriales. Irregularidad en las publicaciones (anuales o períodos ministeriales). Se incluyen, a veces, memorias de las direcciones internas de este ramo.

**3728. _____. _____.** Registro oficial de fomento. Lima, 1896—.

Generally published semiannually in three separate volumes on mines, industry, and *beneficencias.* Occasional additional volumes on agriculture and colonization, roads, and water rights. Contain official decisions of the Ministry. Record trade marks granted to various companies, including occasional table listing companies, trade marks (and therefore products), and nationality of ownership; also mining claims granted, and budgets of *beneficencias.* Most *Registros* terminated in 1915, material being transferred to *Boletín del*

*Ministerio de Fomento* (3729). Some separate *Registros* (caminos, aguas) continued at least till 1919, however.

**3729. _____. _____. Dirección de Fomento.** Boletín. Lima, 1903-30.

Volúmenes mensuales. Disposiciones ministeriales del ramo, informes y estudios, agrupados en secciones: agricultura, minería, metalurgia, industrias, estadística, obras públicas, higiene, irrigación, colonización e inmigración. Algunas veces sobre comercio, exploración, geografía. Abundante material gráfico, cuadros, croquis. Importantes artículos fichados separadamente en esta bibliografía. En 1933, se reinicia esta publicación (trimestral). Los títulos varían: Perú. Dirección de Fomento. *Boletín;* Perú. Dirección de Fomento. *Anales.*

**3730. _____. _____. Dirección de Inmigración y Colonización.** Reseña industrial del Perú. Lima, Imprenta del Estado, 1902. 51 p.

Abbreviated version of the 1905 edition of *Reseña industrial* by Garland (3715) who authored this study as well.

**3731. _____. Ministerio de Gobierno y Policía.** Memoria. Lima, 1825—.

Serie (anual, irregular) iniciada con la memoria de los prefectos. Actividades en los ramos de policía, gobierno, justicia, correos, instrucción, obras públicas. El contenido de estos datos varía cuando algunas oficinas son transferidas a otras dependencias. Anexos como las estadísticas son irregulares.

**3732. _____. Ministerio de Justica, Culto, Instrucción y Beneficencia.** Memoria. Lima, 1853—.

Serie anual. Actividades de cada dependencia interna: justicia, instrucción, beneficencia, negocios eclesiásticos. Cifras estadísticas en algunas memorias. Eventualmente anexos: amplios o breves.

**3733. Peru today.** Lima, 1909-14.

Monthly. Includes review of business developments in mining, transportation and finance. Also reprints articles on economic topics.

**3734. Renoz, Ch.** Le Pérou: histoire; description physique et politique; productions; commerce; immigration et colonisation. Bruxelles, P. Weissenbruch, 1897. 232 p.

Geographical and economic almanac, extracted from Belgian consular reports. Repeats data on foreign trade and public finances in other well-known sources, but also contains useful data on maize, rice and sugar yields, sugar exports 1870-95, tax collections 1887-95, balance sheets of leading commercial banks, selected prices in 1896, capitalization of major mining companies and summary descriptions of major enterprises in sugar, textiles, and other manufacturers.

**3735. Rivero y Ustariz, Mariano Eduardo de.** Colección de memorias científicas, agrícolas e industriales publicadas en distintas épocas. Bruselas, H. Goemaere, 1857. 2 v.

Collection of articles, many published in the 1820's. Volume 2 contains: "Visita a las minas del departamento de Puno en el año de 1826." (Description by province, with special emphasis on technological aspects of the mining industry.) "Apuntes histórico-estadísticos sobre el departamento peruano de Junín." (Description of Junín in 1855 by individual provinces, including data on geography, education, public works, mining; also two statistical tables on local financial situation.) "Memoria sobre algunos ramos de la agricultura del Perú," first published in *Memorias de la Sociedad Imperial y Central de Agricultura de Francia,* 1855. (Botanical description of agricultural plants in Peru, also some data on agricultural costs and various operations in growing maize, potatoes and cereals.) "Noticia sobre el salitre y el borato de cal de Iquique," first published in *Memorias de agricultura y economía rural de Paris,* 1854. (Description of Tarapacá province, its mineral wealth, agriculture and above all salitre. Two tables on exports from Iquique.) "Memoria sobre las lanas del Perú," first published in *Memorias de la Sociedad Imperial y Central de Agricultura de Francia,* 1855. (Short description and some data on sheep breeding, also wool prices and information on wool trade with Europe.)

**3736. Rodríguez, José M.** El Perú en su primer centenario republicano. Economista peruano [Lima], v. 6, julio, 1921: 1-84.

Presents useful statistical compilations, particularly of tax collections by various privately owned fiscal companies (1896-1921), total value of exports and imports (scattered years up to 1863, 1866-78, 1883-1919), bank deposits (1894-1920), and savings deposits (1884-1920).

**3737. Rowe, Leo Stanton.** Early effects of the war upon the finance, commerce and industry of Perú. New York, Oxford University Press, 1920. 60 p. (Carnegie Endowment for International Peace).

Economic survey, 1913-15, describing decline in tax collections, issuance of paper money, and changes in export markets, wage rates and working conditions, and foreign credits.

**3738. Sociedad de Ingenieros.** Informaciones y memorias. Lima, 1899-1902.

Informaciones de carácter técnico y breves artículos sobre problemas peruanos. Estadística ferrocarrilera. Las entregas posteriores mejoran aportando datos sobre minería, vialidad, agricultura, ganadería, industrias, irrigación costeña, urbanismo, construcciones, obras diversas (brevemente). Estadísticas cortas y respectivas. Indice anual por materias. Publicación mensual.

**3739. Sociedad Geográfica de Lima.** Boletín. Lima, 1891—.

Important geographical journal containing monographs on *departamentos* and *provincias,* also reports of local censuses. Useful articles entered separately in this bibliography. Quarterly.

**3740. Tschudi, Johann Jacob von.** Peru: Reiseskizzen aus den Jahren 1838-1842. Graz, Akademische Druck- u. Verlagsanstalt, 1963. 2 v.

Little economic history, but some sections on mining are of great interest. Discusses difficulties in attempting technological improvements, and gives excellent description of Cerro de Pasco in 1840. First published in 1846. Abbreviated Spanish version: *Testimonio del Perú, 1838-1842.* Lima, 1966. Abbreviated English version: *Travels in Peru.* London, Bogue, 1847. 506 p.

**3741. United States. Bureau of Foreign and Domestic Commerce. Department of Commerce.** Peru: a commercial and industrial handbook. By William Edward Dunn. Washington, Government Printing Office, 1925. 530 p. (Trade promotion series, 25).

Comprehensive survey of the Peruvian economy. Includes transportation (ports, railways, roads), sugar, cotton, other crops, sheep and other livestock, mining, petroleum, forest products, colonization, manufacturing, commerce, public finance, market prospects for selected U.S. exports, import financing, tariffs, survey of economic geography. Production costs and labor conditions in sugar and cotton haciendas. Abundant statistics, names of companies, and other specific details.

**3742a.** \_\_\_\_\_. \_\_\_\_\_. \_\_\_\_\_. Review of industrial and trade conditions in foreign countries, [1914-1920/21]. By American consular officers. Washington, Government Printing Office, 1916-21. 9 v. (Supplement to Commerce reports).

**3742b.** \_\_\_\_\_. \_\_\_\_\_. \_\_\_\_\_. Trade and economic review for 1921 [to 1925]. Washington, Government Printing Office, 1922-25. (Supplement to Commerce reports).

Annual review of economic developments. Merely states exports and imports in some years, but in others covers sugar, cotton, mining, freight rates, imports, railroads, exchange rates, banking and public finance. Abundant statistics.

**3743. Walle, Paul.** Le Pérou économique. 4. ed. Paris, Librairie Orientale et Americaine, 1913. 387 p.

Detailed description of Peru, covering geography, transport, mining, agriculture, commerce, and mining rates. Statistics on prices, wages, industrial and agricultural outputs, tariffs, and international trade.

**3744. West coast leader.** Lima, 1912-40.

English-language weekly, antecedent to *Peruvian times* of today. Includes surveys of commercial and mining developments, company reports, general news. Name changed to *New west coast leader* in 1933.

**3745. Wilkes, Charles.** Narrative of the United States exploring expedition during the years 1838, 1840, 1841, 1842. Philadelphia, Lea and Blanchard, 1845. 5 v.

Section on Peru (volume 1, p. 229-304) includes interesting observations on economic conditions in Lima and Callao.

Also describes mining conditions at Cerro de Pasco (p. 266-272).

**3746. Ydiáquez, Alejandro de.** Le Pérou en 1889: notice géographique, statistique & commerciale à l'usage des emigrants, capitalistes, industriels et explorateurs. Le Havre, Le Roy et Porrée, 1890. 189 p.

Resumen preparado por un funcionario consular. Geografía, división política, vías de comunicación, comercio, agricultura, minería, industrias.

**See also:** 1856, 4043, 4201, 4230.

## II. Demography, Manpower and Living Conditions

### 1. Population

**3747. Arca Parro, Alberto.** Sinopsis histórica de los censos en el Perú. *En* Perú. Ministerio de Hacienda y Comercio. Dirección Nacional de Estadística. Censo nacional de población y ocupación: 1940, v. 1. Lima, Torres Aguirre, 1944, p. xxv-xi.

Historia de las estadísticas demográficas en el Perú desde la época colonial. Análisis de la legislación respectiva. Referencia especial al censo de 1876 (3772). Relación de censos parciales posteriores a 1876. Lectura de gran utilidad.

**3748. Capelo, Joaquín.** La despoblación. Lima, Sanmartí, 1912. 20 p.

Interpretación y síntesis de datos demográficos; la obra influyó en el pensamiento de sus contemporáneos. La población peruana, 1533-1905. Emplea lo que llama "potenciales demográficos" para demostrar su hipótesis de la despoblación en el Perú.

**3749. Cisneros, César.** Censo de la provincia de Yungay. Boletín de la Sociedad Geográfica de Lima [Lima], v. 21, trimestre cuarto, 1907: 470-476.

Total population by sex of each *estancia, caserío,* or hacienda. Separate estimates of number of peons working on the coast through *enganche.*

**3750. Colegio Nacional de Santa Isabel de Huancayo.** Censo de la ciudad de Huancayo. Boletín de la Sociedad Geográfica de Lima [Lima], v. 45, trimestre primero, 1928: 17-22.

Census of November 1927, records civil status, race, education, religion, language and place of birth.

**3751. Fernández, José M.** Ligeras consideraciones sobre la mortalidad de Arequipa. *En* Perú. Ministerio de Fomento. Dirección de Fomento. Boletín [Lima], v. 3, julio, 1905: 68-90.

Statistics on mortality by sex, cause of death, and month, 1901-05. Analysis of public health conditions underlying mortality rates.

**3752. García, Enrique León.** Las razas en Lima; estudio demográfico. Lima, Universidad de San Marcos, Facultad de Medicina, 1909. 97 p.

Discussion of racial differences in results of 1908 census of Lima (4706): migration, occupation, civil status, fertility. Racial differences in vital statistics also examined, especially in mortality and various causes of death.

**3753. Giesecke, Albert Anthony.** Censo del Cuzco. Boletín de la Sociedad Geográfica de Lima [Lima], v. 29, trimestres tercero y cuarto, 1913: 142-167.

Census of September 1912, including administration of census and reliability. Population data by sex, age, place of birth, race, literacy, occupation. Data on morbidity. Reprints results of 1906 census of Cuzco, with population by sex, nationality, language spoken, race, and literacy. Same census results also described by Giesecke in "Informe sobre el censo del Cuzco," *Revista universitaria* [Cuzco], March, 1913: 2-51.

**3754. Graña, Francisco.** La población del Perú a través de la historia; discurso de apertura de la Universidad en el año 1916. 3. ed. Lima, Torres Aguirre, 1940. 50 p.

Demographic history from conquest to 20th century, emphasizing smallpox vaccine and other medical factors as causes for population increase during the 19th century. Birth and death rates for Lima in 1907, also morbidity and mortality in army. General discussion on public health. Urges high demographic growth rate, to combat underpopulation.

**3755. Herrera, Genaro.** Censo urbano de Iquitos. Boletín de la Sociedad Geográfica de Lima [Lima], v. 30, trimestres primero y segundo, 1914: 43-51.

Results of 1913 census by sex, nationality, literacy, civil status and age. Also reviews population count in six earlier censuses, and reports vital statistics, 1895-1912.

**3756. Hohagen, M. L.** Datos estadísticos: nacimientos y defunciones registrados en Chiclayo. Boletín de la Sociedad Geográfica de Lima [Lima], v. 5, 1896: 109-111.

**3757. Eugiguren, Víctor.** Estudios demográficos de la ciudad de Piura. Boletín de la Sociedad Geográfica de Lima [Lima], v. 4, 1895: 68-74; v. 6, 1897: 282-294; v. 7, 1898: 21-25.

Selected reports of vital statistics: births, deaths and causes of death. Chiclayo figures for July-December 1892. Piura figures include births and deaths, 1878-93, deaths by cause and by age, 1894-96. Similar statistics for Huanuco (1894-95) and Iquitos (1896) published without accompanying text in Boletín de la Sociedad Geográfica de Lima [Lima], v. 7, 1897: 345-348.

**3758. Kubler, George.** The Indian caste of Perú, 1795-1940; a population study based upon tax records and census reports. Washington, Government Printing Office, 1952. 71 p. (Smithsonian Institution. Institute of Social Anthropology, 14).

Estudio de la evolución demográfica de la población indígena peruana desde el siglo XVIII hasta 1940. Además de los Censos Nacionales del Perú (1876 (3772), 1940) utiliza las *Matrículas de contribuyentes* (para tomos publicados vea 3990), fuente hasta entonces desconocida y no empleada. Cuadros estadísticos. Mapas. El mejor estudio sobre el tema.

**3759a. Lima (municipalidad). Oficina Municipal de Estadística.** Datos demográficos de la ciudad de Lima en el año de 1903. Lima, Imprenta del Estado, 1904. 44 p.

**3759b. _____. _____.** Datos demográficos de la ciudad de Lima en el año de 1904. Lima, El Lucero, 1905. 36 p.

Introduction (1903) discusses errors in demographic data due to non-recorded births, causing 31.3 per cent excess of deaths over births. Death statistics by districts, months and days, nationality, race, civil status, age, illness. Birth statistics by month, legitimacy, sex, district and nationality and age of parents. Also marriage statistics by month, district, status, age and nationality.

**3760. _____. Sección de Estadística.** Estadística de la población; primera parte: mortalidad de la infancia comparada con los nacimientos del año (1884). Lima, Solís, 1885. 36 p.

Introduction analyzes illegitimate births, with percentages by race, sex, time of year. Main part consists of statistics on infant mortality (up to 2 years of age) by race, sex, legitimacy, time of year, district, and illness.

**3761. Moreno, Federico.** Crecimiento, decrecimiento y mortalidad de la ciudad de Lima. Boletín de la Sociedad Geográfica de Lima [Lima], v. 7, 1898: 145-200.

Valuable demographic study that assembles and analyzes vital statistics. Includes censuses of Lima, 1535-1891; births and birth rates, 1884-96; deaths and death rates, 1838-96; deaths by cause of death, 1890-94; deaths in hospitals, 1866-95; meat consumption, 1856-96; total births and deaths for various other cities, 1890-96. Anexos discuss problem of tuberculosis in cattle and report results of 1896 census of Lima, by sex, race, civil status, nationality, and religion.

**3762. Oyague, Víctor M.** Area, densidad y población de la ciudad de Lima a través de cuatro siglos. Boletín de la Sociedad Geográfica de Lima [Lima], v. 53, trimestres segundo y tercero, 1936: 175-185.

Brief review of Lima censuses. Includes registered total births and deaths annually for 1885-1934.

**3763. Perú. Dirección de Estadística.** Estadística

de la población flotante de Lima en 1878. Lima, Imprenta del Teatro, 1879. 286 p.

Statistics of hotels and *tambos,* including numbers of clients, occupations, origin, destination. Of limited value for the study of internal trade flows.

**3764. _____. _____.** Estadística del movimiento de la población del año de 1877: defunciones. Lima, Imprenta del Estado, 1878.

Compilation of parochial statistics, classifying deaths by sex, race, marital status, nationality and age, separately by parish, privince, department, and nation. Recorded deaths compared with recorded births, by province, plus scattered data on causes of death in appendix. Low death rate (20 per 1,000, suggests incomplete data.

**3765. _____. _____.** Estadística del movimiento de la población del año de 1877: matrimonios. Lima, Imprenta del Estado, 1878. 411 p.

Marriages from parish registers, classified by race, civil status and age, for parish, province, department, and nation.

**3766. _____. _____.** Estadística del movimiento de la población del año de 1877: nacimientos. Por Manuel A. Fuentes. Lima, Imprenta del Estado, 1877. 310 p.

Births from parish registers by sex, race, and civil status, for parish, province, and department. National birth rate: 46.6 per 1000.

**3767. _____. _____.** Estadística del movimiento de la población de la provincia de Lima en un período de cinco años y en el año de 1877. Por Manuel A. Fuentes. Lima, Imprenta del Estado, 1878. 308 p.

Parish statistics on births, deaths, and marriages; hospital statistics on patients, illnesses, deaths, causes of death, and age at death. All statistics given separately for 1877 and as an average for five years preceding.

**3768. _____. Ministerio de Fomento. Dirección de Salubridad Pública.** Censo de la ciudad de Huaras, 17 de julio de 1907. Lima, Tip. de El Perú, 1908. 54 p.

**3769. _____. _____. _____.** Censo de la ciudad de Huacho, 11 de octubre de 1908. Lima, Tip. de El Perú, 1908. 52 p.

Population tabulations by sex, age, nationality, civil status, race, literacy, school attendance, occupation, and housing.

**3770. _____. _____. Oficina del Censo del Callao.** Censo de la provincia constitucional del Callao. Lima, San Pedro, 1905. 241 p.

Población de hecho, absoluta y relativa por distritos. Comparaciones, 1876-1898-1905. Nacionalidad, sexo, instrucción, raza. Matrimonio y fecundidad por razas y edades. Indices de sobrevivencia. Alimentación por barrios, sexo y raza. Censo de habitaciones. Ocupaciones. Uno de los primeros modelos censales modernos en el Perú.

**3771. _____. Ministerio de Gobierno. Dirección de Estadística.** Estadística del movimiento de la población de la provincia de Lima en 1878. Lima, Imprenta del Estado, 1879. 49 p.

Matrimonios, nacimientos y defunciones: estado civil y edad de los contrayentes; sexo, raza y legitimidad de los nacidos. Edad, nacionalidad y enfermedad de los muertos. Comparaciones 1877-78.

**3772a. _____. _____. Dirección General de Estadística.** Censo general de la República del Perú formado en 1876. Lima, Imprenta del Teatro, 1878. 7 v.

**3772b. _____. _____. _____.** Resumen del censo general de habitantes del Perú hecho en 1876. Lima, Imprenta del Estado, 1878. 854 p.

Although quality of 1876 census has been questioned —cf. Mariano F. Paz Soldán, *Diccionario geográfico-estadístico del Perú*, p. xxii-xxiii (3662), and G. Pacheco Zegarra, *Estudio sobre la estadística nacional* (3660)—it remains an outstanding accomplishment and invaluable source. Contains population totals by district, province and department, specifying sex, race, religion, nationality, civil status, literacy, age and occupation. National summaries (excluding occupation). No estimated coefficients of error. Heterogeneous occupational classification with different names for same occupation. Summary volume presents only population count by sex, with some divergences from totals in general census.

**3773. Rivero, Alberto.** Censo de Arequipa. Boletín de la Sociedad Geográfica de Lima [Lima], v. 34, trimestre tercero, 1918: 286-300.

Preliminary report describing administration of census and giving totals, by sex, for each *cuartel* of city. Also includes table on housing, but lacks other socioeconomic data.

**See also:** 3660, 4196-4209.

## 2. Immigration

**3774. Arona, Juan de.** La inmigración en el Perú; monografía histórico-crítica. Lima, Prince, 1891. 159 p.

Introducción histórica. Los colonos alemanes del oriente. La migración china a la cual el autor es contrario. La esclavitud en el Perú. El problema de la mano de obra en la agricultura costeña. Proyectos.

**3775. Coronel Zegarra, Félix Cipriano.** La condición jurídica de los estranjeros en el Perú. Santiago de Chile, 1872. 2 v.

Historical survey of legal status of foreigners in Peru since Independence. Civil and political rights of immigrants, also diplomatic agreements with various countries. Appendices include official documents, laws, decrees, labor contracts, and diplomatic correspondence.

**3776. Dale, Philip M.** A history of Peruvian immigration. Unpublished M.A. thesis, Duke University, 1951. 196 p.

Detailed study covering early 19th century to 1940. Attention given to government immigration policies and lack of long-range planning. Tables with numbers and nationalities of ¸immigrants, 1860-74, 1906-16, 1924-27. Good bibliography.

**3777. Denegri, D. Aurelio.** Memorias de los trabajos de la Sociedad de Inmigración Europea. Lima, Imprenta del Estado, 1874. 62 p.

Sociedad founded March 1873. Proposes promoting immigration through agencies in Europe, new contract terms, etc. Text of proposed contract included. Lists various businessmen and companies indicating demand for immigrant manpower.

**3778. Fuentes, Hildebrando.** La inmigración en el Perú. Lima, Imprenta del Estado, 1892. 70 p.

Proyecto de ley, colección de artículos.

**3779. Gálvez, Luis.** La colonización alemana. Anales de la Universidad de San Marcos [Lima], v. 32, 1906: 163-201.

History of German colonies in Peru, stressing importance of immigration for development. Recommends propaganda abroad, donations of land to immigrants, establishment of credit institutions, promotion of immigration to provinces, necessity of new laws.

**3780. Gálvez, Pedro.** Proyecto de inmigración al Perú. Lima, Imprenta del Estado, 1871. 88 p.

Inmigración vista desde el punto de vista teórico (calidad, transporte, medidas preparatorias, recepción, acción privada y pública), práctico (países de emigración e inmigración por separado).

**3781. Irie, Toraji.** History of Japanese migration to Peru. Translated from Japanese by William Himel. Hispanic American historical review [Durham, N.C.], v. 31, August, 1951: 437-452; v. 31, November, 1951: 648-664; v. 32, February, 1952: 73-82.

Deals with 1899-1910. Includes texts of immigration contracts. Describes living conditions. Tables with numbers of immigrants, wages, names of ships and emigration companies, death rates, etc.

**3782. Pazos Varela, Juan Francisco.** Tesis sobre la inmigración en el Perú. Lima, Gil, 1891. 64 p.

En favor de la inmigración como medio de ''mejoramiento'' de las razas en el Perú para activar su desarrollo económico social. Explícitos prejuicios racistas. Breve historia de la inmigración en el Perú durante el siglo XIX.

**3783. Río, Mario E. del.** La inmigración y su desarrollo en el Perú. Lima, Sanmartí, 1929. 313 p.

General treatise on immigration from colonial times, main

emphasis on 1920's. Includes data on immigration by nationalities, texts of documents, laws, newspaper articles, etc. Sets Peruvian immigration in general Latin American context.

**3784. Sacchetti, Alfredo.** Inmigrantes para el Perú. *En* Perú. Ministerio de Fomento. Dirección de Fomento. Boletín [Lima], v. 3, marzo, 1905: 66-124.

Brief history of immigration with emphasis on Italians. Describes condition of Italian colony in Peru.

**3785. Vásquez, Mario C.** Immigration and mestizaje in nineteenth-century Peru. *In* Magnus Mörner, *ed.* Race and class in Latin America. New York, Columbia University Press, 1970, p. 73-95.

Historical synopsis of immigration and assimilation of Asian, African and European ethnic groups into Peruvian society. Numerical and economic importance of various groups assessed through judicious combination of census data with sources specific to immigration.

**See also:** 98, 3845, 4134.

## 3. Education

**3786. Barreda y Laos, Felipe.** Las reformas de instrucción pública. Revista universitaria; órgano de la Universidad Mayor de San Marcos [Lima], v. 14, segundo trimestre, 1919: 260-320.

Review of educational reforms from 1820's until early 20th century. Notes failure to implement education laws, such as 1831 decree on free secondary education, and considers 1876 Reglamento beginning of new period. Detailed discussion of reform proposals during 1900-17.

**3787. Bazán, Reyna M.** Contribución a la historia de la educación en el Perú. Lima, Garibaldi, 1942. 114 p.

Survey of Peruvian education from Incas to 1937. Describes school reforms, curricula, finances, and development of provincial educational institutions. Also summarizes education laws and reglamentos. Little interpretation, but a useful reference.

**3788. Cisneros, Luis Benjamín.** Memoria y guía estadística de instrucción primaria. *En* Luis Benjamín Cisneros. Obras completas, v. 3. Lima, Gil, 1939, p. 379-763.

Province-by-province inventory of schools in department of Lima, giving statistics on enrollment, attendance, population, teachers' salaries, and costs of classroom construction and school equipment. Includes information on principal economic activities. Also summary of administrative measures and proposals for reform. Originally published: Lima, Empresa Tipográfica, 1875.

**3789. Cornejo Foronda, David.** Don Manuel Pardo y la educación nacional. Lima, Pontificia Universidad Católica del Perú, 1953. 389 p.

Brief section (98 p.) describing educational system during presidency of Pardo. Compares Pardo's and Castilla's educational policies. Mainly reprints official documents.

**3790. Encinas, José Antonio.** Un ensayo de escuela nueva en el Perú. Lima, Minerva, 1932. 251 p.

Based upon author's experience as director of primary school in Puno during 1906-10. Surveys development of primary education from 1880. Critical of rigidity and conservatism of government policy, incompetence of North American missions.

**3791. _____.** El problema del profesorado nacional. Puno, El Siglo, 1910. 35 p.

Problem diagnosed as poor teacher preparation and low salary scales. Impact of recently founded normal schools discussed; proposes reforms of teacher certification and normal school administration.

**3792. García Calderón, Francisco.** La instrucción pública en el Perú. La revista de Lima [Lima], v. 1, 1860: 268-275, 304-308, 365-373.

Unfactual example of neo-liberal, proto-civilista thought. Deplores socioeconomic conditions, fixes blame on inadequate education, calls for mass education and university reform.

**3793. Jiménez Borja, José.** La universidad peruana en el siglo XX. *En* José Pareja Paz Soldán, *ed.* Visión del Perú en el siglo XX, v. 2. Lima, Studium, 1963, p. 127-146.

Brief review of legal organization of universities, including 1850 Reglamento, 1901 Ley Orgánica de Enseñanza, 1919 university reforms, and 1928 Estatuto Universitario.

**3794. Lockey, Joseph Byrne.** Estudios sobre la instrucción primaria en el departamento de Lima y la provincia constitucional del Callao. Lima, Gil, 1914. 290 p.

Valuable report by inspector of the Instrucción Primaria, mostly for 1909-12. Detailed presentation of curricula, data on student enrollment by province, number of teachers, salaries, school budgets.

**3795. MacLean y Estenós, Roberto.** La influencia del mariscal Santa Cruz en el proceso educacional del Perú. Letras [Lima], primer cuatrimestre, 1944: 5-128.

Detailed review of educational initiatives by Peruvian governments, 1821-50. Emphasis on curriculum and pedagogy. Summary of obstacles confronting Peruvian education in this period.

**3796. _____.** Sociología educacional del Perú. Lima, Gil, 1944. 485 p.

Important survey of Peruvian education from Incanato to 1944. Section on the republic evaluates conditions of educational system and attempts at reform. Emphasis on educational plans of founders of the republic, reform measures of Santa

Cruz, reglamentos of 1855 and 1876, further reforms of 1901, 1905 and 1920.

**3797. Paulet, Pedro.** La enseñanza técnica en el Perú. Ilustración peruana [Lima], v. 1, nos. 3-16, febrero 4-agosto 19, 1909.

Early history of Escuela de Minas, Escuela de Agricultura, and Escuela de Artes y Oficios. Reprinted in: Perú. Ministerio de Fomento, Dirección de Fomento. *Boletín* [Lima], v. 8, enero, 1910: 57-83; febrero, 1910: 90-116; mayo, 1910: 50-62.

**3798. Paulston, Rolland G.** United States educational intervention in Peru, 1909-1968. Paedagogica historica [Gent], v. 11, 1971: 426-454.

Introductory section reviews failure of culturally insensitive reform effort attempted by American advisors to Leguía.

**3799. Perú. Comisión especial encargada de elaborar un proyecto de ley de instrucción.** Cuestiones sobre las universidades y la instrucción universitaria. . . . Por Harry Erwin Bard. Lima, La Opinión Nacional, 1912. 126 p.

Surveys contemporary university education (types and numbers of courses, preparation of professors, etc.) and proposals for changes. Includes statistical tables on enrollment and expenditures, 1902-11.

**3800. _____. Comisión especial encargada de elaborar un proyecto de ley orgánica de instrucción.** Boletín No. 1. Lima, Fabbri, 1911. 167 p.

Most important are sections by H. E. Bard analyzing data on enrollment, number of teachers, size of classrooms, school budgets, teacher-student ratios, number of schools by province, and comparisons between school-age population and average school attendance by province. Most data for 1909-10.

**3801a. _____. Ministerio de Justicia.** Estadística de la instrucción pública del Perú correspondiente al año 1898; anexo a la Memoria del ministro. Lima, Torres Aguirre, 1899. 658 p.

**3801b. _____. Dirección de Primera Enseñanza.** Censo escolar de la República Peruana correspondiente al año 1902. Lima, Torres Aguirre, 1903. 580 p.

**3801c. _____. _____.** Estadística escolar del Perú correspondiente al año 1902; anexo a la Memoria del director de primera enseñanza. Lima, El Lucero, 1904. 1009 p.

**3801d. _____. Ministerio de Justicia, Culto e Instrucción. Dirección General de Instrucción Primaria.** Estadística escolar del Perú correspondiente al año 1906. Lima, Fabbri, 1907. 145 p.

**3801e. _____. Ministerio de Instrucción. Dirección General de Enseñanza.** Estadística escolar de 1924. Lima, T. Scheuch, s.f. 110 p.

**3801f. _____. _____. _____.** Extracto de la estadística escolar de 1926. Lima, La Opinión Nacional, 1928. 36 p.

The 1898 report contains data by districts, with enrollment, teaching staff, and budgets. Separate chapters on primary, secondary and higher education. 1902 census covers total population aged 4-14, by age (4-6, 6-14), sex, literacy, school enrollment, nationality, and race. Statistics presented by *lugar*, district, department, and republic. Also lists *lugares* that supplied no information. 1902 *Estadística escolar* presents different data: enrollment, daily attendance, number and preparation level of teachers, quality of school buildings, income and expenditures, with separate figures for each district. 1906, 1924, and 1926 publications present similar data at provincial level, plus statistics on examinations and promotions. Similar data on secondary schools, individually for each *colegio nacional*, included in 1924 and 1926. (Note earlier *Estadística escolar* listed in Biblioteca Nacional catalog for 1889 but not on shelves.)

**3802. _____. Ministerio de Justicia, Culto, Instrucción y Beneficencia. Dirección General de Instrucción Pública.** Datos históricos acerca de los establecimientos de segunda enseñanza que actualmente funcionan; anexo a la Memoria del ministro correspondiente al año 1919. Lima, Torres Aguirre, 1919. 720 p.

Brief history of Peruvian education (p. 59) emphasizing legislative and organizational aspects, followed by short individual histories of each secondary school in country: 29 *colegios nacionales,* 10 *seminarios diocesanos,* and 30 *colegios particulares.* Signed by Aurelio M. Gamarra Hernández.

**3803. Regal, Alberto.** Castilla educador; la instrucción pública durante los gobiernos de Castilla. Lima, Instituto Libertador Ramón Castilla, 1969. 212 p.

Important source on educational legislation, including full texts of two Reglamentos Generales de Instrucción Pública (of 1850 and 1855). Lists educational institutions at all levels, number of teachers, curricula. Scattered data on student enrollment.

**3804. Villarán, Manuel Vicente.** Estudios sobre educación nacional. Lima, Gil, 1922. 140 p.

Collection of previously published essays and speeches on economic aspects of education, foreign influences, education for indigenous groups, etc. Emphasizes necessity of raising living standards for educational progress, urges adoption of U.S. model.

**See also:** 3871, 4203.

## 4. Living and working conditions

**3805. Avendaño, Leónidas; y Santiago Basurco.**

Higiene de la habitación. *En* Perú. Ministerio de Fomento. Dirección de Salubridad Pública. Boletín [Lima], v. 3, abril, 1907: 1-112; mayo, 1907: 1-93.

Report of government commission investigating housing conditions in Lima. Statistics of population, births and deaths during 19th century, distribution of population by occupation, wage rates in various occupations. Major part of study surveys actual housing conditions through house by house sample of *casas de vecindad:* address of house, description of conditions, dwelling density, rents.

**3806. Cebrerros, Octavio.** Apuntes sobre las causas de la criminalidad en el Perú. Lima, Medina, 1921. 32 p., cuadros.

Estadística criminal desde fines del siglo XIX.

**3807. Chaplin, David.** The Peruvian industrial labor force. Princeton, Princeton University Press, 1967. 324 p.

Sociological study of labor in textile industry. Deals predominantly with 1960's, but contains historical references to late 19th and early 20th centuries. Histories of 13 Peruvian textile mills (with fictionalized names) of particular interest.

**3808. Collier, Richard.** The river that God forgot. New York, Dutton, 1968. 288 p.

Journalistic account about Julio Arana, the rubber baron of Putumayo, and Walter Hardenburg, who spent several years investigating and publicly exposing inhuman treatment of local Indian population.

**3809. Curletti, Lauro A.** El problema industrial del valle de Chicama. Lima, 1921. 33 p.

Situación socio-económica de las grandes plantaciones. Causas de la huelgas ocurridas en 1921. Jornales, viviendas, servicios públicos, enfermedades y espectativas de los trabajadores.

**3810. Díaz Ahumada, Joaquín.** Historia de las luchas sindicales en el valle de Chicama. Trujilo, Bolivariana [195?]. 72 p.

Valuable source on the rise of organized labor on north coast sugar plantations, 1908-21. Author, sugar worker and early labor organizer in Chicama Valley, provides unique first-hand account of struggle to organize plantations such as Roma, Casa Grande, and Laredo.

**3811. Lorente, Sebastián; y Raúl Flores Córdova.** Estudios sobre geografía médica y patología del Perú. Lima, Imprenta Americana, 1925. 630 p.

First half describes various diseases of Coast and Sierra, including data on campaigns of disease control and Lima mortality statistics for particular diseases. Second half reviews public health conditions in each province: clinics, potable water, special medical problems.

**3812. Manzanilla, José Matías.** Legislación del trabajo; proyectos. Lima, El Comercio, 1905. 82 p.

Sobre necesidad de reglamentar el trabajo, basado en disposiciones realizadas en otras naciones. Formula 11 proyectos de ley (contrato de trabajo, aprendizaje, seguridad de trabajadores, descanso obligatorio, conciliaciones, etc.).

**3813. _____.** La reglamentación del trabajo de la mujer y el niño. Lima, Lux, 1924. 131 p.

Discursos parlamentarios (1917-18) sobre la participación laboral de la mujer y el niño.

**3814. Mayer de Zulén, Dora.** The conduct of the Cerro de Pasco Mining Company. Lima, El Progreso, 1913. 51 p.

Strong criticism of major U.S. mining enterprise, especially in treatment of indigenous workers: *enganche* contract, illegal payment of wages in coupons, system of fines, deficient hospital services. Analyzes major accidents caused by inadequate security precautions. Spanish translation: *La conducta de la Compañía Minera del Cerro de Pasco.* Callao, Consejo Provincial, 1914. 64 p.

**3815. Means, Phillip Ainsworth.** Indian legislation in Peru. Hispanic American historical review [Baltimore], v. 3, November, 1920: 509-534.

Survey of Indian legislation since Incaic period. Critical of *enganche* contract but on the whole sympathetic to landlords. Draws mainly from article by José Encinas (3854).

**3816. _____.** Social conditions in the Piura-Tumbes region of northern Peru. Scientific monthly [Washington], v. 7, November, 1918: 385-399.

On Indians' working and living conditions, arguing that landowners misunderstand Indians, who should be treated like children. Photographs.

**3817. Miró Quesada, Luis.** La cuestión obrera en el Perú. Lima, El Comercio, 1904. 53 p.

Sugiere legislación obrera en el Perú. Contra el sistema de trueque. Por el descanso dominical y nocturno.

**3818. Osma, Felipe de.** Informe que sobre las huelgas del norte presenta al gobierno su comisionado. . . . Lima, Casa de Moneda, 1912. 25 p.

Descripción y análisis de las huelgas. Salarios, precios, habitantes, sistema del enganche, habitaciones, etc.

**3819. Perú. Dirección de Salubridad Pública.** Proyecto del Código de sanidad del Perú. Por el dr. Carlos Enrique Paz Soldán. Lima, La Opinión Nacional, 1920. 129 p.

Examina los diversos Reglamentos de sanidad, desde la independencia. Organización del Servicio Nacional de Sanidad y Beneficencia, administración local, profesiones sanitarias, servicios de sanidad marítima y terrestre.

**3820. _____. Ministerio de Fomento. Dirección de Salubridad.** Nuestros problemas médico sociales. Lima, Imprenta Americana, 1922. 18 p.

Exposición del problema. Propone reorganización de los servicios. Gráfico con la asistencia por establecer.

**3821. _____. _____. Dirección de Salubridad Pública.** Boletín. Lima, 1905—.

Reports on public health conditions with statistical appendices, generally devoted to reports on incidence of bubonic and other plagues, and vaccination campaigns. Monthly. Title varies. In later years: Perú. Dirección de Salubridad Pública. *Boletín.*

**3822. Polo, José Toribio.** Apuntes sobre las epidemias en el Perú. Lima, Federico Barrionuevo, 1913. 55 p.

Reseña anual de las epidemias, 1525-1912.

**3823. Smith, Archibald.** On the spotted-haemorrhagic yellow fever in the Peruvian Andes, in 1853-75. *In* Epidemiological Society. Transactions [London], 1862: 2-47.

Symptoms and spread of various epidemics. Estimates mortality in certain places.

**3824. _____.** Practical observations on the diseases of Peru, described as they occur on the Coast and in the Sierra. The Edinburgh medical and surgical journal [Edinburgh], v. 53, 1840: 298-340; v. 54, 1840: 1-19, 349-381; v. 56, 1841: 152-182, 390-401; v. 57, 1842: 356-369; v. 58, 1842: 59-71.

Catalog of diseases, describing symptoms and treatment with detailed case histories. Useful insight into conditions of public health and primitive nature of medical practice. Deals mostly with coastal conditions.

**3825. Sociedad de Beneficencia Pública de Lima.** Memoria. Lima, 1837—.

Informes sobre mantenimiento de hospitales, hospicios y otros servicios públicos. Cifras de ingresos y egresos, casos tratados, mortalidad, causas de muerte, cementerios. Algunos contienen amplios anexos y otros carecen. (Colección en Biblioteca Nacional empieza con 1847. Faltan sólo 11 números, 1847-1930). Anual. Título varia; en 1847: *Exposición que hace la junta permanente a los señores de la Sociedad de Beneficencia . . .* ; en 1900: *Memoria administrativa que presenta a la . . . el primer vice director encargado de la dirección.*

**3826. Tudela, Francisco.** El problema de la población en el Perú. Lima, San Pedro, 1908. 24 p.

Condiciones económico-sociales de las poblaciones indígenas y asalariadas; factores contrarios a la inmigración colonizadora.

**3827. Tueros, Manuel.** El obrero en la legislación del Perú. Lima, Moreno, 1914. 91 p.

Legislación de trabajo desde el coloniaje español. Estado del obrero. Suscinta relación de los principales conflictos laborales ocurridos en el siglo XX.

**3828. Ugarte, Lizardo.** La cuestión obrera. Lima, 1903. 38 p.

Contra los procesos revolucionarios. Discusión sobre la participación de beneficios, el horario de trabajo y la reglamentación protectora de la mujer y el niño.

**3829. Ulloa Sotomayor, Alberto.** La organización social y legal del trabajo en el Perú. Lima, La Opinión Nacional, 1916. 242 p.

Historia de las condiciones de trabajo en el Perú y su desarrollo en el siglo XX. Obreros y campesinos. La migración china, el enganche indígena. Tipos de salario. El "Guarachi" minero. Legislación. Proyectos. El mejor estudio de su época sobre el tema.

See also: 3688, 3866, 3872, 4215, 4241, 4313, 4455.

## 5. Slavery and peonage

**3830. Denegri, Marco Aurelio.** La crisis del enganche. Lima, Sanmartí, 1911.

Useful general discussion and condemnation of *enganche* system.

**3831. Escobar Gamarra, Julio.** La condición civil del indio y el régimen legal del trabajo en el Perú. Lima, Rivas Berrio, 1928. 75 p.

Detailed description of working conditions in agriculture, mining, and manufacturing: wages, working hours, contracts (especially *enganche)*. Main emphasis on legal aspects. Valuable source.

**3832. Great Britain. Foreign Office.** Correspondence respecting the treatment of British colonial subjects and native Indians employed in the collection of rubber in the Putumayo district. London, Her Majesty's Stationery Office, [1912]. 165 p. (Parliament. Papers by Command, cd. 6266).

Includes consul-general Roger Casement's famous reports on atrocities committed by agents of Peruvian Amazon Company against jungle Indians employed as rubber gatherers.

**3833. Mostajo, Francisco.** Algunas ideas sobre la cuestión obrera; contrato de enganche. Arequipa, Imprenta Quiroz, 1913. 53 p.

Descripción del enganche y crítica de los reglamentos vigentes.

**3834. Romero, Fernando.** The slave trade and the negro in South America. Hispanic American historical review [Durham, N.C.], v. 24, August, 1944: 368-386.

Concerned almost exclusively with Peru. Traces demographic history of Negroes in Peru, concluding that their share of coastal population has given coastal culture significant African element. Shows Black share of coastal population diminishing markedly in 20th century.

**3835. Salazar, Jesús M.** El contrato de enganche. Lima, El Lucero, 1910. 83 p.

Descripción de la institución y de sus condicionantes sociales y económicos. Proyecto de reformas.

**3836. Samanamud, Pelayo.** El contrato de enganche. Lima, El Progresso, 1911. 25 p.

Disertación jurídica sobre el tema con algunas consideraciones sobre sus efectos sociales.

**3837. Stewart, Watt.** Chinese bondage in Peru; a history of the Chinese coolie in Peru, 1849-1874. Durham, Duke University Press, 1951. 247 p.

Excellent survey of an unsavory chapter in Peruvian labor history: coolie trade, labor conditions, and diplomatic controversy. Important for its insights into organization of coastal agriculture.

**3838. Távara, Santiago.** Abolición de la esclavitud en el Perú. Lima, El Comercio, 1855. 50 p.

Legislación peruana sobre la esclavitud a partir de San Martín. Indemnización y protección de propietarios y libertos, con cifras pertinentes, y cuadro comparativo de leyes de manumisión peruana y otras foráneas. Resalta las consecuencias favorables de la abolición. Cuadro comparativo de criminalidad entre 1854-55, demostrando la baja participación de los negros luego de su liberación.

**3839. United States. Department of State.** Slavery in Peru: message from the President of the United States transmitting report of the secretary of State, with accompanying papers, concerning the alleged existence of slavery in Peru. Washington, Government Printing Office, 1913. 443 p. (62nd Cong., 3rd Sess., House Doc. 1366).

Correspondence and reports on investigations of labor conditions in Putumayo region. Includes reports of U.S. consuls in Iquitos, and of Peruvian investigating judges, also correspondence between U.S. and Peruvian governments. Reprints newspaper commentary and Sir Roger Casement's reports to British government.

**3840. Vallejo, Héctor Centurión.** Esclavitud y manumisión de negros en Trujillo. Revista universitaria [Trujillo], 1953: 31-69.

Describes contemporary situation of Blacks in Trujillo, preceded by a short history of slavery in Peru. Praises Trujillanos who liberated their slaves before abolition; also describes an abortive slave rebellion in 1850.

**3841. Zumaeta, Pablo; y Julio C. Arana.** Las cuestiones del Putumayo. Barcelona, Tasso, 1913. 3 v.

Two directors of Peruvian Amazon company rebut charges of atrocities committed against Indian rubber gatherers. First two volumes, by Zumaeta, offer defense against charges by Iquitos newspaper, Peruvian Judge R. Paredes and by British Consul R. Casement. Third volume reprints Arana's testimony to House of Commons investigating committee, with added criticisms of Casement, Hardenburg, and others.

See also: 3851.

# III. Structures and Institutions

## 1. Social structure

**3842. Adams, Richard N.** A community in the Andes: problems and progress in Muquiyauyo. Seattle, University of Washington Press, 1959. 251 p.

Anthropological community study containing lengthy historical introduction. Traces demographic and land tenure changes through colonial and republican periods, emphasizing division between Indian community, church-run *cofradía* lands, and other private holdings. Also evolution of Indian holdings from communal to private property and gradual extinction of Indian community as distinctive governmental entity. Abbreviated Spanish version: "Estudio de la comunidad de Muquiyauyo." *Revista del Museo Nacional* [Lima], v. 22, 1953: 135-156.

**3843. Aguilar, Luis F.** Cuestiones indígenas. Cuzco, El Comercio, 1922. 184 p.

Very good essay on indigenous population, dealing with education, crime, legal status, shortcomings of government policy, and *gamonalismo*. Against those who idealize Indians or Incaic past. Maintains that lack of motivation and expectations is main obstacle for emancipation of Indians. Appended are several articles by different authors (one of them Mayer de Zulén) with comments on Aguilar's arguments.

**3844. Bustamante, Juan.** Los indios del Perú. Lima, Monterola, 1867.

Pamphlet supporting Indian protests in Huancané and opposing proposed law of repression. Reprints letters supporting Indian cause, proposed law, newspaper editorials in opposition. Reference to exploitation and killing of Indians. Biblioteca Nacional (Lima) has incomplete copy of 96 p.

**3845. Cáceres, José Félix.** El problema racial en el Perú y la inmigración asiática. Boletín de la Sociedad Geográfica de Lima [Lima], v. 42, trimestres segundo y tercero, 1925: 177-185.

The problem: Indian is passive, lazy and resistant to improvement; Asiatic is morally and physically inferior; and Negro is worse. The solution: European immigration.

**3846.** Campesino: revista cuatrimestral de estudios sociales y de polémica. Lima, 1969-70.

Journal devoted principally to historical studies of peasant unrest, uprisings and exploitation, which include the following articles:

**3846a. Manuel Valladares; y Jean Piel.** Sublevación de Atusparia, enero-abril, 1969: 2-16.

On the rebellion of Huaras in 1885, with excellent bibliography.

**3846b. Antonio Rengifo.** Esbozo biográfico de Ezequiel Urviola y Rivero. Enero-abril, 1969: 17-36.

Urviola was a peasant leader in Puno, 1915-1920.

**3846c. Wilfredo Kapsoli.** El campesinado peruano y la Ley Vial. Mayo-agosto, 1969; 1-17.

Review of the benefits accruing to landowners from labor conscription for road building during Leguía's Oncenio (1919-30).

**3846d. Wilson Reátegui.** Movimientos campesinos de La Mar e Ica. Mayo-agosto, 1969: 18-30.

Details on peasant movements (1923 and 1924 respectively).

**3846e. Manuel Reyna Loli.** Causas del movimiento campesino de 1885. Mayo-agosto, 1969: 31-39.

More details on the Atusparia rebellion.

**3846f. Mauro Paredes.** El levantamiento campesino de 'Rumi Maqui.' Diciembre, 1970: 43-51.

On the peasant uprising at Azángaro, 1915.

**3847. Carranza, Luis.** Colección de artículos publicados por. . . . Lima, Imprenta del Comercio, 1888. 134 p.

Commentary on social conditions of indigenous population, with particular reference to Junín, Huancavelica, Ayacucho and Apurimac. Deplores Indians' lack of adaptability to European civilization but emphasizes their virtues as workers and soldiers. Importance of transport facilities and colonization for improving economic and moral conditions. Significant as antecedent to indigenista movement. Most useful section reprinted as "Consideraciones generales sobre los departamentos del centro, bajo su aspecto económico y etnográfico," *Boletín de la Sociedad Geográfica de Lima* [Lima], v. 3, 1893: 1-37.

**3848. Castro Pozo, Hildebrando.** Del ayllu al cooperativismo socialista. 2. ed. Lima, Juan Mejía Baca, 1969. 341 p.

Primer autor que estudia la sociedad campesina indígena en conjunto, como proceso histórico y como fenómeno relacionado pero diferente al de la sociedad global peruana. Evolución de la comunidad indígena desde la época prehispánica. Interpretación global sobre la independencia y la república. El estudio tuvo gran influencia en las décadas de los años 20 y 30, y en el desarrollo del movimiento indigenista. Fue aprovechado y citado por Mariátegui (3687).

**3849. _____.** Nuestra comunidad indígena. Lima, El Lucero, 1924. 498 p.

Estudio integral de la comunidad campesina. Estado social de la mujer; sistemas de parentesco; organización económica. Al igual que otras obras de este autor hay que considerar no sólo su valor intrínseco sino la gran influencia que obtuvo.

**3850. Chevalier, François.** Official *indigenismo* in Peru in 1920: origins, significance, and socioeconomic scope. *In* Magnus Mörner, *ed.* Race and class in Latin America. New York, Columbia University Press, 1970, p. 184-196.

Explores intellectual and socioeconomic origins of special protection accorded indigenous communities in Leguía's 1920 Constitution. Suggests that new groups gaining power through Leguía were more sympathetic to Indian problems, but that ultimately Leguía's administration also hurt Indians through opening Peru's interior to capitalist penetration.

**3851.** El deber pro-indígena; órgano de la Asociación Pro-Indígena. Publicación mensual doctrinaria dirijida por Dora Mayer. Lima, 1912-16.

Journal of protest and defense that marks beginning of *indigenista* movement. Reports of the Asociación's investigations; commentary and protest on Putumayo atrocities, strikes on sugar haciendas, *enganche*, peonage, usurpation of campensinos' lands, uprisings in Azángaro, etc.

**3852. Degregori, Carlos Iván.** Proceso histórico y dependencia en dos comunidados del Valle de Chancay. Lima, Instituto de Estudios Peruanos, 1970. 35 p., mimeo.

Traces economic development of Valle de Chancay from Incaic times to present, stressing continuing dependence on foreign metropoli. Emphasis on selling communal lands in 1900-30 as basic factor that destroyed communal spirit without compensating advantages.

**3853. Delgado, Julio M.** Folklore y apuntes para la sociología indígena. Lima, San Cristobal, 1931. 106 p.

Ensayo describiendo al indígena a través de la vida personal (privada, familiar), social (costumbres, fiestas, tradiciones y otras manifestaciones). El indio y la tierra (comunidades, legislación). El problema social indígena, según las escuelas sociológicas.

**3854. Encinas, José Antonio.** Contribución a una legislación tutelar indígena. Revista universitaria; órgano de la Universidad Mayor de San Marcos [Lima], v. 15, primer trimestre, 1920: 35-143.

Survey of colonial legislation for indigenous population and analysis of contemporary laws concerning Indian property, employment and judicial proceedings. Adoption of new tutelary laws viewed as first step in the integration of Indians into national life.

**3855. Hammel, Eugene A.** Power in Ica: the structural history of a Peruvian community. Boston, Little, Brown, 1969. 142 p.

Brief historical review of economic and social structure in Valley of Ica. Surveys agriculture, irrigation, industry, transport and commerce through colonial and republican periods, social stratification in recent period.

**3856. Irigoyen, Pedro.** El conflicto y el problema indígena. Lima, Sanmartí, 1922. 51 p.

Análisis del conflicto social en el medio campesino con defensa de los intereses patronales. Sugiere un régimen tuitivo especial en favor del indígena.

**3857. Matos Mar, José,** *et al.* Dominación y cambios en el Perú rural. Lima, Instituto de Estudios Peruanos, 1969. 377 p.

Collection of six village studies in the valley of Chancay. Historical sections included in Chapter 6 ("Dimensión diacrónica; la génesis del pluralismo," by José Matos Mar and Fernando Fuenzalida) which analyses the evolution of relationships between haciendas and indigeneous communities, 1820-1950, and in Chapter 7 ("Integración y desintegración en dos comunidades serranas," by William F. Whyte), which compares reactions of two indigeneous communities to the impact of the outside world.

**3858. Mayer de Zulén, Dora.** Lo que ha significado la Pro-Indígena. Amauta [Lima], v. 1, núm. 1, 1926: 22-25.

Util para conocer una de las primeras organizaciones de protesta en favor del indígena campesino del Perú y para estimar la actitud de ciertos sectores intelectuales urbanos.

**3859. Palma, Clemente.** El porvenir de las razas en el Perú. Lima, Torres Aguirre, 1897. 39 p.

Openly racist essay on superiority of Spanish race and inferiority of Chinese, Indians and Negroes. Predicts future disappearance of all three races as not apt for civilization. Of interest because author was an outstanding intellectual of his time.

**3860. Perú.** Reglamento del patronato de la raza indígena. Lima, La Equitativa, 1922. 21 p.

Ley y Reglamento respectivo.

**3861. Piel, Jean.** A propos d'un soulèvement rural péruvien au debut du vingtième siècle: Tocroyoc (1921). Revue d'histoire moderne et contemporaine [Paris], v. 14, octobre-decembre, 1967: 375-405.

The first of several peasant revolts in Cuzco and Puno during 1920's. Revolt explained by impact of world wool trade on traditional agricultural structures, manifested in enclosure of community land by haciendas and subsequent exposure to cycles in world markets. Maintains that revolts contributed to formation of new peasant consciousness. Also: "A propósito de una sublevación rural peruana del siglo veinte: Tocroyoc (1921)," *Dependencia: grupo de estudios sociales de la Universidad Nacional Mayor de San Marcos* [Lima], v. 1, julio, 1969: 3-28.

**3862. Reyna, Ernesto.** El amauta Atusparia. Amauta [Lima], v. 3, núm. 26, 1929: 38-49; núm. 27, 1929: 30-42; núm. 28, 1929: 37-47.

Uno de los primeros estudios sobre las sublevaciones indígenas republicanas.

**3863. Roca Sánchez, Pedro Erasmo.** Por la clase

indígena. Lima, Compañía de Impresiones y Publicidad, 1935. 302 p.

Proposes tutelary laws for Indians, and reprints important report (p. 189-273) of Comisión Pro-Indígena, which investigated complaints of Indians in southern departments in 1920. Overwhelming majority of complaints concern lack of land, with very few on direct abuses by authorities and *gamonales*. Also information on social conditions, customs, local administration.

**3864. Valdez de la Torre, Carlos.** Evolución de las comunidades de indígenas. Lima, Euforión, 1921. 208 p.

Legal history of indigenous *comunidades* since pre-Incaic period. Section on republican period surveys legislation and classifies *comunidades* into various types, arguing that they should be maintained. Also deals with *enganche* contract.

**3865. Vega, Juan José.** La emancipación frente al indio peruano; la legislación indiana del Perú en la iniciación de la república: 1821-1830. Lima, 1958. 176 p. (Universidad Nacional Mayor de San Marcos).

Descripción del status de la población indígena peruana a través de los textos legales. Referencia especial al régimen de tenencia de la tierra.

**See also:** 3657, 3698, 4046, 4287.

## 3. Legislation

**3866. Echegaray, Mariano N.; y Ramón S. Silva.** Legislación del trabajo y previsión social. Lima, Torres Aguirre, 1925. 246 p.

Recopilación y comentarios de disposiciones normativas sobre capital y trabajo; disposiciones favorables al obrero, la mujer y el niño; ley del empleado; legislación de indígenas.

**3867. Larrabure y Correa, Carlos.** Colección de leyes, decretos, resoluciones y otros documentos oficiales referentes al departamento de Loreto formada de orden suprema por. . . . Lima, Tip. La Opinión Nacional, 1905-09. 18 v.

Historia administrativa y política de la región, también historia de los caminos y ferrocarriles. Informes de los prefectos, ingenieros, exploradores, y caucheros. Datos geográficos y etnológicos.

**3868. Lima (departamento). Junta Departamental.** Disposiciones vigentes sobre contribuciones departamentales. Lima, La Unión, 1911. 121 p.

Legislación sobre contribuciones fiscales, 1886-96. Reglamento de 1906; actuación de la Compañía Nacional de Recaudación. Rectificaciones de 1910.

**3869. Perú. Dirección Nacional de Estadística y**

**Censos.** Demarcación política del Perú; recopilación de leyes y decretos (1821-1946). Por Justino M. Tarazona. Lima, 1946. 1545 p., biblio.

Complete collection of official documents on political demarcation. Govermental laws and regulations, local documents on boundaries between towns, political status of various communities, etc.

**3870.** _____. **Ministerio de Hacienda. Inspección Fiscal de Subsistencias.** Legislación y reglamentación sobre subsistencias; primera parte 1914-1918. Lima, Torres Aguirre, 1921. 306 p.

Sobre diversos productos (alcohol, ron, algodón y derivados, lana, arroz, azúcar, carne, ganado y derivados, pastos y sementeras, etc.).

**3871. Ramírez, Filiberto.** Leyes y resoluciones vigentes en materia de instrucción expedidas desde 1876 recopiladas por . . . , comisionado al efecto por el Consejo Superior de Instrucción Pública. Lima, El País, 1897. 417 p.

Includes Reglamento general of 1875 (Pardo), budgetary regulations and many interesting miscellany, e.g., list of approved textbooks, admission policies, curricula of selected schools.

**3872. Ramírez Gastón, José M.** Legislación industrial del Perú. Lima, Imprenta del Estado, 1913. 305 p.

Tratado de derecho industrial. Trascribe algunas normas nacionales. Comparación con el derecho extranjero. Como apéndice la reglamentación de las huelgas dada por Billinghurst.

**3873a. Santos de Quirós, Mariano; y Juan Crisóstomo Nieto,** *eds.* Colección de leyes, decretos y órdenes publicadas en el Perú desde su independencia en el año de 1821. Lima, J. Masías, 1831-54. 13 v.

**3873b. Oviedo, Juan,** *ed.* Colección de leyes, decretos y órdenes en el Perú desde el año de 1821 hasta 31 de diciembre de 1859, reimpresa por orden de materias. Lima, F. Bailly, 1861-72. 16 v.

Quirós-Nieto volumes arranged chronologically, volumes 1-7 prepared by Quirós for 1821-1841, volumes 8-13 by Nieto for 1841-1851. Oviedo volumes arranged by ministries. Volumes 1-6: Ministerio de Gobierno; 7-8: Ministerio de Relaciones Exteriores; 8-12: Ministerio de Beneficencia, Instrucción Pública y Justicia; 13-14: Ministerio de Guerra y Marina; 15-16: Ministerio de Hacienda y Comercio. Among the most important primary sources of the period.

**3874. Vivanco, Guillermo de,** *ed.* Legislación agrícola del Perú. Lima, Gil, 1913. 558 p.

Compendium of laws, decrees, resolutions and official correspondence between various governmental agencies. Useful primary source.

**See also:** 3775, 3819, 3827, 3832, 4286, 4315, 4321, 4356, 4357, 4464, 4468, 4469, 4470, 4471, 4472.

## 4. International factors

**3875. Bertram, I. Geoff.** Development problems in an export economy: a study of domestic capitalists, foreign firms and government in Peru, 1919-1930. Unpublished Ph.D. dissertation, University of Oxford, 1974. 419 p.

Impact of foreign investment on development. Detailed case studies of Cerro de Pasco Mining and International Petroleum Company conclude that foreign capital contributed virtually nothing to Peruvian economy. Excellent economic survey, 1880-1920, concludes that Peruvian entrepreneurs had capability of pursuing development without massive foreign participation. Diminished economic role of this class in 1920's traced to open policy toward foreign investors, the result of government dependence on foreign loans.

**3876. Bollinger, William S.** The rise of United States influence in the Peruvian economy, 1869-1921. Unpublished M.A. thesis, University of California, Los Angeles, 1971. 273 p.

Careful survey of U.S. economic penetration in framework of metropolis-satellite model of domination. Separate chapters on merchant houses, rise of Casa Grace, and origins of Cerro de Pasco Mining Company. Discusses other mining and banking investments in 20th century. Excellent sources and bibliography.

**3877. Garland, Alejandro.** Los conflictos sudamericanos en relación con los Estados Unidos. Lima, La Industria, 1900. 84 p.

Exposición y crítica de la política diplomática de los Estados Unidos. Cálculo de las indemnizaciones pagadas por el Perú a Chile por la guerra de 1879.

**3878. Guedalla, H.** Startling disclosures tending to show that Peru has hitherto been ruined by European financing syndicates, in league with corrupt local officials, being as far as regards its plundered and duped foreign bondholders an exact repetition on a gigantic scale of the same miserable artifices resorted to in the St. Domingo, Honduras, Paraguay, and Costa Rica loans, as shown in the parliamentary inquiry of 1874. London, Darling, 1878. 36 p.

A bluster of outrage from the ranks of disillusioned bondholders.

**3879. Kiernan, V. G.** Foreign interests in the war of the Pacific. Hispanic American historical review [Durham, N.C.], v. 35, February, 1955: 14-36.

Maneuvering of great powers, conflicting pressures upon British government exerted by creditors and merchants. Concludes that somewhat greater British favor given to Chile.

Useful contribution to the historical study of external dependence, based on records of British foreign office. Published also as: "Intereses extranjeros en la Guerra del Pacífico." *Clío* [Santiago de Chile], núm. 28, 1957.

**3880. Lavalle, Hernando de.** La gran guerra y el organismo económico nacional. Tesis para optar el grado de bachiller. Lima, Gil, 1919. 88 p.

Analyzes impact of World War I on national economy: period of crisis followed by boom. Divided into four sections: production, circulation, distribution and consumption. Provides statistical foundation to description of economic change, working principally through changing condition of foreign trade. Traces resulting inflationary process.

**3881. McArver, Jr., Charles Harper.** The role of private American economic interests in the development of Cerro de Pasco, 1877-1907. Unpublished M.A. thesis, University of North Carolina, 1970. 60 p., mimeo.

Traces antecedents of Cerro de Pasco Corporation and role of individual U.S. entrepreneurs (especially Meiggs, his heirs, and Michael Grace) in Peruvian economy. Extensive bibliographical material.

**3882. Malpica S. S., Carlos.** El mito de la ayuda exterior. Lima, Moncloa, 1967. 239 p.

Interesan los tres primeros capítulos sobre algunos aspectos de la historia económica peruana anterior a 1930. Breve noticia sobre primeros empréstitos ingleses. Más amplias referencias acerca de la Peruvian Corporation, Cerro de Pasco, Contrato Grace. Información complementaria para otras empresas (London Pacific, Gildemeister). Resumen sobre los empréstitos peruanos de las primeras décadas del siglo XX. Datos sobre comercio exterior, rol hegemónico de los Estados Unidos y las inversiones directas de ese país en el Perú hacia 1929. Consideraciones finales sobre el régimen monetario peruano desde fines del siglo XIX hasta 1930. Utilización de algunas fuentes estadísticas locales y extranjeras.

**3883. Mathew, W. M.** The imperialism of free trade: Perú, 1820-70. Economic history review [Welwyn Garden City, England], v. 21, December, 1968: 562-579.

Peruvian case study of extent to which Britain exercised coercive power to gain advantage from weaker nations. Reviews British influence in setting Peruvian tariff rates, and conflicting pressures for action in support of bondholders and guano buyers. Argues that Britain's exercise of power was limited, and that Peru's freedom of action was greater than that granted by Britain to its colonies.

**3884. Piel, Jean.** Notas históricas sobre la evolución y la permanencia de las estructuras de dominación interna y externa en la sociedad peruana. Revista del Museo Nacional [Lima], v. 35, 1967-68: 188-210.

Perhaps the best application of neomarxist theories of imperialism through internal and external colonialism applied

to Peruvian economic history. Reviews evolution through republican period, recognizes great change in national socioeconomic integration and beginnings of modern economy, but argues that mechanisms by which masses are exploited have changed very little. Analyzes fusion of local economic and political intermediaries into *gamonalismo*, formation of national bourgeoisie, dominant within country but dependent upon relations with external imperial powers. Characterizes key transformations in Sierra, as transportation improvements that permitted influence of world commodity markets to penetrate, and population growth, with resulting impoverishment of masses.

**See also:** 3737, 4057, 4098, 4100, 4143, 4177.

# IV. Macroeconomic Growth and Fluctuations

## 1. Statistical sources

**3885. Arrús, Oscar F.** El costo de la vida y su carestía. Lima, La Opinión Nacional, 1925. 40 p.

First part calculates rough cost of living index for 1913-24, including actual prices for foods and index numbers for other categories. Second part minimizes significance of inflation by arguing that price increases are associated with increasing real incomes. Composed of two previously published articles: "El costo de la vida en Lima," *Studium* [Lima], septiembre, 1921, and "Causas y significación del encarecimiento de la vida en Lima," *La Prensa* [Lima], diciembre, 1923.

**3886. Lima (provincia). Consejo Provincial.** Datos e informes sobre las causas que han producido el alza de precios de los artículos de primera necesidad que se consumen en la capital. Lima, Imprenta del Estado, 1870. 161 p.

Report of commission headed by Manuel Pardo. Valuable statistical survey of prices in 1855 and 1869 based upon replies of prominent figures and reprinting their responses. Sections on interest rates, agricultural wages, land values, prices of agricultural inputs, livestock, food grains, fuel, sugar, wine, housing, and flour. Livestock slaughtered in Lima. Analysis of causes focuses on increased demand and higher opportunity cost for coastal land. No consideration of general inflation.

**3887. Perú. Dirección General de Estadística.** Estadística de precios y números indicadores. Lima, 1920-30. 3 v.

Monthly wholesale prices, beginning 1909, mostly for foods, fuels, building materials, metals, and other exports. Uncertain weights in overall index. Published in 1920, 1925 and 1930.

**3888. Schydlowsky, Daniel.** Foreign investment and Peruvian national income, 1900-1960; a first approximation. Typescript, 1963. 31 p., appendices.

Experimental effort estimating income velocity from money and GNP data, 1942-60; then combining velocity estimates with money supply data to estimate GNP, 1918-41. Statistics on consumption of basic commodities used for further backward projection of GNP, 1910-17. Results show very high real GNP growth.

**3889. Tizón y Bueno, Ricardo.** Sobre tributación minera: conferencias y artículos. Lima, Centro Editorial, 1915. 78 p.

Desarrollo minero; especial referencia a petróleo, carbón y acero. Régimen tributario peruano. Primeras tentativas para calcular "capital nacional," PNB y renta per capita y la "población rectificada" ( = consumidores efectivos). Distribución de egresos fiscales.

See also: 4199.

## 2. General studies

**3890. Lavalle, José Antonio de.** La depresión económica mundial. Lima, Incazteca, 1932. 35 p.

Sobre las causas, desarrollo, efectos y soluciones relativas a la crisis de 1929.

**3891. Maúrtua, Aníbal.** El Banco de la República Peruana (plan económico-financiero). Lima, La Unión, 1915. 101 p.

Causas de la crisis económica peruana. Comparación estadística del Perú con otros países. Datos y consideraciones sobre la moneda en el Perú, incluyendo la fiduciaria de los bancos particulares. Cifras sobre emisión de billetes. Propone crear un banco nacional estatal rehabilitando el proyecto similar de 1876. Intervendrían el estado y los capitalistas privados.

**3892. Noboa, Ignacio.** Defensa del ex-ministro de Hacienda y Comercio, acusado por la Cámara de Diputados, 1864. Lima, Imprenta del Estado, 1864. 122 p.

Useful for its analysis of the declared bankruptcy of the government in 1862 and subsequent fiscal crisis.

See also: 3725.

## 3. Money, credit and banking

**3893. Alzamora Silva, Lizardo.** El billete de banco en el Perú. Lima, Gil, 1932. 222 p.

Monetary and banking history from 1821, including legislation and evolution of individual banks. Special emphasis on paper money experience in 1870's and on developments, 1914-23, leading to creation of Banco de Reserva. Historical perspective emphasizes instability and bad organization of Peru's financial institutions.

**3894. Banco Central de Reserva del Perú.** Memoria. Lima, 1922-30.

Brief annual review of monetary developments, emphasizing exchange rates. Statistics on rediscounts and exchange rates, as well as balance sheets and income statements for the bank.

**3895. _____. Misión de Consejeros Financieros.** Proyecto de ley monetaria, junto con su exposición de motivos. Lima, Torres Aguirre, 1931. 52 p.

Creación de nuevo patrón de oro, basado en una unidad sin acuñar con cantidad fija de oro fino. Examen del problema de la paridad. Cambios a tipo alto y bajo, en relación con otras actividades (deuda pública, comercio, etc.).

**3896. _____. _____.** Proyecto de ley para la creación del Banco Central de Reserva del Perú, junto con su exposición de motivos. Lima, Torres Aguirre, 1931. 212 p., índice analítico.

Institución centralizadora capaz de estabilizar el mercado monetario nacional y proteger la moneda. Fuente de crédito líquido al país. Exclusividad de la emisión de billetes. Concesión limitada a 30 años. Creación de sucursales, para ampliar crédito.

**3897. Banco de Lima.** Memoria correspondiente a las operaciones . . . en el año de 1870. Lima, Imprenta del Heraldo de Lima, 1871. 6 p.

Brief discussion of monetary conditions, along with income statement and balance sheet. First year of bank's operations.

**3898. Banco Italiano.** Memoria. Lima, 1889—.

Presents balance sheets and income statements for bank and separately for Sección Hipotecaria. Annual.

**3899. Bardella, Gianfranco.** Setenta y cinco años de vida económica del Perú, 1889-1964; editado por el Banco de Crédito del Perú en ocasión del septuagésimo quinto aniversario de su fundación. Milán, Vanzetti, [1964?]. 219 p.

Economía peruana desde fines del siglo XIX, en particular moneda y bancos. Desarrollo de la institución en relación con el del Perú. Insistencia en régimen monetario y financiero (reformas de Piérola, patrón de oro, papel moneda).

**3900. Berger, Adolfo.** Bosquejo de la historia financiera del Perú durante el período de 1904-08. Revista de ciencias jurídicas y sociales [Lima], julio, 1927: 49-55.

Summary of new tax legislation and public debt operations during first presidency of José Pardo. Statistics on tax collections.

**3901. Blume, Federico.** Observaciones sobre el proyecto del Banco Central. Lima, Masías Hnos., 1876. 20 p.

Contrario al establecimiento de esta institución.

**3902. Bolsa Comercial de Lima.** Boletín. Lima, 1899—.

Publicación diaria. La Biblioteca Nacional tiene colección a partir de 1916 (núm. 4887). Contiene cotizaciones de las principales empresas por acciones así como las referentes a emisiones estatales.

**3903.** _____. Memoria que presenta la cámara sindical de la . . . a la junta general de socios. Lima, 1898-1941.

Annual publication. Valuable statistical appendix, particularly list of names of companies on exchange, data of founding, dividends, annual highs and lows of share prices. Balance sheets of commercial banks, exchange rates, price quotations of Peruvian exports, circulation of checks, and volume of maritime traffic in Callao. Issues verified for nearly all years during 1908-41.

**3904.** La Caja de Depósitos y Consignaciones; . . . su origen y desarrollo 1905-1921. Lima, Gil, 1922. 54 p.

Reviews history and functions of the institution. Includes statistics on operations, founding law, and governing statutes.

**3905. Camprubí Alcázar, Carlos.** Historia de los bancos en el Perú (1860-1879). Lima, Lumen, 1957. 434 p.

Unico estudio sobre el tema. Origen y desarrollo de las instituciones bancarias. La acción estatal, el pensamiento económico. La coyuntura internacional. Los efectos sobre la economía nacional. La crisis bancaria. El billete fiscal.

**3906.** _____. José Payán y de Reyna (1855-1919). Lima, Villanueva, 1967. 83 p.

Biography of prominent financier, dealing mostly with his role in Peruvian monetary and banking history and achievements as founder of Banco del Perú y Londres, Caja de Depósitos y Consignaciones, and Compañía Internacional de Seguros. Reviews his participation in monetary controversies ca. 1892 and 1914, and in banking legislation.

**3907.** _____. Un siglo al servicio del ahorro (1868-1968). Lima, Villanueva, 1968. 155 p.

Historia institucional de la Caja de Ahorro de Lima con referencias a la evolución económica por épocas.

**3908.** Documentos sobre el contrato de conversión de la moneda feble publicados en El Peruano y otros periódicos. Lima, El Comercio, 1864. 198 p.

Documents containing proposals for monetary reform, with analyses by agencies of Ministerio de Hacienda. Emphasis on negotiations with Oyague y Hermano, whose project was eventually accepted.

**3909. Ferrero, Rómulo A.** La historia monetaria del Perú en el presente siglo. Lima, 1953. 23 p.

Su evolución desde la vigencia del patrón de oro (1900) a través de nueve períodos hasta el régimen de cambio libre o fluctuante pero con empleo de certificados y control de los movimientos financieros (1949-53 en adelante). Cotizaciones del Sol, monto de circulante y sus relaciones con el comercio exterior, depósitos a la vista y colocaciones del Banco de Reserva. Nueva edición de este estudio, con pocos cambios, aparece como artículo en José Pareja Paz Soldán, ed. Visión del Perú en el siglo XX. Lima, Studium, 1962, v. I, p. 125-43.

**3910.** El financista. Lima, 1912-31.

Review of economic and financial conditions. Brief notes on recent developments, financial reports of funds and insurance companies. Weekly, October 1912-June 1915; semi-monthly, June 1915-January 1920; monthly, February 1920-March 1931.

**3911. García Calderón, Francisco.** Estudios sobre el Banco de Crédito Hipotecario y las leyes de hipotecas. Lima, Noriega, 1868. 123 p.

Defends recently-created mortgage bank, and creation of financial intermediaries for channeling capital funds into agriculture.

**3912. Garland, Alejandro.** La moneda en el Perú; estudio económico sobre los medios circulantes usados en el Perú: durante el Imperio de los Incas; época del Coloniaje; época republicana. Lima, La Industria, 1908. 89 p., grabados.

La tercera parte relativa a la República desde el Reglamento General de 1830 y la creación de las Casas de Moneda de Cerro de Pasco (1833) y Arequipa. Circulación de la moneda feble boliviana. Reforma monetaria (sistema bimetalista decimal), desmonetización de oro; los billetes fiscales y bancarios (a partir de 1875), disposiciones durante la guerra de 1879 y el régimen del patrón de oro. Monto de las acuñaciones de oro y plata en el Perú de 1822. Equivalencias de la moneda peruana con la inglesa. Referencias a las políticas monetarias de Brasil, Inglaterra y los Estados Unidos. Primera mención de la crisis económica cíclica. Sección republicana publicada separadamente: Sistema monetario del Perú. Lima, La Opinión Nacional, 1908. 43 p.

**3913. González del Riego, Manuel.** Patrón de oro. Lima, El País, 1902. 15 p.

Sobre la implantación del monometalismo y del bimetalismo. Historia y comparación con otros países. Conveniencias y desventajas para el Perú.

**3914. M. J. O.** La cuestión de bancos ante la ciencia económica. Lima, 1875. 24 p.

Crítica del sistema bancario peruanao; transcripción de algunas disposiciones legales pertinentes; extracto y traducción de economistas europeos.

**3915. M[alinowski], E[rnesto].** La moneda en el Perú. Lima, Alfaro, 1859. 44 p.

Describes coinage in circulation, criticizing irregularity of coins produced by Casa de Moneda. Analyzes exchange ratios under bimetalism and disappearance of heavy coins. Various reform proposals criticized; recommends minting accurate coins at new weight, with underweight Bolivian coins allowed to circulate at appropriate discounts.

**3916. Moll, Bruno; y Emilio G. Barreto.** El

sistema monetario del Perú. *En* Universidad Nacional de Córdoba. Sistemas monetarios latinoamericanos. Córdoba, Imprenta de la Universidad, 1943, p. 141-226.

Interesa la primera parte escrita por Barreto sobre la historia monetaria 1900-40. Información sobre el patrón de oro, la inconversión, la creación del Banco Central de Reserva y la Misión Kemmerer.

**3917. Moreyra y Paz Soldán, Manuel.** El oro de California y de Australia y su repercusión monetaria en el Perú. Revista histórica [Lima], v. 26, 1962-63: 236-258.

Monetary problems in Peru during the 1850's and 1860's, related to changes in world prices of gold and silver.

**3918. _____.** Pedro Ignacio Noboa y Benavides: economista—político—literato—diplomático. Revista histórica [ Lima], v. 18, 1950: 247-292.

Section (15 pages) on monetary problems that culminated in reform of 1863. Notes Noboa's importance in implementing reform.

**3919.** Observaciones sobre la circulación metálica. Lima, El Comercio, 1839. 15 p.

Protest by merchants against proposed mintage of depreciated money in 1837, viewing the measure as dangerous to Peruvian economic development.

**3920. Payán, José,** *ed.* La cuestión monetaria en el Perú. Lima, Torres Aguirre, 1892. 236 p.

Artículos de diferentes autores recopilados por Payán para demostrar los aciertos de su política. Payán fue el empresario de más influencia económica en el Perú de la post-guerra con Chile. Gestor de la reforma monetaria.

**3921. Perla, Enrique.** Una idea a propósito de la cuestión monetaria. Lima, El Comercio, 1893. 36 p.

Consideraciones sobre el sistema bancario nacional y la moneda. Creación de un Banco Central Americano que unifique la moneda continental.

**3922. Perú. Comisión encargada de presentar un proyecto para la conversión de la moneda feble.** Informe de la mayoría de la comisión. . . . Lima, Monterola, 1860. 33 p.

On depreciated coinage, urging monetary reform without indemnification to holders of old coins.

**3923. _____. Inspección Fiscal de Bancos.** Primero [segundo, etc.] informe presentado por la . . . . Lima, 1921-30.

Annual report of banking statistics, replaced by *Memoria* of Superintendencia de Bancos after 1931. Includes balance sheets of central bank and commercial banks, check circulation, foreign deposits and cash balances, savings accounts by

region, profit rates of commercial banks. Statistics on insurance companies and *compañías urbanizadoras*.

**3924. _____. Inspección Fiscal de Bancos Hipotecarios.** Memoria. Lima, 1900—.

Annual report on volume of mortgage lending, with separate data for each lending institution. 1904 *Memoria* reprints text of Ley de Bancos Hipotecarios (1889). Reports published separately, 1900-07, 1928. Included as appendices to *Memorias* of ministro de Hacienda, 1912, 1914, 1925, 1926. Full range of years covered by published reports is uncertain.

**3925.** Prospecto para el establecimiento del Banco de la Nación. Lima, Torres Aguirre. 1920. 15 p.

Sobre memorandum del ministro Fuchs sobre las conveniencias de un Banco de la Nación de capitales nacionales e instituciones extranjeras. Indica posibles inversiones en diversas obras públicas.

**3926. Rodríguez, José M.** El billete fiscal; estudio sobre su conversión y amortiguación que presenta a la H. Cámara de Diputados. . . . Lima, Torres Aguirre, 1887. 27 p.

Brief history of paper money emissions in the 1870's, and during the War of the Pacific. Analysis of plan for redemption adopted in 1886.

**3927. Rodríguez Dulanto, Martin Abraham.** La restauración del patrón de oro en el Perú; estudio sobre el origen y la solución del problema monetario nacional. Revista económica y financiera [Lima], mayo, 1929: 1-40; junio, 1929: 3-27; julio, 1929: 3-7.

Favors return to gold standard through balanced budgets, balance of payments equilibrium, and convertibility of bank notes. Analyzes inflation during preceding decade, criticizing Banco de Reserva for excessive money creation and policies for combating balance of payments crises.

**3928. Romero, Emilio.** La vida financiera en el Perú desde el año 1884. *En* Universidad Mayor de San Marcos. Revista de la Facultad de Ciencias Económicas [Lima], abril, 1939: 3-30.

Chronology and commentary on financial developments, 1884-1931, divided by presidencies. Emphasis on money supply, monetary and fiscal reforms, customs and tax administration and foreign loans.

**3929. Távara, Santiago.** Desmonetización. Lima, 1860. 56 p.

Sharp reaction to proposal by E. M[alinowski ?] for conversion of Bolivian *moneda feble*. Argues that *moneda feble* was never legal in Peru, that it came not only from Bolivia but was illegally minted in Peru and that its holders have no right to indemnification.

**3930. Tedesco, Carlos.** Apuntes económicos con referencia a la situación actual. La revista de Lima

[Lima], v. 3, 1861: 171-175, 236-240, 253-258, 316-321.

Commentary on the monetary crisis produced by circulation of under-weight coinage. Effect of exchange revaluation on welfare of different classes, the problem of Peru's credit worthiness and chances for obtaining railroad loans, and circulation of counterfeit coinage.

**3931. United States. Bureau of Foreign and Domestic Commerce. Department of Commerce.** Banking and credit in Argentina, Brazil, Chile and Peru. Washington, Government Printing Office, 1914. 72 p. (Special agents series, 90).

**3932. \_\_\_\_\_. \_\_\_\_\_. \_\_\_\_\_.** Banking opportunities in South America. Washington, Government Printing Office, 1915. 156 p. (Special agents series, 106).

**3933. \_\_\_\_\_. \_\_\_\_\_. \_\_\_\_\_.** Foreign exchange in Latin America; a summary of conditions since 1914. Washington, Government Printing Office, 1925. 55 p. (Supplement to Commerce reports. Trade information bulletin, 316).

**3934. \_\_\_\_\_. \_\_\_\_\_. \_\_\_\_\_.** Latin American monetary and exchange conditions. Washington, Government Printing Office, 1926. 59 p. (Supplement to Commerce reports. Trade information bulletin, 430).

**3935. \_\_\_\_\_. \_\_\_\_\_. \_\_\_\_\_.** Latin American financial developments in 1928. Washington, Government Printing Office, 1929. 24 p. (Supplement to Commerce reports. Trade information bulletin, 657).

**3936. \_\_\_\_\_. \_\_\_\_\_. \_\_\_\_\_.** Financial developments in Latin America during 1929. Washington, Government Printing Office, 1930. 24 p. (Supplement to Commerce reports. Trade information bulletin, 707).

Surveys of monetary and banking conditions. Abundant statistics.

**3937. Ureta, Alberto L.** La moneda de plata y el billete fiscal. Lima, El Nacional, 1884. 49 p.

Sobre pago de arrendamiento en plata. Importante para conocer los efectos del desajuste monetario posterior a la guerra con Chile.

**3938. Uriarte, Luis F.** Breves apuntes sobre la historia del Banco del Perú y Londres. Lima, Gil, 1919. 33 p.

Desarrollo del Banco desde su implantación en 1863.

**3939. Valle, Tomás; y César Soto.** Boceto de un proyecto monetario basado en el patrón de oro. Lima, 1893. 8 p.

Proyectando reemplazo del sol por el "Colón" y un sistema monetario a tipo fijo.

**3940. \_\_\_\_\_; \_\_\_\_\_.** Cuestión moneda. A mayor circulación menor estancamiento. Lima, 1901. 26 p.

Contra el patrón de oro y la desmonetización de la plata. Sugieren el resello de soles para controlar su reinternación especulativa.

## 4. Public finance and expenditure: Ministerio de Hacienda*

**3941. Dancuart, Pedro Emilio; y J. M. Rodríguez,** *eds.* Anales de la hacienda pública del Perú. Lima, Gil, 1903-26. 24 v.

Probably the most important single source for 19th-century Peruvian economic history. Reprints major documents of period, including commercial codes and treaties, guano contracts, audited accounts. Includes most *Memorias* de Hacienda, also some budgets, especially after 1846. In addition to documents, brief text summarizes economic developments separately: agriculture, mining, public works, guano, public debt, taxes, customs, and fiscal administration. (Note: Some volumes of Dancuart and Rodríguez appeared as separate publications and are referred to in some bibliographies by the subtitle of volume, *Historia y legislación fiscal de la República,* which refers to volumes 1, 2, 6, 7, 8, or 9.) Dancuart edited volumes 1-10; Rodríguez volumes 11-24. The years covered by each volume are:

| | | | |
|---|---|---|---|
| 1: | 1821-26 | 13: | 1879 |
| 2: | 1827-39 | 14: | 1880 |
| 3: | 1839-45 | 15: | 1881-85 |
| 4: | 1846-49 | 16: | 1885-86 |
| 5: | 1850-55 | 17: | 1886 |
| 6: | 1856-60 | 18: | 1887-88 |
| 7: | 1861-68 | 19: | 1888-89 |
| 8: | 1869-70 | 20: | 1889-90 |
| 9: | 1871-74 | 21: | 1890-91 |
| 10: | 1875-76 | 22: | 1891-91 |
| 11: | 1877 | 23: | 1892-93 |
| 12: | 1878 | 24: | 1893-95 |

**Perú. Ministerio de Hacienda y Comercio.** *Memoria.* Lima, 1830—.

Throughout the 19th century, these *Memorias* constituted the most important source on public finances and general economic conditions. Focusing on the government's fiscal condition, they generally present abundant statistics on tax collections, guano accounts, and public debt, less frequently on government expenditure and foreign trade. Issued irregularly until the fiscal reforms that produced biennial budgeting and reporting beginning in 1846. The biennial schedule continued with only occasional irregularity until the war with Chile, and began again in 1885 on an annual cycle. In the 20th century these *Memorias* became less useful; the survey of

*The following entries are listed by theme: Memorias, revenues, budgets, audited accounts, internal and external debt, internal organization of Ministry.

economic conditions continued, as did many of the statistical series, but primary sources for fiscal and foreign trade statistics were transferred to other annual publications: *Balance y cuenta general de la República* (4003), and *Estadística del comercio especial* (4072). Unless otherwise noted, the following *Memorias* are reprinted in Dancuart and Rodríguez, eds., *Anales de la Hacienda Pública del Perú* (3941), without appended documents and fold-out tables.

**3942. Ministerio de Hacienda.** Apéndice a la Memoria presentada al Congreso sobre el estado de la hacienda pública en fin del año de 1830. Por José María de Pando. Lima, J. Masías, 1831.

Data on internal and external debt; average receipts from direct taxes, by department, 1826-29; government expenditure and revenue, 1787 and 1829; tithes in 1818 and 1829; and balance sheets for the mints, 1830, postal service and customs, 1829-30. Also detailed figures for the 1831 budget.

**3943. _____. _____.** Memoria sobre el estado de la hacienda de la República Peruana presentada al Congreso por el ministro de estado del despacho de Hacienda [Manuel Pérez de Tudela]. Lima, J. Masías, 1832. 15 p.

Brief *Memoria,* dealing with tax collections, coinage and public debt.

**3944. _____. _____.** Memoria leída en el Callao a la Convención Nacional el 6 de febrero del presente año. Por José Villa, ministro de Hacienda. Lima, L. de la Lama, 1834. 47 p.

Anti-Gamarrista document on events culminating in the revolution of January 1934 against Orbegoso, containing little on economy. However, has a brief, useful description of the government's financial situation and measures to raise money for the struggle against Gamarra.

**3945. _____. _____.** Memoria que presenta el ministro de Hacienda del Perú [Manuel del Río] al Congreso de 1847. Lima, J. Masías, 1847. 46 p.

In addition to the usual report on tax collection and public debt, reviews the guano trade, tax administration and accounting, plus a brief history of the Tribunal de Cuentas. Statistical appendix of tax collections of Contribución de Indígenas by province and coinage output of government mints.

**3946. _____. _____.** Memoria presentada a las Cámaras reunidas en sesiones extraordinarias en 1849 por el ministro de Hacienda [Manuel del Río], sobre la situación actual de ésta y las causas que la han motivado. Lima, J. Masías, 1849. 39 p.

Essay on political and cultural difficulties attendant upon orderly collection and distribution of revenue, defending the government's fiscal performance.

**3947. _____. _____.** Memoria que presenta a la Lejislatura Ordinaria del Perú del año de 1849 el oficial mayor del Ministerio de Hacienda [José Fabio Melgar], encargado de su despacho. Lima, Eusebio Aranda, 1849. 29 p.

Includes appendix of fold-out tables detailing revenue and expenditure as of mid-1848, and for seven months at the end of 1848, as well as the *Memoria* of the Sección de Guerra y Marina. Neither text nor appendices reprinted in Dancuart and Rodríguez.

**3948. _____. _____.** Memoria que presenta al Congreso de 1851 el ministro encargado del despacho de Hacienda Juan Crisóstomo Torrico. Lima, La Revista, 1851. 57 p.

Text contains summary statistics on the usual areas of concern. Appendix of fold-out tables gives details of revenue 1849-50, and of the guano trade, as well as legislative proposals.

**3949. _____. _____.** Memoria que presenta al Congreso de 1853 el ministro encargado del despacho de Hacienda [Nicholás de Piérola]. Lima, J. Masías, 1853. 30 p.

Data-filled *Memoria* providing audited accounts for 1851 and 1852, budgets for the coming biennium, plus reports on tax collection and public debt. Two attached tables on guano contracts and public debt.

**3950. _____. _____.** Memoria que presenta el ministro de Hacienda de la República del Perú [Domingo Elías] a la Convención Nacional de 1855. Lima, J. Masías, 1855. 32 p.

Brief report on economic conditions and future plans, lacking data on taxes or expenditures. Appended documents: report and decree establishing *contribuciones directas* in place of the *contribuciones de castas,* reports on the fiscal operations of the Echenique administration and on monetary reform. Fold-out tables on taxes, debt, guano, and indemnizations by Echenique government.

**3951. _____. Ministerio de Hacienda y Comercio.** Memoria de los ramos de Hacienda y Comercio que presenta el ministro encargado de su despacho [Manuel Ortiz de Zevallos] al Congreso Nacional convocado extraordinariamente para el mes de octubre de 1858. Lima, J. Masías, 1858. 36 p.

Dancuart y Rodríguez reprints the text, and the appended audited accounts for 1857, but not the fold-out tables on revenue, expenditures, guano, public debt, and foreign trade.

**3952. _____. _____.** Memoria que presenta al Congreso de 1860 el ministro de Hacienda y Comercio [Juan José Salcedo]. Lima, J. Masías, 1860. 40 p.

Text includes foreign trade data for 1859. Appended tables on public debt, budgets, guano, customs receipts, foreign trade, and indemnities paid to slaveholders. Majority report of Comisión encargada de presentar un proyecto para conversion de la moneda feble; report by engineer of gremio of Cerro de Pasco, with list of mining enterprises and owners.

Also salary budgets of all Tesorerías and Comisarías de los Ejércitos for December 1859.

**3953.** _____. _____. Memoria que el ministro de Hacienda y Comercio [Pedro Galvez] presenta al Congreso Nacional de 1862. Lima, La Epoca, 1862. 31 p.

Unusually numerous appendices include information on guano, revenue and expenditures, public debt, foreign trade, mining, and proposed fiscal laws.

**3954.** _____. _____. Memoria que el ministro de Hacienda y Comercio [Ignacio Noboa] presenta al Congreso de 1864, de los distintos ramos de su despacho. Lima, Imprenta del Estado, 1864. 54 p.

Appended tables deal with revenues and expenditures, guano, budgeted revenues from taxes, public debt, and foreign trade.

**3955.** _____. _____. Memoria que el ex-secretario de estado en el despacho de Hacienda y Comercio [Manuel Pardo] presenta al jefe supremo provisorio de la república. Lima, Imprenta del Estado, 1867. 91 p.

In this lengthy and famous *Memoria* Pardo reviews Peru's disastrous financial situation, and reveals his plan to free the treasury from dependence on advances from guano consignees through a new system of taxation. Contains a wealth of statistics within the text itself, but no appendices. Not included in Dancuart and Rodríguez.

**3956.** _____. **Ministero de Hacienda.** Hacienda pública; memoria presentada al Congreso Constituyente de 1867 por el ministro del ramo, Pedro Paz Soldán. Lima, Noriega, 1867. 24 p.

Contains few statistics but appends report of the Dirección del Crédito y Guano with detailed accounts on public debt and guano consignments.

**3957.** _____. **Ministerio de Hacienda y Comercio.** Memoria que el ministro de estado en el despacho de Hacienda y Comercio [Juan Ignacio Elguera] presenta al Congreso Nacional de 1868. Lima, Imprenta del Estado, 1868. 66 p.

A *Memoria* of particular importance to historians since it includes abundant retrospective statistics on public finances, especially customs and guano income, for 1851-67. Appendix sets forth the Treasury's fiscal position in 1868, focusing particularly on indebtedness to guano contractors. Fold-out tables on this fiscal position and on exports and imports of Callao, 1866-67, customs receipts by port, guano exports by contract, 1842-55, and by year and contract, 1855-67.

**3958.** _____. _____. Memoria especial de la autorización de 25 de enero de 1869, presentada por el ministro de Hacienda y Comercio al Congreso de 1870. Lima, Imprenta de El Heraldo de Lima, 1870. 228 p.

Documents surrounding the Dreyfus Contract: congressional debates and exchanges of correspondence. Reprinted as: Perú. Ministerio de Hacienda y Comercio. *Memoria presentada por el ministro de Hacienda y Comercio a la Lejislatura de 1870:* documentos; anexo núm. 4. Lima, Imprenta del Estado, 1870. 166 p.

**3959.** _____. _____. Memoria presentada por el ministro de Hacienda y Comercio [Nicolás de Piérola] a la Legislatura Ordinaria de 1870. Lima. Imprenta de El Heraldo de Lima, 1870. 98 p.

Reports on tax collections with general observations on expenditure, but is distinguished by attention to administrative reform. Describes functions of newly-created Direcciones de Administración General, Rentas, and Contabilidad General y Crédito. *Memorias* of these Direcciones, published separately as *Anexos* to this *Memoria* and listed separately in this bibliography (3998, 4009, 4010), replace statistical tables appended to previous *Memorias.*

**3960.** _____. _____. Memoria presentada por el ministro de Hacienda y Comercio [Juan Ignacio Elguera] a la Legislatura Ordinaria de 1874. Lima, La Opinión Nacional, 1874. 69 p.

Detailed analysis of origins of the fiscal crisis, reviews steps by which government revenues became mortgaged to debt service, extravagance of railroad expenditure, magnitude of the resulting fiscal deficit, and background for Pardo's 1874 renegotiation with Dreyfus.

**3961.** _____. _____. Memoria especial presentada al Congreso extraordinario de 1876 por el ministro de Hacienda y Comercio [Juan Ignacio Elguera]. Lima, Imprenta del Teatro, 1876. 71 p.

Devoted exclusively to a proposal for increasing export taxes on nitrates. Numerous fold-out tables on nitrates production, taxation and exports. Not in Dancuart and Rodríguez.

**3962.** _____. _____. Memoria presentada al Congreso Ordinario de 1876 por el ministro de Hacienda y Comercio [Juan Ignacio Elguera]. Lima, Imprenta del Teatro, 1876. 89 p.

Presents audited accounts and budget in which revenues are less than half of expenditures. Recounts the steps leading to fiscal disaster, including attempts to secure new financing and thus continue debt service beyond Dreyfus Contract. Reviews banking crisis. Presents plans for reestablishing convertibility through creation of central bank, accounts on external debt, report on reorganization of Tribunal Mayor de Cuentas and Aduana del Callao.

**3963.** _____. _____. Memoria del ministro de Hacienda y Comercio [Manuel A. Barinaga] al Congreso Ordinario de 1878 sobre los diversos ramos de su despacho. Lima, Imprenta del Estado, 1878. 84 p.

Very brief *Memoria,* accompanied by exchange of correspondence, mostly referring to guano and nitrates contracts.

**3964.** \_\_\_\_\_. \_\_\_\_\_. Memoria presentada al Congreso Extraordinario de 1879 por el ministro de Hacienda y Comercio, don José Rafael de Izcue. Lima, Imprenta del Teatro, 1879. 18 p.

Brief report proposing tax increases for fiscal stability in the face of war preparations, and measures to counteract Chilean interdiction of Peru's commerce. Not in Dancuart and Rodríguez.

**3965.** \_\_\_\_\_. \_\_\_\_\_. Memoria que presenta al Congreso ordinario de 1879 el ministro de estado en el despacho de Hacienda y Comercio [José María Quimper]. Lima, Imprenta del Estado, 1879. 23 p.

Grim report on financial desperation in the moment of military necessity. Outlines stopgap measures, proposes tax on capital as means of avoiding recourse to inconvertible paper money.

**3966.** \_\_\_\_\_. \_\_\_\_\_. Memoria que presenta al excmo. sr. primer vice-presidente de la república encargado del poder ejecutivo el sr. d. José Rafael de Izcue, al dimitir la cartera de Hacienda y Comercio. Lima, Imprenta del Teatro, 1879. 16 p.

Brief report on prospects for raising revenue in time of war. Covers guano, nitrates and customs. Not in Dancuart and Rodríguez.

**3967.** \_\_\_\_\_. \_\_\_\_\_. Memoria que el ministro de Estado en el despacho de Hacienda y Comercio, d. Manuel Galup, presenta a la Asamblea Constituyente de 1885. Lima, El Bien Público, 1885. 41 p.

Report on recovery from war: reorganization of Ministry, of monetary circulation, and of tax collection, renewal of negotiations with European creditors. Audited accounts for 1883-84 are appended, both revenue and expenditure, separately for specie and *billetes.*

**3968.** \_\_\_\_\_. **Ministerio de Hacienda.** Memoria de hacienda presentada al Congreso Constitucional de 1886 por el ministro del ramo [Luis N. Bryce]. Lima, Torres Aguirre, 1886. 47 p.

Summarizes public debt, revenue and expenditure for 1884-85. Proposals for customs reform and tax increases, and reports on status of old guano contracts. Appended statistical tables on internal debt; audited accounts, 1883-85, for revenues and expenditures; imports and exports of Callao, 1885; mineral exports of all Peru, 1885.

**3969.** \_\_\_\_\_. \_\_\_\_\_. Memoria de hacienda y comercio presentada al Congreso Constitucional de 1887 por el ministro del ramo [Manuel Irigoyen]. Lima, El Bien Público, 1887. 34 p.

Reports on budget, public debt, monetary circulation, tax collections, negotiations with European creditors, and a brief statement on exports of silver.

**3970.** \_\_\_\_\_. **Ministerio de Hacienda y Comercio.** Memoria del Ministerio de Hacienda y Comercio presentada a la Legislatura Ordinaria de 1888. Por Antero Aspillaga. Lima, Torres Aguirre, 1888. 96 p.

Audited accounts for 1887, internal debt, budget for 1889-90. Special attention to shortfalls in tax collection, administration of Aduana del Callao, condition of mining industry, status of *billetes fiscales,* and activities of Junta de Incineración.

**3971.** \_\_\_\_\_. **Ministerio de Hacienda.** Memoria de hacienda . . . 1888; . . . anexo: informes del visitador general de tesorerías departamentales. Pedro Emilio Dancuart. Lima, Imprenta del Estado, 1888. 72 p.

Reports of series of inspections made of regional tax collecting offices. Valuable insight into administrative problems.

**3972.** \_\_\_\_\_. **Ministerio de Hacienda y Comercio.** Memoria de hacienda y comercio presentada al Congreso Constitucional de 1889. Por el ministro del ramo [Eulogio Delgado]. Lima, Torres Aguirre, 1889. 43 p.

Reviews customs, internal taxes, and mining taxes. Some statistics on Muelle y Dársena and Casa de Moneda. Appendices contain audited accounts, 1887-88; collections from selected taxes, 1884-88; *Memorias* of the Casa de Moneda and Junta de Incineración.

**3973.** \_\_\_\_\_. \_\_\_\_\_. Memoria de hacienda y comercio presentada al Congreso Constitucional de 1890. Por el ministro del ramo Eulogio Delgado. Lima, El Nacional, 1890. 445 p.

General economic and financial survey, not in Dancuart and Rodríguez; few statistics. Covers traditional subjects of customs, internal taxes, coinage, public debt, and administration. Noteworthy as the first *Memoria* to deal with petroleum, agricultural crops, irrigation and water rights, immigration, and manufacturing industry. Export statistics for minerals and principal crops. Appended reports include *Memoria* of the Sección de Aduanas on past *Reglamentos de comercio* and customs valuation procedures. Also *Memoria* of newly created Dirección de Industrias, touching on agriculture and commerce, i.e., monetary stabilization, but basically concerned with mining; also of Casa de Moneda, the newly created Dirección del Crédito Público, and Tribunal Mayor de Cuentas. Latter includes audited accounts, July 1889-June 1890, and tables on tax collections. Many documents reprinted, including treaty with Chile settling old guano debts.

**3974.** \_\_\_\_\_. \_\_\_\_\_. Memoria que presenta el ministro de Hacienda y Comercio d. Ismael de la Quintana al Congreso Ordinario de 1891. Lima, Torres Aguirre, 1891. 56 p.

A review limited to standard subjects: administration, budget, tax collections, customs, mining, and public debt.

Appendix no. 1 (328 p.) reprints relevant laws, decrees and *resoluciones supremas*.

**3975.** \_\_\_\_\_. \_\_\_\_\_. Memoria que presenta el ministro de Hacienda y Comercio d. Manuel Carbajal al Congreso Ordinario de 1892. Lima, F. Masías, 1892. 117, 210 p.

Surveys the wide range of subjects dealt with in 1890 *Memoria* but offers few statistics. Fold-out table presents 1891 audited accounts. Appendix (210 p.) contains laws, decrees and *resoluciones supremas*.

**3976.** \_\_\_\_\_. \_\_\_\_\_. Memoria que presenta el ministro de Hacienda y Comercio d. Eugenio Marquezado al Congreso Ordinario de 1893. Lima, Torres Aguirre, 1893. 349 p.

General survey similar to *Memoria* of previous year. Anexos include brief *Memorias* of Tribunal Mayor de Cuentas and Casa de Moneda, report of Visitador de la Aduana de Pisco.

**3977.** \_\_\_\_\_. **Ministerio de Hacienda.** Memoria que el ministro de Hacienda [Horacio Ferrecio] presenta al Congreso Ordinario de 1894. Lima, Fabbri, 1894. 23 p.

Brief *Memoria* of generalities, lacking statistics and appendices.

**3978.** \_\_\_\_\_. \_\_\_\_\_. Memoria que presenta la Dirección General de Hacienda al señor ministro de Hacienda y Comercio, correspondiente al año de 1895. Lima, Torres Aguirre, 1895. 229 p.

Similar to a ministerial *Memoria*. Reports on internal taxes, customs, audited accounts, and administration. Appendices include reports from Secciones de Administración, Contribuciones, Aduanas, Aduana del Callao, la Cuenta, Tribunal Mayor de Cuentas, Tesorería General, and Casa de Moneda. Statistics on value of total imports, quantities and values of food imports and sugar exports (1894), guano shipments and coinage and export of silver. Neither this nor any subsequent *Memoria* is included in Dancuart and Rodríguez.

**3979.** \_\_\_\_\_. \_\_\_\_\_. Memoria del Ministerio de Hacienda presentada al Congreso ordinario de 1897. Por Ignacio Rey. Lima, 1897. 370 p.

Routine report that includes 1896 export and import values, customs revenues by port, 1892-96, and a lengthy discussion of monetary standards. Appendix contains *Memoria* of Director de Administración, data on guano shipments by Peruvian Corporation, and departmental budgets for 1897.

**3980.** \_\_\_\_\_. **Ministerio de Hacienda y Comercio.** Memoria que el ministro de Hacienda y Comercio . . . presenta al Congreso ordinario de . . . Lima, 1898—.

During 1898-1930, title and contents remain fairly constant: a brief review of fiscal situation and of associated government enterprises, with lengthy annex reprinting laws, decrees and other documents. Abundant statistical material; most *Memorias* contain data on exports and imports, customs revenue, public debt, general income and expenditure. Also reports of Cía. Nacional de Recaudación and successor private tax-collecting companies, Cía. Salinera del Perú, Cía. Administradora del Guano (beginning in 1912 *Memoria*), Estanco del Tabaco (beginning 1914) and Estanco del Alcohol (beginning 1917). Other noteworthy data: general revenue, 1896-1905 (1906 *Memoria)*, expenditures by category, 1896-1900 (1901) and 1901-04 (1905), operations of Cía. Salinera del Perú, 1896-1900 (1901) and 1911-20 (1921), and Cía. Administradora del Guano, 1909-20 (1920), accounts of Empresa del Muelle y Darsena, 1887-1907 (1907), foreign debt, 1918-26 (1927), accounts of Peruvian Corporation, 1891-1924 (1925), consumption of alcohols, 1911-20 (1921), gold coinage, exports and imports, 1898-1919 (1920), monetary circulation, 1915-22 (1922), balance sheets of commercial banks, 1916-19 (1917, 1920), operations of Cía. Nacional de Recaudación and successor, 1900-19, (1919), guano shipments of Peruvian Corporation, 1891-1915 (1916), freight rates in foreign trade, 1914-17 (1917), agricultural production by crop, 1915-17 (1918), and newly created Sociedades Anónimas, 1896-99 (1899). Of special interest within appendices: Verbatim discussion of monetary problems (Barreda, Payán, Garland, etc.) Anexo núm. 30, 1902; report on causes of recent inflation with abundant price data 1902-04, Anexo núm. 29, 1904.

**3981.** \_\_\_\_\_. **Ministerio de Hacienda y Comercio.** Cuenta general de la administración de las rentas de la república en el año de 1846, y presupuesto de gastos para el biennio de 1847 y 1848. Lima, J. Masías, 1847. 5 p.

**3982.** \_\_\_\_\_. \_\_\_\_\_. Memoria que presenta al señor director general de Hacienda el jefe de la sección tercera. Lima, J. Masías, 1849.

**3983.** \_\_\_\_\_. \_\_\_\_\_. Memoria que presenta el ministro de Hacienda y Comercio a la Legislatura Ordinaria de 1870: documentos; anexo núm. 2. Lima, El Nacional, 1870. 59 p.

**3984.** \_\_\_\_\_. \_\_\_\_\_. Memoria que presenta el director de rentas al señor ministro de Hacienda y Comercio. Lima, La Patria, 1872. 63 p.

**3985.** \_\_\_\_\_. \_\_\_\_\_. Cuenta de ingresos de la Dirección de Rentas correspondientes al servicio de 1870 y 1871. Lima, La Patria, 1872.

**3986.** \_\_\_\_\_. \_\_\_\_\_. Memoria del director de rentas al señor ministro de Hacienda y Comercio. Lima, La Opinión Nacional, 1874. 49, 24 p.

**3987.** \_\_\_\_\_. \_\_\_\_\_. Memoria que presenta el director de rentas al ministro de Hacienda (anexo núm. 2). Lima, El Comercio, 1876. 76 p.

**3988.** \_\_\_\_\_. \_\_\_\_\_. Memoria presentada al Ministerio de Hacienda y Comercio por el director general de rentas; anexo núm. 2. Lima, Imprenta del Estado, 1878. 161 p.

**3989.** _____. _____. Memoria de la Dirección de Contribuciones. Lima, 1927.

1847 publication presents extraordinary detail on revenues collected by tax in each Tesorería. 1849 document consists entirely of fold-out tables on public debt and guano accounts. After Tesorerías were replaced by the Dirección de Rentas in 1869, reporting became more systematic, generally appearing every biennium as *Anexo* núm. 2 to the *Memoria* of the Ministro de Hacienda, and dealing with guano, customs, internal taxes, and *bienes nacionales*. Voluminous statistics in fold-out tables. Also report of Inspección General de Aduanas and quality survey of remaining guano (1874), discussion of Olyphant Contract for nitrates in U.S. market (1878), and separately published annex of fold-out tables devoted entirely to nitrates (1878 and 1879). Other memorias of Dirección de Contribuciones included as appendices to *Memoria* of Ministerio de Hacienda, 1924, 1925.

**3990.** _____. **Ministerio de Hacienda.** Matrícula de la contribución sobre la renta del capital movible, rústica, urbana, patentes y eclesiástica. Lima, Torres Aguirre, 1897. 4 v.

A partir de ese año impresa y serial (cada 5 años). Según el modelo de las matrículas manuscritas: nombre de contribuyentes, avalúo de capital y rentas, monto de la contribución. Por departamentos, con resúmenes. Para 1926-30 consignan además sexo, nacionalidad, instrucción, domicilio, estado civil y profesión del contribuyente.

**3991.** _____. **Ministerio de Hacienda y Comercio. Tribunal Mayor de Cuentas.** Memoria que presenta al ministro de Hacienda. . . . Lima, 1871-72, 1888-1910.

**3992.** _____. **Tribunal Mayor de Cuentas.** Memoria . . . años 1915 a 1921. Lima, Casa Nacional de Moneda, 1922. 33 p.

Control de la recaudación exacta de las rentas fiscales e inversión legal. Examen de las cuentas rendidas, fianzas, y otras, con respectivo dictamen. Apéndice: razón de cuentas examinadas y alcances. Los informes son más amplios en entregas posteriores, transcribiendo el examen de los contadores. Informes del presidente del Tribunal al Gobierno. *Memorias* para 1917-21 también incluidas en Anexos de *Memorias* del Ministerio de Hacienda.

**3993.** _____. **Ministerio de Hacienda y Comercio.** Presupuesto jeneral de gastos de la República Peruana, presentado al Congreso por el ministro de Hacienda, Manuel del Río. Lima, El Comercio, 1845. 41 p.

**3994.** _____. _____. Cuenta general de la administración de las rentas de la república en el año de 1846, y presupuesto de gastos para el bienio de 1847 y 1848. Lima, J. Masías, 1847. 5 p.

**3995a.** _____. _____. Presupuesto general de la república, sancionado por el Congreso para el bienio de 1852/53 [-1889/90]. Lima, 1853-90.

**3995b.** _____. _____. Presupuesto general de la república, sancionado por el Congreso para el año de 1891 [-1899]. Lima, 1891-99.

**3995c.** _____. _____. Presupuesto general para 1900 [-1930]. Lima, 1900-30.

These official budget documents generally present greater detail than do audited accounts.

**3996.** _____. _____. Presupuestos departamentales. Lima, 1891-1921.

Serie anual iniciada en 1891. Documentos sancionados por el Congreso, con separación de los pliegos ordinarios y extraordinarios, especificando los ingresos y egresos respectivos a cada departamento de acuerdo a los ramos de hacienda, instrucción, policía, y otros. Pocos ejemplares se encuentran actualmente en bibliotecas (1891, 1893, 1895, 1900, 1902, 1904, 1910, 1921).

**3997.** _____. **Ministerio de Hacienda y Comercio.** Memoria de la Dirección de Contabilidad General y balance de la cuenta central de 1866 presentada al señor ministro de Hacienda y Comercio por el director del ramo. Lima, Imprenta del Estado, 1867. 10 p.

**3998.** _____. _____. Memoria presentada al Ministerio de Hacienda y Comercio por el director de Contabilidad General y Crédito; anexo núm. 3 a la Memoria del ministro de Hacienda. . . . Lima, 1870-78. 4 v.

**3999.** _____. _____. **Dirección del Tesoro.** Balance general de la cuenta por el año 1887. Lima, 1887.

**4000.** _____. _____. **Tesorería General.** Informe presentado a la Dirección General de Hacienda . . . en 1888; anexo núm. 2 a la Memoria del ministro de Hacienda, . . . 1888. Lima, Torres Aguirre, 1888.

**4001.** _____. _____. **Contabilidad Central de la República.** Balance general de la cuenta por rentas generales, 1892. Lima, Torres Aguirre, 1893.

**4002.** _____. _____. **Dirección del Tesoro.** Memoria . . . sobre la cuenta general de la república por el año de 1897. Lima, El Tiempo, 1898.

**4003a.** _____. _____. _____. Cuenta general de la república. Lima, 1899-1901. 3 v.

**4003b.** _____. _____. _____. Balance y cuenta general de la república. Lima, 1902-12.

**4003c.** \_\_\_\_\_. \_\_\_\_\_. **Dirección de Contabilidad.** Balance y cuenta general de la república. Lima, 1913-24.

**4003d.** \_\_\_\_\_. \_\_\_\_\_. **Dirección General de Contabilidad.** Balance y cuenta general de la república. Lima, 1925-29.

**4003e.** \_\_\_\_\_. \_\_\_\_\_. **Contraloría General de la República.** Balance y cuenta general de la república. Lima, 1930.

**4004.** \_\_\_\_\_. **Congreso. Cámara de Senadores. Comisión Especial para el Exámen de la Cuenta General.** Exámen de los ingresos y egresos de la cuenta general de la república en 1894. Lima, El País, 1895.

The government's audited accounts, presented for both expenditure and income. Single large table for 1866. Volumes for 1870-78 contain many fold-out tables, presenting accounts for two preceding years and including reports of Sección del Crédito and Sección Militar. These provide summaries of public debt, both internal and external, and tabulations of military expenditure, much of which was excluded from regular budget. 1874 volume also contains tabulations on public investment, 1870-73. 1888 volume presents audited accounts, 1887 and first semester 1888, of revenues and expenditures processed by Caja Fiscal de Lima. 1895 volume reports on inaccuracy and incompleteness of accounts, complains of lack of auditing control, and makes adjustments to accounts, but also presents the accounts. Most later years include section on public debt.

**4005.** \_\_\_\_\_. **Ministerio de Hacienda.** Memoria del jefe de la Sección de la Cuenta General. Lima, Imprenta del Estado, 1856. 39 p.

**4006.** \_\_\_\_\_. \_\_\_\_\_. Memoria que la Junta de Incineración presenta al señor ministro de Hacienda y Comercio, 1887-1888; anexo núm. 2, parte 3, a la memoria del ministro de Hacienda, . . . 1888. Lima, Torres Aguirre, 1888.

**4007a.** \_\_\_\_\_. \_\_\_\_\_. Memoria que presenta al señor ministro de Hacienda el director general del crédito público. . . . Lima, 1889/91-1900/01.

**4007b.** \_\_\_\_\_. \_\_\_\_\_. **Dirección General del Crédito Público.** Memoria. Lima, 1901/02-1907/08.

**4007c.** \_\_\_\_\_. \_\_\_\_\_. Memoria del director del crédito público. Lima, 1916-18.

Reports on internal and external public debt. Occasionally listed as Anexos to Memorias del Ministro de Hacienda (1889/91, 1891/93, 1925). Junta de Incineración reports on income received from Aduana del Callao, billetes destroyed and still in circulation. Dirección del Crédito Público, created in 1889, gives detailed statistics on outstanding indebtedness and debt service for each loan, and reports collections of earmarked taxes and conversions of billetes fiscales to consolidated debt, with names of persons making conversions. Conversion responsibility acquired from Junta de Incineración. After 1897 includes brief reports of Inspección Fiscal de Compañías de Seguros.

**4008.** \_\_\_\_\_. \_\_\_\_\_. **Junta de Vigilancia del Crédito Público.** Memoria . . . presentada al Congreso Ordinario de [Perú]. Lima, 1890-97.

Brief reports evaluating and recommending improvements to public debt accounts as reported by Dirección General del Crédito Público. Annual.

**4009.** \_\_\_\_\_. **Ministerio de Hacienda y Comercio. Dirección de Administración.** Memoria que presenta al señor ministro de Hacienda y Comercio el director de administración general; anexo núm. 1 a la Memoria del ministro de Hacienda. . . . Lima, 1870-79. 5 v.

**4010a.** \_\_\_\_\_. \_\_\_\_\_. \_\_\_\_\_. Memoria que el director de administración presenta al ministro del ramo; anexo a la Memoria del ministro de Hacienda. . . . Lima, 1896 y 1902. 2 v.

**4010b.** \_\_\_\_\_. \_\_\_\_\_. \_\_\_\_\_. Memoria que el director de administración presenta al ministro del ramo. En Perú. Ministerio de Hacienda. Memoria. . . . Lima, 1897-99.

**4010c.** \_\_\_\_\_. \_\_\_\_\_. \_\_\_\_\_. Memoria que el director de administración presenta al ministro del ramo. Lima, 1900, 1903-10. 9 v.

Reports on internal organization of Ministry, including important decrees and reglamentos. In 1870's, salaries paid, operations of Casa de Moneda, register of Peruvian merchant marine and reports of mining activity, including payments of contribución de minas. In the later period, pension lists, Memorias of the Inspección Fiscal de Bancos Hipotecarios, statistics on conversion of paper money and internal debt (1900-03), Memorias of the Casa Nacional de Moneda (1903-04), and departmental budgets (1896, 1897, 1899). Other special reports: total mining output and mercury consumption by mining district (1874), patents and trademarks granted (1874), nitrate production by oficina for 1872 (1874), Izcue's report on mining at Cerro de Pasco (1876, p. 94-132), mining reports from Huallaga and Recuay (1876), report on operation of Aduana del Callao (1878), guano extracted for national use (1903).

### 4a. Public finance and expenditure: general

**4011. Banco Central de Reserva del Perú. Misión de Consejeros Financieros.** Informe sobre el crédito público del Perú. Lima, Torres Aguirre, 1931. 248 p., índice analítico.

Breve historia de la deuda pública. Examen de éstas a fines de 1930. Propone nueva política basada en: la no contratación de empréstitos a largo plazo, salvo destinados a obras públicas permanentes y de emergencia; unificación de empréstitos en dos grupos: externo e interno; obtención de fondos de entidades locales; implantación de un Consejo de Crédito Público (cuerpo consultivo). Anexos: cifras y diagramas, 1922-30.

**4012. _____. _____. Informe sobre la política tributaria del Perú, junto con su exposición de motivos. Lima, Torres Aguirre, 1931. 40 p.**

Examen del sistema tributario (carentes de uniformidad y claridad; evasión generalizada). Informe basado en análisis de rentas provenientes de impuestos en 1929. Necesidad de nueva legislación, personal idóneo, aplicación de impuestos susceptibles de producir fuertes ingresos y ventajosos (menos numerosos y mejor escogidos). Cuadro de entradas fiscales 1899-1931 (excepto 1930).

**4013. _____. _____. Proyecto de ley autorizando a los consejos provinciales y distritales para establecer una contribución predial, junto con su exposición de motivos. Lima, Torres Aguirre, 1931. 53 p., índice analítico.**

Cobro de la contribución predial por los consejos (para sufragar gastos comunales), sobre el valor del predio. Fijación anual de las tasas del impuesto, por el respectivo consejo. Preparación de matrícula anual. Carencia, actual, de estadística pertinente.

**4014. _____. _____. Proyecto de ley de impuesto sobre la renta, junto con su exposición de motivos. Lima, Torres Aguirre, 1931. 74 p., índice analítico.**

Aplicación del impuesto sobre la renta con tasas uniformes, derogando las existentes por carecer de unidad y claridad. Establece las cargas correspondientes a: patentes profesionales de Lima y Callao, empleados, cargo sobre utilidades, serenazgo de Lima y Callao. Cuadro de la ley vigente, con rendimiento respectivo 1925-30.

**4015. _____. _____. Proyecto de ley de reorganización de la Contraloría General de la República, junto con su exposición de motivos. Lima, Torres Aguirre, 1931. 93 p., índice analítico.**

Oficina de control fiscal bajo los principios de independencia del poder ejecutivo, exclusión de actividades administrativas, centralización de responsabilidad, control preventivo de la administración pública. Necesidad de nueva constitución por no concordar muchos de los artículos del proyecto.

**4016. _____. _____. Proyecto de ley orgánica de presupuesto, junto con su exposición de motivos. Lima, Torres Aguirre, 1931. 74 p., índice analítico.**

Proyecto de control fiscal tendiente a evitar déficits. Facultad del ministro de Hacienda en la preparación y aplicación de la ley del presupuesto. Algunos artículos del proyecto no concuerdan con la Constitución vigente: 23, preparación del presupuesto por ministro sin necesidad de la aprobación del Consejo Ministerial. 39 y 40 restringen facultades del Congreso de legislar sobre inversión de rentas, aumento de egresos, en el presupuesto.

**4017. _____. _____. Proyecto de ley para la reorganización del tesoro nacional, junto con su exposición de motivos. Lima, Torres Aguirre, 1931. 32 p., índice analítico.**

Institución de control fiscal. Sujeción a la Dirección del ramo de las Cajas y Tesorerías Fiscales, en la custodia de fondos. Tesorero Nacional como jefe administrativo (designado por el Senado). Intervención del contralor general.

**4018. Caja de Depósitos y Consignaciones.** Memoria. Lima, 1905-65.

Each *Memoria* contains brief report with balance sheet and income statement, plus retrospective statistics on annual gross income and payments since founding in 1905. Biannual.

**4019. Cámara de Comercio de Lima.** Memoria de los actos practicados . . . en la organización de la Sociedad Recaudadora de Impuestos Fiscales. *En* Perú. Ministerio de Hacienda. Memoria que el ministro de Hacienda presenta a la Legislatura Ordinaria de 1896. Anexos. Lima, El País, 1896, p. 121-169.

**4020. Compañía Nacional de Recaudación.** Primera [segunda, etc.] memoria del directorio. Lima, 1900-13.

**4021. Compañía Recaudadora de Impuestos.** Primera [segunda, etc.] memoria del directorio. Lima, 1913-26.

**4022. Compañía de Recaudación, S. A.** Memoria del directorio. Lima, 1928—.

**4023. Caja de Depósitos y Consignaciones.** Informe presentado al Directorio, por la gerencia . . . sobre la marcha del Departamento de Recaudación en el año. . . . Lima, 1927-29. Anexos.

Official annual report recommending establishment of private tax collecting company, followed by *Memorias* of companies created. Abundant data on collections vary in coverage depending on contracts received by companies. Generally include *timbres, patentes,* income of *estancos, contribución sobre la renta,* other indirect taxes. Income of municipalities, income statements of *estancos,* production estimates of alcoholic beverages and sugar, and income statements of the company itself.

**4024. Capuñay, Carlos.** La historia del impuesto general sobre la renta en el Perú, desde su génesis hasta nuestros días. *En* Universidad Mayor de San Marcos. Revista de la Facultad de Ciencias Económicas y Comerciales [Lima], abril, 1945: 28-102; agosto, 1945: 75-122.

First section reviews fiscal conditions in early 1920's, provisions of first general income tax (Ley 5574 of 1926), and fiscal developments leading to recommendations for change made by Kemmerer Commission.

**4025.** _____. Historia del presupuesto nacional desde 1821 a 1899. *En* Universidad Mayor de San Marcos. Revista de la Facultad de Ciencias Económicas [Lima], abril, 1942: 67-116.

Review of budgetary evolution through presentation of budget statistics. Derived almost entirely from *Anales de la Hacienda Pública* (3941).

**4026. Compañía Nacional de Recaudación.** Boletín. Lima, mayo 1904-marzo 1913.

**4027. Compañía Recaudadora de Impuestos.** Boletín. Lima, abril 1913-enero/marzo 1926.

**4028. Compañía Recaudadora de Impuestos y Administración Nacional de Recaudación.** Boletín. Lima, abril 1926-marzo 1927.

**4029. Caja de Depósitos y Consignaciones. Departamento de Recaudación.** Boletín. Lima, abril/mayo 1927—.

Bulletin for internal circulation in tax-collecting companies. Reprints various laws, provides instructions for implementing tax collections, and financial position of company.

**4030. Cuerpo Técnico de Tasaciones del Perú.** Anales. Lima 1899—.

Valorización de los bienes inmuebles a través de los aranceles. Avalúos urbanos (por zonas, calles, metros cuadrados), rústicos (por Ha., ubicación, tipo de producción, riego, etc.). Valorización de construcciones considerando lugar, jornales (por oficios, categorías), costo de materiales (dimensiones, calidad), sembríos (horas de trabajo humano, animal, tipo de siembra). Excavaciones subterráneas. Construcción en minas. Mayores datos para Lima y zonas urbanas. Referencias a medidas antiguas en uso. Se incluyen memorias, acuerdos de sesiones, correspondencia.

**4031.** Una excursión por las regiones del presupuesto; de 1845 a 1900. Lima, 1900. 139 p., cuadros.

Análisis de cada uno de los presupuestos republicanos, dividiéndolos en dos períodos: 1845-70; 1870-1900. En cada caso da las cifras de ingresos y egresos, especificando su categoría (ordinarios y extraordinarios) y aplicaciones por ramos. Principales disposiciones adoptadas en materia fiscal. Deuda pública y la exportación de guano.

**4032. Manzanilla, José Matías.** Finanzas y economía: discursos parlamentarios. 3. ed. Lima, Gil, 1941. 2 v.

Collection of parliamentary speeches from 1904-13 (volume 1) and 1913-18 (volume 2). Deals with political and financial problems, particularly financial crisis of 1914, taxation, loans, budgets, and Brea y Pariñas controversy. First published in 1917.

**4033. Osores, José M.** Exposición [por el] . . .

ex-vocal del Tribunal Mayor de Cuentas sobre sus actos oficiales. Lima, La Patria, 1876. 57 p.

El Tribunal, visto a través de la labor de este funcionario, con documentos entre 1869-74. Razón de arrendamientos de bienes nacionales con individualización de local y fin destinado, personas, cantidades en Lima. Inventario de bienes y acciones nacionales del territorio, con especificaciones.

**4034. Paz Soldán, Toribio Alayza.** Legislación financiera del Perú. Lima, Apolo, 1932. 112 p.

Curso universitario. De interés las partes dedicadas a la deuda externa e interna y los impuestos.

**4035. Perú. Consejo de Estado.** Informe que expide acerca de las cuentas presentadas por el gobierno pertenecientes al año de 1848 la comisión del Consejo de Estado nombrada para su examen. Lima, Monterola, 1849.

Analysis of the cuenta general, criticizing incompleteness of accounts, and irregularity of submitting data.

**4036.** _____. **Junta de Examen Fiscal.** Informe de la . . . creada por Resolución Suprema de febrero de 1855: para revisar los expedientes relativos al reconocimiento de la deuda interna consolidada desde 20 de abril de 1851. Lima, Imprenta del Estado, 1857. 289 p.

Report denying legal validity of 140 claims previously awarded in compensation for losses sustained during war of independence and subsequent civil wars. Each claim described in detail, then refuted. Statistical tables classify claims by province to total of $12,180,800, of which $8,031,925 comprise food, livestock and slaves requisitioned. Detailed tables list and value requisitions.

**4037.** _____. **Ministerio de Gobierno. Dirección de Estadística.** Estadística del estado del Perú en 1878 a 1879. Lima, Imprenta del Estado, 1879. 388 p.

Survey of government employment, listing 24,531 civil servants plus armed forces numbering 6,808. Report on public works, inventory of weapons held by the armed forces, and income and expenditures statements for all departmental and provincial governments and beneficiencias.

**4038.** Los predios urbanos de Lima. Lima, Imprenta Comercial, 1915. 17 p.

Los artesanos y concejales obreros de Lima solicitaron la adjudicación de esas rentas al Municipio. Importa como índice del tipo y grado de participación de ese grupo social.

**4039. Quimper, José María.** Manifiesto del ex-ministro de Hacienda y Comercio . . . a la nación. Lima, F. Masías, 1881. 123 p.

Important for insights into war finance. Reviews and justifies Quimper's two periods as minister of Hacienda, both in 1879. Various documents reprinted and commented upon. Comparison of Dreyfus and Raphael contracts.

**4040. Ramírez Gastón, Enrique.** Reseña financiera del Perú. *En* Perú. Ministerio de Fomento. Boletín [Lima], v. 1, enero, 1903: 57-90.

Survey of public finances and general economic conditions, covering organization of Ministerio de Hacienda, revenue and expenditures, expansion of exports and of subscribed capital in companies. Statistics on revenue expenditure, trade, subscribed capital by company. Summary of tax structures and rates.

**4041. Reyes Guerra, José.** Informe que el prefecto del departamento de Loreto dirige al sr. director de gobierno acerca de la visita que ha practicado en el Bajo Amazonas. Lima, El Comercio, 1886. 35 p.

Sobre el estado de las rentas públicas; en especial aduanas. Utiles referencias generales sobre el estado económico de la región.

**4042. Rodríguez, José M.** Estudio analítico del presupuesto en el Perú. Revista económica y financiera [Lima], setiembre, 1929: 7-50.

Description and criticism of government budget system, concerned with problems of classification and control. On income side, lists various tax collecting companies and points out lack of control over their budgets. Argues that government enterprises are also uncontrolled, classification of tax revenues is unsystematic, and that public debt contracted by Leguía is not excessive. On expenditure side, advocates less spending.

**4043. _____.** Estudios económicos y financieros y ojeada sobre la hacienda pública del Perú y la necesidad de su reforma. Lima, Gil, 1895. 501 p.

Uno de los mejores estudios de su tiempo. Teoría económica y estudios de economía peruana. Historia del sistema tributario en la época del guano. Contribuciones, reformas de Pardo, crisis de los años 1870, contratos del guano y salitre. Historia de las aduanas, administración, proteccionismo. Datos sobre la moneda en el Perú.

**4044.** Solicitud presentada a la Honorable Cámara de Diputados por los tenedores de billetes e incas. Lima, Prince, 1891. 15 p.

Sobre amortizaciones de la deuda proveniente del papel moneda.

**4045. Távara, Santiago.** Análisis y amplificación del manifiesto presentado al Congreso del Perú por el honorable señor ministro don José Maria Pando. Lima, J. Masías, 1831. 26 p.

Situación socio-económica nacional a través del estudio de la Memoria de Hacienda de Pando. Referencias a la contribución de indígenas.

**4046. _____.** Emancipación del Indio decretada en 5 de julio de 1854 por el Libertador Castilla. Lima, Monterola, 1856. 28 p.

Polemic against renewal of the Indian head tax. Considers tax illegal, unjust, unable to solve financial crisis. Includes tables of financial statistics, both national and regional.

**4047. Tola, Fernando.** Los impuestos en el Perú. Lima, Gil, 1914. 524 p.

Description of major internal taxes: *contribuciones, alcabala, impuesto de registro, timbres, impuesto al azúcar, alcoholes,* y *fósforos, estancos.* Reprints principal laws and reglamentos.

**4048. United States. Bureau of Foreign and Domestic Commerce. Department of Commerce.** Peruvian public finance. By Charles A. McQueen. Washington, Government Printing Office, 1926. 126 p. (Trade promotion series, 30).

Perhaps the most comprehensive study of public finance of Peru. Reviews financial history of 19th century, evolution of fiscal system, describes major revenue sources in 1920's, history and current status of internal and external debt. Also monetary history; the various metallic and paper standards, with emphasis on currency and exchange during and after World War I. Many statistical tables.

**See also:** 3868, 4110.

## 5. General economic policy

**4049. Barreda y Osma, Felipe.** Los derechos de aduana y las industrias nacionales; Sociedad Nacional de Industrias. Lima, Moreno, 1900. 24 p.

Defense of tariff protection directed particularly at free trade pamphlet of Gubbins (4053). Compares high-tariff items with similar tariffs in Chile, Argentina, and Brazil and concludes that Peruvian tariff is low and essentially for revenue. Argument over revenue losses from tariff increases shown to turn on choice of base year.

**4050. Garland, Alejandro.** Artículos económicos publicados en El Comercio. Lima, La Industria, 1901. 66 p.

Articles on free trade, U.S. economic progress, protection of flour milling and wheat, and output and costs of Cerro de Pasco. Positivist view of means to achieve progress.

**4051. _____.** El fisco y las industrias nacionales. Lima, Imprenta del Estado, 1900. 29 p.

Analysis of economic policy which opposes protective tariffs and favors agricultural and mining development, through government infrastructure investment and modification in structure of land tenure. Surveys possibilities of revenue increases through lower tariffs and high internal taxes, urges government spending for transport, immigration and national merchant marine.

**4052. _____.** Las industrias en el Perú. Lima, Imprenta del Estado, 1896. 38 p.

Discussion of commercial policy opposing protective tariffs in favor of lower revenue tariffs or free trade. Surveys tariff history, especially for wheat and rice. Because of limited internal market, Peruvian industries should be encouraged to export. Separate discussions of agriculture and industry.

**4053. Gubbins, John Russell.** Lo que se vé y lo que no se vé; estudio económico-social. Lima, 1899. 41 p.

Polemical treatise against protectionism. Supports his case with statistical tables for imports of manufactured goods and raw materials, in soap, textile and beer for 1877, 1891 and 1898.

**4054. _____.** Más luz! estudio económico social; continuación de lo que se vé y lo que no se vé! Lima, Imprenta del Estado, 1900. 32 p.

Reply to protectionist Barreda y Osma pamphlet (4049) argues that Peru has protective rather than revenue tariffs. Supports free trade, citing principle of comparative advantage. Illustrative calculations of revenue loss from protection.

**4055. _____.** Sal! y otras cosas; estudio económico social. Lima, Imprenta del Estado, 1903. 35 p.

Anti-protectionist treatise, arguing that protective tariffs have caused revenue losses and made necessary increase in salt excise internal taxes. Particularly critical of tariff on rice, since Peruvian growers could export competitively. Argues that protection damages welfare of working class. Opposes silver standard as inflationary.

**4056.** Lo que se vé y lo que no se vé. Ojeada sobre los principales actos económicos del gobierno civil; editoriales de La Opinión Nacional. Lima, La Opinión Nacional, 1874. 69 p.

Severe criticism of Balta's economic policy (Dreyfus Contract, railroads, paper money) as irresponsible. Defense of *civilistas.*

**4057. Mayer de Zulén, Dora.** El Oncenio de Leguía. Callao, Peña, [1932-33?]. 2 v.

Critical review of Leguiismo that concedes economic growth of period, but condemns excessive foreign indebtedness, unfettered penetration of North American companies, creation of a new plutocracy, waste in public construction, neglect of education. Second volume focuses on specific cases of monopoly creation and special favors: *estancos,* land acquisitions in *montaña,* but most of all, Cerro de Pasco Corporation, its smelting monopsony and the "caso de los humos."

**4058. Paz Soldán, Francisco Alayza.** La industria moderna. Lima, Torres Aguirre, 1927. 172 p.

Noticia general sobre el desarrollo industrial en diferentes países, con mínimas referencias al caso peruano. Enfasis especial en la minería. Amplia discusión de las ideologías económicas, incluyendo las "doctrinas sociales nocivas." Testimonio de la actitud frente a la economía de los técnicos vinculados a sectores sociales altos.

**4059. Rey de Castro, Carlos.** Antagonismos económicos; protección y libre cambio: tratado de comercio entre Perú y Brasil. Barcelona, Tasso, 1913. 155 p.

Amplia disertación sobre el proteccionismo y libre cambio, en las dos primeras partes del libro. En las dos últimas examina el comercio entre ambas naciones basado en las cifras estadísticas.

**4060. Rodríguez, Pedro Manuel.** El libre-cambio y el sistema protector en el Perú. Lima, Moreno, 1901. 49 p.

General essay favoring free trade, with data on Peruvian rice tariff. Claims that tariff had been raised through new aforo values higher than c.i.f. prices.

**4061. Rosell, Ricardo García.** Apuntes económicos; proteccionismo y libre cambio. Lima, La Industria, 1901. 19 p.

Examen de ambos sistemas; contra el libre cambio. Polemiza con Garland (4050, 4051, 4052).

**See also:** 3676, 3685, 3686, 3687, 3707, 3709, 3713, 3720, 4290, 4388, 4390, 4391, 4392.

# V. Foreign Trade and Investment

## 1. Statistical sources

**4062. Derteano, M. D.** Movimiento comercial entre el Perú y la Gran Bretaña. *En* Perú. Ministerio de Fomento. Dirección de Fomento. Boletín [Lima], v. 4, junio, 1906: 84-92.

Cuadros indicando la exportación e importación de productos entre Liverpool y el Perú, durante 1905, con clasificación de artículos, valores, cifras comparativas de este comercio entre 1899-1905. La exportación de Liverpool durante los 3 primeros meses de 1906.

**4063. Hunt, Shane J.** Price and quantum estimates of Peruvian exports, 1830-1962. Research Program in Economic Development Discussion Paper No. 33, Princeton University, January 1973. 71 p., mimeo.

Statistical exercise explaining steps in the compilation of annual series of export quantum and price. Data for 1960-62 taken entirely from Peruvian foreign trade publications. Extensive special adjustments to allow for varying metallic content of mineral exports. Data for 1830-1900 compiled partly from import statistics of foreign countries. Results compared with earlier work of Bonilla (4076).

**4064. Perú. Ministerio de Hacienda.** Balanza jeneral del comercio de la república peruana desde 1º de mayo a fin de diciembre de 1847. Lima, Aranda, 1849. 44 p.

**4065. _____. _____.** Balanza jeneral del comercio de la republica peruana en el año de 1851. Lima, Aranda, 1952. 92 p.

**4066. _____. Dirección de Estadística.** Estadística comercial de la república del Perú en 1877. Lima, Imprenta del Estado, 1878. 2 v.

**4067. _____. Ministerio de Hacienda.** Memoria presentada por el director general de aduanas al señor ministro de estado en el despacho de Hacienda y Comercio; primer semestre de 1887 [a 1888]. Lima, 1887-88.

**4068. _____. Ministerio de Hacienda y Comercio.** Memoria del ministro de Hacienda y Comercio, . . . 1891; anexos núm. 3 y 4: informe de la Dirección General de Industrias y de la Sección de Aduanas y Estadísticas. Lima, Torres Aguirre, 1891. 20, 172, 374, 39 p.

**4069. _____. _____. Administración de la Aduana del Callao.** Estadística del comercio especial de la Aduana del Callao correspondiente al año de 1888. Lima, Bacigalupi, 1890. 52, 39 p.

**4070. _____. Superintendencia General de Aduanas.** Estadística general del comercio exterior del Perú. Lima, 1891-92. 4 v.

**4071. _____.** Estadística general de aduanas. Lima, 1897-1901. 12 v.

**4072. _____. Superintendencia General de Aduanas.** Estadísticas del comercio especial del Perú. Lima, 1902-30.

The 1847 and 1851 volumes are simple tabulations, although 1847 cross tabulates imports by tariff rate and product class, and 1877 volume is first complete report. For exports and imports: merchandise, quantity, value (arbitrary), origin, destination, tariff. Summaries by ports and foreign countries. Coastal trade with quantities and values. Appendices: costs, taxes paid, and nationality of producer for nitrates exports; revenues and expenditures by aduana, shipping movement (number of ships, tonnage). The 1887-88 volumes published as appendices to *Memoria del ministro de Hacienda*, and 1887 includes report by Dancuart on collection of customs and other taxes, exonerations, accounting, and statistical reporting; also an evaluation of each aduana. Also statistics on taxes collected by tax and port, 1866-77 and 1883-87; shipments exonerated of taxes; exports of silver, 1886; sugar, 1884-86; complete export and import statistics, first semester 1887; coastal trade and ship movements, first quarter, 1887. The 1888 volume contains exports for 1887, with special detail on minerals. Appendix to 1891 *Memoria* contains customs income by port, 1885-90; analysis of tariff laws; complete import and export statistics (p. 374) for 4th quarter 1890; shipping movement 4th quarter 1890. The 1888 report for Callao contains imports and exports by quantity, value and country of origin or destination, with separate tables for reexports and for mineral exports, differentiated by silver content of ores. The 1891-92 (and later volumes) repeat basic detail of 1877. Also data for Iquitos, coastal trade, shipping movement, reexports, loss and breakage. Market prices of national products. Summary tables are introduced in 1897, data on Iquitos continues irregularly. Coastal trade for 1897-1901, but not thereafter. As late as 1915 legislated

aforo values still used for import valuations. By 1924 replaced by valuations from consular invoices. Products listed alphabetically until commodity classes began 1910. Major exports taxed as of 1915. In later years summary tables expanded to include, e.g., trade by continents, trade through postal system, metallic content of mineral exports.

**4073. _____. Ministerio de Hacienda. Superintendencia General de Aduanas.** Memoria: anexo a la memoria del ministro de Hacienda y Comercio a la Legislatura Ordinaria de 1897. Lima, El País, 1897. 72 p.

Detailed data on customs revenue by port. Statistics on trade with Bolivia, 1886-95.

**4074. _____. Ministerio de Hacienda y Comercio. Superintendencia General de Aduanas.** Boletín de aduanas. Lima, 1910—.

Serie mensual. Breves informes semestrales del producto de aduanas y precios medios de artículos nacionales. Precios de productos peruanos en el exterior. Movimiento de barcos. Estadística aduanera. Cotizaciones y cambios. Detalles de dispositivos instituciones. Título varía.

**4075. _____. Superintendencia General de Aduanas.** Boletín de estadística comercial. Lima, noviembre de 1903-julio de 1908.

Monthly summary of foreign trade statistics, published with lag of about 9 months. Imports by product, country of origin, port of entry. Special details on major exports. Data on customs revenue, shipping movement.

### 3. General studies

**4076. Bonilla, Heraclio.** La coyuntura comercial del siglo XIX en el Perú. Revista del Museo Nacional [Lima], v. 35, 1967-68: 159-187.

Study of Peruvian foreign trade in the 19th century. Export trends used to separate Peru's economic evolution into five distinct phases. Constant price series of major exports drawn from British and French trade statistics. One of the first studies in Peruvian quantitative economic history.

**4077. _____.** La expansión comercial británica en el Perú. Lima, Instituto de Estudios Peruanos, 1974. 21 p., gráficos. Mimeo. (Serie: Historia económica y social, Nº 3).

Statistical study on composition of British exports to Peru, 1818-1919. Shows that 50 per cent of all British exports were textiles, with machinery gaining some importance only after 1870's.

**4078. Bosch-Spencer, M. H.** Commerce de la côte occidental de l'Amérique du Sud: statistique commerciale du Chili, de la Bolivie, du Pérou, de l'equateur, de la Nouvelle-Grenade, de l'Amérique Centrale et du Mexique. Bruxelles, D. Raes, 1848. 421 p.

Very detailed survey of international trade for several

Latin American countries, including Peru. Contains a long list (1029 entries) of Peruvian imports (for 1844-45) by article, including description of merchandise, quantity, weight, tariffs, etc. Also data on guano exports and a comparative table of Peruvian and Belgian weights and measures.

**4079. Bureau of the American Republics.** How the Latin American markets may be reached by the manufacturers of the United States. Washington, [Government Printing Office, 1893]. 505 p. (Bulletin, 63).

Survey of Peruvian market for imports, with tariff rates and prices. Explains why European merchants are more successful than Americans: more favorable credit terms, lower freight rates, better packed goods. Section on Peru, p. 301-344.

**4080. Carassa, Francisco.** Informe sobre aduanas del administrador de la del Callao. Lima, Alfaro, 1862. 22 p.

Datos sobre los obstáculos presentados a la buena administracion de las aduanas, y medidas que deben adoptarse para su mejoramiento. Cuadro de buques de Europa y los Estados Unidos, llegados al Callao con mercaderías, y producto de otras, aduanas, todo entre 1857-61.

**4081. Garland, Alejandro.** El comercio entre las repúblicas del Perú y Chile en 1892 y 1893. Lima, Imprenta del Estado, 1895. 52 p.

Análisis de los diversos convenios comerciales entre ambos. Estadística de su comercio exterior; estudio de sus términos. Sugerencias para la política comercial peruana.

**4082. Hohagen, Jorge.** Sumario de informaciones sobre exportación del Perú. Lima, Casa Nacional de Moneda, 1927. 260 p.

Legislación vigente sobre la exportación de productos agrícolas y mineros, cifras e información sobre exportaciones en el siglo XX (sobre todo a partir de 1918).

**4083. Nolan, Luis Clinton.** The diplomatic and commercial relations of the United States and Peru, 1826-1875. Unpublished Ph.D. dissertation, Duke University, 1935.

Commercial treaties, trade relations, guano trade and guano diplomacy, effect of California gold rush on Peru, United States whaling off Peru, Amazon navigation question, and Lobos Islands confrontation. Introduction summarizes political, industrial, and communications situation in Peru in 1820's. Valuable for extensive use of documents in U.S. archives.

**4084a. United States. Department of State.** Report on the commercial relations of the United States with all foreign nations, v. 1. Washington, Nicholson, 1856. 827 p.

Section on Peru, p. 685-710. Port regulations, trade summaries, 1851, 1852, 1853. Value of exports and imports cross-classified by product and country, 1853. Description of commerce in each port. Analysis of guano trade, describing

deposits, analyzing contracts. Data source: *Balanza jeneral del comercio de la República Peruana*, 1851-53 (4065).

**4084b.** _____. _____. Report on the commercial relations of the United States with all foreign nations, v. 2. Washington, Nicholson, [1857]. 623 p.

Compilation of comparative tariffs. Each section presents detailed list of commodities, with U.S. tariffs of 1846 and 1857, and 1857 tariff of given foreign country, for each commodity. All Latin American countries represented.

**See also:** 4059.

## 3. International capital flows

**4085.** Apreciaciones de la prensa sobre el contrato muelle-dársena. Lima, Imprenta Liberal, 1870. 55 p.

**4086. Aza, José.** Muelle dársena. Lima, El Nacional, 1870. 11 p.

**4087. Casanave, C. F.** El contrato Galup-Dársena en la Cámara de Senadores: refutación de la escepción delatoria propuesta en ella. Lima, Tip. Industrial, 1886. 25 p.

**4088.** Documentos relativos a la propuesta de la Casa Templeman y Bergman. Lima, 1868. 34 p.

**4089.** Exposición de la Empresa Muelle y Dársena del Callao ante la H. Cámara de Senadores en 21 de agosto de 1886. Callao, Muelle y Dársena, 1886. 18 p.

**4090. Perú. Ministerio de Hacienda.** Memoria de Hacienda y Comercio presentada al Congreso Constitucional de 1887 por el ministro del ramo; anexo: muelle y dársena. Lima, El Bien Público, 1887. 51 p.

**4091. Ramírez Gastón, Enrique.** Muelle y dársena del Callao: refutación del contrato de privilegio por 50 años. Lima, F. Masías, 1886. 94 p.

**4092. Templeman y Bergman y Cía.** Nuevos documentos sobre el contrato muelle y dársena .... Lima, El Heraldo de Lima, 1870. 34 p.

**4093.** _____. Resúmen de los principales documentos sobre el contrato muelle dársena. ... Lima, Imprenta El Heraldo, 1870. 29 p.

Documents and debates concerned with improvement of port facilities in Callao and formation of private foreign-controlled company for administering facilities. References to debate over original contract and reorganization of company after War of Pacific. Early example of problems with direct foreign investment. Government's preference was price regulation rather than expropriation.

**4094.** El arreglo de la deuda externa peruana. Lima, La Merced, 1888. 20 p.

Antecedentes, condiciones y efectos del convenio. Origen de la deuda, factibilidad de su cancelación.

**4095. Carey, James.** Peru and the United States, 1900-1962. Notre Dame, Indiana, University of Notre Dame Press, 1964. 243 p.

Factual and uninterpretive study, chapters 4 and 5 (p. 51-80) describe direct investments and loans made by North American interests during the Oncenio of Leguía.

**4096. Goyeneche y Gamio, Juan M. de.** Los arreglos del dictador y el contrato Rosas-de Goyeneche. París, A. Chaix, 1880. 127 p.

**4097.** El sr. don Juan M. de Goyeneche ante la opinión pública. París, A. Chaix, 1880. 67 p.

Analysis and defense of 1880 contract with Crédito Industrial of Paris. Considers contract advantageous both for Peruvian government and foreign bondholders.

**4098. Mathew, W. M.** The first Anglo-Peruvian debt and its settlement, 1822-49. Journal of Latin American studies [London], v. 2, May, 1970: 81-98.

Survey of settlement negotiations, drawn largely from Foreign Office and other British sources. Claims that British diplomatic pressure against Peru was less than suggested by Levin (3685) and others.

**4099. Mendiburu, Manuel.** Consideraciones sobre el empréstito de 1853. Londres, T. F. Newell, [1853?]. 23 p.

Reviste las cuestiones planteadas al Convenio de 1849. Transcribe las propuestas de los tenedores de bonos, con las respectivas observaciones. El nuevo empréstito; condiciones; apéndice documental mostrando las ventajas del convenio presente.

**4100. Miller, Rory.** The Peruvian government and British firms, 1885-1930. *In* D. C. M. Platt, *ed.* Business imperialism. Manuscript.

Applies Robinson's theory of collaborating elites to negotiations between Peruvian government and British firms. Special emphasis on disputes with Peruvian Corporation. Concludes that Peruvian executive branch, facing denial of credits as important weapon of foreign firms, proved more tractable than Congress, which represented local interests threatened by foreign investment.

**4101. Perú. Ministerio de Hacienda.** Arreglo y pago de las reclamaciones extranjeras (anexo a la Memoria del ramo de 1925). Lima, Imprenta Americana, 1928. 267 p.

Documents on settlement with Dreyfus, the Compañía Financiera y Comercial del Pacífico, other French claims including Landreau, and London and Pacific Petroleum over La Brea y Pariñas.

**4102.** _____. _____. Memoria de hacienda y comercio presentada al Congreso Constitucional de 1887 por el ministro del ramo; anexos. Lima, El Bien Público, 1887. 121 p.

Documents on negotiations for settlement with English bondholders. Original Grace Proposal, evaluations of proposal by Peruvian officials, including Aranibar, and contract reached by Aranibar and bondholder representatives.

**4103. Q., J. M. [José María Quimper].** Las propuestas de los tenedores de bonos. Lima, La Epoca, 1886. 52 p.

**4104.** El señor J. M. Q. y el Contrato Grace. Lima, Bacigalupi, 1887. 36 p.

Part of debate over proposed Grace contract. Quimper attacks it, arguing that real initiator of proposal must have been Chilean government, since it would have profited most from its terms. Anonymous answer to Quimper is mainly a personal attack.

**4105. United States. Bureau of Foreign and Domestic Commerce. Department of Commerce.** Investments in Latin America and the British West Indies. By Frederic M. Halsey. Washington, Government Printing Office, 1918. 544 p. (Special agents series, 169).

Contains survey of foreign investment in Peru. Covers government debt, municipal loans, banks, railways, public utilities, mining, petroleum, agriculture. Dividend payments of major domestic companies. Section on Peru: p. 321-344.

**4106.** _____. **Congress. Senate. Committee on Finance.** Sale of foreign bonds or securities in the United States: hearings before the Committee on Finance . . . , December 18, 1931-February 10, 1932. Washington, Government Printing Office, 1931-32. 4 v.

Hearings concerned with loans to Peru, their terms and soundness. Most spectacular revelation was $415,000 commission paid to Leguía's son.

**4107. Velarde, Samuel.** Deuda externa y ferrocarriles del Perú. Lima, F. Masías, 1886. 25 p.

Contra la entrega de los ferrocarriles en compensación de la deuda externa. Reseña de la política económica de los empréstitos a la guerra de 1879.

**4108.** La verdad sobre el empréstito peruano de 1872 por un peruano. Bruselas, 1873. 84 p.

Polémico, contrario el empréstito. Incluye prospecto del mismo y cuadro comparativo de los empréstitos peruanos 1865, 1870 y 1872.

**4109. Wynne, William H.** State insolvency and foreign bondholders. V. 2: Selected case histories of governmental foreign bond defaults and debt readjustments. New Haven, Yale University Press, 1951. 2 v.

Presents (p. 109-195) valuable and virtually unknown history of Peruvian foreign indebtedness. Lacks Peruvian sources, but excellent in its use of European legal materials. Covers war loans of 1820, guano loans, Dreyfus and Raphael contracts, guano concessions of 1880's, Grace contract, Franco-Chilean and Hague arbitrations, Peruvian Corporation, loans of 1920 and their default.

**4110. Yrigoyen, P. Manuel.** Bosquejo sobre empréstitos contemporáneos del Perú. Lima, Sanmartí, 1928. 133 p.

Después de reseñar los primeros años de la historia financiera peruana, estudia los empréstitos realizados entre 1890-1928. Gráficos del crecimiento de la deuda externa y pública.

**See also:** 3685, 3686, 3690, 4543.

### 3a. International capital flows: Guano and nitrate

**4111. Araníbar, José.** Exposición justificada con los documentos respectivos que . . . , enviado extraordinario y ministro plenipotenciario del Perú en Bélgica y comisionado especialmente para el arreglo de las cuestions pendientes con Dreyfus Hermanos y Cía., hace a su gobierno y a sus conciudadanos sobre las responsibilidades de esos contratantes del guano. Lima, Torres Aguirre, 1892. 104 p.

**4112. _____.** Exposición accesoria de la memoria presentada al Tribunal Arbitral en defensa del Perú, el 1º de marzo último, contra las pretensiones de los antiguos contratistas de guano Dreyfus Hermanos. Geneva, Haussmann & Zoellner, 1897. 72 p.

Two of several expositions by Araníbar, all defending Peru against Dreyfus claims finally settled by the Franco-Chilean arbitration of 1901. Analyzes original contract and subsequent dealings with Dreyfus. Argues that Dreyfus' claims are not based on legal documents and that on the contrary Dreyfus owes Peru $7 million.

**4113. _____; y Emilio Althaus.** Memoria presentada al sr. ministro de estado en el despacho de Hacienda y Comercio por . . . , comisionados fiscales del Perú en Europa. París, G. Crepin-Leblond, 1879. 329 p.

Report on negotiations with Dreyfus and Peruvian Guano, Ltd. during 1878-79, including review of sources of dispute with Dreyfus regarding implementation of contract in previous years. Reviews pricing policy, Peruvian government's outstanding debt with Dreyfus, and role of Peruvian Guano, Ltd. in settlement of foreign debt. Anexos include correspondence between Comisión Fiscal, Dreyfus, Peruvian Guano, Ltd. and Peruvian government.

**4114. Araujo, Enrique L.** La historia del guano en el Perú. Lima, Universidad Mayor de San Marcos, Facultad de Letras, 1920. 50 p.

Succinct history of the Guano Age, largely drawn from well-known sources (e.g., Dancuart and Rodríguez (3941), etc.). Reviews early contracts, debt consolidation, consignment system, Dreyfus contract, Raphael contract, and negotiations culminating in settlement with bondholders and creation of Peruvian corporation. Strongly favors Dreyfus contract.

**4115. Barroilhet, Carlos.** Opúsculo sobre el huano. París, Walder, 1857. 104 p.

**4116. _____.** Exámen crítico de un opúsculo sobre el huano. París, Jorge Kugelmann, 1861. 31 p.

**4117. _____.** Exámen crítico de dos publicaciones del señor don Francisco Rivero. París, Kugelmann, 1861. 31 p.

Barroilhet published pamphlets charging that guano prices had been kept too low, thereby favoring interests of contractors, especially Gibbs, against interests of Peru. Argues that guano synthetic substitutes would have cost users more and that non-Peruvian guano was of lower quality than suggested by both Rivero and Gibbs. Therefore concludes that demand was inelastic, and low prices kept Peru from exploiting monopoly position.

**4118. Bonilla, Heraclio.** Guano y burguesía en el Perú. Lima, Instituto de Estudios Peruanos, 1974. 186 p. (Perú problema 11).

Analyzes reasons for Peru's failure to use guano proceeds for economic development. Emphasizes colonial patterns in economic and social structure, expansion and corruption of civil and military bureaucracy, exaggerated expectations from the impact of railroads, and Peru's dependent position within international economic system. Second part of book, ''Auguste Dreyfus y el monopolio del guano'' (published originally in *Revista del Museo Nacional* [Lima], v. 39, 1973), describes origins of Dreyfus, organization of his financial syndicate, terms of original contract, evolving relations with Peruvian government. Statistics on capital subscriptions and dividends paid by syndicate. Based on important new materials from French archives.

**4119. Bouillet, Ph.** Los empréstitos del Perú y el sindicato Dreyfus, Premsel, Société Générale. París, Truchy, 1878. 89 p.

Contrario a las negociaciones Dreyfus. Situación económica del Perú antes de 1869. Historia del sindicato Dreyfus. Análisis de los empréstitos de 1870 y 1872. Proyectos financieros.

**4120. Carillo, Pedro José.** Memoria sobre la negociación del huano, por el contador encargado de la cuenta de ella. . . . Escrita por disposición del ministro de estado y del despacho de Hacienda. Lima, El Comercio, 1845. 20 p.

Detailed, uncritical examination of early guano contracts.

Detailed data: tons, sales, costs and profit by contractor and by shipment.

**4121. Castañeda, J. Domingo.** Dos causas célebres. V. 1-2: Juicio de despojo seguido ante la excma. Corte Suprema por los capitalistas nacionales con el Supremo Gobierno, por haber éste desconocido el derecho de preferencia de que gozan aquellos en todo contrato sobre expendio de guano, al celebrar con Dreyfus Hermanos y Cía. de París, el de 17 de agosto último, sobre venta con adelantos de dos millones de toneladas. V.3: Juicio de retracto seguido ante la excma. Corte Suprema por los capitalistas nacionales con Dreyfus Hermanos y Cía. de París, para sustituirse en el contrato que éste celebró con el Supremo Gobierno del Perú, en 17 de agosto sobre compra de dos millones de toneladas de guano. Lima, Imprenta Liberal [etc.], 1869. 3 v.

Exhaustive collection of official documents, including reports of various governmental agencies, fiscal analyses, survey of evidence submitted during judicial proceedings, articles from *El Comercio* and *El Nacional,* and final verdict.

**4122. Cisneros, Luis Benjamín.** El negociado Dreyfus. *En* Luis Benjamín Cisneros. Obras completas, v. 3. Lima, Gil, 1939, p. 187-357.

Collection of essays and documents defending Dreyfus contract and condemning motives of those who attacked it. History of advances to government by guano consignees, 1864-69, and the economic, political and fiscal impact of Dreyfus contract, arguing that it would free government from subservience to Lima Associated Banks. Official documents relating to contract and table showing financial arrangements for advances to government by Dreyfus. Originally published as: *El negociado Dreyfus ante la legislatura peruana de 1870.* Havre, A. Lemale, 1870.

**4123. Clarke, William.** Peru and its creditors. London, Berridge, 1877. 141 p.

By a representative of the International Committee of Peruvian Bondholders. Reports on Peru's external and internal debt, Raphael contract, and management of guano income as it affected public finance and economy. Reprints and comments on Meiggs' analysis of crisis and scheme for securing payment for railroads. Attacks excess profits of Dreyfus and pernicious activities of Lima Associated Banks. Important document of the guano age.

**4124.** Colección de los documentos oficiales y otras piezas relativas al contrato celebrado por el Supremo Gobierno con los señores Dreyffus hermanos y Cía. Lima, Imprenta del Estado, 1869-70. 2 v.

Collection includes ministerial resolutions and *dictámenes,* official correspondence, and newspaper articles reprinted from *El Comercio.*

**4125. Compañia Salitrera del Perú.** Exposición . . . a la Legislatura nacional de 1878 sobre la cuestión del salitre. Lima, La Opinión Nacional, 1878. 53 p.

Exposición defendiendo la legalidad del contrato. Reseña de las medidas adoptadas por el gobierno de Pardo. Emisión de bonos en pago de los certificados salitreros. Cuadros con cuentas de utilidad en Inglaterra, y gastos.

**4126. Cruchaga, Miguel.** Salitre y guano. Prólogo de Agustín Edwards. Madrid, Reus, 1929. 400 p.

Originally published about 1880 as three studies: *Datos sobre la administración del guano del Perú en los últimos años; La combinación salitrera;* and "Guano y Salitre" in *Estudio sobre la organización económica y la hacienda pública de Chile.* Written to guide Chilean authorities regarding newly-acquired guano and nitrate riches. Analyzes Dreyfus and Raphael contracts, with statistics on guano prices, chemical content and shipments. Statistics on nitrate exports, 1830-79, and on pre-war organization and production of nitrate offices. Concludes that both bondholders and the Peruvian government received less than they should have, and supports laissez faire.

**4127.** Documentos relativos al proyecto de venta directa del guano. Lima, Noriega, 1867. 99 p.

Documentación y análisis exhaustivo. Cifras de exportación 1841-64. Datos sobre cotizaciones mundiales del producto. Análisis de los sistemas de comercialización (consignación, venta directa).

**4128. Dreyfus Hnos. y Cía.** Exposición . . . ante la opinión pública sobre su manejo de los negocios fiscales del país. Lima, La Patria, 1873. 85 p.

Sobre actos realizados como administradores del guano y en defensa del crédito peruano en el exterior.

**4129.** E. Witt y Schutte ante la opinión pública; refutación de las calumniosas imputaciones del diputado d. José Martín de Cárdenas. Lima, Imprenta del Mercurio, 1864. 34 p.

Defense against accusations of financial machinations. Presents detailed accounts of guano transactions, with fold-out tables showing current balance with Peruvian government.

**4130.** El foro de Lima en la cuestión Dreyfus. Lima, Imprenta del Estado, 1869. 137 p.

**4131.** Refutación de las acciones interpuestas judicialmente por "Los Nacionales" con motivo Contrato Dreyfus; precedida de algunas consideraciones económicas, fiscales y políticas sobre dicho contrato, por un antiguo contradictor de las consignaciones y de los consignatarios. Lima, Alfaro, 1869. 50 p.

**4132.** Editoriales del periódico La Sociedad sobre la cuestión Dreyfus. Lima, La Sociedad, 1870. 115 p.

Three examples of heated public debate surrounding cancellation of *consignaciones* in favor of the Dreyfus Contract.

**4133. Fuentes, Juan A.** Denuncia de un treinta por ciento de pérdida en la exportación de guano, hecha ante el soberano Congreso. Lima, F. Masías, 1879. 35 p.

Sees Peruvian government cheated by foreign companies which abuse the confused system of weights, especially in guano trade, also in exports of coal, grain and rice. Government reaction to Fuentes' report.

**4134. Iturregui, Juan Manuel.** Proyecto presentado por el señor don . . . y leído en la sesión que tuvo el Senado el lunes 25 de agosto de 1851. Lima, El Comercio, 1851. 36 p. (Documento parlamentario).

Propugna la inmigración europea para fomentar el mestizaje, desmereciendo la asiática. Indica errores administrativos en la venta del guano; desconocimiento del valor de depósitos guaneros. Proyecto de pago de deudas con venta del guano, desterrando privilegios y mejorando la administración.

**4135. [L. E. S.?].** Estudio sobre el huano, o historia de los contratos celebrados por el gobierno para su expendio esterior, precedida de reflexiones generales sobre sistemas de cultivo y abonos. Lima, J. Masías, 1851. 55 p.

Con introducción sobre abonos y cultivos, reseña sintéticamente los contratos sobre guano desde 1840. Favorece el sistema consignatario en preferencia a la venta directa.

**4136. Mathew, W. M.** Anglo-Peruvian commercial and financial relations, 1820-65. Unpublished doctoral dissertation, University of London, 1964.

Excellent monograph on guano trade relations between Peruvian government and British consignees. Emphasis on financial aspects and pricing policy. Argues that Gibbs' policy of low prices was important for establishing demand for guano in Europe. Stresses interdependence between economic and political developments in Peru. Sources predominantly British official documents.

**4137. _____.** Foreign contractors and the Peruvian government at the outset of the guano trade. Hispanic American historical review [Durham, N.C.], v. 52, November, 1972: 598-620.

Reviews first three guano contracts, 1840-42, showing how Peruvian government obtained increasingly better terms. Prominence of foreign contractors attributed to their superior financial position: They could raise the large loans required by Peruvian government. Argues that relationship between government and contractors was not imperialist, that government held the stronger position, and that contractors profitted little during 1940's.

**4138. _____.** The House of Gibbs and the Peruvian guano monopoly. 532 p. Manuscript.

Study of guano trade during 1840-61 when it was dominated by Gibbs. Detailed analysis of contracts, price policies, intermediate costs, shipping and distribution of guano in Europe. Challenges the view that Gibbs sold guano at excessively low prices and was constantly raising intermediate costs. Refutes argument that Gibbs exercised financial despotism over Peru. Similar analysis of Gibbs' relation to Peruvian economy contained in "Antony Gibbs and Sons, the guano trade, and the Peruvian government, 1842-61." *In* D. C. M. Platt, *ed. Business imperialism.* Manuscript.

**4139. _____.** Peru and the British guano market, 1840-1870. Economic history review [London], v. 23, April, 1970: 112-128.

Surveys fertilizing practices in British agriculture, showing that guano confronted increasing competition for manufactured fertilizers during the period. Decline in guano sales to British market after 1858 attributed to high price policy and to increasing recognition that phosphatic fertilizers were preferable for root crops.

**4140. Mesones, Luis.** El Ministerio de Hacienda del Perú en sus relaciones con los administradores del huano en Europa. Besanzon, [France], José Jacquin, 1859. 178 p.

**4141. F. R. [Francisco de Rivero].** Ojeada sobre el huano. París, d'Aubusson y Kugelmann, 1860. 360 p.

Debate on guano pricing policy. Rivero offers data on costs and brief history of guano contracts, but with few statistics.

**4142. Pardo, Manuel.** Los consignatarios del guano. Lima, 1922. 96 p.

Reprint of *La contestación de Don Manuel Pardo a Guillermo Bogardus* (1867), in which Pardo defends his conduct as negotiator of 1865 loan. Interesting introduction by Evaristo San Cristóval reviews history of controversies over consignment contracts: denuncias of Barroilhet (4115, 4116, 4117) and creation of Comisiones Fiscales in late 1850's, denuncia of Bogardus in mid-1860's.

**4143. Pásara, Luis.** El rol del derecho en la época del guano; formas jurídicas de la dominación. *En* Universidad Católica del Perú. Derecho [Lima], N° 28, 1970: 11-32.

Analysis of guano contracts, especially those of Gibbs and Dreyfus. Impact on guano income on Peruvian debt consolidation, taxation, slavery and immigration, and their relation to concept of external dependence.

**4144. Perú.** Documentos del empréstito de 1872. Lima, El Comercio, 1873. 164 p.

Extensive documentation based on memoranda transmitted between various branches of Peruvian government and with house of Dreyfus, all published without comment.

**4145. _____. Comisión de Delegados Fiscales.** Informe circunstanciado . . . al Congreso, en cumplimiento del artículo 8 de la Ley de 28 de enero de 1869, acerca de los estudios que ha hecho del sistema y economía de la venta del guano, y en el que propone los medios más adecuados, a su juicio, para evitar los abusos y perfeccionar el sistema de venta y extracción de dicho abono. Por Octavio Tudela y Daniel Ruzo. London, 1872. 43, 22, 406, 183 p.

**4146.** _____. _____. Memoria documentada que presenta al soberano Congreso de la República, el delegado fiscal, coronel d. Joaquín Torrico sobre los trabajos de la Comisión Fiscal en Inglaterra en la época que la presidió; y de las operaciones que ha practicado durante el tiempo que ha ejercido el cargo de delegado en esta capital, hasta la fecha de su eliminación de la expresada Comisión. Lima, Imprenta del Estado, 1872. 147 p.

**4147.** _____. _____. Exposición . . . del Perú en Europa sobre la consignación de guano en la Gran Bretaña, Irlanda y sus colonias dirijida al Congreso de 1874. Lima, El Nacional, 1874. 254 p.

**4148.** _____. _____. Exposición que hace al Congreso de 1874 . . . del Perú en Europa. Lima, El Nacional, 1875. 290 p.

**4149.** _____. _____. Memoria que presenta al Congreso de 1878 el presidente de la Delegación Fiscal del Perú en Europa, Simón Gregorio Paredes. París, E. Denne, 1878. 195 p.

**4150.** _____. _____. Apéndice de la memoria que presentó al Congreso de 1879 el delegado fiscal del Perú en Europa Simón Gregorio Paredes, con motivo del recurso dirigido por el coronel d. Joaquín Torrico, en agosto último, pretendiendo manifestar las nulidades del convenio de 28 de diciembre de 1878, entre la Comisión de Delegados Fiscales y la casa de Thomson, Bonar y companía. París, 1879.

Reports of commission established January 1869 to provide continuing supervision of consignment contracts and other financial dealing in Europe. Commission's principal effort directed to criticism and attempted revision of British guano contract with Thomson, Bonar and Company. 1872 report (by Tudela and Ruzo) recounts abuses committed by various guano consignees in Europe, with suggestions for improving accounting system. Reprints documents: chemical analyses of guano, reports on artificial fertilizers, proposals for raising the price of guano, correspondence with different consignees (including Dreyfus), and with governmental agencies. 1872 *Memoria* of Torrico, first chairman of the Commission, is devoted mainly to Torrico's defense against his detractors. 1879 *Memoria* of Paredes reports continued disagreement with Thomson Bonar. Apendix devoted to an attack on

Torrico. Illustrates continuing internal strife that marked commission's existence.

**4151.** _____. **Congreso. Cámara de Senadores.** Documentos parlamentarios sobre consignación del huano. Lima, José Sánchez, 1861. 136 p.

Parliamentary debate over Gibbs contract, concerned with transfer of inventories to new Peruvian consignees. Several senators charge Gibbs with exporting more guano than allowed.

**4152.** _____. **Corte Suprema.** La excma. Corte Suprema en el juicio sobre el contrato celebrado por el supremo poder ejecutivo con la Casa Dreyfus Hermanos. Lima, El Nacional, 1869. 27 p.

**4153.** _____. **Congreso. Cámara de Diputados.** Informe de las Comisiones de Hacienda y Justicia de la h. Cámara de Diputados, sobre el contrato celebrado por el Supremo Gobierno con la Casa de Dreyfus Hermanos y Compañía de París, en 17 de agosto de 1869. Lima, El Heraldo, 1870. 24 p.

**4154.** _____. _____. _____. Discursos pronunciados en la Cámara de Diputados de la Legislatura de 1870 con el objeto de refutar el dictamen espedido por las Comisiones de Hacienda y de Justicia. Lima, El Nacional, 1871. 254 p.

Documents from legislative and judicial battles surrounding cancellation of consignaciones and initiation of Dreyfus Contract.

**4155.** _____. **Ministerio de Hacienda y Comercio. Inspector Fiscal en Europa.** Informe presentado al señor ministro de Hacienda y Comercio del Peru. . . . Lima y París, 1870-78. 4 v.

Reports on the guano trade in Europe, brimming with statistics on shipments, stocks, sales, prices, and chemical content. Volume published in 1878 presents data separately for Dreyfus and Raphael contracts. Volumes for 1870 and 1878 reproduce extensive correspondence between the ministry, the fiscal inspector and the commercial houses. Title varies. For 1870 and 1876 published in Lima as *Anexo* to the *Memoria del ministro de Hacienda,* for 1872 and 1878 published in Paris by Garnier.

**4156.** _____. _____. Memoria del ministro de Hacienda y Comercio al Congreso Ordinario de 1874; documentos; anexo núm. 4, empréstito de 1872. Lima, Imprenta del Estado, 1874. 321 p.

Correspondence and negotiations with Dreyfus concerning 1872 loan. Abundant statistics on accounts managed by Dreyfus for debt retirement and payments for railroad construction.

**4157.** _____. _____. Memoria presentada al Congreso Ordinario de 1876 por el ministro de Hacienda y Comercio; anexo núm. 4: documentos relativos al servicio y amortización de la deuda externa por el segundo semestre de 1876 . . . y enagenación de 2,000,000 de toneladas de guano ordenada por la ley de 11 de mayo de 1875. Lima, Imprenta del Teatro, 1876. 336 p.

Correspondence and instructions concerning efforts of Althaus and Rosas, members of the Comisión Especial del Perú en Europa, to secure new financing and thus continue service on foreign debt after the Dreyfus Contract.

**4158.** _____. **Tribunal Mayor de Cuentas.** Juicio de la cuenta rendida por los señores W. R. Grace i Cía. de Nueva York sobre consignación de salitre en Estados Unidos de Norte América i Dominios del Canada de 1877-1881. Lima, Imprenta del Estado, 1900. 130 p.

Judicial judgment of contract settlement. Abundant statistics on this nitrate consignment contract.

**4159. Peruvian Guano Company.** Ventas de guano: documentos presentados por la Peruvian Guano Company al Supremo Gobierno del Perú. Lima, El Nacoinal, 1877. 32 p.

Movimiento del guano en el mercado mundial y sus relaciones con casas comerciales. Discute política de precios en relación con el contenido fertilizante.

**4160. Remy-Zephir, Jacques.** Le guano du Pérou: les grandes compagnies européennes d'exploitation au XIXᵉ siècle, 1840-1880. Thèse pour le doctorat de troisième cycle. Université de Paris, Institute des Hautes Études de l'Amérique Latine. Paris, 1968. 230 p.

Divided into four periods: 1840-49, contracts of direct sale; 1849-69, consignments; 1869-76, Dreyfus contract; 1876-1880, Raphael contract. Maintains that foreign companies dominated Peruvian public finances, estimates Peruvian losses through interest changes on loans from consignees. Development of banking system and taxes, problems of labor recruitment, especially Chinese coolie trade. Appendix includes texts of contracts.

**4161. Rodríguez, José M.** Historia de los contratos del guano y sus efectos en las finanzas del Perú. Economista peruano [Lima], v. 6, julio, 1921: 85-129.

Comprehensive, detailed study on guano contracts, a classic of Peruvian economic history. Orderly presentation of statistics on transactions undertaken through the various contracts: quantities and values by country of sale, relationships between guano, national budget, and public debt. Attacks consignment system and approves of Dreyfus contract but criticizes implementation. (Reprinted as: "Datos para la historia económica y financiera del Perú." *Economista peruano* [Lima], mayo, 1944-mayo, 1946.)

**4162. Ruiz Hermanos.** Documentos relativos a la consignación del guano en España y sus colonias, y refutación al informe expedido por los señores Zaracondegui y Ca. a las observaciones hechas al decreto de 15 de noviembre último. Callao, Mariano Gómez, 1859. 86 p.

Documentos de las propuestas presentadas por todos los interesados a la consignación, y evaluaciones de las mismas. Un ejemplo interesante de la manera de operación del sistema de consignaciones.

**4163. Ruzo, Daniel.** Los consignatarios del guano y muy especialmente los titulados nacionales, según su propia confesión en los contratos de préstamos y prórrogas. Lima, La Sociedad, 1870. 38 p.

Cuadros con los adelantos y productos (1865) entre el gobierno y la compañía consignataria en la Gran Bretaña.

**4164.** _____. Documentos oficiales para la historia financiera del Perú: los consignatarios del guano según el dictamen del señor dr. Manuel Ureta, fiscal de la excelentísima Corte Suprema de Justicia en la ruidosa cuestión reembolsos anticipados. París, Simon Racon, 1870. 61 p.

Dictamen contra los consignatarios en Francia, Bélgica y Alemania.

**4165.** _____. Memoria que, desde la ciudad de Londres, eleva al soberano Congreso del Peru el dr. d. . . . Londres, Haverson, 1874. 100 p., apéndices.

Technical discussion of pricing policy and farming practice during transition to the Dreyfus contract. Appendices include statistics taken from books of Thomson, Bonar y Cía. for 1862-70.

**4166. Sanz, Toribio.** Guano; comunicaciones importantes del señor . . . , inspector general de las consignaciones del guano, con el despacho de Hacienda y Comercio, publicadas por acuerdo de la h. Cámara de Diputados. Lima, El Comercio, 1868. 3 v.

**4167.** _____. Oficio dirigido al sr. ministro de Hacienda y Comercio por el inspector fiscal sobre la administración de las consignaciones del guano en Europa y en Mauricio, durante el año de 1871. París, Garnier, 1872. 79 p.

Valuable source of data on guano trade in Europe, antecedent to reports of *inspector fiscal en Europa* (4155). Detailed descriptions of conditions in ports, guano distribution network, sales, costs, retail prices. Correspondence between guano consignees and European representatives of Peruvian government.

**4168. Távara, Santiago.** Administración del huano

escrita con motivo de la moción del h. diputado por Parinacochas. Lima, El Comercio, 1856. 108 p.

Demostración de las ventajas de la comercialización del guano por medio de las consignaciones, por brindar mayor utilidad al estado. Desmerece los otros sistemas. Precios del guano en Inglaterra 1842-54. Cuadro analizando dos ejemplos de venta—particular y por consignación.

**4169.** _____. Informe de la Comisión de Hacienda del Senado sobre el proyecto del senador d. J. Manuel Iturregui relativo a vender el huano en las islas de Chincha. Lima, Monterola, 1856. 39 p.

Defends consignment system and rejects proposed direct sale of guano and foreign debt retirement. Important for its analysis of guano policies.

**4170.** Texto de varios de los contratos celebrados entre el Supremo Gobierno del Perú y la Casa Dreyffus Hnos, y Cía. ya como compradores de guano o como agentes financieros de la república. Lima, La Patria, 1873. 43 p.

Documentos firmados entre agosto de 1869-marzo de 1873.

**4171. Ulloa, José Casimiro.** Huano (apuntes económicos y administrativos.) Lima, Alfaro, 1865. 132 p.

Estudia la situación económica guanera en el Perú y mercados externos. Establecimiento de precios económicos, venta por subasta, depósitos derechos de internación, nivelación de precios. Consignatarios de Francia y Mauricio. Partidario de la administración fiscal, permanencia de precios diversificados. Expone como ilegal la consignación de Francia.

**4172. Velarde, Manuel.** Los antiguos contratos del Perú y el Contrato Grace. Lima, La Epoca, 1877. 76 p., anexos.

Reseña histórica de la política financiera peruana anterior a la guerra de 1879. Análisis del contrato Grace.

**4173. Vivero, Tomás de.** Memoria que presenta al Ministerio de Hacienda . . . , administrador de la Tesorería de Lima y apoderado fiscal del Perú nombrado para la consignación del huano en Francia y sus colonias, según la resolución legislativa de 9 de setiembre de 1857. Lima, Tip. Nacional de Manuel Corpancho, 1858. 54 p.

Report of journey to Europe for inspection and renegotiation of consignment contract for France. Reports on activities and pricing policy, recommends transfer of French contract to House of Gibbs.

See also: 3681, 3684, 3724, 4441-4457.

## 4. Governmental policy

**4174. Banco Central de Reserva del Perú. Misión de Consejeros Financieros.** Proyecto de ley orgánica de aduanas, junto con su exposición de motivos.

Lima, Torres Aguirre, 1931. 392 p., índice analítico.

Código administrativo referente a: manipulación de cargas. Contrabando. Comiso de mercaderías. Designación de personal idóneo y reducción del actual en un 20%. Revisión de las recaudaciones. Creación de administración central.

**4175. Bureau of the American Republics.** Derechos de importación en Perú—Import duties of Perú. Washington, Government Printing Office, 1892. 231 p. (Bulletin, 45).

**4176.** _____. Import duties of Peru—Derechos de importación en Perú—Direitos de importaçâo do Peru. [Washington, Government Printing Office, 1897]. 482 p. (Bulletin, 70).

Detailed list of Peruvian tariff rates by product. Introduction explains that tariffs were ad valorem, but based on *aforo* valuations enacted by Congress. These valuations are given, but the relation between *aforo* and actual values is not.

**4177. Maurer, Augusto.** Las industrias nacionales y la nueva tarifa de derechos de importación. Lima, R. Varese, 1926. 32 p.

Sponsored by Sociedad Nacional de Industrias. Introduction contains good early statement of external dependence. Expresses satisfaction with 1923 tariff for having raised protection to industry. Data for cotton and wool textiles show decline in imports after tariff change.

**4178. Perú.** Colección diplomática o reunión de los tratados celebrados por el Perú con las naciones extranjeras, desde su independencia hasta la fecha. Lima, Aranda, 1858. 347 p.

**4179. Bonifaz, Emilio.** Los tratados y otros convenios internacionales del Perú desde su independencia hasta el año de 1874. París, Debons, 1874. 35 p.

**4180. Perú. Ministerio de Relaciones Exteriores.** Colección de los tratados . . . celebrados desde la independencia hasta el día. Por Ricardo Aranda. Lima, Imprenta del Estado, 1890-1911. 14 v.

The 1858 edition reprints treaties of friendship and commerce. Particular emphasis on arrangements for settling debts outstanding from wars of independence. The 1874 edition gives only brief summary of important points in treaties in force as of that date, as well as briefer notes of signing and ratification for earlier treaties. 1890-1911 edition is comprehensive.

**4181. Perú. Comisión de avalúos de las mercaderías de importación.** Tabla de avalúos de las mercaderías de importación. Lima, Casa de Moneda, 1924. 137 p.

Official prices per unit applied to each *partida* in customs classification of imports. Successor to previously published *aforo* value lists (e.g., in 1901 and 1910). Important for the study of real rates of tariff protection.

### Perú. Ministerio de Hacienda. Arancel de aforos del Perú. Lima, 1826—.

List of official import prices used for *ad valorem* tariff calculations. Important for calculating trends in real tariff protection. *Reglamentos de comercio* usually indicated that *arancel de aforos* should be revised every two years by special committee of merchants and government officials. In practice revision somewhat more irregular, e.g. 1915 *aforo*, first revision since 1901, still in effect in 1915. *Aforos* issued in 1826, 1838, 1840, 1842, all reprinted in Dancuart and Rodríguez (3941). Later issues verified for 1877, 1879, 1883, 1886, 1889, 1892 (date of publication).

**4182.** _____. **Ministerio de Hacienda.** Arancel para el réjimen de las aduanas mandado formar por decreto del señor ministro de Hacienda de 14 de junio de 1830 en virtud del reglamento de comercio de 6 de junio de 1826. Lima, J. Masías, 1831. 23 p.

**4183.** _____. _____. Arancel para el régimen de las aduanas en el año de 1835, mandado formar por supremo decreto de 16 julio de 1835, en virtud del artículo 397 del Reglamento de Comercio de 6 de noviembre de 1833. Lima, J. Masías, 1835. 28 p.

**4184.** _____. _____. Reglamento de comercio nacional y extranjero del estado nor-peruano. Lima, Aranda, 1836.

**4185.** _____. _____. Arancel para el régimen de las aduanas de la República Peruana, formado por los vistas con los comerciantes asociados a virtud de orden superior. Lima, J. Masías, 1839.

**4186.** _____. _____. Arancel de la República Peruana en los años de 1841 y 1842.

**4187.** _____. _____. Reglamento de comercio nacional y extranjero. Lima, Aranda, 1840.

**4188.** _____. _____. Reglamento de comercio nacional y extranjero. Lima, Aranda, 1842.

**4189.** _____. _____. Reglamento para el comercio nacional y extranjero de la República Peruana. Lima, Montoya, 1861.

**4190.** _____. _____. Reglamento de comercio de la República del Perú. Lima, J. Matías, 1864. 44 p.

**4191.** _____. _____. Reglamento del comercio del Perú, anotado con todas las modificaciones introducidas en él por varias leyes y resoluciones supremas. Lima, Manuel A. Fuentes, 1869. 73 p.

**4192.** _____. _____. Reglamento de comercio y aduanas del Perú. Compilación por J. M. Rodríguez. 2. ed. Lima, Cámara de Diputados, 1896. 241 p.

**4193.** _____. _____. Reglamento de comercio y aduanas del Perú. Lima, Imprenta Americana, 1911. 164, 221 p.

Lista parcial de los reglatmentos aduaneros. Taxativas a la introducción de mercaderías, prohibiciones, almacenaje y otros derechos. Datos por secciones y designación de artículos, unidad de peso, medida, avalúos, derecho *ad valorem*. Las 9 secciones arancelarias (lanas, algodón, etc.) consideradas hasta 1880, en 1920 son ampliadas al número de 21. Apéndice: legislación.

**4194.** Revista mensual del comercio del Perú; órgano de la Asociación de Comerciantes. Lima, 1922—.

Customs procedures and administrative changes in tariffs. price and exchange quotations, freight rates. Title varies. Monthly 1922-41; continued thereafter as annual publication.

**4195. United States. Bureau of Foreign and Domestic Commerce. Department of Commerce.** Tariff systems of South American countries. Washington, Government Printing Office, 1916. 308 p. (Tariff series, 34).

Section on Peru: chapter 9, p. 235-254. Peruvian tariff system: form of tariff, classification and valuation procedures, average tariff levels. Appendix compares tariff levels in all South American countries for three selected items.

# VI. Regional Economy

## 1. Statistical sources

**4196. Burga, José.** Estadística del distrito de Celendín. Cajamarca, Saona, 1855. 62 p.

Compilación de datos económicos regionales.

**4197. Carranza, Albino.** Estudio de geografía descriptiva y datos estadísticos de la provincia de Tarma. Boletín de la Sociedad Geográfica de Lima [Lima], v. 5, 1896: 203-227.

Estimates of total provincial income, divided into agricultural output by quantity and value, wool production, transport income and tax payments. Vital statistics for Tarma, 1890-94.

**4198. Choquehuanca, José Domingo.** Ensayo de estadística completa de los ramos económico-políticos de la provincia de Azángaro en el departamento de Puno, de la República Peruana, del quinquenio contado desde 1825 hasta 1829 inclusive. Lima, Manuel Corral, 1833. 72 p.

Unique compilation of economic statistics based largely on
*predios rústicos y urbanos* and other taxes. Livestock population, agricultural output, artesan output, exports and
imports estimated for each *pueblo* and *parroquia*. Data on
births and deaths, population, schools and hospitals. Reasons
for regional economic decadence discussed.

**4199. Córdova y Urrutia, José María.** Estadística
histórica, geográfica, industrial y comercial de los
pueblos que componen las provincias del departamento de Lima. Lima, Imprenta de Instrucción
Primaria, 1839-40. 6 v.

Valuable description of geography and economic activity in
department of Lima. Abundant statistics, many omitted from
the Odriozola edition (see below). Estimates value of agricultural output by province (by district within Province of
Lima) as well as aggregate and per capita consumption for
the city of Lima. Lists names, ownership, and water rights of
haciendas, population of the city in 1820 (by caste) and 1836
(by caste and age), and public finances for 1837. Descriptions
of outlying provinces are more general. Reprinted with
slightly altered title in: Manuel de Odriozola, *ed. Documentos literarios del Perú*. Lima, Imprenta del Estado, 1877,
v. 11, p. 3-257.

**4200. Flores, M. D.** Resumen general del censo
estadístico de la provincia litoral de Tumbes levantado por el prefecto coronel. . . . Boletín de la
Sociedad Geográfica de Lima [Lima], v. 31, trimestre cuarto, 1915: 427-432; v. 32, trimestre
primero, 1916: 69-76.

Statistical abstract, containing budgets of provincial and
municipal governments, vital statistics, movement of mail,
shipments by port and railroad, exports by quantity and
value, collections from *predios* and *patentes,* population by
sex, civil status, age, race, nationality, literacy, and school
attendance. Livestock population.

**4201. Fuentes, Manuel A.** Estadística general de
Lima. Lima, Tip. Nacional, 1858. 774 p.

Comprehensive survey of the physiognomy and institutions
of Lima. Includes important economic statistics: Population
of 1857 by age, sex, caste, and occupation, births, deaths,
school enrollment, commercial establishments, imports, food
supply, industrial labor force, and public finances. Sections on
public construction and history of first three manufacturing
establishments. Most economic information omitted from the
2. ed.: Paris, Laine et Harvard, 1866. 555 p.

**4202. Lima (departamento). Junta Departamen-
tal de Lima Pro-Desocupados.** Censo de las provincias de Lima y Callao levantado el 13 de
noviembre de 1931. . . . Director: Carlos Jiménez
Correa. Lima, Torres Aguirre, [1932?]. 318 p.

Similar estructura que el de 1920 (4205). Variaciones de
la clasificación complementaria sobre condiciones sanitarias de
vivienda, migración interna, desocupados, industria y comercio. Apéndice sobre demarcación. Comparaciones con el
censo de 1920. Grabados.

**4203. Lima (provincia). Concejo Provincial. Ofi-
cina Municipal de Estadística.** Anuario estadístico
de la ciudad de Lima correspondiente al año de
1915. Lima, Lartiga, 1916. 214 p.

Statistics on births, marriages, deaths, causes of death,
infant mortality, hospitals, public clinics, municipal income,
vaccinations, livestock slaughtered for local consumption,
mail movement, and education. Education statistics highly
detailed: Total school-age population, students enrolled, average daily attendance, teachers, number of schools, cost per
pupil, examination results.

**4204. Maúrtua, Aníbal.** Geografía económica del
departamento de Loreto. Lima, Fabbri, 1911.
60 p.

Análisis de información estadística para el período 1890-
1910 referente a comercio exterior, agricultura, industria,
comercio, navegación y demografía. También artículo en:
*Boletín de la Sociedad Geográfica de Lima* [Lima], v. 27,
trimestre segundo, 1911: 121-180.

**4205a. Perú. Dirección de Estadística.** Resúmenes
del censo de las provincias de Lima y Callao
levantado el 17 de diciembre de 1920. Lima,
Torres Aguirre, 1921. 204 p.

**4205b. _____. _____.** Resumen del censo de
las provincias de Lima y Callao levantado en el 17
de diciembre de 1920. Lima, Imprenta Americana,
1927. 307 p.

Second census of Lima in 20th century. Population, nationality, sex, residence, race, religion, education, age, civil
status, occupation, health (vaccination, physical defects).
School-age and electoral population. Number and average
size of families by district. Housing census: number of
occupied and unoccupied dwellings, number of families per
building, nationality of owners, rents by district. Agricultural
census: cultivated area, tenure system, agricultural imple-
ments. Demographic data compared with censuses of 1876
(3772) and 1908 (4206). 1927 edition repeats all tables of
earlier edition and includes more complete agricultural census
and census of industrial and commercial establishments. Farm
size, hectares cultivated, agricultural labor force and wage
rates, machinery, hectares and output by crop, livestock
population. For commerce and industry: capital invested,
labor force, wage bill, sales, and input purchases, for each
type of establishment.

**4206. _____. Ministerio de Fomento. Dirección
de Salubridad Pública.** Censo de la provincia de
Lima, 1908. Lima, La Opinión Nacional, 1915.
2 v.

Historia de la población, plano y edificación de Lima.
Comentario de los resultados de 1908. Poblacion por sexo,
estado civil, raza, procedencia de provincianos, grupos de
edad, instrucción, profesiones. Resumen histórico de condiciones de salubridad en Lima. Resúmenes distritales. Modelos
censales en francés y castellano.

**4207. Rodríguez y Ramírez, José María.** Memorandum administrativo y estadística del departamento de Piura, 1890-1891. Lima, La Unión, 1892.

Asignaciones del presupuesto general y rentas locales. Estadística comercial. Descripción de minería y agricultura en la región.

**4208. Saráchaga, Juan; Braulio Arana; Carlos Degola.** Estadística física y política del departamento de Cajamarca. Victoria, Manuel Luna, 1855. 40 p.

For province of Cajamarca, estimates agricultural output *(trigo, cebada, chanconas, alfalfa)* and livestock population *(vacuno, lanar, caballar)* separately for 60 haciendas and 17 districts. Peon population in haciendas. Adds estimates of value of artesan and mining production for provincial gross output. Data somewhat less detailed for other provinces but still remarkable: exports and imports, value of output and total production costs of mines.

**4209. Tizón y Bueno, Ricardo.** Breve estudio geográfico estadístico del departamento de la Libertad. Lima, Monitor Popular, 1899. 51 p.

Cifras sobre población, industria, agricultura, comercio. Sobre un departamento dedicado principalmente a la agricultura de exportación.

**See also:** 3747-3773 and 4246-4266.

## 2. General studies

**4210. Arequipa. Cámara de Comercio.** Conferencia económica del Sur, celebrada del 22 al 29 de febrero de 1932 en la ciudad de Arequipa. Arequipa, El Deber, [1932?]. 151 p.

Síntesis de la conferencia. Conclusiones sobre finanzas, asuntos bancarios, agricultura, vialidad, industrias y minería.

**4211. Bachman, Carlos J.** Departamento de Lambayeque. Monografía histórico-geográfica. Lima, Torres Aguirre, 1921. 447 p.

Detailed description of geography and economic activity. Transport facilities, population, education, agriculture, artesan industries, irrigation.

**4212. Basadre, Modesto.** Departamento de Moquegua. Boletín de la Sociedad Geográfica de Lima [Lima], v. 3, marzo, 1894: 426-442.

Geographical and economic description, with population estimates of each district. Complete list of wine haciendas in valley of Moquegua, including owner, and wine and *aguardiente* output for each hacienda.

**4213. _____.** Puno. Boletín de la Sociedad Geográfica de Lima [Lima], v. 3, septiembre, 1893: 212-227; marzo, 1894: 365-373.

Geographical and economic description of provinces of Puno and Chucuito, giving estimates of population and number of haciendas by district.

**4214. Billinghurst, Guillermo E.** Estudio sobre la geografía de Tarapacá. Santiago de Chile, El Progreso, 1886. 114 p.

General description of Tarapacá: geography, population, agriculture, and especially nitrate industry. Statistics of nitrate exports, 1830-85, estimates of nitrate remaining in various *estacas* and lists of *salitreras* bought by the government with prices paid.

**4215. Bonilla, Heraclio.** Islay y la economía del sur peruano en el siglo XIX. Apuntes [Lima], núm. 2, 1974: 31-47.

Discusses various aspects of regional economy of southern Peru (departments of Arequipa, Puno and Cuzco), using British consular reports as a basic source. Some topics treated: wool exports, mechanisms of wool marketing, living standards (table of wages and prices of basic commodities in Arequipa, 1863), living costs. Many statistical tables.

**4216. Bustamante, Felipe Santiago.** Apuntes geográficos referentes a la provincia de Castilla del departamento de Arequipa y proyecto de irrigación. Lima, Gil, 1894. 65 p.

General review including transport, population, industry, agriculture and education without use of statistics. Final section describes and urges irrigation project in valley of Majes.

**4217. Carranza, Albino.** Geografía descriptiva y estadística industrial de Chanchamayo. Boletín de la Sociedad Geográfica de Lima [Lima], v. 4, 1894: 1-35.

Descriptive survey that includes estimates of production and export of sugar, coffee, cocoa, tobacco, and other products. Acreage in sugar and coffee, local prices of agricultural products, names and sizes of coffee chacras. Published separately as: *El valle de Chanchamayo. Estudio de geografía descriptiva y estadística industrial.* Lima, Imprenta Liberal, 1894. 35 p.

**4218. Cavero, Ricardo.** Monografía del departamento de San Martín. Lima, [La Revista], 1928. 354 p.

Good general description of living conditions, geography and agriculture, including demographic data for 1814, 1847, 1859, 1862 and 1876. Argues for government assistance to industrial development. Detailed survey of administrative structure and education; numbers and qualification of teachers, enrollment.

**4219. Charón, Manuel.** Estado comercial del Amazonas peruano. Lima, Solís, 1877. 33 p.

General discussion of economic prospects of Loreto. Statistics on exports: quantity of hats, rubber, and *zarzaparrilla*, 1862-71, and total value of exports and imports, 1853-70.

**4220. Cisneros, Carlos B.** Monografía del departamento de Lima. Lima, Fabbri, 1910. 293 p.

Useful geographical monograph describing contemporary conditions. Economic aspects include brief data on extension of irrigated land, agricultural wages, municipal transport, population in all past censuses, daily wages for 45 urban occupations, school enrollment in 1890, 1902 and 1910, quotations in Bolsa Comercial, prices for 1900 and 1910, meat prices and consumption, 1901-10. Criticizes public health conditions, commercial success of Jewish and Asian immigrants, tariff protection enjoyed by certain industries. Also critical bibliography of works on Lima. Partially reprinted as: *Provincia de Lima (monografía del departamento de Lima).* Lima, Fabbri, 1911. 293 p. Also as: "Monografía del departamento de Lima." *Boletín de la Sociedad Geográfica de Lima* [Lima], v. 26, trimestre segundo, 1910: 121-181; trimestre tercero, 1910: 345-350; v. 27, trimestre primero, 1911: 48-57; trimestre segundo, 1911: 181-234; trimestre tercero, 1911: 279-319.

**4221. _____ ; y Rómulo E. García.** Departamento de la Libertad. Lima, San Pedro, 1899. 50 p.

Geographical and economic survey containing statistics on trade, commerce and production as well as brief description of agriculture and industry. Also published in: *Boletín de la Sociedad Geográfica de Lima* [Lima], v. 9, 1900: 96-123, 170-191.

**4222. Fuentes, Hildebrando.** Loreto: apuntes geográficos, históricos, estadísticos, políticos y sociales. Lima, La Revista, 1908. 2 v.

Account of journey by traveller possessing sharp eye for economic conditions, supplemented by descriptions based on experience as departamental prefect. Production, commerce, education, market prices, and transport conditions in Chachapoyas-Moyobamba-Loreto regions. Statistics on mail movement, municipal finances, and education in various towns, foreign commerce of Iquitos, and also scattered estimates of population and wage rates. Other chapters on rubber industry, tax administration, the Putumayo region.

**4223. Ica (departamento).** Memoria que el prefecto del departamento de Ica, Carlos Aureo Velarde presenta al Supremo Gobierno, 1904. Lima, La Industria, 1905. 210 p.

Departmental monograph that describes government organization, contains data on education, finances, lists of commercial houses and haciendas, describes wine and cotton growing and other industries, reports on public works, transport and irrigation.

**4224. Larrabure y Unanue, Eugenio.** Cañete: apuntes geográficos, históricos, estadísticos y arqueológicos. Lima, Imprenta del Estado, 1874. 72 p.

Perhaps the most useful of 19th-century regional surveys. Derived from field survey as well as reworking of lesser-known documentary sources. Data on population, literacy, economic activity (relying on the *Matrícula de predios e industria)*, coolie labor, and railroads.

**4225. Málaga Santolalla, Fermín.** Departamento de Cajamarca: monografía geográfico-estadística. Lima, San Pedro, 1906. 323 p.

Major portion devoted to survey of economic conditions. Detailed political demarcation, extension and condition of roads and bridges, wage rates of agricultural laborers, miners and domestic servants, methods of cultivation, volume and prices of agricultural output, size of major haciendas, methods of animal husbandry, livestock population and prices, mining techniques and cost of production, nature of other industries and commerce. Data on tax collections, school enrollment and teaching staff, and public health and *beneficencias.* One of most valuable departmental monographs. Published also as addendum to: *Boletín de la Sociedad Geográfica de Lima* [Lima], v. 20, 1906.

**4226. Maúrtua, Aníbal.** Monografía histórico-geográfica de la provincia de Pachitea. Boletín de la Sociedad Geográfica de Lima [Lima], v. 34, trimestre segundo, 1918: 199-233; trimestre tercero, 1918: 241-285.

Description of agricultural practices, crude estimates of agricultural output, livestock population, regional balance of trade, market prices, tax collections and expenditures of local government. Also published as *La provincia de Pachitea.* Lima, Imprenta Artística, 1918. 82 p.

**4227. Moreno, Federico.** Apuntes para una memoria sobre el departamento de Piura. Lima, F. Masías, 1885. 89 p.

Condiciones ecológicas. Principales producciones agro-mineras. Itinerarios. Rentas fiscales. Referencia a la industria petrolera. Enfasis en problemas de irrigación.

**4228. Mori Ortiz, Manuel E.** Resultado de las exploraciones practicadas para establecer una vía de comunicación entre el pueblo de Tayabamba, provincia de Pataz y el puerto de Pizarro a las márgenes del Huallaga. Lima, Imprenta del Estado, 1870. 68 p.

Informe general de las condiciones económicas de las provincias visitadas. Itinerario.

**4229. Palacios Mendiburu, Samuel.** Informe que presenta al Supremo Gobierno el presidente de la Comisión Especial al departamento de Loreto. Lima, Torres Aguirre, 1891. 733 p.

Amplios informes sobre colonización, instrucción, vialidad, lavaderos de oro, demarcación, navegación fluvial, explotación del caucho, aduanas y comercio (fletes a Liverpool y Callao, exportación 1884-85) y otras actividades. Cuadro de escuelas. Censo de población de Caballococha.

**4230. Pardo, Manuel.** Estudio sobre la provincia de Jauja. Lima, La Epoca, 1862. 66 p.

Monografía descriptiva donde discute algunos proyectos para mejorar la economía de la región. Particular énfasis en los efectos positivos de un ferrocarril central. Algunas consideraciones y juicios generales sobre problemas de economía nacional peruana. Originalmente publicado en la *Revista de Lima*, 1860-61.

**4231. Perú. Ministerio de Relaciones Exteriores.** La industria de las gomas en el Perú; publicación oficial para capitalistas e inmigrantes. Lima, Imprenta del Estado, 1903. 42 p.

Descripción de las condiciones económicas de la montaña. Lista de todas las concesiones de tierra de montaña hasta 1901.

**4232. Raimondi, Antonio.** Apuntes sobre la provincia litoral de Loreto. Lima, Tip. Nacional, 1862. 189 p.

Monografía general de la región. Consigna demografía por distritos, vías de comunicación. Cuadro del comercio exterior en 1855, y el primer semestre de 1858. Colonización, navegación. Fletes y pasajes que se produjeron a la Compañía Brasileña de Navegación 1855-58, demostrando el uso abusivo de los privilegios acordados por el tratado de 1851.

**4233. Romero, Emilio.** Monografía del departamento de Puno. Lima, Torres Aguirre, 1928. 541 p.

Sections on economic conditions, agriculture, livestock, haciendas, mining, transportation, public finance. Many statistical tables, including departmental budgets and education.

**4234. Rosell, D. Enrique.** Fragmentos de las monografías de la provincia de La Convención. Revista Universitaria [Cuzco], v. 6, 1917.

Estimates agricultural exports by quantity and value for whole valley. Also agricultural output, area and livestock population for selected haciendas.

**4235. Ruiz Fowler, José R.** Monografía histórico-geográfica del departamento de Ayacucho. Lima, Torres Aguirre, 1924. 301 p.

Population, economic activity, and transport network for each province. Statistics on mining, wheat, sugar, and school enrollment.

**4236. Vallejos Z., Camilo.** Departamento de Lambayeque. *En* Perú. Ministerio de Fomento. Dirección de Fomento. Boletín [Lima], v. 9, abril, 1911: 41-86.

Sobre la situación agropecuaria, irrigación, industrias, minería, pesca, vías de comunicación. Haciendas con hectáreas cultivadas y sin cultivar, braceros que faltan.

**4237. Varallanos, José.** Historia de Huánuco; introdución para el estudio de la vida social de una región del Perú, desde la era prehistórica a nuestros días. B.A., López, 1959. 672 p.

One of the best regional histories. Last chapter, "Gobierno y organización social bajo la República" (p. 609-641), surveys economic conditions. Discusses means by which haciendas expanded in the 19th century, labor conditions, and wage rates. Scattered fiscal statistics.

**4238. Williamson, Juan.** Observaciones sobre la industria de la provincia de Tarapacá. Lima, Monterola, 1859. 108 p.

Interesting survey of the economy of Tarapacá. Discusses the relation between wages and import prices, importance of monetary exchange facilities and balance of payments adjustment, and possibilities for other development besides nitrates, e.g., agriculture, mining. Statistics on nitrate exports for many years, and on 1858 imports to Iquique.

**See also:** 3659, 3842, 3847, 3852, 3855, 3857, 3867, 4323, 4350, 4398, 4515.

## 3. Urban development, urbanization

**4239. Alexander, Alberto.** Los problemas urbanos de Lima y su futuro. Lima, Ministerio de Fomento, Dirección de Salubridad Pública, 1927. 29 p.

Problemas y proyecciones del desarrollo de la capital. Relación entre crecimiento de la población urbana y la construcción de viviendas. Utiliza datos de un censo de viviendas tomado entre 1923-27.

**4240. Bromley, Juan; y José Barbagelata.** Evolución urbana de Lima. Lima, Lumen, 1945. 128 p.

Desarrollo urbano de Lima desde el siglo XVII. Extensión, población, industria y comercio. Gráficos en los predios y su valor en las diferentes épocas a que hace referencia. Las urbanizaciones y su expansión.

**4241. Capelo, Joaquín.** Sociología de Lima. Lima, J. Masías, 1895-1902. 4 v.

Volumes 1 and 2 contain physical description of Lima, survey of transport facilities, water supplies, list of commercial establishments, and analysis of living standards of various occupational groups. Volumes 3 and 4 discuss broad range of subjects (public opinion, public institutions, education, etc.) in generalities.

**4242. Clavero, José G.** Demografía de Lima en 1884. Lima, Solís, 1885. 116 p., mapas.

Descripción de la ciudad; de interés a partir del capítulo 3. Población total, movimiento urbano, población flotante. Cifras sobre consumo alimenticio. Producción agropecuaria. Comercio y finanzas. Obra de autodidacta como todas las suyas.

**4243. Fuentes, Manuel A.** Lima, apuntes históricos, descriptivos, estadísticos y de costumbres. París, Didot, 1867. 229 p.

Omits statistical material included in author's *Estadística general de Lima* (4201); therefore of little use to the economic historian. Vivid descriptions of customs and professions make it valuable source of social history.

**4244. Lima (municipalidad).** Memoria de la administración de la municipalidad de Lima. Lima, 1887—.

Versan sobre la marcha institucional. Rentas del Consejo, crédito municipal (deudas, bonos), servicio de administración general (ferrocarril urbano, obras públicas, alumbrado), administración especial (instrucción primaria, higiene, salubridad). Asuntos judiciales y contenciosos. Actas. Anexos incluyen memorias de inspecciones.

**4245. Melo, Rosendo.** El Callao: monografía histórico-geográfica. V. 3: Callao moderno. Lima, Prince, 1900. 190 p.

Survey of political and economic conditions since the War of Independence. Local budgets, demographic data, production statistics of Callao wheat and rice mills, meat consumption (1893-98) and detailed description of factories (equipment, labor forces). Data on Callao's railways, telegraphs and telephones.

# VII. Agriculture, Ranching, Forestry

## 1. Statistical sources

**4246. Barreda, Carlos A.** La industria de las lanas en el Perú y el departamento de Puno. Lima, Torres Aguirre, 1929. 23 p.

Cifras de producción por distritos y unidades de producción (haciendas y comunidades).

**4247. Compañía Administradora del Guano.** Cuadros estadísticos por zonas sobre la producción agrícola nacional de artículos alimenticios de la república en los años 1915, 1916, y 1917, formulados por la Sección Técnica de la . . . , con los datos recopilados por los ingenieros agrónomos nombrados por la Dirección de Fomento por encargo y bajo la dirección de la Comisión de Subsistencias de la Cámara de Comercio de Lima. Lima, Gil, 1918. 159 p.

Directed by Lavalle y García, a sequel to his 1916 study (4278). Divides country into agricultural zones, and presents detailed estimates of cultivated area devoted to each crop in zone. Maximum, minimum, and average yields estimated, averages combined with areas for total output estimates. Livestock population, suggestions for increasing output. Zonal and national output estimates for 1915, 1916 and 1917. Also published in Compañía Administradora del Guano. *9a. memoria del Directorio.* . . . Lima, Gil, 1918, p. 45-203.

**4248. Dueñas, Enrique I.** Recursos minerales de Jauja y Huancayo. *En* Perú. Cuerpo de Ingenieros de Minas. Boletín [Lima], núm. 35, 1906. 120 p.

**4249. _____.** Fisionomía minera de las provincias de Tayacaja, Angaraes y Huancavélica. *En* Perú. Cuerpo de Ingenieros de Minas. Boletín [Lima], núm. 62. 1908. 197 p.

**4250. _____.** Reconocimiento geológico-minero de la cuenca carbonera septentrional Lima-Junín. *En* Perú. Cuerpo de Ingenieros de Minas. Boletín [Lima], núm. 97, 1919. 292 p.

**4251. _____.** Reconocimiento geológico-minero de la cuenca carbonera meridional Lima-Junín. *En* Perú. Cuerpo de Ingenieros de Minas. Boletín [Lima], núm. 104, 1921. 245 p.

Focused upon geology and mineralogy, but with crop statistics for sugar, cotton, cereals, and rice, livestock population by hacienda, tables on production of alcohol, coffee and coca, wages and demographic data.

**4252. Llosa y Rivero, Eduardo.** Estadística del ganado que se beneficia para el consumo público en las capitales de provincia, 1917. Lima, La Opinión Nacional, 1918. 23 p.

Average monthly slaughter of cattle, sheep, goats, hogs, and llamas for 109 cities. Statistics somewhat contradictory, and lack sources, but data useful for inferring living standards. Author was head of Sección de Agricultura y Ganadería, Ministerio de Fomento.

**4253. Málaga, Francisco. Enrique.** La producción de nuestras principales industrias agropecuarias en 1906. *En* Perú. Ministerio de Fomento. Dirección de Fomento. Boletín [Lima], v. 5, julio, 1907: 21-27.

**4254. _____.** Producción de nuestras principales industrias agropecuarias en 1907. *En* Perú. Ministerio de Fomento. Dirección de Fomento. Boletín [Lima], v. 6, octubre, 1908: 67-80.

Production estimates for sugar, alcohol, rice, cotton, rubber, wool, coffee, tobacco, coca, and leather, generally for 1902-06. Derivation of estimates explained, generally as exports plus domestic consumption as registered by tax reports (sugar, alcohol, tobacco, coca) or by factory consumption (cotton, wool). Direct production estimates by region for rice.

**4255. Marsters, V. F.** Condiciones hidrológicas de los valles del departamento de La Libertad. *En* Perú. Cuerpo de Ingenieros de Minas. Boletín [Lima], núm. 71, 1909. 43 p., mapas.

Informe hidrológico de los valles de Santa Catalina, Chicama y Pacasmayo. Estadística aproximada de los dos primeros valles (haciendas y propietarios, peones, jornal, producción azúcar y alcohol, 1906-07).

**4256. Otero, José G.** Estadística agropecuaria de la república. Informe relativo a la provincia de Pacasmayo. *En* Perú. Ministerio de Fomento. Boletín [Lima], v. 2, diciembre, 1904: 1-38.

**4257.** _____. Estadística agropecuaria de la república. Informe relativo a las provincias de Trujillo y Santa. *En* Perú. Ministerio de Fomento. Dirección de Fomento. Boletín [Lima], v. 3, enero, 1905: 16-66.

**4258. Zapatero Puch, César.** Estadística agropecuaria de la república; informe relativo a las provincias de Chincha y Pisco. *En* Perú. Ministerio de Fomento. Dirección de Fomento. Boletín [Lima], v. 3, marzo, 1905: 1-57.

**4259. Espinoza, Enrique B.** Estadística agropecuaria de la república; informe relativo al departamento de Lambayeque. *En* Perú. Ministerio de Fomento. Dirección de Fomento. Boletín [Lima], v. 3, septiembre, 1905: 33-128.

**4260. Archimbaud, Max.** Estadística agropecuaria de la república; informe relativo al departamento de Piura. *En* Perú. Ministerio de Fomento. Dirección de Fomento. Boletín [Lima], v. 3, diciembre, 1905: 1-34; v. 4, febrero, 1906: 26-63.

Detailed surveys with descriptions of individual haciendas, including extension of cultivated land, types of crops, tools, irrigation system, labor force, wages, livestock population. Also scattered statistics on exports and production, by port or by hacienda, including 1873 estimate of total agricultural production, province of Trujillo (January 1905, p. 50).

**4261. Perú. Ministerio de Fomento.** Estadística general agropecuaria del Perú del año 1929. Lima, Gil, 1932. 592 p.

Primer censo agropecuario del Perú. Superficie cultivada, incultivada e incultivable. Producción total y por hectáreas de todos los cultivos. Número de trabajadores. Datos desde el nivel distrital. De gran importancia.

**4262.** _____. _____. **Dirección de Agricultura y Ganadería.** Estadística de la industria algodonera en el Perú. Lima, 1916—.

Serie anual o bianual iniciada por Carlos Romero Paz. Datos sobre producción (por valles): cantidad y clase. Extensión de haciendas, área cultivada, promedio por hectárea, número de braceros, horas de labor, promedio de salario. Puertos de embarque. Exportación y cabotaje. Relación de fundos (lugar, propietarios). El título varía.

**4263.** _____. _____. _____. Estadística de la producción de trigo en el Perú. Lima, 1919—.

Serie (anual) iniciada para 1918. Cifras de producción, superficie cultivada, rendimiento por hectárea, sembrío (semilla, cantidad), consumo local, mercado para excedentes. Molinos, cantidad laborada. Importación y exportación de granos y harina (desde 1910 y 1911 respectivamente). Resúmenes por provincias y departamentos. Posteriormente desaparecen datos de consumo local, sembríos.

**4264.** _____. _____. _____. Estadística de la producción del arroz en el Perú. Lima, 1915—.

Serie (anual) iniciada para 1914. Total de producción por distritos y haciendas, extensión de éstas, área cultivada, promedio de producción, braceros, horas de trabajo, salario. Ingenios piladores: empleados, peones, salario (promedio). Se incluye y excluye importación, exportación y consumo. El título varía. Para el año inicial véase también, Carlos Romero Paz. Estadística de la industria arrocera, correspondiente al año de 1914. *Anales de la Dirección de Fomento* [Lima], abril-junio, 1915: 1-22 (3729).

**4265.** _____. _____. **Dirección de Aguas y Agricultura.** Estadística de la industria azucarera en el Perú. Lima, 1912—. Mapas.

Serie (anual) iniciada para 1911. Cantidad de caña molida, cantidad y clase de azúcar, ron y alcohol; extensión de fundos, área cultivada, promedio de azúcar por fanegada. Braceros, promedio de salario. Puertos de embarque. Exportación y consumo. El conjunto de estos datos no son uniformes, en todos los volúmenes. Varía el título de la publicación y oficina patrocinadora. Para el año inicial véase también Carlos Romero Paz. "Estadística de la industria azucarera correspondiente al año de 1911." *Anales de la Dirección de Fomento* [Lima], agosto, 1912: 52-75. (3729).

**4266.** _____. _____. **Dirección de Fomento.** Estadística agropecuaria, 1909. *En* Perú. Ministerio de Fomento. Dirección de Fomento. Boletín [Lima], v. 8, junio, 1910: 67-68.

Four fold-out tables give detailed output estimates for Ancash: by district and by crop. Livestock population by district.

## 2. General studies

**4267. Castre, Emilio.** El porvenir de la industria del jebe; su crisis actual y su desarrollo en el Perú. Lima, El Comercio, 1912. 23 p.

Resumen de la industria en el Perú. Analiza factores negativos de su desarrollo.

**4268. Duval, Alfredo.** Memoria sobre el cultivo del algodón en el Perú, presentada a la Sociedad Algodonera de Manchester. La revista de Lima [Lima], v. 3, 1861: 425-434; v. 4, 1861: 91-94, 129-136.

Estimates cotton output of Chira Valley during 1850's, puts yields at 1-2 thousand pounds per acre, urges formation of cotton haciendas pumping water from the Chira, and presents a hypothetical investment plan illustrating the profitability of cotton.

**4269. Ferrero, Rómulo A.** Orientación económica de la agricultura peruana. Lima, Banco Agrícola del Perú, 1937. 29 p., cuadros, gráficos.

Historia del desarrollo agrícola peruano. Proyecciones futuras. Caracterización de los principales tipos de agricultura (local, regional, para el consumo nacional o mundial). Cifras y gráficos sobre la producción de algodón, azúcar, cultivos de consumo y ganadería, de 1900 en adelante.

**4270. Ferreyros, Alfredo.** Generalidades sobre el cultivo e industria de la caña de azúcar en el valle de Chicama. *En* Perú. Ministerio de Fomento. Dirección de Fomento. Boletín [Lima], v. 5, noviembre, 1907: 55-71.

Brief description of each sugar hacienda, giving area, production, chemical analysis of soil, cultivation practices, and milling facilities.

**4271. Garland, Alejandro.** La industria azucarera en el Perú (1550-1895). Lima, Imprenta del Estado, 1895. 49 p.

Brief outstanding economic monograph. Historical section traces industry's expansion primarily in terms of labor supply, but includes statistics on output, exports, prices, and bank credit. For 1895, estimates from each hacienda built into national totals for output, capital, land, employment, and wage payments. Recommends improvement through technical education and new machinery; discusses Peru's competitive position in foreign markets.

**4272. González Tafur, Oswaldo B.** El cultivo de la caña de azúcar y la elaboración de azúcar y alcohol en los valles de los departamentos de Cuzco y Apurimac. Lima, Excélsior, 1928. 80 p., fotos. (Sociedad Nacional Agraria. Estación Experimental Agrícola. Informe, 10).

Técnicas de cultivo, cosecha e industrialización; mano de obra, salarios, costos de producción, transporte. Futuro de este producto. Croquis de los valles y cuadros con análisis de tierras.

**4273. Gurguerevich, Antonio.** El caucho. Lima, Ministerio de Guerra, 1944. 87 p.

Historia del caucho: problemas y consecuencias de su explotación. Situación mundial (especial examen de Sudamérica). Explotación peruana (exportación de goma 1910-40). Crisis, influencia en el Perú. Cifras de exportación y consumo mundial de jebe crudo 1910-36.

**4274. Hecq, L.** La industria lechera en los departamentos de Arequipa, Puno y Cuzco. *En* Perú. Ministerio de Fomento. Dirección de Fomento. Boletín [Lima], v. 4, abril, 1906: 1-54.

Rough estimates of agricultural output and livestock population in cited departments, along with more detailed discussion of condition of cattle herds and possible improvement.

**4275. Higginson, Eduardo.** La industria de la quinina. *En* Perú. Ministerio de Fomento. Boletín [Lima], v. 2, julio, 1904: 54-61.

Procedimientos de cultivo. Técnicas en la fábrica de sulfatos de quinina. Baja de producción peruana de la cascarilla. Precios en mercado mundial.

**4276. Klinge, Geraldo.** La industria azucarera en el Perú. Lima, Torres Aguirre, 1924. 25 p.

Historia del cultivo en el Perú. Condiciones climáticas de los diversos valles de la Costa, procedimientos de cultivo e industrialización. Exportación 1877-1923; producción del azúcar (Costa) 1911-23; gráficos de producción por valles y distribución de exportación en 1923; mapa peruano con valles y porcentaje de producción; lista de ingenios en 1923.

**4277. Lavalle y García, José Antonio de.** De agronomía nacional. Lima, Gil, 1918. 345 p., láminas, fotos.

Artículos escritos en 1908-17. Entre otros, sobre el algodón (producción, relación con la industria, plagas, cuadros estadísticos). Mejoramiento del ganado serrano. Enfermedades de plantas y animales. Mortalidad de la aves guaneras.

**4278. _____.** Las necesidades de guano de la agricultura nacional. Lima, Gil, 1916. 432 p.

Además de información técnica sobre calidad y naturaleza de los suelos, da suma y porcentaje de cultivos en los valles costeños. Datos sobre tenencia de la tierra. Un clásico de la literatura técnico-económica.

**4279. Malpica S. S., Carlos.** Crónica del hambre en el Perú. Lima, Moncloa-Campodónico, 1970. 284 p.

Interesan los capítulos 8-11 sobre la evolución de la agricultura durante el siglo XIX. Referencias muy generales sobre los sistemas de impuesto, régimen de trabajo y desarrollo de cultivos principales. Sin referencias bibliográficas.

**4280. Marie, Víctor.** La producción del algodón en el Perú. *En* Perú. Ministerio de Fomento. Boletín [Lima], v. 2, abril, 1904: 1-58.

Description of cultivation and marketing practices, with emphasis on performance of different types of cotton. Tables on cotton exports for Piura (1862-98), price and costs of exported cotton (for 1903), and cotton yields in various coastal regions. Separately published under the same title: Lima, El Lucero, 1904. 58 p.

**4281. Martinet, J. B. H.** L'agriculture au Pérou; résumé du memoire presenté au Congrès International de l'Agriculture. Paris, Société des Agriculteurs de France, 1878. 116 p.

Excellent, comprehensive survey of agriculture at the height of the Guano Age: yields (sugar cane only), tenure, land values, colonization, public works, financial institutions, wages, mechanization, government policy, public education and its career orientations, description of principal crops, and discussion of the forces of modernization.

**4282. _____.** Consideraciones generales sobre el clima y la vejetación de la costa del Perú y sobre los estudios de silvicultura en la república. Lima, Imprenta del Estado 1874. 17 p.

Política de reforestación; conveniencia de introducir el eucalipto.

**4283. Moreyra y Paz Soldán, Carlos; y Carlos Derteano.** Evolución de la agricultura nacional en el siglo XX. *En* José Pareja Paz Soldán, *ed.* Visión del Perú en el siglo XX, v. 1. Lima, Studium, 1962, p. 145-180.

Agricultural developments since 1900 by crop (sugar, cotton, rice, wheat, potatoes), institutional changes and technological innovations. Considers progress of agriculture generally satisfactory.

**4284. Otero, José G.** Información agropecuaria de la costa del Perú. *En* Perú. Ministerio de Fomento. Dirección de Fomento. Boletín [Lima], v. 4, julio, 1906: 1-48; agosto, 1906: 25-78.

General survey of coastal agriculture. First section treats irrigation, climate, land tenure, soil fertility, machinery, credit, labor supply, fertilizers. Second section on particular crops—sugar, cotton, wine grapes, maize, forage crops, lumber. Scattered use of statistics.

**4285. Oyague y Calderón, Carlos.** Contribución al estudio de la crisis del caucho en el Amazonas. Boletín de la Sociedad Geográfica de Lima [Lima], v. 29, trimestres primero y segundo, 1913: 176-213.

Export markets for rubber, including data on Peruvian exports, 1861-1907. Compares rubber production in Amazon, on Asian plantations, and by synthetic processes. Argues that despite strong competition Peruvian rubber can maintain its importance.

**4286. Perú.** Reglamento de explotaciones agrícolas en la montaña. Lima, El País, 1897. 11 p.

Normas sobre estadística agrícola, trabajo de mujeres y menores, enganche, régimen salarial de operarios.

**4287. Piel, Jean.** The place of the peasantry in the national life of Peru in the nineteenth century. Past and present [Oxford], no. 46, February, 1970: 108-133.

Survey of agrarian history, written from perspective of opposition to traditional "Creole" historiography. Discusses impact of agrarian policy in first years of republic, economic evolution of various sectors, e.g., expansion of wool trade around 1840, decadence of coastal haciendas, 1830-50, and later expansion with coolie labor. Surveys tax burdens of peasantry and rural uprisings in Puno (1867), Ancash (1886) and Huanta (1896).

**4288. Puente, José Agustín de la.** Diccionario de legislación de aguas y agricultura del Perú, con inserción de muchos datos y noticias históricas. Lima, Solís, 1885. 44 p.

Definición de términos agrícolas usados en el Perú, biografías de agricultores. Información miscelánea sobre agricultura.

**4289.** Revista de agricultura. Lima, 1875-79. 4 v.

Outstanding review of conditions in commercial agriculture, edited and largely written by J. B. H. Martinet. "Revista comercial," a regular section in early issues, contains European price quotations, foreign exchange rates, and Lima wholesale food prices. "Crónica agrícola," discusses recent developments in exports, prices, technology and immigration. Represents agricultural against mining interests. Special articles on agricultural education, coffee cultivation, "Estudio económico sobre la carestía de víveres en Lima," and "Cultivo de la caña de azúcar en el valle de Rimac." Monthly or quarterly.

**4290. Rivero, Francisco de.** Memoria, o sean apuntamientos sobre la industria agrícola del Perú y sobre algunos medios que pudieran adoptarse para remediar su decadencia. Lima, El Comercio, 1845. 71 p.

Attributes agricultural decay to despoliation of periodic civil wars. Proposes immigration and migration from the sierra, import prohibitions on wheat and rice, promotion of cotton, coffee, and other cash crops, tax relief, and irrigation, improved transport, and export promotion.

**4291. Rosenfeld, Arthur R.** La industria azucarera del Perú. Lima, La Crónica y Variedades, 1928. 31 p.

Posibilidades económicas de la costa. Instalación de estaciones experimentales. Situación azucarera (con breve historia) examinando el terreno, irrigación, mano de obra, variedades de caña, técnicas empleadas, rendimiento (toneladas, áreas, pureza, etc.). Cuadros de producción de azúcar y alcohol, 1912-24. Exportación 1915-24. Apéndice: ingenios azucareros en 1924. Número de obreros, horas de trabajo y salarios, 1912-24.

**4292. Ruth, Richard Lee.** The cotton and sugar industries of Mexico and Peru; a comparative study. Unpublished Ph.D. dissertation, University of Wisconsin, 1964. 267 p.

Descriptive survey, 1820-1960. Many statistical tables with time series amalgamated carefully from disparate sources. Lacks a framework, but useful for variety of secondary sources.

**4293. Sada, Luis.** Proyecto de la asociación para introducir y generalizar en el Perú el cultivo de la morera y del gusano de seda. Lima, Imprenta del Estado, 1870. 122 p.

Reseña histórica del cultivo. Proyectos para generalizarlo en el Perú. Estatutos de una probable Sociedad Sericícola.

**4294. Sedgwick, Tomás F.** La industria azucarera en el Perú. *En* Perú. Ministerio de Fomento, Dirección de Fomento. Boletín [Lima], v. 4, marzo, 1906: 1-91.

Brief description of sugar haciendas: location, names, labor conditions, cultivation and milling practices. Agronomical analyses and technical descriptions of various mills. Detailed data on Cartavio, including yields, 1896-1905. Reprinted as book: Lima, Imprenta del Estado, 1908. Similar

English version: *Relating to the sugar industry of Peru (with special mention of Hacienda Cartavio).* Trujillo, Haya, Verjel, 1905. 78 p.

**4295. Sociedad Nacional Agraria.** Cómo se produce el algodón en el Perú: la pequeña agricultura y el algodón. Lima, La Prensa, 1936. 259 p.

Sobre la pequeña agricultura y la producción del algodón en la costa. Examen de los impuestos que gravan la producción algodonera. Cada valle es analizado por separado.

**4296.** _____. Estatutos. Lima, 1915—.

Documentos de 1915 y modificados en los años 1921, 1926, 1928, 1931, 1941 y 1948. En 1921 se forman las "Comisiones Colaboradoras," adscritas a la producción: azucarera, algodonera, arrocera y pan llevar.

**4297.** _____. Legislación del algodón. Lima, Gil, 1937. 191 p.

Recopilación de disposiciones normativas (1915-36).

**4298.** _____. Memoria que la junta directiva . . . presenta a la asamblea general ordinaria. Lima, 1925-71.

Report on agricultural conditions and legislative developments. Authoritative and detailed statistics on cotton and sugar: production, yields, prices, by-products. Membership list. Annual. Sociedad Nacional Agraria was founded in 1915; the *Memoria* for 1925 is the earliest we have seen.

**4299.** _____. La situación actual del azúcar y los gravámenes que la afectan. Lima, Gil, 1933. 65 p.

Situación azucarera del país. Crisis del mercado mundial y los gravámenes que pesan sobre el azucar.

**4300. Sociedad Nacional de Agricultura.** La industria azucarera. Lima, 1896-98.

**4301.** _____. Boletín. Lima, 1898-1905.

**4302.** _____. El agricultor peruano. Lima, 1905-11, 1914.

Journals of major agricultural trade associations, founded as Sociedad de Agricultura y Minería in 1888, divided into two separate organizations in 1896, terminated with founding of Sociedad Nacional Agraria. Largely concerned with internal affairs of organization; articles on technical and agronomic developments, plus brief summaries of current agricultural conditions.

**4303. Solar, Emilio del.** Tierras públicas y cuestiones agrarias. Lima, La Opinión Nacional, 1918. 161 p.

Estudio histórico jurídico del problema agrario en el Perú con referencias a otras países. La agricultura como base de las industrias y del desarrollo económico nacional.

**4304. Solís, Abelardo.** Ante el problema agrario en el Perú. Lima, Impresiones y Encuadernaciones Perú, 1928. 228 p.

Con reseña histórica del problema agrario en el Perú, examina el actual con capítulos dedicados a: comunidad indígena, latifundismo, universalidad del movimiento agrario; reformas en México, Rusia, Checoeslovaquia; sugerencias para una reforma agraria peruana en base a la liquidación del latifundismo y la creación de grandes cooperativas.

**4305. Tizón y Bueno, Ricardo.** Diversas cuestiones de agrimensura legal. Lima, Centro Editorial, 1912. 14 p.

Capítulo sobre "unidades de medida" donde se consigna algunas de superficie de uso local con sus respectivos equivalentes en varas y metros.

**4306. Ugarte, César Antonio.** El problema agrario peruano. Lima, Biblioteca del Seguro Social, 1940. 73 p.

Desarrollo de la política agraria en el Perú y la "desfeudalización" de la propiedad rural. Irrigaciones, migración china, colonización de la selva. La situación agraria en cada región natural. Algunas cifras para el período pre-1930. Consideraciones sobre reforma agraria.

**4307. Valcárcel, Luis.** La cuestión agraria en el Cuzco. Cuzco, Universidad del Cuzco, 1914. 24 p.

Succinct description of types of land tenure, rural wages, problems of absentee ownership and crisis produced by sharp price decline in agricultural products. General suggestions for economic progress.

**4308. Valdez, Rafael.** Memoria de la Administración Técnica de Aguas del Valle de Carabayllo. Lima, La Equitativa, 1918. 74 p.

Descripción del Río Chillón, communidades de regantes. Catastro y estadística agrícola del valle de Carabayllo.

**4309. La vida agrícola;** revista mensual: órgano de los intereses agrícolas y ganaderos del Perú. Lima, 1924—.

Important journal of contemporary agricultural developments. Notes on cotton plagues, government production statistics, irrigation and extension developments, smoke problems from Oroya smelter, cotton and sugar prices, problems of water distribution.

**4310. Villagra, Víctor.** Producción del trigo en Cajamarca. *En* Perú. Ministerio de Fomento. Dirección de Fomento. Boletín [Lima], v. 7, junio, 1909: 16-21.

Brief description of cultivation including estimates of total output and production costs.

**See also:** 3654, 3665, 3721, 3838.

### 3. Land tenure and colonization

**4311. Barnett, Clifford R.** An analysis of social movements on a Peruvian highland hacienda. Unpublished Ph.D. dissertation, Cornell University, 1960. 230 p.

Historical review of land tenure problems in Hacienda Vicos (Ancash), disputing common view of quiescent peasantry by documenting campesino attempts to take control of hacienda in 1912, 1925, and 1946. Through archival records, traces chronic difficulties of Beneficiencia Pública in leasing hacienda. Written records supplemented by interviews with elderly vicosinos.

**4312. Bustamante Cisneros, Ricardo.** Condición jurídica de las comunidades de indígenas en el Perú. Lima, 1918. 154 p.

El proceso evolutivo de la propiedad indígena, estado actual, condición jurídica de las comunidades, las corrientes conservadoras y abolicionistas de éstas. Pide la intervención estatal. Constitución de la pequeña propiedad en desmedro de las comunidades.

**4313. Chaplin, David.** Industrialization and the distribution of wealth in Peru. Studies in comparative international development [St. Louis, Mo.], v. 1, 1967-68: 55-66.

Measures concentration of land ownership with Lorenz curves and concentration ratios, using data from *Matrícula de contribuyentes* (3990), 1926-30. Concludes that industrialization is closely related to increase in inequality of wealth and income.

**4314. Chevalier, François.** Témoignages littéraires et disparités de croissance: l'expansion de la grande propriété dans le Haut-Pérou au XXᵉ siècle. Annales; economies, sociétés, civilisations [Paris], v. 21, juillet-août, 1966: 815-831.

Survey of scattered evidence on latifundium expansion in first decades of this century. Process involved enclosure of common land to utilize new opportunities of production for Lima and foreign markets. Draws on novel by Arguedas *(Yawar Fiesta)* on region around Puquio, and on census statistics plus earlier scholarly works to trace expansion of haciendas in department of Puno.

**4315. Delgado, Julio M.** Organización de la propiedad rural en la sierra. Lima, Excélsior, 1930. 69 p.

Síntesis muy útil sobre el sistema de tenencia en la sierra. Información sobre régimen laboral, sistemas de crédito y organización empresarial. Apéndice selectivo de legislación agraria republicana.

**4316. Favre, Henri.** Evolución y situación de las haciendas en la región de Huancavelica, Perú. Revista del Museo Nacional [Lima], v. 33, 1964: 237-257.

Brief history and description of present structure of haciendas in Huancavelica. Republican period characterized by alternating periods of consolidation and disintegration of haciendas, with profound changes in ownership during Oncenio of Leguía. Reprinted in: Henri Favre, *et al. La hacienda en el Perú.* Lima, Instituto de Estudios Peruanos, 1967, p. 237-257.

**4317. Ferrero, Rómulo A.** Tierra y población en

el Perú: la escasez de tierras cultivadas y sus consecuencias. Lima, Rimac, 1938. 30 p. (Banco Agrícola del Perú).

Análisis de la relación tierra-hombre, basado, principalmente, en la *Estadística agropecuaria de 1929* (4261). Consecuencia de la escasez en tierras. Cuadros y gráficos de importaciones, 1932-37.

**4318. Gamio, Luis M.** Catastro agrícola y urbano del Perú. Lima, 1934-37.

Propietarios, extención de los fundos y breve historia de los principales. Acerca de cada fundo da nombre del propietario, antecedentes históricos, superficie, hidrografía, cultivos, maquinaria empleada y administración. Valles de Huaral, Chancay, Huacho, Sayán, Supe, Barranca, Pativilca. El número 4 dedicado al catastro comunal e indígena de la provincia de Chancay.

**4319. Klaren, Peter F.** La formación de las haciendas azucareras y los orígenes del APRA. Lima, Moncloa-Campodónico, 1970. 214 p.

Outstanding study which finds origins of APRA in economic change within northern Peru. First half analyzes this change: concentration of rural property, especially in Valley of Chicama, disappearance of small independent farmers, rise of rural proletariat. English version: *Modernization, dislocation, and aprismo; origins of the Peruvian Aprista party, 1870-1932.* Austin, University of Texas, 1973. 189 p.

**4320. Matos Mar, José.** Las haciendas del valle de Chancay. Revista del Museo Nacional [Lima], v. 33, 1964: 283-395.

Historical survey of origin and evolution of haciendas from conquest to the present in one Peruvian valley. Republican period characterized by consolidation of haciendas and their growing economic power in twentieth century, along with technical modernization and influx of successful Chinese and Japanese farmers. Reprinted in: Henri Favre, *et al. La hacienda en el Perú.* Lima, Instituto de Estudios Peruanos, 1967, p. 283-395.

**4321. Perú. Dirección de Obras Públicas.** Leyes y resoluciones referentes a terrenos de montaña. Lima, Imprenta del Estado, 1895. 71 p.

Recopilación selectiva (1824-92).

**4322. Ponce de León, Francisco.** Formas de arrendamiento de terrenos de cultivo en el departamento de Cuzco y el problema de la distribución. Revista universitaria; órgano de la Universidad del Cuzco [Cuzco], 1917: 40-49; 1918: 40-51.

Important as a pioneering study of land tenure. Describes three basic types of land rental, in money, in work and in kind, also relationships between landowner and tenants. Little data on particular cases. Republished as: "Sistemas de arrendamiento. . . ." *En* Francisco Ponce de León. *Al servicio de los aborígenes peruanos.* Cuzco, D. Miranda, 1946, p. 20-46.

**4323. Tamayo, Augusto E.** Informe sobre las

colonias de Oxapampa y Pozuzo y los ríos Palcazu y Pichis. Lima, Imprenta Liberal Unión, 1904. 138 p.

Descripción de la zona, con referencias a viajes y ocupaciones en diferentes épocas. Situación socio-económica de las colonias. Pozuzo, su desenvolvimiento, demografía, 1895-1901. Lotes y haciendas de la zona recorrida.

**See also:** 3865.

## 4. Inputs

**4324. Adams, George I.** Caudal, procedencia y distribución de aguas en Tumbes, Piura y Lambayeque. *En* Perú. Cuerpo de Ingenieros de Minas. Boletín [Lima], núm. 40, 1906. 58 p.

**4325.** _____. Caudal, procedencia y distribución de aguas de los departamentos de Lima e Ica. *En* Perú. Cuerpo de Ingenieros de Minas. Boletín [Lima], núm. 37, 1906. 94 p.

**4325a.** _____. Caudal, procedencia y distribución de aguas de La Libertad y Ancash. *En* Perú. Cuerpo de Ingenieros de Minas. Boletín [Lima], núm. 40, 1906. 58 p.

**4326.** _____. Caudal, procedencia y distribución de aguas en los departamentos de Arequipa, Moquegua y Tacna. *En* Perú. Cuerpo de Ingenieros de Minas. Boletín [Lima], núm. 45, 1906. 61 p.

Reports on water resources covering four coastal regions: existing and proposed irrigation works, supplies of potable water, and hydrological conditions. Estimates of area under cultivation, by valley. Good maps based on Raimondi.

**4327.** Agricultura nacional: manual práctico para el cultivo y beneficio de la caña de azúcar en el Perú. Lima, La Académica, 1906. 115 p.

Métodos, técnicas y costos por fanegada.

**4328. Alfaro y Lariva, Manuel de.** Tratado teórico práctico de agricultura, seguido de los reglamentos de aguas de los valles de Lima y Chancay. Lima y París, casa del autor, [187-?]. 284 p.

First half a practical guide on planting and cultivating various crops. Second half reprints a verbose colonial treatise on water distribution by Ambrosio Cerdán. Value lies in insights on contemporary agricultural technology.

**4329. Compañía Administradora del Guano.** Informe sobre el abaratamiento de las legumbres. Lima, Gil, 1917. 19 p.

Estudio técnico-económico. Distribución del área agrícola por cultivos. Volumen, costos y precios de comercialización. Recomendaciones técnicas para elevar la productividad.

**4330. Constanzo, José A.** Memorias presentadas

al Directorio de la Empresa Agrícola de Palpa Ferrocarril y Muelle de Chancay. Lima, La Voce d'Italia, 1908. 15 p.

Util como testimonio de las operaciones de una empresa agrícola "moderna" a principios del siglo.

**4331. Guimaraes, E. de.** Servicio de aguas en la provincia de Trujillo. *En* Perú. Ministerio de Fomento. Boletín [Lima], v. 1, diciembre, 1903: 89-107.

Annual report of *juez de aguas* in Trujillo. Reports water shortage on haciendas exacerbated by uncontrolled use of water by sierra haciendas in same basin. Discusses distribution of water among coastal haciendas.

**4332. Larco Herrera, Rafael.** Aprovechamiento de las aguas del subsuelo en la costa del Perú. Lima, C. F. Southwell, 1923. 43 p., fotos.

Breve introducción histórica de condiciones agrícolas de la costa. Aprovechamiento de aguas subterráneas desde 1906 en Chiclín. Técnicas de construcción. Ensayos de aprovechamiento en Jequetepeque y Lambayeque. Economía de pozos. Mayores beneficios en producción azucarera.

**4333. McMicken, Kenneth B.** Memoria sobre el cultivo del algodón en el valle de Cañete. Lima, La Vida Agrícola, 1929. 35 p.

Harsh critique of cultivation methods in Cañete by manager of Arizona cotton plantations, concerning irrigation, use of machinery, tillage, fertilizers, etc. Emphasizes excessive reliance on traditional practices.

**4334. Marie, Víctor.** El cultivo del algodón en el Perú. Lima, Imprenta del Boletín de Ciencias, 1919. 74 p.

Curso en la Escuela de Ingenieros; particularidades del cultivo por valles.

**4335. Moreno, Federico.** Las irrigaciones de la costa. Lima, Imprenta del Estado, 1900. 226 p.

Important source of data on agricultural conditions. Statistics on sugar, cotton, corn and other crops, comparisons with other Latin American countries. Scattered data on foreign trade in agricultural products, 1820-1900. Irrigation works projected or in progress, by department, with budgets and calculations of land values after irrigation.

**4336.** Proyecto de irrigación con el río de la Chira en la Provincia de Piura, promovido por el sr. d. Domingo Elias. . . . Lima, El Comercio, 1852. 2 v.

Series of Senate speeches plus lengthy study by Santiago Távara, all in opposition to the project. Távara's study touches on the history and current condition of Piurana agriculture and offers estimates of anticipated costs and benefits, using land prices in valleys around Lima for part of argument.

**4337. Rodríguez Dulanto, Martín Abraham.**

Agricultura nacional. Lima, La Industria, 1904. 48 p.

Resume la enseñanza agrícola en el Perú. Climas y suelos de la costa peruana. Técnicas empleadas por los agricultores nacionales.

**4338. Rosell, Ricardo García; y Federico Moreno.** La irrigación de la costa peruana. Lima, J. Masías, 1893. 71 p.

Especificación por provincias de los diversos proyectos de irrigación, especificando costos y extensión de tierras. Cifras sobre la agricultura en los valles del norte. También publicado como "La irrigación de la costa del Perú." *Boletín de la Sociedad Geográfica de Lima* [Lima], v. 3, 1893: 121-189.

**4339. Spruce, Richard.** Notes on the valleys of Piura and Chira, in northern Peru, and on the cultivation of cotton therein. London, Her Majesty's Stationery Office, 1864. 81 p.

Primarily botanical, with descriptions of cultivation practices, technology and irrigation of cotton. Some data on wages, total costs, and exports.

**4340. Sutton, Carlos W.** La economía agraria y la irrigación en el Perú. Revista económica y financiera [Lima], agosto, 1929: 27-52.

Argues that irrigation policy under *civilista* governments was "científica," but benefit captured by large haciendas through control of water rights, land titles, and exploitative labor practices. Contrasts this with "agrarian" policy of Leguía, which encouraged small-scale coastal agriculture. Describes irrigation-colonization projects of Cañete and Lambayeque. English version "Land economics and reclamation in Peru." *Journal of land and public utility economics* [Chicago], November, 1929: 370-384.

**4341. _____.** Estudio de un proyecto para irrigar el valle de Ica. *En* Perú. Boletín del Cuerpo de Ingenieros de Minas. Boletín [Lima], núm. 28, 1905. 48 p.

**4342. _____.** El problema de la irrigación del valle de Ica. *En* Perú. Cuerpo de Ingenieros de Minas. Boletín [Lima], núm. 56, 1907. 33 p.

**4343. _____.** La irrigación del valle de Ica. *En* Perú. Cuerpo de Ingenieros de Minas. Boletín [Lima], núm. 79, 1913. 196 p.

Two preliminary proposals and a final project, containing detailed budgets for a series of proposed irrigation works. Final report includes list of haciendas, their size, and value and quantity of various products (alcohol, wine, cotton, vegetables) for 1898-1907.

**4344. _____.** El problema de la irrigación en el valle de Chicama. *En* Perú. Cuerpo de Ingenieros de Minas. Boletín [Lima], núm. 101, 1921. 110 p.

Detailed description of irrigation system in Chicama valley and its shortcomings. Surveys laws and regulations concerning irrigation and gives sugar cane output statistics.

**4345. United States. Bureau of Foreign and Domestic Commerce. Department of Commerce.** Foreign markets for irrigation machinery and equipment. . . . Washington, Government Printing Office, 1929. 156 p. (Trade promotion series, 73).

Catalog of irrigation works in operation. Section on Peru: p. 39-44.

**4346. Valdizán, Hermilio.** Víctor Larco Herrera: el hombre, la obra. Santiago de Chile, Nascimento, 1934. 201 p.

Laudatory but useful biography of founder of sugar empire near Trujillo around turn of century. Sketches in broad outline development of Larco's Roma plantation.

**4347. Vanderghem, Jorge.** Lecciones de tecnología azucarera. Lima, Imprenta Mercantil, 1907. 147 p.

Procedimientos técnicos de elaboración del azúcar. Producción de azúcar de caña 1896-1907.

**4348. Venturo, Pedro C.** Estudio de los ríos Chicama y Moche. S.l., [1908?]. 127 p.

Study of water flow and distribution to various haciendas, made in response to complaints that sierra haciendas were drawing water excessively. Recommends means for improved distribution. Consulted copy in Biblioteca Nacional, Lima had no cover.

**See also:** 3808, 3809, 3810, 4216, 4544.

## 5. Prices, profitability

**4349. Aspillaga Anderson, Ismael.** La industria azucarera peruana. Lima, E. Rosay, 1926. 91 p.

En favor de la industria azucarera, afectada por crisis de precios.

**4350. Eguiguren, Víctor.** Estudios sobre la riqueza territorial de la provincia de Piura. Boletín de la Sociedad Geográfica de Lima [Lima], v. 4, 1895: 143-176.

Discusses profitability of harvesting algarrobos, growing cotton and developing irrigation projects. Analyzes estimates of land prices. Careful use of scattered statistical estimates.

**4351. Lavalle y García, José Antonio de.** La producción del algodón en el Perú. *En* Perú. Ministerio de Fomento. Dirección de Fomento. Boletín [Lima], v. 9, abril, 1911: 1-22.

Productividad del algodón del Perú, según variedades. Rendimiento en la fábrica de aceite, fibra, semilla y torta de semilla (1903-09). Datos sobre costo de producción.

## 6. Governmental policy

**4352.** Agricultura nacional: la industria arrocera del Perú ante los poderes públicos. Lima, Torres Aguirre, 1898. 35 p.

Contra el proyecto de ley que reduce a la tercera parte el derecho de la importación del arroz extranjero. Datos sobre la producción arrocera y la economía nacional.

**4353.** Exposición que los productores de azúcar hacen al Congreso con motivo del proyectado impuesto de exportación. Lima, J. Masías, 1889. 14 p.

Contra el proyecto. Cifras de producción después de la guerra con Chile. Variaciones de precios. Situación general de la industria azucarera.

**4354. Patrón, Pablo.** Memoria sobre el cultivo del trigo en la costa del Perú. Lima, La Industria, 1901. 62 p.

Historia de su cultivo y comercialización desde la época colonial. De particular interés las disposiciones municipales y del gobierno central sobre la importación de trigo chileno y la elaboración del pan.

**4355. Perú. Ministerio de Fomento.** La crisis de azúcar: informe de la comisión oficial. Lima, Torres Aguirre, 1902. 34 p.

Suggestions for improving competitive position of sugar industry: abolish taxes on sugar, promote immigration, establish agricultural schools, reduce costs of transport and conclude commercial treaties with United States, Japan and Latin American countries. Members of the commission: Antero Aspíllaga, Augusto B. Leguía, and Alejandro Garland.

**4356. Tizón y Bueno, Ricardo.** Consolidación de enfiteusis: estudio técnico de la ley del 7 de noviembre de 1911. 3. ed. Lima, Centro Editorial, 1912. 23 p., tablas.

Ley y Reglamento de enfiteusis. Fórmulas, tablas de cálculo y formularios para la evaluación enfitéutica.

**4357. Ulloa Sotomayor, Alberto.** Lineamientos de la legislación rural. Lima, La Prensa, 1914. 149 p.

Necesidad de una legislación agrícola. Examina las normas legales dadas por los diferentes gobiernos.

See also: 3874.

# VIII. Industry: Factory and Artisan

## 1. Statistical sources

**4358. Hohagen, Jorge.** Las industrias en el Perú. *En* Perú. Cuerpo de Ingenieros de Minas. Boletín [Lima], núm. 114, 1936. 122 p.

Industrial statistics for 1918 and 1933, with number of establishments, labor force, wage bill, input costs, value of output and invested capital. Detailed classification of industries. For selected industries, assembles data on imports, production, prices, consumption. Special sections on telephones, electric power, fishing industry.

**4359. Jiménez, Carlos P.** Estadística industrial del Perú. Cuerpo de Ingenieros de Minas. Boletín [Lima], núm. 105, 1922. 215 p.

Very important source of data on Peruvian industry, 1910-20. Lists names of factories and owners by department, with location, capital, types of machinery, product prices, wages, labor force (including sex ratio), and exports. Domestic consumption figures.

See also: 4202, 4205.

## 2. General studies

**4360. Bowers, Martha-Belle.** The dawn of manufacturing in Peru. Unpublished M.A. thesis, University of Chicago, 1946. 141 p., biblio.

Detailed survey of industrial development in Peru from 19th century to 1940's. Special emphasis on early 20th century, main sources being Garland's *Reseñas* (3715, 3730) and Dunn's *Handbook* (3741). Short histories of individual plants, with dates of founding, names of owners, machinery and financial condition.

**4361. Casanova, Juan Norberto.** Ensayo económico-político sobre el porvenir de la industria algodonera fabril del Perú, y demostración de las ventajas que puede tener a su favor sobre la de los Estados Unidos de Norte-America e Inglaterra, mediante la debida protección del gobierno a la cual es acreedora. Lima, J. Masías, 1849. 127 p.

Optimistic survey of prospects for textile industry. Sees Peruvian comparative advantage over U.S. and England in quality of raw material and water power. Peruvian wages compared with those of other countries. Development urged through subsidies and patents; strongly opposed to import prohibitions. Final chapter describes Peru's first textile factory, in which author was manager and shareholder. Purchase of machinery, physical layout, appeal to government for exclusive privileges of production, work rules.

**4362. Hohagen, Jorge.** Industrias nuevas que se pueden implantar en el país. Lima, La Opinión Nacional, 1919. 41 p.

Diversos proyectos, entre ellos uno de pesca.

**4363. Rippy, J. Fred.** The dawn of manufacturing in Peru. Pacific historical review [Berkeley-Los Angeles], v. 15, June, 1946: 147-157.

Surveys early industrial development, especially 1920-40, from secondary sources. Lacks framework.

**4364. Sociedad Nacional de Industrias.** El Perú industrial. Lima, Incazteca, 1924. 145 p., photos.

Includes brief financial history of Peru by Ugarte. Major portion describes specific industries and companies. Also directory of Peruvian industry, classified by department and by activity. Much solid information.

**4365. Thorp, Rosemary; and [I.] Geoff Bertram.** Industrialization in an open economy: a case study of Peru 1890-1940. 1974. 38 p., mimeo.

Emphasizes changes in tariffs and exchange rates as key factors explaining early progress in industrialization. Careful reworking of statistics and survey of secondary sources support conclusion of rapid industrialization in 1890's, followed by slowdown from 1900 to 1930. Slowdown attributed to gradual loss of protection from import competition.

**4366. United States. Bureau of Foreign and Domestic Commerce. Department of Commerce.** Shoe and leather trade in Argentina, Chile, Peru and Uruguay. Washington, Government Printing Office, 1910. 72 p. (Special agents series, 37).

**4367.** _____. _____. _____. Cotton goods in Latin America; part IV. Washington, Government Printing Office, 1911. 117 p. (Special agents series, 44).

**4368.** _____. _____. _____. South America as an export field. Washington, Government Printing Office, 1914. 214 p. (Special agents series, 81).

**4369.** _____. _____. _____. Lumber markets of the west and north coasts of South America. Washington, Government Printing Office, 1916. 149 p. (Special agents series, 117).

**4370.** _____. _____. _____. Markets for machinery and machine tools in Peru, Bolivia, and Chile. Washington, Government Printing Office, 1916. (Special agents series, 118).

**4371.** _____. _____. _____. Paper, paper products, and printing machinery in Peru, Bolivia, and Ecuador. Washington, Government Printing Office, 1917. 77 p. (Special agents series, 143).

**4372.** _____. _____. _____. Market for boots and shoes in Peru. Washington, Government Printing Office, 1917. 89 p. (Special agents series, 152).

**4373.** _____. _____. _____. Electrical goods in Ecuador and Peru. Washington, Government Printing Office, 1917. 50 p. (Special agents series, 154).

**4374.** _____. _____. _____. Textile markets of Bolivia, Ecuador, and Peru. Washington, Government Printing Office, 1918. 106 p. (Special agents series, 158).

**4375.** _____. _____. _____. Construction materials and machinery in Chile, Peru, and Ecuador. Washington, Government Printing Office, 1919. 204 p. (Special agents series, 175).

**4376.** _____. _____. _____. Furniture markets of Chile, Peru, Bolivia, and Ecuador. Washington, Government Printing Office, 1919. 165 p. (Special agents series, 176).

**4377.** _____. _____. _____. Advertising methods in Chile, Peru, and Bolivia. Washington, Government Printing Office, 1919. 56 p. (Special agents series, 185).

**4378.** _____. _____. _____. Jewelry and silverware in Chile, Bolivia and Peru. Washington, Government Printing Office, 1919. 115 p. (Special agents series, 187).

**4379.** _____. _____. _____. Peru as a lumber market. Washington, Government Printing Office, 1922. 15 p. (Supplement to Commerce reports. Trade information bulletin, 56).

**4380.** _____. _____. _____. The cotton industry of Peru. Washington, Government Printing Office, 1923. 17 p. (Supplement to Commerce reports. Trade information bulletin, 95).

**4381.** _____. _____. _____. Petroleum industry and trade of Peru and Ecuador. Washington, Government Printing Office, 1924. 26 p. (Supplement to Commerce reports. Trade information bulletin, 178).

**4382.** _____. _____. _____. Electrical development and guide to marketing of electrical equipment in Peru. Washington, Government Printing Office, 1927. 29 p. (Supplement to Commerce reports. Trade information bulletin, 508).

**4383.** _____. _____. _____. Peru as a lumber market. Washington, Government Printing Office, 1928. 24 p. (Supplement to Commerce reports. Trade information bulletin, 539).

**4384.** _____. _____. _____. Flour markets of South America. Washington, Government Printing Office, 1928. 54 p. (Supplement to Commerce reports. Trade information bulletin, 570).

**4385.** _____. _____. _____. Peruvian markets for American hardware. Washington, Government

Printing Office, 1916. 64 p. (Miscellaneous series, 39).

**4386.** _____. _____. _____. Wearing apparel in Peru. Washington, Government Printing Office, 1918. 65 p. (Miscellaneous series, 75).

**4387.** _____. _____. _____. Trading under the laws of Peru. Washington, Government Printing Office, 1930. 136 p. (Trade promotion series, 98).

Economic and market surveys intended to serve North American exporters. Emphasize trade statistics, European competition, commercial practices. Surveys of existing domestic industry: technology, wages and living conditions. Highly detailed, many statistics. Textile surveys include cotton growing.

See also: 3807.

## 4. Governmental policy

**4388.** Artesanos. Lima, Monterola, [1859?]. 15 p.

Gestiones ante el gobierno por los gremios de Lima, planteando se prohiba la importación de artículos manufacturados, por la competencia hecha a los nacionales. Gremios piden protección a la industria nacional y establecimiento de escuelas de artes y oficios, para contar con mano de obra calificada capaz de competir con la extranjera.

**4389. Elmore, Alberto A.** Legislación sobre privilegios industriales. Lima, F. Masías, 1885. 17 p.

Exposición, crítica y proyectos de reformas del sistema vigente.

**4390.** Exposición de los motivos para que no se lleve adelante el decreto 10 de diciembre 1865 sobre derechos de trigos y harinas. Lima, El Progreso, 1867. 32 p.

Evaluation of tariff protection for Peruvian flour milling. Cost comparisons for milling imported wheat versus importing flour.

**4391. Perú. Congreso. Cámara de Diputados. Comisión de Hacienda.** Dictamen de la Comisión de Hacienda de la Cámara de Diputados sobre las representaciones de los gremios de Lima y Callao. Lima, Alforo, 1859.

Commission on workers' riots in Lima and Callao. Admits cause for protests in inability of Peruvian manufactures to compete with imports, consequent unemployment. Opposed to increased protection, advocates instead improved training and credit for artisans.

**4392. Silva Santisteban, José.** Breves reflexiones sobre los sucesos ocurridos en Lima y el Callao con motivo de la importación de artefactos. Lima, José Sánchez, 1859. 63 p.

Supports free trade in reaction to workers' riots against imports of manufactures. Advocates lower tariffs on textile raw materials to increase effective protection, also on food imports to increase real income of workers. Deplores low skill levels of Peruvian artisans. Proposes improved training, credit, and other measures.

# IX. Extractive Industry

## 1. Statistical sources

**4393. Llosa, Manuel B.** La industria del carbón en el Perú. *En* Perú. Cuerpo de Ingenieros de Minas. Boletín [Lima], núm. 109, 1932. 111 p.

Important source for coal industry, with statistical tables on production (1903-31), numbers of workers and wages (1926-31), production costs, tariffs, import and export figures for coal and coke (1918-31), and consumption statistics.

**4394. Perú. Dirección de Administración.** Estadística de las minas de la República del Perú en 1878. Lima, Imprenta del Estado, 1879. 255 p.

Highly detailed, often contradictory, mining statistics, assembled from *padrones* of the Ministerio de Hacienda and questionnaires sent to local prefects. One set of *padrones* gives names and locations of all working mines. Another set is less complete, but lists name of owner, number of workers, and assay of ore for both active and abandoned mines. No estimates of output or wage levels. Signed by Manuel A. Fuentes.

**4395.** _____. **Ministerio de Fomento.** Estadística minera del Perú. Lima, 1903-30. Gráficos, cuadros.

Serie anual iniciada por el *Boletín del Cuerpo de Ingenieros de Minas* (1903-22) (4430) y continuada por el *Boletín Oficial de Minas y Petróleo* (1924-30) (4432). Diversos títulos y autores. Cifras de producción de cada mineral, por provincias y departamentos. Resumen anual. Mayores detalles para el oro, plata, cobre, petróleo, plomo (con algunas cifras desde mediados del siglo XIX). Exportación por destinos. Impuestos desde 1915. Mano de obra. Accidentes. Oficinas. Instalaciones. Amonedación. Cotizaciones mensuales. Desde 1924 agrupados: metálicos, combustibles, sustancias no metálicas.

**4396.** _____. _____. Padrón general de minas. Lima, 1878—.

Serie iniciada por el Ministerio de Hacienda en 1878, resumida aproximadamente en 1887 como semestral, transferida al Ministerio de Fomento al ser creado éste en 1896. Primeros volúmenes contienen: número de minas por departamentos, indicando productos y estado. Posteriormente: propietarios; minas denunciables; recuperables; adeudos; clase de minas; dimensiones; contribución; pertenencias petrolíferas (por separado); concesiones de aguas (usos industriales y mineros); nacionalidad de mineros (comprobada). Resumen de contribución minera. Alcances. Apéndice con dispositivos legales.

**4397. Soetbeer, Adolf.** Edelmetall-Produktion .... Gotha, J. Perthes, 1879. 141 p.

Estimates of gold and silver production for every country and every year, 1500-1875. P. 65-70 deal with Peru; lists sources (most secondary), discusses estimating problems, and assembles estimates. Only primary source used are reports of German consuls.

## 2. General studies

**4398.** Anales de construcciones civiles y de minas del Perú. Lima, 1880-87. 6 v. Segunda serie, 1901. 1 v.

Yearbook devoted mostly to surveys of mining districts, including descriptions of mining and smelting practices and problems, wage rates, labor productivity and cost analysis. Articles of interest follow:

**4398a.** **Mauricio de Chatenet.** Estado actual de la industria minera en el Cerro de Pasco. V. 1, 1880. 127 p.

**4398b.** **Estevan Delsol.** Memoria sobre las minas del departamento de La Libertad. V. 1, 1880. 85 p.

**4398c.** **Leonardo Pflucker y Rico.** Apuntes sobre el distrito mineral de Yauli. V. 3, 1883. 78 p.

**4398d.** **Mauricio du Chatenet.** Estudio sobre explotación y beneficio de los minerales del departamento de Ancash. V. 3, 1883. 44 p.

**4398e.** **Pedro Félix Remy.** Tratamiento metalúrgico por fusión empleado en el interior del Perú para los minerales de plata sulfurados. V. 3, 1883. 12 p.

**4398f.** **Ramón de La Fuente.** Legislación de minas del Perú. V. 3, 1883. 58 p.

**4398g.** **Pedro Félix Remy.** Estado actual de la minería en el distrito de Yauli. V. 6, 1887. 60 p.

**4398h.** **Juan Torrico y Mesa.** Breves apuntes sobre el asiento mineral de Huallanca. V. 6, 1887. 31 p.

**4398i.** **Teodorico Olaechea.** Apuntes sobre el departamento de Apurimac. V. 6, 1887. 57 p.

This study tends toward the geographical and botanical, but still includes much information on mines.

**4398j.** **Michel Fort.** Asiento mineral de Cerro de Pasco. V. 1, segunda serie, 1901. 164 p.

Includes annotated bibliography.

**4398k.** **Juan Torrico y Mesa.** Memoria acerca de las riquezas minerales de la provincia de Cajatambo. V. 1, segunda serie, 1901. 70 p.

**4399.** **Babinski, Alejandro.** Breve relación sobre las minas de oro de Montesclaros, Palmaderas y Huayllura presentada por el ingeniero de minas . . . . Lima, Imprenta Liberal, 1883. 25 p.

Incluye un estudio de minas de cobre y plata con cálculos de inversión y rentabilidad.

**4400.** _____. Informe sobre el Cerro de Pasco presentado a la Junta Central de Ingenieros. Lima, Imprenta del Teatro, 1876. 48 p.

General description lacking economic perspective but containing useful discussion of mining techniques and water control. Also lists of mines, estimates of metallic content, good maps.

**4401.** **Basadre G., Carlos.** El Perú y su minería. Lima, Torres Aguirre, 1929. 55 p.

La minería desde la época pre-hispánica hasta 1928, en forma sucinta. Apéndice: estadística del valor de la producción minera en 1903-28.

**4402.** Boletín de minas, industria y construcciones. Lima, 1885—.

Monthly until 1904, later published irregularly by the Escuela de Ingenieros. Contains short articles on mining, metalurgy, and industrial conditions, also commercial statistics and texts of various laws and decrees.

**4403.** **Borax Consolidated, Ltd.** Memorial presentado al Congreso del Perú por la Borax Consolidated, Ltd. Lima, Enrique Rávago, 1928. 25 p.

Historia de la Compañía y de la explotación de los boratos en el mundo. Contra el aumento del canon y la derogatoria de las leyes privadas de los denuncios. Anexo de artículos sobre borato.

**4404.** **Broggi, Jorge A.** La industria carbonera en el centro del Perú. *En* Perú. Ministerio de Fomento. Dirección de Minas y Petróleo. Síntesis de la minería peruana en el centenario de Ayacucho. Lima, Torres Aguirre, 1927, v. 2, parte II. 83 p., fotos.

Sumaria histórica. Características generales de explotación, con cifras globales para 1923. Producción por mina 1911-23, análisis de calidad de carbón, estimados de reservas. Mapa de la Cuenca Carbonera del Centro.

**4405.** **Casós, Fernando.** La minería y la agricultura al punto de vista del progreso. Lima, El Comercio, 1876. 185 p.

Optimistic view of progress possible through 3% tax on silver, sugar, rice and wine production, using tax for investments. Rough production estimates for the four products; also silver received by Casa de Moneda, 1786-1850. Includes reports by other authors: Izcue on mining, Babinski on Cerro de Pasco, other reports on mining in Cerro de Pasco, Huallanca and Recuay. Tabulation of mining haciendas at Cerro, showing owner, energy source, and number or workers. Also negotiations with Meiggs over Cerro de Pasco, prefects' report on economic conditions in Ayacucho, Cajamarca, Tarapacá and Libertad, statistics on sugar production in Valley of Trujillo.

**4406. Compañía Salinera del Perú.** Memoria del Directorio. Lima, 1897-1929.

Serie semestral. Estado general de esta industria. Organización. Exportación. Anales de los departamentos con cifras de ingreso y egreso. Anexos: cuadros de recaudación por lugares y salinas. Disposiciones legales. Contratos.

**4407. Dávalos y Lisson, Pedro.** La industria minera. El Ateneo [Lima], v. 4, 1901: 35-117.

Authoritative review of 19th-century mining history. Emphasis given to attempted technical improvements at Cerro de Pasco, but other districts also described. Focus on obstacles that kept mining sector stagnant throughout century. Production and export statistics for recent years.

**4408. Davelouis, Héctor.** Informe que el que suscribe eleva a la consideración de los poderes legislativo y ejecutivo, sobre el estado actual de la minería en el Perú. Lima, Huerta, 1863. 23 p.

Deplores situation in mining industry and urges government intervention. Emphasizes decay of mining in Huancavelica caused by competition of newly discovered California mines. Proposes establishment of a school of mining engineers.

**4409. Denegri, Marco Aurelio; y Carlos E. Velarde.** Informes de la Comisión del Cerro de Pasco. *En* Perú. Cuerpo de Ingenieros de Minas. Boletín [Lima], núm. 16, 1904. 27 p.

**4410. Velarde, Carlos E.** Informe anual presentado por la Comisión del Cerro de Pasco. *En* Perú. Cuerpo de Ingenieros de Minas. Boletín [Lima], núm. 23, 1905. 49 p.

**4411. Gastelumendi, A. C.** Informe anual sobre la labor de la Comisión del Cerro de Pasco durante el año 1907. *En* Perú. Cuerpo de Ingenieros de Minas. Boletín [Lima], núm. 61, 1908. 67 p.

**4412. Velarde, Carlos E.** Reglamentaciones mineras para el Cerro de Pasco. *En* Perú. Cuerpo de Ingenieros de Minas. Boletín [Lima], núm. 30, 1905. 61 p.

**4413. Gastelumendi, A. C.** Informe anual de la Comisión Minera del Cerro de Pasco. *En* Perú. Cuerpo de Ingenieros de Minas. Boletín [Lima], núm. 74, 1909. 50 p.

Reports include output figures by individual smelter, describe techniques, list accidents and their causes, survey mining laws and reglamentos, and summarize commission's work in delineating mining claims.

**4414. Deustua, Ricardo A.** El petróleo en el Perú.

Lima, Imprenta Americana, 1921. 176 p. Suplemento. Lima, Imprenta Americana, 1922. 61 p.

Descriptive survey of Peruvian petroleum industry, including short history, legislation, and technical aspects. Useful production and refining statistics. Appendix and supplement contain official documents.

**4415. Garland, Alejandro.** La industria del petróleo en el Perú en 1901. *En* Perú. Cuerpo de Ingenieros de Minas. Boletín [Lima], núm. 2, 1902. 14 p.

Breve reseña de la explotación petrolífera. Datos de producción (según las compañías que operan), trabajadores y jornales.

**4416. Gibb, George Sweet; and Evelyn H. Knowlton.** The resurgent years 1911-1927: history of Standard Oil Company (New Jersey). New York, Harper, 1956. 754 p.

Based on company records, sections on Peru (p. 94-105, 366-369) are sympathetic to International Petroleum Company (IPC), but reveal clearly the pressures exerted against Peru during 1915-18 negotiations: curtailment of production, withdrawal of tankers serving Lima. Describes accommodations between IPC and Leguía.

**4417. Herndon, William Lewis; and Lardner Gibbon.** Exploration of the valley of the Amazon, made under the direction of the Navy Department. Washington, R. Armstrong et al., Public Printer, 1853-54. 2 v.

One of the most useful of economic descriptions written by foreign travelers during the 19th century. Contains careful description of the patio method for reducing silver ore, also general description of Cerro de Pasco, emphasizing water control problems. Also describes agriculture in Chanchamayo and mining conditions around Puno. Published for the U.S. House of Representatives and Senate.

**4418. Jiménez, Carlos P.** Reseña histórica de la minería en el Perú. *En* Ministerio de Fomento. Dirección de Minas y Petróleo. Síntesis de la minería peruana en el centenario de Ayacucho. Lima, Torres Aguirre, 1924, v. 1, p. 1-71.

Visión integral hasta 1923, según los períodos de la historia peruana. La república en tres etapas: 1821-84, con estadísticas de producción de oro y plata, exportación de salitre (por decenios 1830-79); 1885-1902, con énfasis en la producción de boratos (1891-1902). Para 1902-23 con examen individualizado de los minerales y respectivos cuadros de producción.

**4419. Jochamowitz, Alberto.** El problema petrolífero del Perú. *En* Perú. Cuerpo de Ingenieros de Minas. Boletín [Lima], núm. 125, 1939. 131 p.

Short historical survey of oil industry in Peru, followed by analysis of three oil companies: International Petroleum Company, Lobitos, and Establecimiento Industrial de Petróleo de Zorritos, with production statistics. Also statistics on international consumption of oil and oil products (1924-38), export by quantity (1924-38) and by country of destination (1928-38).

**4420. Laurie Solís, Luis.** La diplomacia del petróleo y el caso de "La Brea y Pariñas." [2. ed.]. Lima, Universidad Nacional de Ingeniería, 1967. 277 p.

Second part, "El Perú en la historia de los conflictos del petróleo," traces history of La Brea y Pariñas, emphasizing legal aspects. Very critical of Leguía, arguing that Peruvian-British agreement of 1922 was highly disadvantageous to Peru. First published in 1934.

**4421. Manners, William,** *ed.* Documentos justificados de los derechos de The London and Pacific Petroleum Company, Ltd., y opiniones de los doctores Víctor Eguiguren, . . . y Luciano Benjamín Cisneros. Lima, Gill, 1895.

**4422. Forero, Enrique.** Cuestión Talara: refutación de las opiniones que sobre la cuestión Talara han emitido los doctores d. Víctor Eguiguren. . . . Documentos que d. William Manners se olvidó de presentar a los abogados. . . . Lima, J. Masías, 1895.

In struggle for control of London and Pacific Petroleum Company, Manners presents 18 legal documents and 8 legal opinions regarding ownership rights to La Brea y Pariñas. Document no. 10 contains output statistics, 1889-92. Forero refutes Manners' claims.

**4423. Marsters, V. F.** Informe preliminar sobre la zona petrolífera del norte del Perú. *En* Perú. Cuerpo de Ingenieros de Minas. Boletín [Lima], núm. 50, 1907. 150 p., mapas.

Distribución geográfico-geológica de las tierras petrolíferas de Tumbes, Piura y Lambayeque con breve información sobre la producción del petróleo y derivados. Cifras de producción 1904 y 1905, empleados, salarios, pozos.

**4424. Masías, M. G.** Estado actual de la industria minera de Morococha. *En* Perú. Cuerpo de Ingenieros de Minas. Boletín [Lima], núm. 25, 1905. 124 p.

**4425. Jochamowitz, Alberto.** Estado actual de la minería en Morococha. *En* Perú. Cuerpo de Ingenieros de Minas. Boletín [Lima], núm. 65, 1908. 64 p.

Two reports of Comisión de Yauli, with detailed information on individual mines, including quantity and value of output (for 1904 and 1905-07), wages, labor force, and description of extraction methods.

**4426. Moreno, Federico.** Informe que presenta al Supremo Gobierno el comisionado don . . . , sobre los yacimientos de petróleo en el departamento de Piura, su actual explotación y otras riquezas minerales que contiene ese territorio. Boletín de la Sociedad Geográfica de Lima [Lima], v. 3, diciembre, 1893: 283-343.

Survey of petroleum deposits and companies in Piura (Zorritos, London Pacific Petroleum Company, etc.). Production statistics for 1885-91, exports of London Pacific Petroleum for 1889-92. Also information on coal deposits, iron ore and sulphur.

**4427. _____.** El petróleo del Perú bajo el punto de vista industrial. Lima, F. Masías, 1891. 128 p.

Breve historia del petróleo en el Perú; descripción de los yacimientos. Cifras sobre producción y consumo en algunos países. Exportación peruana. Traducción: *Petroleum in Peru from an industrial point of view.* Lima, Masías, 1891. 161 p.

**4428. Oleachea, Teodorico.** Apuntes sobre minería en el Perú. Lima, Escuela de Ingenieros, 1898. 35 p.

Util resumen con una breve introducción sobre la minería colonial y la mayor parte dedicada a la república, sobre todo finales del siglo XIX. Algunas cifras de producción.

**4429. Perú. Ministerio de Fomento. Comisión Carbonera y Siderúrgica Nacional.** Carbón y fierro. Lima, 1926-30. 9 v.

Difusión de documentos oficiales (volúmenes: 1, 2, 7, 8, 9), estudios e informaciones (4, 6, sobre: yacimientos de fierro en Tunga y Marcona, antracita de Huayday), transcripción de artículos periodísticos (3 y 5). Estadística de importación de artículos de fierro y acero (9). Finalidad: fomento y creación de la industria carbonífera y siderúrgica.

**4430. _____. _____. Cuerpo de Ingenieros de Minas.** Boletín. Lima, 1902—. Mapas, croquis, diagramas.

Serie mensual. Informes, estudios sobre cuestiones mineras y afines. Monografías de zonas productoras y posibles de explotación. Estadística anual a partir de 1903, hasta 1922 (a partir de la cual decae la regularidad de esta publicación, siendo las entregas pocas). De alta importancia y calidad. Estudios importantes incluidos separadamente en esta bibliografía.

**4431. _____. _____. Cuerpo de Ingenieros de Minas y Aguas.** Anales del Congreso Nacional de la Industria Minera. Lima, Torres Aguirre, 1921. 8 v., gráficos, planos.

Primer volumen con documentos de la organización, actas de reuniones preparatorias y sesiones. Ponencias sobre: minería metalífera y explotación, carbón y petróleo, materiales de construcción, concesiones de aguas (fuerza motriz), transporte, sociología y legislación minera, otras materias. Los volúmenes restantes agrupan estudios monográficos técnicos, científicos, legales, económicos. Algunos incorporan cuadros estadísticos.

**4432.** _____. _____. **Dirección de Minas y Petróleo.** Boletín oficial de minas y petróleo. Lima, 1922— . Diagramas, cuadros, grabados.

Serie semestral. Continúa labor del Boletín del Cuerpo de Ingenieros de Minas (4430). Proporciona *Estadística minera* a partir de 1924. Documentación oficial. Denuncios y títulos de minas aprobados. Peritajes. Números especiales con estudios del ramo (p. ej. aspectos económicos de la industria carbonera en Cerro de Pasco y Yauli, 1922).

**4433. Pflucker, Carlos Renardo.** Exposición que presenta . . . al Supremo Gobierno, con motivo de las últimas ocurrencias acaecidas en la hacienda mineral de Morococha. Lima, Correo Peruano, 1846. 84 p.

Author, perhaps best known innovator among mine owners of 19th century, presents his case in a dispute with contracted German mine workers. Insights into labor conditions, including wage rates; describes operations at Morococha.

**4434. Quimper, Manuel.** La cuestión "Brea y Pariñas"; pretendida transacción del gobierno. Lima, Empresa Tipográfica, 1916. 143 p.

Reprinted newspaper articles strongly attacking imminent government concession to London and Pacific Petroleum Company on Brea y Pariñas issue. Detailed legal argument that traces confusing history of concession from beginnings in the 19th century.

**4435. Quiroga, Oscar.** Situación del Perú como país productor de petróleo. *En* Perú. Ministerio de Fomento. Dirección de Minas y Petróleo. Síntesis de la minería peruana en el centenario de Ayacucho. Lima, Torres Aguirre, 1925, v. 2, parte I, p. 1-89.

La industria petrolera en el norte del país. Geología, técnica de explotación, empresas. Estadísticas anuales de la producción, según los campos, 1884-1924.

**4436. Raimondi, Antonio.** Memoria sobre el Cerro de Pasco y la montaña de Chanchamayo. Lima, La Merced, 1885. 39 p.

Geología de la región. Historia de su explotación minera. Técnicas empleadas a fines del siglo XIX. Nómina de minas de carbón y de los yacimientos de Yauli y Huarochirí. Capítulo sobre las posibilidades económicas de la montaña de Chanchamayo.

**4437. Rosell, Ricardo García.** Informe presentado a la Compañía Nacional Minera de Pasco. Lima, El Comercio, 1892. 36 p.

Descripción geográfica e histórica de la explotación minera. Sistemas de labor. Régimen legal. Cifras oficiales de producción (1784-1884).

**4438. Samame Boggio, Mario.** El proceso de la minería en el siglo XX. *En* José Pareja Paz Soldán,

*ed.* Visión del Perú en el siglo XX, v. 1. Lima, Studium, 1962. p. 181-225.

Mentions processing innovations attempted during 19th century, lists concentrators and smelters in operation at beginning of present century, describes functions of public and private organizations concerned with mining. Useful as an overview despite lack of analysis.

**4439. Sociedad Nacional de Minería.** Boletín. Lima, 1898-1909.

Serie irregular. Informes, estudios sobre la minería peruana. Estadísticas referentes a valores de empresas particulares, situación bancaria, cotización de valores, cambios, precios de minerales y artículos mineros. Documentos de la institución.

**4440. Velarde, Carlos E.** Notas sobre la minería en el Perú. Lima, La Opinión Nacional, 1908. 366 p.

El más comprensivo estudio sobre la materia. Cifras de producción, fuerza motriz, trabajadores. Datos sobre tecnología empleada. Referencias nacionales y a escala regional.

**See also:** 3670, 3726, 3875, 3889, 4547.

## 2a. General studies: guano and nitrate

**4441. Bermúdez Miral, Oscar.** Historia del salitre desde sus orígenes hasta la guerra del Pacífico. Santiago de Chile, Universidad de Chile, 1963. 456 p.

Outstanding study of nitrate industry in Tarapacá and Antofagasta. Detailed accounts of entrepreneurs and *oficinas*, extractive methods and financial organization. Reviews Peruvian public finances and nitrate policy during 1870's.

**4442. Billinghurst, Guillermo E.** Los capitales salitreros de Tarapacá. Santiago de Chile, El Progreso, 1889. 132 p.

History of nitrate exploitation in Tarapacá since 1809. Most detailed for 1870-80. Names of individual establishments, volume and quality of output. Argues that development in 1870's was based on Peruvian capital, British capital coming later, during the war. Strongly against trusts.

**4443.** _____. Rápida ojeada sobre la cuestión salitre. Valparaíso, El Mercurio, 1875. 56 p.

Breve historia del salitre. Contrario al estanco y la expropiación. Situación económica en los centros de explotación (sueldos, transportes, etc.).

**4444.** Carguío del guano: documentos justificativos. Lima, Noriega, 1867. 154 p.

Sixteen documents related to contracts for extracting guano from various islands.

**4445. Compañía Administradora del Guano.** El guano. Lima, T. Scheuch, 1954. 32 p.

Información gráfica de la extracción y transporte del guano. Gráficos de producción anual, 1909-53. Mapa de la costa peruana, ubicando las islas y puntas guaneras.

**4446.** _____. Memoria del Directorio. Lima, 1909—.

Serie anual. Cifras de producción y distribución (consumo nacional, costos por valles, exportación). Ingresos fiscales. Extracciones de la Peruvian Corporation, 1891-1927, y de la Compañía. Amortizaciones de empréstito. Disposiciones legales. Estudios técnicos.

**4447. Dreyfus Hnos. y Cía.** El guano, su administración y su crédito como abono. Lima, La Patria, 1874. 129 p.

Exposición de los problemas encontrados con la introducción del guano de más baja calidad de Guañape y Macabí. Análisis de su posición competitiva frente a otras fuentes de guano.

**4448.** Huano y salitre: publicaciones hechas por la prensa en defensa de los legítimos intereses de la industria salitrera. Lima, El Nacional, 1874. 141 p.

Collection of newspaper articles on various aspects of nitrate policy, especially plans for levying export tax. Discusses interrelations between guano and nitrate markets, and effect of decline in guano quality. Statistics on guano sales and nitrate production, 1863-74, U.K. guano imports, 1841-51, by place of origin.

**4449. Macera, Pablo.** Historia de la Compañía Administradora del Guano (1909-1945). Lima, 1968. Mimeo.

Survey of company's performance, including grim revelations regarding working conditions on guano islands.

**4450. Madueño, Ricardo.** La industria salitrera del Perú antes de la guerra con Chile. Lima, Sanmartí, 1919. 15 p.

Short survey of nitrate industry with some data on export prices and volumes. Author's intention is to prove that government's profits from industry were steadily increasing until war with Chile.

**4451. Martinet, J. B. H.** Guano, salitre y sales de Stassfurt; algunos datos sobre estas sustancias consideradas bajo el triple punto de vista agrícola, industrial y económico. Lima, La Opinión Nacional, 1874. 9 p.

Componentes químicos de estas sustancias; su influencia en el precio de venta.

**4452.** _____. Guano y salitre: contestación a la importante discusión científica sostenida en El Nacional de Lima por los señores Esselens y Blanc. Lima, La Opinión Nacional, 1874. 56 p.

Refutación de carácter científico, sobre los componentes y cualidades de estos productos, desmerecidos injustamente.

**4453.** Notice sur le guano du Pérou. Vichy, Wallon, 1873. 48 p.

Divulgatorio. Incluye cifras de consumo por países europeos. Nómina de casas depositarias en 12 ciudades francesas. Reglas para su uso.

**4454.** Peru and its guano deposits. London, Dunlop, 1874. 69 p.

Reports by English specialists and one by Raimondi on chemical quality and quantity remaining of guano.

**4455. Piérola, Nicolás de.** Informes sobre la existencia del guano en las islas de Chincha presentados por la comisión nombrada por el gobierno peruano. Lima, El Heraldo, 1854. 52 p.

Labor conditions and extraction techniques in Chincha Islands. Estimates quantity of guano remaining and assesses performance of Domingo Elías with respect to his guano contract.

**4456. Raimondi, Antonio.** Manipulación del guano. Lima, El Nacional, 1873. 29 p.

Estudio técnico de las propiedades de los guanos peruanos y artificiales. Procedimientos adecuados para laboreo.

**4457. Rivero, Francisco de.** Memoria sobre las huaneras de la república precedida de algunas ligeras observaciones sobre los abonos en general. Lima, El Correo Peruano, 1846. 56 p.

Describes various guano deposits, estimates amounts in each, brief description of extraction methods.

**See also:** 3710, 4214, 4111-4173.

### 3. Inputs

**4458. Bravo, José J.** Informe sobre los humos de la Oroya. *En* Perú. Cuerpo de Ingenieros de Minas. Boletín [Lima], núm. 108, 1926. 207 p.

Technical study analyzing content of fumes emitted by Oroya smelter of Cerro de Pasco Corporation and effect on vegetation and livestock in region. Appendices include analyses of air samples, description of livestock illness, analysis of forage contamination by hacienda, and text of government resolution requiring control devices on smelter.

**4459. Desmaison, Daniel.** Estudios sobre el guano del Perú. Lima, La Opinión Nacional, 1875. 99 p.

**4460. Raimondi, Antonio.** Guano y salitre, observaciones a la memoria del sr. d. Daniel Desmaison. Lima, La Opinión Nacional, 1874. 20 p.

Desmaison analiza relaciones agricultura-abonos; empleo en Europa; situación en los mercados extranjeros; competencia con abonos artificiales; riesgos en su venta. Presenta un cuadro sombrío respecto al poder del guano de hacer competencia con nuevas fuentes. Raimondi niega los cálculos de Desmaison, manteniendo que el guano puede seguir compitiendo, si no hay producción excesiva de salitre.

**4461. Documentos que acreditan la conducta de los mineros del Cerro de Pasco y la de los empresarios sobre verificar el desagüe con las antiguas y nuevas máquinas de vapor.** Lima, Imprenta de Correa, 1829. 152 p.

Collection of official correspondence on investment projects in Cerro de Pasco, published to show that miners' guild was not as obstructionist as generally believed.

**4462. Fort, Michel. La metalurgia actual en el Perú.** *En* Perú. Ministerio de Fomento. Dirección de Minas y Petróleo. Síntesis de la minería peruana en el centenario de Ayacucho. Lima, Torres Aguirre, 1924, v. 1, p. 155-242.

Observaciones sobre las instalaciones modernas para el tratamiento de los metales. Descripción de cada una de las 21 oficinas metalúrgicas del Perú.

**4463. El huano y el salitre en sus relaciones económicas e industriales.** Lima, Empresa Tipográfica, 1874. 42 p.

Unsophisticated, interesting discussion of interrelations between guano and nitrates markets, i.e., cross elasticity of demand.

**See also: 3740.**

## 4. Governmental policy

**4464. Billinghurst, Guillermo E. Legislación sobre salitre y bórax en Tarapacá.** Santiago de Chile, Cervantes, 1903. 671 p.

Impressive survey of nitrate and borax legislation, 1786-1893, covering Peruvian administration, military occupation, and anexation of Tarapacá to Chile. Full text of all pertinent laws and decrees; statistical tables on costs, expenditures, values and quantity of nitrate in Tarapacá *salitreras.*

**4465. El crédito de la Compañía Salitrera del Perú.** Lima, Gil, 1912. 96 p.

Defense of company in controversy with government concerning loan of 1878. Includes pertinent documents and correspondence between company and various government agencies.

**4466. Greenhill, Robert G.; and Rory Miller. The Peruvian government and the nitrate trade, 1873-1879.** Journal of Latin American studies [London], v. 5, 1973: 107-131.

Study on nitrate expropriation in 1870's and its failure to check the financial crisis. Argues that failure was caused by several external factors (e.g. discovery of nitrate in Bolivia, agricultural slump in Britain), rather than by the intrinsic infeasibility of Peruvian policy or by manoeuvering of the British merchant house A. Gibbs and Sons.

**4467. Impugnación del proyecto de estanco del salitre de Tarapacá.** Lima, La Patria, 1872. 20 p.

Impugna al estanco como el peor de los impuestos y un retroceso al sistema colonial español. Comparaciones entre guano y salitre; referencias a coyuntura del comercio internacional.

**4468. La Fuente, Ramón de. Legislación de minas del Perú.** Lima, Carlos Paz Soldán, 1883. 58 p.

Succinct history of mining legislation, from colonial times through reforms of 1877. Includes some tax information.

**4469. Perú. Decretos sobre salitre en virtud de la ley de 28 de mayo de 1875.** Lima, Imprenta del Estado, 1875. 8 p.

Con cuadros de oficinas de máquinas en producción, paralizadas y no armadas.

**4470. _____. Ley y Reglamento de contribución de minas.** Lima, Imprenta del Teatro, 1877. 23 p.

Creación del impuesto (S/. 15.) a la pertenencia y correspondientes taxativas.

**4471. Rocha Fernandini, José. La legislación minera durante el siglo XX.** *En* José Pareja Paz Soldán, *ed.* Visión del Perú en el siglo XX, v. 1. Lima, Studium, 1962, p. 229-259.

Contains useful analysis of Código de Minería of 1900.

**4472. Solf y Muro, Alfredo. La legislación minera en el Perú.** *En* Perú. Ministerio de Fomento. Dirección de Minas y Petróleo. Síntesis de la minería peruana en el centenario de Ayacucho. Lima, Torres Aguirre, 1924, v. 1, p. 245-280.

Corta historia de la legislación colonial, y además de la vigente.

**See also: 2264.**

# X. Transport, Public Utilities, and Services

## 1. Statistical sources

**4473. Perú. Dirección de Estadística. Estadística de correos y telégrafos del Perú en 1877.** Lima, Imprenta del Estado, 1878. 70 p.

**4474. _____. _____. Estadística de correos y telégrafos del Perú en 1878.** Lima, Imprenta del Estado, 1879. 119 p.

**4475.** \_\_\_\_\_. **Dirección de Correos y Telégrafos.** Estadística postal y telegráfica. Lima, 1901-04.

Mail volume for each postal district, postal rates, organizational structure. Extension of telegraph network, volume of telegrams. 1878 volume also includes section on railroads: passenger and freight traffic, costs and revenues.

**4476.** \_\_\_\_\_. **Ministerio de Fomento. Dirección de Obras Públicas y Vías de Comunicación.** Tarifas ferroviarias (vigentes en 1930). Lima, Torres Aguirre, 1930. 816 p.

Datos estadísticos con las disposiciones tarifarias en las diferentes líneas ferroviarias (clasificación de pasajes, cargas, encomiendas, según distancias, peso, etc.).

## 2. General studies

**4477. All America Cables, Inc.** Medio siglo de servicio cablegráfico a las tres Américas, 1878-1928. New York, 1928. 130 p., fotos, 2 mapas.

Historia de la Compañía. Gráfico y la reseña de los principales funcionarios de la entidad.

**4478. Basadre, Jorge; y Rómulo A. Ferrero.** Historia de la Cámara de Comercio de Lima. Lima, Valverde, 1963. 371 p.

Historia de la institución relacionándola con el desarrollo económico social. Posición de la Cámara frente a problemas económicos. En la segunda parte mayor énfasis en el contexto económico general.

**4479. Compañía de Alumbrado de Gas de Lima.** Lima, Alfaro, 1861. 21 p.

Brief early history of company, founded in 1853. Also text of terms arranged for bondholders in 1861.

**4480. Compañía Salinera del Perú.** Itinerarios para viajes en el Perú. Boletín de la Sociedad Geográfica de Lima [Lima], v. 30, trimestres tercero y cuarto, 1914: 9-55.

Summary of transportation conditions along major and minor routes in Peru. Describes conditions of roads, time required for travel, availability of lodging and food.

**4481. Dávalos y Lissón, Pedro.** Las vías de comunicación en el Perú (1902). Barcelona, Montaner y Simón, 1928. 70 p.

Monografía de propaganda a favor de las carreteras y del establecimiento de un servicio de automóviles en toda la república.

**4482. Diez Canseco, Ernesto.** La red nacional de carreteras. Lima, Torres Aguirre, 1927. 16 p. 2. ed. ampliada y completada por J. F. Aguilar Revoredo. Lima, Torres Aguirre, 1929. 227 p. (Publicación oficial del Ministerio de Fomento. Dirección de Vías de Comunicación).

Analysis of transport problem and report on extension of Peru's road network. 1929 edition contains one chapter for each department, describing main features of road system, with statistical summary of roads in use and to be built, with distances.

**4483. Gordillo, Julián.** Itinerario general del Perú. Lima, Gil, 1883. 66 p.

Itinerario general de distancias. Util para establecer duración y costo de transportes.

**4484. Guarini, Emilio.** El porvenir de la industria eléctrica en el Perú. Lima, Escuela de Ingenieros, 1907. 792 p.

Detailed survey of applications of electricity in all spheres of economic life. Describes Peruvian electrical installations in mines, agriculture, hospitals, etc.; also power plants, electric tramways, telegraph, street lights. Includes documents and *reglamentos.*

**4485. The Pacific Steam Navigation Company.** Pormenores respecto a las diversas líneas de vapores correos de la compañía inglesa de navegación por vapor en el Pacífico. Callao, 1896. 18 p., mapa.

Distancias, tarifas, agencias, tarifas fletes; información general del servicio.

**4486. Paz Soldán, Carlos.** Memoria descriptiva de las líneas telegráficas de la Compañía Nacional Telegráfica presentada a la junta general de accionistas. Lima, 1873.

Extención, material empleado y condiciones topográficas de cada línea.

**4487.** \_\_\_\_\_. La telegrafía eléctrica en el Perú. Lima, Masías Hnos., 1886. 100 p.

Historia de la telegrafía en el Perú. Descripción de cada línea. Proyectos de expansión; disposiciones legales. Estadística del servicio telegráfico.

**4488. Paz Soldán, Francisco Alayza.** El Canal de Panamá. Lima, El Perú, 1908, 45 p.

Análisis de sus probables efectos sobre la economía peruana.

**4489. Perú. Cuerpo de Ingenieros Civiles.** Informes de la Sección de Puentes y Muelles de 1905 a 1910. Lima, Sanmartí, 1915. 159 p.

Informes sobre la situación de 55 puentes y 22 muelles del territorio peruano describiendo cada uno de ellos.

**4490.** \_\_\_\_\_. **Dirección General de Correos y Telégrafos.** Memoria presentada por la Dirección General al ministerio del ramo. Lima, 1871-1920.

Some *Memorias* contain statistics on volume of mail handled by each postal office. Not published in some years (e.g. early 1880's). Annual. Title varies in earlier years. In 1871:

*Informe que presenta la Dirección General de Correos al Ministerio del ramo.*

**4491.** _____. **Ministerio de Fomento.** Caminos y puentes existentes en la república. *En* Perú. Ministerio de fomento. Boletín [Lima], v. 2, febrero, 1904: 46-68; marzo, 1904: 55-106; abril, 1904: 84-120; mayo, 1904: 76-99; junio, 1904: 51-66.

Inventory of roads and bridges, with brief descriptions, by department. Benchmark for assessing conditions of internal transport.

**See also:** 4085, 4086, 4087, 4088, 4089, 4090, 4091, 4092, 4093.

## 2a. General studies: railroads

**4492. Banco del Perú.** Reflexiones contra el proyecto de convertir al Banco de Lima en dueño y empresario del ferrocarril de Etén. Lima, Masías Hnos., 1876. 20 p.

Oposición de algunos accionistas. Inconveniencias económicas y jurídicas.

**4493. Basadre, G. Federico.** Comparación entre ferrocarriles y caminos en el Perú. Lima, Torres Aguirre, 1927. 44 p.

Comparación de kilometraje, costos, capitales invertidos, movimiento de pasajeros. Consideraciones sobre la pavimentación, el peaje, impuesto a la gasolina. Gráficos del crecimiento relativo de ambas vías.

**4494. Bonilla, Heraclio.** El impacto de los ferrocarriles, algunas proposiciones. Historia y cultura [Lima], 1972: 93-120.

Discusses impact of railroads on Peruvian economy and proposes agenda for research. Detailed data on income, profits, passenger and freight traffic, 1891-99, separately for each line and for Peruvian Corporation as a whole.

**4495. Cisneros, Luis Benjamín.** Memoria sobre ferrocarriles. *En* Luis Benjamín Cisneros. Obras completas, v. 3. Lima, Gil, 1939, p. 141-186.

In 1868 Cisneros proposed law for rationalizing Peru's railroads and promoting rapid construction. This *Memoria* contains draft law, brief legal history of each railroad project including budgets, financing arrangements, and names of those providing capital. Analysis of reasons for inadequate progress of construction. Originally published: Lima, Imprenta José M. Noriega, 1868.

**4496.** Colección de leyes, decretos, contratos y demás documentos relativos a los ferrocarriles del Perú, hecha de orden de d. Enrique Meiggs. Lima, Imprenta del Estado, 1871. 3 v.

Official correspondence on construction and operation of Peruvian railroads, 1826-71, including some data on costs

and financing. Summary of government's legal practices in railroad affairs, and of policies regarding rights-of-way, routes, and concessions. Also brief historical sketches of each line. (Reissued in 2 volumes in 1876.)

**4497. Costa y Laurent, Federico.** Reseña histórica de los ferrocarriles del Perú. Lima, Fabbri, 1908. 279 p. (Ministerio de Fomento).

Elegant edition that includes photographs, tables and maps. Short history of each line, and of new projects.

**4498.** Documento relativo al proyecto de negocio entre el Banco del Perú y la Cía. del Ferrocarril de Etén. Lima, El Nacional, 1876. 28 p.

Origen y proceso de la negociación. Nómina de garantizadores.

**4499.** El ferrocarril a Huancavelica. Lima, Torres Aguirre, 1927. 61 p.

Estudios sobre el ferrocarril central y el "Ferrocarril hacia el Sur." Costos, kilometraje. Gráficos y consideraciones sobre la línea de Huancavelica.

**4500.** Ferrocarril a la Oroya; estudios comparativos de las propuestas presentadas al Supremo Gobierno. Lima, El Nacional. 1869. 27 p.

**4501. Malinowski, Ernesto.** Informe sobre el Ferrocarril Central Trasandino. Lima, El Nacional, 1869. 46 p.

**4502. Ferrocarril Central Transandino.** Sección de Callao y Lima a la Oroya. Documentos. Lima, El Nacional, 1870. 148 p.

**4503.** Ferrocarril de Arequipa a Puno. (Documentos.) Lima, El Nacional, 1870. 158 p.

**4504. Ferrocarril de Puno al Cuzco.** Contrata . . . . Lima, El Correo del Perú, 1872. 52 p.

Reports on the major railroad investments of the guano era: Lima-Oroya and Arequipa-Puno-Cuzco. Include analyses of alternative routes, contract proposals for construction, cost calculations, final contracts and other documents.

**4505. Ferrocarril de Arequipa.** Documentos relativos a esta empresa. Lima, El Nacional, 1869. 108 p.

**4506.** El ferrocarril de Arequipa; historia documentada de su origen, construcción e inauguración. Lima, Imprenta del Estado, 1871. 89, 459 p.

First study contains technical reports and budget. Second volume, in addition to introductory survey of all Peruvian railroad projects, includes congressional documents on Arequipa railroad and negotiations with Meiggs.

**4507.** Ferrocarril de Chimbote a Huaraz y Recuay. Lima, El Correo del Perú, 1872. 124 p.

Collection of documents and reports, including governmental resolution, contract proposal and final text, budget, physical description and official correspondence.

**4508. Ferrocarril de Lima a Huacho.** Documentos relativos al contrato, construcción y explotación de esta línea férrea. 1907-1912. Lima, Acción Popular, 1913. 403 p.

Detailed railroad history including legal documents, reports, correspondence between English constructor and various Peruvian agencies, technical data, budgets, etc. Many fold-out tables.

**4509. Los Ferrocarriles del Sur y la resolución de la Cámara de Diputados.** Lima, El Nacional, 1887. 22 p.

**4510. Thorndike, Juan L.** Contestación del empresario de los Ferrocarriles del Sur, a la exposición que el ministro de gobierno sr. Caravedo elevó a s.e. el Presidente de la República. Lima, El Nacional, 1887. 37 p. (English edition: *Southern Railroads: the southern railroads and the resolution of the House of Representatives.* Lima, El Nacional, 1887. 22 p.)

**4511. Ferrocarriles del Sur.** Documentos relativos a su recuperación por el gobierno del Perú. Lima, Torres Aguirre, 1888. 190 p.

**4512. García, D. L.** Ferrocarriles del Sur; vista fiscal en el incidente promovido por el. . . . Lima, Torres Aguirre, 1889. 108 p.

Debate regarding legitimacy of contract under which Meiggs' interests continued operating Southern railroads. Deal with both legal and financial aspects, including revenues, costs, and means of financing construction.

**4513. García y García, José Antonio.** Ferrocarril de Etén a Monsefu, Chiclayo, Lambayeque y Ferreñafe. Lima, Alfaro, 1867. 36 p.

**4514. _____.** El Ferrocarril de Etén. Lima, La Opinión Nacional, 1874. 147 p.

Earlier study proposes construction of railway, includes documents of petition for concession and 1867 Decreto Supremo granting concession to author. Later study details history and current condition of railroad, also giving insights into economic life in provinces of Lambayeque and Chiclayo. Abundant statistics: 1862 population, exports for 1840-44, 1862-66, and 1872-73, and railroad traffic for 1871-74.

**4515. Miller, Rory.** Railways and economic development in central Peru, 1885-1930. University of Liverpool, 22 p. Manuscript.

Discusses impact of Central Railway on mining and agriculture in the region, comparing freight costs before and after the railway was built. Concludes that the railway contributed substantially to mining and ranching expansion, but failed to promote agricultural development.

**4516. Pacheco, Fernando.** El ferrocarril del Cuzco a la Convención. Cuzco, Tipografía La Sin Par, 1911. 8 p.

Comparación entre las rutas probables. Análisis de distancias y ventajas económicas.

**4517. Perú. Ministerio de Fomento. Dirección de Obras Públicas y Vías de Comunicación.** Ferrocarriles del Perú, economía y reseña histórica. Lima, 1932. 89 p., ilustraciones.

Movimiento económico de los ferrocarriles peruanos estatales y particulares, con breve historia de cada uno de ellos. Estadísticas de 1921-32 y resúmenes generales. Gráficos.

**4518. The railroads of Peru.** Lima, Printing Establishment, 1873. 71 p.

Asserts importance of railroads to Peru. Covers legal procedures before approval of railroad project. Short description of individual railroads. Surveys mineral and agricultural wealth of Peru to show that guano is not the only source of income.

**4519. The railways of Peru in 1873.** London, Dunlop, 1874. 30 p.

Short descriptions of present and projected railroad lines, with costs, distances, names of concessionaries, government participation and prices of shares in construction companies. Translation of a pamphlet published in Paris.

**4520. Regal, Alberto.** Historia de los ferrocarriles de Lima. Lima, Instituto de Vías de Transporte, 1965. 254 p.

Detailed history of construction and early administration of various railroad and trolley lines within and around Lima. Emphasis on engineering aspects.

**4521. Tizón y Bueno, Ricardo.** El problema ferroviario del sur del Perú. Lima, 1915. 25 p., cuadros.

Las vías de comunicación (marítima y férrea) en el sur del Perú. Historias, proyectos, problemas. Estudio del ferrocarril sur peruano incluyendo cifras sobre pasajeros, cargas y fletes para el período 1890-1913. Comparación de esa línea férrea con sus "rivales" de Chile y Bolivia.

**4522. United States. Bureau of Foreign and Domestic Commerce. Department of Commerce.** Railways of South America, part 2. By W. Rodney Long. Washington, Government Printing Office, 1927. 420 p. (Trade promotion series, 39).

Legislation on railway concessions; history and financial analysis of Peruvian Corporation. Net profit, 1890/91-1923/24, separately for each line, 1913/14-1924/25. History of each railway line, statistics on receipts, traffic, inventory of rolling stock.

## 3. Feasibility studies and projects

**4523. B., C.** El ferrocarril de Iquique; observaciones jenerales sobre los benéficos resultados que esta empresa producirá en favor de las industrias salitrera y minera de la provincia de Tarapacá. . . . Lima, Tipografía del Comercio, 1860. 60 p.

Railroad project containing interesting data on transport costs and profit rates in nitrates industry.

**4524. Blume, Federico.** Ferrocarril de Tarma a Chanchamayo. Lima, F. Masías, 1887. 43 p.

**4525. Heeren, O.** Ferrocarril a Chanchamayo; solicitud presentada al Supremo Gobierno para la suspensión de la licitación decretada en 25 de mayo de 1887 para el 20 de agosto de 1887. Lima, L. J. Tola, 1887. 44 p.

**4526. Durand, Juan E.** Ferrocarril de Lima a Yurimaguas a Orillas de Huallaga. Lima, Cámara de Diputados, 1903. 34 p.

**4527. Garland, Alejandro.** El ferrocarril del norte: de Paita a Puerto Limón. Lima, Badiola y Berrio, 1906. 73 p.

**4528. Coronel Zegarra, Enrique; y Juan E. Durand.** El ferrocarril al Marañón y ferrocarril al Ucayali. Lima, Ledesma, 1913. 40 p.

**4529. Mesones Muro, M. Antonio.** El gran ferrocarril del norte. Boletín de la Sociedad Geográfica de Lima [Lima], v. 30, trimestres primero y segundo, 1914: 188-213.

Analyses and advocacy of two railroad lines to the *montaña* never built. Durand summarizes history of transport in Yurimaguas region. All discuss economic advantages and alternate routes.

**4530.** Cables submarinos: documentos. Lima, El Comercio, 1875. 53 p.

Documentos de 1873-75 referentes al proyecto de establecer cable telegráfico submarino entre el Callao y las costas de Chile y Bolivia.

**4531.** Contratas sobre la construcción de los Ferrocarriles de Pacasmayo. . . . Lima, Imprenta del Estado, 1871. 102 p.

Historia y análisis de los proyectos. Especificaciones técnicas y comparación de rutas.

**4532. Meiggs, Enrique.** Propuestas presentadas al Supremo Gobierno. Lima, La Patria, 1876. 33 p.

Sobre el financiamiento y uso del servicio ferrocarrilero.

**4533. Pacheco, Toribio.** Proyecto de ferro-carril de Arequipa a Islay. La Revista de Lima [Lima], v. 2, 1861: 577-585.

**4534.** El ferrocarril de Islay a Arequipa y la posibilidad de su ejecución. Lima, Aranda, 1862. 28 p.

**4535. Ferrocarril de Arequipa.** Informe de los empresarios. Arequipa, Francisco Ibáñez, 1864. 70 p.

Three favorable opinions on the projected Arequipa railroad. Estimates of expected railroad traffic, revenues and profits. Pacheco includes trade data for Islay, 1854-58; 1864 publication includes data on *alcabalas* in Arequipa, 1853-63, and on Tacna railroad, 1857-61.

**4536. Perú.** El gobierno del Perú con Enrique Meiggs; contratos y demás documentos vigentes. Lima, Imprenta del Teatro, 1877. 146 p.

Referente a los proyectos de ferrocarril Callao-Lima, Arequipa-Puno, Puno-Cuzco, Chimbote-Recuay. Informes técnicos, cálculos presupuestales, tarifas de pasaje y carga, propuestas y contratos.

## 4. Inputs

**4537. Castagnola, Dante.** Economía en el trazo y la construcción de los ferrocarriles nacionales. Lima, Torres Aguirre, 1930. 32 p.

Primera parte sobre técnica del trazo económico en las construcciones de los ferrocarriles; la segunda parte sobre el ferrocarril Huancavelica-Castrovirreyna mostrando los diversos errores de su trazo. Gráficos.

**4538. Perú. Cuerpo de Ingenieros y Arquitectos del Estado.** Anales del Cuerpo de Ingenieros del Perú. Lima, Imprenta del Estado, 1874. 2 v.

Collection of public works proposals prepared for government during preceding 20 years. Each report very brief, containing nontechnical justification and description together with a proposed budget. Deals with proposals, not actual results, but interesting for early examples of project evaluation.

**4539. Stewart, Watt.** Henry Meiggs: yankee Pizarro. Durham, Duke University Press, 1946. 370 p.

Biography of the empresario who convinced Peru that her future lay with railroads, supervised all major railroad construction of the 1860's and 1870's, and led the country and himself to financial ruin. Relevant to general economic and social history as well as to the history of railroads. Spanish translation: *Henry Meiggs, un Pizarro yanqui.* Santiago de Chile, Ediciones de la Universidad de Chile, 1954.

**4540.** El Supremo Gobierno con Christian Schreitmuller: contratos de arrendamiento de los ferrocarriles de Pisco e Ica y de Pacasmayo a Guadalupe y la Viña. Lima, Solís, 1885. 66 p.

**4541.** Contrato de arrendamiento del Supremo Gobierno con Eduardo C. Dubois para la restauración y conclusión de los ferrocarriles de Trujillo . . . . Lima, La Merced, 1886. 34 p.

Utiles para conocer el sistema de administración por arriendo. Tarifas de fletes y pasajeros.

## 5. Governmental policy

**4542. Basadre, Jorge.** La conscripción vial. Novecientos [Lima], abril, 1924: 26-34; junio, 1924: 21-26.

Reviews early laws on roads and antecedents of 1940 law in writings of Oyague y Calderón (4545, 4546) and legislative developments, 1917-20. Discusses experience of other countries with forced labor, concluding that particular form chosen in Peru has proven ineffective and unjust.

**4543.** Documentos relacionados con la propiedad de los ferrocarriles del estado del Perú, transferidos a The Peruvian Corporation, Ltd. Lima, C. Ruis, 1930. 163 p.

Documentos (1888-1929) sobre la transferencia efectuada por el gobierno peruano a la Compañía Inglesa de los Ferrocarriles Estatales y de los vapores del lago Titicaca, en pago de la deuda externa, contraída en los años de 1869, 1870 y 1872.

**4544. Labarthe, Pedro Abel.** La política de obras públicas del gobierno de Leguía. Lima, Imprenta Americana, 1933. 88 p.

Crítica de la obra pública de Leguía: ferrocarriles, carreteras, irrigaciones, saneamientos y diversas, con cifras globales de inversiones y resultados. Fracaso de las obras de irrigación. Datos estadísticos y técnicos. Croquis del proyecto de irrigación de Olmos. Anexos: Planes de inversiones para irrigaciones en Lambayeque. Gastos de pavimentación en Lima. Costos de obras portuarias, etc.

**4545. Oyague y Calderón, Carlos.** La conscripción vial o servicio obligatorio de caminos. Lima, Centro Editorial, 1915. 33 p.

Argumentos a favor de la ley vial, basado en la necesidad del país de contar con caminos, aprovechando el trabajo de los indígenas en forma obligatoria y modificando el servicio militar en beneficio de los caminos y obras públicas. Anexo: el proyecto de ley.

**4546.** _____. Contribución al estudio de la organización de la conscripción vial en el Perú. Lima, A. J. Rivas Bebrio, 1925. 40 p.

Aprueba la ley vial, como de necesidad social. Sugerencias para la organización del servicio de caminos, mayor propaganda difundiendo las ventajas de esta disposición, para su mejor desarrollo. Anexos: ley vial con los artículos suprimidos, cuadro de carreteras construidas hasta fines de 1920.

**4547. Perú.** El Supremo Gobierno del Perú con Miguel P. Grace; expedientes y documentos referentes a la Empresa Minera y Ferrocarril del Callao al Cerro de Pasco. Lima, Bacigalupi, 1885. 105 p.

Documentos de 1877 (Contrato Meiggs) hasta 1885 (Grace). Cuadro de pasajes y fletes.

**4548.** _____. **Cuerpo de Ingenieros y Arquitectos del Estado.** Memoria sobre las obras públicas del Perú, presentada al Supremo Gobierno de la república por la junta central del. . . . Lima, El Correo del Perú, 1874. 70 p.

Admirable though brief survey of public works projects in Peru, both completed and in progress. Reports on ports, lighthouses, irrigation, potable water system, railroads, roads, telegraph lines, mines, and maps.

**4549.** _____. **Ministerio de Fomento.** Conscripción vial. Lima, Imprenta Americana, 1926. 85 p.

Ley y reglamento de la conscripción vial.

**4550.** _____. _____. **Cuerpo de Ingenieros de Caminos.** Boletín. Lima, 1917—.

Issued irregularly, approximately one per month. Reports on roads under construction and budget estimates for proposed construction. Also reprints *reglamentos* for administration of existing roads, and laws and resolutions authorizing further construction.

**4551.** _____. _____. **Dirección de Obras Públicas.** Anales de las obras públicas del Perú. Lima, 1886-1925.

Comprehensive annual report on public works programs, and operation of government railroads and telegraph service in three sections: administrative (including legislation), technical (reports, projects, proposals), and statistical. Early years deal almost exclusively with railroads, and contain detailed statistics on extent of lines, freight and passenger traffic, and wages and salaries paid. In 2 volumes since 1911. Covers 1884-1920.

**4552. Regal, Alberto.** Castilla constructor: las obras de ingeniería de Castilla. Lima, Instituto Libertador Ramón Castilla, 1967. 199 p.

Detailed survey of construction during the presidential terms of Ramón Castilla (1845-62). Sections on public buildings, railroads, roads, bridges, port works, sanitary works and irrigation. History of each project: legal and administrative aspects, physical descriptions, costs, etc. Also describes early industrial investments, along with noteworthy efforts in mining and agriculture.

**See also:** 2325, 4107.

# INDEX

# AUTHORS

Abad de Santillán, Diego, 202
Abella, Arturo, 2348
Abranches Moura, João Dunshee d', 1495
Abrego, Armando, 1047
Abreu, M. de P., 1508
Academia Colombiana de Historia [Bogotá], 2372
Academia Nacional de la Historia [B.A.], 230
Acevedo Escobedo, Antonio, 3575
Adam, Paul Auguste Marie, 1138
Adams, George I., 4324, 4325, 4325a, 4326
Adams, Richard N., 3842
Affonseca Junior, Leo de, 1388
Affonso Celso, Affonso de Assis Figueiredo, conde de, 1446,
    1463
Agassiz, Luis, 1139
Aguascalientes (estado). Gobernador, 3286
Aguiar, Manoel Pinto de, 1464
Aguilar, Luis F., 3843
Aguilar Monteverde, Alonso, 2834
Aguilar y Santillán, Rafael, 2782
Aguirre Cerda, Pedro, 2118, 2170, 3453
Aguirre Echiburu, Luis, 2101
Ahumada Moreno, Pascual, 1734
Akers, Charles Edmond, 1527
Alamán, Lucas, 3529, 3563
Alarcón Pino, Raúl, 1911
Alba, Rafael de, 3394
Albano, Ildefonso, 1358
Albarracín, Santiago J., 650
Alberdi, Manuel, 1028
Albertini, Luis E., 3697
Albuquerque, Lourenço, 1397
Albuquerque, Luis Rodolpho Cavalcanti de, *veja* Cavalcanti
    de Albuquerque, Luis Rodolpho
Alcalde Espejo, Vicente, 651
Alcorta, Amancio, 252
Aldunate, Luis, 1822, 1946, 1947, 1998
Aldunate Solar, Carlos, 1920
Alessandri Palma, Arturo, 1735
Alexander, Alberto, 4239
Alexander, Robert J., 108
Alfaro y Lariva, Manuel de, 4328
All America Cables, Inc. [New York], 4477
Allende, Andrés, R., 852
Almeida, Pires de, 1141
Almeida, Tito Franco de, *veja* Franco de Almeida, Tito
Almonte, Juan Nepomuceno, 2783, 3430

Alonso, Isidro, 893
Alsina, Juan A., 253, 319, 320, 366
Althaus, Emilio, 4113
Alvarado, Benjamín, 2731
Alvarado, Salvador, 3020
Alvarez, Antenor, 746
Alvarez, José J., 2851
Alvarez, Juan, 203, 231, 732, 733
Alvarez Andrews, Oscar, 1800, 1928
Alvear, Marcelo T. de, 971
Alves de Lima, José Custodio, 1142
Alzamora Silva, Lizardo, 3893
Amador, Elías, 3422
Amaral, Antero Freitas do, 1381
Amaral, Luis, 1569
Amicis, Edmondo de, 321
Amunátegui, Gregorio, 1878
Amunátegui, Miguel Luis, 1823, 1877, 1878
Amunátegui y Solar, Domingo, 104, 1736, 1801, 1879, 2054,
    2138
Ancízar, Manuel, 2391
Anderson, Alexander Dwight, 2852
Andrada, Antonio Carlos Ribeiro de, 1407, 1447
Andrade, Almir de, 1465
Andrade, Edgar Lage de, 1528
Andrade, José Arturo, 2505, 2506
Andrade, Manuel, 3007
Anguita, Ricardo, 1921, 1923
Anrique R., Nicolás, 1714, 1715
Antioquia (departamento), 2458, 2601, 2607, 2608, 2646
Antonini, Emidio, 1143
Antuñano, Estevan de, 3205, 3241, 3472, 3530, 3531, 3532,
    3533, 3534, 3535, 3536, 3554, 3555, 3564, 3565
Aracena, Francisco Marcial, 2207
Aragão, Francisco Muniz Barreto de, *veja* Muniz Barreto de
    Aragão, Francisco
Arana, Braulio, 4208
Arana, Julio C., 3830
Arancibia, Luis Evaristo, 2208
Aranda, Diego, 1867
Aranguiz Donoso, Horacio, 1908
Araníbar, José, 4111, 4112, 4113
Aráoz, Ricardo, 299
Arata, Pedro, 894
Arauco (provincia), 2080
Araujo, Enrique L., 4114
Araujo, Pedro F. Correia de, *veja* Correia de Araujo, Pedro F.

Araujo Costa, Salustiano Orlando de, 1375
Araya, Manuel, 2315
Arboleda, Gustavo, 2349
Arboleda Cortés, Henrique, 2527
Arca Parro, Alberto, 3747
Archimbaud, Max, 4260
Archivo Claudio Gay [Santiago de Chile], 1737
Archivo de la Contaduría Mayor [Santiago de Chile], 1738
Archivo de la Oficina del Trabajo [Santiago de Chile] 1739
Archivo del Banco Hipotecario Nacional [B.A.], 476
Archivo del Doctor Victorino de la Plaza [B.A.], 223
Archivo del Ministerio de Hacienda [Santiago de Chile], 1740
Archivo del Ministerio del Interior [Santiago de Chile], 1741
Archivo del Teniente General Justo José de Urquiza [B.A.], 224
Archivo Fondo Varios [Santiago de Chile], 1742
Archivo Histórico de Hacienda [México], 2784
Archivo. Ministerio de Industrias y Obras Públicas [Santiago de chile), 1743
Archivo. Ministerio de Relaciones Exteriores [Santiago de Chile], 1744
Archivo Vicuña Mackenna [Santiago de Chile], 1745
Arcondo, Aníbal B., 771
Arechiga, Jesús, 3423
Arellano, Víctor J., 1749
Arenas, Mario, 529
Arequipa. Cámara de Comercio [Arequipa], 4210
Argentina, 477, 581a-581g
Argentina. Comisión Central de Inmigración, 853
Argentina. Comisión de Inmigración, 854
Argentina. Comisión del Censo Agropecuario, 747
Argentina. Comisión Directiva del Censo, 206
Argentina. Comisión, Exposición de París/1889, 748
Argentina. Comisión Nacional del Censo, 207
Argentina. Congreso Nacional, 652, 653, 654
Argentina. Congreso Nacional. Cámara de Diputados, 772
Argentina. Consejo Nacional de Educación, 340
Argentina. Departamento de Inmigración, 254
Argentina. Department of Agriculture, 255
Argentina. Dirección de Estadística y Economía Rural, 1009
Argentina. Dirección de Ferrocarriles Nacionales, 423
Argentina. Dirección General de Estadística de la Nación, 581h, 581i, 581j
Argentina. Dirección General de Estadística y Censos, 208, 300
Argentina. Dirección General de Minas, Geología e Hidrología, 1029
Argentina. Dirección Nacional de Estadística y Censos, 370, 578, 749
Argentina. Junta de Administración del Crédito Público Nacional, 530, 531
Argentina. Ministerio de Agricultura, 750
Argentina. Ministerio de Agricultura. Dirección de Agricultura y Ganadería, 955
Argentina. Ministerio de Agricultura. Dirección de Economía Rural y Estadística, 751
Argentina. Ministerio de Agricultura. Dirección General de Comercio e Industria, 970
Argentina. Ministerio de Agricultura. Dirección General de Economía Rural y Estadística, 752

Argentina. Ministerio de Agricultura. Dirección General de Tierras, 855
Argentina. Ministerio de Agricultura. División de Estadística y Economía Rural, 753
Argentina. Ministerio de Agricultura. Oficina de Estadística, 754
Argentina. Ministerio de Agricultura. Sección Propaganda e Informes, 579, 896
Argentina. Ministerio de Hacienda, 424, 533, 534, 580
Argentina. Ministerio de Hacienda. Contaduría General de la Nación, 535
Argentina. Ministerio de Hacienda. Dirección General de Estadística de la Nación, 209
Argentina. Ministerio de Obras Públicas, 425
Argentina. Ministerio del Interior, 371
Argentina. Superintendente del Censo, 301
Arguelles, Adalberto J., 3395
Argüello, Miguel, 956
Arias, Héctor D., 1048
Arístides [seudónimo], 3261
Arizpe, Rafael R., 3617
Armour, 897
Arona, Juan de, 3774
Arriaga, Francisco Javier, 3360
Arroniz, Marcos, 3440
Arrubla, Gerardo, 2359
Arrubla, Mario, 2346
Arrus, Oscar F., 3885
Asociación Salitrera de Propaganda [Iquique], 2196, 2197, 2198
Aspíllaga, Antero, 3970
Aspíllaga Anderson, Ismael, 4349
Associação Comercial de Santos [Santos], 1144
Associação Comercial do Rio de Janeiro [Rio de Janeiro], 1496
Associação Industrial do Rio de Janeiro [Rio de Janeiro], 1466, 1648
Astesano, Eduardo B., 558, 734, 972
Astorquiza, Octavio, 2209
Atacama (provincia), 2199
Augelli, John P., 2850
Aughinbaugh, William Edmund, 49
Avé-Lallemant, Germán, 655
Avé-Lallemant, Robert Christian Berthold, 1145, 1146
Avellaneda, Nicolás, 856
Avendaño, Leónidas, 3805
Avila, Fernando Bastos de, 1266
Avila, José Luis, 856a
Avila, Manuel, 3004
Ayarragaray, Lucas, 373
Aza, José, 4086
Azar, Carmen Llorens de, 213
Azcárate, Miguel María de, 3441
Azevedo, Alceu G. d', 1147
Azevedo, Fernando de, 1084, 1688
Azevedo, Joaquim Antonio d', 1242
Azevedo, Manoel Duarte Moreira de, *veja* Moreira de Azevedo, Manoel Duarte

Babinski, Alejandro, 4399, 4400
Bach, Federico, 3577

Bachmann, Carlos J., 3674, 4211

Baer, Werner, 1649, 1650

Bagú, Sergio, 211, 408

Baily, Samuel L., 374

Bain, H. Foster, 191

Baja California (estado), 3288

Baklanoff, Eric N., 1382

Balán, Jorge, 1267

Balbín, F. L., 449

Balbontín, Juan María, 3366

Baldassarre, Juan F., 898

Baleeiro, Aliomar, 1408

Balestrier, Louis de, 2854

Ballesteros, Francisco, 2055

Ballesteros, Marto, 2107

Ballesteros E., Manuel, 1922

Balmaceda, José Manuel, 2031

Baltra Cortés, Alberto, 1802

Bañados, Guillermo, 1887

Bañados H., Guillermo M., 2272

Banco Central de Reserva del Perú [Lima], 3894

Banco Central de Reserva del Perú. Misión de Consejeros Financieros [Lima], 3895, 3896, 4011, 4012, 4013, 4014, 4015, 4016, 4017, 4174

Banco Chileno Garantizador de Valores del Sur [Concepción], 1950

Banco de Italia y Río de la Plata [B.A.], 478

Banco de la Nación Argentina [B.A.], 479

Banco de la Provincia de Buenos Aires [B.A.], 426, 480, 481, 482, 483, 484, 485

Banco de la Provincia de Córdoba [Córdoba], 486

Banco de la República [Bogotá], 2330, 2501

Banco de la República. Departamento de Investigaciones Económicas [Bogotá], 2332

Banco de Lima [Lima], 3897

Banco del Perú [Lima], 4492

Banco do Comércio e Indústria de São Paulo [São Paulo], 1409

Banco Garantizador de Valores [Santiago de Chile], 1951

Banco Italiano [Lima], 3898

Banco Nacional de Comercio Exterior [México], 3021, 3243

Banco Nacional de México [México], 3022

Banco Popular Argentino [B.A.], 487

Bancroft, Hubert Howe, 2853

Banda, Longinos, 3322

Bandeira Jr., Antonio Francisco, 1651

Bank of London and South America, Ltd. [B.A.], 488

Barba, Francisco, 899

Barba, Rafael, 3501

Barbagelata, José, 4240

Barbosa, Francisco de Assis, 1359

Barbosa, Lima Sobrinho, veja Lima Sobrinho, Alexandre José Barbosa

Barbosa, Ruy, 1410, 1448

Barbosa Carneiro, Julio Augusto, 1148, 1467

Barcena, José B., 773

Bárcena, Mariano, 3618, 3323

Bard, Harry Erwin, 3799

Bardella, Gianfranco, 3899

Baril, V. L., comte de la Hure, 1149

Barinaga, Manuel A., 3963

Barnett, Clifford R., 4311

Barnhart, Donald S., 2559, 2742, 2773

Barreda, Carlos A., 4246

Barreda y Laos, Felipe, 3786

Barreda y Osma, Felipe, 4049

Barrera, Ignacio de la, 3035

Barrera Lavalle, Francisco, 3023, 3024

Barreto, Emilio G., 3916

Barrett, Ellen C., 2785

Barría Serón, Jorge, 1888, 1889, 1890

Barriga Villalba, Antonio María, 2507, 2587

Barrios, Felipe Arturo, 3645

Barroilhet, Carlos, 4115, 4116, 4117

Barron, Clarence Walter, 3262

Barros, Alvaro, 450, 656

Barros, Eudes, 1689

Barros, José Maurício Fernandes Pereira de, veja Fernandes Pereira de Barros, José Maurício

Barros, Lauro, 1891

Barros, Roque Spencer Maciel de, 1292

Barros Alemparte, Patricio, 2081

Barros Arana, Diego, 1746, 1747, 1770

Barros Borgoño, Luis, 1954, 2171

Barros Pimentel, José Francisco de, 1497

Bartholomeu, Luíz, 1411, 1468

Bartolotti, Domenico, 1150

Basadre, G. Federico, 4493

Basadre, Jorge, 1748, 3646, 3647, 3675, 4478, 4542

Basadre, Modesto, 3699, 4212, 4213

Basadre G., Carlos, 4401

Basaldua, Florencio de, 900

Basavilbaso, M. G., 901

Bastos, A. C. Tavares, veja Tavares Bastos, Aureliano Cândido

Bastos, Humberto, 1111, 1383, 1469

Basurco, Santiago, 3805

Batista, Homero, 1412

Bauer J., Arnold, 2119

Baugham, James P., 83

Bausa, José Ma., 3404

Bayer, Osvaldo, 412

Bayitch, S. A., 1

Baz, Gustavo, 3619

Bazán, Reyna M., 3787

Bazant, Jan, 3263, 3473, 3537, 3556

Beaurepaire, Henrique de Beaurepaire Rohan, visconde de, 1613

Béjar Navarro, Raúl, 3538

Bejarano, Jorge, 2459, 2460, 2461

Bejarano, Manuel, 857

Belaúnde, Víctor Andrés, 3680

Belio, J. R., 3318

Bell, P. L., 2421

Bello, José María, 1085

Belmar, Francisco, 3352

Belo, Julio, 1360

Beltrán, Enrique, 2845

Bendicente, Francisco, 451

Benedit, Juan Carlos, 902

Bennet, Margaret L., 3010

Bennett, Frank, 1151
Berahona Vega, Clemente, 1953
Berger, Adolfo, 3900
Bergquist, Charles Wylie, 2373
Berguecio, Alberto, 1892
Bermúdez Miral, Oscar, 2237, 4441
Bernárdez, Manuel, 957
Bernstein, Marvin D., 152, 3578
Berry, R. Albert, 2429, 2653
Bertarelli, Ernesto, 1152
Berthold, Victor Maximilian, 2273
Bertram, I. Geoff, 3875, 4365
Bertrand, Alejandro, 2082, 2238, 2239, 2255, 2263
Besio Moreno, Nicolás, 302
Besouchet, Lidia, 1086
Bethell, Leslie, 1320
Beveraggi Allende, Walter M., 598
Beyer, Robert Carlyle, 2654, 2686
Beyhaut, Gustavo, 32, 322
Bezé, Francisco de, 1749, 1862, 2078, 2083, 2160
Bialet Massé, Juan, 375, 774
Bianco, José, 443
Bianconi, F., 2854, 3579
Biard, François Auguste, 1529
Biblioteca da Associação Industrial [Rio de Janeiro], 1652
Bicknell, Frank W., 891, 953
Billinghurst, Guillermo E., 2084, 2240, 2241, 2264, 4214, 4442, 4443, 4464
Binzer, Ina von, 1361
Bitar Letayf, Marcelo, 2835
Blair, Calvin Patton, 131
Blakemore, Harold, 1750, 1751, 1752
Blancato, Vicenzo S., 1087
Blume, Federico, 3901, 4524
Bocayuva, Quintino, 1321
Bodarbender, Guillermo, 1030
Boeri, Lilia E., 212
Boisguillebert, veja Nogueira, Manuel Thomas Alves
Bojórquez, Juan de Dios, 2981
Bollinger, William S., 3876
Bolsa Comercial de Lima [Lima], 3903
Bonacic-Doric B., Luka, 2085
Bonaparte, Roland, 2855
Bonifaz, Emilio, 4179
Bonilla, Heraclio, 3681, 4076, 4077, 4118, 4215, 4494
Borax Consolidated Limited [Lima], 4403
Borda, José Joaquín, 2450
Borde, Jean, 2120
Borea, Domingo, 858
Borges, João de Carvalho, veja Carvalho Borges, João de
Borges, Tomas Pompeu Acioli, 1268
Bórquez Scheuch, Alvaro, 95
Bosch García, Carlos, 3011, 3283
Bosch Spenser, M. H., 132, 4078
Bossi, Bartolomé, 1530
Botero, Arturo, 2610
Bouças, Valentim F., 1154, 1449, 1450, 1509, 1510
Bouillet, Ph., 4119
Bouligny, Edgard, 3620
Bousquet, Alfredo, 536

Bowen, E. G., 859
Bowers, Martha-Belle, 4360
Bowman, Isaiah, 3700
Boyer, C., 378
Boza L., Agustín, 1923
Braga, Cincinato, 1155, 1470, 1471, 1472, 1531, 1570
Brandão, Francisco Antonio, 1322
Brandon, Edgar Ewing, 106
Branner, John C., 1571
Brant, Mario, 1413
Brasil. Commissão, Exposição Universal, Filadelfia/1876, 1243
Brasil. Commissão Brasileira na Exposição Universal de Paris/ 1867, 1244
Brasil. Commissão de Estatística do Commercio Marítimo, 1498
Brasil. Commissão d'Expansão Econômica, 1156
Brasil. Comissão de inquérito sôbre o meio circulante, 1414
Brasil. Comissão encarregada pelo govêrno imperial para proceder a um inquérito sôbre . . . crise do mês de setembro de 1864, 1398
Brasil. Commissão junto à Missão Official Norte-Americana, 1532
Brasil. Comissão Parlamentar de Inquérito, 1157, 1473
Brasil. Congresso Nacional, 1158, 1293, 1308, 1415, 1451, 1533, 1638, 1639
Brasil. Congresso Nacional. Câmara dos Deputados, 1159
Brasil. Congresso Nacional. Commissão de Instrucção Pública, 1294
Brasil. Departamento Nacional de Estatística, 1516, 1643
Brasil. Departamento Nacional de Indústria e Comércio, 1653
Brasil. Departamento Nacional do Café, 1376, 1599
Brasil. Diretoria Geral de Estatística, 1068, 1069, 1070, 1071, 1072, 1073, 1074, 1075, 1245, 1252, 1253, 1254, 1255, 1256, 1257, 1258, 1259, 1260, 1295, 1296, 1452, 1563, 1564, 1565, 1566, 1567, 1568, 1644
Brasil. Ministério da Agricultura. Diretoria do Serviço de Inspeção e Fomento Agrícolas, 1573
Brasil. Ministério da Agricultura. Serviço de Informações, 1160
Brasil. Ministério da Agricultura, Comércio e Obras Públicas, 1710
Brasil. Ministério da Agricultura, Indústria e Comércio, 1076, 1161, 1162, 1390, 1600
Brasil. Ministério da Agricultura, Indústria e Comércio. Diretoria Geral de Estatística, 1574
Brasil. Ministério da Agricultura, Indústria e Comércio. Serviço de Informações, 1163
Brasil. Ministério da Agricultura, Indústria e Comércio. Superintendencia da Defesa da Borracha, 1575
Brasil. Ministério da Fazenda, 1077a, 1077b, 1164, 1453, 1454, 1499, 1511, 1654
Brasil. Ministério da Fazenda. Conselho Técnico de Economia e Finanças, 1678
Brasil. Ministério da Fazenda. Diretoria de Estatística Comercial, 1491
Brasil. Ministério da Fazenda. Diretoria de Estatística Econômica e Financeira, 1687
Brasil. Ministério da Fazenda. Serviço de Estatística Econômica e Financeira, 1391, 1492
Brasil. Ministério da Indústria, Viação e Obras Públicas, 1165

Brasil. Ministério da Viação e Obras Públicas, 1713

Brasil. Ministério das Relações Exteriores, 1500

Brasil. Ministério do Trabalho. Departamento Nacional de Indústria e Comércio, 1078

Brasil. Ministério do Trabalho, Indústria e Comércio, 1079

Brasil. Ministério dos Negócios da Fazenda, 1455

Brasil. Ministério e Secretaria de Estado dos Negócios da Agricultura, Comércio e Obras Públicas, 1166

Brasil. Ministério e Secretaria de Estado dos Negócios do Imperio, 1167

Brasil. Serviço de Estatística Comercial, 1493

Bravo, José J., 4458

Briceño, Ramón, 1717

Brinsmade, Robert Bruce, 3474

Brisson, Jorge, 2392

British Chamber of Commerce of São Paulo & Southern Brazil [São Paulo], 1168

Brito, José do Nascimento, veja Nascimento Brito, José do

Broggi, Jorge A., 4404

Broide, Julio, 958

Bromley, Juan, 4240

Brown, Jack, 2333

Brown, Joseph R., 2242, 2287

Brücher, Wolfgang, 2670

Bruggen, J., 1718

Bruit, Hector Herman, 32a

Bryce, Luis N., 3968

Buarque de Holanda, Sérgio, 1088, 1113

Buelna, Eustaquio, 3378

Buenahora, Gonzalo, 2462

Buenos Aires, 612, 735

Buenos Aires. Bolsa de Comercio, 452

Buenos Aires. Comisión Directiva del Censo, 626

Buenos Aires. Dirección General de Estadística Municipal, 627, 628

Buenos Aires. Secretaría de Cultura, 736

Buenos Aires. Universidad. Instituto de Arte Americano e Investigaciones Estéticas, 737

Buenos Aires. Universidad. Instituto de Economía Bancaria, 490

Buenos Aires (provincia), 537

Buenos Aires (provincia). Comisión Directiva del Censo, 629

Buenos Aires (provincia). Contaduría, 540

Buenos Aires (provincia). Departamento de Hacienda, 538

Buenos Aires (provincia). Departamento de Trabajo, 427

Buenos Aires (provincia). Dirección General de Estadística, 304, 758

Buenos Aires (provincia). Dirección General de Estadística y Departamento del Trabajo, 630

Buenos Aires (provincia). Legislatura, 587

Buenos Aires (provincia). Ministerio de Obras Públicas, 759

Buenos Aires (provincia). Oficina de Estadística General, 631, 632

Buenos Aires (provincia). Receptoría General, 539

Buescu, Mircea, 1114, 1115, 1399

Buhmann, Christian, 775

Buley, Ernest Charles, 1169

Bulhões, Leopoldo de, 1474

Bullock, W., 2856

Bulnes, Gonzalo, 1753

Bunge, Alejandro E., 256, 379, 444, 445, 559, 973, 1023, 1024, 1050

Bureau of the American Republics [Washington], see also International Bureau of the American Republics, 2, 51, 144, 175, 179, 2655, 2695, 2703, 2704, 2857, 2858, 3648, 3701, 4175, 4176

Burga, José, 4196

Burgin, Miron, 84, 491

Burlamaqui, Frederico Leopoldo César, 1323, 1601, 1625, 1626

Burmeister, Carlos, 657

Burmeister, Hermann, 257, 1170

Burnett, Ben G., 112

Burr, Robert N., 1803

Burton, Richard, 1171

Bushnell, David, 2350, 2486, 2595

Bustamante, Felipe Santiago, 4216

Bustamante, Francisco, 3367

Bustamante, José María, 3424

Bustamante, Juan, 3844

Bustamante Cisneros, Ricardo, 4312

Bustamante Roldán, Darío, 2508

Busto, Emiliano, 2786

Buyan, Marcelino, 380

Bynum, Mary L., 2666

Caballero, Enrique, 2374

Caballero, Manuel, 2859

Cabral, P. G. T. Veiga, 1377

Cáceres, José Félix, 3845

Cadelago, Juan Carlos, 428

Caja de Depósitos y Consignaciones [Lima], 3904, 4018, 4023

Caldas, Francisco José de, 2351

Caldcleugh, Alexander, 52

Calderón, Clímaco, 2528

Calderón, Francisco R., 2836, 2846

Calmon, Francisco Marques de Góes, veja Marques de Góes Calmon, Francisco

Calógeras João Pandiá, 1416

Calvet, A., 588

Calvo, Carlos, 33

Camacho, Sebastián, 3613

Camacho Roldán, Salvador, 2575, 2576, 2588, 2603, 2656, 2671, 2692

Cámara de Comercio [B.A.], 604

Cámara de Comercio de Lima [Lima], 4019

Camara do Comercio Internacional. Biblioteca [Rio de Janeiro], 1172

Cámara Nacional de Comercio de la Ciudad de México [México], 2787

Cámara Zavala, Gonzalo, 3539

Camargo, José Francisco de, 1262

Camargo Jr., Jovelino de, 1324

Camboim, Natalicio, 1173

Cameo C., Miguel, 3657

Camera Italiana di Commercio ed Arti [B.A.], 323

Camino de Occidente [Bogotá], 2740

Camino de Soacha [Bogotá], 2759

Campbell, Allan, 2288

Campbell, Margaret, 1754

Campeche (estado). Secretaría de Gobernación y Hacienda, 3292, 3293

Campeche (estado). Secretaría General de Gobierno, 3291

Campolieti, Roberto, 860, 861, 862, 903

Campos, Antonio de María, 3206

Campos, Ernesto de Souza, 1297

Campos, Luiz Felippe Gonzaga de, *veja* Gonzaga de Campos, Luiz Felippe

Campos Harriet, Fernando, 1880

Campos Salles, Manuel Ferraz de, 1089

Camprubí Alcázar, Carlos, 3905, 3906, 3907

Canabrava, Alice Piffer, 1576

Canella, Francisco, 1269

Cano, Guillermo J., 904

Canton, Francisco, 3417

Capelo, Joaquín, 3748, 4241

Caplan, M., 3702

Capuñay, Carlos, 4024, 4025

Caracristi, C. F. Z., 2725, 2726

Carassa, Francisco, 4080

Caravelas, Oscar Reynaldo Muller, 1655

Carbajal, Manuel, 3975

Carbonell, Cayetano, 381

Cárcano, Miguel Angel, 863

Cárcano, Ramón J., 905

Cardim, Mario, 1392

Cardoso, Fernando Henrique, 34, 1325

Carillo, Pedro José, 4120

Carli, Gileno dé, 1656

Carmo, Antonio Gomes, *veja* Gomes Carmo, Antonio

Carmona, Manuel G., 1719

Carmona de la Peña, Fernando, 128

Carneiro, J. A. Barbosa, *veja* Barbosa Carneiro, Julio Augusto

Carneiro, José Fernando, 1270

Carneiro da Silva, João José, barão de Monte Cedro, 1298

Carneiro Leão, Antonio, 1299

Caro, Miguel Antonio, 2509

Carone, Edgard, 1116, 1117

Carranza, Albino, 4197, 4217

Carranza, Arturo B., 540

Carranza, Luis, 3847

Carrasco, Eudoro, 738

Carrasco, Gabriel, 258, 259, 305, 633, 658, 659, 738, 776, 864

Carrascosa, Romualdo, 3390

Carreira, Liberato de Castro, *veja* Castro Carreira, Liberato de

Carrey, James, 4095

Carriego, Evaristo, 865

Carrillo, Joaquín, 660

Carvalho, Augusto de, 1271

Carvalho, Carlos Miguel Delgado de, 1534

Carvalho, Daniel de, 1417

Carvalho, Elysio de, 1362

Carvalho, Leoncio de, 1300

Carvalho Borges, João de, 1577

Casañas, Ofelia, 306, 307

Casanave, C. F., 4087

Casanova, Juan Norberto, 4361

Casanova Alvarez, Francisco, 3538

Casarino, Nicolás, 492

Casasús, Joaquín, 3025, 3026, 3027

Casós, Fernando, 4405

Cassagne Serres, Alberto, 760, 906

Castagnola, Dante, 4537

Castañeda, J. Domingo, 4121

Castañón, Emilio, 3682

Castaños, José María, 3155

Castedo, Leopoldo, 1755

Castelnau, Francis, comte de, 1174

Castillo, Antonio de, 3580

Castillo, Demetrio del, 3156

Castillo, Ignacio B. del, 2788

Castillo, Juan, 3157

Castre, Emilio, 4267

Castro, A. M. de Miranda, 1418

Castro, Antonio P., 225

Castro, Augusto Olympio Viveiros de, *veja* Viveiros de Castro, Augusto Olympio

Castro, Eduardo B., 761, 762

Castro, Hélio Oliveira Portocarrero de, 1326

Castro, Juan José, 201

Castro Boedo, Emilio, 866

Castro Carreira, Liberato de, 1456

Castro Pozo, Hildebrando, 3848, 3849

Cavalcanti, Amaro, 1419, 1420, 1457

Cavalcanti de Albuquerque, Luis Rodolpho, 1535

Cavero, Ricardo, 4218

Cavina, Romolo, 1394

Cebrerros, Octavio, 3806

Celis Maturana, Víctor R., 1999

Celso, Affonso, *veja* Affonso Celso, Affonso Celso de Assiz Figueiredo, conde de

Cenoz, Pedro, 661

Centner Jr., Charles William, 2065

Centro Comercial, Agrícola e Industrial [Mendoza], 1025

Centro das Indústrias do Estado de São Paulo [São Paulo], 1657

Centro de Fabricantes de Calzado [B.A.], 1026

Centro dos Industriais de Fiação a Tecelagem de São Paulo [São Paulo], 1658

Centro Industrial do Brasil [Rio de Janeiro], 1081, 1645

Ceppi, José, 329

Cerda, Juan J. de la, 589

César, Juan Nepomuceno, 3405

Chagas, João Pinheiro, 1559

Chandler, Henry Alfred Ernest, 3158

Chaplin, David, 3807, 4313

Charon, Manuel, 4219

Charry Lara, Alberto, 2334

Chatenet, Mauricio de, 4398a, 4398d

Chavarría, Isaac M., 821

Chavarría, Jesús, 3676

Chávez, Nábor, 2860

Chávez Orozco, Luis, 3002, 3475, 3504

Chevalier, François, 3454, 3850, 4314

Chevalier, Michel M., 3012

Chiapas (estado). Gobernador, 3297

Chiapas (estado). Secretaría General de Gobierno, 3296

Chiaramonte, José Carlos, 560, 561, 562
Chihuahua (estado), 3302
Chihuahua (estado). Gobernador, 3303
Chihuahua (estado). Secretaría de Gobierno, 3304
Chihuahua (estado). Tesorería General, 3305
Chile. Caja de Ahorros para los Empleados Públicos, 1955
Chile. Caja de Crédito Hipotecario, 1956
Chile. Caja Nacional de Ahorros, 1957
Chile. Comisión Consultiva de Guanos y Salitres, 2265
Chile. Comisión Salitrera, 2266
Chile. Congreso, 1924
Chile. Congreso Nacional, 1825
Chile. Congreso Nacional. Cámara de Diputados. Comisión de Gobierno, 2326
Chile. Congreso Nacional. Cámara de Diputados. Comisión encargada de estudiar las necesidades de las provincias de Tarapacá y Antofagasta, 1893
Chile. Congreso Nacional. Comisión Mixta, 2005
Chile. Congreso Nacional. Comisión Mixta de Presupuesto, 2006
Chile. Consejo Superior de Habitaciones para Obreros, 1894
Chile. Delegación Fiscal de Salitreras y Guaneras, 2267
Chile. Dirección de Contabilidad, 2007
Chile. Dirección General de Contabilidad, 1719a, 2008, 2009
Chile. Dirección General de Estadística, 2110
Chile. Direccion Jeneral de Correos, 2274
Chile. Inspección Jeneral de Tierras i Colonización, 2139
Chile. Junta Central del Catastro, 2111
Chile. Ministerio de Ferrocarriles, 2327
Chile. Ministerio de Hacienda, 2010, 2011, 2012, 2268
Chile. Ministerio de Hacienda. Oficina del Presupuesto, 2013
Chile. Ministerio de Hacienda. Sección Salitre, 2200
Chile. Ministerio de Industrias y Obras Públicas, 2275
Chile. Ministerio de Industrias y Obras Públicas. Inspección de los Ferrocarriles Particulares, 2271
Chile. Ministerio de Industrias y Obras Públicas. Inspección General de Ferrocarriles en Estudio i Construcción, 2289
Chile. Ministerio de Industrias y Obras Públicas. Oficina de Estadística e Informaciones Agrícolas, 2112
Chile. Ministerio de Industrias y Obras Públicas. Sección Estadística e Información Agrícola, 2113
Chile. Ministerio de Instrucción Pública, 1881, 1925
Chile. Ministerio de Obras Públicas, Comercio y Vías de Comunicación, 2121
Chile. Ministerio de Relaciones Exteriores, 2056, 2140, 2320
Chile. Ministerio del Interior i Relaciones Exteriores, 2014
Chile. Oficina Central de Estadística, 1721, 1723, 1863, 2052, 2114
Chile. Oficina de Estadística e Informaciones Agrícolas, 2115
Chile. Oficina de Mensura de Tierras, 2141
Chile. Superintendencia de Aduanas, 2058
Chile. Superintendencia de Bancos, 1958, 1959
Chile. Superintendencia de la Casa de Moneda y de Especies Valoradas, 1960
Chile-American Association, 1826
Chiodoni, Giorgio, 324
Choquehuanca, José Domingo, 4198
Christen y Cía., José H., 3442
Chueco, Manuel C., 662, 1010

Cifuentes, José María, 2102
Cincinato, veja Costa Cabral, José Cristino da
Cisneros, Carlos B., 3703, 3704, 3705, 3706, 4220, 4221
Cisneros, César, 3749
Cisneros, Francisco Javier, 2743, 2760, 2761
Cisneros, Luis Benjamín, 3707, 3788, 4122, 4495
Clarck, Mateo, 2291
Clark, Marjorie Ruth, 2995
Clark, William A. G., 188
Clarke, William, 4123
Clavero, José G., 3708, 4242
Clemenceau, George, 53
Cobra, Amador Pereira Gomez Nogueira, 1118
Cochran, Thomas C., 1011
Coelho, Guillermo, 763
Coelho Rodrigues, Antonio, 1327
Coello Salazar, Ermilo, 2846
El Colegio de México [México], 2789, 3221
Colégio Menezes Vieira [Rio de Janeiro], 1301
Colegio Nacional de Santa Isabel de Huancayo [Lima], 3750
Colin, Mario, 2790
Collier, Richard, 3808
Collings, Harry T., 597
Colloque international sur l'histoire quantitative du Brésil de 1800 à 1930, Paris/1971, 1119
Collver, O. Andrew, 91
Colmenares, Germán, 2560
Colocci, Adriano, 325
Colombia, 2529
Colombia. Archivo Nacional. Fondo, 2451, 2463, 2476, 2510, 2530, 2531, 2532, 2533, 2534, 2535, 2536, 2537, 2538, 2539, 2540, 2541, 2542, 2543, 2544, 2545, 2546, 2577, 2648, 2672, 2698, 2721, 2741
Colombia. Comisión Corográfica, 2611
Colombia. Congreso. Cámara de Representantes, 2452
Colombia. Congreso. Senado, 2738
Colombia. Contraloría General de la República, 2612, 2613, 2614, 2615, 2616, 2617, 2618, 2619
Colombia. Departamento Administrativo Nacional de Estadística (DANE), 2335, 2430, 2572
Colombia. Departamento de Contraloría, 2547, 2548
Colombia. Departamento de Contraloría. Dirección Nacional de Estadísticas, 2431
Colombia. Dirección General de Estadística, 2573
Colombia. Dirección Nacional de Estadística, 2432, 2433, 2699
Colombia. Instituto Geográfico Agustín Codazzi. Oficina de Estudios Geográficos, 2620
Colombia. Ministerio de Agricultura y Comercio, 2657, 2658
Colombia. Ministerio de Fomento, 2479, 2649, 2722, 2774
Colombia. Ministerio de Gobierno, 2337, 2434, 2435, 2723
Colombia. Ministerio de Hacienda, 2453, 2526, 2526c, 2526d, 2526e, 2526f, 2526g, 2526h, 2526i, 2549, 2596a, 2596b, 2597, 2775
Colombia. Ministerio de Hacienda. Dirección General de Estadística, 2436
Colombia. Ministerio de Hacienda. Ramo de Tierras Baldías, 2494
Colombia. Ministerio de Hacienda y Crédito Público, 2526a, 2526b

Colombia. Ministerio de Industrias, 2495, 2673

Colombia. Ministerio de Obras Públicas, 2762, 2776, 2777, 2778

Colombia. Ministerio de Obras Públicas. Dirección General de Caminos Nacionales, 2779

Colombia. Ministerio de Relaciones Exteriores, 2395, 2437, 2598, 2705

Colombia. Ministerio de Trabajo, 2464

Colombia. Ministerio del Tesoro, 2550, 2551

Colombia. Misión Kemmerer, 2511

Colombia. Oficina de Estadística Nacional, 2438

Colombia. Presidente, 2396, 2396a, 2396b

Colombia. Presidente. Comité Nacional de Planeación. Dirección Ejecutiva. Misión Economía e Humanismo, 2376

Colombia. Procuraduría General de la Nación, 2512

Colombia. Resguardos de indígenas, 2674

Colombia. Secretaría de Estado y del despacho del Interior, 2397

Colombia. Superintendencia Bancaria, 2513

Colombo, Luis, 563

Comité da Defesa da Produção Nacional [Rio de Janeiro], 1421

Comité Interamericano de Desarrollo Agrícola, 2659

Companhia Cervejaria Brahma [Rio de Janeiro], 1659

Companhia Industrial Agrícola e Pastoril d'Oeste de São Paulo [São Paulo], 1627

Companhia Paulista de Estradas de Ferro [São Paulo], 1690

Compañía Administradora del Guano [Lima], 4247, 4329, 4445, 4446

Compañía Colombiana de Tejidos [Medellín], 2706

Compañía de Alumbrado de Gas de Lima [Lima], 4479

Compañía de Recaudación, S.A. [Lima], 4022

Compañía Esplotadora de los Placeros de Oro en la Sierra Madre del Sur [México], 3581

Compañía Italo-Argentina de Electricidad [B.A.], 1051

Compañía Nacional de Recaudación [Lima], 4020

Compañía Recaudadora de Impuestos [Lima], 4021

Compañía Refinería de Azúcar de Viña del Mar [Santiago de Chile], 2191

Compañía Salinera del Perú [Lima], 4406, 4480

Compañía Salitrera del Perú [Lima], 4125

Concha, Malaquías, 2032, 2033

Concha, Manuel H., 2192

Concha i Toro, Enrique, 2210

Condomí, Enrique, 494

Congreso Industrial y Agrícola. 1º, Santiago de Chile, 1899, 2172

Congreso Industrial y Agrícola. 2º, Talca/1905, 2173

Congreso Nacional de Industriales [México], 3540

Congresso Agrícola, Pernambuco/1878, 1578

Congresso Agrícola, Rio de Janeiro/1878, 1579

Coni, Emilio A., 326, 564, 739, 868

Coni, Emilio R., 309

Conrad, Robert, 1328

Constanzo, José A., 4330

Constatt, Oscar, 1177

Contreras, Ramón, 668

Convención Bancaria, México/1924, 3028

Convención Bancaria, México/1924. Comisión Permanente, 3029

Convención Nacional Catastral, México/1923, 3476

Copello, Juan, 3709

Copiapó (departamento), 2201

Córdoba, 636

Córdoba. Exposición Nacional/1871, 260, 907

Córdoba (provincia). Oficina de Estadística, 637

Córdova y Urrutia, José María, 4199

Cornblit, Oscar, 565, 566

Cornejo Foronda, David, 3789

Coronel Zegarra, Enrique, 4528

Coronel Zegarra, Félix Cipriano, 3775

Corporation of Foreign Bondholders [London], 153

Corral, Juan José del, 3163

Correa, Alberto, 3391

Correa Vergara, Luis, 2122

Correia de Araujo, Pedro F., 1178

Correia Lopes, Edmundo Armenio, 1329

Corrientes (provincia), 429

Cortés, Anselmo, 3264

Cortés, César Silva, 2178

Cortés Conde, Roberto, 34a, 232, 233, 447, 777, 778, 870, 871, 974

Cortés Pinto, Raúl, 1724

Corvalán, Antonio, 2142

Corvetto, P. M. de, 1012

Cosío Villegas, Emma, 2838

Costa, Affonso, 1179, 1180, 1422, 1691

Costa, Emília Viotti da, 1330

Costa, Francisco Barreto Picanço da, veja Picanço da Costa, Francisco Barreto

Costa, João Cruz, veja Cruz Costa, João

Costa, Salustiano Orlando de Araujo, veja Araujo Costa, Salustiano Orlando de

Costa Cabral, José Cristino da, 1176

Costa Filho, Miguel, 1580

Costa y Laurent, Federico, 4497

Cotes, Manuel, 2465

Courcelle Ceneuil, Jean Gustave, 2015, 2076

Courtin, René, 1120

Couty, Louis, 1181, 1331, 1614

Covarrubias, Alvaro, 2161

Covarrubias, José, 3482

Creel, Enrique C., 3030, 3306

Crespo, Jorge B., 1182

Crespo y Martínez, Gilberto, 3583

Crist, Raymond E., 2675

Cruchaga, Miguel, 1827, 1828, 2016, 4126

Cruz, Ernesto de la, 1756

Cruz Costa, João, 1090

Cruz G., Alberto de la, 1757

Cuadra, Luis de la, 2143

Cuadra, Pedro Lucio, 2123

Cuccorese, Horacio Juan, 496

Cuerpo Técnico de Tasaciones del Perú [Lima], 4030

Cuervo, Antonio B., 2352

Cuervo, Rufino, 2398

Cuevas, José de Jesús, 2861

Cuevas, Luis G., 3013

Cundinamarca (departamento), 2496

Cunha, Alfredo Alberto Leal, veja Leal da Cunha, Alfredo Alberto

Cunha, Antonio Luiz Fernandes da, 1246

Cunha, Herculano Augusto Lassance, 1309
Curletti, Lauro A., 3809
Curtis, William E., 55

Dagnino, Arturo, 2248
Dahlgren, Charles B., 3584
Daireaux, Emile, 663, 664
Daireaux, Godofredo, 908, 909
Dale, Philip M., 3776
D'Amico, Carlos, 413
Dancuart, Pedro Emilio, 3941, 3971
Dantas, Francisco Clementino de San Thiago, 1423
Dávalos y Lissón, Pedro, 3677, 4407, 4481
Davatz, Thomas, 1615
Davel, Ricardo J., 910
Davelouis, Héctor, 4408
Davies, James E., 2763
Day, Alberto A., 665
Dealy, Glen David, 2487
Dean, Warren, 1616, 1660
De Bekker, Leander Jan, 3014
Debes, Célio, 1692
Deerr, Noël, 172
Degola, Carlos, 4208
Degregori, Carlos Ivan, 3852
Delcourt, Edmundo, 2256
Delfim Netto, Antônio, 1602
Delgado, Eulogio, 3972, 3973
Delgado, Julio M., 3853, 4315
Delhaes-Guenther, Dietrich von, 1661
Delsol, Estevan, 4398b
Denegri, D. Aurelio, 3777
Denegri, Marco Aurelio, 3830, 4409
Denis, Pierre, 261, 1183
Denslow, David, 1536
Dent, Hastings Charles, 1184
Derteano, Carlos, 4283
Derteano, M. D., 4062
Desmaison, Daniel, 4459
Deustua, Ricardo A., 4414
Deutschland. Statistiches Reichsamt, 133
Dias, Arthur, 1185
Dias, Everardo, 1310
Díaz, Celestino, 3435
Díaz Ahumada, Joaquín, 3810
Díaz Alejandro, Carlos F., 234
Díaz Araujo, Enrique, 1052
Díaz Dufoo, Carlos, 2863, 3207, 3265, 3541
Díaz Navarro, José Concepción, 3455
Diégues Junior, Manuel, 180, 1272, 1581, 1617, 1662
Diez Canseco, Ernesto, 4482
Diniz Gonsalves, Alpheu, 1679
Dirección General de Tabaco [México], 3518
Directores de la Junta Jeneral de Accionistas del Ferrocarril de Santiago a Valparaíso [Valparaíso], 2291
Doleris, J. A., 667
Domenech, Robert, 3016
Domeyko, Ignacio, 2144
Domínguez, Angel M., 3165
Domínguez, Juan de Dios, 3368
Domínguez, Ramón, 1910

Domville-Fife, Charles William, 56a, 56b, 57, 1186
Donoso, Ricardo, 1758, 1759, 1760, 2145
Dorfman, Adolfo, 975
Dornas Filho, João, 1332
Dorsey, George, 3652
Dossena, Constantino, 764
Dresel, Gustavo, 3032
Dreyfus Hnos y Cía, 4128, 4447
Dreys, Nicolau, 1537
Drouilly, Martin, 2123
Droux, Léon, 2864
Ducloux, E. Herrero, 925
Dueñas, Enrique I., 4248, 4249, 4250, 4251
Duffield, Alexander James, 3710
Dumas, A., 959
Duncan, Julian Smith, 1693
Dunlop, Charles J., 1187, 1378, 1694
Dunn, Robert W., 154
Dunn, William Edward, 3741
Dunzelmann (senior), Carlos, 960
Duque Betancur, Francisco, 2621
Duque Gómez, Luis, 2638
Durán, Fernando, 2086
Durán, Rafael, 2851
Durand, Juan E., 4526, 4528
Durango (estado), 3309, 3310, 3311
Dutot, S., 1188
Duval, Alfredo, 4268

Echandía G., Manuel, 2707
Echavarría, Enrique, 2447, 2514, 2716
Echegaray, Mariano N., 3866
Echegaray, Salvador, 2791
Echevarría, Cecilio, 668
Echeverría, Francisco de Borja, 2146
Eder, Phanor James, 2399, 2497
Edwards Vives, Alberto, 1916, 1917, 2017
Egas, Eugenio, 1538
Egidio, Paulo, 1424
Eguia, José Joaquín de, 3585
Eguiguren, Víctor, 3757, 4350
Eidt, Robert C., 872
Einaudi, Luigi, 96
Eisenberg, Peter, 1582
El. . . . *Vea* Colegio de México, Mercurio; Mexicano; etc.
Elguera, Juan Ignacio, 3957, 3960, 3961, 3962
Elgueta de Ochsenius, Herminia, 1725
Elías, Domingo, 3950
Elliot, George Francis Scott, 1761
Elliot, Lilian E., 1192
Ellsworth, Paul Theodor, 1935
Elmore, Alberto A., 4389
Empresa de los Ferrocarriles del Estado [Santiago de Chile], 2293, 2322
Empresa del Ferrocarril Transandino de Chile [Santiago-Valparaíso], 2294
Encina, Francisco A., 1762, 1763, 1764, 1882, 2034
Encinas, José Antonio, 3790, 3791, 3854
Entre Ríos (provincia), 767
Entre Ríos (provincia). Dirección de Ganadería, 768
Entre Ríos (provincia). Dirección General de Estadísticas, 765

Entre Ríos (provincia). Ministerio de Gobierno. Sección Ganadería, 766

Epstein, I., 3287

Ernesto Tornquist & Co., Ltd., 214

Escalante, Aquiles, 2477

Escallón, Raimundo, 2590

Escandón, Manuel, 3622, 3623

Escobar Gamarra, Julio, 3831

Escragnolle Taunay, Affonso de, 1333, 1603

Escudero, José Agustín de, 3307, 3383

Esparza, Marcos C., 3425

Espech, Román, 2087, 2174, 2175

Espejo, Gerónimo, 582

Espineira, Mariano F., 497

Espinosa de los Monteros, Carlos, 3384

Espinosa de los Monteros, María del Carmen, 3542

Espinosa Valderrama, Augusto, 2561

Espinoza, Enrique, 1829

Espinoza, Enrique B., 4259

Espinoza, Roberto, 1961, 1962, 1963

Espinoza de los Reyes, Jorge, 3246

Esquivel Obregón, Toribio, 167, 3477

Estellé, Patricio, 1765, 2066

Esteva, José Ygnacio, 3222

Esteves, Luis, 3683

Estrada, Pedro, 3348

Ewbank, Thomas, 1193

Expilly, Charles, 1121, 1273

Eyzaguirre, Jaime, 1766

Eyzaguirre Rouse, Guillermo, 1895

Ezcurra, Mariano de, 961


Fagalde, Alberto, 2276, 2277

Fages, Eduardo, 3362, 3406

Faivovich Hitzcovich, Angel, 2124

Fajardo, Luis H., 2562

Falcão, Teófilo Borges, 1194

Falleto, Enzo, 34

Fals Borda, Orlando, 2377, 2454, 2480, 2676, 2677

Faria, Alberto de, 1091

Fausto, Boris, 1368

Favre, Henri, 4316

Fawcett, Brian, 195

Fazio, Lorenzo, 669

Federación Nacional de Cafeteros [Bogotá], 2687, 2696

Federación Nacional de Cafeteros. Sección de Investigaciones Económicas [Bogotá], 2578

Feliú Cruz, Guillermo, 1726, 1756, 1767, 1768, 1804

Fernandes, Annibal, 1583

Fernandes Pereira de Barros, José Maurício, 1458, 1475

Fernández, Carlos, 3426

Fernández, José M., 3751

Fernández, Manuel Salustio, 1964

Fernández Niño, Pedro, 2162

Ferns, H. S. 235

Ferrada Urzúa, Alfonso, 2067

Ferrarazzo, Enrique Julio, 386

Ferrecio, Horacio, 3977

Ferreira, Felix, 1302

Ferreira, Francisco Ignacio, 1680

Ferreira, Manoel Rodrigues, 1695

Ferreira de Rezende, Francisco de Paula, 1092

Ferreira Ramos, Francisco, 1663

Ferreira Soares, Sebastião, 1195, 1400, 1584

Ferreira Vianna, Pedro Antonio, 1401

Ferrer, Aldo, 236

Ferrero, Rómulo A., 3909, 4269, 4317, 4478

Ferreyros, Alfredo, 4270

Ferrocarril a la Oroya [Lima], 4500

Ferrocarril Central Trasandino [Lima], 4502

Ferrocarril de Arequipa [Lima, Arequipa], 4505, 4535

Ferrocarril de Arequipa a Puno [Lima], 4503

Ferrocarril de Chimbote a Huaraz y Recuay [Lima], 4507

Ferrocarril de Copiapó [Chile], 2296

Ferrocarril de Girardot [Bogotá], 2744

Ferrocarril de Lima a Huacho [Lima], 4508

Ferrocarril de Puno al Cuzco [Lima], 4504

Ferrocarril de Santa Marta [Bogotá], 2769

Ferrocarril del Pacífico [Cali], 2745

Ferrocarril del Sur [Chile], 2297

Ferrocarril entre Santiago y Valparaíso [Santiago de Chile], 2298, 2321

Ferrocarriles del Sur [Lima], 4511

Fetter, Frank W., 1965

Figueroa, Pedro Pablo, 2211

Figueroa, Virgilio, 1727

Figueroa Domenech, J., 2793

Fillol, Tomás Roberto, 567

Filsinger, Ernst, 58

Fishlow, Albert, 1664

Fitte, Ernesto J., 599

Fletcher, James C., 1196

Fliess, Alois E., 779, 780, 781

Flores, M. D., 4200

Flores, Manuel, 3587

Flores, Romeo R., 2982

Flores Caballero, Romeo, 3544

Flores Córdova, Raúl, 3811

Florescano, Enrique, 35, 3209

Fodor, Jorge, 437a

Folsom, Charles J., 2865

Fontoura João, Neves da, veja Neves da Fontoura, João

Ford, Alec G., 498

Forero, Enrique, 4422

Fort, Michel, 4398j, 4462

Forum Roberto Simonsen [São Paulo], 1665

Foster, Alice, 3543

Foster Brain, H., 976

Fracchia, Alberto, 447

Fragoso, Arlindo, 1197

Fragueiro, Mariano, 499

France. Direction générale des douanes, 134

Franceschini, Antonio, 97

Franco, Afonso Arinos de Melo, 1122, 1425

Franco, Bernardo de Souza, 1426

Franco, Honorio Alonso Baptista, 1513

Franco, Maria Sylvia de Carvalho, 1334

Franco de Almeida, Tito, 1335

Frank, André G., 36, 1936

Freire, Felisbelo Firmo de Oliveira, 1093, 1427

Frers, Emilio, 912
Freyre, Gilberto, 1123, 1124
Frías Collao, Eugenio, 1896
Friede, Juan, 2638, 2678
Frondizi, Arturo, 1034
Fuchs, Jaime, 237, 600
Fuentes, Hildebrando, 3778, 4222
Fuentes, Juan A., 4133
Fuentes, Manuel A., 4201, 4243
Fuentealba Hernández, Leonardo, 2035
Fuenzalida Grandón, Alejandro, 2257
Fuenzalida Villegas, Humberto, 1805, 2147
Furtado, Celso, 37, 1125

Gache, Samuel, 387
Gaignard, Romain, 873
Gajardo Cruzat, Enrique, 2178
Galanti, A. N., 977, 1013
Galarza, Ernesto, 3624
Galdames, Luis, 1769, 2278
Galindo, Aníbal, 2400, 2563
Gallardo, Angel, 357
Gallardo, Carlos R., 913
Galleguillos V., Oscar, 2209
Gallo, E. L., 3619
Gallo, Ezequiel, 874, 978
Gallo (h.), Ezequiel, 414, 566, 670
Galloway, J. H., 1628
Galup, Manuel, 3967
Galván Rivera, Mariano, 3443
Gálvez, Luis, 3779
Gálvez, Pedro, 3780, 3953
Gálvez, Víctor, vea Quesada, Vicente G.
Gamio, Luis M., 4318
Gamio, Manuel, 2983, 2984, 3005
Gancedo, Alejandro, 672
Gandarillas Matta, Javier, 2116, 2212, 2213
Gandolfo, Carlos, 812
García, Agustín, 914
García, Antonio, 181, 2466, 2481
García, D. L., 4512
García, Enrique León, 3752
García, Francisco, 3210
García, José M., 2866
García, Juan B., 3316
García, Rómulo E., 3706, 4221
García, Trinidad, 3588
García Calderón, Francisco, 116, 117, 3713, 3792, 3911
García Conde, Pedro, 3308
García Cubas, Antonio, 2794, 2795, 2867, 2963
García Granados, Alberto, 3506, 3507
García Márquez, Gabriel, 2353
García Soriano, Manuel, 388, 415
García y García, José Antonio, 4513, 4514
Gardner, George, 1198
Garland, Alejandro, 3714, 3715, 3877, 3912, 4050, 4051, 4052, 4081, 4271, 4415, 4527
Garrigós, Octavio, 500
Garza, Eliseo, 2996
Gastelumendi, A. C., 4411, 4413

Gauld, Charles Anderson, 1094
Gaviria Toro, José, 2639
Gay, Claudio, 2125
Gazaneo, Jorge O., 979
Geiger, Pedro Pinchas, 1560
Geller, Lucio, 980
Gerbi, Antonello, 102
Germani, Gino, 409
Gesell, Silvio, 501, 502
Gez, Juan W., 673
Gibb, George Sweet, 4416
Gibbon, Lardner, 4417
Giberti, Horacio C., 782, 783
Gibson, Herbert [Heriberto], 590, 591, 784, 785, 1014
Giesecke, Albert Anthony, 3753
Gil, Antonio, 786
Gil y Sáenz, Manuel, 3392
Gilmore, Robert Louis, 2354, 2355, 2746
Giraldo Jaramillo, Gabriel, 2338, 2339, 2356
Girola, Carlos D., 915
Glade, William P., 38
Godoy, Joaquim Floriano de, 1336, 1539
Godoy, José María, 3558
Godoy Urzua, Hernán, 1806
Góes, Raul de, 1673
Gomes Carmo, Antonio, 1629
Gómez Barrientos, Estanislao, 2357, 2358
Gómez de Orozco, Federico, 3545
Gómez del Campo, José María, 3589
Gómez García, Agustín, 2148
Gómez Langenheim, Antonio, 875
Gómez Martínez, Fernando, 2708
Gómez Morín, Manuel, 3508
Gómez Picón, Rafael, 2747
Gómez Robelo, Ricardo, 3479
Gómez S., José del C., 2593
Gonçalves, Carlos Alberto Stoll, 1082
Gondra, Luis Roque, 238
Góngora, Mario, 2120
Gonzaga de Campos, Luiz Felippe, 1681
González, Eleuterio, 3350
González, Fernando, 3590
González, Florentino, 2564
González, Juan B., 389
González, Marcial, 1770, 1830, 1897
González, Norberto, 542
González, Pedro Luis, 2168, 2176, 2177, 2178, 2193, 2194
González Arce, José, 2796
González de Cosío, Francisco, 3480, 3640
González del Riego, Manuel, 3913
González M., Guillermo, 1883
González Navarro, Moisés, 2797, 2837, 2964, 2985
González Roa, Fernando, 3481, 3482
González Rubio, José, 3483
González Tafur, Oswaldo B., 4272
González y González, Luis, 2798, 2838
Goodwin, William, 916
Gorceix, Henri Claude, 1685
Gordillo, Julián, 4483
Gori, Gastón, 787, 876, 877

Gormaz y Carrera, J. J., 310
Gorostegui de Torres, Haydée, 239, 447, 962
Gorraiz Bloqui, R., 740
Gostkowski, Gustave, 2868
Goulart, José Alípio, 1696
Goulart, Maurício, 1337
Gouveia, Maurílio de, 1338
Goycolea Cortés, Marcos, 2149
Goyena, Juan, 430, 981
Goyeneche y Gamio, Juan M. de, 4096
Graham, Douglas, 1274
Graham, Harry Crusen, 176
Graham, Richard, 1126, 1384
Graña, Francisco, 3754
Grandoli, Sixto G., 788
Granillo, Arsenio, 674
Great Britain. Board of Trade, 60, 2728
Great Britain. Custom and Excise Department. Statistical
    Office, 135
Great Britain. Department of Overseas Trade, 61, 262, 1199,
    1200, 1831, 1832, 1833, 3716
Great Britain. Foreign Office, 19, 20, 62, 2401, 2402, 2573a,
    2579, 2580, 2581, 2660, 2661, 2688, 2729, 2748, 3832
Great Britain. Naval Intelligence Division, 2869
Great Britain. Public Record Office, 21, 22, 23
Green, Marcos Walton, 1927
Greenhill, Robert G., 1502, 4466
Greffier, Maurice E., 155
Gregory, Winifred, 9
Grela, Plácido, 390
Greve, Ernesto, 2328
Griffin, Charles C., 3
Grossi, Filippo, 1540
Grossi, Vicenzo, 1275
Grothe, A., 3591
Groussac, Pablo, 675
Gschwind, Juan Jorge, 878
Guanabara, Alcindo, 1095
Guanajuato (estado). Gobernador, 3314
Guarini, Emilio, 4484
Gubbins, John Russell, 4053, 4054, 4055
Gudin Filho, Eugênio, 1428
Guedalla, H., 3878
Guenot, Esteban, 3559, 3560
Guerra, José Basilio, 3167
Guerra Azuola, Ramón, 2498, 2515, 2553
Guerrero (estado). Gobernador, 3317
Guillén Martínez, Fernando, 2488
Guimarães, Alberto Passos, 1618
Guimarães, Augusto Alvares, 1339
Guimarães, E. de, 4331
Gurguerevich, Antonio, 4273
Gurria Lacroix, Jorge, 2799
Gurza, Jaime, 3571
Gutiérrez, Carlos Matus, 2318
Gutiérrez, Rufino, 2622, 2749
Guzmán F., Erasmo, 1846
Guzmán, Ramón G., 3641

Hadfield, William, 63, 64
Hagen, Everett E., 2565

Hall, Basil, 65
Halperín Donghi, Tulio, 38a, 38b, 240, 789
Halsey, Frederic M., 164, 2069, 2070, 4105
Hambloch, Ernest, 1200
Hamilton, A. M. Leonidas Le Cenci, 2870
Hamilton, J. P., 2403
Hammel, Eugene A., 3855
Hammond, William Jackson, 3268
Hansen, Emilio, 503, 504
Hanson, Simon Gabriel, 241
Harbison, Ralph W., 2378
Hardy, Osgood, 1771
Haro y Tamariz, Antonio, 3269
Harrison, John Parker, 24, 25, 2582, 2697, 2746, 2750
Harvard University. Bureau for Economic Research in Latin
    America [Cambridge, Mass.], 5
Haupt, Lewis M., 2764
Hecq, L., 4274
Heeren, O., 4525
Heise González, Julio, 1772
Helguera, Dimas, 982
Helguera, J. León, 2379, 2380
Hellauer, Josef, 592
Henao, Jesús María, 2359
Herbold Jr., Carl, 3653
Hermberg, Paul, 2340, 2467
Hermitte, E., 1042, 1043
Hermosa, Jesús, 2871
Hernández, José, 917
Hernández, Octavio A., 2839
Hernández, Rafael, 676
Hernández, Silvia, 2163
Hernández C., Roberto, 1869, 2214, 2244, 2279
Hernández de Alba, Guillermo, 2345
Hernández Rodríguez, Guillermo, 2679
Hernández Rodríguez, Rosaura, 3247
Herndon, William Lewis, 4417
Herrera, Genaro, 3755
Herrera Canales, Inés, 3248
Herrman, Lucila, 1127
Herrmann, Alberto, 2059, 2202
Hidalgo (estado), 3320
Hidalgo (estado). Gobernador, 3321
Higginson, Eduardo, 4275
Higuita, Juan de Dios, 2439
Hijar y Haro, Luis, 98
Hill, Roscoe R., 26
Hillman, Carlos, 2300
Hincapié Santa María, Julio, 2381
Hird, Richard T., 3718
Hiriart, Luis, 2215
Hirschman, Albert O., 2036, 2382
Hoermann, Jorge, 1966, 2179
Hoffman, H. Theodore, 2751
Hohagen, Jorge, 4082, 4358, 4362
Hohagen, M. L., 3756
Holanda, Sérgio Buarque de, *veja* Buarque de Holanda,
    Sérgio
Holguín, Jorge, 2404
Holley, Gustavo Adolfo, 1773
Holloway, Thomas, 1311

Holm, Gert T., 918a, 918b
Holmberg, Eduardo L., 677
Holms, Percy G., 3607
Holton, Isaac F., 2405
Horna, Hernán, 2770
Horton, Douglas, 3654
Horton, Susan, 3654
Hotschewer, Curto Erico, 919
Howarth, William 1201
Hoyos, Germán de, 2641
Hu, Charles, 1202
Huergo, Luis A., 1054
Huergo, Palemón, 568
Huet, Omer, 2301
Hughlett, Lloyd J., 184
Humboldt, Alexander, 2360, 2730
Hume, Alejandro, 678
Humphreys, Robert [Robin] Arthur, 6, 66, 99
Humud T., Carlos, 2018
Huneeus, Francisco, 1898
Hunt, Shane J., 90, 3684, 4063
Huret, Jules, 263, 264
Hurtado, Carlos, 1864
Hutchinson, Lincoln, 148
Hutchinson, Thomas J., 265

Ianni, Octavio, 1340
Ibáñez, Maximiliano, 1967, 2246
Ibáñez, Pedro M., 2370
Ibarra, Gabriel de, 2489
Ibarra de Roncoroni, Graciela, 242
Ica (departamento), 4223
Igarzabal, Rafael S., 679
Iglesias, Francisco, 1128, 1541
Infante, J. Daniel, 790
Ingenieros, José, 416
Inglez de Souza, Carlos, 1429
Instituto Colombiano de la Reforma Agraria (INCORA) [Bogotá], 2341
Instituto Mexicano de Investigaciones Económicas [México], 3484
Inter-American Institute of Agricultural Sciences. Orton Memorial Library [Turrialba, Costa Rica], 7
Intercontinental Railway Commission [Washington], 195
International American Conference [Washington], 196
International Bank for Reconstruction and Development [Baltimore], 2383
International Bureau of the American Republics [Washington], see also Bureau of the American Republics, 2872
International Federation of Cotton and Allied Textile Industries. International Cotton Mission to Brasil [Manchester], 1666
International Federation of Cotton and Allied Textile Industries. International Cotton Mission to Colombia [Manchester], 2662
International Labor Office [Geneva], 109
Irazusta, Julio, 438, 439
Irazusta, Rodolfo, 439
Iregui, Antonio José, 2566
Irie, Toraji, 3781
Irigoyen, Bernardo de, 879

Irigoyen, Manuel, 3969
Irigoyen, Pedro, 3856
Iscaro, Rubens, 391
Issonribehere, Pedro J., 792
Iturregui, Juan Manuel, 4134
Iturribarria, Ciriaco, 3374
Izcue, José Rafael de, 3964, 3966
Izquierdo F., Gonzalo, 2164

Jacob, Rodolfo, 1542
Jaguaribe Filho, Domingos José Nogueira, 1640
Jalhay, Henry, 2410
Jalisco (estado). Gobernador, 3324
Jalisco (estado). Junta de Seguridad Pública, 3325
James, Concha Romero, 13
James, Herman Gerlach, 1203
James, Preston E., 68, 1585
Jaramillo, Esteban, 2406, 2554, 2555
Jaramillo Uribe, Jaime, 2361, 2638
Jefferson, Mark, 680
Jenks, Leland H., 156
Jéquier, Enrique, 1899, 1900, 2302
Jiménez, Carlos P., 4359, 4418
Jiménez, Julio, 3173
Jiménez Borja, José, 3793
Jobet, Julio César, 1728, 1807, 1808, 1809, 1901
Jobin, José, 1682
Jochamowitz, Alberto, 4419, 4425
Jofré, Emilio, 1926
Johnson, John J., 2280
Jones, Clarence F., 145
Jones, Tom B., 8, 69
Jones, Wilbur Devereux, 328
Jornal do commercio [Rio de Janeiro], 1129
Joslin, David, 124
Jurado, Mario, 605

Kaempffer, Enrique, 2247
Kaerger, Karl, 173, 963
Kalnins, Arvid, 2516
Kapsoli, Wilfredo, 3846c
Keidel, J., 1042
Keller, Carlos, 1810
Ker, Annita Melville, 2800
Kidder, Daniel Paris, 1196, 1205
Kiernan, V. G., 3879
Klaren, Peter F., 4319
Klinge, Gerardo, 4276
Knowlton, Evelyn H., 4416
Knowlton, Robert J., 2556
Koebel, William Henry, 157
Kohlhepp, Gerd, 1667
Korkus, Emilio J., 983
Koseritz, Carlos von, 1206
Krogzemis, James R., 2623
Kubler, George, 3758
Kuntz, Julio, 2216, 2217, 2218, 2219

Labarca Hubertson, Amanda, 1884
Labarca Letelier, René, 2126
Labarthe, Pedro Abel, 4544

Labastida, Luis G., 3034
Labre, Bento José, 1630
Lacerda, Cândido F. de, 1619
Lacerda, Joaquim Franco de, 1604
Laerne, C. F. van Delden, 174, 1605
Lafond, Georges, 1207
Lafone Guevedo, Samuel A., 1036, 1044
La Fuente, Ramón de, 4398f, 4468
Lagarrigue, Luis, 1941
Lagos Escobar, Ricardo, 2180
Lahitte, Emilio, 793, 794, 920, 921
Laliere, Amour, 1631
Lamale, Carlos, 3655
Lambert, Jacques, 113, 1096
Landendonck, Madame van, 1276
Lanús, Anacarsis, 453, 506
Lanusse, J. J., 507, 880
Lanzagorta, María del Rosario, 3209
La Plata. Oficina de Estadística General, 639
Lara, Horacio, 1774
Larco Herrera, Rafael, 4332
Larguía, Eduardo T., 922, 923, 984
Laris, F., 1686
Larrabure y Correa, Carlos, 3867
Larrabure y Unanue, Eugenio, 4224
Larrain, Nicanor, 681
Larrañaga y Loyola, Luis, 3719
Lastarria, José Victorino, 1770, 2220
Latham, Wilfrid, 795
Latino, Aníbal, vea Ceppi, José
Latzina, Francisco, 311, 543, 640
Laurie Solís, Luis, 4420
Laval, Ramón A., 1729
Lavalle, Hernando de, 3880
Lavalle, José Antonio de, 3890
Lavalle y García, José Antonio de, 4277, 4278, 4351
Lavenir, Pablo, 796, 924, 925
Leal, Victor Nunes, 1369
Leal da Cunha, Alfredo Alberto, 1476
Leão, Antonio Carneiro, veja Carneiro Leão, Antonio
Lebrija, Joaquín, 3035
Lecler, M., 926
Leclerc, Max, 1208
Lede, Charles van, 1543
Ledent, Armand, 1209
Le Feuvre, René, 2127, 2248
Leff, Nathaniel, 1130, 1341, 1393, 1503, 1544
Legrain, Jean Baptiste, 3456
Leitão, Evaristo, 1394
Lejeune, Louis, 3457
Le Long, John, 881
Lemee, Carlos, 797
Lemos, Abraham, 682
Lens, Hans, 3545
Léon, Pierre, 42
Lerdo de Tejada, Miguel, 2873, 3251
Lestard, Gastón H., 508
Leubel, Alfredo, 3656
Levene, Ricardo, 683, 684
Levin, Jonathan V., 3685

Lewandowski, Maurice, 217
Lewis, Colin, 1065
Liberti, Susana S., 593
Liévano Aguirre, Indalecio, 2362, 2490, 2567
Lill, Thomas R., 3270
Lima (departamento). Junta Departamental, 3868
Lima (departamento). Junta Departamental de Lima Pro-Desocupados, 4202
Lima (municipalidad), 4244
Lima (municipalidad). Oficina Municipal de Estadística, 3759a, 3759b
Lima (municipalidad). Sección de Estadística, 3760
Lima (provincia). Consejo Provincial, 3886
Lima (provincia). Consejo Provincial. Oficina Municipal de Estadística, 4203
Lima, Heitor Ferreira, 1131
Lima, José Custodio Alves de, veja Alves de Lima, José Custodio
Lima, Lourenço Moreira, veja Moreira Lima, Lourenço
Lima, Ruy Cirne, 1620
Lima Sobrinho, Alexandre José Barbosa, 1097
Linhares, Hermínio, 1132
Linhares, Temistocles, 1586
Link, Pablo, 798
Lisson, Carlos, 3720
Lix Klett, Carlos, 927, 1027
Llanos, Julio, 799
Llarena, José María, 1867
Llosa, Manuel B., 4393
Llosa y Rivero, Eduardo, 4252
Lloyd, Reginald, 1210
Lobato López, Ernesto, 3036
Lobo, Eulália María Lahmeyer, 1312, 1313
Lockey, Joseph Byrne, 3794
Long, W. Rodney, 201, 4522
Lopes, Edmundo Correia, veja Correia Lopes, Edmundo Armenio
Lopes, João Fernandes, 1314
López, Alejandro, 2407, 2604
López, Alfonso E., 3418
López, Eduardo, 2700
López, José Francisco, 800
López, Ramón, 3592
López A., Vitalicio, 2019
López C., José Olayo, 2303
López Cámara, Francisco, 2840, 2841
López de Mesa, Luis, 2363, 2482
López Gallo, Manuel, 2842
López Loayza, Fernando, 2088
López Pimental, Tomás, 3037, 3519
López Rosado, Diego G., 2843
López Toro, Alvaro, 2440, 2624
Lorente, Sebastián, 3811
Lorenzetti, José B., 928
Loria, Francisco, 3485
Lorini, Eteocle, 545
Lough, William H., 1989
Lourenço Filho, Manoel Bergstrom, 1303
Louvain, Gustave André, 801
Love, Joseph LeRoy, 1098, 1385

Lowrie, Samuel Harman, 1277
Loyo, Gilberto, 2965
Luz, Nicia Villela, 1315, 1477
Lyra, João, 1211, 1363
Lyra Filho, João, 1545

McArver, Jr., Charles Harper, 3881
McBride M., Jorge, 2128
McCaleb, Walter Flavius, 3038
MacCann, William, 266
Macchi, Manuel, 1015
Macdonell, J., 330
Macedo, Joaquim Manuel de, 1212
Macedo, Pablo, 3174, 3211, 3625
Macedo Soares, José Carlos de, 1213, 1478
Macera, Pablo, 4449
McGreevey, William Paul, 10, 11, 85, 2384
Machado Filho, Aires da Mata, 1342
Machiavello Varas, Santiago, 1811, 2221, 2222
Macías Valadez, Francisco, 3375
Maciel Pérez, Fidel, 802
Mac-Iver, Enrique, 1835
Mackenna Eyzaguirre, Juan, 2037
Mackenna Subercaseaux, Alberto, 1870
Mac-Lean y Estenós, Roberto, 3795, 3796
McMicken, Kenneth B., 4333
McQueen, Charles A., 2030, 2557, 4048
Madero, Guillermo, 1055
Madoz, Pascual, 2801
Madueño, Ricardo, 4450
Maeder, Ernesto J. A., 312, 313
Maffei Hutter, Lucy, 1278
Magalhães, Basilio de, 1546
Magalhães Jr., Sérgio Nunes de, 1395
Magaña, Gildardo, 2844
Magariños Cervantes, Alejandro, 594
Maia, Paulo Otoni de Castro, 1430
Maiguashca, Juan, 3686
Maillefert, Eugenio, 2874
Málaga, Francisco Enrique, 4253, 4254
Málaga Santolalla, Fermín, 4225
Malesani, Emilio, 1214
Malheiros, Agostinho Marques Perdigão, veja Perdigão Mahleiros, Agostinho Marques
Malinowski, Ernesto, 3915, 4501
Malpica S. S., Carlos, 3882, 4279
Mamalakis, Marcos, 1812
Manacorda, Telmo, 985
Manchester, Alan Krebs, 1099
Mandell, Paul, 1514
Manero, Antonio, 3039, 3271
Manero, Gonzalo, 3175
Manero, Vicente E., 3252
Manners, William, 4421
Mannheim, Aquiles, 1968
Manzanilla, José Matías, 3812, 3813, 4032
Marbais Du Graty, Alfred, 267, 509
Marc, Alfred, 1215
Marchesini, Giovanni Battista, 1216
Marcílio, Maria Luiza, 1343

María Campos, Ricardo de, 2875
Mariátegui, José Carlos, 3687
Marie, Víctor, 4280, 4334
Mariluz Urquijo, José María, 1016
Marín Vicuña, Santiago, 2089, 2223, 2249, 2258, 2281, 2304, 2305
Markham, Clements R., 3678, 3721
Marotta, Sebastián, 393
Marques, Manoel Eufrazio de Azevedo, 1547
Marques de Góes Calmon, Francisco, 1548
Marquezado, Eugenio, 3976
Marquèze, M. de, 803
Marrazo, Javier, 216
Marshall, Enrique L., 1969
Marsters, V. F., 4255, 4423
Martí Bufill, Carlos, 2448
Martín, Antonio, 741
Martin, Jean Marie, 1674
Martin, Percy F., 3722
Martin de Moussy, Jean-Antoine-Victor, 268
Martinet, J. B. H., 4281, 4282, 4451, 4452
Martínez, Albert B., 217
Martínez, Héctor, 3657
Martínez, Julio, 510
Martínez, Marcial, 2038, 2269
Martínez, Mariano, 2181
Martínez, Pedro S., 2282
Martínez de la Torre, Rafael, 3642
Martínez de la Torre, Ricardo, 3688
Martínez de Lejarza, Juan José, 3341
Martínez Gracida, Manuel, 3572
Martínez Landínez, Jorge, 2780
Martínez Ríos, Jorge, 2802
Martínez Silva, Carlos, 2455, 2517
Martínez Sobral, Enrique, 3040, 3041
Martins, Antonio Egydio, 1370
Martins, José de Souza, 1675
Martiré, Eduardo, 454
Martner, Daniel, 1813, 1902, 2306
Masías, M. H., 4424
Masini Calderón, José Luis, 407, 685
Mata, Filomeno, 2803
Matamoros, L., 3486
Mathew, W. M., 3883, 4098, 4136, 4137, 4138, 4139
Matos Mar, José, 3857, 4320
Matte Larraín, Luis, 1942
Matthei, Adolfo, 2129
Mattoso da Câmara, Enzelaio de Queiroz Coutinho, 1431, 1432
Matute, Juan I., 3427
Mauá, Irineu Evangelista de Souza, visconde de, 1100, 1433
Maurer, Augusto, 4177
Maúrtua, Aníbal, 3723, 3891, 4204, 4226
Max, German, 1970
Mayer de Zulén, Dora, 3814, 3858, 4057
Mayrink, Francisco de Paula, 1479
Maza Cortés, Luis de la, 1912
Mazo, Gabriel del, 105
Mazzei Guimarães, Mário, 1438
Means, Philip Ainsworth, 3815, 3816

Medellín. Dirección de Catastro y Estadística Municipal, 2605a, 2605b, 2642, 2717

Medellín. Oficina de Estadística Municipal, 2701

Meiggs, Enrique, 4532

Mejía, Demetrio, 2966

Melgar, José Fabio, 3947

Mello Moraes, Alexandre José de, 1101

Melo, Jorge Orlando, 2364

Melo, Rosendo, 4245

Mena, Ramón, 3593

Menadier, Julio, 2053, 2117

Mendes, José Amando, 1587, 1588

Méndez, Santiago, 3635, 3638

Mendiburu, Manuel, 4099

Mendieta y Núñez, Lucio, 3458

Mendivil, Manuel, 3212

Mendoza, Félix, 2731

Mendoza, Justo, 3436

Mendoza, Prudencio de la Cruz, 804, 964

Mendoza (provincia), 431, 614, 641

Menéndez, Baldomero José, 3658

Menezes e Souza, João Cardoso de, barão de Paranapiacaba, 1279

Mena, Rosa Quintero, 2342

Mesones, Luis, 4140

Mesones Muro, M. Antonio, 4529

Mesquita, Elpídio de, 1697

México, 3283, 3284, 3594

México. Comisión Monetaria, 3042, 3444

México. Comisión Nacional de Irrigación, 3626

México. Congreso. Cámara de Diputados, 3189k, 3189m, 3488

México. Congreso. Cámara de Diputados. Comisión de Crédito Público, 3177

México. Congreso. Senado. Comisión Especial de Tehuantepec, 3643

México. Contaduría Mayor de Hacienda, 3189k

México. Departamento de Contraloría, 3189h, 3189i, 3189l, 3189n

México. Departamento de Estadística, Archivo y Biblioteca, 3235

México. Departamento de la Estadística Nacional, 2805, 2806, 2807, 2808, 2876, 2967, 2968, 3237, 3238, 3239, 3385

México. Departamento de la Estadística Nacional. Dirección de Exposición Estadística, 3573, 3627

México. Departamento de Migración. Sección de Estadísticas, 2986

México. Dirección de Colonización e Industria, 3489, 3490

México. Dirección de Contabilidad y Glosa, 3189f, 3189g

México. Dirección de Estadística Económica, 2809

México. Dirección de Exposición Estadística, 2810, 3547

México. Dirección del Catastro, 3326

México. Dirección General de Agricultura, 3460

México. Dirección General de Agricultura e Industria Nacional, 3548, 3549, 3550

México. Dirección General de Correos. Sección de Transportes, 3628

México. Dirección General de Estadística, 2811, 2877, 2970, 2971, 2972, 2973, 2974

México. Dirección General de Estadística. Oficina del Censo de Población, 2975

México. Dirección General de la Industria Nacional, 3567

México. Junta de Crédito Público, 3178

México. Junta de Fomento, 3224, 3225, 3226

México. Junta de Fomento y Administrativa de Minería, 3595, 3609, 3610

México. Ministerio de Fomento, 2812, 2813, 2878, 2879, 2890

México. Ministerio de Fomento, Colonización e Industria, 3491

México. Ministerio de Hacienda, 3285

México. Ministerio de Hacienda. [Secretaría del Despacho de Hacienda; Secretaría de Estado y del Despacho de Hacienda; Secretaría de Hacienda; Secretaría de Estado y del Despacho de Hacienda y Crédito Público; Secretaría de Hacienda y Crédito Público]. Memoria, 3049-3154

México. Ministerio de Hacienda y Crédito Público, 3180, 3181, 3182, 3183, 3223

México. Ministerio de lo Interior, 3043

México. Ministerio de Relaciones Interiores y Exteriores, 2884, 2885, 2987, 2988

México. Secretaría de Agricultura y Fomento, 2907, 3512

México. Secretaría de Agricultura y Fomento. Dirección de Estadística, 2976

México. Secretaría de Agricultura y Ganadería. Dirección de Agricultura y Ganadería, 3461

México. Secretaría de Comunicaciones y Obras Públicas, 2814, 3616, 3629, 3630

México. Secretaría de Estado y del Despacho de Hacienda y Crédito Público, 3185, 3186, 3227, 3228, 3229, 3230, 3231, 3232, 3233

México. Secretaría de Estado y del Despacho de Relaciones Interiores y Exteriores, 2880

México. Secretaría de Fomento, 2815

México. Secretaría de Fomento. Dirección General de Estadística, 2816, 3611

México. Secretaría de Fomento. Oficina de Patentes y Marcas, 3568

México. Secretaría de Fomento, Colonización e Industria, 2897, 2898, 2899, 2900, 2901, 2902, 2903, 2904, 2905, 2906

México. Secretaría de Fomento, Colonización e Industria. Dirección General de Estadística, 3526

México. Secretaría de Fomento, Colonización, Industria y Comercio, 2889, 2891, 2892, 2893, 2894, 2895, 2896, 3044

México. Secretaría de Gobernación, 2908

México. Secretaría de Hacienda, 3045

México. Secretaría de Hacienda y Crédito Público, 2817, 3234, 3272, 3273

México. Secretaría de Hacienda y Crédito Público. Departamento de Estadística, Archivo y Biblioteca, 3236

México. Secretaría de Industria, Comercio y Trabajo, 2818, 2909, 2910, 2911, 2997, 3551, 3574

México. Secretaría de Industria, Comercio y Trabajo. Departamento de Comercio, 2819

México. Secretaría de Industria, Comercio y Trabajo. Departamento de Industrias, 3327

México. Secretaría de Industria, Comercio y Trabajo. Departamento del Petróleo, 2820

México. Secretaría de la Economía Nacional. Dirección General de Estadística, 2821, 3240, 3451, 3527, 3528

México. Secretaría de la Presidencia. Dirección de Inversiones Públicas, 3187

México. Secretaría de Relaciones Exteriores, 2886, 2887, 2888

México. Secretaría de Relaciones Interiores y Exteriores, 2881, 2882, 2883, 2989, 2990, 2991, 2992, 2993, 3274

México. Supremo Gobierno, 3188

México. Tesorería General de la Federación, 3189, 3189a, 3189b, 3189c, 3189d, 3189e

México (ciudad). Ayuntamiento, 3446, 3631

México (departamento). Recaudación General de Contribuciones Directas, 3332

México (Distrito Federal). Gobernador, 3328

México (Distrito Federal). Secretaría de Gobierno, 2977

México (estado). 3333, 3334

México (estado). Gobernador, 3335

México (estado). Secretaría de Hacienda, 3336

México (estado). Tesorería General, 3337

México, Valle de (departamento). Gobierno. Sección de Estadística, 3338

Meyer, Jean, 3464

Miatello, Hugo, 805, 806, 986

Miatello (h.), Hugo, 807

Michels, 2253

Michoacán (estado). Gobernador, 3342

Michoacán (estado). Tesorería General, 3343

Miller, Benjamin L., 191

Miller, Rory, 4100, 4466, 4515

Millet, Henrique Augusto, 1589, 1590

Milliet da Costa e Silva, Sérgio, 1606, 1621

Milliet de Saint-Adolphe, J. C. R., 1217

Mills, George J., 1837

Minas Gerais (estado). Secretaria da Agricultura. Serviço de Estadística Geral, 1517

Miquel, Manuel, 1838

Miranda, Guido, 686

Miranda e Castro, A. M. de, 1434

Miró Quesada, Luis, 3817

Misiones. Gobernación Nacional, 432

Moacyr, Primitivo, 1304, 1305, 1306

Molina, Gerardo, 2491

Molina A., Evaristo, 2020

Molina Enríquez, Andrés, 2912

Molina Massey, Enrique, 929

Molins, Wenceslao Jaime, 687, 930, 931

Moll, Bruno, 3916

Mollien, Gaspar Théodore, 2408

Monbeig, Pierre, 1549

El Monitor [seudónimo], 3190

Monroy, Guadalupe, 2798, 2838

Monsalve, Diego, 2409, 2606

Monteiro, J., 1219

Montenegro Gutiérrez, Aurelio, 2182

Montes, Nicanor, 2250

Montgomery, Walter A., 107

Monti, Daniel P., 882

Montiel y Duarte, Isidro Antonio, 3419

Montoya, Alfredo J., 932

Montt, Luis, 1775

Moorni, D., 987

Mora, José Joaquín, 3213

Moraes, A. J. de Mello, *veja* Mello Moraes, Alexandre José de

Moraes, Evaristo de, 1344

Morales, Andrés, 924

Morales Balcells, Fernando, 2224

Morales O. L., Joaquín, 2090

Moré, Jean Louis, 1280

Moreira, João Roberto, 1307

Moreira, Nicoláo Joaquim, 1607

Moreira de Azevedo, Manoel Duarte, 1561

Moreira Lima, Lourenço, 1371

Moreira Telles, Antonio Carlos, 1281

Morel, Domingo, 2039

Morelos (estado). Gobernador, 3349

Moreno, Daniel, 3017

Moreno, Federico, 3761, 4227, 4335, 4338, 4426, 4427

Moreno, José Luis, 93

Moreyra y Paz Soldán, Carlos, 3659, 4283

Moreyra y Paz Soldán, Manuel, 3917, 3918

Mori Irtiz, Manuel E., 4228

Morrison, Jorge J., 808

Mortara, Giorgio, 1263, 1264

Morton-Cameron, W. H., 54

Moses, Bernard, 3632

Mosk, Sanford A., 86, 87

Mostajo, Francisco, 3833

Moura, Aristóteles, 1512

Moura, Euclides B. de, 1632

Moura, Francisco Amyntas de Carvalho, 1480

Muello, Alberto Carlos, 688

Mulhall, E. T., 269

Mulhall, Michael George, 100, 269, 809

Mulleady, Ricardo T., 1056

Muller, Daniel Pedro, 1518

Muller, Walter, 2060

Müller, Hnos, 2822

Muniz Barreto de Aragão, Francisco, 1676

Muñoz G., Oscar, 2183

Murguía y Galardi, José María de, 3355, 3356

Muro, Luis, 2798

Murphey, Elizabeth, 597

Muzlera, Joaquín M., 433

Nabuco, Joaquim, 1102, 1345, 1372

Naciones Unidas. Comisión Económica para América Latina (ECLA) *(see also* United Nations), 569, 570, 2040

Napp, Ricardo, 270

Naranjo Martínez, Enrique, 2752

Nariño (departamento). Gobernación de Nariño, 2781

Nascimento Brito, José do, 1481

Nash, Roy, 1103

National Bureau of Economic Research [New York], 101

Nava, Guadalupe, 3612

Nava Otero, Guadalupe, 2846

Navarrete, Víctor Manuel, 2061

Navarro, Samuel, 331

Navarro Avaria, Lautaro, 2079

Navarro y Bercea, 2823

Navarro y Noriega, Fernando, 2978
Naylor, Bernard, 12
Nery, Federico José de Santa-Ana, *veja* Santa-Anna Nery, Federico José de
Neves da Fontoura, João, 1104
Newton, Jorge, 933
Newton, Lily Sosa de, 933
Nichols, Theodore Edward, 1776, 2643, 2753
Nicolau D'Olwer, Luis, 2846
Niemeyer, Otto, 1459
Niemeyer, Waldyr, 1282, 1316
Nieto, Juan Crisóstomo, 3873a
Nieto Arteta, Luis Eduardo, 2385, 2386
Nina Rodrigues, Raymundo, 1346
Noboa, Ignacio, 3892, 3954
Nogueira, Arlinda Rocha, 1283
Nogueira, Manuel Thomas Alves, 1153
Nolan, Louis Clinton, 4083
Nolasco Herrera A., Pedro, 2091
Nolff, Max, 2184
Normano, João Frederico, 43, 102, 1133
Novara, Juan J., 546
Novoa, Manuel, 1972
Nuevo León (estado). Gobernador, 3351
Núñez, Ricardo, 2410
Núñez Olaechea, Samuel, 2308
Nunn, Frederick M., 1777

Oakenfull, J. C., 1220
Oaxaca (estado), 2979, 3357
Oaxaca (estado). Gobernador, 3358
Ocampo T., José Fernando, 2644
Occidente (estado). Gobernador, 3432
Ochoa, José, 934
O'Connell, Alfredo A., 566
O'Connell, Arturo, 437a
Oddone, Jacinto, 243, 396, 883
O'Farril y Comp., R., 2913
Olarte, Ramón, 3636
Olarte Camacho, Vicente, 2592
Olasagarre, M. J., 3216
Olavarría Bravo, Arturo, 1839
Olaechea, Teodorico, 4398i, 4428
Olguin, Arsenio, 1927
Oliver, Juan Pablo, 512
Olivera, Eduardo, 935
O'Malley, Frank, 146
Onody, Oliver, 1402, 1515
Ordóñez Y., D. R., 2625
Orendain, Leopoldo I., 2831
Oroño, Nicasio, 884
Orozco, Rafael, 3601
Orrego Cortés, Augusto, 1840, 2225
Orrego Luco, Luis, 1778, 1779, 1780
Ortega, Francisco, 3363
Ortega Díaz, Alfredo, 2754, 2755
Ortiz, Ricardo M., 244, 455, 571, 1057
Ortiz, Sergio Elías, 2345, 2365, 2680
Ortiz de Ayala, Tadeo, 2914
Ortiz de Zevallos, Manuel, 3951

Ortúzar, Adolfo, 1841
Osma, Felipe de, 3818
Osores, José Manuel, 3724, 3725, 4033
Osorio y Gil, Jorge, 2518
Ospina, E. Livardo, 2645
Ospina, Francisco, 2691
Ospina, Tulio, 2519
Ospina Pérez, Mariano, 2650
Ospina Rodríguez, Mariano, 2689, 2691
Ospina Vásquez, Luis, 2387
Osterheld, T. W., 3275
Otero, José G., 3665, 4256, 4257, 4284
Otero, Mariano, 3217
Otero Muñoz, Gustavo, 2520
Ots y Capdequi, José María, 2366
Ottoni, Christiano Benedito, 1347
Ovalle Correa, Eduardo, 2021
Oviedo, Juan, 3873b
Oyague, Víctor M., 3762
Oyague y Calderón, Carlos, 4285, 4545, 4546
Ozanam, Didier, 27

Pacheco, Fernando, 4516
Pacheco, Toribio, 4533
Pacheco Zegarra, Gavino, 3660
The Pacific Steam Navigation Company [Callao], 4485
Padilla, Vicente, 689
Padilla Gallo, Jesús, 2998
Páez Courvel, Luis E., 2681
Pagés Larraya, Antonio, 572
Palacios, Nicolás, 1814, 1865, 1937, 2150, 2151, 2270
Palacios Mendiburu, Samuel, 4229
Palau, Lisímaco, 2343
Pallares, Eduardo, 3009
Palma, Alejo, 1973
Palma, Clemente, 3859
Palma, José María, 965
Palmieri, Horacio, J. L., 546
Pan American Financial Conference [Washington], 126
Pan American Railway [Washington], 197, 198
Pan American Scientific Congress [Washington], 130
Pan American Union. Division of Economic Research [Washington], 136
Pan American Union. Division of Intellectual Cooperation [Washington], 13
Pan American Union. Division of Philosophy, Letters and Science [Washington], 114
Pan American Union. Fourth Pan American Commercial Conference [Washington], 137, 138
Pando, José María de, 3942
Panettieri, José, 397
Pani, Alberto J., 3195
Pardo, Manuel, 3955, 4142, 4230
Pardo Umaña, Camilo, 2682
Paredes, Mauro, 3846f
Paredes, Simón Gregorio, 4149, 4150
Paridant, Ladislas, 1504
Paris. Université. Institut des Hautes Études de l'Amérique Latine. Centre de Documentation, 92
Parish, Sir Woodbine, 271, 272

Parks, E. Taylor, 2574
Parra, Aquileo, 2367
Parsons, James Jerome, 2626, 2627, 2628
Pásara, Luis, 4143
Pasquier de Dommartin, Hippolyte du, 2994
Patiño, Víctor Manuel, 2663
Patrón, Pablo, 4354
Paulet, Pedro, 3797
Paulston, Rolland G., 3798
Paunez Gálvez, Hilda, 1730
Pavlovsky, Aarón, 936
Payán, José, 3920
Payne, James L., 2492
Payno, Manuel, 3196, 3197, 3465, 3636
Payno y Flores, Manuel, 3276, 3277
Paz, Pedro, 47
Paz Soldán, Carlos, 4486, 4487
Paz Soldán, Francisco Alayza, 4058, 4488
Paz Soldán, Mariano Felipe, 3661, 3662
Paz Soldán, Mateo, 3663
Paz Soldán, Pedro, 3956
Paz Soldán, Toribio Alayza, 4034
Pazos Varela, Juan Francisco, 3782
Pearse, Arno S., 1666
Peçanha, Nilo, 1550
Peck, Annie S., 70
Peixoto, Manoel Rodrigues, veja Rodrigues Peixoto, Manoel
Peixoto de Lacerda Werneck, Francisco, Barão de Paty do Alferes, 1633
Peixoto de Lacerda Werneck, Luiz, 1348
Peláez, Carlos Manuel, 1315, 1435, 1641, 1668, 1683
Pellanda, Ernesto, 1677
Peña, Enrique, 513
Peña, José B., 434
Peña, Manuel de la, 3577
Peña, Milciades, 417, 418, 419
Pennington, A. Stuart, 810
Peón, Alfonso M., 3420
Pepper, Charles M., 149, 1855
Perdigão Malheiros, Agostinho Marques, 1349
Pereira, J. O. de Lima, 1622
Pereira da Silva Ramos, Joaquim José, 1698
Pereira Rebouças, Antonio, 1105
Pereira Salas, Eugenio, 1731, 1866
Pérez, Felipe, 2411, 2412
Pérez, Juan E., 2824
Pérez Aguirre, Antonio, 2368
Pérez Ayala, José Manuel, 2369
Pérez Canto, Julio, 118, 1815, 1844, 1903, 1904, 1974, 2092, 2152, 2185
Pérez de Arce, Hermójenes, 2022, 2023, 2309
Pérez de Tudela, Manuel, 3943
Pérez Hernández, José María, 2825, 2826, 3290, 3386
Pérez Ramírez, Gustavo, 2690
Pérez Rosales, Vicente, 1781, 1845, 1871, 2153, 2154
Pérez y Camoto, Florencio, 3218
Perigny, Maurice de, 2915
Perla, Enrique, 3921
Perrin, Paul, 1623
Perry, Oliverio, 2521

Perú, 3860, 4145, 4178, 4286, 4469, 4470, 4536, 4547
Perú. Comisión de avalúos de las mercaderías de importación, 4181
Perú. Comisión de Delegados Fiscales, 4145, 4146, 4147, 4148, 4149, 4150
Perú. Comisión encargada de presentar un proyecto para la conversión de la moneda feble, 3922
Perú. Comisión especial encargada de elaborar un proyecto de ley de instrucción, 3799
Perú. Comisión especial encargada de elaborar un proyecto de ley orgánica de instrucción, 3800
Perú. Congreso, 3679
Perú. Congreso. Cámara de Diputados, 4153, 4154
Perú. Congreso. Cámara de Diputados. Comisión de Hacienda, 4391
Perú. Congreso. Cámara de Senadores, 4151
Perú. Congreso. Cámara de Senadores. Comisión Especial para el Examen de la Cuenta General, 4004
Perú. Consejo de Estado, 4035
Perú. Corte Suprema, 4152
Perú. Cuerpo de Ingenieros Civiles, 4489
Perú. Cuerpo de Ingenieros y Arquitectos del Estado, 4538, 4548
Perú. Dirección de Administración, 4394
Perú. Dirección de Correos y Telégrafos, 4475
Perú. Dirección de Estadística, 3664, 3763, 3764, 3765, 3766, 3767, 4205a, 4205b, 4473, 4474
Perú. Dirección de Obras Públicas, 4321
Perú. Dirección de Primera Enseñanza, 3801b, 3801c
Perú. Dirección de Salubridad Pública, 3819
Perú. Dirección General de Correos y Telégrafos, 4490
Perú. Dirección General de Estadística, 3887
Perú. Dirección General de Industrias, 3726
Perú. Dirección Nacional de Estadística y Censos, 3869
Perú. Inspección Fiscal de Bancos, 3923
Perú. Inspección Fiscal de Bancos Hipotecarios, 3924
Perú. Junta de Examen Fiscal, 4036
Perú. Ministerio de Fomento, 3665, 3689, 3727, 3728, 4261, 4355, 4395, 4396, 4491, 4549
Perú. Ministerio de Fomento. Comisión Carbonera y Siderúrgica Nacional, 4429
Perú. Ministerio de Fomento. Cuerpo de Ingenieros de Minas y Aguas, 4431
Perú. Ministerio de Fomento. Dirección de Agricultura y Ganadería, 4262, 4263, 4264
Perú. Ministerio de Fomento. Dirección de Aguas y Agricultura, 4265
Perú. Ministerio de Fomento. Dirección de Estadística, 3666
Perú. Ministerio de Fomento. Dirección de Fomento, 4266
Perú. Ministerio de Fomento. Dirección de Inmigración y Colonización, 3730
Perú. Ministerio de Fomento. Dirección de Obras Públicas, 4551
Perú. Ministerio de Fomento. Dirección de Obras Públicas y Vías de Comunicación, 4476, 4517
Perú. Ministerio de Fomento. Dirección de Salubridad, 3820
Perú. Ministerio de Fomento. Dirección de Salubridad Pública, 3768, 3769, 4206
Perú. Ministerio de Fomento. Oficina del Censo del Callao, 3770

Perú. Ministerio de Gobierno. Dirección de Estadística, 3667, 3771, 4037

Perú. Ministerio de Gobierno. Dirección General de Estadística, 3772a, 3772b

Perú. Ministerio de Gobierno y Policía, 3731

Perú. Ministerio de Hacienda, 3941a, 3990, 4005, 4006, 4007a, 4064, 4065, 4067, 4090, 4101, 4102, 4182, 4183, 4184, 4185, 4186, 4187, 4188, 4189, 4190, 4191, 4192, 4193

Perú. Ministerio de Hacienda. Memoria, 3492-3950, 3956, 3968, 3969, 3971, 3977-3979

Perú. Ministerio de Hacienda. Dirección de Estadística, 4066

Perú. Ministerio de Hacienda. Dirección General del Crédito Público, 4007b

Perú. Ministerio de Hacienda. Inspección Fiscal de Subsistencias, 3870

Perú. Ministerio de Hacienda. Junta de Vigilancia del Crédito Público, 4008

Perú. Ministerio de Hacienda. Superintendencia General de Aduanas, 4073

Perú. Ministerio de Hacienda y Comercio, 3981, 3982, 3983, 3984, 3985, 3986, 3987, 3988, 3989, 3991, 3993, 3994, 3995a, 3995b, 3995c, 3996, 3997, 3998, 4068, 4156, 4157

Perú. Ministerio de Hacienda y Comercio. Memoria, 3951-3995, 3957-3967, 3970, 3972-3976, 3980

Perú. Ministerio de Hacienda y Comercio. Administración de la Aduana del Callao, 4069

Perú. Ministerio de Hacienda y Comercio. Contabilidad Central de la República, 4001

Perú. Ministerio de Hacienda y Comercio. Contraloría General de la República, 4003e

Perú. Ministerio de Hacienda y Comercio. Dirección de Administración, 4009, 4010a, 4010b, 4010c

Perú. Ministerio de Hacienda y Comercio. Dirección de Contabilidad, 4003d

Perú. Ministerio de Hacienda y Comercio. Dirección del Tesoro, 3999, 4002, 4003a, 4003b

Perú. Ministerio de Hacienda y Comercio. Dirección General de Contabilidad, 4003d

Perú. Ministerio de Hacienda y Comercio. Inspector Fiscal en Europa, 4155

Perú. Ministerio de Hacienda y Crédito Público. Tesorería General, 4000

Perú. Ministerio de Instrucción. Dirección General de Enseñanza, 3801e, 3801f

Perú. Ministerio de Justicia, 3801a

Perú. Ministerio de Justicia, Culto e Instrucción. Dirección General de Instrucción Primaria, 3801d

Perú. Ministerio de Justicia, Culto, Instrucción y Beneficencia, 3732

Perú. Ministerio de Justicia, Culto, Instrucción y Beneficencia. Dirección General de Instrucción Pública, 3802

Perú. Ministerio de Relaciones Exteriores, 4180, 4231

Perú. Superintendencia General de Aduanas, 4070, 4072, 4075

Perú. Tribunal Mayor de Cuentas, 3992, 4158

La Peruvian Corporation y la Compañía Nacional Explotadora de Guano [Santiago de Chile], 2068

Peruvian Guano Company [Lima], 4159

Pesado, José Joaquín, 3636

Pessoa, Cyro Diocleciano Ribeiro, *veja* Ribeiro Pessoa, Cyro Diocleciano

Pestana, Paulo Rangel, *veja* Rangel Pestana, Paulo

Peters, Harold E., 601

Petre, Francis Loraine, 2413

Petrecolla, Alberto, 1017

Petriconi, Louis, 3709

Petrone, Maria Thereza Schorer, 1591

Petroni, Adrian, 398

Peyret, Alejo, 885, 886

Pfeiffer, Jack B., 2195

Pflucker, Carlos Renardo, 4433

Pfluckner y Rico, Leonardo, 4398c

Phelps, Dudley Maynard, 159

Phelps, Vernon L., 456

Philippi, Julio, 1905

Piçanco da Costa, Francisco Barreto, 1699

Piel, Jean, 3846a, 3861, 3884, 4287

Piérola, Nicolás de, 3949, 3959, 4455

Pike, Frederick B., 1782, 1913

Pillado, Ricardo, 218, 606, 607

Pimentel, Francisco, 3492

Pimentel, José Francisco de Barros, *veja* Barros Pimentel, José Francisco de

Pinal, Leandro, 3046

Pinedo, Federico, 245

Piñero, Norberto, 514

Pinho, José Wanderley, *veja* Wanderley de Araujo Pinho, José

Pino, Miguel de, 1436

Pino, Pedro Bautista, 3433

Pinochet Le-Brun, Tancredo, 2041

Pinto, Adolpho Augusto, 1700, 1712

Pinto, Jerônimo Pereira, 1634

Pinto, Estevão, 1701

Pinto Junior, Joaquim Antonio, 1482

Pinto Santa Cruz, Aníbal, 1816

Piquero, Ignacio, 3198

Piragibe, Vicente, 1483

Pires do Rio, José, 1437

Pizzurno, María Angélica, 213

Platt, Desmond Christopher St. Martin, 28, 29, 160

Plaza, Victorino de la, 273, 515

Plaza de la Barra, Víctor M., 2024

Poblete, Martiniano O., 2310

Poblete-Troncoso, Moisés, 14, 110, 111, 112, 1906, 1928, 2130

Polo, José Toribio, 3822

Ponce, Manuel Antonio, 1732

Ponce de León, Francisco, 4322

Porras Barrenechea, Raúl, 3668

Portillo, Andrés, 3437

Portnoy, Leopoldo, 246

Porto, Hannibal, 1505

Porto-Alegre, Paulo, 1608

Portocarrero M., Carlos, 2599

Posada, Eduardo, 2370, 2478

Potash, Robert A., 3552

Powell-Jones, H. E., 595

Powles, John D., 2414

Pradez, Charles, 1350
Prado, Eduardo Paulo da Silva, 1386
Prado, Nazareth, 1635, 1636
Prado Junior, Caio, 1134, 1135, 1284
Prado Martínez, Alberto, 1783, 1846
Prebisch, Raúl, 966
Preusse-Sperber, O., 71
Prieto, Alejandro, 3493
Prieto, Guillermo, 3255, 3278, 3000, 3219
Prieto, L. Joaquín, 2233
Prieto, Vicente, 3522
Prieto Matte, José Joaquín, 2251
Prieto y Cruz, Angel, 2323
Puccia, Enrique Horacio, 742
Puebla (estado). Gobernador, 3364
Puelma Tupper, Alfredo, 2186
Puente, José Agustín de la, 4288
Puerta, Arturo, 2708

Queiroz, Carlota Pereira, 1106
Queiroz, Polycarpo, 1351
Querétaro (estado), 3369
Querétaro (estado). Asamblea Constitucional, 3370
Querétaro (estado). Gobernador, 3371
Quesada, Vicente G., 671
Quezada Achara, Armando, 1914
Quimper, José María, 3965, 4039, 4103
Quimper, Manuel, 4434
Quintana, Ismael de la, 3974
Quintana, Miguel, 3047
Quintana Roo, Andrés, 3615
Quintano Costa, Domingo, 1943
Quintas, Amaro Soares, 1136
Quiroga, Oscar, 4435

Rabasa, Ramón, 3299
Raffard, Henri, 1592
Raigosa, Genaro, 3466
Raimondi, Antonio, 4232, 4436, 4456, 4460
Ramírez, Filiberto, 3871
Ramírez, Jesús Emilio, 2344
Ramírez, José Fernando, 3312
Ramírez, Mariano, 3407
Ramírez, P. P., 690, 1039
Ramírez, Santiago, 3603, 3604, 3605
Ramírez Gastón, Enrique, 4040, 4091
Ramírez Gastón, José M., 3872
Ramírez Montúfar, Manuel, 2709
Ramírez Necochea, Hernán, 1784, 1785, 1817, 1818, 1918
Ramírez S., Jesús, 3657
Ramm Doman, Roberto A., 517
Ramos, Augusto, 1609
Ramos, Francisco Ferreira, veja Ferreira Ramos, Francisco
Ramos, Joaquim José Pereira da Silva, veja Pereira da Silva
    Ramos, Joaquim José
Ramos, Juan P., 359
Ramos Mejía, Ezequiel, 227, 811
Raña, Eduardo S., 967
Randall, Stephen, 2499
Rangel, Ignacio, 1403

Rangel Pestana, Paulo, 1551
Rangoni, Domenico, 1285
Raso, José Antonio del, 3372
Razori, Amílcar, 743
Read, Thomas Thornton, 191
Reátegui, Wilson, 3846d
Rebora, Juan Carlos, 548
Rebouças, André Pinto, 1593
Rebouças, Antonio Pereira, veja Pereira Rebouças, Antonio
Recabarren, Luis Emilio, 1819
Reclus, Elisée, 72, 2415
Regal, Alberto, 3803, 4520, 4552
Regil, José Ma., 3420
Rego, Antonio José de Souza, 1249
Reichel-Dolmatoff, Alicia, 2483
Reichel-Dolmatoff, Gerardo, 2482, 2483
Reid, William Alfred, 161, 199
Reina, Rubén, E., 1011
Reis, F. T. de Souza, veja Souza Reis, Francisco Tito de
Reis, Fidelis, 1484, 1594
The Religious Tract Society [London], 1221
Remy, Pedro Félix, 4398g
Remy-Zephir, Jacques, 4160
Rendón Peniche, Miguel, 3494
René-Moreno, Gabriel, 3669
Rengifo, Antonio, 3846b
Renoz, Ch., 3734
Restrepo, José Manuel, 2522, 2629, 2691
Restrepo, Juan Pablo, 2493
Restrepo, Vicente, 2732, 2733
Restrepo Euse, Alvaro, 2630
Revoredo, Alejandro, 3690
Revoredo, Julio, 1286
Rey, Ignacio, 3979
Rey de Castro, Carlos, 812, 4059
Reybaud, Charles, 1223
Reyes, Rafael, 2416
Reyes Guerra, José, 4041
Reyna, Ernesto, 3862
Reyna Loli, Manuel, 3846e
Reynal O'Connor, Arturo, 887
Rezende, Francisco de Paula Ferreira de, veja Ferreira de
    Rezende, Francisco de Paula
Ribeiro, Benedito, 1438
Ribeiro da Silva, Raul, 1684
Ribeiro de Andrada, Antonio Carlos, veja Andrada, Antonio
    Carlos Ribeiro de
Ribeiro Pessoa, Cyro Diocleciano, 1702
Ribeyrolles, Charles, 1224
Richelet, Juan E., 596, 813, 938, 939
Rickard, F. Ignacio, 1040, 1041
Ridgway, Robert Henderson, 2734
Ridings, Eugene W., 1373
Riesco, Germán, 1786
Riesgo, Juan M., 3434
Rines, George Edwin, 82
Rio, José Pires do, veja Pires do Rio, José
Río, Manuel del, 3945, 3946
Río, Manuel E., 549, 814, 888
Río, Mario E. del, 3783

Ripoll, Cayetano R., 691
Rippy, J. Fred, 44, 45, 162, 163, 2259, 2592, 2735, 2756, 4363
Rivas, Medardo, 2417, 2691
Rivas Groot, José María, 2388
Rivas Vicuña, Francisco, 1850, 2062, 2187
Rivera Jofré, Ramón, 2311
Rivera Serna, Raúl, 3691
Rivero, Alberto, 3773
Rivero, Francisco de, 4141, 4290, 4457
Rivero Astengo, Agustín, 228
Rivero y Ustariz, Mariano Eduardo de, 3735
Robertson, J. M., 2916
Robledo, Emilio, 2371, 2631
Roca Sánchez, Pedro Erasmo, 3863
Rocha, Joaquim da Silva, *veja* Silva Rocha, Joaquim da
Rocha Fernandini, José, 4471
Roche, Jean, 1287
Rocuant F., Enrique, 1975
Rodea, Marcelo N., 3001
Rodrigues, Alvaro J., 1226
Rodrigues, Antonio Coelho, *veja* Coelho Rodrigues, Antonio
Rodrigues, José Duarte, 1439
Rodrigues, Leoncio Martins, 1317
Rodrigues Peixoto, Manoel, 1595
Rodríguez, Jorge, 2502, 2604
Rodríguez, José M., 3736, 3926, 3941, 4042, 4043, 4161
Rodríguez, Pedro Manuel, 4060
Rodríguez, Zorobabel, 2042, 2043
Rodríguez de S. Miguel, Juan, 2827
Rodríguez del Busto, F., 573
Rodríguez Dulanto, Martin Abraham, 3927, 4337
Rodríguez Jiménez, Miguel, 1929
Rodríguez Maldonado, Carlos, 2683
Rodríguez Molas, Ricardo E., 247
Rodríguez Plata, Horacio, 2449
Rodríguez S., Oscar, 2708a
Rodríguez y Ramírez, José María, 4207
Rögind, William, 1061
Roger, René, 2418
Rohan, Henrique de Beaurepaire, *veja* Beaurepaire, Henrique de Beaurepaire Rohan, visconde de
Román, Julia, 3633
Román de Idiáquez, José, 3692
Romano, Ruggiero, 1787
Romero, Emilio, 3693, 3694, 3928, 4233
Romero, Fernando, 3834
Romero, José, 3330
Romero, José de Guadalupe, 3345
Romero, Luis G., 3346
Romero, Mario Germán, 2345
Romero, Matías, 2917, 3359, 3634
Roncallo, Franceschini y Cía. [Mendoza], 692
Roqué, Emilio H., 693
Rosa, José María, 518, 574
Rosales J., Abel, 2260
Rosario (Santa Fe), 642, 643
Rosell, D. Enrique, 4234
Rosell, Ricardo García, 4061, 4338, 4437
Rosenblat, Angel, 2441

Rosenfeld, Arthur R., 4291
Rosenzweig Hernández, Fernando, 2846, 2847, 2848, 3257
Ross, Agustín, 1976, 1977, 1978, 1979, 2025, 2026, 2063, 2077, 2324
Rossi, José A., 644
Rosso, Samuel A., 519
Rouaix, Pastor, 3313
Rourgier, Georges, 1227
Rowe, Leo Stanton, 1938, 3737
Roy, Just Jean Etienne, 1228
Ruano Fournier, Agustín, 940
Rubalcaba, Luis N., 3300
Rugendas, Johann Moritz, 1229
Ruggeroni, Dante, 314, 889
Ruhland, Emil, 3447
Ruhland y Ahlschier Sucr. [México], 3448
Ruiz de Velasco, Felipe, 3468
Ruiz Fowler, José R., 4235
Ruiz Hermanos, 4162
Ruiz Lara, Jorge, 2693
Ruiz Moreno, José A., 435
Ruiz Moreno, Martín, 436
Rumbold, Horace, 1820
Russell, William H., 2252
Ruth, Richard Lee, 4292
Ruzo, Daniel, 4145, 4163, 4164, 4165

Sá, C. E. Chrockatt de, 1703
Sable, Martin H., 15
Sabsay, Fernando L., 248
Sacchetti, Alfredo, 3784
Sada, Luis, 4293
Sáenz, Alberto, 2610
Sáenz, Nicolás, 2691
Sáenz Peña, Luis, 550
Safford, Frank Robinson, 2389, 2456, 2568, 2569
Saint-Adolphe, J. C. R. Milliet de, *veja* Milliet de Saint-Adolphe, J. C. R.
Sala, Atenor, 3469, 3495
Salamanca T., Demetrio, 2632
Salas, Carlos P., 694, 988
Salazar, Jesús M., 3835
Salazar, L., 3591
Salazar, Mardonio, 2684
Salcedo, Juan José, 3952
Salles, Manuel Ferraz de Campos, *veja* Campos Salles, Manuel Ferraz de
Samame Boggio, Mario, 4438
Samanamud, Pelayo, 3836
Samper, José María, 2484, 2503
Samper, Miguel, 2468, 2469, 2470, 2570
Samper, Sebastián, 645
San Juan (provincia), 646
San Juan (provincia). Ministerio de Hacienda y Obras Públicas, 551
San Luis Potosí (ciudad), 3438
San Luis Potosí (estado). Gobernador, 3376
San Román J., Francisco, 2226
Sánchez, Diódoro, 2771
Sánchez, Haydeé, 3673

Sánchez, Melchor B., 695
Sánchez, Ramón, 3347
Sánchez-Albornoz, Nicolás, 93, 315, 316
Sánchez de Antuñano, Othón, 3514
Sánchez Hurtado, Carlos, 2188
Sánchez Sorondo, Matías Guillermo, 815
Sandoval Mendoza, Alejandro, 2593, 2739
Sanfuentes, Enrique S., 2044
Sanín Villa, G., 2720
Sant'Ana, Moacir Medeiros de, 1596
Santa-Anna Nery, Federico José de, 1250
Santa Fe, 317, 318, 613
Santa Fe (provincia), 696
Santa Fe (provincia). Excelentísimo Gobierno de la Provincia de Santa Fe, 602
Santa Fe (provincia). Ministerio de Instrucción Pública y Fomento. Dirección General de Estadística, 647
Santa María, D., 1770
Santangelo, Oscar, 943
Santelices, Ramón E., 1980, 1981
Santiago de Chile, 2027
Santiago de Chile (departamento), 2028
Santiago del Estero (provincia), 648
Santibáñez, Enrique, 74, 3301
Santos de Quirós, Mariano, 3873a
Sanz, Toribio, 4166, 4167
São Paulo (estado), 1519, 1520, 1521
São Paulo (estado). Comissão Central de Estatística, 1522
São Paulo (estado). Contadoria Central das Estradas de Ferro, 1704
São Paulo (estado). Departamento Estadual de Estatística, 1523, 1646
São Paulo (estado). Diretoria Administrativa de Hospedaria dos Imigrantes, 1288
São Paulo (estado). Repartição de Estatística e Arquivo, 1524
São Paulo (estado). Secretaria da Agricultura, Comércio e Obras Públicas, 1525
São Paulo (estado). Secretaria da Agricultura, Comércio e Obras Públicas. Diretoria de Estatística, Indústria e Comércio, 1494
São Paulo (estado). Secretaria da Agricultura, Comércio e Obras Públicas. Diretoria de Industria e Comércio, 1525
São Paulo (estado). Secretaria da Agricultura, Indústria e Comercio. Diretoria de Estatística, Indústria e Comércio, 1647
Saráchaga, Juan, 4208
Sarasketa, Victorino de, 552
Sarmiento, Domingo F., 332
Savage, Thomas, 75
Saviñón, Gumersindo, 3565
Sayago, Carlos María, 2093
Sbarra, Noel H., 944, 945
Scalabrini Ortiz, Raúl, 440, 1062
Scardin, Francisco, 945a
Scarone, Mabel M., 979
Schamun, Alejandro, 333
Schenck, Ferdinand von, 2633
Schickendants, Federico, 1044
Schleh, Emilio J., 229, 697, 816, 946
Schmidt, Guillermo, 698

Schneider, Teodoro, 2131
Schobinger, Juan, 334
Schopflocher, Roberto, 890
Schydlowsky, Daniel, 3888
Scobie, James R., 744, 745, 817, 818
Scott, W. F. Vaughan, 1831, 1832, 1833
Scruggs, William L., 2419
Scully, William, 1230
Sedgwick, Tomás F., 4294
Seeber, Francisco, 76
Segall, Marcelo, 1821
Segovia Salas, Rodolfo Enrique, 2736
Segui, Francisco, 947
Segura, Manuel de, 3408
Seidler, Karl Friedrich Gustav, 1231
Semper, Erwin, 2253
Senna, Ernesto, 1705
Senna, Nelson Coelho de, 1552
Septien y Villaseñor, José Antonio, 3373
Sepúlveda, Armando, 2312
Sepúlveda G., Sergio, 2064
Sergi, Jorge F., 335
Serrano Montaner, Ramón, 2155
Servin, Armando, 3200
Séve, Edouard, 1851
Sewell Gana, Enrique, 2227
Seymour, Richard Arthur, 948
Shaw, Alejandro E., 520
Sherwell, Guillermo Butler, 2069, 3279
Shiels, Arturo, 3295
Sierra, Catalina, 2833
Sierra, Justo, 2849
Sigal, Silvia, 414
Silva, Carlos Alberto, 437
Silva, Gerson Augusto, 1460
Silva, Helio Schlittler, 1506
Silva, João Carneiro da, veja Carneiro da Silva, João José
Silva, Joaquim Norberto de Souza, veja Souza Silva, Joaquim Norberto de
Silva, Jorge Gustavo, 1788, 2104
Silva, Moacir Malheiros Fernandes, 1706
Silva, Ramón S., 3866
Silva, Raul Ribeiro da, veja Ribeiro da Silva, Raul
Silva, Sergio Milliet da Costa, veja Milliet da Costa e Silva, Sergio
Silva A., Ignacio, 1715
Silva Herzog, Jesús, 3496
Silva Narro, Domingo, 2094
Silva Rocha, Joaquim da, 1624
Silva Santisteban, José, 4392
Silvano, Gerónimo, 1018
Simão, Azis, 1318
Simões, C. Quirino, 1707
Simois, 949
Simón, Raúl, 1940, 2029, 2313, 2314, 2315
Simonsen, Roberto Cochrane, 1404, 1610, 1669, 1670
Simpósio Nacional dos Professores Universitários de História, 4º [São Paulo], 1289
Sinaloa (estado). Gobernador, 3380
Sinaloa (estado). Tesorería General, 3381

Singer, Paul Israel, 1562

Singewald, Joseph T., 191

Smith, Archibald, 3823, 3824

Smith, Harold R., 400

Smith, Herbert Huntington, 1232, 1611

Smith, L. Brewster, 597

Smith, Peter H., 421, 422

Smith, Thomas Lynn, 1364, 2442, 2482, 2485, 2685

Soares, Antonio J. Macedo, 1352

Soares, Carlos F., 554

Soares, Ernesto E., 1063

Soares, José Carlos de Macedo, *veja* Macedo Soares, José Carlos de

Soares, Sebastião Ferreira, *veja* Ferreira Soares, Sebastião

Soares de Souza, Paulino José, visconde de Uruguai, 1107

Soares Junior, Rodrigo, 1108

Soares Palmeira, João, 1394

Sociedad Científica Alemana de Santiago [Santiago de Chile], 1872

Sociedad Científica Antonio Alzate [México], 3606

Sociedad de Beneficencia Pública de Lima [Lima], 3825

Sociedad de Fomento Fabril [Santiago de Chile], 2169, 2189

Sociedad de Ingenieros [Lima], 3738

Sociedad del Canal de Maipó [Santiago de Chile], 2165, 2166

Sociedad Industrial del Río de la Plata [B.A.], 1019

Sociedad Nacional Agraria [Lima], 4295, 4296, 4297, 4298, 4299

Sociedad Nacional de Agricultura [Santiago de Chile], 2095

Sociedad Nacional de Industrias [Lima], 4364

Sociedad Nacional de Minería [Santiago de Chile], 2204, 2205, 2261

Sociedad Nacional de Minería y Metalurgia [Santiago de Chile], 2206

Sociedad Rural Argentina [B.A.], 221, 819

Sociedad Auxiliadora da Indústria Nacional [Rio de Janeiro], 1485

Sodré, Nelson Werneck, 1109, 1137

Soetbeer, Adolf, 4397

Solá, Manuel, 699

Solar, Emilio del, 4303

Solberg, Carl, 336, 1873

Soldano, Ferruccio A., 950

Solf y Muro, Alfredo, 4472

Solís, Abelardo, 4304

Solorzano y Costa, Juan N., 1526

Sommi, Luis V., 349, 603

Sonora (estado). Gobernador, 3387

Sosa-Rodríguez, Raúl, 147

Soto, César, 3939, 3940

Soto Núñez, Miguel, 2194

Soto Rojas, Salvador, 2105

Sotomayor Valdés, Ramón, 1789

Southworth, John R., 3331, 3365, 3382, 3409, 3607

Souto, L. R. Vieira, *veja* Vieira Souto, Luiz Raphael

Souza, Bernardino José de, 1708

Souza, Carlos Inglez de, *veja* Inglez de Souza, Carlos

Souza, João Cardoso de Menezes, *veja* Menezes e Souza, João Cardoso de, barão de Paranapiacaba

Souza, Paulino José Soares de, *veja* Soares de Souza, Paulino José, visconde de Uruguai

Souza Carvalho, Antonio Alvez, 1405

Souza Reis, Francisco Tito de, 1396

Souza Silva, Joaquim Norberto de, 1265

Spalding, Hobart, 400a

Spanish American Publishing Company [Philadelphia], 16

Speigel, Henry William, 1486

Spilimbergo, María J. C. de, 943

Spruce, Richard, 4339

Stach, Francisco, 401

Stappenbec, R., 1042

Stein, Barbara H., 46

Stein, Stanley J., 46, 88, 90, 1612, 1671

Stein, Steve, 3653

Steuart, John, 2420

Stewart, Watt, 1874, 3837, 4539

Straten Ponthoz, Gabriel Auguste van der, comte, 1233

Stuart, Federico, 700

Sturz, Johann Jakob, 1234

Subercaseaux, Antonio, 1982

Subercaseaux, Guillermo, 1983, 1984, 1985, 1986, 2045

Sundt, Federico Alfredo, 2262

Sunkel, Osvaldo, 47

Superintendente del Ferrocarril entre Santiago y Valparaíso [Valparaíso], 2316

Sutton, Carlos [Charles] W., 4340, 4341, 4342, 4343, 4344

Suzigan, Wilson, 1435, 1439a, 1490

Tabasco (estado). Gobernador, 3393

Tagle, Guillermo Errazuriz, 1895

Tagle Rodríguez, Emilio, 1930

Tamagno, Robert, 441

Tamaulipas (estado), 3397, 3398, 3399, 3400

Tamaulipas (estado). Gobernador, 3401

Tamaulipas (estado). Secretaría de Gobierno, 3402

Tamayo, Augusto E., 4323

Tapajós, Vicente, 1115

Tardiff, Guillermo, 3258

Tarquinio, Luiz, 1487

Taullard, Alfredo, 521

Taunay, Affonso de E., *veja* Escragnolle Taunay, Affonso de

Távara, Santiago, 3838, 3929, 4045, 4046, 4168, 4169

Tavares, João Lyra, 1235, 1236

Tavares Bastos, Aureliano Cândido, 1237, 1374

Taylor, Carl C., 250

Tedesco, Carlos, 3930

Teichert, Pedro C. M., 48

Tella, Guido Di, 251

Tella, Torquato S. Di, 365, 410

Telles, Jover, 1319

Tello, Eugenio, 701, 702

Templeman y Bergman y Cía., 4092, 4093

Tenajo, Rafael, 1867

Tenembaum, Juan L., 820

Tenorio, Oscar, 1290

Teofilo, Rodolfo, 1553

Terry, José Antonio, 457, 550, 555, 703

Texas. University. Population Research Center [Austin, Texas], 94

Théry, Edmond, 1440

Thompson, Joseph Wesley, 192

Thompson, Wallace, 3280
Thorndike, Juan L., 4510
Thorp, Rosemary, 4365
Tirado Mejia, Alvaro, 2389*a*
Titus S., Arturo, 2317
Tizón y Bueno, Ricardo, 3889, 4209, 4305, 4356, 4521
Tlaxcala (estado). Gobernador, 3403
Tocornal, Enrique, 1987
Tola, Fernando, 4047
Tolima (departamento), 2765
Toplin, Robert Brent, 1353
Torino, Damián M., 442
Tornero, Recaredo S., 1852
Tornero y Letelier, 1733
Tornquist, Ernesto, 226, 522
Torrado, Susana B., 316, 411
Torrealba Z., Agustín, 2156, 2157, 2158
Torres, Alberto, 1387
Torres, J. Leopoldo, 3670
Torres, João Camilo de Oliveira, 1365
Torres Filho, Eugenio Magarinos, 1488
Torres García, Guillermo, 2523
Torres García Herrero, Leonel, 2504
Torrico, Juan Crisóstomo, 3948
Torrico y Mesa, Juan, 4398*h*, 4398*k*
Tovar, Hermes, 2685*a*
Trejo, Francisco, 3048
Treutler, Paul, 1853
Treviño Martínez, Roberto, 3471
Triana y Antorveza, Humberto, 2718
Trianes, Rafael, 952
Tristany, Manuel Rogelio, 649
Tschudi, Johann Jacob von, 3740
Tucumán (provincia), 615
Tudela, Francisco, 3826
Tudela, Octavio, 4145
Tueros, Manuel, 3827
Turlington, Edgar W., 3281
Tylor, Edward B., 2918
Tyrer, Robson B., 85

Ubaldi, Pietro, 1291
Udaondo, Enrique, 222
Ugarte, Carlos, 1854
Ugarte, César Antonio, 3695, 4306
Ugarte, Lizardo, 3828
Ukers, William Harrison, 2665
Ulloa, José Casimiro, 4171
Ulloa, Pedro N., 3388
Ulloa Sotomayor, Alberto, 3829, 4357
Undurraga Ovalle, Julio, 1988
Unión Industrial Argentina [B.A.], 989, 1020, 1021
United Nations. Economic Commission for Latin America (*see also* Naciones Unidas), 2390, 2443
United Nations. Economic Commission for Latin America, and Food and Agricultural Organization, 2651
United States. Bureau of Education, 106, 107
U.S. Bureau of Foreign Commerce, 2422, 2471, 2472, 2473, 2524, 2558, 2583, 2584, 2585, 2600, 2634, 2635, 2667, 2710, 2711, 2712, 2713, 2714, 2757, 2766, 2772

United States. Bureau of Foreign and Domestic Commerce. Department of Commerce, 78a, 78b, 78c, 78d, 78e, 80c, 139d, 164, 168, 169, 185, 186, 187, 200, 1989, 2030, 2069, 2070, 2421, 2557, 2666, 2719, 2919, 3741, 3742a, 3742b, 3931, 3932, 3933, 3934, 3935, 3936, 4048, 4079, 4105, 4195, 4345, 4366, 4367, 4368, 4369, 4370, 4371, 4372, 4373, 4374, 4375, 4376, 4377, 4378, 4379, 4380, 4381, 4382, 4383, 4384, 4385, 4386, 4387, 4522
United States. Bureau of Foreign Commerce, Department of State, 79b, 80b, 139a, 139b
United States. Bureau of Manufactures. Department of Commerce and Labor, 79d, 139c, 188, 1855, 2423
United States. Bureau of Mines, 192
United States. Bureau of Statistics. Department of Agriculture, 176
United States. Bureau of Statistics. Department of Commerce and Labor, 79c
United States. Bureau of Statistics. Department of State, 79a, 80a
United States. Bureau of Statistics. Treasury Department, 141, 142
United States. Congress. Senate. Committee on Finance, 4106
United States. Department of Agriculture, 891, 953
United States. Department of Commerce. Bureau of the Census, 2444
United States. Department of Commerce and Labor, 148, 149
United States. Department of State, 31, 3839, 4048a, 4048b
United States. Division of Statistics. Department of Agriculture, 177
United States. Federal Trade Commission, 170
United States. Library of Congress, 18, 3671
United States. National Archives and Records Service, 30
United States. Office of Foreign Agricultural Relations, 2652
United States. Tariff Commission, 143, 171, 968
Unsain, Alejandro M., 402
Unzueta, Luis Antonio de, 3201
Ureña, Pedro G., 3672
Ureta, Alberto L., 3937
Uriarte, Luis F., 3938
Uribe, Susana, 2798
Uribe Campuzano, Andrés, 2668
Uribe Muñoz, Francisco, 2715
Uribe Orrego, Luis, 2283
Uribe Uribe, Rafael, 1642, 2624, 2669, 2694
Uriburu, Francisco, 523, 821
Urrutia Ibáñez, Luis, 2159
Urrutia Montoya, Miguel, 2346, 2474, 2475
Urzúa F., Raúl, 115
Urzúa Valenzuela, Germán, 1790

Vaca-Guzmán, Santiago, 524
Valcárcel, Luis, 4307
Valderrama Benítez, Ernesto, 2636, 2637
Valdés, Samuel, 2097
Valdés Cange, T. *véase* Alejandro Venegas
Valdés Tagle, Elías, 2167
Valdés Vergara, Francisco, 1858, 1990, 1991
Valdez, Antonio J., 3434

Valdez, Rafael, 4308
Valdez de la Torre, Carlos, 3864
Valdivia, Víctor de, 103
Valdizán, Hermilio, 4346
Valencia-Vásquez, Héctor G., 2457
Valete (pseudônimo), 1354
Valette, Luciano H., 990, 991
Valladares, Manuel, 3846a
Valle, Aristóbulo del, 575
Valle, Juan N. del, 3449, 3450
Valle, Tomás, 3939, 3940
Valle del Cauca (departamento), 2445, 2446
Vallejo, Héctor Centurión, 3840
Vallejos Z., Camilo, 4236
Valori, Henry de, 3019
Vanderghem, Jorge, 4347
Van Raffleghem, Gustave C., 969
Varallanos, José, 4237
Varas, José Antonio, 1931
Varela, Florencio, 704
Varela, Rufino, 556
Vargas, Moisés, 1885
Vasallo Rojas, Emilio, 2318
Vasconcellos, José Marcellino Pereira de, 1379, 1554
Vásquez, Mario C., 3785
Vattier, Carlos, 2229
Vázquez, Angel, 954
Vázquez, C. D., 3572
Vedia, Agustín de, 525, 526
Vega, Juan José, 3865
Vegalara, Humberto, 2347
Veiga, Luiz Francisco da, 1355
Veiga Filho, João Pedro da, 1555
Velarde, Carlos E., 193, 4409, 4410, 4412, 4440
Velarde, Manuel, 4172
Velarde, Samuel, 4107
Velasco, Alfonso Luis, 2920
Velasco, Fanor, 2145
Velasco, José Francisco, 3389
Vélez, Bernardo, 2571
Veliz, Claudio, 1919, 2284
Venegas, Alejandro, 1856, 1857, 2046
Venegas, Aurelio J., 3439
Venegas, Fortunato, 1932
Venturo, Pedro C., 4348
Vera, Hipólito F., 3339
Vera, Robustiano, 1791, 2098
Vera Vera, Raúl, 2071
Veracruz (ciudad). Ayuntamiento, 3525
Veracruz (departamento), 3410, 3411
Veracruz (estado), 3412, 3413, 3414
Veracruz (estado). Gobernador, 3415
Veracruz (estado). Secretaría de Gobierno. Departamento de Estadística, 3416
Vergara, José Francisco, 1792
Vergara, Simón, 2525
Vergara, Washington W., 1933
Vergara Montt, Enrique, 2319
Vergara Quiroz, Sergio Rodolfo, 2099
Vergara y Velasco, Francisco Javier, 2425

Verger, Pierre, 1356
Vernon, Raymond, 3220
Verrill, Alpheus Hyatt, 150
Viana, Victor, 1441
Viana Filho, Luiz, 1357
Vianna, Francisco José de Oliveira, 1110, 1366, 1367
Vianna, Hélio, 1709
Vianna, Pedro Antonio Ferreira, veja Ferreira Vianna, Pedro Antonio
Vicuña, Pedro Félix, 1992, 1993, 1994
Vicuña Mackenna, Benjamín, 1793, 1859, 1875, 2072, 2106, 2135, 2230, 2231, 2232
Vidal, Jorge, 2254
Vidal, Luiz Maria, 1380
Vidal, Miguel E., 403
Vieira, Dorival Teixeira, 1442
Vieira Souto, Luiz Raphael, 1443, 1444, 1489, 1507
Vilar, J., 1022
Villa, José, 3944
Villa Uribe, Miguel, 2715
Villa Urrutia, Jacobo de, 3639
Villagra, Víctor C., 4310
Villalobos R., Sergio, 1794, 1795, 1796
Villanueva, Ana, 3673
Villanueva, Carlos E., 822
Villarán, Manuel Vicente, 3804
Villares, Jorge Dumont, 178
Villarino, Joaquín, 1876
Ville de Beauvais. Exposition Industrielle, Agricole, Scolaire et Artistique, 1597
Villegas, Clímaco, 2426
Villegas, Jorge, 2739a
Villegas Arango, Jorge A., 2500
Villela, Annibal Villanova, 1490, 1650
Vitreau, Pablo, 1043
Vivanco, Guillermo de, 3874
Viveiros, Jerônimo de, 1556
Viveiros de Castro, Augusto Olympio, 1461
Vivero, Tomás de, 4173

Waiss Band, Oscar, 1915
Walker, Alexander, 2427
Walker Martínez, Carlos, 1797, 1798
Walle, Paul, 1238, 3743
Walls, L., 527
Wanderley de Araujo Pinho, Jose, 1598
Ward, Carlos A, 2233
Wardle, Arthur C., 2285
Warshaw, J., 119
Watson, N. L., 608
Weber S., Alfredo, 2100
Weinberg, Pedro Daniel, 404, 405
Wells, James William, 1239
Werneck, Américo, 1240, 1406
Werneck, Luiz Peixoto de Lacerda, veja Peixoto de Lacerda Werneck, Luiz
West, Robert C., 2737, 2850
Wheelright, William, 2286
Whitaker, Joz Maria de Aguiar, 1462
Whitbeck, Ray Hughes, 81

Wickizer, Vernon Dale, 182, 183
Wiener, Charles, 1860
Wiesner Durán, Eduardo, 2347
Wilcox, Marrion, 82
Wileman, J. P., 1083, 1445
Wilkes, Charles, 3745
Wilkie, James W., 2980
Wilkins, Mira, 165
Will, Robert Milton, 2047, 2048, 2049
Willcox, Walter Francis, 101
Williams, Horace E., 1557
Williams, John H., 151, 528
Williamson, Juan, 4238
Willie, Roberto Crichton, 3203
Wills, Guillermo, 2428
Wilson Hernández, Santiago, 1944
Winkler, Max, 166
Winsberg, Morton D., 892
Wionczek, Miguel S., 127
Wodon de Sorinne, Guillermo, 3497
Wright, Marie Robinson, 1241, 1861
Wright, Winthrop R., 1066
Wurfel, Seymour W., 2594
Wylie, Kathryn (Hulen), 2652
Wynne, William H., 4109
Wythe, George, 190

Yáñez, Eliodoro, 2329
Yáñez Ruiz, Manuel, 3204
Ybot León, Antonio, 2758
Ydiáquez, Alejandro de, 3746
Yepes del Castillo, Ernesto, 3696
Yrarrázaval Larraín, José Miguel, 1799, 1995, 2136
Yrigoyen, P. Manuel, 4110
Yucatán (estado). Gobernador, 3421

Zacatecas (estado), 3428
Zacatecas (estado). Gobernador, 3429
Zaluar, Augusto Emilio, 1251
Zambrano, Juan Andrés, 3644
Zañartu Prieto, Enrique, 1996, 2050
Zapatero Puch, César, 4258
Zavala, Silvio, 3003
Zayas Enríquez, Rafael de, 2921
Zeballos, Estanislao S., 609, 823
Zegers, Julio, 1945
Zenteno Barros, Julio, 1934
Zuccarini, Emilio, 337
Zuloaga, Manuel A., 406
Zuluaga Z., Jaime A., 2586
Zumaeta, Pablo, 3841
Zymelman, Manuel, 251

# PERIODICALS

Actas de la Junta de Beneficencia de Valparaíso [Valparaíso], 1886

El agricultor mexicano [Ciudad Juárez], 3452

La agricultura; órgano de los intereses rurales e industriales [B.A.], 824

La agricultura; publicación dedicada a propagar los conocimientos agrícolas en el estado [Tuxtla Gutiérrez, México], 3498

Aguila mexicana [México], 2922

Almanaque agrario para el año 1923 [Rosario], 825

Amauta [Lima], 3698

The Americas [New York], 120

El amigo del campo; órgano de los agricultores mexicanos [México], 3499

Anales de agricultura de la República Argentina [B.A.], 826

Anales de construcciones civiles y de minas del Perú [Lima], 4398

Anales de educación de la provincia de Catamarca [Catamarca], 338

Anales de la Asistencia Pública [B.A.], 367

Anales de la Asociación Argentina de Criadores de Shorthorn [B.A.], 827

Anales de la educación común en la República Argentina [B.A.], 339

Anales de la minería mexicana; o sea revista de minas, metalurgia mecánica, y de las ciencias de aplicación a la minería [México], 3576

Anales de la Sociedad Rural Argentina [B.A.], 828

Anales de la Sociedad Tipográfica Bonaerense [B.A.], 992

Anales de sanidad militar [B.A.], 368

Anales del Departamento Nacional de Higiene [B.A.], 369

Anales del Instituto Agronómico-Veterinario de la provincia de Buenos Aires [B.A.], 829

Anales del Instituto Superior de Agronomía y Veterinaria de la Nación [B.A.], 830

Anales gráficos; órgano del Instituto Argentino de Artes Gráficas [B.A.], 993

Los Andes Petroleum Corporation. (Comodoro Rivadavia y Neuguén). Boletín [B.A.], 1032

The Anglo-South American Bank, Ltd. Cabled reports circular [London], 121

Antioquia (departamento). Dirección de Estadística. Boletín de estadística [Medellín], 2602

Anuario argentino de fabricantes y comerciantes nacionales y extranjeros [B.A.], 204

Anuario de la Dirección General de Estadística de la provincia de Córdoba [Córdoba], 610

Anuario del Departamento de Estadística de la provincia de Entre Ríos [Paraná], 611

Anuario estadístico de la ciudad de Buenos Aires [B.A.], 612

Anuario estadístico de la ciudad de Santa Fe [Santa Fe], 613

Anuario estadístico de la provincia de Mendoza [Mendoza], 614

Anuario estadístico de la provincia de Tucumán [Tucumán], 615

Anuario financiero 1910 [B.A.], 458

El anunciador mexicano; órgano del comercio e industia [México], 3242

El Araucano [Santiago de Chile], 1824

Argentina. Ministerio de Agricultura. Almanaque [B.A.], 895

Argentina. Revista financiera [B.A.], 459

Arpillera, bolsas e hilos; revista comercial [B.A.], 994

El arte de la madera; órgano oficial de la Sociedad de Fabricantes de Muebles, Carpinteros y Afines [B.A.], 995

El asegurador argentino [B.A.], 460

Asociación Colombiana de Mineros. Revista de minería [Médellín], 2724

Asociación de Productores de Salitre. Boletín mensual [Iquique], 2235b

Asociación de Productores de Salitre. Circular trimestral [Iquique], 2235a

Asociación Salitrera de Propaganda. Circular trimestral [Iquique], 2236

Bahia price current [Bahia], 1389

Banco Central de Chile. Boletín del Banco Central de Chile [Santiago de Chile], 1949

Banco de la República. Biblioteca Luis Angel Arango. Boletín cultural y bibliográfico [Bogotá], 2331

Bancos, seguros y comercio [B.A.], 461

Bank of London and South America, Ltd. Monthly review of business and trade conditions in South America and Portugal [London], 125b

El bien raíz; boletín de la Asociación de Propietarios de Bienes Raíces [B.A.], 705

Boletín comercial; órgano de la Cámara de Comercio y de la Oficina de Estadística. Revista mensual de comercio e industrias [Medellín], 2609

Boletín comercial; publicación social y mercantil [México], 3244

Boletín de agricultura y ganadería [B.A.], 831

Boletín de asuntos legales del Banco Hipotecario Nacional [B.A.], 489

Boletín de educación; órgano del Consejo de Educación de la provincia de San Luis [San Luis], 341

Boletín de educación de Entre Ríos [Paraná], 342

Boletín de educación de Santa Fe [Santa Fe], 343

Boletín de enseñanza y administración escolar [La Plata], 344

Boletín de enseñanza y de administración escolar; órgano de la Dirección General de Escuelas de la provincia de Buenos Aires [B.A.], 345

Boletín de estadística de la ciudad de Buenos Aires [B.A.], 616

Boletín de estadística de la ciudad de Córdoba [Córdoba], 617

Boletín de estadística de la provincia de Buenos Aires [B.A.], 618

Boletín de estadística de la provincia de Salta [Salta], 619

Boletín de estadística municipal de la ciudad de Córdoba [Córdoba], 620

Boletín de estadística municipal de la ciudad de Santa Fe [Santa Fe], 621

Boletín de estadística municipal de Resistencia (Territorio del Chaco), [Resistencia], 622

Boletín de estadística y economía rural [B.A.], 755

Boletín de informaciones petroleras, yacimientos e industrias [B.A.], 1031

Boletín de instrucción pública [B.A.], 346

Boletín de la Aduana de la Capital [B.A.], 584

Boletín de la Asociación Argentina de Electromecánica [B.A.], 996

Boletín de la Bolsa de Comercio [B.A.], 462

Boletín de la Cámara de Comercio Argentino-Brasileña de Buenos Aires [B.A.], 585

Boletín de la Cámara de Comercio Italiana en Buenos Aires [B.A.], 275

Boletín de la Confederación Argentina del Comercio, Industria y Producción [B.A.], 276

Boletín de la Dirección General de Estadística de Santiago del Estero [Santiago del Estero], 623

Boletín de la Oficina de Estadística y Trabajo de la provincia de Tucumán [Tucumán], 624

Boletín de la Sociedad Tipográfica Bonaerense [B.A.], 376

Boletín de la Unión Industrial Argentina [B.A.], 997

Boletín de minas, industrias y construcciones [Lima], 4402

Boletín de obras públicas e industria [B.A.], 1049

Boletín de productos argentinos [B.A.], 277

Boletín del Centro de Destiladores y Licoristas [B.A.], 998

Boletín del Centro Despachantes de Aduana de la Capital B.A.], 586

Boletín del Centro Unión Corredores de Comercio [B.A.], 278

Boletín del Departamento Nacional de Agricultura [B.A.], 832

Boletín del Departamento Nacional del Trabajo [B.A.], 377

Boletín demográfico nacional [B.A.], 303

Boletín estadístico agropecuario [B.A.], 756

Boletín estadístico de la Junta Nacional de Carnes [B.A.], 757

Boletín industrial dedicado al fometo del comercio, industria y producción nacional [B.A.], 279

Boletín informativo de impuestos internos [B.A.], 463

Boletín La Negra [B.A.], 706

Boletín mensual de estadística municipal de la ciudad del Rosario de Santa Fe [Rosario], 625

Boletín mensual de la Cámara Industrial de Comercio de Buenos Aires [B.A.], 707

Boletín oficial de la Cámara Sindical del Comercio de Frutas y Anexos [B.A.], 280

Boletín oficial del Centro de Almaceneros [B.A.], 708

La bolsa; revista informativa [B.A.], 464

Bolsa Comercial de Lima. Boletín [Lima], 3902

Brasil. Diretoria Geral de Saúde Pública. Boletim de estatística demógrafo-sanitária da cidade do Rio de Janeiro [Rio de Janeiro], 1261

Brasil. Ministério da Agricultura. Boletim do Ministério da Agricultura, Indústria e Comércio [Rio de Janeiro], 1572

Brasil. Ministério do Trabalho, Indústria e Comércio. Boletim [Rio de Janeiro], 1112

Brazil and River Plate Mail [London], 122a

The British Bank of South America, Ltd. Monthly report of trade conditions in South America [London], 123

Bureau of the American Republics. Bulletin [Washington], 50

Cabañas y campos argentinos; revista de agricultura y ganadería [B.A.], 833

El cable transatlántico; trisemanario político, literario y comercial [México], 3621

Caja de Depósitos y Consignaciones. Departamento de Recaudación. Boletín [Lima], 4029

Calendario y guía de forasteros [Lima], 3649

El calzado en la República Argentina; órgano del Centro de Fabricantes de Calzado [B.A.], 999

Cámara Argentina de Comercio [B.A.], 465

Cámara Central Agrícola de México. Boletín; publicación mensual, órgano de dicha Cámara [México], 3516

La campaña; revista de ganadería [B.A.], 834

Campesino [Lima], 3846

El campo; revista ilustrada. [B.A.], 835

El Chaco; defensa de los intereses comerciales [B.A.], 709

Chile. Dirección General de Estadística. Estadística chilena [Santiago de Chile], 1720

Chile. Impuestos Internos. Boletín de Impuestos Internos de Chile [Santiago de Chile], 2001

Chile. Oficina Central de Estadística. Boletín estadístico [Santiago de Chile], 1722

Chile. Superintendencia de Aduanas. Boletín oficial [Valparaíso], 2057

La ciencia comercial; revista de comercio. [B.A.], 466

Ciencias económicas [Medellín], 2375

Circular Bullrich [B.A.], 281

Colombia. Gaceta de la Nueva Granada [Bogotá], 2393a

Colombia. Gaceta oficial [Bogotá], 2393b

Colombia. Ministerio de Fomento. Boletín trimestral de la estadística nacional de Colombia [Bogotá], 2336

Colombia. Ministerio de Industrias. Departamento de Minas y Petróleos. Boletín de minas y petróleos. [Bogotá], 2727

Colombia. Ministerio de Obras Públicas. Consejo Administrativo de los Ferrocarriles Nacionales. Revista del Consejo Administrativo de los Ferrocarriles Nacionales, 2768

El colono cooperador; órgano de la Fraternidad Agraria [B.A.], 836

El comerciante mexicano; semanario dedicado a la minería, agricultura, comercio, en inglés-español [México], 2923

El comercio [Lima], 3650

El comercio del Plata [B.A.], 282

Compañía Nacional de Recaudación. Boletín [Lima], 4026

Compañía Recaudadora de Impuestos. Boletín [Lima], 4027

Compañía Recaudadora de Impuestos y Administración Nacional de Recaudación. Boletín [Lima], 4028

El conductor de máquinas [B.A.], 383

El constructor [B.A.], 710

El constructor-arquitecto; órgano oficial del Centro de Arquitectos [B.A.], 711

El consultor; periódico técnico de ciencias, artes, industrias, agricultura, comercio, minas, manufacturas, etc. [México], 3582

El correo de México [México], 2924

Correo semanario, político y mercantil de México [México], 3245

Correspondance mexicaine; journal politique, commercial et independant [México], 2925

El cosmopolita [México], 2926

Crónica del Departamento Nacional del Trabajo [B.A.], 384

El deber pro-indígena [Lima], 3851

Desarrollo económico [B.A.], 129

El día; periódico diario, de comercio, agricultura, industria, minería y noticias [México], 2927

Diario de la Bolsa de México [México], 2928

Diario de México [México], 2828

Diario liberal de México [México], 2929

El eco de comercio; diario de información general [Mérida], 2930

El eco de comercio; diario literario, político, de artes e industria [México], 2931

El eco de Corrientes; periódico comercial [Corrientes], 712

El eco del comercio [B.A.], 713

Eco hispano mexicano [México], 2932

Economía [México], 2933

El economista [Lima], 3711

O economista [Rio de Janeiro], 1189

El economista; diario financiero y estadístico [México], 2934

El economista argentino; periódico político y financiero [B.A.], 283

O economista brasileiro [Rio de Janeiro], 1190

O economista brasileiro; revista semanal de economia, política e literatura [Rio de Janeiro], 1191

El economista del Plata; revista mensual [B.A.], 714

Economista mexicano; semanario de asuntos económicos y estadísticos [México], 2935

Economista peruano [Lima], 3712

Ecos comerciales y judiciales [B.A.], 715

Ecos gráficos; revista de artes gráficas [B.A.], 1000

La educación común en la provincia de Buenos Aires [B.A.], 349

L'emigration; journal commercial, industriel, agricole [B.A.], 716

Empresa de los Ferrocarriles del Estado. Boletín del servicio de los Ferrocarriles del Estado [Santiago de Chile], 2292

La enciclopedia escolar argentina [B.A.], 350

La enseñanza; periódico de instrucción primaria [B.A.], 351

La escuela; órgano del Consejo Superior de Educación [Corrientes], 352

La escuela argentina; periódico de educación [B.A.], 353

La escuela nacional; órgano de las escuelas nacionales en las provincias y territorios [B.A.], 354

La Escuela Nacional de Artes y Oficios; periódico dedicado a la instrucción de la clase obrera [México], 3557

La escuela primaria [B.A.], 355

Estadística comercial de Buenos Aires [B.A.], 638

Estadística de los ferrocarriles en explotación [B.A.], 1045

Evolución educativa [B.A.], 356

El explorador minero; periódico científico destinado al estudio, progreso y desarrollo de las industrias nacionales en general y muy especialmente de la minería en sus diversas fases [México], 3586

Fenicia; publicación de agricultura, industria, comercio [México], 2936

El ferrocarril [Santiago de Chile], 2295

El ferrocarril; diario popular político, literario y mercantil [México], 2937

El ferroviario [B.A.], 1053

El financista [Lima], 3910

Finanzas, comercio e industria en la República Argentina [B.A.], 467

France-Amérique [Paris], 59

La fraternal; boletín de la Compañía de Seguros de Vida y Accidentes [México], 3033

Gaceta agrícola veterinaria de la Sociedad Ignacio Alvarado [México], 3505

Gaceta algodonera [B.A.], 837

La gaceta comercial; diario mercantil, industrial y de noticias [México], 2938

La gaceta económica; finanzas [B.A.], 284

Gaceta industrial argentina [B.A.], 285

La gaceta rural [B.A.], 838

Gaceta rural, mercantil e industrial [B.A.], 286

La ganadería argentina [B.A.], 839

Geología y minas [B.A.], 1035

La granja [B.A.], 840

Handbook of Latin American studies [Gainesville, Florida], 4

El Heraldo [Valparaíso], 1834

El heraldo; periódico político, industrial, agrícola, mercantil, de literatura y artes [México], 3168

El heraldo agrícola; órgano del agricultor mexicano [México], 3509

El heraldo mexicano; órgano del agricultor mexicano [México], 3510

La hesperia [México], 3249

Hispanic American historical review [Durham, N.C.], 39

La ilustración veterinaria; publicación dedicada a la propagación de los conocimientos y adelanto de las ciencias veterinaria, agrícola y anexas [México], 3511

La independencia [México], 3170

Indicador federal; diario político, económico y literario de Megico [México], 3171

La industria argentina; órgano del Centro Industrial Argentino [B.A.], 1001

La industria argentina del calzado [B.A.], 1002

La industria lechera [B.A.], 1003

La industria nacional; periódico político de industria, comercio y variedades [México], 2939

El industrial; artes e industrias nacionales [B.A.], 287

El industrial; órgano del Club Industrial [B.A.], 1004

Informe y memoria del Banco Hipotecario Nacional [B.A.], 505

El ingeniero civil; órgano oficial de la Sociedad de Ingenieros Civiles de la República Argentina [B.A.], 717

El ingenuo [Oaxaca], 3250

Inter-American economic affairs [Washington], 40

International Bureau of the American Republics. Monthly bulletin [Washington], 67

Jornal do commercio. Retrospecto comercial [Rio de Janeiro], 1204

Jornal económico mercantil de Veracruz [Veracruz], 2830

Journal of Latin American studies [London], 41

El labrador; revista de agricultura, pastoreo, economía rural [B.A.], 841

El liberal; diario de política e información general [México], 2940

La libre enseñanza en las escuelas del pueblo [B.A.], 358

London and River Plate Bank, Ltd. Monthly review of business and trade conditions in South America [London], 125a

Memoria y balance del Banco de la Nación Argentina [B.A.], 511

El Mercurio [Valparaíso], 1836

El mercurio; comercio e industria [Mendoza], 718

El mercurio de América [B.A.], 288

El mexicano; periódico bimensual [México], 2941

México. Comisión Nacional Agraria. Boletín [México], 3520

México. Departamento de Industrias. Boletín de industrias [México], 3546

México. Dirección General de Agricultura. Boletín [México], 3459

México. Dirección General de Estadística. Boletín demográfico de la República Mexicana [México], 2969

México. Ministerio de Hacienda. Boletín [México], 3179

México. Oficina para la Defensa Agrícola. Boletín oficial [México], 3521

México. Secretaría de Educación Pública. El maestro rural; órgano de la Secretaría de Educación Pública para los maestros rurales [México], 3462

México. Secretaría de Estado y del Despacho de Hacienda y Crédito Público. Boletín de estadística fiscal [México], 3184

México. Secretaría de Fomento. Boletín [México], 3463, 3596

México. Secretaría de Fomento, Colonización e Industria. Boletín de agricultura, minería e industria [México], 2942

México. Secretaría de Fomento, Colonización e Industria. Boletín oficial [México], 2943

México. Secretaría de Industria, Comercio y Trabajo. Boletín de concesiones mineras; órgano del Departamento de Minas [México], 3614

México. Secretaría de Industria, Comercio y Trabajo. Boletín de industria, comercio y trabajo; órgano de los Departa-

mentos de Industria, de Comercio y del Trabajo [México], 2944

México. Secretaría de Industria, Comercio y Trabajo. Boletín minero; órgano del Departamento de Minas [México], 3597

México (ciudad). Boletín mensual municipal de estadística de la ciudad de México [México], 3445

México (Distrito Federal). Secretaría del Gobierno. Boletín de Estadística del Distrito Federal [México], 3329

México industrial; órgano de la Confederación de Cámaras Industriales [México], 2945

El minero, periódico del pueblo [Batopilas, México], 3598

El minero mexicano; periódico dedicado a promover los adelantos de la industria en general y muy particularmente de la minería y clases mineras [México], 3599

El monitor [México], 2946

Monitor de las sociedades anónimas y patentes de invención [B.A.], 289

Moody's manual of investment and security rating service [New York], 158

Mosaico mexicano [México], 2947

La nación; diario de la colonia española [México], 2948

El noticiero de México; revista mensual, política, literaria y mercantil para el extranjero [México], 3253

El noticioso; diario de información [México], 3191

Las novedades; bisemanario de literatura, social y de avisos [San Luis Potosí, México], 3600

Nuestra tierra; revista de la estancia, granja y el hogar [B.A.], 842

El nuevo nacional; diario de información [México]

El obrajero; órgano del comercio forestal [B.A.], 843

El obrero; órgano de la Federación obrera [B.A.], 394

El obrero municipal; órgano de la Unión Obreros Municipales [B.A.], 395

El pájaro verde [México], 3194

El panadero [B.A.], 719

La Patria [Valparaíso], 1843

Periódico del estanciero [B.A.], 844

Periódico oficial; órgano del gran Círculo Nacional de Obreros, y de todas las sociedades de trabajadores y mutualistas de la República Mexicana [México], 2999

Perú. Ministerio de Fomento. Cuerpo de Ingenieros de Caminos. Boletín [Lima], 4550

Perú. Ministerio de Fomento. Cuerpo de Ingenieros de Minas. Boletín [Lima], 4430

Perú. Ministerio de Fomento. Dirección de Fomento. Boletín [Lima], 3729

Perú. Ministerio de Fomento. Dirección de Minas y Petróleo. Boletín oficial de minas y petróleo [Lima], 4432

Perú. Ministerio de Fomento. Dirección de Salubridad Pública. Boletín [Lima], 3821

Perú. Ministerio de Hacienda y Comercio. Superintendencia General de Aduanas. Boletín de aduanas [Lima], 4074

Peru today [Lima], 3733

Petróleo y minas [B.A.], 1038

El Plata industrial y agrícola [B.A.], 468

La plaza; revista comercial [B.A.], 469

La producción agrícola, ganadera e industrial [B.A.], 290

La producción nacional [B.A.], 291

La producción nacional; revista de propaganda industrial y mercantil [Valparaíso], 1847

El progreso; ganadería, agricultura y comercio [B.A.], 845

El progreso de México; semanario dedicado a la agricultura práctica, al comercio y a la industria [México], 2950

El progreso de México; semanario dedicado a la industria agrícola [México], 3513

Progreso latino; revista semanaria de interés general: industria, banca, seguros, ferrocarriles, comercio, navegación, minas, electricidad, hacienda, agricultura, administración [México], 2951

Progreso minero; semanario dedicado a la minería, metalurgia y ciencias en general [México], 3602

Prontuario ganadero y agrícola de la República Argentina [anual] [B.A.], 847

Prontuario ganadero y agrícola de la República Argentina [bimensual] [B.A.], 846

La propiedad; las ventas [B.A.], 719a

La provincial; semanario comercial [Concordia, Entre Ríos], 720

Las provincias, finanzas, comercio, ganadería, agricultura, obras públicas, ferrocarriles [B.A.], 292

La raza latina; diario de intereses generales [México], 2952

El relámpago; publicación de noticias varias [México], 2953

Revista agrícola do Imperial Instituto Fluminense de Agricultura [Rio de Janeiro], 1637

Revista azucarera; órgano de los cultivadores de caña y fabricantes de azúcar [B.A.], 1005

La revista comercial [Valparaíso], 1939

Revista comercial de Antofagasta [Antofagasta], 2103

Revista comercial y administrativa [B.A.], 293

Revista de aduana y comercio [B.A.], 294

Revista de agricultura [Lima], 4289

Revista de ciencias comerciales [B.A.], 470

Revista de economía y finanzas [B.A.], 295

Revista de educación; órgano del Consejo de Educación de la provincia de Tucumán [Tucumán], 360

Revista de educación de la provincia de Buenos Aires [B.A.-La Plata], 361

Revista de educación de la provincia de Mendoza [Mendoza], 362

Revista de educación de los territorios nacionales [General Pico], 363

Revista de ganadería [B.A.], 848

Revista de industria lechera y zootécnica; publicación de la Asociación Nacional de Lechería [B.A.], 1006

Revista de la Asociación Argentina de Criadores de Aves, Conejos y Abejas [B.A.], 849

Revista de la Bolsa de Cereales [B.A.], 296

Revista de la Cámara Mercantil [B.A.], 721

Revista de la Cámara Mercantil de Barracas al Sud [B.A.], 722

Revista de la habitación [Santiago de Chile], 1907

Revista de la mutualidad; órgano de la Asociación Obrera de Socorros Mutuos [B.A.], 399

Revista de la Sociedad Rural de Rosario [Rosario], 723

Revista de la Sociedad Rural Santafecina [Rosario], 724

Revista de las industrias eléctricas y mecánicas [B.A.], 1058

Revista de tierras y colonización [B.A.], 850

Revista del Banco Hipotecario Nacional [B.A.], 471

Revista del carguío del salitre [Iquique], 2203

Revista del Consejo se Instrucción Primaria de la provincia de Santa Fe [Santa Fe], 364

Revista del Mercado de Buenos Aires [B.A.], 725

Revista do Brasil [São Paulo-Rio de Janeiro], 1222

Revista económica; economía política—ciencias políticas y sociales [Valparaíso], 1848

Revista económica; semanario de los intéreses generales político, literario y comercial [Valparaíso], 1849

Revista económica del Río de la Plata [B.A.], 472

Revista económica y comercial de la República Mexicana [México], 2954

Revista económica y financiera [B.A.], 297

Revista electro-técnica; órgano oficial de la Sociedad de Empresarios de Obras Eléctricas y Anexas [B.A.], 1007

Revista general de administración [B.A.], 473

Revista hispano americana; periódico de comercio, literatura, industria y variedades [San Francisco], 3256

Revista industrial de electricidad; órgano de la Asociación de Empleados [B.A.], 1059

Revista industrial y agrícola de Tucumán; publicación de la Estación Experimental y Agrícola [Tucumán], 726

Revista mensual del comercio del Perú [Lima], 4194

Revista mexicana de economía; órgano trimestral del Instituto Mexicano de Investigaciones Económicas [México], 3467

Revista nacional de agricultura [Bogotá], 2664

Revista oficial del Centro Comercial e Industrial de Avellaneda [Avellaneda], 727

Revistas unidas; publicación sobre agricultura, literatura, comercio e industria [Ciudad Juárez], 2955

Riel y fomento; revista editada por los Ferrocarriles del Estado [B.A.], 1060

Rio de Janeiro. Almanaque administrativo, mercantil e industrial de corte e provincia do Rio de Janeiro [Rio de Janeiro], 1225

La riqueza nacional; boletín económico y estadístico; órgano de la Agencia Mercantil de la República Mexicana [México], 2956

The Royal Bank of Canada. Foreign Trade Department. Business conditions in Latin America and the West Indies [Montreal], 73

La scintilla italiana; diario destinado a la defensa del comercio e interés italiano en Mexico [México], 3018

Seguros; revista informativa, estadística y financiera [B.A.], 474

La semana comercial [B.A.], 728

La semana de los constructores [B.A.], 729

Semanario artístico; publicación para la educación de los artesanos de la República Mexicana [México], 3562

Semanario de la industria mexicana [México], 3553

Semanario económico de México; sobre noticias curiosas y eruditas de agricultura, medicina, minería, comercio y demás ciencias naturales, artes, oficios, literatura, etc. [México], 2832

Semanario político y literario [México], 2957

Síntesis estadística de la República Argentina [B.A.], 220

Situation des affaires en Argentine [B.A.], 274

Sociedad Agrícola Mexicana. Boletín [México], 3470

Sociedad de Agricultura. El agricultor [Santiago de Chile], 2132

Sociedad de Fomento Fabril. Industria: boletín de la Sociedad de Fomento Fabril [Santiago de Chile], 2190

Sociedad Geográfica de Lima. Boletín [Lima], 3739

Sociedad Nacional de Agricultura. El agricultor peruano [Lima], 4302

Sociedad Nacional de Agricultura. Boletín [Lima], 4301

Sociedad Nacional de Agricultura. Boletín [Santiago de Chile], 2133

Sociedad Nacional de Agricultura. La industria azucarera [Lima], 4300

Sociedad Nacional de Agricultura. El mensajero de la agricultura [Santiago de Chile], 2134

Sociedad Nacional de Minería. Boletín [Lima], 4439

Sociedad Nacional de Minería. Boletín [Santiago de Chile], 2228

El sol [México], 2958

South American handbook [London], 77

The South American Journal and Brazil and River Plate Mail [London], 122b

The Statesman's year-book [London], 17

Suelo argentino [B.A.], 851

El sur [Concepción], 2096

El tabaco; revista de la Compañía Argentina de Tabacos [B.A.], 298

La tierra; revista sobre agricultura y ganadería [México], 3515

El tráfico; semanario de comercio y anuncios [Guaymas, Sonora, México], 2959

La unión comercial; órgano del comercio minorista de la República Argentina [B.A.], 730

Unión Talleristas del Calzado [B.A.], 731

Variedades; o mensajero de Londres [Londres], 3202

La vida agrícola [Lima], 4309

El vino; boletín viticoenológico comercial [B.A.], 1008

La voz del comercio; semanario mercantil [México], 3260

West coast leader [Lima], 3744